*Mille ans
de langue française*

Alain Rey

Frédéric Duval
Gilles Siouffi

Mille ans
de langue française

Histoire d'une passion

ÉDITIONS FRANCE LOISIRS

Édition du Club France Loisirs,
avec l'autorisation des Éditions Perrin.

Éditions France Loisirs,
123, boulevard de Grenelle, Paris.
www.franceloisirs.com

Le Code de la propriété intellectuelle n'autorisant, aux termes des paragraphes 2 et 3 de l'article L. 122-5, d'une part, que les « copies ou reproductions strictement réservées à l'usage privé du copiste et non destinées à une utilisation collective » et, d'autre part, sous réserve du nom de l'auteur et de la source, que les « analyses et les courtes citations justifiées par le caractère critique, polémique, pédagogique, scientifique ou d'information », toute représentation ou reproduction intégrale ou partielle, faite sans le consentement de l'auteur ou de ses ayants droit ou ayants cause, est illicite (article L. 122-4). Cette représentation ou reproduction, par quelque procédé que ce soit, constituerait donc une contrefaçon sanctionnée par les articles L. 335-2 et suivants du Code de la propriété intellectuelle.

© Perrin 2007.
ISBN : 978-2-298-01650-5

Sommaire

Avant-propos, I

LE MOYEN AGE
par Frédéric Duval

I. Aux origines du français, 9
II. Le français au Moyen Age, une langue en variations, 99
III. Latin et français : un couple qui dure, 209
IV. Le français au contact des autres langues, 351

DE LA RENAISSANCE À LA RÉVOLUTION
par Gilles Siouffi

V. S'affranchir du latin, 455
Enfin vinrent Malherbe et Marie de Gournay, 589
VII. Le français des Lumières, 765

DU PREMIER EMPIRE AU XXIe SIÈCLE
par Alain Rey

VIII. D'une révolution l'autre, 959
IX. Le français : unité et variétés, 1031
X. Questions actuelles, 1093

Notes, 1321

Avant-Propos

Ce livre est né d'un désir de mémoire tourné vers l'avenir.

Devant les craintes et les espoirs qu'inspire le sort de la langue française, nous avons souhaité apporter de nombreux éléments de réflexion sur les questions que pose une situation complexe, toujours changeante, et auxquelles on donne trop souvent des réponses artificielles.

Les langues sont l'air que respirent les communautés humaines, la maison qu'elles habitent ; elles ont des images, aimées ou négligées ; elles fondent les identités culturelles. Leur richesse nécessaire est multipliée par leurs nombres : Babel règne sur l'humanité, et chaque idiome singulier participe d'un milieu pluriel.

Considérons ces mille ans et plus de français : un jeu immense entre le gaulois à l'agonie et un latin en mutation, entre les dialectes issus de ce latin des Gaules et les influences germaniques dans le bas Empire. Puis, après la « renaissance » carolingienne, la langue appelée le « roman », ensuite le « françoys » s'attaquant à l'occitan, au celte de Bretagne, voisinant avec les langues germaniques, envahissant la Grande-Bretagne, puis refluant, affrontant partout le pouvoir du latin, qui occupait en Europe occidentale presque tout l'espace de l'écriture. C'est ensuite l'unification par le langage d'un territoire d'Europe occidentale, dans un tourbillon d'usages et de langues aux images multiples et changeantes. C'est à la fois la construction d'une grande littérature alimentée par des traditions multiples : celtes, germaniques, provençales, languedociennes, et celle d'une réalité politique unificatrice. Des Germaniques, les Francs, abandonnant leur langue et leur religion pour devenir des chrétiens parlant roman : mais le pays porte leur nom, qui signifie « homme libre » : la France. Seul cet arrière-plan historique rend le français déchiffrable.

La prise de conscience de la Renaissance avec ce roi qui porte le nom de ce langage, Françoys Ier du nom, est un moment crucial. Combats d'idées, poésie et récits, mythe et histoire, justice et loi, expression individuelle et communication entre groupes s'incarnent, en ces lieux, de plus en plus en la langue française.

Impossible de comprendre les révolutions du savoir et du goût, les affrontements religieux et politiques, les luttes sociales sans recourir aux pratiques de langage et aux idées que les groupes sociaux s'en font.

Le français ne fut jamais isolé : il reçoit et emprunte, donne et lègue ; il s'affirme et se développe à l'abri du latin et contre lui. Il absorbe le norrois des Vikings danois pour en faire les Normands, après avoir avalé la langue des rois francs. Il se nourrit de l'occitan qu'il réduit ; il ignore le breton avant de le mettre à mal, mais le basque lui résiste et il doit composer avec l'alsacien – venu des Alamans, tout comme les dialectes germaniques de Suisse. À la fin du XVIIIe siècle, la langue de France se replie dans le nord de l'Italie, mais s'étend vers la Corse et s'impose en Savoie.

Dans l'ensemble, le français met à mal langues et dialectes dans ce qu'on appellera plus tard l'« Hexagone ».

À partir du XVIe siècle, cette langue française s'était répandue hors d'Europe. Elle reculera en Amérique du Nord, mais s'imposera dans les « Îles » à côté d'une langue nouvelle, le créole, et résistera victorieusement au Québec et en Acadie. Au XIXe siècle, par des raisons en rien culturelles, la colonisation, d'abord monarchique, puis impériale, enfin républicaine, fait du français une réalité mondiale que le XXe siècle, dans un conflit culturel, compromet.

Au début du IIIe millénaire, le français cohabite avec quantité d'autres langues. En France, en Belgique, en Suisse, où la diversité des dialectes a dû reculer ou disparaître au détriment des cultures locales, les langues des immigrés viennent rétablir une variété qui semble nécessaire à l'équilibre multiculturel de toute grande nation.

En Europe, au Canada, le fait d'employer le français, de vivre en français est un donné transmis, un patrimoine familial, un amour maternel. Dans les Caraïbes ou l'océan Indien, c'est un voisinage entre créole, langue du cœur, et français, qui n'est pas toujours celle de la raison. Dans les anciennes colonies, le caractère officiel ou « national » du français importé doit s'articuler avec le rôle fondamental et fondateur des langues maternelles ou véhiculaires, mais identitaires, qu'elles soient d'Afrique, de Nouvelle-Calédonie ou de Polynésie.

Enfin, le français fait partie de ces quelques idiomes privilégiés par l'Histoire qui peuvent être choisis pour une expression universelle : la littérature en donne cent exemples admirables.

Toutes les dimensions de l'expérience humaine, de l'affectif et passionnel à l'intellectuel, de l'individuel au collectif, du politique au domaine esthétique – littérature, chanson, spectacle... –, de la science à l'économie, sont des champs magnétiques parcourus par les lignes de force des langues, des usages et des styles.

On comprend alors que vivre dans une langue unique est une faiblesse, qu'une parole et une écriture trop réglées favorisent une pensée appauvrie, que le purisme et la recherche d'une stabilité sont des illusions, quelquefois amoureuses et lyriques, souvent bornées.

Ce qui nous a conduits dans cet ouvrage, c'est la priorité accordée à l'expérience humaine sociale, à ces humains qui parlent, écrivent, comprennent et lisent le français parmi d'autres idiomes, à leurs sentiments et à leurs opinions. C'est l'aspect vivant, vécu, passionnel du phénomène langage.

Aimer le français, contribuer à le maintenir en santé, c'est pour les auteurs de ce livre en montrer les facettes d'une richesse inépuisable, les contradictions créatrices, en accepter la révolution permanente que l'Histoire ne cesse d'attester, depuis mille ans.

La passion n'a pas d'âge.

Alain Rey, Frédéric Duval, Gilles Siouffi.

I

AUX ORIGINES DU FRANÇAIS

1

PARLERS PRIMITIFS

L'histoire d'une langue est toujours celle des peuples qui ont occupé le territoire sur lequel elle s'est développée. Aussi n'est-il pas inutile, pour retrouver les origines du français, de présenter les populations qui vécurent dans l'« Hexagone » la Belgique et l'Helvétie aux temps préhistoriques, même si pour ces périodes reculées, on est surtout réduit à formuler des hypothèses.

Nous ne sommes guère renseignés sur les hommes du paléolithique supérieur (vers 15000 av. J.-C.) qui ne devaient guère dépasser le nombre de 10 000 sur le territoire actuel de la France. Au néolithique (vers 5000 av. J.-C.), la population, surtout répartie le long des côtes, a peut-être quintuplé. Se pose alors le problème de l'indo-européanisation de l'Europe, autrement dit de l'origine commune de la plupart des langues européennes.

Il semble qu'il faille chercher l'origine de ce phénomène dans les steppes du sud-est de la Russie actuelle, dans la région de Kuban en Ukraine. C'est là que se développe au Ve millénaire une civilisation caractérisée par sa pratique de la céramique cordée, c'est-à-dire décorée à l'aide d'une cordelette appliquée directement sur la terre fraîche. Ces hommes possèdent des haches de guerre en cuivre, qui leur confèrent une certaine supériorité militaire. Ils disposent également de l'araire et sont les premiers à domestiquer le cheval vers – 4500.

Migration des « cordés » et invasions celtiques

A partir du IIIe millénaire s'amorcent de vastes mouvements de population qui imposent progressivement la langue des envahisseurs dans presque toutes les régions d'Europe. L'extension de l'araire, qui se répand aux environs de 3200 vers l'ouest, dans les Balkans, la Pologne, l'Allemagne, la Scandinavie et les Pays-Bas, redouble le mouvement de propagation linguistique, ce qui conforte l'hypothèse dite « steppique ». Un noyau de langues, originaires d'Ukraine, se serait ainsi répandu dans un premier temps en Europe centrale (à partir de 3200 av. J.-C.) avant de s'étendre vers l'Anatolie et dans toute l'Europe, à l'exception de la Haute-Navarre qui a conservé sa langue basque antérieure à tout idiome indo-européen.

La civilisation de la « céramique cordée », attestée sur le territoire actuel de la France de 2200 à 2000 av. J.-C. prouve le progrès du mouvement migratoire en direction de l'ouest. Cependant, l'attribution du caractère « indo-européen » aux « cordés » a été et reste encore controversée. Ce dont on peut être certain, c'est que vers 1000 av. J.-C., au terme de la grande migration entamée au début du IIIe millénaire, des « Proto-Celtes », des « Proto-Latins » et des « Proto-Germains » sont en place et qu'ils partagent un même fonds linguistique, celui d'un indo-européen commun virtuel, sur le plan des règles de la grammaire comme sur celui des mots.

Avant les invasions celtiques, des populations au degré de civilisation assez développé ont commencé à exploiter le sol, à défricher des forêts et à construire des habitations. Elles nous ont laissé un héritage linguistique limité à la toponymie, c'est-à-dire aux noms de lieux. La plupart des rivières de France et beaucoup de ruisseaux ont conservé le nom qu'ils portaient avant l'arrivée des Celtes. Ces noms, dont l'explication est souvent âprement discutée, se divisent en deux ensembles. Le premier comprend les noms de lieux à racine « pré-indo-européenne », le second, les noms de lieu à racine « pré-celtique ».

Lorsqu'un toponyme ne s'explique ni par le celtique – par exemple le gaulois – ni par le latin et qu'il est attesté à la fois dans des régions conquises par les Celtes et dans d'autres qui n'ont jamais été celtisées, ce toponyme est considéré comme pré-celtique. Si l'on veut remonter plus loin et déterminer si, quoique non celtique, il est indo-européen ou non, on doit vérifier si la racine du nom ne se rencontre pas à la fois dans des langues indo-européennes et dans d'autres qui ne le sont pas. Si tel est le cas, il y a toutes les chances que le nom de lieu soit pré-indo-européen.

Prenons un exemple pour illustrer chaque groupe. La racine *car, « pierre », que l'on reconnaît dans des noms de montagnes, comme roc de *Caralp* (commune de Saint-Martin-de-Caralp, Ariège), *Chervix* (commune de Château-Chervix, Haute-Vienne), *Callas* (Var), *Caromb* (Vaucluse, village perché sur une colline), pic de *Carlitte* (au nord-ouest de Font-Romeu, Pyrénées-Orientales), *Mont de Charance* (commune d'Agnielles, Hautes-Alpes), se retrouve dans de nombreux noms communs régionaux, comme le béarnais *carroc* (rocher), le dauphinois *charron* (quartier de rocher), le vendômois *jar* (gros gravier). Mais cette racine a des équivalents dans des régions que les Celtes n'ont jamais conquises. Elle est ainsi attestée jusqu'à l'extrême sud de la péninsule italienne. En outre, on la retrouve dans des langues qui n'appartiennent pas à la famille indo-européenne mais à celle des langues chamito-sémitiques, comme le berbère ou d'autres parlers chamites : *karin* au sens de « pierre » est relevé dans un dialecte agaw du nord-est de l'Ethiopie. Enfin cette racine apparaît en basque, où pierre se dit *harri, arri*, qui doit remonter à *karri. Les faits confrontés permettent de conclure que, sans l'ombre d'un doute, la racine *car est pré-indo-européenne.

Le toponyme *Cucq* et ses variantes, qui s'appliquent généralement à des localités situées en hauteur, sont attestés entre autres par *Cucq* (Pas-de-Calais), *Cuq* (commune de Saint-Séverin, Charente), *Le Cuq* (commune de Marsolan, Gers), *Cuq* (Lot-et-Garonne), *Cuguen* (Ille-et-Vilaine), *Cumond* (Dordogne), *Cumont* (Tarn-et-Garonne), *Mont-cuq* (commune de Belvès, Dordogne) ou encore *Le Cucuron* (sommet au nord-est de Corps, Isère). Ce toponyme est pré-celtique, parce qu'on le retrouve en des lieux où les Celtes ne sont pas arrivés : la racine *cuc apparaît dans des dialectes d'Italie du Sud jusque dans le sicilien *cucca*, « tête » ; en sarde *kukkuru* signifie « pointe », « hauteur » et le corse utilise *Cucco* pour désigner des hauteurs (*Cima al Cucco* : sommet au nord-est de Corte, Haute-Corse).

Grecs, Ibères, Ligures et Germains de Gaule

Lorsqu'ils ont conquis la Gaule, les Romains ne se sont pas trouvés face à un peuplement uniformément celtique. Plusieurs communautés ethniques, parfois très différenciées tant par la langue que par l'organisation sociale, y étaient implantées : la situation linguistique pré-romaine de la Gaule ne se résume pas au gaulois. Même si l'élément celtique était de loin le plus important, quatre autres langues ou familles de langues principales se partageaient une partie du territoire : le grec, l'ibère et l'élément aquitain, le ligure et le germain.

En 620 av. J.-C., des colons venus de la ville ionienne de Phocée en Asie Mineure fondent *Massalia* (Marseille). La période qui suit est prospère et la colonie ouvre plusieurs comptoirs sur le littoral méditerranéen et dans le delta du Rhône : Nice (*Nikaia*, dédiée à *Nike*, déesse de la victoire), Antibes (*Antipolis*, Ve siècle av. J.-C., la ville située « en face de la cité » de Nice), Agde (*Agathé*, la « bonne » cité), Arles (*Théliné*). Si Marseille fut naturellement orientée vers la Méditerranée, ses relations avec l'intérieur des terres furent importantes. Les preuves d'échanges commerciaux actifs entre Phocéens et populations celtes sont nombreuses, même à haute époque. Le cratère grec haut de 1,65 mètre et daté d'environ 550 av. J.-C., que l'on a retrouvé à Vix dans la tombe d'une princesse, témoigne de l'intensité des relations entre la civilisation du premier âge du fer (800 à 500 av. J.-C.) et le monde grec. Dès le VIe siècle av. J.-C., la civilisation de Hallstatt (nécropole découverte en Autriche qui a donné son nom au premier âge du fer), qui s'étendait de la Bourgogne au Danube, est inondée par des objets précieux, d'origine grecque notamment. L'acculturation méditerranéenne des Celtes a donc commencé, bien avant la conquête romaine, avec les Grecs, ce dont témoignent aussi les belles monnaies celtiques frappées à partir du IIIe siècle d'après des modèles hellénistiques de Macédoine.

L'influence linguistique de Marseille fut considérablement plus limitée que son influence culturelle et économique. Le Languedoc fut, il est vrai, partiellement hellénisé et la langue grecque était utilisée dans les environs de *Massalia* et sur la côte. D'autre part, les Celtes empruntèrent l'alphabet grec dans une partie de la Gaule correspondant à l'axe rhodanien. César nous apprend ainsi que lorsque les Romains, en 58 av. J.-C., pénétrèrent dans le camp des celtes Helvètes, ils y trouvèrent des tablettes en lettres grecques, où étaient relevés les noms de tous les émigrés, le nombre des hommes en état de porter les armes et séparément celui des vieillards, des femmes et des enfants. Les druides gaulois se servaient de lettres grecques dans les comptes publics et privés. Mais cette écriture n'était pas comprise de toute la Gaule : lorsque César voulut faire parvenir une lettre à son lieutenant Quintus Cicéron, dans le pays des Nerviens (tribu installée dans les environs de Cambrai et de Tournai) sans prendre le risque que l'ennemi la déchiffrât, il l'écrivit en caractères grecs (*litteris graecis*)[1]. Le géographe grec Strabon, vers 19 av. J.-C., confirme les propos de César, lorsqu'il écrit que Marseille « servait tout récemment d'école pour les barbares, qu'elle faisait des Gaulois des philhellènes, et que ces derniers, même, ne rédigeaient plus leurs contrats qu'en grec[2] ».

Marseille, « plaque tournante entre la civilisation antique et les populations établies plus au nord » (K. F. Werner), fut donc une ville au moins trilingue, où l'on pratiquait principalement le grec, le latin et le gaulois. Pourtant l'hellénisation des Celtes n'a laissé que d'infimes traces dans le latin des Gaules qui va devenir le français. Le nombre de 80 mots grecs passés en latin de Gaule, qui paraît aujourd'hui surestimé, concerne presque exclusivement le domaine occitan. Même dans la toponymie, la part du grec est fort limitée. Bien des toponymes que l'on a crus grecs seraient en fait des noms pré-celtiques hellénisés. Toujours est-il que le grec a longtemps servi à créer de nouveaux noms de lieux. Ainsi *Gratianopolis* (Grenoble) est formé du nom propre *Gratianus* (Gratien), empereur romain d'Occident au IVe siècle et du grec *polis* (ville). La mode fut longue à se perdre, puisque Charles le Chauve (mort en 877), petit-fils de Charlemagne, tenta de substituer *Karlopolim* (*Carnopole* est attesté au XIIIe siècle) à *Compendium* (Compiègne).

Les Ibères ont occupé une vaste région littorale qui s'étendait de l'Andalousie au Languedoc occidental, entre le Guadiana et l'Hérault, en englobant le sud de la Meseta et la moyenne vallée de l'Èbre. Si l'appellation de « race ibère » est impropre, une culture ibérique bien individualisée s'est forgée à partir du premier âge du fer, vers le VIIe et le VIe siècle av. J.-C. Entre l'Hérault et les Pyrénées, cette culture n'est pas liée à une unité de peuplement avec l'Espagne qui aurait résulté de mouvements de populations. On pense aujourd'hui que l'unité de la culture ibérique est plutôt le résultat de l'évolution de cultures fondamentalement régionales qui auraient connu des évolutions parallèles sous le coup d'influences communes.

L'intégration du Languedoc dans la sphère culturelle ibérique s'explique par l'existence d'un courant d'échanges continu avec la Péninsule. A partir du VIe siècle avant J.-C., divers produits originaires d'Espagne, comme des céramiques peintes et des amphores, sont acheminés vers le golfe du Lion par des négociants grecs ou phénico-puniques. La culture ibérique influence bientôt l'habitat, la métallurgie et l'architecture languedocienne. C'est sans doute également pour des raisons essentiellement commerciales que les sociétés languedociennes adoptent partiellement l'écriture ibérique, mi-syllabique et mi-alphabétique, à partir de la fin du Ve siècle, comme en témoignent des inscriptions épigraphiques sur divers supports, tels que des plombs inscrits et des graffites originaires d'Ensérune ou de Pech Maho.

La langue ibère, dont on sait lire les caractères, mais qu'on ne comprend toujours pas, n'est pas indo-européenne. On a longtemps cru que, malgré l'appartenance des Basques et des Ibères à des groupes ethniques différents, le basque était un descendant de l'ibère. Or sur plus d'un millier de mots ibères déchiffrés, seules cinq coïncidences avec le basque paraissent certaines et douze autres sont douteuses. La culture ibérique s'efface progressivement du Languedoc après la conquête romaine et la création de la province de Narbonnaise, en 121 av. J.-C. Les modes de vie, l'organisation politique et sociale sont alors profondément bouleversés et la langue des Ibères disparaît, non sans laisser de nombreuses traces dans la toponymie.

Certains noms communs ibères (ou peut-être plus largement aquitains) passés, toujours sous la forme de nom commun en gaulois, puis en roman, enfin en occitan, sont devenus des noms de lieux. C'est le cas de l'occitan *artiga*, « terre défrichée », d'origine pré-celtique, qui a donné les nombreux *Lartigue* (Gers, Gironde), *Artigue* (Haute-Garonne), *Artigues* (Ariège, Aude, Gironde), *Artiges* (Cantal), etc.

De nombreux toponymes en *-os*, que l'on trouve principalement dans la plaine béarnaise, au sud de l'Adour puis autour de Pour et dans l'arrondissement d'Argelès, sont formés à partir d'un suffixe pré-celtique probablement d'origine ibère (ou aquitaine) passé en gaulois et en latin. Ce suffixe apparaît ainsi uni à des noms propres gaulois comme dans *Argelos* (Landes ; correspond au nom de personne gaulois *Argailo* + suff. *-oss*) ou dans *Giscos* (Gironde ; nom de personne gaulois *Gesacus* + suff. *-oss*). Mais on trouve également ce même suffixe associé à un nom propre romain dans *Abos* (Pyrénées Atlantiques ; latin *Abossium* : nom de personne romain *Avus* + suff. *-oss*) ou dans *Aulos* (Ariège ; nom de personne romain *Aulus* + suff. *-oss*).

Les Ligures ont occupé la zone qui s'étendait de Marseille à Gênes, et au-delà dans les Apennins ligures[3]. Il ne s'agit pas d'une population homogène, mais d'une myriade de peuples autochtones, qui avaient établi leurs premiers habitats fortifiés sur des hauteurs, dès l'âge du bronze. C'est à cette époque que débute l'indo-européanisation des

Ligures par une lente infiltration de petits groupes de guerriers qui imposent progressivement leur vision du monde, leurs propres rites et leurs propres langues. Peu avant 700 av. J.-C., les premiers navigateurs grecs, longeant les côtes du golfe du Lion, prennent contact avec les *Elysci* de Narbonne et nouent avec eux les premiers contacts commerciaux ainsi qu'avec d'autres tribus installées entre les Pyrénées et le Rhône. Les habitants des anciennes forteresses descendent peu à peu vers la mer et sont nommés *Liguses* par les Grecs d'après un mot indigène. Lorsque les Phocéens fondent Massilia en territoire ligure, ils appellent *Liguses* les populations situées à l'est et à l'ouest du Rhône, mais entre 500 et 450, les Ligures sont écrasés par les Ibères de Narbonne ; du coup l'appellation « Ligures » ne désigne plus que les tribus situées à l'est de Marseille. Il faut attendre 400 pour voir se dessiner clairement la Ligurie primitive, bien distincte de l'Ibérie et de la Celtique. Entre 400 et 300, une première vague de Celtes gagne le littoral, suivie d'une seconde entre 300 et 250 av. J.-C. La celtisation s'étend alors entre les Pyrénées et le Rhône.

A l'arrivée des Romains, les Ligures occupent une large part de la Provence, depuis les Alpes et l'Isère, jusqu'au Rhône à l'ouest, sans compter au sud et à l'est les territoires italiens où ils étaient implantés. Comme les Ibères, les Ligures ont laissé un héritage essentiellement toponymique. On attribue traditionnellement au ligure le nom des *Alpes*, mot pré-celtique dont le sens premier est selon les uns « hauteur », selon les autres « pâturages ». Plus caractéristique de l'implantation ligure, on retiendra les noms de lieux formés du suffixe d'origine ligure *-oscu* au masculin et *-asca* au féminin : *Carros* (Alpes Maritimes, nom pré-celtique, **car* « pierre » + *-osc*), *Brachoux* (commune de Cheyssieu, Isère, du latin *Bracosco villa* [Xe siècle] : gaulois **bracu* « boue » + suff. *-osc*), *Cagnosc* (commune de Gonfaron, Var, du latin *castrum de Cagnosco* : nom romain de personne *Cannius* + suff. *-osc*), *Névache* (Hautes-Alpes, du latin *Annavasca* : nom romain de personne *Annavus* + suff. *-asca [villa]* pour signifier « ferme d'Annavus »).

Les premiers Celtes ont gagné l'est de l'Hexagone et notamment la Champagne dès le IXe ou le VIIIe siècle, avant l'éclosion de la civilisation du premier âge du fer, mais l'aire d'extension de la civilisation hallstattienne ne correspond pas nécessairement aux limites de la celtisation du territoire de la France actuelle.

Tirant partie de la supériorité de leur armement et de leur organisation sociale, les Celtes ont rapidement conquis un très vaste territoire au second âge du fer (480-50 av. J.-C), même si leur extension vers la Haute-Provence, le Languedoc et l'Aquitaine est tardive (IVe-IIIe siècle av. J.-C.). De manière générale, l'« expansion celtique » dans son ensemble ne peut être considérée comme un mouvement unitaire et concerté. Ses causes sont multiples : surpopulation de certaines régions nord-alpines, structure militaire de cette société favorisant les migrations massives, ambitions de contrôle territorial sur des zones militairement ou commercialement stratégiques, enfin recherche d'accès à la mer.

A l'issue de sa grande phase d'expansion, la culture celtique du second âge du fer (également appelée culture de La Tène, du nom d'un site sur les bords du lac de Neuchâtel) s'est diffusée à l'échelle de l'Europe, de l'Atlantique à la mer Noire et de la Pologne à l'Italie centrale et aux Balkans. Pourtant, ce vaste ensemble ne peut être considéré comme homogène. Les éléments susceptibles de fonder une identité celtique aux IVe et IIIe siècles sont relativement peu nombreux : un armement et des modes de combat ; une idéologie guerrière qui se manifeste dans des récits épiques historiques ou légendaires ; un panthéon et une mythologie propres ; une structure tribale de la société attestée de la Bretagne à la Galatie en Asie Mineure ; enfin une communauté linguistique d'échelle imprécise.

La pression des Germains qui se déplacent depuis 300 vers le sud produit un nouveau mouvement migratoire, car les Celtes sont contraints d'abandonner entre 250 et 120 av. J.-C. (période appelée La Tène II) l'ensemble de leurs territoires situés au nord d'une ligne allant du delta du Rhin à la forêt de Thuringe. Ce processus engendre la dernière vague d'occupation celtique de l'Hexagone : les *Belgae* (Belges) franchissent le Rhin en deux phases. Lors de la première vague, au IIIe siècle, les *Atrebates* s'installent autour d'Arras, ville à laquelle ils ont laissé leur nom ; de même les *Ambiani* s'implantent autour d'Amiens, les *Bellovaci* autour de Beauvais et de Breteuil, les *Remi*, enfin, autour de Reims. Ces peuples, nouveaux venus, provoquent des déplacements en chaîne, car des peuples celtes installés antérieurement sont contraints de se déplacer.

Au IIe siècle avant J.-C., une seconde vague de *Belgae* s'installe au nord de la Gaule. Ces peuples, qui ont subi depuis longtemps la poussée et l'infiltration des Germains, comptent parmi eux de nombreux descendants des Germains, mais ils conservent leur langue celtique. Le caractère mixte de ces populations explique que les auteurs anciens aient eu du mal à distinguer ces Belges des Germains. Bien avant l'arrivée des Romains sur les bords du Rhin, des tribus germaniques occidentales se fixent dans les régions celtiques cisrhénanes où elles se mêlent plus ou moins intimement à la population gauloise.

Dans la première moitié du Ier siècle, les Celtes sont confrontés aux migrations de leurs voisins proches. L'assaut lancé par les Daces du roi Burebistas contre les Boïens et les Illyriens, l'immixtion du Germain Arioviste dans les rivalités intérieures entre tribus gauloises pour le contrôle de la Gaule entraînent de grands déplacements de population. Rome s'inquiète de l'instabilité croissante des Gaulois et des Germains, qui fait peser une menace certaine sur les provinces proches de Cisalpine (entre les Alpes, le Rubicon et l'Arno) et de Transalpine (capitale Narbonne). Ainsi, lorsqu'en 58 avant J.-C., les Helvètes projettent d'émigrer en masse vers la Saintonge, César, appelé à l'aide par les peuples alliés de Gaule centrale, commence une série d'opérations militaires qui conduisent, en 52, à la reddition d'une coalition de peuples menée par le chef arverne Vercingétorix et, en 51, à la pacification complète de la Gaule.

Cette peur des mouvements de populations septentrionales était liée chez les Romains au cuisant souvenir du « sac de Rome » par les Gaulois aux alentours de 390-386 av. J.-C., événement qui a marqué en profondeur leur mémoire collective. Un siècle après, en 295, Rome s'était lancée à la conquête de l'Italie du Nord occupée par les Gaulois. Il lui fallut plus d'un siècle pour en venir à bout, puisque ce n'est qu'en 191 que les Boïens capitulent et que la Gaule Cisalpine est définitivement soumise.

La succession des expéditions militaires ne doit pas faire oublier les contacts pacifiques entre les Gaulois et le monde méditerranéen. A partir de la seconde moitié du IIe siècle avant J.-C., les amphores de vin d'Italie arrivent par cargaisons entières dans toute la Gaule et dans une partie de l'Allemagne du Sud, souvent accompagnées de vaisselle de luxe, fabriquée dans les ateliers tyrrhéniens. L'apparition du monnayage, au plus tôt vers 300 avant J-C., favorise le développement de ce commerce international, d'autant que vers 100 se met en place une véritable zone monétaire, équivalent à la « zone dollar » ou à la « zone euro » d'aujourd'hui. Des peuples gaulois modifient le poids et la teneur en métal précieux de leur monnaie pour s'aligner sur le denier romain, lui-même compatible avec la drachme de Marseille. Avant même la conquête de César, une zone économique, dotée d'une monnaie sinon commune du moins échangeable immédiatement, unissait donc à l'Italie et à la Transalpine de nombreuses tribus gauloises : au nord, les Eduens, les Séquanes, les Lingons, et peut-être d'autres ; à l'ouest, les peuples à l'ouest de Toulouse, peut-être jusqu'aux Santons et aux Pictons – qui ont laissé leur nom à Saintes et à Poitiers. Une partie de la Gaule politiquement indépendante était déjà passée dans l'« orbite romaine ».

L'influence méditerranéenne dépasse même le domaine économique pour toucher les sphères politique et institutionnelle. Ainsi, à côté de régimes tribaux traditionnels et de grandes royautés, comme celle des Arvernes, apparaissent des régimes oligarchiques constitutionnels d'un type nouveau, dans lesquels le magistrat suprême est désigné pour un an par élection, comme chez les Eduens. Des représentants de vieilles familles nobles empreints de culture méditerranéenne, comme le druide éduen Diviciac, qui fut l'hôte de Cicéron à Rome en 61 av J.-C., se montrent attachés au développement urbain et aux modèles politiques inspirés des institutions de la République romaine.

La pacification du midi de la Gaule (à partir de 125 av. J.-C.) et la création de la province de Transalpine ont sans doute favorisé la transformation des sociétés gauloises au cours de la première moitié du Ier siècle avant J.-C. La plupart des innovations économiques, politiques et culturelles semblent, en effet, toucher en premier lieu les grands peuples de Gaule centrale, qui reçoivent volontiers des *negotiatores* italiens et entretiennent très tôt des relations privilégiées avec le peuple romain, comme les Eduens, qui sont déclarés « frères du même sang » dès le IIe siècle. Des populations plus septentrionales, comme les Belges, sont peu touchées par l'influence romaine et César affirme que « les marchands y vont très rarement [chez les Belges] et n'y introduisent pas ce qui est propre à amollir les cœurs[4] ».

Si la romanisation des Gaulois commence avant la conquête territoriale de la Gaule par les Romains, la culture « celtique » continue longtemps de se définir par opposition aux cultures méditerranéennes auxquelles elle est confrontée. L'un des principaux traits discriminants entre la culture méditerranéenne et la culture celtique touche à l'usage de l'écrit. Quoique, dès le VIe siècle, les Celtes aient connu l'existence de l'écriture, ils ne l'adoptèrent jamais que dans des contextes marginaux, à partir du IIIe siècle et, tardivement, au Ier siècle av J.-C., dans les milieux précocement romanisés de Gaule centrale. Les druides s'opposèrent toujours fermement à un enseignement écrit des traditions, condamnant ainsi le gaulois et sa culture. Il n'y eut d'ailleurs jamais d'alphabet commun aux peuples de La Tène et les rares inscriptions pré-romaines en langues celtiques empruntent sans les transformer des alphabets étrangers. On a déjà évoqué l'utilisation, à partir de la fin du IIIe siècle av. J.-C., de l'alphabet grec dans le midi de la Gaule.

A côté du refus d'une tradition culturelle écrite, la diversité de la langue gauloise est souvent avancée pour expliquer sa résistance prétendument faible face au latin. Les spécialistes ont aujourd'hui tendance à nuancer cet élément, repris directement des premières phrases de la *Guerre des Gaules* de César : « L'ensemble de la Gaule est divisé en trois parties : l'une est habitée par les Belges, l'autre par les Aquitains, la troisième par le peuple qui, dans sa langue, se nomme celte, et, dans la nôtre, gaulois. Tous ces peuples diffèrent entre eux par le langage, les coutumes, les lois. »

On pense, en effet, que la langue gauloise était unie et qu'elle ne se métissait qu'aux confins du domaine gaulois. Comme toute langue, le gaulois a connu des variations dans le temps et dans l'espace. Pierre-Yves Lambert admet l'existence de plusieurs phases chronologiques en gaulois, surtout au plan phonétique, mais il reconnaît qu'il est difficile de préciser l'époque à laquelle on passe du gaulois ancien au gaulois tardif[5]. La forme ancienne de gaulois serait représentée par les inscriptions gallo-grecques (IIe-Ier siècles av. J.-C.) et la forme tardive par des inscriptions gallo-latines (Ier siècle ap. J.-C.). Certains sont tentés de voir une différence dialectale entre la zone gallo-grecque et la zone gallo-latine, mais le corpus des sources actuellement recueilli est insuffisant pour permettre de trancher. L'examen linguistique des traces de gaulois n'établit pas de différence dialectale à l'intérieur du gaulois ; du coup l'hétérogénéité de cette langue n'est ni infirmée ni confirmée et la prudence s'impose.

Il est cependant clair que le fractionnement politique, institutionnel et religieux du monde celtique n'avait aucune correspondance au niveau linguistique. Comment expliquer, en effet, que saint Jérôme ait pu affirmer que la langue des Trévires – qui ont donné leur nom à Trèves – était la même que celle des Galates d'Orient, si l'on admet l'existence de différences dialectales considérables au sein même du domaine gaulois ? L'unité du gaulois permettrait d'ailleurs d'expliquer, *a contrario* des idées reçues, pourquoi sa disparition ne fut ni brutale ni facile. Sans doute faut-il admettre des variations aux marges, notamment provoquées par l'influence du germanique sur le celtique chez les peuples Belges, mais ces disparités ne doivent pas conduire à sous-évaluer l'unité de la population des Gaules, dont l'homogénéité ethnique et linguistique est incontestable.

Le territoire conquis par les Romains renfermait donc des Grecs, des Ligures, des Aquitains, des Ibères, des Germains le long du Rhin ; le gaulois y était sans doute fragmenté en dialectes plus ou moins différenciés, mais « en somme, la Gaule était gauloise [6] » et elle offrait une homogénéité rare dans l'Antiquité pour un territoire aussi vaste. Cette cohérence fut renforcée considérablement par la conquête césarienne, qui par son rythme et son étendue a imposé la notion de Gaule, avec sa limitation au Rhin. Le projet de s'assurer des régions celtiques jusqu'au Rhin pour prévenir toute infiltration ou invasion germanique a provoqué l'union des tribus celtiques visées par sa conquête et ainsi créé ce que certains historiens n'ont pas hésité à appeler la « nation gauloise ».

Et la Gaule parla latin...

La description du processus de pénétration et d'adoption du latin en Gaule implique la prise en compte d'au moins trois dimensions, géographique, sociologique et chronologique, dont chacune reste fort mal connue dans le détail. La *latinisation*, par adoption de la langue des Romains, est éminemment liée à la *romanisation* (adoption de la civilisation romaine). Si la romanisation fut le moteur premier de la latinisation, la latinisation a permis à son tour une romanisation en profondeur de la Gaule. Aussi les facteurs, linguistique et culturel, se confondent-ils souvent.

SOUS INFLUENCE ROMAINE

Le facteur temps est d'une importance capitale. On s'accorde aujourd'hui à reconnaître que la rapidité de la latinisation dépendit surtout de l'intensité et de la durée des rapports entre les autochtones et ceux qui parlaient latin. Les mythes d'une romanisation homogène et quasiment instantanée, l'image d'un peuple barbare subjugué dans son ensemble par la culture supérieure de son conquérant ont fait long feu. La latinisation connut des rythmes différents d'une région à l'autre. Le décalage chronologique entre la conquête de la Gaule Transalpine et celle des Trois Gaules (Belgique, Aquitaine, Celtique) eut sans conteste de considérables répercussions sur l'histoire linguistique du pays.

La conquête de la Gaule par les Romains s'est déroulée en deux étapes bien distinctes. Avant la fin de la deuxième guerre punique (201 av. J.-C.), Rome reprit possession de l'Espagne. Au début du IIe siècle, elle s'assura du contrôle définitif de la Cisalpine. On a longtemps cru que la conquête de la Narbonnaise s'expliquait par la volonté d'établir un pont terrestre entre la province d'Espagne et la Gaule cisalpine. Cette explication a été abandonnée parce que la voie maritime était préférable pour se rendre en Espagne et qu'il suffisait de quelques tractations diplomatiques pour obtenir un droit de passage par les terres. Si Rome intervint dans le sud de la Gaule, ce fut avant tout pour répondre aux appels à l'aide de son alliée Massilia. En 181, Rome vient au secours de la colonie phocéenne dont des bateaux ont été attaqués par des pirates de la côte ligure. En 154, Rome apporte de nouveau son aide aux Massaliotes, car les comptoirs de Nice et d'Antibes subissent des attaques de la part des Ligures. Une fois l'ordre rétabli, les légions repartent. En 125, de nouveau sollicitée par Marseille, Rome intervient mais ne repart pas : en 120, les Romains fondent une nouvelle province, la Gaule Transalpine, dont Narbonne devient la capitale en 118.

Les contours de la Transalpine, également appelée Narbonnaise, sont relativement flous : ils sont délimités par les frontières des peuples soumis avec ceux qui ne l'ont pas été ou auxquels Rome a laissé la liberté. La conquête fut très vite suivie d'un afflux de citoyens romains « porteurs de capitaux », qui provoquèrent un développement économique sans précédent auquel les dirigeants autochtones prirent part.

Ce phénomène explique sans doute la reconnaissance et la fidélité d'une partie de la population gauloise indigène, dont l'élite envoya bientôt ses enfants suivre des cours à Marseille ou même à Rome. Les Gaulois transalpins, pour études ou pour affaires, semblent vite se rendre en nombre à Rome, au point d'irriter Cicéron : « Doutez-vous, juges, que tous ces peuples ne portent et n'entretiennent en eux une haine profonde du nom romain ? Estimez-vous qu'avec leurs sayons et leurs braies ils ont ici l'attitude soumise et humble qui convient ? [...] Voyez-les se répandre dans tout le forum, pleins d'allégresse et d'arrogance, nous menaçant, inspirant la terreur par les sonorités horribles de leur langue barbare [...][7]. »

Au début de la guerre des Gaules, César est accompagné, pour faire office d'interprète, d'un prince helvien (d'une tribu installée dans l'Ardèche actuelle) éduqué à la romaine, sans doute à Rome. A un niveau social inférieur, la latinisation est souvent passée par l'armée. Les contingents de Gaule méridionale accompagnaient régulièrement les légions de Rome à titre d'auxiliaires et l'on peut supposer que même si ces troupes formaient des unités à part commandées par leurs propres chefs, il en résulta un apprentissage linguistique au moins rudimentaire.

La conquête des Trois Gaules intervint soixante ans après la fondation de la Narbonnaise. En mars 58, César se précipita vers le nord-est de cette province, parce que les Helvètes, qui occupaient *grosso modo* la Suisse actuelle, s'étaient mis en mouvement et menaçaient des alliés de Rome et la zone économique fondée sur le denier. Huit ans plus tard, après la chute d'Uxellodunum, aujourd'hui le Puy d'Issolu (51 av. J.-C.), la Gaule est entièrement conquise par Rome. Si César a poursuivi ses opérations militaires vers le nord contre les tribus belges, normandes, armoricaines et dans la partie inférieure du Val-de-Loire, c'est parce que ces campagnes peu risquées lui permettaient d'élargir à bon compte la « zone du denier », ouvraient de nouveaux marchés et lui donnaient la possibilité d'autres expéditions plus importantes vers la Bretagne et le Rhin.

Les motivations de César excluaient toute idée d'annexion, de « colonisation » directe. Le corps expéditionnaire de César, relativement limité, servait à produire des effets de choc, mais la situation politique était ensuite stabilisée par des moyens autres que militaires.

La démographie des locuteurs de langue latine dans les territoires conquis a largement joué sur le rythme de la latinisation. En effet, plus leur masse est grande, plus sont fréquentes les situations de communication qui encouragent, valorisent ou nécessitent l'utilisation du latin de la part des autochtones. Sur ce point encore, une fracture se dessine entre la Narbonnaise et les Trois Gaules.

En Narbonnaise, la population de ces latinophones venus d'Italie est vite considérable, même si elle reste minoritaire par rapport aux autochtones celtes ou celtisés. A la fin du règne d'Auguste (14 ap. J.-C.), elle compte 100 000 à 200 000 personnes réparties dans dix colonies, auxquelles il faut ajouter les descendants des « pionniers » arrivés après la conquête, les habitants de Narbo (actuelle Narbonne) et les effectifs des légions.

Dans les Trois Gaules, la situation est bien différente. A la fin du règne d'Auguste, seules trois colonies sont implantées, à Lyon, Nyon et Augst. Dès cette date le territoire est démilitarisé en grande partie et il le restera jusqu'aux bouleversements du IIIe siècle. A l'intérieur, quelques petits détachements assurent la sécurité des communications avec l'armée du Rhin, mais aucune garnison régulière n'est implantée. En revanche les cantonnements sur le Rhin puis l'organisation du *limes* germanique sous Hadrien font des provinces de Germanie l'un des plus grands marchés de produits italiques, notamment les céramiques, l'huile et les vins méditerranéens. Du même coup ces régions deviennent un pôle de romanisation important pour le nord de la Gaule.

Jusqu'au règne de Tibère (14-37 ap. J.-C.), les Trois Gaules furent en général sous-administrées. L'Empire était dépassé par sa conquête et ne disposait ni des hommes ni des moyens pour pénétrer des régions trop éloignées de la Narbonnaise ou des provinces militaires de l'Est, d'autant que ces territoires étaient réputés pour l'abondance de leur population. Strabon écrit, en effet, que « la Celtique tout entière [...] produit du blé en abondance, du millet, des glands, et toutes les espèces de bétail d'élevage y prospèrent. On n'y voit pas de sol inactif, sauf en quelques endroits défendus par des étangs et des forêts. Et pourtant, du fait de la surabondance de la population plus que de son activité, même ces endroits sont habités[8] ». Par rapport à cette masse d'habitants, la proportion des personnes venues d'Italie ou d'autres parties de l'Empire devait être modeste et inégalement répartie.

En somme, la Gaule est peuplée alors par une masse d'autochtones, peut-être une dizaine de millions, et par quelques centaines de milliers de personnes originaires d'Italie, groupées presque exclusivement dans les grandes villes du sud, à Lyon et sur les arrières immédiats de l'armée du Rhin.

La mise en place du système administratif romain en Gaule a sans doute été un moteur de la latinisation, puisque le latin s'est d'emblée imposé pour tout contact avec les nouvelles autorités. Cependant, les Gaulois ayant affaire à l'administration n'étaient qu'une infime minorité de la population, même si la situation semble avoir été différente en Narbonnaise et dans les Trois Gaules. Alors que la Narbonnaise, considérée comme une part de l'Italie plutôt que comme une province, s'adapte assez rapidement au système administratif qui prévaut dans la Péninsule italienne, les Trois Gaules ne subissent pas de modifications sensibles et conservent une personnalité distincte. Le réseau des cités gauloises subsiste, de même que les *pagi* (pays), subdivisions inférieures. Les unités territoriales constituées se maintiennent et l'on retrouve dans la Gaule du IIe siècle les Séquanes, les Lingons, les Bituriges là où ils vivaient au temps de l'intervention des troupes de César. Ces implantations durables ont laissé des traces dans la toponymie : les premiers ont donné leur nom à la Seine, les deuxièmes à Langres, les derniers à Bourges. Les rouages intérieurs des cités sont peu modifiés : le sénat gaulois, jadis formé des plus importants chefs de famille, est transformé en conseil des décurions, qui en tout état de cause ne reste accessible qu'aux riches.

Le débat sur l'application du droit gaulois et du droit romain n'est toujours pas résolu. Il semble que les anciens usages gaulois n'aient jamais été abrogés. Encore en plein IVe siècle, les textes des jurisconsultes trahissent le souci des empereurs de ne pas aller à l'encontre des coutumes locales.

La concession du droit de cité semble avoir été un facteur particulièrement actif de romanisation et de latinisation. Récompense la plus haute décernée lors des combats, la citoyenneté romaine conférait de nombreuses prérogatives : elle permettait à un chef gaulois d'entrer dans la famille d'un haut personnage de Rome dont il recevait souvent le nom, elle dispensait du service militaire, autorisait à se marier, à hériter, à commercer sous couvert de la loi romaine. Le nouveau citoyen romain échappait à la juridiction du gouverneur de sa province et ne pouvait être jugé qu'à Rome par ses pairs. César accorda abondamment le droit de cité aux membres des familles gauloises les plus considérables qui se rallièrent à lui.

Sous l'Empire, tout soldat issu des corps auxiliaires et ayant accompli son temps reçut la citoyenneté romaine, que le légionnaire, lui, devait posséder d'emblée. De retour dans leur pays, de nombreux Gaulois anciens soldats devinrent donc citoyens romains. Ce procédé diffus de romanisation fut efficace, car ces petits notables répandirent autour d'eux le mode de vie romain. L'historien romain Dion Cassius (mort en 235) nous apprend qu'à l'époque de l'empereur Claude (10-47), il fallait connaître le latin pour être admis au rang de citoyen. L'association de la langue latine à la citoyenneté romaine provoqua sans doute chez les élites gauloises le vif désir d'apprendre le latin.

On énumère traditionnellement, parmi les facteurs de latinisation, le rôle des voies de communication et des villes, l'impact de la vie culturelle et la christianisation, trois éléments auxquels on a d'ailleurs donné trop d'importance, selon J. Herman[9].

Les villes réunissent certes des marchés où les échanges se font dans un latin souvent simplifié et composite ; les thermes, les théâtres, les écoles et les temples sont autant d'agréments essentiels à la vie civilisée pour le personnel administratif en poste et attirent la population gauloise dans l'orbite romaine, mais de manière générale, il est trop schématique d'affirmer que le latin a essaimé du sud vers le nord, et de la ville vers la campagne. Le latin s'est diffusé à partir de bases locales établies à la fois dans les nouvelles agglomérations et dans les *villae* (fermes) de type romain. Cette diffusion, à l'œuvre dès les premières décennies de la conquête, s'est faite au contact de marchands, de soldats, de fonctionnaires et d'esclaves au gré de leurs déplacements.

Quant aux facteurs culturels et scolaires, ils ne concernent que l'élite de la population et non la masse des locuteurs. L'éducation de cette élite gauloise était, avant la conquête, assurée par les druides. Pomponius Mela, l'auteur du plus ancien ouvrage latin de géographie qui nous soit parvenu, nous décrit encore, au milieu du Ier siècle après J.-C., les druides poursuivant leur enseignement en cachette : « Ceux-ci [les druides] déclarent connaître la grandeur et la forme de la Terre et du Monde, les mouvements du ciel ainsi que la volonté des dieux. Ils enseignent à l'élite de leur peuple [*nobilissimos*] quantité de choses, en secret et pendant longtemps (vingt années), soit dans une grotte, soit dans des vallons écartés[10]. » Mais ce système, ne correspondant plus à la civilisation nouvelle, dut disparaître. Désormais, l'éducation fut assurée par des maîtres, souvent d'origine grecque.

César se fit livrer des fils de notables gaulois qu'il envoya de force étudier à Marseille ou à Rome. C'est dire l'importance de l'école dans le processus de romanisation de l'élite. On sait par Tacite que l'école d'Autun, créée vers 10 av. J.-C., était fréquentée sous le règne de Tibère, en 21, par « les fils des plus grands personnages des Trois Gaules ». Outre Marseille, plusieurs autres villes possèdent des écoles moins importantes comme Lyon, Vienne, Arles, Toulouse, Limoges, et, plus au nord, Reims et Trèves. Sous le règne de Caligula, des concours d'éloquence sont organisés à Lyon. Sous Claude, des Gaulois enseignent les belles lettres dans les écoles qui s'ouvrent en Bretagne. Il y a donc incontestablement une assimilation de la culture gréco-latine par les membres les plus éminents de la société gauloise, mais son impact sur les pratiques langagières des masses fut sans doute extrêmement limité.

Enfin, on affirme d'ordinaire que la christianisation de la Gaule, en particulier dans les campagnes à partir de la fin du IVe siècle, porta le coup de grâce au gaulois : l'association du latin au nouveau culte aurait imposé la langue des Romains, alors que le gaulois, associé à des pratiques païennes, aurait été rejeté. Le raisonnement complémentaire, moins souvent tenu, est tout aussi valable : la rapidité de la christianisation des campagnes s'expliquerait alors par le fait qu'on y parlait ou du moins qu'on y comprenait déjà le latin, ce qui aurait facilité grandement la pénétration de la nouvelle foi.

La « paix romaine » (*pax romana*), période de paix qui se prolongea de la conquête jusqu'à la fin du IIe siècle, rendit la romanisation irréversible. Profitant surtout aux classes supérieures et moyennes de la population gauloise, cette paix favorisa la croissance démographique et généralisa l'emploi de l'écrit. Cependant, la pression des Goths le long du Danube et celle des Parthes en Orient accentuent l'instabilité de l'Empire romain et inaugurent ce qu'on nomme la « crise du IIIe siècle », une période de troubles politiques et économiques qui dura environ 90 ans, de l'assassinat de Commode (192) à l'arrivée au pouvoir de Dioclétien (284). Pendant près d'un siècle, les armées firent et défirent les empereurs, à la recherche d'un chef à la fois capable d'enrichir ses soldats et de les mener à la victoire.

La Gaule fut en première ligne, car cette « crise du IIIe siècle » fut surtout la crise du *limes*. En 235, des peuples Suèves formant la ligue de « tous les hommes », les Alamans (*Alemani*), détruisent le camp romain de Strasbourg. A partir du milieu du IIIe siècle, le rassemblement de grandes armées pour lutter contre les Goths et les Parthes provoque régulièrement le départ des légions en charge du *limes*, toujours suivi d'incursions de la part des Alamans ou des Francs, ces derniers formant une ligue de Germains occidentaux. Les années 250-275 sont les plus terribles. Le territoire situé entre le Rhin et le *limes* est abandonné aux Alamans qui parcourent le pays à la recherche de butin. En 258, un groupe de Francs traverse la Gaule pour aller s'installer en Afrique du Nord, tandis que d'autres continuent à ravager la Gaule. Les sources font état d'une soixantaine de villes détruites pendant cette période. Les victoires de l'empereur Probus (276-282) sur les Alamans et sur les Francs rétablissent enfin la paix.

La crise du IIIe siècle peut être considérée comme un facteur positif du point de vue de la latinisation, car le brassage de population profita le plus souvent au latin. Avec les mouvements de troupes et les invasions germaniques, apparaissent des étrangers dont la langue maternelle n'est ni le latin ni le gaulois. Qu'il s'agisse de soldats de troupes auxiliaires d'origine orientale, d'esclaves importés ou des membres de ligues germaniques, leur seul moyen de communiquer avec la population autochtone est d'utiliser le latin. Contrairement aux facteurs de latinisation très graduels évoqués jusqu'ici, la crise provoque une brusque accélération dans l'implantation du latin.

En revanche, elle s'accompagne d'une augmentation considérable du nombre de germanophones installés en Gaule, souvent de manière durable. En 277, après sa victoire, Probus établit près du *limes* des prisonniers germains avec femmes et enfants comme colons, sur des terres ravagées et souvent abandonnées par leurs précédents occupants. Ces prisonniers reçoivent le statut de « lètes » : ils possèdent leurs terres moyennant un service militaire dont ils sont redevables aux Romains ; ce sont des soldats-cultivateurs. Constance Chlore fait de même sur des terres situées aux environs d'Amiens, de Besançon et de Troyes. En 287-288, Maximien conclut même avec le roi franc Gennaubaude un traité qui prévoit l'installation de Francs entre la Meuse et la Moselle en échange de la restitution de prisonniers romains et de la reconnaissance de la souveraineté impériale.

L'Empire a longtemps tenu ses frontières grâce à des troupes germaniques romanisées, appuyées à l'arrière par des groupes de lètes et de *gentiles*, d'origines diverses, soldats ou paysans armés, parfois sortis de toute l'Europe orientale et affectés à la protection éloignée des diverses cités. Ces implantations germaniques ont laissé des traces dans la toponymie. Il n'est qu'à penser à Gueux (de *Gothi*) ou à Villers-Franqueux (de *Franci*), autour de Reims ; ou, près de Nevers, à Sermoise, qui, comme tant d'autres Sermaizes, Sermizelles, Sermages..., rappelle un établissement de Sarmates. Les noms du type Alaines, Allainville (sur la route d'Orléans), Allognes (près du Mans) attestent la présence d'Alains ; les Aliemagne, Allemant, Brinon-les-Allemands, Allemagne renvoient aux Alamans.

L. Guinet a soutenu la possibilité d'une introduction relativement importante de germanismes dès cette époque dans le latin pratiqué en Gaule[11]. Selon lui, la couche des colons lètes ne faisait que s'ajouter à celle des Germains qui avaient accompagné la seconde migration belge. Les contacts permanents entre Germains, Gaulois romanisés et Romains auraient créé en Rhénanie une situation de bilinguisme ou de trilinguisme, une « symbiose germano-gallo-romaine » extrêmement propice aux échanges linguistiques, surtout lexicaux. Cette thèse a été sévèrement critiquée, et l'on pense aujourd'hui que, même si l'on ne peut exclure des emprunts précoces au germanique, la majorité des emprunts date de l'expansion des Francs, deux siècles plus tard (Ve siècle).

L'IRRÉDUCTIBLE GAULOIS

La latinisation de la population est un processus de substitution linguistique accusant des variations régionales, socioculturelles et fonctionnelles selon la prégnance des différents facteurs énumérés plus haut. Le plus remarquable est que le gaulois se soit effacé devant le latin à partir d'une couche si mince de locuteurs de la langue de César, parlée autrement. Pour mieux comprendre ce phénomène, il faut se pencher sur les deux langues en présence.

Les locuteurs « latinophones » de la Gaule ne pratiquaient pas le latin des discours de Cicéron ou celui des *Commentaires* de César. La diffusion du latin s'est faite à partir de la langue orale des soldats, des marchands, des fonctionnaires. Ce latin parlé n'était pas lui-même homogène : il présentait des variations sociales et dialectales selon l'origine de ses locuteurs. Cependant, au-delà de ces différences d'usage, les locuteurs avaient conscience de parler une seule et même langue, la langue de Rome.

Comme toute langue, le latin est un « diasystème [12] ». Il ne fonctionne pas réellement comme un système de signes linguistiques utilisés par un locuteur idéal qui connaîtrait de manière innée toutes les règles permettant de combiner les signes entre eux. Au sein de la communauté linguistique, la langue se démultiplie en sous-systèmes étroitement apparentés qui correspondent à des usages distincts mais proches. Ces variétés linguistiques sont reliées entre elles par un « diasystème » commun (les niveaux de langue, malgré leurs différences, partagent des faits de système), par l'intercompréhension des locuteurs et par la conscience qu'ils ont d'appartenir à une même communauté linguistique et culturelle.

L'élaboration de la langue littéraire latine a abouti à l'établissement d'une variété normée de latin soumise à plusieurs critères étudiés par Michel Banniard [13] : l'*urbanitas* (l'urbanité par opposition au langage de la campagne), l'*elegantia* (la distinction) et la *proprietas* (adaptation). Cette norme impose une distance avec la langue de tous les jours. Le grand grammairien latin Varron distinguait déjà le parler urbain et les traits phonétiques ou lexicaux des *rustici*, les gens de la campagne ; chez Cicéron, les adjectifs *rusticus* ou *agrestis* appliqués à des faits de langue, sont toujours péjoratifs. Plus tard, Quintilien définit dans l'*Institution oratoire* le parler urbain en tant que norme en l'opposant aux usages « paysans » et dialectaux : « Le bon ton suppose qu'il n'y ait rien qui détonne, rien de campagnard, rien de fade, rien d'étranger [14]. »

Dès l'Antiquité classique, les écarts par rapport à la norme littéraire écrite suscitent des réactions. Cicéron commente son propre emploi d'un latin relâché dans sa correspondance : « Mais, au fait, de quoi ai-je l'air à tes yeux, dans mes lettres ? N'est-ce pas de te parler en langage plébéien [*plebeio sermone*] ? [...] En quoi une lettre ressemble-t-elle à un discours judiciaire ou à une harangue ? [...] Les lettres, nous les tissons d'ordinaire avec les mots de tous les jours [*cottidianis verbis*] [15]. » Quintilien va jusqu'à établir une différence de nature entre la langue du peuple et celle de l'orateur : « A mon avis, en effet, le langage courant, le style d'un homme éloquent semblent de natures différentes [16]. » Dans ces deux exemples, les infractions à la norme sont d'ordre stylistique et ne concernent pas le fond de la grammaire. Cicéron souligne l'impact de la situation de communication sur la langue employée ; Quintilien s'arrête à des considérations sociologiques.

Par ailleurs, les intellectuels parlant (et écrivant) le latin sont alors conscients que l'accroissement des territoires contrôlés par Rome favorise une différenciation géographique de cette langue. Saint Jérôme évoque une « latinité qui se modifie quotidiennement dans les régions de l'Empire et avec le temps [17] » et saint Augustin écrit : « Pourquoi un maître de piété répugnerait-il, parlant à des ignorants, à dire *ossum* plutôt que *os*, pour éviter qu'on prenne cette syllabe, dont le pluriel est *ora* (les bouches) pour celle dont le pluriel est *ossa* (les os), étant donné que les oreilles africaines ne distinguent pas une syllabe brève d'une syllabe longue [18] ? » Le brassage des populations dans l'Empire romain a produit l'ultime stade chronologique du latin selon Isidore de Séville, celui qu'il appelle la « latinité mixte » (*mista latinitas*) : « La latinité mixte qui, lorsque l'Empire se fut étendu plus largement, fit irruption dans la cité romaine en même temps que les mœurs et les hommes, en corrompant la pureté du langage par des solécismes et des barbarismes [19]. »

Pour rendre compte de ces variations sociolinguistiques du latin, Michel Banniard a proposé un schéma triparti qui distingue le latin parlé et le latin écrit ; et à l'intérieur du latin parlé, le latin parlé cultivé et le latin parlé populaire.

Voyons comment s'est traduite concrètement l'opposition entre langue littéraire écrite et langue parlée [20]. Une proportion considérable des mots du latin classique écrit se retrouve dans les langues romanes. Les deux tiers des mille mots les plus fréquents en latin classique écrit ont survécu par voie héréditaire, c'est-à-dire sans jamais disparaître de l'usage, mais ils ont subi les évolutions phonétiques propres à chaque langue. Cette proportion prouve la vitalité du fonds classique dans le latin parlé et une « identité partielle non négligeable » entre le lexique du latin écrit et celui du latin parlé.

Cependant les vocabulaires se sont renouvelés. Certains mots du latin écrit classique ne sont pas passés dans les langues romanes, parce que la notion qu'ils dénommaient apparaissait rarement dans la conversation quotidienne, qui pouvait du coup en faire l'économie. C'est le cas de nombreux substantifs abstraits comme *natura*, qui a été réservé à la communication écrite et qui n'a pas laissé de traces héréditaires dans les langues romanes. En effet, le français *nature*, emprunté au XIIe siècle au latin *natura*, ne résulte pas d'une évolution phonétique régulière à partir du latin parlé. De même, les nombreux verbes du latin classique signifiant « partir » (*abire, discedere, proficisci*) ont tous disparu, sans être remplacés par un terme équivalent en latin parlé. Cette disparition peut s'expliquer par la redondance de ces verbes avec la situation concrète de la communication orale, l'aspect de séparation et d'éloignement étant souvent déjà suggéré par des facteurs non verbaux, si bien que le locuteur pouvait se contenter d'un verbe de sens plus vague comme *ire* (qui a donné j'*irai*, tu *iras*), *vadere* (d'où viennent je *vais*, tu *vas*...) ou *ambulare* (nous *allons*).

De manière générale, le concret est privilégié au détriment de l'abstrait. Ainsi « la langue parlée, surtout populaire, préférait à certains collectifs, le pluriel de leurs aspects partiels plus concrets[21] ». Des substantifs aussi fréquents que *jus* « le droit », *exercitus* « l'armée », *bellum* « la guerre » se sont ainsi vus « décomposés » en *leges* « les lois », *milites* « les soldats », *pugnae* « les batailles », si bien qu'ils ont presque totalement disparu lors de l'évolution du latin tardif vers le roman.

Contrebalançant ces disparitions pures et simples, le latin parlé est à l'origine de nombreuses innovations lexicales, comme l'emploi métaphorique de *testa* (« tuile » ; « vase en terre cuite » ; « coquille de mollusque » en latin classique) pour « tête », celui de *mittere* (envoyer) pour « mettre » ou l'emprunt au gaulois latinisé *cambiare* (« changer »). Ces innovations n'empêchent d'ailleurs pas les correspondants classiques de survivre : *caput* « tête » a donné le français *chef* par voie héréditaire ; de même *ponere* « mettre » a donné *se pondre* « se poser » en moyen français, et *mutare* « changer » a donné *muer*.

La plupart des innovations découlent de trois tendances principales, qui se combinent parfois. Le latin parlé tend à préférer des verbes spécifiques plus expressifs que les verbes du latin écrit classique. Ainsi *plorare* (d'où le français *pleurer*) et *plangere* (d'où l'italien *piangere* « pleurer ») se substituent à la forme plus ancienne *flere* « pleurer » ; *comedere* (d'où l'espagnol *comer* « manger ») et *manducare* (d'où le français *manger*) à *edere* « manger ». Une autre tendance consiste à privilégier des mots dont la forme est motivée, comme le verbe *seminare* (qui a donné le français *semer*), attesté chez Columelle, théoricien latin de l'agriculture au Ier siècle av. J.-C., qui remplace le classique *serere* « semer ». La forme du verbe *seminare* permettait à la fois un rapprochement aisé avec le substantif correspondant *semen* « semence » et évitait l'homonymie avec le verbe *serere* « ranger ». Enfin, les verbes très polysémiques et aux conjugaisons irrégulières, comme *flere, edere, ferre* « porter », *loqui* « parler » et *serere*, tendent à être remplacés.

Il est possible que la plupart des innovations du latin parlé aient une origine populaire ou qu'elles aient été d'abord réservées à des situations de communication privées et informelles. Cependant, grâce à leur expressivité, ces innovations se sont lentement propagées jusqu'aux couches les plus élevées de la société. En s'élevant socialement, ces mots ont généralement perdu une part de leur expressivité et ont pu finalement être considérés comme des expressions de la norme parlée.

Le latin parlé, à l'origine du français et des autres langues romanes, présente donc de nombreuses différences de dénomination avec le latin classique écrit. Pourtant ces différences ne doivent pas faire oublier l'importante proportion du fonds classique passé de façon héréditaire en français. Elles ne doivent pas non plus donner l'illusion d'une évolution linéaire. Les mots du latin classique n'ont jamais été remplacés du jour au lendemain par des mots du latin parlé. Les deux variantes coexistent souvent longtemps, d'abord dans des couches sociales différentes, puis souvent à l'intérieur d'une même couche sociale. Le choix de la forme utilisée est alors commandé par les circonstances de la communication. Le latin parlé n'est pas une langue monolithique et unitaire mais un ensemble complexe d'usages plus ou moins normalisés (on parle alors de « diasystème »).

Mis en contact, le gaulois et le latin parlé (les latins parlés) déclenchent un long processus que J. Wüest a qualifié de « semi-créolisation[22] ». Alors que les créoles modernes (apparus aux XVIIe-XVIIIe siècles) présentent une morphologie et une syntaxe tributaires des langues africaines, en rupture totale avec la morphosyntaxe de la langue à laquelle ils empruntent leur vocabulaire, le latin parlé en Gaule conserve les structures morphologiques et syntaxiques essentielles du latin.

Les semi-créoles modernes, tels l'afrikaans en Afrique du Sud et le « brésilien » populaire parlé par les descendants des esclaves noirs du Brésil, se sont développés dans des situations coloniales où la présence des Blancs était plus massive qu'ailleurs. Dans le cas brésilien, l'homogénéité linguistique des esclaves fut appréciée par leurs maîtres, si bien qu'ils purent continuer à utiliser leurs langues africaines ancestrales pendant plusieurs générations. Le processus d'acculturation linguistique fut donc très progressif.

La latinisation de la Gaule peut être rapprochée de ce modèle brésilien : puisque le gaulois a survécu pendant plusieurs siècles, une longue période de bilinguisme a nécessairement précédé la latinisation définitive de la population. De plus, la population servile qui travaillait dans les *villae* romaines avait été le plus souvent recrutée localement et était donc linguistiquement homogène. Elle pouvait communiquer entre elle en gaulois, le latin restant une langue seconde souvent mal maîtrisée. L'étalement de la période de bilinguisme « a pu amortir les effets qu'aurait eus le passage brusqué d'une langue à l'autre [23] », comme dans les véritables créoles où l'acquisition contrainte de la langue des maîtres en l'espace d'une génération donne des résultats plus que médiocres.

On a pensé que la qualité de l'acquisition du latin en Gaule a été également facilitée par la proximité linguistique du gaulois et du latin – du groupe celte et du groupe italique –, mais cette question est aujourd'hui controversée. On souligne souvent les similitudes entre la syntaxe latine et celle du gaulois, notamment en ce qui concerne l'usage des prépositions. Certaines correspondances lexicales sont également nettes : les formes gauloises *alto, bovi, devu, medio, rix, viro* sont proches du latin *altus* « profond », *bos* (génitif *bovis*) « bœuf », *deus* « dieu », *medius* « qui est au milieu », *rex* « roi », *verus* « vrai ». Cependant, d'après le spécialiste du gaulois Pierre-Yves Lambert, les « traits communs à l'italique [dialecte de l'indo-européen qui a donné naissance, entre autres langues, au latin] et au celtique se réduisent à peu de choses : des assimilations phonétiques [...] et innovations morphologiques réduites [24] ». L'unité italo-celtique est aujourd'hui un groupe contesté. Il est vrai néanmoins que le celtique partage avec des dialectes indo-européens voisins, comme l'italique et le germanique, certains traits.

En Gaule, comme en d'autres régions de l'Empire romain (l'Hispanie par exemple), la lenteur du processus a assuré la qualité de l'acquisition de la nouvelle langue et a rendu ces modifications linguistiques, étalées sur de nombreuses générations, inconscientes pour les locuteurs. Cette lenteur résulte en partie du maintien des cités et des structures tribales pré-romaines dans les Trois Gaules, de la faible militarisation du pays, de la cohérence linguistique de la population, et aussi de la durée de la « paix romaine ». Ce caractère progressif de l'évolution est confirmé par les témoignages sur la persistance du gaulois.

Si l'implantation définitive du latin en Gaule a nécessité au moins quatre siècles à partir de la conquête césarienne, c'est sans doute parce que les Romains n'ont pas cherché directement à combattre l'usage du gaulois. Au contraire, ils ont permis aux deux langues de cohabiter dans un rapport asymétrique. Les noms donnés aux villes dans les Trois Gaules sont emblématiques de cette liberté laissée aux élites par l'administration romaine. Le résultat en est une très nette majorité de noms gaulois : *Diuodurum* (aujourd'hui Metz) est formé des éléments *diuo*, qui fait référence au monde divin, et *durum*, qui exprime la notion de forteresse ou d'agglomération. Ce nom paraît signifier « la forteresse des dieux » ou plus simplement « la ville des dieux ». *Autricum* (aujourd'hui Chartres) est un nom dérivé de celui de l'Eure, *Autura*, suivi du suffixe *-icum* évoquant, dans l'hypothèse la plus probable, la proximité, ou éventuellement, comme le pensent certains à propos de Chartres, la batellerie. *Autricum* signifierait alors la « ville au bord de l'Eure » ou le « port de l'Eure ». Dans l'ensemble des Trois Gaules, on n'a dénombré que dix noms de villes hybrides, formés d'un premier élément latin et d'un second gaulois, du type *Augusto-ritum* (Limoges) *Augusto-dunum* (Autun) ou *Caesaro-dunum* (Tours). Les toponymes entièrement latins sont encore plus rares.

Si les rapports avec l'administration exigeaient la pratique du latin, rien n'obligeait un individu, dans le cadre privé et même professionnel, à parler latin plutôt que gaulois. C'est ainsi qu'apparaissent plusieurs types de locuteurs bilingues : certains utilisent occasionnellement le latin, lorsqu'ils doivent communiquer avec une personne ne parlant que cette langue ; chez bien des individus, le latin et le gaulois ont sans doute des fonctions distinctes, le premier étant plutôt réservé aux affaires et à la sphère publique, le second à la sphère privée. La langue gauloise a d'abord disparu dans les actes de la vie publique, qui étaient réglés et organisés par l'autorité d'occupation, mais elle continue à être autorisée dans les contrats privés jusqu'au début du

IIIe siècle. Le *Digeste* d'Ulpien (170-228) déclare, en effet : « Des fidéicommis peuvent être déposés en quelque langue que ce soit, non seulement en latin ou en grec, mais également en punique ou en gaulois[25]. » Dans le domaine religieux, le gaulois disparaît vite des inscriptions de fondations officielles et ne subsiste plus que dans des actes de magie à caractère populaire ou ésotérique, comme des maléfices ou des charmes des guérisseurs. Parvenus à un stade supérieur de latinisation, les Gaulois peuvent se servir du latin comme moyen courant de communication et utiliser occasionnellement le gaulois. Les multiples situations possibles sont essentiellement déterminées par des facteurs socioculturels.

Ce processus de « semi-créolisation » du gaulois au contact du latin a laissé des traces écrites dans des documents qui nous livrent une « interlangue » dont on ne sait pas très bien s'il s'agit de latin ou de gaulois. Selon W. Meid, ces inscriptions mixtes sont d'origine populaire, en particulier celles que l'on a retrouvées sur des pesons de fuseaux. Il est vrai que le statut sociolinguistique de ces inscriptions est modeste et il n'est pas impossible que le même trait caractérise la plupart des documents du gaulois tardif. L'un des témoignages les plus vivants de cette langue mixte nous est conservé par les graffites de la Graufesenque, retrouvés dans un faubourg de Millau et que l'on peut dater du règne de Néron[26].

« Les potiers de la Graufesenque avaient l'habitude de cuire, dans la même fournée, des céramiques produites par plusieurs ateliers différents : le coût du bois de chauffe, et peut-être le prix de location du four ou d'autres contraintes économiques forçaient les potiers à s'associer pour l'emploi de chaque four. De plus, ils n'avaient pas intérêt à assumer tout seuls le risque d'une cuisson ratée. Donc plusieurs potiers enfournaient leurs poteries dans le même four. Au moment de l'enfournement, ils écrivaient sur un fond d'assiette en terre glaise la liste des pots apportés par chacun d'eux : ce bordereau cuisait avec la marchandise[27]. » Ces bordereaux présentent un mélange de gaulois et de latin. Tous les noms de récipients sont en latin, mais certains ont subi des déformations phonétiques (les *parapsidi* « sorte de plats longs » sont devenus des *paraxidi*) et sont déclinés à la gauloise.

Cette langue intermédiaire persiste longtemps. On hésite à en déceler une attestation tardive dans une phrase de la *Vie de Symphorien*, vraisemblablement datée du début du IVe siècle : « *nate, nate Synforiane, mentobeto to divo* », ce que l'on peut traduire par « ô mon enfant, ô Symphorien mon enfant, souviens-toi de ton Dieu ». Pourtant cette citation est de facture latine. Le seul élément gaulois identifiable est *divo*, du gaulois *devos*, assimilé au système latin sous l'influence de l'adjectif latin *divus* « divin ».

Ces deux exemples montrent qu'il est très délicat de savoir quand un mot gaulois devient un mot latin. Comme on ignore également si les derniers documents du gaulois tardif étaient compris par ceux qui les copiaient, devant l'insuffisance des sources directes, force est de se reporter aux témoignages des contemporains à propos de la vitalité ou au contraire de la disparition du gaulois [28].

Irénée, évêque de Lyon en 178 ap. J.-C., écrit qu'il a été contraint d'apprendre une « langue barbare » afin de communiquer avec une partie de la population de son diocèse : « Tu n'exigeras de nous, qui vivons chez les Celtes et qui, la plupart du temps, traitons nos affaires en dialecte barbare [*barbarum sermonem*], ni l'art des discours, que nous n'avons pas appris, ni l'habileté de l'écrivain [29]. » La langue barbare en question ne peut être que le gaulois, ce qui prouve qu'en Lyonnaise, peut-être dans les environs de Lyon, presque 250 ans après la conquête, une partie des habitants n'était pas encore bilingue. A lui seul, ce témoignage montre l'ampleur du décalage entre la latinisation de la Narbonnaise et celle, bien plus partielle, des régions conquises par César.

Au IVe siècle, Lampride raconte qu'une druidesse (*mulier dryas*) avait prédit en gaulois (*gallico sermone*) la fin prochaine d'Alexandre Sévère (208-235) : « A son départ, une druidesse lui cria en gaulois : "Vas-y, mais n'espère pas la victoire et méfie-toi de tes soldats" [30]. » Rien n'indique que ce témoignage soit faux, mais rappelons qu'il n'est pas de première main.

Plus tard encore, dans un dialogue de Sulpice-Sévère (363-425), on dit à un Gaulois qui ne s'exprime pas bien en latin : « Parle-nous celtique [*celtice*], ou si tu préfères, gaulois [*gallice*] [31]. » Ce témoignage n'est pas très clair, parce que au VIe siècle, les adverbes *celtice* ou *gallice* peuvent désigner le latin parlé populaire par opposition au latin parlé cultivé, qui est justement pratiqué par les interlocuteurs dudit Gaulois.

Enfin, en plein Ve siècle, Sidoine Apollinaire (430-489) déclare dans une lettre à Ecdicius que la noblesse arverne vient tout juste d'apprendre le latin : « C'est à ton action personnelle qu'on fut un jour redevable de ce que la noblesse, dans ses efforts pour se débarrasser de la crasse de la langue celtique [*sermonis celtici squamam*], se laissait initier, tantôt au style oratoire, tantôt même aux rythmes de la poésie[32]. » Là encore, il faut se garder de prendre cette déclaration au pied de la lettre, car Sidoine Apollinaire assume son rôle de lettré « puriste », gardien de la norme littéraire. La « crasse » du gaulois, ici stigmatisée, n'est peut-être rien d'autre qu'une expression latine relâchée et truffée de celtismes.

En somme, vers le Ve siècle, le gaulois est sur le point d'avoir totalement disparu de la Gaule, même s'il semble qu'à la fin du siècle suivant on comprît toujours le sens de certains mots gaulois. Grégoire de Tours donne par exemple un équivalent gaulois au latin *delubrum* (temple, sanctuaire) : « Venant en Auvergne, il incendie, détruit et démolit le temple qu'on appelle dans la langue gauloise [*gallica lingua*] "Vassogalate", c'est-à-dire le "brave vassal"[33] ».

En outre, le gaulois n'a pas disparu sans laisser d'empreintes dans la langue parlée des Gaules. Son héritage linguistique est avant tout d'ordre lexical, mais l'on ne peut rejeter l'idée d'une influence celtique sur l'évolution phonétique, morphologique et syntaxique de ce qui va devenir le français « d'oïl », même si elle est moins nette.

D'après Pierre-Yves Lambert, le français contemporain comprend environ cent cinquante mots d'origine gauloise, si l'on écarte les archaïsmes et les régionalismes. Parmi eux, il faut distinguer les quelques mots gaulois qui ont pénétré à date ancienne dans le latin commun et qui, comme tels, ont été employés dans l'ensemble de l'Empire. Ces mots latinisés se retrouvent aujourd'hui dans la plupart des langues romanes. C'est le cas de *carrum* (français *char* ; occitan, catalan *car* ; espagnol, portugais, italien *carro* ; roumain *car*). C'est aussi le cas de *bracae* (français *braies* ; occitan, catalan, espagnol, portugais *bragas* ; italien *braghe* ; roumain *brace*), vêtement typiquement gaulois adopté par les Romains vers la fin du IIe siècle après J.-C. A l'inverse, certains celtismes passés en latin ne se retrouvent pas en français[34].

Ces cas sont marginaux. Pour l'essentiel, le gaulois a surtout influencé le lexique du latin parlé en Gaule. Les domaines les plus représentés renvoient à des préoccupations domestiques et rurales, car c'est dans ces sphères d'intérêt que le gaulois s'est maintenu le plus longtemps. On a d'ailleurs remarqué que les produits d'échange étaient presque toujours dénommés par un terme latin alors que les activités rurales qui ne faisaient l'objet d'aucune transaction avaient plus souvent conservé une étymologie gauloise : ainsi *ruche* (du latin *rusca*) est d'origine gauloise, alors que *miel* (du latin *mel*) vient du latin (W. von Wartburg). Le gaulois a surtout laissé des mots dans le vocabulaire des animaux (*alouette, mouton, bouc, blaireau, truie, corbeau*...), des plantes (*bouleau, bruyère*), des vêtements (*braie, saie, béret*), de l'agriculture (*soc, charue, glaner, jachère, sillon*...), de l'alimentation (*cervoise, crème*), des techniques, produits et outils artisanaux (*jante, charpente, gouge, tarière, tonne, claie*...), d'éléments du paysage (*combe, talus, lande, marne, quai, boue, berge*...).

La toponymie conserve également de nombreuses traces du peuplement gaulois. Certains noms de lieux sont ainsi directement hérités d'un nom de tribu gauloise : les *Bituriges* (« rois du monde ») ont laissé leur nom à *Bourges*, les *Eburovices* (« qui vainquent les sangliers » ?) à Evreux, les *Redones* (« conducteurs de chars ») à Rennes et à Redon, les *Adtrebates* (« ceux qui habitent ») à Arras. On a déjà vu que les Romains avaient laissé le champ libre aux Gaulois pour nommer leurs villes. Beaucoup de noms de lieux d'origine celtique sont encore employés aujourd'hui. Parmi les éléments de composés fréquents, on trouve des noms servant à désigner le paysage comme *duno* « fort » (latinisé en *dunum* dans *Uxellodunum* « haut-fort », à l'origine d'*Issoudun* ; ou dans *Noviodunum* « nouveau fort », à l'origine de *Nouan* dans le Loir-et-Cher, *Nyon* en Saône-et-Loire, *Nyons* dans la Drôme) ; ou *lano* « plaine » (latinisé en *lanum* dans *Mediolanum* « plaine médiane », à l'origine des nombreux *Milan, Meulan, Meillan, Meilhan, Chateaumeillant, Méolans*, etc.) ou bien encore *ialo* « clairière » (latinisé en *ialum* dans *Buxaialum* « clairière de buis », à l'origine de *Bisseuil* dans la Marne, *Buxueil* dans l'Aube ou *Busseol* dans le Puy-de-Dôme).

L'influence du gaulois sur l'évolution phonétique du latin pratiqué en Gaule – et par voie de conséquence, du roman puis de l'ancien français – est beaucoup plus discutée. Dans l'évolution des consonnes, le gaulois pourrait peut-être expliquer la palatalisation de /kt/ en /it/, comme dans *factum*, participe passé latin du verbe *facere* « faire », passé au français *fait* ; il aurait aussi joué un rôle dans la sonorisation de /p/, /t/, /k/ entre voyelles. Dans le domaine vocalique, le gaulois est souvent invoqué pour expliquer le passage de /a/ tonique libre à /e/ (ex. : latin *mare* > français *mer*) et de /u/ à /ü/ (ex. : latin *murum* > français *mur*), mais les opinions sur ces sujets restent très partagées.

Si l'on a depuis longtemps rejeté la thèse du « substrat » gaulois, selon laquelle la strate linguistique gauloise sous-jacente à la « strate » latine serait l'explication principale de l'originalité du français par rapport aux autres langues romanes, il n'en reste pas moins que l'influence du gaulois sur le processus de latinisation a pesé sur le devenir de notre langue.

Les mots nouveaux du christianisme

Au cours de la latinisation, le latin parlé en Gaule se transforme au contact du gaulois, mais il subit une transformation beaucoup plus générale sous l'influence de la nouvelle religion chrétienne : en même temps qu'elle se répand dans les campagnes gauloises, la langue latine se « christianise ». Le passage d'un latin culturellement païen à un latin chrétien échappa sans doute à la conscience de la plupart des latinophones, qu'ils soient ou non gaulois, car l'évolution fut lente et ne pouvait frapper ou heurter que les seules élites culturelles, qui avaient assimilé les références littéraires et philosophiques du latin classique. La christianisation eut deux conséquences linguistiques majeures : elle modifia sensiblement le lexique du latin parlé ; ensuite, elle imposa le latin comme langue de communication entre les fidèles et leurs prêtres.

Le christianisme, religion illégale dans l'Empire romain, est introduit dans le midi de la Gaule dès la fin du Ier siècle. Suivant la vallée du Rhône, il remonte d'abord de Marseille vers Vienne et Lyon où sont attestées les plus anciennes communautés. Les nouveaux convertis appartiennent alors presque tous aux milieux grecs et orientaux. Une partie des chrétiens martyrisés à Lyon en 177 était ainsi de langue grecque, et l'on sait que leur communauté avait des contacts avec l'Asie. Pothin, évêque de Lyon martyrisé en 177, fut remplacé par Irénée, originaire d'Asie mineure. L'action d'Irénée fut décisive, car elle permit au christianisme de rayonner au IIIe siècle au-delà de Lyon et d'atteindre Autun, Dijon, Langres et Besançon. Au début de ce siècle, les chrétiens demeurent cependant marginaux en Gaule. Leurs églises sont peu nombreuses et réunissent surtout des fidèles étrangers. Les cultes gaulois, peu entamés par le paganisme gréco-romain, le sont encore beaucoup moins par le christianisme.

Mais au cours du IIIe siècle, de nouvelles églises apparaissent dans des villes du sud et du Centre : Narbonne, Arles et Toulouse, Limoges, Clermont – dans des régions où l'on parlera occitan – et plus au nord, à Tours et à Paris. Les persécutions entreprises par les empereurs Dioclétien et Constance ne semblent pas avoir été appliquées en Gaule avec beaucoup de zèle. Sous Constantin, premier empereur chrétien (de 306 à 337), la situation change radicalement : les églises chrétiennes sont non seulement tolérées mais encouragées. En 314, au concile d'Arles réuni sur l'ordre de cet empereur chrétien pour traiter de l'hérésie donatiste, seize cités gauloises sont représentées dont douze par leur évêque.

Le IVe siècle fut donc décisif pour l'expansion de la nouvelle religion, avec des effets notables sur l'usage du latin, même si le seul indice de christianisation reste à chercher dans les noms des évêques présents aux assemblées conciliaires. Vers la fin du siècle, l'évangélisation, largement avancée dans la plupart des villes, commence dans les campagnes, sous l'impulsion de Martin de Tours (317-397), qui fonde en 361 à Ligugé le premier monastère de Gaule.

Alors que « ni la Gaule, ni le peuple gaulois, ni une culture gallo-romaine n'occupent une place spécifique dans la conscience culturelle des Gallo-Romains[35] », la christianisation renforce en Gaule le sentiment d'appartenance à la romanité, un sentiment par ailleurs entretenu par l'usage de plus en plus généralisé du latin.

La langue latine des premiers monuments chrétiens est avant tout une langue de traduction, parce que dans un premier temps la littérature latine chrétienne se cantonna à la traduction des Ecritures saintes à partir du grec[36]. C'est plus tard qu'émergea une littérature originale encore nettement influencée par la langue des traductions. Le développement relativement rapide du christianisme en Afrique et à Rome ainsi que la nécessaire organisation de l'Eglise et du culte aboutirent à l'introduction dans la langue latine d'un ensemble de notions nouvelles liées au dogme, à la théologie, à la liturgie ou aux institutions ecclésiales. Ces notions furent bien souvent exprimées par des mots grecs et dans un style peu soigné.

Les communautés chrétiennes ont très vite conscience d'une différence linguistique entre le latin qu'elles pratiquent et le latin commun. Cette conscience linguistique porte principalement sur deux éléments, l'aspect populaire de cet usage et l'originalité de son vocabulaire. Le christianisme a d'abord touché des couches peu élevées de la société et a donc été contraint d'adopter une forme de communication éloignée de la langue orale de prestige utilisée par les élites cultivées de Rome. Des apologistes chrétiens, comme Arnobe, reproduisent les remarques méprisantes des non-chrétiens à l'égard du latin pratiqué par les chrétiens : « Mais ces récits ont été écrits par des hommes ignorants et incultes, et par conséquent on ne doit pas leur prêter une oreille complaisante [...]. Vos livres, dit-on, sont pleins de barbarismes, de solécismes, et gâtés par des fautes grossières[37]. » Cette langue, si éloignée de la norme du latin littéraire écrit, rebute les latinophones cultivés. Ainsi saint Jérôme avoue dans sa correspondance à quel point le style de la Bible traduite en latin l'horrifiait : « Si, rentrant en moi-même, je me mettais à lire un prophète, ce langage inculte [*sermo incultus*] me faisait horreur[38]. »

Les chrétiens vont pourtant assumer leur différence linguistique et même l'exploiter pour mieux se distinguer de la culture latine païenne. Au début du Vᵉ siècle, saint Augustin, dans une lettre adressée à saint Jérôme, défend l'utilisation du terme *officium* (« office ») dans les textes religieux en s'appuyant sur l'utilisation qu'en fait Ambroise de Milan. Augustin reconnaît ainsi l'existence de termes spécifiques à la hiérarchie ecclésiastique. Dans un contexte apologétique[39], le même Augustin, se référant à l'« habitude de parler dans l'Eglise » (*ecclesiastica loquendi consuetudo*) et aux « usages du discours ecclésiastique » (*usus ecclesiastici sermonis*), explique que l'Eglise ne peut qualifier ses martyrs de « héros ». Ailleurs encore, Augustin recommande l'utilisation des appellations chrétiennes pour les jours de la semaine et remarque : « Les chrétiens possèdent leur propre langue dont ils se servent... Mieux vaut donc que la bouche d'un chrétien se conforme à la façon de parler dans l'Eglise[40]. »

La différence linguistique ressentie par les communautés chrétiennes d'Italie entre le latin commun et celui qu'elles pratiquent est-elle bien réelle ? Sans doute, mais il ne faut pas confondre les différences de niveau stylistique, qui ne sont pas spécifiquement chrétiennes, et celles qui tiennent au message chrétien et à l'organisation de la communauté. En effet, les différences morphologiques ou phonétiques du latin chrétien recoupent en grande partie les différences entre latin parlé cultivé et latin parlé populaire. C'est surtout dans le lexique que les particularismes du latin chrétien s'affichent.

Parmi les innovations lexicales du latin chrétien, on distingue généralement les christianismes directs, autrement dit des mots qui ont une signification explicitement chrétienne ou qui s'appliquent à une réalité chrétienne. Ces termes sont généralement empruntés au grec : *ecclesia*, d'où le français moderne *église*, *ecclesiasticus* (d'où *ecclésiastique*), *apostolicus* (d'où *apostolique*), *martyr* (d'où *martyr*), *episcopus* (d'où *évêque*), *presbyter* (d'où *prêtre*), *diaconus* (d'où *diacre*), *laicus* (d'où *laïc*), *catholicus* (d'où *catholique*), *eucharistia* (d'où *eucharistie*), *diabolus* (d'où *diable*), *evangelista* (d'où *évangéliste*). D'autres sont empruntés à l'hébreu ou à l'araméen : (*amen, hosanna, alleluia, gehenna* (d'où *géhenne*), *messia* (d'où *messie*), *sabbatum* (d'où *sabbat*), *pascha* (d'où *pâque*), *cherub* (d'où *chérubin*), toujours par l'intermédiaire du grec chrétien.

On trouve aussi dans ce latin christianisé des néologismes de sens, c'est-à-dire des mots attestés dans le latin commun mais qui prennent un sens particulier lorsqu'ils sont employés dans un contexte chrétien. Des termes très courants acquièrent ainsi un sens nouveau ou une plus grande profondeur, comme *vita* « vie », *mors* « mort », *salus* « salut », *fides* « foi », *justitia* « justice », *sanctus* « saint », *caro* « chair », *spiritus* « esprit ». Parmi ces mots du latin biblique, nombreux sont ceux qui donnent naissance à des mots nouveaux par l'ajout de suffixes : *salus* produit *salvator* (d'où le français moderne *sauveur*) et *salvatio* (d'où *salvation*) ; *caro* a pour dérivés *carnalis* (d'où le français moderne *charnel*), *carnaeus* et *carnaliter*.

Certains termes communs sont également employés comme noms propres (ainsi *dominus*) ; d'autres, choisis pour traduire la Bible, se spécialisent et deviennent des termes techniques : *redemptor* et *redemptio*, qui signifiaient en latin classique « adjudicataire, celui qui rachète » et « adjudication, rachat », prennent le sens chrétien qu'ont encore le français moderne « rédempteur » et « rédemption » ; *creare* (d'où *créer*) et *creator* (d'où *créateur*), qui signifiaient dans la langue commune « créer, engendrer, produire, causer » et « fondateur », renvoient désormais à la Création du monde par Dieu et à Dieu même. D'autres termes s'éloignent considérablement du sens qu'ils avaient en latin commun : *sacramentum*, « serment », prend le sens de « sacrement » ; de même *praedicare*, « proclamer », peut signifier « prêcher ».

Enfin, le latin des chrétiens ne se limite pas à des termes techniques ou bibliques. Certains mots, qui par leur signification ne sont pas associés strictement au christianisme, ne se rencontrent que chez des auteurs chrétiens. Tel est le cas des adverbes *subsequenter* « à la suite », *veraciter* « vraiment » ou de nombreux verbes en *-ficare*, comme *vivificare* (d'où *vivifier*), *honorificare* « honorer ». Il s'agit souvent d'expressions créées au sein des communautés chrétiennes et qui prospérèrent dans ce petit monde clos, secret, menacé de l'extérieur avant de se répandre grâce à l'évangélisation.

La longue confrontation entre la langue romaine traditionnelle et la langue modifiée qu'apportait avec elle la religion nouvelle – à côté de l'usage populaire parlé – aboutit à un résultat définitif dans la seconde moitié du IVe siècle : à cette date, la langue de la Bible a trouvé sa place à côté de celle de Virgile. Le christianisme est une religion du livre ; il repose sur un vaste corpus de textes qui forment les Ecritures : celles qui seront retenues plus tard comme révélées et de nombreux textes qui seront qualifiés d'apocryphes ; s'y ajoutent les écrits des premiers Pères de l'Eglise. Dans la partie occidentale de l'Empire romain, les Ecritures, largement commentées et expliquées aux fidèles, circulèrent en latin, qui devint ainsi l'une des langues de la révélation, avec le grec et l'hébreu. Ce processus de sacralisation du latin biblique va de pair avec son élévation au statut de norme littéraire écrite.

Parallèlement à l'avènement du nouveau statut linguistique dont profite le latin des chrétiens, « l'habitude élitaire qui bornait et modelait la langue de communication a cédé devant les exigences neuves de l'instruction massive [41] ». La propagation du christianisme supposait, dans les faits, de rendre la Bible familière à des personnes de conditions socioculturelles extrêmement diverses au moyen de lectures à haute voix, de récitations, de commentaires. La tradition païenne cultivée recommandait l'usage, à l'écrit comme à l'oral, d'une langue respectant des critères de « romanité » inaccessibles au plus grand nombre. Le prosélytisme chrétien, qui reposait sur la compréhension et l'explication de textes écrits ainsi conservés par des illettrés, nécessitait la maîtrise par les prédicateurs de tous les niveaux de langue et la création d'une « rhétorique populaire » chrétienne permettant d'opérer les conversions.

Des hommes influents dans l'Eglise recommandent alors de ne pas se préoccuper de la norme traditionnelle, mais d'utiliser un style simple (*sermo humilis*), apte à convaincre et à toucher les masses. Saint Augustin écrit au début du Ve siècle que « mieux vaut nous faire réprimander par les grammairiens que de ne pas être compris par le peuple [42] ». Il dit ailleurs : « Pourquoi les grammairiens nous en voudraient ? Mieux vaut que vous compreniez notre barbarisme plutôt que vous vous perdiez dans notre éloquence [43]. » Dans des régions récemment conquises par Rome comme la Gaule, les évangélisateurs n'ont pas d'autre choix, parce que l'incompréhension l'emporte dès qu'ils franchissent un certain stade de difficulté stylistique. Jérôme en est bien conscient, lorsqu'il écrit que la prose de saint Hilaire (IVe siècle), avec son « style oratoire gaulois » (*gallicano coturno*), ses fleurs de rhétorique grecque et surtout ses longues phrases « est loin de pouvoir être lue par les chrétiens les plus simples [44] ».

Au Ve siècle, les évangélisateurs de la Gaule avaient conscience que les textes fondateurs du christianisme pouvaient être compris de la masse à condition d'être simples et transmissibles oralement. Ils admettent que certaines règles morphologiques ou syntaxiques secondaires peuvent nuire à la communication avec le simple peuple et s'octroient comme saint Augustin le droit au barbarisme. Cependant, dans la seconde moitié du siècle, la Bible pouvait être lue et comprise par les fidèles dans le sud de la Gaule, comme le prouve le concile réuni à Orange en 441, qui décida que « l'Evangile fût lu à tous les catéchumènes dans toutes les églises de nos provinces[45] ». Cette décision signifie que toute personne préparant le baptême en Gaule – ou du moins dans sa partie méridionale – était considérée comme capable de suivre la récitation des Evangiles.

Les succès remportés par le christianisme, devenu unique religion de l'Empire, provoquèrent un bouleversement profond de la latinité, qu'ils contraignirent à des compromis. Comme le souligne M. Banniard, la nouvelle donne religieuse et ses effets sur l'usage langagier et la communication obligèrent l'oralité soutenue à composer avec la parole relâchée, et les messages des « lettrés » à s'adapter aux réactions des « illettrés[46] ». Un moyen terme s'instaura entre l'idéal traditionnel d'une langue cultivée, normée et figée et la mobilité de la langue dans laquelle est annoncé le nouveau message chrétien. Alors que le latin scolaire valorisait la tendance à la fixité, notamment en condamnant les néologismes et les emprunts, le latin chrétien était plus ouvert aux innovations : la priorité, avant de défendre la pureté de la langue, est désormais de garantir la communication.

A la différence du latin parlé cultivé païen, le latin chrétien propagé par la prédication et l'évangélisation a sans doute marqué très fortement l'ensemble des locuteurs de la Gaule, d'abord parce qu'il vient conforter une latinisation déjà largement entamée, ensuite parce qu'il arrive tout constitué, au moment où la christianisation des campagnes prend son essor et le répand partout.

Le latin en dialectes

Le passage du gaulois au latin, processus hétérogène sociologiquement et chronologiquement, a sans doute joué un rôle capital dans la fragmentation linguistique de la Gaule en nombreux dialectes. S'il est dangereux de prétendre que la situation linguistique de la Narbonnaise est la cause première de la différenciation entre le nord et le sud de la Gaule, entre le français et l'occitan, il n'en reste pas moins qu'elle en fut l'un des facteurs majeurs. Quoi qu'il en soit, la situation est différente selon les régions.

La Narbonnaise

On a déjà souligné à plusieurs reprises le caractère original de la romanisation de la *Provincia* (surnom donné par les Romains à la Narbonnaise et d'où vient le nom *Provence*) et de la partie méridionale des Trois Gaules. L'abandon du gaulois y est plus précoce qu'ailleurs. Cette différence logique de chronologie absolue, compte tenu de la date de la conquête romaine, se double surtout d'un rythme plus rapide du processus de latinisation. Dans les premières années de notre ère, Strabon affirme que les Cavares, ensemble de tribus vivant dans la région du cours inférieur du Rhône, sur la rive gauche, étaient déjà « romains » dans leur langue et dans leur manière de vivre[47]. Cette assimilation active, qui contraste avec la longue période de bilinguisme que connut le reste de la Gaule, s'explique surtout par la proportion de locuteurs du latin dans la population et par l'intensité des relations économiques avec Rome.

Des comparaisons entre des inscriptions latines provenant de la Narbonnaise et d'autres provenant des Trois Gaules ont mis en valeur certaines particularités du latin de la *Provincia*, qui suit des évolutions représentées par la langue de Rome et par le cœur de l'Empire. Avec quelque retard, la Narbonnaise adopte les évolutions de la langue dans la péninsule italienne et subit l'influence de traits archaïques ou dialectaux d'origine italienne. Le midi de la Gaule reste donc lié à la communauté linguistique des régions côtières de la Méditerranée, exposée aux puissantes influences linguistiques qui continuaient à venir d'Italie et de Rome. Même après la chute de l'Empire, cette partie de la Gaule reste orientée vers la Méditerranée et se laisse dépasser par la rapidité et le caractère radical des innovations linguistiques des régions centrales et septentrionales de la Gaule, plus isolées, plus autonomes, plus exposées aux pressions de l'entourage non latin, notamment germaniques.

Ces particularités expliquent en partie la fragmentation dialectale du latin de Gaule. En effet, une grande part du lexique spécifique de l'occitan, c'est-à-dire que l'on ne rencontre ni en francoprovençal

– langue issue du latin, parlée en Suisse romande, dans le Val d'Aoste, les départements de l'Ain, du Rhône, de la Loire, un partie de l'Isère et du Jura – ni en français, vient d'une latinité plus ancienne. La majorité du vocabulaire occitan spécifique est due à la romanisation précoce et profonde de la *Provincia*. L'exemple des dénominations de la *sangsue* est bien connu : Pline l'Ancien, dans l'*Histoire naturelle*, écrit « *hirudo* que l'on a commencé à appeler vulgairement, je m'en aperçois, *sanguisuga*[48] ». Le substantif latin classique *hirudo* a été remplacé à partir du Ier siècle par *sanguisuga*, formation mieux motivée, composée de *sanguis* « sang » et *sugo* « sucer ». La répartition des deux types dans les langues romanes de la France nous montre que l'ancienne forme survit au sud, et la plus récente au nord.

La province d'Aquitaine

« Quand César arriva en Gaule, il désigna du nom d'Aquitaine la région comprise entre la Garonne et les Pyrénées ; par la suite, Auguste étendit officiellement l'Aquitaine jusqu'à la Loire, mais lors de la grande réforme administrative de Dioclétien, à l'extrême fin du IIIe siècle, le nom d'Aquitaine demeura attaché artificiellement à la région entre la Loire et la Garonne, tandis qu'était reconstituée une province méridionale, formée de neuf cités : la Novempopulanie[49]. »

Dans le Sud-Ouest, la colonisation a été beaucoup plus lente qu'en Narbonnaise. Elle semble avoir suivi la *Via Domitia*, qui longe la côte méditerranéenne pour relier l'Italie et l'Espagne, mais elle a aussi progressé le long de la route de Narbonne à Bordeaux sur laquelle se greffaient des routes en direction des Pyrénées et de la Loire. Si au IVe siècle, Bordeaux est un centre réputé de culture romaine, la latinisation est plus superficielle au sud de la Garonne, notamment dans les Landes ; mais c'est surtout dans les hautes vallées pyrénéennes qu'elle a rencontré les plus farouches résistances. Nombre d'éléments latins ont certes réussi à pénétrer en basque, mais en fin de compte la romanisation fut incomplète et cette langue pré-indo-européenne, antérieure à l'arrivée des Celtes en Occident, devait se maintenir.

La romanisation de l'Auvergne, étudiée par Jean-Pierre Chambon[50], fut forte et eut des effets durables sur tous les plans : peuplement, communications, organisation agricole et paysage rural, droit et mentalité, urbanisation et culture écrite. Le rattachement administratif constant de l'Arvernie à l'Aquitaine, du Ier au Xe siècle, à l'exception de la période 508/510-628, créa des liens politiques et administratifs solides avec le sud-ouest.

L'étude de la toponymie de la Grande Limagne fait ressortir deux phases successives, une première reposant sur une assise autochtone celte et une seconde marquée par l'attraction de Nîmes et par le modèle narbonnais de la romanité. Les noms de *villae* construits à partir d'un nom de personne et du suffixe latin *-anicu* (suffixe inconnu du centre et du nord de la Gaule conquise par César) arriment dès le Ier siècle l'Auvergne à la latinité de la *Provincia*. Cette orientation vers la Méditerranée fut décisive pour l'avenir linguistique de la région, qui appartint pleinement au domaine occitan.

A l'époque où l'Auvergnat Sidoine Apollinaire (431/432-vers 487) écrit des poèmes dans son domaine d'Avitacum, cette région devint l'un des ultimes bastions de l'Empire. A l'abri, dans une large mesure, des influences germaniques, échappant aux invasions, à la colonisation, l'Arvernie reste un « îlot préservé de romanité au cœur de la Gaule[51] », qui se distingue par la permanence des traditions romaines, la prééminence de l'aristocratie d'origine sénatoriale, l'usage de l'acte écrit, les inscriptions funéraires et le maintien du système fiscal. La culture des élites profita longtemps de cet héritage antique. Au moins jusqu'au VIIe siècle persista à Clermont et dans ses environs (Volvic) une école de poètes latins.

Lyon et ses environs

C'est peut-être une idée de César, mort en 44 av. J.-C., qui conduisit en 43 à la fondation de Lyon (*Lugdunum*) sur un site fréquenté par des autochtones et par des marchands italiens qui suivaient les armées de César. La situation géographique de Lugdunum était stratégique, puisque s'y rejoignaient la route du sillon rhodanien, celles qui venaient d'Italie par les cols des Alpes, celles qui descendaient de la Bourgogne et, à l'est, de la trouée du Doubs, celles enfin qui arrivaient de l'ouest en contournant le Massif central. En outre, Lyon se trouvait immédiatement au nord de la *Provincia*, sur laquelle elle pouvait s'appuyer. Le choix de Lyon en 12 av. J.-C. pour l'érection d'un autel en l'honneur de César-Auguste lui octroya un immense prestige : chaque année les députés des soixante cités de Gaule s'y réunissaient. L'importance de sa population de vétérans, de trafiquants et de fonctionnaires fit bientôt de Lyon le foyer le plus vivant de civilisation romaine en Gaule.

Le développement pourtant rapide de la capitale des Gaules ne lui permit pas de combler le retard dont elle souffrait par rapport à la Narbonnaise en matière de latinisation. A la fin du IIe siècle, on l'a vu, Irénée se plaint d'être obligé d'employer le gaulois : deux cent cinquante ans après la conquête de César, dans la région la plus romanisée des Trois Gaules, des masses d'habitants gaulois ne sont toujours pas bilingues, alors qu'un siècle de domination a suffi à la romanisation linguistique de la *Provincia*.

Le latin parlé à Lyon a vraisemblablement présenté d'importantes similitudes avec celui de la Narbonnaise, province qui remontait jusqu'à Vienne. C. Schmitt a montré que le vocabulaire commun au francoprovençal (dont Lyon est l'un des centres de rayonnement) et à l'occitan dépassait de loin l'ensemble du vocabulaire spécifiquement francoprovençal[52]. L'analyse des affinités entre le francoprovençal et l'occitan révèle que celles-ci proviennent d'un vocabulaire ancien et manifeste la précocité de la romanisation des deux aires, d'abord à partir de la Narbonnaise, avec Vienne, toute proche, puis à partir de Lyon, lorsque Lugdunum devint capitale des Gaules. A cette époque, en effet, Lyon « ne chercha plus de leçons en Narbonnaise, mais se jugea capable d'en donner à son tour[53] ». Il est intéressant de noter que parmi les mots spécifiques au francoprovençal, plus de 16 % viennent de la langue poétique, ce qui montre que la région lyonnaise a connu une latinisation particulière, qui se traduit par l'influence d'un latin assez « pur » et souvent littéraire.

La Gaule Belgique

Après la romanisation intensive du Midi méditerranéen, après la création de Lugdunum, l'intérêt politique et colonisateur des Romains se tourne de plus en plus vers le nord de la Gaule, principalement vers le Rhin, frontière de l'Empire avec la Germanie, et vers la Manche, porte d'entrée vers les îles Britanniques. Cette politique s'appuie sur un renforcement massif des effectifs militaires et civils au nord de la Gaule et sur le Rhin. En Gaule Belgique, la romanisation fut particulièrement notable sur le territoire des Remi, tribu implantée autour de Reims, et pour des raisons stratégiques le long des vallées de la Moselle et du Rhin, de Trèves à Cologne.

La romanisation de la Gaule septentrionale a en fait suivi la progression des armées et des fonctionnaires de l'Empire romain dans un mouvement qui a contourné le centre du pays. B. Müller constate qu'un ensemble important de termes d'origine latine a constitué « un pont entre le domaine francoprovençal d'un côté et les domaines normand, picard, wallon (parfois lorrain) de l'autre[54] ». Dans une bande qui, partant du couloir rhodanien, monte vers le nord, puis se dirige vers l'ouest pour longer la Manche, face à la *Brittania* (Grande-Bretagne), la part des éléments anciens est considérable. La latinité du nord de la Loire se divise en deux parties : le centre et l'extrême Nord.

Le centre, qui n'avait aucune importance militaire, est caractérisé par une latinité jeune et tardive ; il n'a été romanisé qu'assez tard et assez faiblement. Son fonds lexical montre l'influence du latin chrétien et, au contraire, l'absence du vieux fonds latin. Le pourcentage élevé de mots d'origine chrétienne dans son vocabulaire spécifique indique que le processus de romanisation semble s'achever à peine au moment de l'arrivée des Francs. Deux forces ont dû favoriser la latinisation du centre, du IIIe au VIe siècle : la jeune Eglise et les institutions administratives dont la langue officielle était le latin ; mais aussi la pression des Germains aux frontières, qui faisait fuir des populations déjà romanisées vers l'intérieur du pays.

La poussée lyonnaise s'est opérée selon un axe sud-nord le long de l'épine dorsale du réseau routier romain, l'axe Rhône-Saône-Moselle-Rhin, qui reprend en grande partie l'ancien axe commercial de la Gaule pré-romaine. Sur ce tronc se greffent plusieurs voies transversales dont les embranchements principaux se situent à Chalon-sur-Saône, à Langres, à Metz, à Nancy, à Trèves et à Cologne. L'arrière-pays des frontières septentrionales se dote d'innombrables routes reliant un réseau dense de *villae*, qui sont autant de foyers de romanisation et de sources de ravitaillement pour les troupes. L'actuel domaine dialectal picard (bien plus vaste que l'ancienne province de Picardie), sans doute romanisé dès la conquête, est la région où s'est implanté le plus grand nombre de places fortes romaines de toute la partie de la Gaule située au nord de la Loire. Le semis des *villae* était également particulièrement serré en Wallonie, car il fallait subvenir aux besoins de Trèves, ville romaine la plus importante de la Gaule au IIIe siècle et bastion contre les Germains.

La façade maritime de la Normandie, porte d'entrée de la *Britannia*, présente des traits similaires à ceux des régions du Nord-Est : comme elles, cette zone a des affinités avec le lexique du francoprovençal, signe d'une latinité ancienne ; comme elles, elle est très peuplée. A la fin de l'époque romaine, la densité de population est considérable dans les plaines de grande culture (en Vexin, pays de

Caux, région d'Evreux, plaine de Caen) avec un semis de *villae* et d'exploitations de moindre importance atteignant souvent 100 ou 200 hectares, mais elle est beaucoup plus réduite dans les régions de bocage. Cette fracture entre le nord et le sud a laissé des traces dans la toponymie, et les noms de lieu formés à partir d'éléments gaulois sont proportionnellement bien plus importants dans le sud de la Normandie que dans le nord, indice qu'au nord, le gaulois a rapidement été submergé par le latin.

Au nord de la Loire, à l'exception de la Moselle, tous les centres capables de romaniser un vaste arrière-pays se trouvaient dans les domaines normand, picard et wallon. La latinisation ancienne et forte de cet ensemble de régions a laissé de profondes empreintes qui affleurent dans une communauté bien délimitée de vocabulaire, mais aussi dans des évolutions phonétiques identiques. On a trop souvent attribué les particularités dialectales de ces régions à une influence germanique, alors qu'elles sont pour la plupart liées à la latinisation. Plus tard, la prise du pouvoir politique par les Francs a provoqué l'absorption partielle d'une grande partie de ces particularités dans un état de langue moins marqué par la romanisation des premiers siècles.

L'ARMORIQUE

Le développement de l'économie de la péninsule armoricaine et la prospérité relative de sa population témoignent d'une intégration dans le monde romain, sans pour autant que ce phénomène soit accompagné d'une véritable assimilation culturelle. Les grands couloirs de circulation que sont les vallées de la Loire, de la Rance et de la Vilaine sont dans l'ensemble plus profondément romanisés que l'ouest de l'Armorique. Par ailleurs, il semble que la province ait connu une désorganisation relativement précoce de son système économique, ce qui pourrait expliquer la fragilité de la romanisation dans ce territoire. En effet, dès les premières années du IVe siècle, le système d'exploitation des ressources agricoles par le réseau des *villae* s'est totalement effondré. Certains établissements sont définitivement abandonnés dans les années 270-280, tandis que d'autres *villae* montrent des signes patents d'une dégradation vertigineuse des conditions et du cadre de vie.

Sur le plan linguistique, deux thèses s'affrontent. Pour le chanoine Falc'hun, on n'a jamais cessé de parler gaulois en Basse-Bretagne méridionale. La faible latinisation de la région aurait expliqué qu'à leur arrivée dans la péninsule, les Bretons, venus de l'autre côté de la Manche, aient rencontré des habitants parlant le celte, sans doute dans la région de Vannes[55]. Quoique le breton actuel soit essentiellement d'origine insulaire galloise, il n'est pas totalement improbable que la côte méridionale de la péninsule, moins exposée à l'influence du brittonique (la langue des habitants celtes de la Grande-Bretagne), ait influencé modestement la genèse du breton d'Armorique. Même si le débat reste ouvert, les données actuelles favorisent plutôt l'interprétation traditionnelle soutenue par J. Loth et développée par Kenneth Jackson[56]. Sans contester totalement la survivance de certaines influences linguistiques dues au gaulois, ces auteurs considèrent que le breton a été introduit dans la péninsule par les émigrants et qu'il a remplacé le latin parlé par les peuples romanisés de l'Armorique.

TOUTES LES RÉGIONS SE COMPRENNENT

La formation des aires linguistiques de la Gaule dépend largement des chemins empruntés par la latinisation. Il faut distinguer deux axes : dans la moitié sud, un axe horizontal de romanisation, qui fut à l'œuvre très tôt, a véhiculé un latin archaïque et soigné. Puis est apparu un second axe, vertical cette fois, avec Lyon pour pivot. Mais le processus n'est pas simple et continu, du sud au nord. Cet axe, qui subit à l'origine l'influence de la *Provincia*, irradie d'abord les centres les plus septentrionaux (Nord-Est et Normandie) avant de s'orienter plus tardivement et plus faiblement vers le centre de la Gaule. Les deux vagues de romanisation, l'une venant de l'Aquitaine, l'autre de l'Est et du Nord-Est se rencontrent enfin sur la Loire.

A quelle date des aires linguistiques se sont-elles dessinées en Gaule ? Deux thèses s'affrontent à ce sujet. Les témoignages directs ne permettent pas d'établir le commencement d'une fragmentation dialectale. Si les spécialistes de latin tardif s'accordent sur la grande variété de cette langue, pratiquée en Occident d'un bout à l'autre de l'Empire, les témoignages écrits ne livrent aucune différence de structure qui puisse être taxée de régionalisme avant le VIIe siècle. Les différences relevées sont uniquement de nature stylistique. Même les textes non littéraires, comme les inscriptions, ne donnent pas d'exemples, à l'échelle de l'Empire, de régionalismes proprement dits. Les fautes propres à une province ou à un petit nombre d'entre elles semblent tout à fait isolées.

Jusqu'à la première moitié du VIe siècle, les évolutions linguistiques sont panromanes, communes à l'ensemble des régions où la majorité parle latin, mais elles ne se réalisent pas partout à la même date et au même rythme. L'*Appendix Probi*, un manuel de bonne prononciation rédigé au Vᵉ ou au VIᵉ siècle par un « puriste », souligne involontairement l'ampleur des changements intervenus, recommandant par exemple « *masculus* non *masclus* » (d'où le français *mâle*), « *columna* non *colomna* » (d'où le français *colonne*), « *tabula* non *tabla* » (d'où le français *table*), « *tristis* non *tristus* » (d'où le français *triste*). Pourtant, les prononciations déviantes que ce recueil stigmatise ne sont propres à aucune région particulière de la Romania.

Si l'on abandonne le témoignage direct de la langue des textes pour s'intéresser à la conscience linguistique des contemporains que reflètent quelques documents, il est clair que se pose en Gaule la question d'un latin septentrional distinct d'un latin méridional. Sulpice-Sévère (mort en 420), lui-même d'origine aquitaine, met en scène dans l'un de ses dialogues un Gaulois nommé Gallus, disciple de Martin de Tours, qui a peur de prendre la parole devant des Aquitains : « Mais quand je pense que moi, un Gaulois, je dois parler devant des Aquitains, je crains que mes paroles trop grossières (*sermo rusticior*) n'offensent vos oreilles très cultivées (*urbanas aures*)[57]. » Grégoire de Tours rapporte l'histoire de Domnole, évêque du Mans, qui refuse d'aller à Avignon et prie le roi « de ne pas permettre que sa candeur soit mise à l'épreuve au milieu de sénateurs rompus à la sophistique et de magistrats versés dans la philosophie[58] ». Ces témoignages sont difficiles à interpréter, parce qu'ils ne concernent pas la langue proprement dite – ou pas seulement, car ils évoquent des connaissances et des habitudes rhétoriques – mais soulignent plutôt l'attitude complexée des hommes du Nord, dont les ancêtres ne parlaient que gaulois, vis-à-vis de la culture des méridionaux. On peut certes imaginer que ce « complexe » culturel ait eu un corollaire linguistique, parce que des écoles au sud de la Loire continuaient à enseigner le latin de prestige auquel les hommes du Nord avaient de moins en moins accès, mais il s'agit là d'un épiphénomène qui ne touche qu'une élite et non les masses de locuteurs de la Gaule.

L'analyse du vocabulaire spécifique à chaque domaine linguistique de la France (français, occitan, francoprovençal) ne suffit pas à montrer un état avancé de fragmentation linguistique. En effet, rien n'indique qu'un terme latin qui s'est perpétué uniquement en occitan n'était pas connu de locuteurs situés dans la future zone « française » (d'oïl). C'est adopter une vision trop prospective et céder à une illusion d'optique que de distinguer, dès avant les invasions germaniques, quatre domaines linguistiques hérités du latin : proto-occitan, proto-francoprovençal, proto-français et proto-nord-occidental (zone où se sont développés les dialectes picard, bourguignon, lorrain, wallon, qui présentent certaines affinités). Les diverses modalités du processus de latinisation ont pu provoquer des différences linguistiques mineures, qui ne vont cesser de s'amplifier, mais avant le VIIe siècle, elles ne passent jamais la barrière de l'écrit et ne sont pas commentées par les locuteurs lettrés, sans doute inconscients de cette fragmentation en germe. La conscience de l'unité linguistique règne encore sur la Gaule quand se produisent les « invasions barbares ».

2

DU LATIN AUX LANGUES ROMANES
(Vᵉ-IXᵉ siècle)

A partir du Vᵉ siècle, la Gaule doit faire face à des migrations de grande ampleur, qualifiées traditionnellement d'« invasions barbares ». L'expression est en fait inexacte dans chacun de ses termes. Les mouvements qu'on nomme « invasions » prennent souvent la forme de traités d'alliance entre un peuple germanique et l'autorité romaine qui sous-traite ainsi une partie de la défense des frontières orientales de la Gaule. Les implantations germaniques ont souvent été pacifiques, même si elles se sont fréquemment doublées d'ambitions territoriales réalisées ensuite par les armes. Quant au terme « barbare », il est chargé de connotations péjoratives qui ne rendent pas compte de la longue familiarité de certains peuples germaniques avec les Romains ni de la variété des comportements des ethnies migrantes.

Les parlers « barbares »

Le débat principal porte sur l'influence de ces invasions sur la carte linguistique de la France. On a longtemps cru que les implantations barbares avaient dessiné cette carte et joué un rôle primordial dans la fragmentation linguistique de la Gaule. Cette thèse, dite du « superstrat » (par opposition à la thèse du « substrat » qui privilégie l'importance de la couche linguistique gauloise), est aujourd'hui abandonnée, mais il n'en reste pas moins que les conséquences linguistiques des « invasions » furent immenses.

Alors que les envahisseurs « barbares » furent plus nombreux par rapport à la masse des autochtones que les Romains ne l'avaient été lors de la conquête des Gaules, ils ont été progressivement assimilés linguistiquement : les invasions du ve et du vi^e siècle se soldent en définitive par la romanisation des nouveaux venus et par leur latinisation. Ce phénomène s'explique largement par la romanisation préalable des populations dites « barbares », par leur adoption des systèmes administratif et fiscal romains et enfin par leur christianisation.

La latinisation de ces peuples ne fut pourtant pas complète, ni géographiquement ni linguistiquement. Dans les zones où les locuteurs d'une langue du groupe germanique – elles sont nombreuses et celle des Francs dut son importance surtout à des facteurs politiques – se sont implantés massivement, c'est parfois leur langue qui s'est substituée au latin, si bien que la frontière linguistique entre zones latines et germaniques s'est modifiée et que les régions de parler latin en Gaule ont reculé. La latinisation fut également incomplète linguistiquement, parce que pendant plusieurs siècles, du moins au sein de la classe dirigeante, se prolongea une période de bilinguisme germanique et latin. En outre, les déformations opérées par les Francs sur le latin tardif des Gaules, tant au niveau phonétique que lexical, eurent tendance à être valorisées socialement, parce qu'elles émanaient de cette même classe dirigeante. Enfin, les nouveaux venus amenaient avec eux de nouvelles techniques et de nouveaux concepts politiques et juridiques qui s'exprimaient par des termes d'origine germanique. Ces éléments de vocabulaire se greffèrent sur la langue latine parlée ; ils étaient nombreux et très vivants en ancien français mais diminuèrent en importance relative.

Le celte des Iles débarque en Armorique

On sait que les Saxons, avant même d'opérer en Grande-Bretagne (*Britannia*), menèrent des raids importants sur le territoire gaulois. Ils occupèrent très tôt les régions de Calais et de Boulogne où ils ont laissé des traces profondes dans la toponymie. Le suffixe saxon *–tun* « ferme, ville » se retrouve sous la forme *–thun* dans de nombreux noms de lieu : *Offrethun* (Pas-de-Calais), *Fréthun* (Pas-de-Calais), *Alincthun* (Pas-de-Calais) qui est l'équivalent de l'anglais *Allington*, formé du nom de personne germanique *Alinga* et du suffixe. Les noms de lieu terminés par le suffixe *–ingen*, qui correspond au *–ingham* de *Nottingham* ou de *Birmingham* en Angleterre, sont également fort nombreux. Ces noms de lieu sont généralement composés d'un nom propre germanique suivi du suffixe germanique *–ingen*, lui-même suivi du nom commun germanique *heim* « demeure » (auquel correspond le *–ham* normand) : *Audinghem* (Pas-de-Calais) ; *Bainghen* (Pas-de-Calais) ; *Balinghem* (Pas-de-Calais) ; *Bazingen* (Pas-de-Calais), *Hardinghen* (Pas-de-Calais), *Lozinghem* (Pas-de-Calais)... Les Saxons occupèrent ensuite le Bessin.

Dans les premières années du IVe siècle, pour protéger les côtes de la Manche des incursions saxonnes, l'administration militaire romaine fit appel à des contingents de « Bretons » insulaires romanisés, dont les implantations laissèrent des traces dans la toponymie. On dénombre ainsi dix *Bretteville* en Normandie : Bretteville-sur-Aye (Manche), Bretteville-sur-Dives (Calvados), Bretteville-sur-Odon (Calvados), Bretteville-en-Saire (Manche) ; et on en trouve jusqu'en Picardie : Villers-Bretonneux (Picardie). Vers 360, devant la dégradation de la situation, un préfet est installé à Rennes à la tête d'un corps de lètes francs.

Les Celtes des îles « britanniques », contraints de quitter leur territoire sous la pression des Saxons, se réfugient progressivement en Armorique. L'immigration atteint son maximum entre 450 et 550. Un évêque des « Bretons » (*episcopus Britannicorum*) nommé Charisto assiste en 453 au concile d'Angers et en 461 à celui de Tours, indice de l'existence d'une population celte importante et dispersée, venue des îles. Profondément romanisés, mais ayant conservé leur langue celtique, ces « Bretons » étaient de fidèles auxiliaires des Romains. Leur migration eut des conséquences d'autant plus importantes en Armorique que cette région s'était vidée au cours du Bas-Empire et était en voie de désertification. Dans ces conditions, les « Bretons », souvent des Gallois parlant le gaélique, furent suffisamment nombreux pour imposer leur nom à ce territoire et pour modifier profondément son organisation administrative en établissant de nouveaux *pagi* et en fondant de nouvelles paroisses.

Les « Bretons » fusionnèrent rapidement avec la population indigène, descendant de Gaulois et romanisée, au moins à l'ouest d'une ligne qui va de Vannes à Saint-Malo, ligne qui a longtemps correspondu à peu près à la limite linguistique séparant la langue celtique du dialecte roman (le gallo), sous réserve du maintien d'enclaves romanes en terre celtique. Très vite se fit jour un séparatisme breton extrêmement positif pour la vivacité et le développement de la langue bretonne. En matière de hiérarchie ecclésiastique, ce séparatisme se manifeste au concile de Tours de 567. Sur le plan politique, les tensions entre les Francs et l'Armorique re-celtisée sont récurrentes : en 560 Chramne, fils révolté de Clotaire, se réfugie en Armorique auprès de son allié le comte Conomer, pour tenter d'échapper à la poursuite de son père. Plus tard, Childéric, autre fils de Clotaire, dut lever des troupes pour reprendre aux Bretons la cité de Vannes qu'ils occupaient. Pour endiguer la poussée bretonne, les Francs durent établir un véritable *limes*. Le problème breton fut l'un des plus épineux que la dynastie carolingienne eut à traiter...

L'EMPREINTE POLITIQUE ET GUERRIÈRE DES FRANCS

Fédération de tribus germaniques ayant combattu les Romains sur le Rhin, les Francs lancèrent en automne 357 plusieurs raids dans la province de Germanie seconde et affrontèrent Severus, maître de la cavalerie, près de Jülich, avant de s'emparer de deux fortins sur la Meuse que l'empereur Julien leur reprit en janvier 358. Ces opérations militaires se soldèrent par une paix qui confirme l'implantation des Francs en Toxandrie, région correspondant au Brabant néerlandais, au nord-est d'Anvers, où ils étaient installés depuis 342. Les sources ne nous apprennent plus rien sur l'histoire des Francs en Gaule du Nord ; en revanche, d'autres groupes francs, établis plus à l'est, harcelèrent à plusieurs reprises les villes de Cologne, de Mayence et de Trèves.

Après 443, les Francs du Nord ont progressé jusqu'à la Somme. On suppose que le général romain Aetius traita avec le Franc Clodion qui évacua les cités de Cambrai et d'Arras mais conserva Tournai, où il résidait. Il est donc probable qu'au milieu du Ve siècle les Francs aient largement progressé vers le sud et sans doute déjà atteint la Somme. Grâce à la lettre que saint Rémi adresse à Clovis à l'occasion de son avènement en 481 ou 482, nous savons que le roi franc, de même que ses ancêtres, « depuis toujours », avait « pris en charge l'administration de la Belgique II ». Il est donc assuré que Childéric, le père de Clovis, voire Mérovée, son grand-père d'après Grégoire de Tours, étaient déjà administrateurs de cette vaste province du nord-est de la Gaule.

Les relations entre le Franc Childéric et le général gallo-romain Syagrius se dégradèrent peut-être à la suite de la déposition en 476 de l'empereur d'Occident, qui livra à lui-même le représentant de l'autorité romaine en Gaule. Le roi franc, ne se contentant plus de son gouvernement de la Belgique II, semble avoir tenté d'atteindre la Seine. Le résultat en fut le blocus de Paris par les Francs pendant dix ans, sans doute à partir de 476/477, blocus que relate la *Vie de sainte Geneviève*. A partir d'épées trouvées dans des tombes franques et de leur datation, on peut penser que les Francs étaient présents à partir des années 470/480 au sud de la Somme.

En 486, près de Soissons, Clovis remporte la victoire sur Syagrius, ce qui lui permet d'étendre son royaume jusqu'à la Loire. La bataille de Vouillé (507) qui voit la victoire de Clovis et de ses alliés sur les Wisigoths d'Alaric II marque une autre étape importante de l'expansion franque, parce qu'elle ouvre les portes du sud de la Gaule : Toulouse et Bordeaux tombent aux mains des Francs.

La densité et la répartition du peuplement franc sont désormais sans rapport avec le territoire qu'ils contrôlent politiquement. L'archéologie permet de repérer quelques îlots de peuplement franc perdus au milieu d'une campagne qui reste gallo-romaine dans son immense majorité. L'implantation franque est surtout concentrée à l'est et au nord de la Gaule, là où elle conduit à la modification de la frontière linguistique. A l'époque romaine, le Rhin et le *limes* constituèrent des lignes de démarcation culturelles et linguistiques entre Romania et Germania, mais cette situation aux contours nets fut perturbée très vite par une imbrication d'éléments ethniques qui instaura une communauté de peuples romano-germaniques.

Le peuplement franc prend l'allure d'un dégradé qui s'éclaircit en s'éloignant du Rhin[1]. Si les Ardennes dessinent la frontière sud-est de la zone d'occupation franque la plus dense, la densité du peuplement franc est encore considérable au nord de la Somme et non négligeable au nord de la Seine, où s'est développé sur plusieurs générations un lent processus de migration, antérieur à Clovis, mais considérablement amplifié après sa victoire sur Syagrius. Entre Seine et Loire, la présence franque se fait plus faible ; elle est quasiment nulle plus au sud où, jusqu'en 507, le pays gallo-roman n'a guère été modifié par ses maîtres wisigoths, qui résident en ville, d'où ils gouvernent la campagne avec l'aide de l'aristocratie aquitaine. La conquête franque ne modifie rien aux équilibres ethniques : un petit nombre de Francs sont envoyés au sud de la Loire, des comtes et d'autres notables s'installent dans les riches cités d'Aquitaine, mais ces Francs, perdus dans la masse, n'exercent qu'une faible influence sur la langue et sur les coutumes de la population autochtone.

C'est dans la zone de peuplement la plus dense que la coexistence sur un même territoire de germanophones et de latinophones bouleversa progressivement l'ancienne frontière linguistique. Du IIe siècle à l'an 700, dans une bande frontière de largeur variable s'étirant de la mer du Nord au lac de Constance et aux Alpes orientales, la langue germanique finit par remplacer la langue romane : les Pays-Bas, la Rhénanie, l'Alsace (alémanique), la Suisse, elle aussi alémanique, et plusieurs parties de la région alpine sont alors complètement germanisées. Même au nord-est de la Gaule, la masse des envahisseurs n'était pourtant pas énorme, mais elle a dû profiter du fait que les régions de l'extrême nord et la région mosellano-rhénane s'étaient sans doute en grande partie vidées de leurs habitants. Dès le Ve siècle, dans une lettre à Arbogast, gouverneur de Trèves, Sidoine Apollinaire écrit que « la splendeur de la langue romaine » est depuis longtemps bannie de la Belgique et du Rhin[2].

A l'époque mérovingienne, on ne peut réduire la frontière linguistique à une ligne continue. Mieux vaut se l'imaginer comme une suite de tronçons où viendraient s'intercaler des zones bilingues plus ou moins larges et des îlots où la langue minoritaire serait pratiquée. Le plus homogène et le plus vaste des îlots romans est sans doute la partie médiane et inférieure de la vallée de la Moselle. Il est probable que dans les villes romaines et dans les sièges épiscopaux, une fraction de la population parla encore le latin après la colonisation franque. La persistance des enclaves romanes est souvent due à la présence de cités qui ont joué le rôle de bastions pour la langue latine, les unes de façon permanente comme Metz (d'où une certaine reconquête s'est produite au cours du Moyen Age), les autres jusque vers les XIIe-XIIIe siècles, comme Tongres ou Trèves et ses environs. A Mayence, les noms romans dans les inscriptions de Saint-Alban ne disparurent qu'au VIIe siècle. A Constance, en 630, la population urbaine et chrétienne était encore en grande partie romane... La présence de palais impériaux, comme celui d'Aix-la-Chapelle, peut expliquer d'autres enclaves, de même que la résistance de massifs peu pénétrables comme l'Eifel ou les Vosges. A l'inverse, on dénombre des îlots germaniques en territoire roman, principalement situés au nord de la Seine et exceptionnellement dans le bassin de la Loire et dans le Midi.

En dehors du cas particulier de la bande frontalière du nord et du nord-est, la langue franque ne s'est pas imposée ; au contraire, la population franque a progressivement adopté la langue latine. Deux modèles sont généralement proposés pour expliquer cette évolution.

Le premier, qui s'appuie sur le schéma classique de la « créolisation », suppose un changement linguistique soudain, provoqué par le contact entre deux langues typologiquement très différentes (le francique et le latin). Ce contact aurait eu pour résultat l'adoption d'une langue simplifiée (du type de celles qu'on appelle « pidgin » d'après l'usage hybride anglo-chinois suscité par les contacts commerciaux de la fin du XIXe siècle) comme langue première de la communauté des locuteurs. Ainsi les envahisseurs francs eurent la nécessité de communiquer, en particulier, avec leurs femmes gallo-romaines. Les enfants de ces couples mixtes firent alors, durant leur période d'acquisition du langage, l'expérience d'un latin simplifié à partir duquel ils auraient créé une nouvelle langue. Ce schéma a longtemps servi à expliquer la fragmentation dialectale précoce de la Gaule soutenue par W. von Wartburg[3].

Jean Batany, s'opposant à la thèse des invasions comme origine des oppositions dialectales, a soutenu l'idée aujourd'hui largement admise d'un « bilinguisme ethnique[4] » : les Germains, à l'instar des Gallo-Romains, pratiquaient leur langue et apprenaient le latin comme langue seconde pour pouvoir communiquer. Ce bilinguisme a été vivace, parce qu'il était étayé par une dualité juridique (droit franc *versus* droit romain) et par une hiérarchisation fonctionnelle des usages linguistiques. Ainsi, au plan politique, dominait nettement l'élément germanique, alors qu'au plan culturel et religieux, l'élément latin l'emportait sans conteste.

Le processus de romanisation des Francs confirme cette thèse du « bilinguisme ethnique ». Au moment de la victoire de Clovis sur Syagrius, les Francs étaient depuis longtemps romanisés, parce qu'ils assuraient, comme auxiliaires des Romains, et ce depuis plusieurs générations, la sécurité de la Belgique seconde. A ce titre, Clovis et ses soldats étaient familiers de la discipline romaine et en savaient long sur le fonctionnement de l'administration romaine. D'ailleurs, Clovis attachait un grand prix aux références romaines : il reçoit en 507 de l'empereur romain d'Orient, Anastase, les insignes consulaires et organise la même année son triomphe à Tours pour célébrer sa victoire sur les Wisigoths. La célèbre Loi salique (*Pactus Legis salicae*), édictée par Clovis entre 508 et 511, est un autre indice de cette romanisation avancée : rédigée en latin, elle intègre nombre de concepts juridiques romains et fait référence à des institutions judiciaires romaines. Clovis agit en chef légitime d'une partie romanisée du monde romain. A sa cour se trouvent des officiers et des fonctionnaires romains : le palais accueille les secrétaires (*scrinarii*) et les chanceliers (*referendarii*) de l'administration romaine tardive. L'administration royale mérovingienne ne pouvait se passer de l'écriture, parce que le système fiscal de la Rome tardive qui continuait de fonctionner représentait un aspect fondamental du pouvoir royal. Et seule la maîtrise du latin écrit permettait de contrôler la rentrée des impôts.

Le point le plus important, en ce qui concerne la romanisation des Francs, est leur conversion collective au catholicisme romain, car la religion, plus que la politique, assurait désormais la cohérence de l'Empire. Alors qu'à la fin du Ve siècle, la grande moitié sud de la Gaule est divisée en deux royaumes (wisigothique à l'ouest et burgonde à l'est) de confession arienne, le baptême de Clovis par Rémi de Reims entre 496 et 499 prend un relief particulier, parce que les Francs s'inscrivent ainsi dans la tradition romaine : Clovis et les Francs assument désormais la romanité en Gaule.

Enfin, quelques années après, la victoire décisive de Clovis sur les Wisigoths à Vouillé, près de Poitiers, favorisa la remontée d'influences culturelles méridionales et accéléra sans doute la romanisation de l'élite franque.

Dans ces conditions, la latinisation des Francs semblait inéluctable : le culte chrétien, célébré en latin, exigeait un apprentissage doctrinal transmis en latin ; la nécessité de codifier leurs lois de tradition orale conduisit ce peuple essentiellement illettré – comme l'avaient été avant lui les Gaulois – à choisir le latin comme langue écrite ; la maîtrise de ce latin christianisé (voir plus haut) devint indispensable aux sphères dirigeantes de la société franque pour contrôler l'administration écrite romaine. On imagine volontiers que, pour assumer la responsabilité de l'Etat mérovingien, l'aristocratie franque était bilingue avant même la victoire de Clovis sur Syagrius.

Signe d'une latinisation assez rapide et profonde, les cours franques de la seconde moitié du VIe siècle sont des centres culturels importants. Le poète Fortunat, qui a séjourné en Austrasie et en Neustrie, a composé pour les princes. Le fait qu'il soit resté à la cour mérovingienne montre qu'y vivait un public capable d'apprécier ses œuvres. Par Fortunat, on connaît Gogon, maire du palais à Metz, précepteur des fils de Childebert II (575-595). Le poète le compare à Orphée pour la poésie et à Cicéron pour la rhétorique. Toujours à la fin du VIe siècle, le pape Grégoire le Grand (590-604) félicite la reine d'Austrasie Brunehaut (morte suppliciée en 613) pour la qualité de l'éducation donnée à son fils ; mais le prince le plus instruit, d'après Fortunat et Grégoire de Tours, est incontestablement Chilpéric (561-584), roi de Neustrie, époux de Frédégonde et dernier fils de Clothaire Ier. Ce roi a composé une messe, des hymnes, un petit traité sur la Trinité et a même tenté de réformer l'orthographe. Les rois et les aristocrates francs des royaumes concurrents ont donc joué peu ou prou un rôle actif dans l'élaboration et dans la propagation de la culture romaine.

Bien sûr, il faut se garder de confondre les usages linguistiques des princes et de l'aristocratie et ceux du reste des Francs. Malheureusement, nous ne sommes renseignés que sur les couches les plus élevées de la population. Cependant nous savons que la conversion au catholicisme, bien que progressive, fut générale et que les Francs ne s'interdirent jamais les mariages mixtes. Ces deux éléments contribuèrent à leur assimilation linguistique, qui ne fut peut-être pas aussi rapide que l'on serait tenté de le croire. Les Francs, en effet, s'établirent en majorité comme agriculteurs et non comme marchands ou artisans. Ils n'étaient donc pas contraints d'apprendre rapidement le latin, tant que les occasions de contacts avec les latinophones ne se multipliaient pas. D'autre part, le francique faisait figure de langue des nouveaux maîtres, ce dont il tirait prestige. Il fut longtemps indispensable de le connaître pour s'adresser à la partie germanique du peuple dans certaines régions. En 659 encore, l'évêque Mummolin a été établi à Noyon, parce qu'il parlait non seulement le latin mais aussi la langue germanique.

La cohabitation des Francs et des descendants des Gallo-Romains engendre finalement la fusion des populations. Au milieu du VIIIe siècle, la plupart des Francs romanisés ont oublié leur langue germanique et au IXe siècle l'aristocratie carolingienne du nord de la France doit envoyer ses enfants apprendre la langue franque là où elle était encore parlée. Les Vikings envahisseurs de la Normandie romane connaîtront une situation analogue au XIe siècle. En 844 Loup de Ferrières écrit à Marcward, abbé de Prüm dans l'Eifel : « Je désire envoyer à votre sainteté, pour apprendre la langue allemande [*germanica lingua*], le fils de Gagon, mon neveu et votre parent, et avec lui deux autres jeunes enfants nobles qui, un jour, si Dieu le veut, rendront d'utiles services à notre monastère : ils se contenteraient de deux maîtres seulement pour eux trois. Veuillez nous faire savoir, dès que l'occasion se présentera, si vous daignez nous accorder ce service. » Dans une lettre datée de 847, Loup remercie Marcwad du soin qu'il a pris de « ses enfants » et souligne l'importance du germanique :

« ... vous avez enseigné à nos enfants votre langue dont l'usage si nécessaire à notre époque n'est ignoré que des paresseux[5] », signe que cette langue était menacée dans l'ouest de l'Empire.

Les Francs lettrés parlent et écrivent latin. Quant aux descendants des Gallo-Romains, en Gaule du Nord, ils se considèrent, à l'instar de Grégoire de Tours, comme des Francs : alors qu'au VIe siècle l'adjectif ou le substantif « Franc » renvoyait aux membres de la communauté germanophone, au VIIIe siècle, il ne signifie plus qu'« habitant de la "Gaule" du Nord », passant ainsi d'un sens ethnique à un sens territorial, qui deviendra national (*français*). Au nord de la Loire, l'identité franque remplace politiquement et culturellement l'identité romaine. Par opposition aux *Franci*, les *Romani* sont ceux qui vivent au sud de la Loire. La symbiose des populations est confirmée par l'archéologie, puisqu'il n'est plus possible de distinguer les sépultures franques des sépultures gallo-romaines dans les cimetières, à partir du VIIe siècle.

Si le francique – l'ancien bas francique, pour être précis – s'efface la plupart du temps devant le latin, principalement sous le poids du déséquilibre démographique entre la population franque et les habitants d'origine gallo-romaine, et sous l'impact du facteur religieux, le latin subit l'influence du francique dans des domaines où les Francs étaient particulièrement attachés à leurs traditions. Cette germanisation superficielle (surtout lexicale) du latin avait commencé à petite échelle dans quelques localités ou communautés franques installées en Gaule avant le Ve siècle, mais c'est la prise du pouvoir par les Francs de Clovis qui lui donna une impulsion décisive.

Les noms de personnes et de lieux en portent témoignage. L'influence franque a marqué durablement l'onomastique française. Après leur conversion, les Francs conservèrent leurs anciens noms, devenus noms de baptême. Ces noms, associés à l'exercice du pouvoir, furent valorisés socialement dans la société gallo-romaine, si bien que des non-Francs les adoptèrent, dans les villes d'abord, puis dans les campagnes. Géographiquement, le mouvement prit surtout de l'importance dans le Nord et le Centre. Dans ces régions, alors qu'au Ve siècle moins d'un quart des noms de personnes est germanique, au VIe siècle la moitié l'est. Au IXe siècle, les cartulaires de Brioude et de Sauxillanges n'offrent pratiquement que des noms germaniques, même parmi les paysans. Au sud, moins touché par la germanisation des noms, le cartulaire de Conques (Rouergue), qui rassemble des textes du IXe au XIIe siècle, comporte pourtant 80 % de noms germaniques. C'est donc une coupure totale et spectaculaire qui se produit : les noms latins chrétiens florissants aux Vᵉ et VIᵉ siècles ont cédé à la mode germanisante. Parmi les noms de baptême les plus répandus de 752 à 900, on peut ainsi citer *Alain, Arnaud, Baudouin, Bérenger, Bernard, Conrad, Eude, Foulque, Herbert, Hildebert, Honoré, Hugue, Loup, Richart, Robert, Rodolphe, Roger, Roland, Willibert*.

Le francique laissa également au latin parlé de Gaule des mots de son lexique. Cette influence doit s'analyser selon la fortune géographique des emprunts faits par le latin et selon les domaines les plus représentés. M. Pfister en distingue trois catégories qu'il classe selon leur répartition géographique[6] :

La première catégorie est formée des emprunts franciques conservés dans une bande frontière entre Picardie et Lorraine. La Wallonie, où la densité du peuplement franc fut particulièrement importante, est le centre de cette aire. Les mots dont la fortune n'a pas dépassé à l'époque moderne cette aire restreinte sont souvent des mots de la première colonisation, peut-être introduits par les lètes, des colons-paysans-soldats. Tous ou presque proviennent de la sphère des paysans francs qui avaient colonisé la zone frontière et dont une part du vocabulaire quotidien s'est conservée. L'ancien francique **mâhal* « silo à blé » aurait ainsi donné le mot *māf* « partie de la grange où l'on entasse les gerbes », attesté en Wallonie occidentale et centrale ainsi qu'en Hainaut ; et sa variante *mōf* « petite meule de foin » utilisée en Picardie. Le francique *hrann* « porcherie » est sans doute à l'origine du liégeois *ran* « toit à porcs » (également attesté en Hainaut, Wallonie, Ardennes, partie orientale de la Champagne, Lorraine et Vosges). De même le francique **skurbjan* « nettoyer, frotter » est à l'origine du wallon du centre et de l'Est *horbi* « essuyer en frottant ».

Une deuxième catégorie comprend les emprunts franciques dont l'extrême diffusion méridionale ne dépasse pas sensiblement la Loire. C'est le cas de *houx*, du francique **hulis*, de *osier*, du francique **alisa* par l'intermédiaire du latin *auseria*, ou encore de *hêtre* du francique **haisi*. Une fois que ces éléments furent acceptés dans le lexique de l'ancien français de Paris, ils profitèrent de la force d'irradiation de la capitale et se diffusèrent dans la plupart des régions d'oïl.

La dernière catégorie regroupe les emprunts dont l'utilisation ne se limite pas au nord de la Gaule. Des expressions juridiques attestées dans la loi salique, des termes administratifs ou militaires (à commencer par le mot *guerre*, voir plus loin) ont été intégrés au latin mérovingien et ont pu par ce moyen se diffuser, souvent par l'intermédiaire des chancelleries, dans le Midi de la France et même quelquefois en Italie du Nord et dans la Péninsule ibérique. Cette catégorie se distingue des deux premières parce qu'elle a profité du vecteur de l'écrit pour sa diffusion, alors que les autres supposent le passage direct du francique parlé au latin parlé. M. Pfister a dénombré 51 emprunts de ce type dont à peu près la moitié est conservée en français moderne. A titre d'exemple, on citera *sénéchal* (italien *siniscalco* ; espagnol, portugais *senescal* ; roumain *seneşal*), *chambellan* (italien *ciambellano, ciamberlano* ; espagnol *chambelán*), *baron* (italien *barone* ; espagnol *baròn* ; portugais *barão* ; roumain *baro*), *trève* (italien *treuga* ; espagnol, portugais *trégua*), *gage* (espagnol *gage* ; italien *gaggio*), *rang* (italien *riga* ; espagnol *rango* ; portugais *renque*) et des dénominations d'armes : *dard* (italien, espagnol, portugais *dardo*), *épieu* (italien *spiede*), *flèche* (italien *freccia* ; espagnol *flecha* ; portugais *frecha*).

Au total, on compte aujourd'hui en français courant 600 à 700 mots empruntés au francique. Les domaines lexicaux dominants touchent pour beaucoup aux fonctions guerrières exercées par les Francs et à la nouvelle organisation sociale qu'ils contribuent à créer[7].

Le domaine militaire dans son ensemble a subi une influence notable du francique, tant dans la terminologie des armes (*heaume* < **helm* ; *haubert* < **halsberg* ; ancien français *broigne* « cuirasse » < *brunnia* ; *épieu* < **speot*) que dans l'organisation de l'armée et la stratégie : ancien français *esciere* « corps de troupes rangées en bataille » < *skara* ; *guerre* < *werra* ; *guetter* < **wahta*.

L'impact des Francs sur la société se traduit par de nombreux emprunts relatifs à la mise en place de la féodalité : *baron* < *barone* ; *adouber* < **dubban*. Bien des termes désignent des officiers de la cour mérovingienne (*sénéchal* < **siniskalk* ; *échanson* < **skankjo* ; *chambellan* < **kammerling*), mais à côté de ces mots d'emprunt se conservent des mots d'origine latine comme *roi* < *regem*, *comte* < *comitem* et *duc* < *ducem*. La langue juridique est également influencée par la nouvelle ethnie au pouvoir : *garantir* < **warjan* ; *gage* < **waddi* ; *bannir* < **bannjan* ; *échevin* < **skapin*.

Les domaines lexicaux évoqués jusqu'ici sont tous liés au pouvoir exercé par les Francs et reflètent leur domination politique et guerrière. La fusion des populations franques et gallo-romaines se trouve quant à elle plutôt attestée par l'intégration d'éléments germaniques dans le vocabulaire quotidien :

— parties du corps : *échine* < **skina* ; *flanc* < **hlanka* ; ancien et moyen français *fronce* « ride de la peau » < **hrunkja*

— flore : *saule* < *salha* ; *hallier* < *hasal* ; *troène* < *trugil* ; *cresson* < **kresso*

— faune : *frelon* < **hurslo* ; *mésange* < **meisinga* ; *écrevisse* < **krebitja*

— culture du sol : *blé* < **blad* ; *gerbe* < **garba* ; *haie* < **hagja*

Des Wisigoths protectionnistes

A la fin du IIIe siècle, les Goths, issus de Scandinavie, sont installés dans la basse vallée du Dniepr. C'est alors qu'ils se séparent en deux branches : les Ostrogoths (Goths de l'est) d'une part, et les *Tervingi* ou Wisigoths, passés au nord du Bas-Danube, d'autre part. Au IVe siècle, les Wisigoths forment une armée errante en quête de terres. Leur ligue fédère divers peuples et évolue vers un pouvoir monarchique fort. Ulfila convertit les Wisigoths au christianisme arien, religion (hérésie selon Rome) qui va devenir le ciment de leur identité ethnique.

En avril 410, le roi Wisigoth Alaric met Rome à sac. En 412, les Wisigoths décident de passer d'Italie en Gaule ; sous des prétextes divers, ils gagnent Toulouse, Bordeaux et Narbonne, où leur roi Athaulf épouse en 414 Galla Placidia, la fille de l'empereur d'Orient Théodose, qu'il avait entraînée avec lui. Ainsi se forme le premier royaume « barbare » de Gaule. D'abord centré sur Toulouse, il ne cesse de s'étendre au long du siècle, grâce au ralliement d'une partie de l'aristocratie gallo-romaine : avec la Novempopulanie (région située entre la Garonne et les Pyrénées), l'Aquitaine presque entière est intégrée dans le royaume wisigothique ; le Berry est atteint en 469, la Provence est annexée en 470-472, la Septimanie en 472, l'Auvergne en 474-475. Les Wisigoths avaient gagné l'Espagne dès 415, et ils y refoulèrent les Alains, les Suèves et les Vandales. Leur royaume espagnol eut un meilleur sort que celui de Gaule, notamment aux VIe et VIIe siècles.

A leur arrivée en Aquitaine (418), les Wisigoths étaient environ 20 000 soldats. En comptant les femmes, les enfants, les esclaves et tous ceux qui se déplaçaient à la suite de leur armée, on peut les estimer à un total de 100 000 personnes, soit 2 à 5 % de la population gallo-romaine. Constituant une infime minorité, les Wisigoths crurent pouvoir se protéger en promulguant des lois contre les mariages mixtes. Ces dispositions légales, ajoutées aux différences religieuses qui opposaient christianisme arien et christianisme romain, provoquèrent une séparation presque totale de la population autochtone et des nouveaux venus. L'influence linguistique wisigothique fut quasiment nulle.

La victoire de Clovis sur les Wisigoths à la bataille de Vouillé en 507 n'eut pas de répercussions spectaculaires du point de vue du peuplement du sud de la Loire. Les Wisigoths se replièrent en Espagne, ne conservant au nord des Pyrénées que la Septimanie et temporairement la Provence. En Gaule peu de Francs s'installèrent à leur place, ce qui explique que le francique ait eu si peu d'influence sur la langue du Sud. Les propriétaires terriens romains qui s'étaient entendus avec les Wisigoths continuèrent à dominer la région. Pendant plus de deux siècles après la victoire des Francs, la vaste région au sud de la Loire continue de tourner le dos « au monde germanique du Nord, jouissant d'une autonomie presque totale[8] ». L'autonomie politique de l'Aquitaine ne fut réellement remise en cause qu'au VIIIe siècle, lorsque les Arabes, vainqueurs des rois wisigoths d'Espagne, commencèrent à utiliser la Septimanie pour lancer leurs raids en Gaule, jusqu'à Poitiers. La réaction de Charles Martel permit alors aux Francs de contrôler plus étroitement le sud du pays.

On sait que la montagne pyrénéenne s'était montrée réfractaire à la romanisation, qui n'avait touché qu'assez superficiellement la Novempopulanie. A partir de 581, les Basques, bloqués au sud par les Wisigoths passés dans la Péninsule ibérique, descendirent de leurs montagnes et multiplièrent les raids et les occupations dans cette région. Malgré une importante expédition royale en 602, qui contraint les Basques à payer le tribut et à accepter un duc, en 626, ils tiennent de nouveau une partie de la Gascogne. Parallèlement, un processus de différenciation linguistique amorcé depuis la période wisigothique voit s'affirmer une nouvelle langue, le gascon, dont « l'individuation » est entièrement acquise vers 600 au plus tard, d'après Jean-Pierre Chambon et Yann Greub[9]. Les causes de ce processus linguistique sont encore mal connues, mais on peut penser à la combinaison de plusieurs facteurs comme l'influence de la langue parlée en Aquitaine antérieurement à la conquête romaine et à celle du basque.

Burgondes

A la mort de Théodose en 395, Stilicon, général romain d'origine vandale, reçoit la régence de l'Empire et détient en fait la réalité du pouvoir en Occident. Son objectif est de protéger en priorité la péninsule Italienne et le jeune Honorius, fils de Théodose. Stilicon décide vers 400 de dégarnir la frontière du Rhin, comptant sur une alliance avec les Alamans et les Francs pour assurer la sécurité de la Gaule. Les Vandales, les Alains et les Suèves profitent de l'abandon de la frontière par les troupes romaines et du froid qui avait gelé le Rhin pour passer en Gaule en décembre 406. Les Burgondes pénètrent en Gaule à leur suite en 409, un an après l'exécution de Stilicon sur l'ordre d'Honorius. Par calcul territorial en 411 à Mayence, ils proclament empereur Jovin, un officier romain. Ce dernier, pour les remercier, leur offre en effet vers 413 un établissement sur le territoire de la cité de Worms. Comme d'autres peuples germaniques, les Burgondes bénéficient du statut de fédérés : ils reçoivent des logements et un revenu, tout en conservant leur roi Gondichaire.

En 435, Gondichaire voulut agrandir ses domaines au détriment de l'Empire, mais ses ambitions se soldèrent par une lourde défaite l'année suivante face au général romain Aetius. Cependant, pour faire de ce peuple romanisé un rempart contre les Alamans et contre les Huns, on conclut avec lui un nouveau traité qui le fixa en *Sapaudia*, c'est-à-dire dans la région du Jura et du pays autour de Genève. Une collaboration active avec les Romains permet alors aux Burgondes d'étendre leur pouvoir sur le Lyonnais et le Viennois dès 457. Vers 470, Lyon devient leur capitale concurremment avec Genève.

Quand ils arrivent sur le Léman en 443, les Burgondes sont déjà largement romanisés. Ils doivent être environ 25 000, soit un peu plus de 10 % de la population. Beaucoup d'entre eux sont sans doute bilingues et parlent latin, car un bon nombre avait servi dans l'armée impériale ou avait vécu pendant plus de trente ans à Worms, ville où l'on parlait latin. D'ailleurs aucune source ne fait allusion à l'existence de traducteurs ou à des difficultés de compréhension entre indigènes et Burgondes. Au contraire, la *Loi Gombette* (501), influencée par le droit romain et destinée aux comtes burgondes qui rendaient la justice, est rédigée en latin. Il est donc peu probable qu'une barrière linguistique ait séparé les Burgondes des autochtones.

La cohabitation des populations gallo-romaine et burgonde semble avoir été harmonieuse, d'autant que les mariages mixtes étaient acceptés. Les Burgondes maintinrent le droit et la vie culturelle du Bas-Empire, si bien que des populations parlant latin n'hésitèrent pas à apprendre le burgonde. Dans une lettre, Sidoine Apollinaire se moque d'un de ses amis qui s'est donné la peine d'apprendre la langue burgonde, langue qu'il qualifie de germanique. Cet ami la pratique si bien que les vieux Burgondes eux-mêmes craignent en sa présence de commettre un barbarisme dans leur propre langue.

En l'absence de tout texte qui pourrait être qualifié de burgonde, l'hypothèse la plus souvent avancée est que cette langue devait appartenir à la sous-famille des langues germaniques orientales, appelée ostique (de *ost* « est »). C'est une langue plus proche du gothique ou du vandale que du suève ou du francique. Les linguistes ont recherché des traces du burgonde dans des documents linguistiques ultérieurs : W. von Wartburg a pensé que l'implantation burgonde avait produit le francoprovençal, mais cette hypothèse est aujourd'hui rejetée et c'est encore beaucoup quand on fait remonter l'étymologie d'une dizaine de mots à la langue burgonde. Les toponymistes ont relevé depuis longtemps la présence, aussi bien dans l'est de la France (Franche-Comté, Bresse, Ain) qu'en Suisse romande, de séries de formes en *–ans*, du type *Soirans*, *Flammerans* (en Côte-d'Or). On a longtemps cru que ce suffixe était d'origine burgonde, mais on se contente aujourd'hui de l'analyser comme germanique.

En définitive, la seule trace linguistique incontestable qu'il nous reste des Burgondes est le nom de la Bourgogne. D'autres toponymes formés à partir du nom du peuple témoignent de leurs implantations (*Bourgogne*, commune de Saint-Point, Saône-et-Loire ; *La Bourgonce*, Vosges), parfois même avant les invasions du Ve siècle comme c'est le cas de *Bourgogne* dans la Marne (*Burgundia* 877).

L'arrivée et l'installation parfois durable de Germains sur le sol de la Gaule n'ont pas été sans conséquences à long terme sur les pratiques langagières : elles ont freiné certaines évolutions déjà commencées et suscité de nouvelles tendances. L'établissement des Francs sur l'ensemble des territoires du nord de la Loire et leur domination politique au moins théorique sur l'ensemble de la Gaule constituent le fait majeur de cette période et un facteur indéniable d'unification linguistique, bénéficiant au latin. La fusion de l'ancien domaine nord-occidental (Normandie et Nord) avec le reste du domaine situé au nord de la Loire résulte de cette unité et c'est de cet ensemble qu'est né le français. De plus, le choix de Tours-Paris pour centre du royaume a conduit progressivement à une translation vers le nord du point de gravité culturel de la Gaule, préparant ainsi la future et très lointaine irradiation de la langue du Nord sur les autres régions de France.

Le « latin d'illettrés »

L'installation des Francs sur le sol de la Gaule romanisée a sans doute contribué à l'évolution en profondeur de la communauté linguistique. Progressivement, dans la période des « invasions », la compétence écrite se raréfie et s'affaiblit, ce qui accentue les différences croissantes entre latin écrit et latin parlé. Le fossé se creuse entre ces deux types d'expression jusqu'à engendrer une rupture : il ne s'agira plus alors de variations stylistiques ou sociolinguistiques à l'intérieur d'un « diasystème », mais de deux langues différentes.

Les clercs, seuls gardiens du latin écrit

Au VIe et au VIIe siècles, le nombre de personnes capables de maîtriser l'écrit s'effondre brusquement et la latinité classique entame une lente mais profonde dégradation. La plupart des écoles publiques léguées par l'Antiquité disparaissent au cours du VIe siècle. Seules quelques-unes résistent dans de grandes villes comme Tours, Lyon, Clermont, Orléans, Paris ou Metz, mais leur existence ne se prolonge pas au-delà du milieu du VIIe siècle. La culture classique se maintient jusqu'à cette époque dans la Gaule du sud-est et en Aquitaine (des Pyrénées à la Loire, de l'Atlantique à l'est du Massif central), mais dans la seconde moitié du siècle, les lettrés, en tant que communauté, semblent avoir disparu en Gaule.

Les écoles monastiques restent les seules écoles et les seuls centres de culture, tandis que l'instruction des laïcs et des clercs devient de plus en plus médiocre. Le concile d'Orléans doit prescrire en 533 « qu'en aucun cas l'on n'ordonne un prêtre ou un diacre illettré ou ignorant le rite du baptême[10] » ; en 589, le concile de Narbonne doit répéter la même interdiction, prouvant ainsi que le clergé séculier commence à être gagné par l'illettrisme au nord comme au sud de la Loire. Désormais, il n'y a plus de formation scolaire ni de culture savante autre qu'ecclésiastique et toute personne instruite sera nécessairement un clerc ou un moine. L'écriture tend à devenir le monopole des hommes d'Eglise et son usage, pourtant étendu durant toute la période mérovingienne, décroît.

La répétition des crises de succession après la mort de Dagobert engendre de nombreux conflits auxquels prennent part des évêques. Dans ce contexte, l'aspect temporel du pouvoir épiscopal l'emporte peu à peu sur les considérations religieuses et intellectuelles, si bien que les traditions pédagogiques et culturelles que l'Eglise avait héritées de l'aristocratie gallo-romaine disparaissent. Quand, pour asseoir son pouvoir, Charles Martel s'efforce de contrôler l'Eglise, il nomme évêques ses parents et ses plus fidèles alliés, sans se soucier de leur formation religieuse ou littéraire.

Au milieu du VIIe siècle, du fait de la disparition de l'école antique et de l'élimination de la culture littéraire attachée à l'épiscopat, les aristocrates laïcs, s'ils continuent à savoir lire, ne savent souvent plus écrire. L'aristocratie qui soutient les maires du palais appose des croix en bas des documents en guise de signature. On connaît les signatures d'un Abbon, recteur de Provence, de Pépin II de Herstal et de Charles Martel, maires du palais d'Austrasie. D'une façon générale, les aristocrates, ne sachant plus écrire, disparaissent des chancelleries du roi et du maire du palais où ils sont remplacés entre 650 et 750 par des clercs.

Cette spécialisation dans la maîtrise du latin écrit, à une époque où le latin parlé évolue rapidement, a eu des conséquences incalculables sur l'histoire linguistique du royaume. Les laïcs, exclus de la culture écrite, sont de moins en moins aptes à comprendre le latin écrit, même lorsqu'il leur est lu. En ce sens, l'abandon progressif de l'écrit par les laïcs conditionne les rapports futurs entre le latin et le « français », entre la culture savante et la culture non-savante, entre le savoir et le pouvoir.

Les « simples » en perdent leur latin

A l'époque mérovingienne (début du VIe-milieu du VIIIe siècle), les lettrés se rendent bien compte que la langue pratiquée en Gaule, à l'écrit comme à l'oral, n'est plus identique à celle des lointains modèles, antiques ou même chrétiens, qu'on essaye parfois d'imiter. L'évolution phonétique est telle que l'alphabet latin ne suffit plus à noter chaque son. C'est pourquoi Chilpéric voulut compléter l'alphabet latin en lui ajoutant quatre caractères qui, à son avis, lui manquaient : « Chilpéric, écrit Grégoire de Tours, a aussi ajouté à notre alphabet des lettres, à savoir ω que les Grecs possèdent, ae, thé, uui, lettres qui sont ainsi figurées, puis il envoya des circulaires dans toutes les cités de son royaume pour qu'on les enseignât aux enfants et que les livres écrits autrefois fussent récrits après avoir été effacés à la pierre ponce [11]. » Cette volonté de réforme n'eut pas de suite, parce que les liens entre le latin parlé et le latin classique étaient encore trop étroits, mais elle prouve que certains locuteurs étaient conscients du décalage entre les deux états de la langue. Le Pseudo-Frédégaire – en fait, l'auteur inconnu d'une chronique des Mérovingiens, aux VIe et VIIe siècles – reconnaît qu'il lui est impossible d'écrire comme les anciens : « Personne de nos jours n'est capable – et n'a la présomption – d'être semblable aux orateurs des temps anciens [12]. »

La conscience de l'évolution linguistique se double d'une conscience des différences de prononciation à l'intérieur du royaume. Grégoire de Tours raconte comment, dans les dernières années du VIe siècle, un esclave en fuite se fit passer pour un saint homme porteur de reliques et protégé du roi. Grégoire commente la façon dont cette personne prononce le latin : « Or, son langage était grossier [*rusticus*] et sa prononciation malséante et obscène [13]. » Le latin correct, *sermo politus*, s'oppose au mauvais latin, le *sermo humilis, incultus, rusticus* qui a tant choqué Grégoire.

Si l'écart grandit entre le *sermo rusticus* et le *sermo politus*, il n'en reste pas moins que l'ensemble des locuteurs est convaincu de parler la « langue des Romains ». Cette conviction s'appuie d'ailleurs sur une expérience communicative très réelle : les actes de communication « passent » et la langue demeure le moyen de relation interrégionale qui maintient le lien entre les différents territoires romans ; les illettrés comprennent *grosso modo* ce que disent les lettrés, qui, on l'a vu, sont généralement des clercs, et les lettrés comprennent ce qu'ils trouvent dans la tradition écrite.

Cependant, la situation est complexe, parce que la compréhension du latin ne dépasse plus un certain stade de difficulté stylistique. Et ceci, même dans la *Provincia*. Césaire d'Arles, au VIe siècle, emploie volontairement dans ses sermons le style simple afin d'être compris du plus grand nombre : « Voici la raison pour laquelle je demande humblement aux oreilles érudites [*eruditae aures*] d'endurer avec bonne humeur mes paroles incultes [*verba rustica*] : le troupeau du Seigneur en son entier peut recevoir sa nourriture spirituelle si elle lui est transmise par une parole simple [*simplici sermone*] et, pour ainsi dire, allant à pied. Et puisque les fidèles à la simplicité non dégrossie ne peuvent se hisser aux hauteurs des intellectuels, que les érudits daignent se pencher jusqu'à se mettre au niveau de cette ignorance [14]. » Bon nombre d'intellectuels, comme Avit de Vienne, sont tentés par une attitude conservatrice, mais des concessions s'imposent à eux dès qu'ils s'efforcent de toucher un public socialement et culturellement différencié.

A condition d'adopter un *sermo humilis*, le latin reste apte à la communication dans le cadre de la pastorale. On sait que Césaire a prononcé ses sermons devant une majorité de paysans et de petites gens de tous métiers, illettrés pour la plupart. Si, à ce stade, il n'y a pas d'hiatus entre l'oral et l'écrit, le prédicateur ne maintenait sans doute pas une diction classique archaïsante : les sermons étaient lus ou dits dans une prononciation qui préservait l'essentiel de l'usage commun. En Provence, dans la première moitié du VIe siècle, la langue de communication générale reste donc le latin.

De manière générale, les compromis passés du IIIe au Ve siècle continuent de fonctionner. C'est ce que montre l'émergence de nouveaux genres littéraires comme celui des vies de saints. Au VIIe siècle, certains récits hagiographiques étaient lus devant un large public aux jours de fêtes : la communication verticale continue à fonctionner, malgré l'emploi d'une langue où l'orthographe, mais aussi la syntaxe, sont parfois très évoluées. En outre, au moment de l'oralisation de la vie, les lecteurs devaient adapter leur prononciation à celle du public. Ainsi en France au VIIe siècle les formes latines *virgen*, *virgine* ou *virgini* peuvent se lire indifféremment [vyèrdže] ou [virdže].

Au VIIIe siècle, les lecteurs de vies de saints en latin « simple » étaient encore compris, mais certains auteurs chrétiens ont remarqué que l'obstacle à la diffusion du message n'était plus simplement stylistique. Pour faire passer le sens du message, il ne suffisait plus d'éviter les prétentions oratoires, les mots rares, les périodes longues et complexes, de parler ou de lire lentement et distinctement. Désormais affleurent des différences de nature entre le système linguistique employé par les lettrés et celui d'autres locuteurs. L'intercompréhension reste provisoirement assurée tant bien que mal par un phénomène d'« accommodation », mais la conscience linguistique est désormais une conscience de crise, d'autant que la compréhension n'est que la phase passive de la communication. Michel Banniard place la « zone frontalière pour la mutation langagière finale » entre 650 et 750 : un siècle pendant lequel les locuteurs illettrés abandonnent une part suffisante de leurs compétences actives en latin pour que le maintien de leurs compétences passives ne puisse plus durer très longtemps au-delà de l'an 800[15]. En Gaule, l'illusion même de l'unité communicative s'efface vers le milieu du VIIIe siècle : la réforme carolingienne, sans déclencher un nouveau processus, en tire les conclusions.

LE LATIN DES GRAMMAIRIENS

A la suite d'un coup d'Etat, Pépin le Bref s'empare donc du pouvoir en 751 et élimine le dernier roi mérovingien. Son fils, Charlemagne, unit sous son autorité la plus grande partie de l'Occident chrétien et se fait couronner empereur en l'an 800 par le pape Léon III. Le gouvernement d'un territoire aussi considérable exigeait l'élaboration d'un outil efficace de communication. Pour diriger leur empire et conduire le peuple chrétien au salut, il fallait aux empereurs carolingiens une langue stable, rédigée clairement et écrite lisiblement. C'est dans ce but qu'ils rénovèrent le latin.

Charlemagne, chef temporel mais aussi guide spirituel, tenait à ce que son peuple observe les préceptes divins tels que définis par l'Eglise romaine. Les prières devaient donc être comprises et, si possible, dites correctement. A cette fin, l'empereur envoya des *missi* (« envoyés », cf. *mission*) dans les provinces, afin que chaque habitant libre de l'Empire sût par cœur le *Credo* et le *Pater Noster*. A leur retour, les *missi* rapportent que ces textes ne sont pas sus et que les fidèles n'en saisissent pas le sens. Apparemment, la population, dans son ensemble, ne comprenait plus le discours de l'Eglise ni celui du pouvoir. On sait en effet par ailleurs que le serment de fidélité que Charlemagne avait exigé, avant son couronnement, de tous les hommes libres âgés de plus de onze ans n'était généralement pas compris.

S'il se préoccupe directement de la culture religieuse des laïcs, Charlemagne s'intéresse surtout à celle de leurs pasteurs. La politique d'unification de la liturgie sur le modèle romain, engagée au temps de son père sous l'autorité de Chrodegang de Metz, devait contribuer à lutter contre les hérésies au sein de l'Empire ; elle fut poursuivie, mais elle exigeait d'améliorer la discipline et l'instruction du clergé qui s'étaient toutes deux beaucoup dégradées. La stabilisation linguistique du latin prononcé à l'église devient alors un enjeu capital, d'autant que la maîtrise du latin réformé concourait à la création symbolique d'une identité cléricale.

Deux textes fondamentaux témoignent d'un effort politique coordonné à l'échelle de l'Empire pour promouvoir les études. L'*Admonitio generalis* (*Avertissement général*) est un capitulaire daté de 789. L'empereur y affiche sa volonté de créer des écoles presbytérales ou paroissiales et des écoles épiscopales, afin, notamment, de remédier à la mauvaise qualité du latin copié dans les livres :

« Que les prêtres attirent vers eux non seulement les enfants de condition servile, mais aussi les fils d'hommes libres. Nous voulons que des écoles soient créées pour apprendre à lire aux enfants. Dans tous les monastères et évêchés, enseignez les psaumes, les notes, le chant, le comput, la grammaire, et corrigez soigneusement les livres religieux, car souvent, alors que certains désirent bien prier Dieu, ils y arrivent mal à cause de l'imperfection et des fautes des livres. Ne permettez pas que les élèves les détournent de leur sens, soit en les lisant, soit en écrivant. Mais s'il est besoin de copier les Evangiles, le psautier et le missel, que ce soient des hommes déjà mûrs qui les écrivent avec grand soin[16]. »

La *Lettre sur la pratique des belles-lettres* (*Epistola de litteris colendis*), envoyée par Charlemagne vers 794 aux évêques et abbés, exige qu'une attention particulière soit apportée à la correction du latin dans la communication écrite. Ce que Charlemagne avait vu dans leurs lettres lui était intolérable : « Nous avons vu dans la plupart de leurs écrits des conceptions justes assorties de discours incultes [*sermones incultos*]. » Il exigeait donc « non seulement de ne pas négliger l'étude des belles-lettres, mais aussi, avec humilité et pour plaire à Dieu, de rivaliser dans cet apprentissage, afin de pouvoir pénétrer plus facilement et plus justement les mystères des Ecritures et des choses divines ».

La « réforme carolingienne » consistait à former les prédicateurs afin qu'eux-mêmes pussent à leur tour éduquer correctement la masse des fidèles. Elle reposait sur l'illusion que la norme officielle, imposée d'en haut, pourrait devenir la norme de tous. A cet égard, elle était d'avance vouée à l'échec.

Le principal moteur de cette réforme fut Alcuin d'York, qui à l'invitation de Charlemagne vint sur le continent diriger l'école du palais de 782 à 796, avant d'être nommé abbé de Saint-Martin de Tours, où il mourut en 804. Dans les îles Britanniques, où les langues maternelles étaient le germanique « anglo-saxon » et le celtique, le latin était une langue étrangère, apprise grâce à la grammaire. Les étudiants de ces régions, comme Alcuin, ne connaissaient donc la langue que sous une forme étroitement apparentée à l'écrit. Ils n'avaient pas la même conception des styles et des registres que les locuteurs de langue maternelle latine et pratiquaient un niveau de langue plutôt élevé. D'ailleurs Alcuin se plaint de la « rusticité » du latin des Francs et condamne les phénomènes linguistiques non recommandés par les grammairiens latins de l'Antiquité tardive. Pour des locuteurs comme Charlemagne et Alcuin, de langues maternelles germaniques, la langue latine parlée par le peuple représente sans doute une troisième langue, bien individualisée par rapport aux langues germaniques orales et par rapport à un latin écrit et parlé d'après la norme stabilisée de la pédagogie. Dans ces conditions, il ne faut pas s'étonner des efforts déployés par Alcuin pour amender le latin ni de la méthode employée.

En effet, Alcuin recommande la fréquentation des grammaires : « De même, si l'absence de culture écrite (*rusticitas*) est un mal, ne pas lire de traités de grammaire est dans tous les cas un mal, puisque l'homme qui n'a pas accès à la grammaire est un illettré[17]. » Les *Institutiones Grammaticae* de Priscien, qui étaient utilisées en Angleterre pour l'apprentissage du « bon » latin, alors qu'elles étaient pratiquement inconnues jusqu'alors en France, sont introduites dans le cursus des études supérieures. Ce manuel de grammaire, écrit à la fin du Ve siècle ou au début du VIe siècle, était destiné à un public dont la langue maternelle n'était pas le latin mais le grec, puisque Priscien était professeur de latin à Constantinople. Il était donc particulièrement adapté à l'enseignement du latin en Angleterre. Priscien, associé à la grammaire de Donat (Aelius Donatus, grammairien latin du IVe siècle), devient un texte standard. Alcuin lui-même écrit des manuels comme le *De orthographia*, consacré autant à la correction du latin parlé qu'à celui du latin oral, et le *De grammatica*. De manière générale, Alcuin « s'efforce de ramener tout son enseignement aux normes les plus classiques[18] » et met lui-même ses préceptes à l'œuvre. Il normalise ainsi vers 785-786 le sacramentaire demandé par Charlemagne à Hadrien Ier et achève la révision du texte de la Bible vers 800.

Les recommandations d'Alcuin prennent la forme de traités, de manuels mais aussi d'une législation linguistique très active. En quelques années, il s'agissait de bannir l'approximation linguistique et les compromis avec la langue des illettrés, peu respectueuse de la grammaire normative transmise par les érudits. L'objectif n'est plus de privilégier la communication avec les illettrés, mais de plaire à Dieu en parlant bien : les règles de la grammaire latine sont de nouveau appliquées, les manuscrits fautifs sont corrigés, l'élocution est amendée. Ces réformes simultanées finirent par mettre en danger la

« communication verticale » et par déboucher sur une scission des systèmes linguistiques.

L'un des points de divergence entre les spécialistes porte sur l'importance à accorder à la réforme de la prononciation. Selon R. Wright, Alcuin aurait imposé une prononciation du latin à l'anglo-saxonne, autrement dit une correspondance stricte (et artificielle) entre son et lettre [19]. Ce système différait sensiblement des pratiques en vigueur dans la Gaule romane où la lecture du latin reposait principalement sur la perception globale puis sur l'identification de la forme du mot : quand le lecteur identifiait la forme *frater*, il accédait à la forme correspondante dans son lexique mental et prononçait sans doute [fradre]. L'adoption de la prononciation restituée sous l'impulsion d'Alcuin aurait été le facteur déterminant de la transformation en Gaule du latin en une langue étrangère, comme elle l'était de l'autre côté de la Manche, parce que les fidèles ne pouvaient comprendre les textes qui leur étaient lus de cette manière.

Il est sans doute réducteur de voir dans cette nouvelle prononciation la cause quasiment unique de l'éclatement du système linguistique. D'abord, parce que le processus qui conduisait à l'éclatement avait débuté bien avant le IXe siècle : la nécessité de réformer le latin n'était-elle pas directement la conséquence de l'éloignement du latin parlé par rapport aux modèles anciens ? Ensuite, parce que la réforme de la prononciation pourrait avoir pris la forme d'une « simple "toilette" de la diction [20] » liée à une attention renouvelée aux règles de la ponctuation.

Si lors des conciles réformateurs de 813, l'Eglise semble avoir abandonné l'« illusion latine » de Charlemagne et Alcuin, le latin réformé et ecclésiastique a survécu, si bien que la grammaire d'Alcuin est l'un des fondements de la renaissance intellectuelle du XIIe siècle. En transformant le latin des clercs en langue seconde et artificielle, la réforme carolingienne en a fait une langue sans peuple, non pas une langue morte, mais une langue parlée par la « république des clercs ». Etroitement rattachée à la tradition écrite, cette langue ne devait plus connaître de variations semblables à celles du « latin » vivant, spontané : le « latin médiéval » était né. Ce pas décisif mena progressivement à une dichotomie entre le latin et les langues romanes, qui en France n'arriva à son terme qu'au XIe siècle.

La réforme carolingienne n'eut d'effets durables que dans les régions de l'Empire où l'autorité de Charlemagne reposait sur des bases anciennes et fermes. Ses conséquences furent donc très limitées en Espagne, en Italie, en Provence. Si la précocité de l'affirmation de la langue d'oïl par rapport aux autres langues romanes s'explique par l'importance de l'influence germanique, elle résulte également de l'impact de la réforme sur le nord de la Gaule. Depuis la fin de l'Antiquité, le centre de gravité politique a migré vers le Nord, de la Méditerranée vers les vallées de la Moselle et du Rhin ; l'ancienne Gaule la plus romanisée (Provence et Aquitaine) a cédé le pas sur le plan culturel à la moitié nord de la Gaule. La réforme a surtout marqué la grande région des « écoles » au nord, au centre et à l'est de la Gaule, dans un périmètre qui, partant de Saint-Riquier, près de l'embouchure de la Somme, engloberait Saint-Amand au nord, Metz à l'est, Lyon au sud et Tours à l'ouest. A l'époque carolingienne, la Gaule du Sud est devenue un désert culturel, même si quelques centres sont actifs en Septimanie dans la Marche d'Espagne avec les abbayes de Maguelonne, Aniane, Gellone (aujourd'hui Saint-Guilhem-le-Désert) et Psalmodi.

Le concile de Tours (813)

L'évolution divergente du latin parlé et écrit cultivé et du latin oral spontané des illettrés, soulignée et aggravée par la réforme carolingienne, aboutit à la mise en place de « réseaux de traductions purement orales à l'intention des auditeurs illettrés qui ne peuvent et ne veulent plus comprendre la communication latinophone que leur adressent leurs chargés d'âmes[21] ». En effet, le clergé se trouve dans une position doublement délicate : il doit assurer l'extension de la foi chrétienne par la prédication et pour cela maintenir la communication avec le peuple des fidèles ; mais il lui faut dans le même temps agir dans le strict respect de l'orthodoxie et donc apprendre le latin écrit et la grammaire afin d'accéder aux textes sacrés et à leurs commentaires.

Au printemps 813, cinq synodes consacrés à la prédication se réunissent à Mayence, Reims, Chalon, Tours et Arles. Tous y insistent, il est nécessaire que les prédicateurs soient compris de l'assemblée des fidèles ; mais les recommandations visant à conserver ou à rétablir cette compréhension sont chaque fois différentes. La compréhension des fidèles par les prédicateurs, en revanche, n'est jamais évoquée, sans doute parce qu'elle ne pose pas de problème. Trop de circonstances de la vie courante obligent les lettrés à communiquer avec les illettrés pour que la communication verticale soit vraiment fragilisée dans ce sens. Voici quelques recommandations de ces synodes :

— « Qu'à aucun dimanche et aucune fête ne manque quelqu'un qui prêche la parole de Dieu de manière à ce que le peuple des fidèles puisse le comprendre » (Mayence, canon 25).

— « Que l'on s'efforce de prononcer les sermons de l'évêque et les homélies des saints pères dans une langue appropriée, afin que tous puissent comprendre » (Reims, canon 15).

— « Qu'en prêchant assidûment ils exhortent le peuple ; qu'avec la faux de la justice ils suppriment les vices dans l'esprit des fidèles ; qu'en semant la parole de Dieu, ils rendent fertiles les champs de leurs esprits » (Chalon, canon 2).

— « Que chacun s'efforce par la prédication d'informer le troupeau qui lui a été confié de ce qu'il doit faire et de ce qu'il doit éviter » (Tours, canon 4). « Il nous a semblé à tous que chaque évêque devait faire des homélies renfermant les exhortations nécessaires à la formation de son peuple ; c'est-à-dire sur la foi catholique (de manière compréhensible), sur la récompense perpétuelle des bons et la damnation éternelle des méchants, sur la résurrection à venir et sur le jugement dernier, par quelles actions on peut gagner la vie bienheureuse et par lesquelles on peut s'en exclure. Et que chacun s'efforce de traduire (*transferre*) clairement ces dites homélies en latin des illettrés (*in rusticam romanam linguam*) ou en germanique (*thiosticam*), afin que tous puissent plus facilement (*facilius*) comprendre ce qui est dit » (Tours, canon 17).

— « Nous veillons aussi, pour l'édification de toutes les églises et pour le bien de l'ensemble du peuple, que non seulement dans les villes, mais dans toutes les paroisses, les prêtres s'adressent au peuple, de sorte qu'ils s'efforcent de bien vivre et qu'ils ne négligent pas de prêcher au peuple qui leur a été confié » (Arles, canon 10).

Même si ces canons sont parfois d'interprétation délicate – faut-il par exemple, penser que le canon 25 du concile de Mayence recommande l'utilisation de la langue germanique ? – ils font état d'un réel problème de communication dans plusieurs provinces ecclésiastiques et nous livrent les linéaments d'une carte linguistique assez diversifiée de la Gaule. Dans l'archidiocèse d'Arles et dans la partie de l'archidiocèse de Lyon couverte par la législation du synode de Chalon, les recommandations d'ordre très général laissent à penser que la lecture d'un texte latin rédigé dans un style simple était encore comprise dans la Gaule du Sud. Dans ces régions, il semblait encore naturel au clergé que les fidèles comprennent les homélies lues à haute voix pendant la messe. Tel n'était plus le cas, en revanche, dans les archidiocèses de Reims, de Tours et de Mayence.

Le concile de Tours donne des indications plus précises que les autres pour remédier aux carences de l'intercompréhension. On a pu voir dans son dix-septième canon et surtout dans la mention de la *rustica romana lingua*, littéralement « la langue romaine rustique », l'acte de naissance du français... Gardons-nous d'accorder trop de poids à ce témoignage. Le concile de Tours est une assemblée provinciale dont les décisions ne concernent que l'archidiocèse de Tours et ne sauraient refléter la situation linguistique de l'ensemble de la Gaule : la disposition du fameux canon ne trouve pas d'écho dans les autres conciles de l'année et n'est pas reprise dans la synthèse des décisions des différents conciles transmise à Charlemagne. Peut-être ne s'agit-il que d'un problème particulier à la province de Tours, dû à l'existence d'une population mixte dans la région ? En tout état de cause, il ne faut pas oublier qu'un grand nombre de textes similaires à la même date ne font pas mention de difficultés de communication. Ces réserves faites, le canon 17 témoigne, dans un contexte qui nous échappe, de la nécessité de résoudre les difficultés causées par l'écart linguistique entre le latin des clercs et la langue parlée par le peuple.

A cet égard, l'interprétation du syntagme *lingua romana rustica* est capitale. Faut-il y voir l'expression d'un niveau stylistique du latin ou bien l'émergence dans la conscience linguistique d'une langue vernaculaire opposée à la langue savante ?

D'après M. Van Uytfanghe, l'expression *lingua romana*, comme *eloquium romanum* ou *facundia romana*, a toujours signifié « langue latine » avant le concile de Tours et a continué à être utilisée dans le même sens par la suite [22]. Cependant, la *lingua romana* est de plus en plus fréquemment mise sur le même plan que la *thiotisca lingua*, le francique parlé par les Francs. Les *Serments de Strasbourg* sont l'exemple le plus connu de ce rapprochement qui finit par opposer la *lingua romana* au latin parlé cultivé.

La synonymie ou quasi-synonymie de *latinus* (latin) et de *romanus* (romain) ne cesse pas pour autant, surtout auprès de locuteurs étrangers au domaine roman. Au IXe siècle, Haito, évêque de Bâle (mort en 836), dont le diocèse inclut des communautés linguistiques à la fois romanes et germaniques, exige que ses prêtres puissent enseigner le *Pater* et le *Credo* « tant en latin qu'en langue barbare » (*tam latine quam barbarice*). On oppose donc la *lingua latina* à la *lingua barbara* sans qu'il soit question de « langue romane ». Dans la seconde moitié du siècle, l'auteur de la troisième *Vie de saint Léger* (mort en 809) écrit : « Il pratiquait plusieurs sortes de langues, et même s'il ne les connaissait pas toutes, pour ne pas en dire plus, il n'ignorait pas le germanique (*thiusdiscam*) et le latin (*latinam*), c'est-à-dire la langue barbare (*barbaram*) et la langue romaine (*romanam*). » L'ambiguïté sémantique persistante entre *latinus* et *romanus* a peut-être provoqué, afin de désigner la langue « romane » vernaculaire, l'invention de l'adverbe latin *romanice* et celle des adjectifs substantivés *romanicum, romancium, romancia (lingua)*.

On a imaginé que l'épithète *rustica* (rustique) associée à *romana lingua* suffisait à lever l'ambiguïté entre *lingua latina* et *lingua romana*, mais *rustice loqui* (utiliser le *sermo rusticus*) n'a jamais désigné que l'origine sociale du locuteur, le niveau de sa langue, sa façon de parler ou d'écrire latin. Au IXe siècle, la *rusticitas* (rusticité) réfère toujours à un type de latin. Jusqu'à la réforme carolingienne, le *sermo rusticus* avait même eu les honneurs des auteurs et des copistes, mais la réhabilitation de la grammaire par Alcuin conduisit à son abandon et au rejet global du latin mérovingien parlé ou écrit. Le *sermo rusticus* est amendé pour devenir *sermo politus*, digne des lettrés, qui sont désormais fermement priés de s'exprimer dans ce latin pour instruire les fidèles illettrés.

M. Banniard propose d'interpréter *romana lingua rustica* comme « latin d'illettré », parce que *lingua romana* est une « variante de *lingua latina* et que *rusticus* ne veut dire qu'"inculte", "illettré" dans le latin des VIe-VIIIe siècle [23] ». Ce latin d'illettré ne permet bientôt plus à ses locuteurs d'accéder de manière satisfaisante au latin des lettrés dont il se démarque toujours plus. Une glose des *Géorgiques* de Virgile due à Berno de Tours (début du IXe siècle) dit : « *ratis* rustice dicitur *reth* » (*ratis* de manière « rustique » se dit *reth*) [24]. S'agit-il simplement d'un problème de prononciation ou bien du passage d'une langue à une autre ? En tout cas, la distinction formelle entre *vulgo/rustice* (vulgairement) et *latine* (en latin) est de plus en plus courante : Paschase Radbert marque également cette distinction dans sa *Vie de saint Adelard*, un abbé de Corbie mort en 827 : « Si tu l'avais entendu parler en vulgaire, sa parole s'écoulait avec douceur ; mais, quand il disait la même chose en langue barbare (*barbara lingua*), que l'on appelle tudesque (*teutisca*), il brillait par la clarté de son discours ; si c'était en latin, il n'y avait pas d'esprit plus élevé pour la recherche de l'harmonie [25]. »

Face à ce hiatus linguistique, le concile de Tours demande aux prêtres de *transferre* leurs propos en « latin d'illettrés ». Là encore, les interprétations n'ont pas manqué. R. Wright pense qu'il s'agissait de prononcer en adoptant le phonétisme de la langue usuelle et non selon l'élocution artificielle liée à la réforme carolingienne. Plus simplement, M. Banniard propose de comprendre *transferre* comme un synonyme de « traduire », les prédicateurs étant donc invités à passer d'une langue à l'autre, de la langue des clercs à celle du peuple. Cette recommandation ne doit pas être perçue comme une rupture : elle s'inscrit dans la tradition illustrée par Césaire d'Arles et, plus loin encore, dans la lignée de saint Jérôme, traducteur de la Bible, qui déclare : « Je veux utiliser une langue populaire pour la commodité du lecteur[26] » ; or Jérôme passe du grec au latin, deux langues fort différentes. La langue des fidèles, quelle qu'elle soit, doit être reconnue. Ainsi l'un des capitulaires de Louis le Pieux commande : « Que l'on apprenne le Symbole et que soit puni celui qui ne le fait pas. Celui qui ne pourra pas faire autrement, qu'il l'apprenne au moins dans sa langue » ; « On sait que, sans foi, il n'est pas possible de plaire à Dieu. Par conséquent, qu'à l'église aucun prêtre n'enseigne si ce n'est dans une langue compréhensible aux auditeurs[27]... » Et en 858, l'évêque de Tours ordonne : « Que personne ne s'approche de la source baptismale s'il n'a pas compris, même dans sa langue, le Notre Père et le Symbole[28]. »

Cependant « traduire » ne veut pas dire « adopter » le latin des illettrés. Comme l'a fait remarquer A. Roncaglia, la langue recommandée à Tours pour la prédication est moins la forme spontanée de la réalité populaire que l'adaptation de l'action pédagogique de l'Eglise à la réalité de la langue du peuple. « La langue vulgaire à laquelle le synode de Tours confère une reconnaissance officielle ne se définit pas par le bas comme "langue naturelle du peuple", mais par le haut comme "langue intelligible par le peuple"[29]. » Autrement dit, le canon n'exprime en aucun cas la volonté de plaquer la langue vulgaire religieuse naissante sur la langue populaire quotidienne : la communication verticale demeure ici orientée du haut vers le bas. En outre, cette « langue du peuple » se définit en tant que compétence passive, en termes de compréhension, et non comme un système de communication complet, impliquant la production de discours.

Le concile de Tours signe sans doute la fin de l'illusion des intellectuels carolingiens en ce qui concerne la réforme langagière collective. Les sujets de l'Empire n'ont pas partagé le latin réformé qui devait accompagner la restauration de la foi chrétienne. A cette date, les élites parlant (et parfois lisant et écrivant) latin ont conscience de deux phénomènes corrélés : la langue parlée par le peuple au IXe siècle n'est plus celle du siècle précédent ; la traduction en « latin d'illettré » suppose l'emploi d'une langue désormais différente du latin. Comme le suggère l'ambiguïté de l'adjectif *romanus*, cette prise progressive de conscience n'est peut-être pas strictement contemporaine d'un processus linguistique lui-même très graduel. D'ailleurs, le canon 17 nous indique que le processus en question n'est pas encore arrivé à son terme et que la compréhension passive du latin cultivé n'a pas totalement disparu : la « traduction », en effet, ne doit que faciliter la compréhension des sermons. Plutôt que de retenir la date de 813 pour signifier une rupture entre latin et français (ou « roman »), mieux vaut considérer, avec M. Banniard, les années 750-850 comme un siècle de transition au niveau de la conscience langagière.

L'ancien français à l'écrit

De 750 à 850 apparaissent ce que l'on a l'habitude d'appeler les plus anciens témoins du français. Si le latin écrit réformé s'impose, la langue des illettrés interfère parfois aux marges du système linguistique traditionnel. Ce sont d'abord de simples mots, puis des phrases qui émergent dans un contexte latin, notant « des expressions déjà formalisées de la communication orale, telles qu'elles s'instaurent et perdurent à côté du monde des clercs [30] ». Ainsi des formules plus ou moins adaptées de la langue de tous (langue « vulgaire » et vernaculaire) se glissent dans des liturgies auxquelles le peuple prend part. Dans la marge d'un manuscrit de Lyon, qui peut remonter à la fin du VIIe ou au début du VIIIe siècle, une pièce « *Audite omnes gentes, omnis homo christianus* » s'accompagne d'un refrain chanté par les nouveaux baptisés (*Christi resuveniad te de mi peccatore* : Christ, souviens-toi de moi, pécheur) où l'on reconnaît le verbe « se resouvenir » de l'ancien français et une syntaxe peu classique.

Les *Gloses de Reichenau*, vraisemblablement composées vers 750 dans le nord de la France, nous ont été transmises par un manuscrit de la fin du VIIIe siècle. Divisées en deux parties, elles commentent par des synonymes restés dans l'usage courant 4 877 mots latins devenus difficiles. Les 3 152 premières gloses concernent le texte de la Bible et suivent de près la Vulgate ; les suivantes, classées alphabétiquement, n'appartiennent pas à un texte homogène. Au fil du manuscrit, des formes glosées font office de gloses et vice versa, ce qui montre combien le tri entre les formes du passé et les formes vivantes demeure provisoire et inachevé. Si ce phénomène résulte en partie des sources hétérogènes compilées par l'auteur, il caractérise surtout une phase de transition linguistique. De fait, on s'est demandé si les gloses étaient unilingues (latin-latin) ou bilingues (latin-langue romane). Dans la conscience linguistique de l'auteur, elles étaient certainement uniquement latines, mais elles intègrent des formes propres à la communication orale, si bien que H.-W. Klein les considère comme le « premier document roman du nord de la France[31] ». Voici quelques exemples de gloses. On remarquera la parenté formelle entre la glose et le français moderne.

latin biblique	glose	français	latin biblique	glose	français
semel	*una vice*	une fois	*liberos*	*infantes*	enfants
ponatur	*mittatur*	mettre	*canere*	*cantare*	chanter
optimos	*meliores*	meilleurs	*pulcra*	*bella*	belle
in ore	*in bucca*	bouche	*hiems*	*hibernus*	hiver
femur	*coxa*	cuisse	*cementarii*	*mationes*	maçons

La « parole populaire » nourrit également la *Cantilène de saint Faron*, composée en latin, vraisemblablement au milieu du VIIIe siècle. Hildegaire, l'auteur de cette vie, insère la chanson dans son récit et la présente comme un chant populaire proche de la *rusticitas* (« *carmen publicum juxta rusticitatem* »), que chantent des femmes en frappant des pieds ou des mains. Malgré quelques formules sans doute empruntées à la poésie populaire, le texte, qui déploie un vocabulaire savant, est indéniablement latin : l'échange entre parler populaire et parler savant aboutit à la latinisation du parler, en général. Dans un manuscrit des *Laudes royales* datable de 784-789, un nouveau fragment de la communication orale est enregistré : alors que le latin est par ailleurs très correct, les acclamations en l'honneur du pape Adrien, de Charlemagne et de ses fils sont soulignées par les formules *Tu lo juva ! Tu los juva !* « Toi aide-le ! Toi aide-les ! », qui remplacent les habituels « *tu illum adjuva, tu illos adjuva* ».

A peu près à la même époque, un scribe ajoute à la fin de sa copie de la *Loi salique* un post-scriptum en forme d'article parodique consacré aux règles à observer lorsque l'on boit. Après quelques lignes de latin juridico-administratif, l'expression prend une autre tournure, si bien que l'on ne sait plus « s'il s'agit d'un texte latin romanisé, ni même si nous sommes en présence d'un texte de roman latinisé » :

Et ipsa cuppa frangant la tota, ad illo bottiliario frangant lo cabo, at illo scansiono tollant lis potionis.

Traduction : Qu'on brise cette coupe en totalité, qu'on brise la tête du caviste, qu'on retire les boissons à l'échanson.

La déclinaison est réduite à deux cas ; l'article est présent devant les noms (*la tota, lo cabo*) ; le lexique apparaît sous une forme non-savante : *copa* s'oppose au latin normé *cuppa* ; *buticula* et *buticularius* à *botilia* et *botiliario*. Reste à savoir quelle importance accorder à un tel témoignage. M. Banniard souligne avec raison que la satire commande l'excès et qu'il n'est pas certain que cette langue reflète l'écart entre le latin des lettrés et celui des illettrés. La partie finale de l'article appartient plutôt à une sorte de « non-registre », qui situe le texte dans le monde à l'envers de la parodie. Si l'inscription de l'oral dans l'écrit à des fins de moquerie nous interdit de voir ici une langue authentique, mais plutôt une ancienne modalité du latin macaronique, elle témoigne de la perméabilité grandissante de l'écrit aux formes « vulgaires » et d'une évolution sensible de la conscience linguistique.

LES SERMENTS DE STRASBOURG

Une trentaine d'années après le concile de Tours sont rédigés les *Serments de Strasbourg*. Louis le Pieux, fils de Charlemagne, avait partagé à Worms, en mai 839, les territoires de l'Empire en tenant compte des régions où chacun de ses trois fils était implanté. Ce partage, qui favorisait le dernier-né Charles, n'était pas du goût de ses deux frères. Louis le Germanique ne voulait pas perdre de terres au profit de Lothaire, et Lothaire revendiquait les pays de la Meuse et du Rhin qui avaient été octroyés à Charles. Aussitôt après le décès de l'empereur (20 juin 840), Lothaire attaque Charles qui réplique et remporte une victoire importante à Fontenoy-en-Puisaye (juin 841). Pour faire face aux ambitions de leur aîné, Charles et Louis sont contraints de s'entendre.

Le 14 février 842, les deux frères se réunissent à Strasbourg. Ils commencent par haranguer leurs hommes, Louis en langue germanique et Charles en langue romane ; puis échangent des serments d'alliance et d'assistance mutuelle. L'échange des serments se double d'un échange des langues puisque Louis jure en langue romane et Charles en langue germanique. Enfin chacune des deux suites répète le serment de son roi dans sa langue, la suite de Charles en roman et celle de Louis en germanique.

Le déroulement de la cérémonie et les serments nous sont connus par l'*Histoire des fils de Louis le Pieux* rédigée en latin par Nithard, conseiller et cousin de Charles le Chauve [32]. Charles avait commandé cette œuvre de propagande où il voulait voir fixer par écrit « pour la postérité, le récit des événements de son temps ». Malheureusement ce texte ne nous a été conservé que par une copie des environs de l'an 1000, postérieure de plus de 150 ans à la rédaction de Nithard. Du coup, la localisation précise de la langue des *Serments*, qui a fait couler beaucoup d'encre, est plus que problématique.

On a longtemps vu dans les *Serments de Strasbourg* l'utilisation de la langue à des fins politiques : l'échange des formules aurait été l'acte fondateur de deux Etats reposant sur deux langues, le royaume de langue romane de Charles le Chauve et le royaume germanophone de Louis le Germanique. La naissance du français aurait ainsi coïncidé avec la naissance de la France. R. Balibar analyse la cérémonie de Strasbourg comme la « constitution délibérée et solennelle de deux langues nationales sous forme de *textes*, prononcés et jurés sur l'Ecriture sainte [33] ».

Ces interprétations symboliques sont aujourd'hui remises en cause. La situation d'échanges de langue indique avant tout que les deux idiomes utilisés étaient compris par la plus haute aristocratie franque, qui, comme les rois, les pratiquait tous deux. Nos connaissances sur les partisans de Louis le Germanique et sur ceux de Charles le Chauve, que désigne sans doute le terme *populus* employé par Nithard, établissent que les alliés de Louis n'étaient pas forcément implantés dans des régions germanophones ni ceux de Charles dans les régions romanophones de l'ouest de l'Empire. On sait aujourd'hui que les tensions linguistiques frontalières n'existaient pas à cette époque et que les notions de langue et de patrie n'étaient alors absolument pas corrélées. Qui plus est, l'emploi du vernaculaire ne prouve même pas que le latin était devenu inintelligible.

On s'est demandé pourquoi Nithard a transcrit les serments en vernaculaire, car lorsque le cérémonial de Strasbourg se reproduisit à Coblence en 860, les textes des serments échangés en germanique et en roman sont donnés cette fois en latin par le capitulaire qui nous les a conservés [34]. Une justification d'ordre stylistique est vraisemblable.

Transcrire les serments tels qu'ils avaient été prononcés soulignait les obstacles que l'entente entre les deux frères avait dû surmonter, et notamment la diversité ethnique et linguistique. Ce procédé accentuait à la fois la difficulté et la nécessité d'une réconciliation. Du coup la langue des serments fait éclater l'importance de cette alliance qui devait sauver l'empire et rétablir la paix.

Il serait infondé d'extrapoler à partir de ces quelques lignes la situation linguistique de l'ensemble de la France. Ce serait sous-estimer la diversité des compétences linguistiques dans le monde carolingien et ignorer l'origine et les différences géographiques des membres des deux suites royales. Le public des prédications visé par le concile de Tours et le public parlant roman des *Serments de Strasbourg*, composé essentiellement d'aristocrates, ont peu de points communs.

Les aristocrates carolingiens utilisent encore largement le latin des lettrés. Les chartes des régions latinisées de l'Empire carolingien prouvent que la part de la population qui possédait librement des terres se servait couramment du latin pour établir des droits de propriété. Même si ce latin pouvait, à la lecture, se rapprocher sensiblement sur le plan phonétique du latin des illettrés, il conservait des traits morphologiques et syntaxiques propres au latin des lettrés. Les directives des capitulaires sont rédigées en latin et des clauses prévoient parfois leur lecture publique, sans que soit jamais précisée la nécessité de les traduire en langage parlé vernaculaire. Il est ainsi demandé en 803 au comte Etienne de Paris de publier les capitulaires dans la ville de Paris au cours d'assemblées publiques et de les faire lire à haute voix devant les *scabini* (échevins)[35]. Louis le Pieux ordonne aussi aux archevêques et aux comtes de se procurer des copies des capitulaires auprès du chancelier et de les faire recopier pour les évêques, abbés, comtes et autres personnes du diocèse et de les faire lire à haute voix dans leurs circonscriptions devant tous, « afin que nos ordres et nos vœux soient connus de tous[36] ». En 882, lorsque Hincmar de Reims décrit la façon dont les assemblées carolingiennes se déroulent, aucune allusion n'est faite à des traductions : « tous les hommes importants, clercs ou laïcs, assistent à l'assemblée générale et les hommes importants participent aux délibérations ; ceux de conditions inférieures sont présents afin d'entendre les décisions et occasionnellement pour débattre ce qui les touche, etc.[37] ». A la fin du IXe siècle, le latin transcende encore la division linguistique entre Francs de l'Est et Francs de l'Ouest, et demeure apparemment la langue du gouvernement, à la fois sous sa forme écrite et orale.

Le fait que les quelques traductions de capitulaires ou de serments mentionnées dans les sources soient en germanique suggère que c'est entre le latin et le germanique que la fracture linguistique fut perçue, et non entre latin et roman. Même si les Francs devaient considérer le latin comme une langue seconde, acquise, étrangère et savante, il est clair qu'ils en faisaient un usage abondant, que la capacité à lire était largement répandue dans les hautes sphères de la société et que l'importance de l'écrit était encore comprise par de nombreuses personnes des couches inférieures, comme en témoigne l'abondance des chartes. Aux VIIIe, IXe, Xe siècles, le latin écrit n'est pas confiné à l'élite cléricale ni aux activités législatives et juridiques. Une frange des laïcs francs participe encore à la culture écrite.

Si l'on ne doit pas conclure à partir des *Serments de Strasbourg* que le latin grammatical n'est plus compris des aristocrates francs de l'Ouest, il est évident que le texte des *Serments* n'est pas écrit en latin de lettrés. Cependant cette langue des *Serments* n'est en aucun cas représentative de la manière dont on pouvait parler au IXe siècle. L'absence d'article, la place du verbe en fin de phrase et le conservatisme graphique (les diphtongues ne sont pas notées) trahit sans doute l'influence de la langue latine écrite de la chancellerie. Les *Serments* sont calqués sur le serment de fidélité que tout vassal devait prêter en latin. Leur caractère formulaire et fonctionnel leur confère une solennité recherchée dont l'instrument est d'ordinaire le latin. Essentiellement hybrides, les *Serments* se situent à la charnière de la langue formulaire mérovingienne et carolingienne et de l'usage vernaculaire. Leur inscription dans une tradition juridique latine les éloignent de la langue parlée des illettrés. Il ne s'agit pas là d'une « langue rustique », qu'elle soit romaine (*romana*) ou française.

Deux facteurs, qui ont pu se combiner, expliquent probablement l'apparition de cette nouvelle façon d'écrire le latin. Tous deux sont liés aux relations entre germanophones et romanophones. R. Wright pense que les locuteurs de langue maternelle germanique qui avaient appris le latin comme langue seconde pouvaient également parler et comprendre le latin des illettrés, mais qu'il leur était beaucoup plus facile de lire le latin à haute voix selon les règles savantes que de s'adapter au phonétisme de la langue des illettrés[38]. Peut-être Louis le Germanique n'aurait-il pas su oraliser dans la langue des illettrés un texte écrit en latin traditionnel, puisqu'il devait avoir l'habitude de lire le latin en faisant correspondre chaque lettre à un son. Il était pourtant indispensable, dans la situation où il se trouvait, que le public le comprît. Pour ce faire, le meilleur moyen était d'élaborer une écriture phonétique. Il est possible que quelqu'un, à la chancellerie de Charles le Chauve, ait essayé de transcrire ce que Louis devait dire en adaptant les correspondances entre sons et lettres au latin des illettrés. Alors qu'un locuteur romanophone de la Gaule du Nord prononçait *frater* [fradre], les *Serments de Strasbourg* inversent le système, puisque la forme à prononcer [fradre] est transcrite *fradre*. Si cette hypothèse est bonne, il faut admettre qu'il était non seulement compliqué d'écrire mais aussi de lire ces textes en écriture phonétique. L'introduction de cette écriture n'était d'ailleurs pas destinée à rendre la lecture plus aisée, mais à rendre compréhensible la lecture d'un texte en langue étrangère.

Cette mise en écriture de la langue des illettrés s'explique également, indépendamment des conjectures sur la prononciation du latin à l'époque carolingienne, par le statut différent des langues germaniques et du latin vernaculaire en Gaule[39]. A la fin du IXe siècle, Alfred, roi des Anglo-Saxons (849-899), traduit en anglais – langue germanique – la *Regula pastoralis* de saint Grégoire, la *Consolation de Philosophie* de Boèce, des extraits des *Soliloques* de saint Augustin et les cinquante premiers psaumes. Véritable promoteur de l'anglais et fondateur de la prose anglaise, Alfred fait enseigner le germanique dans les écoles ; seuls les élèves les plus doués passent ensuite au latin. De son côté, Raban Maur, archevêque de Mayence (vers 780-856), s'intéresse à sa langue natale dans son traité intitulé *De inventione linguarum* (Sur l'invention des langues) et traduit du latin au germanique Tatien et Isidore de Séville.

Alors qu'en France le latin parlé des illettrés passait aux yeux des lettrés réformateurs du VIIIe siècle pour du mauvais latin, les dialectes germaniques, issus d'une histoire linguistique et culturelle différente, ne pouvaient être comparés au latin, si bien qu'« aucun miroir ne les transform[ait] en repoussoir[40] ». En France, la réforme carolingienne avait définitivement empêché le latin de devenir à la fois langue de prestige et langue naturelle des élites romanophones. C'est sans doute alors que les interactions entre le monde latin et le monde germanique ont été déterminantes. Remontant au moins au IIIe siècle, elles furent croissantes à partir du Ve siècle. L'Austrasie, sous-royaume issu des partages mérovingiens du VIe siècle et qui s'étendait de Laon au Rhin et des boucles du Rhin au plateau bourguignon, assura bientôt la « porosité des influences réciproques » entre germanophones et romanophones. L'aristocratie austrasienne, partagée entre les deux domaines linguistiques, devint le meilleur appui de la politique carolingienne. La construction du palais impérial d'Aix-la-Chapelle fit clairement de ce territoire le cœur de l'Empire. Les élites romanophones purent donc assister à loisir à l'élaboration d'une langue littéraire prestigieuse du côté germanique.

La « dynamique austrasienne » a probablement favorisé l'expression écrite de la parole romane. Le début de la féodalisation des élites renforçait leur désir d'identité ; celles-ci obtinrent peut-être que des intellectuels missent leur savoir au service de l'élaboration d'une langue littéraire. Les *Serments de Strasbourg* seraient alors, comme un peu plus tard la *Cantilène de sainte Eulalie*, l'une des étapes de cette construction. L'influence austrasienne explique sans doute, avec l'évolution linguistique rapide du latin parlé en Gaule du Nord, la précocité d'une langue écrite qui échappe au code du latin des lettrés. En comparaison, le passage à l'écrit de la langue d'oc n'est pas attesté avant le XIe siècle avec la *Chanson de sainte Foy d'Agen*, composée dans le second tiers du siècle, et avec le *Boeci*, chanson narrative sur la vie de Boèce, composée vers 1070, peut-être à Saint-Martial de Limoges.

On a longtemps voulu voir dans les *Serments de Strasbourg* l'acte de naissance du français, mais cette vision rétrospective est fausse à plus d'un titre. En effet, elle sous-entend à tort que les *Serments* marquent la volonté politique délibérée d'instituer une nouvelle langue. Ensuite, parler de « naissance » à propos du français est malvenu. C'est plutôt de scissiparité qu'il s'agirait, d'une séparation progressive et graduelle entre un latin des lettrés et un latin vernaculaire. Enfin, on ne peut estimer qu'une langue n'existe pas tant qu'elle n'est pas attestée graphiquement. Le vieil anglais, par exemple, n'est pas attesté par des textes avant le VIIIe siècle, mais personne ne met en doute son existence antérieure. Les *Serments de Strasbourg* sont avant tout la manifestation d'un nouveau système d'écriture pour une même langue, plus que la naissance d'une langue nouvelle. Cette langue, comme le soulignait A. Roncaglia à propos du concile de Tours, n'est pas la langue parlée par le peuple, mais une langue qui doit être comprise par lui. Cette langue écrite est intermédiaire entre le latin parlé des lettrés et le latin parlé des illettrés ; le français écrit au Moyen Age tiendra constamment la voie moyenne entre ces deux pratiques linguistiques.

La Cantilène de sainte Eulalie et le Sermon sur Jonas

Plus ancien texte connu à utiliser une graphie à tendance phonétique, les *Serments* ne sont pas un phénomène isolé. Un manuscrit du début du IXᵉ siècle contenant la traduction latine par Ruffin des *Discours* (grecs) de saint Grégoire de Nazianze nous conserve une cantilène à sainte Eulalie utilisant un système graphique similaire[41]. Ce poème de 29 vers a été ajouté à la fin du IXᵉ siècle, avec d'autres pièces en latin et en langue germanique, sur quatre feuillets inutilisés à la fin du manuscrit. Le texte principal, comme les additions, n'ont pas été copiés ainsi qu'on l'a longtemps cru, à l'abbaye de Saint-Amand. B. Bischoff a suggéré que le texte principal pourrait provenir de la Basse-Lotharingie, sur la rive gauche du Rhin.

Comme les *Serments de Strasbourg*, la cantilène romane n'est pas l'objet du manuscrit dans lequel elle est conservée : les *Serments* ne sont en somme qu'une citation de quelques lignes dans un long récit latin et la cantilène n'est qu'un élément adventice du manuscrit. Une autre similitude rapproche ces textes en latin vernaculaire : tous deux sont associés à la langue écrite germanique. En effet, la fin de la page sur laquelle est copiée la cantilène contient les premiers vers du *Rithmus teutonicus*, l'une des plus anciennes cantilènes en langue germanique. Cette association conforte l'idée que l'accession du germanique à la culture écrite a permis au français de suivre le même chemin.

En Gaule du Nord les intellectuels n'avaient aucune raison de promouvoir la langue vernaculaire écrite au niveau littéraire, puisque le latin pouvait largement satisfaire à ces exigences. En préparant l'ascension de l'usage langagier du peuple au rang de langue digne d'être soumise aux règles du christianisme, à la grammaire et à la rhétorique, les élites cultivées germanophones ouvraient une voie que le français suivit d'abord avec beaucoup de timidité. Il est d'ailleurs frappant que la consécration de la langue orale spontanée par l'écrit soit indissociable de la création d'une langue littéraire. Sous un aspect simple, la cantilène est l'œuvre d'un lettré qui utilise un système de notation très cohérent. L'auteur possède une excellente culture biblique et le vocabulaire qu'il utilise est particulièrement choisi, « plus orienté vers l'abstrait et l'idéalisation que vers le concret[42] », toutes caractéristiques qui éloignent cette langue de la langue quotidienne pratiquée par les illettrés. La structure du récit est solidement construite et s'inscrit dans la tradition latine.

Comme les *Serments*, la cantilène se situe aux confins de deux traditions langagières : celle d'un monde exclusivement latin et celle d'un monde qui commence à envisager l'écriture en roman. L'ensemble du vocabulaire d'Eulalie vient du latin dont quelques formes originales sont conservées (*Deo, post, rex*). On a cessé de voir dans la cantilène une expression simple ou une poésie dépouillée qui se nourrirait d'un contraste avec l'ornementation rhétorique du latin. Comme pour les *Serments*, c'est le processus inverse qui domine : l'élaboration d'une langue littéraire (ou juridique et politique dans le cadre des *Serments*) compréhensible par tous plutôt que l'utilisation de la langue de tous.

Un texte plus tardif permettra de mieux comprendre l'évolution de la situation linguistique. Ce que l'on appelle le *Sermon sur Jonas* est un ensemble de notes de travail prises par un prédicateur à partir des commentaires de saint Jérôme sur le *Livre de Jonas*, afin de préparer un sermon. Ce sermon a sans doute été prononcé un mercredi des Cendres à Saint-Amand, entre 938 à 952, soit juste un siècle après les *Serments de Strasbourg*. Le statut du texte est bien différent de celui des *Serments* ou de la *Cantilène*, parce que ce brouillon n'était pas destiné à être conservé. Le latin et la langue vernaculaire sont tous deux employés, souvent fortement imbriqués. Il n'est pas rare qu'une phrase commence en vernaculaire pour s'achever en latin et vice versa.

Michel Zink a fait remarquer que l'auteur du *Sermon sur Jonas* emploie le latin lorsqu'il s'inspire de la Bible ou de saint Jérôme, mais le vernaculaire quand il note des idées qui lui viennent directement[43]. Contrairement aux apparences, le vernaculaire apparaît à l'écrit comme la langue la plus familière. Si le prédicateur conserve tant de latin, c'est par « fidélité timorée » à ses sources. On voit l'ampleur des progrès accomplis en un siècle par l'usage vernaculaire : désormais les intellectuels acceptent la dualité linguistique, bien qu'ils ne la ressentent toujours pas comme un abîme.

PARLER LATIN, PARLER FRANÇAIS

« Quand a-t-on cessé de parler latin » sur le sol des Gaules ? On ne peut éluder cette question, même si des voix ont critiqué sa formulation et proposé de la remplacer par : « A partir de quand n'a-t-on plus compris le latin ? » ou bien : « A partir de quand est-il légitime de parler de "français" ? ». En effet, contrairement à ce que l'on croit généralement, on n'a jamais cessé de parler latin et cette langue n'est pas devenue alors une « langue morte ». R. Wright a montré que seul le changement de nom donné au latin parlé des illettrés (souvent qualifié de *roman* au Moyen Age) nous conduisait à ne plus considérer le latin comme une langue vivante. La transition du latin au roman, dans ce contexte, est d'abord le fait d'un changement de dénomination provoqué par la réforme carolingienne[44].

Le latin réformé enseigné aux copistes des scriptoria carolingiens se distinguait du latin parlé des illettrés, on l'a vu, par sa morphologie et sa syntaxe, si bien que cette réforme rapprochant l'usage du latin des règles de la grammaire énoncées par Priscien et Donat conduisit à une différence croissante entre ce que R. Wright appelle le « latin médiéval » (latin des lettrés) et le latin vernaculaire. Cette différence passa progressivement du niveau stylistique au niveau de la langue. La rénovation (*renovatio*) du latin aboutit naturellement à la baisse de prestige de l'usage et de la culture vernaculaires, dans la mesure où les locuteurs se sentaient incapables désormais de parler correctement un latin artificiel.

Suit la phase d'appropriation de l'expression *lingua latina* par l'Eglise et les intellectuels pour désigner leur propre usage langagier. Du coup, le latin vernaculaire non réformé (qui est aussi le latin parlé non-appris) doit se trouver un nom : il prend progressivement celui de « roman ». Contrairement au passage du gaulois au latin, ce n'est pas la substitution d'un système linguistique à un autre, fort différent, qui est à l'œuvre, mais une évolution. En ce sens, seul le latin écrit classique, devenu latin médiéval après la réforme dirigée par Alcuin, a abouti à une langue morte, alors que le latin parlé, devenu « roman » puis français, reste bien vivant.

La prise de conscience d'une dichotomie linguistique entre roman et latin par les locuteurs de la Gaule ne peut guère être datée de manière globale. Des évolutions différentes se sont produites selon les individus, les régions et les situations sociolinguistiques. Le témoignage des lectures publiques de vies de saints écrites en latin est instructif à cet égard.

A la fin du VIIIe siècle, en effet, des vies de saints en latin sont encore lues aux fidèles, mais leur degré d'élaboration stylistique devait être faible afin de ne pas obscurcir la communication. Lorsque les moines de Saint-Riquier demandent à Alcuin de réécrire pour eux l'ancienne *Vita Richarii*, ils souhaitent que la collection des miracles de leur saint patron reste telle quelle, parce qu'elle est destinée à être lue au peuple à haute voix. Comme le constate Alcuin lui-même, il n'est donc pas question d'adopter pour ces passages le latin réformé :

« A ma plus grande surprise le susdit Angilbert, homme de bonne mémoire, et ses frères spirituels du même saint lieu, m'ont dit qu'ils avaient chez eux et aussi dans plusieurs églises, un autre manuscrit assez volumineux où on lisait les miracles par lesquels l'ensemble de la Gaule exaltait non sans raison le saint confesseur du Christ. Les frères s'accordent à reconnaître que cette description leur suffit, parce qu'à leurs yeux, son langage simple et moins poli (*simplex et minus polita locutio*) semble plus approprié à une récitation devant le peuple[45]... »

Dans le prologue de sa *Vie de saint Rémi*, Hincmar de Reims (845-882) écrit que le texte est destiné à la fois à la lecture publique durant les fêtes du saint et à l'étude privée[46]. Des astérisques signalent les passages qui doivent être lus à haute voix, mais ils ne se distinguent des autres ni par le style ni par la syntaxe. Le partage entre les parties du texte réservées à l'étude et celles qui sont destinées à la lecture semble avant tout être une affaire de contenu.

Ces deux exemples montrent qu'il est impossible de réduire la situation linguistique à une opposition binaire entre le latin restauré et le latin des illettrés. La latinité carolingienne est une « latinité plurielle », rassemblant de très nombreux niveaux d'usage, de la langue ornée d'un poète à la langue formulaire des *Serments de Strasbourg* en passant par le latin des hagiographes ou des prédicateurs. Des *Gloses de Reichenau* à la *Cantilène de sainte Eulalie*, quelques textes se « romanisent » progressivement. Il n'y a pas de fracture nette, mais une évolution qui voit lentement s'affirmer entre le milieu du VIIIe siècle et le milieu du IXe siècle l'émergence d'une nouvelle norme linguistique, distincte de l'ancienne.

La date du VIIe siècle, souvent avancée pour indiquer le passage du latin parlé au « roman » n'est rien de plus qu'une moyenne. Toutes les composantes du latin parlé n'ont pas changé au même moment ni au même rythme. Le système phonologique connaît de profonds bouleversements avant la fin de l'Empire romain, alors qu'il faut attendre la première moitié du VIIIe siècle pour que la déclinaison des cas obliques (accusatif, génitif, datif, ablatif) des noms et adjectifs ait disparu de la langue parlée, ne laissant que deux cas fonctionnels.

La prise de conscience de l'autonomie de la langue vernaculaire (le français) par rapport au latin médiéval n'est pas nécessairement concomitante du changement linguistique. Parmi tous les pays de l'Europe romane, c'est en France du Nord que l'identification de la langue vernaculaire en tant que différente du latin des lettrés s'est accomplie le plus tôt. Alors que dès le début du IXe siècle, la spécificité du « français » est identifiée, il faut attendre le Xe ou le XIe siècle pour l'italien, l'occitan ou l'espagnol. Quatre raisons expliquent cette relative précocité[47] : le niveau culturel général a nettement progressé dans la Gaule du Nord de 700 à 800, notamment grâce au retour à la tradition grammaticale de l'Antiquité ; l'affirmation d'un pouvoir centralisateur fort permet l'application des réformes linguistiques projetées et nécessite une attention portée à la communication à grande échelle ; le développement de scriptoria destinés à la reproduction de textes religieux et de textes législatifs (laïcs ou non) avec rapidité et fidélité conduit à une réflexion sur l'écrit ; enfin l'influence du germanique voisin engendre, par la vertu de l'exemple, une inscription plus rapide qu'ailleurs du roman dans l'écrit.

Si le « roman » du nord de la Gaule s'individualise par rapport au latin, il se distingue aussi progressivement des autres langues romanes. Il est difficile de déterminer la date à laquelle l'intercompréhension à l'intérieur du domaine roman commença à ne plus être opératoire. En dépit de conditions de communication entièrement différentes, R. Wright n'a pas hésité à comparer la situation linguistique de la Romania au IXe siècle à celle de l'anglais moderne[48] : l'anglais, comme le latin alors, est parlé par une communauté de locuteurs extrêmement large, utilisant la même norme écrite ; et malgré d'importantes variations orales, la fragmentation en langues différentes n'a pas encore eu lieu.

Même si des évolutions linguistiques spécifiques – localisables et cartographiables – se sont produites, il ne semble pas que se soient dessinées à l'intérieur de la Romania des frontières linguistiques nettement perceptibles par les locuteurs de l'époque. Au IXe siècle, malgré des processus de standardisation de la langue déjà en cours au sein de certaines unités politiques, un voyageur natif de Cordoue se rendant à pied de sa ville natale jusqu'à Strasbourg n'aurait pas rencontré de barrière linguistique sérieuse ; en outre, la lenteur de son voyage lui aurait peut-être permis de s'acclimater aux variantes linguistiques rencontrées. En tout cas, le lexique des *Serments de Strasbourg* ne lui aurait pas été totalement étranger, car sur 63 unités lexicales, 57 au moins étaient utilisées par les contemporains « romanophones » – et pas encore « hispanophones » – de Charles le Chauve à Cordoue. Cette proximité lexicale ne signifie pas pour autant l'absence de problème de compréhension, car il faut tenir compte des spécificités de l'évolution phonétique dans chaque région de la Romania, qui aurait constitué un obstacle majeur à l'identification des mots utilisés.

La compréhension pan-romane s'essouffle après le IXe siècle. Le goût encore persistant au XIIIe siècle pour les vers macaroniques qui associent plusieurs langues romanes ne signifie pas que le monolinguisme roman s'est prolongé jusqu'à cette époque, mais qu'il en restait encore des traces notables, au moins dans les pratiques culturelles.

A l'échelle plus réduite de la Gaule, une tripartition linguistique s'opère. Au sud de la Loire la transition du latin parlé à la langue d'oc (l'occitan) n'est absolument pas documentée. La scission entre latin des lettrés et latin des illettrés y fut plus tardive et sans doute encore plus progressive qu'au nord de la Loire. La prédication de Césaire d'Arles est un témoignage précieux : en Provence, dans la première moitié du VIe siècle, le latin demeure la langue de communication générale. On a vu que la culture classique se maintenait jusqu'au milieu du VIIe siècle en Gaule du sud et en Aquitaine. La longue permanence de la latinité unifiée au Sud est confirmée par d'autres faits socioculturels : le Midi demeure attaché plus longtemps à la civilisation de l'écrit, ne serait-ce qu'au point de vue juridique. En 864, Charles le Chauve parle, à propos du sud de son royaume, de « pays où l'on observe [majoritairement] la loi romaine[49] ». Jusqu'au début du XIe siècle, la société méridionale reste étrangère aux usages féodaux et vassaliques du nord. Enfin l'Antiquité est toujours inscrite dans le paysage urbain, avec ses monuments publics, ses fortifications et ses basiliques paléo-chrétiennes, au moins jusqu'au VIIIe siècle.

Deux éléments contribuent à la prise de conscience de la langue d'oc. En premier lieu, les contacts avec les Francs font ressortir la spécificité des habitants du Sud. Ensuite, la réforme carolingienne, même estompée, n'est pas complètement sans écho dans les territoires méridionaux ; par des décisions prises au sommet, elle contraint l'Empire à s'interroger sur des questions de communication verticale. Si le synode d'Arles en 813 se contente de rappeler aux prêtres qu'ils ne doivent pas négliger de prêcher, que ce soit en ville ou dans les campagnes, cela ne signifie pas que les fidèles comprenaient sans mal les sermons.

A l'inverse, il est possible que l'éloignement des centres de décision politique, le faible renouvellement des connaissances grammaticales latines et l'absence de scriptoria importants aient retardé l'apparition des conditions préalables à une identification de la différenciation linguistique. On imagine mal, en effet, le développement d'une réflexion théorique et surtout l'élaboration d'une notation écrite nettement détachée de l'écriture latine traditionnelle hors de tout scriptorium.

Au IXe siècle, le clivage séparant le latin de la langue d'oc est identifié, même s'il est moindre dans la conscience linguistique des locuteurs lettrés du Sud que celui qui sépare le latin et le « français » pour les locuteurs du Nord. Cette prise de conscience tardive, combinée au déplacement du centre de gravité intellectuel de l'Empire au nord de la Gaule, explique sans doute que les plus anciens témoignages de l'affirmation d'une romanité d'oc face à la tradition écrite latine ne soient pas antérieurs aux alentours de l'an mil. Mais à partir du Xe siècle, le relèvement du niveau culturel, la multiplication des abbayes, l'efficacité des scriptoria nouvellement implantés, l'apparition d'un nouveau pouvoir politique, en particulier celui des *milites*, provoquèrent l'accomplissement du processus déjà engagé : la généralisation d'une notation écrite de l'occitan.

Dans le sud-ouest de la Gaule, plusieurs langues cohabitent avec l'occitan. On sait que le gascon que nous avions vu apparaître linguistiquement au VIe siècle se coordonne « sociolinguistiquement et, dans une certaine mesure, linguistiquement avec l'occitan[50] », tandis que le basque subsiste comme langue parlée dans les hautes vallées pyrénéennes. Enfin, dès la fin du Xe siècle, le catalan se différencie de l'occitan par des traits caractéristiques.

Enfin le Sud-Est voit le développement d'un troisième ensemble linguistique, le francoprovençal, dont la segmentation date vraisemblablement de la fin de l'époque mérovingienne ou du début de l'époque carolingienne, mais nous ignorons la date à laquelle les locuteurs de cette aire linguistique prirent conscience de leur spécificité linguistique.

A la fin du IXe siècle, selon M. Delbouille[51], l'ère des grands changements opposant oc, oïl et francoprovençal au latin est close, mais la segmentation de chacun des ces domaines en est à ses débuts.

II

LE FRANÇAIS AU MOYEN ÂGE UNE LANGUE EN VARIATIONS

1

DIALECTES PARLÉS ET ÉCRITS

L'histoire du latin en Gaule et de sa transition vers le français, l'occitan et le francoprovençal montre clairement qu'une langue n'est jamais monolithique, qu'elle subit constamment des variations de tous ordres. Du coup, il est extrêmement difficile de dater les changements linguistiques, dont le rythme est différent pour chaque groupe de locuteurs selon sa position sociale, sa situation géographique et sa situation d'élocution. Toute langue est un système complexe subdivisé en sous-systèmes qui la structurent.

Partons ici du postulat que, vers 850, les habitants du nord de la Gaule ont pris conscience de la coexistence de deux entités linguistiques, le latin et les parlers courants, qu'on pourra nommer le « français ». Nous abandonnerons pour le moment les aires méridionales où sont parlés l'occitan et le francoprovençal. Ce « français » subit continûment, avant même son émergence dans la conscience linguistique, une double tension, déterminante pour son évolution. Il reste, durant tout le Moyen Age, sous l'influence du latin, qui le tire vers les fonctions élevées et prestigieuses de la langue savante. Cette influence externe se traduit par une tendance à l'unification et à la normalisation linguistique, indispensables pour assumer de telles fonctions. Une langue savante doit pouvoir véhiculer un message écrit à travers des zones géographiques éloignées, ce qui implique une unité formelle du code et une variation limitée. Concurremment à cette tension unificatrice, le français subit une tension interne qui le porte à la fragmentation. Comme le latin parlé en Gaule, il est soumis à diverses pressions qui opèrent des différenciations, notamment géographiques, mais contrairement au latin, le système des variantes locales et sociales du français ne va pas éclater pour donner naissance à de nouvelles langues. Les tendances centripètes vont être combattues par une réaction codificatrice et normalisatrice, pour aboutir, à la fin du Moyen Age et au début du XVIe siècle, à l'existence d'une langue normée (le français) à côté d'une langue maternelle circonscrite à une communauté ou à une zone géographique limitée, autrement appelée langue « vernaculaire » : le patois.

On peut se limiter à envisager les tensions internes, celles qui sont les moins sujettes à l'influence du latin, mais il ne faut pas se leurrer, ces tensions sont indirectement liées à l'accès par le français à des fonctions (culturelles, administratives, symboliques, littéraires) assumées auparavant par le latin exclusivement. Ces nouvelles fonctions contribuent à creuser le fossé entre une variante prestigieuse plus ou moins unifiée et des variantes plus spontanées.

La clef pour explorer ces tensions internes sera la notion linguistique de « variation », liée à la sociolinguistique. William Labov notamment explora ce domaine dans les années 1960 en étudiant la stratification sociale de l'anglais à New York. Les linguistes n'ont certes pas attendu ces travaux pour étudier la variation, mais avant eux, ils s'intéressaient surtout à la variation dans l'espace (étude des dialectes) et dans le temps (histoire de la langue). Les travaux de Labov et d'autres ont mis l'accent sur deux autres types de variations, les variations « diastratiques » et « diaphasiques ». La variation diastratique correspond à la variation sociale de la langue. Elle prend en compte le fait que les hommes et les femmes, les jeunes et les personnes âgées, les citadins et les campagnards ne parlent pas exactement de la même façon. La langue varie selon la profession, le niveau d'études et la position sociale de chacun. La variation diaphasique ne s'intéresse plus à l'usager de la langue, mais à l'usage que fait un locuteur de sa langue à un moment donné dans une situation donnée. En effet, chacun d'entre nous s'exprime de manière différente selon la situation dans laquelle il ou elle se trouve. Nous ne parlons pas comme nous écrivons ou n'écrivons pas comme nous parlons. Selon les interlocuteurs auxquels nous avons affaire, nous nous adaptons en élevant ou en baissant notre niveau de langue.

La sociolinguistique a montré que l'analyse des variations historiques et géographiques devait tenir compte des variations sociales et de situation. Située dans une perspective historique, le premier type de variation pose la question du rôle d'un groupe social prestigieux de locuteurs dans l'irradiation de tel ou tel fait de langue, à l'origine minoritaire et rare. La variation diaphasique attire, quant à elle, l'attention sur le rôle respectif de l'oral et de l'écrit ou des situations de communication dans l'évolution de la langue.

Les relations entre chaque type de variation se modifient avec le temps. Les schémas propres à la situation du français contemporain ne correspondent pas à ceux du passé. Ainsi, au Moyen Age, la division linguistique tend à être géographique plutôt que sociale : dans une région donnée, à divers échelons de la société, les locuteurs utilisent la même variété dialectale. Autrement dit, dans leur utilisation de la langue la différenciation sociale est secondaire. Aujourd'hui, la situation linguistique est tout autre : bien qu'il existe des usages régionaux, la variation linguistique est socioculturelle plutôt que géographique.

Il est donc important de comprendre, dans la mesure de nos moyens, la combinaison des différents types de variation et leur poids relatif au Moyen Age, mais cela n'est pas chose aisée. Même si l'on privilégie la fracture verticale, celle-ci n'est jamais nette, car il ne saurait exister de superposition unique entre aire géographique et dialecte pour toutes les couches de la société. Un paysan qui n'est jamais sorti de son village ne parlait pas la même langue que le seigneur dudit village, qui se déplace dans une aire plus étendue et rencontre des personnes extérieures à cette aire. Autour d'un axe vertical représentant le dialecte, il faudrait placer des cercles au diamètre plus ou moins important selon les déplacements effectués par le locuteur ou selon les contacts entretenus avec des personnes qui se déplacent.

Les dialectes du français au Moyen Age ont fait l'objet de très nombreuses recherches depuis le XIXe siècle, mais ces investigations se sont heurtées et se heurtent encore à deux difficultés majeures : l'éloignement dans le temps et la spécificité des sources. L'éloignement dans le temps nous prive de tout contact avec des locuteurs de l'époque et nous rend fondamentalement étrangères leur expérience et leur conscience linguistiques. Quant aux documents qui nous livrent des traces de leur pratique, ils sont exclusivement écrits dans une société à dominante orale, où la grande majorité de la population est analphabète. Pour éviter des amalgames avec la situation contemporaine et une généralisation abusive de phénomènes observés au moyen d'une documentation fragmentaire, plusieurs concepts ont été avancés, qui permettent de mieux comprendre les problèmes posés par le phénomène dialectal au Moyen Age.

Un langage fragmenté

Au Moyen Age, le terme « dialecte » n'existe pas. Seul est attesté le substantif « patois », qui désigne un parler incompréhensible aux témoins de l'extérieur, le langage des animaux ou un comportement grossier. Le concept de variété linguistique régionale minorée n'existe pas davantage et aucun mot n'en rend compte. C'est Ronsard qui emploie le premier *dialecte* pour désigner le parler du Vendômois, sa région d'origine, sans doute parce que *patois* était trop péjoratif. Le mot, tiré du grec *dialektos*, où il désignait les grandes variantes régionales du grec ancien, était savant et l'est resté.

On peut distinguer deux approches dominantes de la notion de « dialecte ». La première est géographique, voire cartographique, la seconde génétique. D'un point de vue géographique, les dialectes ne sont pas des unités aux frontières précises. La géographie linguistique cherche d'abord à tracer des lignes « isoglosses », c'est-à-dire des lignes idéales séparant deux faits qui permettent de distinguer deux aires dialectales. Pour ce faire, après enquête dans les documents ou sur le terrain, on représente sur une carte linguistique une ligne qui sépare les points où l'on rencontre un trait donné (un son, une forme, un mot, une expression...) de ceux où on ne le rencontre pas. Ainsi, dans le nord de la France, une isoglosse représentant l'évolution en /k/ de /k/ latin suivi de /a/ sépare l'aire picarde et l'Ile-de-France : le mot hérité du latin *caballum* (cheval) s'écrit *cheval* en Ile-de-France, alors que la forme *keval* est courante en Picardie. Un ensemble d'isoglosses superposées ou proches constitue un faisceau. Il suffit qu'il y ait un faisceau d'isoglosses pour que l'on puisse parler de frontières dialectales. Il arrive souvent qu'une aire dialectale soit traversée par des isoglosses communes aux aires dialectales voisines, car bien peu de dialectes peuvent se définir par des particularités qui leur soient toutes propres. En général, il faut se contenter d'un ensemble de particularités qui chevauchent plusieurs aires et ne se superposent que dans une zone limitée. C'est dire le flou des frontières linguistiques entre dialectes d'une même langue.

Le point de vue génétique reprend la métaphore de l'arbre généalogique et se situe dans une perspective historique. Ainsi, le latin se ramifie en plusieurs branches, dont l'une est le roman occidental, qui se ramifie à son tour en gallo-roman, qui se sépare à nouveau en trois, le français, l'occitan et le francoprovençal. Le français – langue d'oïl –

se différencie à son tour en variétés régionales (lorrain, normand, bourguignon, picard...). A chaque étape, on peut parler de langues différenciées comme de dialectes de la langue située plus haut dans l'arbre : de cette manière le français peut être considéré comme un dialecte du gallo-roman et le gallo-roman comme un dialecte du latin, mais le français peut également être considéré comme une langue dont dépendraient des dialectes (lorrain, normand, picard...), l'occitan comme une autre langue, etc.

Cela mène à la différence entre langue et dialecte. Deux schémas prédominent, l'un hiérarchisé, l'autre non. Selon le premier, qui est couramment admis pour la définition des dialectes modernes, la *langue* est assimilée à la variété « standard » (ou commune), s'opposant, dans une région où elle est pratiquée, au dialecte. Ce schéma rejoint l'acception selon laquelle le *dialecte*, lui, est une variété régionale « non standard », caractérisée par une certaine infériorité culturelle et une certaine rusticité, alors que la langue est le véhicule, entre autres, de l'administration et de la littérature. Ces deux expressions linguistiques cohabitent et se distinguent par leurs fonctions. En règle générale, le dialecte se trouve exclu de certaines fonctions linguistiques à cause de sa portée limitée et de sa faible inscription dans le domaine écrit.

Ce premier schéma est peu opératoire pour la période médiévale, car il présuppose l'existence d'une langue standardisée, or celle-ci, on va le voir, n'apparaît que progressivement, certainement pas avant la fin du XIIIe siècle, et se répand encore plus lentement. Ce n'est qu'à la fin de cette période que l'on assiste à la cohabitation entre une « langue commune » pratiquée par une minorité, parfois écrite, et des dialectes parlés par l'immense majorité de la population.

Le second schéma est plus conforme à la réalité médiévale : la langue, entité abstraite, serait composée de dialectes s'opposant les uns aux autres, mais qui partageraient des traits linguistiques et – peut-être surtout – une conscience linguistique commune. Pour éviter les définitions suspectes et des confusions avec les situations futures, le concept de « koinè » a été avancé.

Ce terme *koinè* renvoie à la langue écrite commune servant de « toit », dans la Grèce antique, à plusieurs dialectes parlés. Cette notion commode, mais relativement floue, permet de prendre du recul par rapport à la situation des XIXe et XXe siècles. La koinè est une variété de langue née du contact entre plusieurs dialectes de la même langue. Cette notion met ainsi l'accent sur les relations entre les dialectes, car c'est la combinaison des dialectes (on parle en anglais de *dialect mixing*) dans une situation de contact qui conduit à l'émergence d'une nouvelle variété linguistique. On appelle « koinèsation » ce processus de combinaison et « koinè » son produit. Cette nouvelle variété est généralement utilisée comme moyen de communication entre locuteurs de différentes aires dialectales, comme langue standard et officielle d'une région politiquement unifiée, et comme moyen d'expression esthétique, en une « littérature ». La notion de « koinè » permet de rendre compte du rapport entre les dialectes et l'affirmation d'une langue standard qui se superpose progressivement à eux (on parle alors de « langue-toit »). Elle évite toute solution de continuité.

La « scripta » et le dialecte écrit

Afin de percer la réalité des dialectes médiévaux, les dialectologues tentent de combler les lacunes de la documentation écrite médiévale en s'appuyant sur la situation dialectale des XIXe et XXe siècles, car des affinités ont été décelées entre les graphies médiévales (on ne parle pas d'« orthographe » pour le Moyen Age en l'absence de norme unifiée) et le système phonique des dialectes modernes. En effet, l'interprétation des graphies est l'une des difficultés principales de la dialectologie médiévale. Quand il prend la plume, le scribe transpose dans un système conventionnel des sons en lettres. Cette transformation se fait sous une convention tacite, que nous pouvons tenter de restituer, mais les rapports entre les graphèmes (lettres, signes) et leur réalisation phonétique ne peuvent être définis que sous réserve.

D'autre part, la langue écrite tend à éliminer, dans la mesure du possible, les traits dialectaux les plus marqués pour se rapprocher d'une *koinè* comprise par tous. Aucun écrivain n'écrit comme il parle. Il faut donc admettre que les dialectes parlés du Moyen Age restent insaisissables, si ce n'est fragmentairement au travers de l'écrit, mais alors la mise en écrit fait office de filtre, d'encodage savant et gomme une partie de l'oralité, car le message écrit a d'autres fins, en particulier la transmission plus large d'un message dans l'espace et dans le temps : la zone d'intercompréhension de l'écrit est donc nécessairement supérieure à celle de l'oral.

La prise en compte de la spécificité des sources écrites conduit à distinguer soigneusement les régionalismes des dialectalismes, et aussi à utiliser la notion de « scripta ». La distinction entre régionalismes et dialectalismes relève de la conscience linguistique. Lorsqu'une personne aujourd'hui parle patois, son discours présente des caractéristiques phonétiques locales, ressenties comme des marques de patois par les locuteurs de la région. Si l'un de ces locuteurs veut parler français « correctement », il évitera d'utiliser ces marques, mais ne parviendra pas à les éliminer toutes, car certaines sont difficilement perçues. Le français régional évite donc les marques dialectales les plus ressenties. Au Moyen Age, les écrivains de langue d'oïl ne cultivent pas la veine dialectale. Les dialectes parlés n'accèderont à l'écrit et au stade littéraire qu'en plein XVIe siècle. En revanche, certains laissent échapper un mot ou un sens employé uniquement dans une aire restreinte, généralement parce que ces mots ne sont pas sentis comme très marqués régionalement. Certains de ces mots prennent ensuite place dans la langue nationale à mesure que son stock lexical (son vocabulaire total) se constitue. Par ailleurs, ils nourrissent les dialectes parlés. G. Roques fait remarquer que si le dialecte wallon s'est nettement différencié, aux plans morphologiques et phonétiques, de l'ensemble dialectal du nord-est de la zone francophone au début du XIIIe siècle, au plan lexical on ne voit guère apparaître de dialectalismes wallons avant le XVe siècle. En revanche, on repère de nombreux régionalismes lexicaux et ce depuis la seconde moitié du XIIe siècle. Il faut donc se garder de confondre dialectalismes et régionalismes, et admettre qu'il est impossible de reconstituer l'image lexicale d'un dialecte à partir des sources médiévales écrites, les seules disponibles.

La notion de « scripta », équivalent de l'allemand *Schriftsprache*, littéralement « langue écrite », a été introduite par Louis Remacle en 1948, afin de distinguer la langue écrite (scripta) de la langue orale. En fait, cette notion est surtout utilisée pour l'étude des variations phonétique et morphologique. Ainsi, on échappe à la confusion entre l'état ancien du dialecte et la langue écrite qui se superpose, dans la même aire géographique, à ce dialecte. La distinction entre une langue écrite plus ou moins fortement colorée de traits dialectaux et le dialecte parlé définitivement perdu, aux caractères plus marqués que la « scripta » correspondante, est désormais claire.

Si tout le monde ou presque accepte la distinction entre dialecte et « scripta », cette opposition ne résout pas tous les problèmes et soulève même des difficultés. En premier lieu, on ne sait si cette notion correspondait à quoi que ce fût dans la conscience linguistique des copistes de l'époque. Avaient-ils conscience de pratiquer une graphie particulière et jusqu'à quel point ? En d'autres termes, on ne sait s'il existait une norme consciente écrite locale ou supra-régionale.

Ensuite, les « scriptae » sont d'interprétation difficile, car elles ne sont pas le reflet exact des habitudes phonétiques des dialectes effectivement parlés. Il va sans dire que ces « scriptae » sont le fruit d'un faible nombre de locuteurs, les plus savants, toujours frottés de latin et donc influencés par le système graphique de cette langue. Le nombre des personnes sachant lire et écrire, quoiqu'en constante progression, reste faible. Le système de notation d'une langue change effectivement d'une région à l'autre, mais il est possible que les différences entre « scriptae » résultent tout autant de la tradition de différents ateliers de copie (scriptoria) que de différences effectives de prononciation. Des liens sont probables entre dialecte et scripta, mais il est difficile d'en préciser la nature et l'intensité. J. Chaurand écrit à propos du picard : « Nous n'avons aucun document picard des Ve et VIe siècles ; mais lorsque nous entendons un paysan picard prononcer un [Kvoe], et que nous lisons la forme dialectale *keval* dans un texte dialectal du XIIIe siècle, nous reconnaissons le même trait : maintien de [k] initial devant [a] étymologique (lat. caballu)[1]. »

Un vif débat a eu lieu sur la nature composite des « scriptae », qui, d'après L. Remacle, assurerait leur intelligibilité dans l'ensemble du domaine francophone, grâce au mélange de formes régionales et de formes supra-régionales. L'élément dialectal, simplement générateur, resterait toujours numériquement inférieur à la strate supra-régionale, due à des copistes qui savent le latin, qui désirent éviter des mots marqués dialectalement et qui veulent être compris dans d'autres régions. C'est pourquoi la scripta administrative serait plus proche du dialecte parlé que la scripta littéraire : les chartes, testaments, inventaires sont des textes pratiques que les commerçants et bourgeois non lettrés veulent comprendre. La nature composite des scriptae expliquerait les formes doubles ou triples provenant de strates différentes. Cette théorie, nous y reviendrons, a été contestée.

Aux strates régionale et supra-régionale, il faut souvent en ajouter une troisième, constituée de formes mixtes produites par des interférences. Les textes qui nous sont parvenus sont souvent des copies ; or chaque copiste, en l'absence d'orthographe, a son propre système graphique, qui modifie plus ou moins l'aspect graphique du texte copié. On comprend alors les difficultés que l'on rencontre dans l'analyse des graphies médiévales, dans une perspective dialectologique.

Naissance et développement des dialectes

La différenciation dialectale à l'intérieur de la zone française a commencé très tôt. Le latin n'a pas été parlé avec la même intensité et aux mêmes niveaux culturels dans toutes les parties de la Gaule du Nord ; il n'a pas cessé dans toutes les régions d'être compris par tous à la même époque ; les implantations et l'influence franques n'ont pas été également réparties sur l'ensemble du territoire. De ces différences de latinisation, à laquelle il faut ajouter les effets de substrats et d'apports (superstrats), résulte la diversité dialectale de la Gaule du Nord. En outre, il faut prendre en compte que la langue vernaculaire pouvait évoluer librement, parce qu'elle n'était pas fixée, comme le latin, par une tradition écrite liée à une communication entre personnes éloignées dans l'espace et dans le temps. D'autre part, aucun pouvoir centralisateur ne cherchait à la réguler.

Il est acquis que la fragmentation du latin en domaines linguistiques différents et la fragmentation de ces domaines ne sont pas des phénomènes successifs. L'aire de langue d'oïl est fragmentée avant de s'opposer nettement à l'aire de langue d'oc.

Autour de l'an mil, la conscience linguistique des distinctions dialectales ne se fait pas encore jour dans les rares témoignages conservés. Ainsi, en 995, on rapporte qu'au synode de Mouzon, près de Sedan, l'évêque Aymon « s'adressa à l'assemblée en français » (« gallice concionatus est ») sans préciser le dialecte qu'il utilisa. C'est seulement au début du XIIe siècle que Rodolphe de Saint-Trond ressent le besoin de dire que l'abbé Adélard parle une langue qu'il préfère qualifier de « wallone » (« *walonica* ») plutôt que de « romane » (« *romana* »).

Ces deux témoignages posent les bases du débat : quel stade de différenciation ont atteint les dialectes d'oïl à l'époque de la formation des « scriptae » ? Si la différenciation est avancée, il doit exister un élément fédérateur ou unifiant qui explique l'intercompréhension de ces « scriptae » dans le domaine d'oïl. Cet élément pourrait résulter de l'affirmation d'un dialecte directeur, auquel tous les autres se seraient coordonnés, ou bien provenir de l'adoption généralisée de règles de transcriptions graphiques liées au latin. Dans ce dernier cas, il faudrait admettre que les « scriptae » ne sont pas des représentations fidèles des diverses prononciations, c'est-à-dire que la recherche d'une correspondance entre graphème et phonème n'a pas été prioritaire lors de leur élaboration. Si, au contraire, la différenciation dialectale est tardive, on explique alors aisément la part des éléments supra-régionaux dans les « scriptae », qui ne seraient en somme que des éléments encore peu différenciés, mais cette hypothèse va à l'encontre des constatations phonétiques.

Pour trancher, il faudrait pouvoir déterminer le stade de différenciation auquel on passe de la langue au dialecte. Or il s'agit d'un processus si lent et si graduel qu'il est difficile de saisir le moment à partir duquel l'intercompréhension est perturbée ou menacée. D'autre part, la conscience linguistique n'est pas immédiate. Elle a plutôt tendance à entériner les changements avec retard. Ces incertitudes, ajoutées à la pénurie des témoignages, expliquent les écarts considérables entre les dates données par les spécialistes : R. Wright parle de compréhension panromane au IXe siècle alors que L. Remacle soutient qu'à la même date la dialectalisation du wallon était déjà fort avancée[2]. Ch. Th. Gossen et d'autres romanistes appuient la thèse de L. Remacle, selon laquelle les dialectes d'oïl avaient acquis leurs traits différenciateurs essentiels dès le IXe ou le Xe siècle : « Il est probable que les dialectes de la langue d'oïl se sont différenciés à l'époque mérovingienne, de sorte que du temps des Carolingiens ils étaient déjà plus ou moins individualisés[3]. »

L. Remacle pose clairement le problème : « Combien de traits un dialecte doit-il posséder – en propre ou en commun avec un de ses voisins – pour qu'on puisse le dire "individualisé"[4] ? ». Dans l'analyse d'une charte liégeoise de 1236, ce savant compte 77 % de formes « françaises », soit supra-régionales, le reste étant composé de formes dialectales. L. Remacle a été tenté d'expliquer cette proportion par l'influence d'un dialecte directeur, en l'occurrence celui de l'Ile-de-France. Qualifier de « françaises » les formes supra-régionales, c'est reconnaître une influence parisienne ou francilienne sur le reste du domaine d'oïl, mais cette influence est contestée avant le XIVe siècle. L'idée selon laquelle « la langue de l'Ile-de-France devint, dès le début du XIIe siècle, le parler directeur pour l'usage littéraire[5] » a depuis longtemps été abandonnée.

C'est surtout M. Delbouille qui a mis en avant, pour éviter d'avoir recours de façon anachronique à un parler directeur issu d'Ile-de-France, la notion d'unité prédialectale. « Doit-on encore [...] considérer comme nécessairement "francien" tant de traits "non-dialectaux" de la scripta du XIIe et du XIIIe siècle ? [...] L'unité que l'on croit *francienne* ou *parisienne*, n'est-elle pas surtout une *unité ancienne d'oïl*, c'est-à-dire la manifestation d'une tradition "non-dialectale" parce que "prédialectale" dans ses origines[6] ? ». Le très ancien français écrit à Liège aurait donc été naturellement proche du français écrit à la même époque en Ile-de-France, car la différenciation dialectale sur l'ensemble du domaine aurait été alors encore faible. Au IXe siècle, semble-t-il, les ressemblances l'emportaient de beaucoup sur les divergences entre les dialectes du domaine d'oïl, ce qui permet de se passer du « francien » pour expliquer l'intercompréhension et la koinè d'oïl.

Cette position a été nuancée. « Les éléments non dialectaux des scriptae régionales (documentaires ou littéraires) représenteraient plutôt le fonds commun du domaine d'oïl et seraient une trace de l'ancienne unité remontant à une époque où les divergences entre dialectes parlés étaient encore peu de chose en face de la masse des éléments communs provenant soit de la fidélité au latin, soit de l'identité des innovations survenues sur l'ensemble du domaine d'oïl[7]. » L'unité pré-dialectale dont a parlé M. Delbouille n'a sans doute jamais existé. Au moment où les langues vernaculaires apparaissent, elles ne présentent déjà plus d'unité linguistique. Dès le début du IXe siècle, la partie septentrionale de la Gaule se divisait en grands ensembles dialectaux. Certains en comptent trois : l'Est et le Nord-Est, les dialectes de l'Ouest et les dialectes centraux (Ile-de-France, Champagne) ; d'autres seulement deux : Champagne, Picardie, Hainaut, Wallonie, Lorraine d'une part ; l'ouest de la France avec le dialecte du Centre, le normand et l'anglo-normand en continuité de l'autre.

Ces observations rejoignent en partie les conclusions plus récentes de L. Remacle sur le wallon. A partir de la spécificité phonologique de ce dialecte, il établit le rythme du processus de dialectalisation. Avant le IXe siècle, 14 faits analysés opposent le wallon, avec un ou plusieurs des dialectes voisins, au dialecte central. Cette constatation confirme qu'à cette époque avancée, « la segmentation dialectale du nord de la Gaule se dessinait déjà dans ses grandes lignes[8] ». La dialectalisation progresse sensiblement entre l'an 800 et l'an 1000, à tel point que la dialectalisation du nord-est de la Gaule semble déjà très marquée à l'orée du XIIe siècle. A ce stade, et même si les spécificités vont encore se renforcer, la dialectalisation est peut-être même « nette et définitive ». Le phénomène s'accentue fortement au cours du XIIe siècle. Par la suite, le processus se poursuit sur sa lancée. L. Remacle relève 17 faits pour la première moitié du XIIIe siècle, 16 pour la seconde moitié du XIIIe siècle, et 15 pour la période postérieure, mais sur ces 48 points, un faible nombre concerne des divergences importantes.

Vers 1200, on ne peut parler de l'existence d'une « koinè » se répandant dans l'ensemble du nord de la France, mais plutôt du renforcement des deux ou trois blocs dialectaux mentionnés plus haut. L'existence même d'une « volonté de scripta commune » au début du XIIIe siècle semble aujourd'hui abandonnée. Les scribes voulaient avant tout être compris par un public régional, ce qui laisse supposer l'emploi d'une scripta unitaire dans le rayon d'action d'un scriptorium. Les études sur les rapports entre les scriptae et le rayonnement des différents centres d'écriture ne sont pas assez avancées pour que l'on puisse aller plus loin.

Des raisons administratives et politiques

On peut sans doute appliquer à la plupart des dialectes du nord la trame chronologique mise en avant par L. Remacle pour le wallon, mais elle peut être modifiée par différents facteurs externes : politique, économique, géographique, démographique. Sans aucune prétention à l'exhaustivité, nous voudrions à partir de quelques exemples, montrer l'impact éventuel de ces facteurs sur tel ou tel dialecte.

L'un des facteurs fondamentaux de la dialectalisation fut la spécialisation fonctionnelle du français. Bon nombre de fonctions prestigieuses, comme l'usage littéraire, juridique, scientifique, philosophique ou diplomatique, furent longtemps accaparées par le latin, laissant au français l'usage quotidien et familier. Or, l'usage quotidien et familier de la langue est plus propice à la dialectalisation que les usages élevés, qui favorisent la normalisation. Ainsi le latin, langue de l'Eglise et véhicule de la pensée abstraite, doit pouvoir être compris dans l'ensemble de l'Occident chrétien. « Pendant cette période, les langues vulgaires ont dû être particulièrement exposées aux dangers de la dialectalisation, parce qu'elles étaient privées de certaines fonctions qui font obstacle au morcellement linguistique[9]. » L'histoire de la langue française est donc celle d'une lente conquête des fonctions de prestige, conquête qui commence seulement à s'affirmer une fois que le phénomène de différenciation dialectale est nettement avancé.

On s'est beaucoup demandé si la fragmentation politique qu'a connue la Francie occidentale (plus tard appelée France) n'a pas également joué un rôle dans le mouvement parallèle de fragmentation linguistique. Dès le règne de Charlemagne, les Carolingiens doivent relever de grands défis : le territoire de l'Empire est immense, il est notoirement sous-administré et certains « fonctionnaires » sont très ambitieux. La décadence du pouvoir central suscite l'émergence de principautés. Les titulaires de charges publiques, comtes, ducs, marquis, souvent liés à la famille royale, utilisent à leur profit le serment personnel institué par Charlemagne pour garantir la fidélité de ses sujets. Des entités politiques, dont la formation avait été favorisée par le pouvoir central, s'émancipent alors de sa tutelle pour former des principautés territoriales. En France, dès le milieu du IXᵉ siècle, des princes confisquent une grande partie des droits régaliens. Le roi n'intervient bientôt plus que par l'intermédiaire de celui qui porte le nom de *dux* (duc) ou de *princeps* (prince) et n'exerce pleinement la puissance publique (nommer des « fonctionnaires publics » et des évêques, battre monnaie, lever des taxes et l'impôt) que sur ses domaines propres. Ce phénomène s'étend au cours du Xᵉ siècle. Vers 950, les comtes arrachent au roi l'hérédité de leurs charges, considérées désormais comme des biens propres. L'Empire carolingien se transforme en mosaïque de principautés territoriales regroupant plusieurs comtés, puis d'unités plus petites d'un ou deux comtés.

Quand une minorité, des querelles de succession ou un âge avancé viennent affaiblir l'autorité personnelle d'un prince, les seigneurs tentent à leur tour de s'émanciper. Malgré cette parcellisation du pouvoir, la nature politique de l'autorité exercée par le comte au sein de sa circonscription, le *pagus*, ne change pas jusque vers l'an mil. Mais un peu partout au cours du premier tiers du XIᵉ siècle, la châtellenie devient le principal centre judiciaire, militaire et administratif. La prolifération des forteresses construites dans la première moitié du XIᵉ siècle atteste la naissance de la seigneurie châtelaine, une entité autonome régissant la population des alentours en s'appuyant sur le château.

Ces modifications de la structure administrative et politique sont contemporaines de la naissance du village. L'« encellulement » qui s'ensuit contribue fortement à restreindre la mobilité des hommes et à les attacher à une communauté : le maillage des églises paroissiales prend sa forme définitive, les cimetières s'installent autour des lieux de culte, l'aristocratie se fixe et les statuts indépendants d'un lien à la terre disparaissent. En effet, l'autorité du propriétaire sur les personnes qui exploitent une terre qui leur a été concédée (les tenanciers) augmente à mesure que l'autorité de l'Etat se dégrade. Chargés de la justice, les seigneurs propriétaires ont des prérogatives de fonctionnaires dont ils font usage pour soumettre les hommes libres. Au

XIᵉ siècle, le paysan libre est devenu une exception : les hommes sont généralement des « serfs » ; ce ne sont pas des esclaves mais des hommes attachés soit à la tenure (exploitation concédée par le seigneur) soit à leur seigneur, envers lequel ils sont astreints à de nombreuses obligations. Renforcée par la spécialisation agricole et par la diversité des coutumes, des habitats, des costumes, etc., cette logique de la fixation au sol est active pendant plusieurs siècles. Elle permet de renforcer le contrôle et la domination de la population regroupée dans le village au pied du château seigneurial.

On assiste donc à un morcellement du pouvoir et parallèlement à un regroupement des hommes, qui passent d'un habitat dispersé et anarchique à un habitat regroupé et organisé. Quels liens peut-on établir entre ce double phénomène et la fragmentation linguistique ? Dans l'état actuel de nos connaissances, rien ne prouve que le morcellement du pouvoir et la naissance du village aient joué un rôle décisif dans le processus de fragmentation. Mais on peut supposer que sans en être générateur, ils ont certainement éliminé des résistances à ce processus. L'absence de centralisation et l'autonomie de petites entités politiques a sans doute donné un rôle important à la mémoire interpersonnelle dans le système de droits et de services complexes lié à la seigneurie. Le droit, selon une justice orale, se rend le plus souvent à l'intérieur de la seigneurie, retardant le recours à l'écrit et la normalisation linguistique qui l'accompagne. Il est certain, par ailleurs, que la mobilité réduite de la population limite les interférences avec des dialectes éloignés et que la communauté se définit aussi par sa langue. Cependant l'autonomie linguistique au niveau du village est tempérée par les inévitables contacts avec les communautés villageoises voisines. Pour les paysans, les entités politiques supérieures au village sont déjà moins sensibles, qu'il s'agisse de la seigneurie et encore plus de la principauté. Comme l'écrit R. Fossier, « Que le paysan du Boulonnais ou celui du Vermandois se soit soucié, vers 900 ou plus tard encore, de savoir s'il dépendait finalement du comte de Flandre ou de celui d'Amiens, voire même du roi ou de l'empereur, est peu croyable[10] ».

Dans ces conditions, on comprend que la confrontation entre les frontières dialectales et les frontières politiques puisse poser divers problèmes. Certaines coïncidences sont décelables, mais elles ne sont jamais automatiques ni évidentes. Tout dépend de la nature du pouvoir (pouvoir fort et centralisé ou au contraire dilué et morcelé), de la durée de l'entité politique, de son autonomie par rapport à ses voisines, enfin de la fixité de ses frontières. Or, même quand ces éléments semblent réunis, comme pour la Normandie, les coïncidences ne sont pas toujours probantes. Pourtant, dès 933, avec la conquête du Cotentin et de l'Avranchin par Guillaume Longue Epée, la Normandie atteignait ses frontières quasi-définitives, qui correspondaient à peu près au ressort de l'archidiocèse de Rouen. Jusqu'à son intégration au domaine royal en 1204, la Normandie, devenue duché, fut dotée d'une administration particulièrement centralisée et efficace. Tout cela ne semble pas avoir suffi à constituer une unité dialectale forte : aujourd'hui, les parlers normands sont très hétérogènes et aucune de leurs limites ne correspond à celles du duché de Normandie ou de l'archidiocèse.

De même, le terme « picard » est attesté à partir du milieu du XIIIe siècle pour désigner l'une des « nations », ou regroupement d'étudiants, de l'Université de Paris, caractérisée plutôt par sa langue que par son appartenance féodale. Le domaine linguistique du picard dépasse, en effet, largement les limites de la province royale, puisqu'il va du nord de l'Ile-de-France jusqu'à Liège, englobant notamment l'Artois, la Flandre française et le Hainaut. « Il est de fait que la Picardie telle que la concevaient les hommes du Moyen Age ne correspondait à aucune unité féodale ou administrative, mais qu'elle représentait un concept ethnique et linguistique [11]. »

Il arrive, au contraire, que les limites dialectales rappellent des limites historiques anciennes. Il n'est qu'à penser au traité de Verdun (843) qui divisa l'Empire carolingien entre Lothaire, Louis le Germanique et Charles le Chauve. Toute la marge orientale du domaine gallo-roman était attribuée à Lothaire et échappait ainsi au royaume de France ; or ce sont surtout les dialectes orientaux, comme le lorrain, qui se sont le plus différenciés au cours des siècles suivants. Toujours dans l'est du domaine, la frontière entre le liégeois et le namurois suit à peu près la frontière entre la principauté de Liège, d'une part, le comté de Namur et le duché de Brabant de l'autre. On peut également rappeler la similitude entre la frontière orientale du domaine picard et celle de l'ancien « *pagus Hainoensis* », le futur Hainaut.

A l'Ouest cette fois, la communauté de destin entre les quatre provinces du Poitou, de l'Aunis, de la Saintonge et de l'Angoumois, leur association assez étroite avec l'Aquitaine jusque vers 1150, a créé une certaine communauté linguistique entre ces provinces et les régions plus méridionales. Le verbe *aprader*, formé sur le substantif latin *pratu* (pré), avec le sens de « mettre une terre en pré », attesté aujourd'hui encore dans des localités de Charente et en Charente-Maritime, est un bon exemple d'une évolution commune avec l'occitan. En effet, entre deux voyelles, /t/ est devenu /d/ en occitan tandis qu'en langue d'oïl, il a fini par disparaître (*pré*).

Restons dans l'Ouest. Le Poitou perdit au IXe siècle le pays de Retz au profit des Bretons et, à la fin du Xe siècle, les Mauges au profit des Angevins. Ces vicissitudes vécues par les régions sises entre Loire et Poitou se retrouvent aujourd'hui. Jean-Paul Chauveau a montré que sur le plan linguistique, le pays de Retz, le Choletais et les Mauges servent de régions de transition entre les parlers de la Bretagne romane et ceux du Poitou. On relève ainsi des affinités phonétiques, morphologiques et lexicales entre le sud de la Loire-Atlantique, le sud du Maine-et-Loire et le Poitou[12].

Des entités politiques fortes ont également pu avoir une incidence, non pas sur la langue quotidienne de leurs sujets, mais sur la langue littéraire écrite, notamment lorsqu'elles ont développé un mécénat actif. On a ainsi pu parler d'une « koinè Plantagenêt », qui n'était que partiellement liée aux dialectes locaux, et qui a survécu un temps à l'empire Plantagenêt. Henri II, fils de Mathilde de Blois et du comte d'Anjou, Maine, Touraine et duc de Normandie Geoffroy, surnommé « Plante Genest », parce qu'il aurait converti ses terres en landes par amour de la chasse, devient roi d'Angleterre en 1154. Sur le continent, il était déjà maître de la Normandie, de l'Anjou et de la Touraine. Par son mariage en 1152 avec Aliénor d'Aquitaine, Henri II accroît son domaine avec le Poitou, l'Aquitaine, la Gascogne, le Limousin et l'Agenais, sans compter les droits de suzeraineté sur d'autres territoires comme le comté de Toulouse. Le roi Plantagenêt est ainsi le plus puissant souverain d'Occident, plus puissant en France même que le roi de France. Henri II étend encore sa domination : il installe son frère comme comte de Nantes et contrôle ainsi la Bretagne, il contraint le roi d'Ecosse à se reconnaître son vassal (1175), il intervient directement par ses vassaux en Irlande et au Pays de Galles. Son « empire » s'étend de l'Ecosse à l'Espagne et il affirme ses prétentions européennes par une habile politique matrimoniale : Henri II marie sa fille Mathilde à Henri le Lion, duc de Saxe-Bavière, sa fille Aliénor à Alphonse VIII, roi de Castille, et sa fille Jeanne à Guillaume II, roi de Sicile. Après sa remarquable expansion, cet « empire » fut amputé de la plus grande partie de ses possessions continentales entre 1202 et 1206. La prise de Château-Gaillard en mai 1204, suivie de la capitulation de Rouen et de la soumission de la Normandie, ouvrit bientôt la voie à la conquête de l'Anjou, du Maine, de la Touraine et de la Saintonge. Seules l'Aquitaine (possession d'Aliénor), La Rochelle et son territoire, restèrent aux mains du roi d'Angleterre. La coalition organisée par Jean sans Terre en vue d'une reconquête des territoires perdus est écrasée à Bouvines en 1214.

Le *Livre des manières* d'Etienne de Fougères, chapelain de Henri II Plantagenêt, évêque de Rennes de 1168 à sa mort en 1178, porte la trace de la « koinè Plantagenêt » dans son lexique, où les mots rares sont fréquents. Alors que l'auteur est originaire des confins de la Bretagne et de la Normandie, des mots anglo-normands – du français parlé en Angleterre – côtoient des mots venus de la langue d'oc, mais ce sont les mots issus de l'ouest du domaine d'oïl qui sont les plus nombreux, avec une prédominance marquée du sud-ouest du domaine et une minorité de mots normands. R. A. Lodge pense qu'Etienne a peut-être « cherché à plier son lexique aux conventions littéraires en vogue dans les cours angevines et tourangelles[13] ». La « koinè Plantagenêt », liée à l'usage littéraire, a influencé les « scriptae », sans doute plus que la prononciation. Il n'est donc pas étonnant que les contours phonologiques des dialectes actuels ne rappellent pas ceux de l'empire Plantagenêt, qui ne dura pas assez longtemps pour laisser des traces durables, puisque la scripta représente un registre plus cultivé que celui des dialectes parlés modernes.

Il est bien difficile de mettre en relation l'histoire du pouvoir royal avec la dialectalisation. Avant le XIIIe siècle, malgré l'effritement de son pouvoir, les princes, y compris le Plantagenêt, étaient généralement fidèles au roi : « les plus turbulents, les plus ambitieux ou les plus redoutables ne manquèrent pas, même rebelles, même ennemis, de respecter l'office royal et la personne du prince[14] ». Seul le sud du royaume prit ses distances avec la personne royale : sans faire sécession, sans s'abstenir d'être présent au sacre ou de participer de temps à autre à une expédition militaire, les relations du Sud avec le roi s'estompèrent. Les diplômes royaux du XIe siècle sont révélateurs à cet égard : leur aire d'extension se rétracte au nord de la Loire, et même d'Arras à Orléans au temps de Philippe Ier (1060-1106). La proportion des actes délivrés pour l'Aquitaine ne cesse de décroître : 12 sur 109 sous Robert II le Pieux (996-1031), 3 sur 124 sous Henri Ier (1031-1060), 11 sur 172 sous Philippe Ier (1060-1106), 2 sur 357 sous Louis VI (1108-1137), soit respectivement 11 %, 2,5 %, 6 % et 0,6 %.

Grâce aux revenus importants qu'il tire de son domaine, le roi occupe cependant une position de premier ordre parmi les propriétaires fonciers du royaume, même s'il demeure moins riche que le Plantagenêt ou que l'empereur. Sans heurts et sans éclat s'organise alors le gouvernement du palais. La cour du roi (*curia regis*) devient l'instrument du gouvernement : elle publie des prescriptions sur la paix, sur les juifs, et en 1190 une ordonnance sur le gouvernement du royaume pendant la croisade du roi ; des agents itinérants, les baillis, vont au tout début du XIIIe siècle régler sur place les affaires courantes. S'il est encore prématuré de parler de pouvoir « législatif », fiscal ou judiciaire, les rouages d'un gouvernement désormais apte à s'étendre sont déjà en place. Mais à ce stade, au début du XIIIe siècle, le pouvoir royal est incapable d'être la source d'une irradiation linguistique vernaculaire. Il reste concentré sur son domaine qu'il cherche à faire fructifier et, si possible, à accroître.

L'annexion de la Normandie, de la Touraine, de l'Anjou, du Maine et de la Saintonge au domaine (1204-1208) a peut-être eu des conséquences linguistiques. Ainsi en Normandie la scripta littéraire et administrative du XIIe siècle semble avoir perdu certains de ses particularismes au XIIIe siècle. Ch. Th. Gossen note qu'un document de Rouen de l'année 1266 est dialectal seulement pour 10 % (et français pour 90 %), un de Honfleur de 1293, seulement pour 9 % et un de Saint-Lô de 1298 pour 17 %[15]. Mais ces comptages sont discutables et l'irradiation précoce d'une norme issue de l'Ile-de-France, même dans des régions qui lui sont proches, a tendance à être remise en cause.

D'un point de vue général, il est clair que les territoires situés dans le domaine d'oïl mais qui échappent longtemps au royaume, voire n'y furent jamais intégrés, ont eu tendance à se différencier davantage. C'est le cas du nord-est du domaine. Liège, où l'on parle wallon, fut ainsi le centre d'une région qui n'a jamais politiquement fait partie de la France. A partir du XIVe siècle, la cité est un évêché-comté et ses évêques participent au Reichstag allemand. En 1467, la ville est occupée par Charles le Téméraire en accord avec son évêque. Cette région marginale, loin du centre d'irradiation de Paris, ne connaît que tardivement, vers 1480, une crise de sa scripta, écartelée entre une tradition régionale et une influence française. Plus tard, l'ordonnance de Villers-Cotterêts (1539) n'eut aucun effet normalisateur sur les usages linguistiques à Liège. Jusqu'à la fin du Moyen Age et au début du XVIe siècle, l'autorité du roi dut faire face à des forces centrifuges considérables. L'attachement aux particularismes locaux, à des privilèges et à des coutumes de toutes sortes, dut s'accompagner d'une résistance à l'uniformisation linguistique.

LES TERRAINS ET LES PEUPLES

Certains éléments naturels qui font barrage à la communication entre les habitants, forêts, marais, fleuves, peuvent expliquer la formation d'aires dialectales, même si tous les obstacles peuvent être « neutralisés » par des couloirs de circulation.

César, dans *La Guerre des Gaules*, qualifiait les auréoles forestières qui cerclaient les tribus gauloises de « mur naturel » (*murus nativus*). Cette image reste valable pour une bonne partie du Moyen Age. La forêt règne dans de nombreuses régions, occupant les reliefs, même les plus modestes, ainsi que les sols trop pauvres ou argileux pour être cultivés. L'occupation humaine a généralement progressé en auréoles autour des anciennes cités romaines ainsi qu'autour des petits *vici*, ces bourgades qui ont pris au haut Moyen Age la relève des anciennes citadelles (*oppida*) gauloises.

Entre Loire et Meuse, par exemple, les forêts divisent l'espace en grandes régions assez mal reliées entre elles. Au nord, l'immense forêt Charbonnière, aujourd'hui disparue, recouvre une bonne part des terres en Brabant et en Hesbaye et se poursuit dans les Ardennes au-delà de la Meuse, débordant aussi sur la Thiérache et l'Argonne, s'avançant jusqu'à l'Aisne. Dans le Bassin parisien, entre l'Aisne et la Marne ou entre la Marne et la Seine, de nombreux massifs forestiers dominent le paysage. Il en est de même plus à l'ouest où des barrières forestières séparent le Parisis du Beauvaisis et de la Normandie. La Champagne humide, le Barrois, le plateau de Langres, le Morvan et le Nivernais portent de nombreuses forêts qui isolent la Loire de l'Yonne et de la haute Seine, ainsi que de la côte de Bourgogne et de la vallée de la Saône.

Le polyptyque de l'abbé de Saint-Germain-des-Prés, Irminon, un registre foncier du premier tiers du IXe siècle, donne une idée de la part prépondérante de la forêt dans les paysages de la Gaule carolingienne : sur près de 40 000 hectares de terres décrites, 17 000 sont occupés par les massifs forestiers, soit 40 %, alors que le document décrit les exploitations agricoles (*villae*) situées dans les régions les plus riches et les plus ouvertes de l'époque.

L'incidence de la forêt sur les limites et les différenciations du dialecte picard a été largement étudiée. Le centre du domaine picard, où se concentrait l'essentiel de la population, « s'opposait vers l'est et vers le sud à la périphérie qui, avant les grands défrichements du début du IIe millénaire, était restée presque vide d'hommes [16] ». Les terres incultes étaient relativement rares en Picardie. Seules les collines de l'Artois demeurèrent encore fortement boisées jusqu'au XIe siècle, époque des grands défrichements. Ces mêmes collines dessinent les contours d'une différenciation linguistique très légère entre le nord-est et le sud-ouest du domaine picard. Par ailleurs, ce domaine était isolé des autres parlers romans par une bande forestière qui en marquait les limites et favorisait, en l'isolant, sa spécificité. Cette bande comprenait, au nord-est, les contreforts du massif des Ardennes, c'est-à-dire la forêt Charbonnière, la Thiérache et son prolongement à l'ouest de l'Oise, l'Arrouaise, puis les forêts de la vallée de l'Oise au sud-est, les forêts du Vexin au sud, ainsi que les forêts de Bray et d'Eu du côté de la Normandie, encore que cette dernière frontière fût relativement ouverte, le peuplement du pays de Bray étant ancien.

Les fleuves ont également pu constituer des obstacles majeurs aux échanges linguistiques. Jean-Paul Chauveau a mis en évidence l'obstacle que le cours de la Loire a opposé aux échanges lexicaux entre les deux rives à l'ouest du domaine d'oïl. Dans cette région, les frontières provinciales se matérialisent par le no man's land des « marches séparantes » de Poitou, Anjou et Bretagne, indivises entre les seigneuries de ces provinces et dont le statut a persisté pour certaines jusqu'à la fin de l'Ancien Régime. La création de ces marches permettait de régler les rivalités territoriales résultant de l'indécision des limites féodales dans cette région. Pour les dialectes du Centre, la « marche séparante » fondamentale est la Loire, parce qu'elle fut la limite séculaire entre les provinces romaines de Lyonnaise et d'Aquitaine, puis entre le royaume de Syagrius et celui des Wisigoths, entre la Neustrie et l'Aquitaine mérovingienne... Ce n'est donc pas tant l'obstacle topographique qu'elle représente qui fait office de limite linguistique, mais le fait que cet obstacle physique matérialise une frontière politique.

La mobilité des populations selon le « mouvement brownien » cher à Marc Bloch est générale dans la période d'expansion économique et démographique qui va du milieu du Xe siècle au début du XIVe siècle. Malgré le processus de fixation des habitants dans un village, certains vont d'une domination à une autre. L'essentiel des migrations se fait à faible distance, de village à village voisin, de village à ville. Ces déplacements ont un faible impact sur la différenciation dialectale, mais expliquent l'existence de zones homogènes en l'absence de frontière politique ou naturelle forte. Pour apprécier la circulation des hommes, il faut se placer dans le cadre du *pagus* et plus tard des « bourgs castraux » qui se multiplient à partir du Xe et du XIe siècles. Diplômes, chartes, vies de saints et récits de miracles attestent que c'est ainsi qu'on se repère. L'essentiel des déplacements paysans se limite à la participation à de petits marchés hebdomadaires et, une fois par an, à une visite à leur bourg pour une foire annuelle, souvent combinée avec la fête d'un saint patron.

A l'époque carolingienne, les échanges locaux dominent largement, comme l'a montré l'analyse des trésors monétaires enfouis dans la deuxième moitié du IXe siècle : 80 % des pièces retrouvées dans ces trésors sont enfouies à moins d'une centaine de kilomètres de leur lieu d'introduction. Le commerce lointain est alors très réduit et le restera longtemps, car le coût du transport rend vite une denrée prohibitive.

Seuls de petits groupes d'individus, échappant à la masse paysanne, ont un horizon géographique plus lointain et n'ignorent pas les bourgs et les villes avoisinantes. On trouve parmi eux des fonctionnaires, des religieux, des pèlerins, des agents domaniaux, des marchands et des colporteurs. De grands voyageurs existent, il est vrai : des marins cabotent le long des côtes, des nobles se rendent à la cour du roi, des étudiants dans les écoles et plus tard à l'Université, des ecclésiastiques chevauchent à travers l'Europe. Pourtant ces voyages ne peuvent représenter l'essentiel des déplacements dans un monde dont l'assise économique est d'abord rurale, agricole, liée au village pour les réalités quotidiennes et au bourg pour des occasions exceptionnelles.

Plusieurs phénomènes, comme les défrichements, ont toutefois contribué à accroître les déplacements, tant en nombre qu'en distance parcourue. Pour réaliser les défrichements, qui culminent entre 1150 et 1200 et se poursuivent au XIIIe siècle, les seigneurs laïques ou religieux doivent trouver de la main-d'œuvre. Afin d'attirer des bras, ils accordent des avantages matériels ou juridiques aux hommes intéressés. Les archives nous renseignent surtout sur les défrichements organisés par les abbayes. Les religieux faisaient défricher les terres par des paysans résidant à proximité de leurs monastères, mais aussi par des colons venus sans doute de loin et assurés d'être soumis à des charges moins lourdes que celles qu'exigeaient les laïcs. Les défrichements suscitent donc des migrations à plus grande distance.

La mobilité des hommes dépend aussi du type d'exploitation du sol. J. Wüest a souligné, à cet égard, l'opposition entre l'est et l'ouest du Bassin parisien. A l'est domine une agriculture communautaire, caractérisée par un paysage d'openfield aux champs ouverts et en

« lanières » et par un habitat aggloméré. A l'ouest, région de bocage aux parcelles fermées, prévalent au contraire l'individualisme agraire et les grandes métairies. J. Wüest pense que « les différents types de sociétés agricoles n'ont pas été également propices à la dialectalisation[17] » : l'individualisme agraire a fait plutôt obstacle à la formation d'aires dialectales cohérentes, parce que les métayers changeaient fréquemment de métairie dans l'ouest. Du coup, la dialectalisation de l'ouest est moins profonde et plus confuse. A l'est, le compartimentage et la fixité de la population dans un habitat concentré aurait favorisé le développement d'aires dialectales plus nettes.

Si l'urbanisation qui commence dès la fin du Xe siècle n'est plus mise sur le compte du grand commerce, mais s'explique aujourd'hui davantage par le trop-plein d'hommes dans le monde rural et par un surplus de denrées à échanger, il n'en reste pas moins que les villes ont un rayon d'attraction proportionnel à leur dimension commerciale. Les plus petites attirent dans un rayon de 5 à 20 kilomètres, alors qu'une ville dynamique comme Arras atteint les 30 à 40 kilomètres. La plupart des villes attirent donc des habitants venus de la campagne voisine et ne peuvent pas, de ce fait, jouer un rôle perturbateur ou spécifique dans le processus de dialectalisation. Il existe certes des exceptions. Ainsi La Rochelle, en devenant aux XIe et XIIe siècles une place maritime prospère, en relations commerciales avec l'Espagne et l'Angleterre, est particulièrement cosmopolite. Une liste des Rochelais ayant prêté serment de fidélité au roi de France en 1224 montre que la ville recrute jusqu'en Flandre, en Angleterre, en Espagne et en Italie : 31, 2 % des habitants qui ont un nom d'origine (du type Jean Langleis) viennent d'au-delà de 100 kilomètres, proportion énorme pour l'époque.

Les foires de Champagne concentrent également de grands voyageurs et sont l'un des exemples les plus souvent invoqués de mobilité géographique. Marchés locaux au haut Moyen Age, ces foires forment une sorte de marché permanent animé au milieu du XIIe siècle par des marchands arrageois et flamands attirés par l'augmentation de la population. Le phénomène prend de l'ampleur dans le dernier quart du XIIe siècle, si bien que lorsque les Italiens arrivent pour y chercher des draps du nord, des marchands originaires de nombreuses villes du royaume (Vézelay, Hesdin, Eu, Montreuil...) se sont déjà signalés. Transformées en institution économique et juridique par l'action des comtes de Champagne, ces foires ont joué de 1180 à 1320 un rôle essentiel dans l'économie internationale comme marché de la draperie puis comme centre international du change reliant le long d'un axe nord-sud l'Angleterre et la Flandre au delta du Rhône. Ces foires ont contribué à l'utilisation extensive du français dans les négociations commerciales et ont contraint les acteurs à une communication interdialectale et interlinguistique, qui transitait sans doute en partie par le latin. L'impact sur les dialectes et sur la langue des paysans fut minime.

La densité du peuplement a joué un rôle important dans la dialectalisation, surtout dans le poids respectif des différents dialectes au sein de la *koinè* française. Poursuivant une impulsion amorcée dès le VIIIe siècle, la France serait passée entre la fin du Xe siècle et la fin du XIIe siècle de 5 à 9, 2 millions d'habitants. A partir des années 1200-1230, la pression démographique est forte. Le XIIIe siècle est le temps du « monde plein » (P. Chaunu). La progression se poursuit pour culminer entre 1290 et 1347. Certaines régions atteignent un niveau de peuplement qu'elles ne retrouveront pas avant le XVIIIe siècle. C'est dire qu'au regard de la capacité de production, la France est saturée et en état de surpopulation relative. D'après les états des paroisses et des feux des bailliages et sénéchaussées de France de 1328, qui couvre 34 circonscriptions du domaine royal, la France aurait compté, dans les limites du royaume, entre 12 et 17 millions d'habitants en 1327. Ce « monde plein » se traduit par une augmentation des contacts interpersonnels qui freinent insensiblement les dialectes et la dialectalisation. Il implique également des déplacements pour trouver de nouvelles terres, afin de mieux assurer sa subsistance. Enfin, il renforce le phénomène d'urbanisation, qui ne va pas sans mêler la population.

L'essor démographique profite surtout aux provinces les plus riches, celles aux terres les plus fertiles. L'Ile-de-France, la Normandie et la Picardie, les trois provinces au peuplement le plus dense, sont trois régions qui ont eu un poids particulier dans l'histoire du français. Vers 1300, la population de la Picardie a atteint un niveau supérieur à celui d'aujourd'hui. La richesse en hommes s'est accompagnée d'un pouvoir économique et politique qui fut loin d'être négligeable lors de la constitution de la *koinè* de langue d'oïl.

Dresser la carte dialectale du domaine d'oïl au Moyen Age n'est pas chose aisée, parce que l'opération implique de fixer grossièrement les limites des aires dialectales, dont une partie des traits caractéristiques se chevauche toujours. Généralement, plusieurs dialectes sont regroupés en zones dialectales de plus grande étendue, partageant un ensemble de traits communs. Ces ensembles dialectaux varient selon les spécialistes. Ainsi Gilles Roques divise le domaine d'oïl en quatre ensembles : un ensemble de l'Ouest s'étendant de la Normandie à la Saintonge et au Poitou en passant par le Maine, l'Anjou et les pays de la Loire ; un ensemble du Nord-Ouest réunissant le picard et le wallon (éventuellement le champenois et parfois le lorrain) ; un ensemble du Nord-Est réunissant le lorrain et le bourguignon (éventuellement le champenois et le comtois ou parfois le wallon) ; enfin un ensemble du Sud-Est couvrant le quart Sud-Est du domaine d'oïl formé du comtois, du bourguignon et des parlers du Centre-Est[18]. Ce classement a l'avantage de marquer les flottements inhérents à tout essai de typologie. Y. Greub classe différemment l'ensemble occidental en le divisant en quatre parties : la Normandie ; l'ensemble Maine-Haute-Bretagne-Anjou-Touraine ; le Poitou et la Saintonge ; le Centre[19].

Il ne servirait à rien d'entrer ici dans les débats autour des limites de tel ou tel dialecte. Le plus simple est d'en faire rapidement l'inventaire. Nous suivrons ici le tableau qu'en a donné M. Pfister en partant de la bipartition primaire entre aire gallo-romane de l'Est (wallon, lorrain, picard, bourguignon, champenois oriental) et aire de l'Ouest (Angleterre et Normandie, Poitou-Saintonge, Ile-de-France)[20].

Un certain nombre de traits communs discriminent assez nettement les dialectes de l'Est et les dialectes de l'Ouest. Parmi les plus marquants, on relève l'évolution de la diphtongaison de /e/ bref latin suivi d'une consonne palatale : alors que dans les dialectes de l'Ouest l'évolution suit le schéma /e/ > /yey/ > /i/ (*lat.* ecclesia > /eklyeyse/ > église), on relève la graphie *egleyse* ou *englese* en Lorraine, suivant le schéma /e/ > /yey/ > /ey/ > /e/. Il en est de même pour la forme *demei* (du latin tardif **dimedium* « demi ») commune à la Wallonie, à la Lorraine et à la Champagne orientale.

L'évolution de la diphtongaison /ey/ est également un trait démarcateur entre dialectes occidentaux et dialectes orientaux. A l'Est /ey/ évolue en /oy/ alors qu'à l'Ouest l'évolution se fait en /ey/. S'opposent ainsi les formes *mois* (latin *mensem* « mois ») et *meis*, *roi* (latin *regem* « roi ») et *rei*, *savoir* (latin *sapere* « avoir du goût ») et *saveir*. Les formes orientales gagnèrent d'abord la Champagne puis l'Ile-de-France. Elles furent de là irradiées dans l'ensemble du domaine, ce qui explique qu'elles se soient imposées partout.

Un dernier trait discriminant que nous mentionnerons est l'absence de /d/ intercalé dans les groupes de consonnes /-lr-/ ou /-nr-/. Les formes orientales du type *venrunt, penra, volra, tenra* s'opposent aux *vendront* (fr. mod. *viendront*), *pendra, voldra* (fr. mod. *voudra*), *tendra* (fr. mod. *tiendra*) de l'Ouest.

Au sein de l'ensemble de l'Est, des traits permettent d'individualiser plusieurs dialectes. Seule la concomitance de plusieurs traits autorise à identifier un dialecte plutôt qu'un autre. Mentionnons quelques traits attachés à tel ou tel dialecte. Le wallon, dont l'épicentre est Liège, se distingue surtout par la diphtongaison de /e/ ouvert dans une syllabe terminée par une consonne (dite syllabe fermée) : on rencontre ainsi les formes *tiere* (latin *terra* « terre »), *apries* (latin *adpressum*), *fieste* (latin *festa* « fête »), *enfier* (latin *infernum* « enfer »). Des formes de ce type sont aujourd'hui encore employées dans le Hainaut et dans la région de Lille. La scripta bourguignonne, quant à elle, est caractérisée par l'évolution du *a* tonique de la syllabe finale en *–ei*, ce qui donne des participes passés du type *donney* (français moderne « donné »), *grevey* (français moderne « grevé »). Cette palatalisation de *a* en *–ei* se retrouve aussi dans d'autres dialectes du nord-est de la France.

A l'Ouest, la Normandie se distingue dans sa partie septentrionale par la conservation de /k/ et /g/ issus de /ka-/ et de /ga-/ latins, alors que dans les autres dialectes occidentaux, /k/ et /g/ évoluent dans cette position en chuintantes : le normand *carpentier* (latin **carpentarium*) s'oppose à *charpentier*, *quevron* (latin **caprionem* ou **capronem*) à *chevron*, *gueline* (latin *gallina*) à *géline*. Le poitevin et le saintongeais, on l'a vu, présentent des traits qui les rapprochent de l'occitan. Ainsi, e ouvert ne s'y diphtongue pas : *pece* (latin médiéval *petia*) s'oppose au français *piece*, *nece* (latin classique *neptis* ayant évolué en **neptia*) au français *niece*, *cel* (latin classique *caelum* ayant évolué en *celum* « ciel ») au français *ciel*.

Appartenances régionales et sociales

Jusqu'à présent, nous avons privilégié un point de vue objectif sur les dialectes. Nous avons exposé des modèles proposés pour décrire la situation dialectale, puis avancé quelques tentatives d'explication pour rendre compte du processus de dialectalisation. Ce faisant, nous adoptons une posture radicalement différente de celle des hommes du Moyen Age. En effet, nous prenons la langue vernaculaire comme objet d'étude alors qu'elle n'en était pas un ; ensuite nous exploitons des données (très fragmentaires et difficiles à interpréter) provenant de l'ensemble du territoire, alors que ces différentes expressions n'étaient qu'exceptionnellement en contact ; enfin nous utilisons les apports de la dialectologie moderne pour confirmer des hypothèses portant sur la période médiévale.

Pour pouvoir scruter la conscience dialectale des locuteurs médiévaux, une remarque préliminaire s'impose. Si la différenciation dialectale est avérée, il n'y avait cependant pas de problèmes de communication entre des villages voisins, même si on n'y parlait pas exactement de la même façon. De proche en proche, l'intercompréhension de locuteurs appartenant à des entités linguistiques différentes était assurée. C'est ce qu'on appelle le « continuum dialectal ». Si les principautés, les seigneuries avaient des frontières politiques, fiscales et administratives nettes, aucune frontière linguistique ne séparait les circonscriptions mitoyennes. Le continuum de la langue populaire était effectif pour tous les habitants des campagnes. Les appellations du type « picard », « lorrain », « poitevin » sont des dénominations purement géographiques, découpant de façon arbitraire le continuum dialectal. A l'intérieur des régions qu'elles délimitent, ces étiquettes, commodes pour une description raisonnée, ne recouvrent aucune réalité linguistique homogène.

Se comprendre malgré les différences

Un certain nombre de témoignages montre que la différence dialectale était bien perçue, mais que cette diversité linguistique n'était pas un obstacle majeur à la compréhension mutuelle des locuteurs. Là encore, il n'y a pas de frontière nette et tout est affaire de degrés. La notion d'intercompréhension est à moduler selon la nature du message (oral ou écrit), du statut social respectif des locuteurs, mais aussi du niveau atteint. Les conclusions seront différentes selon que l'on examine les compétences actives (par exemple une connaissance suffisante du dialecte de son interlocuteur pour adapter son usage au sien) ou les compétences passives (la compréhension d'un message donné). D'autre part, on ne saurait trop négliger le phénomène de l'accommodation linguistique, c'est-à-dire la capacité du destinataire d'un message à recevoir et à comprendre ce message, sans connaître la valeur de tous les signes.

La différence dialectale peut être assimilée à un simple accent indiquant qu'un individu est étranger à une communauté linguistique donnée. C'est ce qui ressort de plusieurs commentaires scolastiques du reniement de saint Pierre dans l'Evangile de Matthieu (26.73), qui s'arrêtent à un constat de différence, sans conséquence particulière pour la communication. Alors qu'il est assis dans une cour à Jérusalem, Pierre est reconnu comme disciple de « Jésus le Galiléen ». Pierre nie une première fois, mais « Peu après, ceux qui étaient là s'approchèrent et dirent à Pierre : "A coup sûr, toi aussi tu es des leurs ! Et puis ton accent (*loquela* en latin) te trahit" ». Dans son commentaire de l'Evangile de Matthieu, Thomas d'Aquin (1224/1225-1274) transpose l'épisode dans l'expérience linguistique quotidienne du XIIIe siècle : « Dans une même langue [*lingua*] on trouve diverses façons de parler [*diversa locutio*], comme il apparaît en français, en picard, et en bourguignon ; pourtant il s'agit d'une même langue [*loquela*][21]. » Nicolas de Lyre (1265-1349) donne un commentaire semblable : « Bien que la langue française soit une, ceux qui sont de Picardie la parlent différemment de ceux qui habitent Paris ; et par cette diversité [*varietas* en latin], on peut percevoir d'où quelqu'un vient[22]. » Plus tard encore, dans le *Sermon sur la Passion*, Jean Courtecuisse (mort en 1423) paraphrase le reniement, mettant dans la bouche des accusateurs : « *Vraiement tu en est ! La parolle t'accuse ; il appert bien que tu es de Galilee.* » Et le prédicateur de commenter immédiatement après : « *Tous parloient ebrieu, mais avoit entre eulz difference comme entre françois et picart*[23]. » En gros, on percevait les différences d'usages, de façons de parler, mais dans une même « langue ».

Au-delà d'un sentiment d'altérité, les différences dialectales pouvaient toutefois provoquer une difficulté de compréhension. En 1283 le *Livre Roisin*, qui compile les coutumes de Lille, concède à propos du serment à prêter sur des reliques au moment du procès, que « *s'il fust aucuns qui, devant eschevins plaidast et ne seuist riens dou langage pikart, si doit il y estre rechus à son sierment faire par le langage que il mius set* » [s'il arrivait que quelqu'un plaide devant les échevins sans rien savoir de la langue picarde, il faudrait qu'il prête serment dans la langue qu'il connaîtrait le mieux]. On a pu voir dans l'absence de recours prévu aux interprètes une « nouvelle preuve de la distinction des dialectes dans l'intercompréhension[24] ». On pourrait y voir l'inverse, en pensant simplement à la charge symbolique extrêmement forte du serment, qui perd de son efficacité s'il n'est pas exactement compris par celui qui le prononce. La coutume lilloise se contente de recommander qu'une personne incapable de bien parler picard jure dans sa langue maternelle.

Au XIVe siècle, un traducteur lorrain des psaumes, dans le prologue de sa traduction, déplore que la différenciation linguistique mette en péril la compréhension mutuelle : « *Et pour ceu que nulz ne tient en son parleir ne rigle certenne, mesure ne raison, est laingue romance si corrompue, qu'à poinne li uns entent l'aultre et à poinne puet on trouveir à jour d'ieu persone qui saiche escrire, anteir ne prononcieir en une meismes meniere, mais escript, ante et prononce li uns en une guise et li aultre en une aultre*[25] » [Et parce que personne, en parlant, ne respecte ni règle assurée ni mesure ni raison, la langue romane est si corrompue que l'on se comprend à peine l'un l'autre et qu'il est difficile de trouver aujourd'hui quelqu'un qui sache écrire, converser et prononcer d'une même façon, mais chacun écrit, converse et prononce à sa manière]. Le traducteur semble alors préconiser, implicitement, l'établissement d'une norme linguistique uniformisante.

D'autres témoignages montrent que la tension entre dialectes cohabite avec la naissance puis l'affirmation d'une tension entre la langue maternelle et la langue commune. Dans un premier temps, domine l'idée que la langue commune, qui n'est qu'une abstraction désignée par un nom, se manifeste accidentellement de manière différente chez chacun. C'est clairement ce que dit Roger Bacon (1214-1220-après 1292) qui se réfère au français pour expliquer le rapport entre le chaldéen et l'hébreu, lorsqu'il écrit en latin : « Comme le picard et le normand, le bourguignon, le parisien, pour le français : c'est une même langue pour tous, c'est-à-dire le français, mais qui se diversifie accidentellement selon les lieux ; cette diversification produit des dialectes [*idiomata*], mais non des langues [*linguas*] différentes[26]. » Cette conception d'une langue qui se décline en dialectes persiste jusqu'à la fin de la période dans des milieux cultivés et lettrés. En 1465, Sébastien Mamerot, originaire de Soissons, traduit de latin en français une compilation d'histoire antique. Dans le prologue de sa traduction, Mamerot écrit qu'il traduit « *sans y adjouster ne diminuer sinon en tant qu'il m'a semblé neccessaire à la seule decoration du langaige françois et par especial du vray soissonois*[27] ». Le traducteur manifeste une sensibilité évidente à l'égard de son particularisme linguistique, pourtant peu marqué par rapport aux usages de la région parisienne, mais il a également conscience que le *soissonnois* s'inscrit dans un ensemble plus vaste au sein duquel il ne constitue qu'une variante. Le rapport d'inclusion qui régit le français et le soissonnais reste dans la droite ligne de la théorie de Bacon.

En fait, l'idée qu'il existe une langue commune au domaine d'oïl qui soit différente de la langue maternelle est très lente à s'affirmer à grande échelle. Le passage d'un système à simple niveau, limité à la juxtaposition de dialectes, à un système à double niveau avec le français servant de « langue-toit », est perçu très lentement. Pourtant, nombre de locuteurs devaient être confrontés à cette tension. G. Ouy a souligné l'acuité de ce problème en s'appuyant sur l'exemple de Jean Gerson[28]. Ce théologien et prédicateur, né en 1363 dans un hameau des Ardennes proche de Rethel, avait pour père un modeste artisan de village. Il faut donc croire que la langue maternelle du jeune Gerson fut le dialecte champenois ardennais, même si ses discours et sermons adoptent tous la forme d'un français cultivé normé.

Jugements sociaux

Le cas du chancelier Gerson montre assez que l'intercompréhension est une condition nécessaire mais pas toujours suffisante à l'expression linguistique. Le langage ne saurait se réduire à un simple outil de communication. Gerson aurait peut-être été compris s'il avait conservé son patois ardennais, mais le fait est qu'il s'en est débarrassé, en tout cas en public, pour adopter une nouvelle « maniere de langage ». Roman Jakobson a jadis distingué six fonctions du langage : la fonction référentielle, où l'énoncé dit le monde, exprime ce qui est hors langage ; la fonction expressive ou émotive, qui vise à une expression directe de l'attitude du sujet à l'égard de ce dont il parle ; la fonction « conative », quand l'énoncé est destiné à agir sur l'interlocuteur ; la fonction « phatique », quand l'énoncé dit le contact entre le locuteur et l'interlocuteur ; la fonction métalinguistique, quand l'énoncé fait référence à son propre code ; et enfin une fonction poétique, quand l'énoncé est une production dotée d'une valeur en tant que telle. Roman Jakobson précise qu'un message ne relève pas d'une seule fonction, mais de plusieurs, avec une dominante.

Ainsi, il n'importe pas seulement de se faire comprendre, mais d'employer une langue qui soit agréable, gracieuse ou noble. Dans les *Manières de langage* de 1396, un manuel de conversation française écrit pour des Anglais, le français est souvent qualifié de *doux*. On vante ainsi le « *douce francés, qu'est la plus beale et la plus gracious langage et la plus noble parlere aprés latyn de scole que soit en monde et de toutz gentz melx preysé et amee que nulle autre. Quare Dieux le fist si douce et amyable princypalment au l'onore et louange de lui mesmez*[29] » [doux français, qui est la plus belle et la plus gracieuse langue, le plus noble parler du monde après le latin de l'école, le plus prisé et aimé, car Dieu l'a fait si doux et si aimable principalement pour son honneur et pour sa propre gloire]. Les dialectes sont soumis à des jugements de valeur du même type.

En cette matière, l'un des témoignages les plus intéressants et d'ailleurs l'un des plus souvent cités est celui de l'expérience malheureuse de Conon de Béthune. Ce poète grand seigneur est le fils de Robert V, seigneur de Béthune, apparenté à la maison de Flandre. Né vers le milieu du XIIe siècle, il a très tôt une activité politique et militaire importante. Lors d'un séjour à la cour de France, peut-être à l'occasion du mariage de Philippe Auguste et d'Isabelle de Hainaut (1180), il chante ses œuvres devant Marie de Champagne et Adèle de Champagne, la mère du roi. Le roi Philippe et la reine Adèle reprochent à Conon d'employer des *mos d'Artois*. Conon s'indigne, d'autant que ces reproches sont proférés en présence de la comtesse Marie de Champagne, protectrice des poètes.

> *La roine n'a pas fait ke cortoise,*
> *Ki me reprist, ele et ses fieux, li rois,*
> *Encor ne soit ma parole françoise ;*
> *Ne chil ne sont bien apris ne cortois,*
> *Si la puet on bien entendre en françois,*
> *S'il m'ont repris se j'ai dit mos d'Artois,*
> *Car je ne fui pas norris à Pontoise*[30].

La reine ne s'est pas montrée courtoise,
lorsqu'ils m'ont fait des reproches, elle et le roi, son fils.
Certes mon langage n'est pas celui de France,
mais on peut l'entendre en bon français.
Ils sont malappris et discourtois
ceux qui ont blâmé mes mots d'Artois,
car je n'ai pas été élevé à Pontoise.

Ce texte est intéressant parce qu'il ne met pas en scène une opposition frontale entre deux dialectes, en l'occurrence le picard et le dialecte de l'Ile-de-France, mais deux conceptions de la langue. Pour Conon, il suffit que l'intercompréhension soit assurée pour que la langue puisse être utilisée en poésie, même si elle véhicule des traits régionaux, comme les *mos d'Artois*, un peu exotiques pour les auditeurs d'autres régions. Conon réaffirme dans son poème l'intercompréhension à l'oral entre les deux usages ; le poète voit dans son dialecte une variante légitime de la langue française, cette entité abstraite. A l'opposé, la reine et le roi, en émettant un jugement de valeur négatif sur les picardismes de Conon, ne se contentent plus de l'intercompréhension. Peut-être que naît alors à la cour de France, en cette fin du XIIe siècle, la prise de conscience d'une norme linguistique courtoise. Quand un poète de haute naissance vient s'exécuter devant la Cour, il se doit de respecter les usages à l'honneur, le bon usage de la Cour et d'adopter une langue sans doute proche de celle du roi. Se dégage donc progressivement un modèle linguistique, non seulement géographique mais aussi social, formé dans l'aristocratie de la région centrale du royaume.

La langue de Paris, « français pur »

Les jugements de valeur portés sur les dialectes manifestent une cohabitation souvent malaisée, parfois conflictuelle. Roger Bacon mentionne le poids des normes locales sur le jugement des autres dialectes : « Les dialectes [*idiomata*] d'une même langue varient selon les gens, ainsi qu'il arrive en français qui varie de façon idiomatique [latin *idiomatice*] chez les Français proprement dits, les Picards, les Normands et les Bourguignons. Ce qui se dit correctement en picard fait horreur aux Bourguignons, et même à leurs voisins plus proches, les Français : combien plus cela risque de se produire entre des langues différentes[31]. »

Du coup, il arrive que des hommes originaires de régions différentes se moquent les uns des autres. C'est ce qui se produisit à Paris en 1388, quand s'y rencontrèrent deux ouvriers, un Parisien nommé Jean de Chastillon et un Picard nommé Thomas Castel : « *Ledit de Chastillon cognut au parler que icellui Thomas estoit Picard, et pour ce, par esbatement, se prist à parler le langage de Picardie ; et ledit Thomas, qui estoit Picard, se prist a contrefaire le langage de France, et parlerent ainsi longement*[32] » [Le dit de Châtillon sut à sa façon de parler que le dénommé Thomas était Picard ; c'est pourquoi, pour s'amuser, il se mit à parler la langue de Picardie ; et le dit Thomas, qui était Picard, se mit à imiter la langue de l'Ile-de-France ; et ils parlèrent longtemps ainsi].

L'idée d'un dialecte plus pur que les autres se dégage progressivement. Au milieu du XIIIe siècle, dans le *Compendium studii philosophiae*, Roger Bacon accole l'adjectif *puros* (purs) à *gallicos* (français) dans l'énumération des différents dialectes : « En France, parmi les Picards, les Français purs (*puros Gallicos*), les Bourguignons et les autres...[33] ». Reste à savoir s'il s'agit d'une allusion à la pureté de la langue de l'Ile-de-France ou plus simplement au fait qu'il existe un tel brassage de population dans le Paris du XIIIe siècle qu'il n'est pas toujours facile de trouver un Parisien de souche.

Toujours est-il que l'on voit souvent des dialectes autres que celui de l'Ile-de-France décriés. Barthélemy l'Anglais, dans le *Liber de proprietatibus rerum* (*Livre des propriétés des choses*), écrit que les Picards « ont une langue plus grossière [*idiomatis magis grossi*] que les autres régions de France[34] ». Le traducteur lorrain du Psautier, déjà cité, établit vers 1345 une hiérarchie descendante entre le latin, la langue romane et le lorrain, dont il dénonce les imperfections : « *Quar pour tant que laingue romance et especiaulment de Lorenne est imperfaite, et plus asseiz que nulle aultre entre les langaiges perfaiz, il n'est nulz, tant soit boin clerc ne bien parlans romanz, qui lou latin puisse translateir en romans quant a plusour mos dou latin*[35] » [En effet, parce que la langue romane, et surtout celle de Lorraine, est imparfaite, bien plus que toutes les autres langues achevées, personne ne peut, si savant et si éloquent en roman soit-il, traduire en roman de nombreux mots latins].

Les jugements de valeur appliqués aux dialectes sont progressivement moins absolus ou relatifs au latin, mais renvoient plus fréquemment au *françois*, entendu comme la langue de l'Ile-de-France et plus particulièrement celle de Paris. L'allusion aux défauts de la langue de l'auteur, né loin de Paris, devient vite un passage obligé et tient lieu de « clause d'humilité » (*clausa humilitatis*), caractéristique de la rhétorique des prologues. Le caractère récurrent et stéréotypé de ces remarques linguistiques, qui sont souvent prétexte aux auteurs ou aux traducteurs pour parler un peu d'eux-mêmes, doit en limiter la portée, mais elles consacrent la primauté accordée à la langue de Paris.

Le traducteur anonyme des psaumes, dont on conserve le travail dans un manuscrit du XVe siècle de la Médiathèque de Troyes, s'excuse dans son prologue de la rudesse de sa langue, mais se justifie en expliquant qu'il n'est pas originaire d'Ile-de-France. Sa langue, dit-il, présente des traits à la fois champenois et bourguignons, parce qu'il est né dans l'une de ces régions et a vécu longtemps dans l'autre :

Norris fu en l'ordre Chartreuse
Et en la celle delicteuse,
Et fu de l'eveschié de Troyes,
Pour ce ne say je pas françois,
Mais parle moult rude langaige
Qui aus François est moult sauvaige...

Et tien plusieurs mos de Bourgoinne ;
Quar à Lugny fus chartreux moinne,
Et y fus norris des m'enfance ;
Onques ne demouray en France[36].

[J'ai été élevé dans l'ordre des Chartreux et dans la délicieuse cellule. Comme je suis du diocèse de Troyes, je ne connais pas le français, mais parle une langue très grossière qui semble très sauvage aux Français... Et j'utilise beaucoup de mots bourguignons, car j'ai été chartreux à Lugny, où je fus élevé dès mon enfance ; je n'ai jamais habité en Ile-de-France.]

Jean Dupin, né dans le Bourbonnais et auteur d'une monumentale vision allégorique intitulée le *Roman de Mandevie*, composé entre 1324 et 1340, se sent également obligé de préciser dans le prologue qu'il n'est pas de langue *françoise* : « *Je n'ay pas lengue de François : / De la duchié de Bourbonnois / Fut mes* [mon] *lieu et ma nation*[37]. »

Même dans des zones géographiques peu éloignées de Paris et dialectalement peu différenciées de la capitale, les parlers locaux apparaissent souvent sous un jour négatif. Jacques Bretel, dans le *Tournoi de Chauvency*, écrit en lorrain en 1285, oppose le « bon françois » à un « valois dépenaillé » :

Lors commença à fastroillier
Et le bon fransoiz essillier,
Et d'un walois tout despannei
M'a dit : « Bien soiez vos venei,
Sire Jaquemet, volentiers[38] *! »*

[Il commença alors à baragouiner et à massacrer le bon français ; il me dit dans un valois tout écorché : « Soyez vraiment le bienvenu, Monsieur Jacquemet ! »]

Plus surprenant encore, un traducteur sans doute originaire de Meun-sur-Loire, près d'Orléans, s'excuse, dans le prologue de sa traduction de la *Consolation de Philosophie* de Boèce, de son rude langage, bien éloigné de celui de Paris. Pourtant l'orléanais ne semble pas avoir été très différencié de la langue de Paris. En tout cas, la langue de Jean de Meun, continuateur du *Roman de la Rose*, également originaire de Meun, ne présente pas non plus de différenciation notable :

> *Si m'escuse de mon langage*
> *Rude, malostru et sauvage,*
> *Car nés ne suis pas de Paris,*
> *Ne si cointes con fut Paris ;*
> *Mais me raporte et me compere*
> *Au parler que m'aprist ma mere*
> *A Meün quand je l'alaitoie,*
> *Dont mes parlers ne s'en desvoie*[39].

[Je m'excuse de mon langage, rustre, grossier et sauvage, mais je ne suis pas né à Paris et ne suis pas aussi sage que le fut Pâris ; je reproduis et reprends le parler que ma mère m'a appris à Meun, quand elle m'allaitait ; mon parler ne s'en écarte pas.]

En contrepoint à ce parisianisme linguistique, le *Roman de Baudouin de Sebourc* offre un dialogue fictif pour le moins décalé. Cette chanson de geste de la seconde moitié du XIVe siècle associe la belle langue de Paris et le Ponthieu, qui se trouve en plein domaine picard, au nord d'Amiens :

> *Dame, dont estes vous, et de confait païs,*
> *Qui si tres bel parlés le langue de Paris ?*
> *En Franche fustes nee, je croi, par Jhesu-Cris. »*
> *Et la roïne a dit : « Tu as dit voir, amis :*
> *Droitement en Pontieu, là fu mes corps nouris*[40]*... »*

[Madame, d'où êtes-vous, de quel pays, vous qui parlez si bien la langue de Paris ? Par ma foi, vous êtes née en France. » Et la reine répondit : « Tu dis vrai, mon ami ; j'ai grandi en plein Ponthieu ».]

Bien sûr, il s'agit de fiction littéraire et *Franche* est sans doute ici à entendre au sens de royaume de France, mais cette association montre qu'il faut se garder de toute interprétation littérale des prologues. Il n'y a rien d'incohérent à ce qu'une noble dame née en Ponthieu puisse s'exprimer dans un parisien châtié. Et si cela est possible, ce l'est encore plus pour des professionnels de l'écriture.

Quoi qu'il en soit, il est clair que les témoignages s'accordent à montrer que le français parlé à Paris à la cour du roi de France jouit dans des cercles lettrés et aristocratiques d'un prestige supérieur à tous les autres dialectes d'oïl dès la fin du XIIe siècle et que ce prestige ne cesse de grandir, à tel point que les écrivains se sentent vite obligés de reconnaître la suprématie de cette variété du français.

Du bon usage des dialectes

Malgré la tension croissante entre la langue de Paris et les dialectes, l'utilisation de « scriptae » marquées se perpétua fort tard dans la période. Cette contradiction apparente tient surtout à la spécialisation fonctionnelle des variétés linguistiques et à des situations géolinguistiques atypiques. La réprimande du roi et de la reine de France à Conon de Béthune n'a dissuadé ni Jean Bodel ni Adam de la Halle ni Jean Froissart de s'exprimer dans un parler du Nord.

Les modes linguistiques affectent l'utilisation des « scriptae ». Ainsi, alors que Conon de Béthune est réprouvé pour son utilisation du picard, il semble que plus tard, au XIIIe siècle, le picard ait été à la mode et ait bénéficié d'un certain prestige comme langue littéraire. Peut-être est-ce l'une des raisons pour lesquelles la langue de Gautier d'Arras (actif vers 1165) est moins picarde que celle d'Adam de la Halle (1235-1288). Le passage de *Baudouin de Sebourc* pourrait également s'expliquer à la lumière de ce phénomène.

On a tenté de déceler les raisons politiques et culturelles pouvant justifier ce changement de normes. Prenons l'exemple de la chanson de geste. La langue formulaire et très stylisée des premières chansons, comme la *Chanson de Roland*, la *Chanson de Guillaume* ou *Gormont et Isembart* s'est élaborée dans l'ouest du domaine d'oïl, en Normandie et sur les terres des comtes d'Anjou. La situation évolue radicalement à la fin du XIIe siècle et les parlers de l'Ouest, partiellement transcrits par les « scriptae », disparaissent de l'écriture épique, remplacés au XIIIe siècle par le picard. Pour expliquer cette mutation assez nette, P. E. Benett avance plusieurs raisons [41] : alors que les Plantagenêts avaient adopté l'image du roi Arthur pour promouvoir leur politique impérialiste, les Capétiens recourent à Charlemagne et aux Aymerides, héros des « gestes » et partisans d'une idée monarchique transcendante ; le roi d'Angleterre Richard Cœur de Lion se sent occitan plutôt que normand : c'est son frère, Henri au Court Mantel qui a été duc de Normandie, ce qui explique la perte d'influence culturelle de la Normandie à la fin du XIIe siècle ; enfin cette perte d'influence est consacrée en 1204 lorsque Philippe Auguste confisque à

Jean sans Terre son fief normand. Par ailleurs, la politique de Philippe Auguste, qui s'appuie sur les centres commerciaux de la Flandre française et de la Picardie pour affirmer son pouvoir face aux grands feudataires, et en particulier face au roi d'Angleterre, explique peut-être l'importance prise par le picard dans la langue littéraire des épopées du cycle de Guillaume et de celui de la révolte.

Le degré d'ouverture aux réalités locales, l'ancrage du document dans une réception géographiquement circonscrite déterminent largement le marquage régional. C'est pourquoi la « scripta » des documents administratifs est souvent plus marquée que celle des œuvres littéraires, destinées à une diffusion plus large. La différence est nette en Suisse romande à la fin du Moyen Age : on ne trouve guère de régionalismes chez Oton de Grandson ou chez Martin Le Franc, alors que les chartes et les documents d'archives en recèlent fréquemment.

Au sein même de la production littéraire, certains genres sont plus marqués que d'autres. Ainsi le trouvère arrageois Jean Bodel (1165 ?-1210) est plus picard dans le *Jeu de saint Nicolas*, pièce de théâtre représentée en décembre 1200 par une confrérie d'Arras lors de la fête du saint, que dans la *Chanson des Saisnes* (une chanson de geste qui raconte la guerre de Charlemagne contre les Saxons). De même Adam de la Halle (+ 1288), autre poète arrageois, est plus picard dans le *Jeu de la Feuillée* et dans le *Jeu de Robin et Marion*, deux pièces profanes influencées par le *Jeu de saint Nicolas*, que dans ses poésies lyriques. Des genres « nobles » comme la poésie lyrique et épique sont donc moins sujets à une influence régionale que des genres plus familiers, notamment le théâtre, surtout lorsque s'y épanouit la veine comique. Un puissant conservatisme pèse sur le style et la langue des genres littéraires les plus anciens (chanson de geste et lyrique), tandis que dans des régions à dialectes très individualisés, des textes à destination locale et au style plus familier ou plus libre admettent des dialectalismes plus nombreux.

La même articulation entre le marquage dialectal et le genre pratiqué se retrouve deux siècles plus tard chez Jean Froissart, l'un des derniers écrivains à écrire dans une « scripta » fortement picardisée. Ses *Chroniques* en prose ont un degré de marquage régional nettement supérieur à celui de sa production lyrique et, à l'intérieur même des *Chroniques*, les picardismes sont plus nombreux dans les passages en style direct que dans la narration.

Outre les phénomènes de mode, les destinataires pressentis et le genre de discours pratiqué, la situation géolinguistique de production du texte a évidemment un impact déterminant sur la fréquence des particularismes. Si le texte prend forme dans une région très différenciée dialectement et qu'il est destiné à une réception locale, l'auteur aura tendance à inclure quelques formes ou mots familiers à ses destinataires, soit afin d'instaurer une complicité avec son public (dans un cadre littéraire), soit afin de faciliter la compréhension (dans un cadre administratif ou juridique). Il faut cependant noter qu'un processus de réaction peut entraîner l'effet inverse. Tel fut le cas de Henri III, duc de Brabant (+ 1261) et de son protégé le trouvère Adenet le Roi. Les deux chansons d'amour qui nous restent du duc sont écrites dans une langue à peine teintée de quelques traits septentrionaux parmi les moins caractéristiques. L'isolement des francophones en Brabant a favorisé l'emploi d'une langue hypercorrecte et puriste.

Vers une langue unifiée

Le traducteur lorrain des psaumes regrette que chacun parle à sa façon. Cette impression d'anarchie linguistique est naturelle pour un lettré habitué à lire et à s'exprimer en latin, langue qu'il a apprise à partir de règles grammaticales ; mais ce désordre apparent résulte plutôt d'un empilement de normes plus ou moins constituées et plus ou moins exactement superposées que de leur absence. Même si l'on ne sait pas exactement comment elles se sont transmises ou ont été élaborées, des normes locales se sont progressivement construites, avant de céder très lentement le pas à une norme supra-régionale.

A l'écrit, la constitution de normes locales est attestée à la fois dans les documents d'archives et dans les textes littéraires. Comme les chartes les plus anciennes ne remontent pas au-delà du XIIIe siècle, c'est dans la langue littéraire des siècles précédents que les différentes scriptae se sont formées. Bien avant le XIIIe siècle, des textes littéraires en lien avec la liturgie ou des textes profanes ont donné vie et forme à l'ancien français écrit. Mais parce que les textes littéraires ne sont presque jamais connus par des originaux, les chartes constituent un terrain d'étude privilégié. En effet, on possède encore de nombreuses chartes originales, datées et localisées précisément. Leur étude permet d'observer la constitution de normes locales.

A Avesnes, en 1238, le même scribe copie deux exemplaires de la même charte, l'un en graphie picarde, l'autre en graphie d'Ile-de-

France, preuve de l'existence de normes individualisées et de la possibilité, grâce à l'expérience, de passer d'un système graphique à l'autre.

Pour illustrer la coexistence de systèmes graphiques cohérents, nous donnons, en soulignant les différences, les premières lignes d'une charte originale et de sa transcription neuf ans plus tard[42]. En juin 1242, Jean d'Audenarde prend des dispositions afin que les livrées de terres laissées par son père à l'hôpital de Lessines soient données aux pauvres. En juillet 1251, l'acte est transcrit à l'intérieur d'une charte (vidimus) de Jean d'Avesnes confirmant les dispositions prises antérieurement. Les deux chartes présentent une scripta picarde, même si la première version est plus marquée que la seconde. D'autre part, chacune s'en tient à un système graphique cohérent et stable. La répétition sous la même forme graphique de mots grammaticaux le prouve : *ki* s'oppose systématiquement à *qui*, *pour* à *por*, *chiaus* à *ciaus*.

Original (1242)

Jou, Jehans, dis sires d'Audenarde, *fach* à savoir à tous *chiaus ki* or sunt et *ki* à venir sunt *ki* cest escrit *veront* et *orant* que mes tres chiers sires et peres Arnous, sires jadis d'Audenarde, laissa en sa plaine vie et en *son boin* estat cent livrees de terre par an et assena à prendre *cascun* an à Nocre et à Wakines *pour* rendre ses tors fais à tous *chiaus ki savroient* par raison *que demander* et là *u* on veïst raison et *droiture* del rendre ; et devisa mes chiers peres et ordena que ma chiere dame et ma mere Aelis, dite dame d'Audenarde, fust testamenteresse souverainnement *pour* rendre les tors fais et ouvrast par le consel mon signeur *Ustasse* dou Rues, frere Robiert, del ordene des *Precheurs*, et frere *Ustasce*, del ordene des Freres *Menours*.

Copie (1251)

Je, Jehans, dis sires d'Audenarde, *fais* à savoir à tous *ciaus qui* or sunt et *qui* à venir sunt *qui* cest escrit *verront* et *orront* que mes tres chiers sires et peres Arnous, sires jadis d'Audenarde, laissa en sa *plainne* vie et en *sen bon* estat cent livrees de terre par an et assena à prendre *chascun* an à Nocre et à Wakines *por* rendre ses torfais à tous *ciaus qui saveroient ke demandeir* et, là *ou* on veïst raison et *droitur*, del rendre ; et devisa mes chiers peres et ordena que ma chiere dame et mere Aelis, dite dame d'Audenarde, fust testamenteresse souverainnement *por* rendre les torfais et ouvrast par le conseil mon signeur *Wistace de* Rues, frere Robiert, del ordene des *Preecheurs*, et frere Wistace, del ordene des Freres *Meneurs*.

L'analyse de chartes originales en français du XIIIe siècle en provenance de La Rochelle, Loudun, Mirebeau et Châtellerault montre également la mise en place de codes graphiques relativement stricts[43]. A La Rochelle, ville portuaire cosmopolite et économique très prospère, 97 mains de scribes ont pu être individualisées, de la première charte attestée (1219) jusqu'à la fin du siècle. Après une certaine hétérogénéité initiale de la scripta, il semble qu'ait été mis en place un code écrit remarquablement stable, qui ne varie guère d'un copiste à l'autre. La forme écrite admet cependant un certain degré de variation, notamment dans la transcription de certains phénomènes phonologiques, mais l'homogénéité générale laisse penser que ces scribes avaient une conception très nette de la langue écrite de telle ou telle localité. Même les scribes dont la langue écrite présente le plus d'éléments étrangers au corpus local adoptent en majorité les usages locaux. D'après O. Merisalo, la confusion entre scribes ou groupes de scribes de localités différentes est impossible, car le principe d'identité locale qui prévaut pour l'écriture et la présentation des actes vaut aussi pour les graphies. Une conclusion s'impose alors : « Il ne nous paraît pas illégitime de parler d'une norme locale (avant la lettre). » D'après cette étude, qui met en évidence la stabilité dès avant 1250 d'une graphie rochelaise, il faut écarter l'idée de scribes documentaires qui mélangeraient et varieraient arbitrairement les graphies. Mieux vaut s'imaginer des professionnels conscients des exigences de leur travail et des coutumes de la localité.

Si l'on ne conserve quasiment pas d'originaux pour les textes littéraires, plusieurs copies nous en sont souvent parvenues. Généralement, une œuvre à succès aboutit à des versions dans plusieurs scriptae. Ainsi le *Lai de Lanval* (vers 1160) de Marie de France est connu par quatre manuscrits : deux sont en anglo-normand, langue dans laquelle il a été composé, un en dialecte d'Ile-de-France, un dernier en picard. De même, on connaît une quinzaine de manuscrits du *Perceval* (après 1181) de Chrétien de Troyes, dont certains dans une scripta anglo-normande, poitevine ou franc-comtoise. Or on hésite sur la langue pratiquée par Chrétien de Troyes : il aurait pu utiliser soit une scripta champenoise, telle qu'on la trouve dans le manuscrit copié par le scribe champenois Guiot, soit une scripta picarde, proche de la langue littéraire la plus courante du temps et plus familière au dédicataire de l'ouvrage, Philippe d'Alsace, comte de Flandre (mort en 1191). En tout cas, ces transcriptions dans des scriptae différentes attestent la longue vitalité des dialectes plutôt que leur déclin.

Ce même copiste Guiot, qui transcrivit le *Perceval* de Chrétien de Troyes, copia entre autres le *Roman de Brut* du poète normand Wace (vers 1110-après 1169)[44]. Travaillant pour un public champenois, Guiot a voulu lui rendre accessible un poème normand, sans toutefois trahir l'auteur. A quoi bon conserver des traits phonétiques ou morphologiques qu'un lecteur aurait écartés en lisant ? Le copiste s'engage donc dans un profond toilettage du texte : il remplace l'imparfait normand *amot* par *amoit*, *Arthur* par *Artus*. L'adaptation touche aussi le lexique et la syntaxe : Guiot accorde des participes que Wace avait laissé invariables, il modifie la construction des verbes et écrit *marier en* au lieu de *marier a*, emploie *einz* pour *onc*, *a poines* pour *avisonques*, etc. Les mots difficiles, qui auraient pu gêner la compréhension, sont remplacés par d'autres, plus familiers aux Champenois.

Wace, *Le roman de Brut*, éd. I. Arnold, Paris, 1940, t. II, vv. 11717-22.

Copie de Guiot : Wace, *La partie arthurienne du Roman de Brut (extrait du manuscrit B.N. fr. 794)*, éd. I. Arnold et M. Pelan, Paris, 1962, vv. 3167-72.

France tient e France tendra,
Cume sue la defendra.
Ço te mande que rien n'i prenges,
Et si tu sur lui la chalenges,
Par bataille seit chalengee
E par bataille deraisnee.

France tient et France tanra,
Come soe la desfandra.
Ce te mande que tu responges
Que se tu sor lui la chalonges
Par bataille soit chalongiee
Et par bataille desresniee.

[Il gouverne la France et la gouvernera, il la défendra comme sienne. Je te demande de ne rien en soustraire, et si tu la revendiques, que ce soit par bataille et par bataille disputée.]

Bien sûr, Guiot n'a pas le souci moderne de l'uniformité et de l'exhaustivité. Sa copie ne procède qu'à des modifications superficielles et conserve « par inertie » une partie des formes graphiques originales, d'autant que les changements à la rime sont toujours délicats. D'autre part, Guiot préfère le compromis linguistique à une « champanisation » radicale du normand de Wace. Il sait que ses contemporains ont l'habitude, à cette époque où la poésie est vocale, d'écouter des poèmes écrits dans des scriptae qui leur sont étrangères. Bien des poètes employaient d'ailleurs des formes mixtes, soit par souci stylistique, soit pour des raisons métriques. Ainsi le participe passé singulier féminin en *–ie* plutôt qu'en *–iée* (ex. *changie* plutôt que *changiée*) permettait de gagner une syllabe, de même que les formes picardes du possessif (*vo, no* au lieu des formes *vostre, nostre*).

L'existence d'une norme orale est évoquée dans des textes où les personnages sont censés parler plusieurs dialectes, autrement dit respecter les codes oraux de régions différentes du domaine, en passant de l'un à l'autre comme peuvent le faire certains scribes expérimentés. Ainsi l'hôtelière de Guillaume de Nevers, dans le roman occitan *Flamenca*, sait aussi bien parler le bourguignon que la langue de l'Ile-de-France : « Intelligente et avenante, elle parlait également bien le bourguignon, le français, le flamand et le breton [45]. »

Au Moyen Age, l'écrit et l'oral sont intimement liés et la lecture a longtemps pris la forme d'une oralisation du texte écrit. On peut penser que, dans un monde où l'oralité domine, un manuscrit présentant une scripta picarde n'était pas toujours oralisé en dialecte picard. La première étape est celle de l'identification des graphies, de formes morphologiques ou lexicales qui n'appartiennent pas au parler propre du lecteur médiéval. La circulation des textes, leur passage d'une région à l'autre n'effacent jamais, on l'a vu avec la copie de Wace par Guiot, toutes les formes dialectales. Grâce à son expérience, le lecteur a mémorisé des formes dialectales assez nombreuses et de toutes origines, introduites depuis le XIIe siècle dans l'usage littéraire. Une fois qu'il a identifié le dialecte originel, il peut, à l'aide de simples opérations de conversion, transposer le message dans son propre usage. Enfin, le contexte apporte des clefs pour interpréter des formes, lexicales surtout, inconnues et non analysables.

Les graphies sont donc susceptibles de plusieurs réalisations : *ceval* se lira /ševal/ ou /keval/, selon que l'on se trouve à Paris ou en Picardie. L'oralisation offre au lecteur la faculté d'interpréter les graphies et les formes selon son usage : *canchon* peut se lire *chanson*, *gambe*, *jambe* et *waitier*, *gaitier*. Cette transposition était de toute façon nécessaire, on l'imagine, lorsqu'un même texte présentait des formes hybrides ou des doublets du type *ceval, keval*. Le système d'équivalences entre graphèmes et phonèmes variait donc d'une région à l'autre. La scripta reste avant tout un système conventionnel chargé de noter un mot. L'oralisation permettait sans doute, à l'instar d'une copie écrite, mais de façon plus souple et plus automatique, de transposer une scripta dans un système régional différent. Autrement dit l'oralisation est en quelque sorte un vecteur de normalisation.

LE RAYONNEMENT DU « FRANÇOIS » DEPUIS PARIS

La normalisation change progressivement d'échelle et passe d'une aire locale à une aire supra-régionale. La norme choisie ou imposée est de plus en plus le *françois*, issu du cœur de l'Ile-de-France et dont on affirmait la supériorité sur tous les autres. Ce dialecte, qui se superpose aux autres sans les effacer, s'impose à un rythme variable selon les milieux socioculturels.

Alors qu'au XIIe siècle les variations dialectales évoluent sur un plan horizontal unique dans un espace linguistique polarisé autour de villes ou de chefs-lieux importants, aucune variété ne fait encore office de « langue-toit » pour toutes les autres, comme ce sera le cas beaucoup plus tard. Le succès du *françois* comme norme nationale est l'histoire d'un basculement à l'issue duquel le français, variant dans le temps, se sera superposé à la langue maternelle variant à la fois dans l'espace géographique et dans le temps. La diffusion de la langue nationale s'accompagne de la transformation en patois des variétés dialectales du domaine d'oïl, puisque la langue nationale remplit des fonctions jusque-là assumées par la langue maternelle, qu'elle réduit aux fonctions linguistiques les plus spontanées et familières.

Nous distinguerons le français, entité abstraite assumant l'unité linguistique de la communauté d'oïl, du *françois*, dialecte de l'Ile-de-France. L'adjectif latin *franciscus*, dérivé du nom ethnique *Franci*, est à l'origine de l'adjectif *françeis* ou *françois* qui apparaît pour la première fois dans la *Chanson de Roland*. Ce n'est qu'à partir du XIIe siècle qu'il sert à désigner une langue. Certains historiens de la langue utilisent encore le terme *francien*, créé en 1889 par le philologue Gaston Paris, mais on préfère aujourd'hui le terme employé par les locuteurs du Moyen Age, d'autant que *francien* est chargé de nombreuses hypothèses échafaudées par une idéologie linguistique aujourd'hui périmée.

En 1192, Philippe Auguste fait état de l'expansion démographique de Paris. Avec environ 100 000 habitants, Paris est, de loin, la ville la plus considérable du domaine royal. Dès le XIIIe siècle, avec le développement de son Université, de son rôle politique et économique, Paris représente la plus grande concentration d'hommes de l'Occident, un lieu où le taux d'interactions et de communications interdialectales était plus élevé qu'ailleurs. A partir de ce moment, Paris est devenue le grand creuset dialectal de la Gallo-Romania et son parler s'élève au-dessus du continuum dialectal du domaine d'oïl.

Cette évolution explique l'apparition d'un dialecte urbain, mais aussi le fait que Paris se soit alors imposée comme limite des aires dialectales avec lesquelles elle était en contact et qu'elle ait fait obstacle à la diffusion de traits linguistiques : si certains peuvent atteindre la ville au cours d'un processus d'extension, ils ne la traversent jamais. Ce phénomène est lié à la structure des communications autour de

Paris : les communications directes entre Pontoise au Nord et Evry au Sud ont dû être quasiment nulles. Au niveau de la langue maternelle, Paris ne se comporte pas comme un centre directeur mais comme une frontière. Ainsi, le substantif *goule* « bouche » se maintient pendant plusieurs siècles à Paris, sans que cette forme ait eu la moindre influence sur les parlers immédiats à l'est et au nord[46].

L'histoire démographique de Paris, caractérisée par son instabilité, est propice à la formation d'une koinè, première étape nécessaire à l'émergence d'un dialecte urbain : des flux et des reflux de population, liés au contexte politique, économique et démographique, amènent un brassage de population et de dialectes. Jusqu'à la fin du XIIIe siècle, Paris n'est qu'un centre commercial d'importance secondaire, tandis que Saint-Denis, depuis longtemps centre « idéologique » de la France septentrionale (*caput regni nostri*), développe une activité marchande notable dont Paris prend progressivement le relais. La mise en place de réseaux commerciaux particulièrement denses avec la Picardie (Amiens) et avec les villes qui se développent plus au Nord (Lille, Arras) et qui constituent le prolongement méridional du développement urbain de la Flandre (Gand, Bruges, Ypres) confère bientôt à Paris un rôle économique non négligeable. Paris attire des immigrants par son importance économique, religieuse, scolaire, politique et administrative. Son rayon d'attraction est non seulement national, mais international.

Si la base du dialecte parisien est le parler de l'Ile-de-France, il s'en distingue nettement par les contacts incessants à l'intérieur de la capitale avec les dialectes environnants, essentiellement le picard, le normand et l'orléanais. Paris, en effet, dépend des campagnes périphériques pour son approvisionnement. Les apports successifs de la Normandie et de la Picardie dans l'élaboration du français de Paris ont été prouvés. On revient aujourd'hui à une thèse, un temps abandonnée, qui présentait le parler parisien comme un « parler récepteur », le rôle de « parler directeur » étant parfois assumé par un autre dialecte.

Il semble que la Normandie, région où de puissantes abbayes disposaient de scriptoria expérimentés et où le prince Plantagenêt protégeait des écrivains, ait influencé la morphologie et la graphie de l'Ile-de-France à date ancienne. La langue écrite adoptée à Paris par les Capétiens a été en partie élaborée dans l'espace littéraire anglo-normand. La diffusion de la scripta serait alors à rapprocher de celle de l'art gothique, traditionnellement caractérisé par la croisée d'ogive. On sait que cette technique qui permet d'augmenter l'élévation des voûtes est, en fait, une innovation romane développée très tôt dans le domaine anglo-normand. Dès la fin du XIe siècle, les chœurs de la cathédrale de Durham (vers 1095) et de l'abbaye de Lessay (vers 1098) en Normandie reçoivent des voûtes sur croisée d'ogives. Ce modèle gagne de là la vallée de l'Oise puis Paris (déambulatoire de Saint-Martin-des-Champs, vers 1135) avant de se répandre, au cours de la seconde moitié du XIIe siècle, dans une série de cathédrales construites au cœur du domaine royal. L'art gothique, devenu art français, c'est-à-dire de l'Ile-de-France, irradiera ensuite l'ensemble du royaume.

Le parler parisien subit également une influence orientale. La substitution progressive de la graphie *oi* à la graphie *ei* dans des mots comme *françeis*, remplacé par *françois*, en est peut-être un signe. Cette extension s'explique par le prestige social supérieur de la littérature champenoise au XIIe siècle et surtout par celui de la production picarde au siècle suivant. On parle donc à Paris une koinè résultant de la rencontre entre le dialecte de l'Ile-de-France et le picard. Les poèmes de Rutebeuf (vers 1245-1285) sont un bon témoignage de l'influence de l'ensemble dialectal de l'Est : leur scripta reflète généralement l'usage commun de l'Ile-de-France, mais certains traits dialectaux orientent vers la Champagne, dont il n'est pourtant pas certain que le poète soit originaire. R. A. Lodge date le début de la formation d'une koinè parisienne entre le XIIe siècle et le milieu du XIIIe siècle. Au terme de ce processus, le parler de Paris se distingue sans doute nettement des parlers environnants[47].

La langue qui irradie le royaume depuis la capitale n'est donc pas le dialecte de l'Ile-de-France, le parler des paysans du Valois, de la Beauce ou de Roissy. Il ne s'agit pas non plus du dialecte parisien dans son ensemble. Le *françois* qui s'exporte est peut-être davantage celui qui s'écrit que celui qui se parle. L'irradiation a sans doute été longtemps limitée à la langue littéraire et administrative, touchant de ce fait la scripta beaucoup plus que la prononciation, car s'il est vrai qu'une scripta picarde peut être lue à la mode de Paris, la scripta parisienne peut être oralisée en picard.

En tout cas, le *françois* irradié n'est pas celui de l'ouvrier parisien, mais une variété cultivée du parler urbain de Paris. Bien avant que les rois de France fassent de Paris leur résidence principale, la culture aristocratique occupe une grande place dans la ville et l'oligarchie bourgeoise parisienne modèle son comportement (y compris linguistique) sur celui de la noblesse. C'est ce *françois* cultivé et socialement valorisé qui s'exporte. Le *françois* s'est en effet diffusé dans les provinces par le haut (d'abord dans les villes, par l'intermédiaire des classes supérieures) et par « parachutage », car ce mouvement ne s'étend pas par capillarité. En dehors de sa zone d'influence immédiate, la capitale n'introduit qu'une strate de son système dialectal, alors qu'elle en diffuse l'ensemble dans sa périphérie.

Les raisons du pouvoir irradiant de Paris recoupent en partie celles qui ont conduit à la formation d'une koinè parisienne. La population de la capitale est énorme et constamment renouvelée. Le va-et-vient de ses habitants tend à répandre le parler de Paris qui bénéficie du prestige grandissant attaché à cette ville. En effet, avec l'organisation d'une administration centrale, le poids politique de Paris ne cesse de croître. La naissance et le rayonnement de l'Université au XIIIe siècle ont fait, en outre, de Paris la capitale intellectuelle de l'Occident.

A cela, il faut peut-être ajouter une raison géographique qui prédisposait l'Ile-de-France à jouer un rôle linguistique particulier. Paris se situe en effet au centre du domaine d'oïl, en contact avec l'ensemble dialectal oriental comme avec le bloc occidental. Si le dialecte de l'Ile-de-France se rattache plutôt au groupe occidental, sa montée au statut de langue commune à Paris, au contact du picard notamment, a contribué à recentrer le parisien dans le paysage dialectal et peut-être par là à le rendre plus acceptable par tous.

Si l'on peut expliquer grossièrement pourquoi la langue de Paris a irradié et quelle est la nature des éléments diffusés, on s'est longtemps déchiré sur la chronologie du phénomène. En 1963, W. von Wartburg, le grand romaniste suisse, écrivait sans ambages : « La langue de l'Ile-de-France devint, dès le début du XIIe siècle, le parler directeur pour l'usage littéraire[48]. » Depuis, on a couramment repoussé d'un siècle l'influence linguistique de Paris, en se référant bien souvent à l'épisode de Conon de Béthune, mais la datation reste toujours haute. Bien que Paris soit résidence royale, centre administratif et religieux, vers 1200, « on ne peut pas encore parler d'une koinè formée à partir d'un noyau linguistique parisien[49] ». A cette époque, certes, la langue de Paris commence à s'imposer à la cour royale, mais sans irradier sensiblement les régions avoisinantes. D'ailleurs on ne connaît aucun manuscrit en français copié en Ile-de-France, ce qui augure mal d'une scripta influente.

A. Dees s'est même opposé à l'idée qu'un français écrit commun se soit répandu dans le domaine d'oïl avant le début du XIVe siècle, arguant du fait que « toute une série de caractéristiques régionales se révèlent être parfaitement intactes[50] ». Il est certain que rares sont les manuscrits conservés antérieurs à 1200 présentent des éléments linguistiques étrangers à leur région d'origine. La variabilité et la pluralité des formes ne s'expliquerait pas par une pression d'un français commun irradié de Paris, mais tiendrait au fait que le système d'écriture du français médiéval est fondamentalement variable, à l'image du vernaculaire parlé. « La nature, l'extension et la distribution des graphies dans les textes du XIIIe siècle [...] peuvent être mises en relation avec la variation existant dans la langue parlée sous-jacente à ces graphies. » Il est sans doute vain de représenter les auteurs cherchant à reproduire consciemment avec fidélité l'ensemble des variantes existant dans le parler local, mais il est aussi vain de rechercher une convention tacite résultant d'un accord secret entre tous les scripteurs pour unifier la langue écrite[51]. Si l'on admet avec A. Dees que « l'ancien français écrit n'existe que sous la forme de ses variétés locales », il faut le comparer à la situation du français parlé à la fin du XIXe siècle.

Les désaccords sur la date du début de l'« irradiation » parisienne tiennent à la complexité du processus, qui voit alterner des phases « centralisatrices » de rayonnement parisien et des phases « régionalistes » ou « polycentristes ». Jusqu'au milieu du XIIIe siècle, Paris et l'Ile-de-France ne jouent aucun rôle visible dans le concert des différents dialectes écrits. La chronologie de l'apparition des textes littéraires et des chartes en langue vulgaire montre que l'utilisation du français dans l'écrit a commencé dans des régions géographiquement marginales. Les textes littéraires et juridiques en vernaculaire étaient déjà nombreux dans certaines régions francophones, tandis que Paris restait dans ces deux domaines fidèle au latin. La plus ancienne charte parisienne connue en *françois* date de 1249 et il faut attendre la seconde moitié du siècle pour voir un document en langue vulgaire émaner de la chancellerie royale.

Si le témoignage de Conon de Béthune nous indique que l'irradiation parisienne commença peut-être à la fin du XIIe siècle auprès de quelques poètes grands seigneurs fréquentant la cour de France, C.-T. Gossen a montré, pour les écrits juridiques, que la chronologie du processus a varié considérablement d'une région à l'autre : le phénomène commencerait en Champagne, dès le milieu du XIIIe siècle pour s'y achever un siècle plus tard. Dans les régions au nord et à l'est de Paris (Picardie, Wallonie, Lorraine), la substitution des formes locales ne commencerait que vers la fin du XVe siècle et ne s'achèverait qu'au XVIe siècle dans les régions politiquement françaises, et au XVIIe voire au XVIIIe siècle en Wallonie, qui échappe au pouvoir centralisateur de la couronne française. Mais nous ne parlons ici que d'écrit. L'irradiation de la scripta parisienne ne dut pas affecter de façon significative les normes de l'oral avant l'extension de l'alphabétisation au XVIe siècle.

L'irradiation du *françois* ne doit pas faire oublier que d'autres dialectes médiévaux ont pu être directeurs pour certains changements ou influencer les scriptae des territoires limitrophes.

Loin de Paris, des dialectes prestigieux

Si la Picardie a été moins précoce que la Normandie et les territoires de l'Ouest sur le plan littéraire, la production littéraire de l'aire dialectale picarde fut considérable au XIIIe siècle. A cette époque, le picard est à la mode et certains picardismes se glissent dans les rimes d'auteurs non picards, comme Renaud de Beaujeu, Péan Gatineau ou Rutebeuf, qui font rimer *blanche* avec *lance*, *bouche* avec *douce* ou *cloches* avec *noces*, etc. Ces rimes, dites mixtes, ne sont admissibles que si les auteurs utilisaient alternativement la prononciation picarde de la consonne finale et la *françoise*. A la fin du XIIIe siècle, la scripta picarde, encore employée abondamment dans les œuvres littéraires, commence à être mise en infériorité par le *françois*.

L'étude menée par A. M. Kristol sur les *Manières de langage*, ces manuels de français destinés aux Anglais, met en évidence la situation souvent ambiguë du français de Paris[52]. Les prologues des *Manières de langage* s'accordent généralement sur le prestige du français continental par opposition au français insulaire (l'« anglo-normand »). Plusieurs auteurs déclarent explicitement leur intention de suivre des normes « étrangères ». La *Manière* de 1396 est claire sur ce point : « *Ci commence la maniere de language que t'enseignera bien à droit* [correctement] *parler et escrire doulz françois selon l'usage et la coustume de France*[53]. » A. M. Kristol démontre le caractère topique de ce genre de déclarations, qui visent à garantir la qualité du manuel. L'analyse linguistique révèle, en effet, qu'avant 1390, les *Manières de langage* utilisent toutes la graphie anglo-normande. Il faut attendre la dernière décennie du XIVe siècle pour assister à la brusque irruption de l'influence continentale. C'est dire combien ces phénomènes d'irradiation doivent être traités avec prudence.

Au cours du XIVe siècle, la plupart des manuscrits anglais des *Manières* commencent à adopter des graphies continentales. La tradition orale, en revanche, se montre stable, malgré la diminution inexorable du nombre de locuteurs anglais de langue maternelle française. Le manuscrit H de l'*Orthographia gallica* (1377) dit ainsi : « *Item* quant, grant, demandant, sachant, tant *et totes les participes serront escriptz ové* n *sans* u. *Mes en lisant il avera le soun de* u[54]. » [De même, *quant, grant, demandant, sachant, tant* et tous les participes seront écrits avec *n* et sans *u*, mais en lisant, on prononcera le son *u*]. Si la graphie anglaise des participes présents en -*aunt* (ex. *sachaunt*) est remplacée par son équivalent continental en -*ant*, la prononciation reste inchangée. Dans ces conditions, on comprend que l'unification de l'écrit dans le domaine d'oïl n'est qu'un « vernis » orthographique, qui n'entame en rien la vitalité du substrat dialectal.

On s'attendrait à trouver dans ces traités une nette influence du français de Paris, comme leurs auteurs le suggèrent. En fait, le modèle parisien est loin d'être prépondérant, tandis que la coloration picarde est assez nette. Dans ces conditions, l'idée d'une « langue littéraire commune » antérieure à la fin du XIVe siècle doit être abandonnée ou du moins nuancée. Il y a loin entre l'affirmation que le parler de Paris constitue désormais la langue de référence et l'emploi effectif de cette langue. La tradition picarde conserve durablement sa force de rayonnement.

On cède trop souvent à l'illusion rétrospective. La victoire définitive du modèle linguistique parisien a occulté le fait que, pendant très longtemps, la norme de l'écrit français est restée polycentrique. Le picard, en particulier, a opposé une résistance considérable au modèle parisien. Certains phénomènes, comme le remplacement de *ou* par *eu* (*flour* > *fleur*) et de *ei* pour *oi* (*creistre* > *croistre*), qu'on a simplement tenus pour parisiens, parce qu'ils se sont infiltrés dans le parler de la capitale, auraient aussi bien pu rayonner directement à partir de la Picardie.

Il faut donc se garder d'imaginer une évolution linéaire d'une scripta régionale à la graphie française supra-régionale, d'autant que la supériorité du *françois* ne fut pas toujours admise comme une évidence. Le picard trouve encore des partisans au début du XVIe siècle. Ainsi la première grammaire écrite du français pour des Français, rédigée en latin par Jacques Dubois (ou Sylvius) en 1531, met le picard sur le même plan que le français, avec un petit avantage pour le picard, jugé plus proche du latin que les variétés du français central.

Si l'on quitte le domaine de la graphie et de la phonétique pour s'intéresser au lexique, on s'aperçoit qu'une partie du lexique a longtemps été spécifique à un dialecte avant de se généraliser. Cette extension peut, à son tour, être limitée à une variété marquée socialement, comme la langue littéraire ou plus précisément la langue du théâtre ; elle peut également être liée à des activités peu ou pas pratiquées dans l'aire irradiée, comme la pêche en mer. Les auteurs des XIVe et XVe siècles ont employé avec beaucoup de liberté des mots régionaux, dont un certain nombre a alors gagné le français général de façon provisoire ou définitive. Les régionalismes d'oïl passés dans le lexique général du XIVe au XVIe siècle sont pourtant peu nombreux. Y. Greub admet qu'ils sont sept fois moins fréquents que les italianismes pour la même période[55].

La Normandie, on l'a vu, a eu une influence importante dans la constitution de la scripta de l'Ile-de-France et de Paris, mais son apport lexical est également notable. Une partie des termes régionaux normands est en effet passée en *françois*. Parfois ils se sont répandus dans le parler de la capitale avant d'être irradiés sur l'ensemble du territoire, mais il est difficile d'établir une chronologie. En tout cas, il est clair que les noms de poissons de mer ne peuvent venir de Paris, mais de ports, souvent normands, qui l'approvisionnaient. Il en va de même de beaucoup de termes maritimes. Les côtes de la Manche, et surtout normandes, ont fourni à la langue française de nombreux termes du vocabulaire maritime. On cite en général des mots comme *babord, bord, cable, carguer, cargaison, cingler, crevette, écaille, falaise, hauban, hisser, hune, quai, rade, tillac, vague, varech*, et l'on pourrait allonger la liste. Lorsque certains de ces normandismes ont remonté la Seine jusqu'à la capitale, ils ont pu se substituer à des formes préexistantes. Ainsi, dès le XIe siècle, la forme normande *caillou* commence à remplacer *chaillou*. Parfois, la substitution n'est pas complète et donne lieu à des doublets : *vergue*, terme maritime d'origine normande, prend place à côté de *verge*, comme lui hérité de *virga* latin ; la *crevette* normande le dispute longtemps à la *chevrette*, probablement saintongeaise.

Malgré l'irradiation persistante du picard et le passage dans le lexique commun de quelques mots d'origine dialectale, un important mouvement de restriction des formes spécifiques se développe dans les derniers siècles du Moyen Age : le processus de passage au patois est engagé. Y. Greub montre, à l'aide du mot *tect* au sens de « toit à porcs », comment l'évolution du patois et du français ont pu prendre des directions divergentes avant le XVIe siècle[56]. En ancien français (XIIe siècle-1re moitié du XIVe), l'ensemble Normandie-Maine connaît bien ce substantif, qui disparaît ensuite de cette zone. *Tect* occupe d'abord la plus grande partie du domaine d'oïl, avant de se retirer du nord et du sud de l'aire qu'il occupait à l'origine : par ce mouvement de restriction, il sort du bon usage de la langue régionale pour se cantonner aux patois de la vallée de la Loire et de la région parisienne. Une partie du fonds lexical dialectal suit cette évolution à partir du XIIIe et surtout du XIVe siècle. La diffusion de la langue nationale et de son lexique remplace une partie du lexique régional dont l'aire et les conditions d'emploi se réduisent au patois. Unification et passage au patois sont deux phénomènes étroitement corrélés.

Le processus correspond à une marginalisation progressive des dialectes selon les conditions d'énonciation et le statut social des locuteurs. Ainsi, c'est d'abord la langue écrite, et en premier lieu la langue littéraire, qui subit une normalisation à grande échelle. La langue parlée, comme le montre l'exemple des *Manières de langage*, a beaucoup moins été touchée ; et si elle l'a été, c'est uniquement dans quelques milieux sociaux ou professionnels. Les prédicateurs, par exemple, avaient besoin de s'adresser à des populations d'origines différentes et étaient sans doute contraints de se débarrasser de certains tics hérités de leur langue maternelle. Il est donc très exagéré de parler d'effacement ou de marginalisation des dialectes à la fin du Moyen Age. Cette marginalisation ne s'est pas produite à l'oral et est sans doute passée inaperçue aux yeux de l'immense majorité de la population. Toutefois, après 1300, les « scriptae » du français s'uniformisent assez rapidement. Les dialectes n'accéderont à l'écrit qu'au terme du processus de transformation en patois, vers 1600.

L'EFFACEMENT DES SCRIPTAE RÉGIONALES

Plusieurs facteurs expliquent l'effacement des scriptae régionales à la fin du Moyen Age. Certains sont communs à l'ensemble des scriptae, d'autres sont spécifiques. Du côté des facteurs généraux, il faut noter la constitution d'une unité nationale. La guerre de Cent Ans, qui a fait office de catalyseur pour le royaume tout entier, marque une transformation profonde : de querelle dynastique, elle s'est transformée peu à peu en guerre nationale opposant deux entités politiques individualisées par leur langue.

Les gens du roi, qui administrent le domaine royal, ont certainement joué un rôle dans l'unification linguistique du territoire. A partir du règne de Philippe Auguste, la royauté s'appuie au Nord sur les baillis et au Sud sur les sénéchaux pour administrer le domaine royal et faire pièce à l'influence des grands féodaux. Les conditions d'exercice des baillis sont strictement définies : le bailli ne doit pas être né dans le bailliage et doit être muté régulièrement, en général tous les trois ans. Ces deux règles semblent s'appliquer au moins jusqu'au milieu du XIVe siècle. Ainsi, Philippe de Beaumanoir, célèbre pour avoir rédigé les *Coutumes du Beauvaisis*, fut d'abord bailli de Clermont-en-Beauvaisis (1279-1283), puis sénéchal de Poitou (1284-1287) et de Saintonge (1287-1288) ; il interrompt ensuite sa carrière d'administrateur pour exercer des fonctions diplomatiques à Rome avant de redevenir bailli de Vermandois, puis de Touraine en 1292 et enfin de Senlis. Jusqu'au début du XIVe siècle, les baillis et sénéchaux sont le prolongement de la personne du roi sur l'ensemble du pays : ils exercent en son nom tous les pouvoirs. A partir des années 1320-1330, des agents spécialisés commencent à les concurrencer. Ces baillis n'étaient pas recrutés qu'en Ile-de-France et devaient conserver l'accent de leur dialecte natal, mais leurs mutations et leur fonction professionnelle les obligeaient à se faire comprendre dans un *françois* assez normalisé et unifié. Ainsi les actes émanant des administrations royales bailliagères ont un caractère dialectal beaucoup moins marqué que les autres documents administratifs régionaux. Vers 1500, partout en France on trouvait des gens, au moins parmi les fonctionnaires, capables de se faire comprendre dans un *françois* correct. John Palsgrave le confirme dans son *Eclaircissement de la langue française* (1530) : « Il n'y a pas non plus d'homme qui ait une charge publique, qu'il soit capitaine, ou qu'il occupe un poste d'indiciaire, ou bien qu'il soit prédicateur, qui ne parle le parfait français, quel que soit son lieu de résidence[57]. »

La multiplication et le déplacement des officiers royaux a contribué à la baisse des régionalismes dans la langue administrative. A partir du XIVe siècle, ce n'est plus dans les chartes qu'il faut aller chercher l'attestation de tel ou tel trait dialectal, mais dans des documents à usage local, non destinés à produire un effet de droit, et où la scripta régionale peut être employée sans inconvénient : comptes et inventaires, procès-verbaux, suppliques et pétitions, lettres privées...

Les échanges économiques furent sans doute un autre facteur de marginalisation des dialectes. Le grand commerce, on l'a vu pour les foires de Champagne, exige un moyen de communication efficace, assurant l'intercompréhension entre des personnes d'origines géographiques diverses. Le rôle de ce facteur varie selon les époques et l'intensité des courants économiques, mais la position de la France, au cœur de l'Europe, lui assure une influence linguistique et une importance commerciale non négligeable. Elle en fut souvent le terrain à défaut d'en être le moteur.

L'économie met en jeu des échanges de biens mais aussi de personnes. Ceux-ci furent parfois de grande ampleur, par exemple lors de la phase de reconstruction qui suivit la guerre de Cent Ans. Un seul exemple suffira : d'après les sources, le village de Sépeaux, près de Sens, n'avait plus ni curé ni paroissien vers 1440. Cinquante ans plus tard, la paroisse comptait quatre-vingts ménages, en majorité des paysans. Si les habitants des villages avoisinants ont sans doute contribué à cette renaissance, des Bretons, des Limousins et des Tourangeaux y prirent une part fort active. Le brassage de populations d'horizons linguistiques très lointains qui se produit alors contraignait ces nouvelles communautés à adopter un parler d'oïl peu différencié.

L'unification de la langue nationale fut surtout tributaire de l'écrit. A partir de la seconde moitié du XIe siècle, les textes en français se multiplient ; mais ce sont surtout des vies de saints et des traductions partielles de la Bible. Le véritable essor a lieu au XIIe siècle : des chansons de geste, des chansons de trouvères, la dramaturgie religieuse, des ouvrages historiques, des « romans » – récits en langue « romane », souvent à contenu antique –, des fabliaux contribuent à faire circuler une masse de textes qui constitue une littérature. Qu'est-ce qu'une langue nationale ? Un idiome qui tend vers l'unité à partir de locuteurs de provenances variées ; ce fut en France, la langue de la scripta littéraire, qui s'élabora dans des conditions sociales différentes de celles des idiomes populaires. Si l'on peut déceler plusieurs clivages linguistiques comme celui qui, à partir du XIIIe siècle, oppose au parler rural le parler urbain, stratifié mais proche de celui de la classe aisée, c'est sans conteste l'opposition écrit/oral qui domine en français, par delà les clivages sociaux.

L'apparition du livre imprimé, en France dès 1470, accéléra encore le processus de codification et d'unification de la langue littéraire. L'imprimerie imposa « définitivement le dogme de l'unité de la langue écrite[58] ». Pour être rentable, il fallait que le livre fût tiré à un grand nombre d'exemplaires ; or les tirages importants, bientôt à plusieurs milliers d'exemplaires, exigeaient que le public acceptât le « dogme de l'unité ». Deux exemples permettront de mieux comprendre le fonctionnement du processus.

Le *Mystère de Judith et Holofernés* fait partie d'un ensemble plus vaste intitulé le *Mystère du Vieil Testament*. Pour créer le texte du *Mystère du Vieil Testament* utilisé lors d'une représentation à Paris en 1500, les compilateurs rassemblèrent des drames préexistants consacrés à divers épisodes de la Bible. Ils copièrent les textes puis les modifièrent pour donner quelque cohérence à l'ensemble. A cette étape la plupart des traits linguistiques dialectaux des originaux disparurent. Lorsque le *Mystère du Vieil Testament* fut ensuite imprimé par Pierre Le Dru et Geoffroy de Marnef, les particularités linguistiques qui pouvaient subsister dans le manuscrit furent gommées.

Plus loin de Paris, Jehan Bagnyon, né dans le canton de Vaud, écrivit, sans doute dans la seconde moitié du XVe siècle, *L'histoire de Charlemagne*, un remaniement de la chanson de geste *Fierabras*[59]. Le remanieur rappelle dans le prologue qu'il est « *natif de Savoye en Vaux, sans apprendre la langue françoise originalle* », et, ajoute-t-il, « *ne mon sens ne sçavoir ne porte pas de desduyre de telle matiere* [est incapable de traiter d'un tel sujet] *sans errer en la magniere de parler pour* [à cause de] *mon lengaige, qui est gros et rude* ». Si l'un des deux manuscrits conservés se rapproche par sa langue des documents légaux de l'époque tels qu'ils étaient alors rédigés dans le territoire qui correspond à l'actuelle Suisse romande, les traits régionaux disparaissent dans les premières éditions.

Il ne faudrait toutefois pas exagérer l'accélération donnée au rythme de l'uniformisation linguistique par l'imprimé. En effet, dans un premier temps, la production livresque reste surtout latine. 77 % des livres imprimés avant 1500 le sont en latin, mais la part du français avait déjà nettement progressé dans les dernières décennies du XVe siècle.

Dressons un bilan de l'évolution des scriptae à la fin du Moyen Age et au début du XVIe siècle[60]. Vers 1500, dans le domaine d'oïl, la langue écrite est presque partout conforme à celle de Paris ; des points de résistance subsistent, surtout dans le Nord-Est.

Les provinces qui entourent Paris sont les premières à avoir vu leurs scriptae perdre les quelques traits dialectaux qui les marquaient encore : la Champagne centrale se confond complètement avec l'Ile-de-France au milieu du XIVe siècle ; dans l'Orléanais et le Vendômois, dès la fin du XIVe siècle, la plupart des traits dialectaux sont effacés ; dans les provinces du Nord-Ouest (Bretagne, Anjou, Maine, Touraine), les traits dialectaux disparaissent rapidement dans le dernier quart du XIVe siècle.

Les provinces un peu plus lointaines entourant Paris au nord-ouest, au nord et au nord-est, peut-être à cause d'une autonomie et d'une importance culturelle plus importantes, ont conservé plus longtemps des traits qui les distinguent de la scripta parisienne ou francilienne.

Des motifs linguistiques plus ou moins contraignants expliquent également pourquoi les parlers périphériques ont échappé à l'évolution commune. Ainsi le passage de /l/ palatal (qui se prononçait comme aujourd'hui l'italien *gl* dans l'article *gli*) au yod noté *-ill-* ou *-ll-* dans *bouteille, faucille, feuille, fille*, ne pouvait se produire en Basse-Normandie, parce que /l/ palatal s'était auparavant confondu avec notre /l/ moderne, mais l'évolution phonétique n'a pas ici d'incidence sur la graphie. Au nord-est de la Champagne, dans la région qui jouxte les Ardennes, quelques traits encore marqués dans l'écriture disparaissent dans le courant du XVe siècle. En Normandie les traits s'estompent dès le début du XIVe siècle et n'apparaissent plus vers 1500.

L'aire picarde (Lille, Montreuil-sur-Mer, Doullens) montre plus de résistance à la normalisation. Mises à part les régions limitrophes de Paris, il faut attendre la fin du XVe siècle pour que le processus d'unification linguistique soit opérant. Il faudra un siècle, et même deux dans le Hainaut, pour qu'il aboutisse. L'affaiblissement de la scripta picarde s'explique par des raisons politiques et économiques. Au XIVe siècle, la Picardie est un champ de bataille où se joue le sort du royaume. La région subit le laminage de ses structures sociales et la déroute économique. Dès le XIIIe siècle, l'autonomie municipale d'Arras, gérée par les échevins, s'était détériorée. L'essentiel de la vie culturelle se réfugie dans les cours du nord du domaine picard, notamment en Hainaut, d'où Jean Froissart est originaire. Au XVe siècle, ce qui se fait d'important en littérature ne se fait plus en picard et les traits dialectaux de la langue écrite s'effacent entre 1550 et 1600.

Les régions encore plus excentrées, aussi bien au nord-est qu'au sud-est et au sud-ouest du domaine d'oïl, voient leurs traits s'effacer tardivement. En Picardie wallone (Mons), les traits dialectaux sont nettement moins accusés à partir de la fin du XVe siècle ; en Lorraine, la scripta commence à être moins caractérisée à partir de 1425 environ, mais certains traits sont conservés jusqu'à la fin du XVe siècle et il faut attendre la seconde moitié du XVIe siècle pour que le processus arrive à son terme. En Wallonie, où le centralisme administratif et judiciaire n'a pas d'effet, puisque cette région est extérieure au royaume, le début du processus se situe à la fin du XVe siècle et l'on rencontre encore des traits dialectaux dans les documents du XVIIe siècle. En Bourgogne, la plupart des traits dialectaux typiques disparaissent dès 1400 ; seuls quelques-uns subsistent jusqu'au XVIIIe siècle. En Franche-Comté, dès la fin du XVe siècle, la scripta n'est plus marquée. En Poitou et Saintonge, nettement influencés par l'occitan, elle est francisée à la fin du XVe siècle.

LES DIALECTES DANS LA LITTÉRATURE COMIQUE

A la fin du Moyen Age, les dialectes sont donc marginalisés à l'écrit et en situation d'infériorité sociale à l'oral. La littérature témoigne de cette évolution en faisant du dialecte un ressort du comique. Dès le XIIIe siècle, Jacques Bretel tire partie de la spécificité du picard à des fins humoristiques. En 1285, il met dans la bouche d'un héraut un pastiche du picard (*plache* pour *plaise*, *base* pour *baise*, *wardéz* pour *guardéz*, etc.). Le ménestrel qui répond au héraut se moque de son « patois » en le parodiant, d'où les formes *chertez* pour *certes* et *perechoux* pour *paresseus* :

A ce mot parole Pikart :
« Hachet li chevalier en plache !
[...] Bas ! Wardéz com il est estous !
Ch'est uns droit kiens de baquerie.
Ba ! dyable, est chou moquerie ?
Veut il tout vaincre par lui sous ?
— Chertez, il n'est pas perechous,
Respont un menestréz signor[61].

[A ces mots Picard prend la parole : « Le chevalier Hachet, en place ! Ha ! Regardez comme il est brave ! C'est un vrai chien braque. Ha ! diable, se moquerait-on ? Veut-il tout vaincre à lui tout seul ? – Certes, il n'est pas paresseux, répond un ménestrel.]

Mais c'est surtout par le théâtre comique de la fin du Moyen Age, notamment par les farces, que le dialecte fait une entrée discrète dans la littérature, toujours à des fins parodiques et comiques. Cette incursion annonce peut-être l'accès des dialectes à l'écrit dans la seconde moitié du XVIe siècle. Dans la *Farce de maître Pathelin* (entre 1456 et 1469), Pathelin veut mystifier son client le drapier Joceaulme. Pour mieux feindre le délire, couché dans son lit, il jargonne en divers langages. Il est ainsi censé parler successivement limousin, picard, flamand, normand, breton et latin. Seuls les imitations picarde et normande sont d'une correction relative. Ce passage souligne, en outre, l'inscription du dialecte maternel dans la mémoire, malgré la mutation de la parole sociale vers la norme du français.

Jusqu'au XVIᵉ siècle, c'est du picard dont on se sert le plus souvent quand on veut jouer sur la différence dialectale. Dans la *Farce de la Résurrection de Jenin à Paume* (fin du XVᵉ siècle), Jenin, qui revient de l'enfer, parle une langue parsemée de picardismes : *gargate* (v. 123) pour « gorge », *quien* pour « chien » (v. 124), *ch'est* pour « c'est » (v. 125)... Dans un premier temps, les « touches dialectales » employées pour produire un effet verbal sont d'un comique assez primitif, mais progressivement le dialecte devient un moyen stylistique utilisé pour caractériser un milieu social. Les farces de la fin du Moyen Age font apparaître régulièrement le personnage du jeune paysan envoyé aux écoles et destiné à être prêtre. A celui qu'ils présentent comme un imbécile prétentieux, les auteurs opposent des parents pleins de simplicité et de bon sens paysan. La farce normande de *Maître Mimin étudiant* est la plus connue. Probablement rouennaise, cette pièce devait être destinée à un public socialement diversifié, mais sans doute normand. L'auteur emploie certaines formes encore aujourd'hui en usage dans le parler populaire de Normandie et certains termes qui permettaient à un public normand de se croire en pays de connaissance : le père de Mimin se nomme *Raoul Machue*, or « machue » était la forme normande de « massue ». Entre autres normandismes on relève *s'estriquer*, « se parer » ; *allisson*, subjonctif du verbe « aller » ; *el* pour *elle*, particulièrement fréquent en moyen français dans les textes normands.

Le trait s'accentue encore dans quelques farces parisiennes du premier tiers du XVIᵉ siècle où apparaît clairement le souci de faire rire grâce au dialecte des paysans. Des formes et des mots picards servent alors à souligner l'imbécillité supposée et l'inculture des rustres.

Dans les premières décennies du XVIᵉ siècle, la volonté d'établir une norme pour la langue française s'affirmera. Pierre Fabri, auteur d'une rhétorique du français, parle peu des dialectes, mais son culte du « langage commun » est récurrent. A l'occasion d'une remarque sur une diphtongue picarde, il condamne « *les motz et termes qui ne sont point entenduz* [compris] *oultre les faulxbourcz des villes ou es villaiges parciaulx* [particuliers] [62] ». Certains, comme Geoffroy Tory, aimeraient reproduire le modèle de la *koinè* grecque : « *Nostre langue est aussi facile à reigler et mettre en bon ordre, que fut jadis la langue grecque, en laquelle y a cinq diversités de langage, qui sont la langue attique, la dorique, la aeolique, la ionique, et la comune, qui ont cer-*

taines differences entre elles en declinaisons de noms, en conjugations de verbes, en orthographe, en accentz et en prununciation [...]. Tout ainsi pourrions nous bien faire, de la langue de court parrhisiene, de la langue picarde, de la lionnoise, de la lymosine, et de la prouvensalle[63]. »

Mais l'heure est plutôt à l'adoption d'une variété unique. L'opposition à deux termes, entre la langue vernaculaire (français) et le latin, est désormais remplacée par un système à trois termes, entre la langue maternelle (dialecte en cours de passage vers des patois), la langue nationale (le français), et enfin la langue savante (le latin). Au sein du système français, le passage d'un simple à un double niveau est consacré : à côté de la langue standard qui assume des fonctions auparavant réservées au latin, la langue maternelle est employée dans le cadre de la vie familiale et privée, ainsi que dans les activités de la vie quotidienne. Cette dichotomie rend la réalité dialectale identifiable aux locuteurs en tant qu'expression de leur identité culturelle régionale. Du coup, les dialectes vont avoir tendance à se fixer, dans une attitude très conservatrice. Cette phase de cristallisation des dialectes les prépare au passage à l'écrit, eux qui n'y avaient jusqu'alors jamais eu accès, sinon comme éléments générateurs de scriptae progressivement normalisées et alignées sur un modèle unique, celui de Paris.

2

FRANÇAIS D'EN HAUT, FRANÇAIS D'EN BAS

Les variantes sociales de la langue, parfois qualifiées de sociolectes, recoupent partiellement les variantes géographiques. Nous l'avons vu à propos de la stratification sociale du dialecte urbain de Paris ou bien dans l'utilisation à des fins comiques du dialecte associé à la langue paysanne, dans les farces de la fin du Moyen Age. Si l'on voulait brosser un tableau social complet des usages linguistiques dans la France médiévale, il faudrait sortir du cadre du français et faire une place au latin – outre l'occitan, évidemment. Langue de culture et langue sacrée, le latin est aussi la langue des clercs, l'un des trois ordres de la société médiévale. Tous les hommes d'Eglise, en France comme ailleurs, ont, certes, une langue maternelle autre que le latin et un certain nombre d'entre eux doit utiliser une langue française relativement normalisée pour communiquer avec des fidèles étrangers à leur région d'origine. Même si la connaissance du latin n'est pas tout à fait généralisée dans le clergé, une bonne partie des clercs ayant reçu les ordres majeurs est bilingue et doit constamment choisir entre plusieurs modes d'expression, tant en français qu'en latin.

L'œuvre de Jean Gerson, qui a pratiqué les deux langues à l'écrit, montre que la langue adoptée tient compte aussi bien de la matière que des destinataires : « *Aucuns se pourront donner merveille pourquoy de matiere haulte comme est parler de la vie contemplative, je veuil escripre en françois plus qu'en latin, et plus aux femmes que aux hommes, et que ce n'est pas matiere qui appartiengne à gens simples sans lettre. A ce je respons qu'en latin ceste matiere est donnee et traittiee tres excellenment es divers livres et traitiés des sains docteurs […]. Si peuent avoir clers qui scevent le latin recours à tels livres*[1]. »

[Certains pourront s'étonner que, pour parler d'un sujet si élevé que la vie contemplative, je veuille écrire en français plutôt qu'en latin, aux femmes plutôt qu'aux hommes, parce que ce n'est pas un sujet qui appartient aux personnes simples et illettrées. Je réponds à cela que ce sujet est traité excellemment en latin dans les différents livres et traités des saints docteurs […]. Aussi, les clercs qui savent le latin peuvent-ils recourir à ces livres.]

Il ne faudrait d'ailleurs pas s'imaginer une séparation très nette entre le latin et le français. La frontière qui délimite ces deux codes est poreuse, puisque de nombreux latinismes s'insinuent dans la langue française à côté des formes héréditaires. Ainsi, *diable*, du latin *diabolum*, est une forme savante, employée en concurrence à des formes populaires et héréditaires comme *malfé, maufé, aversier* ou *enemi*. Il en va de même du latinisme *pape*, rare en ancien français, qui entre en concurrence avec la forme plus courante et plus populaire *apostoile*, mot semi-savant issu du latin *apostolicus*.

En l'absence de locuteurs natifs, il est souvent délicat de distinguer les variations sociales (dites *diastratiques* par les linguistes) des variations stylistiques (dites *diaphasiques*). En effet, une personne appartenant à un milieu social donné peut s'exprimer de façon plus ou moins familière ou châtiée selon les circonstances dans lesquelles elle se trouve. Alors comme aujourd'hui, les situations concrètes de communication influent sur le choix d'un usage et d'une norme.

« Gentil » et « vilain » parlers

A plusieurs siècles de distance, il est difficile de saisir exactement les contours des groupes sociaux et de définir en détail les circonstances de l'énonciation. Cependant, nous avons conservé des témoignages attestant une forte conscience sociale des pratiques langagières et de leur compartimentage selon les strates de la société. Cette conception sociale de la langue, qui rejoint l'imaginaire linguistique collectif, suit des schémas distributifs rigides, correspondant à une réalité bien plus souple et diverse. C'est cette stratification sociolinguistique que nous voudrions explorer, avant d'en venir à des dimensions plus proprement stylistiques, comme les types de discours.

La langue du village

La langue des personnes ayant peu de contact avec l'écrit, en particulier les paysans, reste ignorée. Pourtant, durant tout le Moyen Age, les paysans représentent de loin la strate sociale la plus importante. Avec des variations selon l'époque, la géographie et l'économie, ils forment les 4/5e ou les 9/10e des habitants du royaume. Comme l'écrivait Georges Duby, « la campagne est tout ». Les situations locales sont, certes, extrêmement variées dans un monde caractérisé par son cloisonnement et, corrélativement, par sa diversité : les paysans se distinguent par leur statut juridique, par leur niveau économique et par le type d'exploitation du sol qu'ils pratiquent. A la fin du Moyen Age émerge une élite paysanne, possédant des trains de labour, des valets, une maisonnée, élite qui voisine avec l'aristocratie basse où certains se glisseront par l'achat d'une terre. Cette élite a accès à l'écrit pour gérer ses intérêts.

La faiblesse de nos connaissances sur les pratiques langagières de l'immense majorité des habitants du royaume tient à leur rapport passif ou nul à l'écrit. Si certains d'entre eux lisent, rares sont ceux qui pratiquent l'écriture. Et de toute façon, écrire implique l'adoption des codes d'une langue savante dotée de normes différentes de celles qui régissent la langue orale pratiquée quotidiennement. Il est donc illusoire de chercher des témoignages spontanés de la langue des paysans médiévaux.

La richesse de cette langue paysanne nous échappe, notamment au niveau lexical. Le vocabulaire technique professionnel désignant les travaux des champs n'a que très partiellement franchi les barrières de l'écrit, parce que l'apprentissage se faisait à l'oral, de bouche à oreille, par la transmission d'une expérience pluriséculaire. Le lexique des métiers de la campagne apparaît partiellement dans des chartes, dans des comptes, des devis ou des inventaires, mais il est le grand absent des textes didactiques et littéraires, dont les auteurs méprisaient généralement les « arts mécaniques », qui traitent de la matière et non de l'esprit.

Les paysans pratiquent durant toute leur vie leur langue maternelle, autrement dit un dialecte. Leur expression linguistique est peu touchée par la normalisation du « français » et par l'extension d'éléments nationaux communs à l'ensemble de la langue d'oïl. Elle fut sans doute peu sensible à l'accès du français à de nouveaux champs du savoir et à ses nouvelles fonctions de prestige, car ces fonctions concernent peu la classe paysanne. La langue paysanne était sans doute caractérisée par la conscience d'une certaine stabilité, compte tenu du conservatisme inhérent à l'expression dialectale.

Si le paysan use d'un parler maternel qu'il partage avec les autres habitants du village, il a forcément conscience de sa particularité dialectale : le monde médiéval, quoique replié sur lui-même, n'est pas un ensemble de systèmes autarciques. Les paysans ont l'occasion de rencontrer des « forains » (des étrangers) lors des foires, des fêtes ou des marchés. Le curé de la paroisse est parfois un étranger et les campagnes de prédication qui se multiplient partout à la fin du Moyen Age entraînent nécessairement des prises de conscience linguistiques. La conscience d'une stratification sociolinguistique doit également naître des rapports entre la communauté villageoise, son curé et son seigneur, même si, on l'a déjà souligné, la stratification est alors à dominante géographique plus que sociale.

A la campagne, l'accès à l'écrit dépend de l'implantation d'une école dans le village, et de la situation sociale et économique du paysan. Jusqu'à sept ans, l'« âge de raison » défini par les théologiens et les moralistes du XIIIe siècle, l'enfant, quelle que soit son origine sociale, est confié aux femmes. Sa mère, des servantes ou des nourrices (généralement illettrées) s'occupent de lui. A partir des XIIe-XIIIe siècles dans diverses régions, se met en place un réseau non négligeable de petites écoles qui a pu atteindre un public relativement populaire. A la campagne, les garçons ne sont pas irrémédiablement voués à l'analphabétisme. Tous les villages n'avaient pas d'école, mais l'enseignement élémentaire, qui pouvait être dispensé par le curé de la paroisse, n'était pas exceptionnel. Dans les bourgades de quelque importance, l'existence d'une école était presque normale ; mais faute de financement régulier, beaucoup d'écoles avaient un fonctionnement sporadique et un niveau très modeste.

Dans toutes ces écoles, la base de l'enseignement était la « grammaire », c'est-à-dire, en fait, le latin. Son apprentissage était passif, parfois associé au chant, mais le maître ne s'interdisait pas de recourir au français et sans doute au dialecte pour expliquer le latin. Les enfants apprenaient par cœur des textes, notamment ceux du psautier et d'autres livres liturgiques, avant d'en venir à l'étude de cette « grammaire », enseignée grâce à de courts exercices de thèmes et de versions latines. Les jeunes enfants manifestant du goût pour l'étude pouvaient aller étudier en ville, à condition d'être accueillis par un monastère ou de trouver un hébergement.

Le caractère inégalitaire de cette instruction est marqué. L'inégalité géographique recoupe l'inégalité des sexes, car les femmes en sont exclues ; enfin les campagnes sont moins bien loties que les villes. Les réseaux d'écoles sont très inégalement répartis : la Champagne de la fin du Moyen Age semble particulièrement défavorisée, puisqu'un village sur dix à peine aurait eu son école. A cette époque, pourtant, l'opiniâtreté des synodes ecclésiastiques locaux semble avoir porté ses fruits : le réseau des écoles de paroisse s'est densifié, dans les campagnes, comme dans les villes. Le curé, ou un maître (très rarement une maîtresse) payé par les parents, enseigne les rudiments aux enfants de huit à douze ans : on apprend à lire à partir de neuf ans.

A la fin du Moyen Age, la majorité des habitants des villes sait lire, mais pas toujours écrire ; et bien des paysans ont acquis suffisamment d'instruction pour comprendre des textes simples, nécessaires à leur activité (comptes, créances, actes de location ou de vente, arbitrages et sentences, contrats de mariage ou testaments, etc.). L'ascension sociale, la liberté passent par l'instruction et l'on se vante de moins en moins de « ne savoir ni A ni B ». On pourrait, sous toutes réserves, avancer le chiffre de 10 à 15 % de lisants et écrivants dans la seconde moitié du XVe siècle.

Ce large accès à l'écrit détermine une nouvelle conscience linguistique ; elle fait accéder à un nouveau code, plus savant, plus normé. La rencontre entre le code oral vernaculaire, spontané et à la codification écrite modifie la langue de chaque locuteur, affine la conscience de la particularité dialectale et contribue sans doute à restreindre les aires d'emploi de certaines particularités lexicales, tout en facilitant à l'inverse l'intégration de mots savants ou semi-savants d'usage général géographiquement.

A la campagne comme en ville ou dans les cours princières, la langue est soumise à certaines pratiques sociales, notamment celle de la veillée. Le soir, les villageois se retrouvent pour chanter ou conter des histoires. Cette activité villageoise est peu documentée. Dans *L'histoire du tres vaillant prince Jean d'Avesne*, le héros Jean d'Avennes raconte à la comtesse d'Artois les moments de bonheur qu'il connaît dans son village, loin de la cour :

« *Et pour vous faire entendre que ma parolle soit veritable, je vous declaire qu'en ce tampz cy l'en y fait la sairie à laquelle femmez, fillez, jonez, viellez, marieez et à marier, viennent. Desquellez là l'une pigne, l'autre fille, l'aultre garde, l'aultre desvuide et, en faisant sa besongnette, ellez chantent, rient, puis parlent de leurz amours avec bouviers, parquiers, vacquiers et avec moy quy suy le mieux amé dez aultrez. Et à brief dire quant nous sommez tous assemblez, il n'est point de tel soulas que de ouir nos bons motz*[2]. »

[Et pour vous prouver que je dis la vérité, je vous affirme que, en cette saison de l'année, on s'y réunit à la veillée : les femmes et les filles, jeunes et vieilles, mariées ou à marier, y viennent ; l'une peigne la laine, l'autre file, une autre carde, une autre dévide sa quenouille et, tout en travaillant – chacune étant occupée à sa besogne – toutes ensemble, elles chantent et rient ; ensuite elles racontent leurs amours avec les bouviers, les porchers, les vachers et surtout avec moi qu'elles aiment bien plus que tous les autres. Et pour dire les choses en peu de mots, quand nous sommes tous réunis, je ne connais pas de plus grand bonheur que d'entendre les plaisanteries qui se disent à cette veillée.]

Dans les *Evangiles des quenouilles*, la narratrice met en scène un cercle de contage villageois se réunissant pour la veillée : « *il est verité que un soir après souper, pour cause d'esbat et de passetemps es longues nuis entre le Noel et la Chandeleur derrain* [dernier] *passé, je me transportay en l'ostel* [demeure] *d'une assez ancienne damoiselle assez prez ma voisine, où j'avoie acoustumé d'aler souvent deviser* [bavarder], *car pluseurs des voisines d'environ venoient illec* [là] *filer et deviser de pluseurs menus et joyeux propos dont je prenoie grans solas* [agrément] *et plaisir*[3] ».

On imagine que le succès des contes et des histoires reposait sur un maniement habile de la langue et sur des procédés rhétoriques éprouvés. Les codes étaient bien sûr différents de ceux de la cour ou de ceux des bourgeois. L'imaginaire linguistique d'alors pouvait accueillir favorablement la langue des paysans en insistant sur son aspect naïf et pittoresque (archéologie du folklorisme), mais elle pouvait également la caricaturer et mettre en avant ses ridicules pour les auditeurs.

Les farces qui pastichent le parler des paysans ne stigmatisent pas simplement les traits dialectaux. La farce de *Maître Mimin étudiant*, déjà évoquée, ne joue pas que sur les dialectalismes normands. Le parler des parents villageois est censé déformer les mots savants : on trouve ainsi les formes *pidagogue* et *astrilogue* (*pédagogue* et *astrologue*). Dans une autre farce normande, *Maître Jehan Jenin, vrai prophete*, Jaquette, mère de Jenin, dit de la même façon *merdecine* pour « médecine », *genialogie* pour « généalogie », *dandrinaux* pour « doctrinaux »[4].

Bien entendu, les farces ne peuvent être considérées comme des documents authentiques, mais l'absence de maîtrise du vocabulaire savant, l'abondance des jurons et le marquage géographique de la langue, sont bien des caractéristiques très vraisemblables d'une langue populaire. Loin de la représentation pittoresque de la veillée, la langue des paysans représentée dans les textes comiques n'apparaît que pour exacerber le contraste avec l'expression noble. Aucun prestige n'est attaché à l'expression linguistique de l'immense majorité des habitants du royaume.

D'ailleurs, sur le modèle de la rhétorique latine antique, les critères de « rusticité » (*rusticitas*) et d'« urbanité » (*urbanitas*) resurgissent à la fin du XVe siècle. Dans la « clause d'humilité » des prologues, les écrivains font de plus en plus appel à ces catégories, l'urbanité n'étant plus associée au langage de Rome, mais à celui de la Cour. Ainsi Octovien de Saint-Gelais, dans le *Séjour d'Honneur* dédié à Charles VIII, s'excuse de son « *gros bureau* [étoffe de bure] » et de sa « *champestre rhetorique* »[5] ; Clément Marot, dans son remaniement du *Roman de la Rose* (1526) explique pourquoi il a entrepris cette réécriture, « *non obstant la foyblesse du mien petit entendement et indignité de rural engin* [esprit, intelligence][6] » ; enfin Lemaire de Belges, dans les *Epîtres de l'amant vert* (1510), insiste sur la vertu d'urbanité opposée à des vices du langage comme la rusticité et la causticité. Ces références implicites à Cicéron ou à Horace consacrent le rapprochement entre l'urbanité et la courtoisie, entre le français écrit littéraire et l'*urbanitas* latine. Elles attestent par là même la consécration du français comme langue de culture et corrélativement le rejet de certaines de ses variantes géographiques et sociales.

Le « bien parler », langue courtoise

Au Moyen Age, la noblesse laïque a largement utilisé la langue française comme un instrument de reconnaissance sociale, notamment à travers une littérature qui s'oppose par ses valeurs, par sa langue et par ses destinataires à la production latine. Ces valeurs qu'on a désignées du terme générique de « courtoisie » sont partiellement héritées de la poésie lyrique occitane. Guillaume IX, duc d'Aquitaine (1071-1127) et premier troubadour, oppose le « vilain », associé à l'espace rural, et le « courtois », associé à l'espace de la cour. La « courtoisie », indissociable de la pratique raffinée de la langue employée à la cour, se diffuse dans le domaine d'oïl à partir du milieu du XIIe siècle, d'abord à la Cour d'Henri II Plantagenêt puis en Champagne, autour de celle de son comte Henri le Libéral.

Une langue et un usage « courtois », étroitement associés à l'expression littéraire et destinés à une élite sociale, s'élaborent progressivement. Alors que les chansons de geste s'adressaient à un public mêlé, semblable aux foules qui ont participé à l'élan de la première croisade, le grand chant courtois n'a de sens que pour un groupe étroit qui en reconnaît les codes. Dans cette poésie, la perception du sentiment amoureux repose sur l'assimilation d'un mode de pensée indissociable de l'univers aristocratique et féodal. La chanson de geste utilisait des concepts féodaux connus de tous et dont l'appréciation des nuances juridiques n'importait pas à la célébration des exploits guerriers du héros. La poésie lyrique courtoise recourt, au contraire, au vocabulaire féodal des relations entre suzerain et vassal pour exprimer des nuances fines de la relation amoureuse. Cette inscription du sentiment et de la poésie dans le champ sémantique de la féodalité a deux conséquences importantes : l'affirmation d'une identité sociale inséparable de l'acte poétique et de sa réception ; l'opposition entre *vilains* et *courtois*, qui exclut les premiers de la sphère de compétence littéraire. Pour être un *fin amant*, il est nécessaire d'être un bon vassal ou un bon suzerain.

Plusieurs auteurs de romans précisent, dès l'apparition du genre, le public auquel est destinée leur œuvre. Ainsi le prologue du *Roman de Thèbes* exclut d'emblée les paysans et les bergers du nombre des auditeurs potentiels, rejetant les vilains et limitant le public aux clercs et aux chevaliers. L'argumentation qui prévaut à la restriction du public est simple : les personnages du roman sont exclusivement des nobles et des chevaliers ; or, en vertu d'un principe rhétorique élémentaire, le style doit s'adapter au sujet traité. On parlera donc vilainement des vilains et noblement des nobles. Par conséquent, un vilain ne saurait entendre un roman courtois, écrit dans un usage de langue noble, très différent de celui qui lui est attribué ou dont il a l'habitude. L'élitisme social rejoint ici l'élitisme linguistique et stylistique :

> *Or s'en voisent de tot mestier,*
> *Se ne sont clerc o chevalier,*
> *Car aussi pueent escouter*
> *Come li asnes al harper.*
> *Ne parlerai de peletiers,*
> *Ne de vilains, ne de berchiers ;*
> *Mais de dous freres vos dirai,*
> *Et lor geste raconterai*[7].

[Que s'épargnent la peine de m'entendre ceux qui ne sont clercs ou chevaliers, car ils sont aussi aptes à m'écouter que l'âne à jouer de la harpe. Je ne parlerai pas ici de vendeurs de peaux, ni de rustres, ni de bouchers, mais de deux frères dont je raconterai l'histoire. (trad. A. Petit)]

Raoul de Houdenc est encore plus clair que l'auteur du *Roman de Thèbes* quand il affirme l'indispensable adéquation de l'expression linguistique au type d'auditeur visé :

> *Mes s'au conter ne vos mescont,*
> *Il n'i a mot de vilainie,*
> *Ainz est contes de cortoisie*
> *Et de beaus moz et de plesanz.*
> *Nus, s'il n'est cortois et vaillanz,*
> *N'est dignes dou conte escouter*
> *Dont je vos vueil les moz conter*[8].

[Mais si, à propos de ce conte, je ne vous trompe, il n'y a aucun mot de vilain, c'est un conte courtois, aux mots beaux et plaisants. Personne, s'il n'est courtois ou vaillant, n'est digne d'écouter le conte dont je veux vous conter les paroles.]

Ce qui est frappant, c'est que les auteurs ne revendiquent pas seulement une langue propre à leur milieu social, mais une véritable rupture linguistique avec l'expression du commun. Il est, certes, difficile de savoir ce que signifie exactement « *mot de vilainie* », si cette expression désigne les mots employés par les vilains (pour parler de leurs activités quotidiennes, des techniques, etc.), mots d'ailleurs marqués dialectalement, ou s'il s'agit de « vilains mots ». Il s'agit sans doute des deux, car cette distinction n'est pas valide au début du

XIIIᵉ siècle. Du coup, c'est une fracture linguistique entre langue littéraire courtoise et langue quotidienne des paysans qui est proposée.

Peu à peu, les revendications élitistes deviennent topiques dans les prologues des romans en vers. Dans le *Roman de Guillaume de Dole* de Jean Renart, le vilain n'est pas exclu, mais son manque de finesse ne l'autorise pas à reconnaître les beautés du texte. C'est son ignorance qui le disqualifie, une ignorance due à l'absence de familiarité avec la langue littéraire, dont on voit la fonction sociale discriminante s'affirmer au XIIᵉ et surtout au XIIIᵉ siècle :

Car aussi com l'en met la graine
Es dras por avoir los et pris,
Einsi a il chans et sons mis
En cestui Romans de la Rose,
Qui est une novele chose
Et s'est des autres si divers
Et brodez, par lieus, de biaus vers
Que vilains nel porroit savoir[9].

[De même que l'on met de la teinture sur les étoffes, pour qu'elles aient de la valeur, de même a-t-il mis des chants et des sons dans ce *Roman de la Rose*, qui est une chose toute nouvelle : il est si différent des autres et si bien brodé, par endroit, de beaux vers qu'un vilain ne pourrait l'apprécier.]

La littérature de cour ne s'adresse donc pas aux paysans et aux bourgeois, entre autres pour des raisons linguistiques, mais elle va plus loin en promouvant l'idéal du « gent parler ». L'idéalisation lyrique de la femme aimée, de la « dame », comprend, en effet, un aspect linguistique. Le « bel parler » fait partie intégrante des qualités indispensables à la « gente dame ». Le parler du gentilhomme est beaucoup moins mis en scène, mais est tout aussi indispensable, car l'amant idéal est aussi poète et doit savoir séduire la dame par de belles paroles.

La conversation de la dame, l'agrément de ses propos sont autant de consolations pour l'amant et font partie des charmes de la dame : « *S'onques li fist mal ne dongier, / La dame bien li sot merir / De bel parler et d'acointier / Et de faire tot son plaisir*[10] » [Si jamais elle lui avait résisté ou fait du mal, / la dame sut bien lui donner sa récompense / par de belles paroles, par un doux entretien / et par l'octroi de tout ce qu'il désirait]. Chrétien de Troyes, dans le *Chevalier de la charrete*, souligne également l'exigence d'un maniement raffiné de la langue, le *françois*, à la cour. Une cour prestigieuse tient son rang par la langue qu'on y parle :

> *Aprés mangier ne se remut*
> *li rois d'antre ses conpaignons ;*
> *molt ot an la sale barons,*
> *et si fu la reïne ansanble ;*
> *si ot avoec aus, ce me sanble,*
> *mainte bele dame cortoise,*
> *bien parlant an lengue françoise*[11].

[Après le festin il resta parmi ses compagnons. La salle foisonnait en barons. A leur assemblée s'ajoutait la présence de la reine et, j'en ai le soupçon, de belles dames courtoises, maintes et maintes, qui s'entendaient à bien parler français (trad. J. Frappier).]

Des manuels de conversation furent écrits afin que les dames puissent perfectionner leur expression orale. Nous en conservons un dans le *Chastoiement des dames*, une sorte de code des convenances mondaines du milieu du XIIIe siècle. Son auteur, Robert de Blois, y donne pour terminer un exemple de conversation amoureuse devant servir de modèle. Le propos concerne autant les stratégies de séduction et les bonnes manières amoureuses que la façon d'exprimer son amour et de décourager les trop pressantes sollicitations d'un amant.

Ces témoignages ne nous donnent que peu d'indications sur la réalité de la langue parlée à la cour, d'autant que les textes littéraires, nous y reviendrons, font peu de place à la transcription réaliste des paroles des personnages. Dans les romans courtois, une bergère s'exprime souvent comme une reine. Dans les pastourelles, ces chansons qui mettent en scène la rencontre d'un chevalier et d'une belle bergère (une pastoure), la langue du chevalier et celle de la bergère, objet de son désir, ne présentent pas de différences majeures. Seule l'opposition explicite entre « gent parler » et « villain parler » est une constante.

Mais nous sommes là dans le domaine de l'imaginaire ou plutôt de l'idéologie linguistique véhiculée par un instrument d'affirmation sociale, la littérature. Lorsqu'on revient à la réalité, on observe que l'accès des femmes à l'écrit reste constamment menacé durant cette période. Prenons l'exemple du manuel de lecture que le chevalier Geoffroi de La Tour Landry écrivit en 1371 à l'usage de ses filles. L'auteur présente son projet dans le prologue et annonce vouloir faire « [...] *un livret pour apprendre à roumancer, affin que* [*mes filles*] *peussent aprendre et estudier, et veoir et le bien et le mal qui passé est, pour elles garder de cellui temps qui à venir est* ». Anne-Marie De Gendt, qui a étudié le livre du chevalier, interprète « *apprendre à roumancer* » par « apprendre à lire un ouvrage en langue vulgaire dans le but de s'instruire[12] ». Le *Livre du Chevalier* serait donc un équivalent en français des livres d'école en latin, comme le recueil de maximes attribuées à Caton, les *Disticha Catonis*, dans lequel on apprenait à lire le latin.

Si le chevalier se met en peine afin que ses filles sachent lire, il estime que, pour les femmes, la maîtrise de l'écriture est inutile : « *quant d'escripre, n'y a force que femme en saiche riens*[13] ». Le chevalier rejoint ici le point de vue de la plupart des auteurs didactiques médiévaux. Certains contemporains sont même hostiles à l'enseignement de la lecture aux femmes. Philippe de Novare (1195-après 1265), reflétant l'antiféminisme chrétien se référant à Ève, écrit dans *Des. IIII tenz d'aage d'ome* : « *A fame ne doit on apanre letres ne escrire, se ce n'est especiaument por estre nonnain ; car par lire et escrire de fame sont maint mal avenu [...] et touz jors dit on que au serpent ne puet on donner venin, car trop en i a*[14]. » [On ne doit pas apprendre les lettres et l'écriture aux femmes, sinon seulement pour être moniales ; car bien des maux sont advenus de la connaissance de la lecture et de l'écriture par les femmes [...] et l'on dit toujours qu'on ne peut empoisonner le serpent, car il a déjà trop de venin.]

Le français de cour

La noblesse présentait un visage si divers au Moyen Age que tout regroupement ne serait qu'amalgame si des tendances communes ne structuraient culturellement le groupe, notamment quant à la lecture et à l'écriture. La lecture à haute voix fait partie des divertissements de l'aristocratie, qu'il s'agisse de fiction narrative ou de poésie lyrique. Elle se fait en français et appartient au genre de vie noble. Elle prend place dans de vastes salons, de grandes chambres et, à l'extérieur, dans les espaces ouverts des cours, des jardins, des parcs. La lecture vient alors s'insérer, comme élément complémentaire, dans un ensemble plus complexe et organique, qui comprend les arts de la conversation, de la musique et du corps ; elle s'accompagne souvent d'exercices physiques comme la promenade, le jeu, la danse, l'escrime, ou elle alterne avec eux, puis est suivie de musique. Cette lecture est affaire de femme autant que d'homme. Mais à la fin du Moyen Age, la lecture s'individualise et tend à se distinguer des autres activités : les vastes demeures urbaines (*hostels*) des notables (nobles curiaux, conseillers de princes, parlementaires et riches bourgeois, évêques et chanoines), comme les châteaux de la haute aristocratie provinciale, comptent de plus en plus souvent une pièce, désignée sous l'appellation latine de *studium*, *studiolum* ou française d'*estude*, qui s'impose comme le nouveau cadre d'une lecture plus souvent muette.

Quant à l'écriture, un certain nombre de seigneurs de tout rang, du prince de sang au simple écuyer, du courtisan au provincial vivant du revenu de ses terres, ont fait œuvre d'écrivain ; une partie appréciable des écrivains d'expression française se recrute dans les rangs de la noblesse. Les cours, royale et princières, sont souvent les centres d'une activité poétique partagée. Certaines formes, comme le rondeau et la ballade, y ont été des instruments de communication privilégiés. Jacqueline Cerquiglini a montré qu'à la fin du Moyen Age le rondeau correspond à une pratique sociale ouverte aux amateurs comme aux professionnels [15]. Considéré comme une activité facile et élégante, il fait partie de la vie quotidienne, accompagnant volontiers des lettres ou des présents. *Le livre du voir* [vrai] *dit* de Guillaume de Machaut présente ainsi une correspondance agrémentée de rondeaux et de ballades.

Des concours poétiques entre seigneurs et dames ont souvent pour enjeu la composition d'une ballade, « plus grave et plus cérémonieuse que le rondeau », car ce genre se situe avant la déclaration d'amour, dans les relations très codifiées qui régissent le comportement amoureux. La ballade est l'instrument de correspondance poétique par excellence et les milieux de cour, à la fin du Moyen Age, prisent particulièrement les débats par ballades.

Les relations amoureuses suscitent, dans les milieux sociaux les plus élevés, des conversations poétiques codées, mais aussi des correspondances en prose. Certains textes font office de modèles de correspondance amoureuse. Ainsi, dans l'*Histoire des deux amants* (*Historia de duobus amantibus*) d'Enea Silvio Piccolomini, huit lettres amènent les deux protagonistes à l'amour et au seuil du premier baiser. Cette correspondance, qui a valeur de sonde psychologique, fournit aux lecteurs des modèles de lettres d'amour. Moins de vingt ans après la mort d'Enea Silvio, de nombreux imprimeurs ont présenté l'*Histoire* avec le sous-titre explicite : « Avec de nombreuses lettres d'amour » (*Cum multis epistolis amatoriis*). Nul doute que cet aspect a motivé la traduction française réalisée au seuil du XVIe siècle par Octovien de Saint-Gelais.

Dans les dernières décennies du XVe siècle, les cours rivalisent de luxe et de raffinement. Ce luxe touche les vêtements, l'alimentation, l'architecture, mais aussi le langage. Il s'agit de se distinguer du commun, de ne parler comme nulle part ailleurs. Pour réaliser ce programme, quoi de mieux que d'inventer des mots nouveaux, de nouvelles manières de dire ? La nouveauté est l'un des thèmes récurrents de la production littéraire des Grands Rhétoriqueurs, cette génération de poètes de cour et d'écrivains officiels qui s'est épanouie à la fin du XVe siècle et dans les premières années du XVIe siècle et qui a poussé très loin le travail stylistique sur la langue. Les Rhétoriqueurs – ainsi nommés plus tard – assimilent volontiers la nouveauté à la mode, à tel point que l'adjectif *nouveau* se rapproche de l'acception « à la mode » attestée chez Eustache Deschamps. Dans le *Séjour d'Honneur* d'Octovien de Saint-Gelais, la nouveauté est étroitement associée à l'espace d'une cour, centre de la mode et notamment de la mode lexicale ; les *termes tous nouveaulx* riment avec les *motz curiaux*, « de cour » : « *Divisant* [parlant] *comme une advocate, / Plaine de termes tous nouveaulx, / De langaige et motz curïaux*[16]. »

Outre les *termes nouveaux*, Octovien de Saint-Gelais évoque successivement les *habitz nouveaux*, les *chançons nouvelles*, les *nouveaulx bransles*, la *dance nouvelle*, la *nouvelle musique*, et précise que les *habitz nouveaux* sont *selon la mode et la façon des cours*. Ainsi, la nouveauté et la modernité s'appliquent-elles à tous les aspects extérieurs et sociaux de la vie des courtisans, du costume à la musique et à la danse en passant par l'écriture, la lecture et la conversation.

Le constant emploi de mots nouveaux dans l'entourage royal a amplement concouru à l'affirmation d'un usage de cour. Ainsi Guillaume Coquillart critique âprement les personnes étrangères à la cour ou à l'aristocratie qui se permettent d'en adopter les modes vestimentaires ou lexicales, poussées par un désir d'assimilation, éternelle dénonciation du « snobisme » avant la lettre[17] :

Une simple huissiere [portière] *ou clergesse* [femme lettrée]
Aujourdhuy se presumera
Autant ou plus qu'une duchesse :

Heureux est qui en finera.
Une simple bourgoyse aura
Rubis, dyamans et joyaulx,
Et Dieu scet s'elle parlera
Greivement [gravement] *en termes nouveaulx.*

La néologie de cour est une prérogative, un privilège. La pratiquer sans appartenir à l'institution, c'est risquer le ridicule. *A contrario*, cette mode linguistique, perçue si fortement comme attribut social, est un signe d'appartenance à la cour que les « curiaux » doivent préserver et cultiver sous peine de déroger à leur rang. L'obligation se fait plus impérieuse encore pour un écrivain de cour comme Octovien de Saint-Gelais, surtout lorsqu'il s'adresse explicitement à un public de gens de cour. Les mots nouveaux justifient alors la fonction sociale de l'écrivain. Professionnel du langage, il se doit de reprendre les mots « dans le vent » et de lancer de nouvelles modes, contribuant ainsi à la cohésion de cette petite élite à laquelle il offre des outils de discrimination. Il lui appartient de favoriser la singularité du langage curial et de fuir, comme le dira plus tard Ronsard, la *prochaineté du vulgaire*.

Ainsi s'est constituée dans les cours, et notamment à la cour royale, une norme linguistique excluant dans les compositions littéraires les expressions dialectales, mais aussi les « vilains » mots. Cette haine des mots communs conduisit même, à la charnière du XVe et du XVIe siècle, à une fuite en avant et engendra parfois un langage à peine compréhensible. Conon de Béthune avait déjà fait les frais de cette norme naissante. Au siècle suivant, la première querelle de la littérature française repose largement sur l'emploi par Jean de Meun, le continuateur du *Roman de la Rose* de Guillaume de Lorris, de mots non courtois dans un roman censé l'être.

Jean de Meun rompt à deux reprises brutalement le charme des fictions idylliques de Guillaume de Lorris. Une première fois, le personnage de Raison loue la noblesse et la beauté des mots *coilles* (couilles) et *vit* en raison de l'origine divine qu'elle leur attribue. Lorsqu'il entend ces mots, l'Amant, à qui s'adresse le discours de Raison, ne peut qu'objecter leur vilenie : de tels termes ne conviennent pas à la bouche d'une femme courtoise.

Si ne vos tiegn pas à cortaise
quant ci m'avez coilles nomees,
qui ne sunt pas bien renomees

en bouche à cortaise pucele.
Vos, qui tant estes sage et bele,
ne sai con nomer les osastes,
au mains quant le mot ne glosastes
par quelque cortaise parole,
si con preude fame en parole.
Sovent voi neïs ces norrices,
dom maintes sunt baudes et nices,
quant leur enfanz tienent et baignent,
qu'els les debaillent et baignent,
si les noment els autrement [18].

[Je ne vous trouve pas courtoise d'avoir parlé devant moi de « couilles », un mot qui n'est pas très recommandé dans la bouche d'une courtoise jeune fille. Vous qui êtes si sage et si belle, je ne sais pas comment vous avez osé les nommer, du moins sans avoir glosé le mot par quelque terme courtois, ainsi qu'en parle une femme de bien. Souvent je vois même les nourrices, dont beaucoup sont gaillardes et sottes, lorsqu'elles tiennent et baignent les enfants, qu'elles les déshabillent et les cajolent, les nommer autrement.]

Raison réplique en revendiquant l'innocence du langage et la nécessité d'appeler les choses par leur nom, puisque Dieu a voulu créer ces choses. L'Amant ne se rend pas facilement aux arguments de Raison. A ses yeux, ces mots sont le signe que Raison est une « *fole ribaude* ». Si Dieu a créé les organes de la reproduction, qui sont de belles choses parce qu'elles permettent de perpétuer la nature, « *les moz au mains* [moins] *ne fist il mie, / qu'il sunt tuit* [tout] *plein de vilenie* [19] ». Raison répond alors que les jugements de valeur émis sur les mots ne sont qu'affaire de préjugés, parce que la langue est un ensemble de signes conventionnels utilisés pour désigner telle ou telle réalité. Le signe en lui-même n'a pas à faire l'objet de jugements de nature morale, et s'il en est l'objet, il ne s'agit que de préjugés en rapport avec les réalités qu'il désigne :

Coilles est biaus non et si l'ains,
si sunt par foi coillon et vit,
onc nus plus biaus guieres ne vit [20].

[« Couilles » est un beau nom ; aime-le. Il en est de même par ma foi pour « couillon » et « vit » : jamais personne n'en a vu de plus beaux.]

Plus loin dans le roman, le personnage de la Vieille s'appuie sur l'autorité d'Horace pour désigner crûment l'organe féminin *con*. La Vieille met ainsi en pratique les préceptes de Raison. Mais ces termes échappent à la norme courtoise et sont insupportables aux honnêtes femmes du XIIIe siècle, habituées à désigner ces organes par des métaphores ou des périphrases.

Jean Gerson, chancelier de l'Université de Paris, bien après la mort de Jean de Meun, participa à la *Querelle du Roman de la Rose* et y dénonça le scandale du langage obscène qui traite de la sexualité. C'est dans son *Traictié d'une vision contre le Ronmant de la Rose* (1402) que Gerson stigmatise les partisans de Jean de Meun. Adoptant comme le *Roman de la Rose* le cadre du songe allégorique, le chancelier recense méthodiquement les forfaits de Jean de Meun. Le huitième et dernier concerne justement le langage obscène, qui s'accompagne, selon Gerson, d'une incitation à la débauche sexuelle : « *Il, en sa persone, nomme les parties deshonnestes du corps et les pechiés ors* [dégoûtants] *et villains par paroles saintes et sacrees, ainssy comme* [comme si] *toute tele euvre fut chose divine et sacree et à adourer, mesmement hors mariaige et par fraude et violence ; et n'est pas content* [il ne se contente pas] *des injures dessusdictes s'il les a publiees de bouche* [proférées à l'oral]*, mes les a fait escripre et paindre à son pouoir* [autant qu'il le peut]*, curieusement* [avec soin] *et richement, pour atraire plus* [entraîner davantage] *toute persone à les veoir, ouir* [entendre] *et recepvoir*[21]. » C'est dire le scandale que peuvent déchaîner les infractions à la règle qui associe littérature et langue courtoise.

Dans les dernières années du XVe siècle, Guillaume Tardif, l'un des lecteurs du roi, s'est montré particulièrement attentif à cette norme sociale dans sa traduction, dédiée à Charles VIII, des *Facéties* du florentin Poggio Bracciolini, dit « le Pogge ». Le texte latin original n'hésitait pas à faire l'économie de paraphrases et de circonlocutions pour désigner des réalités sexuelles ou scatologiques. Tardif, au contraire, respecte les tabous sociolinguistiques et se montre soucieux d'adapter son langage à la classe sociale dont il traite. Quand il s'agit d'un seigneur, les expressions dénommant la défécation sont moins vulgaires qu'en latin. Ainsi, lorsque l'auteur latin écrit, à propos de

Jean Galéas Visconti, seigneur de Milan, *ierit cacatum* (« il alla chier »), Tardif traduit par l'expression métonymique *aller au retrait* (aux lieux d'aisance), évitant une allusion trop directe. De manière générale, les propos graveleux des nobles et des prêtres subissent une atténuation courtoise. Le duc de Milan, surpris avec une jolie femme par son confesseur, ne demande pas à ce dernier, comme en latin, ce qu'il ferait s'il se trouvait avec une femme de ce genre dans son lit, mais « *Beau pere, que feroys tu si tu avoyes ceste femme avecques toy, ainsi que elle est avecques moy ?* ». Le sens de la question est identique, mais la relation sexuelle y est moins nettement suggérée. De même, il est inconcevable que des prêtres emploient en chaire des termes trop crus équivalant au latin *futuere* (« foutre »). Ainsi « *scire a vobis cupio quae aut ubinam sint istae mulieres fututae* » (littéralement : je veux que vous m'appreniez où sont et qui sont ces femmes qui se sont fait foutre) est rendu par « *ainsi je demande qui sont celles femmes avecques lesquelles ces hommes se sont jouez*[22] ». À côté de la norme nationale, la norme sociale est donc très fortement ressentie.

Si à la cour on apprend à parler d'amour, à faire sa cour aux belles, à échanger des billets et à converser, les jeunes princes reçoivent également un enseignement relatif à leurs futures fonctions politiques. Brunetto Latini – qui fut le maître de Dante – insiste dans le *Trésor*, une encyclopédie rédigée au XIIIe siècle en français, sur le fait que la maîtrise du langage et de la rhétorique doit distinguer le responsable politique. Ce manuel didactique de l'art de gouverner, en trois parties, « *ensegne à home parler selonc la docrine de retorike* ». Après la science théorique, qui enseigne la nature de toute chose céleste ou terrestre, après la pratique, qui enseigne ce qu'il faut faire ou non, vient la politique, qui est « *la plus haute science et dou plus noble mestier ki soit entre les homes* », éloge indirect de la cité italienne et de ses mœurs. La politique s'exerce en fait et en parole, grâce à la connaissance de la grammaire, de la dialectique et de la rhétorique. Malheureusement, l'on n'a pas beaucoup de renseignements sur la formation rhétorique et la norme politique.

L'expression des strates supérieures de la société, auréolée de prestige, a profondément marqué la langue française. Les domaines d'intérêt de la noblesse et les préoccupations de la vie de cour ont ainsi eu tendance à enrichir le lexique commun, même s'il est difficile d'évaluer la pénétration à l'oral de termes très courants à l'écrit, dans la littérature.

On sait que la figure du chevalier joue un rôle particulier dans cette littérature médiévale. Le chevalier, ses attributs et ses caractéristiques sont très fréquemment mentionnés dans les textes du temps. Dans la *Chanson de Roland*, on relève environ 50 occurrences de *chevalier*, 20 de *vasselage*, 30 de *vassal*, 20 de *proz*, 30 de *vaillant*, 42 de *heaume*, 53 de *espee*, etc. Le cheval, qui fonde la légitimité du chevalier et qui est à la base de son armement, est au centre d'un champ lexical extrêmement vaste, qui exprime l'importance de cet animal dans la culture médiévale. Les termes qui le désignent varient selon leur fonction et leur statut socioéconomique : on citera à titre d'exemple *destrier, corsier, palefroi, roncin, sommier, chaceor, troteor, jument, haquenée*, etc. On ne monte pas indifféremment un « destrier », un « palefroi », une « haquenée », selon que l'on est chevalier ou vilain, que l'on se rende au combat ou à la fête. Les textes distinguent soigneusement les différents équidés : « *N'i perdrat Carles, li reis ki France tient, / Men esciëntre palefreid ne destrer, / Ne mul ne mule que deiet chevalcher ; / Nen perdrat ne runcin ne sumer*[23]. » [Charles qui règne sur la France n'y perdra, à mon avis, ni palefroi ni destrier ni mulet ni mule qu'il doive monter ; il n'y perdra ni monture ni bête de somme.]

La vie de cour développe également un riche vocabulaire. « Beau » se dit *bel*, mais aussi *avenant, cointe, gent* et *gentil* ; *atalenter, (en)haitier, agreer, seoir, abelir, embelir, estre bel, estre buen* ont un sens approchant de celui de notre moderne « plaire » ; « se divertir » peut se dire *(soi) esbanoier, envoisier, deduire, deporter* (cf. le *desport* qui deviendra *sport* en anglais), *delitier, esbatre, solacier*.

Le prestige social permet l'extension dans la langue vulgaire du vocabulaire de certains domaines sémantiques, propres au milieu dominant. Le lexique de la fauconnerie, activité aristocratique s'il en est, en fournit quelques exemples. L'adjectif d'origine germanique *hagard* a d'abord qualifié un oiseau capturé adulte qui restait trop sauvage pour être apprivoisé. Dès la fin du XIVe siècle, le mot s'applique à des personnes au sens de « farouche ». Par opposition à *hagard*, *niais* désigne dès la première moitié du XIIIe siècle le faucon qui sort du « nid », d'abord en emploi adjectival puis comme nom. *Niais* s'applique ensuite à des êtres humains pour dénommer une personne naïve, puis sotte. On pourrait également citer le verbe *leurrer* qui signifie d'abord faire revenir le faucon sur le poing du fauconnier au moyen d'un *leurre*, c'est-à-dire d'un morceau de cuir rouge en forme d'oiseau, garni de plumes. Au XVe siècle, *leurrer* s'emploie au sens figuré d'« attirer ».

Vers l'argot : le jargon des voleurs

A l'autre bout de l'échelle sociale, les voleurs ont également leur langue. Le terme *argot* – qui désignera d'abord un milieu, non un langage – est inconnu au Moyen Age, où *jargon* désigne le langage d'individus socialement marginaux. On croit pouvoir en déceler une imitation écrite dans l'une des scènes de taverne du *Jeu de saint Nicolas* écrit par Jean Bodel au début du XIIIe siècle, où deux personnages mêlent des termes argotiques à des mots de la langue courante :

CLIKES
Santissiés pour le marc dou cois
Et pour sen geugon qui l'aseme !
PINCEDES
Voire, et qui maint bignon li teme,
Quant il trait le bai sans le marc[24] *!*

[Boucle-la, pour le singe du caboulot et pour son larbin qui le grignote ! – Oui, et qui lui pelote maint barricaut, quand il tire le rouge sans galette !]

Plus tard, Eustache Deschamps (mort en 1406 ou 1407) utilise peut-être quelques mots de jargon dans sa ballade contre les mendiants[25]. Dès le XIVe siècle, des textes documentaires emploient des termes relatifs aux prisons qui n'appartiennent pas au français commun. Le jargon s'applique avant tout à la langue des malfaiteurs. Un texte de 1426 relatif à une affaire qui s'est déroulée à Rouen confirme que c'est un langage cryptique employé par les malfaiteurs pour parler impunément de leurs activités. On remarque aussi que certains mots du jargon, comme *dupe*, spécifique au début du XVe siècle, sont passés progressivement dans la langue standard : « *Lequel Nobis dist au supliant* [plaignant] *qu'il allast avecques lui en l'ostel où pend l'enseigne des petis sollers* [souliers]*, et que il avoit trouvé son homme ou la duppe, qui est leur maniere de parler et que ilz nomment jargon, quant ilz trouvent aucun fol* [imbécile] *ou qu'ilz veullent decevoir* [tromper] *par jeu ou jeux et avoir son argent* » (texte de 1426 relatif à Rouen [Arch. Nat., JJ 173, p. 456], cité par Du Cange, *Glossarium mediae et infimae latinitatis*, t. II, sous « *duplicitas* »).

Il faut attendre la seconde moitié du XVe siècle, et plus précisément 1455, pour disposer du premier document linguistique de taille sur le jargon. Il s'agit du dossier du procès qui eut lieu à Dijon contre la bande des Coquillards. Les compagnons de la Coquille sont peut-être des débris de l'armée des Ecorcheurs arrivés à Dijon vers 1453. Organisés en apprentis et maîtres et commandés par un chef appelé Roi de la Coquille, cette société délinquante s'était dotée d'un jargon obscur aux non-initiés, comme nous l'apprennent plusieurs dépositions :

« *Et est vray, comm'il* [Perrenet le Fournier, barbier] *dit, que lesdiz Coquillars ont entr'eulx un langaige exquiz que aultres gens ne scevent entendre* [peuvent comprendre], *s'ilz ne l'ont revelez et aprins : par lequel langaige ilz congnoissent ceulx qui sont de ladicte Coquille, et nomment proprement oudict langaige tous les faiz de leur secte* [groupe] *; et a chacun desditz faiz son nom oudit langaige : lequel a esté revelez à luy qui parle par pluseurs d'eulx qui ne se meffyoient point de luy depuis qu'il s'est faingt estre fin comme eulx*[26]. »

L'information judiciaire nous livre ainsi soixante-dix mots ou expressions argotiques avec leur sens :

Ung crocheteur, c'est celluy qui scet crocheter serrures.
Ung vendengeur, c'est ung coppeur de bourses.
Ung beffleur, c'est ung larron qui attrait [conduit] *les simples* [naïfs] *à jouer.*
Ung envoyeur, c'est ung muldrier [meurtrier].
Un descrocheur, c'est celluy qui ne laisse rien à celluy qu'il desrobe.
Ung planteur, c'est celluy qui baille [donne] *les faulx lingos, les faulses chainnes et les faulses pierres*[27].

Cette liste révèle les trois sources de l'argot : les mots régionaux (*une bourse, c'est une feullouze*), les noms ethniques (*ung breton, c'est ung larron*) et les emplois métaphoriques (*les jambes, ce sont les quilles*). Il ne s'agit en aucun cas de la création d'une langue nouvelle, mais d'un travail sur le lexique, afin de l'éloigner du vocabulaire commun.

La plupart des Coquillards furent exécutés à Dijon ou ailleurs entre 1455 et 1458. François Villon entretenait des relations avec deux d'entre eux, Regnier de Montigny et Colin de Cayeux, et prit part avec ce dernier à l'affaire de Montpipeau et à celle de Rueil qui fit prendre Colin et emprisonner Villon à Meung-sur-Loire. C'est sans doute ce qui explique qu'une partie du jargon de la coquille se retrouve dans les ballades en jargon de Villon. Le poète ne cache d'ailleurs pas ses sources, comme on le voit dans les premiers vers de la deuxième ballade : « *Coquillars, enaruans à Ruel, / Men ys vous chante que gardez / Que n'y laissez corps et pel / Com fist Colin l'Escailler.* » [Coquillards, qui vous rendez à Rueil, vous devriez prendre garde plutôt que de chanter, afin de ne pas y perdre la vie et la peau, comme fit Colin l'Escailler.]

François Villon introduit ainsi le jargon en littérature. A la même époque, la veine argotique affleure également dans quelques grands mystères représentés à la fin du XVe siècle et au début du XVIe siècle, comme dans le *Mystère des Actes des Apostres*, écrit par les frères Gréban vers 1460 et imprimé à Paris en 1537 :

Agrippart
Ravaux broura sur son endosse,
Entendez vous bien, mon gougeon ?
Griffon
Qu'est ce cy ? Vous parlez jargon,
Maistre Agrippart[28] *?*

Désireux de fixer la langue française sans la voir déformer davantage, Geoffroy Tory dénonce en 1529 les *jargonneurs* parmi les « contrefaiseurs » du français et reproche à Villon d'avoir utilisé cette façon de s'exprimer. La mention même des jargonneurs aux côtés des « écorcheurs du latin », prouve que le jargon, marginalisé à l'écrit, devait être assez virulent à l'oral : « *Tout pareillement quant jargonneurs tiennent leurs propos de leur malicieux jargon et meschant langage, me semblent qu'ilz ne se monstrent seullement estre dediez au gibet, mais qu'il seroit bon qu'ilz ne feussent oncques nez. Ja çoit que* [Bien que] *maistre François Villon en son temps y aye esté grandement ingenieux, si toutesfois eust il myeulx faict d'avoir entendu* [s'occuper] *a faire aultre plus bonne chouse*[29]. »

3

QUESTIONS DE STYLES

Quoique délicate à distinguer de la variation sociale, une place doit être réservée à la variation engendrée par la situation de l'énonciation (variation situationnelle ou stylistique). Il est évident que le français oral devait, au Moyen Age comme après, être différent du français écrit. Et à l'intérieur du domaine écrit, pour lequel nous sommes mieux documentés, des différences stylistiques sensibles émergent au sein des mêmes milieux de production : comment expliquer sans la variation stylistique le contraste lexical entre les écrits didactiques et savants de certains clercs, comme Philippe de Thaon (XIIe siècle) où abondent les latinismes (*destruction, humanitet, figure*), et le vocabulaire souvent grossier, sexuel et scatologique du *Roman de Renart*, dont les branches ont sans doute été rédigées en grande partie par des clercs ?

L'oral et l'écrit

Dans toute société à écriture, la langue a deux modes de réalisation : l'écrit et l'oral. Le rapport entre l'écrit et l'oral, très différent aujourd'hui de ce qu'il a été au Moyen Age, a toujours un rôle crucial dans la pratique et la perception du langage. Ce rapport, loin d'être statique, a sensiblement évolué du XIIe siècle au début du XVIe siècle, avec la modification des pratiques de lecture, l'invention de l'imprimerie, et le renforcement de la place de l'écrit dans l'administration et le droit.

La prépondérance du verbe

A propos du Moyen Age occidental, P. Zumthor parle de « semi-oralité [1] », c'est-à-dire d'une situation déjà marquée par l'écrit, mais où l'oral domine encore fortement. Le Moyen Age occuperait une position intermédiaire entre l'oralité des sociétés qui ignorent l'écriture et celle des sociétés où l'écriture est socialement essentielle.

Les rapports entre oral et écrit se déclinent alors en une série de ruptures. Une première rupture touche au caractère sacré de l'écrit, qui permet seul la conservation de la Bible. Le christianisme occidental, religion du livre, est très attaché au latin de la Vulgate, la langue qui véhicule le message divin. La sacralité du message rejaillit ainsi sur le latin, qui s'oppose sur ce point à la langue vernaculaire. Le français fut longtemps considéré comme indigne d'assurer les deux fonctions principales de l'écrit, que le latin avait assumées pour le texte biblique : la transmission et la conservation d'un texte. Ce rôle fut donc dévolu exclusivement au latin, pendant que les textes « vulgaires » durent se contenter d'une transmission orale, avant d'être notés de manière adventice dans des manuscrits latins.

Une deuxième rupture entre oral et écrit est d'ordre économique. Alors que l'oral ne demande aucun support, le parchemin reste en France, au moins jusqu'à la fin du XIVe siècle, le support de loin le plus courant. Si l'on admet que l'on tire en moyenne quatre feuillets, c'est-à-dire huit pages, d'un mouton, il faut penser que la copie du roman de Chrétien de Troyes *Erec et Enide* dans le manuscrit français 794 de la Bibliothèque nationale de France, avec ses 27 feuillets, a monopolisé sept peaux de bêtes ainsi soustraites à l'habillement et à d'autres usages techniques. Le prix élevé du support, et plus élevé encore de la copie professionnelle, constitue un obstacle majeur au passage de l'oral à l'écrit.

La rupture est naturellement aussi d'ordre technique. Les accès à la lecture et à l'écriture, bien plus nettement différenciés au Moyen Age qu'aujourd'hui, sont aussi bien plus réduits. Même si le taux d'alphabétisation tend à croître sensiblement à la fin du Moyen Age, grâce au réseau fluctuant des écoles paroissiales et urbaines, une large majorité de la population reste analphabète.

Enfin, il faut noter une dernière rupture, d'ordre linguistique. Dans les documents administratifs ou judiciaires, lorsque la déposition, le témoignage ou l'engagement passent à l'écrit, ils changent de registre et de style, mais ils peuvent également changer de langue, généralement en passant du français au latin. Le fait qu'un accord soit enregistré dans une langue donnée n'indique pas qu'il ait été conclu dans cette langue. Le même phénomène se produit avec les sermons, qui sont le plus souvent traduits en latin après avoir été prononcés en français.

Pour remédier à ces ruptures, l'oralisation opère une médiation entre l'oral et l'écrit. Durant toute la période, un lien étroit unit, pour reprendre un titre de P. Zumthor, « la lettre et la voix » : l'écrit fixe le message oral et devient par là même la base de l'oralisation. « L'œuvre médiévale, quelle qu'elle soit, est toujours appelée à transiter par la voix, se fonde souvent sur les effets mêmes de la vocalité et n'existe qu'en "performance", tout au moins jusqu'à la fin du XIIIe siècle[2]. » Les premiers vers des chansons de geste, qui s'ouvrent systématiquement sur un appel rituel au calme dans l'auditoire, rappellent les circonstances dans lesquels ces textes étaient représentés : « *Seignours, or fetes pes, franke gent honoree, / Gardés k'il n'i ait noise ne corous ne mellee, / S'orrés bone chanchon de bien enluminee : / N'i sera fable dite ne mensonge provee*[3]. » [Seigneurs, du calme, nobles et glorieux hommes ! Veillez qu'il n'y ait ni querelle, ni irritation ni dispute et vous entendrez une bonne chanson, ornée de bien, où l'on ne dira ni fables ni mensonges délibérés.]

Ces performances orales, que l'on retrouve jusqu'à la fin du Moyen Age, notamment dans les cycles de prédication, ne reposent pas uniquement sur la langue. La codification verbale du message est secondée par la dramaturgie. On sait que certains prédicateurs utilisaient le mime pour faire passer les passages les plus difficiles à comprendre. Un témoin du procès de canonisation de Vincent Ferrier, en 1453-1454, prédicateur catalan mort à Vannes en 1419, déclare que Vincent Ferrier, « autant par la parfaite et intelligible prédication de ces choses que par les nombreux mouvements de son corps et par les autres signes qu'il faisait, imprégnait doucement les esprits des auditeurs [des vérités] de la foi[4] ».

Les progrès du texte

Malgré la domination de l'oral, l'écrit se diffuse progressivement dans la société. Confiné, jusque vers l'an mille, à quelques monastères et cours royales, son usage se répand, d'abord avec une extrême lenteur, dans les classes dirigeantes des jeunes Etats européens.

Cette extension entraîne une tension entre la culture populaire (ou « folklore »), qui est orale, et la culture écrite lors de la période constitutive de la littérature en français. Cette tension atteint son paroxysme à la fin du XIIe et au XIIIe siècle, au moment où les poètes de langue française rejettent des formes d'art trop rustiques, tandis que la poésie latine influence la forme de la poésie française. Un double courant d'échanges entre folklore et culture des clercs se met en place. Devant l'épanouissement poétique en français et l'efflorescence d'une culture populaire refoulée vers l'oral, les clercs entreprennent de canaliser et de récupérer cette expression poétique en la soumettant aux valeurs de l'écriture latine. La mise en écrit de la littérature française au cours des XIIe et XIIIe siècles s'opère donc au prix d'un compromis. Une fois légitimé son accès à l'écrit, la littérature va connaître un développement continu et s'éloigner formellement de ses origines orales. La « chanson » de geste ne sera plus écrite pour être psalmodiée mais pour être lue, le roman en vers, d'abord lu à haute voix, passera à la prose, mieux adaptée à la lecture intime.

Les modifications des pratiques de lecture vont progressivement bouleverser les rapports entre écrit et oral. Le passage d'une culture monastique orale à une lecture scolastique visuelle et muette n'a eu d'abord que des effets limités sur les habitudes de lecture de la société laïque, notamment dans le nord de l'Europe où la lecture et la composition orales en langue vulgaire sont restées de pratique commune au moins jusqu'au XIIIe siècle. Jusqu'au milieu du XIVe siècle, les souverains et les grands seigneurs français lisaient rarement eux-mêmes, mais se faisaient lire des manuscrits composés spécialement à cet effet. Ceux qui savaient lire, comme Saint Louis, lisaient souvent à haute voix ou au sein de petits groupes. Preuve que les pratiques des laïcs étaient conservatrices, les rois et princes continuèrent à se faire lire des textes durant toute la période.

Outre les textes liturgiques, les grands se faisaient lire des chroniques, des chansons de geste, des romans. La plupart de ces œuvres furent dans un premier temps écrites en vers et destinées à être lues à voix haute. Néanmoins, les illustrations, plus répandues dans les textes vernaculaires destinés au public laïc que dans les ouvrages savants en latin, laissent penser que ces ouvrages en langue vulgaire étaient également destinés à une lecture visuelle solitaire.

La lecture, il est vrai, reste longtemps difficile : les systèmes abréviatifs varient, certains copistes sont peu lisibles, la langue employée diffère parfois sensiblement du parler quotidien, d'importantes différences formelles distinguent les différents types de texte, par exemple un roman et une charte. Ces obstacles s'estompent progressivement, mais ils expliquent que, jusqu'au XIIIe siècle, on peut être instruit et goûter la littérature vernaculaire sans pourtant savoir lire. Baudouin II de Guines, l'un des grands seigneurs les plus instruits et les plus curieux de la fin du XIIe siècle, ne savait pas lire et entretenait à sa cour des clercs commis à cet office.

Le fait que le roi et des princes comme Jean de Berry, Philippe le Hardi et René d'Anjou aient pratiqué la lecture silencieuse a eu des incidences spectaculaires sur le nombre et le genre des livres publiés à l'intention de la cour et des grands. La lecture silencieuse, plus rapide, requiert en effet davantage de livres et se prête mieux à la prose. Alors qu'auparavant les vers avaient eu la préférence, les nouveaux textes en français sont plutôt composés en prose, ce qui eut d'importantes conséquences sur la syntaxe et le rythme de la phrase française. Le passage de la lecture oralisée à la lecture silencieuse a été qualifiée de « révolution du lire », pour souligner que son importance n'a pas été moindre que celle de la « révolution du livre » (l'invention du livre imprimé) un siècle plus tard.

La lecture silencieuse se traduit par la substitution d'une lecture extensive à une lecture intensive. On lit donc plus et plus vite, ce qui provoque une demande importante de textes nouveaux et une multiplication de l'écrit. De riches princes rassemblent de somptueuses collections de manuscrits largement constituées d'œuvres en langue vulgaire. La librairie de Charles V avec 1 300 volumes en 1380 et celle de Philippe le Bon, duc de Bourgogne, avec ses quelque 880 livres sont les plus riches de la fin du Moyen Age. Le rapport du prince à l'écrit est désormais titre de gloire : « *Et nonobstant que ce soit le prince* [Philippe le Bon] *sur tous autres granz de la plus riche et noble librairie* [bibliothèque] *du monde, si est il moult enclin et desirant de chascun jour l'accroistre, comme il fait, pourquoy il a journellement et en diverses contrees grans clercs, orateurs, translateurs et escripvains à ses propres gaiges occupez à ce*[5]. » Mais la bibliothèque n'est pas simplement un objet de prestige, elle peut également être un instrument politique, comme la bibliothèque du roi, initiée par

Jean le Bon et poursuivie par son fils Charles V. Cette collection, constituée notamment de traductions d'ouvrages savants latins, devait servir à rendre plus accessibles aux gens du roi les connaissances indispensables au bon gouvernement du royaume.

A la fin du Moyen Age, les Etats développent largement leur administration. Inspirée par la papauté qui s'installe en Avignon en 1309, la monarchie française et les principautés qui l'imitent se bureaucratisent. Le nombre des officiers royaux subit une augmentation sans précédent. De quelques centaines sous saint Louis, ils sont passés à 12 000 vers 1505, dont quatre à cinq mille servent dans les grands corps de l'Etat fixés à Paris : le Parlement, la Chambre des comptes, la chancellerie, et de création plus récente, la cour du trésor et la cour des aides. Cette bureaucratisation connaît son rythme d'expansion le plus rapide de 1250 à 1350.

A l'issue de ce mouvement, l'exercice quotidien de l'Etat ne peut plus se passer de la multiplication des écritures. « La maîtrise de la communication écrite est [...] devenue une clé essentielle du pouvoir du prince et l'augmentation de sa correspondance marque l'extension de ses prérogatives [...]. Gouverner c'est de plus en plus écrire[6]. » Cette bureaucratisation induit l'augmentation du niveau culturel des officiers chargés d'exécuter les ordres du roi, même des plus modestes : une ordonnance de 1499 exige des sergents royaux qu'ils sachent lire et écrire.

L'accès à la littérature écrite en français, la modification des pratiques de lecture, la bureaucratisation de l'Etat, à quoi il faut ajouter l'augmentation du taux d'alphabétisation, contribuent à donner à l'écrit vernaculaire une place croissante. Deux innovations techniques déterminantes accélèrent encore le processus.

La première est la substitution progressive du papier au parchemin. Jusqu'à la fin du XIVe siècle, le parchemin fut le matériau le plus couramment utilisé dans la confection des livres en Occident. Le plus ancien manuscrit en papier daterait de 1282. A partir de cette fin du XIIIe siècle, la fabrication du papier connaît une expansion croissante. Le papier apparaît à Paris au début du XIVe siècle ; des moulins à papier sont construits à partir de 1340 en Champagne, en région parisienne, en Provence, en Lorraine et en Auvergne. L'usage de ce support se généralise dans le royaume à partir de 1400, alors que son prix baisse grâce à l'industrialisation de sa production : le papier est quatre fois moins cher que le parchemin au XIVe siècle et treize fois moins dans la seconde moitié du XVe siècle.

Le parchemin, matière coûteuse, se voit progressivement détrôné.

Au XIVe siècle, 5 % des manuscrits sont en papier, au XVe siècle on est passé à 45 %. C'est dire que le parchemin est loin de disparaître totalement de la confection des manuscrits. La peau traitée reste employée dans la fabrication d'ouvrages souvent plus luxueux, de copies destinées à de grands seigneurs, de livres auxquels les artisans veulent garantir quelque longévité. En France, de nombreux lettrés (comme Jean Gerson, Jean de Montreuil, Nicolas de Clamanges, Guillaume Fichet ou Robert Gaguin) manifestent une certaine résistance à l'emploi du papier, jugé incapable de résister à l'usure du temps et donc de conserver leurs œuvres. Par ailleurs, le prix relativement bas du support papier n'avait pas éliminé le coût de la copie, qui était le principal poste de dépense dans la fabrication d'un manuscrit, illustration mise à part. Il fallut attendre l'invention de l'imprimerie pour que le changement de support combiné à la typographie pût donner un accès beaucoup plus large au livre.

L'invention de la typographie par Johann Genfleich zum Gutemberg, qui mit sous la presse en 1455 le premier livre imprimé connu, modifia profondément l'accès à l'écrit. Les prix de fabrication et de vente, moins élevés, permirent une plus large diffusion du texte écrit et bouleversèrent assez rapidement les moyens traditionnels d'instruction populaire jusqu'alors restés presque exclusivement oraux. D'autre part, la place croissante du livre en français accéléra le processus d'acculturation entre la culture orale et la culture écrite, entre la culture savante et la culture populaire. L'histoire de l'imprimerie est indissociable de celle de la diffusion de l'écrit, parce que le caractère typographique réduit plusieurs inconvénients majeurs du manuscrit : la cherté, la lisibilité aléatoire, la copie en peu d'exemplaires.

La première presse du royaume s'installe à Paris en 1470. Avant la fin du siècle, une quarantaine de villes françaises ont reçu des imprimeurs, mais il n'y eut vraiment que trois grands centres typographiques : Paris (à partir de 1470), Lyon (à partir de 1473) et Rouen (à partir de 1485). Même si les premiers tirages peuvent sembler modestes, puisque beaucoup d'éditions antérieures à 1480 se contentaient de 100 ou 150 exemplaires, le saut quantitatif par rapport au manuscrit est considérable, surtout qu'une moyenne de 400 à 500 exemplaires est atteinte à la fin du XVe siècle et que ce chiffre augmente encore au cours du XVIe siècle.

Certains imprimeurs ont compris que, pour augmenter leurs débouchés, ils auraient grand intérêt à élargir leur clientèle à l'intérieur des catégories sociales familiarisées avec la lecture depuis peu de temps. Plus que les grands seigneurs, plus que les chanoines opulents d'un chapitre cathédral, plus que les ambitieux titulaires d'offices de finance et de judicature, plus enfin que les quelques riches « phiziciens » (médecins), toutes personnes habituées à acheter des livres manuscrits pour leur bibliothèque d'étude ou de divertissement, ce sont les couches plus nombreuses, aux moyens plus modestes qu'il convient d'attirer sur le marché du livre imprimé : les petits nobles campagnards, les prédicateurs des couvents dominicains, franciscains ou augustins, les petits notaires et avocats, les chirurgiens, auxquels s'ajoutent bientôt les nouveaux venus à la lecture que sont les riches marchands et négociants pour qui l'achat de livres constitue un des moyens (et une des conséquences) de leur élévation sociale.

Barthélemy Buyer, qui introduisit l'imprimerie à Lyon dans les années 1470, semble plus obéir à un esprit d'entreprise développé qu'à la nécessité de satisfaire un réel besoin culturel émanant d'une élite intellectuelle. Conscient qu'il fallait s'adresser à un nouveau public et par conséquent choisir des textes qui lui seraient appropriés, il s'entoura de compétences locales dont l'intérêt intellectuel pour le procédé rejoignait son propre profit commercial. Un certain nombre de clercs des couvents lyonnais ont ainsi apporté leur concours à Buyer. La caractéristique des textes qu'il publie est de proposer à l'édification des fidèles des modèles, réels ou fictifs, des « exempla », entrelardés de directives et de commentaires moraux présentés de manière accessible et même attractive (la gravure sur bois est introduite quasi-systématiquement dans ces éditions à partir de 1478) et dans une langue compréhensible aux non-doctes. A Lyon, la moitié des livres publiés est en français entre 1473 et 1485. Le pourcentage s'établit à 40 % à la fin du siècle contre une moyenne nationale à seulement 30 %.

Le secret de la réussite de l'imprimeur lyonnais Buyer fut l'adaptation du fond et surtout de la forme d'ouvrages latins préexistants aux modes de pensée et de culture d'une frange de population urbaine laïque et non universitaire accédant au livre par l'intermédiaire de l'imprimé. Si l'imprimé, beaucoup moins onéreux que le manuscrit, facilite déjà cette démarche, l'usage de la langue française n'est pas le moindre facteur d'incitation à acheter cette nouvelle sorte de livre pour des lecteurs moins familiarisés avec le latin que les lettrés traditionnels.

Cependant, ces livres en français ne sont des livres populaires ni par leur contenu ni par leur public. Même si leur prix de vente est relativement peu élevé, ils demeurent un luxe. Qu'ils soient destinés à l'origine à une clientèle non familiarisée avec le livre manuscrit, donc avec la culture savante que celui-ci véhicule, c'est fort probable. Mais cela ne veut pas dire qu'ils ne soient pas lus ni appréciés par les liseurs traditionnels, ecclésiastiques, hommes de loi, dont les bibliothèques recèlent souvent des romans. La grande différence, c'est que ces derniers ne lisent pas que cela.

La diversification des textes, corrélatives de l'extension du public et de ses goûts, a amené les imprimeurs-libraires à puiser dans le stock des œuvres composées, remaniées ou traduites en français au XIVe et au XVe siècle dans l'entourage du roi et des cours princières, dont ils pouvaient trouver des copies manuscrites dans les bibliothèques des grands serviteurs de l'Eglise et du roi, retirés dans leurs propriétés des alentours de Lyon ou de Genève. Les modèles courtois du chevalier et de la gente dame se diffusent alors largement dans des strates sociales qu'elles n'avaient fait qu'effleurer. Cet ensemble de textes en français, mis à la disposition du public dans les années 1475-1485 par les éditeurs-imprimeurs lyonnais, genevois, viennois ou chambériens, sera repris à Paris dix à quinze ans plus tard par de véritables firmes d'édition (Vérard, Trepperel). Ce corpus peut paraître hétérogène, voire contradictoire avec le corpus manuscrit de départ. Il n'en est rien. Ces ouvrages se ressemblent dans leur forme autant que dans leur contenu.

L'ÉCRIT PREND LA PAROLE...

Plusieurs traits caractérisent le code oral de la communication humaine. On peut citer la répétition, la rupture de construction, l'inachèvement ou le retour en arrière. Malheureusement, nous ne possédons pas d'enregistrement pour le Moyen Age, qui ne nous a laissé que des textes soumis aux lois de l'encodage écrit. Le registre de discours ne change rien au choix du code oral ou écrit. Les dialogues d'une farce médiévale, comme ceux d'une pièce de boulevard aujourd'hui, appartiennent à la langue écrite, qui imite plus ou moins bien certaines particularités de l'oralité informelle. Les assimilations entre langue parlée et langue familière d'une part, entre langue écrite et langue soignée d'autre part sont inadéquates, même si la langue orale soignée tend à calquer certaines structures de la langue écrite soignée.

A côté des deux types de réalisation linguistique de base que sont le langage parlé, directement et spontanément encodé par le locuteur, et le langage écrit, il faut faire une place à deux types dérivés ou secondaires : le langage transcrit, qui imite dans le code écrit le langage parlé, et le langage oralisé, qui peut, par exemple, prendre la forme d'une lecture à haute voix d'un texte écrit.

L'une des deux réalisations de base, l'oral spontané, nous échappe à jamais, puisque nous ne disposons d'aucune attestation authentique, mais il est possible de redécouvrir les traits essentiels du code oral à travers les traces de l'oralité subsistant dans quelques spécimens de langage transcrit conservé.

Les *Manières de langage*, plusieurs fois évoquées ici, distinguent nettement l'enseignement de l'écrit et celui de l'oral. Dans la *Manière de 1396*, l'oralité transparaît notamment dans la densité des marqueurs de structuration, qui permettent d'articuler la négociation du tour de parole. Alors que la langue utilisée pour la rédaction des lettres, même pour celles qui s'adressent à des amis, est extrêmement ritualisée, les formules qui apparaissent dans l'enseignement de l'oral sont beaucoup moins élaborées, même si les rapports sociaux entre les interlocuteurs restent parfaitement articulés. Sous la plume des pédagogues, l'expression de la politesse formelle dans l'oralité transcrite se distingue foncièrement de la politesse formelle dans l'encodage écrit.

D'autres textes peuvent nous aider à nous faire une idée du langage oral à travers le filtre sévère de l'écrit. On pense au théâtre où la vraisemblance mimétique s'impose partiellement pour le langage des personnages. C'est du moins ce que préconise *L'instructif de la seconde rhétorique* (édition 1501) : « *Item l'on doit donner langaige / A chacun selon la personne*[7]. » Nous avons déjà cité des farces où percent les « paysannismes » ou le *Jeu de saint Nicolas* qui fait place au jargon. Il semble que la transcription fidèle de la performance orale pose divers problèmes, car l'écrit fait davantage l'objet de contrôle et de censure. Le prologue du *Mystère de la Résurrection* (1456) fait état de ces difficultés : « *S'ensuit le mistere de la Resurrection de Nostre Seigneur Jhesucrist et de son Ascencion et de la Penthecoste, qui fut fait et joué premiere foiz à Angiers les trois derrains jours de may, l'an que on disoit mil CCCC cinquante et six. Regectees et en ce non comprinses aucunes addicions particulieres que aucuns des joueurs d'iceluy mistere y cuiderent* [pensèrent] *adjouster à leurs plaisances, pour ce qu'elles estoient impertinentes à la matiere et furent blasmees des maistres en theologie qui ce present livre visiterent* [contrôlèrent] *et aprouverent*[8]. »

D'autres textes se veulent les pastiches de la langue entendue par tous sur la place publique. Quelques textes contrefaisant le boniment d'un médecin (la *Goute en l'aîne*) ou d'un mercier peuvent nous donner des indications sur les discours des commerçants désireux de vendre leur marchandise ou leurs services. Le plus célèbre de ces boniments est celui d'un marchand ambulant d'herbes médicinales ou « herbier », parodié par Rutebeuf :

Osteiz vos chaperons, tendeiz les oreilles, regardeiz mes herbes, que ma dame envoie en cest païs. Et por ce q'ele wet que li povres i puist ausi bien avenir coume li riches, ele me dist que j'en feïsse danrree : car teiz a .I. denier en sa borce qui n'a pas .V. sols. Et me dist et me conmanda que je preïsse un denier de la monoie qui corroit el païs et en la contree ou je vanroie [...] Et je di que c'il estoit si povres, ou hom ou fame, qu'il n'eüst que doner, venist avant : je li presteroie l'une de mes mains por Dieu et l'autre por sa Meire, ne mais que d'ui en un an feïst chanter une messe de Saint Esperit, je di noumeement por l'arme de ma dame qui cest mestier m'aprist, que je ne fasse ja trois pez que li quars ne soit por l'arme de son pere et de sa mere en remission de leur pechiez[9].

[Ôtez vos capuchons, tendez l'oreille, regardez mes herbes, que ma maîtresse envoie dans ce pays. Et comme elle veut que les pauvres y aient accès autant que les riches, elle m'a dit d'en faire des lots à un denier : car tel a un denier dans sa bourse qui n'a pas cinq sous. Et elle m'a dit et ordonné de prendre un denier de la monnaie qui aurait cours dans le pays et dans la contrée où je passerais [...] Et je le dis, s'il y avait ici quelqu'un, homme ou femme, de si pauvre qu'il n'ait rien à donner, qu'il approche : je lui prêterais l'une de mes mains pour l'amour de Dieu et l'autre pour l'amour de sa Mère, à condition que dans l'année qui vient il fasse chanter une messe du Saint-Esprit, expressément, je le précise, pour ma maîtresse, qui m'a enseigné ce métier, car je ne fais pas trois pets sans que le quatrième soit pour l'âme de son père et de sa mère en rémission de leurs péchés (trad. M. Zink).]

Enfin, quelques prédicateurs ménagent dans la transcription de leurs sermons une complicité linguistique avec leur auditoire. Cette complicité est obtenue par un style vif et familier, qui est peut-être influencé par le langage oral spontané. L'exemple suivant en est un bon témoignage :

« *Veés b[ele] d[ouce] g[ent], traiés vous cha plus pres de moi [...] et si me prestés vos ex por veoir et vos oreilles pour escouter et vos cuers por bien retenir. Car saciés en verité : parole mal entendue, mal est tendue. Et par ceste raison le vos proverai. Sachiés que ge ai esté en maint liu et mult ai oï aucune fois quant cil home et ces fames repai-*

roient d'aucun preudome qui avoit son cors derompu et sa teste à aus ensaignier la voie de verité, et saciés par une oreille lor entroit et par l'autre lor issoit. Et dont dient li uns à l'autre : « Dex, Dame S[ainte] M[arie], con cist preudon a bien sarmoné ! – Et c'a il dit ? », fait li uns à l'autre. – En non Dieu, ge ne sai ! » Or poés tus savoir comme il i a presté le cuer por retenir et les ex por resgarder et oreilles por oïr[10]*. »*

[Venez, très chers, approchez-vous davantage de moi ; prêtez-moi vos yeux pour voir, vos oreilles pour écouter et vos cœurs pour bien retenir. En vérité, sachez-le : une parole mal comprise et le mal est pris. Et je vous le prouverai par ce discours. J'ai fréquenté bien des lieux et ai parfois entendu, quand des hommes et des femmes rentraient chez eux, quittant un homme de bien qui s'était foulé corps et âme pour leur enseigner le chemin de vérité ; et, sachez-le, ça entrait par une oreille et ça sortait par l'autre. Et l'un disait à l'autre : « Jésus Marie, comme cet homme a fait un bon sermon ! – Et qu'a-t-il dit ? demande l'autre. – Par Dieu, je l'ignore ! » Vous pouvez voir la façon dont il avait prêté son cœur pour retenir, ses yeux pour regarder et ses oreilles pour entendre.]

Une langue, des styles

Ces quelques exemples montrent la difficulté de faire la part du code oral dans le langage écrit transcrit, car la tentation est grande à tout moment de confondre la variation stylistique avec le véritable changement de code (oral et écrit).

La variation stylistique (dite « diaphasique » par les linguistes) n'est, du fait des sources conservées, perceptible que dans les documents écrits, et c'est d'abord là qu'il faut l'y chercher. Le style résulte de la combinaison du choix que tout discours doit opérer parmi un certain nombre de disponibilités contenues dans la langue et des variations qu'il introduit par rapport à ces disponibilités. L'auteur opère un choix parmi des variantes linguistiques, selon le code (oral ou écrit) utilisé, selon ses interlocuteurs et selon son propre statut socioculturel. Le style adopté est le résultat de ce choix. On comprend bien qu'au gré des circonstances le style d'un auteur change considérablement.

L'œuvre extrêmement vaste de Jean Gerson offre un bon exemple de ce phénomène, car le chancelier de l'université de Paris, très fin pédagogue, adapte toujours son mode d'expression au sujet et au public visés. Lorsqu'il harangue les maîtres et les étudiants du collège de Navarre, il utilise un latin humaniste, farci de citations de Cicéron et de Sénèque, et imite Boèce et Horace. Le latin scolastique lui sert dans ses traités théologiques ou dans ses interventions en concile. S'il s'adresse à des prélats, ce ne sera pas sans élégance ; si son discours est destiné au bas clergé, son unique souci est de se faire comprendre. A l'attention de laïcs, Gerson utilise aussi le français ; un français orné quand il prononce discours et sermons devant le roi ou la cour, ou bien un français très dépouillé, émaillé de proverbes et de « gros exemples », quand il s'agit de prêcher au peuple ou de rédiger un livre de dévotion ou un opuscule catéchétique à l'intention des « simples gens ».

Chartes, devis, inventaires : la clarté privilégiée

A l'écrit comme à l'oral, la variation stylistique dépend largement du genre du discours. Selon sa genèse, l'attente qu'il suscite, la fonction qu'il assume, les conditions de sa lecture ou de son utilisation, chaque genre a une histoire propre.

Une première fracture divise les textes de la « pratique » et les textes littéraires. Les chartes, qui sont des actes juridiques, sont soumises de ce fait à de nombreuses contraintes ; leur contenu doit être clair afin d'éviter toute contestation possible. Leur efficacité repose sur l'uniformité des formules employées, qui en facilitent l'interprétation et qui concentrent l'attention sur le « dispositif », c'est-à-dire l'action juridique elle-même. Les chartes présentent tout au long du Moyen Age, mis à part des pièces exceptionnelles comportant un préambule rhétorique, une syntaxe simple. La subordination est souvent limitée à un niveau et les propositions subordonnées sont dans une large mesure complétives, hypothétiques et finales. Ces textes sont volontiers redondants. Alors que l'ancien français fait souvent l'économie du pronom personnel sujet, le sujet apparaît toujours dans ces textes qui ont d'ailleurs tendance à préférer l'emploi du nom propre à celui du pronom. Très tôt les pronoms relatifs doubles (*lequel, auquel*) sont employés dans les chartes, car ils indiquent le genre et le nombre, contrairement aux pronoms relatifs simples (*qui, que, quoi*) et permettent donc d'identifier sans ambiguïté le référent.

A côté des textes juridiques, on trouve des textes comptables, des devis, des inventaires. Ces documents se caractérisent souvent par des énumérations et par un vocabulaire technique. Cet extrait d'un devis de réparation rédigé à Coutances en 1440 énumère les pièces qu'il convient de réparer sur un moulin. Les termes techniques qui désignent les différents éléments du moulin n'apparaissent guère dans les textes littéraires du temps ; ils sont ici fortement marqués par une graphie normande.

Ledit carpentier raporte qu'il fault reparer tout de neuf le no [bief ou auge], *la roe, l'arbre, le rouet* [engrenage servant de liaison entre l'arbre et le pignon], *lez tourtes* [disques du pignon], *le paallier* [pièce qui supporte l'axe du pignon], *lez quevecheux* [partie de la charpente du moulin (?)], *l'arqueure* [coffre de bois entourant les meules du moulin] *et la tremue* [trémie] *dudit moulin ; et que pour ce et aultres choses faire dudit mestier de carpenterie, ce vault loiaument à son adviz et le tauxe* [estime] *à xxv livres tournois ; c'est pour la moytié de mondit seigneur l'esvesque 12 livres 10 sous* [11].

Ce type de textes obéit en effet longtemps à une norme locale, puisqu'ils sont rédigés en collaboration avec des artisans et doivent être compris par ceux qui sont chargés d'effectuer les travaux. Ce sont de précieux témoignages pour notre connaissance des lexiques techniques. En effet, le Moyen Age connaît une division des connaissances en deux catégories distinctes. A côté des « arts libéraux » qui représentent les disciplines de l'esprit, elles-mêmes divisées en deux groupes (les sciences de la langue et les sciences des nombres), on distingue les « arts mécaniques » qui touchent à la matière. Si les arts libéraux ont eu un large accès à l'écrit, les arts mécaniques y sont bien moins représentés. Les arts non libéraux les mieux représentés à l'écrit sont ceux qui ont accédé à une expression littéraire, comme la médecine, la chasse, l'art de la guerre et le droit. Ces usages techniques, à l'instar des arts libéraux, sont largement hérités ou calqués du latin. Leur intégration en français est passée par la diffusion de traductions, de compilations et d'adaptations.

De l'esthétique du vers à la vérité de la prose

Les textes littéraires sont marqués par une élaboration stylistique visant à un effet esthétique. Dès le XIIe siècle, des écrivains, comme Benoît de Sainte-Maure, revendiquent le travail sur les mots et sur la langue comme une part essentielle de leur activité :

> *Mais Beneeiz de Sainte More*
> *L'a contrové e fait e dit*
> *E o sa main les moz escrit,*
> *Ensi taillez, ensi curez,*
> *Ensi asis, ensi posez,*
> *Que plus ne meins n'i a mestier*[12].

[Mais Benoît de Sainte-Maure l'a imaginé, fait et composé, et a écrit de sa main les mots, si bien limés, soignés, placés et agencés, qu'il n'en faut ni plus ni moins.]

Comme le souligne Huon de Méry, le français littéraire doit nécessairement se distinguer du français commun par sa finesse, sa subtilité et son sens des nuances :

> *Mes au troveour bien avient,*
> *S'il set aventure novele,*
> *Qu'il face tant, que la novele*
> *De l'aventure par tout aille,*
> *et que son gros françois detaille*
> *Pour fere œuvre plus deliee*[13].

[Mais si jamais le poète a connaissance d'une aventure nouvelle, il lui convient de s'employer à ce que le récit s'en répande en tous lieux, et de dégrossir la rudesse de son français pour faire une œuvre plus délicate.]

Le « bel françois » se trouve même rapidement des maîtres, qui semblent avoir atteint la perfection du style. A tel point qu'Huon se demande s'il y a encore des trouvailles à faire après Raoul de Houdenc et Chrétien de Troyes. Les possibilités stylistiques du français sont présentées comme finies et non renouvelables. Huon énonce un impératif d'originalité et de non-reproductibilité de la trouvaille stylistique :

> *[...] Hugon de Meri,*
> *Qui à grant peine a fet cest livre,*
> *Car n'osoit pas prendre à delivre*
> *Le bel françois à son talent,*
> *Car cil qui troverent avant*
> *En ont coilli tote l'eslite,*

Pour c'est ceste oevre meins eslite
Et plus fu fort à achever.
Molt mis grant peine à eschiver
Les diz Raol et Crestien,
C'onques bouche de crestien
Ne dist si bien com il disoient.
Mes quant qu'il dirent il prenoient
Le bel françois trestot à plein
Si com il lor venoit à mein,
Si c'aprés eus n'ont rien guerpi[14].

[... Huon de Méry, qui a mis toute sa peine à écrire ce livre parce qu'il n'osait pas cueillir comme il le désirait, librement, le beau français. Ceux qui ont écrit avant lui en ont en effet cueilli le meilleur. Voilà pourquoi cette œuvre est de moindre valeur, et elle a été plus pénible à mener à bien. J'ai pris beaucoup de peine pour esquiver les récits de Raoul et de Chrétien, car jamais aucun chrétien n'a parlé aussi bien qu'eux. Mais lorsqu'ils écrivaient, ils empoignaient le français à pleines mains, tel qu'il s'offrait à eux, de sorte qu'ils n'ont rien laissé.]

La langue des chansons de geste, l'un des plus anciens genres de la littérature en français, est formulaire et assez stéréotypée. Ces œuvres fonctionnent en partie comme un emboîtement de thèmes, de motifs et de formules. Le vocabulaire est récurrent et assez limité. Les mêmes éléments de l'armement servent à décrire les motifs des combats singuliers et des combats collectifs. La syntaxe n'est guère variée, parce qu'elle est soumise au rythme du vers, souvent un décasyllabe dit épique, qui présente une césure après la quatrième syllabe. Du fait de cette césure, le vers se compose parfois de deux courtes propositions juxtaposées. Dans les plus anciennes chansons de geste, les propositions excèdent rarement les dimensions du vers. La parataxe (juxtaposition) l'emporte de loin sur l'hypotaxe (subordination), comme dans cet extrait de la *Chanson de Roland* :

Rollant est proz e Oliver est sage,
Ambedui unt merveillus vasselage :
Puis quë il sunt as chevals e as armes,
Ja pur murir n'eschiverunt bataille.
Bon sunt li cunte et lur paroles haltes.
Felun paien par grant irur chevalchent[15].

[Roland est vaillant et Olivier est sage :
tous deux sont de merveilleux vassaux.
Une fois sur leurs chevaux et en armes,
jamais, dussent-ils mourir, ils n'esquiveront la bataille.
Les comtes sont braves et leurs paroles fières.
Les païens, félons, furieusement chevauchent.]

Dans les premiers romans, écrits en vers, la subordination reste rare. Contrairement au latin, qui exploite les possibilités de l'apposition et de la subordination, le « roman » français se contente d'un alignement horizontal d'éléments circonstanciels divergents et irréductibles. Du coup, les rapports logiques entre les éléments constitutifs de la phrase ne sont pas toujours très nets. La subordination, qui va rarement au-delà d'un premier degré, est limitée à des types fixes exprimant la conséquence ou la comparaison. La conjonction *que* tend à servir de subordonnant universel. Des « connecteurs » (adverbes ou démonstratifs) se voient confier la scansion logique de la période. Les segments du texte sont indiqués par la répétition de syntagmes et les unités narratives par des formules de transition. Des apostrophes aux lecteurs viennent souligner les points cardinaux de la narration.

Les premiers romans français, comme le *Roman de Thèbes*, héritent de figures de style fréquemment employées dans la poésie latine médiévale comme l'anaphore ou la régression. Ces tics de l'écriture romanesque ne pouvaient être sentis que par un public lettré, familier de la chose littéraire et de la recherche stylistique.

A côté du décasyllabe épique, l'écriture romanesque adopte le vers octosyllabique ou plutôt le couplet d'octosyllabes à rimes plates. Cette forme existe avant les premiers romans, puisque c'est le vers des ouvrages hagiographiques, didactiques ou historiques qui sont en même temps des ouvrages de vulgarisation à l'usage et pour l'édification des laïcs. Ce système prosodique est très contraignant, car les deux vers unis par la rime plate forment un couplet lié autant par la rime que par le sens. Toute phrase ou toute proposition doit s'achever à la fin du couplet. Jusqu'à la fin du XIIe siècle, la brisure du couplet, c'est-à-dire l'enjambement de la rime, est exceptionnelle. On comprend dans ces conditions l'étroitesse du corset imposé à la syntaxe et les limites de la subordination.

En dépit de ces contraintes, le vers se maintient, parce qu'il facilite la mémorisation des pièces et rythme l'oralisation, qui est la règle de pièces écrites pour être récitées, psalmodiées, chantées. C'est ainsi que l'auteur anonyme du *Poème de dame Guile* justifie son emploi au XIIIe siècle :

*L'en met ce qu'on voit avenir
En rime por resouvenir,
Et si plest miex à escouter
Ce qu'on ot par rime conter
Que ne fet chose desrimee*[16].

[On met en vers ce qu'on voit se produire pour s'en souvenir, et il est plus agréable d'écouter ce qu'on entend raconter en vers qu'autrement.]

Dès la fin du XIIe siècle pourtant, le vers attire des soupçons. L'auteur de *La mort Aimeri de Narbonne*, vers 1180, est le premier à exprimer ses doutes : « *Nus hom ne puet chançon de jeste dire | que il ne mente là où li vers define, | as mos drecier et à tailler la rime*[17]. » [Personne ne peut réciter une chanson de geste sans mentir là où le vers prend fin ; quand il ajuste les mots et prépare la rime.] La versification contraint l'auteur à ajouter ou à supprimer des mots pour tomber sur un compte juste de syllabes, elle l'oblige à préférer au « mot juste » le mot qui peut satisfaire aux contraintes de rythme et de sonorité, c'est-à-dire la voix au sens.

La remise en cause du vers part d'une réflexion sur la vérité en littérature : la prose, disait Isidore de Séville, est un discours en ligne droite (*pro(r)sum* en latin, c'est-à-dire « directement », « tout droit ») qui échappe aux détours imposés par la versification. Elle offre de l'idée le reflet le plus direct et le plus fidèle, et se prête à l'expression des vérités les plus hautes.

Au début du XIIIe siècle, la prose est encore étrangère à toute tradition littéraire en langue courante quand, en 1202, Nicolas de Senlis traduit en prose l'*Histoire de Charlemagne*, dite *Chronique* du Pseudo-Turpin. Le traducteur justifie d'emblée son audace : « *Nus contes rimés n'est verais ; tot ert mençongie ço qu'il en dient ; car il n'en sievent riens fors quant par oïr dire*[18]. » [Aucune histoire en vers n'est vraie ; tout ce qu'elles disent est mensonge ; car elles ne reposent que sur des ouï-dire.] La prose devient un outil grâce auquel le savant peut espérer, sans trahir le savoir-vrai, toucher un vaste public.

Pendant un temps, la forme prose apparaît, par rapport au vers, comme une forme « marquée », marginale, d'abord réservée aux domaines les plus proches du latin, la traduction des textes sacrés puis l'écriture de l'histoire. La prose l'emporte cependant peu à peu sur le vers, si bien que, dès le XIIIe siècle, certains textes écrits en vers sont « dérimés ». Mais c'est aux XIVe et XVe siècles que le mouvement prend de l'ampleur, encouragé par les progrès de la lecture silencieuse.

La prose, détachée des contraintes de la rime et du rythme, est plus souple dans l'usage qu'elle fait de la syntaxe. Emancipée du couplet, la phrase se déploie progressivement et se « verticalise » : la construction par juxtaposition (parataxe) recule devant la construction en subordonnées (hypotaxe). Sous l'influence de la période latine classique redécouverte, la phrase des prosateurs de la fin du Moyen Age et du début du XVIe siècle s'allonge parfois démesurément, comme en témoigne l'exemple suivant : « *Puys le victeur* [vainqueur] *dedioit à sa ville et cité natifve la couronne meritee et conquise, à la venue duquel ses citoyens faisoient rompre les murailles de la ville pour luy donner entree nouvelle en signifiant qu'ilz surmontoient toutes choses, puys estoient escriptz ou cathalogue des Jeroniques (car ainsi estoient nommez les victeurs)* [19]. »

LA RHÉTORIQUE, OU LE PLAISIR DES MOTS

La variation des styles du français littéraire n'est pas étrangère aux influences de la rhétorique latine. Les traités de rhétorique antiques diffusés au Moyen Age, à commencer par le *De inventione* de Cicéron et la *Rhétorique à Herennius* attribuée au même jusqu'au XVe siècle, confèrent au latin une large palette stylistique, allant du style bas au style élevé. On s'interrogea longtemps pour savoir si les subtilités de la rhétorique latine pouvaient être transposées en français, et surtout si le français pouvait accéder au niveau stylistique le plus élevé.

Le style haut, en effet, est couramment associé à l'*ornatus difficilis* (littéralement « ornement difficile »), qui procède du sens symbolique et admet volontiers les jeux de l'obscurité, or le premier public lecteur du français est rarement capable d'en saisir le sens. Lorsque Simon de Freine (av. 1147-1216/1224) adapte en français la *Consolation de Philosophie* de Boèce et décide de s'adresser à un autre auditoire que celui des clercs lettrés auxquels il destinait ses poèmes latins, il « simplifie » le style de Boèce : quand le philosophe latin évoque le pouvoir du Créateur sur l'univers dans une longue phrase enrichie d'antonomases (figure qui remplace un nom commun par un nom propre ou l'inverse) où défilent Phœbus, Hesperus, Zéphir et Borée, Simon supprime ces figures qui ne signifient rien pour un auditoire laïc et se contente de l'anaphore, procédé plus simple relevant de l'*ornatus facilis*, qui éclaire le texte par le déploiement des figures.

Pourtant, la littérature en français est alors une littérature savante et les auteurs sont fortement marqués par une formation rhétorique et poétique latines. Les « arts poétiques » en latin de la fin du XIIe siècle, comme l'*Ars versificatoria* de Matthieu de Vendôme (vers 1170) ou la *Poetria nova* de Geoffroy de Vinsauf (vers 1210), largement utilisés dans les écoles pour l'enseignement de la rhétorique, laissent des traces dans la production en langue vernaculaire. Ils font de la densité des « figures du discours » un nouveau critère d'élégance dans la poésie latine et cette position se retrouve dans la poésie lyrique en français. Les poésies latine et française sont désormais en concurrence pour le raffinement formel.

Dans le domaine d'oc se développe rapidement une tradition d'arts poétiques, quasiment contemporains de leurs homologues latins. On peut citer la *Doctrina de compondre dictatz* [Enseignement pour composer des vers] (anonyme, début du XIIIe siècle), les *Razos de trobar* [Art de composer] de Raimon Vidal (début du XIIIe siècle), le *Donatz proensals* [Donat provençal] d'Uc Faidit (avant 1246) ou encore les *Regles de trobar* [Règles de composition] de Jaufre de Foixà (1286-1291) et les *Leys d'amors* [Code poétique] de Guilhem Moliner (vers 1343). La langue d'oïl ne fournit pas d'équivalents aussi précoces, mais dans de nombreux textes français, des théories poétiques sont esquissées ou du moins énoncées sommairement, surtout dans les prologues. Ainsi, le début du *Roman d'Alexandre* fait référence à un passage de l'*Art poétique* d'Horace : « *L'estoire d'Alixandre vos veul par vers traitier / En romans qu'à gent laie doive auques porfitier ; / Mais tels ne set finer qui bien set commencier, / Ne monstrer bele fin por s'ovraigne essaucier*[20]... » [Je veux vous conter l'histoire d'Alexandre en vers et en français, pour en faire profiter les laïcs. Mais tel sait bien commencer son poème qui est incapable de le finir et de terminer sur une belle conclusion pour rehausser son ouvrage].

C'est à la fin du XIVe siècle et au début du XVe siècle, tandis que se développe en France un mouvement de traductions de textes classiques en français et que se fait jour un premier humanisme français en langue latine, que l'histoire de la rhétorique française se précipite. Autour de 1400, Jacques Legrand, dans l'*Archiloge Sophie*, transpose les concepts rhétoriques latins dans le domaine du français, sans calquer purement et simplement le modèle latin. L'*Archiloge Sophie* est un exposé incomplet des sept arts libéraux, qui fait la part belle à la rhétorique, car pour Legrand, il « *appert* [apparaît] *que rethorique est sciences moult* [très] *prouffitable et necessaire, non mie* [pas] *tant seulement en latin, mais en françois et en tous langages*[21] ». Ce traité accompagne une tradition française naissante d'arts de rhétorique consacrés surtout à la seconde rhétorique (la poésie), puisque la première rhétorique est l'art de la prose. Legrand traite surtout des *couleurs de sentences* (dites plus tard « figures de pensée ») et des *figures de paroles* (figures de mots), ces dernières étant réduites surtout à des principes de versification.

Dès 1392 Eustache Deschamps, dans l'*Art de dicter*, avait rattaché la poésie à l'art libéral de la musique et plus précisément à la musique naturelle. Partant de ce cadre, il avait défini les sons du français et classé les différents poèmes à cadre fixe. D'autres traités, d'orientation utilitaire, suivirent.

Au XVe siècle, la théorie des trois styles (bas, moyen, haut), héritée de la tradition rhétorique latine, est directement appliquée au vernaculaire. Dans les *Epitaphes de Charles VII de France* de Simon Gréban (1461), trois plaintes se suivent, dont la deuxième et la troisième marquent, par rapport à la précédente, le passage à un style chaque fois plus élevé, reflet de la dignité du locuteur. A la fin du Moyen Age, ces exercices stylistiques confinent pourtant au paradoxe, car dans la tradition rhétorique antique tout discours doit satisfaire à la fois l'*utilitas* (l'utilité) et la *delectatio* (le plaisir). Et si l'utilisation de l'*ornatus difficilis* est agréable à un public sensible à la *delectatio*, liée à l'élaboration formelle, quelle est l'*utilitas* de ce type d'ornement qui complique et en tout cas retarde la compréhension, soumise à l'interprétation parfois délicate des images ? Déjà dans le *Songe du Vieil Pelerin* (1386-1389), Philippe de Mézières avait fait suivre le prologue d'une « table figurée » « *laquelle est de nécessité d'entendre* [de prêter attention] *au lecteur* », où il précisait le sens littéral et le sens référentiel qu'occultait le recours aux personnifications. Les Grands Rhétoriqueurs, qui dans la seconde moitié du XVe siècle et au début du XVIe siècle poussent à son paroxysme la virtuosité, rendent très sensible ce paradoxe, car leur discours en devient parfois ambigu et peu « *entendable* » [compréhensible].

C'est en prose que la partie semble la plus difficile à gagner pour le français. Le vers bénéficie d'une longue tradition stylistique et du raffinement de la poésie lyrique ; il est aussi, à la fin du Moyen Age, moins fortement lié à la notion d'utilité. Laurent de Premierfait, qui préférait écrire en latin, mais doit satisfaire les commandes des princes, regrette de devoir utiliser le français où « *ne puest estre pleinement gardee* [conservée] *art rhetorique* ». A la fin du XVe siècle, les sceptiques sont nombreux, qui, comme Pierre Le Baud (mort en 1505), historien de la Bretagne, jugent qu'on ne peut trouver dans l'histoire en langue vulgaire « *les fleurs tulliennes* [de Cicéron] *ne les delittables* [charmantes] *concathenacions* [enchaînements] *des dicions* [paroles] [22] ».

Cependant, dans la seconde moitié du XVe siècle, l'homme éloquent redevient un centre d'intérêt non seulement pour la théorie rhétorique, mais pour toute la société, puisque la vraie éloquence (qui respecte le lieu, le temps et les convenances formelles du beau) est une manifestation de la sagesse. Les Romains n'ont-ils pas formé leur empire et leur réputation autant par la plume que par le glaive ? « *... Car autant exaulça* [augmenta] *la gloire des Rommains et renforça leurs couraiges* [inclinaison] *à vertu la plume et la langue des orateurs comme* [que] *les glaives des combatans* [23] » dit Alain Chartier dans le *Quadrilogue invectif* (1422).

Les Français pratiquent de plus en plus les longues périodes, sur le modèle des historiens et des prosateurs latins. Se développe ainsi au XVe siècle une prose oratoire, pétrie de latinismes lexicaux et syntaxiques, tout en rythme et en équilibre. La période française subit également l'influence de la chancellerie pontificale, où travaillent de nombreux humanistes italiens et où les préambules des actes étaient de petits chefs-d'œuvre de rhétorique. A cela s'ajoute un effet de mode et d'émulation entre écrivains qui conduit la phrase française à enfler, à se développer en tous sens, parfois hors de toute mesure.

La prose littéraire de la fin du Moyen Age s'affirme comme une prose ornée. La boursouflure de la phrase est censée soutenir les prétentions rhétoriques du français et son affirmation comme langue de culture, digne du souverain. Il y a comme une impossibilité pratique et politique à aller contre cette tendance à la phrase complexe. Quand Guillaume Tardif, l'un des plus grands spécialistes de rhétorique du royaume, traduit pour Charles VIII les *Facéties* latines de Poggio Bracciolini, dont le ressort comique s'appuie essentiellement sur la concision, il contredit le dessein du Pogge en louant les termes « *elegamment exquis et rhetoriques* » de son latin, alors que le Pogge marquait nettement le désir de renoncer à l'ornement rhétorique pour conserver la forme de la conversation. En fait, Tardif ne peut s'opposer aux impératifs stylistiques traditionnels. Comme le choix d'un style dépend autant du sujet traité que de la personne à laquelle s'adresse l'œuvre, le traducteur n'avait d'autre solution que d'employer un style orné, son destinataire principal étant Charles VIII.

A la fin du Moyen Age, les jeux sur le décalage stylistique montrent l'ampleur de la palette mise à la disposition du français et la conscience qu'en ont les écrivains et les lecteurs. Le passage d'un registre à un autre par le biais d'un proverbe populaire prouve une réelle conscience des écarts. Jean Chartier, dans sa chronique, écrit : « *Et conformant au langaige vulgaire, disant "mieulx valoir une bonne fuyte que une mauvaise attente", s'en fuyrent et habandonnerent leurs compaignons*[24]. » Les auteurs de farces, on l'a vu, jouant de la différence dialectale et tâchant de mettre dans la bouche de leurs personnages des propos correspondant à leur statut social, mêlent abondamment les styles. Guillaume Tardif, dans sa traduction des *Facéties* du Pogge, en fait autant.

Dans la seconde moitié du XVe siècle, sous l'influence de l'humanisme italien, l'enseignement de la rhétorique (latine) prend une nouvelle place à l'Université de Paris. Guillaume Fichet l'enseigne à partir de 1452-1453 et, à partir de 1484, Guillaume Tardif assure à la Sorbonne cet enseignement. Des manuels latins de rhétorique figurent parmi les premiers ouvrages imprimés à Paris. Dès 1471, un an après l'introduction de l'imprimerie à Paris (et par là même en France), Guillaume Fichet publie une *Rhetorica*, très influencée par les œuvres oratoires de Cicéron, redécouvertes alors. Dix ans plus tard, Guillaume Tardif, qui débat et polémique avec ses collègues italiens, publie un *Rhetoricae artis et oratoriae facultatis compendium* (Compendium de l'art rhétorique et de la faculté oratoire). Cette production de qualité et l'imprégnation des étudiants parisiens en rhétorique expliquent largement l'application en 1521 par Pierre Fabri de la rhétorique latine humaniste à la langue française, dans le *Grant et vray art de pleine Rhetorique*. L'ouvrage s'inscrit dans la tradition de l'enseignement de Tardif et s'éloigne considérablement des arts de seconde rhétorique, souvent limités à l'énoncé des règles de versification. Fabri s'étend sur l'art épistolaire, sur des procédés stylistiques et reprend la traditionnelle tripartition des styles. L'essentiel est de faire correspondre les termes aux substances (ou sujets). La théologie, les arts libéraux et la politique exigent l'usage de « *haults mots* » ; les mots moyens sont ceux qui s'appliquent aux trois substances, hautes, moyennes et basses, comme « marteau » qui est un outil commun à plusieurs métiers ; enfin les mots bas ne s'appliquent qu'à un sujet bas, comme les travaux agricoles. Fabri en donne un exemple : « *I'ay faict porter de l'estable de mes brebis trois charestees de fiens* [fumier], *et ay faict rapporter trois penniers* [panniers] [25]. »

La large palette stylistique du français est désormais consacrée par une présentation canonique calquée sur le modèle latin.

4

DU « VIEUX LANGAGE »
AU « MOYEN FRANÇAIS »

Tous les types de variations envisagés jusqu'à présent fonctionnent en un même point du temps. Au même moment, le paysan ardennais parle différemment que son homologue normand ; ce dernier s'exprime autrement que son seigneur ; enfin ce seigneur normand adapte son mode d'expression selon qu'il s'adresse à son épouse, à son notaire ou à ses paysans. A ces variations, il faut évidemment ajouter l'évolution de la langue dans le temps – ce qu'on nommera après Saussure la diachronie : on n'écrit et on ne parle plus au XVe siècle comme on le faisait au XIIe siècle.

Pourtant, malgré l'évolution assez rapide de la langue, les textes du Moyen Age ont eu une durée de vie très longue. Bien des œuvres composées dans les premières décennies du XIIIe siècle sont encore copiées au XVe siècle et certaines passent même sous forme remaniée au stade de l'imprimé, ce qui montre qu'elles continuaient à être comprises. Contrairement à la tradition moderne, attachée à la fixité du texte transmis, le Moyen Age se signale par le caractère « mouvant » du texte, qui permet, par touches successives, la mise au goût du jour, tant au fond que sur la forme, de textes anciens.

Les causes de cette variation assumée ont été bien étudiées. Elles tiennent à la fois à des questions matérielles et culturelles. Au plan matériel, il faut tenir compte de la spécificité de la diffusion manuscrite. Une fois sa première copie lâchée dans la nature, l'auteur ne peut plus contrôler son texte, car il ignore qui le recopie. D'autre part, toute copie en tant que telle est source de modifications. Le copiste, en effet, est d'abord lecteur du texte. Si le modèle qu'il utilise est ancien, peu lisible, dans un dialecte qui lui est étranger, sa lecture pourra être mauvaise. Le segment de texte lu est ensuite mémorisé avant d'être transcrit. A chacune de ces étapes, des fautes dues à l'inattention peuvent survenir. De plus, certains copistes lettrés prennent l'initiative d'amender le texte ou de l'améliorer. Le texte original est nécessairement altéré par le renouvellement de l'opération de copie.

L'introduction de l'imprimerie bouleversa considérablement la transmission des textes et leur assura une fixité bien plus grande. La typographie ne supprime pas toutes les erreurs, car la phase de lecture persiste, mais les problèmes de lisibilité sont atténués quand le modèle est imprimé. La copie manuscrite est remplacée par la phase de composition, qui voit apparaître des erreurs nouvelles, comme les « coquilles », qui sont des erreurs dans un processus, soit de déchiffrage, soit de reproduction technique. La modification essentielle est la réduction drastique du nombre de copies en cascades, puisque chaque composition donne lieu à un grand nombre d'exemplaires identiques. Le caractère mouvant du texte médiéval reposait largement sur la répétition de l'activité de copie. Une fois celle-ci supprimée, il se réduisit.

Ce caractère tient également à un phénomène culturel. L'« auteur » n'est pas une idée médiévale. Son statut s'affirmera du XVIe au XIXe siècle en même temps que la notion post-classique de « Belles Lettres ». De nombreuses œuvres médiévales sont anonymes, soit parce que le prologue ne nous en est pas parvenu, soit parce que l'auteur, par humilité, n'a pas cru bon de devoir indiquer son nom. Si quelques écrivains en français sont dès le Moyen Age des autorités, comme Jean de Meun aux XIVe et XVe siècles, l'essentiel reste que le texte est toujours considéré comme amendable et perfectible et du coup peu « respecté ».

Le texte est une « œuvre ouverte ». Loin d'être considéré comme la cristallisation d'une création intellectuelle ou esthétique, il est toujours malléable afin de répondre aux attentes du public. Aux XIIIe et XIVe siècles, le goût des cycles fait regrouper dans le même manuscrit des textes ayant le ou les mêmes héros pour en constituer la biographie (*Geste de Guillaume*, *Geste des Lorrains*, *Roman de Renart*). Or, le simple fait de constituer un cycle est cause de remaniements. Il faut souder les textes entre eux en imaginant des raccords et en supprimant les contradictions.

Ces modifications portent sur la forme : ainsi des épopées assonancées sont ensuite rimées ; les épopées et les romans rimés sont à leur tour mis en prose. Elles portent aussi sur l'écriture. En effet, dans les deux dernières décennies du XIVe siècle, pour éliminer les ambiguïtés entre des lettres à jambages (*m*, *n*, *u*) sans recourir à un signe diacritique particulier, les scribes commencent à employer, pour le public laïc, une nouvelle écriture cursive qui ressemble beaucoup à celle qu'utilise la chancellerie royale pour les documents en français et que l'on appelait « lettre de note », « lettre de cour » ou « lettre courante ». Cette modification de type d'écriture entraîne de nouvelles habitudes de lecture et rend le déchiffrement des manuscrits anciens plus délicat. Pierre Sala (mort vers 1530), qui a remanié plusieurs romans de chevalerie comme le *Chevalier au lion* ou *Tristan et Iseut*, revient, dans sa dédicace au roi, sur la difficulté de lire les manuscrits anciens :

Pour obeyr, sire, au commandement
Qu'i vous a pleu me faire, j'ai brefvement [rapidement]
Dessus mon nes assises mes lunettes,
Pour deschiffrer lectres que n'ay leu nettes,
Du vieil Tristan, qu'il vous pleust me bailler [donner] ;
Qui m'a souvent de nuyt bien faict bailler,
Car les lectres estoient effacees
Et les marges du parchemin cassees.
Ce nonobstant j'ay tant faict, tret à tret [à la longue],
Que vous en ay ce livre cy extret[1] [extrait].

Les modifications portent enfin sur la langue, qui doit être remise au goût du jour. Voici à titre d'exemple un passage du Lancelot en prose, l'un d'après un manuscrit du XIIIe siècle[2], l'autre d'après la première édition imprimée de ce roman, parue à Rouen en 1488 chez les frères Jean et Gaillard le Bourgeois :

Comment, fait ele, filz de roi, baez vos dons à estre chevaliers ? Dites lo moi
— Certes, dame, fait il, ce seroit la chose del mont que ge plus voudroie avoir que l'ordre de chevalerie.
— Voire, fait ele, si l'oseriez enprendre ? Ge cuit que se vos saviez com grant fais il a en chevalerie, ja mais ne vos prandroit talanz de l'anchargier.
— Por quoi dame ? fait il ; sont donques tuit li chevalier de greignor force de cors et de manbres que li autre home ne sont ?

Comment, fait elle, filz de roy, voulez vous donc estre chevalier ?
— Certes, dame, la chose du monde que je desire plus, c'est l'ordre de chevalerie.
— Voire [vraiment], fit elle, et l'oseriez vous bien entreprendre ! Je cuide [crois] que si vous saviez comment grans fais [charges] y a en chevalerie, ja [jamais] ne vous en prendroit talent [vous ne le désireriez].
— Comment, dame, sont donc tous les bons chevaliers de greigneur [plus grande] force de corps et de membres que les autres hommes ne sont ?

Dès le XIIe siècle, la conscience de la variation chronologique est forte. Wace, au livre III du *Roman de Rou*, rappelle l'impossibilité de remonter aux origines de la Normandie à cause de l'évolution des langues : « *Par lung tens e par lungs eages / e par muement de languages / unt perdu leur premereins nuns / viles plusurs et regiuns*[3]. » [Par la longue durée, par de longues époques, et par la mutation des langues, de nombreuses villes et régions ont perdu leur premier nom.]

Le phénomène des remaniements en prose, qui débute au XIIIe siècle et prend de l'ampleur aux siècles suivants, est contemporain de changements linguistiques importants, mais il s'agit aussi de se conformer à des modes. Les auteurs de mises en prose justifient leur travail, « *pour ce que aujour d'huy les grans princes et autres seigneurs appetent* [apprécient] *plus la prose que la ryme* » ou « *pour ce que la matiere du present livret m'est plus agreable a lire en prose que en rime*[4]... ». Au début du XIVe siècle se précise un certain nombre de changements linguistiques en profondeur – concernant l'état de langue et non un usage ou un style – : la déclinaison n'est plus qu'à un état résiduel, les diphtongues et hiatus achèvent de se réduire, les passés simples à plusieurs radicaux se simplifient ; le vocabulaire se relatinise, l'emprunt remplaçant la forme héritée ; l'ordre des mots « sujet-verbe » se substitue à un schéma rythmique qui imposait le verbe en seconde position. Lentes mais de grande ampleur, ces modifications, qui marquent le passage de l'« ancien » au « moyen » français (qui fut utilisé de la seconde moitié du XIVe siècle au début du XVIe siècle), impliquent le remaniement des textes les plus anciens, surtout lorsqu'ils subissaient des contraintes syntaxiques imposées par le vers, disparues au temps de la prose triomphante.

Le constat de vieillissement ou de vieillesse porte sur toutes les dimensions de la langue. Loin de se limiter à la « grammaticalité », il concerne également et surtout un niveau plus variable, celui du style. C'est au XVe siècle et surtout dans la seconde moitié du siècle que les mentions sur l'obsolescence du « *vieux langaige* » se multiplient et que le besoin de moderniser se fait de plus en plus impérieux. Le phénomène s'amplifiera au XVIe siècle (voir la deuxième partie de cet ouvrage). La langue des manuscrits du XIIIe siècle est devenue difficile et bien éloignée de la langue moderne. Le remanieur de *Mabrian* écrit que « *a esté le present livre nouvellement reduit de vieil langaige corrompu en bon vulgaire françois* ». Domine alors une impression de progrès linguistique. Le français s'est éloigné de l'état de « corruption » dans lequel il gisait deux ou trois siècles auparavant. C'est bien ce que pense Clément Marot lorsqu'il remanie en 1526 le *Roman de la* Rose : « *Mais comme j'ai dict ensuite à l'instigation, priere et requeste d'honnorable personne Galiot du Pré, libraire marchant juré en l'université de Paris, qui nouvellement l'a faict imprimer aprés avoir veu sa correction tant du mauvais et trop* [très] *ancien langaige sentant son inveteré* [très ancien] *commencement et origine du parler que de l'imparfaicte quantité des mettres* [mesure des vers], *tous quasi corrompuz*[5]. »

A la fin du XVe siècle, les erreurs que commet François Villon dans sa *Ballade en vieux langage françois* prouvent à quel point l'ancien français lui était devenu étranger. Le pastiche se réduit à l'ajout sporadique de *s* à la fin des noms et des adjectifs masculins au singulier, quelle que soit leur fonction (*sains appostolles, mauffez, vens*), et à l'utilisation de l'article *ly* :

> *Car, ou soit ly sains appostolles,*
> *D'aubes vestuz, d'amys coeffez,*
> *Qui ne seint fors saintes estolles,*
> *Dont par le col prent ly mauffez*
> *De mal talant tous eschauffez,*
> *Aussi bien meurt que filz, servans,*
> *De ceste vië cy brassez* [emportés] *:*
> *Autant en emporte ly vens*[6].

[Concluons ! Même s'il s'agit du pape, revêtu de l'aube, coiffé de l'amict, avec la sainte étole pour seule arme, qui saisit par le cou le diable bouillonnant de mauvaises intentions, il meurt aussi bien que meurt l'enfant de chœur, entraîné loin de cette vie : autant en emporte le vent ! (trad. J.-C Mühlethaler)]

III

LATIN ET FRANÇAIS, UN COUPLE QUI DURE

Au Moyen Age, la tension entre une « langue-toit » normalisée (le *françois*) et la variation dialectale modèle la situation linguistique de tous, mais cette tension se double d'une autre, tout aussi capitale pour comprendre l'histoire du français, car elle concerne une part importante de la population, et, passivement, la quasi totalité. Durant toute la période, et même après, le français subit deux tendances contradictoires, l'une qui le pousse à affirmer son « autonomie » vis-à-vis du latin, l'autre qui le place sous l'influence continue de la langue savante. Il ne faudrait pas croire que cette seconde tension ne touche que les locuteurs cultivés ; elle est au contraire très sensible dans la vie quotidienne, que ce soit à l'église, où la liturgie latine et les sermons en français se complètent, ou bien dans la dévotion privée de la fin du Moyen Age, quand les prières se disent en latin, sans que ceux qui les prononcent accèdent à leur sens littéral.

Le traducteur lorrain des psaumes, déjà cité, formule clairement l'intrication de ces deux tensions dans un prologue où il hiérarchise trois codes linguistiques (le dialecte lorrain, le *roman*, c'est-à-dire le *françois*, et le latin), allant du dialecte à l'expression savante, riche et normalisée. Le lorrain est une variété inférieure de roman ou de *françois* ; mais le *françois* ou roman est lui-même inférieur au latin, car son outillage lexical est inapte à rendre tout ce qu'exprime le latin : « *Quar pour tant que laingue romance* [langue romane] *et especiaulment de Lorenne est imperfaite, et plus asseiz que nulle aultre entre les langaiges perfaiz, il n'est nulz, tant soit boin clerc ne bien parlans romanz, qui lou latin puisse translateir* [traduire] *en romans quant à* [en ce qui concerne] *plusour mos dou latin ; mais couvient* [il convient] *que, per corruption et per diseite* [disette, manque] *des mos françois, que en disse* [dise] *lou romans selonc lou latin, si com :* iniquitas *"iniquiteit"*, redemptio *"redemption"*, misericordia *"misericorde" ; et ainsi de mains* [maints] *et plousours aultres telz mos, que il couvient ainsi dire en romans comme on dit en latin* [1]. »

La cohabitation de longue durée et sur un même territoire du français et du latin eut des répercussions notables sur l'histoire de la langue. Dans ses différentes variantes, le français n'a jamais été isolé de la langue latine. Les contacts qu'entretenaient les locuteurs, à des degrés divers, avec le latin se sont traduits par des échanges linguistiques et par une évolution plus rapide du français que s'il avait été isolé. En effet, le bilinguisme collectif d'une population, même partiel et passif, joue toujours un rôle important dans son évolution linguistique. L'essentiel est de bien comprendre la nature de ces contacts. Il ne s'agissait plus, comme au temps de l'émergence de la langue vulgaire, d'un rapport génétique spontané entre le latin parlé tardif et une langue vulgaire qui prend progressivement conscience de sa différence face aux formes les plus savantes du latin. Il s'agit désormais de rapports entre deux langues nettement individualisées, assumant des fonctions socioculturelles différentes.

Le rapport de filiation entre latin et français n'est cependant pas absent de la conscience linguistique des intellectuels. Au XIIIe siècle, le Pseudo-Kilwardby, dans l'introduction en latin d'un commentaire de la grammaire latine de Priscien, émet l'idée que dans les langues romanes le choix des mots pour désigner les choses (l'« imposition » des noms) vient du latin. Les mots de ces langues ont une origine commune, mais diffèrent par la graphie et par la flexion : « Et de plus les impositions premières qui se sont faites en langue latine sont reçues par les idiomes vulgaires de la langue latine, mais diffèrent d'une certaine façon par l'écriture et par les flexions [2]. »

Si la plupart des lettrés du XIIe et du XIIIe siècle croyaient à l'origine latine du français, cette théorie était politiquement embarrassante pour le royaume de France, car elle pouvait impliquer une dépendance à l'égard de l'Empire germanique, successeur de Rome, ou vis-à-vis de l'Italie. On envisagea donc des hypothèses de rechange. Les origines troyennes généralement données aux Francs poussèrent l'hypothèse des origines du côté du grec. Il fallait qu'un royaume civilisé comme le royaume de France eût une Antiquité prestigieuse. On chercha des étymologies grecques aux noms de lieux et de personnes véhiculés par la tradition historique. Aimoin de Fleury affirme que « Franc » voulait dire noble ou vaillant « en langue attique ». La *Phi-*

lippide, un long poème latin à la gloire de Philippe Auguste composé vers 1220, insiste sur l'origine grecque des Gaulois puis des Francs : à leur arrivée en Gaule, les Francs auraient donné aux villes qu'ils fondaient des « noms grecs », comme celui de « Paris » :

« Sortant des frontières de leurs pères, les Francs cherchaient dans la campagne gauloise un terrain propre à recevoir leurs remparts ; et ils s'appelèrent Parisiens, d'un nom grec qu'on peut interpréter par notre mot "audace". Afin d'éviter une confusion, ils voulurent par le nom seulement s'éloigner des Francs qu'ils avaient quittés[3]. »

Au XIVe siècle, Nicole Oresme admet que le français est issu du grec (parce que les Francs sont les descendants des Troyens) et du latin, qui dérive également du grec. Au moment de l'affirmation d'une idéologie royale qui recoupe l'émergence du sentiment national, l'origine grecque était de loin préférable. L'hypothèse d'une transmission du grec par l'intermédiaire des druides qui l'auraient pratiqué, selon le témoignage de César, faisait doucement son chemin, tellement qu'en 1529, dans ses *Commentarii linguae graecae* (*Commentaires sur la langue grecque*), Guillaume Budé donne des étymologies grecques à *dipner* [dîner], *exonerer, laper, galloche, pantoufle, agraphe, parler, car...*

On mit toutefois du temps avant de se tourner vers les Gaulois, car ce peuple vaincu, qualifié de barbare et de sauvage par les Romains, fut longtemps exclu du patrimoine national. Au cours du XVe siècle, on tisse des liens entre les Troyens et les Gaulois : un fils d'Hector, Francus ou Francion, aurait fondé la Sicambrie (Hongrie) puis la Germanie et la Gaule. Dès le milieu du siècle, les Italiens rejettent cette fable qui triomphe sur le territoire français. D'ailleurs, la redécouverte des géographes grecs, notamment Diodore ou Strabon, accrédite l'idée que les Gaulois sont les ancêtres des Troyens et non l'inverse. En relevant des relations linguistiques entre le celte et le grec, la recherche philologique du début du XVIe siècle attire l'attention sur la langue gauloise et répand abondamment les théories de Jean Lemaire de Belges : le celtique devient la langue originelle transmise par les Gaulois aux Troyens. Du coup le français tient sa propre origine à travers une évolution complexe qui passe du celte au grec, du grec au latin et du latin au français. La *Concorde des deux langages* de Lemaire de Belges loue « *le tien langage naturel breton, lequel est vrai troyen* ».

Certains idéologues de la langue voulurent aller plus loin et remonter jusqu'au peuple juif pour mieux lier le royaume à la révélation. Au début du XVIe siècle, des recherches généalogiques affirment qu'il est possible de remonter jusqu'à Noé par le biais des Gaulois. Ces théories visant à donner au français une histoire prestigieuse se développent surtout dans la seconde moitié du XVe siècle et au début du XVIe siècle, au moment où un nationalisme à fondement linguistique se répand partout en Europe et particulièrement en France.

Pour l'essentiel, et malgré la celtomanie, l'idée que le français descend du latin se maintient durant toute la période. Pour Pierre Fabri, par exemple, le lexique du français compte trois origines : des termes hérités du latin qui ont subi une évolution plus ou moins forte (incluant d'ailleurs des emprunts tardifs) ; des mots imposés par nos premiers pères (peut-être entend-il par là les Gaulois) ; enfin des emprunts à d'autres langues : « *Item il est assavoir que nostre langage vulgaire est composé de motz ou termes qui sont de deux manieres, les ungz sont termes extraitz et dependans du latin, comme auctorité, clemence, domination, excellence, etc. les aultres tiennent du latin avec bien pou de mutation comme pain, vain, terre, mer, etc. desquelz le latin c'est* panem, vinum, terra, mare, *etc. Les aultres en sont bien loing qui nous furent ainsi imposez par noz premiers peres comme drap ne convient point à* pannum *ne pennier à* canistrum *ne rue à* vicum *et soubz ceste maniere sont contenuz tous termes des aultres langages empruntez, come nous dison la bru et le brumen en lieu de fiancee et de fiance, car* bruth *en flament c'est fiance, et* man *c'est homme en françoys*[4]. »

Le statut du latin par rapport au français n'est donc pas au Moyen Age celui d'une langue étrangère comme les autres. L'expression *lingua aliena* (langue étrangère) est réservée d'ordinaire à d'autres langues : on l'emploie pour désigner la langue originelle des écrits saints, la langue de composition des textes philosophiques arabes ou grecs, la langue parlée par les peuples à convertir ou avec lesquels on entretient des relations économiques et commerciales. La notion de langue étrangère recouvre une double dimension : linguistique par les emprunts réciproques qu'elle implique, mais aussi scientifique et culturelle.

Les rapports entre latin et français incluent ces deux dimensions, mais sont à placer sur un autre plan, du fait même de leur longue cohabitation. En 1959, le linguiste américain Charles A. Ferguson a élaboré la notion de « diglossie », terme emprunté au grec où il signifie « bilinguisme ». Fergusson l'emploie avec un sens beaucoup plus restreint, puisqu'il définit cette diglossie comme un rapport stable entre deux variétés linguistiques, l'une dite « haute » et l'autre « basse », génétiquement apparentées et qui se situent dans une distribution fonctionnelle des usages. Les propositions de Ferguson ont été largement modifiées par la suite, surtout dans le sens d'un élargissement de la notion : la diglossie s'applique aussi quand il y a plus de deux codes en présence ; la relation génétique entre les langues n'est pas obligatoire : il y a diglossie dès qu'il y a une différence fonctionnelle entre deux codes, quelle qu'en soit la nature et l'importance.

A travers cette acception plus englobante, la diglossie se rapproche du bilinguisme social, par opposition au bilinguisme individuel. Elle peut également se trouver enchâssée. La situation linguistique médiévale présente, en effet, plusieurs diglossies imbriquées l'une dans l'autre : le latin et le français ont des rapports de diglossie, tout comme, à l'intérieur du domaine français, la langue dialectale maternelle et le *françois* « langue-toit ».

Pour qualifier l'évolution des fonctions respectives du latin et du français, on parle souvent de « construction » du français face au latin, d'affirmation, de combat, et pour finir de victoire du français. Il faut se méfier de ces métaphores et de ces images anthropomorphiques, souvent éloignées de la conscience linguistique médiévale. Même si l'on observe une inflexion à partir du XVe siècle, la langue n'est jamais un enjeu politique majeur ; on ne saurait parler de politique ou d'aménagement linguistique en faveur du français et au détriment du latin. La langue est toujours un moyen, jamais une fin. L'augmentation du nombre de fonctions exercées par le français est le fruit de décisions pragmatiques, et non pas idéologiques.

L'image d'un affrontement entre les deux langues contredit la réalité d'une société partiellement bilingue où la répartition des fonctions linguistiques est soumise à un phénomène de « tuilage ». Latin et français peuvent ainsi exercer simultanément la même fonction, par exemple celle de langues littéraires ou de langues du droit. Il faut se défier des oppositions binaires qui viennent spontanément à l'esprit. L'évolution est certes celle d'une annexion progressive par le français des fonctions hautes exercées par le latin, mais au seuil du XVe siècle, alors qu'on pourrait croire que le français a déjà acquis une partie de ces fonctions, les auteurs continuent à s'excuser de traiter en français de sujets qui semblaient inaccessibles à cette langue. Eustache Deschamps (1346-1406/1407) ne fait pas exception à la règle :

A tous et toutes m'excuse
Se [si] *de trop vil langaige use*
En traittant ceste matire [matière]
Dont la sentence [sens] *est infuse* [instillé]

Et plus en latin confuse [répandu]
Que je ne sçauroie dire[5].

Opposer le latin, langue sacrée, au français, langue profane, le latin, langue savante, au français, langue populaire, le latin, langue des clercs, au français, langue des laïcs, est extrêmement schématique, car ces deux langues, à des titres différents, sont présentes à tous les niveaux de la hiérarchie sociale de manière active ou passive.

Côtoyant le latin pendant des siècles, le français s'en rapproche insensiblement. Les relations déséquilibrées entre le latin et le français expliquent que la langue de prestige (le latin) ait plus donné au français qu'elle n'en a reçu, mais les échanges linguistiques ont été réciproques, facilités par la similitude des deux langues : le latin pratiqué en France a subi partiellement l'évolution phonétique du français, qui a également, mais dans une moindre mesure, influencé le lexique latin.

Lentement, et sans que les relations soient unilatérales, le français accède à des domaines, à des types d'expression, à des fonctions, à un statut sociolinguistique jusque-là réservés au latin. Ce long processus d'enrichissement au contact du latin commence par l'accès à l'écrit. Il se poursuit par une redéfinition de la place du français dans la sphère religieuse, par son utilisation comme instrument de pouvoir par les laïcs, par l'affirmation de ses prétentions littéraires et par son accession progressive aux disciplines intellectuelles grâce à l'acquisition de nouveaux outils d'expression. Le tout culmine, à la fin du XVe siècle et au début du XVIe siècle par la naissance d'une attitude autoréflexive : la langue « vulgaire » devient alors objet d'étude, consécration d'une évolution plurisénaire qui lui reconnaît une place parmi les grandes langues de culture.

1

LE FRANÇAIS S'ADAPTE À L'ÉCRIT

Tant au sujet des dialectes de la langue romane unifiée (le *françois*) qu'au sujet des niveaux d'expression, de la variation stylistique, que nous ne connaissons qu'à travers la langue écrite, notamment littéraire, il a été beaucoup question, dans les parties précédentes, d'écriture. Mais il faut reprendre ce sujet à la lumière des relations entre latin et « roman », puis français.

Il est incontestable que l'exemple latin a suscité et modelé le passage à l'écrit du français. Cette dernière phase du long processus d'émancipation du vernaculaire (dialectes et langue unifiée) par rapport au latin est paradoxalement marquée par l'influence considérable du latin dans la mise au point des scriptae du français. L'une des sources du prestige du latin par rapport au français était son code écrit normalisé. Longtemps, le latin et la lettre (la *littera*) se sont confondus, parce que renvoyer à la lettre du texte, c'était renvoyer à la langue qui l'exprimait : le latin. Le latin possédait des modes de communication, de transmission, d'enregistrement écrits qui lui étaient propres. En accédant elle aussi à l'écrit, la langue vernaculaire adoptait les modalités latines de l'inscription de la langue dans l'univers graphique.

Ecrire latin, parler français

La première des oppositions binaires à envisager est celle qui assigne, dans la conscience collective, le latin à l'écrit et le vernaculaire à l'oral. La réforme carolingienne aboutit à une distinction stricte entre les langues parlées (romanes ou germaniques) et le latin, ce dernier ayant atteint une grande correction morphologique, combinée à des caractères syntaxiques et lexicaux hérités de la langue des Pères de l'Eglise. Dans un premier temps, la reconnaissance de la langue spontanée, populaire (le « vulgaire », le vernaculaire), s'accompagne de sa relégation en position dominée, au rang des langues indignes d'être écrites. La rareté de l'écrit et sa relation à la religion renforça sa sacralisation et éloigna d'autant plus le vernaculaire de ce code.

Pour les clercs, l'écrit a une fonction mémorielle indispensable à la transmission du message religieux, qui se fait en latin. L'écrit est donc le gage de la fixité, de la stabilité non seulement de la langue elle-même mais aussi de modèles esthétiques qui ont traversé les âges. Alors que la langue populaire ne transmet des informations qui n'ont trait qu'à la vie matérielle et au corps, le latin s'élève jusqu'à l'âme et aux choses de l'esprit. L'écrit a une valeur symbolique forte. A travers la figure du Christ se constitue un lien organique et indissociable entre oral et écrit : « toute parole est celle du Christ, mais cette parole, pensée comme parole, est transmise par l'écrit[1] ». Ce phénomène explique le prestige considérable de l'écrit au Moyen Age, car toute mise par écrit reproduit la situation de la parole divine et sa « sacralisation » par la forme écrite. Voilà pourquoi une partie des pouvoirs matériels et symboliques de l'Eglise repose sur l'écrit.

Cette dimension symbolique de l'écrit était suffisamment forte pour que des laïcs veuillent la maîtriser afin d'établir leur domination sociale par la communication directe. L'entrée du français dans le domaine de l'écrit traduit la prise de parole de la part des dominants laïcs dont les discours, du fait de leur oralité, restaient confinés au non-dit, car ils étaient voués à l'oubli. Certes, l'écrit a une utilité pratique indéniable en matière d'administration, de mémorisation, mais écrire en langue « vulgaire », c'est aussi prendre position par rapport à une pratique dominante et traditionnelle : écrire en latin.

Si le latin est fortement relié à l'écrit par les fonctions qu'il remplit dans la société, alors que le vernaculaire français est plutôt associé à l'oral, il ne faut pas oublier que durant toute la période, et bien après, le latin utilise aussi, et abondamment, le code oral. Les contacts de la majorité de la population avec le latin relèvent de l'oral ou de l'oralisation.

Ainsi, le latin est la langue pratiquée à l'oral dans les écoles et les universités. Le développement du latin d'école (appelé latin scolastique) au XIIe siècle, montre que le latin peut devenir relativement simple, sans perdre en clarté et en précision. Cette variété de latin est parlée dans des universités au recrutement très international. Même à des niveaux scolaires moins élevés, le latin s'impose. Jean Gerson, dans le règlement qu'il rédige à l'intention des enfants de chœur de Notre-Dame de Paris, enjoint aux élèves, sous peine de punition, de dénoncer ceux de leurs camarades qu'ils surprendraient à parler français : « Item, que chacun accuse son camarade dans les cas suivants : s'il l'a entendu parler français, s'il a juré, s'il a menti[2]... » En dehors de l'école, de l'église et du cloître, le latin est utilisé comme une sorte d'espéranto dans les transactions commerciales et en voyage. On a conservé des guides de voyage, qui, comme leurs équivalents modernes, proposent des phrases toutes faites : certains utilisent le français, mais la plupart le latin.

C'est d'ailleurs dans sa variété orale que le latin est le plus sensible à l'influence de la langue « vulgaire ». Comme elle, le latin n'échappe pas à la variation géographique. D'une région à l'autre, sa prononciation varie. Au début du XIIe siècle, vers 1120, Guillaume de Conches prie ses auditeurs chartrains d'excuser son accent normand lorsqu'il lit du latin. Quatre siècles plus tard, la situation ne s'est pas arrangée. Pour y remédier, Erasme préconisait le rétablissement de la prononciation originale des langues anciennes et son unification. Dans le *De recta latini graecique sermonis pronuntiatione* (*Dialogue sur la prononciation correcte du grec et du latin*) (1528), l'humaniste insistait sur la nécessité d'éviter l'influence des langues vernaculaires sur la prononciation du latin et du grec, précisant au passage que ces défauts se retrouvaient surtout chez les Français, qui, entre autres, prononçaient *a* pour *e* devant une consonne nasale (*n* ou *m*). Ils disaient donc *redamptus* au lieu de *redemptus*, *valans* au lieu de *valens*, *vando* au lieu de *vendo*. Erasme affirme que cette erreur se retrouve jusque dans les manuscrits latins copiés en France. Selon lui, les Français qui parlent le mieux latin sont les Picards. L'humaniste rapporte dans le même traité une anecdote sur la mauvaise prononciation du latin par les Français : « Il n'y a pas très longtemps j'étais par hasard présent lorsque l'empereur Maximilien fut salué par quatre orateurs, ce qui se fait quelquefois par tradition plus que du fond du cœur : l'un était un Français natif du Mans [...]. Il prononça un discours qui avait été composé, je crois, par un Italien et n'était pas en mauvais latin, mais avec un accent si français que quelques savants italiens qui se trouvaient là crurent qu'il parlait en français et non en latin[3]. »

Le latin est donc soumis à la variation géographique. Cette constatation remet en cause une idée reçue qui découle de l'association du latin à l'écrit et du français à l'oral : le latin serait une langue fixée et grammaticale, parce que l'écrit a des vertus conservatrices alors que les « vulgaires » seraient des langues mouvantes à l'évolution anarchique, parce que l'oral faciliterait une évolution linguistique rapide.

L'histoire du latin, notamment dans ses usages médiévaux, est celle d'une langue qui s'adapte aux nouvelles réalités qu'elle a à désigner. Sa christianisation à l'époque patristique en est un bon exemple. Au Moyen Age, le latin est contraint d'utiliser des néologismes issus du langage populaire, vernaculaire, pour désigner des réalités absentes de son fonds lexical d'origine. Les chartes en offrent quantité d'exemples. La coutume désignait volontiers de nouvelles taxes souvent qualifiées de « mauvaises coutumes ». Dans une charte de Saint-Florent de Saumur datée de 1062, le comte d'Anjou Geoffroi le Barbu rappelle que son oncle *remisit omnes malas exactiones quae vulgo dicuntur consuetudines* (remit toutes les mauvaises taxes qu'on appelle vulgairement des coutumes). Le quart ou « quartier » est latinisé dans le censier de l'abbaye messine de Sainte-Marie-aux-Nonnains, vers 1120 : *quartam partem mansi que vulgo quarterius dicitur*[4] (le quart de la manse qu'on appelle vulgairement quartier). L'expression *quae vulgo dicitur* (qu'on appelle vulgairement) permet ainsi d'insérer en les latinisant dans un discours latin des emprunts au français. Il arrive aussi que les textes de la pratique juridique soient obligés d'intégrer une terminologie en langue vulgaire, de façon à éviter toute ambiguïté. Dans une lettre de rémission, on trouve ainsi : *ludere ad quillas, gallice* aux quilles[5] (jouer *ad quillas*, en français aux quilles).

Le français se couche sur le parchemin (IXe-XIe siècles)

On ne peut comprendre l'histoire du système graphique du français sans référence au latin, car, dans ce domaine, le latin a servi de fil conducteur durant tout le Moyen Age. Dans un premier temps, du IXe au XIe siècle, des tâtonnements qui se résument souvent à des tentatives de transposition du système graphique latin donnent les premiers textes français.

Le passage de l'oralité à l'écrit s'est effectué en deux étapes distinctes. Dans les premiers temps, des écrits apparaissent sporadiquement, dispersés chronologiquement et géographiquement, si bien que chaque nouveau texte ignore les tentatives précédentes : chaque mise par écrit du français est alors expérimentale. Cette phase correspond à une transmission intentionnelle mais épisodique des textes en langue « vulgaire », inscrits dans un contexte latin, afin d'en garantir la conservation. Les premiers poèmes hagiographiques en langue d'oïl ont été sauvés par des moines qui, pour en conserver le souvenir, les notèrent entre les feuillets de manuscrits d'étude qu'ils avaient sous la main. On a déjà vu que les *Serments de Strasbourg* ne constituent pas un texte à part entière, mais s'insèrent dans un récit historique rédigé en latin.

Avant que le texte écrit en vernaculaire ait acquis une certaine autonomie, les scribes profitaient des parties laissées en blanc dans le manuscrit, qu'il s'agisse de feuillets entiers, comme dans le cas de la *Cantilène de sainte Eulalie*, ou tout simplement de marges ou d'interlignes que viennent noircir des gloses. Tous les espaces non réservés au texte officiel latin, seul autorisé, se prêtent à l'annotation. Ecrire en langue vulgaire est d'abord un acte non officiel, soumis à la seule fonction de rendre plus clair un texte latin.

On a pu parler pour cette première phase de « scripturalité à destin vocal[6] ». Autrement dit, l'écrit – un peu à la manière de la notation musicale des sons – avait souvent comme fonction unique de préparer la transmission orale d'un texte, généralement dans une situation d'énonciation impliquant une distance entre l'énonciateur et son « public » : il pouvait s'agir d'un serment, d'une déposition devant témoins ou d'autres situations rituelles, comme la prononciation d'un sermon, la lecture de poésies religieuses ou le jeu d'une pièce de théâtre religieux.

R. Wright suggère que, lorsqu'un locuteur germanique sachant lire le latin médiéval avait besoin de lire à haute voix un texte s'adressant à des locuteurs pratiquant le gallo-roman, des scribes pouvaient lui préparer un texte dans lequel les lettres avaient une équivalence phonétique basée sur les correspondances entre phonème et graphème (son et lettre) récemment établies pour le latin réformé. Le système serait semblable à celui qu'utilisent les guides touristiques modernes où des formes écrites d'une langue inconnue sont présentées sur la base du système graphique le plus familier au touriste. D'après R. Wright, ce serait là l'origine du système graphique du français.

Contrairement à d'autres langues romanes, comme l'italien ou l'occitan, le passage du français à l'écrit ne s'accompagne pas d'une phase de transition pendant laquelle le latin se trouve « farci » de bribes romanes. Le domaine d'oïl ne connaît pas de phase d'hésitation entre les deux codes. Jusqu'en 1200 environ, toutes les chartes sont rédigées en latin, puis apparaissent progressivement des chartes en roman. Il est probable qu'au nord de la Loire la réforme carolingienne, particulièrement intense, dressa un « écran savant » entre la langue parlée et la langue écrite et empêcha l'infiltration incontrôlée d'expressions de la langue vernaculaire dans les documents diplomatiques. La maîtrise accrue du latin écrit empêchait d'ailleurs dans ces régions la moindre ambiguïté sur la langue employée.

Les premiers écrivains (ou plutôt scripteurs) à transcrire le vulgaire selon un système centré sur le phonétisme adoptent l'alphabet latin et les traditions graphiques latines, mais ils rencontrent plusieurs difficultés, dont la plus sensible est la notation d'un système phonologique ne reposant pas sur les mêmes équilibres que ceux du latin. Dans les *Serments de Strasbourg*, il ne semble pas encore y avoir de correspondance fixe entre le son et la lettre, entre phonème et graphème. Le même phonème peut être transcrit *e, o* ou *a* : on y trouve en effet *Karlo* et *Karle*, mais aussi un flottement entre *fradre* et *fradra*. A ce stade, quand le copiste hésite, il choisit plutôt la forme la plus proche de l'étymon latin : ainsi, au féminin, la finale *a* est préférée comme dans *in cadhuna cosa* (en chaque chose).

La notation des diphtongues et triphtongues, inconnues du latin, et celle des nouvelles consonnes développées en gallo-roman, posent également de sérieux problèmes. Si l'alphabet latin est bien adapté à la notation du latin classique, il l'est beaucoup moins en ce qui concerne le français, qui compte beaucoup plus de phonèmes que le latin. On observe ainsi des flottements dans la notation des sons pour lesquels l'alphabet latin ne dispose pas de signe. Certains artifices, comme la combinaison de lettres, sont utilisés avec des valeurs différentes d'un point à l'autre de la Romania : le digramme *ch* a pris en France la valeur *ch*, de *ch*eval, de *ch*ien ; en Italie au contraire la valeur /k/. Le texte des *Serments* utilise à plusieurs reprises la combinaison des lettres *d* et *h* pour noter la fricative /δ/ (la même consonne que dans l'article anglais *the*), comme dans *cadhuna*, du latin *cata una*, et *aiudha*, du latin *ajutare* ; il met aussi à profit la lettre *z*, très rare en latin, pour noter l'affriquée /ts/ (consonne initiale de l'allemand *Zeit*) dans *fazet*, du latin *faciat*.

La notation de ce même son dans la *Cantilène de sainte Eulalie* montre à quel point les phonèmes inconnus du latin donnent lieu à des tâtonnements. Comme dans les *Serments*, *z* est utilisé (*domnizelle*, *bellezour*), mais trois autres solutions concurrentes sont exploitées : *tc* (dans *manatce*), *c* (dans *ciel*, *pulcella* et *cels*) et même *cz* (dans *czo*). Dans ce dernier cas, l'utilisation d'un simple *c* était impossible, puisque d'après le système du copiste *c* + *o* notaient /ko/ comme dans *cose*.

Un système d'écriture cohérent (XIIᵉ-XIIIᵉ siècles)

Après les premiers essais de transcription, se développe une tradition de production écrite en français qui rend possible la prise en compte des expériences antérieures. Les textes copiés ne sont plus simplement à destination vocale, mais restent liés à l'écrit, au moins pour leur diffusion. Au plan matériel, cette étape se traduit par la reconnaissance du vernaculaire dans l'espace du livre. On passe d'une transmission intentionnelle mais épisodique à des textes français écrits et copiés dans des ensembles cohérents.

Longtemps élément adventice du livre latin, le français accède à un support matériel spécialement réalisé pour lui, qu'il s'agisse de manuscrits entiers ou, comme ce fut souvent le cas à l'origine, d'espaces réservés au sein de manuscrits bilingues conçus comme un tout. Cette mutation, qui s'accomplit en langue d'oïl dans le second quart du XIIᵉ siècle, est illustrée par deux symboles, la copie de la *Vie de saint Alexis* comme partie intégrante du magnifique psautier latin confectionné à Saint-Alban pour la recluse (personne qui refuse toute communication avec le monde pour servir Dieu) Christina de Markyate dans les années 1120 et celle de la *Chanson de Roland* vers 1120-1130 dans le célèbre manuscrit d'Oxford.

Si les plus anciennes œuvres littéraires françaises n'ont pas toutes été composées en Angleterre (*Saint Alexis* et *Roland* passent pour être normands), les premières notations écrites conservées sont quasi exclusivement d'origine insulaire, pour des raisons tenant à la vitalité culturelle d'une société bilingue (trilingue pour qui maîtrisait le latin) et habituée déjà depuis plusieurs siècles à noter un parler vernaculaire (l'anglo-saxon). Le continent n'entre vraiment en scène qu'à partir du dernier quart du XIIe siècle dans deux régions périphériques, l'Ouest Plantagenêt et le Nord-Est cistercien. La Champagne, puis l'Ile-de-France et la Picardie suivront[7].

Dans la soixantaine de manuscrits du XIIe siècle conservés aujourd'hui, on peut isoler quelques groupes, issus de trois régions bien délimitées : l'Angleterre normande, les marches de l'Est (Wallonie et Lorraine) et la France de l'Ouest. De nombreuses régions du domaine français qui s'illustreront plus tard, comme l'Ile-de-France, la Champagne et la Picardie, ne sont pas encore représentées. Près de trente manuscrits sortent des grands monastères bénédictins d'Angleterre. Parmi eux, la moitié ou presque renferme quatre traductions différentes du Psautier. Il est possible que la domination écrasante des manuscrits insulaires soit liée à leur conservation : alors que les manuscrits français d'Angleterre ne se sont guère éloignés, depuis le XIIe siècle, du monastère où ils ont été copiés, les manuscrits français de France ont eu une histoire bien plus mouvementée.

De la quasi-totalité des grands textes littéraires du XIIe siècle, aucun témoin n'est conservé avant le XIIIe siècle avancé. Cette situation, qui ne peut s'expliquer uniquement par l'histoire des manuscrits, tient à la faible diffusion des textes écrits. Le contexte matériel et économique explique que les livres en ancien français ne se multiplient pas, car ils représentent par leur coût très élevé un investissement trop important. D'autre part, le patronat aristocratique naissant joue un rôle ambivalent : s'il est à l'origine de la création, par les commandes qu'il peut passer à des écrivains et à des copistes qu'il rémunère, il est aussi un frein à la diffusion, puisque les œuvres qui sont composées à son intention ne sortent pas d'un cercle restreint. Le mode d'actualisation des textes par une oralisation ritualisée, souvent par un lecteur professionnel, ne favorise d'ailleurs pas les copies, puisqu'une seule copie lue à haute voix suffit à transmettre l'œuvre à un grand nombre d'auditeurs. Enfin, les ateliers de copistes sont confinés au sein du monde monastique et ne sont donc pas susceptibles d'assurer un relais pour la mise en circulation des textes profanes.

L'absence de rupture entre l'écriture latine et l'écriture en langue vernaculaire favorise la mise en place d'un système graphique stable : la production des textes religieux en français est en grande partie assurée par des monastères ; rois et grands seigneurs emploient des clercs pour rédiger les actes de leur chancellerie, tandis que la mise par écrit de la littérature profane et d'une partie de la littérature d'édification est faite par des clercs séculiers isolés (chapelains, scribes de chancellerie) proches des cours seigneuriales, des auteurs et de leurs patrons. Du coup, la mise à l'écrit calque le latin, de la mise en lettre à la mise en livre, en passant par la mise en page. L'aspect matériel des manuscrits contenant des textes français ne diffère pas de celui des manuscrits latins contemporains. Qu'il s'agisse de recueils mixtes (latin et français) ou unilingues français, à la fin du XIIe siècle encore, ces manuscrits ont l'allure de manuscrits sortant de scriptoria monastiques.

La segmentation des mots, dans les manuscrits du XIIe siècle témoigne de la prégnance du latin dans l'écriture du français : dans les manuscrits latins comme dans les manuscrits français les mots grammaticaux sont « agglutinés ». Ainsi dans la *Vie de saint Alexis*, l'article est souvent collé au nom qu'il détermine et les pronoms personnels objets *la* et *li* le sont ensemble, lorsqu'ils se suivent : « *recut lalmosne quant deus lali transmist*[8] » (il reçut l'aumône quand Dieu la lui transmit) ; de même le complément d'objet indirect peut être entièrement agglutiné : « *dunet aspovres u quil les pout trover*[9] » (il donne aux pauvres partout où il put les trouver), rapprochant la syntaxe de celle du latin qui n'introduit pas le complément d'objet par une préposition.

L'oralité de l'ancien français vient interférer sur l'influence latine, imposant une segmentation souvent syllabique : dans *Fou*, le dixième conte de la *Vie des Peres* (XIIIe siècle), la consonne finale du radical et la désinence verbale sont séparées du début du mot, comme dans « *por tons* » (portons), « *me stuet* » (ancien français *m'estuet*) ou dans le participe passé « *en foiz* » (enfoui). Ce phénomène graphique trouve peut-être son explication dans la présence d'un accent tonique sur la dernière syllabe qui se répercuterait lors de la mise en écrit.

Le système abréviatif du français perpétue également les habitudes de copie du latin en adaptant à l'ancien français une partie des abréviations utilisées dans les manuscrits latins. Mais comme le vernaculaire était encore une réalité mouvante aux variétés dialectales de grande ampleur, il était impossible aux copistes de transposer systématiquement le complexe code abréviatif du latin. Geneviève Hasenohr a montré que c'est vraisemblablement en Angleterre, dans des scriptoria monastiques novateurs où les textes vernaculaires étaient couchés par écrit pour la première fois, que le système abréviatif du français a pris naissance, par un transfert graphique du latin au français des Normands, l'anglo-normand.

Au même titre que les lettres, certains signes abréviatifs ont été empruntés au latin pour noter la langue vulgaire. La codification de leur usage a été réalisée Outre-Manche, d'où elle s'est diffusée dans les domaines normand et angevin du continent, avant de se répandre et de s'imposer sur tout le territoire d'oïl « comme système conventionnel, artificiel et figé, susceptible de transcender les évolutions et les variations dialectales [10] ». C'est ce qui explique que le système d'abréviation, bien adapté à l'anglo-normand, le soit beaucoup moins à d'autres dialectes. En latin, le signe abréviatif appelé « neuf tyronien » à cause de sa forme semblable à 9, notait « cum ». En anglo-normand /un/, /um/ ou /on/, /om/ étaient indifféremment notés *un* ou *um*, ce qui explique que le « neuf tyronien » ait été utilisé pour abréger les formes anglo-normandes *cument* (comment) et *cumpaignie* (compagnie). Une fois le système exporté sur le continent, le neuf tyronien servit à abréger les mêmes mots écrits différemment, par exemple *coment* et *compaignie*, en Ile-de-France. Le même phénomène se produit avec l'abréviation de *er* : comme la séquence *ier* n'apparaît pas en anglo-normand, alors que sur le continent *er* et *ier* sont bien distincts, par exemple dans les désinences de l'infinitif qui différencient les verbes en *–ier*, du type *mangier*, de ceux en *er*, du type *chanter*, *ier* peut se voir abrégé par l'abréviation *er*, qui prend les deux valeurs.

Le phénomène des abréviations est révélateur, car il montre l'extrême dépendance du système graphique français à l'égard du système latin, mais aussi le rôle qu'ont pu jouer les clercs des deux rives de la Manche dans la constitution du code graphique de la langue d'oïl. Il faudra attendre le tournant du XIIe siècle pour voir se diversifier les centres de production, depuis l'ouest du royaume (domaines continentaux des Plantagenêt) jusqu'aux abbayes périphériques de l'est et du nord-est (Wallonie) en même temps que les genres littéraires. Lorsque la librairie se sera organisée, sous l'impulsion des écoles et de l'Université, les choses seront très différentes et l'écrit vernaculaire prendra d'un coup un essor impressionnant. Les premiers changements commencent à se faire sentir dans le dernier quart du XIIe siècle, mais jusque-là, les scriptoria monastiques continuent à assurer l'essentiel d'une production qui demeure religieuse.

Le XIIIe siècle marque un seuil. La mise au point du système graphique, largement irradié à partir de l'Angleterre, se consolide peu à peu. C'est à cette époque que les frontières du mot se stabilisent. Alors que le nombre des agglutinations varie entre 14,22 % et 8,30 % du IXe au XIIe siècle, il ne se situe plus qu'entre 2,5 % et 0,55 %, du XIIIe siècle à la fin du XVe siècle. La séparation des mots dans les manuscrits en français est sans doute la conséquence d'une imitation du modèle latin. En effet, dès le XIIe siècle, la séparation des mots était nette dans les manuscrits latins. L'introduction d'espaces clairement perceptibles entre chaque mot, prépositions monosyllabiques comprises, avait pour conséquence de diminuer le besoin de lire à voix haute pour comprendre un texte. Les lecteurs de textes rédigés en français ne pouvaient être insensibles à cette conséquence.

Pour Paul Saenger, la séparation des mots eut de profonds effets sur la présentation des textes français, sur leur grammaire et sur leur graphie[11]. Elle a permis au système graphique des langues « vulgaires » d'être moins phonétique que celui du latin, car une fois les mots constitués en unités visibles de lettres, ils continuaient à s'écrire de la même façon, alors que, dans la prononciation, certaines lettres devenaient muettes.

En voie de normalisation (XIVe-XVe siècles)

La graphie de l'ancien français (du IXe au XIIIe siècle) est « phonocentrée », dans la mesure où chaque graphème du code écrit – chaque lettre ou groupe de lettres – a un correspondant dans le code oral : un son et un seul. L'écriture se présente donc comme un code de substitution au code oral, auquel elle renvoie et se subordonne. A partir du XIVe siècle se répand l'usage de faire apparaître dans la graphie des lettres qui ne sont pas prononcées et ne l'ont jamais été. Se produit alors une réorientation sévère du système en place.

L'histoire de l'écriture explique une partie de ces modifications. Dès le début du XIVe siècle, la « cursive » latine, une écriture tracée avec rapidité sans lever la main, est parfaitement au point : on commence à l'employer, avec la séparation des mots, pour les documents de la pratique en langue vulgaire et, un peu plus tard, pour les textes littéraires. Cette écriture plus rapide, qui permet de répondre à la demande croissante de livres engendrée par une lecture silencieuse également plus rapide, pose quelques problèmes de déchiffrement, car les mots n'ont guère de relief et lorsque plusieurs lettres à jambages se suivent, leur interprétation est délicate : quatre jambages peuvent ainsi se lire *un*, *nu* ou VII en chiffres romains.

Pour rendre la lecture plus aisée, il fallait rendre reconnaissables les mots sans qu'il fût nécessaire de déchiffrer toutes les lettres qui les composaient ; il fallait donner au mot une image visuelle en développant des éléments de verticalité dans l'écriture. Les boucles des lettres sont allongées, les derniers jambages des *n* et des *m* plongent sous la ligne, les hastes (hampes) et les queues prennent de l'ampleur. Mais surtout, on ajoute des lettres ayant un fort relief et une forme remarquable, comme *b, d, p* et *s* plongeant. Ces lettres muettes ajoutées (dites « adscrites ») sont souvent présentes dans l'étymon latin correspondant : *redouter*, du latin *dubitare*, est refait en *redoubter* ; *aventure*, du latin *adventura*, est refait en *adventure* ; *recevoir*, du latin *recipere*, est refait en *recepvoir*.

La réorientation du système tient aussi à des raisons grammaticales. Les copistes perçoivent que la graphie est une forme de la langue et qu'elle véhicule des informations grammaticales : certaines lettres muettes, introduites alors, replacent les mots au sein des systèmes, des paradigmes dont ils relèvent. Ainsi *je bas* tend à s'écrire *je bats* pour faciliter son identification comme forme du verbe *bat(t)re* ; de même l'adjectif féminin *brieve* se rencontre fréquemment sous la forme *briefve*, qui le rattache à la forme du masculin *brief*[12].

Enfin, il ne faut pas oublier l'évolution du sentiment de la langue et de la conscience linguistique. Alors que la langue française accède aux mêmes domaines d'expression savante que le latin et la concurrence dans bien des fonctions hautes, elle lui emprunte une partie de son apparence visuelle et s'habille de latin en se parant de lettres dites « étymologiques ». L'évolution phonétique qui a affecté les mots issus du latin leur a donné une forme où le latin n'est guère reconnaissable sans un œil expérimenté. A la fin du Moyen Age, les scribes de formation universitaire introduisent souvent des consonnes muettes, non pour changer la prononciation de tel ou tel mot, mais pour rendre le mot français visuellement plus proche du mot latin dont il venait, donnant aux mots une étymologie visuelle.

Pour des professionnels de la lecture et de l'écriture, le décodage (la lecture) d'un texte écrit en français renvoie non pas à la langue française orale, mais directement à une autre langue écrite servant de référence, le latin : on lit du latin à travers le français. La lecture par association successive d'une lettre à un son a cédé le pas à une lecture « lexicale », fondée non sur un décodage associant un signe écrit à un signe oral, mais sur la reconnaissance globale du mot en tant que signe. Or ce signe renvoie directement à un signe qui appartient à une autre langue écrite, le latin. Les éléments muets ainsi introduits en français éloignaient la langue écrite de la langue orale et compliquaient son usage, mais les lettres « étymologiques » permettaient de doter le français d'une aire de diffusion large en fixant le code écrit et en lui donnant une image latine. A l'écrit, le français de la fin du Moyen Age accède à un statut intermédiaire entre le latin et le vernaculaire. La latinisation graphique consacre l'autonomie de la notation écrite par rapport aux réalisations orales et garantit par là même la stabilité de la graphie, car elle déconnecte définitivement l'écrit de l'évolution phonétique de la langue.

L'imprimerie infléchit quelque peu ce mouvement, car elle engendre un décloisonnement culturel et donne accès à l'écrit pour un public plus large, moins expérimenté en lecture et largement ignorant du latin. D'autre part, les contraintes techniques de l'écriture manuscrite, amplement responsables de la structure particulière de la graphie ancienne, et notamment de la multiplication des lettres étymologiques, disparaissent partiellement. Les caractères typographiques, gravés et mobiles, permettent une séparation nette entre les mots et les lettres à jambages ne peuvent plus être confondues puisque u et n sont deux caractères distincts.

Lorsque, dans les années 1520-1525, est préparée une édition de la traduction de la *Règle de saint Benoît* réalisée à l'abbaye Saint-Germain-des-Prés sous l'égide de l'abbé Jean de Précy (1334/1336-1353), le manuscrit du XIVe siècle est relu plume en main[13]. Il conserve aujourd'hui dans ses quarante premiers feuillets des corrections systématiques, visant à mettre la langue au goût du jour. Les interventions se concentrent surtout sur les archaïsmes graphiques, preuve de la mise en place, sans doute grâce à l'imprimerie, d'une norme qui déshabitue les lecteurs de l'hétérogénéité graphique qui avait cours jusque-là : s est remplacé par x à la finale de certains monosyllabes, comme *vois*, corrigé en *voix* ; les formes régionales sont normalisées (*vaissiaus* est corrigé en *vaisseaux*, *biaus* en *beaux*, *eve* en *eaue*, *Pere* en *Pierre*, *traveillé* en *travaillé*, *ruile* en *reigle*, *dreite* en *droite*, etc.) ; les voyelles prétoniques et initiales se voient restituer leur vocalisme latin (*nourreture* est corrigé en *nourriture*, *segnefie* en *signifie*, *edefie* en *edifie*, *admenistré* en *administré*, *devine* en *divine*...). La variation n'est plus la norme.

Le poids des habitudes est tel que peu de changements se produisent au début du XVIe siècle. C'est seulement autour de 1530 que l'on commence à adapter l'orthographe ancienne au nouveau public et aux nouvelles techniques. Disparaissent alors certains procédés de lisibilité associés à l'écriture manuscrite : des consonnes étymologiques sont supprimées, de même que certaines consonnes muettes finales (*g* dans *ung* ou *soing*), des consonnes doubles, comme dans *robbe* ou *attrappé*, sont simplifiées... La coordination des rapports entre l'oral et l'écrit se trouve de nouveau renforcée. Cette épuration de l'orthographe n'est pas particulière au français, car le même phénomène se rencontre ailleurs en Europe. De 1522 à 1545, les éditions des œuvres de Luther subissent une modernisation semblable. Imprimeurs et réformés ont, les uns et les autres, besoin de rendre la langue écrite plus accessible : les uns pour vendre davantage, et les autres pour convertir le plus grand nombre de fidèles.

2

DIRE LA RELIGION EN FRANÇAIS

L'opposition primaire entre latin et français, attachés respectivement à l'écrit et à l'oral, se double d'une série d'oppositions secondaires très réductrices. Ainsi, le latin serait la langue de la religion et des religieux alors que le français serait celle des laïcs. Si cette vision de la langue, entretenue par les clercs, se vérifie partiellement, elle simplifie les données du problème. Le latin est la langue de la liturgie et de la communication officielle à l'intérieur de l'Eglise occidentale, mais il n'annexe pas, loin de là, toutes les fonctions religieuses. L'annonce de la « Bonne nouvelle » implique une communication du message religieux à destination de la foule des fidèles non latinophones. L'élaboration du français écrit résulte d'ailleurs en grande partie de nécessités liées à la communication religieuse : les chansons sur les vies de saints ou la traduction du psautier dans les monastères anglo-normands prouvent que le français écrit est d'abord (X^e-XIIe siècles) une langue religieuse. D'un autre côté, affirmer que le latin est la langue des clercs est juste dans la mesure où la maîtrise de cette langue justifie leur statut, leur prestige et leur fonction sociale, mais la langue maternelle des clercs, du moins dans la partie septentrionale du royaume, est bien le français. Les clercs sont toujours au minimum bilingues et le latin n'est jamais pour eux qu'une langue seconde. Cependant, le rapport au sacré et au religieux structure l'histoire de la relation entre le latin et le français.

Le latin sacralisé

Même si ce statut commence à lui être dénié à la fin de la période, le latin revendique un caractère sacré. Cette prétention s'appuie sur une argumentation théologique et sur des références à l'Ecriture. Deux passages ont constamment servi à asseoir le latin comme langue sacrée face au vernaculaire [1]. Lors de la crucifixion, l'Evangile de Jean nous dit que « Pilate avait rédigé un écriteau qu'il fit placer sur la croix : il portait cette inscription : "Jésus le Nazaréen, le roi des juifs". Cet écriteau, bien des juifs le lurent, car l'endroit où Jésus avait été crucifié était proche de la ville et le texte était écrit en hébreu, en grec et en latin » (Jean, 19, 19-20). Le latin est donc, dans l'Evangile même, associé aux deux langues de la Bible, le grec et l'hébreu, formant ainsi une triade linguistique sacrée. L'écriteau, qui associe les trois langues, les ennoblit en les dissociant des autres. Il leur confère une dignité supérieure aux soixante-douze autres langues nées du désastre de Babel. Les nombreux commentaires de l'Evangile de Jean perpétuent cette idée. Les trois langues sacrées ne sont, certes, pas mises sur le même plan. Il est généralement admis que l'hébreu, manifestation de la parole de Dieu, préexistait à la tour de Babel. Le grec est pour saint Thomas la langue de la sagesse. Par un phénomène de translation, hébreu, grec et latin sont unis dans une relation quasiment directe à la parole de Dieu, par opposition aux langues vernaculaires, antiques et modernes, dont les conventions sont humaines.

L'épisode de la tour de Babel (Genèse, 11, 1-9) a donné lieu à une réflexion sur les rapports interlinguistiques et sur la place relative de chaque langue. Alors que les hommes, qui parlaient tous une même langue, construisent une tour pour se rapprocher des cieux, Dieu, mécontent de ce projet, décide de brouiller la langue des hommes afin qu'ils ne s'entendent plus. L'entreprise de la tour échoue et les hommes se dispersent à la surface de la terre. A. Borst, dans son livre magistral sur le mythe de Babel, a montré comment les exégètes médiévaux ont eu tendance à passer de la notion de « confusion des langues » à celle de « division des langues » [2]. Dans la Vulgate, en effet, Dieu dit : « descendons et confondons ici leurs langues » (*descendamus et confundamus ibi linguam eorum*) (Genèse, 11, 7) ; la notion de division n'apparaît qu'au verset suivant, lorsque le Seigneur dispersa (latin *divisit*) les hommes. C'est dans le cadre, moins peccamineux, de la « division » que les théologiens ont pensé la différence linguistique.

Une glose (en latin) de Henri de Crissey sur le *De modis significandi* en vers de Jean Josse de Marville montre où l'on situait le vernaculaire, au XIVe siècle, dans le processus de division des langues. On y retrouve les trois langues inscrites sur la croix, nettement dissociées des autres, parce qu'elles dérivent directement de la langue de Dieu. D'une part se trouvent les langues obéissant aux conventions humaines, d'autre part les langues sacrées remontant à une tradition antérieure à l'épisode de la tour de Babel : « A l'intérieur des peuples latins, certains sont laïcs et certains clercs... On dit des laïcs qu'ils ont des langues dont les mots ont été imposés conventionnellement, lesquelles langues sont enseignées à l'enfant par la mère et les parents ; et ainsi les langues sont multiples parmi les Latins, puisqu'on en trouve une chez les Français, une autre chez les Germains, une autre chez les Lombards ou Italiens. Par ailleurs, les clercs, chez les Latins, ont une langue qui est la même pour tous, et celle-ci est enseignée aux enfants à l'école par les grammairiens. [...] Il apparaît clairement [...] que les mots latins furent les derniers à être imposés. A ce sujet, en effet, on doit savoir que les créateurs de la première langue latine créèrent leurs mots à partir de la langue grecque [...] Les Grecs quant à eux créèrent leurs mots à l'aide de la langue hébraïque [...] Les Hébreux enfin créèrent plusieurs mots à partir des mots donnés par Dieu[3]. »

Au-delà de la sacralisation que le latin tire des commentaires de ces deux passages de la Bible, la relation ontologique du christianisme avec la parole contribue à renforcer son caractère sacré, puisqu'elle suppose un contrôle accru de la manifestation linguistique. Le christianisme en tant que religion est essentiellement un fait de langage. Dans cette religion, le contenu théologique et doctrinal se confond avec la forme de sa manifestation. La Parole, qui peut être prêchée, commentée, revécue, ne peut jamais échapper à la forme initiale de l'acte linguistique. Or il est important de ne pas déformer la Parole, afin de ne pas l'affaiblir ou la dénaturer. Le meilleur moyen, ou du moins le plus sûr, de préserver une parole immuable est d'en conserver la forme inchangée. La culture médiévale jugea donc seules licites les formes de la Parole telles que la répétition et la citation.

La liturgie chrétienne est la manifestation rituelle et répétitive d'un événement linguistique et de pratiques fixées une fois pour toutes. Son discours renvoie moins à une signification grammaticale qu'à d'autres mots de sens identique. La langue liturgique est une chaîne ininterrompue de citations, de répétitions, dont la valeur réside dans la fidélité absolue à une « première fois ». La compréhension apparaît négligeable dans ce langage puisque, grâce au seul prestige de sa forme, il peut fonctionner sans que son contenu soit nécessairement déchiffrable. Le discours liturgique n'est pas un acte de communication, mais un acte rituel de commémoration ou de prière. Le vernaculaire en est banni, sauf en cas de danger de mort. En effet, lorsqu'un non-baptisé se trouvait sur le point de mourir en l'absence de prêtre, l'Eglise permettait à un laïc chrétien d'agir et de prononcer les paroles du baptême en langue romane, comme le précisent les statuts synodaux de Paris, très tôt au XIIIe siècle.

On comprend alors l'importance que revêt aux yeux des hommes du Moyen Age le mythe de la tour de Babel. La confusion des langues ne signifie pas seulement l'impossibilité pour les hommes de communiquer entre eux, mais la fin de toute relation possible avec Dieu. De là vient la nécessité et l'obsession d'une langue immuable. L'adoption du latin comme langue de culte au IVe siècle par l'Eglise d'Occident, implantée à Rome, devait servir à garantir avant tout la conformité de son discours à la tradition, à la forme originelle. Dans le *De vulgari eloquentia*, Dante présente le latin comme une langue « inventée » à dessein pour suppléer aux difficultés de la transmission de la culture et du savoir.

Le sentiment de sacralité est cependant contrebalancé par une tendance contradictoire à l'intelligibilité de la Parole divine. On trouve, en effet, dans le Nouveau Testament, un épisode qui, contrairement à celui de la tour de Babel, valorise le plurilinguisme : alors que les apôtres se trouvent réunis pour le jour de la Pentecôte, « leur apparurent comme des langues de feu qui se partageaient et il s'en posa sur chacun d'eux. Ils furent tous remplis d'Esprit Saint et se mirent à parler d'autres langues, comme l'Esprit leur donnait de s'exprimer » (Actes des Apôtres, 2.3-4). Le « don des langues », tel que nous le rapporte saint Luc, permet de rétablir la Parole de Dieu dans le monde au moyen de la prédication. L'image des langues de feu de la Pentecôte pouvait entamer le monolinguisme résultant de la dévotion à la forme et à la sacralité de la langue. D'autant qu'un passage de la première épître de Paul aux Corinthiens pouvait être interprété dans ce sens : « Ainsi de vous : si votre langue n'émet pas de paroles distinctes, comment comprendra-t-on ce que vous dites ? Vous parlerez en l'air. Il y a, de par le monde, je ne sais combien d'espèces de langues, et rien n'est sans langage. Mais si j'ignore la valeur des sons, je ferai l'effet d'un barbare à celui qui parle, et celui qui parle me fera, à moi, l'effet d'un barbare » (I Co, 14, 9-11).

Ces tendances contradictoires, opposant sacralité et intelligibilité, monolinguisme latin contre plurilinguisme et traduction, furent synthétisées dans une répartition fonctionnelle : l'unique langue de la liturgie fut le latin, mais la prédication et la paraliturgie se faisaient dans les langues « vulgaires » de la chrétienté.

Une Bible pour les « simples gens »

Au Moyen Age, le christianisme occidental repose sur la traduction latine de la Bible par saint Jérôme, que l'on appelle la Vulgate. Comme le latin de la Vulgate constitue pour certains un obstacle à l'accès au texte sacré, des gloses, puis des traductions interlinéaires et enfin linéaires en français viennent en éclairer le sens. Cette transposition du texte sacré en français eut d'importantes conséquences : il ouvrit un débat sur la justification et sur les limites d'un accès du français à l'expression sacrée, débat qui ne fut jamais tranché au Moyen Age. Parallèlement à ces discussions théoriques, le français accéda de manière pragmatique à l'expression du texte sacré. Cette fonction religieuse enrichit la palette d'expression du français, élargit son vocabulaire et eut même des effets sur sa syntaxe. Seulement, cette expression de la Parole sacrée en français, que nous connaissons uniquement grâce à des témoignages écrits, a dû prendre largement corps à l'oral dans des paraphrases et dans des commentaires.

La longue histoire de la traduction française de la Bible commence par des gloses, parfois regroupées comme dans le *Glossaire de Reichenau* dont nous avons déjà parlé. Le véritable point de départ des traductions bibliques réside une fois de plus dans l'Angleterre anglo-normande. Dès la première moitié du XIIe siècle des disciples de Lanfranc de Pavie traduisent le psautier en prose, précédant de quarante ans environ les premières adaptations en vers.

La plus ancienne traduction d'un livre de la Bible est celle du psautier dit d'Oxford ou de Montebourg. Cette traduction monolingue, presque certainement d'origine monastique, eut un succès durable, puisqu'elle fut en usage jusqu'au XVIe siècle. Le contexte linguistique particulier de l'Angleterre explique la précocité de la tradition insulaire. Le français, valorisé socialement, y est la langue de la classe dominante, à la fois dans les monastères et à la cour. A l'écrit, il semble être utilisé d'abord dans les milieux monastiques, mais il n'y a pas de rupture entre le monastère et la cour, ni linguistiquement ni sans doute socialement.

La production de textes religieux français résulte autant d'un patronage à la cour que dans les monastères, où, dès le XIIe siècle, le français est reconnu comme un médium approprié à la prédication, au didactisme, mais aussi à la transmission de textes religieux. Le meilleur exemple est peut-être le manuscrit superbement illustré du psautier triple d'Eadwin, provenant de Christ Church à Canterbury entre 1155 et 1160. Il contient une glose interlinéaire de l'*Hebraicum* (l'une des versions du psautier avec le *Gallicanum* et le *Romanum*). Cette glose traductrice semble avoir été conçue à l'origine comme une aide à la lecture du latin plutôt que comme une traduction se prêtant à une lecture autonome. Elle s'inscrit donc dans une longue et respectable tradition monastique et était sans doute prévue pour faciliter la traduction spontanée du texte à l'école ou pendant l'office, peut-être aussi l'étude privée. A la traduction interlinéaire s'ajoute bientôt une technique de traduction différente : dans certains manuscrits, les scribes placent la traduction dans une colonne parallèle au texte original.

Dans le psautier d'Eadwin, le vernaculaire semble donc un ajout fonctionnel au latin plutôt qu'un substitut. Mais la valeur symbolique du français transcende dans ces premiers psautiers insulaires la fonctionnalité : les gloses et adaptations françaises sont la reconnaissance de la position privilégiée de cette langue, non seulement comme celle de la classe dominante, mais aussi comme véhicule d'expression commun aux mondes religieux et séculier. En Angleterre, le français n'est pas considéré comme subordonné au latin ou comme réservé à un registre linguistique inférieur. Ce serait sous-estimer son importance et son statut culturel dans une société trilingue où il coexiste naturellement avec le latin, dont il est linguistiquement proche, comme véhicule complémentaire d'expression. Dans ce contexte bien différent de celui du continent, le français est capable de former un pont entre les cultures religieuse et séculière, alors juxtaposées.

Il faut attendre quelques décennies pour que l'on commence à traduire d'autres livres de l'Ancien Testament, cette fois sur le continent. On conserve cependant un fragment d'une traduction du Livre des Juges à l'usage des Templiers, réalisée vers 1160-1170, peut-être dans l'ouest de la France, c'est-à-dire dans les domaines Plantagenêts influencés par les pratiques sociolinguistiques anglaises. C'est surtout à partir du XIIIe siècle que les traductions se multiplient dans le royaume, le choix entre prose et vers se faisant en fonction des destinataires. La prose vise surtout un public religieux (clercs et religieuses illettrés), alors que les adaptations en vers visent un auditoire laïc, qui ne veut pas seulement être instruit, mais aussi diverti.

Certaines de ces traductions possèdent des prologues ou des épilogues justifiant l'entreprise. La justification la plus fréquente est la nécessité de traduire l'Ecriture pour ceux qui ignorent le latin. Herman de Valenciennes qui, soit vers 1140 soit après 1189, traduisit en 7000 alexandrins un choix d'épisodes tirés des livres historiques de l'Ancien et du Nouveau Testament, écrit en effet : « *De cest livre q'est faiz des le commencement / Sachiez que je nel faz* [fais] *por or ne por argent, / Por amor Deu le faz, por amander* [corriger] *la gent. /Et lise le romanz qui* [celui qui] *le latin n'entent* [ne comprend][4]. »

Plus d'un siècle après, sans doute dans les premières années du XIVe siècle, Macé de La Charité compose à l'usage des clercs peu lettrés et des laïcs l'une des Bibles françaises les plus longues et les plus complètes. Son prologue revient sur la difficulté qu'ont bien des gens à comprendre le latin :

Et por ce que maintes gens sont
Qui en lour cuers tant de sens n'ont
Qu'il puissent entendre à devise [entièrement]
Tout ce que li latins devise [le latin raconte]
Ne les fors [difficiles] *moz de l'Escripture*
Qui lor semble estre trop oscure [très obscure],
Pour cete cause en charité
Veaust [a voulu] *Macez de la Charité*
Sur Loyre, de Cenquoinz curez,
Les beaux faiz des benehurez [bienheureux]
En françoys et en rime metre,
Tout ainssit com [exactement comme] *le dit la letre,*
Segon [selon] *l'escriture et le griefe* [stylet]
de Moyses et de Josefe[5].

Beaucoup de traducteurs ou adaptateurs sont plus précis et indiquent explicitement que la version française qu'ils donnent du texte latin est destinée aux laïcs. Guiart des Moulins dit translater « *pour faire layes* [laïques] *personnes entendre* [comprendre] *les histoires des escriptures anciennes* » ; l'anonyme d'un *Poème anglo-normand sur l'Ancien Testament* termine ainsi son prologue : « *As lais escrif* [j'écris] *l'estorie* [l'histoire] *u k'il seient* [où qu'ils soient] *: / Li clerc* *la savent kar il sovent la veient* [voient] [6]. » Le français est donc clairement associé aux laïcs.

Le passage d'une langue sacrée à une langue vernaculaire peut poser à un clerc des problèmes déontologiques. Aussi les prologues reviennent parfois sur le statut du français. Evrat, qui nous a laissé une traduction inachevée de la *Genèse* entreprise à la demande de Marie de Champagne en 1192, pense que l'hébreu est la langue universelle, ce qui ne l'empêche pas de se montrer un chaleureux défenseur du français, qu'il considère comme une langue d'essence divine, notamment grâce à ses qualités de souplesse :

Tuit [li language] sunt et divers et estrange
Fors que li languages franchois ;
C'est cil que Deus entent anchois,
K'il le fist et bel et legier,
Sel puet l'en croistre et abregier
Mielz que toz les altres languages [7].

[Toutes les langues sont différentes et étrangères l'une à l'autre, si ce n'est la langue française ; c'est celle que Dieu perçoit le mieux, car il l'a faite belle et légère, si bien que l'on peut l'amplifier ou l'abréger mieux que toutes les autres.]

Le même Evrat justifie, comme d'autres traducteurs, son entreprise en rappelant l'activité traductrice de saint Jérôme, qu'il loue d'avoir traduit les Ecritures d'hébreu en latin. Comme la Bible latine est déjà une traduction, pourquoi ne s'autoriserait-il pas à en donner une nouvelle version ?

Del ebreu en latin la mist
Com cil ki bien s'en entremist.
S'Evraz à ce se puet permetre
K'il la repusse en romans metre
Si ke l'entendent cler et lai,
N'a pas mis sa paine en delai [8].

[Il la mit d'hébreu en latin, en homme qui sut bien s'y prendre. Si Evrat peut se permettre d'oser la mettre à son tour en « roman » afin que les clercs et les laïcs la comprennent, il n'aura pas perdu sa peine.]

Macé de la Charité fait de même, mais il avance d'autres arguments en faveur de son travail. Il ne suffit pas de connaître un peu de latin pour bien comprendre la Vulgate. Beaucoup de personnes frottées de latin sont incapables de lire le texte de façon linéaire ou sont rebutées par l'effort que ce type de lecture leur demanderait. Le français ne doit pas se substituer au latin ; il doit venir l'éclairer et permettre de comprendre plus précisément la lettre. Par ailleurs, le vers français favorise la mémorisation des Ecritures :

> Et Macez de La Charité
> Purement en charité
> Dou Sauveor ou il se fie
> Au desrenier les metrefie
> Et met le latin en françois
> Ou li livre estoient ançois,
> Por ce que plusors qui l'orront
> Plus clerement savoir porront
> Et retenir en lor memoires
> Ce que racontent les estoires[9].

[Et Macé de La Charité, par pure charité du Sauveur auquel il se fie, versifie finalement ces livres et traduit en français les livres qui étaient jadis en latin, afin que les nombreuses personnes qui les entendront puissent plus clairement savoir mémoriser ce que ces histoires racontent.]

Pour les traducteurs cités, la traduction ne pose pas de problèmes théologiques. Seulement, donner accès au texte même des Ecritures aux laïcs est risqué, car ils peuvent développer une interprétation qui s'éloignerait de l'orthodoxie. C'est ce qu'illustre l'histoire emblématique de l'hérésie vaudoise. Pierre Valdès, riche marchand lyonnais, fonda vers 1170-1173 un mouvement évangélique dont les membres se disaient « Pauvres de Lyon ». Valdès, désireux d'avoir un accès direct à l'Ecriture se serait arrangé avec le grammairien Etienne d'Anse et le copiste Bernard Ydros. Voilà ce que nous en dit (en latin) le dominicain Etienne de Bourbon, alors inquisiteur à Lyon : « Ce Valdès entendant les Evangiles, alors qu'il n'était guère lettré, dans le désir de comprendre ce qu'ils disaient, passa un accord avec les prêtres susdits, l'un traduirait en langue vulgaire et l'autre écrirait ce qu'on lui dicterait, ce qu'ils firent ; de même beaucoup de livres de la Bible et beaucoup de passages de saint auteurs rassemblés par thèmes qu'ils appelaient sentences [10]. »

En 1179 Valdès, accueilli par le pape Alexandre III au troisième concile du Latran, fait reconnaître par le pape sa règle de vie, mais s'engage à ce que ses disciples ne prêchent plus. Comme cette promesse n'est pas tenue, les vaudois sont chassés de Lyon en 1182 ou 1183 par un nouvel archevêque. On en retrouve un groupe avant 1192 autour de Metz. L'évêque de Metz avait d'ailleurs averti Innocent III de l'existence dans son diocèse, dans les campagnes comme dans la ville, d'une communauté de laïcs vaudois hommes et femmes. Nous savons, par la réponse du pape que, dans leur désir de s'abreuver aux sources scripturaires, les vaudois s'étaient fait traduire en français les Evangiles, les Epîtres de saint Paul, le psautier, les *Moralia in Job* de Grégoire le Grand, etc.

Avant de condamner les livres en langue vulgaire, le pape se montre prudent car, selon lui, la traduction n'est pas une mauvaise chose ; elle atteste, en effet, le désir de mieux comprendre les Ecritures. En revanche, il faut s'assurer des auteurs des traductions, examiner quelles sont leurs intentions, quelle est la foi des destinataires et l'objet de leur enseignement. A ces fins, le pape envoya à Metz une mission inquisitoriale d'abbés cisterciens qui brûlèrent finalement les livres litigieux.

Au début du XIIIe siècle, les condamnations contre les traductions se multiplient. En 1202, le légat pontifical à Liège ordonne que tous les livres religieux écrits en roman ou en tudesque (moyen haut allemand) soient remis à l'évêque afin d'être jugés. En 1210, à la suite de la condamnation de David de Dinant, les autorités ecclésiastiques de Paris ordonnent de brûler tous les livres de théologie écrits en langue vulgaire, à l'exception seulement des vies de saints. Quelques années plus tard, le concile de Reims (1230-1231) décide d'interdire la traduction des livres sacrés en « langue française, comme jusqu'à maintenant » (*gallicum idioma sicut hactenus*), preuve que la disposition n'était pas nouvelle. En 1242, le chapitre général des dominicains établit « qu'aucun frère ne traduise du latin en langue vulgaire des textes ou toute autre chose concernant l'Ecriture sainte ».

Simon de Tournai (vers 1130-vers 1203), l'un des premiers professeurs réputés des écoles parisiennes, se montre très sévère à l'égard des traductions de la Bible qui circulent en Flandre où elles sont particulièrement prisées des femmes qui ont, moins que les hommes, accès au latin : « J'ai vu, lu et possédé une Bible en français, dont un exemplaire était exposé chez les libraires de Paris. Les hérésies et les erreurs, les doutes et les interprétations incongrues qui y figurent sont si nombreuses que la place me manque pour les énumérer toutes et on a du mal à écouter avec calme ces longues séries d'erreurs et de saletés [...]. Pour que, une fois les sources taries, on résolve plus facilement la recherche de telles erreurs, il faut détruire les exemplaires existants, emprisonner les traducteurs, brûler les textes erronés qu'on aura retrouvés, pour que la Parole divine ne s'avilisse dans la langue vulgaire et que l'on ne puisse pas dire de tous côtés : voilà le Christ est ici, le Christ est là, de manière que le sacré ne soit pas jeté aux chiens et que les perles précieuses ne soient pas exposées au piétinement des porcs [11]. »

On peut se demander quelle était l'efficacité ou la portée de ces virulentes mesures et déclarations et s'il n'y a pas eu un infléchissement de cette attitude négative, parce que ces condamnations multiples n'empêchent pas les traductions de circuler et de se multiplier au XIIIe siècle. C'est même dans le troisième quart ou au début du quatrième quart du siècle que fut composée la première traduction complète de la Bible, appelée *Bible du XIIIe siècle*.

Toujours est-il que les traducteurs eux-mêmes prennent des précautions et reconnaissent que leur traduction ne doit pas être mise entre toutes les mains. C'est le cas de Landri de Waben, traducteur du *Cantique des cantiques* : « *Mais tant requier que cist romanz / Unkes ne viegne en main d'enfant* [12]. » [Mais je demande seulement que ce texte en roman ne tombe jamais entre les mains d'enfants.]

« Le XIVe siècle a été l'âge d'or de la diffusion des Bibles manuscrites [13]. » C'est autour de la *Bible du XIIIe siècle* et de la *Bible historiale*, une traduction commentée de livres historiques de la Bible, que se construit dans le premier quart du siècle la seule Bible française largement diffusée au Moyen Age, la *Bible historiale complétée*, dont il nous reste plus d'une centaine de manuscrits, souvent fort précieux, signe d'une diffusion aristocratique. Deux initiatives royales de grande envergure visèrent également à obtenir un bon texte en français : Jean le Bon demanda au dominicain Jean de Sy une nouvelle traduction ; Charles V confia plus tard à Raoul de Presles la rédaction d'une nouvelle version. Ces traductions royales, toutes deux inachevées, ne furent jamais largement diffusées. La vraie Bible française du Moyen Age est la *Bible historiale complétée*, encore imprimée en 1545.

Dans les deux derniers siècles du Moyen Age, on est donc loin des condamnations absolues du début du XIIIe siècle, d'autant que le roi de France soutient le mouvement. Cependant, la méfiance d'une bonne partie du clergé demeure grande. L'essentiel est que les traductions françaises se diffusent surtout dans des manuscrits de prix, inaccessibles au premier venu. D'autre part, ces traductions sont presque toujours enrichies d'un commentaire qui insiste surtout sur le sens littéral ou historique, encadrant ainsi la lecture, et évitant d'engager les lecteurs dans la voie de discussions doctrinales ou théologiques. La Bible française doit d'abord être une « histoire sainte ».

Dans les dernières années du XVe siècle et dans les premières décennies du XVIe siècle, le problème de la Bible en français refait surface. Certains réformateurs désirent que les « *simples gens* » aient directement accès à la Parole de Dieu, ce qui implique nécessairement le recours au « *langage maternel françois* » et une possibilité de lecture qui dépasse le sens littéral, parce que la Parole de Dieu n'est pas seulement historique. Certains réformateurs accusent les autorités ecclésiastiques de maintenir volontairement les fidèles dans l'ignorance par l'usage de la seule langue latine dans l'Eglise, et cela en raison des multiples avantages qu'en retirait le clergé ; le thème des « Ecritures cachées sous le latin » revient très souvent sous la plume des Evangélistes.

Dans un premier temps, la monarchie française encouragea les efforts des gallicans dans la tâche de réformer l'Eglise et de promouvoir la langue française, les soutenant et défendant parfois contre les censures des théologiens. La monarchie y trouvait plusieurs intérêts : une indépendance plus grande de l'Eglise de France par rapport à Rome ; un avantage à prendre sur l'Italie, avec laquelle la France était en guerre et où la langue vernaculaire réhabilitée était devenue un instrument de culture ; la promotion de la centralisation politique grâce à un rôle accru confié au français. A la demande de Charles VIII, Jean de Rely, confesseur et conseiller très écouté du roi, révise de fond en comble la *Bible historiale complétée* en la collationnant avec la Vulgate. Vers 1498, cette bible est publiée à Paris par Antoine Vérard. La préface indique que cette version est réalisée « *nompas pour les clercz, mais pour les laics et simples religieux et hermites* ».

L'hégémonie traditionnelle du latin est remise en cause par les revendications individualistes et critiques de la Réforme. Certains voudraient que les secteurs de la vie religieuse encore fermés au français, comme la liturgie, lui soient ouverts. Erasme clame haut et fort dans sa *Paraclesis* (1516) la nécessité de traduire l'Ecriture dans toutes les langues vernaculaires, afin qu'elle soit vraiment universelle : « Je suis en effet passionnément en désaccord avec ceux qui voudraient interdire aux ignorants de lire la Divine Ecriture traduite dans une langue vulgaire, sous le prétexte que l'enseignement du Christ est si obscur que c'est à peine si un tout petit nombre de théologiens peut le comprendre, ou sous celui que la meilleure défense de la religion chrétienne consiste à n'être pas connue. [...] Ah ! si le paysan à sa charrue en chantait un extrait, si le tisserand à ses navettes en modulait un passage, si le voyageur allégeait l'ennui de l'étape avec des récits de ce genre ! Que sur eux roulent les entretiens de tous les chrétiens [14] ! »

Les déclarations d'Erasme bouleversent les catégories socioculturelles, puisque toute personne, quelle que soit sa place dans la société, paysan ou artisan, a le droit d'accéder directement aux Ecritures. Les lieux de la prière ou du culte ne sont plus codifiés, puisque l'on peut prier en labourant, mais surtout le monopole des interprètes professionnels et autorisés de la Bible est remis en cause, puisque chaque personne est invitée à se faire exégète. C'est à une révolution culturelle qu'Erasme invite les chrétiens.

En 1523 Jacques Lefèvre d'Etaples, en accord avec Erasme, donne une version française du Nouveau Testament. Dans l'*Epistre exhortatoire* qui accompagne les Evangiles, Lefèvre d'Etaples explique qu'il a réalisé cette traduction « *affin que ung chascun qui a congnoissance de la langue gallicane et non point du latin soit plus disposé à recevoir ceste presente grace [...], affin que les simples membres du corps de Iesuchrist ayanz ce en leur langue puissent estre aussi certains de la verité evangelicque, comme ceulx qui l'ont en latin*[15] ».

Les Evangélistes, qui constituent dans les années 1520 un courant au sein de l'Eglise gallicane, préconisent de rechercher dans la lecture assidue des textes bibliques, des psaumes et des Evangiles en particulier, l'assurance d'une offre divine de salut et la possibilité d'être vertueux. Lefèvre d'Etaples recommande ainsi à « *tous evesques, curez, vicaires, docteurs, prescheurs* » d'« *esmouvoir le peuple à avoir, lire et ruminer les sainctes Evangiles* ». Souvent réédité (42 éditions différentes recensées entre 1523 et 1563), le *Nouveau Testament* de Lefèvre pénètre aux quatre coins de France, contribuant ainsi au rayonnement de la langue française dans les provinces. Il supplante parfois des versions en langue locale, comme le *Nouveau Testament* picard, et joue un rôle non négligeable dans l'unification linguistique du pays.

Parallèlement de nombreux petits livrets ou manuels de « couleur réformée », imprimés parfois à l'étranger, sont répandus par des colporteurs. Si leur rôle fut important dans la diffusion de la Réforme, c'est parce que les imprimeurs avaient fait un effort considérable pour les rendre accessibles à un public qui ne connaissait pas le latin et n'avait pas l'habitude de lire. C'est grâce à la prolifération de ce type de textes et à l'émergence recherchée de nouveaux publics que vers 1530 est formulé à plusieurs reprise le souhait de « *mettre et ordonner la langue françoise par certaine reigle* » (Geoffroy Tory). L'accès du français comme langue écrite des Ecritures fut un élément décisif de ce processus.

L'impact de la Bible latine

Les rapports entre le français et la Bible déterminèrent en partie la place du français dans la sphère sacrée, mais ils se traduisirent également par une influence linguistique de la langue de la Vulgate sur le français. On a évoqué, en retraçant la « préhistoire » de notre langue, l'impact de la Vulgate et du latin chrétien sur le latin tardif parlé en Gaule. Les traductions se situent à un autre niveau, car elles introduisent des mots savants, empruntés au latin biblique ou calqués sur lui. Ces emprunts au latin, introduits à l'écrit à partir du XIIe siècle, n'ont pas subi l'évolution phonétique qui conduit l'ensemble du vocabulaire courant du latin tardif à l'ancien français. La Vulgate a donc eu un double impact sur le français, soit par voie héréditaire soit par emprunts savants ; ici, seul nous intéresse le second, qui met en œuvre les relations entre le latin biblique et la langue vernaculaire constituée, en l'occurrence le français.

Les traductions écrites de la Bible ne sont sans doute pas le principal vecteur du latin biblique en français. Peut-être faut-il plutôt se tourner vers la traduction de formules liturgiques, la prédication, l'explication orale des textes sacrés en français et l'hagiographie. Une partie de la liturgie catholique est, en effet, passée très tôt en français : les très nombreuses traductions de formules et de prières qui reviennent souvent à l'office, les traductions du *Pater*, du *Credo*, du *Gloria*, etc. font presque toujours partie des psautiers en français. Autour des formules de l'office proprement dit (la liturgie), se développe toute une série de textes destinés au chant dès l'époque carolingienne (para-liturgie). Au début, il s'agit de courtes chansons sur un saint local (sainte Eulalie) ou sur un épisode de l'Evangile. Ces chansons semblent d'emblée adopter un registre savant très influencé par la langue de la Bible. Plus tard, des refrains ou de courts passages en langue vulgaire sont introduits, afin de renforcer l'attention des illettrés.

Dans les chants paraliturgiques, on observe une certaine prédilection pour les sujets hagiographiques. L'exemple le plus connu est la *Cantilène de sainte Eulalie*. C'est à partir de cette tradition que se sont développés des récits narratifs plus longs qui racontent la vie d'un saint ou des histoires merveilleuses mettant en scène la Vierge. Ces légendes hagiographiques ont joué un rôle très important dans le développement de la littérature narrative vernaculaire et dans l'élaboration d'une langue française religieuse. Ces textes, empreints de références bibliques, ne sont plus destinés au chant, mais à la lecture à haute voix dans les réfectoires des monastères, sur les places publiques ou devant des cercles nobiliaires. En fait, la langue vulgaire profita de la grande liberté d'expression qui lui est laissée avant, pendant et après l'office, comme champ d'expérimentation et d'élaboration linguistique et littéraire. Les chants paraliturgiques où des passages français et latins alternent sont ainsi à l'origine du théâtre liturgique.

Tous ces textes, fortement influencés par la langue biblique, visent à instruire en divertissant. Ils répondent à des intérêts différents : de la part de l'Eglise, tout en les récupérant, ils servent de contrepoids aux traditions littéraires populaires issues de la culture orale et considérées par l'Eglise comme nuisibles à la morale. Pour le peuple, en revanche, ils permettent une participation accrue à la vie de la communauté religieuse et sont sources de distraction.

Par l'intermédiaire de la prédication, de la littérature religieuse ou de ses traductions, la Vulgate a contribué à l'enrichissement du lexique français, en y introduisant la plupart des mots savants de l'ancien français. Parfois, les emprunts renvoient, par-delà le latin, à des origines lointaines, hébraïques ou grecques. A côté des noms propres d'anges, d'idoles, de démons, comme *Gabriel, Satan, Belzebuth, Leviathan, Behemoth*, des noms de peuples juifs sont francisés. Citons entre autres *israelite, philistins, sodomite*. Ce dernier nom de peuple, tiré par les Septante du nom propre de ville *Sodome*, est repris par la Vulgate au sens d'« habitants de Sodome ». C'est dans cette acception que *sodomite* entre en français au XIIe siècle, mais il perd bientôt sa signification biblique, pour prendre, dans le discours ecclésiastique, celle de « coupable de sodomie », qu'il conservera. Le dérivé *sodomie* est introduit dans la langue dès le début du XIIIe siècle. *Cherubin*, l'une des deux catégories d'anges de l'Ancien Testament avec les séraphins, entre en français dès la *Chanson de Roland*, dépouillé de sa forme hébraïque : « *Deus li tramist sun angle cherubin*[16] » [Dieu lui envoya son ange chérubin]. *Manne*, autre mot hébreu de l'Ancien Testament, transcrit par les Septante et la Vulgate, est introduit en français au début du XIIe siècle avec son sens propre par les psautiers, tandis que l'acception mystique empruntée aux Evangiles date du début du XIIIe siècle.

Sabbat, qui traduit *sabbatum*, « jour de repos hebdomadaire chez les juifs », emprunt à l'hébreu *shābbath*, entre directement en français, à partir du second tiers du XIIe siècle, et pénètre dans quelques textes d'inspiration religieuse à partir du XIIIe siècle, sans jamais supplanter *samedi*, mot héréditaire issu du latin tardif *sambati diem*. Les traductions françaises de la Bible reviennent souvent au terme le plus usuel. Une fois admis dans la langue, *sabbat* fut pris en mauvaise part et les réunions des juifs pour célébrer le shabbat furent, au XIVe siècle, assimilées à des assemblées de sorciers. Au XVe siècle, *sabbat* était devenu synonyme de « bruit » et de « désordre »...

L'Ancien Testament est également la source d'un certain nombre de noms de plantes aromatiques, dont certaines étaient employées à la préparation des encens consacrés au culte : *aloes, bdellium, casse, cinname, cinnamome, galbanum, hysope, myrrhe, nard, nitre*... Ces mots, désignant des plantes d'Orient, ont été introduits, pour une part, en grec à des époques diverses et repris par la Bible grecque des Septante, les autres transcrits directement de l'hébreu par les Septante avant de passer en latin, de Plaute à Pline l'Ancien. Repris par saint Jérôme dans la Vulgate, ils sont entrés en français du Xe au XIIIe siècle, soit par des ouvrages d'inspiration religieuse, soit par les psautiers et les Bibles françaises.

Un bon nombre de mots d'origine grecque, comme *ange, asyme, cataracte, Christ, eglise, synagogue, holocauste, orphelin, paradis, patriarche, prophete, prophetesse, prophetie, psaume, psalmiste, psautier, scandale, esclandre* passent également du grec en français dans les traductions du Nouveau Testament. Mais plus que les hébraïsmes ou que les hellénismes, ce sont surtout des latinismes qui passent en français au gré des traductions de la Vulgate. A titre d'exemples, on citera *abominer, abomination, abominable, adorer, arche, circoncision, confondre, confusion, consommer, consommation, contrition, contrit, convertir, deluge, disme*...

En français, le vocabulaire biblique est composite et se caractérise longtemps par des hésitations et des flottements. Dans la *Bible historiale complétée*, des mots d'usage courant sont employés concurremment à des mots bibliques. On relève ainsi des séries de doublets pour traduire un même terme latin du type *alliance* et *convenant*, *arche* et *huche*, *iniquité* et *felunie*, *misericorde* et *merci*, *omnipotent* et *tout puissant*, *opprobre* et *reproce*, *redempteur* et *rachateor*, *tenter* et *essayer*.

D'autre part, certains mots du langage courant, associés fréquemment à un épisode biblique, ont développé, à côté de leur sens d'origine, une acception spécifiquement biblique. Ainsi *alliance*, dans un contexte religieux, désigne l'alliance entre Dieu et le peuple juif ; *brebis* et *ouailles* désignent les chrétiens par rapport à leur guide spirituel ; *troupeau* et *pasteur* sont deux autres termes empruntés au domaine de l'élevage, qui ont pris et conservé des connotations bibliques. On pourrait aussi citer *commandement*, qui peut désigner l'un des dix commandements des tables de la loi, ou le substantif *seigneur*. Des locutions, parfois très courantes, du type *cité de Dieu*, *homme de Dieu*, *fils de Dieu* ou *croire en Dieu* viennent également de la Vulgate.

Latin des clercs et français des laïcs

Langue de la Bible et de la liturgie, le latin est devenu langue de l'Eglise et du clergé. La réforme carolingienne avait des enjeux politiques et culturels, mais sa principale motivation était d'ordre religieux. Il fallait que le texte de la Bible et les principales prières fussent mieux recopiés, compris et expliqués aux fidèles. Ces objectifs impliquaient de revoir les standards linguistiques et de « rénover » le latin selon des critères anciens en lui imposant une norme relativement puriste. Mais la masse des chrétiens ne pouvait pas assimiler cette norme, destinée pour l'essentiel aux serviteurs de l'Eglise et à tous ceux qui devaient conserver et transmettre la Parole divine. Du coup, l'opposition linguistique de départ est progressivement devenue une opposition sociale entre clercs et laïcs.

L'idéologie linguistique, largement alimentée par les clercs, fit clairement du latin la langue des clercs et du vernaculaire celle des laïcs. Cette fracture, constamment rappelée au seuil des traductions de la Bible, se trouvait renforcée par les transferts unilatéraux de la culture religieuse : la littérature religieuse en français est une littérature de traduction et d'adaptation dépendant étroitement d'un corpus latin.

Les textes vernaculaires influencent peu la littérature religieuse latine et figurent rarement dans les bibliothèques des institutions religieuses, exception faite de quelques titres comme les *Pèlerinages* de Guillaume de Digulleville ou le *Roman de la Rose*.

Le clivage linguistique de base (latin/français), doublé d'un clivage oral/écrit touchant au mode d'accès au message, va structurer durablement l'imaginaire où il se transpose. De là vient le double clivage distinguant clerc et laïc (d'une part), lettré (*litteratus*) et illettré (*illiteratus*), d'autre part. *Litteratus*, en latin classique, désigne quelqu'un qui sait les lettres, qui sait lire et écrire. Mais cette compétence technique s'enrichit vite, puisque Cicéron, déjà, décrit une personne possédant la *scientia litterarum*, c'est-à-dire la connaissance des belles-lettres. Dès l'Antiquité, l'opposition *litteratus/illiteratus* dépasse l'opposition entre alphabétisé et analphabète pour entrer dans la sphère culturelle.

A l'époque carolingienne, *litteratus* devient de plus en plus synonyme de *clericus*, parce que le latin est enseigné dans des écoles attachées à des monastères ou à des églises. L'opposition linguistique et culturelle, attestée dès l'Antiquité, s'enrichit donc avec la christianisation d'une dimension sociale : ceux qui se consacrent spécialement au service de Dieu, les *clerici*, se singularisent nettement du reste du peuple (les *laici*). Ce processus est rendu possible par la raréfaction des personnes capables de parler et de comprendre le latin, et par la spécialisation professionnelle des *litterati*.

L'association de *litteratus* et de *clericus* reflète le fait que, en dehors de l'aire méditerranéenne, presque tous les latinistes étaient des hommes d'Eglise. Comme, entre temps, les exigences académiques ont décliné, *litteratus* finit par désigner la capacité à savoir lire le latin ; le mot désigne une personne qui sait le latin, tout comme l'adverbe *litterate* signifie « en latin » et *litteraliter loqui*, « parler latin ». L'utilisation de *littera* comme synonyme de *grammatica*, au sens de « latin », confirme cette acception. Parallèlement, *illiteratus*, qui désigne une personne incapable de lire le latin, devient synonyme de *laicus*, sans pour autant être connoté négativement, car on l'utilise même à propos de personnes appartenant aux plus hautes classes de la société.

Au XIIe siècle, comme un nombre croissant de laïcs sait lire, le sens de *litteratus* évolue : il ne désigne plus simplement la capacité à lire et à écrire le latin, mais une certaine éducation, comme le français moderne *lettré*. Au XIIIe siècle, l'élaboration et la diffusion d'une culture écrite vernaculaire perturbent l'opposition conceptuelle

« lettrés/illettrés ». Cependant, par l'effet d'une répétition constante, le lien organique entre la paire d'antithèses (*litteratus/illiteratus, laicus/clericus*) se maintient et ces termes sont interchangeables deux à deux dans les esprits.

Le rapport différent à l'écrit de chacune de ces langues entretient ce lien. Tous ceux qui savent écrire en français ont appris à écrire en latin. Avant le XIVe siècle, le français n'était pas suffisamment standardisé comme langue littéraire pour devenir la base d'une instruction élémentaire en lecture et en écriture. L'écriture reste associée, dans une large mesure, durant toute la période, au latin. D'autre part, l'essentiel de la culture savante passe longtemps par le latin. Si quelqu'un, à la fin du XIIIe siècle, sait lire en français mais pas en latin, il ne peut être qualifié de *litteratus*, car il est bien incapable de comprendre la majorité des écrits circulant à son époque. Il a fallu que le français devienne langue commerciale, langue juridique et langue littéraire avant que l'on souhaite s'initier par lui à l'écrit, ce qui nous conduit à la fin du Moyen Age.

Cependant, dans les prologues, l'imaginaire linguistique reste inchangé : le latin est la langue des clercs et le français celle des laïcs. Alexandre de Paris, auteur d'un *Roman d'Alexandre*, écrit : « *L'estoire d'Alixandre vos veul par vers traitier / En romans qu'a gent laie doive auques porfitier* [pour en faire profiter les laïcs][17]. » Le traducteur anonyme des fables du *Romulus* confirme : « *Et pour ce l'e* [ai] *je translaté, / Pour les gens layes* [laïques] *seulement / L'ai du latin trait* [mis] *en rommant*[18]. »

Le genre historique n'échappe pas à la règle. Guillaume de Saint-Pair, auteur vers 1160 du *Romant du Mont-Saint-Michel*, oppose clairement ceux qui n'ont pas de *clergie*, la « culture des clercs », aux autres. Or l'absence de culture cléricale suppose un transfert linguistique et une traduction en français :

Cil qui lor dient de l'estoire
Ne l'unt pas bien, ainz vunt faillant
En plusors leus e mespernant.
Por faire-la apertement
Entendre a cels qui escient
N'unt de clerzie, l'a tornee
De latin tote et ordenee[19]...

[Ceux qui aujourd'hui racontent cette histoire ne la connaissent pas bien et se trompent, se méprenant à plusieurs endroits. C'est pour la faire clairement comprendre à ceux qui n'ont pas la culture des clercs qu'il l'a entièrement traduite du latin et mise en ordre...]

Bien après le XIIe siècle, les prologues continuent d'entretenir cet invariant linguistico-social, surtout quand ils sont composés par des clercs écrivant aussi bien en latin qu'en français. C'est le cas de Guillaume de Digulleville, qui écrit au début de son *Pèlerinage de la vie humaine* (1330-1331) : *Grans et petis la vision / Touche sans point de excepcion. / En françois toute mise l'ai / A ce que l'entendent li lai*[20] [afin que les laïcs la comprennent].

Les prologues, par nature très conservateurs, ne doivent pas nous induire en erreur. Tout au plus rendent-ils sensible le décalage entre la réalité linguistique et son imaginaire. Du point de vue de l'histoire de la langue, il est faux d'associer sans nuance chaque état de la société à une pratique linguistique, les clercs au latin, les nobles au français et les *laboratores*, ceux qui travaillent, au dialecte. Pourtant ces associations correspondent à une représentation linguistique largement admise au Moyen Age.

Le rapport entre clercs et laïcs est alors dynamique, ne serait-ce que par leur complémentarité dans la société et par les constantes relations d'échanges spirituels et temporels qui les réunissent. Chacun de ces groupes sociaux évolue en fonction de l'autre, sans que la distinction soit toujours très franche. Le clergé compte, en effet, de nombreux clercs, pourvus des ordres mineurs, qui mènent une vie très semblable à celle des laïcs, tout en bénéficiant de privilèges réservés aux ecclésiastiques. La distinction entre clercs et laïcs n'est pas seulement religieuse ou linguistique, elle touche aussi au droit, à la culture et à des modes de vie distincts. Les clercs qui ont reçu les ordres majeurs (sous-diacres, diacres, prêtres, évêques) s'efforcent continuellement de défendre leur place dans la société en se distinguant clairement des laïcs : la langue en est un bon moyen, à côté de l'apparence physique, de la vie sexuelle ou du comportement général. Un clerc ne peut être chirurgien, ne doit ni chasser ni faire la guerre, ni jouer aux dés, ni faire du négoce...

La connaissance du latin, comme la tonsure, est un signe d'appartenance permettant de revendiquer des privilèges juridiques ou l'aptitude à l'exercice d'une profession. En effet, un clerc échappe à la justice commune pour être traduit devant l'officialité, le tribunal de l'évêque. A partir du XIIIe siècle, quand un accusé déclare qu'il est clerc et réclame son transfert devant un tribunal ecclésiastique dans l'espoir d'échapper à la sévérité du bras séculier, le tribunal royal le soumet à un examen de latin pour vérifier son statut.

Serge Lusignan a montré comment, face à des personnes qui pratiquent la médecine sans connaître le latin, la faculté de médecine de l'université de Paris lance des procédures devant le parlement de Paris pour leur interdire d'exercer[21]. Les tribunaux se montrent sensibles aux arguments de l'université et interprètent l'obligation de connaître le latin inscrite dans les statuts des médecins comme un privilège corporatiste inviolable. Le 22 juillet 1423, la Faculté de médecine de Paris condamne Jean de Dompremi pour pratique illégale de la médecine. Dans la condamnation, Dompremi est qualifié de *purus laycus ygnorans litteras* et de *illiteratus*. Il fait appel auprès du parlement. Le 23 novembre suivant, les plaidoiries commencent. La Faculté rappelle que : « [Il] *n'entend ne françois ne latin ne il ne scet lire, ainsi il ne puet estre medecin car ce n'est mie* [pas] *science que on puist* [pourrait] *savoir par oïr dire. Et n'est mie medecin par art* [magie], *ne par nature ne par revelation* ». Dompremi répond : « *Et supposé que Dompremi ne sceut parler latin, pour ce ne s'en sivroit point* [s'ensuivrait pas] *qu'il ne feust medecin ou clerc, car Aristote ne sceut onques* [jamais] *parler latin, car les sciences ont esté translatees en tous langaiges. Dompremi a Galian* [Galien], *Ypocras* [Hippocrate], *Advicenne* [Avicenne] *et les autres docteurs en françois* ». On comprend alors que l'accusation a forcé le trait. Dompremi, à coup sûr, sait lire, mais il reste considéré comme « illettré » et indigne d'être clerc, parce qu'il ne connaît pas le latin. En dépit des traductions et du transfert d'une partie de la culture savante en français, en ce début du XVe siècle, l'ignorance du latin suffit encore à priver quelqu'un du statut canonique de clerc et à le ramener à celui de laïc.

Si la culture scolaire, puis universitaire, s'élabore autour de la langue latine, tous les clercs possèdent une langue maternelle et sont au moins bilingues, mais ils sont plus ou moins à l'aise dans l'une ou l'autre langue selon leur origine géographique et sociale, selon leur formation et selon les fonctions qu'ils exercent. Confortant l'image de la bipartition linguistique, des témoignages répétés indiquent que certains clercs sont embarrassés lorsqu'ils doivent s'exprimer en langue vulgaire et qu'ils préfèrent le latin. Humbert de Romans, cinquième grand maître des dominicains, de 1254 à 1263, a composé à la fin de sa vie un important traité exposant la théorie et la technique de la prédication, le *De eruditione praedicatorum*. Il y condamne les défauts venant de l'absence de maîtrise linguistique, en latin comme en langue vernaculaire, preuve que certains prédicateurs mendiants avaient des lacunes dans leur langue maternelle : « En effet, si les différentes langues ont été données aux premiers prédicateurs pour prêcher, il est vraiment scandaleux qu'un prédicateur commette parfois des fautes d'expression, soit à cause d'une mémoire défectueuse, soit à cause d'une méconnaissance de la langue latine ou de la langue vulgaire, ou autre chose [22]. »

Il faut mentionner les prédicateurs d'origine étrangère dont la langue maternelle n'est pas le français, mais qui ont longtemps séjourné dans le domaine d'oïl. Tel est le cas de Bonaventure (1217-1274), qui naquit à la limite du Latran, de la Toscane et de l'Ombrie. Après des études au couvent franciscain de Bagnoreggio, Bonaventure fit de brillantes études à l'université de Paris, de 1235 à 1248, avant d'enseigner dans cette même ville jusqu'en 1257. On pourrait croire qu'une personne de l'envergure intellectuelle et de la science du docteur franciscain ait acquis de ce long séjour parisien une bonne maîtrise du français. Or rien n'est moins sûr, sans doute parce que la langue de l'école était le latin et que c'était dans cette langue que communiquait principalement Bonaventure. Ainsi, au début de son sermon à Saint-Antoine pour la Saint-Marc, Bonaventure demande l'indulgence des moniales pour sa maîtrise insuffisante de la langue française.

C'est surtout à l'écrit que les clercs français peuvent rencontrer quelques difficultés avec le vernaculaire. Dans *Renart le Contrefait*, un avatar tardif du *Roman de Renart* écrit vers 1320 par un clerc de Troyes, Ysengrin demande à Renard, plus savant que lui, de lire un nom inscrit sous le sabot d'une jument. Renard s'excuse, disant qu'il a fait des études juridiques (donc en latin), et ne sait pas lire le français : « *Et si n'ai je lehu qu'an lois ;/ Si ne sai point lire françois ! / Anviz verroiz bon clerc bien lire / En nul romant, ne bien escrire*[23]. » [Je n'ai lu que des lois ; je ne sais donc pas lire le français ! Vous trouverez difficilement un bon clerc qui sache bien lire ou écrire un texte roman.]

Il faut comprendre que les difficultés viennent surtout de l'écriture plutôt que de la lecture d'un texte en langue vulgaire. Les clercs peuvent être gênés, en passant du latin au français, par la transcription du vernaculaire dans l'alphabet latin, vu les valeurs différentes d'une même lettre et les multiples façons de transcrire un même son en français. Ils peuvent aussi l'être par la difficulté de trouver en français des équivalents stylistiques ou rhétoriques au latin. Parfois, lorsqu'ils sont habitués à raisonner ou à penser en latin, c'est en cette langue que leur vient le mot juste.

A la fin du XIVe siècle (de 1381 à 1388), Jean Le Fèvre, confident du roi Charles V, puis chancelier des ducs d'Anjou et rois de Sicile Louis Ier et Louis II, tint un journal intime. La langue ordinaire du journal est le français, mais l'auteur, parfois embarrassé pour trouver une expression française correspondant à sa pensée, termine sa phrase en latin. Nicolas de Clamanges (1363-1437), dans une lettre à son ami humaniste Jean de Montreuil, refuse de rejoindre la chancellerie royale parisienne sous le prétexte qu'il ne sait pas écrire correctement en français : « Dis-moi, s'il te plaît, en quelle langue je devrais écrire ; est-ce en latin ou en vulgaire ? Tu ne vas pas dire, à mon avis, que c'est en latin, parce qu'il a déjà été chassé de nos cours françaises. Si tu devais dire que c'est en français, comment me trouveras-tu assez instruit dans ce type d'écriture que je n'ai pas encore pratiqué[24] ? »

Certains religieux, qui ont pourtant fait œuvre littéraire en français et qui sont surtout restés à la postérité pour leur production française, se sentent ou se disent beaucoup moins à l'aise dans la composition en français qu'en latin. A la fin du *Pèlerinage de l'âme* (1355-1358), Guillaume de Digulleville dit que pour combattre l'oisiveté il va continuer à écrire, mais que le « roman » l'ennuie et qu'il préfère se tourner vers le latin :

Toutevoies pour grevance
Et ennui et destourbance
Qu'ai au romans bien pourtraire,
En latin qui miex m'avance
Ai mise mon ordenance.
Plaise à cui elle puet plaire[25] !

[Toutefois, à cause de la peine, du malaise et du trouble que j'éprouve pour bien composer en roman, je me suis tourné vers le latin, qui me satisfait davantage. Plaise à qui peut !]

A l'inverse, bien des clercs ne connaissent pas le latin ou n'en maîtrisent que des rudiments. Aux XIIe et XIIIe siècles, dans les monastères anglais, il ne semble pas rare, on l'a vu, que le français vienne éclairer le latin et qu'il soit le tuteur d'une lecture cursive dans la langue savante. Les moines et les moniales peuvent avoir recours à des traductions françaises, notamment pour faciliter leur compréhension du psautier à l'office. Certains manuscrits présentent une traduction de la Bible incompréhensible en elle-même sans le recours au texte latin. On a donc imité la pratique de la glose interlinéaire en supprimant le texte latin. Ces manuscrits à usage monastique étaient sans doute destinés à être rapprochés du texte biblique dont ils donnaient une version littérale. Le but restait alors la lecture des Ecritures en latin.

La pratique du français semble avoir été bien plus vite diffusée dans les monastères féminins. Simon de Tournai critiquait de telles pratiques chez les béguines, parce que les textes utilisés étaient truffés d'erreurs. D'autre part, on l'a vu, Bonaventure a prêché en français à des religieuses. La méconnaissance du latin par certains moines a poussé Grégoire IX à imposer que les règles latines fussent expliquées en langue vulgaire, afin que tous puissent les comprendre : « Du reste, puisque dans beaucoup de monastères peu comprennent la règle quand on la lit, nous ordonnons que lorsque la règle est lue devant le chapitre, elle soit immédiatement commentée en langue vulgaire pour les plus humbles par celui qui préside le chapitre ou par quelqu'un à qui ce dernier aura commandé de le faire[26]. »

Dès le XIIIe siècle, ces traductions commentées de la règle, d'abord orales et flottantes, vont tendre à se fixer. On en conserve de nombreuses versions. La plus ancienne traduction française de la règle de saint Benoît fut rédigée au XIIe siècle à l'intention de moniales. Ce n'est que bien plus tard, au temps de l'abbatiat de Jean de Précy (1334/1336-1353), qu'une traduction de la règle bénédictine est réalisée au sein de la grande abbaye de Saint-Germain-des-Prés. Le long prologue du traducteur, très argumenté, vise sans doute à répondre aux critiques qui s'étaient élevées contre cette entreprise, d'autant qu'il s'agit d'accompagner la traduction de la règle de celle du commentaire qu'en avait donné Bernard Ayglier, abbé du Mont-Cassin au XIIIe siècle. Le prologue réfute les accusations de vanité et d'inutilité. Les non-latinistes (les ignorants) sont à plusieurs reprises assimilés à des enfants qui doivent suivre un régime alimentaire spécifique et doivent être nourris de lait et non de nourriture solide. Le français sera donc le lait des moines ayant des difficultés à comprendre la règle.

Le bas clergé n'a souvent qu'un bagage intellectuel rudimentaire et bien des curés sont de piètres latinistes, qui connaissent par cœur en latin les prières fondamentales sans en comprendre forcément le mot à mot. Telle était déjà la situation décrite par les enquêteurs envoyés par Charlemagne à travers l'Empire. L'étude du clergé rémois à la fin du Moyen Age montre que bien des « clercs mariés » de la ville et des environs étaient des illettrés. Les échevins de la cour temporelle de l'archevêque, clercs mariés issus de bonnes familles bourgeoises, savaient lire le français et connaissaient le droit coutumier, mais ignoraient le latin et priaient l'archevêque de ne pas utiliser cette langue dans les procédures afin de ne pas les mettre dans l'embarras.

Certains prélats tiennent compte de cet état de fait et s'en accommodent, du moment que l'enseignement doctrinal est assuré. Ainsi Guy de Roye, durant son archiépiscopat à Sens, fit diffuser dans son diocèse le *Doctrinal de Sapience*, un résumé des doctrines que les curés doivent enseigner à leurs paroissiens. Ce manuel devait être lu le dimanche par les curés, mais le prologue, qui précise les instructions de Guy de Roye, quant à l'utilisation de ce doctrinal, indique qu'il doit aussi pallier la méconnaissance du latin chez certains prêtres : « *Ce qui est en ce petit livret doivent enseigner lez prestres à leurs paroichiens et aussy pour les simples prestres qui n'entendent mie* [ne comprennent pas] *les Escriptures comme pour les simples gens est il fait en françois plainement* [simplement] *par grant conseil* [réflexion] *et examiné et aprouvé comme dit est devant*[27]. »

La prédication en français

Loin de l'idéologie linguistique savante ou corporatiste véhiculée par le clergé, aux yeux des hommes du Moyen Age, les clercs étaient bilingues. La communication quotidienne entre clercs et laïcs se fait en français, l'office est bilingue puisque le sermon est prononcé en vernaculaire et que le latin recule dans la para-liturgie. La masse des documents latins qui nous est parvenue ne doit pas nous tromper. La parole religieuse était quantitativement beaucoup plus française que latine, mais elle s'accompagnait parallèlement d'une réaffirmation obstinée d'un idéal conservateur de répartition linguistique entre clercs et laïcs.

La Parole est diffusée auprès des fidèles par le biais de la prédication, que J. Longère définit ainsi : « Prêcher, c'est faire un discours public fondé sur une Révélation divine, dans le cadre d'une société organisée, visant à la naissance ou au développement de la foi et des connaissances religieuses, et, corrélativement, à la conversion ou au progrès spirituel des auditeurs[28]. » Le pouvoir de prêcher, que le Christ avait donné à ses apôtres, fut transmis par ceux-ci à leurs successeurs les évêques, et dans l'Eglise primitive l'évêque avait le monopole de la prédication. Très tôt cependant, les évêques déléguèrent leur pouvoir à de simples prêtres. Généralement, le prêtre investi du pouvoir de prêcher ne prononçait pas des sermons de son cru, mais lisait, récitait ou adaptait des homélies des premiers Pères ou de son évêque. Ces homélies servaient à l'édification des fidèles et, sous forme de recueils, aidaient le clergé dans sa prédication. L'essor de la prédication et sa pratique intense au Moyen Age eurent des répercussions linguistiques considérables dont il est difficile de mesurer l'étendue.

Alors que, pour promouvoir sa culture, le monde laïc n'avait d'autre moyen que l'écrit, accessible à un petit nombre de personnes pour lesquelles il avait été conçu, l'Eglise pouvait toucher des masses beaucoup plus importantes, influencer leur comportement linguistique et culturel par le biais d'une instruction religieuse dépassant de loin les limites de l'écrit. L'oral était de toute façon le principal vecteur de l'enseignement. Que ce fût à l'occasion d'un sermon ou à l'école, l'enseignement relevait principalement de la transmission parlée. Même les *litterati* avaient en grande partie une culture orale, fondée sur une mémoire puissamment exercée. Alors que l'écrit en français ne concerne qu'une élite, la parole ecclésiastique touche toutes les franges de la société. Le long travail, accompli en profondeur, pour la diffusion en langue vulgaire de la science religieuse, a préparé le succès linguistique des laïcs. Grâce au transfert linguistique et culturel assuré par la prédication, la langue vernaculaire a pu se hisser à un niveau d'expression plus complexe que celle du simple usage quotidien.

La fréquence des sermons a été bien étudiée pour la fin du Moyen Age. Si l'on tient compte des prêches des prêtres séculiers et des moines mendiants, la population du nord de la France, en particulier dans les villes, a été l'objet d'un véritable martèlement idéologique. On estime à environ 11 000 le nombre de sermons solennels prononcés à Amiens entre 1444 et 1520, soit 145 par an et 2 ou 3 par semaine[29]. « La France du XVe et du début du XVIe siècle semble donc massivement travaillée par la Parole de Dieu[30]. » Ces sermons bénéficièrent d'un relais efficace au sein du clergé local. En ville, la cathédrale, une église paroissiale ou monastique servait souvent de lieu de prédication. Mais quand un prédicateur renommé venait, la prédication pouvait avoir lieu en plein air, car plusieurs milliers de personnes étaient parfois attirées par de telles manifestations. On sait qu'Olivier Maillard, à Toulouse, en 1495, prêcha devant plus de 4 000 personnes. A Metz, en 1419, un certain Baude essaya de parler dans une église. Ceux qui n'avaient pu y pénétrer à cause de la foule tentèrent d'entrer par les fenêtres qu'ils brisèrent. Par la suite, Baude ne prêcha plus que sur des places publiques et non plus dans des églises. Occasionnellement, on construisait une chaire extérieure, comme à Saint-Lô, pour de telles occasions.

La prédication implique une adaptation du discours au public. Cela passe, pour les prédicateurs qui sillonnent l'Europe, par un changement de langue. On sait par exemple, que Norbert de Xanten (vers 1080-1134), fondateur de l'ordre des Prémontrés et prédicateur itinérant de langue maternelle allemande, passa un hiver à Laon pour apprendre la « langue française (*lingua gallica*) qu'il ignorait[31] ». Une de ses biographies nous apprend aussi qu'il « vint à Valenciennes avec ses trois compagnons le samedi des Rameaux [de l'année 1118]. Le lendemain il fit un sermon au peuple, quoiqu'il sût et qu'il comprît fort peu de chose de cette langue[32] », c'est-à-dire de la langue romane. C'est alors que, d'après l'hagiographe, se produisit un miracle linguistique. En effet, Norbert savait que l'Esprit-Saint, qui avait appris aux apôtres cent vingt langues différentes, ferait en sorte que l'allemand, sa langue maternelle, ou le latin fussent facilement compris par ses auditeurs. Et d'après la vie du saint, tel fut le cas.

En sens inverse, saint Bernard, de langue maternelle française, alla prêcher la croisade en Allemagne. Afin d'être compris, il était accompagné d'un interprète, mais une vie de saint Bernard nous dit qu'après la prédication en français de saint Bernard, l'auditoire était ému aux larmes, sans avoir compris la langue ; mais que lorsque l'interprète traduisit le sermon, l'émotion fut nulle : « Au temps de l'empereur Conrad, alors que saint Bernard en Allemagne prêchait en français [*lingua Gallica*], il enflamma tellement le peuple qu'il pleurait abondamment ; et ce, alors qu'il ne comprenait pas ses paroles ; mais quand, ensuite, un très habile interprète expliqua le sermon, le peuple ne fut pas ému[33]. »

C'est dire que la prédication, véritable spectacle, dépasse de loin le cadre de la communication linguistique, et que son succès dépend de la mise en scène, de l'aura et du charisme du prédicateur. A défaut d'interprète, les prédicateurs peuvent mêler les langues. Pendant son voyage d'outre-mer, Jourdain de Saxe, visitant une commanderie de templiers français et prié de faire un bref sermon vespéral, dit dans son exorde : « ... par une partie d'un tout, on a l'intelligence du tout : c'est ce qui va nous arriver, si je réussis à vous dire de grandes vérités en peu de mots français, les entremêlant, si vous le permettez, de quelques mots allemands[34]... ».

A côté de ces cas extrêmes où l'adaptation linguistique exige un changement de langue, les clercs doivent adapter leur propre parler maternel de façon à être compris de l'auditoire et à emporter sa conviction. A propos de Barnabé de Reggio, Salimbene de Adam dit : « Il s'exprimait très bien en français, en tudesque et en lombard et de beaucoup d'autres manières, à savoir comme les enfants parlent en enfant aux enfants, comme les femmes parlent aux femmes[35]. » Les manuels de prédication (en latin les *artes praedicandi*), insistent sur l'impossibilité de prêcher devant un auditoire de « simples gens » comme devant un auditoire érudit. Le latin permet un discours plus dense, qui échappe à la paraphrase, à l'explication et à la multiplication des exemples. Puisqu'il s'agit de convaincre, la prédication doit user de procédés rhétoriques, mais uniquement dans le but de conduire les auditeurs au salut. La rhétorique pour la rhétorique est condamnée. L'élégance est reléguée bien derrière la pédagogie. Seule la clarté du message importe : « *Ains tu dois selonc ce que la Rhetoricque apprent en belle maniere et humblement tes paroles fourmer* [former]*, dire les choses tristes tristement et les joieuses joieusement et les humbles bassement prononchier. Si* [si bien] *qu'il samble au peuple qu'il voie clerement les fais que tu paroles* [dont tu parles][36]. »

L'adaptation au public laïc ou non lettré se traduit généralement par l'infériorité intellectuelle et esthétique des sermons en langue vulgaire. Leur inspiration est souvent plus patristique, peut-être parce que les prédicateurs sentent le besoin de se cramponner à la tradition et à l'autorité tandis qu'ils s'en éloignent linguistiquement. Parler latin reste le symbole d'un stade avancé de spiritualité et d'une certaine proximité avec Dieu. Le miracle linguistique d'un frère convers cistercien qui, au moment de sa mort, se mit à parler latin sans l'avoir jamais appris, le montre bien. L'anecdote illustre la confusion constante entre la langue latine et les réalités divines.

Cette confusion se retrouve dans la répugnance de prédicateurs savants, comme Pierre de Celle ou Isaac de l'Etoile, à prêcher en vernaculaire : « Transformons ce sermon en choses plus grossières à cause du public populaire[37] », « en présence de gens simples, notre prédication est contrainte, surtout en ces jours solennels, avec une foule de laïcs omniprésente[38] ». Le latin apparaît d'ailleurs parfois dans des sermons vernaculaires, pour donner plus de poids et de solennité à la prose française. Ainsi le sermon *Si fuerit numerus filiorum...* offre un discours simple en français émaillé de quelques mots ou expressions latines, qui n'ont pas besoin d'être traduits, parce qu'ils sont suffisamment clairs et compréhensibles pour un lecteur ou un auditeur français ignorant le latin : « Par Israel e par Iacob poet hom entendre les dous voies de seinte glise, *activam* et *contemplativam. Per Iacob activam*, car Iacob sone en latin *luctator*, luiteres, ki luite[39]... » [Par Israël et par Jacob, on peut comprendre les deux voies de la sainte Eglise, *active* et *contemplative*. *Active* par Jacob, car Jacob signifie en latin *luctator*, lutteur, celui qui lutte...].

Le sermon en français est subordonné à la culture et à la langue latines. Ses premiers mots (ou incipit) l'ancrent dans cette relation de dépendance, puisque le prédicateur les prononce en latin. Il s'agit généralement d'une citation de l'Ecriture, qu'on appelle le « thème ». Le thème est ensuite traduit en français, avant qu'intervienne le « prothème », qui fait office de préambule. Cette dépendance n'est pas uniquement formelle, elle touche aussi au contenu. Bien des sermons sont en partie, parfois dans leur quasi totalité, des adaptations ou des traductions pures et simples d'ouvrages latins (œuvres patristiques, catéchismes, cours universitaires, manuels de prédication, recueils de *distinctiones*). C'est l'effort d'adaptation au public qui en fait chaque fois des créations originales. On ne peut parler, à propos des sermons, de culture cléricale en langue vernaculaire, puisque tout sermon en français est relié à sa ou ses source(s) latine(s), mais reste isolé dans le domaine roman. Chaque sermon est une ouverture limitée de la culture cléricale sur le monde roman, mais il est hors de question qu'il acquière une autonomie intellectuelle.

Cependant, au gré des prédications, la langue vulgaire se dote progressivement d'un outillage approprié à un usage cultivé, théologique et philosophique. Les prédicateurs sont conscients de la nécessité d'affiner le français, d'enrichir son lexique, de multiplier les explications et les commentaires. L'exposé de la doctrine catholique, si sommaire soit-il, nécessite l'emploi d'un vocabulaire abstrait, emprunté au latin. La prédication participe d'un effort pour allier deux langues et deux cultures. Son influence fut dans un premier temps sans doute beaucoup plus importante que celle des traductions d'œuvres philosophiques, scientifiques, historiques de l'Antiquité ou du Moyen Age latin. Cet enrichissement du lexique par le biais de la prédication fit le lit de ces « traductions savantes » en acclimatant le français au vocabulaire abstrait, et surtout toucha la masse de la population, alors que les traductions savantes, dont on se demande souvent si elles ont été lues, sont pour beaucoup restées confinées dans un milieu aristocratique restreint.

La subordination culturelle du sermon français a conduit à un vaste mouvement de transfert de vocabulaire du latin au français. La façon dont Jean Tinctor, chanoine de Tournai mort en 1469, rédige la version française de son *Sermon sur la secte de vauderie* [vaudoise] est instructive. Confronté à un mot ou à une expression qu'il juge trop difficiles pour le public français, Tinctor choisit soit de les omettre, soit de les transposer dans un registre plus simple, soit encore de les développer. Le français simplifie donc toujours le latin. Des références bibliques sont transposées : *filios lucis* littéralement « fils de la lumière » devient les *bons et loyaux crestiens* ; *desertoris spiritus*, littéralement « l'esprit déserteur » le *mauvais angele* ; *Penthapolim*, littéralement la « Penthapole », les *cincq citez de Sodome et Gomorre*. Plus important pour l'enrichissement de la langue est l'explication de termes techniques, par l'ajout d'un synonyme (*pinaculum* traduit par *pynacle et couverture*), l'ajout d'un complément du nom qui en précise le sens (*motus* traduit pas *mouvemens de l'appetit sensitif*), ou d'une proposition relative (*species universi* traduit par *especes naturelles qui sont les parties essentielles du monde*). Nous pourrions multiplier les exemples. La prédication a été un terrain privilégié de l'expérimentation linguistique et un terreau fertile pour l'introduction de latinismes en français.

Les rapports entre latin et français ne s'arrêtent pas à la prononciation du sermon, mais surgissent lors de sa mise à l'écrit. Parfois reste un brouillon préparatoire exceptionnellement conservé, comme dans le cas du *Sermon sur Jonas* déjà évoqué (Xe siècle). L'auteur de ce sermon emploie le latin lorsqu'il s'inspire de la Bible ou de saint Jérôme, mais le français quand il s'exprime de façon plus spontanée. Le français est la langue la plus familière. M. Zink a souligné que, du *Sermon sur Jonas* à ceux du XIIIe siècle, la langue la mieux connue des prédicateurs est dans tous les cas la langue vernaculaire, c'est-à-dire leur langue maternelle [40].

Les sermons prononcés en français ont été longtemps transmis à l'écrit en latin. Resurgit donc le clivage entre oral et écrit. La latinisation était le seul moyen permettant aux sermons de résister à l'usure du temps, et surtout de se diffuser à une vaste échelle, au-delà des particularismes linguistiques. En outre, à la fin du XIIe et au XIIIe siècle, hors de la péninsule britannique et d'une partie du domaine Plantagenêt, le vernaculaire était méprisé par les clercs pour des raisons intellectuelles et craint pour des raisons religieuses, car, on l'a vu pour les traductions bibliques, il avait tendance à favoriser l'hérésie en émancipant le discours religieux de la tutelle ecclésiastique ; enfin on l'évitait pour des raisons morales, car à cette date, le français était à l'écrit surtout la langue d'une littérature profane, revendiquant des valeurs étrangères à celles de l'Eglise.

Au XIIe siècle, Pierre de Blois (1130/1135-1211/1212), non sans condescendance pour le vernaculaire, écrit à l'un de ses correspondants : « Tu me demandes, très cher frère, de te communiquer pour que tu le recopies un sermon prêché devant le peuple ; et que je m'efforce de faire passer en latin ce que j'ai prononcé assez crûment et platement devant les laïcs, selon leur capacité[41]. » En tête de sermons écrits en latin, on trouve parfois les mots *gallice* (en langue de Gaule), *in gallico* (*idem*), *vulgari* (en vulgaire), signes qu'ils ont été prononcés en français avant d'être traduits en latin. Les mots ou expressions français qui apparaissent à l'écrit dans certains sermons latins sont plutôt les « vestiges d'une prédication originale en français » qu'une insertion préparant une traduction à l'oral. Avec l'essor des ordres mendiants, qui au cours du XIIIe siècle développent une activité pastorale intense à travers toute la chrétienté occidentale, le latin est utilisé de manière croissante dans les recueils de sermons écrits par les grands prédicateurs et les auteurs de manuels de prédication. Pour eux, le latin est le moyen le plus efficace pour diffuser leurs sermons auprès de collègues d'autres pays.

A la fin du Moyen Age, on prend l'habitude de noter les sermons dans la langue dans laquelle ils ont été prononcés, mais lorsque les sermons commencent à être imprimés, c'est souvent sous une forme latine, parce que les recueils de sermons imprimés sont destinés à des clercs. Ce latin de traduction est parfois à mi-chemin entre les deux langues (les traits morphologiques latins et une partie de la syntaxe latine sont conservés), ce qui lui assure une diffusion et une compréhension larges (à la fois par des laïcs et par des clercs peu experts en latin), mais il facilite également le travail de rétro-traduction du latin au français, en cas de réutilisation du sermon. Le sermon de Michel Menot sur l'Enfant prodigue (1520) donne un bon exemple de cette langue écrite mixte :

« Secundo etc. : Qui fornicatur in corpus suum peccat. Quare est hodie quod videtis *ung homme hault, grant, et si bien pris de tous ses membres*, unum hominem altum, grandem et membris bene proportionatum, .xxx. annorum, ubi deberet esse vis hominis ; et tamen iste est jam ruptus, cassatus et qui regreditur membratim, *qui s'en va tout par pieces*. Unde hoc nisi de luxuria et infelicitate, *de paillardise et meschansceté*, et quia propter hoc peccatum maledictum Dominus taliter ostendit flagellum sue justitie super humeros eorum, quia remanserunt *egrevez*[42]. »

[Deuxièmement, etc. : Celui qui fornique avec son corps commet un péché. C'est pourquoi aujourd'hui vous voyez *ung homme hault, grant, et si bien pris de tous ses membres*, un homme de haute taille, grand, aux membres bien proportionnés, de 30 ans, qui devrait être dans la force de l'âge ; et cependant il est déjà rompu, cassé et part en morceaux, *s'en va tout par pieces*. Cela ne vient que de la luxure et du malheur, *de paillardise et de meschanceté*, et du fait qu'à cause de ce maudit péché, le Seigneur nous montre ainsi les marques du fouet de sa justice sur les épaules de ceux qui sont restés épuisés.]

Le prince idéal ou le latin des laïcs

Si certains clercs ne maîtrisent pas le latin, en revanche des laïcs le connaissent très bien. Au cours du XIIe siècle, dans les plus hautes sphères de la société laïque, la maîtrise du latin semble progresser. L'essor économique de l'aristocratie s'accompagne de progrès culturels. Des clercs attachés aux cours princières ou royales acquièrent de l'influence comme conseillers ou précepteurs et les chevaliers lettrés, comme le père d'Abélard, ne sont plus des exceptions.

L'aristocratie montre un début d'intérêt pour la culture écrite et patronne la rédaction ou la copie d'œuvres, tant en français qu'en latin. Guillaume de Conches termine sa vie auprès du duc de Normandie Geoffroy Plantagenêt, qui en avait fait le précepteur de ses fils et à qui il dédia vers 1145 son *Dragmaticon philosophiae*, encyclopédie cosmologique en forme de dialogue. Henri II Plantagenêt, fils de Geoffroy, attire à sa cour des hommes comme Jean de Salisbury, Aereld de Rielvaux, Adelard de Bath, Gautier Map, Giraud de Barri, autant d'« intellectuels » qui écrivent en latin et dédient plusieurs de leurs ouvrages au roi. D'ailleurs Henri II est fort cultivé et Pierre de Blois dresse de lui un portrait de roi lettré : « Quand il n'a pas en main un arc ou une épée, il est au Conseil ou en train de lire. Nul n'est plus ingénieux ni plus éloquent, et, quand il peut se libérer de ses soucis, il aime à discuter avec des lettrés[43]. »

Plus à l'est, entre 1194 et 1206, Lambert d'Ardres, prêtre et historiographe de talent, nourri de classiques latins, écrit en latin pour les comtes de Guines l'histoire de leur famille (*Historia comitum Ghisnensium*). A la même époque se développe une vie culturelle brillante à la cour de Champagne sous Henri Ier le Libéral (1127-1181). Le comte, qui a reçu une éducation classique, fait venir auprès de lui Jean de Salisbury et collectionne les manuscrits latins. Son mariage avec Marie de France, fille de Louis VII et d'Aliénor d'Aquitaine, grande figure littéraire de son temps, contribua à renforcer la vie culturelle dans le comté de Champagne.

Dans son *Policraticus*, Jean de Salisbury écrivit l'une des phrases les plus souvent citées de la littérature didactique à usage des princes : « Et ainsi, dans une lettre transmise selon mes souvenirs par le roi des Romains au roi des Francs, l'exhortant à dispenser une instruction dans les disciplines libérales à sa descendance, il était élégamment ajouté qu'un roi illettré était un âne couronné[44]. » Eustache Deschamps, dans l'une de ses ballades, reprend Jean de Salisbury et développe la notion de « lettres », qu'il entend à la fois au sens de connaissances disciplinaires (Ecriture sainte et droit) et de connaissances linguistiques (allemand, latin, français) :

Roy sanz lettres comme un asne seroit
S'il ne sçavoit l'Escripture ou les loys,
Chascun de ly [lui] *par tout se moqueroit ;*
Thiés [allemand] *doivent savoir, latin, françoys,*
Pour miex garder leurs pas et leur destrois [juridiction]
Et sagement à chascun raison rendre[45] [faire justice].

Très tôt, l'éducation du prince idéal, telle qu'elle est véhiculée dans la littérature chevaleresque, comprend l'apprentissage du latin. La première continuation du roman de *Perceval*, que Chrétien de Troyes avait laissé inachevé, insiste sur l'enseignement des « lettres » au jeune Caradoc et sur sa faculté à comprendre le latin et à manier élégamment le vernaculaire à l'oral :

Molt fu li rois joians et liez
Por Caradeu qui estoit nez.
Bien fu norris et bien gardés
Tant que il ot passez cinc ans.
Lors fu si biax et si parlans
Qu'à letres le mist por aprendre
Li rois, et quant il sot entendre
Latin et belement parler,
Si l'a fait molt bel atorner
Et au roi Artu l'envoia,
Son oncle, qui grant joie en a[46].

[Le roi fut très content et heureux de la naissance de Caradoc. On l'éleva et le soigna jusqu'à cinq ans passés. Il était alors si beau et parlait tant que le roi lui fit apprendre les lettres ; et quand il sut comprendre le latin et bien parler, il le fit bien équiper et l'envoya au roi Arthur, son oncle, qui en éprouva une grande joie.]

Dans les derniers siècles du Moyen Age, les traités spécialement consacrés à l'éducation des princes, appelés « miroirs des princes », s'accordent tous à reconnaître qu'un prince digne de sa fonction ne saurait se dispenser du latin. Certains auteurs, comme Eustache Deschamps, recourent à Charlemagne, figure tutélaire et glorieuse de la monarchie française, pour appuyer leur discours. Le prince doit prendre exemple sur le savant empereur, extrêmement populaire dans les chroniques du royaume de France et dans la littérature épique en français : « *Charlemaines, li fort roys crestiens, / Sçavoit latin, grec et autre langaige, / Dont mieulx valut* [eut plus de valeur] *; prince qui est sciens* [savant] */ Ainsi sur touz puet avoir avantaige*[47]. »

C'est dans la seconde moitié du XIVe siècle que l'on voit les auteurs de traités d'éducation insister davantage encore sur l'importance du latin dans l'éducation princière. Cette insistance tient à la volonté affichée par le pouvoir royal, à partir de Charles V, d'unir la culture des clercs (la *clergie*) à la chevalerie. Le paradoxe est qu'au moment où l'on réclame une maîtrise largement partagée du latin, se met en place un mouvement sans précédent de traduction de la culture savante latine en français, signe indiscutable d'une difficulté d'accès des laïcs au latin. D'ailleurs, les pages que consacre Christine de Pizan, dans *Le livre du corps de Policie* (1404-1407), à l'éducation des princes ne trompent pas : la maîtrise du latin par les princes, aussi indispensable qu'elle soit, reste souvent un vœu pieux. La répétition même de cette exigence linguistique montre qu'elle était rarement satisfaite : « *Voire, je suppose que le prince veuille que son enfant soit introduit en lettres tant comme de sçavoir les rigles* [règles] *de grammaire et entendre* [comprendre] *le latin, laquel chose pleust à Dieu que ainsi fust par coustume generale* [plût à Dieu que ce fût la coutume générale suivie] *de tous les enfans des princes presens et avenir. Car je suppose que grant bien en ensuivroit* [adviendrait] *à eulx et à leurs subgetz et tant plus auroient de vertu*[48]. »

Bien sûr les traducteurs, à la solde de leurs protecteurs, s'abstiennent de mentionner les difficultés en latin du prince qui a commandité la traduction. La traduction se justifie généralement comme une action de mécénat, parfaitement altruiste. Le prince comprend le texte latin, mais désire que d'autres, qui ne connaissent pas assez de latin, puissent avoir accès en français à un texte particulièrement intéressant. Ainsi, d'après les témoignages de Christine de Pizan, il n'est pas certain que Charles V ait eu une très grande aisance en latin. L'écrivain affirme bien que le roi a commandé des traductions « *non obstant que bien entendist* [comprît] *le latin et que ja ne fust besoing que on lui exposast* [expliquât, commentât] » et que « *Combien que le latin tout emple* [très compliqué] */ Entendist, les voult* [voulut] *il avoir / Afin de ses hoirs esmouvoir / A vertu* [d'inciter à la vertu ses héritiers] *qui pas n'entendroient / Le latin, si s'y entendroient* ». Mais ailleurs elle précise que « *pour ce que peut estre n'avoit le latin, pour la force* [difficulté] *des termes soubtilz, si en usage comme la lengue françoise, fist de theologie translater plusieurs livres de saint Augustin*[49]. » Quel que soit le commanditaire, les difficultés linguistiques qui pourraient présider à la traduction sont généralement éludées. Lorsque Sébastien Mamerot traduit en 1458 pour son seigneur Louis de Laval une chronique universelle, le discours est le même : « *Toutes lesquelles cronicques et creues* [continuations] *avecques plusieurs autres grans creues ont esté derrenierement translatees et mises en ung livre et traictié par le vouloir d'icelui seigneur, monseigneur le gouverneur, non pas qu'il n'entende et conçoive bien les livres et traictiéz latins, mais afin que tous ses faiz dignes de grant memoire soient plus communement divulguéz*[50]. »

De ce fait, il est difficile de savoir quelle était, aux XIVe et XVe siècles, la connaissance du latin dans l'aristocratie française. Beaucoup d'enfants l'ont certainement appris, mais les occupations politiques, économiques et militaires éloignent souvent les nobles d'une pratique régulière de la lecture en latin. Un certain nombre d'entre eux doit perdre assez vite la capacité de lire de façon cursive une œuvre longue. Il en va de même à l'oral. En 1398, lors de l'assemblée du clergé de France qui aboutit au vote de la soustraction d'obédience, Simon de Cramaud, patriarche d'Alexandrie, prononce son discours inaugural en français afin que les ducs le comprennent. Mais cette ignorance n'est que partielle. Les responsabilités politiques obligent à une connaissance minimale, suffisante pour comprendre les actes juridiques et la correspondance ; la pratique religieuse impose par ailleurs un contact quasi quotidien avec le latin écrit, surtout lorsque se développe la pratique des heures. C'est un rapport avec un latin simplifié, formulaire et une pratique de la lecture de textes courts qui se maintient, ce qui pourrait expliquer le recours aux traductions pour des textes longs et à la syntaxe complexe. La maîtrise du latin dans l'aristocratie est affaire de nécessité, de goût, de capacités et de temps. La situation diffère même d'une région à l'autre. Ainsi, l'usage d'apprendre le latin semble avoir été particulièrement tenace dans la haute noblesse du sud du royaume au XVe siècle. L'usage de la seule langue d'oc par cette aristocratie qui ignorait souvent le français comportait un risque de marginalisation. En 1444, Jean d'Armagnac négocie avec les Anglais en latin, car, dit-il, « je ne sais pas bien le français ni surtout l'écrire ».

L'étude de la composition des bibliothèques princières offre un tableau contrasté. La plus grande « librairie » princière du XVe siècle, celle du duc de Bourgogne Philippe le Bon, compte en 1469, deux ans après sa mort, près de 900 volumes dont 83 % sont des ouvrages en français. Cette proportion exceptionnelle du français par rapport au latin est sans doute liée à la mauvaise connaissance du latin par le duc. D'autres bibliothèques princières, telles celles du poète Charles d'Orléans (mort en 1465) et de son frère Jean d'Angoulême, présentent un aspect bien différent. Tous deux, parfaitement lettrés, maniaient aussi bien le latin et le français. Leurs collections reflètent ce bilinguisme. La bibliothèque la plus originale, atypique pour une bibliothèque princière, est celle du roi René (mort en 1480). Collection de mécène et de bibliophile, elle se rapproche plus de la bibliothèque d'un clerc que de celle d'un laïc : la langue française n'y est pas représentée et les rayons de théologie et de philosophie viennent en quantité après celui des Ecritures saintes.

A un niveau social bien inférieur, celui de la petite noblesse, des bourgeois, des marchands et des gens de métier, lorsque les inventaires indiquent des livres, il ne s'agit souvent que de très petites quantités. A la fin du Moyen Age, le livre moral et religieux domine largement. En milieu urbain, la bibliothèque se réduit souvent à un livre d'heure, parfois complété par un psautier, éventuellement par une traduction de l'Evangile ou des vies de saints. L'essentiel ici est de noter que ces embryons de bibliothèques sont majoritairement latins, puisque jusqu'à la fin du Moyen Age la quasi-totalité des livres d'heures ne contient pas un mot de français. Quand le vernaculaire apparaît, il est cantonné dans des éléments secondaires, comme le calendrier et quelques prières. Les premières Heures imprimées en français ne sont pas antérieures au milieu du XVIe siècle (1549). Les très nombreuses femmes qui lisaient leurs heures les lisaient donc en latin, sans que l'on sache pour autant si elles les comprenaient, puisque la prière orale avait une force intrinsèque. Toujours est-il que ce contact quotidien avec le latin fut vécu par de très nombreux fidèles à la fin du XVe et au début du XVIe siècle.

3
LA LANGUE DU POUVOIR

Si les clercs se sont symboliquement approprié l'usage du latin, les laïcs en ont fait autant avec le français, qui a même servi d'instrument d'affirmation pour une culture spécifiquement laïque. L'usage respectif du latin et du français par les clercs et les laïcs ne connaît certes pas de frontières précises, mais une idéologie sociolinguistique forte et bien déterminée s'attache à chacune des langues. C'est ainsi que le français s'est affirmé comme la langue de la cour et du pouvoir politique, par opposition au latin, langue de l'Eglise et du pouvoir spirituel.

Au Xe siècle apparaît l'aristocratie post-carolingienne. D'anciennes familles, en rupture avec l'autorité royale ou impériale, affirment leur domination sur une aire géographique donnée grâce au développement rapide de liens de dépendances interpersonnelles. Les membres de cette aristocratie ont souvent un immense appétit de pouvoir et refusent de se laisser brider par l'ancien système de régulation sociale, notamment par l'autorité centrale et la législation écrite, la domination morale de l'Eglise et la latinité.

Afin de se dégager de l'ancien système, ils éprouvent le besoin d'affirmer leur propre identité culturelle à travers un modèle idéologique sur mesure et une nouvelle langue, qui servira à le véhiculer. Au milieu du XIe siècle, des chansons de geste exaltent l'histoire de ce groupe, tandis qu'un peu plus tard la poésie d'amour et le roman courtois sont autant de défis lancés aux préceptes de l'Eglise. Pour arriver à ses fins, l'aristocratie laïque s'est s'offert les services de clercs. Même si tous les clercs qui fréquentaient les écoles ecclésiastiques étaient au départ destinés à l'Eglise, certains, qui n'étaient pas prêtres mais seulement admis aux ordres mineurs, voire simplement tonsurés, s'éloignèrent de leur milieu d'origine pour entrer dans des cours laïques. Ils y furent bien accueillis, parce qu'ils avaient accès à la *clergie* et étaient familiers de la culture écrite.

Plus que toute autre, la cour des Plantagenêts a attiré une foule considérable de ces clercs, moins hommes d'Eglise qu'hommes de lettres. Leur plume servit à élaborer et à diffuser une idéologie royale et chevaleresque. Des clercs courtois (*curiales*), comme Wace ou Benoît de Sainte-Maure, introduisirent dans une littérature aux aspirations séculières des influences venues de la *clergie*, en particulier le mythe de la *translatio studii* (transfert des études), repris par Chrétien de Troyes, dans le prologue de *Cligès* :

> *Ce nos ont nostre livre apris*
> *Qu'an Grece ot de chevalerie*
> *Le premier los et de clergie.*
> *Puis vint chevalerie à Rome*
> *Et de la clergie la some,*
> *Qui or est an France venue.*
> *Dex doint qu'ele i soit maintenue*
> *Et que li leus li abelisse*
> *Tant que ja mes de France n'isse*
> *L'enors qui s'i est arestee*[1].

[Nos livres nous ont appris que la Grèce eut le premier renom de chevalerie et de science. Puis la chevalerie passa à Rome, et avec elle la somme de la science, qui maintenant sont venues en France. Dieu fasse qu'elles y soient retenues et que le séjour leur plaise tant, que jamais ne sorte de France la gloire qui s'y est arrêtée (trad. A. Micha).]

Les romans antiques de la cour des Plantagenêts et les romans de Chrétien de Troyes célèbrent dès le XIIe siècle l'alliance de la *clergie* et de la *chevalerie* qui, toutes deux, passent de la Grèce à Rome puis de Rome en France. Ce transfert de civilisation ne peut exclure la langue et l'on imagine volontiers, parallèlement au transfert des connaissances, un transfert linguistique du grec au latin et du latin au français. Les clercs de cour, qui, comme Chrétien de Troyes, écrivent en français, contribuent à l'élaboration d'une langue de cour où se mêlent des éléments populaires et savants. Le défi est de hausser le français à un niveau culturel concurrent du latin, afin de véhiculer certaines valeurs propres à la noblesse et à la chevalerie. La langue de la cour s'oppose autant à la langue des paysans qu'au latin.

L'amélioration des conditions économiques semble avoir eu des conséquences importantes dans les mentalités nobiliaires au milieu du XIIe siècle. L'individu, libéré de contraintes matérielles et morales, peut désormais échapper à l'emprise de la collectivité pour chercher sa personnalité et s'exposer, comme les personnages de romans, à l'« aventure ». Le milieu du XIIe siècle représente, d'après E. Köhler, le « moment de la prise de conscience de la société féodale, lorsque se produisit, pour reprendre l'expression de Marc Bloch, le passage du premier âge féodal au second. Ce n'est pas un hasard si l'époque qui a assisté au clivage du public selon la ligne de partage des conditions, état de choses inconnu au monde de la chanson de geste, et qui a vu se former chez les écrivains une nouvelle forme de conscience d'eux-mêmes, a été témoin de l'éclosion d'un nouveau genre : le roman courtois [2] ».

La vision cléricale tripartite de la société qui émerge vers l'an mille dans la France du Nord prend acte de la distinction entre deux sortes de laïcs, les *bellatores*, ceux qui combattent, et les *laboratores*, ceux qui travaillent. Les chevaliers (*bellatores*), dont la langue est le français, s'opposent à la fois aux clercs et aux « vilains » (*laboratores*). Le prologue déjà cité du *Roman de Thèbes* montre que les auteurs de romans écrits après 1150 ne s'adressent qu'à la nouvelle classe privilégiée. Alors que la fonction du chevalier dans le premier âge féodal est essentiellement militaire, la noblesse cherche à se donner un autre rôle, à travers un système de représentation linguistique et littéraire. Des études lexicales ont conduit au repérage de « générations sémantiques » dans la littérature française, se distinguant chaque fois par un réseau dominant de significations. Le vocabulaire courtois serait alors la troisième « génération sémantique » de la littérature française [3].

La période antérieure aux chansons de geste serait caractérisée par l'« idée de perfection chrétienne ». Pour la société du temps de la *Vie de saint Alexis*, l'homme parfait est le *saint* qui sert son Dieu et le peuple en tant qu'intercesseur. Malgré la présence de termes féodaux, l'éthique chrétienne l'emporte alors sur l'éthique féodale. Les mots-clés de la littérature hagiographique (*Deu* « Dieu », *amour*, *onour* « honneur », *bel*, *bon*, *dolour* « douleur », *seignour*, *mercit*) sont tous subordonnés à la notion de « service ».

Vient ensuite l'épopée, qui se fonde sur la relation vassalique et exalte les vertus du parfait vassal, en particulier la prouesse militaire.

A travers des textes comme la *Chanson de Roland*, la société féodale réussit à imposer une nouvelle éthique où le vassal parfait sert son seigneur temporel, sans oublier son seigneur céleste. L'homme idéal est alors le preux chevalier. Parmi les mots-clés de l'époque, on relève *proz* « preux », *sage, honur, dreit* « droit », *amur, chevaler, franc, ber, bon, curteis* « courtois », *gentilz, gent, seignur, honte, fel* (français moderne *félon*), *tort*.

Le chevalier courtois échappe à l'emprise collective et part en quête de lui-même, cherchant des « aventures » qui le feront passer du monde réel au monde idéal. L'éthique courtoise exige que le chevalier soit au service de la Dame, créant ainsi un monde plus problématique. Le saint se soumet à Dieu ; le vassal à Dieu et à son roi ; le chevalier courtois aux mêmes et à sa dame. Parmi les mots-clés de la littérature courtoise, citons *proz, bon, amor, honor, aventure, bel, gent, vilain, franc, cuer, chevalier, dame, servir, large, sage, joie, seignor, Deu, fel, dolor*. Chaque « génération sémantique » n'efface pas la précédente, mais se superpose à elle. Ce schéma montre l'élaboration d'une éthique laïque de plus en plus autonome de l'éthique cléricale, à travers les mots-clés de la littérature en français.

Les laïcs *bellatores* font donc pression sur le modèle social défini par les clercs, parce qu'il correspond de moins en moins à leurs besoins, à leurs désirs et à leurs aspirations. Ces prétentions à l'émancipation, qui s'appuient notamment sur le levier linguistique, vont être contrecarrées par l'Eglise. A la suite de la réforme du clergé régulier, dite réforme grégorienne, vient, à la fin du XIe siècle, le moment de réformer l'ordre des guerriers.

La division entre clercs et laïcs est sans cesse rappelée par les auteurs ecclésiastiques. Pierre Lombard (v. 1095-1160) distingue parmi les chrétiens les *majores* (les meilleurs : les clercs), tenus par leurs fonctions d'enseignement et de prédication à une connaissance « explicite » des articles de la foi et les *minores* (les laïcs) à qui une foi « implicite » suffit. Plus pragmatiquement, la distinction repose sur la violence : en tant que « collaborateurs du sacerdoce », il revient aux feudataires et aux chevaliers de se battre pour instaurer la justice, ce qui constituait naguère la mission royale par excellence.

Au XIIe siècle, le clergé séculier s'arroge progressivement la tâche d'encadrer la société chrétienne en lui imposant des règles de conduite. L'accent est mis sur les pouvoirs sacramentels qui s'attachent à la fonction sacerdotale, car ils démarquent nettement les clercs des autres hommes qui leur sont subordonnés. L'Eglise s'oppose à une société où le pouvoir reposerait sur la force armée. Les chevaliers (en latin *milites*), subordonnés à la haute aristocratie princière et comtale, tendent alors à se fondre dans la noblesse. L'Eglise pense à mettre à son service cette force physique en la sacralisant. Une riposte de l'Eglise face aux agressions féodales apparaît pour la première fois à Charroux, où en 989 les canons conciliaires s'efforcent de diaboliser les agresseurs des biens et des personnes de l'Eglise.

Au cours du XIIe siècle se dessine la figure imaginaire du chevalier qui a pour mission de défendre le « peuple de Jésus ». L'Eglise entérine la cérémonie de l'adoubement, à l'origine un rite profane d'initiation du jeune guerrier, en s'investissant dans la cérémonie. Dans la seconde moitié du siècle, les adoubements se généralisent. Les laïcs sont plus que jamais partie prenante dans la vie religieuse : leur rôle est indispensable dans la réussite de l'entreprise de la paix de Dieu, mais aussi de la croisade. Dans ces schémas, ni les femmes, ni les enfants ne sont pris en compte, sauf, avec l'idéal courtois, une image symbolique et idéalisée de la Dame.

L'Eglise tente de récupérer à son profit les structures féodales qui se sont mises en place. Elle le fait en christianisant des cérémonies profanes comme l'adoubement, mais aussi une partie de la littérature vernaculaire. L'Eglise ne pouvait laisser aux laïcs le monopole littéraire du français sous peine de voir se développer une expression culturelle qui lui échapperait totalement. La composition de vies de saints en langue romane répond à cette nécessité d'« occuper le terrain ». Mais cette expression narrative en vernaculaire inaugure une relation dialectique entre la culture littéraire des laïcs et celle des clercs. En effet, les vies de saints fraient la voie aux chansons de geste, qui racontent les exploits de héros guerriers légendaires.

La forme de la chanson de geste sera récupérée au début du XIIIe siècle par un traducteur anonyme de l'Ancien Testament, qui adopte jusqu'aux apostrophes caractéristiques de l'épopée française : *Ore oiez, seignors, chaunson de verité*[4]... L'Eglise ne peut contrevenir totalement à la culture des laïcs. Si la chevalerie terrestre des romans du XIIe siècle est christianisée et devient spirituelle au XIIIe siècle, la lyrique échappe plus largement à l'emprise ecclésiastique, même si la Dame et la Vierge tendent parfois à se confondre.

Le droit en français

Au cours du XIIᵉ siècle, le champ des langues « vulgaires » s'élargit donc et empiète sur des domaines jusqu'alors réservés au latin. Le français, instrument de l'affirmation sociale des nobles face à l'Eglise, développe une littérature qui véhicule une idéologie et des valeurs originales. A la fin du siècle et au début du XIIIᵉ siècle, le français accède au statut de langue juridique.

Des chartes aux lettres de rémission

Les causes de l'émergence du français dans ce domaine ne sont pas très claires. Sans doute faut-il prendre en considération les progrès du système linguistique, devenu alors parfaitement apte à exprimer en souplesse les détails et les dispositions d'un contrat. D'autre part, les habitants des villes, surtout les commerçants et les hommes d'affaires, avaient besoin de disposer d'actes qu'ils puissent comprendre immédiatement et sans difficulté. Cette seconde explication n'est pas à négliger, mais il faut considérer que les mêmes contractants avaient besoin d'une langue prestigieuse, gage d'authenticité et de pérennité des décisions prises. La résistance du latin dans la langue des actes tient à la valeur symbolique de l'acte écrit, intimement liée au latin. Peut-être est-ce pour cette raison que le choix de l'une ou de l'autre langue a souvent été différent à quelques kilomètres près, selon le critère privilégié. Ainsi, l'actuel département de la Haute-Marne, composé de pays ruraux de petite féodalité, nous a laissé bien plus d'actes en français que la Champagne voisine, économiquement plus active.

En matière juridique, l'Angleterre Plantagenêt se montre encore une fois en avance sur le continent, que ce soit pour les textes ou pour les actes privés. Le plus ancien livre de droit en français est un manuscrit anglo-normand du milieu du XIIᵉ siècle qui conserve les « Lois de Guillaume le Conquérant » (la *Leis Willelme*). Dans la seconde moitié du siècle, le *Decret* de Gratien, pièce centrale du droit canonique compilée vers 1140, est traduit à l'intention du pouvoir séculier de l'empire Plantagenêt. Même si le traducteur insiste sur la défense de l'intervention laïque dans les affaires de l'Eglise, une version française du *Décret* pouvait être utile lorsqu'un seigneur voulait régler dans son domaine une situation concernant le clergé ou un mariage problématique entre laïcs. L'Angleterre est également pionnière en matière d'acte privé. Une charte de Ralph FitzWalter de Sheringtons à l'attention des Hospitaliers, datant de 1140 environ, est le premier exemple d'utilisation du français dans un document administratif. Le témoin suivant, daté de 1170, sera encore anglo-normand.

Sur le continent, il faut attendre le XIIIe siècle pour voir apparaître les premières chartes en français. La plus ancienne est la loi de Chièvres, en Hainaut, datée de 1194. Vient ensuite une dizaine de documents tournaisiens, dont le plus ancien date de 1197 ; les autres suivent après 1206. On conserve une charte de Douai, datée de 1204. A partir de 1214, les archives de Saint-Quentin livrent une petite série. Les plus anciens actes d'Arras sont de 1213, ceux de Metz de 1215. On voit ensuite apparaître le français dans la région lilloise et cambraisienne, ainsi que dans le Barois en 1219. A cette date, le français apparaît également à l'autre bout du royaume, à La Rochelle. Parti de la Flandre, de l'Artois et de la Picardie, puis de la Lorraine, le mouvement s'amplifie ensuite dans le nord-est du royaume sans pour autant faire tâche d'huile. Le nord-est du Bassin parisien est touché dans les années 1240 ; il faut attendre 1250 pour le sud du Bassin parisien et le sud de la France. L'usage du français dans les actes est géographiquement parlant un « phénomène périphérique » ; la mutation engagée à la fin du XIIe siècle mettra un siècle environ pour se répandre jusqu'au cœur du royaume, non sans rencontrer de fortes résistances.

Le français se rencontre d'abord essentiellement dans des chartes urbaines. A part la loi de Chièvres, les premiers actes proviennent tous d'échevinages ou de chancelleries urbaines (Metz). A La Rochelle, les bourgeois s'engagent sous leur sceau. A part la plus ancienne pièce messine (« charte de commune paix ») de 1215, ces documents concernent des affaires de droit privé. De modestes seigneurs, comme Eustache, chevalier, sire de Sissy (Aisne, arrondissement de Saint-Quentin, canton de Ribemont) en juin 1218, utilisent le français. Les grands seigneurs ne l'emploient qu'un peu plus tard. Le premier à le faire est le comte de Champagne, dans des chartes de franchise visant à favoriser les foires de la région. Troyes bénéficie ainsi d'une franchise rédigée en français dès 1230. La chancellerie royale ne commence à suivre timidement le mouvement que vers le milieu du XIIIe siècle. Le premier document français qui en émane date de 1254, mais la chancellerie persiste longtemps à préférer le latin. Les registres de la

Chancellerie accusent une nette régression du latin après 1305, peut-être à cause de la laïcisation de son personnel sous le règne de Philippe le Bel (1285-1314). Mais d'après les comptages effectués par Serge Lusignan, encore sous Charles IV (1322-1328), seulement une charte sur dix est en français. Pourtant, une ordonnance de Philippe le Bel avait prescrit d'écrire aux bonnes villes « françaises en français et aux villes occitanes en latin » (*gallicanis in gallico et occitanis in latino*). Le basculement du latin au français s'opère sous Philippe VI (1328-1350) : au début de son règne, le latin domine largement ; à la fin, les trois quarts des chartes sont en français.

Avec l'ordonnance de réforme du 3 mars 1357, issue des Etats généraux de langue d'oïl, s'ouvre une nouvelle ère : elle est rédigée en français, comme le seront par la suite les autres ordonnances de réforme. La clarté l'emporte désormais sur la valeur symbolique du latin, même pour des actes importants dans la vie publique du royaume.

Les lettres de rémission, par lesquelles le roi accorde sa grâce, suivent une évolution linguistique semblable. Si les premières lettres, au début du XIVe siècle, sont en latin, la lettre de rémission, telle qu'elle apparaît dans sa maturité, au milieu du XIVe siècle est en français. Mais certaines lettres continuent, jusqu'à la fin du XVe siècle, d'être rédigées en latin. Le lieu d'habitation du suppliant semble déterminant : 81 % des lettres latines sous le règne de Philippe VI sont adressées à des sénéchaussées méridionales. D'autres facteurs pouvaient sans doute entrer en jeu, comme le statut du bénéficiaire. Toujours est-il qu'à la fin du XIVe siècle, le français a acquis une valeur juridique comparable à celle du latin, du moins dans les pays de langue d'oïl, car le roi s'adresse aux pays de langue d'oc de préférence en latin.

LA RÉDACTION DES COUTUMES

Avant la seconde moitié du XIIIe siècle, la langue n'était généralement pas une préoccupation de la justice, qui s'exerçait à un niveau local sur des sujets ne présentant pas de disparité linguistique forte. La constitution progressive des structures de l'Etat, en particulier la création d'institutions centrales destinées à assurer l'exercice des fonctions régaliennes, exigea la mise en place d'un droit plus uni. La première étape de cette unification passa par la rédaction des coutumes. Au Moyen Age, la coutume se définit comme « un ensemble d'usages d'ordre juridique, qui ont acquis force obligatoire dans un groupe sociopolitique donné, par la répétition d'actes publics et paisibles pendant un laps de temps relativement long⁵ ». Leur rédaction était un acte linguistique à haute valeur symbolique, car le français, choisi pour ce faire, s'opposait à la fois au latin et au dialecte oral par lequel la coutume avait été transmise jusqu'alors.

L'application des coutumes transmises oralement posait des problèmes pratiques. Dans certains cas, la coutume, qui dépendait de la mémoire des juges, était contestée. Il fallait alors organiser une preuve par turbe (du latin *turba*, « foule »), une sorte de sondage pour déterminer l'authenticité de tel ou tel usage. De telles procédures exigeaient beaucoup de temps et n'aboutissaient pas toujours à des résultats clairs. Cette faiblesse du droit coutumier encouragea le recours à l'écrit dans l'établissement du droit. L'oralité de la coutume comme celle de la procédure judiciaire donnait lieu à de nombreuses erreurs. Le renouveau de l'étude du droit romain au XIIIe et au XIVe siècle met en évidence les défaillances du système. Le fait qu'une coutume doit être raisonnable, sous peine d'être abrogée, s'impose au XIIIe siècle.

La rédaction des premiers coutumiers est le fruit d'initiatives privées, souvent encouragées par les pouvoirs locaux ou la royauté. « Elle répond aux besoins de systématisation suscités par le développement des institutions judiciaires et le rôle grandissant de la jurisprudence dans la cristallisation des pratiques juridiques à l'échelle du bailliage ou de la province⁶. » Les premières compilations de coutumes sont assez nettement influencées par le droit romain. La précocité du *Très ancien coutumier de Normandie*, rédigé dès la fin du XIIe siècle, s'explique sans doute par la tradition juridique de l'écriture vernaculaire dans le domaine Plantagenêt. Si l'on excepte le *Grand coutumier de Normandie*, compilé vers 1235, il faut attendre la seconde moitié du XIIIe siècle pour voir rédiger d'autres coutumiers. Vers 1260, Pierre de Fontaines, bailli de Vermandois, compile la coutume de ce bailliage tout en insérant des éléments de droit romain. Le *Livre de jostice et de Plet*, contemporain, traite dans le même esprit des coutumes de l'Orléanais. On peut encore citer les *Etablissements de saint Louis*, rédigés vers 1272, qui collationnent les coutumes de l'Anjou et du Maine agrémentées de droit romain et de droit canonique. A vrai dire, la première présentation claire et analytique des coutumes d'une région est due à Philippe de Beaumanoir qui acheva en 1283 la rédaction des *Coutumes de Beauvaisis*. A cette date, le français juridique était déjà devenu une langue technique.

Le mouvement de rédaction se poursuit au XIVe siècle, mais

demeure limité, si bien qu'au milieu du XVe siècle la majorité des coutumes de la France du Nord n'est pas encore fixée par écrit. C'est alors que Charles VII, dans l'ordonnance de Montil-les-Tours (1454), prescrit la rédaction de toutes les coutumes du royaume sous le contrôle des officiers royaux, afin de rendre les procès plus courts et moins coûteux. En effet, il faut souvent prouver l'existence de la coutume, « *par quoy les procez sont souventesfoy* [souvent] *moult allongez, et les parties constituees en* [soumises à] *grans frais et despens ; et que si les coustumes, usages et stiles* [habitudes] *des pays nostredit royaume, estoient redigez par escrit, les procez en seroient de trop plus briefz, et les parties soubslevees* [soulagées] *de despenses et mises, et aussi les juges en jugeroyent mieux et plus certainement ; (car souventesfoy advient que les parties prennent coustumes contraires en un mesme pays et aucunesfoys* [parfois] *les coustumes muent* [changent] *et varient à leur appetit* [gré], *dont grandz dommages et inconveniens adviennnent à noz subjectz)*[7] ».

Une seconde vague de rédaction commence, mais la procédure en est lourde et complexe. En 1483, les Etats se plaignent de la lenteur de l'entreprise : « *Semble ausdits estats que les coutumes et styles du royaume doivent estre redigees par escrit et enregistrees, afin que par les registres d'icelles coustumes puissent estre verifiees et approuvees sans autres depenses faites*[8]. » Pour accélérer le processus, Charles VIII assouplit la procédure en 1497 et 1498, si bien que onze coutumes sont rédigées pour la première fois avant 1500. Avant le milieu du XVIe siècle, la plupart des coutumes sont enfin mises par écrit.

La rédaction des coutumes entraîne un lien étroit entre le français et la justice, car l'efficacité de l'entreprise dépend de la clarté de la langue employée et de sa faculté à être assez normalisée pour donner lieu à une interprétation univoque. Du coup, la reconnaissance du français comme langue juridique aurait pu être un frein à son évolution.

Le français dans la procédure

Au parlement de Paris, on a toujours plaidé en français. En 1406, les universitaires sont même priés de s'exprimer en français et non plus en latin. Cependant les sentences émises par le parlement (les arrêts) continuent à être rédigées en latin. Les registres du parlement ne montrent une nette régression dans l'emploi du latin qu'après 1375, mais le latin utilisé est censé être particulièrement accessible.

Ainsi en 1336, un maître des enquêtes rédige un manuel à l'intention de ses collègues où il leur conseille d'utiliser dans leurs rapports un « latin simple et ordinaire, familier aux laïcs [*latinum grossum, pro laicis amicum*], et proche du français par le vocabulaire ».

Malgré son relatif effacement, le latin n'est pas oublié et les archives judiciaires restent marquées par sa présence. Le latin conserve une valeur symbolique forte, qui en fait un « couperet juridique ». Les textes judiciaires rédigés en français ne cessent de s'appuyer sur des citations latines pour accroître leur autorité et leur crédibilité. Le latin se présente comme un garant de l'autorité du juge, de la compétence de l'avocat, en même temps qu'il véhicule un savoir partagé par un très grand nombre de praticiens.

Des références normatives en latin viennent truffer les plaidoiries en langue vulgaire. L'insertion de mots ou de phrases latines qui ne renvoient même plus obligatoirement à des passages du droit romain devient une mode au milieu du XVe siècle. Le mélange des deux langues augmentait l'autorité du discours et lui conférait une intention jurisprudentielle, puisque les bribes de latin renvoyaient souvent à des manuels de jurisprudence. Voilà comment Jean Rapiout défend Jean Lenfant le 22 janvier 1443 : « *Pour Jehan Lenfant, Rapiout dit que [...] la confession faicte par Lenfant a esté par force de gehine et ne doit la Court arrester veu que* extra questionem *n'y perservere, mais la nye, et ne s'ensuit se a brisé la prison que partant* debeat haberi pro confesso et convicto super casu principali, *attendu que* in omnibus *a esté tousjours homme de bonne vie et renommee*[9]... » [Pour Jean Lenfant, Rapiout dit que [...] la confession faite par Lenfant l'a été sous la torture et que la Cour ne doit se prononcer vu qu'il ne la confirme pas *extra questionem* [en dehors de la torture], mais la nie ; et s'il s'est évadé de prison, il ne s'ensuit pas qu'il *debeat haberi pro confesso et convicto super casu principali* [doive être tenu comme ayant confessé et comme coupable sur l'affaire principale], attendu que *in omnibus* [pour tous] il a toujours été un homme de bonne vie et de bonne renommée...]

Cette manie de la référence au latin aboutit à la création d'une véritable langue juridique franco-latine, à la limite de l'hermétisme. Cette langue hybride, réservée à des initiés, s'épanouit dans le champ clos de la cour du parlement et contribue fortement à discriminer les parlementaires des autres membres de la société et à les constituer en corps. C'est chose faite dans la seconde moitié du XVe siècle.

A la fin de ce siècle, le français gagne de nouveau des points sur le latin. Si le français avait toujours été admis à l'oral, les dépositions étaient souvent notées en latin. Or l'opération de traduction en latin occasionnait des erreurs et des déformations d'autant plus graves que les témoins ne pouvaient vérifier l'exactitude de leur déposition transcrite dans une langue qu'ils ne comprenaient pas. Pour garantir la conformité de la déposition écrite au témoignage oral, Charles VIII ordonna en 1490 que les enquêtes et les procès ne soient plus rédigés en latin mais en français ou dans la langue maternelle du témoin : « *Outre est ordonné que les dicts et depositions des tesmoins qui seront ouys* [entendus] *et examinez doresnavant esdites cours et en tout le pays de Languedoc, soit* [que ce soit] *par forme d'enqueste ou information et prinse sommaire, seront mis et redigez par escrit en langage françois ou maternel, tels que* [de telle sorte que] *lesditz tesmoins puissent entendre leurs depositions, et on les leur puisse lire et recenser* [proclamer] *en tel langage et forme qu'ilz auront dit et deposé. Et ce, pour obvier* [parer] *aux abus, fraudes, et inconveniens qui se sont trouvez avoir esté faits en telles manieres*[10]. »

Cette ordonnance n'a pas mis fin aux abus des praticiens. En 1510, Louis XII promulgue une nouvelle ordonnance qui va plus loin que la précédente, puisqu'elle condamne l'emploi du latin non seulement dans la transcription des dépositions des témoins, mais aussi dans les discours prononcés par les juges, afin que l'accusé puisse comprendre. Les ordonnances de Moulins (1490) et de Lyon (1510) font plus que préparer la fameuse ordonnance de Villers-Cotterêts (1533).

La langue du roi et de la nation

L'exercice de la justice est la première fonction du roi. La justice et la paix, selon l'expression biblique, sont l'essence du pouvoir et des devoirs royaux. Au Moyen Age, le roi est avant tout un juge. Toute justice rendue en son royaume l'est en son nom. Tous les juges, qu'ils soient conseillers au Parlement, juges de bailliage ou de sénéchaussée, juges ordinaires et juges seigneuriaux, sont donc les délégués du roi.

Le Parlement, cour d'appel et cour ordinaire, se situe au sommet de la hiérarchie judiciaire. Au-dessous se trouvent les baillis et sénéchaux, qui sont à la fois juges, chefs de guerre et d'administration. Le développement de l'administration bailliagère contraignit les baillis à abandonner le tribunal à des juges professionnels, qui s'entourèrent d'un personnel de notaires de cour, de greffiers et de sergents.

La francisation de la justice et les interventions répétées des souverains en cette matière dans la seconde moitié du XVe siècle est signifiante dans le cadre du dialogue que le roi tisse avec ses sujets. Ne peut-on penser que l'utilisation du français est liée à la volonté qu'ont le roi et les officiers royaux de diffuser au mieux l'usage d'un pouvoir justicier en construction ? Le passage du latin au français rend plus transparent aux sujets le pouvoir de justice du souverain et renforce l'exemplarité de la peine réclamée par les théoriciens du droit.

Des contraintes pratiques exigeaient, on l'a vu, que le français fût plus abondamment utilisé ; mais il entrait en concurrence avec le latin sur le plan des contraintes symboliques : si, à la fin du Moyen Age, le français symbolise de plus en plus clairement la langue du roi et celle de la nation, le latin relie symboliquement la justice royale à la loi divine.

La progression du français comme langue de la justice et de l'administration royales suit une évolution chronologique très semblable à celle de l'idée de nation française. L'histoire de la langue et du sentiment d'appartenance à la nation sont en fait étroitement liées. Le français va de plus en plus symboliser la nation et le roi, son représentant. Mais il est difficile de déterminer à quel point le rapport entre le linguistique et le politique a été pensé et théorisé et dans quelle mesure il s'est imposé naturellement, au gré des événements politiques et de contraintes pratiques. Dès le XIIe siècle, les chansons de geste, qui exaltent des épisodes légendaires de la monarchie française, appuient leur prétendue véracité sur une source qui serait conservée à l'abbaye de Saint-Denis, centre idéologique de la monarchie française. Voilà comment commencent le *Moniage Guillaume* et *Fierabras*, deux chansons de geste :

> *Bone chançon pleroit vous à oïr ?*
> *Or faites pes [s]i vous traiez vers mi.*
> *De fiere geste bien sont les vers assis ;*
> *N'est pas juglerres qui ne set de cestui :*
> *L'estoire en est au mostier Saint Denis,*
> *Molt a lonc tens qu'ele est mise en oubli ;*
> *Molt fu preudom cil qui rimer la fist*[11].

[Vous plairait-il d'entendre une bonne chanson ? Faites silence et approchez-vous. Les vers reposent sur un terrible haut fait ; pas un jongleur ne l'ignore : l'histoire en est conservée à l'abbaye de Saint-Denis. Il y a très longtemps qu'on l'a oubliée ; celui qui l'a mise en vers fut très fort.]

Seignors, or faites pais, s'il vous plaist, si m'oez !
Canchon fiere et nobile jamais mellor n'orrez !
Che n'est mie menchonche, mes fine veritez ;
A garant en trairai euvesques et abez.
A Seint Denis en Franche fu le roules trouvez ;
Bien chent et chi[n]quante ans i a l'estoire estez[12].

[Seigneurs, du calme s'il-vous plaît, écoutez-moi ! Vous n'entendrez jamais une chanson si terrible et si pleine de noblesse, meilleure que celle-ci ! Elle n'est pas mensonge, mais pure vérité ; j'en prendrai pour témoins évêques et abbés. C'est à Saint-Denis, en Ile-de-France, que le manuscrit a été trouvé ; l'histoire s'y trouve depuis au moins cent cinquante ans.]

Cette récurrence des références à Saint-Denis dans les chansons de geste anciennes s'explique par le poids idéologique de l'abbaye. Saint Denis était, en effet, le saint patron des rois de France et l'abbaye qui porte son nom a cumulé dès le XIIe siècle les fonctions de sanctuaire et de lieu de mémoire : les rois s'y font inhumer et les insignes du pouvoir royal y sont déposés (épée, lance, étendard, couronne). L'archevêque Turpin, qui fut d'abord moine à Saint-Denis, aurait, au temps de Charlemagne, composé une chronique, initiant ainsi une tradition historiographique à l'abbaye. En réalité, il s'agit d'une supercherie, puisque la *Chronique du Pseudo-Turpin* a été écrite vers le milieu du XIIe siècle. C'est en fait l'abbé Suger, avec sa *Vie de Louis le Gros*, achevée vers 1144, qui inaugure le mouvement qui aboutit à la rédaction des *Grandes Chroniques de France*. Ainsi, l'une des premières formes d'expression littéraire du français est profondément ancrée dans la mythologie royale française. La fonction littéraire du français passe par la référence au royaume.

Dès le XIIe siècle, des clercs énoncent l'idée de « nation ». Suger, par exemple, considère que la France et l'Angleterre sont des entités irréductibles, séparées par la mer. Les préambules des ordonnances appelant à défendre le royaume, les sermons loyalistes, les cérémonies commémoratives, les poésies de circonstance composées en l'honneur de grands événements servent de vecteurs de propagande à cette notion. C'est surtout à la fin du XIIIe siècle que s'éveille en France le sentiment national. L'effacement progressif du pouvoir impérial à partir de 1250 et les difficultés de la papauté au temps d'Avignon et du Schisme (1378-1417) lui permettront de s'affirmer. Face à des papes et à des empereurs affaiblis, les souverains de pays bien identifiés (France, Allemagne, Pologne) revendiquent une large indépendance. Les Capétiens rassemblent précocement sous leur couronne des régions disparates pour un faire un ensemble soudé : le roi des Francs (*rex Francorum*) est devenu le roi de France (*rex Franciae*) dès le début du XIIIe siècle. Moins d'un siècle plus tard, ce roi de France appelle ses sujets à combattre à la frontière de la Guyenne « pour la défense de la patrie et de la couronne ».

LA LANGUE, FAIT DE LA NATION

Les guerres jouent un rôle important dans le sentiment national, car la menace extérieure alimente la xénophobie qui, à son tour, nourrit le nationalisme. La guerre de Cent Ans fut un puissant déclencheur du sentiment national en France. Il n'est qu'à penser aux violentes réactions anglophobes du peuple après la conquête de la Normandie par Henri V en 1419. Selon Philippe Contamine, l'idée de mourir pour la patrie (*pro patria mori*) était un topos dès le XIVe siècle. Cependant le discours s'est dramatisé au fil de la guerre de Cent Ans.

Jean Juvénal des Ursins (mort en 1474) estime que collaborer avec les Anglais est un acte contre nature et que ceux qui s'engagent dans cette voie sont des dénaturés, désireux de nier la séparation « naturelle » et voulue par Dieu entre les îles et le continent. Tout aussi naturelle est la séparation linguistique entre la France et l'Angleterre : Juvénal trouve donc inadmissible que certains de « ceux de notre langue » (les Français) aient soutenu « ceux de leur langue » (les Anglais). C'est que, depuis le XIVe siècle, déjà, la langue est devenue l'un des attributs distinctifs de la nation. En 1328, au moment de la crise dynastique, Philippe de Valois aurait été préféré à un Edouard III, le prétendant anglais, « parce que nous comprenions sa langue ». Nicole Oresme, dans sa traduction commentée de la *Politique* d'Aristote (d'après une version latine), affirme que la communauté politique repose sur la communauté linguistique : « *Et donques la division et diversité des langages repugne à conversation civile* [de citoyen] *et à vivre de policie* [en bon gouvernement]. *Et à cest propos dit saint Augustin ou .xix.* [19e] *livre de la* Cité de Dieu *que .ii.* [2] *bestes mues de diverses especes s'accompaignent* [se tiennent compagnie] *plus legierement* [facilement] *ensemble que ne funt .ii. hommes dont l'un ne congnoist le langage de l'autre. Et dit assés tost aprés que un homme est plus volentiers ovec* [avec] *son chien qu'ovecques* [avec] *un homme de estrange* [étrangère] *langue*[13]. » Vers 1420, le *Dialogue entre un Français et un Anglais* (*Dialogus inter Francum et Anglum*) réaffirme ce principe, qui conduit à l'impossibilité pour les Français d'« obéir à vous Anglais dont nous ne comprenons pas la langue ».

On pense que Nature, comme Dieu, voulait que les peuples de même langue soient réunis dans un même Etat. Le fait de parler français est un argument en faveur de l'annexion au royaume. Dès 1287, le comte de Montbéliard est rangé parmi les Français à cause de sa langue par un chroniqueur de l'Est. Au milieu du XVe siècle, le Héraut Berry signale qu'en Bourgogne et en Savoie, on parle français. Selon lui, ces provinces, qui faisaient anciennement partie du royaume, devraient y revenir. Ailleurs, on voit revendiquer pour le royaume la possession de la Lorraine, « *car ils parlent langue de ou* [oïl, oui] *et non pas l'allemand* », mais le chroniqueur messin Philippe de Vigneulles, à propos du lorrain, oppose habilement *roman* et *français*, pour défendre l'indépendance de Metz, ville d'Empire : « *et, pour l'amour dez Romains, à qui la noble cité estoit subject, on appelloit leur langaige roman. Et, encor aujourd'uy, en ce païs, nous disons que c'est parler langaige roman et non pas françou*[14] [français] ». Tout cela n'est qu'instrumentalisation de la langue et formalisation de revendications politiques et territoriales. La quasi-totalité des Etats médiévaux est plurilingue. La France, principalement partagée entre français et occitan, reste fragmentée en divers dialectes. Quant à la périphérie du royaume, on y parle souvent d'autres langues à part entière comme le flamand et le breton.

A la fin du Moyen Age, le sentiment national se nourrit à trois sources. La première est composée d'éléments naturels, comme la terre, le sang ou la langue, dotée de toutes les qualités. Nicole Oresme ne qualifie-t-il pas le français de « plus noble langage du monde » ? La deuxième regroupe les mythes et légendes attachés au royaume, comme les figures glorieuses de Clovis, de Charlemagne et de saint Louis, mais aussi les origines troyennes. La troisième est de nature religieuse et a son épicentre à Saint-Denis, la nécropole capétienne.

Progressivement, les rois de France et leur entourage ont pris conscience de la valeur symbolique du français, étroitement associée au royaume et à son souverain. Saint Louis semble avoir été un précurseur en ce domaine, comme en tant d'autres. Sous son règne, le nombre des chartes rédigées en français augmente sensiblement.

Quand il lance ses enquêteurs en 1247, les premières pétitions adressées au roi sont rédigées en latin. A la fin du règne, elles le seront en français. Sans doute conscient de ces modifications du comportement linguistique et de la place relative du latin et du français, c'est en français, comme le rapporte Guillaume de Nangis, que peu avant sa mort (1270), le roi note de sa main ses *Enseignements* à l'attention de son fils aîné et de sa fille. C'est aussi Saint Louis qui demande au moine Primat une version française des *Chroniques de Saint-Denis*. Le même souverain est réputé avoir accompli de son tombeau à Saint-Denis un miracle linguistique en faisant parler en français d'Ile-de-France un miraculé bourguignon.

Un siècle plus tard, Jean le Bon et Charles V firent également beaucoup pour le français en lançant un mouvement sans précédent de traductions à partir du latin, mettant à la disposition de leurs conseillers, parfois malhabiles en latin, une collection d'ouvrages de référence désormais accessibles dans des versions françaises souvent commentées et amplifiées.

La fonction idéologique et politique du français est confirmée par la composition des bibliothèques des clercs de la chancellerie royale et du Parlement[15]. Les textes en langue vulgaire sont en général absents des bibliothèques savantes. Celles des gens du roi sont, pour leur plus grande part, des bibliothèques traditionnelles d'ecclésiastiques. On y retrouve les mêmes catégories, mais avec une prédominance des deux droits, canon et civil : sermonnaires, livres liturgiques, bibliques, théologiques, voire philosophiques et scientifiques. L'attention professionnelle à l'histoire fait de celle-ci une composante quasi obligée de ces collections qui s'ouvrent par ce biais au français, puisqu'à côté de grosses compilations à vocation encyclopédique comme le *Miroir historial* (*Speculum historiale*) de Vincent de Beauvais, on trouve des chroniques de France et de Bretagne, des histoires des croisades, des histoires romaines, la geste d'Alexandre et l'épopée troyenne. Cette dernière est plus qu'une aimable distraction : en exaltant les origines mythiques de la dynastie royale française, le récit romanesque en fonde la légitimité. Le service de l'Etat s'enracine dans un fonds d'esprit laïc, qui se manifeste par l'ouverture à la littérature en français. Des traductions figurent aussi sur ces rayons en raison du commentaire qui les accompagne et qui constitue un complément apprécié au texte original : on rencontre les *Ethiques,* les *Politiques* ou les *Economiques* d'Aristote revues par Nicole Oresme, la *Cité de*

Dieu revue par Raoul de Presles, la *Consolation de Philosophie* de Boèce, mainte fois traduite et commentée...

Cet accueil fait à la production vernaculaire, dès les premières années du XVe siècle, est le trait le plus caractéristique des bibliothèques des hommes de robe. Pour ce « clergé royal », la langue du roi et du royaume, symbole de l'identité nationale, n'a pas à conquérir ses lettres de noblesse : le français est à la fois langue de communication et langue de culture. Mais pour les hommes d'Eglise, qui ignorent souvent les ouvrages en langue vulgaire, le français demeure surtout le véhicule des échanges oraux.

Des écrivains de cour

Dans la seconde moitié du XVe siècle, des écrivains de cour veulent persuader leurs protecteurs du pouvoir de la langue et des mots. Au service du roi, le maniement subtil de la langue française devient une alternative à l'activité militaire. Dans le *Séjour d'Honneur* composé par Octovien de Saint-Gelais entre 1489 et 1494, lorsque l'*acteur* (le personnage de l'auteur) se présente à la porte du séjour d'Honneur, La Cour lui demande s'il pense être d'une quelconque utilité à Honneur, autrement dit le roi, par sa plume ou par ses armes, « *Car Honneur ne prise deux noix* [ne tient pour rien] */ Homme qui de vertu n'a cure* [souci] */ Par proësse ou par escripture* ». L'*acteur* répond qu'il le *servira de plume* et en profite pour se moquer élégamment des pratiques guerrières : le beau mot n'a rien à envier au haut fait d'arme pour sa valeur politique. Le pouvoir du mot est un pouvoir de conviction dont nul ne saurait mesurer l'étendue. Après avoir goûté au fruit magique de Joyeuse Attente, l'*acteur* ne se prend-il pas à rêver de dominer le monde grâce à ses mots nouveaux ? : « *Je sçay assés, ce m'est advis, / Pour du tout* [complètement] *gouverner le monde, / Nouveaux termes et beaulx devis* [récits][16]. »

Le mot est l'arme de l'écrivain de cour, qui l'utilise comme le chevalier se sert de sa lance et de son épée, au service du roi. Cette importance accordée au langage à côté des valeurs chevaleresques traditionnelles s'épanouit quelques années plus tard dans le programme mis au point par Claude de Seyssel afin d'« *enrichir, magnifier et publier* [diffuser] *la langue française* » pour le bien du roi et du royaume. Seyssel explicite le principe du « *cujus regio, ejus lingua* » [une langue par royaume], que l'on retrouvera sous François Ier, par exemple dans l'ordonnance de Villers-Cotterêts.

Au début du XVIᵉ siècle, le français commence à être considéré comme un atout important dans l'effort d'expansion, tant intérieure qu'extérieure, que la nation est en train d'accomplir. Dans l'*Exorde* de sa traduction de l'abrégé des *Histoires Philippiques* de Trogue Pompée, dû à Justin, Claude de Seyssel montre les liens étroits qui lient la politique, la culture et la langue. A la suite des Rhétoriqueurs, il insiste sur l'importance de la langue à côté de l'action militaire. En politique extérieure, la diffusion du français facilitera l'assimilation des provinces italiennes nouvellement conquises. Tout comme les Romains se sont jadis approprié le savoir des Grecs et ont fait de leur latin une grande langue de communication, les Français doivent répandre leur langue à l'étranger. Et le meilleur moyen de l'enrichir pour la rendre digne de ce rôle, c'est de « *translater en françois les livres qui ont esté couchez* [rédigés] *en langage grec et latin* ». C'est à cette tâche que Claude de Seyssel s'attelle pour prêcher d'exemple.

Pour ce qui est de la politique intérieure, la France sera mieux administrée si l'usage général du français permet l'accès aux charges et aux offices de gens compétents, dont le seul tort est d'ignorer le latin. Le français doit donc être érigé en langue nationale. L'*Exorde* de la traduction de Justin peut être considéré comme l'un des premiers appels lancés par les gens de lettres français en faveur de la langue vulgaire. Il précède le plaidoyer de Jean Lemaire de Belges et les appels plus tardifs de Tory et de Sylvius (voir plus loin, dans cet ouvrage, l'étude sur le XVIᵉ siècle).

Les traductions de Seyssel restèrent longtemps confidentielles, conservées dans leur manuscrit de dédicace offert au roi. Leur diffusion ne commença qu'avec leur publication imprimée. François Iᵉʳ chargea son secrétaire, lecteur et finalement aumônier Jacques Colin, de faire imprimer ces traductions. Chez le souverain et ses conseillers, cette publication répond à la même arrière-pensée politique qui avait conduit Charles V à commanditer nombre des traductions savantes. Le royaume avait besoin d'une classe dirigeante plus large et mieux instruite ; seule la lecture en français d'auteurs de l'Antiquité pouvait aider à la former. La préface de Jacques Colin au *Thucidide* de Seyssel est claire sur ce point :

« *Le roi François ayant en sa librairie* [bibliothèque] *Thucydide, Athenien, translaté en notre langue par un tel personnage que fut messire Claude de Seyssel, qu'il solennise pour son chef d'œuvre, pource que ledit livre ne se trouvoit ailleurs, de son propre mouvement a été content d'en faire part aux princes, seigneurs et gentilshommes de son royaume* [...] *de sorte que pour estre compris et contenus les exemples de tous humains offices et devoirs, tant en ce volume qu'en ceux de Diodore, Sicilien, des satrapes et successseurs d'Alexandre, et d'Appien, Alexandrin, des guerres civiles et foraines* [étrangères], *tous trois d'une mesme translation, tous trois reposant en la royale librairie, tous trois non trouvables ailleurs en vulgaire, le roi, voyant que la science des langues estrangeres n'étoist encore generalement espandue parmi la noblesse de son royaume, a voulu cette compagnie estre mise comme sur un perron, dont elle soit vue de toutes parts, afin que, de ce qui y sera trouvé imitable et bon à ensuivre, l'on en prenne et trouve les enseignemens au profit de la chose publique et edification de soimesme* [17]. »

A chaque langue, son public

A travers les traductions, le français acquiert ainsi le statut de langue véhiculaire, qui était traditionnellement l'apanage du seul latin. En effet, selon une tradition séculaire, une œuvre littéraire latine est accessible potentiellement à toute personne cultivée, alors que l'utilisation du vernaculaire réduit l'espace potentiel de circulation de l'œuvre. Le paradoxe n'est qu'apparent et tient à la définition *bipolaire* de la notion de « langue véhiculaire ».

Toute langue se répartit en deux pôles : un pôle véhiculaire, définissant les formes que nous choisissons lorsque nous voulons élargir la communication au plus grand nombre ; et de l'autre un pôle « grégaire » (L.-J. Calvet), définissant les formes choisies lorsque nous voulons limiter la communication au plus petit nombre, marquer une spécificité ou tracer la frontière d'un groupe. Si l'on adopte cette définition, le latin est à la fois grégaire et véhiculaire : grégaire parce qu'il exclut de la communication la majorité de la population ; véhiculaire parce qu'il est compris dans l'ensemble de la chrétienté occidentale et qu'il traverse les âges grâce à une normalisation linguistique efficace. Selon le type de discours, le public visé et la date du texte, latin et français se trouvent tour à tour plus ou moins véhiculaires.

Le latin, international pour l'élite

Au XIIe siècle, lorsqu'un auteur emploie la langue vernaculaire dans un texte qui n'est pas une fiction, il se justifie généralement en prétendant apporter aux laïcs un savoir jusque-là surtout réservé aux clercs latinistes. On en a vu des exemples dans les prologues des traductions de la Bible. Ajoutons-y celui de la *Vie de saint Nicolas*, composée au XIIe siècle par Wace : « *En romanz voil dire un petit / De ceo que nus le latin dit, / Que li lai le puissent aprendre, / Qui ne poënt latin entendre* [18] » [Je veux dire en roman un peu de ce que nous dit le latin, afin que les laïcs puissent l'apprendre, eux qui ne peuvent comprendre le latin].

De simples considérations quantitatives suffisent à expliquer les limites de la diffusion par le latin. Les laïcs sont bien plus nombreux que les clercs et ces derniers comprennent toujours au moins une langue vernaculaire. Ensuite, le taux d'alphabétisation des laïcs, en progression constante, leur donne un poids croissant dans le public ayant accès à l'écrit. Enfin, se superposant aux dialectes s'impose une langue française comprise et pratiquée dans une grande partie du royaume et même à l'étranger.

En 1209, Giraud de Barri (ca 1147-ca 1223), auteur d'une *Topographie de l'Irlande* et de l'*Attaque de l'Irlande*, récit de la conquête de l'Irlande par les Anglais en 1169, constate la faible diffusion de ses œuvres. La faute en revient à leur latin, compris seulement d'un petit nombre. Giraud formule le vœu qu'un homme, à la fois bon linguiste et fin lettré, traduise ses ouvrages en français afin qu'ils obtiennent un succès mérité ; il rapporte des propos que Gautier Map, son contemporain et proche comme lui de la cour royale d'Angleterre, lui aurait tenus : « Vous avez beaucoup écrit, moi j'ai beaucoup parlé... Et bien que vos écrits soient de plus grande valeur, et plus durables, que mes récits, c'est parce que je les ai faits en langue compréhensible, soit en langue vulgaire, tandis que vos écrits, étant en latin, étaient accessibles à moins de gens, que j'ai tiré de mes récits des avantages, tandis que vous vous n'avez pas obtenu une récompense en rapport avec la valeur de ce que vous écriviez [19]... »

Ces déclarations marquent le moment où certains savants commencent à penser que la langue vulgaire peut être un véhicule digne de savoir. Cependant, il faut situer ce discours dans le contexte linguistique insulaire du début du XIIIe siècle, particulièrement favorable à la valorisation scientifique et religieuse du français, et d'autre part remarquer que Giraud ne fait pas la démarche de passer lui-même à une écriture en langue vulgaire.

Son contemporain à la cour anglo-normande, Hue de Rotelande, adopte la forme du roman, et aboutit aux mêmes constatations que Giraud au début de son *Ipomedon* :

Ne di pas q'il bien ne dit,
Cil qi en latin l'ad descrit,
Mes plus i ad leis ke lettrez :
Si li latin n'est translatez,
Gaires n'i erent entendanz ;
Por ceo voil jeo dire en romanz
A plus brevment, qe jeo saurai,
Si entendrunt et clerc et lai[20].

[Je ne dis pas que celui qui l'a écrit en latin l'a mal fait, mais il y a plus de laïcs que de lettrés : si on ne traduit pas le latin, peu seront ceux qui le comprendront ; c'est pourquoi je veux l'écrire en roman, le plus brièvement possible ; ainsi clercs et laïcs le comprendront.]

Un texte en langue française a donc alors toutes les chances d'être compris par plus de lecteurs qu'un texte latin, d'autant que les clercs ne font pas toujours fi du vernaculaire, comme le sous-entend Hue et comme l'affirme plus nettement une *Vie* française de saint Eustache datée du XIIIe siècle : « *Mais clerc e lai communeaument / solent user romanz souvent ; / pur ço voil en romans parler*[21] » [Mais les clercs comme les laïcs utilisent souvent d'ordinaire le roman ; c'est pourquoi je veux parler en roman].

Au XIVe siècle, Jean de Mandeville, un chevalier né en Angleterre dans la ville de Saint Albans, qui a sans doute étudié à la faculté des arts à Paris avant de partir pèleriner et guerroyer en Terre sainte et en Egypte, finit ses jours à Liège, entouré d'une bonne bibliothèque, pour noter ses souvenirs dans une sorte d'encyclopédie géographique. Le livre des *Voyages* de Mandeville véhicule un savoir dû à l'expérience de son auteur, mais aussi un savoir livresque pris à des sources latines. Jean de Mandeville n'écrit visiblement pas ses *Voyages* pour un commanditaire, qui aurait pu exiger l'emploi d'une langue particulière. Il est donc tout à fait libre d'opter pour le latin ou pour le français. Son choix ira au français, malgré les qualités linguistiques supérieures reconnues au latin : « *Et sachez qe jeo eusse cest escrit mis en latin pur plus brifment deviser, mes pur ceo qe plusours entendent mieulx rommancz qe latin, jeo l'ai mis en rommancz pur ceo qe chescun l'entende*[22]. » [Et sachez que j'aurais volontiers rédigé ce texte en latin pour être plus bref, mais parce que beaucoup comprennent mieux le roman que le latin, je l'ai rédigé en roman, afin que chacun le comprenne.] Le pas que Giraud n'avait pas osé franchir, Jean le saute sans remords.

Non seulement le français peut atteindre un public plus vaste, mais il peut aussi véhiculer un texte dans le temps et permettre sa conservation, mieux que ne le ferait le latin. C'est en tout cas ce que prétend le prologue de la version saintongeaise du Pseudo-Turpin : « *La bone comtesse ha gardé le livre jusqu'à ore. Or si me proie que je le mete de latin en romans sans rime ; por ço que teus set de letre qui de latin ne le seust eslire, e por ce que par rommans sera il mieus gardé*[23]. » [La bonne comtesse a conservé le livre jusqu'à présent. Elle me prie maintenant de le traduire sans vers de latin en roman ; parce que celui qui saurait lire sans connaître le latin ne pourrait le comprendre, et parce qu'il sera mieux conservé en roman.]

En fait, on en vient vite à reprocher au latin de dérober la matière. Les prologues des chansons de geste ou des vies de saints donnent comme point de départ au récit français la découverte, au fond d'une bibliothèque monastique, souvent Saint-Denis, d'un très ancien livre latin oublié. La mise en vernaculaire permet de faire revivre ce texte, de le sortir de l'oubli où l'avait plongé le latin et le temps :

Si douz myracle enseveli
Dedens la letre ont trop esté ;
Mais, se vivre puis un esté,
Des plus biaus en volrai fors metre
Tout mot à mot, si com la letre
Et l'escriture le tesmoigne[24].

[Ses doux miracles ont trop été ensevelis dans la lettre [le latin], mais si je peux vivre un été, je voudrais reprendre les plus beaux mot à mot, selon le témoignage de la lettre et de l'écrit.]

Latin et français ne sont pas toujours dans une relation d'affrontement, de substitution et de remplacement. Ils coexistent parfois dans des rapports de complémentarité pour assurer la diffusion plus efficace ou plus large d'une œuvre. On l'a vu avec les gloses bibliques ou avec les traductions interlinéaires du psautier. Le latiniste peut utiliser la traduction française, parfois dotée d'un commentaire, pour mieux saisir le sens du latin. C'est ainsi que l'on conserve des manuscrits bilingues de la *Consolation de Philosophie* de Boèce et même des *Dits et faits mémorables* de Valère Maxime.

Le latin, comme le français, est un système linguistique complexe comprenant plusieurs sous-systèmes qui ne sont pas également véhiculaires ou diffusables. On a depuis longtemps noté les difficultés éprouvées par les traducteurs devant le latin de l'Antiquité classique. La langue de Tite-Live n'est pas sans poser problème à Pierre Bersuire, son premier traducteur pourtant excellent latiniste, celle de Boèce nécessite des aides à la lecture, le « *stile tressoubtil*[25] » d'Ovide n'est pas à la portée de tous. Cette langue classique est étrangère à ceux qui pratiquent uniquement le latin de l'école et de l'Eglise. Dans ces cas-là, la traduction est un excellent relais.

Enfin, la dimension internationale du français, sur laquelle nous reviendrons, permet une diffusion au-delà des frontières du royaume. Christine de Pizan, très attachée aux conditions de diffusion de son œuvre, insiste sur ce point à la fin du *Livre des trois vertus* : « *Mais parce que la dicte langue* [*françoise*] *plus est commune par l'univers monde que quelconques autre, ne demourra pas pour tant vague et non utile nostre dicte œuvre, qui durera au siecle sans decheement par diverses copies*[26]. » [Mais parce que la dite langue française est la plus diffusée de toutes en ce monde, notre dite œuvre ne demeurera pas abandonnée et inutile, elle qui se conservera matériellement sans se corrompre dans plusieurs copies.]

UNE LANGUE POUR TOUS LES SUJETS DU ROYAUME

Nonobstant les atouts du français sur le latin, en matière de diffusion des textes et de la pensée, le second conserve durant toute la période deux grands avantages sur le français : il est la seule langue dans laquelle la grammaire pouvait être enseignée et la langue écrite la plus largement connue et comprise dans l'Occident médiéval. Jacques Legrand rappelle que « *Ce langage* [le latin] *est propice pour converser ensemble quant le parler de l'un à l'autre ne ressemble. Grammaire est la premiere art entre les VII ars liberaulx et est necessaire aux clercs pour savoir un langage commun à divers païs et diverses regions*[27]. » Seul le latin permettait à un écrit d'atteindre à l'universalité (européenne).

Alors que le français avait longtemps occupé une place particulière au sein des vernaculaires, qu'il s'était diffusé dans de nombreuses cours d'Europe grâce à l'influence de la littérature française et des croisades, la situation se modifie à la fin du Moyen Age avec l'apparition de langues modernes concurrentes et la montée des nationalismes linguistiques. A la fin du XVe siècle, le rôle du français comme langue internationale, parfois en concurrence avec le latin, décline. Du coup, le latin reprend plus d'importance dans la diffusion, au sein d'une République des lettres consciente de sa spécificité.

L'humanisme italien, fortement ancré dans la renaissance de la rhétorique antique, mais surtout les conciles de Constance et de Bâle firent mieux prendre conscience à l'Occident que le latin était une irremplaçable langue commune. En 1476, Robert Gaguin déplorait que l'habitude d'écrire l'histoire de France en français limitât au public francophone la connaissance de cette histoire. D'après lui, la France a toujours manqué d'historiens éloquents : « je ne sache pas qu'elle ait compté en revanche des écrivains habiles à s'exprimer en latin[28] », écrit-il en latin. C'est pour que les étrangers sachent les hauts faits des Français que Gaguin écrivit en latin une histoire de France. Depuis Pétrarque jusqu'à Laurent Valla, dans la préface de ses *Elegantiae*, les Italiens affirmaient la suprématie culturelle sans partage des auteurs de la péninsule, seuls vrais héritiers de la culture antique ; les autres peuples, et les Français en particulier, étaient relégués à une sorte d'incapacité culturelle. Pour relever le défi, Robert Gaguin devait prouver par une plume latine qu'il pouvait rivaliser avec les écrivains transalpins.

De toute façon, une œuvre en français n'aurait pas suffi à propager la grandeur des rois de France dans les pays non francophones, car elle aurait cantonné la gloire des Français dans les contrées conquises par les armes : « Les illustres faits des Français gisent au milieu de nous et restent confinés relativement aux limites où s'arrête la langue française[29]. » C'est ainsi que la montée du nationalisme passe chez Gaguin par le rejet de la langue nationale.

Tout au long du Moyen Age, la progression du français comme langue de l'écrit s'accompagne d'une augmentation du nombre des traductions vers le latin. Le phénomène est encore trop peu étudié pour que l'on puisse en discerner toutes les causes. Parmi elles, il faut noter la rédaction directement en français de textes susceptibles d'intéresser un public de latinistes, alors qu'auparavant les textes de cette nature étaient rédigés en latin puis adaptés en langue vulgaire ; il faut aussi prendre en compte la fragmentation linguistique de la

Romania et, pour le français, son déclin comme langue véhiculaire internationale. On ne doit pas non plus négliger la répugnance psychologique de certains clercs à lire ou à écrire en français. La composition des bibliothèques ecclésiastiques à la fin du Moyen Age ne laisse pas de doute sur ce point.

Nous avons déjà fait allusion à ce phénomène en évoquant la mise par écrit sous une forme latine des sermons prononcés en français. Les voyages que Jean de Mandeville avait choisi de rédiger en français furent traduits à trois reprises en latin. Les *Pèlerinages* de Guillaume de Digulleville « mis en vers d'une forme régulière » par un moine anonyme de l'abbaye de Clairvaux sous le titre de *Roman des trois Pèlerinages* sont traduits en latin par Lubert Hautschild, de Bruges (1347-1417), tandis que le *Pèlerinage de l'âme*, mis en prose par Jean Gallopes entre 1422 et 1431, faisait l'objet d'une traduction latine. Les exemples ne manquent pas.

Le latin confère bien longtemps une solennité supérieure à celle qu'apporte le français. Lorsqu'un auteur de langue française devient une « autorité » et qu'il peut être cité ou invoqué comme référence – fait particulièrement rare à l'époque médiévale – son œuvre est susceptible d'être traduite en latin. Antonio Astesano (d'Asti), secrétaire de Charles d'Orléans, se mit ainsi en tête de reproduire en latin les poésies de son maître dans une édition bilingue. Si les poèmes d'exil de Charles d'Orléans valent ceux d'Ovide, autant qu'ils soient dans la même langue ; d'autre part, le latin permet d'assurer une renommée internationale :

« J'ai souvent admiré les livres qu'Ovide, exilé, a écrits sur le sol pontique, mais je cesse d'admirer ce si grand maître, quand je lis les poèmes de ce prince prisonnier. [...] J'ai donc décidé de traduire ce livre en vers latins, poussé par l'amour de son auteur, qui est mon seigneur, à qui je suis tout dévoué, lui à qui je dois toute ma vie obéir, car je supporterais mal que seule la Gaule sache qu'il est un chef doué d'un si grand talent [30]. »

Devant les avantages respectifs du français et du latin, des solutions hybrides ont vu le jour. Certains auteurs, selon leurs destinataires, cultivent les deux domaines linguistiques. Ainsi, à la fin du XIIe siècle, Hélinand de Froidmont écrit en français les *Vers de la Mort*, un chant de croisade destiné à la maison de Blois, à l'évêque de Beauvais, aux rois de France et d'Angleterre et à des amis du poète. Mais le même Hélinand rédige sa *Chronique universelle* en latin. Alain Chartier (mort à 40 ans environ, en 1430) rédige ses œuvres politiques et polémiques tantôt en latin tantôt en français.

Certains auteurs vont jusqu'à donner une rédaction dans chaque langue. En 1394, Jean de Montreuil écrivit en latin puis en français à Jean de Gand pour qu'il fût le promoteur d'un traité de paix entre les rois de France et d'Angleterre. Le chancelier Jean Gerson rédigea une double version de trois textes pastoraux destinés à des « simples gens » : *Le livre des dix commandemens de Nostre Seigneur*, *L'examen de conscience* et *La science de bien morir*. On peut également citer Jean Tinctor qui composa en 1460 un sermon pour inciter les ducs de Bourgogne à faire preuve de la plus grande fermeté face aux sorciers vaudois : la version latine, plus savante, est destinée aux clercs, la version française, traduite avant 1467, aux membres de la cour de Bourgogne. Une dernière solution, pour éviter de trancher entre latin et français, était d'adopter une langue mixte, comme celle des sermons d'Olivier Maillard ou de Michel Menot.

4

LE FRANÇAIS ENTRE EN LITTÉRATURE

Au moment de la renaissance carolingienne, le latin « médiéval » affichait son ambition de langue littéraire, mais comme le nombre de personnes aptes à comprendre le latin s'était fortement réduit, se développa parallèlement une littérature qui prenait appui sur la langue vernaculaire et qui resta un temps cantonnée à l'oral avant d'accéder à l'écrit. L'accès du français à l'écrit littéraire est à distinguer du simple accès à l'écrit, car il s'agit de l'exercice d'une fonction prestigieuse de la langue. Cette fonction est d'autant plus importante qu'elle est constitutive de la normalisation linguistique – à côté de la volonté politique, on l'a vu –, puisque la langue littéraire, travaillée et élégante, devient facilement un modèle d'expression. Elle suscite des évolutions stylistiques et syntaxiques, mais offre d'un autre côté des points de résistance et des aspects extrêmement conservateurs. Il n'est qu'à comparer la langue d'un roman de chevalerie du XIIIe siècle avec celle d'un roman de la fin du XVe siècle. La littérature a produit des autorités, des modèles, des références, des canons stylistiques, des règles génériques que l'on s'efforce d'imiter. C'est ce qui explique sa forte influence sur le français cultivé.

Il faut, cependant, se garder d'exagérer l'impact de la littérature vernaculaire médiévale sur la normalisation de la langue de tous les francophones, parce que la littérature reste dans l'ensemble peu diffusée, mais il n'y a pas d'hiatus entre les normes littéraires médiévales et les normes modernes, les dernières s'expliquant par les premières. La normalisation se produit à retardement, et s'appuie sur le travail d'élaboration linguistique effectué par les auteurs du Moyen Age. La diffusion se fait aussi indirectement, sans forcément passer par un contact direct avec la littérature. La norme littéraire écrite a irradié la norme du français oral cultivé et ce français oral cultivé, bénéficiant d'un prestige social, a lui-même été imité selon un processus d'irradiation socioculturelle semblable à celui de l'irradiation géographique du français de Paris dans l'ensemble du domaine d'oïl.

On pourrait se demander à ce stade en quoi la littérature en français s'inscrit dans la dialectique entre latin et français. L'histoire de la littérature française médiévale est celle d'un long et progressif affranchissement du modèle latin, qui a conduit à un partage des domaines de l'écrit entre les deux langues.

Une lente émancipation

Au haut Moyen Age, la littérature, comme la langue de la Gaule, est latine. En latin, *litteratura* désigne d'ailleurs chez Cicéron le fait de tracer des lettres et, par extension, l'alphabet lui-même. La tradition latine médiévale recourt peu à ce terme, auquel elle préfère celui de *litterae*. Ces *litterae*, dans leur acception médiévale, sont réduites aux *auctoritates* (« autorités ») latines et à l'Ecriture sainte. La littérature est donc un ensemble clos, un « corpus » longuement commenté, glosé, résumé, compilé dans les écoles et plus tard dans les Universités. En fait, pour les clercs et les « gens de savoir » la littérature n'est pas considérée comme à faire, mais comme déjà faite.

Dès l'origine, la littérature vernaculaire en roman assume sa place de littérature seconde, tant au plan chronologique que quantitatif ou doctrinal. Durant tout le Moyen Age, cette littérature se définit par rapport à une littérature première de langue latine. Selon les époques, les auteurs et les genres concernés, la littérature française entretient avec la littérature latine des liens qui oscillent entre deux tendances opposées, la subordination ou l'indépendance.

Les premiers textes en langue vulgaire, comme la *Cantilène de sainte Eulalie*, semblent avoir une fonction para-liturgique. Ces chansons ou poèmes hagiographiques s'inspirent souvent d'un modèle latin. La *Vie de saint Alexis* (vers 1050) est considérée d'ordinaire comme la première œuvre de la littérature française à avoir une certaine ampleur et à témoigner d'une grande maîtrise littéraire, mais elle aurait été écrite pour un public d'ecclésiastiques. La littérature hagiographique des XIᵉ et XIIᵉ siècles, reste fondamentalement dans la dépendance étroite de son parent latin.

Les chansons de geste sont bien plus originales et s'adressent manifestement à un public laïc dont elles vantent les mérites et les gloires passés. L'origine des chansons de geste est un mystère qui a fait couler beaucoup d'encre. Même si l'on observe quelques liens avec des épopées germaniques écrites en latin, comme le *Waltharius* ou le *Ruodlied*, la relation est distante et aucune des théories avancées n'arrive à emporter l'adhésion. En revanche, ce genre notablement indépendant de la littérature latine éprouve le besoin de s'y raccrocher pour authentifier les faits rapportés. Que de prologues commencent par la découverte d'un vieux manuscrit latin au fond de l'abbaye de Saint-Denis !

De leur côté, les romans dits « antiques » du fait de leur sujet, comme le *Roman d'Alexandre*, le *Roman d'Eneas*, le *Roman de Troie* ou le *Roman de Thèbes*, suivent de plus ou moins près des sources latines. Le *Roman d'Alexandre* s'inspire d'un résumé en latin du récit du Pseudo-Calisthène, mais aussi de Quinte-Curce et d'Orose. Le *Roman de Thèbes* suit la *Thébaïde*, l'épopée latine de Stace ; l'*Eneas* adapte librement l'*Enéide* ; le *Roman de Troie* suit deux résumés des poèmes d'Homère, qui se présentent comme des narrations véridiques émanant de témoins oculaires du siège de Troie : il s'agit de l'*Ephemeris belli Trojani* [Journal de la guerre troyenne] de Dictys de Crète (IVᵉ siècle), censé avoir fait partie du camp des Grecs et de l'*Historia de excidio Trojae* [Histoire de la chute de Troie] de Darès le Phrygien (VIᵉ siècle), censé avoir combattu du côté des Troyens et avoir tenu un journal des événements. Ces premiers « romans » racontent donc les exploits de quelques personnages de l'Antiquité, puisés à des sources latines. Sur le plan du récit, il n'y avait là rien d'original, puisque le même type de réécriture se pratiquait également en latin. Au milieu du XIIᵉ siècle, l'adaptation latine en deux chants de l'*Iliade* par Simon Chèvre d'Or, chanoine de Saint-Victor, apparaît comme précurseur par rapport aux adaptations françaises à venir. Tandis que le *Roman d'Alexandre*, véritable œuvre collective, est en train de s'écrire, Gautier de Châtillon, qui a fréquenté la chancellerie de Henri II Plantagenêt, achève en 1176 l'*Alexandreis*, une épopée en latin qui célèbre Alexandre. Les romanciers s'inspirent donc des pratiques des écrivains latins contemporains dont ils se présentent comme les concurrents.

Comme l'a si bien dit Paul Zumthor, « *Mettre en roman*, c'est proprement "gloser" en langue vulgaire, "mettre, en clarifiant le contenu, à la portée des auditeurs", "faire comprendre, en adaptant aux circonstances"[1]. » Le travail de l'auteur anonyme de l'*Eneas* montre que le texte français reste proche de la tradition savante. En effet, des digressions mythologiques ou scientifiques du texte français apparaissent comme autant de tentatives pour intégrer au texte traduit des notes marginales. Le traducteur a sans doute utilisé un manuscrit glosé de l'*Enéide*. Certaines de ces gloses additionnelles sont mises en valeur par les lettrines des manuscrits, donnant ainsi une nouvelle armature idéologique à l'adaptation romane. Les gloses, qui enferment l'auteur dans la dépendance du latin et dans la notion d'une littérature qui n'est plus à faire, lui permettent paradoxalement de dégager le sens de l'aventure et de servir de guide au prince.

Une production littéraire bilingue

Si la production littéraire du XIIe siècle en français reste nettement subordonnée au latin, ce fut un véritable coup de force dans l'ordre de la symbolique sociale quand, vers 1100, les milieux laïcs furent en mesure de faire copier, par des clercs à leur service, des textes en langue vernaculaire traitant de thèmes qui n'étaient pas proprement chrétiens. Au début du XIIe siècle, la langue française écrite se dote donc d'un nouveau statut, de nouvelles valeurs en s'émancipant d'un registre religieux ou ritualisé auquel elle était restée jusque-là confinée sur le modèle symbolique du latin, associé dans les mentalités à l'écrit et au religieux.

On éprouve alors le besoin de transcrire en français des compositions jugées dignes de la lettre, dignes d'entrer dans la littérature. Pourquoi ? Sans doute parce que certaines œuvres, comme la *Chanson de Roland*, ont atteint une qualité esthétique sans précédent, sans doute aussi parce que le public est en train de changer. Comme l'indique le prologue du *Roman de Thèbes*, qui revendique un auditoire choisi, se dégage alors un public de laïcs et de clercs plus raffiné que celui des auditeurs de chansons de geste et de vies de saints, un public qui a atteint une certaine maturité esthétique et qui oriente désormais vers la littérature une part de ses loisirs. L'activité littéraire s'inscrit dans un ensemble de pratiques fortement distinctives et encore très ritualisées, qui exaltent des valeurs par lesquelles l'aristocratie s'autolégitime, comme la courtoisie, et des pratiques sociales telles que les tournois et la chasse.

Au XIIe siècle, nobles et chevaliers des cours seigneuriales, qui pouvaient acquérir des bases culturelles grâce à la langue des cours, déjà partiellement indépendante des parlers populaires, prennent suffisamment d'assurance pour ne pas renier, face à la culture écrite latine des monastères, leur culture orale en langue vernaculaire. Le code amoureux qui transparaît dans la poésie lyrique représente une sorte d'essence sociale de l'aristocratie (un vilain ne peut pas aimer « courtoisement »). L'affirmation de la littérature en français va de pair avec celle de l'aristocratie, qui y trouve le moyen d'affirmer ses valeurs ou ses difficultés. C'est ainsi qu'au XIIe siècle et dans la première moitié du XIIIe siècle, la littérature évoque, avec détours et métaphores, le problème de la place des *juvenes* (latin pour « jeunes ») dans la société, ceux de l'ordre et du désordre du système féodal confronté au renforcement du pouvoir royal, le développement de la « bourgeoisie », les mutations du monde rural, la croisade...

La seconde moitié du XIIe siècle est marquée par l'augmentation du nombre de textes en langue d'oïl, mais aussi par l'apparition de genres nouveaux, qui attestent la vitalité de cette littérature. Ce brusque essor de la littérature française, de 1150 à 1180, est le point de départ d'un mouvement réservant de plus en plus le latin à un emploi scolaire, scientifique ou religieux. Même si Philippe Auguste ne montra aucun intérêt pour la littérature, contrairement à son contemporain Henri II Plantagenêt, c'est pendant son règne que se produisit une importante accélération. Les grands seigneurs sont alors plus nombreux à commander des textes en français ; on voit paraître de nombreuses traductions (Pseudo-Turpin), des compilations d'histoire ancienne (*Faits des Romains, Histoire ancienne*), de nouvelles chansons de geste. Au début du XIIIe siècle se développe même une littérature proprement bourgeoise, dont Arras est le principal foyer. L'essor économique de la petite noblesse et de la bourgeoisie leur permet désormais d'accéder à une culture qui doit peu au latin et favorise notablement l'augmentation du public des littératures vernaculaires.

La littérature française doit beaucoup à l'efficacité qui lui est très vite reconnue comme moyen de propagande et d'affirmation d'une identité culturelle et sociale. E. M. Jeffrey a même soutenu l'hypothèse qu'Aliénor d'Aquitaine aurait commandité les premiers romans antiques après son retour de la deuxième croisade, où elle avait accompagné Louis VII, alors son mari. Le couple royal, passant par Constantinople en 1147, y avait été reçu somptueusement par l'empereur Manuel Comnène, à une époque où l'impératrice byzantine Irène avait suscité nombre de productions littéraires inspirées du roman grec antique. L'intérêt d'Aliénor pour la mythologie pourrait s'expliquer par cette visite et par ce qu'elle a pu voir de l'utilisation de la littérature comme instrument de propagande dans l'entourage de cette impératrice. La littérature promeut ainsi des ancêtres héroïques que chaque cour s'approprie : ce sera Charlemagne du côté capétien et le roi Arthur du côté Plantagenêt, deux personnages qui prendront chacun une part considérable dans la littérature médiévale.

Même s'il était impossible à la dynastie capétienne de revendiquer une filiation directe à partir de Charlemagne, empereur d'Occident, elle pouvait se prévaloir de l'ascendance de l'empereur, ancêtre fondateur de la lignée des rois des Francs. Les moines de Saint-Denis firent de Charlemagne dans la seconde moitié du XIe siècle une figure tutélaire de la royauté. Dès les deux dernières décennies du XIe siècle, un récit légendaire intitulé *Descriptio qualiter Carolus...* prétend que les reliques de la Passion rapportées de Terre sainte par Charlemagne ont été en partie cédées à l'abbaye par Charles le Chauve. Les reliques de Saint-Denis prirent de la valeur et une aura de sacralité entoura les insignes royaux, considérés comme provenant plus ou moins de Charlemagne. L'un des trois cycles des chansons de geste trouve sa cohérence autour de la personne de l'empereur, champion de la chrétienté. Ce cycle, qui se décline en une vingtaine de chansons, s'est développé autour de la plus célèbre d'entre elles, la *Chanson de Roland*. Le centre de l'action est la « douce France », contrée bénie de Dieu, où règne Charlemagne, qui gouverne selon les préceptes divins, entouré de ses barons. On voit quelle récupération la propagande capétienne put faire de la geste épique de Charlemagne.

Dans le domaine Plantagenêt, la figure du roi Arthur est progressivement utilisée pour rivaliser avec celle du Charlemagne capétien. Issu des profondeurs historico-légendaires du passé britannique, Arthur a pris ses traits définitifs au XIIe siècle. Il garde de ses origines une dimension de chef de guerre et de défenseur de la nation « bretonne » de la [Grande-] Bretagne. Son image doit beaucoup au génie de Geoffroy de Monmouth, qui, dans son *Histoire des rois de Bretagne* (en latin *Historia regum Britanniae*, vers 1136), en fait un modèle pour les conquérants normands, nouveaux maîtres de l'Angleterre, qui imposèrent leur dialecte roman, le « normand » de France, à la haute société britannique pour au moins trois siècles.

Wace dédie en 1155 à Aliénor, reine d'Angleterre, une traduction adaptée de son *Histoire*, où il se montre fidèle à la dimension belliciste du roi Arthur, mais renforce son aspect national en jouant du mythe des origines troyennes. Henri II commande ensuite à Wace puis à Benoît de Sainte-Maure la célébration des ducs de Normandie et des rois d'Angleterre. La geste des Normands, qui fait suite à celle des Bretons (*Roman de Brut*), doit démontrer de manière irréfutable la continuité du pouvoir politique depuis Brutus, qui a donné son nom à la Bretagne, jusqu'à Henri II.

Le *Roman de Brut*, le *Roman de Rou* et la *Chronique des ducs de Normandie* ne sont pas de simples ouvrages de circonstance. En distribuant leur partition à des historiens-poètes, Henri II légitime, par l'orchestration du passé, le mode de gouvernement qu'il a choisi d'appliquer dans les territoires qui lui sont soumis des deux côtés de la Manche. La suprématie de l'aristocratie « anglo-normande » et, en son sein, de certaines familles éminentes, en est sortie grandie. L'écriture de l'histoire des Normands est pour Henri II aussi capitale dans l'administration de son empire que son œuvre législatrice ou fiscale.

La personnalité du couple royal, notamment d'Aliénor d'Aquitaine, a promu plusieurs modèles littéraires. Les spécialistes ne s'accordent pas sur le rôle d'Aliénor, qui a longtemps été surestimé pour finir par être quasiment nié. Il n'en reste pas moins que la présence de l'héritière du duché d'Aquitaine à la cour Plantagenêt a entraîné *ipso facto* une circulation importante des hommes de lettres et des idées dans l'Occident du XIIe siècle. La rédaction de différents romans antiques par des auteurs du continent atteste leur participation à l'éclat littéraire de la cour. On sait que plusieurs troubadours, comme Bernart de Ventadorn, firent le voyage de Londres lors des séjours de la reine outre-Manche, pour gagner le patronage de la cour angevine. Les milieux littéraires de l'Europe du Nord-Ouest et de la France du Sud-Ouest s'interpénètrent dans les domaines angevins. L'acclimatation de certains thèmes issus de la lyrique courtoise dans la littérature d'oïl, comme l'introduction de la *fin'amor* dans les romans courtois, en est une conséquence décisive pour l'histoire du roman.

A la cour d'Angleterre, le succès de la littérature courtoise est bientôt tel que Jean de Salisbury, dans l'introduction à l'un de ses ouvrages philosophiques qu'il sait voué à l'indifférence de la cour, écrit, reprenant un procédé cher à Ovide : « Ne va pas à la cour, tu y seras considéré comme un ennemi public, et coupable de lèse-majesté ; et si tu y vas, cache tes tablettes, affecte d'être un étranger, parle la langue de Poitiers[2] [c'est-à-dire le roman du Poitou, langue d'Aliénor]. » L'influence des Plantagenêts se poursuit ensuite sur le continent où Marie de Champagne, fille de Louis VII et d'Aliénor, lance bientôt les modes littéraires et protège de nombreux poètes.

Le développement de la littérature courtoise d'expression française s'accompagne ponctuellement d'un refus significatif du latin et de sa tradition. Des auteurs, comme la mystérieuse Marie de France, liée à la cour d'Henri II, se détournent de la tradition latine ou l'occultent, préférant les *lais* des harpeurs bretons à la « mise en roman » de textes latins :

Pur ceo començai à penser
D'aukune bone estoire faire
E de latin en romaunz traire ;
Mais ne me fust guaires de pris :
Itant s'en sunt altre entremis !
Des lais pensai, k'oïz aveie[3].

[C'est pourquoi j'ai eu l'idée d'écrire un bon récit en le traduisant du latin en français. Mais je n'en aurai pas gagné une grande estime : tant d'autres l'ont entrepris ! J'ai alors pensé aux lais que j'avais entendu raconter (trad. A. Micha).]

L'affirmation de la spécificité de l'expression littéraire française se traduit par la mise en scène des auteurs. Alors que l'anonymat littéraire est courant, Marie de France n'hésite pas à se présenter en posture d'auteur et à défendre la paternité de son œuvre : « *Put cel estre que clerc plusur / Prendereient sur eus mun labur, / Ne voil que nul sur li le die ; / cil fet que fol ki sei ublie*[4]. » [Il est possible que de nombreux clercs revendiquent pour eux mon travail ; je ne veux pas qu'on le leur attribue : celui qui s'oublie lui-même agit de manière stupide.] Cela alors qu'on ignore à peu près tout de son identité. Ce travail d'auteur est précieux, parce qu'il s'appuie sur une éloquence française parfaitement maîtrisée et sur un maniement réfléchi et compétent de la langue. S'afficher comme auteur et revendiquer des droits intellectuels et moraux sur son œuvre, c'est prétendre que cette œuvre a une valeur, même si elle est écrite en français, et que cette valeur repose sur les qualités esthétiques de la langue employée : « *Mult dit bien maistre Wace ; / vos devrïez tuz tens escrire / ki tant savez bel et bien dire*[5]. » [Maître Wace compose très bien ; vous devriez écrire tout le temps, vous qui savez si bien et si élégamment composer.] Dès la seconde moitié du XIIe siècle, le « bien dire » a tendance à être associé à un nom particulier, à une signature.

Les domaines du français

Jusqu'à la fin du XIIe siècle, la littérature latine se montre ouverte à la manière et au style vernaculaires, mais bien des clercs qui pourtant pratiquent le français sont trop clercs pour se résoudre à prendre la plume en cette langue. Dans la seconde moitié du siècle, alors que la dimension narrative connaît un grand succès en français, la plupart des écrivains latins refusent cette tendance. Leur refus sera fatal à la littérature latine.

Pourtant certains poètes latins n'avaient pas hésité à rivaliser avec la littérature vernaculaire, tant sur le terrain du « roman » que sur celui de la poésie lyrique. Gauthier Map écrit les *Balivernes des courtisans* (*De nugis curialium*), qui contient beaucoup de récits et d'anecdotes sur le monde quotidien, des histoires de fées, de revenants, d'événements merveilleux. Hugues Primat, en France, et l'Archipoète, en Allemagne, ont écrit des poèmes et des chansons en latin, comparables par la technique et les sujets traités à ceux des trouvères ou des troubadours. Vital de Blois rédige des pièces de théâtre latines pour soutenir son enseignement. Cette tendance, restée minoritaire, n'a pas triomphé.

A partir de 1150, les deux littératures sont presque au coude à coude. Tout est encore possible : le français devient capable d'exprimer des sentiments complexes et de servir de véhicule au savoir, et les clercs latinistes ont encore le choix de suivre la voie ouverte par Geoffroy de Monmouth et Gautier Map, de joindre la poésie à la philosophie comme Alain de Lille, de pratiquer les thèmes orientaux comme Jean de Hauteseille. Dans les années 1180, deux grands poèmes épiques à thème antique, le *De bello troiano* et l'*Alexandreis* répondent aux romans antiques français, mais la littérature latine du XIIIe siècle ne poursuit pas sur cette lancée.

La spécialisation des techniques et la manie de la classification aboutissent alors à la mise en ordre des genres littéraires, notamment dans le domaine de la poésie. Cette classification introduit une clarification, mais aussi une spécialisation linguistique. Certains sujets ne sont plus traités que sous une forme qui leur devient spécifique. Les sujets de fabliaux, que l'on rencontrait épisodiquement en latin, intégrés à de la poésie lyrique ou dans des poésies narratives (*Ruodlied* ou *Isengrinus*), sont réservées au français. Le besoin de classement aboutit à une discrimination des genres entre latin et français et, à l'intérieur de chaque domaine linguistique, à des registres ou à des choix stylistiques attachés au genre pratiqué.

La renaissance intellectuelle du XIIe siècle et la redécouverte de connaissances oubliées ont peut-être eu un impact dans la spécialisation scolaire et universitaire d'un latin qui devient la « langue technique de la pensée abstraite » servie par une précision et une finesse d'expression remarquables. Dès 1230-1240, le latin se voit cantonné en France dans le rôle d'instrument scolaire et liturgique. Le latin cultivé non technique perd de la vigueur et se trouve progressivement remplacé par un français moins étroitement lié à l'oral. On commence alors à « entendre lire » plutôt qu'à « entendre dire ». Le *Roman de Carité*, écrit par le Reclus de Molliens vers 1224, évoque déjà la lecture directe et la lecture oralisée comme deux façons d'accéder au texte : « *Aucuns lira ou orra lire / Ches vers, ne les vourra relire*[6] » [Certain lira ou entendra lire ces vers, sans vouloir les relire]. Le français s'accapare ainsi rapidement la place que le latin venait d'abandonner.

Cette substitution s'effectue sans heurts. On a trop souvent tendance à opposer frontalement la littérature savante des clercs à la littérature vernaculaire. Il faut se garder de durcir le trait. Dans la seconde moitié du XIIe siècle, la littérature en français se veut savante. Vers 1170, le prologue du *Cligès* de Chrétien de Troyes, on l'a vu, unit étroitement chevalerie et « clergie ». Inversement, rien n'est plus profane que les pièces lyriques latines en faveur dans les milieux étudiants de Paris, vers 1150, ou les poésies sensuelles et raffinées de Pierre de Blois vers 1160. Le repli du latin vers des domaines techniques (philosophie, théologie et sciences) est lié à l'engouement d'une aristocratie pour la littérature vernaculaire dont elle se fait le mécène. La production latine est moins goûtée de la cour et a tendance à se replier vers l'école, laissant la place au français.

Premiers poètes français

Dès le XIIe siècle, des écrivains en langue romane s'inscrivent dans la continuité des *auctoritates* (« autorités ») latines auxquelles ils se comparent parfois dans leur prologue. Ainsi l'auteur du *Roman de Thèbes* n'hésite pas à se comparer à Homère, à Platon, à Virgile et à Cicéron :

Qui sages est nel deit celer,
Ainz por ço deit son sen monstrer,
Que, quant serra del siecle alez,
En seit pues toz jorz remembrez.
Se danz Homers et danz Platon
Et Vergiles et Ciceron
Lor sapience celissant,
Ja ne fust d'eus parlé avant.
Por ço ne vueil mon sen taisir,
Ma sapience retenir[7].

[Qui est sage ne le doit pas cacher, mais doit montrer sa sagesse afin que, lorsqu'il aura quitté ce monde, l'on se souvienne toujours de lui. Si maître Homère, maître Platon, Virgile et Cicéron eussent caché leur sapience, il n'en eut jamais été question. C'est pourquoi je ne veux ni taire ma sagesse ni garder pour moi ma sapience (trad. A. Petit).]

Pendant longtemps, ces comparaisons demeurent rares, parce que les autorités latines restent considérées comme des modèles quasiment inaccessibles. L'auteur du *Roman de Thèbes* ne compare d'ailleurs pas son talent littéraire à celui des auteurs de l'Antiquité, mais seulement sa démarche créative : le sage, qu'il s'exprime en grec, en latin ou en français, doit largement faire profiter les autres de sa sagesse.

C'est surtout dans les deux derniers siècles du Moyen Age, lorsque les auteurs de France ne se croiront plus obligés d'avouer comme pseudo-source un manuscrit latin, que fleurissent les comparaisons entre le talent d'écrivains modernes d'expression française et celui de grands poètes ou orateurs anciens latins et grecs. Voyons-en quelques exemples significatifs. Eustache Deschamps est le premier à appliquer le nom de « poète », jusqu'alors réservé aux auteurs antiques, à un contemporain. Dans une ballade adressée à Péronne, l'interlocutrice de Guillaume de Machaut dans le *Voir* [vrai] *dit*, Deschamps qualifie Guillaume de Machaut de « *Noble poëte et faiseur* [auteur] *renommé, / Plus qu'Ovide vray remede d'amours*[8] ». Au milieu du XVe siècle, Martin Lefranc hésite encore à revendiquer ce titre : « *Desquelz poëtes* [Virgile, Horace, Ovide, Homère] *je en parle pas pour traire* [tirer] *à similitude ou consequence, car poëte ne me reputé je. Assez en ma vie feray je se de bien loing puis ensuir* [suivre] *les poëtes desquelz le nom par les aages passees a esté si cler semé* [réputé] *que force* [au plus] *en la plus flourissant n'en a on veu trois ensemble vivans*[9]. » A la fin du siècle, cette retenue a disparu. Antonio d'Asti compare Charles d'Orléans à Ovide et décide de traduire son œuvre poétique en latin afin qu'elle soit publiée à travers l'Europe. Dans sa complainte sur la mort de George Chastellain, Jean Robertet compare sans hésitation l'écrivain bourguignon aux plus grands maîtres de l'Antiquité. Après avoir dit combien il est difficile d'évoquer une œuvre « *dont l'eloquence d'Athenes et de Romme assez auroit à faire* », Robertet clame sur plusieurs strophes combien Chastellain réunissait à lui seul toutes les qualités des anciens :

> *C'estoit celluy qui de pres ensuivoit*
> *Marc Cicero quant haultz faictz escrivoit ;*
> *C'estoit ung Pline ou Arquias le saige,*
> *Maistre de Tulle comme en escript on voit,*
> *Ung Tibulle qui matieres trouvoit*
> *Tresnouvelles, hors de commun usaige ;*
> *C'estoit Omere ou Virgile en ouvrage ;*
> *Orateurs maintz sont dont l'on tient grant compte,*
> *Mais les vivans certes George surmonte*[10].

[C'était celui qui suivait de près Cicéron quand il décrivait des hauts faits ; c'était un Pline ou le sage Arquias, le maître de Cicéron selon les textes, un Tibulle qui inventait des sujets tout nouveaux, échappant à l'usage commun ; c'était Homère ou Virgile par son œuvre ; il y a beaucoup d'orateurs dont on tient grand compte, mais assurément George surpasse tous ceux qui sont vivants.]

On pourrait multiplier les exemples. En 1484, le bourguignon Philippe Pot, filleul de Philippe le Bon, acquit aux Etats généraux par son éloquence le surnom de « Bouche de Cicéron », alors qu'il avait prononcé son discours en français. Se dessine ainsi la conscience d'une dignité propre aux modernes écrivant ou parlant en français. Celle-ci se construit sur un réseau de références explicites à d'autres écrivains de langue française.

Au tournant du XVe et du XVIe siècle, les écrivains sont considérés comme les « illustrateurs » de la langue française. Si le français est une langue au moins égale à l'italien, Lemaire de Belges rappelle que c'est autant pour ses qualités propres, comme la noblesse, l'exactitude et la politesse que pour des raisons littéraires. Le français a été illustré par de grands écrivains : « ... *l'une des parties soubstenoit que la langue françoise estoit assez gente et propice, souffisante assez et du tout elegante pour exprimer en bonne foy et mettre en effect tout ce que le langaige toscan ou florentin [...] sçauroit dicter ou excogiter [...] ; et en ce alleguoit pour ses garantz et deffenseurs aucuns poëtes, orateurs et historiens de la langue françoise, tant antiques comme modernes, si comme Jehan de Meun, Froissart, maistre Alain, Meschinot, les deux Grebans, Millet, Molinet, George Chastelain, Saint Gelais, et aultres* [11]... » [... l'une des parties soutenait que la langue française était assez belle et apte, assez capable et suffisamment élégante pour exprimer fidèlement et signifier tout ce que la langue toscane ou florentine saurait composer ou produire ; et sur ce point, elle alléguait comme garants et défenseurs certains poètes, orateurs, historiens de langue française, anciens ou modernes, comme Jean de Meun, Froissart, Alain Chartier, Meschinot, les deux Gréban, Millet, Molinet, George Chastellain, Saint-Gelais, et d'autres...]. Plus tard, Pierre Fabri décerne à Alain Chartier le titre de « *pere de l'eloquence françoyse* ».

Malgré cette valorisation du français à l'égal des anciens, il demeure rarissime qu'un auteur moderne pratiquant cette langue atteigne le statut d'autorité. Seul Jean de Meun y est peut-être parvenu, grâce au *Roman de la Rose*, le texte français le plus diffusé du Moyen Age, avec plus de trois cent manuscrits recensés. Dès le XIVe siècle, phénomène inédit pour un écrivain de langue française, des manuscrits comprenant les œuvres complètes de Jean de Meun (hors traductions) sont confectionnés. Les renvois au *Roman* sont fréquents et Jean de Meun est même cité par des auteurs en latin, comme le cistercien Pierre de Ceffons (milieu du XIVe siècle). Le *Roman de la Rose*, première œuvre française à avoir engendré critiques, querelles et gloses, est utilisé comme un trésor de « sentences ». Ce cas exceptionnel ne doit pas faire oublier que les « autorités », même modernes, sont latines.

Le prologue des *Mémoires* de Commynes rappelle que le français n'a pas remplacé le latin dans tous les domaines de la narration, en particulier dans la narration historique. Ces mémoires, en effet, n'étaient pas destinés à être publiés en français, mais devaient servir de notes de travail à l'humaniste italien Angelo Cato (mort avant 1498) pour la rédaction d'une histoire latine : « *mais vous envoy ce dont promptement m'est souvenu, esperant que vous le demandés pour le mettre en quelque œuvre que vous avéz intention de faire en langue latine, dont vous estez bien usité, par laquelle œuvre se pourra congnoistre la grandeur du prince dont vous parleray, et aussi de vostre entendement*[12] ».

5

LA LANGUE DU SAVOIR

Dans la conscience linguistique collective, le latin était, on l'a vu, fortement associé au sacré, mais il était également très lié à l'expression du savoir, qu'il fût d'essence divine ou humaine. Tout savoir devant mener à Dieu (les arts libéraux préparent à l'étude de la théologie), la seule vraie connaissance est la connaissance de Dieu. Le latin est la langue dans laquelle est célébrée la révélation, mais aussi celle qui permet d'accéder à la connaissance. Cette fonction l'oppose aux idiomes vernaculaires, adaptés à la transmission orale d'un savoir technicien méprisé. D'ailleurs, le latin est parfois donné comme une langue artificielle inventée par les philosophes pour exprimer le savoir. Selon Gilles de Rome (mort en 1316), « les philosophes, voyant qu'il n'existait aucune langue vulgaire complète et parfaite par laquelle ils puissent exprimer la nature des choses, les mœurs des hommes, le cours des astres et tout ce dont ils souhaitaient discuter, s'inventèrent une langue qui à toute fin pratique leur est propre et qui s'appelle le latin ou langue littéraire. Ils la constituèrent riche et ouverte afin que par elle ils puissent exprimer adéquatement tous leurs concepts[1] ».

Mais progressivement s'opère une dissociation entre la science et son expression systématique en latin. L'un des arguments définitifs qui contredit l'hypothèse de la langue artificielle est avancé par Nicole Oresme : le latin n'était-il pas la langue maternelle des Romains, comme le français est la langue maternelle d'une large partie des habitants du royaume ? Et comme la *translatio studii* (« transfert des études ») a fait passer le siège du savoir d'Athènes à Rome, puis de Rome à Paris, l'adoption de la langue vernaculaire pour l'expression de la science ne devrait poser aucun problème. Cet argument sera longtemps répété avant d'être entendu.

L'accès du français à l'expression du savoir est l'histoire d'un long cheminement. On peut, schématiquement, distinguer plusieurs étapes. Dans un premier temps, le français, qui n'est pas outillé pour transcrire un latin savant, se contente d'adaptations. Les romans antiques, qui adaptent l'*Enéide*, ou *les Faits des Romains* (1213-1214), qui adaptent César, Lucain et Suétone, en sont de bons exemples. Ils transfèrent dans un univers mental et linguistique médiéval, et alors familier, des réalités et des textes qui en sont bien éloignés. Cette première phase est sans grandes retombées linguistiques pour le français. Vient ensuite une phase de traduction aux implications linguistiques plus importantes. Lorsqu'au XIVe siècle ces traductions se multiplièrent et n'entendirent plus être des adaptations plus ou moins lâches mais visèrent à être fidèles et à suivre pas à pas l'original, la phrase française dut s'alourdir et le lexique s'étendre à des réalités qui lui étaient jusqu'alors inconnues. Alors que l'adaptation privilégiait la fidélité aux destinataires du texte français, la traduction tient plus grand compte de la fidélité au texte latin. C'est cet impératif de fidélité qui contraint le français à se constituer en instrument linguistique apte à véhiculer un savoir spécialisé, élaboré et souvent abstrait. La troisième et dernière phase correspond à l'élaboration et à l'expression directe du savoir en français, sans passer par un intermédiaire latin. L'évolution n'a pas été linéaire, puisque le français a accédé, selon les domaines, plus ou moins rapidement à la transmission et à l'élaboration des connaissances. Il reste exclu de certains champs du savoir pendant toute la période et, pour d'autres domaines, reste subordonné très étroitement au latin.

L'encyclopédisme en français

C'est une fois de plus dans l'Angleterre anglo-normande que se mettent en place les prémisses d'une littérature savante en français. La précocité de l'Angleterre est due à sa spécificité multiculturelle et au bas niveau du latin ou à sa méconnaissance parmi le clergé. C'est Philippe de Thaon, né sans doute en Angleterre dans une famille normande originaire de la région de Caen, qui a composé entre 1113 et 1154 les premiers ouvrages scientifiques connus en français. On lui doit un *Comput* (1113 ou 1119), traité servant à calculer la date des fêtes mobiles du calendrier liturgique, un *Bestiaire* (1121-1145) et un *Lapidaire*. Le bestiaire et le lapidaire sont des outils de base pour les clercs, des dictionnaires allégoriques groupés par thème et permettant au prédicateur de préparer son discours. Ils procèdent d'une riche tradition grecque et latine. Les trois textes de Philippe de Thaon étaient donc destinés en priorité à un public ecclésiastique.

En Angleterre, on l'a déjà souligné, le monde monastique et celui de l'aristocratie anglo-normande sont poreux. Ainsi Aeliz (morte après 1154), femme de Robert de Condet, a commandité à Sanson de Nanteuil une traduction française des dix-neuf premiers chapitres du *Livre des Proverbes* et son commentaire en plus de 11 000 vers octosyllabiques. Ces *Proverbes de Salemon* sont le plus ancien texte scolastique en français. Sur le continent, le besoin d'une langue savante qui soit proche de celle de tous les jours se fait de plus en plus pressant. L'aristocratie sent que la littérature de fiction ne suffit pas à réussir le mariage entre la « clergie » et la « chevalerie », désormais associées à la notion de *translatio studii*. Cependant, ce mariage ne peut se faire en latin, autant pour des raisons idéologiques que pratiques : l'accès des laïcs à la culture implique que cette culture s'exprime dans une langue qui leur soit familière. Comme le rappelle Nicole Oresme, seule une lecture en français des autorités de l'Antiquité peut avoir quelque charme pour des laïcs cultivés mal à l'aise en latin : « *Et pour ce, tres excellent Prince, que ausi comme dit Tulles en son livre de* Achademiques, "*Les choses pesantes et de grande auctorité sunt delectables et aggreables as gens ou le language de leur païs*" *ai je cest livre, qui fu fait en grec et aprés translaté en latin, de vostre commandement de latin translaté en françoys, exposé diligeanment et mis de obscurité en clarté souz vostre corrpetion au bien de tous et à le honeur de Dieu*[2]. » [Et parce que, très excellent prince, ainsi que dit Cicéron dans son *Academia*, "les choses d'importance sont plaisantes et agréables aux gens dans la langue de leur pays", j'ai traduit sur votre ordre ce livre qui fut composé en grec puis traduit en latin, je l'ai commenté avec soin et en ai éclairé les obscurités, grâce à vous, pour le bien de tous et la gloire de Dieu.]

Très vite, des traductions de textes latins apparaissent, mais elles restent cantonnées dans certains domaines du savoir, essentiellement l'histoire, la morale, la pastorale et le droit. Parallèlement, au XIIIe siècle, le français s'affirme comme langue de la vulgarisation scientifique, à égalité avec le latin. En 1246, Gossuin de Metz dédie à Robert d'Artois, frère de saint Louis, la première encyclopédie en langue française. Son *Image du monde* est une synthèse sur l'enjeu que constitue la vulgarisation de la science au regard de la foi. Connaître la nature, c'est accéder à l'art de Dieu, mais l'accès est dangereux, on le sait, d'où l'importance d'être guidé par un homme averti, c'est-à-dire un clerc. Ainsi les voies de la perdition pourront devenir celles du salut. Le savoir a perdu l'homme, exilé en ce monde obscur, mais le savoir tourné vers Dieu sauve l'homme en lui rendant le sens et la beauté du monde, signes de l'infinie bonté de Dieu. Si une « clergie » déconnectée du latin peut conduire au salut, le laïc ne saurait se passer du clerc pour progresser sur le chemin de la connaissance libératrice.

Le XIIIe siècle, qualifié de « siècle encyclopédique » par Jacques Le Goff, voit ainsi paraître un nombre important de textes latins ou français dans lesquels les auteurs ont tenté de dresser un bilan des connaissances accessibles à un public non nécessairement spécialisé dans les débats des maîtres et des docteurs. Quelques années après Gossuin, Brunetto Latini, durant son exil en France (1260-1264), rédigea un *Livre du Trésor*. La fin du siècle se signale par deux encyclopédies dialoguées entre un maître et son élève, le *Livre de Sydrach* (après 1268) et *Placides et Timeo* (avant 1304). Tous ces textes, *Placides et Timeo* mis à part, jouissent d'une diffusion remarquable pour des textes vernaculaires et sont abondamment recopiés durant toute la période, signe de l'avidité de savoir en langue vulgaire. Le siècle suivant voit se compléter l'offre encyclopédique en français par la traduction du *Speculum historiale* de Vincent de Beauvais par Jean de Vignay (1333) et surtout par la traduction du *De proprietatibus rerum* [Sur les propriétés des choses] de Barthélemy l'Anglais (achevé vers 1230-1240) par Jean Corbechon, chapelain de Charles V.

Tout traduire en français

Vers le milieu du XIVe siècle émerge une demande accrue de connaissances exprimées en français, contemporaine d'une recrudescence du thème de l'union de la « clergie » et de la chevalerie. Au plus haut sommet de l'Etat se met en place un politique systématique de traduction qui va nourrir le cœur de la bibliothèque royale. Philippe le Bel avait, certes, déjà fait traduire Boèce et Végèce par Jean de Meun, mais ces traductions étaient l'objet de commandes ponctuelles et non d'un projet concerté. Jean le Bon inaugure le mouvement en faisant traduire Tite-Live à Pierre Bersuire, mais c'est son fils, Charles V, qui donne toute son ampleur à l'entreprise. L'initiative de Jean le Bon se transforme en politique sous la régence et le règne (1464-1480) de son fils. Nicole Oresme déclare, en effet, dans sa traduction du *Quadriparti* de Ptolémée, que « *sont pluseurs gens de langue françoise qui sont de grant entendement* [intelligence] *et de excellent enging* [esprit] *et qui ne entendent* [comprennent] *pas souffisanment latin. Et pour ce les vaillans roys de France ont fait aucuns* [certains] *livres translater en françois, et principalment la divine escripture et certaines hystoires plaines de bons examples et dignes de memoire ; desquelz roys est issu Charles, hoir* [héritier] *de France, à present gouverneur du royalme, qui nulle vertu ne veut trespasser* [négliger] *ne laissier, en laquelle il ne ensuive* [suive] *ou sourmonte ces bons predecesseurs ; et aprés ce que il a eu en son language l'Escripture divine* [traduction de la Bible par Jean de Sy]*, il veut aussi avoir des livres en françois de la plus noble science de cest siecle*³ ».

Charles V cultive l'image du roi sage, largement véhiculée par son biographe Christine de Pizan : « *En yver, par especial* [surtout] *se occupoit souvent à ouir* [écouter] *lire de diverses belles hystoires de la* Sainte Escripture*, ou des* Fais des Romains*, ou* Moralités *de philosophes et d'autres sciences jusques à heure de soupper*⁴. » Le roi veilla personnellement à l'illustration des manuscrits de sa bibliothèque où il se fit souvent représenter, dans les miniatures de dédicace, en roi clerc, en roi lisant. La campagne de traduction entre alors dans l'élaboration bien plus vaste d'une idéologie royale cristallisée autour des symboles, des histoires et des légendes de la royauté. Alors que s'organise le culte royal à travers une étiquette strictement réglementée et une théorie de la couronne, Charles V se présente comme l'héritier de Charlemagne, une façon de s'opposer aux prétentions impériales. Or Charlemagne, croyait-on, avait fondé l'Université de Paris, manifestation par excellence de la *translatio studii*. Jean Corbechon rappelle aussi que « Du glorieux roi de France Charles, nous apprenons qu'il étudiait plusieurs sciences et qu'il avait fait très richement peindre en son palais les sept arts libéraux afin que, lorsqu'il n'avait pas le temps de les voir en ses livres, il pût les contempler en peinture. C'est aussi très volontiers qu'il lisait saint Augustin, tout particulièrement *La Cité de Dieu*. Pour l'amour qu'il avait de la sagesse, comme pour l'honneur et le profit du royaume de France, il fit translater le savoir de Rome jusqu'à Paris⁵ ».

Et l'on s'appuie sur le fait que Charlemagne, qui pratiquait plusieurs langues, ne délaissa jamais sa langue maternelle, le francique, et fit lui-même œuvre de traducteur dans cette langue : « *Cellui Charlemaine, si que tesmoigne Sigibert en ses croniques, sceut plusieurs lenguages estranges ; il translata le siege de gramaire en tyois, il mist nom aux .xii. moys de l'an ou dit lenguage ; il appela les .xii. vens par leurs noms propres, selon le dit lengage, car n'y avoient nom fors les .iii. vens principaulx*[6] » [Sigebert affirme dans ses *Chroniques* que Charlemagne parlait plusieurs langues étrangères. Il traduisit les rudiments de la grammaire en germanique, donna dans ledit langage un nom aux douze mois de l'année et, toujours dans cette même langue, donna leur juste nom aux douze vents, alors que seuls les quatre vents principaux en avaient un jusque-là]. N'est-ce pas dans cette tradition que s'inscrit Charles V ?

En mettant en place la « librairie » du Louvre, Charles V désirait matérialiser l'union, au plus haut sommet de l'Etat, des qualités et du savoir propres au clerc avec les qualités et le savoir spécifiques du chevalier. Le roi, à l'image du prélat, est responsable du salut de son peuple, à la fois sur le plan temporel et spirituel. La science du gouvernement supposait donc la connaissance des sciences de la « clergie », à commencer par les arts libéraux. Faute de pouvoir accéder à la plupart des textes constitutifs du savoir des clercs dans leur version originale (latine), il était indispensable que le roi et ses conseillers pussent y accéder par l'intermédiaire du français. Il ne faut pas se méprendre sur les intentions de Charles V : il ne s'agissait nullement pour le roi de promouvoir un humanisme qui aurait trouvé sa fin en lui-même, mais d'intégrer au patrimoine culturel français un savoir qui était désormais un des éléments du pouvoir : la part faite aux écrits scientifiques et notamment à l'astrologie qui, en dépit des réticences de quelques théologiens, faisait partie intégrante de l'art de gouverner, en est un signe. Les sciences représentent 30 % de l'ensemble de la bibliothèque, soit plus que la littérature liturgique et biblique (26 %), deux fois plus que la littérature d'édification religieuse et morale (16 %) et trois fois plus que la littérature de distraction (11 %, entièrement en langue vulgaire).

La bibliothèque du roi était donc un rouage du gouvernement, une institution au service du royaume. Véritable bibliothèque modèle du prince des années 1350-1400, la librairie du Louvre peut servir de point de référence. Elle comptait un nombre élevé de très beaux manuscrits, mais on ne saurait y voir une collection de bibliophile : les motivations de son fondateur étaient autrement profondes et il est évident, du reste, que bien des livres de facture ordinaire y sont entrés au seul vu de leur contenu. L'important mouvement de traduction impulsé par les rois de France fut ensuite largement relayé par les princes du sang, frères de Charles V et oncles de Charles VI. Commander une traduction reste jusqu'à la fin du Moyen Age un moyen pour le prince d'affirmer sa sagesse. La tradition, interrompue à la cour de France à cause des événements dramatiques qui suivirent le règne de Charles V, fut activement reprise à la cour de Bourgogne à partir du milieu du XVe siècle. Ces traductions, dont plusieurs furent largement diffusées, prouvent que l'Eglise et le latin perdent progressivement leur monopole culturel. A côté de l'Eglise, des écoles et de l'Université, les cours royales et princières s'affirment comme les lieux de concentration d'un savoir livresque accessible au plus grand nombre de leurs membres, et donc véhiculé majoritairement en français.

L'élaboration directe d'un savoir en français suit une chronologie propre à chaque discipline. L'écriture de l'histoire, par exemple, est rapidement bilingue. Avec les *Grandes chroniques de France*, dont la composition commence sous le règne de Philippe III (1274), le français remplace le latin dans l'historiographie officielle du royaume ; les ateliers de copistes et d'enlumineurs parisiens évincent le scriptorium de l'abbaye royale de Saint-Denis. La laïcisation des grands corps de l'Etat, qui ont besoin de nouvelles compétences juridiques et administratives, favorise l'émergence de gens du roi à l'aise dans l'écriture latine comme dans l'écriture française. C'est d'ailleurs à la chancellerie royale que se développe dans les premières années du XVe siècle le premier humanisme français, qui prend fait et cause pour le *Roman de la Rose* de Jean de Meun.

L'accès du français à l'expression d'un savoir abstrait est le fruit de la curiosité de laïcs pour des connaissances longtemps confinées au latin, mais il n'a été possible que par l'élaboration d'un outil linguistique efficace sur le modèle du latin.

Les lacunes du français

Le désir de connaissances en français se heurta longtemps aux insuffisances linguistiques du français, peu préparé à assumer ces nouvelles fonctions et à passer définitivement d'une expression encore liée à l'oral à un registre savant essentiellement écrit. Quelques traducteurs ont pourtant estimé qu'il était possible de rendre la lettre du latin. Jean de Vignay, dans le prologue à sa traduction de Végèce (vers 1320), explique que si le texte original est mal rendu, la faute en revient au traducteur, et il demande qu'on l'en excuse. Il ne pense pas à faire porter sur la langue la responsabilité de la défaillance, soutenant implicitement l'idée que le français peut calquer le latin.

La difficulté de transposer un savoir exprimé en latin dans la langue vulgaire est pourtant soulignée par d'innombrables prologues de traduction. C'est d'ailleurs à l'occasion des traductions du latin au français qu'apparaissent les germes d'une réflexion sur les qualités respectives des deux langues, sur leur adaptation au discours savant et sur les modalités linguistiques d'un transfert. Mahieu le Vilain précise : « ... *je me sui entremis à* [j'ai entrepris de] *translater vous* [pour vous] *le devant livre de mot à mot, si comme je pourray miex* [mieux], *en langue franchoise. Mes sachiés : l'en ne puet pas si proprement translater science en franchois comme en latin*[7] ».

La confrontation des deux langues tourne toujours à l'avantage du latin. La hiérarchie des langues est généralement respectée et les griefs contre le français sont nombreux. Ils concernent avant tout le lexique, car quand une langue doit traiter d'un sujet qu'elle n'a jamais abordé, il lui faut employer des mots nouveaux, par définition peu compréhensibles. Roger Bacon plaide pour l'utilisation du latin, déjà parfaitement équipé lexicalement : « Il est sûr que le logicien ne pourrait exprimer sa logique s'il essayait de la dire dans les mots de sa langue maternelle ; il lui faudrait inventer des mots nouveaux et de ce fait il ne serait compris de personne sauf de lui-même[8]. »

Les traducteurs n'ont souvent pas le choix, car ils doivent honorer des commandes. Le traducteur du *Psautier lorrain* du XIVe siècle s'attarde longuement dans son prologue sur la « *corruption* » et la « *diseite* [disette] *des mos françois* » qui obligent à multiplier les néologismes et à traduire *iniquitas* par « *iniquiteit* », *redemptio* par « *redemption* », *misericordia* par « *misericorde* »[9].

Nicole Oresme revient aussi sur la hiérarchie des langues, présentant le latin comme une langue supérieure et inégalée pour exprimer tout contenu. Cependant le latin n'a pas de correspondant pour tous les mots grecs, ce qui posait déjà un problème dans la traduction d'Aristote du grec au latin ; le passage dans une langue bien moins riche lexicalement, comme le français, ne laisse donc pas d'être problématique. Il faudra alors employer des mots qui ne sont pas « proprement » français, c'est-à-dire des calques ou emprunts. Après Oresme, Laurent de Premierfait, évoque, dans le prologue à la traduction du *De senectute* [Sur la vieillesse] de Sénèque, son « *langaige vulgar, qui par necessité* [manque] *de motz est petit et legier* [insuffisant] ». Ces carences conduisent inévitablement, selon le traducteur qui préférait composer en latin et répondait ici à une commande, à dégrader et à humilier « *la magesté et la gravité des paroles et sentences latines* ».

Outre son insuffisance lexicale, les traducteurs reprochent au français sa « prolixité ». Pierre Bersuire évoque les constructions de Tite-Live « *si trenchiees et si brieves, si suspensivez et si d'estranges moz, que au temps de maintenant pou de gent sont qui le sachent entendre ne par plus fort raison ramener en françois* » [si segmentées et si concises, si suspensives et truffées de mots inconnus, qu'aujourd'hui, peu sont ceux qui peuvent le comprendre et, à plus forte raison, le traduire en français]. Jean de Rouvroy, qui traduit vers 1420 les *Stratagèmes* de Frontin, fait observer que « *vray est que le latin qu'il baille* [utilise] *en ce livre est si bref et si precis que on ne le pourroit partout translater de mot à mot* ». Sébastien Mamerot, dans sa traduction des *Chroniques martiniennes*, s'excuse « *s'il n'a pas bien exprimé et mis en briefz motz françois mais trop prolix l'effect du latin, car comme dit maistre Jehan de Meung, le françois n'est pas si brief comme le latin, ainsi que l'experience l'enseigne publiquement* ». Enfin, Vasque de Lucène, qui traduit Quinte-Curce pour le duc de Bourgogne Philippe le Bon, admet qu'« *en aucuns lieux* [il n'a] *peu translater clause à clause* [proposition] *ne mot à mot, obstant* [étant donné] *la difficulté et la briefté du latin* ».

La concision et la précision du latin classique ont frappé tous les traducteurs de la fin du Moyen Age. Ceux-ci éprouvaient le besoin d'expliciter le sens de certains mots, de procéder à un découpage analytique des propositions. Les traducteurs d'ordinaire refusent l'ambiguïté, quitte à pratiquer la redondance. Ils adoptent généralement la solution de Laurent de Premierfait dans sa traduction du *De senectute* : « *ce qui me semble trop brief ou trop obscur, je le alongiray* [développerai] *en exposant* [commentant] *par mots et par sentence* ». Ces traducteurs se livrent non seulement à des explications ou à des gloses lexicales, mais aussi à un « dépliage » des structures syntaxiques latines. Le phénomène, à des degrés variables selon le latin et la période en cause, semble constant. Une traduction de l'*Elucidarium* d'Honorius Augustodinensis, rédigée au XIIe siècle, substitue des phrases courtes à des périodes latines fortement charpentées ; la suite logique des propositions en latin est moins rigoureuse en français, moins précise et d'un contenu plus simple. Au siècle suivant, Jean de

Meun traducteur n'hésite pas à casser la période latine pour mettre en valeur les relations logiques et temporelles de ses éléments. Au milieu du XIVe siècle, Pierre Bersuire remplace le système très hiérarchisé de la période de Tite-Live par une juxtaposition de propositions coordonnées. Il ne s'agit pas d'une inaptitude de la langue elle-même à rendre ces constructions – sinon que la perte des cas des noms et adjectifs latins conduit à une syntaxe plus prolixe – mais d'une inaccoutumance de la part des traducteurs à la manier ainsi. La multiplication des traductions entraînera une familiarité avec la phrase complexe qui conduira aux longues périodes des prosateurs français de la fin du Moyen Age et de la Renaissance.

Devant les écarts linguistiques entre le français et le latin, la plupart des traducteurs, contrairement à Jean de Vignay, affirment devoir traduire selon le sens (*ad sensum*), particulièrement lorsqu'ils sont confrontés aux textes classiques. Dans ce cas, les traducteurs récusent la possibilité de traduire mot à mot (*ad verba*). S'impose donc l'idée générale que l'on traduit *sentence par sentence*, phrase par phrase.

Le mot d'ordre, constamment réitéré, d'une traduction *clere* et *entendible* prouve que certaines traductions savantes étaient perçues comme trop latinisantes. Jean Corbechon rappelle dans son prologue que le roi lui a bien donné la consigne « de traduire le susdit livre de latin en français, le plus clairement que je le pourrai ». Il est vrai que pour pallier les insuffisances supposées du français, les traducteurs introduisaient des néologismes et calquaient parfois les constructions syntaxiques de leurs modèles, contribuant ainsi à l'évolution de notre langue et à son assouplissement. Cependant, cette évolution aboutit à la création d'une langue mixte, syntaxiquement et lexicalement latinisée, peu compréhensible par le lecteur ignorant du latin. Le *Mirouer historial abregié de France*, composé avant 1452, nous apprend ainsi que chaque fois que Charles V lisait la traduction de Tite-Live par Pierre Bersuire, il « *disoit que en la pluspart elle estoit aussi obscure comme le texte de latin*[10] ».

Ces lignes semblent donner raison à Roger Bacon. Les premiers lecteurs de la traduction de Tite-Live durent penser que l'histoire romaine ne convenait pas plus au français que la logique. Le *Mirouer historial abregié* souligne le caractère déconcertant et décourageant du texte pour ses lecteurs, accoutumés à un vocabulaire et à une syntaxe moins complexes. La réaction de Charles V explique sans doute l'absence de diffusion rapide de la traduction. L'exceptionnelle fortune du Tite-Live de Bersuire ne se dessina qu'après la remise à Charles V de son exemplaire de dédicace et la mise en place d'une théorie royale de l'union de la *clergie* et de la *chevalerie* incarnée par le roi.

Le modèle latin

L'histoire des traductions de la Bible en ancien français nous a montré que la latinisation ne commençait pas avec les traductions savantes du XIVe siècle, mais qu'elle était inhérente à toute transmission en vernaculaire d'un discours élaboré en latin. On sait ainsi qu'entre le IXe et le XIIe siècle le français n'a cessé d'accueillir des mots savants délibérément empruntés au latin contemporain, restauré par la renaissance carolingienne. Un nombre important de ces latinismes fut dissimulé par l'effort d'adaptation auquel se livraient les clercs sensibles à la distinction des deux usages. La latinisation a dû passer principalement par la prédication et toucher un spectre social très large. Cette latinisation du français, semée ainsi sur un large terrain, a constitué un terreau fertile où a pu prendre racine un discours abstrait distinct du discours pastoral ou théologique. Les auditeurs et lecteurs s'étaient, en effet, entre temps habitués aux néologismes et aux calques syntaxiques.

Celles-ci, à partir du latin, se rencontrent d'abord dans la langue des chartes, car les formules des actes ou de la correspondance administrative sont directement calquées sur le modèle latin. Le bilinguisme d'un certain nombre de chancelleries a eu des conséquences importantes pour la structure de la phrase. Adaptant le formulaire latin, la prose française s'est dotée de constructions syntaxiques plus complexes qui ont élevé à un haut degré ses moyens d'expression sophistiqués. En parvenant à transposer des phrases entières du latin, la diplomatique médiévale a exercé une influence stylistique durable sur le français. L'une des possibilités de la prose très formulaire est sa capacité presque illimitée à la longueur et à la flexibilité : noms propres, détails locaux, instructions individuelles peuvent être insérés dans des unités de la phrase sans saturation. A l'intérieur d'un cadre formulaire strict, la phrase française put ainsi s'épanouir et se dilater.

Grâce au bilinguisme des *litterati*, la prose vernaculaire atteignit une précision technique et une flexibilité stylistique remarquables. Le latin avait un pronom relatif qui variait en genre (sauf au génitif et au datif singulier, à l'ablatif et au datif pluriel) et en cas, alors que l'ancien français avait hérité d'un système morphologique du relatif extrêmement pauvre, où le pronom, réduit au mieux à quatre formes (*que, qui, quoi, cui*) ne variait plus en genre. Cette indistinction morphologique conduisait à des ambiguïtés dans l'identification des antécédents. L'apparition du relatif double (*lequel*), dès le XIIe siècle dans des traductions françaises du psautier, permit aux traducteurs de coller davantage à la structure de la phrase latine complexe. L'usage s'en répandit au XIIIe siècle. Aux XIVe et XVe siècles, ce relatif double devint très fréquent dans les constructions prépositionnelles (*auquel, par lequel...*) et dans les structures où l'antécédent est répété (*laquelle bataille...*). Il s'imposa comme une cheville indispensable à la construction de longues périodes.

L'une des influences majeures des traductions sur la syntaxe du français est la diffusion des constructions participiales absolues, analogues à l'ablatif absolu latin. Ce type de proposition existait en ancien français, mais elle se développe grandement en moyen français, d'abord dans des traductions, avant de se diffuser dans toute la production française : « *Reposant soy Pierre ainsi en cestuy hospital... il commença fort à guerir*[11]. »

Pour ce qui est des vocabulaires, on observe deux tendances opposées, tant dans les intentions proclamées par les prologues que dans leurs réalisations. L'une tend à éviter les néologismes tandis que l'autre se montre favorable à l'introduction de mots nouveaux.

La première tendance est la plus ancienne. Alors que la langue n'est que faiblement relatinisée, une traduction qui pratiquerait trop abondamment le calque ou l'emprunt ne serait plus *claire* et *entendable*. Ainsi, lorsque Jean de Meun traduit la *Consolation de Philosophie* pour Philippe le Bel, il s'excuse dans son prologue de s'être parfois éloigné du texte latin en pratiquant la paraphrase, mais explique qu'il n'avait d'autre choix, car une traduction mot à mot aurait impliqué des calques ou des emprunts, et conduit inévitablement à un texte obscur : « *Or pri touz ceulz qui cest livre verront, s'il leur semble en aucuns lieus que je me soie trop eslongniés des paroles de l'aucteur ou que je aie mis aucunes fois plus de paroles que li aucteur n'i met ou aucune fois mains* [moins]*, que il le me pardoingnent. Car se je eusse espons* [rendu] *mot à mot le latin par le françois, li livres en fust* [aurait été] *trop oscurs* [obscur] *aus gens lais et li clers, neis* [même] *moiennement letré, ne peussent pas* [n'auraient pas pu] *legierement* [facilement] *entendre le latin par le françois*[12]. »

De fait, Jean de Meun traduit les 3 500 mots latins (répartis en 25 000 occurrences) de la *Consolation* par 2 500 mots français répartis cette fois en 50 000 occurrences et donc plus souvent répétés. C'est assez dire que la traduction est plus longue que l'original latin, mais aussi que le traducteur a dû combler son déficit numérique lexical (il emploie 1 000 mots de moins que Boèce) par des expressions paraphrastiques. Jean de Meun puise dans un vocabulaire restreint sans toujours renoncer au néologisme, qui reste l'une des solutions disponibles pour rendre la diversité lexicale de sa source. On compte ainsi environ 70 mots apparaissant dans cette traduction comme première attestation en français ou comme l'une des premières (*deputer, escrivain, province, singulier, transformer...*).

Au cours du XIVe siècle les commanditaires vont exiger des traducteurs deux objectifs en partie contradictoires, d'abord passer du latin au français un texte avec un minimum de déperdition d'information, ensuite procéder à cette opération dans une langue *claire et entendable*. Rappelons que les traductions étaient souvent des textes utilitaires, assumant une fonction politique ou exemplaire. Leur efficacité, leur pertinence et leur autorité dépendaient de leur fidélité au texte latin, fidélité alors aisément contrôlable. Les laïcs non latinistes devaient avoir accès au même niveau de connaissance que les clercs lettrés, indépendamment de la langue. Du coup, la tendance est de plus en plus à l'introduction de latinismes, parfois suivis d'une glose. Le mouvement des traductions se développe avec suffisamment de cohérence pour qu'on s'emprunte des néologismes et qu'on les « canonise » jusqu'à un certain point dans des lexiques annexés à certaines traductions.

Les nombreuses traductions d'historiens antiques ne supportent d'ailleurs pas aussi bien la paraphrase que les textes philosophiques. En effet, il est difficile de transposer dans le système médiéval les institutions romaines ou l'organisation des légions. Ces textes, qui connurent un grand succès, furent un vecteur important pour l'introduction de latinismes. Cette tendance, justifiée par les sujets traités, par la culture latine des traducteurs et par les insuffisances lexicales du français, contribue à faire du vernaculaire français une langue de culture. La latinisation du lexique, qui est à bien des égards un obstacle à la compréhension, va être récupérée positivement, peut-être dès Nicole Oresme – responsable d'un grand enrichissement du vocabulaire français des abstractions – mais surtout à partir de la fin du XVe siècle, dans le but explicite d'enrichir et d'illustrer la langue française.

Certains Grands Rhétoriqueurs sont assez clairs sur ce point. Octovien de Saint-Gelais ne cache pas son admiration pour Ovide « *qui bien eut l'affluence* [richesse] / *D'applicquer motz et termes moult divers / En ses escrips et poëtiques vers*[13] ». Derrière cet hommage rendu à l'auteur des *Métamorphoses*, très friand d'hellénismes, se cache une allusion à la hiérarchie des langues. La diversité du vocabulaire ovidien est due au talent et à la culture du poète, qui disposait cependant d'une langue au lexique plus riche que le français. Si Octovien désire imiter les anciens, il lui faut accroître son fonds lexical pour se doter de matériaux comparables aux leurs. Quelques années plus tard, dans le prologue à sa traduction de l'*Enéide*, il proclame de nouveau la supériorité du latin « *... et conclu lors d'ardant desir* [...] *icelluy livre translater de son latin hault et insigne de mot à mot et au plus prés et de le mectre en langue françoise et vulgaire*[14] ». Ce n'est donc plus la traditionnelle technique de la traduction phrase par phrase (*ad sensum*) qui est retenue, mais la traduction mot à mot, *ad verba*, le français devant être capable de se hausser au niveau du latin. La traduction très latinisante d'Octovien de Saint-Gelais a souvent été considérée comme facile. Voyons-y plutôt un remède à l'insuffisance de la langue.

Quelques années plus tard, Claude de Seyssel avertit le roi, dans le prologue de sa traduction de Justin, qu'il cultive les latinismes, parce qu'il cherche à enrichir la langue française par l'imitation raisonnée du latin :

Et pareillement, si je vay imitant le style du latin, ne pensez point que ce soit par faute que ne l'eusse peu coucher en autres termes plus usitez, à la façon des histoires françoises ; mais soyez certain, sire, que le langage latin de l'auteur a si grande venusté et elegance, que d'autant qu'on l'ensuit de plus prés, il en retient plus grande partie. Et c'est le vray moyen de communiquer la langue latine avec la françoise : si comme les Romains communiquerent la latine avecques la grecque, ce que se fait aujourd'hui en votre royaume tres diligemment et curieusement. Car toutes les autres deux langues y ont autant ou plus de cours qu'en autre lieu que l'on sache : tellement que (dedans peu de temps et au plaisir de Dieu) de votre regne aurez l'honneur et la gloire d'avoir ramenees lesdites deux langues en votre royaume et enrichi la française par la communication d'icelles[15].

[Et de même, si j'imite le style du latin, ne pensez pas que ce soit parce que je n'aurais pu le traduire en d'autres termes plus usités dans les histoires écrites en français ; mais soyez assuré, sire, que la langue latine de l'auteur a tant de grâce et d'élégance que, plus on la suit de près, plus on en conserve les qualités. C'est là le vrai moyen pour mettre en contact le latin avec le français : on fait aujourd'hui avec diligence et application dans votre royaume comme les Romains qui mirent en contact le latin et le grec. En effet, ces deux langues y ont autant ou plus cours que partout ailleurs, à notre connaissance, si bien que dans peu de temps, si Dieu veut, vous aurez pendant votre règne acquis l'honneur et la gloire d'avoir ramené ces deux langues dans votre royaume et d'avoir enrichi le français en le mettant en contact avec elles.]

Un certain nombre de mots latins n'ont que des équivalents inadéquats en français, d'autres, des mots techniques pour la plupart, ne possèdent pas d'équivalents du tout. Les traducteurs peuvent choisir d'éviter le latinisme en lui préférant la paraphrase : *rationes publicas* est ainsi traduit par « *choses publiques desquelles se devaient rendre compte* ». Un type particulier de paraphrase, appelée savamment aujourd'hui « polynomie synonymique », eut un certain succès alors. Il consistait à approcher le sens du mot latin à traduire en coordonnant plusieurs mots français : ainsi *civitas*, au sens de « droit de cité », pouvait être rendu par *bourgeoisie et franchise* [liberté] ; *expediti*, au sens de « légèrement armés » par « *habilles, legiers et hardis* ».

Ces deux solutions, abondamment pratiquées, alourdissaient sensiblement le texte français et ne lui permettait pas de conserver la technicité et la précision du latin. Pour les préserver, le traducteur devait nécessairement rapprocher son usage de celui de la langue qu'il traduisait. Pour ce faire, deux possibilités se présentaient, le « calque sémantique » ou le néologisme.

Le calque sémantique est un néologisme de sens. Il est la traduction d'un mot latin en un mot existant déjà en français, mais auquel on donne l'acception qu'il avait en latin. Ainsi *accepté*, traduisant le participe latin *acceptus*, reprend l'une des acceptions classiques du participe passé latin « bien accueilli, agréable ». De cette façon Sébastien Mamerot dans le *Romuleon* traduit le latin *designare* par *designer* au sens de « désigner pour une charge, une magistrature », sens attesté du verbe *designare* en latin classique, alors que *designer* en français était jusqu'alors employé au sens de « déterminer par quelque trait distinctif ». Ce phénomène très courant dans la « langue des traductions » a été qualifié de « relatinisation interne (ou sémantique) ». Un sens nouveau, bien attesté en latin classique dans l'étymon du mot français, vient s'ajouter aux sens attestés antérieurement. A terme, le sens du latin classique peut s'imposer, cohabiter avec les sens anciens ou bien encore disparaître. Ces phénomènes se retrouvent dans l'influence de l'anglo-américain sur le français d'aujourd'hui.

La proximité du latin et du français offrait bien des occasions de relatinisation interne, mais une bonne partie du lexique du latin classique n'était pas passée de façon héréditaire dans la langue française. Les traducteurs se voient donc conduits à introduire des mots nouveaux, comme *sacerdotage* ou *tribunage* pour rendre le latin *sacerdotium* et *tribunatus*. Cette mode du latinisme va progressivement gagner les ouvrages composés directement en français par des auteurs de culture essentiellement latine. Octovien de Saint-Gelais, par exemple, utilise *cacumineux* « vertigineux » formé sur le latin *cacumen, inis* (sommet, extrémité), *cubile* « lit, couche », formé sur *cubile* (même sens), *equoré* « marin », formé sur l'adjectif *aequoreus* « marin, maritime »...

La création de néologismes aboutit à de nombreux « doublets ». Ainsi le nom latin *auricula* donne en français la forme héréditaire *oreille* mais aussi le substantif *auricule*, emprunté en 1377. Les latinismes, on l'a déjà vu à propos des traductions de la Vulgate, entrent donc souvent en concurrence avec des termes plus anciens, hérités du latin parlé : *triste/dolent, pousser/bouter, comprendre/entendre, dormir/sommeiller, donner/bailler* ; et, provenant du même radical latin *douleur/duel* ou *deuil, chaleur/chaud, cœur/courage*, etc. Selon la vitalité des latinismes sémantiques ou néologiques, l'un ou l'autre l'emporte, engendrant selon les cas des glissements sémantiques en chaîne pour rééquilibrer le système.

A côté d'une latinisation sémantique, doublée ou non de l'introduction de formes nouvelles, la langue française a subi une relatinisation purement formelle ou externe. Ainsi, le latin influence la forme de mots héréditaires. Au XIIe siècle déjà *essemple* est refait en *exemple* (latin *exemplum*), *norreture* en *nourriture* (latin *nutritura*), *mont* en *monde* (latin *mundum*), etc. Le phénomène se poursuit au siècle suivant où *esmer* est relatinisé en *estimer*, *proveoir* en *preveoir* et *afermer* en *affirmer*. Les formes relatinisées sont appelées « semi-savantes », parce qu'elles tiennent à la fois de la forme héréditaire et d'une réfection à partir de l'étymon latin.

L'aspect graphique de la langue prend une importance croissante au XVe siècle, au moment où les humanistes se soucient de plus en plus de la correction du texte latin. La renaissance de la philologie et l'ambition de faire revivre le latin de l'Antiquité se double d'un intérêt pour l'orthographe latine. A l'époque du concile de Constance (1414-

1418), les humanistes adoptent des graphies à l'antique (*patientia, oratio* contre *paciencia et oracio* précédemment), ce qui entraîne d'ailleurs au début quelques graphies inverses (*offitium, effitio* pour *officium* et *efficio*). Dans trois lettres datables de 1405, dont deux ont pour destinataire Nicolas de Clamanges, Jean de Montreuil aborde le sujet de l'orthographe latine : il se reproche par exemple d'avoir écrit *submittere* et *habundare* au lieu de *summitere* et *abundare*.

On ne connaît pas de texte contemporain où s'exprime la même préoccupation pour la correction orthographique en français, mais les lettrés ne s'en sont pas désintéressés. En ce qui concerne le retour à *-ti* dans les mots notés *-ci* auparavant, il faut noter que Gerson, dès 1405, écrivait *gratia* ou *confirmatio* et parallèlement en français *confirmation* ou *invocation*. Les autographes de Gerson montrent un parti pris de simplicité et de clarté : un bon nombre de consonnes doubles est éliminé et surtout la plupart des lettres parasites qui, à l'époque, tendaient à proliférer. Gerson écrit *un* et non *ung*, *sage* et non *saige*, etc. A la même époque, Laurent de Premierfait calque les graphies du latin, faisant bien attention que le vocalisme du français reflète celui du latin. Le traitement des suffixes en *-en-* ou *-an-* est éloquent : on trouve sous sa plume *excellence* (*excellentia*), *obeïssence* (*obedientia*), *puissence* (*potentia*), *italian* (*italianus*), *moian* (*medianus*). L'influence du vocalisme latin touche également le radical français : *cerimonies* (*cerimonias*), *medicin* (*medicinus*), *tenres* (*teneras*), *voluntaire* (*voluntarius*).

Ces exemples montrent une vive conscience grammaticale et orthographique du français, dans le sillage du latin. Des règles graphiques s'établissent en liaison avec la graphie latine, tout en prenant en compte la morphologie du français. L'*Orthographia gallica* témoigne d'une véritable démarche réflexive sur la langue à propos de la notation de « s » devant « t » dans les désinences verbales : *Et sachés q'en verbes de present temps et preterit escriverez « s », come* batist. *Mes entendez quant escriverez « s » et quant ne mie : adeprimes sachetz que par entre t et e, i, o, et u escriverez en verbes de present temps et preterit, comme* batist, *etc., e come* est, *i come* fist, *o come* tost, *u come* lust, *etc.*[16].

[Et sachez que pour les verbes au présent et au passé simple, vous utiliserez *s* comme dans *batist*. Mais voyez quand vous utiliserez *s* ou non : d'abord sachez qu'entre *t* et *e, i, o* et *u*, vous écrirez au présent et au passé simple comme *bastit*, etc., *e* comme *est*, *i* comme *fist*, *o* comme *tost*, *u* comme *lust*, etc.]

La latinisation permet au français d'aborder des champs du savoir pour lesquels il n'était pas jusqu'alors outillé correctement. Faute de pouvoir les évoquer tous, on se contentera de trois exemples : l'histoire antique, le droit et la médecine.

Le mouvement de traductions patronné par la royauté française dans la seconde moitié du XIVe siècle s'amorce lorsque Jean II le Bon commanda à Pierre Bersuire une version de Tite-Live en français. Il revenait au traducteur de créer un lexique français cohérent de la civilisation romaine. Bersuire devait transposer aussi précisément que possible la connaissance que les clercs médiévaux avaient de l'Antiquité. L'aristocratie laïque désirait avoir accès à ce savoir jusqu'alors exprimé surtout en latin.

En pratiquant un mode de traduction proche des techniques de commentaire, de glose et de paraphrase pratiquées à l'université, Bersuire ne pouvait supprimer les mots de civilisation romaine sans équivalents en français. Il ne s'agissait plus d'écrire une histoire ancienne pour les laïcs en la rapprochant de la littérature de fiction, mais de donner aux laïcs un accès à l'histoire ancienne comparable à celui dont disposaient les clercs. Cette attitude conduisait naturellement à l'innovation lexicale. Celle-ci se manifeste notamment par le vocabulaire technique des réalités antiques matérialisé par des emprunts, ces « *moz mis emprés* [d'après] *le latin*[17] ». La traduction est donc truffée de mots nouveaux, souvent difficiles et obscurs pour le lecteur non-latiniste ; et, à dire vrai, beaucoup semblent également *estranges* à Bersuire.

Pour éviter de devoir répéter les explications attachées aux mots nouveaux qu'il employait, Pierre Bersuire confectionna un glossaire de mots difficiles qu'il plaça en tête de sa traduction. Les entrées du glossaire sont des *motz difficiles*, des *fors moz*, des *moz estranges* pour reprendre une expression employée par Nicole Oresme. L'adjectif *estrange*, qui qualifie, dans plusieurs copies du texte, les mots glosés, reflète bien par ses deux sens, « étranger » et « rare », le jugement qu'ont dû porter les lecteurs sur ces vocables. Plutôt que de qualifier ainsi les mots du glossaire, un manuscrit aujourd'hui conservé à Oxford distingue deux catégories : les « *mos qui n'ont point de propre franchois* » [qui n'ont pas d'équivalent en français] et ceux « *qui autrement ont mestier de declaration* » [ont besoin d'explication], respectivement les calques formels (ou emprunts) et les calques sémantiques. De par son sujet, l'histoire antique introduit naturellement des latinismes. Les refuser aurait abouti à un discours anachronique.

Grâce aux écoles des « glossateurs » – on désigne ainsi un groupe de juristes qui ont glosé le *Code* de Justinien, rassemblés en Italie du Nord autour d'Irnerius – qui apparaissent en Italie septentrionale et dans le midi de la France vers la fin du XIe et le début du XIIe siècle, le droit « savant » se répand progressivement dans le nord de la France au cours des XIIe et XIIIe siècles. Cette première réception du droit romain, étroitement liée à la complexification croissante du droit depuis l'époque de Louis IX, s'accompagne du développement en français d'un registre spécialisé d'expression aux fins de la pratique juridique. Philippe de Beaumanoir, dans sa *Coutume du Beauvaisis*, montre que la constitution de ce registre est largement indépendante du vocabulaire latin correspondant :

« Li clerc ont une maniere de parler mout bele selon le latin. Mes li lai qui ont à pledier contre aus en court laie n'entendent pas bien les mos meismes qu'il dient en françois, tout soient il bel et convenable au plet. Et pour ce, de ce qui plus souvent est dit en la court laie et dont plus grans mestiers est, nous traiterons en cest chapitre en tel maniere que li lai le puissent entendre. C'est assavoir des demandes *qui sont fetes et que l'en puet et doit fere en court laie, lesqueus demandes li clerc apelent* libelles *; et autant vaut « demande » comme « libelle ». Et aprés nous traiterons des defenses que li defenderes doit metre avant contre celi qui demande, lesqueus defenses li clerc apelent* excepcions*. Et aprés nous traiterons des defenses que cil qui demande met avant pour destruire les fenses que li defenderes met contre sa demande, lesqueus defenses li clerc apelent* replicacions [18]*. »*

[Les clercs ont une très belle façon de parler d'après le latin. Mais les laïcs qui doivent plaider contre eux devant une cour laïque ne comprennent pas bien les mots qu'ils emploient en français, quoiqu'ils soient beaux et convenables à la plaidoirie. C'est pourquoi, nous traiterons dans ce chapitre de ce qui est le plus souvent prononcé devant une cour laïque et de ce qui est le plus nécessaire, afin que les laïcs puissent le comprendre. C'est-à-dire des « demandes » qui sont faites, que l'on peut et doit faire devant une cour laïque, demandes que les clercs appellent « libelles » : « demande » et « libelle » ont le même sens. Ensuite, nous traiterons des défenses que le défenseur doit opposer à celui qui demande, défenses que les clercs appelent « exceptions ». Ensuite nous traiterons des défenses que le demandeur avance pour anéantir les attaques que le défenseur oppose à sa demande, défenses que les clercs appellent « réplications ».]

Il y a tout lieu de penser que le droit a constitué un point de résistance à la latinisation et que les terminologies juridiques française et latine ont connu un développement parallèle. La tradition du discours juridique en langue française est ininterrompue au Moyen Age : devant les tribunaux médiévaux, l'usage oral de la langue vulgaire était de règle, bien que le passage à l'écrit se soit longtemps accompagné de l'usage du latin. L'influence relativement importante du français dans la terminologie juridique trouverait son explication dans une tradition orale.

L'analyse des versions latine et françaises du *Très ancien coutumier de Normandie* confirme cette hypothèse, puisque le texte latin présente dix-sept gallicismes juridiques là où la version française n'emploie que six latinismes. Dans la traduction du *De inventione* de Cicéron et de la *Rhetorica ad Herennium*, Jean d'Antioche utilise deux niveaux dans la terminologie juridique. A côté des emprunts latins, un grand nombre de termes du droit coutumier est conservé et a souvent reçu des connotations savantes, ce qui montre à quel point la langue juridique des clercs rencontrait une forte résistance de la part de la langue juridique des laïcs.

Pour ce qui est de la médecine et de la chirurgie, dès les plus anciens textes en français, les mots d'origine savante (latins, arabes, grecs) forment la base du vocabulaire. L'emploi de termes savants, francisés ou non, paraît normal. Les auteurs de ces traités étaient des médecins connaissant bien le latin et ayant une longue habitude des termes médicaux et des tournures latines. Leurs ouvrages sont souvent destinés à des techniciens, les chirurgiens-barbiers. Mais ces techniciens, utilisant la langue vulgaire, travaillaient sous les ordres de médecins, possesseurs du savoir théorique et devaient les comprendre, ce qui explique le caractère double en partie de la langue chirurgicale. Vers 1370, un grand nombre de termes, qui possèdent également une forme francisée, apparaissent sous leur forme latine ou grecque (ex. : *bregmatis, ysophagus, sacrum, carpus, methacarpus, peritoneum, omentum, epiploum, jejuinum, lupus, colon, rectum...*). Certains d'entre eux, comme *calcaneum, duodenum, fœtus, impetigo, jejuinum, lupus, rectum, serum, sacrum*, sont restés dans la langue sous leur forme latine ou grecque, même si une forme francisée a pu apparaître à un moment donné.

Le vocabulaire médical français devient vite foisonnant, car se côtoient parfois pour un même mot latin un emprunt pur et simple, une forme francisée par suffixation savante et une autre par suffixation populaire. L'abondance des formes est déjà sensible dans un manuscrit de la *Grande Chirurgie* de Gui de Chauliac daté de 1370 qui présente nombre de doublets : *cole/colère* ; *courbeté/curvité* ; *cirurgical/cirurgique* ; *porter/pourtenaire*. Ce foisonnement ne fera que s'accroître jusqu'au XVIe siècle.

Les néologismes issus du latin sont perçus de manières différentes selon les lecteurs. Les remarques du *Mirouer historial abregié* posent le problème de l'« acceptabilité » des néologismes empruntés au latin et plus largement du jugement de néologisme.

L. Guilbert a isolé, dans sa typologie des néologismes, les « néologismes de langue », qu'il définit comme « des formations verbales qui ne se distinguent nullement des mots ordinaires du lexique au point qu'ils ne se remarquent pas lorsqu'ils sont employés pour la première fois [19] ». L'adjectif *ineloquent* (lat. *ineloquentem*), qui apparaît pour la première fois dans le *Séjour d'Honneur* d'Octovien de Saint-Gelais, n'a sans doute pas été identifié par les lecteurs comme un néologisme, puisque l'adjectif *eloquent* était relativement courant et que le préfixe négatif *in-* ne posait aucune difficulté sémantique. Si l'on délaisse le point de vue de l'auteur pour adopter celui du lecteur, l'interprétation du néologisme dépendra de ses compétences lexicales latines et françaises. Le lettré n'aura besoin d'aucune glose pour comprendre l'adjectif *equoré* et, s'il possède un tant soit peu ses classiques, il notera aussitôt la résonance poétique et l'allusion à Virgile ou à Ovide. Sans une lecture attentive, son bilinguisme, ou plutôt l'influence d'une pratique linguistique « diglossique », l'empêchera d'identifier tous les latinismes comme tels. Le lecteur non latiniste, au contraire, aura tendance à buter sur les mots savants empruntés au latin et à identifier comme néologismes des termes introduits dans la langue par Oresme ou Bersuire au siècle précédent.

Le facteur socioculturel est ici capital, car la prédictibilité sémantique des néologismes dépend intégralement de la maîtrise du latin par les lecteurs. L'acclimatation graphique et morphosyntaxique des emprunts au système linguistique français ne suffit pas à faire entrer les mots latins dans la langue, à en faire de « propres mots français ». Les glossaires que Pierre Bersuire et Nicole Oresme associent à leurs traductions sont davantage bilingues (latin/grec-français) qu'unilingues. Pour les non-latinistes, les mots glosés ne renvoient qu'à eux-mêmes ; pour les latinistes, ils ont un sens par l'intermédiaire de leur équivalent latin. Ainsi tout latiniste un peu familier avec l'histoire antique identifiera les substantifs « français » *colonie* ou *concion*, qui apparaissent pour la première fois dans la traduction de Tite-Live par Pierre Bersuire, comme des équivalents de *colonia* et de *contio* latins.

Malgré des débuts difficiles, l'intégration de ces néologismes se fit sans doute assez rapidement, puisque le remaniement anonyme de la traduction de Pierre Bersuire, dans les premières années du XVe siècle, ne simplifia pas la technicité du vocabulaire. La pérennité de la traduction de Bersuire, qui ne fut remplacée qu'en 1582 par celles d'Antoine de la Faille et de Blaise de Vigenère, prouve même, autant que le nombre de néologismes créés par Bersuire qui survivent en français moderne, combien cette intégration fut profonde. Lorsque la traduction est imprimée en 1486, le glossaire est soigneusement remanié, indice de l'utilité qu'on lui reconnaissait encore. La présentation est plus rigoureuse et systématique, mais de nombreuses erreurs sont introduites, prouvant que le vocabulaire glosé était encore loin d'être parfaitement maîtrisé. Ainsi *dictateur* est défini comme *une maniere de herault ou prononciateur*. Le prologue de l'édition de 1486 consacre, en revanche, l'évolution du statut de la langue nationale. Le glossaire n'est plus justifié par l'insuffisance lexicale du français par rapport au latin, mais simplement par la nécessité d'expliquer la signification des mots obscurs et difficiles. Le mono- ou le bilinguisme « égalitaire » ont triomphé de la diglossie, où une langue est subordonnée à l'autre. Il n'est plus requis d'être latiniste pour comprendre le Tite-Live de Bersuire. Cette modification du prologue signifie que les vedettes du glossaire sont senties comme françaises et qu'une partie d'entre elles est déjà entrée dans la langue. Pour ce faire, elles ont profité de la diffusion de la traduction et de leur place dans le glossaire, qui leur a conféré une authenticité supplémentaire. Les vedettes de Bersuire ont formé un corpus de référence du lexique de la civilisation romaine, qui a joué un rôle capital dans la formation de l'outillage linguistique du français pour aborder l'Antiquité.

L'intégration des néologismes dans la langue ne se limite pas simplement à l'ajout de mots dans un vague ensemble de possibles lexicaux. La langue est une structure, dont chaque élément tire sa valeur de son opposition avec les autres, les changements entraînant en général des réactions en chaîne. Aussi ne faut-il pas se contenter de considérer isolément chaque terme, mais prendre en considération une microstructure, se demander à quel élément de cet ensemble la signification a été prise, et pourquoi, et quelle nouveauté est venue remplacer le terme qui a évolué. Le français va voir progressivement s'étoffer ces microstructures dans des domaines scientifiques, par exemple, par le biais de la latinisation. Ce sera la renaissance des *terminologies*, que maîtrisait, après le grec et le latin antique, le latin médiéval des savants.

Empruntons un exemple à la météorologie. Au XIIIe siècle, chez Mahieu le Vilain l'exhalaison (ce qui s'exhale d'un corps) est tantôt *fumee*, tantôt *vapeur*, tantôt *fumiere* et tantôt *buee*. Le traducteur utilise d'abord *fumee* pour l'exhalaison humide comme pour l'exhalaison sèche, tandis que *vapeur* est réservée à l'exhalaison humide et *fumiere* à l'exhalaison sèche. Mahieu finit par utiliser *buee* qu'il associe à *seiche* ou à *moiste*. Ce flou témoigne de l'absence d'organisation de ces microstructures hésitant entre des noms héréditaires et des emprunts au latin.

Dans la seconde moitié du XIVe siècle, plusieurs traductions traitent de météorologie. Les diverses manifestations des exhalaisons sont désignées par *fumee, vapeur, exalation* ou *fumosité*. La structuration du « champ sémantique » s'est notablement affermie. *Fumee* est alors strictement réservé à l'exhalaison sèche alors que *vapeur* est soit générique, soit réservé à l'exhalaison humide. Un accord s'opère avec la plupart des textes scolastiques traitant de ce sujet. C'est dire que la latinisation du lexique va bien au-delà de la simple apparition d'un mot nouveau, qu'elle touche en profondeur à la structure du lexique français et donc à l'appréhension des phénomènes scientifiques, culturels, historiques auxquels les lecteurs pourront dès lors accéder à travers le français.

Les progrès du français scientifique et les champs du savoir conquis par cette langue sont tels qu'au début du XVIe siècle Fabri affirme que tous les domaines peuvent être abordés en français et qu'il n'est nul besoin d'abuser de la paraphrase, car le vocabulaire du français est assez riche pour décrire et désigner avec précision, élégance et brièveté. Les deux principaux griefs que les traducteurs faisaient au français au XIVe et encore au XVe siècle semblent s'être volatilisés :

« *Et qu'il soit vray le langaige françoys est si ample et abundant en termes que combien soit que* [bien que] *l'en puisse parler de toultes sciences sans user de propres termes de icelles comme par cicunlocutions, toulteffoys le plus elegant et le plus abregé est de user de propres termes ja par noz peres imposez. Je entens des termes honnestes car les deshonnestes se doibvent dire par circunlocution comme il sera dict cy aprés*[20]. »

Les ridicules « écumeurs de latin »

La latinisation finit pourtant par atteindre ses limites. Si l'expression *escumer le latin* ne devient célèbre que sous la plume de Rabelais, elle est attestée, dès la seconde moitié du XVe siècle, dans les cercles cultivés des étudiants et des basochiens, où elle signifie « faire semblant d'être cultivé ». Elle désigne aussi un procédé lexical qui consiste à ajouter des désinences françaises à des radicaux savants rares ou à assortir des radicaux français de désinences latines passant pour savantes. Plusieurs pièces du théâtre comique de la seconde moitié du XVe siècle et des premières années du XVIe siècle mettent en scène des personnages « escumant le latin ». La plus célèbre d'entre elles est la *Sottie des coppieurs et lardeurs* (composée avant 1488). L'un de ses personnages principaux, nommé justement « L'escumeur de latin », au discours incompréhensible, s'exprime ainsi :

Cavons de ramonner dispars
Et immictés bien mes vestiges
Et nous involviron noz liges
Pour les dissiper subit.
   Teste Creuse
A grant peine sçay je qu'il dit.
   Sotin
J'entens [comprends] *ung petit son patoys*[21].

Dans la *Farce de la Résurrection de Jenin Landore*, qui date de 1509, Jenin, rentrant cette fois du Paradis, s'exprime en un latin macaronique. A sa femme étonnée, il explique : « *C'est du latin de paradis, / Qui m'avoit enflé tout le corps, / Se ne l'eusse bouté* [repoussé] *dehors, / Crevé feusse, pour tout certain* [j'aurais certainement crevé]. » Ces deux exemples montrent comment le latin joue un rôle analogue à celui du dialecte dans le théâtre de la fin du Moyen Age. Désormais utilisé à des fins comiques, son usage est aussi déplacé que celui du dialecte. Le « bon usage » tend à être français.

En 1501, dans le traité anonyme *Le Jardin de Plaisance et fleur de rethorique*, la néologie outrancière qui écume le latin est fermement rejetée :

Quint vice est d'innovation
De termes trop fort latinans
Ou quant l'on fait corruption
D'aucuns termes mal consonans,
Trop contrains ou mal resonans
Ou sur le latin escumez ;
Ainsi ilz sont moult dissonans,
Indignes d'estre resumez[22].

[Le cinquième vice est l'invention de mots nouveaux, trop latinisants, ou quand on corrompt des termes mal consonants, trop forcés ou sonnant mal ou empruntés au latin ; c'est ainsi qu'ils sont très dissonants, indignes d'être repris.]

En 1529, Geoffroy Tory sera encore plus sévère, plaçant les écumeurs de latin au premier rang de ceux qui corrompent la langue. Trois ans plus tard, Rabelais insérera dans le célèbre passage de l'écolier limousin l'exemple de français latinisé qu'avait donné Tory (voir la partie consacrée au XVIe siècle). La mode, à défaut d'être passée, était âprement stigmatisée. Le théâtre en soulignait le ridicule et les spécialistes de la langue, les dangers. C'est peut-être que l'on pensait alors, avec Fabri, que le français était assez riche pour ne plus avoir à emprunter de mots étrangers, et que ses propres mots pouvaient désormais suffire à exprimer toutes les sciences.

En quelques siècles la langue française accède à l'expression du savoir et n'a plus besoin du latin pour compléter un lexique désormais très vaste ; cependant, à la fin du Moyen Age, le français est encore jugé, d'un point de vue linguistique, comme inférieur au latin. Le même Fabri qui en vantait les richesses ne trouve-t-il pas sa langue maternelle illogique, notamment parce que la double négation, contrairement au latin, n'y correspond pas à une affirmation ? Malgré les progrès accomplis, le français n'a pas encore acquis le statut de langue rationnelle. Ce grand tournant se réalisera au cours du XVIe siècle.

LE FRANÇAIS DEVIENT OBJET D'ÉTUDE

Le stade ultime auquel pouvait prétendre le français après avoir accédé à l'écrit, à la littérature, à l'expression de la volonté politique et de la culture, était d'être lui-même objet d'étude. Très longtemps, les réflexions sur la langue vulgaire sont à chercher dans des traités abordant des questions générales sur le langage ou consacrés au latin ; puis les prologues de traductions fournissent d'intéressantes remarques venues de la confrontation entre latin et français ; enfin, au début du XVe siècle apparaissent les premiers traités de rhétorique française qui n'étudient pourtant pas la langue en tant que telle, mais comme moyen de convaincre.

Première révolution grammaticale

L'accès du français à la grammaire est le dernier coup de force symbolique du français face au latin. La révolution grammaticale se produit d'abord en Angleterre, où le français est enseigné comme langue seconde, c'est-à-dire à la manière du latin, dans des milieux aristocratiques, militaires ou commerçants. Il faudra attendre le début du XVIe siècle pour que le mouvement touche vraiment le continent.

Figer la langue

Les langues vernaculaires sont inférieures au latin, parce qu'elles sont imparfaites et donc inaptes à la réflexion et à la description grammaticales. Pour Gilles de Rome (1243-1316), « il n'existe aucune langue vulgaire complète et parfaite » ; les philosophes ont donc été contraints d'employer un idiome spécifique, propre à exprimer toutes leurs idées, et ce fut le latin. Dante ne dit pas autre chose dans le *De vulgari eloquentia*, quand il écrit que la grammaire fut inventée afin de procurer une langue inaltérable dans le temps et dans l'espace, une langue normée, régulée par un consensus général. Or cette *grammatica* dont parle Dante, c'est le latin [1] :

« Ce fut là le point de départ des inventeurs de la grammaire (c'est-à-dire du latin) ; cette grammaire n'est autre qu'une langue figée, qui reste identique à elle-même en des temps et des lieux différents. Les règles de cette langue ayant été fixées d'un commun accord par plusieurs peuples, elle n'est soumise à aucun choix arbitraire et individuel et par conséquent elle ne peut changer. On inventa donc cette langue pour éviter que les changements du langage dus aux fluctuations arbitraires et individuelles ne nous empêchent entièrement, ou ne nous permettent que partiellement d'accéder à la connaissance de la pensée et des gestes des Anciens et de ceux que l'éloignement géographique rend différents de nous. »

Pour lui, la différence essentielle entre le latin et la langue vulgaire est que le latin s'apprend par des règles :

« Nous appelons "vulgaire" la langue que les enfants, au moment où ils commencent à articuler des sons, apprennent des personnes de leur entourage ; bref, le vulgaire est la langue que nous avons assimilée en imitant notre nourrice et sans suivre aucune règle. Nous avons en réalité une seconde langue (le latin), que les Romains ont appelée "grammaire". Les Grecs aussi ont une seconde langue, ainsi que d'autres peuples, mais pas tous, car ce n'est que grâce à une longue et intense étude que l'on parvient à en maîtriser les règles et l'esprit [2]. »

Cela ne signifie pas que la langue vernaculaire est dépourvue de toute règle, mais qu'il est inutile de rechercher et d'apprendre ces règles pour la maîtriser. Le français, langage maternel, illogique et corrompu, semble donc a priori exclu de la sphère grammaticale.

Pourtant la question de la possibilité théorique d'une grammaire du vernaculaire français est périodiquement débattue tout au long du

Moyen Age. Pierre Hélie, élève de Thierry de Chartres à Paris durant les années 1130 et auteur de la *Summa super Priscianum* (vers 1140), enseigne que la grammaire est une science spécialisée dans le bien écrire et dans le bien parler. Elle systématise ce savoir pour la langue dans laquelle elle est composée. Il existe donc autant de grammaires que de langues : « Il existe une grammaire composée en grec, en latin, en hébreu et en chaldéen. Et le nombre d'espèces de grammaire pourrait augmenter et devenir plus grand, comme si par exemple on traitait de grammaire en français, ce qui pourrait se faire facilement à condition de trouver des noms et des figures propres à cette langue[3]. » Le principal obstacle à l'élaboration d'une grammaire française serait l'absence d'une terminologie reflétant une conceptualisation grammaticale adaptée à la langue à décrire. C'est seulement une fois que cette terminologie sera établie que la grammaire française pourra naître. L'encyclopédiste Gossuin de Metz, qui présente dans la seconde moitié du XIII[e] siècle la grammaire dans un tableau d'ensemble des sept arts libéraux, admet également son application à la langue « romane » ou à toute langue parlée : « *... En gramaire escole / Qui ensaing[n]e forme em parole / Soit en latin ou en romant / Et en tout langage parlant*[4]. » [Par la grammaire, l'école, qui enseigne, apprend à parler en latin, en roman ou en toute autre langue parlée.]

Malgré la porte ouverte par les théoriciens, la grammaire universitaire du XIII[e] siècle, qui s'intéresse surtout aux modes de signifier communs à toutes les langues (*modi significandi*), se détourne de l'étude des langues particulières, notamment des langues vernaculaires. Au début du XIVe siècle, Jacques Legrand, qui est pourtant le premier auteur à écrire une rhétorique du français, est peu enthousiaste à l'idée d'une grammaire du français. Il ne voit pas encore à quoi pourrait servir de rechercher et d'apprendre les règles de son langage maternel, puisque l'on peut s'en passer pour le maîtriser : « *les quelz* [Donat et Priscien] *enseignent les proprietéz des dictions latines comme les declinoisons, nombres, figures, genres et pluseurs autres proprietéz, lesquelles en françois seroient de petit prouffit, car les regles de grammaire en latin sont trop plus* [beaucoup plus] *prouffitables que en françois*[5] ».

Loin de ces positions théoriques, le souci de la correction du français que l'on peut déceler chez les copistes et chez les auteurs manifeste bien souvent l'amorce d'une réflexion grammaticale non formalisée. La moniale anonyme de l'abbaye bénédictine de Barking, qui rédigea entre 1163 et 1169 une *Vie d'Edouard le Confesseur*, se montre très sensible à la norme grammaticale, qu'elle mentionne dans son prologue. S'adressant au roi et à la reine d'Angleterre, tous deux nés sur le continent, la moniale proteste de son incompétence. S'il ne s'agit que d'un topos fréquent dans les prologues d'œuvres écrites par des auteurs insulaires (ou écrivant loin de Paris), il est intéressant de noter l'application des catégories casuelles du latin au roman, lorsque l'auteur dit que le système à deux cas (caractéristique de l'ancien français) faiblit et que l'accusatif prévaut sur le nominatif :

> *Si joe l'ordre des cas ne gart*
> *Ne ne juigne part à sa part,*
> *Certes n'en dei estre reprise,*
> *Ke nel puis faire en nule guise.*
> *Qu'en latin est nominatif,*
> *Ço frai romanz accusatif.*
> *Un faus franceis sai d'Angletere,*
> *Ke ne l'alai ailurs quere.*
> *Mais us ki ailurs apris l'avez,*
> *Là ù mester iert, l'amendez*[6].

[Si je ne conserve pas l'ordre des cas et ne place pas chaque mot au bon endroit, on ne doit pas me blâmer car je ne peux vraiment pas le faire. Ce qui est nominatif en latin, je le ferai accusatif en roman. Je sais un faux français d'Angleterre, car je ne suis pas allée le chercher ailleurs. Mais vous qui l'avez appris ailleurs, corrigez-le si nécessaire.]

Ce type de remarque laisse supposer qu'un enseignement « grammatical » du français était en place dans certains monastères anglais dès le milieu du XIIe siècle, à l'attention des insulaires. Dans la configuration sociolinguistique de l'Angleterre, on comprend qu'il pouvait sembler intéressant de rechercher les règles grammaticales du français, afin que des locuteurs de langue maternelle anglaise puissent le lire, le parler et même l'écrire.

Le point de vue grammatical sur le français est souvent moins explicite, mais on peut le déceler dans les habitudes graphiques des auteurs et des scribes. On a vu plus haut que la page scolastique latine du XIIIe siècle privilégiait la perception visuelle directe : les mots y sont réduits par contraction à des consonnes repères et les unités lexicales sont soigneusement séparées. Les partis pris par les copistes de textes français sont moins nets : en plein XIIIe siècle, alors que certains scribes distinguent nettement les unités lexicales, d'autres suppriment ou atténuent les blancs entre les mots, revenant à la pratique de l'« écriture continue » (*scripta continua*), devenue depuis longtemps obsolète en latin. Le manuscrit dit *A* d'*Erec et Enide* de Chrétien de Troyes offre un exemple de cette pratique. Dans l'extrait suivant, les espaces reproduisent ceux du manuscrit et les lettres en italique développent des abréviations.

L ebla*n*c cerf out deffait *et* p*r*is	Lorqu'ils ont achevé et pris le blanc cerf
Et elrepaire seso*n*tmis	tous se sont mis sur le chemin du retour.
L ecerf enportent sisenvo*n*t	Ils emportent le cerf et s'en vont
A Caradigant venuso*n*t	Les voilà arrivés à Caradigan.
A p*r*es soup*er* qua*n*t libaro*n*	Après le souper, comme les barons
F ure*n*t m*o*lt lie parlamaison	Etaient tous en liesse dans le palais,
Lirois si*com* coustume estoit	Le roi a dit, selon l'usage,
P *or* ce q*u*elecerf p*r*is avoit	que, comme il avait pris le blanc cerf,
D ist q*u*il iroit lebaisier p*re*nd*r*e	Il irait prendre son baiser
Et quilnivoloit plus atend*r*e⁷.	Sans attendre davantage.

L'agglutination des unités lexicales est donc, au XIIIᵉ siècle, un procédé propre à l'écriture en langue vernaculaire. L'isolement de syntagmes plutôt que de mots manifeste la réflexion morphosyntaxique sur le français. Il en va de même de la ponctuation qui peut appuyer le découpage grammatical ou s'attacher au rythme et à la voix. Dans le premier cas, elle découpe des unités grammaticales ou syntaxiques, en délimitant des syntagmes, des propositions de même nature, juxtaposées ou coordonnées ; elle marque les énumérations, les symétries ou les parallélismes.

Au XIVᵉ siècle, l'exemple d'Evrard de Conty est bien connu. Ce médecin de Charles V, traducteur des *Problèmes d'Aristote* et auteur d'une glose encyclopédique des *Echecs amoureux*, fait une utilisation cohérente et systématique de la déclinaison nominale, alors que ce système était tombé en désuétude depuis près d'un siècle. Ce purisme réformateur qui voudrait sans doute doter le français d'une structure grammaticale rigoureuse lui permettant de rivaliser avec le latin sombre déjà, vers 1380, dans l'archaïsme.

LA GRAMMAIRE SAVANTE EN FRANÇAIS

Progressivement, le français investit le savoir grammatical comme il avait investi d'autres champs de la culture. Bien entendu, le vernaculaire n'est pas apte à tenir un discours directement original, autonome ou indépendant du latin. L'accès à l'autonomie passe par la structuration d'un champ sémantique consacré à la langue, à l'élaboration du « métalangage ». Ce sont les traductions de la grammaire latine qui permettront au vernaculaire de se constituer un métalangage.

L'enseignement élémentaire du latin s'appuie, durant tout le Moyen Age, sur une double pratique : l'apprentissage par cœur de textes latins, à commencer par les psaumes, et l'étude de la grammaire, en premier lieu l'*Ars minor* de Donat, complété par des listes de déclinaisons et de conjugaisons. A ce niveau élémentaire, l'enseignement est oral et recourt à la langue maternelle de l'enfant, pour faciliter apprentissage des catégories. Alexandre de Villedieu (1160/1170-1240/1250), auteur du *Doctrinale*, le plus important manuel grammatical du Moyen Age, recommande au seuil de son ouvrage l'usage de la « langue des laïcs » (*lingua laica*) pour l'enseignement du latin aux enfants : « Si au début les enfants ne peuvent pas vraiment suivre, qu'intervienne quelqu'un qui, faisant office de maître, commencera à les instruire dans la langue des laïcs ; et un très vaste domaine s'ouvrira sans difficulté aux enfants[8]. » Une telle pratique ne peut qu'engendrer des réflexions sur la langue vulgaire, du moins quand ses structures s'écartent de celles du latin.

On sait qu'en Angleterre, dès le XIIe siècle, le français possédait une terminologie grammaticale déjà bien établie. Dans la seconde moitié du siècle, des termes grammaticaux apparaissent même à l'intérieur de textes littéraires. Citons « *accusatif, cas, impersonal* (verbe), *nominatif, personel* (verbe), *plurel, singuler* ». Au XIIIe siècle, comme en témoigne une traduction très abrégée de l'*Ars minor* de Donat, le lexique français de la morphologie est complet et pleinement élaboré. Le français possède les termes nécessaires à l'expression de la grammaire élémentaire, donatienne avec quelques éléments de Priscien.

Le niveau d'enseignement élémentaire du latin se caractérise par une situation de bilinguisme. Dans les mêmes manuscrits sont copiées les versions latine et française du *Donat* avec des déclinaisons et conjugaisons rédigées tantôt en français tantôt en latin. Les traductions françaises de Donat présentent non seulement des exemples latins commentés en français, mais aussi des exemples français. L'une d'entre elles s'appuie sur le français pour présenter la structure casuelle du latin : « Quantes cases de non sont ? vi. Quelles ? Le nominatif *le mestre*, le genetif *du mestre*, le datif *au mestre*, l'accusatif *le mestre*, le vocatif *o tu mestre*, l'ablatif *par le mestre* et *sans le mestre* et *en la fiee du mestre*[9]. »

Ces traductions peuvent également donner les équivalents français à la conjugaison d'un verbe latin courant. Les traductions de Donat, qui s'échelonnent du XIIIe au XVe siècle, montrent que le français possède une terminologie grammaticale héritée du latin et qui lui sert à décrire cette langue. Ce n'est qu'au XVe siècle qu'il faut situer la création d'un lexique français concernant les principaux problèmes de syntaxe posés par la langue latine : la construction de la phrase, la syntaxe des cas, les constructions verbales, les questions de régime et d'accord. Le premier manuel connu de syntaxe latine rédigé en français ne remonte, en effet, qu'aux années 1440.

Si l'on connaît des grammaires du latin en français, on peut trouver *a contrario* des éléments de grammaire française dans des ouvrages latins. Dans le *Priscien minor*, Robert Kilwardby fait appel à sa connaissance du français pour commenter le texte de Priscien à propos de l'article. Kilwardby défend l'idée courante au XIIIe siècle que l'article détermine le cas dans les langues sans flexion. Les commentateurs de Priscien reviendront à plusieurs reprises sur ce problème de l'article.

Bien plus tard, au milieu de sa *Grammatica compendiosissima* (1475), Guillaume Tardif donne l'équivalent français de chaque première personne du verbe *amare* (aimer). Cela est peu de choses, mais ces bribes finissent par donner corps à une tradition grammaticale française, qui émerge d'abord en Angleterre, première région européenne à avoir connu un enseignement plus ou moins systématique du français à l'intention de certains milieux. Nous résumerons plus loin l'histoire du français en Angleterre. Pour l'instant, il suffit de se rappeler qu'après la victoire de Guillaume le Conquérant à Hastings en 1066, le français s'impose en Angleterre comme langue de prestige. Après l'installation de Normands aux commandes du royaume, le français devient la langue maternelle d'une bonne partie de la noblesse, de certains milieux cléricaux et se voit même adopté par une partie de la bourgeoisie. Ainsi, durant toute la période, des Anglais auront besoin d'apprendre le français pour diverses raisons, sociales, culturelles, économiques ou politiques. A partir du XIIIe siècle, la base sociale du français s'effrite, tandis que son prestige perdure. La nécessité d'un apprentissage comme langue seconde se fait de plus en plus sentir. C'est alors que sont rédigés des manuels de français destinés en premier lieu à la noblesse, et surtout aux enfants de l'aristocratie, car le français reste la langue de la cour anglaise. D'autres catégories sociales sont également concernées : les clercs anglais sont parfois obligés de savoir rédiger leurs textes en français aussi bien qu'en latin ; et les commerçants conservent des liens économiques étroits avec le continent, d'où leur intérêt pour sa langue.

On peut distinguer quatre types de manuels de français à destination des Anglais : les *nominalia*, les traités d'orthographe, les *artes dictaminis* et les manuels de conversation. Les *nominalia* sont des glossaires organisés selon un plan thématique. Ils sont d'abord apparus en Angleterre, à partir du XIIe siècle, dans le cadre de l'enseignement du vocabulaire latin. Les *nominalia* français, calqués sur le modèle des glossaires latins, se développent au XIIIe siècle et sont versifiés pour favoriser la mémorisation. Ils constituent le premier genre didactique en langue vernaculaire. A l'origine, ils s'adressent à des nobles qui savent déjà assez bien le français, mais qui désirent parfaire leurs connaissances et l'enseigner à leurs enfants. Le plus ancien manuel de ce type est le *Traité sur la langue françoise*, composé par un noble anglo-normand, Walter de Bibbesworth (entre 1240 et 1250). L'auteur s'adresse à Dyonise de Mountechensi, qui veut apprendre le français à ses enfants. Ce manuel très populaire (on en conserve une quinzaine de manuscrits du XIVe siècle) fut repris et amplifié au début du XVe siècle sous le titre de *Femina* ou *Femina nova*. L'introduction latine indique que le manuel veut remplacer la mère dans l'apprentissage du français, peut-être parce que cette langue n'est plus la langue maternelle de la jeune génération : « Ce livre s'appelle *Femina* (femme), parce que de même que la femme apprend à l'enfant à parler sa langue maternelle, ce livre apprend aux jeunes gens à parler le français élégamment, comme on le verra plus loin [10]. »

On trouve ensuite des traités d'orthographe qui, malgré des dimensions souvent modestes, abordent quelques points de morphologie et de syntaxe. Le plus ancien est un anonyme *Tractatus orthographie* datant de la fin du XIIIe siècle. Ces manuels exposent des règles de prononciation pour un ensemble de mots classés alphabétiquement. Rédigés en latin, ils sont destinés à des clercs et sont les véritables précurseurs de la grammaire française au sens propre.

On peut également ranger au rang des outils didactiques pour le bon usage du français les *Cartaria* ou *Artes dictaminis*, destinés à ce même public de clercs. Il s'agit de collections de lettres modèles qui servaient de guides dans la correspondance officielle et privée. Le français occupait, en effet, une place très importante dans la correspondance officielle ou publique : la plupart des lettres de ce type écrites en Angleterre sous Henri IV, jusqu'en 1413, sont en français. Sous Henri V encore, jusqu'en 1422, le nombre des lettres anglaises et françaises est presque égal. Ce n'est qu'au milieu du XVe siècle (sous Henri VII, entre 1422-1471) que les lettres en français deviennent exceptionnelles.

Plus tardives sont les *Manières de langage*, ces manuels de conversations modèles qui s'adressent à un vaste public de voyageurs, de touristes ou de commerçants. De toutes les catégories passées en revue, c'est la seule dont le premier exemple ne soit pas attesté en Angleterre, mais en Flandre. Le *Livre des mestiers* de Bruges, rédigé en picard et accompagné d'une traduction en flamand, date en effet de la première moitié du XIVe siècle, alors que les *Manieres de langage* n'apparaissent en Angleterre qu'à la fin du siècle.

Ces traités ont préparé la voie de ce que l'on s'accorde aujourd'hui à considérer comme « la plus ancienne grammaire du français », le *Donait* [Donat] *françois pur briefment entroduyr les Anglois en la droit language du Paris et de païs là d'entour, fait aus despences de Johan Barton par pluseurs bons clarcs du language avantdite*. Le *Donait* de Barton, composé au début du XVe siècle, suit de près le modèle de l'*Ars minor* de Donat et reste aussi court que le traité latin (dix pages manuscrites). Comme l'*Ars minor*, le *Donait* adopte une présentation sous forme de questions et de réponses. La présentation du français commence par les unités les plus réduites (les lettres) pour finir par les unités morphosyntaxiques les plus larges. Serge Lusignan a souligné que le plan, influencé par celui de Donat, ne suit pas son modèle en tous points, manifestant ainsi une volonté d'adapter la grammaire à la structure spécifique de la langue étudiée.

Ce n'est pas avant la troisième décennie du XVIe siècle que paraissent les deux premières grammaires exhaustives du français. La première, parue en 1530, est l'œuvre d'un Anglais, Palsgrave, et se situe dans la continuation des manuels de français pour anglophones composés en Angleterre. Cette fois, malgré son titre, la grammaire est rédigée en anglais et étudie le français en le comparant à l'anglais, ce qui permet de se débarrasser des cadres du latin, langue à déclinaison, et d'adopter une démarche plus fonctionnelle. Palsgrave est le premier à réaliser le vœu émis par G. Tory de « *mettre et ordonner la langue françoise par certaine reigle* ».

L'année suivante, Jacques Dubois (Sylvius en latin) publie son *In linguam gallicam Isagoge, unà cum eiusdem grammatica latinogallica*

(*Introduction à la langue française suivie d'une grammaire latino-française*)[11]. Sylvius, qui avait surtout publié des ouvrages médicaux, constatait que l'ignorance des langues anciennes, surtout chez les chirurgiens et les barbiers, exigeait un enseignement en langue vulgaire. Le même problème se posait d'ailleurs en pharmacie : Symphorien Champier chercha à le résoudre dès 1532 dans son *Myrouel des apothicaires*. Sylvius comprend l'importance de la traduction des ouvrages médicaux en français, mais estime que l'outil n'était pas à la hauteur de la science à exprimer. Persuadé que le désordre de la langue vient de son absence de règles, il se lance dans une comparaison entre le français et le latin pour établir leur parenté et retrouver l'éclat originel du français, corrompu par le temps. Pour ce faire, Sylvius n'épargne pas sa peine, car il considère le français sous toutes ses formes. La tâche lui semble très lourde « tant il était laborieux de trouver un système de la langue française et de la faire entrer dans des règles[12] ».

Les années 1529-1530 voient donc l'apparition de deux grammaires complètes du français, chacune affirmant à sa manière l'indépendance du français par rapport au latin et l'impossibilité d'appliquer strictement un cadre latin à la description du vernaculaire. Vers 1530, l'étude de la grammaire française est devenue légitime, même pour ceux dont il est la langue maternelle. Il ne faut pas voir ici une révolution, mais l'évolution d'un long processus qui n'est pas encore arrivé à terme, puisqu'en 1533 Charles de Bovelles, désespérant de la possibilité d'un français grammatical et uniforme, maintient que seul le latin peut permettre de codifier le vernaculaire.

L'apparition extrêmement tardive de grammaires du français en français pose le problème très controversé de l'enseignement du français dans le domaine d'oïl. Gilbert Ouy a souligné le fait que le français codifié et normalisé n'était pas la langue maternelle de la plupart des locuteurs francophones. Leur langue maternelle était un dialecte du français. La question est de savoir si le passage du dialecte au français peut se passer d'apprentissage systématique de manière autodidacte. Cette question vaut pour de grands prédicateurs comme Gerson, originaire des Ardennes, mais aussi pour les notaires et secrétaires du roi dont on s'assure de la compétence linguistique à partir du XIVe siècle. Des recueils de modèles attestent d'ailleurs que leur langue doit obéir à une norme : « *Et premierement, le secretaire du roy, quelque autre science qu'il ait, doit avoir et estre principalement fort fondé en grammaire, car s'il n'est bon grammairien, difficile est qu'il sache bien faire et orthographier lettres ; et ne doit point signer une lettre que il ne l'ait vue au long et corrigee, si il y a à corriger, tant en langaige que en l'orthographe*[13]. »

Vers le milieu du XVe siècle, l'une des sections de la bibliothèque de l'abbaye Saint-Victor de Paris (établissement qui avait le statut de collège de l'Université) possédait, à côté d'*artes praedicandi* et d'autres ouvrages utiles aux prédicateurs, nombre de livres en français, ce qui laisse supposer à G. Ouy l'existence d'un enseignement d'expression et de rédaction françaises parallèle à celui de la rhétorique latine. On pourrait également imaginer que quelques manuels d'enseignements élémentaires rédigés en France aient tout simplement disparu. Un petit manuel, manuscrit de peu de prix et non intégré à une bibliothèque avait, en effet, toutes les chances de disparaître.

En fait, il est probable que la normalisation du français soit passée par des conseils et des recommandations orales, car il serait étonnant que nous n'ayons conservé aucune trace des prémisses d'une grammaire écrite du français, si elle avait existé en France. Cette grammaire apparaît au moment où la normalisation de la langue poétique se fait sentir, notamment du fait de la vaste diffusion du livre imprimé et du nouveau statut du français, qui concurrence alors le latin dans ses fonctions hautes. Ce n'est pas un hasard si la grammaire de Sylvius suit de peu les appels à la codification lancés par Geoffroy Tory. Cette évolution s'épanouit au XVIe siècle.

Premiers corpus

DES GLOSSAIRES FRANÇAIS-LATIN ET LATIN-FRANÇAIS

Comme la morphologie ou la syntaxe, le lexique du français est progressivement étudié. L'unité de base reste la glose, rattachée à des textes lexicographiques ou grammaticaux destinés à l'enseignement du latin. Se superposant à l'explication d'un mot latin par le latin, la glose française amorce la constitution d'un corpus lexicographique français.

Ces gloses sont rassemblées en *glossaires* qui ont soit une organisation alphabétique soit une organisation méthodique, comme les *nominalia* anglo-normands. C'est à ce type qu'appartiennent les glossaires qu'introduisent Pierre Bersuire ou Nicole Oresme dans leurs traductions, mais nous avons vu que, malgré leur apparent bilinguisme, ces glossaires contiennent des vedettes très proches du latin ou du grec. On connaît également une liste d'adjectifs qualificatifs relatifs aux vertus et qualités ou aux vices et défauts de la nature humaine.

C'est ainsi qu'apparaissent à la fin du Moyen Age des lexiques bilingues, principalement latin-français, sortes de dictionnaires alphabétiques partiels, qui donnent pour chaque mot latin mis en vedette un équivalent ou une courte définition en français. La base de la lexicographie latine-française de la seconde partie du Moyen Age est le lexique appelé *Aalma* d'après son premier mot. Basé, comme la plus grande part de cette production lexicographique sur le dictionnaire unilingue latin de Jean de Gênes, il totalise presque 14 000 mots.

Un lexique conservé à la bibliothèque de la faculté de médecine de Montpellier (ms. H 236) présente un texte largement latin, mais aussi latin-français. Sa particularité est de présenter dans ses marges un glossaire français-latin destiné à servir d'index. Le manuscrit Paris, Bibliothèque nationale de France, lat. 7684, fournit quant à lui un lexique qui met en vedette des mots français glosés par des équivalents latins. Ces deux lexiques du XIVe et du XVe siècle témoignent d'efforts faits à la fin du Moyen Age pour donner au français une place plus importante dans la description lexicographique[14]. Dans le « glossaire inverse » et dans le texte entier du manuscrit parisien, l'inversion de l'ordre latin-français accorde pour la première fois le statut de vedette au français.

En fait, le résultat obtenu prouve la difficulté d'échapper au cadre du latin. Le statut de vedette n'est que partiel, car le classement alphabétique s'arrête à la première lettre. A partir de la deuxième, l'ordre est déterminé par les gloses et définitions latines qui avaient servi de vedettes avant l'inversion. Les remanieurs ne sont pas parvenus à casser l'ordre ancien. Le statut du français est donc intermédiaire, mais il ne parvient pas à prendre rapidement au latin sa place en vedette et à s'affirmer comme objet d'étude crédible.

Au XVe siècle, le travail lexicographique progresse et vers 1440 apparaît le plus considérable des lexiques latin-français, le *Dictionnaire* de Firmin Le Ver, prieur des chartreux de Saint-Honoré-les-Abbeville. Ce dictionnaire entérine une méthode largement éprouvée : la lexicographie médiévale ne fait pas de dépouillements, mais compile des listes préexistantes. Ainsi Firmin Le Ver utilise une partie de la tradition lexicographique latine, puisant au *Catholicon* de Jean de Gênes, à Hugucio de Pise, à Papias et à Brito. Résultat d'une vingtaine d'années de compilation, les dimensions de l'ouvrage sont considérables : il totalise 467 feuillets, 1865 colonnes, 540 000 mots dont à peu près un sixième en français.

Il ne s'agit pas ici d'un dictionnaire bilingue à proprement parler, mais d'un dictionnaire latin ouvert au français. Le Ver ne se contente pas, comme l'*Aalma*, d'une simple équivalence entre un mot latin et une glose française mais glose des mots latins par des définitions et des synonymes latins doublés et complétés par des définitions et des synonymes français. Ainsi, latin et français contribuent tous deux à la compréhension totale des mots traités, comme dans ces deux articles : « francizo, zas : id est more Francorum se habere vel lingua eorum loqui, id est *parler franchois* » [*francizo, zas* : c'est-à-dire se conduire à la manière des Français ou parler dans leur langue, c'est-à-dire *parler français*] ; « fremor, moris : *fremissemens, bruit, cry, noise*, id est strepitus, tumultus, rugitus, ira vel pavor [15] » [*fremor, moris* : *frémissement*, *bruit*, *cri*, *noise*, c'est-à-dire bruit, tumulte, rugissement, colère ou effroi].

En France, la tradition lexicographique s'ouvre donc au français, notamment par la glose et la synonymie, même si le français a du mal à s'émanciper de la tutelle latine et reste relégué en position explicative ou subordonnée. Cependant, cette phase de la lexicographie bilingue constitue une étape de transition importante dans l'histoire des dictionnaires français, parce qu'elle rassemble des masses d'informations considérables dans une démarche cumulative. Les premiers temps du livre imprimé continuent cette tradition bilingue, avant que se mette en place, dans les premières décennies du XVIe siècle, une nouvelle chaîne de transmission unilingue française représentée par Ambrogio Calepin, et, en France, par Robert Estienne et Jean Nicot.

A L'ORIGINE DES MOTS, L'ÉTYMOLOGIE

A côté des ouvrages lexicographiques, le lexique français est scruté à travers l'étymologie, pratiquée par le Christ lui-même quand il dit à l'un de ses disciples : « Tu es Pierre et sur cette pierre... » Selon Isidore de Séville, auteur des *Etymologiae* (« les mots véridiques ») et référence encyclopédique majeure du Moyen Age, l'étymologie est une « catégorie de pensée » à côté de la différence et de l'analogie, mais aussi de la définition glosée. Au Moyen Age, on admet que « l'analyse de la structure des mots révèle, par les parties composantes du mot, les parties composantes de l'idée qu'il signifie » [16].

L'étymologie est partout proliférante et dynamique, car elle offre des possibilités quasi infinies de réinterprétation. Elle est une forme du commentaire et de l'argumentation. Appliquée aux noms de personnes, l'étymologie permet de comprendre en quoi la signification du nom propre préfigure ou « rétrofigure », par interprétation rétrospective, les actes, le caractère, le destin de celui qui le porte. C'est une constante des œuvres hagiographiques de présenter comme motif obligé, à leur début, le « présage du nom ».

L'étymologie est également convoquée pour développer des interprétations morales, comme dans le *Bestiaire* de Philippe de Thaon à propos du castor : les génitoires de cet animal sont utiles en médecine. Quand on le chasse pour s'en emparer, il se les coupe lui-même et les jette au chasseur pour éviter la mort. D'où son nom : *chastre sei de sun gré / Pur ço est si numé* [il se châtre volontairement ; c'est pourquoi il est ainsi nommé]. Le castor, c'est le saint homme qui renonce à la luxure[17].

Les jeux étymologiques sont surtout latins, mais ils s'appliquent sporadiquement au français. Michel Zink a signalé la fréquence avec laquelle l'étymologie et les jeux de mots qui en découlent intervenaient dans les sermons vernaculaires. En fait, beaucoup sont facilement transposables ou à défaut facilement explicables en français, comme celle qui veut que le Christ soit appelé *pontifex* (Hébreux IX, 11) parce qu'il est le pont qui nous conduit au royaume de Dieu. A l'inverse certains sermons latins, comme celui sur la belle Aelis[18], font référence à des jeux de mots français : Aelis représente la Vierge car le mot Aelis, formé de *a* privatif et de *lis-litis*, signifie *sine lite* (sans faute). A quoi s'ajoute un jeu de mots entre *lis*, le mot latin qui signifie « faute », et lis, la fleur : « Hoc nomen Aeliz dicitur ab *a*, quod est *sine*, et *lis-litis*, quasi *sine lite*, sine reprehensione, sine mundana fece [...] Cele est la bele Aeliz, qui est la flors et li liz. *Sicut lilium inter spinas, amica mea inter filias* (Cantiques II 2, 2) [Le nom d'*Aeliz* vient de *a*, qui signifie « sans » et de *lis, litis*, pour *sans différend*, sans critique, sans rebut : *Comme le lys entre les épines, mon amie parmi les filles*] ».

La référence étymologique est également capitale, on l'a vu, pour les traductions savantes. Lorsque le français ne possédait pas d'équivalent satisfaisant pour un mot latin, le néologisme introduit en français devait, par sa forme même, faire référence à son étymon latin. L'« accrochage étymologique » ainsi opéré préserve le sémantisme du terme, qui peut alors être le point d'attache de toute une famille de mots. L'étymologie garantit les liens avec la langue source et la

« valeur » du mot, mais ce n'est pas tout, elle aide à la définition et à la mémorisation d'un terme particulier.

Au début du XVIe siècle, le français a enfin conquis le droit d'être objet d'étude, même si ce droit passe par une subordination au latin dans le domaine grammatical. La démarche étymologique, par nature réflexive, s'applique à l'une et à l'autre langue, mais fait d'abord remonter le mot français à son origine latine.

Les progrès du français dans les fonctions hautes, prises au latin, sont dus à la dynamique qui favorise le français durant les siècles qui nous occupent, mais ils s'expliquent aussi par l'évolution du latin dans la conscience linguistique. Réformé une première fois sous Charlemagne, ce latin n'est jamais devenu une langue morte. Il poursuit son évolution, tendant à se fragmenter et à suivre les évolutions lexicales et phonétiques des usages vernaculaires qu'il côtoie. Le latin s'éloigne ainsi notablement, surtout dans son usage scolaire, du latin antique de Cicéron : on le qualifie alors de latin scolastique. Le mouvement humaniste qui se déploie à partir de l'Italie du XIVe siècle va sonner le glas du latin médiéval. Le schéma culturel élaboré par Pétrarque, qui forge les concepts de Moyen Age et de Renaissance, refuse la période intermédiaire entre l'âge d'or de l'Antiquité et l'époque contemporaine (*aetas nostra*) qui doit être celle de la restauration des belles-lettres et la renaissance de l'Antiquité. Le latin corrompu de l'« âge moyen », signe même de l'obscurité de cette période historique, doit donc être abandonné.

Tous n'adoptent pas une position aussi tranchée. Le débat entre Lorenzo Valla et Poggio Bracciolini montre qu'il existe une tendance mesurée à côté de la voie radicale. Bracciolini, fort de la diversité du latin cicéronien, distingue la *latinitas* (latinité), une langue vivante différente du vernaculaire, située au-dessous du niveau grammatical perpétué par l'école, et la *grammatica*, réservée aux lettrés et qui s'attache à la correction de la langue. Lorenzo Valla, au contraire, dans une perspective philologique, refuse l'idée même de liberté linguistique (*licentia*) et s'efforce de reconstruire une langue latine modèle. La position de Valla l'emporta et se répandit dans l'Europe entière.

Pour retrouver le style antique idéal des écrivains de l'Antiquité, une poignée d'intellectuels parisiens, admirateurs des correspondances de Cicéron, de Sénèque et de Pline, avait échangé à partir de 1380 des lettres en latin en essayant d'égaler leurs modèles. Mais vers 1420 la guerre de Cent Ans interrompt assez brutalement le premier essor de l'humanisme en France. Il faut attendre la seconde moitié du

XVᵉ siècle pour qu'une impulsion décisive soit donnée à l'humanisme français par des hommes comme Guillaume Fichet, qui enseigna la rhétorique classique à Paris de 1452 à 1472 et installa les premières presses de France à la Sorbonne, en 1470. Dans une lettre adressée à Robert Gaguin, Guillaume Fichet envisage une possible restauration des « humanités » (*studia humanitatis*). Depuis son arrivée à Paris comme étudiant, la situation des belles-lettres s'est améliorée. Dans sa jeunesse, Cicéron était totalement délaissé à Paris et personne n'était capable de composer d'authentiques poèmes latins. L'école parisienne s'était éloignée du latin classique et avait sombré dans la pratique d'un latin rustique et vulgaire.

Le combat mené par Fichet au nom de tous les littéraires de France pour la promotion des belles-lettres (*bonae* ou *ingenuae litterae*) a porté ses fruits. Il a réussi à ouvrir une brèche dans le bastion de la tradition scolastique qu'était alors l'université de Paris et à communiquer sa passion à des élèves et amis dévoués qui, comme Robert Gaguin, Jean Heynlin et d'autres, ont poursuivi son œuvre. En 1508, Claude de Seyssel, louant le soutien apporté par Louis XII à l'Université, prend acte de la renaissance d'un latin purifié et amendé et souhaite que ce latin soit cultivé en France à l'égal de l'Italie :

Et par ces moyens, advient que le royaume de France – lequel auparavant estoit noté de [critiqué pour] *n'avoir aucuns clercs qui sceussent bien parler latin, mais estoit leur langaige latin rude et barbare, et à ceulx qui en vouloient apprendre, convenoit aller en Italie, trouver des maistres – à présent est pourveu d'hommes excellents, tant en grec que en latin. De sorte, que peu à peu se va perdant cest ancien barbarisme. Et si ce regne dure encores longuement, ainsi que nous desirons et esperons à l'aide de Dieu, je ne doubte point que le parler latin ne soit aussi commun, ou plus, en France comme en Italie*[19].

Ces espoirs seront déçus, comme le montre le latin des thèmes latins corrigés par Mathurin Cordier, le premier maître de Calvin (*De corrupti sermonis emendatione*, 1530). La réforme humaniste du latin a eu de fâcheuses conséquences pour l'assise sociale et démographique de cette langue. L'effort pour restaurer le latin classique, c'est-à-dire un état de la langue disparu, augmente la difficulté de cette langue, éloignée davantage du vernaculaire avec lequel elle n'avait cessé de conserver des liens organiques, au moins à l'oral. Si les différents usages du latin n'aboutissent pas à une scission en plusieurs langues, comme à l'époque de la rénovation carolingienne, ils se distendent tellement que le latin restauré n'est pas toujours compréhensible par celui qui ne maîtrise que le latin médiéval et scolaire. Ainsi, toute une frange d'hommes semi-lettrés, qui avaient accès à une latinité « amie du laïc », se voit exclue de la République des lettres qui pratique un latin néoclassique. Ce public se tourne alors définitivement vers le français. D'autres langues européennes vernaculaires bénéficient également de ce phénomène. Paradoxalement, en France, la renaissance des belles-lettres accélère le processus qui vise à assurer au français l'essentiel des fonctions hautes, car le latin rénové n'est bientôt plus accessible qu'à une élite fort réduite.

IV

LE FRANÇAIS AU CONTACT DES AUTRES LANGUES

1

D'AUTRES LANGUES
SUR LES TERRES DU FRANÇAIS

Une langue est toujours en contact, ne serait-ce qu'avec elle-même. Les différents systèmes qui la composent, ses différents modes de réalisation (usages, parlers, normes...) ne sont jamais totalement indépendants les uns des autres. Comment se font les évolutions de contact ? Des façons de dire longtemps réservées à un usage populaire finissent par gagner les couches supérieures de la société. L'argotique *dupe* est ainsi entré dans la langue commune. Le même phénomène est fréquent pour les régionalismes : on a vu que le normand *caillou* s'était substitué au parisien *chaillou*. Ces interférences au sein du système linguistique jouent un rôle moteur dans l'évolution de la langue. C'est de contacts entre différentes variétés du français qu'a émergé progressivement une variété normée « nationale », qui a servi de « langue-toit » à la partie septentrionale puis à l'ensemble du royaume.

Cette dynamique interne se double d'une dynamique externe liée aux contacts établis entre le français et d'autres langues. La nature et l'intensité des contacts entre langues est toujours d'importance. Ainsi, l'islandais, isolé géographiquement des langues voisines et peu répandu, témoigne aujourd'hui encore d'un conservatisme remarquable par rapport aux autres langues germaniques et reste plus proche que d'autres de ce qu'il était il y a mille ans. Nous avons plus haut examiné les rapports entre dialectes et français, puis entre latin et français. Dans ces deux cas, il ne s'agit pas à proprement parler de contacts entre langues « étrangères ». Le dialecte d'oïl est ressenti comme une variété du français. Quant au latin, qui n'est pas une langue maternelle, ses liens étroits avec le sacré en font la langue commune de la chrétienté et lui confèrent un statut tout à fait particulier. Alors que le bilinguisme « latin-français » est collectif et de longue durée, le bilinguisme « français-autre langue maternelle » appartient le plus souvent à la sphère du bilinguisme individuel et ne joue par conséquent qu'un rôle accidentel.

Ce type de bilinguisme se développe surtout dans deux situations. La langue étrangère peut exercer une influence à distance, de nature littéraire, officielle ou scientifique. Dans ce cas, elle ne touche que certaines couches de la société qui adoptent dans leur propre langue une terminologie, voire des tournures syntaxiques étrangères. La seconde situation est celle du contact entre langues géographiquement voisines (ou *adstrats*) qui exercent une influence réciproque sur leur lexique et leur grammaire. Cette situation n'implique pas un bilinguisme collectif généralisé et prolongé. En fait, le bilinguisme avec une langue « étrangère » n'a pas concerné grand monde au Moyen Age, même si l'idéal de la pluralité des langues est souvent affirmé, surtout dans les milieux aristocratiques. A la fin de la chanson de geste *Aïol* (fin du XIIe siècle), on apprend que l'héroïne savait « *parler de .xiiii. latins*[1] [14 langues] ». Quant à l'empereur Frédéric II, roi de Sicile de 1197 à 1250, il connaissait le latin, le grec, l'italien, l'occitan, le français, l'arabe et peut-être l'hébreu. Même en adjoignant aux responsables politiques les prédicateurs itinérants et les marchands d'envergure internationale, la connaissance d'une langue étrangère était un fait relativement rare dans la société médiévale.

Il faut également distinguer les contacts à l'intérieur du royaume (avec l'occitan, par exemple, ou encore le breton), forcément sensibles à l'affirmation du pouvoir royal, et les rapports entre français et langue étrangère dans des territoires qui échappent politiquement à la domination française ou bien qui sont éloignés du royaume.

Au Moyen Age, le français s'est imposé, après le latin, comme une langue internationale de premier plan. Son prestige a longtemps dépassé celui de toute autre langue vernaculaire, si bien qu'il a davantage influencé les autres langues qu'il ne l'a été par elles. Comment expliquer que le français ait connu un tel rayonnement ? Sans entrer dans les détails, on peut évoquer les raisons majeures de ce phénomène.

L'essentiel s'explique par des facteurs démographiques, à commencer par le poids de la France, qui compte vingt millions de Français avant la Peste noire de 1348, soit « un tiers des Européens à l'ouest d'une ligne reliant l'estuaire de l'Oder à Vienne et à Trieste ; le quart de la population à l'ouest de l'Oural[2] ». Même compte tenu de la division du royaume entre français et occitan, le français est de loin la langue la plus parlée au milieu du XIVe siècle.

Ce « monde plein » a suscité des migrations, parce que les zones de peuplement traditionnel ne suffisaient plus. Beaucoup sont enclins à écouter les incitations au départ venant d'autorités spirituelles ou temporelles. Les expéditions normandes en Angleterre et en Sicile, mais aussi les croisades se situent à une époque où la France connaît une croissance démographique galopante. La *Chanson de Roland* (fin du XIe siècle) témoigne de cette « dilatation de l'espace » : « *Merveilus hom est Charles / ki cunquist Puille e trestute Calabre ! / Vers Engletere passat il la mer salse, / Ad oes seint Perre en cunquist le chevage*[3]. » [L'homme prodigieux que Charles ! Il a conquis la Pouille et toute la Calabre ; vers l'Angleterre il a passé la mer salée et pour saint Pierre en a gagné le tribut (trad. J. Dufournet).]

Les migrations, qui sont le premier facteur de contact linguistique, s'accompagnent souvent d'opérations militaires et de conquêtes territoriales. L'installation d'un pouvoir politique dont la langue maternelle diffère de celle des populations autochtones peut avoir des incidences profondes sur la carte linguistique, bien qu'au Moyen Age la langue soit rarement un enjeu politique. L'implantation normande en Sicile a laissé des traces encore audibles aujourd'hui dans les dialectes de l'île ; la conquête de l'Angleterre par les Normands a eu un impact décisif sur l'histoire de l'anglais, truffé de mots d'origine française ; les interventions du roi de France en Occitanie et l'intégration de principautés méridionales au domaine royal a contribué fortement à la francisation du Midi.

Des motivations religieuses peuvent expliquer certaines migrations. Les pèlerinages dans les trois sanctuaires majeurs de Jérusalem, Rome et Saint-Jacques de Compostelle ont participé à la diffusion du français en Espagne, en Italie et au Proche-Orient. Les croisades sont, à l'origine, des pèlerinages armés qui cherchent à reprendre les lieux saints aux Sarrasins. Elles ont imposé le français dans un certain nombre d'Etats latins, de même que la *reconquista*, croisade pour la reconquête de la péninsule Ibérique par les chrétiens, du Nord vers le Sud, a suscité une implantation française en Espagne. La croisade des Albigeois contre les cathares, enfin, eut de lourdes conséquences pour le statut sociolinguistique de l'occitan.

Le commerce international favorise également les migrations et les échanges linguistiques pour la désignation de produits d'importation et d'exportation. Le domaine d'oïl est longtemps situé au centre de l'axe conduisant de l'Angleterre aux grandes villes d'Italie du Nord en passant par la Flandre. Des marchands italiens s'installent à demeure en Champagne puis à Paris. On trouve de nombreux Espagnols et des Basques à Nantes, capitale de la pêche.

Enfin, la recherche de nouvelles terres à exploiter provoque des migrations à moins grande échelle, mais qui ont eu des répercussions au niveau local sur les usages linguistiques. Durant la phase de reconstruction qui succède à la guerre de Cent Ans, des Bretons s'installent en Beauce et en Brie et des Poitevins dans le Bordelais.

La diffusion du français au Moyen Age a largement reposé sur des facteurs culturels, le prestige de l'Université de Paris d'abord, celui de la littérature de langue française ensuite. Après 1150, les écoles de Paris comptent parmi les plus brillantes d'Occident. Attirant déjà un auditoire international, elles s'organisent en université au début du XIIIe siècle. Le rayonnement de l'université de Paris au XIIIe siècle est incomparable. Seule l'université de Bologne, renommée pour sa formation juridique, affiche un recrutement aussi international. Paris forme une bonne partie des évêques de la chrétienté. On y entend de grands maîtres étrangers comme Siger de Brabant, Albert le Grand ou Thomas d'Aquin. On y croise des étudiants italiens, allemands, anglais, écossais, polonais ou hongrois, sans oublier de plus proches voisins comme les Flamands, les Brabançons, les Lorrains ou les Comtois. L'influence de Paris touche plus particulièrement la moitié septentrionale de l'Europe, tandis que les pays méditerranéens sont moins représentés. Au milieu du XIVe siècle, on compte encore dans la nation « anglo-allemande » 30 % d'étudiants originaires de l'Europe du Nord (Danois, Suédois, Prussiens) et 7 % de l'Est (surtout Tchèques, Hongrois, Autrichiens et Polonais).

Le recrutement se tarit à partir des années 1380. En quelques décennies, de nouvelles universités sont fondées : à Prague en 1347, à Cracovie en 1364, à Vienne en 1365, à Erfurt en 1379, à Heidelberg en 1385. Ces création restreignent d'autant l'aire d'attraction de l'université de Paris qui est ramenée à l'échelle française. Le Grand Schisme (1378-1417) provoque le départ des enseignants et étudiants qui n'adhèrent pas à l'obédience du pape d'Avignon ; les défaites de la guerre de Cent Ans, qui aboutissent à l'occupation de Paris par les Anglais et au traité de Troyes (1420), sont responsables de la création des universités rivales de Poitiers, Caen et Bordeaux. En 1405, Jean Gerson, chancelier de l'université de Paris, dans une harangue solennelle, déclarait encore : « L'université ne représente-t-elle pas tout le royaume de France, voire tout le monde, en tant que de toutes parts (lui) viennent ou peuvent venir suppôts pour acquérir doctrine et sapience[4]. » Pourtant, après 1450, l'Europe du Nord ne procure plus que 8 % des effectifs de la nation « anglo-allemande » et l'Est 3 %. L'enseignement à l'Université était dispensé en latin, qui était également la langue des collèges, mais les étudiants étrangers devaient se familiariser avec le français de Paris, ne serait-ce qu'en fréquentant la population non estudiantine de la capitale. Outre leur diplôme, ils devaient ramener chez eux un lexique et une syntaxe élémentaires du français.

La littérature de langue française, lue, goûtée et composée bien au-delà des limites du domaine d'oïl, polarisa une partie du rayonnement du français. La spécialisation des domaines littéraires qui s'est d'abord produite entre le latin et le français est également à l'œuvre au sein de l'ensemble des langues vernaculaires. Le troubadour catalan Raimon Vidal, dans *Las Razos de trobar* (vers 1200), composées en occitan, considère que le français est la langue la mieux adaptée pour écrire des romans : « La langue française est meilleure et convient mieux pour faire des romans et des pastourelles, mais celle du Limousin [l'occitan] est meilleure pour faire des vers, des chansons et des sirventes[5]. » Deux siècles plus tard, Dante continue à associer la langue d'oïl au genre romanesque, en opposant plus largement le français, illustré par la prose, à l'occitan, illustré par la poésie : « La langue d'oïl peut alléguer le fait que, grâce à sa facilité et à son charme, elle a été utilisée soit pour compiler soit pour rédiger des ouvrages en prose, à savoir l'*Histoire ancienne jusqu'à César* (basée sur la Bible et sur les gestes des Troyens et des Romains), les fascinantes aventures du roi Arthur et bien d'autres œuvres historiques et didactiques. La langue d'oc, à son tour, peut se vanter d'être la plus douce et la plus parfaite puisqu'elle a été la langue des premiers poètes vulgaires, tels Pierre d'Auvergne et d'autres anciens maîtres[6]. »

Les chansons de geste et les romans français se diffusent en Italie, en Angleterre, en Allemagne, aux Pays-Bas et jusque dans les Etats latins de Terre sainte. Dans le poème *La Faula* (*La Fable*) du catalan Guillem Torroella (avant 1374), le narrateur entreprend un voyage au pays de la fée Morgane, qui le conduit auprès du roi Arthur. Tous les personnages arthuriens rencontrés s'adressent à Guillem en français, montrant à quel point ce type de production littéraire est indissociable du français.

Les éloges répétés et appuyés du français favorisent sa course à travers l'Occident : « *... douce francés, qu'est la plus beale et la plus gracious langage et la plus noble parlere aprés latyn de scole... Quare Dieux le fist si douce et amyable princypalment au l'onore et louange de lui mesmez*[7] », affirme une *Manière de langage* rédigée en Angleterre au XIVe siècle. On voit bien ici que les qualités ou prétendues qualités d'une langue n'ont jamais été une des raisons de son expansion, mais que l'éloge de ses qualités a pu avoir des conséquences. Humbert de Romans, né à la limite du domaine d'oc et du domaine francoprovençal, affirme à plusieurs reprises dans le *De eruditione praedicatorum* (1266-1277) la supériorité du français : « Il arrive en effet qu'on apprenne la langue des autres et qu'on oublie la sienne, bien qu'elle soit meilleure : ainsi un Français séjournant chez des gens d'une autre langue oublie en partie sa langue et en apprend une autre[8]. » Et plus loin : « C'est pourquoi quand ils [les prédicateurs] vont de par le monde, ils ne doivent pas renoncer à leur langue céleste pour la langue du monde, de même qu'un Français, partout où il va, ne renonce pas facilement à sa langue pour une autre, à cause de la noblesse de sa langue et de sa patrie[9]. » Quelques années auparavant, un poète anonyme, dans un poème sur l'Antéchrist composé en Italie, considère qu'un Français ne peut apprendre une langue autre que la sienne, sans doute en raison de ses qualités prééminentes :

> *... le lengue de France*
> *Est tels, qi primer l'aprent*
> *Ja ni pora mais autrement*
> *Parler ne altre lengue aprendre.*
> *Por ce ne me doit nus reprendre*
> *Qi m'oie parler en françois,*
> *Qe j'apris (à) parler anchois*[10].

[La langue de France est telle que celui qui l'apprend en premier ne pourra jamais parler autrement ni apprendre une autre langue. C'est pourquoi, personne, en m'entendant parler français, ne doit me reprendre, car j'avais appris à parler avant une autre langue.]

Plus au nord, le français n'est pas moins prestigieux. L'auteur norvégien du Konungs-Skuggsja, une encyclopédie pédagogique, recommande la connaissance du français : « Et si tu veux être parfait en science, apprends toutes les langues, mais avant tout le latin et le français, parce qu'ils ont la plus grande extension [11]. » Le *Speculum regale*, écrit en Allemagne vers 1200, affirme qu'un noble doit nécessairement être capable de lire « toutes les langues » à commencer par le latin et le français [12]...

Le royaume de France, issu du partage de Verdun en 843, est limité au Nord et à l'Est par quatre fleuves, l'Escaut, la Meuse, la Saône et le Rhône. Le latin de Gaule a donné naissance à une tripartition linguistique. La fracture linguistique majeure de la France médiévale est celle qui sépare le français, parlé au Nord, de l'occitan, parlé au Sud. Au Sud-Est est apparue une troisième variété de gallo-roman appelée francoprovençal. Au nord, le français est en contact avec le breton à l'Ouest, avec le flamand au Nord-Est et avec l'allemand à l'Est.

Les Vikings, du norrois au français de Normandie

Alors que les locuteurs viennent à peine de prendre conscience de la spécificité de leur langue, les Vikings débarquent [13]. Ces Vikings ou Normands (hommes du Nord) sont des commerçants scandinaves particulièrement doués pour le négoce et la navigation, grâce à des bateaux mis au point après des siècles de tâtonnements. Le but de ces hommes est de s'enrichir, quel qu'en soit le moyen, par le commerce, l'échange ou le pillage. Profitant de l'effondrement de l'empire carolingien, les Normands dévastent le royaume de 820 à 940. Quatre régions, proches de la mer et traversées par des fleuves, sont particulièrement touchées : la Flandre, les vallées de la Seine, de la Loire et de la Garonne.

Après un premier essai infructueux d'établissement dans les îles Britanniques, des Danois arrivent dans le Bessin et sans doute aussi dans le Cotentin. Ces Danois ont drainé avec eux une population rurale en partie anglaise ou anglicisée qui a importé en Bessin et sur le versant occidental du Cotentin péninsulaire un vocabulaire anglo-scandinave très caractérisé, dont une partie est restée d'emploi local (par ex. *delle*, « groupe de pièces de labour », du norrois *deild*), mais certains termes, comme *acre*, ont été employés dans toute la Normandie. Ce vocabulaire original ne peut s'expliquer que par la présence d'une main-d'œuvre quasi servile importée par les colons. En Basse-Seine, dans la région de Rouen, un groupe de Danois, accompagné d'éléments norvégiens et anglo-danois, s'installe sans être inquiété par les autorités franques, qui avaient complètement déserté la région. Lorsque Rollon, l'un des chefs vikings, tenta de prendre Chartres, une armée de secours s'organisa, sous la direction de Robert, comte de Paris, duc des Francs et futur roi, de Richard, duc de Bourgogne, et d'Ebles, duc de Poitou : l'armée franque est victorieuse le 20 juillet 911. Rollon conclut alors un accord avec Charles le Simple à Saint-Clair-sur-Epte, qui lui cédait, contre hommage, vassalité et service militaire, et moyennant conversion au christianisme, un ressort militaire dont Rouen était la capitale.

Le traité de Saint-Clair-sur-Epte produisit le résultat escompté. Rollon reçut le baptême, rappela à Rouen l'archevêque, son clergé et quelques moines de Saint-Ouen. L'assimilation des Normands à la population indigène fut rapide et sans heurts. Elle s'explique sans doute par les nombreux mariages entre Vikings et femmes de souche gallo-romane. Les Vikings devaient d'ailleurs compter peu de femmes en leurs rangs : sur 88 anthroponymes d'origine nordique décomptés, trois seulement sont des noms féminins. Il ne semble pas qu'il y ait eu de ségrégation entre les anciens occupants du sol et les nouveaux venus. Les Normands se sont coulés dans les moules préexistants et ont mis en valeur des zones non exploitées. Le grand essor démographique et économique de la Normandie, vers la fin du Xe siècle et le début du XIe siècle, succéda rapidement à l'âge viking et acheva la fusion des populations.

Une assimilation réussie

L'unité scandinave reposait largement sur une langue commune, l'ancien norrois. Cette langue s'est conservée, pour des raisons historiques et géographiques sous la forme de l'islandais actuel à peu près dans l'état qu'il présentait en l'an mil. L'ancien norrois appartient à la famille des langues du germanique septentrional. Au moment de l'époque viking, il tend à se diviser en norrois oriental (norvégien, islandais) et en norrois occidental (danois, suédois), mais la différenciation n'empêche pas l'intercompréhension.

L'assimilation linguistique, sans doute accélérée par la politique délibérée d'assimilation mise en œuvre par Guillaume Longue-Epée, le fils de Rollon, a été très rapide. Un peu plus d'une génération après le traité de Saint-Clair-sur-Epte, l'entourage du comte de Normandie à Rouen semble avoir adopté le français et délaissé le norrois. Dudon de Saint-Quentin, un historien normand du début du XIe siècle, nous rapporte un entretien de Guillaume Longue-Epée avec son conseiller Bothon, à propos de l'éducation linguistique de son propre fils, le futur duc Richard Ier (942-996). Comme des Vikings continuaient à s'implanter en Normandie, il était nécessaire que le duc sût leur langue : « Puisque les habitants de Rouen usent plus de la langue romane [*romana lingua*] que de la langue danoise [*dacisca lingua*] et que ceux de Bayeux se servent plus fréquemment de la langue danoise que de la langue romane, je veux que [mon fils] soit le plus vite possible emmené à Bayeux et qu'il soit, Bothon, élevé et formé sous ta responsabilité avec le plus grand soin en langue danoise, en l'apprenant définitivement pour discuter plus tard avec les hommes d'origine danoise[14]. »

On ne peut inférer de ce passage que le scandinave est en train de disparaître à Rouen, mais qu'il est moins parlé à Rouen qu'à Bayeux. En effet, la Normandie occidentale semble avoir été une terre d'émigration pour les Scandinaves après 911. D'après le *Roman de Rou* de Wace, Richard finit par apprendre le scandinave : « *Richard sout en daneiz* [danois] *et normant parler*[15]. » Adhémar de Chabannes semble aussi considérer que l'assimilation linguistique est depuis longtemps acquise lorsqu'il rédige sa chronique vers 1028 : « A la mort de Roux, son fils Guillaume, baptisé tout enfant, prit le commandement à sa place et toute la multitude des Normands, qui s'était installée près de l'Ile-de-France (*Frantiam*), adopta la foi chrétienne ; oubliant la langue de ses ancêtres (*gentilem linguam*), elle s'accoutuma au langage latin (*latino sermone*)[16]. » En affirmant que Guillaume Longue-Epée aurait abandonné sa langue, ce témoignage contredit celui de Dudon. L'essentiel est qu'il confirme l'hypothèse d'une assimilation rapide.

Quelques faits semblent pourtant indiquer que, si la majorité des colons normands a abandonné sa langue maternelle en l'espace de deux ou trois générations, le scandinave a continué à être pratiqué. La présence du scalde du roi de Norvège, Olafr Haraldsson, à la cour de Richard II vers 1205, suggère que certaines personnes savaient encore parler scandinave à Rouen. La référence à la langue et au droit scandinaves dans le *Très Ancien Coutumier de Normandie*, dont la première partie fut rédigée à Evreux vers 1199-1200 et la seconde à Bayeux entre 1218 et 1223, prouve que deux siècles après Dudon se perpétue la conscience d'une spécificité linguistique et culturelle normande : « On dit également que ces plaids concernent l'épée du duc : l'homicide, soit qu'il ait été accompli en secret, ce que la langue des Danois [*lingua Dacorum*] appelle *murdrum*[17]... »

LES LEGS DU NORROIS AU FRANÇAIS

L'héritage linguistique des Vikings se limite à quelques noms communs touchant principalement au domaine maritime, mais ce sont surtout les toponymes et les anthroponymes, noms de lieux et de personnes, qui conservent les traces les plus nombreuses de norrois.

Si quelques mots scandinaves ont gagné les régions de l'Ouest proches de la Normandie comme le Maine, l'Anjou et le Poitou, la plupart n'ont pas dépassé les limites de la Normandie. On en retrouve certains dans les régionalismes normands d'aujourd'hui. Tel est le cas des nombreux mots et expressions hérités de *falr* (tube)[18]. Le substantif féminin *fale* qui désigne, au sens propre, le jabot d'un oiseau, d'où sa gorge, dénomme, au sens figuré, le plastron ou le devant d'une chemise. Par extension, *fale* désigne la gorge et même la poitrine de l'homme, dans des locutions du type *avoir la fale découverte*, « avoir la poitrine nue ». Par métonymie, *fale* prend également le sens d'estomac. Ainsi *avoir la fale basse* signifie « avoir faim, avoir l'estomac dans les talons ». On peut aussi citer les nombreux dérivés de l'ancien scandinave *skridla* (glisser) : *griller, égriller, écriller* sont employés en Normandie pour « glisser » ; des substantifs comme *écrillarde, écrilleuse* (« glissoire, glissade ») en sont dérivés. Le verbe *super* « aspirer, boire », du norrois *súpa* « boire, boire bruyamment », est un régionalisme utilisé notamment en Normandie. Gustave Flaubert, né à Rouen, l'emploie dans la *Tentation de saint Antoine* : « nous supons les œufs ». Certains mots issus du norrois sont restés spécifiquement normands jusqu'à l'époque moderne, avant d'entrer dans la langue commune. C'est le cas de *flâner*, attesté en 1638 en normand sous la forme *flanner*, au sens de « paresser, perdre son temps », du scandinave *flana*, « marcher, se précipiter étourdiment » ; il n'est entré en français commun qu'au XIXe siècle avec le sens que nous lui connaissons.

Les Vikings introduisirent en Normandie des techniques de pêche et des techniques de construction maritime et de navigation jusqu'alors employées uniquement dans l'Europe du Nord. On sait que la vie maritime connut sur les côtes normandes un regain d'activité au Xe siècle et c'est dans ce domaine, où les Vikings étaient très en avance sur les autochtones, que leur vocabulaire s'est imposé. De la Normandie, il finit parfois par gagner Paris et de là à irradier l'ensemble du domaine d'oïl. Quelques exemples suffiront. Les premiers sont empruntés à l'architecture navale et à la navigation : *cingler*, qui apparaît vers 1100 sous la forme *sigler*, vient de l'ancien norrois *sigla* « faire voile » ; l'*écoute*, « cordage servant à orienter une voile et à l'amarrer à son coin inférieur », qui apparaît en 1155 sous la forme du pluriel *escotes*, vient de l'ancien norrois *skaut*, « angle, coin, et en particulier, angle inférieur de la voile ». On doit également au norrois *hûnn*, « plate-forme fixée sur les bas-mâts », le substantif *hune*, employé pour la première fois en français écrit vers 1180 par le Normand Guillaume de Berneville. Il en est de même de la *ralingue* « cordage cousu sur les bords d'une voile pour le renforcer » (vers 1155 *raelingue*), du norrois **rár-lik*, génitif de *rá* « vergue » et de *lik* « bord d'une voile ».

D'autres réalités maritimes sont aujourd'hui désignées par des mots issus du norrois, à commencer par la *vague*, apparue chez Wace vers 1155, du norrois *vágr* « mer ». On pense aussi au *varech*, qui apparaît en Normandie au début du XIIe siècle sous la forme *marin werec* « algues de mer », de *vágrek* « ce qui est rejeté sur la côte, épave qu'on trouve sur le rivage » – apparenté à l'anglais *wreck* – ; mais aussi à la *crique* (1336), du norrois *kriki*, « creux, cavité, anse », qui entre dans la composition de nombreux toponymes normands. Certains produits de la pêche, comme le *crabe* (vers 1119, dans le *Bestiaire* de Philippe de Thaon ; du norrois *krabbi*) ou le *turbot* (vers 1140, chez Geoffroy Gaimar, sous la forme *turbut* ; du norrois **thornbutr*) témoignent des activités des colons vikings.

Plusieurs termes appartiennent au domaine militaire, comme *guichet* (vers 1135 « petite porte pratiquée dans une porte monumentale, une muraille, une fortification », du norrois *vik* « baie » suivi d'un suffixe diminutif, comme le *wicket* anglais) ou *harnais* (*herneis* en 1155 dans le *Brut* de Wace) « suite d'une armée, bagages », qui provient sans doute du norrois **hernest* « provisions pour l'armée », composé de *herr* « armée » et de *nest* « provisions ».

Les Vikings ont laissé de nombreuses traces dans la toponymie d'une bande de terres assez étroite allant de Dieppe au Cotentin. On y retrouve des noms de lieux composés de *bec*, du norrois *bekkr*, qui signifie le ruisseau. Cet élément a d'abord servi à désigner des cours d'eau, comme *Le Bec*, un affluent de la Risle, qui passe au *Bec-Hel-*

louin (Eure), avant de s'appliquer à des lieux situés à la source d'un cours d'eau, comme *Bec-de-Mortagne* (Seine-Maritime), un village à la source de la rivière de Ganzeville, ou *Le Bec* (Seine-Maritime), à la source de la Lézarde. Pour mesurer l'extension géographique de *bec*, citons *Caudebec-lès-Elbeuf* en Seine-Maritime, *Foulbec* dans l'Eure, sur la Risle, et *Bricquebec*, composé du norrois *brekka* « colline » et de *bekkr*, dans la Manche.

Le vieux norrois *flodh*, « golfe, crique, baie », refait en *fleu* et *fleur* par contamination avec le français *fleur*, sert à désigner des localités en bord de mer tout au long de la côte normande, de *Harfleur* à l'Est (Seine-Maritime), composé du nom d'homme scandinave *Hrolfr* et de *flodh*, à *Barfleur* à l'Ouest (Manche), peut-être du norrois *bamr* « coin » et de *flodh*, en passant par *Honfleur* (Calvados), du nom d'homme germanique *Huno*.

Deux substantifs norrois désignant des lieux d'habitation sont assez fréquents. *Both*, qui signifie « baraque, maison, village », a donné –*bœuf*, que l'on retrouve dans *Cricquebœuf*, du norrois *kirkia* « église » et de *both*. Ce toponyme est à nouveau attesté dans le Calvados, dans l'Eure (*Criquebeuf-la-Campagne*) et en Seine-Maritime (*Criquebeuf-en-Caux*). *Topt*, qui a donné -*tot*, désigne quant à lui un terrain avec habitation, une ferme ou une propriété rurale. Il apparaît dans plusieurs départements normands : *Fultot* (Seine-Maritime), de l'adjectif norrois *ful* « vilain, sale » et *topt* ; *Criquetot* (Calvados), de *kirkia* « église » et *topt* ; *Yvetot* (Seine-Maritime), du nom d'homme germanique *Ivo* et *topt*.

Des noms d'hommes d'origine norroise nous ont également été conservés. Certains entrent dans la composition de toponymes, comme Mondeville (latin *Amundivilla*), formé à partir du nom d'homme *Asmundr*, Trouville (latin *Thoroldivilla*) à partir de Thorulfr, ou Toutainville (latin *Tustinivilla*) à partir de Thorstein. D'autres noms apparaissent habillés de latin dans des textes médiévaux. C'est le cas de « Turstingus » où l'on reconnaît Thorstein. Enfin, plusieurs de ces noms ont traversé les siècles et sont devenus des noms de famille encore portés aujourd'hui, comme Toutain (Thorstein), Turgis (Thorgisl) ou Turquetil (Thorketill)...

Malgré une assimilation linguistique très rapide, l'implantation viking en Normandie a laissé quelques empreintes. Si les raids normands ont bouleversé la vie économique de la région, le dynamisme économique et politique des nouveaux arrivés a sous-tendu l'essor démographique de la Normandie, qui commence dès la fin du

Xe siècle et se poursuit jusqu'à la fin du XIIIe siècle. Le cadre du comté, devenu duché, même élargi par rapport aux concessions de 911, ne suffit plus aux ambitions de ses habitants. La Normandie devient le point de départ d'une émigration d'abord orientée vers les régions limitrophes, mais aussi vers l'Italie méridionale, puis vers l'Angleterre, la Sicile et accessoirement l'Espagne. Dans tous ces lieux, les Normands parlent le français et contribuent notablement à en faire une langue internationale pratiquée aux quatre coins de l'Europe occidentale.

L'Occitanie peu à peu francisée

L'occitan est, avec le français et le francoprovençal, l'une des trois grandes langues issues du latin pratiqué en Gaule. Plusieurs noms servaient à le désigner au Moyen Age. Dans de nombreux documents administratifs des XIIIe et XIVe siècles, *lenga romana* (langue romane) désigne l'occitan par opposition au français, mais l'expression est ambiguë, car elle s'applique également à la langue vernaculaire française, on l'a vu, par opposition au latin. Le catalan Raimon Vidal oppose le *lemosi* (limousin) à la *parladura francesca*, mais en Catalogne, l'ensemble des dialectes occitans semble être compris dans le terme *lemosi*. Les écrivains italiens utilisent volontiers *proensal* (provençal), attesté dès le XIIe siècle, car pour eux la France du Sud était toujours l'ancienne province romaine. L'expression « langue d'oc » est introduite par Dante, qui distingue par la façon de dire « oui » trois des plus éminentes langues romanes, la langue d'oïl, la langue d'oc et la langue de si (l'italien). L'administration royale utilise dès le XIVe siècle l'expression *lingua occitana* par opposition à la *lingua gallica*, le français.

Dans le *De vulgari eloquentia*, Dante définit l'extension géographique de l'occitan : « ceux qui profèrent "oc" tiennent la partie occidentale de l'Europe méridionale, à partir des frontières de Gênes ». Il poursuit en situant le français : « Pour ceux qui disent "oïl", ils se trouvent en quelque sorte au septentrion des précédents : en effet ils ont les Allemands sur leur flanc est et nord, tandis qu'à l'ouest ils sont circonvenus par la mer d'Angleterre, et les montagnes d'Aragon sont leur terme ; au sud les Provençaux et les penchants des Apennins sont leur clôture »[19]. D'après Dante, qui affirme l'identité linguistique du domaine occitan, la France se divise donc fondamentalement selon un axe est-ouest entre une langue méridionale tournée vers les langues de la Romania du Sud et une langue septentrionale tournée vers le Nord.

Les limites entre occitan et français ne sont pas nettes. Par rapport à aujourd'hui, elles ont surtout varié à l'ouest. Jusqu'au XIIIe siècle, un dialecte mixte se maintient dans le sud du Poitou, la Saintonge et l'Angoumois, avant de laisser la place à un français largement empreint d'un substrat occitan. En continuant vers l'est, la frontière septentrionale de l'occitan passe ensuite au nord de Limoges et de Clermont-Ferrand, redescend pour passer sensiblement au sud de Lyon puis à peu de distance au sud de Grenoble. Au contact entre oc et oïl s'étend aujourd'hui une zone de transition appelée, en 1913, par Jules Ronjat « le croissant » en raison de sa forme. Dans cette zone d'interférences se sont développés des dialectes hybrides témoignant de la pénétration d'un parler par un autre. Le français et l'occitan ont donc une longue frontière commune et les occasions de contact ne manquèrent pas. Si le fait le plus marquant est sans doute la francisation de l'Occitanie, les échanges furent loin d'être unilatéraux, car l'occitan a exercé au Moyen Age une influence lexicale non négligeable sur le français.

La francisation de l'Occitanie a pris deux formes : la substitution du français à l'occitan et la francisation de la langue occitane même[20]. Dès le début du XIIIe siècle, Raimon Vidal, dans les *Razos de trobar*, condamne l'emploi de formes françaises comme *amis*, *mei*, *retenir* employées à la place de l'occitan *amics*, *me*, *retener*, afin de satisfaire aux exigences de la rime[21]. J. Wüest a souligné que, peu après la croisade des Albigeois (1209-1229), l'occitan a emprunté au français la négation *pas*, aujourd'hui principale négation occitane[22].

L'influence du français est passée par des contacts directs entre locuteurs lors d'expéditions militaires, de croisades, de foires et de marchés, qui sont autant d'occasions de rencontre. Elle passe aussi par l'affermissement du pouvoir royal. Alors que les premiers capétiens n'ont presque pas de contacts avec le sud du royaume, à partir du Louis VI, le roi de France étend son rayon d'action à l'extérieur du domaine royal. Louis VI agit dans les grands fiefs, notamment en Bourbonnais et en Auvergne. En 1122-1126, il mène une expédition au sud de la Loire contre Guillaume IX d'Aquitaine et brûle Montferrand. Les ambitions méridionales de Louis VII s'affirment : son mariage éphémère avec Aliénor d'Aquitaine en 1137 repousse provisoirement les limites du domaine royal jusqu'aux Pyrénées. Du XIIIe au XVe siècle, quatre grands domaines sont soumis soit directement aux rois de France (Languedoc, Limousin) soit à des princes d'origine française (Provence) soit aux rois d'Angleterre, également d'origine française (Aquitaine).

L'administration souveraine utilise de plus en plus le français dans ses relations avec les pays d'oc. Lorsque la chancellerie opte pour le français, elle en étend l'usage à des régions situées au-delà de la frontière linguistique. La politique royale d'extension de l'aire coutumière vers le sud, pays de droit écrit, semble s'accompagner d'une extension parallèle du français. Mais la chancellerie pouvait également expédier des actes rédigés en français au cœur des pays occitans : 27 % des actes adressés à ces régions après octobre 1330 sont écrits dans cette langue[23].

L'importation du français se fait également par le biais de la littérature, surtout par les romans courtois. Si le *Merlin* occitan est le seul exemple conservé d'une traduction des romans en prose de la Table ronde, il témoigne de la vitalité de la tradition arthurienne en Occitanie, dès le XIIe siècle. D'après un inventaire des meubles du château d'Ozon en Vivarais, daté de 1361, il a sans doute existé également une version occitane du *Lancelot du Lac* et du *Roman de Florimont*.

Ces voies d'accès du français au domaine occitan, on le devine, ne prennent pas la forme d'une pénétration continue et homogène. L'introduction du français et l'abandon de l'occitan en tant que langue administrative ou littéraire sont deux phénomènes distincts, même si le second est évidemment dépendant du premier. Pendant longtemps, seules les couches supérieures de la société connaissent accessoirement le français, mais l'incompréhension entre francophones et occitanophones persiste, même dans les milieux cultivés. L'auteur du *Songe du verger*, un traité politique écrit dans l'entourage de Charles V, critique ainsi, de manière insultante, les nominations d'ecclésiastiques méridionaux aux bénéfices du Nord : « *Ces bestes vestues, asnes defferés, soient de Limoges ou d'Auvergne, de la Ricordaine* [la Lozère] *ou d'autre partie de Guyenne, sanz lettreure et sanz aucune discipline... et qui ne sont mie d'un maisme langage avesque le pueple qui leur est baillé a governer... Comment pourra tel pasteur ou tel evesque cognoistre sez ouailles... et comment pourra il lez corrigiez, reprendre, leurs confessions oïr, et aussi comment porra le subject la voys de sa predicacion et de sa doctrine ensieuvir* [suivre]*, puisque son prelat n'est pas de son langage et ne le puet entandre* [comprendre][24] *?* »

Le Poitou-Saintonge

La situation linguistique du poitevin-saintongeais, entre langue d'oïl et langue d'oc, est une question délicate. D'après l'importante thèse de J. Pignon, *L'Evolution phonétique des parlers du Poitou*, la langue employée par le duc d'Aquitaine et comte de Poitiers Guillaume IX (1071-1126), le premier des troubadours, était réellement parlée à Poitiers au XIe siècle[25]. Son caractère indubitablement occitan confirme que la limite du nord-occitan en Poitou suivait alors une ligne allant de Melle à Chauvigny en passant par Poitiers. D'après la morphologie verbale, c'est toute la moitié sud du Poitou, outre l'Aunis, la Saintonge et l'Angoumois, qui est marquée par la présence occitane.

Au cours des deux siècles suivants, l'occitan perdit du terrain sur le français vers le sud et vers l'est. Jusqu'au XIIIe siècle, on semble pratiquer un dialecte mixte, qualifié parfois de francoprovençal dans le sud du Poitou, la Saintonge et l'Angoumois. C'est alors que le poitevin-saintongeais, tout en conservant un important substrat occitan, bascule définitivement dans le domaine d'oïl.

L'histoire aide à comprendre cette évolution. Le Poitou, la Saintonge et l'Angoumois ont, en effet, été soumis tantôt à des influences méridionales, tantôt à des influences septentrionales, tant au niveau politique et culturel que linguistique. Les tribus gauloises des Pictones (cap. Poitiers), des Santones (cap. Saintes) et des Agesinates (dans les Deux-Sèvres), furent rattachées, lors de la romanisation, à la Grande Aquitaine d'Auguste, puis à l'Aquitaine Seconde, dont Bordeaux était la capitale. D'abord conquises par les Wisigoths et rattachées au royaume d'Alaric, les trois provinces passèrent sous domination franque après la victoire de Clovis à Vouillé, près de Poitiers, en 507. Charlemagne installe un comte franc en Poitou, qui, après 839, devient un vassal indépendant dans un comté qui s'étend du Berry à l'Atlantique. Au Xe siècle, les comtes de Poitiers, devenus ducs d'Aquitaine, étendent leur principauté de la Loire à la Gironde, de l'Océan aux Cévennes. Guillaume VII (neuvième duc d'Aquitaine, 1088-1126) porte les limites de son pouvoir au-delà de Toulouse. L'état poitevin était alors bilingue.

Le mariage d'Aliénor d'Aquitaine en 1137 avec Louis VII, l'annulation de ce mariage et son remariage en 1154 avec Henri Plantagenêt rattachèrent l'ancienne Aquitaine à un ensemble septentrional, et Poitiers perdit une bonne partie de son rôle de métropole culturelle.

Richard Cœur de Lion et Jean sans Terre, qui succèdent à Henri II Plantagenêt, ne parlent pas occitan. Le Poitou est rattaché au domaine royal en 1204. En 1224, c'est au tour de l'Aunis et de la Saintonge. Dès lors la francisation s'accélère, avec l'appui des classes bourgeoises de Poitiers et de La Rochelle : à la fin du XIIIe siècle, le changement de langue est établi.

La langue de ces régions, qui présente de nombreux points communs avec d'autres dialectes de l'ouest du domaine d'oïl, conserve des traits occitans. Du XIIIe au XVIIe siècle, le recul des formes occitanes est faible, car la conscience d'une spécificité linguistique contribua, là plus tôt qu'ailleurs, à l'accès du patois à l'écrit. Les formes occitanes furent ainsi entretenues par des œuvres de caractère populaire et satirique comme les *Noëls poitevins* couchés sur le papier dès le XVe siècle.

Le Languedoc

En 1271, au moment où le comté de Toulouse est annexé au domaine royal, le Languedoc, qui tire son nom de la langue qui y est pratiquée, a pour limite orientale le Rhône. Il comprend le Vivarais et le Gévaudan, la plaine côtière allant du Pas de Salses au Bas-Rhône, les pays de l'Aude, l'Albigeois, le Toulousain jusqu'au sud de Montauban. Philippe VI achète Montpellier en 1349.

La croisade des Albigeois eut dans cette région des conséquences importantes, car elle permit à l'influence française de progresser fortement. Les Albigeois, également appelés cathares, sont les sectateurs d'une hérésie qui s'est développée dans le Midi toulousain. Devant l'insuccès des tentatives de conversion pacifique et après le meurtre de Pierre de Castelnau, légat du pape, assassiné par un écuyer du comte de Toulouse Raymond VI, qui soutient presque ouvertement les hérétiques, le pape Innocent III appelle aux armes. En 1209, une croisade est lancée sous la direction de Simon de Montfort, un baron d'Ile-de-France. Le comte de Toulouse se rallie aux croisés et les incite à lutter contre son rival, le vicomte de Béziers et de Carcassonne, Raymond-Roger de Trencavel. Le 21 juillet 1209, Béziers est mise à sac. Alors que les croisés s'emparent des terres des hérétiques, Raymond VI, inquiet de leurs ambitions territoriales, fait volte-face et demande aide et secours au roi d'Aragon Pierre II. A Muret, le 12 septembre 1213, Simon de Montfort met en déroute l'armée aragonaise de Pierre II qui est tué au début de la bataille. Le pape prononce alors la déchéance de Raymond VI dont toutes les terres sont attribuées à Simon de Montfort. Ce dernier fit hommage à Philippe Auguste. Ainsi, la bataille de Muret avait rendu possible l'union du nord et du sud du royaume.

De 1224 à 1229, une croisade royale succéda à la croisade des barons. Le roi de France Louis VIII intervint cette fois directement pour s'opposer au nouveau comte de Toulouse Raymond VII et défendre les droits d'Amaury de Montfort, fils de Simon, sur le comté. Le traité de Paris (1229) prépare l'annexion au domaine du comté de Toulouse, ce qui fut chose faite en 1271. Pour la première fois, le domaine capétien s'étendait jusqu'à la Méditerranée.

La croisade ne modifia pas immédiatement la situation linguistique. Le français reste au XIIIe siècle une langue étrangère en Languedoc. En 1216, l'archevêque de Narbonne dit en parlant des troupes de Simon de Montfort : « *Et cum vellem claudere portam, homines Gallice lingue qui erant ex parte comitis armati ignominiose repulerunt me*[26] » [Et alors que je voulais fermer la porte, des hommes de langue française, qui étaient armés, me repoussèrent honteusement loin du comte]. Raymond VI, en 1220, dit ailleurs : « *Homines nostri idiomatis, videlicet de lingua nostra*[27] » [Des hommes de notre idiome, c'est-à-dire de notre langue]. Ses conséquences se firent davantage sentir à long terme. Le rattachement au royaume de France – et non à l'Espagne de Pierre II d'Aragon – permit, bien plus tard, l'introduction d'une administration de langue française. D'autre part, les ravages commis durant la croisade mirent à mal les structures sociales du Midi et nuirent gravement à la poésie de cour. Les grands seigneurs occitans ruinés avaient d'autres préoccupations que d'écouter des poètes. Les troubadours, qui vivaient de la générosité de mécènes, cherchèrent fortune ailleurs, en Italie ou en Espagne. La poésie lyrique se maintint encore un peu dans quelques régions épargnées par la croisade, comme la Provence et le Rouergue ; elle refleurit même dans les comtés de Foix et de Comminges, mais la croisade des Albigeois a sans doute sonné le glas de l'occitan comme grande langue poétique. L'occitan se vit progressivement privé de son prestige littéraire au profit de la langue du Nord, qui devenait alors, dans l'Europe entière, une langue véhiculaire.

Le roi de France n'imposa pas le français dans l'administration du Languedoc. L'administration royale n'expédie que très rarement des actes en français dans le Midi avant 1350 ; c'est le latin qui sert de moyen de communication. Et lorsque des Toulousains se plaignent de ne pas avoir connaissance des ordonnances royales, à cause de leur langue, Jean le Bon prescrit qu'elles soient désormais traduites « en langue maternelle » (*in lingua materna*). L'usage de traduire les actes persiste encore au XVe siècle. Après deux siècles d'administration royale, l'occitan n'est destitué d'aucun de ses emplois. Au contraire, son emploi à l'écrit se généralise, tandis que le latin, comme dans le domaine d'oïl, tombe lentement en désuétude. L'occitan restera langue administrative et juridique jusqu'au XVIe siècle.

Pourtant, dès le XIVe siècle, le nombre des personnes qui connaissent le français augmente. On en rencontre dans l'entourage des sénéchaux, l'équivalent méridional des baillis du nord de la France, mais les pièces administratives en français produites par les sénéchaussées sont bien souvent truffées de traits occitans. Le français est également connu d'une partie de la haute noblesse, surtout quand elle doit traiter avec le roi de France. Jean Froissart, dans ses *Chroniques*, nous raconte comment le comte de Foix Gaston Phébus, qui écrivit en français le célèbre *Livre de la chasse*, parlait un excellent français et prenait plaisir à écouter la lecture de livres écrits dans cette langue.

Mais cette aisance en français n'était pas largement partagée. Jean XXII, cahorsin devenu pape, qui a étudié à Paris et à Orléans, ne conserve qu'une vague teinture de français. En 1323, il se déclare incapable de lire des lettres que le roi de France lui a adressées et préfère en prendre connaissance dans une traduction latine : « *et eas transferri de gallico in latinum opportuit, ut earum valeremus percipere plenius intellectum*[28] » [et il fallut les traduire de français en latin, afin que je puisse mieux en percevoir le sens]. Un siècle plus tard, un conseiller de Jean IV d'Armagnac, ultérieurement évêque de Montauban, choisit de négocier en latin plutôt qu'en français avec les Anglais « *quia ydioma gallicum non plane fari et minus scribere scio*[29] » [parce que je ne sais pas parler très couramment l'idiome de France et moins encore l'écrire].

Pourtant l'administration royale s'infiltre partout : un parlement siège à Toulouse depuis 1444 et tient ses registres en français. Dès 1442, les Etats de Languedoc s'adressent au roi en français. Enfin, le *Petit Thalamus*, la chronique de Montpellier, qui avait été rédigée jusqu'en 1426 en occitan, est poursuivie, après une longue interruption, mais le récit reprend en 1495 en français. L'événement le plus symbolique, pour comprendre la suprématie du français en Languedoc est la décision prise en 1513 par les juges et organisateurs des Jeux floraux de Toulouse, concours de poésie occitane fondé vers 1323, de ne couronner désormais que des compositions en français. Il ne s'agit pas ici d'une exclusion de l'occitan, car des poèmes occitans continuent à être lus hors compétition, mais de la reconnaissance d'une montée en puissance du français.

LA GUYENNE-GASCOGNE

Après le remariage d'Aliénor d'Aquitaine avec Henri Plantagenêt, qui devient roi d'Angleterre en 1154, le duché d'Aquitaine rejoint les immenses territoires contrôlés par les rois d'Angleterre. Le mot *Guyenne*, forme vulgaire d'*Aquitaine*, apparaît en 1258 ; il désigne, en concurrence avec Gascogne, les possessions que les rois d'Angleterre tiennent dans le sud-ouest de la France au titre de ducs d'Aquitaine. Au début du XIVe siècle, le roi de France occupe plusieurs fois le duché qu'il tente de confisquer, mais ses tentatives échouent. La question de Guyenne est l'un des détonateurs de la guerre de Cent Ans, qui s'ouvre en 1337. Pendant ce conflit (1337 à 1453), le roi d'Angleterre s'est affirmé, avec le soutien d'une large partie de la population, comme souverain de la Guyenne.

Trois siècles de domination anglaise contribuèrent à introduire en Guyenne des mots d'Angleterre, qu'ils soient moyen anglais, anglo-français ou latins. Les échanges entre la Guyenne et l'Angleterre furent en effet très actifs et favorisèrent des contacts de langue à bien des niveaux de la population. Des Gascons, surtout des marchands de vin, des membres de l'administration ducale et des soldats, se rendaient en Angleterre, tandis que de nombreux Gallois servirent en Gascogne sous le commandement d'Edouard II en 1324 et sous celui du comte de Derby en 1345. Des Anglais pouvaient également y exercer des fonctions administratives, religieuses ou juridiques.

La langue des administrateurs en direction et en provenance de Londres était le français ou le latin. Le français était également utilisé comme langue de l'administration quotidienne en Gascogne, notamment quand les administrateurs anglais traitaient avec la noblesse gasconne. Les contrats conclus entre Anglais en Gascogne étaient également rédigés en français. En 1362, Edouard II confie à son fils Edouard, le Prince Noir, un vaste duché d'Aquitaine érigé en principauté indépendante. Sous le Prince Noir se développe une chancellerie qui emploie à la fois des notaires anglais et français. Le tout donne une situation complexe qui met en jeu trois langues : le latin, l'occitan et le français, à quoi vient s'ajouter la variété particulière de français parlé en Angleterre. L'interaction entre ces langues est constante, dans un contexte de diglossie ou de triglossie qui peut évoluer, à des degrés divers, en bi- ou trilinguisme égalitaire. Cette situation varie à chaque niveau de l'échelle sociale, selon les fonctions exercées et les contacts avec des Anglais parlant ou non le français. Dans ces conditions, il est extrêmement difficile de savoir quels étaient le statut et le rôle effectifs de chacune de ces langues.

Dans les documents administratifs, l'évolution générale est bien connue : jusqu'à la fin du XIIe siècle, le latin est de loin la langue la plus employée ; l'occitan émerge au début du XIIIe siècle et devient dominant, de 1250 à 1400 ; après la reconquête de la Guyenne par les Français en 1453, le français s'affirme comme langue de l'administration, tandis que le gascon survit dans le traitement d'affaires purement locales jusqu'au milieu du XVIe siècle.

Kurt Baldinger a relevé l'influence du français sur l'occitan dans un certain nombre de mots, surtout dans les domaines administratifs et juridiques[30]. L'ancien occitan *soanar* est calqué sur l'anglo-normand *saonner*, qui signifie « mépriser, dédaigner une preuve » en droit normand ; de même l'occitan *jurat* « membre du conseil municipal » viendrait de *juré*, un terme qui n'est pas spécifiquement normand, mais qui est attesté dans ce sens, sous la forme latine de *juratus communiae* (littéralement « juré de la commune »), dès 1204 à Rouen. L'ancien occitan *justicier* « bourreau » et l'ancien gascon *letras patentas* (du français *lettres patentes*) auraient également été introduits par les Anglais. L'influence du français d'Angleterre est sensible dans d'autres domaines, notamment le commerce : l'ancien gascon *chopa* « boutique », du français *chope*, est d'origine insulaire, de même que le nom de plusieurs monnaies introduites par les Anglais en Aquitaine, comme le *leopart*, l'*esterlin* ou le *noble*. L'anglais est également source d'emprunts : l'*estibart*, sorte d'officier municipal, attesté au commencement du XVe siècle à Bordeaux, n'est autre que le *steward* anglais.

On ignore si les habitants du duché qui n'étaient pas francophones de naissance ressentaient nettement la différence entre le français continental et le français insulaire. En Grande-Bretagne, certains font la distinction, mais ils sont l'exception. De toute façon, le dialecte local est pour l'immense majorité de la population le seul médium de communication disponible. La masse de la population n'avait pas le choix entre le dialecte local et la langue standard prestigieuse.

La reconquête de la Guyenne par les Français changea la donne linguistique. Elle se fit en deux étapes. Bordeaux capitule une première fois en juin 1451 devant les troupes royales menées par Dunois. Ce rapide effondrement du duché s'expliquait par la confirmation de tous les privilèges, droits et libertés des Gascons. Suite à des accrochages entre Bordelais et officiers du roi, les Anglais, avec l'aide des Gascons, reprennent possession de Bordeaux. La bataille de Castillon, le 27 juillet 1453, marque la victoire définitive des troupes françaises et, à l'exception de Calais, la fin de la France anglaise. En 1473, à la mort de Jean V d'Armagnac, les domaines gascons et rouergats des comtes d'Armagnac passent sous le contrôle de Louis XI et confortent l'implantation française dans le Sud-Ouest. Dès le milieu du XVe siècle, l'influence française, déjà sensible auparavant, commence à prévaloir. Un document de 1492, daté de Lectoure, hésite : on y trouve *megge*, l'ancien terme occitan, à côté de *medeci*, forme plus savante ; *médecin* l'emportera quelques décennies plus tard.

LA PROVENCE

La Provence, par ses destinées politiques, reste pendant presque toute la période en dehors du royaume de France. Pourtant, au XIIIe siècle Charles d'Anjou, le frère de saint Louis, épousa Béatrice, la fille du comte Raimond Bérenger V, et devint comte de Provence. Mais Charles, investi du royaume de Sicile par le pape, quitta la Provence, où il se fit représenter par un sénéchal. Dirigée depuis l'Italie, la Provence échappe largement à toute influence française. En 1389, Louis II d'Anjou, comte de Provence, est contraint de quitter Naples. A partir de 1471, son fils le roi René se fixe en Provence où il n'a jusqu'alors séjourné que par intermittence. Jusqu'au roi René, le latin sert aux relations entre le comte et ses sujets, quelquefois aussi l'occitan de Provence, très rarement le français. En Provence, jusqu'au XVIe siècle le latin reste la langue préférée des notaires et des communautés urbaines. Les traces de français y sont plus rares qu'ailleurs, sauf chez quelques nobles qui ont vécu à Paris ou à la cour du comte. Le legs de la Provence par Charles III au roi de France en 1481 donna le signal d'une francisation plus active.

Le territoire d'Avignon présente une situation particulière. A l'issue de la croisade des Albigeois, le Comtat (cap. Carpentras) est donné en garde à la papauté (1229), qui s'en assure définitivement la jouissance à partir de 1274. En 1309, le pape Clément V, dans l'impossibilité de se rendre en Italie, se fixe provisoirement à Avignon, où il séjourne par intermittence jusqu'à sa mort en 1314. Jean XXII, son successeur, s'y installe, suivi de Benoît XII et de Clément VI, qui firent construire un palais destiné à abriter la curie pontificale. Clément VI acheta la ville à la reine Jeanne de Naples en 1348. Avignon fut la capitale de la chrétienté pendant soixante-dix ans et atteignit peut-être les 40 000 habitants avant la Peste noire de 1348.

Avignon draina une partie du plus haut clergé du royaume et le français y eut, de fait, plus de place que dans les autres villes du Midi. Dès la première moitié du XVe siècle, les notaires avignonnais sont souvent capables de manier le français. Au milieu du siècle, une partie des habitants est déjà familiarisée avec la langue du Nord. En 1499, un ouvrage en français, la *Doctrine de ceux qui sont en article de la mort, avec une finale en vers français*, est imprimé à Avignon. En 1509, une troupe de comédiens représente en français une histoire de la vie de saint Jacques. Leurs installations ayant été détruites par le mistral, les comédiens demandent en français une subvention au conseil municipal pour réparer les dégâts. La même troupe reparaît en 1513, signe que leur langue n'avait pas nui au succès de leur représentation. Contrairement à la situation exceptionnelle d'Avignon, la pénétration du français dans le Comtat Venaissin, marginal par rapport à Avignon et resté très rural, ne présente aucune particularité.

Le Limousin

L'introduction du français en Limousin avant 1500 est très superficielle, même si cette région est reprise aux Anglais et rattachée au domaine sous Charles V en 1371. Seuls quelques rares textes français originaires du Limousin et antérieurs à 1450 son conservés. A cette date, les autorités ecclésiastiques de Limoges forment pourtant un noyau fortement francisé. Bientôt, l'usage du français se répand chez les notaires et les copistes, laïques comme ecclésiastiques. A partir de 1500, le français se substitue progressivement au limousin dans les documents de la pratique, si bien qu'entre 1520 et 1540, après une période de concurrence entre latin, français et limousin, le limousin et le latin se trouvent exclus au profit du français.

L'Auvergne

Rattachée au domaine royal en 1213 par Philippe Auguste, puis administrée de 1241 à 1271 par Alphonse de Poitiers, le frère de saint Louis, l'Auvergne s'intègre au royaume[31]. La réunion de l'Auvergne à la couronne ne se traduit pas par l'introduction du français dans l'écrit documentaire. Même si l'occitan ne menace jamais la prééminence du latin dans les actes de la pratique, il s'affirme comme langue administrative et consulaire du XIIIe au XVe siècle. Dès le milieu du XIVe siècle, pourtant, le français se présente comme une langue concurrente. Le « conflit des langues » se manifeste d'abord au nord de l'Auvergne. Au début du XVIe siècle, il est réglé à l'écrit au profit du français.

La chronologie diffère sensiblement en Basse et en Haute-Auvergne. En Basse-Auvergne, le français, utilisé dans des documents de la pratique dès le milieu du XIVe siècle, écarte l'occitan de cet emploi à la fin du XIVe siècle et au début du XVe siècle. L'évolution est donc particulièrement précoce par rapport aux autres régions de langue d'oc, où la disparition de l'occitan dans ces documents se produit généralement au début du XVIe siècle. La précocité de la disparition de l'occitan dans l'administration de la Basse-Auvergne s'explique, d'après J.-P. Chambon, par l'individualisation du bas auvergnat dans le courant du XIIIe et du XIVe siècle. Ce dialecte subit des transformations importantes qui ont pu le couper au moins partiellement des dialectes occitans plus méridionaux. Isolé, le bas auvergnat ne pouvait offrir qu'une faible résistance. D'autre part, l'influence royale s'est considérablement renforcée dans cette région aux XIVe et XVe siècles. Il est probable que Riom, « capitale » de Jean de Berry, était davantage soumise à la pression du français qu'Aurillac ou Saint-Flour.

Dans le dernier quart du XVe siècle, la *Passion d'Auvergne* et un *Mystère de sainte Agathe* sont représentés et copiés en français respectivement à Montferrand et à Clermont, ce qui laisse supposer une compétence passive en français assez largement diffusée dans les masses urbaines. La *Passion* comporte un fragment comique en occitan auvergnat, preuve qu'à cette date la situation de bilinguisme est inégalitaire et que la langue d'oc est subordonnée à la fois sociolinguistiquement et littérairement au français. Pourtant, la langue du manuscrit de la *Passion*, composée par un auteur de langue maternelle française, montre que le système graphique français n'est pas encore bien maîtrisé par les sept copistes qui se sont succédé, car ils ont adopté des solutions graphiques différentes plus ou moins nettement influencées par le dialecte de Basse-Auvergne.

Avec plus d'un siècle de décalage par rapport à la Basse-Auvergne, la Haute-Auvergne suit cette chronologie. Saint-Flour présente même un cas de résistance exceptionnel, puisque la gestion de la ville est encore notée en occitan en 1542. Le Velay connaît la même chronologie que la Haute-Auvergne. L'occitan se maintient au Puy et dans sa région jusqu'à la fin du XVe siècle, voire jusqu'au début du XVIe siècle.

Les campagnes militaires de la guerre de Cent Ans ont été dévastatrices en Agenais et en Bordelais, surtout pendant la reconquête de 1438 à 1453. La période de reconstruction qui commence dans la seconde moitié du siècle voit le repeuplement du Bordelais par un fort noyau de gens de langue d'oïl destiné à conserver longtemps encore leur dialecte. Ces immigrants ont été appelés les *gabaïs*, les *gavaches*, peuplant la *petite gavacherie* dans l'Entre-Deux-Mers et la *grande gavacherie*, vers Blaye et Coutras. De 1478 à 1480, dix-sept familles d'« étrangers » vinrent s'établir ainsi à Blasimont. Pour le Bordelais, on a parlé de l'arrivée de 600 familles de langue d'oc ou d'oïl, essentiellement des Saintongeais, des Angoumois, des Poitevins, des Limousins et des Périgourdins, mais aussi des Auvergnats et des Rouergats. La toponymie conserve encore le souvenir de ce repeuplement. On trouve ainsi des lieux-dits et des quartiers du nom de *La Saintongère* (Sauveterre), *Poitevin* (Baron, Castres, Listrac, Saint-Germain-la-Rivière, Saint-Martin-de-Lerm), *Cholet* (Frontenac), *Normand* (Saillans, Villenave-de-Rions) ou *Bretagne* (Capian, Rauzan)...

Un mouvement similaire de repeuplement se produit dans l'Agenais où les toponymes dérivés de *Gavache* sont nombreux. Il en va de même sur les plateaux du Bas-Quercy. En Couserans, au pied des Pyrénées, s'installe une colonie saintongeaise dans la seconde moitié du XVe siècle. Elle est encore signalée en 1667 par le réformateur des Eaux et Forêts Louis de Froidour, parce qu'elle conservait le « langage françois » en plein pays de langue d'oc : « Pour ce qui est de la Serre (Lasserre en Ariège), j'ay à vous dire quelque chose de plus remarquable, qui est que dans cette extrémité du Languedoc, il y a 250 à 300 ans que quelques gens du pays de Xaintonge sont venus s'y réffugier et y ont fait une petite colonie dans laquelle ils conservent encore leur langage françois[32]... »

Le milieu du XVe siècle semble marquer un tournant. Comme le dit A. Brun : « Entre 1450 et 1500, une transformation profonde s'opère : le français s'introduit partout dans le Midi en contournant le Massif central par l'est ou par l'ouest. Avignon, du fait du séjour des papes, y occupe une place privilégiée[33]. » Alors qu'autour de 1450, les témoignages d'ignorance du français dans des milieux instruits sont encore nombreux, la situation bascule en cinquante ans. Vers 1500, le français commence à l'emporter sur l'occitan dans l'usage « cultivé » d'une minorité influente. Le français bénéficie du prestige d'une royauté raffermie et de la littérature française. Plusieurs auteurs nés en Occitanie se font alors un nom dans les lettres françaises. Pierre de La Cépède, originaire de Marseille, compose en 1432 un roman en prose française ; Pierre de Nesson, né à Aigueperse en Basse-Auvergne, est le premier poète auvergnat d'expression française ; Guillaume Tardif, originaire du Puy-en-Velay, traduit plusieurs textes de latin en français pour le roi de France...

La soudure du Nord et du Sud est consolidée à la même époque par l'institution dans les grandes villes du Sud de parlements régionaux : à Toulouse en 1444, à Bordeaux en 1462, à Aix-en-Provence en 1501-1502. Ces institutions rédigent leurs arrêts en latin, mais tiennent leurs registres en français. La langue du roi devient donc indispensable aux gens de robe, aux avocats, notaires, greffiers, huissiers et sergents.

Pourtant, les progrès du français dans le Midi comme langue écrite ne doivent pas faire illusion sur son extension comme langue parlée. Dans les villes du Midi, l'emploi, même occasionnel, du français à l'oral est extrêmement limité. Il est probable que vers 1530 encore, exception faite de quelques gens de droit, d'Eglise ou de lettres, de quelques marchands et d'une partie de la noblesse, l'occitan était la seule langue parlée.

L'INFLUENCE DE L'OCCITAN SUR LE FRANÇAIS

Même si la lente pénétration du français en terre occitane est sans doute le phénomène le plus marquant du contact entre oc et oïl, il ne faudrait pas croire que les relations entre les deux langues aient été unilatérales. Le prestige de la poésie occitane n'a pas tardé à lui gagner des émules dans le nord du royaume. La pénétration des modèles d'oc est déjà documentée, vers 1170, par la chanson de Chrétien de Troyes, *D'Amors, qui m'a tolu a moi*. La cour de Marie de Champagne, fille d'Aliénor d'Aquitaine et petite fille de Guillaume IX, le premier troubadour, devient vite un centre où l'on cultive la poésie d'amour venue du Sud et d'où se répand le chant courtois d'oïl. Le prestige de la poésie occitane a conduit à une occitanisation du français, qui se traduit par une influence lexicale et stylistique dans le domaine de la poésie lyrique, mais aussi par la création d'une langue artificielle mixte.

Le prestige de la lyrique occitane a pu inciter des trouvères, les poètes lyriques du Nord, à utiliser dans leurs textes des éléments linguistiques occitans ou du moins occitanisants. Ce processus a pu aller jusqu'à la création d'une langue hybride, par nature artificielle. Plusieurs poètes ont ainsi truffé leur langue « d'éclats exotiques en prenant garde de ne pas compromettre l'intelligibilité du texte, préservant pour cela les structures essentielles de la langue maternelle[34] ». La langue de *Girart de Roussillon*, une chanson de geste du XIIe siècle, telle que nous la conserve le manuscrit d'Oxford, montre par sa cohérence et son équilibre que ce type d'hybridation linguistique, que l'on va retrouver plus loin avec le franco-italien, est susceptible d'une certaine stabilisation.

Deux lais, un genre de tradition spécifiquement française, nous sont parvenus dans cette langue mixte. Voici les premiers vers tirés du *Lai de Nompar* (XIIIe siècle). Au milieu de formes françaises, on relève quelques traits proprement occitans, comme la forme *jauent*, du latin *gaudente* (en se réjouissant), qui présente la chute de /d/ entre deux voyelles, caractéristique du nord-occitan ; *par* (occitan) est mis pour *per* français ; *chantar*, *escoutar* pour *chanter* et *escouter* ; *far* pour *faire*[35]... :

Finament	Avec finesse
et jauent,	et joie
vos comens	j'entame pour vous
lai non par.	un lai sans pareil.
Qui chantar	Celui qui composer
non sap far	ne sait pas
ben deit escoutar,	doit bien écouter,
car a fin joi comence,	car c'est avec une joie pure que commence
joies son, curteis chant.	une mélodie joyeuse, un chant courtois.

L'influence lexicale de l'occitan sur le français a été étudiée par Karl Gebhardt, à partir du monumental dictionnaire étymologique du français de Walther von Wartburg[36]. Sur les 1613 occitanismes employés aujourd'hui en français, auxquels il faut ajouter 873 occitanismes tombés en désuétude, Gebhardt en relève 303 empruntés du XIIe au XVe siècle. La période médiévale n'a donc pas été la plus féconde, sans doute à cause de la méconnaissance générale du français par les gens du sud et de l'occitan par les habitants du nord du royaume. C'est à partir du moment où le nombre des Occitans bilingues commence à croître fortement que les mots occitans peuvent glisser naturellement d'une langue à l'autre, par le biais d'une communication plus intense entre le sud et le nord du royaume.

Les transferts lexicaux de l'occitan au français ont suivi trois voies principales. (1) Le cheminement le plus courant et le plus simple, sur lequel nous reviendrons, est l'emprunt direct d'un mot occitan en français. (2) L'occitan sert parfois d'intermédiaire à l'introduction de mots issus d'autres langues, surtout de l'italien, de l'espagnol ou de l'arabe. Ainsi l'italien *marzapane* « boîte ou capacité d'un dixième de boisseau » (XIIIe-XIVe siècles à Venise) a été emprunté en occitan sous la forme *massapan* (Avignon 1337), avant de passer au français *massepain* (1449), d'abord « boîte de luxe pour confiserie ». L'espagnol *cordoban*, « de Cordoue », est passé en occitan sous la forme *cordoan*, et de là en français sous la forme *cordouan*. Les emprunts à l'arabe transitent parfois par l'occitan : l'arabe *baṭāna* « doublure » donne *badana* en espagnol, à son tour emprunté sous la forme *basana* en occitan, avant d'aboutir au français *bazan* (ca 1150), ancêtre du moderne *basane*, « peau de mouton tanée » ; de même l'arabe d'Espagne *isbināḥ* est passé à l'occitan *spinarch, espinarc* (1150), avant d'être attesté en français en 1331 sous la forme *espinarde* (fr. mod. *épinard*). (3) A priori plus surprenant est le transfert de l'occitan au français par l'intermédiaire d'une tierce langue. Ce phénomène s'explique par le rayonnement européen de la littérature occitane, particulièrement en Italie et en Espagne. Ainsi l'ancien occitan *escrima*, passe en italien sous la forme *scrima*, à l'origine du français *escrime* (fin du XIVe siècle) ; le français *ambassade*, emprunté à l'italien *ambasciata*, lui-même issu de l'occitan *ambaisada*, connaît le même cheminement.

Les occitanismes par emprunt direct sont représentés dans tous les secteurs de l'activité humaine, mais particulièrement dans la vie militaire, la vie maritime ou la cuisine. A l'époque de la guerre de Cent Ans, le va-et-vient des troupes a facilité les échanges lexicaux, d'autant que les troupes anglaises sont constituées pour l'essentiel de Gascons. Le déplacement des troupes provoque le déplacement des mots. Le lexique équestre s'enrichit ainsi de quelques nouveaux termes : *palefrenier* « celui qui prend soin des chevaux » (depuis 1350, de l'occitan *palefren*), *penade* « saut d'un cheval, ruade, voltige » (moyen français, de l'occitan de même sens *pennado*), *soubresaut* (vers 1369, de l'occitan *sobresalto*), *gambade* (1480, de l'occitan *cambado, gambado*). Parmi ces *bandes* de soldats (mot emprunté à l'occitan *banda*, « troupe, compagnie de gens », et attesté chez Froissart), il y avait des *goujats*, « valets d'armée » (de l'occitan *gojat* « jeune homme ») et des *gouges*, les femmes qui suivaient l'armée (de l'occitan *gouge*, « fille »). Les soldats étaient *cantonnés* (1352, dérivé de l'occitan *canton* « coin, bord ») et pouvaient prendre une place en pratiquant l'*escalade* « assaut d'une place au moyen d'échelles » (1456, peut-être de l'occitan *escalada*, de même sens).

L'occupation pluriséculaire d'une bonne partie de la côte atlantique par les Anglais a favorisé l'afflux vers le Nord de termes occitans de marine. On citera par exemple *cap* « promontoire » (1387, de l'occitan *cap* « extrémité »), *bouque* « entrée dans un golfe » (vers 1400, de l'occitan *boca* « bouche, ouverture »), *corsaire* « pirate » (1443, de l'occitan *corsari*, peut-être lui-même emprunté à l'italien *corsaro*) et *gabarre* (1338, de l'occitan *gabarra* « bateau plat à voiles et à rames »).

L'influence occitane se fait également sentir en matière culinaire. Au XIVe siècle, Paris commence à s'intéresser à la cuisine du Sud. On se met à y préparer des *escargots* (1393, français *escargol*, de l'occitan *escargol*), du *merlu* (1333, français *mellus*, de l'occitan *merlus*), de la *langouste* (de l'occitan de même sens *langosta*), à utiliser de la *ciboule* (1288, français *cibole*, de l'occitan *cebula*) et à boire du *muscat* (1372, de l'occitan *muscat*).

L'université de Montpellier joue un rôle important dans la diffusion septentrionale du lexique occitan, car ses prestigieuses facultés de droit et de médecine attirent des étudiants du nord de la France et voient certains de leurs diplômés être appelés à des fonctions dans le domaine d'oïl. Quelques termes juridiques et médicaux occitans s'introduisent par leur intermédiaire en français : *contester* (1338) vient de l'occitan *contestar* ; *conservateur* « celui qui conserve la justice » (1361) vient de l'occitan *conservador* ; *clause* (1463) du latin *clausa*, mais par l'intermédiaire de l'occitan *clauza* ; *preterition* « omission d'un héritier dans un testament » (1510), de l'occitan *pretericion*. En médecine, citons la *ligature* (1377, *ligadure*, de l'occitan *ligadura*), le *séton* « mèche de coton passée à travers la peau pour entretenir un exutoire » (vers 1370, de l'occitan *sedon*) ou encore les *potingues* « drogues » (1532, de l'occitan *poutingo*)...

La ville de Lyon, située pourtant dans le domaine francoprovençal, est également un relais important du lexique occitan. De très nombreux occitanismes remontent le cours du Rhône vers Lyon, puis celui de la Saône jusqu'à Dijon, avant de gagner Paris d'où ils sont irradiés sur l'ensemble du territoire d'oïl. Tel est le cheminement suivi par *vignoble* (1181, de l'occitan *vinhobre*), *caisse* (1365, de l'occitan *caissa*) ou *racler* (XIVe s., de l'occitan *rasclar*). Deux autres cheminements géographiques sont bien attestés, l'un par Avignon, qui sert d'intermédiaire, via l'occitan, au passage de mots italiens en français (italien *cortigiano* > occitan *cortezan* > français *courtisien*, puis *courtisan*), l'autre par le poitevin-saintongeais.

Enfin, le dernier vecteur d'occitanismes en français est sans doute l'écrit et en particulier la littérature. En 1306, Joinville introduit ainsi *soute*, de l'occitan *sota*, au sens de « réduit sous le pont pour conserver les provisions ». Froissart emploie *campane, de pied en cap* ou *muscader*. Antoine de la Salle, au milieu du XVe siècle, parle de *traverse rue* (de l'occitan *traversa* « obstacle ») ; François Villon emploie *pigne*, de l'occitan *pinha* pour « pomme de pin ».

Le francoprovençal

Le « francoprovençal » est, avec le français et l'occitan, l'une des trois langues néo-latines qui se sont développées sur le territoire de la Gaule, du Lyonnais à la Suisse romande. La dénomination de cette langue est due au linguiste italien Graziado Isaia Ascoli, qui a qualifié de *franco-provenzale*, en 1878, des patois observés en Vallée d'Aoste et en Savoie. Cette désignation n'est pas très heureuse, car ces patois ne pouvaient se rattacher ni au domaine d'oïl ni à celui d'oc.

L'apparition du francoprovençal est due à l'adoption par Lyon d'un latin particulier. Dans l'ellipse dont Lyon et Genève sont les foyers, l'influence germanique dut être beaucoup plus faible que dans les régions situées plus au nord, si bien que les formes linguistiques produites par la lente latinisation de la Gaule « chevelue » restèrent plus proches du latin. Jusqu'à la fin du Moyen Age, la ville de Lyon fut un centre directeur important de cette langue, même si le prestige de la langue d'oïl se fait sentir à Lyon dès le XIIe siècle. Développé autour de l'axe Lyon-Genève, le francoprovençal urbain est une langue multipolaire soumise à des évolutions spécifiques d'un point à l'autre de son domaine. Parlé dans les plaines de la Loire et de la Saône, dans la vallée du Rhône, sur les monts du Lyonnais, dans le Jura et dans le massif alpin, le francoprovençal est implanté dans une aire géographiquement hétérogène. L'assise politique est tout aussi diverse, puisque le domaine qui correspond à ce francoprovençal est partagé entre des entités politiquement plus ou moins indépendantes (Savoie, Forez, Lyonnais, Bresse, Bugey) et des circonscriptions plus rapidement rattachées à un royaume comme le Dauphiné ou le sud de la Franche-Comté. Dans ces conditions, le francoprovençal est « resté au stade naturel de langue géographiquement variable ». Aucune ville du domaine n'a jamais imposé une norme tirée de ses usages.

Si l'on peut affirmer que le francoprovençal est parvenu au statut de langue écrite au cours du Moyen Age, il est certain qu'il n'a pas assuré à l'écrit des fonctions comparables à celles de l'ancien français ou de l'ancien occitan[37]. Aucun texte littéraire du Moyen Age n'a été écrit de manière certaine en francoprovençal, parce que cette langue était sentie comme réservée à l'usage privé et quotidien. On ne connaît dans la période que trois textes non documentaires rédigés en francoprovençal : une traduction de la *Somme* du *Code de Justinien* en dialecte dauphinois du XIIIe siècle, quelques œuvres de Marguerite d'Oingt écrites près de Lyon à la fin du XIIIe siècle, enfin des *Miracles et Légendes* en dialecte lyonnais de la fin du XIIIe siècle. La littérature patoise qui apparaît au XVIe siècle appartient à une tradition entièrement distincte de celle de la scripta médiévale.

Le cas de Marguerite d'Oingt, mystique du XIIIe siècle, est particulièrement révélateur. Le manuscrit unique qui nous conserve ses œuvres est trilingue. Marguerite, qui semble à l'aise en latin, compose des *Méditations* dans cette langue. Lorsqu'elle rédige pour elle et pour les sœurs de la chartreuse de Poleteins (Ain), elle utilise le francoprovençal, sa langue maternelle. Quant au français, elle en use dans ses lettres lorsqu'elle veut faire honneur à un correspondant respecté ou qui ignore le francoprovençal. Marguerite ne connaissait pas assez bien le français pour ne pas y mêler des formes francoprovençales.

Les auteurs de langue maternelle francoprovençale qui veulent faire œuvre littéraire sont contraints socialement d'adopter le français. Aymon de Varennes, qui rédigea en 1188 un roman intitulé *Florimont* à Châtillon-d'Azergues, à environ trente kilomètres au nord-ouest de Lyon, choisit le français : *Il* [l'ouvrage] *ne fu mie fait en France, / Maix en la langue de fransois. / Le prist Aymes en Loënnois / Aymes i mist s'entension ; / Le roman fit à Chastillon* [Le roman ne fut pas écrit en France, Mais dans la langue des Français. Aimon l'apporta en Lyonnais, Aimon s'y consacra Et rédigea le roman à Châtillon]. Aymon explique, à la fin de son roman, pourquoi il a choisi la langue des Français : *As Fransois wel de tant servir / Que ma langue lor est salvaige ; / Car j'u ai dit en mon langaige / Az muelz que j'u ai seü dire*[38] [C'est aux Français que j'ai voulu rendre service, D'autant plus que ma langue [maternelle] leur est étrangère ; En effet, j'ai écrit ce livre dans un langage à moi, Aussi bien que j'ai su le dire]. L'auteur, fort conscient de la rupture linguistique entre langue d'oïl et francoprovençal, opte pour le français, car sa propre langue est étrangère à celle des lecteurs français qu'il cherche à atteindre.

A la fin du XVᵉ siècle, la situation n'a guère changé et Jacques de Bugnin, né à Lausanne et auteur du *Congié pris du siecle seculier* (1480), s'excuse auprès de ses lecteurs de l'originalité de son français, « *Car du dicteur la langue nutritice / Partit premier du pays de Savoye*[39]. » [Car la langue maternelle de l'auteur vint d'abord du pays de Savoie.] Quelques années plus tard, Claude de Seyssel, par un rondeau placé au frontispice de sa traduction de Xénophon (1504), avertit Louis XII que « *Pourtant que* [puisque] *je suis Savoisien, / S'il tient un peu de mon patois, / Prenez en gré* [prenez-y du plaisir] *; / le conte est plaisant et ancien* ». Dans la préface, Seyssel prie le roi de considérer « *que je ne suis pas natif de France et n'y ai hanté* [résidé]*, le tout compris, que trois ans au plus... Par quoi, n'est pas à merveiller* [s'étonner] *se je n'ai le langage français bien familier* »[40].

Si le francoprovençal n'accède pas à l'écrit littéraire et s'il est source d'insécurité linguistique pour ceux de ses locuteurs qui s'avisent d'écrire le français, il apparaît dans les textes de la pratique, sans jamais menacer le latin. En Forez par exemple, sur un ensemble de 1500 documents d'archives antérieurs au XIVᵉ siècle, seuls cinq sont en francoprovençal. Selon Ph. Marguerat, la très nette domination du latin s'explique par la « forte pénétration du droit romain dans les institutions qui se sont assurées le monopole de l'instrumentation[41] ». Au milieu du XIIIᵉ siècle, le domaine francoprovençal voit se développer des tribunaux, des écoles de droit et un notariat public qui s'appuient sur le droit romain et utilisent naturellement le latin, limitant ainsi l'extension du vernaculaire francoprovençal.

Les premiers textes juridiques en francoprovençal datent de la seconde moitié du XIIIᵉ siècle. A leur suite apparaissent des documents où cette langue est plus ou moins colorée de français, quand ce n'est pas l'inverse. Entre les documents en français et les documents en francoprovençal, la différence est une question de proportion. Il est difficile d'y sentir deux langues affrontées.

Du coup se pose le problème de l'existence du francoprovençal comme entité linguistique suffisamment forte pour être opposée à l'occitan et au français, reconnus par tous. Le prestige du français, auquel se trouve vite confronté le francoprovençal, est sans doute à l'origine du phénomène de la double scripta. Aux XIIIᵉ et XIVᵉ siècles cohabitent deux scriptae différentes, l'une, essentiellement conforme au dialecte local, l'autre de type français, quasiment identique à celle qu'on utilisait en Bourgogne (on la désigne parfois sous le nom de scripta para-francoprovençale).

Un exemple frappant du prestige du français dans cette aire francoprovençale a été révélé récemment par S. Lusignan[42]. En 1381, au cours d'un différend entre les habitants du village de Saint-Albain (Saône-et-Loire, à dix kilomètres au nord de Mâcon) et leur seigneur, une affaire est portée en appel devant le parlement de Paris. Un accord est finalement trouvé avant la fin de la procédure. Le chapitre cathédral de Mâcon, seigneur de Saint-Albain, expédie l'accord dans une rédaction latine à Paris et obtient son entérinement par le parlement. Les habitants, pourtant de langue maternelle francoprovençale, réclament un accord *escript en françois*, parce que « *n'entendoient* [comprenaient] *point les habitans le latin*[43] ». Cette requête atteste que le français était assez couramment lu par les habitants du Mâconnais à la fin du XIVe siècle, alors qu'à l'oral le parler francoprovençal n'était pas forcément francisé.

Une fois que le latin commence à être délaissé comme langue de chancellerie s'ouvre une période complexe où la double scripta s'affirme. Celle qui est très marquée par le francoprovençal est surtout employée dans les documents à destination locale, tandis que les documents destinés à Paris ou à d'autres provinces sont rédigés dans une scripta moins marquée.

En Savoie, la langue écrite est le latin, tandis qu'on parle communément le savoyard, un parler du groupe francoprovençal. Les documents en francoprovençal ne sont pas très nombreux ; en revanche, la scripta « para-francoprovençale » est très largement représentée. Pourtant, la langue locale n'était pas exclue des actes officiels ou privés des seigneurs de Savoie. Les deux textes les plus anciens en langue vernaculaire émanant d'un seigneur de Savoie remontent à l'année 1250 et sont rédigés dans une scripta « para-francoprovençale » truffée d'éléments locaux. Jusqu'au milieu du XIVe siècle, les comtes de Savoie avaient épousé de préférence les filles de seigneurs dont les domaines jouxtaient les leurs, afin de se ménager des alliances ou des annexions. En 1355, le mariage d'Amédée VI, dit le comte Vert, avec Bonne de Bourbon, inaugure une série de mariages avec la maison capétienne : Amédée VII épouse en 1377 Bonne de Berry, Amédée VIII Marie de Bourgogne (1393) et Amédée IX Yolande de France (1452). Bonne de Bourbon et Yolande de France ont joué un rôle important dans l'administration du comté, devenu duché en 1416. Cette politique matrimoniale, nettement tournée vers la France, a dû favoriser la francisation de l'administration et de la cour savoyardes. Si, à l'orée du

XVᵉ siècle, la langue des documents comptables de l'administration savoyarde est encore fortement marquée par de nombreux traits locaux, au cours du siècle, la situation linguistique se normalise par l'imitation des parlers de France, même si persistent quelques traits linguistiques locaux, surtout au niveau lexical.

En Dauphiné septentrional, le premier document en langue vernaculaire, daté de 1245, est en scripta francoprovençale. Presque à la même date apparaissent des documents en scripta moins marquée, à usage diplomatique, utilisée pour les relations entre le Dauphiné et les provinces voisines.

En Forez, où la double scripta a également été utilisée, aucun texte francoprovençal n'est attesté après 1323. En 1358, les comptes de l'hôtel du comte, de son fils et de la comtesse ne sont plus rédigés en latin, mais en français. Tous les fonctionnaires étaient bourbonnais et rédigeaient en français.

En Lyonnais, le français et le francoprovençal sont en concurrence depuis le milieu du XIVᵉ siècle, mais la tradition écrite du francoprovençal est bien ancrée. On écrit encore en francoprovençal vers 1430 et l'envahissement du français ne se produit pas avant la seconde moitié du XVᵉ siècle. J. Rossiaud a étudié le bilinguisme des patriciens lyonnais à la fin du XIVᵉ siècle[44]. A l'automne 1387, les consuls de Lyon durent refaire les Estimes de leur ville, c'est-à-dire l'inventaire des biens et des revenus servant à l'établissement des taxes. La rédaction du dernier livre était encore récente, mais il leur fallait renouveler l'opération afin d'éviter des troubles par l'amélioration de la justice fiscale. Ce nouveau livre (*Livre du Vaillant des habitants de Lyon*), contrairement au précédent, qui avait été rédigé en francoprovençal, est cette fois écrit en français parsemé de dialectalismes.

Entre 1380 et 1400, malgré les apparences, les élites lyonnaises ne sont pas encore très familiarisées avec le français. En 1402, les consuls s'adressent à Jean de Beaumont, un clerc de langue d'oïl pour rédiger une lettre « *de bon français et de bonne lettre* », destinée au chancelier de France. Le livre de 1388 témoigne des difficultés qu'ont les patriciens à écrire dans une langue imposée depuis peu à la ville par l'autorité monarchique pour les actes capitaux de son administration. Selon les domaines abordés, les bilingues du patriciat et leurs clercs s'expriment plus ou moins aisément en français. Leur plus ou moins grande aisance dessine le contour des usages spécifiques du français et du francoprovençal à Lyon. La description de l'espace rural résiste à l'intrusion du français, sans doute parce que les patriciens fréquentent leur maison de campagne lors des foins, des moissons ou des vendanges. En revanche, les noms des rues ou des quartiers de Lyon sont déjà francisés depuis longtemps. Le vocabulaire de la parenté offre un contraste saisissant. On parle des hommes en français et des femmes en francoprovençal : on parle du *père*, du *mari*, du *frère* (et non du *frare*, une seule occurrence relevée). En revanche, les femmes ou les filles, à l'exception de la mère, sont désignées par des termes traditionnels : l'épouse est la *donna*, *li fema*, mais surtout *li mulier* ; *fille* est rare en face de *filli, fily, filly* ; et *suer* ou *sereur* exceptionnel face aux *serours, sorourges*. La sphère publique (masculine) est ouverte à la francisation alors que la sphère privée (féminine) se montre beaucoup plus résistante.

Des langues non romanes à l'intérieur du royaume

LE JUDÉO-FRANÇAIS, UN MYTHE ?

On désigne couramment sous l'appellation de judéo-français le français parlé par les juifs de la France du Nord jusqu'à leurs expulsions en 1306 et en 1394. Souvent éparpillés dans de minuscules communautés sur tout le territoire du royaume, au moins jusqu'à l'interdiction qui leur est faite par Philippe III d'habiter des petites villes, les juifs sont assez nombreux dans quelques agglomérations comme Troyes, Paris, Orléans, Corbeil ou Dreux. L'un d'entre eux, Raschi (Salomon ben Isaac) de Troyes (vers 1040-1105), rédige un commentaire sur presque toute la Bible, qui devient un manuel courant dès le XIIe siècle et demeure jusqu'à nos jours l'accès au texte biblique dans l'étude traditionnelle. L'« école de la France du Nord » joue donc un rôle considérable dans l'évolution de l'exégèse juive.

La question est de savoir s'il a ou non existé au Moyen Age un dialecte français présentant des traits exclusivement juifs. Il semble aujourd'hui assuré que les juifs de France parlaient la langue et le dialecte de ceux avec qui ils vivaient, et ne parlaient que cela. Le nombre des lettrés dans les communautés était faible et leur éparpillement était tel que dans bien des petites localités, la connaissance de l'hébreu était pour ainsi dire nulle. Il est indiscutable que la langue maternelle des juifs en France était le vernaculaire roman (l'« ancien français »). C'est cette langue qu'ils parlaient chez eux, sur le marché, à la synagogue et à l'école. Lorsque les rabbins juifs utilisaient le français, ils l'appelaient « notre langue ». Les noms adoptés par les juifs étaient d'ailleurs pour beaucoup gallicisés. M. Bannit cite *Colon, Bendit, Vives, Quinet, Monet, Belasez* (Bel assez) ou *Fleurdelis*.

Les discussions entre rabbins se déroulaient en français, qui était parfois même la langue des prières. Contrairement aux prescriptions rabbiniques, la lecture hebdomadaire d'une section du Pentateuque et d'un passage des prophètes était suivie d'une traduction.

C'est à l'écrit que le français des juifs prend un caractère différent. En effet, l'écriture latine était trop fortement associée à la langue qui lui donne son nom et par là même aux textes sacrés des chrétiens. La dimension symbolique de l'écrit et de sa forme, longtemps monopolisés par les membres de l'Eglise, s'impose à tous. Du coup, les juifs utilisent l'alphabet hébraïque dans les textes à caractère religieux qu'ils écrivent en France. Les plus anciens (XIe siècle) sont des gloses de textes sacrés hébreux. Les commentaires de la Bible et du Talmud par Rashi contiennent un nombre important de mots d'ancien français. A partir du XIIe siècle, des gloses françaises apparaissent dans tous les écrits rabbiniques : commentaires bibliques et talmudiques, livres de prières, traités sur l'halaka.

Au XIIIe siècle, des glossaires bibliques renferment plusieurs dizaines de milliers de mots rendant la Bible en vernaculaire français ; ils témoignent de la traduction continue de la Bible en ancien français dans les communautés juives. Le *Glossaire de Bâle*, confectionné en Champagne à la fin du XIIe siècle ou au début du XIIIe siècle, est particulièrement riche. Le traducteur, dans son désir de rester fidèle à l'original, est souvent obligé de créer des néologismes. Ces créations lexicales ressortissent au genre de la traduction biblique, car elles visent à rendre compte de toutes les intentions du texte sacré. D'autre part, l'hébreu, langue à racines consonantiques, se prête facilement à la création de dérivés dans toutes les catégories grammaticales.

A l'exception des néologismes, le lexique ne s'écarte pas sensiblement de celui des auteurs champenois de la période. Alors comment expliquer que les textes juifs soient les seuls, en Champagne, à présenter certains termes ? L'éditeur du *Glossaire de Bâle* avance trois raisons. D'abord la traduction de la Bible en français se transmet dans les milieux juifs oralement, de génération en génération. Elle forme la base d'une éducation religieuse et ne se prête guère à des transformations. Ce mode de tradition engendre donc un certain nombre d'archaïsmes. Ensuite, ces textes véhiculent des occitanismes introduits par les juifs du Nord influencés par l'enseignement des écoles provençales. Enfin, les textes juifs seraient proches de la langue parlée. Alors que les textes de l'ancien français composés par les chrétiens sont toujours savants ou demi-savants, les juifs auraient utilisé dans leurs traductions la langue des pauvres qu'ils fréquentaient, une langue comportant des mots de tous les jours. D'ailleurs certains glissements de sens attestés dans le glossaire de Bâle sont confirmés sporadiquement par des textes non juifs.

Il faut abandonner l'idée d'un parler particulier aux juifs de France et se méfier du terme de « judéo-français » qui renvoie à des réalités linguistiques bien différentes comme le « judéo-espagnol » ou le « judéo-allemand ». Tout au plus peut-on parler d'emprunts livresques à l'occitan, à l'arabe, et de quelques vocables hébraïques, souvent francisés. Après que l'ordonnance de 1394 eut mit fin à l'« autorisation de séjour » dans le royaume dont bénéficiaient quelques centaines de familles juives, elles se replièrent en terre d'Empire (Lorraine, Alsace), en Provence, par exemple à Carpentras, et dans le Comtat Venaissin. La communauté juive ne réapparut pas comme telle, dans le royaume, avant le XVIe siècle.

LE BRETON

L'installation de Bretons du pays de Galles entre 450 et 650 dans la péninsule armoricaine aboutit à une receltisation progressive et inégale. « La limite extrême de l'extension du breton atteint une ligne courant de l'embouchure du Couesnon, au Nord, jusqu'aux bords de la Loire à Donges, en passant nettement à l'ouest de Rennes[45]. » La Bretagne historique, qui couvre le territoire des quatre départements bretons actuels auxquels il faut ajouter la région nantaise, a toujours été bilingue. Jusqu'au XIe siècle cohabitent en Bretagne orientale deux populations différentes ou qui se sentent différentes. Cette dualité est attestée par les doubles noms (latin et breton) que portent plusieurs lieux-dits au IXe siècle : « *alodum... qui vocatur "Linis", sive "Griciniago"* » (alleu... appelé "Linis" ou "Griciniago"), « *in "Ruscas", id est in "Lisfau"* » (à "Ruscas", c'est-à-dire à "Lisfau"), « *"Crialeis" id est "Enes manac"* » ("Crialeis", c'est-à-dire "Enes manac").

Alors que le breton était longtemps resté la langue du pouvoir, à partir du XIe siècle, l'aristocratie bretonne contracte des alliances matrimoniales avec des familles des Marches de Bretagne et est gagnée par la romanisation. Des emprunts romans commencent alors à entrer en breton pour devenir plus nombreux au XIIe siècle. L'anthroponymie permet de suivre les progrès du roman : à Lohéac, aux limites du breton, les pères portent des noms bretons et leurs fils des noms germaniques ou latins. Une charte du cartulaire de Redon, datée entre 1062 et 1080, en donne un bon exemple : *Godalemus, filius Glemarhoci, Ernulfus filius Liosoci, Marcherius filius Trehoredi, Martinus filius Alberedi...* Parallèlement à la chute du prestige du breton dans la société, vers la fin du XIe siècle, les noms bretons ont cessé d'être à la mode dans l'est de la Bretagne. Alain IV Fergant (1084-1112) fut le dernier duc de Bretagne bretonnant. Après 1169, ses successeurs sont de langue française, et avec Pierre de Dreux (1213), c'est la dynastie capétienne qui dirige la région.

La distinction traditionnelle entre Haute et Basse-Bretagne traduit la rupture linguistique qui divise la principauté dès le XIIe siècle. En Haute-Bretagne, où siège le pouvoir ducal, la population est devenue romanophone, et une zone mixte s'est créée, qui reculera progressivement jusqu'à la frontière linguistique actuelle. Dans cette zone, le prestige du breton décline. Abélard, abbé de Saint-Gildas-de-Rhuys, dit : « J'habite dans un pays barbare dont la langue m'est inconnue... ». Mais en Basse-Bretagne, le breton conserve son aura, même si l'usage du français dans l'administration s'y généralise vers la fin du XIIIe siècle. Dans le *Cartulaire général du Morbihan*, les chartes en latin sont remplacées par des chartes en français à partir de 1294. La Coutume du port de Saint-Mahé est rédigée en français dès 1265, une charte de 1262 concernant la vicomté de Léon est en français. Dans le cartulaire de Quimper, on trouve des sous-titres en français dans les statuts capitulaires dès 1287. Dès la seconde moitié du XIIIe siècle, l'administration ducale est en Basse-Bretagne un facteur actif de francisation.

Entre la Haute et la Basse-Bretagne, une zone bilingue s'étendait de l'Oust à la Rance, au moins jusqu'au XIVe siècle en certains points. Antérieurement à la fixation de la frontière linguistique, la Bretagne était en effet divisée en trois zones : une zone purement romane à l'est, une zone purement bretonnante à l'ouest, et, entre les deux, une « zone mixte où coexistaient dans des proportions inconnues breton et roman ». Cette zone mixte s'étendait, en gros, entre la frontière linguistique actuelle et une ligne allant du Mont-Saint-Michel à l'embouchure de la Loire. Cette zone a disparu, à l'abandon de la langue celtique par la population bretonnante. Le gallo, dialecte roman de Haute-Bretagne, garde encore aujourd'hui des traces du breton dans cette ancienne zone mixte. J.-P. Chauveau cite l'exemple du composé « pierre verte », utilisé pour désigner l'ardoise dans deux communes situées le long de la frontière linguistique à l'ouest de Saint-Brieuc.

Le breton désigne l'ardoise par *maen-glaz*, littéralement *pierre bleue*. Or l'une des caractéristiques des langues celtiques est d'exprimer « bleu » et « vert » par le même adjectif, *glaz* en breton. Du coup, *pierre verte* résulte d'une traduction du breton par la population romane. Les nombreux toponymes en *ker*, de *kaer, caer*, « lieu enclos », qui apparaissent en nombre à partir du XIe siècle sont le signe d'enclaves bretonnantes dans la zone mixte. Après un recul d'une centaine de kilomètres par rapport au IXe siècle, la frontière linguistique se fixe au XIVe siècle le long d'une ligne qui va approximativement de Saint-Brieuc à Vannes.

Au XVe siècle, tirant parti de la guerre de Cent Ans, les ducs de Bretagne développent le sentiment national et exaltent le souvenir des origines troyennes. Alain Bouchart, vers 1490, fait descendre les Bretons de Brutus, arrière-petit-fils d'Enée, et ajoute que leur langage est « le vrai et ancien langage de Troie, comme je l'ai lu dans certaines histoires ». Pourtant, le français gagne peu à peu la petite noblesse de campagne et la bourgeoisie des villes de Basse-Bretagne. Le même Alain Bouchart dresse une carte linguistique de la Bretagne à la veille du XVIe siècle : « *En troys eveschez d'icelle province comme Dol, Rennes, St-Malo, on parle le langage françois ; en troys autres, Cornuaille, St-Pol-de-Léon et Tréguier on ne parle que breton, et en Vannes, St-Brieuc et Nantes on parle communement françois et breton.* » D'autre part, le breton est désormais truffé de gallicismes, comme en témoigne le premier dictionnaire breton-français-latin publié à Tréguier en 1499 et compilé par Jean Lagadeuc. Ce dictionnaire, appelé le *Catholicon breton*, renferme des mots bretons tels que *abeuffriff* (du moyen français *abeuvrer* « abreuver »), *abundaff* « abonder » (du moyen français *habunder*), *adolecentet* « adolescence » (de *adolescence*), *angoes* « anxiété » (de *angoisse*), *exigaff* « exiger » (de *exiger*), *fabl* « fable » (de *fable*), *frenaisi* « frénésie » (de *frenaisie*).

Entre temps, les velléités indépendantistes du duché ont fait long feu. Après la défaite de Francois II à Saint-Aubin-du-Cormier, sa fille, la jeune duchesse Anne de Bretagne, est contrainte d'épouser le roi de France Charles VIII (1491). Remariée à Louis XII, Anne obtient une large autonomie pour la Bretagne : l'Acte d'union de la Bretagne à la France (1532), accepté par les Etats de Bretagne réunis à Vannes, sauvegarde les privilèges du duché, qui est toutefois arrimé plus étroitement à la volonté royale.

Les progrès du français et les échecs politiques n'empêchent pas les Bretons de continuer à appuyer leur nationalisme, ou du moins leur particularisme, sur leur langue. En 1505, le clergé d'un village breton chante un *Veni creator* pour la duchesse de Bretagne et reine de France Anne de Bretagne, moitié en latin, moitié en breton. Un poème en breton, peint sur un échafaudage, accueille le Dauphin à Rennes lors d'une cérémonie qui marque l'union formelle de la Bretagne à la France en 1532.

2

LE FRANÇAIS HORS DE FRANCE

Malgré l'affirmation progressive de son caractère national, le français étend sa sphère d'influence au-delà des limites du royaume. Son rayonnement s'appuie sur les événements politiques et militaires, la littérature et la vitalité démographique de la population française.

L'Angleterre

La position insulaire de l'Angleterre n'empêche pas d'intenses relations avec le continent, qui sont autant d'occasion pour l'anglais d'interagir avec le français.

A la mort du roi danois Knut le Grand, qui régnait sur un immense empire nordique rassemblant le Danemark, la Norvège, la Suède méridionale et l'Angleterre, les Anglo-Saxons, profitant des dissensions danoises, se dégagent de l'emprise septentrionale et permettent à Edouard le Confesseur, après vingt-cinq ans d'exil en Normandie, de monter sur le trône. Pour se maintenir, Edouard fait appel aux Normands, leur ouvrant sa cour et les laissant libres d'exploiter des terres du royaume. A sa mort, en 1066, l'Anglo-Saxon Harold devient roi, mais il est vaincu et tué le 14 octobre de la même année à Hastings par l'armée de Guillaume, duc de Normandie. Guillaume le Conquérant marche ensuite sur Douvres et Canterbury ; il reçoit la soumission de la noblesse et force les portes de Londres où il se fait couronner. Après plusieurs campagnes de pacification, les soulèvements anglo-saxons sont définitivement brisés en 1071.

Guillaume organise une solide armée anglo-normande, épure et soumet l'Eglise, élimine les nobles dont la fidélité est douteuse et distribue des fiefs à ses compatriotes. En 1072, seul un des douze comtes (*earls*) d'Angleterre était un Anglais. En 1086, année de rédaction du *Domesday Book*, un précieux document cadastral, seul 8 % du pays restait aux mains de l'aristocratie d'origine anglo-saxonne. Les évêques et abbés anglais avaient été remplacés par des Normands : seuls deux évêques anglo-saxons ont survécu au règne de Guillaume.

Les Normands imposent de nouvelles règles dans leur propre langue, le dialecte français de Normandie, qui devient *ipso facto* la langue du pouvoir et du prestige, comme l'anglais le devint plus tard dans l'Empire britannique. Guillaume commença à apprendre l'anglais à l'âge de quarante et un ans, mais il dut abandonner, trop accaparé qu'il était par d'autres obligations. La connaissance de la situation linguistique immédiatement après la conquête, dans les deux générations qui suivirent, est plutôt fragmentaire et anecdotique. Il est probable que dans les centres commerciaux et dans les « villes neuves » fondées par les conquérants comme Ruddlan, Hereford, Newark, un bilinguisme fonctionnel existait dans le peuple. Toutefois, des locuteurs aux compétences égales dans les deux langues devaient être rares, et le bilinguisme fonctionnel ne s'imposait qu'à des points de contact bien délimités entre l'élite dominante et la population. On sait que pour résoudre les problèmes qui pouvaient surgir à ces points de contact, notamment dans les relations entre les nouveaux possesseurs de terres et les laboureurs, on avait recours à des interprètes (*latimiers*).

Guillaume de Malmesbury rappelle avec rancœur l'attitude de mépris des conquérants normands à l'égard de l'anglais : « Voici donc comment Ingulphe décrivit la morgue des Normands aux premiers temps du roi Guillaume : "Ils détestaient tant cet idiome des Anglais [*idioma Anglorum*] qu'ils traitèrent en langue française [*lingua gallica*] des lois sur les terres et des statuts des rois d'Angleterre ; l'habitude même d'écrire l'anglais se perdit et le français fut admis dans toutes les chartes et dans tous les livres." Il aurait donc été vain de présenter des chartes en saxon à des Normands qui ignoraient et haïssaient la langue des Anglais [1]. »

Pour trois siècles, l'anglais cessa d'être la langue officielle du pays. Bénéficiant d'un statut valorisé, le français acquit rapidement en

Angleterre une aptitude à remplir des fonctions hautes, qu'il n'assuma que plus tard sur le continent. Toutefois les Normands n'ont pas chassé les Saxons ni éliminé leur langue. Les vainqueurs de Hastings ne devaient pas être beaucoup plus de six mille. Et même si l'on estime à 65 000 personnes l'apport démographique normand qui suivit la conquête, il ne constitue qu'un contingent suffisant pour dominer le pays et exercer une influence culturelle. Le français n'a jamais pénétré de manière significative dans la population indigène, notamment rurale, comme le souligne vers 1300 Robert de Gloucester :

« Alors l'Angleterre tomba entre les mains normandes. Et les Normands alors ne savaient parler que leur propre langue et parlaient français comme ils faisaient chez eux, et l'enseignaient aussi à leurs enfants ; si bien que les hommes nobles de ce pays, leurs descendants, s'en tenaient à cette même langue qu'ils avaient reçue d'eux, parce que de celui qui ne connaissait pas le français, on ne tenait pas grand compte, mais le bas peuple conserva l'anglais et sa propre langue. Je pense que dans le monde entier, il n'y a aucun pays qui ne conserve pas sa propre langue, si ce n'est la seule Angleterre[2]. »

Comme l'avaient fait leurs ancêtres en arrivant en Normandie, les vainqueurs de Hastings ne dédaignèrent pas les mariages avec des femmes saxonnes, contribuant ainsi à répandre leur langue. Cependant les enfants issus de ces unions étaient de langue maternelle anglaise. Le français devait bien souvent être acquis, comme le latin, d'autant qu'il conférait comme lui des privilèges sociaux, politiques et administratifs. Pour toutes ces raisons, le français jouit en Angleterre d'une position solide, comme langue maternelle de la noblesse, de certains milieux cléricaux et même de bourgeois.

L'annexion de la Normandie au domaine royal par Philippe Auguste (1204) marque un tournant dans l'histoire du français en Angleterre, car les barons normands durent alors choisir entre leurs possessions continentales et insulaires. La plupart choisissent leurs fiefs anglais. Pour certains linguistes, le rattachement de la Normandie au domaine royal français signe le début de l'isolement du français d'Angleterre, qui, coupé de ses racines vivifiantes, s'étiolera progressivement et deviendra une langue morte. Cette thèse est aujourd'hui sérieusement remise en cause. David Trotter a plusieurs fois souligné que les victoires de Philippe Auguste sur les Plantagenêts ne mirent pas un point d'arrêt aux relations entre l'Angleterre et le continent[3]. Jusqu'à la fin du Moyen Age, l'Angleterre commerce avec la Flandre française ; elle utilise le français, à côté du latin, pour administrer la

Gascogne. La guerre de Cent Ans est l'occasion de nombreux contacts. Qui plus est, il ne faut pas oublier que le français est une langue véhiculaire, utilisée dans les relations diplomatiques, commerciales et culturelles. Le français d'Angleterre, qualifié par les partisans de la thèse isolationniste d'« anglo-normand » et par les autres d'« anglo-français », doit de préférence être considéré comme un dialecte du français et placé comme tel dans le continuum dialectal, même si l'on ne peut nier que ses contacts avec l'anglais aient influencé son évolution.

Les tenants de l'isolationnisme citent à l'appui de leur thèse les nombreux prologues où des auteurs anglais déplorent l'imperfection de leur français. Mais ces déclarations doivent être mises en relation avec les prologues contemporains rédigés sur le continent, où les auteurs s'excusent de ne pas pratiquer le français de Paris. On a déjà cité ici Clémence de Barking qui, au début de sa *Vie d'Edouard le Confesseur* (fin du XIIe s.), se plaint de ne connaître qu'un « *faus franceis* [...] *d'Angleterre* ». Thomas de Kent, dans *Le roman d'Alexandre ou le roman de toute chevalerie* (vers 1175), s'exclame au milieu d'un passage emprunté à Solin : « *Fort est à translater ; sufreite ay de romanz*[4] » (J'ai du mal à traduire : les mots me manquent en français). Le prologue d'une des versions du *Roman de Tristan en prose* (XIIIe s.) expose également les complexes linguistiques de l'auteur. Voyant que personne n'a traduit du latin en français l'histoire du Graal, il se propose de tenter l'aventure malgré ses faibles compétences : « *Mes quant je voi que nus ne l'ose enprendre, por ce que trop i avroit à faire et trop seroit grieve chose, car trop est grant et merveilleuse l'estoire, je, Luces, chevaliers et sires del Chastel del Gat, voisin prochien de Salesbieres, cum chevaliers amoreus et envoisiez, enpreing à translater une partie de ceste estoire ; non mie por ce que je saiche granment françois, enz apartient plus ma langue et ma parole à la maniere d'Angleterre que à cele de France, cum cil qui fui en Engleterre nez*[5]. » [Mais quand je vois que personne n'ose l'entreprendre, parce que ce serait une tâche très longue et très lourde – l'histoire est immense et surprenante –, moi, Luce, chevalier et seigneur du Gat, proche voisin de Salisbury, en chevalier amoureux et joyeux, j'entreprends de traduire une partie de cette histoire ; non que je connaisse bien le français ; car ma langue et mon parler tiennent plus à la manière d'Angleterre qu'à celle de France, étant donné que je suis né en Angleterre.]

A l'inverse, Guernes de Pont-Sainte-Maxence, dans les derniers vers de sa *Vie de saint Thomas Becket* (1172-1174), vante les mérites de son œuvre, au rang desquels il place un bon français appris sur le continent :

Ainc mais si bons romanz ne fu faiz ne trovez.
A Cantorbire fu e faiz e amendez ;
N'i ad mis un sul mot qui ne seit veritez.
Li vers est d'une rime en cinc clauses cuplez.
Mis languages est bon, car en France fui nez[6].

[On n'a jamais composé un aussi bon ouvrage en français. Il a été écrit, revu et corrigé à Canterbury ; aucun mot n'y figure qui ne soit vérité ; la strophe est liée par une rime unique, répétée dans cinq vers, et mon langage est bon, car je suis né en France.]

On l'aura compris, il s'agit là de rhétorique : les auteurs cherchent à gagner les bonnes grâces du lecteur. Le topos du mauvais anglais d'Angleterre n'est pas pour autant insignifiant : il traduit un sentiment d'éloignement et d'infériorité par rapport à la langue du continent, sentiment qui devait être bien réel ; mais la réalité linguistique est différente, puisque la plupart de ces textes d'Angleterre ne sont pas beaucoup plus éloignés du français de Paris que ne l'est un texte picard.

La situation linguistique de l'Angleterre, où coexistent trois langues, est fort complexe. A l'oral, l'anglais se maintient de manière générale, excepté à la cour et dans quelques milieux nobiliaires. Il assume aussi des fonctions religieuses comme la prédication. Cependant le français est souvent requis dans les cours épiscopales. La *Vie de saint Wulfric* (1180-1186) rapporte un incident qui s'est déroulé à Somerset cinquante ans plus tôt : alors qu'un homme muet miraculé peut soudain parler à la fois français et anglais, un prêtre se plaint à Wulfric de l'avoir négligé en ne lui donnant pas l'usage du français. Du coup, quand il s'est présenté devant son évêque et son archidiacre, il a été contraint de rester silencieux comme un muet. A l'écrit, le statut de l'anglais est encore plus précaire. Même si peu de textes sont conservés, la poésie allitérative, dans la tradition de l'ancien anglais (avant 1066), se poursuit. Quelques compositions en prose en ancien anglais sont également copiées après la conquête normande, mais le mouvement de renouveau intellectuel qui se produit au XIIe siècle (les historiens parlent de « renaissance du XIIe siècle ») semble avoir été fatal à la prose anglaise.

Le latin reste la principale langue de la religion et de l'administration, bien que le français remplisse rapidement un certain nombre de fonctions administratives et juridiques. En 1215, le roi Jean sans Terre fut contraint par l'opposition, composée entre autres des représentants de la ville de Londres, de signer la *Magna Carta*. Or ce texte, rédigé d'abord en latin, est aussitôt traduit en français. L'emploi de la langue française dans les textes législatifs en Angleterre est dû à sa position sociolinguistique : le français est utilisé devant la cour de justice ; les juges sont recrutés dans des familles françaises. Dans la sphère administrative, le français est utilisé comme alternative au latin depuis le début du XIIIe siècle. Le choix entre les deux langues dépend de la gravité de l'occasion et du contexte, séculier ou ecclésiastique. L'Eglise préfère le latin pour tout contact ou toute discussion formelle. Le pouvoir séculier adopte également de préférence le latin, mais à partir de 1258, si les lettres diplomatiques et aux prélats restent rédigées en latin, le français commence à remplacer le latin pour les lettres patentes. A côté d'une charte d'Henri II datée de 1155, il existe un petit corpus de documents administratifs en anglais daté d'avant 1189, mais les textes de la pratique en anglais ne se multiplieront pas avant la fin du XIVe siècle. De même, il faut attendre le début du XVe siècle pour voir apparaître les premières collections de lettres en moyen anglais.

Aux XIVe et XVe siècles, la place du français se modifie nettement et l'équilibre linguistique de l'Angleterre est bouleversé. La traduction du *Polychronicon* de Ranulf Higden (1352) par Jean de Trévise (1387) témoigne que le français a cessé d'être enseigné, tant dans les écoles que dans les familles nobles : « si bien que maintenant, en l'année de Notre Seigneur 1385, [...], dans toutes les écoles de grammaire d'Angleterre, les enfants abandonnent le français et font toutes leurs études en anglais. Ils ont ainsi d'un côté un avantage et de l'autre un désavantage. L'avantage est qu'ils apprennent la grammaire plus vite que par le passé ; le désavantage est que maintenant les enfants de l'école de grammaire ne connaissent pas plus de français que leur talon gauche, ce qui est mauvais pour eux s'ils doivent passer la mer et voyager à l'étranger et dans beaucoup d'autres cas aussi. Pareillement, les gentilshommes ont largement cessé d'apprendre le français à leurs enfants[7] ».

Dans la première moitié du XIVe siècle, plusieurs initiatives visant à maintenir artificiellement le français par des prescriptions et des menaces mettaient déjà en évidence son abandon relatif. Un statut demande aux étudiants d'Oxford de commenter et traduire les textes étudiés en français et en anglais, « de peur que la langue française ne tombe en désuétude[8] ». Des prescriptions similaires interdisent les conversations des étudiants en anglais dans plusieurs collèges d'Oxford. En 1347 la comtesse de Pembroke, pour combattre la détérioration du français, fonde un collège à Cambridge où préférence devait être donnée à des professeurs nés en France. Peu avant, en 1337, alors que la guerre avec la France était imminente, le Parlement anglais avait émis une ordonnance qui prévoyait que « *tout seigneur, baron, chevalier et honnestes hommes de bonnes villes mesissent cure et diligence de estruire et apprendre leurs enfants de langhe françoise par quoy il en fuissent plus able et plus coustumier ens leurs gherres*[9] ».

Malgré ces efforts, la progression de l'anglais est irréversible. En 1362, le *Statute of Pleading* du Parlement anglais demande que dorénavant les procédures légales se fassent en anglais, à cause de l'incompréhension du français :

« *Item, pur ce qe monstré est soventfois au Roi [...] les grantz meschiefs qe sont advenuz as plusours du realme de qe les leyes, custumes et estatuz du dit realme ne sont pas conuz comonement [...] par cause q'ils sont pledez, monstrez et juggez en la lange Franceis, q'est trop desconue en dit realme [...] les dites leyes et custumes seront le plus tost apris et conuz et mieultz entenduz en la lange usee en dit realme [...]. Le roi [...] ad [...] ordeigné et establi [...] qe toutes plees [...] soient pledez, monstrez, defenduz [...] et juggez en la lange engleise, et q'ils soient entreez et enroullez en latin*[10]. »

[De même, parce qu'il a été souvent montré au roi les grands dommages qui sont arrivés à plusieurs personnes du royaume parce que les lois, coutumes et statuts dudit royaume ne sont en général pas connus, parce qu'ils sont plaidés, exposés et jugés en langue française, qui est très méconnue dans le royaume, lesdites lois et coutumes seront beaucoup plus vite apprises et sues et mieux comprises dans la langue utilisée dans ledit royaume. Le roi a ordonné et établi que toute plaidoirie soit plaidée, exposée, défendue et jugée en langue anglaise, et qu'elle soit enregistrée et transcrite en latin.]

La même année, le chancelier ouvre les séances du Parlement par un discours en anglais. En 1399, lorsque Henry Bolingbroke monte sur le trône d'Angleterre sous le nom d'Henri IV, il est le premier roi anglophone depuis Edouard le Confesseur. Edouard Ier (1272-1307), par exemple, savait l'anglais, mais utilisait le français comme langue usuelle. On sait d'après des témoignages qu'à la cour royale, isolée d'un contact quotidien avec l'anglais, une colère soudaine pouvait s'exprimer en français encore en 1295.

Le rétablissement de l'anglais comme langue officielle accéléra paradoxalement le rythme des emprunts de l'anglais au français. Longtemps écarté des fonctions politiques et administratives, l'anglais dut combler par des mots français ses vides sémantiques dans ces domaines. Le basculement d'une langue à l'autre ne fut d'ailleurs pas instantané. Les registres des débats du Parlement n'utilisent l'anglais qu'à partir de 1386 ; l'anglais et le français y sont encore employés à égalité vers 1430. Le français se maintient longtemps dans les actes privés : le plus ancien testament en anglais conservé est celui d'un commerçant d'York de 1383. En 1438 encore, la comtesse Ann de Strafford s'excuse de composer en anglais son testament.

Aux XIVe et XVe siècles, la multiplication des manuels de français destinés à des Anglais prouve que la langue ne se transmet plus d'une génération à l'autre et qu'elle doit souvent être apprise comme une langue étrangère. Ces manuels sont destinés à des familles nobles, car la guerre de Cent Ans, devenue guerre d'occupation après 1415, nécessite des officiers bilingues capables de traiter avec les populations et les autorités locales. La bourgeoisie marchande, qui traite avec la Flandre française pour le commerce de la laine et avec la Guyenne pour le commerce du vin, continue également à apprendre le français. Un manuel de français commercial rédigé en 1415 prétend permettre en trois mois à un enfant anglais de douze ans de lire, écrire et tenir une comptabilité en français. Bien avant dans le XVe siècle, les comptes et les inventaires continuent à être écrits en français, et les secrétaires destinés au monde du commerce devaient apprendre au cours de leur formation à « *escrire, enditer* [composer]*, acompter* [compter] *et frounceys parler* ». Les manuels utilisés à Oxford dans les écoles formant au commerce sont encore rédigés en français au milieu du XVe siècle.

A la fin du Moyen Age, même si l'inventaire d'un magasin de deux épiciers signale vers 1390 quatre romans de langue française sur un total de huit manuscrits, la littérature de langue anglaise connaît un essor spectaculaire. Jusqu'alors, la prose anglaise était restée associée à la tradition religieuse des homélies. Au cours du XIVe siècle se multiplient les traductions du français et du latin, destinées à des personnes incapables de lire dans ces deux langues. Ces nombreuses traductions laissent bientôt place à des œuvres plus originales. Au XVe siècle, l'anglais est devenu, aux dépens du français, la norme en matière de langue littéraire.

L'ANGLAIS « ROMANISÉ » PAR LE FRANÇAIS

L'impact du français sur l'anglais fut prolongé, varié et intense. Il commença sans doute avant même la conquête, lors de contacts politiques et religieux entre l'Angleterre et la Normandie, où Edouard II se réfugia pour fuir les Danois. L'effet radical de la conquête normande engendra une nouvelle sorte d'anglais, le « moyen anglais » (vers 1100-vers 1500). Durant cette longue période de quatre siècles, les influences étrangères les plus importantes (invasions scandinaves et conquête normande) furent assimilées.

Jean de Trévise, dans sa traduction augmentée du *Polychronicon* de Ranulf Higden, regrette que l'anglais ait été si soumis aux influences étrangères et souligne l'importance prise par le français dans l'apprentissage linguistique, une importance qui ne peut être sans conséquence sur le maniement de l'anglais... :

« Quant aux Anglais, bien qu'ils eussent à l'origine trois sortes de langages [...], néanmoins, par suite du mélange d'abord avec les Danois puis avec les Normands, leur langue s'est considérablement détériorée et quelques-uns usent d'étranges balbutiements, grincements, grognements et crissements. Cette détérioration de leur langue natale a deux causes. La première est que, dans les écoles, les enfants, contrairement à l'habitude et à l'usage de toutes les autres nations, sont contraints de laisser leur propre langue et de faire leurs études et autres travaux en français, et cela depuis l'arrivée des Normands en Angleterre. De même, on apprend le français aux enfants des gentilshommes dès le temps du berceau et dès qu'ils peuvent parler et jouer avec un hochet. Et les rustres veulent ressembler aux gentilshommes et pour être mieux considérés, ils mettent tous leurs efforts à parler français [11]. »

L'influence du français sur l'anglais est surtout d'ordre lexical, mais elle touche aussi, à la marge, l'orthographe et la syntaxe. Nous nous contenterons de quelques exemples. L'ancien anglais ne présentait pas d'opposition entre consonnes sourdes et sonores pour ses fricatives. Ainsi la lettre *f* était utilisée pour noter les phonèmes /f/ ou /v/, *s* pour noter /s/ ou /z/. Sous l'influence du français, qui distingue et note différemment /s/ et /z/, la lettre *z* est introduite dans la notation de l'anglais pour opposer des mots comme *zeal* « zèle » (de l'ancien français *zele*) et *seal* « sceau » (ancien anglais (*in*)*segel*). De même, sous l'influence d'emprunts français comme *vice* ou *virgine* « vierge », des mots de l'ancien anglais, comme *ofer* « dessus » et *wulfas* « les loups » sont désormais notés *over* et *wolves*.

Au niveau syntaxique, l'utilisation de la préposition *of* pour remplacer le génitif est une évolution dont l'origine est indépendante du français, mais qui a peut-être été favorisée par le développement de la construction parallèle avec *de* en français. La preuve en est que la construction du complément du nom en *of* est plus fréquente dans les textes anglais écrits sous une forte influence française. Le français a également joué un rôle dans la place des adjectifs épithètes par rapport au nom. Ainsi, un certain nombre d'adjectifs empruntés au français a conservé en moyen anglais la position postnominale qu'ils avaient en français : on écrivait *the service dyvyne* « le service divin » et non **the dyvyne service*.

L'impact lexical de la conquête normande sur la toponymie anglaise fut superficiel. Quelques conquérants normands baptisèrent leurs possessions anglaises ou galloises d'après les fiefs normands dont ils avaient déjà pris le nom. Ainsi, Roger de Montgomery donna en 1086 à son château gallois le nom de son fief normand (Montgommery, com. Sainte-Foy-de-Montgommery, Calvados). D'autres donnèrent à leurs châteaux des noms flatteurs, comme *Belvoir*, *Belrepaire*, *Richmond* (riche monde). Quelques fondations religieuses ont également reçu des noms français, comme *Dieulacres* ((que) Dieu l'accroisse !) et *Haltemprice* (ancien français *haute emprise* « noble entreprise »).

C'est au niveau des mots de la langue, notamment des noms, que l'impact du français fut décisif. Le vocabulaire normand du pouvoir dut suivre rapidement les vainqueurs, qui s'emparèrent de tous les leviers du gouvernement. Le problème est que la chronologie de l'influence lexicale française n'est pas documentée pour les temps les plus anciens. En effet, après la conquête, l'anglais est extrêmement marginalisé à l'écrit et les manuscrits qui nous sont parvenus ne permettent pas de suivre la progression des gallicismes à l'oral. S'en tenant aux premières occurrences dans les manuscrits, certains spécialistes estiment que le français mit plus d'un siècle pour infiltrer l'anglais et que le principal apport eut lieu à partir de 1250. Cette hypothèse, qui tient surtout au caractère fragmentaire de nos sources, est moins probable qu'une francisation rapide des milieux cultivés proches du pouvoir. A l'année 1137, la *Chronique anglo-saxonne* nous livre les premières attestations de quelques emprunts français, prouvant ainsi l'existence d'un vocabulaire « normand » du pouvoir. On y trouve pour la première fois *tresor*, *canceler* (chancelier), *prisun* (prison) et *justice*.

Si la grande majorité des locuteurs reste de langue germanique anglo-saxonne, une partie du vocabulaire français s'impose hiérarchiquement depuis le château, notamment le vocabulaire juridique. Alors que le terme *law* « loi » est norrois, toute une série de termes vient du normand : *court, justice, judge* « juge », *jury, suit* « poursuite », *sue* « poursuite », *defendant* « celui qui se défend devant une cour », *accuse* « accuser », *plea* « plaidoirie », *felony, crime, assize* « session d'une cour de justice » (de l'ancien français de même sens *assise*), *session, damage* « dommage ». L'ordre des mots inversé de *Attorney General* « avocat général », *court martial* « cour martiale » ou *letter patent* « lettre patente » témoigne de l'importance du français dans le domaine du droit.

Si les Normands empruntèrent plusieurs titres saxons, en particulier *king* (roi), *queen* (reine), *lord* et *lady*, ils en importèrent beaucoup d'autres. Citons *prince, duke* (duc), *marquess* (marquis), *countess* (comte), *viscount* (vicomte), *baron, squire* (ancien français *escuier*, écuyer), *franklin* (franc-tenancier), *baillif* (bailli), *sergeant, page, groom* (valet), *villein* et *serf*. L'influence lexicale du français touche surtout les domaines du pouvoir, du droit et de l'administration, mais est notable dans d'autres champs de l'activité humaine comme la guerre, la religion, la chasse, les arts, l'architecture, la mode et l'habillement.

Le vocabulaire de la nourriture offre le meilleur exemple de la démarcation sociolinguistique qui oppose les populations d'origines saxonne et normande. L'animal vivant, élevé et gardé par le serviteur anglo-saxon, reste désigné par son nom anglo-saxon, mais, une fois préparé et servi à la table du seigneur normand, il emprunte son nom au français. C'est par cette transmutation que *sheep* (mouton vivant) devient *mutton* (viande de mouton), que *ox* (bœuf vivant) devient *beef* (viande de bœuf), que *pig* (cochon) devient *pork* (porc), que *calf* (veau vivant) devient *veal* (viande de veau), que *deer* (cerf) devient *venison* (viande de chevreuil, de l'ancien français *venison*) et que *fowl* (poule) se transforme en *poultry* (volaille, de l'ancien français *pouletrie* « volaille domestique »). Au XIXe siècle, Walter Scott commentera dans un esprit nationaliste cette répartition hiérarchique du langage entre les deux communautés.

Ce type de doublets se retrouve dans d'autres domaines. La présence normande a conduit à la création de registres séparés où le terme d'origine française est associé à la vie de cour, à la richesse et au prestige, tandis que l'anglo-saxon renvoie à des réalités plus humbles et communes. On citera par exemple *clothes* (vêtements) et *dress* (*idem* < ancien français *drecier, dresser* « arranger, préparer »), *holy* (saint) et *saintly* (*id.*), *help* (aide) et *aid* (id.), *lonely* (seul) et *solitary* (id.), *feed* (nourrir) et *nourish* (*id.*)...

Avec le temps, de nombreux gallicismes se substituent à des termes d'origine saxonne pour désigner des réalités tout à fait ordinaires, nullement associées au pouvoir : *language* (langue < afr. *langage*), *people* (peuple < afr. *pueple*), *face* (visage), *spirit* (esprit < afr. *espirit*), *stomach* (estomac), *vegetables* (légumes < afr. *vegetable* « vivant »), *fruit, table, chair* (chaise < afr. *chaere*), *curtain* (rideau < afr. *curtine, cortine*), *touch* (toucher), *action, air, age, place, point, piece, number* (nombre), *quality* (qualité), *sound* (son), *substance*... Certains d'entre eux, après avoir perdu leur connotation sociale, figurent parmi les mots les plus courants de l'anglais.

L'influence du français sur le lexique anglais est complexe, car ses paramètres ont évolué du XIe au XVe siècle. Au lendemain de la conquête normande, le vocabulaire français utilisé par les Normands dans tout le pays est totalement étranger à celui qu'utilise la population. Une frontière linguistique nette sépare les gouvernants des gouvernés et les mots français qui passent en anglais sont empruntés à la langue des conquérants, c'est-à-dire au normand. Peu à peu, les populations normandes et saxonnes fusionnent, tandis que le français de Paris s'affiche comme variété prestigieuse de français. En même temps, les transactions commerciales actives avec la Picardie tendent à introduire un certain nombre de picardismes en Angleterre. Du coup, certains mots français sont empruntés deux fois avec des formes différentes : les formes normandes *canchelers* (1066) et *calange* (1225) s'opposent respectivement à *chanceleres* (1300) et à *challenge* (1300), formes qui pourraient provenir du centre du domaine d'oïl.

La densité des emprunts au français s'est accrue avec le temps pour atteindre un pic dans la seconde moitié du XIVe siècle, au moment même où le français cesse d'être enseigné massivement dans les écoles. La quantité des emprunts dépend beaucoup des genres littéraires et de l'origine géographique des textes. Les emprunts sont beaucoup plus fréquents dans la littérature courtoise que dans la poésie populaire. Au moins dans les plus anciens textes en moyen anglais, les gallicismes se trouvent davantage dans les comtés du Sud que dans ceux qui sont situés le plus au Nord.

Nous avons limité cette présentation de l'influence du français sur l'anglais aux seuls emprunts, mais il faudrait, pour être complet, évoquer les calques sémantiques. Dans un certain nombre de cas, le mot anglais, antérieur à son équivalent français, a pris l'acception française. Un seul exemple suffira : l'ancien anglais *blæw* a signifié « couleur », « bleu » et, peut-être sous l'influence du norrois *blá*, « couleur sombre ». L'importation du français *bleu*, d'origine germanique ancienne, suivie de son assimilation au moyen anglais *blew* a contribué au triomphe du sens « bleu » et au déclin des autres sens.

Le poids de la conquête normande sur l'histoire linguistique de l'Angleterre est donc considérable. L'anglais, progressivement associé à l'idée de nation anglaise, reste marginal dans les fonctions hautes de la langue jusqu'au milieu du XIVe siècle. Les contacts entre le français et l'anglais se sont surtout traduits par une influence massive du français sur l'anglais. Bien sûr, la cohabitation prolongée avec l'anglais a provoqué quelques changements spécifiques au niveau phonologique, morphologique et lexical dans le français parlé en Angleterre. Quant à l'influence de l'anglais sur le français parlé en France, elle n'a guère été étudiée jusqu'à présent. Il semblerait qu'elle passe par l'intermédiaire du français d'Angleterre. David Trotter en a donné récemment quelques exemples : le substantif anglo-français *hansac*, de l'ancien anglais *hand-seax* « sabre court, dague », est entré dans le domaine d'oïl, « où la terminaison inusuelle en *-ac* a été remplacée par *-art* et *-el* » pour donner *hansart* ou *hansel*. Le *hadoc* anglais suit, par l'intermédiaire du français d'Angleterre, le même cheminement[12].

L'Italie

Les rapports linguistiques entre le français et l'italien sont protéiformes, d'autant que ces deux langues n'ont aucune frontière commune. En effet, le francoprovençal et l'occitan s'interposent entre le domaine d'oïl et le domaine italien. Cette séparation géographique fut comblée par des déplacements nombreux d'une aire linguistique à l'autre, à l'occasion de pèlerinages, de croisades, d'échanges commerciaux ou culturels, ou même d'ambitions territoriales. On évoquera les contacts directs, souvent issus d'une domination politique française, avant d'envisager les rapports plus strictement culturels.

Contacts directs et cohabitation

Aux IXe et Xe siècles, l'Italie est soumise à une domination franque imposée par une aristocratie bilingue dont l'entourage est à dominante gallo-romane. Alors que les Lombards s'efforcent de réaliser l'unité de la Péninsule, la papauté, qui ne veut pas être intégrée dans un Etat dominé par eux, demande l'aide des Francs. En 772, Charlemagne répond aux appels du nouveau pape Hadrien Ier (772-795). Le roi des Francs bat Didier, roi des Lombards, dont il conquiert la capitale, Pavie. En 774, Charles se fait couronner roi des Lombards et devient le nouveau maître de l'Italie, même si quelques vestiges d'un pouvoir lombard subsistent dans les duchés méridionaux, à Spolète et Bénévent. Le royaume lombard, auquel est bientôt rattaché le duché de Spolète, tout en gardant sa personnalité et ses lois, dépend du roi des Francs auquel le Bénévent échappera. En Italie du Nord, seules les îles vénètes restent hors de l'emprise carolingienne. Couronné empereur par le pape Léon III en 800, Charlemagne donna de nombreux sièges ecclésiastiques à des prélats francs et concéda des terres de Lombardie à des couvents comme Saint-Denis ou Saint-Martin de Tours. Les feudataires francs d'Italie fondèrent au IXe siècle de nouvelles abbayes qui avaient des liens étroits avec la France.

Jusqu'en 887, l'Italie centrale et septentrionale fut sous domination carolingienne ; elle resta ensuite aux mains de grands seigneurs francs jusqu'au milieu du Xe siècle. Le règne de Hugues de Provence (926-947) marqua le sommet de l'influence française et provençale. Mais les querelles dynastiques attirèrent en Italie le seul souverain puissant d'Occident, Otton Ier, roi de Germanie, qui épousa Adelaïde, veuve du roi Lothaire. Couronné roi à Pavie en 951, Otton doit intervenir dans les Etats pontificaux ; en 962, il est couronné empereur à Rome ; le nouvel Empire réunit donc les couronnes de Germanie et d'Italie. L'Italie entre alors définitivement dans l'orbite germanique, sur le plan politique.

Ces attaches durables entre la France et l'Italie contribuèrent à répandre des formes romanes de la Gaule du Nord dans la Péninsule. L'épitaphe du pape Grégoire V (999) témoigne de cette influence linguistique et du prestige accordé à la langue (romane) des Francs : « Il enseigna les peuples avec une triple éloquence, en se servant du français, du vulgaire [les dialectes italiens] et du latin [13]. » Le texte distingue nettement deux parlers romans dont l'un, le français, est valorisé face au « vulgaire » italien.

L'Italie du Sud et la Sicile ont été des terres d'influence française pendant une bonne partie du Moyen Age, au temps des royaumes normand (XIe-XIIe siècles) et angevin (XIVe-XVe siècles). De retour d'un pèlerinage en Terre sainte (999), quelques chevaliers normands s'engagent au service du prince de Salerne contre des musulmans. En quelques décennies, grâce à des renforts venus de Normandie et aux dissensions qui opposent les forces en place en Italie du sud, les Normands édifient pour leur propre compte plusieurs principautés, dont la plus importante est celle de Robert Guiscard, qui obtient en 1059 le titre de duc de Pouille et de Calabre et devient vassal direct du Saint-Siège. En 1071, la prise de Bari achève l'unification de l'Italie du sud aux dépens des Byzantins. Suit la conquête de la Sicile aux dépens cette fois des musulmans. En 1072 Palerme est prise par un frère de Robert Guiscard, Roger, qui sera proclamé grand comte de Sicile ; son fils, Roger II, rassemble leur double héritage et prend en 1127 le titre de roi de Sicile, qu'il fait confirmer par le pape. Du règne de Roger II le Grand à la mort de Guillaume II (1189), le royaume normand d'Italie est « l'une des grandes monarchies d'Occident, peut-être même la plus riche et la plus efficace de toutes[14] ».

Même si les influences orientales sont fortes à la cour, où la chancellerie est trilingue (latin, grec, arabe), les Normands ont marqué de leur empreinte la langue de l'Italie du Sud. Certains « normandismes » se retrouvent jusque dans les dialectes italiens modernes. Ainsi *accatari /-re* « acheter » vient du normand *acater* (français *acheter*), *alliccare, addicare* « séduire, allécher », du normand *alléquer* (fr. *allécher*), *carriari* « transporter », du normand *carier* (fr. *charier*) et *mircari* « marquer », du normand *merquer* (fr. *marquer*). L'emploi de *sirta* en Calabre du Nord pour dire « ton père » est vraisemblablement une survie de l'héritage normand *sire* au sens de « père ». De même, un mot typiquement normand comme « falaise » (ancien français *faleise*) est très courant en Calabre sous la forme *falesa* ou *falisa*. G. Rohlfs a fait remarquer que beaucoup de mots d'emprunt au normand s'étaient maintenus jusqu'à nos jours dans des noms de famille[15]. Des noms de famille siciliens comme *Cappilleri* ou *Carboneri* descendent des formes normandes (*capelier* et *carbonier*) de *chapelier* et *charbonier*. Le nom de famille calabrais des *Berlingieri* vient sans doute de l'ancien français *bellengier, berlandier*, qui désignait le « joueur au jeu de brelan » et par extension le fainéant.

En 1194, Henri de Hohenstaufen, fils de l'empereur Frédéric Barberousse, s'empare du royaume normand. Devant les menaces que fait peser sur la royauté le parti impérial (gibelin) en Italie du sud, les papes français Urbain IV et Clément IV cherchent à imposer dans cette région une personne qui leur soit favorable. Après avoir fait décapiter Conradin, le dernier représentant mâle des Hohenstaufen, Charles d'Anjou, le frère de saint Louis, devient roi de Naples et de Sicile en 1268. Opprimés par l'administration pesante mise en place par Charles, les Siciliens se soulèvent en 1282 et massacrent des Français (les « Vêpres siciliennes »). Pierre III d'Aragon débarque en Sicile et Charles d'Anjou meurt en 1285 sans avoir récupéré l'île. Conservant officiellement le titre de roi de Sicile, les Angevins se maintiennent en Italie du Sud, à Naples, jusqu'en 1442, date à laquelle Alphonse d'Aragon s'empare de la ville.

La conquête du royaume de Sicile par les Angevins ne fut pas un simple changement dynastique. La classe dirigeante fut largement renouvelée par des chevaliers, des nobles, des conseillers, des juristes, des prélats et des poètes qui avaient suivi l'expédition. Une décennie après la conquête, tous les grands officiers du royaume, tous les juges et gouverneurs des provinces étaient originaires de France. L'effet démographique et linguistique sur la population autochtone fut cependant moins grand que lors de la campagne normande, parce qu'il n'a pas touché les classes populaires et ne s'est pas accompagné d'un phénomène migratoire. C'est au seul niveau de l'aristocratie et des classes dirigeantes, surtout dans les grands centres urbains, que se superposent les traditions et les langues.

Le français est introduit, à côté du latin, comme langue officielle dans quelques secteurs de la chancellerie angevine de Sicile : au moins jusqu'à la fin du XIIIe siècle, des actes de la trésorerie et d'autres documents sont rédigés normalement en français. L'aristocratie napolitaine se familiarise également avec la culture française. Bartolomeo Sigismondo, comte de Caserta et chancelier de Charles II, se fait traduire en français entre 1308 et 1310 des lettres de Sénèque à Lucilius par un traducteur qui « *ne fu pas de la langue françoise*[16] »... Parallèlement se diffuse une littérature française aristocratique, surtout dans la sphère féminine, friande de romans français. N'est-ce pas en pensant à la cour de Naples qu'il vient de quitter que Boccace fait dire en italien à son héroïne Fiammetta : « Je me souviens de mes lectures de romans français. S'ils ont quelque crédit, Tristan et Iseut se sont certainement aimés plus que tous les autres amants et, très jeunes, ils ont connu joies et épreuves[17] » (trad. Serge Stolf)] ?

A côté du substrat français en Italie méridionale, il faut mentionner l'« adstrat » français en Piémont. Cette région fut constamment un lieu de passage entre la France et l'Italie. Les pèlerins qui se rendaient à Rome par la Vallée d'Aoste la traversaient et le français était utilisé couramment pour les échanges commerciaux avec les provinces voisines. Avec l'augmentation considérable des possessions savoyardes en Piémont sous Amédée VI (1343-1383) et Amédée VIII de Savoie (1391-1451), le français s'implante encore davantage face à un dialecte piémontais dont le poids est modeste. A la fin du XIVe siècle, des Piémontais écrivent en français aussi bien en vers qu'en prose, mais déjà l'influence toscane se fait sentir et vient contrebalancer la francisation. Dans le domaine juridique, le français resta pourtant employé en Piémont jusque dans la seconde moitié du XVIe siècle.

Le français s'exporte

Le prestige du français en Italie ne fut pas limité aux zones dominées politiquement par des Français. La *Vie de la comtesse Mathilde* de Donizon de Canossa, au début du XIIe siècle, constitue, d'après Jean Batany, le premier éloge de la langue française. Bien qu'Italienne de naissance et souveraine de Lombardie, Mathilde parle aussi bien le germanique que le français, langue « heureuse » ou « joyeuse » (*laetam Francigenamque loquelam*)[18].

Au siècle suivant plusieurs écrivains italiens choisissent d'écrire en français. Avant 1257, Aldebrandin, un médecin italien originaire de Sienne, rédige le *Régime du corps*, premier traité d'hygiène et de médecine composé directement en français. Quelques années plus tard, le florentin Brunetto Latini (1220-1294) écrit le *Trésor*, une encyclopédie en prose dont la fortune devait être considérable. Dans le prologue, Brunetto Latini justifie son choix linguistique par sa situation géographique au moment de la rédaction et par la supériorité du français : « *Et se aucuns demandoit pour quoi cis livres est escris en roumanç, selonc le raison* [façon de s'exprimer] *de France, puis ke nous somes italien, je diroie que c'est pour .ii. raisons, l'une ke nous somes en France, l'autre por çou que la parleure est plus delitable et plus commune à tous langages*[19]. » Traduites en italien, ces œuvres y introduisent des gallicismes. La traduction italienne du *Trésor* de Brunetto attribuée à Bon Giamboni (XIIIe siècle) présente ainsi les formes *non-perquanto* < fr. *nonporquant* « cependant » ; *a tutto giorno* < fr. *a tousjours* « toujours » ; *bailliscono* < fr. *baillent* « donnent » ; *profettabile* < fr. *proufitable* « profitable » ; *a fine forsa* < fr. *a fine force* « nécessairement ».

D'autres Italiens adoptent le français. Philippe de Novare en Lombardie, qui passa l'essentiel de sa vie en Terre sainte, où sa réputation de poète le disputait à celle d'avocat, composa vers 1252 des *Mémoires*, puis un traité de droit féodal (*Le Livre à un sien ami en forme de plait*) avant de rédiger vers 1265 un traité de morale (*Des quatre tens d'aage d'ome*). Peu après, le Vénitien Martin de Canal écrit la *Cronique des Veniciens* (1267-1275) destinée à célébrer les faits de ses concitoyens. Voilà comme il justifie son choix linguistique : « *Por ce que lengue franceise cort parmi le monde, et est plus delitable à lire et à oïr que nule autre, me sui je entremis de translater l'anciene estoire des Veniciens de latin en franceis*[20]. » [Parce que la langue francaise est répandue à travers le monde et qu'elle est plus agréable à lire et à entendre qu'aucune autre, j'ai entrepris de traduire de latin en français l'ancienne histoire des Vénitiens.] L'étroite collaboration franco-vénitienne dans l'Orient latin ne pouvait que démontrer aux Vénitiens l'impressionnante diffusion du français. Citons encore Rusticien de Pise, à qui Marco Polo aurait dicté en 1298 en français le récit de ses voyages. Le même Rusticien écrit entre 1272 et 1298 une vaste compilation en prose d'aventures arthuriennes. L'emploi du français n'est pourtant pas toujours spontané et peut résulter des exigences d'un commanditaire. Dans la seconde moitié du XIIIe siècle, deux traités de fauconnerie et de chasse, l'arabe *Moamin* et le persan *Ghatrif*, que Frédéric II avait fait traduire en latin, sont traduits ensuite en français par Daniele Deloc di Cremona à la demande du roi Enzo, prisonnier à Bologne (1249-1272). Le traducteur rejette le choix linguistique sur le commanditaire et s'excuse de sa méconnaissance du français : « *Tot soie je de povre letreüre et de povre science garniç, e tot soit greveuse chose à ma langue profferre le droit françois, por ce que lombard soi*[21]... » [Bien que je sois pourvu de peu de lettres et de peu de science, et bien qu'il soit difficile à ma langue de s'exprimer en bon français parce que je suis lombard...]

Les langues littéraires de la France (occitan et français) ont profondément marqué l'histoire de l'italien et de sa littérature. Leur influence, parfois difficilement discernable, a été plus ou moins forte selon les genres. L'élément occitan est à la base de la poésie amoureuse italienne, tandis que l'élément français est prédominant dans les chansons de geste, les romans courtois, les écrits religieux ou didactiques. Les emprunts au français et à l'occitan dans la poésie lyrique amoureuse italienne vont avoir tendance à rester confinés à ce type particulier d'exercice poétique, qui véhicule un langage technique, réservé aux initiés et compris d'eux seuls.

La littérature d'expression française, élaborée à partir de techniques moins exclusives que son homologue occitane, circula et fut réélaborée plus librement, sous la forme de chansons de geste et de romans arthuriens, surtout en Italie du Nord, où la proximité géographique et linguistique permettait un contact intense entre jongleurs et chanteurs. Des mots, caractéristiques de la littérature narrative de langue d'oïl, entrent alors en italien : *fellone*, du français *felon* (traître) ; *gabbare, gabbo*, de *gaber, gab* ; *misfatto*, de *mesfait* ; *oltraggio*, de *outrage* ; *onta*, de *honte*. Des jongleurs français, qui accompagnent des pèlerins à Rome, ont véhiculé avec succès, dès le début du XIIe siècle, les aventures d'Arthur et des chevaliers de Bretagne en Italie septentrionale et centrale. Dès cette époque, en effet, on rencontre dans ces régions des noms de baptême comme *Artusius* (Arthur), *Tristanus* (Tristan), *Merlino* (Merlin) ou *Gaulvanus* (Gauvain). La tradition épique est également bien représentée : des statues de Roland et Olivier près du portail de la cathédrale de Vérone, remontent au XIIe siècle. Ces deux héros ont laissé à la même époque leur empreinte dans l'onomastique. Godefroi de Viterbe en 1185-1187 évoque deux montagnes qui portent leur nom : « *Mons ibi stat magnus, qui dicitur esse Rolandus, / alter Oliverius, simili ratione vocatus*[22]. » [Il y a ici une grande montagne qui s'appelle Roland et une autre Olivier, de façon semblable.]

Les jongleurs français étaient si appréciés qu'ils pouvaient perturber l'ordre public. A Bologne, en 1288, une ordonnance interdit le séjour des « chanteurs des Français » (*cantatores Francigenarum*), parce qu'ils provoquent des difficultés de circulation. L'humaniste et juriste padouan Lovato Lovati (1241-1309), dans une épître à Bellino Bissolo, témoigne du succès des jongleurs du nord de la France et de leurs chansons sur Charlemagne, qui drainent une foule nombreuse.

Cette vogue finit par engendrer ce qu'on a appelé le franco-italien[23]. Le franco-italien est une abstraction. Il ne s'agit ni d'une langue particulière ni d'un dialecte régional, mais de français littéraire retouché par des auteurs italiens à des fins littéraires. L'appellation « franco-italien » s'applique à un corpus de manuscrits littéraires copiés en Italie du nord, principalement de la seconde moitié du XIIIe siècle au début du XVe siècle. Ses premières manifestations concernent des versions linguistiquement hybrides de chansons de geste de grande notoriété comme la *Chanson de Roland*. Puis commencent à être écrites des œuvres originales comme l'anonyme *Entrée d'Espagne* et la *Prise de Pampelune*.

Chaque texte présente un type et un degré d'hybridation linguistique qui lui est propre, depuis le texte français peu italianisé à celui qui joue sciemment sur les deux langues pour créer une langue littéraire artificielle. Comme beaucoup de chansons de geste du XIIIe siècle sont picardes, la part française du franco-italien est souvent picarde tandis que la part italienne est généralement à base vénitienne, mêlée d'influences variées (trévisan, padouan, lombard, frioulan, et toscan). L'apparition du franco-italien s'explique peut-être par un compromis, qui consisterait à contenter le public pour la compréhension du texte tout en conservant le prestige de l'original français. La forme hybride franco-italienne ne résulterait donc pas de l'incapacité des rédacteurs à s'exprimer en français, mais du désir de concilier la langue étrangère perçue comme indissociable des genres épique ou romanesque et la compréhension du public.

La réception de cette littérature franco-italienne fut socialement large, passant progressivement d'un public noble à un public bourgeois. Le franco-italien, qui n'a jamais été parlé, trouva des auditeurs et des lecteurs conquis de Trévise à Vérone, de Padoue à Venise jusqu'à Ferrare et à Bologne. Malgré d'inévitables difficultés de compréhension, l'encombrement que provoquent les jongleurs à Bologne, suggère que cette manifestation linguistique et littéraire dut toucher les couches inférieures de la société.

On aura compris que, dans ces conditions, les gallicismes italiens du Moyen Age se diffusent surtout par la littérature. La preuve en est leur baisse sensible au cours du Quattrocento, lorsque le prestige des « trois couronnes » (Dante, Boccace, Pétrarque) eut consolidé l'usage du toscan à un niveau littéraire et non plus seulement dans les domaines pratiques et administratifs. Les équivalents toscans aux emprunts français prirent alors rapidement le dessus et les « doublons » français furent éliminés : *certano* (français *certain*) est remplacé par *certo*, *certanemente* (fr. *certainement*) par *certamente*, *prociano* (fr. *prochain*) par *vicino*, *saramento* (ancien fr. *serement*) par *giuramento*.

Dans la seconde moitié du XIVe siècle, l'influence du français décline nettement. Conséquence de l'exil avignonnais du pape et du Grand Schisme qui divise la chrétienté et entretient la guerre civile dans la Péninsule, certaines régions et certaines seigneuries urbaines développent des ambitions d'autonomie, appuyées sur une forme de patriotisme qui tourne les Italiens vers le passé antique. Les villes et seigneuries septentrionales, jusque-là soumises à des influences culturelles venues de France, se mettent à briller d'une activité intellectuelle propre. Les Français, assimilés aux Gaulois conquis par César, sont couramment qualifiés de barbares. Benvenuto da Imola, dans son important commentaire de Dante (1374-1379), manifeste son mépris au grand jour et s'étonne de l'engouement persistant pour la langue française en Italie :

« Les Français (*Galli*) sont, depuis l'Antiquité, le peuple le plus vain de tous, comme on le remarque chez Julius Celsus, et comme on le remarque aujoud'hui *de facto* ; nous voyons, en effet, qu'ils inventent chaque jour de nouvelles modes et de nouvelles formes de vêtements, etc. C'est pourquoi je m'étonne beaucoup et m'indigne quand je vois des Italiens, et surtout des nobles, qui s'efforcent de suivre leurs traces ; ils apprennent la langue française (*linguam gallicam*), affirmant qu'il n'en existe pas de plus belle ; ce que je ne sais pas voir, car la langue française est un abâtardissement du latin, comme l'expérience l'enseigne[24]. »

La célèbre phrase de Pétrarque « Il ne faut pas chercher d'orateurs ou de poètes ailleurs qu'en Italie » est de la même veine. On comprend alors que l'Italie de la fin du Moyen Age ait été moins réceptive à l'influence linguistique française.

La richesse de la production poétique toscane et l'essor de l'humanisme italien renversent même la tendance. Au XVe siècle, l'italien commence à se répandre en France. Pourtant, malgré cette inflexion, le français demeure la source la plus importante d'emprunts lexicaux en italien. Parmi les termes empruntés au français au XVe siècle et toujours vivants en italien, on peut citer *bidello* « concierge », *furbo* « futé », *maresciallo* « maréchal », *parrucca* « perruque », *pasticcere* « pâtissier », *petrolio* « pétrole », *pinzetta* « pincette », *saliera* « salière ».

L'intervention de Charles VIII en Italie en 1494 permet l'afflux de nouveaux gallicismes, surtout cantonnés dans le domaine militaire. Dans l'Italie de la fin du XVe siècle et du début du XVIe siècle, le français n'est plus utilisé que par des courtisans, des diplomates et des voyageurs, excepté dans le Piémont. Plus encore qu'auparavant les emprunts suivent un cheminement littéraire. Le succès des Français à Agnadel (14 mai 1509) contre des ennemis réputés invincibles semble affirmer durablement la domination française en Italie. Lorsque Claude de Seyssel, en mars ou avril 1510, offre à Louis XII sa *Translation de l'histoire de Justin de latin en françois*, il insiste sur le prestige retrouvé du français en Italie et sur l'importance fondamentale de la diffusion de la langue française pour la gloire du roi et la grandeur du royaume :

« *Lesquelles choses (Sire) avez fait et faites journellement à Votre pouvoir* [autant que possible]. *Car premierement par le moyen des grandes et glorieuses conquêtes qu'avez faites en Italie, n'y a quartier maintenant en icelle ou le langage françois ne soit entendu par la plupart des gens : tellement que, là où les Italiens reputaient jadis les Français barbares tant en mœurs qu'en langage, à present s'entrententent sans truchement* [se comprennent mutuellement, sans interprète] *les uns les autres et si s'adeptent* [adoptent] *les Italiens (tant ceux qui sont sous Votre obéisssance que plusieurs autres) aux habillements et manière de vivre de France ; et par continuation sera quasi toute une même façon : ainsi que l'on voit de ceux d'Atisanie et de tout le Piémont, lesquels (au moyen de ce qu'il ont dès longtemps été sous la seigneurie et obeissance de Vous et de Vos predecesseurs ducs d'Orléans ; ceux d'Ast, et ceux de Piémont, des princes de Savoie qui vivaient et vivent à la française) ne sont pas grammont differents de la forme de vivre de France et si entendent* [comprennent] *le langage tout ainsi que le leur propre et le parelent* [parlent] *la plupart d'eux. Aussi est la langue française moult publiee* [diffusée] *en plusieurs autres provinces et nations d'Europe, pour la continuelle communication que les Princes et Peuples d'icelle ont avec eux et vos sujets, plus grande beaucoup qu'ils n'ont eu, bien longtemps a*[25]. »

Cette longue déclaration est à situer dans la dialectique des rapports intellectuels franco-italiens et dans la concurrence qui oppose le français à l'italien, ceci dans le contexte relativement nouveau du « nationalisme linguistique ». Dans la *Concorde des deux langaiges* (composée vers 1511 et publiée en 1513), Jean Lemaire de Belges tente de concilier les prétentions du français et de l'italien. Le débat sur les mérites respectifs des deux langues est, en effet, assez vif au début du XVIe siècle où perce pour la première fois la mode de l'italianisme : « *ou temps moderne plusieurs nobles hommes de France, frequentans les Ytalles, se delectent et exercitent oudict langaige toscan à cause de sa magnificence, elegance et doulceur* » écrit Lemaire. Le phénomène commençait à prendre assez d'ampleur, surtout à Lyon – il se développera au XVIe siècle, voir la deuxième partie de cet ouvrage – pour inquiéter l'honneur national. La langue française ne serait-elle plus « *assez gente et propice, souffisante assez et du tout elegante pour exprimer en bonne foy et mettre en effect tout ce que le langaige toscan ou florentin, ja soit ce qu'il soit le plus flourissant d'Yta-*

lie, sçauroit dicter ou excogiter, soit en amours, soit autrement[26] » ? Certainement pas. Le toscan a eu Dante et le français Jean de Meun. Les deux idiomes descendent du latin et doivent chercher à s'accorder plutôt que revendiquer la prééminence sur l'autre.

Les emprunts de l'italien au français

Le nombre de gallicismes introduits en italien à l'époque médiévale est considérable. L'influence française fut extensive, mais également intensive, comme le montrent les suffixes empruntés au français *-aggio* (de l'afr. *-age*) ou *-iere* (de l'afr. *-ier*), encore productifs aujourd'hui. En italien, certains termes qui dénomment des opérations essentielles de la vie quotidienne sont d'origine française : *mangiare* « manger », qui vers la moitié du XIIe siècle est employé en concurrence avec *manicare*, le remplace complètement à l'époque moderne. *Parlare* « parler » est probablement aussi un gallicisme, de même que *giorno* « jour ».

Présents dans tous les champs du lexique, les gallicismes sont plus fréquents dans certains domaines. En Italie, ce qui concerne le monde féodal et chevaleresque est d'origine française, il est donc normal que ces réalités s'expriment en termes venus de Gaule. Selon la date de leur irradiation, ces termes sont arrivés en Italie sous une forme latine ou française. On citera des mots qui réfèrent à l'organisation politique et sociale carolingienne : *conte* « comte », *marca* « marche », *cancelliere* « chancelier », *cappellano* « chapelain », *conestabile* « connétable », *cameriere* « camérier », *foresta* « forêt » ; ou à la société féodale : *balìa* « pouvoir », *barone* « baron », *dama* « dame », *(uomo) ligio* « homme lige », *lignaggio* « lignage », *varvassore* « vavasseur », *addobbare* « adouber », *sciudere* « écuyer »...

Certaines activités liées à la vie chevaleresque importèrent de France une bonne partie de leur vocabulaire. C'est le cas de la chasse. En Italie, la chasse n'est évidemment pas d'importation française, mais, avec l'instauration du système féodal, plusieurs types de chasse devinrent les privilèges exclusifs de la classe dominante, comme la fauconnerie qui emploie des termes originaires de France, où cette technique s'était particulièrement développée. La difficulté est de savoir si des termes comme *astore* « autour » et *sparviere* « épervier » viennent de l'ancien occitan *austor* et *esparvier* ou de l'ancien français *ostor* et *esprevier, espervier*.

La guerre est étroitement liée à l'activité du chevalier. Un bon nombre de termes militaires italiens sont d'origine française. Parmi d'autres, on citera *bottino* « butin », de *butin* ; *foraggio* à l'origine « aliment des chevaux d'une armée », de *forrage* ; *freccia*, de *fleche*, en concurrence avec l'indigène *saetta* ; *giavellotto*, de *javelot* ; *sergente* « soldat à pied, serviteur », etc. Le vocabulaire de l'habillement est également très sensible au modèle français : *azzimare* « orner, parer » vient de l'ancien français *acesmer* « orner » ; *bottone* (1286) de *boton* (bouton) ; *cotta* « tunique », de *cote* ; *fermaglio*, du français *fermail* ou de l'occitan *fermalh*.

Les relations commerciales contribuèrent également aux échanges linguistiques. Aux XIIe et XIIIe siècles, des marchands florentins, siennois et lucquois fréquentèrent en nombre les foires de Champagne et de Flandre, où ils achetaient de la laine et des tissus. Ces marchands, aussi banquiers, changeurs et percepteurs, réussirent avec les Lombards à détenir le monopole des opérations financières en Europe. Dans les pays où les compagnies toscanes eurent des filiales et des magasins, on parlait français (France, Angleterre, Orient latin) ou on se servait du français comme langue d'échange (Flandre flamingante). Il était naturel que des expressions entendues dans ces pays fussent utilisées par la suite en Toscane, dans une sorte de symbiose linguistique « toscano-française ». Lorsqu'en 1263 le marchand siennois Gentile Ugolini enregistre les comptes de la partie française de sa compagnie, centrée à Bar-sur-Aube, les noms de métiers qui accompagnent les noms de personnes sont souvent empruntés au français. On y trouve par exemple mention d'un *ciarone* « charron », d'un *cordovaniere* « cordonnier » (ancien français *cordoanier*), d'un *tagliatore* « tailleur » ou d'un *vignarone* « vigneron »... Le français utilisé comme langue d'affaires a souvent alors une coloration champenoise, à cause des foires de Troyes : la langue des *Estoires de Venise* rédigées par le Vénitien Martin da Canal vers 1275 rappelle la Champagne méridionale et aussi, par certains éléments, les régions nord-orientales et orientales du domaine d'oïl.

Les interventions de la France en Italie, de 1494 à 1530, favorisèrent l'introduction d'une nouvelle vague de termes militaires, liés aux perfectionnements techniques de l'armée française, grâce à l'expérience acquise au cours de la guerre de Cent Ans. D'après Thomas E. Hope, ces emprunts représentent un quart de la totalité des mots empruntés par l'italien au français au cours du XVIe siècle[27]. La plupart d'entre eux, comme *artiglieria* « artillerie », *batteria* « batterie » ou *portata* « portée », sont liés aux techniques de siège et au développement de l'artillerie.

Les emprunts du français à l'italien

Les emprunts du français à l'italien, au Moyen Age, sont peu nombreux et tardifs. On n'en dénombre que six antérieurs au XIIIe siècle : *avarie, coton, golfe, sucre, perle* et *vernigal* (bassine). Ils sont révélateurs des contacts qu'entretiennent l'Italie et la France à cette époque. Venise et Gênes, grâce à leurs flottes, assurent une partie importante du commerce avec le Levant et exportent ensuite les marchandises vers le Nord. Ces deux puissances maritimes, qui contribuent à l'acheminement des pèlerins et des croisés en Terre sainte, sont à l'origine de l'influence italienne sur le vocabulaire nautique en français : *darse, escale, galère, misaine, plage* (répandu au XVe s.), *proue* (XIIIe s.). Du fait de son « empire maritime », l'Italie reste une source importante de mots exotiques jusqu'à la fin du XVe siècle. L'italien fait office d'intermédiaire entre l'arabe et le français (ex. *tāfta* > italien *taffetà* > français *taffetas*), mais aussi entre le slave et le français (ex. : italien *zibellino* d'origine slave > *zibeline*). L'association mentale de l'Italie avec l'exotisme peut expliquer l'adoption au XVe siècle de *licorne* (italien *alicorno*) en remplacement du traditionnel *unicorne*.

Excepté « avarie » (de l'arabe *'awār*), qui renvoie alors exclusivement à une perte ou à un dommage de marchandise en mer, la plupart des emprunts lexicaux en matière financière et commerciale entrent en français au cours du XIVe siècle. *Magasin* (mot d'origine arabe) apparaît pour la première fois entre 1406 et 1409 dans la biographie chevaleresque du gouverneur de Gênes, le maréchal Boucicaut : *Là estoient les bouticles des marchandises, que ilz appellent magagenes*[28]. Au XIIIe siècle, les Italiens développent des techniques innovantes dans le maniement de l'argent et multiplient les moyens de faire fructifier les capitaux tout en diminuant les risques. Ils introduisent les contrats de change, les contrats d'assurance maritime, les parts de navires, les sociétés. Leur supériorité dans les domaines du change, du crédit, de la banque et de la monnaie est incontestée. Au milieu du XIIIe siècle, mettant fin à plusieurs siècles de monométallisme d'argent en Occident, Gênes et Florence, puis Venise, frappent des monnaies d'or. L'avance considérable prise par la banque et le commerce italiens, les relations entretenues grâce aux foires de Bourgogne et de Lyon entre marchands français et hommes d'affaires toscans favorisent l'introduction en français de nombreux termes relatifs à la vie économique, comme *banque* (1458), *douane* (1372), *ducat* (XIVe s.), *florin* (XIVe s.), *magasin* (XIVe s.), *tare* (XVe s.) « déchet » et

« défaut », *traffitz* (qui s'ajoute au XVᵉ s. à *trafiquer*, « faire un commerce lointain »). Les italianismes *banqueroute*, *trafique* et *trafiquer* (XVᵉ s.), empruntés lors de la période de reconstruction du royaume qui suit la guerre de Cent Ans, reflètent le sursaut du commerce en France à cette époque.

Les Italiens sont experts aussi dans l'art militaire. Philippe le Bel avait comme conseiller militaire l'Italien Egidio Colonna. Les Italiens ont également apporté une aide non négligeable à Philippe VI de Valois quand, en 1337, il a commencé à préparer la guerre contre les Anglais. Le lexique a gardé des traces de cette situation. La plupart des emprunts d'origine militaire sont dus aux mercenaires appelés pendant les guerres. Pour désigner la paie qui leur est due, le mot *solde* (de l'italien *soldo*) s'est imposé. Ces emprunts comportent des termes de fortification : *bastion, citadelle, escalade,* des armes comme le *canon* et la *pertuisane,* auxquels on peut ajouter des mots relatifs à l'organisation militaire : *brigade* (d'abord « troupe de personnes »), *escadre* « bataillon ». Jean Molinet, chroniqueur officiel de la cour de Bourgogne à partir de 1475, semble d'ailleurs réprouver ces innovations lexicales : « *Franchois qui depuis eurent le bruit* [la réputation] *des armes, nombrerent leur ost par armure de fer, par heaulmes, par bachins* [casques]*, par cuiraces et par lances. Et maintenant depuis que Ytaliiens se sont boutez en la maison de Bourgogne, ilz sont nombrez par escades et escadrons et contient une escade environ .xxv. lances* [groupe de combattants à cheval, réunis autour de l'homme d'armes pourvu de lance]²⁹. »

Au total, d'après les comptages de Hope, les emprunts du français à l'italien ne sont en rien comparables, par le nombre, aux emprunts de l'italien au français : de 28 au XIIIᵉ siècle, il passe à 59 au XIVᵉ siècle avant d'atteindre un sommet au XVᵉ siècle, avec 91 emprunts relevés. Le mouvement s'amplifiera nettement au XVIᵉ siècle (voir plus loin).

La Péninsule ibérique

L'expansion territoriale de l'Occident chrétien aux dépens de l'Islam a provoqué des mouvements migratoires parmi les plus spectaculaires, dès le milieu du XIᵉ siècle. La *reconquista*, entreprise de récupération par les chrétiens de la Péninsule ibérique conquise par les musulmans entre 711 et 720, s'intensifie à partir de 1031. Grâce à la plus grande stabilité politique des royaumes chrétiens d'Espagne, leurs contacts avec les territoires du nord des Pyrénées s'intensifient. Des chevaliers français, surtout normands, poitevins, champenois, bourguignons et pyrénéens, interviennent en nombre croissant, attirés par l'aventure, le butin, la gloire chevaleresque et la haine religieuse. La première grande expédition française, dite « croisade de Barbastro », se déroula en 1063 et 1064. Entouré de contingents de l'Ouest de la France, de Normands et de Catalans, Guillaume VIII d'Aquitaine prit cette ville après un siège. Cette victoire eut un grand écho en Occident et révéla les raffinements de l'Islam au-delà des Pyrénées.

Désireuse de se ménager l'appui de chevaliers du nord pour la reconquête, l'Espagne leur offre ses riches héritières. Quelques Français concluent ainsi de fabuleux mariages : Raimond de Bourgogne épouse Urraca, fille d'Alphonse VI de Castille (1065-1109) et reçoit la Galice ; Henri de Bourgogne épouse Thérèse, fille d'Alphonse VI, et obtient le Portugal. Le centre de la Péninsule n'est donc pas exempt d'influence française. Quelques Français prennent possession de seigneuries. Routrou du Perche devient seigneur de Tudela de 1128 à 1144. Des seigneurs français apparaissent au fil des chartes, entre 1114 et 1134, mais ces terres passent rapidement par donations ou rachats en des mains espagnoles. En Catalogne, le Normand Robert Burdet relève la ville de Tarragone à partir de 1128 sans que ses successeurs puissent s'y maintenir. En Castille, la colonisation est essentiellement monastique, sous l'impulsion des abbayes de Silos et de Sahagun.

La « colonisation », en effet, n'est pas uniquement chevaleresque. La fondation de Cluny en 910 eut de grandes répercussions sur l'Espagne : à l'invitation des rois de Navarre, l'ordre de Cluny fonde en 1022 le couvent de Leyre, au-dessus de Pampelune, inaugurant une forte influence des moines français en Espagne. La réforme clunisienne est lancée par Oliba, abbé de Saint-Michel de Cuxa, puis de Ripoll (1008), avant de devenir évêque de Vich. A partir de 1075, des religieux français viennent diriger des monastères en Espagne et accèdent souvent à des sièges épiscopaux : l'écriture française remplace l'écriture wisigothique, le rite romain se substitue au rite mozarabe, des œuvres françaises sont traduites et imitées. Plus tard, les cisterciens s'implantent fermement dans la Péninsule. Tous ces religieux contribuèrent, par d'actifs relais, à attirer de nombreux chevaliers français en Espagne.

Le pèlerinage de Saint-Jacques-de-Compostelle est une autre source importante de contacts. La « découverte », vers 820, du corps de l'apôtre saint Jacques, miraculeusement transporté depuis la Palestine, suscite un pèlerinage auprès de son tombeau. C'est au Xe siècle que la tombe de saint Jacques commence à attirer des pèlerins étrangers, surtout français. Ces derniers s'y rendaient par deux routes, l'une qui passait par Roncevaux et Pampelune, l'autre par le Somport et Jaca. Ces chemins se rejoignaient à Puente de la Reina. L'expédition destructrice d'al-Mansur, peu avant l'an mille, compromit un temps le pèlerinage, qui ne prit véritablement son essor que dans les premières décennies du XIIe siècle grâce à une intense activité de propagande. Le Poitevin Aimery Picaud serait peut-être l'auteur ou le coauteur du *Guide du pèlerin*, composé entre 1139 et 1145. En Navarre et en Castille, un courant migratoire dominé, semble-t-il, par l'élément gascon emprunte le réseau des chemins de Compostelle. Dans les villes où ils se fixent de préférence, ces immigrants, artisans et commerçants pour la plupart, se regroupent en un quartier spécifique, qui prend souvent le nom de « *vicus Francorum* » ou de « *rua de Francos* ». Ces marchands et artisans *francos* recherchaient en Espagne de meilleures conditions d'existence : attirés par les privilèges octroyés par des souverains désireux de peupler leurs Etats, ils comptaient s'affranchir de servitudes féodales pesantes.

Au début du XIIIe siècle, après plusieurs revers, l'Espagne chrétienne est à nouveau menacée. Avec le soutien d'Innocent III, les cisterciens et les envoyés d'Alphonse VIII firent appel à la chevalerie française. Au début de l'été 1212, des Aquitains, des Bretons, des Champenois et des Rhodaniens arrivent à Tolède, formant une troupe de 40 000 hommes. La plupart étaient déjà repartis avant la victoire décisive de Las Navas de Tolosa (12 juillet 1212), qui entraîne la dislocation de l'empire almohade et ne laisse aux musulmans d'Espagne à la fin du siècle, après la prise de Cordoue et de Séville, que la région de Grenade.

Ces contacts nombreux et de longue durée entre le français et l'espagnol eurent naturellement des conséquences linguistiques, dont le meilleur symbole est le remplacement du natif *españón* par la forme *español*, empruntée au français. Les gallicismes de l'espagnol, presque tous postérieurs au XIe siècle, se répartissent en deux périodes : aux XIIe et XIIIe siècles, les emprunts sont très fréquents pour les raisons énumérées plus haut et touchent principalement les domaines politiques, religieux, commerciaux et littéraires. Aux XIVe et XVe siècles, le rythme des emprunts se ralentit, mais l'influence française est encore nette. La difficulté principale pour mesurer l'impact du français sur l'espagnol est d'opérer une distinction entre les apports respectifs de l'occitan et du français.

Les termes militaires empruntés reflètent la participation française à la reconquête. Parmi ceux qui ont été empruntés avant le XIVe siècle, on citera *arnés* (ancien français *harneis*), *dardo* (dard), *flecha* (flèche), *brocha* (broche), *malla* (maille), *estandarte* (ancien français *estandart*) ou *corcel* (ancien français *corsier*). Le XVe siècle apporte encore *brida* (bride), *gocete* (gousset), *pabellón* (afr. *paveillon*), *botín* (butin) et *heraldo* (héraut).

La terminologie religieuse est également bien représentée avec *capellán* (chapelain), *capitel* (chapiteau d'une colonne), *deán* (doyen), *fraile* (frère), *hereje* (hérétique), *preste* (prêtre), *hostal* (hôtellerie). La vie de cour à la française introduite par des alliances matrimoniales et racontée par les jongleurs qui accompagnent chevaliers et pèlerins est une source féconde de gallicismes. Elle fournit des titres et appellatifs nouveaux comme *bachiller* (bachelier), *paje* (page), *garzón* (garçon) ou *dama* (dame) ; s'applique aux loisirs : *danzar* (danser), *carola* (carole), *chanzoneta* (chansonnette), *desmayar* (ancien français *esmaiier* « troubler »), *blanchete* (brachet) ; désigne des ingrédients servis à la table du seigneur : *jamón* (jambon), *baya* (baie), *brebaje* (ancien français *bevrage* « breuvage, boisson ») ; et diffuse quelques abstractions comme *conget* (ancien français *congié* « congé »), *fealdat* (ancien français *fealté*), *sage* (sage).

Les noms français donnés aux vêtements et aux tissus dont ils sont faits reflètent à la fois l'influence des chevaliers du nord sur la vie de cour et les relations commerciales entre les deux versants des Pyrénées. On trouve ainsi *jaqueta* (jaquette), *cibelina* (zibeline) ; *paños de Ruan* (draps de Rouen), *mostreviller* (Montivilliers), *chalón* (Chalons). Les gallicismes du domaine maritime relèvent à la fois du domaine militaire et des relations commerciales, importantes entre les ports français et Séville, par exemple, à la fin du Moyen Age : *borde* (bord), *quilla* (quille), *cable* (cable), *bauprés* (beaupré), *abra* (havre), *amarrar* (amarrer).

Les emprunts du français à l'espagnol furent bien moins nombreux que les emprunts de l'espagnol au français. Il n'empêche que les voyageurs français en Espagne ramenèrent chez eux quelques mots qu'ils avaient appris. Il s'agit, pour l'essentiel, de mots arabes comme *algalife* (calife), *almaçor* (*al-mansor* « le victorieux »), mais aussi *marabotin* (une monnaie d'or appelée *maravedí* en espagnol), *aucube* « petite tente » (d'*alcoba*), *meschin* et *meschine*, « jeune homme » et « jeune fille » de l'espagnol *mesquino, a*, « pauvre ». Au XVe siècle sont empruntés *caban*, *infant* et *laquais*, mais il faudra attendre la seconde moitié du XVIᵉ siècle pour que les emprunts à l'espagnol prennent une place significative dans le lexique français (voir plus loin).

Au nord de la Péninsule, le catalan, langue géographiquement ibérique, s'apparente beaucoup plus aux langues de Gaule, notamment par son lexique, qu'aux deux autres langues de la Péninsule. Au Moyen Age, l'occitan a servi de pont entre la langue d'oïl et le catalan. L'influence occitane s'explique notamment par les contacts prolongés de la Catalogne avec les troubadours occitans qu'Alphonse II d'Aragon (1162-1196), comte de Barcelone, convia à sa cour. Ces relations produisirent le sentiment d'une communauté « catalano-occitane » : l'occitan sera en Catalogne la langue de la poésie jusqu'au XVᵉ siècle. Les contacts économiques et commerciaux, mais aussi la proximité géographique du Roussillon (où l'on parle catalan) avec les aires languedociennes, ne firent que renforcer le « continuum » linguistique.

Au Portugal

La langue littéraire du nord-ouest de la Péninsule ibérique qui s'épanouit au XIIIᵉ siècle pour devenir le véhicule du premier lyrisme hispanique est communément appelée « galégo-portugais », parce que les différences que l'on note alors entre la langue des auteurs de Galice (*gallego*) et ceux du nord du Portugal sont minimes. Mais le portugais se constitue bientôt comme langue écrite d'un royaume nouvellement fondé et orienté vers le sud, alors que le galicien, après la réunion de la Galice à la Castille, perd sa personnalité littéraire, qu'il reconquerra plus tard. L'époque des rois catholiques marque le point culminant de sa déchéance.

Sur un glossaire de 2 000 mots tirés d'une anthologie de poèmes galégo-portugais composés avant 1300, la moitié est directement d'origine latine, un tiers est constitué de dérivés et de composés, le reste de mots empruntés. Parmi eux, on compte 2 % d'arabismes, 5, 4 % de gallicismes (français et occitan) et 1 % de termes d'origine espagnole. Le nombre élevé des emprunts gallo-romans dans la lyrique galégo-portugaise reflète les relations intenses entre le nord-ouest de la Péninsule et les territoires gallo-romans. L'activité de l'ordre de Cluny se traduit par les termes *granja* « grange » et *rua* « rue », mais aussi par *monge* « moine » et *freire* « frère » ; les relations commerciales introduisent des noms de tissus comme *arraz* « étoffe provenant d'Arras » et *roan* « étoffe de Rouen ». L'imitation de la culture française a même permis l'emprunt de verbes aussi courants que *manjar* « manger », *trobar* « trouver » et d'adjectifs comme *greu* « difficile » et *alegre* « allègre ». Les romans de chevalerie et les institutions féodales véhiculent aussi leur lot d'emprunts : *torneio* « tournoi », *duque* « duc », *dama* « dame », *palafrém* « palefroi », *batalha* « bataille », *proeza* « prouesse », *ligeiro* « léger », *cobarde* « couard », *coragem* « courage », *linhagem* « lignage », *mensagem* « message », etc.

Un tiers des occitanismes attestés dans la lyrique galégo-portugaise a disparu du lexique portugais contemporain. Cette disparition, qui a sans doute été similaire pour les termes d'oïl, coïncide avec l'abandon de la tradition poétique des *cantigas* vers 1350, preuve que ces mots étaient restés confinés aux couches supérieures de la société et ne s'étaient pas largement répandus.

Les Pays-Bas et l'Allemagne

Le germanique commun a donné naissance à trois ensembles linguistiques, le germanique occidental, le germanique septentrional et le germanique oriental. Le germanique occidental (ou westique) s'est lui-même divisé en plusieurs rameaux auxquels appartiennent les langues pratiquées au Moyen Age dans les Pays-Bas et en Allemagne. L'ancien dialecte bas-franconien, parlé le long du cours inférieur du Rhin, a évolué à partir de la fin du XIIe siècle en moyen néerlandais. Cette langue, d'abord peu différenciée des dialectes bas-allemands voisins, a résisté à l'expansion du haut-allemand pour des raisons politiques et historiques.

La part considérable du vocabulaire moyen néerlandais d'origine française témoigne de l'influence du français dans les Pays-Bas à l'époque médiévale. Pendant la plus grande partie du Moyen Age, les principautés des Pays-Bas appartiennent, selon l'héritage du traité de Verdun (843), à l'est de l'Escaut à l'Empire et à l'ouest au royaume de France. La frontière linguistique entre roman et germanique ne suit pas la frontière politique : « la France eut dans la Flandre une annexe germanique sur sa frontière septentrionale, comme l'Allemagne, de son côté, maîtresse des parties wallonnes de la Lotharingie, avait une annexe romane sur sa frontière de l'ouest » (Henri Pirenne).

La Flandre

Au cours des Xe et XIe siècles, la Flandre s'étendit vers le sud jusqu'à la Canche. Les comtes de Flandre profitèrent également des troubles en Lotharingie pour gagner des territoires au nord et à l'est. A la fois vassaux du roi de France et de l'empereur, les comtes profitèrent de cette situation pour accroître leur indépendance. L'expansion de la Flandre fut arrêtée au XIIe siècle, du fait de l'action centralisatrice de la monarchie française et de la résistance des maisons féodales voisines du Brabant, du Hainaut et de Hollande.

Le développement économique précoce de la Flandre lui permit d'exercer une influence considérable sur les régions avoisinantes. Sa richesse lui vient de l'industrie drapière et du commerce international. Dans cette région plus tôt qu'ailleurs se développent des implantations de commerçants et d'artisans qui allaient devenir des villes puissantes bénéficiant de privilèges accordés par les comtes et, dès lors, largement autonomes. Vers 1340, Gand est la plus grande ville d'Europe occidentale après Paris (60 000 habitants en 1357). Bruges attire des marchands venus d'Angleterre, d'Italie et des pays de la Baltique ; vers 1340, elle compte environ 45 000 habitants.

Au cours du Moyen Age, le français fit des progrès en Flandre, région qui fut un relais pour la langue d'oïl dans des contrées germanophones. Le recul du flamand est d'abord marqué par le retrait de la frontière linguistique, qui, au IXe siècle, suivait une ligne partant de l'embouchure de la Canche pour gagner le nord de Lille. Aux XIe et XIIe siècles, le roman progresse entre Boulogne et Aire. Vers 1300, la frontière part désormais du cap Griz-Nez pour gagner Guînes, Ardres et Saint-Omer, et rejoindre la Lys à l'est d'Aire. Dans cette région, les villes ont introduit et adopté le français et l'ont répandu dans la campagne environnante. D'après des actes en latin truffés de flamand, les pêcheurs et les classes moyennes de Calais, fondé par le comte de Boulogne au XIe siècle, sont encore flamingants au début du XIVe siècle. La ville de Calais passe à la couronne d'Angleterre de 1347 à 1558. Un texte anglais de 1529 dit qu'il y a plus de « *Pycardes and Fleminges* » (de Picards et de Flamands) dans la ville que de « *Englyshemen* » (Anglais) : la situation de bilinguisme se poursuit donc à Calais au XVIe siècle.

Le lent et régulier recul du flamand s'explique par des motifs généraux souvent énumérés, comme la puissance croissante de la France, le prestige de Paris, la stature du français comme langue internationale et comme langue du commerce, la mode de la « courtoisie française », répandue dans la noblesse. A cela s'ajoutent des raisons spécifiques : la partie francophone de la Flandre, avec les villes de Lille, Douai et Arras, jouait dans le comté un rôle économique de premier plan ; politiquement, la Flandre était presque tout entière sous la dépendance de la France ; enfin le cosmopolitisme et le caractère nettement international du commerce flamand diffusait la connaissance de la langue commerciale d'alors, la langue d'oïl, dont se servaient, par exemple, les banquiers et marchands italiens.

Le français s'est trouvé puissamment aidé par l'administration centrale du comté, qui n'employait que le français. En Flandre, le français remplace d'ailleurs très tôt le latin dans les actes publics. Le mouvement part de Douai (1204) avant de gagner la partie flamande (1221) : vers 1250, le français est désormais seul à être employé. De 1269 à 1313, presque tous les actes de l'administration centrale sont rédigés en français ; les actes de l'administration locale peuvent continuer à être rédigés en flamand. A Gand, alors que les comptes de la ville sont en flamand, ceux des fonctionnaires comtaux sont tenus en français. Au XIVe siècle, le triomphe du mouvement démocratique amènera un net recul du français.

Dans le domaine littéraire, la Flandre a laissé certains vestiges de son intérêt pour les romans de chevalerie français sous forme de manuscrits superbement enluminés. Dès le XIIIe siècle, Bruges était, avec Gand, la ville où l'on fabriquait les plus beaux livres des Pays-Bas. La qualité des manuscrits de luxe qui sortaient de ces villes ne le cédait en rien à celle des ateliers parisiens. On y confectionnait des livres en moyen néerlandais, en français et surtout des psautiers latins, destinés à une clientèle locale, mais surtout internationale.

A la cour de Flandre, la langue française était en usage et la maison comtale passait plus de commandes aux poètes français qu'à ceux des Pays-Bas. L'exemple le plus célèbre est celui de Philippe d'Alsace, qui, vers 1185, confia à Chrétien de Troyes la rédaction de *Perceval*. Peut-être par imitation des pratiques culturelles de l'élite nobiliaire, la bourgeoisie prospère des grandes villes flamandes commanda des traductions de romans français en moyen néerlandais. Il ne faudrait pourtant pas schématiser et considérer que la littérature néerlandaise était destinée aux villes alors que la production française était réservée à la cour. Les frontières étaient sans doute moins nettes et les publics plus entremêlés. Les nobles et bourgeois qui connaissaient le français n'ignoraient pas tous le flamand. Quoi qu'il en soit, l'adaptation en néerlandais d'œuvres françaises n'a pas été déterminante à long terme. Plus importantes sont les relations commerciales en français entre francophones et néerlandophones. Dès la première moitié du XIVe siècle apparaissent en Flandre des manuels de conversation en français commercial. Le plus ancien, et aussi le plus célèbre, est *Le Livre des mestiers*, écrit en 1340.

Les autres principautés des Pays-Bas

Du côté de l'Empire, le duché de Brabant s'affirme d'abord comme la principauté la plus solide. La richesse agricole de la région, couverte de lœss, et la prospérité industrielle et commerciale des villes (Louvain, Bruxelles, Malines) firent des ducs de Brabant de puissants seigneurs. Alors que le voisin flamand doit compter de plus en plus avec les ambitions politiques des Capétiens, les principautés placées sous la tutelle impériale s'épanouissent. Au XIIIe siècle, les ducs de Brabant se montrent sensibles à l'influence française : Henri II maria sa fille au roi de France. Henri III, qui régna de 1248 à 1261, est un poète dilettante qui écrit une série de chansons d'amour en français. Son fils Jean Ier perpétua en langue allemande la tradition des ducs brabançons trouvères.

Les comtes de Hainaut, longtemps proches de la France par une série d'alliances matrimoniales et des liens avec le comté de Flandre, furent de 1299 à 1354 à la fois comtes de Hollande et de Zélande ; quelques années plus tôt, en 1296, l'un des derniers comtes de la maison de Hollande, Florent V, s'était allié à Philippe le Bel et des liens s'étaient établis avec le duché de Gueldre et la Frise. Dès lors, les rapports entre la France et la Hollande furent fréquents. Pendant longtemps, presque toutes les chartes échangées entre ces deux pays le furent en français. Florent V écrivait en français au comte de Flandre et deux des lettres qu'il a adressées au roi d'Angleterre (1282-1284) sont également dans cette langue. Quant aux comtes de Gueldre, ils se sont attachés au XIIIe siècle les services de poètes français.

La littérature française, en particulier la poésie épique, est largement répandue au Moyen Age dans les Pays-Bas néerlandophones. Il est significatif que vers 1260 Jacob van Maerlant se réfère tout naturellement dans son *Alexanders geesten* (*Histoire d'Alexandre*) et dans ses œuvres postérieures autant aux épopées en moyen néerlandais qu'aux épopées en langue française. Jacob van Maerlant mise donc sur un public qui connaît bien les deux littératures, ce qui surprend d'autant plus qu'il écrit essentiellement pour les cercles familiers de la cour hollandaise, où le rôle du français semble avoir été modeste en comparaison de régions comme la Flandre et le Brabant. La vie littéraire dans les milieux aristocratiques de l'époque est en fait plurilingue. C'est sans doute ce qui explique pourquoi il faut attendre la fin du XIIIe siècle pour voir apparaître un lyrisme courtois en moyen néerlandais. Auparavant, la poésie courtoise s'écrivait dans une large mesure en français.

L'épopée et le roman se diffusent souvent dans une forme française. Cela va sans dire pour le Hainaut où la prédominance des traces françaises dans la vie littéraire est si considérable que l'on peut se demander si le moyen néerlandais ne jouait pas un rôle marginal en tant que langue nationale. Et lorsque le français n'est plus compris, la traduction relaie l'influence de la littérature française, faisant passer bien des calques et emprunts en moyen néerlandais. Ainsi on ne compte pas moins de trois traductions en moyen néerlandais de l'énorme *Lancelot* en prose.

Quant aux clercs de ces provinces, ils ont souvent quelques rudiments de français, surtout ceux qui ont suivi un cursus universitaire. Les universités de Louvain (fondée en 1426) et de Leyde (fondée en 1573) sont relativement récentes ; aussi les lettrés étaient souvent attirés par les universités françaises. Gérard Groote, par exemple, le fondateur de la confrérie de la Vie commune, a séjourné à Paris de 1355 à 1358.

Au temps des ducs de Bourgogne

Fils du roi de France Jean II le Bon, Philippe le Hardi avait reçu en apanage en 1363 le duché de Bourgogne. Son mariage avec Marguerite de Flandre, héritière de la Flandre, de l'Artois et de la Franche-Comté, lui assura le contrôle d'un vaste territoire à la mort du père de Marguerite, le vieux comte de Flandre Louis de Male, en 1384. Par une politique habile, Philippe le Hardi jetait les bases d'un Etat bourguignon. Son successeur Philippe le Bon (1396-1467) devait étendre considérablement l'assise territoriale du duché de Bourgogne en lui réunissant le Brabant, le Limbourg, la Hollande, la Zélande, le Hainaut, Namur, le Luxembourg et la seigneurie de Malines. Malgré le poids croissant des terres du Nord, le duché de Bourgogne resta le cœur de la seigneurie des ducs de Valois, qui établirent à Dijon leur nécropole.

Pendant la période bourguignonne, le *thiois*, ainsi que les francophones appelaient la langue germanique pratiquée aux Pays-Bas, recule en Flandre. Saint-Omer est encore bilingue, mais le français y progresse. En revanche, à Ypres, où le français était pratiqué depuis le XIIIe siècle, le flamand marque des points. Ces évolutions contradictoires sont le résultat d'une règle que s'était fixé le gouvernement bourguignon : le respect des coutumes locales, y compris linguistiques. Le pouvoir ducal s'abstint de toute régulation superflue et toléra la diversité des langues à la cour et dans l'armée.

Le français devait cependant servir d'instrument de gouvernement. Philippe le Hardi fonde la tradition selon laquelle le gouvernement central bourguignon devra désormais utiliser uniquement le français. Sous son gouvernement, cette langue est employée à Anvers pour tout sujet le concernant directement, alors qu'elle n'avait jamais été utilisée comme langue administrative dans cette ville. Philippe donne cependant des gages aux néerlandophones : il confie Jean, son fils aîné, héritier de la Flandre, à un tuteur flamand et Antoine, héritier du Brabant, à un tuteur brabançon. Antoine montra d'ailleurs une prédilection pour le néerlandais qu'il restaura dans son ancien statut à Anvers. L'un de ses fils, mort jeune, est d'ailleurs enterré sous une épitaphe en néerlandais.

La langue est un sujet politique sensible pour l'administration bourguignonne, qui se heurte en Flandre à une résistance linguistique. En 1405, le duc Jean sans Peur doit accepter que les communications qui lui sont adressées en tant que comte de Flandre soient rédigées en flamand. Les Flamands obtiennent même que la cour de justice du comté de Flandre, le conseil des Flandres, soit transplantée de Lille en Flandre flamingante. En 1409, après avoir affermi son pouvoir, Jean restaure le français comme langue de délibération au conseil des Flandres. En 1477, Marie de Bourgogne, la fille de Charles le Téméraire, dut promettre qu'elle utiliserait le néerlandais dans les lettres aux états de Hollande, Zélande et Frise. La diversité linguistique des territoires à administrer conduit au bilinguisme dans les plus hautes classes de la société.

Philippe le Bon et Charles le Téméraire parlaient couramment néerlandais, mais ils employaient le français en privé. Quand les membres de la haute administration bourguignonne eurent commencé à former une classe officielle cohérente, ils s'attachèrent au français comme à un symbole de leur proximité avec le prince. En 1515, lorsque Charles Quint demanda au grand conseil à Malines de ne pas utiliser d'autre langue que le néerlandais au sujet des affaires de Hollande, les conseillers acceptèrent d'adopter le néerlandais pour l'expédition des décisions écrites, mais refusèrent d'abandonner le français lors des délibérations, puisque c'était la langue que parlait le prince à sa cour.

Lors de négociations difficiles, le choix de la langue devient significatif. Ainsi, à plusieurs reprises, l'opposition d'une région néerlandophone au pouvoir bourguignon se manifeste par le refus d'employer le français : en 1527, les prélats du Brabant sont en litige avec la régente, Marguerite d'Autriche, à propos des exigences fiscales de son gouvernement. Lors de la discussion devant les états de Brabant, l'abbé de Villers, porte-parole des prélats, cessa de s'adresser à Marguerite en français et poursuivit son discours en néerlandais. Marguerite considéra qu'il s'agissait d'un défi lancé à son gouvernement et saisit immédiatement les biens appartenant aux abbés de Brabant représentés aux états.

LES EMPRUNTS DU FRANÇAIS AU NÉERLANDAIS

Ces contacts prolongés, à la fois politiques, commerciaux et littéraires entre francophones et néerlandophones, suscitèrent des emprunts réciproques, même si le français, en position de supériorité par rapport à toutes les autres langues vernaculaires, emprunta moins au néerlandais que le néerlandais ne lui emprunta.

Le domaine maritime constitue la part la plus imposante des emprunts du français au néerlandais. Bien des noms français de poissons font partie de cette vague d'emprunts au moyen néerlandais : *églefin* (vers 1300, sous la forme *egreffin*) vient de *schelvisch*, de même sens ; *lingue* (1396, sous la forme *leyngue*) de *leng*, de même sens ; *éperlan* (vers 1300, sous la forme *aspellens*) de *spierlinc*, de même sens ; *flet* (XIIIe s.), de *vlete* « sorte de raie » ; *orphie* (vers 1393, sous la forme *orfin*), de *hoornvisch*, littéralement « poisson à corne » ; *stockfish* (1387, sous la forme *stoquefiz* « morue séchée à l'air ») vient aussi du moyen néerlandais *stocvisch*, de même sens...

C'est surtout dans le domaine de la harengaison que les emprunts au néerlandais sont nombreux. Au Moyen Age, la grande pêche est celle du hareng, abondant dans les eaux de la Manche et de la mer du Nord. Cette pêche est dominée par la Flandre, puis par les régions hanséatiques, avant de l'être par la Hollande et la Zélande à la fin du Moyen Age. Elle donne naissance à des ports à la flottille abondante et à la main-d'œuvre diversifiée, créant une véritable industrie. A terre, il faut réparer les filets, construire et entretenir les « drogues », les barques harenguières. Surtout il faut *caquer* les harengs (1340, verbe pris au moyen néerlandais *caken* « faire une incision sous les branchies gauches pour enlever une partie des viscères »), donc leur couper les ouïes et les saler pour les empiler dans des tonneaux. Un hareng préparé se dit *caqueharenc* (1332, du moyen néerlandais *caecharine*). Le hareng peut également être séché ; on parle alors de hareng *saur* (*sor* au XIIIᵉ s., du moyen néerlandais *soor* « séché »). Le hareng de qualité inférieure, le *herencq waracq* (1435, du moyen néerlandais *wrac* « [marchandises] de rebut, endommagées ») est à l'origine de notre moderne *vrac*.

Outre la pêche intensive, les Pays-Bas pratiquent le commerce maritime à grande échelle. Leurs techniques de navigation et de construction navale ont laissé des traces dans le vocabulaire français : *tribord* (1484, sous la forme *destrebord*), vient de *stierboord*, de même sens ; *matelot* (1357) de *mattenoot*, qui signifie littéralement « compagnon de couche », parce que deux matelots partageaient alternativement un seul hamac ; *épisser* « relier (un bout de cordage à un autre) en entrelaçant les torons » (1516, sous la forme *espisser*) vient de *splissen* ; *écore* « pièce de bois servant de cale à un navire » (1382-1384, sous la forme *escore*) de *schore* « étai ».

Les villes des Pays-Bas profitent alors de leur ouverture maritime pour affirmer une position commerciale forte. Du Xᵉ au début du XIVᵉ siècle, Bruges renforce sa prépondérance parmi les ports des Pays-Bas et s'affirme comme le principal centre d'échanges de l'Europe septentrionale. Le trafic y prend de l'ampleur au XIIᵉ siècle, quand la ville devient le grand marché de la laine anglaise, revendue aux centres drapants. En retour, Bruges approvisionne l'Angleterre en tissus. Au début du XIVᵉ siècle, Bruges est à la fois un grand marché de redistribution à l'échelle de l'Occident et un grand centre de consommation, situé dans une région exceptionnellement riche et peuplée. S'y retrouvent des marchands venus de la Méditerranée et de l'Atlantique, d'autres du domaine hanséatique et de l'Angleterre. Cette activité n'est pas restée sans influence sur le lexique : *fret* (XIIIᵉ siècle, « prix du transport de marchandises par mer ») vient de *vrecht, vracht*, « cargaison d'un bateau, prix du transport par bateau » ; *échoppe* (vers 1230, sous la forme *escope*) de *schoppe* ; *étape* (1272, sous la forme *estaple*) au sens de « place, entrepôt où les marchands doivent apporter leurs marchandises pour les mettre en vente ») vient de *stapel* ; enfin *maquereau* (1269-1278) « homme qui vit de la prostitution des femmes » est emprunté à *makelare* « intermédiaire, courtier ».

L'industrie drapière, qui a contribué à la richesse des villes fortement industrialisées des Pays-Bas, a exporté des mots servant à décrire les produits vendus. Outre les tissus qui portent le nom de leur région de production, comme *frise* et *hollande*, les Pays-Bas ont laissé certains termes techniques, comme *nope* « nœud qui se forme lors du tissage d'un drap » (1350-1375), de *noppe* « flocon de laine, inégalité, nœud dans un tissu » ; et *ploc* « poil de vache, de chèvre » utilisé comme matière textile (1335, sous la forme *ploich*), de *plock* « flocon ». Le vocabulaire de la teinturerie est également imprégné de termes d'origine néerlandaise, comme *grappe* « garance en poudre utilisée pour la teinture » (XIIIe siècle sous la forme *crape*), du moyen néerlandais *crappe, crap* « garance ».

L'expérience et la supériorité incontestée des Pays-Bas en matière d'hydraulique a également suscité une diffusion de leur savoir et de la terminologie qui lui est associée, d'abord en Flandre francophone, avant l'irradiation de certains mots dans le français commun. Reine Mantou, dans des actes rédigés en français dans la partie flamingante du comté de Flandre, de 1250 à 1350, a relevé de nombreux termes néerlandais francisés pour dénommer des constructions se rapportant à l'eau, sans doute parce que les copistes, qui avaient une grande pratique du français oral et écrit, mais étaient de langue maternelle néerlandaise, ne trouvaient pas d'équivalents français pour exprimer ces réalités techniques [30]. Parmi les termes d'hydraulique néerlandais empruntés par le français, citons *digue* (d'abord *diic* 1293) de *dijc*, et le verbe correspondant *diguer* « munir de digues » (1285, sous la forme *dikier*), de *diken* ; *rigole* « partie d'un fossé où coule l'eau » (vers 1210 *regol* « petit conduit creusé dans une pierre, petit fossé aménagé dans la terre, qui sert à amener ou à évacuer l'eau »), de *regel* « rangée, ligne droite » ; *watergang* « canal de drainage [dans les Flandres] » (1280 sous la forme *watregans*), de *waterganc* « cours d'eau ».

L'influence lexicale du néerlandais sur le français est également bien représentée dans le vocabulaire technique de la brasserie (*bière* vient du moyen néerlandais *bier*), de la monnaie et de l'armement (*arquebuse* vient de *hakenbüchse* et *pique* de *pike*).

Les emprunts du néerlandais au français

En sens inverse, les emprunts que fait le moyen néerlandais au français furent favorisés par le prestige des classes dirigeantes qui pratiquaient cette langue, par l'influence de la littérature et par le statut du français comme grande langue commerciale. Ces emprunts furent très nombreux entre le XIIIe siècle et le milieu du XIVe siècle.

Dans la langue littéraire néerlandaise, le gallicisme semble résulter d'un choix poétique de l'auteur. Ainsi, Penninc et Pieter Vostaert, qui ont rédigé le *Roman van Waldewein*, n'utilisent pas les gallicismes dans les mêmes proportions. Penninc, qui emploie par exemple *amie, bisant* (ancien fr. besant), *jugieren* (ancien fr. jugier) et *vie*, se montre davantage influencé par le français. Le problème est de savoir à quel point ces emprunts littéraires ne sont pas restés confinés dans quelques romans, sans influencer la langue de la majorité de la population.

L'étude des gallicismes en néerlandais soulève d'ailleurs bien des difficultés, d'abord parce qu'il est malaisé, pour les mots savants, de faire le départ entre les emprunts au français et les emprunts directs au latin. Qu'en est-il, en effet, des verbes *accenten* (accentuer), *adverseren* (contrarier), *allegheren* (alléguer, argumenter), *approprieren* (attribuer), *funderen* (baser sur) et *taxeren* (estimer) ? Et compte tenu des liens organiques qui unissent le latin au français, on peut penser que l'emploi en français d'une forme proche du latin a pu conforter l'emprunt au latin, qui de ce fait, ressortit en quelque sorte aux deux langues ?

D'autre part, vu l'influence à date ancienne du français sur le néerlandais, la forme empruntée n'est pas toujours celle qui s'est développée à la fin du Moyen Age. Le suffixe *-el*, plutôt que *-eau*, de certains mots du moyen néerlandais suggère des emprunts anciens. Tel est le cas de *bedeel*, de l'ancien français *bedel* (fr. mod. *bedeau*) ; *casteel*, de *chastel* (fr. mod. *château*) ; *morseel*, de *morsel* (fr. mod. *morceau*) ; *sapeel*, de *chapel* (fr. mod. *chapeau*). Les formes empruntées l'ont souvent été aux régions francophones voisines, d'où la persistance de traits dialectaux, surtout wallons et picards, dans des mots du moyen néerlandais. On rencontre ainsi des formes en *ch* plutôt qu'en *c*, comme *chense* (ancien français d'Ile-de-France *cense*), *Chisteaus* « Cîteaux » (ancien français d'Ile-de-France *cisteau*) ou *ordinanche* (ancien français d'Ile-de-France *ordenance*). De même, le néerlandais a emprunté des formes qui attestent l'absence de palatalisation en /š/

(écrit *ch-*) de /k/ devant /a/ telles *cartre* « prison », *casteel* « château » et *cateil* « possession », quand l'ancien français d'Ile-de-France présentait les formes *chartre*, *chastel* et *chatel*. Enfin, certains mots empruntés par le français au germanique repassent, par l'intermédiaire du français, en néerlandais sans que le *w* germanique ait évolué en *g* : *warandiseren* « garantir » correspond à l'ancien français *garantir* ; *warisoen* « consolidation, renforcement » à *garnison* ; *wastel* « gâteau » à *gastel*.

Les domaines où le français a le plus influencé le lexique néerlandais sont sans surprise. Certaines opérations commerciales et produits qui faisaient l'objet du commerce ont été désignés par des mots français : *cotoen* « coton » de *cotun* ; *livrereren* de *livrer* ; *monoye* de *monoie*. Le vocabulaire de l'artisanat, grâce aux importations et à l'activité de la Flandre française est partiellement francisé : *drapenie*, de *drapelerie* ; *cordewanier* « cordonnier », de *cordouanier* ; *parmenterie*, de *parmenterie* (1353) ; *polieren*, de *polir* (vers 1180).

Ce n'est pas sans laisser de traces que le français a occupé une place si importante dans l'administration d'une partie des Pays-Bas, même néerlandophones. Le moyen néerlandais utilise des mots comme *aggraveren* « alourdir, aggraver » (d'*agrever*) ; *article* « point, paragraphe » ; *gouverneerre* « administrer, gouverner » ; *corrigeren* « réprimander, amender » ; *muniment* « preuve » de l'ancien français *muniment* ; *ordeneren* « commander », d'*ordonner*.

Le vocabulaire religieux est également empreint de français, sans doute en raison de la proximité avec le latin et de la formation française d'une bonne part des clercs qui écrivent : *assencioen* « ascension » ; *celebreren* « celebrer » ; *frere* « frère mineur » (1080) ; *heresie* « hérésie » ; *pardoen* « pardon » ; *respons* « répons » ; *templier* « templier »...

Enfin, le français s'impose parfois dans le vocabulaire lié aux activités chevaleresques, influencé à la fois par la littérature et par la langue des cours où le français peut occuper, selon les principautés et les époques, une place importante. On en veut pour preuve *assaut* « assaut » ; *chevauchie* « chevauchée » ; *force* ; *gavelot* « javelot » ; *glavie* « lance » de *glaive* qui a eu ce sens ; *joste* « joute » de *joste* ; *quintaine* ; *mangheneel* « catapulte » de *manganele* ; *porpoint* « pourpoint ».

L'ALLEMAGNE

Au Moyen Age, le groupe du germanique occidental se ramifie en deux langues, le moyen bas-allemand (*mittelniederdeutsch*) et le moyen haut-allemand (*mittelhochdeutsch*). Dans l'aire septentrionale du germanique occidental, le moyen bas-allemand, qui descend de l'ancien saxon, s'étend à l'est jusque vers Dantzig. Il acquiert une certaine importance dans des villes de la Ligue hanséatique (Brême, Hambourg, Lubeck), surtout durant le XVe siècle, d'où il exerce une influence comme langue de commerce sur le danois et le suédois. A l'époque moderne, le bas-allemand, appelé *plattdeutsch*, est réduit à l'état de dialecte. Au sud, le moyen haut-allemand s'élabore en langue poétique suprarégionale au XIIe et XIIIe siècles sur la base de quelques dialectes méridionaux. Cette langue, à l'origine de l'allemand moderne, produit une abondante littérature courtoise et fut utilisée par les célèbres *Minnesänger*. Le moyen haut-allemand se décompose en plusieurs dialectes : schématiquement l'allemand supérieur (ou *oberdeutsch*) qui comprend l'alémanique (Suisse, Alsace) et le bavarois-autrichien ; d'autre part, l'allemand moyen (ou *mitteldeutsch*).

Une longue frontière entre les domaines linguistiques français et allemand crée nécessairement des zones d'interférence partiellement bilingues, d'autant que, là non plus, la frontière linguistique ne correspond pas à la frontière politique : la Wallonie (romane) était par exemple rattachée à la province ecclésiastique de Cologne. Ces zones mettent en contact des dialectes différents. Ainsi, le lorrain se trouve principalement en contact avec l'allemand moyen, tandis que la partie romane de la Suisse, des Vosges et la Franche-Comté subissent l'influence de l'alémanique.

De ce fait, quoique les emprunts de l'allemand au français ne soient pas en général dialectalement marqués, les plus anciens portent la trace des dialectes français de l'Est. Comme en moyen néerlandais, le /w/ germanique se maintient en moyen haut-allemand, par exemple dans *walopieren*, emprunté au picard *waloper* (ancien français d'Ile-de-France *galoper*). En wallon et en lorrain, /l/ devant consonne s'était maintenu tel quel ou s'était effacé, alors que plus au centre du domaine d'oïl /l/ était passé à /u/ au XIe siècle. Le moyen haut-allemand présente des formes où /l/ n'a pas évolué en voyelle, comme *salse* « sauce salée » ou *beas* « beau », qui vient des formes wallonnes ou picardes *beas* (ancien français *biaus*)... L'influence du picard et du lorrain se retrouve dans le *i* dit « parasite » des formes *ameir* « aimer », de l'ancien français oriental *ameir* ou *moraliteit*, des formes de l'est *moralitet, moraliteit*. Metz et sa région semblent avoir joué, à côté de la Picardie, un rôle très important dans l'exportation de mots français en allemand. L'exemple le plus significatif est peut-être le nom de peuple *Franzose* « Français », emprunté à la forme en /o/ caractéristique de cette aire linguistique, plutôt qu'aux formes d'ancien français central, *franceis* ou *françois*.

Lors de leurs expulsions du royaume de France, une partie des juifs ashkénazes s'est réfugiée en terre impériale germanophone. Leur assimilation a conduit au transfert de quelques mots français dans la sphère religieuse. On rencontre ainsi *bentšn* « bénir » ; *leyen* ou *liienen* « lire, commenter les textes sacrés », *pen* « plume », de *penne*. La communauté juive d'origine française a marqué le judéo-allemand non seulement dans son lexique, mais aussi dans la manière de translittérer en hébreu où l'on discerne des traces du phonétisme français.

Le cheminement des formes françaises jusqu'en haut-allemand a été très divers. A côté des emprunts directs, beaucoup ont transité d'abord par le moyen néerlandais et le bas-allemand. Ainsi le français *joiel* apparaît en néerlandais sous la forme *juweel*, empruntée à son tour par le moyen haut-allemand (*juweel*). L'ancien français *bourel* « étoffe grossière de laine » est attesté sous la forme *boreel* en moyen néerlandais, qui se répand en moyen bas allemand sous la forme *borel*. A l'inverse, une large part des emprunts du bas allemand au français vient du haut allemand, peut-être par l'intermédiaire de poètes qui, en Basse-Allemagne, écrivaient en haut allemand, plus prestigieux que leur langue maternelle.

Quoi qu'il en soit, l'intensité des emprunts au français a été telle que l'allemand doit au français certains suffixes, dont plusieurs sont encore productifs. Le suffixe moyen haut allemand *-îe*, qui servait à construire des noms abstraits ou collectifs comme dans *kumpanîe* (de l'ancien français *compagnie*), est emprunté au français, de même que le suffixe *-ier*, que l'on rencontre dans le moyen haut-allemand *soldier* « mercenaire » ou *kollier, gollier* (de l'ancien français *collier*). Mais le suffixe de loin le plus productif fut *-ieren*, du français *-eir, -ire* et *-(i)er*. Ainsi, les deux verbes d'ancien français *conduire* et *parler* donnent respectivement le moyen haut-allemand *condwieren* et *parlieren*. Dès le XIIe siècle ce suffixe sert à créer des mots nouveaux dans la langue de cour, comme *balzieren*, dérivé de *balz* « cheveux ».

Si les plus anciens emprunts touchent à la langue religieuse et à la gestion des domaines fonciers, l'influence lexicale du français s'est concentrée sur le commerce et sur les activités chevaleresques. Comme les autres, les marchands allemands ont accepté le français comme langue du commerce international. Une partie des biens échangés avec la France ou en territoire flamand prend alors une dénomination française. C'est le cas des noms de pierres de joaillerie, que l'on peut également faire venir du latin, comme le moyen haut-allemand *amatiste*, mais aussi de matières servant à la confection comme *kamkât* « étoffe de soie se rapprochant du satin (ancien français *camocas*), *morechin* (afr. *morequin*), *tirtey* « étoffe de laine » (afr. *tiretaine*) ou *zendal* « taffetas » (afr. *cendal*). L'ancien français a donné également les noms de plusieurs épices comme *kaneel* (*canele*) ou *saffrân* (*safran*).

La civilisation et la langue française ont surtout eu une forte influence sur l'Allemagne des XIIe et XIIIe siècles. Les croisades, qui sont autant d'occasions de contacts personnels entre Français et Allemands, contribuèrent à étendre le rôle du « français du roi » comme moyen d'expression de toute l'aristocratie européenne. Dans les années 1270, Adenet le Roi fait allusion aux mœurs de l'aristocratie allemande de son temps :

> *Tout droit à celui tans que je ci vous devis*
> *Avoit une coustume ens el tiois paÿs,*
> *Que tout li grant seignor, li conte et li marchis*
> *Avoient entour aus gent françoise tous dis*
> *Pour aprendre françois lor filles et lor fis.*
> *Li rois et la roÿne et Berte o le cler vis*
> *Sorent pres d'aussi bien le françois de Paris,*
> *Com se il fussent né ou bourc a Saint Denis*[31].

[Exactement à l'époque dont je vous parle, il était de coutume en pays de langue allemande que tous les grands seigneurs, les comtes et les marquis aient toujours des Français autour d'eux pour enseigner le français à leurs filles et à leurs fils. Le roi, la reine et Berthe au clair visage surent le français de Paris presque aussi bien que s'ils étaient nés au bourg de Saint-Denis.]

Et il est vrai que l'apprentissage du français dans l'aristocratie allemande n'était pas exceptionnel. Jean le Gros, électeur de Brandebourg, avait chargé l'historien Johann Cario d'enseigner à son fils

Joachim les langues vivantes. Albert, second fils du duc Guillaume de Bavière, apprit le français dès sa dixième année. Wolfram von Eschenbach (vers 1170-vers 1220) se réfère à cette coutume, dans son *Parsifal*, quand il admet que le chef des païens, Vairefils, parle français quoique avec un accent étranger et quand, ailleurs, il fait ironiquement allusion à la faible connaissance qu'il a lui-même de cette langue.

L'influence française passe en premier lieu par la littérature (épique et lyrique) et principalement par les aventures bretonnes du roi Arthur. De nombreuses œuvres allemandes, inspirées de la littérature française, introduisent en allemand des termes du vocabulaire courtois ou chevaleresque. Wolfram von Eschenbach a emprunté de nombreux mots au français, mais surtout les a mis en circulation puisque ses émules les ont repris et en ont introduit d'autres en imitant la technique qui consistait à utiliser des mots français.

Les romans et poèmes moyen haut-allemands emploient donc souvent des termes comme *amîs* ; *baniere* (afr. *baniere*), *barûn* (*baron*) ; *gentil* ; *justieren* (*joster*) ; *lanze* (*lance*) ; *lemparûr, lamperûr* (*l'empereor*) ; *marveil(le)* (*merveille*) ; *palas* (*palais*) ; *prinze* (*prince*) ; *sarjant* (*serjant*) ; *schach* (*eschac* [fr. mod. *échec*]) ; *schahtel* (*chastel*) ; *schahtelân* (*chastelain*) ; *schevalier* (*chevalier*) ; *tanz* (*dance*) ; *turnei, turnoi* (*tornei, tornoi*)...

La production littéraire ne suffit pourtant pas à expliquer à elle seule l'introduction durable d'un certain nombre de ces termes en allemand. Peut-être faut-il considérer que les mots empruntés alors au français furent un moyen de reconnaissance pour une chevalerie européenne qui se rassemblait autour de valeurs communes. Or ces valeurs semblaient s'exprimer mieux en français, langue des héros de romans et de chansons de geste. Toujours est-il que les emprunts au français sont bien moins nombreux dans la langue de la bourgeoisie que dans la langue de cour. Aussi, lorsque l'engouement pour la littérature française se tarit, aux XIVe et XVe siècles, la majeure partie du vocabulaire courtois d'origine française sort rapidement d'usage. Il ne survit plus que dans quelques genres poétiques attachés à la culture de cour et devient étranger à la prose, qui s'affirme alors.

A la fin du Moyen Age, quelques remaniements d'épopées courtoises en moyen haut-allemand tardif, qui connaîtront parfois le succès grâce au relais de l'imprimerie, remettent au goût du jour des gallicismes, comme *amîs* (ou *ameis*), *amîe* (ou *ameie*), *bliât* (bliaut), *garzûn* (garçon), *kovertiur* (coverture), *kurtosie* (courtoisie), *turnei* (tournoi), etc. Pour les remanieurs, le mot d'emprunt est un procédé stylistique qui permet de rendre le ton du modèle français et de se conformer au milieu chevaleresque décrit ; il est aussi parfois une solution de facilité, quand le remanieur peine à comprendre son modèle.

Au total, le XIIIe siècle fournit environ 700 premières attestations de mots français passés en allemand, dont un gros tiers ne se rencontre que dans un contexte littéraire. Ce chiffre, deux fois plus important que celui du XIIe siècle, montre le prestige de la culture française en Europe. Le XIVe siècle, avec seulement 300 nouvelles attestations, amorce un recul qui se confirme au XVe siècle. La guerre de Cent Ans affaiblit la France et la contraint à se concentrer sur des problèmes intérieurs. En même temps, la culture italienne devient beaucoup plus attractive que la culture féodale française. L'influence du français se réduit alors à des contacts interlinguistiques directs. Un sursaut s'observe pourtant à partir de 1480, notamment grâce au rôle croissant des mercenaires suisses, qui servent de véhicules à de nouveaux gallicismes, surtout dans le domaine militaire.

Le français en Méditerranée orientale

Pendant les huit croisades qui s'échelonnent de 1096 à 1270, des milliers d'hommes affluent en Méditerranée orientale, dite *terre d'oltremer* en ancien français. Ces hommes, surtout français, occitans, allemands et italiens, ne s'y installent généralement pas pour longtemps : la croisade est d'abord un pèlerinage en armes. Après la perte de Jérusalem par les croisés, des pèlerins continuent de se rendre en Terre sainte. La terre de France garde les traces de ces voyages dans des noms de lieux importés d'Orient : *Montabot* (Manche ; *Montabor* en 1169) vient du *Mont Thabor* en Palestine ; *Behaine* (dans la commune de Marle, Aisne ; *Bethania, Bethenia* en 1137) de *Bethania* en Palestine ; *Bellien* (dans la commune de Mazueil, Vienne ; *Bethleam* en 1411) de *Bethléem* ; *Josaphat* (commune de Lèves, Eure-et-Loir), de *Josaphat* en Palestine.

Les croisades ont pourtant suscité plusieurs implantations durables d'États dits « latins », principalement à l'occasion des conquêtes de la première (1096-1099) et de la quatrième croisade (1202-1204). Les Français y ont joué un rôle prédominant. Au cours de la première croisade, une troupe de croisés, conduite par Baudouin de Boulogne, gagne Edesse, à l'appel des Arméniens. Cette expédition se solde en 1098 par la fondation du comté d'Edesse, de part et d'autre du Haut-Euphrate. La ville sera perdue en 1144 et le comté définitivement liquidé en 1151.

Toujours durant la première croisade, à la suite du siège d'Antioche, Bohémond de Tarente, un prince italo-normand, obtient la possession de la ville (1098). Au début du XIIIe siècle, la principauté d'Antioche est disputée entre les princes arméniens de Cilicie et Bohémond de Tripoli qui réalise, en 1219, l'union d'Antioche et de Tripoli. Après 1233, la ville est de fait gouvernée par la Petite Arménie, alliée aux Mongols, avant d'être conquise en 1268 par le sultan mamelouk Baybars, qui met fin à la principauté.

Le dernier Etat latin créé lors de la première croisade et gouverné par des Français est le royaume de Jérusalem. Après avoir été brièvement dirigé par Godefroy de Bouillon qui, par humilité, avait refusé le titre de roi pour prendre celui d'« avoué du Saint-Sépulcre », Jérusalem revient en 1100 à Baudouin de Boulogne. Baudouin oblige le légat du pape à lui remettre la couronne, qui, en 1225, échoit par les femmes aux Hohenstaufen. Le royaume de Jérusalem disparaît en 1291.

La quatrième croisade, qui s'achève par la prise de Constantinople et le partage de l'Empire byzantin par les vainqueurs, renforce la présence française en Orient. De 1204 à 1261, l'Empire latin de Constantinople est gouverné par des nobles français ; en Attique et en Béotie s'impose la famille bourguignonne de La Roche, qui en 1261, fonde le duché d'Athènes, perdu en 1311 ; la Morée, nom populaire pour désigner le Péloponnèse, passée aux Villehardouin en 1206-1209, forme une principauté à forte structure féodale. Elle passe aux mains des Angevins en 1278, puis aux Navarrais en 1396 et réussit à survivre jusqu'en 1430.

Enfin, il faut mentionner Chypre. A l'époque des croisades, l'île est une escale ou un refuge pour les flottes occidentales. Richard Cœur de Lion conquiert l'île en 1191, la remet aux Templiers puis la vend à Guy de Lusignan, ancien roi de Jérusalem. Celui-ci, d'origine poitevine, fonde alors une dynastie qui va durer à Chypre jusqu'en 1474.

La lingua franca

Que parlait-on dans les Etats latins ? Le terme *franc* ou *prhangikós* – forme grecque – est souvent appliqué, dans les textes contemporains, à la langue parlée et écrite par les Occidentaux dans l'Orient latin. Les témoignages ne permettent pas de savoir à quelle langue romane se terme se réfère : selon le cas, *langue franque* peut désigner le castillan, l'italien, l'occitan, le français et même le latin. Les historiens de la langue se sont souvent demandé si la langue franque n'aurait pas été une langue de contact assimilable aux modernes *pidgins*. Ainsi, des locuteurs de langues différente auraient utilisé une langue née du contact entre les différentes communautés, à base grammaticale française, mais comprenant des éléments autochtones intégrés au système linguistique. On pense plutôt aujourd'hui que la *lingua franca* désigne une situation de polyglottisme élémentaire avec de très fortes interférences linguistiques, surtout lexicales. Le plurilinguisme des Européens n'échappait d'ailleurs pas aux auteurs musulmans, par contraste avec l'arabe. Rašīd al-Dīn (XIVe siècle) écrit : « Les Francs ont vingt-cinq langues, aucun peuple ne comprend la langue de l'autre. Ils n'ont en commun que le calendrier, l'écriture et les nombres. »

Les militaires, marins et commerçants occidentaux constituaient souvent des groupes compacts, établis dans des quartiers qui leur étaient attribués. Ils obtenaient souvent d'être jugés selon les lois de leur pays d'origine. Chaque groupe pouvait ainsi maintenir sa langue. Une implantation de longue durée favorisait cependant le plurilinguisme et l'hybridation linguistique. Vers 1120, Foucher de Chartres (*ca* 1059-1127), chapelain de Baudouin Ier de Jérusalem, salue (en latin) la naissance d'une nation franco-syrienne après seulement deux générations, grâce aux mariages mixtes et à l'apprentissage de la langue indigène : « Nous qui fûmes des Occidentaux, nous voici désormais des Orientaux. Le Romain ou le Français est devenu dans ce pays un Galiléen ou un Palestinien, le Rémois ou le Chartrain un Tyrien ou un Antiochénien. Nous avons déjà oublié les lieux où nous sommes nés : pour plusieurs d'entre nous ils sont inconnus, ou même ils n'en ont jamais entendu parler. Celui-ci possède déjà des maisons et des serviteurs comme par droit héréditaire, celui-là a épousé non pas même une compatriote (une Franque d'Orient), mais une Syrienne ou une Arménienne, voire une musulmane qui a reçu la grâce du baptême. Un autre a auprès de lui un beau-père ou une belle-mère, un gendre... [autochtones]. Celui-ci a des vignes, celui-là des labours. On se sert alternativement des diverses langues. Chaque nation parle une autre langue que la sienne, déjà d'usage commun, et la foi unit ceux qui ne connaissent pas leur race[32]. »

Le plurilinguisme devient monnaie courante dans les implantations de longue durée. Ainsi le voyageur Jean de Vérone nous dit de Chypre en 1355 : « Tous à Chypre parlent grec, mais l'on connaît bien aussi l'arabe [*saracenicum*] et la langue des Francs [*linguam francigenam*][33]. » Pourtant les versions en diverses langues d'un même texte dans ces principautés montrent que le bi- ou le trilinguisme était rarement parfait ; sinon les traductions auraient été superflues. Ainsi, les *Assises de Jérusalem*, recueil de droit féodal, ont été rédigées en français aux XIIe et XIIIe siècles. Une rédaction vénitienne (XIVe siècle) et une rédaction grecque en sont également connues. La *Chronique de Morée* nous est parvenue dans une version grecque, une version italienne, une version française et une version espagnole aragonaise.

Même si les différentes communautés ont maintenu en partie leurs usages linguistiques, leurs inévitables contacts ont suscité un phénomène d'hybridation. Ce processus a été facilité par la nature des langues en contact, qui à part l'arabe, le grec et l'arménien, étaient des langues romanes, donc relativement proches. Le comté de Tripoli fut fondé par Raymond de Toulouse, dont la langue maternelle était l'occitan. Les républiques maritimes italiennes installèrent des comptoirs côtiers à Tripoli, Tyr, Acre, Beyrouth, constituant progressivement un véritable empire colonial. C'est donc une petite Romania que l'on découvre dans cette région du monde. Les nombreux Allemands qui ont participé aux croisades n'ont pas connu une implantation politique ou commerciale semblable à celles des Français ou des Italiens. Leur influence linguistique est négligeable dans les Etats latins.

Favorisée par la proximité des langues en contact, l'hybridation l'est aussi par la position affaiblie du latin d'outre-mer. Les croisés et les colons sont en grande partie des laïcs. Qu'ils soient chevaliers, soldats, marins ou marchands, ils ignorent souvent le latin. Les ordres religieux-militaires, très présents en Terre sainte, comme l'ordre du Temple et l'ordre de l'Hôpital, utilisent les langues vernaculaires pour exposer leur règle à leurs membres. Très vite, le français s'affirme aussi, à côté du latin, dans les écrits administratifs. Alors qu'ailleurs la pratique juridique et diplomatique passait par le latin, les pactes et accords sont traduits directement dans une langue vernaculaire à partir de la langue orientale, sans transiter par le latin, parfois mal connu des traducteurs. Ces langues vernaculaires sont donc directement en contact, sans que s'interpose entre elles l'action normalisante de l'intermédiaire latin.

Une hybridation, dont on a du mal à saisir les contours, s'est ainsi produite dans plusieurs communautés, sans pour autant engendrer une langue commune mixte. Léonce Machéras se plaignait que la conquête de Chypre par les Francs, en amenant les Grecs lettrés à utiliser deux langues, ait provoqué la transformation de la langue écrite en un mélange de grec et de français : « Aujourd'hui nous écrivons le grec et le français en faisant un mélange tel que personne ne peut comprendre notre langage [34]. » Un compte chypriote du 1367 offre l'exemple d'un français truffé d'italianismes et parsemé de mots empruntés au grec. La version française de la *Chronique de Morée* renferme des mots d'usage courant empruntés à la langue grecque et par ailleurs des noms d'offices et des formules cérémonielles byzantines. Mais la structure syntaxique de ces textes ainsi que leur fonds lexical sont d'abord français.

Le français dans l'Orient médiéval

En fait, dans les Etats latins dirigés par les Français, la situation linguistique diffère chaque fois en fonction des traditions culturelles et linguistiques importées par les colons : la principauté d'Antioche, fondée par Bohémond de Tarente, est de tradition normande ; le royaume de Jérusalem, de population plus mêlée, est substantiellement français ; quant à l'éphémère comté d'Edesse, il fut l'occasion d'une singulière osmose franco-arménienne. De manière générale, le français fut utilisé dans les Etats latins, plus qu'en Europe occidentale à la même époque, comme langue administrative et juridique. D'autre part, il véhicula avec lui le prestige de la littérature française et les valeurs de la courtoisie.

La prédominance des contingents français dans les croisades contribua à faire du français une langue officielle au Proche-Orient. D'après Philippe de Novare, lorsque Jérusalem fut pris, les « Francs » s'avisèrent qu'il était impossible de concevoir un Etat sans le doter d'un code législatif. On s'enquit auprès « *des genz de diverces terres qui là estoient les usages de leurs terres*[35] ». Le code, rédigé par des personnes choisies par Godefroy de Bouillon, fut déposé au Saint-Sépulcre, avant d'être plus tard modifié à plusieurs occasions. Philippe de Novare a connu, par ouï-dire, les *Lettres du Sépulcre*, de grands parchemins rédigés en français, scellés par le roi, le patriarche et le vicomte de Jérusalem. Plusieurs recueils juridiques furent ainsi rédigés en français aux XIIIe et XIVe siècles, comme les *Assises de Jérusalem*, les *Assises d'Antioche* et les *Assises de Romanie*. La préférence accordée au français sur le latin tenait à la nature jurisprudentielle de ces recueils de droit féodal et surtout à la méconnaissance du latin. A l'arrivée de Florent de Hainaut et de la princesse Isabeau en Morée, en 1289, les lettres de concession dressées sur l'ordre de Charles II de Naples à l'intention de la Principauté furent d'abord lues en latin ; ensuite « *si deviserent la teneur en vulgar, pour ce que cescun l'entendist*[36] » [ils en exposèrent la teneur en langue vulgaire, afin que chacun la comprît]. Dans les *Assises de Romanie*, le paragraphe 145 enjoint expressément aux parties de plaider en langue vulgaire, les liges étant, pour la plupart, « peu savants », c'est-à-dire ignorant le latin.

Cet emploi du français eut des répercussions dans la langue arménienne. Les Arméniens, peuple chrétien d'Orient en contact avec les croisés, adoptèrent le français comme une sorte de seconde langue officielle dans laquelle, à partir de 1201, on transcrivait les actes. Au lendemain de la victoire turque de Mantzikert (1071), beaucoup d'Arméniens se réfugièrent en Cilicie, appelée également « Petite Arménie », d'où ils s'allièrent militairement et politiquement aux princes francs d'Antioche et aux comtes d'Edesse. La Cilicie fut également la voisine et l'alliée de Chypre et des Lusignans.

Au milieu du XIIIe siècle, le connétable Sembat traduisit en arménien vernaculaire (moyen arménien) les *Assises d'Antioche*, auxquelles se conformaient les tribunaux de Cilicie. Un grand nombre de mots techniques empruntés au français importé par les croisés s'y retrouve. Principalement des mots de la féodalité : *lidj djord* (homme lige), *ledjoutiun* (l'état de l'homme lige), *baron, tsiavor* (chevalier), *doubl* (double), *har'nêz* (harnais), *comte, bourdjès* (bourgeois), *pasadj* (passage, au sens de « croisade »), *ospitagh* (hôpital), *autrél* (octroyer), *counstabl* (connétable), *maratschakhd* (maréchal), *tshamblayn* (chambellan), *sire, prints* (prince), *mariadj* (mariage). On y trouve également des termes proprement juridiques : *défendél* (défendre), *sayzél* (saisir), *tshalantsh* (challenge), *playdél* (plaider), etc. Avec la fin des Etats latins, seuls quelques termes de la hiérarchie féodale subsistèrent en arménien.

La Terre sainte franque a connu une vie culturelle assez active, surtout en ce qui concerne la littérature en langue vernaculaire. Le goût littéraire de la classe noble d'outre-mer était fort varié au

XIIIᵉ siècle : de la poésie lyrique, courtoise, satirique et politique, des chansons de geste, romans, fabliaux, contes et farces, enfin des chroniques et de la littérature édifiante, essentiellement composés en Occident, ont constitué son bagage littéraire français. Les œuvres rédigées sur place s'inscrivent entièrement dans le sillage de la tradition occidentale et demeurent étrangères à l'Orient, tout comme leurs auteurs. Parmi elles, outre des chroniques, on trouve des ouvrages moraux et même des traductions d'ouvrages savants, comme celles que réalisa Jean d'Antioche dans le dernier quart du XIIIᵉ siècle.

Philippe de Novare nous fournit dans son autobiographie un témoignage de la vie littéraire dans les Etats latins. Jeune noble établi à Chypre, il participa au siège de Damiette (cinquième croisade) qui dura plus de quatorze mois, d'août 1218 à novembre 1219. Un jour, Pierre Chappe, noble chypriote auquel Philippe était attaché, invita Raoul de Tabarie, ou de Tibériade, un noble de Terre sainte, à manger avec lui. Après le repas, raconte Philippe de Novare, « *messire Piere me fist lire devant lui en un romans : messire Rau dist que je lisoie moult bien. Aprés fu messire Rau malade, et messire Piere Chape, à la requeste de messire Rau, me manda lire devant lui. Issi avint que trois mois et plus y fu ; et moult me desplaisoit ce que moult me deust pleire : messire Rau dormeit poi et malvaisement ; et quant je avoie leu tant com il voleit, il meismes me conteit moult de chozes dou royaume de Jerusalem et des us et des assises, et disoit que je les retenisse. Et je, qui moult doutoie sa maniere, otreai* [j'accordai] *tout*[37] ». Le goût pour les romans de la Table ronde dans la noblesse syro-chypriote est également attesté dans une fête qui se déroula à Acre en 1286, où de jeunes nobles avaient « *contrefait* », c'est-à-dire mis en scène, des passages de leurs romans favoris, *Lancelot*, *Tristan* ou *Palamède*.

La littérature de langue française permettait à la noblesse d'outre-mer, à travers l'affirmation de sa langue, de son mode de vie et de son éthique, d'affirmer sa conscience de groupe social, en dépit de sa dispersion géographique. Au XIVᵉ siècle, la *Chronique* de Ramon Muntaner insiste sur la corrélation entre la valeur et la langue des chevaliers de Morée : « *Hom deia que la plus gentil cavalleria del món era la de Morea, e parlaven així bell francès com en Acre*[38]. » [On disait que la plus noble chevalerie du monde était celle de Morée ; et on y parlait un aussi beau français qu'à Acre.]

En Méditerranée orientale, les deux langues romanes dominantes furent donc le français, représenté par le pouvoir politique, et l'italien, par le pouvoir économique. Des documents latins vénitiens attestent précocement, puis de manière toujours plus marquée au XIIIᵉ siècle, une symbiose franco-vénitienne sans équivalent dans d'autres documents de la même époque en Italie. Ce phénomène s'explique par l'influence du français dans les documents latins de Palestine, où l'on trouve, dès les premières années du XIIe siècle, *iardinus, jardinus*, puis *zardinus*, pour indiquer une plantation d'arbres ; *guastina, vastina, gatin* pour désigner une forêt (fr. mod. gâtine). Pour décrire la structure féodale des villages, la terminologie est pleinement française, comme dans cet exemple : « in quo casale [*casal* ou *casau* en ancien français] habemus dos omliges[39] [*omes liges*] » [dans ce village nous avons deux hommes liges].

Cependant, dans la seconde moitié du XIVe siècle, après la chute des Etats croisés, le français, qui ne subsiste qu'à Chypre et en Morée, montre des signes de recul face au vénitien et à l'italien. A Chypre, les *Assises de Jérusalem* continuent à être utilisées et copiées en plein XIVe siècle, mais les textes chypriotes sont de plus en plus teintés d'italianismes. Un manuel de confession conservé dans un manuscrit de Catane, vraisemblablement originaire de Chypre, renferme ainsi des italianismes lexicaux (*faire ricattare hommes* pour « faire chanter » ; *men* « moins », de l'italien *meno* ; *dentre en* « à l'intérieur », de l'italien *dentro* ; *onde* « d'où » au lieu du français *dont*) mais aussi syntaxiques : les pronoms personnels atones compléments d'un infinitif sont placés après le verbe comme en italien : *recorder me le, repentir me, vendre la, acheter les*[40]. A Chypre, le français achève de se dissoudre dans le vénitien au XVe siècle, comme en témoigne un compte rédigé en 1423 par une personne de la noblesse franque. Son scribe passe avec aisance du français à l'italien, mais ce dernier prédomine : la *dîme* est tantôt *dihme* et tantôt *dezima* ; *mars* se dit *marzo*... Un document comptable rédigé peu avant 1460 par Hugues Boussat, un autre Français de Chypre, montre un état encore plus avancé du processus d'italianisation. En 1507, Pierre Mésenge, un voyageur français, commente l'obligation faite aux Français de Chypre, sous domination vénitienne, de pratiquer l'italien devant les tribunaux en rappelant que « *tous ceulx du pays, et specialement les gentilzhommes, sont aussy bon Françoys que nous sommes en France*[41] ». Seulement, le français est désormais évincé de la vie publique et officielle. Comme l'écrit Etienne de Lusignan en 1573 : « *Lors tout ainsi que du temps des roys de Lusignan tous les statuts, edicts, ordonnances, procez, jugemens, et autre choses semblables, s'escrivoient et prononçoient en la langue françoise : aussi du temps des Venitiens toutes ces choses se prononcerent en la langue italienne, suivant le dialecte venitien*[42]. »

Le processus est le même en Morée où l'élément italien s'infiltre de manière croissante dans les rangs de la chevalerie moréote, conséquence de la défaite franque face à la Compagnie catalane en 1311 et de l'envoi fréquent de bailes (administrateurs) italiens accompagnés de leur suite par les princes d'Anjou-Naples à partir de 1309. Le rythme du processus est méconnu, mais il n'est guère probable que l'italien ait pu évincer le français en Morée franque avant la seconde moitié du XIVe siècle. A cette date, des actes sont rédigés en italien, mais le français a dû continuer un temps à être parlé.

L'arabe

L'influence de l'arabe sur le français du Moyen Age est limitée au lexique, et encore est-elle peu importante dans ce domaine. Les conditions d'emprunt varient selon les époques et sont souvent extrêmement complexes, puisque les emprunts directs sont rarissimes et que l'arabe peut aussi faire figure de langue relais pour l'introduction de mots persans. En outre, les emprunts peuvent se faire à l'arabe pratiqué en Afrique du Nord ou à celui parlé par les combattants musulmans de Terre sainte.

Avant le XIVe siècle, les emprunts directs à l'arabe ne dépassent guère une quinzaine de mots. Trois raisons expliquent cette faible pénétration en français : les contacts et échanges culturels entre arabes et croisés sont quasiment nuls ; les villes maritimes d'Italie contrôlent l'essentiel des échanges commerciaux avec le monde arabe, sans que les Français, dépourvus de flotte marchande jusqu'à la fin du XIIIe siècle, puissent s'imposer ; enfin, dans les domaines scientifiques, le latin reste la seule langue employée, si bien que les emprunts à l'arabe passent par la traduction du latin au vernaculaire.

Les emprunts indirects ont trois sources essentielles, l'italien, l'espagnol et le latin. Bien des mots d'origine arabe ne sont donc pas des arabismes au sens strict. L'italien fournit des mots comme *sucre* (*zucre* vers 1180), emprunté à *zucchero* « sucre », lui-même de l'arabe *sukkar*. Les Arabes avaient, en effet, introduit la culture de la canne à sucre en Sicile. Selon le dialecte italien par lequel le mot arabe a transité, le résultat français est différent. Ainsi l'arabe *dâr-sinâ'* a donné le vénitien *arzana*, d'où vient le français *arsenal*, mais aussi le génois *darsena*, d'où vient *darse* « bassin abrité à l'intérieur d'un port où l'on pouvait réparer et armer de petits navires ». L'espagnol est également source d'emprunts indirects : *algarade* (avant 1533 « mouvement vif, brusque ») vient de l'espagnol *algarada* « incursion brusque en territoire ennemi », dérivé d'*algara* « tumulte, cri », emprunt à l'arabe *al gāra*. Ces emprunts à des sources multiples ont parfois produit des doublets. Entre le Xe et le XIIe siècle, les Arabes introduisent à la fois en Sicile et en Andalousie la culture du coton (arabe *quṭun*). Par l'intermédiaire de l'italien *cotone*, cette plante est dénommée *coton* en français (vers 1160). De son côté l'espagnol, qui a emprunté le mot arabe et son article *al* (espagnol *algodón*), aboutit en français à *auqueton* « étoffe de coton » (1180-1190), à l'origine de *hoqueton* « casaque ». Enfin, un groupe très important d'arabismes savants a transité par le latin médiéval.

Les circonstances qui ont amené une partie du lexique arabe à s'intégrer dans des langues occidentales au Moyen Age sont principalement de trois natures. On peut, en effet, distinguer la tradition savante, les contacts directs prolongés ou bien des contacts ponctuels, souvent liés à des opérations commerciales.

Lorsque la conquête arabe démembre l'Empire romain d'Orient, entre le VIIe et le VIIIe siècle, les envahisseurs ont accès aux grandes bibliothèques des villes chrétiennes et aux ouvrages de science et de philosophie grecques. Les califes encouragent alors les travaux des savants arabes sur ces manuscrits. Au XIe et au XIIe siècle, plusieurs points de contact permettent à la science arabe, très avancée en mathématiques, en médecine et en astronomie, de passer en Europe, marquant une étape très importante dans le développement de la pensée scientifique et philosophique européenne.

Après sa reconquête par les chrétiens en 1085, Tolède retrouve ses activités intellectuelles. Aux XIIe et XIIIe siècles, sous la protection des archevêques de la ville et des rois de Castille, des équipes de traducteurs réunissent, autour des mozarabes (populations restées chrétiennes sous la domination musulmane mais fortement arabisées dans leur langue et dans leurs coutumes) et des juifs de la ville, des clercs venus de tout l'Occident. On y traduit en latin les ouvrages grecs autrefois transmis en arabe par l'Orient musulman. Mais l'entreprise de traduction s'étend aussi au Coran et aux œuvres majeures de la pensée musulmane, telles celles d'Al-kindî et d'Ibn Sinna (Avicenne).

La Sicile est un autre point d'entrée de la science arabe en terre chrétienne. Au temps des rois normands, puis des Hohenstaufen, Henri VI et surtout Frédéric II, leurs successeurs, la situation ethnique et linguistique est complexe : la culture gréco-byzantine, antérieure aux apports arabes et occidentaux, est restée vivante, sans oublier l'influence d'une communauté juive qui compte environ 1 500 membres à Palerme en 1172. A la cour se côtoient Grecs, Arabes, juifs et Normands. C'est dans ce personnel multilingue que se recrutent les traducteurs siciliens, qui traduisent de l'arabe au latin mais aussi directement du grec au latin. Le roi Roger II (1130-1154) encourage aussi bien des auteurs arabes, comme le géographe andalou al-Idrîsî, que des auteurs grecs.

Souvent les textes sont traduits en latin par le truchement d'une langue vernaculaire. Des Arabes ne sont pas nécessairement présents sur place. Il suffit d'un manuscrit et de la présence de quelqu'un qui connaît l'arabe, même d'un marchand. Dans le cas de ces traductions savantes, l'arabe traduit est un arabe « grammaticalisé », lié à l'écrit, et qui peut donc être translittéré. Trois domaines empruntent de nombreux mots à l'arabe : les mathématiques et l'astronomie d'une part, la médecine d'autre part.

Au XIIe siècle, les mathématiques connaissent en Occident un véritable renouveau grâce aux traductions de l'arabe. La traduction de l'arithmétique d'al-Hwarizmi permet l'élaboration de traités sur l'*algorismus* – auquel il a donné son nom –, qui traitent du calcul à l'aide des chiffres dits arabes. Quant à l'astronomie, elle ne débute vraiment au Moyen Age qu'avec les traductions de l'arabe, qui apprennent aux Occidentaux le maniement des tables astronomiques.

Le caractère inédit du contenu des traités arabes rend parfois la tâche du traducteur problématique. Que doit-il faire face à un terme scientifique arabe sans équivalent en latin ? Au mieux peut-il retrouver le terme grec antique dont la notion arabe est originellement issue. Dans le pire des cas, il translittère dans l'alphabet latin le mot arabe faisant difficulté. En vertu du système d'autorité qui veut que chaque chose soit nommée conformément à l'original, les emprunts se sont multipliés dans les traductions latines. On en citera quelques-uns qui sont ensuite passés en français :

— *cifra* « zéro » (XIIe siècle) est emprunté à l'arabe *ṣifr*. Le zéro étant l'apport le plus important du système numérique arabe, le mot chiffre a fini par désigner toutes les figures de ce système.

— *algebra* « algèbre » (XIIe siècle), est emprunté à l'arabe *al-ğabr* « réduction » par Gérard de Crémone.

— *nadir* (vers 1233) « point de la sphère céleste opposé à celui qu'occupe le soleil par rapport à la terre », est pris à l'arabe *naẓīr* (opposé à zénith) et passe en français au XIVe siècle dans le *Traité de l'espere* de Nicole Oresme.

— *zenit* (vers 1150), également graphié *cenith* et *zenith* (avant 1232), résulte d'une mauvaise lecture (*ni* pour *m*) de *semt, zemt*, transcription de l'arabe *samt*. Il passe en français médiéval sous les formes *cenit* (1338), *cenith* (1407-1412) et enfin *zenith* (1356-1365, Nicole Oresme).

Lorsque le mot arabe inconnu du latin est employé dans un sens métaphorique ou métonymique, le traducteur peut le rendre par l'image, conférant ainsi une signification scientifique particulière à des mots par ailleurs bien connus. Ainsi le côté du carré est en sanskrit la « base » (*pada*), mais ce terme désigne aussi la « racine », de là l'arabe *jidhr*, naturellement traduit par le latin *radix*, en français *racine*.

A la fin du XIe siècle, les traductions de textes arabes élaborées par Constantin l'Africain permettent à la médecine d'accéder au statut de science. Le savoir médical occidental se forgea en particulier par la lecture du *Canon* d'Avicenne, traduit par Gérard de Crémone dans la seconde moitié du XIIe siècle, et par celle des traités de Galien, traduits directement à partir du grec ou par l'intermédiaire de l'arabe.

Le vocabulaire représenté dans les œuvres des savants arabes concerne essentiellement la physiologie, la pathologie et la pharmacopée. On y trouve peu de termes anatomiques, sinon les plus courants. Dès le XIIIe siècle, des noms de matières utilisées dans la pharmacie arabe passent en Occident, tels *momie* « substance extraite des corps embaumés, utilisée comme drogue médicinale », *galanga* « plante orientale » (français moderne *garingal*), mais aussi *camphre, nenufar, carvi, sumac, cubèbe* et *séné*. Le problème est que le vocabulaire de la pharmacopée arabe n'est pas homogène, car il recèle des mots d'origine persane et d'origine grecque. L'arabe avait emprunté ces mots, faute d'en trouver des équivalents dans son propre stock lexical. Souvent les mots d'origine persane ne trouvent pas plus d'équivalent en latin au moment où les traités arabes sont traduits dans cette langue. Du coup, les mots persans sont fréquemment translittérés en latin à partir de leur forme arabe. Sur un corpus représentatif de traductions en latin, 42 % des mots d'origine persane contre 17 % des mots arabes sont translittérés en latin, avant de passer dans la pharmacopée française par simple emprunt. C'est le cas, par exemple, de *lazuli*, de l'arabe populaire **lāzūrd* (arabe classique *lāzzaward*, du persan *lāžward* « azur ») ; de *laque* (*lache* XIVe siècle « matière résineuse », arabe *lakk* du persan *lāk*) ; et de *nénuphar* (*neuphar, neufar* XIIIe siècle ;

nenufar XIIIe siècle ; *nenuphar* vers 1350) emprunté au latin *nenuphar* (avant 1250), de l'arabe *nainūfar, nīnufar, nīlūfar*, qui vient lui-même du persan *nīlūfar* « fleur de lotus ».

Des contacts durables

Arabes et chrétiens d'Occident cohabitèrent en de nombreuses occasions. Il ne reste guère de traces des raids sarrasins du IXe siècle en France. Ces opérations de pillage touchèrent surtout la Provence. Marseille est attaquée en 838 et en 848 ; Arles en 842 et 850. En 859, les Arabes prennent pied en Camargue. En 890, ils s'installent à *Fraxinetum* (*La Garde-Freinet*) près de Saint-Tropez, dans le massif montagneux qui prend dès lors le nom de mont des Maures. On ne pense pas aujourd'hui que la Provence ait été soumise à une véritable occupation arabe, mais qu'elle était une base militaire servant à lancer des raids. La plupart des hypothèses tendant à attribuer aux Arabes des noms de lieux ont été abandonnées. Cependant *L'Almanarre* (*Alma Narra* en 1062), quartier de la commune d'Hyères, dans le Var, paraît bien être l'arabe *al-manar* « le phare ».

Les contacts furent également actifs en Espagne, en dehors des domaines savants. C'est de là que viennent les plus anciens emprunts. Ainsi l'arabe *amīr al-'ālī* « très grand chef », à l'origine d'*amiral*, que l'on rencontre au sens de grand chef sarrasin, dès la *Chanson de Roland* (vers 1080), donc avant la première croisade, provient de la Péninsule ibérique.

Les emprunts postérieurs, dus aux croisades, furent beaucoup plus nombreux. Jean de Joinville, par exemple, dans sa *Vie de saint Louis*, francise des mots arabes pour expliquer la civilisation et le comportement des Sarrasins : « *Ferrais est cil qui tient les paveillons au soudanc et qui li nettoie ses mesons* » (§ 142) [« Ferrais » est celui qui s'occupe des tentes du sultan et lui tient propres ses habitations]. Il introduit également *bequis*, d'où le français moderne *biscuit* : « *gens qui portoient une maniere de pains que l'en appelle bequis, pour ce que il sont cuis par .ii. foiz* » (§ 190) ; *nacaires* : « *et lors il fist sonner ses tabours, que l'en appelle nacaires* » (§ 266) ; *bernicles* « sorte de torture » (§ 341) ; *gazel*, d'où *gazelle* : « *les chevaliers de nostre bataille chassoient une beste sauvage que l'en appelle gazel, qui est aussi comme un chevrel* » (§ 507) ; *califre* (*calife*) : « *l'apostole* [le pape] *des Sarrazins, qui estoit sire* [seigneur] *de la ville, le quel en appeloit le calife de Baudas* [Bagdad] » (§ 584).

Les contacts linguistiques entre les croisés et les Sarrasins ne furent pourtant pas très intenses, et l'on avait fréquemment recours à des interprètes ou « truchements », de l'arabe *turğumān* : « *Il avoit gens illec qui savoient le sarrazinnois et le françois, que l'en appele drugemens, qui enromançoient le sarrazinnois au conte Perron*[43]. » Pourtant, certains mots français de Terre sainte, qui ont pu ensuite entrer dans le vocabulaire commun, sont des emprunts directs à l'arabe. Le mot *barde*, par exemple, est attesté pour la première fois en Palestine, au sens de couverture d'âne en laine grossière, dans des gloses françaises écrites en caractères hébreux en marge d'un ouvrage de Simon de Sens (1150-1230). Ce mot vient de l'arabe *barda'a*, qui désigne soit le bât d'âne soit ce qu'on met sous le bât. *Barde* devait être employé couramment par les chrétiens d'outre-mer, puisqu'on le retrouve dans un passage des *Assises de Jérusalem* rédigé entre 1240 et 1244 : « *Mais c'il avient* [s'il arrive] *que les cordes de la barde dou chamiau brisent, le dreit* [droit] *comande que le chamelyer deit amender* [réparer] *celui damage par dreit* ». *Barde* ne semble plus ici désigner une simple couverture, mais plus probablement une selle ou un bât, et son emploi est étendu aux chameaux. D'usage courant chez les croisés français et provençaux, le mot est passé de la Terre sainte à l'Occitanie où la forme *bardel* est attestée dès la fin du XIIe siècle. Le français *barde*, au XIVe siècle, a été emprunté à l'occitan, à moins qu'il ne provienne directement du français d'outre-mer.

Si l'arabe a enrichi le français, l'inverse ne se vérifie pas. Quelques mots français sont, certes, passés en arabe pour désigner les institutions féodales mises en place par les croisés, mais ils sont tombés en désuétude en même temps que ces institutions.

Des contacts occasionnels

Enfin, des emprunts de l'arabe sont passés en français à l'occasion de contacts occasionnels, souvent commerciaux. Ces emprunts sont presque tous indirects, parce que le grand commerce méditerranéen fut accaparé par l'Italie du Nord, où prédominent Milan, Gênes, Venise et Florence, et à un moindre degré par les Provençaux et les Catalans. Ces emprunts transitèrent donc par l'italien, l'occitan ou le catalan.

Seuls quelques noms de tissus pourraient être directement passés de l'arabe au français, d'autant que ces produits intéressaient les marchands du Nord de la France : *boutane* « étoffe commune », de l'arabe *buṭana*, attesté dans un texte wallon de 1422, est sans doute emprunté à l'arabe dans un centre de commerce important. Il pourrait en être de même pour *camelot* (1168), emprunté à l'arabe *hamlāt* « peluches de laine », ou pour *camocas* (1299), de l'arabe *kamhā* « brocard ».

Les mots empruntés lors des relations commerciales sont originaires du Moyen-Orient ou de l'Afrique du Nord. *Tasse*, de l'arabe *ṭassa*, est pour la première fois attesté en français en 1379. Au cours du XIVᵉ siècle, *tassa* avait été employé dans le livre de comptes d'une famille de Montauban, entre 1338 et 1369. En 1337, le latin *tassa* apparaît dans un document marseillais. Cette documentation suggère un emprunt du français à l'arabe par l'intermédiaire de l'occitan. On peut aussi imaginer que la forme occitane vienne du catalan *tassa* ou de l'espagnol *taza* (1272).

Bougie est par excellence l'exemple d'un emprunt originaire d'Afrique du Nord. La ville de Biğāya, située à l'est d'Alger sur la côte, déjà connue au temps des Romains sous le nom de Saldae fut un port au commerce prospère. A partir du XIIᵉ siècle, les ports de l'Afrique du Nord sont fréquentés par les Italiens et les Normands de Sicile. Quoique les relations avec les villes africaines ne soient pas toujours amicales, le commerce n'est jamais interrompu et le nom de Bougie apparaît dans des comptes italiens. Des documents rédigés en Flandre à la fin du XIIIᵉ siècle nomment Bougie à côté de listes de marchandises étrangères qui se vendaient en Flandre. Le nom de la ville de production s'est substitué à celui du produit et *bougie*, dans une ordonnance royale de Philippe le Bel (1312), signifie « cire ». Comme le commerce avec l'Afrique du Nord était entre les mains de Provençaux et d'Italiens, c'est à travers l'italien ou l'occitan que le français emprunta à l'arabe le mot servant à désigner la cire de Bougie. En 1493, par une nouvelle métonymie, *bougie* ne désigne plus simplement la cire, mais la chandelle faite avec cette cire.

On l'aura compris, l'étude des emprunts médiévaux à l'arabe est fort complexe, car il est malaisé de reconstituer leur long parcours géographique, ainsi que les circonstances qui ont présidé à leur passage en latin ou dans une langue romane. Toujours est-il que certains de ces mots pris à l'arabe sont aujourd'hui très courants dans de nombreux domaines :

— médecine : *épinard, alcool, sucre, sirop, musc, ambre, safran*
— astrologie, astronomie : *almanach, almageste, auge, zénith, azimut, nador/nadir*
— mathématique : *algèbre, algorithme, chiffre*

— alchimie : *alchimie, alambic, aludel, lapis-lazuli, élixir, amalgame, laiton, borac, burit*
— commerce : *arsenal, magasin, caravane*
— étoffes : *baudequin, coton, baracan, écarlate, camelot, satin*
— habits : *jupe, caban*
— objets mobiliers : *matelas*
— fruits : *caroube, orange*
— animaux : *girafe, genette, gazelle*

Le français hors de France à la fin du Moyen Age

Au XVe siècle, la France n'exerce plus une influence linguistique semblable à celle qu'elle avait exercée aux siècles précédents. Ce recul s'explique en partie par l'histoire politique : la France anglaise a pris fin avec la reconquête de la Guyenne en 1453 ; le temps des croisades est passé, et avec lui, celui des dernières implantations françaises en Méditerranée orientale. La guerre de Cent ans a, certes, multiplié le nombre d'étrangers sur le sol français : les rois de France ont fait largement appel à des mercenaires écossais, italiens et castillans, puis dans la seconde moitié du XVe siècle, aux Suisses et aux Allemands. L'armée anglaise s'est transformée en Normandie en armée d'occupation. Cela ne suffit pas à conserver intact le statut international du français, car la guerre entrave l'essor du premier humanisme en France. Le prestige culturel de l'italien et de l'Italie se développe au détriment du français. Dans le même temps, l'essor, un peu partout en Europe, de l'idée nationale, conduit chaque royaume à valoriser sa propre production littéraire plutôt qu'à se montrer attaché aux traditions françaises.

Pourtant, au début du XVIe siècle, l'idée d'une politique d'expansion cohérente et constructive du français n'est pas abandonnée. Claude de Seyssel propose au roi de suivre le modèle romain : le latin était d'abord un idiome « bien maigre et bien rude », que les Romains ont magnifié au prix d'un effort persévérant. Les traductions en latin d'œuvres écrites en grec ont joué un rôle capital dans le perfectionnement du latin, car elles ont permis l'assimilation d'une culture de haut niveau et le transfert des élégances et des raffinements du grec. Langue de la religion, langue du droit, des arts et des sciences, le latin a survécu même à l'écroulement de l'Empire. Le pouvoir royal, pense-t-il, peut faire en sorte que le français joue un rôle analogue à celui du latin. Il faut suivre l'usage de Guillaume le Conquérant qui, pour assurer sa domination en Angleterre, donna à ce pays des lois rédigées « *en langage de Normandie* ». Le français doit connaître une expansion géographique mais aussi être magnifié et enrichi en lui-même. Les guerres d'Italie, qui semblaient à Seyssel le terrain d'expérience rêvé pour mettre en œuvre ce beau programme, ne produiront pas le résultat escompté. Au contraire, elles favorisèrent l'afflux des italianismes en français, jusqu'à créer une situation de crise, comme on le verra dans la partie de cet ouvrage consacrée au XVIe siècle.

V

S'AFFRANCHIR DU LATIN

1

1530 : L'INSTITUTION DU FRANÇAIS ?

Au moment d'ouvrir le premier d'une série de chapitres consacrés au XVIe siècle, une question s'impose : où situer la démarcation entre ce que nous percevons de toute évidence comme un « ancien français » (on disait au XIXe siècle « l'ancienne langue »...), et le français qu'on qualifie aujourd'hui, à tort ou à raison, de « moderne » ? Quels moyens a-t-on pour décrire ce qui sépare ces deux états de langue, si deux états il y a ?

Si nous nous fions à notre « sentiment de la langue », un poème de la fin du XVIe siècle nous donnera l'impression, comme un poème du Moyen Age, d'avoir affaire à un état de langue fort ancien, *reculé*, indiscutablement différent de ce que nous concevons aujourd'hui comme « le français ». Rien à voir avec une pièce de Racine ou une lettre de Madame de Sévigné, par exemple. En réalité, entre l'extrême fin du XVe siècle et les premières décennies du XVIe, le français n'a pas *fondamentalement* (dans son lexique, sa morphologie, sa syntaxe) changé. Bon nombre de phénomènes morphologiques et lexicaux perdurent, si bien que certains historiens de la langue ont parfois proposé d'associer l'étude du XVIe siècle (ou du moins de son début) à celle du « moyen français ». Il n'y a pas, entre le moyen français et le français de la Renaissance, l'étonnante, frappante, évidente différence qu'il y a entre le français de Montaigne et le français « classique », celui de la fin du XVIIe siècle. Lire Montaigne dans le texte aujourd'hui demande de sérieuses connaissances en histoire de la langue : on ne peut se fier à son instinct, à la relation légitime de familiarité que nous entretenons avec la langue qui nous est maternelle...

Alors, où se situe la démarcation ? Sans doute faut-il aller chercher la réponse, plus que dans les structures propres de la langue, du côté des paramètres politiques, sociaux, culturels, esthétiques, institutionnels, qui ont présidé aux destinées du français dans ces années d'importation de la Renaissance italienne en France. C'est dans ce domaine qu'on observera des mutations véritablement significatives.

La Renaissance est un phénomène européen, mais qui ne s'est pas déployé partout au même moment. Au plan linguistique, des faits qui se sont produits en Italie à la fin du XVe siècle n'ont eu leur équivalent en France que vers le milieu du XVIe siècle. La question de la valorisation des idiomes modernes par rapport au latin, par exemple, est une question qui avait agité presque tout le Moyen Age italien. On pourra juger comparativement qu'elle n'a été abordée en France que fort tardivement. Dans de nombreux pays d'Europe, sous l'influence de l'humanisme, les réflexions sur les langues vulgaires se sont développées, en liaison avec un nouveau rapport au savoir. Celui-ci, désormais, ne passe plus nécessairement par le latin. Plus d'une tradition a à faire face à cette crise du latin comme langue de culture, et à cette montée des idiomes modernes dans la vie civile comme intellectuelle.

La date de 1500 est traditionnellement retenue en France, par convention, comme celle de la limite de l'étude prioritaire des incunables pour la philologie des textes. Ceci ne veut pas dire qu'après cette date, on ne considérera plus les manuscrits, mais que 1500 représente une articulation décisive dans la diffusion de l'imprimé. Pourquoi donc avoir choisi 1530 plutôt que 1500 ? Au-delà de la convention, plusieurs faits, dans les années 1530-1540, semblent « faire frontière ». Le plus connu est sans doute la promulgation par François Ier en 1539 d'une ordonnance dite « de Villers-Cotterêts » déclarant que, dorénavant, les actes judiciaires devraient être « prononcez, enregistrez et delivrez aux parties en langaige maternel françois ». Mais on pourrait tout aussi bien invoquer la création, par ce même roi en 1530, du collège des lecteurs royaux, ancêtre du Collège de France. La date de 1530 est aussi celle de la première grammaire connue du français, parue significativement à l'étranger, *Lesclaircissement de la langue françoise* de John Palsgrave. Que dire en outre de l'œuvre fondatrice de Rabelais, dont le *Pantagruel* (1532) et le *Gargantua* (1534) constituent de véritables « épopées » du langage, gigantesques balayages d'usages en même temps que réflexion spéculative sur la parole, le rôle des langues dans la communication, les systèmes de signes et la culture. Quant à la date de 1549, celle de la *Deffence et illustration de la langue françoise* de Du Bellay, premier manifeste explicite en faveur du français, elle est séduisante, peut-être un peu tardive. Oui, sans doute, la décennie 1530-1540 est une décennie « illustre », où une certaine physionomie du français se dégage des usages, s'affranchit des contingences, se forge comme une manière de destin.

La langue de la royauté ?

Commençons par des facteurs politiques. En 1494, Charles VIII lançait ses troupes dans une chevauchée italienne qui devait être prolongée par les campagnes de Louis XII et de François Ier. Faut-il voir là l'expression d'un rêve déraisonnable, une embardée momentanée et chimérique, ou l'aboutissement d'un plan d'expansion vers l'est du royaume appuyé sur l'annexion récente de la Provence ? L'apparition d'un nouvel impérialisme européen, celui de Charles Quint, peut aussi expliquer le désir de conquêtes.

Toujours est-il que le royaume de France sort affaibli de ces aventures. Beaucoup d'hommes ont été perdus, beaucoup d'argent dépensé, dans ce rêve d'Italie. Le pays panse ses plaies, essaie de se retrouver des frontières et une identité culturelle. Si les frontières de l'ouest et du nord semblent relativement établies, il n'en est pas de même au sud et à l'est où les seigneuries coexistent. La Provence, par exemple, conserve encore des juridictions indépendantes, et son administration échappe largement au contrôle. François Ier voyage vers ces marges, fait la promotion de la couronne de France, et transforme les hommes d'armes en alliés conseillers. Le peuple se félicite d'être délivré de la féodalité. De son côté, Paris attire toutes sortes de bourgeois et de gentilhommes avides de charges. De « gros bourg » qu'elle était au début du XVIe siècle, la ville va devenir une plaque tournante, grouillante de marchands, capitale politique et de prestige.

La France connaît à nouveau dans bien des domaines une prospérité remarquable. Forte de 18 à 20 millions d'habitants, elle est le pays le plus peuplé d'Europe. Sa situation géographique en fait un véritable carrefour. L'activité économique bat son plein, le commerce est florissant, et les villes connaissent un développement inédit. Des espaces maritimes nouveaux s'ouvrent, un système bancaire efficace se constitue, les rendements agricoles augmentent. Autant de facteurs qui permettent à la population, ou du moins à une partie, de s'assurer un certain « bien-être ». Ce sont donc des décennies fastes, en dépit des aléas issus de la rivalité avec Charles Quint et les Impériaux pour la maîtrise de l'« empire ». Les guerres de religion n'ont pas encore fondamentalement entamé cette dynamique étonnante.

Par ailleurs, on connaît le goût de François Ier (dont le règne s'étend de 1515 à 1547), pour les arts, goût qui lui fit attirer en France après les guerres d'Italie, des artistes tels que Léonard de Vinci, Primatice, ou Benvenuto Cellini. La cour des Valois devient un univers raffiné et luxueux. Dans un tel contexte, on comprend que le français, à l'instar de l'italien, connaisse une valorisation esthétique. Même si l'humanisme a pénétré plus lentement qu'on le pense les couches élevées de la société, une certaine « classe d'apparat » se forme, pour laquelle travailleront écrivains et artistes. L'ignorance traditionnelle des grands est de moins en moins supportée. Jusqu'à présent, en effet, hormis les clercs, peu de gens étaient en mesure de se tenir réellement informés des parutions françaises et européennes en latin. Dans la préface de la traduction française qu'il donne en 1537 de la *Civilité* d'Erasme, Saliat indique que son entreprise était devenue indispensable, les « gros seigneurs » étant rebutés par le latin complexe du maître de Rotterdam.

L'instruction des grands devient donc une préoccupation politique. La connaissance de l'histoire, par exemple, est considérée comme nécessaire pour les futurs chefs de guerre. Claude de Seyssel avait été l'un des principaux conseillers de Louis XII, fortement impliqué dans les campagnes d'Italie. Pour le roi, il avait traduit de nombreux historiens grecs, Xénophon, Diodore, Thucydide. Cette connaissance lui paraissait de la plus haute importance, et il se désolait qu'il n'existât aucun moyen de rendre ces textes réellement accessibles. Dès 1509, il s'était attelé à une vaste entreprise de traduction, constituant ainsi un corpus de « leçons » éclairantes, à utiliser directement en contexte d'actualité. Pour lui, il devenait indispensable de constituer une « licterature en françois » – il entendait par là un socle de connaissances de tous ordres, historiques, scientifiques, philosophiques, morales. Toute cela serait disponible en langue vulgaire pour l'éducation des contemporains, et particulièrement ceux qui en avaient le besoin le plus immédiat, les rois et les grands. En 1527, sur ordre de François Ier, l'imprimeur Jacques Colin publie le *Thucydide* de Claude de Seyssel ; il proclame formellement dans sa préface que « le roy estime les langues estrangeres peu connues parmi la noblesse de son royaume », et qu'il faut mettre les grandes œuvres « comme sur ung perron, dont elles fussent veues de toutes parts ». La volonté d'étendre l'instruction est donc devenue explicite.

Par ailleurs, l'idée selon laquelle une puissance politique a tout à gagner à normaliser les usages de son idiome afin de l'utiliser comme moyen annexe de ses conquêtes a fait son chemin. Le même Claude de Seyssel a vu comment, en Italie (Piémont, Astisane), la présence du français s'est accompagnée d'une « francisation » des mœurs et des coutumes. L'exemple romain est réactivé. Il devient clair que, si les Romains ont ainsi étendu leur empire, c'est aussi parce qu'ils avaient transmis aux peuples nouvellement soumis une langue travaillée, enrichie, capable notamment de formuler le droit. Le rôle de la langue dans les processus d'assimilation culturelle et politique est donc reconnu. Auteur d'un ouvrage pionnier, *La Grant Monarchie de France* (1520), qui tâche d'établir les fondements de la monarchie des Valois, Claude de Seyssel encourage les rois de France à « illustrer » le plus possible leur langue, à l'enrichir, à la magnifier. Les problématiques du « rayonnement » ne sont pas loin.

D'un point de vue intérieur, la première moitié du XVIe siècle est également marquée par un souci évident de réformer l'administration, d'unifier la gestion du pays. De nouvelles cours et de nouveaux parlements sont créés, les institutions existantes voient leur personnel multiplié, le nombre des agents royaux envoyés dans les provinces, essentiellement afin d'assurer les rentrées financières, augmente significativement. On a pu interpréter cette situation comme une volonté de mainmise, et voir dans les dispositions prises par François Ier un avant-goût de la future politique de Louis XIV. C'est ainsi que s'est mis en place, entre 1500 et 1550, tout un « maillage » administratif qui a aussi pour but de limiter l'usage des parlers locaux dans la vie publique.

Une terre résiste à cette pression : le Béarn. La question linguistique s'y pose de manière notable. Forts de leur tradition d'autonomie, de leur position écartée, de leur prospérité économique, et de la reconnaissance politique qui leur est accordée par l'Espagne, les Béarnais ont développé une forme d'occitan bien distincte, dans laquelle sont traitées toutes les affaires. Evénement symbole de ce particularisme : en 1533, le parlement de Pau refuse de recevoir les lettres de créance de son président désigné par le roi de France, l'évêque de Rodez, parce qu'elles sont rédigées en français[1]. Plus tard, la cour lettrée de Marguerite de Navarre se mettra au français, mais il ne faudra pas sous-estimer la vitalité encore très forte de l'occitan. Fille de Marguerite de Navarre, et mère du futur Henri IV, Jeanne d'Albret régnera sur un royaume unifié autour d'une foi (la Réforme), d'une couronne, d'une langue. Tout au long du XVIᵉ siècle, la Navarre restera un monde à part, encore largement à découvrir, soumis aux pressions constantes du royaume de France, certes, mais possédant une indéniable cohérence culturelle. Tout ceci s'achèvera avec l'accès d'Henri IV au trône de France.

Dans le royaume de France, le domaine où la question de la langue a la signification politique la plus grande est sans conteste le domaine juridique. On sait qu'au Moyen Age, une partie importante de la France (en gros le Nord) suivait le régime du « droit coutumier » (celui qui existe encore en Angleterre), et que justice était rendue à partir de coutumes orales. Une ordonnance du milieu du XVᵉ siècle, l'ordonnance de Montilz-les-Tours (1454) a prescrit de retranscrire à l'écrit ces coutumes orales, de façon à sortir du régime du droit coutumier. Sans doute le pouvoir royal voulait-il par là limiter le pouvoir des juridictions locales, et renforcer celui de cours supérieures, plus aisées à contrôler. D'ailleurs, l'ordonnance prévoit aussi la création d'un certain nombre de parlements (Bordeaux, Aix, Grenoble, Toulouse...). Coucher sur le papier le droit sera une entreprise longue, différentes institutions (baillis, sénéchaux, commissaires royaux) devant être consultées, outre la population. Il s'agissait de demander aux praticiens – avocats, juges, hommes de justice... – de s'entendre sur les formules à employer, et de mettre ensuite leur pratique en conformité avec ces formules. Cinquante ans plus tard, une grande partie des coutumiers n'a pas encore été rédigée. En quelle langue, d'ailleurs, les consigner ?

A la fin du XVᵉ siècle et au début du XVIᵉ siècle, le droit fonctionnait encore de manière hybride, linguistiquement. Les universités continuaient d'enseigner en latin, mais les plaideurs utilisaient les parlers dialectaux. Pour eux, le français du roi, qui se pose alors comme une troisième langue, est une langue presque aussi savante que le latin. Il en résulte des dysfonctionnements dont se font l'écho les plaintes adressées en 1490 au roi Charles VIII. Les témoins déploraient que leurs dépositions étant formulées en latin, ils n'avaient plus aucun moyen de savoir si on ne leur faisait pas dire ce qu'ils n'avaient pas dit... Il devenait indispensable que la langue des témoins et la langue de la juridiction fussent la même.

« *En langage maternel françois et non autrement* »

C'est dans ce contexte qu'en août 1539, François Ier signe à Villers-Cotterêts une « Ordonnance générale en matière de justice et de police[2] ». La promulgation de cette ordonnance a parfois été comprise comme une délimitation dans la conscience linguistique de la France par son caractère symbolique, radical, définitif. En réalité, on s'aperçoit aujourd'hui que, bien loin d'avoir représenté un fait exceptionnel, l'ordonnance de Villers-Cotterêts a été précédée par une série d'édits similaires qui en annonçaient la teneur et la signification.

L'ordonnance est longue, mais seuls deux articles concernent à proprement parler la langue : les articles 110 et 111. Les voici dans le texte original :

[110] « Et afin qu'il n'y ait cause de doubter sur l'intelligence desd. Arrestz, nous voullons et ordonnnons qu'ils soient faictz et escriptz si clerement qu'il n'y ayt ne puisse avoir aucune ambiguïté ou incertitude, ne lieu a en demander interpretacion. »

[111] « Et pour ce que telles choses sont souventesfois advenues sur l'intelligence des motz latins contenuz esd. Arrestz, nous voulons que doresnavant tous arrestz, ensemble toutes autres procedures, soient de noz courtz souveraines ou autres subalternes et inferieures, soient de registres, enquestes, contractz, commissions, sentences, testamens et autres quelzconques actes et exploictz de justice ou qui en deppendent, soient prononcez, enregistrez et delivrez aux parties en langaige maternel françois et non autrement. »

Comme on le voit, l'objectif était clairement de rendre les décisions de justice accessibles à la population, et de limiter les risques de litige. Il s'agissait d'atteindre une certaine « transparence » de la langue judiciaire, d'écarter toute possibilité d'obscurité ou d'ambiguïté.

A ce titre, 1539 paraît une date tardive au regard des nombreux efforts qui ont été déployés depuis le milieu du XVe siècle pour parvenir à ce résultat. L'« Ordonnance sur le reglement de la justice au païs de Languedoc » de Charles VIII en 1490, préconisait déjà des dispositions très similaires. Il y est dit : « Outre y est ordonné que les dicts & depositions des tesmoins qui seront ouys & examinez d'oresnavant esdites cours & en tout le pays de Languedoc, soit par forme d'enqueste ou information & prinse sommaire, seront mis & redigez par escrit en langage François ou maternel, tels que lesdits tesmoins puissent entendre leurs depositions, & on les leur puisse lire & recenser en tel langage et forme qu'ils auront dit & deposé[3]. » Comme on le voit, l'ordonnance semble laisser le choix entre un « françois », dont on peut se demander ce qu'il recouvre exactement, mais qui n'est clairement pas le dialecte, et un « maternel », parler local. Ce « ou » du texte était évidemment significatif. Il ménageait une latitude qui montre que le principal but n'était pas de choisir une langue, mais de limiter les fraudes et les occasions de litige. L'objectif essentiel était de limiter l'emploi du latin, ou de l'espèce de mélange de latin et de français courant à l'époque, et que Rabelais caricaturera dans la bouche de « l'escholier limousin ».

Il est visible que ces ordonnances ne furent pas suffisantes. En 1510, Louis XII se voit dans l'obligation de promulguer un autre édit enjoignant que l'on utilise un « vulgaire et langage du païs » dans tout document de justice. L'expression était différente, et on peut se demander si elle recouvrait la même intention. Il est probable que le latin n'avait pas encore disparu des cours, et qu'il convenait seulement d'« enfoncer le clou », pour ainsi dire. Le texte de l'ordonnance de 1510 est d'ailleurs net : le latin est explicitement mentionné, et il est bien dit que les procès qui se feront autrement qu'indiqué ne seront d'« aucun effet & valeur[4] ». Cela montre qu'une forte résistance était à l'œuvre, et que les progrès des vernaculaires dans les cours étaient lents.

Lorsqu'il arriva au pouvoir, François Ier comprit que l'effet de ces ordonnances successives avait été tout relatif. Dans une lettre patente de 1533, il se fait notamment l'écho des remontrances qui lui ont été adressées par les états de Languedoc réunis à Nîmes en 1531, et qui témoignaient du fait que nombre de notaires continuaient d'écrire en latin. « Ordonnons que et enjoignons auxdits notaires passer et escripvre tous et chascuns les contractz en langue vulgaire des contractans[5] », dit la lettre. En 1535, il veut appliquer à la Provence des réformes identiques. C'est l'ordonnance d'Is-sur-Tille dont les termes sont : « Pour obvier aux abbus qui sont ici devant advenus au moyen de ce que les juges de nostre dict pays de Prouvence ont faict les procès criminels dudict pays en latin, ordonnons, affin que les tesmoings entendent mieux leurs dépositions et les criminels les procès faicts contre eux, que doresnavant tous les procès criminels et les enquestes seront faictz en françoys ou a tout le moins en vulgaire dudict pays[6]. » On le voit, les choses étaient loin d'être réglées. Les ordonnances succèdent aux ordonnances, et les mêmes termes reviennent à peu près.

Visiblement, les rédacteurs de ces ordonnances éprouvaient quelque difficulté à mettre un nom sur l'idiome qu'ils voulaient opposer au latin. La concurrence entre le « françoys » et les parlers du cru – le « vulgaire » de l'ordonnance de 1535 est l'occitan provençal –, notamment, constituait un vrai problème. Les « ou », les « à tout le moins », en témoignent. L'essentiel, certainement, était que les clients reconnaissent leurs conclusions une fois qu'elles étaient couchées par écrit... Mais quelle langue parlaient-ils exactement ? L'incertitude des termes fait pencher pour des situations localement très différentes. C'est pourquoi la politique de François Ier, dans ces années-là, consiste à faire le tour des provinces, une par une, de manière à régler des situations parfois très spécifiques. En 1536, c'est le tour de la Bresse ; en 1538, le conseil de ville de Grenoble décide de sa propre initiative de rédiger ses actes en langue vulgaire ; en 1539, c'est Villers-Cotterêts.

Concernant cette ordonnance précise, l'hésitation est venue du fait que, alors que les édits précédents proposaient de *choisir* entre « françois » et « vulgaire » local, les deux expressions se trouvaient dorénavant réunies en un « langage maternel françois » qui forme une expression synthétique bien étrange. Faut-il considérer que, dans le royaume, le « françois » d'Ile-de-France était désormais le « langage maternel » de tout le monde, ou de la majorité ? Y avait-il là une manière de s'opposer, non plus seulement au latin, mais aussi aux vernaculaires locaux ? Comme certains ont pu le noter, l'expression « langage maternel françois » est tant soit peu contradictoire à l'époque, si l'on prend en compte la réalité de l'usage des patois ; à tout le moins, elle ressemble assez à un « coup de force ». Faut-il y voir la volonté de substituer, au *latinum grossum*, ce qu'on appelait au XVe siècle « la langue du Roi » ?

Une chose paraît sûre : l'ordonnance de Villers-Cotterêts met l'accent sur la « clarté », une problématique qui a sa signification linguistique, induisant le choix d'un usage et de sa qualité, mais aussi et surtout un enjeu politique. Du point de vue du fonctionnement interne de la justice et de la police, il s'agit d'éliminer toute entrave dans les relations entre les justiciables et le pouvoir judiciaire. En outre, il est évident que l'uniformisation de l'usage était destinée à rendre la tâche plus facile aux officiers royaux... S'est-il agi de « forcer la main » aux juristes, qui, par leur usage obstiné du latin, manifestaient une réticence à accompagner la progression du pouvoir royal ? De contrer le pouvoir de l'Eglise ? Les deux paramètres ont dû jouer.

D'un autre côté, la postérité a largement reconstruit l'histoire de cet événement, lui attribuant à tort le sens d'une planification linguistique[7]. Ici comme ailleurs, les effets du jacobinisme centralisateur de la Révolution sont venus modifier la représentation que nous nous faisons de faits de l'Ancien Régime. Il est tellement satisfaisant de s'imaginer que l'histoire, par quelques actes immédiatement suivis d'effet, a organisé elle-même la transformation du français de simple dialecte en langue officielle, unifiée, de prestige, reconnue et adoptée par tous ! Aujourd'hui, peu de commentateurs estiment que les auteurs du traité ont conçu celui-ci comme un instrument d'unification *linguistique*, à la manière révolutionnaire. L'objectif était surtout technique. Gilles Bourdin, procureur général du parlement de Paris, le dit dans un commentaire de 1549 : anciennement, « l'interprétation des termes Latins tourmentait les hommes, dont la plupart étoient plus cupides de contention que de vérité », et il s'agissait essentiellement de « retrancher par là telle manière de petits procès et litiges[8] ».

Par ailleurs, la caractérisation des usages réels dans le milieu judiciaire a été largement revue depuis l'époque où l'on voyait dans l'ordonnance de Villers-Cotterêts le moment de naissance officielle du « français ». Le latin avait déjà été abandonné dans bon nombre de régions, particulièrement dans le domaine d'oc. Reste à savoir si cet abandon s'était fait au profit du français ou des parlers régionaux. Ici, la situation est assez confuse, et les interprétations divergent. On a montré[9] que, dans le domaine d'oc, le passage du latin aux parlers locaux s'était déjà fait avant Villers-Cotterêts (depuis une vingtaine d'années à Bordeaux, par exemple, vers le milieu des années 1530 pour le Languedoc), et que l'ordonnance était en conséquence interprétée comme exprimant la nécessité d'un passage des parlers locaux au français. C'est ainsi qu'un notaire de Lodève, en 1540, déclare qu'il va essayer désormais de rédiger ses actes en français « le moins mal » qu'il lui sera possible[10]... Certes, il y en a, comme ce notaire du Tarn, qui estiment qu'en passant du latin à leur parler local, en l'occurrence le rouergat, ils obéissent à l'ordonnance : il l'a fait, dit-il, « apres que me venc a notissa la publication de la ordonnansa per lo Rey nostre senhor... sur lo fais de la justissa[11] ».

Très généralement, cependant, l'application de l'ordonnance s'est faite au détriment de l'occitan. Il est vrai qu'on a pu trouver la trace d'actes notariés rédigés en occitan jusqu'en 1592. Mais ceux-ci s'apparentent à des vestiges d'usage très localisés. Grosso modo, on estime que l'usage exclusif du français avait déjà gagné à l'époque de l'ordonnance les bureaux d'écriture notariaux depuis le cours inférieur de la Loire jusqu'aux limites de la langue d'oc. On s'est d'ailleurs demandé si, même sans l'ordonnance, cet usage n'aurait pas de lui-même franchi le Rhône dans le deuxième tiers du XVIe siècle pour atteindre les régions méditerranéennes[12].

Ainsi, en Provence, on remarque que les ordonnances sont écrites en français dès 1523, et que le conseil de ville d'Aix-en-Provence, qui notait encore ses délibérations en latin en 1536, est passé au français l'année suivante[13]. Seules la Navarre et le Roussillon continuèrent après Villers-Cotterêts à rédiger les documents juridiques respectivement en gascon et en catalan. Le domaine d'oc a été dans l'ensemble largement « envahi » par des fonctionnaires nordiques qui ont imposé le français en Bordelais, Limousin, Périgord... Les minutes notariales montrent un peu partout un progrès *de fait* du français. Alors que le dialecte était la langue de la vie courante, le français devenait la langue de l'élévation sociale, le gage d'une mobilité, l'outil d'un rapport avec le pouvoir. Ramus, dans sa *Gramere* (1572), rapporte qu'au lendemain de Villers-Cotterêts, « il y eut de merveilleuses complaintes » à ce sujet, et que des députés de Provence tentèrent de se faire recevoir du roi à Paris pour manifester leur mécontentement. Celui-ci, dit Ramus, les « délaya » de mois en mois jusqu'à ce qu'ils acceptent d'exposer leur harangue en français[14]...

Sans nul doute, l'ordonnance de Villers-Cotterêts a entériné la véritable *utilité* qu'il y avait à s'exprimer en français. Le lien entre les différends juridiques et les différends linguistiques a d'ailleurs été perçu dès l'époque. Citons le grammairien Meigret : « Il s'ensuit que tout ainsi que la loi doit vider tous différends et controversies qui sont entre les hommes, la règle commune aussi d'un langage devra vider les différends qui y entreviennent[15]. » Force symbolique étonnante de la langue du droit, symbole d'entente et de concorde. Le français devenait une langue véhiculaire à l'intérieur des frontières du royaume ; une langue de trajet entre les provinces et le pouvoir royal. Des premières années du XVIe siècle au règne d'Henri III, l'expansion de l'usage du français dans certains contextes institutionnels s'est faite en accord avec la politique royale. D'autres actes vont dans ce sens : la constitution d'un système de poste, ou la collecte centralisée des impôts. Mais ce point reste difficile à apprécier exactement. Comme pièces à verser au dossier, nous disposons d'un nombre important de préfaces, privilèges, adresses au roi, etc., dans lesquels les auteurs de l'époque, poètes, grammairiens, historiens, scientifiques, expriment une sorte de reconnaissance envers les gestes que les rois effectuent en faveur du français. Mais ce fonctionnement apologétique peut être compris dans les deux sens : les lettres françaises remercient le roi, mais le roi commande également, de son côté, ces remerciements. La langue française devient une sorte de monnaie d'échange entre le pouvoir royal et des praticiens institutionnels qui, chacun de leur côté, en ont besoin.

Imprimer le savoir

En 1543, signe des temps, un imprimeur royal de français est institué. Déjà au Moyen Age, le français avait commencé à être langue de savoir. Au XVe siècle, l'invention de l'imprimerie a constitué une révolution technique qui a eu pour effet de multiplier considérablement le nombre de livres en circulation. La littérature savante, d'obscure et renfermée dans les cabinets de clercs et d'érudits qu'elle était, s'est trouvée propulsée sur le devant de la scène. Il s'est créé un véritable « marché du livre », doté de réseaux de diffusion importants.

Dans les premières décennies du XVIe siècle, cette révolution donne ses fruits. Entre 1501 et 1549, par exemple, le nombre d'ouvrages publiés à Paris a quadruplé : il est passé de 88 (1501) à 332 (1549). L'essentiel de ces ouvrages est encore en latin : il en sera ainsi jusqu'à une date avancée dans le XVIIe siècle. On estime qu'avant 1500, 77 % environ des livres imprimés en France l'étaient en latin, 7 % en italien, 5 à 6 % en allemand, et 1 % en flamand. En 1575, la part réservée aux ouvrages publiés en français a grandement progressé, puisqu'elle se situe à plus de 50 %[16].

Pour ce qui est des contenus, les textes religieux occupent encore une très grande part : 45 % environ[17]. Les textes littéraires, de leur côté, constituent 30 %, parmi lesquels une grande proportion d'ouvrages médiévaux adaptés. Le XVIe siècle se régale à lire et à relire les chansons de gestes, romans de chevalerie et autres récits du Moyen Age, réédités de façon constante. *Les Quatres Fils Aymon*, *Fierabras*, *Pierre de Provence*, sont encore de très grands succès de librairie. L'homme du XVIe siècle ne se penche plus seulement en bibliothèque sur de lourds in-folio précieux, enluminés : il se promène avec des livres, comme en témoigne la popularité du format portatif. Almanachs, « livres d'heures » contenant les prières quotidiennes, traités pratiques, constituent avec les « romans » le fonds de ce nouvel imprimé populaire. Les traités qu'on peut appeler « scientifiques » ne constituent que 10 % de la production imprimée, pour 10 % également d'ouvrages de droit. On notera toutefois que – les inventaires après décès du XVIᵉ siècle le montrent – le livre n'est pas souvent possédé par les populations de petite fortune [18].

Cette focalisation sur l'écrit a pour conséquence un souci nouveau des normes typographiques et orthographiques. Depuis le *Champ Fleury* de Geoffroy Tory (1529), une réflexion s'est amorcée autour de la retranscription à l'écrit de formes vulgaires, entraînant nécessairement un effacement de certaines variantes dialectales. Après avoir édité en 1533 *Ladolescence clémentine* de Clément Marot (orthographe originale du titre, sans apostrophe), Tory publie une *Briefve doctrine pour deuement escripre selon la propriete du langaige françois*, un manuel de normes que reprendra Etienne Dolet dans un ouvrage dont le titre complet est *La Maniere de bien traduire d'une langue en aultre. D'avantage De la punctuation de la langue Françoyse. Plus. Des accents d'icelle* (1540). La question des particularités du français et de leurs répercussions dans la notation écrite passionne. Alors qu'on considérait auparavant l'écriture du latin comme « intouchable », Tory ose introduire, pour respecter comme il le dit la « propriété » du français, des signes nouveaux, comme la cédille, petit *s* placé sous le *c* à la mode espagnole (*zedilla*), et qui a pour but de retranscrire une innovation phonétique du français par rapport au latin. Dolet systématise les accents, le tréma, certains apostrophes, etc. Les lecteurs du livre imprimé s'habituent à voir défiler sous leurs yeux de toutes nouvelles impressions visuelles. La *physionomie* entière de la langue écrite en est changée.

Par ailleurs, les débuts du XVIᵉ siècle se caractérisent par une modification importante dans le rapport au savoir. Il faut d'abord compter avec l'apparition d'une « sociologie » nouvelle de ses représentants. Sous Louis XII déjà, un certain nombre d'humanistes « engagés », tels Claude de Seyssel, Pierre Fabri, Lefèvre d'Etaples, Lazare de Baïf et Geoffroy Tory, on introduit un nouveau profil. Ils s'opposent souvent à la Sorbonne, qu'ils méprisent, et effectuent un lien précieux entre le monde traditionnel du savoir et celui de l'administration, de la vie publique. Souvent, ce sont des bourgeois ou des notables de province, sans prestige de naissance, qui ont une double connaissance des productions en langue vulgaire (de leurs régions ou de France en général) et en langue savante. Ils cherchent l'appui du roi plutôt que celui des vieilles institutions, et s'attirent une reconnaissance sociale inédite. Quoique érudite, cette nouvelle classe est beaucoup plus politique que les précédents représentants du savoir. Elle s'engage dans les projets de réforme de l'administration menés par le roi ; elle a souvent des connaissances juridiques importantes ; elle n'hésite pas à intervenir dans le temps présent.

Un événement décisif est, dans ce contexte, la fondation par François Ier, en 1530, du « Collège royal », qui se nommera par la suite « Collège des trois langues », puis « Collège de France ». Le projet était ancien, puisque François Ier avait déjà envisagé un tel collège en 1517, avec à sa tête ni plus ni moins qu'Erasme, qui déclina la proposition. C'est le grand helléniste Guillaume Budé (1467-1540) qui relança l'entreprise, et obtint du roi l'ouverture de l'institution. Quelques années auparavant, il avait créé la Bibliothèque de Fontainebleau, origine de la Bibliothèque Nationale. Le « collège », pour autant, n'est pas à ses débuts un établissement très important. La dénomination, d'ailleurs, n'apparaît pas tout de suite. Dans les premiers temps, il s'agit surtout de conférences publiques que des « lecteurs royaux » mandatés par le roi et ne dépendant pas de la Sorbonne, étaient censés dispenser dans un certain nombre d'institutions déjà existantes, aucun bâtiment spécial n'étant construit.

La structure comptait à l'origine deux chaires de grec, une chaire d'hébreu et une chaire de mathématiques – toutes matières que n'enseignait pas la Sorbonne. C'est sous l'impulsion de Guillaume Budé, qui avait fait paraître l'année précédente des « Commentaires sur la langue grecque » (*Commentarii linguae graecae*, 1529), que le grec est remis à l'honneur. La focalisation traditionnelle du milieu docte sur le latin cède le pas à une étude équilibrée des trois grandes langues du monde antique. Le regard sur ces langues change, également. Les deux hellénistes, Budé et Pierre Danès, considèrent le grec comme le terrain d'exercice de préoccupations philologiques, grammaticales, « scientifiques [19] ». L'établissement peut alors être considéré comme un lieu pionnier de ce qu'on nommera plus tard « grammaire comparée ».

En 1534, fut adjointe au collège une chaire de latin. Cela faisait du collège un « collège aux trois langues », à l'instar de celui de Louvain, le plus célèbre d'Europe depuis sa fondation en 1425. La mission du collège de favoriser l'étude des bases, des « piliers », pour ainsi dire, de la culture antique, interprétés dans un sens profane, certes (dans la lignée de ce qui faisait en Italie depuis Pétrarque), mais aussi religieux (relire et mieux connaître les Saintes Ecritures) se précisait. La présence du latin, néanmoins, étonne : le latin n'était-il pas censé être connu de tout le milieu lettré ? En réalité, il faut dire que le latin professé à la Sorbonne en 1530 était fort éloigné du latin de Cicéron : il avait subi au cours du Moyen Age de telles transformations qu'il était devenu un vrai jargon accessible sans beaucoup d'utilité pour qui voulait comprendre les textes de la *latinitas aurea*...

C'est donc à une véritable révolution dans la manière de percevoir le latin que le Collège va procéder. Il ne s'agit plus d'enseigner la langue véhiculaire interne du milieu scientifique, qui y pratiquait des distinctions de sens totalement impénétrables au commun des mortels, mais de retrouver l'authenticité d'une langue oubliée, le latin classique, dans lequel avaient été écrits quelques-uns des plus illustres monuments de la culture occidentale. En somme, il s'agissait de faire du latin, un espace linguistique autonome, soumis à la philologie, à la critique, au savoir érudit, une langue *morte*. Il s'agissait aussi de *séparer* – progressivement, mais définitivement – le latin du français. Ce dernier, du même coup, apparaissait comme une langue à part entière, que l'expérience associait d'autant plus au présent que le latin était désormais renvoyé à une antiquité révolue.

Comme celle de l'ordonnance de Villers-Cotterêts, la signification de la fondation du « Collège royal » a été parfois interprétée dans un sens un peu trop glorieux pour la langue française. A bien des égards, le propos du « collège » était essentiellement de faire pièce à la toute-puissance de la Sorbonne en matière d'enseignement et de « recherche », comme on dirait aujourd'hui. Entre les deux institutions, il y eut des frictions, dont témoignent plusieurs procès, entre 1534 et 1543. La portée de ces disputes était surtout religieuse : les théologiens s'inquiétaient que l'on recourre aux textes grecs et hébreux de la Bible en public – ce qui pouvait menacer la tradition latine. Cette pratique présentait une certaine cohérence avec la propagation simultanée des idées de la Réforme. Certains historiens, pour autant, minimisent ces tensions, et refusent d'y voir le fruit d'une volonté politique[20]. Une chose est sûre : le français n'a pas été particulièrement privilégié dans la création du collège. Celle-ci a eu bien davantage pour effet de permettre que soit redécouverts la littérature et le savoir de l'Antiquité classique que d'inscrire directement le français au patrimoine du royaume.

En marge de cette institution originale, l'enseignement, les soutenances de thèses, continuaient à se faire majoritairement en latin. Souvenons-nous que ce ne sera qu'en... 1905, que la Sorbonne révisera la règle fondamentale qui voulait que toute thèse soutenue en son sein le soit en latin.

La langue de la science

Langue de savoir, langue scientifique, idiome conventionnel de la communauté des clercs, le latin l'avait été pendant tout le Moyen Age, permettant une diffusion européenne des savoirs, favorisant une grande mobilité de la part des étudiants et des professeurs. Il continua à l'être dans la première moitié du XVIe siècle. Cet avantage, lié au statut de langue véhiculaire du latin, mérite d'être pris en considération. Par ailleurs, on peut estimer que, dans quelques domaines, la communauté des doctes, qui concevait volontiers le savoir comme un « arcane », de manière ésotérique, n'était pas prête à renoncer facilement à des formes de langage qui permettaient de conférer aux disciplines un certain élément de « clôture ». Bien à l'abri derrière une phraséologie figée héritée de la tradition scolastique, les médecins, par exemple, pouvaient aisément préserver leur science de tout contact avec les « ignorants », et n'étaient pas prêts à abandonner un idiome qui leur a assuré pendant des siècles une position privilégiée.

Il ne faut pas surestimer, par ailleurs, l'intérêt réel qu'ont pris les classes élevées aux productions « scientifiques ». Au début du XVIe siècle, celles-ci n'ont visiblement qu'un tout petit public. Même si Robert Estienne écrit en 1544 que la noblesse qui « naguère encore n'avait pour [les sciences] que de l'indifférence, rivalise aujourd'hui de zèle pour briller par le savoir non moins que par les armes [21] », écrivains et savants continueront de se plaindre, tout au long du XVIe siècle, de l'ignorance des courtisans et des nobles. L'association du savoir à une certaine forme de prestige est loin d'être entrée dans les mœurs. On peut aisément se laisser tromper par le nombre de livres publiés à cette époque : ceux-ci ne touchaient parfois que quelques dizaines ou centaines de lecteurs.

Médecine et chirurgie

Cependant, quelques esprits estiment déjà qu'il n'y a pas de raison pour qu'une langue, le latin, conserve le monopole de l'expression scientifique. Un domaine emblématique est à ce titre la médecine. Celle-ci, à la fin du XVe siècle, a le statut de reine des sciences. Il est rare qu'il y ait à cette époque un savant qui ne se soit pas à un moment ou à un autre intéressé à la médecine. Toutefois, dans ce domaine, les progrès de la « francisation » ne sont pas venus directement du corps de doctrine et de l'enseignement médical, mais des chirurgiens. La chirurgie et la pharmacie sont les deux disciplines pratiques dont la médecine a besoin pour continuer à être une pratique thérapeutique, et non pas seulement un savoir.

Si la médecine théorique pouvait se satisfaire de demeurer enfermée dans sa bulle, la chirurgie était une discipline artisanale, directement en prise avec le réel. On s'explique ainsi que, comme le droit, qui a lui aussi affaire avec la vie quotidienne, elle ait basculé vers le français plus tôt que les autres disciplines : il s'agissait de répondre à des besoins immédiats, de communiquer, de traiter. Le chirurgien et l'homme de loi sont des *praticiens* : ils sont en prise avec l'expérience.

Dès la fin du XVe siècle on a ainsi vu se détacher, du corps principal des médecins, un corps secondaire : celui des chirurgiens et des barbiers (les deux ne faisant qu'une corporation). Bien souvent, ceux-ci ne savaient pas le latin, et on devait leur dispenser, à Montpellier et à Paris, les deux grandes villes de médecine en France, un enseignement en langue vulgaire. Déjà, en 1515, Falcon, titulaire de la chaire de premier professeur à Montpellier, avait publié des *Commentaires* de chirurgie en français.

Dans un texte de 1532 *Les Lunettes des chirurgiens et barbiers*, un certain Symphorien Champier, diplômé de l'université de Pavie, rapporte qu'un chirurgien picard nommé Hippolyte d'Aultreppe, lui demanda un jour d'être reçu docteur en chirurgie de la même université. Et voilà que ses collègues refusèrent, parce qu'il ne savait pas le latin. Champier précise qu'il protesta, rappelant notamment qu'à ce compte, entre Galien, Avicenne, les médecins arabes et orientaux, on n'en aurait reçu aucun, aucun d'entre eux n'ayant su le latin ! La soutenance de la thèse fut apparemment mouvementée, mais Champier servit d'interprète, et l'issue fut favorable, non sans qu'un collègue ait estimé que c'était là « chose qui n'avoit oncq este veheue en ceste universite fameuse, ni aucune autre ». « La langue n'est pas cause de la doctrine », écrit le moderniste Champier, et « en tous langages se peut science acquérir et apprendre[22] ».

En réalité, la chirurgie passa presque entièrement au français en l'espace d'une dizaine d'années seulement. Dans ce domaine comme en d'autres, la décennie 1530-1540 est véritablement remarquable. A partir de 1530, les imprimeries de Lyon publient une série de traductions importantes, comme la *Pratique de Vigo avec les Aphorismes et Canons de Chirurgie* (Nicolas Godin), et la *Chirurgie de Paul d'Egine* (Tolet). Un autre chirurgien du temps, Canappe, docteur en médecine de Montpellier et professeur de chirurgie à Lyon est l'un des fers de lance de ce mouvement. Il écrit en 1541 : « L'art de medecine et chirurgie ne gist pas tout aux langues, car cest tout ung de lentendre en Grec ou Latin ou Arabic ou Françoys[23]. » A Guillaume Rondelet, professeur à Montpellier, il adresse une lettre qui est un véritable plaidoyer pour la langue française en médecine. Son argument est le suivant : les Latins, dit-il, tout en sachant le grec, ont su s'exprimer dans leur idiome... ; il n'y a pas de raison pour que ne puissent être rendus en français, avec propriété, netteté et élégance, les savoirs nécessaires. Après lui, il sera difficile de revenir au latin.

Parmi les chirurgiens qui, au XVIe siècle, ont œuvré pour le passage au français des disciplines scientifiques, Ambroise Paré (1509-1590) est sans doute le plus célèbre. Comme ses confrères, il a été confronté à un problème médical typique de l'époque : celui du grand nombre de blessés à soigner après les guerres d'Italie, et celui de l'usage de plus en plus répandu des armes à feu sur les champs de bataille. Comment guérir ces nouvelles blessures particulièrement meurtrissantes ? Le titre de l'un de ses traités explicite ces difficultés techniques, et rend sensible la nécessité d'inventer de nouvelles méthodes : « La maniere de traicter les playes faictes tant par hacquebutes que par fleches : & les accidentz d'icelles, comme fractures & caries des os, gangrene et mortification : avec les pourtaictz des instruments necessaires pour leur curation. Et la methode de curer les combustions principalement faictes par la pouldre à canon » (Paris, Arnoul l'Angelier, 1552). Si Canappe, apparemment, n'était pas un excellent chirurgien, on crédite Ambroise Paré de l'invention de plusieurs méthodes, comme celle de la ligature des artères (plutôt que de la cautérisation avant amputation).

Paré fut beaucoup marqué par Canappe. C'est à lui, dit-il, qu'il doit d'avoir pris contact avec une science qui, sinon, lui serait restée inaccessible. Car Paré ne savait ni le latin ni le grec : il est véritablement le premier savant français sans teinture antique qui fut institué docteur par l'Université[24]. A la soutenance de sa thèse (1554), il y eut une sorte de petite comédie destinée à donner à la cérémonie des airs de latinité... Son talent propre fit le reste. Par la suite, il publia tous ses ouvrages en français, par exemple son *Traité sur la peste* (1568). Pour lui, c'était même manquer d'humanité que de ne pas donner ses interprétations en français, car les malades pouvaient ainsi être « mieux et plus sûrement secourus ». La faculté tenta de résister à ce mouvement inexorable, mais même les détracteurs de Paré, au fil du temps, se mirent à écrire en français.

Aujourd'hui, les ouvrages d'Ambroise Paré[25] frappent par la langue belle et riche – ample, rythmée – qu'on y trouve. On peut n'avoir qu'un intérêt limité pour les détails techniques des opérations auxquelles Ambroise Paré se livre sur les chairs « lacérées » : on n'en sera pas moins sensible au grand défilement de mots (souvent joints en doublets de synonymes) qui construisent au fil d'immenses périodes une image saisissante de l'affrontement de l'homme à la matière.

La médecine traditionnelle fut plus longue à passer du latin au français. Mais la persistance des épidémies, peste, lèpre, obligeait les médecins à communiquer de manière simple. Les traités d'hygiène, notamment, se publient majoritairement en français à partir du milieu du XVIe siècle. Laurent Joubert est un médecin connu de l'époque, dont le nom est parfois mis en relation avec celui de Rabelais pour son traité *Des causes du ris et tous ses accidents* (1560). Comme d'autres à son époque, il eut maille à partir avec la Faculté, qui lui reprocha de proposer au lecteur des détails scabreux en français. Plutôt que de les traduire en latin, Joubert les faisait précéder d'une petite astérisque signifiant, pour ainsi dire, que ce qui allait suivre s'adressait à des lecteurs avertis... Au-delà de cet élément pittoresque, un débat sérieux faisait rage, à l'époque, pour savoir si la connaissance de la médecine était à mettre entre toutes les mains. On a du mal à se représenter, aujourd'hui, quels arguments on pouvait opposer au souci de la santé collective. La médecine constituait un monde à part (cela continuera d'être le cas bien plus tard, comme en témoignent les pièces de Molière...). L'accès à ses arcanes avait quelque chose d'une initiation, et l'imperméabilité du code garantissait ce caractère réservé. En 1579, Laurent Joubert traduisit et publia avec son fils Isaac le plus grand traité de chirurgie du Moyen Age, *La Grande Chirurgie* de Guy de Chauliac (initialement composée en 1363). Le pont était alors jeté entre les nouvelles pratiques et la grande tradition scolastique. Le « canon » se reconstituait. Les pharmaciens et les herboristes (qui faisaient encore, au XVIᵉ siècle, partie de la même corporation que les épiciers) étaient eux aussi passés du côté du français, comme en témoigne l'ouvrage le plus célèbre de l'époque, le *Manuel* de Dusseau.

Mathématiques et astronomie

Outre la médecine, un autre domaine se « vulgarise » au cours du XVIᵉ siècle : il s'agit de l'« arithmétique ». Ici encore, c'est la perspective d'utilité pratique qui est à l'origine de cette évolution. Il faut dire qu'à l'époque, l'arithmétique ne recouvrait le plus souvent que de renseignements relatifs à la « pratique des affaires » : mesures, poids, changes de monnaies, etc., sans grand souci d'organisation. *L'Aritmetique et geometrie* d'Estienne de la Roche, par exemple (1538), est l'une des premières à être écrites en français, mais c'est parce qu'elle propose à l'usage des marchands, des financiers, des receveurs, des données dont ils ont besoin sans avoir à s'encombrer de latin. Dans de tels cas, on ne peut pas dire que le souci d'illustration du français soit prédominant. Les nouveaux cours dispensés au Collège par les lecteurs royaux sont peut-être plus décisifs. Entre 1550 et 1560, ce sont plusieurs ouvrages d'arithmétique à visée d'enseignement qui sont publiés en français : *Arithmétique departie en quatre livres* de Peletier du Mans (1554), *Arithmétique* (1556) d'Etienne Forcadel, traducteur d'Archimède, d'Euclide et de Procus. Ce dernier ouvrage connaîtra beaucoup d'éditions successives, mais de façon générale, on peut dire que le français ne prendra véritablement pied dans ce domaine qu'à la fin du siècle et au XVIIᵉ siècle.

L'astronomie, confondue avec l'astrologie, avait un statut particulier. La divination à l'antique était encore bien présente dans cette observation des astres qui avait souvent pour but d'éclaircir les affaires humaines plus que celles du cosmos. Les traités étaient nombreux et diffusés. Il n'était pas question, par conséquent, de continuer longtemps à écrire en latin. Néanmoins, un élément de mystère demeurait associé à cette pratique qui ne pouvait se galvauder auprès du vulgaire. C'est ainsi qu'on choisit la formule d'un français codé, obscur, cabalistique. Les prophéties de Michel de Notre-Dame, dit Nostradamus (1503-1556), Provençal qui fut médecin de Charles IX et astrologue, en constituent un exemple célèbre. Ses *Centuries astrologiques* (1555), qui s'interrogent sur le « deces du monde », donnent

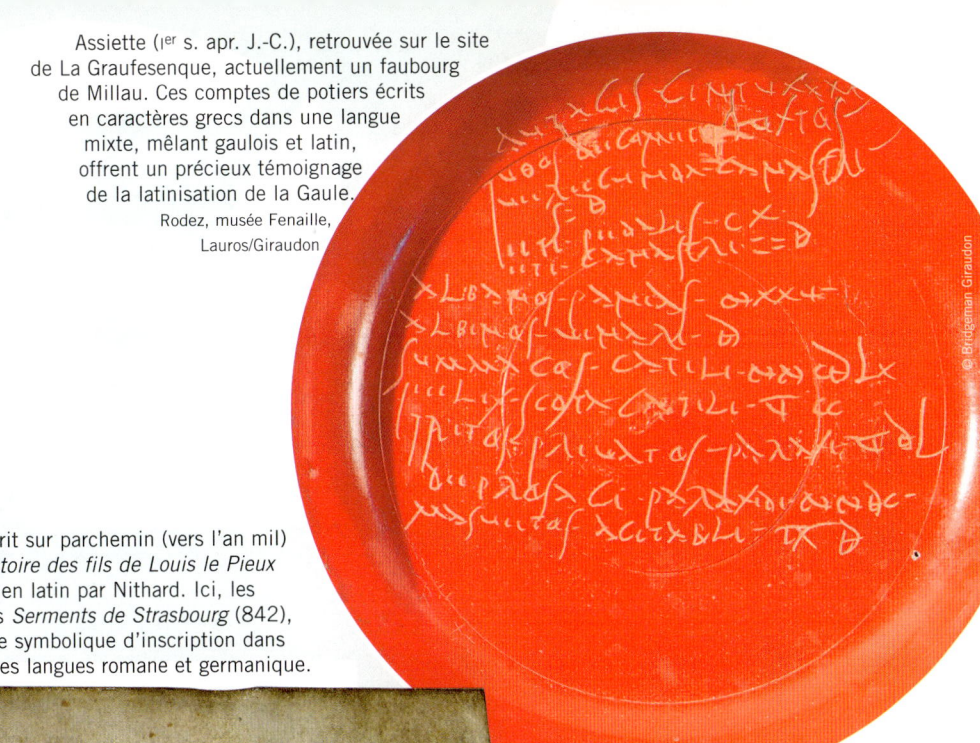

Assiette (Iᵉʳ s. apr. J.-C.), retrouvée sur le site de La Graufesenque, actuellement un faubourg de Millau. Ces comptes de potiers écrits en caractères grecs dans une langue mixte, mêlant gaulois et latin, offrent un précieux témoignage de la latinisation de la Gaule.
Rodez, musée Fenaille, Lauros/Giraudon

Manuscrit sur parchemin (vers l'an mil) de l'*Histoire des fils de Louis le Pieux* rédigée en latin par Nithard. Ici, les célèbres *Serments de Strasbourg* (842), tentative symbolique d'inscription dans l'écrit des langues romane et germanique.

Saint Jérôme en train d'écrire. Enluminure tirée du *Psautier de Charles le Chauve* (IXᵉ s.). Sa traduction de la Bible, appelée la Vulgate, a conforté la place du latin, en lui conférant un prestige nouveau, qui, plus tard, a rejailli sur les emprunts du français au latin biblique.

Scène de la « tapisserie » de Bayeux (XIe s.) où Harold prête serment à Guillaume, duc de Normandie, de le reconnaître comme roi d'Angleterre à la mort d'Edouard. Son parjure eut d'importantes conséquences linguistiques, puisqu'il entraîna la conquête de l'Angleterre par Guillaume et l'implantation durable du français outre-Manche. Bayeux, musée de la Tapisserie.

Le rabbin Raschi (Salomon ben Isaac) rédigea à Troyes, dans la seconde moitié du XIe s., un commentaire biblique, de nos jours encore primordial pour l'accès à la Torah et au Talmud. Un commentaire précieux pour les linguistes, car il nous transmet des mots français employés par les juifs contemporains de Raschi dans la région de Troyes.

Manuscrit latin du *Canon* d'Ibn Sînâ, Avicenne pour les Occidentaux (Italie, XVe siècle). Notre savoir médical se forgea en particulier par la lecture de ce *Canon* traduit en latin par Gérard de Crémone dans la seconde moitié du XIIe siècle. Une partie du lexique français de la médecine, comme celui d'autres sciences, est héritée de l'arabe par l'intermédiaire des traductions latines.

Miniatures illustrant la vie de Saint Louis d'après les *Grandes chroniques de France* (XIVe siècle). En haut à droite, l'apprentissage de la lecture par le futur roi, dont le règne atteste une prise de conscience de la valeur symbolique du français, étroitement associée au royaume et à son souverain.

Manuscrit (Paris, vers 1400) de la *Bible historiale* complétée ayant appartenu à Jean de Berry. Cette traduction française de la Bible fut de loin la plus répandue au Moyen Âge. Elle reflète la demande par les laïcs d'un accès direct et dans leur langue aux textes sacrés.

Devant la multiplicité des graphies du français, en 1578, à Marseille, un instituteur fantaisiste, Honorat Rambaud, veut tout rebâtir à partir de zéro. L'époque est à tous les possibles. Le principe de réalité, bientôt, l'emportera.
© *Declaration des Abus que l'on commet en escrivant...* d'Honorat Rambaud, DR

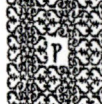

Manuscrit de l'*Histoire romaine de Tite-Live* traduite par Pierre Bersuire. Cette traduction, commanditée par le roi Jean le Bon et achevée entre 1354 et 1359, inaugure une série de traductions du latin au français. Celles-ci, enrichies de nombreux latinismes, furent décisives pour l'accès du français au statut de langue savante.

« Faict ce visage ». Vers 1607, son médecin, Jean Heroard, conserve les dessins de l'enfant roi Louis XIII, et note tous ses propos au jour le jour. La lecture de ce journal est un plaisir constant, mais c'est aussi un document unique pour l'histoire du français oral.
© *Journal d'Heroard*, DR

En 1539, « Francoys », un roi au nom presque symbolique, promulgue l'ordonnance de Villers-Cotterêts, qui fait du français la langue administrative du royaume de France. S'agissait-il de s'opposer au latin ou aux parlers locaux ?
Paris, ministère de la Justice, Archives Charmet.

Prédication pour la croisade de saint Bernard à Vézelay en 1146, (manuscrit XVᵉ s.). La prédication répétée devant de larges publics eut d'importantes répercussions linguistiques sur l'histoire du français. C'est par ce biais, au moins autant que par l'écrit, qu'une partie du vocabulaire savant emprunté à la Vulgate et à la langue de l'école s'insinua progressivement dans le français de tous les jours.

Claude Favre de Vaugelas (1585-1650), le premier à avoir rassemblé un recueil de « remarques » sur le français. Tout le monde, à sa suite, voudra « parler Vaugelas ».
Châteaux de Versailles et de Trianon.

Quelques grands acteurs de l'histoire du français, de la Renaissance à la Révolution. Entre passion, volonté de savoir, désir de régenter…

François Rabelais (vers 1494-1553), un « fou du langage ». Son œuvre fait défiler la multitude des parlers alors en usage en France. Il va même jusqu'à inventer de nouvelles langues.
Châteaux de Versailles et de Trianon.

Joachim Du Bellay (1522-1560), veut faire du français, sur le modèle de l'italien, une « langue de culture ». Construite sur les ruines du latin, sa célèbre *Deffence et illustration* est un manifeste de modernité.
Bibliothèque nationale de France.

Marie de Gournay (1565-1645). Femme de lettres lyrique et enflammée, passionnée par Montaigne dont elle a établi l'œuvre sous sa dictée, elle ne cessa de s'élever contre la « classicisation » du français.

L'abbé Grégoire (1750-1831), défenseur des Juifs et des esclaves à la Révolution. Voulant diffuser l'éducation, il est l'auteur de la première grande enquête sur ce qui parlait en France au XVIIIe siècle.
Bibliothèque nationale de France

François de Malherbe (1555-1628). Ce « poète grammairien » voulut régenter les usages à la cour d'Henri IV. Son attitude de censeur fut mal perçue par bien de ses contemporains.

La Princesse Palatine (1652-1722), un personnage haut en couleurs du XVIIe siècle. D'origine allemande, mariée au frère de Louis XIV, elle pratiquait volontiers le mélange des langues dans ses écrits. Chantilly, musée Condé.

Le *Journal de ma vie*, de Ménétra, commencé en 1764. Un compagnon vitrier libertaire se lance dans une autobiographie à la plume, arrachée aux nuits de veille. C'est l'époque où les « peu lettrés » commencent à écrire. Que de différences avec les codes des « livres » d'alors !

Les « Incoyables » et les « Meveilleuses ». Peu après la Révolution, un épisode nouveau se joue dans l'éternelle histoire du plaisir de se distinguer. Entre les Précieuses et notre verlan, les petites différences de prononciation font et défont le français.

à lire dans la langue elle-même un mystère comparable à celui des astres. Leurs formulations contournées et ambiguës ne sont pas un « latin » pour érudits, mais un véritable code inventé à l'intérieur du français, intéressant intermédiaire entre la langue réservée aux initiés et celle de la communication ordinaire. Les *Institutions astronomiques* (1557) de J.P. de Mesmes, plus « scientifiques », dirait-on, paraissent aussi en français. De Mesmes s'interroge, comme l'avait fait Canappe, sur les raisons pour lesquelles la France, « princesse des nations », s'est trouvée si longtemps privée des sciences. « O bon Dieu, faictes moy la grace de les voir [les sciences] une fois toutes hors de tutelle et d'aage, et (ce que plus ie desire) vrayes et bonnes Françoises... Lors (comme i'espere) les bons esprits François ne consumeront plus la meilleure partie de leurs premiers ans à parler et escrire disertement en Grec et Latin, come ilz font auiourd'hui[26]. »

Deux langues pour les sciences

Pour les trois domaines que nous venons de voir, des raisons particulières, d'utilité pratique pour la chirurgie et les mathématiques, et de popularité pour l'astronomie/astrologie, expliquent un passage assez précoce au français. Il n'en va pas de même d'un certain nombre de disciplines qui continuent, à l'époque, à être enfermées dans des cadres théoriques, ou à se concevoir comme de simples échos de la science antique. Par rapport au siècle précédent, la différence réside parfois dans le fait que ces ouvrages auparavant lus en langue originale sont dorénavant traduits. L'histoire naturelle, par exemple, continue à consister majoritairement en traductions de Pline l'Ancien, Plutarque, Dioscoride. Meigret, le grammairien, traduisit l'*Histoire du monde* en 1541 et, en 1552, aidé par du Pinet, *L'Histoire naturelle* de Pline, fondement des sciences naturelles pendant des siècles. Parfois, ces ouvrages sont regroupés en sommes hétéroclites où l'éditeur semble vouloir ajouter sans cesse de nouvelles informations (ces ajouts étant indiqués dans le titre par des « ensemble », « ensemble »... suivis de l'énoncé de l'ajout). La *nomination* est un enjeu important, dans ces traités, comme elle l'était dans les *Etymologiae* d'Isidore de Séville : il s'agit de connaître les noms, dans plusieurs langues (grec, latin, italien, français...), de toutes sortes de réalités de la nature, plantes, animaux, etc. Pour ce qui est de cette nomination, l'usage reste en effet encore partagé entre les variétés issues des désignations populaires, locales, dialectales, et un souci nouveau de taxinomie, qui appelle à la création d'une terminologie unifiée. Comme le dit Michel Foucault, ces débuts de l'époque moderne ont aussi été un moment où on a voulu mettre un nom sur chaque chose, de manière à créer une transparence du signe qui assure un accès au monde.

La perspective, alors, n'est pas celle de la valorisation d'une langue nationale. Les savants européens ont bien conscience que le latin représente une manière de langue universelle dans leur domaine, qui leur permet de communiquer facilement avec leurs collègues étrangers. Dans les premiers temps, il s'agit simplement de proposer des séries de traductions de termes techniques bien connus du milieu. Le catalogue d'herboristerie de Ruel, par exemple (1539), se conçoit comme une liste bilingue de noms de plantes. Des projets audacieux voient par ailleurs le jour, tel celui de Pierre Belon, zoologue renommé, qui imagine la création d'une langue internationale à l'usage de la communauté scientifique. La démarche de Belon annonce toute une série de projets qui verront le jour au XVIIe siècle, autour d'une langue artificielle visant à la fois à dépasser les frontières créées par les langues courantes, et à rendre plus « transparent » le rapport de la langue à la réalité.

Cependant, dans certains domaines comme la chimie – « alchimie » – le souci de rester impénétrable au vulgaire demeure présent. Denis Zécaire, l'auteur de l'*Opuscule tres excellent de la vraye Philosophie naturelle des metaux*, ouvrage publié en français en 1568, déclare dans sa dernière partie : « En la tierce et derniere partie ie declareray la practique de telle sorte qu'elle sera cachee aux ignorans, et monstree comme du doigt aux vrays enfants de la science. » La science reste un monde réservé aux initiés, et le recours à un code (non versifié comme il l'était chez Nostradamus) légitimé.

Mais de nombreux alchimistes, à l'imitation du suisse Paracelse (« Philippus Aureolus Theophrastus Bombastus » von Hohenheim, 1493-1541), qui délivra ses cours à Bâle en allemand, commencent à publier en français. Le mouvement qui touche la chimie est assez proche de celui qui a lieu en médecine. La critique de l'emploi du latin se double d'une critique des « modèles » antiques. Autant que la langue dans laquelle on continue à le lire, c'est le fait même de continuer à lire Galien qui est mis en cause.

Bernard Palissy (1510-1589) est surtout connu aujourd'hui par les magnifiques céramiques émaillées qu'il nous a laissées, grâce à la découverte d'une méthode pour composer les émaux, et dans lesquelles éclate une imagination débordante. Mais ce fut aussi, comme bien de ses confrères, un savant polygraphe. Il s'intéressait à la géologie, découvrant et recensant des fossiles (on voit parfois en lui un précurseur de la paléontologie), explorant les mystères de l'hydrostatique (*Discours admirable de la nature des eaux et des fontaines*), et détournant parfois son regard vers les astres (on lui doit des études sur l'arc-en-ciel ou l'attraction des corps célestes). Surtout, il proclama avec vigueur son refus de la science antique. Il se faisait fort de ne savoir ni le latin, ni le grec, ni l'hébreu. Pour lui, il n'était pas question d'écrire dans une autre langue que le français.

Entre 1530 et 1560, donc s'opère, par le biais des traductions et de l'attitude de certains novateurs, un grand basculement de la science antique vers la modernité. Il en est de même en philosophie. De la traduction à l'œuvre originale, ici aussi, le trajet se fait plus aisé. Depuis les années 1540, presque tout Platon est passé en français (le *Banquet* en 1546 par Marcile Ficin, le *Criton* par Philibert du Val en 1547, l'*Apologie de Socrate* en 1548 par François Hotman), ainsi que Plutarque, le Manuel d'Epictète, Cicéron... Les œuvres originales suivent. Ce n'est pas toujours sans mal. Le grand traducteur Le Roy, qui composa un *Phedon* (1553) au titre platonicien, estime que « le labeur a esté grand a traitter premierement en la langue françoise ces matières hautes, obscures et esloignees de l'intelligence commune des hommes ».

Jusqu'alors, les écrivains français n'avaient finalement produit, en prose, que des romans ou recueils d'histoires, comme si on ne pouvait pas produire en français autre chose que du *familier*. Pontus de Tyard le note en 1557, dans sa préface au *Second curieux*[27]. S'ils écrivaient en français, les savants risquaient de n'être tout simplement pas lus : pas lus des doctes, car ceux-ci dédaigneraient un livre écrit en langue vulgaire, et pas lus des « ignorants » qui n'auraient pas souci de se mêler de ces matières si hautes...

Le passage au français des sciences et de la philosophie ne fut pas, donc, chose aisée. Tout ce qui était du domaine du spéculatif, notamment, resta longtemps à l'abri derrière un latin qui, dit un contemporain, « achevoit de se remplir jusqu'aux bords ». Lorsqu'il publie en 1556 sa *Dialectique*, Ramus, qui déclare dans sa *Grammaire* le français « langue louable sur toutes langues pour son excellente beaute et douceur[28] », fait vraiment œuvre courageuse. Son entreprise a une valeur militante. Il s'agit de « faire retourner les arts liberaux de Grece et d'Italie en Gaule » ; d'« apprendre à parler françois a la Rhetorique, Dialectique, Arithmetique, Geometrie, Musique, Astrologie, Physique, Ethique, Politique »... Plus qu'aucun autre à son époque, Ramus a véritablement été la *voix du français* en tant que langue moderne dans les principaux domaines de la société. Ce fut lui qui conseilla à Forcadel de délivrer des leçons d'arithmétique au Collège en français. Regrettant que les Français n'aient à leur disposition que des myriades de lois rédigées dans une langue étrangère, il perçut bien l'enjeu politique général qu'il y avait à passer à la langue commune. Il rappela aux majestés que l'initiative linguistique « n'estoit pas moins digne de leur ambition, que le bonheur d'amplifier leurs monarchies de grandes conquestes et dominations » ; avec lui, c'est l'unité du rapport entre sciences, philosophie, droit, pouvoir politique et problématiques linguistiques qui apparaît.

Erasme et Luther, promoteurs du français ?

Latin ou français ? Il y a un domaine où la question possède une signification emblématique : le domaine religieux. On le sait, depuis le Moyen Age, la langue officielle de l'Eglise est le latin, un latin qui n'avait plus rien de classique, et qui en était venu, du nom des « clercs », à porter parfois le nom de *clerquois*. Cette prééminence du latin n'était pas absolue. Dans les sermons, les homélies, les catéchismes, on utilisait les dialectes vulgaires. Ceux-ci constituaient également le véhicule des pamphlets, ouvrages de propagande, libelles, etc., en bref de la littérature polémique, qui devait toucher le maximum de gens. Mais, pour les chrétiens, le latin demeurait la seule langue admise dans la liturgie, dans les prières, et évidemment, il était la seule langue dans laquelle il soit permis de traduire les Saintes Ecritures. Il existe quelques traductions partielles de la Bible en français datant du Moyen Age, mais l'attitude du pouvoir ecclésiastique leur fut longtemps contraire, dans le souci de prémunir les populations du risque d'hérésie. « Il se falloit cacher pour lire en une Bible traduite en langue vulgaire, comme on se cache pour faire de la fausse monnoye ou quelque autre meschanceté encore plus grande[29] », dit Henri Estienne.

Erasme et Luther furent les deux grands promoteurs de l'usage des langues vulgaires dans la vie spirituelle. Dans un texte en latin de 1516, Erasme avançait déjà l'idée provocatrice que, si les théologiens s'opposaient à ce que le peuple ait accès par lui-même au texte sacré, c'est qu'ils souhaitaient se réserver un rôle d'oracle. « Je suis en effet passionnément en désaccord avec ceux qui voudraient interdire aux ignorants de lire la Divine Ecriture traduite en une langue vulgaire, sous le prétexte que l'enseignement du Christ est si obscur que c'est à peine si un tout petit nombre de théologiens peut le comprendre, ou sous celui que la meilleure défense de la religion chrétienne consiste à n'être pas connue. Les secrets des rois, il est peut-être préférable de les cacher, mais le Christ désire que ses secrets à lui soient divulgués le plus possible[30]. » Reprenant et étoffant ce texte resté célèbre en tête d'une paraphrase de l'Evangile selon Mathieu en 1523, il écrit : « Pourquoi paraît-il inconvenant, que quelqu'un prononce l'Evangile dans cette langue, où il est né et qu'il comprend : le Français en français, le Breton en breton, le Germain en germanique, l'Indien en indien ? Ce qui me paraît bien plus inconvenant, ou mieux, ridicule, c'est que des gens sans instruction et des femmes, ainsi que des perroquets, marmottent leurs Psaumes et leur Oraison dominicale en latin, alors qu'ils ne comprennent pas ce qu'ils prononcent[31]. » Puisant son inspiration dans saint Jérôme, il imagine une libre et audacieuse circulation du texte sacré des lèvres du forgeron à ceux de la mère filant la quenouille, tandis que le laboureur, au manche de sa charrue, en chante des passages...

De son côté, condamné à la prison dans le château de la Wartburg pour avoir brûlé la bulle du pape, Luther y entreprit la traduction allemande complète de la Bible. En septembre 1522, cette version parut, fixant l'allemand moderne, œuvre aux répercussions immenses dans l'histoire. Dans l'esprit du luthéranisme, la vie spirituelle doit être nourrie par un contact quotidien avec le texte sacré. Celui-ci devient un intermédiaire privilégié entre le croyant et Dieu, bien plus que la dévotion formelle qui fonde le catholicisme. Si le jour de Noël 1524, la messe en latin fut abolie à Wittemberg, Luther ne fut pas un adversaire acharné du latin. Lorsqu'on examine sa position, on se rend compte qu'il a fait preuve de beaucoup de souplesse. Dans les exercices des clercs, par exemple, il préconise un usage mixte des langues, considérant que les chants allemands ne sont pas encore suffisamment entrés dans l'usage.

On connaît bien ce grand mouvement de bascule en Allemagne au début du XVIe siècle. Mais ce qu'on sait moins, c'est qu'il exista en France un mouvement concomitant, bien que moins important. Entre juin 1523 et juin 1525, Lefèvre d'Etaples fit paraître trois grandes « épistres » qui contenaient, l'une, les quatre Evangiles, l'autre, « la seconde partie du Nouveau Testament », la dernière, le psautier[32]. Dans les « Epistres exhortatoires » qui servent de préface à cette traduction, Lefèvre d'Etaples, s'inspirant de saint Luc, s'élève contre ceux, docteurs de la loi, « theologastres », qui « ne veulent poinct que le simple peuple voie et lise en sa langue l'Evangile de Dieu » et ont « osté la clef de science ». « Maintenant le temps est venu que nostre seigneur Jesuchrist, seul salut, verité et vie, veult que son Evangile soit purement annoncée par tout le monde, affin que on ne se desvoye plus par autres doctrines des hommes [...] Et affin que ung chascun qui a cognoissance de la langue gallicane et non point du latin soit plus disposé à recevoir ceste presente grace, laquelle dieu par sa seule bonté, pitié et clemence nous presente en ce temps par le doulx et amoureux regard de Jesuchrist nostre seul sauveur, vous sont ordonnées en langue vulgaire par la grace d'icelluy les evangiles selon le latin qui se lit communement par tout sans riens y adjouster ou diminuer, affin que les simples membres du corps de Jesus-Christ, ayant ce en leur langue, puissent estre aussi certains de la vérité evangelique comme ceulx qui l'ont en latin. » Comme on le voit, l'accent est mis sur le respect dû au texte latin de la Vulgate. Si les textes sacrés sont ainsi rendus en langue vulgaire, c'est aussi parce que, selon l'auteur, la foi ne se nourrit pas seulement d'une lecture matérielle des textes : il faut aussi « les tenir promptement en memoire et les avoir escripts en noz cœurs ». De même le *Psautier* indique avoir « mys le dict saint livre en langage vulgaire affin que ceulx qui parlent et entendent ce langage puissent plus devotement et par meilleure affection prier Dieu ». De Lefèvre d'Etaples paraîtra en 1530, à Anvers et non en France, ce qui montre que l'entreprise était contestée, une Bible complète[33].

Lefèvre d'Etaples n'était pas à proprement parler un réformé : il était plutôt un « réformiste » de la pratique religieuse. Ce n'est pas le cas de Guillaume Farel, dont l'action prosélyte dans les campagnes et les villes a été intense, et à qui on doit *Le Pater Noster et le Credo en françoys*[34]. Farel se préoccupe davantage de l'*oraison*. La problématique de la prière est en effet décisive dans ces années-là. Erasme s'y était intéressé, dans un *Modus orandi Deum* qui avait paru en latin à Bâle en 1524, et où il reprenait les paroles fameuses de la première épître de Paul aux Corinthiens selon lesquelles il vaut mieux dire en assemblée cinq paroles « avec son intelligence » que mille « en langue », et qui ne seront pas comprises. C'est cette doctrine de la prière « non seulement de bouche », mais par « pureté de cœur » que Louis de Berquin venait de rendre connue dans une *Briefve admonition de la maniere de prier : selon la doctrine de Jesuchrist*[35]. Farel reprend la phrase d'Erasme selon laquelle il convient de « prier en langaige qu'on entendist, et non pas ainsy seulement barbouter des levres sans rien entendre. Car comme dit sainct Paul, si je prie de la langue, mon entendement est sans fruict ». Farel fut aussi celui qui mit en français les éléments de la liturgie, sacrements de baptême, de mariage, etc. Il publia une *Maniere et fasson que l'on tient es lieux que Dieu de sa grace a visitez*, sorte de manuel du culte. Bientôt les foules se pressèrent pour entendre les épîtres et les évangiles lus en français, comme ce fut parfois permis (par l'évêque Briçonnet à Meaux et le docteur d'Eglise Caroli à l'église Saint-Paul à Paris).

Cette période de relative tolérance et d'ouverture fut brève. Si, pendant quelques années l'Eglise catholique sembla s'ouvrir au français langue liturgique, la Sorbonne campait sur les positions traditionnelles, voyant dans les traductions des facteurs potentiels d'hérésie. En 1525, tous les maîtres réunis de la Sorbonne demandent le retrait des nouvelles traductions. Lefèvre d'Etaples et Briçonnet durent comparaître devant des commissaires du pape. En 1527, un certain nombre de propositions d'Erasme étaient condamnées, en accord avec les inquisiteurs espagnols. La radicalisation s'accentua. En 1533, le curé de Condé-sur-Sarthe, qui prônait que chacun dispose de livres saints en français, fut envoyé au bûcher. Il en résulta que, dès les années 1530, le français devint exclusivement associé au protestantisme.

Le progrès des bibles françaises devait néanmoins se confirmer. Un réformateur français cousin de Calvin, Pierre Robert, connu sous le nom d'Olivetan, installé à Genève, publie en 1535 une bible en français connue sous le nom de « Bible d'Olivetan » ou « Bible de Serrières [36] ». Quelques années auparavant, il avait fait paraître un traité intitulé significativement *Linstruction des enfans, contenant la maniere de prononcer et escrire en françoys* [37]. L'objectif était modeste – rendre public le trésor des saints livres à sa « paourette Eglise » –, mais la Bible est rédigée en français, et non en dialecte vaudois, ce qui montre une intention d'aller plus loin que les limites d'un canton. Le traducteur a d'ailleurs visiblement pris un grand soin de sa langue, se tenant au courant des travaux contemporains des grammairiens (Sylvius et Bovelles), et déployant tous ses efforts pour ne pas encombrer le texte de mots inintelligibles ou trop complexes.

Mais c'est évidemment au nom de Calvin qu'est associée la diffusion de la Réforme en français. En 1536, il avait publié en latin une *Christianae religionis institutio* [38] dont l'objectif essentiel était d'argumenter et de défendre la doctrine. On comprend qu'il ait conservé pour cet usage le latin. Mais cinq ans après cette publication, il en fit paraître une traduction, sous le titre *Institution de la religion chretienne*, de manière à mettre la doctrine à la portée de tous, en Suisse romande comme en France. Lorsqu'on lit aujourd'hui l'*Institution*, on découvre une langue superbe, étonnamment moderne, précise, inspirée. Qui plus est, en diffusant sa doctrine en français, Calvin a véritablement bouleversé la donne en matière de communication religieuse. L'Eglise se trouva prise dans la nécessité de répondre, ce qui lui fit déroger à ses principes et aborder elle aussi le « vulgaire ». Certes la théologie répugnera encore longtemps à s'exprimer en français, mais les contre-attaques menées contre Calvin devaient s'efforcer de retrouver le même public qu'il avait touché. Ainsi, l'anticalvinisme lui aussi s'exprima en français, non sans s'en excuser (l'*Anti-Calvin* de P. Doré ou la *Declaration d'aucuns atheismes de Calvin et de Beze* de Cl. De Saintes, 1563) !

Cependant, le français continua d'être mal vu en contexte catholique pendant tout le XVIe siècle. Les arguments déployés sont religieux, mais aussi grammaticaux. Beaucoup de théologiens mettent en avant une infériorité du français par rapport au latin. On s'étonnera que Montaigne lui-même ait cédé à cette thèse. Dans ses *Essais*, il estime que « ce n'est pas grande raison [...] que l'Eglise defend l'usage promiscue, temeraire et indiscret des sainctes et divines chansons que le sainct-esprit a dicté en David ». Pour lui, « ce n'est pas l'estude de tout le monde ; c'est l'estude des personnes qui y sont vouees, que Dieu y appelle ; les meschants, les ignorans, s'y empirent : ce n'est pas une histoire à conter ; c'est une histoire à reverer, craindre et adorer[39] ». Il doute qu'on sache bien établir la correction, de la parole divine ainsi traduite. Qui nous dira si elle est bien rendue en basque ou en breton ? Il déplore également qu'« en preschant et en parlant l'interpretation [soit] vague, libre, muable ».

Toute une littérature, dans la seconde moitié du XVIe siècle, est ainsi consacrée à la légitimité des traductions sacrées, à leur usage, à leurs liens avec l'hérésie. Dans la dernière réunion du Concile de Trente (1562-1563), figurent de nombreuses règles touchant l'utilisation des versions vulgaires de la Bible. Un dispositif à trois étages est élaboré. Un certain nombre de versions hérétiques du Nouveau Testament ne doivent être lues par personne ; certaines versions de l'Ancien Testament peuvent être lues par les personnes instruites sous réserve de la permission de l'évêque ; enfin les versions approuvées peuvent être confiées aux laïques avec une autorisation écrite. En 1598, le pape Clément VIII retirera même cette dernière disposition, qui lui paraissait trop libérale en temps de troubles.

Un fait peu connu de la diffusion de la Réforme, par ailleurs, est que l'association, venue d'Allemagne, entre foi protestante et langue vernaculaire ne s'est pas faite seulement au profit du français. De la seconde partie du XVIe siècle datent, en Navarre, plusieurs traductions de textes sacrés qui attestent que l'occitan, pour ses locuteurs, est tout aussi digne de véhiculer le message divin que le français. En 1563, par exemple, le catéchisme de Calvin est traduit en béarnais. En 1568, la reine Marguerite de Navarre commande des traductions des Epîtres et des Evangiles. Les *Psaumes de David gascons* de Pey de Garros (1565) sont l'un des monuments de l'étonnante renaissance qui caractérisera bientôt la production imprimée occitane. Mais on en connaît aussi une traduction béarnaise, due à Arnaud de Salette (1583). Etonnant parallélisme – momentané – entre l'influence des idées réformées sur la diffusion du français et leur impact sur l'occitan...

Facteurs politiques, mouvement de bascule dans les domaines scientifiques, paramètres religieux : on constate à quel point, en deux décennies (1530-1550), de nombreux événements sont venus jouer leur partie dans le bouleversement du statut du français. Il semble que la France ait connu, dans cet espace de temps privilégié qui suivit les guerres d'Italie, et avant que les guerres de Religion ne viennent accentuer les lignes de fracture, une période bénie, audacieuse, pleine d'énergie et d'idéal. De manière décisive, et finalement assez radicale, l'énorme poids qu'avait représenté une allégeance aveugle, et sans cesse reconduite de génération en génération, à l'égard du latin, fut levé, libérant des forces d'invention insoupçonnées. Bien après l'Italie, certes, mais avec la force que confère la naïveté, la France découvrait ce que représente une langue de *culture*. Tout d'un coup, les dialectes n'étaient plus ces obscurs parlers qui s'étaient développés par « dégénérescence » du latin, par mépris des règles, par ignorance, par « crasse » : ils se transformaient, et notamment le « français », outil d'une volonté supérieure, en un matériau pour un *travail*. Ce mouvement de bascule n'eut lieu qu'une fois, dans notre histoire. C'est le moment où l'on refuse de s'incliner devant l'existence de fait des idiomes, le *factum linguae*, pour imaginer un dialogue fécond, inédit, entre l'homme créateur et cet outil merveilleux qui lui a été confié pour vivre : le langage. Comprendre l'univers au moyen de cet outil, décrire, améliorer, *cultiver* les sciences comme les arts : toutes ces démarches deviendront possibles une fois brisé le carcan d'une langue « déposée », le latin. On comprend aisément qu'une telle révolution dans la manière de se comprendre et de comprendre le monde n'ait pu se réaliser sans clivage, dissociation, schizophrénie même, dans la culture.

Le XVIᵉ siècle aura été bilingue, trilingue, parfois multilingue. C'est le siècle de la polyglossie des savants, des « fous de langage », des projets les plus invraisemblables, des rêves, des constructions imaginaires ; des premiers dictionnaires, des premières grammaires ; des débats littéraires et artistiques les plus lourds de conséquence pour l'avenir de la langue. En somme, ce fut pour la langue l'époque de l'infini des possibles.

2

QUI PARLE QUELLE LANGUE
AU ROYAUME DE FRANCE ?

Une telle question, si elle se présente à nous de manière plus lisible qu'au Moyen Age, est encore d'un abord délicat. D'un côté, nous savons comment tel imprimeur, à Lyon en 1550, se proposait de réviser la notation de tel signe de graphie, ce que pensait tel grammairien de la catégorie de l'article, quels mots techniques utilisait tel corps de métier..., et de l'autre, nous ne savons pas répondre avec précision à une question aussi simple que celle de savoir quelle langue parlait un individu pris au hasard dans un lieu donné de la France du XVIe siècle.

Jusqu'ici, nous avons pu avoir l'impression que la diffusion du « français » a été le fait marquant des décennies 1530-1550. Mais de quel « français » parle-t-on ? N'envisager ses progrès que sous l'aspect de la langue savante serait travestir la réalité. Par ailleurs, de très nombreux documents sont là pour attester de la présence encore massive, au XVIe siècle, de langues, de dialectes, de patois difficilement réductibles au « français » dans le royaume. Enfin, où s'arrête ce dernier ? Au Sud, la question n'est pas réglée.

Pour tout dire, le fait que le latin ait cessé de représenter un code d'écrit et – dans une certaine mesure – d'expression orale, dans des domaines circonscrits de la vie publique et intellectuelle, ne signifie pas que la situation ait fondamentalement changé en ce qui concerne les usages de la vie quotidienne. Certes, entre le XVe siècle et les années qui nous occupent, des événements politiques sont survenus, qui ont commencé à créer une polarisation autour du français. L'affirmation du pouvoir royal a progressivement relégué dans l'ombre une partie de la diversité culturelle du XVᵉ siècle. Le XVIᵉ siècle ne connaît plus de cours régionales rayonnantes comme c'était encore le cas aux XIVᵉ et XVᵉ siècles, à l'exception peut-être de celle de Navarre, qui se francise d'ailleurs. Mais il faut noter que la révolution de l'imprimerie n'a pas touché que le français. Si, entre 1476 et 1550 les imprimeurs toulousains publient 69 % de leur production en latin, 25 % en français, il n'en publient pas moins 4 % en occitan[1]. Outre la persistance des usages oraux, le XVIᵉ siècle se signale aussi par l'apparition d'un usage écrit des langues régionales...

La principale question que l'on doit se poser au moment d'aborder la diversité linguistique du XVIᵉ siècle est donc, non pas de savoir à quel moment et de quelle façon s'est produit un éventuel « triomphe » du français sur les parlers locaux, mais de savoir si ces parlers sont à considérer en tant que vestiges, ou en tant que faits stables d'une culture foncièrement polyglotte. Il n'est pas douteux que le XVIᵉ siècle ne représente une époque de grande diversité, voire de confusion, dans les pratiques. Sur le territoire du royaume au XVIᵉ siècle, on a affaire à une véritable marqueterie de parlers très difficiles à séparer les uns des autres, et sur lesquels nous n'avons le plus souvent que des renseignements très lacunaires, faute d'enquêtes fiables et, cela va sans dire, d'« enregistrements » autres qu'écrits ou littéraires... Impossible de se représenter les comportements langagiers à cette époque à la manière dont nous le faisons aujourd'hui, c'est-à-dire en commençant par identifier, pour chaque locuteur, quelle est sa langue *maternelle*, à distinguer des langues *secondes* qu'éventuellement il maîtrise ; autrement dit d'assigner à chaque homme une langue. En fonction de sa naissance, de son origine géographique, de son statut socio-professionnel, tout individu, dans la France du XVIᵉ siècle, était amené à parler *un*, *deux*, voire *trois* idiomes ! Cette diversité linguistique faisait l'objet d'une large reconnaissance et d'une acceptation que n'avait pas encore entamée l'identification bien postérieure d'une langue à un « état-nation ». Le phénomène n'est évidemment pas propre à la France.

Pour répondre à la question : qui parle quelle langue ?, il faudrait déjà avoir une idée précise de la constitution de la population française à l'époque. Or on sait qu'historiquement, l'une des particularités de celle-ci est d'avoir été essentiellement rurale. On considère qu'à la fin du Moyen Age, vers 1500, la population *paysanne* (qui ne constituait pas la totalité de la population rurale) représentait « au moins les neuf dixièmes » de celle du royaume[2]. Neuf personnes sur dix, en France, se levaient le matin en surveillant le temps pour les récoltes et en conduisant les bêtes. Depuis le Moyen Age jusque tard dans le XIXᵉ siècle, et même au XXᵉ siècle, cette population n'aura pas besoin pour communiquer d'autre langue que le *patois*, parfois parcellisé jusqu'à l'effritement.

Les villes sont encore de taille réduite. Si l'on met à part le cas de Paris, seules deux villes dépassent les 45 000 habitants : Montpellier et Rouen. On estime à la fin du XVᵉ siècle à 35 000 habitants la population de Toulouse, à 25 000 celle de Narbonne, Orléans, à 20 000 celles d'Amiens, Bordeaux, Lille, Tournai et Metz, entre 10 et 20 000 celles d'Arras, Avignon, Beauvais, Dijon, Douai, Reims, Lyon et Marseille[3]. La plupart des villes aujourd'hui fortement peuplées attendent leur développement, essentiellement aux XVIIᵉ et XVIIIᵉ siècles. Ces chiffres sont modestes si on les compare aux 56 000 habitants de Gand, aux 35 000 de Bruges, aux 30 000 de Cologne, et surtout à ceux des villes d'Italie du Nord, où l'on sait qu'au XVᵉ siècle au moins trois villes dépassaient les 100 000 habitants : Milan, Venise et Gênes. Cette différence de taille des villes, la part plus importante de la population urbaine, la concentration démographique différente, peuvent influer dans l'évolution des dynamiques linguistiques.

Le cas de Paris est à mettre à part. Comme nombre de mégapoles d'aujourd'hui, qui servent parfois de refuge en cas de guerre, de catastrophes, ou de famines, Paris a connu au Moyen Age et au XVIᵉ siècle une population fluctuante, très difficile à estimer. Les pauvres venaient y chercher refuge ou charité lorsqu'il y avait disette dans les campagnes ; les riches la fuyaient lorsqu'il y avait épidémie. Jusqu'à la fin du XVᵉ siècle, les chiffres dépendent fortement des circonstances, et constituent un étalon de la situation économique et sanitaire globale du pays, plutôt qu'une base fiable de recensement de la ville même. Vers 1550, en revanche, ces paramètres cessent de jouer de façon aussi importante, et on peut se hasarder à des estimations. Si les chiffres avancés par les historiens pour le XVᵉ siècle oscillent entre 80 000 et 200 000 habitants, on a pu estimer à environ 300 000 habitants la population de Paris en 1550. C'est un chiffre alors considérable, qui fait de Paris la plus grande ville du monde chrétien, *non urbs sed orbis*, « non pas une ville mais un monde », comme on avait dit anciennement de Rome[4].

Il n'en reste pas moins qu'au XVIᵉ siècle, l'essentiel de la population du royaume de France est toujours constitué par la paysannerie. Des usages linguistiques de cette paysannerie, bien peu de documents nous permettent d'avoir une idée. Tout au plus en a-t-on une trace lorsque, comme le dit R. Lafont, il y a eu « curiosité du clerc pour le peuple[5] »... Mais dans la mesure où les usages écrits répondent à des normes spécifiques, force est d'avouer notre impuissance à reconstituer ce qu'était véritablement l'usage oral. La perte d'information, dans ce domaine, est irréparable. Certes, les commentateurs grammaticaux nous donnent parfois de précieux renseignements, mais encore faut-il admettre qu'ils sont bien souvent biaisés par l'*attitude* du commentateur vis-à-vis de tout ce qui n'est pas sa norme de référence.

Dans le domaine d'oc, la pénétration du français, qu'elle ait été concertée, ou plus ou moins « spontanée », a créé une situation d'inégalité. Le français était une langue jeune, sans véritable tradition, qui venait rencontrer une langue vieillie, l'occitan, qu'une prestigieuse tradition littéraire avait auréolée, mais aussi relativement figée. Combat inégal, d'où l'occitan, privé de ses usages véhiculaires, ne parviendra à se sortir qu'en regardant vers le passé, au moyen d'une « renaissance » littéraire certes productive, mais aussi tant soit peu factice. Ce paramètre de facticité est nouveau au XVIe siècle. Il ne va pas tarder à s'observer partout où il y avait des usages dialectaux. Dans les marges du royaume, on voit poindre un intérêt littéraire inédit pour le pittoresque qui émane des parlers régionaux. Quel plaisir de « patoiser » dans une nouvelle, dans un poème ou un conte ! Ce goût nouveau nous livre un matériau auquel sans cela nous n'aurions pas accès, mais il peut être aussi difficile à interpréter. Comment être sûr que telle ou telle forme d'allure patoisante qu'emploie un écrivain est bien attestée dans l'usage ? Comment estimer sa diffusion ? Elle a sans doute été choisie en fonction d'autres critères, pour un pittoresque de folklore, avec l'inévitable stylisation de l'écrivain, séduit par l'expressivité de tel tour, qu'il identifie à l'esprit d'un personnage ou d'un lieu. Dès le moment où naquit le *régionalisme* en littérature – ce qui s'est fait très tôt – la perception objective des parlers s'est trouvée immanquablement brouillée.

En d'autres termes, le XVIe siècle n'est pas une époque où il est facile d'y voir clair dans les usages réels des variétés linguistiques. Seuls le latin et le français faisaient l'objet de descriptions organisées – et encore celles du français restent-elles insuffisantes et fragmentaires. Tout le reste est laissé dans la friche broussailleuse de sa vie spontanée. Aucun dialecte, aucun patois, au XVIe siècle, n'a été jugé digne d'une description dans des termes qui s'apparenteraient à une description linguistique. Ces procédures étaient réservées à la codification de la norme d'une part, et à la compréhension des langues mortes de l'autre part. Que nous reste-t-il pour nous faire une idée de cette diversité ? Une méthode tâtonnante et empirique, insatisfaisante à coup sûr : celle du recoupement de témoignages, que peut venir compléter le jugement déductif construit à partir des données historiques.

Tous les dialectes de « Nostre France »

Pour se faire une idée des contrastes, des « chocs », même, qui pouvaient apparaître dans les usages langagiers du début du XVIe siècle, en France comme ailleurs, rien de tel qu'un témoignage d'enfant, ou de presque adolescent. Cet enfant, c'est Clément Marot, qui raconte comment, lorsque son père Jean dut quitter leur Cahors natal en 1506 pour rejoindre Blois et la cour d'Anne de Bretagne, ils firent le voyage. Pour Clément, alors à peine âgé de dix ans, il est clair que ce changement de lieu fut vécu comme un véritable déracinement. Décrivant avec lyrisme son Quercy verdoyant, il se voit lui-même comme une « plante esbranchée », arrachée du jardin où elle poussait en paix « par turbillons & ventz impetueux[6] ». Il arpenta si bien ce nouveau territoire, dit-il, qu'il oublia sa « langue maternelle » pour apprendre « grossement » « la paternelle », cette langue française estimée dans les cours princières, et dont il estime d'ailleurs, qu'après vingt années de labeur et souffrance, elle est le seul bien qu'il ait acquis en France... Rien de commun entre le domaine d'oc et le domaine « français », au début du XVIe siècle. Que peut-on appeler « français », d'ailleurs ? Une langue de cour, à l'allure certainement artificielle et guindée.

L'ensemble des usages du domaine d'oïl ? Un observateur se pose ces questions, Charles de Bovelles, qui consigne ses observations dans un traité significatif publié en latin (1533) et intitulé *Sur les langues vulgaires et la variete de la langue française*[7]. Bovelles constate que « notre langue maternelle est diverse et changeante à l'intérieur même des limites du territoire français[8] [c'est-à-dire en territoire d'oïl] ». En a-t-il toujours été ainsi ? Pour Bovelles, cela ne fait pas de doute : le phénomène est dû essentiellement à ce que notre langue, issue du latin, s'est écartée de sa source par suite d'une non-observance des règles de prononciation. Etonnant rapport à la norme, déjà... En réalité, Bovelles constate simplement que, pour parler en termes modernes, le latin s'est dialectalisé : la constitution de communautés autonomes l'a divisé en une multitude de parlers difficilement reconnaissables au bout d'un certain temps, un peu à la manière de ce qui s'est passé en Chine et dans le monde arabe à des époques passées, ou dans le monde anglophone aujourd'hui. Cette diversité s'est accentuée, « à tel point que l'expérience nous montre qu'il y a actuellement en France autant de coutumes et de langages humains que de peuples, de régions et de villes[9] ».

Rabelais, dans son œuvre, et particulièrement dans le *Quart Livre*, se plaira à faire défiler ces parlers pittoresques. Une passion est jouée en « gestes et languaige Poictevin » (chap. XIII) ; tel roi parle « languaige François Tourangeau » (chap. V) ; tel autre personnage embarque imprudemment à bord d'un navire où l'on parle le « Françoys Xantongeoys » ... Mais chez lui, les langues réelles se mêlent volontiers aux imaginaires, comme les anciennes viennent perturber de façon incongrue la communication contemporaine[10]. Toute son œuvre est une gigantesque exploration de langage, jeu de fictions, collage de calembours, de néologismes, de jargons, de fantaisies en langage forgé... La réalité dialectale n'y est pas présente à titre documentaire, mais comme pur matériau dans une inspiration formelle acrobatique. Une exception : le dialecte occitan du limousin, qui fait l'objet d'une valorisation particulière et tant soit peu cryptée, tant la scène de la fiction se plaît à brouiller le repérage d'une géographie précise. S'il est imbu de latin jusqu'à produire de longues et verbeuses tirades pleines de calques et de sentences, l'« escholier limousin », poussé à bout par la « peignée » que lui administrent les compagnons de Pantagruel, finit par jurer en limousin : « Vêê dicou gentilstre, Ho saint Martiault adjouda my[11] ! » « A ceste heure parles tu naturellement ! » lui réplique Pantagruel, démontrant que toute l'histoire déployée par l'auteur fictif de l'œuvre n'est en réalité qu'une microcomédie enracinée dans un petit univers rural et patoisant. Une étude attentive du texte révèle d'ailleurs que Rabelais, tout au long des aventures de ses héros, a truffé son texte de références à des usages linguistiques locaux, – tels ces « petits gouvetz », « petits demy cousteaux dont les petitz enfans de nostre pays cernent les noix » servant d'armes redoutables dans la guerre pichrocholine[12] – qui passent inaperçues pour le lecteur au milieu des références érudites, légendaires ou littéraires.

Constat de diversité, donc. Toutefois, cette diversité, même si elle pouvait présenter d'indéniables inconvénients dans la communication ordinaire, est le plus souvent vécue comme une source de richesse. « J'ay comparé, dit Henri Estienne, nos dialectes aux maisons qu'un homme fort riche ha aux champs, desquelles il fait conte [...] la richesse de nostre langue consistant en diverses choses, entre lesquelles [...] sont les dialectes[13]. » Fasciné par la bigarrure, la couleur, l'expressivité des rapprochements, le XVIe siècle se plaira à développer ce thème de la *richesse*, dans le domaine de la langue comme dans celui des biens culturels... Pourtant poète français, et l'un des premiers, Ronsard exhortera les poètes à utiliser librement le trésor que constituent ces parlers, et à « dextrement choisir & approprier à [son] œuvre les mots les plus significatifs des dialectes de nostre France ». « Ne se fault soucier, dit-il, si les vocables sont Gascons, Poitevins, Normans, Manceaux, Lionnois ou d'autres païs, pourveu qu'ilz soyent bons & que proprement ilz signifient ce que tu veux dire[14]. » L'époque est à une libre acceptation de la diversité, à l'éloge du mélange, à la négation des barrières. Richesse culturelle, mais aussi richesse politique : toutes ces langues, ces dialectes qui illustrent les régions de France, sont considérées comme les biens privés du roi, qui font partie de son « patrimoine ». Jacques Peletier du Mans déclare par exemple que les idiomes « picars, normans, et autres [...] sont souz la Couronne : tout ét Francoes puisqu'iz sont du pais du Roe[15] ». La conception qu'on se fait alors des dialectes et des « langues régionales » est visiblement sans rapport avec toute idée d'autonomie. L'essentiel est l'unité politique : la question de la diversité linguistique se situe sur un autre plan. Il semble même que le renforcement du pouvoir royal, sensible depuis les premières décennies du siècle, intègre et récupère dans sa dynamique la vie florissante qui est alors celle des langues régionales. Il va de soi, pour les esprits du temps, que cette vie *sert* le royaume et lui apporte une certaine forme de richesse, bien plus qu'elle n'est susceptible de donner naissance à des foyers de contestation. Aux XVIe et XVIIe siècles, ceux-ci ne sont pas linguistiques, mais religieux.

Que pensent les commentateurs de cette diversité linguistique du royaume, qui semble faire l'objet d'amusement plus que d'inquiétude ? Dans les années 1530, au moment où l'on s'essaie aux premières descriptions du français, la question des dialectes est incontournable. Impossible de parler du français sans évoquer la présence à ses côtés de ces multitudes d'usages surtout oraux et non décrits, difficiles à cerner. Pour Geoffroy Tory, dans le *Champfleury*, il suffit de mettre ensemble les « diversités de langage » qu'on observe sur le territoire, et il en sortira un idiome unifié, tout comme les dialectes grecs de l'Antiquité s'étaient fondus en une seule langue...

Toutefois, il serait vain de se dissimuler que, dans le contexte français comme dans le contexte grec antique et le contexte italien qu'a décrit Dante, il existe une variété « haute », qui bénéficie d'un prestige supérieur. Force est de reconnaître que, dans les faits, le parler parisien prévaut déjà sur les autres variétés dialectales. Dans un ouvrage significativement intitulé *Lesclaircissement de la langue françoise*, John Palsgrave établit quelques distinctions : « Dans cet ouvrage, je suis surtout les Parisiens et les régions qui se trouvent entre la Seine et la Loire, que les Romains appelaient parfois Gaule celtique[16]. » Un choix qui n'est pas très éloigné de celui que font spontanément bien des Français aujourd'hui... Pour Palsgrave, il va de soi qu'il n'y a aucun écrivain désireux de se faire connaître, de quelque région qu'il vienne, qui ne soit amené à choisir l'idiome de cette partie de France. « A l'intérieur de cet espace se trouve le cœur de la France, là où la langue est aujourd'hui la plus parfaite, et a le mieux préservé son ancienneté[17]. » Et Palsgrave d'enchaîner : « Je trouve donc superflu et source de confusion pour le lecteur de montrer la diversité de prononciation des autres régions frontières[18]... » Son souci est pédagogique : il s'agit de donner une image harmonieuse de la langue, claire, sans aspérités, à l'intention de lecteurs étrangers. Un effet focalisateur se crée dans la description des parlers, qui ne va pas tarder à rejeter dans les marges tout ce qui est d'ordre dialectal.

La valorisation du centre que constitue Paris devient un lieu commun pour les ouvrages publiés à cette époque. Si Henri Estienne, comme on l'a vu, estime que les dialectes représentent une richesse pour le royaume, il pense néanmoins que la langue française a « son siège principal dans cette partie de la France que j'ai dite[19] ». Des dialectes ? Fort bien, mais il doivent servir de « passe-temps » : « J'estime qu'en cas de langage je puis appeler le cueur de la France les lieux où sa nayveté et pureté est le mieux conservee : de sorte que tous y sont d'accord que ces vosables estrangers nous doivent servir de passetemps plustost que d'ornement ou enrichissement, et que le langage de ceux qui en usent autrement, doit estre déclaré non pas françois mais gastefrançois[20]. » Pour lui, la langue française se « promène » de temps en temps dans ses dialectes « comme en ses colonies, pour en rapporter chez elle quelques mots qui leur sont propres[21] ». Etrange vision, à la fois prédatrice et commerciale ! On imagine la langue française en gente dame visitant ses manants pour en rapporter quelque babiole plaisante... Les choses sont claires : « Nostre langage ha son principal siege au lieu principal de son pays : mais en quelques endroits d'iceluy il en ha d'autres qu'on peut appeler ses dialectes²². » Le possessif est significatif : il y a un rapport de sujétion des dialectes à « notre » français.

Aborder la réalité du terrain, dans les années 1530-1550, c'est d'abord reconnaître que les effets de l'édit de Villers-Cotterêts ont été très limités, cantonnés surtout à des domaines bien précis de la vie civile. Certes, la langue du Roi a été avancée comme une sorte de parangon de lisibilité et de transparence, et a été substituée officiellement au latin comme langue des arrêts et des décisions. Mais le pouvoir royal ne pouvait en si peu de temps aller à l'encontre de pratiques établies depuis des siècles dans des provinces qui, parfois, n'étaient rattachées à la Couronne que depuis peu. Les usages vernaculaires spontanés demeuraient, souvent dans l'ignorance du beau langage de la Cour. On s'accorde à penser que la position du français en tant que « langue du Roi » est bien souvent, alors, une simple position d'arbitrage, ne s'opposant nullement aux particularismes locaux. Par ailleurs, la situation est différente dans chaque province. Ainsi, en terre occitane, le contrat passé avec le pouvoir monarchique lors de l'acte d'union de la Provence au royaume de France (nommé par la suite « Constitution provençale ») stipule que le pouvoir royal devait respecter les « pactes, conventions, privilèges, libertés et franchises, statuts, chapitres, exemptions et prérogatives et aussi les us, rites, mœurs, styles et louables coutumes » de Provence. A bien des égards, les provinces du Sud et du Nord jouissaient encore, au XVIᵉ siècle, d'une autonomie effective, et leurs relations avec le pouvoir royal étaient parfois tout à fait lâches. A la fin du siècle, Montaigne estime encore que « le poids de la souveraineté ne touche un gentil-homme François à peine deux fois en sa vie²³ ». Il prend comme exemple la Bretagne, terre reculée annexée à la France en 1524 seulement. Mondes parallèles, encore incertains de leur statut de satellites.

S'il est difficile de répondre avec précision à la question : qui parle quelle langue ?, il est peut-être moins malaisé de répondre à celle-ci : quelle(s) langue(s) entend-on dans *quelle ville* si l'on s'y promène ? Ici, nous avons des témoignages. Qu'entend-on dans la rue à Lyon, en 1550, par exemple ? Que lit-on, qu'écrit-on, qu'imprime-t-on dans la cité entre Saône et Rhône, qui vit défiler les armées françaises en partance pour l'Italie ? Une chose est sûre : on y manie toujours le latin. Depuis l'édit de Villers-Cotterêts, celui-ci n'est plus déterminant dans la vie judiciaire et administrative, mais il est encore, et pour longtemps, la langue érudite, la langue savante, pour un lectorat éclairé qui reste très sceptique quant aux chances des parlers spontanés d'assurer un jour cette transmission de manière pérenne. Et bien entendu, il est la langue liturgique.

Les Lyonnais et autres polyglottes

Le « français » est en plein essor, mais c'est une langue relativement nouvelle, pour la majorité des Lyonnais. Depuis les séjours de la cour aux environs de 1525 et de 1536 (après Pavie), laquelle a amené avec elle tout un cortège d'écrivains et de lettrés francophones venus de Paris ou du Val de Loire, le français est devenu à Lyon de façon assez rapide et inattendue un idiome important, essentiellement associé à la création littéraire. La cité représente un pôle majeur de l'édition en français, et une véritable école littéraire et poétique s'y fait jour. Pour l'essentiel des habitants, toutefois, le français reste une langue d'acquisition, avec laquelle ils se familiarisent petit à petit. C'est aussi une langue aux contours indécis, qui se laisse aisément contaminer par des tournures patoises ou issues de langues voisines.

La langue traditionnelle, le « vieux fonds » qui constitue l'assise des usages linguistiques lyonnais depuis le Moyen Age est la variété dite aujourd'hui « franco-provençale », ensemble dialectal assez vaste qui comprend toute une série de patois allant du Forez à la Suisse romande. Le francoprovençal de la ville a subi une certaine forme d'homogénéisation et de standardisation, due à son maniement par les classes cultivées, mais aussi les patois des villages, qu'on entend en ville lorsque les artisans, les domestiques, les manœuvres, viennent y chercher un emploi. Les bourgeois lyonnais ont alors beau jeu de souligner toute la différence qui sépare ces patois méprisés de la « pure souche » du franco-provençal urbain. En 1550, toutes ces variétés locales s'entendent encore beaucoup, mais c'est la plupart du temps pour l'expression de réalité rurales ou domestiques.

Et puis, il y a l'italien. Depuis la grande peste du XIVe siècle, la ville de Lyon a eu recours de façon massive à l'immigration pour assurer son développement économique. Une importante communauté de négociants et de banquiers, s'y est installée, qui a ses prêtres et ses confréries religieuses[24]. Elle vient surtout de Lucques et de Florence, d'où la forte présence à Lyon du dialecte toscan. Au fil des décennies, l'usage de l'italien a souvent débordé les milieux d'affaires. Le notaire Benoît Du Troncy, secrétaire de la ville de Lyon, nous montre en

1594 les petits Lyonnais jouant dans la rue et s'interpellant à grand renfort de « *becco cornuto*[25] ! ». Au total, la ville apparaît bien comme une de ces *Babel* que le XVIᵉ siècle affectionne.

Lyon est certes une ville frontalière, mais beaucoup de villes le sont, au XVIᵉ siècle. La configuration géographique du royaume est ainsi faite que beaucoup de villes, notamment dans les grands ensembles du Nord et du Sud, sont situées fort loin de Paris. Dans une ville comme Bayonne, le basque, l'espagnol, le français et le gascon s'entendent très naturellement côte à côte. L'anglais reste couramment utilisé à Bordeaux dans les actes notariés, outre le gascon, le français et le latin. Un contemporain remarque que cette « diversité de langage est fort familiere aux Matelotz Bordelais[26] ». Dans toutes les villes portuaires, on devait entendre, outre ces idiomes, la *lingua franca* et les *sabirs* des marins (et des pirates), patchworks de mots issus de plusieurs langues en contact. Toulouse apparaît à un étudiant dauphinois qui vient de s'y installer très bigarrée[27]. De façon générale, les provinces situées aux marges du royaume voient les langues des pays voisins se mêler aisément aux parlers locaux, d'une manière tout à fait inconnue de nos jours.

Manifestations d'éloquence et de poésie

On peut voir cette diversité se révéler lors des cérémonies organisées pour les visites royales. Ces visites régulières sont des moments forts de la vie des cités. Elles réaffirment les liens qui unissent le roi à ses sujets et donnent lieu à des mises en scène, à des spectacles mi-comiques mi-sérieux où les manifestations d'éloquence et de poésie sont l'occasion d'exhiber les fiertés culturelles de la ville. Pour ce qui est des langues utilisées pour les inscriptions sur des arcs de triomphe, comme à Montpellier en 1564, lors de la visite de Charles IX, le latin est généralement préféré, avec le grec, mais le français est également présent. Dans les déclamations et les chants, en revanche, les langues régionales sont bien représentées, à côté du français et du latin. Ainsi le breton fut utilisé lors de la visite du dauphin scellant l'union formelle de la Bretagne et de la France, en 1532. La ville de Marseille accueillit en 1548 la princesse de Lorraine et le duc d'Epernon avec des poèmes en provençal[28]. La manière dont les élites municipales conçoivent ces fêtes est alors significative du caractère polyglotte de ces villes et de l'acceptation libre et assez festive de cette diversité. Langues anciennes, parlers locaux, idiomes politiquement marqués se mêlent en un joyeux mélange qui n'est pas toujours à prendre au sérieux. On sait par exemple que le passage du roi à Bordeaux, en 1565, fut marqué par une fête à l'occasion de laquelle une procession d'acteurs représentant douze peuples du monde entier (turcs, maures, amérindiens...) défila, discourant en toutes ces langues bigarrées, ou en ce qui était censé les représenter. Les villes prenaient plaisir à se représenter comme des carrefours où de nombreuses langues avaient leur place ; il y avait là de quoi construire de véritables parades, dans une apologie générale de l'échange.

Langues et identités

Cette acceptation des différences n'est pas contradictoire avec certaines préoccupations concernant les identités culturelles. Ayant pour modèle l'Italie, la France ne peut pas se targuer comme elle d'une filiation quasi linéaire par rapport à l'héritage antique. Par ailleurs, la présence de nombreux dialectes et de langues régionales parfois sans rapport avec le latin brouille sensiblement les cartes. Depuis le début du XVIe siècle, les historiens éprouvent une difficulté à se situer dans cet écheveau de ressemblances et de divergences. Emportés par leur désir de conférer aux idiomes du royaume un lustre comparable à celui des langues antiques, ils se lancent volontiers dans des reconstitutions hasardeuses de l'histoire mondiale, et opèrent des rattachements pour le moins surprenants.

L'idée que les Francs tirent leur origine de Troie, par exemple, n'est pas nouvelle : on estime qu'elle remonte au VIIe siècle. Mais au XVIe, on se plaît volontiers à croire que les Gaulois sont à l'origine de Troie, et que ce sont eux qui ont diffusé leur savoir en Grèce, d'où il est ensuite revenu ! Cet ethnocentrisme prend des proportions inattendues et amusantes dans les *Illustrations de Gaule et Singularitez de Troye* de Jean Lemaire de Belges (1512), et dans la *Franciade* de Ronsard (1572), qui attribue comme ancêtre aux Francs un certain Francion, fils d'Hector. Les provinces ne sont pas en reste. On connaît par exemple, d'un certain Alain Bouchart, des *Grandes chronicques de Bretagne*[29] qui soutiennent que le duché de Bretagne fut fondé par

Brutus de Troie, petit-fils d'Enée... De là à postuler que les Troyens parlaient breton, il n'y a qu'un pas, que notre historien franchit allègrement. Le « roman familial » des ethnies se donne alors pleine carrière. La recherche compulsive des origines rejoint une tradition épique et inventive qui, à travers le Moyen Age, plonge ses racines dans l'Antiquité. Qu'elle soit prise « au premier degré » ou avec une dose d'ironie qui nous échappe un peu, mais ce qui est sûr, c'est que cette recherche en partie légendaire des sources nationales innerve tout le XVIe siècle, et se prolonge pendant une bonne partie du XVIIe. L'essentiel est de redorer le blason d'idiomes souffrant de l'apparition de nouvelles échelles de valeurs. A Lyon, Barthélemy Aneau voit l'origine de sa ville du côté des Phéniciens, inventeurs comme on le sait de l'écriture, ce qui va bien avec l'importance de l'activité de l'imprimerie à Lyon[30]...

Que dire à présent des usages ? Certainement, ceux qui ont à leur disposition la palette la plus étendue sont les clercs, les érudits, auxquels il faut adjoindre les ecclésiastiques. Ils manient encore relativement bien le latin, langue d'écrit, parfois d'oral ; à peu près dans toutes les régions, ils se sont mis au français, nouvelle variété de prestige ; et ils pratiquent certainement au moins un patois, ou une autre langue, dans la communication de tous les jours – dans leurs échanges avec les domestiques, les fournisseurs, les artisans. Ils sont en quelque sorte trilingues, et même, il n'est pas hasardeux de dire qu'ils doivent manier les trois langues souvent dans la même journée. Cette situation se prolongera à travers tout le XVIIe siècle, à la différence que le latin sera alors en net recul, et ne sera plus maîtrisé que par une faible partie du monde scientifique et religieux.

Le *bilinguisme* concerne une partie encore plus importante de la population : tous ceux qui, en région, ont une vie politique ou administrative : courtisans, avocats, officiers royaux, et qui n'ont plus besoin du latin. Au français, ils associent prestige et chances de s'élever socialement. La langue du roi leur permet également de se déplacer : ce n'est que grâce à elle qu'ils ont des chances de s'établir à Paris ou dans une autre province.

Une énorme partie de la population, cependant, est unilingue, et ne parle que le dialecte ou le patois local : c'est le « peuple », rural ou urbain. Bien souvent, le paysan ne maîtrise qu'un parler dont l'étendue géographique est très étroite. L'univers des dialectes dessine encore au XVIe siècle un maillage complexe et isolant. Pour cette population, malheureusement, devrait-on dire, nul besoin du français : des intermédiaires se chargent de tout dans les circonstances qui le demandent, de même que des écrivains publics écrivent pour les illettrés.

Gentilhomme de la fin du XVIᵉ siècle, lettré investi dans la vie civile, Montaigne considérait-il qu'il parlait réellement *français* ? On est étonné de lire son appréciation : « Mon langage françois est alteré, et en la prononciation et ailleurs, par la barbarie de mon creu : je ne vis jamais homme des contrées de deçà qui ne sentit bien evidemment son ramage et qui ne blessast les oreilles pures françoises. Si n'est-ce pas pour estre fort entendu en mon Perigordin, car je n'en ay non plus d'usage que de l'Alemand ; et ne m'en chaut guere. C'est un langage, comme sont autour de moy, d'une bande et d'autre, le Poitevin, Xaintongeois, Angoumoisin, Lymosin, Auvergnat : brode [mou], trainant, esfoiré [prolixe]. Il y a bien au dessus de nous, vers les montaignes, un Gascon, que je treuve singulierement beau, sec, bref, signifiant, et à la verité un langage masle et militaire plus qu'autre que j'entende ; autant nerveux, puissant et pertinant, comme le François est gratieus, delicat et abondant. Quant au Latin, qui m'a esté donné pour maternel, j'ay perdu par des-accoustumance la promptitude de m'en pouvoir servir à parler : ouy, et à escrire, en quoy autrefois je me faisoy appeler maistre Jean[31]. »

Que signifie l'expression « contrées de deçà » ? Faut-il y voir une image de la ligne de partage entre oïl et oc ? Montaigne s'estime probablement victime d'un éloignement des sources « pures » du français ; il se représente lui-même comme cerné par des dialectes qu'il ne repère pas toujours bien (« de bande et d'autre »), et auxquels il ne semble parfois accorder qu'une estime relative, à l'exception du gascon ; son appréciation des qualités de ces divers idiomes est toute physique, sensuelle, organique. On peut regretter qu'il n'ait pas prêté une attention plus grande au gascon, pour lequel il paraissait avoir du goût, mais on retiendra sa grande tolérance, nonchalante et détachée, vis-à-vis de toutes les formes de langue auxquelles il est exposé. Ne déclare-t-il pas dans le premier livre des *Essais* : « C'est aux paroles à servir et à suyvre, et que le gascon y arrive, si le françois n'y peut aller[32]. » Son attitude à l'égard des parlers est libérale, fonctionnelle, non culturaliste. Montaigne, comme beaucoup de ses prédécesseurs du XVIᵉ siècle, considère les langues non du point de vue de leur constitution propre, mais comme des « fonds » qui se situeraient en deçà de l'expression. C'est pourquoi le plurilinguisme est sans doute fondamental dans sa démarche. Toutefois son choix est fait : *le français* sera sa langue d'écriture, et il ne sera plus question de revenir en arrière.

Du dialecte au rang de langue

Avec une population devenue importante et stable, Paris commence à dominer la vie économique du pays. Sa population est très hiérarchisée. L'Eglise et l'Université y ont une présence très ancienne et constituent deux mondes à part, qui ont leurs prérogatives et leurs us et coutumes, tant dans le domaine linguistique que de l'organisation matérielle de la vie. Un troisième monde apparaît plus nettement qu'au Moyen Age, et commence à se structurer : c'est celui qu'on appelle la « Ville ». Il est constitué par quelques grandes familles de banquiers et de marchands qui tiennent entre leurs mains les rênes de la vie économique. A Paris se trouvent également depuis le Moyen Age un certain nombre d'institutions clés du royaume : le vieux parlement de Paris, la Chambre des comptes, le Grand Conseil, la Chancellerie... On appellera bientôt cette galaxie juridico-administrative « le Palais ». Enfin, à partir de 1528, le roi annonce son intention de venir s'installer à Paris : « Nostre intention est doresnavant faire la plus part de nostre demeure et sejour en nostre bonne ville et cité de Paris et alentour plus qu'en aultre lieu du royaume[33]. » Ceci amène à Paris une population nouvelle, autrefois cantonnée dans les cours de province : la haute noblesse. Un mot désigne enfin le reste des habitants, la grande masse qui exerce des métiers d'artisanat, de petit commerce, ou de domesticité : « le peuple ». Au total, c'est un ensemble remarquablement hétérogène que forme la population parisienne.

Le français : un dialecte devenu langue[34] ? Ce qui est certain, c'est qu'un dialecte, le francilien, fut graduellement sorti hors de sa condition de parler quotidien pour gagner celle de *langue* dotée de fonctions de prestige. Dans l'histoire, il arrive à intervalles réguliers que des différences se créent entre des variétés « hautes » et « basses » d'un même idiome. Les variétés « hautes » ont des fonctions dans la religion, l'enseignement, l'administration, le droit, et la littérature dite « sérieuse » ; les variétés « basses » s'expriment dans la conversation, dans les instructions avec les serviteurs, et dans la littérature dite « populaire ». Aux variétés hautes se voient attribuer du prestige (le parler est ressenti comme « plus beau », « plus élégant », à même d'exprimer des idées importantes), un héritage littéraire, et une codification, au moyen de grammaires et de règles graphiques. L'idée est que les variétés hautes, où tout l'effort est mis vers la permanence, la stabilité, soient enseignées en bonne et due forme, alors que les variétés basses sont pour ainsi dire apprises « sur les genoux de la nourrice ». La présence parallèle de variétés hautes et de variétés basses crée des situations de quasi bilinguisme, autrement dit de compétences simultanées dans les deux variétés.

Il peut également arriver qu'il y ait glissement entre les variétés « haute » et « basse ». Ainsi, le XVIe siècle français serait une période qui aurait vu une variété basse, le dialecte parlé en Ile-de-France, ou « parisien », passer progressivement à un statut élevé. Comment ce phénomène s'est-il produit ?

Ce qu'on appelle « dialecte » est généralement défini comme une variété de langue employée par un groupe moins important que la communauté linguistique dans son ensemble. Au départ, il en était ainsi de la forme « parisienne » de la langue d'oïl. Mais celle-ci a vu le nombre de ses locuteurs augmenter significativement pour former une communauté linguistique dépassant celle des autres dialectes d'oïl – picard, normand, champenois, lorrain, etc. – alors en présence sur le territoire. Vers la fin du XVe siècle, est apparu un phénomène, qu'on remarque aussi en Angleterre : la cristallisation des forces centralisatrices autour de l'Etat. La situation des parlers dans l'aire géographique du nord de la France change alors sensiblement. Un grand nombre de locuteurs de régions possédant un dialecte bien repéré et implanté, comme le normand ou le picard, commencèrent à préférer l'usage du « français du roi » à celui de leur parler propre. Et c'est ainsi que cette langue parlée autour de Paris fit tache d'huile autour des bornes géographiques strictes de cette région...

A elle le prestige, ce qu'Henri Estienne appelle le « reng », la « precellence »... Il s'agit d'établir des critères grammaticaux, historiques, culturels visant à séparer le « français » de sa proximité avec les autres parlers observables sur le territoire. Le « français » est de moins en moins comparé aux autres dialectes, et de plus en plus aux « langues » telles que l'italien, l'espagnol, ou les langues antiques. A Paris, cette variété s'est séparée d'un parler parisien « informel », spontané, qui n'obéit pas aux mêmes codes. Globalement, néanmoins, les usages de Paris sont plus unifiés qu'ailleurs en France, où l'opposition des variétés haute et basse est très nette.

Ainsi, c'est dans le parisien que Louis Meigret croit reconnaître ce qu'il appelle la « nayve françoise », l'idiome qu'il pense être le plus ancien et le plus pur. Pour Henri Estienne aussi, la « métropole » de la langue française est Paris[35]. La différence entre Paris et les « provinces » est, selon lui, que la langue française est « native » aux locuteurs de Paris, alors qu'elle est « adventice » aux provinciaux, chez qui elle se superpose aux dialectes. Henri Estienne fait de l'unité relative des usages de Paris un critère de stabilité et d'avenir. Encore faut-il s'accorder sur l'étalon qu'on va considérer comme modèle. Qui doit diriger la langue, le Parlement ou la cour ? Pour Henri Estienne, il n'y a pas de doute : ce doit être le Parlement (la « curie », comme il dit) ; à la cour, dit-il, « à présent, dans le langage comme dans les autres choses, il règne une licence étonnante[36] »... Comme les courtisans, dit Henri Estienne, n'ont de cesse de vouloir se distinguer, il n'est pas étonnant que la cour soit souvent à l'origine de mots nouveaux. C'est le Palais qui, loin des modes et des pédantismes, doit être le véritable organe régulateur. « J'ay toujours eu ceste opinion que la Cour estoit la forge des mots nouveaux, & puis le palais de Paris leur donnoit la trempée[37]. »

Ainsi Paris pourra devenir, linguistiquement, « la France de la France comme on a pu dire qu'Athènes était la Grèce de la Grèce[38] ».

Un ou des français ?

Qu'il existe une relation étroite entre la hiérarchie sociale et la configuration des usages n'est pas un phénomène nouveau : on l'observait déjà au Moyen Age. Mais jusque-là, il était masqué par la visibilité extrême des formes dialectales, dont la littérature, d'ailleurs, ne donne qu'une forme atténuée. Que la variation sociale joue *à l'intérieur* d'un dialecte est un phénomène plus fin, plus difficile à percevoir.

Ce n'est pas sans un sentiment d'insécurité que les locuteurs du XVIe siècle parlent les dialectes spontanés. Pour eux, il est clair qu'il y a des langues plus *illustres* que d'autres, des langues plus dignes, plus relevées. Les langues antiques, grec et latin, restent au sommet de l'échelle, quels que soient les progrès accomplis dans l'« illustration » du français. Celui-ci vient immédiatement après, pour reléguer au troisième rang, nettement dissociés, des langues régionales et des usages dialectaux au statut inférieur, idiomes « barbares, rudes et mal polis[39] ». Les populations éclairées ne sont pas fâchées de parler dans ces langues locales, mais cet usage ne dépasse pas des contextes limités : vie quotidienne, poésie régionale, fêtes civiques, satire... Pour ce qui est de la conversation polie, de la transmission du savoir, de l'échange international, seul le français peut alors rivaliser avec le latin. Ainsi, la grande tolérance que l'on observe au XVIᵉ siècle (et encore au XVIIᵉ) à l'égard des parlers locaux ne s'accompagne pas nécessairement d'une valorisation de ces parlers. Ils sont l'objet d'une curiosité et d'un patriotisme local (les élites se plaisent à lire de la littérature ainsi écrite), mais le jugement n'est jamais loin. « C'est chose averee que là où la parole est plus elabouree, les meurs sont mieux polis⁴⁰ » déclare sans ambage Jean-Antoine de Baïf, traçant les linéaments d'une représentation des rapports entre culture, société et usages linguistiques qui ne fera que prendre de l'ampleur au cours du XVIIᵉ siècle.

L'idée d'une relation entre langue et mœurs vient alors se substituer à l'opposition traditionnelle entre « langue littéraire » et usage quotidien qu'on observait à la fin du Moyen Age. Les groupes sociaux deviendront attentifs à leur langage, particulièrement les élites, qui avaient jusqu'à présent passivement accepté les langues qu'on leur proposait. A la reconnaissance d'une *géographie* linguistique, qui identifiait les usages de la langue avec des territoires, des villes, vient s'ajouter la découverte d'une cartographie sociale, qui répartit les usages selon une logique différente, liée au statut des populations. Cette répartition, l'archiviste et historien italien Roberto Ruffi la reconnaît de manière étonnante dans la Marseille du XVIᵉ siècle qu'il visite.

Pour lui, « au corps de Ville où est le logis du roy, la maison de ville et la plus part de gentilzhommes et riches marchands de la ville et y a plus de civilité du langage provenssal ; au quartier de la Blancarie ou sont la pluspart mesnagers et bourgeois et partie de gentilzhommes, il y a moings de civilité ; Encore moingz au quartier de Cavaillon où logent la plus part des laboureurs comme aussi au quartier Saint-Jehan où sont logez tous les pescheurs, gens de marine et quelques merchans ; mesmes en ce quartier, les estranger [sic] venants par mer y conversent le plus, [...] Le langage est plus meslé qu'en aucun des autres quartiers⁴¹ ». On note l'absence étonnante du français dans ce relevé... Il est clair que le parler majoritaire à Marseille est alors la variété provençale de l'occitan. Par ailleurs, un critère nouveau apparaît dans l'analyse que propose Ruffi pour différencier les variantes à l'intérieur du provençal : celui de *civilité*. Pour lui, il va de soi que les nobles de la ville parlent un provençal plus poli, plus « civil »... que les pêcheurs. Le caractère « meslé » des usages signale évidemment des couches sociales inférieures. Au total, sa « lecture » de l'espace urbain marseillais est double, et fait se superposer critères géographiques et critères sociaux. Cette description rejoint celle que fournit une pièce de théâtre jouée à Marseille pour le carnaval de 1559, dans laquelle la variation interne des usages est exagérée et stéréotypée, les personnages issus du menu peuple, avec leur parler rude et mal dégrossi, étant affrontés aux personnages nobles, tout cela sur fond d'un espagnol approximatif symbolisant le côté cosmopolite du quartier du port...

Au-delà du caractère plus ou moins « civil », « poli » ou au contraire « rude » de l'idiome parlé par les différents groupes, c'est la question de la stratification professionnelle qui est posée. On sait qu'au Moyen Age, la vie professionnelle était organisée de manière stricte par le système des corporations. Les milieux étaient relativement étanches les uns aux autres, et chaque corporation développait une compétence linguistique propre. Ce système est encore largement appliqué au XVIe siècle. La codification linguistique est un moyen de repérage social, tout comme le sont l'habillement, le port de l'épée ou la tonsure.

Une catégorie se détache, qui verra son rôle s'accroître : celle des nobles provinciaux, qui deviennent des courtisans rattachés non plus à des cours locales, mais à la cour royale représentée en chaque ville. Cette noblesse abandonne en partie les langues régionales ou les dialectes pour adopter un parler très reconnaissable, repéré par l'étiquette de « politesse ». Le français est de mise, italianisé parfois dans son vocabulaire, selon une mode que stigmatisera Henri Estienne. « Quant au destroict de France à parler proprement, [...], il est repandu deca et dela ou sont les hommes bien apris, dont la plus part s'est retirée en la court du Roy, aux maison des Princes et granz seigneurs, ou es Justices souveraines et courtz de parlement », dit Abel Matthieu en 1559 dans son *Devis de la langue françoyse*[42]. La présence des parlements et des cours de justice est un élément fondamental dans la création de ces univers linguistiques autonomes, limités par le nombre certes, mais très influents dans l'évolution des usages, et que l'on peut considérer comme la matrice de la future « langue française cultivée ».

L'existence d'une variation sociale nouvelle frappe les esprits. Dans sa *Conformité* de 1565, Henri Estienne relève la façon qu'ont les gens à « parquer les mots en castes » et s'amuse : « Ce mot-là sent sa boulie, ce mot-là sent sa rave, ce mot-là sent sa place Maubert[43]. » Paris était évidemment un terrain privilégié pour ce type d'observations. De manière générale, dans les grandes villes, partout où la présence d'une forte démographie invite à la différenciation, le phénomène a lieu. Présents depuis le XIIIᵉ siècle, et associés traditionnellement aux mendiants et aux voleurs, les « jargons » se perpétuent, et prennent une couleur sociale différente. Dans le *Pantagruel* de Rabelais, ce sont ceux des étudiants. A Paris, un certain nombre de formes nouvelles attirent l'attention des commentateurs comme Tabourot et Henri Estienne. Des modifications du timbre des voyelles apparaissaient, comme dans la prononciation « guarre » pour « guerre » que note Henri Estienne. Certaines sont restées, comme la confusion des deux voyelles nasales notées *in* et *ain* (*pin* et *pain*). La fameuse diphtongue notée *oi* (comme dans « le roi c'est moi ») était – c'était un fait bien connu –, traditionnellement prononcée *oué*. Mais les Parisiens du peuple l'avaient déjà fait bouger, ainsi que le note de Bèze : ils prononçaient volontiers le chiffre trois « troa ». Toutes sortes d'autres détails ont pu être relevés : la disparition curieuse du *r* devant consonne dans *parler*, prononcé *palé*, la chute de consonnes finales (*plaisi* pour *plaisir*), la chute du « h » aspiré (on disait *l'honte* plus facilement que *la honte*...). En bref, une nouvelle langue était en train de naître, le « parisien informel » des couches populaires, contre lequel les grammairiens luttèrent, et qui ne s'imposa pas. Il est fascinant d'observer ces diversifications naissantes des usages qui ne prennent pas et tombent dans l'oubli, après des décennies, voire des siècles d'usage. Certains ressurgissent bien plus tard, à un moment où il n'y a plus un seul locuteur pour s'en souvenir, où la chaîne a perdu nombre de maillons, et on prend parfois pour une innovation tel retour de flamme inattendu d'un très ancien vocable...

A Paris, le développement de ces incongruités était vécu par les contemporains comme un obstacle à ce que le « parisien » devienne la norme. Henri Estienne se les représente comme des « verrues dans une jolie figure[44] ». Le maintien d'un usage « pur » était vu comme indissociable de l'accès du français aux fonctions de prestige, beaucoup de phénomènes formels du français du XVIᵉ siècle n'étant plus rapportés à des variantes locales, mais à un étiquetage social. Cependant, il serait naïf de prendre l'analyse des contemporains pour argent comptant ; car il est assez facile de stigmatiser comme « populaire » telle ou telle forme, sans vérifier si c'est vraiment « le peuple » qui l'emploie. Ce fut ce qui arriva aux tournures où la première personne du singulier du pronom sujet est suivie de la première personne du pluriel (du type *j'allons*, *j'avons*), ou aux glissements de conjugaisons entre groupes (du type *donismes* pour *donasmes*). Lorsque Molière les mettra en scène au XVIIᵉ siècle, le public les attribuera au statut bas ou non urbain des personnages plutôt qu'à leur origine locale spécifique.

Comment se débarrasser de ses prononciations défectueuses, ou « vicieuses » ? C'est un nouvel enjeu pour les classes élevées, ou qui prétendent intégrer le monde « cultivé ». Jacques Peletier du Mans nous raconte avec candeur ses efforts pour éliminer tout ce qui pourrait rappeler son pays manceau natal. Tout accent, intonation, voix, articulation était soumis à l'étude et à la « réformation ». Pour Abel Mathieu, cela ne fait pas de doute : si l'on n'est pas né à Paris, quel que soit le niveau d'éducation, on ne peut parvenir à éliminer complètement de sa « parole », de sa « voix », des « imperfections incorrigibles ». Même des personnes de « grand savoir », dit-il, laissent passer une trace de leur origine. Le seul moyen de s'en débarrasser, dit Peletier du Mans, est de « hanter les lieux et personnes célèbres[45] ». Cette nouvelle conception de l'usage élevé, par frottement des locuteurs les uns aux autres en fonction d'une hiérarchie des pratiques, est décisive à la fin du XVIe siècle. Elle ouvre la voie à la grande bascule qui se produira dans le courant du XVIIe siècle, siècle où la langue élevée, soutenue, devient à Paris langue de conversation, après avoir été langue de prestige difficilement accessible.

Dans la seconde moitié du XVIe siècle, on peut donc dire avec relativement de certitude que la mise en avant d'un modèle linguistique s'est faite sur fond d'une double dévalorisation : celle de la variation géographique, et celle de la variation sociale. Les particularités dialectales de la prononciation sont à partir de là considérées comme des obstacles au beau parler, et les idiotismes du peuple sont eux aussi rejetés hors de la norme. « Je presuppose, quand je parle ou de nostre langage, ou de ceux que j'appelle dialectes, qu'on entende qu'il faut premierement oster toutes les corruptions et depravations que luy fait le menu peuple[46] », déclare Henri Estienne. Etrange configuration où une tolérance vis-à-vis des dialectes coexistait avec l'affirmation très forte d'un idéal hiérarchique...

Le fonds immense des langues et patois de France

Ce n'est pas là le seul paradoxe. Tandis qu'à Paris, la consolidation de l'idée de norme a pour effet que, dans beaucoup de régions, l'usage effectif des dialectes recule, nous voyons apparaître des productions imprimées locales qui, dans bien des cas, constituent les premiers témoignages écrits que nous possédions de ces usages.

Cette situation est nouvelle et pose de nombreux problèmes. Faut-il considérer ces écrits comme des témoignages fiables des usages ? Que la littérature n'est plus solidaire de l'usage commun, qu'elle cherche à signaler une différence ? Doit-on croire au contraire que l'apparition de cette nouvelle dynamique de « mise en spectacle » correspond au moment où ces usages désormais clairement situés comme « en écart » commencent à s'effacer ? Une chose est sûre : ces nouvelles attestations littéraires des parlers régionaux peuvent difficilement être comprises comme des émanations directes et « sérieuses » des cultures locales. Un petit diable nouveau est venu se glisser dans ces relations déjà complexes entre dialectes et norme du français, pour y apporter un élément perturbateur qui, à partir de ce moment-là, ne pourra plus être oublié : le *jeu*.

Du point de vue de l'usage commun, une région a beaucoup souffert de la construction à Paris d'une norme du français : il s'agit de la grande couronne qui entoure la capitale. En Ile-de-France et désormais bien au-delà, il s'est produit un véritable *écrasement* de la palette dialectale. Un phénomène d'attraction est apparu autour des usages parisiens qui fit perdre de l'influence à des dialectes encore très importants au Moyen Age. Une grande frange de la région entre Beauvais et Amiens commence à parler « français » dans les usages quotidiens ; le picard, dans lequel furent écrites tant de magnifiques œuvres à l'époque médiévale, perd ses capacités à produire une littérature « sérieuse » ; il en est de même pour le normand. Dans toutes ces régions, désormais, la langue de l'écrit, c'est le français. On en voit un témoignage dans les livres de raison, ces espèces de registres de comptes et d'activités que tenaient parfois les hobereaux locaux. Le Sire de Gouberville, par exemple, petit gentilhomme normand du Cotentin, a tenu toute sa vie (entre 1549 et 1578) semblable « journal ». Nous en avons conservé environ un tiers, document « passionnant et illisible » selon la formule d'Emmanuel Le Roy-Ladurie, véritable « film » de sa vie quotidienne, qui paraît surtout dévolu à ce qui a toujours été une fonction première de l'écrit : garder une trace de ce que l'on pourrait oublier, – dépenses, recettes, tâches accomplies[47]... Indiscutablement, le document n'est pas de nature littéraire. Il est écrit en style « télégraphique », par phrases brèves, sans adjectifs. Mais il est écrit en français. Il reflète les efforts que font à l'époque les classes élevées pour se mettre à la norme de Paris.

De manière générale, c'est en domaine d'oïl que l'apparition des littératures « patoises » est la plus précoce. Dans ces régions, vers le milieu du XVIe siècle, un public cultivé, qui cesse petit à petit de pratiquer le patois dans la vie quotidienne, désire néanmoins conserver une certaine familiarité avec lui. C'est à son usage que sont destinés ces nouveaux recueils de chansons, ces poèmes satiriques, ces « noëls », ces recueils de nouvelles plaisantes qui, dès lors, formeront l'ossature de la littérature en dialecte pendant l'âge « moderne » (XVIe-XVIIIe siècle). Ce public sent que le patois est en train de lui échapper pour ce qui est de la compétence active : il désire à tout le moins conserver la compétence *passive*, continuer à être au fait de toutes ces façons de parler locales, pittoresques, qui disent le lieu où il est né, où il a grandi, où il a eu une expérience de la vie. A cette littérature sont volontiers attachées des valeurs familières, de rusticité, de simplicité. Ce public (qui n'est pas nécessairement assez cultivé – ou parfois trop loin de Paris – pour lire la littérature véritablement « sérieuse », les traductions importantes, les ouvrages scientifiques) se plaît à développer avec son parler « maternel » une relation privée, qui passe par un tout autre canal que celui que mobilise la communication orale. Les mots, les tournures, les déformations de prononciation qu'il continue à entendre autour de lui, il les voit soudainement imprimées, il les lit, et il les voit acquérir du même coup une sorte de « dignité » inattendue, une existence toute à eux, un mode d'être intime qui crée de nouveaux liens d'appropriation.

Bien entendu, il serait vain de nier qu'il y a, dans ces nouvelles entreprises littéraires, une part d'intention satirique, une volonté de se moquer de ces façons de parler désormais clairement identifiées à des variétés basses, et que le public lecteur, précisément, se refusera à employer. Cette volonté maligne est même assez décisive. La littérature a parfois cette mission perverse de faire entrer dans son espace ce qu'on ne voudrait pas voir, ou plus voir, dans la vie. Mais ces nouvelles pratiques ont aussi parfois donné naissance à d'authentiques « renouveaux » dialectaux. Et ici, l'apparition de l'imprimerie est venue pour ainsi dire à la rescousse d'un oral affaibli. C'est notamment le cas en domaine d'oc, où une littérature cohérente, complexe, douée d'enjeux différents de celui du simple pittoresque, verra le jour à partir de la fin du XVIe siècle. En attendant, dans bien des régions, la littérature patoise assure une pérennité incontestable à des usages qui, sans cela, auraient peut-être irrémédiablement glissé vers l'oubli. Ces littératures, qu'on connaît mieux depuis une vingtaine d'années [48], explorent, en l'absence d'une standardisation de ces dialectes, la micro-géographie et l'ethnographie linguistique [49]. Sans être l'équivalent de nos modernes *atlas linguistiques*, elles permettent parfois de se faire une idée (à prendre avec beaucoup de précautions) des usages locaux, même si elles se concentrent certainement sur ceux qui faisaient le plus dresser l'oreille ...

A l'ouest du royaume, existe une terre mystérieuse dont les usages linguistiques étonnent. Rattachée au royaume par le mariage d'Anne avec le futur Louis XII en 1491, la Bretagne est, depuis 1532, moment où est rédigée une « Charte de l'union de Bretaigne », une entité qui, comme la Provence, jouit d'une certaine autonomie administrative, mais subit également quelques contraintes. Et elle parle *breton*. Entre le XIIIe siècle et le XVIe siècle, la physionomie de cet idiome à part s'est consolidée : en effet, les ordres mendiants ont choisi d'écrire en breton de manière à être plus en phase avec la population. Un *Catholicon*, dictionnaire trilingue breton-français-latin, avait paru en 1499, et on sait qu'il a fait l'objet de nombreuses rééditions au XVIe siècle. Des passions, des mystères, sont joués, dont on ne possède pas toujours le texte[50]. Le breton n'est la langue d'aucun pouvoir politique : elle ne sert véritablement à *personne*. Il faut dès lors une intention particulière pour laisser un témoignage littéraire « sérieux » en breton. Les poèmes religieux remplissent parfois cet objectif. On connaît par exemple un *Mirouër de la Mort* bilingue qui date de 1519, long poème didactique de 3602 vers décrivant en quatre parties la fin du monde, le jugement dernier, le destin des damnés et celui des élus[51]. Une *Vie de sainte Catherine* de 1576 est le seul texte composé en prose qu'on connaisse du breton avant la fin du XVIe siècle. Mais ailleurs qu'en Bretagne, il y avait une curiosité pour cette langue étrange et tout à fait reculée. On sait par exemple qu'un certain Moeam, quimpérois, obtint en 1553 l'une des trois fleurs décernées aux Jeux floraux de Toulouse grâce à un sonnet en breton[52].

Voilà pour ce qui est de la Bretagne « bretonnante ». Aux marges de ce monde à part naquit celui qui allait donner l'une des œuvres les plus représentatives de la littérature « ethnographique » du XVIe siècle : Noël du Fail (1520-1591). C'est un hobereau de Haute-Bretagne qui alla faire ses études de droit à Paris, Angers et Poitiers. Il fut conseiller au Parlement de Haute-Bretagne à partir de 1571, et vécut surtout dans ses terres. Ses *Propos rustiques*, publiés en 1547 sont l'œuvre d'un jeune homme frais émoulu de ses études, et qui éprouve le besoin, par fantaisie, de retracer la vie de ses terres natales en utilisant délibérément un style familier, des termes locaux, agencés cependant avec un souci esthétique évident, et passés par une culture humaniste encore fraîche, mais déjà incorporée. Noël du Fail a lu

Rabelais (le *Gargantua* et le *Pantagruel*, mais pas le *Tiers Livre*), et nous propose un mélange détonant de haute culture et de vocabulaire provincial, archaïque, voire de jargons. L'interprétation de ses « régionalismes » est parfois délicate. Un terme comme *rapetasser*, par exemple (« réparer grossièrement ») exhibe clairement son origine rabelaisienne, littéraire. Si *nacqueter des dents* (« claquer des dents »), *poyer* (« payer »), *bestial* (« bétail »), *agoubilles* (« menus ustensiles »), *ribon ribaine* (« bon gré mal gré ») ont des origines locales authentiques, leur valeur stylistique dépasse cette appréciation. On estime par ailleurs que Noël du Fail a utilisé dans son texte ce qu'on pourrait appeler des régionalismes étendus, des termes qui pouvaient se trouver à la fois en Poitou, en Touraine, voire à Lyon. Le *marquage* régional l'emporte alors sur son origine réelle.

Bientôt, autour des années 1570 fleurissent des recueils de bons mots, des « noëls », des poèmes, qui illustrent, avec un évident souci de pittoresque, les délices des « patois ». Des lettrés compilent en Poitou en 1572 une *Gente Poitevin'rie*[53] où s'entendent encore de lointains échos de Rabelais ; la même année Jacques Yver publie un grand et magnifique poème, *Le Printemps*[54], dans lequel il vante les charmes du langage rural ; Etienne Tabourot, dans ses *Escraignes*[55], se fait un plaisir de rapporter les grasses histoires des vignerons dijonnais dans leur langue. Depuis les *Nouvelles Recreations et joyeux devis* de Bonaventure des Périers jusqu'aux paysans du *Dom Juan* de Molière, court un fil qui ne s'interrompra pas, et où la tendresse à l'égard des mondes populaires se joint à une exaltation festive des possibilités de la langue.

Cette vogue touche toutes les régions, et a même un aspect « transrégional ». En Normandie, Philippe d'Alcripe, dit Philippe le Picard (1530-1580), nous donne à lire dans *La nouvelle fabrique des excellents traicts de vérité*[56] (vers 1575) une prose narrative à forte couleur locale, patoisante à dessein afin de mieux faire l'éloge de la vie rustique. Il y a là à l'évidence une régionalité orchestrée afin d'assurer au livre un succès populaire. René de Lucinge (1553-1615), fut quant à lui au service du duc de Savoie, et son *Dialogue du François et du Savoysien*[57] (1593) se présente comme un entretien entre deux interlocuteurs qui discutent de la politique pro-espagnole du duc de Savoie. C'est l'occasion pour l'auteur de farcir son texte de nombreux italianismes, alors fréquents dans le parler régional. Sa langue déploie également un nombre impressionnant de termes d'artillerie, d'armement, de fortification, témoignant de l'existence d'un important lexique spécialisé correspondant à des traits de civilisation nouveaux.

Guillaume Paradin (1510-1590), fut précepteur, lieutenant général du baillage de Dijon avant d'être chanoine à Beaujeu et doyen du chapitre pendant quarante ans. On connaît de lui des *Memoires de l'histoire de Lyon* (1573), qui s'adressaient à un public relativement cultivé. Aussi les nombreux termes régionaux qui y apparaissent : *bacon* (« chair salée de porc »), *barquot* (« petit bateau »), *patafle* (« tarif »), *grenette* (« halle aux blés »), *combres* (« barrage sur le lit d'une rivière pour arrêter le poisson ») sont-ils symptomatiques, dans l'esprit d'un certain pittoresque. Il en va tout autrement du *Journal* que l'on conserve de ses années à Beaujeu, livre de raison qui donne, semble-t-il, une image plus réaliste de ce que pouvait être le patois beaujolais à l'époque. De façon générale, il convient de faire la différence entre formes patoises assumées (qui véhiculent de façon consciente une connotation linguistique locale), et formes spontanées et latentes, parfois presque plus intéressantes.

Mais dans la réalité dialectale dont le XVIe siècle nous a laissé le témoignage, le vaste ensemble formé par les dialectes d'oc occupe une place particulière. Face à la géographie relativement étroite du domaine d'oïl (les frontières du royaume s'arrêtent encore rapidement à l'est, à la mort de François Ier, et le domaine germanique s'étend beaucoup plus loin vers Paris qu'aujourd'hui), le domaine d'oc représente un plus vaste territoire, qui possède une variété et une richesse supérieures. Il remonte très haut vers le nord, jusqu'en Charente, au val de Loire, à la Saône, au Jura. Il est fort d'une population nombreuse, active, parfois peu perméable aux influences françaises. Cette situation crée une véritable frontière, que confirme la répartition des usages. Dans le vocabulaire, des doublets se manifestent de part et d'autre de cette frontière. On dit « tourner » au sud de cette ligne, et « revenir » au nord.

En domaine d'oc, l'effet de l'édit de Villers-Cotterêts ne fut parfois que relatif. Dans le cours du XVIe siècle, une forme d'occitan est d'usage fréquent chez les notaires et à l'église. Le XVIe siècle n'est pas, comme on a pu longtemps se le représenter, le siècle du triomphe d'un français devenu sans transition langue universelle dans le royaume sur un latin chassé subitement de son rôle de langue de culture : il est aussi celui du maintien d'une réalité dialectale forte, qui nourrit une culture d'écrit. Mais au moment d'écrire l'occitan, c'est comme si tous les malaises ressurgissaient, jusqu'à un point parfois comique. Matthieu Blouin à Gaillac et Auger Gaillard à Rabastens sont deux « écrivains » qui ont pour ambition de rapporter les événements tragiques de la guerre des Albigeois. Pour eux, l'occitan pourrait être une langue littéraire à part entière. Mais le premier commence en s'excusant d'écrire dans un « gras lengatge » et termine son récit en français ; le second, qui est l'auteur de recueils poétiques qui comptent parmi les principaux écrits en occitan à la fin du XVIe siècle[58], finit également par le laisser tomber à la fin de sa vie, préférant un assez mauvais français....

Toutefois l'occitan a de quoi se défendre. Langue d'oral importante au XVIe siècle, il bénéficie de tout le prestige que des siècles ont conféré à ses anciens usages écrits. Il n'est donc pas d'emblée associé à des « parlures », comme peuvent l'être certains dialectes d'oïl. Les capacités de l'occitan à être une langue poétique, notamment, ne font aucun doute. C'est pourquoi le milieu du XVIe siècle se caractérise par l'émergence d'un renouveau littéraire, marqué surtout par la culture poétique, et qui a produit de fort belles œuvres, au point qu'on a pu y voir une manière de « siècle d'or », ou de « Renaissance du Sud »[59]...

La question de savoir s'il y a eu ou non rupture entre le premier âge de la littérature occitane (celui des troubadours) et ce second, fait débat. Ce qui est certain, c'est que les usages littéraires de l'occitan au début du XVIe siècle sont fortement dégradés. Les presses ne publient guère en occitan que des ouvrages de propagande religieuse, comme à Toulouse, ou, comme à Aix, des plaquettes satiriques où les étudiants s'amusent à exercer leur verve. L'usage de l'occitan devient assimilé à la volonté de cultiver un certain esprit grivois, de badiner, de s'encanailler... Tout ce qui est « populaire » est prisé, les expressions, les proverbes... On est dans le localisme, signe, somme toute, d'un malaise culturel. Par ailleurs, l'occitan devient un objet de curiosité pour l'extérieur. En 1578, un dauphinois du nom d'Odde de Triors publie des *Joyeuses Recherches de la langue tolosaine*[60].

Dans un second temps, aux alentours de 1560, on assiste à un revirement complet des attitudes linguistiques. La « renaissance » de l'occitan s'est tout d'abord nourrie des polémiques religieuses. Beaucoup de protestants publient en occitan. Le renouveau de l'occitan s'appuie ensuite, non sans un certain paradoxe, sur l'« illustration » du français qui a lieu de façon concomitante au Nord. Souvent, les écrivains occitans assortissent leurs publications de textes d'accompagnement, de manifestes linguistiques, de mises en scènes..., qui témoignent de la conscience avec laquelle ce renouveau a été pensé. Il est clair que la publication de certaines œuvres majeures a été conçue en écho direct à la publication d'œuvres repérées dans le domaine français. Les deux dynamiques ne sont pas étanches l'une à l'autre : elles s'articulent étroitement. Enfin, un certain sentiment de « reconstruction » linguistique accompagne ces nouvelles productions, qui renforcent souvent, là où elles ont lieu, la fierté des locuteurs.

Plusieurs centres se partagent cet élan nouveau : Toulouse, bien sûr, centre d'imprimerie et d'université, et lieu d'activité littéraire important depuis le Moyen Age, Bordeaux, et Aix, qui voit se constituer, autour de la cour d'Henri d'Angoulême un cercle poétique important, qui eut comme membre une des futures figures majeures de la poésie française : Malherbe. Esthétiquement, on peut caractériser le mouvement comme à la transition entre l'influence de Marot et un « pré-baroque » qu'il contribuera beaucoup à illustrer. Linguistiquement, les formes les plus cultivées sont, dans l'ordre chronologique, le gascon et le provençal, avec, dans le premier cas, une très forte valorisation attachée à l'idiome, et qui ne va pas, déjà, sans une affirmation identitaire. On cite souvent comme témoignage de ce fait le poème trilingue que, à la mode allégorique du temps, Guillaume Du Bartas écrit en 1578 pour l'entrée de Catherine de Médicis et Marguerite de Valois à Nérac. Souvenons-nous que les « entrées royales » étaient souvent l'occasion de mettre en scène les langues, dans des représentations où il est parfois bien difficile de faire la part du ludique et du sérieux. Ici, font leur entrée trois nymphes, représentant chacune le latin, le gascon et le français. A l'issue d'un débat visant à déterminer laquelle des langues est la meilleure, c'est le gascon qui triomphe, choix significatif, si l'on tient compte des personnalités en l'honneur de qui ce poème fut représenté, et du fait que Marguerite de Valois était l'épouse d'Henri de Navarre roi de France.

Manifestes pour l'occitan

A Toulouse paraissent vers le milieu du XVIe siècle trois ouvrages poétiques importants qui constituent autant de manifestes ou d'« illustrations » en faveur de la langue occitane. Pey de Garros (vers 1525-1583) est l'auteur des deux principaux, l'un sacré, l'autre profane : les *Psaumes de David viratz en rythme gascon* (1565) et les *Poesias gasconas* (1567). Originaire de Lectoure, étudiant à Toulouse, puis fonctionnaire au royaume de Navarre, Pey de Garros a connu diverses variétés d'occitan. Tournant le dos au béarnais administratif, il choisit d'illustrer le gascon, esquissant une standardisation phonétique, inventant une nouvelle orthographe, avec des procédés graphiques originaux. Dans un geste qu'il conçoit comme fondateur, Pey de Garros propose un échantillon d'écriture poétique destiné à montrer le chemin vers la reconquête de la dignité de la langue. Aucun substrat parodique n'y est présent. Pey de Garros a clairement conscience d'une bataille à mener, qui doit faire écho à celle que Du Bellay et Ronsard sont en train de mener pour le français. « Le tens viendra (peut estre) [...] que nostre langue [...] qui commence encor'à jeter ses recines, sortira de terre, et s'elevera en telle hauteur, et grosseur, qu'elle se pourra egaler aus mesmes Grecz, et Romains, produysant comme eux, des Homeres, Demosthenes, Virgiles, et Cicerons[61]. » L'espace de quelques décennies, le domaine d'oc eut lui aussi sa « deffense et illustration », son rêve poétique, son utopie linguistique...

A Aix, l'érudit Jean Nostredame, les poètes Charles et César Nostredame, et Louis Bellaud de la Bellaudière cultivent la poésie, souvent dans les deux langues, provençal et français. Salon-de-Provence est également un centre non négligeable, avec Michel Tronc[62], et Pierre Paul. Parfois, leurs œuvres ne nous ont été transmises que sous forme manuscrite. Bellaud de la Bellaudière, qu'on pense né à Grasse autour de 1543, et qui est mort à Aix en 1586, est un poète qui subit de façon profonde l'influence de Marot. Ses sonnets, dont les premiers datent des années 1572-1574, se veulent une forme de revanche contre le sentiment de déchéance linguistique. Il s'agit pour lui, en revisitant un genre « noble » comme le sonnet, d'affirmer sa différence d'avec les écrivains qui, dans sa région même, cultivent le français. Un humour conquérant n'est pas absent de cette revendication de marginalité, qui prétend rétablir fictivement un équilibre.

Un étonnant personnage vint par ailleurs jouer un rôle politique, dans cette revendication : il s'agit de Charles de Casaulx, qui profita de la sécession que proclama la vieille république marchande de Marseille suite aux troubles de la Ligue, à l'assassinat d'Henri III, et à l'intronisation à Paris d'un roi issu de la Ligue, pour devenir une sorte de dictateur éphémère, entre 1591 et 1596, date à laquelle le parti du roi le fit assassiner. Il se conduisait véritablement en roi, et rechercha dans cet esprit à affirmer la position de la langue. Un centre d'impression fut ouvert à Marseille ; le seul livre qui sortira de ses presses est en l'occurrence un recueil intitulé *Obros et rimos prouvenssalos de Loys de la Bellaudièro, Gentilhomme Prouvenssau*[63]... A Toulouse, en revanche, l'essor des genres poétiques est largement partagé, et va donner lieu, à partir de 1610, à des publications et des manifestations importantes, culminant avec la transformation, en 1641, des très anciens « Jeux Floraux de Toulouse » en académie provinciale.

Au plan politique, les années 1570-1590 se caractérisent par différents imbroglios résultant des mariages royaux. La Gascogne et le Rouergue quittent le royaume de France pour être réunis au Béarn. Il y a une brève époque où l'existence d'une authentique dynamique occitane peut être envisagée, comparable à la dynamique française. Mais l'imbrication de ces faits avec les troubles issus des guerres ajoute à la confusion. Henri III est bilingue ; tous ses capitaines et soldats ne parlent que gascon. C'est d'abord la langue de la cause catholique. Progressivement, néanmoins, la tendance s'inverse. Un front occitan fut de façon éphémère mené contre le catholicisme français par une sorte de héros local épique, Enric, « lo noste Enric » pour les Béarnais, de 1580 à 1593. Mais le tournant du siècle verra la résolution des troubles s'accompagner d'un affaiblissement politique inéluctable de la cause occitane. Le résultat en est que ses tenants trouveront une manière de refuge dans la littérature, l'idéalisation poétique servant alors de forme de consolation.

Dans le même temps, l'acceptation des réalités dialectales d'oc au sein de la poésie française se confirme. Les auteurs d'arts poétiques, Ronsard, Peletier du Mans, encouragent les jeunes poètes à puiser dans le fond immense des patois. La littérature de la fin du siècle se nourrit de ces échanges qui sont une manière de compenser ce qui est vécu comme une « disette » du français. Le grand élan de culture de la langue qui a saisi la seconde moitié du XVIe siècle est loin d'avoir été indifférent aux possibilités réservées par les dialectes.

Si les problématiques sont sans doute différentes en oc et en oïl (veine plutôt satirique et pittoresque en oïl, focalisation autour de la poésie en oc), l'apparition d'une authentique littérature dialectale à partir de 1550 montre qu'au XVIe siècle, la considération des usages ne peut s'envisager sans considération de la transformation que lui fait subir le regard de l'autre. De la même façon qu'à Paris commence à se mettre en place une dialectique subtile, faite de réflexes mimétiques, de « narcissismes de la petite différence », de « snobisme », pourrait-on dire, la réalité dialectale des provinces a fait l'objet d'une spectacularisation, d'une mise en image. Rapidement, l'usage de tel langage devient un message secret adressé à ce qui, chez l'autre, est différent. Le courtisan développe un parler à part, qui cherche à se démarquer des fonctions institutionnelles et de représentation que l'on voudrait assigner à la langue de prestige ; le peuple, spontanément, s'initie à une variation sociale nettement marquée ; chacun a son jargon, son « vêtement » langagier.

A cet égard, l'étude de la communication littéraire est une bonne manière de mettre en évidence les phénomènes d'intersubjectivité qui régissent nos usages linguistiques. Styliser, exemplifier des usages sortis de leur signification première pour leur conférer une valeur d'emblème, c'est construire une image de l'autre, et donc une image de soi. La littérature *symbolise* la langue : elle la problématise aussi, faisant du texte le lieu d'une recherche d'une identité autant que celui d'un repérage de la réalité. C'est pourquoi il est si difficile de considérer une œuvre littéraire comme un témoignage objectif d'un usage linguistique.

Vestiges d'un usage oral qui, déjà, tend à n'être pour certains plus qu'un souvenir ? Signes avant-coureurs d'un « régionalisme » qui fera périodiquement, dans l'histoire du sentiment de la langue, de ponctuelles remontées ? Les textes littéraires en dialectes ou en patois du XVIe siècle s'offrent à nous comme des contre-exemples à notre volonté de voir toujours s'aligner, dans un monde linguistique donné, les expressions idiomatiques et culturelles. Peut-être faut-il imaginer, au-delà du simple souci documentaire, tant soit peu teinté de nostalgie, d'esprit d'enfance, et de second degré, une signification plus profonde à ces manifestations de marginalité assumée. Comment ne pas penser, en effet, à l'impact « niveleur » qu'a dû avoir, après les années 1550, la mise en avant volontariste d'un « français du Roi » ? A la violence qui a dû accompagner cet usage politique s'appuyant sur la valorisation explicite d'un « parisien » sorti de son ancrage local pour être relié aux grandes représentations mythiques et idéologiques par lesquelles on fait passer la représentation des langues ? Une certaine forme de solidarité entre la langue et la culture en a vraisemblablement fait les frais. La littérature dialectale délivre un message au pouvoir central. Elle est là pour nous rappeler que la transformation d'un idiome donné en langue de prestige se fait rarement sans la poussée inverse vers les marges, sans l'exaltation lyrique ou parodique du « bas ». Il n'est qu'à voir comment, au XVIIe siècle, la vogue du « burlesque » a accompagné les efforts pour « raffiner » toujours plus un « bon usage ». Dans la littérature dialectale du XVIe siècle se déploie avec humour et audace le théâtre d'un « langage des langues » qui n'a pas fini de délivrer son message.

3

LE FRANÇAIS DANS LA BABEL DES LANGUES

Rappelons-le une nouvelle fois : le latin est toujours, au XVIe siècle, une langue vivante. Quatre milieux professionnels, au moins, l'utilisent encore quasiment tous les jours : les gens de droit, les lettrés, les scientifiques de tous domaines, et les gens d'Eglise. Pour ces catégories de population, le latin reste un idiome commode, dans lequel sont inscrites les phraséologies qui soutiennent leur savoir. Le latin leur permet d'entretenir un lien avec le passé, mais aussi avec leurs confrères d'au-delà des frontières. Il est au XVIe siècle, comme l'anglais aujourd'hui, une langue véhiculaire, internationale, qui permet d'échanger sans se laisser encombrer par les problématiques de la traduction ; une seconde peau pour ces hommes qui ont par ailleurs une langue ou un dialecte maternels.

Cette fonction, le latin l'avait assurée pendant tout le Moyen Age. Mais peut-on dire en 1530 qu'il est encore susceptible de la remplir ? Certes, ses usages écrits sont relativement stables ; on peut lire et imprimer le latin quasiment partout en Europe. Ce qui s'est produit en revanche au niveau de l'oral (car le latin reste encore fortement oralisé, au XVIe siècle : plaidoiries, soutenances de thèse, sermons, etc.), c'est que la prononciation s'est fortement diversifiée. Dix siècles ont passé depuis que le latin n'est plus la langue spontanée d'un grand nombre de personnes. Il s'est créé un décalage entre la physionomie de la langue à l'écrit, et sa prononciation orale. Figé à l'écrit dans des phrases toutes faites reproduites de siècle en siècle, il a subi l'influence des prononciations propres aux pays dans lesquels il a été utilisé. Les Français, par exemple, y introduisirent des timbres de voyelles inconnus du latin classique, tels que le [y] ; les Italiens continuèrent à respecter l'accent tonique ; les Allemands utilisèrent des prononciations particulières pour certaines consonnes... De sorte qu'au fil du temps, en n'entendait plus le même latin en France, en Italie, en Allemagne, en Angleterre[1]... Alors que la langue antique était censée représenter une manière de « langue universelle », et assurer une communication transfrontalière, au moins dans le domaine intellectuel et scientifique, dans la réalité, la communication orale entre lettrés devenait de plus en plus difficile. Un médecin italien n'était quasiment plus capable d'assister à une soutenance de thèse en Allemagne, et vice versa. Un humaniste consacra un opuscule à ce problème : il s'agit d'Erasme, dont le *Dialogue sur la prononciation correcte du grec et du latin* paraît – en latin – en 1528[2].

Latin classique et latin moderne

A la suite d'Erasme, un gigantesque mouvement de révision quant à la manière de considérer le latin se met en branle. Alors qu'on avait toujours pensé qu'il existait une seule langue latine, indivisible, qui avait continué d'exister bien après la chute de l'Empire romain, on s'aperçoit qu'il ne s'agit plus que d'un rêve. Le latin du XVIe siècle n'est plus celui des Romains : sans parler du latin classique, on n'est même plus proche du latin de la latinité tardive. S'en apercevoir fut un choc considérable. Il n'y a plus *un* latin, mais *plusieurs* latins. Alors qu'on pensait que cette langue avait une existence en quelque sorte « éternelle », hors contexte, c'est l'histoire et la variation qui tout d'un coup s'invitent. Et l'histoire, pour ce qui est de la perception des langues, est souvent vécue comme une dégénérescence.

On a du mal à imaginer, aujourd'hui, l'impact qu'a eu cette prise de conscience sur les attitudes linguistiques. La division du latin en deux langues : un latin classique, qui n'est plus connu, presque « perdu », et un latin « moderne », pratiqué, certes, mais incertain, a eu des répercussions importantes. Tout d'abord, cette séparation, dans la représentation du latin, entre deux états que sépare une histoire impossible à refaire, « à « rembobiner », pour ainsi dire, est contemporain de l'acceptation progressive – qu'on lit chez Du Bellay, par exemple – de ce fait « tragique », angoissant, que les langues n'ont pas été créées par Dieu pour les siècles des siècles, mais sont l'œuvre périssable des hommes. Il y a là une manière de deuil : deuil de la protection divine, deuil de l'éternité, deuil du futur assuré. Le latin a changé ; les humanistes de la Renaissance prennent conscience du fait que, « si Cicéron revenait », ils ne seraient quasiment plus capables de communiquer avec lui.

Cet éclair de lucidité n'a pas touché que le latin. On s'interroge aussi sur le statut des langues modernes, qui sont peut-être en train de connaître une situation comparable à celle qu'a connue le latin pendant l'âge d'or de la civilisation romaine. Le français deviendra-t-il un jour une autre langue ? C'est une préoccupation nouvelle, qui amène à se poser la question de la manière dont une langue se règle, s'organise, se « gère », pourrait-on dire. « Décrire, comprendre, améliorer » : c'est ce choc initial ressenti face au destin du latin qui est à l'origine de ces questions nouvelles pour le français.

Pour ce qui est du latin lui-même, enfin, la rupture est consommée. Le latin des clercs, sorte de bric-à-brac, véritable langue à l'intérieur d'une langue, n'étant plus compris que par eux-mêmes, perd son crédit ; il est assimilé à une dégradation, à une *trahison* du langage des Romains. Les humanistes se rendent compte des altérations, des déformations que les siècles ont fait subir à ce latin qui a pris des allures françaises, a vu apparaître de nouveaux mots, de nouvelles tournures... Pourquoi tenir encore à cet idiome dégradé ?

Historiquement, il faut se rendre à l'évidence : le latin restait un moyen de contrôle de l'accès à certaines professions. Tout d'abord, il constituait une espèce de code interne qui assurait une cohésion à des milieux jaloux de leur autonomie. Cela est surtout vrai pour le droit, soumis par essence aux pressions politiques, et qui a longtemps cherché, par cet attachement à un langage clos, hermétique, à se protéger d'adaptations au monde moderne qu'il ne pourrait plus contrôler. Par ailleurs, l'attachement à des pratiques et des usages linguistiques archaïques a toujours été un moyen d'assurer les ambitions sociales. Dans les provinces, la carrière des prêtres peu instruits, par exemple, pouvait se trouver vite bloquée par cette insuffisance. Il en est de même des professions médicales et juridiques, où le latin représentait une sorte de « sésame » d'accès. A un moment où le latin n'exigeait plus une compétence approfondie, il pouvait constituer une véritable difficulté, et faire figure de moyen de sélection.

En marge de ce latin abâtardi, à l'instar d'Erasme, l'élite intellectuelle de toute une génération va s'appliquer à retrouver, par l'étude, la physionomie d'un latin « originel », un latin *classique*, dans lequel on va pouvoir lire à nouveau la latinité dorée, les auteurs classiques, et retrouver le symbole de la puissance romaine. En France, Christophe de Longueil et Etienne Dolet représentent ce nouveau courant philologique. Il va s'agir, dans le domaine du lexique comme dans celui de la syntaxe, de réviser les constructions, les tournures, les façons de parler, de comparer l'usage qu'on s'était habitué à suivre, avec ce qui se trouve dans les textes classiques, en sautant par-dessus la basse latinité et les évolutions du Moyen Age. Le regard porté sur le corpus des écrivains antiques fut du coup modifié. Alors qu'on s'intéressait beaucoup, au Moyen Age, aux écrivains de la latinité chrétienne, les latinistes se mirent à ne plus jurer que par Cicéron et Tacite, Sénèque leur apparaissant comme à l'extrême limite de ce nouvel ensemble de référence. La pureté linguistique fut préférée à la canonicité religieuse. La prononciation fut revue ; on fit la chasse aux mots nouveaux.

A cet exercice sont volontiers associées des valeurs d'intégrité, de rigueur. L'étude de ces normes strictes, purgées des compromissions que lui avait fait subir le latin d'école, devint synonyme d'exigence, d'authenticité. Un aspect moral d'honnêteté lui est même attaché. Ces représentations sont loin de la manière dont nous considérons aujourd'hui l'étude des langues, mais ne comptent pas pour rien dans la réticence que les savants ont parfois manifestée au moment de passer au français. Le latin retrouvé redevenait pour eux une langue *idéale*...

Mais faire renaître des limbes une langue « pure », une langue originelle, une langue parfaite..., était-ce bien raisonnable ? Comment pouvait-on envisager d'aller ainsi à rebours de l'histoire, de consacrer ses énergies à restaurer un état de langue disparu depuis des siècles, de chercher à retrouver les conditions d'un usage qui, de toute façon, s'était déplacé ? On objectera aujourd'hui qu'une langue liturgique, l'hébreu, fut bien remise artificiellement en usage en plein XXe siècle, à la création de l'état d'Israël, alors qu'elle n'avait plus été parlée hors des synagogues pendant près de deux mille ans. Mais l'hébreu moderne s'est détaché de cet hébreu biblique, s'enrichissant de termes nouveaux, adaptant sa syntaxe et sa rhétorique. Si le latin avait continué pendant tant de siècles à fonctionner comme une langue vivante, c'est précisément parce qu'il s'était altéré, qu'il avait été rompu à d'autres besoins dans les mutations de la société. Or les latinistes du XVIe siècle virent soudain dans tout ce qui, précisément, avait fait la vie de cette langue durant ces nombreux siècles, les signes évidents de fautes, « barbarismes » ou « solécismes ». La focalisation autour de la *congruence* linguistique prima sur l'appréhension de la fonction sociale du langage.

Il en résulta un bouleversement dans la manière de se représenter le latin, et par là, les langues en général, le latin faisant encore office, à cette époque, de modèle dans leur représentation. D'un côté, des progrès décisifs furent accomplis dans la *connaissance* de ce qu'avait été le latin. D'un autre, il s'ensuivit un phénomène de désappropriation, conséquence prévisible de cette volonté de retour en arrière. Dès lors, le « véritable latin », classique, n'était plus accessible qu'aux érudits. Tous ceux qui pratiquaient encore couramment le latin virent leur compétence sévèrement jugée. De par ce nouveau souci puriste, le latin était retiré de l'expérience quotidienne, soumis à l'observation, une sorte de fossile. Certes, le latin dit « vulgaire » continuera encore à être pratiqué, plus à l'écrit qu'à l'oral, d'ailleurs, jusqu'au milieu du XVIIe siècle, mais la valeur qu'on lui attribuait n'était plus la même.

L'une des conséquences les plus paradoxales de ce nouvel intérêt philologique porté au latin fut donc qu'il aura été, d'une certaine manière, libérateur pour la pratique du français. En séparant une variété pure du latin de ses formes encore en usage, les humanistes introduisirent un clivage qui fut fatal à la perpétuation de cet usage. Le latin épuré était devenu une langue hors d'atteinte, un objet de curiosité, certes fondamental pour la culture, mais dépouillé de potentialités nouvelles d'expression. Ce latin élégant, juste, où l'on s'interdisait d'employer tout mot qui ne se soit pas trouvé dans Cicéron ou à tout le moins au Ier siècle avant Jésus-Christ, devint un idiome de connaisseurs, un latin de « forts en thème », rebelle aux vraies nécessités de la communication.

Cet espace libéré pouvait alors être occupé avec profit par les langues modernes. Le latin usuel, « vulgaire », devenait une langue *inutile*. Le lien entre la langue et la culture ne passait plus par cette médiation qu'avait longtemps représentée le recours à cette langue intermédiaire, qui n'avait été, finalement, de nul lieu et de nul temps.

La grande vogue des « Latineurs »

A la vérité, une part très importante du nouveau sentiment de la langue qui naît au milieu du XVIe siècle est à mettre en rapport avec la relation complexe, emmêlée, que les cultures européennes de la fin du Moyen Age et du début de la Renaissance entretinrent avec le latin. Parlant de « cultures européennes », on doit être plus précis :

l'Italie, depuis la fin du XIVᵉ siècle, a commencé ce vaste mouvement de relecture de l'Antiquité qui traversera ensuite toute l'Europe. Mais la France, parmi d'autres, subissait encore cette redoutable emprise que les vieux schémas de pensée, avec leurs inhibitions, parvenaient à exercer de façon perverse, par cet attachement au latin. L'assimilation de la culture au moyen utilisé pour la transmettre joua de façon massive à la fin du XIVᵉ siècle et au XVᵉ siècle, au moment où les instances de savoir se développaient. Et, à vrai dire, cette focalisation du monde scientifique et érudit sur le latin fut telle qu'on ne put pas penser l'élaboration linguistique nécessaire autrement qu'en rapport avec le latin. Ce fut l'époque d'une tentation de « relatinisation » du français, tentation qui s'étendit sur plus d'un siècle. Equiper la langue, la rendre apte aux nouvelles réalités, aux nouveaux besoins expressifs, ne fut pas pensé possible à partir des seules ressources d'un idiome qu'on considérait comme trop éloigné du monde de la culture.

L'ancien français, dans les faits, avait évolué de manière relativement libre, peu gouvernée. Sa dialectalisation avait été admise, et elle correspondait aux conditions politiques et socio-économiques. Cette langue avait-elle pour autant la « dignité » nécessaire pour aborder certains sujets ? Son caractère labile, changeant, mouvant, déconcertait, et faisait douter qu'on puisse y exprimer des contenus « sérieux ». La survie du latin après la chute de l'Empire romain, à l'inverse, semblait indiquer quelque chose en lui qui était propre à assurer pérennité à ce qui s'y trouvait exprimé. Par ailleurs, le français du XVᵉ siècle semblait pauvre, pour la sensibilité des contemporains. Quelle solution pour lui redonner une certaine « tenue », une dignité qu'il semblait avoir perdue ? Y réinjecter, pour ainsi dire, du latin.

Pour ce qui est du lexique, cette « relatinisation » doit être considérée comme l'un des faits essentiels de toute l'histoire du français, un grand événement comparable au *great vowel shift* qui, en anglais au Moyen Age, a fait « glisser » le timbre de toutes les voyelles en produisant des diphtongues. On estime que 43 % du vocabulaire français actuel date de cette époque, pendant que le lexique de l'ancien français sortait en partie de l'usage. Cet enrichissement a eu pour conséquence la création de doublets, l'apparition de nouveaux sens et expressions. Le mouvement est surtout notable entre la fin du XIVᵉ siècle et le milieu du XVIᵉ siècle. Le progrès scientifique aidant, il s'amplifia dans les premières décennies du XVIᵉ siècle. Le soutien idéologique qu'on lui apporte à ce moment-là est total. Le grammairien Sylvius, en 1531, soutient cette relatinisation, estimant que le latin, plus proche de la langue primitive, possède une légitimité que ne peut revendiquer aucune langue moderne.

Au plan de la graphie, le phénomène se révèle par l'apparition de consonnes absentes des mots français, l'évolution phonétique n'en rendant plus la présence nécessaire à l'écrit. Un *g* dans *doigt* réapparaît, pour rappeler que le mot *doigt* est issu du latin *digitum* ; de même le *c* dans *faict*, issu de *factum* ; le *b* dans *doubter*, issu de *dubitare*. Ces consonnes, qui ne correspondaient à aucune prononciation réelle, se maintiendront parfois, mais s'effaceront aussi souvent, créant des irrégularités dommageables pour l'apprentissage des règles orthographiques. Le préfixe *ad-* est rétabli dans son intégrité, donnant *advenir*, *admettre*, *administration*... C'est comme si le substrat phonique du latin redevenait lisible dans le français ; visible, peut-être, mais non perceptible à l'oreille, d'où une scission irréversible dans la représentation mentale des mots...

La création des mots équipés de leur nouvelle et assez exotique graphie se fait par des calques qui vont se substituer aux anciennes formes. Ainsi le nouveau *abhorrer*, par exemple, tout hérissé de ses lettres latinisantes, vient-il s'imposer face à l'ancien *avorir*, contraint de remiser ses vieux habits. La plupart du temps, néanmoins, l'ancien mot résiste, et il s'opère alors une dissimilation du sens. L'ancien mot en vient à glisser hors de son ancienne niche, pour en gagner une autre. Le latin *hospitalem*, par exemple, avait déjà donné *hôtel*, mais la reformation savante lui adjoint *hôpital* ; de même *fragilem* avait déjà donné *frêle*, et produit à présent *fragile* ; de *fabricam* on connaissait *forge*, mais voici *fabrique* ; *liberare* engendre un *libérer*, à côté du traditionnel *livrer*. Parfois, les deux mots issus de la même base – l'un par évolution phonétique spontanée, l'autre par une décision de maintenir visibles par l'emprunt écrit les caractéristiques du latin – se répartissent des sens et des emplois différents. Parfois, ils continuent à se côtoyer, dans un effet de quasi synonymie qui apporte un raffinement sémantique à certaines notions. Ainsi apparaissent de longues séries de doublets : *champ* (XIe s.) et *camp* (fin XVe) ; *chance* (XIIe) et *cadence* (XVe) ; *loyauté* (XIe) et *légalité* (XVe) ; *roide* (XIIe) et *rigide* (XVe) ; *livrer* (X[e]) et *libérer* (XVe) ; *entier* (XIIe) et *intègre* (XVIe) : *écouter* (X[e]) et *ausculter* (XVIe)... Le locuteur d'aujourd'hui n'est plus conscient qu'il parle souvent deux états de langue juxtaposés, datant d'époques différentes !

Si le phénomène est massif en français, l'allemand le subit également, avec de nombreux termes juridiques, pédagogiques ou musicaux (*Abstrakt*, *Akkord*, *akzerptieren*...). Dans le domaine anglais, où les emprunts au grec et au latin passent parfois par des chemins détournés (emprunts au grec par l'intermédiaire du latin – comme en français –, ou au latin par l'intermédiaire du français importé au moyen âge dans le dialecte normand), l'ajout de consonnes étymologiques dans la graphie est très important, peut-être plus encore qu'en français. En anglais, de nombreux termes relatinisés de cette époque n'ont plus été touchés par la suite, alors qu'ils l'ont été en français, subissant une « délatinisation ». L'anglais conserve *fact*, *debt* (alors qu'en français on écrit *fait*, *dette*...). De nombreux verbes très employés en anglais moderne sont purement latins, comme *to describe*. Ces procédures de calque touchent également la syntaxe. En anglais comme en allemand, de nombreuses constructions sont directement inspirées du latin : fréquence du passif, emploi de la subordonnée infinitive, participe absolu en anglais, renforcement de la morphologie des déclinaisons, développement du système des temps en allemand.

En français, le dédoublement touche souvent des mots très courants. Les termes techniques ne possèdent souvent qu'une forme, latine ou grecque (l'essentiel de nos termes de médecine, par exemple), mais ne sont venus prendre la place d'aucun terme préexistant. Quant au vocabulaire de la vie familière, rurale ou domestique, il n'est souvent pas touché par ce mouvement de relatinisation. Entre ces deux extrêmes, c'est tout le lexique courant qui est affecté par cette tendance, qui a pour effet d'introduire de très grandes quantités de mots nouveaux, et de modifier sensiblement la phonologie du français, redonnant une place prépondérante aux consonnes.

Quel fut l'effet de cette relatinisation, auprès des locuteurs ? En Angleterre, où, pendant tout le Moyen Age, pour des raisons politiques, le contact fut grand avec des populations de dialectes latins, la relatinisation « parlait » probablement à une partie importante de la population. La présence d'un double paradigme de termes, d'origine saxonne et d'origine latine, employés parfois en paires synonymiques, assurait une garantie de compréhension, auprès de locuteurs qui pouvaient avoir une origine géographique ou culturelle diverse. On en voit la trace dans les pièces de Shakespeare. Mais en France ? Il est douteux que la réapparition des structures du vocabulaire latin ait signifié quelque chose aux locuteurs. En revanche, ce dont on peut faire l'hypothèse, c'est que cette relatinisation, dans la mesure où l'essentiel des dialectes, en France, était d'origine latine, a pu contribuer à installer une forme d'intercompréhension entre les patois, particulièrement entre les formes d'oc et les formes d'oïl. Cette remontée artificielle aux sources latines des formes vernaculaires en usage dans le royaume peut alors être interprétée comme une manière d'homogénéiser les usages. Elle a permis par exemple qu'on identifie mieux des racines qu'une diversification croissante des prononciations avait rendues peu reconnaissables.

Dans le contexte écrit, ces nouveaux usages latinisants avaient par ailleurs l'avantage de laisser entendre, d'une certaine manière, le texte original sous le voile de la traduction. On s'est beaucoup interrogé pour savoir quelle part attribuer aux traducteurs, dans ce grand mouvement de relatinisation. Il n'est pas douteux, en effet, que cette relatinisation n'ait servi leur propos. Cette latinisation du français est enfin une manière de garder un contact avec les sources culturelles profondes du français, à un moment où la stigmatisation du latin vulgaire coupe l'un des ponts qui reliaient ces deux mondes. La réactivation de l'étymologie pourra être vue, à ce titre, comme un autre phénomène compensatoire : le latin retrouve sa place, au moins dans les mots, à l'intérieur même du français.

Qu'est-ce qui a alors interrompu cette dynamique, apparemment si avantageuse ? Dès les années 1530, on a commencé à entendre des voix pour protester contre ce qui devenait un véritable « envahissement » du français par le latin. Tory se moque de ces « latineurs » qui remplacent des mots bien connus du lexique français par des calques latins, disant *transfreter* pour *traverser*, *deambuler* pour *se promener*, *quadrivies* pour *places publiques*, etc. Louis Meigret assure que le français a ses propres règles, bien conscient que cette focalisation sur le latin pouvait présenter des risques quant à l'émancipation des langues « vulgaires ». A la mode de la relatinisation, va bientôt succéder une mode de la « délatinisation ». Chez Rabelais, le latin est associé la plupart du temps à l'univers de personnages ridicules dans leur incommunicabilité, pris dans une forme de clôture, de zèle absurde, de désir de se retirer hors de l'échange. C'est le cas de l'« escholier limousin », que rencontrent à Paris Pantagruel et ses compagnons (*Pantagruel*, chapitre VI), et qui s'est totalement acculturé, jusqu'à ne plus parler qu'un jargon à peine compréhensible. En voici un extrait, tiré par Rabelais du texte inventif de Geoffroy Tory (voir ci-dessous) avec, entre crochets les formes « françaises » issues d'évolutions naturelles ou, disons, d'emploi plus usuel... :

« Nous transfretons [traversons] la Sequane [la Seine] au dilicule [jour naissant] et crepuscule. Nous deambulons [nous promenons] par les compites [carrefours] de l'urbe [de la ville]. Nous dispumons [dégoisons] la verbocination [langue] latiale [latine] et comme verisimiles [vraisemblables] amorabonds [amoureux] captons la benevolence [bienveillance] de l'omnijuge [qui décide de tout], omniforme [de toute forme] et omnigene [de toute espèce] sexe féminin. »

Etonnant exercice qui laisse aujourd'hui apparaître comme en pochoir les subtils décalages qui, tantôt, nous signalent un mot comme incompréhensible (la plupart), tantôt nous révèlent l'extravagance de mots qui se sont incorporés à notre lexique courant (*crépuscule*, *déambuler*)...

Si, pour l'essentiel, Rabelais est l'un de ceux qui souhaitent éliminer ces « écumeurs de latin », ces « rappetasseurs de vieilles ferrailles latines, revendeurs de vieux mots latins tous moisis et incertains » qui traînent encore dans la Renaissance les hardes du Moyen Age, sclérosent l'enseignement, et maintiennent les sciences dans l'obscurantisme, jetant un voile de fumée aux yeux du vulgaire, son attitude profonde vis-à-vis du latin est sans doute plus complexe. Le latin est aussi l'un des fondements de la culture humaniste, et il est visible que Rabelais le réactive autant qu'il en fait la satire, conscient qu'il s'agit là de l'une des « peaux linguistiques » qui constituent l'identité culturelle française. De très nombreux passages de l'écriture qu'on peut prêter le plus directement à Rabelais, hors des mises en scène satiriques des parlures, sont nourris de ces latinismes.

Il en va tout autrement de la génération suivante, celle de la « Pléiade ». Rabelais est un phénoménal metteur en scène des interrogations d'une culture à son point de basculement, mais il est plus attaché aux plaisirs de la parodie, du pastiche, de la reprise ironique des discours d'autrui qu'à l'élaboration d'une nouvelle politique de la langue. Dans la seconde moitié du siècle, on formulera des réserves plus explicites, comme Abel Matthieu, dans son *Devis de la langue française* (1559), contre ceux qui farcissent leur langage de mots nouveaux et ridicules.

Cependant, l'objectif était bien d'*enrichir* le lexique français. Quelle solution adopter, alors ? Il y a celle de la réutilisation d'archaïsmes ou de provincialismes, prônée par Du Bellay et Ronsard. Ce dernier est celui qui ira le plus loin dans la tentative d'intégrer à la langue commune des éléments marginaux. Tout est bon pour lui à prendre, dans ce qui est spécifiquement français : des compositions (*chèvre-pied*, *passe-fleur*, parfois poétiques, l'été étant vu comme *donne-vin*, le moulin comme *brise-grain*, la terre comme *porte-grain*, etc.), des suffixes, notamment le diminutif (*mignonelette*, *doucelette*, *faiblelette*), l'emploi d'infinitifs et d'adjectifs comme noms (*l'aller*, *le chanter*, *le vivre*, *le mourir*, *le liquide*, *le vide*, *le frais*).

Parfois, on voulut procéder à une authentique « refrancisation ». Mais certains usages sont déjà entrés dans les mœurs, et il ne paraît plus possible de revenir en arrière. Dans les traductions des Ecritures, les tentatives pour remplacer *holocauste* par *brûlage* et *cène* par *souper* n'ont pas de succès. Certains termes paraissent désormais trop associés à un type de représentation. Ce qui est sûr, en revanche, c'est qu'à partir de 1560, la doctrine va être amenée à composer avec la norme spontanée. Tout ce qui s'écarte de l'usage commun fait l'objet de critiques sévères. Les idées d'*équipement linguistique*, qui avaient soutenu le mouvement de relatinisation du français, cèdent le pas devant une sensibilité grandissante à l'usage.

Le français et l'italien : les frères ennemis...

Les rapports complexes et conflictuels du français avec le latin, au XVIe siècle, ne sont pas rendus plus simples par la présence, aux abords immédiats du royaume, d'une nation qui elle aussi a eu ses problèmes de filiation à régler, et qui de plus, depuis le début du siècle, exerce un ascendant culturel tel qu'il est propre à inhiber les volontés d'émancipation du français. Le français et l'italien : histoire d'une « concorde », comme disait Jean Lemaire de Belges en 1513, qui s'est faite concurrence, et que sont venues épicer la jalousie, le snobisme et les réactions puristes.

Lorsque Louis XII lance les campagnes d'Italie au début du siècle, il n'a sans doute pas conscience de faire entrer, pour une partie de la population inquiète de sa « francité », un véritable cheval de Troie porteur de déstabilisation identitaire. Aux plans culturels et économiques, l'apport de ces guerres d'Italie fut immense. Sur plusieurs décennies, par vagues successives, ce sont des ateliers entiers d'artistes italiens qui arrivent en France. On connaît les individualités de prestige que furent Léonard, Primatice ou Rosso, mais il faut compter aussi avec tous les corps de métier que la venue des créateurs sur les chantiers impliquait. Au total, c'est une importante population italienne qui s'établit à la Cour et dans les châteaux, une véritable « Petite Italie »... Les armées qui rentrent des campagnes se sont elles aussi « italianisées ». D'ailleurs, le mot d'ancien français désignant l'armée, l'*ost*, a cédé la place à l'*armée*, calque de l'italien. Enfin, dans toute la partie rhodanienne du royaume, les milieux d'affaires français sont dominés par leurs liens avec le commerce et la banque du nord de l'Italie. Les parlers francoprovençaux semblent permettre une communication avec le dialecte milanais. A Lyon, nous l'avons vu, une bonne partie de la ville parle italien, et le bilinguisme est fréquent. La présence de cette forte communauté, d'ailleurs, n'a pas manqué de susciter des réactions xénophobes. On s'aperçoit qu'on a reproché alors aux Italiens ce qu'on a reproché ailleurs aux Juifs : tenir les rênes du pouvoir économique, s'enrichir aux dépens du peuple, comploter dans l'ombre...

Ces influences sont renforcées et corroborées, à partir du milieu du siècle, par l'alliance du trône de France avec les Médicis. La venue de Catherine de Médicis à la Cour donne à la présence des Italiens en France une tout autre ampleur. Catherine est en France depuis 1533, mais c'est surtout à partir de sa régence (1560) que le phénomène s'accentue. Ce sont des centaines de courtisans qui, dès lors, adoptent les usages italiens. Ceux-ci sont vus de manière ambivalente : d'un côté, ils apportent une touche de raffinement et d'élégance qui manquait à la Cour de France, l'usage de la *fourchette*, par exemple (de *forchetta*), de l'autre ils véhiculent avec eux une représentation du pouvoir qui divise et crée des lignes de fracture. La Cour d'un côté, Lyon de l'autre. De l'entrée d'Henri II et de Catherine de Médicis dans cette ville en 1548 à celle de Marie de Médicis, deuxième épouse d'Henri IV en 1601[3], ces festivités se font souvent au son de l'italien, « vêtement » culturel de la politique royale. Enfin, c'est aussi grâce à Marie de Médicis que la France connaîtra un nouveau genre de spectacle chanté, créé en Italie, l'*opéra*.

L'italien ne peut manquer de jouer le rôle d'un puissant stimulant pour la créativité littéraire. Si le sentiment de la langue française se développe autant au XVIe siècle, c'est en grande partie dans le sillage de ce qui a pu se faire en Italie depuis Dante. C'est parce que l'italien littéraire a su se démarquer, au moyen d'une réflexion sur l'usage, le caractère des langues, et leur rapport à l'histoire, de l'écrasant modèle latin, que le français peut prendre sa suite. Les premiers arts poétiques et les premiers manuels de rhétorique qui paraissent en France au XVIe siècle, ceux de Peletier du Mans ou de Fabri, sont redevables à leurs modèles italiens. La *Deffence et Illustration de la langue françoyse* de Du Bellay (1549), si elle développe des idées brillantes, doit son existence à de nombreux textes français antérieurs, mais aussi à la parution en Italie, quelques années plus tôt, d'un traité similaire abordant la question des langues « vulgaires ». Plusieurs autres démarquages se remarquent dans le siècle[4]. En d'autres termes, les penseurs français de la littérature et de la langue, au XVIᵉ siècle, avaient conscience qu'une grande partie des problèmes qu'ils abordaient avait déjà largement été traités en Italie quelques décennies plus tôt.

Mais il y a plus. L'italien est devenu en France une langue qui déclenche une véritable *mode*. Il est particulièrement en vogue auprès du public féminin, qui l'associe à la poésie, aux arts, au chant, à une certaine manière de bien vivre. Il faut dire que les reines italiennes pouvaient parfois se sentir offusquées par la rusticité des mœurs françaises de l'époque, sous Henri II, et encore sous Henri IV. Cet univers masculin régi par des règles où devait encore se sentir un lointain écho de la féodalité ne devait pas laisser beaucoup de place aux soucis féminins de politesse et de raffinement. Parler italien, la langue des sonnets et des madrigaux, a put alors être perçu comme une marque d'attachement à des valeurs d'urbanité et de civilité. Alors que le latin, prestigieux, semble être la propriété presque exclusive des hommes – provoquant un sentiment d'infériorité dans la population féminine lettrée – l'italien devient une sorte de « contre-latin » à usage interne auprès d'une communauté féminine qui cultive sa différence. Une sous-culture commence ainsi à se constituer.

De cette pénétration de l'italien dans le français à partir des années 1550, nous conservons plusieurs témoignages. Déjà en 1550, dans son *Quintil Horatian*, Barthélemy Aneau avait dénoncé les « corruptions italiques » et fustigé cette « singerie de la singerie italiane ». Une comédie est jouée en 1560, *les Ebahis*, de Grévin, dans laquelle ces usages sont également moqués. Pour Tabourot, l'italien n'était qu'une « corruption latinogotisée du langage Romain ». En 1578, Henri Estienne fait paraître *Deux Dialogues du nouveau langage françois italianizé et autrement déguizé, principalement entre les courtisans de ce temps*, une charge virulente contre les usages linguistiques de la Cour.

Dans ces dialogues, un certain « Jan Franchet, dict Philausone, gentilhomme courtisanopolitois » converse, dans un pastiche faisant étalage de mixité linguistique, avec un « Celtophile » dans lequel il est aisé de reconnaître Henri Estienne lui-même. Indiscutablement, ce dernier s'amuse, composant un plaisant et artificiel patchwork de tournures françaises et de calques issus de l'italien. Mais Henri Estienne est-il fiable, dans sa transcription de ce qui se disait à la Cour de France en ce temps-là ? En réalité, l'objet de sa critique est largement fabriqué. Tout d'abord, il n'avait que très peu séjourné à la Cour : il ne disposait certainement pas d'un matériau abondant. Ensuite, on trouve dans son texte des formes qui ne se rencontrent que chez lui ! Certains mots qu'il présente comme des italianismes n'existent pas en italien. Lorsque Philausone rencontre par hasard Celtophile dans la rue, comme il est d'usage dans ce type de dialogues, il indique que ce dernier était « tout sbigotit de mon langage, qui est toutesfois le langage courtisanesque, dont usent aujourd'huy les gentilhommes francés qui ont quelque garbe, et aussi desirent ne parler point sgarbatement[5] ». Si *garbo* existait en italien, au sens de « courtoisie », d'« élégance », d'« amabilité », apparemment, on ne trouve nulle trace de « sgarbatamente »..., ce qui n'exclut pas l'invention française de faux italianismes (sur le mode du célèbre *footing* bien français d'aujourd'hui).

L'italien d'Henri Estienne est en grande partie une langue fantasmée, projetée de l'extérieur sur un français qui reste son vrai sujet. Sa perspective est stigmatisante et puriste. Cependant, il a été le témoin d'un phénomène usuel et récurrent dans l'histoire des langues : celui des langues en contact, donnant lieu à des hybridations (pensons au Maghreb francophone d'aujourd'hui, par exemple). Henri Estienne a une interprétation qu'il juge sans appel : c'est par nécessité que les Italiens ont mélangé, et c'est par bêtise que les français les imitent... « Or çà, Monsieur Philausone, pour parler à bon escient, ne considerez-vous pas bien que l'escorchement du langage italien est venu premierement des Italiens qui, par nécessité, non pas pour plaisir, entremesloyent leur langage parmi le nostre ? [...] Et cependant quelque sot François, de ce vice (car je croy que l'ignorance se peut bien appeler vice) voudra faire une vertu[6]. »

Henri Estienne néglige de toute évidence la dimension d'altérité, qui entre en jeu dès lors que des usages linguistiques différents sont mis en présence. Comment ne pas voir que, dans l'exhibition d'usages marqués, aisément repérables tant ils sont voyants, intervient une dimension ludique qui, est, tout autant qu'un moyen de se faire un vêtement « pour l'autre », une manière d'échapper à l'univocité du langage ? « Distinction », désir de marginalité, de se créer des langages « privés », snobisme... Aujourd'hui, avec le recul, nous percevons sans peine les enjeux sociaux et culturels, que pouvaient avoir de semblables pratiques. La réaction d'Henri Estienne nous montre pour autant que, sur le moment, la question de l'« italianisation » du français a pu être perçue par les milieux érudits comme un risque et comme une menace. L'auteur des dialogues persiste et signe d'ailleurs l'année suivante, dans une *Precellence du langage françois* (1579) qui, sous couvert de faire l'éloge du français, porte des attaques d'une grande mauvaise foi contre l'italien.

Au cours de cet épisode, le lexique français s'est enrichi de nombreux termes pris à l'italien. Parmi les termes à la mode indiqués par Henri Estienne comme ayant été employés à la cour, beaucoup ne sont pas restés, si tant est qu'ils aient jamais été dans un véritable usage : *strade* pour « rue », *stanse* pour « chambre », *ragionner* pour « raisonner »... Mais d'autres italianismes font aujourd'hui partie du français quotidien : *fatigue, intrigue*, l'expression *martel en tête*... Dans certains domaines spécialisés, l'emprunt à l'italien s'explique par la créativité et l'antériorité italiennes quant aux choses désignées : architecture (*balcon, arcade*...), musique (*concert, cadence, opéra*...), et surtout vocabulaire de la guerre (*infanterie, escadron, cavalerie*..., *alarme* (« all'arma ») et *alerte* (« all'erta »)). Certains mots sont « refaits » sur le modèle italien (*chenaille* devient *canaille* sous l'influence de *canaglia, garlande* devient *ghirlande, guirlande* sous celle de *ghirlanda*, etc.) D'anciens mots français se voient également dotés de nouveaux sens « italiens ». Des suffixes, *-esque*, ou *-issime* (superlatif) deviennent productifs en français. On estime à environ 400 les mots du lexique français courant qui sont des importations italiennes du XVIe siècle ; la moitié des italianismes courants de notre vocabulaire, par ailleurs, datent du XVIe siècle.

Que des liens étroits aient existé entre les deux mondes, italien et français, pendant tout le siècle, cela n'est pas étonnant. La prégnance de la culture italienne est forte dans de nombreux domaines. Mais l'« italianisation » de la cour d'Henri II semble avoir constitué un phénomène éphémère, assez extravagant, drôle même, qui n'aura pas vraiment de lendemain.

Un problème de fond plus important, néanmoins, semble posé par ces débats. Il s'agit du *rapport à la latinité* que le français, dans sa légitimation d'origine, se doit d'affronter. Il existe au XVIe siècle une circulation de mots importante entre les parlers d'oc, particulièrement le provençal, et l'italien, l'espagnol, le français. Toutes ces langues aspirant à acquérir le statut de prestige, partagent bon nombre de caractères, phonétiques, morphologiques, syntaxiques. Dans toutes, il semble qu'on entende encore le latin. L'espagnol n'a pas, au XVIe siècle, l'influence qui sera la sienne au début du XVIIe siècle. Il fait l'objet d'un assez grand mépris, est taxé d'archaïsme. Abel Mathieu, par exemple, estime que cette langue « sent encore le vieux ramage du pays[7] ». Mais le voisinage de cet idiome encore assez proche du latin par certains aspects ne peut manquer d'exercer une influence sur les dialectes occitans et sur le français, à un moment où la tentation de renouer avec les racines latines est grande. On observe qu'au XVIe siècle, un suffixe, le suffixe *-ade*, a eu tendance à prendre la place, dans certains mots, de l'ancien suffixe français *-ée*. Ce suffixe est-il d'origine espagnole, provençale, ou italienne ? Si *armée* ne s'est pas effacé devant un possible *armade*, nous conservons encore beaucoup de mots bâtis sur ce principe (*ambassade*, sur un radical gaulois latinisé, *œillade*...). Un certain nombre de mots « italiens » que le français croit importer à la fin du XVIe siècle, sont en fait des provençalismes et ou des hispanismes traduits... La similarité des terminaisons, jointe à des bases identiques, explique cette confusion. Les Français doivent se rendre à l'évidence : leur langue est éminemment perméable, de façon subreptice, à toutes ces influences. Les frontières du royaume n'enferment pas de façon étanche l'univers des « dialectes ». Des allers-retours se créent, où l'on perd souvent la trace des mots.

Encombrante latinité, donc. Entre son écrasante filiation d'avec la langue des Romains, l'aspect envahissant de son voisin et modèle culturel italien, et la vitalité de ses marges méridionales, le français se cherche encore une autre voie.

Pourquoi pas le grec, l'hébreu, le chaldéen, le gotique...

Ce rapport ambigu à la latinité explique sans doute que, durant tout le XVIe siècle, les commentateurs se soient laissé fasciner par la recherche d'origines improbables, de « conformités » mystérieuses, de « liens » susceptibles d'arracher le français à la tyrannie de son évidente filiation latine.

Sans doute peut-on s'expliquer ainsi le souci de revaloriser le grec par rapport au latin. Le grec avait été l'une des grandes redécouvertes du début du XVIe siècle, qui se met à lire les ouvrages de l'Antiquité dans le texte, et non plus dans des traductions latines, et qui s'initie, par ailleurs, à l'immense richesse de ses terminologies savantes. Dans le courant du siècle, deux catégories de personnes savent le grec : les lettrés, philologues ou théologiens, et les savants, médecins, mathématiciens ou physiciens, par exemple. Mais certains étendent leurs spéculations plus loin. Alors que plusieurs ouvrages, depuis Budé (1514), avaient fait connaître quelques-unes des étymologies grecques du vocabulaire français (Joachim Perion en 1555, par exemple), Henri Estienne fait paraître en 1565 un surprenant *Traicté de la*

Conformité du language François avec le Grec, dans lequel il déclare que « la langue grecque est la roine des langues[8] ». Malheureusement, en dépit de quelques phénomènes lexicaux isolés, Henri Estienne manque d'arguments pour défendre l'idée que le français provient *réellement* du grec... Il ne peut s'appuyer que sur des ressemblances de surface, telles que la présence d'articles, en grec comme en français (alors que ces petits mots outils de la détermination sont absents du latin).

Du coup, les historiens et philologues n'hésitent pas à refaire les trajets en sens inverse. Dans sa *Galliade* (1578), Guy Le Fevre de La Broderie ira jusqu'à avancer que les Grecs et les Latins ont une origine commune : gauloise ! D'autres avancent l'hypothèse d'un transmission secrète du grec au français par l'intermédiaire des druides... C'est la théorie du « celthellénisme », dont le but est clairement de faire pièce à la filiation latine. Le français se découvre un trajet miraculeux, une manière de raccourci par rapport à des évolutions pesantes.

Certains écrivains et poètes, comme Ronsard, déplorent la pauvreté de la langue française par rapport au grec.

> *Ah ! Que ie suis marry que la Muse Françoise*
> *Ne peut dire ces mots comme fait la Grégeoise :*
> *Ocymore, dispotme, oligochronien* [...][9].

Ronsard est d'accord pour trouver ces mots étranges, ou tout du moins « nouveaux », mais, après tout, dit-il, *philosophie* et *mathématique* n'ont-ils pas paru bizarres, au moment où ils ont été dits pour la première fois ? Tout est question d'habitude, finalement...

Pour certains contemporains, néanmoins, Ronsard est allé trop loin, dans son entreprise de « grécaniseur ». Des hellénistes français soucieux de la pureté de leur langue, notamment, y trouvèrent à redire. Ronsard avait une attitude libérale, en ce qui concerne les mots : il les acceptait, du moins dans la première partie de sa carrière, à peu près d'où qu'ils viennent. Dans la foule des emprunts contemporains au grec, beaucoup sont restés : *disque, épithète, hémistiche, hexagone, hypothèse, sympathie, trachée, tropique*... Beaucoup ont une allure « technique », d'autant plus visible que ces emprunts, à la différence de ceux des époques précédentes, qui passaient par le latin, sont désormais « directs ». La fusion de ce lexique dans la langue malgré tout déconcerte certaines oreilles.

De manière générale, le XVIe siècle est l'époque de joyeux mélanges, dans les théories linguistiques[10]. Le gotique, langue germanique des Goths, est redécouvert en 1555 grâce à la traduction de la Bible de l'evêque Wulfila. Certains exhibent des ressemblances entre toutes les langues européennes, ouvrant la voie aux futures recherches de la grammaire comparée sur l'indoeuropéen. Mais la plupart du temps, les outils manquent pour corroborer les hypothèses, et les grammairiens se laissent tromper par des phénomènes de surface.

D'autres « langues mères »

Une obsession domine : celle de l'« antiquité ». Outre Troie et la Grèce, des langues plus anciennes sont parfois convoquées, comme l'hébreu et le chaldéen. Dans la Babel originelle, le français cherche à se faire une place. Cette place, il l'occupe dans la bibliothèque de l'abbaye de Thélème, où Rabelais ménage des rayons pour des ouvrages en six langues : hébreu, grec et latin, langues qui ouvrent à la connaissance des textes sacrés, et trois « vernaculaires » : français, italien, espagnol. On s'est beaucoup interrogé sur l'absence de l'anglais, pourtant en contact constant avec le français depuis le Moyen Age. Mais, comme l'allemand, l'anglais n'a que peu de poids, au XVIe siècle, dans le contexte gallo-romain. Sans doute faut-il retenir le facteur d'insularité pour expliquer cette absence. Entre la véritable « antiquité » des langues anciennes, et le caractère novateur et poétique de l'italien et de l'espagnol, le français trouve son compte. Il lui convient malgré tout de s'imposer, face aux modèles intimidants que sont parfois allés réactiver des historiens en mal de reconnaissance. Dans le grand mouvement européen qui s'est exercé depuis les cultures antiques vers une modernité qui ne s'assume pas encore totalement, le français occupe une place non négligeable, mais qui reste encore à affirmer.

Le rêve d'une langue « illustre » : de Dante à Du Bellay

Défendre le français, telle semble être, au milieu du XVIe siècle, la préoccupation principale des lettrés. Vers 1303, Dante avait composé en latin un traité sur les langues intitulé *De vulgari eloquentia*. Lorsqu'il est traduit en italien et imprimé par G. Trissino en 1529, ce traité vient rencontrer des idées dormantes qui, précisément, n'avaient besoin que de ce stimulant pour s'éveiller. Dans cet ouvrage écrit d'une main ferme et audacieuse, Dante développait l'idée qu'il était inutile de considérer le latin comme une langue d'usage, attendu qu'il s'était diversifié et ramifié en langues vulgaires et n'était plus accessible qu'au moyen des grammaires. Dante présentait le latin comme une langue à jamais perdue, magnifique, mais « artificielle », et qu'il ne fallait plus rêver d'entretenir comme langue d'usage. A l'opposé, il convenait de se rendre à l'évidence que constituait la multiplicité des parlers vulgaires dans les pays de la Romania, particulièrement en Italie. Ces parlers n'ont certes pas le lustre du latin, mais ils présentent tous un point commun qui circule d'une région à l'autre. Cette « panthère », comme il l'appelle dans un allégorie célèbre, qui n'habite nulle part et qui parcourt toutes les forêts d'Italie, c'est le « vulgaire illustre », une sorte de forme idéale de langue qui devrait pouvoir réduire et limiter la désolante diversité des parlers modernes et leur soumission constante au changement.

C'est Dante, par conséquent, qui a introduit le premier dans l'univers des langues modernes l'idée de *culture de la langue*. Machiavel s'en est moqué en faisant mine de s'interroger pour savoir si la langue dont il parlait était l'« italien » le « toscan » ou le « florentin »[11]. Pour Machiavel, il était clair qu'il n'avait jamais écrit qu'en florentin, et non dans cette langue « curiale » (« de cour ») à laquelle Dante prêtait tant de qualités rêvées, Dante, secrètement, s'opposait aux désirs d'hégémonie des Florentins sur les autres populations d'Italie. Machiavel donnait de sa pensée une vision « réaliste », alors que le « vulgaire illustre » auquel Dante pensait était moins la représentation d'une langue effective que la projection d'un imaginaire – un imaginaire d'expression fait de « noblesse » et d'élégance entre les mains du poète. L'idée aboutit à une réalité admirable, l'italien littéraire, qui mit des siècles avant de devenir langue nationale.

Toute la Renaissance française vivra dans ce rêve de langue illustre, formée par la culture, distincte du simple usage, et indifférente au réglage normatif spontané effectué par les locuteurs. Aujourd'hui, on constate que, plus de deux siècles avant la Renaissance française, Dante a posé de manière claire quels seraient les problèmes d'articulation d'une langue moderne comme l'était le français par rapport au latin. Il a commencé ce « deuil » qui ne se fera, en France, que très tardivement. Au latin est substitué, non pas encore un idiome réel, mais l'*idée* qu'il faut cultiver la langue pour l'amener à se rendre capable de ce que le latin a produit à la période la plus florissante de son histoire. Ce faisant, la Renaissance française oublie qu'une langue littéraire commune, par dessus les dialectes et au prix de divergences mineures, avait construit, durant tout le moyen âge, un « illustre » qui n'était plus perçu. C'est dans l'idéal que raisonnent donc bon nombre de grammairiens, d'écrivains, et de penseurs de la langue à partir des années 1530.

L'idée que le latin est désormais une langue morte fait son chemin. Ce n'est pas sans condescendance que Peletier du Mans écrit, dans l'épître liminaire de son *Art poétique* (1541) : « à une langue pérégrine il ne faut si grand honneur prérogatif qu'on la doive recueillir et priser pour rejeter et contemner la sienne domestique ». Plus tard, Ronsard, dans la préface posthume à la *Franciade* présentera le latin comme « chose morte, laquelle s'est perdue par le fil des ans, ainsi que font toutes choses humaines, qui perissent vieilles, pour faire place aux autres suivantes & nouvelles : car ce n'est pas raison que la nature soit tousjours si prodigue de ses biens à deux ou trois nations, qu'elle ne vueille conserver ses richesses aussi pour les derniers comme pour les premiers ». Le français langue « florissante », « pour le présent receue du peuple, villes, bourgades & citez, comme vive & naturelle, approuvée des Roys, des Princes, des Senateurs, marchands & trafiqueurs [commerçants] » ; le latin langue non seulement « vieille », mais « defuncte », « muette & ensevelie sous le silence de tant d'espaces d'ans [12] ».

En attendant, la France a besoin de modèles pour s'évader de la tutelle du latin. Elle les trouvera en Italie. En 1542 paraît à Venise, en Italie, un *Dialogo delle lingue* d'un certain Sperone Speroni, qui fera grand bruit [13]. Plus encore que les Français, les Italiens ont un problème de relation à l'Antiquité latine. D'un côté, ils sont bien conscients que leur culture entière est l'héritière de la latinité ; de l'autre, ils ont du mal à se détacher de l'emprise que crée, dans la mentalité collective, un passé aussi fortement idéalisé. Il était normal qu'en Italie, une réaction soit apparue face au désir de prolonger indéfiniment et assez artificiellement les derniers rayons de la latinité. Lorsque Lorenzo Valla avait publié ses *Elegantiae* en 1471, il avait suscité un grand débat. Il y affirmait que c'était en retrouvant la pureté de la langue cicéronienne que les Italiens se rendraient culturellement supérieurs. Le programme était beau, mais comment faire pour l'accomplir ? Ecrire en latin comme Cicéron ? Dans son *Ciceronianus*, Erasme conseilla d'essayer d'abord de retrouver le sens des choses et la vérité sous les mots, avant de s'intéresser au détail de la formulation. L'essentiel, dit-il, est de se donner les moyens de s'exprimer. C'est ainsi qu'on va, petit à petit, être conduit à récuser les pratiques néo-latines, qui sont vues comme une forme de singerie vis-à-vis de Rome et de ses grands maîtres. Pietro Bembo, en Italie, est l'un de ceux qui considèrent qu'il convient de revenir, d'une part à la pureté originelle du latin telle que celle-ci s'observe chez Cicéron – ce qui correspond à une étude –, mais aussi de cultiver la langue italienne, en lui fixant des canons de pureté – et c'est une pratique. Ces canons de l'italien, Bembo les voit chez Pétrarque et Boccace. Enfin Sperone Speroni, dans son *Dialogo* cité plus haut, défend les langues modernes contre l'autorité exclusive des langues anciennes.

C'est dans ce contexte, et après de nombreux essais antérieurs, que Du Bellay fait paraître en 1549 sa célèbre *Deffence et Illustration de la langue françoise*. Au collège de Coqueret, Jean Dorat a été son maître comme celui de Baïf et de Ronsard. A tous, en tant qu'helléniste et latiniste attaché à l'étude philologique, Dorat a inculqué un goût pour la pureté de la langue qui leur a fait comprendre qu'il était inutile de vouloir continuer à écrire dans un latin abâtardi, qu'une « pureté » du français était elle aussi susceptible d'exister. Dans un discours datant de 1547, intitulé *Discours comme une langue vulgaire se peut perpetuer*[14], Jacques de Beaune avait déjà défendu le français contre le latin et le grec, estimant qu'il avait « autant de grace » que ces dernières, et le jugeant capable de produire une littérature « que la plus lointaine posterité sera chere d'entendre, cognoistre et imiter, et par advanture d'autres nations sera recherchee et requise comme les faictz des dictz Romains et Grecz ont esté par infinies autres nations estimez ». En fait, on l'a remarqué depuis longtemps[15], la *Deffence* ne présente pas beaucoup d'argumentations véritablement originales, et s'offre comme la mise en scène brillante d'idées déjà dans l'air, essentiellement venues d'Italie. C'est un manifeste militant qui entend marquer une rupture par rapport à l'*Art poétique* de Sébillet, paru l'année précédente (1548), lequel est un prolongement des arts poétiques de la fin du moyen âge[16]. Contre les compromissions affichées par certains de ses contemporains, Du Bellay affirme la nécessité d'un renoncement à cette filiation pesante.

Comme la plupart des écrivains du XVIe siècle, il est néanmoins un écrivain bilingue, qui pratique parfaitement le latin, et il est l'auteur d'un grand nombre de poésies néo-latines. On pourrait s'attendre à ce que celles-ci soient des exercices de style dépourvus d'inspiration. Il n'en est rien : bien au contraire, le latin procurait à ces écrivains un espace de liberté que le français ne leur permettait pas toujours, encombré qu'il était d'une censure inconsciente. Dans l'épigramme qu'il a placé en tête des poèmes latins composés à Rome en même temps que les *Regrets*, Du Bellay l'explique clairement, au moyen d'une comparaison explicite : « La muse française est pour moi, je l'avoue, ce qu'est l'épouse pour son mari : c'est comme maîtresse que j'entoure de mes soins la Muse latine. C'est donc ainsi, diras-tu, qu'on préfère l'adultère à l'épouse ? La dame de là-bas est belle, sans doute, mais l'autre me plaît davantage[17]. »

Il n'était donc pas facile de renoncer au latin..., à ses séductions, à sa liberté, à son *ailleurs*, qui apportait à l'écriture cet inestimable entre-deux qui nourrit l'inspiration. Pour autant, le séjour à Rome de Du Bellay chez son oncle le cardinal ne l'empêche pas d'adopter une position qu'on appellera « gallicane », c'est-à-dire défendant le refus de la part de l'Eglise de France de la main mise du Saint-Siège sur le catholicisme. La Rome antique a eu son heure de gloire, certes, mais elle est tombée ; et la Rome moderne est corrompue. Tous ces facteurs amènent les Français à dépasser leurs sentiments d'admiration, et même de fascination, pour le patrimoine culturel italien, et à affirmer l'autonomie de nouveaux modèles proprement français.

De tous les textes en faveur du français qui sont publiés dans la décennie 1540-1550, la *Deffence et Illustration* de Du Bellay est celui qui a eu le plus d'impact. Si l'on considère que les idées qui y sont exprimées ont fait l'objet d'une élaboration collective, on insiste davantage aujourd'hui sur la part personnelle de Du Bellay dans sa rédaction. Le point de départ est clair : la *Deffence* entend reprendre l'argumentation que Speroni avait développée pour le public italien quelques années plus tôt, sur l'origine des langues et leurs « dignités » respectives. Le premier chapitre, qui s'intitule « L'origine des langues », reprend d'ailleurs de larges pans de l'ouvrage italien. Il s'agit de démontrer que les langues ne sont pas nées une bonne fois pour toutes dans un certain état immuable, et qui définirait une hiérarchie, mais qu'elles sont perfectibles et entièrement placées dans la main de l'homme. « Les Langues ne sont nées d'elles mesmes en façon d'herbes, racines, & arbres : les unes infirmes & debiles en leurs espéces : les autres saines & robustes, & plus aptes à porter le faiz des conceptions humaines : mais tout leur vertu est née au monde du vouloir & arbitre des mortelz[18]. » Ainsi, aucune langue n'est indissociable de la « culture de la langue » (l'expression est de Du Bellay), et de l'illustration que font d'elle les écrivains. Ce qui différencie les Romains des Français, c'est que les Romains ont eu des écrivains pour prolonger la création de la nature par l'artifice et la perfectionner. Cette perspective d'amélioration est fondamentale pour comprendre Du Bellay.

Si la langue française paraît aux yeux des contemporains si pauvre et si « stérile », on ne doit voir là aucunement un état de fait qui serait le fruit d'une fatalité. Pour Du Bellay, la réponse est simple : les Anciens, en France, ont préféré laisser à la postérité des exemples de vertu plutôt que d'écrire. Il en résulte que la langue française n'a pas jusqu'à présent, réellement exprimé les matières – morales, philosophiques – qu'on trouve contenues chez Cicéron et les autres grands auteurs latins. « Nostre Langue est si pauvre & si nue, qu'elle a besoing des ornemenz & (s'il fault ainsi parler) des plumes d'autruy[19]. » Ici, l'imagination métaphorique de Du Bellay se déchaîne : il est question de fleurs, de fruits, de verdures... Le champ du jardinage, de l'activité horticole, vivrière, demeure un champ de référence pour les esprits de la Renaissance ; l'idée de *culture* en est directement inspirée.

C'est bien d'une « défense » qu'il s'agit. Défense contre qui ? Du Bellay mentionne ces admirateurs du grec et du latin pour lesquels rien ne peut se dire de bon en langue vulgaire. Il s'agit de lutter contre ce préjugé tenace, de répondre aux arguments, de critiquer l'idée de fatalité, de destinée des langues, de stimuler l'invention. Longtemps, la France s'est trop contentée de traductions, pour soutenir l'invention des nouveaux auteurs. Mais aucune traduction, pour Du Bellay, ne peut suffire à illustrer la langue car, dit-il, « chacune Langue a je ne scay quoi propre seulement à elle[20] ». Cette phrase est significative du passage qui s'accomplit à l'époque entre une conception qu'on pourra appeler « instrumentale » des langues, à une conception idiomatique, et qui dépend, en l'espèce, de l'importance accordée au discours poétique. La langue n'est plus seulement vue comme une forme d'expression assez indifférente, du moment que la matière en est assurée : elle contient *en elle-même* les conditions de son expression. Du Bellay le remarque dans le latin : le latin contient une sorte d'« énergie », « je ne scay quel esprit », qu'il exprime au moyen du mot *genius* (chapitre VI). Cette formulation semble anticiper à la fois sur les théories du « génie des langues » qu'on verra fleurir à la fin du XVIIe siècle, et sur la compréhension du langage comme énergie que développera le philosophe et linguiste allemand Wilhelm von Humboldt au début du XIXe siècle.

Si le complexe d'infériorité qu'entretiennent beaucoup de Français à l'égard du latin et du grec est encore tenace, Du Bellay estime que l'avènement de François Ier au trône (François sur le nom duquel il ne se prive pas de jouer) a marqué une étape importante. C'est lui qui a « restitué » tous les arts et les sciences dans leur « ancienne dignité » ; qui a rendu « nostre langaige », « auparavant scabreux & mal poly », « elegant »[21]. Ici encore, Du Bellay inaugure une pratique qui sera promise à un bel avenir au siècle suivant en France : celle de l'association de l'éloge du Roi au discours sur la langue.

Non pas traduction, donc, mais *imitation*. Imiter, ce n'est pas simplement traduire, reproduire servilement : c'est « digérer », « convertir en sang et nourriture » (chapitre VII)... Il s'agit de s'assimiler les matières d'une manière telle qu'ensuite elles « coulent plus facilement en la plume qu'elles ne reviennent en la memoire [22] ». Cette innutrition fondamentale de la matière a pour objectif de libérer l'imagination formelle, la capacité créatrice dans les formes de langage. Au-delà des enjeux culturels ponctuels, c'est une véritable philosophie du langage qui est esquissée ici, notamment du rapport à l'autre qui se crée dans la lecture. Pour Du Bellay, rien de plus difficile que de lire, car lire, ce peut être aussi se laisser entraîner à « s'amuser à la beauté des motz », et à perdre ainsi de vue la « force des choses ». Quel étrange désir ne ressentons-nous pas, lorsque nous lisons un grand auteur, de « se transformer en luy » (chapitre VIII) ? Il faut lutter contre cette pente qui nous entraîne vers l'aliénation, se ressaisir, rassembler ses énergies, se réorienter vers la perspective créatrice. Du Bellay ne peut que constater l'ampleur, dans la culture française de son temps, de cet appel vers l'Antiquité, qui s'est transformé en inhibition pour les écrivains, et tous ceux qui cherchent à dire quelque chose de neuf dans leur langue maternelle.

Ainsi la doctrine de l'imitation est-elle une doctrine créatrice. Dans l'optique de la *Deffence*, il ne faut pas opposer l'imitation à l'invention, comme on aurait tendance à le faire aujourd'hui, mais à la traduction. Imiter, c'est ne pas avoir peur de trahir. Tant pis pour la trahison, l'infidélité, si quelque chose de neuf résulte de ce geste d'appropriation. Surtout, la *Deffence* se présente comme une philosophie de la transmission. Mais il y a deux types de transmission : une transmission créatrice, qui est appropriation, et une transmission superficielle, qui est reproduction formelle, vaine copie. Le langage peut dégager un véritable pouvoir de fascination : l'esprit se trouve irrésistiblement attiré vers la surface des mots, se perdant lui-même de vue. C'est le piège qui menace les cultures modernes, pour Du Bellay, à force de s'être rapprochées de ce miroir dangereux que leur tendent les chefs-d'œuvre de l'Antiquité.

Ceux-ci sont définitivement des ruines. Il ne sert à rien, dit Du Bellay, de « reblanchir les murailles ». Des civilisations grecque et latine, « une partie devint poudre [poussière], et l'autre doit estre en beaucoup de pièces, lesqueles vouloir reduire en un seroit chose impossible » (chapitre XI). Il faut se détourner des ruines pour s'intéresser aux bâtiments nouveaux. Aucun espoir de faire renaître un édifice en recueillant ses fragments : Du Bellay est partisan de l'innovation. Sa vision de l'histoire est appliquée aux langues : Du Bellay voit le latin et le grec comme des langues *mortes*, devenues difficiles d'accès, et le français le serait tout autant s'il n'était, comme elles, accessible que par les livres : « Que s'il [le français] etoit comme la Grecque et Latine pery et mis en reliquaire de livres, je ne doute point qu'il ne feust (ou peu s'en faudroit) aussi difficile à apprendre comme elles sont ». A Du Bellay nous devons l'opposition claire entre langue vivante et langue morte.

La deuxième partie de la *Deffence* est consacrée au rôle que doit avoir la poésie dans cette « culture de la langue » que Du Bellay a associée à la vitalité passée des langues anciennes, et dont il déplore l'absence en français. Premier objectif : se débarrasser de tout sentiment d'infériorité et reconnaître les potentialités poétiques du français : « J'ay tousjours estimé notre poësie Françoyse estre capable de quelque plus hault et meilleur style que celuy dont nous nous sommes si longuement contentés » (II, I). Simplement, il faut accepter l'idée que la poésie, c'est du travail autant que de l'inspiration. En particulier, il ne peut se faire de poésie sans « doctrine » ni « érudition ». Il y faut des connaissances, du vocabulaire, des lectures, et notamment des lectures antiques. C'est chez les poètes grecs et latins qu'il faut aller chercher l'inspiration, plutôt que chez les anciens poètes français à qui, dit-il avec l'incompréhension de son temps vis-à-vis de l'ancien français, et même de la littérature des XIVe et XVe siècles, « on ne sçauroit prendre que bien peu ». Ainsi donc le retour à l'inspiration antique n'est pas incompatible avec la culture de la langue moderne, mais il convient de séparer la création du matériau. Le poète français moderne doit donc laisser tomber « toutes ces vieilles poësies Françoyses », comme les « rondeaux, ballades, virelais, chants royaux, chansons, et autres telles episseries, qui corrumpent le goust de nostre Langue » (II, IV).

Quant à la langue, il faut l'enrichir. Ne pas hésiter à faire un usage – modéré, certes – de termes techniques, rares, anciens, et de néologismes. « Ne crains donques, Poëte futur, d'innover quelques termes, en un long poëme principalement, avecques modestie toutefois, analogie et jugement de l'oreille » (II, VI). Les questions de rythme, d'harmonie, de musicalité, sont essentielles.

Dans un texte datant de l'année suivante, le *Quintil Horatian*, Barthélémy Aneau s'en prendra assez violemment à Du Bellay. Du Bellay, pour lui, n'est pas un érudit, et son argumentation manque d'exemples. Les belles déclarations, les métaphores brillantes, prennent souvent la place de raisonnements linguistiques ou de faits convaincants. Non sans quelque pédantisme, Barthélémy Aneau déplore le peu de matière, finalement, de ce traité où volent les belles paroles. Plus grave : le français en sort-il réellement grandi ? N'y a-t-il pas finalement, dans cette doctrine de l'imitation, davantage une invitation à « gréciser », à « latiniser »[23], qu'à cultiver le fond réel de la langue française ? Décidément, les commentateurs ont du mal à sortir des replis qu'implique leur relation compliquée aux modèles. Aussi Barthélémy Aneau n'hésite-t-il pas à écrire : « En tout ton livre [la Deffence], n'y a pas un seul chapitre, non pas une louange de nostre Langue Françoise, combien qu'elle n'en soit degarnie, non plus que les autres, à qui le sçait bien cognoistre[24]. » Où l'on voit qu'il était plus difficile de défendre la langue française qu'il n'y paraissait... La défendre, c'était fatalement réveiller des sentiments d'infériorité, ce qui pouvait en arriver à produire des résultats inverses de ceux qu'on escomptait. D'ailleurs, pourquoi la « défendre » ? Défendre implique qu'il y ait attaque, dit Aneau. Or, qui parle d'attaque ? Ainsi apparaissent les paradoxes et les ambiguïtés que pouvaient recouvir le geste en apparence « libre » et audacieux de Du Bellay. Comment se développer sans s'arracher à soi-même, – et renier du même coup une partie de ce qui nous constitue ? Aneau a bien compris que le mouvement initié par Du Bellay supposait une *altération* profonde de la langue, qui allait la conduire hors d'elle-même, et lui faire oublier ses « vils » ascendants.

A partir de la *Deffence* et des débats qu'elle aura suscité, les commentateurs ne pourront plus se satisfaire de ne voir dans la langue que son développement spontané : il leur faudra composer avec ce désir fondamental *d'être autre* que manifeste la langue, et, aussi bien par la grammaire – description savante – que par la littérature – mise en œuvre esthétique – prendre position.

4

LES PREMIÈRES DESCRIPTIONS DU FRANÇAIS

Au XVIe siècle, dans son souci de prendre sa place dans le concert des grandes langues, le français s'enrichit et se diversifie considérablement. Latinisations, emprunts au grec, « italianismes », formes dialectales, néologismes, reprises d'anciens mots, termes de spécialité... : tout est bon pour accroître la masse des mots d'une langue que les lettrés, au début du siècle, jugent comme une langue pauvre. Du Bellay consacre un chapitre entier de sa *Deffence* à la question des néologismes ; Rabelais fait défiler dans les différents livres de sa vaste entreprise romanesque une incroyable quantité de vocables, qu'il va chercher dans toutes les sources possibles, produisant ainsi ce qui reste sans doute aujourd'hui l'œuvre la plus foisonnante de toute l'histoire de la littérature française. Il avait d'ailleurs certainement conscience de heurter le pacte de lecture habituel de l'époque, puisqu'il propose à la fin de son *Quatrième Livre* une *Briefve declaration d'aucunes dictions plus obscures contenues au quatriesme livre*. L'agressivité des écrivains vis à vis de la langue est sans commune mesure avec l'attitude qui sera la leur dans les siècles suivants. Un poète comme Ronsard revendique haut et fort, dans la première partie de sa carrière, la beauté intrinsèque de l'emprunt, le caractère poétique du mélange, la liberté d'inventer. Que l'ensemble forme ou non un tout homogène, peu lui importe : l'époque n'est pas aux décrets normatifs quant aux « façons de parler ».

Dictionnaires et trésors

Elle est plutôt à la curiosité. Entrent en scène toutes sortes de petits dictionnaires plurilingues, qui ont pour but de favoriser l'apprentissage des langues des grands voisins, notamment à des fins d'échange et de commerce. Pas loin d'une centaine de manuels sont publiés avant la fin du siècle. L'italien Calepino (d'où est tiré le mot français *calepin*), avait publié, à la fin du XVe siècle, une *Cornucopia* (« corne d'abondance ») qui donnait déjà accès à des listes de vocabulaire grec et latin, et qui est considéré comme la première entreprise lexicographique moderne. Au XVIe siècle, son œuvre est diffusée dans toute l'Europe, et le nombre de langues qui y figurent augmente progressivement, atteignant le nombre de 11 en 1585. Ces répertoires construisant des passerelles entre les langues, on les appelle depuis Robert Estienne *dictionnaires* (d'un mot de latin médiéval, qui signifie en quelque sorte « réservoir de dictions, de mots »), ou *trésors* (en latin *Thesaurus*), ce qui indique bien l'esprit dans lequel ils étaient conçus[1]. Comparés à ce que nous appelons aujourd'hui « dictionnaire », les ouvrages du XVIe siècle peuvent nous paraître décevants. Ils se limitent le plus souvent à des listes de mots en regard desquels on fait figurer l'équivalent dans une autre langue. L'idée part d'un fait simple : tout, dans une langue, est au moins partiellement traduisible. Il n'y a rien qu'on ne puisse dire dans une langue qui ne puisse également se dire dans une autre.

Tous les dictionnaires qui paraissent au XVIe siècle sont donc bilingues ou plurilingues. Le nombre de langues impliquées ne fait pas peur aux auteurs et aux imprimeurs. Témoin ce *Dictionnaire des huit langaiges c'est à scavoir Grec, Lat. Flam.*[Flamand] *Franç. Esp. Ital. Angl. Et Aleman.* qui paraît en 1546. Qui le possédait devait avoir en main un ouvrage bien commode... En France, l'objectif premier était de se situer par rapport au latin. Robert Estienne, le père d'Henri, est un imprimeur entreprenant. En 1531, il fait paraître un *Dictionarium latinogallicum* qu'on considère comme le premier vrai dictionnaire paru en France. C'est un dictionnaire de « version », pour ainsi dire, permettant d'aller du latin au français, et qui est plutôt indiqué pour la lecture de textes latins. Cependant, en le destinant explicitement à la « jeunesse française », Robert Estienne a eu également en tête d'« illustrer » le français. En montrant qu'à tout mot latin correspondait un équivalent français, on prouvait que le français pouvait traduire tout l'héritage antique. Par ailleurs, en mettant en regard les mots latins et les mots français, on voit tout ce qui les relie. Le français peut se targuer de posséder une partie de la richesse lexicale du latin, et le « dictionnaire » s'adresse à « tous desirants entendre la propriété de la langue Françoyse ».

En 1539 – geste audacieux et fondateur – Robert Estienne « inverse » son dictionnaire. Il ne s'agit plus de partir du latin, et d'aller vers le français, mais de *partir du français*. Ce geste montrait que la langue « vulgaire » pouvait être considérée comme un point de départ valable dans l'étude du latin. Le français *outil de compréhension* du latin ? C'est tout le rapport entre langues qui en est modifié, toute la vision de la culture qui bascule. Il ne s'agit plus désormais d'être regardé par l'Antiquité, ou du moins par ses lointaines lueurs, mais de se poser comme sujet, et, à son tour, de la *considérer*. A vrai dire, le *Dictionnaire Francoislatin contenant les motz et manieres de parler françois tournez en Latin* de 1539 doit être considéré, plus que son frère aîné de l'année précédente, comme *le* véritable ancêtre de tous les dictionnaires français. Il pose un problème nouveau, celui de savoir quels mots on pourra considérer comme entrées. Robert Estienne en choisit 9 000, ce qui est déjà beaucoup, et les fait suivre de définitions latines. Ainsi, les mots français qui analysent les contenus de pensée entrent en dialogue avec l'idiome roi du monde intellectuel. Définir en latin un mot français ne choque pas. Non sans coquetterie, Robert Estienne va même jusqu'à indiquer qu'« à aucuns [certains] motz françois [...] on n'a point encore trouvé es autheurs motz Latins respondans »...

A qui un semblable dictionnaire pouvait-il servir ? La réponse est plutôt inattendue. Ce dictionnaire servait d'abord aux juristes. Ceux-ci, s'ils étaient bons latinistes, n'étaient pas nécessairement tous versés dans la langue que l'ordonnance de Villers-Cotterêts les obligeait désormais à employer... C'est ainsi que les réviseurs successifs de l'ouvrage, qui passa, dès sa deuxième édition, en 1549, à 13 000 entrées, mirent l'accent sur ce lexique spécialisé. Cette orientation est décisive pour comprendre dans quel esprit furent formulées les premières recommandations normatives touchant la langue, en France. Un Vaugelas en restera marqué, près d'un siècle plus tard. L'indication des tournures, des « phrases » (locutions) à employer, est d'une utilité toute pratique, et immédiate. L'usage commun constitue un horizon secondaire.

Si l'entreprise de Robert Estienne représente sans aucun doute le fait marquant, en matière de dictionnaires, connaissant de nombreuses éditions successives (1564, 1573...), l'époque se caractérise aussi par la multiplication des dictionnaires partiels et des lexiques spécialisés. En 1569 paraissent à Cologne des *Synonymes*, dus à G. Vivre ; en 1571 à Paris, ce sont des *Epithètes* que donne au public Maurice de la Porte. Les phénomènes de lexique sont découpés en types de relations qui font l'objet d'études spécifiques. C'est ainsi qu'on s'intéresse à la terminologie, ou à la spécialisation du lexique à des domaines du savoir ou de l'action. En 1548, s'il estime qu'en termes de politique, de guerre, de mondanités, la langue française est la plus riche du monde..., Jacques Peletier du Mans juge qu'elle reste pauvre en termes techniques concrets, en « mots artisans », comme il dit. « Il nous faut user de circonlocutions pour dire ce que la langue Grecque et latine dit en un mot – ou bien nous sommes contraints d'usurper des termes tous nouveaux deguisez[2]. » Problème décisif, auquel il fut apporté une réponse volontariste, en suscitant la création lexicale, à base d'emprunts et de calques. C'est ainsi qu'apparurent des recueils spécialisés en termes de fauconnerie, de marine, de botanique, de médecine, de théologie..., qui constituèrent le matériel de types de discours à part.

Le problème des langues spécialisées est aigu, au XVIe siècle. Va-t-on vers une fragmentation de la langue en « technolectes », comme on dit aujourd'hui, nécessitant chacun une initiation ? Que dire alors de l'usage commun ? Un polémiste, Jacques des Comtes de Vintemille, publie en 1560 des *Advertissements et remontrances aux censeurs de la langue françoise*, dans lesquels il déclare : « Aucuns d'eux [certains] usent de termes, phrases, epithetes, et orthographes si estranges, qu'ils font comme une fricassee de mots de divers pays, et gastent et corrompent la grace et naïfveté de la langue françoise[3]. » Toujours ce souci d'une « naïveté » originelle qui constituerait une sorte de protection interne de la langue par elle-même.

A la fin du siècle, les dictionnaires généraux se mettent à accorder de plus en plus de place aux définitions et aux informations sur le français, et le dictionnaire bilingue glisse insensiblement vers le dictionnaire monolingue, qui n'a pas plus comme cahier des charges d'assurer le trajet d'une langue à une autre. Les rééditions du Dictionnaire de Robert Estienne de 1573 et 1584, par exemple, complètent le dispositif en utilisant le français pour des commentaires, ou pour donner des exemples. Le français envahit progressivement l'espace interne du dictionnaire. Avec le *Thresor* de Nicot (1606), qui reprend beaucoup la matière de R. Estienne, le latin aura presque entièrement disparu. Le français se suffit à lui-même pour décrire ses propres contenus.

« *Mettre et ordonner par reigle notre langage françois* »

Décrire, comprendre, améliorer... Attitude qui paraît normale vis-à-vis de la langue, et que pourtant on ne trouve qu'à une date tardive, en France. Au début du XVIe siècle, la grammaire reste une activité scolastique : l'outillage dont disposent les spécialistes n'a pas beaucoup évolué depuis l'Antiquité[4]. Il s'est créé au fil du temps un véritable décalage entre les concepts utilisés par la description, lesquels, dans l'espace roman, sont empruntés au latin, et les langues modernes elles-mêmes, qui ont beaucoup évolué. Par ailleurs, si les clercs continuent d'éprouver un intérêt pour une discipline qui fait entrer dans quelques-uns des arcanes de l'esprit humain, il faut bien s'avouer que l'essentiel du public potentiel se contente de la familiarité qu'il entretient avec son propre usage, usage souvent hybride, jouissant de peu de considération, mais auquel on s'en tient à des fins pratiques. La problématique de la langue maternelle n'est pas encore véritablement posée. Celle-ci n'intervient pas ou peu dans la construction des identités.

Ainsi, ce n'est pas en France qu'est né d'abord le souci grammatical pour le français, mais en Angleterre. On sait que les rois anglais ont eu des prétentions à la couronne de France ; par ailleurs, les universités anglaises ont introduit l'étude d'un *purus gallicus* qui est pratiquement mis sur le même pied que le latin, dans la rédaction des lois, dans l'enseignement, etc. De nombreux manuels ont ainsi vu le jour, à destination des intellectuels, mais aussi des marchands, des bourgeois, qui se déplacent assez facilement, et ont besoin de savoir réagir dans des situations pratiques. A tous ceux-ci, le français apparaît comme « le plus gracious parler qui soit ou monde et de tous gens mieulx prisee et amee que nul autre[5] ».

Cette fascination se prolonge au XVIe siècle, et il n'est pas étonnant, dans ces conditions, que la première grande description que nous possédions de la langue française soit l'œuvre d'un anglais, John Palsgrave (1480-1554), qui publie en 1530 un monumental ouvrage, *Lesclaircissement de la langue françoyse*, dont nous avons déjà eu plusieurs fois l'occasion de parler. L'ouvrage, qui nous apparaît aujourd'hui si précieux, faillit bien être perdu à jamais, car il n'en est longtemps resté qu'un seul exemplaire... C'est cet exemplaire qu'un érudit retrouva en 1852, et à partir duquel il entama une republication. Palsgrave fut bachelier d'Oxford et chapelain du roi, et sa grammaire est dédiée à Henri VIII et à la princesse Mary, dont il fut précepteur. A cette même princesse est également dédié un autre ouvrage paru à peu près au même moment, *An Introductorie for to lerne, to rede, to pronounce and to speke French trewley* [« Manuel introductif pour apprendre, lire, prononcer et parler le vrai français »] de Giles du Wez, lequel avait le privilège d'être né en France. Il semble qu'il y ait eu à cette époque en Angleterre une sorte d'engouement pour le français. Dans ces deux grandes sommes, qui sont rédigées en anglais, malgré le titre français de la première, on lit bien la manière dont l'époque concevait la grammaire : il s'agit de mettre l'accent sur la prononciation, la manière d'écrire (former les lettres), tout en fournissant des listes de vocabulaire bilingue qui en font aussi, à leur façon, des dictionnaires. C'est ainsi que *Lesclaicissement* pourrait être rangé comme l'un des premiers dictionnaires du français, aussi bien que comme la première grammaire[6]... La « grammaire », étymologiquement, c'est aussi *gramma*, la lettre... : une pratique, un art, une appropriation, une incorporation de la langue dans toutes ses formes de réalisation écrite. Ecrit, oral : « to lerne », « to rede », « to pronounce », « to speke »... Il s'agit de se familiariser avec ce que la langue a de matériel, comme si dans cette maîtrise du tracé de la lettre et de l'ouverture de la bouche résidait la vérité la plus profonde de ce monde étrange et extérieur à nous qu'est une langue.

C'est donc sur la dimension pratique de la langue – sur sa dimension d'expérience – que mettent l'accent ces premières grammaires du français. C'est la raison pour laquelle *Lesclaircissement*, qui part d'une représentation de la langue comme d'une « forêt obscure » à la Dante, repose sur un socle de connaissances expérimentales : citations, notes de lecture, inventaires de formes, listes de constructions... Le lecteur est mis en présence d'un vaste ensemble de faits particuliers au sein desquels, par un jeu d'analogies et de différences, il se construit petit à petit, de manière pédagogique, dynamique, une connaissance. *Lesclaircissement* ne se dissimule pas l'aspect de confrontation qu'a tout apprentissage d'une langue, le bénéfice qu'il y a à se p*erdre* dans ce nouvel idiome, puis de s'y retrouver. Tout l'arsenal des catégories de la grammaire antique est là pour aider l'utilisateur à se situer : parties du discours, figures, espèces... Mais on sent bien que l'essentiel, pour Palsgrave, est de faire déferler l'immensité d'un matériau à travers lequel, petit à petit, on va se frayer un chemin. Au bout du compte, apparaît l'évidence que le français est une langue fortement structurée, tout comme le latin.

L'auteur éprouve une fascination pour les particularités de la langue. Il s'étonne qu'il n'y ait pas encore eu de grammaire du français, langue pour lui presque plus « grammaticale » que l'anglais... A l'entendre, il est urgent de faire connaître cette grammaire car, dit-il, le français est « en général corrompu à cause du manque de règles et de préceptes grammaticaux [7] ». Un fort imaginaire de la « correction » domine à l'époque toute tentative de description des langues, modernes et anciennes.

Le souci de « mettre et ordonner par reigle notre langage françois » fonde également la démarche du *Champfleury* de Geoffroy Tory paru quelque temps plus tôt (1529), et dans lequel l'auteur déplore les mauvais usages, les modes fantaisistes, – en bref la soumission au changement qui affecte le français. Ici encore, l'acte qui consiste à *écrire* le français est décisif. Geoffroy Tory, qui fut d'abord professeur de philosophie au collège de Bourgogne, s'était familiarisé en Italie avec les techniques de l'imprimerie. Ce devait être son nouveau métier lorsque, à Paris, il ouvrit boutique à l'enseigne du « pot cassé ». L'étude et la passion des caractères d'imprimerie a dû être un puissant moteur dans le goût qu'il développa pour la langue. On connaît ces dessins de la Renaissance où l'artiste a tendu les bras et les jambes de l'homme de manière à leur faire adopter la configuration d'une lettre. Les rêveries de Tory allèrent dans ce sens. Son « champ fleuri » a pour titre complet : *Champfleury auquel est contenu lart & science de la deue proportion des Lettres Attiques, quon dit autrement Lettres Antiques, & vulgairement Lettres Romaines, proportionnes selon le Corps et Visage humain*. Cette idée de proportion est décisive. C'est ainsi que les esprits de la Renaissance se représentaient le monde visible dans son ensemble. Insérer l'homme dans les lettres de l'alphabet, c'est aussi montrer la consubstantialité du langage avec l'être humain, ce dépositaire auquel Dieu n'en a peut-être pas confié le sens profond, mais qui reste néanmoins capable de jouer avec lui, de le former et de le déformer sans cesse.

S'il se présente au départ comme un traité d'imprimerie, le *Champfleury* déborde vite ce cadre pour aborder quelques-unes des questions fondamentales qui pouvaient se poser alors sur le français. C'est tout d'abord une recension de petits détails à connaître si l'on veut écrire correctement le français : distinction de l'*a* sans accent et de l'*à* avec accent, par exemple, qui permettra de distinguer grammaticalement des formes homonymes... Le souci de « pureté », d'exactitude, est très présent. Tory voudrait défendre le français contre tout ce qui est « mauvais usage », que ce soit le fait des « latineurs » ou des provinciaux trop enracinés dans leur dialecte. Il propose un idéal d'« honneste langage » fondé sur un mélange de langue de cour, de parisien, de picard, de lyonnais, et même de limousin et de provençal.

Les intentions normatives sont évidentes et on peut y lire un désir de recul par rapport à une situation linguistique qui, ballottée par la variation, paraissait échapper à tout contrôle. Tory et Palsgrave, visiblement, se représentent comme investis d'une mission vis-à-vis de la langue. L'un et l'autre se voient comme des remparts contre la vie dialectale hasardeuse, les usages métissés, les mélanges, les interpénétrations de systèmes... Le français est fixé dans des règles qui s'imposent à la connaissance tout autant que la pratique elle-même de l'idiome.

Au total, le développement de la « grammaire » en France au XVIe siècle répond à deux objectifs : rendre la langue accessible à des locuteurs *étrangers*, et approfondir l'exercice théorique, spéculatif, qui s'est construit aux fil des siècles sous le nom de « grammaire » à partir d'un examen du latin. L'existence d'une structure interne de la langue latine continue de fasciner les grammairiens du XVIe siècle comme elle avait fasciné ceux du Moyen Age. Cette focalisation sur un objet unique, le latin, est allée si loin qu'il s'en est presque créé une sorte d'assimilation entre l'objet lui-même et la langue dans laquelle on le décrit.

Au XVIe siècle, ainsi – et ce mouvement se prolongera jusque vers le milieu du XVIIe siècle – le latin reste souvent la langue unique avec laquelle on va décrire le français. Ce caractère « décalé » nous intrigue. Comment peut-on prétendre décrire les spécificités d'une langue si l'on continue d'employer des outils issus de la description d'une autre langue ? Les grammairiens du XVIe siècle n'avaient-ils pas conscience qu'en s'obstinant à rédiger leurs grammaires du français en latin ils risquaient de biaiser l'analyse, de « plaquer » sur les spécificités du français des schémas inadéquats ?

Ils ne touchaient en tout cas qu'un public très étroit, initié à une terminologie et à une certaine forme de raisonnement. La grammaire au XVIe siècle reste une discipline savante, de laquelle ne se préoccupe qu'une toute petite minorité d'usagers du français. Il en sera tout autrement au XVIIe siècle, au moment où Vaugelas, se proposant de partager avec ses lecteurs l'expérience du *doute*, créera les conditions d'une appropriation par le public du raisonnement sur la langue.

Avec tous leurs défauts, les grammaires françaises (il faudrait dire « latines du français ») du XVIᵉ siècle accomplissent une démarche fondamentale. Elles s'efforcent d'appliquer au français un processus qu'elles estiment réalisé dans le latin : celui de la mise en règles, de la réduction. La conscience linguistique ne pouvait laisser flotter l'usage sans y introduire un minimum d'*attitude*, de point de vue. Cette attitude, c'est un certain regard sur le latin qui l'a construite, par une assimilation toujours entretenue entre exercice de la raison et fabrication d'un objet original, que l'on va accepter de considérer comme une *langue*.

Le langage de la grammaire

De l'ambiguïté de cette démarche témoigne l'ouvrage qui, avec *Lesclaircissement* de Palsgrave et le *Champfleury* de Tory, constitue l'un des grands monuments de la langue française dans cette première moitié du XVIᵉ siècle : l'*Isagoge* de Sylvius – de son vrai nom Jacques Dubois (1478-1555 ; l'ouvrage est paru en 1531). *Isagoge*, en grec, signifie « chemin ». Le titre complet de l'ouvrage est : *In linguam gallicam Isagoge*. Autrement dit, il s'agit de conduire *vers* la langue française. En partant d'où ? En partant du latin, bien évidemment. L'*Isagoge* ne se présente que comme un assez bref opuscule (cent pages) introduisant à une *Grammatica latino-gallica*, au titre significatif. Médecin à Montpellier, Sylvius n'est pas un grammairien professionnel ; il prétend d'ailleurs avoir écrit cette grammaire par délassement[8]... Dira-t-on que Sylvius examine le latin comme s'il s'agissait d'un organisme vivant ? En tout cas, il est fasciné par les structures, et surtout par la manière dont ce *corps* applique à des bases fixes des terminaisons qui varient, à chaque nouvelle configuration. Dans la langue comme dans la nature, tout lui paraît régi par l'analogie ; il pense qu'il est possible de décrire de façon cohérente cette analogie, et d'en faire une application au français. Pour lui, la langue véritablement « grammaticale » est le latin. Dans son examen des formes, on s'aperçoit que plus les formes françaises sont proches du latin, meilleures elles lui paraissent !

En latin, le caractère fixé de la langue permet qu'on se repère aisément dans les formes, en raison de l'équivalence assez régulière qu'on y observe entre son, retranscription écrite, et signification grammaticale. En français, il en va tout autrement. Le premier obstacle consiste dans la multiplicité dialectale, dont l'une des conséquences les plus visibles est la variabilité des sons d'une part, des retranscriptions de l'autre. L'idée de génie de Sylvius est ici d'avoir parié qu'en dépit de la diversité des formes, le français lui aussi pouvait présenter une structure en « paradigmes », autrement dit en séries de formes descriptibles rationnellement, similaire au latin. Il ne s'est pas arrêté à une seule variété du français, considérée comme supérieure aux autres, mais est allé chercher les formes dialectales du picard, du bourguignon ou même, sautant la barrière, du provençal.

Dans sa *Grammatica latino-gallica*, il s'efforce de démontrer que le français lui aussi a des paradigmes : des « déclinaisons », comme en témoignent les formes *à/au/aux*..., et des conjugaisons. Tout en restant très attentif aux spécificités idiomatiques, il fait preuve d'un esprit scientifique nouveau dans la description du français, qui, d'une certaine manière restaure la confiance en la raison, en un ordre.

Aidée par les progrès de la typographie, et par le soin nouveau apporté par les imprimeurs à la disposition des formes, la présentation de son livre privilégie l'esthétique du « tableau ». On accorde alors beaucoup d'importance à la *visualisation* de la description. L'imprimeur de Sylvius était Robert Estienne, l'une des grandes figures de l'humanisme. Les Estienne publieront d'ailleurs, après l'*Isagoge*, une série de tableaux de conjugaisons qui affermiront l'idée que la langue française est véritablement *organisée*... Aujourd'hui, on aime à trouver, dans un livre de grammaire, cette disposition géométrique, cette répartition des formes sur la page, qui nous paraît correspondre à l'idée que nous nous faisons de leur organisation. Dans son ensemble, le XVIe siècle aura aimé rester à la fois au « ras » de la langue, et construire en hauteur. Le goût des formes n'est pas incompatible avec le souci d'ordonner.

Toutefois, à la grammaire du français, il manquait encore une terminologie. Petit à petit, des mots s'imposent : outre les termes *ablatif* (XIVe), appliqué au latin et au français, *adjectif* (XIVe), *conjonction* (XIVe), *déclinable* (XIVe), *adverbe* (XVe), on trouve désormais *adversatif* (1550), *conjugaison* (1550), *terminaison* (1550). Il ne manque plus que le mot *syntaxe*, apparu comme un « hellénisme » chez Ramus (1572), pour que la grammaire française puisse totalement se déployer.

En 1550, paraît un ouvrage décisif, dû à un lyonnais, Louis Meigret. Disciple de Lefèvre d'Etaples, Meigret a été associé au mouvement de la Réforme, et fait partie de ces humanistes qui estiment que le souci de la langue est une forme de devoir à la fois moral et social, lié aux progrès de la connaissance et au maintien de la paix, ou tout du moins de l'« accord » entre les hommes. C'est pourquoi son premier souci, dans les questions de langue, a été de définir ce qu'il appelle un « commun usage de l'escriture francoise ». Les questions de graphie, nous le verrons plus loin, excitent beaucoup de débats, dans ces années 1540-1560. Le père et les deux frères de Meigret étaient juristes, et on remarque chez lui une grande influence de l'attitude et du vocabulaire juridiques. « La règle commune d'un langage devra vider les différends qui y entreviennent[9] », écrit-il par exemple. En 1550, il parvient enfin à faire imprimer par Robert Estienne, après des années de difficultés et de tractations, une somme qu'il conçoit à la fois comme un manuel d'orthographe et un essai de « grammaire raisonnée » du français, et dans laquelle il inaugure un système de notation graphique particulier. Son titre exact, dans sa graphie d'origine : *Tretté de la grammere francoeze, fet par Louis Meigret Lionoes*.

Au vu de cette graphie originale, et de quelques autres choix assez particuliers, on a pu prendre l'ouvrage de Meigret pour une de ces fantaisies qui germent parfois dans l'esprit des grammairiens, libres rêveries que l'usage, fort heureusement, se garde bien d'adopter. Il n'eut d'ailleurs pratiquement aucun succès sur le moment. Mais c'était un ouvrage fondateur, qui s'est révélé décisif dans la reconnaissance de la communauté des locuteurs du français. L'ambition de Meigret est d'élaborer les règles d'un « langage entendible » à partir d'une « commune observance ». On voit donc comment, chez lui, l'idée de norme n'est pas autoritaire, mais provient d'une communauté d'usage. Meigret observe que l'intercompréhension entre ses compatriotes est encore entravée par diverses différences de réalisation, tant à l'écrit qu'à l'oral, qui attirent l'attention et arrêtent l'esprit. C'est pourquoi il veut définir ce qu'il appelle la « naïve grâce française », une sorte d'idiome moyen qui pourrait être reconnue et adoptée par tous. L'idée est que, cet usage moyen adopté, l'esprit ne se laisse plus arrêter par les problèmes formels de langage, et que la communication se déploie librement. « Etant la grâce observée, l'oreille des écoutants ne désire plus que l'intelligence[10] [compréhension]. » Le traité de Meigret est le premier où l'on trouve aussi souvent l'adjectif *français* : prononciation *française*, noms *français*... Certes, il utilise encore une disposition et un appareillage conceptuel d'origine latine, comme tout le monde à l'époque, mais il attire l'attention sur des phénomènes spécifiques de notre langue, identifiant avec rigueur et précision des tours inconnus du latin, et proposant des solutions aux problèmes particuliers qu'ils posent : les pronoms, par exemple, ou le passif.

Dans l'histoire de la grammaire française, Meigret est peut-être le premier à développer aussi explicitement une approche descriptive. La grammaire n'est plus, à le lire, un exercice spéculatif comme elle pouvait l'être encore pour des théoriciens continuateurs de la tradition latine, ou un ensemble d'outils pratiques destinés à l'apprentissage normatif de la langue : elle est une expérience de l'usage. « Arrêtons-nous à ce que l'expérience nous montre par l'usage [11] », nous dit Meigret. Sa grammaire inaugure une démarche d'observation attentive et de souci de rationalité qui anticipe sur les attitudes des grammaires d'usage et, plus tard, de la linguistique descriptive.

Autre grand monument de la langue française au XVIe siècle : la *Gramere* de Pierre de la Ramée, dit Ramus, publiée en deux livraisons, en 1562 et 1572. Ramus admire beaucoup Meigret, auteur d'une œuvre « haute et magnifique ». Comme lui, il s'intéresse aux problèmes de graphie que posent les spécificités du français. Il propose les linéaments de ce qu'il appelle une « écriture grammairienne », mise en perspective avec l'écriture habituelle. Mais Ramus est aussi un dialecticien, grand lecteur d'Aristote, qu'il a commenté. Sa *Dialectique* de 1555 s'attaquait aux structures de la pensée – c'est presque une « logique », comme on en fera au XVIIe siècle. Avec la *Gramere*, Ramus passe au plan du langage. Les Solitaires de Port-Royal, au siècle suivant, articuleront eux aussi ces deux plans fondamentaux. Ramus a un grand souci de rationaliser les principes, en limitant le nombre de « parties du discours », en architecturant la description à partir de relations de base, mais il reconnaît que le matériau lui manque encore. Son édition de 1572, la plus développée, se présente comme un dialogue pédagogique entre un maître et son élève, un peu à la manière d'Erasme, mais elle précise que les résultats qu'elle présente sont provisoires. Voici un schéma possible d'explication pour quelques phénomènes du langage, semble nous dire Ramus, mais pour ce qui est de l'inventaire des formes, il est recommandé de ne pas le considérer comme terminé. La méthodologie grammaticale était encore balbutiante, à cette époque, et Ramus semble accablé par la « confusion » qui règne dans certaines zones de la langue, comme les verbes.

Pour autant, Pierre de la Ramée semble loin de trouver, comme certains grammairiens de la génération précédente, que le français est une langue « pauvre » et sans grammaire. Bien plutôt, il s'émerveille des nuances que permettent les variations de construction. Certes, les normes ne sont pas encore bien en place, mais le locuteur soucieux de raffinement et d'élégance peut trouver matière à faire œuvre subtile. Au total, il n'y a plus lieu d'être « honteux » de sa langue : le français possède une force analogique (autrement dit un mode de régulation interne) très comparable au latin. Une fois ce principe établi, le *Traicte de la gramaire françoise* de Robert Estienne (1557) et les *Hypomneses de lingua gallica* de son fils Henri se concentreront sur les particularismes du français, objet nouveau de curiosité.

Par ailleurs, au moment même où Meigret fait paraître son étonnant et innovant ouvrage, est publié ce qui peut être considérée comme la première grammaire de « français langue étrangère » : la *Gallicae linguae Institutio* de Jean Pillot (1550). Cet ouvrage est destiné à l'apprentissage du français par un jeune prince allemand et sera réédité plusieurs fois à la fin du XVIe siècle et au début du XVIIe siècle. Il montre la voie à d'autre auteurs : Jean Garnier en 1558, Antoine Cauchie, dit Caucius en 1570, Johannes Serrius en 1598. La grammaire française devient un filon éditorial européen. Des *Dialogues françois pour jeunes enfans* sont publiés à Anvers en 1567, avec succès. La perception générale est que, mises à part les langues anciennes, le français est peut-être, de toutes les langues européennes, celle qui mérite le plus qu'on l'apprenne quand on ne la pratique pas. Il a, note Ramus dans la dédicace de sa grammaire de 1572, une « grace » et une « doulceur », « qui invite les estrangers à lapprêdre aussi curieusemêt que nous apprenons en nos escolles le Grec et le Latin ».

Le « proces pour vrayement escripre »

Mais comment « régler » la langue si on ne lui *reconnaît* pas, déjà, une physionomie identifiable ? Avant de régler les mots et la syntaxe, le XVIe siècle a eu comme premier souci de réformer, normaliser, « standardiser », les pratiques d'écriture. En 1572, Ramus constate que « depuis quarante ans ença, ce proces pour vrayement escripre, a esté sur le bureau [12] ». Depuis l'invention de l'imprimerie et la diffusion de livres en plus grand nombre, la question de savoir comment écrire le français a pris une acuité nouvelle. Jusqu'au début du XVIe siècle, l'observation des manuscrits montre que l'usage est très fluctuant, et répond à des choix individuels, culturels, locaux, qu'il est difficile de démêler. Sans aller jusqu'à dire qu'on pouvait écrire à peu près comme on voulait, on est obligé de remarquer que très peu de règles générales explicites encadrent la pratique. La jeune imprimerie eut à se confronter avec ce problème. Soudain, la vision des caractères imprimés sur une page blanche, qui devait être composée, agencée, dessinée, imposait la représentation de la langue comme tableau visuel. Cette physionomie, avec les problèmes qu'elle pose dans son rapport à la réalisation orale de la langue, ne s'était jamais présentée auparavant de cette façon. Le français, n'avait pas été au début, sauf exception, une langue d'écrit, pas même d'inscriptions, comme avait pu l'être le latin. Sa dialectalisation, les variations considérables de prononciation d'une région à une autre, bref l'absence de standardisation générale, posaient un évident problème, au moment de transcrire le discours en français sur le papier.

Jusqu'à présent, le français s'était surtout servi, pour retranscrire à l'écrit la langue orale, des caractères qu'il avait hérités de l'alphabet latin. L'éternel problème de l'*orthographe* – la « bonne » graphie – est d'atteindre deux objectifs difficiles à concilier. Le premier est de donner de la langue dans sa physionomie orale une image à peu près fidèle : il faut donc qu'à chaque signe corresponde si possible un son, de manière à ce qu'on puisse l'*entendre* en la lisant. Le problème, c'est que si elle veut rendre compte fidèlement des sons de la langue, l'orthographe devra régulièrement changer, puisque rien ne change plus vite, dans une langue, que sa réalisation phonique. Il faudrait sans cesse se remettre à écouter scupuleusement ce qu'on entend, et reprendre la tâche patiente de la retranscription. Mais il est clair qu'en faisant cela, on handicape les chances qu'ont ces témoignages de pouvoir continuer à être lus longtemps. La civilisation chinoise a contourné ce problème de manière ingénieuse. En réunissant dans ses caractères phonétique et contenus de pensée, l'ancienne Chine s'est garantie des altérations futures qu'allait subir sa langue. Un Chinois lettré d'aujourd'hui peut toujours lire des textes écrits il y a plus de deux mille ans, alors qu'il est évident qu'il ne pourrait en aucun cas se prêter à la fiction d'un dialogue oral avec ces époques.

Le français du début du XVIe siècle se trouvait ainsi à la croisée des chemins. Il était contraint de s'écouter avant de se lire et de s'écrire... Ce sont les années 1530 qui ont constitué la période charnière. Soudain, plusieurs imprimeurs, plusieurs *penseurs de la langue*, grammairiens, écrivains, praticiens, se sont aperçus que, d'une part, les signes hérités du latin ne suffisaient plus à donner une idée correcte du français (dont les voyelles, par exemple, avaient considérablement changé par rapport au latin), et que, d'autre part, il convenait, dans l'optique d'une diffusion large des textes imprimés, qu'il y ait un minimum d'entente quant aux conventions utilisées. On ne peut demander à un lecteur de changer d'habitude à chaque livre qu'il lit, et d'accepter qu'écrit d'une certaine façon par un imprimeur, le même mot puisse se trouver écrit d'une autre manière par tel autre.

D'où une vague sans précédent de « réformes », ou *tentatives* de réformes... Tentatives, car, au XVIᵉ siècle, aucune institution ne prétend à la légitimité en matière de langage. Des particuliers peuvent fort bien proposer une réforme ! Quant à savoir si elle sera suivie d'effet, c'est une autre affaire... Dès le *Champfleury* de Tory en 1529, et particulièrement dans les années 1530-1540, ce seront toutes sortes d'innovations qui apparaîtront dans les traités, dans les impressions – innovations qui, pour certaines, entreront dans le corps de la langue, pour d'autres, seront reléguées au stade d'idées brillantes mais extravagantes, plus pittoresques qu'utiles.

Un phénomène intéressant est la proximité qu'il y a eu entre le mouvement de réforme de l'orthographe (plus généralement, l'essentiel du mouvement grammairien, en fait), et le mouvement *religieux* de la Réforme. Au moment de rendre la parole de Dieu disponible au plus grand nombre, il convient de rendre la langue à la fois digne de cette tâche, et de diminuer les obstacles à sa diffusion. C'est pourquoi les questions de graphie, d'écriture, de conventions, sont si importantes. En 1535, au moment de faire paraître sa première Bible, Olivetan considère que l'orthographe française est « mal réglée, désordonnée et sans arrêt [13] ». De même, au premier opuscule consacré au problème de l'orthographe, la *Briefve doctrine pour deuement escripre selon la propriete du Langaige Françoys* parue en 1533, et que l'on prête à Geoffroy Tory ou à Clément Marot, est joint une *Epistre Familiere de prier Dieu* et d'une *Aultre Espistre familiere d'aymer Chrestiennement*. Dolet, Meigret, Ramus, furent tous liés au mouvement de la Réforme. Mais l'époque n'était pas tendre pour ces grammairiens humanistes : tous eurent de nombreux soucis avec les autorités religieuses, et certains connurent des morts tragiques, comme ce fut le cas pour Dolet ou pour Ramus, assassiné à la Saint-Barthélémy (1572).

C'est donc entre 1530 et 1540, au moment où se pose la question de la traduction de la parole divine du latin dans les langues maternelles, que les problématiques de graphie deviennent importantes pour le français. Des signes que nous sommes habitués aujourd'hui à considérer comme faisant partie intégrale de l'écriture s'imposent progressivement. La différentiation des timbres du *e*, par exemple, est indiquée par des accents : l'imprimeur Robert Estienne introduit l'accent aigu en 1530 ; l'accent grave et l'accent « circonflexe » – qui est en réalité un transport du *s* au-dessus de la lettre qui précède – sont des idées de Sylvius (1531). Mais certains proposent également de barrer le e (*é*) lorsqu'il effectue une liaison, d'autres suggèrent cédilles et crochets... La cédille, d'importation espagnole (*zedilla*) – à l'origine un z « adscrit » (écrit à côté de la lettre, comme dans *leczon*), si elle ne réussit pas à s'imposer sous le *e*, se fait néanmoins du *c* un compagnon durable, glissant subrepticement sous lui pour distinguer le son [s] du son [k], tous deux notés *c*. Toutes sortes de solutions sont examinées, sans donner toujours lieu à un usage systématique. L'accent aigu, par exemple, ne fut d'abord utilisé qu'en fin de mot, avant de gagner ensuite l'intérieur des mots (comme dans *aisément*, chez Sébillet en 1548). Des petits points séparés furent utilisés pour signaler des voyelles en hiatus (*traïr*), l'accent circonflexe pour d'anciennes diphtongues (*fleûr*), etc.

Les textes d'ancien français, comme les textes latins, étaient très peu ponctués. Les imprimeurs de la Renaissance vont procéder à un équipement massif en signes qui indiquent des pauses, des liens, des articulations du discours. Ici encore, l'imagination du XVIe est débordante. Les modèles sont souvent italiens (point virgule), mais parfois hébreux (le long trait d'union, ou *macaph*, utilisé par Olivetan dans sa Bible), ou latins (l'*hyphen* choisi par Robert Estienne). On remarque chez les imprimeurs un souci évident de rendre plus compréhensibles les phrases longues ou « entremeslees ». Le nombre de virgules, ou « points à queue », comme les appelle Etienne Dolet, augmente significativement. Certaines initiatives comme le « parenthesine » ou l'« entrejet » montrent également qu'on prête une attention plus grande à l'organisation logique de la phrase.

En 1540, paraît un ouvrage qui tente de faire le point, et qui sera souvent réédité : *La Maniere de bien traduire d'une langue en aultre. D'advantage De la punctuation de la langue Françoyse. Plus. Des accents d'icelle*[14]. Ponctuation et accentuation sont les deux équipements majeurs de l'écriture, imprimée d'abord, puis manuscrite, qui vont permettre au français à la fois d'accroître sa lisibilité et d'affirmer sa différence d'avec le latin. Au fil des rééditions, on voit que ces consignes sont suivies, et que les imprimeurs prennent l'habitude de normaliser leurs pratiques. Il y eut des débats sur la majuscule. Faut-il affecter celle-ci aux « dictions denominatives », autrement dit aux noms propres de personnes, d'animaux, de lieux, ou adopter un usage qui l'associe au repérage des limites de la phrase ? Certaines lettres, par ailleurs, n'existaient pas encore. L'actuel *j* n'était le plus souvent qu'un *i* allongé qui n'avait pas de signification discriminante. Le *u* et le *v* étaient confondus dans un même signe. Au fil du temps, à force d'ajouter des lettres, des signes, des conventions nouvelles, se repose le problème de l'adéquation entre sons et signes. L'orthographe n'est-elle pas devenue « superflue et trop abondante » ? Beaucoup de lettres ne correspondent plus à rien dans la prononciation (ce qui est encore largement le cas dans le français actuel, au grand désespoir des apprenants étrangers...). Elles ne sont là que « pour l'œil ». Faut-il les supprimer ? Un débat oppose, vers le milieu du siècle, les tenants d'une réforme qui voudrait « moderniser » le système graphique, et ceux de l'histoire, qui estiment que l'orthographe est aussi là pour témoigner de l'origine des mots, même si des décalages se créent avec la prononciation. Inutile de dire que ces débats sur l'orthographe n'ont pas disparu avec le siècle...

Dans cette polémique, Louis Meigret joua le rôle de moteur. Quelques années avant sa grammaire, son *Traite touchant le commun usage de l'escriture françoise [...] auquel est debattu des faultes et abus en la vraye et ancienne puissance des lettres*, qui date de 1542, suscita diverses réponses, « défenses contre les censures et calomnies », « furieuses défenses », « deseperees répliques », etc. L'idée de Meigret est de calquer l'orthographe sur la prononciation. Dit en ses termes, et écrit à sa manière, cela devient : « fere quadrer le lettres, e lecttur ao voes, e a la prononciacion sans avoer egart ao'loes sophistiqes de derivezons e differences ». Fi donc des lettres conservées par souci étymologique (le *b* et le *c* de *subject*), et de toutes les fantaisies graphiques qui ont pour prétexte de permettre la distinction entre homonymes, mais qui en réalité, alourdissent la graphie, si elles ne sont pas dénuées d'un certain caractère esthétique, tels le *h* ou le *y*, avec la grande boucle duquel les imprimeurs se plaisaient à terminer élégamment les mots. Mais calquer la graphie sur la prononciation n'est pas si simple qu'il y paraît. Que faire des variantes, par exemple ? Doit-on ne conserver qu'une forme ? L'ambition de Meigret est paradoxale : pour lui, la réforme de l'écriture doit permettre de noter aussi bien le picard que le « naïf beauceron »... Comment ne pas imaginer, dès lors, que la réforme de la graphie ne devienne aussi un code normatif de la prononciation ? L'interpénétration des dimensions écrite et orale de la langue est au cœur de la démarche de Meigret. Le problème n'a été élégamment résolu que par la normalisation de l'écriture espagnole par l'Academia Real, au XVIIe siècle, les autres langues européennes sombrant dans les ambiguïtés.

La génération française de 1550 veut simplifier. Tant pis pour l'histoire : l'essentiel, dans le langage, est sa fonction de communication. Sous l'impulsion de Meigret et de Peletier du Mans, des pratiques nouvelles apparaissent, plus radicales, allant jusqu'à la tentative de révolution totale à laquelle s'attela Honorat Rambaud en 1578. Rambaud était un maître d'école marseillais, qui s'était proposé ni plus ni moins que de supprimer l'alphabet latin pour y substituer un nouvel alphabet de son cru, entièrement artificiel, et répondant à une pensée linguistique rigoureuse. Nourri d'évangélisme, Rambaud est un réformateur solitaire et insolite qui veut réinventer une écriture fondée sur l'oral et placée sous l'égide d'un double principe. D'une part, l'écriture est le « double & coppie de la parolle », d'autre part, « tout ce qui est raisonnable est faisable ». Pour lui, la grande difficulté que pose l'emploi de l'alphabet latin en français est que cet alphabet ne rend pas justice au caractère syllabique du français. La présence des diphtongues en français avait créé ce système étrange qui veut que certains sons soient traduits par deux signes au lieu d'un, ce qui avait déjà attiré l'attention d'Antoine Baïf. Celui-ci avait décidé de n'utiliser qu'un monogramme au lieu des anciens couples de lettres *au, eu, ou*, etc. Rambaud va plus loin. Il intitule par bravade son traité *Declaration des abus que l'on commet en escrivant, et le moyen de les eviter, et representer nayvement les paroles : ce que jamais homme n'a faict*[15] (1578). Rambaud trouve que, si l'on veut retranscrire fidèlement tous les sons du français, il faut en réalité bien plus de vingt-six lettres ; il en propose le double : 52. Ce nombre élevé s'explique essentiellement par le principe syllabique de Rambaud, pour qui chaque syllabe est composée de deux sons, un « masle » – la consonne –, et un « femelle » – la voyelle. Les groupes constitués par des consonnes suivies de consonnes dites « liquides », par exemple (*r* et *l* dans *br, tr, bl, tl*), sont également considérés comme des sons uniques. A chacun de ces groupes, un signe nouveau. Rambaud est sensible au lien qui unit, dans la parole, les sons entre eux. Dans l'écriture, il veut représenter ce lien, donnant par exemple aux boucles des signes graphiques – ouvertes ou fermées – une valeur expressive. Il *peint* véritablement le passage entre les sons.

Le résultat produit un « alphabet » qui, il faut le dire, a une allure un peu hallucinante. Difficile de se familiariser avec ces tableaux d'équivalences consignés sur doubles pages avec, à gauche, les caractères traditionnels, à droite les caractères nouveaux. Quel effort il faut déployer pour passer d'une page à l'autre ! Au niveau de la physionomie de l'écriture, on note aussi que le système imaginé par Rambaud a une incontestable allure grecque. Les omégas abondent, qui devaient donner sans doute l'impression d'une plus grande « phonographie »... Peu de chance pour pareil système de s'imposer. Aujourd'hui, l'alphabet de Rambaud amuse, séduit, fascine. Qui d'entre nous, dans son enfance, n'a pas essayé de refondre le système graphique de sa langue, et n'a pas testé de nouvelles écritures ? Les imprimeurs, de leur côté, et on les comprend, sont restés prudents. Loin du radicalisme de ces « inventeurs » de la modernité, ils ont la plupart du temps préféré suivre une voie moyenne, qui n'évacue pas les lettres usuelles. Ronsard qui, dans sa jeunesse, avait déclaré la guerre à l'*y*, « cet épouvantable crochet », avait souhaité l'élimination des consonnes doubles tout autant que la création de signes nouveaux pour les sons originaux du français (le son *ch*, qui mériterait un signe unique, la nasalisation, etc.), ne manifestera plus autant d'intérêt à mettre son programme à exécution après 1565. Beaucoup se rangent à la position de Du Bellay, qui avoue dans sa *Deffence* avoir « plus suyvy le commun, et antiq'usaige que la raison ». Position prudente et conservatrice – celle de la majorité des francophones aujourd'hui.

A la fin du XVIe siècle, donc, il s'en faut de beaucoup que l'orthographe soit « normée ». Il est fréquent de trouver dans la même page des graphies différentes pour un même mot. L'attention pour la physionomie du mot écrit est encore faible. Ne parlons pas des manuscrits : beaucoup demeurent dépourvus d'« orthographe ». Dès lors qu'un texte est en passe d'être imprimé, cependant, on observe un changement d'attitude : la « haute voltige » des imprimeurs artistes des caractères semble être passée de mode. Pour notre déception, peut-être... Quoi de plus beau, de plus étrange que des pages originales de Meigret ou de Ramus ? Le souci de l'usage commun semble l'avoir emporté. Montaigne, par exemple, qui pratique une orthographe parfois très novatrice, préfère s'incliner, dans la version publiée, devant l'ancienneté de la coutume. On reconnaît bien là sa sagesse pratique.

Si l'orthographe est encore, à la fin du XVIe siècle, une problématique d'imprimeurs, ou d'ateliers (chaque atelier fait ses choix, définit ses protocoles...), une certaine uniformisation se fait malgré tout, sans doute à cause du nombre de livres publiés. Grosso modo, on peut dire que l'orthographe qui se met en place est un mixte de celle qu'avait au départ élaborée Robert Estienne, et de celle qu'a fini par pratiquer, dans une voie moyenne, Ronsard. Dans l'intervalle, le XVIe siècle nous aura livré de fascinants témoignages, poétiques et ludiques, de tout ce qu'on peut faire avec la langue dès lors qu'il s'agit de l'écrire. En somme, une époque pas si éloignée de la nôtre, avec la folle palette de « polices de caractères » de nos ordinateurs...

5

NOUVELLES SCÈNES LITTÉRAIRES

En ce milieu du XVIe siècle, la nécessité de construire une littérature française, et particulièrement une poésie, sa quintessence, éclate aux yeux de tous. On se persuade, en effet, que si le latin classique en tant que langue s'est assuré une pérennité à travers les siècles, c'est essentiellement à ses textes « littéraires » qu'il le doit.

Pendant tout le XVIe siècle, les écrivains se heurtent à de véritables dilemmes. Le premier concerne le latin. Ecrire de la poésie au XVIe siècle, c'est encore, souvent, écrire de la poésie latine. Celle-ci continue de représenter un ensemble important : on estime à pas moins de 700 le nombre de poètes ayant pratiqué la poésie latine au XVIe siècle. Certains n'écrivent que dans cette langue. Le latin représente encore une langue internationale susceptible d'assurer une diffusion européenne, et une langue d'élite, synonyme de distinction et de culture. Guillaume Scève, sans doute un cousin plus âgé de Maurice Scève, plus connu aujourd'hui, continue d'écrire de la poésie en latin. Ainsi font Dorat, Muret, Buchanan, Théodore de Bèze, Du Bellay, Rémi Belleau... Certains de ces textes furent traduits à l'époque, d'autres restèrent en version monolingue, comme les témoignages d'une culture désormais enfermée dans sa propre recherche.

Les allers-retours entre latin et français donnent parfois lieu à des palinodies amusantes, telle celle de Du Bellay, auteur de la diatribe la plus marquante en faveur du français du XVIe siècle, et qui écrit, en latin, ces quelques vers « Ad lectorem » au seuil de son ultime recueil, entièrement en latin :

> *Sur ce lit vertueux, depuis notre union,*
> *J'ai reçu tant d'enfants de la Muse française*
> *Que cette passion pour la muse latine,*
> *Et l'alliance rompue, t'étonnent, ô lecteur.*
> *Cette Muse française est pour moi une épouse,*
> *Et la Muse latine est comme une maîtresse.*
> *— Préférer, diras-tu, l'adultère à l'épouse !*
> *— Celle-ci est jolie, mais l'autre me plaît mieux* [1].

Le second dilemme concerne l'usage des dialectes. Depuis le traité de Charles de Bovelles intitulé *De la différence des langues vulgaires et de la variété du parler français* (1533), les poètes sont conscients des ressources des dialectes dont certains possèdent un patrimoine poétique illustre, surtout en domaine occitan, car, en terre d'oïl, les chefs-d'œuvre produits par les scripta dialectales du moyen âge sont tombés dans l'oubli. Marot a commencé par pratiquer l'occitan avant de se tourner vers le français. La présence des dialectes place ainsi la littérature au cœur d'un carrefour à trois embranchements : le français, les dialectes (surtout d'oc), et le latin. Trois horizons linguistiques ayant chacun leurs avantages et leurs limites. A la fin du siècle, Montaigne sera encore dans cette situation : il devra effacer de son paysage mental dialecte et latin pour se consacrer pleinement à l'écriture du français. Dans tous les cas, il ne peut s'agir que d'un choix, nullement d'une pratique spontanée.

Mêler les dialectes peut être une solution pour contourner le problème. C'est ainsi que Baïf mêle son « angevin » de picard, de parisien, de tourangeau, de poitevin, de normand... Filbert Bretin supplie qu'on ne voie pas dans les mots bourguignons qui émaillent ses *Poesies amoureuses* (1576) les signes d'une inadvertance : ils sont là, dit-il, « pour exalter sa langue maternelle ». Peletier, de même, veut ajouter au poème ce qu'il appelle les « mots paysans ». Henri Estienne regrette la timidité de ses contemporains dans ce domaine, et montre que cette capacité à se mélanger est un avantage qu'a le français sur l'italien, où les autres dialectes ne peuvent se mêler avec le toscan non plus, dit-il, que le fer avec l'or... C'est l'éloge du mélange, à la condition de rester dans les limites du royaume. Le sentiment national fait considérer en effet avec suspicion tout ce qui vient de l'étranger.

Mais l'usage des mots dialectaux divise. Plutôt que de s'attacher à des façons de parler locales, estimées parce que ce sont elles qui ont été formatrices, ne convient-il pas plutôt de mettre toutes ses énergies à fabriquer une nouvelle langue, une langue française unique, commune, élevée, qui transcende les particularismes ? C'est ainsi qu'on a pu reprocher à Ronsard d'être excessivement « vendômois ». A quoi le poète répond vigoureusement : « Tant s'en faut que ie refuze les vocables Picards, Angevins, Tourangeaus, Mansseaus, que si j'avois parlé le naïf dialecte de Vandomois, ie ne m'estimeroi bani pour cela d'eloquence des Muses, imitateur de tous les poëtes Grecs, qui ont ordinairement ecrit en leurs livres le propre langage de leurs nations, mais par sur tous Theocrit qui se vante n'avoir iamais attiré une Muse etrangère en son païs[2]. » Au milieu du XVIe siècle, le modèle grec, de fusions des dialectes, apparaît encore pertinent. Cependant ce mélange littéraire demeure superficiel : il ne concerne que le lexique (encore les mots dialectaux sélectionnés sont-ils rares), et ni prononciation ni syntaxe ne sont retenus.

Il fallait donc être « poete françois ». Dans l'histoire du siècle, plusieurs mouvements successifs se sont efforcés de réaliser ce programme ; plusieurs « scènes » se sont opposées. La première est celle de Lyon, centrée autour de Maurice Scève et de Louise Labé, très influencée par l'Italie, à laquelle elle emprunte formes poétiques et conduite du discours. La seconde est celle que créèrent à Paris un certain nombre de poètes qu'on rassemble souvent aujourd'hui sous la bannière de la « Brigade », devenue la « Pléiade », dénomination qui avait été utilisée dans l'Antiquité pour désigner un groupe de sept poètes d'Alexandrie (parmi lesquels Théocrite, grand modèle au XVIe siècle), et qui n'a été appliquée que tard à nos poètes[3]. Il en est parfois ainsi des « écoles » et des mouvements littéraires : les principaux intéressés, sur le moment, ne s'y reconnaissent pas. Le groupe comprenait, outre Ronsard, Du Bellay, Pontus de Tyard, Baïf et Jodelle. Mais Lyon et Paris ne sont pas les seuls centres poétiques du XVIe siècle. Poitiers, par exemple, constitue également un centre actif. On connaît de cette époque de tout à fait curieux *Discours non plus mélancoliques que divers*[4] qui rassemblent les productions de divers auteurs.

Entre 1530 et 1560, Lyon, la ville la plus cosmopolite de France, possède trois fois plus d'imprimeurs que Paris. Le monde lyonnais peut se vanter d'une culture à part, fortement marquée par la présence italienne, on l'a vu, caractérisée aussi par une certaine continuité par rapport au Moyen Age, sensible dans le goût pour la philosophie et la théorie littéraire.

Maurice Scève (vers 1500-vers 1560) est l'un de ceux qui, très tôt, ont choisi d'affronter la difficulté d'écrire en français. Il déplore, dans le huitain liminaire de sa *Délie*, de ne parvenir à écrire en français que de « durs épigrammes ». C'est cette lutte constante contre l'indocilité de la langue qui fait toute la force de son écriture. Au travers de tournures syntaxiques complexes, d'innovations radicales en matière de lexique, d'expérimentations en matière de rythme, la poésie est ainsi presque conquise « de force » contre la langue.

Cette manière de faire saillir des éclats poétiques hors de la gangue de la langue commune fera école. Philibert Bugnyon et Claude de Taillemont (né en 1526) sont deux poètes lyonnais disciples de Scève qui estiment que le français est une langue littéraire d'avenir. Le premier est un helléniste qui n'hésite pas à plaquer sur une syntaxe torturée des néologismes voyants ; le second recourt fréquemment aux patois, aux italianismes, aux tournures latines, produisant un étrange discours, d'une absolue nouveauté. Pernette du Guillet (1518 ?-1545) fut elle aussi à l'école de Maurice Scève. A sa mort en 1545, probablement de la peste, paraissent avec l'accord de son mari, et grâce aux soins d'Antoine du Moulin, ses *Rymes*[5]. Et en 1555, est publié à Lyon un petit volume qui, outre un *Débat de Folie et d'Amour*, contient trois élégies et vingt-quatre sonnets. Le volume, quoique mince, est très soigné. Son imprimeur, Jean de Tournes, était lié à Jacques Peletier du Mans, et considérait avec beaucoup d'attention l'orthographe, dans une perspective moderniste. L'aspect graphique semble compter autant que le contenu poétique. Mais celui-ci marqua[6]. On attribua les poèmes à Louise Labé, fille et femme de cordier, musicienne, mondaine, à qui l'on prête des liaisons avec des personnages célèbres du temps, comme Olivier de Magny. Cette poésie, qui se tient en équilibre entre l'expression du tourment et la recherche d'une harmonie, se distingue de Scève, anticipe sur l'avenir de la langue poétique, et éblouit encore aujourd'hui. Mais Louise Labé n'est-elle pas une « créature de papier » ? C'est la thèse qui a été défendue récemment[7], se fondant sur l'argument que, d'une part, il ne nous reste aucune preuve de la participation de l'illustre lyonnaise à l'entreprise, et d'autre part sur l'importance de la dynamique collective de l'écriture – et de l'impression – de la poésie à cette époque. Il est fort possible que le précieux recueil ait été le fruit de l'initiative de son imprimeur, celui-ci sollicitant des textes à toute la compagnie de poètes qui l'entourait, et cherchant à stimuler l'imagination des lecteurs en l'attribuant à une femme, figure poétique et inspiratrice.

Bien entendu, écrire en français au milieu du XVIe siècle n'est pas toujours faire œuvre originale. Traduire reste une activité importante, et le poème « translaté » est encore souvent considéré comme l'équivalent d'une œuvre authentique. Pour Sébillet, l'auteur d'un *Art poétique* charnière, en 1548, « la version ou traduction est aujourd'hui le poème le plus fréquent et mieux reçu des estimés poètes et des doctes lecteurs, à cause que chacun d'eux estime grande œuvre et de grand prix rendre la pure et argentine invention des poètes dorée et enrichie de notre langue ». On traduit les psaumes, signalés à l'attention du public contemporain, outre leur valeur théologique, par la musicalité qu'on reconnaît au texte hébreu, les poésies latine et grecque, et surtout beaucoup d'italien, puis d'espagnol. Les innombrables traductions de Pétrarque et de l'Arioste réalisées par les poètes français de l'époque forment un ensemble important, essentiel dans l'« illustration de la langue française ». Dans la culture de la langue, le processus de traduction pouvait être considéré alors comme presque plus gratifiant que l'acte qui consiste à faire œuvre « originale », et cette attitude durera au siècle suivant. La notion d'« auteur » reste encore incertaine. Entre risque de présomption et complexe d'infériorité, le geste créateur, en matière littéraire, se heurte à des obstacles imprévus. Il faudra l'énergie de la *Deffence* de Du Bellay pour arracher l'expression originale en langue vulgaire à tous ces carcans. En attendant, la traduction est un véritable plaisir pour les poètes, un bain de beauté, de délicatesse, de force, de correction, d'élégance, d'innovation. Elle est un art à part entière, à la manière de l'interprétation musicale des chefs-d'œuvre, aujourd'hui. L'horizon du texte révéré protège des sentiments négatifs ; l'exercice écrit de la langue devient une confrontation avec l'altérité d'une langue pouvant être un modèle. Illustrer la langue, pour les poètes de l'époque, est plus important que s'illustrer soi-même. En prose, la traduction de Plutarque par Amyot (1559) sera considérée comme l'un des principaux « monuments » de la langue française.

A Paris, à partir de 1550, donc, un Angevin, Du Bellay, et un Vendômois, Ronsard, se proclament « premiers lyriques françois » et créent une nouvelle scène poétique, qui prend la suite de celle de Lyon. Dans ses *Recherches de la France*, Pasquier évoquera « cette grande flotte de poètes que produisit le règne du roi Henri deuxième » et « la nouvelle forme de poésie par eux introduite ». Dans sa préface aux *Odes*, qui paraissent en 1550, un an après la *Deffence* de Du Bellay, Ronsard n'hésite pas à se voir comme « le premier auteur Lirique François, et celui qui a guidé les autres, au chemin de si honneste labeur ». Eclipsant volontairement Du Bellay, il prétend faire acte de fondation, dans le domaine littéraire comme dans la culture linguistique de son pays. Sa morgue lui sera reprochée, mais il influence profondément le sentiment de la langue, et tous les lettrés de son temps le suivront.

Ronsard s'indigne, par exemple, qu'on en soit encore, au milieu du XVIe siècle, à se demander si la langue française ne serait pas inférieure au latin et au grec, s'il n'est pas préférable, somme toute, pour faire œuvre « sérieuse », de continuer à cultiver ces grands « langages »... Dans la préface de la *Franciade* (1572), il fulmine de voir les Français dénigrer encore leur langue pour aller « déterrer ie ne sçay quelle cendre des anciens »... Pour lui, la solution est évidente : il convient dans un premier temps de se « réconcilier » avec le patrimoine linguistique et littéraire français. Plutôt que de « recoudre et rabobiner de vieilles rapetasseries de Virgile et de Cicéron », mieux vaut relire Lancelot et Gauvain, et commenter le *Roman de la Rose*... Etonnant retour en arrière, position exceptionnelle à une époque si désireuse d'innover. Mais il faut croire qu'il est parfois utile d'utiliser le passé contre le passé. Ajoutons que la littérature médiévale, ou plutôt certains de ses thèmes, jouissait encore d'une certaine vogue, à la fin du XVIe siècle. Lancelot, le *Roman de la Rose* plus ou moins réécrits : à la fin du XVIe siècle, voilà ce que bourgeois lisent. On sent que Ronsard n'a pas envie de se couper de ce public, et de s'enfermer dans une tour d'ivoire.

Il y a deux périodes, dans la poétique linguistique de Ronsard. Dans la première, il se montre très libéral vis-à-vis de la langue, acceptant tout ce qui est de l'ordre dialectal, bas, néologique, technique... l'objectif est de créer un matériau poétique le plus riche possible, foisonnant, propre à exprimer, à rendre sensibles les réalités. Comment, dit-il, voulez-vous faire mourir un soldat si vous ne savez pas exactement où le frapper ? Pour cela, il faut être, aussi, bon anatomiste[8]... Cette « libéralité » est la marque de fabrique de Ronsard : elle l'accompagnera toute sa vie durant. « Plus nous aurons de mots en notre langue, plus elle sera parfaite[9] », est l'une de ses phrases les plus célèbres. Mais Ronsard eut aussi à répondre à des critiques à propos de son usage du « bas ». A l'éloge de la variété, il ajouta donc progressivement celui de l'élévation, du caractère haut du langage poétique. C'était une manière de contourner le problème sans se renier et de reprendre la dialectique de Dante entre « vulgaire » (courant), et « illustre ».

Dans son art poétique de 1565, par exemple, il donne la définition suivante du langage poétique : « Elocution n'est autre chose qu'une propriete et splendeur de paroles bien choisies et ornées de graves et courtes sentences, qui font reluyre les vers comme les pierres précieuses bien enchassées es doigts de quelque grand seigneur... Pour ce, tu te doibs travailler d'estre copieux en vocables, et trier les plus nobles et signifians pour servir de nerfs et de force à tes carmes [poèmes], qui reluyront d'autant plus que les mots seront significatifs, propres et choisis [10]. » On remarque que l'éloge du caractère « copieux » de la langue commence à se doubler de la valorisation d'une langue esthétique qui aurait ses propres lois. Dans la préface de la *Franciade*, Ronsard développera cette idée d'une parole poétique élevée, pleine de « mystère », d'enveloppement, « qui les face [les vers] autant que possible hausser ».

La réflexion de Ronsard s'articule sur celle de Du Bellay, qui, dans différentes sections de la *Deffence*, avait abordé le problème du « bas » et celui des néologismes. Ronsard va y répondre de manière innovante en considérant le second problème comme une réponse au premier :

> *Ie vy que des François le langage trop bas*
> *A terre se trainoit sans ordre ny compas :*
> *Adonques pour hausser ma langue maternelle,*
> *Indonté du labeur, ie travaillay pour elle,*
> *Ie fis des mots nouveaux, ie r'appelay les vieux,*
> *Si bien que son renom ie poussay jusq'aux cieux* [11].

Où l'on voit déjà se manifester un certain *ton* qui, de Corneille à Victor Hugo, se plaira à enfermer dans des vers bien balancés l'auto-revendication de la « toute-puissance » du poète...

L'affirmation de la légitimité des néologismes pose cependant un problème, celui qu'on finisse par ne plus reconnaître la langue. C'est un peu le sens des polémiques qui agitent, dans cette seconde partie du XVIe siècle, le milieu poétique. Si Du Bartas, par exemple, est favorable aux néologismes, car il pense que « la langue française ne fait que sortir presque de son enfance », Desportes, qui prendra la suite de Ronsard comme premier poète dans le domaine français, est plus réservé. L'héritage de la Pléiade est divisé. Saint-Gelais, Muret, Belleau, se séparent de Ronsard. L'exemple de Marot est remis en avant, de même que le souci, avancé par Sébillet, de l'« oreille ». Après avoir affirmé vouloir « prendre stile a part, sens a part, euvre a part », avoir voulu isoler la littérature, fuir la « prochaineté du vulgaire », Ronsard lui-même prend une direction plus modeste. Le second livre des *Amours* prend un style plus simple. Ses idées, d'ailleurs, sont de moins en moins en vogue à Paris. Plus que la surcharge, c'est désormais vers le *suivi de la langue* qu'on se tourne, dans un désir de ne pas la couper de sa communication ordinaire.

La question de savoir si le français doit tolérer la présence d'une « langue littéraire » séparée de l'idiome de tous les jours, une sorte d'expression haute, réservée à certains types de sujets et de préoccupations, comme le voulait Ronsard, est une question décisive en cette fin de XVIe siècle. C'est en grande partie autour de cette question que s'articulera le premier mouvement puriste du début du XVIIe siècle, inauguré par Malherbe.

Une langue littéraire française ?

Depuis les « arts de seconde rhétorique » du milieu du XVe siècle, on observe un véritable processus de « littérarisation » du français. Ce processus semble s'être aidé du concours de plusieurs phénomènes. Au premier rang de ceux-ci, il y a la constitution d'un patrimoine littéraire *français*.

On se représente volontiers la Renaissance comme une période qui a tourné radicalement le dos au Moyen Age. En réalité, surtout pour ce qui est du patrimoine littéraire, celle-ci n'a pas rompu le fil qui la reliait aux efforts qui avaient été faits avant elle pour illustrer les « vulgaires ». L'attachement du public pour ces productions est notable, comme le montrent les chiffres de l'imprimerie et des rééditions. Mais la langue originale n'est plus accessible qu'aux philologues. Les réactualisations, les réécritures, les traductions permettent de maintenir vivant ce patrimoine narratif et thématique dans lequel le public trouve exprimées quelques-unes des racines les plus profondes de son identité. Dans les années 1540, par exemple, la traduction de l'*Amadis de Gaule*, très populaire, est vue comme une « parfaicte Idée de nostre Langue françoise ». La langue n'est pas seulement comprise comme un code formel destiné à faire passer n'importe quel contenu : les valeurs culturelles qui s'y trouvent encloses sont également considérées comme essentielles. Le goût de l'histoire n'est pas un phénomène récent : il est étonnant de découvrir à quel point les esprits du XVIe siècle, chez qui nous admirons souvent cette capacité d'aller de l'avant et de développer des solutions nouvelles, manifestaient un très grand attachement à l'égard de leur passé national.

Il ne faut pas toujours se laisser prendre au caractère tranché des déclarations programmatiques. Si la *Deffence* de Du Bellay affiche un ton aussi conquérant, c'est essentiellement parce que d'autres l'ont fait avant lui, en Italie notamment. Pour ce qui est de la pratique poétique, les auteurs des écoles de Lyon et de la Pléiade s'inscrivent souvent dans une continuité plus grande qu'il n'y paraît avec les générations précédentes.

Vers le milieu du siècle, ces phénomènes de filiation seront occultés par la prééminence donnée au modèle italien, ainsi qu'au souci de se donner les moyens de « croire en sa langue ». L'impact des traductions renouvelant la nourriture linguistique des praticiens de la littérature l'emportera sur le souci des origines. Une lettre du libraire parisien Etienne Roffet, placée en tête de la toute nouvelle traduction que Le Maçon procure du *Décaméron*, déclare par exemple : « La Nation Françoyse se peult bien vanter aujourd'huy [...] que la presente traduction du Decameron de Boccace nous est une tres grande preuve et temoignage certain de la richesse et abondance de nostre vulgaire Françoys. Car, d'autant que par l'industrie et vigilance des bons et doctes personnaiges de ce Royaume, il a été durant ce regne traduict et mis en nostre langue plus grand nombre des histoyres Grecques et des livres latins, que non pas des Italiens et Toscans[12]. »

Autour des années 1550, on assiste donc à un entraînement collectif autour de l'expression littéraire en français. Le sentiment de fierté se nourrit des initiatives grammaticales, lexicales et orthographiques qui voient le jour, avec cet *élan* qui semble libérer l'expression. Individualité et collectivité s'articulent d'une manière nouvelle. Jacques Tahureau (1528-1555) adressa au roi une *Oraison de la grandeur de son regne et de l'excellence de la langue françoyse*. Dans ce texte, il affirme la nécessité de « croire » en sa langue. « Iamais langue n'eut les termes plus propres que nous avons en Françoys[13] », déclare-t-il, d'une manière qui anticipe sur les textes d'apologétique du français des XVIIe et XVIIIe siècles. L'auteur défend ces deux éléments essentiels de notre langue que sont pour lui la *sonorité* et la *grâce* – deux concepts centraux dans le sentiment de la langue, totalement étrangers au latin. La conscience d'une idiomaticité progresse beaucoup. Antoine Fouquelin, dans sa *Rhétorique* de 1557, veut accommoder les préceptes de la rhétorique au français en « adioutant ce qu'elle [a] de propre et de particulier ».

Tradition grammaticale, tradition rhétorique, et tradition littéraire en viennent à se croiser pour s'inventer un nouvel objet : la langue française. Toutes héritent d'un bagage conceptuel lourdement lesté par l'expérience de l'Antiquité ; mais toutes aussi s'affranchissent de ce poids en développant pour ainsi dire leurs marges. La rhétorique devient insensiblement plus poétique et plus grammaticale ; la littérature se soucie des problématiques de la langue ; et la grammaire commence à se préoccuper d'usage. Autrement dit, les trois domaines se rapprochent les uns des autres. L'époque a conscience que le français peut maintenant se constituer de manière concertée un patrimoine littéraire et linguistique, en intégrant la langue littéraire dans la langue commune, par exemple. Depuis Rabelais et Scève, on observe une pénétration locale dans les usages communs de ces nouvelles phraséologies d'auteurs.

Mais l'usage doit-il, peut-il, retenir tout ce que les littérateurs proposent ? L'usage spontané fait de lui-même un tri. On garde *fleurette*, mais pas *feuillette*. Parfois, on discute de manière plus théorique. Dans sa *Precellence* de 1579, Henri Estienne estime que le français, autrement dit *la langue française*, est riche en diminutifs, « qui tiennent le premier lieu en mignardises [14] », et fait de cette question un point de comparaison avec l'italien. A l'inverse, au XVIIe siècle, le Père Bouhours déclarera que la langue française, « depuis qu'elle est raisonnable, a mieux aimé estre pauvre, que d'estre riche en babioles et colifichets [15] ». Des discussions comparables ont lieu à propos de la métaphore. Souvent, on a alors tendance à prendre ces créations littéraires, avec leurs connotations ironiques, décalées, leur marquage poétique exagéré, pour des caractères de langue.

Il faut dire que les écrivains se donnent un rôle nouveau dans le devenir de la langue. Ce rôle s'amplifiera dans l'histoire, mais c'est sans doute Ronsard qui l'a inauguré. Lui-même se posait explicitement, et non sans arrogance, en « éclaireur » de la langue. Bientôt, il devient, pour ses contemporains, un modèle linguistique, presque une idole... Le cardinal Du Perron, dans son *Oraison funèbre* de Ronsard de 1586, déclare : « C'est ce grand Ronsard qui a le premier chassé la surdité spirituelle des hommes de sa nation, qui a le premier faict parler les Muses en François, qui a le premier estendu la gloire de nos paroles et les limites de nostre langue. C'est luy qui a faict que les autres provinces ont cessé de l'estimer barbare comme auparavant, et se sont rendues curieuses de l'apprendre et de l'enseigner, et qu'aujourd'huy l'on en tient eschole jusqu'aux parties de l'Europe les plus esloignees, jusques en la Moravie, jusques en la Poloigne, et jusques à Dansik, là où les œuvres de Ronsard se lisent publiquement. » Il ajoute : « Somme, si nostre langue a quelque chose de quoy se comparer, de quoy se vanter, de quoy triompher à l'endroict des langues estrangeres : si elle a quelque lustre, quelque splendeur, quelque ornement, c'est à la seule mémoire de Ronsard qu'elle est tenuë de toute ceste gloire et de tout cest advantage[16]. » Ronsard voix poétique du coq gaulois ? Ces excès hagiographiques signalent, déjà, l'apparition d'un nationalisme linguistique.

Dans ses *Recherches de la France*, qui furent composées dans les dernières décennies du XVIe siècle, mais publiées, pour la plupart, au début du XVIIe siècle, Pasquier n'aura que peu d'estime pour Du Bellay, « fort foible » d'après lui, sauf dans quelques poèmes des *Regrets*. A l'inverse, « Ronsard a en nostre langue représenté un Homere, Pindare, Theocrite, Virgile, Catulle, Horace, Pétrarque, et par mesme moyen diversifié son style en autant de manieres qu'il luy a pleu, ores d'un ton haut, ores moyen, ores bas : chacun luy donne la gravité et Du Bellay la douceur[17] ». Ces *Recherches* sont une entreprise capitale dans l'histoire du sentiment de la langue. Estienne Pasquier (1529-1615) est un avocat qui a voulu consacrer tous ses loisirs à la rédaction d'un grand ouvrage où seraient consignées toutes sortes de remarques et d'informations concernant ce qu'il appelle l'« antiquité nationale ». Des dix livres, les plus intéressants pour notre propos sont le livre VII (paru en 1611), qui célèbre la gloire de la poésie française contemporaine et médiévale, et les livres VIII et IX, parus à titre posthume en 1621. Le chapitre 1 du livre VIII s'intitule : « De l'origine de nostre vulgaire François, que les Anciens appeloient Roman, et dont procede la difference de l'orthographe, et du parler ». Ses préoccupations concernant la langue sont de quatre ordres : assurer la conscience d'une continuité dans le passé littéraire et linguistique (Pasquier fera beaucoup, à cet égard, pour mettre en lumière le passé médiéval de la France), s'interroger sur l'origine de cette langue dans ce qu'en révèlent les étymologies, s'exprimer sur les propositions de réforme d'orthographe, et penser l'usage.

Son travail se situe au carrefour de ce qui était traditionnellement du ressort des grammairiens, des historiens, des poéticiens, des imprimeurs. Il fallait probablement un autodidacte pour oser se lancer dans pareille synthèse... Aujourd'hui, l'entreprise de Pasquier frappe par sa sensibilité à l'histoire, prémonitoire des recherches romantiques. Mais souvent, chez Pasquier, les matériaux manquent, pour étayer les hypothèses.

A cette époque, les complexes vis-à-vis de l'italien tendent à s'effacer. Pasquier suit Henri Estienne dans sa dénonciation de l'italianisation du français ; pour lui, les Italiens ont « dégénéré de l'ancienne force des Romains » ; il n'en est resté que ce « vulgaire tout effeminé et molasse[18] »... Le français, selon Pasquier, ne dérive d'ailleurs pas entièrement du latin : il n'a pas à s'estimer contraint dans le sort des langues romanes. « La langue dont nous usons aujourd'hui selon mon jugement est composée, part de l'ancienne gauloise, part de la latine, part de la française [c'est-à-dire du germanique des Francs], et si ainsi le voulez, elle a plusieurs grandes symbolisations avec la grégeoise[19]. » Ce caractère mêlé rend légitime qu'elle s'invente un destin, qu'elle se définisse un caractère. Le français, dit Pasquier, est un « langage métis[20]. »

A l'aube du XVIIe siècle, Pasquier prépare les matériaux sur lesquels vivra tout ce siècle avide d'affirmation culturelle et politique. Ses travaux, d'ailleurs, sont souvent réédités entre 1621, date de parution du dernier volume, et 1643, date de la mort de Louis XIII et de la troisième réédition complète, en 10 volumes. Les rédacteurs de dictionnaires y puiseront une partie de leur matière. Et c'est essentiellement à lui que Bouhours fera appel au moment de constituer une vulgate de savoir sur le français à diffusion étendue, dans la seconde moitié du siècle.

Le français dans la tourmente

La fin du XVIe siècle est une période terrible. Alors que, dans les années 1530, la diffusion des idées de la Réforme avait donné lieu à des affrontements d'*idées*, les antagonismes se durcissent progressivement à partir de la moitié du siècle. La situation dégénère, et les dissensions sont telles que plus aucune communication n'est possible entre les tenants de la Réforme et leurs adversaires soumis au pape. Conscient des risques, le pouvoir royal tente une politique de « concorde » civile, mais celle-ci échoue après 1560. L'épisode de la « défenestration d'Amboise » enclenche un cycle de violences et de répressions dont il ne sera plus possible de sortir. Les violences culminent avec la fameuse nuit de la Saint-Barthélemy (1572), massacre des protestants qui déclenchera la guerre.

De façon inattendue, toutes les problématiques concernant l'éloquence, l'usage public de la langue, discutées dans la première moitié du XVIe siècle trouvent une brûlante actualité. Dans leur réflexion sur Cicéron, les rhétoriciens du début du siècle avaient développé l'idée qu'il faudrait abandonner, dans le contexte moderne, les longues périodes du maître du « bien parler » pour se concentrer sur la concision et la justesse d'expression, premières garantes que la parole, véritablement, va *frapper*. Ils ne pouvaient savoir que leur réflexion allait trouver si rapidement un champ d'application. Dans les années 1570, alors que la confiance dans la langue a atteint un point qui permet à chacun de s'exprimer plus librement, l'exacerbation des conflits religieux, avec leurs évidentes implications politiques, va constituer un terrain de vérification expérimentale direct des théories. Insensiblement, la langue est devenue un bien public. La diffusion des savoirs en langue vulgaire commence à porter ses fruits. La machine de l'imprimerie est lancée, contribuant à une normalisation de la langue diffusée. L'affranchissement progressif du latin pour ce qui est de l'expression des sujets « sérieux » a eu pour effet de libérer les usages du français.

C'est ainsi que la parole religieuse et politique, longtemps enfermée dans le monopole du latin, s'émancipe, sûre de toucher le public. Arme à double tranchant que la langue ! En promouvant l'usage large du vulgaire, le pouvoir royal a ouvert la boîte de Pandore de la polémique. Celle-ci, désormais, ne se trouve plus contenue dans l'espace clos des monastères, des universités et des cours de justice, où elle échappait au plus grand nombre. Tout se dit au vu de tous, dans une langue que chacun connaît et dans laquelle chacun peut répondre. L'usage commun de la langue, s'il crée des solidarités, fournit un terrain pour la controverse.

Les conséquences du schisme religieux que connut la France au XVIe siècle auraient-elles été moins graves si ce commun usage de la langue française n'avait ainsi accentué les lignes de fracture ? C'est une question que finirent en tout cas par se poser les contemporains, confrontés à un nouveau type de violence, la violence verbale, dans un rôle que la presse, puis les médias, allaient plus tard assumer.

Installés dans leur habitude *historique* de la parole, beaucoup de contemporains n'en percevaient pas les enjeux. Décrite, mise en règles, l'« éloquence » semblait être une chose figée, mise hors d'état de nuire, pour ainsi dire, un objet d'étude, de simple culture. Pasquier le reprochera à Henri III : celui-ci n'a pas vu venir l'aggravation du régime de parole publique qui s'est produit sous son règne. « Si jamais prince eut sujet de crainte, ce fut lors ; toutefois ce nouveau roi, comme s'il eût été exposé en la tranquillité d'une profonde paix, au lieu d'endosser le harnois, se faisait enseigner d'un côté la grammaire et langue latine par Dorat [...] et d'un autre côté exerçait une forme de concert et d'académie avec les sieurs de Pibrac, Ronsard et autres beaux esprits à certains jours, auxquels chacun discourait sur telle matière qu'ils s'étaient auparavant définie. Noble et digne exercice vraiment, mais non convenable aux affaires que ce prince avait sur les bras[21]. »

Un homme comprit immédiatement le danger auquel s'exposait la monarchie en laissant ainsi dériver le régime de la parole publique : Jacques Amyot. En 1579, il propose au roi un *Projet d'eloquence royale*[22]. Dans ce texte prémonitoire, Amyot reprend les analyses faites dans l'Antiquité sur les rapports entre usage public de la langue et pouvoir politique. Il s'inquiète du développement récent de l'éloquence à l'intérieur d'un régime monarchique, remarquant, après bien d'autres que, dans l'Antiquité, l'éloquence avait surtout accompagné la République. Il se propose donc ni plus ni moins que de constituer une rhétorique *pour* le roi, d'*équiper*, en quelque sorte, le roi d'une rhétorique. Il faut, dit-il, que le roi utilise la parole publique pour rassembler les énergies autour de lui. Amyot prend conscience que celle-ci est une force politique, dans la nation. Ce faisant, il réactive le mythe de l'Hercule gaulois, déjà utilisé sous François Ier. « Je ne ferai point ici mention de notre Hercule gaulois tant renommé, que les peuples suivaient attirés par le fil de sa langue, et me suffira de dire que si l'éloquence est reine de toutes choses [...], il n'y a roi, tant soit grand et puissant, qui ne doive désirer de l'avoir pour sa compagne[23]. » Il ne s'agit pas, dit-il, d'« envoyer les rois en quelque école de rhétorique pour les faire descendre de leur siège royal[24] » : il s'agit de faire fonctionner l'esprit pour diriger le peuple.

A la fin du XVIe siècle, la parole est encore relativement bien répartie, au sein de la monarchie. Le Palais conserve une grande importance. Les affaires publiques sont débattues par une magistrature éloquente ; les états généraux se réunissent souvent ; loin du régime absolu que connaîtra la France après les Valois, Henri III discute avec ses sujets, et essaye de persuader.

Ce régime utopique d'une sorte de « démocratie » par le dialogue à l'intérieur de la monarchie connaîtra l'échec. Incapable de désamorcer par la parole la crise de la Ligue, Henri III fera assassiner ses chefs (assassinat du duc de Guise et de son frère en 1588, à Blois) avant de mourir lui aussi de mort violente (1589). Les paix partielles avec les protestants (1576 et 1580) sont loin d'avoir mis fin aux troubles, et n'ont fait qu'exacerber la montée du fanatisme catholique. Ce n'est que par son abjuration de 1593, et par les divisions internes des ligueurs, qu'Henri IV parviendra à mettre un terme aux « guerres de religion ». Au total, la parole n'aura servi quasiment à rien, et on se souviendra surtout du règne d'Henri III, le roi « éloquent », comme d'un règne de violences, véritable repoussoir pour ses successeurs au trône.

On s'explique ainsi que la fin du XVIᵉ siècle soit aussi désabusée quant à l'efficace de la parole publique : l'idée de « propagande » n'est pas encore née. Dans son traité *De l'éloquence française*, qui date de 1594, Guillaume Du Vair conclut à l'incompatibilité entre éloquence et monarchie. Le désenchantement règne, quand ce n'est pas la colère. Le XVIIᵉ siècle sera très sévère à l'égard d'Henri III. Jean-Louis Guez de Balzac écrira en 1631 : « A la moindre rumeur il descendait de son trône pour traiter avec ses sujets. D'un souverain il se faisait une personne privée ; et d'un législateur un avocat. Par cette brèche l'entre-deux qui le sépare du peuple était rompu et la puissance changée en égalité. Les coupables montaient sur le tribunal et délibéraient de leur propre fait avec leur juge[25]. »

A la vérité, il est difficile de comprendre la main-mise qu'a voulu exercer le pouvoir sur la langue au début du XVIIᵉ siècle sans se représenter cette profonde désillusion qui s'empara des esprits à la fin du XVIᵉ siècle quant au régime politique de la parole. Les années 1530-1550 s'étaient mobilisées pour promouvoir un usage large de la langue française, couvrant toutes les couches de la société, de manière à créer une véritable société civile partageant un idiome, une mentalité. Les années 1570 voient cet usage commun de la langue servir à la division, à la discorde. Un protestant écrit après la Saint-Barthélemy : « Car les lettres en France s'en vont comme illitérées : les armes arment contre elles-mêmes, de son propre glaive le Français tue son Français[26]. »

Ambassadeur de la France auprès de la cour pontificale, instigateur de la conversion d'Henri IV, le cardinal Du Perron tente de comprendre les liens qui unissent la parole et l'exercice du pouvoir. Il observe que, lors des guerres dites « de religion », ou « menées, comme il dit, par des prétextes populaires comme la religion », le peuple a voulu « être lui-même rendu capable de l'état des affaires ». C'est alors que ceux qui « se savent aider des armes de l'éloquence, peuvent beaucoup pour le précipiter aux désordres, insolences et confusions[27] ». Tout le propos de Du Perron va dès lors être d'essayer de ramener l'éloquence dans le territoire qui lui semble être le seul légitime, et dont elle ne devrait pas sortir : un territoire lettré, de culture esthétique et linguistique. Faire de l'éloquence un objet d'art, un objet d'apparat, c'est lui retirer son dard, son venin, sa capacité à se faire instrument dans la vie civile.

De son côté, Guy Coquille déplore la manière de verbalisme qui a envahi les sortes de cérémonies publiques à l'occasion desquelles le roi devait présenter ses ordonnances de manière persuasive et pédagogique. « On a fait infinité d'édits, dit-il, auxquels on a fait parler le roi comme si c'était un orateur en une concion [assemblée] de Grèce avec des propos spécieux, beaucoup de langage, et rien en vérité, comme si tous les Français étaient des bêtes et qu'avec le simple sens commun il ne fût pas aisé de découvrir que le contraire du contenu en ces édits était véritable[28]. » Chute de la valeur politique de la parole. Progressivement, la culture de la langue va se retirer de cet engagement dans la vie publique pour se trouver une justification en elle-même. Un homme représente l'exemple parfait de cette nouvelle direction que prendra en cette fin du XVIe siècle la culture de la langue : Michel de Montaigne.

Idiome commun et « illustré », enrichi par les pratiques poétiques, débarrassé de son complexe d'infériorité vis-à-vis des langues antiques comme de l'italien, idiome croisé d'influences dialectales, riche des voix diverses qui s'y sont mêlées, le français a essentiellement accompagné la division. Il a servi de fer de lance à la revendication gallicane. Mais il a vu se mêler les influences de la pratique poétique et de l'éloquence parlementaire, pour acquérir une véritable force de persuasion, une authentique capacité communicative. Il s'est rendu capable d'être un idiome privé et public à la fois, tendu vers un ailleurs loin de l'actualité, et néanmoins offert au partage. Un usage proprement « littéraire », fondateur de culture tout en fédérant, par la traduction, les leçons de l'Antiquité l'accompagnera désormais.

Au moment de quitter ce siècle si fertile en rebondissements en tous genres donnons-nous le plaisir d'entrer un moment dans ce monde à lui seul que constitue l'œuvre du grand Montaigne, synthèse du monde ancien comme premier des modernes.

Montaigne, seul avec tous

A la fin du XVIe siècle, la philosophie française compte encore davantage de traductions que d'œuvres originales. En dépit des efforts de Ramus pour encourager l'écriture en français, le poids de la tradition latine et de la forme scolastique demeure important. Les objections qui furent en leur temps formulées à Cicéron, lorsqu'il choisit de tourner le dos au grec, langue traditionnelle de la philosophie, se retrouvent. Les modernes se sentent placés dans une situation d'insécurité en regard de cette durable assimilation entre exercice de la philosophie et pratique du latin. Ils n'imaginent pas pouvoir faire œuvre sérieuse dans un idiome qui n'a jamais été l'objet d'une réflexion élaborée. Aussi bien la théologie médiévale que l'« anthropologie » humaniste n'ont songé à s'abstraire de cet outil stable, conceptualisé, dans lequel les choses avaient fini par trouver une expression reconnue.

L'attachement à une certaine érudition, par ailleurs, demeure alors fondamental. Or comment citer, comment faire référence aux autorités, si ce n'est en rapportant les termes mêmes de la pensée à laquelle on se réfère ? La philosophie scolastique fonctionne comme un palimpseste de textes qu'elle reprend, coud ensemble, développe, paraphrase, discute, commente, en leur donnant un prolongement qui s'inscrit dans leur continuité.

Les *Essais* de Montaigne, parus entre 1580 et 1588, s'intègrent à cette tendance, mais font preuve d'un choix audacieux, qui doit être considéré comme l'un des grands jalons de l'émancipation du français. Montaigne est encore un grand lecteur de la pensée antique, qu'il cite et fait figurer dans sa prose. Mais il choisit aussi de se détourner de cette homogénéité linguistique avec le penser antique, dans laquelle il a dû voir une manière d'aliénation, de refus de penser par soi-même, tout autant qu'une contrainte. L'œuvre des *Essais*, même si elle est très érudite, ne se pense pas comme un monument de science immobile : elle revendique le caractère éphémère, transitoire, tout entier porté par l'instant de la réflexion de l'écriture. Montaigne fuit le « parler dogmatiste et résolutif » (*Essais*, livre II, chapitre XII), tout ce qui est péremptoire, définitif, et qui se pense comme une autorité. Il a un mot pour cette manière de penser comme d'écrire : « pédantesque ». Il reconnaît cependant qu'il a un faible pour Plutarque, qu'il lui est très difficile d'abandonner, et qui lui tend souvent « une main liberale et inepuisable de richesses et d'embellissements » (III, V), mais il l'insère dans un mouvement de pensée original.

Dans ce long essai du troisième livre intitulé « Sur des vers de Virgile », et qui oscille entre une méditation sur le corps, l'amour, la sexualité, et le rapport à l'Antiquité, prend place une importante digression sur les conceptions du langage. Montaigne y déclare admirer chez les Anciens une « vigueur naturelle et constante », qui lui semble bien éloignée de l'éloquence « molle » des modernes, mais il revendique l'éloignement des livres, dès lors qu'il est question d'écrire. « Quand j'escris, je me passe bien de la compaignie et souvenance des livres, de peur qu'ils n'interrompent ma forme. Aussi que, à la vérité, les bons autheurs m'abattent par trop et rompent le courage ».

On comprend dès lors que le français lui plaise, lui qui préfère la vertu « naïve » des « resvasseries » à la construction d'un savoir. Serti de citations latines, le texte des *Essais* s'en échappe par cette distance linguistique qui précisément lui interdit la tautologie, l'asservissement aux contours, pour le transformer en une machine assimilatrice, véritable fabrique d'un « miel » nouveau. Entre latin reçu et français rendu, entre dynamique de la compréhension et inspiration créatrice, les *Essais* se déploient dans un écart unique dans l'histoire de la pensée, en une asymétrie qui libère la pensée en l'affranchissant du poids de l'héritage comme de l'angoisse de la survie. C'est le contenu tout entier de la sagesse antique qui est redigéré, restitué dans une autre langue sans en être pour autant la traduction.

Michel de Montaigne naît en 1533 près de Bordeaux, donc en territoire gascon. Au chapitre 26 du livre I des *Essais*, intitulé « De l'institution des enfans », il rapporte, dans une sorte d'autobiographie langagière qui rappelle celle que laissa en son temps Augustin, la curieuse situation linguistique qui fut la sienne dans son enfance. « Avant le premier denouement de ma langue », dit-il, ses parents le confièrent à un Allemand (un certain Horstanius, forme latinisée de Horst, qui enseigna par la suite dans ce collège de Guyenne que fréquenta Montaigne, et fut également médecin) qui, apparemment, ne savait pas un mot de français. Le résultat fut que le tout jeune Montaigne eut comme langue « maternelle », si l'on peut dire, le latin, unique idiome dans lequel s'exprimaient pour l'enfant ce précepteur allemand et les deux autres aides qui vinrent par la suite le seconder. Au dire de Montaigne, l'expérience ne fut pas négative. Toute la maisonnée en profita. « C'est merveille du fruict que chacun y fit. Mon pere et ma mere y apprindrent assez de Latin pour l'entendre, et en acquirent à suffisance pour s'en servir à la nécessité, comme firent aussi les autres domestiques qui estoient plus attachez à mon service. » Montaigne rapporte même qu'un certain usage local du latin se répandit dans le village du fait de la mode étrange qui avait gagné cette maison influente, et que plusieurs désignations d'artisans ou d'outils se firent en latin ! Il semble que les parents de Montaigne se soient fixé la règle, comme le font parfois aujourd'hui les parents d'enfants élevés en plusieurs langues, de ne parler en la présence de l'enfant que latin... Le jeune Montaigne fut donc soumis à ce qu'on pourrait appeler une expérimentation linguistique, une immersion assez innovante en termes de pédagogie..., un authentique « bain linguistique », comme on dit aujourd'hui.

D'après ce qu'il raconte, vivant en milieu clos, le jeune Michel n'entendit pas de français ni même de « périgourdin » avant l'âge de six ans. On peut imaginer le décalage qui en résulta vis-à-vis de son entourage, et la relation complexe au français que ce fait engendra chez lui. Alors qu'on donnait en exercice de « thème latin » aux autres élèves de son collège des textes en français à traduire, on était contraint, dans son cas, de modifier l'exercice, et de lui donner, plutôt que du français, un texte en « mauvais latin » qu'il avait pour mission de corriger en latin « pur ». L'un des effets de cette éducation étrange fut, aux yeux du principal intéressé, un apprentissage miraculeux du latin, « sans art, sans livre, sans grammaire ou precepte, sans fouet et sans larmes » ; et qui plus est un latin pur, correct, ce qui n'est pas sans importance en ces temps. Que l'éducation ainsi dispensée ait eu valeur d'exemple ou ait contribué à le marginaliser, cela est discuté par Montaigne lui-même dans les *Essais* ; on craignait parfois de l'« accoster », dit-il, particulièrement les adultes lettrés...

Toujours est-il que Montaigne semble avoir retenu de cette expérience un excellent souvenir de l'apprentissage du latin. La pédagogie scolastique des langues anciennes, en revanche, n'a pas retenu ses faveurs. Pourtant son père, qui avait décidé de lui faire apprendre le grec « par art », avait choisi d'expérimenter avec lui une méthode innovante et audacieuse, qui consistait principalement en jeux (dans l'apprentissage des déclinaisons, par exemple, un peu à la manière de ce que pratiquera au XXe siècle Wittgenstein dans son collège d'Autriche), et dans l'utilisation du grec pour enseigner d'autres matières, les mathématiques par exemple. Montaigne reconnaît que son père procéda tout en douceur, sans contrainte, et avec beaucoup de tact. Mais, dit-il, la méthode fut un échec, et le Montaigne adulte estime qu'il n'a du grec « quasi du tout point d'intelligence ». De cet échec, Montaigne rend responsable sa constitution, qu'il qualifie de « champ stérile » pour l'apprentissage des langues : esprit lent, invention « lasche », un « incroïable defaut de memoire »... C'est ainsi que son père, se rangeant aux idées du plus grand nombre, suivant « ceux qui vont devant, comme les gruës », dit Montaigne, envoya vers l'âge de six ans le jeune Montaigne au collège de Guyenne, considéré alors comme « le meilleur de France ».

Du profit retiré lors de ces années de collège, Montaigne a une idée simple : « aucun fruict que je peusse à présent mettre en compte ». Pour ce qui est du latin merveilleux qu'il possédait dans son enfance, il « s'abastardit incontinent », et « depuis par desacoustumance [il en avait] perdu tout usage ». Ce qui surprend, au vu des innombrables lectures latines que Montaigne, sa vie durant, continuera de faire, mais à tout le moins cette connaissance était-elle devenue livresque. A vrai dire, les *Essais* regorgent d'attaques virulentes contre le mode d'éducation pratiqué alors dans les institutions. Celles-ci, pour Montaigne qui rejoint Erasme, ne parviennent au mieux qu'à produire des « ânes chargez de livres ». Lui-même, dit-il avec autodérision, a réussi à traverser à peu près indemne ces mauvaises années, à cause d'une incapacité totale à se soumettre à la violence, et d'une souplesse qui lui permettait de se couler « avec dignité » dans tous les exercices qu'on lui faisait faire

Ainsi, le jeune Montaigne, par conséquent, qui eut comme premier truchement à ses pensées et à ses émotions un idiome qui n'était pratiqué à peu près que par lui-même de cette façon... Un latin hors normes, qui n'était pas le latin de ses congénères ; un latin idéal, et qui a certainement représenté, dans sa structuration mentale, une manière d'horizon inatteignable. S'il se désole, à l'âge adulte, de ne pouvoir pratiquement plus ni parler ni même écrire le latin, et de ne savoir que très peu de grec, Montaigne est-il pour autant, favorable à l'enseignement des langues anciennes à son époque ? C'est beaucoup de temps, dit-il passé au « langage » et non aux « choses ». Ce qui compte, c'est le sens. « Le sens esclaire et produict les parolles », dit-il (III, v). Montaigne n'a que respect pour ces magnifiques constructions – « c'est un bel et grand agencement sans doubte que le Grec et Latin » –, mais, dit-il, « on l'achete trop cher ». « Je voudrois, ajoute-t-il, premièrement bien sçavoir ma langue, et celle de mes voisins où j'ay plus ordinaire commerce. »

Il n'en reste pas moins que, pour l'adulte Montaigne, le latin demeure attaché à une expérience fondatrice, et originelle du langage. Dans une page fulgurante, il rapporte comment cette expérience de l'origine lui est « remontée » en des occasions extrêmes : « Le langage Latin m'est comme naturel, je l'entens mieux que le François ; mais il y a quarante ans que ie ne m'en suis du tout poinct servy à parler, ny à escrire ; si est-ce que à des extremes et soudaines esmotions où je suis tombé deux ou trois fois en ma vie, e, l'une, voyant mon père tout sain se renverser sur moy pasmé, j'ay tousjours eslancé du fond des entrailles les premieres paroles Latines ; nature se sourdant et s'exprimant à force, à l'encontre d'un long usage (III, II). »

Force est de reconnaître que les langues spontanées, vernaculaires, restent pour Montaigne des objets étranges. De par sa situation géographique, il est environné de dialectes : la région où il vit, se situe à un carrefour qui comprend une multitude de parlers d'oc, mais subit aussi des influences de parlers d'oïl. « Son périgourdin », comme il dit, il ne le pratique pas : il n'a que peu d'estime pour lui, le jugeant trop prolixe. Ce qui paraît plus à son goût, c'est, comme on l'a vu, le « gascon » des montagnes pyrénéennes, un parler « singulierement beau, sec, bref, signifiant, et à la verité un langage masle et militaire [...], nerveux, puissant et pertinant » (II, XVII). Montaigne aura toujours recours, pour qualifier sa relation aux langues, à cette formulation imagée, qui cumule les métaphores sensuelles et organiques.

La prolixité, l'« abondance », lui paraît dans les langues un grand ennemi. Par « abondance », il faut entendre cette impossibilité d'exprimer les choses en peu de mots, comme le fait le laconique latin. L'idéal de Montaigne est un idiome sec, vif, qui aille vite au fait. Il est visible ainsi qu'il se trouve par rapport au français dans une situation d'insatisfaction. Le français est pour lui un « langage gracieux, delicat et abondant, mais non pas maniant et vigoureux suffisamment, qui succombe ordinairement à une puissante conception ». On le sent, dit-il, « languir et flechir sous soi », pour peu qu'on « aille tendu » (I, III). « La parole qui porte c'est celle qui frappe » : telle est la devise du poète latin Lucain que Montaigne cite au moment de formuler son idéal. « Le parler que j'ayme, c'est un parler simple et naïf, tel sur le papier qu'à la bouche ; un parler succulent et nerveux, court et serré, non tant delicat et peigné comme vehement et brusque [...], plutost difficile qu'ennuieux, esloigné d'affectation, desreglé, descousu et hardy ; chaque lopin y face son corps ; non pedantesque, non fratesque, non pleideresque, mais plustost soldatesque » (I, XXVI). Loin de lui, par conséquent, le français des moines, le français de collège, le français des juges et des avocats, mais bienvenue à un français militaire ...

Ce qui est assez frappant dans la relation de Montaigne au français, c'est une insécurité foncière, un sentiment de ne pas parler parfaitement l'idiome. Dans sa région, d'ailleurs, il n'y a pas homme dit-il, « qui ne sentit bien evidemment son ramage et qui ne blessast les oreilles pures françoises ». Son langage, dit-il est « altéré », dans sa prononciation comme dans le reste (lexique, syntaxe...). Il revendique un style « comique et privé » mais qui, dit-il, lui est entièrement propre. Ce style est déclaré par lui inapte aux « négociations », ainsi qu'aux « lettres ceremonieuses », pour lesquelles il n'a pas grande estime, puisqu'il les déclare n'ayant « d'autre substance que d'une belle enfilade de paroles courtoises » (I, XL). De façon générale, il juge son français « trop serré, desordonné, couppé, particulier ». Difficile de démêler dans ces phrases la part de véritable insécurité, et la part de satisfaction, qui fait de Montaigne le héraut de l'affranchissement des normes, tant de la pensée que du langage.

Montaigne ayant choisi le français, recourt à son usage spontané, quelles que soient les faiblesses qu'il lui reconnaît. Et c'est ce qui fait une partie de la beauté de son geste d'écrivain : cette fragilité, cette incertitude, cet esprit d'« essai », de tentative : « J'escris mon livre a peu d'homes et a peu d'annees, dit-il. Si c'eust esté une matiere de duree, il l'eust fallu commettre a un langage plus ferme. Selon la variation continuelle qui a suivy le nostre jusques a cette heure, qui peut esperer que sa forme presente soit en usage, d'icy a cinquante ans ? Il escoule tous les jours de nos mains et depuis que je vis s'est altéré de moitié. Nous disons qu'il est a ceste heure parfaict. Autan en dict du sien chaque siecle. » (III, IX). Alors que les œuvres trop formelles vieillissent, le travail sur le sens s'assure davantage de chances de durer. Montaigne lui-même en fera la démonstration sans y croire. C'est avec une grande pondération, un grand relativisme, que Montaigne apprécie la situation linguistique de son siècle. L'idéalisation qui tente tout locuteur de sa langue, Montaigne la voit comme bien ordinaire. Certes, il aurait aimé pouvoir idéaliser davantage le français, mais il s'incline devant son caractère intermédiaire, ni totalement indigne ni complètement fiable... La variation constitue encore à cette époque un sujet majeur de préoccupation. Le français change de jour en jour et on en accepte l'idée : comment s'assurer une postérité dans cette langue qui, peut-être ne sera plus lue dans cinquante ans ? La faculté qu'a eue le latin de traverser les siècles représente encore un sujet enviable de réflexions et d'interrogations.

Le français change, dérive, mais c'est aussi, pour Montaigne, parce qu'on donne carrière aux néologismes : « Comme aux accoustremens, c'est pusillanimité de se vouloir marquer par quelque façon particuliere et inusitée ; de mesmes, au langage, la recherche des frases nouvelles et de mots peu cogneuz vient d'une ambition puerile et pedantesque. Peusse-je ne me servir que de ceux qui servent aux hales à Paris (I, XXVI) ! » Amorce d'une réflexion sur l'usage qui fera l'objet essentiel de la génération qui se situe entre Malherbe et Vaugelas. La mention des « halles » est celle de l'usage du bas peuple, que reprendra Malherbe, au moment de fixer l'étalon d'un français fixe et solide, qui résiste aux initiatives. Le facteur essentiel du changement, pour les esprits de la fin du XVIe siècle, reste l'affectation des locuteurs, leur désir de se singulariser. C'est une sorte de préciosité linguistique que Montaigne remarque autour de lui : « Il ne se voit qu'une miserable affectation d'estrangeté, des déguisements froids et absurdes qui, au lieu d'eslever, abbattent la matiere. Pourveu qu'ils [ces nouveaux écrivains] se gorgiasent en la nouvelleté, il ne leur chaut de l'efficace ; pour saisir un nouveau mot, ils quittent l'ordinaire, souvent plus fort et plus nerveux ».

La fin du XVIe siècle constitue un moment privilégié où l'on a été particulièrement sensible aux problématiques qui gouvernent le langage par l'altérité : désir d'être autre, de s'échapper par des formes inusitées, de s'inventer une condition langagière, un véritable être-au-monde. Montaigne étudie ces tendances sur lui-même : « j'ay, dit-il, une condition singeresse et imitatrice (III, v) ». « Quand je me meslois de faire des vers (et n'en fis jamais que des Latins), ils accusoient evidemment le poëte que je venois dernièrement de lire. » Il a conscience que la parole est un lieu d'altérité communicative : les façons de parler circulent, s'imitent, se substituent les uns aux autres. « A Paris, je parle un langage aucunement autre qu'à Montaigne. Qui que je regarde avec attention m'imprime facilement quelque chose du sien. Ce que je considere, je l'usurpe : une sotte contenance, une desplaisante grimace, une forme de parler ridicule »... Les mots s'accrochent à l'être, et il faut constamment « se secouer » pour se retrouver soi-même.

A ce titre, la problématique de Montaigne n'est pas une problématique de parole. Au *vouloir-être-autre* constant que manifestent certains usages de la parole, aliénation que Montaigne décrit sous le nom d'« affectation » ou de « pédanterie », il oppose la recherche de la singularité par l'écriture. Il préfère, dit-il, écrire « chez moy, en pays sauvage ». Il est bien conscient que la société de ses congénères améliorerait tel ou tel point de son propos, l'aiderait à corriger des erreurs, donnerait peut-être une plus grande pureté à son style, mais ce qu'il recherche avant tout, c'est un ton qui convienne parfaitement à sa pensée, une « propriété ». « Sa fin principale [à son livre] et perfection, c'est d'estre exactement mien. » Cette recherche de singularité se heurte au problème de l'idiome commun, de son existence, de sa consistance, de l'impossibilité qu'il y a à se créer authentiquement un langage « privé ». Montaigne confie qu'il aurait pu essayer d'écrire en italien, par exemple, langue qu'il a pratiquée lors d'un long voyage en 1580, et dans laquelle beaucoup de ses contemporains aimaient écrire, mais il ne lui aurait pas été possible, alors, de « plier » et de « contourner » l'idiome pour le faire authentiquement sien. En d'autres termes, il estime qu'il aurait peut-être trop subi les automatismes d'un idiome qu'il aimait pratiquer, dit-il, « en devis commun ». L'écriture est une appropriation autre de la langue.

Ce qui reste fascinant, dans le geste d'écriture de Montaigne en français, c'est qu'il est le résultat d'une difficulté à se penser comme *homo loquens* dans cette langue. Chez nombre d'écrivains, on remarque ce malaise initial, ce mal-être dans la langue, qui leur fait parfois choisir un autre idiome que leur idiome maternel, dans lequel écrire ce qu'ils ont du mal à dire ; ou encore s'installer délibérément dans l'inconfort fécond que procure une situation linguistique mixte... On pense à Beckett, Ionesco, Nabokov, et à tous ceux qui ont commencé leur carrière littéraire par une inadaptation à la parole, un empêchement, un complexe. Dans le cas de Montaigne, on peut dire que son écriture se déploie entre trois pôles qui chacun exercent leur magnétisme. De ces pôles, le français est peut-être et paradoxalement celui qui a le moins de force. Le latin classique, ce latin qu'il n'est plus possible d'écrire, mais qui vient faire entendre sa voix ferme et sonore, constitue un moteur de pensée, la voix oubliée dans laquelle l'enfant s'exprimait idéalement, de plain-pied avec une Antiquité jamais connue, inaccessible désormais, mais miraculeusement touchée par cette commune intimité. Et puis il y a le gascon..., distingué comme on l'a vu par Montaigne du « périgourdin » qui l'entoure ; une langue autre et proche, près des montagnes, mais qui jouit auprès de l'auteur des *Essais* d'une indéfinissable aura, – aura largement fantasmée, car nous n'avons pas de témoignage attestant une véritable compétence de Montaigne dans ce dialecte. L'image du gascon semble décisive dans son imaginaire linguistique. « Voilà un mot du creu de Gascogne », lui dit un interlocuteur fictif (III, v). « C'est aux paroles à servir et à suyvre, et que le gascon y arrive, si le françois n'y peut aller (I, XXVI) ! », déclare-t-il, dans un élan qui montre à quel point il faisait passer au second plan l'obédience à l'idiome, la pureté d'expression.

Au total, un latin connu, anciennement pratiqué, puis en partie oublié, et un gascon largement imaginaire, auront profondément nourri son écriture, y faisant lire la physionomie d'une *autre* langue, et plaçant Montaigne à l'écart de toute problématique puriste. « C'est la gaillardise de l'imagination qui esleve et enfle les parolles », dit-il d'ailleurs (III, v) ; et de n'accepter aucune remontrance de la part de ceux qui prétendent « combatre l'usage par la grammaire (III, v) ».

Le français ? Il ne s'en soucie guère, tout en livrant en définitive l'un des plus notables monuments de cette langue.

VI

ENFIN VINRENT MALHERBE ET MARIE DE GOURNAY...

1

ENTRE DEUX MONDES

Tourmente, secousses, désolation... Les mots ont manqué aux contemporains pour décrire la situation de la France aux toutes premières années du XVIIe siècle. « Pauvre France », dit Ronsard ; Pasquier évoque de son côté le « cadavre de la France »... La déploration est unanime. Guillaume du Vair fait paraître en 1593 un *Traité de la constance et consolation ès calamités publiques* dont le titre en dit long... Pendant quarante ans, certaines des régions les plus riches d'Europe, Pays-bas, Nord de la France, furent ravagées par des guerres qui laissèrent derrière elles un long cortège de maux. Exodes de populations, cultures abandonnées, épidémies, dépenses d'armement et de défense des villes en hausse, bouleversements des réseaux financiers et des échanges marchands : la fin du XVIe siècle se signale par un bilan économique désastreux aux conséquences sociales importantes. On estime à deux millions le nombre de victimes probables de ces décennies sans égale – un dixième de la population. Les villes sont envahies de hordes de mendiants. Certes, la structuration très rurale de la population française permettra à cette dernière de se relever assez rapidement, au plan économique, mais dans les domaines religieux et politique, le marasme règne. Les complots se succèdent. L'auteur d'un projet d'attentat contre Henri IV fomenté en 1602, Biron, est décapité. On sent qu'à tout moment tout peut basculer.

Parti d'un bel élan dans les années 1520-1530, l'humanisme a progressivement été happé par la dynamique du conflit, et s'est trouvé quasiment emporté par l'action politique. Pour bien comprendre le début du XVIIe siècle, il faut se remémorer l'espèce d'égarement qui a saisi toute une génération, ébranlée dans ses valeurs et ses appuis les plus solides, tant du point de vue religieux que politique. Le christianisme dans son ensemble se trouve menacé, depuis que l'église catholique a engagé la lutte contre la Réforme sur le terrain dogmatique, par l'indifférence et les pratiques de superstition. Les guerres ont mis un terme à l'élaboration de cultures intellectuelles, savantes et spirituelles communes. Ainsi, l'un des effets premiers des troubles aura été d'accentuer une fracture sociale qui commençait à s'estomper avec les progrès de l'humanisme. Une grande partie de la population se détourne de l'éducation, tant culturelle que simplement linguistique ; l'enseignement recule partout. Au tournant du siècle, il se rétablit tant soit peu, sous l'impulsion des académies protestantes, des collèges jésuites et des œuvres missionnaires ; mais le fossé va désormais se creuser entre une élite qui choisit son camp et un peuple auprès duquel la guerre aura détruit de fragiles bases de culture sans y apporter de substitut.

Politiquement parlant, ce sont les fondements de la monarchie qui sont également mis en cause. Dans les dernières décennies du XVIe siècle, nombreux sont ceux qui, en France, réactivent des idées républicaines, et aspireraient à mettre en avant les états généraux. Leur souhait est de voir se mettre en place des contrepoids politiques au pouvoir du roi, de manière que celui-ci, saisi par le fanatisme religieux ou des ambitions tyranniques, ne puisse entraîner la nation vers le désastre. Ces idées progressent particulièrement dans les milieux calvinistes, et reçoivent leur application aux Provinces-Unies. En France, elles ne firent que mettre en cause la légitimité de la monarchie et inspirer des assassinats politiques, tels que ceux d'Henri III et Henri IV. Soumis à la pression de l'Eglise catholique, qui répond à ces doutes par l'autorité suprême du pape, habilité à déposer un souverain si celui-ci menace de devenir un tyran ou un hérétique, le régime politique français se doit de mettre en place une sorte de modus vivendi qui va durer pendant tout le XVIIe siècle, de Richelieu à Louis XIV. Pour subsister, le pouvoir royal doit s'accommoder d'une certaine forme de tolérance – tolérance qui peut être mise à mal par un parti ou par l'autre, au gré des circonstances. Le règne d'Henri IV illustre cette tentative pour sortir d'une crise majeure de confiance dans les institutions de la société.

Dans tous les domaines, la société française est lasse de la discorde. Elle aspire à ce que soit restaurée une certaine forme de confiance en une unité, sinon politique et religieuse, au moins culturelle. Ce fait explique pourquoi les problématiques de langue vont se trouver impliquées dans les mutations qui se produisent alors. D'un côté, la parole publique a été beaucoup sollicitée, pendant les troubles ; de l'autre, la question de l'autorité a été posée pour la première fois de manière directe et sans fard. La conjonction de ces deux phénomènes va faire que les réflexions sur la langue vont adopter des tons de plus en plus engagés, jusqu'au geste institutionnel fort effectué par Richelieu en 1635, avec la création de l'Académie. La France du tout début du XVIIe siècle est une France qui a du mal à se relever du traumatisme causé par l'interpénétration brutale du politique et du religieux qu'elle vient juste d'expérimenter. Elle vit mal ses lignes de partage, ses cloisonnements. Linguistiquement, c'est une France encore très diverse, qui n'a pas confiance en son idiome, et qui voit se profiler à tout instant le spectre des séparatismes. Qu'en est-il, en 1600, du beau « langage maternel françois » mis en avant par Villers-Cotterêts, promu par François Ier dans ses collèges, « illustré » par Du Bellay ? La nécessité de parler fort, et vite, de se faire entendre des factions, de convaincre, d'emporter l'adhésion, a mis bien loin derrière les préoccupations de culture. Les contemporains de cette génération perçoivent leur langue comme un idiome grossier, violent, mal dégrossi, proche encore de la « soldatesque » dont Montaigne se faisait un idéal paradoxal.

Peu sûre de son unité au plan intérieur, la France est, qui plus est, exposée, dans son statut européen. Elle souffre encore de l'ascendant culturel et littéraire qu'exerce sur elle l'Italie. Tout est tellement mieux, en Italie, qu'en France... Les politiques linguistiques y sont plus dynamiques, grâce à la création, notamment, de petites académies régionales, et la réflexion engagée autour du toscan tend à faire de celui-ci une véritable langue européenne, digne héritière du latin de l'Empire. Les Italiens sont conscients que l'époque est propice à ce qu'un lien soit fait entre prédominance linguistique et suprématie politique. Depuis que Lorenzo Valla a publié ses *Elégances latines* au XVe siècle, l'idée s'est répandue, autour de Florence, que le travail de la langue, sa culture, son affirmation, peuvent revêtir un caractère politique, qu'il s'agisse de résister à l'envahisseur, comme à l'époque de Valla, ou de constituer un ciment communautaire.

Mais au début du XVIIe siècle, plus encore que d'Italie, c'est d'Espagne que viennent les messages les plus forts quant à la gestion politique de la culture et de la langue. L'Espagne est *la* puissance montante de ce début de siècle ; elle prend la France de court. A eux trois, Italie, France et Espagne jouent d'ailleurs un jeu serré, en ces années cruciales ; une partie d'échecs où se mêlent dimensions politique, religieuse, culturelle et linguistique. Dans le courant du XVIe siècle, s'appuyant sur la puissance territoriale nouvelle qui lui a apporté la découverte du « Nouveau Monde », et sur sa maîtrise de l'espace maritime, l'Espagne de Charles Quint s'est imposée comme un pouvoir aux ambitions grandissantes, menaçantes même, et qui possède une dimension « impérialiste » rappelant l'Empire romain. Alors qu'elle se voyait bien marcher sur les traces prometteuses de l'Italie, voilà que la France se trouve à présent doublée à l'ouest, par une puissance qui, elle aussi, a prétention à opérer la synthèse entre héritage de la latinité et affirmation chrétienne. Désormais, c'est à une double insécurité que la France devra faire face : insécurité face à l'Italie, toujours modèle prescripteur en ce début de XVIIe siècle, mais aussi face à l'Espagne. Tout le XVIIe siècle français n'aura de cesse d'essayer de trouver sa place entre ces deux modèles écrasants.

Cette inquiétude vis-à-vis de l'Espagne aura une première conséquence politique, qui va changer grandement la face du « Sud » français : l'annexion par Henri IV en 1593 d'une partie de la Navarre. La Gascogne et le Rouergue réintègrent le royaume de France, et le Béarn les rejoint, son « domaine ancien », qui demeure néanmoins, dans un premier temps, « disjoint et séparé de nostre Maison de France ». Le rattachement effectif à la couronne ne sera entériné que sous Louis XIII, en 1620, une certaine autonomie administrative et un petit usage de la langue vernaculaire continuant de lui être accordés jusqu'à la Révolution – mince survivance d'un passé plus glorieux. A l'occasion de ce mouvement politique, se joua l'un des épisodes clés de l'histoire de cet étrange idiome, le basque, parler issu du fond des âges. On sait que le basque n'est pas une langue indo-européenne, mais plutôt un vestige d'un substrat linguistique qui a dû exister en Europe avant l'arrivée des Celtes. Au début du XVIIe siècle, trois des sept provinces basques faisaient partie du Béarn. Elles lui avaient été associées en 1521, lorsque Henri d'Albret avait perdu ses positions au sud des Pyrénées, et donc les quatre autres provinces, depuis lors en domaine espagnol. Dans le lot dont la couronne française s'enrichit en 1593, il y a donc une nouvelle langue, une nouvelle culture... Toutefois, celle-ci ne connut jamais de véritable « Renaissance », comme la culture occitane ; elle ne disparut pas totalement non plus. La caractéristique du basque est que, à la différence de l'occitan, il ne put jamais s'appuyer sur une tradition importante d'écrit[1]. Le rattachement des trois provinces au Béarn diminua encore ses chances d'en développer une. Le basque, qui avait déjà raté une certaine « intégration » à l'ensemble béarnais, devint plus marginal encore au sein de l'ensemble français. Depuis, le pays basque, comme la Bretagne, est devenu une manière de « réserve linguistique », ne réussissant jamais à trouver de cadre politique propice à un développement linguistique, pas même celui d'une province semi-autonome. Il n'en alla pas de même en Espagne.

A l'ouest, mais aussi à l'est, se délitaient les contours possibles d'une Occitanie politique et linguistique. Tous ses anciens territoires étaient rattachés à la France, à l'exception du domaine papal d'Avignon et du Comtat. Les troupes de Savoie ayant sauvé Nice de l'assaut de Charles Quint, la ville passa avec son Comté à cette maison. La maison de Savoie étant de culture française, et l'influence du français de Genève, popularisé par Calvin, se faisant aussi sentir dans cette aire géographique vaste, qui inclut le nord des Alpes, petit à petit, une francisation progressive toucha le comté à l'origine italianophone.

Ecrire en occitan

Ces divers phénomènes signent-ils la fin des parlers régionaux en France, au début du XVIIe siècle, ou tout du moins un recul significatif ? En fait, c'est plutôt l'inverse qui va se produire. A cela, il y a plusieurs raisons.

La première est indiscutablement liée à l'affaiblissement de la dynamique culturelle en faveur du français qui s'était mise en place dans le courant du XVIe siècle. Comme nous l'avons vu, beaucoup de populations n'ont plus eu le loisir de s'instruire, pendant les troubles ; la diffusion du français langue de culture a marqué le pas. Les ravages économiques causés par la guerre ont été tels, par ailleurs, qu'il a été plus que jamais difficile de se procurer des livres. Beaucoup de domaines cruciaux de la vie civile, comme le droit, se sont accrochés au latin comme à un refuge. Le retour de flamme politique de l'Eglise catholique a également joué en faveur d'un relatif maintien du latin. Enfin, les échanges, les déplacements, se sont trouvés limités pendant ces terribles années : les populations ont été moins en contact les unes avec les autres. De tous ces faits, il a résulté un relatif isolement de bien des provinces sur elles-mêmes, une tendance à se replier sur soi, sur ses coutumes, dans une sorte de crispation inconsciemment identitaire davantage motivée par les difficultés que par une véritable volonté. De ces phénomènes de repli, la cour d'Henri IV a été le terrain privilégié, voyant s'affronter les fiertés locales dans des joutes symboliques où la question de la langue revient souvent comme un emblème.

La seconde raison est que – et cela est surtout valable en domaine d'oc –, dans plus d'un territoire jouissant auparavant de l'autonomie politique, à la conscience d'une déperdition a bientôt succédé, en guise de compensation, si l'on peut dire, un intérêt renouvelé pour le passé culturel. Celui-ci se trouve alors magnifié par le prisme de la littérature et de l'esthétique de la langue. Les écrivains du Sud s'efforcent d'affirmer leur filiation vis-à-vis de la glorieuse tradition des troubadours et n'hésitent pas à faire de la langue d'oc l'héritière privilégiée de la latinité. L'investigation philologique construit une gloire là où le pouvoir a déserté. L'historien provençal César de Nostredame estime par exemple que l'occitan du Sud-Est (variété « provençale ») est la source de toutes les langues littéraires européennes modernes. Pour lui, « le provençal vulgaire a donné loy à toutes les autres langues, & leur a premierement ouvert & frayé le chemin de bien proser & rithmer [2] ». En somme, les villes du Sud seraient légitimées à revendiquer d'être en France le berceau des Muses... Si l'on ajoute à ce schéma le modèle italien, conçu comme trait d'union entre cet âge définitivement révolu, celui des troubadours, et l'état moderne des langues, on trouve réunies les conditions d'une « renaissance » possible des parlers d'oc, par le biais de la littérature cette fois.

C'est ainsi qu'entre repli nostalgique sur ses racines et apparition d'un nouveau rapport esthétique à la langue, on peut assister, au début du XVIIe siècle, à un certain renouveau de la culture, en domaine d'oc. Un demi-siècle après le français, les parlers d'oc connaissaient leur *renaissance*, nourrie à la fois d'une réconciliation avec une histoire bien oubliée, et d'un idéalisme poétique totalement moderne. Cette nouvelle fierté se cherche des lieux, Toulouse, par exemple. « La principale gloire de tout ce que je viens de dire en faveur de la langue, & de la Poësie Provençale, doit sans doûte appartenir à la ville de Toulouse », écrit candidement Pierre de Caseneuve [3]. Un autre de ses concitoyens estimera en 1678 que le dialecte de sa ville est « le lengatge le plus delicat de nostre atge [4] »... Ces affirmations soulignent l'apparition d'un rapport nouveau au parler, fait de *plaisir*, de goût. Il faut dire que celle qui deviendra la ville rose est au début du XVIIe siècle la seconde ville de France, une véritable capitale, servie par l'établissement d'une bourgeoisie marchande prospère, dotée d'une université qui favorise les échanges internationaux, d'un parlement, d'institutions artistiques et intellectuelles... La ville se couvre d'hôtels baroques, d'établissements conventuels ; elle se transforme en véritable « capitale » des Suds. Les Jeux floraux de Toulouse, qui entretiennent depuis leur fondation, en 1323, la flamme de la poésie occitane, occupent une place grandissante au tournant du siècle. Ils donneront lieu en 1641 à une académie provinciale qui est l'une des plus importantes du XVIIe siècle. Français et « occitan » ne sont alors aucunement conçus comme étant en compétition. Des poèmes des deux idiomes peuvent y être défendus et applaudis dans un enthousiasme qui est d'abord un enthousiasme pour la poésie.

Les genres se diversifient : on cultive l'églogue, bon moyen de prendre le contrepied du style « enflé » de ceux qui s'attachent à la poésie dite haute ; mais aussi le sonnet, manière de racheter la langue de sa condition inférieure, et de la contempler dans une forme présentable. Bertrand Larade, avec sa *Margalide gascoue* parue en 1604, est l'un de ces poètes qui entendent procurer à l'occitan l'équivalent des *Regrets* de Du Bellay ou des *Amours* de Ronsard. Les tendances maniéristes et baroques, qui seront rapidement freinées en France, se donnent plus librement carrière dans cet univers culturel méridional, ajoutant à notre patrimoine littéraire « central » un ensemble adjacent unique, passionnant par la liberté de son esthétique.

Pour autant, les écrivains qui les pratiquent sont-ils à même de qualifier avec précision ces parlers ? Deux termes sont alors concurrents : « provençal », et « gascon ». Le premier est le moins marqué : il renvoie de façon privilégiée à l'héritage historique des parlers d'oc, à leur légitimité culturelle. Quant au second, il va très rapidement se doter de multiples connotations, pas toujours flatteuses, en ce début de XVIIe siècle. On peut dire que c'est le terme autour duquel vont se focaliser les représentations, négatives ou positives.

Au-delà des dénominations, comment se faire une idée de la réalité ? En vérité, c'est bien difficile. Aucun modèle réel de standardisation n'a été élaboré jusqu'alors, et l'héritage culturel des troubadours s'est fortement segmenté. Le résultat est qu'on ne sait plus véritablement dans quelle langue on écrit. En fait, il n'existe rien de tel qu'un « occitan », au début du XVIIe siècle. Seule la référence à un parler local, auvergnat, limousin, périgourdin..., devient un gage minimal d'identité, qui n'empêche pas la conscience d'être « français ». Le poète majeur de cette époque, le toulousain Pierre Goudouli (mieux connu sous son nom français de *Goudelin*, 1580-1649), ne sait comment nommer l'idiome qu'il écrit. Il choisit d'intituler la première édition de ses œuvres poétiques *Ramelet moundi* (1617), ce qui signifie « bouquet du pays de Raymond », autrement dit Toulouse. Cette œuvre, complétée par de nouvelles livraisons jusqu'en 1648, est celle qui a eu le plus de retentissement dans le XVIIe siècle « occitan ». Goudouli s'inscrit dans une démarche d'« illustration », écrivant (en occitan) : « Enfant de Toulouse, il me plaît de perpétuer sa belle langue, capable de désenchevêtrer toute sorte d'idées ; et, pour cette raison, digne de se prêter à une plume de prix et d'estime[5] » ; mais à sa mort, comparé à Homère, Virgile, Ronsard, il sera significativement loué comme un « des prumès Pouëtos *de la Franço*[6] » (nous soulignons).

Les relations avec le pouvoir royal de cette renaissance occitane sont malgré tout ambiguës. Un fait qui le démontre, par exemple, est la persistance de la coutume des « entrées royales ». Quelle signification accorder à ces affrontements allégoriques entre langues, qui sont souvent l'occasion de glisser d'habiles flatteries aux pouvoirs, et de présenter une version pittoresque, sinon caricaturée, des parlers locaux ? En 1597, à Uzès, lors de l'entrée du duc, Emmanuel de Crussols, dans la ville, les trois nymphes que nous connaissons bien, représentant les trois langues, latine, française et occitane, s'affrontent à nouveau, et la nymphe occitane triomphe après avoir menacé de rouer de coups les deux autres si on ne lui accorde pas la victoire. Moquerie à l'égard du caractère tant soit peu « réactif » des autochtones ? Toujours est-il que la fierté languedocienne trouvait ainsi à être satisfaite, avec la distance nécessaire propre à faire rire le public[7].

Au-delà d'un chauvinisme superficiel, on trouve dans ces « entrées » une volonté d'associer le roi au devenir des langues régionales. Utiliser les parlers locaux pour chanter les louanges du roi revient à affirmer leur dignité. L'idée est que cet échange de bons procédés puisse aussi avoir des retombées positives sur les cultures régionales. A Aix, en 1622, furent données des fêtes qui, selon un des organisateurs, « [firent] parler nostre Ville le langage de ses habitants[8] ». Si les arcs triomphaux dressés pour l'occasion portaient, selon l'habitude, des inscriptions latines, la ville avait engagé un acteur déguisé en troubadour pour réciter un poème en occitan. Dans un style fleuri, l'organisateur de ces fêtes n'hésite pas à formuler explicitement l'enjeu de cette mise en scène : « Cette Province, ô mon Roy, mere feconde de ces beaux & glorieux Esprits [les troubadours] languit maintenant dans l'obscurité d'une nuit eternellement sombre, pour être la plus reculée des doux rayons de vos yeux. Comme elle ne respire que vostre amour, comme vostre Majesté est le seul objet de tous ses vœux, si en échange vos faveurs daignent luire sur elle, les terres étrangeres y reverront les merveilles des Siecles passez[9]. » Une évidente nostalgie vient alors nourrir un pacte culturel d'un nouveau type.

Au fil du temps, néanmoins, loin d'aller dans le sens d'une revendication d'autonomie politique, la « Renaissance » du Sud s'est faite selon une dynamique de collusion croissante avec le pouvoir royal. En Provence, les poètes qui succèdent à Bellaud de la Bellaudière, par exemple, tournent le dos à la revendication identitaire de leurs aînés. L'histoire de la Provence que César de Nostredame rédigea avec les notes de son oncle Jean célèbre la monarchie française. D'autres vont jusqu'à célébrer en occitan la centralisation administrative. A la fin du XVIIe siècle, les écrivains occitans auront clairement conscience d'être des écrivains « français de langue occitane [10]. »

Des « gascons » de la cour d'Henri IV aux fins lettrés du classicisme, l'histoire de la littérature d'oc au XVIIe siècle est malgré tout celle d'une acculturation progressive, d'une perte d'identité, alors que s'affirment de plus en plus les penchants normatifs en français. Tandis qu'il représente une aire géographique considérable et des enjeux politiques décisifs, l'ensemble d'oc va suivre tout au long du XVIIe siècle cette pente paradoxale, pour ce qui est de ses enjeux linguistiques. Si elle nous a laissé un très riche patrimoine moderne, la littérature d'oc des XVIe, XVIIe et XVIIIe siècles s'est malgré tout construite à rebours d'un usage standardisé. Standardisation ou dialectalisation : telle paraît bien avoir été la croisée des chemins pour les idiomes parlés sur le sol français au début du XVIIe siècle !

Le langage d'un enfant royal

Soumis à des remaniements politiques importants, traversé par des influences culturelles multiples, le royaume de France de 1600 est loin d'être sorti, du point de vue linguistique, de la complexité qui définissait le XVIe siècle. C'est ce caractère extraordinairement *mêlé*, d'ailleurs, qui rend cette époque si fascinante. Le premier XVIIe siècle est une période qui reste encore largement à découvrir. Hétérogène à tous égards – du triple point de vue religieux, social et culturel –, la cour d'Henri IV devait être un monde étonnant, d'une bigarrure difficile à imaginer. Qu'y parlait-on, qu'y entendait-on ? Certainement beaucoup d'idiomes, dont une forte proportion d'italien et de gascon ; beaucoup de parlers locaux, beaucoup de parlers de métiers, également, étanchement cloisonnés entre eux. Bientôt Malherbe, avec l'absence de complexes qui le caractérisait dans la dimension du jugement, viendra s'autoproclamer juge du bien parler, et donner la première idée d'une possible norme en français.

En attendant, quel pouvait être le français parlé à cette cour ? Pour nous en donner une idée, nous disposons d'un témoignage quasiment unique, mais dont le caractère unique, précisément, invite à considérer avec précaution les enseignements que l'on peut en tirer : il s'agit du « journal » que le médecin du jeune Louis XIII tint de ses années de service, et qui est à présent bien connu depuis que nous disposons d'une édition critique[11]. Peut-on faire de ce document un modèle d'étude pour le français du début du XVIIe siècle ? Là est bien évidemment toute la question. L'exploitation de ce texte – notre seule source, ou quasiment – est riche d'enseignements, mais pose aussi des problèmes méthodologiques.

Jean Heroard, qui était, comme Henri IV, un huguenot converti, était vétérinaire de formation. A partir de la naissance du jeune prince, il fut affecté à son service exclusif, lui demeurant attaché pendant vingt-sept ans (1601-1628). Ce qui signifie qu'il était à son chevet vingt-quatre heures sur vingt-quatre, notant ses moindres faits et gestes, avec une priorité donnée à l'hygiène, l'alimentation, aux soucis du corps, etc., mais sans exclure – et c'est cela qui en fait un témoignage extraordinaire – un récit de ses activités, de ses jeux, ainsi qu'une notation précise de ses propos (particulièrement de ses propos d'enfant). Son journal est écrit dans une langue qui n'est pas littéraire. On en conserve à la Bibliothèque Nationale 11 000 folios manuscrits, où, dans une écriture minuscule, très serrée, dense, sans fioritures, se succèdent les notations laconiques et très scrupuleuses que le médecin a souhaité laisser à propos de chacune des journées du prince, de l'heure de son lever à celle de son coucher. Ce caractère « brut » procure une impression assez fascinante : on a vraiment l'impression de pénétrer dans la vie quotidienne de ce petit enfant qui était à la fois l'objet de toutes les sollicitudes, et à qui son statut royal assurait une sorte d'« intouchabilité ». Les dialogues, notamment, ont une force étonnante dans la mesure où ils laissent tout comprendre, sans l'expliciter, des situations et des contextes qui entourent le prince. On voit bien qu'Heroard a pris sa tâche très au sérieux, et qu'il a eu conscience d'effectuer un travail, certes ingrat à vivre au jour le jour, mais dont l'enjeu et la portée le dépassaient.

Dans l'entourage immédiat du prince, on pouvait compter, outre sa nourrice Joron, dite « Doudoun », trois personnes prédominantes :

le roi son père, qui lui rendait fréquemment visite ; une gouvernante, Madame de Montglat, que le jeune enfant ne tarda pas à craindre car elle avait, comme on disait alors, la « puissance de fouetter », autrement dit l'autorisation de le faire, appelée néanmoins par lui « maman ga » ; et Heroard. Ce dernier joue un très grand rôle dans l'environnement affectif et dans l'éducation du jeune prince. La répartition des rôles était finalement à son avantage, et il avait su développer avec l'enfant une relation de confiance, faite de bienveillance et même de tendresse. La mère du prince, Marie de Médicis, apparaît en revanche peu dans son enfance. Au bout du compte, l'enfant semble avoir vécu quasiment en vase clos, n'ayant que très peu d'interlocuteurs.

La Cour des années 1600-1605 est un tout petit monde, qui partage son temps entre Saint-Germain-en-Laye et Fontainebleau. Les domestiques, les artisans, les ouvriers, les soldats, sont issus de toutes les régions de France. En grandissant, le jeune dauphin va être exposé à toutes sortes de manière de parler, qui constitueront autant de stimulations à son oreille. D'ailleurs, on le remarque dans le journal : l'enfant se montre sensible aux façons de parler un peu étranges qui l'entourent, soit pour les railler (car on lui inculque vite le sentiment de sa supériorité), soit pour questionner. Il reprend les prononciations de son entourage, de sa nourrice, de sa petite sœur... Alors que celle-ci dit : « pandés du sé », par exemple (pour « prenez du sel »), il commente : « je panse qu'elle veu dire qu'on la pande à un croché » (8 avril 1606). Il lui arrivera de corriger les italianismes de sa mère, ou tel gasconisme (« lou castel de mon païre », pour « le château de mon père ») d'un soldat.

Pendant toute son enfance, il aura aussi beaucoup de goût pour les travaux, admirant l'ingéniosité des artisans. Le 3 juin 1605, il « se veult amuser à voir travailler les paveurs ». Il interroge les ouvriers, s'enquiert de ce qu'ils font de leurs outils. Il aime le monde du travail manuel. Mais son rapport à ces milieux est un peu faussé par le fait que les travailleurs, avec leurs grosses voix, et leurs expressions étranges, sont volontiers convoqués lorsqu'il s'agit de mettre fin aux caprices du prince...

Bien entendu, l'accent est mis, dans ce Journal, sur l'aspect le plus concret de la vie du prince. Il ne nous est rien épargné de ses sommeils, de son alimentation, de ses « selles »... Mais on y découvre aussi sur quelle effroyable contradiction pouvait reposer l'« éducation » d'un jeune roi. D'un côté, il est soumis dès un âge très jeune à d'importantes contraintes (on l'initie par exemple dès l'âge de trois ans aux gestes du roi, lui montrant comment son père impose les mains pour guérir les écrouelles), de l'autre on lui fait bien comprendre qu'en tant que dauphin, il est au-dessus de tous les adultes qui cherchent à l'éduquer. Impossible équation. On cherche à l'élever « à la dure », tout en lui passant tous ses caprices... De sa position d'observateur neutre, Heroard montre bien quelles pouvaient être les difficultés qu'éprouvaient en face de lui aussi bien le roi Henri IV son père que la gouvernante. L'un comme l'autre, avec leurs injonctions paradoxales, ne réussissent qu'à susciter l'incompréhension de l'enfant, laquelle se traduit par de fréquentes colères.

On a souvent considéré, ainsi, que le jeune Louis XIII avait des problèmes de « caractère ». Ce qui est sûr, c'est que le côté « hors normes » de son statut devait créer autour de lui de fortes tensions. Heroard rapporte comment Henri IV, après une brève période de rapport authentiquement paternel, adopta vite à l'égard de son fils l'attitude du « Roi », exigeant de lui soumission et crainte. La pauvre Madame de Montglat, de son côté, essayait visiblement de procéder à l'éducation de l'enfant, mais devait essuyer sans broncher injure et menaces, et des réflexions telles que : « je vous battray », « je vous couperay le cou », « je vous tueray », ou bien « Fi qu'elle est laide »... L'enfant Louis XIII, apparemment, était doué d'un don de répartie redoutable, volontiers provocant, moqueur, mordant, capable de dire à sa gouvernante, alors qu'il la voyait pleurer : « Maman ga, vous pleures, pleuré pas, vous n'avez qu'une dent »...

A tous ceux qui aiment les mots d'enfant, par conséquent, on ne saurait trop recommander la lecture de ce journal, qui nous livre en direct la facétie, l'effronterie même, d'un enfant qui a vite compris que tout ce qu'il dit porte, qui répond du tac au tac aux adultes, et qui a un regard aiguisé sur le monde qui l'entoure. Son bon médecin ne le voit pas sous cet œil, bien sûr, et relève plutôt chez l'enfant les développements prometteurs de la crainte qu'il éprouve vis-à-vis de son père, de son obéissance, ainsi que son bon naturel. Il se réjouit, comme les autres adultes, de ses plaisanteries, de son goût à susciter le rire, note aussi sa pudeur.

Entre 1602 et 1608, l'un des intérêts les plus notables du Journal d'Heroard est qu'il nous brosse un tableau extrêmemement détaillé de l'acquisition du langage chez un jeune enfant du XVIIe siècle. Ses « progrès » sont suivis scrupuleusement, et la méthode qu'on suit pour lui apprendre à lire et à écrire est narrée avec soin. L'intérêt s'enrichit d'une dimension supplémentaire puisqu'il apparaît que l'enfant avait manifesté très tôt des problèmes de langage. Il bégayait et avait visiblement un défaut qui l'amena à n'apprendre qu'avec retard à prononcer correctement certains phonèmes. La situation fut jugée suffisamment grave pour qu'on envisage à un moment donné de lui couper le filet de la langue, ce qui ne fut heureusement pas fait... Heroard rapporte que l'enfant était très conscient de cette infirmité, et qu'il lui arrivait de piquer de véritables crises de fureur de ne pouvoir ainsi prononcer comme les autres. Pendant toutes ces années, le [s] du petit prince est systématiquement noté *ch* par Heroard.

L'âge des premiers babils, ainsi que le stade phonétique, celui de la production de syllabes uniques, de mots bisyllabiques, ou du jeu avec les phonèmes est bien décrit par Heroard. Le 31 mars 1602, alors qu'il est âgé d'un peu plus d'un an, le médecin note que le jeune enfant « nomme en son jargon les personnes qu'il connoît » ; le 22 mai, il « commence à se faire entendre en son jargon », puis commence « à parler par discours » en septembre 1603. Il « gazouille », « jargonne » (c'est le mot qui revient le plus souvent), chante, et le roi et la reine, apparemment, « prennent plaisir » à l'entendre. Ses premières onomatopées, ou « mots », apparemment, furent : « Ho ho » pour manifester son étonnement, « hé » pour attirer l'attention des autres, « He Dieu » (28 mars 1602), « dré » (29 mars 1602), et « au loup » (23 août 1602)... Le 17 août 1603, il s'amuse avec la dernière syllabe du nom « Margot ».

Le 4 octobre 1604, Heroard note qu'il « se rit de ce qu'il ne pouvoit prononcer le r », alors roulé. On l'entend également beaucoup chanter (Louis XIII gardera toute sa vie un goût pour la musique) ; « les mots nouveaux lui plaisent » (12 fév 1605). Cet aspect ludique frappe dans toutes ces années d'apprentissage. Louis XIII était comme beaucoup d'enfants : il inventait des mots comme *gambouin* (29 juin 1605), *nonif* (29 juin 1607), *champoutin* (22 août 1607). Il utilisait aussi beaucoup de mots de passe avec le corps de garde. Le mot *opinion*, qui lui avait été appliqué (« vous avez des opinions »), lui plut, et il le retourna en salutation : « bon jou mademoiselle opinion. Ie vous mangerai » (26 septembre 1604).

Le goût des jeux de langage sera d'ailleurs constant, dans l'enfance du roi. « Allon au jadin de gazelle cueilli de groselle, e ce pa bien rimé ? » déclare-t-il avec entrain le 2 août 1608, ce qui conduit Heroard à commenter en marge : « Mr poète ». Le 25 juillet 1610, à l'âge de dix ans, donc, il se rend l'auteur d'un jeu de mots qui réjouit son entourage : alors qu'on lui indiquait, à sa demande, que le nom de poires qu'on lui servait était « poires cuisse-madame », il répliqua : « cuisse-madame, ce sont donc des poires cuisse-ma-sœur » (on appelait « Monsieur » et « Madame » les frères et sœurs des altesses ; en l'occurrence il s'agit d'Elisabeth, qui sera plus tard reine d'Espagne). Il joue beaucoup sur les noms propres des personnes, transformant par une jolie contrepèterie, par exemple, « Pettrousse » en « Trousse-pet » etc.

Dans ces premières années, Heroard note toutefois que dans ses prières, l'enfant « prononçoit les syllabes de loin en loin, et comme a demy endormi » (le 13 oct 1605). Il faut dire que son éducation était très contraignante, et qu'on lui reprochait d'être « huguenot » chaque fois qu'il ne voulait pas dire ses prières, ou qu'il refusait d'aller à la messe quotidienne. Il écoutait apparemment tout ce qui se disait autour de lui, et tant sa curiosité que sa mémoire étaient grandes. « Il écoutait tout et tout qu'il entendoit lui demeuroit dans l'entendement », note Heroard (18 janvier 1606) ; « veut tout savoir, s'informe froidement du nom et de l'usage des choses » (7 mai 1606). Son entourage en vint presque à se méfier, mais l'enfant comprit très bien que cela pouvait être retenu contre lui. En 1604 (il n'a alors pas quatre ans), un capitaine tire devant lui un pigeon. « A diré [je le diray] a papa », s'exclame l'enfant. Un personnage présent fait alors remarquer que « doresnavant il ne faloit rien faire devant luy, et qu'il diroit tout, et qu'il escoutoit tout sans faire semblant de rien ». Réaction de l'enfant selon Heroard : « En se souriant il se prend a dire en chantant : "Je tui [suis] bon bon gachon [garçon] je ne pante a nu ma" [je ne pense à nul mal]. »

Heroard prend donc l'habitude de noter par écrit beaucoup de propos de l'enfant. Il les note phonétiquement, d'une manière exceptionnelle à son époque. Bien entendu, son protocole n'est spécifié nulle part, et ne peut pas être considéré comme un système de notation fiable ; mais il n'en demeure pas moins riche d'enseignements. Le goût d'Heroard pour le discours direct, par exemple, témoigne de son souci d'objectivité, et de son grand scrupule. Plusieurs fois, il rature, pour mieux restituer le mot exact. On observe par ailleurs qu'il n'« arrange » jamais le discours de l'enfant de manière à le rendre plus lisible : sa méthode est plutôt de transcrire fidèlement le propos (sans ajout ni retrait de mots, et pratiquement sans ponctuation) dans une notation phonétique, puis de faire figurer, le cas échéant, une transcription entre parenthèses en français normé. Même si cette procédure n'a pas la rigueur qui nous permettrait de tirer aujourd'hui des conclusions sûres sur l'état de langue orale à la cour des années 1600, elle manifeste néanmoins une sensibilité étonnante au caractère « parlé » de la langue.

Dans la notation des mots du jeune enfant, quels sont donc les traits qui peuvent être commentés ? Comme on l'a vu, Heroard note par *ch* la plupart des *s* (*choupé* pour *soupé*, mais l'enfant contourne aussi la difficulté par le *t* : on trouve *je taré* pour *je saurai*) et fait disparaître un grand nombre de *r*. Précisons que le [R], malgré tout, est un phonème difficile à apprendre pour les enfants du monde entier... Tout cela est directement imputable aux particularités de prononciation de l'individu Louis XIII. Les spécialistes estiment que certaines autres disparitions de consonnes (le *s* devant consonne, par exemple, dans *juque*, *rete*), sont plutôt à interpréter comme des traits d'époque. Le flottement entre les timbres vocaliques [o] et [u] est caractéristique de la seconde moitié du XVIe siècle, par exemple : Heroard note *boune* pour *bonne*, *loun* pour *long*, *soun* pour *sont*. Un bon nombre de consonnes finales, en outre, sont escamotées. Dans la mesure où les trois paramètres de l'âge, du « handicap » singulier, et du statut sociolinguistique viennent ici prendre leur place, le cas de Louis XIII enfant ne peut évidemment être retenu comme un cas d'école pour l'étude du français oral au début du XVIIe siècle.

Ces mêmes paramètres se retrouvent dans les conclusions qu'on peut essayer de formuler pour ce qui est d'ordre lexical et syntaxique. Tout au plus peut-on faire l'hypothèse que, dans ces deux domaines, la prégnance du facteur âge est moins grande. Le lexique du jeune roi révèle, ce qui est normal pour un enfant, beaucoup d'interjections, des imitations de bruits, des surnoms pour les personnes de l'entourage. Le parler de l'enfant est aussi riche en grossièretés (« vous etes un valé de merde »), de même qu'en termes techniques relatifs aux domaines auxquels il s'intéressait (il avait un goût marqué pour les arts, danse, musique, pour les animaux, notamment les chiens, pour tout ce qui touche à la chasse, ainsi que pour les techniques d'artisanat). Un trait morphologique d'époque, que l'on doit au XVIe siècle, est la productivité particulière de certains suffixes. Les féminins, par exemple, peuvent être très librement construits (*mulesse*, *pigeonnesse*), de même que les diminutifs (*souriette*, *cœuret*), ou les noms d'agent (*metteur*). Le suffixe *-oire* était notablement plus fréquent qu'aujourd'hui, comme dans *peschoire*, *souriçoire*...

La syntaxe se signale par l'absence fréquente des pronoms personnels sujets (*faut pas dire*). Caractère oral ? Caractère enfantin ? Ce qui est sûr, c'est que plus d'un phénomène qui nous semble aujourd'hui caractéristique de la langue parlée, voire « relâchée », apparaît déjà avec une fréquence très notable dans le manuscrit d'Heroard. La négation est souvent, comme en français oral contemporain, limitée à son second élément, celui qui n'est pas d'ailleurs, à l'origine, de sens négatif : *fait pas beau*, *pas du potage*. Il s'agit là d'un phénomène très général, quasi systématique, qui a été aussi remarqué dans les témoignages d'oral « adulte » que l'on conserve de l'époque. On observe par ailleurs un système très riche de temps et de modes : le jeune Louis XIII emploie une gamme très étendue de subjonctifs, notamment. Les interrogations sont souvent construites avec l'ordre de la phrase assertive : *papa vient ?*, ou en utilisant cette étrange particule *ti*, abréviation de *t-il*, qui a été fréquente pendant une période limitée de l'histoire du français, comme dans *la vela ti pas ?* La syntaxe de la phrase assertive utilise volontiers des dislocations, des segmentations, comme dans *je le vois le solé*, *j'y veu allé moi à la guere*. Ce phénomène de redondance est caractéristique de l'oral, à toute époque. Pour le reste, on note beaucoup de subordonnées – fait syntaxique d'une langue encore très modelée sur le latin. Au total, le français que parle le jeune Louis XIII nous semble à la fois étonnamment proche de ce que nous sommes habitués à considérer aujourd'hui comme un français « oral », et loin de nous par son lexique d'une part, par sa morphologie et sa syntaxe d'autre part. La manière de formuler le propos, néanmoins – extraordinairement directe –, nous fait singulièrement réviser la vision que nous avons – à cause de l'écrasante prépondérance des textes littéraires ou du moins, d'usage châtié – d'une langue du XVIIe siècle savante, contournée, « polie », toute dans la retenue. Les phrases simples et allant droit au fait du jeune enfant nous restituent la dynamique propre de l'oral, et à ce titre, « enjambent » bien des obstacles historiques qu'aggrave l'élaboration linguistique propre à l'écrit. A l'oral, la langue « se débrouille », pour ainsi dire, et trouve toujours les moyens de frapper là où elle en avait l'intention. L'espace des normes est transcendé par la nécessité de communiquer, et l'« arrachement » que ce phénomène suscite chez le locuteur.

On mit très tôt l'enfant royal à l'écriture. Et ici encore, le Journal d'Heroard nous livre un matériau inappréciable. Outre les pages de journal du médecin, le manuscrit contient en effet de nombreux dessins et exercices, feuilles volantes commencées dans un sens, puis reprises dans un autre qui nous apparaissent elles aussi, et peut-être plus encore, comme des éclairs venus du passé. On montre à l'enfant beaucoup de gravures (d'animaux, de plantes, etc.) et on le fait beaucoup dessiner. Sur chacun de ses dessins, Heroard porte des annotations, qui tantôt explicitent le sujet du dessin, tantôt rapportent les propos que l'enfant a tenus au moment où il réalisait le dessin. « A faict ce visage », écrit le médecin au-dessus d'une ligne d'yeux qui évoque pour nous Miro ou Cocteau. Dès 1604, alors qu'il n'a pas quatre ans, Heroard lui met une plume dans la main, que l'enfant trouve « trop pesante », et le guide pour écrire une lettre à son père. En voici le texte, qui mérite d'être rapporté intégralement : « Papa je say bien equivé non pa enco lisé. Moucheu de Oni a anvoié un home amé é beau caoche ou é ma maitesse linfante é une belle poupée a theu theu (sa sœur) i ma pomi un beau gan li pou couhé, je ne suis pu petit anfan, jay ben chau dans mon bechau, jay beu a vote santé Papa é Maman, ma pume é to pesante, je ne pui pu esquivé je vous baise te humbeman le main Papa é ma bonne Maman e sui Papa vote te humbe é te obeissan fi é cheviteu Dauphin. »

Les prières étant entièrement dites en latin (ce qui suscite de nombreuses questions de l'enfant), l'apprentissage du français passe sinon par des chansons, telles que : « Bergeronete m'amiete, bergeronete mon souci, la vela », « Mon pere trois moulins avoit », « A Pari sur le petit pont », « Turelututu chapeu poinctu », « La belle e sus la mule », « Fagote magote »... A partir de 1605, l'enfant doit tenir un « exemple », autrement dit un cahier d'exercices, où figurent des lignes de lettres, puis bientôt de mots. Les premiers sont faits par Heroard lui-même, mais après 1607, l'enfant a comme maître d'écriture Jean Beaugrand, l'auteur des futurs *Exemples de toutes sortes d'écritures plus utiles et nécessaires en France* (Paris, 1636). L'écriture manuscrite est alors un exercice complexe : chaque lettre a plusieurs réalisations possibles, et la calligraphie demande, dans certaines circonstances, la maîtrise d'entrelacs compliqués. Par ailleurs, on exerce la mémoire de l'enfant à partir des « Proverbes de Salomon » et des « Quatrains de Pibrac », petits textes versifiés parus en 1574, et qui contiennent des leçons morales. Pour ce qui est de la maîtrise de l'écriture, Heroard note des progrès rapides. Le 17 août 1606, il écrit dans son journal : « Cinq heures et demie. Luy prend une humeur de vouloir etudier. Prend son libvre, nomme ses lettres, assemble ses syllabes, prononce les mots que deça qui de la » ; « Lit tout seul », remarque-t-il courant 1607 ; et le 28 janvier 1608, l'enfant déclare à son médecin-précepteur : « M. Eroua je sçai lire ».

Comme beaucoup d'enfants des classes aisées du XVIIe siècle, le jeune Louis XIII par ailleurs assez précoce, était soumis à des apprentissages astreignants. Ces exercices furent-ils trop fréquents, trop exigeants ? Toujours est-il qu'à partir de 1608, l'enfant semble manifester plus de répugnance à l'étude. Détail significatif, il semble que ce soit de force qu'on lui ait inculqué les formes de politesse, envers lesquelles il ne manifestait aucun intérêt... Dès 1609 en effet, commence ce qu'on appelle alors l'« institution du prince », l'éducation à proprement parler du futur roi, et en vue de laquelle Heroard écrira d'ailleurs une sorte de « manuel ». Les affaires sérieuses commencent. Le 15 mai 1610, elles prennent subitement un tournant dramatique, puisque Henri IV meurt, assassiné en plein Paris, et que le jeune enfant se retrouve propulsé sur le devant de la scène, contraint à entrer à cheval au Parlement, à faire bonne figure, à se soumettre à la curiosité du peuple qui se bouscule pour le toucher. L'enfance de Louis XIII est terminée. Le Journal d'Heroard se prolonge au-delà de cette date, mais il ne présentera plus le luxe de détails qui faisait sa richesse dans ses premières années.

Enfin Malherbe vint...

« Enfin Malherbe vint ». Malheureusement pour lui, la postérité de Malherbe est restée dominée par ce mot de Boileau – hommage, certes, envers son action régulatrice, mais mot prison aussi. Sans doute est-ce le sentiment de rupture que Boileau avait à cœur de souligner, entre une époque dominée par la variation non contrôlée et des écoles poétiques au style foisonnant, et ce qu'on appellera bien plus tard le classicisme. Peut-être aussi fallait-il saluer son caractère relativement isolé, à une époque encore peu soucieuse de standardisation. Toujours est-il que la figure de Malherbe apparaît à l'orée du XVIIe siècle comme une référence incontournable, témoin de l'entrecroisement entre les problématiques littéraires et sociales.

Malherbe est un personnage emblématique de ce tournant du siècle si confus, aux évolutions rapides. Né à Caen en 1555, c'est un gentilhomme normand qui vient des marges. Comme beaucoup d'autres réformateurs de la langue qui suivront (Vaugelas, au XXe siècle Maurice Grevisse...), il n'appartient pas au monde où se fabrique la langue élevée. Cet écart, ce sentiment de non-appartenance, joue certainement dans la construction des attitudes normatives. Malherbe est d'abord protestant, mais sera très lié avec Guillaume Du Vair, ecclésiastique marquant de la fin du XVIe siècle, ancien ligueur, président du parlement d'Aix, puis évêque de Marseille, et rallié par patriotisme à la cause d'Henri IV.

Soucieux de se faire bien voir du pouvoir (il écrit en 1600, à l'occasion du débarquement de Marie de Médicis à Marseille, une *Ode à la reine sur sa venue en France*), il parvient, grâce à l'appui de Du Vair, à « monter » à Paris, comme on dira plus tard, et à s'imposer à la Cour avec un discours sur la langue qui portera loin, grâce à ses triples enjeux, littéraires, sociaux, et politiques.

Malherbe est un poète. Il n'aurait pas existé sans une lignée qui part de Ronsard et qui passe par Desportes. Le monde de la poésie a considérablement changé, toutefois, depuis le XVIe siècle. Le temps des écoles, celle de Lyon, par exemple, est révolu. Les arts et les lettres n'ont désormais plus qu'une patrie, et même plus qu'un marché : la Cour et ses annexes. Malherbe est l'héritier d'un sens lyrique et élégant de la langue. Mais se voyant davantage comme un « arrangeur de syllabes » que comme un inspiré des dieux, il infléchit considérablement la conception de la poésie que lui ont laissée ses aînés. Il cherche à dissiper l'« illusion » dans laquelle s'est complu Ronsard, avec sa théorie de l'« élévation » proche parfois de l'ésotérisme. Et puis, il se dit qu'un poète aura beaucoup de mal à passer à la postérité dans une époque où la langue change aussi rapidement... Problème de survie, problème de « gloire » – objet que Malherbe recherche explicitement. C'est pourquoi il va détourner la préoccupation poétique de la problématique de l'inspiration vers un *souci de la langue* inconnu à son époque. Sa démarche n'est pas absolument isolée. On la remarque également dans un certain nombre d'« arts poétiques » publiés au tournant des XVIe et XVIIe siècles. Depuis la Renaissance, ceux-ci s'orientent de plus en plus vers des préoccupations stylistiques ou formelles, lesquelles tournent bientôt au scrupule de grammaire.

Malherbe a commencé par annoter les volumes de Ronsard et de Desportes qu'il possédait, y effectuant un tri sévère, en marge, entre ce qui méritait d'être gardé, et ce qui devait être considéré comme obsolète, malséant en poésie, ou tout simplement incorrect. Son biographe Racan dira de lui qu'il « effaçait » son Ronsard en l'annotant, au point qu'il ne restait pratiquement plus un vers intouché[12]... Nous avons perdu l'exemplaire de Ronsard, et c'est bien dommage ; mais nous conservons celui de Desportes, qui a été étudié à la fin du XIXe siècle[13]. Malherbe, qui était réputé pour sa brusquerie, et qui, invité à dîner chez Desportes, lui aurait lancé, alors que ce dernier s'apprêtait à lui lire un poème, que cela n'en valait pas la peine, et que sa soupe était meilleure, annote le recueil avec un laconisme et une brutalité amusants. Le censeur se contente parfois d'un « mal » qui en dit beaucoup sur les certitudes et les prétentions du poète...

La langue de Desportes se caractérisait par la présence importante de figures. Nous sommes à l'époque du maniérisme, moment où les artistes, dans tous les domaines, mettent en place un vocabulaire, un répertoire de figures, dont ils ne se rendent pas toujours compte qu'elle tendent à devenir repérables. Chez Desportes donc, abondent les zeugmes (« il est tout possédé de charme et de poison »), les ellipses (« propre à mon âge et ma tristesse »), les ruptures de construction (« il entendit bêler les brebis et les mugissements des taureaux »). Toutes ces figures ont des répercussions grammaticales : elles désossent quelque peu le discours, le désarticulent, et demandent au lecteur de faire un effort pour suivre. Mais l'expressivité poétique est d'une certaine façon à ce prix, pour ces poètes pré-baroques.

Les choix de Malherbe vont presque tous en sens contraire. S'il supporte certaines figures, c'est qu'elles sont symétriques, telles les antithèses : « le mal est grand, mais pire est le remède. » « Bon », écrit Malherbe. « Son propos me chassait, ses yeux me rappelaient. » Parfois, on se demande s'il ne suit pas davantage une sorte d'« oreille » grammaticale diffuse et informulée qu'un véritable jugement poétique. A propos de : « le feuillage agréable et le vent adouci », par exemple, il note qu'il lui semble impossible de construire ensemble un adjectif et un participe. Ailleurs, c'est le participe présent et le participe passé qui ne pourront être coordonnés. En réalité, c'est tout l'agencement des termes qui est revu selon ce principe de symétrie. « Que d'agréables feux, que de douceurs amères » : « il falloit *que d'amertumes douces*, dit Malherbe, puisqu'il avoit dit *des feux agreables* », ce qui paraîtra d'une rigueur assez simpliste. Il s'agit en somme, dans la tenue du propos, d'établir une sorte de tracé géométrique qu'il faudra ensuite suivre jusqu'au bout, une fois qu'on l'a choisi. En réalité, c'est à une relecture générale de toute la manière d'articuler le propos que Malherbe se livre.

Partout, Malherbe fait le choix d'une lisibilité immédiate, qui dissipe toute forme d'écart avec la formulation spontanée. Ce faisant, il déplace l'écriture de la poésie vers la prose. Un contemporain dira de lui : « Ce que Malherbe a d'excellent et d'incomparable, c'est l'élocution et le tour des vers, et quelques élévations nettes et pompeuses dans le détail qu'on pourra bien imiter, mais jamais égaler. Ces parties toutefois ne sont guère plus poétiques qu'oratoires, et ceux-là ne lui ont guère fait de tort qui ont dit de luy que ses vers estoient de fort belle prose rimée[14]. » L'objectif de Malherbe est d'abord de limiter tout ce qui est amplification dans la formulation, tout ce que Boileau, commentant Ronsard, appellera le « faste pédantesque » ; autrement dit les formules rhétoriques, l'appel au grec et au latin, les mélanges voyants de styles, les acrobaties sonores ou grammaticales... L'idéal de Malherbe est de mettre au point une sorte d'idiome minimal, qui puisse être néanmoins capable, le cas échéant, de s'élever de ses seules forces à l'intensité poétique, sans avoir recours à des procédés artificiels. Il lance donc naturellement une « chasse » au lexique bigarré, outré, excessivement métaphorique ou métonymique, et s'efforce d'éliminer de la langue poétique tout ce qui est « bas » ou technique. Il rogne, il rabote. Pour la première fois, chez Malherbe, se met en place l'idéologie de la « pureté », de la « clarté ». Celle-ci sera fondatrice du classicisme français en matière de langage.

Prenant ses distances d'avec l'investissement excessif qui avait été effectué par ses prédécesseurs dans la poésie, et estimant que la traduction de Tite-Live dans laquelle il s'était lancé avait plus d'importance que son œuvre originale, Malherbe a modifié profondément les contours de la pratique littéraire. Pour lui, ce qui est le plus important, ce n'est pas l'univers littéraire ou poétique en tant quel tel, ses principes esthétiques, son type particulier de communication, c'est la gestion de la langue que celui-ci permet. Ce faisant, Malherbe libérait d'un coup son époque d'un bon nombre de complexes d'infériorité. Les Grecs ? « Il ne les estimoit point du tout [15] », dit Racan. Pindare ? Du « galimatias ». Le plus notable, c'est qu'il dissipe sans hésitation l'aura qui entourait encore à son époque la poésie italienne, particulièrement Pétrarque. Pour lui, les Italiens n'ont rien dont se glorifier de plus que les Grecs : ils restent très inférieurs aux Latins, et laissent toute sa chance à la poésie française de se développer sur la voie de l'excellence. Rayant d'un trait de plume des pans entiers du patrimoine culturel face auquel la France essayait timidement de se positionner, Malherbe procède à une révision réjouissante des valeurs... avec une absence de nuances qui fait le bonheur de ses contemporains.

Outre son écoute affinée des problématiques d'élocution, d'euphonie, de rythme, de grammaire dans le texte poétique, Malherbe prêtait également une oreille sensible aux faits de langue de la vie ordinaire. A la Cour, il fut une manière d'« arbitre des élégances », s'opposant à l'influence gasconne résultant de l'intronisation d'Henri IV, et à la rudesse « soldatesque » qui était le fruit des campagnes militaires récentes. Venue d'Italie, la reine, Marie de Médicis, était effarée de la grossièreté qui régnait autour d'elle. Elle ne tarda pas à se réfugier dans une sorte de micro-univers, entourée d'une clique férue de bon usage qui tentait de s'opposer aux Gascons, parti au fort pouvoir par le nombre, et par son lien symbolique avec le roi. Bon connaisseur des marges, et notamment du Sud, Malherbe s'engouffra immédiatement dans la brèche de ce rapport sensible, voire pointilleux, au langage, et en fit une question d'autorité. Sur bien des points, la variation règne, à cette époque. Le roi et les Gascons disaient *cuillère*, les bourgeois parisiens disaient *cuiller*... Qu'à cela ne tienne, Malherbe condamne sans ambages la prononciation royale. Mais comment convaincre le souverain qu'il parle mal ? Racan nous rapporte : « Comme le roy ne se sentoit pas condamné du jugement de Mr de Malherbe, il luy dist ces mesmes mots : "Sire, vous estes le plus absolu roy qui aye jamais gouverné la France, et si [pourtant] vous ne sçauriez faire dire deçà la Loire une cuillere, à moins que de faire deffence à peine de cent livres d'amende, de la nommer autrement" [16]. » Malherbe invente un pouvoir d'un nouveau type : le pouvoir de la langue, le pouvoir de « l'usage », contre lequel les rois eux-mêmes ne pourraient rien... Etonnant dispositif, qui met face à face l'une de l'autre, comme si elles étaient symétriques, des instances si différentes. Une grande partie de l'enjeu politique du français au XVIIe siècle résulte de cet alignement inattendu des questions langagières sur le modèle d'une juridiction.

Par ailleurs, se familiarisant avec les usages de cette façon nouvelle de parler, le « parisien », Malherbe y fait des découvertes. C'est sans doute son regard neuf qui explique ses choix. Il s'aperçoit que l'usage parisien est traversé par deux dynamiques contradictoires : une tendance à la stratification sociale, et une tendance à l'uniformisation. Il a une oreille attentive au langage de la Cour, des nobles, mais aussi des bourgeois, des « crocheteurs ». Et il fait son choix, qui ne va pas toujours dans la direction attendue, ne privilégiant pas systématiquement le langage des nobles comme on le fera plus tard. La Cour, de son côté, ne peut guère être prise comme modèle, toute mêlée qu'elle est, et pénétrée d'influences gasconnes (sans compter les italiennes). Malherbe va donc écouter le peuple, chez qui il lui semble entendre un idiome plus spontané, plus « vrai », plus en prise avec ce qu'il perçoit comme les racines historiques du français. Dans un geste provocateur qui sera beaucoup commenté, il prétend ne pouvoir s'en remettre, pour bien juger d'un mot, qu'aux travailleurs manuels du Port-aux-Foins. Il serait vain et anachronique de voir dans cette attitude une valorisation du « peuple » en tant que communauté sociale. Ce dont se soucie Malherbe, c'est de construire un idiome, et non de défendre une « façon de parler » plutôt qu'une autre. Il a peur des effets de mode, des courants, des attitudes projetées sur la langue. Ce qui lui semble pouvoir être retenu dans ce qu'il entend autour de lui, c'est un substrat général qui traverserait en quelque sorte les couches de la société. Ce substrat n'est pas identifiable si l'on s'en tient aux études littéraires, aux corrections minutieuses de la langue poétique. Il existe aussi – et surtout – dans la réalité de la langue qui est son usage parlé. En revendiquant de s'intéresser au Port-aux-Foins, Malherbe devait attirer l'attention sur ce fait probablement gênant pour beaucoup, à savoir que le langage populaire oral, spontané, de Paris et d'Ile-de-France, était dans une large mesure *compris* de tous, même si tous ne voulaient pas le reconnaître ; compris car c'est fondamentalement le *même* langage que celui des bourgeois et des nobles. Cette communauté d'idiome devait apparaître autrement délicate à établir que le relevé des petites différences par lesquelles chacun aime à se singulariser.

Autrement dit, Malherbe a effectué ce geste fondateur dans le sentiment de la langue : postuler l'existence d'un usage commun. C'est sur cet usage partagé, supposé, puis filtré, travaillé, que se fondera tout le XVIIe siècle. En attendant, il est loin d'être établi, décrit, compris. Mais il est rêvé comme une vaste unité englobante. Racan nous rapporte qu'un jour, Malherbe s'était offusqué qu'un mendiant l'appelle « noble gentilhomme », « attendu que si on est gentilhomme, on est noble ». Au-delà des barrières sociales, Malherbe a la conscience des lois d'un idiome qui en quelque sorte traverse – et transcende – l'espace personnel et social de ses locuteurs. Il rêve d'une langue délivrée des interférences culturelles. Ce geste est éminemment dirigiste, puisqu'il revient à imposer une norme langagière tacite à tous, même à un mendiant ; il présuppose que peut être construit, hors de l'espace social, un bien indivis qui serait de nature formelle. Un mendiant n'aurait alors pas plus à se soumettre au langage des « nobles gentilshommes » que ceux-ci n'auraient à le faire vis-à-vis du langage des harangères. Le paradoxe de Malherbe est là. Sa position précède la reconnaissance objective de la variation sociale.

Cette ambiguïté a aussi des raisons politiques. L'attitude linguistique de Malherbe entre en résonance avec la volonté unificatrice du pouvoir à cette époque. Nous sommes au moment où, dans la foulée de l'édit de Nantes, le roi, appuyé par son ministre Sully, lance des initiatives centralisatrices. D'une part, il s'agit d'asseoir le pouvoir monarchique sur ce qui va graduellement devenir la *province* ; d'autre part, de rétablir la concorde civile, tant au plan religieux que social. La langue, dans cette optique, devient un outil d'importance, en tant qu'elle permet de *traverser* les conflits et les lignes de fracture. Les volontés occasionnelles d'identification d'une langue à une foi, qui se sont manifestées en divers endroits, particulièrement dans le domaine d'oc autour de 1600 – vont être contrecarrées par la volonté de pacification et d'unification. Toutefois, un usage commun authentique est encore loin d'exister.

Manifesté de façon provocante et parfois ironique, le point de vue de Malherbe sur la langue est donc riche d'enjeux divers. Faisant du texte littéraire un objet linguistique comme un autre, Malherbe a d'abord « désacralisé » la poésie, refusant de prendre en compte les spécificités de sa textualité, de son énonciation, de sa réception. Soumise aux questions de langue, la littérature va bientôt "rentrer dans le rang", réduire ses forces potentielles d'opposition, se voir contrainte de rejoindre une certaine forme de bien public. Après ces décennies traumatisantes, où les poètes se sont souvent transformés en polémistes, où la violence verbale a atteint un niveau inégalé, il s'agit d'amener les lettres à créer un climat nouveau, à favoriser une certaine « tolérance ».

Quoi de plus efficace, dans cette perspective, et à ce moment de l'histoire, que de centrer les regards autour de la personne du roi ? Malherbe est le premier à lancer cette focalisation, qui connaîtra son apogée sous le règne de Louis XIV. La littérature était devenue discours avec les guerres de religion ; ce discours sera désormais mis au service d'une cause, le pouvoir royal. Les contraintes de langage : nouveau reflet des contraintes idéologiques qui vont peser sur la société.

Marie de Gournay, une femme de lettres en révolte

Au vu d'un tel programme, on comprend que les réactions étaient inévitables. Le microcosme littéraire qu'a connu Malherbe nourrissait une véritable vénération à l'égard de Ronsard. Pour beaucoup, ce dernier était le restaurateur des lettres françaises, le premier à leur avoir donné une impulsion dépassant les mondes clos des écoles et des cercles provinciaux. Il ne s'agissait pas de toucher à cette idole ! Ronsard est le premier à avoir réconcilié la veine populaire, l'élément *rhétorique* contenu dans la littérature, et l'aspect de « haute inspiration » dont il n'est plus à rappeler le modèle antique, relayé par le pétrarquisme.

Il est compréhensible, dans ces conditions, que de nombreux poètes se soient sentis trahis par l'attitude de Malherbe, attitude désacralisante vis-à-vis de la poésie, autant qu'instauratrice d'une norme inhabituelle vis-à-vis de la langue. Dans ce cercle, on compte des poètes comme Ogier, Marolles, Colletet, Habert, Malleville – tous favorables à une langue poétique riche, libre, admettant les emprunts et la variation.

Parmi eux, on trouve aussi Mathurin Régnier (1573-1615), le neveu de Desportes. De lui, on connaît surtout ses *Satyres*, qui commencèrent à paraître en 1605, inspirées d'Horace comme le seront celles de Boileau, mais d'un langage plus vert, plus savoureux. Mathurin Régnier avait quasiment le même talent que Malherbe pour la formulation claire, frappante, mais c'était un personnage beaucoup plus passionné, plus franc. Surtout, il n'aimait pas les règles, goûtait peu la critique, allant même jusqu'à élaborer une sorte de « poétique du désordre ». Dans sa satire IV, il déplore les « sauvages lois » – autrement dit la censure linguistique de Malherbe – par lesquelles désormais « Apollon est gêné ». Accablant de ses sarcasmes ceux pour qui « Ronsard n'est qu'un apprentif », Desportes « pas net », Du Bellay « trop facile », il s'étonne qu'on revendique l'autorité du « peuple » pour écrire de la poésie. Faut-il donc vraiment, écrit-il, pour « faire une œuvre grande », « parler comme à Saint-Jean parlent les crocheteurs » ? Malherbe est vu par lui comme une sorte d'entomologiste maniaque, à la minutie mal placée, qui « raffine », qui « regratte »... C'est aussi l'attention de Malherbe à l'euphonie (« Prendre garde qu'un qui ne heurte une diphtongue, / Epier si des vers la rime est brève ou longue, / Ou bien si la voyelle, à l'autre s'unissant, / Ne rend point à l'oreille un son trop languissant »), qui est visée. Pour Régnier, ce souci ne revient à rien d'autre qu'à « proser de la rime et rimer de la prose »... Ils « atifent leurs mots, enjolivent leurs phrases », dit-il de Malherbe et ses partisans, stigmatisant déjà un début de préciosité. Ils « rampent bassement, faibles d'invention »... Autrement dit, c'est l'essentiel qui est sacrifié à l'accessoire.

D'un côté la « verve » et la « fureur », la grâce « naturelle », la « beauté parfaite », en bref le « grand chemin » ; de l'autre, l'« affeterie », les « artifices », un art de « docteurs ». Qu'ils nous montrent ce qu'ils savent faire, ces critiques, « qu'ils montrent de leur eau, qu'ils entrent dans la carrière »... Et l'on s'apercevra alors qu'ils ont tué toute inspiration, toute imagination. La protestation de Mathurin Régnier est enflammée, annonçant même, par certains de ses accents, le Victor Hugo des *Châtiments* ou des diatribes contre les classiques.

Certes, Mathurin Régnier est passé à côté de Malherbe : il n'a pas saisi qu'il y avait, dans ce formalisme apparemment mesquin, matière à un renouveau poétique, par une valorisation délibérée de la contrainte. Mais il a aussi installé en français un ton, ce que Sainte-Beuve appellera un « procédé chaud », et dont on peut retracer la filiation jusqu'à André Chénier. Il y a un lien étrange et fort, que l'accent mis sur le classicisme a souvent gommé, entre le XVIe siècle finissant, le début du XVIIe siècle, et le romantisme français, celui-ci allant jusqu'à Baudelaire. Pour l'appréhender, il convient surtout d'*écouter*, d'écouter la manière que ces poètes ont eue de développer le propos jusqu'à une exagération qui finit par exprimer autre chose que la seule outrance, d'épuiser une métaphore, de « pousser devant eux » des flots de langage dont on a l'impression qu'ils cherchent à se débarrasser, mais qui finissent par acquérir une grande cohérence. Molière, au théâtre, reprendra parfois cette esthétique de la redondance qui avait été, au XVIe siècle, identifiée au « génie gaulois ». Il y a, dans cette « profusion d'irrégularités heureuses et familières », comme l'appelle Mathurin Régnier, qu'ont « sottement émondée les grammairiens, les rhéteurs et les analystes », une *voix* décisive du français, qu'on retrouvera chez La Fontaine. Il s'agit, comme le faisait Juvénal, avec son principe de l'*indignatio facit versus* (l'« indignation » comme fondement de l'inspiration poétique) de se laisser traverser par une véritable *fureur du dire*. Dans la censure malherbienne, c'est un obstacle à cet élan qu'on veut dresser.

Comme dit Brunot, « Malherbe eut la bonne chance de voir mourir Régnier de très bonne heure ». « C'était le seul, ajoute-t-il, dont le génie eût pu contrebalancer son influence. » En effet, on trouve dans l'écriture de Mathurin Régnier autant de signes de modernité langagière que chez Malherbe. Mathurin Régnier n'écrit pas « à l'ancienne manière », comme D'Aubigné, Vauquelin, Pasquier : il écrit une langue où il y a déjà un « tour de phrase » pré-classique. La différence entre sa langue et celle de Malherbe – laquelle malgré tout s'imposera – est qu'elle est beaucoup plus « nourrie », copieuse.

Une manière fréquemment utilisée de former de belles phrases, amples, chargées d'effets, était par exemple de les enrichir de synonymes. C'est à cette tendance que s'opposent Malherbe et ses partisans, ouvrant la voie à une conception « économique » de la langue qui prélude au classicisme. Un contemporain, Jean-Pierre Camus (1582-1653), héraut après Mathurin Régnier du mouvement « anti-puriste », écrit : « Il semble qu'ils aient juré la guerre aux Synonymes et que, pour dire une chose, il soit arresté dans leur privé conseil qu'il n'y a plus qu'un mot. » Essentiellement Camus reproche à ces « esprit pédants », à ces « piqueurs de notre langue », de chercher à imposer ce qui n'est après tout que leur sentiment subjectif de la langue, leurs choix de locuteurs. Ils veulent, dit-il, « faire passer sans contredict leurs censures pour des arrests souverains ».

Face à la vogue croissante de Malherbe, un personnage extraordinaire se détache, en ce début du XVIIe siècle, qui commence tout juste à être apprécié à sa juste valeur[17]. Marie Le Jars de Gournay est une demoiselle picarde issue d'un milieu fortuné et cultivé. Elle lut beaucoup, dans son adolescence, allant jusqu'à apprendre en autodidacte le grec et le latin, se déplaçant également souvent à Paris avec sa mère. En 1588, à l'âge de vingt-deux ans, elle se décida à écrire à Juste Lipse, immense érudit de l'époque, et à Montaigne. Du premier, nous conservons une lettre, très élogieuse à l'égard de cette jeune femme à la démarche audacieuse. Mais Marie de Gournay, visiblement, préférait Montaigne. Il s'ensuit une histoire hors du commun. Courant 1588, Montaigne vient à Paris. Marie de Gournay l'apprend, et vient le rencontrer. Elle lui propose de venir séjourner en son château de Gournay et Montaigne accepte : il y séjournera entre deux et trois mois.

Quelles furent leurs relations exactes ? On ne sait. Toujours est-il que Montaigne, plus tard, ne cessera plus de l'appeler « ma fille d'alliance ». Il est certain qu'ils s'écrivirent, mais on ne conserve aucune trace de ces lettres. Ils travaillèrent surtout beaucoup ensemble. Dans ces mois passés à Gournay, ils révisèrent la première forme des *Essais*, et établirent les chapitres XXII et XXIII du livre I et le chapitre XXI du livre II. Sur l'exemplaire des *Essais* dit « de Bordeaux », c'est l'écriture manuscrite de Marie de Gournay qu'on peut lire en marge, dans des addendas parfois touffus. Montaigne, visiblement, dictait par-dessus son épaule. Au chapitre XXVII du livre II, Montaigne nous livre subitement un grand passage, consacré à la bouillonnante jeune femme, qui vaut tous les portraits. C'est un texte émouvant, touchant, au-delà même de ce qui peut être dit et tu : « J'ai pris plaisir à publier en plusieurs lieux l'espérance que j'ai de Marie de Gournay Le Jars, ma fille d'alliance, et certes aimée de moi beaucoup plus que paternellement, et enveloppée en ma retraite et solitude, comme l'une des meilleures parties de mon propre être. Je ne regarde plus qu'elle au monde. Si l'adolescence peut donner présage, cette âme sera un jour capable des plus belles choses, et entre autres de la perfection de cette très sainte amitié où nous ne lisons point que son sexe ait pu monter encore. La sincérité et la solidité de ses mœurs sont déjà battantes, son affection vers moi plus que surabondante, et telle en somme qu'il n'y a rien à souhaiter, sinon que l'appréhension qu'elle a de ma fin, par les cinquante et cinq ans auxquels elle m'a rencontré, la travaillât. Cruellement, le jugement qu'elle fit des premiers *Essais*, et femme, et en ce siècle, et si jeune, et seule en son quartier, et la véhémence fameuse dont elle m'aima et désira longtemps sur la seule estime qu'elle en prit de moi, avant m'avoir vu, c'est un accident de très digne considération. »

Que dire de plus, qui ne paraisse fade à côté d'un tel texte ? Marie de Gournay se passionnait pour la rédaction des *Essais*, leur mode si particulier de construction, leur circularité, le feuilletage infini de leurs couches ; pour le processus même de la pensée, et sous une forme si personnelle, dans la figure de Montaigne encore vivant. Mais la rencontre fut brève. En 1592, Montaigne mourut. Marie de Gournay lui survécut très longtemps (elle est morte en 1645), pour son malheur et pour son bonheur. Elle eut plusieurs vies après lui, tantôt très marquées par lui, tantôt moins. Elle connut des vicissitudes, des hauts et des bas, des repentirs, des retours de flamme. Bref, une vraie vie.

En 1594, deux ans après la mort du maître, et alors que Montaigne était encore peu apprécié, elle fait paraître un ouvrage, *Le Proumenoir de Monsieur de Montaigne, par sa fille d'alliance*, qui avait surtout un but apologétique. L'année suivante, c'est une édition des *Essais*, précédée d'une grande préface. A partir de là, son travail d'éditrice ne connaîtra plus de trêve. Tous les deux ans, environ, c'est une nouvelle édition. Marie de Gournay devient détentrice quasi exclusive de la mémoire de Montaigne, mais elle développe aussi une œuvre à elle, écrivant des poèmes, des fictions.

La première décennie du XVIIe siècle fut pour elle une période très difficile. Son statut dans le monde des lettres n'est pas vraiment reconnu. Elle agace certains. Elle a des problèmes matériels. C'est dit-elle, la descente au « parfait et profond abîme ». Ce qui vint la sauver, et l'arracher à l'obsession qu'elle commençait à entretenir avec l'œuvre de Montaigne, c'est la langue. 1605 : c'est l'année où la langue, tout d'un coup, devient *problème*. C'est l'arrivée de Malherbe à la Cour. De la même année nous conservons aussi une lettre de Pasquier, l'auteur des *Recherches de la France*, qui rapporte une discussion qu'il avait eue avec Montaigne sur la langue française dans la cour du château de Blois, entre deux séances des états généraux de 1588[18]. Marie de Gournay, petit à petit, va s'engager dans ce qui ne va pas tarder à devenir une véritable « querelle ».

L'année 1610 signale le moment où l'influence de Malherbe commence à laisser une trace dans ce qui se publie. L'*Academie de l'art poetique* que publie Pierre de Deimier se caractérise par un infléchissement très net de la tradition seiziémiste des « arts poétiques » vers les questions de langue. On y trouve par exemple un chapitre intitulé : « Du grand abus qui s'est introduit entre les Poëtes touchant l'usage de la Licence Poëtique. Raisons tres-amples par lesquelles il est monstré qu'il n'en faut point user. » Ronsard est incriminé. La raison est mise en avant. « Il faut donc se travailler curieusement [avec soin] à escrire si bien qu'il n'y puisse rien avoir à redire au jugement de la raison [19] », écrit Deimier. L'influence de Malherbe est manifeste. Ailleurs on lit : « de mesme il est besoing que tout Poëme soit entierement doué de la bonté du langage [20] ». La poésie ne doit plus avoir un langage à part : elle doit se rapprocher de l'usage commun. « Le Poëte doit observer religieusement d'escrire en bon François, suivant les vocables qui sont practiquez chez le peuple qui parle le mieux [21]. » Toutes ces notations interviennent très tôt, dans le XVIIe siècle : on les croirait écrites à la génération classique, mais en fait, elles précèdent Vaugelas de près de quarante ans...

Dans ces années, Malherbe se complaît à provoquer ses adversaires. Il affiche un dédain ouvert vis-à-vis de Ronsard. Du coup, Du Perron se sent contraint de corriger sa réédition, en 1611, de la célèbre oraison funèbre qu'il avait faite de Ronsard. La « pureté » de la langue, aux yeux de tous, fait la qualité du poète. Selon Marie de Gournay, Du Perron avait même rédigé une grammaire, malheureusement perdue. On peut le regretter, car elle nous aurait probablement donné des informations sur les procédures descriptives de la langue, à un moment de grande incertitude. Dans cette « grammaire », toujours selon Marie de Gournay, Du Perron aurait confessé n'avoir trouvé, en tout et pour tout, que deux cents mots vraiment français... La question de la « francité » continue de hanter les esprits.

A fil des années, Marie de Gournay va trouver sa place dans ce débat. Elle va même en devenir l'un des acteurs les plus véhéments. Son style enflammé, son génie des métaphores, de la vigueur, du *jeu*, en font une prosatrice de haute volée. Déjà, la « grande préface » réinsérée à l'édition de 1617 des *Essais* affirme qu'à « conceptions extraordinaires », il faut des « termes inusités à s'exprimer ». Elle justifie par là le grand élan de créativité lexicale qui avait marqué le second XVIe siècle. Mais ce qui, en 1594, pouvait passer pour une preuve d'attachement envers Montaigne, fait à présent débat. C'est le rapport à la langue qui a changé, et Marie de Gournay s'en aperçoit progressivement, à ses dépens. A partir de 1619, elle va systématiser sa réflexion, la développant dans une série de traités (huit au total), dont le premier s'intitule : « Du Langage françois [22] ». Reprenant explicitement certaines des argumentatons développées par Du Bellay, elle adopte une position qu'on pourra dire « d'arrière-garde », venant à la rescousse de Ronsard, de Du Perron, de tous ceux qui privilégiaient la *richesse* de la langue par rapport à sa correction grammaticale. D'une certaine manière, on pourrait dire qu'elle a une vision « maximaliste » de la langue. Fustigeant les « docteurs en negative [23] » qui, pour elle, se sont abattus sur la langue française, elle estime que « leur but, en fin, & le fruict de leurs exceptions, c'est d'arracher d'une Langue, comme ils font ailleurs de la Poëise, autant qu'ils peuvent, l'abondance, la generosité, le genie, & l'espoir d'enrichissement [24] ». Or, « l'innovation & l'augmentation restent necessaires pour nostre François [25] » : « la simplicité ou la pureté ne sont qu'une partie de la perfection d'une Langue [26] ». Autrement dit, elle estime que le travail de culture de la langue entamé au XVIᵉ siècle, notamment par les poètes de la Pléiade, qu'elle défend, est loin d'être achevé.

Pas plus que la fierté naïve en leur langue, la langue française, affichée par les poètes grammairiens (« Il leur a été difficile de ne la pas apprendre [27] », dit-elle...), Marie de Gournay ne supporte la négativité attachée à l'exercice de la critique, qui en devient stérile, d'après elle. Tous ces « menus scrupules », tout cette « chicane de college »... De ces étroits préceptes, l'observation, dit-elle, ne rejoint jamais les principes qui font un « bon livre » [28]. Car Marie de Gournay se place dans une posture créatrice, méprisant tout ce qui est de l'ordre théorique, à ambition généralisante et normative.

Son cheval de bataille est la défense des métaphores, frappées de suspicion par Malherbe. « La principale richesse, la plus fine pierrerie du langage d'un Poëme, sur tout Heroïque, mais aussi sa principale necessité gît aux Metaphores ou translations [transferts de sens] : singulièrement en un langage si sterile que le nostre, de termes qui soient magnifiques ou puissants en leur propre signification [29]. » Elle défend des images comme « devider les plis du temps », ou « cœur de roc sourd aux alarmes », de Du Perron, qui commencent à être critiquées, et recommande, pour ceux qui n'auraient pas saisi le pouvoir des métaphores, la lecture du poème de Ronsard « Errant par les champs de la grâce ». Pour elle, l'interdiction des métaphores est absurde, Malherbe ne tolérant que « celles qui courent les rues [30] ». Surtout, elle ne comprend pas qu'on puisse parler des métaphores

« en general[31] », alors que tout le secret de l'écriture, précisément, est d'examiner les choses dans leur *particulier*.

Marie de Gournay vise ici l'un des points essentiels de l'évolution du français dans ces décennies charnières où l'on quitte le monde relativement non normé du XVIe siècle pour entrer dans les processus de standardisation. Son langage lui-même le montre : elle n'est plus de son époque. Fascinant combat d'arrière-garde, qui fait « exploser », déjà, avant qu'elle ne naisse, et comme la devinant, la théorie puriste.

Chemin faisant, l'ancienne admiratrice de Montaigne va se trouver engagée dans l'ultime querelle « libre » des lettres, celle des années 1620-1630, qui préludera à la création de l'Académie française, et à l'enrégimentement du discours littéraire.

2

PARTIS PRIS LITTÉRAIRES
ET QUESTIONS DE STYLES

1624 : Jean-Louis Guez de Balzac, un jeune auteur de vingt-sept ans, publie des *Lettres* qui, en apparence, ne devraient pas susciter de polémique, mais qui vont heurter certaines sensibilités, et se révéler l'indice d'une mutation du sentiment de la langue dans le milieu littéraire. Guez de Balzac est l'héritier d'une tradition éloquente, fleurie, qui a connu l'établissement progressif de la paix civile, et l'abandon de l'éloquence engagée du XVIe siècle. Surtout, il a été très marqué par l'attitude de Malherbe envers la langue. Dans une lettre, il évoque « cet homme qui ne pardonnerait pas une incongruité à son propre père ». « Vous entendez bien par là notre Monsieur de Malherbe, ajoute-t-il, et savez bien qu'en qualité de premier grammairien de France, il prétend que tout ce qui parle soit de sa juridiction ; comme il est cause en effet qu'on parle plus régulièrement qu'on ne faisait, et moins au hasard et à l'aventure [1]. » Ailleurs, il appelle Malherbe « le Restaurateur de la langue française », « l'homme qui ayant commencé de bonne heure à adoucir la rudesse du stile de son temps devoit le porter avec l'âge à la perfection [2] ».

C'est que Malherbe, non seulement s'est affirmé comme un « maître de la langue », dont l'avis normatif exerce une influence réelle, mais a aussi créé une manière de « niche » nouvelle dans l'espace culturel français : celle du praticien qui entend exercer une autorité de manière individuelle sur la collectivité.

C'est ce problème de l'individu qui va être au centre de la polémique autour des *Lettres* de Balzac. Ce dernier admire le souci de l'« élocution » mis en avant par Malherbe, et salue, on vient de le voir, la portée réelle, sur l'usage commun, que ses préceptes ont eue. Mais ce qui le frappe aussi, c'est qu'on puisse ainsi rapporter des décisions de langue à ce qui n'est au départ que l'expression d'une subjectivité. Au nom de quoi Malherbe avait-il ainsi censuré les vers de Desportes et de Ronsard ? Ses arguments auraient-ils une portée universelle ?

Malherbe avait édicté, mais en tant que praticien, n'avait pas été beaucoup imité. Guez de Balzac est celui qui va transposer, dans l'écriture littéraire, cette affirmation de subjectivité, cette autorité de jugement, qui caractérisaient Malherbe. Dans ces *Lettres*, pour la première fois dans l'histoire du français, va être mise en scène une subjectivité, une spécificité, qui va être traduite immédiatement en termes stylistiques. Certes, Montaigne avant lui avait considéré que « [se] trouvant entièrement dépourvu et vide de toute autre matière, [il s'était] présenté lui-même à soi, pour argument et pour sujet[3] ». Descartes au même moment, déplace l'investigation philosophique et la centre autour du sujet. Mais ces attitudes littéraires ou philosophiques ne donnaient pas lieu à une posture linguistique, à une visibilité dans l'écriture et le discours.

Dans le cas de Balzac, la matière est mince ; souvent même assez frivole. Les *Lettres* reviennent, comme on a pu le dire, à « gonfler artificiellement ces choses sans importance qui concernent le moi privé[4] ». Tout leur sel, leur prix, réside dans leur forme, qui est mise en avant de manière plastique, comme un véritable vêtement.

Ce subjectivisme revendiqué, à l'époque de Montaigne, passait encore pour un splendide isolement. Venant après Malherbe, Guez de Balzac est pris dans une nouvelle dynamique qui fait des écrivains des modèles en matière de langue. Les *Lettres* rencontrent immédiatement un public enthousiaste qui goûte cette manière nouvelle de faire jouer les mots entre eux, de truffer la prose de petites figures voyantes. Rapidement, on surnommera Balzac l'« empereur » de l'éloquence, et on voudra « parler Balzac ». Sa posture stylistique était si forte qu'on a pu croire qu'il avait créé un idiome. On ne reconnaissait plus le français auquel on était habitué, mais on le préférait dans ces nouveaux habits...

C'est cette agrégation entre une volonté d'idiosyncrasie stylistique d'un côté, et le climat normatif en matière de langue qu'a installé Malherbe de l'autre qui va faire problème. Malherbe avait eu ce geste provocateur de suggérer une norme collective au travers de ses jugements personnels : Guez de Balzac donne à voir de manière concertée une volonté d'affirmation linguistique de soi. Cette revendication tacite à se constituer en modèle choquera. Dans une série de textes intitulée *Lettres de Phyllarque à Ariste*, le Père Goulu s'élèvera avec virulence contre cette façon d'ériger une autorité privée en modèle. Le subjectivisme de Balzac sera stigmatisé : ce dernier se gagne le surnom de « Narcisse »... Plus généralement, c'est le contraste entre une certaine « vacuité » des *Lettres*, l'indifférence qu'elles manifestent à l'égard des enjeux publics, et le soin exagéré mis dans l'écriture qui est visé. Balzac le revendique : le succès de son entreprise dépend entièrement de la mise en œuvre de la « pureté » de la langue. Mais qu'est-ce que cette pureté ? Comment, dit le Père Goulu, un individu peut-il se désintéresser à ce point de la chose publique, et de l'autre s'arroger le droit de représenter la pureté de la langue, bien public par excellence ? Il y a là un véritable *scandale*, et c'est bien le sens de la querelle qui suit la publication des *Lettres* de Guez de Balzac.

Pour la première fois, se met en place une opposition, qui ne cessera de se réactiver au cours du XVIIe siècle, en changeant de configuration, entre une sensibilité qu'on pourrait dire « puriste », entièrement focalisée autour de la langue, et une sensibilité inverse, plus difficile à décrire, qu'on a parfois nommée « antipuriste » en raison de son caractère réactif vis-à-vis des puristes, qui privilégie, pour faire simple, la dimension discursive et poétique des usages littéraires. On sent que, derrière ce débat, se manifeste en permanence la confusion entre l'usage écrit de quelques-uns, dans une appréciation réservée à une minuscule élite, et les usages collectifs, multiples, qu'autorise le système de la langue.

Plusieurs querelles littéraires, dans les décennies 1620-1640, vont s'articuler autour de ces problématiques. Certains choix vont s'avérer décisifs. La volonté du poète Théophile de Viau, déjà, d'« écrire à la moderne[5] », signait, au tout début des années 1620, le désir de sortir des schémas imposés par l'héritage de Ronsard, et de se soucier de ce que Malherbe venait de définir en termes purement linguistiques. Théophile de Viau reverra ses textes pour les rendre plus conformes aux avis de Malherbe. Il est l'un des premiers à inaugurer une collaboration entre écrivains et « grammairiens » (Malherbe ayant été explicitement, à l'époque, qualifié de « grammairien »), collaboration qui fonctionnera pendant plus d'un siècle, par le biais d'une autre confusion, cette fois, entre grammaire et stylistique.

C'est aussi le rapport à l'« antiquité » qui change. Le goût qu'avait mis en avant Pasquier, dans ses *Recherches de la France*, pour l'ancien, l'origine, la légitimité historique, s'estompe devant le désir de se constituer des usages proprement *modernes*, quitte à négliger l'érudition. Tout ce qui est de l'ordre de la « grammaire » devient épidermique, prétexte à réactions affectives. Soit on estime qu'il est « impudent », « sot », « effronté », pour reprendre quelques-uns des termes couramment échangés à l'époque, de s'occuper de pareilles vétilles, dans le seul but de soigner le paraître de la langue, soit on considère qu'au contraire il est du devoir de chacun de s'occuper de la forme du discours, afin de contribuer à créer ce qu'on pourrait appeler une « civilisation de l'usage ».

Il se crée un régime nouveau, dans la culture de la langue : un régime de la polissure, du travail de surface, sans rapport avec l'ancienne problématique de l'invention. C'est cette déconnexion entre le fond et la forme qui fait l'étonnement des commentateurs de l'époque. Ils ne reconnaissent pas l'*énergie* qui traditionnellement constituait le moteur de la gestion de la langue. En 1624, nous sommes encore loin du classicisme. Mais c'est un débat capital qui se joue dans cet univers clos, très limité, où chacun connaît tout le monde, et que n'influencent pas encore les institutions et les pouvoirs des lettres. Il y a dans cet enclos deux physionomies de la langue française qui s'affrontent.

La demoiselle de Gournay, encore

Dans ce contexte, on ne s'étonnera pas que Marie de Gournay vienne jouer sa partie. L'éditrice de Montaigne a compris que, son travail de « passeur » de l'œuvre du maître accompli, elle avait peut-être d'autres rôles à jouer. Après trente pages novatrices intitulées *Egalité des hommes et des femmes*, parues en 1622, et qui font aujourd'hui l'étonnement et l'admiration, en 1626, en pleine querelle des *Lettres*, elle fait paraître sa somme de plus de mille pages, *L'Ombre*, dans laquelle se trouvent les principaux traités qu'elle a consacrés à la langue française. Elle doit désormais se situer, non seulement vis-à-vis de Malherbe, mais aussi vis-à-vis de Guez de Balzac. Malherbe, elle l'a rencontré au moins une fois, chez Madame des Loges, dans son hôtel de la rue de Tournon. C'est à Madame des Loges, d'ailleurs, que sera dédié le grand essai, « La Deffence de la Poësie et du langage des Poëtes », quatre-vingts pages qui font suite à « Du langage françois », et qu'elle inclut dans *L'Ombre*.

Si l'on ajoute les traités qui font suite, sur la traduction et la poésie, Marie de Gournay devient une véritable théoricienne de la langue, au propos ambitieux et synthétique. Mentionnant « l'estroict cousinage des choses que je traicte, Poesie, Langage, Grammaire [6] », elle élabore une véritable théorie du langage, et c'est en cela qu'elle nous intéresse aujourd'hui. A une époque où les questions de langue tendent à focaliser l'attention, elle est encore capable d'une hauteur de vue suffisante pour intégrer à sa vision la dimension dynamique du *langage*, une dimension qui va disparaître progressivement du paysage intellectuel français durant le XVIIe siècle. Marie de Gournay sait que c'est avant tout un rapport au langage, et non à la langue, qui fait la poésie. Qu'est-ce que « parler français » ? Cestuy-là seul le sçait faire, qui peut rendre la langue sienne [7] », dit-elle. Autrement dit, il est vain d'aller chercher dans la poésie une image de « la langue ». « Estimons-nous que quand une teste consequente lit le Tasse et l'Ariose, ce soit pour cognoistre l'usage ordinaire, la propriete, les articles, particules & superstitions de la Langue italienne [8] ? » Il est vain de vouloir « emblématiser » la langue poétique pour en faire un symbole de « la langue » en général. La « vraie poésie », pour Marie de Gournay, est « fureur appolinique [9] ». Elle rappelle qu'Horace déniait le nom de poète à celui qui ne s'exprimait qu'en langage commun. La poésie est une *autre langue*, séparée de l'usage. Ce genre de « poesie grammaticale », comme elle la nomme, qu'on a vu apparaître récemment, ne peut donc avoir aucun rapport avec la vraie poésie.

Ce qui insupporte particulièrement Marie de Gournay, c'est cette prétention, affichée par la nouvelle école, de vouloir isoler, par le biais de la poésie, une « essence » de la langue qui serait sa vérité dans l'usage. « Eh ! qui leur a, je vous supplie, descouvert le visage de ceste Minerve, voilé jusqu'à ceste heure [10] ? » Ce qu'ils veulent surtout, dit-elle, c'est qu'on parle comme eux... Autrement dit un usage tout personnel, « que la France ignore [11] »...

Le plus grave est que les « poètes-grammairiens », s'autoproclamant savants en la langue, estiment qu'on peut faire une synthèse entre la langue de la poésie et la langue de la prose. Elisant, dit Marie de Gournay, « un mauvais prototype de langage [12] », ils ont « espéré de pouvoir attacher l'eloqution du Poeme au ioug de la Prose, & prose triviale... [13] ». La ruine de la poésie est alors garantie. « C'est parler en Poesie à la mode qu'une fillette parle en prose [14]. » Marie de Gournay observe que tout ce qui faisait le sel de la poésie, sa vigueur, sa capacité à transcender le langage ordinaire, les métaphores, les proverbes, les traits comiques, les emprunts, tout ceci devient maintenant suspect. A rebours du « dialecte mol et miellé [15] » qui est en train de se mettre en place, cette passionaria de la poésie voudrait une langue violente, une « enonciation forte et puissante [16] ». « Que d'autres, dit-elle, y cherchent s'ils veulent le lait & le miel, nous y cherchons ce qui s'appelle l'esprit & la vie [17]. » « La vie, diray-je avec raison, puisque toute langue qui manque en son debit de ce rayon celeste, qu'on appelle puissante dexterité, souple, agile, afilée, est morte [18]. »

Pour elle, il en va donc du salut du français, dans ces années de tentation puriste. Du salut de la poésie, surtout, « langage des Muses », qu'elle décrit en termes grandioses et inspirés. « Ce langage consiste encore de tout ce qu'une prudente, vigoureuse & superbe audace, peut édifier sur cet amas, informant & paistrissant à toutes mains cette masse [19]. » Evoquant ce qu'elle appelle le « hors de page d'une Langue [20] », elle y voit comme une sédimentation indéfinie des discours qu'elle a pu former, comme la somme de ce qu'en ont fait les esprits puissants. Cette somme n'est jamais un tout arrêté, identifiable : elle est toujours en mouvement, toujours tendue vers l'avant par le mouvement même de l'esprit humain. C'est pourquoi il n'y a de langue que dans le présent, qu'aucune langue n'est « stable », et que la force du langage est précisément dans cette invétération permanente. « La presente nous desgoute de la precedente [21] », dit Marie de Gournay. Ce qu'elle reproche aux nouveaux grammairiens, c'est bien de chercher à interrompre ce mouvement, à l'immobiliser, pour en faire un objet séparé, ce qui sera l'objectif des « classiques » et de leurs sectateurs jusqu'au XXe siècle.

La poésie contient précisément l'essence du langage en ce que celui-ci est force, mouvement, expression, perpétuel dépassement de lui-même. C'est sur une philosophie profonde du langage que Marie de Gournay fonde sa vision de la langue, philosophie que ses adversaires n'ont absolument pas perçue. Il est vain de vouloir faire en sorte que la langue s'autoreprésente en littérature : c'est sa relation à l'expression qui fonde le langage. Le résultat du travail des grammairiens, c'est que « l'art de faire des vers est devenu maintenant pour la moitié de la France le contraire de poetiser [22] ». La poésie devient un « art de sorciers, où la moindre syllabe & la plus chetive lettre, font et deffont la chose [23]. »

C'est tout le rapport entre littérature et langue qui est alors mis en question, en des termes étonnamment modernes, riches de résonances, alors que la continuatrice de Montaigne passait pour archaïque et ridicule. Les poètes grammairiens pensaient, dit-elle, « former la ryme & la grammaire[24] », alors que ce sont elles qui les forment... La langue crée une aliénation qui peut tuer l'expression littéraire. Car la « Muse » ne procède pas en gardant les yeux fixés sur la grammaire : elle « ramasse beaucoup de substance en peu d'espace[25] ». C'est pourquoi la brièveté, paradoxalement, n'est aucunement le contraire de l'« uberté » ou de la richesse, en matière de poésie. Elle est le « caractère de l'excellence & de la merveille[26] ». En revanche, ce n'est ni l'une ni l'autre que visent cette gestion mesurée et réglée de l'espace que propose la « grammaire ».

On pourrait s'étendre encore longtemps sur la position de Marie de Gournay à l'égard de la langue. Quelle force, quel anti-conformisme résolu dans ses thèses ! Quelle profondeur de vues, qui lui fait dépasser la mesquinerie de certains débats, et fait d'elle la plus belle voix qui se soit opposée aux puristes en ce tournant décisif de la langue française. Evoquant son « obligation religieuse de protéger la Langue Françoise[27] », elle ne développe jamais un point de vue restrictif de ce que l'on peut penser comme « langue ». Aucun repli sur soi, aucun recours à des règles formelles : bien plutôt, l'élan vers le langage, qui transcende les idiomes.

Avec le recul, on s'aperçoit à quel point cette position est fondamentalement moderne, et quel éclairage lucide elle nous apporte sur un moment crucial de la langue française : le moment où l'on va privilégier la *langue* et la grammaire par rapport au *langage*. Sur le moment, malgré tout, Marie de Gournay est perdante. On sait qu'elle a été associée, à distance, aux travaux de la toute nouvelle Académie Française, mais son influence va diminuant. La *Requeste des Dictionnaires* de Ménage, la *Comédie des Académistes* et, bien plus tard, les *Dialogues satiriques et moraux* de Louis Petit, la ridiculisent, et l'enferment dans l'image d'un bas-bleu d'arrière-garde, décalée par rapport aux nouveaux idéaux.

Naissance de l'Académie

Les années 1620-1630 sont fascinantes pour qui s'intéresse au devenir de la langue française, car elles bruissent de ces querelles où tout est mêlé : littérature, poésie, langage... L'affaire des *Lettres* de Balzac a stimulé un débat qui vient se superposer au problème du « libertinage ». Il semble qu'une cristallisation se fasse autour d'un certain type d'attitude qui est autant une attitude vis-à-vis de la société que vis-à-vis de la langue. C'est le statut de l'individu, et son rapport à la collectivité qui est en jeu. En 1625, Théophile de Viau, qui vient de passer un an en prison, est banni du royaume. Un jésuite obtus et vitupérant, le Père Garasse, écrit contre lui une *Doctrine curieuse des beaux-esprits de ce temps*. Bientôt, la polémique enfle, et tout le monde s'y retrouve impliqué. Balzac réagit à Garasse. Mais ses positions ne sont pas claires. De quoi est-il question, exactement ? De liberté ? Du réglage de la langue, de l'invention ? Tout se mêle. Théophile avait une position originale : il voulait à la fois tourner le dos à l'ancienne manière d'écrire de la poésie, et respecter les pouvoirs de *l'invention*. Ce n'était pas la position de Malherbe, puisque celui-ci préconisait avant tout un réglage de l'usage, quitte à rogner sur l'invention. D'ailleurs, Théophile le disait clairement :

> *Malherbe a très bien fait, mais il a fait pour lui [...].*
> *J'approuve que chacun écrive à sa façon,*
> *J'aime sa renommée et non pas sa leçon*[28].

On ne saurait faire manifeste plus clair d'individualisme. Cette ligne séduit une certaine aristocratie. De Ronsard à Montaigne, c'est un fil sceptique et libéral qu'on retrouve, et qui est réactivé, tant au plan politique (sous forme d'une rébellion des « Grands » contre le pouvoir central), qu'au plan des attitudes linguistiques. Balzac, de son côté, qui avait pourtant pris soin de se démarquer de Théophile, trop compromettant, est à son tour attaqué par Garasse, et catalogué dans les rangs des libertins. Sous ce terme, c'est un conglomérat d'attitudes personnelles de liberté vis-à-vis de la société qui est visé, le tout se réalisant de façon privilégiée, et se focalisant dans l'usage de la langue.

Marie de Gournay, représentante officielle de l'héritage de Montaigne, se trouve naturellement impliquée. Sa position face à la langue, assez éloignée de celle de Théophile, qu'elle a souvent rencontré, va se trouver amalgamée à ces attaques contre le « libertinage ». Mais l'opposition aux tentatives « puristes » est loin d'être cohérente. Tout cela forme un bouillon extraordinairement actif, qui occupe la scène à la fin des années 1620. Le sentiment de la langue semble alors se trouver à une sorte de carrefour, où se trouve posée pour la première fois de façon explicite la question de l'autorité privée, des pouvoirs de l'individu à s'inventer sa langue, et du rôle que peut avoir le réglage de l'idiome dans le fonctionnement de la société.

Vers 1629, les historiens constatent que ces discussions fiévreuses tendent à s'organiser. Marie de Gournay continue à jouer un rôle original. Elle a écrit à Guez de Balzac au sujet des *Lettres*. Celui-ci, dans sa réponse, feint d'être d'accord, mais on sent bien qu'il refuse d'adopter une attitude. Fondamentalement, c'est un moderne : l'usage commun ne lui semble plus s'opposer aussi frontalement à l'invention poétique. Les deux groupes, d'ailleurs, si l'on peut parler de groupes – « puristes » et « antipuristes » – ne sont pas étanches[29]. Les positions « bougent » beaucoup, dans ces années décisives. Marie de Gournay, par exemple, est loin d'être insensible à cette agitation nouvelle autour de la langue en tant que langue. La rumeur veut qu'elle prononce à haute voix devant sa demoiselle de compagnie des mots qu'elle veut essayer ; la plupart du temps, néanmoins, c'est surtout pour se préoccuper de défendre des mots menacés. Pour les modernes, sa position apparaît comme rétrograde, conservatrice. Tout ce monde (La Mothe Le Vayer père et fils, Colletet...) se réunit fréquemment ; des cercles se constituent.

Parmi ceux-ci, se signalent les « apres-dinées » de Conrart. On y trouve Antoine Godeau, qui deviendra évêque de Grasse et fut l'éditeur en 1630 des poésies de Malherbe, Jean Chapelain, futur spécialiste de théorie littéraire, Jean Ogier de Gombauld, disciple de Malherbe, Claude Malleville, Jacques de Serizay. On s'y lit des livres, se communiquant les uns aux autres ses commentaires, en s'intéressant surtout à la langue. Bientôt Malleville révèle l'existence du groupe à Nicolas Faret, le théoricien de l'« honnêteté », qui en parle à son tour à Jean Desmarest de Saint-Sorlin, le « nègre » de Richelieu. Ce dernier comprend qu'il y a là un lieu où s'élabore le goût, et fait une proposition : il accorderait à tous sa protection sous réserve qu'ils transforment leur groupe en une institution, en une véritable « académie ».

Les académies consacrées à la langue ne sont pas chose nouvelle, en Europe. Il en existe déjà beaucoup en Italie, qui s'occupent de littératures régionales, et s'efforcent de régler des usages linguistiques. L'« Academia della Crusca » est la plus célèbre d'entre elles. Elle a déjà fait paraître en 1612 un *Vocabolario della Crusca*, qui est en Europe l'un des premiers dictionnaires à faire un inventaire complet d'un lexique national. Le fait qu'il existe un mot latin ou grec pour chaque mot toscan démontrait, dans l'esprit des auteurs, la richesse de ce parler, qui égale ainsi les langues anciennes.

L'histoire des débuts de l'Académie française n'est pas facile à retracer, dans la mesure où nous avons perdu les registres originaux, tenus par Conrart. L'essentiel des informations dont nous disposons proviennent de l'*Histoire de l'Académie Française* que publia en 1653 Pellisson. Ce dernier était un protestant de Béziers, né en 1624, qui faisait partie des cercles puristes. Dans les années 1650, il fréquentera le salon de Madeleine de Scudéry, dont on le dit amoureux, et sera donc aux avant-postes de la sensibilité nouvelle de la langue. Tout ce que dit Pellisson est-il exact ? Il nous rapporte en tout cas l'hésitation qui fut celle des membres du petit groupe devant la proposition de Richelieu. Clairement, le sens politique de la manœuvre ne leur avait pas échappé. Pour autant, Serizay adresse le 22 mars 1634 à Richelieu une lettre dans laquelle il déclare d'un ton patelin qu'il ne semble « ne manquer plus rien à la félicité du Royaume que de tirer du nombre des langues barbares cette langue que nous parlons, et que tous nos voisins parleraient bientôt, si nos conquêtes continuaient comme elles avaient commencé[30] ». Selon lui, il se tient depuis quelques années des « conférences » privées sur la langue française, et il pourrait être intéressant d'en faire un moyen pour venir à bout de la tâche ainsi définie. Déjà affleure la fierté nationale. Notre langue, dit Serizay, est « plus parfaite déjà que pas une des autres vivantes » : il ne manquerait plus que ce dernier travail pour qu'elle égale le latin et le grec.

Richelieu fin politique ? La France sort d'une guerre de trente ans avec l'Espagne. A l'intérieur, il y a une opposition déclarée entre le cardinal et le parti de la reine mère, celui que décrit avec talent Dumas dans *Les Trois Mousquetaires...* Il faut compter également avec un antagonisme larvé entre la Cour et le Parlement de Paris. Cette divergence se traduit en termes de langue et de norme. Alors que la Cour est en faveur d'un usage « moderne », débarrassé de tout particularisme, comme ces « mots du Palais » symboles d'un langage technique et sclérosé, le Parlement est beaucoup plus conservateur. Richelieu comprend le parti qu'il pourrait tirer du nouveau pouvoir que constituerait une assemblée d'hommes éclairés, illustres, jouissant d'un prestige qui n'a cessé de grandir en ce début de XVIIe siècle. La question de l'« autorité privée » en matière de langue, qui avait tellement divisé, serait tranchée : l'Académie consacrerait l'union de ces voix parfois discordantes, les débats seraient encadrés, et tout ce qui tourne autour de la langue acquerrait valeur quasi législative.

Y a-t-il là aussi une manière d'« enrégimenter » les écrivains, de garder un œil sur leurs activités ? On a pu interpréter ainsi le geste du cardinal, après les troubles de la fin du XVIe siècle, et la collusion qu'il y avait eu alors entre activités littéraires et investissement politique. En fixant comme tâche à tous ces écrivains de s'intéresser à la langue, et à la langue seulement, Richelieu leur retirait dans les faits la possibilité (qui n'était plus guère activée, d'ailleurs) d'intervenir dans la vie publique. Les écrivains devenaient des « spécialistes ». Leurs entretiens seraient des entretiens de salon ; ils ne parleraient que de choses futiles et innocentes, comme Guez de Balzac... Dernier avatar de la dégénérescence de l'éloquence, l'intérêt pour l'« élocution » deviendrait une véritable activité publique.

En attendant, les occupations de la future Académie commencent à être envisagées. Richelieu dresse dès 1634 une liste de trente-cinq membres possibles. Elle ne sera pas une assemblée d'érudits. Il y a une crise de l'érudition en France, d'ailleurs, à cette époque. On préfère valoriser la conversation agréable entre gens de bonne compagnie. Les années 1630 sont celles où l'on voit s'élaborer le modèle de l'« honnêteté » qui fera les beaux jours du XVIIe siècle courtisan et aristocratique. Bien sûr, le modèle social de la conversation est mis en avant, mais, afin, comme dit Serizay, de juger de « ce qu'il y a de plus fin et de plus caché dans l'éloquence », on convient de mêler les compétences, tant les connaissances que la pratique. C'est pourquoi la compagnie doit être mêlée. L'idée est que de cette réunion de beaux esprits émerge une manière de compétence générale de la langue qui transcende l'érudition ; une faculté de bien juger (le terme « jugement » revient fréquemment), un bon sens, un « tempérament ». En somme il s'agit de créer les conditions d'une intimité collective avec la langue. On peut voir là une source de l'incompréhension totale entre l'Académie française et la science du langage, qui se reproduira au fil des siècles, et qui est encore éclatante aujourd'hui.

L'activité de tri est également au centre des préoccupations de la jeune compagnie. Il s'agit de « nettoyer la langue des ordures qu'elle avoit contractées, ou dans la bouche du peuple, ou dans la foule du Palais, ou dans les impuretez de la chicane, ou par le mauvais usage des courtisans ignorans[31] » ; en somme, établir les bases d'un usage commun, dépassant les clivages sociolinguistiques. Quelle violence, dans ce geste inaugural, quel mépris pour la variété des parlers ! Le principe de travail, pour autant, n'expose pas les futurs académiciens à être en contact direct avec ces usages déviants qui sont si fort fustigés : il n'est pas question de réformer ni l'usage du Palais, ni celui du peuple ; on en reste aux habitudes de critique et de lecture réciproque qui avaient cours dans le cercle étroit de Conrart. « Un des moyens dont les académiciens se serviraient pour parvenir à la per-

fection serait l'examen et la correction de leurs propres ouvrages[32]. »
« On ne lirait plus dans la Compagnie aucun discours, sans en apporter en même temps l'analyse à part, afin que l'Académie pût juger du corps aussi exactement que des parties[33]. » De là naît l'une des ambiguïtés fondamentales de l'entreprise à ses débuts : certes, le but général est de s'intéresser à la langue dans son entier, mais en réalité, on préfère se consacrer à ce qu'on connaît le mieux, l'usage littéraire. Il faudra de nombreuses années, et le travail annexe, sur le terrain, des commentateurs, pour que l'Académie soit capable d'élargir son cercle d'action. Encore ne prendra-t-elle jamais en compte dans ses entreprises, au XVIIe et au XVIIIe siècle, les lexiques de spécialité ni les usages populaires.

En attendant, on se fixe des objectifs précis – et ambitieux. « Régler les termes et les phrases (on appelait alors « phrases » les tours de mots ou locutions) par un ample Dictionnaire et une Grammaire », avance Chapelain lors de la seconde assemblée, le 20 mars 1634 ; et doter la langue d'une « Rhétorique » et d'une « Poétique », « que l'on composerait pour servir de règle à ceux qui voudraient écrire en vers et en prose[34] ». Vaste programme, dont un quart seulement sera accompli, le premier ; encore ne verra-t-il le jour qu'en 1694, soit soixante ans plus tard, après deux concurrents de poids, les dictionnaires de Richelet et de Furetière...

Les « lettres patentes » que dresse Conrart reprennent ces termes. Toutefois, le Parlement mettra deux ans à les enregistrer, signe d'une hostilité à l'égard de tout ce qui venait de Richelieu. Les premières séances, pour autant, commencent en 1635. Elles donnent lieu à une série de discours (« Sur l'éloquence française », « Sur le dessein de l'Académie », « Sur le différent génie des langues », « Contre l'éloquence », « Pour la défense du théâtre », « Sur le je ne sais quoi »...), qui témoignent du bouillonnement intellectuel qui agite la compagnie et le milieu qu'elles représentent dans ces premières années décisives. Plus d'un de ces discours est passionnant. Ils fixent quelques-uns des cadres de ce qui deviendra le « classicisme » linguistique. Certains concepts (le « génie des langues »), sont testés ; on fait le point sur l'attitude à avoir vis-à-vis des Anciens (prélude à la future « querelle des Anciens et des Modernes »), sur la question de la traduction, sur la place des sciences, sur le « style philosophique »... ; en bref, la plupart des problématiques qui nourriront le sentiment de la langue durant tout le XVIIe siècle sont déjà présentes dans ces discours qui tournent résolument le dos à l'esprit du XVIe siècle.

Mais on remarque un décalage par rapport au projet. Beaucoup de ces discours portent sur des problématiques générales de style, d'esthétique de la langue, et peu abordent la langue dans sa réalité concrète. Bien peu de matière, dans toutes ces prises de parole, pour servir à une grammaire ou à un dictionnaire... C'est une caractéristique des travaux de l'Académie sur la langue, dès la première heure, que de considérer la langue de « trop haut » pour pouvoir produire des résultats utilisables. La lecture de ces discours est fort instructive pour qui s'intéresse aux idéologies linguistiques, mais on voit bien qu'on ne pouvait trouver en eux matière à réaliser les projets annoncés. Visiblement, les académiciens s'intéressaient d'abord au devenir de l'éloquence et de la rhétorique en domaine français. Le sentiment d'infériorité vis-à-vis du latin était encore vif. Il n'y eut pas beaucoup de bonnes volontés, au début, pour s'atteler à la tâche ardue de constituer le « magasin » de termes dont parle Chapelain, cette liste des « phrases reçues » qui devait permettre qu'on écrive sans avoir de doutes... En 1652, Pellisson note qu'entre-temps, les *Remarques sur la langue française* de Vaugelas, parues en 1647, ont déjà bien défriché le terrain, mais que la synthèse reste à faire. Qu'attend l'Académie pour s'y mettre ? « Si celui-ci [l'ouvrage de l'Académie] était publié, écrit-il, non seulement il nous résoudrait une infinité de doutes, mais encore il est vraisemblable qu'il affermirait et fixerait en quelque sorte le corps de la langue, et l'empêcherait, non pas de changer du tout, ce qu'il ne faut jamais espérer des langues vivantes, mais pour le moins de changer si souvent et si promptement qu'elle fait[35]. »

L'affaire du Cid

Les milieux cultivés n'étaient pas à l'aise dans ce vernaculaire qui remplace graduellement le latin dans tous les usages. On s'inquiète de ce processus du *vieillissement*. La France, fière de sa nouvelle paix et de sa prospérité, pourra-t-elle léguer aux générations futures un patrimoine littéraire solide, digne de ce nom ? Rien n'est moins sûr au vu des changements continuels qui affectent l'idiome. En attendant que le matériau et la méthodologie nécessaire au grand dessein soient réunis, il faut bien que la toute nouvelle Académie justifie sa création. Cela va être possible en 1636. A cette date est représentée une tragi-comédie d'un jeune auteur qui connaît un succès extraordinaire : *Le*

Cid. On disait : « beau comme *le Cid* ». L'Académie se saisit de cette vogue, et produit sa première « œuvre » : les *Sentiments de l'Académie sur la tragi-comédie du Cid* (1637), quelques dizaines de pages assez brouillonnes, où sont toutefois jetées quelques idées notables. Ce positionnement critique, qui ne fait que systématiser celui de Malherbe, choque. Le premier à s'en offusquer est l'auteur même, qui a du mal à comprendre cette position de « censeurs » qu'adoptent les nouveaux membres de la Compagnie. Y aurait-il là de l'envie ? Dans une suite de vers intitulée « Excuse à Ariste », Corneille proteste, et affirme avec une arrogance qui sera mal perçue l'indépendance de l'écrivain. Non sans un sens aigu de la provocation, il va à rebours de la tendance qui est en train de se dessiner. Ecœuré, il se taira pendant trois ans, jusqu'à *Horace* (1639).

Dans ces *Sentiments*, l'Académie adopte encore un point de vue littéraire. Elle se prononce sur la « régularité » de la pièce, juge des personnages, de l'intrigue, etc. Mettant sans arrêt en avant Aristote et la raison, elle prétend jeter les bases d'une véritable norme de l'écriture théâtrale. Mais le plus intéressant est le volet linguistique et stylistique de cette étude. La question essentielle qui est posée, outre les problèmes de versification, non encore réglés, à l'époque, de façon aboutie, est celle du registre, et notamment du registre *bas*. La langue est-elle une, ou faut-il la partager en registres ? Doit-on tolérer qu'on les mêle, dans une pièce de théâtre ?

Ce n'est pas un hasard si le premier *Cid* relève d'un genre hybride, la tragi-comédie. Corneille, dans la première partie de sa carrière, s'est plu dans cet « entre-deux » qui mêle comédie et tragédie, « haut langage » et conversation privée, personnages ridicules et tragiques. Il s'est amusé à faire parler ses reines de tragédies comme les suivantes de ses comédies, et il a lui-même caricaturé, sous une forme grotesque, le langage héroïque par lequel il s'est fait une réputation. C'est cette indécision maîtrisée, source décisive d'inspiration, que l'Académie refuse d'admettre. Durant toute sa carrière, Corneille devra composer avec ces vigilants lecteurs qui guetteront, outre les irrégularités de construction et de grammaire, toute glissade vers le « bas ». En 1660, il fera paraître une édition de ses œuvres entièrement corrigée sous cet angle. Même mort, il devra encore affronter le regard des censeurs. En plein milieu du XVIIIe siècle, Voltaire jugera que les commentateurs de l'époque avaient été trop cléments, et repartira à la chasse aux registres hétérogènes. Pour lui, la tragédie doit être absolument unie dans son expression : il pourchasse le « bas » avec une énergie presque supérieure à celle de l'Académie !

De qui viennent les mots, les manières de dire ? De quel *monde* sont-ils ? Peut-on s'y reconnaître ? Peut-on, si l'on parle une langue, adopter chacun de ses éléments ? Ce sont les questions décisives que le premier XVIIe siècle se pose, découvrant cette évidence : l'hétérogénéité foncière de la langue. La littérature sert de laboratoire à ces problématiques, mais celles-ci concernent la société tout entière. Le burlesque et la préciosité sont deux manifestations emblématiques de cette interrogation nouvelle sur les *mots*. D'un côté, une mode littéraire joue explicitement sur ces frontières dangereuses, qui sont à l'époque comme les barrières d'octroi de la langue ; de l'autre, des groupes, des communautés s'inventent un langage, cherchent délibérément à s'aliéner pour mieux jouir du plaisir de la subjectivité. Qui suivre, alors, au milieu de ces usages ? Comment *être*, dans la langue ?

Le burlesque : au plaisir des mots

Littérairement parlant, les premières décennies du XVIIe siècle en France se caractérisent par la vogue de genres qu'on pourrait appeler d'« évasion ». En 1607, un noble stéphanois de trente-huit ans, Honoré D'Urfé, a fait paraître un roman, *L'Astrée*, qui va connaître un immense succès, et, agrémenté de suites, lancer une véritable mode. Le public va raffoler de ces aventures pastorales, qui mettent en scène des bergers et des bergères, loin du monde, loin du temps, et dont la vie s'écoule sans conflit. On comprend ce succès : après les années difficiles dont elle sort, la France a besoin de se divertir, de s'abstraire de tout ce qui pourrait évoquer trop durement une réalité tangible. Finis les guerres, la polémique religieuse, l'investissement politique : la littérature devient idéaliste, éthérée, coupée de la vie réelle. On pratique la poésie néo-latine (comme Nicolas Bourbon), jeu formel qui sera de moins en moins cultivé à partir de la seconde moitié du XVIIe siècle. On recherche un modèle courtois d'expression littéraire. La « galanterie » et la « politesse » font leur apparition comme principes guidant l'expression : elles connaîtront de nombreux avatars durant tout le siècle, au point de constituer de véritables lignes directrices dans l'évolution de la langue. Le théâtre adopte un langage recherché ; les pièces qu'on présente alors au public sont souvent assez artificielles, sinon alambiquées. La principale originalité de Pierre Corneille avec ses premières comédies

(*Mélite*, en 1629), sera précisément de s'appuyer sur un modèle plus réaliste, la « conversation des honnêtes gens ». L'un dans l'autre, la littérature ne reflète le réel que de manière filtrée ; un certain esthétisme permet de se prémunir contre ses aspects les plus repoussants.

A partir de 1630, un phénomène va brusquement tout remettre en cause, en prenant le contre-pied de toute cette sensibilité tant soit peu désincarnée : le « burlesque ». Celui-ci connaîtra une grande vogue avant d'être condamné par la génération classique, qui n'y a vu qu'outrance grossière, expression d'un attrait douteux pour le bas et le vulgaire. En marge de la lente construction de la sensibilité classique, il constitue un univers à rebours, fascinant dans ses prises de position sur la langue et le monde. Nul réalisme, dans le burlesque, nulle volonté descriptive : bien plutôt, une manière de faire « exploser » la réalité par le langage, de souligner en permanence l'interpénétration de la réalité et du regard qu'on a sur elle. Pour réaliser ce travail, le langage est un puissant instrument : il permet de faire éclater les contradictions entre les représentations, de mélanger les points de vue, de se recréer un monde « surréel ».

Le mot *burlesque* lui-même vient de l'italien *burla*, qui signifie « farce », mais aussi « tromperie ». C'est un calque inspiré de l'expression italienne *alla burlesca*, qui s'appliquait à la fin du XVIe siècle à la manière d'écrire de certains écrivains italiens – plaisante, comique, triviale, chargée de jeux de mots et d'équivoques. Dans sa définition la plus stricte, le burlesque se caractérise par une volonté affichée de dégrader les sujets nobles et élevés pour les faire, pour ainsi dire, rouler dans le ruisseau. Les écrivains burlesques décrivent volontiers les héros de l'Antiquité comme s'ils étaient des harangères, des portefaix. Le jeu de mots permet de réaliser des courts-circuits entre ces univers que tout, normalement, sépare. « Cependant la reine Didon / Perdait sa face de dondon », écrit Scarron dans son *Virgile travesti* de 1648 (IV, v. 1-2)...

Les grammairiens souhaitaient les proscrire ? – les écrivains burlesques vont *recommander* l'emploi des termes triviaux, « bas », populaires, familiers, l'usage des archaïsmes, des provincialismes, des formes patoises et dialectales, des néologismes... D'un point de vue linguistique, leur œuvre est essentielle, car, par delà l'élaboration littéraire et la dynamique d'écriture, elle nous permet d'avoir accès à des strates de la langue oblitérées par les commentateurs officiels. Le burlesque commença avec la poésie, comme si, au départ, il se voulait d'abord une manière de « dégonfler » les prétentions de la langue littéraire à anoblir le monde, à le présenter sous des couleurs flatteuses. C'est alors le contraste entre le maintien d'un cadre formel majestueux – le vers – et le langage utilisé qui crée le burlesque. Le dispositif se moque des prétentions oratoires de la langue, de ses procédés d'amplification, de son apparat ; il est un moyen de révéler à quel point la langue peut *mentir*. Le *burlador*, de l'équivalent espagnol *burla*, titre du Dom Juan d'origine (le « *burlador* de Séville »), n'est-il pas d'ailleurs le menteur par excellence ? Le burlesque est d'abord une manière de ridiculiser les modes du paraître, et les vers de Théophile de Viau, de Tristan l'Hermite, de Scarron, de Dassoucy, ne visent rien d'autre que de montrer que la poésie n'est pas un vêtement de noblesse qu'on se jette automatiquement sur les épaules, une draperie qui va nous permettre de jouer un rôle valorisant...

A partir de là, le burlesque va quitter la scène poétique pour gagner le roman, genre frivole au début du XVIIe siècle, principalement destiné aux femmes et aux jeunes gens, qu'il abreuve d'histoires à l'eau de rose puisées dans une Antiquité et un Moyen Age plus ou moins fantaisistes.

Charles Sorel (vers 1600-1674), est un écrivain qui s'est nourri de la liberté que procurait un genre sous-estimé, non régi par des règles ou par une « poétique ». Dans les douze livres qui composent son *Histoire comique de Francion* (première version 1623, puis 1633), il fait défiler une étonnante galerie de personnages s'exprimant dans des parlures très diverses. S'inspirant des modèles picaresques espagnols, il fait vivre à ses héros toutes sortes d'aventures « réalistes », les exposant à tous les mondes, et faisant par là de son roman – il le dit lui-même – une représentation de « la langue française tout entière [36] ». « N'est-il pas vrai, dit Sorel, que c'est une très agréable et très utile chose que le style comique et satirique ? [...] Que si l'on est curieux du langage, comme en effet on le doit être, où le peut-on considérer mieux qu'ici [37] ? » Sorel professe alors de n'avoir oublié ni les « mots dont use le vulgaire [38] », ni les « termes affables [39] », « termes praticiens [40] », « termes de collège [41] », « paroles poétiques [42] », ou « mots sales [43] »... Il s'est agi pour lui, dit-il, de « varier son style selon ses desseins [44] ». On trouvera donc dans son livre : des pédants de collège, un barbier, des hommes de justice (bailli, procureur, greffier, solliciteur...), tous caractérisés par leur parole, des pastiches de romans d'amour au langage plein de « galimatias » ou « phébus », des paysans... Sorel est un véritable amoureux du langage, un curieux au sens propre du terme, qui se passionne pour tout ce qu'il entend. Plus tard, dans son *Roman bourgeois*, Furetière caricaturera Charles Sorel sous les traits de Charoselle (anagramme de son prénom et de son nom), et évoque un « recueil » où celui-ci, dit-il, « mettait par écrit tous les beaux traits et toutes les choses remarquables qu'il avait ouies pendant le jour dans les compagnies où il s'était rencontré ».

Sorel revendique la prééminence du style « naïf » – il faut entendre par là le style naturel qui imite la conversation. Pour lui, les « bons livres comiques sont des tableaux naturels de la vie humaine[45] ». Il s'agit donc d'écrire « simplement, comme l'on parle, sans user d'aucune affèterie[46] ». D'ailleurs le personnage de Francion, au milieu de ces excès de caractérisation, a pour lui la *franchise*, comme son nom l'indique, une simplicité ennemie de tous les travestissements. Cette simplicité est-elle un « bon usage » qui ne dit pas son nom ? Une manière de revendiquer une sorte de « voie moyenne », à l'écart des compétences autorevendiquées des pédants et des jargonneurs, comme des marquages trop voyants des provinces ? La position de Sorel est difficile à cerner. Certes, il prend plaisir à rapporter les usages de certaines catégories sociales et professionnelles, mais ce n'est pas sans postuler qu'il existe une certaine soumission à un usage moyen (le « bon ») qui fait partie de la vie en société.

Toujours est-il qu'au fil du texte, Sorel nous livre quelques échantillons bien stylisés de parlers auxquels nous ne pouvons plus avoir accès. Témoin cette « noce paysanne » qui est l'occasion de quelques scènes de virtuosité linguistique. « Comment vous en va, Robaine ? Vous faites là la sainte sucrée, je cuide que vous êtes malade », déclare un « jeune badaud » à une « servante du logis du seigneur[47] ». « C'est votre grâce, dit la servante. – Eh bien, vous voilà une fille à marier ! reprit le villageois ; ne serez-vous pas prise bientôt comme les autres ? La gelée est forte cette année-ci, Dame, tout se prend ! – Agardez que c'est que cettui-ci nous veut jargonner, repartit la servante. Oui, ils sont pris s'ils ne s'envolent ! Il a plus de caquet que la poule à ma tante ; il n'aura pas ma toile[48]. » La suite du discours du jeune villageois apparaît comme un florilège d'expressions, un véritable couper-coller d'idiomatismes : « C'est à cause de vous que j'ai mis une aiguillette de var de mar à mon chappiau, poursuivit le villageois, car ma couraine m'a dit que c'est une couleur que vous raimez tant que vous en avez usé trois cotillons. Ce darnier jour, en allant aux vaignes, je me détourny, par le sangoy, de plus de cent pas pour vous voir, mais je ne vous avisy point ; et si toute la nuit je n'ai fait que songer de vous, tant je suis votre serviteur. Par le verti gué, j'ai voulu gager plus de cent fois contre mon biau frère Michault Croupière qu'à une journée de la grande haridelle de sa charrue, il n'y a pas une fille qui soit de plus belle regardure que vous, qui êtes la parle du pays en humidité et en doux maintien. »

On remarque les archaïsmes (*cuider* pour « penser », *agarder* pour « regarder »), les déformations phonétiques patoisantes (*eau* transformé en *iau* dans *biau*, *chappiau*, le *er* ouvert en *ar* dans *var de mar* pour « ver de mer », *darnier* pour « dernier », *parle* pour « perle », *vaignes* pour « vignes », etc.), les conjugaisons altérées (passé simple en *-y* au lieu de *-ai* dans *détourny*, *avisy*), etc. Certains mots sont carrément confondus (*humidité* pour *humilité*). Le juron (*par la verti gué*, « par la vertu de Dieu »), comme le proverbe, est vu comme un élément essentiel du parler paysan.

Les paysans représentent encore, au début du XVIIe siècle, la quintessence d'un « mauvais usage » auquel on associe volontiers les étrangers, la province en général, et le peuple de Paris. C'est d'ailleurs dans une même et unique catégorie que Vaugelas rassemblera tous ces groupes, dans sa volonté de les opposer à la « Cour ». Assez curieusement, bien que le personnage de Francion soit censé être d'origine bretonne, on ne trouve pas beaucoup d'exemples de langues régionales, dans l'œuvre de Sorel. Sans doute faut-il croire que le vrai breton, le vrai gascon, les vrais dialectes, étaient trop éloignés de la compétence de son lectorat pour que celui-ci les trouve intéressants ou comiques. Sorel s'est concentré sur les déformations du français, ce qui montre une forme de focalisation autour d'un idiome central. Certes il y a quelques étrangers, dans le *Francion*, un gentilhomme anglais qui dit : « Moi suis gentilhomme, moi vient des antiques rois de Cosse, li grand aïeul de la personne de moi li boutit son vie putincq cent fois pour li service de son prince[49] », et des suisses, qui disent : « Madame ny peut dormir et ly va faire son petit musique[50] », mais ce qui intéresse fondamentalement Sorel, c'est la variation sociolinguistique du français en France.

La « lie du peuple » parisien, comme l'appelle Vaugelas, occupe le devant de la scène : maquerelles, voleurs, servants, commissaires, petits métiers comme le vielleux... La servante Agathe, par exemple, se caractérise par un parler vigoureux, qui fait souvent mouche dans ses confrontations avec d'autres personnages. « Il n'importe comment je parle..., je m'entends bien[51] », est sa réponse à toute contestation... Les mots dits « sales » abondent dans sa bouche (*puer*, *châtrer*...), et sa verve fait la joie de tous ses complaisants auditeurs. Sa philosophie du langage est d'ailleurs assez explicite : parler sert à se libérer de toutes les offenses qu'on a subies : « C'était alors que nous nous entredisions nos infortunes, dit-elle évoquant ses collègues, et que nous savons bien dire autant de choses de ces madames qu'elles en avaient dit de nous ; c'est un souverain plaisir que de médire lorsqu'on est offensé ; aussi ne nous y épargnions-nous pas[52]. » Agathe a en commun avec Francion une remarquable aisance à parler, mais aussi à laisser parler autrui, ce qui occasionne une mise en scène romanesque de toutes sortes de discours.

Le monde des « arts », autrement dit des métiers, est également très présent dans le *Francion*. Un barbier, par exemple, vient « discourir en termes de son art ». Il est représenté comme tout étonné de n'être pas compris, pensant être au suprême degré de l'éloquence en proférant des « termes barbares et inconnus »... La condamnation de Sorel est ici sans appel : le barbier, visiblement, ignore que « le langage n'est que pour faire entendre ses conceptions et que celui qui n'a pas l'artifice de les expliquer [ces termes] à toutes sortes de personnes est taché d'une ignorance presque brutale[53] ». On voit ici se dessiner un idéal de l'« honnête homme » qui ne cessera de s'affirmer dans le courant du siècle : idéal qui consiste à savoir parler à peu près à n'importe qui, et se faire entendre quelles que soient les circonstances. « On ne parle que pour être entendu », dira Vaugelas dans la Préface de ses *Remarques*.

Une autre catégorie à laquelle Sorel s'est attaqué, reprenant Rabelais et d'autres, ce sont les gens de justice, « la basoche », comme on les appelait alors, ou « les chicanoux[54] ». Utilisant force termes techniques – *exploit*, *appel*, *plaid*, *expédition*, *contredits*, etc. –, les gens de justice ne parviennent pas à se faire comprendre. Il faut dire que le langage juridique est à l'époque (c'est encore le cas aujourd'hui) fortement marqué par des archaïsmes : *iceluy* démonstratif, *ores que* pour « à présent », *pour & à icelle fin*... L'éloquence des avocats est assimilée à un fatras d'emprunts au grec et au latin, qui utilise les autorités du droit « par les pieds et par la tête », et accumule les procédures « fagotées ensemble[55] » de manière à dissimuler les vrais enjeux, enjeux d'argent la plupart du temps.

Quant au discours du pédant de collège Hortensius, qui a latinisé son nom à la mode du XVIe siècle, c'est lui aussi un pot-pourri de lieux communs farci de « tripes de latin, entrelardé de proverbes grecs[56] », « entremêlé de sentences, de proverbes, d'exemples et d'autorités, avec une confusion plus que barbare[57] ». Les calques lexicaux abondent (*deprehender*, *orbe*, *innumerable*...), de même que les calques sémantiques, où le sens étymologique latin est réactivé dans le français (*idole*, *magnifier*, *monstrueux*, *merveille*, *perfection*, *miracle*, *caduque*...). Hortensius pratique également beaucoup les figures de rhétorique acrobatiques (*je gagne en perdant et je perds en gagnant*), les structurations pesantes du propos (*non seulement, mais encore...*). Mais Sorel s'est amusé à placer également dans sa bouche des écarts de langage, avec de brusques descentes de registre (*mettes votre nez dedans*), qui font tache... Le tout forme ce que Sorel appelle une « capilotade à la pédantesque[58]. »

Outre ces personnages qui se signalent tous par des « jargons », Sorel s'est aussi intéressé à quelques « beaux et bien-disants », comme cette Luce qui affecte le langage de la Cour. Elle parle « un peu haut[59] », dit Francion, c'est-à-dire que son intonation trahit une volonté de se différencier, de « s'élever ». Molière stigmatisera ces « tons de fausset[60] » qui signalent la haute société. Le langage courtisan se caractérise également par des altérations phonétiques qui nous paraissent assez proches de celles du langage paysan : *léale* pour « loyale », *réale* pour « royale[61] », ou encore *allarent* et *parlarent* pour « allèrent » et « parlèrent[62] »... Y a-t-il là un modèle pour le bon usage ? Ce n'est pas sûr. L'époque est aux différences dans le parler, et ce sont elles que Sorel relève, esprit souple, comme l'ont dit ses contemporains, et qui aime bien que, dans son récit, « les discours interposez soient accomodez aux personnages qui parlent[63] ». Une interrogation générale court dans le roman sur cette absence d'entente globale de la société autour des formes de langage. « Ne faisons-nous pas l'amour tout de même que les paysans ? Pourquoi aurions-nous d'autres termes qu'eux[64] ? », s'étonne un personnage. Francion n'est pas de cet avis. Il veut quant à lui libérer la bouche d'Agathe, ce lieu d'« extrême infection », de ses « ordures » et « excréments ». « Je désirerais que les hommes comme nous parlassent d'une autre façon, pour se rendre différents du vulgaire, et qu'ils inventassent quelques noms mignards pour donner aux choses dont ils se plaisent si souvent à discourir[65] », dit-il.

Dans sa position assez étonnante (car Francion est tout sauf un noble prétentieux), on peut lire tout d'abord la revendication d'une recherche d'identité, dans la confusion dont le roman est censé se faire le tableau. Par ailleurs, il est clair que la volonté de « s'inventer » une langue est aussi une forme d'affirmation de la liberté humaine. Ce souci d'élaboration s'oppose au subi : il est une attitude dans la vie et dans la société. Nous sommes loin, encore, des théories du « bon usage » et de la « politesse », mais la lucidité de Francion quant à la fabrique sociale témoigne d'une prise de conscience de tout ce que le langage peut véhiculer en termes d'identification – ce que Pierre Bourdieu a appelé de nos jours la « distinction ».

Par-delà les aventures picaresques auxquelles il expose ses personnages, l'œuvre de Sorel est donc aussi une réflexion sur le langage et les mœurs. Elle peut presque être vue comme une allégorie – le nom du personnage, ainsi que certaines déclarations de Sorel, le laisse quasiment entendre – de *la langue française* dans son ensemble. L'affrontement des parlers et des étiquettes, l'aisance et le mal-être verbal, l'incommunicabilité, le souci de se différencier, la volonté d'imposer à l'autre un usage, l'insécurité linguistique, la diglossie – tout y est représenté d'une manière extraordinairement vivante et encore parlante pour nos sociétés si comparablement, quoique différemment, « multiculturelles ».

De fait, le burlesque est un phénomène marquant du XVIIe siècle, longtemps sous-estimé, voire oblitéré. Il est la traduction d'une montée des valeurs accordées au langage dans la vie sociale, valeurs qui vont fonder les problématiques de l'identité et du paraître. Es-tu ce que tu parles ? La trajectoire de Francion à travers toutes les couches de la société est une interrogation sur ce malaise aux origines de la société. Entre 1630 et 1650, le burlesque va explorer de manière riche et profonde l'articulation entre les pratiques du langage et les problématiques sociales. Dénonçant les artifices sur lesquels reposaient les romans pastoraux et reprenant le fil d'une tradition qui remonte à Rabelais, en passant par Marguerite de Navarre et les Espagnols, les écrivains burlesques vont placer dans le roman, parfois retourné jusqu'à l'« anti-roman » (sous-titre du *Berger extravagant* de Sorel, 1633), le lieu d'un discours sur le rapport au monde qui est présent dans tout langage.

Cyrano de Bergerac et ses extraterrestres

Un autre personnage, dont Edmond Rostand nous a laissé une version très faussée, mérite ici d'être évoqué : il s'agit de Cyrano de Bergerac (1619-1657). Ce dernier s'est d'abord essayé au théâtre. Dans le *Pédant joué* (vers 1650), il s'est amusé à faire « exploser » l'un de ses personnages, Granger, au moyen du langage : ce qu'il dit sort carrément de la vraisemblance, et verse dans l'absurde, rejoignant la tradition médiévale de la « fatrasie ». Cette fascination pour l'absurde est notable, dans ces années d'enrégimentement de la langue : on la trouve également chez Corneille (*Le Menteur*, *L'Illusion comique*), lequel n'ira toutefois pas aussi loin dans la déconstruction des formes langagières. Que le langage puisse mentir et ne pas révéler l'être est une découverte troublante, pour un XVIIe siècle qui cherche à se construire une vision du monde fixe et relativement fiable.

Dans le sillage de l'œuvre fondatrice de Sorel, c'est tout un groupe remuant, composé de Cyrano, de Scarron, de Pelletier, de La Mothe le Vayer, de Tristan l'Hermite, de Rotrou, de Le Bret..., qui s'attellera à cette entreprise subversive : révéler les mensonges du langage. Dans ses romans « futuristes », les *Etats et empires de la Lune et du Soleil* (publiés à titre posthume en 1657 et 1662), Cyrano expose son héros à des rencontres encore plus exotiques que celles de Francion, puisqu'il s'agit de frayer avec des extraterrestres. Mais les habitants de la lune ont beau habiter fort loin : on retrouve chez eux une variation sociale très forte. « Vous saurez que deux idiomes sont usités en ce pays : l'un sert aux Grands, l'autre est particulier pour le peuple[66] », explique le narrateur. Quelle n'est pas notre surprise quand nous apprenons quels sont ces langages. « Celui des Grands n'est autre chose qu'une différence de tons non articulés, à peu près semblable à notre musique, quand on n'a pas ajouté les paroles », dit le narrateur. Autrement dit, les Grands « chantent ». Leurs disputes de théologie, ou leurs procès, se transforment en des concerts « les plus harmonieux dont on puisse chatouiller l'oreille »... Rassurons-nous : pour la lisibilité du roman, ce langage est limité aux noms propres (que Cyrano ira néanmoins jusqu'à intégrer au texte sous la forme de petites partitions !), les dialogues du héros avec les habitants de la Lune et du Soleil étant restitués dans un idiome plus familier, le français. Quant au second langage, « celui qui est en usage chez le peuple », il s'exécute, rapporte le narrateur, « par les trémoussements des membres ». « L'agitation, par exemple, d'un doigt, d'une main, d'une oreille, d'une lèvre, d'un bras, d'une joue, feront chacun en particulier une oraison ou une période avec tous ses membres. » Au carrefour entre une anthropologie à la Montaigne et une interrogation sur les processus de la communication, le dispositif de Cyrano rejoint des préoccupations sociales très concrètes de son époque. Notre explorateur se retrouve dans une société où il doit maîtriser deux codes, l'un musical, l'autre gestuel et corporel, tous deux complémentaires des langues naturelles. Les différences sociales ne sont pas seulement de détails : elles donnent lieu à deux systèmes de signes différents.

Ce questionnement profond sur une bipartition possible de l'idiome fonde la dynamique esthétique de Cyrano. On comprend dès lors que les écrivains du burlesque aient développé un goût particulier pour le lexique. Comment, notamment, intégrer le « bas » ? C'est sous la plume des écrivains, tel Paul Scarron (1610-1660), par exemple dans son *Recueil de vers burlesques* de 1643, le *Virgile travesti* de 1648, et son *Roman comique* de 1653, que s'unifie un registre familier qui constituera une assise solide du français pour les siècles à venir. Il faut dire que les bienséances, depuis Malherbe, n'avaient cessé de gagner du terrain, au point de jeter le doute – ou l'opprobre – sur tout un pan du lexique français. On lit des ambiguïtés « déshonnêtes » partout. Malherbe avait souligné dans le texte de Desportes, comme étant à éviter, le passé simple du verbe *voir*, *vit*... On avait scrupule, dans les couvents, de faire réciter aux enfants l'alphabet, redoutant l'approche des lettres *p* et *q*. La phonologie du français est passée au crible pour faire la guerre aux « syllabes sales ». De son côté, la poésie s'emploie à rendre usuels des dénominations métaphoriques ou métonymiques en lieu en place des termes propres. On n'ose plus y employer le mot *cloche*, préférant le plus noble *airain* ; on écrit *coursier* plutôt que *cheval*, *nef* plutôt que *bateau*, *percer le sein* plutôt que *tuer*...

La montée d'une sociabilité aristocratique exclut également qu'on recourre aux termes « bourgeois », les termes de *mari* et de *femme*, par exemple, auxquels on préfère *époux* et *épouse*... A l'inverse, les écrivains burlesques ont d'abord comme souci de restaurer la visibilité des mots propres : *chien*, *porc*, *cheval*... Ils préfèrent *nez* à *narines*. De cette bipartition dans le sentiment de la langue, il reste quelques traces dans le français d'aujourd'hui. Les écrivains burlesques popularisent également des termes encore cantonnés dans des usages marginaux, et qui du coup, vont voir leur popularité grandir considérablement, jusqu'à se perpétuer en français contemporain, comme *lorgner*, *clocher*, *rembarrer*, *hurluberlu*, *trogne*...

Au total, leur travail aura eu pour effet de consolider, à partir de pièces et de morceaux (archaïsmes, néologismes, provincialismes...), une espèce de *socle* opposable à la langue élevée. Faut-il voir dans leurs œuvres une image « fidèle » d'usages oraux du XVIIe siècle ? Sans doute y a-t-il dans leur travail une part importante de stylisation, qui fausse la perspective. La plupart du temps, ils sont essentiellement préoccupés de lexique. Les *Historiettes* de Tallemant des Réaux (1657) sont par exemple connues pour abonder en *mots*, et même en bons mots savoureux, mais leur syntaxe, dans l'ensemble, est remarquablement standardisée. Le burlesque est un mouvement qui a clairement conféré aux mots un marquage particulier par rapport à la manière générale de mettre en discours la langue.

S'inventer un langage : la préciosité

C'est également le problème des mots qui est au centre de l'autre grand mouvement mi-littéraire, mi-linguistique de ce milieu du siècle à être capable d'exercer une influence majeure sur le devenir de la langue, à savoir la préciosité. Du mouvement précieux, on garde surtout aujourd'hui une image caricaturale due à Molière, dont *Les Précieuses ridicules*, l'une de ses premières pièces, ne semblait pas avoir d'autre but que de le tourner en dérision. On en conserve un autre témoignage satirique : c'est celui de Somaize, qui rencontra un grand succès en 1660 en publiant un *Grand Dictionnaire des Pretieuses* destiné à décoder ce langage à part qui avait si fort intrigué et amusé les contemporains. Des précieuses, donc, on s'est beaucoup moqué. Mais qu'en est-il de la réalité ? Nous en conservons peu de traces directes. Une chose est sûre : il a existé entre 1654 et 1660 un groupe cohérent de femmes aristocratiques qui se distinguaient par leurs manières, et surtout par leur langage[67]. Maintenant, ce micro-mouvement rejoint-il une tendance plus large, intégrant le burlesque ?

Bien sûr, on peut se contenter de rire, avec Molière et Somaize, des étonnantes inventions langagières des précieuses, et en évacuer les enjeux profonds. En réalité, comme le burlesque, le mouvement précieux, qui a trouvé sa source dans la littérature avant de devenir un enjeu de société, pose des questions essentielles concernant les liens entre usages linguistiques et société. Il jette une lumière inédite sur les phénomènes d'aliénation dans le langage, et sur les processus d'identification qui s'y jouent. Il a également sa signification politique : on a pu y voir l'un des premiers manifestes de féminisme dans l'histoire, et il est aussi une sorte de fronde ludique et fantaisiste contre les tentatives effectuées par le pouvoir pour mieux contrôler la vie des nobles parisiens. Bien des aspects peuvent en être relus de nos jours avec un regard moderne.

Au tout début du siècle, on s'en souvient, la Cour est un monde aux usages grossiers. C'est pour lutter contre cette grossièreté que Catherine de Vivonne de Rambouillet (1588-1665) ouvrit un salon en 1615. Sa fille, Julie d'Angennes (1607-1671), a vu son nom passer à la postérité par la « guirlande » qu'elle se vit offrir en 1641, couronne de soixante-deux madrigaux qui sont comme un manifeste de poésie baroque. A celle-ci Voiture écrivait le 25 novembre 1638 : « je reconnois que vous estes le plus precieuse chose du monde, & je trouve par experience que toutes les delices de la terre sont ameres et desagreables sans vous[68] ». On trouve déjà dans la phrase de Voiture tous les éléments hyperboliques qui feront la base de la préciosité... Mais c'est au nom de Madeleine de Scudéry (1608-1701), qui fut une assidue du salon de Madame de Rambouillet avant de créer le sien et de s'illustrer comme romancière, que le mouvement de la préciosité reste le plus associé. C'est alors le pic de l'esthétique « galante », esthétique de vie qui privilégie la pratique mondaine de la conversation, au point d'en faire un genre littéraire[69]. La vie réelle et le roman se mêlent. La recherche de l'évasion, qui fondait certaines attitudes littéraires du début du siècle, vient croiser les interrogations contemporaines sur la « politesse » du langage.

Le phénomène décisif qu'on avait vu apparaître avec les *Lettres* de Balzac, à savoir la subjectivation de l'usage, le goût pour la singularisation, va s'étendre. Dans les années 1620-30, chacun, qu'il soit écrivain ou non, prétend « faire des mots », introduire des façons de parler nouvelles, lancer des modes. L'Hôtel de Rambouillet fut le premier de ces micro-cercles de snobisme, desquels tout écrivain recherchait d'abord l'approbation, bientôt rejoint par les salons de Mademoiselle de Montpensier, de Madame de Lafayette, de Madame de Scudéry... Les participants à ces cercles avaient souvent des surnoms empruntés aux œuvres romanesques des uns et des autres, des usages spécifiques, des codes vestimentaires, des manières, des comportements. Mais c'est le langage qui est au centre des préoccupations. Chacun entend réinjecter dans la langue une expressivité nouvelle, donner, comme le dira Mallarmé, un « sens plus pur aux mots de la tribu ». On pèse et soupèse chaque mot, y recherchant une voix secrète et toute personnelle, inaccessible aux autres. Tallemant des Réaux prétend que Julie d'Angennes « s'évanouissait quand elle entendait un méchant mot[70] ». N'oublions pas que c'est pour mettre un terme à ces particularismes dans le rapport à la langue que l'Académie avait été créée.

Déjà, en 1625, Jean-Pierre Camus en appelait à des « Etats généraux pour régler le langage[71] ». La théorie de l'« honnêteté », mise en avant par Nicolas Faret dans son ouvrage *L'Honnête Homme* (1638), a précisément pour but de limiter l'appel permanent au sentiment individuel. C'est une invitation à un minimum de conformisme social qui est lancée, de manière à ce que la société ne se dissolve pas complètement dans le goût de la spécificité, de l'idiosyncrasie... En attendant, des noms sont donnés à ces langages quasi « privés » que les individus, dans des postures plus ou moins littéraires, s'inventent.

Le *galimathias* (ou *galimatias*, ou *galimatiau* : les graphies sont nombreuses...) est le plus connu de ces noms. De sonorité bizarre, d'étymologie contestée, Furetière le définit comme un « discours obscur et embrouillé où on ne comprend rien ». Pour la génération de 1630, le « galimatias », c'était d'abord le langage contourné des écrivains sentimentaux Nervèze et des Escuteaux, qu'on trouve désormais ridicules, « plein de métaphores et d'antithèses barbares, de figures si extraordinaires qu'on ne peut leur donner de nom [72] », écrit Sorel.

Bientôt, il rejoint le « jargon », le « parler margajat [73] », du nom d'une peuplade brésilienne, le « phébus ». « On dit proverbialement qu'un homme parle phoebus, dit Furetière, lors qu'en affectant de parler en termes magnifiques, il tombe dans le galimatias et l'obscurité. » Tous ces termes, autrement dit, décrivent un processus sémantique inverse de celui sur lequel s'appuie le burlesque. Il s'agit, non pas de dégrader, par des termes vulgaires, une réalité noble et élevée, mais d'enjoliver, de magnifier du banal ou du trivial. La préciosité et le burlesque, à ce titre, présentent plus d'un point commun. Tous deux sont des manières de « décaler » le langage, de le sortir de son fonctionnement *dénotatif* (ce terme est employé pour désigner le renvoi univoque d'un mot à une chose ou une idée), pour travailler un *écart*, un jeu. D'ailleurs, c'est l'un des procédés du burlesque que de parodier le galimatias. « Dans toutes ces académies d'amour elle était la lampe qui donnait la lumière aux femmes de son état [74] », dit le narrateur du *Francion* d'un certain lieu et d'une certaine personne. Burlesque et préciosité partagent un élément ludique, dans la gestion du langage, rendant mince la différence entre préciosité assumée comme telle et préciosité autoparodiée. La Fontaine est l'un de ceux qui jouera le plus sur l'indécidabilité de ces frontières. Ses *Fables*, qui mettent en scène des animaux, selon une fiction qu'a beaucoup utilisée le burlesque, sont souvent l'occasion d'un déploiement de langage rhétorique et châtié, incompatible à première vue avec cet univers. On trouve fréquemment chez lui des reprises textuelles d'expressions avérées du monde précieux, comme « conseillers muets dont se servent nos dames », par exemple, pour désigner des miroirs (*Fables*, I, XI).

Préciosité et burlesque partent des conséquences extrêmes du maniérisme individuel que constituent le galimatias et le phébus. Le « galimatias », bien souvent, est repérable au fait qu'on pourrait fort bien comprendre ce qu'il veut dire, si c'était dit plus simplement. Il signale une fascination pour l'incompréhensible dans le langage. Déformer le fonctionnement ordinaire du langage, le subvertir, faire dire aux mots autre chose que ce qu'ils veulent dire : voilà bien un désir secret inscrit chez tout locuteur ! La préciosité développera à fond ce caractère expérimental qu'on trouve à l'état naturel chez l'enfant. Elle se nourrira de littérature, dans un aller-retour constant entre écrit et oral. Et elle donnera à ces jeux formels ludiques une signification sociale.

On ne peut en effet parler du courant précieux sans évoquer la place particulière qu'y occupèrent les femmes[75]. A ce titre, elle représente un épisode d'un mouvement plus large, qui s'étend sur toute la première moitié du XVIIe siècle, et qu'on a appelé la « querelle des femmes[76] ». Depuis le XVIe siècle, les femmes ont gagné progressivement un accès plus grand à la culture. L'itinéraire de Marie de Gournay est à cet égard emblématique ; un authentique « féminisme » a pris place dans la société. Evidemment, l'éducation d'une femme au XVIIe siècle dépend largement de sa classe. A la fin du siècle, l'examen de contrats de mariage a montré que seuls 14 % des femmes étaient en mesure de signer[77]. Mais si la pratique active de l'écriture était réservée à une élite, la lecture était encouragée par l'éducation, et l'on peut faire l'hypothèse que le nombre de femmes sachant lire était nettement plus élevé que celui de femmes sachant écrire.

Par ailleurs, le rôle des femmes dans l'élaboration de nouveaux codes comportementaux et dans la construction d'une sociabilité mondaine s'accroît. En est-il de même pour la langue ? Entre 1610 et 1650, se développa dans la bonne société l'idée que les femmes possédaient peut-être une compétence linguistique supérieure à celle des hommes... Le recul de l'érudition et du savoir, dans l'échelle des valeurs sociales, n'y est pas pour rien. Ne sachant pas le latin, on se dit que les femmes possèdent peut-être davantage cette « naïveté » désormais mise en avant comme l'un des *secrets* du bon langage. Il est aussi dit que les femmes parleraient de façon plus *naturelle* que les hommes. Toujours est-il que, dans cette lutte antipédante, les femmes se sont taillé une autorité. Leur « à propos », leur « honnêteté », leur goût de la « politesse », leur rôle civilisateur, sont exhibés comme des facteurs déterminants dans l'établissement de modèles langagiers.

Le mouvement de la préciosité n'aurait pas pu naître sans cette place nouvelle accordée aux femmes dans les questions de langue. Mais la visibilité que se gagna cette sociabilité féminine déclencha des réactions négatives. Les années 1650 bruissent de discussions autour de ce phénomène. On se demande quelle est la différence entre les « vraies » précieuses » et les précieuses « ridicules ». Cette opposition recoupe-t-elle celle qui existe entre parisiennes et provinciales (catégorie à laquelle appartiennent les précieuses de Molière) ? Les femmes étaient-elles réellement en train de développer un langage à elles, distinct de celui des hommes ? Le langage précieux est-il au contraire un phénomène essentiellement social, en lien avec des micro-cercles aristocratiques ? Dans tous les cas de figure, beaucoup ne perçoivent, comme le dit un commentateur de l'époque, que « grimaces étudiées, minauderies, fausse délicatesse ».

Aujourd'hui, le principal problème qui se pose à l'historien est de mesurer le rapport qu'il peut y avoir entre les représentations qu'on s'est faites de la préciosité et sa réalité historique. Une bonne part de celle-ci, il faut s'y résoudre, est perdue à jamais, dans la mesure où elle était de nature essentiellement orale. D'autre part, on recherche vainement, dans les textes imprimés que l'on possède, des attestations des expressions précieuses que nous ont livrées Molière et Somaize. Du coup, force est de se contenter de conjectures.

L'une d'entre elles serait de voir dans le mouvement précieux un moment assumé d'autodérision dans les usages linguistiques, la recherche délibérée d'un décalage qui aliène, positivement, le locuteur, en le faisant sortir de sa condition. Il y a en effet quelque chose de fantaisiste, dans la préciosité. On se dit qu'au-delà des prétentions qu'on a pu leur prêter, les précieuses et leurs amis ont dû bien s'amuser. On aurait plutôt envie de voir dans leurs extravagances une fraternité avec les délires langagiers ultérieurs du symbolisme, du surréalisme, de l'Oulipo ou de nos banlieues, que le reflet d'un déraillement malvenu de la gent féminine. Il est probablement un peu vain de vouloir séparer de force l'élément « ridicule » attaché à la préciosité vue par les écrivains satiriques, et un hypothétique « premier degré » qui correspondrait à un usage.

Les commentateurs de l'époque ont bien noté que la grande affaire des précieuses était le langage. « L'objet principal, et qui occupe tous leurs soins, c'est la recherche des bons mots et des expressions extraordinaires[78] », dit par exemple l'abbé de Pure. A ce titre, l'un des enjeux de la préciosité est d'être un véritable travail sur la langue, semblable à un travail poétique, à la différence qu'il est effectué, non pas dans le cadre de la littérature, mais dans celui de la vie mondaine ! « Poétesses de la vie quotidienne », pour ainsi dire, les précieuses voulurent véritablement *corriger* le fonctionnement du langage. Trouvant étrange que le verbe *aimer*, par exemple, soit employé autant pour des êtres animés que pour des inanimés, elles voulurent bannir son emploi dans ce dernier cas, lui conférant du coup une noblesse qu'elles ne lui trouvaient pas dans la langue usuelle. On *aime* sa maîtresse, mais on *goûte* un melon [79]... En analystes subtiles de l'idéologie, elles débusquent le regard caché de la langue sur les réalités. Tout ce qui touche à la nomination des choses est abordé par les précieuses. La célèbre « carte du Tendre », par exemple, peut être vue comme une distorsion concertée apportée au vocabulaire de l'amour, substituant au point de vue « grossier » de l'homme, celui, distancié, de la femme.

Poussé au bout, le propos des précieuses n'était ni plus ni moins que de réformer toute la langue. Il est frappant de constater, d'ailleurs, que le mouvement précieux intervient au moment où les académiciens sont affairés à la rédaction de leur dictionnaire. Le parallèle historique entre le *Grand Dictionnaire des Pretieuses ou la clef de la langue des ruelles* de Somaize (1660) et les discussions académiques est d'ailleurs assez parlant. C'est en mettant le langage des précieuses sous forme de « dictionnaire ridicule » qu'on en démonte la prétention et la subversivité foncières. La lecture de l'ouvrage est aujourd'hui, il faut l'avouer, fort plaisante : elle révèle, outre des délices d'inventivité, quelques-uns des procédés d'expression fondamentaux de la langue classique. Les désignations contournées des réalités ordinaires forment l'un des axes essentiels de ce langage qui fuit l'affrontement direct. Le nez sera dénommé les *écluses du cerveau*, les seins les *coussinets d'amour*, le miroir le *conseiller des grâces*, le chapeau *l'affronteur des temps*, nager devient *visiter les nayades*, l'écran placé devant une cheminée est la *contenance utile des Dames, quand elles sont devant l'élément combustible*, être en couches devient *sentir les contrecoups de l'amour permis*. C'est toute une stratégie d'évitement, de protection, qui est élaborée. On voit bien alors à quel point le langage peut servir de système de défense. Le néologisme, l'invention verbale, la métaphore, viennent donner l'illusion qu'on change de réalité. Se peigner, se coiffer sera désormais *se délabyrinther les cheveux*. Le retour de tout ce qui touche aux éléments, à la météorologie, en est l'illustration. *L'invincible* (le vent) *n'a point gâté l'économie de votre tête* ; la chaise [à porteurs] *est un admirable retranchement contre les insultes de la boue et du mauvais temps*. C'est tout un rapport au monde qui est ainsi mis en scène, fondé sur le souci de se parer du risque.

Se protéger contre l'étranger, ce qui n'est pas soi, est en effet un enjeu majeur de la préciosité féminine. Les hommes, par exemple : *le procédé de ces messieurs est tout à fait marchand*. La bêtise : *les choses que vous dites sont fort communes, du dernier bourgeois* ; *vous avez des lumières éloignées* ; *vous avez l'intelligence épaisse* ; *vous dites bien des inutilitez* ; *il semble qu'en parlant vous ayez les gouttes à l'esprit*. La laideur : *leurs habits souffrent indigence de rubans, son visage est ondé* (ridé) ; *vous êtes à faire peur*. Il s'agit par le langage de se recréer un monde à soi, fait d'hyperbole, de positivité, d'aise. Au rebours de : *quelle pauvreté, ma chere, je n'ai pas vu une chose raisonnable aujourd'hui*, on trouve le *il faudrait être l'antipode de la raison pour ne pas confesser que Paris est le grand bureau des merveilles*. Le monde est relu sous l'angle du plaisir et de l'affectivité. *J'ai été jusqu'ici dans un jeûne effroyable de divertissement* ; *je patiray beaucoup par le contre-coup de votre quittement*. Ce rapport re-subjectivé au monde est fondamental dans l'élaboration du style classique. Contre le cynisme, les violences, la rudesse d'un monde qui a connu les guerres, les clivages religieux, le pragmatisme politique et commercial, les précieuses travaillent les nuances de la dimension inter-subjective du langage, dimension dont l'aboutissement est le sentiment et l'amour. Tout ce qui ressortit au sentiment, à l'amitié, à l'intimité entre les êtres est valorisé. Le secret est dénommé *le sceau de l'amitié* ; telle précieuse pourra dire : *sans mentir, je suis trop avant dans le rang favori de votre pensée*, ou *j'ai le cœur enfrangé de mouvements* ; *l'amour a terriblement deffriché* (attendri) *mon cœur*. « Désobjectiver » la langue est leur principal objectif. Ce qui pouvait difficilement être obtenu dans la réalité l'est par le langage : une forme de reconnaissance, de rapport libre au monde, d'innocence.

Bien évidemment, les précieuses s'intéressent à la question du langage poétique, et à tout ce qui est de l'ordre du beau langage. Les poètes, ces *nourrissons des muses*, ont leurs faveurs, en tant qu'ils représentent de l'extra-ordinaire. Mais elles entendent sortir la poésie de ses chapelles. Pour elles, le Parnasse est *un empire où tout le monde est maître* ; elles sont pour une généralisation du rapport poétique au monde. Enfin les questions de prononciation, d'euphonie, d'orthographe – tout ce qui fait la physionomie de la langue – sont pour elles décisives. Elles pratiquent l'appropriation active, et même forcée, de la langue, s'efforçant de « polir » les mots à force de les prononcer. D'un mot rebelle, elles pourront dire en revanche : *un passage de gens de guerre n'est pas plus rude à pauvres gens* ; *il faut avoir humé l'air du Rhin et respiré à l'Allemande pour le prononcer* ; *il tient longtemps son homme à la gorge, et sans quelque favorable hoquet il court le risque de ne passer jamais*. Art ludique du langage, sur fond de norme et de sentiment subjectif...

L'orthographe, au XVIIe siècle, posait un problème spécifique aux femmes. Comme elle était très latinisante, elle demandait, pour être maîtrisée, des connaissances philologiques. Le résultat était que les femmes voyaient la plupart du temps leur apprentissage de l'écriture découragé par le fait qu'il leur aurait fallu, pour écrire correctement, apprendre le latin, chose qui leur était à peu près interdite. Somaize rapporte [80] que plusieurs précieuses mirent au point un système d'orthographe simplifié, diminuant l'emploi des consonnes superflues, par exemple (comme dans *autheur*), des doubles consonnes, des diphtongues, etc. Proposition novatrice ! Curieusement, ce système sera repris tel quel par les réformateurs de l'orthographe que furent L'Esclache (1668) ou Lartigaut (1669). Les précieuses auraient-elles eu vent de ces discussions ? En seraient-elles même à l'origine ? Cela est bien difficile à dire.

Toujours est-il que le mouvement précieux, véritable réflexion de fond sur le langage, sur les phénomènes d'acceptabilité, sur le marquage des termes et des expressions, est un fait fondamental de l'évolution du français au XVIIe siècle, et pas seulement une pittoresque curiosité. Les cercles précieux infléchirent durablement le lexique français de l'époque, de manière parfois subtile et quasi invisible. Ils popularisèrent par exemple les adverbes en -*ment*, si répandus de nos jours, et qui ont totalement perdu la connotation précieuse qui était la leur au XVIIe siècle. *Furieusement, terriblement, diablement*, faisaient figure d'étiquettes, de marques de fabrique des précieuses, dans les années 1650. A la théâtralité du suffixe, s'ajoutait le caractère hyperbolique de la base, caractère qu'on retrouve dans l'adjectif *dernier*, très fréquent également (les *dernières faveurs*...). Les précieuses goûtaient les adjectifs substantivés (*le nécessaire, l'ardent, le tendre, le brillant de la pensée*...), et plus généralement, ce qu'on a appelé le « style substantif », style promis à un bel avenir au XVIIIe siècle, et qui consiste à préférer la qualification par un nom plutôt que par un adjectif (dire *l'inquiétude d'un désir* plutôt qu'un *désir inquiet*, par exemple). Elles favorisaient aussi les pluriels abstraits (*les ardeurs, les défiances*), qui estompent les contours, et paraissent dénoter « de plus loin ».

L'héritage du langage précieux dans le vocabulaire classique est donc plus important qu'on ne le croit. Plutôt que leur transparence, c'est précisément leur caractère *marqué* qui assura à certaines créations lexicales précieuses leur postérité. Un examen attentif du vocabulaire actuel en révèlerait encore bien des traces. Les expressions *faire des avances, un ridicule, un penchant*, laissent clairement deviner leur origine, mais s'offrent comme des îlots dans l'océan hétérogène de notre vocabulaire actuel. C'est le caractère massif du procédé qui faisait le langage précieux, au XVIIe siècle.

A vrai dire, l'un des propos essentiels de l'élaboration du canon classique sera d'essayer de *neutraliser* la préciosité. Bien des commentateurs ont par exemple remarqué que Molière avait utilisé des éléments de langage précieux de manière « non ridicule » dans plusieurs de ses pièces. Un ouvrage aussi « sérieux » que les *Provinciales* de Pascal (1656) en porte également la trace. En 1659, Corneille donne au théâtre son *Œdipe*, tragédie héroïque dans laquelle il fera figurer nombre d'expressions empruntées au langage précieux : « l'empire que lui fit une si belle flamme », « Le ciel sur sa naissance imprima ce penchant » ... En dépit de son exagération, ce style formera l'un des éléments constitutifs d'une certaine « langue littéraire » en usage pendant la génération classique, marquée par le souci de « politesse ». On comprend que les femmes (ou du moins certaines femmes de l'aristocratie), qui ont « haussé le ton », dans les années 1650-1660, ou du moins tenté de faire entendre leur voix, ont beaucoup apporté à la langue française ; dès lors, désamorçant par le « ridicule » l'élément de féminisme qui y était contenu, on va s'efforcer de fondre leur apport dans la culture élevée de type homogénéisant qui est en train de se mettre en place. Les anciennes expressions précieuses vont faire l'objet d'un tri – par exemple par Bouhours dans les années 1670 – et rejoindre l'influence plus générale qu'exercent la conversation et les genres de l'oral en littérature à partir de 1680. Au total, issu de la littérature, le mouvement précieux aura traversé la société avant de retrouver un destin littéraire, sous la forme d'éléments langagiers perdant progressivement leur couleur...

Comme le burlesque, il est l'une de ces forces antihomogènes qui font l'un des paradoxes du XVIIe siècle français en matière de langue. Burlesque et préciosité : deux témoignages de l'attitude protestataire que pouvaient avoir des milieux très restreints – milieu littéraire, et milieu mondain parisien – vis-à-vis des prétentions du pouvoir sur la langue. Cultivant le jeu, ces deux mouvements déplaçaient les enjeux de la variation. Celle-ci cessait d'être subie pour être *cultivée* – geste scandaleux alors qu'on s'efforce de construire une théorie du « bon usage ».

3

USAGES ET LIBERTÉS

Si les questions de langue présentent une signification politique aussi marquée, en ce milieu de XVIIe siècle, c'est d'abord que l'idée d'une cohésion « nationale » autour du royaume a beaucoup progressé depuis le règne d'Henri IV. Certes, l'idée de « nation », à proprement parler, ne prendra tout son sens qu'à la Révolution, mais il est indéniable qu'entre la politique de Sully et celle de Richelieu, les tendances centralisatrices du royaume se sont renforcées, et qu'elles tendent à se faire comme alliées, désormais, des sortes de « politiques culturelles et linguistiques » avant la lettre qu'on observe. Il s'agit d'ailleurs d'un phénomène européen, tout au long du XVIIe siècle ; nourri par les guerres territoriales, bien sûr, mais aussi par l'apparition de la colonisation, le développement du commerce, et les progrès scientifiques et techniques.

Le royaume de France prend à cette époque une importance géographique inédite. Au nombre des extensions, on doit bien évidemment compter les résultats de la « descente » française des armées de Louis XIII vers le Sud après la rupture avec l'Espagne (1635) ; bientôt l'Alsace (1648-1681), l'Artois et le Roussillon (1659), la Flandre (1668) et la Franche-Comté (1679) rejoindront également le royaume. Cette situation va modifier considérablement les rapports qu'entretient le français avec les langues qui, jusqu'à la fin du XVIe siècle, ont conservé une existence solide et reconnue dans leurs aires d'origine.

Certaines de ces langues, qui furent de grandes langues de culture dans les époques précédentes, voient leur influence diminuer considérablement. Après 1640, c'en est fini de la vie artistique, intellectuelle et poétique de la Catalogne qui, après avoir été oppressée par la Castille, se voit dépecée en deux parties, de part et d'autre de la ligne des Pyrénées. Ayant appelé au secours les Français contre les Castillans, les Catalans, bientôt, découvrent que le remède ne vaut guère mieux que le mal[1]. Après 1659, le désastre, pour les ensembles linguistiques occitan et catalan, sera parachevé. Les anciennes langues de culture se trouveront enfermées, au sein du royaume, dans le dialectalisme et le provincialisme.

Des situations comparables se reproduisent sur d'autres frontières. Avec le traité de Westphalie (1648), les droits des Habsbourg sur l'Alsace sont cédés au roi de France. Mais la centralisation administrative n'est pas une opération facile. Certaines villes, comme Strasbourg, font sécession. La politique de Louis XIV se heurte à la difficile reconnaissance des frontières. Les paramètres naturels et linguistiques sont complexes, dans cette grande zone qui va du Rhin à la mer, et traverse la Lorraine et la Flandre. L'Alsace est alémanique, plus « allemande » encore linguistiquement que la Prusse, et le Rhin n'y dessine aucune frontière. La Lorraine germanique parle deux variétés allemandes : le francique mosellan, à rapprocher du luxembourgeois, et le rhénan, au nord de Metz. Il existe une Flandre germanique (comme encore aujourd'hui), qui se prolonge par une zone romane dont la conscience culturelle est néanmoins flamande[2]. Les contacts de langues sont nombreux et complexes, dans cet ensemble géographique auquel Louis XIV semble attacher une importance capitale, et qui continuera à faire l'objet de guerres jusqu'aux traités d'Utrecht (1713) et de Rastadt (1714).

Tout cela pour dire que la politique expansionniste du royaume ne s'est pas accomplie sans douleur, loin s'en faut. Des villes se rebellent, comme Marseille en 1655. Le pouvoir royal a souvent sous-estimé la présence d'une ancienne fronde aristocratique et féodale. L'épisode dit précisément de la Fronde (1648-1653), qui a lieu pendant la régence d'Anne d'Autriche, et oppose la Couronne, représentée par Mazarin, et le Parlement de Paris, peut être interprété comme le dernier acte de cette vie sociale ancienne, fondée sur la liberté des nobles et un fort ancrage régional. Cet épisode a une signification, en termes de rapport à la langue. Le processus de valorisation des normes, de standardisation, de codification, connaît une panne momentanée. On se retrouve dans une période similaire à celle qui a suivi les guerres de religion. Les efforts du pouvoir pour enrégimenter la langue, dans la seconde moitié du siècle, seront aussi, pour une bonne part, l'effet direct de cette expérience désastreuse de la Fronde – expérience d'une perte momentanée de contrôle sur la population.

Le XVIIe siècle est le siècle de cette grande bascule entre un ancien monde très local, placé sous la coupe de la noblesse, et un nouveau monde divisé selon un clivage nouveau, entre Paris et la province, dans lequel la bourgeoisie va acquérir une nouvelle importance. Il va alors se produire un phénomène inédit dans l'histoire française : le nivellement des régions dans un statut de *provinces*. C'est ce qu'on a pu appeler l'« aliénation provinciale ». Politiquement et culturellement, les anciens mondes régionaux, marqués parfois par des passés glorieux, changent subitement de sphère. Pris au sein de la dynamique centralisatrice, ils deviennent marginaux, voire anecdotiques.

Ce mouvement, bien entendu, fut long à se mettre en place. Il se fit surtout avec une grande violence. Le XVIIe siècle est, ne l'oublions pas, un siècle de brutalité politique extrême. La révolte des régions refusant d'entrer en coupe réglée sous la forme de provinces s'étendit pratiquement sur tout le XVIIe siècle. Elle a souvent une assise paysanne et populaire forte. De la révolte des Croquants du Périgord et du Limousin en 1636 à celle des Bretons (dite du « papier timbré ») en 1675, en passant par le soulèvement général de l'Aquitaine vers 1643, les armées royales sont constamment sollicitées. Le plus souvent, elles matent les mouvements dans des bains de sang. Les parlements régionaux sont graduellement mis au pas. Une politique de « francisation » est partout menée. A Strasbourg, on construit la « petite France » ; au Sud, c'est également l'époque d'un urbanisme conquérant, et de gestes architecturaux appuyés.

Au total, le XVIIe siècle est une époque contrastée, pour ce qui est du devenir des langues régionales. Au fil des décennies, le français est véritablement devenu la langue directrice de la vie culturelle et administrative. Le siècle de Louis XIV a bel et bien exercé à l'intérieur un impérialisme linguistique comparable à sa politique extérieure. Mais ce mouvement ne signifie pas pour autant la mort de ces usages. En réalité, la variation géographique se double désormais d'une variation sociale importante. La situation linguistique d'un lieu donné ne peut plus être envisagée sans ce paramètre, « les gens d'estat ayans une prolation & accent pour eux, & le vulgaire un autre à part[3] », selon Guillaume Bouchet en 1615. Indiscutablement, les langues régionales perdent de leur prestige, et les élites provinciales adoptent de plus en plus l'usage exclusif du français. Ce partage devient radical dans la seconde moitié du XVIIe siècle. Un avocat du parlement d'Aix remarque en 1694 à propos de la langue provençale :

« depuis que les gens de qualité l'ont abandonnée pour la Françoise, elle est demeurée parmi le peuple⁴ ». Tel autre observateur commente à propos de l'Auvergne : « Le langage du peuple y est grossier : mais les gens de qualité de toutes professions s'accoustument à la langue Françoise, & en acquierent les graces⁵. » Partout, on voit se dessiner cette fracture, entre un peuple monoglotte et une haute société bilingue, qui a accès aux institutions et au savoir.

Dans le domaine d'oc, le français devient une langue aisément compréhensible pour une bonne part de la bourgeoisie et des artisans, surtout en milieu urbain. Molière a pu jouer en français dans toutes ces villes sans difficultés. Mais nous savons également par Racine, dans une lettre à La Fontaine qui date de 1661, que le voyageur, tout de même, éprouvait un choc en arrivant à Lyon. Un autre monde s'ouvrait, où « on a autant besoin d'un interprète qu'un Moscovite en aurait besoin dans Paris ». « J'avois commencé dès Lyon à ne plus guère entendre le langage du pays, écrit Racine, et à n'être plus intelligible moi-même⁶. » Il ajoute plaisamment : « Le malheur s'accrut à Valence, et Dieu voulut qu'ayant demandé à une servante un pot de chambre elle mit un réchaud sous mon lit. » En 1667, l'auteur d'un récit de voyage dit de ces mêmes habitants de Lyon que « leur langage est meslé de quelques mots Provençaux, leur accent & mesme la prononciation est semblable à celle des Italiens, dont la langue ne leur donne aucune difficulté⁷ ». La Fontaine à Limoges, Racine à Uzès, Madame de Scudéry à Marseille, font tous un constat identique : même la haute société converse en langue d'oc.

Cependant, dans beaucoup de villes, la permanence des anciens usages inspire désormais un complexe d'infériorité aux classes élevées. De nombreuses académies locales, formées sur l'exemple de l'Académie française, se montent dans l'idée de développer la culture du français. Une barrière Nord-Sud apparaît, popularisée par l'expression « aller en France », commune en domaine d'oc lorsqu'il s'agit d'aller dans le Nord. Il devient de bon ton de rejeter le provençal, le gascon, qu'on sait néanmoins encore parler lorsqu'il s'agit de la vie quotidienne. En Bretagne, également, les nobliaux parlent français. La politique linguistique de Louis XIV n'a pas eu à être, comme la politique jacobine, volontariste et contraignante : elle n'a fait que s'appuyer sur des préjugés de classe déjà fort en place. Partout, les anciennes cultures sont ramenées à des dimensions de folklore.

Cette réduction fragilise une « littérature », si l'on peut employer ce mot, déjà peu assurée. Entre la fin du XVIᵉ siècle et le milieu du XVIIᵉ siècle, paraissent en Bretagne des passions, des mystères, des vies de saints, mais déjà un décalage se crée entre le caractère *actuel* du français, et un caractère déjà archaïque du breton. En témoignent, par exemple, les *Noëls anciens et dévots* de Tanguy Guegen, chapelain à Notre-Dame du Mur-de-Morlaix, parus en 1650. A partir de 1620-1630, un facteur nouveau vient jouer : la pénétration des jésuites en Bretagne qui, tout en diffusant l'éducation religieuse, vont se faire les propagateurs de la francisation. Ils s'installent à Quimper, à Vannes. Pour autant, leur souci d'augmenter leur impact auprès des couches populaires les amène souvent à traduire des textes en breton. On possède ainsi de cette époque de nombreux cantiques, et l'un des supports essentiels pour l'étude du breton à cette époque (et ce jusqu'au XXe siècle, finalement), sera les *catéchismes*. Dans la seconde partie du XVIIe siècle, s'ouvrent de nombreux séminaires qui forment un clergé plus instruit, bilingue, et intéressé par la traduction ou l'adaptation d'une langue à l'autre. Le fait d'écrire ou de traduire en breton n'a alors pas la signification de faire œuvre originale : il s'agit essentiellement d'un geste pédagogique, et la simplicité est de mise.

Si, dans les villes, commerçants, artisans et domestiques apprennent un français parlé au moins élémentaire, et commencent à s'« acculturer », une bonne société pratique le breton pour le plaisir, et s'intéresse à la difficulté qu'il y a à faire œuvre dans un idiome considéré comme ingrat. Les *Colloques françois et bretons* de Guillaume Quiquer parus à Morlaix en 1626 rapportent de petits éléments de dialogues, ou « devis familiers » tenus « à l'hostellerie[8] ». On observe que ces pratiques littéraires nouvelles stimulent l'émergence de standards locaux, tel le standard vannetais, par exemple. Sinon, au XVIIe siècle, il est tout à fait vain de parler de « langue bretonne » : les villages ne se comprennent pas au-delà d'une aire géographique fort réduite.

Dans le domaine d'oc, la belle efflorescence poétique du début du siècle s'essouffle, malheureusement. La pratique d'une littérature dans une langue autre que le français n'est plus une pratique « primaire » : elle est exclusivement le fait d'écrivains dont la langue est d'abord le français. La vogue du burlesque tend à figer l'image des parlers régionaux dans le pittoresque, et l'associe de plus en plus à la représentation du peuple. La *Ville de Lyon en vers burlesques* de Berthod et Colletet (1683) est une pièce de théâtre dans laquelle deux personnages traversent Lyon, et devisent entre eux de la ville en français. Chemin faisant, ils croisent toutes sortes de personnages qui leur répondent en francoprovençal. Le côté « populaire » du francoprovençal est surtout mis en avant. Il s'agit d'usages déviants, « vicieux », mais qui ne manquent pas d'intérêt...

De façon générale, le XVIIe siècle est le siècle du glissement inéluctable des littératures régionales primaires vers des littératures « patoises », pour ne pas dire « patoisantes ». Ce mouvement, amorcé au milieu du XVIe siècle, se précipite. Un phénomène significatif est qu'on voit apparaître des littératures dans des zones où il n'y en avait jamais eu à proprement parler. C'est le cas de la Normandie, par exemple, où on ne possède pas de littérature avant le XVIIe siècle. A Rouen, l'imprimeur David Ferrand fait paraître ses premiers recueils à partir des années 1620 ; *La Muse normande* est une publication qui diffuse des vers patois entre 1625 et 1653. Souvent, il s'agit de ce qu'on appelle alors le patois « purin », de Rouen et de sa région. L'expression en patois s'adresse à un public cultivé, mais local, et se trouve souvent associée au comique d'une part, et à la contestation sociale d'autre part. L'influence du burlesque et de la préciosité est certaine. Le normand Louis Petit, par exemple, a été lié au courant précieux. Le goût de la satire est un trait qui lie l'expression en patois et une certaine esthétique littéraire du français entre 1620 et 1650.

Un phénomène similaire s'observe en domaine picard. Ici encore, la fronde sociale et politique s'exprime souvent en patois. La première œuvre littéraire qu'on connaisse en picard moderne est un poème satirique qui s'intitule *L'Enjollement de Coula et de Miquelle*, et qui date de 1634. Le picard produit aussi beaucoup de chansons, aux titres évocateurs : la chanson de la « Chasse au chat » (1672), du « Soldat lillois exécuté à Gand » (1678), « d'une condamnée à mort : mon Dieu quelle affliction » (1683), de « l'homme qui bat sa femme » (1684), de la « procession dévoilée » (1687), des « défaites espagnoles devant Louis XIV » (1692)... Toutes ces chansons furent rassemblées dans le *Journal du sayetteur lillois Chavatte*[9]. Elles mettent en scène la vie quotidienne, et expriment les émotions de la population devant les événements politiques graves qui touchent la Flandre en cette fin de siècle.

Des clivages nouveaux : la Cour et la Ville, Paris et la province

Au-delà de cette problématique régionale, le grand enjeu de la seconde moitié du XVIIe siècle français, néanmoins, en matière de langue, est la modification que va subir la variation sociale. Si les clivages régionaux sont familiers aux locuteurs du début du XVIIe siècle, ceux-ci ne sont pas encore très attentifs aux clivages sociaux. C'est l'homogénéisation de la Cour, d'un côté, et la centralisation de la vie politique autour de Paris, de l'autre, qui vont amener de nouvelles lignes de partage à se mettre en place. Celles-ci sont décisives pour l'évolution de la langue, non seulement d'un point de vue objectif, mais aussi par la manière qu'on a de se les représenter.

Beaucoup de traits de langage qui étaient anciennement attribués à des origines géographiques, vont faire maintenant l'objet d'une analyse différente : on va les mettre au compte de la variation sociale. Il en est ainsi d'une des plus célèbres variations de prononciation qu'ait connues le XVIIe siècle : celle qui a mis en concurrence les timbres [o] et [u] dans un certain nombre de mots, sous l'accent ou en position prétonique, comme dans *chose/chouse*, ou *arroser/arrouser*. Les commentateurs du XVIe siècle attribuaient ces différences de prononciation à des facteurs géographiques : le « ou » aurait été, pour Charles Bovelles, typique de l'Orléanais, de la Touraine et de l'Anjou, tandis que le « o » aurait été une forme nordique[10]. D'autres relèvent le « ou » à Bourges, Lyon, Narbonne ou en Aquitaine... Clivage Nord-Sud ? Ce qui est intéressant, c'est que, dès la fin du siècle, certains commentateurs rapportent la prononciation en « ou » aux courtisans. Au cours du XVIIe siècle, l'évolution est notable : les textes ne relient plus du tout le phénomène à une variation géographique. Non seulement ils estiment qu'il s'agit d'une prononciation qui est en train de changer, mais ils prennent de plus en plus position, condamnant l'une des deux versions, au nom de connotations sociales. Dans la première moitié du XVIIe siècle, beaucoup de formes en compétition furent graduellement éliminées, pas toujours de façon homogène, d'ailleurs, puisque nous conservons aujourd'hui *porter*, mais *tourment*... Des jugements de valeur furent formulés ; des stratifications sociales de plus en plus subtiles établies. Nicolas Duez considère que la prononciation en « ou » est une pure fantaisie des courtisans, qu'il compare à une « envie[11] » de femme enceinte, tandis que Richelet estime plus sérieusement que c'est celle des « honnestes gens », celle en « o », comme dans *norriture*, étant celle qui définit le peuple, ou encore, curieusement, les graveurs sur cuivre... Devient-il nécessaire d'étudier chaque terme individuellement, pour se faire une idée de cette variation ? Il est possible que certaines focalisations au cas par cas se soient réalisées autour de certains termes.

L'exemple choisi n'est pas isolé. Dans la première moitié du

XVIIe siècle, on assiste à une extension considérable des zones de variation. S'agit-il de variantes régionales ayant eu un usage suffisamment fort pour pénétrer le français d'Ile-de-France, et particulièrement celui de la Cour ? Cette dernière joua-t-elle un rôle de *melting pot* culturel et linguistique ? On veut bien l'imaginer. Toujours est-il que, dans les domaines de la prononciation, du lexique, de la morphologie et de la syntaxe, les commentateurs de l'époque se font souvent l'écho d'incertitudes problématiques, qui mettent en balance deux formes concurrentes. Une comparaison systématique entre ces commentaires et l'étude statistique des attestations que l'on possède dans les textes imprimés a été menée récemment [12]. Elle montre par quels processus les zones de variation vont être progressivement éliminées, entre autres au moyen du marquage social d'une des deux formes. Vers le milieu du siècle, la prononciation en « ou » devenait un moyen commode de représenter la langue d'un paysan, de quelque région qu'il soit [13].

Progressivement, certains mots, ou certaines constructions, sont chassés de ce qu'on va désormais appeler le « bon usage ». Il en est ainsi de certains accords de verbes (*recouvert* pour *recouvré*), de formes de conjugaison (*je vas* pour *je vais*), de la place de certains pronoms (*ie veux vous l'ottroyer* pour *ie vous la veux ottroyer*)... Les tendances à l'innovation et à l'archaïsme s'affrontent. Dans un sens comme dans l'autre, c'est la manière que vont avoir les groupes sociaux de se reconnaître dans leurs usages qui va être décisive.

C'est sans doute la formation de la « Cour » qui fut le premier événement à cristalliser la variation sociale. A la Cour, les commentateurs notent souvent une volonté de se singulariser qui a pour effet d'introduire de nouveaux usages à intervalles rapprochés, d'une manière qui déconcerte parfois les contemporains. En réaction à ce goût immodéré de la nouveauté, la « Ville », et surtout le Palais, développèrent plus ou moins consciemment des positions conservatrices, de maintien des archaïsmes. Bientôt, la Ville elle-même se scinda en plusieurs groupes, avec l'apparition notamment d'une nouvelle « bourgeoisie ». L'usage « bourgeois » devient repéré, à partir des années 1630, comme un usage à part. Les lignes de fracture se multiplient. On peut recenser : les provinces et l'étranger face à la « Ville » et la « Cour » ; la Ville à son tour opposée à la Cour ; le peuple opposé à la Ville, la « lie du peuple » opposée de « la plus saine partie du peuple » ; la Cour, comprise dans son étendue maximale, mise en face de « la plus saine partie de la Cour »... Les usages littéraires furent également soumis à ce phénomène : la poésie devint opposée à la prose, le burlesque et le satirique confrontés au « style des meilleurs écrivains »... Une sorte de cartographie sans cesse plus raffinée commença à s'élaborer, sur laquelle jouèrent de façon de plus en plus précise les commentateurs.

A l'intérieur de ces mondes déjà séparés, des groupes spécifiques se constituent. Il en est ainsi des « femmes », souvent considérées à l'époque comme ayant un usage bien à elles.

Entre la « querelle des femmes » du début du XVIIe siècle et l'esthétique mondaine de la fin du siècle, le phénomène de la préciosité a fait naître une question troublante. Les femmes auraient-elles un langage distinct de celui des hommes ? Auraient-elles, plus généralement, une sensibilité différente au langage, une gestion autre des phénomènes de communication ? Aujourd'hui, on sait qu'il a existé, dans le monde et dans l'histoire, des sociétés marquées par un partage plus ou moins important des usages langagiers selon le critère de genre. Peut-on aller jusqu'à comparer la société française de la fin du XVIIe siècle à celle de certains peuples indiens des Caraïbes, aujourd'hui disparus, chez qui coexistaient deux langues pratiquement différentes : l'une pour les hommes et l'autre pour les femmes ?

Trois types de sources nous permettent d'en juger[14] : tout d'abord les textes satiriques qui, nombreux, ont popularisé dans le sillage de la préciosité, l'idée que les femmes avaient tendance à développer des usages bien à elles ; également, toutes sortes d'ouvrages de « remarques » sur les manières de parler, faisant parfois la part belle aux femmes ; enfin, un nombre significatif de textes littéraires produits par des femmes de la haute société, au XVIIe siècle. A défaut de pouvoir reconstituer un usage oral, nous pouvons au moins essayer de croiser ces trois sources.

Les femmes se trouvent dans une situation paradoxale, pour ce qui est de leur rapport à la langue, au XVIIe siècle. D'un côté, elles ont reçu moins d'éducation que les hommes (leur savoir sur la langue ne passe pas par la connaissance du latin, par exemple), de l'autre le XVIIe siècle est une période qui ne valorise pas particulièrement l'érudition. On se trouve donc dans la situation curieuse où l'on essaie d'enseigner aux femmes ce qui leur manque[15], mais rien n'est plus décrié que la « femme savante ». Au moment de créer son école de Saint-Cyr, Madame de Maintenon se heurta à ce problème, et on rapporte qu'elle aurait conseillé d'éviter de prêter trop d'attention à l'orthographe, dans l'enseignement, car « cela sentait trop la pédanterie dans une personne de notre sexe, et l'envie de faire la savante[16] ». Un commentateur de la fin du siècle cite également l'exemple d'une femme ayant employé le mot *voyelle*, dans le cercle de la reine mère. Toutes les autres femmes présentes sauf une plaidèrent qu'elles n'en connaissaient pas le sens [17].

Prises dans ces contradictions, les femmes ne tardèrent pas à développer une « contre-culture », fondée, non pas sur la pratique livresque, mais sur l'expérience. C'est ainsi que se mit en place l'espace des salons, destiné à pallier le handicap intellectuel dû à la quasi-absence, chez les femmes, de formation scolaire [18]. La culture mondaine développée ainsi est une véritable stratégie élaborée en rupture avec la culture savante. Plus de risques, de cette manière, de passer pour une pédante : les femmes développent un savoir essentiellement fondé sur l'expérience sociale. Le regard porté sur les problématiques de langue change du tout au tout ; il est moins tourné vers l'histoire, vers ce qui peut s'apprendre dans les livres, que préoccupé du présent.

Ne s'appuyant sur aucun savoir constitué, les femmes ont développé une perception beaucoup plus expérimentale et intuitive de la langue. Ce n'est pas un hasard si les tenants de l'ancienne érudition, Scipion Dupleix, par exemple, déplorent la place nouvelle qu'elles s'arrogent dans les discussions de langue, et considèrent qu'il n'y a là qu'« exces de complaisance [19] ». Il faut dire que les points de vue sur la compétence des femmes en matière de langue sont contrastés, en ce milieu de XVIIe siècle. Alors que certains louent la capacité des femmes à avoir accès de façon naturelle, sans effort, aux subtilités les plus cachées de la langue, d'autres mettent en avant leur goût de la mode et leur attention excessive aux phénomènes de surface. Sorel, par exemple, dans son polémique *Du nouveau langage françois*, écrit que « les dames se persuadent de bien parler quand elles disent des paroles qui sont fort à la mode. La pluspart se servent de toute sorte de mots sans en considérer la signification [20] ». Sévérité partagée par d'autres : l'élan moderniste impulsé par les femmes est parfois perçu comme une soumission excessive aux caprices de « l'usage », au détriment du raisonnement.

Pour ce qui est du rôle joué par les femmes dans l'évolution du sentiment de la langue, par conséquent, on peut considérer que la préciosité n'aura été en définitive que la partie émergée, la plus visible, d'un vaste mouvement qui part du tout début du siècle pour aboutir à l'orée du XVIIIe siècle, et qui aura eu pour effet de remplacer l'ancienne culture de la langue fondée sur les « autorités » par une attention exclusive aux usages. Cette mutation fait l'histoire du XVIIe siècle. Parti des femmes, le mouvement ne tarde pas à gagner toute la société élevée. Ce sont elles, désormais, qui détiennent l'autorité, et leur appréciation du « bon usage » se révèle décisive dans le processus d'homogénéisation et de « lissage », pour ainsi dire, de la langue utilisée dans l'échange oral quotidien.

Toutefois, s'il y eut un « langage des femmes » dans la seconde moitié du XVIIe siècle en France, ce ne fut que dans le cadre restreint de la sociabilité aristocratique, et sous la forme de principes directeurs plutôt que de faits langagiers précis. Lorsqu'on examine l'appréciation que les commentateurs nous ont laissée du langage des femmes, d'ailleurs, on remarque qu'elle est la plupart du temps très générale, et que très peu de traits spécifiques sont identifiés avec précision. On loue les femmes de leur facilité, du scrupule dont elles font preuve dans le choix des mots, de leur à-propos, mais rien n'est dit sur les faits. Les comparaisons que les historiens ont pu tenter entre le témoignage des commentateurs et les textes dont nous disposons tels qu'ils ont pu être analysés statistiquement [21] ne révèlent rien de très significatif. Comme il est difficile d'établir des critères de « grâce », de « politesse », de « netteté », de « force », on ne parvient pas à isoler ce qui a bien pu séparer, dans les faits, le langage des femmes de celui des hommes... On en vient parfois à se demander si un certain nombre de commentaires ne relèvent pas de l'auto-suggestion.

Un domaine dans lequel nous n'avons plus aucun moyen de vérifier la véracité des témoignages est la prononciation. Plusieurs commentateurs nous indiquent une tendance qu'auraient eue les femmes à substituer des [e] en place d'[a], comme dans certains noms propres (*Bernabé* plutôt que *Barnabé*[22]). La présence de cette voyelle « féminine » ne manque pas alors d'être interprétée. On estime aussi que le *e* donne moins l'occasion d'ouvrir la bouche que le *a*... Dans certains cas, cette altération de timbre a donné lieu à une mise en variation de deux formes, et on observe que la forme la plus récente, comportant un *e*, s'est imposée, comme dans la variation *damoiselle/demoiselle*, étudiée par Vaugelas, dans *guerir/guarir*, ou *serge/sarge*[23]. Faut-il voir dans ces évolutions une influence directe de la prononciation des femmes ? Il est bien difficile de conclure. Du côté des consonnes, il semble que le *r* ait également fait l'objet de litiges. Rapidement, néanmoins, des processus de neutralisation de ces différences de prononciation se mettent en place, qui interdisent à la variation de s'installer. L'une des deux formes, même si elle est attribuée de façon prédominante aux femmes, est bientôt considérée comme vicieuse. L'appréciation est rendue difficile par le fait que les commentateurs sur l'usage ont lieu au moment où des tendances normatives se mettent en place, et règlent, précisément, l'usage.

Il en est de même dans les domaines de la morphologie, du lexique, et de la syntaxe. Les commentateurs considèrent qu'un certain nombre de mots ou d'expressions (*notre quartier*, *ma petite*, *demander excuse*, *jolies choses*, *il est vrai que*, *mijaurée*, *il faut savoir*[24]...), sont surtout employés par les femmes. L'examen des bases textuelles semblerait, dans une certaine mesure, le confirmer, mais celles-ci sont déséquilibrées par la présence écrasante, en termes quantitatifs, de certains textes (les lettres de Madame de Sévigné, par exemple). N'a-t-on pas généralisé abusivement des traits qui étaient particuliers à quelques femmes seulement, particulièrement notables ?

De façon générale, un phénomène qui est souvent mis en avant par les commentateurs, c'est la tendance à l'innovation. Les femmes sont prêtes, contre les anciens usages, à proposer de nouveaux mots, de nouvelles façons de tourner le propos, de nouveaux types d'accord, même (comme les accords des pronoms). Au XVIIe siècle, il est effectif que beaucoup de néologismes, de forme ou de sens, sont dûs à des femmes. Les femmes jouèrent également un grand rôle dans la popularisation des jugements d'acceptabilité. Les discussions mondaines des salons, à ce titre, prirent dans la seconde moitié du siècle la relève des débats poétiques des années 1600-1630. A la toute fin du siècle, l'imbrication des phénomènes de représentation avec les tendances factuelles d'évolution est telle que la manière réelle dont parlent les gens est presque moins importante que la manière dont on se représente qu'ils parlent. Un seul paragraphe de La Bruyère, dans lequel celui-ci trouve aux femmes « des tours et des expressions qui souvent en nous [les hommes] ne sont que l'effet d'un long travail et d'une pénible recherche », « [...] un « enchaînement de discours inimitable, qui se suit naturellement, et n'est lié que par le sens », fait plus que toutes les menues observations des remarqueurs. C'est l'époque où le français dans son ensemble est considéré comme une langue particulièrement féminine, pleine de douceur, riche en *e* muets, etc.

Entre-temps, un clivage s'est mis en place entre ceux qui seraient prêts à suivre ces nouveaux usages, quitte à ce qu'ils fassent un peu précieux (c'est le cas de Bouhours), et ceux qui développent des positions conservatrices, rebelles à ces évolutions (Ménage). Bientôt, la discussion générale sur l'esthétique mondaine l'emportera sur les paramètres de genre. Aux avant-postes des discussions sur la langue autour des années 1650, les femmes verront petit à petit ce sujet leur être retiré, au profit de l'unification de la langue de cour.

Vers 1660, le clivage dominant, désormais, sépare un nouveau bon usage moderne, soutenu par les femmes de la haute société, et des usages primaires renvoyés au statut d'archaïsmes ou marqués sociologiquement. Alors qu'elle était au départ un monde curieux considéré avec une certaine suspicion par les observateurs, la Cour est devenue au fil des décennies un lieu prescripteur, qui est imité plus que stigmatisé. C'est surtout par sa capacité à dénoncer les archaïsmes, appuyée en cela par certains écrivains, que la Cour s'est mise du côté de l'innovation, et même d'une certaine « avant-garde ». La Ville bientôt l'imite, et il ne tarde pas à se créer une manière de spirale dynamique ascendante qui tend à reléguer dans les basses classes tout ce qui est vieilli. Une fracture nouvelle apparaît : celle qui sépare Paris de la « province ». Cette dernière est touchée par un effet de nivellement qui rend les différences entre provinces moins sensibles que les différences entre classes au sein d'une même région. Par là, les régions aliènent une part importante de leur identité pour entrer de manière collective dans un rapport bilatéral, et non multilatéral, Paris/province. Au sein des classes élevées, ce clivage est notable. Un « gentilhomme de province » n'est pas un noble parisien, encore moins un noble de la Cour. Ses usages linguistiques tendent à rejoindre, dans les représentations, ceux du peuple. Simplement, alors que le langage du peuple n'est pas considéré comme réformable, les nobles provinciaux sont à même de s'informer et de lire. D'où la floraison de publications destinées à faire rejoindre, par les classes élevées de province, celles de Paris. Pour ce qui est du vrai peuple en revanche, on ne considère pas que le clivage Paris-province ait de l'importance : il reste le peuple.

Les relations entre les paramètres sociaux et les facteurs de changement dans la langue évoluent donc considérablement, au XVIIe siècle. Alors qu'on prêtait volontiers au peuple, au XVIe siècle et au début du XVIIe siècle, une faculté particulière à innover, tout ce qui est de l'ordre du néologisme, désormais, fait l'objet d'un contrôle sévère. Les risques d'introduire de la variation sont pris en compte. Par ailleurs, l'origine sociale du néologisme importe. Ne sont réellement envisagés, souvent pour être finalement écartés, que les néologismes introduits à la Cour, dans des contextes spécifiques. Il en résulte que le peuple, demeurant assez insensible aux injonctions normatives, préfère souvent conserver ses anciens usages, et que l'usage populaire, graduellement, devient un usage archaïsant.

Ainsi, le XVIIe siècle aura été rythmé par des moments où deux variétés de langue, l'une plus moderne que l'autre, s'opposent. On l'observe dans la toute première décennie du siècle ; à nouveau vers 1630 ; puis vers 1650, où il est l'objet de la première description organisée ; et il est encore attesté par les commentateurs dans les années 1670. Au risque de simplifier un peu caricaturalement, disons que la variété la moins moderne, à intervalles d'une vingtaine ou trentaine d'années, tente de regagner le terrain qu'elle a perdu sur les nouveaux usages.

Les jargons de l'oral

Dans cette lutte, les années 1640-1650 marquent une démarcation importante, en ce qu'on y assiste à l'apparition d'une *conscience des usages*. Cette conscience vient compenser, tant soit peu, la frustration que l'on peut légitimement éprouver à l'égard du manque de documents provenant de la première moitié du siècle, et nous permettant de nous faire une idée de la réalité ordinaire du français. Si le journal d'Heroard est un document aussi exceptionnel, c'est d'abord que son caractère spontané ne se trouve nulle part ailleurs à l'époque. Il ne correspond pas, en effet, à une pratique ayant une signification culturelle repérable. Tous les autres témoignages que nous possédons de la langue orale du début du XVIIe siècle souffrent de problèmes de distorsion imputables à leur inscription dans une pratique écrite codifiée.

Les documents légaux, par exemple, enregistrements de mariages ou de décès, actes de cession d'un bien, « lettres de rémission », actes de procès en sorcellerie, « canards » (publications spécialisées dans la diffusion de faits divers), cahiers de doléances, se présentent rarement comme le reflet fidèle de ce qui a été dit. Dès qu'on passe à l'écrit, au XVIIe siècle, ce sont des formules spécifiques qui viennent sous la plume, une phraséologie, un « style », qui s'insèrent dans un genre de discours. La rhétorique des greffiers et des baillis interfère sans cesse avec ce qui a pu être l'expression des plaignants. Dans *Les Proces civil, et criminel* de Le Brun de la Rochette 1618), apparaît une section intitulée : « les Injures ». On se dit qu'on va enfin y trouver un matériau de première main... Hélas, la section ne fait que donner la définition de l'« injure » en droit, sans exemples.

Il existe par ailleurs durant tout le XVIIe siècle des manuels de conversation à l'usage des étrangers qui présentent de petits dialogues articulés autour de la vie quotidienne (voyages, nourritures, boissons, achats...). Ceux-ci portent souvent des titres qui présentent des métaphores horticoles, comme *The French Garden*[25] d'Erondell (1605) ou le *Linguae Gallicae, et italicae, Hortulus amoenissimus*[26] (1608) de La Faye. Il s'agit de cultiver la langue comme un jardin, et d'y faire pousser jolis mots et expressions... Ces dialogues ne sont pas toujours le fait d'auteurs français, et sont souvent, soit bilingues, soit multilingues. Même s'ils présentent des phrases complètes – ce qui, comme on le sait, n'est pas le caractère premier de l'oral – ils ont néanmoins pour mission d'aider le locuteur étranger à se débrouiller *à l'oral*. Ils recensent donc des faits qu'on ne trouve jamais décrits ailleurs, les interjections ou exclamations utilisées pour relancer la communication, par exemple : *hai quoy !*, *Eh bien Monsieur !*, *Morbleu !*, *ho, ho, bellement !* Ils reformulent fréquemment la même idée de plusieurs façons différentes, ce que font les méthodes d'apprentissage et ce qu'on fait souvent à l'oral : *En mon logis mesme, la ou ie demeure, ou ie fay ma demeurance*[27]. L'un dans l'autre, ces méthodes nous donnent un petit aperçu de ce à quoi le voyageur étranger pouvait être exposé, dans la rue française.

Pour ce qui est de la physionomie vocale, phonétique, mélodique de la langue à l'oral, on peut s'appuyer sur des traités ou méthodes d'apprentissage comme le *Traitez des consonances, des dissonances, des genres, des modes, & de la composition*[28] de Marin Mersenne, qui date de 1636. On peut considérer avec moins de confiance les recueils de chansons, comme les chansons de Gaultier Garguille[29], qui font l'objet d'une élaboration.

A partir des années 1640, la littérature et le commentaire vont s'emparer de la langue orale. L'œuvre satirique pionnière de Charles Sorel a donné naissance à une lignée de romans réalistes tels *Le Roman comique* de Scarron, ou *Le Roman bourgeois* de Furetière. Comme le *Francion*, ces textes s'efforcent de reproduire des parlers, prêtant surtout attention aux phénomènes lexicaux ou phonétiques. On s'accorde aujourd'hui à penser qu'ils ne peuvent être considérés comme des sources fiables de reconstitution du français oral de leur époque, dans la mesure où toute la dimension morphologique ou syntaxique est gommée. Dans les années 1640, sous la Fronde, fleurissent également toutes sortes de textes en prose ou versifiés qui s'expriment de manière satirique et polémique sur la situation politique. On les appelle les « mazarinades[30] ». On en connaît de Cyrano de Bergerac[31] ; mentionnons également les *Agréables conférences*[32] anonymes.

Un témoin : Molière

Et puis, nous avons Molière. Dans plusieurs de ses pièces, notamment dans *Dom Juan* (acte II, scène 1), Molière a fait intervenir des paysans. Mais on a bien remarqué, en comparant le langage qu'il place dans leur bouche avec celui qu'on trouvait chez Sorel ou Cyrano (*Le Pédant joué*), que le processus de stylisation littéraire, à des fins comiques, qui s'était déjà mis en place à la génération burlesque, s'est encore accentué. Molière fait parler ses paysans de manière tellement marquée que le ridicule est immanquable. Il multiplie, par exemple, les *j'ons* ou *j'avons*, qui donnent facilement l'impression d'un patois à un public qui ne sait que le français. D'autres traits, comme la prononciation *Pazis* pour *Paris*, étaient archaïques à l'époque de Molière ; il les fait néanmoins figurer. Le grossissement du trait est flagrant.

Plus généralement, ce qui intéresse Molière, c'est la façon dont des groupes mettent en place des normes, et animent ensuite leur confrontation. Tout son théâtre met en scène ces petites différences d'usage qui, dans les années 1650-1660, sont commentées de manière passionnée. Il faut dire qu'il y a une véritable mode, dans la bonne société des premières années du règne de Louis XIV, à s'exposer à des systèmes linguistiques différents. De là le défilé des parlers dans certaines pièces de Molière. Mais alors que l'ensemble d'oc est encore perçu comme un monde à part, une confusion des appréciations touche les parlers du nord de la France, envisagés dans une concentricité relative par rapport au français standard. La frontière est mince, alors, entre ce qui est considéré comme un patois, ce qui est vu comme un usage sociologiquement marqué, et ce qui est une faute. Les classes élevées construisent leur identité sur la base d'un *écart* dont vont souffrir, en premier lieu, les classes paysannes et populaires du Nord.

Dans les années 1640-1650, l'inquiétude politique se double en effet d'une inquiétude sociale. L'ancienne aristocratie féodale, la bourgeoisie financière et juridique, et le peuple constituent des univers bien distincts, ayant chacun leur logique. De plus, la paysannerie représente pour beaucoup un monde dangereux, toujours au bord de la révolte, manifestant son mécontentement par d'impressionnantes jacqueries. Au total, les classes sociales manifestent une grande défiance les unes à l'égard des autres. La stigmatisation réciproque est de mise. Le théâtre de Molière représente bien ces tensions internes à la société, qu'attisent tendances à l'autorité et tendances à un certain « anarchisme ».

Les problématiques du langage au milieu du siècle, et notamment du langage parlé, s'inscrivent dans le contexte de cette confusion. En représentant le langage de l'autre comme fondamentalement différent, on renforce son propre sentiment d'identité. Les nobles critiquent les bourgeois, les bourgeois rient des précieuses, les parisiens méprisent les provinciaux, les domestiques issus des régions se jouent de leurs maîtres. Toute velléité de sortir de ces cadres est immédiatement réprimée : le « bourgeois gentilhomme » est l'un des personnages sur lesquels se déchaîne le plus de haine. Si le théâtre de Molière a autant une vertu cathartique, c'est d'abord qu'il permet au public de se donner un exutoire à ses craintes d'être stigmatisé, et d'assouvir son désir de tracer des lignes infranchissables dans la société. Les usages linguistiques, de ce point de vue, constituent le lieu idéal de représentation de ces énergies négatives. L'exclusion sociale des paysans est représentée par leur impossibilité, quoi qu'il arrive, de communiquer avec le reste de la société sur la base d'un idiome commun. Une pièce comme *George Dandin* est une cruelle leçon donnée à un personnage qui, comme il le dit lui-même dès les premiers mots de la pièce, a voulu s'élever au-dessus de sa condition et s'allier à la maison d'un gentilhomme. L'intrigue tourne au jeu de massacre, à l'humiliation. Dès sa première confrontation avec Monsieur et Madame de Sottenville, parents de son épouse, George Dandin est repris sans arrêt sur son langage, au point d'être quasiment placé dans l'impossibilité de parler. « Ne vous déferez-vous jamais avec moi de la familiarité de ce mot de *ma belle-mère*, et ne sauriez-vous vous accoutumer à me dire *Madame* ? », lui lance Madame de Sottenville dès les premières répliques (I, 4). Et lorsque Dandin lui fait remarquer qu'elle l'appelle bien *mon gendre* : « Il y a fort à dire, réplique-t-elle. Apprenez, s'il vous plaît, que ce n'est pas à vous à vous servir de ce mot-là avec une personne de ma condition ; que tout notre gendre que vous soyez, il y a une grande différence de vous à nous et que vous devez connaître. » Les barrières sociales, une fois passées dans la langue, sont érigées comme de véritables remparts.

Chez Molière, chacun accuse ainsi l'autre de parler un « jargon ». « Tout ce que vous prêchez est, je crois, bel et bon / Mais je ne saurais, moi, parler votre jargon », déclare la servante Martine à ses maîtresses dans les *Femmes savantes* (II, 6). A quoi celles-ci répondent : « L'impudente ! Appeler un jargon le langage / Fondé sur la raison et sur le bel usage ! »

Jargon : voilà bien le mot qu'il ne fallait pas employer ! Au XVIIe siècle, ce terme auquel on a d'abord fait signifier, au Moyen Age, le gazouillis des oiseaux et, par extension, toute forme de langue incompréhensible, connaît une grande vogue. C'est le terme qui est utilisé pour stigmatiser le langage des précieuses. Autour de lui, se cristallisent toutes les représentations qu'on peut avoir du langage de l'autre comme incompréhensible. Molière se plaît à en forger, placés dans la bouche d'étrangers, comme dans *L'Etourdi*, où figure un « jargon allemand ». L'étranger, le villageois, le médecin aux termes barbares : autant de figures du *jargon*, images repoussoirs de la manière dont le public aspire à être *entendu*. Se penchant rétrospectivement sur le XVIIe siècle dans le *Dictionnaire philosophique* (aux articles « Esprit » et « Initiation », par exemple), Voltaire considèrera que le goût du « jargon » est un élément caractéristique de cette époque, fascinée qu'elle était par les coteries et les mondes clos.

Le « jargon de l'argot »

Mais le terme *jargon* peut être autrement déplaisant. Il désigne aussi le langage des basses classes, inaccessible aux non initiés ; dans ce sens, il rejoint l'*argot*, connu depuis le Moyen Age comme code interne au « milieu » des brigands et des voleurs de grand chemin.

En 1628, paraît un ouvrage d'Olivier Chereau, intitulé *Le Jargon ou Langage de l'Argot reformé, comme il est à present en usage parmy les bons pauvres*[33]. A l'époque, le terme *argot* signifie encore « corporation de gueux ». On parle alors de *jargon de l'argot*. Les langues secrètes font alors l'objet d'une grande curiosité. Véritables codes impénétrables, elles ne sont pas sans inspirer la crainte en même temps qu'une forme de fascination. L'ouvrage d'Olivier Chereau se prétend un déchiffrement de ces codes, une façon de pénétrer dans ce monde à part. Se moquant de la « société du spectacle linguistique », pour ainsi dire, qui accompagnait les entrées royales dans les villes de province au XVIe siècle, il décrit une fête farfelue donnée par les argotiers en l'honneur de Louis XIII à l'occasion de la prise de La Rochelle. Le Roi – le *Dabusche* – y est l'objet de louanges chantées dans un mélange d'argot et de français.

Curieusement, le terme *argot* sera beaucoup moins populaire au XVIIIe siècle, avant de renaître au XIXe siècle. La vogue de l'argot et du jargon semble avoir bien correspondu à l'esprit du milieu du XVIIe siècle, quand la mode littéraire du burlesque est venue croiser l'attention nouvelle prêtée dans la vie quotidienne aux usages marqués.

Grammaire et lexique

Face à la variation, au début du XVIIe siècle du moins, aucune « grammaire », ou « dictionnaire » n'est là pour faire véritablement autorité.

Une entreprise d'envergure, mais unique, est constituée par le *Thresor de langue françoise tant ancienne que moderne*[34] de Jean Nicot, paru de manière posthume en 1606. Le nom de Nicot est resté présent dans notre lexique usuel, puisque c'est lui qui, dit-on, a rapporté du Portugal une plante venue d'Amérique promise à un bel avenir : le tabac. Il nous en reste la *nicotine*. Ayant travaillé au dictionnaire de Robert Estienne, Nicot avait une vision large du lexique, typique du XVIe siècle. Dans sa collecte de matériaux, il n'hésite pas à faire figurer, étant lui-même originaire de Nîmes, de nombreux termes et expressions des dialectes d'oc, tout comme des extraits des parlers d'autres régions. L'esprit de ce « trésor » est d'être une somme. Aussi conservera-t-il une grande renommée durant toute la première moitié du XVIIe siècle et au-delà. Pour tous ceux qu'intéresse la variété des usages anciens, il reste la référence. Sa posture vis-à-vis de la langue, néanmoins, devient vite datée : bientôt, il ne séduit plus que les grammairiens passéistes ou d'arrière-garde.

Pour ce qui est de la grammaire, le premier XVIIe siècle vit dans la frustration. Il est toujours difficile, pour les contemporains, de se situer par rapport à l'écrasant modèle que continue de représenter la grammaire antique, particulièrement latine. Pendant tout le XVIIe siècle, il y aura encore des grammairiens pour penser, comme on l'avait fait au XVIe siècle, que toute tentative de décrire le français de manière *réglée* est vouée à l'échec. Un bon nombre de grammaires, d'ailleurs, continuent à s'écrire en latin, et à considérer comme matériau essentiel le latin. La grammaire reste un exercice scolastique, indifférent aux variations, préférant s'appliquer aux structures figées des langues mortes plutôt que d'essayer de construire des théories au milieu d'un enchevêtrement de phénomènes de surface mal repérés.

Par ailleurs, écrire une grammaire suppose qu'on se construise une attitude cohérente face à la norme. Et ici, force est de constater qu'avant les pages décisives sur l'*usage* de Vaugelas dans ses *Remarques*, aucune position ne s'était vraiment dégagée. Aucun grammairien ne pensait avoir une autorité suffisante pour imposer une norme à ses contemporains ; et une observation rapide des usages démontrait une absence de mouvement régulateur spontané. Tout au long du siècle, les grammairiens contourneront savamment le problème de la norme. Enfin, obstacle circonstanciel, l'inscription, dans les statuts de l'Académie, de la tâche d'écrire d'une grammaire, a rendu d'une certaine façon illégitimes, avant même qu'ils ne se formulent, les projets individuels de grammaire du français.

Au total, le XVIIe siècle s'est passé presque entièrement dans l'attente d'une *Grammaire du français*, si possible académique, qui ne vint jamais. Ce phénomène finira par créer un *tabou* autour de l'idée de grammaire. Horizon inatteignable – le treizième des travaux d'Hercule –, souvent promis, toujours différé, objet de contestations, de chicanes, de positions de principes inintelligibles par le vulgaire, la « grammaire » restera pendant une bonne part du XVIIe siècle une sorte de « chimère ». L'absence de finalisation de cette entreprise démontre à quel point la totalisation d'un savoir sur le français demeurait un point aveugle de l'inconscient culturel, à une époque où la langue était un puissant facteur d'identification. La mise en savoir de la langue représente encore trop d'enjeux, et elle est vécue, généralement, comme le reflet d'intentions partisanes.

A l'orée du siècle, cependant, la *Grammaire* de Maupas, dont la première édition date de 1607, et qui sera souvent rééditée, représente une première tentative, originale et touchante, d'y voir clair dans la physionomie du français. Touchante, parce qu'on y voit le grammairien s'y débattre dans des problèmes d'usage, qu'il pose pour la première fois sans essayer de les dissimuler. Explicitement, il indique avoir voulu travailler à partir des « difficultés » de notre langue, et d'avoir fondé son entreprise sur une « curieuse attention de la naïve propriété de notre parler[35] ». D'ailleurs, il a écrit toute son œuvre, dit-il, sans aucune référence à ce qui a pu se faire dans le passé : c'est la technique de la *tabula rasa*... « Sans, dit-il, m'amuser à esplucher les grammaires [...], me semblant, ajoute-t-il, plus expédient d'examiner iudicieusement l'usage de nos parties d'oraison, que de recevoir pour reigle les advis d'autruy[36]. »

Par ailleurs, Maupas attire l'attention sur la nécessité de s'intéresser à la *syntaxe*. Jusqu'à présent, dit-il, on ne s'est posé de questions syntaxiques qu'à propos du latin : pour le français, on s'est contenté de questions lexicales et morphologiques. Cette ambition nouvelle l'a conduit à aborder de nombreux points délicats, tels que celui des articles, ou des constructions verbales. Sa description du français n'est évidemment pas complète mais quelques-unes des « clés » principales de la syntaxe sont déjà là.

De son côté, l'Académie, de par ses statuts, se devait de s'atteler à la rédaction d'une grammaire et d'un dictionnaire. Une série d'obstacles vint retarder la mise en œuvre de ce travail. Tout d'abord, la querelle du *Cid* (1637) est venue distraire la Compagnie de son premier objectif. « On commençait donc à parler du Dictionnaire et de la Grammaire, quand la fortune suscita à l'Académie un autre travail qu'on n'attendait pas [37] », écrit Pellisson. Pour ce qui est du dictionnaire, en outre, le problème principal qui se posait était celui des *autorités*. Quelle source, quel *canon* considérer comme légitime pour l'enregistrement d'un mot ? Comme convenu au départ, les premiers académiciens dressèrent une liste des auteurs à lire, et à partir desquels faire une recension des termes qu'on pouvait considérer comme toujours d'usage : Amyot, Ronsard ou Montaigne pour les auteurs d'un passé récent ; Malherbe et Théophile de Viau, entre autres, pour les auteurs contemporains. On se mit au travail en 1640, sans grand enthousiasme, en l'absence de rémunération. La lenteur de l'examen des textes n'eut apparemment d'égale que celle de la rédaction des notices. Furetière rapporte qu'on passa neuf mois sur la lettre A, dont cinq semaines uniquement pour arrêter si la lettre A elle-même était une voyelle ou un substantif masculin. Encore avait-on oublié dans le parcours, selon une bévue inexplicable, de l'ordre de l'« acte manqué », le mot « académie [38] »...

Du point de vue du fond, une difficulté essentielle demeurait. En effet, on n'était pas encore parvenu à isoler de manière efficace ce qu'on peut appeler « mot ». Devait-on se contenter de présenter une liste des mots « simples » d'un usage courant ? Apporter des précisions sur les constructions possibles de ces mots ? Faire état des différentes locutions dans lesquelles ils entrent ? Enfin, pouvait-on donner une image correcte de la langue en ne faisant figurer que les mots d'emploi usuel, sans les termes rares, vieillis, ou d'usage spécifique ? Sur tous ces points, aucune doctrine ne faisait l'unanimité. Les difficultés rencontrées dans la rédaction du dictionnaire de l'Académie illustrent cette incertitude généralisée de la réflexion face à la langue. En outre, on ne voyait pas bien comment trier ce qui pouvait relever du dictionnaire et ce qui était du ressort de la grammaire. La question décisive des « phrases », autrement dit, dans le langage de l'époque, des ensembles de mots, des locutions, n'était pas résolue.

Entre-temps, d'autres publications s'étaient intéressées au lexique français. Parmi elles, on doit citer les *Curiositez françoises pour supplement aux Dictionnaires ou Recueil de plusieurs belles proprietez, avec une infinité de Proverbes & Quolibets, pour l'explication de toutes sortes de Livres* d'Antoine Oudin (1640). Le titre dans son entier permet de faire sentir la complexité des attentes de l'époque vis-à-vis d'un dictionnaire. Indiscutablement, l'ouvrage d'Oudin se faisait l'écho d'un sentiment d'insatisfaction à l'égard des dictionnaires existants qui, depuis le *Thresor* de Nicot, n'étaient d'ailleurs pas nombreux. On remarque aussi que l'ouvrage était destiné à accompagner la lecture des « livres ». Cette précision donne une idée du désarroi qui pouvait être celui du lecteur moyen devant les changements des termes employés à l'oral comme à l'écrit. Ce changement était vécu comme un obstacle à la transmission du savoir. Bien des lecteurs, en cette première moitié du XVIIe siècle, éprouvent déjà des difficultés à lire Montaigne ou Amyot, pour ne rien dire de Marot ou de Rabelais : le dictionnaire doit leur servir de viatique. Enfin, on note la sensibilité, annoncée dans le titre, aux « proverbes » et « quolibets ». Ce trait signale une spécificité du premier XVIIe siècle, marqué esthétiquement par la mode du burlesque. Mais il révèle aussi que, dans le sentiment que les locuteurs ont de leur langue, les formes idiomatiques, « toutes faites », occupent une place essentielle. Certaines sont associées à un côté plaisant, qui n'est pas indifférent dans le processus d'identification qui doit se faire au travers de la langue. Il en résultera, même la mode du burlesque passée, une grande attention portée à la phraséologie. Les locuteurs se reconnaîtront dans ces expressions qui se disent, qu'il faut apprendre au même titre que les mots, que les étrangers notamment doivent connaître – et qu'on n'apprend pas dans les grammaires.

Déjà auteur d'une grammaire, en 1632, Antoine Oudin était très sensible au problème du vieillissement des formes du langage, et à la nécessité de se faire une idée de ce qui pouvait encore se dire ou s'écrire. Ses *Curiositez* proposent un commentaire fin et nuancé des questions de registres, de niveaux de langue. On y reconnaît ainsi un des premiers « dictionnaires du français non conventionnel » de l'époque... – comme une photographie de ce premier XVIIe siècle burlesque et baroque qu'on a longtemps oublié au profit du siècle « classique ».

Les années 1630-1650 sont aussi celles d'« inventaires », qui témoignent du souci encyclopédique, mais non toujours ordonné, qu'on manifeste vis-à-vis du lexique. Ces inventaires s'intéressent à telle ou telle zone de la langue, la comparent avec son équivalent en latin, ou dans les autres langues romanes... Ce qui semble manquer, c'est une synthèse ; un ouvrage qui soit accessible au plus grand nombre, sans que soit nécessité le bagage technique des pédants.

Les Remarques de Vaugelas

En 1647, paraît un volume qui, entre le sentiment encore flottant des usages qui était celui du début du XVIIe siècle, et l'élan de standardisation et de normativité qui caractérisera la fin du siècle, va jouer un rôle décisif : les *Remarques sur la langue française* de Vaugelas [39].

Claude Favre de Vaugelas était né en Bresse en 1585 d'une famille de jurisconsultes. Tôt monté à Paris, il fut associé à la création de l'Académie, dont il fut l'un des premiers membres et, son goût pour les « observations » de langage étant déjà notoire, on avait pensé à lui pour la rédaction du dictionnaire. Il devait s'occuper des mots d'usage courant, le poète Saint-Amant se chargeant des termes « grotesques » et « burlesques ». Toutefois, il mourut tôt (1660), et son successeur au dictionnaire, le spécialiste de l'orthographe Mézeray, n'eut pas l'énergie suffisante pour faire avancer la publication avant sa propre mort (1683). La vie de Vaugelas est assez romanesque. Le sort voulut que, fin connaisseur du langage, il fût précepteur de deux enfants handicapés, dont l'un était muet. Il fréquenta beaucoup les salons, notamment l'Hôtel de Rambouillet, le cercle le plus mondain de l'époque. A la fin de sa vie, il fut acculé à une telle détresse financière qu'il eut recours à des procédés assez extravagants pour se rétablir. Il eut d'abord l'idée de lancer une sorte de loterie, mais celle-ci ayant échoué, il finit par vendre certaines parties de son corps à la médecine. Pour autant, de l'avis général, il fut considéré de son vivant comme le maître de la langue française. De sa traduction de Quinte-Curce en français, parue en 1659, Voltaire dira que ce fut « le premier livre écrit purement ».

A la Cour et à Paris, Vaugelas se trouvait évidemment en situation de ce qu'on appellerait aujourd'hui une « insécurité linguistique ». Il avait beau être lettré : lui manquait l'« usage », essentiellement l'usage oral – en fait, une norme sociale – pour se faire accepter dans la bonne société. Il fut fasciné par la focalisation qui peut parfois se réaliser autour de certains mots, de certaines tournures, qui attirent à eux un monde de représentations, d'élégance, de prestige. Il entreprit d'en faire des listes, et de se constituer ainsi des manières de « fiches » conçues autour d'un point de détail, dans lesquelles se trouveraient recensées et discutées toutes sortes d'exemples pris dans la conversation et au hasard des lectures. Ce travail, de toute évidence, s'apparentait à celui qui préside à la rédaction d'un dictionnaire, et, dans la préface des *Remarques*, il s'excuse presque de faire paraître ce qui pouvait ressembler à l'un des projets non encore aboutis de l'Académie.

La lecture des *Remarques* peut se révéler aujourd'hui assez déconcertante : on y voit Vaugelas se demander successivement s'il faut dire et écrire *lors* ou *alors*, s'il faut construire deux relatifs dans la même phrase, s'il faut dire *pluriels* ou *pluriers*, etc., le tout sans aucun esprit de système. Au XXe siècle, deux reproches essentiels lui ont été adressés. Celui de ne tenir aucun compte de la dimension historique, tout d'abord, ce qui le conduit à considérer le présent de sa langue d'une manière tant soit peu arbitraire ; celui de ne jamais théoriser, ensuite. Il est bien évident que la méthode de Vaugelas manque de conceptualisation et d'effort de rationalisation. En réalité, les *Remarques* se présentent explicitement comme une sorte d'enregistrement « en vrac » de toutes les particularités de l'usage dont on débattait à ce moment. Dans sa préface, Vaugelas revendique ce caractère désordonné, qui différencie l'ouvrage des grammaires scholastiques et d'enseignement. Il cherche à faire en sorte que son livre se présente comme le travail que n'importe quel observateur aurait pu faire sur ce qu'il lit et entend autour de lui. Il crée ainsi un espace de dialogue avec ses lecteurs – c'est ce qui fit d'ailleurs son succès – dans lequel ceux-ci sont invités pour ainsi dire à contribuer à l'entreprise générale.

L'une des grandes originalités de Vaugelas est sans aucun doute la place décisive qu'il accorde à l'oral. Il y a reconnu cette dynamique, cette force, qui donne l'impression qu'on perfectionne le langage en le faisant circuler entre les interlocuteurs. Pour lui, si le français est plus riche et plus beau que les autres langues (préjugé ordinaire à l'époque !), c'est « à cause de la conversation et de la communication des beaux esprits, qui est plus grande en France qu'ailleurs, même avec les femmes [40] ». Vaugelas s'appuie sur l'essor, dans la première moitié du siècle, de tout ce qui est échange, sociabilité, « honnêteté »,

« monde »... En cela – au sens où il ne s'appuie pas sur les savoir constitués – il est « moderne ». Il n'est pas exagéré de dire que son regard sur la variation en fait un ancêtre de ce qu'on appelle aujourd'hui la « sociolinguistique ». Vaugelas était véritablement passionné par la physionomie des formes de langage qui tout d'un coup apparaissent dans un espace donné, se disent, puis se voient reconnaître une légitimité. En même temps, il cherchait à faire le tri de ce qu'il appelait les « meilleures » façons de parler, guidé par une idée de la pureté, du « discours pur », qu'il reprenait à certains discours latins, Quintilien, par exemple. Contre les grammairiens, qui ont le tort de vouloir raisonner sur tout, et imposer telle forme plutôt que telle autre pour d'obscures raisons spéculatives, Vaugelas défend l'idée que les langues ne bougent que mues par l'« usage ». L'usage « maître et tyran des langues », dit-il. D'ailleurs, il n'envisageait pas lui-même que son travail conserverait de la pertinence passés vingt ou trente ans, tant il a conscience qu'en matière de langage, tout se déplace sans cesse.

Pour autant, en dépit de cette « loi de l'usage », il existe malgré tout selon lui, dans les langues, ce qu'il appelle un principe d'*analogie* (autre emprunt à l'Antiquité : Varron), qui organise secrètement cet usage. L'analogie, pour lui, c'est « un usage général et établi que l'on peut appliquer en cas pareil à certains mots » (préface). Autrement dit, s'inspirant de ce qui s'observe dans un mot, une tournure ou un fait, on peut en déduire une application à un mot, une tournure, ou un fait voisins. A eux seuls, ni l'usage ni la raison ne gouvernent donc véritablement les langues. C'est un certain type d'aller-retour entre les deux, finalement, qui fait apparaître certaines tournures comme « meilleures », comme « plus élégantes ». A l'intérieur de l'« usage », Vaugelas en vient donc à décrire une autre sphère, qui serait le « bon usage », formule bien connue et réutilisée au XXe siècle (par exemple par Maurice Grévisse[41]).

C'est ici, naturellement, que l'entreprise de Vaugelas se révèle dominée par un souci de « distinction », au sens de Bourdieu. Ce qu'il appelle « bon usage », c'est, dans une formule qui est restée célèbre, « la façon de parler de la plus saine partie de la Cour, conformément à la façon d'escrire de la plus saine partie des Autheurs du temps » (préface). Comme on le voit, Vaugelas s'est totalement fait l'écho des problématiques de *valeur* attachées au langage dès lors qu'on fait de celui-ci une manière de représentation. Il est totalement rentré dans la dynamique qui consiste à vouloir s'arracher, par la définition d'un espace restreint et idéalisé, à tout le *jeu social* qui se trouve investi dans l'échange des formes de langage.

Ce faisant, néanmoins, il s'est trouvé confronté à une problématique qui n'a été dégagée conceptuellement qu'à une date récente [42], à savoir celle de la *variation*. Aujourd'hui, nous nous rendons mieux compte que la langue dont Vaugelas a été le témoin était très fortement régie par la concurrence de formes équivalentes entre lesquelles il était parfois difficile de faire son choix. L'un des objectifs de Vaugelas, à cet égard, était d'aider son lecteur à se repérer parmi cette grande quantité de formes et de possibilités. Pour les linguistes actuels, la variation se résout essentiellement quand, une forme ayant été introduite par un groupe minoritaire de locuteurs, son usage s'étend progressivement et en vient à supplanter celui de la forme équivalente plus ancienne. A ce titre, l'œuvre de Vaugelas peut se lire comme un effort de réduire une variation encore surabondante. Lorsqu'on examine les remarques où une décision est prise, d'ailleurs, on s'aperçoit que, de ce point de vue, il a plutôt bien réussi : les formes qu'il préfère, comme dans la conjugaison du verbe *asseoir*[43], sont souvent celles qui se sont imposées. Les zones de flou [44] le sont souvent resté.

Si la méthode de Vaugelas consiste donc à s'appuyer fortement sur l'oral, celui-ci ne fait pas pour lui *toute la langue*. Les *Remarques* construisent un équilibre subtil entre prise en compte inédite et audacieuse de l'oral et évaluation critique de l'écrit. Tout comme Malherbe avait annoté celles de Desportes, Vaugelas a lu et annoté l'édition de 1630 des poésies de Malherbe. Son autre modèle (pour la prose), était Nicolas Coëffeteau, issu du monde de la rhétorique, mais très attentif aux problématiques de l'*élocution*. Par ailleurs, Vaugelas n'était pas insensible aux modèles italiens, diffusés en France par la création d'une académie dite « florimontane », en 1606, en partie sous la responsabilité de François de Sales. Au total, l'image qu'il se faisait de la langue était donc faite pour moitié d'une langue littéraire marquée aussi bien par le souci grammairien de Malherbe que par le soin poli de Coëffeteau, et pour l'autre moitié d'une langue mondaine de la conversation passée par un crible particulièrement fin.

Plus qu'aux schémas d'explication, aux concepts et aux exemples véhiculés par la tradition grammaticale, Vaugelas accorde une grande importance au sentiment même des locuteurs. C'est cette compétence, finalement, qui dessine une physionomie langagière saisie dans une absolue *synchronie*, détachée de son passé comme de l'espace de l'analyse. Il en résulte une image assez étroite de la langue et des usages. Vaugelas n'examine jamais de termes techniques, et surtout, il ne remonte jamais plus haut que deux ou trois décennies. Ce sur quoi il invite son lecteur à s'interroger, fondamentalement, c'est sur les mécanismes subtils, souterrains, parfois à demi conscients, qui inclinent à préférer une forme, une tournure, plutôt qu'une autre, sans s'interroger sur les raisons de ces préférences.

Ainsi, on peut presque dire qu'il convie ses lecteurs à une manière d'« introspection » linguistique. L'idée d'« oreille », d'ailleurs, est très valorisée par lui. Loin du pseudo savoir des grammairiens, comme des prétentions à la décision des censeurs, Vaugelas crée l'espace pour ainsi dire « sans passé » d'une relation intime à la langue qui se nourrit d'une sensibilité à la « coutume », et d'une appréciation esthétique poussée si loin qu'elle irait presque jusqu'à faire de la grammaire un « art »... C'est Vaugelas qui légitime dans le sentiment français de la langue les préoccupations de qualités – rythme, euphonie, harmonie générale, longueur, variété –, faisant de tout locuteur un écrivain en puissance, un véritable ciseleur de son idiome...

Activant de façon dynamique la relation à la langue que pouvaient avoir ses lecteurs, Vaugelas, pour ce qui est de lui, revendique un « retrait » qui lui sera parfois reproché. Si « certains, dit-il, s'attachent à leur propre sentiment contre l'opinion commune », lui, de son côté, se défend d'avoir voulu faire des « lois » « de son autorité privée ». Pour lui, d'ailleurs, ce ne saurait être le privilège d'un individu : le « souverain maître » reste l'usage... Les deux tiers des remarques se concluent donc sans que l'une ou l'autre des solutions envisagées soit véritablement préférée, encore moins imposée. L'espace du choix y est savamment préservé. Entre relevé insatiable d'occurrences et retrait ultime derrière la « coutume », les *Remarques* inaugurent l'expérience quelque peu décevante qui peut être aujourd'hui celle du *Bon Usage* de Grévisse...

Pour autant, le concept d'« usage » peut se révéler singulièrement contraignant. On s'en aperçoit à lire les jugements que formule Vaugelas à propos des cas de « néologismes » qui lui sont soumis, tel qu'*exactitude*[45]. Pour un peu, on pourrait caricaturer sa position en disant qu'il n'entérine comme néologismes que ceux qui sont déjà acceptés ! En effet, si, pour lui, un mot n'a pas réussi à s'imposer, c'est qu'on n'en avait pas besoin... Etonnante libéralité, qui décline toute responsabilité, au bout du compte, devant la « vie des mots[46] », et qui instaure une conception très limitée, et au fond politique, des « besoins ».

L'entreprise de Vaugelas a souvent été considérée comme fondatrice de l'établissement d'une certaine norme linguistique en France. Si l'on s'en tient à l'image de censeur qu'ont donnée de lui les quelques références qu'on trouve chez Molière (les « femmes savantes » ne reprochent-elles pas à leur servante de ne pas « parler Vaugelas » ?), effectivement, on sera tenté de se le représenter comme un grammairien obtus, armé d'une férule, et qui saute sur la moindre occasion pour reprocher aux locuteurs leur langage. On remarquera aussi qu'il utilise beaucoup les termes « lois », « décisions », « arrêts », « règles », influencé qu'il a été par le vocabulaire juridique. En réalité, l'entreprise de Vaugelas est plus ambiguë et même paradoxale. En fait, les *Remarques* de 1647 offrent un « pacte de lecture » redoutable, puisqu'elles invitent sans cesse le lecteur à formuler un jugement normatif, alors que leur auteur lui-même se retire la plupart du temps derrière la primauté de l'« usage ». Autrement dit, les *Remarques* invitent sans cesse le lecteur à s'approcher de la langue, tout en le forçant ensuite à s'éloigner.

Ainsi, Vaugelas crée dans son public les conditions d'une attitude ambivalente. Ce sont ses lecteurs davantage que lui-même, qui voudront établir des « règles ». En les invitant à exercer leur sensibilité linguistique, Vaugelas, dans bien des cas, cristallise leurs penchants normatifs. Plus que leur contenu lui-même, c'est donc la dynamique qu'elles ont créée dans le public qui a fait des *Remarques* un pilier de la norme.

Parti d'une observation honnête et scrupuleuse de la variation dans l'usage restreint qui était celui de la Cour et des littérateurs, Vaugelas a finalement mis en place une grille de lecture des faits langagiers qui va se révéler opérante pendant toute la seconde moitié du XVIIe siècle, et même au XVIIIe siècle (sans parler de ses répercussions ultérieures). Issu d'un milieu provincial, il a chassé de son horizon tout ce qui venait, précisément, des régions et des marges. Son regard s'est focalisé sur la variation sociale en milieu élevé, et sur les différents genres de discours qui pouvaient commander des spécificités. Si l'on compare le matériau qui est utilisé dans les *Remarques*, et l'étendue des usages qui étaient ceux du premier XVIIe siècle tels qu'on peut les reconstituer par d'autres sources, on s'aperçoit que Vaugelas a considérablement limité le champ.

Mais si son entreprise a rencontré un succès aussi grand, c'est qu'il venait à la rencontre d'une demande. Il dissipait, pour commencer, l'impression qui était en train de se diffuser que les questions de langue pouvaient être soumises à l'autorité privée. En colligeant des exemples, il a fait une synthèse de ce qui n'apparaissait que comme des usages parcellaires et incohérents. Des lignes de force sont apparues dans le lexique. Mais il a aussi considérablement accentué l'opposition, qui commençait à se faire jour, entre un « bon usage » et un mauvais usage. Jusqu'aux *Remarques*, la diversité des parlers était envisagée dans une relative liberté, utilisée comme matériau par la génération burlesque, par exemple. Le sentiment de la langue introduisait par ailleurs des différences, entre des usages géographiquement ou sociologiquement marqués. A partir de Vaugelas, tout cela va se trouver précipité dans la catégorie floue et immense du « mauvais usage ». Une focalisation nouvelle va se faire autour du « bon usage », formé sur une base extrêmement élitiste. C'est le début de la fin, pour la variation. Le devenir de la langue va désormais être lu à travers un prisme infiniment plus étroit.

4

« CELA N'EST PAS FRANÇAIS ! »

A sa mort, en 1660, Vaugelas, sans avoir connu ni la grammaire de Port-Royal ni la génération des écrivains « classiques », ni l'affirmation du rôle de l'Académie, laisse derrière lui en héritage un rapport à la langue complexe, nourri d'un mélange contradictoire de désir de norme et d'acceptation des usages ; une forme immédiatement populaire, ensuite : celle de la « remarque », de l'« observation », à la fois subjective et objective, émanant d'une compétence particulière, mais prétendant entrer dans la logique profonde de la langue.

On s'explique ainsi que le travail de Vaugelas ait suscité de vives réactions, et ait donné lieu à des interprétations contradictoires. La publication des *Remarques* de 1647 a été de celles qui marquent une époque, et font entendre leurs résonances longtemps après ; elle a ouvert un âge que Vaugelas n'a pas connu, qui a duré environ cinquante ans, et qui a sa cohérence [1].

Les réactions à Vaugelas furent de deux sortes. Dans l'« avant-garde » grammairienne, certains rentrèrent à fond dans la logique fondamentale de l'entreprise, et se lancèrent dans une discussion pied à pied de tous les points de détail soulevés dans l'ouvrage. D'autres, reprenant l'hostilité qui avait été celle de Marie de Gournay à l'esthétique malherbienne, s'opposèrent au principe de base de la recherche d'une « pureté » de la langue, bien fade et antipoétique pour eux, et contre laquelle ils entendent privilégier l'« énergie ». S'ils relèvent historiquement d'une « arrière-garde », ces derniers n'en ont pas moins introduit des discussions passionnantes. En s'attachant à une infinité de scrupules lexicaux et en recherchant partout l'exactitude grammaticale, n'est-on pas, disent-ils, en train de priver la langue de certains de ses principaux ressorts expressifs ? C'est la position que défendit un logicien formé à la vieille école, Scipion Dupleix, dans un volume significativement intitulé *Liberté de la langue française dans sa pureté* (1651) et qui semblait si archaïque, que le jésuite Bouhours, par exemple, trouva qu'il paraissait écrit « par un vieux gaulois ». Scipion Dupleix a décidé d'« impugner » Vaugelas..., et de manière générale tous ces « critiques syllabaires, raffineurs de style, [qui] énervent et affoiblissent nostre langue sous pretexte de la polir et de l'espurer ».

Pour lui, tout d'abord, la théorie affichée par Vaugelas de l'« usage maître et tyran des langues » repose sur un gigantesque paradoxe, et n'est pas défendable rationnellement. Si l'on écoutait Vaugelas, dit Scipion Dupleix, on se fierait aveuglément à l'usage, qui n'est en réalité que le caprice de certains – qui plus est minoritaires –, et on s'interdirait toute perspective d'amélioration. Or, il semble bien que ce soit la volonté de Vaugelas, d'isoler malgré tout les principes d'une plus grande « pureté » de la langue. Scipion Dupleix fait donc éclater le caractère tant soit peu contradictoire de l'entreprise de Vaugelas : s'agit-il de décrire la langue ou de nous dicter ce qu'on a à dire ? Il n'est pas d'accord pour qu'on fonde un « bon usage » sur une acceptation aveugle des « anomalies », qualifiées abusivement d'« ornements » à partir du moment où elles sont employées à la Cour. Il est en quelque sorte un « libertaire » énergique de la langue... Pour lui, les conditions pragmatiques de l'expression, les choix du locuteur, ses intentions, ne doivent jamais être « neutralisées » par les scrupules grammaticaux. Il est contre une homogénéisation de l'usage par la grammaire. L'existence de la variation, estime-t-il, est une richesse, qui doit continuer de pouvoir autoriser une exploitation stylistique. Comme Marie de Gournay, il est contre le « retranchement » des mots : il ne faut pas « appauvrir notre langue sous prétexte de l'épurer[2] ».

Certes, il y a eu une opposition radicale et déclarée à l'entreprise de Vaugelas, mais force est de constater que, de manière générale, les *Remarques* de 1647 ont suscité un véritable engouement. Une ancienne génération d'amis de Vaugelas, Conrart, Patru, Chapelain..., érudite et révérencieuse, s'attache à parfaire le monument que constituent les *Remarques*. On fait un relevé de toutes les références non explicitées et on les éclaircit ; on publie des résumés de l'ouvrage rangés par ordre alphabétique... ; et surtout on ajoute des articles et des discussions nouvelles. Certains tentent une difficile synthèse entre l'esprit des *Remarques* et la tradition grammaticale³.

Bientôt, de rééditions en commentaires, de polémiques en libelles, le continent des ajouts aux remarques, des nuances, des menues corrections ou au contraire des discussions des principes, prit de plus en plus d'importance. Comme le Maître avait dit qu'il n'écrivait que pour vingt ou trente ans, tous s'efforcent de réactualiser les *Remarques*.

« *Remarqueurs* » *et grammariens*

Vaugelas refusait tout ce qui était « grammaire » en bonne et due forme. Il ne voulait pas être confondu avec ces raisonneurs qui spéculent sans prêter attention à la réalité ; pour lui, rien n'était plus important que l'usage. Sa « doctrine », de toute évidence, ne pouvait pas s'enseigner. Comment construire une pédagogie à partir de cette mystérieuse « tyrannie » de l'usage, qui fait tout sans qu'on y puisse rien comprendre – et parfois même à rebours du bon sens ? En 1652, au moment où il fait paraître son *Histoire de l'Académie*, et troublé par tout ce que Vaugelas laisse non résolu, Pellisson estimera qu'il est du ressort de l'Académie de donner une réponse définitive aux doutes soulevés par les *Remarques*, de manière à « affirmer » et à « fixer en quelque sorte le corps de la langue ». Après lui, c'est toute une filiation qui s'est construite, de grammairiens décidés à « raisonner » sur l'usage. Certains, comme Laurent Chifflet (1598-1658), sont des enseignants praticiens de la grammaire (Chifflet a surtout exercé aux Pays-Bas). Ils sont donc conscients de la nécessité, lorsqu'on cherche à expliquer un phénomène, d'utiliser, autant que faire se peut, les facultés de raisonnement de son auditoire. Dans sa « préface au lecteur », Chifflet évoque de manière simple et candide ces problèmes, qui le conduisent à afficher une ambition de systématicité, tout en reconnaissant la difficulté qu'il y a à régler pour de bon la langue : « Mon Lecteur ; je ne me donne pas la vanité de vous promettre une Parfaite Grammaire : je fais seulement profession d'en donner un Essay, m'étant étudié d'éviter les defauts, que j'ay apperceus dans les grammairiens, qui courent par les mains des curieux de nostre langue. Au reste, je les prie [les lecteurs] de ne se pas étonner de voir tant de Regles & de Preceptes, car il ne se peut faire autrement, quand on enseigne une Langue, qui est entierement formée, & qui est parvenuë au point de sa perfection : telle qu'est aujourd'huy la Langue Françoise, fondée sur l'usage de la Cour, sur celuy des Maistres de la langue, & sur celuy des bons Escrivains [4]. » Belle synthèse des questions qui se posaient aux contemporains, entre désir de comprendre, norme, et observation des modèles...

Port-Royal et la langue française

En 1660, paraît un petit ouvrage qui semble accomplir un pas décisif dans la direction de la rationalité : la *Grammaire générale et raisonnée contenant les fondemens de l'art de parler expliquez d'une maniere claire et naturelle* de Claude Lancelot et Antoine Arnauld, dite « Grammaire de Port-Royal [5] ». Cette grammaire eut un écho assez limité en son temps, essentiellement à cause de la position politique et religieuse controversée du mouvement dit « janséniste » qui en fut à l'origine. Dans le contexte des travaux intellectuels du cercle de Port-Royal, elle n'est pas un ouvrage isolé : elle précède de deux ans une *Logique* [6], signée de deux grands noms du mouvement, Arnauld et Nicole, avec laquelle elle s'articule ; elle suit aussi deux méthodes d'apprentissage des langues anciennes, la *Nouvelle Méthode pour apprendre la langue grecque* et la *Nouvelle Méthode pour apprendre la langue latine* [7], dont elle est le prolongement. L'ensemble forme une vaste entreprise pédagogique, à l'usage des écoles de Port-Royal, qui entend repenser les fondements du savoir sur le langage, la rhétorique, la philosophie en reprenant le corps de doctrine d'Aristote, et en l'enrichissant des apports de la nouvelle théorie de Descartes.

L'ambition des « Solitaires » de Port-Royal, dans ces ouvrages, était de proposer une lecture *claire* et *simple* des principales problématiques qu'il était nécessaire de connaître, et un accès *facile* aux langues mortes indispensables à la lecture des textes sacrés. L'idée était de faire le tri dans tout ce qu'avait véhiculé jusqu'à présent la tradition scolastique afin de ne conserver que ce qui était absolument utile. Les ouvrages de Port-Royal sont pour la plupart courts, et les auteurs se flattent que leur assimilation puisse se faire en quelques jours. Fort de ces données, on comprend que les auteurs aient mis l'accent sur l'armature conceptuelle, sur la méthode et sur les symétries logiques plus que sur le détail d'une information qui, en elle-même, n'est pas vue comme réellement formatrice. Aussi ces ouvrages sont-ils souvent considérés comme les plus « modernes » du XVIIe siècle : ils présentent une « hauteur de vue » qui n'est guère observable dans les productions des contemporains, une rigueur, une fermeté, un esprit analytique, qui sont aussi la marque d'un Pascal.

La *Grammaire générale et raisonnée* est d'abord, comme certaines autres avant elle, une grammaire philosophique. Les auteurs commencent par distinguer les trois principales opérations de l'esprit qu'ils tiennent à l'origine de l'activité de langage : concevoir, juger, raisonner. S'inaugure ainsi une toute nouvelle manière de considérer la grammaire, qui sera dénommée au XVIIIe siècle « grammaire générale ». La grammaire des langues particulières n'est plus considérée que comme une application d'une philosophie générale de la grammaire et du langage. Tout, dans la description, est gouverné par ces quelques principes de base qui peuvent être saisis par l'intellect en dehors des considérations empiriques.

Ainsi, la *Grammaire* de Port-Royal aborde-t-elle sans hésitation le terrain des « règles », là où bien des grammairiens avaient hésité. La description qu'elle donne de certains phénomènes est donc infiniment plus « géométrique », analytique, satisfaisante pour l'esprit, que celles qui avaient alors cours.

Mais on note également que la *Grammaire* de Port-Royal n'a pas été étanche aux apports de Vaugelas, pourtant issu d'un point de vue tout différent sur la langue. Vaugelas avait remarqué par exemple ce qui paraissait une « règle » du français, à savoir l'impossibilité de construire une relative sur un antécédent sans article (on ne peut écrire, par exemple : *j'ai été blessé d'un coup de flèche qui était empoisonnée*). A partir de cette « règle », la *Grammaire* de Port-Royal, ne se satisfaisant pas d'une constatation aussi laconique et aussi peu explicative, se lance dans un démontage complet des cas où des exceptions pourraient être envisagées, et des raisons pour lesquelles la construction est possible. Ce faisant, elle fait clairement apparaître un phénomène de syntaxe que la grammaire moderne a isolé depuis sous le nom de *détermination*. Pour la première fois, des grammairiens jouent avec la langue, expérimentent, cherchent des solutions. Aussi la *Grammaire* de Port-Royal sera-t-elle maintes fois rééditée, et demeure un modèle pour bien des grammairiens français au XVIIIe siècle. Elle lancera véritablement l'esprit d'investigation en syntaxe par lequel la grammaire va se renouveler.

Gilles Ménage

Entre elle et les premières générations du XVIIIe siècle, néanmoins, c'est un mystérieux « trou », occupé davantage par les entreprises lexicographiques et les publications de recueils de « remarques » que par un approfondissement de ces débuts prometteurs. Ce n'est qu'entre 1700 et 1710, après les grandes parutions des dictionnaires, que les grammairiens se remettront véritablement à l'œuvre.

Que faire après les *Remarques* ? Parmi tous les candidats potentiels à la succession de Vaugelas, deux se feront un nom, par une querelle célèbre qui est aussi une opposition de deux points de vue antagonistes sur la langue.

Gilles Ménage (1613-1692) est une figure originale de l'intérêt pour la langue au XVIIe siècle. A son époque, c'était une figure intellectuelle de premier plan. Il était polyglotte des langues modernes (italien, espagnol, surtout, mais aussi allemand, anglais...), ce qui était rare de son temps, et avait appris le latin et le grec tout seul, sans aide. Il était l'ami de très nombreuses personnalités, tant politiques (Mazarin, Colbert), que littéraires (Balzac, Madame de Sévigné, Madame de Lafayette, le Cardinal de Retz...).

Au départ, il était surtout passionné par l'étymologie[8], recherche qui engageait depuis la Renaissance beaucoup d'amateurs, et qui donnait souvent lieu à des théories hasardées, l'obsession étant de ne faire dériver le français que d'une seule langue[9]. Son premier ouvrage, les *Origines de la langue française* (1650), fut réédité en 1694, très augmenté, sous le titre de *Dictionnaire étymologique* et fut longtemps considéré comme une référence. Avec lui, mais dans un autre registre, Ménage se forgea une réputation de connaisseur de la langue équivalente à celle de Vaugelas. Aujourd'hui, on constate évidemment que les *Origines de la langue française* contiennent des erreurs, imputables pour l'essentiel au fait que Ménage ne pratiquait pas la phonétique historique, découverte du XIXe siècle, et se contentait de juxtaposer les formes. Mais l'ouvrage avançait une idée nouvelle, véritablement décisive : pour comprendre la formation du français, il ne fallait pas prendre en compte le latin classique, mais le bas latin, le latin tardif qu'une somme récente avait permis de redécouvrir[10]. Ainsi, dans sa version finale, le travail de Ménage s'offre comme un trait d'union, une réconciliation, après un siècle d'affrontements parfois stériles, entre des sources françaises dépouillées de mythologie, et une latinité qui ne serait plus considérée sous la lumière idéalisée d'un âge d'or, mais comme la transmission lente et progressive d'un matériau, *via* les formes locales du latin médiéval, puis des langues romanes. Ménage est peut-être le premier de nos romanistes !

La position de Ménage comme « expert » en questions de langue ne pouvait le laisser indifférent à l'entreprise de Vaugelas. On sait que Vaugelas lui soumit ses premiers travaux, que Ménage accueillit avec une suffisance moqueuse. Mais à la parution des *Remarques*, c'étaient deux façons de voir la langue qui s'affrontaient. Sous le titre *Le Parnasse alarmé*, l'érudit philologue fait paraître en 1649, sans nom d'éditeur ni nom d'auteur, une attaque en vers contre ces « raffineurs de locutions », ces « hypercritiques », qui dépouillent la langue française de ses meilleures locutions. Ce faisant, il rejoint la position d'arrière-garde, celle de Marie de Gournay, qu'il défend explicitement. C'est le parti des savants lexicologues contre les puristes.

Les principes du Père Bouhours

Au fil du temps, néanmoins, Ménage fut bien obligé de se construire une position sur la notion d'*usage*, qui se substituait, dans la vogue, à celle d'*origines*, qui avait passionné le XVIe siècle. Ainsi, d'« anti-remarqueur », Ménage en est bientôt venu à être un remarqueur comme un autre. En 1672, paraissent des *Observations sur la langue française*[11] qui, partant du terrain, familier pour Ménage, des expressions proverbiales, se transforment en fin de compte en un recueil de remarques très similaire à celui de Vaugelas. Pour autant, Ménage est sans complaisance pour le créateur du genre : en tant que docte, il entend bien remettre de l'ordre dans les jugements d'amateur des *Remarques*. Le ton se durcit encore lors de la parution d'une version augmentée, en deux volumes (1675 et 1676), des *Observations*. Et à ce moment-là, le travail de Ménage vient heurter de plein fouet l'ambition d'un autre remarqueur de la nouvelle génération : le Père Dominique Bouhours (1628-1702). Les publications s'entrecroisent, les invectives fusent, faisant le régal de Madame de Sévigné et de Molière, qui en reprendra quelques formules dans les *Femmes savantes*. Le « singe de M. Vaugelas », comme l'appelle Ménage, l'« injudicieux P. Bouhours », « ce petit *grammaticuccio* »... semble suivre malgré tout avec plus de finesse l'air du temps.

Bouhours est un jésuite qui fut considéré comme une sorte de modèle d'abbé mondain dans les années 1660-1680, fréquentant les salons et les lieux de bel esprit, Madame de Sévigné et son cousin

Bussy-Rabutin, Madame de Lafayette, et s'opposant farouchement à Port-Royal. On connaît de lui des vies de saints, des ouvrages historiques, des traductions, des recueils de vers, de maximes... ; il fut également précepteur, notamment du fils de Colbert.

Ce qui le fit s'intéresser à la langue fut la parution, en 1668, d'une traduction nouvelle du *Nouveau Testament* sous la direction du janséniste Le Maistre de Sacy, par une équipe comprenant vraisemblablement Pascal, Antoine Arnauld, dit « le Grand Arnauld », Nicole, et Sacy lui-même. L'optique de traduction de Port-Royal consistait à essayer de rendre le caractère poétique du texte latin de la Vulgate (sans remonter à l'original grec) en proposant des tournures relativement inédites en français. C'est le même principe qui sera réutilisé en 1687 pour traduire l'*Imitation de Jesus-Christ*, ce texte latin du XIIIe siècle qui jouait un si grand rôle dans la formation spirituelle à l'époque.

Ce texte, comme la Bible, était très métaphorique. Comment traduire des formules osées telles que *prata scripturarum*, les « prés » des écritures ? Les traducteurs jansénistes proposent : *le jardin délicieux des écritures*. L'usage de ces métaphores déplaît à Bouhours, qui trouve que, dans la mesure où elles ne sont pas dans l'usage du français, il faut essayer de rendre l'idée autrement : « Quand l'expression métaphorique n'est pas en usage en français, il en faut rendre le sens ; on appelle les Saintes Ecritures des *prés*, à cause de la beauté et de la diversité des vérités qui y sont contenues », écrit-il. De façon générale, les traducteurs proposaient des alliances de mots assez nouvelles en français, parfois elliptiques, laconiques, imagées, telles que : *Je me trouve assiégé d'une foule de pensées, effusion de larmes, méchant moi, mon cœur devrait pleurer de joye, je marcheray par la foi, l'ame ardente et pieuse...* ; autant de tours que l'on retrouve sous la plume de Pascal. En s'exprimant de la sorte, dit Bouhours, les traducteurs jansénistes « affectent un langage mystérieux, tel qu'était celui des oracles ». Il va jusqu'à qualifier l'entreprise de « paraphrase mystique ». Au total, c'est un *français particulier* que Bouhours reproche aux traducteurs jansénistes d'employer. L'enjeu est linguistique, esthétique, mais aussi religieux : au-delà du « scrupule », c'est la question de l'expressivité du texte sacré qui est posée.

Aujourd'hui, nous jugerions que les traducteurs du cercle de Port-Royal ont fait « jouer » les mots, un peu à la manière de Mallarmé qui, plus tard, revendiquera d'avoir essayé de faire fonctionner les mots « de biais »... Ils changent les alliances de mots reçues, écrivent *désir brûlant* au lieu de *désir ardent*. « Cela n'est pas français », déclare sans ambages Bouhours. Pour lui, les traducteurs jansénistes sont sortis des premiers devoirs de l'écrivain, qui sont, d'une part, de ne pas « créer » de mots, et d'autre part, de respecter les alliances de mots communément reçues. Il ne fallait pas, ainsi, s'autoriser ces rencontres entre le concret et l'abstrait qui nous frappent aujourd'hui par leur force poétique, ou élargir à des sens spirituels de mots auxquels la norme ne reconnaît de valeur que propre ; pour tout dire, essayer de créer un « idiome » spécial, adapté à l'expressivité des textes sacrés, « poétiser », inventer une langue « à part ».

Contre toutes ces tendances, Bouhours travailla sa vie durant à mettre en œuvre des principes d'écriture différents, reposant davantage sur ce qu'il appelle la « délicatesse », autrement dit une manière de formuler souple, respectueuse de l'usage, mais élégante en même temps. Durant les quinze dernières années de sa vie, Bouhours travailla à sa propre traduction, qu'il publia en deux volumes en 1697 et 1703, mais qui n'eut jamais le succès de celle de Saci. Le théologien protestant Richard Simon lui reprochera de faire parler les évangélistes « à la rabutine », c'est-à-dire comme Bussy-Rabutin, emblème d'une conception « mondaine » de la parole. La virulence des débats concernant ces traductions signale l'importance de l'enjeu dans lequel se trouvait l'esthétique du français à l'époque : force poétique ou « bon usage » à la Vaugelas ? Il en va du devenir du français dit « classique ».

Ces débats sont exposés dans le grand succès de librairie que Bouhours fit paraître en 1671 : les six dialogues des *Entretiens d'Ariste et d'Eugène*[12]. Bouhours a intitulé l'un de ces dialogues : « De la langue française ». A l'évidence, « la langue française », sujet dans l'air du temps, pouvait intéresser un public mondain, tout comme la question du « je ne sais quoi », celle des devises, d'essence aristocratique, ou du rapport entre pratique du pouvoir et art de se taire (« le secret »). Toute la première partie de ce dialogue est consacrée à un résumé de l'histoire du français, destiné à montrer que jamais on n'a parlé plus purement qu'à l'heure actuelle. Bouhours compile alors d'abondantes données issues des *Recherches de la France* de Pasquier, dont on lui reprocha de reproduire des pages entières sans citer sa source... Puis il se fait juge des tendances contemporaines du français. C'est l'occasion de fustiger de manière systématique les expressions rencontrées dans les traductions jansénistes en les rapportant à des caractères de langue et à un « bon usage » interprété de manière de plus en plus normative. Il examine également toute une série de mots nouvellement apparus en français – ou de sens nouveaux apparus dans des mots existants, comme *finesse* – pour répondre aux « doutes » que le locuteur cultivé peut être amené à avoir.

C'est le début d'une activité d'« évaluateur » quasi officiel de la langue qui fera de lui le continuateur le plus voyant de Vaugelas. Le point de vue polémique s'efface devant une attitude générale face à la langue. A ce titre, Bouhours est conscient de répondre à une attente. En 1674, il adopte la fiction qu'un « gentilhomme de province » adresse à « Messieurs les Académiciens » des *Doutes sur la langue française* ; tel autre opuscule aura pour auteur fictif une « dame de province », à qui Bouhours prête la candide volonté de s'instruire. Bientôt, ce seront deux volumes de *Remarques nouvelles* (1675 et 1692) où s'affiche clairement la filiation de Vaugelas. Un jésuite pouvait-il se consacrer à une activité aussi frivole ? Les jansénistes multiplièrent les railleries envers ce religieux à qui « les mots sont infiniment plus considérables que les choses, et qui paraît plus exact et plus religieux sur le style que sur la religion même ». Au fil des années, Bouhours devint véritablement leur bête noire, et ils multiplièrent contre lui opuscules, lettres, pamphlets, l'ensemble donnant lieu à un recueil paru en 1700. La polémique vola parfois bas : on accusa Bouhours d'avoir une liaison avec Madame de Lafayette, de passer son temps à échanger des recettes de salade avec les dames...

Si Bouhours, à l'instar de son maître Vaugelas, considère l'« usage » comme le principe directeur en matière de langue, il donne plus d'importance à la langue écrite. Les *Doutes*, par exemple, s'adressent plus spécifiquement à ceux « qui se mêlent d'écrire ». Comme Vaugelas, Bouhours s'intéresse aux *mots*, mais les passages les plus développés concernent cette dimension intermédiaire entre le mot et la syntaxe qu'on appelle à l'époque « phrases », autrement dit les tours, les locutions, les façons de s'exprimer acceptées par l'usage. Plus qu'aucun autre « remarqueur » de l'époque, il a contribué à installer en France une manière d'écrire qui tourne le dos aux anciens codes d'écrit (les longues périodes alambiquées, par exemple), pour mouler l'expression sur le modèle de la langue de la conversation et sur le style épistolaire, valorisant en outre la clarté, la netteté et l'harmonie. Dans son esprit, il s'agissait de mettre au point un français qui permettait de parler d'à peu près tout, en prose comme en vers. Son autorité en matière d'écriture était telle que Racine, par exemple, lui donnait ses tragédies à relire avant publication, non sans trouver que les jésuites pratiquaient « une justesse grammaticale [allant] jusqu'à l'affectation [13] ». Bouhours fut ainsi *le* correcteur des écrivains de la fin du XVIIe siècle, Bossuet, par exemple, ou Madame de Lafayette (*La Prin-*

cesse de Clèves). Dans *Le Temple du goût*, Voltaire le représentera assis à l'écart de ces grands auteurs, occupé à inscrire frénétiquement sur des tablettes toutes les fautes de langue qu'ils commettent dans leurs propos.

« A vous parler franchement, la langue française est ma grande passion », écrivait Bouhours dans la préface des *Doutes*. On retiendra aujourd'hui de lui la manière très spécifique qu'il a eue d'articuler entre elles les questions de langue, de style, d'expression et de pensée. Son œuvre peut être comprise comme un effort pour réconcilier l'ancienne tradition scripturale avec l'usage du monde, dans tous les aspects que cette expression peut comporter : langagiers, sociaux, moraux. A son époque, les trois instances sociologiques de l'usage que sont la Cour, la Ville (Paris) et la province sont quasiment en conflit. La position de Bouhours est à ce titre – il serait difficile de le nier – très élitiste et hiérarchique. Dans les *Doutes*, il écrit par exemple : « Les délicatesses du langage sont réservées à ceux qui hantent la Cour. [...] Quelque effort que fassent les provinciaux pour bien parler, ils se sentent toujours de la province : ils ont beau se polir en lisant les bons auteurs : il leur reste, après toutes leurs lectures, je ne sais quelle crasse dont ils ne sauraient se défaire »...

A bien des égards, néanmoins, il annonce les évolutions à venir. Sans Bouhours, pas de langue des « philosophes », au XVIIIe siècle ; pas de Voltaire, de Diderot ou de Condillac. Ce qui a intéressé Bouhours, dans *La Manière de bien penser dans les ouvrages d'esprit* (1687), par exemple, c'est de travailler à une manière proprement *moderne* d'utiliser les formes langagières pour faire passer une pensée. Cette manière, il l'appelle l'*esprit*. Ce faisant, Bouhours a été amené à poser le problème de la force d'expression, du *laconisme*, de *l'ingéniosité*, de l'utilisation des figures, de la disposition, etc. Il a défini une manière « française » de formuler qu'il a opposée au caractère synthétique du latin comme à la métaphorisation excessive de l'espagnol ou de l'italien. Sa réflexion sur la « justesse » rejoint alors ses hypothèses sur le « génie des langues ». Comme Montaigne, Bouhours montre à quel point est difficile le positionnement des modernes face aux anciens. La revanche des modernes, selon lui, ce sera la langue, la formulation, la « pureté ». Ainsi peuvent se dessiner dans l'Europe moderne des « styles nationaux », qui sont déjà évoqués dans les *Entretiens* de 1671, et que Bouhours n'hésite pas à articuler avec le caractère des langues. Au bout du compte, apparaît la figure d'un « génie de la langue », tour particulier que tel ou tel idiome donne à l'expression des pensées. Pour Bouhours, par exemple, la langue française « répugne aux métaphores », et aux hyperboles – qui font la beauté de la phraséologie italienne ou espagnole. Elle ne peut s'accommoder non plus de la contraction extrême par laquelle le latin donnait un caractère frappant, aisément mémorisable, aux pensées. Il lui reste l'élégance, la délicatesse, la justesse, que Bouhours essaie de valoriser pour construire un style idiomatique positif.

Aujourd'hui, avec la distance des siècles, l'œuvre de Bouhours apparaît comme un tournant dans l'histoire du sentiment de la langue, non seulement du XVIIe siècle, mais de l'ensemble de l'histoire du français. Il est difficile d'imaginer comment une simple querelle de traduction des textes sacrés a pu avoir des répercussions aussi vastes, tant sur l'histoire interne de la langue que sur celle de ses représentations. Beaucoup de commentateurs ultérieurs ont fait de Bouhours l'emblème de la « fixation » définitive du français classique. C'est peut-être prendre un peu au pied de la lettre certaines des intentions normatives du jésuite grammairien. Toujours est-il qu'entre la langue de Bouhours et celle de Vaugelas, par exemple, une différence éclate : on commence à reconnaître dans Bouhours, comme on le reconnaît dans Racine ou dans Madame de Lafayette, un certain « tour » donné à la phrase, une certaine disposition particulière des mots, une certaine dynamique communicationnelle, qui nous font paraître le style de Vaugelas bien lourd et bien embarrassé. Et il n'est pas douteux qu'entre Bouhours et le milieu du XVIIIe siècle, la langue aura moins évolué qu'entre Vaugelas et lui. S'il n'a pas « fixé » la langue – opération qui relève plutôt de l'imaginaire –, il a indiscutablement rendu familiers les contours d'un idiome nouveau.

A mi-chemin entre la prise en compte de la dynamique de l'oral, et celle des exigences stylistique de *l'écriture*, Bouhours a rendu populaires les contours d'une langue ni exclusivement parlée, ni exclusivement écrite. Plus encore que l'Académie, dont il utilise d'ailleurs largement l'espace laissé vacant, on peut dire qu'il a contribué à *faire* le style de certains écrivains, au moins dans ce que celui-ci peut avoir de phraséologique. Sa position dans l'histoire est d'ailleurs tout à fait unique : en équilibre instable entre écoute authentique de la langue et tendances normatives, il ne pouvait guère être suivi. Dès la génération suivante, l'espace original dans lequel il s'était situé vis à vis de ses lecteurs se dissout et se redéploie autrement.

Le lustre du français

Si les années 1630-1660 étaient caractérisées par un esprit de tâtonnement empirique autour des faits de langue, la décennie 1670-1680 consolide une position cohérente autour du français. Les traités de rhétorique, tels celui de René Bary (1665), d'Antoine Le Gras (1671), ou de Bernard Lamy (1675, puis 1688), se posent de plus en plus de questions grammaticales et stylistiques. Une réédition de celui de Bary porte significativement en sous-titre cette indication : « où pour principale augmentation l'on trouve les secrets de notre langue ». Le mouvement qui avait conduit la réflexion sur l'éloquence à se transformer en réflexion sur l'art de dire trouve son aboutissement : la rhétorique devient, comme le dit Bary, « l'achèvement de la grammaire ». La tâche du rhétoricien rejoint celle du grammairien, ou, à tout le moins de ceux que préoccupe le « scrupule » de langage. « Il ne sert de rien de dire qu'il n'appartient pas à un particulier de réformer une langue : comme l'on n'a point encore érigé en titre d'office la qualité d'académicien, l'on n'empiète sur personne, lorsqu'on pèse les termes, qu'on examine le tour, qu'on travaille à l'arrondissement et à la symétrie, à la proportion et au nombre », déclare Bary dans son avant-propos.

Cette génération est impatiente : il faut, désormais, qu'on dispose d'une norme propre à l'éloquence, réglée dans sa constitution, dans sa phraséologie, avant que soient envisagées les grandes questions traditionnelles de la persuasion et de l'argumentation. La *Rhétorique* de Le Gras consacre une très importante partie à l'« élocution », « la plus difficile partie », selon l'auteur. La langue devient véritablement une cause commune : on n'attend plus l'Académie pour s'atteler collectivement à sa réforme, à son amélioration.

Cette convergence nouvelle touche également la « poétique ». Les traités valorisent désormais une culture de la « diction », laquelle doit être « congrue, claire, naturelle, éclatante, nombreuse[14] ». Le souci principal est de créer les conditions d'une expression moderne pure et élégante.

Si l'attitude envers la langue s'est ainsi faite plus offensive, c'est essentiellement, en effet, que la manière qu'ont les contemporains de se situer face aux Anciens a radicalement changé. Dans une *Comparaison de la langue et de la poésie française avec la grecque et la latine* parue en 1670, Desmarest de Saint-Sorlin consacre près de quatre-vingts pages à défendre vigoureusement la langue française contre le latin et le grec, longtemps considérés comme les seuls garants de la véritable force poétique. Selon lui, continuer de faire des vers latins en France serait absurde : ce serait comme « porter du bois dans la forêt[15] ». Il y a une vraie beauté de la poésie française, à laquelle ceux qui sont trop savants en latin ne peuvent d'ailleurs avoir accès[16]. L'essentiel est que l'invention ayant été portée à un haut degré, l'expression suive. Pour l'auteur, c'est un fait certain : il se trouve désormais en France des esprits pour concevoir avec force. « Notre langue est donc arrivée à son plus haut point de richesse et de beauté, puisque les esprits sont arrivés au plus haut point, pour l'invention, pour la conduite et pour les sentiments[17]. »

Ce qui est intéressant, c'est que cet exercice volontariste va se focaliser autour de l'image de la langue. Desmarest de Saint-Sorlin se prend à rêver à ce qui peut, éventuellement, rendre la langue française en elle-même propice à la poésie, « belle » comme indépendamment de ce qu'elle peut servir à exprimer ; et de mentionner « la diverse terminaison des mots[18] », l'abondance des sonorités féminines[19], facteur de variété, l'alternance des longues et des brèves[20], la faculté de former des inversions « sans embarras et sans obscurité[21] »... Bref, une partie de ce qui était investi traditionnellement dans la poésie, dans ce qu'elle peut avoir de divin, d'au-dessus du langage des hommes, se trouve transféré vers le domaine, soudainement vu comme autonome, de *la langue*.

C'est ainsi que, venu d'horizons très divers, un vaste mouvement d'idéalisation de la langue se met en place dans les années 1670. Ce mouvement a comme caractéristique de ne pas être issu de la tradition de la grammaire, mais au contraire de se reconstituer un nouvel objet à partir de préoccupations stylistiques, esthétiques, rhétoriques. En l'absence d'une véritable autorité exercée par l'Académie (ou toute autre institution), l'image de la langue devient la force centralisatrice de toutes sortes d'attitudes, postures, revendications ; elle en vient à représenter une monnaie d'échange dans des affrontements idéologiques, esthétiques, religieux. Opposition entre jésuites et jansénistes, « querelle des Anciens et des Modernes », réflexion linguistique sur la littérature : tout se passe comme si les enjeux de langue, tout d'un coup, en étaient venus à représenter le terrain idéal où peuvent se régler mille conflits épars dans la société. La persistance d'un certain « amateurisme » dans la discussion, à cet égard, est significative. Le point de vue « savant » d'un Ménage devient marginal : l'essentiel est que tout le public cultivé puisse participer à cette vaste remise en cause de la culture par elle-même, au moyen de ce prisme privilégié qu'est la langue. L'idéalisation linguistique est mondaine, commune, non professionnelle. Chacun, depuis son lieu, est libre d'y apporter sa contribution.

Un événement assez singulier viendra cristalliser les débats. En 1676, on décida de construire un arc de triomphe à la gloire du Roi. Jusqu'alors, toutes les inscriptions des monuments modernes élevés en France avaient continué à se faire en latin. En 1676, pour la première fois, le français fut mis dans la balance. Le Père Lucas, jésuite, défendit le latin, François Charpentier le français[22]. Dans des formules véhémentes, Charpentier développe, à l'adresse du Roi, l'utilité politique qu'il y a à écrire l'inscription en français. « On peut juger de la grandeur ou de la petitesse du Génie d'une Nation par sa langue », dit-il. C'était évidemment le type d'arguments qui pouvaient porter. « C'est là, sire qu'elle [la langue française] doit entrer avec vous en possession de l'immortalité ». Le « moment du français » est peut-être venu : « L'Académie n'est plus rien, si cette langue, qu'elle s'est efforcée depuis quarante ans de rendre agréable, riche, éloquente, est demeurée si imparfaite, que de ne pouvoir pas fournir avec dignité cinq ou six lignes pour consacrer à vostre valeur le trophée immortel qu'on lui prépare », déclare-t-il au roi d'un ton à la fois grandiloquent et étonnamment direct.

Revaloriser le français par rapport au latin était dans l'air du temps. En 1667, un avocat au Parlement, qui s'était proclamé du coup « l'avocat de la langue française », Louis Le Laboureur, avait fait paraître un petit opuscule intitulé tout simplement *Les Avantages de la langue française sur la langue latine*[23]. Pour lui, il était clair qu'il fallait radicalement tourner la page du latin. Ce qu'il écrit pour le montrer tourne parfois à une amusante démolition des « défauts » de cette langue – obscurité, rudesse, abondance d'épithètes inutiles, et surtout extraordinaire complexité de la construction. En latin, il faut parfois, écrit l'auteur, « tourner des périodes entières pour les expliquer[24] ». Il a fait, dit-il, l'expérience de traduire mot à mot des périodes à un ami qui ne savait pas cette langue ; sur quoi l'ami a été, dit-il, « guéri du latin[25] ». Pour lui, il est clair que les Latins pensaient d'abord selon l'ordre du français, avant de tout inverser et de se soumettre à celui de leur langue... Bien entendu, ces critiques ne tenaient aucun compte de la structure de la langue latine, et notamment de l'existence de cas marqués formellement permettant une « clarté » inaccessible au français.

Le point de vue de Charpentier est non seulement linguistique, mais aussi politique. Il le développera dans deux volumes totalisant plus de mille pages, en 1683, sous le titre *De l'excellence de la langue française*[26]. Il s'agit avant tout de défendre un idiome accessible à tous contre la tyrannie des doctes. Le latin, dit Charpentier, n'aurait rien à gagner à une inscription supplémentaire en territoire français. « Ce qui m'a donné le plus de chaleur en cette dispute, dit-il, c'est qu'il y a beaucoup plus à perdre pour notre langue que pour la latine, qui peut n'être point choisie, sans que cela lui tourne à blâme, au lieu que l'exclusion de la langue française fait une tache à son honneur[27]. » Car il est ici question de l'« honneur » des langues. Cette référence signe une véritable révolte contre le statut de vassalité que le français conservait vis-à-vis du latin, plus par tradition que par véritable réflexion. Pour Charpentier, les mêmes raisons politiques qui poussaient les Romains à utiliser un vulgaire, et non le grec, langue de culture, doivent être reprises à l'âge moderne. Contre l'assujettissement à *l'emblème* que représente la langue, Charpentier défend la *translation*, comme on disait à l'époque, autrement dit le déplacement des liens entre langue et pouvoir. Il s'agit de diffuser la langue, de l'affirmer au regard « des étrangers, du peuple, de l'armée ». Il faut, dit-il, « qu'il n'y ait pas un seul citoyen qui ne puisse profiter de cet exemple[28] ». Etonnante préfiguration de la future *politique de la langue* de la Révolution.

Au plan linguistique, la rédaction en français de l'inscription posait un problème. Concrètement, elle aurait donné :

« A la gloire immortelle

De Louis le Grand,

Le Vainqueur de l'Allemagne, de l'Espagne, [etc.] »

Une difficulté surgissait : celle de la présence en français de nombreux articles, prépositions, etc., – tout ce qu'on appelait à l'époque « particules ». Le français n'a pas l'économie de mots qui paraît donner au latin son côté formulaire. Une inscription française a-t-elle autant de « lustre » qu'une inscription latine ? C'est l'opinion de Charpentier, mais il est obligé, pour le montrer, de lutter contre beaucoup d'idées reçues, et d'aller véritablement *à rebours* du sentiment ordinaire de la langue. Celui-ci voudrait que la langue française ne soit bonne, gravée, qu'à des écriteaux du type : « Maison à louer[29] »... La simplicité déclarative à laquelle peut atteindre le français semble en effet être d'essence plus informative (comme ici) – ou proverbiale –, que véritablement emblématique. La question décisive de la *beauté* de la formule[30], de sa faculté à traverser les siècles, se pose alors nécessairement. Toutefois, l'académicien estime que la beauté et la brièveté des inscriptions latines n'est bien souvent atteinte qu'au prix d'abréviations, qui leur donnent un côté obscur et codé. « La langue française, dit-il, est de meilleure foi[31]. » Il s'agirait d'être bref sans être obscur. Le français répondrait alors à ces exigences, dans la mesure où il valorise la netteté, la clarté, et l'harmonie. Une visibilité, une *iconicité* nouvelle apparaît, gage d'une action signifiante de la langue elle-même, indépendante de ce qu'elle véhicule.

L'autre argument qui était traditionnellement opposé à l'usage du français pour une inscription était celui de sa labilité dans le temps. Valait-il vraiment la peine de graver dans le marbre des mots qui, peut-être, n'auraient plus cours au siècle suivant ? Pour Charpentier, la réponse est claire : « La langue française est présentement fixe au même sens que l'est la Romaine[32]. » « La langue française est présentement immortelle[33]. » Il est fâcheux, dit Charpentier, qu'on associe toujours les langues vivantes à une « honteuse dépendance de l'usage[34] ». Pour le défenseur de l'inscription française, ce n'est pas un paradoxe de dire qu'une langue vivante est parvenue à un point de perfection[35] : ce n'est pas en effet sa mort qui a rendu le latin immortel, mais la perfection des ouvrages qui l'ont illustré[36]. Confiant dans la valeur des productions françaises de son temps, conscient du caractère exceptionnel du moment historique que ses contemporains sont en train de vivre, Charpentier n'hésite pas à avancer que sa génération se trouve à ce point décisif. Il ne faut pas « rater » ce moment où la langue française peut entrer dans cet « âge d'or » garant d'immortalité où s'est trouvée la langue latine, et où le français peut désormais, y ayant accédé, la remplacer.

La langue de la perfection ?

On le sait, la fin du XVIe siècle avait été très préoccupée par les questions de *vicissitude* des affaires humaines[37]. On trouve autour de ce thème de nombreuses pages dans les *Essais* de Montaigne, dans les *Recherches de la France* de Pasquier, dans les traités sur l'éloquence de Du Vair (entre autres). L'ensemble de ces interrogations est clairement motivé par une mise en perspective de l'héritage de l'Antiquité. Celle-ci n'est plus perçue comme un magnifique âge d'or qui se serait tenu à l'abri de l'histoire, mais au contraire comme une époque qui s'est corrompue, qui a subi une décadence, une déchéance. Le sentiment de l'histoire lui-même a changé. On a été confronté, avec l'expérience des guerres de Religion, à ce que l'histoire comporte de plus violent, de plus irréversible. Les certitudes étaient balayées, le « branle » terrible des affaires humaines reprenait son cours, les civilisations étaient mortelles. Dans ce contexte, la réflexion sur le sort des langues, sur les causes de leur développement comme de leur mort, s'intègre dans le cadre d'une appréciation large de la dialectique historique dans laquelle se trouve saisi tout ce qui a trait à l'homme. Pourquoi la latinité d'or s'est-elle ainsi dissoute dans la diversité des parlers et des cultures vernaculaires qui jamais ne sont parvenus à acquérir le lustre et la noblesse de leur aînée ?

Un remède est généralement avancé contre cette hantise de la décadence : celui de l'« enrichissement », de l'« amendement ». Depuis la *Deffence* de Du Bellay, s'est construite toute une réflexion sur les moyens d'illustrer les langues, de les faire progresser, de les embellir, de les améliorer, – en somme une véritable *culture* de la langue. Cultiver sa langue, c'est se prémunir contre les risques de la voir s'abâtardir. C'est au nom de cette culture de la langue, par exemple, que Marie de Gournay a protesté contre l'enrégimentement prôné par les « poètes grammairiens » emmenés par Malherbe. Il s'agissait pour elle de préserver cette faculté qu'a la langue de se perfectionner sans cesse, de s'embellir. « Comme si la faculté d'amendement n'estoit pas du nombre de ses proprietez & de ses appartenances, pendant qu'elle restera vive [38]. » L'amie de Montaigne craignait de voir s'interrompre cette dynamique qui garantit à la langue sa véritable vie. Pour elle, aucun assujettissement à des règles n'est susceptible de venir contrebalancer cette essence des langues de culture, rendue plus vive encore par la flamme de l'idéal poétique : « Encore ne sçay-je si quelque Langue s'esleva jamais à tel degré de perfection, qu'elle deust renoncer à toute amplification & culture [39]. »

La création de l'Académie, en 1635, a modifié sensiblement la conception de ce *travail de la langue* par lequel on suppose que les vernaculaires peuvent s'arracher à la labilité de l'histoire. Dans un discours datant probablement de 1635 ou 1636 « sur le différent génie des langues », l'abbé Bourzeys, un spécialiste des langues orientales, affirme qu'il y a « une nature différente des langues », et qu'à chaque langue correspondent des « propriétés » et des « goûts ». Ainsi, il est fort possible, dit-il, qu'« il y ait une éloquence particulière aux Français et inconnue aux Anciens ». Le mot français *génie* utilise ce qui était contenu dans le latin *ingenium* ; la Renaissance y voyait tantôt le synonyme d'un talent individuel, d'une manière d'être, d'un accès à l'expression, tantôt une façon, pour les cultures héritées du latin, de se représenter leur spécificité.

« Chaque nation a toujours parlé selon son génie », dit Bouhours dans les *Entretiens d'Ariste et d'Eugène*[40]. Pour lui, on ne construit pas le propos de la même manière en français qu'en latin, on n'utilise pas les mêmes tournures, les mêmes formes de phrases, les mêmes constructions ou assemblages de mots. Faut-il voir là la preuve qu'il a existé un jour, comme le pensaient les grammairiens du XVIe siècle[41], une *lingua gallica* dans laquelle on pouvait déjà reconnaître quelques-uns des caractères du français ?

L'idée, en tout cas, est qu'il y aurait eu un changement de « génie » entre le latin et le français. Pour Bouhours, par exemple, on entend dans l'ancien français une certaine « naïveté[42] » qui est sa marque spécifique. C'était déjà le propos de Pasquier, dans ses *Recherches de la France*, que de remonter le fil de ce *fonds*, par lequel la France se distingue de la latinité. La démonstration, souvent, n'est pas très rigoureuse en termes philologiques. Elle s'appuie plutôt sur quelques concepts fétiches : *génie, naïveté, justesse, délicatesse*, par lesquels on essaie d'approcher cette idiosyncrasie nommée parfois, aussi, « je ne sais quoi ». « Parler juste » était une expression que Mademoiselle de Scudéry avait répandue parmi les précieuses. « Mon Dieu, qu'il avait l'esprit juste, qu'il pensait juste, qu'il parlait juste et qu'il écrivait juste, jusqu'à dire qu'il riait juste[43] », écrivait Madame de Sablé de Voiture. On se renvoie parfois ces termes affectés de polarités inversées : Chapelain, proche de Vaugelas, s'élève contre les « fausses délicatesses ». Il revendique une idée de l'élégance qui s'accommode d'irrégularité, contre les tenants de « la règle sans élégance[44] ». Certains se fixent sur l'un de ces termes : d'autres tentent de les combiner. S'interrogeant comme Bouhours sur ce qui fait la « pureté » et la « netteté » du langage, D'Aisy oppose de façon emblématique ce qu'il appelle l'« élégance attique », l'« urbanité romaine » et la « politesse française ». Pour tous, il s'agit de fixer une conduite du discours « à la française ». N'employer que des termes du fameux « bon usage », sans néologismes ni mots vieillis, respecter les constructions acceptées, écrire sans équivoques, autrement dit avec « clarté », faire des phrases ni trop brèves, ni trop longues, d'une longueur modérée, ne pas abuser des figures, – demeure, pour l'essentiel des commentateurs l'épine dorsale de l'accès à ce « génie de la langue » d'essence mystérieuse et sacralisé. Des principes, autrement dit, qui, à peu d'exceptions près, pourraient être considérés comme valables dans n'importe quelle langue.

Face à l'immutabilité du latin devenu langue morte, les remarqueurs du français posent une certaine sensibilité à la langue comme condition du « génie ». C'est ce qui fait la vie des langues modernes. Alors que le latin a été fixé pour les siècles par les grammairiens, les langues modernes, comme le français, offrent le visage d'une vie constamment en mouvement, qui oblige les commentateurs à renouveler sans cesse leur discours. Toutefois, l'attention portée à la syntaxe, à la construction, permet de contrebalancer l'obsession du changement qui s'empare de l'observateur dès lors qu'il s'attache aux seuls *mots*. L'essentiel, au-delà des mots, est qu'il y ait un *fonds*, un substrat, une cohérence fondamentale de la langue dans ses choix qui permette, lorsqu'on le jugera bon, d'arrêter l'infini mouvement qui la porte à se modifier toujours plus elle-même.

Depuis sa création, un passage obligé des réceptions à l'Académie consistait en des discours, ou « harangues », à prononcer devant la Compagnie. Compte tenu du cahier des charges initial de l'Académie, un sujet qui s'imposait était bien entendu la langue française, évoquée de manière rhapsodique et apologétique. Nous possédons beaucoup de ces textes, étalés sur tout le XVIIe siècle, et dont un recueil fut publié à la fin du XVIIIe siècle[45]. L'assimilation entre *l'institution* de l'Académie et le destin de la langue est fréquente dans ces discours, comme dans celui de Bossuet : « Telle est donc l'institution de l'Académie, elle est née pour élever la langue Françoise à la perfection de la Langue Grecque et de la Langue Latine[46]. » L'Académie semble devenir le lieu exclusif de la culture de la langue. Celle-ci paraît retirée de la dynamique publique pour faire l'objet d'une instrumentalisation directe, et même d'une exploitation politique explicite. Charles Perrault n'hésite pas à écrire en 1671 : « On ne pouvait commencer trop tôt à polir et à perfectionner une langue qui apparemment doit être un jour celle de toute l'Europe, et peut-être de tout le monde, sur tout d'une langue qui doit parler de Louis XIV[47]. » Il ne s'agit plus seulement d'empêcher les ouvrages de vieillir, mais bel et bien de promouvoir les intérêts d'un royaume.

Aussi, entre 1660 et 1680, l'apologétique de la langue s'affranchit-elle totalement du sentiment d'infériorité qui était encore vivace au milieu du XVIe siècle, pour affirmer un nationalisme linguistique conquérant. En 1668, Louis Dutruc était de ceux qui ne se dissimulaient pas le côté partisan du discours sur le « génie des langues ». « Je me suis laissé aller, dans les premieres pages, aus interests de ma patrie ; j'ay parlé le plus avantageusement que j'ay pû de ma langue ; ceux qui ont de l'Estime pour elle, ne le trouveront pas mauvais ;

& ce discours n'est pas fait pour les autres[48] », écrit-il candidement dans son avis au lecteur.

Dans les *Entretiens d'Ariste et d'Eugène*, Ariste est certes fier que la langue française soit désormais parvenue à un stade de « perfection », mais « meurt de peur » que, ne pouvant plus monter plus haut, elle ne se « corrompe[49] » aussitôt. Bouhours met bien en scène les sentiments contradictoires que pouvait faire naître la notion de perfection, avec ce qu'elle véhicule d'angoisse du figement, de sacralisation d'un usage parfait, – de mort, pour tout dire. Mais, alors qu'Ariste semble se laisser envahir par ce malaise, Bouhours donne le dernier mot à Eugène, qui estime « qu'elle [la langue française] sera toujours florissante[50] ». « C'est que la langue française, dit Eugène, a quelque chose de singulier et d'extraordinaire, qui doit la préserver de la corruption à laquelle les autres langues sont sujettes. » « Je prétends, ajoute-t-il, que les changements qui s'y feront dans la suite des siècles ne seront pas plus essentiels ni plus remarquables que ceux qui s'y sont faits depuis trente ans[51]. »

Ainsi naît une *conviction*, celle selon laquelle le français serait sorti de la problématique de l'usage. Au-delà du regard obsessionnel alors porté sur la grandeur et la décadence des Romains, c'est un miroir que se tend la culture à elle-même, dans la modernité, sans souci de l'Histoire. Il s'agit de décrire la langue en s'affranchissant de toute référence externe. La langue française figure une sorte de monade, close dans sa syntaxe et dans son lexique. « Qu'on ne parle plus de changement dans notre langue, elle est fixée à jamais[52] », déclare tout uniment Tallemant le Jeune.

Synthèse des facultés expressives du langage, le français s'élève au-dessus de la condition usuelle des langues. Pour Alemand, « il n'y a peut-être jamais eu de langue où l'on ait écrit plus purement et plus nettement qu'en la nôtre, qui est grave et douce tout ensemble, chaste en ses locutions, judicieuse en ses figures, aimant l'élégance et l'ornement, et haïssant l'affectation, les équivoques et l'obscurité[53] ». Le motif permet de résoudre des difficultés grammaticales ponctuelles (comme celle des articles, par exemple, dont on se demandait pourquoi ils étaient absents du latin, langue a priori « parfaite », et venaient ainsi encombrer le français). Au plan symbolique, il permet également d'affirmer la « sortie de l'histoire » accomplie par le roi-soleil à l'occasion de ses exploits[54].

La première génération du XVIIe siècle, celle de Malherbe, Du Perron et Deimier, revendiquait un « effort pour atteindre la perfection[55] ». En 1667, Sorel pressentait le mouvement, et expliquait pourquoi, selon lui, on avait prêté tant d'attention à la pureté : « On a passé beaucoup de temps à parler de la pureté de la Langue Françoise, sans que personne osast se presenter pour en ecrire ouvertement. On sçavoit que M. de Malherbe en avoit donné quelques regles, que ses Disciples avoient augmentées ; mais cela estoit gardé secrettement dans une espece de cabale, où le vulgaire avoit peine à penetrer[56] », écrit-il. Les années 1670-1690 sont beaucoup plus affirmatives : le français *est arrivé* au point de perfection. On est en plein triomphalisme. Pour Charpentier, dont la préface fut finalement choisie pour être placée en tête du Dictionnaire de l'Académie française, l'Académie « ne s'est chargée de l'entreprise du dictionnaire que dans la pensée de contribuer à la perfection de la langue[57] ». Du point de vue de la connaissance de la langue, ce mouvement a été vécu comme celui d'un dévoilement progressif : la révélation d'une idiosyncrasie cachée, à laquelle il était difficile d'avoir accès, mais dont on pouvait à présent se féliciter, grâce au travail conjugué des grammairiens et des Académiciens. Pour Bouhours, l'enjeu de la description de la langue, c'est de décrire un *fonds* qui, non soumis aux caprices de l'usage, explique que l'on puisse perfectionner ce qui est passible de changement. Cette étape n'est pas anodine dans la constitution des futures descriptions organisées de la langue française, telles qu'elles apparaîtront avec les premières générations du XVIIIe siècle.

Aujourd'hui, le motif de la « perfection », tel qu'il est présent dans les discours français de la fin du XVIIe siècle, frappe par son côté ethnocentriste, quasi « délirant » d'auto-satisfaction. Etienne Pasquier, au XVIe siècle, n'avait-il pas mis en garde contre ces attitudes, en déclarant : « Chacun se fait accroire que la langue vulgaire de son temps est la plus parfaite, et chacun est en cecy trompé[58] »... ? Clairement, le motif avait une utilité politique immédiate, dans la perspective des conquêtes de Louis XIV et d'une représentation concurrentielle des *emblèmes* que constituent les langues. Les commentateurs semblent avoir cédé à la tentation de voir réunis en un principe unique, qui permette de rendre compte de la spécificité du français les éléments divers de leurs réflexions, de leurs choix esthétiques et de leurs théorisations.

Jusqu'aux textes de Rivarol à la fin du XVIIIe siècle, l'idée de perfection restera présente dans le paysage du sentiment de la langue en France. Mais petit à petit, ce motif, débarrassé du projet tacite d'en *faire quelque chose*, se transformera en un simple regard rationnel porté sur les questions de langue, avec un souci d'objectivité et d'exhaustivité. Sans doute les grammairiens rationalistes du XVIIIe siècle,

Du Marsais ou Beauzée, ont-ils été aidés, dans l'idée qu'ils se sont faite de la description des langues, par cette idéalisation préliminaire.

Au cours des deux dernières décennies du XVIIe siècle, le mouvement qui avait conduit à ne quasiment plus prendre en compte les usages linguistiques des classes dites « inférieures » – paysans, artisans, commerçants – va s'accentuer. Le français devient une langue « élevée », une langue « parfaite », exaltée dans sa constitution comme dans ses produits culturels. Ce mouvement s'accompagne d'une idéalisation sociale et esthétique qui emporte tout. Il reviendra aux promoteurs des grandes entreprises de lexicographie de la fin du siècle de rétablir, en prenant en compte la variété des usages, le sens de la diversité dans le sentiment de la langue.

5

EXIT LE LATIN ?

Le XVIᵉ siècle avait vécu dans une tension constante à l'égard du latin, source décisive d'inspiration en même temps que de paralysie : le XVIIᵉ siècle va signer la sortie définitive de cette relation problématique. Alors que le latin reste la langue de l'Eglise, de l'enseignement et, dans une certains mesure, du droit, le français va graduellement prendre sa place en tant que langue de savoir, de diffusion de la culture, et ce mouvement sera sans retour.

Le latin n'est tout d'abord plus la seule langue à laquelle on fait référence lorsqu'il s'agit de s'interroger sur l'histoire du français. Il a cessé, depuis la fin du XVIᵉ siècle, d'être le point de focalisation dans la recherche philologique des origines. La curiosité a été stimulée pour toutes sortes d'autres langues, à propos desquelles le savoir est d'ailleurs incertain. Le patriotisme exacerbé qu'on avait noté au XVIᵉ siècle existe toujours, mais donne lieu à des recherches au spectre plus large. On s'intéresse aux Goths, aux Scythes, dans une préfiguration de ce qui sera bientôt les études indo-européennes. En 1606, paraît une *Harmonie étymologique des langues* d'Etienne Guichard où ce dernier prétend démontrer que « toutes les langues sont descendues de l'hébraïque ». Mais on ne tarde pas à s'apercevoir qu'il n'y a aucun moyen de faire dériver le français de l'hébreu. Cet abandon de l'hébreu s'inscrit dans le contexte d'une crise du paradigme biblique, et a accompagné ce qu'on a pu appeler un « antijudaïsme » au XVIIᵉ siècle. Une grécomanie en revanche se développe, dont témoigne l'*Etymologie des mots français qui tirent leur origine de la langue grecque, en forme de dictionnaire* de Jean de Bernières (1644). La recherche de la singularité nationale conduit également les étymologistes français à aller chercher du côté du celte, comme les Italiens font du côté de l'étrusque. Il n'y a guère que Ménage, en réalité, dont le taux d'étymologies correctes (26 %) n'est pas si mauvais pour l'époque, qui valorise le latin.

A la fin du siècle, la mode est aux recherches multilatérales, à la « pan-linguistique », si l'on veut. Plusieurs méthodes paraissent, qui prétendent faire la somme de connaissances sur de nombreuses langues à la fois. On peut citer de Louis Thomassin la *Méthode d'étudier et d'enseigner les langues* (1693). En Allemagne et en Europe centrale, des philosophes ambitieux comme Gottfried Wilhelm Leibniz[1] ou Jan Komenski, dit Comenius[2], se lancent dans des explorations osées de vastes territoires linguistiques. Leurs travaux peuvent être considérés comme les premières recherches linguistiques à être engagées dans un esprit moderne, loin des justifications idéologiques. Le lecteur aime à être confronté à ces mondes étonnants, nouveaux, qui stimulent l'intellect par leur aspect parfois énigmatique. On se demande comment écrivent les Chinois ; on se dit que, peut-être, leur système de notation est directement en relation avec les *choses*. De là naît une interrogation générale sur le fonctionnement du *signe* qui est bien loin des problématiques traditionnelles héritées de la grammaire latine. Au total, l'horizon du XVIIe siècle en matière de langues et de langage se sera considérablement ouvert. Le latin n'est plus nécessairement synonyme d'exercice des facultés intellectuelles, d'objet de spéculation, de « miroir » de la raison humaine, comme il a pu l'être au Moyen Age et au XVIe siècle. D'autres langues – modernes – s'avèrent tout aussi intéressantes de ce point de vue : elles commencent à être vues comme des réservoirs, elles aussi, de l'esprit humain. Le développement de la *philosophie du langage* transcende cette focalisation jusqu'alors acceptée autour du latin. « C'est une opinion bien extravagante de penser que la raison ne parle pas toutes les langues[3] », écrit en 1632 Du Bosc.

Le recul du latin est aussi net dans la pratique qu'il l'est dans les représentations. Dans le domaine des sciences, l'évolution est très nette. Partout en Europe, les grands ouvrages scientifiques et philosophiques du début du siècle sont encore en latin, comme l'*Astronomia nova* de Kepler (1609), le *Novum Organum* de Bacon (1620), ou les *Exercitationes paradoxicae* de Gassendi (1624). Mais, d'un pourcentage général de 30 % des livres imprimés au début du siècle, le latin va tomber à la fin du siècle à moins de 10 %. A la fin du siècle, le latin n'est plus guère utilisé que pour les matières religieuses, en contexte catholique. La communauté scientifique européenne, qui s'était jusqu'alors appuyée sur le latin comme sur une langue véhiculaire commode, à même de diffuser largement les idées, est davantage sensible aux inconvénients qu'il y a parfois à conserver des concepts qui, pour avoir un nom latin établi, n'en sont pas moins dépassés et constituent un frein pour le progrès. C'est l'attitude de Francis Bacon en Angleterre, par exemple, qui remet en cause le rapport des idées à la réalité qu'entraîne une trop grande habitude aux mots. N'est-il pas facile, une fois que l'on dispose d'un terme entériné par la tradition, de vouloir sans cesse le réemployer ?

C'est ainsi que les philosophes et hommes de science désireux d'innover se plaisent à adopter les langues vernaculaires. En Angleterre, Newton passera du latin (les *Philosophiae naturalis Principia mathematica* de 1687) à l'anglais (*Opticks*, 1704). La plupart de ses confrères européens font de même, surtout dans les pays où des académies nationales développent la culture du vernaculaire. Par ailleurs, ce passage d'une langue marquée, le latin, à des langues nouvelles plus libres et non chargées du poids de la tradition est aussi la marque d'une crise profonde entre science et religion. Tout au long du siècle, les intellectuels affirment de façon croissante leur désir d'indépendance par rapport à l'Eglise. Entre Galilée et Newton, quel chemin parcouru ! Alors que la communauté savante se retrouvait facilement, jusqu'au XVIIe siècle, dans le partage de cet idiome qui était aussi celui de l'Eglise, elle aura plutôt tendance, désormais, à se constituer une solidarité dans l'abandon du latin, au profit de soutiens nationaux exprimés sous la forme d'institutions, de réseaux de pairs, de structures étatiques ou princières. Des académies des sciences se créent un peu partout en Europe, favorisant l'usage des vernaculaires. En France, la création d'une semblable académie en 1666 vient en renfort de l'objectif, affiché dans les statuts de l'Académie française de 1635 (article 24) de rendre la langue « capable de traiter les arts et les sciences ».

Pour autant, le latin ne cessera pas d'être employé du jour au lendemain comme langue scientifique en Europe. L'examen des publications entre le milieu du XVIIe siècle et la fin du XVIIIe siècle révèle une alternance étonnante, qui se déséquilibre très progressivement au profit des langues vernaculaires. Ces dernières ne sont d'ailleurs pas sur un pied d'égalité. Au XVIIe siècle, les seules langues modernes à développer une publication scientifique importante en Europe sont l'anglais et le français. Elles seront rejointes au début du XVIIIe siècle par l'allemand et l'italien.

En France, quelques dates marquantes ressortent. Celle de 1605 voit naître la première publication périodique française, le *Mercure de France*, promis à un bel avenir. La Sorbonne, en 1624, autorise finalement que des thèses soient soutenues en français, et non en latin. La publication à Leyde du *Discours de la méthode* de Descartes en français (1637), de son côté, signe la naissance d'une authentique philosophie en langue française. Descartes a pratiqué toute sa vie les deux langues. On ne peut pas dire qu'il y ait de différence significative entre ses œuvres publiées en français et celles qui le furent en latin. Son geste ne signifie pas nécessairement qu'il souhaitait remplacer une langue par une autre : bien plutôt, il se satisfaisait, à l'instar de Leibniz avec l'allemand et le français, de ce bilinguisme qui a sans aucun doute constitué un moteur pour sa pensée, une façon de décaler les cadres. L'affirmation du français, pour Descartes, correspond néanmoins à une posture affichée : celle de mettre en relation la philosophie avec l'exercice libre de la raison plutôt qu'avec le maintien de la tradition. « Si j'escris en François, qui est la langue de mon païs, plutost qu'en latin, qui est celle de mes Precepteurs, c'est a cause que j'espere que ceux qui ne se servent que de leur raison naturelle toute pure iugeront mieux de mes opinions que ceux qui ne croyent qu'aux liures anciens. Et pour ceux qui ioignent le bon sens avec l'estude, lesquels seuls ie souhaite pour mes iuges, ils ne seront point, je m'asseure, si partiaux pour le Latin, qu'ils refusent d'entendre mes raisons pourceque ie les explique en langue vulgaire[4] », écrit-il. Descartes est conscient de la difficulté qu'il peut y avoir à exprimer des idées nouvelles dans une langue pleine d'ornières et de routines, qui l'expose à une réception scolastique plutôt qu'à une authentique lecture.

Dans le dernier tiers du XVIIe siècle, le latin perd de façon décisive la place de langue de culture qu'il occupait en France. A partir de 1665, date du début de la publication, en français, du *Journal des savants*, le déclin du latin en philosophie et dans les sciences s'accentue. Les batailles d'idées se font désormais en français – même religieuses. La querelle suscitée par les *Provinciales* de Pascal (1656-1657), constitue à cet égard un précédent. Pour Voltaire, au XVIIIe siècle, les *Provinciales* représenteront la pierre d'angle de l'expression des idées en français. Les grands noms de la philosophie, des sciences et de la religion exposent désormais leurs systèmes et s'affrontent quasi exclusivement en français. C'est le cas de Nicolas Malebranche (1638-1715), par exemple, dont la somme d'inspiration cartésienne, la *Recherche de la vérité* (1675) est l'une des œuvres phares du XVIIe siècle, point de départ d'un long dialogue avec Arnauld, Bossuet et Fénelon. En 1684, le protestant Pierre Bayle

(1647-1706) lance un journal littéraire (publié en Hollande), les *Nouvelles de la république des lettres*. Il y proclame que « la langue française est désormais le point de communication de tous les peuples de l'Europe ». Le français nouvelle langue de la philosophie ? C'est ce que semblerait indiquer la publication en français, en 1704, des *Nouveaux essais sur l'entendement humain* de Leibniz.

Entre temps, le regard porté sur le latin a considérablement changé. Dans l'enseignement, celui-ci ne fait plus l'objet d'un apprentissage par « immersion » (au moyen de la répétition de dialogues et d'arguments), comme c'était le cas au Moyen Age, et encore au XVIe siècle, mais de plus en plus de façon grammaticale et analytique. Les dictionnaires bilingues dans le sens français-latin (celui du Père Monet en 1635, du P. Pomey en 1664, du P. Danet en 1683) témoignent du fait que le français est considéré comme une « porte d'entrée » au latin. Le but recherché est désormais explicitement la « connaissance » du latin. On multiplie les tableaux de déclinaisons, les listes de « particules », les méthodes d'apprentissage. La pratique ayant considérablement reculé, il devient nécessaire d'*expliquer* aux élèves les structures de la langue. Le nouveau primat accordé à la raison, et à l'exercice des facultés intellectuelles explique également cette mutation dans l'enseignement du latin – mutation qui accélère son glissement vers le statut de langue morte. Si les jésuites restent les principaux défenseurs de sa pratique active[5], les enseignants jansénistes, dans les « petites écoles » qu'ils créèrent, et qui furent fermées en 1660, pratiquent davantage l'expérimentation pédagogique. La *Nouvelle méthode latine* qu'ils proposent à leurs élèves est rédigée en français, signe qu'on ne « baigne » plus suffisamment dans l'idiome pour, comme au XVIe siècle, passer librement de sa pratique à sa description. Ecrire une grammaire latine en latin, dit l'avis au lecteur de la méthode, « n'est-ce pas supposer qu'on sçait déjà ce qu'on veut apprendre[6] ? ». Cette méthode sera très utilisée au XVIIIe siècle, emblème d'une approche rationnelle, détachée, d'un idiome retiré, dès lors, de l'appropriation de ses praticiens.

Les arts et les sciences en français

Si le latin cesse graduellement d'être la langue scientifique au cours du XVIIe siècle, cela ne veut pas dire pour autant que les langues modernes, telles quelles, allaient lui être substituées. La plupart du temps, elles ne le pouvaient pas : outre que leur codification était encore inaboutie, notamment dans l'usage écrit, il leur manquait pratiquement tous les termes dont la science nouvelle avait besoin. C'est ainsi qu'une nouvelle langue étrange, transfrontalière, va se développer en Europe, *à l'intérieur* de chaque langue… ; une langue que peu de gens pratiquent, qui reste encore pour une part obscure, dont on n'a pas l'habitude, mais que le public auquel elle est destinée, pour autant, n'a pas de mal à reconnaître.

Les progrès ont été tels, au XVIIe siècle, que les besoins terminologiques des sciences en sont rapidement venus à dépasser les ressources propres du latin. Du coup, les savants de l'Europe entière se sont mués en nouveaux latinistes, bricolant avec leur trousse à outils dans le vocabulaire reconnu de cette langue pour essayer de former des termes nouveaux, inconnus bien évidemment de Cicéron ou de Sénèque. Ce dialogue des savants modernes avec une langue ancienne est un signe : de même qu'on traduit fréquemment en latin, à partir du milieu du XVIIe siècle, des ouvrages initialement publiés en langues vernaculaires, on enrichit le vocabulaire scientifique latin de mots nouveaux issus des langues modernes. On s'essaie aux dérivations, aux calques récursifs… Pour prendre l'exemple d'une question « de poids », si l'on peut dire, au XVIIe siècle, et qui sera le fond de la théorie de Newton, sur le latin *gravitas*, on fit dans un premier temps le français *gravitation* et l'anglais *to gravitate* (1644), puis, dans un deuxième temps, on reconstruisit les équivalents (faux) latins *gravitatio* (1645) et *gravitare* (1686)[7].

Cet exemple montre bien qu'il existe dans le lexique des lignes de force qui expriment un rapport au monde – fait de potentialités d'actions, d'un rapport instrumental aux choses, de repérages dans l'espace. La science, qui travaille sur ces lignes de forces en les déplaçant sans cesse, est un acteur majeur dans l'évolution du lexique, certains termes d'origine purement terminologique finissant par filtrer dans le vocabulaire courant pour témoigner, sans que nous nous en rendions toujours compte, de la manière dont le rapport de l'homme à son environnement a changé. Pensons à la popularité actuelle, dans des contextes privés comme publics, de tous les termes issus de la psychiatrie et de la psychanalyse du début du XXe siècle…

Au XVIIe siècle, ce sont les termes d'origine physique ou mécanique qui jouent ce rôle. Tout le rapport de l'homme au monde est remis en question par ces nouveaux mots qui modifient la place de l'homme dans l'espace. L'insuffisance des vocabulaires existants à l'exprimer le montre bien. Il va falloir désormais réinventer le latin et le grec pour les adapter aux nouvelles théories physiques. De cette réinvention sortiront les langues scientifiques modernes. Le grec et le latin, qui avaient paru, au XVIe siècle, constituer des réservoirs sans fond de termes à usage scientifique, tant l'Antiquité paraissait, à cette époque, détenir un savoir inépuisable en matière de sciences, cessent d'être perçus comme des idiomes totalement adéquats. Il va falloir désormais exporter des racines du grec et du latin dans les langues modernes, pour réinventer en retour des mots qui n'ont jamais existé dans ces langues. C'est une lexicologie nouvelle, volontaire, concertée, qui s'élabore dans ce dialogue entre langues – un nouveau grec et un nouveau latin, aménagés pour les besoins de la science. Sur *divergentia* (bas latin), Kepler fait en 1611 l'adjectif *divergens*, calqué en français en *divergent* (1626), doublé par le substantif *divergence* anglais (1656), puis *divergence* français (1671), enfin *Divergenz* allemand (XVIIIe siècle).

L'avantage de ce système est immense : tout le monde se comprend, puisque tout le monde, dans la communauté scientifique, a grandi dans ces langues de base. De l'anglais à l'allemand, et de l'allemand au français, les savants de toute l'Europe vont pouvoir se lire, même s'ils ne maîtrisent pas toutes ces langues, puisque ce sont les mêmes termes, à peu de chose près, sous leurs vêtements de surface, qui reviennent. Toute la communication scientifique de l'Europe moderne fonctionnera selon ce principe. Dans bien des domaines, abstraction faite de la récente tendance de l'anglais à occuper la place de langue véhiculaire unique, il en est toujours ainsi. La structure du vocabulaire médical est presque toute grecque, celle du vocabulaire mécanique est souvent latine. Très rares sont les termes scientifiques qui soient formés sur des bases vernaculaires autres.

Le latin n'est plus la langue de la science, certes, mais la formation commune de toute cette nouvelle terminologie scientifique dans les langues modernes va lui assurer une seconde vie au plan international. La nouvelle langue est même mieux que l'ancienne, si l'on peut dire, puisqu'on n'est pas arrêté par les problèmes de norme, de faute, d'usage, et qu'on peut se donner les gants de transformer un verbe en substantif et vice-versa, faisant d'une chose une action ou l'inverse, dans un mouvement qui est décisif pour le raisonnement scientifique. La base lexicale demeure accessible à tous, alors que le regard sur la réalité physique change fondamentalement. En français, les substantifs *vibration* (1632, Mersenne), *dioptrique* (1634, Descartes), *dynamique* (1692, Leibniz), sont reconnaissables des savants anglais comme allemands. La datation des passages d'un mot d'une langue à une autre permet de repérer l'origine des travaux, et la manière dont ils ont circulé. L'anglais *to refract* (1612) ne s'est mué dans le français *réfracter* qu'en 1734, signe d'un certain retard de la science française sur la science anglaise dans le domaine de l'optique au début du XVIIIe siècle.

De cet état de fait résulte l'apparition de langues de spécialité nouvelles qui forment, à l'intérieur des vernaculaires modernes, de véritables sous-systèmes, pas toujours accessibles au grand public. Cette langue « néo-latine » et « néo-grecque », mais entièrement fondue dans l'anglais, le français, l'allemand, est un phénomène propre au XVIIe siècle, qui perdurera jusqu'au XIXe siècle, avant l'apparition de nouvelles terminologies. Parfois, les commentateurs ont du mal à comprendre quelles peuvent être ses relations avec le « bon usage » de la langue commune, tel qu'il a été mis en avant, par exemple en France, par les théories de l'« honnêteté ». Vaugelas, en 1647, estimait que les termes propres étaient « toujours fort bons et fort bien reçus[8] » là où c'était leur domaine d'emploi. Tandis que les grands dictionnaires de la fin du siècle, dans leurs qualifications des marques d'usage, hésitent à relier l'emploi de ces termes au discours « ordinaire[9] », les commentateurs essaient de définir une manière de « juste milieu », entre l'emploi pédant et abscons des termes propres et l'usage de périphrases lourdes ou ambiguës, qui pourraient servir à les éviter.

L'apparition de cette nouvelle langue de spécialité au cœur de la vie civile est un phénomène marquant du dernier tiers du XVIIe siècle. On considère que ce moment est marqué par une révolution scientifique et philosophique majeure dont les plus grands noms (Newton et Locke) viennent d'Angleterre, et dont tout le premier XVIIIe siècle se nourrira. Pour autant, la science n'a pas encore un statut très élevé dans la société. Un décalage se crée entre une culture littéraire encore très marquée par la tradition et le latin, et une culture scientifique plus innovante, et tournée vers les langues vernaculaires. Avec d'autres facteurs, c'est ce décalage qui est à la source de la fameuse « querelle des Anciens et des Modernes » qui agita les années 1680 en France, et dont on peut avoir un aperçu, du point de vue des « modernes », dans le *Parallèle des Anciens et des Modernes en ce qui concerne les arts et les sciences* que Charles Perrault fit paraître entre 1688 et 1692. La question du lien entre la culture et la langue est posée, dans cette querelle qui oppose tenants de la tradition et partisans d'une libération de la culture moderne hors du sentiment d'infériorité dans lequel l'attachement au latin l'a trop longtemps tenue.

A la fin du XVIIe siècle, un certain divorce existe donc encore entre une culture livresque, à dominante littéraire et ancienne, et une culture moderne curieuse de l'expérience. Ce divorce se manifeste surtout dans l'enseignement, que n'a pas encore pénétré le nouvel engouement pour « les sciences ». C'est dans la société mondaine qu'il commence à se réduire, après que des phénomènes tels que l'apparition de la comète de Halley eurent déclenché des discussions tant scientifiques que linguistiques [10]. De plus en plus d'abbés, de médecins, de bourgeois, de magistrats, s'intéressent aux sciences et se constituent leurs petits « laboratoires » privés où ils mènent leurs recherches, pour leur délassement. Même les écrivains, comme La Fontaine, La Bruyère ou Boileau, ne manquent pas d'utiliser les mots propres, autour desquels se développe un *goût* nouveau, dans leurs œuvres. L'opposition stricte entre l'« honnête homme », celui qui ne se pique de rien, et le pédant – qui avait force de loi entre les années 1630 et 1660 – tend à être remplacée par un clivage nouveau entre gens « éclairés » et retardataires, provinciaux.

L'un dans l'autre, du point de vue du lexique, le dernier tiers du XVIIe siècle fait l'expérience d'une liberté nouvelle vis-à-vis du terme qui le conduit, d'une part, à revendiquer le droit au néologisme, et d'autre part, le droit à modifier si besoin est le sens reçu de certains mots pour leur faire recouvrir une acception scientifique. Vers le milieu du siècle, quelqu'un comme Pascal (dans un petit opuscule, *De l'esprit géométrique* [1658], qui sera repris dans la *Logique* d'Arnauld et Nicole [1662]) et qui aura une grande influence au XVIIIe siècle, a développé l'idée qu'en mathématique et en logique, il était légitime de redéfinir un terme usuel en lui donnant une acception nouvelle. Cette position fonde une attitude différente à l'égard du lexique. Tout mot, à partir du moment où il est défini, peut être employé à l'intérieur de cette convention. La position de la *Logique* rejoint alors un courant de pensée anglais, allant de Bacon à Locke, pour lequel le plus grand danger qui menace la science demeure l'attachement aux mots et aux définitions.

Un déploiement langagier nouveau peut désormais être envisagé, dans le domaine des sciences. Les *Principia mathematica* de Newton procèdent de façon audacieuse à toutes sortes de redéfinitions. Leibniz et Locke seront les deux grands philosophes européens engagés dans ce processus. La question du *langage mathématique*, philosophique, physique, devient une *question mathématique*, philosophique, physique...

Il serait vain, néanmoins, d'imaginer que ce goût nouveau pour les sciences se soit traduit par une acceptation indifférenciée et libre de tous les lexiques techniques. Il y a beaucoup de différence, au plan du prestige, entre le domaine de la physique ou de l'astronomie, et celui, disons, de la ferronnerie ou du tissage. Si le XVIIe siècle intellectuel s'est laissé de bonne grâce conquérir par les nouveaux mots issus des sciences nobles, il n'en est pas de même pour tout ce qui ressortit à l'artisanat, aux métiers. Dans ces derniers domaines, le regard porté sur les termes propres est encore empreint de beaucoup de défiance. Certes, il est utile de les connaître lorsqu'on a affaire aux choses qu'ils désignent, mais une délimitation assez stricte les sépare de la langue élevée. Ce sont des discussions de ce type, sur le statut des termes d'art et de science, qui seront au cœur des principales entreprises lexicographiques de la fin du siècle, les dictionnaires de Richelet, Furetière, Thomas Corneille et de l'Académie.

Les censeurs veillent

Au XVIIe siècle, tout le monde en est d'accord : l'une des raisons essentielles pour lesquelles le français n'a pas été en mesure d'être plus tôt une langue de culture et de diffusion du savoir scientifique est que son usage écrit n'est pas assez réglé. A un moment où le livre imprimé voit son prix baisser considérablement, où les presses se multiplient et s'internationalisent, il devient indispensable de repenser à sa racine le problème de l'orthographe.

Depuis le formidable mouvement de réforme qui avait été initié au milieu du XVIe siècle, ce processus a été quelque peu interrompu au moment des guerres de religion. Pendant plusieurs décennies, en effet, l'imprimerie a régressé. Il en résulte qu'à la fin du XVIe siècle environ, et jusque vers 1640, on est revenu à une orthographe ancienne, lourde, chargée de lettres étymologiques ou n'ayant de fonction que d'embellissement. Certes, des propositions innovantes continuent d'être formulées, comme celle de l'*Alfabet nouveau de la vrée, & pure ortografe françoize, & modèle sus iselui, en forme de dixionére* de Poisson (1609), mais dans l'ensemble, on préfère s'en tenir aux principes conservateurs. Oudin, par exemple, dans sa *Grammaire* de 1632, se prononce pour le maintien de l'orthographe ancienne, contre la position moderniste du latiniste Philibert Monet, qui a bien vu l'intérêt qu'il pouvait y avoir, pour rendre l'apprentissage du français plus facile à tous, à bien séparer la connaissance des deux langues. Ce n'est qu'à partir du milieu du siècle qu'un second mouvement réformateur se mettra en branle, qui est à l'origine de notre système actuel, enregistré pour la première fois dans le dictionnaire de l'Académie de 1740.

Au XVIIe siècle, les questions d'orthographe sont à envisager différemment selon qu'il s'agit d'imprimés ou de manuscrits. Dans le privé, on continue de faire preuve d'une grande incurie, en matière d'orthographe. Celle-ci, par exemple, n'est pas enseignée aux enfants. Chacun se débrouille un peu comme il peut. Les hommes s'en tirent grâce à leurs connaissances en latin, mais les femmes improvisent beaucoup. Il est courant de se moquer, à l'époque, de l'« orthographe des femmes ». L'orthographe n'est pas encore devenue l'outil de sélection sociale qu'elle deviendra au XIXe siècle et au XXe siècle, mais, par la force des choses, elle en est venue à être un facteur discriminant de *genre*. Seuls les imprimeurs s'en soucient véritablement. L'orthographe manuscrite (par exemple celle de Pascal), même quand le processus de modernisation est déjà observable dans l'imprimerie, est pratiquement toujours de type « ancien », par habitude et par commodité.

Mais qu'appelle-t-on « système ancien » ? N'y avait-il pas, au XVIe siècle, précisément, difficulté à parler de « système » ? En fait, on observe que, dans la première moitié du XVIIe siècle, la convention qu'avait adoptée Robert Estienne dans ses impressions, très étymologique, s'est répandue au point de constituer une sorte de « vulgate ». Le *s* interne aux mots signale que la voyelle qui précède est longue, par exemple. A l'inverse, deux consonnes suivent les brèves, comme dans *ditte*, ou *hotte*. De façon générale, si les longueurs sont notées, les timbres vocaliques le sont mal. Ce système se préoccupe peu d'accents, par exemple.

Vers le milieu du XVIIe siècle, le décalage existant entre ce système de notation et la prononciation courante frappait tout le monde. Beaucoup de grammairiens ou de remarqueurs se trouvaient obligés d'inclure, dans leurs descriptions de la langue, au moins quelques pages, souvent polémiques, sur le désordre qui régnait dans l'orthographe. Le problème était décuplé lorsqu'il s'agissait d'enseigner le français aux étrangers. Mais ni Malherbe, ni Vaugelas, ni la *Grammaire* de Port-Royal ne se prononcent nettement.

D'où vinrent les initiatives de réforme ? De deux sources, essentiellement, assez inattendues. La première, naturellement, fait intervenir les imprimeurs. Mais on note un phénomène curieux, à savoir que c'est en grande partie à cause d'imprimeurs *étrangers*, des imprimeurs hollandais notamment, que le français a été mis sur la voie de la modernisation. On le sait, beaucoup d'ouvrages français furent imprimés en Hollande au XVIIe siècle. Il y a à cela plusieurs raisons. Des villes comme Amsterdam ou Rotterdam (sans compter Anvers) possédaient une machinerie d'impression de pointe, avec une forme de concentration déjà « pré-industrielle » de l'activité. D'autre part, il était souvent difficile, en France, d'obtenir l'aval du Roi, indispensable, pour certaines publications. Tout au long du siècle, les raisons religieuses et politiques furent déterminantes dans le choix du lieu d'impression. Le phénomène s'accentua considérablement à la révocation de l'Edit de Nantes (1685). C'est ainsi que tout au long du siècle, les imprimeurs hollandais (les Elzevier, par exemple), furent des acteurs majeurs de la vie intellectuelle française. C'est d'eux, essentiellement, que vinrent les innovations fondamentales. Ils furent les premiers à introduire, par exemple, une distinction indispensable dans la lisibilité des textes français : celle qui sépara définitivement la notation des voyelles *i* et *u* des semi-consonnes *j* et *v*. Cette séparation avait été suggérée par Ramus au XVIe siècle, mais personne ne l'appliquait en France. Ces imprimeurs supprimèrent également le *s* postvocalique en faveur de l'accent circonflexe (comme dans *tête*, *requête*), et ajoutèrent *t* et *d* devant le *s* du pluriel, alors qu'en France on imprimait encore *galans*, *interessans*, etc. Leur système était tellement convaincant qu'il fut rapidement adopté en France, encore que la relative dispersion des presses, et le fait qu'il y ait peu de grands imprimeurs, aient eu pour conséquence d'introduire davantage de variabilité. A la fin du XVIIe siècle, la plupart des imprimeurs français se rangeaient progressivement au système moderne.

Ils furent aidés en cela par les positions courageuses de certains écrivains, notamment Corneille. Celui-ci, dans l'avis au lecteur de l'édition de ses œuvres de 1663, écrit : « L'usage de nostre Langue est à present si répandu par toute l'Europe, principalement vers le Nord, qu'on y voit peu d'Etats où elle ne soit connuë, c'est ce qui m'a fait croire qu'il ne seroit pas mal à propos d'en faciliter la prononciation aux estrangers, qui s'y trouvent embarassez par les divers sons qu'elle donne quelquefois aux mesmes lettres. » Clairement, il est conscient du nouvel enjeu qui touche le français. Corneille adopte les distinctions entre voyelles et semi-consonnes, se déclare en faveur de l'accent grave – nouvelle nuance de timbre –, et du *-s* du pluriel à la place du *-z* (non respecté ici).

Son attitude inaugure une collaboration nouvelle entre écrivains et imprimeurs pour ce qui est de la physionomie à donner au texte imprimé. Un dialogue s'institue, où l'autorité des écrivains va être de plus en plus prise en compte. Ce fut à la fin des années 1660 que, fort de cette conjonction nouvelle entre écrivains, imprimeurs, et grammairiens, la question de l'orthographe commença à être abordée sérieusement. Les modernistes, s'inspirant de quelques propositions expérimentées par Ronsard, voudraient réconcilier l'orthographe avec la prononciation contemporaine. Dans leur « système », le timbre vocalique y est mieux noté (grâce notamment à un emploi plus systématique des accents), mais la notation de la longueur des voyelles est abandonnée : elle est de moins en moins respectée dans les faits. On s'efforce aussi de faire correspondre à chaque son un signe et un seul. Il s'agirait autrement dit de parvenir à une orthographe entièrement *phonétique*.

Le « phonétisme » est la doctrine qu'affirme Louis de l'Esclache en 1668 dans un traité, les *Véritables règles de l'orthografe francéze, ou l'art d'aprandre an peu de tams à écrire côrectement*, qui aura un grand retentissement. Plusieurs spécialistes formulent leur avis sur ce qu'on appelle alors la « véritable orthographe » : Lartigaut (*Les Progrés de la véritable ortografe*, 1669), ou Mauconduit (*Traité de l'orthographe*, 1669). Alors que s'ouvrait ainsi une authentique « guerre de l'orthographe », une intervention de l'Académie devenait nécessaire. Le 8 mai 1673, lors d'une séance, Charles Perrault fit une déclaration en vue d'établir une politique commune et officielle de l'Académie à propos de l'orthographe, et de faire du futur dictionnaire un modèle. Ses propositions donnèrent lieu à un rapport de Mézeray dans lequel on lit : « La Compagnie déclare qu'elle désire suivre l'ancienne orthographe qui distingue les gens de lettres d'avec les ignorants et les simples femmes, et qu'il faut la maintenir partout, hormis dans les mots où un long et constant usage en aura introduit un contraire. »

On ne saurait être plus explicite ! L'Académie s'arc-boute sur la valeur sociale de l'orthographe, en faisant un critère de « distinction ». Dans la préface de son dictionnaire de 1694, elle n'aura que mépris pour tous ces réformateurs hasardés qui se sont crus autorisés de leur seule initiative privée. Elle juge « inutiles les diverses tentatives qui ont esté faites pour la reformation de l'orthographe depuis plus de cent cinquante ans par plusieurs particuliers qui ont fait des regles que personne n'a voulu observer ». Pour elle, il n'y a pas de doute :

il faut conserver l'orthographe en usage. L'usage, maître de l'orthographe comme il le serait de la langue pour Vaugelas ?

Toutefois, les rédacteurs du dictionnaire sont bien obligés de le reconnaître : même si l'on juge préférable de conserver les lettres étymologiques, qui « aydent à faire connoistre l'origine des mots », et qu'on critique le principe selon lequel « l'escriture represente la prononciation », force est de constater que l'usage reçu est souvent à mi-chemin. Tantôt, il a conservé des lettres étymologiques, tantôt il les a supprimées. En tant que « vestiges de l'analogie », l'Académie voudrait donc garder le *p* et le *s* de *temps* et de *teste*, mais reconnaît que l'usage impose désormais *devoir* et *février*, et non pas *debvoir* et *febvrier*. La sonorisation des consonnes, également (les paires *c/g* et *s/z*), crée des dissymétries. L'Académie est obligée d'expliquer qu'on prononce *second* comme *segret*, malgré la différence d'écriture. Elle est bien consciente qu'une forte attente pèse sur ce dictionnaire. Mais elle estime qu'il n'est pas de son ressort de préciser dans chaque cas comment les mots se prononcent (ce qui souvent, ne peut se déduire de leur orthographe). Pour ce qui est des étrangers, dit-elle, il suffit de se fier au « commerce des naturels du pays »...

Etrange position, qui témoigne bien de l'enjeu nouveau dans lequel la représentation de la langue se trouve désormais prise. La diffusion récente des vernaculaires en Europe, particulièrement du français, fait de ces langues des idiomes qui ne sont plus seulement pratiqués par des locuteurs natifs. Il convient donc de donner à la physionomie de la langue une allure qui corresponde à ce qu'on attend d'un *langage*, autrement dit d'un code soumis à la raison. On ne peut se contenter de suivre absolument des us et coutumes flottants, et dont il est parfois difficile de rendre compte. D'un autre côté, la codification est facteur de « démocratisation », comme on dirait aujourd'hui. C'est en comprenant le principe de la codification que les locuteurs de tout bord peuvent avoir accès à un usage réglé. On voit bien, alors, quel est le sens profond de la défense de l'anomalie avancée parfois par l'Académie. L'anomalie implique connaissance par immersion : elle respecte donc la structure de la société, puisqu'elle s'appuie sur l'idée qu'il faut connaître les petites minuties qui séparent les usages spécifiques des groupes pour bien maîtriser la langue. Pour un étranger, se fier au « commerce des naturels du pays », ce sera nécessairement se fier aux usages du groupe limité qu'il sera amené à rencontrer. Il est possible qu'il ait la chance de s'exposer à ceux qui sont les artisans du « bon usage », auquel cas il pénétrera les arcanes du français ; dans le cas contraire, une sélection naturelle et attendue aura été faite.

Il y a une logique normative de la connaissance des « exceptions ». Mais c'est une logique qui affirme brutalement sa signification sociale. Certaines exceptions ne sont accessibles que par l'usage. Or, tout le monde ne peut pas y avoir accès. Cicéron l'avait déjà noté à l'époque romaine : c'était pour lui un manque de distinction que de prononcer à l'oral toutes les lettres de certains mots latins – c'était ignorer que, dans le meilleur monde, on en escamotait certaines... La question de l'orthographe, telle qu'elle se pose à la fin du XVIIe siècle, rencontre très précisément ces enjeux. Le XVIIe siècle français ne sait ce qu'il préfère, au bout du compte : la rationalisation et la codification, ou le maintien du critère de distinction. L'orthographe choisie par l'Académie en 1694 témoigne de ce dilemme ; mais sa position évoluera. Sous l'influence de grammairiens férus de rationalité comme Dangeau, elle finira, dans les éditions postérieures du dictionnaire, par se ranger aux exigences de l'accessibilité. En attendant, le dictionnaire de 1694 se présente, pour ce qui est de sa physionomie, comme un étonnant rempart dressé contre ceux qui voudraient trop connaître la langue. Paradoxe insurmontable pour un dictionnaire, lequel rencontrera d'ailleurs un assez grand scepticisme...

Décidée à affronter le problème de l'orthographe et celui, plus général, de la physionomie de la langue à l'écrit, la seconde moitié du XVIIe siècle voudrait réconcilier les multiples usages du français pour constituer, enfin, une langue française offerte à la pratique de ses usagers comme aux regards du monde extérieur. Que faire de toutes ces langues, la langue latinisante des lettrés et des juristes, complexe, chargée de figures et d'expressions vieillies, la nouvelle langue technique des « arts et des sciences », plus directe, mais pleine de termes nouveaux, la langue enfin de la conversation mondaine, si prisée depuis quelques décennies, privilégiant le « choix » et les qualités esthétiques à l'abondance lexicale ? Faut-il les unifier, les fondre dans une « langue commune » que l'on puisse, de l'extérieur, qualifier comme étant *le français* ? Faut-il au contraire les laisser séparées de ces usages particuliers qu'on n'est pas arrivé à assimiler à du « mauvais usage » ?

L'une des spécificités du mouvement des remarqueurs avait été d'avoir perçu en français, décrit, et même tant soit peu théorisé, la variation. Variation entre les registres, entre les situations, entre les milieux sociaux, et surtout entre l'oral et l'écrit. Qu'il existe deux usages du français, l'un pour l'oral, l'autre pour l'écrit, est une position qui avait été défendue par Vaugelas. La théorie du « bon usage » qu'il formule est une manière de compromis réalisé entre ces deux activités discursives. A partir des *Doutes* de Bouhours (1674), l'attention portée à l'écrit va s'accentuer. Le souci de « bien écrire » se développe. Mais pour la génération qui a lu les *Remarques*, ce souci ne se résume plus à l'apprentissage d'une phraséologie spécifique, traditionnelle, latinisante, influencée par la rhétorique. « Ecrire [11] », c'est d'abord noter librement et naturellement ses pensées, et les exprimer aussi simplement qu'on le ferait dans une conversation. D'ailleurs, on appelait fréquemment le livre, à l'époque, la « conversation des absents »... Paradoxalement, pour « bien écrire », il faut désormais bien maîtriser la langue de l'oral, du moins de l'oral élevé. En somme, il faut être un bon praticien de cette communication spécifique qui est la communication par l'écrit, et manifester une attention à la *langue* qui dépasse cette maîtrise de l'écrit.

C'est pourquoi la pratique du commentaire grammatical des ouvrages écrits va autant se développer, à la fin du XVIIe siècle. Cette pratique, qui s'attache entièrement aux questions de forme (choix des mots, constructions, syntaxe, longueur des phrases...), fondait déjà une partie de la légitimité de la toute nouvelle Académie en 1635, préoccupée par le problème des *autorités*. Jusqu'à la fin du XVIIe siècle, une question se repose sans cesse : celle de savoir si un ouvrage publié fait ou non partie des « bons livres ». Et lorsqu'on parle de « bon livre », ici, il s'agit de qualité de la langue plus que de contenu. De l'établissement de ce corpus (qui variera au long du siècle), dépend de plus en plus l'établissement de la norme langagière usuelle. Mais l'idéalisation, dans ce domaine, est rapide. Une fois que ses ouvrages sont reconnus comme « écrits purement », un écrivain devient rapidement intouchable. Ce fut le cas de Malherbe et de Coëffeteau dans la première partie du siècle.

Après la première génération d'écrivains réformateurs, celle qui a fleuri entre 1600 et 1620 (Malherbe, Du Perron et Coëffeteau), et a donné l'élan décisif pour sortir du XVIe siècle, une seconde génération, comprenant Guez de Balzac, Voiture, Gombauld, Le Vayer, Vaugelas, Sarasin, s'est caractérisée par une position qu'on pourrait appeler « demi-moderne ». Cette génération s'est formée dans une perception de l'écrit très dominée par les genres, les types de discours. Pour elle, il existe une différence très nette, par exemple, entre la langue qui est recommandée pour la poésie et celle qui est recommandée pour la prose. A partir de la création de l'Académie et de l'apparition des recueils de remarques, le texte écrit fut davantage considéré comme l'occasion de perfectionner encore ce qui, déjà, n'était pas loin de la perfection, que comme celle de faire le tri entre les « bons » et les

« mauvais » auteurs. Une coopération nouvelle entre praticiens de la langue et « théoriciens », ou critiques, vit le jour. L'idée que les uns et les autres pouvaient se rendre des services fait son chemin.

1660 est une date emblématique, à cet égard. C'est l'année où Corneille fait paraître une édition revue des pièces de lui qui ont déjà fait l'objet d'une publication. On s'en souvient, Corneille avait été froissé par les critiques de l'Académie, laquelle avait saisi l'occasion du *Cid* pour faire étalage de sa toute nouvelle position de juge absolu des questions de langue et de littérature. Depuis, il a changé, et compris que, s'il voulait être accepté des nouvelles élites culturelles, il devait faire un effort dans le sens de la correction grammaticale. La comparaison du texte original de ses pièces antérieures et de celui qu'il nous propose est édifiante. Bien des pièces ont été remaniées (dont *Le Cid*), et ont vu leurs structures, leurs personnages, le sens donné à certaines scènes, profondément altérés. Mais c'est surtout dans le domaine de la langue que Corneille, aidé de quelques fins lecteurs, a mis tout son soin. Le Corneille de 1660 est un auteur beaucoup plus « sage », plus classique, que le jeune auteur des années 1630, qui prenait un grand plaisir à sertir ses pièces de toutes sortes de mots ou d'éléments de discours entendus dans la vie réelle, dans une perspective réaliste. Il abandonne la comédie, genre où l'on peut se permettre des extravagances langagières. Avec *Nicomède*, on lui a reproché de mêler les registres, « haut » et « bas », et de faire parler ses héros comme si c'étaient de bons bourgeois du temps. Désormais, il n'écrira plus que des tragédies, genre « noble », et dans lequel un langage unifié est de mise, soumis aux canons de Vaugelas et des remarqueurs. Mais il ne prendra pas la précaution – que prendra Racine – de s'entourer d'assez de conseillers linguistiques. La critique sera féroce avec lui. « Tant de vers misérables, durs, sans pensée, sans tour, sans Français, et sans construction [12] », écrira l'abbé de Villars à propos de Corneille au moment des deux *Bérénice*, celle de Corneille et celle de Racine.

1660, année du début du règne personnel de Louis XIV, est aussi l'année d'*Andromaque*, pièce qui fut le premier « gros succès » de Racine. On fait « payer » au jeune ambitieux ce succès, comme on l'avait fait à Corneille pour *Le Cid*, par un « épluchage » en règle de sa pièce. Plusieurs libelles, petites comédies, ou textes pamphlétaires se succèdent autour d'*Andromaque*. Dans l'un d'eux, une comédie significativement intitulée *La Folle Querelle* [13], l'auteur se fait fort d'avoir relevé jusqu'à trois cents fautes. Lassés de leur épluchage minutieux, les deux personnages qui sont censés, dans la comédie, faire ensemble cette critique, finissent par sortir le livre de leur poche et s'en lisent des extraits pour voir s'ils comprennent... On admire chez Racine des qualités, mais on y trouve aussi toutes sortes de détails qui choquent. « On s'aperçut que le poète, en inventant, non des mots, mais des alliances de mots, mais des tours de phrase, faisait, pour ainsi dire, une langue nouvelle [14] », résume brillamment son fils, Louis Racine.

Un jeune auteur, désormais, ne peut plus s'imposer sans passer par les « fourches caudines » de toute une tribu de censeurs qui l'attendent de pied ferme. Profitant de la leçon tirée par Corneille, Racine saura utiliser ce mouvement, s'entourant de grammairiens pour travailler ses textes, et s'attirant même le concours du plus puissant d'entre eux, Bouhours. Et sa stratégie paya : sa carrière est l'histoire d'un encensement croissant de ses qualités linguistiques et stylistiques. Boileau déclare : « Je voudrais que la France pût avoir ses Auteurs classiques, aussi bien que l'Italie. Pour cela, il faudrait un certain nombre de livres qui fussent déclarés exempts de fautes, quant au style [15]. » Racine est en passe de faire partie de ce canon très étroit. Ses dernières pièces, *Esther* et *Athalie*, seront considérées pendant tout le XVIIIe siècle comme les chefs-d'œuvre absolus de la langue classique.

Pour certains critiques, par ailleurs, la rédaction d'un texte « parfait » est considérée comme un exercice grammatical à part entière. On s'inspire en cela de Vaugelas lui-même, qui n'avait pas eu d'autre ambition en publiant, en 1659, une traduction française de l'historien latin Quinte-Curce, traduction considérée à la fin du XVIIe siècle comme le texte le plus « pur » jamais produit en français, au point que l'Académie y consacra des commentaires. Bouhours pratique l'histoire, la traduction. Racine, Boileau, Bouhours : voilà un trio qui signe l'apparition du sentiment proprement « moderne » de la langue, débarrassé de toute référence encombrante au passé, et appuyé sur une relation entièrement contemporaine à la langue. A eux trois, ils opèrent une synthèse des qualités exigées depuis le début du siècle dans la gestion du discours, tant en vers qu'en prose. L'ancienne règle de séparation des deux types de production, poétique et prosaïque, est graduellement effacée au profit d'une conduite unique du discours. Celle-ci doit réconcilier le niveau grammatical avec l'organisation rhétorique.

Ainsi s'élabore, dans les années 1670, ce qu'on a pu appeler le « canon » classique de la langue. Ce canon frappe par l'homogénéisation qu'il fait subir à plusieurs types de contraintes ou d'idéaux issus de genres de discours différents. Il y a d'un côté tout ce qui vient de la poésie, de l'héritage de Malherbe, et de la réduction des figures au profit de phraséologies types, « nobles » qui font avant tout de la poésie une manière élevée de s'exprimer. Il y a d'un autre côté tout le bagage rhétorique, réinterprété par des théoriciens (le Père Lamy, par exemple [16]) de plus en plus préoccupés par la dimension de l'« élocution », ou par des pédagogues religieux – les jésuites – soucieux avant tout de correction et d'élégance dans la langue. Il faut compter aussi avec le développement des idéaux de civilité et d'honnêteté, issus des années 1630, mais qui, avec l'extension de la civilisation de cour, jouent un rôle de plus en plus grand. Tout cela s'amalgame en une théorie générale du langage qui lie les locuteurs à une sorte de pacte. Représentative à cet égard est l'injonction d'être *clair*, de respecter le « bon sens ». Le XVIIe siècle a l'expérience des querelles religieuses, où l'on s'est souvent, comme au moment des *Provinciales*, affronté sur les mots, sur les équivoques du discours, les implications argumentatives de telle ou telle phrase. Il s'agit désormais de se faire comprendre, et de faire même en sorte, comme dit Bouhours, que, lorsqu'on s'exprime, on *ne puisse pas ne pas comprendre*. Cet idéal de clarté, de transparence, a fait la fortune de la France à l'étranger, et a motivé l'utilisation croissante qui sera faite du français, au XVIIIe siècle, comme langue diplomatique.

Historiquement, il faut bien voir que ces idéaux si naturels sont en réalité les produits d'un contexte idéologique bien précis. A la fin du XVIIe siècle, l'obligation de bien s'exprimer qui est tacitement formulée à quiconque se mêle d'écrire, peut aussi être comprise comme une manière de s'enfermer dans un contenu repérable. Qu'est-ce qui peut être exprimé clairement, en effet, si ce n'est ce qu'on sait déjà ? Comment exprimer clairement la nouveauté ? Il est significatif à cet égard que la fin du XVIIe siècle ait disqualifié le discours sans direction précise qui était celui de Montaigne, tout entier porté par l'inconnu. La querelle du « piétisme » qui sera la dernière grande querelle religieuse du XVIIe siècle, et verra s'affronter Bossuet et Fénelon, portera aussi sur des questions de clarté. La clarté à la main, il est aisé de trouver confus tout ce qui est novateur. La génération classique postule qu'il ne peut y avoir discours sans qu'il y ait eu auparavant pensée. Le discours doit donc être dirigé par cette *pensée*, laquelle doit demeurer accessible, à la portée de tous. La gestion de la langue dans le discours est donc tout entière placée sous l'angle de la communication. C'est la transmutation de la rhétorique en une sorte de « politique de l'écrit » où l'on s'efforce de limiter au maximum tout ce qui rend l'expression plus complexe.

De cette unanimité enfin trouvée autour de la langue résultent quelques grands principes placés en « surplomb » de toutes les autres qualités requises dans la maîtrise du discours écrit. Les voici, nos *clarté*, *brièveté*, *simplicité*, *élégance*, qui vont réorienter complètement le regard porté sur la langue. Désormais, il n'y aura plus ni « styles » (bas, moyen ou élevé), ni « genres » – ou le moins possible : il y aura surtout une sorte de « moyen élevé » dans lequel on pourrait à peu près tout exprimer. Il s'agit d'écrire une prose souple, où dominent les qualités esthétiques ; un processus général d'élévation du style, qui préside à la standardisation, gagne toute la langue. Depuis la fin du burlesque, le style bas a en effet vu son terrain se restreindre à la comédie et la poésie satirique.

Les dernières décennies du XVIIe siècle ont donc vu se réaliser ce qui avait paru impensable pendant quasiment tout le siècle : l'homogénéisation de la langue de l'écrit, la création d'une langue cultivée commune qui renonce à ses « marquages » pour se faire pure transparence, pur vecteur. Ce qu'on appelle désormais les « Belles-Lettres », une instance collective nouvelle que l'Académie ne recouvre pas entièrement, mais qu'elle représente malgré tout assez bien, a installé sur la langue française un magistère unanimement reconnu. La coopération entre praticiens et analystes, notamment, a consolidé la représentation diffuse, dans le public cultivé, qu'il existe quelque chose comme une *langue française*, au-delà de la multiplicité des discours. Plus qu'une chose à faire, désormais, lorsqu'on cherche à écrire : se soumettre à la langue.

Du « nouveau langage françois » aux « mots à la mode »

L'expression « nouveau langage français » est de Sorel, qui y consacre un chapitre dans *De la connaissance des bons livres*, une somme critique sur les autorités de l'écrit. Quant aux « mots à la mode », ils entrent dans le titre d'un recueil de François de Callières, l'un des derniers remarqueurs du siècle, particulièrement intéressé par les problèmes de l'oral.

Depuis l'étonnant phénomène de la préciosité, la conscience qu'il existe une dynamique spécifique dans l'usage oral de la langue s'est développée. Vaugelas semble en avoir convaincu le public : la langue se renouvelle de fond en comble tous les vingt ou trente ans, par le biais d'une sorte de « dégoût » qu'on éprouve pour les mots anciens. Ces « mots vieillis », le XVIIe siècle français aura passé son temps à les chasser, catégorie particulièrement floue et soumise à l'appréciation subjective. On ne les goûte plus, pas plus qu'on n'aime les néologismes ou les emprunts. La mode des hispanismes, qui était venue, dans les années 1620-1630, équilibrer tant soit peu les anciens « italianismes », est la dernière grande vague d'emprunts à l'étranger, avant les anglicismes de la fin du XVIIIe siècle. On en arrive donc à la situation où, sans emprunts ni néologismes, la langue perd beaucoup de mots. Marie de Gournay ou Sorel s'en sont émus dans la première moitié du siècle ; mais le phénomène ne fait que s'accentuer dans la seconde partie du siècle. A partir de 1660, beaucoup de mots qui avaient fait la fortune du français pendant des décennies paraissent souvent hors d'âge, déplacés. Il est curieux de remarquer que certains de ces mots sont des mots que nous réutilisons aujourd'hui, une fois leur disgrâce momentanée terminée : il en est ainsi de *souci*, de *volontiers*, d'*étrangeté*, de *labeur* – tous mots qui, à l'instar des mots préfixés en *in* –, comme *incorrect*, ont un jour paru affreusement démodés.

Le courant de la préciosité a été central en ce qu'il a installé de façon décisive le phénomène de la *mode*. Dans les années 1650-1660, se diffuse la pratique de marquer de manière spécifique – sociale, littéraire, plaisante, satirique – des mots existants. Les procédés voyants de la préciosité, avec leurs substantivations, leurs dérivations, ne sont plus de mise : on se focalise sur des termes simples, qui connaissent soudain une faveur étrange. Bouhours est le premier remarqueur à être autant confronté au phénomène. L'un de ses principaux objectifs, dans ses recueils, est d'ailleurs d'initier le grand public à ces usages envahissants, qui posent bien des questions à ceux qui ne les connaissent pas. Toute une partie des *Entretiens d'Ariste et d'Eugène* de 1671 est consacrée à ce phénomène nouveau des « mots à la mode ».

Mais la mode est à double tranchant. Tout d'abord, elle élimine beaucoup. Certains termes tombent tout simplement en disgrâce. Le marquage excessif qu'ils ont subi – l'investissement que les locuteurs y ont mis – les a « usés ». Puis, en propulsant sur le devant de la scène des mots nouveaux, elle crée des *synonymes* – chose abhorrée par la génération classique, laquelle rêverait volontiers d'une équivalence stricte entre pensée et langage.

Pour un observateur du temps, il a existé à la fin du XVIIe siècle une génération de « gens obsedez de la furie des mots nouveaux [17] ». Dans les années 1680, toute une série de publications s'emparent de ce qui représente un véritable « créneau » éditorial. Ainsi François de Callières, auteur d'un assez piquant *Des Mots à la mode, et des nouvelles façons de parler* (1692), que suivra un *Du bon et du mauvais usage dans les façons de s'exprimer* (1693). Dans ces deux ouvrages, l'élitisme déjà affiché par Bouhours est poussé encore plus loin. *Du bon et du mauvais usage* s'organise selon une mise en scène assez cruelle, sur le monde moliéresque. Deux personnages, « le Commandeur » et « la Marquise », discutent de questions de langue. Puis on introduit un bourgeois, « Monsieur Thibault », et tout son discours est passé au crible. Les positions de classe sont affichées explicitement ; un « duc », à un moment donné, vient exprimer le point de vue de l'auteur : en matière de langue, il vaut mieux s'adresser aux gens du monde qu'aux grammairiens. Les ouvrages de François de Callières sont représentatifs d'un courant « anti-intellectualiste » qui domine en cette fin de siècle, ne retenant de Vaugelas que ce qui peut permettre d'asseoir un usage mondain. Ce triomphe du « monde » est également sensible dans les *Réflexions sur l'élégance et la politesse du stile* de Morvan de Bellegarde (1695), et dans les *Nouvelles Remarques sur la langue françoise*, sous-titrées *Entretiens sur la langue française*, que l'on doit à Leven de Templery, en 1698. L'activité de « remarqueur » s'infléchit vers une certaine représentation de l'aristocratie par elle-même, bien plus sensible aux qualités stylistiques de naturel et de facilité qu'aux questions de norme en termes de lexique. La Bruyère, dans la section intitulée « De quelques usages » de ses *Caractères* (1690), dégagera en moraliste la signification sociale de ce souci de la langue. La « société », c'est-à-dire la classe dominante ayant accès à la Cour, semble alors s'organiser selon des règles nouvelles, moins soumises à la codification, et gouvernées davantage par les rapports entre individus. Le bon usage n'est plus seulement une norme de langage : il est aussi une norme comportementale.

Entre souci de l'écrit et sensibilité aux « mots à la mode », il semble que l'héritage de Vaugelas, dans ces dernières décennies du siècle, se soit divisé en deux sensibilités distinctes. Du travail des remarqueurs, certains ont donc pensé pouvoir faire la synthèse. C'est ce que s'est dit un certain Jean D'Aisy, qui fait paraître en 1685 un ouvrage intitulé significativement *Le Génie de la langue française*, et dans lequel il met bout à bout, en les faisant précéder respectivement d'un soleil, d'une croix, et d'une main, les opinions de Vaugelas, de Bouhours et de

Ménage sur diverses questions de langue. D'Aisy reproche à ces trois remarqueurs de n'avoir suivi aucune méthode dans leurs présentations : il s'agit donc de mettre de l'ordre dans tout ce travail, de façon à construire une « somme ». A la fin du XVIIe siècle, c'est cet aspect qui domine : on voudrait parvenir à systématiser les commentaires pour construire une vision « définitive » de la langue française.

Mais personne ne s'impose véritablement comme autorité. En 1689, paraissent des *Réflexions sur l'usage présent de la langue française* de Nicolas Andry de Boisregard – auxquelles sera donnée une *Suite* nettement plus agressive en 1693 – qui continuent d'alimenter le point de vue janséniste. Bouhours est visé, en tant que prédicateur qui ne se soucierait que de babioles comme en tant que « maître » auto-proclamé de la langue.

Plusieurs autres personnages se proposent. Louis Alemand, qui fut médecin à Grenoble avant d'être avocat au Parlement, fait partie de ces autodidactes, souvent provinciaux, qui se lancent à la fin du XVIIe siècle sur la scène des questions de langue. Il avait un projet ambitieux, bien dans l'air du temps, celui d'un « Dictionnaire général de la langue française ». Son idée était de compiler le travail lexical des remarqueurs. Mais devant l'ampleur de la tâche, il ne réalisa que les trois premières lettres, A, B et C..., qu'il publia en 1688 sous le titre *Observations sur la langue française, ou Guerre civile des François sur la langue*. Cette « guerre », c'est, dans un sens restreint, celle qu'ont creusée en s'affrontant jésuites et jansénistes ; mais c'est aussi la guerre du « nouveau français » contre l'ancien, la guerre de la culture mondaine contre la culture lettrée, la guerre de la mode, la guerre des autorités... Tout semble se conjoindre pour faire de la langue le lieu d'une crise de la culture française. Même si de semblables « guerres » avaient déjà eu lieu dans l'histoire, les attitudes ont tendance à se crisper, en cette fin de siècle.

Signe évident de cette crise : l'autorité de Vaugelas devait faire un retour inattendu sur la scène de la langue, quarante ans après sa mort. Se détournant du théâtre, Thomas Corneille, le frère de l'auteur du *Cid*, propose en 1687 une nouvelle édition très soignée des *Remarques*, assortie de nombreuses notes. C'est cette édition qui transmettra l'héritage de Vaugelas au XVIIIe siècle. En 1690, l'abbé de la Chambre qui avait travaillé avec Thomas Corneille, lui communiqua des « inédits » du Maître. Parurent donc des *Nouvelles remarques* – posthumes – qui firent croire qu'on revivait le bel âge des petites fiches. De l'avis général, néanmoins, ces *Nouvelles Remarques* présentent beaucoup moins d'intérêt que les premières. On se demanda même s'il ne s'agissait pas en définitive d'un « rebut » des remarques de 1647, autrement dit de textes que Vaugelas n'avait pas voulu publier.

Un trait domine, dans ces publications rapprochées qui entendent « faire la pyramide », comme aurait dit Flaubert : la tension normative, qui semble se faire plus vive, et signaler un désir, de la part du public comme de celle des auteurs, de parvenir à des conclusions simples et fiables. Après l'âge des « doutes », vient celui de la recherche des « certitudes ». La pression s'accentue sur les remarqueurs pour qu'ils donnent au public des règles « sûres » de la langue. Andry de Boisregard voudrait fixer l'usage, et parvenir à une définition claire de la « politesse » de la langue. Ses *Réflexions* de 1689 s'ouvrent par cette déclaration d'intention : « le dessein qu'on se propose dans ces Réflexions est d'éclaircir les doutes que l'incertitude de notre langue fait naître tous les jours, et d'en résoudre les difficultés par l'usage autant qu'on a pu s'en instruire par la lecture, et dans le commerce du monde ». Alemand de son côté estime que la référence à Vaugelas doit permettre de trancher. Dans sa préface, il écrit sans sourciller : « Nous devons à M. de Vaugelas d'avoir réduit presque toute notre langue en règles. » Certains vont jusqu'à proposer à l'Académie que tous ses membres soient obligés par serment à employer les mots approuvés...

C'est que les attitudes vis-à-vis de l'usage ont bien évolué. On veut bien améliorer la langue, mais on a aussi besoin d'autorité. Progresser, certes, mais aussi arrêter le progrès. Vaugelas enregistrait, discutait, proposait, mais laissait finalement toute latitude aux locuteurs ; il avait un grand sens de la *labilité* de l'Histoire. A la génération de 1690, ce caractère est vécu comme un danger. On a trop peur, si la langue est parvenue à un état de perfection, qu'elle ne vienne bientôt à se dégrader. Aussi voudrait-on la *fixer*.

Mais, dira-t-on, si « fixer la langue » est le propos, pourquoi ne pas faire appel à l'Académie ? C'est, qu'engagée depuis sa création dans la triple réalisation d'un dictionnaire, d'une grammaire et d'une poétique, l'Académie mit du temps à produire les résultats escomptés. La parution des *Remarques* de Vaugelas avait brouillé le jeu. On ne savait plus bien ce qui relèvait du « dictionnaire » et de la « grammaire ». L'initiative privée de Vaugelas avait par ailleurs déplacé les lignes d'organisation du champ collectif de l'Académie. Celle-ci, au fil des décennies, continuait de proposer des réponses aux difficultés de langue qu'on lui soumettait, réponses consignées dans un cahier conservé aux Archives de l'Institut, mais hésitait quant aux méthodologies à adopter pour la réalisation des grands ouvrages demandés.

C'est ainsi qu'en marge du commentaire critique des « meilleurs auteurs », fut institué le « bureau des doutes », petite assemblée de remarqueurs « officiels », pour ainsi dire. De bons grammairiens y travaillèrent, parmi lesquels Thomas Corneille, François Charpentier, l'abbé Dangeau, ou cet extravagant personnage de la fin du XVIIe siècle, l'abbé de Choisy, qui passa la totalité de sa vie en travesti [18].

Rapidement, néanmoins, l'Académie transforma le travail qui lui était demandé en un commentaire des *Remarques* de Vaugelas, comme si ces dernières continuaient de représenter un horizon indépassable. Avec le dictionnaire, ce travail sur les *Remarques* devint la grande entreprise de l'Académie. Un peu à contretemps, elle venait tenir sa partie dans le concert des tentatives d'appropriation du travail du Maître. Mais elle le fit trop tard, et alors que le goût des querelles de mots, des discussions autour de la variation, du « bien-dire » et de l'élégance avait pris fin. La dynamique s'était arrêtée. Plus de nouvelles « réponses aux observations »... L'espace de subjectivité partagée entretenu par les publications croisées, les polémiques, s'était à nouveau déplacé. A l'issue de ces décennies de débats, aussi étonnant que cela puisse paraître, c'est l'autorité de Vaugelas, et non celle de l'Académie, qui s'impose. Lorsqu'un « tribunal exceptionnel » fut institué en 1705 pour juger Vaugelas, celui-ci une nouvelle fois en sortit triomphant.

Au total, la génération 1670-1700, la génération dite « classique », aura été, en réalité, pour ce qui est de son rapport à la langue, une époque infiniment plus chaotique, plus « entravée », qu'on ne le pense généralement. La sensibilité aux questions de langue s'y est développée librement, de manière polémique. Bien plus, la recherche paradoxale d'une autorité semble avoir placé l'Académie dans une position inconfortable, la contraignant aux dérobades et la soumettant aux critiques puristes. L'inadéquation entre ce qu'elle proposait et les attentes du public, l'insatisfaction des grammairiens professionnels, la prégnance des clivages esthétiques et idéologiques : autant d'éléments qui interdisent, comme cela a longtemps été fait, de nous représenter le second demi-siècle comme celui d'une marche raisonnée et inflexible vers une norme institutionnelle. Bien plutôt, l'« âge des remarqueurs » nous apparaît aujourd'hui comme un âge tourmenté et instable, d'« insécurité linguistique », marqué par un rapport ambigu à la norme. L'appel constant à la subjectivité, au « sentiment de la langue », à rebours des exigences érudites qui caractérisaient le premier XVIIᵉ siècle, modifie radicalement les contours des représentations, et crée une physionomie bien spécifique au sein des ensembles linguistiques modernes.

La vogue des dictionnaires

Débarrassée de ses complexes vis-à-vis du latin, assistant avec un certain plaisir à une série de victoires de son roi en Europe, la génération de 1670-1680 brûlait de voir édifier autour du français un « monument ». Une somme qui permette enfin que, en dehors de son usage, on se *représente* la langue, qu'on la voie, qu'on en dessine le visage parfait. Les dictionnaires et les grammaires sont d'ordinaire ces « peintres » de la langue. Que pouvait-on attendre d'eux dans ces années cruciales ?

Autant la production fut maigre, en termes de grammaires, et même quasiment nulle, autant une riche moisson de dictionnaires vint couronner le XVIIᵉ siècle finissant [19]. Mais les enjeux qui pesaient sur l'entreprise étaient nombreux. Ils étaient politiques, pour commencer. En 1674, un privilège fut accordé à l'Académie qui interdisait que tout autre « Dictionnaire de la Langue Françoise » parût en France pendant vingt ans. Ainsi, non seulement les concurrents de l'Académie n'intitulèrent pas leurs ouvrages de ce titre exact, mais ils les firent paraître à l'étranger, en terrain calviniste essentiellement, Suisse ou Hollande. Toute entreprise de dictionnaire, à la fin du XVIIᵉ siècle, est nécessairement liée à celle de l'Académie. Il s'agissait ensuite, par l'intermédiaire du dictionnaire, de fournir au public un modèle d'*impression* du français. La question de l'orthographe était donc décisive. Encore aujourd'hui, le dictionnaire est souvent utilisé pour vérifier une orthographe, autant que pour chercher la définition d'un mot. Le choix par l'imprimeur des procédures d'impression était un élément crucial dans l'entreprise. L'idéal d'un dictionnaire est bien entendu de proposer une orthographe et d'*une seule* pour chaque mot. Ici aussi, la permanence des débats fut un facteur de retard. Alors que Richelet optera pour une orthographe assez moderne, souvent inspirée du phonétisme, l'Académie, dans sa première édition, persistera à utiliser l'orthographe ancienne. La physionomie de la langue qui se dégageait de la consultation de son dictionnaire était ainsi très différente.

L'histoire du dictionnaire de l'Académie, entre 1650 et 1694, a été maintes fois racontée[20]. Elle est émaillée d'incidents – parfois rocambolesques –, de difficultés, d'entraves souvent significatives. En 1662, Antoine Furetière (1620-1688) fut élu à l'Académie française. Issu d'une sensibilité « gauloise », à la fois burlesque, galante et satirique, il manifestait un grand intérêt pour les mots[21]. Il s'investit donc beaucoup dans le travail du dictionnaire, mais on le regardait un peu avec suspicion, car on savait qu'il avait l'ambition de produire de son côté son propre dictionnaire, décrivant le langage des « arts », des techniques, des spécialités. En 1672, le manuscrit du dictionnaire en gestation de l'Académie s'égara mystérieusement, chez un libraire d'abord, puis chez Mézeray, l'historien et réformateur de l'orthographe. Immédiatement, on accusa Furetière. Mais Furetière était un polémiste redoutable, agressif et irascible. Dans la querelle qui s'ensuivit par libelles interposés, et qu'on appelle la « querelle des factums », le mot *factum* signifiant libelle, les excès de langage allèrent si loin que Furetière – pour bien d'autres raisons aussi – finit par être exclu de l'Académie, en 1685.

Entre-temps, l'Académie, « languissante et oiseuse », selon les mots de Chapelain, progressait malgré tout. Colbert, nouveau protecteur de la Compagnie, s'impatientait, et il vint un jour par surprise voir comment avançait la rédaction. En 1678, on commença la publication, chez l'éditeur Le Petit[22]; en 1680, on changea d'éditeur, et on reprit l'impression des premières lettres; en 1694 enfin, l'ensemble parut, chez Coignard. Entre-temps, les premières lettres avaient déjà beaucoup vieilli. Bien des académiciens qui avaient collaboré à l'ouvrage n'en étaient pas fiers. Furetière rapporte que Racine aurait dit : « Où nous fourrerons-nous quand ce Livre viendra à paraître ? Le public nous jettera des pierres. » La consultation de l'ouvrage n'était pas facile, essentiellement à cause du système de renvois qui avait été adopté. La méthode initiale avait été, en effet, de classer les mots par familles, cette notion mêlant étymologie et composition morphologique. Ainsi, il y a peu d'entrées dans le premier Dictionnaire de l'Académie, mais des articles parfois très longs, et comprenant de nombreux mots.

L'Académie a choisi de faire l'impasse sur plusieurs catégories de mots. Elle ne recense ni les termes techniques, ni les termes « vulgaires », ou les « façons de parler basses ». Ainsi, elle tourne le dos à l'inspiration burlesque qui avait été si marquante dans les précédents essais de dictionnaires ; elle ne fait pas non plus figurer les « néologismes » ou mots récemment introduits. En réalité, la « langue » étudiée dans ce dictionnaire présente un spectre remarquablement étroit[23]. Le travail des remarqueurs semble avoir eu sur elle une influence décisive. La doctrine de l'usage, préconisée par Vaugelas, semble s'être resserrée jusqu'à offrir la physionomie amincie d'un bon usage revu et corrigé dans un sens restreint, à finalité littéraire. L'épitre liminaire du dictionnaire annonce : « Cet ouvrage est un recueil fidèle de tous les termes et de toutes les phrases dont l'Eloquence & la Poésie peuvent former des éloges. » On voit que sa mise en scène de la langue dérive d'une transformation progressive des problématiques rhétoriques en questions d'*élocution* (suffisantes, dans l'esprit de l'époque, pour construire une théorie de la prose), et qu'elle est en outre le fruit d'un souci pratique immédiat des poètes (comment écrire, et quelle langue ?). C'est cette véritable *culture* de la langue par les gens qui écrivent qui légitime l'existence du dictionnaire. Celui-ci n'est pas le simple enregistrement passif d'une réalité observable à un moment donné : il est un outil pour *produire* de la langue.

Pour autant, l'Académie est bien consciente de la spécificité de ses choix. Elle ne nie pas que, chassant à la fois les mots vieillis et vulgaires (ce qui n'est pas toujours le cas, en réalité) comme ceux des « Arts et des Sciences », elle donne de la langue une image très étroite. « Elle [l'Académie] s'est retranchée à la langue commune, telle qu'elle est dans le commerce ordinaire des honnêtes gens, & telle que les orateurs et les poètes l'emploient », dit la préface de Charpentier. C'est ce qui explique que, sous couleur de « définitions[24] », l'Académie propose très souvent des observations sur l'utilisation du mot : liste d'épithètes qui lui conviennent le mieux si c'est un nom (par une tradition pédagogique appliquée au latin), constructions si c'est un verbe, ou, de façon générale, « phrases les plus reçues & qui marquent le plus nettement l'emploi du mot dont il s'agit ». On y trouve aussi une exemplification riche, et dont la caractéristique est d'être souvent « forgée », autrement dit non attestée, non empruntée à la littérature, « inventée ». Dans un geste hautement significatif, l'Académie balaye la longue tradition de recherche d'autorités qui avait accompagné la constitution d'un savoir sur la langue depuis le XVIe siècle : elle se promeut elle-même autorité, elle écrit elle-même le « texte » de la langue.

« Il est à craindre que quelques-uns ne l'accusent d'avoir fait trop de cas, et de s'être trop occupé de ces minuties grammaticales qui composent le fonds du Dictionnaire », s'inquiétait l'épître. Indiscutablement, il s'adresse aux « esprits éclairés ». A vrai dire, il n'y a probablement pas d'autre époque dans l'histoire où un dictionnaire, ainsi, a pu se passer pratiquement de toute considération d'utilisation pour se concentrer sur l'idéalisation de son objet. Entre les préoccupations érudites et d'enseignement (tant internes qu'à destination des étrangers) du XVIᵉ siècle et les soucis idéologiques, ou de grande diffusion, du XVIIIᵉ siècle, le dictionnaire de l'Académie représente un moment où on a voulu sortir la langue des vicissitudes de son histoire pour en faire un objet à part, intouchable. Il peut aussi se lire comme un monument élevé à la « perfection » de la langue, à sa sortie miraculeuse hors de l'histoire. « Il a été commencé et achevé dans le siècle le plus florissant de la Langue Françoise », dit la préface. En cela, il est différent des dictionnaires latins et grecs qui, dit l'épître, n'ont pas été composés « dans les bons siècles ». Dans l'esprit de la Compagnie, le Dictionnaire doit être désormais un garant contre la corruption de la langue.

A lui seul, néanmoins, le Dictionnaire de l'Académie de 1694 donnerait une idée assez fausse des représentations de la langue en cette fin du XVIIᵉ siècle. De façon assez surprenante, et alors qu'il y avait eu jusqu'alors un relatif vide dans ce domaine, en deux décennies (1680-1700), les publications vont se multiplier. L'ensemble offre d'ailleurs une vision très contrastée de ce qu'on pouvait à l'époque imaginer en matière de lexicographie. Au-delà des rivalités conjoncturelles (c'était à qui publierait son dictionnaire le premier...), c'est la complémentarité des approches qui est intéressante.

Après l'assez confus *Dictionnaire royal des langues françoyse et latine* du jésuite Pomey, paru en 1664, mais réédité par la suite, qui présentait le défaut de ne pas s'attacher véritablement à l'usage, mais suivait un programme pédagogique précis, utilisant la référence au latin, le premier grand dictionnaire de la fin du siècle fut celui qu'a publié en 1680 Pierre Richelet[25].

Un peu comme Vaugelas, César-Pierre Richelet (1626-1698) est issu d'une famille d'avocats de province. Il fut précepteur d'enfants de familles aisées puis, venu à Paris, se consacra à la carrière d'homme de lettres. On associe parfois son nom, aujourd'hui, à un *Dictionnaire des rimes* (1667), qui a connu beaucoup de rééditions, mais qui paraît avoir plutôt été l'œuvre de son ami Frémont d'Ablancourt. Son *Dictionnaire françois contenant les mots et les choses* parut à Genève en 1680. Comme toute entreprise lexicographique de ce temps, le dictionnaire de Richelet était évidemment confronté au problème de l'usage. Coordonnant une équipe de collaborateurs, parmi lesquels certains académiciens comme le P. Rapin, Chapelain ou Bouhours, l'auteur choisit tout d'abord de se fonder sur une méthode à laquelle l'Académie avait renoncé : la citation d'écrivains contemporains. Pour Patru, pilier de l'Académie qui, après s'être passionné pour ces projets, s'en était peu à peu dégoûté, c'en était même la raison d'être : une lettre de lui datant de 1677 fait état du projet de Richelet et de l'helléniste Cassandre de constituer un dictionnaire qui soit fait entièrement de citations d'hommes de lettres, puisque l'Académie « persiste dans sa résolution de ne point citer[26] ». Il est donc destiné prioritairement aux « honnêtes gens », à un public lettré qui cherche à se constituer une norme d'usage tout en comprenant les différences de registres. Molière, Pascal, Racine sont cités, une différence étant faite entre les termes de poésie et les termes de prose. En outre Richelet, qui opère une classification précise, à deux niveaux, des mots, opte pour un marquage original : une croix précédant le mot signifiera qu'il est « vieux », un astérisque, qu'il est « figuré ». Son dictionnaire se présente donc aussi comme l'esquisse d'un parcours dans la langue, tant au travers des champs lexicaux que des registres et des styles. Du terme *délectable*, Richelet dit par exemple : « il est usité dans des discours de science et a plus de cours dans le bas stile que dans le sublime ». Le lecteur pouvait se faire une idée nuancée et sélective de la langue.

La position de Richelet, moins radicale que celle de l'Académie, permet à son ouvrage d'être plus complet en nombre d'entrées (20 500, contre 17 500 pour l'Académie, le plus grand nombre d'entrées étant atteint par Furetière avec 26 000). Comme celui de l'Académie, le dictionnaire de Richelet fait figurer, d'une part les « termes », d'autre part les « phrases ». Mais sa palette lexicale est plus large ; il est également plus attentif à la variété des « sens » et des emplois spécifiques des mots, notamment pour ce qui relève du lexique « d'art ». Le dictionnaire de Richelet est contemporain du mouvement d'homogénéisation qu'on observe dans les années 1670-1680, mais précède sa mise en place définitive. On y trouve donc encore nombre d'articles consacrés à des mots bas, *bardache*, *bordel*, *bran*, *cazzo*, *chier*, *connard*, *con*, *enfiler*, *foireux*, *louve*... Il est à noter également que le dictionnaire de Richelet fait figurer nombre de termes dans une orthographe simplifiée, non archaïque. Il se présentait explicitement comme un dictionnaire facile d'accès, recommandé tout particulièrement aux étrangers.

Clandestinement introduit en France, il rencontra un succès de scandale. De nombreuses personnalités y étaient citées, parfois moquées. Selon Furetière, l'Académie ignora superbement l'ouvrage, et ne daigna pas s'en inspirer. Il n'en demeure pas moins qu'il reste un dictionnaire exemplaire, particulièrement pour l'établissement de l'usage de la première génération classique (1650-1680).

En 1690 parut, deux ans après la mort de son auteur, le *Dictionnaire universel* d'Antoine Furetière qui avait causé tant d'inquiétude à l'Académie[27]. Par rapport aux dictionnaires de l'Académie et de Richelet, l'ouvrage de Furetière présente un point de vue sur la langue assez différent. Plutôt que de s'aligner en grande partie sur la production littéraire, le *Dictionnaire universel* se place dans la continuité de l'attitude « philologique », descriptive, qui avait été celle de Ménage. Le nombre de termes y est donc significativement plus important que dans les deux ouvrages précédemment cités. Furetière n'exclut ni les termes dialectaux, ni les termes bas, ni les termes « d'art ». Surtout, comme Ménage, il ancre sa considération des mots dans une prise en compte de l'histoire – il ne se cache pas d'ailleurs de reprendre beaucoup d'éléments à cette illustre source. L'image de la langue qui se dégage de son ouvrage est donc plus riche, plus complexe, que celle qu'en donnent l'Académie et Richelet. Elle est le fruit d'une confrontation d'usages, d'un entrecroisement de « parlures » en constant mouvement. C'est un monde envers lequel Furetière éprouve une visible fascination. Le frontispice de l'ouvrage annonce : « Dictionnaire universel, contenant tous les mots françois, tant vieux que modernes, & les termes de toutes les sciences et des arts, sçavoir : [...] » Suit une liste impressionnante de domaines : philosophie, logique, physique, médecine, anatomie, pathologie, thérapeutique, chimie, botanique... « Et enfin les noms des Auteurs qui ont traitté des matieres qui regardent les mots, expliquez avec quelques Histoires, Curiositez naturelles, & sentences morales, qui seront rapportées pour donner des exemples de phrases et de constructions. Le tout extrait des plus excellens Auteurs anciens et modernes. » C'est peu de dire, donc, que ce dictionnaire a une ambition totalisante. Il se veut véritablement une *somme*, ouvrant sur toutes sortes de réalités. Pierre Bayle, dans la préface qu'il rédigea au dictionnaire publié à Rotterdam, insiste sur le trajet accompli par Furetière des « mots » aux « choses ».

Il n'y a pas à craindre de ce dictionnaire, dit la préface, la « sécheresse » habituelle à ce genre d'ouvrages : on trouvera ici « cent belles curiositez de l'Histoire naturelle, de la Physique experimentale, et de la pratique des Arts ». « Ce ne sont pas de simples mots qu'on nous enseigne, mais les principes, et les fondements des Arts et des

Sciences. » Le dictionnaire de Furetière est bien moins le fruit d'un désir d'enfermement dans le cercle étroit d'un seul usage que celui d'une volonté de dépasser les frontières du langage dans le *savoir*. En cela, il ouvre la voie aux recueils encyclopédiques qui vont s'épanouir à partir du XVIIIe siècle.

C'est aussi un dictionnaire qui est délibérément tourné vers la richesse lexicale. Combien de mots du latin nous sont aujourd'hui inconnus, dit la préface, tout simplement parce que les rares textes qui en faisaient mention ont disparu, et que nous n'avons plus aucune trace de l'usage oral ? Le dictionnaire de Furetière aura cette ambition, par le biais d'une collecte patiente et laborieuse de matériaux, de laisser de la langue française l'image complète, documentée, que nous n'avons pas du latin.

Nulle opposition plus significative, par conséquent, que celle du *Dictionnaire universel* de Furetière avec le *Dictionnaire de l'Académie*. Le dictionnaire de l'Académie est destiné, dit la préface du Furetière, « aux mêmes fins que l'Académie même ». Autrement dit, il s'agit d'aider ceux qui ont un panégyrique à faire, une pièce de théâtre, une ode, une traduction, un traité de morale... L'Académie ne regarde que le « beau style » : pour tout ce qui est « Navigation, Finance, Commerce, Arts libéraux et mechanique », inutile de le consulter.

On se reportera pour cela au *Dictionnaire des Arts et des Sciences* de Thomas Corneille, l'annotateur de Vaugelas, paru en 1694, l'année même de la publication du *Dictionnaire de l'Académie*. Cette fois, la spécificité du propos est clairement annoncée. Le dictionnaire de Thomas Corneille s'articule très explicitement avec celui de l'Académie, comme la « langue des arts », en quelque sorte, s'articule avec la langue commune. L'Académie – pour l'exclure – n'a pas cessé de dénoncer la trahison de Furetière, lequel était passé d'un projet similaire, celui d'un « complément », à celui de « dictionnaire universel ». Le dictionnaire de Thomas Corneille n'a donc pas l'ambition totalisante de celui de Furetière (il ne présente pas, notamment, sa dimension historique), mais il est ce qu'on pourrait appeler aujourd'hui un dictionnaire de « français spécifique ». Il fournit un lexique de cette « autre langue » que représentent les usages spécialisés du français. De ce point de vue, il aurait pu constituer un intéressant point de départ au travail sur les arts et les sciences qui sera mené dans l'Encyclopédie ; mais la place était prise par Furetière (dont la seconde édition, par Basnage de Beauval, en 1704, était, sur ce plan, très enrichie).

A l'orée du XVIIIe siècle, c'est munis d'un imposant bagage (auquel il faut ajouter le *Dictionnaire étymologique* de Ménage, augmenté par rapport aux *Origines*, et paru également en 1694), fruit d'une véritable frénésie de dictionnaires, que les locuteurs cultivés du français peuvent considérer leur idiome. Certes, il y a encore des manques. Le plus notable est celui d'un dictionnaire historique. Pierre Bayle le note, dans sa préface au dictionnaire de Furetière : celui-ci ne mérite pas totalement son qualificatif d'« universel ». Il n'inclut pas les termes « du temps de Ville-Hardouin et de Froissard »... Autrement dit, il manque encore « un Archéologue, ou un Glossaire de la Langue Françoise ». « On ne feroit pas mal non plus, ajoute Bayle, de se répandre sur les Ouvrages des anciens Poêtes Provençaux ; et rien ne serviroit plus à perfectionner la science etymologique, qu'une recherche exacte des mots particuliers aux diverses Provinces du Royaume ; car on connoîtroit par là l'infinie diversité de terminaisons et d'alterations de syllabes, que souffrent les mots tirez de la même source. »

Que de travaux d'Hercule encore en perspective... C'est que – Bayle en a bien conscience – le français n'a plus un enjeu seulement national : « Veut-on qu'un libelle coure bien le monde ? aussi-tost on le traduit en François. »

6

LE FRANÇAIS HORS DE FRANCE

De la même façon qu'une histoire de tout ce qui a pu être parlé dans ce qu'on a appelé « le royaume de France » est loin de se résumer à une histoire *du français*, de la même façon une histoire de cet idiome ne saurait s'aborder exclusivement à l'intérieur de ce qui a été dessiné politiquement comme étant « la France ». Cela est surtout vrai à la fin du XVIIe siècle, période témoin de trois grands phénomènes : la diffusion du français comme langue de culture en Europe, la révocation de l'édit de Nantes et les mouvements migratoires qui s'en sont suivis, et ce fait majeur dans l'histoire de l'Europe moderne : les débuts de ce qu'on appellera plus tard la « colonisation ». Dans le sillage de ce dernier processus, beaucoup de langues d'Europe commenceront alors à connaître une diffusion extra-territoriale qui va doubler leur destin métropolitain d'une autre vie, beaucoup plus éclatée, difficile à saisir, échappant bientôt au contrôle politique.

Dans le concert européen

De façon générale, si on veut faire un bilan de la manière dont le français était représenté en Europe au XVIIe siècle, on doit prendre en compte ces quatre paramètres que sont : la proximité géographique, les institutions d'enseignement, la représentativité culturelle, et le rôle des événements politiques, notamment des politiques matrimoniales. Enfin, un pays vint jouer un rôle majeur dans la diffusion en Europe du français : les Pays-Bas, de par leur politique entreprenante d'imprimerie, libre de toute pression idéologique, et qui en fit un laboratoire des futures « Lumières ».

Depuis la fin du XVIe siècle, on l'a vu, le latin est en recul constant comme langue de diffusion des savoirs. En Europe, plusieurs institutions d'enseignement importantes et riches d'expérience se détournent de cette langue. La pratique d'envoyer la « jeunesse » dans des pays étrangers est courante, à cette époque beaucoup plus mobile qu'on n'aurait tendance à l'imaginer. Dans toute l'Europe, les jeunes gens lettrés circulent, et communiquent entre eux dans des langues qui ne sont pas leur langue maternelle ; et bientôt, une langue tend à gagner du terrain, à côté du traditionnel latin : le français. Ce dernier est beaucoup pratiqué aux Pays-Bas, par exemple, qui disposent selon Pierre Bayle de douze écoles l'enseignant. La mode de l'éducation en français fait la fortune de quelques grands centres du royaume, comme Paris, Tours, Blois, Strasbourg, mais aussi d'universités étrangères, qui recrutent parfois des professeurs français célèbres, comme Festeau et Lemoine en Angleterre, ou Le Doux en Allemagne.

En Angleterre, au XVe et au XVIe siècles, il a existé une « francomanie » importante, qui était due à des raisons politiques évidentes (liens historiques des royaumes), mais aussi à des pratiques culturelles et littéraires spécifiques. Nombreux furent les rois parlant français. Le plus notable d'entre eux fut Henri VIII, mais Elizabeth traduisait également Marguerite de Navarre. Le mariage de Charles Ier avec Henriette de France provoqua un nouvel afflux de Français à la cour, qui alla jusqu'à motiver la formation d'un parti « anti-français ». Les classes élevées parlaient souvent les deux langues pendant tout le XVIIe siècle, même après la révolution de Cromwell en 1648. Le mélange était fréquent, donnant lieu à des jargons qui faisaient le bonheur des satiristes...

Après le rétablissement de la royauté, la mode française reprit de plus belle. Charles II parlait un français parfait, et accueillit Saint-Evremond, qui, ne maîtrisant pas l'anglais, dialogua en français avec toute la meilleure société. Saint-Evremond parla de façon si enthousiaste de l'Angleterre à La Fontaine, que celui-ci faillit s'y retirer. Une intense activité intellectuelle et culturelle se déroulait entre les deux cultures. Les philosophes anglais, comme Locke, par exemple, estimaient communément que l'apprentissage du français était indispensable à une bonne éducation ; beaucoup de livres français (La Rochefoucauld, La Bruyère) trouvaient en Angleterre un public de choix ; et on jouait parfois au théâtre des pièces françaises.

Une importante communauté française vivait alors à Londres : on parle de 18 000 personnes pour les seules paroisses de Saint-Gilles et Saint-Martin, par exemple. Le français avait des avantages commerciaux évidents, pour un pays aussi isolé que l'Angleterre. L'époque étant acquise au pouvoir de la mode, la francomanie régnait dans les mœurs : dans l'habillement, en cuisine, dans les codes de comportement. Le snobisme des Français, pour autant, était souvent critiqué...

C'est ainsi que de nombreux Français se spécialisèrent dans le genre de la grammaire à l'usage des Anglais – classes élevées, futurs voyageurs de commerce sur le continent – abordant certaines questions, comme celle de la longueur des syllabes, de manière contrastive. Les étudiants de la bonne société traversaient fréquemment la Manche pour aller s'imprégner de l'accent « pur » du val de Loire. Dans le courant du XVIIe siècle, le même phénomène s'est développé en Allemagne, si bien que l'historien de la langue dispose aujourd'hui d'un nombre important de grammaires et de manuels d'apprentissage réalisés dans ces deux pays.

Le XVIe siècle nous avait déjà gratifié d'une floraison de témoignages sur la présence du français dans le domaine germanique. On connaît par exemple des *Fondemens de la langue françoise composéz en faueur des Allemans* publiés à Cölln (Cologne) en 1574 par un Gantois, Gérard du Vivier, qui avait déjà donné quelques années auparavant une grammaire bilingue, en français et en allemand, du français. Le français fut également enseigné à la célèbre université de Wittemberg, en Saxe, parfois par des professeurs français. A la fin du siècle fut publié à Nuremberg un *Dictionnaire françois alemand et alemand francois*, ayant pour auteur un certain Levinus Hulsius. Ce dictionnaire fut souvent réédité, entre 1596 et 1621, ce qui témoigne de son succès.

Le français était donc une langue familière pour bon nombre d'Allemands au XVIe siècle. Beaucoup, dans les classes élevées, viennent alors faire des études en France. A Paris, la communauté allemande est la plus forte, parmi les étudiants étrangers ; à Angers, on connaissait un lieu de promenade appelé le « pré des Allemands » ; Saumur, Poitiers, sont d'autres villes très convoitées, parfois pour leurs universités protestantes.

En Allemagne même, la situation est assez différente à l'Ouest et à l'Est. Alors que l'Est est quasiment exclusivement germanophone, le français est très présent en Rhénanie, où de nombreux princes électeurs du XVIIe siècle, ainsi que leur entourage, parlent français. Le Palatinat a vu fleurir d'abondantes publications en français. Dans toutes ces régions proches de la France, plusieurs personnages jouèrent un rôle actif dans sa diffusion. Il en est ainsi de l'électeur palatin Charles-Louis, ou du landgrave Maurice qui, en Hesse-Cassel, fonda dans les premières années du XVIIe siècle le *Collegium Mauritianum*, où se pratiquait l'enseignement du français, et alla jusqu'à, dans sa retraite, écrire lui-même un *Dictionnaire français-allemand* (1631), où les beautés de la langue et les charmes de la société sont vantés. Dans toute la Rhénanie, les contacts avec Strasbourg, et même Paris, sont fréquents, tant pour l'éducation des jeunes gens que pour la vie sociale et culturelle des élites. Entre la Rhénanie et la Suisse romande d'un côté, et Besançon ou Paris de l'autre, les allées et venues sont constantes, qui pour parfaire ses études de droit, qui sa médecine.

Plus généralement, le français se diffuse de façon notable, dans le courant du XVIIe siècle, comme langue de la littérature, du théâtre, des publications philosophiques. Le phénomène des traductions témoigne de l'attrait que de nombreux pays éprouvent à l'époque pour la culture française. Dans les milieux intellectuels, les textes sont lus en langue originale, et le dialogue avec les écrivains français fréquent. Corneille dédia son *Don Sanche d'Aragon* à un certain Constantin Huygens (à ne pas confondre avec Christian Huygens, le célèbre physicien et astronome, qui fit d'ailleurs également un long séjour en France), personnage qui s'intéressait à tout ce qui tournait autour de la langue et de la littérature française, suivant les péripéties liées à l'Académie, ou la polémique Ménage-Bouhours. En Angleterre comme en pays germanique, nombreux sont ceux, dans les classes cultivées, qui aiment lire et écrire en français. Les très abondantes correspondances qu'on possède l'attestent : il y avait alors dans ces pays un goût véritable pour *l'écriture du français* comme langue cultivée, qui a parfois servi de révélateur au fait que les langues modernes pouvaient équivaloir, de ce point de vue, au latin. Beaucoup de nobles allemands correspondaient en français, au XVIIe siècle, comme dans une langue *autre*, qui leur ouvrait des horizons. A cela s'ajoute le phénomène des mœurs, des usages, des coutumes. On commence à apprécier la confrontation des usages, des modes, dans une curiosité qui n'est pas seulement un goût pour l'exotisme, mais ouvre un nouvel espace de réflexion sur la culture.

Un phénomène décisif a beaucoup contribué à rapprocher les peuples, également, à mieux les faire connaître, et à créer des relations interculturelles et interlinguistiques : la politique matrimoniale des différentes cours d'Europe. Depuis que Charles Quint a instillé en Europe le poison de l'impérialisme, les différents pays, les royaumes, les princes, se débrouillent comme ils peuvent pour maintenir intactes leurs frontières, leurs zones d'influence, quand ils ne se trouvent pas eux aussi lancés dans la course à la domination. Il en résulte des négociations interminables et constamment renouvelées, dans lesquelles les mariages sont une arme non négligeable. Deux reines françaises furent d'origine espagnole : Anne d'Autriche et Marie-Thérèse, épouse de Louis XIV. Cette politique artificielle ne reposait pas toujours sur des ententes culturelles. Il est amusant de voir que, parfois, le mélange ne « prenait » pas. Lorsque le petit-fils de Louis XIV fut installé à la fin du XVIIe siècle sur le trône d'Espagne, les nobles espagnols refusèrent tout apprentissage de sa langue...

Côté allemand, une figure étonnante s'impose : Charlotte-Elizabeth de Bavière (1652-1722), princesse Palatine, dite « la Palatine ». Son mariage avec Monsieur, frère du roi, fut un désastre, et son séjour à la Cour assez malheureux, si on l'en croit. La princesse Palatine est un personnage haut en couleurs du XVIIe siècle français, dont la correspondance, brutale, lucide, sans concessions, pleine d'un humour et d'une autodérision que n'effraie pas la grossièreté, nous donne un éclairage pour le moins différent sur la vie à la Cour sous Louis XIV. S'étant aperçue que sa correspondance en allemand était interceptée à la frontière et traduite pour être retransmise au roi, elle choisit bientôt le français, dans l'espoir de franchir cet obstacle. Mais son français était loin d'être parfait : elle opte donc pour un mélange détonant, mi-français, mi-allemand, qui fait de ses lettres un des meilleurs exemples de ces hybridations si fréquentes au XVIIe siècle [1].

Louis XIV avait une idée bien précise, en organisant ce mariage trans-rhénan : envahir le palatinat en prétendant défendre les intérêts de sa belle-sœur. Si la politique matrimoniale du XVIIe siècle, qui consistait à brasser les cours d'Europe, était un puissant facteur de contacts de cultures et de langues, elle eut aussi le résultat inverse : légitimer des guerres qui n'avaient en réalité pas d'autre fondement que celui de l'affirmation de la puissance brute. Le mélange fut parfois plus réussi, comme lorsque Eléonore d'Olbreuse épousa le prince de Brunswick, enclenchant dans cette cour allemande, par son goût de la vie, un cycle de fêtes, de bals, de représentations théâtrales donnant lieu à une mini-« francomanie ».

Au total, entre les étudiants, la soldatesque et les princes, nombreux se trouvaient, au XVIIe siècle, ceux qui étaient d'une manière ou d'une autre exposés aux langues étrangères, et particulièrement au français. Un cas spécifique est représenté par les Pays-Bas, patrie de la tolérance et des affaires. Depuis le Moyen Age, les progrès de la francisation ont été constants entre le champenois et Bruxelles ou Liège, où une concurrence avec le dialecte wallon s'observe. Aux Pays-Bas, le français est bien représenté depuis que les princes l'utilisent dans les correspondances diplomatiques, les administrations locales et l'exercice de la justice. Sous Philippe II, les autorités locales des Pays-Bas espagnols continuèrent d'utiliser le français comme langue véhiculaire. Cet usage était compris comme un outil de paix. A la cour d'Orange, le français continua de jouer un grand rôle : Guillaume II fut un roi qui tenait son journal en français, et francisait le nom des villes de son territoire... Mais le flamand et le néerlandais virent leur influence s'accroître dès le XVIe siècle. Une partition prit progressivement forme entre francophonie au sud et néerlandophonie dans les Provinces-Unies. Bruxelles devint entièrement francophone, tandis qu'ailleurs, une forme de marquage social se développa : la bonne société, abandonnant le dialecte, qu'elle trouvait néanmoins plaisir à voir revivre dans de la littérature spécialisée, pratiquait le français, tandis que le peuple ne parlait que le néerlandais. C'était également le cas dans le Luxembourg, par ailleurs majoritairement germanophone.

Sur les marges, on vit bientôt se développer des formes mixtes. En effet, au XVIIe siècle, la proximité géographique donne lieu à des interpénétrations linguistiques beaucoup plus notables que celles qui s'observent aujourd'hui, plus d'un siècle après la mise en place des états-nations. On l'avait vu au XVIe siècle avec la ville de Lyon : les zones frontalières pratiquent volontiers à cette époque une alternance que ne vient pas encore troubler le sentiment d'appartenance à une nation, et qui ne s'embarrasse pas de mélanger les langues. Dans la région de Louvain, si le français élevé, qu'on enseigne à l'université, continue de s'observer, on voit se développer dans les milieux populaires ce qui est qualifié par les observateurs du temps comme un « jargon welch », idiome mélangé, inintelligible aux Flamands comme aux Français.

S'il ne s'agissait que du français langue de conversation dans la haute société, et d'échanges politiques, la situation aux Pays-Bas ne serait pas foncièrement différente de ce qu'elle était dans certaines cours d'Allemagne. Elle l'est pour une raison très précise : le rôle décisif que jouèrent les presses néerlandaises dans la vie intellectuelle française. Depuis le XVIe siècle, comme on l'a vu, les presses étaient significativement plus développées aux Pays-Bas qu'elles ne l'étaient en France. Surtout, elles fonctionnaient selon une logique plus économique que politique, ce qui leur permettait de se saisir de toutes sortes d'occasions. Il y avait tant de problèmes pour obtenir les privilèges, en France, que beaucoup d'auteurs renonçaient, et préféraient franchir le pas de la légalité pour aller se faire publier en Hollande. Il en fut ainsi de presque tous les auteurs protestants, par exemple, même avant la révocation de l'édit de Nantes. La complexité des relations entre le pouvoir et le monde des lettres en France avait eu pour conséquence de faire vivre toute une industrie parallèle, en Hollande et ailleurs. La foire de Francfort, déjà l'une des plus importantes pour le livre en Europe, vivait sur la difficulté que les lecteurs curieux avaient de se procurer certains livres en France.

Il n'est donc pas exagéré de dire que la Hollande fut, au XVIIe siècle, la seconde patrie de la vie intellectuelle française. Il y a là un contrepoint inattendu à une image par trop lumineuse, celle que voulait donner de lui-même le royaume. Du *Cid* de Corneille aux ouvrages de Pierre Bayle, en passant par Descartes bien sûr, combien d'œuvres majeures du XVIIe siècle français ne sont-elles pas passées par la Hollande ? La dynastie des Elzevier, qui vint se former à Paris, représente, jusqu'à la disparition de la maison en 1713, l'esprit même de ces prodigieux imprimeurs hollandais, à l'activité foisonnante, à l'absence notable d'a priori, à l'opportunisme ravageur. Bientôt, en provocateurs, ils allèrent même jusqu'à ouvrir des succursales en France, non sans déboires.

La liberté de publier en matière de livres qui était celle de la Hollande au XVIIe siècle se retrouve dans la presse périodique, la première d'Europe par son dynamisme. Ici encore, la Hollande ne tarda pas à se faire le carrefour des philosophes et des lettrés qui souhaitaient utiliser cette plate-forme de lancement dans la diffusion des idées, faite de réseaux de distribution qui s'étendaient dans toute l'Europe et jusqu'en Orient. Les gazettes d'Anvers se trouvaient dans les boutiques des libraires à Paris, au grand dam du pouvoir, qui cherchait à les racheter, ou à ouvrir des contre-feux par le biais de libelles interposés. Certaines étaient mêmes spécialement conçues pour être exportées en France... Richelieu, puis la police de Louis XIV, passèrent leur temps à chercher à s'opposer à cette déferlante. La France et l'Angleterre étaient les principales visées par la diffusion de cette presse subversive en langue du cru. En 1683, leurs pressions conjointes furent suffisamment fortes pour faire légèrement fléchir les autorités hollandaises. Mais il s'était déjà établi des échanges suffisamment forts pour qu'entre ces trois pays, Angleterre, Pays-Bas, France, se construise, dans les dernières décennies du XVIIe siècle et au début du XVIIIe siècle, une manière de vie intellectuelle transnationale nourrie du maniement indifférencié des langues. Le décalage entre la carte politique et la carte des usages linguistiques est alors fascinant à observer. Il révèle la possibilité toujours ouverte d'un débordement des dynamiques collectives humaines – lesquelles sont particulièrement bien représentées par les langues – sur les volontés politiques. Ce phénomène, initié par l'usage sans vergogne que fit la Hollande du XVIIe siècle de la langue de l'autre, sera caractéristique des Lumières européennes.

Si, dans le nord de l'Europe, le français a tendance à s'échapper hors des frontières et à nourrir la vie intellectuelle, dans le Sud, c'est la déconvenue. L'Italie et l'Espagne, avec qui la France du XVIe siècle entretint tant de liens culturels, ne s'intéressent pratiquement pas au français, au XVIIe siècle. L'une et l'autre, successivement, ont plutôt exporté leurs propres usages vers la France, aidées en cela par des modes littéraires. Durant toute la première partie du XVIIe siècle, la politique de prestige de Philippe II comme les choix d'inspiration des littérateurs français, avaient fini par créer ce qui ressemblait presque à un complexe d'infériorité du français par rapport à l'espagnol[2]. On aurait pu s'attendre à ce que, la roue de la politique tournant, le français joue à son tour, dans la seconde moitié du siècle, un rôle important en Espagne. Il n'en est rien. Il se mit même en place une résistance à la mode du français qui, ici comme ailleurs en Europe à la fin du XVIIe siècle, commençait à gagner. L'Académie espagnole créée en 1714 sur le modèle de l'Académie française a comme objectif explicite de défendre l'espagnol et de contrôler l'avancée des emprunts...

En Italie, la situation est encore plus déconcertante. Beaucoup de grammaires et de dictionnaires bilingues sont publiés dans le courant du XVIIe siècle en Italie, particulièrement à Venise, mais cela ne veut pas dire que les Italiens pratiquaient en nombre le français. Bien plutôt, on estime que ces ouvrages avaient une vocation surtout utilitaire, à destination des nombreux commerçants et voyageurs. L'Italie ne se passionne pas, au XVIIe siècle, pour les questions de représentation attachées aux langues, pour leurs descriptions, leurs caractérisations esthétiques, leurs « philosophies » : il en sera tout autrement au siècle suivant.

L'un dans l'autre, il semble que le XVIIe siècle finissant, après avoir connu une sorte de triade culturelle Italie-France-Espagne, se soit détourné de cette solidarité philologique des langues romanes pour lui préférer les coopérations intellectuelles de l'Europe du Nord. S'il y a un concert trans-national dans lequel la langue française vient jouer sa partie, celui-ci se joue désormais davantage du côté de la Manche et de l'Escaut que sur les rives de la Méditerranée !

Les huguenots, enseignants du français

De l'avis unanime des historiens, la révocation de l'édit de Nantes par Louis XIV, en 1685, outre sa manifestation d'intolérance, fut une erreur politique qui ne fit rien pour atténuer les tensions en Europe, et qui eut des conséquences économiques graves pour le royaume. Le départ de dizaines, puis de centaines de milliers de protestants hors des frontières priva celui-ci de ressources humaines et financières importantes. A l'inverse, l'une des conséquences inattendues de l'abrogation de l'édit fut la diffusion massive de la langue et de la culture françaises dans certains pays d'Europe, et même hors d'Europe. Toutefois, la situation fut souvent différente selon les pays impliqués. Si les communautés francophones se trouvèrent parfois renforcées par cet afflux soudain de population, ailleurs, la dynamique sociale en place exigeait plutôt une intégration, linguistique aussi bien que professionnelle et économique.

Les Pays-Bas furent un des pays qui accueillirent le plus de protestants français après 1685. Un certain mouvement de population s'y observait déjà dès la fin des années 1660, moment où la tension religieuse commençait à s'exacerber. Après 1685, ces mouvements furent très importants. En un mois, on compta 5 000 réfugiés à Rotterdam. Le nombre total de réfugiés peut être chiffré entre 50 000 et 75 000. Les Pays-Bas enrôlèrent beaucoup de ces Français dans l'armée, et utilisèrent également cette population pour peupler leurs nouvelles colonies. La pénétration du vocabulaire néerlandais par des mots français s'en trouva accrue. Elle avait été constante depuis le XVIe siècle, principalement observable dans les domaines de la vie politique et économique, du droit, de la religion, de la guerre, de l'administration, de la vie morale, des sciences... A la fin du XVIIe siècle, le néerlandais est une des langues d'Europe les plus marquées par le français.

On aurait pu penser que la Suisse calviniste était un pays d'accueil tout désigné pour les réfugiés de 1685. Depuis l'installation de Calvin à Genève, le français s'y est maintenu. Mais ici encore, on observe beaucoup de phénomènes d'interpénétration. Tandis qu'à Mulhouse et à Bienne, on parle alsacien ou allemand, le peuple de Bâle parle un dialecte, le *gaelon*, composé d'une bonne part de français. Le français est majoritaire à Genève, dans le Bas-Valais, à Neuchâtel, dans le Pays de Gex et en Savoie, mais le contact avec l'allemand est permanent, notamment dans le Valais. Le paramètre social joue un grand rôle. Dans toutes ces marges du royaume au nord et à l'est, la haute société se pique souvent de parler français, alors que le peuple n'en a qu'une connaissance dérivée, faite d'emprunts ponctuels.

A un double titre, donc, la Suisse aurait pu être une terre d'accueil. Mais Louis XIV fit pression sur les autorités de Genève, si bien que les protestants français durent aller s'installer plus loin, dans des villes germanophones comme Bâle ou Zurich. Les échanges linguistiques ici, furent plutôt d'ordre dialectal, tandis que le français standard conservait une importance dans le domaine de l'enseignement.

Enseignant de français était un métier tout trouvé pour les protestants à une époque où le français jouissait, dans les élites cultivées d'Europe, d'une indéniable mode. Beaucoup rejoignirent, en Angleterre ou en Allemagne, un corps enseignant déjà important. Mais cette dynamique n'était qu'en partie favorable. Dans bien des pays, des sensibilités contraires, allant de la revalorisation jalouse des langues nationales comme langues cultivées à des sentiments anti-français confus, se mettaient en place ; elles allaient gagner de l'importance au XVIIIe siècle. L'Angleterre, par exemple, où près de 80 000 protestants français avaient trouvé refuge, fut un pays qui, plus que d'autres, leur demanda une intégration totale. En Allemagne, la situation était assez contrastée. Le Brandebourg fut une terre d'accueil officielle, après que le prince-électeur eut publié une déclaration autorisant les réfugiés à s'installer sur ses terres. Il faut dire que le Brandebourg était presque autant calviniste que luthérien. La langue et la culture françaises y étaient cultivées dès avant la révocation. L'armée et la fonction publique y accueillirent une partie des 25 000 réfugiés français. Ailleurs en Allemagne, la situation fut parfois tendue. Des réussites occasionnelles néanmoins s'observent, comme à Francfort, où l'électeur créa une petite académie d'enseignants français, qui devait très vite rencontrer un grand succès.

Au total, l'émigration issue de la révocation de l'édit de Nantes rencontra indéniablement la vogue du français comme langue de culture et d'enseignement, mais se heurta aussi aux débuts des volontés d'affirmation économique, ainsi qu'aux politiques d'expansion. Dans certains endroits, les autorités et les populations n'étaient pas prêtes à accepter simultanément les tendances hégémoniques du français comme langue cultivée dans l'aristocratie, et un afflux subit de population de nature à modifier la physionomie de la vie civile à tous les étages de la société. N'oublions pas que la France était de loin le pays le plus peuplé d'Europe à l'époque, et que ce déséquilibre démographique se traduisait dans les faits par des tensions. Le résultat, pour les réfugiés protestants, fut la nécessité de s'adapter, mais souvent, aussi, celle d'abandonner leur langue.

Ce qui est certain, c'est que cette émigration alla dans le sens de la dynamique qui était déjà en train de s'établir de la France vers l'Europe du Nord. Dans cette affaire, la France perdit beaucoup de compétences que les pays limitrophes surent utiliser. La langue française y fut associée à cet esprit de tolérance qui allait avoir tant d'importance au XVIIIe siècle. Une sorte de « culture internationale » s'y échafauda, dans laquelle le français, avec ses multiples traductions immédiates dans les vocabulaires nationaux, joua un rôle central.

Le français, enjeu de pouvoir

Si le XVIIe siècle vit, dans ces dernières décennies, l'apparition d'une culture trans-nationale riche de potentialités, il est aussi une époque d'affrontements impérialistes sans merci. Des héritiers du « Saint Empire romain germanique » à l'Espagne conquérante du siècle d'or en passant par la couronne de France, sans compter un nombre incalculable de princes, l'Europe est divisée en puissances concurrentes, qui développent toutes une volonté de suprématie issue d'un rapport mimétique avec l'ancienne Rome. Quelques grands empires peuvent prétendre à exercer sans partage cette suprématie, au prix d'alliances sans cesse renégociées et contestées avec les puissances moyennes. Il en résulte une carte d'Europe aux contours toujours mouvants, où certains ensembles font tache d'huile puis se rétractent alternativement ; et un nombre très important de tractations, de revirements, d'acrobaties diplomatiques.

Dans toute la première partie du XVIIe siècle, le latin est encore la langue véhiculaire qui sert de monnaie d'échange entre tous ces pouvoirs qui voudraient en assumer la filiation exclusive. C'est la langue du pouvoir, la langue de la fixation des idées, des décisions, la langue qui « porte ». Outre qu'il est perçu, au XVIIe siècle, comme une langue « illustrée », codifiée dans son usage écrit comme dans son lexique et sa construction grammaticale, c'est une langue dont on a parfaitement intégré la structure argumentative. Tout mot latin écrit est immédiatement compris, « déplié » dans toutes ses implications. C'est la langue de la rhétorique, de la persuasion, de la communication ; la langue de l'articulation du propos, grâce aux recherches qu'ont faites les grammairiens latins sur la structuration de la phrase, notamment. C'est une langue dans laquelle on reconnaît que puisse être écrit, fixé pour les âges à venir, quelque chose de sérieux, de conséquent. L'espace des controverses auxquelles peut ouvrir l'interprétation d'une phrase latine a également été depuis longtemps balisé, grâce aux multiples disputes théologiques du Moyen Age. On s'explique par là qu'aux débuts de l'ère moderne, la langue de Rome ait pu être la langue idéale pour tous ces empires qui ont encore quelque peine à affirmer la leur, et ne veulent le céder en rien à leurs voisins pour ce qui est de la visibilité symbolique.

On a beaucoup relevé l'effacement progressif du latin des traités internationaux dans le courant du XVIIe siècle et du XVIIIe siècle, pour mettre en avant le fait que le français l'aurait en quelque sorte remplacé. Pour ce qui est du latin, une chose est sûre : il était de moins en moins maîtrisé par ceux-là mêmes qui devaient l'écrire. Il s'agissait d'une langue qui avait cessé d'être parlée il y a douze siècles, et qu'on avait tellement déformée qu'elle était devenue irreconnaissable, clivée entre des usages « classiques », et des formes modernes, fruit de l'apparition de nouveaux usages spécialisés. Il devenait au fil du temps proprement acrobatique de continuer à utiliser cette langue comme langue diplomatique.

Si l'effacement du latin fut très lent, il a néanmoins fini par se faire. La place du français, en revanche, a été surévaluée, par une tradition nationaliste réticente à admettre la réalité. On a dit, par exemple, que le traité de Nimègue (1677), s'il n'avait pas été écrit en français, avait été préparé en grande partie dans cette langue. Mais les témoignages effectifs manquent. La date de 1677 est sans doute une date trop précoce pour signaler la diffusion du français en Europe comme langue diplomatique. De même, on estime que le premier traité à avoir été conclu en français, le traité de Rastatt en 1714, l'a été probablement pour des raisons accidentelles, le prince Eugène ayant été pressé de conclure la paix, mais ayant fait stipuler qu'en aucun cas la rédaction du traité en français ne devait constituer un précédent[3]. En fait, si plusieurs traités internationaux du XVIIIe siècle furent rédigés en français, ce fut chaque fois dans des circonstances assez précises, et avec la nécessité de lutter contre une forte opposition. Nous aurons l'occasion d'y revenir.

Si le français n'a donc pas eu au XVIIe siècle – et même au XVIIIe siècle – le rôle de langue diplomatique que, mus par un enthousiasme abusif, ou une fierté mal placée, certains commentateurs et historiens français se sont plu à lui conférer, il s'est néanmoins développé autour de lui une dynamique de type véhiculaire qu'il est intéressant d'analyser.

Le français fut, tout d'abord, souvent associé à une pratique de l'échange d'informations et d'opinions. Cette conception pragmatique de la langue ne s'est d'ailleurs pas cantonnée à l'oral : l'écrit « en français » est perçu comme un mode privilégié de communication d'idées, de pensées. Le développement des presses, que nous avons vu, vient ici rejoindre une pratique usuelle dans les sociétés de cour et les cercles aristocratiques en Europe à l'époque : celle de l'échange, sous forme de correspondance entre plusieurs personnes, de divers points de vue. Dans le cas de sociétés où il n'est pas la langue maternelle, le français neutralise les subjectivités en représentant, pour les participants, un terrain *autre*, propre à libérer l'expression, et à la dépouiller de toutes les implications sociales que l'usage d'une langue maternelle confère à ce qui y est dit.

Au bout du compte, beaucoup de cercles éclairés en Europe se sont habitués à l'idée que le français pouvait constituer un idiome privilégié pour qui veut exprimer un propos un peu élaboré. Que le français puisse un jour faire office de langue des ententes, de langue des décisions, de langue des procédures, titille bien des esprits qui, mettant en avant l'idée moderne de « clarté », y verraient bien une manière de « nouveau latin ».

Mais le terrain n'est pas si facile. Adopter sans réserve le français serait revenu à lui accorder une place symbolique trop grande. C'est alors le phénomène de l'*emprunt* qui l'emporte. Ainsi, de même que dans le domaine des sciences, l'usage exclusif du latin fut remplacé par la création de langues hybrides, plaquant des racines latines (ou grecques) sur la morphologie des langues modernes, de même, dans le domaine politique, le système des emprunts parvint à créer toute une phraséologie, mi-française, mi-autochtone, propre à constituer un terrain d'entente facile. L'idée était que tout le monde se comprenne, sans que personne renonce à sa langue. Dans le domaine de la guerre, une espèce de langue nouvelle apparut, sans frontières, que tout le monde s'échangeait. On dira ainsi en néerlandais *admiral, bombarderen, discipline, eskadron, kavalerie, kolonel, militaire, parade, regiment, volontair...* ; *alert, barrack, bayonet, canteen, corps d'armée, corps de réserve, douanier, exempt, fanfare, fortin, guerite, lansquenet, police...* en anglais ; *arkebusier, armee, attakieren, bajonet, barrikade, desertieren, echappieren, fusilier, invalide, kadett, kanone, komplotieren, revanchieren, zitadelle...* en allemand [4].

Au total, une espèce de « langue franche » sur base française apparut en Europe, touchant en priorité les domaines militaire, politique, juridique, administratif, mais aussi les questions de « société ». Tout ce qui a trait à l'organisation sociale et à la vie quotidienne s'exprima ainsi facilement en ces termes voyageurs, traversant les frontières, qui devenaient une vulgate pour les armées, les corps de métier, la domesticité. Les termes « allemands » d'*akkompagnieren, chaise, cour, cousin, dame, equipage, galopieren, ingenieur, kabinett...* ; « anglais » de *berline, bourgeois, cabriolet, demoiselle, derangement, grisette, intrigant, mal de mer, nonchalance, porte cochère...* ; « néerlandais » de *avonturier, courtisan, elegant, ignorant, inspekteur, paleis, prostitueren, salaris, vagebond...*, témoignent de la popularité de ce phénomène. Plus encore qu'avec l'italien du XVIᵉ siècle, le XVIIᵉ siècle européen apprenait les vertus de la langue de l'autre, dès lors qu'elle n'est pas associée à une domination politique.

Colons, mulâtres, métis, créoles

La colonisation est l'un des faits majeurs de la vie européenne au XVIIᵉ siècle. Alors que l'Espagne et le Portugal s'étaient pendant plus d'un siècle quasiment partagé le monde, la France, l'Angleterre et les Pays-Bas vinrent, non sans un temps de retard, les rejoindre dans cette entreprise de mise en coupe réglée des « nouveaux mondes » découverts par les grands voyageurs de la Renaissance. La colonisation comporte deux aspects : un aspect commercial, d'exploitation des ressources, allant parfois jusqu'au pillage (c'est ainsi qu'elle fut comprise, dans un appétit de lucre, par l'Espagne et le Portugal dans les premiers temps), et un aspect humain, impliquant un peuplement des zones colonisées. Ce dernier aspect ne commença véritablement qu'au XVIIᵉ siècle, et fut long à se mettre en place. Il en résulte néanmoins qu'à partir du milieu du XVIIᵉ siècle (mais non avant), on peut commencer à parler d'une présence significative des langues européennes hors d'Europe, et de contacts de langues donnant naissance à des situations spécifiques.

Pour ce qui est du français, il est diffusé dans trois principales zones géographiques, au XVIIe siècle : l'Amérique du Nord (Québec et Acadie), les Caraïbes (Guadeloupe, Martinique, Dominique et Sainte-Lucie), et l'océan Indien (Réunion et Madagascar).

LE PREMIER CANADA FRANÇAIS

L'Amérique du Sud et l'Amérique centrale ayant été tout entières dévorées par les ambitions des puissances ibériques, restait, pour les nouveaux venus, la côte Nord du continent, côté Atlantique. Celle-ci fut explorée simultanément, en des points différents, par les Hollandais, les Anglais et les Français. L'histoire de cette mainmise est complexe, faite de retournements, d'alliances rompues et renouées, d'échanges, de tractations diverses, de rapports houleux avec les Indiens, dans un climat de tensions politiques et religieuses venues d'Europe. Les Français avaient découvert les bouches du Saint-Laurent en 1506. Historiquement, c'est la plus ancienne région exposée à la présence française. Le navigateur malouin Jacques Cartier (1491-1557) fit trois voyages au Canada : en 1534, 1536 et 1541. Il remonta le fleuve jusqu'au lieu de la future Montréal. Il sera suivi par Pierre de Chauvin, en 1599, et par Samuel Champlain, en 1603. Au confluent du fjord de Saguenay et du fleuve Saint-Laurent, des colons s'installent en 1600, et créent, au lieu de ce qui deviendra Tadoussac, le premier poste officiel de traite de fourrures au Canada. Mais à l'époque, il ne s'agissait pas d'un établissement permanent. En 1605, c'est Port-Royal qui est fondé, bientôt suivi par Québec, en 1608. Dans le courant du XVIIe siècle, après quelques échauffourées avec les Anglais, les positions françaises au Canada se trouvèrent consolidées, et Richelieu considéra l'hypothèse d'un peuplement de ces nouvelles régions. Un traité fut conclu en 1632 avec les Anglais, fixant les limites de l'implantation française, appelée désormais « Nouvelle France ». Celle-ci couvrait un territoire énorme, de Terre-Neuve aux Grands Lacs, et en descendant le Mississipi jusqu'en Louisiane. Les Anglais, de leur côté, occupent tout le littoral atlantique depuis la Floride jusqu'à la Nouvelle Ecosse.

C'est seulement dans la seconde moitié du siècle qu'une politique volontariste de Louis XIV et du gouvernement de Colbert aidant, l'Acadie et le Canada français virent des émigrants français s'établir véritablement. Encore faut-il préciser qu'il ne s'agit que d'une population peu nombreuse : on estime qu'à la fin du XVIIe siècle, moins de 7 000 émigrants s'étaient rendus au Canada, la moitié d'entre eux dans la décennie 1663-1673.

Qui étaient ces nouveaux colons, et que parlaient-ils ? Ici, les avis divergent, et on manque de documents. Certains estiment que les nouveaux arrivants parlaient majoritairement patois, et qu'une proportion non négligeable ne devait même pas savoir le français. Beaucoup de Bretons et de gens de l'Ouest furent envoyés par Richelieu après 1632 dans les nouvelles colonies. Parmi eux, il y avait des gens de peu de ressources, qui devinrent coureurs des bois, trafiquants de fourrure.

Pour d'autres, on s'est beaucoup exagéré le caractère populaire de cette première immigration. Il serait plus raisonnable de penser que ces groupes, au demeurant fort petits, donc peu significatifs, n'étaient pas représentatifs de leurs classes, et présentaient pour la plupart un niveau d'éducation supérieur à ce qu'on aurait tendance à penser. Beaucoup parlaient français, – un français sans doute mêlé, mi-populaire, mi-lettré, teinté de régionalismes, et de ce qu'on a pu appeler le *français maritime*.

Pourquoi toutes ces incertitudes ? La raison essentielle est que nous ne disposons, pour toute cette période, que de très peu de documents écrits. Nous n'avons par exemple aucune lettre du XVIIe siècle canadien. Tout au plus peut-on recueillir ici ou là des inventaires, des documents légaux, des registres de comptes... Mais ceux-ci, la plupart du temps, n'offrent à l'historien que le témoignage d'un français formulaire probablement bien loin de ce qui devait être parlé. A la toute fin du XVIIe siècle seulement apparaissent quelques textes construits, qui peuvent être considérés comme des sources : le livre de comptes du meunier Pierre Simon[5], dit Delorme (1662-1711), ou l'*Histoire simple et veritable*[6] de Marie Morin, que celle-ci écrivit sur une période de vingt-huit ans commençant en 1697.

On possède en revanche d'assez bons témoignages des pratiques d'évangélisation, ou de tentatives d'évangélisation, qui, très tôt, furent le fait des Français en territoire canadien et acadien. Mais ici encore les faits sont complexes. Tandis que la présence jésuite est dès le milieu du XVIIe siècle massive en Amérique, il faut compter avec une population protestante qui s'y trouve pour des raisons diverses, et qui prend parfois le parti des Anglais. Dans les années 1650, on sait qu'un collège jésuite fondé à Québec pratiquait un enseignement actif. Il s'adressait aux populations émigrées, chez qui l'illettrisme était fréquent. On peut estimer que cet enseignement se faisait majoritairement en français, mais nul doute que le latin y jouait encore un grand rôle.

Partout où ils passaient, les jésuites avaient la mission d'évangéliser les autochtones. Cette activité, considérée comme prioritaire, n'alla d'ailleurs pas sans entraver le développement économique et démographique des nouvelles régions. Il fut convenu que le Canada serait entièrement dévolu au catholicisme, et à la propagation de ses vérités. Pour mener à bien cette mission, les jésuites apprenaient fréquemment les langues des différentes tribus indiennes. Mais, comme le dit le contemporain Marc Lescarbot[7], cette évangélisation dans les langues locales se heurtait bien vite à des problèmes de terminologie. « Les sauvages, dit-il, n'ont point de mots qui puissent representer les mysteres de nôtre religion ; et seroit impossible de traduire seulement l'Oraison Dominicale en leur langue, sinon par periphrases. » « Les mots de *gloire*, *vertu*, *raison*, *beatitude*, *trinité*, *Sainct-Esprit*, *Anges*, *Archanges*, *Resurrection*, *Paradis* [...] ne sont point en usage chés eux. » Etonnant dilemme, qui a dû produire des situations étranges ! Soit on essayait de faire accéder les Indiens au sens de la foi, en transposant le contenu notionnel des mots de manière idiomatique, soit on se contentait de leur apprendre les mots, quitte à ce qu'ils récitent comme des perroquets les prières, comme certains le déplorèrent.

De manière générale, les contacts entre populations furent beaucoup moins fructueux que les jésuites ne l'avaient espéré. Les indiens se montraient rétifs à l'apprentissage de la langue et de la culture des nouveaux arrivants. Bien plus, ils manifestaient à son égard une indifférence désarmante. La politique des mariages mixtes échoua. Seuls des concubinages s'observaient, ainsi que des ententes ponctuelles, sur des bases économiques. Sur tout le continent américain, ce fut une déconvenue majeure, pour les sociétés occidentales, de constater qu'elles n'apportaient pas le progrès et la civilisation ! Petit à petit, les jésuites prirent le parti de laisser les populations autochtones, par ailleurs affaiblies par les maladies, évoluer séparément. Il est probable que le français ne pénétra que très marginalement les populations indiennes pendant toute cette époque.

Pour ce qui est des colons, leurs usages étaient sans doute divers, puisqu'ils venaient de provinces françaises différentes. Toutefois, la forte proportion, parmi eux, de Français de l'Ouest (Normandie, Perche, Saintongeais) devait donner aux parlers une couleur particulière. Plus tard, au XVIIIe siècle, l'émigration sera plus variée, moins exclusivement occidentale. Le français des régions entourant de façon assez large le bassin inférieur de la Loire étant considéré en métropole comme un français « pur », « sans accent », certains témoignages que nous possédons du français des colons du Canada au XVIIe siècle reproduisent cette sensibilité. « On parle ici parfaitement bien, sans mauvais accent. Quoiqu'il y ait un mélange de presque toutes les provinces de France, on ne saurait distinguer le parler d'aucune dans les canadiennes », dit par exemple un certain Bacqueville de la Potherie en 1698[8]. Pour ce qui est de l'origine du français canadien, deux thèses s'opposent donc : l'une qui considère qu'il est le fruit d'une homogénéisation progressive et originale de divers patois de l'Ouest, l'autre qui considère que le français de métropole était déjà présent, et constituait une base suffisamment forte pour créer les conditions d'établissement d'un parler homogène. Mais de petites différences se décèlent, à l'intérieur de l'ensemble schématiquement nommé « français canadien ». Les parlers d'Acadie semblent contenir davantage d'apports angevins ou saintongeais, tandis que ceux du Québec révèlent des traces de picard et de normand.

Pour autant, l'une des caractéristiques du second XVIIe siècle en France ayant été la vogue des mots nouveaux, et l'obsolescence rapide du lexique, le français canadien passa vite pour archaïque. Conservant la trace d'usages anciens tant dans le lexique (*pogner* pour « prendre », *barrer la porte* pour « fermer la porte ») que dans la prononciation (la nasalisation, par exemple, la palatalisation de certaines consonnes), le français parlé au Canada se présente à l'orée du XVIIIe siècle comme un « français régional » plutôt que comme un dialecte. Rapidement, un certain conservatisme l'isola des usages de la métropole davantage influencés par l'extérieur et par la « mode ».

Parallèlement à l'aventure canadienne, la politique royale expansionniste de la France au XVIIe siècle s'exerça dans deux directions : ce qu'on appela alors la *Louisiane*, fondée en l'honneur du roi par Cavelier de la Salle en 1682, et un certain nombre d'îles.

Comparée à l'implantation au Canada, la pénétration française dans la basse vallée du Mississipi est tardive ; elle se fit lentement et de manière confuse. La remontée du fleuve jusqu'aux terres canadiennes, de manière à faire la jonction, était un rêve qui séduisait les aventuriers, mais l'immensité du territoire constituait un obstacle à son peuplement et à son exploitation. En l'absence d'attraits économiques forts, comme dans l'Amérique du Sud des conquistadors, le principal problème était d'ordre humain. Peu d'hommes pour suivre ces aventures dans des contrées qui apparaissaient comme ingrates. Jusqu'à la fondation de La Nouvelle-Orléans en 1718, ces territoires furent essentiellement peuplés de forçats et de prostituées. L'abbé Prévost, dans la fin de *Manon Lescaut*, nous retrace cette vie difficile au milieu de ce qui semblait des « déserts » (c'est-à-dire, en langue du XVIIe siècle, des zones non peuplées, sauvages). Au XVIIe siècle et au XVIIIe siècle, le nom de Louisiane évoquait aux Français une région particulièrement déshéritée, ravagée de maladies, soumise aux harcèlements des Indiens comme aux tracasseries des Anglais. Il en est de même, et plus encore, de la Guyane, qui revint dans les territoires de la couronne en 1676 après avoir été hollandaise et anglaise, mais ne réussit jamais, avant le XIXe siècle, à attirer les populations de la métropole.

LES « ÎLES » ET L'ESCLAVAGE

Dans les îles, en revanche, un facteur joua pour assurer à la fois un développement démographique et la naissance de nouvelles cultures : la traite des esclaves. La Guadeloupe, la Martinique, Saint-Domingue et Sainte-Lucie sont les quatre îles des Caraïbes qui furent conquises par la France au XVIIe siècle. Cela se fit d'abord par l'établissement de comptoirs travaillant à titre privé (au sein de la Compagnie des Indes occidentales, par exemple), puis la Couronne les annexa (en 1674 pour la Guadeloupe, par exemple). Ici encore, les conflits avec les Anglais étaient fréquents, mais Louis XIV réussit à maintenir sa mainmise sur ces territoires. Ils étaient généralement très prospères, grâce aux cultures (sucre, indigo, coton, café), et à la traite.

La traite des esclaves, page sinistre de l'histoire occidentale, avait été initiée par les Portugais au XVe siècle. La France y répugna longtemps, attachée qu'elle était à la liberté ; mais elle s'y mit dans le courant du XVIIe siècle, à titre marginal d'abord (l'installation d'une compagnie à Rouen en 1639), puis officiellement, la légalisation de cette pratique ayant lieu en 1670 puis, en 1685, dans le fameux « Code noir ». Des villes françaises portuaires en vécurent : Bordeaux, Nantes, La Rochelle. Les richesses considérables dégagées ainsi donnèrent naissance à une nouvelle classe bourgeoise, dite noblesse « de bois d'ébène ». Ce milieu avait son langage, qui comportait un aspect presque ésotérique. Enfermer un esclave noir, se disait *poigner*, « magasin », *bombe*, *tronc* ou *barracon*, « blanchisseuse », *pileuse*, « matelot », *laptot*, « timonier », *gourmet*, « mousse », *rapasse*. Ce langage constituait un authentique jargon dans le sens où il était destiné à empêcher tout élément extérieur de le comprendre ; mais il témoigne aussi, par son mode ouvertement méprisant de désignation, de la relation ambiguë que les négriers entretenaient avec leur métier, et avec ce qu'il pouvait avoir d'aliénant. Les réalités de la vie, en somme, ne pouvaient pas être les mêmes dès lors qu'il s'agissait de ce commerce particulier...

La traite des esclaves eut un impact immédiat sur les populations des nouveaux territoires. Dès les années 1680, le nombre de Noirs vivant dans les îles était supérieur à celui des Blancs. A la différence du Canada, les liens entre les populations étaient fréquents. Un nombre significatif de mariages furent contractés, ce qui amena l'administration à édicter des lois pour en limiter le nombre. Rapidement, le vocabulaire utilisé pour désigner les catégories de population s'étendit, et on parla de *mulâtres*, de *métis*, de *quarterons*, de *crioles*. Ce dernier mot, qui a donné le moderne *créole*, devait connaître un grand développement. Le sens de ces termes est souvent flou, au XVIIe siècle : il varie selon les îles, selon les époques. Celui de *criole*, en tout cas, dérive de l'espagnol *criollo*. A la fin du XVIe siècle et au début du XVIIe siècle, c'est en français un hispanisme employé pour désigner des réalités appartenant à la colonisation espagnole. Le dictionnaire de Furetière, en 1690, lui donne encore ce sens : « Criole : c'est le nom que les Espagnols donnent à leurs enfants qui sont nez aux Indes [entendre les Indes occidentales, autrement dit américaines]. » Dans un second temps, il désigna tout Européen né aux colonies.

Nous manquons bien évidemment de témoignages pour retracer fidèlement les contacts de langues qui ont eu lieu aux Antilles à la fin du XVIIe siècle. Une chose est sûre : ils ont dû être complexes, puisqu'il faut compter avec un grand nombre de langues africaines d'un côté, avec des variétés diverses de français de l'autre, sans oublier les langues locales, des Indiens caraïbes. Aussi étonnant que cela puisse paraître, ces dernières n'ont laissé que peu de traces. Même si les unions entre Indiens et Noirs étaient fréquentes (le premier sens du mot *métis* désignait le fruit d'une union entre une Indienne et un Noir, tandis que celui de *mulâtre* désignait celui d'une union entre un Indien et une Noire), les langues caraïbes s'effacèrent sans influencer significativement la formation des créoles.

Dans les premiers temps, les colons se montrèrent désireux de communiquer en français avec leurs esclaves, par facilité essentiellement. Nous avons la chance de posséder, pour nous informer de ces premières décennies problématiques, plusieurs « relations » jésuites.

On peut lire dans l'une d'entre elles, datant de 1655 : « Ce seroit un travail infini d'entreprendre leur instruction en la langue qui leur est naturelle. Il faudroit avoir le don des langues pour y réussir. C'est pourquoi nous attendons qu'ils ayent appris le françois pour les instruire, ce qu'ils font le plus tost qu'ils peuvent pour se faire entendre de leurs maîtres desquels ils dépendent pour toutes les nécessités[9]. » La diversité des langues africaines impliquées fut sans doute un facteur déterminant. Le résultat de cet apprentissage « pseudo-guidé », si l'on peut dire, fut de produire une variété de français très déformée, dont la première caractéristique, tout de suite repérable, fut l'absence de morphologie par endroits. Le jésuite Jean Mongin rapporte dans une lettre de 1682 : « Les nègres ont appris en peu de temps un certain jargon français que les missionnaires savent et avec lequel ils les instruisent, qui est par l'infinitif du verbe, sans jamais le conjuguer, en y ajoutant quelques mots qui font connaître le temps et la personne de qui l'on parle[10]. » Le P. Pellerat nous donne quelques exemples de ces constructions : « moy prier Dieu, moy aller à l'Eglise, moy point manger, demain moy manger, hier moy prier Dieu[11] »... Il rapporte ainsi un dialogue entre un prêtre et un esclave : « Pourquoy toi jeusner la veille de St Ignace ? Pour ce, dit le Père, que saint Ignace est notre patron. Le Nègre lui repartit : Nous jeusner aujourd'hui par ce que demain Feste des Rois et Roy Nègre luy Patron à nous[12]. »

Dans les premiers temps, on est à peu près certain que les esclaves nouvellement arrivés ont appris les langues européennes de leurs maîtres, et ce, de manière assez rapide. Le P. Mongin décrit ce qu'il appelle un « jargon des commençans ». Mais celui-ci s'effaçait rapidement devant un français qui permettait aux esclaves de dialoguer semble-t-il aisément avec leurs maîtres. La situation linguistique des îles au XVIIe siècle devait donc présenter plusieurs cercles d'usages au fur et à mesure qu'on s'éloignait du noyau de l'habitation et qu'on se rapprochait des esclaves nouvellement arrivés. Ce n'est que dans un deuxième temps que se développèrent les créoles.

De grands débats ont agité le milieu linguistique, et continuent à le faire, quant à l'origine des créoles, et la manière dont ils se sont constitués. Le phénomène de la créolisation a été identifié comme un phénomène linguistique à part entière, qui s'est observé dans de nombreux endroits où il y a eu colonisation : domaines français, anglais, portugais, espagnol, hollandais. Le mot lui-même de *créole* a varié de signification, passant de celle, historique, d'un idiome intermédiaire fruit d'un contact de langues, à celle, contemporaine, de forme de langue observable dans les Antilles ou dans l'océan Indien, symboliques d'une culture voire d'une identité. Une chose est sûre : les créoles ne sont ni des « dialectes », ni des formes régionales, ni, non plus, du « français ».

Pour certains, la forme simplifiée des créoles est le résultat du caractère transactionnel d'un idiome utilisé comme « tampon » entre des langues issues de groupes différents. D'autres y voient la combinaison entre des structures de phrase fondamentales des langues africaines, et des mots empruntés, déformés, aux langues européennes. Le problème est qu'on n'a pas réussi à identifier avec précision les langues africaines qui auraient pu servir de substrat à cette combinaison. Enfin, selon un linguiste américain [13], le créole répond à l'activation de ce qu'il appelle un « bioprogramme », autrement dit des capacités innées à créer un langage à partir de formes simples, si une situation dramatique, ou de bouleversement total des habitudes – ce qui est le cas – le demande. L'étude des créoles serait pour lui riche d'enseignements d'un point de vue cognitif, car elle permettrait d'étudier le langage pour ainsi dire « à sa source », et de cerner au plus près les bases de la grammaire universelle innée. Sa théorie fut immédiatement contestée.

Il peut être également séduisant, pour l'historien de la langue, d'aller chercher dans les créoles un réservoir potentiel de ce qu'on serait tenté de comprendre comme d'anciennes formes du français oral, perdues en France. Certes, l'observation des créoles révèle des « restes », des traces de ce que furent d'anciens usages. Ainsi, on observe que « se suicider » se dit en créole de Maurice [tjesõkor], « tuer son corps ». De même, on trouve en Martinique la forme *tuéco*. En fait, l'expression *mes cors*, *ses cors*, etc., était employée en ancien français comme pronom. Mais elle disparaît en France après le XVIe siècle. Autre exemple : l'expression « monde », qu'on trouve à titre de pronom indéfini dans divers créoles sous les formes [mõd], et qui est à rapprocher de l'expression « grand monde », qu'on trouve encore en contexte négatif en français d'aujourd'hui (« je ne vois pas grand monde »...). Il semble bien qu'au XVIIe siècle, en France, *monde* ait pu être employé pour référer à un individu pris au hasard, glissant vers le statut de pronom. Furetière nous dit à l'article « Monde » de son *Dictionnaire universel* : « Monde : se dit aussi d'une seule personne. »

De même, des périphrases verbales qui, en français classique, pouvaient exprimer l'aspect, comme *être après* (pour exprimer une action qui dure), et qui ne sont maintenues en France que très localement (Midi, domaine francoprovençal ou vallée de la Loire), ont essaimé dans les créoles, allant parfois jusqu'à produire une seconde morphologie du verbe. Par ailleurs, la phonétique des créoles conserve indiscutablement des traits de l'ancienne phonétique française : la nasalisation des voyelles devant nasale (*ponm* pour « pomme », par exemple, ou *gangner* pour « gagner »), ainsi que la prononciation de -t finaux [14] (dans *bout*, *nuit*, *fouet*).

Néanmoins, il convient d'être extrêmement prudent lorsqu'il s'agit de mettre en relation des faits empruntés aux créoles et des faits de la diachronie du français « de France ». Des effets de surface peuvent induire des conclusions hâtives. Surtout, on peut avoir tendance à « fossiliser » les créoles dans le passé qu'on souhaiterait retrouver, et à négliger les facteurs d'évolution postérieure. Ainsi, des phénomènes très ponctuels et peu significatifs dans d'anciens états de langue ont pu se retrouver soudain au premier plan. En France, l'action normative volontariste des grammairiens est parfois parvenue à éliminer de la langue des tours mal jugés. En revanche, dans les conditions très particulières qui ont vu naître les créoles, ces tours se sont maintenus, et ont même donné naissance à de micro-systèmes.

De façon générale, l'étude de la formation des créoles a mis en avant la nécessité de prendre en compte, dans l'histoire, les paramètres de type « sociolinguistique ». On sait aujourd'hui que les langues ne sont pas des composés chimiques, et qu'il est impossible d'en faire l'histoire en ne tenant compte que de facteurs internes. S'il est si difficile d'avoir une théorie claire sur la formation des créoles, c'est avant tout que ceux-ci se sont formés dans des circonstances non reproductibles. Les paramètres en jeu, paramètres humains, sociaux, étaient d'une telle complexité qu'il faut certainement jouer sur des claviers différents pour parvenir à élaborer un discours qui ait tant soit peu de chance de coller au réel. L'attitude des locuteurs envers leur propre langue est un fait majeur de l'histoire des langues, qui a été longtemps sous-estimé. L'autovalorisation, l'autodévalorisation, la constitution de hiérarchies, l'anticipation du regard d'autrui : autant de facteurs décisifs, mais difficiles à appréhender. On a beaucoup commenté, dans les créoles, leur caractère « poétique », « subjectif ». Ne doit-on pas y lire la trace, dans le cadre de situations problématiques, d'un déplacement du point de vue hors du système de « la langue », d'une reprise en main de la réalité par la subjectivité, d'un investissement personnel fort de celui qui parle dans son usage ?

Il est fascinant d'observer que les créoles français ont commencé à naître dans les Caraïbes au moment même (les décennies 1660-1690) où s'élaborait, sur le continent, le mythe de la « pureté » du français.

Rigidité de l'idéologie d'un côté, débordement hors du système de l'autre. Est-il possible de faire un lien entre ces deux phénomènes ? Le XVIIe siècle français a vécu sur l'opposition supposée entre le « français » d'un côté, et le « jargon » de l'autre. Ce dernier terme a désigné, au bout du compte, toutes sortes de parlers de significations et d'origines très différentes. Des « galimatias » littéraires des années 1620 aux argots professionnels, il en revient à englober une gigantesque marge, qui dessine *a contrario* le visage du français. Il est significatif que c'est le mot *jargon* qui a été utilisé par le XVIIe siècle lui-même pour désigner les créoles (le mot *créole* ne sera appliqué aux langues que dans le courant du XIXe siècle). Si, au XVIIe siècle, les hommes sont des *créoles*, le langage qu'ils parlent est du *jargon*, du *jargon français*, *français corrompu*, *patois*, *patois nègre*... Certains témoignages de l'époque identifient même les créoles à des patois de métropole, sans remarquer la différence fondamentale qui les en sépare. Ce sur quoi on se focalise, c'est sur le caractère fondamentalement hétérogène entre ces parlers et ce qui est désormais compris comme étant *le français*.

Ce qui est sûr, c'est que le développement rapide des créoles a dû constituer une entrave à la diffusion du *français*. Les prêtres évangélisateurs se sont rapidement trouvés confrontés à ce nouveau langage, qu'ils avaient du mal à comprendre dans la mesure où il n'était pas un langage d'origine, et où ils reconnaissaient des mots français. Les créoles se sont interposés comme des idiomes difficiles à situer, assurant d'une certaine façon une présence lexicale du français, mais fondés grammaticalement sur des « fautes ». A la fin du XVIIe siècle, le phénomène ne concerne encore que des groupes humains limités. Au XVIIIe siècle, il ira en s'amplifiant, touchant des zones nouvelles comme l'océan Indien, et, le nombre de Blancs émigrés dans les colonies augmentant, on pourra de moins en moins assimiler les populations qui le parlent au monde des « sauvages », alors que la France, en Europe, se targue de posséder la plus haute idée de la « civilisation ».

VII

LE FRANÇAIS DES LUMIÈRES

1

RICHESSES ET CRÉATIVITÉ

Les premières années du XVIIIe siècle ne constituent aucunement une rupture avec le XVIIe siècle, en France. Politiquement, le nouveau siècle ne commence véritablement qu'en 1715, à la mort de Louis XIV. Pour ce qui est de l'histoire linguistique, en tout cas, ce début de XVIIIe siècle s'inscrit parfaitement dans la lignée du mouvement qui a équipé la culture, dans les dernières décennies du siècle précédent, au moyen de ces grandes sommes, d'esprits très divers, qu'ont constitué les *dictionnaires*.

Capitalisant les efforts accomplis par le dernier XVIIe siècle, la première génération du nouveau siècle sort néanmoins d'une sorte de « crise de croissance » générale de la culture qu'on a caractérisée sous le nom de « querelle des Anciens et des Modernes ». Nous voici désormais à l'aube d'une ère dont la caractéristique sera d'être affranchie du latin, moins préoccupée par l'« illustration » et la fonction symbolique de la langue, plus attentive à son rôle véhiculaire. Pour autant, ce qui ressortit à la langue et à la littérature reste très encadré. Ce qu'on a appelé la « République des lettres » travaille de concert, et chaque initiative est mûrement réfléchie.

Plus de cinquante ans après sa fondation, l'Académie avait donc fini par produire un dictionnaire. Mais il manquait encore la suite du programme annoncé, à savoir une grammaire, une rhétorique et une poétique. C'est sur ces points-là que le début du XVIIIe siècle concentrera ses efforts, afin de parfaire le monument de la langue « classique ».

Mais qu'entendait-on exactement par « grammaire », au moment où on en espérait une de l'Académie ? La chose est bien difficile à dire. Le courant des « remarqueurs » commencé par Vaugelas tendait à s'épuiser. Les dernières publications dans ce registre se focalisaient surtout sur des questions de mots et de style plutôt que sur des questions authentiquement grammaticales. L'essentiel de ce qu'elles pouvaient offrir avait été utilisé dans les dictionnaires ; les grammaires n'avaient que peu à en retirer.

Incertaine quant à la meilleure manière de procéder pour parvenir au résultat escompté, l'Académie avait institué, en marge du « bureau des doutes », un second bureau, dédié à la lecture des « bons auteurs ». Cette lecture critique devait aboutir à la formulation de préceptes positifs dans l'écriture de la langue. Dans l'esprit de l'Académie, de la conjonction de ces deux types de travaux, naîtrait une « grammaire ». On voit bien quelles difficultés devaient surgir de ce choix : aucun ordre, aucun esprit de système, et aucune limite à l'incessante tâche du commentaire. Au surplus, une « norme » idéale qu'il faudrait parvenir à édicter et défendre sans ambiguïtés... Poids insupportable, et qui devait s'avérer fatal. Entre norme et usage, que choisir ? Il était facile, dans ce domaine, de taxer toute forme de jugement de subjectivisme ! L'Académie avait beau jouir d'un certain prestige, elle n'arrivait pas à imposer sa voix. La contradiction inhérente à son attitude pointait toujours. Sans compter que pour ce qui est de l'analyse, de la description de régularités, de l'explication des phénomènes, l'Académie était loin du compte : ses membres n'avaient que peu de culture à proprement parler linguistique.

Toutefois, le temps pressait. Les attaques contre la lenteur de l'Académie ne manquant pas depuis Furetière, il devenait urgent de publier quelque chose. En 1698, Louis Tallemant le Jeune prit les devants, et donna au public des *Remarques et décisions de l'Académie française*, un recueil assez mince toutefois. Il s'agissait des résultats du premier des bureaux, le « bureau des doutes ». Mais personne n'y vit la « grammaire » attendue... L'Académie ne faisait que s'insérer dans la longue et reconnaissable filiation des remarqueurs, en donnant simplement à ses commentaires une allure plus décidée, plus normative. Le public ne s'y trompa pas. De toute évidence, le nom de l'Académie n'avait pas suffi. Quant aux résultats du deuxième bureau, colligés par l'abbé de Choisy, ils ne seront publiés que bien plus tard[1], dans un volume d'opuscules sur la langue apparaissant comme un « vestige » décevant de ce que l'Académie, à la fin du « Grand Siècle », avait produit en matière de grammaire.

En 1700, la Compagnie prit conscience que la patience du pouvoir allait connaître des limites, et que le roi lui-même allait sans doute intervenir. Les deux bureaux se réunirent à nouveau (1700-1701), pour travailler conjointement à des observations sur les *Remarques* de Vaugelas, l'abbé Dangeau et l'abbé Régnier-Desmarais étant alors les seuls grammairiens d'une assemblée illustre, qui comptait Boileau, Bossuet, Fénelon, Fontenelle. Une fois encore, ce fut un rendez-vous manqué avec la « Grammaire ». En 1704, paraît une édition annotée des *Remarques* de Vaugelas, sous la responsabilité de Thomas Corneille.

L'Académie n'en avait toujours pas fini avec les remarques. Elle convenait que, pour ce qui était de la rédaction d'un ouvrage ordonné, la méthodologie de son travail n'était visiblement pas adéquate. Trop de différences séparaient les sensibilités des membres de la Compagnie, attachés à l'usage mondain pour certains, davantage soucieux de technicité pour les autres, ou encore d'esthétique littéraire. La réalisation de la « grammaire » fut finalement confiée au seul Regnier-Desmarais, le secrétaire perpétuel. Réticent, âgé, celui-ci la fit finalement paraître[2], tout en précisant que ce qu'il donnait au public ne correspondait pas à ce dont il avait formé le projet. Dans sa préface, il écrit : « Si, dans l'âge où je suis, je puis avoir assez de temps & de santé pour executer ce que je me propose, touchant la Langue Françoise, l'ouvrage que je donne maintenant au Public, sera suivi d'un autre, divisé en trois Traitez. Dans le premier, on fera voir de quelle sorte il faut lier ensemble toutes les parties du Discours pour en faire une construction reguliere : dans le second, on parcourra les differentes façons de parler, que l'Usage a affranchies des regles de la Grammaire : et dans le dernier, tout ce qui appartient au style, sera examiné sur les meilleurs fondements que la Logique, l'Analogie, & l'Usage pourront fournir. »

Beau programme, qui s'appuyait à la fois sur l'idée de « grammaire générale » proposée par Port-Royal, et sur la théorie de l'« usage » issue de Vaugelas ! La partie publiée, cependant, est loin d'en donner une idée fidèle. Elle fut immédiatement critiquée ; certes, elle est attentive à l'état de la langue de la fin du XVIIe siècle, mais elle ne saurait constituer le « monument » attendu en parallèle au Dictionnaire. Regnier-Desmarais affirme qu'elle est le fruit de « cinquante ans de réflexion sur nostre Langue » et de « trente-quatre ans d'assiduité dans les Assemblées de l'Académie ». En dépit de propositions intéressantes sur la dimension du sens et la structuration du discours, il manquait à cette grammaire des idées fortes et neuves.

C'est ce qui signalera une autre grammaire parue peu après, celle, analytique, audacieuse, du jésuite Buffier[3]. Elle s'intitule sans ambages *Grammaire françoise sur un plan nouveau*. C'est dire si la volonté de rompre avec les académismes et les conservatismes est nette. Buffier ne cite pas beaucoup la Grammaire de Port-Royal, mais il est visible qu'il l'a lue et beaucoup méditée. Il en tire une vision beaucoup plus rationnelle de la langue que Regnier-Desmarais. Plutôt que de s'incliner devant un usage changeant, il voit dans celui-ci une mécanique subtile, où les exceptions ont autant force de règle que les « règles » régulières, et qui est avant tout formée par la « quantité » des hommes qui s'expriment dans cette langue. La langue est donc pour lui une fabrique collective dont l'aboutissement final conserve, malgré les divergences, une certaine cohérence. Cette cohérence est comparable à celle qui s'observe dans le domaine de la logique ou dans celui des sciences. La grammaire de Buffier marque donc un pas décisif dans la rationalisation de l'étude des langues particulières, laquelle viendra à la rencontre de la philosophie générale du langage, vers le milieu du XVIIIe siècle. Buffier essaie de tout intégrer dans sa description : construction du discours, règles de la syntaxe, variations du style. Son entreprise est la plus ambitieuse, sans conteste, de ce début du XVIIIe siècle. Le résultat de son propos est d'ailleurs un gros volume, dont la taille et le caractère professoral ont malgré tout limité la réception. On n'attendait pas un traité aussi volumineux, probablement, dans ces décennies marquées par la culture mondaine. Pour beaucoup, un petit viatique normatif aurait suffi... Dans la démarche de Buffier, il y a déjà quelque chose comme cet esprit de recherche et de synthèse qui caractérisera les encyclopédistes.

De son côté, l'Académie ne perdait pas de vue l'idée de faire paraître un ouvrage qui satisfasse réellement le public. Réviser le dictionnaire ? Ce n'est pas suffisant. Il faudrait proposer une sorte de synthèse. Dans son *Premier discours sur les travaux de l'Académie Françoise* qui date de 1712, l'abbé de Saint-Pierre écrit : « Je voudrais de simples Observations critiques de grammaire, de poétique, de rhétorique faites par différents académiciens, toutes mêlées les unes avec les autres et faites à l'occasion des plus beaux endroits des plus belles pièces de nos meilleurs auteurs en chaque genre parmi ceux qui sont morts[4]. » Il ne s'agit plus d'entretenir un dialogue avec les écrivains contemporains, mais de constituer une sorte de « conservatoire » de la langue, mettant l'accent sur son aspect « patrimonial », pourrait-on dire. L'Académie est dans la contemplation déjà nostalgique de ce que le « Grand Siècle » vient d'accomplir.

Le 17 juin 1718, les Registres annoncent que les Académiciens, « à la pluralité des voix », ont décidé de lire : la grammaire de Port-Royal, celle de Robert Estienne, la grammaire de Regnier-Desmarais, celle de Buffier, et de composer une « nouvelle grammaire[5] » à partir de toutes celles-là. A nouveau l'obstacle du collectif : on se rend compte qu'« un ouvrage de systeme [...] ne peut partir que de la teste d'un seul[6] ». On reprit « l'examen des auteurs ». Et deux ouvrages s'imposèrent : la traduction de Quinte-Curce par Vaugelas et l'*Athalie* de Racine. L'un et l'autre de ces ouvrages étaient considérés comme ce qu'il y avait de plus pur en français, encore que, dans le premier, les « expressions » et les « tours » aient « vieili[7] ». En 1720, l'Académie a terminé ses remarques sur cette traduction. Mais ni l'un ni l'autre de ces commentaires n'ont paru au XVIIIe siècle. Les quelques pages assez minces sur *Athalie* ne furent publiées qu'en 1807, dans une édition complète de Racine faite par La Harpe, et les commentaires sur le Quinte-Curce durent attendre la fin du XXe siècle pour l'être[8] !

Ce nouveau contretemps, une fois de plus, est révélateur. Tout d'abord, l'Académie n'avait pas pris la peine de rédiger véritablement son commentaire. Il ne s'agissait au bout du compte que de simples remarques laconiques, écrites parfois dans un style télégraphique – en bref, illisibles en l'état. D'autre part, le texte de Vaugelas était décidément trop archaïque : les commentateurs passent leur temps à relever qu'« on ne se sert plus » de telle expression, que telle autre a « vieilli », etc. L'entreprise de réviser un texte datant de 1653 était vraiment problématique. Le commentaire d'*Athalie*, de son côté, pouvait intéresser des écrivains de théâtre comme Voltaire, qui portait aux nues la pièce, mais ne pouvait toucher un large public. Dans un cas comme dans l'autre, on ne savait plus trop ce qu'on commentait : phénomènes de discours (liés au genre, au style) ? Phénomènes bien réels de « langue » ? Quelques académiciens s'aperçurent de la difficulté, et en firent état.

Il manquait à l'Académie, soit une perspective historique, soit une méthode rationnelle ; toutes choses que, dans son genre, Buffier avait mieux mises en œuvre. L'Académie persistait à ne vouloir lire la langue que dans le discours littéraire bien jugé, entreprise qui eut comme résultat de faire apparaître le manque cruel, en France, d'une rhétorique, ou à tout le moins d'un système des genres de discours.

Au début du XVIIIe siècle, en conséquence, autant le travail sur le lexique, qui se nourrissait, il est vrai, d'une pratique ancienne, avait fini par porter ses fruits, autant les Français ne disposaient toujours pas d'une grammaire et d'une rhétorique de référence. Pour autant, les locuteurs éclairés semblent manifester, dans ces années, une grande confiance en leur idiome. Une fois dépassées les oppositions idéologiques, les querelles esthétiques, les problèmes institutionnels, il se réalise une forme de consensus autour de l'image de la langue. Nous sommes en pleine période d'idéalisation. On encense la pureté des tragédies de Racine, particulièrement des dernières. La recherche minutieuse d'une « perfection grammaticale » de détail (bonne gestion des prépositions, place et nombre des adjectifs, questions de rythme, de « nombre »...) préoccupe ceux qui veulent écrire. Regardée par ses grammairiens, la « langue classique », ou ce que l'on considère comme tel, se mire elle-même dans son imaginaire. On se persuade qu'un « âge d'or » a déjà été atteint. Les craintes de voir la langue se « corrompre » et se dégrader donnent lieu à la première manifestation d'« académisme » de l'histoire du français. Ce « figement » dans les représentations sera observable dans toute la première moitié du siècle. Le XVIIIe siècle français a du mal à voir s'éloigner dans le temps ce qu'il considère comme l'un des apports principaux du « siècle de Louis XIV » : l'aménagement linguistique et ses conséquences esthétiques. Voltaire, qui, au plan linguistique, défend des positions d'« arrière-garde », constituera, au milieu du siècle, un témoignage tardif de cette tendance. Pratiquant, dans les genres de la prose qui sont proches de l'oral, une langue moderne, souple, déliée, il restera, dans son écriture versifiée, dans l'imitation et la révérence. Son rôle sera de populariser, dans *Le Siècle de Louis XIV* notamment, tout en la simplifiant beaucoup, la fabrique complexe qui avait été celle de la « langue classique » au XVIIe siècle.

Bien entendu, cette occupation n'aura qu'un temps : la dynamique de la création aura raison de ce mirage. Des voix discordantes, déjà, n'ont pas manqué de se faire entendre. François de Salignac de la Mothe Fénelon (1651-1715), esprit attentif à la pédagogie, est heureux que le XVIIe siècle finissant ait su produire des dictionnaires complets des langues, se démontrant ainsi supérieur aux âges anciens si longtemps idéalisés. Ces outils permettent aux étrangers d'apprendre facilement les langues, et aux natifs eux-mêmes de ne plus se contenter d'un usage imparfait. Mais il y a un revers à cette médaille si séduisante. Ce revers, c'est la tendance de la langue à se replier sur elle-même, à se dessécher. Dans une passionnante *Lettre sur les occupations de l'Académie* (compagnie dont il était membre depuis 1693), écrite en 1714 et qui sera publiée à titre posthume, Fénelon formule des propositions qui sont comme une « sortie du classicisme » – du moins de ce que le classicisme comporte de plus contraignant en matière linguistique. La langue française ? On l'a « gênée et appauvrie depuis environ cent ans, en voulant la purifier[9] ». Les mots ? il n'y en a presque plus assez ! Certes, la langue de la fin du XVIe siècle était, dit-il, « encore informe et verbeuse », « mais le vieux langage se fait regretter... ». « Il avait je ne sais quoi de court, de naïf, de hardi, de vif et de passionné. On a retranché, si je ne me trompe, plus de mots qu'on en a introduit. »

Ce qui manque désormais au français, regrette Fénelon, ce n'est pas la « pureté », c'est, d'une part une grammaire simple (et en cela il déplore que les grammairiens de son époque, trop savants, aient produit des grammaires trop « curieuses », autrement dit trop difficiles d'accès, trop érudites), et des expressions « simples ou figurées » qui permettent de s'exprimer de façon variée, neuve, gracieuse... Qu'entend-il par là ? Pour Fénelon, le gros défaut de la langue française, c'est qu'elle n'est absolument pas éloquente. Evoquant la Grèce de Démosthène et la Rome de Cicéron, il écrit : « La parole n'a aucun pouvoir semblable chez nous[10]. » Brossant à grands traits une histoire des réformes linguistiques, il met en avant que, par réaction contre Ronsard, qui avait « trop entrepris tout d'un coup, forcé notre langue par des inversions trop hardies et obscures[11] », on a rendu le français pauvre, sévère, excessivement rationnel, sans audace. En termes rhétoriques et stylistiques, Fénelon ouvre ici un débat sur la *rationalité* qui formera l'essentiel des discussions du XVIIIe siècle sur les langues et le langage.

En dépit de ces mises en garde, l'effort est net, de la part des générations des premières décennies du XVIIIe siècle, de consolider les contours du « canon » langagier issu des aménagements proposés par la génération de Bouhours, Rapin et Boileau, et de l'étendre à tous les usages de la langue. L'idéal serait de parvenir à une sorte de stabilité censée assurer la communication écrite de façon optimale. Face à ce rêve, divers obstacles, néanmoins, se présentent. Le premier, et le plus notable d'entre eux, dans la première moitié du siècle, est le développement considérable, inattendu – l'« explosion », pourrait-on dire – de la science. Devant le déferlement de nouveaux termes issus de théories, de recherches, d'expérimentations nouvelles, la « langue classique », avec tous ses scrupules, ses codes esthétiques, son élitisme mondain, parviendra-t-elle à maintenir son autorité ?

Le juste mot

Les « mots » avaient été la grande affaire de la fin du XVIIe siècle. Les mots reçus, les mots douteux, les mots nouveaux, les mots anciens, les mots techniques, les mots à la mode... Au bout du compte, une interrogation majeure était apparue sur la « richesse » réelle du français. Celle-ci n'avait-elle pas été appauvrie par tout le travail de limitation de la variation qu'avaient accompli Vaugelas et ses épigones ?

L'un des grands axes du travail de Vaugelas, on s'en souvient, avait été de mettre dos à dos les mots, deux par deux, afin d'en comparer l'emploi, et de se demander si, en définitive, il n'y en avait pas un meilleur que l'autre. La position de Vaugelas était nuancée : bien souvent, les deux mots « s'en sortaient ». Celle de ses continuateurs, en revanche, a été dans bien des cas plus tranchée. L'un dans l'autre, de nombreux mots ont disparu alors du lexique courant, étiquetés comme techniques, provinciaux, vieillis. Beaucoup de contemporains s'en sont rendu compte : à la fin du XVIIe siècle, c'est à se demander si l'idéal n'est pas de parvenir à nommer chaque objet, chaque sentiment, chaque action, d'un mot et d'un seul, indépendamment de toute situation de discours.

Mais le langage ne fonctionne pas de cette manière. Fénelon le note bien : les mots ne se suffisent pas, à eux seuls. « Quand on examine de près la signification des termes, on remarque qu'il n'y en a presque point, qui soient entièrement synonymes entre eux. On en trouve un grand nombre, qui ne peuvent désigner suffisamment un objet, à moins qu'on y ajoute un second mot [12]. » Fénelon n'arrive pas à déterminer si ce phénomène constitue un défaut des langues (particulièrement de la langue française à l'époque où il l'observe), ou une donnée objective du discours.

Historiquement, il faut bien le dire, la langue française était très chargée en « synonymes », en redites. Cela était particulièrement vrai à la fin du XVIe siècle, dans le style de Montaigne, par exemple. Ce caractère « abondant » a fait l'objet de critiques, au XVIIe siècle. Un souci nouveau est apparu, celui d'*abréger*. Si on fait se superposer cette esthétique nouvelle, celle de la brièveté, au travail sur la variation effectué par les remarqueurs, on aboutit à la situation qu'a connue la fin du XVIIe siècle, à savoir une chasse aux mots, et particulièrement aux synonymes.

Cette chasse exposait, d'une part, à ne plus disposer, pour exprimer ses pensées, que d'un nombre limité de termes risquant de voir leur sens devenir trop large, et d'autre part à négliger les *finesses* propres au discours. A la fin du XVIIe siècle, plusieurs commentateurs s'aperçoivent que le maniement de la langue est devenu plus difficile, car c'est tout le *jeu* des mots en discours qui a été perdu de vue, rendant problématiques l'éloquence et la poésie, comme le notait Fénelon. C'est ainsi qu'on va graduellement se pencher davantage sur la dimension *sémantique* des mots. Autrement dit, on ne va plus se contenter d'éliminer un mot au profit d'un autre, en le stigmatisant : on va s'intéresser aux phénomènes de sens produits par son emploi.

Cette évolution était déjà visible dans le dictionnaire de Richelet (1680). Celui-ci indiquait l'appartenance des mots à des « styles » (élevé, moyen ou bas), et surtout leur capacité à donner lieu à des métaphores. Cette sensibilité nouvelle au *jeu de la langue* dans le discours ouvrait la voie à des recherches nouvelles. Celles-ci vont être approfondies par l'abbé Gabriel Girard (1677-1748), dans un ouvrage publié en 1718 sous le titre *Traité de la Justesse de la langue françoise, ou les Différentes significations des mots qui passent pour synonymes*. Le sous-titre le dit bien : pour Girard, tous les mots, même ceux qui ont dans le système de la langue des sens très comparables, produisent dans le discours des effets différents. Aujourd'hui, cette idée nous semble banale, mais elle était novatrice à l'époque. Elle ouvrait la voie à un réexamen complet de la structure sémantique du français.

Tout d'abord, Girard met un terme au regard qui était traditionnellement porté par les remarqueurs sur la variation. Pour lui, les mots ne se distinguent plus d'après leur plus ou moins grande capacité à faire partie du « bon usage » : ils existent d'abord en eux-mêmes. C'est pourquoi son ouvrage constitue une démarcation importante dans l'« hémorragie » qu'avait subie jusqu'alors le lexique du français. La langue classique était parvenue à une certaine « pureté », certes, mais celle-ci était surtout le résultat d'une épuration, autrement dit de l'élimination hors des contours de la langue de tout ce qui paraissait suspect ou d'origine douteuse. Désormais, la « pureté » aura un autre sens. « J'entens par pureté de Langage l'emploi des bons termes de la Langue dans un ordre clair et naturel [13] », écrit Girard. Les derniers mots, bien sûr, rappellent que Girard a été formé par les classiques. Mais ce qu'il a en vue, ce n'est pas un aménagement lexical, c'est une clarification de l'organisation sémantique de la langue. Il s'agit, dit toujours la préface, de donner au public un « choix de termes propres, qui rend le discours juste et délicat, et qui fait parler en homme d'esprit ». Cette dernière formulation montre la distance qu'a prise Girard d'avec les traditionnels recueils de remarques comme de la démarche des « dictionnaires » existants de la langue.

La *Justesse* procède selon un schéma qui paraît bien connu au lecteur : le rapprochement de mots deux à deux. Mais le contenu est nouveau. Lorsqu'il envisage ensemble les verbes *lasser* et *fatiguer*, par exemple, Girard conclut que, évidemment, il n'y en a pas un « meilleur » que l'autre ; il écrit : « La continuation d'une même chose *lasse*. La peine *fatigue*. On se *lasse* à se tenir debout. On se *fatigue* à travailler. Etre *las* c'est ne pouvoir plus agir. Etre *fatigué* c'est avoir trop agi. Etc. » Ce sens de la nuance va bien au-delà, évidemment, de ce dont nous sommes capables dans notre emploi ordinaire des mots ! On trouvait déjà bien des notations similaires dans les deux volumes de remarques de Bouhours. Mais la *Justesse* de Girard est incomparablement plus juste... Il se trouvait là, le moyen d'enrayer la déperdition en mots qu'était en train de subir la langue française : persuader le public qu'il n'y avait pas de « synonymes », et que chaque mot avait son sens. Ainsi, la richesse de la langue éclaterait d'une manière nouvelle...

Audacieux, ambitieux dans son propos, Girard n'en est pas moins lucide sur la portée réelle de son ouvrage. Pour lui, il fournit certes quelque chose qui manque, à l'époque où il écrit : quelque chose qui ne soit ni un ouvrage prescriptif, ni une grammaire au sens où le mot était entendu alors, ni un dictionnaire comme on en a déjà beaucoup vu. Mais Girard est conscient qu'il ne fait qu'aborder le premier degré de la compétence discursive du français : un bien plus grand travail concernerait la rhétorique, notoirement négligée par la génération classique. Girard aborde notamment le problème de l'« expression », un terme relativement peu employé au XVIIe siècle. D'un côté, la *justesse* et la *finesse* dans l'emploi des mots sont à mettre en relation avec la représentation qu'on se fait des choses, autrement dit avec la qualité de l'*esprit* de celui qui parle. D'un autre côté, l'art de rendre le discours « sublime et fleuri », autrement dit de parler en orateur, est également affaire de choix des mots. Cette réconciliation de deux dimensions jusqu'alors relativement séparées, la dimension lexicale et la dimension rhétorique est très novatrice. Elle fondera l'essentiel de la démarche d'un grand théoricien du XVIIIe siècle : Du Marsais (dont le *Traité des tropes* paraîtra en 1730).

Entre-temps, Girard aura aussi ouvert la voie à une lignée de nouveaux commentateurs qu'on appellera parfois les « synonymistes », autrement dit les auteurs de traités de synonymes. Les synonymistes ont pour objet la langue « postclassique », une langue dont les contours sont établis, une langue qui est devenue « commune », où la grande affaire du marquage a perdu de sa pertinence. L'essentiel est de se situer à l'intérieur de ces contours, et donc de développer la *justesse* de la langue, à chercher dans ce qu'on appellera plus tard la *sémantique*.

L'étude des synonymes est devenue une opération rationnelle qui développe l'analyse. De fait, nombreux sont les traités de synonymes au XVIIIe siècle, à partir de Girard. Pierre Bonnot de Condillac, qui fut un très grand philosophe, et dont nous aurons l'occasion de reparler, en produisit lui aussi un [14]. Les *Nouveaux synonymes* (1785) de Pierre Roubaud couronnés par l'Académie, seront compris comme une démonstration de la *qualité* de la langue, une *illustration* dans la droite lignée de ce qu'avait imaginé Du Bellay.

De par son aspect analytique, la réflexion sur les synonymes est l'un des premiers témoignages du regard nouveau porté sur les langues, plus « philosophique », moins exclusivement idiomatique. Telle qu'elle est présente chez Condillac, par exemple, elle est une manière de compréhension du monde, par rattachements successifs à des réalités déjà appréhendées. En somme, les synonymistes font le lien entre l'esprit dans lequel travaillaient les remarqueurs et celui qui a présidé à la rédaction de l'Encyclopédie.

Sortie des périls où l'avait entraînée la rigueur exagérée et chauvine de certains tenants du classicisme, la langue française peut accepter d'être entrée dans un âge proprement *moderne*. On ne se pose plus la question de ses potentialités à rivaliser avec les modèles du grec et du latin : on la prend telle qu'elle est. En un sens, l'échec de l'Académie à produire le programme escompté, et la défaite esthétique des « Anciens » ont eu leurs conséquences positives. On renonce à la tentation de la maîtrise, facteur d'inhibition. A bien des égards, les années 1710-1720 sont le moment d'un formidable sursaut, d'une réaction salutaire contre des forces sclérosantes. Il fallait libérer la langue de l'emprise idéologique qui s'exerçait sur elle, de sa soumission au pouvoir. C'est à cette condition qu'on pouvait en faire une langue de culture.

Au milieu du XVIIIe siècle, on abandonnera également l'idée que les langues puissent être des icônes, des médailles que les nations s'exhiberaient les unes aux autres. On découvre qu'elles ne sont rien en elles-mêmes. A l'inverse, le pouvoir des hommes, et particulièrement des hommes de discours, est grand. Quelqu'un comme Condillac, par exemple, n'hésite pas à écrire que « les langues les plus riches sont celles qui ont beaucoup cultivé les arts et les sciences [15] ». La traditionnelle problématique de la « richesse » des langues est totalement renouvelée. Celle-ci n'est plus conçue comme un phénomène naturel, dû à des prédispositions internes – un « génie » –, mais comme l'aboutissement d'un processus historique précis, auquel on pourrait donner le nom de « culture de la langue ». Cette mutation est décisive. Ce sont tous les rapports entre langue, culture et peuple qui vont changer. A la fin du XVIIe siècle, Leibniz estimait déjà qu'une langue maternelle bien entraînée « stimule » l'intelligence, l'acuité de l'esprit, la formation des idées abstraites. Il conviendra désormais de s'assurer du concours de tous, des scientifiques comme des littérateurs ; et de rendre à la langue son *énergie*.

Nommer la nouveauté

L'abandon du latin comme langue scientifique, qui s'était déjà bien amorcé au XVIIe siècle, est désormais entériné. Dans le discours préliminaire des éditeurs qui ouvre l'Encyclopédie, ceux-ci dressent un tableau des progrès du français dans les sciences. Pour eux, la France a ouvert la voie, en Europe, à cette substitution du latin par les langues vernaculaires. L'Angleterre a suivi, l'Allemagne représentant encore un refuge pour le latin scientifique. Mais lorsqu'on étudie la liste des ouvrages scientifiques publiés en Europe à la fin du XVIIe siècle et au début du XVIIIe siècle, on s'aperçoit que ce décalage entre nations est moins frappant que ne le disent les éditeurs de l'Encyclopédie. Le rôle de l'Angleterre, notamment, a été tout aussi moteur que celui de la France. En revanche, le mouvement qui avait conduit Newton à passer du latin à l'anglais dans ses publications ne sera imité, par le mathématicien allemand Euler, que dans les années 1760.

Si le latin occupe encore la scène scientifique dans certains pays, comme les pays du Nord, il a cédé beaucoup de terrain ailleurs. En France, très rares sont les scientifiques de renom qui osent encore publier en latin. Le développement du français dans ce domaine a fait l'objet d'une politique volontariste, appuyée sur la nécessité de décloisonner les arts et les sciences, de les affranchir définitivement de la tutelle de l'Eglise, et de diffuser ce savoir au plus grand nombre.

L'usage du français est associé au progrès, aux « lumières ». Il s'agit aussi de répondre à la curiosité de plus en plus forte des gens du « monde » et de la bourgeoisie pour la science. Bien sûr, il y a des inconvénients à cette mutation linguistique : les savants ne disposeront bientôt plus de cet idiome véhiculaire commun si commode, le latin, qui leur assurait une base dans la compréhension mutuelle. Faut-il penser que la communauté scientifique doit faire son deuil de cette « langue universelle » ?

Il y a encore des tenants du latin, au XVIIIe siècle, d'un latin modernisé, enrichi, développé de manière artificielle afin de remplir cet usage désormais très spécifique, l'usage scientifique. C'est l'opinion de D'Alembert, par exemple. Mais le remaniement linguistique interne du latin, rendu nécessaire par l'avancée des connaissances, et qui avait déjà considérablement modifié la physionomie de cette langue depuis le Moyen Age, ne pouvait plus raisonnablement franchir de nouvelles étapes sans exposer ce dernier à devenir un idiome méconnaissable, « barbare » et étanche. Par ailleurs, beaucoup des nouveaux mots introduits dans la science moderne depuis un demi-siècle n'étaient plus de base latine, mais de base grecque. De ce mélange – latin, grec, emprunts à des bases modernes diverses – était sorti un système de calques de langue à langue, utilisant des affixes ou des bases reconnaissables, comme *-graphie*, *-logie*, *-métrie*... Il ne restait plus ensuite qu'à compléter le dispositif avec des procédés de formation idiomatiques (les suffixes *-é / -ée*, ou *-eux/ -euse* en français par exemple), bien connus ou d'acquisition facile pour que les risques d'incompréhension se trouvent limités.

Fallait-il qu'une langue moderne devienne la langue de la science, et ce à l'échelle européenne ? Cela aurait bien convenu au souhait de certains, en France, mais ce programme n'est pas à l'ordre du jour du XVIIIe siècle. La tendance est plutôt, dans chaque pays, au développement de lexiques scientifiques propres. A la fin du XVIIIe siècle, presque tous les pays d'Europe auront adopté cette solution, qui va dans le sens des affirmations nationales.

En France, le souci de vulgarisation des connaissances nouvelles est particulièrement notable, dès les premières décennies du siècle. L'apparition du *Journal des savants* en 1665, puis de *La Nouvelle République des lettres* lancée par Bayle en 1684, et à diffusion internationale, ont constitué des précédents importants. Il faut dire que les lettres continuent à se tailler la part du lion dans l'enseignement, au point de faire de l'obstruction à la pénétration des sciences. Ces dernières font l'objet en France d'une véritable mode dans les milieux mondains, à la fin du XVIIe siècle, mais restent très méprisées par les institutions. Un philosophe comme Locke, par exemple, s'en est plaint. Alors que des connaissances décisives apparaissaient, ouvrant la voie à une véritable révolution dans la compréhension du monde et dans la vie quotidienne, l'enseignement considérait ces apports comme destinés à une instrumentalisation directe, technique, matérielle, non nécessaires pour les classes élevées – encore moins au dialogue avec les lettres et avec la philosophie. De là un véritable manque, auprès du public ; un sentiment de frustration, que le XVIIIe siècle s'emploiera à combler.

L'abbé Nollet (1700-1770) est l'un des personnages fondamentaux dans cette vaste entreprise de diffusion du savoir en France au début du XVIIIe siècle. En 1734, il délivre des conférences en français sur la physique qui connaissent un immense succès. Ses *Leçons de physique expérimentale* prolongent en 1743 son activité de « passeur ». Depuis Newton, la physique est l'emblème des sciences modernes. A l'abbé Nollet, le français d'aujourd'hui doit un nombre considérable de termes scientifiques qu'il a, sinon créés, du moins fait connaître : *baromètre, loupe, lentille, télescope*, pour les appareils scientifiques, *amplitude, densité, divergence, élasticité*, pour les concepts mathématiques et physiques, *amalgame, congélation, précipité*, pour les notions de chimie, *cataracte, glotte, rétine, strabisme*, pour les termes d'anatomie, *lunaison, nébuleuse, précession*, pour ceux de cosmologie.

Au travers de ces termes nouveaux, c'est le monde entier qui s'ouvre à qui veut bien le connaître. L'œil est braqué sur ces deux infinis dont parlait Pascal et dont l'obscurité, reculant sans cesse, laisse voir à présent de larges plages visibles et pleines de phénomènes décrits. Une méthodologie nouvelle apparaît dans les sciences, qui donne un rôle inédit au langage. Les savants parviennent à résoudre les contraintes de leur discipline en conjuguant deux mouvements inverses : réduire d'abord le grand au petit, par un principe d'économie, puis agrandir les différences, de manière à retrouver l'intelligibilité. Les mots, susceptibles d'être transformés en termes, signes de concepts, se prêtent à ce travail. 1734 est aussi la date de parution des *Lettres philosophiques* de Voltaire, texte de vulgarisation lui aussi issu, comme les travaux de l'abbé Nollet, du mouvement newtonien. Il faut dire que l'œuvre de Newton, et sa diffusion en France ont constitué un véritable choc dans la vie intellectuelle de ces premières décennies du XVIIIe siècle. Madame du Châtelet, l'amie de Voltaire, traduit les *Principes mathématiques*. Elle se heurte, comme beaucoup d'autres traducteurs ou vulgarisateurs des théories newtoniennes en

France, au problème des néologismes que leur présentation suppose. On hésite encore à employer certains termes comme *lumière émergente*, *réflexibilité*, *pression*, *gravitation*, *attraction*, *ambiant*. L'idéal de clarté traditionnellement attaché à l'usage du français est mis à mal. Et pourtant, il faut bien en passer par l'emploi de ces mots à la signification encore confuse pour le profane ! On imagine le sentiment de flottement qui devait envahir les intellectuels de l'époque devant une œuvre qui déplaçait non seulement les cadres de la représentation du monde, mais aussi ceux de la langue.

Le succès de la diffusion des travaux de Newton en France marque le début d'une ère nouvelle. D'une part, les travaux scientifiques accèdent à une large reconnaissance publique, donnant lieu à une forme de *généralisation* du discours scientifique dans son principe ; d'autre part, les spécialités, cantonnées jusque-là dans l'obscurité des cabinets ou de milieux très étroits, acquièrent une consistance qui fonde de véritables « domaines », désormais repérés comme tels. L'identification d'un vocabulaire est pour beaucoup dans cette émancipation de la chimie, de la botanique, de l'entomologie..., les distinguant de pratiques purement techniques. Quelques grands noms s'illustrent en publiant en français des sommes destinées au grand public, et en remaniant profondément le vocabulaire de leur discipline.

Dans son *Histoire naturelle des insectes*, parue entre 1734 et 1745, René-Antoine Ferchault de Réaumur (1683-1757) se heurte à un problème. En effet, pour faire œuvre vraiment moderne, il aurait fallu refaire tout le vocabulaire de ce domaine, lequel serait devenu par là incompréhensible. Réaumur est donc contraint de continuer à utiliser des termes vagues ou métaphoriques, comme ces traditionnelles *jambes* qui courent sous le ventre des scarabées depuis le Moyen Age....

Georges-Louis Leclerc, comte de Buffon (1707-1788), est encore plus célèbre que Réaumur. Il faut dire qu'à sa connaissance du milieu vivant s'ajoutait un talent d'écriture hors pair. Malheureusement pour lui, Buffon n'est pas le grand réformateur moderne de la zoologie. La place avait déjà été prise par le savant suédois Linné qui, comme les savants de son pays encore à l'époque, avait publié en latin une taxinomie générale des divers ordres de la nature qui est encore utilisée aujourd'hui. Buffon fut heurté par le caractère radicalement nouveau, en rupture avec les habitudes traditionnelles, de cette taxinomie. Son hostilité au concept de « mammifère », créé par Linné, en est un bon exemple. En bon Français, il répugne à bouleverser l'ordre de la langue pour les besoins de la discipline. Dans son

Discours sur le style de 1753, il suggère de prêter attention à « ne nommer les choses que par les termes les plus généraux ». Par une telle phrase, il se signale comme le héraut d'une position « post-classique » qui a encore ses tenants. Mais sa pratique de naturaliste contredit souvent ce précepte. Il est en effet obligé de prendre position, face à son illustre devancier ; et pour ce faire, de proposer, en français, un grand nombre de néologismes. Si, sur le principe, il trouve désastreux que les « nouvelles méthodes » requièrent un temps infini pour être apprises, il est bien obligé, malgré tout, de descendre dans l'arène de ce qu'on va appeler bientôt des « nomenclatures » – systèmes internes à une discipline, qui demandent un apprentissage spécifique, et un abandon des conventions de la langue commune. Plus tard, Condillac trouvera que les langages des sciences ont tellement emprunté, sont tellement mêlés, que, dans bien des cas, ils ne sont plus compréhensibles par le commun. Son idéal aurait été de remanier de l'intérieur une langue et une seule, par l'« analogie », de manière à ce que se trouve limitée l'extension du vocabulaire. Sans quoi, dit-il, on s'expose à l'apparition de « jargons [16] ».

Dans la seconde partie du siècle, le latin définitivement abandonné, l'habitude sera prise du renouvellement terminologique, et on verra les principales sciences se doter de lexiques spécialisés. Tarin dote l'étude du corps humain d'un *Dictionnaire anatomique* (1753). La chimie était un domaine où une incohérence terminologique notable régnait, déplorée par Pierre-Joseph Macquer en 1766. Elle va connaître un renouveau complet à la fin du XVIIIe siècle, grâce notamment à Guyton de Morveau, et surtout Lavoisier, qui révolutionne la chimie elle-même. Les corps seront désormais nommés en référence à une propriété caractéristique (sa capacité à produire un autre corps, à s'enflammer, etc.) ; la structure de la terminologie reflétera la cohérence du regard porté sur la réalité. C'est ainsi que nous avons en français l'*oxygène*, l'*hydrogène* et l'*azote*, ce dernier remplaçant le traditionnel *mofette*. Par ailleurs, des mots anciens et courants, comme *acide*, *base*, acquerront un sens et un statut nouveaux.

Les beaux-arts

Le développement des vocabulaires spécialisés ne touche pas seulement la « science », au XVIIIe siècle : il concerne également les « beaux arts ». Ceux-ci étaient ainsi dénommés depuis la création des diverses académies sous Louis XIV : académie de peinture et sculpture en

1648, de danse en 1661, de musique en 1669, d'architecture en 1671. Une première vague de renouvellement vint d'Italie, étape obligatoire, à l'époque, dans la carrière d'un peintre ou d'un sculpteur. Certains mots sont parfois traduits ou calqués, comme *madone, coloris, svelte, fresque*, parfois conservés tels quels, comme *sfumato, a la prima, pietà*. Les peintres Nicolas Poussin et Charles Le Brun, notamment, jouèrent un rôle décisif dans l'établissement de terminologies françaises précises. La construction d'un vocabulaire descriptif nuancé correspond à la conception qu'on se fait alors de la peinture, appuyée sur la mise en place d'un langage des motifs, des couleurs et des attitudes. A la fin du XVIIe siècle, on commence à envisager la peinture sous un angle moins technique, plus préoccupé de réception, voire de subjectivité. Des concepts généraux tels que *style, expression, noblesse, pureté, correction*, sont appliqués à la peinture : on parle de *vague*, de *fruste*, de *gracieux*, de *fin*, toutes formes d'adjectifs substantivés qui se retrouvent ailleurs dans le vocabulaire classique, et qui témoignent de cette évolution de la représentation artistique vers la sensibilité.

C'est sur la base de cette mutation que va naître, au XVIIIe siècle, ce qu'on appelle l'« esthétique ». Cette dernière est tout d'abord le fruit d'un recul du spectateur qui ne va plus considérer le tableau seulement comme le résultat d'un artisanat ou d'un agencement de symboles, mais aussi comme l'aboutissement d'une conception ou la construction d'un dialogue sensible avec le spectateur. Quelques querelles célèbres, comme celle qui opposa les partisans de Poussin à ceux de Rubens firent prendre conscience qu'on pouvait envisager l'art à partir de grands principes résumables par des mots tels que *dessin* ou *couleur*. On voit apparaître aussi un public nouveau pour l'art, celui des connaisseurs, qui se font guider par des « antiquaires ». Les termes de *gouache*, de *point de vue*, de *raccourci*, de *champ*, de *plan*, de *profil*, cessent ainsi d'être de l'hébreu, et sont bien associés à ce qu'ils désignent.

De nombreuses publications (*Le Mercure de France, Les Nouvelles littéraires*...) s'ouvrent à des discours plus généraux sur la peinture, qui intéressent écrivains et philosophes, le plus célèbre d'entre eux étant Diderot, dont les *Salons* parurent à partir de 1759. On répugne alors à parler de peinture en termes purement techniques, ou à recourir aux italianismes pédants et hors de mode. On aime le vocabulaire imagé, plus évocateur, pris souvent aux registres bas, comme *tartouillis, torcher, fignoler*... Et le goût est davantage à des termes vagues, tels que *magie, génie, manière, sentiment*, dont les auteurs eux-mêmes auraient parfois du mal à préciser le sens, mais qui sont employés de façon quasi impressionniste, de façon à cerner la signification qu'on imagine se dégageant de l'art. Etonnant « langage des Beaux-Arts » du XVIIIe siècle, qui oscille en permanence entre le point de vue du créateur et celui du récepteur, dans une tension féconde. Il fonctionne autour de quelques foyers, l'emblème en étant sans doute l'adjectif *beau*, considéré par Diderot dans l'*Encyclopédie* comme le carrefour de toute une philosophie morale.

Toutefois, ce développement autonome des domaines introduit un clivage important, dans la culture et la société de l'époque. Alors que l'Eglise, particulièrement les jésuites, conservait une main-mise sur le savoir, l'appropriation croissante de la science par des amateurs éclairés, détachés des institutions, a considérablement changé la donne. Les cercles mondains et scientifiques, autrefois distincts, s'interpénètrent, comme autour de Fontenelle, le secrétaire perpétuel de l'Académie des sciences. L'apparition d'un public féminin (Madame de Lambert, bientôt Madame du Châtelet), qui se fait d'ailleurs de plus en plus actif dans cette vie scientifique, décloisonne le savoir, le contraint à sortir de son isolement pour aller vers l'autre, vers le non-initié. Un nouveau personnage apparaît, menace pour l'Eglise : le « philosophe ». Le « philosophe », c'est celui qui met le savoir au service du progrès de l'humanité. Il est devenu un personnage positif, même s'il dérive d'une figure autrefois stigmatisée : celle du libertin. Plus généralement, l'idée de progrès s'oppose de plus en plus aux valeurs culturelles véhiculées par le classicisme appuyé sur la religion, l'étatisme et la monarchie. Accepter le progrès dans les connaissances, c'est aussi accepter le remaniement dans le langage, la popularisation de mots nouveaux, le bouleversement des usages. Cette fracture va isoler ce qui va apparaître comme un « conservatisme », dans la représentation des choses comme dans l'emploi des mots. Issu des sciences, le mouvement va s'étendre à toute la société. C'est pourquoi le XVIIIe siècle est traversé de part en part par la problématique de la néologie.

Nommer pour connaître

Les théoriciens classiques de la langue avaient rêvé d'une langue qui s'arrêterait un jour, qui se figerait dans une physionomie repérable et dès lors intouchable. De là l'idée que, si jamais la langue changeait, ce serait pour se dégrader. Mais la réalité est autre. L'apparition d'un vaste vocabulaire inédit en français constitue, dès la fin du XVIIe siècle, une mini-révolution langagière, un défi jeté à la face des tenants du classicisme. Que faire de cette remise en cause de « l'usage » ? Au fil du XVIIe siècle, s'était subtilement mis en place un *pouvoir de la langue* qui s'est construit lentement, en contrepoint des modèles sociaux de l'honnêteté. L'« usage » est réglé par un seul code, un code mondain. Il s'agit d'abord de se faire comprendre, de communiquer, de se situer face à l'autre sur un terrain accessible. Dans ce monde, on refuse autant l'affirmation trop voyante d'une individualité, que la permanence de spécificités culturelles.

Ainsi s'est construite l'idée de ce que l'Académie appelle la « langue commune ». Cette langue, on l'a vu, avait tendance à exclure les termes de spécialité. Furetière, comme d'autres, en a été heurté. En apparence, le courant autoritaire, qui utilise la pente du bon goût et du conformisme culturel pour limiter autant que faire se peut l'extension du vocabulaire admis, l'a emporté sur un courant plus libéral, qui ne partage pas cette méfiance à l'égard de ce qui est sociologiquement marqué, ou issu des mondes professionnels et techniques.

Mais à la fin du XVIIe siècle, un phénomène inédit change la donne. Les lexiques « techniques », qui étaient souvent associés à des mondes sociaux particuliers – artisans, petits métiers – se parent de l'autorité nouvelle de la « science ». Bientôt, les dictionnaires de Furetière et de Thomas Corneille, qui frappaient par leur abondance en lexiques spécialisés, apparaîtront comme des « conservatoires » d'univers langagiers obsolètes. Une « nouvelle vague » fait irruption à l'horizon de la « langue commune » : une vague de mots qui ne sont plus issus des mondes professionnels étroits à l'intérieur desquels ils constitueraient des « jargons », mais de théories, de publications philosophiques à retentissement européen, de mutations techniques considérables. C'est un nouveau monde qui surgit, et qui recourt précisément à tout ce qui était condamné par l'idéologie classique : la néologie, la réactivation de racines latines et grecques pédantes, le réglage spécifique, sous forme de termes, de mots de sens usuel... Face à ces nouveaux venus, c'est toute la philosophie classique de la « langue commune » qui est mise à mal.

La physionomie des dictionnaires change du tout au tout. L'interpénétration entre les projets de dictionnaires et les projets d'encyclopédies est de plus en plus notable. Le phénomène apparaissait déjà avec les entreprises de Furetière et de Thomas Corneille. Désormais, on n'hésite plus à faire figurer les mots des arts et des sciences dans le dictionnaire, accompagnés de définitions plus descriptives, contenant des éléments d'information. Alors que ce qu'on attendait d'un dictionnaire au XVIIe siècle était essentiellement de préciser le régime d'acceptabilité ou d'usage d'un mot, il devient de plus en plus important de pénétrer dans l'univers de la relation qui lie un mot au monde. Mutation décisive, qui fait passer la langue d'un univers clos sur lui-même, fabriqué par les codes humains, à un espace ouvert, porte d'accès à la connaissance du monde et des choses. Le phénomène est européen. Dans le *Dictionary of the English Language* qu'il fait paraître en 1755, Samuel Johnson, un des esprits les plus vifs et les plus éclairés de son temps, déclare avoir voulu expressément faire figurer les termes techniques de l'anglais qu'il a trouvés dans des ouvrages spécialisés. Les contours de la langue s'élargissent jusqu'à dépasser nettement la compétence du locuteur moyen. Le phénomène s'accentuera encore pendant le XIXe siècle, les dictionnaires ne cessant de gagner en volume, jusqu'à devenir des sommes gigantesques décrivant des vocabulaires que plus personne n'est censé maîtriser.

Entre les années 1700 et les années 1760, plusieurs vagues de technicité vont ainsi envahir la langue commune. La difficile intégration du vocabulaire newtonien a probablement constitué le premier « test » sérieux infligé à l'idéal académique. Bientôt, ce sont l'économie et le commerce qui deviennent des disciplines à la mode. En 1723, paraît par exemple un *Dictionnaire universel du commerce* signé Savary des Brulons ; plus que la physique, l'économie concerne au plus près l'homme, son mode d'organisation sociale, ses « mœurs », sa civilisation. L'impact de son langage spécialisé dans la langue commune est donc plus direct.

Dans ce domaine comme dans celui de la physique, l'Angleterre est à la pointe, mais la France peut aussi se targuer de Quesnay et de Mercier de la Rivière pour équiper la langue de nouveaux concepts. Le courant qu'on a appelé des « physiocrates » constitue le premier exemple historique d'analyse économique. Ici comme dans les domaines scientifiques, le lexique sert à *analyser* la réalité. Le terme même d'*analyse économique* date d'ailleurs de cette époque, comme les expressions de *richesse primitive*, *finance pécuniaire*, *finance reproductive*, *avances primitives*...

Ce qui n'était auparavant que vie quotidienne devient à présent science, et la langue en porte la trace. Tout le monde, jusqu'aux cuisiniers, met en mots son art, et ces derniers sont désormais capables de *brandades*, de *quenelles*... La musique aussi a son dictionnaire, agencé par Rousseau (1768). Un à un, ce sont tous les rayonnages spécialisés de nos modernes librairies qui se garnissent, avec des ouvrages qui jouent parfois sur un véritable *créneau éditorial*, qui faisant fond de sa prétention à l'exhaustivité, qui jouant sur le caractère compact, pratique, « portatif », comme on dit alors, de ses publications. Emblème de ce déploiement lexical inédit, qui est aussi le reflet d'une curiosité vis-à-vis du monde : le *Manuel lexique*, ou *Dictionnaire portatif des mots français dont la signification n'est pas familière à tout le monde* qui est mis sur le marché français entre 1750 et 1755 par l'abbé Prévost, et qui est en partie adapté de l'anglais. Bientôt, la somme pilotée par Diderot et D'Alembert, la grande *Encyclopédie*, avec ses textes de spécialistes, ses planches, viendra proposer une articulation nouvelle entre les « choses », et les mots qui les expriment, ces derniers étant souvent soupesés, critiqués, redéfinis. Elle se présente comme un « dictionnaire raisonné des arts et des sciences », nouvelle version, au-delà de sa nature encyclopédique de ce que doit désormais être la compétence lexicale et sémantique de l'ancien « honnête homme ».

Qu'en est-il donc devenu de la « langue commune » ? Face à ces débats, l'Académie est contrainte de prendre position. Alors qu'elle était restée prudente, dans les choix de mots qu'elle faisait dans les éditions de 1718 et de 1740 de son dictionnaire, l'édition de 1762, tout d'un coup, accroît ce qu'elle considère comme le lexique reçu de près de cinq mille mots. Elle s'incline devant la déferlante de mots nouveaux qu'a subie la langue française en quelques décennies. La préface déclare : « Les Sciences et les Arts ayant été ainsi cultivés et plus répandus depuis un siècle qu'ils ne l'étoient auparavant, il est ordinaire d'écrire en François sur ces matières. En conséquence, plusieurs termes qui leur sont propres, et qui n'étoient autrefois connus que d'un petit nombre de personnes, ont passé dans la Langue commune. Auroit-il été raisonnable de refuser place dans notre Dictionnaire à des mots qui sont aujourd'hui d'un usage presque général ? Nous avons cru devoir admettre dans cette nouvelle Edition, les termes élémentaires des Sciences, des Arts, et même des métiers, qu'un homme de lettres est dans le cas de trouver dans des ouvrages où l'on ne traite pas expressément des matières auxquelles ces termes appartiennent. »

Le clivage, traditionnel au XVIIe siècle, entre « pédants » et « honnêtes hommes » s'est transformé en une lutte générale contre l'ignorance. Désormais, celle-ci est de moins en moins bien reçue « dans le monde ». Mais l'objectif de l'Académie est de modérer ce phénomène, en se présentant comme arbitre. Ainsi, elle prend bien soin de distinguer *la néologie* de ce qu'elle appelle *le néologisme*. La première est à prendre en bonne part, dit-elle, le second en mauvaise part. Par *néologie*, elle entend « invention, usage, emploi de termes nouveaux », et aussi l'« emploi des mots anciens dans un sens nouveau ». Aveu étonnant : elle considère qu'un « traité de néologie bien fait, seroit un ouvrage excellent, & qui manque » !

A l'inverse, le *néologisme* consiste pour l'Académie en une « habitude de se servir de termes nouveaux, ou d'employer les mots reçus dans des significations détournées ». Il est, dit-elle, une « affection vicieuse » ; « la néologie est un art, le néologisme un abus ». On remarque que *néologie* et *néologisme* sont définis en termes quasiment identiques..., et que rien sur le fond ne les sépare, sinon l'attribution, dans un cas d'un bon point, et dans le second d'un mauvais. En réalité, ce distinguo, qui ne semble pas avoir été conservé par l'évolution ultérieure du français, ne fait que masquer la volonté de se prononcer, en principe, contre une attitude envers la langue, qui deviendrait volonté de se singulariser, affectation, particularisme.

En dépit de cette réaction, la représentation qu'on se fait de la langue dans les classes cultivées a bien changé. On ne se satisfait plus de la traditionnelle « pureté » : on préfère l'ouverture que procurent les termes nouveaux, on valorise la curiosité et l'élargissement des connaissances. L'établissement d'une « langue commune » n'est plus la priorité : place à un lexique vaste, à l'intérieur duquel on pourra faire son choix. Le sentiment qu'on a des mots se feuillette en strates. En lisant les ouvrages de vulgarisation, le public cultivé s'est habitué à ce qu'à partir d'une convention de discours, de parole, qui est le fruit d'un type nouveau de communication, se construise petit à petit, loin de son usage habituel, un *terme*, qui sort de l'univers du discours.

Au XVIIe siècle, les travaux de nombreux philosophes, Bacon, Pascal, Leibniz, avaient préparé l'élaboration de ce second système de la langue. Au XVIIIe siècle, le public accepte que les savants ne se soumettent pas à l'usage inconstant des mots dans la vie ordinaire, que la science ne progresse qu'en s'inventant des langages « hors du commun », non soumis aux jugements d'acceptabilité qui régissent l'emploi social de la langue. Condillac le dira : une science est une langue bien faite. Cela signifie qu'on a renouvelé le regard sur le langage. Alors qu'on s'était ingénié, au siècle précédent, à perfectionner les langues, à imaginer des méthodes pour inventer une langue parfaite, on découvre, au siècle suivant, que les langues naturelles, « courantes », doivent être laissées à leur imperfection. En revanche, on va isoler d'elle un fonctionnement « plus pur », pour ainsi dire, auquel on va consacrer toutes ses énergies. C'est l'époque où on comprend, après Leibniz, que la logique, par exemple, ne peut s'exprimer dans les langues naturelles, qu'elle a besoin, pour se développer, de *se faire langage* ; où l'on invente, donc, la *logique formelle*.

L'impact du vocabulaire des sciences et de tous les domaines spécialisés peut être envisagé dans deux lieux différents de la langue : sa structuration sémantique générale, et sa structuration morphologique.

Tout d'abord, qu'un mot nouveau issu des sciences se popularise dans la langue courante ne signifie pas nécessairement meilleure connaissance de ce à quoi renvoient ces mots : le phénomène qui va le révéler est surtout que le mot va glisser hors de son champ strict d'application. Les dictionnaires du XVIIe siècle prenaient bien soin de distinguer ces emplois « propres », des emplois abusifs, sortis de leurs contextes, ou reposant sur une mauvaise compréhension des faits initiaux, qu'on observe un peu partout. C'est une première compréhension de la notion de norme : celle qui vise à dissocier l'emploi terminologique d'un mot de son emploi « sauvage », non autorisé. Combien de remarqueurs du XVIIe siècle ne préconisent-ils pas de limiter l'emploi de certains mots à leur strict champ d'application ? Peine perdue, la plupart du temps. A bien des égards, c'est la « fausseté » de la langue qui fait sa force, sa capacité à s'échapper des rails qu'on lui a tracés...

Au XVIIIe siècle, impossible de maîtriser les emplois déviés, mais néanmoins compréhensibles, des mots plus ou moins issus des sciences, par glissements ou extensions de sens. Ainsi, les termes d'*activité*, d'*alternative*, d'*organisation*, les verbes *concentrer, constituer, constater, caractériser*... Venus de la psychologie, de la physiologie ou de l'analyse économique, ils viennent envahir les discussions publiques. De même pour les adjectifs *flexible, routinier, additionnel, enthousiaste, calculateur, proposable*, le verbe *régénérer*... Et que dire du mot de *progrès* ? De vague et général jusque-là (« développement », « avancée »), son sens s'est fait précis, technique, reflet effectif de la marche des sciences vers leur amélioration, jusqu'à ce que Mirabeau en vienne à parler, de manière absolue, *du progrès* tout court.

Il n'est pas étonnant que cette façon qu'a eu la langue de se saisir de la logique terminologique des sciences ait fini par aboutir à un remaniement du lexique le plus général, et politique, même. De grandes notions, telles que celles de *civilisation*, d'*opinion publique*, de *bienfaisance* (qui remplace l'ancienne *charité*) font leur apparition, souvent dans le sillage du modèle anglais. On parle désormais d'*humanité*, de *liberté de commerce*, de *liberté de conscience*... A l'image des concepts scientifiques, ces mots ou ces expressions découpent la réalité morale et idéologique en en faisant à la fois l'analyse et la synthèse. On s'inspire de la chimie, de l'anatomie, pour jeter un regard neuf sur des réalités qu'on n'avait envisagées jusque-là que sous les habits des vieilles notions philosophiques ou scolastiques. Le XVIIIe siècle raisonne beaucoup sur ces équivalences entre le monde physique, le monde moral, et celui des idées. La fabrique de mots nouveaux, véhicules de conceptions puissantes et englobantes, permet de dessiner de nouvelles « diagonales », qui vont traverser tous les domaines de la vie humaine et de la culture. Le lien entre les sciences et la vie sociale au sens large est tel, au XVIIIe siècle, que l'apparition de nouveaux concepts dans un domaine spécialisé a immédiatement un impact sur les mœurs. La décennie révolutionnaire jouera sur cette habitude nouvelle prise avec les sciences de renouveler en permanence le vocabulaire, de le faire « glisser », de le surexploiter.

Enfin, lorsqu'on étudie la formation des mots – et cela est valable à tout moment de l'histoire d'une langue donnée – on s'aperçoit que ceux-ci articulent la réalité avec l'action que l'on peut exercer sur elle d'une manière très spécifique. La morphologie représente notamment le passage de l'action (le verbe) à ses modalités, à l'acteur, aux résultats (les noms) ; et celui de la nature à la qualité (les adjectifs). C'est pourquoi la présence de certains préfixes ou suffixes n'est pas anodine. De ce point de vue, la physionomie de la morphologie française aura considérablement changé, une fois passée la vogue du vocabulaire scientifique. Bien des mots nouveaux qui se popularisent alors portent la trace de ce rapport particulier à l'action que suppose la démarche scientifique. Les suffixes *-iser* ou *-fier*, par exemple, reproduisent dans le langage courant l'action, soit d'un élément sur un autre, soit de l'expérimentateur qui les manipule en laboratoire. Le suffixe *-eux/-euse*, auquel nous sommes habitués, véhicule l'idée qu'un élément de la réalité physique peut être composé, appelant l'analyse. Plus généralement, ce sont tous les gestes mentaux ou concrets de l'homme de science qui vont se trouver inscrits dans les mots par lesquels nous décrivons la réalité. Les suffixes *-able* ou *-ible* (comme dans le tout banal *trouvable*, par exemple, ou dans *exécutable*) font partie des affixes qui se sont beaucoup développés au XVIIIe siècle ; ils supposent l'idée d'une action possible. L'action n'est plus possible, mais effective dans les adjectifs verbaux en *-ant*, très courants au XVIIIe siècle (*réfléchissant*). Cette transformation profonde du vocabulaire peut passer inaperçue. Mais elle reflète une mutation épistémologique profonde dans le rapport au monde. L'un des suffixes les plus diffusés aujourd'hui, que nous devons au français du XVIIIe, est le suffixe *-isme* (avec *-iste*), qui sera très répandu à la Révolution. Il est le fruit d'un regard à la fois scientifique et synthétique, attentif à la dynamique, porté sur la réalité. Le préfixe *in-* est également de ceux qui se généralisent. Il exprime l'*opposition* (un mot lui aussi issu du XVIIIe siècle), conceptualisation d'un certain mode de différence. A chaque adjectif, il sera désormais possible d'opposer son contraire *mécanique*, sur la base de l'idée que les contraires s'exercent à partir de points communs. Sur *réfléchi*, on fera *irréfléchi*, sur *cohérent*, *incohérent*, sur *conséquent*, *inconséquent*... De ces « privatifs », Pougens fera un dictionnaire à la fin du siècle. D'une part, la réalité extérieure est de plus en plus conçue en fonction du rapport de perception ou d'action que l'on peut avoir avec elle ; d'autre part, elle s'introduit dans le vocabulaire, par le biais de la nuance, comme le bistouri ou le scalpel de l'expérimentateur.

Ce changement dans le rapport au monde a souvent été attribué, par les philosophes de l'époque, à un caractère prétendument « rationnel » de la langue française. En réalité, ceux-ci ne se sont pas aperçus que c'était la langue elle-même qui avait changé, intégrant désormais de façon visible le rapport qu'une civilisation, à un certain moment de son histoire, avait développé à l'égard du monde qui l'entourait. En conservant des bases superficiellement comparables, la structure sémantique et morphologique du français avait changé significativement, depuis la fin du XVIIe siècle. Les grammairiens rationalistes se focalisaient sur la syntaxe, sans voir que l'évolution du lexique en disait bien plus long. Entre les grands concepts philosophico-scientifiques du début du XVIIe siècle, dont la physionomie même, dans les vernaculaires, n'était pas très assurée, sans parler de leurs amphibologies sémantiques, et la pénétration incroyable du lexique courant par des métaphores ou des affixes de sens très précis, à la fin du XVIIIe siècle, que de chemin parcouru au sein de la même langue ! C'est toute la posture du sujet face au monde qui a changé. Pensée, perception, sensation, sensibilité, idée – tout ce qui était au XVIIe siècle à envisager de manière englobante, surplombante – est, depuis Condillac, soumis à l'analyse. On aime à ce que celle-ci se trouve confirmée, et comme stimulée, dans un vocabulaire adéquat. Cette solidarité nouvelle entre structures linguistiques et exercice d'un esprit particulier change beaucoup de choses dans l'usage de la langue.

Dans les sciences, dans les arts, dans la vie quotidienne, dans la société, la seconde moitié du siècle sera donc tout entière « néologiste ». La néologie devient une mode, un sujet de réflexion, une attitude envers la langue. Les tenants du classicisme pur et dur, d'un repli de la langue sur ses ressources existantes, d'une norme stricte, imperméable à la nouveauté, se font de plus en plus rares. Aux « néologues » se rallient Beaumarchais, Dorat, Linguet. L'œuvre originale et spirituelle de Louis-Sébastien Mercier, la *Néologie*[17], viendra couronner le mouvement.

2

LE SENTIMENT DE LA LANGUE

L'un des faits dominants du XVIIe siècle en matière d'évolution de la langue avait été l'apparition de relations problématiques, complexes, parfois tendues, entre les acteurs de la standardisation du français et les praticiens de la littérature. A l'époque de Du Bellay et de Ronsard, les efforts déployés dans la fabrique d'un idiome commun et la pratique de la littérature marchaient de concert, dans un souci partagé d'« illustration ». L'attitude de Malherbe a constitué une première entorse faite à cette solidarité. Les réactions qu'elle a suscitées ont fait prendre conscience que le matériau linguistique de la littérature ne pouvait s'identifier au répertoire étroit de mots, d'expressions reçues et de constructions qui constituait le « bon usage ». Les discussions qui ont agité le premier XVIIe siècle autour du maniérisme et de la préciosité sont la conséquence de cette rupture instaurée bien avant que ne s'installe le « classicisme ». Plus tard dans le siècle, on note que les grandes figures de la littérature ont toutes plus ou moins eu maille à partir avec les « autorités » linguistiques, finissant par nouer avec elles des accords temporaires, par l'intermédiaire de compromissions ponctuelles et réfléchies. Corneille eut à réviser tout son théâtre, à un certain point de sa carrière, ce qui ne l'empêcha pas d'essuyer des critiques pour ses pièces ultérieures ; Racine, dès ses premiers succès, eut à faire face au même type d'attaques ; La Fontaine se marginalisa, par son attachement à un « burlesque » jugé désormais irrecevable. De nombreux auteurs de la fin du XVIIe siècle ne purent voir leur talent s'épanouir dans le roman, car ils étaient soumis aux accusations incessantes de vouloir donner dans le « bas » et le « déshonnête »...

Cette configuration avait rendu la situation extrêmement difficile pour les praticiens de la littérature. On a peine à s'imaginer à quel point le milieu littéraire français de la fin du XVIIe siècle était dur envers ses auteurs ! Dès qu'un livre paraissait, il ne manquait pas d'entraîner dans son sillage de petits libelles vengeurs qui, certes, représentaient une certaine forme de publicité pour les littérateurs, mais avaient surtout pour objet de démolir leur réputation en mettant en évidence ce qui passa bientôt pour le pire des crimes : le crime envers la langue. Choqué de voir que, dans ses *Réflexions sur l'usage présent de la langue française* (1689), Andry de Boisregard s'était montré intraitable vis-à-vis des productions contemporaines, Saint-Réal fait paraître en 1691 un ouvrage entièrement consacré à ce problème : *De la critique*. Ses positions inaugurent une mutation importante dans le rapport à la langue et à la littérature. Alors que le monde des lettres s'était rangé jusqu'à présent avec un bel ensemble derrière la prééminence donnée aux critiques, Saint-Réal vient subitement jeter un pavé dans la mare en mettant en évidence l'influence désastreuse que ceux-ci peuvent avoir dans le développement de la littérature. « La critique est un exercice odieux de sa nature[1] », déclare-t-il brutalement. Et il poursuit : « Ainsi vont se formant pièce à pièce ces controverses infinies et insupportables, l'opprobre de la littérature, et l'aversion de toutes les honnêtes gens[2]. »

C'est le début d'une remise en cause du regard grammatical sur les textes littéraires. L'argument de Saint-Réal est que les littérateurs opèrent sur une langue vivante, non sur un idiome fixe, régi par des lois définies une bonne fois pour toutes. Or, le propre d'une langue vivante est de comporter une part d'irrationalité, rebelle aux tentatives de représentation systématique. Là où la grammaire voudrait préconiser des solutions prévisibles, l'observation juste de la langue démontre la nécessité de préserver une certaine latitude, on dirait aujourd'hui une marge de manœuvre. Les grammairiens sont allés trop loin dans la rationalité : ils manquent la part de « naïveté », d'idiomaticité, attachée à la langue et à sa gestion dans le discours. Ainsi, il *ne faut pas* suivre la grammaire dans toutes les occasions : il convient d'« écouter » la langue au fur et à mesure que celle-ci se déroule dans le discours. C'est ce qu'on appelle alors le « sentiment de la langue », invention nouvelle de ce début de XVIIIe siècle : « On sait qu'on écrirait mal, si on se donnait partout la liberté de construire de cette sorte [à propos d'une expression belle et irrégulière de Voiture] ; mais il n'est pas moins vrai qu'on écrirait peu agréablement si on ne se la donnait jamais. Il dépend donc du sentiment de l'esprit de discerner les occasions où l'on se la peut donner, et nullement de la Grammaire, puisqu'elle le défend toujours[3]. » Le *sentiment* est donc ce qui va permettre de contourner la difficulté à proposer des solutions a priori ; il exprime la nécessité de replonger dans la réalité du discours, de s'immerger dans la pratique, de retrouver des sensations.

Au plaisir d'écrire

Le monde des lettres a bien changé, au cours du XVIIe siècle. Enrégimenté par le pouvoir depuis Colbert, il a ressenti, parfois négativement, l'instrumentalisation dont il a fait l'objet. Dans les deux dernières décennies du règne de Louis XIV, la pression semble se relâcher. Les littérateurs ont trouvé de nouveaux lieux où se réunir ; ils découvrent une certaine liberté. L'un des lieux parisiens les plus fameux où se fit la littérature du début du XVIIIe siècle existe toujours : il s'agit du café Procope, ouvert par le sicilien Procopio en 1686. Situé alors en face de la Comédie-Française, il permettait aux auteurs dramatiques, comme Marivaux, de se plonger dans cette atmosphère vivante, expérimentale, de créativité langagière, qui entoure le monde des acteurs. D'autres lieux, privés, hébergent la nouvelle vie littéraire : les salons, comme celui que tint la marquise Anne-Thérèse de Lambert à partir de 1698. Ceux-ci reprennent le flambeau des anciens « hôtels » du XVIIe siècle, où une sociabilité éduquée se retrouvait autour de personnalités féminines « solaires », fréquemment comparées à des astres entretenant autour d'elles leurs réseaux de planètes[4]... Le salon de Madame de Lambert fut fréquenté par Marivaux, Fontenelle... Matières scientifiques et discussions littéraires trouvaient leur place dans ces salons, mais aussi intrigues politiques. Il y régnait une virtuosité verbale dans l'échange qui semble la marque, comme en atteste la correspondance de Madame de Lambert, de ces années où le goût de la forme, de l'élégance, du bon mot, a fait suite au conformisme parfois terrifiant et destructeur, empli de cynisme, qu'a décrit La Bruyère à propos de « la Cour ». Le salon que tiendra Madame de Tencin, mère de D'Alembert, sera plus sérieux, plus « philosophique », réunissant Helvétius, l'abbé Prévost, Marmontel. Au fil des décennies, la vie littéraire se structure autour de ces salons, qui deviennent de plus en plus nombreux (Madame Geoffrin, Madame du Deffand, Julie de Lespinasse...).

Pour le monde des lettres, ces premières décennies du XVIIIe siècle sont donc une occasion de pause, une parenthèse qui, entre la centralisation de la société qu'avait opérée le règne absolu de Louis XIV et la tourmente intellectuelle que vont lever les encyclopédistes, est propice à une culture purement esthétique, voire esthétisante, des genres. L'affirmation progressive du rôle de l'Académie doit être considérée comme parallèle à cette structuration nouvelle de ce qu'on appelle alors les « Belles-Lettres [5] ». La langue est au cœur de ces discussions, qui mobilisent praticiens de la littérature, grammairiens, critiques, rhétoriciens, philosophes... On assiste, dans cette période qui voit s'assimiler et se diffuser largement dans la société éclairée les acquis du classicisme, à un croisement inédit des perspectives. Il se crée des solidarités nouvelles entre grammairiens et littérateurs. L'« académicien » est censé être les deux. Par ailleurs, l'augmentation des moyens de diffusion par l'imprimé crée un nouvel espace de discussion collective. Depuis les dernières années du XVIIe siècle, il est devenu plus facile de faire imprimer un livre en France, en raison du relâchement de la pression politique, alors qu'à l'étranger, certaines maisons sont désormais en mesure de pratiquer l'édition à grande échelle.

De ce nouvel état de fait résulte l'apparition d'une manière de « regard collectif » général, interne au monde des lettres. Les textes circulent, on se les lit, on se les passe, on en discute, mais sans l'agressivité normative du XVIIe siècle. L'« épluchage » grammatical des textes a lassé, quand il n'a pas fini par choquer ou exaspérer. De la perfection, nul n'est censé désormais posséder la clé. On ne supporte plus les interventions voyantes de ceux qui, naguère, prétendaient tout savoir de la langue. On sera choqué qu'un D'Olivet aille à nouveau « pinailler » sur le texte de Racine [6]. L'abbé grammairien a cru pouvoir reproduire, en plein XVIIIe siècle, une pratique qui était courante un demi-siècle plus tôt. L'heure est davantage aux échanges qu'aux raideurs prescriptives. Saint-Réal considérait comme une facilité de vouloir rendre raison de tout, dans la langue. Il convient bien plutôt d'écouter ce que peuvent en dire les autres, de rapprocher, de comparer, en gardant à l'esprit qu'il y a, dans les questions de langue et de discours, un nombre incalculable de points « dont nul critique sage ne répondra jamais [7] ».

Cette ouverture au « goût particulier », comme l'appelle Saint-Réal, marque une transformation notable des idées de norme appliquées à la littérature. Ce qu'on appelait « style », au XVIIe siècle, désignait essentiellement la caractéristique langagière de genres de discours répertoriés de manière conventionnelle et hiérarchique (style élevé, moyen, bas). Furetière est encore du côté de la conception traditionnelle, lorsqu'il explique que le style « relevé ou sublime » sert « dans les actions publiques », le style « médiocre ou familier » « en conversation », et le style « bas ou populaire »« dans le comique ou le burlesque ». Richelet est plus moderne. « C'est la maniere dont chacun s'exprime. C'est pourquoi il y a autant de stiles que de personnes qui écrivent. » Buffon dira : « le style, c'est l'homme même »... Toutefois, à l'époque de Richelet, il n'est pas concevable de soumettre entièrement le style à des initiatives individuelles : Richelet précise bien que, malgré tout, le style individuel doit s'intégrer à un choix, celui d'un des trois principaux styles. Il serait absurde de vouloir écrire « de nulle part », à partir de rien, hors de toute convention ! En dépit de la reconnaissance d'une variation individuelle, toute idée de norme n'est pas absente, non plus, de cette définition. « Le stile doit être clair, pur, vif, coulant, agréable, juste et propre au sujet », ajoute Richelet.

Le sentiment de la langue, à l'intérieur de l'espace littéraire, s'ouvre ainsi aux écritures individuelles. Celles-ci ne sont plus considérées comme des tentatives d'emprise abusive sur l'usage commun, comme l'essai d'une juridiction privée, mais comme un biais d'accès plus personnel aux richesses de la langue. La confiance en l'existence et en la reconnaissance d'une langue d'usage est suffisante pour qu'on soit sensible aux *nuances*.

Cependant, cette « littérarisation » progressive du sentiment de la langue ne s'est pas faite de façon linéaire, sans heurts. De nombreuses querelles émaillent le XVIIIe siècle français. Les principales tournent autour des mots mêmes qu'est censée employer la littérature. Le XVIIe siècle, après Malherbe, s'est montré tellement scrupuleux quant à la langue à utiliser en poésie, rigoureux, discriminatoire, que celle-ci s'est graduellement figée. L'identification des « styles » aux genres est devenue telle qu'il s'est créé une forme de conventionalité à laquelle les écrivains les plus sensibles sont bientôt devenus réfractaires. Dans les premières décennies du XVIIIe siècle, la redécouverte de la poésie antique, et particulièrement homérique, a contribué à fragiliser la confiance déposée dans les ressources poétiques de la langue française. Un sentiment nouveau de la poésie apparaît, qui se distingue de la seule prise en compte des genres versifiés et de sa phraséologie. Celle-ci, au fil du temps, est devenue de plus en plus repérable, codifiée, au point d'entraver le travail sur le langage qui est consubstantiel à l'acte d'écrire. Poésie, prose, genres littéraires, styles... C'est tout l'édifice de ces représentations qui va être revu dans le courant du XVIIIe siècle.

L'art poétique : entre « haut » et « bas »

On sait que les mots de la langue ont été la grande affaire des dernières décennies du XVIIe siècle. Les dictionnaires s'en sont suffisamment occupés. Mais qu'en est-il de la littérature ? Celle-ci voit-elle son langage évoluer ?

Un problème majeur qui était apparu lors de la rédaction des dictionnaires, notamment celui de Furetière, était celui du « bas ». Le « bas » est un épouvantail récurrent dans l'histoire de la langue française au XVIIe siècle. Corneille avait eu à l'affronter au moment d'inventer un genre hybride, qui tienne à la fois de la comédie et de la tragédie ; le burlesque en avait fait *son* objet, le séparant de la pratique littéraire usuelle. A vrai dire, le « bas » a créé une ligne de partage dans la démarche des auteurs comme dans les modes de réception. On le tolère de certains et on le refuse à d'autres. Au fil du temps, le « bas » en est venu à renvoyer moins au populaire qu'à ce qu'on appelle alors le « déshonnête ». En transformant ses enjeux initiaux en questions de « pudeur », les commentateurs ont déformé des problématiques de discours en simples faits de langue, moins soumis au regard critique. Difficile, en effet, de s'élever, dans le cadre d'une société policée, contre le sentiment valorisant de se trouver « protégé », en tant que locuteur, par les caractères mêmes de la langue. Pour Bouhours, c'est la langue elle-même qui répugne au « bas ».

Faut-il faire figurer les mots « bas » dans un dictionnaire du français ? C'est la grande question de la fin du siècle. L'Académie reproche à Furetière et à Richelet de l'avoir fait. Il est amusant, dans ces conditions, de voir paraître, immédiatement après la première édition du dictionnaire de l'Académie de 1694, un plaisant *Dictionnaire des Halles, ou extrait du dictionnaire de l'Académie françoise, critique des mots bas et autres locutions proverbiales et triviales conservées dans la première édition du dictionnaire de l'Académie*, libelle anonyme qu'on a attribué à Furetière ou à Artaud. Quelques années plus tard, Pierre Bayle publia également un *Esclaircissement sur les obscénités*, ajout à l'édition du *Dictionnaire historique et critique* de 1702.

C'est que la question du « langage bas » révélait un enjeu majeur dans la représentation qu'on pouvait se faire de la langue tout entière. D'innombrables discours, tout au long du XVIIe siècle, avaient entretenu le public dans l'illusion que la langue française était une « prude », comme on disait à l'époque, excessivement polie, qui n'osait jamais employer un mot pouvant être mal interprété. Au fil du temps, les locuteurs cultivés se sont aisément persuadés qu'avec le français ils disposaient d'une langue distinguée, épurée, qui la mettait à l'abri de tout contact avec la plèbe. Le dictionnaire de Furetière, néanmoins, révélait l'immensité du lexique français trivial. Son écho auprès des intellectuels et des praticiens de la littérature fut d'ailleurs immédiat. Il sera fréquemment réédité au XVIIIe siècle, sous la forme du *Dictionnaire de Trévoux* sans cesse augmenté (1704, 1721, 1771).

Cette entreprise posait en effet à la réflexion sur la littérature une question majeure : celle de la confusion qui s'était progressivement installée, dans le paysage culturel français, entre pratique de la littérature et pratique d'un style « moyen élevé » qui était devenu, en l'espace de quelques décennies, la forme quasi obligatoire de l'écrit littéraire. La pratique des « Belles-Lettres », d'ailleurs, est devenue depuis quelque temps presque systématiquement associée à l'*esprit*, au *goût*, à l'*agrément*. Pour cela, point n'est besoin d'aller explorer les bas-fonds de la langue. En peu de temps, l'importante palette stylistique dont disposait le premier XVIIe siècle s'était réduite à une alternative fondamentale : le choix d'un genre, supposant la maîtrise d'un lexique très spécifique, d'un style homogène, éventuellement d'une métrique, ou d'une prose dans laquelle on tolérait de moins en moins d'hétérogénéité.

Singulier dilemme qui se présentait donc aux apprentis écrivains du début du XVIIIe siècle. Pour se faire un nom, force était de passer par cette codification rigoureuse qui faisait mettre un éteignoir sur une partie importante de la langue. Dans les dernières années du XVIIe siècle, la dépréciation esthétique du burlesque n'a en effet eu d'égale que les tentatives, par le pouvoir politique, de limiter la pratique de la satire. A cela il faudrait encore ajouter le climat religieux austère régnant alors à la Cour. De son côté, l'usage poétique versifié, usé par la stéréotypie des formules, commençait singulièrement à ressembler à un conservatoire de formes désuètes, qu'on ne trouvait plus dans la langue ordinaire. Une véritable « schizophrénie » menaçait de se dessiner dans le sentiment de la langue.

Deux points essentiels sont alors touchés : le lexique et la syntaxe. A rebours de la liberté lexicale affichée par la Pléiade, le XVIIe siècle n'a eu de cesse de restreindre et codifier le vocabulaire accessible à la poésie. Depuis Malherbe, l'emploi des termes techniques, familiers, dialectaux, catalogue immédiatement un texte dans le genre burlesque ou satirique. A la fin du XVIIe siècle, l'esthétique du « sublime » remise à l'honneur par Boileau[8] n'a fait qu'accentuer le phénomène. Les « arts poétiques » se font désormais une spécialité de « trier » le vocabulaire, dressant de longues listes de mots exclus et de mots presque « obligatoires ». *Fers, airain, flammes...* : voilà comment la poésie de la fin du siècle s'exprime, usant de métonymies ou de métaphores dans sa désignation du réel. Impossible, désormais, d'appeler par leurs noms un certain nombre d'animaux (*mouton, bœuf*, etc.). Des listes sont constituées, l'une pour la poésie, l'autre pour la prose...

Parmi les mots exclus de la poésie, des outils qui font partie de l'ossature même de la langue ! La proscription s'applique à certains démonstratifs (la série *celui, celle, ceux*, et leurs composés, *celui-ci, celle-ci, ceux-ci*...), la série de relatifs *lequel, laquelle, lesquelles*, les pronoms indéfinis ou numéraux *l'un, l'autre, le premier, le second*, ainsi que les locutions adverbiales *d'ailleurs, tant s'en faut, pour ainsi dire*, sans parler des conjonctives, *afin que, d'autant que, de sorte que, pourvu que*.... En somme, tout ce que la syntaxe classique avait soigneusement élaboré, en termes d'outils de hiérarchisation et d'articulation du propos, dans le but de faciliter la compréhension, est éliminé du langage poétique !

Au fil du temps, ces règles entraînent la langue commune vers une autre pente que la prose cultivée. Alors que cette dernière multiplie les outils de subordination, qui structurent le discours et font avancer le raisonnement, la langue poétique ainsi définie privilégie des moyens plus simples de structurer le propos, tels que la coordination *et*, ou la simple juxtaposition. Il en résulte une sorte de « vague » général du discours, où l'ambiguïté – honnie des commentateurs en prose – s'insinue. Sans outils grammaticaux, combien de *il*, de *elle*, de *ses*, de *sa*, ne rencontre-t-on pas bientôt en vers, qui restent en suspens, sans antécédent nettement identifiable ?

Plus généralement, la pratique de la poésie – des genres versifiés – est devenue un exercice à haut risque, d'une grande difficulté technique, ne pouvant être accomplie qu'une fois de pesants traités assimilés, assortis d'un nombre incalculable d'interdits lexicaux, syntaxiques, rythmiques, harmoniques, euphoniques... Des « vers », on a fait un exercice élitiste, un signe de niveau social élevé, d'éducation, tant ils demandaient de connaissances. Une nouvelle fois, on courait le risque de développer des normes hors d'atteinte du public, même cultivé, sans compter celui qu'il y avait de couper la poésie de la langue usuelle, et d'en faire une sorte de langue morte. Cette séparation de la langue poétique dans un monde à part, ce cloisonnement, représentent un problème récurrent dans l'histoire du français. Au début du XVIIIᵉ siècle, on atteint un sommet en la matière.

Il est significatif, par exemple, qu'en annexe à ses *Principes généraux et raisonnés de la Grammaire françoise* de 1730, Restaut nous fournisse un « abrégé » des difficultés propres à la langue poétique. C'est comme s'il y avait deux langues à maîtriser. Ainsi, en poésie, on ne dira pas *crimes*, mais *forfaits* ; on préférera *les humains* ou *les mortels* à *les hommes* ; on substituera *glaive* à *épée*, *coursier* à *cheval*, *flanc* à *sein*, *antique* à *ancien*, *hymen* ou *hyménée* à *mariage*, *espoir* à *espérance*. Certains de ces choix ne nous étonnent pas, tant le « marquage » des termes est resté fort, encore aujourd'hui. Dans certains cas, les doublets poétique/prosaïque fonctionnaient à partir de formes archaïques (*pensers* pour *pensées*, *ris* pour *rire*), qui n'avaient plus d'existence en français qu'artificielle. Dans d'autres cas, la différence est faible (*espoir/espérance*), et ouvre la porte au travail des synonymistes, lesquels s'efforcent d'établir des nuances de sens entre mots proches. La scission du lexique littéraire en deux n'est d'ailleurs pas pour rien dans l'apparition de ce travail sur la « justesse » de la langue.

On sera plus étonné de lire dans la liste de Restaut des couples d'outils fonctionnels – adverbes, conjonctions, etc. Ici, c'est souvent le paramètre rythmique (« syllabique ») qui motive les exclusions. Mais il est question aussi de « couleur » des outils. Ainsi, l'abrégé recommande d'utiliser *soudain*, en poésie, plutôt qu'*aussitôt*, *alors que* plutôt que *lorsque*, *cependant que* plutôt que *pendant que* ou *tandis que*, *n'a guere* plutôt que *il n'y a pas longtemps*...

Refuge de mots disparus, de bizarreries d'usage, la poésie est devenue véritablement un monde à part. Tous les poètes du XVIIIᵉ siècle, jusqu'à André Chénier, seront confrontés avec la nécessité d'écrire dans cette langue codée, pleine de petits signes qui sont autant de clins d'œil entre initiés, comme ces présents de l'indicatif sans *-s* à la première personne qui font des rimes pour l'œil (*je voi, je croi, je sai*), ces *encor* sans *e*, ces épithètes homériques, ces *Zéphire* qui renvoient directement à la divinité antique – à ne surtout pas confondre avec les *zéphyrs* ordinaires de la prose... La poésie *se montre poésie* par ce lexique particulier, elle se fait signe d'elle-même. On la reconnaît à ses pluriels (*les ondes...*), à son étanchéité presque totale à l'égard des réalités. Au fil des temps, elle a jeté un voile pudique sur presque tout ce qui faisait la vie des hommes. L'une de ses grandes tentations, désormais, sera de se faire pastiche d'elle-même. Bien des poètes, au cours du XVIIIᵉ siècle, tenteront de contourner l'obstacle en donnant à leurs textes une couleur descriptive plus actuelle. Le goût de la nature, par exemple, les fera parler d'animaux, de plantes... Mais ils se heurteront souvent à cette difficulté d'intégrer au vers un terme qui ne doit pas en faire partie. Le lexique poétique a désormais établi autour de lui une sorte de clôture infranchissable. La pratique de la poésie s'est transformée en exercice de style replié sur lui-même, dans un mouvement qui l'entraîne à rebours de l'histoire. A la fin du XVIIIe siècle, il est significatif qu'un André Chénier en soit revenu aux genres antiques, pratiquant des « élégies », des « hymnes », des « bucoliques » en français...

La « *langue littéraire* »

Face à cette sclérose, quelles solutions possibles ?
Parmi les poètes français du XVIIIe siècle, Antoine Houdar de la Motte (1672-1731) n'est certes pas le plus connu, mais son importance dans l'évolution du sentiment de la langue est décisive. C'est d'abord quelqu'un qui est allé boire à nouveau aux sources les plus anciennes de la poésie : Homère. En 1699, Anne Tanguier Lefèvre, qui deviendra Madame Dacier (1647-1720) par son mariage avec un grand érudit et traducteur de l'époque, a proposé une traduction de l'*Iliade*. Dans cette traduction, elle a appliqué le principe classique d'une sélection stricte du lexique. Signe d'une mutation de la sensibilité, qui est l'un des effets principaux de la « querelle des Anciens et des Modernes », Houdar de la Motte va contester ce principe, en estimant que les traducteurs modernes, surtout français, se doivent de remédier par l'invention, la créativité, voire la néologie, à ce qu'il voit comme une « imperfection » des œuvres antiques.
Houdar de la Motte a une théorie d'ensemble sur la poésie[9]. Pour lui, la poésie n'a rien à voir avec la versification : elle a essentiellement comme propos d'arrêter des idées, de procurer des images puissantes, du langage émouvant. Il va donc séparer ce qu'il appelle « poésie » de la pratique des genres versifiés ; la séparer des idées de mesure, de rythme, de « langue poétique », de syntaxe particulière... « La Poesie, dit-il, qui n'est autre chose que la hardiesse des pensées, la vivacité des images & l'énergie de l'expression, demeurera toujours ce qu'elle est, indépendamment de toute mesure[10]. » Révolution dans les manières de penser ! C'est le rapport même du « poétique » avec la

langue qui change. La porte s'ouvre sur une nouvelle problématique : celle de la conduite de la langue dans une *direction* poétique.

En relisant les grands auteurs du canon classique, Racine, par exemple, à la lumière de ce qu'il appelle « la poësie en général [11] », Houdar de La Motte va trouver que ce qui y est admirable n'est pas la versification, ou l'art de composer des vers, mais « la justesse des pensées, liées entr'elles par le meilleur arrangement, la convenance des tours qui expriment des sentiments proportionnés à la nature des choses dont on parle, & le choix des expressions les plus propres à faire passer exactement dans l'esprit des autres les idées qu'on veut leur donner [12] ». Ainsi, il va jusqu'à estimer – sacrilège ! – que l'essentiel, chez Racine, serait conservé en prose. Lui-même d'ailleurs, dans un geste expérimental, a écrit deux fois l'une de ses tragédies, *Œdipe*, en vers et en prose. L'essentiel, pour lui, ne tient pas à savoir si on fait usage de vers ou de prose, mais dans la manière de manipuler le langage, de le fragmenter, et d'agencer les « nuances » qui en résultent de façon à représenter les méandres de la nature humaine. Autrement dit, c'est le « choix des expressions » qui fait le caractère plus ou moins « poétique » d'un texte. Cet angle de vue est totalement moderne. Il a d'ailleurs été perçu comme tel par les contemporains qui ont eu du mal, à l'instar de Madame Dacier, à suivre Houdar dans cette remise en cause des procédés d'écriture entérinés par la tradition.

Non content de ferrailler contre la versification, Houdar de la Motte va jusqu'à remettre en cause les raisons qui ont amené le lexique poétique à se figer. Pour lui, la poétique classique du vers français a placé trop d'importance dans une sélection très subjective des termes de la poésie, qui n'est due, pour lui, qu'à la façon aléatoire que nous avons de nous habituer aux sons des vocables. Les traités de poétique ont voulu que certains mots soient plus beaux que d'autres. Mais, dit Houdar de la Motte, y aurait-il de « beaux » mots si nous ne nous laissions pas influencer par leur sens ? De là résultent des disproportions qu'il revient de mettre à distance. « Les sons d'une langue sont indifférents, dit-il, du moins pour ceux qui n'en sçavent point d'autres, ils ne nous plaisent ou ne nous choquent, que par le sens que nous y attachons ; car enfin ils ne sont que l'occasion arbitraire de nos idées. » Et il ajoute : « Il ne tiendroit qu'à nous de faire un beau mot de celui de *porc*, & un mot désagréable de celui de *coursier* [13]. » Ainsi, il n'y aurait plus de « langage poétique », mais seulement des « choix d'expressions ».

Et dans ce dernier registre, Houdar de la Motte va remettre en honneur une problématique oblitérée par la génération classique : celle des métaphores. Depuis la condamnation par Malherbe, relayée ensuite par Bouhours, le nombre de métaphores reçues en poésie a singulièrement diminué. Ce qui fait la poésie, au début du XVIIIe siècle, c'est le lexique, la diction, et la versification. Nul besoin de métaphores ou de métonymies... L'idée d'Houdar de la Motte est de revenir à l'expression figurée, indispensable pour que puissent être formulés des « sentiments proportionnés à la nature des choses ». Là est pour lui le cœur de la poésie.

Autre innovation considérable : penser que cette expressivité particulière du langage peut être également employée en prose. Pour Houdar, écrire « poétiquement », ce sera faire usage, en prose ou en vers, d'objets rhétoriques telles que la métaphore, la métonymie, l'oxymore, etc. C'est en cela qu'on peut dire de lui qu'il est l'inventeur de la « langue littéraire » au sens où celle-ci annulerait l'opposition apparemment indépassable des deux « genres d'écrire » : la prose et le vers. Houdar de la Motte est l'inventeur d'une « couleur » littéraire extérieure aux formes mêmes de la langue. Cette nouvelle problématique met la balle dans le camp de l'« artiste » au sens où c'est lui qui est désormais le maître de l'expression. Mais elle revient également à formuler une interrogation globale sur la langue. Le fait qu'Houdar de la Motte ait sollicité l'appui de Fénelon, l'inventeur, pour beaucoup, de la « prose poétique », montre bien qu'on cherche, à ce moment très précis de l'histoire du français, à sortir des impasses du classicisme. Fénelon choisit néanmoins de reconstruire du poétique au moyen d'une harmonie générale du discours (sans rapport avec la traditionnelle versification), alors qu'Houdar de la Motte en a une vision plus « localiste ». Pour lui, écrire poétiquement, c'est accumuler les figures, en agencer la gradation et la force.

Quelle est la place de l'expression dans la langue ? Comment rendre celle-ci sensible dans le discours ? Comment motiver la lecture ? Quel rôle doit avoir l'initiative individuelle ? Peut-on penser, systématiser, éventuellement normaliser l'expression ? Ces questions, Rousseau, Diderot, Kant, Lessing, les philosophes allemands du pré-romantisme, se les poseront et reposeront, sans jamais les épuiser. Elles conditionnent la représentation qu'on peut se faire des langues. Le XVIIIe siècle entier – jusqu'au romantisme – y réfléchira.

Viser à la couleur par les mots : nouveau propos de la « littérature ». Comment faire ? Conserver le lexique usé des anciens « genres », ou s'inventer une nouvelle langue, une nouvelle diction ? Si les œuvres littéraires d'Houdar de la Motte (poésie, fables, comédies, traduction d'Homère) ne furent visiblement pas à la hauteur des intuitions géniales du penseur, bientôt, dans les années 1720, les prosateurs Crébillon fils et Marivaux s'emparent de la problématique et créent ce qui passe pour un « nouveau langage ». Presque un siècle après la préciosité, une nouvelle mode de créativité langagière s'empare de l'univers des lettres. De ce courant, un critique acerbe et ironique, l'abbé Desfontaines, s'est fait le témoin. Ce dernier, dans un *Dictionnaire néologique à l'usage des beaux Esprits du siècle, avec l'éloge historique de Pantalon-Phoebus* publié en 1726, réactive les sarcasmes qu'on avait pu jadis adresser vis-à-vis du « galimatias » (ou « phoebus ») des précieuses. Le reproche de forger des mots nouveaux est récurrent dans l'histoire du français. Il sert tantôt à disqualifier une pensée novatrice, qui ne se satisfait pas des clichés et des stéréotypes, tantôt à éloigner, derrière la barrière du « bon goût », tout ce qui ne s'intègre pas à la norme.

La technique satirique de Desfontaines, une nouvelle fois, est de sortir de leur contexte des expressions, des constructions employées en discours, pour en faire un « dictionnaire ». Visant essentiellement Houdar de la Motte, il centre ses remarques autour de deux phénomènes importants. Le premier est le devenir des figures par lesquelles, à un moment donné, un littérateur cherche à donner plus de force à son expression. Or, pour Desfontaines, l'usure de ces figures est la rançon de la poétique qui entend privilégier le « choix des expressions ». « Boire l'espoir à pleines coupes », une métaphore qu'on trouve sous la plume d'Houdar de la Motte[14], est une formule qui nous semble aujourd'hui tout à fait acceptable, quoiqu' évidemment « marquée ». Pour Desfontaines, en revanche, il n'y a là que préciosité, dans la mesure où l'expression détourne une tournure acceptée dans le seul but de la recherche expressive. « Chacun de nous sourit à son néant », est une belle phrase (un beau vers) qu'on trouve également sous la plume d'Houdar de la Motte[15] ; on croirait y relire un trait de l'écriture janséniste. Mais ce raccourci est inacceptable pour Desfontaines qui, en bon héritier de Bouhours, ne supporte pas cette « double direction » donnée au sens, vers l'abstrait et le concret. Les figures transformées en expressions : répertoire de préciosité, pour Desfontaines. Et de citer, pour compléter, les oxymores – il faut le dire, particulièrement audacieux – d'Houdar de la Motte, tels que *une fille effroyablement belle, une pièce horriblement admirable, un tableau plaisamment formidable*...

Autre tendance du français « littéraire » à laquelle il s'attaque : l'« empiètement » du substantif dans le discours. Privilégier l'expression des actions et des qualités par des tournures substantives plutôt qu'au moyen de verbes simples ou d'adjectifs, voilà une façon d'articuler le propos qui caractérisait bien la « première préciosité » du français, celle de la première moitié du XVIIe siècle. Au début du XVIIIe siècle, on assiste à un retour de ces tournures ; et ce retour est motivé par une recherche d'expressivité. Desfontaines relève que les « nouveaux précieux » disent volontiers *donner l'achèvement* pour *achever*, ou *tenu de sincérité* pour *sincère*...

Au début du XVIIIe siècle, ce type de formulation est devenu suffisamment voyant pour qu'un commentateur doté de tant soit peu de malignité s'en soit emparé pour en faire l'une de ces « questions de langue », autour desquelles le débat public, périodiquement, s'anime. Mais faut-il que le français classique soit devenu à ce point sclérosé pour qu'on ne puisse plus essayer de le renouveler sans se faire taxer de préciosité ? Par son geste iconoclaste, Desfontaines montre que la recherche d'expressivité par les littérateurs finit souvent par produire des « tics », des facilités qui peuvent être décrits indépendamment de leur mise en œuvre par l'écriture. Son ouvrage, qui fait la liste de toutes les « figures » par lesquelles les poètes prétendent parvenir à l'expression, peut être compris comme une exhibition *a contrario*, stigmatisante, et bien entendu malintentionnée, des poncifs de la littérature.

Mais Desfontaines est décidément trop d'arrière-garde. On prend conscience, dans cette première moitié du XVIIIe siècle, que l'héritage de la « langue classique » est à bien des égards à double tranchant. Certes, il lègue aux générations postérieures un idiome amendé par la réflexion, « rationalisé », soumis aux idéaux de clarté et d'élégance, mais il peut se révéler porteur d'inhibition. Pour Fénelon, il n'y avait qu'une urgence : c'était celle de s'ouvrir aux apports étrangers. En ces temps où les progrès des sciences et des mœurs donnent aux couches éclairées de la population le sentiment de sortir d'une ancienne peau, on tolère mal que certains veuillent « fixer » la langue, et prévenir toute évolution. Dans un discours à l'Académie qui date de 1742, et qui porte le titre « Qu'on ne peut ni ne doit fixer une langue vivante », François-Augustin Paradis de Moncrif se fait le porte-parole de ce goût désormais bien ancré de la nouveauté dans la langue, quitte à s'exposer parfois au ridicule.

Défaire le bel édifice de la langue classique ? Cette interrogation se retrouve chez la personnalité littéraire la plus voyante de son temps, la plus attachée aussi aux codes langagiers hérités du classicisme : Voltaire. En publiant ses fameux *Commentaires sur Corneille*, Voltaire n'avait pas seulement l'intention de revenir sur les principes fondamentaux de la tragédie : il visait aussi la langue, sa capacité à entretenir la flamme tragique en même tant qu'à satisfaire l'idéologie du « bon goût ». Et voici qu'il éprouve un grand désarroi. En relisant Corneille, Voltaire se trouve tout d'un coup devant un texte vieux d'un siècle qui répondait aux injonctions et aux configurations de son époque. Avec le recul, le caractère fabriqué, hétérogène de cette langue apparaît. Voltaire ne sait plus quelle attitude adopter. Faut-il balayer définitivement cette manière de parler, et aller chercher l'inspiration du côté de Racine ? Il faudrait alors, comme Racine en son temps l'avait fait, renouveler fondamentalement l'esprit du langage tragique. En relisant ses grands modèles, c'est à sa propre modernité que Voltaire se trouve renvoyé.

Rival d'Houdar de la Motte dans des *Œdipe* parallèles, comme Racine et Corneille l'avaient été dans leurs *Bérénice*, il se sent foncièrement classique, rétif aux idées nouvelles énoncées par Houdar de la Motte. Il double toujours un premier hémistiche assez prosaïque par un second plus « noble », comportant un verbe support. Néanmoins, dans un opuscule significativement intitulé *Connaissance des beautés et des défauts de la poésie et de l'éloquence dans la langue française*[16], il se montre conscient de la crise qui touche l'expression littéraire en français, en ce milieu de XVIIIe siècle. Incontestablement, la fabrique du vers est alors en panne. L'expression poétique s'est trouvée happée par les stéréotypes, incapable de se renouveler. La peur de la « préciosité » fait repousser d'avance tout ce qui se veut innovant, réformateur. Sur ce terrain-là, Voltaire échouera. Il faudra attendre le travail formaliste et obsessionnel d'André Chénier, dans les années 1780, pour qu'une voix nouvelle se fasse entendre en poésie, dans ce qui n'est plus sinon que défilement indifférencié de mots appris et de formules toutes faites.

Ecrire comme on parle ?

En attendant, si la poésie est en panne, beaucoup d'écrivains cherchent ailleurs leur salut. Ils le font notamment dans la prose – une prose où se lirait la réconciliation tant désirée entre « ce qu'on veut dire » et une expressivité innovante. Echapper à ce qui « chausse le cothurne », à ce qui se fait reconnaître pour « littéraire » avant même qu'on puisse développer le discours : tel est désormais l'un des objectifs essentiels de plus d'un praticien de l'art verbal. Cela explique que, en marge de la pratique toujours très importante des genres versifiés, beaucoup se soient tournés vers des modes d'écriture plus libres, moins immédiatement reconnaissables. Le contact devait être rétabli entre l'exercice de la littérature et le langage de tous les jours, dans ce qu'il comporte non seulement d'oral, mais aussi de mêlé, d'indifférent aux styles préétablis. Le XVIIIe siècle est véritablement schizophrène, en matière d'écriture littéraire : d'un côté il s'est attaché à assurer la permanence de genres traditionnels, pratiqués par convention et avec un souci esthétisant ; de l'autre, il a brouillé la frontière qui sépare « littérature » d'expression écrite familière.

L'œuvre d'un Voltaire est significative à cet égard. Le Voltaire conservateur des tragédies a voulu pérenniser une forme d'écriture élevée, versifiée, par laquelle il se pensait « écrivain », affirmant sa volonté de s'intégrer au monde des lettres ; mais le Voltaire remuant, ancré dans son temps, novateur au plan des idées comme des techniques de communication, ne pouvait se satisfaire de ce mode d'expression limité. Son œuvre immense déborde le cadre de ce que l'on peut recevoir comme « littéraire ». Entre les deux extrêmes que constituent l'écriture figée des épopées, des tragédies, et le « fil de la plume » de ses annotations, idées jetées en vrac, correspondances familières, Voltaire a exploré toute la palette langagière que lui offrait son temps. Il fait « exploser » l'idée même de littérature. Nous ne sommes plus au temps de la hiérarchie des genres, mais à celui d'une pratique libre de l'*écrit*.

L'expérimentation d'une prose plus proche de l'oral, faisant lire son lecteur comme si elle s'entretenait avec lui, est une des caractéristiques des dernières générations du XVIIe siècle. Nous nous imaginons à tort, aujourd'hui, l'œuvre des « moralistes » comme gouvernée par une tradition livresque, par une codification linguistique. Lorsqu'on les lit bien, les œuvres d'un Pascal ou d'un La Bruyère révèlent un grand intérêt pour l'oral, et pour la fécondité de sens qu'il suscite. Il en est de même du roman. L'abbé de Charnes disait de *La Princesse de Clèves* de Madame de Lafayette qu'elle était « une des plus belles imitations que nous ayons du discours familier [17] ». Pour lui, Madame de Lafayette avait voulu « écrire comme on parle » – dans un milieu très spécifique, évidemment. Difficile aujourd'hui de franchir l'obstacle que nous présente la physionomie superficielle de la « langue classique » pour aller retrouver le sens de cette démarche d'origine !

Marivaux explorateur du langage

Au début du XVIIIe siècle, plusieurs écrivains notables – en fait ceux dont la postérité a conservé les noms – abordent la littérature avec un état d'esprit similaire. Ils tournent radicalement le dos aux formes codifiées pour essayer de se réinventer un langage, dans la confrontation avec l'oral. C'est le cas notamment de Marivaux (1688-1763), dont l'œuvre théâtrale, mais aussi romanesque et journalistique s'est nourrie d'un contact constant avec la conversation, qu'elle soit mondaine, de salon, ou plus familière – celle des comédiens. Ce faisant, Marivaux retrouve le sens d'un engagement du locuteur dans son discours qui faisait défaut dans les pratiques littéraires de son temps. Qui dit quelle phrase ? A qui ? Quel sens profond a ce mot, placé à tel moment dans la bouche de tel personnage ? Ce sont là des questions fondamentales de la littérature, dont la préoccupation essentielle, finalement, ne saurait être de savoir si les mots, les tournures, les constructions, font bien partie du système de la langue. C'est ce sens du discours qu'a retrouvé Marivaux. Et ce n'est donc pas un hasard si on trouve dans la bouche de ses personnages des mots qu'on a pu juger alors ridiculement à la mode, exagérés, précieux... Marivaux a aussi été un explorateur des manies de langage de ses contemporains. Il a exhibé, dans son œuvre ce goût de l'hyperbole, de l'évaluation permanente qui constitue alors une source essentielle de l'expression à l'oral. On trouve donc chez lui abondance d'adjectifs et d'adverbes, lieux privilégiés de l'expression de la subjectivité. Adjectifs tels que *absurde, frappant, misérable, piquant, ridicule, saillant, vif* ; adverbes tels que *furieusement, horriblement*[18]... Une fois encore, ce sont les sources fécondes et intarissables de la « préciosité » qui refont surface.

Dans le fond, c'est un appel constant vers l'autre que dénote le langage de Marivaux, comme dans ce suffixe *-able*, présent dans *admirable, détestable, insupportable, abominable*..., qui semble presser l'autre de formuler son opinion, de prendre position. Ce que montrent ses textes de théâtre, c'est la manière dont nous nous *tenons* par le langage. Contourner la neutralité, l'étiquetage lexical, le compartimentage, l'expression obligée : tel est le but de Marivaux comme, avant lui ou à son époque, Fontenelle, Houdar de la Motte, l'abbé de

Saint-Pierre... Ce qu'on a appelé « marivaudage » n'est pas seulement une manière frivole de converser d'amour : c'est aussi cette façon neuve de jouer sur l'interaction entre sujets.

Dans ses romans, *La Vie de Marianne* (1731) et *Le Paysan parvenu* (1735), renouant le fil avec Scarron ou Sorel, Marivaux fait intervenir des personnages de la rue, et rend sensible son goût pour les interjections, pour la *présence* langagière des personnages. Dans une dispute fameuse entre Madame Dutour et un cocher (*La Vie de Marianne*), où la première tente d'éjecter de sa boutique de tissu, armée de son « aune », le second, Marivaux se livre à un florilège d'exclamations où les *jarnibleu* côtoient des tournures de syntaxe orale[19] (« tu vas voir la Perrette qu'il te faut »). Mais nous ne sommes pas encore au temps des « parades » et de la littérature « poissarde » de la fin du siècle : l'époque est trop soucieuse d'élégance pour que le lecteur soit mis en présence, dans un ouvrage appartenant aux « Belles-Lettres », avec un véritable parler bas.

Saint-Simon, les mémoires, les correspondances

Autre expérimenteur intuitif des mutations langagières : le célèbre duc de Saint-Simon (1675-1755), l'aristocrate humilié qui a laissé un portrait mordant, acéré, d'une extraordinaire vie, du monde de la Cour. Lamartine a dit de lui que sa langue avait « la vigueur de ses aversions ». Lorsqu'on lit aujourd'hui ses *Mémoires*, écrites entre 1739 et 1750, mais publiées seulement en 1829-1830, on s'aperçoit tout de suite que Saint-Simon manifeste un dédain évident pour la correction grammaticale. Il est visible qu'il écrit selon une dynamique de discours plus proche de l'oral que de ce qui est considéré alors comme « écrit ». Son lexique est très libre : Saint-Simon intègre à son récit toutes sortes de détails quotidiens, qui ne sont pas revus par les préceptes du beau langage, mais passent par la saveur de leur expression réelle. Il brise ainsi le carcan, non seulement de la langue littéraire, mais de la « langue commune », selon les contours fixés par l'Académie, pour faire à nouveau affluer dans la littérature, un siècle après l'époque du burlesque, les termes techniques, les jargons professionnels, les mots étrangers, les expressions dialectales...

C'est ainsi qu'on voit défiler dans son texte les mondes de l'armée, de l'école, de la religion, de la mécanique, de la cuisine, parés de tous leurs vêtements langagiers. Réactivant des réseaux lexicaux oubliés, il reprend à son compte de vieux suffixes (*blondasse, idolâtrique, cardinalesque...*), et surtout tous ces verbes imagés, comme *frétiller*, encore utilisés par La Fontaine, qui ont été considérés par les lexicologues du XVIIe siècle comme « bas », trop populaires. La prose de Saint-Simon a un « goût » qui est parfois celui des farces du Moyen Age, mais appliqué au monde de la Cour. Il en résulte un « court-circuit » qui fait la valeur de l'œuvre.

Outre ses caractéristiques lexicales, l'écriture de Saint-Simon se signale également par des spécificités syntaxiques plus étonnantes, et considérées à l'époque comme des manquements plus « graves ». A rebours des recommandations de l'Académie, Saint-Simon pratique une prose comportant de nombreuses ruptures de construction, des ellipses de constituants supposés obligatoires, une utilisation parfois acrobatique des pronoms, des accords par syllepse, des ajouts incongrus... La rythmique de sa phrase est tout à fait étrangère à la gestion habituelle de la phrase classique. La manière que Saint-Simon a de faire se télescoper avec désinvolture images et raccourcis syntaxiques, notamment, a de quoi dérouter. C'est toute la prose classique dans son idéal de clarté qui « explose » dans cette gestion des rapports entre lexique et syntaxe. L'écriture, pour Saint-Simon, est le lieu de fabrication d'un sens d'abord obscur, mais qui s'éclaire petit à petit de par le travail fourni par le lecteur.

A vrai dire, ce type de compréhension de l'écriture n'était pas aussi rare qu'il n'y paraît, à l'époque. Il est caractéristique des mémoires aristocratiques du temps, écrits sans souci de s'intégrer à une pratique éditoriale, à une problématique de reconnaissance personnelle, ou à la structuration du champ des « lettres ». Dans celles de la margravine de Bayreuth, Wilhelmine, la sœur de Frédéric II[20], on retrouve ce relâchement de la norme, non seulement de langue, mais des usages propres au discours écrit. Ce phénomène ne tient pas seulement à l'usage non maternel, véhiculaire, du français, qui se développe alors en Europe. Déjà, au XVIIe siècle, les correspondants de la classe aristocratique affichaient un irrespect, une liberté, qui signaient une connivence de classe. Dans les lettres de Madame de Sévigné, par exemple, les passages embrouillés ou elliptiques ne manquent pas. La Marquise en est consciente, mais ne va pas jusqu'à la reformulation. « Ici, il faudrait que j'explique, dit-elle en substance, mais comme je sais bien que vous comprendrez, je n'explique pas... » La dynamique de communication est privilégiée par rapport à la norme grammaticale, univers figé et contraignant, volontiers vu comme superfétatoire.

Les lettres de Madame d'Epinay et que sa fille, Madame de Belsunce, écrivait sous sa dictée lorsque la première était en mauvaise santé, datent des années 1770[21]. Dans cette correspondance, aucune ponctuation. Les groupes de mots, les verbes, les incises, se succèdent à vive allure, d'une manière qui serait immédiatement sanctionnée par un instituteur d'aujourd'hui ! Voici un extrait de la lettre du 18 avril 1773 (nous ouvrons les guillemets au début de ce qui paraît un paragraphe, mais nous les fermons de façon arbitraire) : « Comme il me faut des histoires vous le savez bien contez-moi je vous prie celle du tonnerre dont vous ne parlez encore à personne On dit qu'il est fou le tonnerre de Naples à en juger par vous cependant ce n'est pas l'esprit de sa nation j'attends cette relation avec impatience car je suis comme les petites filles j'aime les histoires [...]. » Au milieu de ce flot ininterrompu, seules les majuscules introduisent quelque rythme. Encore sont-elles la plupart du temps difficiles à distinguer dans l'écriture manuscrite souvent brouillonne de l'époque. Ce flot, malgré tout, se fait comprendre, surtout si on le lit à haute voix.

Ce type de pratique de l'écrit, qui se situe souvent aux frontières de ce qu'on appellerait *aujourd'hui* littérature, se caractérise par une confiance totale déposée en la *communication*, au détriment de la norme grammaticale ou scripturaire. Ce n'est que pour donner un aspect plus réglementaire que les éditeurs postérieurs, transformant ces objets non identifiés en textes littéraires, en canons possibles du français écrit (avec la distance dans le temps nécessaire à ce que ces textes apparaissent comme normés), ajouteront des virgules, « standardiseront » leur physionomie générale, ne serait-ce que pour en donner accès à un public auprès de qui ne jouerait pas cette indifférence codée aux règles.

Ainsi, il serait vain d'imaginer que l'établissement d'un standard rapidement transformé en norme s'est fait avec l'aval des classes les plus élevées. L'attachement à la norme semble venir d'un autre lieu, plus fragile, plus incertain, dans la communication intersubjective. Dans la pratique littéraire en amateur – ou qui se conçoit telle – au milieu du XVIIIe siècle, éclate cette contradiction d'origine qui, tout en précisant les contours de la norme, n'en a pas assuré la diffusion. L'époque est traversée par d'importantes contradictions. La réduction volontariste qu'a essayé de pratiquer le monde de la littérature académique à un usage élevé de la langue commune n'a pas entièrement fonctionné. La littérature a pris des chemins de traverse. La seconde moitié du XVIIIe siècle verra se populariser ce français aristocratique peu soucieux de la faute, mettant l'accent sur la subjectivité du locuteur, sur son *point de vue*. Cet affranchissement des règles « classiques » n'est pas étranger à la « régénération », comme on disait à la fin du XVIIIe siècle, de la langue littéraire.

De l'éloquence et de la rhétorique

Celle-ci va se faire aussi par le biais d'une réflexion sur l'éloquence. La question de l'éloquence a considérablement évolué, depuis le XVIIe siècle. Progressivement, elle a quitté le terrain institutionnel, politique, juridictionnel, pour se muer en interrogation sur le langage et sur ses capacités à *exprimer*. L'œuvre de Bernard Lamy, *L'Art de parler*, constitue un bon témoignage de cette évolution, surtout dans ses éditions tardives refondues, où la sensibilité du XVIIIe siècle se lit déjà. Au fil du temps, on a de plus en plus lié l'éloquence avec les problématiques de langue. On se demande par exemple si le français, *en tant que langue*, est « éloquent ». Comme la question de la poésie, la question de l'éloquence a fini par surgir comme une conséquence prévisible de l'encadrement linguistique qu'avaient subi les genres qui la pratiquaient, par exemple le théâtre. Racine est-il éloquent ? Voilà une interrogation nouvelle, après des décennies passées à « éplucher » son théâtre dans les moindres recoins de sa phraséologie. Beaucoup estiment qu'à force de montrer trop de scrupules envers la grammaire, le français a perdu ce pouvoir de créer des expressions véritablement émouvantes, véhémentes, éloquentes. Aussi, la place de l'éloquence dans la gestion du discours est-elle l'un des points sensibles qui vont amener la langue « littéraire » à se remettre en question, dans le courant du XVIIIe siècle.

C'est en retournant vers les sources antiques du drame et de l'épopée que les théoriciens et praticiens du début du XVIIIe siècle, tout d'abord, vont se réintéresser à ce qui fait, dans le discours, la force des expressions, leur capacité à émouvoir. Et ici encore, les différentes traductions d'Homère en concurrence dans les années 1700-1720 ont servi de déclencheur. L'analyse que propose Houdar de la Motte de la « poésie » en tant que telle modifie l'attitude de ceux qui, tel Voltaire, continuent à pratiquer le genre épique.

On se demande également si les arguments canoniques selon lesquels la langue française serait une langue par nature hostile aux figures, sont légitimes. En 1718, le Père Gamaches publie un ouvrage intitulé *Les Agréments du langage* – un titre qui annonce semble-t-il une relecture des paramètres rhétoriques du discours. Léger progrès par rapport à Bouhours : Gamaches admet l'emploi des figures, mais avec « ménagement ». « Les expressions figurées ne doivent être employées qu'avec les ménagements ; on ne doit s'en servir qu'au défaut des mots propres[22] », écrit-il. Cette idéologie du « mot propre », qui entre en résonance avec le discours développé alors par Girard autour de la « justesse », construit un compromis avec la nécessité des figures dans le discours éloquent. Le mot de « ménagement » est la clé de cette attitude. Il revient sous la plume de Voltaire : « La métaphore doit être employée avec ménagement[23]. »

La question des figures ne pouvait néanmoins rester minimisée par l'idéal classicisant de quelques théoriciens influents. En 1730, un ouvrage fondamental vient renouveler le regard : le traité *Des Tropes*[24] d'Antoine César Chesneau Du Marsais (1676-1756), l'oratorien, précepteur, pédagogue, auteur avant cela d'une *Méthode raisonnée pour apprendre la langue latine*. Du Marsais revient sur l'immense tradition qui, depuis Aristote jusqu'aux logiciens médiévaux et à Sanctius, s'est intéressée aux rapports entre les mots et le sens produit. Cette dimension du sens était remarquablement absente des travaux « classiques » sur la langue. On s'est surtout intéressé aux mots en tant qu'étiquettes d'une part, et en tant que produits sociaux d'autre part. Au bout du compte, la question de la fabrique du sens dans le discours a été pratiquement évacuée de l'aménagement linguistique du classicisme. Elle revient en force avec le traitement des tropes, définis par Du Marsais comme des « figures par lesquelles on fait prendre à un mot une signification qui n'est pas précisément la signification propre de ce mot ».

Dans le sillage de Du Marsais, ce sont de nombreux penseurs qui, désormais, s'intéresseront au jeu présent dans le langage, refusant de voir dans la physionomie d'un énoncé la simple manifestation de la *syntaxe*. La réflexion sur cette seconde dimension du discours, la dimension éloquente, va permettre alors de refondre en profondeur le regard porté sur la langue. Pour Du Marsais, qui s'inspire de Locke, et qui considère donc que ce sont les sens qui nous procurent nos impressions, l'expression figurée se situe au cœur du langage, dans la mesure où elle est nécessaire pour que nos sens soient excités, notre imagination stimulée. Il serait vain, par conséquent, de prétendre que la langue française ne recourt pas à ce procédé. Ni plus ni moins que toute autre langue, elle permet, elle autorise, ellipses, métaphores, métonymies, hyperbates, pléonasmes, toutes figures qu'il convient désormais d'étudier chacune en tant que telle. Les figures sont l'un des fondements du langage. « Bien loin que les figures s'éloignent du langage ordinaire des hommes, écrit-il, ce seroient au contraire les façons de parler sans figures qui s'en éloigneroient, s'il étoit possible de faire un discours où il n'y eût que des expressions non figurées[25]. » Autrement dit, il est vain d'imaginer une langue sans figures... Le français comme les autres langues s'en sert : il suffit de mieux les décrire.

Avec Du Marsais et quelques autres, c'est donc le « procès de la rhétorique » qui commence, et le « triomphe de l'éloquence[26] ». « Les règles de la rhétorique, lesquelles paraissent dire beaucoup, ne signifient proprement rien[27] », écrit Buffier. Ce sont d'autres procédés, désormais, que l'on va explorer. De l'époque classique, c'est Lamy, et surtout Fénelon (*Dialogues de l'éloquence*, 1718), que l'on privilégie. Le croisement du regard porté sur le langage verbal avec la manière qu'on a désormais de théoriser un « langage des arts » déplace les perspectives. On s'intéresse davantage aux « passions », à la lecture psychologique qu'on peut faire de l'éloquence. C'est tout l'univers de la *relation à l'autre* dans le langage qui s'ouvre à la fois à la perspective critique et pédagogique. Bientôt, les philosophes s'engouffrent dans la brèche ainsi pratiquée dans le système de protection organisé par le rationalisme classique autour de la langue française. Tout le monde s'intéresse à l'éloquence : Diderot dans la *Lettre sur les sourds et muets* (1754) ou les *Entretiens sur le fils naturel* (1769), D'Alembert dans ses *Réflexions sur l'élocution oratoire et sur le style en général* (1759). De nouveaux concepts apparaissent, comme celui d'« énergie », développé par Diderot ; l'asservissement de la langue français à un « ordre naturel » rationnel est fortement mis en doute.

Toutefois, on note que cette « révolution » dans les manières de considérer le langage reste au XVIIIe siècle plus théorique que pratique. Si elle alimente la spéculation abstraite et stimule la philosophie, son influence reste limitée dans les faits. Le XVIIIe siècle français reste trop marqué par le grand mouvement mis en branle par le classicisme pour y renoncer si facilement. La contradiction qui existe, dans le travail des philosophes, entre leur réflexion théorique et leur culture de la langue est d'ailleurs un fait notable, qui crée dans leurs œuvres une tension. Dans le détail, la pratique de la langue française ne sera pas profondément affectée par ces bouleversements dans la pensée, et ce jusqu'à la Révolution incluse.

Quelques points marquent néanmoins une évolution sensible. La gestion écrite de la phrase, par exemple, a changé. Alors que le « style moyen élevé », formé à la fin du XVIIe siècle pour exprimer de façon très large des propos à l'écrit, se satisfaisait encore, influencé qu'il était par l'ancienne rhétorique, de longues phrases subordonnées, la prise en compte de la dynamique d'interlocution, née avec les réflexions sur l'éloquence, préconise désormais de « couper » les phrases. Plutôt que d'enchaîner d'interminables périodes qui démontrent surtout la satisfaction qu'a l'écrivain à composer, on préfère maintenant scinder, ponctuer, faire se succéder de courtes propositions juxtaposées. Par ailleurs, la présence de questions ou d'exclamations témoigne désormais clairement de ce plus grand souci de l'« autre ». Il s'agit d'introduire de la vie dans le discours, d'anticiper. L'écriture n'a plus seulement comme mission de transcrire les pensées de celui qui la produit, comme on le théorisait au XVIIe siècle, mais de formuler aussi une partie des réactions possibles du lecteur. Ce mouvement de dialogue, qui va jusqu'à la tolérance de phrases nominales – pauses dans le discours, synthèses de la pensée conçue comme se faisant – transforme la rythmique de la phrase, et plus généralement des textes. Si nous remarquons aujourd'hui une grande différence entre un texte de prose pris au hasard du XVIIIe siècle français, et son équivalent au XVIIe siècle, c'est bien ce côté vivant du texte du XVIIIe siècle. Gamaches, puis Condillac, théorisent ce qui s'appelle désormais l'« art d'écrire », lequel n'est plus un art de retranscrire ses pensées, mais un art de les « faire passer », de les transmettre.

Si le lexique est resté étonnamment stable, c'est surtout en termes d'agencement que l'écriture a changé. Toutefois, à la fin du XVIIIe siècle, la « couleur éloquente » appelée de bien des vœux manque encore au français. Est-ce parce qu'elle a surtout été pensée par des philosophes, plus satisfaits finalement de la « rentabilité » de leurs théories en termes spéculatifs que préoccupés de la langue elle-même ? Faut-il voir dans la remarquable homogénéité politique et sociale de l'« Ancien Régime » une cause latérale de ce relatif immobilisme ? Toujours est-il que pour beaucoup, comme pour Rousseau, la langue française demeure désolamment « plate », incapable d'exprimer les passions, les visions. Que dire des poètes ? Laissons ici le dernier mot à un André Chénier acculé au classicisme par les ressources de sa langue en 1783 :

O langue des Français, est-il vrai que ton sort
Est de ramper toujours et que toi seule as tort[28] *?*

3

LE FRANÇAIS HORS DE FRANCE

Depuis le Moyen Age, on l'a vu, le destin de la langue française ne s'est jamais confondu avec celui du royaume de France. Un débordement hors de frontières d'ailleurs fluctuantes, s'est toujours observé, vestige de ce que fut le royaume médiéval de Charles le Chauve, allant de la Flandre aux Pyrénées. Par ailleurs, la présence de Calvin à Genève a établi dans la frange occidentale de la Suisse un usage cultuel du français qui est venu se superposer aux usages dialectaux romans en contact avec les variétés alémaniques. Enfin, le français jouissait, dès le XVIe siècle, du statut de langue de cour ailleurs qu'en France, notamment auprès de Charles Quint et d'Henri VIII d'Angleterre. Ces trois facteurs combinés expliquent que le français soit l'une des langues européennes qui ait connu la plus large diffusion. A ces trois sources déjà hétérogènes de présence extérieure, il a bientôt fallu ajouter celle qui a résulté de la colonisation, mouvement engagé au XVIIe siècle en Amérique, bientôt doublé, au XVIIIe siècle, par l'océan Indien. Au cours du XVIIIe siècle, la situation linguistique du français commence à ressembler un peu plus à ce qu'elle est aujourd'hui, à savoir que la forte cohésion d'un français standard se double de la présence de français extérieurs qui voient se mettre en place des processus d'autorégulation et d'autonomisation.

C'est un phénomène étonnant que cette concomitance dans le temps des forces de standardisation, à l'intérieur du royaume, et de la dissémination géographique d'usages qui vont parfois y échapper, et suivre leur dynamique propre. Le XVIIIe siècle est à cet égard une époque charnière, une époque où les bases fragilement jetées au XVIIe siècle peuvent, soit se consolider, soit s'affaiblir sans concrétiser les prémices d'un développement possible. Ici encore, de grands contrastes sont à observer. Autant à l'intérieur de l'Europe le français jouit d'une vogue croissante, débordant son statut initial de langue de cour pour devenir langue de l'aristocratie, et même langue véhiculaire dans les milieux intellectuels et éclairés, autant la France va essuyer, à l'extérieur de l'Europe, des revers qui vont limiter l'extension de cette « francophonie », comme on ne dit pas encore. Ces multiples contradictions s'insèrent dans le contexte d'une vie politique fébrile, marquée, vers la fin du siècle, par une brutale accélération. Autant les paramètres religieux étaient décisifs, au XVIIe siècle, pour expliquer les mouvements linguistiques, autant c'est la politique, et le monde des idées qui lui est attaché, qui vont prendre ce relais au XVIIIe siècle. Aux langues sont associées des valeurs, qui en font des symboles. Ce caractère sera frappant à la fin du XVIIIe siècle, à un moment où on se demande si les dynamiques linguistiques qui ont traversé le continent n'ont pas été propres à créer ce qu'on pourrait imaginer comme une « langue européenne ».

En attendant, une manière de scission semble se réaliser entre le devenir de la langue centrale, de plus en plus diffusée à l'extérieur des frontières, caractérisée par les discours que l'on tient sur elle, par la manière dont elle est reconnue, et les usages dialectaux qui, eux, poursuivent leur vie quasi autonome. S'il est observable en France même, le phénomène l'est encore plus à ses marges, et dans les nouveaux lieux où le français est pratiqué. La généralisation de l'écrit dans les milieux cultivés a pour effet de creuser encore un peu plus cette distance. On peut se demander si le XVIIIe siècle n'est pas le moment où commence insidieusement à se mettre en place cette opposition entre français écrit et français oral qui, plus tard, jouera un si grand rôle. La Suisse romande, la Belgique wallonne, le Luxembourg, en Amérique le Canada français vont bientôt se trouver pris dans cette tension entre un attachement au français, reflet d'un désir de norme ou de correction, et le maintien de spécificités qui vont bientôt se doter d'un caractère identitaire. Cultures d'écrit et cultures d'oral tendent à se séparer pour dessiner un paysage linguistique nouveau.

La Suisse

Pour commencer, la Suisse « romande », incluant le Jura, les régions de Neuchâtel, de Genève, l'actuel canton de Vaud, le Valais et le Val d'Aoste (aujourd'hui en Italie) forme au début du XVIIIe siècle un ensemble dialectalisé, dont les parlers se rattachent pour une part à l'ensemble « francoprovençal ». L'établissement des communautés protestantes au XVIe siècle, et la révocation de l'édit de Nantes à la fin du XVIIe siècle, ont eu pour résultat d'y diffuser de façon massive le français standard. Il résulte de cette situation l'apparition de « diglossies » – deux langues hiérarchisées – comparables à celles qu'on observe alors dans les provinces de France. Le « suisse romand » ne s'étant jamais standardisé de façon autonome, il se crée dans l'esprit des locuteurs une opposition entre *parler vernaculaire*, souvent associé à un usage oral et à une culture traditionnelle (plus rarement à une littérature dialectale locale, comme il en a existé dans les provinces françaises), et *français* réservé à des usages élevés (religieux, intellectuels). Le rôle de Genève comme d'un « mini-Paris », point de focalisation des usages et des relations à cette langue, n'est pas à négliger dans l'effacement progressif des dialectes, dans le courant du XVIIIe siècle. Toute la région entre Genève et Neuchâtel voit passer, dans la seconde moitié du XVIIIe siècle, modes françaises et écrivains de renommée, comme Madame de Charrière, Voltaire et Rousseau lui-même, citoyen de Genève. Genève, Lausanne et Neuchâtel sont les foyers d'une presse à grand tirage. Le *Mercure suisse* de Neuchâtel, fondé en 1732, eut un immense succès, et se scinda par la suite en deux publications distinctes, l'une à vocation littéraire, l'autre politique. Des lettrés, tels Besenval, qu'on a qualifié de « Suisse le plus français qui ait jamais été », et qui fonda une bibliothèque publique de quatre mille volumes, contribuent à diffuser massivement un usage littéraire du français désormais éloigné de la tradition calviniste.

La confédération helvétique est encore, au XVIIIe siècle, officiellement germanophone. Le bilinguisme commencera à être reconnu en 1738, et véritablement en 1838. La relation des locuteurs à leurs parlers est donc assez tendue. L'attachement au français se traduit par des attitudes normatives assez fortes, qui ne peuvent empêcher l'apparition de régularisations spontanées, lesquelles vont à la longue, comme en français du Canada, fixer des archaïsmes dans l'usage « standard » que parlent les Suisses romands. Cette Suisse romande forme un milieu qui s'intéresse beaucoup aux questions d'enseignement et de description des langues. Elle sera la patrie de Ferdinand de Saussure, le fondateur de la linguistique moderne en Europe ; avant lui de Court de Gébelin, qui fut un philologue de premier plan. Les discussions sur les langues, les leçons privées de français, formatrices de l'esprit, étaient à l'époque monnaie courante. La région de Genève devenait un lieu de véritable culture linguistique, en lien étroit avec la France, par le biais de nombreux voyages, mais développant aussi une activité intellectuelle propre. Ville calviniste sans théâtre, Genève se passionnait pour tout ce qui était *intellectuel*.

Pour autant, l'existence de ces foyers de culture du français ne doit pas faire oublier qu'au même moment, la mode anglaise, là comme ailleurs en Europe, commence à gagner. De plus en plus de familles genevoises aisées choisissent l'Angleterre comme lieu où faire terminer les études de leurs fils. Dans la seconde moitié du XVIIIe siècle, l'association entre langue française et « idées nouvelles » fait problème, pour certains Suisses. Déjà, la question du théâtre avait beaucoup divisé. L'interprétation à donner au travail de Rousseau crée des clivages. Un certain Bridel voit dans son œuvre l'occasion de prôner un retour aux valeurs profondes de la Suisse que la diffusion de l'esprit français avait altérées ; l'un de ses proches, Bodmer, dénie au français d'être encore ce qu'il a longtemps revendiqué d'être, à savoir la langue de la raison et de l'« esprit ». En domaine alémanique commence déjà à se mettre en place, comme en Allemagne, une sensibilité différente aux langues, moins universaliste. La pénétration du français standard et le développement de la culture linguistique sont parfois vécus comme une imposition autoritaire et nuisible aux spécificités locales. L'« esprit des peuples » à l'allemande est déjà un peu là.

Les Wallons de Belgique

La pénétration d'un français standard marqué socialement est aussi un phénomène qui s'observe en Wallonie, surtout après 1750. Les Pays-Bas sont passés sous domination autrichienne après le traité d'Utrecht (1713). Politiquement, ils devraient devenir germanophones. Cependant, la présence de la langue française fut respectée, notamment par l'archiduchesse Marie-Christine, qui aimait les fêtes et le divertissement, volontiers associés à la culture française. Ce fut sous son impulsion que la ville de Bruxelles, par exemple, délaissa peu à peu le flamand au profit du français.

En Belgique comme en Suisse, les variétés dialectales ne se sont pas standardisées. Il existe plusieurs formes de parler wallon, souvent décrié et considéré comme impropre à la communication élevée. La noblesse préfère le français, dont l'usage s'est largement répandu grâce aux institutions d'éducation. Comme dans les provinces françaises, elle prend néanmoins plaisir à voir représenter le langage du cru, au moyen du théâtre, par exemple. La « théâtralisation » des dialectes au XVIIIe siècle est un phénomène qui s'inscrit dans la continuité de l'apparition d'une littérature dialectale, à la fin du XVIe siècle ou au XVIIe siècle, selon les régions, mais elle va plus loin. Le dialecte est donné à entendre comme une sorte de musique populaire, qui réjouit l'oreille. On connaît du XVIIIe siècle des pièces comme *Li Lidjès égadji* (« Le Liégeois égaré »), ou *La Fiesse di Hoûte s'i-ploût* (« La Fête d'Ecoute-s'il pleut »), ainsi que l'opéra-comique *Li voyèdje di Tchaufontainne*, qui date de 1757.

L'enseignement sur les terres wallonnes, au XVIIIe siècle, était très marqué par l'Eglise. La politique de la couronne d'Autriche, influencée par le despotisme éclairé, fut de limiter cette influence, de réduire les biens du clergé, et d'essayer de constituer des contrepoids à l'impact institutionnel de l'Eglise. En 1786, deux séminaires d'Etat, à Louvain et à Luxembourg, remplacèrent les séminaires épiscopaux. Le problème se compliquait de la nécessaire prise en compte du flamand, en recul au XVIIIe siècle, mais vigoureusement soutenu. On se posa à un moment la question de savoir s'il ne fallait pas créer des universités parallèles, en flamand et en français… Devant cette incertitude, les autorités autrichiennes préférèrent conserver momentanément le latin. Le monde de l'éducation était ainsi trilingue (flamand, français, latin), comme le fut l'Académie impériale et royale des Sciences et des Belles-Lettres, créée par Marie-Thérèse en 1772 à partir d'une société littéraire.

Ici comme ailleurs en Europe, la langue française est souvent associée à la diffusion des idées nouvelles, celles de Voltaire et de Montesquieu, dont on publie les œuvres très tôt dans la principauté de Liège. Dans ce contexte rendu favorable par la grande ouverture d'esprit du prince-évêque Velbruck, une Société d'émulation fut créée en 1779, qui avait comme objectif explicite de faire mieux connaître la langue française, mais s'inscrivait aussi dans la dynamique progressiste alors en faveur. En 1789, le français devint immédiatement « la langue de la Révolution française ». Les troupes autrichiennes furent chassées, mais la France reperdit plusieurs fois ces territoires avant la victoire de Fleurus (1794). Avec le traité de Campoformio (1797), les neuf départements créés devenaient français. La solidarité entre une langue et un mouvement politique fut alors, pour peu de temps, totale.

Mais la relation des Wallons au français est complexe. Comme la Suisse, mais plus encore, la Belgique deviendra une terre de grammairiens et de linguistes attentifs à la norme et à la caractérisation des usages. Depuis le XVᵉ siècle, les manuels abondaient, entendant initier la partie flamande de la population à la langue française. L'*Essay d'une parfaicte grammaire de la langue françoise* de Laurent Chiflet, au XVIIᵉ siècle, fut un exemple probant. Au siècle suivant, la tradition se perpétue. De nombreuses grammaires voient le jour, parfois bilingues. A mesure que le prestige de la langue française, appuyé sur la croissance du rôle focalisateur de Paris ainsi que sur les progrès de la diffusion par écrit, augmente, les locuteurs développent une révérence envers la norme que vient doubler son pendant logique : un sentiment d'insécurité linguistique. La dévaluation des parlers vernaculaires wallons se fait plus notable au XVIIIᵉ siècle. L'attention précise portée aux idiotismes permet à la population wallonne de sentir à quel point elle parle un français « impropre ».

C'est sur la conscience de cet écart que se bâtit progressivement, comme cela a pu être le cas en Suisse ou au Canada, le repérage d'un ensemble de spécificités entre lesquelles il est bien difficile d'établir une cohérence (archaïsmes, traits dialectaux, phénomènes ponctuels de calques dus à des contacts avec des langues proches géographiquement), mais auxquels les locuteurs vont se plaire à trouver une allure « belge ». C'est sur la relative régularisation de phénomènes périphériques, mais de haute fréquence, que se construira, dans le courant du XIXᵉ siècle, la conscience d'une variété « belge » du français.

L'« envie du français »

Au XVIIIᵉ siècle, la frontière entre une « francophonie » au sens moderne, c'est-à-dire un usage partagé par toute une population, et une francophonie étroite, limitée à certains milieux bien spécifiques, classes aristocratiques ou milieux intellectuels, est parfois difficile à tracer. Dans la mesure où, même en France, le peuple parle souvent un dialecte, et n'est pas en mesure d'avoir accès au français standard, il n'y a parfois que peu de différences entre des diglossies impliquant le français et des dialectes d'un côté, et le français et d'autres langues, de l'autre. Dans bien des pays, la conscience linguistique de certains milieux a tellement valorisé le français qu'elle en est venue à considérer son idiome même comme un dialecte. C'est le cas parfois en Allemagne (Frédéric II ne considérait-il pas que l'allemand était tout juste bon pour ses palefreniers et leurs chevaux ?), et en Russie.

Etrange phénomène, à la vérité, que cette focalisation de presque toute l'Europe des Lumières autour d'une langue, le français, considérée comme langue véhiculaire trans-nationale, mais aussi comme symbole, icône de la culture. Sur leur sol, les Français en tireront parfois une gloire bien vaine, prenant au pied de la lettre l'engouement de certaines têtes couronnées, et se voyant déjà à la tête d'une « Europe parlant français »... La brièveté de cet épisode (quelques décennies, autour du milieu du siècle, selon les pays), la rapidité avec laquelle les mêmes aires qui n'avaient juré que par le français, s'en détournèrent ensuite, permit de relativiser le phénomène, mais n'alla pas sans créer un mouvement de nostalgie dont se fait l'écho, déjà, le fameux discours de Rivarol en 1782. On a longtemps considéré que la Révolution française avait constitué l'élément décisif, dans cette désaffection que le français eut à subir, à la fin du XVIIIe siècle, de la part de ceux-là mêmes qui l'avaient encensé. C'est oublier que le mouvement était déjà bien amorcé, au moment où la Révolution éclata. Celle-ci, en tous les cas, défit de manière radicale le lien qui s'était tissé, depuis la Régence, entre langue française et culture des mœurs, de la politesse, du raffinement. La violence qui fit suite à l'expression audacieuse des idéaux prit à rebrousse-poil les grands esprits européens qui avaient déposé dans la *langue* française un espoir un peu naïf dans les progrès de la condition humaine.

Entre-temps, le français aura joui d'une vogue dont nous avons conservé de nombreux témoignages[1]. Cette vogue peut se décliner selon plusieurs lignes de force essentielles, mais on y remarque, quels que soient les pays considérés, des constantes frappantes. Indiscutablement, on eut affaire en Europe, entre les années 1730 et 1780, à la première grande diffusion internationale d'une langue de culture se superposant aux usages locaux au point de susciter parfois une véritable aliénation. La vogue du français en Europe au XVIIIe siècle eut en effet une bien plus grande importance que celle de l'italien à la fin du XVIe siècle. Les territoires touchés étaient plus vastes ; la signification culturelle, politique et sociale plus large. Il semblait alors qu'il fasse partie du destin de l'Europe de voir se répandre une langue trans-nationale, identifiée à la modernité politique et des mœurs. C'est ce qu'on a appelé à l'époque l'« universalité » de cette langue. Plutôt que d'en tirer un motif de vanité chauvine, il convient de s'interroger sur les liens entre ce phénomène et l'évolution de la culture européenne du XVIIIe siècle, fascinée par l'ouverture prise, après ce qu'on a appelé sa « crise de conscience[2] », par une dynamique d'auto-dépassement.

La dimension transnationale du français au début du XVIIIᵉ siècle a souvent été reliée à son apparition comme langue des traités supplantant le latin dans quelques situations décisives. Outre la crise qui frappe le latin comme langue d'écrit et d'« officialité » il faut en effet souligner le rôle de la France dans les guerres de la fin du XVIIᵉ siècle, et notamment celle qui devait être qualifiée plus tard de « premier conflit mondial de l'histoire », la guerre de Succession d'Espagne (1701-1714). Le XVIIIᵉ siècle commence véritablement avec les traités d'Utrecht (1713) et de Rastadt (1714), signés en partie en français. La complexité des fronts militaires et diplomatiques de cette guerre a entraîné une internationalisation des échanges, et l'apparition d'une réflexion sur la nécessité d'une langue véhiculaire à l'échelle européenne.

L'abandon du latin comme langue des traités était déjà fortement engagé au XVIIᵉ siècle. Mais la valeur symbolique de la langue ancienne était tellement forte que cet abandon ne pouvait se faire simplement. Le Saint-Empire romain germanique, notamment, continuait à y être attaché. Des puissances comme la France ou l'Espagne étaient plus enclines à l'abandonner. Cette différence de perception donna lieu à des situations étranges. A la fin du XVIIᵉ siècle, la France et l'Espagne traitaient en rédigeant chacune dans leur langue, le latin servant occasionnellement de langue tierce. Mais il est indéniable que le français progressait. Dans sa défense partisane du français, en 1676, Louis Le Laboureur note que, d'après lui, les ambassadeurs français n'ont plus besoin d'interprètes – ce qui est probablement exagéré.

Au cours du XVIIIᵉ siècle, le mouvement s'accentua. Après les préliminaires de la convention de Vienne (1736), le traité d'Aix-la-Chapelle (1748) est rédigé en français. La disparition du latin comme langue véhiculaire, faisant l'objet d'un consensus, ouvrait néanmoins la voie à des contestations. Un traité entre la Russie et la Turquie, le traité de Kustchouk-Kainardji, fut rédigé en trois langues : russe, turc et italien. Catherine II le fera publier en français. L'Europe « moderne », c'est d'abord l'affirmation du rôle politique des vernaculaires. L'« entente » passe bien souvent après...

Si on a souvent associé le français, au XVIIIᵉ siècle, au monde de la diplomatie et des échanges politiques internationaux, c'est surtout que, outre les traités, le français était très présent en Europe de par l'envoi de nombreux émissaires. Cela fit partie de la politique des gouvernements de Louis XV, puis de Louis XVI, que de développer à l'étranger des réseaux humains très importants, constitués d'ambassadeurs, de personnels diplomatiques officiels comme moins officiels, voire d'espions. Louis XIV avait déjà su jouer la confusion des genres, dans ses représentations à l'étranger. Culture, affaires, diplomatie : tout était associé dans un mode d'action hybride qui servait d'abord la cause de Versailles. Le nombre d'émissaires était parfois disproportionné : il apparut tel à l'Espagne, qui en renvoya une partie. Durant le XVIIIe siècle, les voyageurs français sont partout, et ils créent de puissants réseaux d'influence. Sans doute doit-on beaucoup à ces mondes parallèles, autant qu'aux politiques officielles, pour l'usage politique du français en Europe pendant ces décennies.

Cela nous amène à considérer le deuxième facteur essentiel pour expliquer la diffusion du français au XVIIIe siècle : le facteur culturel. Par « culturel », il nous faudra entendre ici une ensemble large de faits qui tiennent autant des « mœurs » et du domaine de la civilité que des productions intellectuelles et artistiques.

Dans *Le Siècle de Louis XIV*, Voltaire met en avant le fait que le français, ayant produit plus que les autres langues d'ouvrages scientifiques, philosophiques et littéraires, est devenu « la langue de l'Europe[3] ». Pour lui, ce sont chaque fois des phénomènes circonstanciels qui ont joué. L'exil des pasteurs calvinistes après la révocation de l'édit de Nantes est cité, de même que la présence de Bayle en Hollande, celle de Saint-Evremond à Londres, le mariage de Madame d'Olbreuse en Allemagne... D'un côté, situations particulières, dues à quelques personnalités, de l'autre une configuration plus générale : partout où elle s'est développée, note Voltaire, la langue française est devenue synonyme de sociabilité, de conversation, d'agrément de la vie. A la vérité, le nom de Voltaire doit sans doute être considéré comme un maillon essentiel, entre les discours de Le Laboureur et Charpentier dans les années 1670 et celui, caricatural, présenté en 1782 par Rivarol à l'Académie de Berlin, dans la popularisation de l'idée que des caractères intrinsèques prédisposeraient le français à devenir « la langue de l'Europe ».

Si les thèses développées dans *Le Siècle de Louis XIV*, et reprises plus tard dans l'article « Français » de l'Encyclopédie, nous paraissent aujourd'hui teintées d'un ethnocentrisme douteux, il n'en reste pas moins qu'elles s'appuient sur quelques faits avérés. Dans la première moitié du XVIIIe siècle, le français s'est répandu dans plusieurs cours d'Europe, particulièrement des cours du Nord. Le déplacement du centre de gravité européen vers le Nord est un phénomène qu'on avait déjà eu l'occasion d'observer dans la seconde partie du XVIIe siècle. Graduellement, l'Espagne et l'Italie cessent de jouer le rôle de modèle qui avait été le leur à la Renaissance et au début du

XVIIe siècle. La Hollande et l'Angleterre s'imposent comme de nouveaux pôles d'activité économique et intellectuelle. Mais leur rapport aux langues est moins exclusif. On n'y trouve pas, comme en Espagne et en Italie, cette association étroite entre langue et culture nationale que ces deux grands piliers de l'ère moderne avaient défendu en s'appuyant sur des problématiques essentiellement littéraires. La circulation des langues, dans le nord de l'Europe, est plus importante.

L'EUROPE MÉRIDIONALE

Il faut dire qu'au Sud les aléas des alliances politiques ont souvent distendu les relations officielles. Les cultures espagnole, portugaise et italienne, par ailleurs, ont connu un phénomène de valorisation des langues similaires à ce qu'on observait en France. Il en résulte que ces langues se sont pour ainsi dire « protégées » des influences extérieures. Il n'en est pas de même au Nord, où ce sentiment ne commencera à jouer que dans la seconde moitié du XVIIIe siècle. Un point commun entre la France, l'Espagne et l'Italie (et, secondairement, le Portugal) est que, ayant eu à travailler de manière similaire sur un rapport au latin en tant que langue de pouvoir et langue de culture, ces puissances sont toutes passées par des sortes de « querelles des Anciens et des Modernes » d'où les langues modernes sont souvent sorties renforcées. L'affirmation des littératures nationales est un trait qu'on retrouve dans tous les pays latins quasi simultanément au début du XVIIIe siècle.

En Espagne, par exemple, une Académie royale est créée en 1714, sur le modèle de l'Académie française. Elle se fixe pour objectif, notamment, d'homogénéiser et de régler le vocabulaire de l'espagnol standard, et de faire en sorte que les emprunts soient limités, au français notamment. L'Espagne, en tant que royaume catholique, ayant refusé d'accueillir sur son territoire les réfugiés protestants, la population française n'y était pas très nombreuse. Une bonne partie des nobles plus ou moins espions que la couronne française avait envoyés auprès du roi fut renvoyée. Il restait néanmoins un assez grand nombre d'artisans, en Andalousie. La présence d'un théâtre français à Cadix atteste par exemple qu'un public existait. La circulation des livres au-delà des frontières est un phénomène qui s'est considérablement développé depuis la fin du XVIIe siècle. Bon nombre de nobles espagnols lisent le français. Toutefois, cette diffusion livresque est regardée avec suspicion. Les philosophes français ne cessent de dénoncer l'obscurantisme, de mettre en cause l'Eglise en rappelant la réalité de l'Inquisition, de l'index, des bûchers. L'Espagne devient un symbole d'intolérance. Comme partout en Europe, des manuels, des grammaires et dictionnaires bilingues concernant le français parurent, dans le courant du XVIIIe siècle, de la *Grammaire nouvelle Espagnolle et Françoise* de Sobrino (1717) à l'*Arte de hablar bien francès* de Chantreau (1786). Les relations entre les deux cultures étaient trop anciennes et trop rythmées, au XVIIe siècle, par des aller-retours d'inspiration – le cas de Corneille est bien connu –, pour que les deux pays se désintéressent l'un de l'autre.

Mais l'Espagne du XVIIIe siècle se caractérise par l'apparition d'un mouvement de résistance au français, qui s'appuie lui aussi sur une défense ethnocentriste des caractères de la langue. Plusieurs commentateurs raillent la mode des mots français. Il faut dire que, comme presque partout en Europe à l'époque, des « calques » étaient apparus en espagnol (*mano de obra* pour « main-d'œuvre »), ainsi qu'un grand nombre d'emprunts, inégalement hispanisés. Les textes hésitent entre *Madame*, *Madam* et *Madama*, *Monsieur* et *Monsiur*, jouent indifféremment des *dama, damisela, madamisela, domestico, maître d'hôtel* ou *mettredotel, hombre de calidad*... Pour tout ce qui est du domaine des mœurs, de la mode, de la cuisine, de la littérature, on voit fleurir les expressions qui affichent leur air d'ailleurs : *la pieza es execrable, cantar a la perfeccion, remarcable, furiosamente, bonete de noche, deshavillé, toaleta, bucle*... On devine un jeu, un travestissement de sa propre langue sous d'autres habits, qui relève de la mode. Ici encore, c'est la perception de la réalité à travers des filtres qui décale le fonctionnement signifiant de l'idiome ordinaire pour valoriser les connotations et le partage de la subjectivité.

Face à ces mots nouveaux, on retrouve en Espagne à cette époque le même esprit satirique, mais fondamentalement protectionniste, qui avait été celui d'un Henri Estienne en France au XVIe siècle vis-à-vis de l'italien. Une farce du P. Isla, *Fray Gerundio*, met en scène ces franciseurs ridicules. Mais les discours des commentateurs peuvent parfois prendre les choses plus au sérieux. Les comparaisons entre le castillan et le français qui fleurissent alors tournent toutes à l'avantage du premier. Le français est dénigré, parfois en des termes violents.

Au Portugal comme en Espagne, les artisans français sont nombreux, et jouent un rôle important dans la vie civile. Mais comme en Espagne, le français, s'il jouit d'une certaine mode, est souvent associé au travail subversif des philosophes. Sa pénétration dans l'éducation, par exemple, est sévèrement contrôlée. Le Portugal, qui avait entretenu des liens étroits avec la France au XVIe siècle, tend à s'isoler. Il valorise lui aussi son idiome, créant ses académies.

L'Italie s'était montrée relativement indifférente au français dans le courant du XVIIe siècle. Dans les premières décennies du XVIIIe siècle, l'éclat de la littérature française demande néanmoins qu'on la traduise. Surtout, on s'intéresse au phénomène de la culture *moderne*. Au cours du XVIIIe siècle, les classes cultivées italiennes se tiennent très au courant de la production des littérateurs et des philosophes français, mais, la plupart du temps, par l'intermédiaire de traductions. En dépit de l'existence d'ouvrages spécialisés et de méthodes (dont la plus connue est *La lingua francese spiegata co'piu celebri autori moderni* de Michele Feri, parue à Florence en 1697 puis en français à Venise en 1712 sous le titre *Nouvelle Méthode abregee, curieuse et facile pour apprendre en perfection & de soi même la langue Françoise*), la connaissance du français semble avoir été plus réduite que dans d'autres pays.

A la cour de Parme, la situation est un peu particulière. Le Prince de Parme est à la fois petit-fils de Louis XIV et gendre de Louis XV. Il est entouré de Français. La venue du grand philosophe français Etienne Bonnot de Condillac (1715-1780) pour l'instruction du prince, de 1758 à 1767, fut évidemment de nature à renforcer cette présence de la langue française. Condillac écrivit pour le prince un *Cours complet d'instruction* qui est considéré comme un ouvrage majeur du XVIIIe siècle français.

De façon générale, l'Italie du Nord est naturellement plus marquée par l'influence du français que l'Italie du Sud. A Milan et surtout à Turin, la présence du français était forte. Ici encore, la noblesse préfère souvent l'usage du français à celui du dialecte italien local ou du florentin, considéré comme rétrograde : on envoie fréquemment les fils de famille faire leurs études en France. Comme en Angleterre ou en Russie, le théâtre fut un outil privilégié de la diffusion. A Milan comme dans d'autres grandes villes européennes, la mode du théâtre et de l'opéra régnait, entraînant de nombreux échanges culturels, avec la circulation de troupes, les collaborations croisées. Dans la seconde moitié du XVIIIe siècle, les Italiens se montrèrent également plus sensibles à la connaissance de la littérature en langue originale. Plusieurs librairies proposèrent des catalogues de livres français. Ici comme en Espagne, il y avait une certaine opposition du clergé à la diffusion des idées nouvelles venues de France, mais celles-ci néanmoins attiraient. Il existe une édition très intéressante de l'Encyclopédie – un peu censurée – parue à Livourne, et dont tous les souscripteurs étaient italiens.

A Venise également, les représentations théâtrales en français connaissaient un vif succès. Une figure majeure de la francophilie y fut Casanova (1715-1798). Après un premier voyage en France en 1750 à l'occasion duquel il se perfectionna en français auprès du dramaturge Crébillon père, il devint ensuite à Paris un familier de Voltaire et du duc de Choiseul. Alors qu'il avait été initialement destiné à l'état ecclésiastique, il devint, en marge de ses nombreuses activités plus ou moins interlopes, un ardent promoteur des idées et du mode de vie modernes du XVIIIe siècle, dans le sillage du libertinage. Ses *Mémoires ou Histoire de ma vie* sont bien entendu son ouvrage le plus connu, mais Casanova est l'auteur d'une œuvre abondante, où coexistent romans, œuvres historiques, récits autobiographiques et, peu après la Révolution, réflexions sur l'évolution de la langue française... Tôt dans sa carrière, Casanova fit le choix du français comme langue d'expression. Ce choix est expliqué au début des *Mémoires* : pour lui, le français est une langue « plus répandue » que l'italien. L'époque est à la circulation des hommes et des idées ; le caractère d'ouverture prime sur l'expression idiomatique.

ÉCRIVAINS ITALIENS EN FRANÇAIS

D'autres écrivains connus dans l'Italie de l'époque ont utilisé le français. Carlo Goldoni (1707-1793) est surtout connu pour sa production théâtrale comique, à laquelle il consacra une seconde carrière, après avoir mené celle d'avocat. Ses pièces, marquées par le dialecte vénitien, sont centrées autour de l'observation de la vie quotidienne plutôt que des conventions de la commedia dell'arte. Elles remportèrent un grand succès, mais lui attirèrent la vindicte de Carlo Gozzi, autre écrivain de théâtre de l'époque. Par lassitude devant ces attaques, il finit par quitter Venise et s'installer à Paris. Il y écrivit plusieurs comédies de caractère en français (*Le Bourru bienfaisant*, 1771, *L'Avare fastueux*, 1773), et devint un acteur important de la vie littéraire française, bientôt il fut choisi par Louis XV pour devenir le précepteur d'italien de ses filles. Ses *Mémoires* parurent en français en 1787, juste avant la Révolution, période pendant laquelle il devait mourir dans la misère. Au total, l'itinéraire de Goldoni est emblématique de cette internationalisation croissante de la vie littéraire et culturelle à la fin du XVIIIe siècle, avant que la sensibilité aux caractères nationaux des langues et des cultures ne la recentre sur ses foyers d'origine. Dans cette internationalisation, la France fut indiscutablement l'un des pôles majeurs d'attraction. Mais elle ne fut pas le seul : à la fin du XVIIIe siècle, l'Angleterre joue un rôle focalisateur tout aussi grand.

On peut s'en apercevoir en jetant un coup d'œil à la carrière de Vittorio Alfieri (1749-1803), l'auteur tragique italien le plus connu de la fin du XVIIIe siècle. Originaire d'Asti dans le Piémont, Alfieri était tellement imprégné de français que sa pratique de l'italien en était altérée. Alfieri fut véritablement un écrivain bilingue, rédigeant son journal alternativement dans les deux langues. Il fut dans sa jeunesse un grand voyageur, parcourant toute l'Europe. Chantre de la liberté face aux images du pouvoir dans ses tragédies, il devait rencontrer les idées de la Révolution française avant de s'en détacher violemment, ce qui donna lieu à un pamphlet retentissant, *Il Misogallo* (autrement dit « l'anti-français »). Installé à Florence, il y découvrit l'anglais, plus présent depuis quelques décennies. L'itinéraire cosmopolite d'Alfieri, son attirance momentanée pour la France, son goût pré-romantique pour l'anglais témoignent de l'imbrication des facteurs politiques et des facteurs culturels en cette fin du XVIIIe siècle. Les langues ne sont plus seulement des symboles de cultures : elles sont aussi des symboles d'idées, de représentations politiques. Dans cette évolution, les philosophes français ont sans doute joué un rôle décisif. C'est la diffusion de leurs idées qui a créé autour de la langue française une focalisation qu'on interprète parfois abusivement en termes linguistiques.

Ce paramètre idéologique a certainement joué dans le cas de Cesare Bonesa Beccaria (1738-1794), grand « philosophe » italien du XVIIIe siècle qui fut l'une des sources de la théorie juridique moderne, grâce notamment à son *Traité des délits et des peines* (paru en italien en 1764, et qui sera traduit en français par Morellet, avant Maine de Biran), pierre de touche d'un renouvellement complet du droit en Europe, et ailleurs même, puisqu'il fut lu, outre par Voltaire, Catherine II de Russie et Marie-Thérèse de Hongrie, par Jefferson et John Adams. Natif de Milan, et donc très probablement bon connaisseur du français de par son éducation (il était noble), Beccaria choisit de se faire en partie naturaliser français. Il n'était pas le seul à le faire : plusieurs personnalités importantes du monde de la culture italienne firent ce trajet transalpin. La France apparaissait comme un pays moderne, de progrès. Mais Beccaria eut du mal à se faire à la vie parisienne, et repartit pour l'Autriche.

Il est fascinant de voir à quel point les hommes de culture du

XVIIIe siècle circulaient à travers les pays et les langues, considérant ces dernières comme des points d'ancrage d'idées et de conceptions philosophiques. Le caractère véhiculaire de certaines langues se détachait alors du souci de l'« illustration » nationale. Ce phénomène se concrétisait naturellement chaque fois en des termes bien spécifiques, et ne touchait que ce qu'on appellera plus tard les « intellectuels », et très peu le reste de la population.

Si, dans l'Italie du Nord, les contacts avec le français étaient nombreux et significatifs, il n'en va pas de même dans l'Italie du Sud. A Rome, les papes, qui traditionnellement se familiarisaient avec les langues étrangères, continuèrent à pratiquer un bon français. Le pape Clément XIV écrivait en français à Louis XV, par exemple. Mais pour le reste, la littérature française étant pour la plupart soumise à l'index, les échanges s'en trouvaient limités. A Naples, c'est également par le théâtre que le français fit une certaine percée, mais celle-ci n'était qu'une pâle image de ce qu'elle fut au même moment, et dans des conditions similaires, dans les pays du Nord. Certes la noblesse essayait de s'initier à un français « international », mais le pourcentage de population concernée demeura très faible.

Au total, si le français servit à nombre d'hommes de lettres italiens du XVIIIe siècle de moyen de progresser, de sortir de leur situation provinciale, ou d'échapper à des pressions conservatrices ou rétrogrades, il ne faut pas imaginer que ce phénomène fut créateur d'une *francophonie* au sens actuel du terme. Ici comme en Espagne ou au Portugal, les réactions ne tardèrent pas à se faire sentir. La discussion comparée des caractères de l'italien et du français est un refrain qui empoisonna les relations entre des esprits de valeur. La polémique remonte à quelques propos malheureux que tint sur la langue italienne Bouhours dans les *Entretiens d'Ariste et d'Eugène* et dans la *Manière de bien penser*. A partir de l'opposition entre une langue qui ne fait que « chanter » et une langue qui serait la seule à raisonner et à véritablement parler, s'est progressivement mêlé un nœud de débats où la défense de l'italien se retrouve associée à une défense de l'éloquence et de la poésie contre le rationalisme. Il faut dire que Bouhours s'était permis de critiquer Pétrarque, et avait déclaré dans la *Manière de bien penser* que, de façon générale, les poètes italiens n'étaient pas « naturels », et que, bien plutôt, ils « fardaient » tout. La question de la propension « naturelle » de la langue à engendrer poésie, autrement dit du « génie de la langue », se trouvait posée.

A l'époque, le marquis d'Orsi, de Bologne, fut celui qui monta le plus vivement au créneau pour défendre la langue italienne, que l'on sentit attaquée. Ses *Considerazioni* de 1703 furent suivies d'un échange de lettres avec Madame Dacier, qui représentait le point de vue français. A cette *questione della lingua*, de grands philosophes prirent part. Leibniz entra dans l'arène ; en 1708, ce fut Muratori qui prit à son tour la défense de ce qu'il appelle la « parfaite poésie italienne » ; enfin, Giambattista Vico reprit les arguments échangés pour en faire une synthèse qui devait marquer les esprits. Œuvre de jeunesse écrite encore en latin, son *De nostris temporis studiorum ratione*, qui porte sur la modernité dans les sciences et les « arts » (1709), déclare : « Les Français ont une langue qui abonde en mots désignant les substances ; mais la substance est en soi brute et inerte, et elle n'admet pas la comparaison. C'est pourquoi les Français ne peuvent donner de la chaleur à l'expression de leurs idées (ce qui n'est possible que grâce à l'émotion, et même à la véhémence), ni rien amplifier ni grandir. Pour la même raison, ils sont incapables de prendre les mots dans un autre sens, car la substance, étant la catégorie la plus générale, ne fournit aucun moyen terme dans lequel se rencontreraient et s'uniraient les termes extrêmes des comparaisons[4]. »

Ainsi se mettait en place une grille d'approche des langues qui annonçait Rousseau, Herder, et, plus tard, le romantisme. Cette perception des langues devait éloigner radicalement l'italien et le français, allant même jusqu'à créer un malentendu culturel. Bien des années plus tard, la polémique rebondit. Francesco Algarotti, qui, comme Voltaire, a fréquenté la cour de Frédéric II de Prusse, a eu l'occasion de voir les Français se gargariser de leur langue. Il leur oppose un *Saggio* [essai] *sopra la lingua francese* (1750), et un *Saggio sopra la necessità di scrivere nella propria lingua*, à l'attention du public italien, qui l'avait accusé de s'être indûment francisé. Voltaire était, il faut bien le dire, un défenseur très chauvin du français. Pour aller contre lui, Deudati de Tovazzi osa publier à Paris, en français, une *Dissertation sur l'excellence de la poésie italienne*, en 1761. Dans cette question de la poésie, on peut lire les prémices d'un changement radical dans le rapport aux langues. Les Italiens mettent en évidence à quel point la tradition française a négligé la problématique de l'éloquence. Les Français avaient cru pouvoir défendre ce qu'ils pensaient être l'« universalité » de leur langue en la fondant sur la raison, principe supposément partagé par tous. Mais les Italiens élaborent une tout autre vision des langues, rejetant plus vite que prévu le rationalisme à la française dans le champ des idées désuètes.

Pour autant, il serait erroné de déduire de ces polémiques parfois violentes entre quelques esprits influents engagés dans la défense de leur idiome, que la « question de la langue » a distendu profondément les liens entre la France et l'Italie. A la fin du XVIIIe siècle, beaucoup de littérateurs, tel Alfieri, refusent de prendre parti dans ce débat tant soit peu stérile, et préfèrent un cosmopolitisme actif au repli sur des traditions nationales. Ce clivage entre élan cosmopolite, fondé sur un usage véhiculaire des langues et une « internationale » des idées d'un côté, et un intérêt renouvelé pour les traditions de l'autre, est pour beaucoup dans la naissance pleine de contradictions de ce qui allait devenir le romantisme.

Si, dans les trois grandes cultures du Sud, Espagne, Portugal, Italie, les résistances au français furent presque aussi importantes que son usage dans certains cercles, il n'en est pas de même au nord de l'Europe. Hasards de la géographie qui se révèlent alors porteurs d'une évolution culturelle ? Impact de la révocation de l'édit de Nantes ? Développement économique ? Tandis que les péninsules – italienne et ibérique – tendent à se marginaliser, il se crée dans la zone formée par le Sud de l'Angleterre d'un côté, les Pays-Bas et la Rhénanie de l'autre, un nouveau « marché commun » des biens, des personnes et des idées. Ce n'est pas un hasard si les dernières guerres de Louis XIV l'entraînèrent de ce côté-là.

En Angleterre et en Hollande

Dès la fin du XVIIe siècle, l'Angleterre et la Hollande étaient entrées en concurrence avec la France pour ce qui est du rayonnement intellectuel. Mais on y note, envers les langues, deux attitudes assez différentes : alors que l'Angleterre développait son propre vernaculaire, la Hollande servait de carrefour. Le néerlandais n'y faisait pas encore l'objet d'une valorisation significative. Depuis le XVIIe siècle, la cour et l'aristocratie pratiquaient volontiers le français. Isabelle van Zuylen (1740-1805) est l'un de ces personnages cosmopolites qui apparaissent au XVIIIe siècle, et ne se reconnaissent plus de patrie. Alors qu'elle a été éduquée en Hollande, Isabelle se considère bientôt comme citoyenne du monde. Elle voyage en Angleterre, puis en France, où Quentin de la Tour, avec qui elle étudia le pastel, fit son portrait sous le nom de « Belle de Zuylen ». A l'époque, souhaitant initier leurs enfants à la langue française, mais craignant les Français eux-mêmes, à la réputation de coureurs, les nobles anglais choisissaient souvent des Suisses, supposés plus « sérieux ». C'est avec un semblable précepteur qu'Isabelle se marie en 1766... La désormais Madame

Charrière s'établit alors à Neuchâtel, et s'installe complètement dans la langue française, langue dans laquelle elle publia des romans épistolaires.

Dans la Hollande de la première moitié du XVIIIe siècle, le latin de Spinoza reste une langue intellectuelle et scientifique mais les contacts entre langues modernes se multiplient. Le français est connu au-delà des cercles aristocratiques par le théâtre et les journaux. Plusieurs « bibliothèques », publications périodiques, diffusent en français sous forme de « digest » le savoir moderne : la *Bibliothèque universelle et historique*, la *Bibliothèque choisie*, la *Bibliothèque des sciences*, la *Bibliothèque ancienne et moderne*... Beaucoup sont exportées en France. Les grands noms de la littérature française viennent tous au moins une fois en Hollande : Voltaire (qui y séjourna cinq fois), Diderot, Montesquieu, l'abbé Prévost (qui y écrivit *Manon Lescaut*)... La Hollande reste la terre de tolérance et d'accueil qu'elle avait été pour Bayle, et jouit de cette réputation en France. Au début du XVIIIe siècle, le monde intellectuel français vit avec la pensée de la Hollande comme d'une terre d'amitié, fraternelle et voisine, seconde patrie de la langue et de la culture.

Pour autant, la Hollande, qui fut au XVIIe siècle l'un des premiers pays à bien diffuser le français, fut aussi au XVIIIe siècle le premier à s'en détourner, ou du moins à le délaisser. L'impact des guerres de Louis XIV ne fut sans doute pas mince dans ce « désamour » vis-à-vis de la France. L'influence de la langue française dans les Pays-Bas est désormais contrecarrée par d'autres langues. Il faut compter avec l'allemand, très bien diffusé au XVIIIe siècle, par le biais de nombreux précepteurs, notamment, et avec l'anglais, et bientôt, dans la seconde moitié du siècle, avec le néerlandais, nouvelle langue à la mode, par un retour aux pratiques locales. Pour être en phase avec sa population, la Cour se remit au flamand ; on se mit à lire le *Hollandsche Spectator* ou les *Vaderlansche Letteroefeningen*, non sans patriotisme. A la fin du XVIIIe siècle, la situation linguistique des Pays-Bas est toujours aussi représentative du cosmopolitisme qui est sa marque de fabrique historique, mais les équilibres se sont modifiés. Une chose est sûre : le français y a beaucoup perdu de terrain.

Cet esprit d'ouverture aux langues étrangères se retrouve en Angleterre, pays où le français jouissait également d'une présence ancienne, en négligeant même l'épisode « anglo-normand ». Depuis le XVIe siècle, une tradition y était solidement implantée : le voyage en France des jeunes hommes de bonne famille, pour études et pour « apprentissage de la vie », pour ainsi dire. Mais la perception de la

France s'est altérée, au fil du temps. Comme la Hollande, mais de façon plus virulente, l'Angleterre connut une vague de sentiments anti-français. Dans les classes populaires, la haine du français grandit sur le terreau d'une haine de classe. Le français fut rapidement assimilé à tout ce que la noblesse pouvait avoir de prétentieux et de ridicule – peut-être aussi à ce souci de se distinguer qui défaisait le lien social. Dans un second temps, cette dévaluation gagna les classes élevées. Les caricaturistes se régalent alors à moquer les coutumes françaises, les habits, les pratiques de cuisine... C'est un rejet général des mœurs qui accompagne celui de la langue. L'Angleterre n'a plus, également, la même fascination pour la littérature et la philosophie françaises. Elle sait dorénavant qu'elle-même est à l'origine, avec Bacon, Newton, Locke, Berkeley, de l'impulsion nouvelle que connaît la science en Europe. Ici, des philosophes qui découvrent Newton avec trente ans de retard n'impressionnent pas beaucoup. En Allemagne, en Russie, les philosophes français apportent une synthèse, qui leur vaudra un grand prestige ; avec l'Angleterre, les relations se font plutôt dans l'autre sens : les *Lettres philosophiques* de Voltaire (1734), dites aussi « Lettres anglaises », témoignent de ce décalage. Les Français n'ont en aucun cas à en remontrer à l'Angleterre, sur le plan intellectuel : ils viennent plutôt y chercher l'inspiration.

Depuis le XVIIe siècle, l'enseignement du français en Angleterre a également beaucoup baissé. Les réfugiés de 1685 se sont tous fondus dans la population et ont complètement abandonné l'usage du français. Il faut dire que les écoles qu'ils avaient fondées sans beaucoup de moyens avaient un côté misérable qui en avait graduellement détourné la bonne société... Elles fermèrent après quelques décennies.

Le plus étonnant est de voir comment le français survécut dans les classes très élevées et dans les milieux intellectuels. C'est dans ces milieux exclusivement que le français resta en vogue en Angleterre au XVIIIe siècle. Alors que le peuple développait complaisamment ses préjugés, la France apparut bientôt pour une catégorie très spécifique parée de vertus qu'on ne trouvait pas en Angleterre : des vertus de sociabilité, essentiellement. Le nombre de voyageurs anglais prestigieux qui vinrent à Paris au XVIIIe siècle est impressionnant. Tous tissèrent en France des liens d'amitié, quand ce ne fut pas des relations amoureuses. Madame de Tencin fut liée au poète Matthiew Prior, Madame du Deffand à Horace Walpole, le créateur du « roman noir ». De part et d'autre de la Manche, entre deux mondes très étroits et très spécifiques, ce sont des liens incessants, une curiosité, une envie de se découvrir, qui se développèrent. La France passe pour la terre des intrigues amoureuses faciles, du plaisir. Il est à noter qu'elle n'est pas la seule dans ce rôle : l'Italie est tout aussi attirante pour les Anglais, au XVIIIe siècle. Elle tendra même à prendre la place de la France. Ces terres de légèreté attirent des hommes parfois empreints de cynisme. Lord Chesterfield est connu pour avoir stimulé chez son jeune fils une éducation « à la française » qui incluait les bras de quelques jeunes dames nobles choisies pour lui. Sa correspondance fut jugée par le terrible Samuel Johnson comme propre à enseigner des « mœurs de putain et des manières de maître à danser ».

Sans doute cet aspect de légèreté manquait-il aux nobles anglais de l'époque, déjà pris dans un début de puritanisme, un pragmatisme économique et des carcans sociaux qui les étouffaient. Le milieu aristocratique français, de son côté, accueillait avec bonheur ces esprits enthousiastes, cultivés, politiquement avisés, moins versés dans la facilité que leurs homologues français. L'échange intellectuel entre la France et l'Angleterre à cette époque est l'un des plus fructueux de l'histoire européenne. Il survit dans d'immenses correspondances, écrites pour la plupart en français. La liberté de mouvement des Anglais en France était grande à cette époque, et la langue française fut pour eux une langue d'évasion. Une des sources du romanesque propre au XVIIIe siècle est à déceler dans cette sortie de soi-même, qu'il serait dévalorisant de qualifier d'« exotique », et qui fut si féconde pour la littérature. Le *Sentimental Journey* de Laurence Sterne (1768) est un des premiers témoignages d'une certaine approche *moderne* de la littérature, se nourrissant à la fois d'autobiographie et de fiction. A la fin du siècle, Adam Smith tira de ses rencontres en France avec les économistes du groupe de Quesnay le ferment de ses théories novatrices.

Princes et princesses d'Europe : Prusse, Russie, Suède

Mais ce qui donna le plus de lustre au français fut que, dans la seconde moitié du siècle, un certain nombre de princes de l'Europe du Nord s'enthousiasmèrent littéralement pour la langue et la culture françaises, se retrouvant dans cette passion. De ce mouvement, l'initiateur fut Frédéric II de Prusse, qui accéda au trône en 1740, bientôt suivi de Catherine II en Russie (1762), et de Gustave III en Suède (1771).

Elevés à la dure par un père brutal, le jeune Frédéric II, né en 1712, et sa sœur aînée Wilhelmine avaient rapidement trouvé dans la culture française une échappatoire à un quotidien fait de vexations. Le monde des livres, la pratique de la langue leur servaient de refuge. Plus tard, Frédéric n'eut de cesse de vouloir vivre « à la française » dans ses châteaux de Rheinsberg et de « Sans-Souci », à Potsdam. Avec Voltaire, il tissa une relation complexe qui alimenta cette aliénation où entrait une grande part de narcissisme. Ses lettres montrent comment il s'est littéralement projeté dans la figure de Voltaire, comme maître praticien d'une langue française écrite dont il fait un emblème d'évasion, de dépassement de soi. Il s'y déclare « affamé » de ses ouvrages, désireux surtout que Voltaire lui enseigne comment écrire dans cette langue de « l'ailleurs », où les sentiments, les idées, prennent un lustre qu'elles n'ont pas en allemand. Frédéric est le premier à avoir perçu l'espèce de conglomérat symbolique qui était en train de se fabriquer autour de la figure nouvelle de l'écrivain, manieur de la langue, jeteur d'éclats, de mirages. Il s'est authentiquement « inventé » lui-même dans ce rôle, pratiquant tous les genres, poétiques, théâtraux, épiques, pamphlétaires... Il est curieux de voir comment Voltaire s'est laissé prendre à cette « névrose culturelle », si l'on peut dire, qui faisait vivre Frédéric II dans un monde à part. Dans ses lettres, il ne peut faire autrement que lui retourner ses flatteries à double sens, mais on voit affleurer le doute. Pour autant, il serait exagéré de lire dans cette relation l'histoire d'une simple manipulation d'un écrivain un peu naïf, enthousiaste, avide de sortir de France, et fier d'avoir ainsi l'occasion de former un élève « royal », par un puissant sans scrupule. Frédéric est un très grand personnage du XVIIIe siècle, dont le goût pour les arts et la littérature doit être pris au sérieux. Il s'est « fait » lui-même en français. L'ambiguïté de sa relation à cette langue, qui a sans doute des racines intimes[5], en fait toute la richesse.

La passion de Frédéric II pour le français est un phénomène particulier. Mais sa cour était un univers plus polyglotte qu'on ne le croit. L'italien y était couramment pratiqué, notamment autour de Francesco Algarotti. Il le fut même par Voltaire. Tout ce qui tournait autour de la musique, des arts, s'exprimait alors en italien, par le biais d'un vocabulaire spécifique. L'anglais était également très pratiqué, la lecture de Newton servant, comme ailleurs, d'aiguillon. Au reste, Frédéric était très conscient de l'implication politique du maniement des langues. Sa pratique du français avait aussi pour but d'impressionner l'Europe, objectif qui fut atteint. Plus ou moins consciemment, le roi développa un style de gouvernement où le prestige culturel, la revendication jalouse de civilisation, l'exhibition de langues « icônes », jouaient un rôle décisif, presque publicitaire. Dans cette comédie, Voltaire se sentit à juste titre utilisé. Il découvrit peut-être que se jouait à travers lui un fonctionnement qui le dépassait.

En Prusse, le goût du français ne date cependant pas de Frédéric. Déjà, en 1700, la princesse Sophie-Charlotte, aidée de Leibniz, y avait créé, sur le modèle de l'Académie française, une académie, dite « de Berlin », qui joua un grand rôle dans la diffusion du français et, plus tard, dans la diffusion des sciences et du savoir en général. Au début du XVIIIe siècle, les deux sont associés. Cette académie accueillit beaucoup de Français au début du XVIIIe siècle et, après une éclipse, vit son rôle confirmé par Frédéric II. Le goût de la littérature, surtout, le goût d'écrire, sont associés fréquemment à la langue française. Donner à ses pensées et à son imagination un tour autre que celui qui serait le leur dans l'idiome quotidien est un plaisir auquel s'initient de nombreux nobles allemands et d'Europe du Nord en général, et particulièrement des femmes. L'assimilation de la langue française à une langue « féminine » date du XVIIe siècle ; elle a été développée par Bouhours, notamment. Charlotte-Sophie d'Aldenburg est d'origine danoise ; elle épousa en 1738 le comte Wilhelm Bentinck. Profitant de la présence à Berlin de Voltaire et de Maupertuis, qui dirigea un moment l'académie, elle se prit de passion pour les échanges culturels en français, et se vit surnommer « la Sévigné de l'Allemagne ». Elle fait partie de ces femmes éclairées de l'Europe qui passent une bonne partie de leur temps à entretenir une correspondance assidue avec les grands esprits. Cette correspondance est comme une chambre d'écho, où elle vit par procuration les événements culturels de son époque. Ecrire en français lui permet, pour ainsi dire, d'« y être ». Au total, la langue française, et les multiples discours qui s'y sont tenus, font figure de caisse de résonance d'une certaine idée que le XVIIIe siècle aristocratique veut se donner de lui-même.

L'histoire de la présence du français en Russie commence avec Pierre le Grand, dans les premières années du siècle. Au XVIIe siècle, il y avait bien eu quelques ambassadeurs, quelques commerçants et quelques réfugiés de la révocation de l'édit de Nantes pour vouloir, soit développer des relations diplomatiques avec la Russie, soit s'y établir. Mais le pays apparaissait encore comme lointain, fermé, hostile. Il fallut la politique d'ouverture de Pierre le Grand pour que l'immense territoire des tsars se rapproche de l'Europe. Désireux d'embellir la toute nouvelle Saint-Pétersbourg (fondée en 1703), Pierre fit venir des artisans de toute l'Europe, notamment d'Italie et de France. Au plan politique, néanmoins, le rapprochement tardait à venir. Le Louis XIV des dernières années ne voyait pas l'utilité qu'il y avait à se rapprocher de ce lointain empire.

C'est avec le règne d'Elizabeth Petrovna sa fille, à partir de 1741, que le français commence à se répandre significativement en Russie. Le rôle de modèle joué par Frédéric II n'y est pas pour rien. Le français devient la langue fétiche de l'aristocratie. Comme en Prusse, il devient symbole de culture « occidentale » ; c'est la langue de la littérature, des sciences, de la philosophie, si l'italien reste celle de la musique. Les Académies des Sciences et des Beaux-Arts, créées à Saint-Pétersbourg en 1758, parlent essentiellement français. L'aristocratie commence à vouloir éduquer ses enfants dans cette langue, en recourant si besoin est à des précepteurs français ou suisses. Nombreux sont les jeunes gens qui font le voyage en France, faisant étape à Strasbourg, qui sert alors de carrefour européen, avant de poursuivre vers Angers ou Paris. On sait que la capitale française, au milieu du XVIIIe siècle, était remplie de Russes qui dépensaient leurs fortunes en achats dispendieux et en allant au théâtre. L'amant en titre de la tsarine, Chouvalov, était très au fait de tout ce qui se passait à Paris. Frédéric II le surnomma ironiquement « Monsieur Pompadour » ; il aida la tsarine à la fondation des académies.

Entre-temps, le goût de la littérature française s'était répandu en Russie, notamment le goût du théâtre. Un théâtre français permanent, dirigé par un certain Serigny, était installé à Saint-Pétersbourg depuis Elizabeth. De la même façon que Pierre le Grand avait jadis obligé les nobles à construire leurs hôtels particuliers dans de coûteux matériaux, Elizabeth astreignit l'aristocratie, sous peine d'amendes, à assister à ces représentations. Le prix à payer pour la culture ! Au fil des décennies, le voyage de Russie devenait de plus en plus intéressant pour les troupes d'acteurs français : les cachets y atteignaient des sommes faramineuses, et la vogue du français était telle dans l'aristocratie que tout le monde se les arrachait.

D'origine allemande, Catherine II, qui accéda au pouvoir en 1762, n'avait pas de goût politique particulier pour la France, mais souhaita poursuivre l'entreprise commencée par Pierre le Grand, à savoir ouvrir son pays vers l'Europe. Fervente admiratrice de Frédéric II, elle comprit l'intérêt politique qu'il y avait à associer à son exercice du pouvoir des philosophes français qui lui conféreraient un prestige européen. Mue par un désir mimétique, elle s'intéressa en priorité à Voltaire, avec qui elle entretint une importante correspondance, et qui s'était déjà tourné vers la Russie à l'occasion de son *Histoire de l'empire de Russie* (1759). D'Alembert fut invité à devenir le précepteur du prince ; Catherine l'autorisera également à imprimer librement l'Encyclopédie sur son territoire. Quant à Diderot, il fit un long séjour à Saint-Pétersbourg en 1773. Même si elle le tenait en moindre estime que Voltaire, elle eut avec lui d'importants échanges sur la possibilité de moderniser les structures de son pays. Elle lui acheta sa bibliothèque, le fit voyager, et l'associa de très près à l'exercice du pouvoir. Ici encore, le philosophe était clairement utilisé, mais il en retira également un grand profit, et fut moins dupe que Catherine ne pouvait le penser.

La perspective d'une fraternisation des deux pays est évoquée par Diderot dans sa correspondance avec la tsarine : « Et puis j'avoue que je serais transporté de joie de voir ma nation unie avec la Russie, beaucoup de Russes à Paris, beaucoup de Français à Pétersbourg. Aucune nation en Europe qui se francise plus rapidement que la russe, et pour la langue et pour les usages[6]. » Si les liens humains entre les deux pays sont évoqués en termes bilatéraux, on remarquera néanmoins dans ce propos que pour ce qui est des liens linguistiques, ils sont envisagés de manière unilatérale : il s'agit de « franciser » la Russie... De fait, les œuvres de Diderot en témoignent : la Russie apparaissait alors comme un territoire d'expérimentation, une occasion de rebâtir à neuf une nouvelle France d'idéaux, sans devoir en assumer, comme au Canada, la défense d'intérêts politiques. Soyons lucides : beaucoup d'intellectuels français de l'époque n'eurent rien à redire à cette forme de colonialisme culturel, qui n'eut d'ailleurs qu'un temps.

Catherine était fière d'écrire en français. Les Français la flattèrent beaucoup dans ce sens. Elle a laissé une très abondante correspondance qui fut publiée à Paris de son vivant, non sans l'action de quelques correcteurs pour l'orthographe et la syntaxe, ce qui provoqua l'ire de la tsarine. Il faut dire que, comme beaucoup de princes européens de l'époque, Catherine pratiquait à l'écrit un français proche de l'oral, d'orthographe flottante, et peu soucieux de norme. Les Français de Saint-Pétersbourg étaient souvent fascinés par cette liberté que prenaient les utilisateurs russes de leur langue ; eux-mêmes se sentaient beaucoup plus liés par le poids des autorités. A la lecture, les lettres de Catherine, même revues et corrigées, révèlent des emboîtements de subordonnées et une tendance aux phrases trop longues qui donnent la curieuse impression de voir se dérouler la pensée toute seule. Catherine écrivit également en français quelques pièces de théâtre, qui furent rassemblées sous le titre de *Théâtre de l'Hermitage*. Il est clair que, pour elle, la pratique publique du français servait de parure autant qu'il remplissait des fonctions véhiculaires. Comme de nombreuses grandes familles, elle dota ses petits-enfants d'un précepteur suisse ; son favori Potemkine reçut également des maîtres français.

La pratique d'écrire en français, et même de publier, était devenue fréquente en Russie. Le prince Kourakine est l'auteur de *Souvenirs d'un voyage en Hollande et en Angleterre* ; on peut également citer *Quelques idées du passe-temps* du prince Naritchine. La plupart des familles nobles possédaient leur bibliothèque, où Voltaire, Buffon et Rousseau avaient leur place. La vie quotidienne de Saint-Pétersbourg fut également beaucoup influencée par cette « gallomanie ». La langue française était associée à la danse, aux arts, à l'habillement, à la cuisine. Pour les nobles russes, elle représentait un horizon chimérique, l'emblème de ce dont on se drape pour paraître meilleur. Ce goût pour le travestissement linguistique et culturel était souvent envisagé de manière ludique.

Cependant, le français n'était pas la seule langue occidentale présente en Russie au XVIIIe siècle. L'italien, puis l'allemand, et bientôt l'anglais, étaient également bien représentés. La Russie éclairée se faisait fort d'être cosmopolite. Mais ici comme ailleurs, une réaction ne tarda pas à se faire sentir. Dès 1735, une « Société des amis de la langue russe » se proposait de montrer les beautés et les richesses de l'idiome national, sur le modèle de ce qui s'était fait ailleurs en Europe. L'époque était à la comparaison des langues, à l'étude de leurs prédispositions à être des langues de culture, de raison, d'esprit. La fréquence des emprunts du russe au français (*brochura, delikatno, dokument, eksemplar, gouvernantka*) était critiquée. Mais le français n'est pas la seule langue à laquelle le russe emprunta alors : beaucoup de mots allemands apparurent également en russe au XVIIIe siècle. La princesse Daschkoff avait été de ceux qui avaient aidé Catherine à prendre le pouvoir à la place de son mari en 1762. Bonne francophone, elle a laissé des mémoires en français[7], et elle dialogua avec Diderot. Mais elle est aussi à l'origine de la fondation de l'Académie russe dont le premier travail, par le biais d'un dictionnaire, fut d'essayer de purger le russe de tous ces emprunts aux langues étrangères qui le dénaturent, selon la princesse.

Pour ce faire, elle s'appuya sur l'action du savant et philologue Lomonossov (1711-1765). Ce dernier, après avoir écrit en français et en latin, fut l'auteur de la première grammaire russe (1755), et consacra une partie de ses travaux multiples à construire les bases d'une rhétorique, d'une théorie du rythme et d'une stylistique russes. Les

Russes se rendent compte qu'ils ont dévalué leur langue. Catherine II elle-même, lorsqu'elle flattait Voltaire, déclarait l'admirer d'avoir réussi à produire toutes ces œuvres dans cette langue française, somme toute plus pauvre et moins expressive que le russe...

Ainsi, beaucoup d'esprits se « défrancisèrent » en Russie, à la fin du XVIIIe siècle. Sensible au prestige nouveau de l'anglais, la princesse Daschkoff voulut donner une éducation en anglais à son fils. Pour elle, l'attrait pour les langues étrangères n'était qu'une manière de s'élever : fondamentalement, elle restait surtout patriote. Politiquement parlant, elle n'était pas complaisante vis-à-vis de la France. Ses mémoires témoignent de ce changement de sensibilité qui intervint à la fin du XVIIIe siècle. Le français est désormais l'objet de railleries. En 1789, une revue, *La Poste des esprits*, se moque de la francomanie paradoxale de la noblesse... A ce moment, il est explicable que le français perde sa prétention à être l'unique langue de culture. Partout en Europe, une conscience plus aiguë des richesses des cultures nationales se faisait jour. Ce mouvement, prémice du romantisme national, marque les débuts de l'émancipation de la Russie hors de cette « aliénation » française.

Il est en effet possible que la Russie ait été, pendant quelques décennies, le pays européen le plus « fou » de français, du moins dans les cercles aristocratiques. Il le restera d'ailleurs en partie au XIXe siècle. Mais le phénomène englobe toute l'Europe du Nord. Il serait impossible de faire ici la liste des personnalités importantes qui furent marquées par l'usage du français. Stanislas II Poniatowski fut roi de Pologne avant que celle-ci ne soit partagée entre la Russie, la Prusse et l'Autriche. Lui aussi fut un grand francophile et francophone. Il en était de même pour tous les grands aristocrates de cette région de l'Europe. Entre familles alternativement liées et rivales, le français servait à la fois de langue véhiculaire et de rêve commun. Une mention doit être faite, tout de même, de Gustave III de Suède.

Gustave III, né en 1746, était le neveu de Frédéric II : la langue française faisait donc partie de son « héritage » culturel. Sa mère avait correspondu avec Voltaire. Il commence à écrire dès l'âge de onze ans ses lettres en français[8]. On lui fait lire Madame de Sévigné, qu'il trouve un peu ennuyeuse ; mais rapidement, il maîtrise extrêmement bien la langue. Il correspond avec Marmontel, s'intéresse d'abord aux querelles littéraires ; cependant, pour lui, la pratique du français devient rapidement liée à la nécessité, pour la Suède, de se moderniser. Comme en Russie, l'initiation au français sert de conducteur électrique vers les idées nouvelles, et permet à la Suède, marquée par des traditions féodales encore fermement ancrées, de faire un bond dans le temps, et de rejoindre le concert des nations développées. De plus, les liens de Gustave III avec la France ne sont pas seulement linguistiques : c'est par un coup d'état favorisé par les subsides français qu'il prit le pouvoir en 1771. Aux yeux des Français, il devait apparaître comme l'un des rois européens du XVIIIe siècle les plus « éclairés », féru d'histoire, de philosophie, pratiquant une politique de tolérance religieuse, abolissant la torture. Mais il devait être débordé par le conservatisme de sa propre noblesse, et il fut assassiné en 1792, à un moment, précisément où, ironie de l'histoire, il s'apprêtait à intervenir contre la Révolution française. Il serait vain d'imaginer que cette « francophonie » des princes européens au XVIIIe siècle n'a été qu'un rêve culturel, et n'a pas eu d'implications politiques. Pour beaucoup, elle a correspondu à un moment, et a cessé d'être opérante du jour où s'est défaite cette assimilation hâtive qui avait été faite entre langue française et formulation universelle des idéaux des Lumières.

Frédéric, Gustave, Catherine : trois têtes couronnées à la tête de monarchies importantes de l'Europe du XVIIIe siècle, trois cousins, et trois « francophonies » où un nom, se retrouve, comme focalisateur : Voltaire. Voltaire centre de certains des paradoxes les plus décisifs du XVIIIe siècle français ; Voltaire, à la fois hyperconservateur au plan linguistique, tenant de la norme, défenseur d'un français idéalisé et académique, et propagateur talentueux, grâce à son esprit de synthèse et à sa verve, des idées nouvelles. On comprend dès lors l'impact qu'il a pu avoir à l'étranger. D'un coup, il apportait deux choses différentes : la foi normative en l'idiome, et le vent de nouveauté pour ce qui est du « fond ». Si l'on ajoute qu'il était lui-même fort curieux de l'étranger, marqué à jamais qu'il avait été par l'étroitesse de vues de ses maîtres, on s'explique la « disponibilité » ressentie de l'intérieur comme de l'extérieur, de la personne et du symbole qu'il fut. Voltaire a créé en Europe un nœud d'intérêt pour le français dans lequel se sont retrouvés ensuite la plupart des encyclopédistes.

D'un autre côté, le système mimétique qui s'est mis en place autour de Frédéric II, par le biais de liens familiaux, de voyages, de communications, a créé un autre type de magnétisme. Avatar de ces processus d'identification en série : la correspondance en français de Gustave III avec Catherine II. Si l'on ajoute que chacune de ces têtes couronnées attirait dans son sillage un nombre considérable d'aristocrates et de personnalités éminentes, on obtient d'authentiques cercles de francophonie, limités au départ, mais qui engendrent à la longue des ondes concentriques.

C'est surtout cela qui frappe, dans cette francophilie générale de l'Europe du Nord au XVIIIe siècle : peu de monde au départ, et à l'arrivée, de véritables engouements collectifs, d'authentiques foyers d'usage. Les dynamiques interpersonnelles entre quelques figures considérables jouaient énormément, au XVIIIe siècle. L'effet d'entraînement était très important, sans toutefois franchir des limites sociales précisément marquées. Prusse, Suède, Russie : trois sociétés, au XVIIIe siècle, aux barrières entre classes encore plus rigides qu'en France. La question du servage est au centre de bien des échanges entre les philosophes français et Catherine, par exemple. Le français langue de culture, oui, mais pour qui ?

De l'autre côté de l'Atlantique, ce que l'on prêtait de « politesse » à la langue française était davantage synonyme d'égalité. Benjamin Franklin, qui a beaucoup séjourné en France et a bien connu Mirabeau, voit dans la Révolution le prolongement normal de ce qu'il a perçu de la culture française. Il sera suivi par John Paine.

Au total, ce fut un étrange itinéraire, dans ce XVIIIe siècle, que la diffusion du français à l'étranger. Désaffection dans l'Europe du Sud, succès en Hollande et en Angleterre, suivis d'une baisse d'influence dès le milieu du siècle, « flambée » inattendue en Europe du Nord, elle aussi suivie d'une éclipse. En 1782, au moment où l'Académie de Berlin pose la question de l'« universalité » de la langue française en Europe, provoquant l'illusion rivarolienne, celle-ci n'est déjà plus d'actualité. Mais l'itinéraire du français ne s'arrête pas là.

Le français hors d'Europe

L'Amérique du Nord en français : du Canada à la Louisiane

Pendant tout le XVIIe siècle, l'Amérique a été un continent potentiellement français. L'implantation des Français y avait été très lente. En dépit d'actions incitatives, d'aides aux familles nombreuses, et du déplacement, certaines années, de près de mille personnes depuis la métropole, le nombre des colons demeura faible. Tandis que les Anglais menaient en « Nouvelle-Angleterre » une politique active de peuplement, la population établie allant jusqu'à atteindre un million et demi dans la deuxième moitié du XVIIIe siècle, la population francophone en Nouvelle-France stagna, ne dépassant pas, au même moment, 75 000 personnes. Mais le plus grave fut que, Louis XIV s'étant engagé en Europe dans la guerre de succession d'Espagne, il négligea le Canada où les Anglais manifestaient une volonté hégémonique de plus en plus prononcée. A la signature du traité d'Utrecht (1713), la France perdait la baie d'Hudson, Terre-Neuve et l'Acadie.

L'histoire du Canada français au XVIIIe siècle est ainsi marquée par la perte graduelle d'influence de la France dans ses anciens territoires, et par les vexations que subirent les nouveaux colons de la part des Anglais. L'épisode le plus connu est celui qu'on appelle le « Grand Dérangement ». Il s'agit du déplacement forcé, en 1755, des familles françaises d'Acadie (les actuelles « provinces maritimes » du Canada, notamment le Nouveau Brunswick), pour une part vers les colonies anglaises d'Amérique, et pour une part dans les îles (les Antilles françaises). La volonté des Anglais était de régner sans partage sur le Canada, et de se débarrasser des Acadiens (au total, quelque 10 000 personnes furent expulsées, c'est-à-dire la moitié de la population acadienne), au moyen d'un ordre de déportation qui demeura en vigueur jusqu'en 1764. Une guerre s'ensuivit, jusqu'à la capitulation des colons français devant un ennemi supérieur en nombre, en 1759. La France perdait alors toutes ses possessions canadiennes (traité de Paris, 1763). Entre 1765 et 1770, environ 1 200 Acadiens rejoignirent la Louisiane, entre temps devenue espagnole. Aujourd'hui, seul l'archipel de Saint-Pierre-et-Miquelon reste politiquement dans le domaine français, comme un vestige de cette ancienne et immense Amérique française.

Si la France n'était plus présente politiquement au Canada, restait la langue française. Les populations d'Acadie lui étaient apparemment très attachées. Malgré la volonté affichée des fonctionnaires de la couronne britannique de faire renoncer les populations à leur langue (ainsi qu'à leur religion, les deux questions restant associées, au XVIIIe siècle), celles-ci refusèrent pour la plupart, manifestant une volonté de résistance. Mais à la fin du XVIIIe siècle, nous sommes à une époque où la domination anglaise est de plus en plus mal perçue, sur le continent américain. La couronne ne peut plus se permettre d'imposer sa politique sans concertation : elle craint les mouvements sécessionnistes. C'est ainsi que l'ex-Canada français obtint, avec l'Acte du Québec en 1774, une reconnaissance de la langue française dans les actes officiels. Celle-ci devait être corroborée en 1791 par la création d'une province distincte, le « Québec », où le bilinguisme est officiel et l'usage du français majoritaire.

Le Canada cessait donc d'être français ; il en fut de même pour la

Louisiane, cédée à l'Espagne entre 1763 et 1800, puis à nouveau française, très brièvement, avant d'être finalement vendue par Napoléon en 1803. Colonie de la Couronne depuis 1731, la Louisiane était un territoire malaisé, presque inculte, d'un climat éprouvant. La France ne réussit au début à le peupler qu'avec des populations à l'exil forcé qui s'ajoutèrent aux Canadiens exilés. Centrée autour de la Nouvelle-Orléans, ville fondée en 1718, la Louisiane française du XVIIIe siècle remontait jusqu'au Missouri, région dans laquelle une variété de français a longtemps continué à vivre. Le sud du territoire était aussi une aire de traite des esclaves, d'où la présence, au XVIIIe siècle, d'un créole.

Quelle est la part de la langue des *Acadiens* dans la formation du *cadien* (en anglais *cajun*), qui en tire son nom, par le biais d'une prononciation palatisée ? C'est bien difficile à dire. En effet, les Acadiens ne sont encore que peu nombreux en Louisiane, à la fin du XVIIIe siècle : 6 000 à 7 000 au maximum. De plus, certains d'entre eux ont fait le détour par la France, où ils ont résidé, après le « Grand Dérangement », entre 1755 et 1785. De ces derniers, le parler s'est « frotté » avec le français de France. De plus, d'autres populations vinrent ajouter leurs usages du français à cette base : des coureurs des bois du Québec, des colons français de la colonie de Mobile (actuel Alabama), cédée à la Grande-Bretagne en 1763, bientôt rejoints, au tournant des XVIIIe et XIXe siècles, par des réfugiés venant de Saint-Domingue/ Haïti. A cela il faut ajouter que des tribus amérindiennes (les Houmas), choisirent le français, que celui-ci fut également adopté par des colons espagnols...

Au total, la situation linguistique de la Louisiane à la fin du XVIIIe siècle devait être très complexe, et assez fascinante. Quelque chose comme un « français cajun » était en train de se former, ensemble de variétés régionales de français parlées au sud de la Louisiane, parmi lesquelles certaines présentent très peu de contacts avec les colons acadiens, voire pas du tout. Cela n'empêcha pas une forte identité acadienne d'apparaître en Louisiane, cimentée par l'épisode traumatique du Dérangement. Bientôt, entre le français cajun, le français métropolitain semé d'archaïsmes encore parlé par certains, et le « gombo », ou « gumbo », créole parlé majoritairement par la population noire, des interférences se produisirent. Mais les dynamiques sont complexes. Les processus d'homogénéisation y sont sans cesse contrecarrés par l'apparition de nouvelles variations régionales, liées au repli des communautés sur elles-mêmes, dans des contextes de démographies limitées. Bientôt, l'ancien français acadien n'existe plus de façon distincte en Louisiane. Les parlers du Sud et de l'ancienne « Nouvelle France » doivent être abordés séparément.

Qu'en est-il de leurs liens avec « le français » ? Par rapport au XVIIe siècle, ce qui est certain c'est qu'un certain nombre des traits dialectaux d'origine ont été perdus. Des effets propres, d'homogénéisation, virent le jour. Mais il ne faut pas oublier que la culture linguistique de ces populations était une culture essentiellement orale. L'absence d'école avait pour conséquences, d'une part un taux très élevé d'analphabétisme, d'autre part une absence de pression normative. C'est ainsi que les usages du français sur le continent américain sont devenus, au cours du XVIIIe siècle, relativement étanches, et que des processus autorégulateurs ont commencé à y jouer. Peu de descriptions, peu de régimes injonctifs, sociaux ou linguistiques. Par ailleurs, les populations francophones de l'époque (ce qui n'est pas le cas aujourd'hui) ignoraient complètement l'anglais, langue pourtant dominante. Elles se trouvèrent donc engagées dans un processus de marginalisation, tant vis-à-vis de la culture française d'Europe (qui les négligeait), que de la culture anglophone.

La physionomie sociale du Canada s'est alors beaucoup modifiée. Depuis le traité de Paris, le pouvoir échappe de plus en plus fréquemment aux francophones. Ce phénomène sera encore accru avec l'indépendance des Etats-Unis, l'émigration au Canada des loyalistes britanniques, et l'Acte constitutionnel de 1791, qui partage le Canada en deux : Haut-Canada et Bas-Canada. Du côté francophone, fonctionnaires dépossédés de leur influence, commerçants enrichis ou haut clergé, font souvent le choix de rentrer en France. Restent au Canada des populations beaucoup plus fragiles socialement : bas clergé, agriculteurs, petits artisans, trappeurs et coureurs de bois, anciens militaires de niveau inférieur. Tout ce qui est de l'ordre de l'administration, du haut commerce, de l'industrie, leur échappe, et est assuré par les anglophones. La population francophone devient alors cantonnée à la terre : ce sont les « habitants ». Catholique, cette population se retrouve sous l'autorité d'une Eglise qui contrôle totalement le réseau d'enseignement (monolingue). Une communauté « de survie » s'est ainsi constituée, fondée sur des réflexes conservateurs et ce qu'on a appelé la « revanche des berceaux », autrement dit une natalité exceptionnellement forte.

La plupart des Canadiens francophones ont perdu contact avec leur culture d'origine. L'analphabétisme est fréquent, et la scolarité est presque toujours interrompue tôt. Il en résulte une culture qui repose beaucoup sur l'oral, sur la transmission d'un mode de vie, de coutumes. Linguistiquement, le français canadien se trouve engagé dans une phase de différenciation locale. Si l'on met à part le domaine acadien, on distingue désormais dans les parlers du Québec ceux de l'Est (Bas Saint-Laurent) et ceux de l'Ouest (Montréal et les Laurentides). Il en sera ainsi jusqu'au milieu du XXe siècle où, dans le sillage du redéveloppement des français régionaux ou marginaux, de nouvelles formes de standardisation apparaîtront, et où l'urbanisation montréalaise suscitera le « joual » comme on le verra plus loin.

Les îles des Caraïbes et de l'océan Indien, les créoles

Si les possessions françaises connaissent au XVIIIe siècle des revers sur le continent américain, en revanche elles se portent assez bien dans les « îles ». La Guadeloupe et la Martinique connaissent au cours du siècle un développement régulier, appuyé sur la pratique de la plantation esclavagiste et sur un commerce fructueux. Il se développe à cette époque une société à la structure complexe, donnant naissance à différentes cultures. Saint-Domingue, française depuis 1697, est également très peuplée et prospère. Les Indiens y ont presque complètement disparu. Au XVIIIe siècle, l'île constitue le fleuron de la richesse française dans les Caraïbes. Une partie de la population noire est déjà sortie de l'esclavage. Elle s'enrichit parfois ; des mariages mixtes ont lieu. On voit se constituer des relations sociales nouvelles, plus détendues que ne voudrait la métropole. En 1745, celle-ci se voit contrainte de régulariser dans les îles les unions libres, tant celles-ci sont nombreuses. Questions morales et questions politiques se rejoignent alors : la population étant à présent nombreuse : on peut craindre que des tendances sécessionnistes y apparaissent.

C'est ce qui finit par se produire pour Saint-Domingue. Dans le sillage de la Révolution française, des troubles donnèrent lieu à une guerre d'indépendance qui est un des épisodes les plus intéressants de l'histoire américaine. En 1804 voit le jour la première république noire de l'Histoire : Haïti.

Par ailleurs, la Dominique et Sainte-Lucie sont deux îles qui furent l'objet de disputes incessantes entre Français et Anglais, au cours du XVIIIe siècle. Elles furent définitivement perdues par la France en 1803 et 1805, mais on continua à y parler le créole local, de base lexicale française, quoique fortement influencé par l'anglais. Il existait aussi des créoles français à Trinidad et à la Grenade, aujourd'hui disparus.

Dans toutes les îles, si les blancs étaient souvent plus nombreux que les esclaves aux débuts de la colonisation, la tendance allait progressivement s'inverser dans le courant du siècle. En Guadeloupe et Martinique, par exemple, les blancs devinrent très rapidement minoritaires devant une population essentiellement africaine ou mulâtre. La « phase d'installation », durant laquelle on privilégia l'installation de colons, l'importation d'esclaves se limitant aux besoins de circonstance, aura duré environ cinquante ans pour ces deux îles. Parfois, comme en Louisiane ou en Guyane, en raison des difficultés rencontrées, elle sera plus longue, allant jusqu'à un siècle ou plus.

Dans cette phase d'installation, l'unité de production s'appelle l'*habitation* (ce sera la *plantation* lors de la seconde phase). On a du mal à s'imaginer quelles étaient les conditions réelles de vie de ces premières structures, dirigées par des familles entourées d'un nombre très limité d'esclaves (une demi-douzaine au maximum). En fait, compte tenu des conditions d'existence difficile, les vies matérielles des maîtres et celles des esclaves n'étaient pas si différentes ! La lecture qu'on fait des sociétés coloniales d'alors est souvent beaucoup trop marquée par l'image qu'on en a tirée à partir du XIXe siècle. En réalité, tout le monde travaillait, au XVIIIe siècle : maîtres comme esclaves. Le fait qu'il y ait peu de femmes blanches conduisait à des unions interraciales très fréquentes, socialement très importantes. La société coloniale du XVIIIe siècle est d'emblée une société métissée.

De façon générale, les populations françaises qui émigrent vers les nouveaux territoires sont souvent issues de l'ouest ou du nord de la France (à l'ouest d'une ligne Bordeaux-Lille). Ce sont surtout des hommes, ce qui va entraîner la formation de nombreux couples mixtes (un blanc, une noire ou une mulâtresse) sur les lieux d'arrivée ; et souvent des aventuriers, qui ne reculent pas devant les risques comportés par les risques du voyage.

Pour ce qui est des esclaves, dans la zone caraïbe, ils viennent essentiellement d'Afrique de l'Ouest, et dans l'océan Indien, de Madagascar, d'Afrique de l'Est ou d'Inde. Cela implique que les langues importées dans ces deux zones étaient différentes, appartenant même, selon les classifications aujourd'hui retenues, à des groupes éloignés. Les témoignages de l'époque sont clairs : les esclaves parlaient des langues très diverses, au moins du côté atlantique. Un marchand d'esclaves danois du début du XVIIIe siècle dans le golfe de Guinée, L.F. Römer note dans son récit aujourd'hui publié : « Ce qui m'étonne avant tout, c'est combien les langues des Nègres diffèrent entre elles [9]. » Les marchands d'esclaves ne s'y retrouvaient pas : ils confondaient les ethnies, les langues, les « nations ».

Si les esclaves avaient beaucoup de mal à communiquer entre eux (situation sur laquelle s'appuyaient les négriers pour diminuer les risques de rébellion), il semble à première vue qu'on pourrait en tirer des arguments pour défendre la thèse, soutenue par Bickerton, selon laquelle les créoles sont un langage forgé dont les caractéristiques reproduisent des phénomènes observables dans l'acquisition de tout langage. Les langues de départ n'ont souvent laissé que fort peu de traces dans les créoles. Ainsi, dans l'île Bourbon (la Réunion), plus de 50 % des esclaves venaient au XVIIIe siècle d'un seul endroit : Madagascar[10]. Les langues qu'ils parlaient sont bien connues, grâce notamment à une étonnante description qui en a été faite dès le XVIIe siècle[11]. Or, on observe que le créole réunionnais ne conserve qu'une centaine de mots d'origine malgache.

Les esclaves amenés dans les nouvelles colonies étaient souvent très jeunes, adolescents, ou même enfants. Des textes de l'époque évoquent explicitement l'avantage, dans la rentabilité et l'adaptabilité, qu'il y avait à utiliser une main-d'œuvre jeune. « On a du moins l'avantage de les élever comme on veut, dit l'un de ces textes, on leur fait prendre tel pli et telles allures qui conviennent à leurs maîtres, ils apprennent plus aisément la langue du païs et les coutumes, ils sont plus susceptibles des principes de la religion, ils oublient plus aisément le païs natal et les vices qui y règnent, ils s'affectionnent à leurs maîtres, sont moins sujets à aller marrons, c'est-à-dire à s'enfuir, que les nègres plus âgés[12]. » Il s'agissait d'une véritable politique du *déracinement*, propice à l'installation d'usages nouveaux, notamment linguistiques.

L'« île Bourbon » (aujourd'hui la Réunion) était déserte avant son occupation par les Français en 1665. Dans l'océan Indien, la politique de colonisation fut de progresser d'île en île et de peupler les nouvelles îles avec des populations issues des anciennes. Un ingénieux système fut mis au point. Les terres étaient données à défricher aux « habitants », c'est-à-dire aux créateurs d'« habitations », mais ceux-ci n'en étaient pas propriétaires. C'est ainsi que l'île Bourbon fut peuplée avec de nouveaux colons issus de Madagascar. Les premiers colons français s'étaient installés à Madagascar en 1642, mais ils en furent chassés après le massacre de Fort-Dauphin. Les contacts des Français avec Madagascar resteront toutefois fréquents au XVIIIe siècle à partir des autres îles. L'« île de France » (aujourd'hui île Maurice) fut occupée par les Français en 1721. Néanmoins ces deux îles restèrent extrêmement peu peuplées jusqu'au milieu du XVIIIe siècle : on comptait 1 402 blancs et 1 775 noirs à l'île Bourbon en 1725. Ces habitants furent apparemment réticents à soutenir le développement de l'île de France, malgré l'action de la Compagnie des Indes, qui y fait séjourner des blancs et des esclaves « bourbonnais » pour stimuler l'implantation de la vie coloniale. L'île de France devait être prise par les Anglais en 1810, et prendre le nom de Mauritius.

Quant aux Seychelles, une centaine d'îles disséminées sur une importante surface maritime, elles furent conquises par les Français en 1770. Leur colonisation se fit à partir d'habitants de l'île Bourbon et de l'île de France, ce qui explique que leurs créoles partagent des traits avec ceux des deux premières îles. Ici encore, la mainmise française céda devant les Anglais en 1814.

Au total, les possessions françaises de l'océan Indien forment au XVIIIe siècle un ensemble instable, où l'on essaie de développer les cultures du sucre et du coton, avec des résultats divers, mais où l'implantation humaine connaît un relatif échec. Ces îles ne connaîtront leur véritable essor qu'au XIXe siècle, au moment où Indiens (d'Inde) et Africains de l'Est apporteront leur massifs contingents de population.

Dans le courant du XVIIIe siècle, les créoles, qui se caractérisaient au siècle précédent par leurs emprunts lexicaux au français, développent une grammaire propre. Ils se constituent une phonologie ; ils développent souvent un marquage morphologique simple, fondé sur des particules plutôt que sur des flexions (disparition du –s du pluriel, par exemple) ; leur syntaxe se systématise. L'un des premiers textes créoles qu'on possède date de 1757. Il s'agit d'une chanson, composée par un certain Duvivier de la Mahautière, membre du conseil de Port-au-Prince. Elle s'intitule en français « Lisette a quitté la plaine » ; elle fut composée en créole, puis traduite en français [13].

Des changements économiques et sociaux importants expliquent le développement de ces créoles, au XVIIIe siècle. Alors qu'au XVIIe siècle les esclaves nouvellement arrivés étaient souvent amenés à apprendre le français, ou du moins une certaine variété de français pour communiquer avec leurs maîtres, les exploitations étant petites, l'extension des domaines au XVIIIe siècle conduisit les maîtres à faire diriger les esclaves par ce qu'on appelait des « commandeurs ». Ceux-ci étaient eux-mêmes des esclaves ; on leur confiait les tâches ingrates de l'encadrement du travail. De fil en aiguille, le monde de « la cour » (un emploi d'origine dialectale normande), autrement dit de la maison, avait de moins en moins de contact avec celui des activités agricoles. C'est un point essentiel, qui explique le processus d'autonomisation du créole par rapport au français. Les esclaves qui parlaient français (c'est-à-dire les domestiques) n'étaient plus les mêmes que ceux qui parlaient créole (les ouvriers agricoles). Dans la société de plantation, les deux mondes tendèrent à se scinder.

Le XVIIIe siècle est aussi l'époque où les créoles commencent à acquérir chacun leur physionomie. De textes, on en a peu, mais suffisamment, néanmoins, pour se faire une petite idée. Le corpus de la Réunion et de Maurice est le seul, pour l'instant, à avoir fait l'objet d'une étude systématique[14]. Outre les témoignages des prêtres évangélisateurs, anciens mais pas toujours très fiables, les sources consistent en archives judiciaires, qui font figurer parfois quelques phrases en créole, et en textes littéraires ou religieux, présents surtout à partir du XIXe siècle. Les découvertes restent possibles. On a retrouvé récemment une « Passion selon saint Jean en langage nègre », texte antillais de onze feuillets qui date du début du XVIIIe siècle, et qui a été publié[15]. Entre textes à visée d'éducation religieuse et textes parodiques ou burlesques, la structure des sources écrites des créoles au XVIIIe siècle et au XIXe siècle rappelle celle de ce que furent les « dialectes » entre le XVIe et le XVIIIe siècle en France. Des problèmes de retranscription similaires s'y observent, ainsi qu'une absence de standardisation.

Dans l'ensemble de ces parlers, on remarque les progrès de ce qu'on a appelé, non sans difficultés, la « créolisation ». Ils semble que les linguistes les plus récents aient renoncé à voir dans les créoles des langues « mixtes », fruit d'un fantasme d'homologie entre le métissage humain et la réalité linguistique, davantage que de l'observation de la réalité. En revanche, on note dans la formation des créoles au cours des XVIIe et XVIIIe siècles des phénomènes d'autorégulation où le filtre de l'appropriation joue un rôle décisif, en l'absence d'instances normatives. Ce processus explique que les traits par lesquels certains créoles sont plus différents du français ne sont pas propres aux plus anciens, mais aux plus récents. La créolisation est un processus dynamique dans lequel la présence des bases tend à perdre de l'importance. A ce titre, on peut juger que le français d'Amérique présente des formes intermédiaires intéressantes pour le linguiste, en ce qu'elles constituent souvent des points de départ pour une créolisation. Ainsi, le système des personnes (en français standard *je/tu* ou *vous/il* ou *elle/nous/vous/ils* ou *elles*) se décline-t-il en français d'Amérique *j'* ou *ch'/t'* ou *vous/i* ou *a* ou *al/nous autres/vous autres/eux autres*, et en créole martiniquais *moin/ou/i* ou *li/nou/zot/yo*[16]. On voit bien qu'une erreur fondamentale serait de considérer que les créoles dérivent du français standard, même de celui du XVIIe siècle.

On sait par exemple que les colons, au XVIIᵉ siècle, disaient, pour les personnes du pluriel, *nous autres*, *vous autres*, *eux autres*, prononcés *aut'*, comme en français d'Amérique. Les créoles ont fait des choix, dans ces micro-systèmes. Pour la deuxième personne du pluriel, le créole martiniquais n'a retenu que le dernier élément du syntagme, le transformant en *zot* ; pour la troisième, en revanche, il a retenu le premier (*yo* dérive de *eux*), à la différence du créole réunionnais, qui dit également *zot*.

Dans le cas des pronoms, les historiens notent que l'ancien français avait déjà eu une tendance à substituer aux formes sujet *je* et *tu* les formes régimes *moi* et *toi*, plus « lourdes », plus expressives. D'ailleurs, dans la communication courante, ne dit-on pas souvent en français d'aujourd'hui *moi je* ? Les créoles ont exploité ces tendances latentes. Le créole martiniquais dit *moin* à la première personne. Le XVIIIᵉ siècle a vu se mettre en place des régularités dans ces processus. Des dynamiques internes se sont créées, à partir de la base souvent identique que représentait la langue des colons. Les créoles offrent ainsi des traits communs, comme un usage abondant de participes passés sans auxiliaires, d'infinitifs, de périphrases verbales, très utilisées dans le français populaire des XVIᵉ et XVIIᵉ siècles, ainsi que de constructions aspectuelles du temps, mais il existe aussi des différences.

L'INDE ET L'OCÉANIE

Le panorama de la présence de la langue française hors d'Europe au XVIIIᵉ siècle serait incomplet si l'on n'y incluait les comptoirs de l'Inde, dont le plus connu est Pondichéry, fondé en 1674. Toutefois, il est à noter que, si ces comptoirs furent des centres commerciaux actifs, ils ne furent jamais significativement peuplés. Au pic de son activité, Pondichéry abritait moins de 2 000 Français. On n'y observa pas de développement d'usages spécifiques du français, ni de créoles.

La rivalité franco-anglaise dans la découverte et la conquête de territoires nouveaux se poursuit également au XVIIIᵉ siècle en Océanie. Français et Anglais mettent le pied pour la première fois sur certaines de ses îles dans les dernières décennies du siècle : Tahiti en 1767, la Nouvelle-Calédonie en 1774. Celles-ci ne seront développées et peuplées qu'au XIXᵉ siècle. Le XVIIIᵉ siècle dut n'être que le moment du premier contact entre les langues européennes et les langues polynésiennes et mélanésiennes, alors inconnues des Européens.

Outre le développement de formes spécifiques, marginales, non métropolitaines du français, et la naissance des créoles, on observe au XVIIIe siècle des phénomènes d'un autre type encore, qu'on appelle de « pidginisation », autrement dit de métissage de langues. La pidginisation s'observe fréquemment en domaine anglais. Mais il y a eu dans l'histoire quelques exemples impliquant le français. Le « souriquoien », utilisé en Nouvelle-Ecosse, le « michif », né du contact du français avec une langue indienne, le « cree », le pidgin français de Nouvelle-Calédonie, ou « bichelamar », sont des formes langagières mixtes, en partie disparues depuis.

4

ENTRE RAISON ET PASSIONS

Assumer l'héritage « classique » n'était pas chose aisée, pour les premières générations du XVIIIe siècle. Le développement des « scrupules » envers la langue avait créé, dans le courant du siècle qui précède, un intérêt qu'il fallait nourrir, sans que ce renouvellement remette en cause l'équilibre atteint – ou qu'on avait pensé atteindre – dans la physionomie du français, au travers d'un enrégimentement sans précédent des autorités grammaticales, littéraires et philosophiques. Qu'il ne faille plus rien toucher à l'édifice du français est l'opinion d'un grand nombre de commentateurs fascinés par le mouvement de rationalisation engagé par la pensée sur la langue, et qui estiment que désormais, la conjonction de la norme et de la description, placées toutes deux sous l'égide de la raison, est en mesure d'assurer au français un statut de *perfection*.

Cependant, depuis 1700 environ, on trouvait sur les étals des librairies françaises le livre qui introduira une perturbation majeure dans le paysage intellectuel français au XVIIIe siècle, dans son début du moins : l'*Essay on Human Understanding* de Locke. Nombreux furent les philosophes qui s'en emparèrent, y découvrant une critique radicale, aussi bien de l'édifice scolastique que de la philosophie « innéiste » de Descartes. Pour Locke, estimer, comme le fait Descartes, que l'homme peut s'appuyer sur un sentiment de reconnaissance pour se guider vers la vérité, c'est raisonner comme un enfant qui croit que sa langue maternelle est innée. « Qu'est-ce que ces vérités, se demande-t-il, qui sont dans l'esprit sans jamais être perçues ? » Il convenait de tout revoir. Les grammairiens rationalistes du français avaient défendu l'idée qu'il existait ce qu'ils ont appelé un « ordre naturel » de l'expression des idées, et donc de la constitution de la phrase. Pour eux, placer le sujet en tête, le faire suivre du verbe, puis du complément, c'était respecter ce trajet « naturel » de l'esprit qui se dirige dans l'ordre vers les choses ainsi représentées. Cet ordre n'est pas seulement supposé dans la structure générale de la proposition : il conditionne également des phénomènes plus locaux, comme la place de l'article, des adjectifs, des compléments circonstanciels... Dans la structure du français, les grammairiens lisaient ce déroulement semble-t-il rationnel, « logique », ordonné des « substances » et des « accidents ». De là à penser que le français était la langue la plus rationnelle, la plus « logique », la plus ordonnée du monde, il n'y avait qu'un pas, qui fut allègrement franchi...

Les théories de Locke, soudainement, vinrent mettre à bas cet édifice complaisamment agencé. Néanmoins, ce ne fut pas sans retard et sans heurts. Il n'était pas facile, pour la grammaire, de renoncer à une théorie aussi valorisante pour le français ! Le premier à avoir osé mettre en doute le beau schéma de l'ordre naturel est le grammairien Batteux, auteur en 1748 de *Lettres sur la phrase française comparée à la phrase latine*. Au XVIIe siècle, constatant qu'en latin, le sujet n'est pas placé systématiquement devant le verbe, Le Laboureur était allé jusqu'à avancer que, dans ce cas, les Latins devaient penser pour ainsi dire « en français », c'est-à-dire dans l'ordre du français, avant de « traduire » en latin... Batteux reçoit les théories sensualistes comme une évidence. Si les sensations précèdent la substance, ce doit être l'objet, reçu d'abord, qui doit se trouver en première place dans la phrase. Plus aucun doute pour Batteux, l'« ordre naturel » véritable, c'est l'ordre objet-verbe-sujet ! La véritable inversion, c'est le français qui la présente !

Ainsi, le propos réel du langage ne serait pas de traduire la formation rationnelle des idées, mais de se faire l'écho du désir, de la passion qui anime le sujet envers ce qui est d'abord perçu, à savoir l'objet. Renversement complet de l'ordre, de la représentation logique, de la lecture de la phrase ! Bouleversement aussi dans la vision qu'on peut se faire du « français » comme langue des idées.

En 1751, Diderot reprend le problème dans un texte assez diffus, complexe, intitulé *Lettre sur les sourds et muets*. La position de Diderot n'est pas claire dans ce texte, qui mêle des considérations sur toutes sortes de questions comme les arts ou le fonctionnement de l'image. Il s'essaye à un exercice difficile : celui de trouver un compromis entre les visions rationaliste et sensualiste. Ainsi, il estime qu'on peut comprendre l'ordre défendu par Batteux si on le réfère à ce qu'il appelle l'ordre d'« invention des mots ». En revanche, l'ordre que défendaient les rationalistes doit être compris comme un « ordre didactique des idées [1] ». Ainsi, il ne serait peut-être pas incompatible que d'un côté le langage présente un certain ordre, et que de l'autre le processus de formation des phrases dans une langue donnée nous amène à le réviser. Pour Diderot, cette révision peut être une bonne chose : elle nous conduit souvent vers plus de clarté (la fameuse « clarté française » considérée au siècle précédent comme une donnée de départ du français), plus de précision, plus de netteté – toutes qualités qui, selon Diderot, sont nécessaires pour se faire comprendre. Mais le second ordre (ou le premier, comme on voudra) n'est pas moins nécessaire. Bien loin de penser, comme Le Laboureur, que les Latins ne parvenaient pas à s'exprimer clairement, embarrassés qu'ils l'étaient par leur syntaxe croisée, Diderot met au contraire au jour le fonctionnement réel de ce type de phrase. Pour lui, la phrase latine ne doit pas être envisagée comme une successivité, mais comme une sorte d'accumulation qui finit par produire, une fois qu'elle est achevée, un effet de simultanéité, comme un déclenchement subit du sens. A la notion d'*ordre*, Diderot substitue celle de *tableau*, au fonctionnement à la fois immédiat et emblématique. Sa pensée a des implications *sémiotiques* considérables, mais on s'éloigne alors des problématiques spécifiquement linguistiques.

Un grand penseur du XVIIIe siècle a en revanche réussi à tirer du ferment que constituait le sensualisme le principe d'une refonte en profondeur à la fois de la philosophie du langage et de la grammaire française : Etienne Bonnot de Condillac (1714-1780). Dans l'*Essai sur l'origine des connaissances humaines*[2] qu'il fait paraître en 1746 en hommage à Locke, et qui influencera Batteux, Condillac parvient à opérer une distinction fondamentale : celle entre les idées effectivement issues des sens et les idées élaborées par le biais du langage. Pour lui, l'étape du langage est décisive dans le processus qui conduit à l'explicitation, à la fois de nos idées. C'est ainsi qu'il appelle les langues des « méthodes analytiques ». Entre les idées de méthode et de langue, d'ailleurs, il ne fait pas de différence : pour lui, toute langue est méthode, et toute méthode est langue. Par là, Condillac aide à comprendre comment une langue peut ne pas présenter le même ordre pour celui qui la formule et pour celui qui la reçoit.

S'étant vu proposer, entre 1758 et 1767, de s'occuper de l'éducation du petit-fils de Louis XV, le prince de Parme, Condillac rédigea à cette occasion un *Cours*[3] complet d'études qui reste l'un des monuments du XVIIIe siècle français. Dans ce cours, qui comprend également un *Art de raisonner*, un *Art de penser* et une *Histoire générale*, figurent une *Grammaire* et un *Art d'écrire*. S'adressant à un très jeune élève, Condillac est contraint d'être clair – ce qu'il est de toute façon. Sa pensée sur le langage et sur la langue y atteint une maturité et un éclat indépassables. Condillac parvient notamment à dépasser le problème de l'ordre des mots. Pour Condillac, pas de doute : nous ne pensons pas en termes successifs. Le premier langage est un langage d'action, non successif. Aucune chance, donc, qu'aucune langue se calque plus ou moins sur l'« ordre de la pensée ». L'objet même de la pensée est inanalysable. Ce n'est que parce que le langage est intervenu que nous nous représentons la pensée en termes successifs. Plus de « clarté française », donc... Le travail des langues est un travail d'artifice : il consiste à scinder les idées, et à les organiser. C'est pourquoi il y a une culture des langues. Toute langue est travail. En homme du XVIIIe siècle, Condillac pense d'ailleurs que ce processus a une cohérence historique. Les langues progressent : elles progressent vers des formes toujours plus analytiques. Alors que le langage des origines de l'humanité était ce que Condillac appelle un « langage d'action », dont l'impact immédiat, simultané, était essentiel, les langues modernes se sont efforcées de rendre la pensée visible et consistante. Pour Condillac, si nous nous faisons aujourd'hui de la pensée une représentation aussi articulée, c'est en grande partie dû aux langues.

Puissante, synthétique dans son approche des langues et du lien que le développement de la grammaire a eu avec leur « culture », la pensée de Condillac a d'évidentes répercussions sur la vision du français. Pour Condillac, ce dont manque le français, à l'époque où il écrit, ce n'est pas de grammaire – le mouvement analytique a suffisamment progressé pour que le français soit devenu une langue grammaticale, analytique, « ordonnée » –, c'est précisément de ce qu'on ne prend jamais en considération, à savoir l'éloquence. C'est pourquoi la *Grammaire* du *Cours d'études* est complétée par un *Art d'écrire*.

Dans cet *Art d'écrire*, Condillac montre que le latin était la langue éloquente par excellence. Le français peut aussi le devenir. Plutôt que de s'intéresser, comme d'autres à son époque, aux caractères du système, aux particularités de la syntaxe, Condillac va mettre en question la gestion du discours, ce qu'il appelle l'« art d'écrire ». Pour lui, c'est dans la compréhension de la réalisation discursive que les langues se différencient. Ce qu'il appelle la « plus grande liaison des idées [4] » dépend d'un rapport subtil entre successivité et simultanéité. « Le verbe est plus lié à son objet qu'à son terme, dit par exemple

Condillac, et à son terme qu'à une circonstance⁵ ». De ce type de fonctionnements dépend la « liaison ». A l'inverse, l'ellipse (on cite souvent comme exemple ce vers de Racine : « Je t'aimais inconstant, qu'aurais-je fait fidèle ? ») crée des effets locaux de simultanéité. Ceux-ci doivent être valorisés. Enfin, si les phrases ne sont pas subordonnées, cela ne veut pas dire qu'elles sont moins liées. « Il ne faut pas, Monseigneur, que j'oublie de vous faire remarquer qu'en s'écartant de la subordination, on en lie quelquefois mieux les idées⁶. » Bref, ce sont quelques-unes des certitudes les mieux ancrées dans l'imaginaire du français que Condillac amène à réviser.

Tout savoir sur la langue : un rêve

Epris de rationalité, de système, mais sensible au renouvellement profond induit dans la vision du langage par les « philosophes », le XVIIIᵉ siècle s'efforce de constituer des sommes sur ce qu'il est possible de savoir du langage et des langues. Engagée sur le terrain lexical à la fin du XVIIᵉ siècle, l'ambition totalisante gagne à présent celui de la grammaire et de la philosophie du langage. L'idéal, d'ailleurs, serait de faire le lien entre ces trois dimensions complémentaires.

Néanmoins, on l'a vu, qui dit ambition totalisante dit d'une certaine façon volonté de mainmise sur la langue, de prise de pouvoir. L'atmosphère de querelles qui avait entouré la publication des premiers grands dictionnaires du français, dans les deux dernières décennies du XVIIᵉ siècle, montre bien que, derrière les questions de langue, il y a aussi des questions idéologiques, des questions politiques, et des questions d'ordre symbolique qui se jouent. Le XVIIIᵉ siècle ne devait pas échapper à ce caractère fondamentalement polémique. Publier un dictionnaire de langue, c'est d'abord détourner à son profit la capacité de réglage que les mots et leurs utilisateurs imposent à la réalité perçue, sentie, comprise, exprimée. Les dictionnaires machines de guerre ? On le voit bien dès les premières années du XVIIIᵉ siècle, au moment où, pour lutter contre le *Dictionnaire historique et critique* de Bayle paru à Rotterdam en 1697, les jésuites installés à Trévoux se lancèrent à leur tour dans l'aventure d'un dictionnaire, lequel devait asseoir dans leur esprit, sur plusieurs décennies, leur pouvoir culturel.

Le dictionnaire de Bayle présentait la spécificité d'introduire le *doute*, dans la perception de la langue et des discours. Il se concentrait beaucoup sur les « fautes », explorait les marges. La démarche était à coup sûr originale. Elle s'interprète mieux si on la relie à ce développement de l'esprit critique[7] qui s'est emparé de la culture après les remises en cause des textes sacrés, et qui caractérise cette articulation si problématique entre la fin du XVIIe siècle classique et les grands bouleversements qu'allait connaître le XVIIIe siècle. A rebours des volontés fréquemment affichées de son temps de construire des certitudes, Bayle proposait une vision très parcellisée de la langue, « philologique » au sens le plus noble du terme, anticipant sur notre conception contemporaine du *fait de langue*[8].

Le *Dictionnaire universel de Trévoux*, dont la première édition date de 1704, a une tout autre visée. Il entend désamorcer la pente critique et philosophique du dictionnaire de Bayle. Pour cela, il se concentre essentiellement sur le *savoir*. Cette lutte entre le savoir et la réflexion – cette volonté complexe de s'approprier l'un ou l'autre – constituera une des lignes de force du XVIIIe siècle français. Comment rétablir la confiance en un savoir ? Tout d'abord, l'idée était de réancrer le français dans son origine latine. Le Dictionnaire de Trévoux se veut un dictionnaire franco-latin, démarche inhabituelle. Mais, outre que les jésuites s'étaient fait les « propriétaires » de l'enseignement du latin, cette sorte de colonne vertébrale réinsérée dans le français était destinée à remettre à l'esprit qu'il y a un fondement, une légitimité, une autorité aux mots. On remarque que c'est une attitude récurrente à toute époque, lorsqu'il y a enjeu autour des mots, de revenir à une étymologie – un « sens vrai » – qui constituerait en quelque sorte un garde-fou. Pour les auteurs du dictionnaire, la référence au latin rétablissait un « réglage » au français, et éloignait les possibilités de doute.

Le second moyen était de diriger l'entreprise lexicologique vers le technique, la taxinomie, l'univers terminologique. La direction avait déjà été montrée par Furetière et, autrement, par Thomas Corneille : les jésuites de Trévoux l'explorent plus avant en enrichissant leur travail, au fil des nombreuses rééditions augmentées (1721, 1732, 1740, 1752, 1771), de tout l'apport des connaissances scientifiques nouvelles. C'est ainsi que se constitue un ouvrage « de référence ». En dépit de ses positions idéologiques particulières, le dictionnaire de Trévoux devenait au fil du temps une mine d'informations. L'entreprise était clairement dirigée, aussi bien contre l'Académie que contre le travail des philosophes. Au dictionnaire de l'Académie, les auteurs du « Trévoux » reprochaient sa volonté de régenter la langue, à travers cette technique très spéciale qui consiste à ne proposer que des exemples « forgés », passés au crible d'une sensibilité normée – autrement dit à ne pas réellement écouter les faits de langue attestés par les citations d'auteurs.

Face au développement de ces entreprises concurrentes autour de la langue, l'Académie se devait de réagir. Très critiquée lors de la parution de son premier dictionnaire en 1694, elle décida de soumettre ses nouvelles versions, désormais, à l'autorité d'un grammairien. Ce manque affiché de compétence linguistique est un fil à la patte dans les travaux de l'Académie au long des siècles. A quoi il faut également ajouter le manque de sensibilité à la création lexicale, déjà noté par Fénelon. Prise dans les contradictions méthodologiques repérées dans sa première édition, l'Académie devait néanmoins parvenir au cours du XVIIIe siècle à s'en extraire. Tout d'abord, elle adopte l'ordre alphabétique strict, abandonnant les regroupements étymologiques qui faisaient son originalité. Elle s'intéresse aussi davantage aux problématiques d'orthographe (1740). Enfin (1762), elle abandonne son attachement obsessionnel à une « langue commune » aux contours étroits et imperméables pour s'ouvrir aux langages techniques. Ce changement d'attitude signe la disparition, dans l'imaginaire collectif, de ce « cœur de langue » fabriqué artificiellement par l'action conjuguée des remarqueurs, de certains écrivains, et des premiers lexicographes à la fin du XVIIe siècle.

Entre-temps, en 1750, le libraire François Le Breton lançait le Prospectus de cette vaste entreprise qui devait porter le titre de *Encyclopédie ou dictionnaire raisonné des Sciences, des Arts et des Métiers par une société de gens de lettres*. En 1751, paraissait le premier volume, précédé du *Discours préliminaire* rédigé par D'Alembert sur « la connaissance de la langue comme fondement de toutes les espérances ». Cette déclaration liminaire explique la présence dans l'Encyclopédie d'articles de grammaire. Mais il y a plus. L'article « Dictionnaire » précise de quelle nature est, selon ses concepteurs, l'articulation entre questions de langue et questions de connaissance : « Il y a principalement trois choses à considérer : la signification des mots, leur usage, et la nature de ceux qu'on doit faire entrer dans ce dictionnaire. La signification des mots s'établit par de bonnes définitions ; leur usage, par une excellente syntaxe ; leur nature, enfin, par l'objet du dictionnaire même. A ces trois objets principaux, on peut en joindre trois autres subordonnés à ceux-ci ; la quantité ou la prononciation des mots, l'orthographe, et l'étymologie. »

L'*Encyclopédie*, d'une certaine manière, c'est aussi la langue française faite discours, passée de sa dimension potentielle à sa dimension actuelle. C'est l'une des grandes différences qui séparent le projet encyclopédique du dictionnaire de l'Académie, par exemple. Dans ce dernier, la dimension potentielle a toujours été privilégiée. La mise en discours apparaissait comme une concession faite à l'usage. Avec l'Encyclopédie, qui met au centre l'articulation du langage au monde, et où les questions de terminologie sont donc décisives, il s'agit surtout de parler *la langue qui se parle dans la circonstance qui le nécessite*. Cette « défocalisation » vers les conditions du discours est une des grandes révolutions *en acte* de l'entreprise.

Pour ce qui est des questions de langue aussi, l'Encyclopédie devait constituer cette « somme » de connaissances dont on rêvait, et qui soit capable de conjuguer à la fois la perspective philologique, grammairienne, lexicale, et la perspective de réflexion générale, philosophique, sur le langage. D'Alembert considérait, dans son discours préliminaire, que l'ouvrage avait pour but de faire disparaître la superstition, d'ancrer les connaissances humaines. Mais Diderot, dans l'article « Encyclopédie », considère que l'objectif n'a pas été réellement atteint, en partie pour ces questions de langue : « la langue est le premier objet dont il convenait à des encyclopédistes de s'occuper profondément. Nous nous en sommes aperçus trop tard ; et cette inadvertance a jeté de l'imperfection sur tout notre ouvrage. Le côté de la langue est resté faible (je dis de la langue et non de la grammaire) ». Phrase étonnante, et qui témoigne à quel point la question représentait un enjeu. La « langue », c'est la langue de culture, ce n'est plus simplement l'idiome. Les années 1750 sont impatientes de faire « avancer » cette problématique, en la sortant des questions strictement grammairiennes.

On le voit de par la place encore plus centrale qu'occupe la réflexion sur la langue et le langage dans l'*Encyclopédie méthodique*. Celle-ci a été conçue comme une édition « complétée, mise à jour et ordonnée thématiquement » de l'*Encyclopédie* de Diderot et D'Alembert. Il s'agit à nouveau d'une entreprise gigantesque, composée de 39 dictionnaires de matière, rédigée sur une période de cinquante ans, de 1782 à 1832[9], et animée par un personnage hors du commun, l'imprimeur Charles-Joseph Panckoucke. De la présentation alphabétique, on passe à une présentation thématique. Il est significatif que l'étude du langage fut le premier thème abordé : les trois volumes du dictionnaire *Grammaire & Littérature* figurent parmi les tout premiers volumes publiés : 1782, 1784 et 1786. Mais le stock de l'éditeur Panckoucke ayant brûlé lors des émeutes révolutionnaires de 1792, ces volumes, qui n'ont jamais été réédités, n'ont pas eu l'impact qu'ils méritaient. Dans l'*Encyclopédie méthodique*, Beauzée pour les articles « Grammaire », et Marmontel pour les articles « Littérature » ont revu les connaissances, et apporté des éclairages nouveaux. Ce qui est de l'ordre de l'approche du langage fait état de considérations scientifiques nouvelles. Beauzée a intégré notamment les progrès réalisés dans la connaissance physiologique de l'appareil phonatoire. La structure phonologique du français, qui avait été approchée jusque là en termes normatifs, s'éclaire d'un jour nouveau. Cette mutation est capitale. La langue française va désormais pouvoir être comprise avec des instruments linguistiques.

Avec Beauzée, l'approche rationnelle des faits de langue et de langage a donc considérablement progressé. Pour autant, l'ambition de réunir en un seul ouvrage tout ce qu'il convient de savoir sur le français, pour un honnête homme du XVIIIe siècle, demeure. Elle est explicite dans la démarche de l'abbé Féraud (1725-1807), auteur d'un significatif *Dictionnaire grammatical portatif de la langue française* en 1761. « Dictionnaire grammatical » ? La préface précise le propos : il s'agit de réunir en un seul volume les connaissances, souvent dispersées, nécessaires à un bon maniement du français écrit en discours, autrement dit les connaissances en orthographe, en grammaire, en synonymie, en prosodie... Pour cela, rien ne semble plus utile qu'une compilation enrichie. « Nous y avons, écrit Féraud, fondu le Dictionnaire d'orthographe, les Grammaires de l'abbé Régnier, du Père Buffier, de l'abbé Girard, de M. Restaut, de l'abbé Valart, la Prosodie de M. l'abbé D'Olivet, les Remarques de Vaugelas, de Ménage, du Père Bouhours, de Thomas Corneille, de l'abbé Dangeau ; un extrait de Synonymes de l'abbé Girard & des articles des meilleurs Dictionnaires. Enfin nous y avons ajouté un grand nombre de Remarques toutes nouvelles. » Etonnant défilé de tous ces grands noms de la langue française depuis un siècle et demi. On y voit réalisée l'association toujours rêvée entre les courants des remarqueurs, des réformateurs de l'orthographe, des lexicographes et des grammairiens rationalistes. C'est tout l'édifice de la « langue classique » qui se trouve représenté là, dans une vision surplombante que la distance de quelques décennies a permis de décanter. L'élément normatif de notre rapport à la langue fait qu'on aspire souvent à tenir entre les mains *un ouvrage* où se trouve enclose la vérité de la langue. Qu'il puisse y avoir plusieurs grammaires, plusieurs dictionnaires non exclusifs de la même langue, dérange les certitudes. D'une manière ou d'une autre, tout auteur de grammaire, tout auteur de dictionnaire, joue, quoi qu'il en ait, sur ce rêve : donner à la langue son *livre*.

A cette synthèse la fin du XVIIIe siècle travaillera avec toujours plus d'application, jusqu'au développement, dans le sillage de la « grammaire générale », de ce qu'on a appelé la grammaire des « idéologues » (en référence à une théorie du rapport des mots aux *idées*). Mais ce mouvement ne va pas sans simplification. Le reproche le plus fréquent qu'on adresse aux grammaires est d'être trop compliquées. Reproche récurrent, qu'on trouvait déjà dans l'Antiquité, et, pour ce qui concerne le français, dans les premières grammaires du XVIe siècle. Les langues semblent s'offrir facilement à la compétence de leurs locuteurs : pourquoi cette complexité, dès lors qu'on cherche à les décrire ? Le grand public ne peut s'empêcher de penser qu'il y a là d'une manière ou d'une autre insuffisance des grammairiens, voire volonté de manipulation. Toujours, on a voulu faire *plus simple*. Cela a été particulièrement vrai dans les siècles classiques (fin XVIIe et XVIIIe siècles), où l'on s'est persuadé que le français était une langue rationnelle, parfaite, claire... Pourquoi diable, dans ces conditions, les grammairiens ne parviennent-ils pas à en donner une vision simple ?

Cet obstacle épistémologique de fond, les grammairiens français l'ont longtemps contourné en s'intéressant aux grammaires *pour enfants*, *pour étrangers*, et aux *plans*, aux *abrégés*... Tout refaire sur un plan nouveau, simplifier, diminuer la quantité de faits : telle a toujours été la tentation de la grammaire, au détriment de l'approfondissement. Une erreur majeure concernant la Grammaire de Port-Royal, au XVIIIe siècle, a été d'y voir un essai de plan, alors qu'elle n'est en réalité que l'approfondissement de quelques points choisis. Au XVIIIe siècle, le fantasme d'une « complétude simple » a joué des tours à plus d'un esprit pénétrant. En dépit de toute sa richesse spéculative, même la Grammaire du *Cours d'étude* de Condillac tombe dans ce travers. Ce désir d'élagage apparaît dans la *Petite Grammaire françoise simplifiée* que fait paraître en 1778 Urbain Domergue (1745-1810), le fondateur du *Journal de la Langue Françoise* à partir de 1784, et le « grammairien patriote » de la Révolution.

De l'harmonie musicale

La conjonction du traitement grammatical du français et du nouvel esprit philosophique spéculatif appliqué au langage en général est un des traits majeurs du XVIIIe siècle. Un autre fil directeur qui parcourt ces décennies est l'interrogation sur les langues en tant qu'idiomes. Le XVIe siècle et le XVIIe siècle avaient déjà beaucoup pratiqué un comparatisme chargé d'une érudition souvent erronée. Le XVIIIe siècle substituera à cette érudition une réflexion qui rejoint l'esprit philosophique. La vision que l'on va se faire du français sera fatalement influencée par cette mise en question générale des langues, de leur « nature », de leur « génie », de leur « origine », de leur principes directeurs. Issus du XVIIe siècle, des concepts généraux tels que clarté, pureté, netteté, abondance, harmonie, énergie, vont dominer la perception des langues, avant que de grands philosophes, tels Vico et Rousseau ne relient cette sensibilité aux langues à la mise en question de fond du langage humain.

Un ouvrage pivot signalant l'apparition de cette nouvelle approche est, en 1703, le *Traité des langues, où l'on donne des principes et des règles pour juger du mérite et de l'excellence de chaque langue et en particulier de la langue françoise*[10], de Jean Frain du Tremblay. L'ouvrage n'est ni une grammaire, ni un dictionnaire, ni une rhétorique, ni un recueil de remarques. Dans son titre, on lit bien la volonté de faire un lien entre une conceptualisation générale des langues et le développement d'un sentiment idiomatique appliqué au français. L'ouvrage commence par une archéologie spéculative de l'origine du langage, – l'une des futures obsessions du XVIIIe siècle. « Moderne », adoptant une position relativiste, Frain du Tremblay juge que « les langues considérées selon leur état, & selon le genie des peuples qui les parlent, ont chacune en particulier quelques avantages au-dessus des autres[11] ». Il met à distance l'« estime excessive » dans laquelle on a tenu le grec et le latin, se contraignant du coup à un « mépris des langues vivantes ou naturelles[12] ». Pour lui, il convient d'aimer raisonnablement l'idiome que l'on parle. Fatalement, c'est le regard sur le français qui change. Pour l'auteur, il n'y a ni à entretenir de complexes d'infériorité vis-à-vis des langues anciennes, ni à se glorifier particulièrement du français : toutes les langues, dit-il, sont ou seront capables de beaux monuments de prose, de poésie, de descriptions, d'emblèmes, etc.[13].

C'est à cet espace intermédiaire entre langue et langage que le philosophe italien Giambattista Vico (1663-1744) va bientôt se consacrer, se fondant sur une conception du « génie » non rationnelle, davantage reliée à l'aptitude à la poésie, à l'invention, fondement, pour lui, de l'*ingenium*[14]. Cette position novatrice ouvre la voie à un espace de réflexion qui sera capital au XVIIIe siècle, et qu'illustreront notamment Condillac et Rousseau. Elle renouvellera fondamentalement la perception de ce qui fait le « cœur » des langues.

Pour Vico, toutes les langues dérivent de leur capacité créatrice d'origine. A propos du français, donc, Vico va s'interroger sur sa capacité à inventer, au regard du peu de considération qu'il a pour les métaphores. « Les français, dit-il, ont une langue qui abonde en mots désignant les substances ; mais la substance est en soi brute et inerte, et elle n'admet pas la comparaison. C'est pourquoi les Français ne peuvent donner de la chaleur à l'expression de leurs idées (ce qui n'est possible que grâce à l'émotion, et même à la véhémence), ni rien amplifier et grandir[15]. » Bouleversement des schémas reçus ! L'incapacité métaphorique du français, son impossibilité à « prendre les mots dans un autre sens », seraient le signe de son manque d'*ingenium*, de sa faible propension à la poésie. Et Vico d'ajouter que le français ne peut construire des périodes véritablement abondantes ou éloquentes, que son mode d'accentuation donne au son « un je ne sais quoi de fade et de plat », que le français est incapable de style sublime, que le seul genre où il excelle, c'est le genre didactique... De fil en aiguille, Vico en vient à tracer une véritable ligne de fracture entre les langues « analytiques » et les langues « poétiques ». On s'est beaucoup demandé dans quelle mesure Condillac avait lu Vico. Avec le recul des siècles, ses intuitions apparaissent fulgurantes. Ce sont toutes les relations entre langue et poésie, entre langue et éloquence, entre langue et expressivité, qui doivent être repensées. Ces problèmes, que Fénelon et Houdar de la Motte n'avaient abordés qu'en termes timides, Vico les surplombe avec sa puissance conceptuelle. Pour Vico, le français est une langue où l'éloquence doit être conforme à la langue, alors que la nature de l'éloquence – de laquelle se déduit d'ailleurs l'*origine*, ou l'*invention*, ou la *raison d'être secrète* du langage – réside dans le trajet de signification, la métaphore, la distorsion, l'arrachement.

Passées d'abord relativement inaperçues dans le paysage intellectuel européen, les positions de Vico devaient avoir un retentissement considérable dans la seconde moitié du XVIIIe siècle. Elles vinrent s'imbriquer avec la révolution apportée par le sensualisme, pour produire une théorie du langage nouvelle. C'est l'adieu au classicisme, et à ses certitudes confortables. En France, Rousseau est peut-être le penseur dont les thèses rejoignent le plus les intuitions de Vico. Une première fois, dans une *Lettre sur la musique française* qui date de 1753, puis plus systématiquement dans un essai fameux intitulé *Essai sur l'origine des langues*, sans doute rédigé vers 1763, Rousseau développe une vision des langues gouvernée par le critère poétique. Mais pour définir le caractère poétique des langues, Rousseau ajoute à l'idée de métaphore, mise en avant par Vico, celle d'harmonie musicale. Passionné par ce qui fait le pouvoir du langage sur l'homme, Rousseau s'intéresse à ce qui précède l'établissement des langues comme « institutions », c'est-à-dire comme codes gouvernés par la pensée et la raison. Qu'est-ce qui fait l'expressivité première des langues ? Pour Rousseau, plus encore que la métaphore, c'est l'aptitude à faire usage de « signes sensibles ». Cette attention portée au pouvoir du signifiant va évidemment à rebours de tout l'édifice classique de représentations des langues. Le regard porté sur le français va s'en trouver radicalement modifié. Praticien du français en musique (dans son opéra *Le Devin du village*), Rousseau ne voit pas dans sa langue une langue rationnelle, claire, élégante..., mais une langue moins musicale que l'italien, peu accentuée, peu expressive.

La théorie des climats

Au moment où Rousseau formule ces doutes quant au français, Montesquieu énonce, dans *L'Esprit des lois*, une théorie qui allait être abondamment exploitée par la suite : la théorie des « climats ». Pour Montesquieu, les climats forgent les cultures ; pour Rousseau, ils forgent aussi les langues. Considérant que les premières langues sont des langues orientales, Rousseau estime qu'elles comportent un aspect rhétorique et signifiant qui s'est perdu dans les langues du « Nord », tout en restant sensible dans ce qu'il appelle les langues « du Midi ». Au Nord, l'intensification du manque matériel aurait stimulé le développement de la raison, les langues en révélant une déperdition sensible de « mélodie » et d'« énergie ». Au sein de cette théorisation nouvelle, le statut du français fait problème. La tradition le rangeait dans les langues « du midi », mettant l'accent sur sa latinité. Faut-il croire à présent qu'il est plutôt « au Nord » ? C'est ce que semble penser Rousseau, qui verrait bien en lui une langue dans laquelle la raison a eu la primauté sur le rythme et les caractères de la parole.

Le français serait-il – pour notre plus grand dommage – la pointe extrême de la marche des langues vers plus de rationalité ? C'est dans une configuration de pensée semblable que paraissent nous amener, après 1750, un Rousseau, un Condillac, un Maupertuis... Un français « analytique » ? Un français qui aurait perdu son chant ? Pour tirer au clair ces questions, il convient de faire appel aux philologues, et de joindre leurs apports à ceux des grammairiens, des historiens...

Langue du Nord, langue du Midi ?

Depuis le XVIᵉ siècle, le caractère mêlé du français a toujours fait l'objet chez les philologues, d'un étonnement mâtiné de déception. La conscience de ce caractère mêlé a longtemps nourri le sentiment d'infériorité qu'on a éprouvé, en France, vis-à-vis du latin. Près d'un siècle après l'intervention de ce qu'on a voulu voir comme des « sauveurs du français », les Malherbe, les Vaugelas, les Bouhours, le XVIIIᵉ siècle, lettré mais philosophe, ne peut se poser les questions dans les mêmes termes. Les théories du « génie » des langues sont passées par là, mais elles se trouvent à présent doublées par le développement de la pensée généalogique, ou archéologique, appliquée aux langues. Les certitudes construites par le classicisme vont-elles y résister ? Ce serait le souhait de plus d'un défenseur des grammairiens rationalistes, tels Voltaire ou Rivarol. Mais le développement scientifique a désormais sauté les frontières. Les Français ne sont plus les seuls à s'intéresser à leur langue. Par ailleurs, le sentiment moderne des langues implique également qu'on ne se contente plus de prendre en compte le seul réglage interne d'un idiome : l'histoire externe, politique, des langues fait son apparition.

Que le français soit *une langue*, cela ne fait pas de doute, pour les auteurs de l'Encyclopédie. Dans l'article « Langue », en bon héritier de l'aménagement linguistique du siècle passé, Beauzée n'a que mépris pour les dialectes et patois. Pour lui, seule existe *la langue*. Dans l'article « Français », Voltaire reprend une perspective historique directement inspirée de Pasquier et de Bouhours. Pour lui, le caractère mêlé du français (latin, grec, italien...) s'est trouvé en quelque sorte dépassé et transcendé par l'apparition d'une culture de la langue au XVIᵉ siècle. A partir de François Iᵉʳ, dit-il, qui a aboli l'ancienne habitude de « plaider, de juger, de contracter en latin », est apparu un *usage*. Cet usage fut graduellement transformé en culture. « On fut alors obligé de cultiver le *françois* », écrit Voltaire. Dans la naissance de la notion de langue, il semble accorder une place essentielle à cet acte fondateur de se consacrer à un usage, de le « cultiver ». Malgré quelques hommages à Montaigne et Ronsard, Voltaire ne paraît pas penser, ensuite, que le français soit parvenu à être une langue régulière (la syntaxe, notamment, était, selon lui, « abandonnée au caprice ») avant Malherbe.

Et ici, Voltaire peut se retrouver en terrain connu, conférant à l'articulation du travail de l'Académie avec celui de Malherbe, le rôle décisif dans l'apparition d'un français pur, noble, harmonieux. Il peut donner libre cours, alors, à une défense ethnocentrique du français, langue de la clarté, de l'ordre – valeurs universelles – qui rejoint les positions d'un Le Laboureur. Pour lui, c'est la conjonction entre cet « ordre naturel » qu'il défend, et la « douceur de la société », laquelle s'exprime dans le style de conversation, qui fait que le français « plaît à tous les peuples ».

En dépit de cette forte couleur de « nationalisme linguistique », les deux derniers paragraphes de l'article laissent toutefois entendre à demi-mot quelques doutes – reflet des discussions que Voltaire a certainement eues avant d'écrire l'article. Tout d'abord, il prend la peine de répondre à une objection : « Plusieurs personnes ont crû que la langue françoise s'étoit appauvrie depuis le tems d'Amiot & de Montaigne. » A cette objection Voltaire a une réponse claire : pour lui, « le siècle de Louis XIV » a « enrichi » la langue de « termes nobles & énergiques », il lui a donné son éloquence. Cette éloquence, qui plus est, il l'a « fixée ». Ce statisme empêchera Voltaire d'être un véritable philosophe du langage, à l'instar de Vico, Condillac ou Rousseau. La langue est un abri, pour Voltaire : il manque à sa réflexion l'espace intermédiaire de dialogue avec les structures qui peut servir de stimulant.

On ne pouvait évoquer, enfin, la situation du « français » en tant que langue moderne sans mentionner la concurrence que lui a apportée l'anglais dans le développement de l'esprit philosophique – esprit auquel Voltaire est particulièrement attaché. Ici encore, il s'en tire par une dérobade. Pour lui, « on ne devoit pas attendre que le françois dût se distinguer dans la Philosophie ». Cela est dû principalement à ce qu'il nomme un gouvernement « gothique », qui étouffa trop longtemps la pensée, l'abrutissant de sottises, « épaississant les ténèbres »... Lorsqu'il s'agit de taper sur l'« infâme », Voltaire retrouve sa plume. Il note avec satisfaction les progrès de « l'esprit de raison », pour finir par proposer ce jugement en demi-teinte : « Le génie françois est peut-être égal aujourd'hui à celui des Anglois. » « Peut-être »... Sans s'attarder, il conclut rapidement que, au plan de la littérature et de l'usage social, qu'il appelle « urbanité », le français, indiscutablement, l'emporte...

C'est une étrange compétition que celle dans laquelle se trouvaient alors les langues modernes pour l'appropriation, en termes linguistiques, des valeurs de la civilisation. La grande bataille des idées est devenue européenne. Contre toute attente – contre celle, en tout cas, de ses détracteurs, de ceux qui lui avaient prédit un échec – le succès de l'Encyclopédie a été énorme, au point de devenir un phénomène européen. On estime qu'entre 1751 et 1782 elle s'est vendue à 25 000 exemplaires. Chiffre considérable pour un ouvrage de cette taille et de ce prix. Des éditions voient le jour hors de France, par exemple à Livourne. La mise en perspective des concepts qui s'y trouvent, y compris ceux de langue, devient un cadre pour la pensée européenne.

L'interrogation sur la langue devient ainsi une manière de préalable à une intégration dans le concert des nations civilisées, une sorte de passeport que chaque nation se doit d'avancer. Le lien entre langue et nation, entre langue et peuple, entre langue et culture, fait l'objet de plus en plus de sollicitude. En Allemagne, le *Traité de l'origine des langues* (1770) du philosophe G. Herder franchit un pas de plus en direction d'une interprétation « culturaliste » du langage et des langues. Parallèlement, les recherches philologiques progressent. Les années 1770 voient formulées les premières hypothèses allant dans le sens d'un substrat « indo-européen » aux principales langues du continent.

Pour ce qui est du français, le XVIII siècle philologique est essentiellement marqué par la réactivation du vieux débat autour de sa plus ou moins grande « latinité ». Pierre-Nicolas Bonamy est de ceux qui estiment que la « romanité » fait le fond principal du français. Mais pour lui, cela a été une erreur, motivée par des soucis excessifs de « dignité », de se focaliser dans les recherches sur le latin classique. Afin de comprendre réellement le français, il faut, à un moment ou un autre, se pencher sur cet objet « bâtard », tant soit peu étrange : le latin « vulgaire ». En 1750, paraît un essai historique intitulé *Sur l'introduction de la langue latine dans les Gaules sous la domination des Romains* ; il sera complété l'année suivante par des *Réflexions sur la langue latine vulgaire*. Il était essentiel de faire ce saut hors des interprétations classicisantes de l'histoire des langues, toujours focalisées sur des problématiques d'« apogée » et de « dégénérescence ».

Comprendre que le français peut provenir, non pas d'un état « doré » de langue, mais d'une version plus basse, constitue une révolution dans les représentations. En remettant à l'honneur l'usage, dans les provinces, du « latin vulgaire », Bonamy balaye les préjugés attachés aux variétés basses de la langue, aux dialectes, à tout ce qui échappe à la standardisation. Il n'est d'ailleurs pas impossible de faire l'hypothèse d'un lien entre ses propositions historiques et la réévaluation qui a lieu, à la même époque, au plan synchronique, du registre « bas ». Que la vie des langues passe par ces processus de sortie hors des cadres du standard, voilà qui pouvait permettre de jeter un regard nouveau sur les dialectes. Le français élément de la dialectalisation du latin ?

En approfondissant l'enquête historique jusqu'à s'intéresser au texte des Serments de Strasbourg, Bonamy s'interroge sur les *Causes sur la cessation du tudesque en France* (1756). Non seulement l'histoire externe – politique, économique, sociale – s'invite de plus en plus explicitement dans les tableaux historiques du français, mais les rapports entre idiomes sont revus dans un sens qui privilégie les mouvements dynamiques. Les formes médiévales du français font également l'objet d'une curiosité nouvelle. On ne les considère plus, désormais, comme des préludes maladroits à un « français » qui s'en extrairait par la suite comme d'une gangue, mais comme des variétés qui ont leur cohérence. Le *Dictionnaire de la langue romane* de Lacombe, en 1768, vient combler une partie de ces lacunes, tandis que l'*Histoire littéraire des troubadours* de l'abbé Millot, en 1774, complète l'information sur ce monde mis sous le boisseau depuis le XVIe siècle : le monde occitan.

Toutefois, ce n'est pas la « latinité » du français qui suscite le plus de curiosité, au XVIIIe siècle. Dans une *Histoire des révolutions de la langue française depuis Charlemagne jusqu'à Saint Louis* publiée en 1742, Lévesque de La Ravalière réactive une piste très populaire au XVIe siècle : la piste celte. Retour des vieux fantasmes ? Documentation nouvelle ? Les choses sont loin d'être claires, et le public cultivé sait que, pour séduisante qu'elle soit, la piste celte de l'origine du français n'a pas beaucoup d'arguments solides pour convaincre. Elle présente néanmoins de nombreux avantages, pour ce qui est de la représentation du français. En particulier, elle permet de mettre à distance les reproches adressés à la rationalité excessive du français. Dans le celte, certains rêvent de voir une langue poétique, synthétique, expressive, « toute monosyllabique » ; pourquoi pas une « langue universelle » primitive, comme le pense Court de Gébelin.

Et puis, le celte, c'est le *gaulois*... Une francité oubliée referait ainsi surface, sous le latinisme de surface de la culture d'élite. Les étymologistes du français du XVIᵉ et du XVIIᵉ siècle s'étaient acharnés à redonner vie à cet insaisissable gaulois nécessaire à la construction d'une identité collective non latine. On n'en avait trouvé que des bribes. En 1700, un certain Pezron en avait tenté une synthèse dans des *Antiquités de la nation et de la langue celte autrement appelée gauloise*. L'incertitude du qualificatif est significative : en renouvelant la terminologie, on relance l'intérêt pour l'objet, et peut-être on s'en crée un nouveau. Le « gaulois » était hors de mode : désormais on va s'intéresser au *celte*.

Au milieu du XVIIIᵉ siècle, J.B. Bullet remet la question à l'honneur en trois volumes parus entre 1754 et 1760, intitulés *Mémoires sur la langue celtique*, et dont le contenu sera réutilisé dans l'Encyclopédie. Il existe désormais une certaine vulgate consacrée au celte comme éventuel « noyau primitif » du français. Le mouvement ne fera que prendre de l'ampleur en allant vers la fin du siècle. Il devient une véritable cause nationale. En 1796 (an V de la République), La Tour d'Auvergne fait paraître des *Origines gauloises et celtes des plus anciens peuples de l'Europe puisées dans leur vraie source*. Le titre le dit bien : le celte est devenu l'horizon nouveau de la « langue européenne », sinon universelle. On voit dans sa réhabilitation la correction d'une erreur, la réparation d'une injustice. En 1805, sera créée en France une « Académie celtique ».

Le concours de Berlin

« Qu'est-ce qui a rendu la langue française la langue universelle de l'Europe ? Par où mérite-t-elle cette prérogative ? Peut-on présumer qu'elle la conserve ? » Telles étaient les questions posées en 1782 par l'Académie de Berlin à l'Europe entière [16]. En termes lourds de conséquences, cette Académie semblait supposer que l'hypothèse de Bouhours, selon laquelle « si la langue Françoise n'est pas encore la langue de tous les peuples du monde, il me semble qu'elle mérite de l'être [17] », se présentait désormais sous la forme d'un fait avéré. De ces « concours » proposés au XVIIIᵉ siècle par les académies locales, on peut dire qu'ils jouaient un peu le rôle des modernes « numéros thématiques » des grands magazines, ou d'émissions de télévision : il s'agissait de jeter un coup de projecteur sur une question brûlante dans le débat contemporain... Mais comprendre comment en 1782, à Berlin, le français s'est retrouvé mis « en concours » demande un certain effort d'adaptation à des cadres de pensée qui nous échappent tant soit peu.

D'entrée de jeu, on voit que la question reposait sur une exagération grossière, au caractère essentiellement polémique. En dépit de l'existence d'une francophilie réelle dans le monde cultivé européen entre 1740 et 1780 en gros, comme nous l'avons vu, il était évidemment excessif d'en déduire que le français était devenu « la langue universelle de l'Europe ». Son usage demeurait marginal, cantonné aux milieux aristocratiques et lettrés. De très nombreux faits permettaient de relativiser le constat, ne serait-ce que celui de la diffusion générale, dans le monde lettré, de l'apprentissage des langues étrangères. N'oublions pas que, si le français s'est beaucoup diffusé en Europe au XVIIIe siècle, il en a été de même de plus d'une autre langue. De façon assez visible, la question était biaisée, jouait sur la confusion possible entre usages « seconds » d'une langue, usages véhiculaires et usages maternels.

Il convient également de rappeler que la question fut posée dans un climat, en Allemagne, où la francophobie était en train de se consolider, en réaction à la faveur excessive, quasi aliénante pour les Allemands, où le français avait été tenu dans l'entourage de Frédéric II. Deux ans après le concours, à la mort du roi en 1786, l'hostilité à la langue française se donnera libre cours. Posée de cette manière à cette époque en Allemagne, la question n'était pas innocente : elle devait fatalement rencontrer un écho polémique. Rappelons également que le concours faisait suite à un concours similaire organisé en 1781 par l'Académie de Mantoue, où les auteurs se proposaient de réfléchir à la question du goût littéraire en Italie, et aux moyens de le corriger. Les réponses au concours avaient fait apparaître des réactions très vives contre ce qui était perçu comme une domination outrancière de la langue française, et les textes brodaient sur le thème de l'invasion. Enfin, il convient de se remémorer que le XVIIIe siècle a vécu, pratiquement depuis son début, dans le climat d'une rivalité culturelle entre la France et l'Angleterre qui a été minimisée en France. Entre le français et l'anglais, il y a eu des épisodes de « guerre des langues » dont le français, la plupart du temps, est sorti vaincu. Ainsi, en 1731, un *bill* excluait définitivement le français des tribunaux d'Angleterre, avec, peut-on penser, quatre cents ans de retard sur l'histoire réelle des langues. La lutte pour la mainmise politique et économique en

Amérique, également, a eu des implications sur le rapport des deux langues entre elles. Enfin, le fort développement intellectuel de l'Angleterre au XVIIIe siècle a eu comme effet un incontestable ascendant de l'anglais comme langue de culture, surtout scientifique et technique – ascendant qui se traduira même par une « anglomanie », en France comme en Europe ; nous aurons l'occasion de le revoir.

Par conséquent, il serait faux d'imaginer que le concours de Berlin fut proposé dans un contexte européen favorable au français. Trois pays au moins, l'Italie, l'Allemagne et l'Angleterre, présentaient des forces culturelles hostiles au français – forces assez hétérogènes, d'ailleurs. Que le français soit présenté comme une langue « universelle en Europe » fait même office de provocation, à certains égards. C'était en tout cas le point de vue de Maupertuis, qui était encore président de l'Académie de Berlin à la date du concours, et qui avait publié une apologie en faveur du français : et c'était une question pouvant présenter un sens très concret pour le suisse alémanique Mérian, dont on dit qu'il fut l'instigateur du concours. Mais on peut se demander aussi s'il ne s'agissait pas d'une question « d'arrière-garde », correspondant davantage à une dynamique constatée vers 1750 qu'à la situation de 1782. A cette date, l'anglais a très sérieusement gagné du terrain sur le français en tant que langue véhiculaire, et l'Italie comme l'Allemagne ont vu s'éveiller, en contrepoint aux Lumières, une plus grande sensibilité aux cultures populaires idiomatiques.

De tous les textes présentés au concours, c'est celui de Rivarol qui a fait l'objet du plus grand nombre de commentaires, de rééditions. On oublie généralement qu'il ne fut pas le seul à recevoir le prix, mais que celui-ci fut attribué *ex æquo* à l'allemand Johann Christoph Schwab, qui avait été précepteur dans des familles suisses, et fut ensuite professeur de philosophie et de mathématiques à l'université de Stuttgart. Héritier de la position rationaliste française, Rivarol, qui enchante encore les puristes français attardés, nous choque aujourd'hui par son chauvinisme, la faiblesse de ses arguments, son ignorance des faits politiques. Ce qui l'a sauvé, ce sont ses qualités d'écrivain, qui en font un digne représentant d'un « esprit français » de la fin du XVIIIe siècle, dans la lignée de Vauvenargues et de Chamfort. Aujourd'hui, c'est avec beaucoup d'intérêt que nous lisons les *autres* réponses envoyées au jury de Berlin, et qui permettent de nous faire une idée plus complète des opinions et des analyses existant alors en Europe à propos de la place du français.

Le concours a essentiellement attiré des Français et des Allemands :

outre Rivarol et Schwab, on relève Friedrich Melchior Grimm, Franz Thomas Chastel, au travail très politique, Peter Villaume, Etienne Mayet, Carl Euler... La différence est grande dans l'érudition et le degré d'investissement de ces auteurs, qui s'intéressent avec plus ou moins de professionnalisme aux questions de langue. Deux axes se dessinent, dans le « texte » général représenté par ces discours : un axe linguistique, où les considérations d'ordre interne priment, et un axe politique, où les faits d'histoire externe sont invoqués et font l'objet de discussions. Ce second axe est très important, et a été négligé en France. A lire certains discours, on découvre parfois chez les auteurs une sensibilité exacerbée, très moderne, à l'instrumentalisation politique de la question des langues. Deux siècles de réflexions incessantes, parfois cyniques, autour du pouvoir ont affiné l'esprit d'analyse.

Le texte de Rivarol néglige ces paramètres externes, et s'appuie surtout sur des arguments internes. Pour Rivarol, le français serait la seule langue à suivre de façon aussi rigoureuse l'« ordre naturel » de la pensée. A cet « argument », où se lit un condensé, qui n'est aucunement illustré par une analyse grammaticale ou textuelle, des positions de Bouhours, de Du Marsais et de Voltaire, Rivarol ajoute la question des métaphores. Pour lui, la répugnance que le français éprouverait vis-à-vis des métaphores fait de lui la langue rationnelle par excellence. Il voit dans la métaphore un véritable risque de corruption des langues : « L'homme le plus dépourvu d'imagination ne parle pas longtemps sans tomber dans la métaphore. Or c'est ce perpétuel mensonge de la parole, c'est le style métaphorique, qui porte un germe de corruption[18]. » Cette réponse à Vico (voir ci-dessus) paraît bien faible. Les métaphores ne manquaient pas chez Bouhours : chez Rivarol, ce sont plutôt les comparaisons qui fleurissent, sans crainte de l'effet de contradiction. Ainsi la comparaison géométrique : « On dirait que c'est d'une géométrie tout élémentaire, de la simple ligne droite que s'est formée la langue française ; et que ce sont les courbes et leurs variétés infinies qui ont présidé aux langues grecque et latine[19]. » Motif de la ligne, dessin des langues... La vision que se fait Rivarol du français, très simplifiée et parfois exprimée dans ce style journalistique qui commençait à apparaître en France un peu avant la Révolution, est tout entière centrée autour des idées de « simplicité », « régularité », « pureté ». Quintessence de l'imaginaire linguistique. Plus tard, dans son « Discours préliminaire » au *Nouveau dictionnaire de la langue française* de l'Académie qui devait paraître en 1798, Rivarol reviendra sur ses positions, notant qu'il est difficile de séparer

« style direct » et « style figuré [20] ». Expérience de la vie politique, du maniement du discours ? Rivarol semble alors avoir accepté, contre ses arguments précédents, que les figures font partie consubstantiellement de la langue.

Simpliste, réducteur, le texte de Rivarol l'était à l'évidence. D'ailleurs, il suscitera des réactions en France même, celles de Garat et de Domergue, notamment, qui mettent en cause la surinterprétation dont certains « philosophes » se sont rendu coupables vis-à-vis des faits de langue. Pour Garat, il est vain d'essayer d'extraire des principes grammaticaux, logiques (« métaphysiques ») des langues : ils sont contenus dans les langues mêmes [21]. Le concours intervenait à une période de crise épistémologique de la grammaire. De ce sentiment de crise, on trouve des échos dans le texte de Schwab : « Quelques grammairiens, philosophes en même temps, ont récemment soutenu que l'ordre et l'arrangement des mots, pour l'expression de nos pensées et de nos jugements, n'était qu'une chimère des anciens grammairiens ; qu'il n'y avait là-dessus aucune règle à donner ; que toute construction était naturelle pourvu qu'elle fût la peinture fidèle des sentiments et des pensées de celui qui écrit [22]. »

De tous les candidats, Schwab est celui qui étudie avec le plus de sérieux et de modération le crédit qu'on peut accorder aux arguments internes. Ceux-ci, dit cet auteur, ne peuvent guère être distingués des facteurs externes. Ainsi, c'est le développement territorial, l'extension du goût pour les sciences, le caractère plus ou moins centralisé politiquement du domaine, le rôle joué par les autorités, qui déterminent pour lui le degré d'uniformisation de la langue, et non sa prétendue valeur intrinsèque.

Partant de points de vue très différents, les autres postulants au concours n'étaient pas indifférents aux arguments internes. Mais le plus étonnant, c'est qu'ils sont parfois évoqués à rebours, comme des inconvénients plutôt que comme des avantages. Selon Franz Thomas Chastel, par exemple, le français est une langue qui « ne peut se vanter de la même abondance que l'allemand ou l'anglais [23] ». Pour lui, la primauté donnée à la construction plutôt qu'à l'harmonie, la proscription des inversions, l'absence de mots composés et de diminutifs, l'exposition fréquente aux hiatus, sont autant de contraintes qui entravent le français... Il n'est pas jusqu'aux traditionnels « clarté », « ordre », « pureté » qui ne soient relus dans l'autre sens : « Sa monotonie et sa marche uniforme sont, disait l'Encyclopédie (article « Langue ») rachetées par la clarté, l'ordre, la justesse et la pureté des termes et ses qualités sont peut-être dues à l'espèce de gêne où est continuellement l'écrivain. » Autrement dit, la clarté, l'ordre, etc., seraient des faits de discours produits en quelque sorte *contre* la langue, dans l'effort qui résulte de la contrainte.

Que le français ait des raisons internes de ne *pas* être une langue universelle, cela semble plutôt le point de vue partagé par les autres contributeurs. Pour Peter Villaume, le français est une langue « timide, lourde, et peu abondante [24] ». Pour lui, il n'y a pas de doute : « ce n'est pas par elle-même que [la langue française] a obtenu l'universalité dont elle jouit ». Quant à Etienne Mayet, il fait la liste de tous les points par lesquels le français est inférieur à l'allemand. Pour lui, le français est une langue pleine de bizarreries d'orthographe et de prononciation. « Il n'y a peut-être point de langue qui présente plus d'irrégularités et de bizarreries dans la syntaxe d'usage que la langue française [25] », écrit-il. Il trouve admirable, d'ailleurs, que des grammairiens aient réussi à démêler cet écheveau, et à proposer une vision claire de certains problèmes... Tout néanmoins, n'est pas résolu. A propos des participes, par exemple, E. Mayet note candidement et perfidement que Du Marsais est le seul à avoir eu le courage de s'y attaquer, mais qu'il a fini par s'incliner devant « l'usage »...

Raisons internes, raisons externes... Les contributeurs, dans leur majorité, paraissent considérer que ce sont les secondes qui ont permis au français d'acquérir ce statut au fil des décennies et même des siècles. Les analyses sont souvent empreintes d'un grand relativisme. Carl Euler, par exemple, ne considère pas que le français soit en mesure de « conserver cette position », comme le formulait l'intitulé de la question. Pour lui, il est tout à fait vain de mettre en avant une quelconque « perfection » des langues pour justifier une préférence historique momentanée. Beaucoup mettent en avant le dynamisme politique, économique et même militaire de la France des derniers rois. La politique agressive de Louis XIV, notamment, est souvent citée comme l'élément dominant. Le parallélisme est parfois fait entre cette forme moderne d'impérialisme et la pratique romaine de la colonisation, facteur d'uniformisation linguistique. Enfin, plusieurs contributeurs mettent en avant le rôle joué par un phénomène longtemps passé sous silence, et pour cause, en France : l'émigration protestante. Les Français « de France » étaient bien conscients que l'émigration avait diffusé leur langue hors des frontières de façon massive. Mais ils considéraient la plupart du temps que ce qui fut appelé au XVIIIe siècle « le style réfugié » était une marge qu'il convenait de contrôler, au moyen d'une réactivation de la norme. En 1756, fut publié par exemple, sous la plume de Leguay de Prémontval, un *Pré-*

servatif contre la corruption de la langue françoise en France et dans les pays où elle est le plus en usage, tels que l'Allemagne, la Suisse et la Hollande ; à l'intention des réformés exilés, pour limiter les effets linguistiques de la distance sur la langue française. Le contrôle linguistique prenait la place d'un contrôle politique désormais impossible. L'apparition d'une variation était perçue comme un fait politiquement menaçant : il s'agissait avant tout de préserver l'image de *la langue française*, unique et emblématique. A vrai dire, le XVIIIe siècle naissant et postclassique n'a pu nier l'influence considérable jouée à l'étranger par les pasteurs calvinistes réfugiés, et par des personnalités de premier plan comme Bayle, Rapin, Thoyraz. L'existence d'une « internationale francophone protestante », comme on pourrait l'appeler, est un fait avéré, qui a sa signification dans le concert européen.

Au total, posée en Allemagne dans un contexte très particulier, la question ne pouvait manquer de susciter des malentendus. On ne sait trop comment interpréter l'attribution d'un double prix, à des auteurs adoptant des postures aussi différentes. Le discours de Rivarol était enlevé, superficiel, volontiers arrogant : il avait pour objectif essentiel de restaurer l'image du français face à un anglais menaçant. Celui de Schwab était érudit, sérieux – parfois trop –, nuancé, philologique. Le regard idéologique et journalistique, et le regard grammairien se croisaient dans cette attribution double.

Côté idéologique, le concours pouvait avoir une résonance évidente. L'époque est à une modification des zones d'influence en Europe. Des empires nouveaux naissent, qui instrumentalisent également la langue. Le grammairien russe Lomonossov, qu'évoque d'ailleurs à un moment donné Carl Euler, n'avait-il pas osé écrire dans la préface de sa *Grammaire russe* : « Maîtresse de plusieurs langues, la langue russe n'est pas seulement supérieure à toutes celles d'Europe par l'étendue des pays où elle règne, elle l'est aussi par son ampleur et par sa richesse propres [26]. » Côté grammatical, le concours correspondait à une crise, crise méthodologique et crise des représentations. Il donnait l'occasion à la fois à une vision rationaliste et abstraite des langues et du langage de jeter ses derniers feux, et à une vision philologique nouvelle de voir le jour, vision plus précise, plus historique surtout.

Une chose est sûre, que met en évidence la considération des discours dans leur ensemble : à la réflexion sur la « langue universelle », sur les principes du langage, sur les rapports entre les langues et la marche de l'esprit humain, fera bientôt suite une vision beaucoup plus « culturaliste » des idiomes. Friedrich Melchior Grimm le dit déjà : les langues sont liées aux « mœurs ». Ses vues rejoignent l'idée de *Volkstum* qui est développée au même moment en Allemagne par Fichte. Les idées d'universalité, désormais, intéresseront moins que celles de nation ou de peuple[27]. L'identification du « génie des langues » avec le « génie des peuples » constituera l'un des fondements des cultures linguistiques au XIXe siècle romantique.

5

DERNIERS JOURS DE L'ANCIEN RÉGIME

Moment de perturbations dans l'univers clos de la « langue littéraire », le XVIIIe siècle fut, du point de vue de la réflexion, une époque marquée par l'apparition d'un questionnement de fond sur le langage comme objet philosophique. L'un et l'autre de ces phénomènes ont fait que l'image de ce qu'on pouvait appeler le « français » s'est considérablement modifiée, depuis le volontarisme de l'époque classique. Mais il reste à savoir ce qu'il en fut des usages réels. Ceux-ci ont-ils tellement changé, finalement, au cours de cette longue période précédant la Révolution, où aucune politique réelle n'est venue accompagner les discours triomphalistes des institutions ? C'est une question fondamentale, qui révèle le fossé séparant, pendant l'Ancien Régime, la culture d'élite, nourrie par un renouvellement important dans l'approche des problématiques, et la culture populaire, maintenue dans un conservatisme des usages.

Force est de le reconnaître : alors que les salons dissertent sur les mérites comparés des « langues », sur leur universalité possible, une bonne partie de la population du royaume ne parle toujours pas ce que le XVIIIe siècle éclairé voudrait reconnaître comme langue... Cette scission pose un problème particulier, dont le XVIIIe siècle français aura plus d'une fois conscience, sans parvenir à le résoudre. Les institutions d'enseignement ont mis du temps à se réformer. Au milieu du XVIIIe siècle, toutes sont loin d'avoir systématisé l'usage du français. La survie paradoxale du latin comme langue de culture continue, au XVIIIe siècle, en dépit des débats qui ont agité le monde des lettres à la fin du XVIIe siècle, à produire ses effets discriminants.

Pour autant, quelques faits semblent *a priori* favorables à une diffusion plus grande du français dans l'espace du royaume. En 1706, est créé un organisme destiné à développer au départ de Paris un réseau important de routes et de voies : les « Ponts et chaussées ». Le temps de trajet nécessaire pour se rendre de Paris jusqu'à des villes qui, au XVIIe siècle, apparaissaient encore comme très reculées, commence à chuter. L'accélération est surtout frappante à la fin du siècle : Marseille s'atteint en treize jours depuis Paris en 1765 ; en huit seulement quinze ans plus tard. La systématisation de la diligence, qui remplace les coches ou carrosses, assure de bien meilleurs moyens de communication.

Toutefois, de grandes inégalités s'observent, dans ce progrès. Si le Nord commence à être bien desservi, le Sud demeure en grande partie une *terra incognita* quant aux moyens « modernes » de déplacement. Deux grands itinéraires pénètrent dans ces profondeurs obscures : celui de Marseille, et celui de Toulouse. Mais tout ce qui est situé plus au sud, ou sur les marges est et ouest de ces lignes, reste inaccessible. Des parts importantes du royaume restent enclavées, comme le centre. Les communications vers la Bretagne s'arrêtent à Rennes.

Cela est peut-être un élément d'explication dans le renforcement d'un clivage qui existait déjà au XVIIe siècle entre le Nord, où s'est largement diffusé le français, surtout à l'ouest et au sud-ouest de Paris, et un Sud qui reste patoisant. Le cas de la Bretagne est à part. Les différences dans les niveaux de culture deviennent flagrantes. Un phénomène de concentricité se développe autour de Paris, qui ne date pas du XVIIIe siècle, mais qui s'est trouvé accentué par l'évolution politique et économique, la centralisation du pouvoir amenant la ruine des cours provinciales. De grandes villes régionales, qui avaient connu une certaine prospérité au XVIe siècle et encore au XVIIe siècle sont désormais frappées d'une relative anémie. L'écart s'accroît entre une capitale désormais forte de 800 000 habitants (sous Louis XVI), et des villes de second plan nettement moins peuplées (150 000 habitants pour Lyon, par exemple).

La population générale de la France s'accroît, mais le taux d'urbanisation reste faible : il était de 15 % en 1725, et n'est que de 18 % à la Révolution. Hormis l'attraction incontestable qu'exerce Paris, attraction parfois perçue comme dangereuse par les contemporains, qui se représentent volontiers la capitale comme une sorte de « miroir aux alouettes » pour les pauvres paysans précipités dans la misère, les villes se développent peu. Aucun centre urbain nouveau n'est créé au

XVIIIe siècle, par exemple. Dans nombre de régions, un phénomène nouveau apparaît : la « provincialisation », caractérisé par une imbrication nouvelle des paramètres sociaux et régionaux. Ceux-ci tendent désormais à se superposer, marginalisant encore davantage les classes défavorisées éloignées de la capitale. La seconde moitié du XVIIIe siècle a vécu dans ce curieux « entre-deux » où une diffusion large du français n'a pas effacé les cultures régionales...

Parler patois au temps des Lumières

En dépit d'une progression notable de l'idiome des philosophes dans certaines couches de la population, le siècle des Lumières ne fut pas seulement un siècle « français » : dialectes, patois, parlers, se maintiennent fortement. Toutefois, encore marquée par une grande diversité à l'époque classique, la situation dialectale de la France tend à se simplifier au XVIIIe siècle.

De grands ensembles se détachent désormais, qui permettent d'y voir plus clair dans la marqueterie d'usages qui s'observait encore aux XVIe et XVIIe siècles. Des lignes de démarcation se sont formées, dans le royaume, qui font bientôt de chaque situation une situation originale. Il devient difficile de parler indistinctement d'une relation « dialectale » qu'entretiendrait le français avec les autres usages linguistiques. Les dialectes du Nord, par exemple, se conçoivent comme moins différents du français standard que les formes d'occitan. Par ailleurs, l'apparition de littératures « patoises » a eu pour effet de créer des sentiments d'identité qui varient fortement d'une région à l'autre.

Autant nous disposons de peu de documents pour reconstituer l'état de langue de certaines régions françaises au XVIe siècle et au XVIIe siècle, autant le XVIIIe siècle nous fournit une quantité appréciable de sources, qu'il s'agisse d'archives ou de livres imprimés. Deux faits marquants caractérisent en effet les règnes de Louis XV et de Louis XVI, pour ce qui est du devenir des patois : l'apparition d'une littérature en des endroits où on n'en connaissait pas jusqu'alors – une littérature essentiellement folklorique, mettant l'accent sur le pittoresque –, et la naissance d'un intérêt philologique nouveau, se traduisant par la publication de dictionnaires, de grammaires, d'anthologies...

La curiosité pour les dialectes, les patois, n'est pas un phénomène neuf. Les siècles renaissant et classique avaient déjà vu fleurir des recueils de données, proverbiales ou poétiques, qui permettaient à l'honnête homme de se faire une idée de ces usages qui, soit lui étaient proches mais mal connus dans le détail, soit lointains et énigmatiques. La tendance à l'investigation archéologique et comparée des langues qui s'est manifestée à la fin du XVIIe siècle a renforcé cet intérêt, désormais investi d'un enjeu supplémentaire : celui de découvrir le fin mot sur le problème de l'« origine » du français et des langues en général. Avec les progrès de la philologie, la science se fait plus sûre, plus synthétique. L'année 1723, par exemple, est marquée par la double parution d'un *Dictionnaire breton-français du diocèse de Vannes*, dû à Pierre de Chalons, et d'un *Dictionnaire provençal et français* par le Père Pellas. L'occitan et le breton constituent les deux continents linguistiques considérés comme réellement distincts du français. Bientôt, viendront s'y ajouter l'alsacien et le corse. Le breton présente pour les philologues un intérêt particulier, dans la mesure où l'approfondissement de sa connaissance aide à relancer la piste « celte », très valorisée dans les travaux sur le français au XVIIIe siècle, comme on l'a vu. Le *Dictionnaire étymologique de la langue bretonne* que fait paraître Le Pelletier en 1752 participe de ce mouvement ; il est suivi, deux ans plus tard, par un *Mémoire sur la langue celtique* de Jean-Baptiste Bullet (1754), qui défend l'origine celtique du français.

Comme ceux réalisés sur le provençal, mais plus encore peut-être, les travaux sur le breton sont essentiellement le fait d'ecclésiastiques. Le rôle de l'Eglise comme « interface » entre la pratique dialectale et le développement d'une certaine culture ou savoir sur la langue est patent, surtout notable dans la seconde moitié du siècle. D'une certaine manière, l'Eglise s'empare de la question des dialectes et patois. Elle a compris qu'en s'accrochant au latin, elle allait perdre une grande partie de son public, ou du moins se l'aliéner. La pratique du français, de son côté, devient de plus en plus associée à la lutte contre l'obscurantisme qu'ont engagée les philosophes. Les langues régionales, les dialectes, les patois, sont alors apparus comme des occasions miracles de rétablir la communication avec la population, et le développement d'une littérature religieuse en dialecte en atteste.

Outre le breton, l'occitan, ou « provençal », est l'objet principal de curiosité. Mais le rapport au provençal est biaisé par les interférences qui sont produites avec le français, interférences absentes dans le cas du breton, protégé par une forme d'étanchéité. La question des « gasconismes », on le sait, fut une question majeure des usages du

XVIIe siècle. Le français du Nord, dans une volonté puriste, n'eut de cesse de lutter contre tout risque de contamination. Toutefois, la population occitanophone est tellement vaste, sous l'Ancien Régime, que le contact linguistique est constant. De malencontreux usages venus du Sud se retrouvent périodiquement à Paris, si bien que le combat, sans cesse, doit recommencer. L'un des ouvrages les plus diffusés du XVIIIe siècle en matière de langue est ainsi le recueil intitulé *Gasconismes corrigés* de Desgrouais (première édition en 1766). Tout comme le *Dictionnaire languedocien-français* de l'abbé de Sauvages, dont la première édition était parue en 1756, et qui a été, lui aussi, très réédité, cet ouvrage avait pour but de faire connaître le lexique, la phraséologie du dialecte – essentiellement dans le but de mettre en garde les locuteurs sudistes contre les fautes qu'ils commettent. Au fil du temps, la dynamique va s'inverser : les dictionnaires proposés seront conçus comme des « entrées » dans le dialecte ou la langue régionale, plus que comme des systèmes d'équivalence entre des usages dialectaux connus, et des usages standard qu'il s'agit de faire connaître. Le souci philologique développé à l'égard des dialectes va l'emporter sur celui de la norme, et ce seront les Parisiens plus que les gens du cru qui liront ces dictionnaires.

Jusqu'à la Révolution, néanmoins, la volonté est davantage d'inculquer de force un bon usage dans les marges régionales que de superposer la connaissance du français à celle des dialectes. Pour le locuteur, la différence est grande : entraîné dans un rapport d'infériorisation vis-à-vis de codes qu'il ne connaît pas, il ne peut tracer une limite nette entre formes dialectales d'un côté et formes du standard de l'autre. Ce sera un des apports de l'abbé Grégoire que de considérer qu'il n'y a pas de « travail » possible, sur les dialectes : il faut les reconnaître comme tels, et passer au français. En 1787, encore, le *Dictionnaire wallon-français* qui est proposé par Cambresier aux locuteurs nordistes ne se propose ni plus ni moins que de traquer ce qu'on appellera plus tard les « belgicismes ». Ce genre de publications brouille la perception des limites, et entretient l'illusion de « progrès » toujours possibles des dialectes vers le français.

Que ces derniers soient à présent – pour certains d'entre eux du moins – des formes nettement distinctes du français, c'est ce que fait apparaître aux yeux de tous le développement des littératures patoises. Si nous mettons à part l'efflorescence superbe, mais passagère, du « baroque occitan », le mouvement constant qui pousse, depuis la fin du XVIe siècle, certains usages dialectaux à se théâtraliser, ou à se « spectaculariser », est le signe d'une marginalisation en marche. Dans les ensembles dialectaux liés à l'ancien domaine d'oïl, la prééminence du français, s'étendant sans cesse davantage autour de Paris par cercles concentriques, a eu pour effet de cantonner l'expression patoise à des formes souvent anecdotiques, plaisantes, où, sous la dérision exercée à l'encontre de « petites différences », se lit facilement l'insécurité linguistique, et le doute quant au bien-fondé des usages.

Pour rester dans le Nord, le XVIIIe siècle voit se développer une veine qui avait déjà donné de beaux fruits au XVIIe siècle : la veine comique. Déjà fréquents au XVIIe siècle, les chansons de colportage, les saynètes, les contes, se sont beaucoup popularisés, dans les premières décennies du XVIIIe siècle. Dans des lieux de grand passage (carrefours, etc.), le public – un public mêlé, où se retrouvent marchands, dentellières, sayetteurs – les écoute, puis les achète[1]. Il s'agit souvent de dialogues, qui mettent en présence des personnages contrastés, comme un savetier et une femme de la bourgeoisie d'une ville voisine, entre lesquels la communication sera particulièrement difficile.... Le vrai personnage de ces dialogues, qui se stéréotypent à tel point qu'ils en viennent à créer un nouveau genre, la « pasquille », c'est la langue, – les usages linguistiques, les malentendus liés aux différences. La marqueterie des patois y fait d'ailleurs parfois l'objet de commentaires explicites. Une chanson énumère tous les noms que l'on donne aux ivrognes dans les différentes villes du Nord : *blasez* à Lille, *coups-d'houlettes* à Tournai, *bouffis* à Douay et Arras, – alors qu'en bon français, celui de Paris, nous dit l'auteur, « on les appelle des *polmoniques*[2] ».

Le niveau de culture s'étant élevé, tous ces textes, désormais, sont publiés. Des copies, plus ou moins altérées, se diffusent. Le rapport à la langue et à la culture change, fatalement : la mise en scène satirique des manières et des parlures intéresse, mais c'est pour s'en moquer. De cette époque, dans le Nord, un grand nom émerge : celui de François Cottignies (1678-1740), dit « Brûle-Maison[3] », connu pour s'être fait une spécialité de jouer sur les rivalités entre centres urbains en parodiant tour à tour, à l'attention d'un public chauvin et goguenard, les usages respectifs de Tourcoing et de Lille. L'opposition ville-campagne est également très porteuse : personnage populaire, Brûle-Maison crée une une vraie vogue, autour de cette littérature éphémère et percutante. Des publications périodiques apparaissent, comme cette *Abeille lilloise* que fonda le libraire Panckoucke, – auteur également d'une satire intitulée *Les Embarras du jour de l'an, Lille civilisée sous la domination française par l'établissement des Académies* (1731), dont le titre dit bien, au-delà de la parodie de Boileau, la relation problématique qu'un centre urbain important comme Lille pouvait avoir, au milieu du XVIIIe siècle, avec Paris et le pouvoir central.

Prise entre deux blocs de forte influence, le bloc « français », et le bloc flamand, la région lilloise se plaît à l'époque à exacerber des traits culturels faisant office, dans la valorisation de la singularité, de signes de reconnaissance. Les mises en scène linguistiques sont alors là pour renforcer des oppositions culturelles plaisamment et complaisamment déclinées. Cette théâtralisation du contact des langues, ou tout du moins des usages, est intéressante dans un contexte où, malgré tout, la standardisation progresse. Dans le « patois », le public retrouve un rapport subjectif au langage qui a tendance à se perdre dans les usages normés. Fils de François Cottignies, Jacques Decottignies[4] (1705-1762) a perpétué, outre le commerce familial, cet esprit satirique qui caractérise la chanson picarde au XVIIIe siècle. Il marque à la fois l'apogée de la veine, et malheureusement aussi, le début de sa fin, qui devait être précipitée par la Révolution.

On a parfois parlé de spécificité de la littérature patoise « d'Ancien Régime ». Cela est probablement vrai, comme le montre son altération significative après la Révolution. Certes l'abbé Grégoire sera passé par là, mais il faut compter aussi avec cette dimension « frondeuse » qu'on observe souvent dans la littérature patoise – inspiration qui a sa cohérence depuis l'épisode « burlesque » du milieu du XVIIe siècle. A ce titre, les *darus* et *darusses* de la littérature picarde du XVIIIe siècle (le mot *daru* signifie originairement « grossier », mais a tendu par la suite à désigner des personnages « délurés et pleins d'entrain[5] ») sont, à l'échelle locale, les descendants d'une association culturellement forte, dans la France d'Ancien Régime, entre grossièreté et revendication politique. L'anonyme *Coup d'œil purin* (1773) est une diatribe en vers contre le pouvoir royal et les ministres de Louis XV significativement écrite en dialecte normand, ou plus exactement en « patois purin », le parler de Rouen et de sa région. Les usages patois servent ainsi d'exutoire à une colère sociale et politique qui ne pourrait s'exprimer aussi librement en français. La différence fonctionne comme protection. Les patois deviennent des lieux « autres », où l'autorité royale ne s'étend pas. Ce rapport souvent conflictuel avec l'autorité prend parfois la forme de débats sérieux, sous l'influence des Lumières. Après 1750, il existe des « Lumières patoises », un peu partout en France. Sous la Révolution, l'usage des patois continue d'abriter la critique des pouvoirs en place. La dynamique

politique tend alors à s'inverser, pour faire des patois des lieux de
« réaction ». Mais nous aurons l'occasion d'y revenir.

Outre le domaine d'oïl, donc, les deux ensembles importants où se
pose la question du contact entre un idiome territorial et le français
sont la Bretagne, et le toujours immense domaine d'oc. Très soumise
à l'influence du clergé, la Bretagne continue, au XVIIIe siècle, à ne pas
percevoir la diffusion de la langue bretonne autrement que comme
associée à la propagation, auprès du plus grand nombre possible d'esprits, des vérités de la foi. Toutefois cette diffusion se heurte à un
phénomène d'acculturation, au cours du XVIIIe siècle, qui fait baisser
sensiblement le nombre de lecteurs potentiels du breton. La combinaison des paramètres d'éducation et des paramètres linguistiques
entraîne, en effet, un déplacement de la population qui sait lire vers
le français. Les auteurs catholiques en breton comme Charles Le Bris
(1660-1737) sont beaucoup plus prolifiques que leurs prédécesseurs[6],
mais ils ne peuvent ignorer le contact avec le français qui imprègne
désormais la vie non seulement culturelle, mais quotidienne. Bien souvent, pour rester pertinents en termes spirituels, ils doivent se consacrer à traduire des œuvres françaises, comme l'*Introduction à la vie
dévote* de François de Sales, du français en breton – opération de
moins en moins rentable en termes de public potentiel. Les « puristes » postérieurs considéreront vite la langue ainsi produite comme
abâtardie, en raison du grand nombre d'emprunts que contiennent
leurs textes.

De son côté, la littérature « populaire » reste relativement peu
développée. La Bretagne connaît une crise économique majeure, au
XVIIIe siècle. Le contexte est peu favorable à l'émergence et à la stabilisation d'une classe, disons, « moyenne inférieure » consolidée dans
son statut professionnel, et développant une conscience de son identité culturelle, comme dans le Nord. En Bretagne au XVIIIe siècle, le
breton tend à devenir une langue « de misère » et d'éducation religieuse pour les peu lettrés. On observe bien l'existence d'un théâtre
comique similaire à celui qu'on rencontre partout en France à
l'époque, mais il semble curieusement « décalé » historiquement,
observant des schémas du XVIIe siècle déjà bien oubliés ailleurs. Le
cas de François-Pascal de Kerenveyer (1729-1794) est intéressant.
C'est un petit noble de Saint-Pol de Léon qui a dû apprendre le
breton par le biais des paysans et des domestiques, puisque le français
est désormais la règle dans les classes élevées, et qui y a pris goût. Ses
poèmes et son « opéra-comique » en breton montrent qu'il n'envisa-

geait pas le breton comme un objet de dérision, mais avec une certaine tendresse.

Le peu de place accordé à la dérision est un des traits qui distinguent également la littérature d'oc, au XVIIIe siècle, de la littérature patoise du Nord. La Renaissance poétique du XVIIe siècle a eu un effet paradoxal. D'un côté, elle a remis à l'honneur des pratiques culturelles oubliées depuis les troubadours ; mais elle a aussi gravement défiguré la langue, notamment par l'adoption de graphies influencées par le français. Sans s'en rendre compte, les écrivains occitans ont donné de leur idiome une version *pédagogique*. Il en a résulté qu'au XVIIIe siècle, une coupure s'est effectuée entre ces littératures et les usages réels. Une certaine standardisation de l'occitan littéraire moderne ainsi qu'un relatif « académisme » lié au rôle centralisateur de Toulouse ont fait perdre de leur pertinence aux productions écrites.

Néanmoins, la mode de la campagne, le goût du bucolique, du rustique, si caractéristiques du second XVIIIe siècle, ont permis de relancer la vitalité de l'idiome, au travers d'un attachement prononcé aux « terroirs ». Ainsi Claude Peyrot (1709-1795) s'est voulu à Millau une sorte de « Virgile » occitan. Couronné à l'Académie des Jeux floraux de Toulouse en 1748, il est l'auteur de nombreux poèmes en « patois » célébrant la nature et les travaux des champs : le *Primo Rouërgasso*, le « Printemps rouergat », dans la lignée des *Géorgiques* de Virgile (1774), ou *Los Catre Sosous ou los Georgicos Potuosos*, « Les Quatre Saisons ou les Géorgiques patoises », une des œuvres les plus populaires et les plus originales de cette seconde moitié du XVIIIe siècle en domaine d'oc. Son inspiration joviale, son sens critique, son attention au détail savoureux l'ont fait immédiatement aimer par ses contemporains tandis que, plus profondément, on peut reconnaître dans son œuvre la manifestation d'un courant d'idées qui annonce la Révolution.

A Paris, à la Cour ou dans les cercles aristocratiques, le dédain dans lequel a longtemps été tenu tout ce qui venait du Sud fait désormais place à un attachement attendri. Louis XV, dit-on, développa un goût pour les chansons béarnaises de Despourrins, et la cour applaudit la pastorale occitane *Daphnis et Alcimadure*, mise en musique par Cassanéa de Mondonville. Les parlers d'oc font signe de la ruralité, du monde des champs et des forêts...

Béarn, Pays basque, Catalogne, Bretagne... : c'est essentiellement dans des zones géographiques lointaines que des usages cohérents, et perçus comme réellement différents, sont encore actifs. A ces marches distantes, la France du XVIIIᵉ siècle vient ajouter une nouvelle terre : la Corse. A lieu nouveau, situation nouvelle. Depuis la révolte de 1729 contre les Gênois, les Corses se sont trouvés propulsés aux avant-postes des Lumières en rédigeant, avant les Etats-Unis d'Amérique, une constitution en 1734. Mais, par le biais de deux interventions militaires successives (1740 et 1750), la France, pour des raisons essentiellement économiques, prit pied en Corse. L'apparition d'un personnage charismatique, Pascal Paoli, retarda néanmoins l'assujettissement politique de la Corse à la France. On connaît l'œuvre importante de Paoli, dans le domaine de la vie civile : la création d'un enseignement primaire obligatoire, d'une université, d'un service militaire. Par bien des aspects, sa politique, qui fit l'admiration de Voltaire et de Rousseau, annonce les futures réalisations de la Révolution française. Mais l'épisode n'eut qu'un temps. En 1769, l'armée corse est défaite et les députés corses prêtent serment au roi de Corse. La langue corse, qui ne se rattache pas au domaine d'oc, entre dans le vaste ensemble des idiomes parlés en France. A la fin du XVIIIᵉ siècle, elle est toujours très vivante : la francisation de l'île, à la vérité, ne sera que très lente, et les premiers émissaires du gouvernement sont contraints au bilinguisme.

Au total, comment se représenter cette marqueterie d'idiomes, jugée pourtant impertinente, inadéquate aux efforts de centralisation ? Le XVIIIᵉ siècle popularise une désignation vague, bien commode et révélatrice : celle de *patois*. Le mot est le biais essentiel par lequel, désormais, la réalité linguistique est abordée en France. Spécifiquement français, il a des couleurs rustiques, et il évoque ce « vieux fond » à propos duquel tout le monde se plaît à rêver tout en le stigmatisant, au nom des progrès accomplis depuis lors. Ne nous leurrons pas : il n'a pas à l'époque le sens purement technique qu'il a aujourd'hui en linguistique : il véhicule des connotations très négatives. « Peut-être l'introduction du patois sur la scène française, écrit D'Olivet, faisant référence aux représentations que nous avons évoquées, n'est-elle qu'un reste de ce misérable goût que nos pères ont eu pendant un temps pour le burlesque[7]. » On ne saurait marquer plus nettement la répugnance... « Un reste de l'ancien patois s'est encore conservé chez quelques rustres dans cette province de Galles, dans la Basse-Bretagne, dans quelques villages de France », écrit Voltaire dans son article « Français » du *Dictionnaire philosophique*. Veut-il parler de ce « gaulois » ou « celtique » que la plupart des intellectuels, au XVIIIᵉ siècle, aiment à se représenter comme le substrat du français ?

Le mot *dialecte*, en revanche, est plus sérieux, plus intellectuel. Le XVIIIe siècle français l'applique essentiellement à la Grèce. Dans son *Histoire ancienne*, Rollin considère que la Grèce antique connaissait quatre dialectes. Dans ce qu'il appelle l'« ancien français », il en voit trois : *normand, picard, bourguignon*. Pour ce qui est de l'époque moderne, en revanche, la situation est plus confuse. Si les contemporains reconnaissent volontiers des dialectes à l'italien, le vénitien, par exemple, ils répugnent à considérer comme tel aucun des « patois » du français. La lecture du trajet historique n'est pas la même. Le rôle des patois, en France, est vu comme un rôle de formation, amené à s'effacer un jour ou l'autre devant le mouvement de standardisation et de centralisation. Leur reconnaître un statut de dialecte serait les faire sortir de cette logique, à laquelle le XVIIIe siècle est d'abord attaché. De façon très simpliste, Rivarol reconnaît, dans la France « naturellement partagée par la Loire », l'existence historique de « deux patois » : le picard et le provençal. L'un et l'autre ont marqué le français, dit-il, mais c'est l'influence politique du Nord, et notamment l'existence d'une « couronne », qui a assuré la prééminence au picard... La coexistence de ces lectures révèle la difficulté qu'eut le XVIIIe siècle centralisateur et universaliste à assimiler l'hétérogénéité.

C'est alors qu'une inflexion majeure dans les représentations va venir jouer un rôle : celle qui va déplacer la compréhension géolinguistique qu'on avait jusqu'alors des usages vers une compréhension sociale, « sociolinguistique ». Cette transformation continue de l'interprétation est l'un des traits majeurs, sur la longue durée, des représentations de la langue sous l'Ancien Régime. Le patois, au XVIIIe siècle, va cesser d'être l'idiome étrange et radicalement différent auquel un Racine se heurtait en approchant de Lyon : il va devenir une langue socialement marquée, la langue de l'ouvrier ou du paysan, que l'on pourrait comprendre, mais avec laquelle on ne se commet pas, pour des raisons sociales. Ainsi, les progrès de la standardisation et le sentiment de la hiérarchie sociale se sont-ils rejoints, pour reléguer les patois dans les marges. Linguistiquement, la différence est niée. Dans l'article « Langue » de l'*Encyclopédie*, par exemple, le terme *patois* est associé à des « prononciations ou terminaisons différentes d'un même mot ». Il s'agit, est-il dit, d'« usages subalternes ».

Poussée irrépressiblement vers une logique nationale sinon nationaliste, la France ne peut désormais plus supporter ce sentiment d'appartenance provinciale qui caractérise l'essentiel de sa population. Les usages des patois sont devenus illégitimes, injustifiés, sinon à titre de vestiges entretenus seulement par la mauvaise éducation. La France de la fin du XVIIIe siècle refuse toute cohérence, aussi bien linguistique que culturelle, à des ensembles qu'elle prive désormais de leur identité. Confrontée à l'hétérogénéité sociale, elle choisit durablement de fermer les yeux sur l'hétérogénéité langagière.

La nouvelle cartographie du français

Ainsi, le XVIIIe siècle est marqué par un glissement progressif des usages patoisants, notamment du Nord, vers ce qu'on ne va pas tarder à appeler des français « régionaux ». Les mots formés sur des bases lexicales distinctes du français tendent à disparaître au profit de prononciations différentes d'un même mot. Dans le Nord, les formes *poplieu, popliu, peupillier, popier, poupier*, jouent désormais le rôle de formes patoises pour « peuplier[8] ». Par ailleurs, de plus en plus de mots patois sont désormais écrits. La graphie du mot, ainsi, joue un rôle rétroactif sur sa prononciation. Beaucoup de mots patois entrent en variation avec les mots français correspondants. C'est cette variation qui, progressivement, conduira à la francisation du vocabulaire. Dans l'Artois, le mot *draps* vient désormais se proposer en alternative possible au mot patois *lincheus*. D'abord en variation, les deux mots vont ensuite développer des sens différents : les *draps* désigneront des draps par paires, tandis que les *lincheus* seront des draps par unités, dépareillés, réemployés... On voit bien alors comment le mot dialectal a graduellement été réservé aux éléments de la réalité les moins usuels ou les moins nobles. Il était fatal, ainsi, que le mot *lincheus* en vienne à ne plus être employé, le mot *draps* récupérant alors le sens de « draps par unités ». A la fin du XVIIIe siècle, seul le mot *draps* est employé, dans tous les sens. Pour rester dans le domaine du linge, on cite la concurrence similaire entre les verbes *retendre*, régional, et *repasser*. Après 1788, l'opération du *retendage*, légèrement différente à l'origine de celle du repassage, disparaît, et avec elle le mot[9].

Autour de Paris, les particularités locales s'effacent également. Le *Vrai recueil de Sarcelles* publié à Amsterdam en 1764, mais qui contient des *sarcelades* écrites par un certain Nicolas Jouin entre 1730 et 1748, s'offre comme un reportage sur les façons de parler d'un lieu alors considéré comme éloigné de Paris. Mais un examen attentif du texte ne tarde pas à révéler qu'il y a peu de différences entre ce qui est proposé et les caricatures de langage populaire proprement parisien qu'on trouve ailleurs. Il en est ainsi des *Lettres de Montmartre*[10] de Coustelier (1750), ou du *Discours prononce au roy par un paysan de Chaillot*[11] anonyme de 1744. Certains lieux sont identifiés comme propres à véhiculer l'idée qu'on se fait d'un parler populaire : Chaillot, Montmartre, Sarcelles... Ils remplacent l'ancienne place Maubert du XVIIe siècle, lieu stéréotypique des parlers du peuple. Il est intéressant de constater à quel point l'historien de la langue, pour se faire une idée « exacte » des usages d'un temps reculé, doit composer avec ces visions schématisées des usages, ces déformations, ces focalisations abusives...

Peu soucieux de conserver le patrimoine géolinguistique qu'il a hérité des siècles passés, le XVIIIe siècle français est, en revanche, fort curieux des usages socialement marqués qui semblent contredire, à l'intérieur du français, le mouvement de standardisation. Fortement compartimentée sous Louis XIV, la société française voit graduellement se fragiliser, au cours du XVIIIe siècle, les frontières jusqu'alors étanches qui séparaient les classes. La bourgeoisie, notamment, accède à des places jusqu'alors réservées à la noblesse. Une pièce comme *Turcaret* de Lesage (1709) peut être considérée comme l'emblème de ce changement dans les régimes sociaux qui se dessine au seuil du XVIIIe siècle. Au fil des décennies, bien des nobles se verront dépossédés de la puissance économique. Du coup, il se créera une solidarité culturelle nouvelle et paradoxale, entre l'aristocratie et les milieux populaires – paysannerie, domesticité. Ce rapprochement, bien sûr, se fait avec beaucoup de dédain et d'ironie de la part de l'aristocratie, mais il se fait quand même. Bien des nobles désargentés préféreront frayer avec les classes populaires plutôt qu'avec une bourgeoisie qui leur fait horreur, et dont ils condamnent tout : l'avidité, les usages, le goût...

Au plan linguistique, cette porosité nouvelle se traduit par la « remontée » dans le français le plus élevé de termes provenant des classes inférieures. Ceux-ci sont souvent adoptés par jeu, dans un premier temps. Mais ils finissent par s'installer... L'un des témoignages majeurs que nous conservons de la langue populaire du XVIIIe siècle réside précisément dans cette mode, qui saisit le public aristocratique, des usages bas, grossiers, réprouvés. On se plaît, après souper, à contrefaire sous la forme de bouffonneries, les façons de parler du peuple, jugées hilarantes. En 1730, se crée une académie parodique, l'« Académie du Bout du Banc ». Il n'est pas indifférent que le peuple soit alors représenté sous l'angle exclusif de la grossièreté : son image s'est très dégradée depuis le XVIIᵉ siècle. La culture populaire n'est plus considérée comme le socle ancien, légitime, de la culture savante, mais comme un univers séparé, qui sert de défouloir aux fantasmes d'encanaillement des classes élevées. Un terme apparaît, pour désigner les gens du peuple : on les appelle les *grenouilles* – métaphore animale significative. A l'origine, on désignait ainsi les débardeurs, souvent en contact avec l'eau. Mais c'est à d'autres liquides, dispensés dans les cabarets, qu'on associe bientôt les *grenouilles*. Si l'on fait volontiers du paysan un « bon sauvage », l'homme du peuple urbain focalise autour de lui tous les vices qu'on prête à la ville : vol, misère, prostitution, alcool...

Le « poissard »

Sous Louis XV, le goût pour l'encanaillement donne une couleur spécifique, plus outrée, à la veine qui, de Molière à Labiche, s'attache à caricaturer au théâtre le langage paysan et populaire. Une pièce comme *Le Marchand de merde* de Thomas Gueulette en est une bonne illustration. Un genre nouveau apparaît : celui du théâtre « gaillard », ou « poissard ». Le mot *poissard*, *poissarde* servait, selon Furetière, d'injure entre les harangères « qui se le disent les unes les autres pour se reprocher leur vilenie et leur malpropreté ». Il n'est pas dit que le terme *poissard* était utilisé par ceux qui le parlaient pour caractériser leur langage ; mais il deviendra bientôt un terme à la mode, dans les classes élevées, pour désigner le langage du peuple [12].

Un écrivain s'illustre particulièrement dans le style poissard : Jean-Joseph Vadé (1719-1757). La vogue qui l'entoure est significative. Même D'Alembert s'en fait l'écho. Une gravure du musée Carnavalet le représente en train d'aller jouer les provocateurs auprès des « vendeuses de marée » des halles pour mieux recevoir leurs injures – butin précieux pour son futur travail. En 1749, il a fait paraître des *Lettres de la Grenouillère* dans lesquelles il explore de larges pans du lexique populaire et de cette syntaxe de l'oral qu'il nous est si difficile aujourd'hui de reconstituer. Dans ce texte, la graphie est spécialement choisie pour renforcer l'impression d'exotisme. Voici un petit extrait de ces lettres, à titre d'exemple : « Monsieux, Vous avez sorti d'cheux nous venderdy en façon d'un homme qu'est comme en fureur pour la cause que j'vous ai pas consenti sur la d'mande auquel vous m'avez dit que j'vous dise une réponse. A Pasques prochain qui vient, j'naurai qu'vingt-trois ans. Faut vous donner patience pardi [...] [13]. »

Faut-il voir là un témoignage probant de ce que pouvait être le langage populaire oral du milieu du XVIIIe siècle ? A l'évidence, le paramètre de l'écrit, une nouvelle fois, vient tout fausser. Loin du souci documentaire, l'écrivain explore cette dimension intermédiaire entre langue orale et dynamique de l'écrit qui lui est source d'inspiration. L'objectif est de plaire, d'étonner, quitte à en passer par la caricature.

Cet aspect de théâtralisation est bien montré par les recommandations aux acteurs que donne Cailleau en tête de son *Waux-hall populaire ou Les Fêtes de la Guinguette* de 1769 : « Tout ce qui est marqué par des guillemets à la tête de chaque vers, doit être prononcé d'un ton enroué, à l'imitation des gens de la Halle et des Ports : c'est en contrefaisant la voix et les gestes de ce peuple grossier, qu'on peut trouver quelqu'agrément à la lecture de ces sortes d'ouvrage, qui veulent être lus avec cette grâce originale et plaisante, qu'on a souvent de la peine à attraper. Le lecteur observera encore qu'il faut lire les vers poissards avec les abbréviations telles qu'elles sont marquées [14]. »

Ce qui est pensé comme drôle, c'est précisément le fait qu'une compétence orale ait prétention à entrer dans le monde de l'écrit, et à *faire texte*. C'est l'échec de ce langage à y parvenir qui fait sens. Par là, le caractère codifié, tant de l'écrit que de l'oral est exhibé. Veine féconde, renouvellement de la littérature, ou stigmatisation ? Le public devait se régaler de cette ambiguïté propice à la catharsis sociale. Lorsqu'elles sont publiées, ces productions théâtrales qui, comme les *parades* [15] de Beaumarchais, jouaient sur l'exagération et le grossissement des traits acquièrent un statut particulier. Elles engagent l'image visuelle de la langue. L'imprimé est-il une simple trace, ou un mode emblématique de représentation ? C'est l'une des questions que pose ce théâtre paradoxal, miroir déformant d'une réalité à laquelle on voudrait ne pas appartenir. Les frontières internes à la culture sont mises en scène, à un moment où leur étanchéité est mise à mal.

Après avoir reculé sous les coups de l'académisme et de l'idéologie puriste, le goût de la satire, revient en force, au XVIIIe siècle. On connaît bien ce parti des « rieurs » qui anima la Régence ; tout au long du siècle, se multiplient les pratiques de la *charge*, du persiflage, utilisant un matériau langagier beaucoup plus vaste, et se renouvelant sans cesse, jusqu'à la néologie. C'est la mode des *cacouacs*, terme qui, dans le sillage de l'*Encyclopédie*, désigna les philosophes [16]. Dans la seconde moitié du siècle, ce goût prendra progressivement une couleur réactionnaire, qui culmine avec Rivarol.

Jargons, argot et subversions

En même temps, les pouvoirs d'*altérité* que contient le lexique bas apparaissent avec plus de force et d'urgence. Si de nombreux dictionnaires « comiques », « satiriques » ou « proverbiaux [17] » continuent de paraître, à l'usage d'un public cultivé qui en fait un amusement anodin, ce sont aussi des événements, comme l'arrestation du bandit Cartouche, en 1721, qui servent de révélateurs d'une réalité qu'on a toujours plus ou moins travestie, depuis le début du XVIIe siècle, sous des couleurs littéraires. Immédiatement après cette arrestation, en 1725, un certain Nicolas Ragot fait paraître un poème versifié intitulé *Le Vice puni, ou Cartouche*. Il y insère un glossaire présenté comme issu d'entretiens avec le prévenu quelque temps avant son exécution. Un monde à part est soudainement placé sous les projecteurs : celui de l'*argot* (on a fait le rapprochement avec le nom de l'auteur du poème..., mais il ne s'agit pas d'une étymologie : le terme est attesté, comme on l'a vu, depuis le début du XVIIe siècle).

Longtemps associé au langage des voleurs, des bandits de grand chemin, des « coupeurs de bourse », comme les appelle Richelet, le terme argot était, au XVIIe siècle, synonyme de *jargon* [18] ; on mettait l'accent sur l'aspect de code de ce langage hermétique aux non-initiés. En 1740, le terme fait son apparition dans le Dictionnaire de l'Académie – fait significatif, signe de cette porosité nouvelle entre les usages. L'argot n'est plus un langage à part : il remonte de la condition obscure et totalement marginale qui est la sienne à l'origine, pour intégrer la dimension simplement « basse » de la langue. C'est moins l'aspect de code, désormais, qui attire l'attention, que le marquage social des usages. Certes, le mot *argot* conservera encore longtemps son premier sens technique : on employait encore le mot *argot*, au XVIIIe siècle, pour désigner le langage d'un corps de métier, par exemple. Mais il commence à s'appliquer aussi à un niveau de la langue. Ce mouvement s'accentuera considérablement au XIXe siècle. Pour certains, il est caractéristique de ce que l'on a appelé la phase « proto-industrielle » de l'histoire française [19]. En attendant, focalisant autour de lui les représentations du bas, il commence à construire une antithèse idéalisée avec le « bon langage ».

Le goût du « bas » est un contrepoint fascinant au développement de la culture aristocratique tout au long de l'Ancien régime. Périodiquement, il est stigmatisé ; périodiquement, il réapparaît. Après le « nouveau burlesque » des années 1720, bientôt dépassé sur ses marges, il se fait le vecteur du « blasphème social » qui vient se conjuguer avec les blasphèmes religieux et moral. L'œuvre de Sade est l'emblème de cette utilisation nouvelle du langage, qu'on a parfois décrite sous le nom de « subversion ». Dans sa littérature érotique, Sade distinguait deux styles : « avec mots » et « sans mots ». Héritier du français littéraire le plus châtié, il commence par jouer sur la qualité euphémistique, dissimulatrice, d'« estompement des contours », que les usages littéraires postclassiques, stimulés par l'esthétique mondaine de la conversation, avaient mis en avant. Mais il a aussi exploré la dimension la plus crue du lexique de son temps, ouvrant les yeux sur cette interpénétration, désormais active et signifiante, entre les lexiques aristocratique et ordurier.

Une mention spéciale doit d'ailleurs être attribuée, pour ce qui est des usages langagiers, à la pornographie. Depuis la Régence, les ouvrages pornographiques se sont multipliés, et il ne serait peut-être pas excessif de dire qu'elle a pu servir de base culturelle commune entre les classes. On connaît l'épisode fameux de la perquisition du château de Versailles, en 1749, à l'occasion de laquelle fut découverte de la littérature pornographique dans quasiment chaque chambre, des princes aux laquais. Rançon de l'expansion considérable de l'imprimé : la difficulté qu'a la censure à la contrôler...

Les décennies précédant la Révolution sont donc marquées par une interpénétration croissante entre la langue « élevée » et des usages qui, à force d'être parodiés et stigmatisés, ont fini par être mieux connus. De cette interpénétration, la bourgeoisie est plutôt absente. En revanche, c'est son langage qui émergera de la Révolution, laquelle se montrera hostile à cette représentation outrée et satirique du peuple. Ce seront les royalistes qui, sous la Révolution, recourront aux formes basses du langage du peuple. Entre-temps, le bel édifice de la hiérarchisation des styles, encore présent dans le *Traité du stile* de Mauvillon (1751), et où le classement des mots selon des oppositions nettes (noble/ignoble ou haut/bas) dessine une cartographie repérable, est mis à mal. L'idéal de l'« honnête homme » est en recul, qui associait le « bon usage » à l'appartenance à une classe. Louis-Sébastien Mercier peut noter : « Les mots proscrits de la langue sont positivement dans toutes les bouches, depuis les princes jusqu'aux crocheteurs [20]. »

Etudier et connaître le français

Marqué par une modification sensible des usages sous l'apparente « immobilité » de la langue classique, le XVIIIe siècle est néanmoins le siècle décisif dans l'extension du français. Il le doit beaucoup à l'éducation. On a dit du XVIIIe siècle qu'il avait eu la « passion d'éduquer » ; il est vrai qu'après 1760, se multiplieront, dans le sillage de l'*Emile* de Rousseau, les réflexions sur l'éducation, la pédagogie, les moyens de diffuser les connaissances... Mais le XVIIIe siècle revient de loin.

Au tournant du XVIIe siècle, l'enseignement en latin reste en effet très prégnant, les collèges jésuites continuant à jouer le rôle essentiel, dans l'éducation. Quelques initiatives pédagogiques comme celle de Charles Rollin (1661-1741) font toutefois leur chemin. Rollin, dans la filiation de l'enseignement des jansénistes, proposa un enseignement fondé sur le français, impliquant l'apprentissage des règles de la langue, la pratique de la composition comme de la traduction, et la lecture des tragédies de Racine, des *Pensées* de Pascal et des ouvrages pédagogiques de Port-Royal. Au latin, il accorde explicitement un statut de « langue étrangère ». Professeur au Collège de France et recteur de l'Université de Paris, il écrit un *Traité des études* (1726) qui devient un outil essentiel de la pédagogie, base essentielle d'une culture plus large, au début du XVIIIe siècle, – non plus strictement intellectuelle et élitiste.

Vers le milieu du siècle, l'hostilité vis-à-vis de la présence écrasante des langues anciennes dans l'enseignement se fait nettement plus véhémente : Voltaire et l'abbé Prévost, entre autres, brocardent les curés ignorants. Des années que passa Voltaire dans les collèges jésuites, on connaît son appréciation : « je savais du latin et des sottises ». Prévost, de son côté, fut l'un des premiers grands intellectuels français à ne pas du tout apprendre de latin. L'article « Collège » de l'Encyclopédie, rédigé par D'Alembert, s'indigne qu'on regrette les soutenances de thèses en grec, et, de façon générale, le mouvement des philosophes soutient la diffusion du français dans l'enseignement. Le « concours général », destiné à récompenser les meilleurs élèves des institutions du royaume, est créé en 1746, et comporte un prix de discours français. Les nouvelles générations sont ainsi davantage familiarisées avec la lecture des classiques français, même si l'étude de notre langue ne fait souvent encore qu'accompagner la base que constitue l'enseignement du latin.

La nécessité de réformes dans l'éducation devient communément discutée, comme en témoigne la parution de l'*Emile* de Jean-Jacques Rousseau en 1762 – date importante dans la mesure où c'est aussi celle de la suppression des institutions jésuites (suppression temporaire, jusqu'à leur rétablissement en 1814). En 1762 également, une disposition de la Faculté des Arts de Paris introduit la lecture des classiques français du siècle précédent qui peuvent servir de support à l'enseignement de la rhétorique et de la langue : Bossuet, Fléchier, Massillon, mais aussi Boileau et Racine. Cette orientation rhétorique de l'enseignement du français sera par la suite critiquée, même s'il faut y voir un indéniable progrès. L'une des inflexions apportées par les années 1780, et prolongées pendant la Révolution, sera de mettre davantage l'accent sur l'aspect grammatical de l'enseignement, au moyen de vulgates telles que les *Eléments de grammaire française* de Lhomond (1780), abrégé des connaissances de base en matière de langue rédigé sous la forme questions-réponses, et qui devait connaître d'innombrables rééditions pendant tout le XIXe siècle. La culture linguistique, peu à peu, se substitue à la culture rhétorique. Elle permettra, avec le temps, de diversifier les usages, alors que, dans les années 1760, la maîtrise scolaire du français est encore souvent assimilée à une compétence en matière de harangues...

L'histoire du recul du latin au XVIIIe siècle est marquée par quelques dates. Notons d'abord celle de 1757, quand les Oratoriens suppriment les thèses de logique en latin ; en 1759, c'est le premier enseignement absolument sans latin qui apparaît, dans le collège de bénédictins dénommé « l'illustre maison de Sorèze ». A sa place, on stimule l'enseignement des langues vivantes. Selon Rousseau dans l'*Emile* (1762), l'apprentissage des connaissances en latin charge inutilement la mémoire, et égare l'esprit de l'apprenant, qui ne sait plus bien à quelles réalités se rattachent ces mots étrangers. Même si l'« agrégation », mode de recrutement des maîtres, créée en 1766, se passe encore exclusivement en latin, les progrès du français dans l'enseignement sont notables, particulièrement lorsque l'enseignement du Parlement de Paris est dirigé par Rolland d'Erceville, partisan de la réforme.

La décennie 1760 est marquée par le progrès très net de l'enseignement en français. La Chatolais, dans son *Essai d'éducation nationale* (1763), met au premier rang des priorités l'enseignement en français. Mais cet enseignement reste déséquilibré. Déséquilibre entre garçons et filles, tout d'abord : alors qu'on compte en 1760 quelque 300 collèges de garçons, l'enseignement des filles reste très négligé. Déséquilibre dans la finalité, ensuite. Dans beaucoup de cas, l'éducation reste orientée dans la perspective religieuse. Dans les 300 collèges évoqués, qui concernent, pense-t-on, un adolescent masculin sur cinquante environ [21], 10 % deviennent ensuite prêtres ou religieux. Dans toute la première moitié du XVIIIe siècle, la *piété* demeure un objectif essentiel de l'éducation.

Davantage développés, l'enseignement *en* français et l'enseignement *du* français sont-ils pour autant plus pertinents ? Diderot, dans son *Essai sur les études en Russie* (1773) et son *Plan pour une université* (1775) déplore qu'on mêle l'enseignement des sciences, encore parfois effectué en latin, à des discussions métaphysiques oiseuses. Il faut dire que, si l'enseignement pour ainsi dire « secondaire » généraliste s'est développé, au cours du XVIIIe siècle, les universités restent encore très spécialisées. Les vingt-quatre que compte le territoire regroupent environ 10 000 à 12 000 étudiants, essentiellement juristes, médecins, théologiens. A ce niveau, le lien n'est pas toujours fait entre l'acquisition de connaissances instrumentales et la « culture » en langue française.

Enfin, autant l'enseignement du français a progressé, dans le courant du XVIIIe siècle, en contexte urbain et cultivé, autant en contexte rural, les lectures, quand il y en a, sont encore essentiellement constituées par des ouvrages pieux et des almanachs, tels *L'Almanach liégeois* ou *Le Messager boiteux*, véhiculés par les colporteurs. Le XVIIIe siècle voit aussi l'apparition de toute une littérature qu'on pourrait appeler aujourd'hui « de série B » : chroniques de mœurs, récits plus ou moins sanglants, littérature fantastique, érotique ou pseudo-érotique, ainsi que la popularisation de toutes sortes d'imprimés secondaires, gazettes, brochures... Les livres bien connus de la Bibliothèque bleue sont l'emblème de ce nouvel écrit populaire assez fréquent, mais souvent de faible qualité.

Au total, la progression de l'écrit est indéniable. On a pu estimer le pourcentage d'actes d'inventaires après décès comportant au moins un livre à 34 % au milieu du siècle dans les villes de l'Ouest [22]. Mais ce livre n'était-il pas la Bible, ou un ouvrage de piété ? C'est possible jusque vers 1750. Vers cette date, on considère qu'il s'est produit une sorte de « révolution » dans les pratiques de la lecture. Alors que, depuis le Moyen Age, on lisait « intensivement » un livre, souvent à voix haute et en groupe, à partir du milieu du XVIIIe siècle se répand la lecture dite « extensive », impliquant, autant que la lecture muette, davantage de diversité. Ainsi, l'un des moteurs nouveaux de l'accès à l'écrit au XVIIIe siècle a-t-il été la *curiosité*, une curiosité initiée par l'appétit vorace de connaissances et de réflexion dont les philosophes ont donné l'exemple, mais qui a aussi fini par se répandre dans les couches inférieures de la population. En témoigne la vogue nouvelle des bibliothèques publiques, des « cabinets » de lecture, que le voyageur anglais Arthur Young a décrits à Nantes en 1788.

La progression de la lecture est un phénomène particulièrement sensible au plus bas de la hiérarchie sociale – en milieu urbain, toutefois. A Paris, en 1780, 40 % des domestiques et 35 % des compagnons ont des livres, alors que ces pourcentages étaient inférieurs à 20 % au début du siècle. Mais la circulation des livres est encore assez anarchique. Beaucoup de contrefaçons sont sur le marché, ou de livres publiés illégalement. Tout un monde d'« écrivains » s'active autour du milieu des imprimeurs, pour des succès parfois limités. La « placardisation » des informations continue, mais plus nombreux, désormais, sont ceux qui savent lire les affiches ! Il existe toute une « interface » entre le monde dit « de la culture », ou du pouvoir, et le peuple, où les modes de transmission orale tels que colportage ou chansons jouent encore un rôle, mais où une certaine place est aussi occupée par l'écrit.

Mais si cette situation caractérise bien le milieu urbain, il n'y a toujours que très peu de livres en circulation dans les campagnes, trop occupées par les travaux des champs. La fin du siècle stigmatise beaucoup l'attitude des curés, dans ce qui est de plus en plus interprété comme l'agencement concerté d'un obscurantisme[23]. Le taux d'alphabétisation reste encore assez faible. Sont surtout sensibles d'énormes différences dans les compétences réelles des locuteurs une fois qu'ils passent à l'écrit. On a estimé qu'à la fin du XVIIe siècle, 80 % des hommes et 60 % des femmes étaient capables de signer un testament, et que ces chiffres étaient passés, un siècle plus tard, à 90 % pour les hommes et 80 % pour les femmes[24]. La différence montre au moins un progrès dans l'accès des femmes à l'écriture. Mais les chiffres avancés en ce domaine, en raison des difficultés méthodologiques, sont contestables.

L'orthographe, un obstacle majeur

Ne nous leurrons pas : si l'accès à l'écrit reste autant un problème, au XVIIIe siècle, cela est dû, pour partie, à la permanence d'une question depuis longtemps non résolue, celle de l'orthographe.

Nous avons vu que le XVIIe siècle avait été partagé entre deux tendances, pour ce qui est du traitement de l'orthographe : une tendance réformiste, « moderne », qui voudrait calquer, autant que faire se peut, la graphie des mots sur leur prononciation réelle, et une tendance conservatrice, plus soucieuse de préserver, à travers l'orthographe, l'étymologie des formes, de manière à « fixer » la langue. Les choix faits dans les principaux dictionnaires de la fin du XVIIe siècle témoignent de ce partage des sensibilités.

Cependant, au début du XVIIIe siècle, la question demeure non tranchée. Au fil du temps, elle est devenue tellement complexe, que les projets de réforme radicale, comme on en connaissait au XVIe siècle et au début du XVIIe siècle, se raréfient, pour la simple raison qu'ils ne seraient pas viables. La réflexion sur l'orthographe s'inspire désormais de principes inspirés de la grammaire, tels que la « raison », la clarté. Mais est-il si facile que cela de mettre de la « raison » dans ce qui ressemble à un empilement d'exceptions, d'irrégularités, de règles mal stabilisées ? Les grammairiens qui s'y intéressent se rendent compte qu'outre le lexique et la prononciation, l'orthographe a partie liée avec la syntaxe, domaine assez négligé dans les grammaires du XVIIe siècle. Entre 1700 et 1720, on se rend compte que l'orthographe et les règles de construction de la phrase sont sur bien des points solidaires. Le règlement de la question des participes par l'Académie, en 1679, constituait un premier pas dans cette réflexion d'ensemble sur la dimension grammaticale de l'orthographe.

Conjuguer la fidélité phonologique, le souci de préserver l'architecture lexicale et l'objectif d'assurer une visibilité aux règles grammaticales : tel devient l'invraisemblable cahier des charges de ceux qui, à l'orée d'un siècle où l'écrit va se diffuser considérablement, s'attellent à la « modernisation » de l'orthographe. L'abbé Girard, l'auteur de la *Justesse*, est de ceux-là : il publie en 1716 *L'ortografe française sans équivoques et dans sés principes naturels*. Comme on le voit à la seule lecture du titre, le programme de Girard est conforme à une idée bien répandue à l'époque : simplifier le rapport son/graphème. Quelques années auparavant, la *Nouvelle Manière d'écrire comme on parle en*

France (1713) du moins connu Gile Vaudelin s'efforçait également d'aligner l'orthographe sur la prononciation, en rompant avec les traditions des imprimeurs. Pour tous ces réformateurs, il s'agit de fixer pour tous des règles qui soient assurées d'une compréhension large. Tous sont conscients que la question de l'orthographe ne concerne plus seulement le petit monde des Belles-lettres, mais qu'il devient nécessaire de toucher un public plus vaste. Le souci d'éducation, au début du XVIIIe siècle, est encore très dominé par la dimension religieuse. Les *Institutions crétiennes mises en ortografe naturelle pour faciliter au peuple la lecture de la sience du salut* du même Gile Vaudelin, ne sauraient mieux dire, dans leur principe, cette volonté d'aller vers le peuple dans un sens précis : la question de l'orthographe devient une question de salut – ne disons pas encore *public*, mais de la communauté des chrétiens.

Par ailleurs, une catégorie de la population est spécialement visée par ces ouvrages : les femmes, connues au XVIIe siècle – le phénomène s'observe encore sur tout le XVIIIe siècle – pour écrire absolument sans orthographe. Le XVIIIe siècle reste rythmé par des publications qui s'adressent spécifiquement aux femmes, telle cette *Orthographe des dames* de Wailly en 1782. Dépositaires d'une forme de conscience intime de la langue prisée par les commentateurs, les femmes sont des objets à la fois choyés et négligés par l'éducation linguistique au XVIIIe siècle. D'un côté, on se plaît à reconnaître en elles une forme de compétence particulièrement aiguë pour tout ce qui est langage ; d'un autre côté, on les laisse dans la plus grande ignorance de tout ce qui est orienté vers un possible progrès. Tout se passe comme si on privilégiait en elles ce qui est du ressort du naturel, l'instinct..., au détriment de ce qui est réellement culture, réflexion, fabrication. La langue est-elle un objet maternel sur lequel travaillent les hommes ? Il y a peu de femmes grammairiennes – encore moins au siècle des Lumières que cent ans auparavant ; mais on voudrait tout de même qu'elles écrivent bien.

De façon générale, la question de l'« orthographe des femmes » pose celle, plus vaste, de la différence qui peut exister entre orthographe imprimée et orthographe manuscrite. Jusqu'à la fin du XVIIe siècle, l'orthographe est essentiellement, on l'a vu, un souci d'imprimeurs. Les documents manuscrits que nous conservons – même d'hommes, même d'hommes très éduqués – sont remarquablement laxistes en matière d'orthographe. Au XVIIIe siècle, il semble que la question de l'orthographe soit davantage reliée à une image générale de la langue, et non plus seulement à son aspect imprimé. Les problèmes sont posés de manière plus pragmatique. Il s'agit tout simplement de savoir comment écrire le français lorsqu'on prend sa plume. Et prendre sa plume, de plus en plus de monde le fait, y compris les « peu lettrés », les petits lecteurs, les travailleurs n'ayant que fort peu fréquenté les bancs de l'école.

Sur une question comme celle de l'orthographe, on attendait bien évidemment l'Académie. Dans le dictionnaire de 1694, celle-ci avait adopté une position d'arrière-garde. L'édition de 1718 introduit une distinction graphique importante dans la physionomie de la langue, une de celles qui permettent à un lecteur d'aujourd'hui de faire la différence entre un texte du XVIIe siècle et un texte du XVIIIe : la séparation entre des *i* et *u* désormais exclusivement voyelles, et des *j* et *v* semi-consonnes. Jusqu'à présent, les textes imprimés mêlaient indistinctement les deux.

Mais c'est l'édition de 1740 du dictionnaire qui devait apporter le plus d'innovations, lançant le mouvement de l'orthographe proprement « moderne ». De nombreuses graphies étymologiques sont abandonnées. L'emploi des accents est davantage systématisé. Le circonflexe remplace nettement le *-s*, désormais ; les accents grave et aigu sont généralisés à l'intérieur des mots. Toutes ces procédures témoignent d'une conscience nouvelle du rapport entre graphèmes et sons, rapport qui a longtemps été considéré comme aléatoire, labile, sujet aux changements, tant dans l'espace que dans le temps, et dans lequel on commence malgré tout à découvrir qu'il est possible d'installer une certaine rationalité.

Le français du XVIIIe siècle respecte encore beaucoup l'opposition des longues et des brèves, laquelle demeure un trait pertinent. Ainsi, la différence du masculin et du féminin dans les participes passés *fini/finie* s'entendait encore, au XVIIIe siècle, alors que ce n'est plus le cas aujourd'hui. Beaucoup de grammairiens pensaient, comme Regnier-Desmarais ou D'Olivet, qu'on pouvait rendre cette différence, si celle-ci se trouve à l'intérieur du mot, au moyen d'une distinction entre consonnes doubles, marquant que la voyelle précédente est brève, et consonnes simples, marquant qu'elle est longue.

Les consonnes doubles sont l'un des faits qui ont le plus agacé les grammairiens et les praticiens du français écrit, à la fin du XVIIe siècle. Des précieuses à Dangeau et Wailly, en passant par Richelet, qui s'y exerce dans son dictionnaire, beaucoup ont voulu réduire toutes les consonnes doubles à des consonnes simples lorsque, pour faire simple, on « n'entendait qu'une consonne ». Pour Richelet, les consonnes doubles « défiguraient » les mots, en français[25]. Mais deux principes s'opposaient à une réforme aussi radicale : le principe étymologique tout d'abord, toujours mis en avant par l'Académie, et le principe d'une notation possible des voyelles. Le premier ne doit pas être négligé : c'est lui qui nous vaut, essentiellement, le maintien toujours actuel de la plupart des consonnes doubles... Ce n'est pas, toutefois, le seul souci de l'histoire qui en a fait la force. Autour du caractère « étymologique » des consonnes doubles, est venue se greffer une curieuse idée de prestige qui a voulu inscrire dans la physionomie même du français écrit la difficulté et le raffinement qu'il y avait à l'écrire. Etonnante logique du matériau...

Utiliser les consonnes doubles pour noter la longueur de la voyelle pose un problème, car la longueur de la voyelle, dans certains cas, vient se doubler d'une ouverture spécifique. De là de nombreuses irrégularités, en français. Si l'opposition est bien visible dans le couple *je cède/je jette*, par exemple, elle cessait de l'être dans la forme traditionnelle de l'infinitif, *jetter*, que l'Académie conservait encore en 1740, et qu'elle devait choisir d'abandonner en 1762. Cette réfection générale n'a pas été menée jusqu'au bout, en français, si bien qu'aujourd'hui encore, de nombreuses bizarreries étonnent les apprenants étrangers.

Un graphème qui n'a jamais cessé de constituer un problème, dans l'histoire du français, c'est le *y*, ce fameux *y* introduit au XVIe siècle à des finalités ornementales, et auquel on n'avait jamais, depuis, attribué une fonction précise dans le système. A partir de 1740, l'Académie lui a conféré le soin de se substituer au double *ii* intervocalique, comme dans *payer, abbaye*. De la sorte, il ne devait plus être toléré dans des mots comme *gaîté, joie, aïeul*. C'est à coups de petits détails de ce type que la physionomie du français écrit a été tant soit peu rationalisée – non sans que ces efforts n'entraînent de nouvelles irrégularités. Dans son souci de faire les choses « insensiblement », l'Académie n'était pas allée en effet jusqu'au bout de la logique réformiste. Elle laissait dans le sillage de la réfection de certains mots un cortège d'exceptions, créant parfois de fausses impressions de régularité. Certes, beaucoup de consonnes étymologiques furent supprimées, mais pourquoi garde-t-on *doigt*, alors que l'on a désormais *toit*, issus tous les deux de mots latins comportant une consonne avant le *-t* ?

Le 20 mars 1745, une session spéciale de l'Académie fut consacrée à un grand projet que tout le monde estimait de sa compétence : la production d'un *Dictionnaire orthographique*. Un semblable projet était appelé depuis longtemps par les vœux de tous. Déjà, en 1673, Perrault avait obtenu que la Compagnie décide d'adopter une orthographe unique. La pression était telle, notamment de l'étranger, qu'on ne comprenait plus que l'Académie française dédaigne de s'occuper d'une question aussi gênante, tant pour l'usage que pour l'apprentissage. Cette question de l'orthographe était devenue si délicate au fil du temps qu'il était indispensable qu'on s'y consacre avec *autorité*. Mais malheureusement, une nouvelle fois, le projet avorta. Des réflexions qu'il suscita, pour autant, la trace est conservée dans l'édition de 1762 du *Dictionnaire*, celle qui se consacre entre autres au problème des consonnes doubles.

L'un dans l'autre, malgré tout, le XVIIIe siècle est celui de l'installation de l'orthographe « moderne ». Celle-ci est reconnaissable dans beaucoup d'écrits, grammaticaux ou non. Wailly publie en 1754 ses *Principes généraux et particuliers de la langue française* en orthographe nouvelle. Cette orthographe nouvelle n'est pas toujours entérinée dans les discours officiels, mais on la voit se fabriquer, s'expérimenter, se découvrir dans la pratique quotidienne de l'écrit. Des lignes de partage apparaissent alors. Dans la seconde moitié du XVIIIe siècle, l'orthographe fait un peu office de ce que seront les perruques quelques décennies plus tard : elle permet de distinguer les tenants de l'ancien monde et les promoteurs du nouveau. L'exemple fameux de la concurrence entre les graphies *oi* et *ai* l'illustre particulièrement bien.

Le XVIIe siècle associait trois prononciations au graphème *oi* : les prononciations /we/, /e/ et /wa/, que les groupes sociaux s'échangeaient et se disputaient à loisir, dans d'infinies nuances. Le XVIIIe siècle se veut plus rigoureux, plus raisonné au moins. Il voudrait, essentiellement, fixer des correspondances strictes entre sons et signes écrits. C'est ainsi qu'on trouve chez le Gile Vaudelin des *Instructions crétiennes*, pour noter la prononciation /we/, l'inattendu digramme *oè*, somme toute logique. Vers 1750, toutefois, la prononciation en /we/ est devenue trop marquée, socialement : elle est le symbole d'une aristocratie poussiéreuse, presque « ringarde ». Depuis très longtemps – Vaugelas le notait déjà –, elle s'est ouverte en /e/, tant chez le peuple qu'à la Cour, et plus généralement à Paris, par snobisme. Ainsi, on disait « mémère » pour « mémoire ». En parallèle, une prononciation moins marquée s'est installée, utilisée dans les lieux où l'on ne désire pas se faire remarquer, comme le Palais, par exemple : la prononciation en /wa/. En 1750, c'est devenu la prononciation la plus usuelle en France, la prononciation « standard », bourgeoise. En 1761, Féraud publie un *Dictionnaire grammatical de la langue française* dans lequel il s'interroge sur cette ligne de partage entre les différentes prononciations qu'il observe en son temps. Pour lui, il est clair qu'à écouter l'homme de la rue, on s'expose à deux façons de prononcer : en /e/, et en /wa/. Il ne relève déjà plus celle en /we/, qui semble reléguée dans l'archaïsme.

Et passée l'incertitude, il choisit de présenter la variation de la manière suivante : pour lui, il y a une prononciation en /e/, qui est celle de la vie quotidienne, de la conversation (*croire* se prononcera *crêre*, donc, selon sa notation), et une prononciation en /wa/, qu'il associe au « discours soutenu[26] » (*croire* se prononcera *cro-âre*). « Le plus sûr », dit-il, est encore de prononcer *cro-âre*. Cette recommandation va-t-elle concerner tous les mots ? A l'évidence non. L'une des conséquences les plus courantes des situations de variation est de créer des sortes d'aiguillages à partir desquels les mots adoptent des routes divergentes. Si pour le verbe *croire*, la prononciation la plus courante semble avoir été /wa/, comme dans *gloire, foire, moi* etc., dans les finales des imparfaits, par exemple, la prononciation en /e/ visiblement s'imposait.

Commençait donc à se résoudre ce qui fut l'une des variations du français oral les plus importantes pendant tout l'Ancien Régime. On reconnaissait désormais qu'il y avait deux prononciations. Faut-il, dès lors, continuer à ne conserver qu'un signe écrit, le digramme *oi*, et écrire indistinctement *disois* et *croire* ? En fait, on observe que, dès les années 1740, plusieurs auteurs ont commencé à adopter une graphie qu'ils sentaient plus proche du son à rendre : la graphie *ai*. On associe parfois le nom de Voltaire à cette « réforme » sauvage, qui ne sera entérinée par l'Académie qu'en... 1835, lui dont le nom de plume – et le vrai nom aussi, d'ailleurs – semblait porter en son cœur, comme un emblème, ce lieu privilégié des marquages sociolinguistiques. En vérité, la graphie en *ai* de la prononciation en /e/, qui désormais commandera la réfection des imparfaits en *disais, faisais*, etc., se rencontre aisément, autour de 1750. Féraud, qui la pratique dans son *Dictionnaire critique* en 1787, considère qu'elle n'est « pas une innovation » à cette date. Elle était riche d'enjeux symboliques. Concernés se trouvaient les mots *roi, loi, Français*...

Au-delà de cet exemple précis, un phénomène plus général apparaît. Il est inédit, et représentatif du développement de la culture de l'écrit. Alors que le rapport oral/écrit ne s'envisageait, jusqu'au XVIIIe siècle, que dans un seul sens, celui qui comprend l'écrit comme une *notation* de l'oral, on voit désormais apparaître un mouvement inverse, qui vient apporter une perturbation supplémentaire, celui qui fait de l'oral une *lecture de l'écrit*. C'est ainsi que le XVIIIe siècle se signale par l'apparition de prononciations nouvelles, jamais entendues, et dont l'origine est clairement à rapporter à l'habitude prise de voir les mots à l'écrit sous un certain aspect. Les contemporains s'en sont étonnés : désormais, on observe une tendance nouvelle, celle de prononcer toutes les lettres ! Rousseau le remarque à Genève, mais c'est probablement un trait commun à de nombreuses régions.

Il faut dire qu'au fil du temps, la place très importante de la culture orale dans la société avait eu comme effet que de nombreuses prononciations s'étaient éloignées des usages communément reçus dans la graphie. Le *-s* final et le *-r* final des infinitifs, par exemple, n'étaient plus prononcés depuis le milieu du XVIIe siècle. Une espèce de « rabotage » général des consonnes en avait fait tomber beaucoup, à l'intérieur des mots ; les diphtongues s'étaient réduites à des voyelles simples. Désormais, on se remet à faire sonner les consonnes finales, comme le note Rousseau dans la *Nouvelle Héloïse*[27] en 1762... Toutes sortes de consonnes disparues réapparaissent, telles le *r* et le *p* de *lorsque* et de *psaume*. Etonnant mouvement rétroactif de l'orthographe qui, telle un boomerang, vient rappeler d'anciennes prononciations, et parfois « réétymologiser » les mots. Le /k/ final de *tabac*, de *lac*, est à nouveau entendu.

Tout cela, bien évidemment, n'est pas de nature à introduire davantage de rationalité dans les rapports déjà complexes entre orthographe et prononciation. Par bonheur, toutes ces nouvelles prononciations livresques ne sont pas restées. On cite, il faut le dire, des extravagances, comme l'apparition d'une variation nouvelle dans la prononciation du graphème *eu*, entendu généralement en *e* fermé comme dans *feu*, mais que certains se plaisent à prononcer en deux temps, « éu » dans le participe passé *eu* du verbe *avoir*, « comme s'il y avait un accent sur l'e », ainsi que le note Douchet en 1762. Ainsi semblait naître un nouveau français : le français lu, pour ainsi dire – et réétymologisé, regrammaticalisé, selon le sentiment des locuteurs...

De cette époque nous restent, dans nos usages, bien des irrégularités. Pourquoi prononçons-nous selon deux principes différents les mots *fléau* et *août* ? C'est bien la marque que certains mots ont été durablement touchés par ce phénomène, alors que pour d'autres, la prononciation d'usage s'est maintenue envers et contre tout. On prononce le *c* de *direct*, mais pas celui d'*aspect*... L'influence de la physionomie écrite d'une langue sur sa prononciation est un phénomène amusant, profond, caractéristique des âges où la culture écrite joue un grand rôle. Les mots ont tendance à être épelés, détaillés : c'est comme si on *écrivait* la langue en la disant, lecture horizontale des structures sans doute influencée par la grammaire. Souvenons-nous que le visuel est, lui aussi, une représentation de la langue.

L'ÉCRIT SPONTANÉ AU XVIIIᵉ SIÈCLE

L'écrit : voilà un continent qui a considérablement évolué, au XVIIIᵉ siècle. La belle opposition, qui pouvait fonctionner dans une certaine mesure au XVIIᵉ siècle, entre langue orale et langue écrite, est bousculée. Ce sont désormais toutes sortes de formes hybrides qui s'offrent à l'observation de l'historien étonné. Quittant son statut de prestige, et les rayons bien repérables des bibliothèques, l'écrit existe désormais dans nombre de lieux inattendus : boutiques des marchands, ateliers, chambres de bonnes, offices des lingères... Les catégories se brouillent dès lors qu'on aborde ces pratiques hybrides, qui singent tour à tour la littérature élevée, l'oral le plus libre, la norme grammaticale, les usages administratifs, l'échange familier...

De ces écrits, certains peuvent être considérés comme des témoignages de ce que pouvait être le français oral de l'époque, mais aussi de la relation particulière que des « peu lettrés », autrement dit des individus peu familiers des livres, du papier et de la plume, pouvaient éprouver vis-à-vis de ce mode d'expression qui, pour leur avoir longtemps été étranger, leur est à présent plus accessible. D'autres manifestent des démarches spécifiques, où le souci de « s'écrire » rejoint parfois la réflexion sur la langue elle-même et sur sa pratique. Ce sont alors toutes les questions de fond : qu'est-ce qu'un texte ? pour qui écrit-on ? comment doit-on écrire ?, qui se trouvent reposées.

« Mademoiselle, je finie vostre lestre en vous priant de ne me point oublier pour du marte et si il est à bon conte vous pouriez en nanvoier à votre maman en nous movement le prix juste elle y gagneroit quelque chose, mais si il est cher ne man navoiez que pour faire la bordure d'une plice. Nous faisons ce que nous pouvons pour consoler vostre chere mère qui est fort changée. Songée à vous conserver pour elle et a lui écrire le plutaux qu'il vous cera possible. Adieu je vous ambrace et suis vostre tres humble servante. Ce 21 aoust 1765. Femme Diderot[28]. » Tel est, dans sa version originale, le texte d'un court billet qu'Antoinette Champion, la femme de Diderot, adresse à une jeune actrice, Mademoiselle Jodin, sur le départ pour la Russie.

On y retrouve, outre l'absence de ponctuation et le mépris de l'orthographe bien connus, le phénomène de la phrase infinie, caractéristique de la narration cursive des épistoliers dès le XVIIᵉ siècle.

L'absence d'alinéas est fréquente, chez les peu lettrés. La phrase s'oralise, se révèle dans son déroulement dynamique, qui est celui de la diction. L'usage des conjonctions de coordination, périodiquement, permet de relancer le discours ; la ponctuation, visiblement, est perçue comme inutile. C'est toute une gestion particulière du discours qui se révèle à nous, faite d'accrochages successifs sans hiérarchisation. Déjà Condillac s'efforçait, dans ses recommandations sur l'« art d'écrire », d'obtenir des segments courts, ayant chacun un maximum d'autonomie. Mais le poids de la tradition rhétorique est bien là : les « peu lettrés » écrivent des phrases immenses, des simili-périodes, qui se déroulent comme de véritables harangues à l'intérieur desquelles il est difficile de mettre des bornes. On voit bien, alors, à quel point cette tradition rhétorique a pu constituer un obstacle, dans l'apprentissage d'un usage *simple* du discours écrit. Le peu lettré est confronté à bien des problèmes. Outre la graphie, la ponctuation, la grammaire, il a du mal à gérer la présentation de l'information : celle-ci piétine, parfois, ne progresse pas. Alors que l'écrit est censé être par essence plus synthétique que l'oral, chez eux, il l'est presque moins. Souvent, on a l'impression d'avoir affaire à un oral entravé. On voit bien alors à quel point la médiation graphique, tout autant qu'un avantage, peut constituer un obstacle dans la représentation des idées.

La lettre d'Antoinette Champion enseigne sur bien des points. On y apprend la prononciation du mot *pelisse*, noté *plice*, ce qui révèle la chute bien connue du –e– entre consonnes dans le mot – prononciation « parisienne ». On y remarque aussi que la pratique de l'écrit dans la graphie a produit des artefacts inattendus. Exemple : le mot *lestre*, écrit curieusement « à la savante »... De façon générale, la conscience de devoir respecter des codes spécifiques à l'écrit crée chez celui qui s'y attelle une pression normative telle qu'il en vient à innover de façon incongrue. Des associations raffinées de graphèmes, sous formes de stéréotypes formels, surgissent de nulle part, comme dans *plutaux*... Il est important que l'orthographe ne soit pas ici *phonétique* : elle joue sur le code graphique, mimant la complexité. De même, on relève le système des salutations, à la fin de la lettre : il témoigne de l'importance du caractère phraséologique de la formulation, au XVIIIe siècle, dès lors qu'on veut écrire.

Antoinette Champion n'était pas à proprement parler une femme du peuple ; d'ailleurs, sa lettre n'est pas totalement illisible... Elle témoigne d'un niveau de maîtrise qu'on pourrait qualifier d'intermédiaire. Il en est tout autrement de la femme de Rousseau, Thérèse Levasseur, qui était lingère. Les femmes d'écrivains représentent une mine appréciable d'informations, pour l'exploitation des corpus écrits du XVIIIe siècle : leurs lettres, notes, documents manuscrits, ont souvent bénéficié de la dynamique de conservation qui entourait les écrits de leurs époux. De la confrontation entre leurs productions et l'incroyable sophistication à laquelle la réflexion sur les langues et le langage était parvenue dans le monde de leurs maris, naissent d'instructives réflexions quant au degré de schizophrénie atteint par la société du XVIIIe siècle. Il est raisonnable de penser que la conscience des écarts s'était fortement accentuée depuis le XVIIe siècle – écarts entre les sexes, écarts de classe, écarts dans l'éducation.

Thérèse Levasseur n'était pas illettrée ; mais elle écrivait avec une graphie, pour le coup, très éloignée des codes graphiques patiemment agencés par les institutions, et dont on retrouvait malgré tout une trace chez Antoinette Champion. « Ce Merquedies à quateur du matin ceu ventrois guin, mileu en soisante e deu. Mon cher ami, quele goies que ge euues deu reuceuvoier deu voes cher nouvele. Geu vous assurre que mon ques pries neu tesnés plues a rien deu douleur deu neu paes vous voir[29]... », commence Thérèse, un matin, donc, de 1762. On remarque qu'elle écrit, mais qu'elle n'a qu'une connaissance très approximative des principes de notation phonétique. Son usage du g, par exemple, est révélateur. Déduire de sa graphie les principes d'une prononciation est tout à fait aléatoire : le point essentiel, ici, est surtout la méconnaissance des codes, codes d'usage comme de transcription.

Ainsi s'ouvre à nous le vaste monde de ceux qu'on a longtemps tenus dans l'ombre, et qui apparaissent mieux à la lumière depuis quelques décennies, grâce à des travaux novateurs[30] : ceux qui se sont jetés dans l'écrit sans en avoir encore tout à fait les moyens. La seconde moitié du XVIIIe siècle représente à ce titre un moment particulier. Tout un monde stratifié, fait de différences infimes et significatives, s'est glissé entre le « grand écrit » traditionnel, imprimé, diffusé, revêtu d'autorité, et la vie orale, intarissable, perpétuelle, de la langue. Cet entre-deux ne représente pas seulement une trace contingente, circonstancielle : une conscience nouvelle apparaît, qui n'est pas loin de donner naissance à une forme inédite d'expression. Certes, on trouve encore, au XVIIIe siècle, des registres de comptes, des journaux de bord, à finalité purement instrumentale ; mais on note le développement inédit de ce qu'on peut commencer à appeler légitimement des formes autobiographiques, récits de soi, mémoires, mises en scènes orchestrées de l'individualité. Dans cette mutation du rapport à soi et à la société, la médiation de la langue, et, singulièrement, de l'écrit, vient jouer un rôle particulier.

Toutes sortes d'apprentis écrivains se lancent dans la tâche, jadis considérée comme enfermée dans le domaine étroit et réglementé des « Belles-Lettres », de produire du *texte*. Louis Simon, étaminier à La Fontaine-Saint-Martin, village du Haut Maine, nous a laissé ainsi une autobiographie composée à partir de carnets de notes et de comptes journaliers [31]. Le rapport au *manuscrit* et à l'*imprimerie* est souvent, dans ces démarches, un aspect abordé. A partir de quel moment une production écrite devient-elle un *texte* ? Que faut-il, pour transformer la langue en ce produit pérenne, qui va sortir de l'espace individuel pour traverser le temps et les couches de la société ? Les questions de détail se mêlent à l'interrogation profonde, centrale pour une culture qui se trouve à la croisée des chemins, dans son rapport au livre, à la lecture, et à l'écrit de façon générale. Le cas de Nicolas Contat qui, dans ses *Anecdotes typographiques* [32], parues en 1762, nous rapporte la chronique de son métier d'imprimeur, est intéressant. Considéré comme un ouvrier, il fait partie des « peu lettrés » ; mais en tant qu'ouvrier imprimeur, il est placé au cœur de la machine à produire de la culture. Il peut, donc, en remontrer au plus prestigieux des praticiens de l'écrit.

Le manifeste de Ménétra

De toutes ces démarches autobiographiques qui se veulent, d'une certaine manière, les égales de celle de Rousseau – mémoires de Jamerey-Duval [33] ou de Pierre Prion [34] –, c'est le *Journal de ma vie* de l'ouvrier vitrier Ménétra [35] qui a retenu le plus l'attention. Le document, conservé à la Bibliothèque historique de la ville de Paris [36], est composé de 331 folios rédigés sans ponctuation et dans une orthographe très fantaisiste. L'auteur en est un compagnon, de son nom de compagnon « Le Bienvenue », qui a sillonné la France avec cette activité très sollicitée de la vitrerie. Au premier coup d'œil, son « journal » apparaît comme l'un de plus de ces documents « bruts », lisibles seulement à titre de témoignages. Mais après un examen plus attentif, on se rend vite compte que le journal de Ménétra révèle des richesses insoupçonnées. Par la personnalité de son auteur, tout d'abord, et par son jeu subtil avec la norme ensuite.

Ménétra n'est pas l'auteur du « livre unique »... En réalité, c'est un véritable écrivain, qui laisse derrière lui, en plus du journal, une centaine de pages d'écrits divers – poésies amoureuses en vers boiteux, épitaphes familiales, acrostiches, chansons de compagnons composées sur la route, vers politiques, poésies érotiques, pièces en prose consacrées à la Révolution française, traités religieux, ainsi qu'une ambitieuse *Recherche de la Vérité*... – catalogue qui eût ravi Rimbaud. Bien vite, on comprend que l'« œuvre » de Ménétra, ou ce qu'il a rêvé telle, est en fait un abrégé, un *digest*, une version rétrécie, dépouillée de ses atours, de toute la production de son temps, de tout ce qu'il a pu lire. Etonnant miroir de la culture qui se retrouve dans cette « mini-somme » inachevée. Tout est plus ou moins commencé sans être fini, laissé à l'état d'ébauche. On réalise, alors, que la démarche de Ménétra ne peut se comprendre autrement que comme un vaste contrepoint à la fois mimétique et ironique apporté, du lieu d'un ouvrier supposé illettré, au monde de la culture savante, de la « littérature ». On attendait de lui qu'il répare des vitres ? Eh bien, il écrit. Il écrit dans des conditions matérielles certainement difficiles, le soir, à la bougie, dans des lieux improbables, prenant pour cette occupation le temps vivant du loisir, des réjouissances entre compagnons, du repos.

Et il commence, « an lan 1764 », son « Journal de Mavie » par ces mots : « Je suis née le 13 juillet 1738, natif de cette grande citée mon pere etoit de la clase de se que lon apelle ordinairement artisanat il profesoit letat de vitrie cest donc deluy que jetabliray la souche demafamille et ne parlere nulement de mes ancetre.... » Tenu pendant quarante ans, jusqu'au « 25 vendémiaire an XI », le journal déroule des souvenirs personnels et des réflexions, sur un ton souvent hâbleur et plein de gouaille. Ménétra avait un goût visible pour la posture, la séduction, la provocation. Il étale complaisamment ce que l'on appelait à l'époque des « bonnes fortunes », autrement dit des succès amoureux. Ce faisant, il rejoint sans le savoir une inspiration très contemporaine, celle des récits de « fredaines ». Il n'est pas loin non plus de l'esprit de « confession », entretenu dans le double esprit de choquer et d'en appeler à une oreille compatissante, auquel la publication posthume du livre ainsi nommé de Rousseau, à partir de 1782, donnera une audience subite. Les deux hommes, d'ailleurs, se sont apparemment rencontrés [37]...

Loin d'être naïve, la démarche de Ménétra est donc riche de jeux divers. Mimant parodiquement l'épître liminaire au roi qui accompagne obligatoirement en France tout livre imprimé, Ménétra l'adresse « à [son] esprit ». En quelques vers assonancés mais non rythmés, il se met en scène avec humour, évoquant son « griffonnage », se traitant d'« écrivailleur », parlant de « paperasses »... Rapidement, on comprend que l'un des propos du *Journal* est de moquer les mémoires aristocratiques, qui remontent rituellement aux « preux chevaliers », et listent armes, blasons et quartiers. Ménétra révèle non seulement une culture sociale réelle, mais aussi un sens aigu des mots, de la formulation. Au fil de son texte, d'ailleurs, il distille quelques remarques sur le parler des gens qu'il rencontre, mentionnant par exemple l'*argot*, vu par lui quasiment comme une langue différente[38]. Au lieu de rêver à une quelconque survie de l'écrit, plus pérenne que l'airain, la dédicace se termine par un appel aux flammes, juste récompense de cet « étalage » absurde. C'est toute la dimension théâtrale de l'écrit qui est ainsi brocardée, niée, dans une inversion de valeurs qui sonne comme une revanche. Frondeur, destructeur, Ménétra est un dynamiteur de la culture. Il était d'ailleurs conscient de vivre une époque unique, de retournement de la culture sur elle-même. Son écriture libertaire accompagne le récit tranquille de décennies qui passent du picaresque au révolutionnaire.

Faux naïf radical, Ménétra donne donc à lire au lecteur qu'il sait choqué un texte roué, plus *texte* dans bien de ses aspects que les productions convenues de nombre de ses contemporains. L'étude de sa langue doit être abordée avec beaucoup de circonspection, car toutes sortes de paramètres sont à prendre en compte. La réalisation matérielle, tout d'abord. Comme beaucoup de « peu lettrés », Ménétra se plaît aux ornementations, broderies, titres, soulignements, paraphes, signatures ostentatoires... Visiblement, la première page a été refaite : l'écriture y est soignée, laborieuse, élégante. On peut d'ailleurs se demander si la dimension de recopiage n'était pas un aspect essentiel, dans la démarche de l'apprenti écrivain. On note, par exemple, l'absence de rature. Le texte produit devait être parfait, dans sa forme du moins : le côté graphique de la réalisation est au moins aussi important que le contenu. A propos de cette réalisation matérielle, force est de se souvenir qu'elle devait représenter un effort considérable, pour un ouvrier de cette époque : effort financier tout d'abord, dans la mesure où papier, encre et bougie coûtaient cher, effort physique, ensuite, de concentration et d'agilité manuelle. Ecrire une page sans « faute » et sans rature devait prendre un temps certain au travailleur éreinté par ses journées. On remarque d'ailleurs que l'effort se relâche, au fil du texte : si les premières pages sont soignées, la suite l'est moins, et l'on sent davantage le labeur du copiste.

Dès les premières lignes, une évidence saute aux yeux : on a affaire, avec le texte de Ménétra, à quelques-uns des traits les plus courants de l'écriture des « peu lettrés » : phrase infinie, absence de ponctuation, mots liés, absence de hiérarchie du discours... Toutefois, notre rusé vitrier nous le dit bien dans sa dédicace : l'absence d'orthographe est consciente, sinon revendiquée. « Ils trouveront avec raison qu'il n'y a ni orthographe ni virgule encore moins de voyele, de consoles [sic] et pleine de lacunes. » Selon une pratique bien dix-huitiémiste, le manuscrit est présenté comme devant être « trouvé », et donc soumis, lorsqu'il le serait, à un travail tant philologique qu'éditorial. C'est ce qui sera le cas en... 1982. Ménétra se débat comme il peut avec toutes les contraintes qui pèsent sur la réalisation écrite de la langue. Dire que son orthographe relâchée est un fait concerté serait largement excessif. Ménétra dispose de bribes éparses du système, qu'il s'efforce d'agencer ici et là. Mais il a bien compris que le détachement vis-à-vis de l'orthographe faisait partie des codes aristocratiques. Là où il ne sait pas, donc, il affiche une désinvolture volontaire qui peut être interprétée comme une distance retournée de classe. Si l'aristocrate ne prend pas la peine d'écrire correctement, pourquoi l'ouvrier le devrait-il ? De façon subversive, Ménétra fait donc éclater le paradoxe du code, interprété pour un anarchiste tel que lui comme une manière d'enrégimenter le peuple, de le priver de son accès à la dimension individuelle, dimension librement cultivée, elle, par l'aristocratie. Traversant les mutations culturelles de son temps, Ménétra sait qu'il en sera considéré plus tard comme un témoin privilégié ; et c'est bien là ce qui est vertigineux, dans son texte.

Toujours pour ce qui est de la graphie, l'indifférence aux accents révèle que ceux-ci étaient encore considérés comme des raffinements récents de l'écriture. La ponctuation, de même, est totalement absente. On peut se demander alors si, peintre de la langue autant que scribe, Ménétra n'a pas privilégié les signes comportant des potentialités graphiques, comme les vastes « tildes » qu'il place aléatoirement au-dessus de certaines voyelles, anciens signes de nasalisation dans l'imprimé traditionnel, mais qui peuvent être confondus ici avec les plus récents accents circonflexes. Dans un autre genre, les majuscules ne semblent intervenir que pour certaines lettres. Les *l* et les *s* en début de mots, par exemple, se transforment quasi systématiquement en majuscules.

Le texte révèle par ailleurs des confusions de vocabulaire récurrentes. Ménétra utilise indifféremment *demander* et *dire*, par exemple, *que* et *dont*, *ou* et *et*, *lorsque* et *alors que*, *malgré* et *à cause*[39]. Certaines de ces confusions sont étonnantes ; on peut se demander si Ménétra n'a pas cherché à « respecter » un usage linguistique qu'il pensait propre à l'écrit, oblitérant, du coup, une partie de sa compétence de locuteur. De même, il a tendance à écrire *je* et *je ne* pour *j'ai* et *je n'ai*. Ces faits nous révèlent l'un des traits essentiels à prendre en compte dans la définition d'un « peu lettré » : c'est d'abord quelqu'un qui *lit* peu. Du coup, il n'a parfois pas d'image visuelle du mot. Il « bricole », pour ainsi dire, avec les éléments dont il dispose, la plupart du temps empruntés à des sources diverses, hétérogènes. L'ensemble ne fait pas système : il est parcellaire, très polyphonique. Des pans de français soutenu côtoient ainsi, de façon inattendue, des usages totalement hors norme. Parfois, de micro-systèmes personnels se décèlent : tel l'emploi régulier, par Ménétra, de *malgré que* + indicatif.

Au bout du compte, l'élément qui frappe le plus est ce qu'on pourrait appeler une tension autour de la norme. S'il y a tension, en effet, c'est que la norme est perçue comme une forme d'autorité, que l'apprenti écrivain intériorise, mais d'autorité inaccessible, dans la mesure où l'apprentissage n'a pas été suffisant. Le texte de Ménétra dénote, cependant, une certaine « réinvention » de la grammaire, dans la mesure où il substitue à des règles mal connues, ou restées obscures, des usages conçus comme rationnels. En témoigne, par exemple, l'utilisation systématique de la syllepse dans les accords : « Toute la garnison a été prisonniers [40]. » De même, la gestion des conjonctions de subordination et de coordination est moins erratique qu'il n'y paraît. Il y a un système, qui resterait à identifier avec précision, même s'il n'est pas celui du standard. C'est, d'ailleurs, un sujet d'exercice particulièrement piquant et ludique pour un grammairien que d'aller chercher la règle enfouie dans ce qui ne s'offre d'abord, trompeusement, que comme un fatras hasardeux.

Témoin emblématique des décennies précédant la Révolution et de la Révolution elle-même, le *Journal de ma vie* de Ménétra illustre donc bien cette croisée des chemins où se situe alors la langue française. Diffusée largement au moyen de l'imprimé, celle-ci reste marquée par les efforts considérables qui ont été déployés pour la standardiser. Elle s'en trouve comme accablée, épuisée sous l'ouvrage. Le nombre de contraintes de tous ordres qui sont venues s'abattre sur la gestion écrite de la langue, contraintes graphiques, lexicales, grammaticales, discursives, est devenu disproportionné par rapport aux possibilités réelles de maîtrise des locuteurs, et surtout des écrivains. Ce n'est pas un hasard si la pratique littéraire du temps s'est considérablement rapprochée des usages des « peu lettrés » : la *Vie de Monsieur Nicolas* de Restif de la Bretonne, par exemple, parue entre 1793 et 1797 en est un bon témoignage. Les « lettrés » manifestaient clairement, à la fin du XVIIIe siècle, une lassitude à l'égard de « l'hyperstandardisation » qui avait été orchestrée par les générations classique et postclassique. Une fois de plus, le risque est là que les formes *littéraire* et *non littéraire* – préférons *lettrée* et *non lettrée* – de la langue en viennent à se séparer. Les questions d'éducation et de grammaire sont devenues primordiales. Au cours du XVIIIe siècle, le rapport subtil qui, dans toute société, se crée entre norme langagière et norme sociale, s'était, par ailleurs, grandement altéré. Comme on l'a vu, la noblesse s'était beaucoup éloignée des idées de norme, et le système traditionnel des autorités perdait de son pouvoir de conviction. Le développement de la police est là pour attester de l'intériorisation moins grande de la norme sociale, battue en brèche par une vision plus libérale des usages.

Au fil du temps, l'univers « lettré » est devenu plus étroit, spécialisé, voire sclérosé. Nombreux sont les littérateurs et les philosophes qui cherchent à y échapper. Un poète aussi traditionaliste en apparence qu'André Chénier révèle, lorsqu'on s'intéresse de près à son travail des années 1780, un effort de renouvellement en profondeur, certainement à usage interne, des formes langagières. Les dynamiques discursives sont subverties : la norme langagière est parfois affichée comme une façade. Ce qui est fascinant, dans la démarche de Ménétra, c'est qu'on y retrouve cette aspiration à une expression complète de l'individualité qu'on rencontre à l'époque dans les formes les plus sophistiquées de la littérature. C'est toute la dimension indivise de la langue, jetée en pâture à l'Europe comme un drapeau, une icône, qui est remise en cause à l'intérieur des frontières.

Qu'en sera-t-il lorsque des bouleversements politiques réels vont venir doubler ces longues et souterraines mutations ?

6

LA LANGUE FRANÇAISE ET LA RÉVOLUTION

Le français est-il sorti changé de cette décennie fulgurante qui, de 1789 à l'ascension de Bonaparte, a vu passer tant de bouleversements politiques, dans une accélération de l'histoire telle qu'il est presque impossible d'en débrouiller le cours ? On pourrait l'attendre – on se pose en tout cas la question. De la radicalité de la rupture politique, du bouleversement dans l'organisation de la société, dans les représentations, on aimerait induire, pour compléter le tableau, un remaniement profond des usages langagiers, qui démontrerait à quel point les questions de langue et de langage s'articulent de manière dialectique avec la vie sociale et culturelle de l'homme. On aimerait, notamment, que la Révolution ait été l'occasion de jeter un regard nouveau sur les variétés dites « populaires » du langage, que des nouvelles pratiques soient nés de nouveaux mots, que le rapport général au français se soit profondément modifié.

Qu'en est-il dans la réalité ? Il va bien falloir se rendre à l'évidence : la Révolution – terme générique qui se dissout bientôt à mesure que l'on s'approche des événements – est une période infiniment complexe qui, en dépit de l'immense bibliographie qu'elle a déjà suscitée, réserve encore des zones d'ombre, des contradictions difficilement explicables, des retournements idéologiques, des dispositifs doubles, à interprétations multiples... Les questions de langage n'échappent pas à cette « indécidabilité », qui fait de la décennie révolutionnaire, tantôt la gangue où se trouvent enfermées, comme des joyaux, des audaces incroyablement novatrices, tantôt le prolongement assez conservateur de traditions ancestrales parfois réactivées à rebours de la modernité qui avait caractérisé le « second XVIIIᵉ siècle » en France.

Une des questions que l'on peut se poser, par exemple, est de savoir si la Révolution s'est montrée ouverte aux variétés basses de la langue, aux usages non normalisés, aux patois, en bref à l'épaisseur sociolinguistique du français (et des langues associées sur le territoire), en réaction prévisible à une standardisation « par le haut » que l'on associe volontiers – et légitimement – à l'Ancien Régime. Ici, la réponse se révèle incertaine. Certes la Révolution est le premier moment où l'on s'intéresse de près à ce que parlent réellement les gens sur le territoire, mais c'est dans un but précis : celui d'« éradiquer » – c'est le mot qu'emploiera l'abbé Grégoire – la diversité linguistique au profit d'un « français » unique propre à assurer la diffusion des idées révolutionnaires et à sortir les populations rurales de la crasse culturelle dans laquelle elles se trouvaient.

Il en est de même des usages publics de la parole. Plus de deux siècles après la mise en place d'une rhétorique distincte de la rhétorique antique, la Révolution pourrait être considérée comme un laboratoire pratique de ces réflexions. Or, on s'aperçoit que le phénomène qui frappe le plus dans ces années, au contraire, est un « retour à l'antique » massif et déconcertant, inspiré par les expériences démocratiques grecques et par l'histoire républicaine de Rome. Quelle part faut-il accorder au modèle, quelle part à l'improvisation, à l'effet de la hâte, à la surprise, à la réactivité ? La Révolution française est un épisode à la fois réfléchi et confus de l'histoire, qui, tout en travaillant concrètement dans l'espace à peine croyable de l'utopie, s'est transformée en un creuset pour la condensation de quelques-uns des présupposés les plus enfouis de ce qu'on pourrait appeler « l'inconscient culturel » de son époque.

L'impact de la parole

Et ici, nous devons faire cette remarque préliminaire : la Révolution française est le produit paradoxal – si l'on peut parler de produit – d'une culture relativement stable qui, de l'enseignement rhétorique dispensé par les jésuites au goût nouveau, inspiré par l'Antiquité, de la harangue et du déclamatoire qui caractérise les décennies 1760-1780, prédisposait à la parole publique. Cette brusque « sortie » de la parole hors des cadres bien repérés de l'enseignement ou des pratiques institutionnelles, qu'elles soient de type judiciaire, religieux, académicien ou parlementaire, a de quoi étonner. Les hommes qui ont fait la Révolution sont des hommes d'Ancien Régime, qui savaient parler, qui disposaient d'une culture classique solide, sans cesse raffinée par des siècles de commentaires, dotée d'un fort prestige, et qui ne demandaient que l'étincelle nécessaire pour la faire passer dans le monde de l'« actuel ». A ces hommes se présentaient pour ainsi dire des modèles tout faits. Tel était d'ailleurs souvent l'usage, au XVIIIe siècle, pour ceux qui avaient à manier la parole publique, d'aller chercher dans l'abondante littérature existante des phrases, des éléments de discours, à réutiliser. La Révolution française peut être envisagée ainsi, dans ses premiers temps du moins, pour ce qui est de l'usage de la parole : elle est la brutale actualisation d'un monde de discours qui lui préexistait, sous des formes très variées. Des usages langagiers observables pendant la Révolution, bien des formes sont issues de la culture du dernier XVIIIe siècle, d'une culture des Lumières où l'aspect subversif de la réflexion s'est mêlé au substrat de formes de langage et de pratiques d'origine élitiste. Simplement, les hommes qui ont usé de ces formes les ont *politisées* autrement, leur ont fait subir un retournement – comme on retourne un gant – dans un geste qui en a surpris plus d'un.

Du point de vue du rapport à la parole, les décennies qui précèdent 1789 ont été marquées par l'usure progressive des modèles mondains qui avaient été si décisifs dans la formation des cultures de communication en France, depuis les premiers salons précieux. Ce maniement léger de la parole qui caractérise l'esthétique de la conversation, ce goût de la frivolité, cette « personnalisation » de la communication, se heurtent à leurs limites. La sensibilité de Rousseau, grand artisan de la restauration de l'éloquence dans la prose française, est passée par là. On préfère désormais le « sérieux », l'articulé. Dès avant les événements, les « babilleurs » de l'Ancien Régime n'ont plus la cote. Le *Tableau de Paris*[1] de Louis-Sébastien Mercier est un observatoire sensible de ces mutations dans le rapport au langage qui font qu'une manière nouvelle de l'employer rencontre soudain un vaste écho. On y voit que la société, pour ainsi dire, « appelait » l'orateur. L'auteur considère comme l'un de ses « regrets » qu'il n'existe pas à Paris une « tribune aux harangues », « où l'on parlerait au public assemblé », où l'on « tonnerait contre de cruels abus qui ne cessent en tout pays que quand on les a dénoncés à l'animadversion publique[2] ». On entend déjà dans cette phrase des accents révolutionnaires : on remarque le goût du grossissement imagé (« tonnerait »), le calque latin (« animadversion »), et cette manière si particulière qu'auront les discours révolutionnaires de placer le propos sur un plan général, héritage de l'usage « philosophique » du langage.

On comprend, dès lors, le goût de l'antique qui a touché ces décennies cruciales où la culture, pour ainsi dire, se cherchait des dérivatifs pour faire face à la sclérose de la modernité aristocratique. Ce retour à l'antique tend à substituer à ce qu'on appelait « l'éloquence de la chaire », une autre forme de parole d'autorité, mais « laïcisée », énergique, vertueuse, volontiers héroïque. Le culte des « hommes illustres » est déjà bien en place, au moment où la Révolution éclate. Il donne lieu à une pratique éloquente fondée sur l'emphase et sur cette figure décisive de l'*apostrophe*, propre à se doter d'une signification politique.

A ce propos, il convient d'évoquer le rapport à Rome et au latin qui caractérise l'immédiat avant-Révolution. On a vu qu'au cours du XVIIIe siècle, la transmission de la culture linguistique du latin, qui avait perduré pendant tout le XVIIe siècle, avait connu un effondrement dramatique. A la fin du XVIIIe siècle, le mouvement anti-latin est à son pic dans les sciences, les lettres, la philosophie. Très rares sont les connaissances transmises au moyen du latin. Depuis la crise jésuite, l'enseignement a lui aussi marqué le pas. Le « référent latin » a perdu de son prestige et de son poids, après le tournant des Lumières. Mais un phénomène étonnant semble faire un contrepoids à ce recul de l'influence *linguistique* du latin dans la culture française de l'époque. Tout se passe comme si les hommes de la fin du XVIIIe siècle avaient échangé les valeurs traditionnellement investies dans l'instrument – le latin comme code, comme univers de signes, comme dépositaire d'un savoir – au profit d'un intérêt nouveau pour les aspects de la culture latine que l'on peut « traduire » en langue moderne.

Pour ce qui est de l'éloquence, c'est le rapport au propos qui change. La tradition catholique et la Contre-Réforme avaient entraîné l'éloquence à se faire illustrative, démonstrative, parfois quasi théâtrale : il s'agissait de mettre en évidence la vérité au moyen du discours. Dans les années 1780, on remarque en France un retour inattendu et significatif à une éloquence plus délibérative, plus argumentative. La dimension contradictoire, polémique, qui faisait une part majeure du modèle cicéronien, est restaurée à propos d'événements contemporains. On cite par exemple cette affaire de la condamnation à la roue, en 1787, de trois paysans accusés de vol nocturne avec effraction, et à l'occasion de laquelle le président de la Cour Dupaty prononce un discours où « s'exerce » (c'est le mot – comme s'il s'agissait d'une répétition) un discours de contestation, de dénonciation, de revendication[3]. Les historiens ont noté la floraison, dans les dernières années avant la Révolution, des discours d'avocats, qui n'en restent plus au stade de simples performances oratoires, mais passent à la publication, sous forme de brochures. Une certaine parole se répand, en mordant parfois sur le politique. C'est en s'appuyant sur des faits similaires qu'on a pu parler d'une « politisation » générale du discours et de la culture avant la Révolution[4].

Sans aucun doute, il s'agit là d'une vie nouvelle – publique – de la parole en France, qui rompt avec la tradition de l'exercice privé, encadré par l'esthétique de la conversation. C'est un intérêt nouveau pour l'*impact* de la parole qu'on remarque dans ces années. Là se trouve l'un des enseignements décisifs de l'Antiquité : dans cette manière de faire *porter* les mots, de les transformer en vecteurs d'action. Il s'agit d'inventer en français une éloquence digne de ce qui a pu se faire à l'époque romaine, loin des schémas scolaires.

Pour cette nouvelle pratique polémique de la parole, certains aspects du modèle conversationnel aristocratique n'étaient pas inutiles. Qu'était la conversation mondaine d'Ancien Régime, en effet, sinon un ensemble de procédures d'évitement, de modération, de ce qui, en réalité, en fondait le substrat, à savoir l'affrontement personnel, la mise en scène du *duel*, d'origine aristocratique ? A ce jeu-là, beaucoup étaient formés, à la veille de la Révolution. Un homme, paraît-il, brillait particulièrement, dans le second XVIIIe siècle : Diderot, « celui de tous les hommes qui, par la parole, influait le plus puissamment sur ceux qui l'écoutaient », selon un contemporain[5]. Et ce n'est pas un hasard si nombre des « mots » de Diderot sont réutilisés pendant la période révolutionnaire. En 1796, le périodique conservateur *La Quotidienne* considérera que quelques vers d'un poème de Diderot sur « l'homme naturel » « ont servi de texte aux discours les plus véhéments » des « clubs révolutionnaires[6] ».

Beaucoup de nobles se tireront de la Révolution grâce à cette maîtrise – de classe ou personnelle – des aspects les plus agoniques de la conversation. On peut citer par exemple Hérault de Séchelles, qui fut avocat au Parlement de Paris avant de devenir président de la Convention nationale. Pour toute une génération d'aristocrates qui, dans la lignée d'un Chamfort ou d'un Rivarol, ont développé de redoutables armes pour s'imposer, la Révolution fut aussi, à bien des égards, un « théâtre de conversation ». Elle a lieu sur fond d'une frustration généralisée de la société vis-à-vis de la parole. A l'inverse de l'Angleterre, où une riche éloquence parlementaire avait pu se développer, la France avait vécu, pendant tout le XVIIIe siècle, sur le socle d'un régime absolutiste qui muselait la parole des individus, de quelque origine qu'ils soient, d'ailleurs. Cela fait de la Révolution, à certains égards, une sorte de « Fronde » d'une partie de l'aristocratie, contre le pouvoir royal. C'est tout le côté « remuant », batailleur, incontrôlable d'une partie de la noblesse qui s'est donné carrière, dans les premières années de la Révolution, grâce à la libération de l'éloquence. Le modèle tout récent des assemblées américaines, d'ailleurs, ne faisait que pousser dans ce sens, exhortant des aristocrates cultivés, réfléchis, façonnés par les Lumières, à sortir du statut anecdotique dans lequel les enfermait le pouvoir royal pour s'inventer un personnage à la hauteur de leurs aspirations.

Il y a un indéniable élément de *jeu verbal*, dans la Révolution – jeu grave, certes, et où l'on risquait gros. Dans la dynamique de retournements incessants d'opinions et de positions qui la caractérise, le maniement virtuose de la parole, des traits, des implicites, assurait la survie. De cette dynamique, l'exacerbation de certains aspects de la culture aristocratique fait le fond. Toute une phraséologie était prête, faite de sarcasmes, d'ironie – tout ce qui avait longtemps servi à ridiculiser l'autre en société, à le déconsidérer. Parlant de personnage, d'ailleurs, comment ne pas faire référence à la théorie du « comédien » selon Diderot, comédien qui doit créer une illusion à laquelle il ne participe pas ? Le théâtre oratoire qu'a constitué la Révolution constitue l'aboutissement de ce principe d'aliénation à la fois positive et négative qui a fondé l'établissement de rôles politiques.

Armés pour la bataille publique à coups de mots et de discours enflammés, les hommes de la Révolution l'étaient donc à coup sûr. Ils pouvaient prendre modèle sur quelques grands contemporains, et renouer avec le fil d'une tradition antique relue à la française. En revanche, ils étaient coupés du peuple. Ce fait a son importance pour expliquer les multiples décalages qui surviendront, au fil des années, entre le langage initial de la Révolution et la fabrique d'une dynamique politique originale. Pour un homme du XVIIIe siècle, en effet, le peuple est incapable d'éloquence. Or, la valorisation dont celle-ci fait l'objet a pour résultat paradoxal qu'il ne saurait être question de donner la parole au peuple. Ce dernier est d'abord un *public* pour les orateurs. Il est certes promu au rang de juge ultime dans l'appréciation de la parole (il donne son *suffrage*), mais il ne saurait avoir un rôle moteur. A la fin du XVIIIe siècle, l'homme du peuple reste un paysan, qui peut éventuellement se rendre l'auteur de quelques alliances fortes de mots, mais qui, selon les gens d'esprit, demeure incapable d'enchaîner des idées, de construire un discours. C'est là une contradiction fondamentale de 89. Dans l'esprit du souffle nouveau qui anime les événements, le langage du peuple n'a pas d'intérêt. Le souffle du langage est d'abord celui de la pensée, du discours.

1789, le torrent

1789, c'est un déchaînement, un torrent de paroles, un déferlement de volontés de sens. Selon les mots d'Adrien Dusquesnoy, député du Tiers Etat, l'annonce de la convocation des Etats généraux a provoqué « une fureur de parler inconcevable [7] ». Même si la censure n'avait plus, dans les dernières décennies, la force nécessaire pour empêcher la diffusion des idées des philosophes ou les écrits libertins, 1789 est l'occasion d'une exaltation de la parole publique, tant orale, qu'écrite.

1789 est tout d'abord le début d'une véritable fièvre de réunion. On assiste à la multiplication des assemblées – bientôt des « clubs » et des « comités ». Deux sensibilités s'affrontent : celle qui privilégie la démocratie « libre », laissant ceux qui veulent s'exprimer aussi longtemps qu'ils le souhaitent, et celle qui voudrait au contraire canaliser cette énergie, limiter les temps d'intervention, encadrer par des règlements, des comptes rendus, des procédures, ce débordement prévisible. Ce faisant, c'est une grande opposition rhétorique d'origine antique qui se trouve réactivée, entre tradition « prolixe » de la parole – l'antique tradition de la *copia*, de l'abondance – et tradition laconique, brève, rigoureuse. Cette opposition avait déjà été commentée par Rousseau, notamment. Du côté de l'inspiration « copieuse », on trouve les tenants d'une certaine démocratie directe, mais aussi ceux de la mise en scène du moi, sous-produit de l'éducation et de la culture d'Ancien Régime. Du côté du laconisme, se rangent volontiers ceux qu'anime une réflexion politique sur le gouvernement. Comment gouverner sans encadrer, sans « resserrer » l'espace de la parole ? Ce sera la position de Saint-Just.

La Révolution française fut une période d'intense actualisation orale de la langue, mais aussi une période d'extension brutale et rapide du domaine de l'écrit. Le dédoublement de ces deux médias est un phénomène caractéristique de la Révolution. La brochure, l'écrit court, le feuillet, viennent souvent donner une seconde chance aux paroles envolées. Cette pratique inédite de l'écrit temporaire, très différente de la tradition du livre, s'appuie sur des tendances qui étaient à l'œuvre avant la Révolution. Les décennies 1770-1780 avaient déjà connu un premier « boom » des publications éphémères ou périodiques. Les almanachs, notamment, constituaient un lien privilégié entre culture populaire et sources d'information. Mais 1789 voit naître un phénomène qui est sans commune mesure avec ce qu'on pouvait observer auparavant. L'explosion, surtout observable en juin et juillet, est quantitative ; son trait majeur est la diversité. Au début de l'année 1789, on ne comptait à Paris qu'un seul grand quotidien d'information, le *Journal de Paris*. Dans les derniers jours de l'année, on recense 23 quotidiens, 8 trihebdomadaires, 8 bihebdomadaires et 7 hebdomadaires[8]. On estime que 3000 brochures et pamphlets ont été publiés en 1789 – plus que le total des deux décennies précédentes.

Qu'est-ce qui motive semblable recours à l'écrit ? Comment avait-on les moyens de fabriquer pareille quantité d'imprimé ? Quel public était visé ? Il faut d'abord souligner que l'imprimé dont il s'agit est souvent un imprimé précaire, parfois sur feuilles volantes, sans rapport avec la solidité de la tradition d'impression établie. Des imprimeries plus ou moins clandestines, privées, existent en grand nombre, qui travaillent avec des moyens rudimentaires. La conception de l'écrit et de l'imprimé a considérablement changé. Elle s'est beaucoup éloignée de l'idéal « livresque », d'essence conservatrice, voire patrimoniale, souvent encore entaché de connotations savantes ou religieuses. L'écrit révolutionnaire est un écrit qui vole, se diffuse, qui n'est pas nécessairement conservé. On n'envisage pas, d'ailleurs, de toucher grand monde au moyen de « livres ». La dynamique des encyclopédies et des dictionnaires s'est retournée. C'est la naissance d'un écrit à proprement parler « journalistique », d'un écrit, d'ailleurs, qui se décentralise, puisque de très nombreux titres voient le jour tant en province qu'à l'étranger.

Tout au long de la décennie révolutionnaire, les journaux constituent un lieu de vie majeur du français, d'une langue retravaillée dans la puissance éloquente à laquelle des siècles d'écrit l'avaient prédisposée. Les tirages sont parfois énormes pour l'époque : 13 000 pour le journal de Mirabeau, par exemple. Certains titres, comme *L'Ami du peuple* de Marat, constituent des condensés des débats. Au libéralisme en matière d'impression qui a suivi 1789, s'articule désormais un volontarisme frappant en matière d'écriture : c'est une rage d'écrire, de diffuser, qui se met en branle à partir de 1791. Pour les historiens de la presse, du journalisme, la Révolution française est une période fascinante, l'un des piliers de la modernité. Ce qui frappe, c'est cette visibilité soudaine, massive, de réalisations écrites qui rencontrent un large écho, de débats incessants sur les mots, de reprises de la parole de l'autre, comme si tout avait une portée nouvelle.

L'écrit ainsi conçu ne se suffit pas à lui-même : il est parfois associé au théâtre (floraison des pièces d'actualité dans ces années-là) ; il s'appuie beaucoup sur le visuel. La Révolution est un moment d'intense utilisation des arts graphiques, qu'il s'agisse de la peinture à proprement parler (pensons à David), des estampes, des caricatures. Ainsi pouvaient être touchées les catégories de population insuffisamment lettrées. Le langage visuel avait été abondamment exploité par l'Ancien Régime, mais souvent dans une mise en scène du symbole : qu'on pense à tout ce qui est blasons, armoiries. Les premiers révolutionnaires ont conscience de l'impact du langage visuel, de sa capacité à fonctionner, comme l'avait analysé Diderot, en tant que « hiéroglyphe », tableau, icône, qui ont la faculté de produire du sens de manière vive et synthétique, et non pas lente et analytique, comme le fait le langage articulé. L'un des premiers soins de la Révolution sera donc de faire la chasse à tous ces emblèmes, par lesquels l'Ancien Régime se « montrait » et de leur substituer un monde de signes nouveaux, imagés, vifs, émotionnels. La Révolution découvre que le pouvoir d'une statue, d'une cocarde, d'un vêtement (carmagnole, pantalon, bonnet phrygien...) peut être plus fort, plus efficace comme facteur d'identification, que de longues formules oratoires.

S'inventer une langue

L'un des principaux problèmes de la Révolution à ses débuts est qu'elle n'avait pas de langage à elle. C'est là l'une des frustrations majeures qu'engendre le langage humain, à l'échelle des individus comme des groupes... Lorsqu'on veut s'inventer une réalité, une identité, un monde nouveau, on ne dispose pour le faire que de signes communs et usés, qui ont essuyé les plâtres de configurations devenues étrangères.

La Révolution s'est d'abord faite sur des mots d'Ancien Régime qui ont vu leur valeur exaltée par le climat de violence, ou bien inversée pour des raisons idéologiques. « Le propre de la langue révolutionnaire est d'employer des mots connus, mais toujours en sens inverse [9] », dira La Harpe, avec quelque exagération. Les débuts de la Révolution se sont faits sur fond d'une incompréhension quant aux mots, ceux-ci étant souvent repris dans des sens détournés, affectés de polarités nouvelles, dotés de valeurs ironiques. L'appareillage classique du français, fait de longs polissages tendant vers l'abstraction, prédisposait à cette indifférenciation des valeurs, à partir de laquelle toutes sortes de jeux étaient possibles. De ce caractère double de la langue classique, Sade avait exploré les envers les plus cachés, en en révélant les potentialités perverses. Son emploi de mots directs – ceux des médecins par exemple – détruisait la part d'euphémisme qu'elle contenait. Que de malentendus ne naquirent-ils pas des premières années de la Révolution ? On rapporte ce mot de Louis XVI : « Je désapprouve l'expression répétée de *classes privilégiées* que le Tiers emploie. Ces expressions inusitées ne sont propres qu'à entretenir un esprit de division [10]. »

Ainsi, l'un des premiers langages de la Révolution fut un langage classique, d'origine aristocratique, à la fois poli par l'« estompement des contours » qu'y ont pratiqué des générations de remarqueurs et de grammairiens, et chargé d'une violence interne qui ne demandait qu'à exploser.

A y regarder de plus près, son caractère hétérogène frappe. Au substrat du français classique et postclassique, le français des philosophes, sont venues s'ajouter bien d'autres influences, françaises et étrangères.

Il faut tout d'abord noter l'importance, en dépit de sa faiblesse qualitative, d'une certaine langue poétique. Les dernières décennies du XVIIIe siècle sont fortement marquées par le goût de la nature, et donc par une phraséologie d'inspiration bucolique et antiquisante qui fait notre étonnement et notre joie, et donne aux premiers mots de la Révolution leur couleur si particulière, emphatique, florale, à la fois mièvre et exaltée, aimant les contrastes appuyés [11]. Le renouveau métaphorique est net, après presque un siècle de discrédit dans lequel on a entretenu cette figure. 1789 vu par les contemporains n'est ainsi qu'affrontement des ténèbres contre la lumière, nuées, fléaux, bourgeons, printemps, automne, lutte de la vie contre la mort... Les métaphores corporelles abondent également. Tout se passe comme si la première éloquence révolutionnaire voulait rendre sa chair à la langue classique dévitalisée par des décennies d'« aménagement poétique ». Il s'agit de la concrétiser, de la réincarner, tout en essayant de préserver le souffle quasi abstrait qui avait été celui de la grande période à la Bossuet.

Evoquant ce dernier, on peut mentionner l'influence de la parole religieuse et morale, et, tout d'abord, l'impact de la *sacralisation* que l'Eglise catholique a conférée à quelques aspects de la vie humaine (des figures individuelles, des rites, des objets) – laquelle va se retrouver, sous forme laïcisée, dans la Révolution. Celle-ci a le goût des martyrs, des fondateurs d'un nouvel ordre, des cérémonies, des intronisations. Bien des éléments de la phraséologie révolutionnaire restent très marqués par ces connotations religieuses (le terme *salut* en étant un exemple frappant et emblématique). On peut aussi relever un rapport providentiel à l'histoire, celle-ci étant surtout comprise à partir de ses *espoirs*, de ses *promesses*.

Quant au vocabulaire moral, il imprègne en profondeur l'idéologie révolutionnaire. Celle-ci est toute *vertu*, et s'appuie, pour fonder le politique, sur une dénonciation morale préliminaire de la monarchie, de l'aristocratie et des vestiges du féodalisme. A ce titre, une partie du langage révolutionnaire s'inscrit dans la ligne des dernières décennies du XVIIIe siècle. Par leur exploration des rapports entre nature et culture, Rousseau, Diderot, Beaumarchais, Bernardin de Saint-Pierre, auront été des façonneurs dans un remaniement des jugements. C'est un marquage nouveau du lexique qui se répand. L'*impuissance*, royale, par exemple, n'est pas seulement constatée : elle est implicitement condamnée. Cette charge nouvelle des mots implique autant celui qui les profère que celui qui les reçoit. Il ne saurait plus y avoir de mots neutres. La « moralisation » du vocabulaire prépare sa politisation.

De ce mélange de langage aristocratique, de fleurs de rhétorique antique, d'inspiration « naturelle », de vocabulaire moral et religieux, le premier langage révolutionnaire constitue une étonnante synthèse, où les parties ne font pas un véritable ensemble. Le lexique entre dans la logique du dialogue avec l'autre : il l'anticipe, il prépare déjà une réponse. Dans ces débats, le partage d'un vocabulaire commun ne sert qu'à dessiner des lignes de fracture.

A ce substrat, est venue s'ajouter une forte influence venue de l'étranger : l'influence anglaise. L'Angleterre est la puissance majeure en Europe, en ce XVIIIe siècle finissant. Son poids politique, militaire, culturel, s'est affirmé toujours plus depuis le XVIIe siècle. Au moment de la Révolution, la marque de l'anglais sur le vocabulaire français est déjà avérée. Depuis les traductions de Locke, de Pope, de Newton, les intellectuels français sont familiers des idées anglaises, et du vocabulaire qui les exprime. Vers le milieu du siècle, on a également beaucoup traduit, et très vite, les romanciers : Swift, Defoe, Richardson. L'abbé Prévost, qui a traduit les romans de Richardson *Clarissa* (1751) et *Grandison* (1755), est considéré comme un traducteur particulièrement créatif, qui a su rendre, dans un français littéraire nouveau, l'évocation de la force des sentiments qui a fait tout le prix de Richardson. On trouve dans ces traductions de nombreux anglicismes, tel ce curieux *management*, employé dans un sens proche du sens actuel, beaucoup de calques, et un vocabulaire typique des mentalités anglaises – éloigné de celui qui faisait encore les conventions du roman en France.

Depuis les années 1740-1750, régnait en France une véritable « anglomanie[12] ». Cette anglomanie touche tous les domaines : des arts, de la vie quotidienne... Mentionnons la venue en France d'acteurs anglais (Garrick), la redécouverte progressive de Shakespeare. Quelques mots de la modernité sont des emprunts lexicaux parfois francisés ou « naturalisés », comme on disait alors (*plaid*, *gigue*, *rosbif*, *paquebot*, de *packet-boat*, *contredanse* de *country-dance*, *partenaire* de *partner*). Certains de ces mots reviennent d'Angleterre après y être partis au Moyen Age : c'est ainsi que le mot *budget*, issu de l'ancien français *bougette*, a retraversé la Manche pour s'inventer une nouvelle carrière...

Cette anglomanie a une dimension politique affirmée : c'est son aspect le plus intéressant[13]. Le régime parlementaire anglais a fait l'objet d'une attention particulière, de la part des « philosophes » qui, tels Montesquieu et Voltaire, se sont rendus en Angleterre. Au total, ce sont les vocabulaires afférents au commerce, aux lois, à l'organisation de la société qui subissent une modification importante. L'introduction de ces mots nouveaux a servi à décrire les réalités anglaises, notamment celles du régime parlementaire. En français, le verbe *voter* existait déjà (on le trouve chez Richelet), dans un contexte religieux, renvoyant à la pratique des *chapitres*. Mais le substantif *vote* n'est attesté qu'en 1704, pour décrire une décision prise par la Chambre des Communes anglaise : il s'emploiera pour décrire une réalité française à partir de la Révolution. Le développement du vocabulaire politique français, venu d'Angleterre, s'est appuyé sur le substrat des institutions religieuses. Le mot *session* a suivi le même parcours : pendant la Révolution, son sens politique venu d'Angleterre est devenu usuel, alors que ses connotations religieuses étaient les seules existant en France avant cette date.

Si, coloré par l'anglais, le français politise certains aspects de son vocabulaire existant, il traduit aussi des expressions figées, telles que : *esprit public* (*public spirit*), *libre-penseur* (*free-thinker*) ou *vertus sociales* (*social virtues*). Les mots les plus importants du nouvel exercice démocratique de la vie politique proviennent de ce remaniement venu d'outre-Manche, tels ceux de *majorité*, de *minorité*, de *motion*, de *verdict*, de *veto* (un latinisme à sens juridique restreint). A partir de la loi du 16-24 août 1790, les *jurys* de *pairs* seront une institution décisive de la Révolution.

A vrai dire, ces emprunts n'ont pas toujours été regardés d'un très bon œil. Il faut dire qu'ils ont doublé dans la seconde moitié du siècle. Si l'aspect « néologique » de l'emprunt choque moins, c'est bientôt à la signification politique de l'anglicisme qu'on va s'en prendre. Pendant la Révolution, les détracteurs des idées nouvelles brocardent souvent l'invasion des mots anglais ; pour preuve cet auteur anonyme du pamphlet *De l'abus de la liberté* : « Quant à la législation, on veut absolument que nous soyons anglais ; des mots nouveaux sont dans toutes les bouches. On s'*organise*, on fait des *motions*, on rédige des *adresses*, et sur tous les sujets [14]. » Le Dictionnaire de l'Académie de 1798, où figurent 60 anglicismes nouveaux, ne fait mention de leur origine que pour 20 d'entre eux.

En fait, il y a bel et bien eu occultation de l'influence de l'anglais sur le vocabulaire français de l'époque. Cette occultation s'explique tout d'abord par la rivalité directe dans laquelle France et Angleterre se sont trouvées engagées pendant la seconde moitié du XVIIIe siècle. Par ailleurs, l'attachement chauvin de certains commentateurs français à leur langue a eu tôt fait de relever qu'un certain nombre des nouveaux anglicismes étaient en fait des « dépouilles » de l'ancien vocabulaire français passé en Angleterre au Moyen Age. On explique aussi que l'« énergie » particulière à certains mots nouveaux anglais est en fait d'origine française...

Les réticences les plus fortes sont venues des partisans de la Révolution eux-mêmes. Dès 1790, en effet, la valeur jusque-là positive du « modèle anglais » tend à s'inverser. Les *Réflexions sur la Révolution en France* de Burke, qui remportent à Londres un vif succès en brossant un tableau critique, voire hostile, des événements de France, creusent un fossé culturel préparé par le soutien français apporté à la révolution américaine. Robespierre, en 1791, prononce un discours où il dénonce l'idolâtrie dont ont fait l'objet les institutions anglaises, pour de mauvaises raisons. Bientôt, la mise en place de schémas nationaux, voire nationalistes, achèvera de gommer l'évidence d'une dette linguistique et culturelle vis-à-vis de l'Angleterre. L'histoire postérieure de cette période qui sera proposée en France, et du vocabulaire politique, aura souvent tendance à minimiser ce fait. Il ne s'agissait pas seulement des mots (qu'aurait été la Révolution sans ses *clubs* ?), mais de la manière de percevoir la réalité, plus pragmatique, plus concrète. Au-delà des emprunts ponctuels, l'influence de l'anglais a aidé le langage révolutionnaire à sortir des représentations abstraites, universalistes, sur lesquelles les philosophes avaient travaillé.

Avant de se lancer dans l'aventure audacieuse d'une réinvention lexicale des réalités de la vie, empruntant massivement à l'anglais, et occasionnellement au vocabulaire institutionnel de l'Antiquité romaine (*préfet*, 1793 ; *consul*, 1799), la Révolution a commencé par retravailler des mots existants, des mots déjà présents dans le lexique français, auxquels elle va donner des significations nouvelles. Ces mots ont l'avantage d'être déjà connus. Il convient simplement de les repenser. Il en est ainsi des mots *fraternité*, *nation*, *patrie*, *peuple*, mots simples qui vont faire l'objet de configurations conceptuelles nouvelles ; et bien sûr des deux mots pivots de l'esprit de 89 : les mots de *régénération* et de *révolution*.

Ces deux mots ont dans leur inflexion quelque chose de commun : tous deux sont issus de vocabulaires techniques, et tous deux vont prendre des sens politiques. Le mot de *régénération* est issu d'un double contexte, religieux et médical [15]. Dans un cas, il exprime l'idée d'un renouveau spirituel, dans l'autre, il s'applique à ce qu'on appelait alors la « faculté régénératrice » de la chair, sa capacité à se reconstituer après une blessure. La vision qu'eurent les révolutionnaires des événements de 89 cumula les deux valeurs. Pour Mirabeau, 89 avait libéré une « énergie miraculeuse » ; or l'idée de *miracle* est à la fois religieuse et médicale. Les événements deviendront donc synonymes d'une genèse recommencée, à valeur spirituelle, comme d'une reformation des tissus du peuple et de la nation, mis à mal par l'asservissement de l'Ancien Régime. Le mot de *révolution*, de son côté, est passé d'un sens cosmologique (où il désigne le mouvement d'un astre dans son orbite), puis chronologique ou architectural (l'escalier « à double révolution »), à un sens politique [16]. L'influence de l'anglais *revolution*, pour parler du renversement de la monarchie anglaise au XVIIe siècle, puis de la révolution américaine au XVIIIe siècle, est certaine. Très courant, mais dans un emploi vague de « retournement politique » dans la langue du XVIIIe siècle, conceptualisé par Montesquieu, le mot *révolution* est réellement « révolutionné » en 1789-1790.

Des mots nouveaux pour un monde nouveau ?

Nulle part ne se lit mieux la volonté de s'inventer une nouvelle langue politique que chez l'abbé Siéyès (1748-1836), cet artisan de l'insertion des idées nouvelles issues des philosophes dans l'esprit révolutionnaire, dont la brochure *Qu'est-ce que le tiers état ?* connut un retentissement immense en 1789[17]. C'est Siéyès qui fut en grande partie le maître d'œuvre de la transformation préliminaire, tant dans les institutions que dans les dénominations, qui devait constituer la pierre de touche de la Révolution ; c'est lui qui prépara le remplacement du terme *tiers état* par le terme *nation*, désormais définie comme « un corps d'associés vivant sous une loi commune et représenté par une même législature[18] » ; c'est lui également qui motiva en grande partie la transformation des *états généraux* en *assemblée nationale* à partir de juin 1789.

Entre janvier 1790 et février 1791, exista, de façon éphémère, ce qui fut nommé la *Société de 1789*, une réunion souple de « patriotes » intellectuels et modérés, avec un esprit « philosophique » hérité de Condorcet. Au travers de ses publications, notamment de son journal, la Société de 1789 prépara en partie l'assise conceptuelle des premières années de la Révolution, assise sur laquelle allaient se produire les clivages idéologiques qui vont séparer les clubs – futurs Jacobins et futurs Feuillants. Siéyès y fut probablement le penseur le plus puissant, l'ouvrier d'un filtrage dans le langage et dans les concepts de la radicalité de 1789. Qu'on lise par exemple son analyse étonnante de la notion de liberté[19], magnifiquement « divisée », selon ses mots, en trois stades, « liberté d'indépendance », « liberté de pouvoir » et « liberté représentative », amenant progressivement l'état social vers le système représentatif.

Chacun des acteurs de la Révolution aura, par la suite, son ou ses mots fétiches, mots simples utilisés comme des icônes cristallisateurs de conceptions et de visions, et qu'ils s'échangeront. Ainsi le mot *patrie* fonctionnera-t-il chez Danton comme un emblème de sa morale de l'action. Chez Robespierre, le mot sera employé de façon plus allégorique, glissant vers la personnification. L'expression métaphorique du lien social comme lien personnel ou familial se retrouve dans le mot de *fraternité*, nœud de représentations chrétiennes, de vertus philosophiques et d'identification sociale[20]. L'appel aux mots se lit bien dans les devises, qui constituent autant de balises dans les polarités qui se manifestent alors. Une polyphonie complexe se met en place au fil des années, source de luttes infinies pour l'appropriation, de malentendus, de procès intentés pour « abus ». La Révolution française peut aussi être lue comme la scène d'une lutte des anciens mots du français, lancés à présent les uns contre les autres, chargés de nouvelles valeurs. La critique du langage de l'autre, l'échange d'un mot pour un autre, la stigmatisation, la valorisation parfois idéalisante au point de soustraire le mot à toute confrontation sérieuse avec la réalité, sont des phénomènes nouveaux, dans la dynamique de la langue. Ils brouillent la perception que l'on peut avoir de l'histoire, de l'enchaînement des événements, au point qu'aujourd'hui un « Dictionnaire critique[21] » n'est pas de trop pour y voir clair, et dissiper les écrans de fumée installés par les discours.

La nécessité de *dictionnaires*, d'ailleurs, était vite apparue aux contemporains emportés par ce tourbillon lexical et sémantique. C'est ainsi qu'on vit paraître dès 1790 un *Dictionnaire national et anecdotique* dû à Chantreau, un grammairien qui vécut à Paris pendant la Révolution et participa plus tard à la Commission de l'Instruction publique.

Reconfigurant sémantiquement nombre de mots pivots, de forte fréquence, sur le moment, la Révolution s'est surtout rendue spectaculairement visible par le biais d'une « néologie » touchant non seulement le vocabulaire politique, mais aussi celui de la vie quotidienne. C'est ce qu'on a nommé la « crise néologique » des années 1790-1793. De cette époque, on retient parfois quelques îlots de pittoresque, tel cet improbable *loyaume*, terme proposé par Domergue pour se substituer à l'ancien *royaume* sur la base de la loi, substituée au roi. La néologie, au XVIIIe siècle, se manifeste d'abord dans les domaines scientifiques et techniques ; puis elle gagne ceux du droit, de la politique et de la vie quotidienne. Comme on l'a vu, emprunt, recontextualisation, remaniement sémantique, néologisme, sont devenus vers le milieu du XVIIIe siècle beaucoup plus acceptables pour la conscience linguistique. L'idée que les innovations auraient à franchir la barrière de la toute-puissance d'un contrôle académique s'est considérablement affaiblie. Pendant la Révolution, la créativité lexicale peut se donner libre carrière. Elle s'exerce souvent dans un esprit d'utopie, que vient conforter un effort pédagogique. Très rapidement, le néologisme se fait norme, à l'intérieur d'un dispositif d'acculturation, destiné à « repeindre » la réalité aux couleurs des nouvelles valeurs. Il s'agit de frapper les sens, en utilisant le pouvoir imagé des mots, leurs connotations, les lignes de force qui organisent le lexique. La vision du langage qui inspire ces refontes est clairement d'inspiration sensualiste : les mots frappent d'abord les sens, et de là viennent ensuite les idées. C'est pourquoi les théories formulées par Condillac ont pu avoir une opérativité aussi immédiate en termes de pédagogie. Dans l'esprit des réformateurs, l'habitude des mots installe de nouvelles idées.

Touchant l'ensemble de la vie publique, la crise néologique de la Révolution a souvent des modèles scientifiques. Pendant la Révolution, Garat, disciple de Destutt de Tracy et de son « idéologie », celui qu'on a appelé le « professeur d'entendement humain », fait de l'initiative que Lavoisier et ses proches proposèrent pour la chimie, en 1787, un exemple à suivre. Dans son esprit, la réflexion sur les termes est un préalable au progrès de l'esprit humain. Renommer les choses, c'est aller vers une plus grande « perfection des signes ». Ce genre d'initiative a aussi un enjeu international. En Europe, au même moment, la réforme de Lavoisier sera très rapidement contestée par les savants allemands et suédois. D'autres projets de refontes terminologiques sont en concurrence. L'idée est aussi de « marquer son territoire » dans le domaine symbolique que constituent les dénominations. Bien vite, la Révolution s'emparera de cette instrumentalisation. Si la formation des mots devient une de ses préoccupations majeures, c'est à une double fin : systématisation et rationalisation à usage interne, et caractère emblématique à usage externe[22].

En l'espace de quelques années, la Révolution a ainsi connu une fièvre de nomination. Celle-ci commence par les lieux, racines de la vie. Pour la Constituante, les villes, bourgs et paroisses ne portaient pas leurs « vrais » noms : elle considérait plutôt que les seigneurs leur avaient donné leurs « noms de famille »... Ainsi, dès 1790, elle les autorisa à « reprendre leurs anciens noms », les seuls considérés comme légitimes. Toute mention de « saint », de « roi », de titres de noblesse tels que « comte », fut abolie. Ce mouvement devint massif après la mort du roi. Foin de *Nogent-le-Roi* ou *Fontenay-le-Comte* désormais : on aura *Nogent-la-Haute-Marne* et *Fontenay-le Peuple*... On estime qu'une commune sur dix, environ, fut débaptisée à partir de l'an II. Rues et places arborent dorénavant des noms de vertus ou de héros, tels que Bara ou Marat.

Enjeu tout aussi symbolique de nomination, les prénoms furent eux aussi réformés, au moyen du « baptême civique ». Toute une génération, celle née en l'an II, fut renommée, à hauteur de 50 à 60 %, estime-t-on. Elle porte les nouveaux prénoms héroïques de la République, inspirés d'allégories de vertus, de l'actualité, de la république romaine, ou du nouveau calendrier républicain. Ainsi se croisent Marat, Brutus, Mucius Scaevola, Messidor, Rose, Laurier... L'inspiration florale fait un lien, d'ailleurs, entre les hommes, les temps et les lieux. Bientôt, le « calendrier révolutionnaire » est adopté par la Convention (le 5 octobre 1793). Il sera aboli le 1er janvier 1806. Il est presque étonnant qu'il ait duré autant de temps – presque quinze ans – alors que son principe relève de la haute fantaisie d'un doux rêveur, Fabre d'Eglantine. La déesse Nature étant la protectrice de la Révolution, tulipe, camomille, narcisse, rose, violette, céleri, romarin, agricole, pensée, amarante se partagent les jours, tandis que des suffixes spécifiques se répartissent les mois et les saisons, dans une palette signifiante qui rythme le temps comme la course du soleil les travaux des champs : pluviôse, nivôse, ventôse...

Sur un tout autre plan – technique et institutionnel – l'une des réformes les plus emblématiques de la Révolution est celle des poids et mesures. Sous l'Ancien Régime, les mesures – près de 800 différentes – étaient soumises à des particularismes locaux, d'anciens usages provinciaux, des coutumes parfois mal connues. Souvent, la même unité avait des valeurs différentes selon les lieux. Il s'ensuivait des litiges sans fin. Le 8 mai 1790, la Constituante met à l'étude un projet d'unification piloté par une commission dans laquelle on relève les noms de Lavoisier, Monge ou Laplace. Il s'agit en quelque sorte d'établir un « Villers-Cotterêts » des poids et mesures. L'idée est d'« étalonner » le rapport à la réalité supposé par les mots, dans le but de diminuer les risques de contentieux, mais surtout de construire un système pérenne, « universel », échappant à l'arbitraire. Le 7 avril 1795, une loi promulgue l'usage du *mètre* et du *kilogramme* comme seules mesures officielles dans la nation, éléments d'un système décimal appelé à se diffuser largement. Néanmoins, pendant tout le début du XIXe siècle, les anciennes mesures continuèrent souvent à être utilisées, dans une relative anarchie, jusqu'à la loi de juillet 1837.

La vie civile et sociale est l'objet de la sollicitude des réformateurs. En juin 1790, est promulguée la suppression des blasons et des titres de noblesse, un signe particulièrement voyant de l'Ancien Régime. La Convention décide également, le 10 brumaire an II (31 octobre 1793), de remplacer les appellations de *Monsieur* et *Madame* par celles de *citoyen* et *citoyenne*. Ces termes d'adresse font partie des rares vrais néologismes de base française dont la Révolution est l'auteur.

Le tutoiement, inspiré de l'ancienne Rome, est également institué – s'exerçant également envers les supérieurs. De ce tutoiement, on pouvait lire ici et là les signes avant-coureurs dans certaines pratiques du second XVIIIe siècle. Déjà Diderot, dans l'*Histoire des deux Indes*, tutoyait le jeune souverain Louis XVI, avec une familiarité toute romaine : « Jeune prince, toi qui as su conserver l'horreur du vice et de la dissipation, au milieu de la Cour la plus dissolue et sous le plus inepte des instituteurs, daigne m'écouter avec indulgence[23]. » Il devient courant dans la correspondance administrative. En revanche, on relève une importante inertie des usages. D'ailleurs, resté obligatoire seulement dans l'armée (dans tous les sens de la hiérarchie), le tutoiement sera rapidement aboli dès juin 1795. Mais la Révolution sera entrée, pour la première fois de manière aussi radicale, dans cette dimension profonde du langage – que nous ne voulons pas toujours reconnaître – celle du masque, de la préservation, de la compensation.

C'est peut-être dans cette gestion nouvelle des rapports humains au travers du langage que les initiatives révolutionnaires intéressent le plus aujourd'hui, plus que par son enthousiasme pour les dénominations novatrices et ludiques. L'un des domaines du lexique qui ont été le plus retravaillé est sans doute celui qui concerne la communication, les rapports sociaux, la manière d'envisager les rapports humains. Le Roi n'est pas *interrogé*, mais *entendu* ; on ne parle pas d'*instruction*, mais d'*information*. C'est au moyen de petites altérations semblables que la Révolution est, malgré tout, parvenue à subvertir et infléchir la gestion de la langue dans le discours. Depuis le début de cette floraison, de nombreuses petites publications portatives paraissent, destinées à aider le peuple à s'y reconnaître.

On a beaucoup retenu de cette décennie la faillite qu'ont rencontrée beaucoup de mots nouveaux à s'imposer ; mais c'est négliger le remaniement parfois moins visible du lexique existant qu'elle a accompli en profondeur. S'y est introduit un élément inédit de pensée, de conscience, qui nous parle aujourd'hui, après deux siècles où l'importance des enjeux qui touchent les mots s'est davantage révélée.

Les acteurs de la Révolution sont conscients que la « question de la langue », dans une période d'intense communication, reste une question de premier plan, en dépit de l'urgence qu'il y a à construire les institutions du nouveau régime, et bientôt à défendre la « patrie » contre ses ennemis. C'est cette conscience qui donnera lieu à la première « politique de la langue » de véritable ampleur qui aura lieu dans notre pays – une politique sans commune mesure avec les efforts de François Ier ou de Colbert.

Dès les années 1790-91, nombreux sont les acteurs politiques qui, s'appuyant sur les discours récents autour du français vu comme langue « parfaite », considèrent comme possible une entreprise sur la langue qui retrouve le sens actif de « perfectionnement », pour faire de celle-ci un socle pour le projet politique. De l'« ancien régime », la Révolution retient cette assurance que tant d'écrivains illustres ont donnée à la langue. Les années révolutionnaires sont un moment de « sécurité linguistique », de confiance, ce qui va stimuler l'esprit d'entreprise. A plus d'un égard, un orateur comme Mirabeau est l'héritier de cette conception « souveraine » de la langue, sûre d'elle, de ses moyens, de sa capacité à s'acquérir l'immortalité. Bien des révolutionnaires sont conscients de manier un outil devenu comparable au latin de la grande époque, un latin qui a survécu plus de dix siècles après la chute de Rome. Ce qu'ils énoncent est déjà « gravé dans le marbre » que leur a préparé le passé de la langue.

L'exploration du lexique intéresse donc les révolutionnaires. Entre ceux qui approuvent l'enrichissement de la langue par les néologismes, et ceux qui, tels Talleyrand dans un rapport de 1791, voudraient qu'on s'attelle à une relecture de tous les mots anciens qui ont été oubliés au fil des siècles pour voir s'ils ne seraient pas capables d'une nouvelle vie, la plupart partagent cette vision à nouveau « maximaliste » de la langue, débarrassée de tout souci puriste. La Révolution est à ce titre un moment où s'est à nouveau réveillée cette conscience inquiète, récurrente dans l'histoire du français, devant la constriction, la coercition qui ont touché le lexique à l'époque classique. Louis-Sébastien Mercier, le bouillant polygraphe du *Tableau de Paris*, tirera de la Révolution une réflexion sur la « néologie », qui paraîtra sous ce titre en 1802. C'est tout le « hors-champ » de la langue qui est pour la première fois abordé, sans égards pour les réflexes conservateurs.

Le rejet de l'attitude de « tri » qui avait souvent été celle de l'Académie, motiva en partie la dissolution, le 8 août 1793, de ce « mauvais établissement », ce suppôt de l'élitisme royaliste et aristocratique. La Convention ne savait pas encore comment elle allait procéder pour faire face au vide ainsi créé, et mener à bien l'entreprise de description des mots qui lui tenait à cœur. Un travail avait déjà été mené par Marie-Charles Pougens, qui publia en 1794 un *Vocabulaire des nouveaux privatifs français*, et sera l'artisan, dans les premières décennies du XIXe siècle, d'une relecture de l'histoire du français, à rebours de l'esprit du classicisme. Héritière des conceptions centralisatrices de la monarchie, la Convention rêvait d'un « dictionnaire national ». Les commissaires délégués de la Convention s'aperçurent qu'en dépit des connotations royalistes qui l'entachaient, le dictionnaire de l'Académie avait l'avantage de représenter une base de travail sérieuse, surtout l'édition de 1762, révisée par Duclos, D'Alembert et Beauzée. Ils commencèrent par récupérer le manuscrit de la nouvelle version en préparation, lequel avait été distrait de la dissolution par la prudence de l'abbé Morellet, en charge de l'ouvrage, et se consacrèrent à sa publication.

Parue en 1798, la cinquième édition du Dictionnaire de l'Académie est un objet éminemment paradoxal. Elle vient à paraître à un moment où l'Institut n'existe plus ; elle propose comme aide au public en pleine tourmente lexicale un matériau ancien ; elle n'est assortie d'aucune autorité véritable. A la vérité, c'est probablement l'une des éditions les plus intéressantes de la longue histoire de l'Académie, précisément par ce caractère malaisé, contradictoire. La Convention ne pouvait pas se permettre de procéder à une refonte ambitieuse du corps de l'ouvrage. Elle choisit donc de donner aux imprimeurs le volume tel quel, assorti des révisions que D'Alembert et Marmontel y avaient apportées, et d'adjoindre à l'ensemble un « Supplément contenant les mots nouveaux en usage depuis la Révolution ». Ce supplément fait suite à une publication qui avait vu le jour l'année précédente, *Les Mots nouveaux et les autres changements introduits dans la Langue par la Révolution Françoise* qui se trouvent à la fin du tome II du *Dictionnaire portatif de la langue française* de l'abbé Claude-Marie Gattel. Le dictionnaire lui-même est, comme beaucoup d'autres avant lui, une compilation. L'abbé considère l'ajout (de dix pages) comme une concession indispensable à l'esprit néologique d'une époque qu'il ne comprend guère. Sa liste rapide de mots qualifiés par lui de « révolutionnaires » est assortie d'une moue sceptique : « on peut prédire qu'aucun d'eux ne survivra aux agitations convulsives au sein desquelles ils ont pris naissance ». Où l'on retrouve ce préjugé fréquent selon lequel il faut du calme pour que la langue change...

Le supplément « académique » est plus ambitieux. Organisé en deux parties, il comprend tout d'abord une liste de 213 néologismes lexicaux qui, tels que *kilogramme*, *nivôse*, *club*, *carmagnole*, *cocarde*, *tyrannicide*, exprimant les réalités désormais incontournables de la Révolution. Suivent 118 néologismes sémantiques, parmi lesquels certains, comme *aristocrate*, peuvent étonner. C'est que le supplément porte la trace de l'évolution des comportements, une *mentalité*. Les mots *aristocrate*, *aristocratie*, existaient évidemment, dans le lexique français avant la Révolution. Mais ils ne s'appliquaient qu'à l'Antiquité. Propulsé sur le devant de la scène, le mot *aristocrate* n'a pas conservé sa valeur purement descriptive, de « membre de la noblesse » : il s'est chargé d'une valeur nouvelle, celle de « partisan de l'Ancien régime ». C'est ainsi qu'il y a eu, pendant la Révolution, des « aristocrates bourgeois »... Le mot exprime une attitude. Il n'est pas possible d'*être* simplement un aristocrate. On pourrait dire la même chose de l'expression *ancien régime*, qui est alors nouvelle.

Ce caractère profondément *marqué* d'un lexique parfois bien connu (*école, massacre*...) serait à étudier en profondeur, mais nous reste parfois difficilement accessible, parce que les mêmes mots se sont trouvés « démarqués », et ont évolué, une fois l'épisode révolutionnaire terminé. Dans chacun de ces emblèmes d'un idiome « révolutionnaire », se cache une force, une énergie, qui est celle du forçage de l'Histoire. Par la suite, bien des mots reprendront un caractère neutre, d'étiquetage. A la mise en place de conventions nouvelles, celles qui s'établirent sous le Directoire et l'Empire, la « polarité » révolutionnaire donnée aux mots se résorba dans un caractère neutre, prélude à l'*institutionnalisation*. Par ses néologismes lexicaux et sémantiques, la Révolution a encadré la vision française de la vie civile. Les mots *bureaucratie*, *divorce*, *département*, *municipalité*, *procédure*, scandent un paysage commun, qui sera celui des régimes postérieurs, parfois pour le contester. Ce sont autant de balises disposées sur le chemin de l'homme social.

Du côté politique, en revanche, le supplément du dictionnaire de l'Académie reste discret, réservé, « technique ». Mais on reste surpris de lire l'étiquetage informatif que le supplément apporte aux termes *cordeliers* et *jacobins*. Le supplément n'est pas un miroir disposé le long de la route de la Révolution – plutôt un mémento à finalité immédiate.

Etrangement formé d'un corps conservateur et d'un appendice novateur, le dictionnaire de 1798 n'a pas eu un écho défavorable. Le Conseil des Cinq-Cents, auquel il fut présenté le 23 octobre 1799, l'entérina. L'Académie, en revanche, s'empressera de le désavouer, une fois rétablie en tant qu'institution en 1816. C'est une ironie savoureuse de l'Histoire que la Révolution ait fait participer cette assemblée conservatrice à sa politique de la langue sans son consentement...

Naissance d'une politique de la langue

Saisie par des débats sans fin sur les mots, animée d'une fureur éloquente dont elle retrouve le souffle dans l'Antiquité la plus lointaine, impatiente de s'inventer une nouvelle réalité, la Révolution a bougé dans la langue comme un animal pris dans des filets. Son rapport au français comme langue-objet, comme institution, est des plus complexes. D'un côté, elle avait conscience que son projet politique ne pouvait réussir que si l'on repensait l'unique idiome qui avait été rendu propre à s'exprimer politiquement, à savoir le français ; d'un autre côté, elle savait que, ce faisant, elle restait dans une logique bourgeoise, ou élitiste, dans la mesure où elle ne touchait pas le peuple, incompétent ou peu compétent en français. Des initiatives en matière de lexique français, il faut reconnaître que les principaux bénéficiaires et le principal public ont été les hommes qui les ont prises, d'origine aristocratique et bourgeoise pour la plupart – et une faible partie du peuple de Paris ou de l'Ile-de-France. L'essentiel des débats qui eurent lieu entre 1789 et la naissance de la Convention a été totalement *incompris* du peuple des provinces, d'abord parce que ces populations vivaient à des années-lumière de ce qui se passait à Paris ; ensuite, parce que la barrière linguistique continuait de représenter une démarcation infranchissable. Entre 1791 et 1793, plusieurs initiatives tentèrent d'affronter le problème. Ce sont autant d'éléments épars d'une « politique de la langue », pour reprendre le titre d'un ouvrage fondateur sur le sujet[24].

L'un des premiers témoignages de ce nouveau « souci de la langue » est la fondation, en octobre 1791 par le « grammairien patriote » Urbain Domergue, déjà initiateur d'un *Journal de la langue française*, d'une « Société des amateurs de la langue française ». Celle-ci, déclare Domergue dans son *Prospectus*, devra se consacrer à la « régénération » du français. On reconnaît là l'inspiration des premières années de la Révolution. A ce moment-là, l'Académie française n'a pas été encore dissoute. C'est à la suite d'une succession d'initiatives de ce genre que cette compagnie, bientôt, apparaîtra comme caduque. Le propos de Domergue est ambitieux : il s'agit de mettre à plat la description du lexique français de manière à refonder un dictionnaire sur des bases « philosophiques ». Indiscutablement, Domergue s'inscrit dans la longue tradition qui a cru aux vertus du rationalisme, de la « mise en ordre » des connaissances et des concepts. On croit, à lire ses déclarations d'intention, retrouver l'un des rêves utopiques de l'aménagement classique de la langue. Son analyse du « champ » grammatical et littéraire de son époque, de la manière dont le rapport à la langue et à la production est encadré, est plus nouvelle. Pour lui, l'un des caractères de l'Ancien Régime est d'avoir fait de la littérature une « aristocratie oppressive et décourageante ». De cette aristocratie, les académies constituent en quelque sorte le « clergé ». « Fondons la république des lettres », dit Domergue. Dans la société des amateurs de la langue, tous seront « égaux en droit » : hommes, femmes, académiciens, littérateurs, habitants de la capitale, habitants des départements, correspondants français, correspondants étrangers. Cette ouverture de l'éventail humain associé à la langue constitue la vraie innovation de Domergue. Elle rompt avec la spécification institutionnelle de la langue supérieure, de la Norme, pour consacrer la place décisive que doit occuper le locuteur, quel qu'il soit. C'est en quelque sorte l'aboutissement final du « sentiment de la langue » : la sollicitation indifférenciée de la relation qu'ont les locuteurs à leur idiome. L'abbé Grégoire, on va le voir, tient un raisonnement analogue.

La « Société des amateurs de la langue française » de Domergue peut donc être considérée comme l'un des premiers jalons de ce sentiment moderne de la langue. Ce sentiment, malgré la réaction académique, tiendra une large place dans l'économie linguistique de la France au XIXe siècle et au XXe siècle. La langue après la Révolution devient un bien indivis, celui du nouveau « souverain » : le peuple. L'ouverture de la dimension du jugement au-delà des genres, des classes, des statuts professionnels, au-delà des frontières géographiques, – des frontières de la nation, est un phénomène significatif de l'épisode révolutionnaire. C'est comme si on avait pris conscience du fort pouvoir d'identification que représente la langue. Les rois et les ministres de l'Ancien Régime avaient voulu répandre le français, mais leur considération du locuteur ne s'étendait qu'envers ceux chez qui l'usage de la langue pouvait avoir un rôle – administratif, judiciaire, diplomatique. La portée des initiatives révolutionnaires est tout autre. Ainsi les femmes, qui ne présentaient pas, pour l'Ancien Régime, un grand intérêt mis à part leur rôle formateur du goût dans l'espace clos de l'élite, deviennent une catégorie de population intéressante, pour la Révolution.

Dans cet esprit, l'initiative révolutionnaire la plus connue, certainement, en matière de langue, est l'envoi par l'abbé Grégoire, le 13 août 1790 d'une « série de questions relatives aux patois et aux mœurs des gens de la campagne ». Cet épisode, qui a fait l'objet de nombreuses études, s'achèvera avec le « Rapport sur la nécessité et les moyens d'anéantir les patois et d'universaliser la langue française » présenté par Grégoire le 16 prairial de l'an II (1793) à la commission de l'instruction publique de la Convention.

Né en 1750, Henri Grégoire fait partie de ces membres éclairés du clergé du XVIIIe siècle qui, dès avant la Révolution, s'étaient attaqués avec audace aux questions sociales. En Lorraine, dans les années 1780, il avait déjà déployé d'énergiques efforts pour enseigner le français aux paysans, luttant contre l'abêtissement provoqué par la culture des almanachs, et constituant pour ses élèves une bibliothèque sérieuse de lecture. Dans sa manière d'aborder la réalité sociale, nous allons voir reparaître le mélange d'inspirations de type médical déjà évoqué. Grégoire s'intéresse à ce qu'il appelle la « pathologie sociale », à ses « maux », mais aussi à ses « remèdes ».

En 1788, une initiative considérable l'avait déjà fait connaître : son *Essai sur la régénération physique, morale et politique des juifs*, essai qu'il déposa à la Société royale des Sciences et des arts de Metz. Familier du statut réservé à ceux que, dans son territoire, il appelle les « Juifs allemands », il fut l'un des artisans du vote des droits civils et politiques qui leur furent accordés (de même qu'il sera aussi l'un des artisans principaux de l'abolition de l'esclavage). C'est donc un personnage de première importance, trop oublié aujourd'hui. Une phrase de son *Essai* de 1788 toutefois intrigue. Grégoire s'y propose d'« extirper cette espèce d'argot, ce jargon tudesco-hébraïco-rabbinique dont se servent les Juifs allemands » (on reconnaît le yiddish). On lit déjà comme un signe avant-coureur du volontarisme autoritaire et ambigu qui sera le sien dans son *Rapport*.

En 1790, la Révolution est à ses débuts, et elle découvre des pans entiers d'une réalité qui était restée cachée. C'est la révélation du fait que, pour reprendre les chiffres donnés par Grégoire, il y a en France six millions de « Français » qui sont incapables de soutenir une conversation dans la langue nationale. Pour Grégoire, il n'y a pas de doute : ce fait est le résultat d'une action concertée de l'Ancien Régime, qui avait tout intérêt à morceler le pays, à entretenir les disparités, de façon à prévenir tout risque de révolte organisée. Son analyse va même plus loin : pour lui, ce morcellement est à faire remonter à l'époque féodale. L'idée était alors de « ressaisir les serfs fugitifs et de river leurs chaînes ». Comment un fuyard se serait-il débrouillé, en effet, hors du cercle très étroit des terres de son seigneur, si, dès le village voisin, le « patois » différait ? On a pu faire une remarque similaire à propos des esclaves des « îles », que de nombreuses langues maternelles empêchaient de s'organiser.

Sans doute entre-t-il une part de paranoïa sociale, dans le raisonnement de Grégoire, mais sur le fond, l'histoire lui donne raison. Il est clair que le morcellement linguistique du royaume pendant l'Ancien régime a été, en dehors des besoins administratifs centralisateurs, « soigneusement conservé », pour reprendre les mots de Grégoire. Au départ, Grégoire n'en avait pas particulièrement aux cultures provinciales, mais il considérait comme une urgence de résorber cette *fracture* renforcée au cours des siècles entre un peuple cantonné dans l'usage des parlers locaux, et une classe supérieure accédant aux places et au savoir grâce à son usage du français. Si la réforme proposée n'est pas suivie d'effet, prédit Grégoire, « bientôt renaîtra cette aristocratie qui jadis employait le patois pour montrer son affabilité protectrice à ceux qu'on appelait insolemment les petites gens. Bientôt la société sera réinfectée de gens comme il faut ; la liberté des suffrages sera restreinte, [...] et [...] entre deux classes séparées s'établira une sorte de hiérarchie. Ainsi l'ignorance de la langue compromettrait le bonheur social ou détruirait l'égalité[25] ». Pour Grégoire, il ne fait pas de doute que la pluralité linguistique telle que la comprenait l'Ancien Régime était un moyen d'asservissement teinté de paternalisme. Une barrière linguistique infranchissable était maintenue entre les étages de la société, qui permettait à l'aristocratie de se protéger de toute intrusion de la masse.

Mais comment faire ? Dans un premier temps, pour diffuser ses réformes, la Révolution procéda à des traductions, de manière inégale d'ailleurs, à chaud, pressée par le temps, dans une certaine confusion. La traduction des décrets est décidée le 14 janvier 1790, et on commence à la mettre en œuvre. Des bureaux départementaux, surtout dans l'Est, s'y activent. Quelques-uns des grands textes des années 1790-1791 seront traduits dans les « patois ». Ce sera également le cas de *La Marseillaise*... Un avocat de Gironde, un certain Pierre Bernadau, donna de la « Déclaration des droits de l'homme » une traduction qui commence par les mots suivants : « Lous Dreyts de l'Ome. Lous députats de tous lous Francès per lous représenta, et que formen l'Assemblade nationale, embisatgean que lous abeous que soun dens lou Roïaumy, et tous lous malhurs puplics arribats benen de ce que tan lous petits particuliers que lous riches et les gens en cargue an oblidat ou mesprisat lous frans dreyts de l'ome, an résolut de rapela lous dreyts naturels, béritables, et que ne poden pas fa perde aux omes [...][26]. »

L'enquête de l'abbé Grégoire

Afin de se rendre compte de l'étendue réelle des patois, de toutes les formes d'usage et des perspectives d'accès des citoyens au français, Grégoire rédige un questionnaire en 43 points, qu'il adresse à une série de correspondants disséminés dans les principales régions concernées, et plus ou moins motivés pour entreprendre le travail de collecte. Précis, formulé en termes rationnels, objectifs, le questionnaire de Grégoire constitue à bien des égards le premier exemple d'une « enquête sociolinguistique ». Son honnêteté – sa candeur, même – sont à relever. L'enquête commence par cette question liminaire : « L'usage de la langue française est-il universel dans votre contrée. Y parle-t-on un ou plusieurs patois ? » S'ensuit une série de questions d'esprit très philologique sur les patois visés : questions sur la phonétique, sur l'étendue du lexique, l'origine des mots, la plus ou moins grande « affinité » avec le français, les usages terminologiques, la richesse des parlers à exprimer « les nuances des idées et les objets intellectuels ». Une seconde série porte sur des considérations plus « sociolinguistiques » : rapport de l'usage entre villes et campagnes, rapport avec la religion, questions d'écriture, de diffusion de l'imprimé. Un premier objectif évident de l'enquête est de « documenter » les « patois » en question. Il s'agit de se procurer les ouvrages qu'on trouvera écrits dans ces langues, actes publics, chroniques, prières, sermons, cantiques, chansons, almanachs, poésies, traductions... Mais l'articulation des questions 28 et 29 fait dresser l'oreille : « 28. Remarque-t-on qu'il [le patois] se rapproche insensiblement de l'idiome français, que certains mots disparaissent, et depuis quand ? 29. Quelle serait l'importance religieuse et politique de détruire entièrement ce patois ? »

L'enquête de Grégoire se révèle donc vite orientée. Une troisième série de questions quitte le terrain linguistique pour affronter directement l'aspect social. « 36. Les gens de la campagne ont-ils le goût de la lecture ? 37. Quelles espèces de livres trouve-t-on le plus communément chez eux ? ». Une suspicion plane quant au rôle de censeurs que pourraient jouer les « curés et vicaires ». Le lien entre la manière de concevoir l'éducation et la manière de juger des mœurs reste fort. Grégoire s'inquiète du caractère éventuellement « dépravé » des paysans, ou inspiré seulement par « l'intérêt personnel ». Pour Grégoire, il ne fait pas de doute que l'éducation au français doit avoir pour résultat le « patriotisme » ; il s'agit d'attirer les citoyens vers la collectivité.

On conserve 49 réponses à ce questionnaire, de longueur et d'intérêt très inégaux. Beaucoup viennent de l'Est, où Grégoire était connu, et beaucoup également du Sud, notamment du Sud-Ouest occitan et gascon, et de la région catalane de Perpignan. Les correspondants de Grégoire venaient d'horizons différents, et il n'y a pas d'homogénéité dans leurs réponses, mais certains ont pris leur tâche très à cœur. C'est ainsi qu'on dispose d'une très longue réponse venant de Guyenne, de la plume de Pierre Bernadau. Sa réponse est probablement celle qui nous renseigne le plus précisément sur les usages linguistiques qui pouvaient être ceux d'une région au moment de la Révolution et sans doute, assez longtemps avant. Selon Bernadau, « l'usage de la langue française n'y est point du tout universel[27] » (par « universel », il faut entendre « répandu dans toutes les couches de la société »). Pour lui, c'est surtout le bas peuple qui parle gascon : harangères, marchands ; le « petit artisan », en effet, « affecte surtout de parler français ».

« Le gascon, écrit-il, est un idiome très-étendu et très-varié. Il présente tous les termes de la langue française, et celle-ci ne peut pas trouver des termes équivalents, pour l'énergie et la précision, à ceux que le gascon présente. » On retrouve ici cette donnée constante de l'appréciation des langues et des parlers entre le XVIe et le XVIIIe siècle : la problématique de la *richesse*. La *verbosité* des langues est quelque chose à quoi le XVIIIe siècle postclassique reste sensible. Bernadau mentionne Montaigne et Goudouli comme artisans de ce langage autre que le français standardisé, mais qui, pour lui, conserve toute sa pertinence. Il évoque, sous la plume de ces auteurs, ces « mots énergiques qui manquent au français ». Le gascon, dit-il, n'est jamais à court de mots...

Mais il n'a, estime-t-il, « ni grammaire, ni vocabulaire connus » – ce qui est évidemment faux. L'enquêteur note également que la forme de ce « patois » varie beaucoup de village en village, « dans ses terminaisons ». « La prononciation est dans certaines contrées infiniment pénible et change singulièrement l'idiome », complète-t-il. Ce caractère fondamentalement variable reste un sujet d'étonnement pour des esprits grandis dans l'obsession d'une « fixation » du français. Visiblement piqué par le problème des « terminaisons », et répondant à la question de savoir si « les patois ne se sont pas rapprochés du français », Bernadau trouve une spécificité au parler de Bordeaux, et finit par se demander s'il ne serait pas juste de voir en lui un « français avec terminaisons gasconnisées ». Intéressante analyse, en laquelle on peut voir autant une manifestation d'ethnocentrisme qu'une sensibilité assez fine aux faits de contacts de langues. Ce serait l'une des premières constatations de l'existence d'un français régional, distinct à la fois du français central et du parler local, patois, dialecte ou langue. L'hétérogénéité qui marque l'usage du « gascon » n'est d'ailleurs pas sans le frapper. Il note qu'à la campagne, les paysans emploient beaucoup de mots « latins » (Montaigne l'avait déjà remarqué pour tout ce qui est vocabulaire agricole), espagnols et même anglais (il fait par exemple un petit relevé d'anglicismes dans le district de Lesparre). Ce « feuilletage » qui s'est fait au fil des siècles est le fondement d'un usage qui ne lui paraît pas comme autrement problématique.

C'est ainsi qu'à la question fondamentale – la motivation essentielle de l'enquête de Grégoire –, à savoir s'il est possible d'« anéantir » les patois, la réponse de Bernadau est des plus nuancées. « Il n'y aurait aucun inconvénient à détruire le patois, supposé que par quelque institution on pût lui substituer une autre langue. Nos paysans n'y tiennent pas autant que les Basques et les Bretons [à leur langue]. Serait-ce parce qu'il n'est pas si difficile de l'apprendre ? Mais, après tout, il leur faut des signes ; et supposé qu'on leur apprît ceux du français, ils les auraient bientôt altérés ; c'est pourquoi je doute qu'on puisse trouver le moyen de détruire le patois[28]. » Autrement dit, c'est bien à la conception fixiste des « langues » que Bernadau en a. Plus sensible à la dynamique des usages langagiers qu'aux décisions arbitraires et aux volontés de rationalisation, il évoque par exemple l'échec de Leibniz à construire un langage « parfait » qui se fasse la traduction formelle des vertus pédagogiques qu'on voudrait lui prêter. Le décalage de son analyse par rapport au point de vue de Grégoire, qui avait voulu tracer une limite entre patois et « français », afin de préparer au remplacement des uns par l'autre, est significatif. Bernadau est conscient que ces « patois » sont saisis dans un mouvement, dans une histoire, tout comme l'est le français. Cependant, pour lui, il ne fait pas de doute que le gascon, qui se rapproche déjà du français « depuis un demi-siècle », finira par le rejoindre. Une nuance importante à cette analyse : elle ne concerne que le gascon « des villes ». Le bas peuple, dit-il, parlera toujours un « jargon particulier ». La réponse de Bernadau a le mérite de pointer un fait décisif, dans l'approche relativement simpliste que faisait Grégoire des patois : la variation sociale est aussi importante, sinon plus, que la variation géographique.

Entre le début de l'enquête (1790) et le rapport présenté à la Convention (octobre 1793), les choses ont changé, dans la perception politique qu'on peut avoir des « patois ». Ceux-ci ne sont plus vus comme de simples obstacles passifs, mais comme l'outil actif d'une résistance aux idées nouvelles qui a commencé à se former, et qui va donner lieu à la « contre-révolution ». Aux débuts de la période, il s'agissait d'expliquer les lois, et d'élaborer une politique d'instruction publique. La Révolution avait besoin de l'*adhésion* populaire, ce qu'elle ne parvenait pas complètement à obtenir à cause des clivages linguistiques. En 1793, il s'agit essentiellement de s'opposer à l'instrumentalisation des parlers locaux apparue à des fins idéologiques. La contre-révolution se nourrit de l'aliénation dans laquelle elle maintient les paysans au moyen d'usages marginaux, difficilement adaptables en vecteurs d'idées nouvelles. Le discours de Barère au comité de salut public le 8 pluviôse de l'an II va dans ce sens. Il ne faut plus laisser les ennemis de la liberté s'emparer des populations paysannes au moyen de l'usage des patois. Sont particulièrement visés les domaines breton, « allemand » (francique lorrain et alémanique alsacien), et basque.

Le « 16 prairial de l'an II », Grégoire présente donc son rapport. Il est significatif que ses premières phrases se fassent l'écho du concours de Berlin, à l'occasion duquel le français avait été proclamé « langue universelle » de l'Europe. Grégoire voit une continuité possible entre l'accueil dont le français a bénéficié auprès des cours d'Europe et la place qui peut désormais être la sienne « sur la route de la liberté[29] ». N'y a-t-il pas un paradoxe, écrit-il, à voir que le français jouit à l'extérieur d'un tel prestige alors qu'il n'est parlé à l'intérieur que dans quinze départements environ ? Le décalage entre réalité politique et réalité linguistique est devenu flagrant : « Nous n'avons plus de provinces, et nous avons encore trente patois qui en rappellent les noms. »

Suit un tableau des « trente patois » qui, dit Grégoire, assimilent la France à une « tour de Babel ». Force est de reconnaître que la synthèse proposée par Grégoire est quelque peu hâtive. Sa décomposition chiffrée entre ceux qui « parlent », ceux qui « peuvent soutenir une conversation » et ceux qui « écrivent », ne s'appuie sur aucune donnée fiable. Grégoire embrasse dans une même éloquence teintée de mépris des dialectes qu'il voit comme « génériquement les mêmes ». Une chose est sûre : il s'est convaincu du caractère « chimérique » du rêve de langue universelle. Ce qu'il envisage, c'est de « diminuer le nombre des idiomes reçus en Europe ».

A l'intérieur des frontières, s'impose une évidence : il faut que les citoyens « puissent se communiquer leurs pensées ». « Cette entreprise, dit-il, qui ne fut pleinement exécutée chez aucun peuple, est digne du peuple français, qui centralise toutes les branches de l'organisation sociale et qui doit être jaloux de consacrer au plus, dans une République une et indivisible, l'usage unique et invariable de la langue de la liberté. » Grégoire salue l'initiative du comité de salut public du 8 pluviôse, mais estime qu'elle doit être secondée par le zèle des citoyens, des « vrais républicains ». Cela nous donne le sens des procédures qu'il envisage. Il ne s'agit pas de mesures coercitives : Grégoire s'appuie plutôt sur la force de la persuasion. Il convient de déclencher dans le peuple un mouvement « participatif », comme on dirait aujourd'hui : un désir de connaître les lois et de les sanctionner. Le rapporteur note que cela était absolument impossible dans les premières années de la Révolution, les malentendus étant constants dans l'emploi des mots. Il nous livre à ce sujet une anecdote qu'il juge comme pouvant être « plaisante » « si elle n'était déplorable ». Dans plusieurs communes, on lui a rapporté que le mot *décret*, au moment de sa diffusion, a été compris au sens de l'ancien *décret de prise de corps*, autrement dit d'arrêt de mort. « Ce serait bien dur de tuer M. Geffry, écrivit un citoyen, mais au moins il ne faudrait pas le faire souffrir »...

Traduire ? Cela reste, pour Grégoire, un pis-aller. Outre que la démarche est compliquée et onéreuse, il ne peut s'enlever de l'esprit qu'une confiance toute relative serait à placer dans ces traductions des textes les plus précieux de la Révolution en « jargons lourds et grossiers, sans syntaxe déterminée ». Grégoire croit davantage en la solidarité entre idées et expression. Pour lui, les dialectes, idiomes pauvres, sont incapables d'exprimer des idées abstraites. Leur grossièreté incline plutôt au fanatisme. Enfin, l'un des objectifs essentiels de la Révolution, créer les principes d'une amitié, d'une fraternité, ne pourrait être accompli par cette procédure, qui n'aboutirait qu'à perpétuer des barrières par ailleurs dénoncées. Sans compter qu'imposer une langue, c'est aussi gouverner. A cela, Grégoire n'est pas insensible. Politique, mœurs et usages linguistiques sont indissolublement liés. Dans sa réponse, Bernadau avait fait cette analyse. A la question des « mœurs », il avait répondu que, sous la mauvaise influence des prêtres, et pris dans des réseaux de superstitions, de magie noire, de pratiques louches, les paysans, selon lui, étaient « devenus ingouvernables [30] ».

Le rapport de Grégoire s'achève donc sur l'affirmation d'un volontarisme marqué. Grégoire est ce qu'on appellerait aujourd'hui un « universaliste » : un digne héritier des Lumières, à qui la notion de différence reste étrangère. Son initiative a été interprétée diversement. On a pu y voir la première manifestation d'un « écrasement » des parlers – et donc des cultures – d'une France encore riche de sa diversité ; on a pu au contraire saluer l'intention d'*instruction*, qui prime sur la considération portée envers ces parlers. Grégoire est incontestablement une grande figure de la Révolution, mais aussi un esprit si bien formé par un certain type de rationalisme, qu'en lui utopie et vision autoritaire ont pu se rejoindre. De son projet, il ne vit pas même le commencement ; une initiative qui se donne pour objectif de modifier les usages linguistiques de millions de personnes ne peut pas, à l'évidence, aboutir si rapidement. De fait, dès Thermidor, la pression linguistique que Grégoire souhaitait exercer sur les destinées de la Révolution se relâchera, et on en reviendra aux tolérances anciennes. Il faudra des décennies d'instruction républicaine, à la fin du XIXe siècle, pour accomplir dans les faits, et autrement, le programme proposé par Grégoire. En revanche, grâce à son enquête, une idée plus claire de la diversité linguistique de la France nous est accessible.

Le français « langue de la Révolution »

On a beaucoup reproché à Grégoire d'avoir fait ce geste initial dans ce qui sera décrit comme un vaste mouvement de « minoration » et de marginalisation des cultures régionales. C'est oublier que, en dépit de l'instrumentalisation dont les parlers régionaux avaient fait l'objet de la part des tenants de la contre-Révolution, la volonté des acteurs de la propagation du français était moins de s'opposer à une culture – dans laquelle ils ne reconnaissaient pas beaucoup de vigueur, et qui était objectivement assez peu vivace – que de diffuser *l'éducation*, une éducation conçue comme universelle.

A ce titre, le rapport de Grégoire n'est pas séparable d'un autre rapport présenté à la Convention, celui du député Lanthenas. Dans le « Rapport et projet de décret sur l'organisation des écoles primaires, présentés à la Convention nationale au nom de son Comité d'Instruction Publique[31] » déposé par Lanthenas le 15 octobre 1792, on lit des phrases qui rappellent la conception politiquement unifiante qu'avait défendue Grégoire, assortie peut-être de nuances. L'objet de Lanthenas est très spécifiquement l'enseignement « primaire » : « Votre Comité a senti qu'il fallait, par les dispositions du premier enseignement, avancer l'époque où l'unité de la République en aura tellement fondu toutes les parties, qu'une seule et même langue, riche de mille chefs-d'œuvre familiers à tous les citoyens, les liera ensemble, pour toujours, de la manière la plus indissoluble. » On voit que la démarche de Lanthenas, d'une certaine manière, s'inscrit dans une logique d'assimilation, ou d'« intégration », comme on dirait aujourd'hui. Sa considération des patois et des langues régionales n'est pour autant pas uniforme. Dans certains endroits, il estime que « les communications sont gênées par les idiomes particuliers, qui n'ont aucune illustration, et ne sont qu'un reste de barbarie des siècles passés »... Plus de deux siècles après Du Bellay, le concept d'« illustration » reste décisif dans la fabrication mentale de l'objet « langue ». Mais Lanthenas considère différemment les zones frontalières. Pour lui, le corse, le basque, le breton, l'alsacien, le lorrain restent politiquement intéressants, dans la mesure où ils opèrent (à l'exception du breton ?) un lien entre la France et ses « voisins ». Un bilinguisme des populations frontalières est donc considéré par lui comme pouvant présenter un intérêt pour la République. Idée curieuse, fondée sur une vision gauchie des parlers, mais symptomatique de la nouvelle articulation entre langues et nations qui est en train de voir le jour. Premier signe de confrontations futures ? C'est la frontière allemande qui retient surtout l'attention de Lanthenas.

Le titre III du « Projet de décret » fait ensuite état de « Dispositions particulières pour les pays où la langue française n'est pas d'un usage familier au peuple ». On y lit un souci du particulier qui nous intéresse aujourd'hui, à l'époque de débats sur la « discrimination positive ». Une étude attentive du texte révèle que l'objectif de Lanthenas n'est pas de substituer la langue française, en tant que seul et unique idiome, aux parlers régionaux. La dimension essentielle de ces dispositions linguistiques est l'accès à l'éducation. Bien sûr, l'article 1 stipule que « l'enseignement public sera partout dirigé de manière qu'un de ses premiers bienfaits soit que la langue française devienne en peu de temps la langue familière de toutes les parties de la République ». Mais l'article 3 précise bientôt : « Dans les contrées où l'on parle un idiome particulier, on enseignera à lire et à écrire en français ; dans toutes les autres parties de l'instruction, l'enseignement se fera en même temps dans la langue française et dans l'idiome du pays, autant qu'il sera nécessaire pour propager rapidement les connaissances utiles. » Les articles portant sur le domaine germanique spécifient expressément que les instituteurs qui y seront recrutés devront « être versés dans les deux langues ». Tout cela est soigneusement pensé. L'erreur du dispositif, néanmoins, pourrait être d'avoir imaginé un parallélisme parfait des idiomes dans l'accès aux connaissances. C'était sans compter avec les différences d'équipement linguistique, et la complexité qu'entraînait la mise en place de procédures aussi fines. En fait, le français allait s'imposer comme seule langue d'éducation.

Les institutions pédagogiques créées sous la Révolution figurent malgré tout parmi ses grandes réalisations. Il existe à cette époque un véritable engouement pour le français qui semble tout emporter. Les nombreuses personnalités – au nombre desquelles beaucoup d'abbés « éclairés » – qui déploient leur éloquence contre le latin ne semblent plus désormais rencontrer d'opposition. Malgré tout, les dispositifs d'éducation élaborés par la Convention se trouvaient cernés par un problématique « colinguisme » comportant trois pôles : le latin, langue traditionnelle de l'éducation, le français, couronné de ses récents lauriers, et les langues régionales, dont le sort ne pouvait se régler aussi vite que ne l'avait imaginé Grégoire.

Le latin fut le plus vite traité. Les débats des députés de la Convention à ce sujet portent la trace de ce « coup de grâce » infligé au latin par un sentiment de la langue nationale parvenu au faîte de sa confiance en soi. Grandis dans le latin et le rationalisme, Condorcet et de nombreux grands esprits de l'époque (Mirabeau, par exemple, dans son « Plan » en 1791), se déclarent prêts à faire le deuil d'un idiome vu comme le vecteur de valeurs exprimables autrement. Que le français doive s'imposer face au latin dans l'éducation, cela est aussi affirmé clairement dans le grand débat qui eut lieu à la Convention le 2 juillet 1793, débat dominé par la figure de Grégoire. Le 21 octobre de la même année, une loi constituait les écoles primaires de l'Etat. Cinq projets de décrets avaient été déposés, avec pour auteurs Talleyrand, Condorcet, Lepeletier, Bouquier et Lakanal. L'éducation est la grande affaire de ces années de construction et d'utopie.

Si le latin semblait définitivement éliminé, la question des langues régionales demeurait d'un abord difficile. Dans un premier temps, la position du Comité d'instruction publique fut assez raide, suivant en cela celle de Grégoire. Le français serait la seule langue d'enseignement. Talleyrand déclara par exemple : « Une singularité frappante de l'état dont nous sommes affranchis est sans doute que la langue nationale, qui chaque jour étendait ses conquêtes au-delà des limites de la France, soit restée au milieu de nous comme inaccessible à un si grand nombre de ses habitants, et que le premier lien de communication ait pu paraître, pour plusieurs de nos confrères, une barrière insurmontable. Une telle bizarrerie doit, il est vrai, son existence à diverses causes agissant fortuitement et sans dessein ; mais c'est avec réflexion, c'est avec suite que les effets ont été tournés contre le peuple. Les écoles primaires vont mettre fin à cette étrange inégalité : la langue de la Constitution et des lois y sera enseignée à tous ; et cette foule de dialectes corrompus, dernier reste de la féodalité, sera contrainte de disparaître ; la force des choses le commande[32]. »

« Egalité » : c'est le maître mot de la politique d'unification par la langue. C'est pour assurer l'égalité réelle, dit Condorcet dans son rapport, que le langage doit cesser de « séparer les hommes en deux classes ». C'est au nom de l'égalité, toujours, que la tradition jacobine française s'opposera plus tard à tout plurilinguisme sur le territoire, et ce ... jusqu'au refus de signer la « Charte européenne des langues régionales » en 1992. De manière inconsciente, probablement, Grégoire, Talleyrand, Condorcet reconduisaient la vision de Rivarol selon laquelle le français était devenu une langue « classique », devant l'évidence de laquelle il fallait se rendre.

Si on les examine précisément, toutefois, les choses n'ont pas d'abord été aussi simples. Les déclarations en faveur de la langue française comme langue unique de l'éducation furent dans un premier temps les plus voyantes, certes, mais dans un second temps, la souplesse préconisée par le girondin Lanthenas, que vinrent bientôt conforter les interventions de Bouquier, finit par s'imposer. La langue de l'éducation serait laissée à la discrétion des pédagogues. C'est la victoire temporaire d'une attitude favorable au plurilinguisme, laissant aux langues régionales la possibilité d'être partie prenante du dispositif d'éducation nationale française, face à ce qui sera bientôt appelé la tradition jacobine, représentée par Romme. Clivage majeur dans le sentiment de la langue, appelé à connaître de fréquentes réactivations jusqu'à nos jours.

La défense du français comme langue d'éducation, dans les années 1792-1794, est accompagnée d'un souci philologique renouvelé. C'est ainsi qu'on valorise la dimension historique dans l'apprentissage de la langue. Un certain Maugard, dans un mémoire qu'il adressa au Comité, défendit l'initiation à l'ancien français. Il prit la parole le 28 octobre à la Convention dans ce sens. Mais son initiative fait partie de ces belles idées qui devaient bientôt se heurter au principe de réalité...

Les questions de réforme de l'orthographe furent également à nouveau agitées. Elles étaient d'un enjeu plus immédiat. Ici, les positions divergent. Certains, comme Daunou, sont favorables à une réforme en profondeur ; d'autres, tel Grégoire, à une limitation aux « rectifications utiles ». La ligne de partage qui traversait depuis plus de deux siècles la question de l'orthographe, et qui la traversera encore longtemps – celle qui oppose les partisans d'un « toilettage » à ceux qui sont favorables à une refonte du système de fond en comble, pour le rapprocher du phonétisme – se réactive une nouvelle fois. Une nouvelle fois également, les projets de réforme les plus audacieux sont remis à plus tard.

Entre 1793 et 1794, le français gagne donc indiscutablement ses galons de « langue de la Révolution ». Celle-ci, bientôt, assume son autorité politique. Quelques grandes dates viennent en témoigner. Le 2 thermidor, an II (20 juillet 1794), c'est le « Villers-Cotterêts de la Révolution », comme on pourrait le qualifier : « A compter du jour de la présente loi, dit le décret, nul acte ne pourra, dans quelque partie que ce soit du territoire de la République, être écrit qu'en langue française. » Un décret à validité très momentanée, puisqu'il sera annulé dès le 2 septembre de la même année. Autre date importante : la création, en l'an III, des « Ecoles normales ». Celles-ci, pilotées par une génération de grammairiens très investis dans la vie publique comme Roch Ambroise Cucurron, dit Sicard[33], deviennent bientôt des foyers de la « régénération » promise dans le souffle de 1789. Elles stimulèrent la réflexion d'un philosophe novateur, Antoine Destutt de Tracy, dont les *Eléments d'idéologie* élaborent une nouvelle « science des Idées » (et de leurs signes).

Toutes les « institutions de la langue » sont repensées. Impossible de citer tous les projets de dictionnaires, de grammaires, de « plans », tous les discours sur la langue qui se manifestent alors, dans cette année marquée à la fois par la « crise néologique » et par le nécessaire retour à une certaine forme de « classicisme » que suppose la vocation pédagogique. Le 14 brumaire an IV (4 novembre 1795), le petit manuel intitulé *Eléments de grammaire française* de l'abbé Lhomond, clair, simple, exemple de ce que produisait en matière de vulgarisation la culture encore pétrie de latin du dernier XVIIIe siècle, gagne le concours ouvert pour les manuels ; il est choisi comme ouvrage de base pour l'éducation au français.

Entre temps, la parution du *Journal de la langue française*, organe de la « Société des amateurs de la langue française », créée par Domergue, a repris. Domergue s'irrite de ce que les autorités politiques ne soient pas plus entreprenantes [34]. Avec le recul, on est néanmoins médusé de l'énergie qui a été déployée en si peu de temps autour de la langue. Rien d'étonnant à ce qu'une immense bibliographie, aujourd'hui, soit consacrée à cette décennie ! Tant de décisions majeures y ont été prises, tant de réformes envisagées, et parfois mises en œuvre... Depuis la création du Comité d'instruction publique (1791), quasi contemporaine de la conversion totale du Collège de France au français, c'est une accélération brutale. Dissoute le 8 août 1793, l'Académie française a été transformée en un Institut National (1794). La Révolution cherche à faire siens ces symboles de l'unité nationale que représentent les grands « lieux de la langue ».

En juin 1794, c'est le « Rapport sur les idiomes [35] » présenté par Bertrand Barère, au Comité de salut public. Barère fut l'un des artisans essentiels de la Terreur, et son itinéraire est représentatif de la radicalisation qui a touché de nombreux acteurs de la Révolution, ralliés à la Montagne après 1792. Ce rapport préconise l'envoi d'« instituteurs » dans les départements. L'enthousiasme pour le français a alors des ailes. Les moyens, néanmoins, sont minces. L'un des vecteurs imaginés pour diffuser la langue avait été la création, dès 1790 (par Cerutti et Rabaud Saint-Etienne) d'un périodique intitulé *La Feuille villageoise*, publication destinée à pénétrer profondément dans les campagnes. Le tirage de cette *Feuille*, 15 000 exemplaires en souscription, est considérable pour l'époque.

Dans ces années 1793-1794, la question de la langue en est venue à tourner à l'obsession, pour le nouveau régime. Tout ce qui touche aux mots, à la grammaire, à la langue, peut devenir le réceptacle de tensions, de désirs, de mouvements dynamiques venus d'ailleurs. Faire bouger la langue, c'est une manière symbolique de se représenter le mouvement du monde. Une fois digéré le « succès » apparent de la Révolution, le parti jacobin se fixera sur les questions de langue. Il est question, selon les mots de Barère, de « révolutionner la langue ». On voit se populariser l'idée selon laquelle il serait possible de faire du français une langue « nouvelle ». Pour ce faire, outre l'orthographe, il faudrait réformer le vocabulaire et même la syntaxe, selon les vœux de l'audacieux Waudelaincourt, qui était intervenu dans les débats sur l'enseignement. Du français, on ferait une authentique langue « républicaine ».

Ce système de représentation binaire – et volontiers manichéen – avait été préparé par la réflexion sur l'éloquence des premiers moments de la Révolution, mais il se formalise en un clivage à l'intérieur de la langue. Désormais, dit Joseph Garat dans le *Discours préliminaire au Dictionnaire* de 1798, « une ligne ineffaçable [...] tracera et constatera, dans la même langue, les limites de la Langue Monarchique et de la Langue Républicaine ». Deux entités dorénavant bien distinctes, emblématisées par leurs majuscules, impossibles à confondre. L'après-Thermidor, en fait, c'est la révélation que la Révolution a tourné à l'esprit de *division*. Le rapport à l'idiome explose sous les coups de l'idéologie ; le manichéisme tourne au « délire » et au « vertige », ces deux ferments que Domergue, dans une déclaration enflammée, menace d'aller semer partout en Europe au moyen de la langue française[36]. L'exacerbation des lignes de fracture créées par la Terreur a comme résultat de propulser les protagonistes dans un rapport fébrile à la langue, fait de radicalité, de conservatisme réactivé, d'implication personnelle théâtralisée.

Le danger qu'on redoute, désormais, c'est le danger d'anarchie. Dans son *Tableau historique de l'état et des progrès de la littérature française depuis 1789*[37], Marie-Joseph Chénier, pourtant l'un des acteurs importants de 1789, retournera comme un gant l'héritage révolutionnaire. Pour lui, ce ne sont pas « ces esprits subalternes qui, par des feuilles périodiques ou des brochures plus ou moins éphémères, caressaient les passions de la multitude » qui resteront, mais ces « esprits distingués » qui ont porté au travers de la Révolution les valeurs du XVIIIe siècle philosophique[38]. Le sentiment de la langue révolutionnaire s'achève par une reprise en main élitiste, au nom de la continuité.

Scission, continuité ? Le débat reste ouvert quant à l'impact des initiatives prises pendant la Révolution française sur les usages langagiers. Indiscutablement, la Révolution a installé dans le rapport à la langue une collusion volontariste entre devenir de la nation et devenir de la langue. Mais en même temps, elle a placé la langue, au moyen d'une logique qu'on pourra qualifier d'« événementielle », hors des configurations qui étaient les siennes au XVIIIe siècle[39]. Dans ses intentions, la Révolution requiert la rupture, la scission. Cependant, l'autoritarisme des positions adoptées en est venu à entériner dans les faits un certain conservatisme. Nombreux sont les observateurs à mettre en avant le peu d'influence réelle que la Révolution aura eue sur la physionomie de la langue. L'attachement à la rhétorique des premières années de la Constituante, par exemple, est un bon témoignage du caractère « orphelin » d'une part de la culture langagière de la Révolution. Beaucoup ont remarqué que la langue de Robespierre ou de Camille Desmoulins dans *Le Vieux Cordelier* était fondamentalement la même, et utilisait les mêmes ressorts, que celle de Rousseau.

La Révolution française a eu à affronter une contradiction redoutable, quasi impossible à surmonter. Politiquement, elle s'est définie comme un effort pour donner la voix au peuple. Linguistiquement, en fait, elle a donné la parole à la bourgeoisie et à d'anciens nobles porteurs d'utopies parfois éphémères (phénomène qu'on décrivait alors sous le nom de *fanatisme*). Son projet de donner *réellement* la parole au peuple, autrement dit de l'éduquer à la langue, représentait un travail de titan. Faute de mieux, la Révolution s'est souvent contentée de discours, de décrets. Les événements se sont déroulés trop vite, également, pour que des moyens d'action correspondant aux intentions puissent être déployés. La Révolution a *rêvé* en grande partie une scission qui n'a pu se produire dans les faits. A bien des égards, comme on a pu le dire, elle a été une *logomachie*, un théâtre de paroles et d'attitudes. Dans les actes muets, elle a pu sombrer dans la violence et la tuerie. Plus que jamais, le langage semble avoir joué son rôle de théâtralisation, de système de défense devant les menaces.

Devant la colossale ambition affichée par la Révolution en matière de politique de la langue, une question se pose : qu'en a-t-il résulté ? Si nous sommes très informés des discours qui ont entouré les intentions, bien maigres, en revanche, sont les témoignages de ce qui a pu se passer dans les usages réels. On peut et on doit s'intéresser à tous ces textes qui ont été produits, après l'an II et l'an III, dans le sillage des nouveaux « tribunaux révolutionnaires », ou bien des institutions qui concernent un nombre croissant de citoyens. Entre la pénétration des débats politiques et le nouveau système de surveillance mis en place au fil des années, une catégorie d'écrits nouveaux, de type mi-administratif, mi-judiciaire, apparaît [40]. Des personnes peu lettrées, mais non *illettrées*, prennent la plume pour se défendre, pour témoigner, pour attester. Ces textes viennent prolonger, dans un autre genre, les « récits de vie » tels que celui de Ménétra – évoqués plus haut – et qui se perpétuent d'ailleurs toujours sous la Révolution.

L'étude de ces textes révèle des phénomènes typiques de l'interpénétration entre une oralité mal maîtrisée et la phraséologie de convention qu'on observe chez cette partie désormais importante de la population qui sait écrire, mais qu'on ne saurait qualifier néanmoins de « lettrée » au sens élitiste que ce mot avait. Dans leur manière de tourner le propos, on décèle la charge phraséologique que la Révolution a répandue dans les usages du français. Procédant par collages, réinterprétations, déplacements, faisant alterner formules toutes faites avec écarts individuels et régionalismes, ces textes forment un monde fascinant, hybride, significatif de ce moment instable qu'ont été les années révolutionnaires. Plusieurs niveaux de norme et d'usage s'y mêlent. On y sent que le maniement de la langue y est tiraillé par des forces qui s'exerçaient en sens contraires : souci d'expressivité, d'éloquence personnelle, respect pour la formule, les rites de présentation...

Dans leur vocabulaire aussi, ces textes témoignent de l'hétérogénéité langagière propre à la Révolution. Les stéréotypes – associations figées d'un nom avec un adjectif, par exemple – y jouent un grand rôle : *riches égoïstes, fanatiques outrés, écarts scandaleux*[41]... De façon générale, l'écrit est encore entouré d'un aspect de *cérémonie*, qui est une manière de réponse apportée à son instrumentalisation politique, mais aussi un hommage au passé, où la langue écrite, à de rares exceptions près, appartenait à l'élite. Le sentiment de participation à un mode d'être collectif y est très important. On lit dans ces textes à quel point un certain type de pratique de l'écrit a pu jouer un rôle dans la construction d'une opinion publique – dans la croyance en un consensus. De religieux, ce dernier est devenu politique. La présence d'un caractère contraignant propre à l'écrit participe de ce sentiment collectif.

Ainsi, ces « néo-lettrés », comme on a pu les appeler, sont-ils représentatifs d'un rapport nouveau à la langue et à ses formes de discours en train de se construire ; un rapport à la fois très rhétorique et très individuel.

Pour autant, beaucoup d'historiens l'ont noté, l'individualisation du rapport à la langue qu'a créé son usage « hyper-rhétorique » de la part de quelques aristocrates rompus aux techniques et aux subtilités du discours, a essentiellement profité à la bourgeoisie. C'est elle qui s'est emparée de ce « classicisme » que, *nolens volens*, la Révolution a conforté en français. De ce qui était auparavant une culture d'élite, la culture de « lettrés » praticiens du latin comme du français, la Révolution a fait une culture bourgeoise, francophone, « démocratique » dans le sens où aucune barrière explicite n'était disposée à son accès, et cependant étrangère au peuple. Si des « idées-forces », comme les appelait Lucien Febvre, se sont installées dans les mots pendant la Révolution (*nation, patrie, loi, aristocrate* restent comme de superbes vestiges, d'une vie toujours reconduite), la « mystique » de ces mots bientôt dérangera.

C'est au beau classicisme d'un français moulé par les siècles que la réaction romantique voudra bientôt revenir, avant que, très lentement, l'épaisseur réelle, populaire, dialectale, marginale, des usages pluriels de la langue ne remonte à la surface du sentiment de la langue.

VIII

D'UNE RÉVOLUTION L'AUTRE

1

LE FRANÇAIS, ROI ET CITOYEN

La période qui commence en 1789 et se clôt en 1815, après le retour de Napoléon, les Cent Jours et le désastre de Waterloo, est évidemment cruciale pour l'histoire de la France et de l'Europe.

Le rapport des francophones européens à leurs langues fait alors partie des objets sociaux révolutionnés. Pourtant, la langue française en elle-même et ses usages les plus apparents – rhétorique politique révolutionnaire, discours militaires, institutionnels, juridiques, techniques, scientifiques... – ne témoignent d'aucun bouleversement par rapport aux périodes immédiatement précédentes. La sensibilité littéraire, cependant, évolue plus rapidement qu'au cours du XVIIIe siècle. Le « français » de Chateaubriand – non pas « langue », mais un type de discours, marqué par un style – n'est plus le même que celui de Rousseau, pour choisir deux termes de comparaison de hauteur extrême, et que l'on peut confronter sans ridicule.

Plus discrètement, le discours scientifique en français, dans la succession du latin, celui de Lavoisier, de Lamarck, présente, dans une rhétorique et une syntaxe communes – ou presque – des différences sensibles avec celui de Buffon.

Si la grammaire du français, dans ses réalisations conservées – de l'écrit, et surtout de l'écrit socialement valorisé, notamment littéraire –, ne semble aucunement révolutionnée, il n'en va pas de même pour la langue dans ses réalisations orales spontanées ; ni pour la relation entre le français et les autres idiomes, patois, dialectes, langues, tous usages vernaculaires différents, marginalisés, rabaissés, honnis par rapport au français. Dans ces domaines, les bouleversements de la Révolution, les changements de régime – royauté constitutionnelle, république, consulat, Empire –, la novation des institutions en de nombreux domaines, les évolutions sociales et culturelles – on pense à la « décompression » des mœurs urbaines lors du Directoire –, ne pouvaient pas rester sans effet sur certains aspects du langage, autour de cette langue française triomphante, irradiante, les pouvoirs passant vis-à-vis d'elle de plusieurs siècles de « défense » à l'attaque, à l'agressivité « nationale » incarnée un temps et de manière ambiguë par cette étonnante figure révolutionnaire et conservatrice à la fois que fut l'abbé Grégoire, dénonciateur du « vandalisme » révolutionnaire – il pensait avoir inventé le mot ; il l'a lancé – au nom d'une idée patrimoniale douée d'un brillant avenir. Grégoire fut le dur mais inefficace adversaire de tous les parlers du passé qui s'opposaient, tous les révolutionnaires le pensaient, à la diffusion de l'idiome national et véhiculaient les valeurs de l'« ancien régime ». Cette idéologie jacobine du français victorieux au nom des valeurs nouvelles portait en elle des pouvoirs contraires et continuait en profondeur l'action monarchique (voir Tocqueville) : pour combattre l'hydre des patois et des langues concurrentes, l'esprit rationnel d'Henri Grégoire le conduisit à enquêter sur les réalités langagières de la France, pour mieux connaître l'ennemi. Il en résulta, pour la première fois à cette échelle, un savoir social sur la répartition des idiomes qui survivaient en France autour d'un « français » sans cesse plus fort, en prélude à deux siècles de paradoxe. On vit se déployer une connaissance renouvelée de la diversité jusqu'à ce qu'on nommera officiellement au début du XXIe siècle les « langues de France », mais aussi on assista au recul recherché par tous moyens de pouvoir – politique, économique, culturel… – de ces mêmes idiomes, étouffés, combattus, humiliés, éradiqués en même temps qu'on en vantait les mérites.

Des effets sur l'usage des langues, entre 1794 et l'abdication de Napoléon (1814), il y en eut d'importants, mais difficiles à cerner. La violence réciproque des guerres intérieures – en particulier celle de la chouannerie vendéenne – déchire la France tout en diffusant la langue française avec les armées révolutionnaires. Les campagnes victorieuses de la France (Valmy, Jemmapes), puis celles d'Italie, qui mettent en valeur un jeune général corse nommé Bonaparte, sont l'amorce d'une présence et d'une violence militaires sur l'Europe qui rendront possible une France impériale très agrandie, artificielle, multilingue et multiculturelle. Cet Empire européen très provisoire aura de grands effets historiques et culturels sur les Pays-Bas et la future

Belgique indépendante, sur l'Italie du Nord après Marengo (1800) ou, de manière tragique et néfaste, sur l'Espagne.

On peut voir dans le nom même du jeune et brillant officier venu de Corse – île récemment acquise par la France –, ce Napoleone Buonaparte francisé facilement en Napoléon Bonaparte (ç'aurait pu être Bonnepart ou Bonpart) un indice de l'unification du langage, en œuvre depuis des siècles en France, et assumée par les jacobins. De l'unification, on va passer, avec le coup d'Etat de brumaire, en 1799, à la tentation, puis à la réalité d'un totalitarisme.

Entre-temps, on avait assisté avec la parenthèse du Directoire, surtout à Paris, à un extraordinaire relâchement des mœurs, à une « décompression » après l'angoisse et la folie du règne de la peur. Cela était préparé par le mélange effrayant de réjouissances et de supplices, de bals donnés à l'ombre de la guillotine que décrit Sébastien Mercier dans son *Nouveau Tableau de Paris*. Les modes, y compris les modes de langage, expriment alors ce « mariage du Ciel et de l'Enfer » que l'anglais William Blake avait transformé peu avant en thème poétique. C'est ainsi qu'on voyait dans les plaisirs populaires une coupe de cheveux « à la victime » dégageant le cou, on imagine par quelle allusion.

Une explosion d'extravagances aboutit en 1795 aux élégances vestimentaires et verbales des « Mêveilleuses » et des « Incoyables », qui associaient à une vêture caricaturale de l'Ancien Régime, faite pour effacer l'image du citoyen en pantalon, du « sans-culotte » et celle de la femme en bonnet, une diction d'où le *r* était banni. Cette diction pouvait combattre la prononciation dite « parisienne » de la consonne, phénomène populaire récemment répandu, en outrant le *r* « roulé » d'antan jusqu'à l'avaler.

Moins superficiellement, et plus durablement, la politique révolutionnaire de la langue ayant organisé un enseignement primaire, le Consulat et l'Empire – cette dictature héritée d'une révolution – s'occupent de ce qu'on nomme le « secondaire ». En 1801, priorité est donnée aux sciences, aux mathématiques et en même temps... au latin ! Les sciences sont en train de bouleverser la pensée et les techniques qu'elles suscitent, le monde. En même temps, l'Empire, par son nom même, fait référence à l'Antiquité romaine : le peintre David, d'un même admirable pinceau, image le combat des Horaces et des Curiaces et le sacre pompeux, théâtral, immense, de Bonaparte imperator. La contradiction, pour nous flagrante, entre science et latin n'est pas assumée.

En 1807, dans les nouveaux « lycées », le français s'enseigne en latin, à coups de versions et de thèmes : l'auteur de ces lignes décrit dans *Littré, l'humaniste et les mots* (Gallimard, 1970) l'élève Littré, Emile, en proie à cet enseignement au lycée impérial Louis-le-Grand ; la composition latine y est reine, l'histoire moderne en est absente et la science très estompée. Pourtant, instituées récemment, l'Ecole polytechnique, l'Ecole normale supérieure reçoivent leur définition moderne : il faudra bien que la science – et les « multiples techniques » – y règnent.

Car un facteur décisif, au tournant du XIXe siècle, va permettre, même dans un enseignement bourré de traditions, la victoire définitive de la langue vivante. C'est l'extraordinaire activité scientifique et technique, prémices d'une révolution industrielle et financière bénéfique à la bourgeoisie et au capital. C'est le moment où Legendre publie la *Théorie des nombres*, où Laplace décrit ce qu'il nomme la « mécanique céleste », où Monge écrit sa *Géométrie descriptive*. La chimie, après Lavoisier, est redevable à Berthollet, la physique à Gay-Lussac. Cuvier fonde l'anatomie comparée qu'il applique aux formes de vie disparues, aux « monuments fossiles » (1812) : avec trois os, il décrit un organisme. La médecine évolue vite ; Pinel transforme l'idée ancienne de « folie » et crée une psychiatrie. Hors de France, les langues anglaise et allemande expriment les idées nouvelles de Gauss, Herschell, du Suédois Berzélius, qui écrit aussi en français, de Davy... L'hypothèse atomique de l'Anglais Dalton (1802) gagne du terrain, avec l'Italien Avogadro. Quant à celle d'une évolution des espèces vivantes, rejetée par Cuvier, elle est avancée par un grand botaniste, Lamarck, dans sa *Philosophie zoologique*, élaborée de la fin du XVIIIe siècle à 1808.

Les techniques ne sont pas en reste : télégraphie, pile de Volta (1800), sous-marin, puis bateau à vapeur de Fulton, métier Jacquard, première locomotive de Stephenson (1814)...

Pendant que l'Europe se ligue contre l'« ogre de Corse », la révolution techno-industrielle, indifférente aux politiques, se met en place, d'abord en Angleterre, puis en Europe continentale. Elle s'exprime en anglais, en français, en allemand, en italien et non plus en latin. Malgré le culte de l'Antiquité, favorisé par l'idéologie impériale, le latin ne reprendra pas vigueur. Elle est l'occasion du gonflement rapide des vocabulaires courants et des terminologies dans chaque spécialité, pendant toute la première moitié du XIXe siècle (voir plus loin, chapitre 3, p. 995 : « Tonnerre sur le lexique »).

Quant à la langue française, exaltée au détriment de tout autre idiome pendant la Révolution, elle est plus que jamais l'organe d'expression du pouvoir et celle du droit (le code Napoléon) ou de l'administration. La grammaire majeure du français sous l'Empire est celle, conservatrice, de Girault-Duvivier (1811), qui succède au conventionnel Domergue, auteur d'une tentative de réforme de l'orthographe (1796 ; 1806) qui échoue comme toutes les autres.

Près du pouvoir, à la cour de l'Empereur, ni la grammaire ni l'orthographe ne sont une préoccupation majeure. Si Napoléon avait acquis une parfaite maîtrise de la langue française et d'un style oratoire impérieux autant qu'impérial, il n'en allait pas de même de la mamma Laetitia, ni du maréchal Ney, Sarrois, ni de Masséna, Niçois au français incertain. Il semble, d'après l'évocation postérieure de Victorien Sardou dans sa pièce *Madame Sans-Gêne*, que l'épouse du maréchal Lefebvre pouvait exercer sans grande contrainte son extrême liberté de langage.

Quant au vocabulaire, l'enrichissement le plus intense fut celui de la Révolution, et il fut ressenti et décrit par maints dictionnaires contemporains (voir ci-dessus) : la *Néologie* de Sébastien Mercier, en 1801, va au-delà des mots vers l'histoire des idées nouvelles, qui dépassent la France et le français.

L'influence de la France sur les cultures et les langues européennes fut immense dès 1789 ; d'autres faits, sous l'Empire, ont modifié les relations de la langue de France avec celles d'Europe à travers les nouveautés culturelles et littéraires. Celles-ci sont portées par les textes de Chateaubriand et, sur le plan des idées, par ceux de Germaine de Staël, fille de Necker, amie de Schlegel, qui ménage un pont entre la pensée et la langue allemandes, celles de l'italien et les françaises. C'est ainsi qu'elle permet au français de passer de l'idée des « beaux-arts » à celle d'« art » en y plaçant les contenus de l'allemand *Kunst* ou qu'elle introduit le concept moderne de « littérature ».

Le tout jeune Chateaubriand, réfugié à Londres, traduit en français le *Paradise Lost* de Milton. C'est une date dans l'histoire de la traduction, et le début d'une tentative de fidélité à ce qui fait l'identité d'un texte littéraire : un style, un rythme.

En France même, la Révolution ne fut faste ni pour le théâtre, aussi actif que médiocre, ni pour la poésie (sans parler de la musique). Il y avait deux poètes nommés Chénier : le fade Marie-Joseph devint le barde officiel ; l'harmonieux, sensible et pré-romantique André, hostile aux Montagnards comme aux Girondins, fut arrêté, et guillotiné le 25 juillet 1794. Le journalisme politique qui avait suscité, comme l'art oratoire, d'incontestables talents – tels Hébert et son *Père Duchesne* à la rhétorique traditionnelle mais parsemée de *bougre* et de *foutre*, ou bien Camille Desmoulins – fut proprement assassiné par Napoléon. Ce dernier, avec un cynisme teinté d'humour froid (et dans un style que je trouve calamiteux : il écrivait très vite) envoyait en 1807 à Fiévée, le censeur du *Journal de l'Empire*, un billet qui portait ces mots : « chaque fois qu'il parvient une nouvelle désagréable au gouvernement elle ne doit pas être publiée jusqu'à ce qu'on soit tellement sûr de la vérité qu'on ne doive plus la dire parce qu'elle est connue de tout le monde » (cité par P. Albert, « La presse après Thermidor »), dans *Histoire littéraire de la France*, IV, I[e] partie, p. 72 ; Editions sociales, 1972). En 1803, il y avait encore 130 quotidiens à Paris ; en 1811, il en restait 4, dont *Le Moniteur universel*, enfant chéri de Napoléon, et le *Journal de l'Empire*...

Cette période historique, qui voit des chefs-d'œuvre poétiques paraître en Angleterre et en Allemagne, est illustrée en France par la prose admirable de Chateaubriand, par celle, moins exaltante, mais sensible et intelligente, de Germaine de Staël, tandis que s'exprime un profond philosophe au langage pur, Maine de Biran, et un groupe de penseurs original, les « idéologues », conduits par Destutt de Tracy et de Gérando, précurseurs des théories modernes du signe et de la signification, annoncées par Locke et, plus récemment, par Condillac. Soucieux de ces signes des idées que sont les mots et leur assemblage, Destutt inclut en 1803 une grammaire dans ses *Eléments d'idéologie*, dans l'esprit des grammaires générales des deux siècles passés ; on y reviendra.

Le pouvoir impérial fera tout pour étouffer cette réflexion ouverte qui permettrait à la langue variété et évolution ; le retour à la fixité des règles et au purisme, au mépris d'une évolution galopante de l'Histoire, fut la doctrine officielle, tant de l'Empire que de la Restauration.

La langue est pourtant en cause dans les nouveautés culturelles. Outre le culte de l'Antiquité romaine, c'est l'Egypte, depuis l'expédition militaire de Bonaparte, en 1798, qui envahit l'imaginaire de la France impériale, comme l'atteste le style décoratif. Après la réflexion générale de Volnay sur les ruines – celles des civilisations enfouies, qui sont elles aussi des « monuments fossiles » – les écrivains, artistes, archéologues qui accompagnaient cette aventure, au premier rang desquels Vivant Denon, ont fait revivre l'ancienne civilisation de cette Egypte encore mystérieuse, avant le déchiffrage proche de ses hiéroglyphes par Champollion (1822). Ce fut aussi la naissance de l'idée moderne du musée, bénéficiant à celui du Louvre, en partie grâce au pillage d'œuvres européennes antiques et modernes organisé par le gouvernement impérial.

Mais cet enrichissement du patrimoine culturel français pris sur l'Europe que Napoléon rêve d'assujettir, se combine avec l'abandon spectaculaire des intérêts de la France et des Français en Amérique : c'est Bonaparte qui signe la fin d'une grande francophonie nord-américaine en vendant l'immense Louisiane.

Après l'échec du rêve européen de Napoléon Ier, le passage aux volontés colonisatrices outre-mer de la Restauration, du second Empire et de la Troisième République en continuité, constitue l'un des faits les plus marquants du XIXe siècle pour la langue française.

En attendant ces évolutions, le statut des langues dans la grande France impériale nous est révélé, on va le voir, par une enquête remarquable, qui prolonge celle de l'abbé Grégoire pendant la période antérieure.

Parenthèse impériale

Dans la période qui va de la Restauration des Bourbons à 1848, la langue française s'affirme en Europe, et d'abord sur le territoire national français, où les traces de féodalité, les privilèges de la noblesse et de l'Eglise ont disparu. En même temps, et non sans rapport avec le dernier point, l'importance du latin – langue écrite, face au français écrit, le latin oral étant l'apanage exclusif ou presque de l'Eglise catholique – a fortement diminué, tandis que les usages spontanés des classes dirigeantes, alors définies par l'argent, non plus par la naissance, se tournent entièrement vers le français. Quant aux classes populaires, encore majoritairement rurales, leur rapport au langage évolue vers une hiérarchisation forte : patois, dialectes et langues autres que le français restent vivants, mais sont marqués d'infériorité ; de moins en moins présents à l'écrit, ils sont cantonnés dans l'expression immédiate, l'activité manuelle, la sensibilité régionale, dans une France où, d'ailleurs, les régions traditionnelles ont été morcelées en « départements ». Cette gestion administrative nouvelle du territoire, avec un pouvoir préfectoral centralisé, va dans le sens du jacobinisme langagier, alors que le pouvoir politique a rétabli une monarchie, il est vrai constitutionnelle.

Le retour des aristocrates émigrés, avec celui des Bourbons, n'a pas ramené le passé, en matière de langage. La charte établissait un régime représentatif, qui sélectionnait de manière fort peu démocratique les voix de la nation : environ 80 000 électeurs seulement avant 1830 ! La division du pouvoir s'effectuait entre l'aristocratie (les Pairs, héréditaires, dont la Chambre était entièrement nommée par le roi) et la néo-bourgeoisie (la Chambre des députés, élue au régime censitaire, par la fraction la plus aisée de la population). Et même l'aristocratie des Pairs, éliminant les hobereaux ruinés ou pauvres, s'assimilait à un capitalisme terrien peu à peu voué à devenir anachronique.

Car cette époque voit s'affirmer, en France après l'Angleterre, l'évolution majeure qu'on appellera « révolution industrielle », mais qui va beaucoup plus loin que l'« industrie » (au sens actuel du mot). Révolution technoscientifique, sociale, géographique, culturelle et, par induction, langagière, qui s'accomplit dans chaque secteur linguistique de l'Europe, d'abord septentrionale, puis occidentale, y compris le secteur francophone.

Les domaines où le langage est entraîné avec le plus de force dans cette évolution sont ceux des discours et des usages, ceux du rapport à ces usages et de leur régulation, et enfin, faisant partie aussi du système qu'est toujours une langue, celui du lexique, qui ouvre sur le monde. Quant aux discours, ce sont, dans le registre de l'écrit, ceux qui ont le plus d'influence sociale qui importent et, parmi eux, celui qui va se mettre en mesure de témoigner de la variété des usages – notamment en français –, à savoir le discours littéraire.

Qu'en est-il de la langue française, dans ses lieux d'origine et ailleurs, dans ses multiples usages, dans ses rapports avec d'autres idiomes, dans la tête et dans le cœur de celles et ceux qui l'emploient, et dont elle modèle en partie la vision du monde ?

L'enquête des Coquebert

La France rurale, au grand scandale des Conventionnels, parlait volontiers un dialecte et, aux périphéries, quelques langues différentes du français. L'enquête de l'abbé Grégoire, en 1790, par un certain nombre de réponses fournies à l'enquêteur, avait donné une idée de la complexité des situations et aussi de la difficulté à la décrire pour des érudits, souvent ecclésiastiques, qui voulaient révéler au pouvoir central les vérités régionales. Les réponses ne concernèrent qu'une trentaine des tout nouveaux « départements ». Paradoxalement, les commentaires les plus riches, ceux de la *Société patriotique de Saint-Calais*, dans la Sarthe, constataient l'absence de « patois » dans cette commune et dans sa région : « La langue françoise est la seule qu'on y parle. » Du point de vue des patriotes centralisateurs, le problème est autre, c'est celui de « la corruption dans le langage [qui] se fait remarquer tant à la campagne que dans nos villes et bourgs » (cité dans Michel de Certeau et al., *Une politique de la langue. La Révolution française et les patois*, 1974, p. 244 [1]).

En termes modernes, cette remarque manifeste, à côté des réponses qui font état de la vitalité, en France, de dialectes et de langues (breton, alsacien...), l'existence de français régionaux et de normes locales, perçues comme les effets d'une « corruption ». La notion d'une diversité des parlers français, mêlée à celle de la vitalité d'autres idiomes, tous décorés du nom de « patois », se fondait alors sur la perception de différences, d'abord phonétiques, tant à l'intérieur de ce qui était reconnu comme du « français », à peu près compréhensible par les locuteurs de français central normalisé, et que l'on voyait n'être pas très différent en Brie, ou dans le Berry, de l'usage rural des environs de Paris, et parfois même proche de celui « du peuple de Paris » (l'abbé Poupart, correspondant de Grégoire pour Rosnay-en-Brie).

On était encore loin de l'étude moderne des dialectes, la dialectologie, nettement distinguée de celle des variétés des usages du français. Mais l'intérêt politique et administratif, autant et plus que l'intérêt socioculturel des pratiques de langage, va susciter, entre 1806 et 1812, la démarche intelligente d'un haut fonctionnaire impérial et de son fils[2]. Charles Etienne Coquebert de Montbret dirigeait le Bureau de la statistique au ministère de l'Intérieur, instrument de gouvernement au service de l'administration et de la police, dans un système politique qui comptait cent trente départements, couvrant l'intégralité de la France actuelle, un morceau d'Allemagne, au nord-ouest de l'espace germanophone la future Belgique, les Pays-Bas ainsi que des territoires italiens, le long de la Méditerranée, en une bande allant jusqu'à Rome. L'idée de sonder les cent trente préfets pour connaître les parlers en usage dans leur portion de territoire avait été acceptée par le ministère. L'un des objectifs avoués était de tracer les limites du français par rapport à des langues différentes, flamand, breton, basque, catalan, italien, alémanique alsacien et allemand.

La méthode était d'une simplicité, sinon biblique, du moins évangélique : un fragment célèbre de l'Evangile de saint Luc, 15, 11-32, contenant la parabole de l'enfant prodigue, choisie pour la simplicité du thème narratif, qui évoquait des situations concrètes et compréhensibles pour tout locuteur rural du début du XIXe siècle (le veau gras était certes plus familier que la dragme perdue...). Partant de la traduction française de la Vulgate et sans trop s'inquiéter du fait que les traducteurs devaient forcément maîtriser le français standard du texte de départ – les monolingues non francophones étant écartés –, les préfets d'assez nombreux départements se prêtèrent à l'exercice, fournissant parfois plus de dix traductions et des commentaires linguistiques précieux.

Sans doute à cause de la suppression du Bureau de la statistique, en 1812, l'enquête laissa de côté la partie de la France entourant Paris : la collecte concerne surtout la Belgique et le nord de la France, la Bretagne, une partie des régions de l'Est et surtout le domaine occitan, avec des manques.

Selon les auteurs, les populations de vingt-cinq départements, vers 1810, n'utilisaient que le français : on y parlait « le français purement quoique parfois un peu altéré par un accent particulier, un mélange de quelques expressions locales ou retenues de l'ancienne langue [...], ou bien par l'emploi de quelques manières de conjuguer les verbes qui ont été rejetées de la langue française écrite ».

Cette situation concernait les anciennes provinces à considérer comme « le berceau de la monarchie française ». Même si le diagnostic paraît trop simple (en comptant la Normandie, une partie de la Bretagne ou la Champagne dans les régions sans patois, Coquebert force évidemment le trait), on peut et on doit regretter que son *Essai d'un travail sur la géographie de la langue française* publié dans ses *Mélanges* de 1831 (voir la note 2) en soit resté à une préface.

Il y avait sous l'Empire une certaine lucidité politique à admettre que la langue française ne pouvait être « considérée comme véritablement nationale que par rapport aux habitants de la partie septentrionale de l'ancienne France ».

Les résultats statistiques de cette enquête impériale font état – pour l'ensemble des cent trente départements – d'environ 28 millions de locuteurs du français, 4 millions de l'italien, 2,7 millions de l'allemand, un peu moins du néerlandais flamand, un peu moins d'un million de bretonnants et plus de 100 000 locuteurs du basque (côté Empire français). Cependant, on a vu que le français proprement dit n'était langue unique qu'autour de Paris. Le compte du « français » incluait donc les locuteurs des dialectes occitans, les autres langues étant partagées entre une forme normalisée et des dialectes (ainsi du néerlandais et des dialectes flamands de la future Belgique, ou bien de l'allemand et des dialectes alémaniques, parmi lesquels l'alémanique alsacien et les parlers germaniques de Suisse...). Ces statistiques, concernant les rapports entre usages langagiers, sont donc très insuffisantes et peu interprétables, sauf peut-être en ce qui concerne les variantes du breton et celle du basque, présentant une réelle unité socioculturelle face au français (et, pour le basque, au castillan).

Reste le sentiment justifié d'une intrication des groupes de parlers, qui ne disparaît pas avec l'Empire napoléonien, les dialectes italiens étant pratiqués dans le Niçois et en Corse, les germaniques en Alsace et en Lorraine, les « flamands » dans le nord de la France, les variétés du breton en « Basse-Bretagne », celles du basque au nord de la frontière espagnole, le catalan autour de Perpignan. A moindre échelle, la Belgique, le Luxembourg, la Suisse témoignent au début du XIXe siècle de situations linguistiques également complexes.

En effet, le fond de tableau géographique des usages du français, sous le premier Empire et ensuite, ne présente pas beaucoup plus d'homogénéité que celui des cent trente départements artificiels voulus par Napoléon. Les rapports entre français, d'une part – en des usages très variables – et, d'autre part, dialectes et langues, sont très différents selon les zones. La vitalité dialectale est grande, tant en France, au nord, à l'est, à l'ouest – surtout en Bretagne orientale – et dans l'espace occitan, qu'en Belgique sous le régime français. En 1815, le wallon et le picard se portent à merveille, tandis que le français, à Bruxelles, résiste au néerlandais – trop distinct des dialectes flamands de la région brabançonne – que voudrait imposer Guillaume de Hollande. Il faudra attendre le milieu du XIXe siècle pour assister à un vigoureux « réveil flamand ». En Suisse, un instant centralisée par le Directoire, Napoléon a rendu au pays sa structure fédérale cantonale (1803, Acte de Médiation). Trois cantons sont francophones (Vaud, Neuchâtel, Genève), trois pratiquent le français et l'alémanique (Berne, incluant le Jura suisse, Fribourg, le Valais). L'importance historique de Genève, longtemps « capitale » de la France protestante, celle de Lausanne ont contribué à faire reculer les dialectes romans (« franco-provençaux », comme en Savoie), au bénéfice d'un français considéré comme très pur, et dont Calvin, puis Jean-Jacques Rousseau – avec des idéologies opposées – furent les garants prestigieux. Les « patois » ruraux de la Romandie ont donc cédé, d'abord dans les grandes villes, Genève vers le milieu du

XVIIIᵉ siècle, Neuchâtel et Lausanne au tout début du XIXᵉ. L'école en français leur fut fatale, alors que les dialectes alémaniques, dans l'usage quotidien, résistaient à l'influence de l'allemand central, et cela jusqu'à nos jours. Ce qui n'empêchera pas, surtout au XXᵉ siècle, un vaste regain d'intérêt pour ces parlers, plus vif sans doute en Suisse et en Belgique qu'en France même. De manière analogue à la pratique dialectale alémanique, le luxembourgeois – le Grand-Duché étant doté par l'Empire français du titre de « département des forêts » – sut résister aux influences du français et de l'allemand standard, jusqu'à devenir en 1984 langue nationale [3].

Quant aux dialectes franco-provençaux de Savoie ou de Bresse (patrie de Vaugelas, on peut le noter), ils furent laminés entre le français et l'« italien » (ou plutôt, jusqu'à l'unification, les dialectes italiens), et c'est le réglage et le conflit des usages entre italien et français, qui avait commencé au XVIᵉ siècle, qui dessinent le paysage linguistique savoyard.

Côté français, semble-t-il, ces dialectes savoyards ont cependant mieux résisté que leurs homologues de Suisse.

Quant à Nice et à sa région, seuls le dialecte nissart et l'italien y étaient employés avant la Révolution. La francisation par l'école, en 1805, fut un échec, et l'emploi de la langue française ne pourra se généraliser que dans la seconde moitié du XIXᵉ siècle.

Resterait à évoquer la Corse, où l'on parle alors... le corse, variante insulaire du groupe de dialectes pisans, influencée par le parler génois, du fait de la conquête de l'île par Gênes (sur Pise), en 1284, avant la vente de la Corse à la France par la République de Gênes en 1767. Mais des révoltes – celle de Sampiero d'Ornano au XVIᵉ siècle, surtout celle de Pasquale Paoli avant 1767 –, plus ou moins appuyées par la population, tournaient la Corse vers l'influence française, ce qui ne fut pas sans effet sur l'usage des langues dans l'île. Au XIXᵉ siècle, le régime politique de département impérial français, sans parler de la francisation qui changea Napoleone Buonaparte en Bonaparte, puis en Napoléon Iᵉʳ, empereur des Français – de tous les Français, et au-delà ! –, fit de l'île de beauté un territoire partiellement francophone, dans un équilibre linguistique inégalitaire qu'on peut comparer à celui de Nice.

Le recul des patois

Le XIXe siècle est une époque où la langue française, dans la France politique, dans la moitié méridionale de la Belgique et en Suisse romande, est victorieuse sur trois fronts : la perte d'influence du latin, la mise sous tutelle des patois et dialectes, la contrainte imposée aux langues autres. Ce fut au prix d'un travail institutionnel intense et d'une première révolution esthétique et culturelle impliquant l'usage du français mais inauguré dans des langues germaniques, l'allemand et l'anglais, à savoir : le « romantisme ».

Ce fut aussi grâce aux évolutions de l'Histoire, changements sociaux, technoscientifiques, économiques tout à fait indépendants des intentions politiques quant au langage, mais qui vinrent les soutenir.

Ces changements n'ont ni le même rythme, ni la même importance selon les périodes ; mais, au moins de 1815 à 1914-1918, ils sont cumulatifs et exercent une action continue, en dépit des retournements politiques et des crises.

Les deux coups de projecteur donnés sur la réalité des usages en France et autour de la France au tournant du XIXe siècle, l'enquête de Grégoire – révolutionnaire et jacobine, militante – et celle des Coquebert, père et fils – statistique et d'apparence objective, mais toujours politique et « impériale » – ne suffisent certes pas à dresser le portrait de la pratique langagière des populations concernées. On n'est pas mieux renseigné sur la variation dialectale et linguistique au début du XIXe siècle qu'on ne l'était aux XVIIe et XVIIIe siècles ; on ne le sera pas beaucoup mieux ensuite, avant les enquêtes et la « dialectologie ».

Pourtant, un fait est certain et massif : c'est le recul, la fragmentation, l'infériorisation, la clôture des « patois » – des dialectes – et des langues différentes, face au français dominant, normalisé, imposé. Les facteurs essentiels sont à chercher dans la valorisation de l'écrit, et notamment de l'écrit imprimé, dans sa diffusion culturelle, en particulier par la littérature, dans les brassages sociaux, l'urbanisation, la révolution techno-industrielle, dans les volontés politiques, servies par l'administration et surtout par l'école, enfin dans l'usage massif du discours en français écrit et imprimé lors des « médiations » culturelles – politiques, intellectuelles... – avec la diffusion du premier média de masse (relative), la presse. Tous ces facteurs sont difficiles à isoler, car ils interfèrent sans cesse.

Cette situation complexe, avec la variation langagière du français même, objet d'une multiplicité d'usages, et l'intrication des pratiques linguistiques, est bien illustrée quelques années avant la période évoquée ici, par l'aventure de l'hymne national français, en une symbolique qu'a décrite l'un des meilleurs observateurs de la langue.

L'histoire de la *Marseillaise* est symbolique : écrite à Strasbourg, ville de langue germanique, par un auteur originaire de Lons-le-Saunier (Rouget de Lisle), [...] transportée on ne sait au juste comment, mais par des gens qui, s'ils n'étaient pas de langue française, savaient au moins en prononcer les paroles ; apparaissant à Marseille au moment du départ du bataillon de volontaires de cette ville provençale ; répandue à travers la France par la marche de ce bataillon vers Paris, puis à Paris même dans la population et les autres troupes, mais gardant finalement le nom de *Marseillaise*. Rendus à leurs foyers ou fondant des foyers dans les provinces, quelconques [...], les soldats libérés ont contribué au brassage et à l'implantation du français. (Marcel COHEN, *Histoire d'une langue, le français*, p. 240.)

Quant à son texte belliqueux, aujourd'hui objet de controverses, l'hymne national de la France témoigne d'une rhétorique pompeuse et violente, colorée par ce goût de l'antique (les « cohortes », les « phalanges ») que promurent la Révolution et l'Empire dans le discours comme dans les images de l'art. Un usage poétique académique au service de la fierté nationale et du courage révolutionnaire.

Autre paradoxe, l'indifférence des évolutions langagières aux grands événements de l'histoire. Ainsi, 1789 n'est une date dans la trajectoire du français que dans le vécu, le ressenti, non pas dans le système de la langue, ni dans la pratique immédiate de ses usages. Ce qui entraîne un piège pour la périodisation. Au XIXe siècle, 1830, 1848, 1870, malgré des bouleversements de plus en plus profonds, non sans effet sur la pratique des langues, ne sont pas plus significatifs que les dates-clés de la pédagogie, du journalisme et de l'édition, de la littérature, du développement des transports, etc. Les repères chronologiques proposés ici : 1815-1848, de 1848 à la « Grande Guerre », puis de 1920 à 1945, de 1945 jusqu'au XXIe siècle, sont donc de simple commodité. Ils importent moins que les axes commentés : rapports du français et des autres langues ; expansion, situations, puis parfois retrait du français hors d'Europe et en Europe ; évolutions, lentes de la prononciation et de la grammaire, galopantes du lexique et des terminologies en français ; valeur de la littérature comme reflet des évolutions et de la variété des usages ; attitudes spontanées et savantes sur la langue, développement du savoir objectif, voire préscientifique (la « linguistique ») et des mythes concernant les langues, le français et d'autres ; crises idéologiques du purisme et catastrophisme des augures de la seconde partie du XXe siècle figurent parmi les principaux thèmes.

1815-1848 : Trente-trois ans de caution bourgeoise

Epoque de révolutions politiques en France, et de mutations sociales partout en Europe. Pourtant, le système même de la langue française bouge assez peu. Il y a sans doute moins de différence entre le français de 1815 et celui de 1850 qu'entre celui d'Ancien Régime et celui de 1815, encore que l'évaluation soit délicate et subjective en ce qui concerne la langue parlée.

L'histoire interne du français, pour ces temps-là, est encore à construire, mais elle n'est pas essentielle quant à notre objet, qui est psychosocial.

On a vu plus haut quelles étaient les conditions d'emploi de la langue dominante ; son ressenti est bien plus difficile à évaluer, et dépend fortement de la sociologie. Marcel Cohen abordait cette période avec un titre politique : « Le français et le régime bourgeois du suffrage restreint », alors que Jacques-Philippe Saint-Gérand, dans la *Nouvelle histoire de la langue française* dirigée par Jacques Chaurand, prend pour surtitre un slogan social : « Une langue pour tous les Français », ce qui laisse pendante la question du français pour les Belges, Suisses ou Aostins et ce qui ne concerne qu'une intention affichée.

Ces différences d'approche posent la question du poids du régime et des institutions politiques, ou bien des projets plus culturels, mais évidemment politisés aussi, des volontés des pouvoirs quant aux langues.

Ces volontés s'incarnent dans de nombreuses institutions, la principale était sans doute l'Ecole, et doivent composer avec l'état de fait défini par la démographie, l'économie, la technique ou encore le nouveau pouvoir « médiatique », comme on dira plus tard, celui du journal.

Il est évident que la pratique des langues, en France, popularise et favorise le français par rapport aux autres idiomes ; et populariser n'est pas forcément démocratiser. En milieu rural, la bourgeoisie terrienne héritière de l'aristocratie subsiste, appuyée par le clergé : elle maintient une hiérarchie qui se reflète dans le langage. Le hobereau de jadis parlait volontiers comme « ses » paysans, en patois, quitte à pratiquer un français régional ou parisien, entre soi. Le propriétaire terrien de la Restauration et le curé donnent l'exemple d'un français présumé correct et qu'ils savent mieux écrire. Cependant, la bourgeoisie d'affaires, d'industrie, de commerce, de banque prend le pas sur les notables ruraux. La Révolution de juillet 1830 marque une étape : le roi bourgeois est chargé d'ouvrir la voie aux pouvoirs nouveaux de la technique et de l'argent. L'apparence des pouvoirs politiques, la royauté crispée à la Charles X, le légitimisme éthique à la Chateaubriand cédant devant la monarchie constitutionnelle voulue par la classe bourgeoise. Après l'épisode républicain, le montage illégitime du second Empire, derrière le coup d'Etat et la dictature, recouvrit le même puissant mouvement, qui est la montée du capitalisme, accompagnée de celle de son correctif, le socialisme, mais aussi de celle de son prolongement : le colonialisme.

Les effets de cette évolution sur les us et coutumes langagiers sont multiples, inégaux selon les lieux et les espaces sociaux. Les régions de marges – avec le domaine germanique : nord de la France, Belgique, Alsace, Suisse ; avec les autres langues romanes ; sud de l'Occitanie – ne peuvent réagir comme le centre de la francophonie européenne, polarisé sur Paris, lieu des succès économiques et financiers de la grande bourgeoisie, ni comme des régions à forte croissance économique, du fait de richesses minières ou de facilités de transport.

Dans le même temps, les sources du « bon français » demeurent prises dans le réseau de la noblesse ancienne, qu'est venue brouiller la noblesse d'Empire dont une partie a dû se rallier à la Restauration monarchique. Même chez les jeunes romantiques, le titre – réel ou fictif – est considéré comme un atout et une légitimation.

Dans le feuilletage social de l'époque, la naissance comme supériorité hiérarchique est remplacée soit par l'argent, soit par la vertu d'influence que donne la notoriété. C'est le début d'une période où le Gotha cède la place à ce que l'on appellera en anglais le « Qui est qui » (*Who's who*). La « langue pour tous les Français », dans la première moitié du XIXe siècle, est encore un objectif, loin d'être atteint en ce qui concerne l'écrit. Or, c'est l'écrit imprimé qui va répandre le français hors des milieux qui le connaissent bien et de ceux, plus restreints, qui en maîtrisent les formes valorisées, fournisseurs de lectures pour tous ceux et celles qui ne sont pas analphabètes, dont le nombre augmente.

Ainsi, le journal à un sou lancé par Emile de Girardin en 1832, la *Presse*, dont les 40 000 exemplaires doivent correspondre au triple de lecteurs – et bien moins de lectrices –, représente un facteur plus que symbolique dans l'emploi du français s'agissant de l'information, de la politique, et dans la consommation littéraire, par le roman feuilleton, alors que la consommation du livre augmente.

Dans l'ignorance très grande où nous sommes des pratiques langagières spontanées dans tous les lieux où l'on parle et écrit le français – à côté d'autres parlers, souvent –, nous devons nous rabattre sur les images de la langue fournies par diverses pratiques écrites. La grammaire continue à critiquer et à diriger, ce qui induit une observation ; les dictionnaires construisent des représentations relativement cohérentes, mais confuses, des évolutions du lexique ; la théorie linguistique reste dans l'abstraction, mais les purismes institutionnels ou privés fournissent des réactions qui révèlent des actions : ainsi, les dictionnaires de fautes nous informent sur les usages réels ; en outre, les œuvres littéraires et théâtrales trahissent certaines spontanéités langagières rurales, populaires ou simplement bourgeoises, en les utilisant à des fins idéologiques ou esthétiques, et les patois commencent à s'écrire...

Entre 1815 et 1848, écrit Marcel Cohen, « la grammaire et l'orthographe françaises ont été bureaucratisées » (*op. cit.*, p. 250). En effet, l'administration et tout le pouvoir politique, en cela héritiers involontaires à la fois des jésuites et de la Révolution, se donnent les moyens d'instaurer un français plus codifié et plus unifié, sans pouvoir réduire la variation inhérente à un emploi généralisé et étendu.

L'enseignement donne progressivement plus de place à la leçon de français, au détriment du latin, et ce français est défini selon une norme unique : l'orthographe de l'Académie, la grammaire présentée aux enseignants par Noël et Chapsal (1823). Mais cette grammaire très utilisée, assez rigide, se borne en pratique à l'enseignement d'une orthographe remplie d'« exceptions » et de bizarreries. Peu importe : sa maîtrise devient (en 1832 dans les textes officiels) nécessaire à l'obtention du moindre emploi public. Le temps où l'orthographe souffrait des variantes personnelles chez les plus grands écrivains est révolu ; plus la classe sociale est modeste, plus l'ascension dans les hiérarchies exige de la rigueur dans le respect des règles.

Cette exigence est reflétée par des textes d'époque, qui montrent à quel point « le français », s'il n'est plus codifié selon les normes de Vaugelas, reste défini et imposé d'en haut. Déjà, pendant la période révolutionnaire, les trivialités violentes d'un père Duchesne étaient des effets de style, les grands discours à l'antique de Robespierre ou de Saint-Just illustrant une idée noble et corsetée de la langue.

Une bonne illustration du rôle de la « bonne langue » dans l'ascension sociale à cette époque est fournie par « Le Petit Dictionnaire du peuple à l'usage des quatre cinquièmes de la France » de J.-C. Desgranges, qu'a étudié Georges Gougenheim[4]. L'auteur, critique à l'égard des ouvrages savants, « inintelligibles » pour « la classe inférieure du peuple », se propose de dénoncer les fautes qui caractérisent cet usage :

Si, par mon Dictionnaire, un de mes lecteurs se défait de ses fautes les plus grossières, il sera content de lui et de moi. Devenu puriste sans s'en douter, il rira de ses amis et de ses proches même, et il les forcera, pour ainsi dire, à extirper le jargon que je cherche à extirper.

Cette pédagogie de la dérision, censée agir par capillarité, donne une image déplaisante de la démocratisation du bon français, mais elle décrit des mécanismes psychosociaux qui ont certainement joué. Montrer au peuple son ridicule langagier, l'inciter à se corriger pour « faire fortune dans le monde » consistait à dévoiler, derrière les nobles préoccupations pédagogiques, un aspect culturel du célèbre « enrichissez-vous ! » qui dynamise cette époque. Un autre moyen de parvenir au « bon français » est dévoilé par Labiche dans sa pièce *La Grammaire*, et c'est l'orthographe ; on y reviendra.

L'école, mais aussi la pédagogie langagière pour les adultes opposent le bon français au « bas langage », mais aussi aux « patois » (le mot « dialecte » n'est guère employé), s'agissant du domaine français.

Un dictionnaire de ce langage-repoussoir est publié par d'Hautel en 1808 ; il sera suivi par plusieurs recueils du même genre, ouvrages correctifs, en France et dans d'autres espaces francophones : partout où la maîtrise du français officiel n'est pas assurée. Les puristes veulent alors faire descendre « l'usage » du trône où l'avaient placé Vaugelas et ses successeurs : c'est la règle, et non l'usage, ce « tyran des langues », qu'il faut suivre (Boussi, dans le *Journal de la langue française*, 1838, cité par F. Brunot dans Petit de Julleville, t. VIII, p. 716). Ces journaux puristes, ces critiques sourcilleux, au nom d'une pseudo-logique arbitraire (voir F. Brunot, *ibid.*), ces dictionnaires de fautes font partie de l'arsenal antiromantique. La majorité de l'institution, de l'Académie française à l'école primaire, sert une doctrine conforme et conformiste. Comme au XVIIe et au XVIIIe siècle, on l'a vu, les règles du « bon langage » prétendent définir une « langue », alors qu'en vérité elles tendent à fixer une norme où tous les usages doivent être réduits, contraints au modèle que définissent la classe dominante et les intellectuels (comme on ne dit pas encore) qui la servent.

Mais cette classe dominante a profondément changé, et les idéologies ont suivi. A tel point que ce sont les milieux supérieurs et les convictions conservatrices, alors monarchistes, qui ont fourni, par les effets imprévisibles du génie littéraire, les moyens de bouleverser ces images reçues de la langue. Deux noms s'imposent : Hugo, Balzac ; le premier parcourt le trajet symbolique qui le mènera de l'état de jeune monarchiste à celui de mage républicain ; le second dépeint la société de son temps avec un sens critique qui en révèle les mensonges. Bien d'autres écrivains ont enregistré la parole spontanée de l'époque, mais ces deux-là en ont dévoilé les secrets.

Parcourir les images du français, de ses usages spontanés, de leur variété sociale et régionale, images que donne la littérature d'époque romantique, puis « réaliste », c'est suppléer en partie à une terrible lacune. Tous les documents sur la langue, sur les langues des lieux où le français se parle, les grammaires, les dictionnaires, les préceptes puristes, les décisions pédagogiques même ne concernent directement qu'une faible partie des usagers du français. La parole et même l'écriture du peuple sont ignorées ou négligées, et seraient perdues sans ceux qui commencent à les décrire, souvent pour les stigmatiser.

A travers les prismes que fournissent les écrivains, les dialoguistes de théâtre, les journalistes, la multiplicité des usages du français se manifeste imparfaitement. Outre les prononciations déviantes et les flottements de la syntaxe, l'élément qui caractérise le mieux la variété à l'intérieur du français, c'est à coup sûr les mots qui servent à nommer le monde.

Les plus grands de la génération précédente, sur qui plane la prose sublime et la pensée pénétrante mais idéologiquement marquée de Chateaubriand, incarnent un français de transition, manifestant que la tradition classique, la phrase hantée par le latin, la période, le vocabulaire surveillé, tout cela pouvait être mis au service d'une sensibilité nouvelle, aussi éloignée de l'académisme réactionnaire du XVIIIe siècle – bien attesté – que de l'esprit des Lumières. Mais personne n'a jamais parlé comme Chateaubriand écrit, alors que des discours multiples vont laisser des traces dans la prose romanesque qui se déploie ensuite.

Quant à la poésie, la représentation du langage qu'elle offre est tout autre. Vers 1805 et ensuite, les écrivains en français sortent d'une période de didactisme figé et de rhétorique enflée. Un écrivain à cheval sur les deux siècles, Benjamin Constant, confiait en 1794 à une correspondante : « Je n'aime la poésie dans aucune langue. » Jugement acceptable s'agissant de la France, avant Chénier. Espérons pour Constant qu'il ignorait l'allemand et l'anglais. Mais non ! Il trouvait que le *Faust* de Goethe « [valait] moins que *Candide* » (*Journal*, 12 février 1804), comparant le lyrisme emporté, grandiose, à la prose narrative spirituelle et critique, ce qui n'a pas grand sens.

2

LA FRANCE ET TOUS SES LANGAGES

Entre 1815 et nos jours, le français ne se parle pas de la même manière : des distinctions de voyelles (entre deux *a*, deux *o*, un *é* et un *è*) ont tendance à reculer, même à disparaître, appauvrissant la phonologie, les allongements vocaliques notés par l'écriture se sont effacés (*ami – amie*) dans les sons vocaux, mais pas toujours dans la tête : on rencontre des francophones qui affirment faire et entendre la différence entre *Michel* et *Michelle*, *Daniel* et *Danièle*, alors que les enregistrements attestent le contraire.

La réalisation capricieuse du *e* (*renseign'ment* ou *renseign*eu*ment* ?) est plus une affaire de norme et d'habitudes particulières que de système de la langue. Les liaisons, objets d'infinies discussions, ne sont guère perçues que dans la désapprobation.

Alors que des évolutions en profondeur sont repérables entre les états anciens du français, dans la prononciation, mais aussi dans la construction des mots et dans la grammaire, on l'a bien vu dans cet ouvrage, ce qui domine au XIXe et au XXe siècle, c'est le conflit entre la variation et la norme, résolue par unification autoritaire. Par rapport à cette langue fixée, tout écart est une « faute » ; or, tout idiome ne cesse d'évoluer en faisant des fautes d'autrefois la règle d'aujourd'hui.

Cependant, l'application des règles d'une grammaire de 1830 ou de 1910 produit une sorte de français passablement ringard pour le XXIe siècle, mais parfaitement compréhensible : le cœur du système est presque inchangé.

En revanche, la réalité concrète des langues, elle, dans ces périodes bouleversées de l'Histoire, se modifie sans cesse.

La question posée ici sera donc : que s'est-il passé, entre langues et sociétés, autour du français, de la Restauration à 1848 ? Qui parle, qui écrit quoi, et comment, en France et hors de France ? Trop vaste programme, sans doute.

Le cadre politique, en France, est double. De 1815 à 1830, un régime monarchique « selon la Charte » évoquée plus haut. Le cens, c'est-à-dire le brevet de bourgeoisie précapitaliste, remplace la naissance. Louis XVIII et Charles X ménagent la transition sociale entre l'aristocratie terrienne – le régime féodal ou du moins ses restes ayant été officiellement abolis – et une bourgeoisie terrienne riche. L'autre bourgeoisie, qui s'enrichit et s'augmente grâce aux débuts de la révolution industrielle, va se rebeller, soutenue par le mécontentement et la naïveté populaires, par la demi-révolution de 1830.

Le légitimisme bourbonien, soutenu par le haut clergé, persécuteur des bonapartistes, plus autoritaire sous Charles X, avait perdu la partie.

De 1830 à 1848, le duc d'Orléans, devenu Louis-Philippe, devient roi non plus de France, mais « des Français ». Le cens qui permet d'être électeur étant abaissé, la couche bourgeoise moyenne peut s'exprimer : on passe à plus de 200 000 électeurs. L'ancienne noblesse, et la récente, fabriquée par Napoléon, une fois les persécutions antibonapartistes terminées, se joignent à la haute bourgeoisie. Celle-ci, écartant la noblesse héréditaire, peut mettre au pouvoir le monde de la finance et des affaires (Jacques Laffitte, Casimir Perier) et les penseurs qui expriment ses intérêts (François Guizot, Adolphe Thiers).

La petite et moyenne bourgeoisie « juste milieu » de cette époque fait souvent partie de la garde nationale, milice de civils autorisés à conserver des armes à domicile. Une de ses principales fonctions fut de contribuer avec l'armée à la répression des émeutes et insurrections populaires dans les grandes villes, Paris ou Lyon notamment (en 1831, 1834...). Le reste du temps, cette pseudo-armée bourgeoise servait de cible à l'ironie des libéraux.

Satisfait dans son rêve d'héroïsme, le moyen bourgeois parisien, entre vie de bureau, garde nationale, lectures patriotiques, s'incarne dans le type de Joseph Prudhomme, créé en 1830 par le caricaturiste et écrivain Henri Monnier, qui reste, par son écoute exceptionnelle, l'un des grands témoins de ce stade historique et social du discours en français, du populaire des portières (plus tard nommées par emphase *concierges*, avant que ce mot ne se dévalue) au discours pompeux, néoclassique et cocasse de M. Prudhomme. En voici un exemple célèbre, extrait d'une pièce écrite par Monnier peu après 1848. A un groupe de jeunes artistes qui viennent de lui offrir un sabre d'honneur, Prudhomme adresse ce discours enflammé :

Messieurs ! Ce sabre [...] est le plus beau jour de ma vie. Je rentre dans la capitale, et si vous me rappelez à la tête de votre phalange, messieurs, je jure de soutenir, de défendre les institutions et au besoin de les combattre [1].

Il suffit de confronter cette rhétorique pseudo-classique (la « capitale », la « phalange »), au-delà du ridicule, avec les transcriptions des langages sociaux, de haut en bas, du même Monnier, ou de Balzac et d'Eugène Sue, pour constater que la variété des usages du français est non seulement vécue, mais perçue et mise en scène par les écrivains (ou journalistes) de cette époque. Un mot de cette population, qui révère le « bon français ». Alors que les grands pays européens accélèrent leur croissance démographique, 40 à 50 % en moyenne, 70 % en Grande-Bretagne, la France ne gagne que 29 % d'habitants. De 20 % de la population européenne au XVIIe siècle, on est passé à 16 % en 1800, pour descendre à 10 % un siècle plus tard. Ce mouvement relatif semble continu. La densité de population augmente beaucoup moins qu'en Grande-Bretagne.

Un facteur essentiel de la croissance démographique est la baisse de la mortalité. Vers 1850, un quart de la population atteint 70 ans ; l'espérance de vie à la naissance est de 42 ans. Pendant ce temps, le nombre des naissances par famille diminue : cinq enfants vers 1800, entre trois et quatre en 1850. C'est ce second facteur qui aura limité la population, car la fécondité ne baisse guère en Grande-Bretagne, ni en Allemagne, ni en Europe méridionale.

Vers 1800 encore, Paris comptait près de 550 000 habitants ; c'était la deuxième ville d'Europe, et peut-être du monde, derrière Londres. Mais si on a pu parler de Londres et du « désert anglais », la France avait quatre cités autour des 100 000 habitants : Marseille, Lyon, Bordeaux et Rouen (l'Allemagne en comptait deux, l'Italie cinq). Au milieu du siècle, le nombre de Parisiens avait presque triplé, les Lyonnais et les Marseillais étaient deux fois plus nombreux qu'en 1815.

Les effets de cette urbanisation sont multiples : développement des faubourgs, zones de prolétarisation et des parlers populaires ; apparition de territoires à la fois ruraux – pour alimenter les grandes villes – et en voie d'urbanisation : les banlieues ; différenciation sociale de la géographie urbaine.

Dans un pays où les grands industriels apparaissent – les Schneider au Creusot, en 1837 – ainsi que les banquiers investisseurs, et où le modèle industriel anglais, avec ses effets sociaux – urbanisation, prolétarisation – est imité avec retard, toutes les valeurs, culturelles comme économiques, sont confisquées par une minorité agissante et dominatrice, de plus en plus indépendante du pouvoir monarchique. Celui-ci, déjà, avec le mythe du roi-citoyen, est au service de cette classe capitaliste.

La fixation normative du français se fait, elle aussi, sous l'égide de la haute et moyenne bourgeoisie, avec des relents d'aristocratisme. Il est de bon ton de se trouver un titre ou d'orner son nom d'une particule indue, comme on peut le lire chez le plus impitoyable critique de cette société, par ailleurs monarchiste, Honoré « de » Balzac.

On voit aussi, dans sa *Comédie humaine*, comment, à côté des salons huppés, les rédactions des journaux deviennent les lieux où se fabrique, dans un français fort correct et parfois traité avec talent, l'opinion publique.

Celle-ci est menée, « de haut en bas », par l'élite, la finance, le commerce, l'aristocratie héritière et l'intelligence arriviste (tout Balzac...), dans les villes, par les classes supérieures – aristocratie, haute bourgeoisie, clergé – en milieu rural. Mais l'élite intellectuelle est divisée : la collusion entre journalisme – y compris sa littérature, avec le roman-feuilleton – et libéralisme produit les proses influentes d'Edgar Quinet, de Michelet, d'Emile de Girardin, des chrétiens sensibles à la question sociale, tel Lamennais. De la gazette réservée à quelques-uns, on passe, on l'a dit, au « journal à un sou » de Girardin : jusqu'à 40 000 exemplaires, beaucoup plus de lecteurs, en partie par la lecture à haute voix, encore fréquente.

La rigueur des clivages sociaux, clairement visible par le vêtement, l'hygiène corporelle, la coiffure, est au moins aussi tranchée dans les pratiques de langage. On en verra l'écho, sans doute déformé, dans les textes imprimés ; des écrits privés, comme on avait pour les époques antérieures les témoignages publiés beaucoup plus tard du babil d'un enfant royal, le jeune Dauphin futur Louis XIII (Journal d'Héroard), ou bien, au XVIIIe siècle, le langage poissard (déjà objet de publication), le journal d'un artisan (Ménétra), des parades de foire ou des passages « populaires » au théâtre et dans des romans (Marivaux, Beaumarchais, Restif...).

Quant aux idées, s'affrontent dans les textes imprimés les défenseurs des valeurs du passé, politiques et religieuses, Bonald, de Maistre, les libéraux et les premiers socialistes, qui donnent aux positions révolutionnaires de Babeuf une assise économique (*Le Système industriel* de Claude-Henri de Saint-Simon, 1820-1823) ou bien une dimension mythique (Charles Fourier, poète d'idées autant que théoricien). Si le phalanstère de Fourier relève du songe, la démarche des saint-simoniens n'est pas aussi « utopique » que Marx voudra le dire. En tout cas, elle fait percevoir l'existence d'un monde industriel qui va modifier profondément la vie et le langage des classes considérées comme inférieures, durablement.

Le paysannat non propriétaire est au bas de l'échelle. Ses usages langagiers sont mal connus. Ignorant souvent le français, surtout dans la partie occitane de la France, ce monde parle « patois », mot péjoratif qui exclut en général l'écriture et correspond à un usage local, sans conscience nette d'une appartenance à un ensemble dialectal important. Eugène Le Roy, à la fin du siècle, évoquera cette époque, dans le Périgord, par un récit de révolte, *Jacquou le Croquant*.

Quant aux paysans aisés, depuis le XVIIIe siècle, ceux de la partie nord de la France se sont mis au français, gardant souvent l'usage dialectal. Leurs relations avec les notables des villages et des bourgs, tous francophones, les poussent vers le français. L'influence encore très grande du clergé catholique ne passe plus par le latin, confiné dans l'église et chassé de la sacristie.

Une partie notable de la classe populaire vit d'un artisanat. Cette activité, dans certains domaines qui dépassent la vie locale, demande la maîtrise du français, y compris en terre occitane. Mais l'artisan de village, sabotier, forgeron, maréchal-ferrant, est dans la même situation linguistique que le paysan. En revanche, l'élite de l'artisanat, organisée par les compagnonnages – qui par ailleurs, à cause des conflits d'intérêt, ne permettaient pas l'apparition d'une conscience de classe –, peut s'exprimer dans le français « du haut », soit par la voix d'écrivains bourgeois attentifs au peuple (*Compagnon du tour de France*, de George Sand, 1840), soit par sa propre expression. Ainsi, le compagnon menuisier Agricol Perdiguier – inspirateur, en l'occurrence, de George Sand – écrit le *Livre du compagnonnage* (1839). Le socialiste Pierre Leroux est typographe.

Ainsi, selon les lieux et les situations dans la société, peu avant le développement d'un prolétariat industriel, l'unité absolue d'un français codifié, surveillé, respecté, « pur » et « clair » – selon les termes mythiques et mystifiants des jugements d'époque[2] –, d'un français mesure de toute parole, dont les écarts ne peuvent être qu'impureté, dégradation, erreur et faute, relève à la fois d'un volontarisme des pouvoirs et d'une mythologie collective.

La réalité, toute différente, est une variété d'usages, des interférences entre dialectes ou langues (le flamand, le breton, l'alsacien, le catalan, les variétés d'occitan, le basque) et langue française fixée en intention. Cette variété était sans doute aussi grande, avant la victoire quasi absolue du français, ou plutôt « des » français en tant qu'usages régionaux, que dans les usages de cette langue hors de France, en Belgique, en Suisse, en Savoie, qui n'était pas encore française, et même hors d'Europe, en Amérique du Nord et dans les Caraïbes[3]. Le jeu entre l'unification autoritaire et la variété réelle, observable, correspond à plusieurs regards sur la langue française et les autres (voir le chapitre 4, p. 1001 : « Miroirs et regards »).

Une chose est, au XIXe siècle, le maintien dans les campagnes des dialectes hérités et des langues maternelles et la progression du français dans les villes ; autre chose, l'opinion que la classe supérieure des francophones, concentrée à Paris et dans quelques métropoles régionales, pouvait avoir quant à la variété des parlers de France.

Un bon exemple de ces façons de percevoir une réalité complexe et mal comprise, la variété des mœurs, des coutumes, et parmi elles des langages, est fourni par un remarquable recueil paru avant 1848, *Les Français peints par eux-mêmes*[4]. La mentalité dominante sous la Restauration y est reflétée par l'articulation même de cette collection, éditée par Léon Curmer et rédigée par des contributeurs alors connus – Balzac y a écrit « La femme de province » –, écrivains et journalistes en vue. En effet, elle privilégie les types humains censés représenter « Paris » sur un modèle voisin des « Physiologies » alors en vogue. Quatre volumes leur sont consacrés, alors que la France entière et ses colonies sont évoquées dans les trois volumes publiés sous le titre de « Province », notion des plus parisiennes et, on le voit, extrêmement floue.

Dans le peu de place consacré aux usages de langage, deux attitudes s'y manifestent, l'une sensible, compréhensive, voire admirative, à l'égard des dialectes et langues issus du latin ou des langues qu'elles soient latines (l'occitan, le catalan), celtes ou isolées (le basque) ; mais s'agissant de formes de parlers correspondant aux « patois » d'oïl ou à des dialectes germaniques autres que l'allemand standard, les jugements absurdement méprisants fusent, vilipendant les jargons, « horribles mélanges » que sont censés parler de misérables peuples à demi sauvages. Car les jugements de ces messieurs les auteurs parisiens ne sont pas tendres à l'égard de leurs compatriotes illettrés, jugés barbares.

Pourtant, ces textes – qui contrastent avec ceux de témoins plus proches du réel, et qui savaient de quoi ils parlaient, telle George

Sand – révèlent un certain nombre de réactions intéressantes. La plus importante est la conscience, positive ou insultante, de la variété des pratiques langagières. Mais les attitudes sont sous-tendues par l'idéologie de l'ouvrage, conservatrice, catholique et monarchiste, désespérée devant l'effondrement des valeurs morales héritées, hostile à la révolution industrielle, et, de ce fait, capable d'exprimer certaine commisération sociale sur le sort fait au prolétariat et aux pauvres petits « enfants de fabrique » (titre d'un chapitre).

Quant à la philosophie de la description, elle consiste à inventer des types, en attribuant à l'autochtone de chaque région, ou à chaque type professionnel, une personnalité physique et morale étrangement fantasmée, précise comme les gravures qui accompagnent l'ouvrage.

Sous la Restauration, les Français cultivés avaient donc conscience de la spécificité linguistique des grandes provinces, surtout quand leurs mœurs et coutumes paraissaient différentes et étranges – le « pittoresque » est roi –, leur niveau de civilisation étant toujours jugé inférieur. Mais certains appréciaient les différences, et cet intérêt pouvait se reporter sur les langues.

Ainsi, l'auteur du chapitre sur le breton (*Provinces*, t. II) écrivait, dans une description assez idyllique du pays :

[...] tandis que les commis voyageurs et les touristes de grand chemin [...] s'étonnaient de traverser un pays où l'on parle *une langue inintelligible, quoique douce* [termes employés par Alphonse Karr, précise l'auteur en note], nous contemplions avec bonheur cette terre poétique [...].
N'en déplaise aux adversaires de la langue bretonne, elle ne paraît pas avoir notablement reculé depuis plusieurs siècles ; seulement, on ne la parle pas en tous lieux avec la même pureté, et souvent l'adjonction d'une foule de mots français dont les désinences seules sont changées en fait une sorte de jargon qu'on nomme du breton de curé [...]. Soit mépris de la langue maternelle, soit oubli partiel, pendant les longues années d'études et de séminaire, il est certain que la plupart des prédicateurs la traitent avec un sans-façon déplorable [...]. L'idiome breton a en outre pour ennemis jurés le préfet ou le sous-préfet, représentant naturel du système d'aplatissement général connu sous le nom de centralisation, et surtout le maître d'école, lequel [...] punit sévèrement le crime de l'enfant qui a prononcé quelques mots dans la langue que lui a apprise sa mère ; mais il a aussi d'ardents apologistes, de passionnés zélateurs qui en font dériver toutes les langues du monde [...].
(Amédée ACHARD, « Le Breton », dans *Les Français peints par eux-mêmes*, *La Province*, t. II, p. 7-8.)

Suit une charge plaisante contre les étymologistes, celtisants ou non, et un éloge de la diversité des parlers bretons qui font de la Basse-Bretagne le pays de la variété. Déjà, l'auteur de ces lignes admiratives voit les dangers que court la langue bretonne ; ailleurs, quand il traite des villes, il en traverse une, entre Guingamp et Saint-Brieuc, « où expire la langue bretonne » (p. 81).

Le même auteur, sensible au recul des langues régionales, ne se félicite guère de l'avancée du français dans le Sud du pays. Traitant du « Roussillonnais », il écrit :

L'idiome catalan parlé par les Valenciens et les Aragonais, est toujours en usage dans le Roussillon. C'est la langue du peuple, c'est un dialecte peu altéré de la langue romane qui, pendant tant d'années, domina sur les deux versants des Pyrénées. Cependant le français a envahi les villes, et l'idiome roman recule devant lui comme le font le breton dans le Morbihan, et le patois provençal et languedocien dans nos départements méridionaux. (*Ibid.*, « Le Roussillonnais », p. 93.)

On voit bien l'esprit de ces textes : antijacobins, ils soutiennent la pureté des idiomes anciens, attaquée de l'intérieur, et leur existence même, combattue par le pouvoir central (même royal). Amédée Achard met le doigt sur un facteur essentiel dans le déclin : le « mépris de la langue maternelle ».

Revenant à cette Bretagne qui fascinait, on doit citer Flaubert. Relatant le voyage qu'il fit en terre celte avec son ami Maxime Du Camp, il évoque un incident qui révèle un peu la nature du bilinguisme breton-français. La scène se passe à Pont-l'Abbé ; deux femmes gravement blessées déclenchent un tumulte populaire. Le commissaire de police arrive sur les lieux : « Il commença par se mettre en colère. Mais comme il ne parlait pas le breton, ce fut le garde qui se mit en colère pour lui et qui chassa le public de céans » (*Par les champs et par les grèves*, 1846, chapitre 4, p. 159-160). Ailleurs, Flaubert trouvait à la ville de Quimper, « centre de la vraie Bretagne », « une tournure toute française et administrative » (*ibid.*, p. 139). Quand les deux voyageurs se perdent, près de Daoulas, ils s'adressent à des paysans, qui ne leur répondent « que par des cris inintelligibles » (*ibid.*, p. 169). Car on parle et on crie en breton, dans les campagnes. Cependant, les dialogues rapportés sont en français, mais le breton doit être très présent, puisque Flaubert tient à préciser que, dans un cimetière voisin de Carnac, « un jeune homme [...] dit en français à un autre : "Le bougre puait-il ! Il était presque tout pourri ! Depuis trois

En Afrique subsaharienne – ici, au Cameroun –, les cours pour adultes enseignent à la fois l'écriture et la langue française. L'exemple choisi pour conjuguer le verbe « être » : « je suis sage, tu es sage… » ne fait pas rêver.

Qui parle quelle langue ? Pendant des siècles, le parler et le costume sont des signes forts d'identité.

Une langue immémoriale dans un coin de l'Hexagone : le basque. Autrefois rattaché au Béarn, son domaine vient sous Louis XIII rejoindre la couronne. Mais ce n'est que pour occuper un statut marginal. Il n'en alla pas de même en Espagne.

Alsacien et Alsacienne : leur parler germanique borde à l'est la zone d'extension du français, c'est la langue régionale la plus parlée en France à l'aube du XXI⁰ siècle.

Homme catalan. Une ancienne langue de culture bientôt partagée en deux ensembles, de part et d'autre des Pyrénées. Le catalan a connu une renaissance politique en Espagne sans commune mesure avec son usage en France.

La Gascogne. Au XVIᵉ s., Montaigne trouvait le gascon « singulièrement beau, sec, bref ». Pour un peu, il aurait écrit ses célèbres *Essais* en gascon. Trente ans plus tard, Malherbe voudra « dégasconniser » la cour de France.

Jeune Auvergnate. Au nord du domaine d'oc, l'Auvergne regroupe un ensemble foisonnant de parlers divers encore mal connus sous l'Ancien Régime. La « montée » de plus d'un Auvergnat à Paris au XIXe siècle les popularisera.

Jeune Flamande. Une langue dont l'influence, poussée par le dynamisme économique, s'accroît à partir du XVIe siècle. A la frontière nord du domaine du français, la géographie des parlers est sans cesse renégociée.

Une île très convoitée, au XVIIIe siècle : la Corse. Après l'arrivée des Français, le trilinguisme restera de mise : parlers corse, italien et français.

Homme de Quimper (Bretagne). Rattachée à la Couronne de France en 1524, la Bretagne demeure longtemps une terre lointaine, enclavée. Le français, inéluctablement, gagnera du terrain dans les classes élevées, le peuple continuant seul à pratiquer le breton.

A la frontière nord du New Hampshire (USA), le bilinguisme canadien s'annonce : « en avant » !

L'Acadienne Antonine Maillet en 1993. Elle incarne le destin francophone de ses compatriotes, dans des scènes à la fois émouvantes et truculentes (*La Sagouine*) comme dans ses romans (*Mariaagélas*, *Pélagie-la-Charette*...). Une voix unique, parmi celles de la francophonie nord-américaine.

Au milieu du XIXe siècle, le peintre Jean Antoine Gudin montre Jacques Cartier remontant en 1535 le fleuve Saint-Laurent. Au premier plan et en fond de tableau, l'essentiel du Canada pour l'imaginaire européen d'alors : les Indiens, la nature. Intentions pacifiques – le drapeau blanc –, joie de l'accueil : une idylle romantique, encore proche de Chateaubriand.
Châteaux de Versailles et de Trianon, Lauros/Giraudon

Une grande part de la réputation de la chanson française (en France, en Belgique, au Québec) vient de la qualité de ses textes. Alors qu'Edith Piaf, à l'Olympia, en 1961 (ci-dessus) illustre la puissance poétique de la voix, sur des textes souvent écrits pour elle, Barbara et Serge Gainsbourg, en 1966, sont des créateurs en langage – et en musique.

La vraie francophonie, hors de toutes institutions, dans l'invention d'un langage nouveau portant le français à ses multiples points d'incandescence.

Quant aux écrivains en français, qu'ils soient venus de Roumanie, comme Eugène Ionesco (*en bas, à gauche*), d'Algérie comme Assia Djebar (*en haut, à gauche*), de Russie comme Nathalie Sarraute (*en haut, à droite*), d'Indochine comme Marguerite Duras (*ci-dessus*), de la Martinique (et il y vit) comme Aimé Césaire (*ci-contre, à gauche*), de Belgique flamande, comme Verhaeren (*ci-dessous, à droite*), d'Irlande comme Samuel Beckett (*page de gauche*), ils font de cette langue le véhicule d'autant de cultures et d'un humanisme universel critique.

En haut, à Agadez (Niger) fleurit l'art populaire des enseignes en français.

Ci-dessus, « on se voit un de ces quatre », traduction littérale du texto envoyé par téléphone portable.

A droite, aux Seychelles, un exemple du créole d'aujourd'hui.

semaines qu'il est à l'eau, c'est pas étonnant" ». Transcription de français oral, certes, mais dont le caractère régional ne frappe pas... Ces passages donnent à penser que la Bretagne, pour un écrivain normand du XIXe siècle, était un pays entièrement étrange, à la langue incompréhensible et quasi animale (le coup du « Barbare » pour les Grecs) et qui ne se donnait des allures françaises qu'administrativement. Un récit contemporain sur l'Algérie ou le Sénégal eût-il été différent ?

Si l'on passe aux dialectes gallo-romans de la moitié nord de la France, les opinions sont variables. Ainsi, un autre contributeur des *Français peints par eux-mêmes*, Georges d'Alcy, emploie à propos du « Dauphinois » la désignation « le roman », pour les « dialectes vulgaires » de ce qu'on appellera plus tard le franco-provençal. Reprenant les variantes patoises de la parabole de l'enfant prodigue à l'enquête des Coquebert de Montbret (voir plus haut), ainsi que des chansons, il veut illustrer le charme et la variété de ces patois, sans insister sur la réalité des usages.

Quant à Emile de la Bédollière, à propos du « Lorrain », il célèbre la faconde et l'habit du paysan messin qui « parle au besoin le français, mais plus volontiers son patois, vif, animal [il ne faut pas exagérer dans l'éloge des Barbares], expressif » ; en revanche, l'habitant des cantons de Bitche n'a d'autre patois qu'« un *horrible mélange* de français et d'allemand[5] » (*ibid.*, p. 141). Ce sont probablement les sonorités germaniques, mais différentes de celles de l'allemand cultivé, qui conduisent les observateurs de l'époque à déprécier tout ce qui leur évoque cette civilisation germanique, alors que les dialectes « romans » et même la langue celte leur paraissent dignes de louanges et mériter d'être préservés. Le même la Bédollière, traitant de l'« Alsacien » et de l'Alsace, notait :

[...] l'ignorance du langage nuit à l'observateur qui tâche de sonder l'Alsacien. Tant qu'on se borne à étudier la bourgeoisie, les difficultés ne sont pas insurmontables : on conçoit sans peine que *pon tieu* signifie bon Dieu ; mais quel dialecte parle l'ouvrier alsacien ? Est-ce de l'allemand, est-ce du français ? C'est plutôt, comme dit Bossuet, quelque chose qui n'a de nom dans aucune langue, un patois dénué d'harmonie, rebelle à toutes règles grammaticales, également incompréhensible à Dresde et à Paris. » (P. 146.)

Et le voyageur parisien de s'étonner du patriotisme français de cette population « féconde en barbarismes, cette confusion d'Allemands, de Français, de Suisses, de Souabes, de Badois, cette masse hétérogène, quasi germanique par le langage, les mœurs, les habitudes, [...]

toute française par le cœur ». La confusion ici évoquée était sans doute contagieuse, pour inspirer ces jugements extravagants, interdisant aux idiomes germaniques de France la fameuse variété prônée ailleurs... Comment peut-on être germain, étant français ?

Pour les dialectes d'oïl, la confusion s'établit entre patois et « français corrompu », peut-être suscitée par la francisation qui fait ailleurs parler – sans doute plus exactement – de « dialecte impur ». A propos des habitants de la Beauce, dépeints avec sympathie, Noël Parfait écrit :

Les Beaucerons n'ont point, à proprement parler, de patois ; mais ils parlent un langage corrompu, semé parfois de traits assez bizarres et tout plein de vieilles locutions qui s'accordent avec leurs vieilles habitudes. Ils ont la voix haute et chantante, l'accent traînard, presque autant que celui des Normands, et donnent aux syllabes finales des sons particuliers, qui ôtent à leur prononciation toute élégance et toute noblesse. (*Les Français, op. cit., La Province*, t. II, p. 102.)

Corruption, archaïsme, grossièreté, mais « en accord » avec les mœurs ; ce qui implique que la langue locale, malgré ses défauts, convient à ceux qui la parlent.

Même constatation, à propos du pays de Caux, par E. de la Bédollière. Ce dernier a du mal à définir l'idiome local, qui « n'est pas précisément un patois [... mais] de la langue d'*oui* mêlée de français corrompu, un français rendu méconnaissable par une prononciation vicieuse ». Et l'auteur distingue des variantes, l'une lente, pour la Basse-Normandie, l'autre rapide et chantante, en Haute-Normandie. Il décrit les sons par rapport à ceux du français de référence : *plache* présente un *ce* changé en *che*, *bestias* est *bestiaux* où *aux* est changé en *as*, la *mée*, un *éclé*, un *jou* manifestent que le Normand « bredouille et escamote les *r* ».

Tout manifeste que, malgré des rappels opportuns et émus d'histoire littéraire, ces dialectes n'existent guère en eux-mêmes. Ils sont, même dans les chansons, « lourds », « accentués » et, en Bresse, « les désinences en *o* y dominent » (Francis Wey). Le même auteur, pourtant linguiste du bon usage et aimé des puristes, entend en Picardie « un patois qui ressemble assez à du vieux français », et cite une poésie picarde aux pensées « gracieuses, point grossières », empreintes de « la franchise et la galanterie françaises ». Et voilà le picard sauvé de l'opprobre, bien qu'il donne à ceux qui le parlent, lorsqu'ils sont « dépaysés », « un accent traînard analogue à celui des Bressans ».

Un long article sur le Vendéen, prétexte pour une diatribe antirépublicaine et un éloge dithyrambique des Chouans, cite des phrases de français local à peine modifié, mais avec un lexique régional, accompagnées de ce surprenant commentaire : « Beaucoup de mots du jargon vendéen ont une étymologie latine, d'autres proviennent on ne sait de quelle origine, et ceux-là ne sont ni les moins expressifs, ni les moins dignes de rester français » (F. Bernard, « Le Vendéen », dans *Les Français, op. cit., La Province*, t. II, p. 309).

Une remarque plus pertinente, à propos des dialectes d'oïl, est celle de leur variété selon les lieux : ainsi, en Bourgogne, s'il y a « deux ou trois variétés d'habillements masculins », « il n'en est pas de même des patois ; chaque commune, chaque arrondissement, et souvent chaque village a sa langue et pourrait avoir son dictionnaire [il en aura souvent un] ». « La plupart de ces idiomes sont pittoresques et imagés ; quelques-uns, mais peu, sont presque inintelligibles » (François Fertiault, « Le Bourguignon », *ibid.*, p. 334-335). Mais on sent, par la suite de l'exposé, que le relatif respect pour ces patois, celui de la région dijonnaise étant le plus noble, vient surtout d'un passé littéraire, illustré par les *Noëls* de Bernard de la Monnaye. Ce sont des considérations euphoniques et de style qui commandent l'appréciation qu'on fait des dialectes, bien plus que l'attachement que peuvent leur porter ceux qui les parlent.

Dans ces conditions, les régions isolées et pauvres sont perçues comme les plus barbares. A la « finesse » et au « commencement de civilisation » des pays bourguignons, s'opposeront la « sauvagerie » et la « grossièreté » du Morvan, où « le patois est le plus inintelligible », mais qui présente « dans [son langage tout particulier] quelques mots qui ne sont pas dépourvus de pittoresque » (F. Fertiault, *ibid.*, p. 358, note). Et la suite manifeste une vision des langues très archéologique, car le dialecte du Morvan est « un véritable salmigondis de celtique, de latin et... de morvandeau, tout en affectant parfois les mignardises de l'italien » (parce qu'on y prononce *fieur, bié*, pour *fleur, blé* !).

Quant à décrire les usages langagiers autrement que par des considérations esthétiques saugrenues, la chose est rare et discrète. Cependant, quand Francis Wey s'attaque au Franc-Comtois bourgeois, urbain et passé par Paris, notant qu'il garde son accent et conserve « ces termes étranges qui lui sont spéciaux[6] », il décrit évidemment un français régional, et non pas un de ces dialectes soit d'oïl, soit appelés (plus tard) « franco-provençaux ».

La connaissance des parlers de France est si faible et si superficielle, vers 1840, que Félix Pyat, faisant un portrait attendri du misérable paysan de Sologne, entre Beauce et Berry, avec des mœurs « qui datent de plusieurs siècles », pense qu'il « parle presque la langue romane des anciens troubadours ».

Cette langue « d'oc » – ainsi baptisée par Dante – fascine les romantiques ; elle vient d'être quasiment redécouverte par Raynouard. Aussi les auteurs des *Français peints par eux-mêmes* en traitent les déclinaisons avec faveur. E. de la Bédollière, dans un élégant dialogue en français, tente de s'informer, le malheureux, auprès d'un avocat qui lui traduit ce que dit en « patois » un marchand de bestiaux fort courtois avec lequel il voyage en diligence. Transcrivant ses paroles « selon la prononciation », « faute de règles positives », il peut noter que « la langue nationale est répandue dans la Corrèze, mais [...] est encore imparfaitement bégayée dans les solitudes du haut Limousin ». « Ce patois, dit La Bédollière, ne m'a pas semblé dépourvu d'harmonie. » On lui répond : « Il est rapide, animé [...] ; ayant été peu écrit et affranchi de règles fixes, il a presqu'autant de variétés que l'on compte de cantons. » Pensant entendre une analogie avec l'espagnol, il enregistre une anecdote : conversant fréquemment en patois avec un vieillard près d'une auberge, son compagnon s'était aperçu que cet homme était catalan, d'Urgell (visiblement, la différence entre castillan et catalan n'apparaît pas pertinente)[7].

Malgré leur désir, par amour de l'histoire nationale, de retrouver le gaulois, surtout chez les Eduens du Morvan et chez les Arvernes, les observateurs des parlers locaux doivent admettre que « l'on trouverait difficilement aujourd'hui [1842] dans le patois de la montagne, des débris de l'idiome primitif [celte] ». Une étude du patois bas-auvergnat, poursuit Alfred Legoyt, auvergnat lui-même, conserve une foule de mots et même de phrases qui sont « du très pur latin ». Et l'auteur invente une théorie où le latin étant devenu du roman, sous l'influence d'invasions analogues, l'auvergnat se retrouverait cousin de l'italien moderne. Le passé littéraire du dialecte auvergnat complète ce tableau valorisant, qui ne s'occupe ni de la variété dialectale, ni de la pratique du français dans les villes d'Auvergne, déjà ancienne.

Enthousiaste du Limousin, La Bédollière ne pouvait que célébrer les parlers du Languedoc, descendants directs de l'occitan littéraire. Ce « patois languedocien, écrit-il, a des variétés, [... mais] partout il est gracieux, musical, accentué, riche en onomatopées [...]. Il possède une infinité de mots imitatifs qui font image, qui peignent l'objet par les sons » et ses diminutifs font « qu'il se prête merveilleusement à la peinture des sentiments amoureux » (*Les Français, op. cit., La Pro-*

vince, t. II, p. 46-47). Dans les villes, par exemple à Montpellier, l'auteur prête à un étudiant un étrange discours qu'il donne pour patois et qui paraît représenter un français occitanisé qui n'est pas sans évoquer l'écolier limousin de Rabelais, parlant latin en français :

[...] ici poudès pas faire un pas sans rincontra dé savants médicins, dé savants chirurgiens, dé savants estudiants, dé savants chimistes, enfin dé savants de toute espéço. Per cé qué regardo la medecino, Mountpellié és la capitalo de l'Uropo !

Même appréciation, culturelle, intellectuelle, linguistique, à propos du gascon, par Edouard Ourliac. Ce dernier s'attriste de ce que « cette langue qu'on a flétrie du nom de patois », l'habitant de la Gascogne « ne [la] parle plus ». Ce jugement assez léger n'est pas sociolinguistique, mais historique, et vise les rapports entre Paris, le pouvoir et une province orgueilleuse et noble, où une pensée, « une conception nue et originale [...] a fait un langage si vif et si lumineux » (E. Ourliac, *op. cit.*, p. 281).

A travers certains préjugés de la psychologie sociale de cette époque, un passage de Louis de Bonald[8], cité dans ce contexte, introduit une réflexion éclairante sur le rapport entre dialectes et langue unique nationale :

Si les peuples du midi de la France, dans les classes inférieures, écrit Bonald, ont plus que ceux du Nord ce qu'on est convenu d'appeler de l'esprit, une conception plus vive et plus originale, la raison en est, je crois, que les premiers ont une langue à eux, et non pas les autres ; les Méridionaux parlent très-bien une langue qui leur est particulière, et les peuples du Nord parlent très-mal une langue qui n'est pas la leur, puisqu'ils n'ont pu en suivre les progrès ; les uns possèdent mieux que les autres l'instrument de la pensée, et les peuples du Midi parlent mieux leur idiome que le peuple picard ou normand ne parle le français[9].

Malgré son caractère fictif, ce passage souligne les problèmes profonds créés par le remplacement, à l'époque où Bonald écrit, des usages maternels (le picard, le normand) par une langue apprise. Cette idée est essentielle pour mesurer le drame humain de toute acculturation, et notamment le passif terriblement sous-estimé de la diffusion d'une langue, aussi appréciée soit-elle. Mais il est facile de remarquer que les Gaulois avaient sabordé leur langue et leur personnalité intellectuelle en adoptant le latin. En outre, ce qui était arrivé aux Picards et aux Normands allait se réaliser, au cours du XIXe et du XXe siècle, pour les Occitans et tous les « Méridionaux ».

Il y a cependant un domaine de la langue où la variété est si sensible, si évidente, que volonté et mythe unitaires et, on pourrait le dire, totalitaires du « bon français » ne peuvent s'y imposer que par un arbitraire délirant : ce sont le lexique, les vocabulaires, les terminologies, les manières de dire, sans cesse en ébullition.

3

TONNERRE SUR LE LEXIQUE

A cette époque comme auparavant, l'histoire du vocabulaire français se déroule sur un rythme rapide. La formation des mots nouveaux à partir d'éléments existants – la morphologie – change peu : la dérivation et la composition fonctionnent moins en français que dans les langues voisines, mais n'est pas négligeable [1]. Les emprunts s'accélèrent, la langue anglaise devenant prépondérante. Elle l'était déjà au XVIIIe siècle, notamment dans le domaine politique, mais il s'agissait souvent de mots d'origine latine, passés en Angleterre et qui revenaient avec un autre sens, ce qui n'est plus le cas des emprunts techniques du XIXe siècle.

Quant à la sémantique, elle se modifie à la mesure des besoins d'expression, et suit alors le rythme imposé par les révolutions économiques, les évolutions politiques, les innovations techniques et industrielles, les nouveautés de la pensée, tel le socialisme.

Enfin, l'usage des mots anciens et nouveaux se modifie. Tout le monde a noté l'explosion romantique qui bouscule la hiérarchie des genres. Cela ne concerne au départ que la poésie et les discours littéraires, mais la vision du lexique va en être bouleversée. Pour Hugo, remplacer le mot noble, *génisse*, par le roturier *vache* est une violence poétique ; mais le mot *vache* se portait fort bien dans le discours quotidien – comme *bœuf* : vocables de cultivateurs et de bouchers.

Les listes de mots nouveaux ne suffisent absolument pas pour caractériser l'époque : locutions, usages dans la phrase, glissements de sens et registres d'emplois, fréquences (inconnues hors des discours littéraires) seraient nécessaires pour estimer l'état des lieux.

Cependant, en grande partie grâce aux travaux de Max Frey et de Ferdinand Brunot, dans l'*Histoire de la langue française* de ce dernier, on voit très clairement la nature multiple et l'abondance de l'apport révolutionnaire et impérial, manifeste en politique, en administration, en droit (les codes), en science, en technique... Celui de la Restauration est moins clair, mais très abondant, avec, évidemment, des domaines privilégiés, comme la médecine, qui use et abuse des éléments grecs relayés par des langues vivantes (*homéopathie* est une création allemande de Hahneman, en 1796, passée en français avant 1830), par le latin (*hyperesthésie*, 1803, du latin *hyperaesthesis* formé en 1795[2]) ou utilisés directement en français. C'est l'évolution des idées scientifiques que ces terminologies trahissent, et ces idées, ainsi exprimées, viennent indifféremment des langues pratiquées dans les lieux de la recherche, au début du XIXe siècle, surtout l'Angleterre, la France et l'Allemagne. Le vocabulaire des techniques suit les nécessités de la révolution industrielle : le lexique de la vapeur et des chemins de fer, bien étudié[3], marque l'influence de la langue anglaise, non sur le français seul, mais sur toute l'Europe en voie d'équipement. Ainsi, l'électricité, domaine de physiciens au XVIIIe siècle, ou encore des amateurs d'expériences amusantes, devient à cette époque une affaire de techniciens. Sa terminologie est en grande partie redevable à Faraday, dont les mots anglais sont empruntés par le français : ce lexique deviendra l'affaire de tous dans la seconde moitié du XIXe siècle et au début du XXe.

Il importe de distinguer deux espaces sémantiques dans l'enrichissement des vocabulaires français, celui des « mots à la mode », dont s'est occupé exemplairement Balzac (voir chapitre 5, p. 1012, « Créer en français »), et celui des termes appartenant aux spécialités : sciences, techniques, métiers, droit. Dans ce secteur, l'effort des dictionnaires est notable, et le souci de l'Académie française exemplaire. Mais qu'on ne pense pas trouver dans les nomenclatures enflées des dictionnaires de cette époque, encore moins dans celle du bizarre « complément » au dictionnaire de l'Académie publié en 1842 après une dizaine d'années de travaux[4] sous la responsabilité d'un professeur de philosophie à la retraite, Louis Barré, une image raisonnable de l'évolution du lexique, ni de celle des vocabulaires de spécialité – qu'il s'agisse ou non de terminologies structurées.

Cet ouvrage, riche d'environ 100 000 entrées, est un plaisant capharnaüm. On y trouve les noms de personnages de l'Antiquité (mais pas de modernes), des noms de lieux en abondance – ce qui, en effet, « complémente » tout dictionnaire de langue – et, en vrac, des archaïsmes, des mots scientifiques et techniques, beaucoup de philologie, de théologie, un déferlement de curiosités lexicales, de variantes graphiques, empêchant toute vision d'ensemble. Seules des séries formées sur un élément grec ou latin reflètent l'évolution des besoins de nomination, tels les nombreux composés en *électro-*, ou encore des emprunts du genre de *rail* (et même de *railway*, « expression anglaise »).

Aussi bien, malgré son désir d'exhaustivité, ce gros dictionnaire n'est guère plus pertinent que les autres recueils de l'époque, que le professeur Barré fustige d'ailleurs dans sa préface, entièrement vouée à l'apologie de l'Académie française.

Même quand on veut apporter du nouveau, à cette époque, on s'arrange encore pour célébrer le passé et la tradition, le trône et l'autel (un immense vocabulaire liturgique), quitte à multiplier les mots savants les plus obscurs et les dérivés les moins attestés. Cette politique culminera avec les frères Bescherelle et, surtout, avec Pierre Larousse ; mais au moins ceux-ci revendiquent-ils d'autres principes que l'Académie : refléter pédagogiquement l'encyclopédie de leur époque.

L'examen le plus superficiel des dictionnaires d'alors apprend qu'ils sont en vérité des codes à décrypter et ne reflètent que très imparfaitement les mouvements sociaux réels du français.

Ceux-ci sont à chercher dans la forêt du discours, dans les journaux et les textes littéraires, de plus en plus soucieux de dire la vérité du langage.

A ce titre, parmi les écrits majeurs de l'école romantique, qui fait craquer tous les corsets de l'académisme, un poème de Hugo dont quelques passages sont souvent cités. C'est « Réponse à un acte d'accusation », écrit en 1834 et publié dans *Les Contemplations*. Le chef de file romantique y expose une philosophie exaltée du « mot », confronté à « l'homme », et qu'une révolution doit faire passer du statut de sujet, dans une inégalité scandaleuse, à celui de citoyen. La métaphore révolutionnaire produit des images par lesquelles Hugo se pose en libérateur, dans le respect d'une loi, la syntaxe, et d'un Dieu, le Verbe. Après avoir décrit ce « Quatre-vingt-treize » du français, Hugo monte d'un cran, dans une *Suite* composée un an et demi plus tard.

Le premier et le dernier vers de ce second poème définissent un chemin royal et mystique, contre les rois et les prêtres. Ouverture :

Car le mot, qu'on le sache, est un être vivant.

Métaphore biologique toujours active, dominante au XIXe siècle. Bouquet final :

Car le mot, c'est le Verbe, et le Verbe c'est Dieu.

Entre les deux, une doctrine du sens, non de la forme, malgré le poids poétique de ce qu'on appellera plus tard le signifiant :

Le mot, le terme, type on ne sait d'où venu,
Face de l'invisible, aspect de l'inconnu ;
Créé, par qui ? forgé, par qui ? jailli de l'ombre
[...] Trouvant toujours le sens comme l'eau son niveau ; [...]

Ce poème exalte la première parole du premier humain, rencontrant « dans les cieux la lumière ». Le *Fiat Lux* n'est plus de Dieu, mais de l'Homme, et pourtant, ce mot humain qui rend possible la clarté, « c'est Dieu ».

Dans le premier poème, l'auteur démiurge pouvait clamer : « j'ai mis un bonnet rouge au vieux dictionnaire » et « je mêlai [...] Au peuple noir des mots l'essaim blanc des idées » ; il pouvait chanter la Marseillaise du lexique et de la littérature : « Aux armes, prose et vers ! formez vos bataillons ! », et, faisant preuve lui-même d'une admirable rhétorique, dans un grand mouvement d'orage, il faisait soumission à la loi du langage :

[...] et je criai dans la foudre et le vent :
Guerre à la rhétorique et paix à la syntaxe.

Dans la *Suite*, Hugo montre l'être humain soumis à cette force qui le dépasse et l'élève : le mot porteur de lumière, luciférien.

Révolutionner toute rhétorique en se soumettant au langage-Dieu, telle est la grande espérance du créateur, du poète, en ce siècle d'intense réaction politique et de réforme continue. La langue française et les maîtres du pouvoir ont nié la Révolution ; on la refera par les mots !

C'est, encore une fois, une philosophie du mot qui est au centre de la perception des langages français, alors même que les efforts de la tradition sur la langue vont vers la renaissance des hiérarchies restrictives et des normalisations forcées. En dehors de toute politique de savoir – la linguistique naissante –, le programme lyrique de Hugo déborde largement la révolution littéraire.

Car c'est par les textes romantiques que l'ensemble des usages et des situations de la langue française vont entrer en scène, compromettant la politique voulue par la monarchie « citoyenne ».

Cette fois, un peu comme au XVIe siècle, et dans une démarche inverse de celle de Malherbe, la puissance poétique se met au service de la richesse expressive de la langue, au moyen du « mot » souverain. On peut penser que cet accélérateur de la désignation et de la signification est plus essentiel, dans la première moitié du XIXe siècle, que la course essoufflée des lexicographes qui tentent, par accumulation, de refléter les besoins et les moyens nouveaux du français.

Ce qui importe le plus, dans l'afflux lexical depuis la révolution de 1789 jusqu'à celle de 1848, ce sont les mots qui traduisent une attitude nouvelle quant au monde et à sa connaissance, et les termes qui mettent en place la réorganisation des savoirs. A consulter les reflets déformés de cette évolution dans les dictionnaires, Boiste, Laveaux, Raymond, Bescherelle, le *Complément* de l'Académie, on est frappé par l'absence de hiérarchie et de cohérence de ces listes-fatras. Dans certains domaines, par exemple les sciences naturelles, peu est resté des grandes classifications qui, après Linné, avec Cuvier et ses contemporains, tentent d'organiser la nature. Si l'esprit en est demeuré vivant, les termes en ont été plusieurs fois bouleversés.

C'est donc plutôt du côté des mots nouveaux restés dans un usage assez large – quitte à changer de sens – qu'il faut se tourner. On peut le faire aujourd'hui grâce à la recherche en matière de datations.

Ainsi, on voit surgir, dans la décennie 1810-1820, toutes sortes de vocables, dont l'absence présumée avant cette époque étonne : *assourdissant, attentionné, camionnage* (évoquant évidemment le transport hippomobile), *carambolage, chatoiement, combativité, déterministe, manutention* (au sens moderne), *massage, panoramique, préfectoral* et, sans surprise, *romantisme* désignant le mouvement littéraire (le mot était antérieur). Ces nouveautés, dans l'absolu ou dans la diffusion sociale – car on ne peut négliger le fait que des dates de première attestation seront reculées dans le temps – montrent que la dérivation au moyen des suffixes courants est demeurée vivante. Elle va le rester.

Sur un autre plan, celui des domaines du savoir, on voit apparaître de nombreux mots de médecine et d'anatomie (*amniotique, antitétanique, asthénique, auscultation* et *ausculter*, grâce à Laennec, *fœtal, hypertrophie, hypophyse*...), de pharmacie (*dosage*), de botanique (le concept essentiel de *chlorophylle*), de chimie, en grande abondance (*aluminium, ammonium, chlore* et ses dérivés, *cadmium*, parmi les corps simples dénommés en dix ans seulement). Les sciences humaines apparaissent (*ethnographie*), l'archéologie devient un métier (*archéologue*). Evidemment, les mots de la technique et de l'industrie signalent l'apparition de matières (le *coke*), de procédés (*électrochimique, autoclave*), d'industries (*épinglerie*). Plus inattendue, l'apparition du nom d'un couvre-chef qui caractérise alors, dans la hiérarchie sociale, l'ouvrier : *casquette*. La mode[5], les mœurs apportent leur lot d'emprunts, secteur où l'anglicisme domine, du *clergyman* au *dandy* (mais la conscience de cette influence va susciter, dans la décennie suivante, deux jugements de valeur complémentaires incarnés par deux adjectifs : *anglophile* et *anglophobe*, plus culturels que politiques).

Ce jeu des mots nouveaux, pour peu qu'on élimine tous ceux qui ont disparu (ce qui incite à filtrer sérieusement les recueils du temps) apporte des éléments exploitables quant aux possibilités accrues du français et quant au rapport entre les francophones et ce qu'ils peuvent maintenant exprimer, selon leurs connaissances et leurs activités. Sur ce plan, on remarque immédiatement que les activités agricoles et artisanales traditionnelles ne se signalent plus, au XIXe siècle, par des mouvements de vocabulaires, sauf quand un mot savant vient remplacer d'autres façons de dire (*apiculteur* et *apiculture* dans les années 1840). La modernisation du secteur agricole, pourvoyeur de mots, est encore à venir.

L'étude lexicologique de domaines cohérents apporte à la fois des éléments connus de l'historien (des techniques, des sciences, etc.) et des surprises, s'agissant des désignations. Ainsi, l'expression *chemin de fer*, correspondant à l'anglais *railway* (*rail* passe en français avant 1820), ne sera concurrencée par *voie ferrée* qu'en 1859. Dans ce domaine si important, les mots des années 1820 (emprunts : *tunnel, wagon*[6], la spécialisation d'un nom très général : *train*) et 1830 (*locomotive, tender, gare*, 1835 au sens moderne, d'abord « espace de croisement », terme plus ancien dans le domaine maritime) forment déjà un réseau de désignations pour cette réalité nouvelle, qui va, entre autres choses, accélérer les mouvements de population et modifier les conditions de diffusion du français en tous milieux.

4

MIROIRS ET REGARDS

On peut considérer que toute langue, parvenue au pouvoir de communication pour une communauté assez importante, en vient un jour ou l'autre au « stade du miroir ». Un moment où l'enfant humain, seul de tous les animaux, se reconnaît lorsqu'il voit son image.

Pour le français, ce stade est atteint au XVIe siècle, à la Renaissance, lorsque ceux qui la parlent et parfois l'écrivent en contemplent les images[1]. Celles-ci sont multiples, contradictoires, déformées, et surtout interprétées selon les regards.

Les linguistes actuels, lorsqu'ils parlent de l'effort pour donner à une langue une image stable, par la description et l'analyse de ses produits, la parole et l'écrit, emploient le terme de « grammatisation ». En effet, décrire un ensemble fini de règles qui permettent de former un nombre d'énoncés indéterminé se présente sous la forme de « grammaires » – mot qui, en grec, procède de la lettre, *gramma*, et non de la voix. Ce qui suggère une idée très fausse et très perverse, qui est que l'oral est sans grammaire, alors qu'il semble avéré que les langues seulement orales s'emploient avec tout autant de lois, de prescriptions et d'interdits que les langues écrites.

C'est au nom de ce faux principe que, pendant les siècles du « miroir », on décrit une grammaire pour la langue élue, qu'on la grammatise, alors qu'on en refuse l'élaboration, et l'existence même, pour d'autres langues jugées inférieures ; les patois et dialectes, les langues sans écriture, les créoles... Par souci de cohérence, on leur refuse le statut de « langue » : ce sont des jargons informes.

La forme, tout est là. Une science s'est constituée sur le tard – précisément à l'époque dont il est question ici – pour révéler et analyser la forme des langues, cette organisation interne qu'on nommera « structure ».

Mais l'objectif de savoir qu'expriment en français et dans d'autres langues les mots « philologie » et « linguistique » est englobé dans une volonté d'action sur ce qu'on prétend présenter comme dans un miroir.

Rien d'autre n'étant observable que les paroles – par l'oreille – et les écrits – par l'œil –, la linguistique commence par être une science d'observation. Elle décrit de l'écrit, car les voix sont perdues ; elle se tient au nom d'un bien communautaire et ce qu'elle appréhende, à travers l'infinie variété du réel, est déjà une abstraction, non pas scientifique, malgré les intentions, mais idéologique.

Ce n'est pas, en vérité, une « langue », un système rendant compte de tous ses usages, que visent les grammairiens du français depuis qu'il en existe, c'est soit une pratique, l'apprentissage de telle langue par ceux qui l'ignorent, soit un code juridique, un ensemble de lois, capable de définir, non pas une langue, malgré les intentions affichées, mais un seul usage estimé acceptable, en un mot, une norme. Mot ambigu, dont l'effet est de travestir en règle et en usage majoritaire – ce qui n'est pas « normal » est pathologique – ce qui ne représente qu'un « bon usage » imposé.

Au début du XIXe siècle, la doctrine du bon usage fait partie du passé, mais ses effets demeurent puissants. La grammaire devient essentiellement pédagogique ; codifiée avec une dose impressionnante d'arbitraire, elle s'impose par l'enseignement. Appliquée sans le dire aux seuls usages écrits, elle est indissoluble de l'orthographe. La Trinité « grammaire – orthographe – enseignement » ne permet d'en distinguer les natures que dans la pratique : des livres de préceptes à appliquer, les grammaires ; des règles pour écrire sous peine de sanction sociale, l'orthographe ; un système éducatif appliqué à cet ensemble, qu'il faut inculquer à la jeunesse, dans tout lieu où « le français » est un idéal.

Pour simplifier, en tout espace francophone – ceux d'Europe, mais aussi d'Amérique et bientôt d'Afrique et d'ailleurs –, une seule grammaire, une seule orthographe, sans nuance. Un seul enseignement, sûrement pas, car il s'agit d'une institution sujette aux variations sociales, l'Ecole.

« C'est à cette époque », écrit Marcel Cohen – on l'a noté –, « que la grammaire et l'orthographe françaises ont été bureaucratisées ».

J'ignore si le linguiste marxiste avait en tête que le mot *bureaucratie* apparaissait pendant la Révolution, mais on peut penser que le jugement est historiquement pertinent. L'administration de l'Ancien Régime négligeait les langues ; la Révolution et l'Empire s'y intéressent, on l'a vu ; la Restauration veut les contrôler dans ses bureaux – et ses écoles.

Des grammaires savantes, on tire un manuel d'obligations (la grammaire de Noël et Chapsal, 1832), à l'époque précise où la connaissance d'une orthographe officielle, celle de l'Académie, devient requise pour tout emploi public. C'est aussi l'époque où la loi crée un enseignement primaire d'Etat, encore non obligatoire et qui élimine l'emploi des livres en latin.

L'arsenal mis en place en France par l'école et les publications didactiques sur le français a deux objectifs explicites : « substituer la langue française au jargon de chaque province[2] » et corriger, partout et pour tous, les fautes – « de français », c'est-à-dire de syntaxe et de lexique, avec la gradation héritée du latin et qui fait songer aux péchés du catéchisme catholique : fautes vénielles du solécisme, mortelles du barbarisme – et, plus détestables encore car elles entachent l'écriture (est-ce, là aussi, une transgression vis-à-vis des « saintes écritures » ?), les fautes d'orthographe.

L'enseignement, et pour longtemps, sanctionne d'abord l'usage de toute autre langue ou dialecte qui n'est pas « du français » ; ensuite, elle sanctionne la façon de s'en servir et de l'écrire. L'orthographe est vécue comme le presque-tout de la grammaire. On a rappelé plus haut que la pièce de Labiche qui s'intitule *La Grammaire* met en scène un brave bourgeois, de ceux qu'on appellera les nouveaux riches, qui se déshonore vis-à-vis de lui-même et de la société par une écriture fautive.

Qu'il s'agisse d'orthographe ou de grammaire, en effet, la sanction n'est plus seulement le ridicule, mais le rejet social. Les écrivains, les penseurs et les puissants doivent se soumettre à la norme comme les enfants à l'école et les paysans parvenus, comme les bourgeois, surtout, comme les politiques qui les représentent.

La faute de français, à côté de la faute d'orthographe, est ressentie sans exception sociale. On peut ainsi se moquer du ministre de la Guerre lorsque à la tribune de la Chambre des députés, le 25 février 1834, il profère « lorsqu'il s'a agi de former l'armée du Nord » et qu'il réitère, après la correction d'un député (anecdote rapportée par le *Dictionnaire du langage vicieux*, 1835, p. 383, et retenue par F. Brunot, *op. cit.*, t. VIII, p. 714).

Face à la faute, pathologie sociale – et non pas, comme une époque plus généreuse l'aurait pensé, effet inévitable d'un apprentissage en progrès –, une armée de médecins du langage se dresse, les pharmacopées sont légions. Ce sont de commodes dictionnaires répertoriant, mot par mot, les fautes à éviter, comme le remarquable *Dictionnaire des difficultés grammaticales et littéraires de la langue française* de Jean-Charles Thibault de Laveaux (1826 ; enrichi en 1846). Sagement, Laveaux dénonçait dans le « discours préliminaire » de son ouvrage l'application des règles de la grammaire latine au français, doté de nominatifs et d'ablatifs dont il n'a que faire ; il définissait la valeur pragmatique du mot « grammaire » : un « livre utile pour le maître », une « bonne méthode pour l'instruction des jeunes gens ».

L'époque fait feu de bon bois sec, même assez vieux : les manuels de grammaire de De Wailly, apparus en 1754, en sont à leur onzième édition sous l'Empire et ont du succès jusqu'en 1870 ; ces grammaires « post-classiques » transmettent sans faiblir les grands mythes langagiers du XVIIe siècle : le génie de la langue, sa pureté, les « lois de l'usage », qu'on trouvera, comme le faisait Vaugelas, chez les meilleurs écrivains.

Car la littérature est presque toujours convoquée, en matière « grammaticale », quelquefois de manière révélatrice. Ainsi, les frères Bescherelle, dont le nom a traversé deux siècles grâce à la description des capricieux verbes français, sont avec Litais de Gaux les auteurs d'une grammaire doublement « française » : par la langue qu'elle décrit, et aussi par son caractère « national ». Tant pis pour tous les francophones d'ailleurs, dont les illustrateurs de la langue française ne se soucient guère.

Voici le titre de cet ouvrage : *Grammaire nationale ou Grammaire de Voltaire, de Racine, de Bossuet, de Fénelon, de J.-J. Rousseau, de Buffon, de Bernardin de Saint-Pierre, de Chateaubriand, de Casimir Delavigne et de tous les écrivains les plus distingués de France*, Paris, 1834[3].

Une autre flèche du carquois des militants du bon français est constituée par les dictionnaires qui dénoncent les mauvais usages, barbarismes, cacologies et cacographies, bas-langages et langages vicieux – pour employer les termes de la grande dénonciation.

La chose n'était pas nouvelle, et nul n'était à l'abri des attaques. On se souviendra qu'à la fin du XVIIe siècle, la première édition du Dictionnaire de l'Académie française (1694) s'était fait taxer par plus puriste qu'elle de « dictionnaire des Halles ». Un certain Louis Platt publie en 1835 le *Dictionnaire critique et raisonné du langage vicieux ou réputé vicieux, ouvrage pouvant servir de complément au « Dictionnaire des difficultés de la langue française »* par Laveaux.

On notera le changement de perspective qui s'opère entre le « bas-langage » (on a déjà mentionné le dictionnaire de d'Hautel qui porte ce titre), qui dénonce la classe sociale défavorisée, et le « langage vicieux », qui transforme la « faute » en jugement moral et religieux négatif (le « vice »).

La plupart de ces ouvrages visent des publics précis, localement ou socialement. Ainsi J. B. Reynier, dans un livret de 1829, se propose de corriger « les fautes de langage et de prononciation qui se commettent, même au sein de la bonne société, dans la Provence et dans quelques provinces du Midi ». L'auteur, apparemment, renonce à corriger l'usage du français dans les « basses classes » de sa région, pour qui le français est encore une langue étrangère.

Cette époque prolifique en commentaires sur la langue mêle volontairement les genres : les dictionnaires se font grammaires, des grammaires sont alphabétiques, toute pratique est justifiée non tant par une théorie du langage que par des intentions morales, et, comme on disait à l'époque, « philanthropiques ». Jacques-Philippe Saint-Gérand[4] rappelle l'existence de Victor-Augustin Vanier et de son *Dictionnaire grammatical, critique et philosophique de la langue française* (1836). Cet ouvrage, inspiré par la philosophie de Condillac, mais sensible aux situations linguistiques concrètes, est tourné vers une pédagogie fondée en raison. Comme dans plusieurs traités de cette époque, le conflit entre le rationalisme universaliste hérité de Port-Royal et le pragmatisme de la correction des « fautes » donne à l'exposé ses limites et son intérêt. Certains en ont parfaitement conscience. Dans l'unique numéro d'un périodique avorté, *La France grammaticale* – car la grammaire est devenue une affaire « nationale » –, les frères Bescherelle écrivaient en 1838[5] que la grammaire était « une science plutôt qu'un art », mais qu'en permettant que ceux qui s'en servent deviennent « plus habile[s] par la pratique », par la correction et l'élégance du discours, et d'abord en leur fournissant « les moyens d'éviter les locutions vicieuses », elle était aussi « un art ». Par quoi l'on constate qu'une grammaire pouvait être à la fois manuel du bon usage – on songe à Maurice Grevisse, au XXe siècle –, rhétorique, stylistique et... morale sociale[6].

D'autre part, la tradition du pinaillage correctif, inaugurée par l'Académie au XVIIe siècle et portée à son apogée par Voltaire, est dignement perpétuée. Ces exercices de purisme pointilleux s'adressent surtout aux grands écrivains, pourtant choisis comme garants du bon français, comme s'il fallait montrer que la pureté et la clarté absolues n'étaient pas de ce monde. Quelque relent de la doctrine du péché originel ? Toujours est-il que le tourniquet entre grammaire normative, capable de dénoncer les « fautes » de ces grands auteurs qui pourtant la fondent, et stylistique littéraire, où l'on voit à la fois l'immobilité majestueuse du bon usage et le mouvement impétueux de la création, alimentent le « purisme » et la « néologie »[7].

La confusion essentielle, posée dès les origines du français, entre le discours littéraire (et poétique) et l'essence de la langue, fait alors de toute grammaire un manuel de stylistique et de rhétorique « raffinées », parfois « alambiquées », pour en tirer une quintessence. Cette grammaire porte sur les règles, la syntaxe, les mots eux-mêmes. Elle fonde tout jugement de valeur. Elle sert à rejeter les illettrés, les béotiens hors du langage, en instituant une hiérarchie sociale liée à l'éducation, non plus à la naissance ni à l'argent, en inventant un ordre social où la fréquentation littéraire requise serait indépendante de tout statut matériel.

Et on peut admettre que la sévérité critique des puristes à l'égard des textes littéraires les plus admirés est de nature à établir un univers de la faute inévitable, revers de la norme intangible, peut-être capable de consoler les pécheurs, mais non de les conduire à la rédemption. Une langue pour tous, ou une langue pour personne ? Un paradis à tout jamais perdu, ou un purgatoire général ?

On imagine sans peine que, dans cette exigence délirante pour le respect d'un système dont on s'épuise par ailleurs à décrire les incohérences, les jugements sur les autres parlers – langues ou dialectes – étaient rarement positifs. Certes, on continue de respecter et de valoriser le latin et le grec. Pour les langues vivantes, on établit des modèles qui cadrent avec le concept ambigu de « civilisation » : il y a des langues primitives et inférieures, et des langues plus évoluées, auxquelles se rattache évidemment le français[8]. Lorsqu'on a le sentiment qu'une langue « étrangère » menace par son influence le bon français, on la juge hostilement : au XVIe siècle, l'italien était vilipendé ; au XVIIe, c'était l'espagnol ; au XIXe siècle, voici venir, avec l'omniprésence anglaise, l'anglophobie (mot de ce temps).

Car juger une langue, c'est alors juger ceux et celles – mais « elles » ont si peu d'importance ! – qui la parlent et l'écrivent, la comprennent et la lisent. C'est juger une nation, son histoire, son « génie », sa littérature, son art, sa science. Du coup, il devient difficile d'accabler l'italien ou l'anglais – alors qu'on ne se gênait pas pour le faire à l'époque classique – et les jugements à l'égard des grandes langues européennes sont au moins contrastés. Il n'en va pas de même pour les langues des autres mondes, celles qu'on prétend « primitives », et pour toutes celles auxquelles on dénie tout ordre interne. Les « patois » sont dans une autre catégorie encore : dans la mesure où ils constituent un élément du patrimoine national, on les envisage avec émotion et respect, à la manière de Mérimée, plus tard, sauvant les églises romanes ; dans la mesure où ils sont parlés par des êtres humains incultes et mal lavés, on les méprise. Car, pour le français bourgeois triomphant, la langue est un idéal de perfection inaccessible lorsqu'il s'agit de sa classe – quitte à traquer partout les fautes et les manquements qu'on lui fait subir – mais un jargon informe lorsqu'elle se manifeste dans les classes inférieures. Quant aux enfants qui, en français comme en d'autres usages, parlent autrement que les adultes, il n'en est jamais question, alors que la principale institution qui leur est destinée, l'école, est partout présente dans la politique de la langue. A croire que l'école pour tous est conçue pour faire, à tous, oublier son enfance.

Pédagogies, entre français et latin

La révolution de l'enseignement préconisée par la Convention avait abouti, sous le Consulat (25 floréal an XI) à un programme scolaire en cinq ans, où le latin prenait une place énorme [9]. Un peu d'arithmétique, de géographie, d'histoire ancienne et, pour finir, de rhétorique française, complétait ce tableau. Dans les programmes de l'Empire, la grammaire était considérée comme universelle, et son application à la langue « vulgaire » n'était pas spécifique. D'abord le latin, comme on le voit par les études du jeune Emile Littré au collège impérial Louis-le-Grand, au début du XIXe siècle [10]. Grammaire et rhétorique du français ont alors pour objet des sujets antiques, pendant que Napoléon bouleverse l'histoire de l'Europe... Etrange distraction.

Jusqu'au milieu du XIXe siècle, on considère souvent que les ouvrages de base sont ceux du XVIIe et du début du XVIIIe siècle. Les grammaires contemporaines ne seront intégrées qu'assez tard. Mais ces grammaires sont déjà légion, ainsi que les manuels : ils ont été répertoriés et étudiés par André Chervel [11], Bernard Colombat [12], Alain Berrendonner [13], Jacques-Philippe Saint-Gérand (pour la période 1800-1830) [14].

Parmi les procédés pédagogiques alors appliqués pour l'apprentissage du français, qui prend définitivement le dessus sur le latin en 1832, avec l'enseignement primaire d'Etat (l'enseignement de la lecture doit se faire avec des textes en français), figurent les deux analyses, la grammaticale et la logique, décrites en 1813 par Letellier et qui s'utilisèrent jusqu'au milieu du XXe siècle. Ces deux opérations transmettaient une philosophie classique du langage, à la recherche d'universaux logiques pour toute langue, en envisageant ses spécificités. Elle avait de grands avantages pédagogiques.

Ce n'est qu'après 1848 que l'enseignement du français se « modernisera », notamment par l'étude plus attentive des éléments observables du langage, tels ces *Eléments matériels du français* placés en tête du *Cours supérieur de grammaire* de Bernard Jullien en 1851.

Décrire, reconnaître

Les historiens de la linguistique ne donnent pas des sciences du langage, en terre francophone, dans la première partie du XIXe siècle, une image très flatteuse. De toute part, on admet que la comparaison des langues, commencée dans l'intuition et le mythe, devient scientifique quand les indianistes britanniques, puis l'admirable savant danois Rasmus Rask et l'incontournable Franz Bopp, ou encore August Schleicher établissent les concepts de langue indo européenne (un nationalisme allemand lié au romantisme l'ayant camouflé en « indogermanique ») et de linguistique comparée. En France, sont actives la philologie des langues antiques du bassin méditerranéen, à commencer par l'égyptien, dont l'écriture est déchiffrée par Champollion en 1821, l'avestique ayant été étudié par Abraham-Hyacinthe Anquetil-Duperron au milieu du XVIIIe siècle, et des langues modernes d'Asie. Abel Rémusat pour le chinois, Jean-Louis Burnouf revenant sur l'Avesta dans les années 1820, Antoine de Chézy pour le sanskrit et le persan... sont des références majeures. Volnay, l'auteur des *Ruines*, célèbre philosophe de la culture, publie en 1819 l'*Alphabet européen appliqué aux langues asiatiques*, ce qui en fait un précurseur de l'orthographe phonétique.

Lorsque l'objet d'étude est le français ou, en général, les principales langues romanes, c'est le professeur allemand Friedrich Diez qui est le maître. Sa *Grammaire des langues romanes* est publiée en 1836 et 1838, mais elle ne sera traduite en français qu'en 1872[15]. La plupart des étymologies qui feront une part de la nouveauté du grand dictionnaire de Littré sont redevables à F. Diez.

Quant à la connaissance objective des idiomes parlés en France, on cite surtout l'activité d'un dramaturge qui avait connu le succès avec une tragédie historique, *Les Templiers* (1805). François Raynouard était né à Brignoles en 1761 et son origine explique en partie sa passion pour l'ancienne poésie occitane (*Choix de poésies originales des troubadours*, 1816-1821). Il passa la fin de sa vie à composer un dictionnaire d'ancien français, domaine à peu près abandonné, et cet ouvrage publié après sa mort (*Lexique roman*, 1839-1844) lui valut une notoriété plus durable que les pièces de sa jeunesse révolutionnaire, marquée par son élection à l'Assemblée législative suivie par un emprisonnement pour cause de modération (1793-1794). Mais Raynouard, précurseur, en accord avec le goût romantique, était un philologue amateur, un érudit doué d'une perspicacité exceptionnelle et mû par la passion romantique qui avait suscité en Angleterre le mythe d'Ossian : poésie orale, celtique et occitan anciens, même combat.

Plus loin encore de l'esprit scientifique, plus enfermé dans la philosophie classique de la grammaire-logique, un grand écrivain érudit et polymorphe, Charles Nodier. Ses œuvres sur le langage et la langue sont pour nous déconcertantes, qu'il s'agisse d'un *Dictionnaire des onomatopées* qui reprend sur le français les thèses anciennes sur l'origine expressive du langage – moyen d'atteindre en chaque langue un universel – ou du recueil dénommé *Linguistique*, à une époque où on ne parlait guère que de « philologie ».

Cette science a pour objet, non pas les langues, mais leurs produits légués par l'écriture : les textes, producteurs et organisateurs des cultures. Mais il arrive que cette étude des textes, pratiquée avec ardeur depuis la Renaissance, débouche sur la connaissance des langues qu'ils animent. Champollion, Rémusat ou Raynouard sont dans cet espace. La « linguistique » en français, à cette époque, est seconde par rapport à l'analyse des chaînes de signes que sont les textes, et qui conduit à des configurations signifiantes : croyances, mythes, poèmes, connaissances ; en un mot, mis à la mode en allemand, « cultures ».

Cette orientation vers les secrets des « produits de l'esprit humain » (formule de Renan, lui-même grand spécialiste des langues sémitiques, dans ce texte épistémologique majeur qu'est l'*Avenir de la science*), on la retrouve chez un penseur français trop vite oublié, un notable du premier Empire, pair de France, membre de l'Institut – et aussi de la Société philosophique de Philadelphie –, Antoine Destutt, comte de Tracy. C'était le chef de file d'une philosophie de la pensée qu'il nomma « idéologie », mot qui allait avoir des malheurs, mais qui était alors pur. La seconde partie de son ouvrage majeur, venant *après* l'étude de la composition des idées et des jugements dans l'esprit – sinon, disait-il, c'est la charrue avant les bœufs –, propose l'analyse de tous les signes qui servent à exprimer et transmettre ces idées, dont les plus raffinés, formant les systèmes les plus riches, sont les langues humaines. La *Grammaire* de Destutt parut en 1803, fut rééditée en 1817. Elle n'avait pas, dans l'esprit de son auteur, une finalité théorique et absconse, car elle venait après un texte de 1800, le *Projet d'Eléments d'Idéologie à l'usage des Ecoles centrales de la République française*. Destutt, qui s'accommoda de l'Empire et de ses « lycées » et ne vit pas reparaître la République, eut une influence intellectuelle certaine en France : ce fut le maître à penser du jeune Henri Beyle qui, devenu Stendhal, ne le renia jamais. Ce fut le chef de file d'une brillante série de penseurs autour de la notion centrale et cartésienne de raison analytique exprimée par des systèmes de signes.

Héritiers de Descartes, de Port-Royal, de du Marsais, de Condillac – généalogie intellectuelle très française –, les « idéologues » avaient à la fois des vues scientifiques (nous dirions « sémiotiques ») et didactiques. Après le grand John Locke, utilisant les développements du sensualisme de Condillac par Cabanis (*Rapports du physique et du moral*, 1796), les idéologues ont fourni, « en français dans le texte », une théorie des signes (Pierre Prévost, *Des signes*, an VIII ; surtout Joseph-Marie Degérando – ci-devant baron de Gérando : *Des signes et de l'art de penser considérés dans leurs rapports mutuels*, an VIII).

Marginalisées ou simplement oubliées par la suite, ces théories du langage auraient dû inspirer les pédagogues et les commentateurs de la langue française à cette époque, au moins dans l'enseignement supérieur. Jusqu'à plus ample informé, il n'en fut rien. Pourtant, le dernier chapitre de la *Grammaire* de Destutt, « De la création d'une langue parfaite, et de l'amélioration de nos langues vulgaires », pose fortement ce problème : pas de langue universelle savante, reflet exact de la pensée logique – ce qui écarte la *Characteristica* de Leibniz ; caractère utopique des langues artificielles – ce qui condamne tous les espérantos – ; dimension sociologique inéchappable des langues humaines [16], et imperfection essentielle de la pensée humaine, entraînant celle des signes qu'elle emploie.

Autre lacune majeure dans la pensée française sur le langage, les langues et en particulier la langue française, la faible (euphémisme) prise en considération de la pensée géniale de Wilhelm von Humboldt. Moins célèbre en France que son frère cadet Alexandre, grand géographe, Wilhelm fascine par son aptitude politique – ce fut un grand diplomate – et institutionnelle – il fonda l'Université de Berlin en 1835 –, par sa capacité de polyglotte et de connaisseur des langues les plus différentes, alors négligées (du sanskrit au chinois, du basque au birman, du hongrois et du japonais aux langues amérindiennes du Mexique...), par son art philologique et son pouvoir de synthèse en linguistique générale. Pourtant auteur d'une *Lettre à M. Abel Rémusat*[17] *sur la nature des formes grammaticales* [...] *et le génie de la langue chinoise*, qui fut traduite en 1859 par un jeune linguiste français, Tonnelé (*De l'origine des formes grammaticales...*), Humboldt fut absolument négligé en France tout au long du XIXe siècle.

Ce linguiste-philosophe synthétisait tous les domaines de la pensée sur la langue, y compris la philologie chère aux chercheurs français de l'époque, y compris l'influence du XVIIIe siècle ; mais il suivait Hegel dans l'idéalisme transcendantal, et l'idée d'« énergie de l'esprit », très étrangers à la tradition française (Auguste Comte refusait de lire Hegel). En outre, il accompagnait le romantisme allemand dans son idée du rapport entre peuple, nation et langue. Le centre de ses réflexions, cependant, était par nature menaçant pour l'attitude d'ordre et d'autorité imposée à la langue, qui conduit alors la politique langagière en France. Car le langage est pour lui une *Energeia*, un processus de création (*Tätigkeit*) et non une œuvre faite (*Ergon*, *Werk*).

Aussi bien, c'est sur la création du discours, éminemment sur la littérature et la « poésie » (de *poiéin*, « créer ») que s'appuie la réflexion sur la langue, là où s'emploie le français.

5

CRÉER EN FRANÇAIS

Les plus récentes histoires de la langue française tendent à éliminer ou à englober le phénomène littéraire, qui dépasse leur objet [1]. Un ouvrage consacré aux rapports entre les locuteurs et leurs langues, autour du français, ne peut pas faire l'économie de cette activité productrice de textes.

Ce ne sont pas surtout les écrits des « grands écrivains » (choisis, non par les contemporains, mais par nous, la postérité, non par les lecteurs, mais par la critique élitaire) qui comptent dans cette optique, mais la production et la circulation de l'imprimé influent, dans des contextes sociaux et langagiers changeants.

L'écrit imprimé, c'est le livre, mais aussi le journal, les premières réclames, les papiers officiels, tout cela dans un français voulu conforme aux règles de l'école. La transgression involontaire, la « faute », existe, mais aussi la volontaire, pour représenter la langue orale spontanée, dans le roman ou le théâtre, ce qui apporte une information indirecte, toujours sujette à caution – est là non pour décrire, mais pour produire un effet – mais qui comble un vide.

Les histoires littéraires se préoccupent surtout de la production des écrits, notamment en tant que reflet des univers rationnels et affectifs de personnalités d'exception. Ici, la réception par la lecture est plus importante encore.

A la fin du XVIIIe siècle et pendant la Révolution, deux types de lecture sont en usage : la lecture muette à laquelle nous pensons d'abord, mais aussi une lecture oralisée à l'intention d'une personne (les « lectrices » de riches dames à la vue basse) ou, plus souvent, d'un groupe. Cette lecture remédie aux insuffisances des connaissances et entretient une convivialité active, par commentaires et questions. La lecture peut être, dans les milieux populaires, une petite cérémonie autour d'une narration palpitante (Henri Monnier l'a évoqué dans ses *Scènes populaires*).

Cette lecture à haute voix continue de se pratiquer au XIXe siècle pour ce qu'on nomme étrangement « littérature orale », autrement dite et sans doute un peu mieux, « oralité esthétique et rhétorique ». En milieu rural, subsiste la veillée accompagnée de récits, alors improvisés dans la langue de la communauté : patois, dialecte large, langue autre que le français. Il est probable que la concurrence de la lecture en langue française, complémentaire et opposée, notamment parce que ce qui est transmis n'est plus de l'oral mémorisé, quelquefois improvisé, mais de l'écrit oralisé – comme de nos jours à la radio –, l'oralité spontanée réapparaissant dans les commentaires et les échanges à propos de ce qui est conté.

Le conte populaire en langue maternelle fut peut-être alors l'objet d'une francisation progressive, sauf quand cette langue était très éloignée du français par sa forme ou son esprit : le breton, par exemple, ou, dans les « îles », le créole.

Le jeu sur les langues confrontées – la française jouant toujours, en territoire francophone, le rôle supérieur, dominant – se joue dans les marges – comme on aime à dire – de la « grande » littérature. La situation est tout autre face aux langues nationales différentes. La même hiérarchisation est donc à l'œuvre pour le discours transmis – y compris la « littérature » – autant que pour la langue elle-même.

Si la littérature pour l'élite cultivée continue son cours majestueux, celle qui s'adresse aux couches « inférieures » de la population importe plus, s'agissant de la diffusion de la langue française et de sa maîtrise passive (pour ce qui est de l'active, c'est l'école et le milieu familial ou social qui agissent). Sans prétendre aborder l'histoire de l'édition ou de la diffusion, on doit signaler, pendant la Restauration, l'augmentation des tirages et la baisse concomitante des prix, tant des livres que des journaux et des revues. On doit aussi noter la vitalité du colportage, qui apporte du « lisible-en-français » dans les campagnes, les villages et les bourgs. Les colporteurs transmettaient des textes variés, certains réécrivaient des anciens romans de chevalerie, des récits comiques en général antiféministes (indice du petit nombre de lectrices et souvenir vivace de la littérature médiévale), des contes de fées, pas seulement pour les enfants, et aussi – innovation du XVIIIe siècle – des évocations de la dure vie du peuple, par l'entremise d'un personnage-symbole, le *Bonhomme Misère*. Ce fonds traditionnel se présentait souvent sous forme de petits opuscules ou de volumes à bas prix connus sous le nom de « Bibliothèque bleue ». S'y ajoutent des volumes plus riches en textes, à l'intention de la petite bourgeoisie plus lettrée. Les contenus vont du *Télémaque* de Fénelon, de *Paul et Virginie* ou de *Robinson Crusoë*, pourvoyeurs d'exotisme et de beaux sentiments, aux fables et aux romans de Florian, aux romans de Ducray-Duminil, précurseur des grands du roman-feuilleton, et de Madame Cottin (Marie-Sophie Risteau), personnage étonnant, mariée à dix-sept ans à un vieux banquier, veuve à vingt-quatre, morte à trente-quatre après avoir écrit plusieurs ouvrages, notamment un roman sentimental et révélateur qui fut un grand succès, *Claire d'Albe*. La femme auteur est bien présente dans cette production narrative, avec aussi Madame d'Aulnoay et ses beaux contes.

Cependant, après 1840, le roman en feuilleton dans la presse allait tuer la Bibliothèque bleue, déjà éprouvée par l'évolution des lecteurs avec le développement de l'instruction élémentaire, cela malgré l'apparition des éditions populaires illustrées et en images, qui s'attaquent aux succès contemporains, *Notre-Dame de Paris* ou Eugène Sue[2].

La littérature dite « populaire », aujourd'hui désignée sous les étiquettes pompeuses de para-, péri-, infra-littérature, est identifiée tout simplement, au début du XIXe siècle, à de la mauvaise littérature, exprimant « l'idéal inférieur de l'époque » (Emile Montégut, en 1856). En fait, aucun critère sérieux ne distingue deux littératures ou plus. Simplement, certains ouvrages, en particulier des romans, suivent, à partir du début du XIXe siècle, l'évolution du lectorat. Ils sont écrits pour plaire au public le plus large, défini par son statut social et scolaire, tout comme étaient écrits pour plaire aux lectrices et lecteurs de l'aristocratie des villes les romans de Geneviève de Scudéry, comme étaient écrits pour plaire à la Cour et au roi une bonne part des chefs-d'œuvre classiques. Ils doivent plaire, donc, émouvoir, surprendre – dans une familiarité langagière : le narratif doit l'emporter sur le style. Visant le plus grand nombre de lecteurs, ces livres « pour tous » influencent plus que la grande littérature la réception des textes en français dans la société de la Restauration. La chose restera vraie jusqu'à nos jours. Méprisés ou négligés par la critique « littéraire », ils relèvent de la sociologie du langage.

Aussi oubliés qu'ils furent lus, les romans époustouflants de Pigault-Lebrun (*M. Botte*, 1802 ; *Nous le sommes tous*, 1819), les cocasseries sentimentales de Charles Paul de Kock (six volumes par an, de 1820 à 1867 !, sans compter une évocation précieuse de Paris), les histoires terrifiantes et naïves de François-Guillaume Ducray-Duminil ou de Victor Ducange font partie des à-côtés du romantisme et figurent dans le secteur « production industrielle de romans ».

Mais au fait, appartiennent à cette catégorie les premiers écrits de Balzac et les très grands auteurs de romans en feuilletons – pour *La Presse* de Girardin, à partir de 1836, pour *Le Journal des Débats*, depuis 1837, puis *Le Siècle* ensuite... –, à savoir le Balzac de *La Comédie humaine*, Dumas, Sue et, injustement oublié, Frédéric Soulié.

Le roman-feuilleton, création journalistique, n'est pas un genre littéraire ; c'est une technique de diffusion. Mais cette technique engendre une production accélérée, des procédés de mise en haleine du lecteur et suscite de véritables ateliers d'écriture – tel celui de Dumas, avec Maquet, qui fut plus que le maquettiste du grand Alexandre –, en partie pour répondre aux incessants besoins d'argent des auteurs, en partie pour combler l'avidité de lecture des nouveaux consommateurs de belles histoires en langue française.

En outre, qu'il s'agisse d'œuvres sans concessions, où le talent individuel s'exprime librement, ou bien de compromis avec le goût collectif, les écrits romanesques, qu'on les juge bien ou mal sur le plan du bon usage (on sait à quel point Balzac fut houspillé), ont une vertu particulière. A l'exception des romans historiques (A. Dumas, Hugo dans *Notre-Dame de Paris*), ils apportent ce qui était exceptionnel avant la Révolution : un reflet, une évocation de la parole spontanée, de la variété des usages sociaux de la langue française. *Les Mystères de Paris* (1842-1843) sont une mine quant au parler populaire parisien, de ce qu'on commence vers 1800 à appeler l'« argot[3] » (après l'avoir évoqué dans une œuvre brève et admirable – émotion extrême et pudeur, rythme lyrique et narration critique... –, *Le Dernier Jour d'un condamné*, Hugo lui fera un sort grandiose dans *Les Misérables* : voir plus loin). Toutes les œuvres d'Henri Monnier, théâtre et récits, jouent sur la comédie des langages sociaux en français.

Mais là encore, ce sont souvent les productions marginales de la littérature qui apportent le reflet des usages spontanés et qui manifestent le caractère essentiel de la parole sociale dans la caractérisation des personnages. Ce sera une tradition du roman européen, et notamment du roman en français, jusqu'à nos jours. Pendant la première moitié du XIXe siècle, il faut compter aussi sur les productions de commandes d'écrivains et de journalistes : les nombreuses *Physiologies* censées peindre plaisamment un type social, la collection des *Français peints par eux-mêmes*, divisée en deux parties inégales qui reflètent un jugement d'importance : plus de place consacrée à *Paris* (cinq volumes) qu'à *La Province* (trois volumes)⁴. Peinture de mœurs partiellement réaliste, où les usages langagiers sont évoqués, parmi les us et coutumes, moins précisément et moins abondamment, sans doute, que chez les grands romanciers.

Le premier d'entre eux, Balzac, qui collabore souvent à ce type d'ouvrages collectifs, s'est explicitement intéressé, en tant que journaliste (pour *La Mode* du 22 mai 1830) à ce qu'il appelle « Les mots à la mode » et qui concerne tout ce langage qu'on nommera à la fin du XXe siècle « branché ». Il traque dans cet article la rhétorique sociale des usages, censée remédier au nivellement supposé des conditions :

Maintenant que nos mœurs tendent à tout niveler, maintenant que le commis à douze cents francs peut l'emporter sur un marquis par la grâce des manières, par l'élégance du costume, et peut quelquefois l'écraser par la puissance de la parole, les nuances seules permettent aux gens comme il faut de se reconnaître au milieu de la foule [...].
Ainsi, un homme au courant de la *mode des mots* se trouve armé d'un immense pouvoir.

Ces quelques lignes en disent plus qu'un traité : la vie sociale – ici, dans les salons, mais la situation est généralisable – est un combat ; la parole est une arme, comme le sont les manières et le costume ; ce n'est pas de la langue (française) qu'il est question, mais de ses « nuances », représentées surtout dans le choix des mots ; enfin, manières, costumes et langage permettent l'exercice narcissique de ce que Bourdieu étudiera sous le nom de « distinction » (« se reconnaître au milieu de la foule »).

La philosophie sociale balzacienne, darwinienne avant Darwin, agit par l'examen de la parole. Ainsi, en 1830, parler de l'*actualité*⁵ d'un livre ou d'un événement vous surclasse ; l'adjectif *providentiel* agit « comme un *Abracadabra* » ; *étourdissant* étourdit l'auditoire :

— Madame, elle a été sublime hier...
Deux ou trois élégants qui avaient quelque respect pour la façon de votre habit, pour le bon goût de votre canne, pour l'*agencement* de votre cravate, vous tournent le dos, et vous devinez qu'il vous est échappé une sottise.
— Oh ! elle a été *étourdissante* !... vous répond la maîtresse de maison. Comprenez-vous ?... Le mot *étourdissant* était le chaînon qui devait lier toutes les parties de votre être et de votre toilette. Vous êtes un homme incomplet, *une belle qui n'a qu'un œil*, aurait dit Savarin.
Aujourd'hui, toutes les admirations, toutes les impressions, tout se résume, tout se résout par *étourdissant* !...

Divin, adorable, merveilleux... Bah ! vieux style. Un homme n'a rien exprimé s'il ne dit pas : « J'ai lu *la Confession*, la préface est étourdissante ! »
Un homme qui ne se sert pas de ce mot, qu'est-ce ?... rien, ce n'est pas un être, il ressemble à ceux qui lisent *le Constitutionnel* en prenant un petit verre, et qui portent un chapeau d'osier.
Etourdissant est le point *culminant* du langage ; mais à l'autre extrémité du système se trouve le mot *turpide*. Quelques douairières du faubourg Saint-Germain disent plus élégamment : « C'est *outrageusement* mauvais. »
Il y a une expression qui commence à prendre, et qui lutte avec le terrible ÉTOURDISSANT ; c'est : *Elle n'a été que ravissante.* Nous ne jurerions pas que, par suite de la finesse de cette gracieuse flatterie, étourdissant ne fut renversé.

En linguiste (amateur), Balzac note qu'en philosophie les « mots qui se terminent en *té*, comme *objectivité, identité, variété* [...] » ne valent pas ceux en *isme*, qui sont surclassés par les termes en *ion*. Après la morphologie (un peu violentée : *té* pour -*ité*, *ion* pour -*tion* ; il s'agit plutôt de « phonétisme » et de « syllabisme »), la syntaxe. Il est alors du dernier chic de dire : Victor Hugo « a voulu faire Du *drame* » ou « le ministère a essayé de *faire* Du *gouvernement absolu* » (typographie de l'auteur).

A côté des vertus multiples des grands romans balzaciens, on devra reconnaître là une maîtrise exceptionnelle dans le décryptage des signes sociaux, y compris ceux de la langue française : celui qui dit *merveilleux* ou *adorable* et non *étourdissant* est, dit Balzac, comme le lecteur du *Constitutionnel* avec son chapeau d'osier !

Et il suffit de relire les discussions des hôtes de la pension Vauquer, dans *Le Père Goriot* (avec l'apparition du pseudo-suffixe -*rama*, pour -*orama*, due au succès des *panoramas*), ou l'initiation à l'argot par un certain Vautrin suscité par la personnalité fascinante de Vidocq, ou encore la transcription (répudiée par les phonéticiens) de l'accent du banquier allemand Nucingen pour amorcer un champ d'études révélatrices. Le souci de Balzac – de tout narrateur, alors comme aujourd'hui – est de faire parler « juste » ses personnages. A propos des *Mondains de la Comédie humaine*, Rose Fortassier a cherché, dans les innombrables corrections faites par Balzac[6], les secrets du langage mondain, qu'il maîtrisait beaucoup moins que le langage petit bourgeois d'un César Birotteau. A partir de 1839, donc, Balzac « sait parfaitement *faire parler les duchesses*, malgré ce qu'on a pu en dire » (p. 158)[7].

Stendhal romancier apporte moins de matériel langagier que Balzac, car le plus souvent il évoque et transpose, sans chercher à reproduire. Cependant, les œuvres personnelles, tels les *Mémoires d'un touriste*, contiennent maintes remarques sur les manières de parler contemporaines.

Mais toute la « grande littérature » de l'époque mériterait investigation dans ce domaine, roman, prose narrative, récits, souvenirs, voyages (avec des allusions et jugements sur d'autres langues que le français, des emprunts aussi, comme cette *pizza* et ce *pizzaïolo* trouvés en lisant le très divertissant *Corricolo*, récit d'un voyage d'Alexandre Dumas à Naples et dans la région).

Chaque écrivain notoire de ce temps contribue à cette ouverture des usages du français, depuis Madame de Staël, importatrice en France de deux concepts majeurs, ceux que désignent des mots chargés d'un sens nouveau : *art*, inséminé par l'allemand *Kunst*, et *littérature*, depuis l'immense Chateaubriand jusqu'aux romantiques grands et petits de Gautier à Nerval (des grands !), ou jusqu'à la pensée socialiste et révolutionnaire d'avant 1848.

Un autre rôle de la littérature – on vient de le noter à propos de Germaine de Staël – est la diffusion de termes qui traduisent les sensibilités et les goûts de l'époque : vocabulaire italien de la musique par Stendhal, de l'architecture par Hugo et Stendhal (l'art « roman » nouvellement désigné figure dans *Notre-Dame de Paris* et dans les *Mémoires d'un touriste*), surtout par Mérimée (inspecteur des monuments historiques en 1834), de la médecine et d'autres sciences réelles ou fictives (la « phrénologie » de Gall) par la prose de savants et de vulgarisateurs.

Les discours imprimés de cette époque jouent un rôle pédagogique pour la langue au moins aussi grand que celui des grammairiens et des lexicographes, ou des pédagogues. Une littérature pour l'école, d'ailleurs, extraite de textes pour enfants ou de poésies célèbres, va se développer dans les manuels de lecture et autour d'une opération symbolique dans l'apprentissage du français écrit normalisé : la « dictée », lecture à haute voix remplie de pièges et occasion perverse de perpétuer l'univers peccamineux de la religion.

La littérature sert à tout et, par exemple, à évoquer la diversité régionale des usages dialectaux et français : la région de Tours s'exprime discrètement par la plume de Balzac (*La Rabouilleuse*), le Berry plus fortement par celle de George Sand (*François le Champi*), etc. Mais l'idée absurde de littérature régionaliste – à moins d'y inclure toute évocation de Paris – ne s'est pas encore imposée. D'ailleurs, Flaubert et ses personnages sont assez peu normands par le parler, et George Sand, aux talents quasi universels, ne donne aux patois qu'une valeur révélatrice pour la psychologie sociale des paysans qu'elle aime.

La chanson, poétiquement correcte

Parmi les témoins d'un usage partagé du langage – l'un des plus partagés –, figure la chanson, fille de deux Muses, celle de la musique, alliée à la danse, et celle de la poésie. La chanson poétique est de l'écrit versifié et chanté, mais l'oralité, par destination, doit s'y glisser. Les versifications, savantes de la chanson de cour, populaires des chansons dites plus tard « folkloriques », en français et en tous dialectes ou langues en contact, ont produit des paroles et des airs mémorables à travers les siècles.

Au début du XIXe siècle, la langue unifiée – le français qui fut celui du roi et des princes, puis celui de la Révolution – produit des chansons célèbres. Certaines ont une importance politique. Alors, la chanson urbaine quitte son domaine séculaire, la rue, pour ce qu'on appelait les « goguettes », réunions et banquets chantants héritiers du « caveau » du XVIIIe siècle, ressuscité en 1806 avec des chansonniers tels que Marc-Antoine Désaugiers (auteur de l'immortel *Bon voyage, Monsieur Dumollet*, 1808), puis Pierre-Jean de Béranger, qui titille la cour de Napoléon sous l'Empire (*Le Roi d'Yvetot*, 1813), puis célèbre l'Empereur sous la Restauration (« Parlez-nous de lui, grand-mère, Grand-mère, parlez-nous de lui », *Les Souvenirs du peuple*, 1828), ce qui nous le rend plus sympathique[8]. Le « Caveau moderne » inaugure pour la chanson une véritable entrée en littérature (*La Clé du Caveau*, 1817). Le texte de chanson imprimé et le souvenir des airs donnent alors à ce genre un étrange pouvoir sur la mémoire collective. Ce que les classes populaires vont intégrer de la tradition poétique en français par les dictées et les lectures scolaires est déjà en action avec la mise en chanson d'œuvres de poètes célèbres (Musset et son « Andalouse au sein bruni » ou sa *Mimi Pinson* – 1845 –, « L'aurore s'allume » de Hugo – 1834 –, complétée par « Le soir » de Marceline Desbordes-Valmore, ou « Le lac », chanté par Lamartine – 1820) et, surtout, par les textes écrits par les grands talents chansonniers de la Restauration, Béranger, bien sûr, mais aussi Gustave Nadaud, auteur fécond, ou Charles Gille. La dimension sociale de ces chansons, qui accompagnent la modernité, est alors sensible ; elle devient éclatante peu avant la révolution de 1848, notamment avec les œuvres de Pierre Dupont qui chante le travail paysan, avec des succès durables comme « J'ai deux grands bœufs dans mon étable » (1845) ou *Le Chant du pain* (1847) et qui surtout, lyriquement, incarne *Le Chant des ouvriers* (1846), puis se politise en évoquant l'insurrection (*Le Chant du vote*, 1849) ou la révolution ou la République paysannes (*Le Chant des paysans*, qui sera cause de l'exil de l'auteur, plus tard gracié par Napoléon III)[9].

A la même époque, la chanson se diffuse aussi par les cafés chantants, ancêtres du caf' conc', qui caractériseront le second Empire et la IIIe République.

Le français de la chanson est en général « poétiquement correct », avec un rien d'archaïsme et moins d'inventivité que la grande poésie romantique, mais il lui arrive de frôler le constat d'une variation des usages. Les représentations de l'oral commencent alors à apparaître. Une chanson de Désaugiers, sous l'Empire, est ainsi transcrite (*Cadet Buteux au boulevard du Temple*, 1809) :

L'café Turc est l'jardin des Grâces
Aussi vient-on, après les r'pas
Y prend' café, liqueurs et glaces
Ou punch, ou... qu'est-c' qu'on n'y prend pas ?

On lit aussi dans le texte de cette chanson : « queuqu' chose », « si j'l'échauffons » ou « quand j'fouillons dans mes poches », qui nous semblerait (à tort, certainement) plus rural que boulevardier.

Il ne s'agit là que de notation écrite, et nous ignorons comment on chantait Béranger, Debraux ou Naudé, dont les textes sont écrits comme à l'école (par le maître).

L'évocation du langage oral spontané peut alors accompagner celle de la vie moderne :

Ah ! qu' j'aim' donc, qu' j'aim' donc
Les Omnibus
C'est ça qu'est un' fière voiture
N'y en a pas d'plus grande j'vous l'jure [...]
J'aime t'y j'aime t'y les Omnibus.
(Edmond LHUILLIER, *Ah ! qu' j'aim' donc les Omnibus*, vers 1828.)

Apparaît aussi l'évocation sonore d'accents régionaux, celui d'Alsace permettant d'amuser ceux de l'intérieur par le jeu des consonnes sourdes et sonores grossièrement manipulées, pour faire rire :

Mon béti Vrançois (bis)
Toi fouloir que che t'apprenne
Comment audrefois (bis)
Che falsais à la Prussienne, etc.
(Amédée de BEAUPLAN, *La Leçon de valse du petit François*, 1834.)

Mais ces procédés semblent plus exceptionnels dans la chanson que chez les auteurs de dialogues populaires, tel Henri Monnier, évoqués ailleurs. Il se développera plus tard.

6

LA PAROLE FRANÇAISE HORS DE FRANCE

Dans la première partie du XIXe siècle, après la disparition du grand Empire napoléonien (voir ci-dessus), un ensemble où le français est ou devient langue dominante, parfois langue maternelle unique, correspond à peu près à celui où l'on parlait gaulois, avant l'invasion romaine. En termes modernes, il comprend la moitié nord de la France, ainsi que sa partie occitane, la Belgique, qui accède à l'indépendance politique, dans sa partie méridionale, la partie occidentale de la Suisse. Indépendamment d'autres langues encore pratiquées après la Révolution, malgré le jacobinisme, cette zone pratique soit un unilinguisme français, soit un bilinguisme orienté, entre dialectes généralement dévalorisés sous le nom de « patois » et usage d'ailleurs très variable du français.

Cette situation, avec ses inflexions régionales, ses contacts de langue différents, ses variantes phonétiques et lexicales, présente une réelle unité par rapport aux usages du français hors d'Europe, même lorsqu'il est langue maternelle (essentiellement au Bas-Canada, qui va se nommer « province du Québec »).

Les frontières ont peu d'importance ; ce sont les délimitations des faits de langue, savamment baptisés « isoglosses », qui comptent. Entre français régional de Flandre française et de Belgique, des zones francoprovençales, Savoie (quel que soit son statut politique) et Suisse romande, de nombreux traits sont identiques. Les frontières ne redeviennent pertinentes que pour la partie du vocabulaire qui concerne l'organisation des Etats. Le linguiste belge Jacques Pohl parlait de « statalismes ».

Chez les Belges

En Belgique, par rapport à la réalité des usages, qui confronte les parlers flamands, variantes du néerlandais, dans la partie nord du nouveau pays, et le français, ainsi que les dialectes gallo-romans (wallon, picard) au sud, les institutions politiques sont hypocrites. La Constitution de 1830 déclare « facultatif » l'emploi des langues ; ce principe conduisit à privilégier le français, seul employé dans les textes de lois.

En fait, la bourgeoisie montante, de par la révolution industrielle, choisit majoritairement le français, qui s'implante à Bruxelles, en territoire traditionnellement néerlandophone.

De même, l'enseignement primaire avait le choix entre l'une ou l'autre langue « suivant les besoins de la localité », besoins évidemment définis par la classe dominante. Cette situation évolua en faveur de la langue française, aboutissant à la loi de 1850, par laquelle l'enseignement du français devient une règle générale, le flamand et l'allemand étant bornés aux régions où on ne pouvait faire autrement, le français y étant très peu connu. En outre, les quatre universités du pays étaient françaises, quelle que soit la langue maternelle des étudiants.

La perception des différences entre les français régionaux de Belgique et la norme de Paris se marque dès le début du XIXe siècle : les mots *flandricisme* puis *belgicisme* sont là pour le signaler.

Bien entendu, la période est marquée dans cette région par un fait majeur : l'indépendance d'un Etat-nation, fruit de la révolte d'une partie de la bourgeoisie francophone contre la maison d'Orange. L'indépendance proclamée en 1830 fut ratifiée l'année suivante par la conférence de Londres. Une tentative de reconquête hollandaise échoua (1832). La Belgique indépendante fut reconnue par les puissances européennes et finalement par la Hollande en 1839. Le roi de cette nouvelle monarchie était Léopold de Saxe-Cobourg.

Dans la partie francophone, au sud d'une ligne est-ouest, la Wallonie et la partie picarde parlaient soit dialecte, soit français et écrivaient surtout un français du Nord plus ou moins marqué de régionalismes. L'élite flamande et son clergé s'étaient relativement francisés au XVIIIe siècle. Après la chute du régime français napoléonien, en 1815, Guillaume de Hollande tenta de développer le néerlandais central de Hollande, assez différent des dialectes flamands, provoquant une résistance propice à l'usage du français, notamment à Bruxelles, et donc en zone flamande. A la frontière géographique romane-germanique, assez stable, se superpose alors un clivage sociologique : les membres des classes supérieures, surtout dans les grandes villes, parlent français, leurs enfants fréquentent des écoles françaises ; les autres se partagent géographiquement entre dialectes flamands et allemand au Nord, dialectes wallons ou picards au Sud. Dans la partie wallonne du jeune pays, la situation linguistique sera dès lors à peu près la même que dans la France du Nord, avec toutefois une meilleure résistance des dialectes, bénéficiant d'une littérature populaire vivante en un wallon unifié, et l'apparition d'un parler urbain français caractérisé par le contact des deux langues, le bruxellois. Ce dernier devint un usage spécifique, perçu en France erronément comme étant « le français de Belgique », ce dernier étant mieux représenté par l'usage de Liège, de Namur ou de Mons.

Helvétie

Le cadre historique des parlers de Suisse, au début du XIXe siècle, est marqué par la résistance à la centralisation imposée par le Directoire et l'Empire français. Napoléon y renonce en 1803, et un acte « de médiation » redonne au pays sa structure fédérale : les pays « sujets » et les « alliés » du grand Empire napoléonien redeviennent cantons souverains – soit de langue alémanique : Argovie, Thurgovie, Saint-Gall ; de langue italienne : Tessin ; de romanche : Grisons ; et de français : Vaud, et, avec le traité de Vienne, en 1815 : Genève et Neuchâtel. Berne et Fribourg sont bilingues, alémanique-romand. La Constitution fédérative moderne du pays est adoptée en 1848.

A l'époque, un problème aigu est celui du statut du Jura, région qui dépendait de l'évêché de Bâle et fut attribuée à Berne en 1815. Ce problème ne sera résolu qu'en 1978, par la création d'un canton du Jura.

Le français de Suisse, considéré comme très pur par rapport à la norme parisienne à l'époque classique – les écrits de Calvin, de J.-J. Rousseau constituent des repères littéraires majeurs –, coexiste donc de manière relativement stable avec les dialectes alémaniques, eux-mêmes en contact avec l'allemand écrit, avec les parlers italiens et romanches, ces derniers en recul.

La parenté entre les dialectes francoprovençaux, de Lyon à la Savoie et à la Suisse, incite à comparer le cas de l'Helvétie avec celui de la Savoie, qui ne fera partie de la France qu'en 1860 (en même temps que Nice). Mais le royaume de Savoie comprend alors le Piémont et la Sardaigne[1], et connaît la coexistence de trois langues, l'italien étant la plus importante.

Dans l'espace qui deviendra français, cette langue, avec des régionalismes communs avec ceux de Suisse, coexiste avec des dialectes en recul. La Savoie, sous le régime du royaume sarde, était bilingue : français et italien. Les problèmes linguistiques du Val d'Aoste vont se poser après 1860.

Ce sera aussi sous le second Empire que Nice adoptera majoritairement le français. Sous le régime révolutionnaire – qui crée l'expression « Alpes Maritimes » – puis sous l'Empire, l'administration avait cherché à imposer le français à l'école. Mais l'italien, à côté du dialecte, est dominant, et l'enseignement, avec des professeurs piémontais peu formés en français, ne peut suffire à orienter les Niçois vers une autre langue. Ce n'est qu'après 1860, avec le développement rapide de la ville, que la langue française s'imposera sur l'italien et sur le dialecte local, qui connaîtra plus tard une renaissance timide.

L'Amérique du Nord en français

Au Canada, le français l'a échappé belle, en partie grâce à la démographie, en partie grâce à une résistance farouche. Moins de 60 000 en 1763, les francophones sont 700 000 en 1842. Mais leur langue, à la différence de la religion catholique, n'est ni reconnue ni protégée par le pouvoir anglais. L'*Acte d'Union* de 1841 fait de l'anglais la seule langue officielle des deux colonies : le Haut-Canada anglophone (Ontario) et le Bas-Canada en majorité francophone (futur Québec). Cette loi sera abrogée en 1848, six ans après le discours mémorable, en français, de Louis-Hippolyte Lafontaine au Parlement canadien. Dès 1842, Etienne Parent avait soutenu que la soumission politique n'empêcherait pas la survivance d'une identité culturelle « française ».

Le français du Canada est alors en partie coupé de l'usage européen, la scolarisation des francophones étant d'abord très faible. Seule l'Eglise, notamment par les congrégations féminines, dispense une éducation populaire.

Au début du XIXe siècle, le maintien du français au Bas-Canada est une hypothèse optimiste. La langue présente déjà des spécificités

« régionales » par rapport au français dit « universel ». En 1807 et 1808, un Anglais, John Lambert, visitant le Canada, y observe avec curiosité l'usage du français :

Les rapports entre Français et Anglais ont poussé les premiers à insérer de nombreux anglicismes dans leur usage [*language*], qui pour un étranger arrivant d'Angleterre, et ne parlant que le français de l'école [*Boarding School French*], est au premier abord plutôt étonnant. Les Canadiens ont eu la réputation de parler le français le plus pur : mais je me demande s'ils la méritent à l'époque présente.

Selon Lambert, moins d'un cinquième de la population du Bas-Canada connaît et pratique la langue anglaise, et le clergé français, responsable de l'éducation, l'ignore le plus souvent. A son avis, cette situation est délibérée et repose sur le souci de préserver le catholicisme d'influences pernicieuses.

Quant à la nature du français canadien, cet observateur extérieur, qui paraît objectif, notait :

On dit des Habitants [dans le texte anglais : *Habitans*, graphie d'époque] qu'ils ont aussi peu de rusticité dans leur langage que dans leur comportement. La colonie fut à l'origine peuplée par tant de nobles, d'officiers et de soldats ayant quitté l'armée, et de personnes de bonne condition, qu'un langage correct et des manières aisées et libres devaient prévaloir parmi la paysannerie canadienne, beaucoup plus que parmi les ruraux ordinaires des autres pays. Avant la conquête du pays par les Anglais, on dit que les habitants parlaient un français aussi pur et correct que dans la vieille France [opposée à la "Nouvelle"]. Depuis lors, ils ont adopté de nombreux anglicismes, et ont aussi des expressions [*phrases*] archaïques [*antiquated*] [...].
Pour *froid*, ils prononcent *fréte*. Pour *ici*, ils prononcent *icite*[2]. Pour *prêt*, ils prononcent *parré* ; à côté de plusieurs autres mots périmés [*obsolete*] dont je ne me souviens plus aujourd'hui. Un autre usage corrompu parmi eux consiste à prononcer la lettre finale de leurs mots, ce qui est contraire à l'habitude du français d'Europe[3].

Ce texte suppose que John Lambert avait du français d'Europe une vue assez abstraite, celle du « pur français » proposé par l'enseignement de cette langue dans les *boarding schools* britanniques. Les quelques faits de langue qu'il cite sont de simples régionalismes de prononciation et, tout au contraire des anglicismes inconnus en France, ne peuvent provenir que de l'origine des colons français, presque tous – à part des militaires et des religieuses – venus des provinces de l'ouest de la France, Normandie, Aunis, Saintonge ou Poitou.

Mais le voyageur anglais note ainsi une double tendance du français québécois : conservation de traits régionaux de l'ouest de la France éliminés en français central ; phénomènes de contact avec l'anglais, absolument inévitables dans la situation du Bas-Canada.

Quant au lexique, un recueil a été composé en 1810 par Jacques Viger, le futur maire de Montréal (le premier, en 1833). Cette *Néologie canadienne*, datée de 1840, ne sera publiée qu'en 1909-1910[4]. Les particularismes ressentis comme tels sont peu nombreux, mais constituent un échantillonnage pertinent : anglicismes assez rares (Avez-vous nettoyé ma *belt*, glosé « mon baudrier » ? ; *appointer* pour « nommer »), mots amérindiens (*achigan*, *apichimon*, « bourrelet, morceau d'étoffe » et aussi « grabat » : « ce mot vient du sauvage »), formes familières (*bavasser* : « c'est, je crois, bavarder et balbutier » ; *berdasser*, « s'occuper à des ouvrages de ménage inutiles »), déformations phonétiques (une *avisse* pour « vis » ; *balier* pour « balayer »), originalités sémantiques (*allumer* en emploi absolu pour « allumer sa pipe » et, par extension, pour « se reposer », car le repos sur les lieux de travail correspond à la permission de fumer une bonne pipe, ou encore pour « rendre visite à quelqu'un » : « si tu passes dans ma paroisse, arrête allumer chez moi »). On trouve dans cette intéressante liste des régionalismes « européens », tel *bandon*, courant en français de Suisse, mais spécialisé au Canada pour « saison où l'on peut laisser les bêtes pacager librement », et même des innovations lexicales attestées plus tard en français de France (*ahurissant*, qui avait pris, non le sens du verbe *ahurir* en France, mais celui de « pénible », et, selon la glose de Viger lui-même, « ennuyant » ; or, l'adjectif *ahurissant* n'est repéré à l'écrit, en France, qu'à la fin du XIXe siècle : il était sans doute régional et parlé auparavant.

L'intérêt pour les particularités de l'usage québécois n'était d'ailleurs pas nouveau. Dès le milieu du XVIIIe siècle, le père Pierre-Philippe Potier avait dressé une liste qui fut publiée plus tard sous le titre : *Façons de parler proverbiales, triviales, figurées, etc. des Canadiens du XVIIIe siècle* (« Bulletin du parler français au Canada », 1904-1905, t. III, et 1905-1906, t. IV). Composée de 1743 à 1758, la liste du père Potier, recensée par Claude Poirier dans le *Trésor de la langue québécoise*, permet aussi d'attester l'existence de mots bien français avant leur repérage en France même.

Quant à la nature globale de l'usage du français au Bas-Canada, un témoin perspicace a été Tocqueville, qui passa quelques jours au

Canada durant l'été 1831. C'était assez pour noter que les anglophones étaient la « classe dirigeante ». Mais il perçut, de la part des « classes éclairées » françaises, un sursaut. Tocqueville était frappé par l'unilinguisme de Québec et de ses environs, comparant les journaux en anglais et en français (*Le Canadien*, dont le style, écrit-il, « est commun, mêlé d'anglicismes et de tournures étranges », et qui « ressemble beaucoup aux journaux publiés dans le canton de Vaud en Suisse ») ; il n'est sans doute de bon français que dans les journaux parisiens...

Pour l'observateur extérieur, la sauvegarde de la culture des Canadiens français dépend alors de la séparation complète d'avec « la race anglaise ». Comme il lui arrive souvent, Tocqueville se projette dans l'avenir : « Il y a donc fort à parier que le Bas-Canada finira par devenir un peuple entièrement français. Tout deviendra anglais autour de lui. Ce sera une goutte dans l'océan. J'ai bien peur [...] que l'Amérique du Nord ne soit anglaise[5]. » Diagnostic trop pessimiste, mais grande lucidité quant à la difficulté à forger un Canada véritablement unifié, les deux communautés – rejointes plus tard par beaucoup d'autres – ne pouvant se fondre. Tel était aussi le sentiment du pouvoir anglais, avec la tentation, pour résoudre ce problème, de tuer le français au Canada.

L'analyse du grand historien correspondait à de brèves observations dans une situation paisible. Cette situation ne pouvait que changer avec les mouvements de révolte de 1837 et après eux. La rébellion contre une gestion anglaise irresponsable – le gouverneur Aylmer ayant été rappelé par Londres à cause de sa politique conciliante à l'égard des francophones – fut à la fois le fait du Haut-Canada anglophone (W. L. Mackenzie) et du Bas-Canada, où Louis-Joseph Papineau prit la défense des Canadiens français. Lord Durham, envoyé par Londres, décida de l'union des deux colonies (Acte d'Union, 1840), ouvrant la voie au régime parlementaire responsable et au fédéralisme. Cette politique aboutit en 1867, avec l'Acte de l'Amérique du Nord britannique. La Confédération du Canada comprend alors quatre provinces, l'une anglophone, l'Ontario ; la deuxième francophone, le Québec ; la troisième partiellement francophone, le Nouveau-Brunswick, terre des Acadiens, partie séparée de la Nouvelle-Ecosse ; la quatrième devenue presque entièrement anglophone, la Nouvelle-Ecosse (New Scotland), sur les terres d'où les colons français avaient été expulsés en 1755, avec beaucoup de colons du Nouveau-Brunswick, qui allèrent s'établir en Louisiane, alors française (le « grand dérangement »).

Ainsi, au milieu du XIXᵉ siècle, l'Etat canadien étant encore en gestation, la communauté du Bas-Canada était menacée de toutes parts. En 1839[6], avant de procéder à l'Acte d'Union, lord Durham avait dévoilé ses intentions : assimiler à la langue anglaise et à la culture britannique les populations d'origine française, décidément incapables de contribuer à la prospérité commune. Il dénonçait les « haines de race » et la « haine des nationalités » dans le Bas-Canada. La mentalité déplorable des Français venant, selon lui, des institutions détestables de la France, avant la salutaire victoire des Anglais. Le bilinguisme était décidément un éternel ferment de discorde. Apprendre l'anglais à tous ces Bas-Canadiens devait être le remède, ou du moins la cure initiale pour recouvrer une santé nationale toute britannique, car « la disparité du langage détermine des malentendus plus néfastes encore que ceux qu'elle occasionne dans les esprits ».

L'union des deux « provinces » était donc, pour lord Durham, à la faveur d'une majorité anglophone (400 000 au Haut-Canada, 150 000 au Bas-Canada, face aux 400 000 « Français »), majorité vouée à s'accroître par l'immigration.

Durham se conduisait un peu, à l'égard de la langue française et de ses pouvoirs supposés, comme l'abbé Grégoire face aux « patois ». Dans les deux cas, tuer une ou quelques langues au nom de la liberté et de la prospérité, tel aurait pu être le néfaste programme, admirablement appliqué par les jeunes Etats-Unis d'Amérique à l'égard des idiomes des Amérindiens, qu'il fut plus expédiant d'exterminer. Mais ce programme échoua au Canada, de par la persévérance des « habitants » et des « classes éclairées » du Québec.

L'« OUTRE-MER » COLONISÉ ET LA DIFFUSION DU FRANÇAIS, AVANT 1848

Les anciens comptoirs et les possessions françaises ont été mis en valeur pendant la Restauration, parallèlement à une action évangélisatrice catholique, avec diverses organisations missionnaires. C'est en 1817 que les premiers gouverneurs français sont nommés au Sénégal.

Mais l'action principale de cette époque fut militaire et ouvertement colonialiste. Sous des prétextes futiles et pour des ambitions surtout économiques, l'armée de Charles X débarqua en Algérie. Les villes de la côte furent rapidement occupées et l'accord de 1834 avec l'émir Abd el-Kader, qui conservait l'autorité dans l'intérieur du pays, ne dura pas ; l'émir dut se rendre en 1847 après de durs combats. Un régime complexe de territoires civils francisés et de zones militaires, contrôlées par des « bureaux arabes », est alors mis en place sur trois « provinces », Alger, Oran, Constantine. Vers 1848, les colons sont déjà plus de 100 000 : ce sont en majorité des Français d'Occitanie, des Italiens (à Bône, notamment), des Espagnols (en Algérois et Oranais). Leur usage du français, dans les milieux populaires urbains, s'en ressentira. C'est l'époque où, par les contacts entre l'armée française et ceux qu'on appelle les « indigènes », qui pratiquent un arabe parlé régional ou des dialectes berbères (notamment en Kabylie), un vocabulaire populaire arabe va passer en français de France.

En ce qui concerne les peuples colonisés, en Algérie comme au Sénégal, ce sont l'armée, l'administration, des missionnaires et des enseignants qui vont implanter un bilinguisme de nature variable, avec des formes de français simplifié pratiquées spontanément, notamment par le recrutement de soldats autochtones dans l'armée française (on parle de « français tiraillou »). Au Sénégal, on dit aussi « petit français » et, chez les colons d'Afrique subsaharienne, « petit nègre ». Au Sénégal, l'évangélisation catholique est active, mais se fait aussi en wolof, langue véhiculaire. Un instituteur, J. Dard, enseigne le français à Saint-Louis de 1816 à 1820, puis en 1832, avant de mourir. Il met au point une méthode dite « de traduction », fondée sur sa connaissance du wolof, qu'il décrit. Mais son œuvre pionnière ne fut pas poursuivie, en partie parce qu'elle exigeait que les apprenants aient tous la même langue maternelle, situation rare en Afrique, et surtout de par la mauvaise volonté de l'administration française.

Au contraire, l'école, à partir de 1830, impose l'usage exclusif du français et tente d'arracher les jeunes à leurs références culturelles. Cette politique se développera dangereusement sous le second Empire et la IIIe République.

IX

LE FRANÇAIS : UNITÉ ET VARIÉTÉS

1

UNE LANGUE ASSURÉE

De même qu'à l'époque précédente, la langue française, en elle-même, change moins que ses mots et que les attitudes à son égard.

Les linguistes d'aujourd'hui disposent pour cette époque d'informations plus nombreuses et plus denses, qui manifestent peu de bouleversements. Pourtant, le français, en tant qu'abstraction unitaire, bouge peu à peu.

Sur le plan phonétique, on n'assiste guère qu'à la fin d'évolutions, anciennes. Une d'elles élimine un phonème, ce qui est notable : celle qui rend archaïque, puis étrange, le « *l* mouillé » (dit « palatal ») avait commencé au XVIIIe siècle ; vers 1850-1860, seuls des locuteurs ruraux et des vieillards prononçaient « aiguille », *èguïllye* – comme les Italiens font de *-gl* –, et le goût de Littré pour cette prononciation n'y a rien changé.

D'autres modifications concernent les variantes articulatoires d'un même phonème (évolution du *r*, différente selon les régions), la neutralisation de certaines oppositions (*s/z* dans *-isme*, sonorisé sans doute au début du XXe siècle). Plus significative, l'atténuation des oppositions entre *a* antérieur et postérieur, entre *o* fermé et *o* ouvert, qui ne sera conservé que localement et selon la culture scolaire. A côté de ces changements simplificateurs normaux, qui se traduisent par la disparition de traits phonétiques propres aux classes cultivées ou au contraire aux milieux ruraux, l'alphabétisation « [exerce] une action rétrograde sur la prononciation » (Wartburg, p. 229). Là où on disait *i vient, i buvait* – face à *il irait* –, l'habitude de lecture rétablit *il vient, il buvait*. Les finales simplifiées, du type *peup', nèg'* pour *peuple*, *nègre*, disparaissent au point de faire « peuple ou vieil aristocrate » (M. Cohen, *op. cit.*, p. 378). La connotation « populaire » de l'élision du *l* devant consonne pourra être utilisée quand l'aspect « vieil aristocrate » aura entièrement disparu, dans la seconde moitié du siècle (*cf.* « i s'baladait en chantant [...] » ; « i'buvait si peu qu'un soir [...] » (Bruant), où l'apostrophe (*i'*) signale comme une transgression par rapport à une prononciation canonique. La restitution de consonnes écrites, mais jadis prononcées comme celle du *s* de *ours*, du *p* de *dompter*, du *x* en *ks*, et non *ss*, dans *Bruxelles*, des doubles lettres dans *Hollande*, *affamer*, etc., correspondent à la fois à une augmentation de la dépense articulatoire, à une complication phonétique et à une tendance à la simplification ramenant l'oral vers l'écrit. Ces évolutions – à part la disparition du « *l* mouillé » et l'affaiblissement des oppositions vocaliques – ne modifient pas le système phonologique ; elles concernent la répartition de variantes d'usage [1].

En syntaxe, on peut noter la décadence de l'imparfait et du plus-que-parfait du subjonctif, dont la troisième personne du singulier d'*avoir* (*qu'il eût*) est le dernier témoin en français parlé. Maintenus jusqu'au XXe siècle dans le discours écrit soutenu – et dans l'oral pompeux –, ces temps du verbe ne seront plus évoqués que pour produire un effet, en général comique. Quant au passé simple, devenu plus rare dans la langue parlée centrale, il s'est parfaitement maintenu dans l'usage écrit et littéraire, notamment par le style narratif du récit, qui le rend familier aux enfants, encore au XXIe siècle. L'ensemble de la morphologie du verbe, artificiellement maintenue dans son intégrité par l'enseignement, est peu perturbé, sauf par l'accroissement du nombre de verbes « défectifs » car on n'ose plus conjuguer *bouillir* ou *coudre*.

La syntaxe proprement dite est si peu modifiée dans ses règles fondamentales qu'une grammaire du milieu du XXe siècle pouvait illustrer sans difficulté l'« ordre des mots » par des exemples de Marivaux ou l'« inversion du sujet » par Chateaubriand et Stendhal, ou même La Bruyère, et qu'elle n'opposait une règle disparue à une règle « contemporaine » que par des exemples antérieurs au XVIIIe siècle [2]. Certes, il s'agit là de constatations très grossières, très générales, faisant abstraction de la répartition et de la vitalité des variantes d'usage. Il n'est pas contestable que le seul élément vraiment modifié du système de la langue, pendant cette période comme immédiatement avant, a été le lexique.

On peut cependant noter de nombreuses évolutions de détail, comme celle qui conduit à abandonner « aller *à la* Chine » pour « *en*

Chine », à éliminer l'article dans « de la France », qui devient « de France ». D'autres faits, anciens, se répandent, tel l'emploi de *on* pour *nous*. Des prépositions cessent peu à peu d'avoir cours après un verbe : *aider à, essayer de* (+ nom), des constructions disparaissent (*servir faire quelque chose* devient *servir à*). L'emploi des prépositions évolue : « *à la* perfection » remplace « *en* perfection ». Mais, dans ces quelques cas et dans d'autres, il s'agit de points particuliers, non d'évolution d'ensemble.

En revanche, la syntaxe « populaire », en fait spontanée et parlée, peut différer beaucoup de celle de l'école ; mais il est toujours difficile de distinguer l'évolution du système des variations de connotations sociales[3].

2

LA FORCE DE L'USAGE

Un phénomène important et général continue de se manifester et se renforce, parachevant une évolution séculaire, devenue consciente vers la fin du XVIIIe siècle, et volontaire avec la politique révolutionnaire. La pluralité linguistique recule, mais ne disparaît pas. Les langues non romanes continuent de s'affaiblir, en France comme en Belgique (breton, flamand) ou sont cantonnées dans d'étroites limites (basque). Seul le dialecte alémanique d'Alsace, après 1870, du fait de l'annexion par l'Allemagne, fait momentanément céder le français. Les dialectes romans cèdent plus encore devant la langue centrale : à l'unification culturelle par l'école et le service militaire (d'où une évolution inégale selon les sexes), s'ajoutent le progrès des relations matérielles (chemins de fer), le brassage social et la diffusion de connaissances transmises en français (la presse, surtout). Certes, la résistance ou la renaissance littéraire de certains dialectes – on pense évidemment au félibrige – incitent à nuancer le tableau ; en outre, un mouvement de retour a enrichi le français de nombreux termes dialectaux, buttes témoins de langues en péril ou disparues. Ainsi, la zone picarde-wallonne continue après 1849 à fournir le vocabulaire de la mine (*borinage*, *galibot*, *coron*) avec parfois des extensions de domaine insoupçonnables (*rescapé*). De même, nombre de mots populaires et argotiques proviennent de ces dialectes, au moment même où ils se désagrègent.

Ce transfert est significatif d'une évolution sociale : la dispersion des usages linguistiques dans l'espace (dialectes d'oïl, dialectes occitans et franco-provençaux, langues différentes) est remplacée, sur la totalité du territoire national français, en Belgique, en Suisse, par la différenciation interne des usages d'une langue unifiée en surface. Outre-mer, les situations du français, on va le voir, sont différentes, et incomparables entre elles ou avec le français d'Europe.

Certes, le français, notamment dans les grandes villes, a toujours connu plusieurs normes selon la classe sociale de ses locuteurs, mais jamais comme dans cette seconde moitié du XIXe siècle, avec l'afflux d'une population rurale déracinée dans les centres urbains et la superposition de critères hiérarchiques économiques et financiers aux critères traditionnels de nature héréditaire ou de fonction instituée (clergé, bourgeoisie de robe, etc.). Bien entendu, la différenciation régionale du français subsiste, et là où les patois cèdent, leur place est souvent prise par un français portant, dans la prononciation, le lexique et certains tours de phrases, la marque régionale. Mais, là encore, le mouvement d'unification – par échanges réciproques, dans le domaine du vocabulaire, par recul des traits phonétiques opposés à ceux du français central recommandé – s'exerce continûment.

Il faut cependant distinguer nettement la zone des dialectes d'oïl et de l'espace francoprovençal (Savoie, Suisse) et celle de l'occitan, avec des situations différentes selon les lieux.

Une description générale étant impossible, on peut simplement rappeler que, selon certaines sources[1], la zone où l'on ne parle plus que le français (avec des usages qui varient à l'oral, selon les régions) s'étend au cours du XIXe siècle. En 1835, les dialectes d'oïl semblent encore vivaces en Picardie, dans l'Est à partir de la Champagne, alors que les patois véritables paraissent le céder en Normandie à un français régional. Toute la zone francoprovençale, de Lyon à la Savoie et à la Suisse, est bilingue ; le breton et l'alsacien sont très vivants, alors que le patois de Bretagne orientale, le gallo, coexiste avec le français. La zone occitane est bilingue dans les villes, où le français ne cesse de gagner, mais nulle part la langue centrale n'a éliminé les dialectes. Trente ans après, dans les années 1860, les départements où une partie notable des communes ignore le français (jusqu'à 50 %), dans la moitié nord de la France, sont le Nord, la Meuse, la Meurthe-et-Moselle et les Vosges, le Haut-Rhin, les Côtes du Nord (Côtes d'Armor actuelles) et le Morbihan. Dans le Finistère et dans le Bas-Rhin, le français est rare : sauf dans les centres urbains et dans les classes supérieures, on parle soit breton, soit alsacien ; on n'est plus, alors, dans une relation français-dialecte, mais français-langue d'une autre famille (celtique ; germanique). Au Sud, qu'il s'agisse du terroir des diverses formes d'occitan, du gascon, ou de langues comme le basque, le catalan ou, du groupe italien, le nissart, le corse, l'usage majoritaire n'est pas encore le français. Plus de 50 % des communes, parfois 80 à 90 %, pratiquent l'occitan (ou le corse) dans dix-huit départements[2]. En revanche, le français régional semble l'emporter à côté du français de l'école entre Nîmes et Marseille, ou encore en Savoie, avec la présence de dialectes. Partout la phonétique est différente de celle de la partie septentrionale de la France.

Après le rapport de synthèse sur les patois de France élaboré sous l'Empire par Coquebert de Montbret, père et fils (voir ci-dessus, VIIIe partie, chapitre 1), aucun effort d'ensemble pour recueillir et étudier le patrimoine linguistique de la France avant les travaux du linguiste suisse Jules Gilliéron. Ce dernier, après une étude sur un parler franco-provençal de Suisse, trouva un collaborateur extraordinaire pour réunir sur le terrain des données dialectales. Seul, en moins de cinq ans, Edmond Edmont – peut-être son nom étrange, en écho, inspira-t-il les Dupond et Dupont de Hergé... – posa 1 400 questions (ce nombre déjà impressionnant atteignit 2 000 en fin d'enquête) dans 639 localités, insistant plus sur les zones périphériques que sur l'Ile-de-France et le Centre. De fait, la dialectologie des zones où le français central normalisé avait donné au fond dialectal des allures de parler fortement dévalorisé socialement, fut la dernière à se développer, en partie faute d'un intérêt régionaliste. On note seulement une enquête d'amateur, en 1855, et une étude de Nisard, inutilement méprisante, qui concerne des usages populaires et qualifie de « patois » ce qu'on nommera plus tard un sociolecte[3].

C'est à partir de l'étude de Paul Passy sur le patois de Sainte-Jamme (hameau de Feucherolles, dans l'actuel département des Yvelines) qu'on peut parler de dialectologie de la région parisienne, portant sur un parler qui, au dire de l'auteur, présentait avec le parisien et le français d'école des différences n'empêchant pas sa compréhension. Mais il faut noter que Passy, grand phonéticien, était sans doute capable de franchir le seuil de compréhension plus qu'un autre témoin. La relative intercompréhension, écrivait-il, pouvait expliquer que « ce parler [ait] pu se conserver si longtems, tandis que bien des patois différents ont complètement disparu ». Malgré cet effort admirable d'observation du réel, l'opinion savante était unanime à rejoindre les conclusions de Gaston Paris, qui écrivait en 1888 dans un article de la *Revue des patois gallo-romans*, II, p. 168 :

Pour plusieurs de nos parlers provinciaux, pour ceux surtout qui vivaient à l'ombre redoutable de Paris, il est déjà trop tard ; nous ne saurons jamais quelle forme spontanée aurait prise, dans les régions voisines de la capitale, le latin livré à lui-même.

On le voit, les regrets du grand romaniste portaient sur l'histoire d'un lointain passé. A la différence de Paul Passy, de Gilliéron, d'Edmont, la réalité humaine contemporaine des parlers ruraux ne l'intéressait guère[4].

Cependant, il n'y a pas que des érudits et des passionnés d'une région pour recenser, sans prétention scientifique, les parlers locaux. Dans ses *Promenades autour d'un village*, non loin de Nohant, mais à la lisière des pays occitans du Nord, George Sand fait une remarque, certes intuitive, mais générale, sur l'état du français rural à Gargilesse.

On parle très bien ici, encore mieux que dans la Vallée Noire, ce qui n'est pas peu dire. Plus nous touchons à la limite de notre langue d'oïl, plus le langage s'épure, plus l'accent s'efface. J'aurais cru le contraire, mais c'est ainsi. Ici, point de *j'avons*, *j'allons*, etc., à la première personne. Pas plus que chez nous on ne fait cette faute grossière. (George SAND, *Promenades autour d'un village*, p. 68.)

Et la célèbre romancière, ravie de cette « pureté », note chez les paysans l'emploi spontané de mots « qui sentent la civilisation », comme *énorme*, *immense*, que son cocher du Bas-Berry, éberlué, prend pour « des mots latins ».
Est-ce pour mieux se distinguer de leurs voisins de la Creuse que les gens de ce village « charmant », « privilégié », adoptent un français plus noble et plus correct que les Berrichons de Nohant ?

Les spécialistes qui se placent dans une optique évolutive insistent sur la progression du français et le recul inégal, mais général, de toute autre forme de parler, en France ; tandis que ceux qui décrivent la situation dans cette période – avant 1914 – insistent plus sur la vitalité conservée des patois, des dialectes et des langues. C'est le cas de l'historien et sociologue Eugen Weber, auquel j'emprunte une partie des faits et témoignages révélateurs qui suivent.
Une enquête statistique du second Empire, en 1863, fait état des données suivantes : sur 37 510 communes, 8 381, représentant un quart de la population, sont supposées ne pas parler français. Sur plus de 4 millions d'enfants scolarisés de 7 à 13 ans, près de 450 000, soit 12,5 %, ne parlaient que leur idiome maternel, et 1 million et demi, connaissant oralement le français, étaient incapables de l'écrire. Quant à la nature qualitative de ce français, elle était pour le moins incertaine. Enfin, dans 24 des 89 départements d'alors, il semble qu'on ne parlait pas français dans plus de la moitié des communes.

Cette enquête déjà éloquente masquait en partie la réalité scolaire, si on se réfère à d'autres sources régionales plus précises, surtout en zone occitane : pas plus de 10 % d'élèves francophones dans les Bouches-du-Rhône ou le Vaucluse, et aussi le Cantal ; un quart des enfants scolarisés dans l'Hérault, un tiers dans la Lozère et en Dordogne ne connaissaient que l'occitan de leur région. En 1864, l'*Etat de l'instruction primaire* déclare que le « patois », employé par tous en Dordogne, semble « aussi indestructible que l'air respiré ».

Ce qui fait que les cours étaient souvent donnés, faute de compréhension, en dialecte ou en langue locale, dans plusieurs départements occitans, en Corse, en Alsace, en Flandre française et en Bretagne bretonnante. En 1875, on reconnaît dans une enquête officielle que seul le catalan est en usage dans le Roussillon. De son côté, le Pas-de-Calais, outre le flamand, parle artésien et picard, dialectes d'oïl. Comme l'écrit E. Weber, « la Troisième République découvrait une France où le français demeurait une langue étrangère pour la moitié de ses citoyens » (*op. cit.*, p. 96).

Pourtant, les centralisateurs continuaient, à la manière de l'abbé Grégoire, à identifier le français au progrès. Le pédagogue Félix Pécaut, en 1880, écrivait que le basque allait céder à « un ordre supérieur de civilisation », porté par la langue française. Opinion contestée par les intellectuels des régions, tel l'historien marseillais Mazuy, pour qui le français « n'est pour nous qu'une langue imposée par droit de conquête », ce qui évoque les situations des colonisés hors de France. Encore en 1911, le grand ethnographe Arnold van Gennep considérait que « pour les paysans et les ouvriers [en France], la langue maternelle est le patois, la langue étrangère le français[5] ».

Tout au long de la période 1871-1914, E. Weber relève des témoignages d'érudits locaux, de prêtres, de policiers, de militaires et d'administrateurs, qui se plaignent (en français) des difficultés de communication qu'ils rencontrent : en 1867, le sous-préfet de Saint-Flour ne pouvait, dit-il, parler avec d'autres habitants des communes de son ressort que les maires. A peine nommé, il constatait que ses administrés, ne pouvant parler que patois avec ses subordonnés, qui étaient de la région, « perdaient en peu de temps ce que les écoles leur [avaient] appris ».

Du côté de la Bretagne, un inspecteur de l'enseignement, en 1864, brosse le tableau suivant : dans les communes rurales, tout le monde parle breton, et on ne trouve guère qu'un adulte sur vingt-cinq pour s'exprimer en français avec facilité ; dans les villes, « un dixième de la population adulte ne sait que le français, et une moitié sait le français et le breton. Le reste [donc 40 %] ne sait que le breton[6] ». Au début du XXe siècle, selon un sous-préfet, la moitié de la population ignore le français et a une préférence marquée pour le breton. L'Eglise joue un rôle défensif contre l'introduction du français, au point que le président Combes, en 1902, veut limiter la prédication et le catéchisme en breton pratiqué par le clergé. Cette intervention gouvernementale, au nom de la laïcité et de l'imposition autoritaire de la langue centrale, a été interprétée par les Bretons comme une agression. Dans une préface à un manuel d'histoire de Bretagne[7], Yves Le Gallo comparait la situation de l'Alsace devenue *Reichsland* allemand à celle de la Bretagne. Il écrivait, en 1999 :

[...] la Bretagne, notamment bretonnante, s'en trouvera en situation de faiblesse renforcée à l'égard de mesures vexatoires, telles que celles qu'imposa le ministère Combes (juin 1902-janvier 1905). Partant en guerre contre le breton, les radicaux lui faisaient grief d'attenter à l'unité linguistique (romano-provençale) de la France[8] et d'être l'idiome de la réaction cléricale. En conséquence, seraient frappés de suspension de traitement les ecclésiastiques salariés de l'Etat qui s'obstinaient à "ne pas faire les instructions religieuses, y compris le catéchisme, en français". [...] Après 1918, la politique ouverte d'étouffement de la langue bretonne reprit son cours.

Avant le « père Combes » et son jacobinisme radical, il y avait eu la révolte chouanne et sa répression violente, l'administration centralisatrice de l'Empire, et, pendant la révolution industrielle, un développement retardé et marginal pour l'économie bretonne. Les industries artisanales traditionnelles disparaissent, les nouvelles activités, sauf en basse Loire, bénéficient plus au commerce centré sur Paris qu'à l'économie régionale : conserveries, industrie céréalière et beurrière. Quant aux industries d'Etat, elles concernent alors surtout la marine nationale, avec les arsenaux et poudreries. La Bretagne est considérée comme un pays de marins et de pêcheurs, ce qui est d'ailleurs positif pour son image nationale, servie par exemple par Pierre Loti (*Mon frère Yves* ; *Pêcheurs d'Islande*). Au cours du XIXe siècle, le surpeuplement, dû à une natalité forte (34 pour mille dans le Finistère en 1881, contre une moyenne française de 23), et le sous-développement économique engendrent soit la misère, soit l'expatriation. Alors que les Irlandais partent pour les Etats-Unis, les Bretons vont chercher du travail vers l'est, et d'abord dans la région nantaise, plus riche. Les femmes se placent comme domestiques dans les grandes villes plus à l'est, notamment à Paris. En 1911, on estime que 400 000 Bretons vivent hors de leur région.

Créer des échanges massifs entre les Bretons et le reste de la France était l'un des moyens d'affaiblir les traditions et la langue. On connaît le rôle des transports, du commerce et de la conscription, à côté de celui de l'école, dans cette évolution forcée ou suscitée. Une véritable idéologie des chemins de fer s'exprimait déjà sous la Restauration, dans l'entourage de Guizot, dont le secrétaire particulier écrivait en 1841 :

> Nous avons presque à civiliser cette province si belle mais encore si sauvage [9] [...]. Qu'une ligne de chemin de fer soit construite à travers ce pays, une circulation rapide s'établira, des populations bretonnes descendront vers la France centrale, et des populations de provinces plus avancées en civilisation viendront à leur tour visiter la Bretagne. Un chemin de fer apprendra en dix ans plus de français aux Bretons que les plus habiles instituteurs primaires [...]. C'est vraiment pitié de ne point travailler plus activement que nous le faisons à civiliser, à franciser tout à fait cette belle province à l'entêtement si fier, aux sentiments si généreux [10].

Discours idéologique, donc, recouvrant les objectifs économiques et politiques. « Civiliser, franciser », développer, introduire et renforcer la langue française sans avouer qu'on veut détruire l'idiome maternel. Un discours exactement colonialiste.

Au cours du XIXe siècle, cependant, la politique hostile au breton n'eut guère de résultats que dans les villes. Dans un récit de voyage écrit en 1883, « En Bretagne »[11], Maupassant notait que « souvent pendant une semaine entière, quand on traverse des villages, on ne rencontre pas une seule personne qui sache un mot de français ». Depuis la visite de Flaubert et de Du Camp, évoquée ci-dessus, quarante ans s'étaient pourtant écoulés.

En Bretagne comme dans d'autres régions, les jugements des notables, qui parlent et écrivent le français, sur les langues locales sont fortement influencés par leur sort littéraire. On l'a vu dans la partie de cet ouvrage consacré à la Restauration (VIIIe partie, chapitre 2). La chanson, associée à la musique et à la danse, fait partie des « produits culturels » comme on dira plus tard, qui font estimer une langue, alors même que le pouvoir central cherche à la faire disparaître. Les intellectuels de chaque région ne pouvaient assister à ce désastre sans le ressentir : « Ma mère était tout à fait de ce vieux monde par ses sentiments et ses souvenirs. Elle parlait admirablement le breton, connaissait tous les proverbes de marins et une foule de choses que personne ne sait plus aujourd'hui. Tout était peuple en elle [...] », écrivait Ernest Renan dans ses *Souvenirs d'enfance et de jeunesse* (1863).

La collecte des richesses culturelles du passé, en breton et en traduction, fut considérable au XIXe siècle. Le *Barzaz Breiz* de Hersart de la Villemarqué, né près de Quimperlé, a beau poser des problèmes d'authenticité, il a révélé à beaucoup la beauté des chants populaires bretons, dans le registre gai ou épique. Au début du XXe siècle, Anatole le Braz (1859-1926) utilise les contes et chansons auprès de témoins de cette culture orale, telle Marc'harid Ar Fulup, rare témoin d'une vaste culture orale.

La Bretagne fut alors un exemple parmi d'autres de ces renaissances culturelles régionales qui, sans arrêter le mouvement de rouleau compresseur de la langue unifiée, entretinrent ou firent renaître un sentiment d'appartenance aux valeurs des langages hérités. A chaque région ses félibres.

Cette période fut cependant celle de la progression inéluctable du français en milieu rural, après celle des populations urbaines. Tous les observateurs en font état, surtout à partir de la IIIe République. L'un des plus attentifs est sans doute Henri Baudrillart, dans un important ouvrage sur *Les Populations agricoles de la France (1885-1893)*, en Normandie et en Bretagne (vol. I), Maine et Anjou (vol. II) et en zone occitane (vol. III, *Populations du Midi*).

Cette diffusion du français fut progressive et très variable. Déjà le fait que la population rurale diminuait, de par la croissance des villes et des sites industriels, qui absorbaient d'anciens paysans, était défavorable aux parlers locaux et aux langues régionales. Ensuite – et la chose, on l'a vu, était déjà sensible avant 1848 –, l'évolution différait grandement selon les terroirs. La zone des dialectes d'oïl et franco-provençaux était témoin d'une altération des parlers maternels au contact du français, le critère du maintien étant double : la transmission comme langue courante dans le milieu familial commence à céder, la frontière dialecte-français effectif (non pas enseigné) devient floue. Dans l'espace occitan, la conscience forte des deux langues préserve le dialecte d'une altération aussi forte par le français, et la transmission familiale subsiste au moins jusqu'en 1890. Le cas des langues clairement différentes : breton, flamand, alsacien, dans la moitié nord, basque, catalan, corse au sud, témoigne d'un bilinguisme plus actif, surtout jusqu'à la guerre de 1914.

Les rapports entre représentants de l'Etat et populations locales sont alors éloquents. Si un officier constate avec soulagement en 1874, en Indre-et-Loire, que tous les gens parlent français, c'est que la chose était récente et cela n'exclut pas la survie du patois tourangeau. Par contraste, trois ans plus tard, un convoi militaire dans les Hautes-Pyrénées doit emmener un interprète ; dans le Périgord, les paysans, mal à l'aise en français, quand ils le connaissent, préfèrent le patois (selon des témoignages rapportés par E. Weber).

De son côté, l'inspection des écoles fournit des anecdotes analogues. En 1880, dans le Lot-et-Garonne, les enfants, dès qu'ils sont sortis de l'école, reviennent au patois ; même à Cannes, l'année suivante, dans un collège secondaire, les élèves « pensent en patois », dit-on.

Ces témoignages ont l'intérêt de suggérer les problèmes psychologiques posés aux enfants scolarisés, en tout cas en terre occitane. Ne pratiquant le français qu'à l'école, ils sont dans la situation d'apprenants d'une langue étrangère, sans l'avoir voulu. Un début de bilinguisme s'instaure, insuffisant du point de vue des enseignants, pénible pour l'élève. Le dialecte étant interdit à l'école, ce bilinguisme imparfait, entre 1870 et 1914, n'est le fait que des enfants et des adolescents. Les adultes, surtout âgés, restent en dehors de l'évolution. La résistance est forte : « L'enfant l'emploie [le français] tant que le maître le surveille, le petit pioupiou en essaie encore à la caserne ; mais le village réintégré, *diga li qué vingua !* » (Abbé M.M. Gorse, *Au bas pays de Limosin*, 1896, cité par E. Weber.)

C'est bien l'école et le service militaire, à la fin du XIXe siècle, dans la génération qui allait être décimée en 1914-1918, qui ont causé l'effet de bascule. Les femmes et les gens âgés vivent en patois, sont illettrés, les jeunes sont bilingues, ont appris à écrire le français seul, ont appris à compter, à *apprendre* en français et commencent à pouvoir changer de langue sans difficulté, selon les interlocuteurs. Les *Mémoires* de Jacques Duclos (1968) mentionnent que, l'année de sa mobilisation à Pau, en 1915, il rencontre un jeune Basque qui ne parlait pas un mot de français, mais il se dit alors que les circonstances le contraindraient à l'apprendre. Le brassage des soldats, en effet, les contraignit au français[12].

Au début du XXe siècle, il y a donc – très grossièrement – deux France rurales : celle des dialectes d'oïl, où ne résistent que les parlers de régions isolées ; celle de l'occitan et des langues différentes, où le français a plus de mal à s'imposer, malgré l'école. Certaines langues frontalières, soutenues par leur usage hors de France, bénéficièrent d'un sursis : c'est le cas du flamand dans les communes rurales de France, au début du XXe siècle[13].

Ailleurs, les patois sont l'affaire des vieux. Pour les générations montantes, c'est le français, de plus en plus approprié, qui va exprimer la personnalité régionale. La variété des usages va remplacer celle des langues.

3

MODERNITÉ ET VOCABULAIRES

De 1848 à 1914, les thèmes évoluent, mais non les mécanismes d'enrichissement.

On peut noter le développement d'un phénomène pluriséculaire, la création grâce à une morphologie savante, gréco-latine, ainsi que la diffusion de termes déjà attestés dans un nouveau modèle de communication, et enfin les changements d'attitude vis-à-vis de ces innovations, par exemple dans les modes verbales qu'évoquait Balzac (voir ci-dessus). Les controverses entre la bonne *néologie* et l'affreux *néologisme*, qui n'ont pas cessé au cours du XIXe siècle, alimentant le discours lexicographique et le babil puriste, relèvent du dernier point. Les pseudo-révolutions linguistiques du réalisme, du symbolisme, qui sont, sauf exceptions grandioses, des révolutions du Landernau littéraire[1], correspondent seulement à un élargissement portant sur un modèle d'énonciation particulier, celui de l'« écrivain », autorisé dès lors à simuler le discours populaire et à absorber des éléments didactiques (Flaubert dans *Salammbô* ou dans *Bouvard et Pécuchet*, Jules Verne...), à affiner et augmenter pour son usage le stock lexical par tous les procédés acceptables (l'écriture artiste, les symbolistes...). Le vocabulaire familier, puis franchement « populaire » – emprunté à la classe prolétarienne ou à son image mythique – apparaît jusqu'en poésie (Verlaine, Richepin, Bruant, Jehan Rictus), continuant l'opération « Bonnet-rouge-au-vieux-dictionnaire », qu'avait lancée Hugo (voir ci-dessus).

Le mouvement d'enrichissement lexical du français, très sensible dans la seconde moitié du XVIIIe siècle, accéléré pendant et après la

Révolution, continu et puissant avec la révolution industrielle et le romantisme, se poursuit donc après 1848.

Dans une période historique précisément délimitée, l'évolution lexicale n'est guère étudiable qu'en fonction des conditions socioculturelles et des nécessités conceptuelles qui y correspondent. Car les normes objectives, les usages, sélectionnent sévèrement dans les possibilités, quant aux formes et aux sens, en même temps qu'ils ajoutent des éléments imprévisibles, notamment par le mécanisme de l'emprunt. Pour rendre compte de cet usage effectif, il faut toujours évoquer le besoin de nommer, réglé par la société. Or, cette période correspond à deux grands mouvements socio-historiques complémentaires : l'épanouissement du capitalisme industriel et financier, puis colonialiste, articulé sur la mutation et le progrès technico-scientifique, avec tous ses effets sociaux ; et l'apparition de forces cohérentes en lutte contre les développements de ce système : essentiellement, les socialismes. Le lexique reflète cette dialectique : développement du vocabulaire des sciences et des techniques – sociologiquement, les techniques suscitent une explosion lexicale dont bénéficie la diffusion des termes scientifiques, même s'ils sont antérieurs ; enrichissement des vocabulaires idéologiques par le jeu des discours affrontés de la politique.

Les procédés de la création sont sélectionnés et utilisés en fonction de ces tendances. Certains suffixes et préfixes (*-isme*, *-iste*, *anti-*) correspondent aux besoins des idéologies affrontées ; la prolifération des éléments grecs ou latins, combinables de manière de plus en plus libre (création d'« hybrides » fustigée par les puristes), correspond aux nécessités de la conceptualisation scientifique ; celle des emprunts, notamment à l'anglais, au caractère international des progrès techniques et de l'évolution des mœurs. De l'époque évoquée date la constitution *ex nihilo* d'un vocabulaire spécifique pour l'aviation, l'automobile, la plupart des sports, les sciences humaines : *sociologie* avait été créé, on le sait, par Auguste Comte en 1830, mais passe plus tard du statut de théorie personnelle à celui de science en expansion ; *psych[o]-analyse* est emprunté vers 1914 du mot allemand forgé par Freud. En même temps se produit une modification considérable, par enrichissement, de nombreux vocabulaires (la finance et le syndicalisme fourniront deux exemples antithétiques et suggestifs).

Mais les domaines définis thématiquement ne sont pas seuls à évoluer. Le vocabulaire général, apparemment plus stable, subit des réorganisations : évolutions sémantiques, extensions, spécialisations, transferts, selon les règles probablement universelles de la rhétorique inconsciente. Il en est de même pour le renouvellement dû à « l'usure » des mots. Un signifiant nouveau peut jouer un rôle affectif : les oppositions sociales suscitent un vocabulaire aggressif-défensif relativement neuf, l'apparition de la publicité commerciale massive incite à associer un signe au produit que l'on veut vendre ; dans chaque cas, certains procédés linguistiques sont préférés : pour la publicité, la valorisation pseudo-scientifique (morphologie gréco-latine ou rhétorique, dont on trouve des exemples déjà chez Balzac : *César Birotteau*) cède lentement la place à la valorisation par l'origine étrangère (l'anglicisme). Plus généralement, on passe de l'universalité du savoir à l'importation récente, garantie de supériorité sociale (cf. le vocabulaire « scientiste » du pharmacien rationaliste et pédant Homais, dans *Madame Bovary*).

Faute de pouvoir inventorier, dans chaque domaine d'importance pour les sociétés francophones – il ne suffit pas de le faire pour la France –, les mouvements du vocabulaire, on peut rappeler que pendant le second Empire et la IIIe République jusqu'à la guerre de 1914-1918, dans la Belgique et la Suisse contemporaines, au Canada français, dans l'Empire franco-belge d'Afrique, aux Caraïbes et dans l'océan Indien, ou bien en Extrême-Orient, les besoins d'expression et de communication sont très différents.

En Europe, le fait le plus frappant est l'importance sans cesse accrue de la science. La physique, où la branche électromagnétique se développe, la chimie d'après Lavoisier auxquelles s'ajoutent les applications techniques et industrielles, restent essentielles. S'y ajoutent les sciences de la vie, avec les taxinomies botanique et zoologique, dans l'héritage de Linné, la théorie cellulaire élaborée dans la première moitié du siècle, mais qui produit tout un vocabulaire après 1850 (souvent formé en allemand). Un mot ancien, *évolution*, reçoit à cette époque une valeur épistémologique fondamentale, et des applications nombreuses. Si le mot *embryologie* apparaît au XVIIIe siècle, le vocabulaire de cette science est formé après 1840, notamment en allemand par Haeckel. Il en va de même pour la paléontologie, dont la terminologie s'élabore en partie en français. Au croisement de la chimie et de la biologie, les découvertes de Pasteur, qui suscitent de nouvelles définitions de termes existants (*virus*) et des créations nouvelles, parfois destinées à devenir très usuelles (*microbe*, qui vieillira au profit de *microorganisme*, plus savant). Avec l'apparition des sciences de la transmission de la vie (*genetics* est forgé par William Bateson en 1906), ce sont les connaissances scientifiques et les pratiques médicales qui sont infiniment enrichies. Les vocabulaires doivent suivre[2].

Un autre domaine-clé est celui des sciences « humaines », avec une « psychologie » (mot du XVIIIe siècle dans un sens compatible avec sa valeur moderne), une « sociologie » (création d'Auguste Comte, on l'a vu), une « ethnologie » et une « ethnographie » (termes de la fin du XVIIIe siècle et du début du XIXe), puis une « anthropologie », toutes avides de mots et d'expressions nouvelles, y compris des emprunts à des langues mal connues (*tabou*, transmis au XVIIIe siècle par Cook).

Quant à la médecine, son caractère de pratique devenue scientifique la voue à une inondation terminologique que l'enseignement et la clinique contraignent les médecins à maîtriser et qui doit en partie figurer dans le vocabulaire des « soignants », comme on dira plus tard, et finalement, avec un énorme filtrage et d'inévitables glissements sémantiques, dans celui des malades, c'est-à-dire, dira le docteur Knock, de tout le monde.

Ainsi, valide en mathématiques ou dans les laboratoires, le clivage entre lexique de tous et « langages de spécialité » est dans d'autres secteurs une vue de l'esprit. La chose est évidente dès que les échanges verbaux concernant un domaine échappent aux seuls spécialistes, et touchent un public plus large, ne serait-ce que par la pédagogie.

On le constate, dans la période considérée, quand apparaissent, après les transports à vapeur – chemin de fer et navigation –, d'autres modes de locomotion, la bicyclette, l'automobile et, dans les airs, les « plus lourds que l'air »[3]. Aux mêmes époques, le transport ferroviaire évolue, devient urbain[4], et son lexique se transforme.

La fin du XIXe siècle et le début du XXe voient aussi le développement, en Europe puis en Amérique du Nord, d'un vocabulaire du cinéma[5], particulièrement fécond en américanismes, malgré la création de *cinématographe* par les frères Lumière. D'autres façons d'en parler seront requises lorsque le cinéma, plus tard, deviendra sonore et parlant, ce qui changera son impact langagier.

La trajectoire accomplie par le mot *sport*, qui apparut en français dans le *Journal des haras* en 1828, est à la mesure de l'importance sociale prise par ce concept imprécis dès le départ. Après s'être appliqué à peu près seulement aux courses de chevaux sur le *turf*, ainsi qu'aux « courses aux cochers » qu'évoque déjà Musset (le *steeple-chase*), « sport » s'est différencié, codifié, enrichi, toujours par imitation assez servile des coutumes anglo-saxonnes. L'origine de certains sports britanniques répandus ensuite dans le monde est d'une précision impitoyable : *Rugby* pour le jeu de ballon qui prit ce nom, Saint-Andrews, en Ecosse, pour le *golf*... Repaire farouche d'anglicismes en français – les francisations sont d'abord rares –, le domaine sportif participe de l'exercice, du spectacle, avant de devenir activité économique. Sa pratique est mise en discours par une presse spéciale, dans un contexte où les tirages des principaux quotidiens se sont énormément accrus (un million d'exemplaires et plus). Le sport y prend sa place ; elle est intégrale dans *Le Vélo* (1891), *L'Auto* (1900) et *Le Journal des sports*, où les termes techniques, en général empruntés, voisinent avec ceux qui deviennent connus de tous les francophones. Le tout est mis en œuvre par une rhétorique aux procédés multiples, selon les disciplines, en général dans l'outrance, où l'admiration pour les exploits, l'excitation pour le suspens, l'exaltation des valeurs nationales ou très régionales (les clubs) prennent de plus en plus de place. Entre technicité assumée – écartant les profanes – et épopée claironnée, le discours du sport débouche sur des mythologies populaires et des investissements collectifs qui ont trouvé leur expression langagière, d'abord écrite, puis, grâce à la radio, orale [6].

Cette dramatisation rhétorique de l'exercice physique n'est pas spécifique. A chaque vocabulaire de domaine – la terminologie, qui conceptualise et nomme, n'entraîne pas ce genre de conséquences – correspond une mise en discours plus ou moins repérable. Celle des sports est sociologiquement remarquable, dans le cadre de cette infantilisation collective analysée par Huizinga dans *Homo Ludens*.

4

LA LITTÉRATURE,
REFLET DES PAROLES SOCIALES

L'usage linguistique français après 1848 subit une évolution que l'on néglige souvent d'étudier, sans doute parce qu'elle est trop évidente et qu'elle risque de masquer ou de déformer les tendances dont on vient de parler. Cette évolution concerne les jugements linguistiques naïfs et spontanés, souvent inconscients, qu'il ne faut confondre ni avec les prescriptions volontaires et les tentatives d'interventionnisme linguistique (souvent inefficaces), ni avec la conscience métalinguistique élaborée de l'idéologie (le purisme, l'enseignement) ou de la science (la linguistique, la phonétique, les sciences du discours). Dans ce domaine, la littérature constitue un poste d'observation irremplaçable, de par la sensibilité « professionnelle » de l'écrivain, lorsqu'il veut transcrire la société, aux variantes de l'usage. Après les œuvres de Balzac, de George Sand, de Sue, d'Henri Monnier, de Murger, celles de Hugo, notamment *Les Misérables*, de Flaubert, de Maupassant, de Daudet, de Zola, des Goncourt, de Champfleury, de Duranty, fourmillent d'observations sur les usages de langage, qui constituent un corpus de jugements implicites ou explicites. L'abandon de la rhétorique unifiante du XVIIIe siècle et le souci d'exactitude dans la reproduction du discours d'autrui sont deux caractéristiques majeures du discours littéraire prosaïque au XIXe siècle. Le langage apparaît souvent comme tel dans le discours littéraire de l'époque et commence à perdre son abstraction unitaire, sa fallacieuse transparence.

Sur le rapport nécessaire entre langue et discours littéraire, on notera que la principale histoire de la littérature française à cette époque, publiée sous la direction de Louis Petit de Julleville autour de 1900, a pour titre complet : *Histoire de la langue et de la littérature françaises*. Dans chacun des sept volumes, en effet, figure une étude sur l'histoire du français par le jeune Ferdinand Brunot, et c'est même son travail sur la naissance du français, avant toute considération littéraire, qui ouvre le premier volume. On éclairera la démarche qui préside à cet ouvrage, en citant de son principal auteur le passage liminaire des *Notions générales sur les origines et sur l'histoire de la langue française*, publié avant la grande histoire littéraire, en 1883 :

L'histoire de la langue ne doit pas être confondue avec celle de la littérature. La langue est l'instrument de la littérature [...]. Tout ce qui est parlé appartient à l'historien de la langue. Le langage du paysan à sa charrue, du soldat dans le camp, de l'ouvrier dans l'atelier, l'intéressent autant, peut-être plus, que la plus belle *Oraison funèbre* de Bossuet, écrite dans une langue admirable, mais pour ainsi dire idéale [...]. (Louis PETIT DE JULLEVILLE.)

Ce sont les prolongements du romantisme qui manifestent le mieux cet important phénomène social : la prise de conscience bourgeoise de l'altérité dans la parole. La grande œuvre en prose du XIXe siècle se caractérise partiellement comme le lieu fictif où se rassemblent et s'enchaînent les produits d'énonciations socialement distinctes. L'image concrète de ce lieu est d'ailleurs souvent évoquée dans la littérature : la pension, l'auberge, le salon mondain, la diligence... Les procédés du dialogue, du discours rapporté, du discours indirect libre cachent et révèlent le besoin dialectique de l'unité du texte dans la pluralité des discours. Non content de transmuer son propre énoncé en œuvre d'art, le créateur en langage forme son œuvre avec la matière apparemment brute – en fait sélectionnée, transposée, imaginée, simulée, traitée... – de la parole de l'Autre. C'est notamment l'Autre social, au visage obscur et terrible, qui se manifeste : le Peuple aux millions de bouches, aux phrases qui témoignent d'une autre Loi (d'une autre grammaire), aux mots étranges et grotesques, faits pour fasciner l'écrivain, qui se veut le maître des signes. Le Hugo des *Contemplations*, on l'a vu, avait proclamé cette prise de pouvoir du « mot roturier ». Celui des *Misérables* l'illustre puissamment.

Les Misérables paraissent en 1862 ; même si les personnages, de Javert à Valjean, y parlent peu ou prou comme Hugo écrit – cette harmonisation rhétorique permet d'ailleurs de mieux dégager les oppositions pertinentes de la syntaxe et du lexique –, les faits de langage y sont innombrables, on les supposera bien observés, et ils sont fréquemment éclairés dans leur genèse. C'est le cas du procédé par analogie dans : « – Toi ! Va à ton affaire ! [...] – J'y vas, cria Gavroche » (p. 1161, Pléiade). Il est souvent impossible de savoir si certains traits appartiennent au modèle ou à la réécriture par l'auteur (Gavroche emploie la négation complète, avec *ne*, ce qui serait significatif si la notation était intentionnelle), mais le vocabulaire et les tours prêtés aux divers personnages, par leurs contrastes, permettent d'opposer les usages selon plusieurs axes : sexe (discours des hommes et des femmes de même milieu, par exemple chez les Thénardier), niveau social, âge, etc. Certains passages, volontairement traités comme populaires et teintés d'argot, attestent *a contrario* la rareté de phénomènes développés plus tard en français familier. Ainsi, du système interrogatif dans ce dialogue entre deux masques qui préparent un mauvais coup, lors du mariage de Marius et de Cosette (la scène se passe le 16 février 1833) : l'inversion y est généralement faite (*vois-tu..., peux-tu..., d'où vient-elle...*), mais on trouve, impliquant un phénomène d'intonation et après une demande (« Il faut que tu tâches de savoir où est allée cette noce-là »), l'échange suivant : « Où elle va ? – Oui. – Je le sais. – Où va-t-elle donc ? » Ce « où elle va ? », qui paraît nouveau en français écrit, témoigne de l'apparition d'une tendance syntaxique du langage parlé.

Le travail descriptif de Hugo, celui de Balzac, dont il a été question, celui d'Eugène Sue dans *Les Mystères de Paris*, affectent les apparences de l'objectivité, mais la simple constatation des différences et la nature du modèle d'énonciation qui unifie ces discours par le style de l'écrivain constituent déjà un système évaluatif. Ainsi, chez Flaubert, la parole de Homais et, plus encore, celle de Bouvard et de Pécuchet constituent une mise en accusation du phénomène de transfert par lequel les terminologies scientifiques sont « vulgarisées » et intégrées au lexique disponible de couches sociales plus larges, qui maîtrisent mal les contenus de pensée. Le problème de l'emprunt individuel – d'un type d'usage à un autre – fournissant un stock lexical mal intégré et s'opposant aux vocabulaires hérités, plus stables, n'est pas seulement linguistique ; il correspond au mouvement social, à la diffusion des connaissances qui implique une destructuration conceptuelle repérable dans l'« usure », les « déviations », les « contresens » portant sur les signes transférés. Linguistiquement analogue, le phénomène qui produit le discours snob développé au début du XXe siècle implique aussi un transfert déformant, qui n'épargne pas le signifiant.

Des argots, ou l'argot ?

Le surgissement de l'argot, jargon terrible du crime chez Balzac, Sue et Hugo, discours menaçant du peuple chez les Goncourt, et la diffusion rassurante de son lexique dans l'usage petit-bourgeois ou snob (phénomène beaucoup plus tardif) se lisent dans l'histoire de cette période et correspondent, tout comme la vulgarisation des mots de la science, à l'usure de signifiants dont le poids obscur effrayait et à la construction d'une compétence lexicale hybride, très enrichie et sujette à des distorsions sémantiques qui la font sévèrement juger.

Un mot sur l'argot en français. Ce n'est pas une langue, ni même un usage, mais un lexique, qui s'emploie dans un discours « populaire » (et urbain). Comme tout lexique, l'argot utilise des procédés formels, classiques (abréviations, ellipses...) ou spécifiques (javanais, loucherbem, premiers essais timides de verlan). « L'argot n'existe pas » (Gaston Esnault, en 1901 ; il ajoutait : « Delesalle[1] devrait être fondu dans Littré. ») Il y a en effet un argot par milieu socioprofessionnel. Cependant, l'argot des séminaristes, celui des grandes Ecoles, celui des comédiens, des ingénieurs, des facteurs ou des instituteurs n'ont pas passionné l'opinion (elle avait tort). Car tout vocabulaire destiné à bloquer la compréhension hors de la communauté qui l'emploie et à se reconnaître entre soi, pour les membres de cette communauté, est un argot.

L'argot implique l'exclusion ; *un* argot – comme on dit « *un* usage » – populaire ou savant exclut tous les autres.

Un argot parmi tous est le mieux perçu. Il est socialement extrême, mieux défendu contre le monde extérieur parce que ses usagers, étant hors la loi, risquaient la prison ou la mort. C'était le « jargon » des malfaiteurs, pratiqué déjà par Villon, celui des « classes dangereuses », comme on disait au XIXe siècle. Baptisé du nom d'un royaume imaginaire où se retrouvent mystérieusement les faux aveugles et estropiés qui vivent de l'argent des autres (les « truands »), l'argot est le jargon des jargons. Il réapparaît au début du XIXe siècle, vite évoqué – on l'a dit plus haut – par de grands écrivains, étudié par Michel Dubois, à propos de celui des forçats du bagne de Brest, en 1821 (*Le Français dans le monde*, 1961 et 1962). C'est dans les années 1860 que le monde extérieur s'intéresse à l'argot : le *Dictionnaire de la langue verte* d'Alfred Delvau est publié en 1866. De très nombreux ouvrages similaires parurent ensuite, tandis que l'exploitation narrative et littéraire, voire poétique de ce qu'on appelle dès lors l'« argot », absolument, ou la « langue verte » devient un genre.

On ne se contente plus de typer des personnages par leur vocabulaire « argotique » – comme le faisaient Hugo ou Eugène Sue, s'agissant de délinquants –, on intègre ce type d'usages à des milieux populaires nullement hors la loi, comme le fait Zola. Dans *Les Sœurs Vatard*, du Huysmans naturaliste, les héroïnes, qui sont de jeunes ouvrières, parlent « peuple » ; ce sont les hommes qui utilisent des expressions argotiques : « Vous êtes d'un rupin. – On va trimballer sa blonde, mon vieux ; nous irons lichoter un rigolboche à la place Pinel [...]. » Malgré l'incompréhension relative que l'auteur attendait du lecteur bourgeois, cet « argot », comme celui des frères Goncourt (*Germinie Lacerteux*, *La Fille Elisa*), n'est plus très « argot ». Un cran de plus dans la mode argotière, figurent les systèmes de transcription de la langue populaire orale mis au point par Jean Richepin, dans *La Chanson des gueux*, par Jehan Rictus (*Les Soliloques du pauvre*), par André Gill ou Aristide Bruant, dont les chansons sont encore célèbres (notamment celles du recueil *Dans la rue*). Nous en reparlerons.

L'utilisation poétique ou stylistique de mots d'argot et d'une grammaire orale populaire (parisienne, en général) est distincte de l'usage spontané du vocabulaire d'abord secret qu'on appelle à bon droit « argot ». La frontière entre certains usages populaires faubouriens et un véritable « argot du milieu » est floue. Le linguiste Lazare Sainéan, en 1912, notait que s'il y avait jusqu'au milieu du XIXe siècle deux usages distincts, l'« argot » et le « bas-langage », ils se sont « fondus en un idiome unique, l'argot – il écrit aussi "le vulgaire" – parisien ».

C'était sans doute durcir le trait, mais bien poser le problème. La fin du langage crypté, à coups de procédés formels et sémantiques complexes, langage destiné à l'isolement langagier d'un groupe délictueux, est accomplie lorsque l'« argot » devient une mode, un style, un instrument de revendication sociale ou de lyrisme populaire. Quand, pendant la guerre « de 14-18 », on étudie un argot des poilus, un « argot des tranchées »[2], il ne s'agit évidemment plus de la parole plus ou moins secrète des « classes dangereuses ». On montre par là le prestige, auprès de la réunion d'hommes venant de toutes les régions de France, du langage populaire parisien, facteur d'unification dans la variation même, par l'écart qui oppose ce faux « argot » au bon usage des bourgeois et de l'école. Ce poilu est le petit-fils de Gavroche : peuple et courage.

Ce que l'on constate dans les transpositions des usages, qu'il s'agisse de l'argot des délinquants ou des parlers populaires parisiens teintés d'argot, on peut l'observer chaque fois que, dans une œuvre littéraire, il y a écart entre l'usage écrit à finalité esthétique de l'écrivain et d'autres usages qu'il veut refléter.

Registres

La littérature de la seconde moitié du XIXe siècle constitue donc un remarquable champ d'observation pour l'analyse des variantes d'usage du français et pour les attitudes évaluatives qu'elles suscitent (plutôt positives chez Hugo, inquiètes chez Sue, dégoûtées mais curieuses chez les Goncourt). Plus que dans le discours explicite de la norme, généralement anachronique, c'est là que transparaissent les réalités sociolinguistiques, évidemment traitées et transposées.

Il faut souligner, plus tard, l'apparition de traits considérés comme « populaires » dans l'énoncé même de l'auteur, par le discours indirect libre (par exemple chez Zola, qui simule volontiers le type d'énonciation du milieu qu'il dépeint), ou pour enrichir le modèle, ceci jusque dans le discours poétique (Rimbaud, Verlaine...).

Cet aspect des textes littéraires, surtout les romans, nouvelles, récits, correspondances intimes (celles de Flaubert, très riche en façons de parler débridées), journaux intimes ou non (entre l'édition expurgée du *Journal* des Goncourt – concernant la période 1851-1896 – et l'intégrale, il y a tout l'espace du tabou social, alors considérable). Maupassant est une mine de langage paysan de Normandie et petit-bourgeois de Paris ; dans le Daudet des *Tartarin* et des *Lettres de mon moulin*, l'écrivain très parisien note des bribes de provençal et attribue au discours régional « méridional » les effets de grossissement qui feront le succès des histoires marseillaises. Quand Flaubert s'intéresse au monde qui l'entoure, et qu'il n'aime pas, il fait parler les orateurs de comices agricoles et les hobereaux, les paysans et les prêteurs sur gage, les imbéciles naturels et artificiels (Homais) réunis dans *Madame Bovary*. Avec *L'Education sentimentale*, c'est, en dérision, la parole politique parisienne... A la différence des romans sentimentaux et mondains aux discours fades et convenus (tel Charles de Bernard, qui, par un profond mystère, a les honneurs, seul de son temps, du sévère *Dictionnaire* d'Emile Littré).

Et puis il y a, sans rapports entre eux, autre qu'un immense succès

– et c'est beaucoup, en sociologie des discours –, la planète Jules Verne et la planète Zola. La première est bourrée de terminologies scientifiques et techniques, de laïus savants et de gouaille – un titi bien français joue les Sganarelle aux côtés d'un gentleman britannique : *Le Tour du monde en quatre-vingts jours*. La seconde – sur le plan qui nous occupe ici – prolonge Balzac dans l'évocation d'une société qui a énormément changé, dans l'inventaire un peu maniaque, étourdissant, de toutes sortes de vocabulaires (les denrées alimentaires, la mode, le commerce, la finance, la mine...) où il faut bien qu'on parle, chacun à sa manière. Beaucoup pensent que le reflet des usages sociaux du français, chez Zola, est artificiel. Disons qu'il ne s'accorde pas toujours avec la puissance du récit lui-même. Il est possible que le langage des mineurs de *Germinal* (1885 : cent mille exemplaires vendus) soit transposé et intégré dans le grand projet stylistique zolien, mais le lecteur d'aujourd'hui sent une musique vocale qu'il a envie de croire véridique quand, dans *L'Assommoir*, la noce de Gervaise, bien arrosée, entraîne quelques prolos dans les salles du Louvre, en une cocasse et terrible confrontation entre les trésors de l'art, de la culture, et ceux qui n'y ont droit qu'en apparence, car les musées sont ouverts à tous.

Bien entendu, « le niveau de langue » de l'auteur est distinct de ceux qu'il prête à ses personnages : les deux sont des effets de l'art, mais le second, en apparence libre et varié, se veut contraint par l'observation juste ou erronée, précise ou distraite, neutre ou chargée d'intentions – avec l'intervention, parfois, de l'ironie critique : Jules Renard, Courteline –, des paroles de l'Autre. L'époque commence à pratiquer le transfert du discours de l'auteur à un narrateur supposé : il s'agit alors, comme dans les romans par lettres du XVIIIe siècle, comme dans tout théâtre « réaliste », de s'approprier la parole de l'autre, en forçant sur la part de spontanéité relâchée qu'il y a dans la parole du plus érudit, du plus intellectuel des auteurs. Dans *Le Journal d'une femme de chambre*, Mirbeau fait s'exprimer au long du roman un personnage assez odieux, haineux, antisémite enragé, gouailleur, vulgaire ; le procédé vient s'ajouter aux dialogues et aux évocations de paroles en style indirect.

Il ne s'agit pas ici de techniques romanesques ou narratives ; seulement d'une ouverture sur l'infinie variété des discours, ouverture sans doute biaisée, déformante, mais, chez les auteurs attentifs à l'oreille sûre – Balzac, Hugo, selon un jugement intuitif –, il arrive qu'on entende véritablement, peut-être mieux que par enregistrement fidèle, grâce au grossissement du trait, la variété psychologique et sociale des manières d'exprimer et de communiquer en langue française.

Oral-écrit : de nouveaux rapports

Un domaine où la pluralité des discours est constitutive est le théâtre. Fort peu, il est vrai, au XVIIe siècle (mais il y a Molière), un peu plus au XVIIIe grâce à Marivaux, à Beaumarchais, et complètement, dans une grande partie – celle qui survit – du spectacle théâtral du XIXe siècle, surtout après le recul du théâtre en vers.

Au théâtre, les personnages, et notamment ceux qui parlent « normalement », en prose, surtout les personnages à vertu comique, sont en effet caractérisés par leur type de discours plus encore que par leur figure, leur vêture, leurs gestes. L'alternance – surtout quand elle est vive, mimant la réalité des échanges verbaux – d'énoncés réassumés par des comédiens, pseudo-locuteurs qui « parlent » un texte d'auteur lorsqu'ils n'improvisent pas, dépeint la rencontre de plusieurs comportements psychologiques et sociaux ; elle est par nature favorable à la peinture, à l'appréciation et à l'utilisation d'usages linguistiques reconnaissables par le spectateur.

Hors du théâtre, et pour des raisons de nature diverse, les rapports entre oral et écrit, observables en français plus que dans les dialectes et langues dominées, sont alors en train de changer. L'écrit imprimé se multipliant, il est lu par des masses plus nombreuses : plusieurs systèmes de diffusion se concurrencent. Le colportage, on l'a noté, disparaît peu à peu, relayé par la poste, qui distribue périodiques et journaux. Ceux-ci, au départ réservés à des lecteurs assez entraînés (le couple bourgeois-journal est un stéréotype littéraire depuis 1830), se diffusent par des contenus adaptés à des publics plus populaires, notamment par les nouvelles techniques d'illustration. Celles-ci suscitent des ouvrages et des hebdomadaires d'un type nouveau, où langage imprimé et images jouent chacun leur partie. On n'en est pas encore à la véritable bande dessinée, mais les histoires en images légendées, avec des talents d'illustrateurs et de rédacteurs (parfois le même) très remarquables, sont un support nouveau et important dans la représentation, qui n'était que livresque et littéraire, de la variation des usages langagiers. Le rôle de Georges Colomb, qui signe Christophe, est bien connu : dans le célèbre *Sapeur Camember*[3], comme dans la Bécassine de Caumery pour le texte et Joseph Pinchon pour un graphisme mémorable (publié à partir de 1902 dans *La Semaine de Suzette*), le discours en français « fautif » est dépeint à l'intention des enfants, à l'image lointaine des ilotes enivrés pour dégoûter les jeunes Spartiates de l'alcoolisme. Mais à Sparte, apparemment, on ne riait guère, alors que les bourdes de l'excellent Camember et de la naïve bretonne, de même que la transcription du lourd accent alsacien de Mamizelle Victoire (dans *Camember*) devaient avant tout amuser. Plus marqués par l'usage populaire teinté d'argot, les trois personnages étonnants de Louis Forton (1878-1934)[4], ces *Pieds Nickelés* dont le nom, écrit de manière trompeuse, évoque à tort un métal brillant, alors qu'il s'agit d'un mot dialectal, *niclé*, qui désigne une infirmité évoquée pour justifier la paresse. C'est là, dans un journal pour gamins échappant aux influences des catéchismes, *L'Epatant*, que naît en France ce qui commence à ressembler à une bédé.

L'usage qui est représenté là n'est pas celui de l'école. C'est vrai aussi des recueils de jeux sur le langage, où la forme est utilisée pour produire du sens de manière comique et incongrue : en effet, à côté des almanachs traditionnels remplis d'informations et d'illustrations (ceux de Hachette, entre 1880 et 1900, sont très lus), apparaissent ces recueils de drôleries verbales dont le plus illustre est l'*Almanach Vermot*, qui paraît en 1886, auquel des publications comme le *Journal amusant* font concurrence.

Cependant, grâce aux évolutions techniques, le dicton latin séculaire, *verba volant, scripta manent*, cesse d'être absolument vrai. Le phonographe, grâce à Charles Cros et à Thomas Edison, est mis au point à la fin des années 1870. Qu'enregistre-t-on alors ? La voix humaine sous des formes supposées artistiques : chant ou chanson, déclamation des acteurs et actrices célèbres. Pas encore la parole quotidienne, en partie pour des raisons pratiques ; le matériel est encore encombrant et peu maniable. Les choses changeront avec le magnétophone, imaginé à l'extrême fin du XIXe siècle.

Cependant, la machine à enregistrer va, peu avant la Grande Guerre, faire évoluer les sciences de la parole : en 1911, l'industriel Emile Pathé offre au laboratoire de phonétique de la Sorbonne des enregistreurs. Dès l'année suivante, Ferdinand Brunot et le jeune Charles Bruneau partent en expédition automobile pour une enquête linguistique de terrain dans les Ardennes[5] et en Belgique wallonne.

Mais avant cet apport de la technique, les spécialistes notaient la parole effective pour l'étudier : l'idée de Brunot, constituer des *Archives de la parole*, va pouvoir se réaliser au XXe siècle.

Sur le plan des inventaires de la prononciation des mots français, ce n'est pas par hasard qu'après le *Dictionnaire phonétique de la langue française* de Michaelis et Passy (1897), et comme on l'a vu plus haut, deux ouvrages importants paraissent peu avant 1914, le traité de P. Martinon, *Comment on prononce le français* (1913) et, de M. Grammont, *La Prononciation française* (1914).

VISIONS DU LANGAGE

Dans le même temps où le français, en France, Belgique et Suisse romande, triomphait des autres systèmes linguistiques, s'enrichissait anarchiquement dans son lexique, évoluait peu à peu dans sa phonétique et sa grammaire, et se différenciait régionalement, socialement et professionnellement en usages distincts, les attitudes conscientes à l'égard du phénomène langagier, en général, se modifiaient profondément. Sans doute, les grammaires normatives n'ont pas disparu après 1848, et les leçons du comparatisme et de la philologie sont lentes à se formuler. On l'a noté pour la période précédente, les effets du bouleversement conceptuel qui rend possible une science du langage et l'étude des langues envisagées « pour elles-mêmes » (Franz Bopp, en 1833) ne se font pas sentir directement en France. Le XIXe siècle français s'adonne à la philologie, conçue comme la « science des produits de l'esprit humain » (Renan).

Le français n'est plus seulement considéré comme un système rationnel parfait dans ses incohérences mêmes grâce à un « bon usage » autoproclamé (voir les pages qu'y consacre Gilles Siouffi, ci-dessus), mais comme le produit d'une évolution qui le fonde en rationalité (écho lointain et bien affaibli de la pensée leibnizienne) et dont les témoins doivent être inventoriés. C'est dans les dialectes et les textes littéraires d'ancien et de moyen français que va être repérée l'épaisseur anthropologique de la langue et imaginée son insertion dans une raison abstraite, éliminant les abus et les erreurs de l'usage vulgaire.

DES IDÉES NOUVELLES

Dans l'explication des faits de langue, deux grands thèmes se développent. L'un relève d'une vision qui se veut scientifique des mots et du langage, mais qui va devenir ce que Bachelard appelait un « obstacle épistémologique » : c'est la métaphore biologique. Celle-ci part d'une réelle avancée scientifique, matérialisée par le texte superbe et fondateur de Claude Bernard, *Introduction à la médecine expérimentale* (1866), et par les progrès foudroyants des sciences de la vie (dont il a été question ici en matière de vocabulaire et de terminologie, voir le chapitre 3). Stimulée par certains aspects de la linguistique comparative, puis historique des Allemands, par exemple ce qu'on a appelé l'« organicisme » de Schleicher, diffusé en Angleterre par le plus célèbre linguiste de l'époque, Max Müller, mais surtout par le développement des idées scientifiques en France (Pasteur) et hors de France (Darwin), la métaphore vitale envahit la réflexion sur le langage. Elle prend des allures respectables lorsqu'elle est utilisée par de vrais linguistes, comme le brillant Arsène Darmesteter, coauteur du meilleur dictionnaire de la langue française de cette époque, le *Dictionnaire général* de Hatzfeld, Darmesteter et Thomas. Elle est plus douteuse quand elle entraîne l'idée d'une pathologie ou de maladies du langage, qui vient commodément à la rescousse du purisme[1].

Jacques-Philippe Saint-Gérand en a trouvé un exemple frappant, concernant l'usage du français transmis par la presse, devenue extraordinairement influente :

C'est la presse qui est véritablement le « bouillon de culture » de tous ces microbes infestant notre langue, car c'est de la lecture des journaux que se nourrit principalement l'esprit de nos contemporains. (Théodore JORAN, *Le Péril de la Syntaxe et la Crise de l'Orthographe*, Paris, 1896 ; cité par J.-Ph. SAINT-GÉRAND dans *Nouvelle histoire de la langue française, op. cit.*, p. 430.)

Dans un registre ni polémique ni journalistique, Arsène Darmesteter, auteur respecté de *La Vie des mots*, interprétait métaphoriquement en 1866 leur histoire en termes darwiniens de lutte pour la vie et en termes d'embryologie, de la « cellule » à l'« organisme ». Mais le correctif vient, dans son magnifique traité sur la formation et l'histoire des mots du *Dictionnaire général* : « la vie du langage, cette vie *que notre esprit prête* [je souligne] aux groupes de sons que nous appelons des mots ».

Ainsi, les sciences de la vie et celle qui raconte la vie après sa disparition, la paléontologie, métaphore aimée de Littré quant à la reconstitution des formes anciennes, contaminent fortement, et pour longtemps malgré les mises en garde, la pensée historique sur la langue. Cuvier et Darwin, Claude Bernard et Pasteur, à leur insu, sont mobilisés par la « grammaire » et la « lexicologie » laroussienne.

Ce qui semble être la première « histoire » de la langue française, toute narrative et accrochée à l'histoire générale[2], faisait l'économie du discours biologique. Avec Albin de Chevallet, auteur de *Origine et formation de la langue française* (1858), une perspective plus sociologique induit la métaphore de l'« organisme »[3]. Puis, avec l'ouvrage d'Augustin Pellissier : *La Langue française depuis son origine jusqu'à nos jours. Tableau historique de sa formation et de ses progrès* (Paris, Didier, 1866), la métaphore devient – comme chez Schleicher – une hypothèse voulue scientifique. Jacques-Philippe Saint-Gérand parle de « bouleversement épistémologique », et cite Pellissier : « une langue [...] présente tous les caractères d'un organisme soumis à la loi de la vie et de la mort ». Ce n'est pas au nom des lois de la biologie, mais de celles de la logique, que se réclame, dans son exposé du lexique français, Adolphe Hatzfeld dans le *Dictionnaire général*, ou l'inspecteur Arsène Chassang dans sa *Nouvelle grammaire* de 1876[4]. Ce dernier écrit que, si l'on veut sortir, en exposant la grammaire du français, d'« un amas de règles qui ne disent rien à l'esprit et d'exceptions qui ne se comprennent pas », il faut recourir aux « explications » fournies par l'histoire sous forme d'un « enchaînement logique de causes et d'effets ». Cette mise en cause de l'« émiettement de la doctrine grammaticale » visait toutes les remarques puristes ou descriptives, de Vaugelas aux dictionnaires de difficultés, aux répertoires de fautes, aux donneurs de leçons hargneux du type Francis Wey ou aux amateurs esthètes (bientôt, ce sera Gourmont). Elle signale le début d'une véritable linguistique appliquée au français.

Celle-ci, souvent par la leçon allemande, se développe vite à la fin du XIXe siècle.

Après l'initiative « troubadouresque » d'un Raynouard, accordé à la sensibilité romantique, c'est l'esprit philologique exalté par Renan, et le travail solitaire des érudits, moines et laïques, chartistes et linguistes, qui va animer la redécouverte réelle de l'ancien et du moyen français.

Mais celui-ci produit des effets contrastés : d'un côté, romantisme et post-romantisme des lyrismes folkloriques et régionaux : en Occitanie provençale, le félibrige ne concerne pas seulement la littérature en langue occitane. C'est un phénomène majeur pour la perception des langues en France, par rapport au français, à l'époque où elles sont très officiellement mises à mal. L'occitan, à travers le prisme provençal, lyrique et traditionaliste, voire réactionnaire (Mistral est ami de Maurras), prend une image forte, qui agit à la fois sur celle des dialectes d'oc encore vivants et sur l'image globale d'une langue « provençale » digne de respect. Le provençal de Roumanille, d'Aubanel – parfois traduit par le conteur de la Provence en français, Paul Arène, très présent dans les manuels de lecture du XXe siècle – et, naturellement, de Frederi Mistral (le mistral, le « magistral ») qui écrit ses œuvres en deux langues, est en France une langue étrangère pas comme les autres, langue littéraire sous-tendue par un passé glorieux, et aussi par un présent régional divisé, mais vivant.

Mistral est aussi l'auteur du grand *Trésor dou Félibrige*, lexique important de l'occitan provençal (1878).

Les débuts de la scientifisation, sensibles dans la récolte des faits observables, c'est-à-dire des textes, dans leur description, leur analyse et leur classement, alimentent, selon un paradoxe courant, l'idéologie (le contraire de la science) en tentant de justifier par le passé – notamment le passé féodal, dont témoignent l'ancien et le moyen français – et par les séquelles de ce passé perpétuées dans une société rurale menacée (les dialectes) un système linguistique lentement modifié dans ses structures et qui subit une révolution lexicale – et donc sémantique. C'est proprement d'une réaction qu'il s'agit, mais d'une réaction contre une modernité elle-même consciemment réactionnaire (le second Empire) et qui véhicule malgré elle les conditions de sa disparition. Le recours au « gothique », commun au romantisme et au comparatisme, l'intérêt pour les dialectes et les folklores qui ont commencé avec le romantisme, débouchent à la fois sur le purisme académique, sur le conservatisme éclairé de Littré, sur la sémiologie d'Auguste Comte et sur la poétique mallarméenne.

Au contraire, les praticiens, et d'abord les créateurs, ou, comme dira Valéry, les « artisans en langage », sont immédiatement écoutés, sinon compris. La révolution romantique avait redonné au signe lexical son statut proprement littéraire, qui est l'autonymie, le renvoi à soi-même en tant que forme, le caractère *intraduisible*. Ce caractère avait été occulté au XVIIIe siècle, par l'échange de la fonction poétique et du discours didactique – d'où la disparition quasi totale du poétique au profit du versifié. Seule la prose la plus démonstrative, précisément, pouvait se payer le luxe d'une épaisseur signifiante :

Rousseau, Diderot. Après 1848, on peut voir dans le « réalisme », comme dans les écoles poétiques dites Parnasse ou Symbolisme, les suites de la même évolution. Que les romanciers post-balzaciens prennent conscience de la pluralité des usages et enrichissent ainsi la langue écrite (voir plus haut), que les symbolistes et tous les poètes travaillent la matière lexicale (créations formelles et fonctionnelles de l'écriture artiste, par exemple, avec la nominalisation ; emploi de registres en contact : Verlaine ; antiquailles et exotismes des Parnassiens), assouplissent et compliquent la syntaxe à leur usage, le résultat est profondément convergent. Grâce à l'inventivité morphologique et à ses aspects sémantiques ou au transfert entre les types d'usage, des signes inattendus – qu'ils soient ou non inouïs – apparaissent avec leur massiveté, leur opacité signifiante. La méthode la plus discrète, qui affecte de conserver le signe banal ou rare, mais lui confère un signifié récupéré dans l'étymologie, celle de Mallarmé, est aussi la plus subversive.

Ce qui est vrai par la volonté créatrice du poète, qui mêle musique et graphisme, l'est aussi dans la spontanéité populaire. Les mots cryptés de l'argot, lorsqu'ils sont proposés à des lecteurs qui les ignoraient – ce qui est l'intention d'un Bruant, d'un Richepin, comme ce le sera pour les argotiers du XXe siècle –, produisent un effet formel, sonore et graphique, qui en font des caillots inquiétants dans le flux des discours.

Décrire, enseigner

Tout à fait distinctes des visions spontanées du langage, qui correspondent au ressenti social des situations vécues et sont donc contradictoires et souvent conflictuelles, de nombreuses tentatives sont faites pour maîtriser intellectuellement les phénomènes liés à la langue ou aux langues, aux usages, aux prescriptions.

Ceux-ci, au début du XIXe siècle, commencent à être appréhendés de manière voulue « scientifique », soit dans un cadre philosophique, soit par l'apparition des analyses comparatives. Cette révolution épistémologique affectait à la fois la connaissance de la nature (la chimie après Lavoisier, les sciences de la vie après Cuvier et Lamarck) et celle de l'être humain. Sur ce terrain, arraché à la théologie ou à la philosophie, plusieurs projets de science s'organisent et tentent de s'articuler[5]. La linguistique en est un. Mais l'action de ces démarches sur le réel du langage ne sera sensible que par des médiations utilitaires – les grammaires, les dictionnaires qui, avec les nouveaux savoirs, devront évoluer – et idéologiques –, d'abord la passion historique du romantisme, permettant aux penseurs et aux écrivains de prendre de la distance par rapport au poids écrasant de la tradition immédiatement antérieure, ensuite le désir de changer la langue même, voire d'en inventer une qui soit digne de la création poétique.

Emile Littré et Pierre Larousse

A la différence des lentes évolutions du système et du ressenti de la langue, le renouvellement des techniques descriptives qu'on lui applique au XIXe siècle, surtout après 1848, produit assez vite des effets. Littré, en un sens et involontairement, est le vulgarisateur des idées linguistiques de Mallarmé, tout autant que de celles d'Auguste Comte, qu'il reflète moins qu'il ne le pense. Le progrès de la technique lexicographique est évident, de Boiste (1802 et éditions successives) à Bescherelle (1846) ou à ses concurrents, d'eux à Littré. Mais il ne s'agit au fond que d'un rattrapage, et le modèle implicite de Samuel Johnson – auteur au XVIIIe siècle du premier dictionnaire de langue moderne, portant sur l'anglaise, et construit sur un ensemble de citations référenciées –, le modèle explicite des frères Grimm pour l'allemand, comme l'essor des études romanes (Friedrich Diez) informent le travail de Littré et celui de Frédéric Godefroy (1881) sur l'ancien français. L'un comme l'autre sont plutôt en retrait, techniquement, sur ce qui se fait pour les langues germaniques. A la fois terme d'une lente évolution méthodologique dans l'artisanat des dictionnaires et œuvre originale, impliquant une vision hybride du langage, le *Littré* témoigne par ses faiblesses mêmes – élaboration d'une pseudo-langue sous-jacente à tous les discours, depuis Malherbe jusqu'au XIXe siècle ; compilation brute, chronologique, des textes antérieurs à la langue classique ; plans a-systématiques, où critères sémantiques, fréquentiels, formels, conceptuels sont mêlés – d'une contradiction fondamentale. La langue y est vue comme réalisant un ordre rationnel – l'analogie des Anciens –, ce qui justifie une sorte de purisme logicien, et en même temps comme fondée et justifiée par l'histoire, selon le positivisme socio-dynamique de Comte, selon les options implicites de la philologie (Renan dans *L'Avenir de la science*). La rencontre de ces deux ordres aboutit à une conception étrange, qui semble spécifique à la France, de la fonction anthropologique qu'est le langage, conception où l'histoire a pour mission d'assurer la pérennité d'un ordre rationnel et où la science linguistique doit utiliser les connaissances empiriques, non pour assurer des théories en cours d'élaboration, mais pour justifier une sorte d'éclectisme préformé par l'influence des théories classiques détournées de leur sens (Port-Royal, Condillac en premier lieu) et par celle, encore mal assimilée, de Bopp ou de Diez. Cette situation est plus sensible encore chez Hatzfeld, Darmesteter et Thomas, dont le *Dictionnaire général* paru au tournant du siècle surpasse nettement le *Littré* en rigueur philologique, comme l'a établi clairement Gaston Paris dès sa parution, en 1900, mais aggrave par sa présentation systématique – progrès en soi – les fictions de l'« ordre historique ».

Le véritable concurrent de Littré, dans le public, n'est pas un dictionnaire de langue, mais une gigantesque compilation qui révèle une visée entièrement différente : le *Grand Dictionnaire universel* qu'organise et signe Pierre Larousse, et qui paraît à partir de 1866. Larousse, pédagogue et polygraphe, éditeur avisé, est le contraire d'un linguiste. Les signifiants l'intéressent peu, leur histoire (alors que le *Littré* a bourgeonné autour d'un dictionnaire étymologique) ne le retient guère ; héritier des encyclopédistes, il souhaite transmettre à un large public une somme de connaissances, par rapport à quoi la langue de transmission n'est qu'un outil. De fait, les lambeaux de discours – citations non référencées, sinon par une signature souvent éclairante – qui illustrent les descriptions du *Grand Dictionnaire universel du XIXe siècle*, reflètent beaucoup mieux que chez Littré l'état du français (écrit et didactique ou littéraire, parfois même spontané et oral) dans le milieu du XIXe siècle, et leur choix relève de critères conceptuels. Les sciences, les techniques, la masse des connaissances positives y assènent au lecteur les éléments d'une idéologie libérale et rationaliste. Lecteur très partiel, d'ailleurs, car personne, j'imagine, n'a lu entièrement cet énorme livre où des milliers d'élocuteurs, masqués ou effacés (et c'est dommage, car Proudhon et Vallès, dit-on, ont compté parmi les collaborateurs) contribuent à la tenue d'un discours à la fois pédagogique et polémique.

Alors que le succès du dictionnaire de Littré dans la bourgeoisie libérale est dû à un semi-quiproquo, portant sur l'image sociale de l'auteur (en fait, Emile s'adressait surtout à ses chers collègues), celui de Larousse reflète l'appétit de connaissances positives des classes montantes, petite bourgeoisie et frange supérieure des classes techniciennes, mais ce succès était fortement limité par l'ampleur matérielle de l'ouvrage et son objet social par son prix élevé.

Larousse, s'inspirant en cela des frères Bescherelle, décidément innovants, inaugurait alors la formule qui fit le succès des dictionnaires publiés sous son nom, après sa mort : le *Nouveau Larousse illustré* de Claude Augé, le *Petit Larousse* en un volume (1906), continuation sans rupture du *Dictionnaire complet* de Pierre Larousse lui-même (1869). Dans les grands ouvrages, une structure triple : langue, terminologie par domaines, encyclopédie dans certains cas, formait un ensemble didactique encore exploité au XXIe siècle.

Après Littré, se développe la rage du dictionnaire, non plus pour l'amour de la langue, mais pour une illusion de savoir encyclopédique qui rejaillit sur les mots. En 1900, grâce au *Dictionnaire général*, on s'approche enfin, pour le français, de l'analyse sémantique mise en œuvre en Angleterre et en Allemagne. Après Littré et avant 1900, il y eut l'insipide édition du *Dictionnaire* de l'Académie (1878) avec 2 200 mots « nouveaux » – ils ne l'étaient guère – par rapport à l'édition, elle aussi bien faible, mais talentueusement préfacée par Villemain, de 1835. On réédite Bescherelle, surclassé par le *Dictionnaire universel du XIXe siècle* de Pierre Larousse (qu'on vient d'évoquer). Plus encyclopédique et critique que langagier, le *Nouveau Dictionnaire universel* de Maurice Lachâtre (quatre volumes, 1re éd. 1865-1870), fortement idéologique aussi (l'auteur, proche de la Commune, traducteur de Marx, dut s'exiler).

Reflet de l'intérêt croissant pour l'histoire du lexique français – dont témoignent à l'époque les grammaires, on l'a vu –, le grand *Dictionnaire de l'ancienne langue française et de tous ses dialectes* [en fait, les variantes régionales des scriptae], de Frédéric Godefroy (sept volumes, trois de complément pour le français du XVe siècle). Publié de 1880 à 1902, un peu après le Littré et les dix volumes enfin édités du dictionnaire de Lacurne de Sainte-Palaye[6] (annoncé en 1756 !), le Godefroy, critiqué pour sa sémantique déficiente (des pseudo-synonymes en français moderne), demeure la source principale pour le lexique du IXe aux XVe-XVIe siècles.

Autre domaine devenu important à cette époque, les dictionnaires étymologiques viennent compléter les gammes anciennes de dictionnaires d'épithètes (ils disparaissent alors, intégrés cependant au grand œuvre de Larousse), de dictionnaires de synonymes, de succès constant en France depuis celui de l'abbé Girard (1718), ainsi qu'un recueil appelé « analogique » par son auteur (Boissière) et qui pratique ce que les Allemands appellent l'« onomasiologie », art de donner des noms aux idées et aux choses.

Ce sera alors, dans l'édition, le début d'une rage de dictionnaires qui s'amplifiera de manière incontrôlée – et parfois impertinente – du XIXe au XXe siècle, et où la langue française a (et aura) une place très variable, sans même parler des dictionnaires bilingues, essentiels à la diffusion des langues hors de leur milieu maternel.

6

LANGUE, PÉDAGOGIE ET POLITIQUE RÉPUBLICAINES EN FRANCE

La naissance difficile d'une république, troisième et enfin durable, correspond à un remaniement profond des conceptions culturelles en France. La langue française, ayant triomphé en Europe francophone, et notamment sur le territoire national de la France, des systèmes concurrents (patois, autres langues), devient l'outil indispensable d'un vaste transfert de connaissances. La politique d'enseignement pour tous (gratuité, obligation) et d'un enseignement dégagé des pressions idéologiques les plus voyantes (celles de l'Eglise catholique, notamment, d'où le besoin de laïcité) implique des options linguistiques.

La pédagogie de la langue, avant 1870

Cependant, que ce soit pendant le second Empire ou, après 1870, avec la IIIe République, se poursuit l'effort vers l'unification de la norme du français et pour l'éradication de ces damnés patois qui, on l'écrivait depuis des décennies, formaient « une barrière infranchissable pour la loi « scolaire » [1]. Pour franchir cette terrible barrière, on continue à publier, certes, des grammaires [2] et des dictionnaires, des listes de fautes à éviter, mais aussi on réfléchit à des mesures plus rationnelles. Ainsi, en 1849, Bernard Jullien publie chez Louis Hachette un *Cours supérieur de grammaire* où il propose une démarche progressive en quatre périodes : la première, élémentaire, joint aux règles de la prononciation celles de l'écriture, abordant l'orthographe de la phrase (formes d'accords, morphologie du nom, de l'adjectif et du verbe) et conduisant à la lecture aisée. La deuxième consiste à placer les règles dans un ordre rationnel. La troisième, s'adressant à un public déjà formé, consiste à exposer « philosophiquement » les principes. La quatrième, dite *haute grammaire*, est en fait une rhétorique et une stylistique. Projet hybride, en vérité, peu applicable dans une école et qui mêle pédagogie et grammaire théorique. Mais bel effort pour appuyer les pratiques sur des principes. En fait, la pédagogie concrète continua d'appliquer sous le second Empire les méthodes empiriques de la période précédente.

Un des mérites de Bernard Jullien était, pour son premier stade d'apprentissage de la langue, de fournir une analyse des sons de cette langue et de leur représentation graphique (lettres et combinaisons de lettres : *ou*, *ch*...), ainsi qu'une étude sur les difficultés orthographiques du français et sur les procédés formels des « figures de mots » de la rhétorique.

Deux ans avant son coup d'Etat (2 décembre 1852), le député Charles Louis Napoléon Bonaparte avait fait voter la loi Falloux, qui autorisait tout citoyen à ouvrir une école primaire et tout bachelier à diriger une école secondaire. L'enseignement d'Etat avait un concurrent durable, l'école privée, surtout école confessionnelle et cléricale : revanche du clergé catholique et, malgré la formation faible des maîtres (les fameux « frères ignorantins »), diffusion du français accrue en milieu patoisant.

L'enseignement, au second Empire, marche sur ces deux jambes, école publique (où le catéchisme est obligatoire), école libre. Elles continuent de s'associer sous la IIIe République, après la liquidation sanglante de la Commune et l'« Ordre moral » de Mac-Mahon (1873-1879), mais la jambe publique se met alors à courir (ou à sauter...) : l'école publique devient laïque – c'est-à-dire neutre quant à la confession religieuse –, gratuite, obligatoire. De 1881 à 1886, des lois organisent cet enseignement. L'instituteur laïque et républicain va devenir une figure locale importante, souvent secrétaire de mairie dans les communes rurales. L'institutrice apparaît, formée elle aussi dans les écoles normales des départements. En 1881 également est organisé un enseignement complet pour les filles, sans latin. Les instit's se trouvent face au clergé enseignant – et le contact est rude dans certaines régions. Dès 1865, sous le second Empire, Victor Duruy avait créé un enseignement secondaire « spécial », d'où disparaissaient le latin et le grec ; l'association du latin seul, ou du latin et du grec, avec une langue vivante, ou bien de deux langues vivantes sans langues anciennes, selon les « sections » des lycées et collèges, date de 1902.

Beaucoup moins essentiels pour les rapports entre les peuples francophones et leur langue – parmi d'autres – que l'école « primaire » – mot ambigu, et qu'il faut prendre au sens de « primordial » – et « secondaire », mot bête d'institution, l'enseignement fièrement qualifié de « supérieur ». Il s'arrange, le malheureux, avec la République troisième ; déjà sous « Napoléon le Petit », en 1868, Victor Duruy, conseillé par une femme que j'imagine admirable et dont je viens de faire la connaissance, Hortense Lacroix (qui eut le malheur sonore de devenir Madame Cornu), inspirée – telle une nouvelle Germaine de Staël – par le haut enseignement d'Allemagne, fonde la toujours admirable *Ecole des hautes études*, afin de limiter les effets pervers du babil universitaire et de verser dans cette institution hautaine, l'enseignement définitivement qualifié de « supérieur », un peu d'esprit scientifique (cela restant assez vrai en 2007). Pourtant, les universités françaises avaient été réorganisées à la fin du XIXe siècle (1885-1898), dans le sens de la « recherche », faute de financer la trouvaille, disaient déjà les détracteurs. Mais les grandes écoles, qui recrutent depuis l'Empire premier (Polytechnique) par de terribles concours, n'ont cessé de les concurrencer rudement. L'Ecole normale supérieure, sommet symbolique de réussite intellectuelle, qui existait depuis 1794, et qui forma, au XIXe siècle et après, les professeurs « agrégés », était rattachée en 1903 à l'Université de Paris. Flottant entre volonté réellement pédagogique – mettre les enfants en possession d'une maîtrise de la norme du français, quelle que soit leur langue maternelle, objectif raisonnable en France, en Belgique, en Suisse, au Québec, beaucoup moins dans l'« Empire » – et formation des élites, l'enseignement de la grammaire.

Des grammaires pédagogiques, en effet, continuent de paraître. Elles témoignent d'une évolution des centres d'intérêt, après Bernard Jullien et les règles des sons et des lettres, après Pierre Larousse et sa « lexicologie » fondant la syntaxe et la stylistique, avec Brachet et Dussouchet, dont la *Petite Grammaire* (1875) se dit *fondée sur l'histoire de la langue*, plus tard avec une *Grammaire historique du français, accompagnée d'exercices et d'un glossaire*, de Dottin et Bonnemain (1893), qui échappe évidemment à la pédagogie scolaire, et qui avait été précédée par Arsène Chassang, *Nouvelle Grammaire française, avec des notions sur l'histoire de la langue* [...] (1876). La grammaire aspire à une reconnaissance intellectuelle : elle a trouvé la clé pour cette ascension sociale : l'histoire.

La IIIe République, l'école et la science

La période 1880-1914 entraîne un important bouleversement dans les rapports entre les Français et leurs langues. Le recul progressif de l'enseignement du latin contribue encore à élargir l'aire d'emploi du français. L'accession de couches sociales nouvelles et celle des femmes à une maîtrise de la langue écrite, et d'abord à l'alphabétisation, sont un indice essentiel de l'élévation générale du niveau des connaissances et des moyens linguistiques qui leur correspondent. Mais ces évolutions sont inséparables d'un *renouveau du purisme*, qu'elles suscitent.

Incapable d'une vision différenciée des normes sociolinguistiques, la bourgeoisie libérale, inspiratrice du régime, favorise, par une organisation autoritaire et centralisée de la pédagogie, par la fixation de normes graphiques intangibles, d'une grammaire stricte, la transmutation occulte des règles de son propre discours (qui n'est objectivement qu'une variante sociale parmi d'autres) en un absolu normatif. Confronté à la variété des normes locales et sociales, ce durcissement unifiant n'est pas sans danger sur les pouvoirs spontanés de la créativité. Bannissant autant qu'il était possible les traits différentiels des français régionaux et patoisants, imposant jusque dans les échanges oraux les modèles rhétoriques d'une écriture correcte et fade, l'école a souvent contraint les enfants, surtout en milieu rural, à un véritable bilinguisme (les spécialistes préféreront *diglossie*, puisqu'il s'agit de deux variantes hiérarchisées de la même langue), les transformant en immigrés culturels dans leur propre aire linguistique et préparant ainsi, à l'insu de promoteurs bien intentionnés, une hiérarchisation des individus évidemment parallèle aux clivages sociaux. La pression sociale par le langage, l'un des moyens les plus subtils du conservatisme, a sans aucun doute été accentuée par une pratique qui était pourtant destinée à atténuer les inégalités. Les références contraignantes fournies par les manuels (vocabulaires, grammaires, livres de « lectures », choix de textes) construisent alors un modèle de langue appauvri, simplifié socialement, compliqué rhétoriquement, et figé. Les conséquences de cette évolution, auprès de quoi les « révolutions » littéraires de l'élite et les progrès scientifiques en matière de langage pèsent d'un poids bien léger, se font fortement sentir aujourd'hui encore.

Pourtant, sous la IIIe République, la linguistique française était en train d'acquérir les méthodes qui la rendraient capable de poser le problème. La phonétique (l'abbé Rousselot, après 1886), la dialectologie (J. Gilliéron et E. Edmont avec l'*Atlas linguistique de la France*, 1900-1910) furent malheureusement lettre morte pour ceux qui définissaient la politique pédagogique. Le pouvoir anachronique, immotivé, heureusement symbolique (mais les symboles agissent fort sur la pratique) de l'Académie française d'alors est relayé par un conservatisme et un autoritarisme linguistiques qui pénètrent les attitudes et les décisions des « responsables ». Cette attitude n'évoluera visiblement que dans les dernières décennies du XXe siècle.

LES « FRANÇAIS » D'EUROPE ET DU MONDE

Continuant des situations acquises, perdant plusieurs positions en Europe, la langue française, qui progresse en France même, va se maintenir parfois dans la crise, en Belgique, et plus calmement, en Suisse.

Dans la Belgique trilingue, c'est la répartition des usages entre les deux principales langues et leurs dialectes qui définit la vie sociale.

A la suite des révolutions de 1848, les identités européennes ne sont pas seulement nationales, mais régionales. De même que la Catalogne ne se laisse pas absorber par le castillan, en Espagne, ou que, sur un mode seulement littéraire, malgré ses intentions plus générales, le mouvement des Félibres ranime la conscience provençale, la Belgique, après 1850, connaît un regain d'intérêt des intellectuels et des classes moyennes pour le flamand. Au sein du clergé, responsable de l'enseignement, les prêtres de la partie néerlandophone du pays revendiquent l'école dans leur langue, que le haut clergé francophone accepte à l'école primaire, mais refuse à l'université. Le prestige du français, qui attire la haute bourgeoisie de toute la Belgique, conduit à des situations où le clivage des langues est social autant et plus que géographique. Si de grands écrivains « flamands » – les plus célèbres étant Verhaeren, né en 1855, et Maeterlinck, né en 1862 – n'écrivent qu'en français, c'est en partie parce que, dans les écoles qu'ils fréquentaient, le flamand était prohibé et que le milieu familial parlait français, réservant le parler flamand aux relations avec les domestiques et le peuple. Cette hiérarchie des usages ne pouvait qu'être pénible aux classes moyennes de Flandres, de plus en plus actives économiquement, et qui étaient pénalisées dans leurs activités quand la plupart ignoraient la langue dominante, celle de l'administration, du droit, de la politique, de l'enseignement supérieur.

Un sentiment d'injustice et de frustration se développe, qui rendra plus tard difficiles les relations entre les deux communautés.

Cependant, un rééquilibrage entre flamand et français s'opère : en 1889, plaider en flamand et, pour les tribunaux, rendre leurs sentences dans cette langue devient légal ; un texte de 1898 impose la rédaction des lois dans les deux langues, à égalité. Le mouvement flamand sera soutenu par l'occupant allemand pendant la Première Guerre mondiale, ce qui ne pourra que jouer en faveur du français après la victoire des Alliés.

C'est dans cette période aussi que la Belgique, par l'action personnelle du roi Léopold II, rejoint le club fermé des grandes puissances coloniales et va contribuer à l'expansion du français en Afrique. En 1885, le roi se fait attribuer en due propriété un « Etat libre du Congo » qui deviendra en 1908 le Congo belge.

Cependant, face aux revendications flamandes, la partie wallonne du pays – on commence à parler de *Wallonie* en 1844 – se préoccupe à la fois de valoriser le dialecte, mode d'expression d'une identité ancienne, et de protéger le français contre les interférences. Les deux attitudes proviennent de milieux intellectuels et n'entrent pas en conflit. Une renaissance littéraire du wallon, partie de Liège, s'inscrit dans une continuité idéologique par rapport au romantisme français. Le maintien d'un français « pur » vise à affirmer la sécurité linguistique des francophones, ce qui ne doit pas les empêcher d'apprécier le dialecte. Cependant, une action puriste fort répressive s'était déjà manifestée sous l'Empire, due à un professeur français né à Arras, Antoine-Fidèle Poyart, qui fustigeait (anonymement) les « flandricismes, wallonismes et expressions impropres dans le langage français » (1806). Un autre Français, vivant à Anvers, publie en 1857 un recueil où le terme *belgicisme* est assimilé à « faute de français », sans nuance. A l'image des nombreux recueils correctifs qui paraissent alors en France, les publications puristes se sont multipliées en Belgique.

Là comme en France, ces dénonciations de « mauvais usages » ont eu des effets doubles : d'une part, militer pour une norme étroite, unique, on pourrait dire « malherbienne », n'était le parachronisme, mais, d'autre part, décrire, certes pour les critiquer, de nombreux aspects de la variété des usages effectifs, selon les régions et les milieux francophones.

En fait, les recueils puristes changeront de signification lorsque la variété sera décrite sans jugement systématiquement négatif. C'est déjà le cas en Belgique lorsque Isidore Dory publie en 1877 un recueil de *Wallonismes* qui, tout en séparant les manières de dire étrangères au français central des autres, ne les condamne pas systématiquement. Mais cette attitude, qui va être celle de linguistes comme Maurice Wilmotte, inaugurant en 1890, dans le cadre des études romanes, un enseignement de philologie, vont rendre possible une description du français régional de Belgique. Les *Essais philologiques sur les belgicismes* de Louis Latour (1895, parus en revue), malgré leur purisme, classent de manière objective ces manières de dire.

Tous ces travaux, y compris les plus puristes, permettent de décrire précisément, à partir de la fin du XIXe siècle, les particularités du français de Belgique, comme l'a fait récemment Maurice Piron[1], sur les plans phonétique, syntaxique et lexical.

A l'époque, la situation linguistique, en Suisse, est stabilisée. On peut cependant signaler un afflux de Suisses germanophones en terre romande ; mais une partie va s'assimiler (plus de 23 % de Suisses du canton de Neuchâtel parlent l'alémanique en 1880[2] ; ils sont 13 % en 1910).

Dans l'ensemble, le rapport entre les langues est de 21,5 % pour le français et un peu plus de 71 % pour les parlers alémaniques (et l'allemand) dans les années 1880. Cependant, dans des zones limitrophes, une avancée du français suscite des réactions de défense de la « germanité » – qui peuvent paraître étranges dans une situation globale très majoritaire. Seule la situation du Jura, rattaché au canton de Berne en 1815, est conflictuelle, du fait des minorités alémaniques dans des lieux où les écoles sont françaises (cas extrême : Delémont, au début du XXe siècle, avec 40 % de germanophones). Mais les tensions, politico-économiques plus que linguistiques, ne mettent jamais en cause la cohésion du pays, en partie à cause de la forte personnalité culturelle de certaines villes bilingues, tel Fribourg.

Quant au français parlé en Suisse, il s'impose au cours du XIXe siècle en Romandie au détriment des patois gallo-romans, même dans l'usage oral spontané. La Constitution fédérale de 1874, qui impose la scolarité obligatoire et gratuite, avait été précédée par les lois cantonales. La résistance patoisante est évidemment restée plus forte en milieu rural, surtout isolé (certaines vallées alpines), et elle le fut aussi dans les régions catholiques, par rapport aux protestantes (exemplairement Genève, Lausanne, Neuchâtel).

Par rapport à la Belgique ou à la France, le XIXᵉ siècle fut moins propice au purisme normatif. Pourtant, un professeur de l'Université de Genève, Louis-Théodore Wuarin, publia en 1887, sous le pseudonyme de W. Plud'hun, une petite brochure, *Parlons français !*, qui fut rééditée et augmentée jusqu'en 1910. L'attitude agressive de ce puriste, qui donnait à la condamnation des spécificités suisses une coloration moraliste, resta rare en Suisse romande.

En revanche, les descriptions objectives du français usité dans la confédération apparaissent tôt. La première et la plus remarquable, avant les travaux du XXᵉ siècle, est le *Glossaire genevois* de Jean Humbert, paru en 1852. Plus normatifs, mais bien informés, le *Glossaire vaudois* de Pierre Callet (1861) ou le *Glossaire fribourgeois* de L. Grangier (1864). Les débats entre les puristes partisans d'une norme unique et unitaire et les tenants d'un « français régional » romand – ou plus raisonnablement, d'usages constatés en Suisse, variables selon les villes, les cantons, certaines communautés, qu'il convient de décrire et d'analyser avant de les juger, sont de tous lieux francophones, à cette époque.

La spécificité helvétique réside en ce que les assauts puristes y trouvent moins d'échos qu'ailleurs, et que l'esprit de description objective y apparaît plus tôt. C'est d'ailleurs en étudiant, hors langue française mais en contact avec elle, un patois du Valais, celui de Vionnaz, que le père de la dialectologie moderne en milieu francophone, Jules Gilliéron, fit ses premières armes. C'est par des enquêtes directes faites à Genève par E. Koschwitz (1892), en pays vaudois par Paul Passy (1903) que la phonétique descriptive se manifeste. C'est aussi sur le français de Suisse, vers 1900, que W. Pierrehumbert commence un chef-d'œuvre du dictionnaire d'un usage régional (voir la période suivante).

L'exploitation sociologique et linguistique des données rassemblées sera le fait, en 1909, d'une des premières études scientifiques de « français populaire », le travail de Gustav Wissler sur le français populaire de Suisse[3].

Au total, deux problématiques apparaissent grâce à la Suisse. Ce sont la notion de français régional totalement distincte de celle de patois (ou dialecte) et la dichotomie entre lexique institutionnel, dépendant des États et changeant « à la frontière », opposé aux lexiques régionaux hérités, qui se moquent du passeport et de la douane.

Ces deux problématiques apparaîtront partout dans la francophonie, au cours du XXᵉ siècle, et la négligence de leur perception nette donnera lieu à de nombreux quiproquos.

Pierre Knecht concluait ainsi son étude sur le français en Suisse romande avant 1914 :

Entre 1880 et 1914, le français en Suisse romande se stabilise à tous les niveaux. Le pourcentage de ses locuteurs et l'extension de son aire territoriale avancent même légèrement. [...] Les traits les plus dialectaux du français parlé en phonétique, morphologie et syntaxe continuent de reculer en faveur de la koinè française. C'est le lexique régional qui résiste le mieux, surtout dans le cas où le français n'a pas d'équivalent, que ce soit dans le domaine référentiel ou expressif [4].

L'intégration de la Savoie et celle de Nice à la France, pendant le second Empire, sont des faits historiques à dimension linguistique évidente, dans la perspective générale de l'expansion du français.

En 1858, Napoléon III traite avec Cavour. Il s'engage à soutenir Victor-Emmanuel Iᵉʳ dans sa lutte contre l'Autriche, qui occupe le nord de l'Italie, en échange de la cession de la Savoie et de Nice à la France, légitimée par un vote plébiscitaire. Ceci accélérera le recul, puis la disparition des dialectes savoyards, qu'on rattache à l'ensemble francoprovençal allant de Lyon vers l'Est et la Suisse.

A Nice, c'est l'italien – alors que le bilinguisme italo-français se résout au Piémont au détriment du français – qui va souffrir de la généralisation du français. Celle-ci coïncide avec l'expansion de la ville et de son rôle international de lieu de séjour.

Quant au Val d'Aoste, resté en dehors de la négociation franco-italienne, et appartenant au royaume de Sardaigne, bilingue, il était le siège inévitable du recul du français. Le rattachement de la Savoie à la France donne au Val d'Aoste l'occasion d'une italianisation nécessaire, du point de vue italien, de par la méconnaissance de la langue, qui pratique les dialectes en zone rurale et montagneuse, l'essentiel du pays.

Diverses mesures officielles scandent le recul du français aostin : tous les actes juridiques se font en italien (1882), l'italien devient la seule langue des écoles primaires et « moyennes » en 1882-1883 : l'apprentissage du français est autorisé, mais payant. Des résistances se manifestent. En 1862, le gouvernement qui désirait déjà abolir le français à l'école, avait dû reculer ; il se reprit vingt ans plus tard. En 1909, une ligue valdotaine est fondée, qui défend le bilinguisme : certains voient dans l'existence d'une région d'Italie officiellement bilingue un moyen d'améliorer l'enseignement du français langue étrangère. Cette position, qui pourrait aboutir à l'autonomie de la région, reçoit le soutien de libéraux italiens célèbres, tel Benedetto Croce. On fait remarquer que l'Autriche n'a pas cherché à imposer l'allemand en Vénétie ni en Lombardie.

La question n'est pas tranchée avant la prise de pouvoir du parti fasciste, après la guerre. Alors, malgré les protestations, le français sera condamné au Val d'Aoste.

Outre-Atlantique, menaces sur le français

Au Canada, le fait marquant est le passage des deux colonies traitées inégalement par le pouvoir de Londres à une Confédération de quatre provinces (1867), puis à un Dominion augmenté vers l'ouest par de nouvelles entités, Manitoba et British Columbia (Colombie britannique), en 1870 et 1871, puis Saskatchewan et Alberta, en 1905. La conquête de l'Ouest correspondit souvent, comme aux Etats-Unis, à l'éviction des Amérindiens, et un métis, Louis Riel, organisa deux révoltes contre la politique de la toute-puissante Compagnie de la Baie d'Hudson, instrument d'une véritable colonisation interne. Cette période vit l'établissement de francophones au Manitoba, alors que la Colombie britannique accueillait des colons anglais et l'Alberta, au début du XXe siècle, nombre d'Ukrainiens, dont beaucoup conservèrent leur langue. Mais tous les nouveaux arrivés étaient tôt ou tard soumis à la prépondérance de l'anglais.

Au Québec, l'usage du français fait alors l'objet de jugements sévères, tant de la part des anglophones que des Canadiens francophones. Mais ceux-ci savent distinguer les divers niveaux d'usage. A une dame anglaise qui réclamait à son professeur de français du *Parisian French*, et non le « patois abominable » du Québec, Emmanuel Blain de Saint-Aubin répliquait que le français parisien ne valait pas mieux que le *cockney* londonien, et que les Canadiens français cultivés parlaient aussi bien que leurs homologues de France. En outre, grâce au système d'éducation du Canada, Saint-Aubin estimait que les gens du peuple avaient un bien meilleur français « que dans les classes correspondantes en France[5] ».

Cependant, nombreux étaient ceux qui, dans les années 1860, craignaient l'étouffement de la langue et de la « nationalité » françaises par le régime de l'Union. Conscients du danger, certains réclamèrent – et obtinrent en 1867 – des garanties sur l'usage du français dans la vie politique canadienne.

Sur le plan de ce qu'on appellera plus tard « qualité de la langue », commence alors la lutte de quelques élites contre l'anglicisation du français, subie par ailleurs dans l'indifférence. On voit apparaître des mises en garde contre les « barbarismes » canadiens, parallèles à celles des puristes en France et en Belgique, mais dont les motivations sont plus sérieuses : préserver la langue française d'une hybridation avec l'anglais, non seulement lexicale, mais dans la construction des phrases. Un exemple caractéristique est celui d'Arthur Buies, journaliste influent, qui regroupa en 1888, sous le titre : *Anglicismes et Canadianismes*, des articles parus en 1865 dans *Le Pays*, journal libéral de Montréal. Il y dénonçait, à côté d'emprunts évidents (*set* pour « assortiment »), les innombrables emplois calqués de l'anglais. A propos de *clairer* (*clear out*, « se débarrasser de... »), il écrit ironiquement : « Je demande de clairer du Canada tous les Ostrogoths, Wisigoths, anglais et autres barbares qui démolissent notre langue. » Certaines tournures qu'il cite sont de pures traductions : « Ça *prend* un homme capable pour faire telle ou telle chose » (*It takes an able man to do such a thing*) ; ou encore *en devoir* (*in duty*) pour « en service ». Sans hostilité de principe contre les emprunts, ce purisme défensif modéré cherchait à limiter les effets destructurants du contact forcé et immédiat avec l'anglais ; cependant, il y mêlait la dénonciation d'archaïsmes et de régionalismes qui posent de tout autres problèmes.

La question de la langue, au Canada français, ne peut être dissociée ni de la question politique, ni de la religion. Elle est aussi, assez souvent, un « vécu ». Ainsi, Oscar Dunn, auteur d'un important *Glossaire franco-canadien* (1888) était un journaliste conservateur de père anglophone, Canadien français par sa mère. Un autre journaliste important, Jules-Paul Tardivel, était né dans le Kentucky et avait dû apprendre le français à dix-sept ans en arrivant au Canada. En 1880, il publie une causerie de l'année précédente sous le titre « L'anglicisme, voilà l'ennemi ! ». Mais le sens d'« anglicisme » est ainsi précisé : « Une signification anglaise donnée à un mot français », ce qui introduit une distinction sémantique essentielle, souvent inaperçue ailleurs. Celle qui oppose à l'emprunt d'une forme nouvelle, avec son sens, à la superposition de plusieurs sens pour une même forme, dont l'un, nouveau en français, perturbe l'emploi du mot (exemple, en français contemporain, *supporter* au sens de *to support*, « aider, soutenir »).

Les descriptions polémiques du français alors en usage au Canada, sous les plumes de Buies, Dunn ou Tardivel, ne sont pas « linguistiques » au sens moderne du terme – les linguistes ne manquent pas de les taxer d'« amateurisme » –, mais elles témoignent d'une grande justesse d'analyse. On aimerait avoir, pour d'autres communautés francophones, et malgré le caractère très engagé du témoignage, l'équivalent des soixante-seize pages denses de *La Langue française au Canada*, publié en 1901 dans la *Revue canadienne* (XVII).

Au-delà de la description des anglicismes, aujourd'hui bien étudiée, celle de toutes les particularités du français québécois donne lieu à de véritables dictionnaires, tel celui de S. Clapin, paru en 1894.

Ces premiers analystes du français au Canada – surtout de ses vocabulaires – posaient déjà la problématique sociale de ces parlers, notamment Tardivel, qui distinguait, comme des témoins antérieurs, mais de manière plus claire, un usage « sain », celui des populations rurales (estimées plus proches d'un « bon usage » du français que leurs homologues des campagnes françaises), et un usage fautif, très anglicisé, de la part d'une élite politique ou économique peu cultivée. Les critiques fusaient à l'égard des discours politiques et des journaux, voire des textes littéraires, encombrés de calques et de traductions mal digérées. Mais elles étaient sans grand effet.

Il convient de noter qu'à cette époque, la population urbaine du Canada augmentait vite (entre 1901 et 1915, elle passait de 40 à 50 %) et que de graves problèmes sociaux accompagnaient le contact des langues (français, anglais, langues de l'immigration), ce contact étant dommageable à l'équilibre interne du français, alors que la langue rurale restait plus stable. L'anglicisation accrue accompagnait l'industrialisation, sous l'égide des grandes compagnies étatsuniennes. Dès la fin du XIXe siècle, on peut parler du Québec comme d'une colonie économique des Etats-Unis, ce qui amène de nombreux francophones urbains, surtout à Montréal, à travailler en anglais ou du moins dans un français où les terminologies sont entièrement anglicisées[6].

Les jugements sur l'usage du français ne sont pourtant pas tous négatifs. Ainsi, un avocat lettré, Napoléon Legendre, considérait que les Français du Canada (formule alors significative) avaient non seulement défendu, mais enrichi la langue française. Il requérait une reconnaissance officielle par la France, et, en notant le peu d'importance de certaines variantes par rapport à la norme de France (*greyer* pour *gréer*, *ondains* pour *andains*) ou le caractère peu critiquable de certains archaïsmes et régionalismes français, en général critiqués, il faisait l'éloge de *poudrerie*, des chemins enneigés *boulants* (où la neige boule sous le pied des chevaux), *moulineux* (où la neige est comme moulue) et ne voyait aucun inconvénient à parler de *raquettes* « que les grands puristes remplacent par *souliers à neige* », qui est absurde. De même pour le vocabulaire franco-canadien des « sucres », concernant la récolte du sucre d'érable. Avec logique, s'agissant d'échapper à l'anglicisation forcée, il défend *carré* pour *square*, *char* pour *wagon* (sans s'inquiéter de l'influence de l'anglais *car*) et *lisse* ou *lice* pour *rail*, et même, concernant l'enregistrement des bagages sur les chemins de fer, *chéquer*, *chéquage* (de *to check*), son argument consistant à défendre l'emprunt par nécessité (dans le dernier cas, elle provenait de la différence entre les procédures canadiennes et celles d'Europe).

Legendre s'étonnait que les dictionnaires de France, si accueillants aux purs anglicismes passés dans l'usage (*rail*, *steamer*, *turf*, *sport*), négligent les canadianismes.

Cette attitude, non seulement libérale, mais positive quant aux innovations du lexique français au Canada, aboutira plus tard à la notion de « canadianisme » ou « québécisme de bon aloi » ; quant au reflet de ces enrichissements du français dans les recueils publiés en France, il ne commencera à luire que plus de cent ans plus tard.

Reste que l'attitude exprimée dans *La Langue française au Canada*, de N. Legendre (Québec, 1890) constitue un correctif durable à la stigmatisation globale de l'usage canadien qui prévaut alors, pour la défense du français, essentiellement contre l'anglicisation.

Jugée aujourd'hui trop étroitement puriste, l'attitude des critiques qui combattaient pêle-mêle anglicismes, archaïsmes et régionalismes se justifiait par la réalité de la menace. Ainsi, dans les discussions sur les lois à appliquer dans les nouveaux territoires de l'Ouest, le député conservateur Dalton McCarthy, né en Irlande et vivant en Ontario, militait pour l'anglicisation de tout le pays, luttant à la fois contre l'influence catholique et la culture française. Reprenant les arguments de lord Durham (voir plus haut), il proposa en 1890 des mesures concernant les Territoires du Nord-Ouest, qui furent repoussées, mais qui furent reprises plus tard dans des provinces anglophones. En 1891, les écoles françaises du Manitoba étaient abolies ; en 1912, c'est en Ontario que D. McCarthy s'attaque aux écoles catholiques des Franco-Ontariens, qui constituaient alors la minorité française la plus importante du Canada. Ces mesures suscitèrent un violent affrontement.

L'arrière-plan politique des débats sur le français au Canada, clair du côté anglais, était souvent masqué par les considérations affectives ou religieuses. L'un des premiers à en poser nettement les termes, au début du XXᵉ siècle, est Henri Bourassa, politiquement actif de 1896 à 1935. Il se définissait à la fois comme patriote canadien et défenseur de la minorité francophone, posant cette question : « Devons-nous être des Français du Canada ou des Canadiens d'origine française ? », et y répondant par : « Nous devons être Français comme les Américains [des Etats-Unis] sont Anglais[7]. » C'est-à-dire, Français culturellement et, pour Bourassa, religieusement, et donc catholiques romains.

Les implications de cette position quant à la langue française du Canada, notamment du Québec, sont claires : la langue et la culture étant distinctes de la nationalité, un équilibre nouveau sera nécessaire entre la spécificité de l'usage du français (on parlera plus tard, à raison, d'une norme québécoise) et la bonne communication entre cet usage et ceux d'Europe, leur lieu d'origine.

Mais cette problématique mettra des décennies à se dégager. La fondation en 1902, par l'abbé Stanislas-Alfred Lortie et l'avocat Adjutor Rivard, d'une *Société du parler français au Canada*, sous l'égide de l'Université Laval (près de Québec), lui donnait les moyens objectifs, philologiques, d'y parvenir. Son action se développa, au-delà des études sur la langue[8] et en englobant tous les aspects de l'histoire culturelle, au cours de la première moitié du XXᵉ siècle. Elle était marquée par une forte influence idéologique catholique et conservatrice.

Dans les années 1910, face aux tentatives de certains hommes politiques canadiens pour éradiquer le français, en particulier en Ontario, des réactions se manifestent. Armand Lavergne tente de recourir au gouvernement fédéral pour imposer aux entreprises de service public de s'adresser en français à leurs clients, et non en anglais exclusivement ; devant les procédés dilatoires, il recourut au gouvernement du Québec, et, malgré de vives oppositions, obtint satisfaction en 1911. Avantage mineur, mais symbolique : la loi Lavergne est la première à améliorer la situation du français au Québec.

A la même époque, une forte personnalité se pose en défenseur de la « race française ». L'abbé Lionel Groulx fut le premier universitaire à enseigner l'histoire du Canada, à l'Université de Montréal (1915). Hostile à une part de l'influence française, celle du siècle des Lumières, et fervent propagateur du catholicisme, il prenait des distances vis-à-vis d'une partie de la culture française, tout en défendant une certaine idée de la France (formule à tous usages), celle qui lui permit d'infléchir la « ligue des droits du français », fondée en 1913 par le père Archambault[9], promoteur d'un nationalisme social. Sous le pseudonyme de Pierre Homier, il fit campagne contre l'anglicisation du français par le commerce et l'industrie, dans l'indifférence des Canadiens français. Grâce à cette campagne, l'indifférence recula quelque peu et l'objectif de cette ligue, « rendre à la langue française [...] particulièrement dans le commerce et l'industrie, la place à laquelle elle a droit », devint plus commun. C'était le début d'une action qui fut légalisée après la Révolution tranquille. On peut s'interroger sur le nom de la publication, *L'Action française*, menée, ainsi que la ligue elle-même, à partir de 1917, par l'abbé Groulx, qui en fait une « ligue d'action française »[10].

En quelques années, un mouvement très concret pour la refrancisation de l'usage professionnel du français au Québec – clairement exprimé par Homier-Archambault, céda ainsi la place à l'esprit de croisade catholique avec Lionel Groulx, qui pouvait produire en 1914, pour la défense des écoles françaises menacées de l'Ontario, un étonnant pathos :

La meilleure défense, c'est encore de constituer l'hostie sainte gardienne de la langue et de la foi sur les petites lèvres françaises. Oui, qu'elle se lève, la nombreuse armée de nos petits communiants [...]. Jamais cause n'aura été si noblement défendue, jamais opprimé n'aura été plus digne de la victoire. Car votre geste, ô petits hérauts de la neuvième croisade, plus sûrement que le geste du semeur[11], s'élargira jusqu'au ciel (paru dans *Le Devoir* du 12 mai 1914).

Pour l'abbé Lionel Groulx, l'ennemi semble être, outre le protestantisme, la laïcité de la IIIe République et tout ce qui, dans la pensée française, s'écarte de la plus stricte orthodoxie catholique. Cette coloration prise par la défense du français ne jouera pas toujours en faveur des objectifs supposés de ces résistants à l'anglicisation.

Reste à mentionner, quant au sort du français en Amérique du Nord, un recul continu en Louisiane, les populations acadiennes passant au bilinguisme, puis à l'anglais. Une langue française isolée, affaiblie, transmise dans des conditions sociales d'infériorité, était pratiquée par des ruraux isolés, sauf dans quelques villes. La renaissance acadienne était pour plus tard. A la Nouvelle-Orléans, le français a pu, pendant une partie du XIXe siècle, passer pour aristocratique et lettré – mais lié à l'esclavagisme sudiste. La victoire des Yankees sur le Sud mit fin à cette situation.

Dans le Nord des Etats-Unis, la place du français resta plus longtemps notable. Elle venait d'une migration économique, non plus d'une expulsion comme pour les Acadiens. Entre 1840 et 1900, on estime à 600 000 personnes environ les travailleurs francophones qui cherchent aux Etats-Unis des emplois dans le textile. D'autres Québécois les avaient précédés. Les communautés francophones de Nouvelle-Angleterre [12] sont urbaines, prolétaires, très solidaires, organisées par l'Eglise catholique. Grâce à leur presse, à leurs sociétés religieuses d'entraide, leurs écoles paroissiales bilingues, elles parviennent à conserver l'usage d'un français influencé par le contact avec l'anglais. Ces francophones sont 10 % de la population de la Nouvelle-Angleterre dans les années 1890, et formeront jusqu'au milieu du XXe siècle, aux Etats-Unis, un groupe vieillissant de deux millions et demi se considérant comme de langue maternelle française.

L'expansion impérialiste du français

Après la conquête de l'Algérie par les troupes françaises et la victoire sur l'émir « rebelle » Abd el-Kader, des colons s'étaient installés, souvent dans des circonstances difficiles. On considère qu'ils étaient déjà plus de 310 000 en 1876, la moitié venant de France méridionale, de Corse et des milieux populaires de grandes villes, l'autre d'Espagne, d'Italie et de Malte, ceux-ci ignorant le français, beaucoup étant illettrés. A ces immigrants, on peut joindre les Juifs, auxquels un décret de 1871 conférait la nationalité française. La naturalisation accordée aux enfants d'étrangers immigrés (1889) accéléra la francisation linguistique. En 1900, plus de 40 000 enfants non français et 60 000 français étaient scolarisés en langue française exclusivement. En revanche, les populations musulmanes, malgré la tentative d'écoles « arabes-françaises », étaient très peu touchées par une éducation en français, sous le second Empire.

Apparemment alarmé par la déscolarisation produite par la colonisation en milieu musulman, le gouvernement de Napoléon III s'attacha à restaurer un enseignement musulman, créant 2 000 écoles (1863) mais seulement une poignée pour enseigner à la fois l'arabe et le français, ainsi que des collèges franco-arabes à Alger (1857), Constantine et Oran. Cet effort sera combattu par les colons, qui se mobilisent plus encore contre Jules Ferry lorsqu'il veut, en 1883, appliquer ses principes républicains à l'école algérienne, principes que les musulmans, par ailleurs, répudient.

La IIIe République et Jules Ferry firent un peu mieux, plus de 32 000 enfants musulmans étant scolarisés, en français exclusivement. Les quelque 42 000 écoliers musulmans, en 1916, n'étaient que 5 % des enfants en âge scolaire – ce pourcentage atteindra péniblement 6 % en 1929[13] –, et le passage aux niveaux secondaire et supérieur était dérisoire.

Albert Lanly estime que, malgré les contacts intercommunautaires, 95 % des musulmans algériens ignoraient le français. En 1914, « l'expansion » de cette langue concernait donc surtout les Européens et les Juifs dits « assimilés ».

Dans cette période, le langage hybride qui fut en usage dans l'armée, entre cadres francophones et soldats, avait dû se restreindre aux seuls militaires. « En se servant de ce langage, le troupier est persuadé qu'il parle arabe et l'Arabe est persuadé qu'il parle français », écrivait Faidherbe en 1884[14]. C'est pourtant par cet idiome de contact, qui fut nécessaire aux communications internes dans l'armée coloniale d'Algérie, que des emprunts à l'arabe algérien s'intégrèrent à cette époque au français familier (*bled*, *ramdam*, altération de *ramadan*, qui existait déjà en français, *toubib*...) ou bien pour exprimer des réalités algériennes (de la *razzia* au *méchoui*).

Quant aux spécificités du français d'Algérie, elles sont assez faibles, sauf sur le plan phonétique et lexical, grâce à l'école et aux journaux, nombreux au début du XXe siècle.

Un type de français populaire, cependant, s'est développé en milieu urbain, notamment dans le quartier européen le plus populaire d'Alger, Bab-el-Oued, pour produire un « français vulgaire » que son descripteur André Lanly caractérise ainsi : « une syntaxe simplifiée ou fautive ([...] l'emploi du conditionnel après *si*) », « un grand nombre d'emprunts aux vocabulaires arabe, espagnol, italien, au français populaire et régional et à l'argot métropolitain » ; en outre, « un accent original qui rappelait ceux du midi de la France mais s'en distinguait par un débit plus énergique ». A vrai dire, on ne connaît aujourd'hui cette variante régionale de français populaire que par une exploitation littéraire et comique sans doute caricaturale, dont l'exemple le plus connu est la série des *Cagayous* créée par l'humoriste Gabriel Robinet. On désigna cet usage par le mot employé depuis 1898 pour désigner un immigré espagnol récent, *pataouète* (qu'on a rapproché à tort de *Bablouette*, prononciation locale de *Bab-el-Oued* à l'écrit).

L'exploitation (à la manière des versions littéraires de l'« argot », en France) de cet usage savoureux, cependant, relève plus d'un comique de situation que de l'observation linguistique d'un parler réel.

En Tunisie, sous protectorat de la France (1881 et 1883), on s'est peu préoccupé de scolarisation, sinon pour les Français (34 600 en 1906) et les Italiens (105 000) qui possédaient avant cela leurs écoles. Vers 1914, une partie de la communauté italienne était devenue bilingue, alors que des musulmans, et surtout des juifs, acquéraient le français. Cependant, la faible proportion des Européens fixés dans le pays, autour de 4 %, parmi lesquels les Français augmentaient surtout grâce aux naturalisations, ne permettait pas l'implantation en profondeur de la langue française, d'autant que l'enseignement coranique, avec au sommet, l'université de la Zitouna, à Tunis, était plus actif qu'en Algérie.

Si l'Afrique noire décolonisée est devenue dans la seconde moitié du XXe siècle un bastion essentiel de l'usage mondial du français, c'est à cause de la colonisation politique et militaire, mais aussi d'un enseignement confessionnel développé à Saint-Louis (1841) et à Gorée (1843) à l'intention des enfants chrétiens, puis à l'action de Faidherbe pour un enseignement laïc (1843). Mais la scolarisation en français ne dépassait pas quelques points de la côte et ne s'adressait qu'à une petite minorité de Sénégalais. Malgré les bonnes intentions de Faidherbe, auteur d'un ouvrage sur les langues du pays (*Langues sénégalaises*, 1887), le mobile du gouverneur pour enseigner en français cette minorité était clairement politique : préparer des administrateurs et des cadres pour une armée utile à la France. Les écoles de langue française, étendues en 1903 à la nouvelle « Afrique occidentale française » (AOF) ne scolarisaient en 1912 que 13 500 garçons et 1 700 filles, soit moins de 1 % de la population. Il est vrai que ces futurs instituteurs, administrateurs, commerçants allaient jouer un rôle important dans la diffusion ultérieure du français. A des niveaux d'usage très variés, dans les villes, surtout Saint-Louis et Dakar, l'usage du français était de plus en plus requis pour les activités d'administration et de gestion, civile et militaire, ainsi que dans le commerce, où une minorité active de Libanais s'exprimaient en français.

Quant aux territoires groupés en 1910 sous le nom d'« Afrique équatoriale française », l'introduction du français était toute nouvelle ; elle allait suivre les mêmes processus.

Un autre type de colonisation, sur le plan des langues, est celui que pratique la Belgique au Congo. Léopold II, en effet, organise une armée où des officiers souvent anglophones emploient avec leurs troupes une langue africaine véhiculaire, lingala et surtout kiswahili – dont l'équivalent n'existe pas à la même échelle en Afrique occidentale. Même politique pour l'administration subalterne, le français de l'école est réservé à une élite.

En outre, la scolarisation est liée aux missions religieuses. Ainsi, le Congo belge est plus christianisé que les pays de l'Empire français : 50 000 convertis en 1910 (ils seront officiellement un million et demi en 1939). On estime par ailleurs que seuls 10 % des enfants scolarisés apprennent le français. Paradoxalement, l'enseignement dans des langues africaines véhiculaires (les enfants possédant en plus une ou plusieurs langues locales) crée plus de frustration que de satisfaction, d'autant que, un régime social ségrégationniste aidant, les Congolais se sentent infériorisés par cette éducation qui les prive du français, de la même manière, pensent-ils, que l'administration belge les confine dans les trains et les magasins. Le français, un français marqué par les mêmes particularités que celui de Belgique, ne semble pas se diffuser beaucoup moins que dans les colonies françaises, mais s'identifie plus nettement à un statut social supérieur, dont la majorité se sent injustement privée.

La colonisation française s'exerça aussi, sous la IIIe République, sur des pays de civilisation ancienne, aussi développée que, par exemple, en Tunisie. C'est le cas de Madagascar, où un enseignement à l'occidentale fut dispensé dès les années 1820 par les missionnaires anglais : le malgache était transcrit en alphabet latin. A la fin du siècle, les missions protestantes et catholiques (moins d'un quart) scolarisèrent 164 000 élèves.

En 1896, c'est le début de la colonie française, avec les violences de la déposition forcée de la reine Ranavalona III (1897), la « pacification » par les troupes de Gallieni et, plus tard, la dépossession des terres des Malgaches. L'enseignement est repris par les missions protestantes de Paris, et passe autoritairement au français : aux 200 000 élèves ainsi scolarisés, s'ajoutèrent des écoles laïques, publiques et privées, et non ecclésiastiques (environ 40 000 élèves en 1905), avec des conflits entre les deux types d'enseignements. A Madagascar comme ailleurs dans l'Empire français, on utilisa les écoles existantes (celles de la London Mission Society, par exemple) pour former une très petite élite, à côté des écoles formant des cadres subalternes. La qualité du français diffusé par les colons, les commerçants, n'était évidemment pas la même que celle de l'école des élites. La pratique du français, en 1914, était plus développée qu'en Afrique subsaharienne, un journal en français était publié à Madagascar.

L'Asie et l'océan Pacifique, où l'influence anglaise dominait, firent l'objet, sous le second Empire (Nouvelle-Calédonie ; expéditions en Cochinchine) et la IIIe République (Indochine) d'une mainmise coloniale française. L'Indochine française, entité artificielle – officiellement « Union indochinoise », 1887 –, comprenait les trois régions du Vietnam (Cochinchine[15], Annam, Tonkin), le Cambodge, le Laos (1893).

Comme à Madagascar, l'opposition fut toujours vive au statut de colonisé. En matière linguistique, la présence du chinois, surtout écrit, était scolairement dominante : on parla de « déchinoiser » ce qu'on appelait l'Annam[16] (Vietnam central) et le reste du Vietnam. Entre chinois, avec son écriture spécifique, vietnamien, langue parlée, et français, on chercha une voie de passage. Quant à l'écriture, ce fut le système en alphabet latin inventé au XVIIe siècle par les missionnaires qui fut appliqué au vietnamien, le *quôc ngu*.

Les spécialistes estiment que cette transcription du vietnamien donna à la langue un statut plus stable, en enrichit la syntaxe et permit de la dégager du sentiment d'infériorité par rapport au chinois qui pesait sur elle.

En 1902, Paul Doumer, le gouverneur général, posait certains principes de scolarisation :

> Si la substitution générale de l'enseignement français à l'enseignement indigène, impossible dans le présent, paraît dangereuse dans un avenir prochain, il n'en est pas de même de la superposition de l'un à l'autre, non pour la masse des enfants, mais pour l'élite, pour ceux qui sont appelés à occuper les emplois publics, à servir sur les chantiers, dans l'industrie et le commerce[17].

Mêmes finalités colonisatrices, mais politique scolaire et linguistique différentes, face à l'existence de traditions culturelles transmises en chinois et de langues unifiées, certaines (le khmer, au Cambodge) exprimant des cultures anciennes et littéraires. La doctrine de la « superposition » pouvait instaurer un bilinguisme ; encore fallait-il que les lycées français, créés dans quelques villes, soient ouverts aux Vietnamiens, ce qui fut le cas avec Albert Sarraut, gouverneur de 1911 à 1914 et de 1916 à 1919.

La Polynésie française, sous le nom d'Etablissements français d'Océanie, est une création de la IIIe République, instaurée par la cession de son territoire qu'accepta le roi Pomaré V en 1880. Là comme à Madagascar, les missions protestantes de langue anglaise avaient déjà transmis leur pédagogie à des protestants français (1862) ; les missions catholiques suivirent. Cependant, à la fin du XIXe siècle, les colons français étaient concentrés à Papeete (2 600 en 1911), ainsi que les Chinois.

Sur cinq archipels, les îles Marquises, les Gambier, les îles de la Société, centre présumé de la dispersion des Polynésiens, les îles Australes et les Tuamotu, l'usage de la langue française a dû se diffuser lentement, et surtout à Tahiti.

Le type de colonisation de la Nouvelle-Calédonie, annexée par la France en 1863, est très différent des autres. Le peuplement européen, en effet, s'est fait par la déportation, à la manière de l'Australie de la fin du XVIIIe siècle (1788 à Botany Bay). La répression féroce de la Commune de Paris fut cause d'un afflux de déportés politiques – on connaît le cas de Louise Michel –, produisant en 1875 une population européenne de 6 500 personnes, dont 3 500 étaient des déportés et la plupart des autres des fonctionnaires pénitentiaires et des militaires. Quinze ans plus tard, les forçats, relégués et libérés, sont 10 000, à côté d'un nombre égal de personnes libres, dont une partie notable de commerçants. La population kanak était inférieure à 35 000 personnes ; avec le développement des compagnies minières (*Le Nickel*, créé en 1884), s'y joignirent quelques milliers de travailleurs d'Asie ou d'Océanie.

La société française et francophone, avec deux journaux en français dès 1875, était peu en contact avec les Kanaks, qui n'abandonnaient pas leur mode de vie traditionnel et ne devaient donc guère se mettre au français [18].

X

QUESTIONS ACTUELLES

1

DIRE LA GUERRE
(1914-1919)

Pour l'historien, les quatre années terribles s'envisagent comme un tout, préparé depuis des décennies et dont les suites sont essentielles. Pour ceux et celles qui les ont vécues ou qui y ont péri, tout fut différent, en France, en Belgique, en Italie, en Allemagne, en Autriche-Hongrie, en Russie, en Grande-Bretagne, avec des prolongements nord-américains et, par le phénomène colonial, en Afrique.

S'agissant de décrire l'évolution interne des langues, les événements historiques et militaires ne sont pas pertinents ; mais si l'on considère, ce que nous faisons ici, les rapports entre les humains et leurs langues – autour du français –, le bouleversement social et la catastrophe humaine d'un grand conflit[1] eurent des effets évidents et massifs.

Le brassage des jeunes hommes de toutes les régions de France était en cours depuis la conscription générale – une quarantaine d'années avant 1914 – mais les circonstances de la mobilisation générale, puis des combats et de la vie des tranchées ne pouvaient que créer des liens encore plus forts, et des besoins de communication où les différences d'usages, éclatantes, devaient être transcendées. Un mot symbolise cette unité du monde des combattants ; c'est : *poilu*. Deux mots opposés divisent alors la France en deux : le *front*, et l'*arrière*, avec ses *embusqués*.

Pour l'arrière, en France ou en Belgique, la situation langagière d'avant-guerre se perpétue : dialectes ou langues autres reculant devant le français, qui l'a emporté dans les villes, mais a pris des formes évolutives et nouvelles. C'est le français populaire parisien, à côté du français de l'école, qui sert de modèle national. Au front, il y a le français des officiers et celui des mobilisés cultivés, et le français parlé spontané, dans toutes ses variantes, dont l'une est hiérarchiquement dominante, celle des Parigots délurés, qui va élaborer ce qu'on va appeler l'« argot des poilus ».

On est frappé par la prise de conscience de ce phénomène, avec un délai pour la littérature (*Le Feu*, *Les Croix de bois*...), mais sans délai pour les descriptions « linguistiques ». *L'Argot de la guerre* d'Albert Dauzat paraît en 1918 ; *Le Poilu tel qu'il se parle* de Gaston Esnault en 1919.

Le terme *argot* est excessif ; parler du *poilu* comme d'une sorte de langue montre le besoin d'entités dénommées pour chaque usage socialement perçu : Esnault a bien vu qu'il s'agit d'un usage défini par une situation, situation terrible.

Et puis, par rapport aux situations de paix, des changements sociaux s'opèrent : faute d'hommes, l'industrie a recours à des femmes. Certaines quittent la ferme pour l'usine : leur langage doit s'en ressentir. En outre, les innombrables blessés requièrent, au-delà du personnel médical et hospitalier du temps de paix, des aides très nombreuses.

La guerre, ses techniques marquent le vocabulaire français. Les mots qui apparaissent à l'écrit entre 1914 et 1918 l'attestent : la création d'un sens atroce pour un mot innocemment scientifique jusqu'alors : *gaz*, avec son dérivé *gazé*, tandis que la ville belge d'Ypres sert de base pour l'*ypérite*. Parmi les armes et leurs effets, on a *grenadage*, *dynamitage*, *lance-bombes*, *lance-flammes*, *lacrymogène*. Les anglicismes militaires, avec la collaboration des armées britanniques et américaines – et les *tommies*, les *sammies*, les *ricains* – se multiplient : *tank*, mot codé, car il signifie trompeusement « réservoir », *no man's land*. Le mot *tranchée* prend une valeur nouvelle ; on parle de *cagnas*. L'ennemi, outre *boche*, reçoit des sobriquets nouveaux : *fritz*, *fridolin*. Les effets de l'aviation se font sentir : *antiaérien*, *biplace*, *rase-mottes*, *repérage*... Les procédés d'abréviation et de « siglaison », à la fois populaires et institutionnels, transforment les « aspirants » en *aspis*, les « quartiers généraux » en *QG*, tandis que le lexique stratégique s'enrichit : *contre-offensive*. Les désignations populaires marquent la période : on l'a vu pour *poilu* ; la dérision s'attaque à la mort : le *casse-pipe*, la *riflette* (de l'argot *rif*, « le feu »). Tandis que la coordination entre les armées alliées produit les adjectifs *interallié*, *interarmées*, les attitudes envers le conflit requièrent des désignations nouvelles : *neutralisme*, *défaitisme* s'opposent à *jusqu'au-boutisme*

– formation originale. De Russie, où des événements graves se produisent en 1917, vient le besoin de nommer le *léninisme*, le *bolchevisme*.

Ces mots nouveaux, évidemment liés à la grande tuerie, donneraient une fausse idée de la réactivité du langage aux situations historiques. C'est aussi l'époque où apparaissent *jazz* et *avant-gardisme*, *dada* et *dadaïsme*, suivis de *surréalisme* (Apollinaire en 1917). Et toutes sortes de mots hétéroclites, de la médecine (*électrocardiogramme*) et de la technique (*essuie-glace*), des injures racistes (*chinetoque*, *crouillat*, qu'on est scandalisé de voir apparaître juste quand les tirailleurs algériens et sénégalais se font tuer pour défendre une patrie imposée), des aliments nouveaux (*cannelloni*, *croque-monsieur*). Les emprunts à l'allemand étaient prévisibles (*Kommandantur*, *ersatz*...).

Si la situation de la Belgique, qu'elle soit francophone ou néerlandophone, est comparable à celle de la France, en plus grave, puisqu'elle est occupée militairement par l'Allemagne dans sa totalité, celle de la Suisse neutre, avec les pôles internationaux de Genève francophone et de Zurich germanophone, est toute différente. C'est à Genève que se retrouvent les pacifistes européens ; c'est de Zurich que Lénine regagne la Russie en 1917. Sur l'échiquier politique européen et avec la tournure prise par la guerre, l'usage de la langue française ne pouvait qu'en bénéficier.

Quant aux francophones d'Amérique du Nord, et notamment aux Canadiens – on ne parle pas encore de Québécois –, leur entrée dans la guerre ne se fit pas dans l'unanimité. Les Canadiens français, refusant de participer à une opération politique et militaire de l'Empire britannique, sont en majorité opposés à la participation à la guerre, tout en étant de cœur du côté de la France contre l'Allemagne. Mais les plus actifs défenseurs du français contre l'emprise anglaise, notamment en Ontario, se trouvent alors devant un dilemme. Comment en effet plaider pour le bilinguisme et la promotion du français, grande langue internationale elle aussi, sans prendre parti dans le conflit, aux côtés des Alliés, qui sont ceux de la France ? En 1915, Henri Bourassa avait montré la « nécessité » et les « avantages » du français, et donc du bilinguisme, pour la nation canadienne[2]. Il comparait le régime scolaire de l'Ontario au régime prussien en Alsace-Lorraine ; une langue imposée, l'autre écartée. Il y dénonçait l'ignorance des « anglophones » (mot alors rare) quant à la pluralité des cultures. En 1916, dans *Les Langues et les nationalités au Canada*, un oblat français établi à Montréal, Jean-Marie Pénard (qui signait sa brochure « un sauvage »), voyait pour le Canada un danger suprême, « l'annexion aux Etats-Unis par absorption », contre lequel existait un seul remède : « le maintien du parler français dans toutes les provinces »[3]. J.-M. Pénard y prônait un bilinguisme (ou plurilinguisme) comparable à ceux de Belgique et de Suisse.

Voici donc les raisons qui poussèrent l'un des plus actifs défenseurs du français en Ontario, Olivar Asselin, à s'enrôler dans l'armée canadienne, à l'étonnement général. Son argument majeur était que, malgré les réticences devant les institutions présentes de la France – violemment critiquées par les tenants, catholiques militants, des valeurs traditionnelles de l'« action française », même sans Maurras –, il fallait impérieusement aider militairement la France. Il déclarait : « Le monde ne peut pas se passer de la France. » S'adressant à des compatriotes au catholicisme sourcilleux, il précisait avec franchise : « Les colères de la France ont parfois épouvanté votre vieux sang conservateur et catholique (moi, je suis un homme de 93 et avec Péguy je m'en fais gloire). » Il ajoutait, ce qui prêtait évidemment à controverse : « Nous, les Français d'Amérique, nous ne resterons Français que par la France. »

La pensée d'Olivar Asselin, soldat canadien dans l'Empire britannique pour défendre la France et le patrimoine d'idées qu'elle représentait – Péguy, à la fois chrétien et socialiste, est un choix symbolique –, illustre cette ambiguïté créatrice qui fait de la province du Québec, entre legs français, appartenance à une nation du Commonwealth menacée dans sa spécificité canadienne par la superpuissance étatsunienne, une communauté à références multiples, unifiée par l'amour d'une langue qui doit être la sienne, et non plus celle d'une origine culturelle européenne, tout en restant « le français ». Cette situation est incarnée par un usage très spécifique de cette langue, certes internationale, mais menacée par la prépondérance anglophone dans le monde[4]. Position étonnamment moderne, en 1916, on en conviendra. La problématique illustrée par la présence des troupes « canadiennes », parlant soit la langue des tommies britanniques, avec un accent proche de celui des « Américains » (Etatsuniens), qu'on appelle en français canadien les « Anglais », soit un français que les soldats français originaires de Normandie comprenaient mieux que d'autres, put correspondre, dans la France en guerre, à un bilinguisme momentané, non seulement dans les états-majors, mais dans les rapports entre troupes et civils.

Après l'armistice, ce fut sur la scène diplomatique internationale que la langue française se trouva confrontée à l'anglais parlé des deux côtés de l'Atlantique. Les Etats-Unis, malgré leur pacifisme de principe – celui du président Wilson – étaient entrés en guerre le 6 avril 1917, en partie à cause des attaques sous-marines pratiquées par l'Allemagne contre les navires reliant l'Amérique du Nord à la Grande-Bretagne et à la France. Dans les négociations qui aboutirent aux traités signés en 1919 et 1920, remodelant l'Europe, modifiant le Proche-Orient, et en relation avec l'influence mondiale acquise par les Etats-Unis, la langue anglaise prend concrètement le pas sur les autres langues concernées, et même sur le français, langue diplomatique traditionnelle de l'Europe. Si on ajoute le poids, lui aussi mondial, de l'Empire britannique, en majorité ou partiellement anglophone, le français, malgré sa présence en divers continents – Amérique, Afrique et Asie, par les colonies – était politiquement et diplomatiquement inférioris é.

Par ailleurs, avec le traité de Versailles, il retrouvait ses chances en Alsace, en Belgique, au Luxembourg, et, dans d'autres négociations, en acquerrait au Levant, les conservait en Afrique et, de manière toute différente, en Amérique du Nord et dans les « îles ».

Evidemment, l'impact de la guerre sur la population ne se limite pas aux cinq années du conflit. Depuis les pertes énormes par lesquelles Napoléon fit payer à ses armées et à de nombreuses populations civiles – il suffit d'évoquer l'Espagne – sa volonté de conquête et d'empire européen, la France – et aucun pays – n'avait supporté un tel massacre. Tous les hommes valides de 18 à 48 ans furent mobilisés (près de 8 millions), auxquels il faut ajouter 270 000 volontaires (français et étrangers) et plus de 600 000 soldats prélevés sur les colonies. Sur ce chiffre énorme, plus de 5 millions de combattants furent tués ou blessés mortellement ou ont disparu. Les paysans et, sans qu'on ait de chiffres précis, les troupes coloniales furent particulièrement touchés, mais 19 % des officiers, représentant les classes moyenne et supérieure, sont eux aussi morts au combat. En outre, d'après les services médicaux de l'armée, il y eut plus de 3 millions de blessés, survivants précaires, souvent invalides ; 40 000 civils auraient péri, la catastrophe humaine étant surtout militaire, ce qui cessera d'être vrai dans le conflit mondial suivant. Les épidémies, telle la grippe espagnole de 1918-1919[5], achèvent le tableau.

D'autres conséquences sont immédiates : effondrement du nombre de mariages, recul important de la natalité à partir de 1915, déséquilibre significatif entre les sexes, les femmes représentant, en 1921, 52,4 % de la population totale de la France.

Enfin, les destructions dans les régions qui ont subi les combats entraînent alors une accélération des mouvements de population et de l'urbanisation.

Ajoutées à la faiblesse chronique de la natalité française, au vieillissement de la population, ces circonstances entraînèrent une forte immigration d'étrangers – malgré la tuerie, qui affecte surtout les jeunes adultes – (Pologne, Italie, 1919 ; Belgique, 1921) et de « coloniaux » : sur le plan des langues, les conséquences seront très importantes, mais difficiles à imaginer, et surtout sensibles dans la période suivante.

Les implications de ces événements tragiques et massifs sur les pratiques de langage sont difficiles à établir. Sur le plan quantitatif, la diminution relative de la population de jeunes adultes suggère un équilibre sociolinguistique différent : plus d'hommes âgés et de femmes, moins d'enfants (du fait de la chute de la natalité), ce qui peut avoir ralenti les évolutions spontanées des usages. Moins de ruraux fixés à leur terre – et donc facteur de résistance pour les patois et langues régionales ; plus de prolétaires urbains, et urbaines – dans les usines qui manquent d'hommes – et donc tendance à l'unification de deux usages inétudiés, ceux des deux sexes.

Tout cela converge pour renforcer l'unification des deux formes dominantes de français : l'une correspondant au parler spontané de type parisien (qu'on appréhende sous l'étiquette discutable de « français populaire » et dont on décrit, on l'a vu, une forme extrême, dans une représentation un peu forcée : le prétendu « argot » des poilus, d'usage exclusivement masculin) ; l'autre au français écrit de l'école, que seuls les linguistes, à l'époque et sans doute encore aujourd'hui, n'assimilent pas complètement à cette abstraction unique et fictive, sinon mythique, « le » français.

Sur le plan du contact avec des langues autres que celles parlées en Belgique ou en France, deux éléments sont intervenus. D'une part, avec les interventions anglaise, étatsunienne et canadienne dans la guerre, un contact direct et spontané, non plus livresque et scolaire, peut se produire entre plusieurs usages de l'anglais (britannique et nord-américain, essentiellement) et ceux du français, pas tellement au front, les armées n'étant pas mêlées, mais à l'arrière, avec permissionnaires et blessés (et aussi dans les états-majors). Ainsi, des femmes et des enfants d'un village d'Auvergne peuvent échanger en 1917 quelques propos maladroits avec un groupe de soldats permissionnaires des Etats-Unis, puis établir des relations épistolaires[6]. On imagine que le contact entre militaires canadiens francophones, surtout dans les régions de l'ouest de la France, a pu causer des étonnements agréables pour les paysans surpris d'entendre ces « Américains » parler un français proche du leur, et éloigné du parisien qui dominait un peu partout.

D'autre part, la période 1914-1918, sans être la première où des troupes « indigènes » combattaient pour la France, vit cette pratique devenir massive. A partir de 1912, le service militaire obligatoire avait été étendu aux jeunes Algériens. Après les « zouaves », les « spahis » et les « zéphyrs » (tirailleurs légers) du XIXe siècle, ce sont les tirailleurs, en nombre impressionnant, on l'a vu, qui combattent en métropole ; d'autres troupes viennent d'Afrique occidentale française (AOF), notamment les tirailleurs sénégalais. Indépendamment des thèmes polémiques de l'exploitation de ces troupes en majorité musulmanes et de la reconnaissance relative et limitée que leur témoigna l'Etat français[7] – pensions, droits matériels modestes, mais refus d'une citoyenneté complète –, ce brassage tragique de populations masculines originaires de communautés différentes eut pour effet de transférer en Europe les contacts de langues qui agissaient depuis plusieurs décennies dans l'Empire français. L'apprentissage du français, sous des formes spontanées, orales, élémentaires faute d'une scolarisation suffisante, s'accélère alors pour des locuteurs d'arabe algérien dialectal, de berbère, de créole antillais ou réunionnais, et de nombreuses langues africaines. Les troupes coloniales, pendant la Première Guerre mondiale, étaient bien perçues par la population autochtone de la France ; mais cela n'incitait guère les francophones de langue maternelle à pratiquer leurs langues. Le bilan linguistique, comme dans toute colonisation durable, se fait au profit de la langue du colonisateur, même si ce dernier est très minoritaire en nombre.

Là encore, la guerre, malgré l'hécatombe, ne fait que confirmer des évolutions antérieures.

2

AUTOUR DU FRANÇAIS, LANGUE MATERNELLE

Avant d'aborder le cadre social du français et des langues qui sont en rapport avec lui, cet ouvrage, qui veut se centrer sur les êtres humains sollicités par la parole en français, doit s'appuyer, aussi grossièrement que ce soit, sur la démographie.

Une France multilingue

Dans *La Population française au XXe siècle*, deux démographes[1] proposent une périodisation commode : de 1914 à 1945, plusieurs crises, à commencer par celle des guerres ; de 1945 à 1975, un temps de croissance, puis, après 1975, des bouleversements. Bien entendu, quant aux langues, ces époques ne sont valables que pour la France et, peut-être, applicables à la Belgique wallonne. Mais déjà, l'impact des guerres ne vaut pas pour la Suisse ; quant à la francophonie extra-européenne, son histoire est différente. Enfin, les faits démographiques ne peuvent être interprétés, quant au langage, que dans quelques cas, faute d'une intégration suffisante des comportements linguistiques dans les données démographiques. Nature des classes d'âge, pourcentage d'immigrés ayant d'autres langues maternelles que le français, répartition de la population entre milieux rural et urbain ou périurbain (phénomène de la « banlieue »), chacun de ces phénomènes peut être relié à des différences d'usages, tant du français seul que de plusieurs idiomes en contact avec le français.

En revanche, les bouleversements de l'institution matrimoniale et de la famille décrits surtout après 1975 ne peuvent déboucher sur des changements analysables dans les usages langagiers, alors qu'ils ont des effets sur tous les comportements.

On a évoqué dans le chapitre précédent les effets vraisemblables de la guerre de 1914-1918. Dans les périodes suivantes, ces effets vont se poursuivre, mais en se modifiant. Ainsi, le nombre d'immigrés vivant en France et venus des diverses parties de l'Empire passe de 1 million et demi en 1921 à 2 et demi en 1936 ; celui des étrangers de 1 million et demi à 2 200 000. Les principales communautés concernées sont alors de langues romanes (30 % d'Italiens en 1931 parmi les étrangers, 13 % d'Espagnols) ou slaves (19 % de Polonais, soit 500 000, surtout dans le Nord de la France). La majorité des 250 000 Belges sont des Wallons. Les régions de France concernées sont d'abord l'Ile-de-France, et pour la concentration relative, le Sud méditerranéen ; puis viennent le nord et l'Est industriel, tandis que les Arméniens réfugiés après les massacres de Turquie s'établissent surtout à Marseille et à Lyon. Le reste de la France, en matière de plurilinguisme, n'a à gérer que ses problèmes internes de langues et de dialectes, problèmes qui évoluent, sont masqués, mais ne disparaissent pas[2].

La période qui suit la guerre de 1940-1945, après un contact forcé de quatre ans entre le français et l'allemand, pour la France et la Belgique, va être celle de la reconstruction et de la croissance. Les chiffres parlent. De 1945 à 1975, en Europe, seules la France et l'Allemagne voient leur population s'accroître de plus de 30 % (de moins de 40 à près de 53 millions d'habitants pour la France). Le taux de mortalité baissant, l'espérance de vie s'accroît, mais inégalement : les habitants du sud de la France (par exemple de l'Aude, de l'Hérault) vivent nettement plus vieux (cinq à six ans, pour les hommes) que ceux du Morbihan ou du Nord. La fécondité baisse de 1965 à 1975, après la reprise de 1946 à 1964 (le « baby-boom ») ; la contraception et la planification des naissances y sont pour quelque chose.

Le résultat est que la population vieillit : de 1946 à 1975, la tranche d'âge de 60 à 70 ans augmente d'environ 35 %, celle de 70 à 80 de 60 %, celle de 80 à 84 ans passant de 400 000 à 790 000 ; les femmes y figurent beaucoup plus que les hommes.

Après 1975, la mortalité continuant à baisser et la natalité baissant encore – bien que l'indice de fécondité soit moins bas qu'en Europe du Sud et du Centre –, la population continue à vieillir, mais plus lentement : les moins de 20 ans passant de 32 % en 1975 à 26 % en 1995 ; les plus de 60 ans de 18,4 % à 20 %.

Ces données démographiques générales sont déjà difficiles à interpréter pour la sociologie ; on imagine que c'est pire encore pour les pratiques liées au langage. Ainsi, une population âgée importante peut correspondre à un conservatisme accru, mais aussi à des pratiques de lectures qui enrichissent le rapport au français, ou, dans les classes à revenus suffisants, à des voyages stimulant les contacts de langues pour les retraités. Quant à la baisse de pourcentage des moins de 20 ans, elle peut correspondre à un dynamisme langagier moindre, mais aussi, par la baisse des effectifs scolarisés, à l'amélioration relative des conditions d'apprentissage de l'écrit et de l'expression en français par l'école, avec des classes moins surpeuplées.

Cependant, seule la prise en compte de phénomènes sociaux comme la répartition de la population active par catégories, la situation du chômage, notamment celui des jeunes, ou bien la nature de l'immigration offre une réelle lisibilité en matière d'usage des langues, en France – car celui du français hors de France requerrait des sources d'information différentes pour chaque pays, et on ne pourra l'évoquer ici que de manière plus intuitive encore.

Pour en revenir à la France, divers types de données sont pertinents pour les pratiques de langage. Par exemple, la répartition de la population active, car cette répartition entre campagnes et villes peut influer sur la rapidité du recul des dialectes et langues régionales, la proportion d'actifs dans les professions d'encadrement et les professions libérales par rapport à la population ouvrière induisant l'augmentation ou le recul d'importance de tel ou tel type d'usage et de registre linguistique qui leur est associé. Ainsi, de 1982 à 1990, les agriculteurs diminuent de 33 %, les ouvriers non qualifiés de 14 %, alors que les cadres et les personnes vouées aux activités dites intellectuelles augmentent en nombre de 40 % (selon l'Insee)[3]. Or, les personnes concernées n'ont pas les mêmes usages de langage, mais les corrélations sont délicates à faire avec des traits appartenant aux divers registres de la parole et de l'écrit, à la nature des vocabulaires, à celle de la syntaxe, etc.

En revanche, des facteurs comme la féminisation des activités professionnelles ou la montée du chômage, entre 1975 et aujourd'hui, sont impossibles à interpréter linguistiquement, ce qui n'est pas le cas pour le développement des communes périurbaines, grossièrement, des « banlieues », puisque dans certaines d'entre elles se développent des modes de parler originaux, comme on le verra plus loin.

Un secteur de la démographie est en rapport direct avec l'usage en France des langues autres que le français, c'est évidemment celui de l'immigration.

Déjà, avant 1945, les immigrés venus des colonies étaient passés de 3 % de la population en 1911 à 6,2 % en 1936 (2 millions et demi), celui des « étrangers » de 2,8 à 5,3 (2 200 000). Etaient concernés l'arabe, les langues africaines, le créole, l'italien, le polonais, l'espagnol, le tchèque, certains immigrés étrangers pouvant être de langue maternelle française : essentiellement des Suisses et des Belges, dont le nombre, d'ailleurs, baisse après 1920.

Après 1945, deux facteurs renforcent l'impact de l'immigration : les besoins de la reconstruction, puis de la croissance économique et, après 1960, les péripéties de la décolonisation. Même si les données sont brouillées par la distinction formelle entre étrangers et immigrés, les chiffres des recensements sont éloquents : de 1946 à 1975, le nombre d'Italiens installés en France est stable, celui des Espagnols passe de 300 000 à 500 000 environ, et la vague portugaise est impressionnante, de 22 000 à 750 000. Mais les immigrés les plus nombreux en 1975 sont les Africains de divers pays nouvellement indépendants et les Maghrébins (700 000 Algériens, près de 400 000 Marocains et Tunisiens). L'immigration turque, intense en Allemagne, en Belgique, devient significative en France (plus de 50 000 en 1975). Cette immigration est souvent familiale, la femme suivant le mari : cela va modifier les conditions de bilinguisme et de l'apprentissage de la langue française. Par ailleurs, les immigrés anciens (Italiens, Espagnols, Polonais) et leurs enfants deviennent de plus en plus francophones, sans que les préjugés d'origine disparaissent à leur égard (voir *Les Ritals*, de F. Cavanna).

Après 1975, l'immigration ralentit légèrement. Des communautés « étrangères », par naturalisation et diminution du flux d'immigrants, deviennent moins nombreuses : c'est le cas, entre 1980 et 1990, des Italiens, Espagnols, Polonais. Pour les Africains subsahariens, leur nombre augmente ; quant aux Maghrébins, leur situation est stable. Une nouvelle émigration devient notable : celle des Asiatiques. Le recul relatif de la croissance économique, le chômage conduisent à des politiques de restriction. Mais la situation de l'immigration clandestine, problème politique et administratif difficile et douloureux, ne concerne plus la situation des langues.

Ce cadre général étant évoqué, on peut noter que, autour de la « langue de la République », deux situations très différentes se présentent. Cette distinction est également valable pour la Belgique et la Suisse.

La première concerne les relations qu'entretiennent les francophones de France avec des dialectes ou patois, ou bien des langues parlées régionalement, ou même perdus, mais présents dans la mémoire collective et plus ou moins revendiqués. La seconde concerne les immigrés de langue maternelle différente, leur acquisition du français, la situation familiale ou solitaire dans une collectivité, et pour leur descendance (« deuxième ou troisième génération ») leur vécu langagier complexe, souvent bilingue.

Ainsi, le préjugé commun qui voit la France parlant une seule langue et apprenant (assez mal) à l'école une ou deux langues étrangères sera fortement attaqué par la réalité.

Dialectes et langues [4]

Un indice de l'évolution continue de la situation est très visible dans les volumes récents de l'*Histoire de la langue française*, où Jacques Chaurand, signe, pour la période 1914-1945, une étude sur « L'état des patois », et, pour 1945-2000, une autre sur « Les variétés régionales du français » (suivie d'un chapitre sur « La progression du français en France », par Jean Le Dû, spécialiste du breton).

C'est dire que, malgré un constat insistant de recul ou de disparition, patois et dialectes étaient encore vivants, en France, au milieu du XXe siècle, malgré les effets destructeurs du brassage des populations et de l'école, entre 1870 et 1918. Pourtant, de 1918 à 1950, plus encore ensuite, le français submerge les autres langues et dialectes traditionnels et les patrimoines régionaux sont très consciemment assassinés. Au XXIe siècle, une nouvelle problématique s'est instaurée : seules les langues différentes du français central, qu'elles soient ou non romanes (occitan, catalan, corse), résistent, tandis que les « patois » d'oïl et « franco-provençaux » (voir plus loin) ont presque disparu. Mais tout idiome qui fut vivant à côté du français connaît une valorisation nouvelle : les francophones, même unilingues, au nom de leur région, s'y intéressent comme à un patrimoine redécouvert dont les restes – essentiellement, des mots, des expressions, des variantes phonétiques – méritent d'être intégrés au « français régional », et d'être décrits, rappelés, mis en dictionnaires.

Ces changements de pratiques, puis d'attitudes langagières, sont différents selon les ensembles dialectaux et les langues, et leur perception est fonction des régions, non des classements des linguistes.

Sociologiquement, la différence de perception entre le dialecte gallo-roman de Bretagne, le gallo, et le breton, langue celtique, est atténuée par l'identité régionale ; les dialectes d'oïl de Franche-Comté, voisins de ceux de Savoie, ne sont pas sentis comme appartenant à un « francoprovençal » parlé aussi en Suisse romande, mais comme comtois ou savoyards. Malgré son caractère unique et mystérieux, la langue basque pose (en France, la situation en Espagne étant tout autre) des problèmes analogues à ceux du gascon en Béarn.

C'est pourtant des identités définies par la linguistique qu'il faut partir, si l'on veut éviter les confusions.

Dialectes d'oïl et « francoprovençal »

Outre ceux qui ont donné naissance au français d'Ile-de-France et de l'Orléanais – auxquels on peut joindre, au sud, le tourangeau, le berrichon cher à George Sand, le bourbonnais –, il s'agit, au nord, du picard, apparenté au normand, à l'est, du champenois, du bourguignon et du morvandiau, distincts du franc-comtois, à l'ouest, du normand, du gallo de Bretagne, de l'angevin, du poitevin et du saintongeais. Dans chaque cas, on parlait jadis de « patois », au pluriel, et la linguistique, de « dialectes » ou de « parlers » au pluriel. Aujourd'hui, on préfère le singulier, qui permet d'accéder au statut de « langue ». En 1982, est fondée une association, Défense et Promotion des Langues d'Oïl (DPLO), mais le maintien éventuel ou la renaissance des parlers en question demeure très problématique. Une enquête faite en 1986 trouvait à Amiens 46 % de « locuteurs déclarés » du picard, mais tout dépend de ce que ce nom recouvre. Marie-Rose Simoni-Aurembou, auteur d'un grand *Atlas linguistique et ethnographique de l'Ile-de-France et de l'Orléanais, Perche, Touraine*, montre que l'écart entre les parlers locaux, « vernaculaires » et le français central normalisé est important pour le lexique, existe pour la phonétique (donnant le sentiment du « mal parler », de la faute : *ben* pour *bien*) et n'aboutit pas à une autre langue. Les variantes relèvent bien de ce qu'on nomme « français régional », mais il demeurait vrai, il y a peu, que les lexiques ruraux, en matière de pratiques agricoles, d'habitat, de flore et de faune, sont toujours plus riches et différenciés qu'en français standard, et varient d'une région, ou même d'un « pays », à l'autre. Mais s'agit-il encore, comme l'écrit Mme Simoni-Aurembou, d'une « culture alternative » ? Les révolutions techniques de l'agriculture, l'urbanisation partielle autour des villes, tout concourt, après 1970-1980, à réduire ou à détruire cette culture rurale traditionnelle que transmettait la substance des anciens parlers.

Des tentatives ont bien eu lieu pour entretenir la tradition par l'enseignement. Le Conseil national des langues et cultures régionales, réuni en 1986, n'a pas obtenu de grands résultats : des épreuves facultatives dans les concours d'entrée aux Ecoles normales, sept universités présentant un enseignement (le picard à Amiens et Lille, le normand à Caen et Rouen, le gallo à Rennes, le lorrain à Nancy, le poitevin-saintongeais à Poitiers).

Cependant, le patrimoine culturel régional n'est pas abandonné, par exemple en Picardie, avec des réunions, des publications et des émissions patoisantes, en Champagne[5], en Lorraine, en Franche-Comté[6], en Bresse (Radio Bresse a des émissions patoisantes), en Nivernais, en Bourgogne, dans le Morvan (la revue *Teurlées*), en Poitou (revues, études folkloriques ; mais France 3 et *Ouest-France* ont supprimé leurs chroniques en poitevin-saintongeais), en Normandie, où les publications sont assez nombreuses et l'intérêt pour « la langue normande » paraît vif[7].

La situation du gallo, le dialecte roman de Bretagne orientale, qui présente des traits communs avec le poitevin, est un peu différente, car il bénéficie de l'impact de la Charte culturelle de Bretagne (1978), qui recommande sa promotion à côté de celle du breton. La littérature « gallèse » s'est développée au XIXe siècle, la production actuelle est variée et il existe une option de gallo au baccalauréat.

Mais l'intérêt du public attaché à sa région, le travail des philologues et ethnologues locaux, celui des associations, s'il ne s'adresse pas à un passé révolu, ne peuvent cacher la réalité des usages. Presque partout les dialectes d'oïl ont disparu avec les derniers locuteurs. Il n'y a plus de transmission familiale, facteur essentiel de survie. En outre, les initiatives en faveur de ces dialectes (qu'on les baptise « langues » n'y change rien) sont privées et locales, sauf dans l'enseignement. Les grands médias, en particulier, restent totalement inactifs.

Mal dénommé, le domaine *francoprovençal* présente la même situation que les dialectes d'oïl. Ce territoire, qui part de la région lyonnaise et s'étend en triangle vers l'est, a été identifié au XIXe siècle par le linguiste italien Graziadio Ascoli. On y parlait, en France, le bressan, le savoyard, en Suisse le fribourgeois, le valaisan, en Italie le valdotain (Val d'Aoste), à côté du français. Distinct des dialectes d'oïl par des traits linguistiques plus anciens, conservés, par rapport à la « langue d'oïl », cet ensemble ne ressemble pas, malgré son nom, à l'occitan, provençal ou non. Très fragmenté, le « franco-provençal » est perçu comme ensemble de dialectes ou de patois analogues à ceux d'« oïl », notamment en France, de patois savoyards. Le franco-provençal s'écrit depuis le XIIIe siècle ; sa graphie présente des irrégularités par rapport au français [8]. Cet ensemble de parlers est bien étudié, notamment à l'Université catholique de Lyon (Institut Pierre Gardette), à Grenoble III, au Centre d'études francoprovençales d'Aoste, en Italie. Ces dialectes ne sont plus transmis par les familles ; selon Gaston Tuaillon, il restait en 1988 environ 60 000 locuteurs sur 6 millions d'habitants (surtout situés en Savoie, en Bresse, dans les cantons suisses du Valais et de Fribourg et dans le Val d'Aoste).

L'OCCITAN

Depuis le Moyen Age, l'histoire de l'occitan en France est celle d'une langue très brillante, nettement distincte du français et des autres dialectes d'oïl, langue écrite et littéraire peut-être plus importante culturellement que l'ancien français (les troubadours, la littérature courtoise) [9], langue romane issue du latin [10] et moins influencée par les idiomes germaniques que le français ; langue qui s'est inexorablement fragmentée, dont l'usage a reculé devant la pression du français, mais dont les différentes formes ont mieux résisté, avec une prise de conscience littéraire forte pour le provençal dans la seconde moitié du XIXe siècle (le félibrige) et une identification régionale active au XXe siècle.

L'occitan – comme le français, l'italien ou l'allemand, d'ailleurs – est une abstraction de linguistes, et sur ce plan, son existence est incontestable. Mais sa fragmentation en dialectes, souvent ressentis comme des patois, est un fait non moins évident.

Du nord au sud, on distingue en général les dialectes occitans auvergnats et limousins, auxquels certains joignent ceux des Alpes-de-Haute-Provence. Ce sont les parlers où le *ca-* et le *ga-* du latin sont devenus *cha-* (*chantar*) et *ja-* (*jalina*, « poule » [géline]), quand l'occitan du Sud dit *canta*, *cantar* et *galina*.

L'occitan du Sud est demeuré plus proche du latin médiéval ; d'est en ouest, on distingue le provençal (et cette désignation correspondait naguère à l'ensemble du domaine, avant qu'on ne parle d'« occitan »), le languedocien, que les occitanistes tendent à considérer comme l'occitan de référence, et enfin le gascon, nettement distinct, que beaucoup considèrent comme une langue à part entière, comme on le fait pour le catalan. Un seul exemple de particularité gasconne, par rapport à l'occitan languedocien : le passage du *f* latin au *h* dit « aspiré » (gascon *hilha*, au lieu de *filha*, « fille »)[11] ; ou encore la disparition du *n* entre voyelles (gascon *lua*, au lieu de *luna*).

L'occitan est frontalier à l'est avec l'italien et ses dialectes. Ainsi les parlers encore vivants autour de Nice (le nissart) sont occitans provençaux, mais présentent des influences italiennes et « liguriennes » (dialectes italiens de la région de Gênes), ce ligurien étant encore parlé au nord-est des Alpes-Maritimes (Tende, La Brigue, Breil-sur-Roya...). Au sud, les Pyrénées et leurs abords marquent le passage de l'occitan au catalan, au castillan (l'« espagnol »), au basque (le premier et le troisième étant parlés en France et, bien plus, en Espagne ; voir plus loin). La frontière nord est incertaine ; entre dialectes occitans et d'oïl, une zone en croissant, de La Rochefoucauld à la région de Roanne, connaît (ou connaissait) des patois mêlant oc et oïl.

Une division plus régionale que linguistique sépare culturellement en deux l'Occitanie et l'écriture de ses dialectes. D'un côté, la tradition de Mistral, qui récuse le nom d'*occitan* et accepte *langue d'oc*, mais reste attaché à *provençal* et à la transcription mise au point par Joseph Roumanille et Frédéric Mistral, pour le provençal rhodanien. De l'autre, la graphie unifiée, inspirée des textes médiévaux, définie par les félibres du Languedoc et codifiée par Louis Alibert (mort en 1959). Un accord entre « provençalistes » et « occitanistes » a été accepté par le Félibrige provençal (Aix-en-Provence) et par l'Institut d'études occitanes fondé en 1945 à Toulouse.

Plus que les institutions et les publications, c'est la pratique des variantes de la langue d'oc qui importe. Malgré les difficultés d'interprétation que soulèvent les enquêtes, on estimait à environ deux millions (sur quinze) les locuteurs d'occitan en 1999. En 1920, Jules Ronjat les évaluait à plus de dix millions : le recul fut donc énorme. En Languedoc, 34 % des témoins interrogés déclaraient comprendre la langue, mais seulement 9 % parfaitement ; 19 % affirmaient la parler, mais seulement 7 % « bien ». Que connaissaient réellement de la « langue occitane » celles et ceux qui reconnaissaient ne la comprendre ou ne la pratiquer que mal ? En Aquitaine, les résultats de l'enquête étaient comparables. Dans les deux cas, ils étaient supérieurs dans les départements ruraux, les plus faibles étant obtenus dans l'agglomération bordelaise (comprendre : 11 % ; parler : 3 %). La transmission familiale ayant, croit-on, quasiment cessé, la grande majorité des locuteurs seraient des gens âgés, les jeunes pratiquant l'occitan surtout avec eux.

Ainsi, malgré des résistances et un certain militantisme, la désaffection continue de se marquer ; là comme ailleurs, surtout après la Première Guerre mondiale, un français régional spontané se substitue à la pratique normale du dialecte. Quant aux résistances, elles sont culturellement et symboliquement significatives, mais quantitativement limitées. Les livres publiés en occitan sont pourtant nombreux et la littérature plus florissante qu'à l'époque de Mistral, avec de nombreux auteurs nés au XXe siècle[12], mais leur tirage reste faible et seuls quelques auteurs sont traduits en français. Les périodiques, cependant, sont nombreux, revues littéraires et culturelles ou pédagogiques. Des radios locales ou associatives ont des émissions en occitan, en général hebdomadaires (seule Radio País, au Béarn, émet majoritairement en gascon). Quant aux télévisions, seules France 3 Provence-Côte d'Azur et France 3 Sud avaient à la fin du XXe siècle des programmes en langue régionale, à raison de quelques dizaines d'heures par an. La télévision sur Internet pourra faire bouger les choses.

Enfin, l'école primaire bilingue – avec l'occitan comme langue d'enseignement – ne concernait en 2001-2002 que 2 000 élèves (deux fois plus qu'en 1996), auxquels il faut ajouter 3 000 enfants bénéficiant de trois à six heures de provençal, dans les Bouches-du-Rhône, et environ 1 800 élèves dans les écoles associatives bilingues appelées *Calandretas*, qui existent depuis 1998 et peuvent être comparées aux écoles *Diwan* pour le breton[13]. Dans le second degré, l'occitan peut faire l'objet d'un enseignement de langue vivante ou en option facultative pour 17 000 élèves environ (1999-2000), mais l'épreuve d'occitan du baccalauréat, un an avant, n'avait attiré que 2 350 élèves. Enfin, les Universités d'Aix-Marseille I, Toulouse, Montpellier III délivrent des diplômes dans les études supérieures (licences, maîtrises, DEA).

Si le mouvement d'intérêt pour l'occitan est réel, il n'est pas, quantitativement, à la mesure de la perte des pratiques spontanées, continue depuis que les dialectes et patois, normaux et vivants partout au milieu du XIXe siècle et jusqu'en 1914 – à côté du français, dans les villes –, ont cessé de faire l'objet, même en milieu rural, d'une transmission familiale, après 1918. On a vu que, des dix millions de locuteurs estimés en 1920, n'en resteraient que deux millions en 1999, et leur usage de la langue n'est plus le même, avec la diffusion du français dans les domaines où l'ancienne langue maternelle dominait.

Dans les enquêtes de la Révolution et de l'Empire, tout parler qui n'était pas le français officiel était considéré comme « patois ». Pour l'opinion, c'était encore le cas au XIXe siècle, mais après 1945, on réserve plutôt l'étiquette « patois » aux dialectes gallo-romans d'oïl et du franco-provençal. La chose est moins nette pour les variétés de l'occitan et on reconnaît de plus en plus le statut de « langue », du fait de leur légitimité régionale, à des idiomes parlés hors de France, par exemple en Espagne (catalan et basque), ou appartenant à une famille linguistique reconnue. C'est le cas du breton, langue celte, du « dialecte » alsacien, qui est de l'alémanique, du germanique parlé aussi en Suisse, ou encore de la langue corse, issue de dialectes de l'italien. En Alsace, on parle de « dialecte », pas de patois ; il en va de même pour le flamand, variante du néerlandais parlé en Belgique et en France, et du francique ou *Platt*, pour les dialectes germaniques de Lorraine.

Dialectes germaniques de France

Plusieurs de ces dialectes et langues sont transfrontaliers et concernent la Belgique (le flamand), l'Allemagne dialectale (francique, alémanique), la Suisse (alémanique), et, pour d'autres familles linguistiques, l'Espagne (catalan, basque, deux langues officielles d'entités politiques de l'Espagne), le corse figurant dans la zone dialectale de l'italien, tout comme les traces de « ligurien » des Alpes de Provence. Enfin, si l'on retient le facteur politique et administratif, on doit noter que l'Alsace et la Lorraine furent allemandes de 1870 à 1918, et de 1940 à 1945, ce qui a influé sur leur histoire linguistique.

Les *dialectes alsaciens*, après la guerre de 1914-1918, ont coexisté à l'oral avec le français, qui s'était maintenu après 1870 comme langue de l'élite (y compris allemande) et qui est redevenu langue de l'école. A l'écrit, à côté du français, l'allemand existe dans la presse alsacienne, pour le culte religieux et, partiellement, à l'école. Les dialectes donnent lieu à une littérature régionale très vivante. Après l'annexion de 1940, seul l'allemand était officiel ; le français interdit, le dialecte toléré ; mais le français était pratiqué à l'oral en signe protestataire, et la littérature en français circulait. Après 1945, la situation confronte le français et l'allemand à l'écrit et à l'école, le français et le dialecte à l'oral. Avant 1960, l'alsacien, avec ses variantes, demeure l'une des langues régionales les mieux conservées de France. Des données chiffrées et des sondages permettent de suivre un peu mieux son évolution que celle des autres langues régionales de la France. Alors qu'entre 1930 et les années 1960 (et malgré la germanisation forcée de 1940-1945) la connaissance du dialecte restait stable (autour de 85 % de connaissance déclarée), la régression commence ensuite. Elle est plus marquée pour les femmes que pour les hommes (en 1998, 44 % des femmes déclarent parler couramment le dialecte, contre 57 % des hommes), ce qui doit entraîner une baisse de la transmission dans la famille. De fait – et c'est le point crucial pour l'avenir –, seuls 22 % des jeunes de 18 à 24 ans disent parler habituellement l'alsacien, contre près de 80 % pour les plus de 65 ans. Un sondage scolaire auprès des maîtres, portant sur les élèves, donne une compétence de 14 % pour les 6-11 ans, de seulement 6,5 % pour les 3-6 ans.

La transmission du dialecte aux jeunes enfants étant de moins en moins assurée, ses aptitudes dans la communication ont tendance à se restreindre. Ce qu'on appelle « l'alternance des codes » (on passe, dans une même situation, du dialecte au français ou l'inverse, souvent sans en avoir nettement conscience) et qui donnait lieu à des mélanges pittoresques, tend à se raréfier. De la même manière, les domaines autrefois réservés au dialecte – personnel, affectif, familial, intime, à côté du français réservé à la sphère sociale, intellectuelle, etc. – passent de plus en plus au français. Ce qui était spontanément vécu en dialecte peut l'être en français[14]. Ainsi, dans les années 1960, j'ai assisté à un changement de code très rapide : plusieurs jeunes gens roulant lentement à vélo, à Strasbourg, la nuit, devisaient en français ; soudain l'un d'eux tombe ; immédiatement, le groupe parle alsacien. Je ne pense pas que ce réflexe serait aussi spontané, ni si fréquent, au XXIe siècle.

Reste à rappeler l'évolution de l'école, en Alsace, quant aux langues. Aucun enseignement de l'allemand de la Libération à 1952 ; alors, un enseignement facultatif, en milieu dialectophone, est prévu. La tentative échoue complètement, pour des raisons de psychologie sociale. En 1972, quelques classes expérimentales réintroduisent l'allemand ; la mesure sera généralisée et étendue dans les années 1980, au nom de la culture régionale et des échanges économiques et culturels avec l'Allemagne voisine. Dans les années 1990, on peut fréquenter une école bilingue en français et en allemand, mais la demande, pour l'école primaire, est inférieure à 5 %. De manière caractéristique, ce sont les zones où le dialecte est encore le plus vivant qui sont le plus réservées pour cet apprentissage bilingue.

Une explication partielle des réticences alsaciennes vis-à-vis de l'allemand réside dans les représentations des langues dans la région, avec les images respectives du français (senti comme langue de la nation, mais aussi comme pouvant être approprié dans le respect de la culture régionale), du dialecte (l'image de patrimoine se conserve ; celle de langue naturelle et maternelle s'éloigne) et de l'allemand ou plutôt des relations entre l'alsacien et l'allemand, sujet à des ambiguïtés qu'explique l'histoire.

Sur le plan culturel, cependant, on a pu parler, vers 1970, d'une « renaissance alsacienne », diverses attitudes contestataires, écologiques ou communautaires s'exprimant en dialecte ; le théâtre et les chansons en alsacien se multiplient, tandis que les médias locaux (y compris la télévision nationale « régionalisée ») accordent une place, rendue affectivement positive, au dialecte [15].

LE FRANCIQUE

Au nord de l'Alsace, une autre zone dialectale germanique empiète sur le territoire de la France, de la frontière sarroise à celle du Luxembourg. La Moselle connaît deux variétés de francique, le rhénan au sud – proche de l'alémanique alsacien – et, au nord-ouest, le francique mosellan, l'intercompréhension entre les deux familles de parlers étant faible, pour des raisons phonétiques, essentiellement.

L'existence de ces parlers le long de la Moselle remonte à quinze siècles, quand les Francs, descendant vers le sud, croisent en ces lieux les Alamans. L'ancien bas-francique du Ve siècle – qui a fourni tant de mots usuels et de noms à la langue française – a donné le néerlandais et le flamand, le francique mosellan, le luxembourgeois. Le francique rhénan est parlé dans la région de Mayence, en Sarre, en Moselle et dans l'extrême nord de l'Alsace (Alsace « bossue »). Ces dialectes ont été conservés par les Francs dans le nord-est de la Lorraine, alors qu'ils adoptaient le dialecte gallo-romain de Lotharingie, le lorrain, dans le reste de la région. La frontière romano-germanique n'a pas bougé depuis l'an 1000 et la Lotharingie.

Le francique mosellan, en 1962, était encore parlé par 360 000 locuteurs ; en 1999, il n'y en avait plus que 78 000. Il se nomme *Platt* [16] (*Plattdeitsch*) en dialecte, du côté allemand comme français ; en français, on dit « le Platt », « le dialecte » et, récemment, « le francique », ou « langue francique », en dialecte *fränkisch* (*Sprooch*). Alors que les locuteurs les plus âgés de cette région française parlent couramment le dialecte et peuvent, tout comme les Alsaciens, l'alterner avec le français, selon les situations et les thèmes, les jeunes l'ont en général perdu [17]. Comme en Alsace, le recul de l'allemand standard écrit comme langue commune accompagne celui du dialecte : le dernier numéro bilingue français-allemand du *Républicain lorrain* a paru en 1988. Mais l'enseignement de l'allemand à l'école, supprimé en 1945 – comme en Alsace – connaît un développement dans l'enseignement secondaire, en tant que langue étrangère, et minoritairement dans le primaire à Bitche, Forbach, Sarreguemines (huit heures hebdomadaires d'allemand et une matière enseignée en allemand).

On doit cependant signaler un mouvement associatif en faveur du dialecte, soutenu par l'Institut des langues et cultures régionales de Lorraine [18]. Le cas du francique luxembourgeois, l'une des trois langues officielles du Grand-Duché, avec l'allemand et le français, est, de ce fait, particulier.

Le flamand

Le long de la frontière belgo-française, à l'extrême nord de la France, une autre ligne de partage entre langue romane et germanique sépare, d'est en ouest, la Belgique wallonne de la flamande – qui préfère se dire néerlandophone. Elle empiète sur la région de Dunkerque et de Bailleul. A la fin du XIXe siècle, le grand-père d'André Malraux, armateur à Dunkerque, parlait flamand. Le flamand de France s'étendait plus loin au Moyen Age, comme le montre le double nom de villes comme Arras-Atrecht, Cambrai-Kamerijk, Lille-Rijsel.

Aujourd'hui, les locuteurs de flamand en France sont de moins en moins nombreux sur un territoire qui s'est réduit. Les estimations sont très imprécises (de toute façon inférieures à 100 000, peut-être 30 000), en majorité avec une connaissance passive, seuls les plus âgés parlant spontanément le dialecte. Une discrète renaissance s'est produite après 1948, par des actions communes partant de Belgique. Le flamand de France possède une méthode [19], mais son enseignement à l'école (1982) fut un échec ; c'est le néerlandais normalisé (des Pays-Bas) qui fait l'objet d'un enseignement à un autre niveau.

Le recul objectif du dialecte en France – comme du Platt ou francique mosellan et même de l'alsacien – est ainsi redoublé, sur le plan symbolique et de l'appartenance régionale, par le recours à des langues perçues comme nationales, en l'espèce, l'allemand et le néerlandais, qui ouvrent une communication avec de plus larges espaces politico-économiques (Allemagne-Autriche ; Pays-Bas-Belgique du Nord) [20], tous deux symboliques de l'Union européenne, ce qui compte beaucoup, notamment à Strasbourg, « capitale française de l'Europe ».

Le celte de France : brezhoneg

Poursuivant l'évocation rapide des idiomes en contact, dans la moitié nord de la France, il faut parler du breton, langue celte, frontalière avec le dialecte gallo-roman appelé précisément « gallo », aujourd'hui submergé par un français régional, plutôt moins marqué qu'en Alsace, et qui présente un cas linguistiquement unique.

Il a plusieurs fois été question de la langue bretonne dans cet ouvrage, au cours de l'histoire. Rappelons simplement qu'il s'agit d'un ensemble de parlers introduits après le Ve siècle en Armorique, par des Gallois, dont la langue fait partie d'un groupe « brittonique » auquel appartient donc ce qu'on nomme en français le breton, *brezhoneg* dans cette langue. Deux autres langues celtes – dites « goïdéliques » – sont parlées en Irlande et en Ecosse ; tous ces idiomes celtes des îles Britanniques étant menacés par l'anglais, mais aujourd'hui quelque peu protégés par l'indépendance de l'Eire – qui fait accepter en 2007 sa langue celtique parmi celles de l'Union européenne – et les statuts spéciaux de l'Ecosse et du pays de Galles.

Le breton fait donc partie du celtique insulaire, et la question du maintien du celtique continental en Armorique, après l'invasion de César et la romanisation, qui reste posée, ne concerne pas la langue bretonne, qui aurait de toute façon remplacé son ancêtre le gaulois, dans une Armorique plus romanisée à l'est, sous l'influence des grandes agglomérations anciennes, Rennes et Nantes.

La frontière linguistique entre breton et dialectes romans (gallo), repoussée vers l'ouest, est initialement marquée par les noms de lieux. Elle est aujourd'hui diffuse, mais l'unité de la Bretagne « bretonnante », par rapport à l'ensemble de la région, est clairement ressentie.

La variation dialectale de la langue correspond à quatre familles de parlers : léonais au nord-ouest (Finistère Nord), cornouaillais au sud-ouest, trégorrois au nord-est (Côtes-d'Armor), vannetais au sud-est (Morbihan). Certains linguistes, à cause de l'accent tonique placé sur l'avant-dernière syllabe, regroupent Kerne (Cornouaille), Leon et Treger (KLT). L'intercompréhension, du fait de la variation phonétique notamment, est imparfaite. La recherche d'une norme unique pour la langue bretonne a abouti à un néo-breton épuré dans son lexique et qui peut s'éloigner par sa prononciation des formes locales, ce qui entraîne pour les locuteurs spontanés âgés des réticences (et des moqueries).

Très éloigné par sa structure des langues romanes, comme les autres langues celtiques, le breton présente des mutations automatiques des consonnes selon les phonèmes qui précèdent (*kalon*, « cœur » – *ar galon*, « le cœur »), un système de pluriel complexe (avec un duel), trois types de conjugaisons pour un même verbe (forme analytique, synthétique et périphrastique avec un auxiliaire) et une syntaxe très souple, où le début de la phrase est, avant le verbe, la partie sémantiquement la plus importante. Ces caractéristiques rendent l'apprentissage délicat pour ceux dont le breton n'est pas ou plus la langue maternelle.

Les problèmes créés par les formes dialectales sont redoublés par l'existence de trois graphies, l'une d'elles « complètement unifiée » (*peurunvan*) utilisée dans l'enseignement, mais critiquée. Ainsi, on écrivait selon la prononciation *Breiz* pour « Bretagne » dans les trois dialectes occidentaux, et *Breih* en vannetais, l'orthographe unifiée étant *Breizh*. Cette nouvelle graphie unifiée a été proposée en 1975.

La pratique du breton, qui demeurait très majoritaire au XIXe siècle et au début du XXe siècle (jusqu'à la guerre), était encore importante jusqu'en 1945. A cette époque, dans une commune rurale, Saint-Méen, « tous les enfants scolarisés avaient le breton comme langue maternelle : six ans plus tard, ce n'est plus le cas que de 1 sur 10 »[21]. On est frappé par la rapidité extrême de ce recul : il ne peut correspondre qu'à l'arrêt de la transmission familiale de la langue.

De fait, du million de locuteurs estimés en 1950, seuls 240 000 subsisteraient en 1997 (plus 370 000 personnes ayant une compréhension correcte du breton, mais ne le parlant pas)[22]. En outre, et comme dans d'autres régions, les locuteurs sont pour les deux tiers des plus de 60 ans, et la moitié seulement se sert fréquemment de la langue.

Ce tableau sociologique est le même pour le breton que pour la plupart des « langues de France » : on parle le breton, quand on le parle, plutôt hors de la maison qu'à la maison, seulement en milieu rural, très rarement au travail.

Le contraste entre ce naufrage des pratiques et l'estime portée à la langue, qui a cessé d'être méjugée, est total. Les écoles Diwan, apparues en 1977, qui pratiquent un enseignement par immersion en breton normalisé, progressent, mais leur effectif est d'environ 7 000, tandis que 25 000 autres élèves ont un enseignement beaucoup plus léger du breton. On estime en outre à une dizaine de milliers les apprenants adultes de breton. Ces chiffres, de même que les activités de l'enseignement supérieur à Brest, Rennes et Lorient, ou encore les quinze heures hebdomadaires de radio de France Bleu Breizh Izel et l'heure et demie de télévision de France 3 [23], ne sont évidemment pas à la même échelle que ceux, négatifs et massifs, de la pratique spontanée de la langue. On a fait la même remarque pour l'occitan, on la fera pour le catalan et le basque en France.

La perception politique du breton, cependant, en Bretagne et dans le reste de la France, a été soutenue par la reconnaissance (même ironique) d'un français régional marqué, par d'assez nombreux emprunts du français au breton (du *jabadao* et des *fest-noz* au *kouin aman*) et surtout, par l'existence d'une littérature bretonne moderne, dont les revues *Al Liamm* (Roparz Hemon, Ronan Huon, Per Denez) et *Brud Nevez*, la « nouvelle renommée », avec Per Jakez Hélias et son œuvre bilingue, la renommée du *Cheval d'orgueil* ayant atteint la France entière. Il faut ajouter la popularité des chanteurs, tels Erik Marchand, Yann Fañch Kemener ou Denez Prigent, qui transmettent et renouvellent l'héritage musical et vocal.

LE CATALAN ET LE BASQUE

De part et d'autre des Pyrénées, la France connaît deux situations bilingues, incomparables linguistiquement mais très voisines quant à la géopolitique des langues. A l'est, dans les Pyrénées-Orientales, autour de Perpignan, le catalan. A l'ouest, le basque. Ces deux langues, sans rapport interne – le basque n'est d'ailleurs apparenté à aucune langue connue –, sont surtout pratiquées en Espagne, où elles bénéficient d'un statut spécifique ; leur situation est doublement handicapée du côté français.

Le *catalan*, langue romane, est proche de l'occitan voisin, mais distinct tant sur le plan phonétique que morphologique. Par rapport au castillan, le catalan se signale par un lexique plus proche de l'occitan et du français (*parlar* et non *hablar*, *menjar* et non *comer*, *petit* et non *pequeño*, *taula* et non *mesa*, « table »...). Ses variantes locales n'empêchent pas une certaine compréhension. Ses principales zones d'emploi sont la Catalogne espagnole où il est langue officielle à côté du castillan, le pays valencien et les Baléares, et cet emploi y est très vivant et massif, jusque dans les grandes villes. On le parle aussi en Aragon, en Andorre (langue officielle), dans une petite zone de Sardaigne et, donc, en France.

Le catalan de France résiste mieux que d'autres langues régionales au mouvement de recul progressif. De 1993 à 1997, cependant, sa compréhension aurait reculé de 63 à 55 % et sa pratique active de 49 à 34 %, diminution inquiétante, mais en partie explicable par une situation plus euphorique en 1993, suscitant des réponses optimistes. En outre, cette compétence linguistique décroît selon l'âge : plus de 55 % après 45 ans, seulement 16 % des 18-24 ans [24]. Dans l'enquête de 1993, 36 % des interrogés déclarent écouter des émissions de radio en catalan, 50 % des émissions de télévision, et cette écoute vient d'Espagne.

Quant aux pratiques scolaires, en 1998-1999, près de 20 % des élèves suivaient un enseignement de catalan en primaire, mais seulement 6 % dans le secondaire. Quant à l'enseignement bilingue français-catalan, pourtant requis selon l'enquête par près de 38 % des parents, il n'est dispensé qu'à un insignifiant 1 % de cette population scolaire [25].

Parmi les 370 000 habitants des Pyrénées-Orientales, 62 % ont dit souhaiter que leurs enfants apprennent le catalan, 17 % de ceux qui disent ne pas le comprendre (45 % en 1997) aimeraient l'apprendre.

Comme dans d'autres régions, la pratique effective ne semble pas à la mesure du désir. Un autre paradoxe réside dans le contraste entre la politique de la France et celle, efficace, de la *Generalitat* de Catalogne, rétablie en 1932 par la République espagnole, supprimée par Franco, à nouveau rétablie par la Constitution espagnole de 1978. Héritier de la *Renaixença* du XIXe siècle, le « modernisme » catalan (1890-1910) fut suivi par le *Noucentismo* et l'« avant-gardisme » (après 1920). Le premier de ces mouvements fut responsable, grâce à Pompeu Fabra [26] de la normalisation de la langue, facilitant sa diffusion. Après la répression franquiste, qui prit la forme d'un assassinat culturel massif, la renaissance catalane, souvent poursuivie dans l'exil, devint politique et économique. De très nombreux écrivains, à côté d'activités musicales et picturales de notoriété mondiale, participent à ce mouvement. Dans les médias, sur quatre quotidiens publiés à Barcelone, l'un est rédigé en catalan, de nombreux hebdomadaires paraissent dans cette langue. Deux chaînes publiques de télévision et trois privées émettent en catalan, l'une, TV3, est reçue en Roussillon. La production éditoriale en catalan atteint 8 000 titres environ par an.

Le contraste est total avec la France, tant dans la presse régionale, qui accorde au catalan une place minime, qu'aux radios et aux chaînes de télévision françaises. France 3 ne diffuse que quelques minutes par jour, mais les Perpignanais peuvent voir une quarantaine d'heures quotidiennes de télévision en catalan, en provenance d'Espagne.

En Roussillon comme ailleurs, l'action effective pour la langue régionale est un fait associatif – par exemple, Radio Arrels – ou individuel, mais la littérature catalane du Roussillon doit recourir aux éditeurs barcelonais[27]. Sans la présence proche d'une volonté catalane, en Espagne, cette langue régionale de la France pourrait bien n'y être rapidement qu'un souvenir.

A l'extrémité occidentale de la chaîne des Pyrénées, dans l'ouest des Pyrénées-Atlantiques, on parle, outre le français, le basque.

La *langue basque* (*euskara*), la plus ancienne d'Europe à notre connaissance – en tout cas, parmi celles qui sont encore en usage –, a résisté à toutes les méthodes comparatives. On a voulu la faire venir du Caucase, de l'Oural, l'apparenter aux langues finno-ougriennes (finnois, hongrois, langues du Nord sibérien), au berbère ou, plus largement, à l'ensemble « chamito-sémitique ». Rien de probant. Plus fuligineuse encore, la théorie contemporaine élaborée aux Etats-Unis, où le basque ferait partie d'un improbable ensemble nord-caucasien et sino-tibétain, comprenant aussi des langues amérindiennes du Canada septentrional et de l'Arizona (le groupe na-déné). D'autres, généticiens des populations, supposent que le basque était déjà présent en Europe occidentale il y a 35 000 ans. Outre des comparaisons de faits isolés qui permettent d'apparenter toutes langues – ce qui permet à M. Ruhlen de poser, ce qui ravit les idéologues créationnistes, une langue mère unique –, ces reconstructions sont aussi distrayantes que gratuites.

Cette langue, « isolée » jusqu'à plus ample informé, est agglutinante, possède une très riche morphologie (dix cas), une conjugaison variable selon le code des relations entre personnes. Sa syntaxe présente l'ordre dominant sujet -complément- verbe (celui de l'allemand), mais cet ordre est modifiable selon l'insistance sur une information ou une autre. Ces traits, avec d'autres, se retrouvent dans des langues variées, sans relations historiques. C'est sans doute leur rareté dans les langues d'Europe qui ont conduit les spécialistes à chercher des rapprochements extra-européens.

Le basque est attesté depuis deux mille ans par des inscriptions portant des noms propres ; mais les phrases analysables et les listes de mots sont plus tardives (XIIe siècle, pour les secondes). Au XVIe siècle, on peut distinguer quatre dialectes basques littéraires : le labourdin, le souletin au Nord, le guipuzcoan et le biscayen, développés plus tard, au Sud[28], plus deux variétés de navarrais. Un basque unifié a été élaboré en Espagne de 1960 à 1980, pour permettre une expression commune à l'école, par écrit et dans les médias. La variation dialectale reste forte à l'oral spontané.

L'action sur la langue dépend de l'Académie de la langue basque, institution royale en Espagne – comme la *Real Academia* de la langue castillane – et association de la loi de 1901 en France.

Aujourd'hui langue officielle de la Communauté autonome du pays basque espagnol, le basque n'a aucun statut en France, non plus que le catalan. C'est pourtant la langue maternelle, encore transmise dans les familles (situation devenue exceptionnelle pour les langues minoritaires de la France), de 60 000 Français, 15 000 autres la comprenant. Ce chiffre, obtenu par enquête en 1996, correspond à un quart de la population du pays basque, et à un dixième du total des locuteurs (9/10e se trouvant en Espagne).

Mais l'indifférence ou l'hostilité des autorités françaises, là comme en Catalogne et malgré de belles déclarations d'intention, conduit à une répartition des emplois entre basque et français – presque tous ceux qui parlent basque sont bilingues –, défavorable au premier, car l'euskara est plus ou moins cantonné au registre affectif et aux emplois codifiés des chants, des cérémonies, des évocations du passé.

Si l'enseignement du basque a progressé, 80 % des enfants scolarisés du pays basque français[29] ne reçoivent aucune formation dans cette langue. L'école primaire publique et privée (catholique) donne aux 20 % restants deux ou trois heures hebdomadaires de langue euskara. Comme en Bretagne et en Occitanie, ce sont les associations (*Seaska*) qui procurent une scolarité bilingue, où l'on enseigne aussi en basque. Selon Bernard Oyharçabal, dont je reprends les données[30], les élèves sont environ 1 800.

Pour l'enseignement secondaire et supérieur, il s'agit de cours de langue et de civilisation basque, à Bayonne et, pour la recherche, à l'Université de Bordeaux 3. Mais il n'est pas question en France, comme on le fait en Espagne, d'enseigner des disciplines scientifiques en basque, les manuels nécessaires existant depuis plusieurs décennies.

D'une manière générale, le basque est en France une langue à l'abandon, victime comme les autres de la généralisation du français et d'une centralisation qui résiste aux régionalisations, mais pourtant encore vivante, surtout en Espagne voisine, et dans quelques colonies basques hors d'Europe.

Une langue insulaire : le corse

Par son insularité, le corse est à considérer à part. Sa vitalité est plus grande que celle de tout idiome maternel autre que le français, sur le territoire métropolitain. Une enquête de 1995 fait état de 64 % d'habitants de l'île qui le parlent, 81 % disant le comprendre. Mais une autre enquête en milieu scolaire, auprès d'élèves de seconde, en 1997-1998, donne les résultats suivants : 34 % des élèves ont répondu qu'ils parlaient corse avec leurs grands-parents et leurs parents, 22 % avec leurs amis. Les mêmes élèves disaient que, dans leur famille, les grands-parents (63 %), les parents (60 %), mais beaucoup moins les frères et sœurs (13 %) parlaient la langue. Sur les 79 % qui avaient étudié le corse, seulement 16,5 % continuaient cette discipline. L'année suivante, les études de corse étaient évaluées à 45 % en 6e et en 5e, puis baissaient en pourcentage, remontant en 1re, du fait de l'épreuve de corse prévue au baccalauréat, que passaient 20 % des élèves scolarisés (très partiellement) dans cette langue[31].

On lit à travers ces chiffres, avec moins de force qu'ailleurs, le recul de la langue maternelle traditionnelle et la difficulté de remplacer la transmission familiale spontanée par une décision culturelle ou scolaire.

Ce recul – sans doute plus lent – ou bien cette résistance – moins énergique – à l'envahissement du français a probablement des causes générales, déjà constatées pour toutes les langues et dialectes régionaux, mais aussi des raisons spécifiques, d'ailleurs controversées.

Tout d'abord, depuis un peu plus d'un siècle, le rapport de complémentarité entre corse et italien standard a été progressivement remplacé par un rapport différent, plus conflictuel, avec le français. Le corse, à partir du second Empire, avait été coupé de l'italien écrit, remplacé par le français. Deux mouvements linguistiques complémentaires ont occupé les périodes suivantes, de 1870 à 1914 et de 1914 à la seconde moitié du XXe siècle : d'une part, la diffusion du français par l'école, et aussi par l'émigration des Corses vers la France continentale et vers l'Empire français ; d'autre part, un mouvement culturel qui conduit à une langue corse écrite, autonome par rapport à l'italien. Ce dernier phénomène est compliqué par un renoncement, celui d'un effort vers une langue corse normalisée et unifiée (comme l'ont pratiqué, par exemple, le basque ou le breton). Des linguistes corses ont voulu valoriser cette solution au nom d'une dialectique des parlers vivants, alors que la normalisation artificielle serait une « ossification »[32].

Cette absence d'unification, en effet respectueuse du ressenti affectif de chaque variante locale, dans une société où les liens familiaux sont restés bien plus forts qu'en France continentale, a de redoutables inconvénients pour l'école, l'édition et, déjà, pour l'écriture.

Celle-ci a subi des influences contradictoires : influence du français, volonté d'autonomie par rapport aux graphies italiennes – on en voit les effets sur les panneaux indicateurs des routes corses, où la graphie substituée à l'italienne paraît instable –, influence de prononciations locales. En particulier, la transcription des *intricciate* (« intriquées, emmêlées ») pour les sons [tj] et [dj], et celle des consonnes « mutantes », les *cambiarine*, étaient flottantes. Un manuel pratique d'orthographe, par D. Geronimi et P. Marchetti, a résolu en grande partie ce problème[33]. Un accent graphique, dans ce système, précise la valeur des consonnes, qui sont prononcées, selon les cas, comme des sourdes ou des sonores.

La langue corse, ensemble de parlers insulaires, procède de l'ensemble dialectal italien, l'apport majeur étant celui du toscan sous des formes occidentales (région de Pise), souvent archaïques. Mais des apports ou du moins des parentés avec d'autres parlers, du vénitien au sicilien, eux aussi sous des formes anciennes, sont intervenus. L'influence des formes « liguriennes » (Gênes) est liée à la domination politique de la République génoise. Celles du sarde – langue considérée comme distincte de l'italien par les linguistes – et des dialectes du Sud de l'Italie sont sensibles dans la Corse méridionale, outre des traits empruntés au génois (que parlaient encore récemment quelques familles, à Bonifacio).

De manière générale, selon J. Fusina, « on peut considérer logiquement que la spécificité corse repose bien moins sur des particularités d'aspects propres à l'île seule qu'à la combinaison de traits communs à tel ou tel point de l'aire italique qui seraient venus s'associer progressivement comme composantes au cours d'une évolution de longue durée » (« Le corse », dans *Les Langues de France, op. cit.*, p. 97). Il semble bien que la coupure entre l'italien standard et le corse n'ait pas été favorable à ce dernier.

DES LANGUES IMPORTÉES, L'ARABE, LE BERBÈRE

Un mouvement profond s'est produit en France, quant aux usages langagiers, durant le XXe siècle. Tandis que les langues et les dialectes hérités, maternels et familiaux, formateurs des psychologies sociales de nombreuses régions, reculaient ou disparaissaient, absorbés par un français imposé par l'histoire, d'autres langues, venues d'Europe ou d'ailleurs, étaient apportées par des immigrants et, en général, des étrangers non francophones.

Cet apport entraîne des effets tout différents de ceux de la variété linguistique héritée. Il porte sur des langues aux statuts très variables, depuis les idiomes fixés, anciens, littéraires, comme le castillan ou le portugais, jusqu'à des parlers sans écriture, ou encore divisés en dialectes. Il entraîne des formes différentes de bilinguisme, selon les conditions familiales ou socioprofessionnelles. Il conduit à une conservation partielle ou à un abandon progressif de ces langues par les descendants des immigrés. Il peut colorer certains usages du français véhiculaire, donner lieu à des discours bilingues par fractions, influer sur les mentalités, même lorsque la langue est abandonnée au profit du français.

Les langues ainsi mises en contact avec le français et les autres idiomes hérités n'ont pas à être envisagées ici en elles-mêmes, mais dans le cadre historique des relations entre communautés linguistiques. Le fait colonial – colonisation et décolonisation – est alors pertinent, à côté d'autres facteurs économiques et politiques, par exemple celui, moins massif, mais significatif, de la recherche d'asile politique.

La plus importante des langues introduites en France par des travailleurs immigrés est l'*arabe*, dans sa variété maghrébine, et surtout l'arabe algérien.

Comme la pratique des langues, non plus que l'origine ethnique des personnes, n'étaient pas prises en compte dans les statistiques, on ne dispose pas de chiffres précis. On peut cependant connaître le nombre d'immigrés par provenance géographique, et le pourcentage de ceux qui ont acquis la nationalité française. Mais ni la carte d'identité (qui oppose les « immigrés » aux « étrangers ») ni le permis de séjour ne sont pertinents en sociolinguistique. Ainsi, on sait que, sur 4 millions et quelques d'immigrés en 1990, les Maghrébins comptent pour plus de 1 200 000, dont 572 000 pour les Algériens (12,7 % étant français)[34]. Sur ces immigrés, par le « droit du sol », tout enfant né en France d'au moins un parent lui-même né en France est français de naissance. Mais les règles juridiques n'entraînent pas de conséquences automatiques sur les modes de vie, et notamment sur les pratiques de langage[35].

Tout d'abord, la langue parlée dans une famille d'émigrés maghrébins varie : presque toujours l'arabe tunisien, plus proche de l'arabe standard oriental (Machrek) pour les Tunisiens, souvent un dialecte berbère et l'arabe algérien ou marocain, s'agissant des Algériens et des Marocains.

Ce sont donc soit une langue, soit deux, avec, pour les plus scolarisés, une connaissance de l'arabe écrit standard et parlé de l'Est (on peut lire un journal égyptien, écouter Al Djazira), et des éléments de français, voire une bonne connaissance parlée et écrite. On estime qu'avant 1974, plus de 50 % des Algériens ne fréquentaient pas l'école ; la situation a beaucoup changé. Les habitudes de langage, depuis la politique de regroupement familial (1981), ont dû évoluer. L'immigré maghrébin illettré, vivant seul, en foyer, envoyant le peu d'argent qu'il gagne au pays, ne devant communiquer en français qu'avec ses supérieurs professionnels et, selon ses aptitudes et ses envies, avec d'autres prolétaires non maghrébins, n'a guère de raison de changer de code ou, du moins, de perdre sa langue maternelle. En revanche, le couple établi en France, qu'il soit arabophone ou berbérophone, même s'il ne souhaite pas devenir français, sachant que la langue du pays d'immigration est nécessaire pour y bien survivre, consacrera une partie de son temps, sinon à apprendre du français, du moins à le pratiquer tant bien que mal, au travail, dans les relations avec des voisins, et surtout, peut-être, avec ses enfants. De toute façon, ceux-ci, scolarisés en français, rapportent la langue à la maison. Comme cela s'était passé pour les Bretons, les Occitans, etc., en France même, mais d'une tout autre façon, un bilinguisme (ou trilinguisme) s'instaure, avec tous les effets de contact entre langues qu'on décrit.

Les structures phonétiques et syntactiques de l'arabe, langue sémitique, étant très différentes de celles du français, son écriture étant autre, ces effets de contact sont profonds, quelle que soit la variété d'arabe pratiquée. Quant aux parlers *berbères*, *tamazight* dans la langue, ils représentent l'idiome autochtone du Maghreb, en partie supplanté par l'arabe, et occupe, à côté des langues sémitiques (arabe, hébreu, etc.) une place dans un grand groupe comprenant d'autres langues africaines (dont le haoussa) ou encore l'égyptien antique. Aujourd'hui, les parlers berbères couvrent une zone immense allant des montagnes marocaines (du Rif, dialecte *tarifit*, au Haut-Atlas, *tamazight*) et algériennes (Grande et Petite Kabylie, Aurès), au Sahara (les parlers du Mzab, ceux des Touaregs), au Niger et au Mali. Par le jeu de l'urbanisation, de nombreux locuteurs de berbère vivent à Alger, Casablanca... et Paris.

Selon Salem Chaker (« Le berbère », dans *Les Langues de France*, *op. cit.*, p. 223), les premiers immigrants maghrébins en Europe parlaient, non pas l'arabe, mais le berbère, venant de Kabylie au début du XXe siècle, puis du Sous ; il estime leur nombre total, en France, à un million et demi de personnes, pour deux tiers algériens, pour un tiers marocains. Cependant, la répartition des langues, arabe et berbère, est rendue difficile à décrire par un taux de bilinguisme élevé, et aussi par une plus grande accoutumance au français de ces locuteurs de parlers berbères, dont une majorité est devenue de nationalité française.

L'épanouissement d'une culture berbère traditionnelle, bridée en Algérie par une politique défavorable à cette minorité, et moderne dans les milieux berbères de France, surtout à Paris, a par exemple fait de cette ville un centre pour la chanson kabyle. Sur le plan de la recherche, après la disparition des chaires de berbère à Rabat (Institut des hautes études marocaines) en 1956, et à l'Université d'Alger en 1962, de nombreuses thèses de doctorat portant sur la langue et la culture berbères ont été soutenues à Paris, Aix, Toulouse, Montpellier ou Nancy. L'épreuve orale (facultative) de berbère au baccalauréat français (30 à 40 candidats en 1979) attire après 1992 plus de mille étudiants [36]. En 1995, est créée une épreuve écrite portant sur trois dialectes : kabyle (algérien), tarifit (Rif marocain), tachelhit (chleuh) : en 2001, plus de 1 800 candidats [37].

Cependant, sur le plan sociologique, les situations de bilinguisme ou de trilinguisme incluant le français, en France, sont analogues dans les deux communautés maghrébines, arabophone et berbérophone. Les problèmes de transmission familiale et ceux que crée le contact des langues aboutissent à autant de situations personnelles que familiales et sociales. Ainsi, la contribution des uns et des autres à l'élaboration des formes de français mal appréhendées sous le nom de « verlan » (voir le chapitre 4) est essentielle. D'autre part, il semble que pour des raisons politiques et religieuses – l'influence des intégristes étant très organisée et habile –, les adolescents et jeunes adultes préfèrent plus souvent recourir à l'arabe et au berbère qu'au français pour communiquer entre eux.

Anciens immigrés, le portugais, l'italien, l'espagnol, le polonais

Après les Maghrébins, en 1990, les plus forts contingents d'immigrés étaient des locuteurs des trois autres langues romanes : le *portugais* (plus de 600 000), l'*italien* (523 000), les locuteurs de langues parlées en Espagne [38], *castillan* et *catalan* en tête, ces deux groupes étant formés de nationalisés français à plus de la moitié. Appartenant à des cultures plus proches, plus scolarisés, arrivés depuis plus longtemps pour les Italiens, de nombreux hispanophones étant, après la guerre civile, réfugiés politiques (y compris « concentrés » dans des camps), ces groupes socioculturels ont acquis un bilinguisme équilibré et leur pratique du français est, pour les plus anciens, identique à celle des autres Français.

Pour les immigrés plus récents, surtout portugais, demeure souvent un problème d'acquisition, dû par exemple aux spécificités de la phonétique du portugais. Quant aux Italiens, en augmentation depuis un siècle jusqu'à la fin des années 1960, la plupart était issue des régions à très fort chômage, Mezzogiorno en tête ; aussi parlaient-ils autant et plus que l'italien officiel les dialectes du Sud (sicilien, calabrais...) ou encore le sarde, ce qui, du point de vue des relations entre langues, est pertinent.

Reste que les rapports entre le français, dans ses variétés régionales, et les autres langues romanes (Europe et Amérique latine, qui a fourni à la France un autre type d'immigrants) rendent la conservation des langues d'origine à côté du français bien maîtrisé plus aisée que pour d'autres origines linguistiques.

Le groupe d'immigrés le plus important, après ceux-ci, appartient au domaine slave. Ce sont les Polonais, parlant le *polonais*, venus en France surtout dans les années 1920 (ils sont plus de 500 000 en 1931, et ce chiffre n'est inférieur qu'à celui des immigrés italiens) et jusqu'au milieu du siècle[39], essentiellement dans les régions minières du Nord et de l'Est de la France. Leur contact, dans la première moitié du XXe siècle, était donc, sinon avec les dialectes picard ou lorrain – en péril en milieu urbain et industriel –, du moins avec le français régional de Picardie et de Lorraine (en négligeant le germanique lorrain, le Platt, pratiqué dans les districts miniers de la frontière sarroise).

Les sentiments nationaux, en général très vifs, de la population d'origine polonaise fait que sa langue slave a été volontairement maintenue à côté du français, et parfois réacquise. Un indice de profonde assimilation est qu'en 1990, près de 70 % des immigrés venus de Pologne étaient citoyens français, taux le plus élevé de toute l'immigration, avant les Italiens (57 %) et les Espagnols (54 %).

Africains, Turcs

Vient ensuite l'immigration africaine, plus de 250 000 personnes en 1990, dans des conditions sociolinguistiques toutes différentes des entrées de citoyens français venus des départements et territoires d'outre-mer, locuteurs bilingues de créole et de français.

Parmi les derniers arrivants des vagues migratoires vers la France, après la « quasi-extinction de la filière turque[40] », les Africains, victimes des conditions économiques et des troubles politiques, cherchent à gagner l'Europe : ils sont 45 % des nouveaux immigrés en 1995. En majorité, ces arrivants sont jeunes, souvent en situation irrégulière, ils souffrent de conditions d'accueil déplorables, ne trouvent pas de travail légal correctement rémunéré. En outre, ils sont souvent analphabètes.

Les « Blacks » d'immigration plus ancienne sont dans une situation plus proche de celle de la majorité des Maghrébins, et moins dramatique. Les uns comme les autres parlent souvent plusieurs langues africaines, certains, partiellement scolarisés en français, possédant l'une des variantes de ce français d'Afrique, qui ne diffère que superficiellement des variantes du français de France. Enfin, des musulmans (Sénégal, Mali) ont une certaine connaissance de l'arabe.

Dans les groupes les plus importants de l'immigration, en France, reste à mentionner les locuteurs du *turc* anatolien, très présents en Allemagne et en Belgique, encore peu nombreux en France avant 1975 (quelques milliers en 1968, 50 000 en 1975). Par la possibilité de regroupement familial, et aussi pour des motifs politiques, leur effectif dépasse 100 000 en 1982, 150 000 en 1990[41]. En opposition aux Africains, multilingues, souvent illettrés, les Turcs sont en majorité locuteurs de la langue venue d'Asie centrale (groupe turco-mongol) et fixée en Anatolie. Ecrite en caractères arabes à l'époque de l'Empire ottoman, la langue turque est, depuis une réforme radicale inspirée par Kemal Atatürk, écrite en caractères latins. D'autres communautés vivant en Turquie, kurde ou arménienne, sont en partie bilingues.

Le créole français

La France, à la fois parmi ses ressortissants d'outre-mer, Guadeloupéens, Martiniquais, Guyanais, Réunionnais, et parmi des nationaux de l'île Maurice, des Seychelles, d'Haïti, etc., abrite des personnes qui parlent un *créole* « français » (c'est-à-dire à base lexicale française, mais appartenant à la même famille structurale que les autres créoles, « anglais », « portugais », « néerlandais »). Ceux de nationalité française, scolarisés en français, connaissent parfaitement cette langue et la pratiquent, concurremment à leur langue maternelle et familiale. Mais, par exemple, en Haïti, on estime que seuls 10 % de la population parlent et écrivent le français. Or, le nombre d'Haïtiens établis en France pour des raisons politiques aurait triplé dans les années 1990 (ils étaient déjà et sont nombreux en francophonie québécoise, notamment à Montréal). Les Mauriciens francophones sont beaucoup plus nombreux, relativement, l'île étant trilingue : créole, français, anglais. Pour les Français des Caraïbes et de l'océan Indien, c'est plutôt le français « régional » de ces îles qui est confronté aux variétés du français de France.

Ces langues maternelles de groupes importants de personnes vivant en France n'épuisent pas la variété linguistique et culturelle apparue massivement dans l'Hexagone depuis une centaine d'années, comme pour relayer, avec des problématiques différentes, le recul de la variété multiséculaire évoquée plus haut. On peut remarquer au passage que les créoles « français » présentent un lien historique entre ces deux variétés, car leur matériel lexical est souvent issu de variétés anciennes, régionales, orales du français, disparues en France. La réintroduction du créole en France dans les milieux antillais ou réunionnais cache le retour de formes venues des anciens parlers de l'Ouest de la France, parfois préservées aussi en français québécois ou acadien.

Parmi les communautés linguistiques établies en France autrement que par le jeu de l'économie coloniale, postcoloniale et par celui des besoins de l'industrie, figurent les Arméniens, les Roms (Tsiganes) et les locuteurs juifs ashkénazes de yiddish, porteurs d'autres bilinguismes. Leurs caractères socioculturels n'ont aucun rapport entre eux, ni avec les langues évoquées précédemment. Les statuts sociaux sont tous différents les uns des autres et avec ceux des vagues majoritairement prolétaires dont il vient d'être question.

L'ARMÉNIEN

La présence de communautés arméniennes importantes en France, on le sait, vient d'un drame historique, d'un crime – qu'il s'agisse ou non d'un génocide – qui s'est passé en Turquie, en 1894 et 1895, puis en 1915 et 1916. Les historiens parlent de près de deux millions de morts ou disparus. Les survivants s'expatrièrent, beaucoup d'entre eux s'établissant en France, les communautés de Marseille – point d'arrivée des navires –, Valence, Lyon et de la région parisienne

(Alfortville) étant les plus importantes. La place des Arméniens dans la vie culturelle française est reconnue (avec des noms célèbres : Charles Aznavour, Robert Guédiguian...) et la langue arménienne est l'une des composantes de la nouvelle variété linguistique de la France.

Cette langue, indo-européenne, est probablement parlée depuis vingt-sept siècles ; son alphabet apparaît au Ve siècle et sa littérature est dès lors abondante (on parle d'arménien classique). A partir du Moyen Age, deux formes se séparent, l'une orientale, parlée dans le Caucase, dans l'Arménie qui fut soviétique – où la langue fut réformée et normalisée – et qui est influencée par le persan ; l'autre occidentale, qui était parlée en Turquie (alors influencée par le turc) et qui, depuis les massacres, est l'idiome d'une diaspora qui va de la Grèce à l'Europe occidentale et aux Etats-Unis.

En France, la population d'origine arménienne, parfaitement assimilée en français, représente environ 400 000 personnes, dont la moitié peut-être peut comprendre et lire l'arménien. Elle semble avoir le désir de se réapproprier sa langue et sa culture, surtout à partir des années 1970. Un quotidien ancien, *Haratch*, continue à paraître, et édite aussi des livres[42] ; trois stations de radio bilingues émettent en arménien, une vie associative active permet un enseignement de la langue. Mais, là comme ailleurs – on pense au breton, à l'occitan, au catalan de France –, le volontarisme ne peut se substituer à la transmission familiale, qui n'a guère survécu à la première génération d'immigrés.

LES LANGUES DES TSIGANES

Depuis le XVe siècle, on appelle en français les *bohêmes*, puis les *bohémiens*, non seulement les habitants de cette région d'Europe centrale, mais aussi les populations nomades, aux coutumes et aux vêtements particuliers, à la langue différente, à la musique très remarquable, qu'on croyait originaire de ces régions. Le mot *bohémien*, chargé d'un intense contenu culturel, est resté en usage au moins jusqu'au milieu du XXe siècle, avec des sens figurés. Il était en concurrence avec *tsigane* ou *tzigane*, fixé au XIXe siècle, mais qui reprend une tradition du XVe siècle (*cigain*), avec des formes variables, de *cingre*, au XVIe siècle, à *tziganny*, donné comme mot russe dans un récit de voyage, en 1766. L'emprunt était fait au russe, du grec byzantin *atsinganos* pour *athinganos*, « qui ne touche pas », allusion à quelque coutume ou rite (ou bien déformation active du sens passif d'« intouchable », les tsiganes étant censés descendre de parias, dans l'Inde ancienne). L'allemand dit et écrit *Zigeuner*, le hongrois *Czigany*, mais quand Liszt écrit en français, étant à Weimar, son livre sur des musiques de sa patrie, il choisit comme titre : *Des Bohémiens et de leur musique en Hongrie* (1859). On appelait aussi *Egyptiens*, en français, ces populations, à cause d'une colonie qu'elles avaient fondée en Grèce, dans la région appelée « la petite Egypte » ; cette appellation a disparu en français au XIXe siècle, remplacée par une altération de *Egypciano* en castillan, à savoir *gitano*, réempruntée par le français. L'anglais *gypsy* a la même origine. Enfin, la seule désignation qui fait appel à la langue de ces peuples est aussi la plus péjorative : *romanichel*, apparu en français au début du XIXe siècle (Vidocq le déforme en *romamichel*) et qui vient de l'adjectif *romano*, « humain », de *rom*, « l'homme – aussi, le mari » et du nom *tschel*, « le peuple ». Liszt emploie *romany* en français, dans l'ouvrage cité plus haut[43]. Ce « peuple des hommes » tirait son nom, sans rapport avec le latin *romanus*, d'une langue indienne ancienne ; on en rapproche, par la variante *dom*, *dúm*, un mot sanskrit. C'est vers la fin du XVIIIe siècle que les linguistes observent la parenté de la langue *rom* ou *romani* avec les idiomes de l'Inde antique.

Les roms, en effet, sont partis du nord-ouest de l'Inde vers l'an 1000, gagnant l'Europe orientale (Russie), centrale et balkanique aux XIIIe-XIVe siècles, puis la France (XVe siècle), l'Espagne, la Grande-Bretagne. Leur langue initiale, le *romani*, a pu conserver l'essentiel de sa structure phonologique et morphologique, mais sa syntaxe s'est modifiée et son vocabulaire transformé selon les contacts avec les langues des pays gagnés par les « gens du voyage ». Le lexique d'origine, « indo-aryen », présenterait aujourd'hui 800 racines, pour 200 prises au grec, une soixantaine au persan, un peu moins à l'arménien oriental, puis, seulement dans les parlers balkaniques, au turc et à l'arabe, et, selon les variantes géographiques, au roumain, au hongrois, au russe, au polonais[44].

Certaines populations « tsiganes » parlent en France des formes diverses de romani, en général entretenues par la transmission familiale. Ce sont essentiellement le *lovara*, le *kalderash* (dialectes des populations venues de Russie en France vers 1900, puis de Serbie depuis 1970, de Roumanie dans les années 1990), le *tchurara* (différencié en France selon que les populations qui la parlent sont, à Marseille, en contact avec des roms gitans, et à Lille, avec des manouches).

A ce point, il est nécessaire de préciser que les « tsiganes » parlent aussi une série de dialectes où le fond romani a été pénétré par une autre langue. Les linguistes les regroupent sous le nom de *sintó* (pluriel *sinté*) ; ils sont parlés, avec le fond dialectal italien, sous deux formes distinctes, dans le Piémont et les Abruzzes. En France, un sintó germanisé est bien connu, c'est le *manush*, mot emprunté d'abord par l'argot, sous la forme francisée *manouche*. Le manush, en France, est parlé en Alsace, mais aussi en Auvergne et dans les Pyrénées.

Les *sinté*, en général, se sont enrichis par des calques et des emprunts aux langues des pays traversés – outre les racines intégrées par la langue romani elle-même (ci-dessus) –, russe, serbe, hongrois, français.

Ajoutant la confusion à une très réelle complexité, le vocabulaire français courant a tendance à confondre tsiganes, roms, manouches, et même gitans alors qu'aucun de ces noms ne désigne l'ensemble des groupes humains concernés. Or, les gitans, surtout connus par leur présence culturelle – musicale, chorégraphique – en Andalousie, ne parlent ni un dialecte rom, ni un sintó, mais ce qu'on appelle un *caló* ou *kaló* (pluriel *kalé*), c'est-à-dire une langue entièrement étrangère au rom, plus ou moins transformée en un usage particulier (on peut dire un argot). Les populations ethniquement roms d'Espagne, ayant subi sous Charles Quint l'interdiction de parler leur langue, se sont approprié soit le castillan, soit le catalan. Celles du sud de la France ont adopté un *kaló* de l'occitan provençal.

Cependant, le sentiment vif de parler une langue spécifique à la communauté, nettement distincte du français de tout le monde, crée une relative indifférence au fait qu'il s'agisse de l'un ou l'autre des dialectes du romani, d'un sintó comme le manouche, ou d'une autre langue (romane, en France). Patrick Williams[45] écrit :

Les Gitans de Montpellier ou de Nîmes se plaisent à déclarer qu'eux, ils « parlent trois langues » : français dans la vie quotidienne, espagnol dans les chansons, « gitane » quand ils sont entre eux (« parler gitane », c'est parler catalan ; c'est un adverbe, « à la manière gitane »). Et pour les Gitans d'origine andalouse de la Seine-Saint-Denis, l'espagnol fait office de dialecte tsigane.

On voit bien qu'ici, le sentiment linguistique d'appartenance résiste à l'abandon de la langue originelle, le romani, pourtant parlé sous plusieurs formes par d'autres communautés « tsiganes » de France. Mais il faut remarquer que les différences de langues, si elles n'entraînent pas de rupture sociologique, rendent impossible la communication et renforcent l'usage de la langue du pays d'accueil, en l'espèce le français.

Selon P. Williams, les intéressés eux-mêmes, bien conscients de l'extrême variété de leurs parlers, tiennent à affirmer leur commune originalité de langage, par rapport à la langue dominante de la nation où ils se trouvent.

Les membres des différentes communautés tsiganes en France, lorsqu'ils déclarent user d'une langue propre, ne disent pas qu'ils parlent une langue – la romani – mais qu'ils parlent *à la manière de* leurs frères – *romanes*(P. WILLIAMS, *ibid.*, p. 245.)

On estime le nombre de ces « tsiganes » de France de 300 000 à 400 000. Ils sont tous bilingues ou trilingues, et, en outre, la plupart ont deux registres de français, l'un étant senti comme spécifique. Cependant, comme la plupart des langues minoritaires, le romani a connu au XXe siècle, d'abord en Russie, un essor littéraire (1920-1940 en URSS). Puis est venu le temps des persécutions, mortelles dans le Grand Reich nazi. Une renaissance a eu lieu dans les années 1970, dans les Balkans surtout, en Yougoslavie (Rajko Djuric) et en Hongrie.

Une « Union romani » s'emploie à normaliser les dialectes et variantes de la langue, qui n'est enseignée, en France, qu'à l'Institut national des langues et civilisations orientales (Inalco). Le *sintó* des manouches est, lui aussi, étudié (voir les travaux de Joseph Valet).

Le sort de ces langues, en France, dépendra de la volonté des « gens du voyage » de conserver leur usage par la transmission familiale et les échanges intracommunautaires. Il est certain que la scolarisation en français des jeunes les écarte d'une conscience vécue de la culture tsigane, qui souffre aussi de sa diversité et de sa mobilité, malgré ses lettres de noblesse culturelle, notamment musicale (le nom de Jean-Baptiste Reinhardt, dit Django, vient à l'esprit de tous les Français).

Liszt, dans son livre sur les bohémiens, rapprochait les roms des Juifs, dans l'errance et l'incompréhension subie, parfois dans la persécution, des populations que les uns et les autres visitent et des nations qu'ils parcourent.

La ressemblance s'arrête évidemment là. Quant aux langues, alors que le romani initial, cousin de l'hindi ou du pendjabi, a disparu, l'hébreu de la Bible est conservé comme idiome écrit et liturgique dans les communautés juives, et a servi de base à l'élaboration de l'hébreu moderne, dont la vitalité comme langue nationale de l'Etat d'Israël constitue une rare exception et un succès complet.

LE YIDDISH

Cependant, dans l'histoire des contacts de langues vécus par les communautés juives, le cas du *yiddish* est spécifique. En effet, alors que le « judéo-français » attribué au rabbi médiéval Rashi est de l'ancien français avec quelques emprunts, que le judéo-espagnol et surtout le judéo-arabe séfarad correspondent à un bilinguisme culturel intense au moyen âge (le cas de Moshé ben Maïmon, dit Maïmonide, est célèbre) et préservent donc l'identité de chaque langue, le yiddish des Juifs ashkénazes est formé de parlers germaniques intimement pénétrés d'éléments hébreux et araméens. Une variante occidentale, apparue en Allemagne, en Bohême et en Italie du Nord, recula par assimilation aux formes du haut-allemand, au XIXe siècle. La variante orientale, apparue au XVIIe siècle, résista mieux ; elle était parlée en 1939 par au moins dix millions de personnes en Pologne, dans les pays baltes, en Roumanie et en Hongrie, en France, en Italie et en Angleterre, ainsi qu'aux Etats-Unis et en Amérique latine, ou encore en Palestine.

Le génocide perpétré par les nazis et accompagné par le régime mussolinien ou celui de Vichy, en France, l'assimilation linguistique de communautés juives et le retour à l'hébreu en Israël, tout contribua au recul de la langue yiddish. Ceci, malgré une brillante littérature apparue dans les dernières décennies du XIXe siècle[46], malgré le mouvement culturel intense – enseignement, édition – entre 1918 et 1940, en Europe (Pologne, URSS) et aux Etats-Unis. En France, les deux variétés de yiddish étaient représentées : l'occidental, pratiqué en Lorraine et en Alsace, qui date d'un millénaire (autant que la langue française) ; l'oriental, apporté par l'immigration juive de Russie, Pologne et Roumanie, à partir des années 1880, qui a mieux résisté.

Cependant, à la fin du XXe siècle, les locuteurs actifs de yiddish ne doivent plus être, en France, que quelques milliers (à Strasbourg et Nancy, Paris et Lille) et on estime à 50 000 ceux qui peuvent le comprendre et le lire.

Comme pour d'autres langues minoritaires, à côté des fonctions de communication, souvent entretenues par des milieux religieux ultra-orthodoxes, apparaît pour cette langue une fonction identitaire qui suscite une vie associative[47]. En revanche, l'édition en yiddish, encore assez vivante après 1945, paraît très réduite depuis 1990. Mais le matériel didactique, dictionnaires, manuels, et l'enseignement universitaire, à Paris, Marseille, Mulhouse, entretiennent l'intérêt pour la langue, pendant que son usage spontané tend à disparaître. Situation malheureusement courante pour de nombreux idiomes minoritaires, en France et ailleurs.

Vietnamiens, Cambodgiens, Thaïlandais

Parmi les immigrants récents, figurent ceux venus du continent asiatique et parlant une *langue asiatique*. A part les Vietnamiens, ils étaient peu nombreux avant les années 1960-1970. De 1982 à 1990, ils sont passés de plus de 200 000 à près de 320 000, représentant des cultures et des langues variées, chinois « mandarin » et cantonais, vietnamien, cambodgien, thaï, langues de l'Inde et du Pakistan, indonésien, persan... (on a déjà mentionné le turc).

Indépendamment de la nature très différente de leurs langues, les immigrés d'Extrême-Orient, très organisés, plutôt commerçants et artisans qu'ouvriers de l'industrie, conservent leur langue maternelle, parfois même dans la vie professionnelle (restauration, artisans-taxis). Ils vivent dans les plus grandes villes, notamment dans l'agglomération parisienne ; leurs enfants scolarisés sont remarquablement aptes à acquérir un bilinguisme oral et écrit accompli.

Grâce à cet apport, le nombre de langues habituellement pratiquées en France a beaucoup augmenté, en même temps que la pratique du français s'est accrue.

Autres contacts

En dehors des langues d'immigration massive et prolétarienne, et de celles de communautés spécifiques, la France, comme tout pays, connaît donc des apports linguistiques et culturels très variés, souvent peu perçus, certains ayant une réelle importance sur le plan intellectuel ou artistique.

On peut, sur ce plan, négliger les contacts de langue dus au tourisme. Les touristes arrivent et repartent avec leur langue maternelle, acquièrent quelques mots de français qu'ils oublieront, s'entraînent rarement à prononcer quelques phrases répertoriées par de petits manuels pratiques, d'ailleurs largement sous-utilisés, et sont protégés par la bulle de l'hôtellerie et des agences de voyages, qui les entretiennent, surtout s'ils sont anglophones, dans l'illusion qu'il est bien inutile de connaître une autre langue que la leur.

La situation opposée est représentée par la jeunesse qui pratique les séjours linguistiques, rapides ou prolongés, relevant de la pédagogie, mais multiplient les occasions de communiquer spontanément en plusieurs langues.

Une autre occasion d'échange, surtout avec l'anglais et le néerlandais, est fournie par le commerce de l'immobilier, et on sait que de nombreux Britanniques et citoyens des Pays-Bas s'installent, soit pour les vacances, soit de manière permanente, dans certaines régions de France, de la Bretagne au Périgord. Cette situation entraîne des occasions de bilinguisme d'un type nouveau, et qui devient inéluctable quand l'étranger pratique une activité économique supposant une clientèle francophone : l'apprentissage du français – à l'étranger ou en France – ne peut qu'en bénéficier. Ce genre d'investissement suscite le contact avec des langues de pays riches : ainsi, le japonais, l'allemand, l'anglais des Etats-Unis, l'anglais britannique, les langues scandinaves, hors de l'école ou de l'université, sont représentés en France, il est vrai surtout à Paris et dans quelques régions de séjour.

Une autre occasion d'entretenir et d'augmenter la variété des pratiques de langage est culturelle ; elle ne concerne que des « colonies » peu nombreuses ou des individus. Les activités des grandes métropoles, en France comme ailleurs, suscite des multilinguismes croisés, remarquables dans les milieux de l'art et du spectacle.

Ces colonies intellectuelles et artistiques, bien différentes des petites colonies diplomatiques ou économiques (celle des Libanais parisiens pratique un bilinguisme arabo-français), peuvent ou non pratiquer la langue française, d'ailleurs. Les écrivains des Etats-Unis, nombreux à Paris avant la guerre de 1940, s'en tenaient pour la plupart à l'anglais. En revanche, les peintres de Montparnasse, quelle que soit leur langue maternelle, de l'italien (Modigliani) au japonais (Foujita), utilisaient fréquemment le français. Après la guerre, de très nombreux écrivains ont adopté individuellement le français pour leurs œuvres, ce qui souligne combien leur maîtrise de la langue était devenue intime. Ce phénomène, essentiel pour l'image du français dans le monde – on y reviendra à propos du concept de « francophonie » –, est aussi l'indice, pour la France, d'une variété langagière impossible à mesurer, mais active à de nombreux niveaux et symboliquement importante.

Le français de Belgique

La situation des langues dans les pays partiellement francophones d'Europe présente des ressemblances avec celle de la France, mais aussi des spécificités nombreuses. Le français, dans sa zone d'usage, y progresse au détriment des dialectes ; ceux-ci, reculant en proportion, marquent l'usage du français nouvellement répandu de traits régionaux ; tout comme dans l'Hexagone. Mais, au plan national, belge et suisse, la question la plus importante est la définition des rapports entre les langues en présence, et, en profondeur, l'image du français, par rapport à celui d'un usage normalisé de France.

En Belgique[48], à la problématique commune du français s'ajoute un certain purisme, moins raide que celui qui a eu cours en France, mais nourri par une définition de la norme faisant traditionnellement référence au français bourgeois de l'Ile-de-France.

Entre 1918 et 1940 – l'entre-deux-guerres –, l'évolution principale est le recul du français par rapport au flamand, dans la partie nord du pays. La population néerlandophone est majoritaire ; les institutions mises en place dans les années 1930 en tiennent compte. Le contenu des recensements concernant les langues devient alors un instrument politique : si moins de 30 % des recensés sur un territoire donné pratiquent une langue, celle-ci disparaît officiellement, au nom d'un unilinguisme territorial qui s'applique à tous les milieux à tous les niveaux culturels. Ainsi, en 1930, l'Université de l'Etat belge à Gand est symboliquement et concrètement flamandisée.

Ce système ne tient pas compte de l'utilisation, minoritaire, mais socialement élitaire, du français en Flandre, par exemple dans la haute bourgeoisie d'Anvers et de Gand, dans les entreprises et les conseils d'administration. Jusqu'à la guerre de 1940, le français occupe encore en Flandre, par rapport à un usage populaire généralisé des parlers flamands, une situation contestée, avec, par exemple, des journaux francophones.

La littérature de Belgique constitue un témoin de cette évolution : à partir des années 1920, l'écrivain de naissance flamande et d'expression française (comme le manifestent les noms : Maeterlinck, Verhaeren dans la période précédente ; ensuite, par exemple, Ghelderode) cesse d'être la règle. De même, la définition d'une norme pour les parlers flamands, soit au profit d'une langue commune à la Belgique du Nord et au Pays-Bas (on passe de « flamand » à « néerlandais » et à « néerlandophone »), soit d'une norme belge adaptée (on distingue le flamand du néerlandais). En outre, avec l'extension des registres d'usage des parlers flamands, remplaçant le français, celui-ci fournit aux premiers de nombreux emprunts (voir Kas Deprez, « Comparaison sociolinguistique du flamand et du français », dans J.-M. Klinkenberg et al.).

Une exception essentielle à ce recul du français en terre flamande est fournie par Bruxelles. La loi de 1932 qui organise le bilinguisme belge sur une base territoriale unilingue définit pour la capitale une zone aujourd'hui très largement dépassée par l'urbanisation. Pour cette zone centrale, de 1910 à 1930, les francophones unilingues passent de 27,5 à 37,5 %, les Flamands unilingues de 23 à 13,5 %. En même temps, l'usage du français bruxellois se rapproche de la norme générale, bien qu'il demeure spécifique et marqué par le bilinguisme. Cependant, en 2000, J.-M. Klinkenberg estime que 85 à 90 % des Bruxellois sont francophones.

Dans la seconde moitié du XXe siècle, la question linguistique, politisée d'abord par les partis flamands, s'est envenimée, notamment à propos de la périphérie de Bruxelles (où des communes sont devenues bilingues alors qu'elles étaient néerlandophones) et dans des zones situées sur la frontière des langues : le cas des Fourons est devenu célèbre.

Derrière les questions politiques et culturelles, les tensions s'alimentent des évolutions économiques, les investissements internationaux ayant tendance à favoriser le Nord du pays, tandis que la Wallonie doit renouveler son économie, à la manière de la Lorraine française.

Ceci amène à évoquer un phénomène plus net en Belgique qu'ailleurs en Europe : l'importance croissante prise par la langue anglaise. Les causes en sont socioéconomiques : très urbanisée, la Belgique dépend d'investissements internationaux et doit exporter, ce qui favorise l'emploi professionnel de l'anglais. Et, outre que les institutions sont moins tournées qu'en France à la « veille linguistique » et à l'endiguement des anglicismes, l'anglais peut faire figure de solution, dans les affaires surtout, au problème du choix de la langue, entre néerlandais et français. Enfin, le statut international de Bruxelles, siège d'une Union européenne où l'anglais tend à envahir la communication, joint au désir de donner à l'Europe une image moderne et mondialisée, joue en faveur d'une image américanisée de la capitale, alors que Liège, Namur ou Mons et leurs régions sont relativement à l'abri de ces tendances.

S'agissant de la variété linguistique, il faut rappeler qu'une troisième pratique existe en Belgique, au nord-est de Liège, l'allemand.

Cette langue était parlée dans des cantons belges depuis l'indépendance (l'« Ancienne Belgique », Alt-Belgien), puis dans ceux qui furent annexés en 1920, selon les décisions du traité de Versailles (Eupen, Saint-Vith, la « Nouvelle Belgique », Neu-Belgien). Un certain nombre de communes de cette région, devenues administrativement francophones en 1930, attestent le recul de l'allemand. Cette langue continue d'être utilisée en « Nouvelle Belgique », à côté des dialectes germaniques locaux, et malgré une politique d'enseignement favorable au français.

Cependant, en 1973 et en 1984, des réformes ont amené la reconnaissance d'une communauté germanophone de Belgique, d'environ 70 000 personnes, qui utilisent les dialectes germaniques, l'allemand standard, et possèdent souvent des connaissances de français.

Les dialectes gallo-romans de Belgique, wallon en tête, mais aussi lorrain (gaumais), picard, ont été au XXe siècle marginalisés par rapport au français, mais ont mieux résisté que ceux de France, surtout le wallon. Un témoignage rapporté par François-Xavier Nève [49] détaille l'évolution, dans une famille liégeoise, d'après les mémoires du Chevalier David (1872-1948). Les grands-parents de l'auteur parlaient wallon, écrivaient en français, ses parents parlaient wallon entre eux, français aux enfants, l'auteur lui-même parlait français en famille, mais wallon avec ses amis d'enfance. On connaissait donc encore le dialecte, à tout âge, même en milieu urbain socialement élevé, au milieu du XXe siècle.

Plus tard, cela ne reste vrai qu'en milieu rural, et là comme ailleurs, les registres d'usages du dialecte se restreignent, avec le passage au français rendu inévitable par l'école. Un trait original est l'assimilation en dialecte wallon, et non en français, des immigrés, qu'ils soient flamands ou bien italiens et espagnols, selon un clivage nettement social : le français, langue de bourgeois, le wallon, de prolétaires et de ruraux.

Cependant, un mouvement d'intérêt pour les parlers régionaux (officiellement, « langues régionales endogènes »), parallèlement à celui qui s'exprime en France, se manifeste en Belgique. Il s'appuie sur l'identité régionale, sur une littérature wallonne riche et sur une dialectologie très vivante, notamment à Liège, avec les travaux de Maurice Piron, Léon Warnant, Louis Remacle [50], précédés par Jean Haust, dont le plan d'enquête wallonne, préparé dès 1920, s'est achevé en 1959.

Quant à la nature du français parlé en Belgique, caricaturé à plaisir – et assez imbécilement, il faut le dire – par certains Français (« alley', sais-tu, ...une fois »), on doit lui restituer sa complexité. Avec des traits phonétiques (*huit* prononcé *ouit'*), syntactiques, mais surtout lexicaux et sémantiques (*savoir* employé là où on dit *pouvoir*, en France), sentis comme « belges » hors de Belgique, mais en fait variables selon les contextes. Si français régional il y a, en Belgique, il faut parler de français régionaux, les uns – comme le parler de Bruxelles[51] – marqués par les effets de contact avec les parlers germaniques de Flandres, les autres par les archaïsmes (qui marquent tous les français régionaux hormis, par définition, l'usage politique et artificiel du français officiel) et par les effets dialectaux, venant du wallon, du picard, du lorrain.

On peut noter que certains « belgicismes » n'en sont pas vraiment, puisqu'ils sont employés en français hors de Belgique (exemples : *septante*, *nonante*, aussi courants en Suisse), que ceux qui correspondent à une terminologie officielle, politique ou administrative – on parle, avec Jacques Pohl, de « statalismes » –, sont par là même légitimés (*bourgmestre* et *échevin* ne sont nullement des belgicismes) et qu'enfin, depuis les années 1980, les dictionnaires de langue française publiés en France se sont ouverts à des sélections (toujours discutables, mais sans cesse révisées) de belgicismes dès lors considérés comme partie intégrante d'un vocabulaire français général (incluant d'ailleurs aussi, plus récemment, des régionalismes de France).

Les spécificités des usages du français en Belgique semblent d'ailleurs changeantes. Des mots et des expressions apparaissent, mais d'autres sont menacés par l'unification tendancielle du français d'Europe (J.-M. Klinkenberg signale le cas de *friture*, au sens « boutique où l'on vend des frites », remplaçant souvent *friterie* ; mais un cas isolé ne représente par forcément une tendance. Le *filet américain* résiste vaillamment au *steak tartare* de France). Dans certains cas, le français de Belgique manifeste plus de logique que celui qui a cours en France : outre *septante* et *nonante*, que des Français veulent promouvoir, la féminisation des titres et noms de métiers semble moins hésitante en Belgique – et, bien sûr, au Québec – qu'en France, ce qui indiquerait, pour les usages belges du français, plus de souplesse par rapport aux évolutions (même tendance en Suisse).

Quant à la connaissance de ces usages, elle a longtemps été tributaire des descriptions différentielles par rapport à un français théorique (identifié à l'usage bourgeois parisien), plus ou moins puristes, et parfois très fines. C'est surtout à partir des années 1960 que des linguistes belges tels Maurice Piron ou Jacques Pohl[52] ont étudié en détail ce type de « français régional ».

Bien entendu, ces études spécifiques ne doivent pas faire négliger la grande importance de la philologie et de la linguistique belges dans les études de français, en général. Pour le public francophone d'Europe et au-delà, pour les études de français partout dans le monde, *Le Bon Usage* de Maurice Grevisse, apparu en 1936, continué après la mort de son concepteur par André Goosse (en 1986) n'a pas d'équivalent[53]. En linguistique générale et en sémiologie, les écrits d'Eric Buyssens (*Les Langages et le discours*, 1943) restent fondamentaux.

Quant au vécu de la langue, un sentiment d'insécurité, voire d'infériorité linguistique a longtemps habité les francophones de Belgique, comme ceux du Québec, suscitant une variété de purisme centré sur des comparaisons douteuses. Celles-ci confrontent un français local dont on dénonce les défauts – il s'agit en réalité d'exemples d'usage – et un français de référence identifié abusivement au français de France. En littérature, la reconnaissance par la France est surévaluée : en bénéficient au milieu du XXe siècle et ensuite de grands écrivains en français, Ghelderode, Michaux, quelques autres, avant que les jugements extrêmement autorisés de la critique – et ceux des lecteurs – de Belgique ne soient enfin pris en compte au moins autant que ceux de France.

L'auto-appréciation de la production culturelle belge francophone dépasse la critique, la linguistique et la création littéraire classique : elle doit inclure le caractère pionnier et polymorphe du surréalisme belge, d'un intérêt foisonnant, ou encore les écrits de Magritte – et sa peinture mondialement célébrée, au cœur de laquelle on trouve le paradoxe des relations entre langage et image, formulé de manière génialement simple : « Ceci n'est pas une pipe ». Tout autrement, l'importance majeure de l'école belge dans l'histoire mondiale de la bande dessinée peut servir à corriger les images injustement négatives d'usages du français aussi légitimes que tout usage collectif régional ou national peut l'être, s'agissant d'une langue à la fois maternelle et officielle.

Le français de Suisse

Le propre de la Suisse, c'est le plurilinguisme. Pour une population passée de 4 700 000 à 7 millions entre 1950 et 1996, 19,2 % étaient de langue maternelle française. Cependant, la majorité des Suisses partagent leur compétence linguistique entre l'allemand standard, langue écrite, et les dialectes alémaniques, très vivants, comme langue de communication, parfois aussi écrite. Les italophones du Tessin ont également deux pratiques, l'une dialectale, l'autre en italien normalisé. Enfin, les locuteurs du romanche, dans le canton des Grisons, sont en recul par rapport aux germanophones, mais leur idiome, qui fait partie des langues romanes, est protégé par la Constitution.

La Suisse connaît quatre langues « nationales », l'allemand, le français, l'italien, et depuis 1938, le romanche ; les trois premières sont langues « officielles » et chaque Suisse peut les employer quand il s'adresse aux autorités fédérales, qui doivent lui répondre dans cette même langue. Toute institution officielle suisse doit donc en principe être trilingue. Cependant, au niveau des cantons, qui sont des Etats souverains, le particularisme langagier est la règle, certains cantons étant cependant officiellement bilingues (par exemple, Neuchâtel).

Il n'y a pas de parallélisme entre les cantons alémaniques et francophones. Dans les premiers, la majorité des habitants (près de 75 % de la Confédération) utilise l'allemand standard comme langue écrite, mais aussi des dialectes alémaniques distincts (bâlois, bernois, zurichois, etc.) comme langue parlée familiale. En outre, en milieu urbain cultivé, la connaissance du français, en tant que langue étrangère, n'est pas rare. Du côté romand, les dialectes (francoprovençaux) ont subi le même sort que leurs homologues de France, et le français, à des traits phonétiques et lexicaux près, d'ailleurs fortement ressentis, est proche du français normalisé centré sur l'Ile-de-France. Tout comme en France, les dialectes, en disparaissant, ont légué au français des spécificités locales.

L'usage de ce français de Suisse reste assez stable. Si la progression du nombre de francophones dans la Confédération, qui est de 38 % entre 1950 et 1990, est proche de celle de la population globale, son pourcentage, durant la même période, a baissé, puis remonté : 20,3 % en 1950, 18 % en 1970, 19,2 % en 1990. Une des raisons de cette baisse relative est la nature de l'immigration, y compris en Suisse romande, où l'italien, l'espagnol et le portugais dominent.

La limite entre langues romanes et germaniques étant restée, elle aussi, stable, les cadres institutionnels ont évolué. Concernant le français, le fait saillant est la création d'un canton francophone, le 23e de la Confédération, dit « République et Canton du Jura », à partir de trois districts du canton bilingue de Berne. Ce dernier conserve trois districts francophones du Jura Sud et un district bilingue (Bienne/Biel), où le pourcentage de francophones diminue fortement, ce qui incite la Constitution du canton de Berne, en 1993, à protéger ses intérêts minoritaires.

De même, un texte constitutionnel fédéral de 1996 renforce la protection de l'italien et du romanche par rapport à l'allemand.

La problématique du français de Suisse est analogue, sur certains points, à celle du français de Belgique. Les jugements sur l'usage du français ont d'abord tendu, de 1918 aux années 1960, vers un purisme restrictif. Celui-ci est illustré par les chroniqueurs de langage[54], qui requièrent la norme figée de Littré, et critiquent le laxisme des Français et de leurs dictionnaires. Ils ont en commun l'obsession du germanisme, traqué comme l'est l'anglicisme au Québec, mais parfois évoqué à tort. Certains chroniqueurs versent dans une xénophobie extrême. Pierre Knecht cite en contraste un témoin plus libéral, plus objectif, Edouard Vittoz, dont le discours était plus cohérent avec les réflexions sur le français des meilleurs linguistes suisses, disciples du Genevois Ferdinand de Saussure, tels Charles Bailly et Henri Frei, auteur célébré ici même pour sa remarquable *Grammaire des fautes*. L'attitude de description objective prise par ces linguistes est aussi celle qui préside aux recherches d'une richesse exceptionnelle sur le français de Suisse.

Un ouvrage d'une qualité extrême dans un domaine encore négligé, celui des variétés régionales du français – domaine déjà défini, notamment par Albert Dauzat, et suggéré par la dialectologie, mais qui restait dans les limbes –, doit être salué comme un modèle. C'est le *Dictionnaire historique du parler neuchâtelois et suisse romand* de William Pierrehumbert, paru de 1921 à 1926 après vingt années de préparation et d'enquêtes. A la même époque, le *Glossaire des patois de la Suisse romande*, vaste entreprise dont la publication commence en 1924, contient la description d'un « langage provincial, intermédiaire entre le patois et le français correct » (*Glossaire*, vol. I, Introduction). Comme on voit, le ton est encore, sinon puriste, du moins respectueux de la norme générale, mais fournit une moisson d'observations sur le français local, outre ses données dialectologiques. La synthèse descriptive attendue pour le français de Suisse romande a paru en 1997 : le *Dictionnaire suisse romand*, rédigé par André Thibault, sous la direction de Pierre Knecht (Genève, éditions Zoé).

L'intérêt pour les parlers français locaux, en Suisse, est assez grand pour justifier d'assez nombreux répertoires de « romandismes » ; mais il ne suffit pas pour éliminer un certain sentiment d'insécurité linguistique et un jugement négatif sur la qualité de ces parlers[55]. Mais les données sont difficiles à analyser, car les jugements de valeur négatifs mêlent langage familier jugé incorrect et faits régionaux ou sentis comme tels. En outre, pour ceux qui maîtrisent le registre spontané local et un registre plus châtié, le « vaudoisisme » et tout romandisme est un objet précieux et plaisant à sauvegarder, alors que pour ceux qui se sentent mal jugés dans leurs façons de s'exprimer et ne peuvent changer d'usage, les mêmes particularismes sont mal perçus. Mais la remarque peut être appliquée à tout usage spontané jugé par rapport à un usage standard, à une norme externe : c'est l'élément central du concept de « diglossie », utilisé par tous les sociolinguistes.

En tout cas, le français de Suisse, comme tout usage géographique, évolue : des mots spécifiques tombent dans l'oubli au profit du français central – phénomène observé aussi en Belgique, voir ci-dessus –, mais d'autres apparaissent, soit par morphologie régulière (*deviser*, « faire un devis » ; *grader*, « monter en grade »), soit par changement sémantique (*gentiment*, « doucement »), soit enfin par emprunt ou calque, surtout à l'allemand, parfois à l'italien (même si la forme est non italienne, comme l'*autogoal*, « but marqué contre son propre camp »). Les calques qui traduisent l'allemand sont souvent institutionnels ; certains sont facilités par le fait que le terme allemand était pris au français : le *Schulpatrouilleur*, « écolier(e) qui règle et surveille la circulation près de l'école », devient en français un ou une *patrouilleur scolaire*[56].

Au Canada, avant 1960

Immédiatement après la Première Guerre mondiale, les défenseurs du français, au Québec et ailleurs, s'appuient sur la victoire de 1918 pour signaler la vocation mondiale de cette langue. On peut citer l'argumentation de Léon Lorrain, qui était en 1919 secrétaire général de la Banque canadienne[57], en faveur du français langue du commerce.

En général, le français doit alors se défendre contre les jugements négatifs que portent sur lui des anglophones canadiens, qui parlent de *French Canadian Patois* et même de *Beastly Horrible French* (un certain député Morphy). Tandis que certains soulignent la qualité de ce français, d'autres s'inquiètent des progrès de son « anglicisation », mot ambigu, qui dénonce à la fois l'usage de l'anglais (surtout dans les villes et par les moyens puissants de la publicité commerciale ou par ceux de la technique importée des Etats-Unis) et la pénétration des anglicismes dans l'usage du français.

Le sport, les loisirs, le tourisme sont alors mis en accusation avec tout le mode de vie à l'anglo-saxonne, par exemple dans un rapport de l'Association catholique de la jeunesse canadienne française, en 1922, ou bien, deux ans plus tard, par Fulgence Charpentier, journaliste et diplomate en vue, qui dénonce dans *L'Action française* (vol. XII, n° 4, octobre. 1924) « l'engouement d'un certain public pour la langue anglaise » et une anglomanie, véritable « ennemi dans la place ». Il y transpose la germanophobie de Barrès (« les barbares s'imposeront peu à peu à nos âmes à cause des basses nécessités de la vie... ») en xénophobie anti-« anglaise ». Derrière le problème des langues, c'est en fait l'idéologie conservatrice entretenue par l'Eglise qui se mêle à la dénonciation des méfaits de l'anglicisation, reflet culturel de l'évolution générale de la société, avec l'urbanisation et l'industrialisation.

Le nationalisme des Canadiens français s'exprime alors fortement dans les écrits de l'abbé Lionel Groulx, grand défenseur d'une « race française » catholique, pourfendeur de la laïcité à la française, non dépourvu de ce chauvinisme que l'on appelle alors la « partisanerie »[58].

Tous les historiens reconnaissent qu'alors l'influence du clergé catholique dans la province du Québec est exceptionnellement forte. L'enseignement reste sous sa coupe ; les mesures sociales envisagées par le gouvernement et votées en 1921 sont combattues par la hiérarchie catholique.

Une théorie de l'isolement au nom de la tradition se développe dans les milieux religieux. Un ancien ministre du gouvernement Duplessis (1936-1939) ne se gênera pas pour écrire : « L'instruction ? Pas trop ! Nos ancêtres nous ont légué un héritage de pauvreté et d'ignorance, et ce serait une trahison que d'instruire les nôtres[59]. »

La lutte réactionnaire du clergé québécois fut impuissante sur plusieurs points, dont la résistance contre le vote des femmes et, en général, contre leur rôle en politique, et surtout peut-être le plaidoyer pour la vie rurale.

En effet, la démographie et l'économie sont peu sensibles aux idéologies de l'immobilité. En 1901, les villes de la province abritaient 36 % de la population ; en 1931, ce sont presque 60 %. Dans l'industrie, c'est l'exploitation forestière pour la production du papier et l'extraction minière qui dominent, provoquant des déplacements de population. Ces déplacements résultent aussi de la faiblesse économique du Québec, face au développement des industries de transformation dans le nord-est des Etats-Unis, où de nombreux Québécois vont s'expatrier pour travailler dans le textile et former des communautés francophones aujourd'hui à peu près dissoutes dans le contexte anglo-américain (voir ci-dessous, « les "Francos" oubliés »). Conservant précairement leur langue, subissant les effets de contact, ces familles québécoises de Nouvelle-Angleterre furent un des facteurs d'anglicisation du français québécois à cette époque.

Sur le plan des langues, l'éternelle question controversée est celle du bilinguisme, qui est l'un des indices des positions politiques, entre fédéralisme accepté (ou revendiqué) et autonomie québécoise, en attendant l'idée d'indépendance. D'un autre côté, le désir d'évolution et celui de prendre place parmi les acteurs de la vie économique du Canada incitent certains à plaider en faveur de l'anglais, par un bilinguisme individuel accru (Athanase David, en 1934[60]). Rares sont ceux qui, tel Adélard Desjardins dans une brochure de 1934 ou 1935, préconisent l'abandon du français et l'assimilation, car il estime que l'acharnement à conserver un français d'ailleurs médiocre coûte trop cher à la communauté[61]... A l'opposé, contre la doctrine officielle du bilinguisme facteur de « bonne entente » canadienne (exprimée, par exemple, par Henri Bourassa dans une adresse en anglais à des visiteurs ontariens[62]), certains se dressent sans compromis. Paul Bouchard, dans *La Nation* du 24 septembre 1936, estime que l'« engouement pour le bilinguisme », de la part des Québécois, correspond à un leurre d'égalité, et « n'est tout simplement qu'un des aspects de cette mentalité de vaincus [...] ».

Pour Victor Barbeau, en 1937, « le bilinguisme nous corrode, nous dissout » (dans *L'Action nationale*, vol. IX, n° 4, avril 1937), car il ne ménage au français qu'une place inférieure. Des linguistes décrivent le bilinguisme comme le début de l'abandon d'une des langues, rappelle V. Barbeau.

Pour l'immense majorité des Québécois, le problème est donc de concilier l'idéologie officielle du bilinguisme, tout en la critiquant, et la défense d'un usage du français par ailleurs mis en cause quant à sa qualité.

Le problème de la norme et de la « qualité » des usages effectifs du français au Canada s'est posé, on l'a vu, dès le début du XIXe siècle. Dans les années 1910, cependant, apparaît une attitude nouvelle : ne plus juger uniquement en fonction d'une norme française et de l'absence d'anglicismes spécifiques ; accepter l'idée d'une langue adaptée à la vie québécoise, mais insistant sur l'origine régionale française.

C'est la position d'Adjutor Rivard en 1915, dans le *Bulletin du parler français au Canada* (fondé en 1902). Ce qui conduit à juger l'usage rural très supérieur à celui des gens cultivés des villes. Une répartition des traits spécifiques de l'usage canadien en résulte, les uns acceptés, et même revendiqués, traduisant l'héritage de terroir des premiers colons – on parlera des québécismes « de bon aloi » –, les autres critiqués, condamnés, comme stigmates d'une contamination anglo-saxonne. Malgré le caractère idéologique de cette répartition, elle permet la recherche d'une norme spécifique, et l'apparition d'une définition objective, comme celle que tentait dès 1914 Adjutor Rivard :

[Le langage des Canadiens français] n'est ni le français classique, ni un patois pur, ni un français corrompu, et [...] cependant, il accuse des particularités assez saillantes et assez d'uniformité, sur toute l'étendue du territoire, pour constituer un *parler régional* [...] car on abuserait peut-être du langage en l'appelant un *dialecte*(*Etudes sur les parlers de France au Canada*, Québec, J.-P. Garneau éd., 1914, p. 40, cité par Cl. POIRIER, *op. cit.*)

Cette attitude est en rupture avec une tradition d'autodépréciation entretenue par les mauvaises opinions venues de l'extérieur : des Canadiens anglophones, mais aussi, moins grossièrement, des Etats-Unis et enfin des francophones de France, pour qui, encore au XXe siècle, « il n'est bon bec que de Paris ». En outre, la méconnaissance des intellectuels français est assez grande vis-à-vis du français parlé en Amérique du Nord.

Un excellent témoin de l'irritation québécoise à l'égard de ces préjugés est Claude-Henri Grignon, auteur de *Pamphlets* sous le pseudonyme de Valdombre, de 1936 à 1943, et qui était aussi sévère pour l'intelligentsia québécoise que pour les censeurs de l'usage québécois.

Indirectement, plusieurs écrivains, à cette époque, ont su intégrer les spécificités de l'usage québécois, tout en critiquant la société et ceux que Jean-Charles Harvey appelait les *Demi-Civilisés* (roman, 1934)[63]. Les premiers ferments de la « révolution tranquille » se trouvent là, à la fois dans la critique de la société et de son idéologie conservatrice, et dans une reconnaissance de la spécificité culturelle et langagière du Québec et du reste du Canada francophone. Ainsi, la littérature « canadienne-française » cesse d'être vue comme un chapitre régional de la littérature française, surtout dans les années 1940, pour devenir une littérature de langue française différente de celles d'Europe.

Quant à l'usage de cette langue française, certains reconnaissent, à partir de 1920, que le français de France ne convient pas à la société québécoise et, en général, nord-américaine. L'expression « parler joual », c'est-à-dire prononcer *choual* ou *joual* pour *cheval*, apparaît dans les *Pamphlets* de Valdombre en 1939[64] ; après 1960, le « parler joual » sera revendiqué.

Pour l'heure, avant les années 1940, on se préoccupe d'une norme « correcte », en critiquant la prononciation québécoise (A. Rivard, *Manuel de la parole*), en proposant dans les écoles des équivalents français aux anglicismes sportifs, sans résultats. Mais il y a un fossé entre les puristes et les attitudes spontanées ; la langue orale ne peut évoluer sur commande : un usage oral accepté s'installe et toute correction s'alignant sur la norme française paraît tout simplement artificielle et ridicule.

D'ailleurs, les listes correctives de vocabulaires se font plus rares. Après le *Dictionnaire de bon langage* d'Emile Blanchard, publié à Paris en 1919 (réédité jusqu'en 1949), le plus influent fut le *Glossaire du parler français au Canada*, préfacé en 1930 par Adjutor Rivard et Louis-Philippe Geoffrion, et qui dépasse les intentions correctives pour décrire l'usage, même oral, des premières décennies du XXe siècle[65].

Cependant, si le purisme correctif continue de s'exprimer, mais de manière plus souple – par exemple avec l'ouvrage de Victor Barbeau, *Le Ramage de mon pays* (1939), enrichi sous le titre *Le Français du Canada*, en 1963, ou encore *Les Etrangers dans la cité*, de Léon Lorrain, traqueur d'anglicismes réels ou supposés –, les livres et les journaux s'ouvrent de plus en plus aux québécismes, consciemment ou non. Et surtout, des transcriptions de l'usage oral, beaucoup plus marqué, apparaissent, à côté de la parole des feuilletons radiophoniques très populaires à partir des années 1930[66], de chroniques dans la presse, ou du journal satirique *Le Goglu* (Montréal, de 1929 à 1933). Chansons et sketches contribuent aussi à ce témoignage de l'usage spontané (un cas célèbre : La Bolduc, alias Mary Travers, dans les années 1930 ; certaines de ses chansons ont été éditées en 1993).

Quant à la transcription écrite de cet oral, Claude Poirier note une tendance à noter à la française certains anglicismes : *peanut* devient *pinotte*, ce qui lui confère une familiarité graphique que d'autres langues obtiennent, par exemple l'espagnol (*futbol*), mais que le français contemporain, à la différence de l'usage classique (*boulingrin* pour *bowling green*), ignore, sauf dans des tentatives personnelles ou « argotiques » (la forme populaire *bizness* me paraît très préférable à *business* qui impose la relation à l'anglaise entre l'oral et l'écrit).

Québec, 1960-1980 : une révolution

On la dit « tranquille » ; elle ne le fut pas toujours, mais n'importe. Superficiellement, de nombreux symptômes l'annonçaient, on l'a vu ; littérairement, le besoin d'une vérité sociale et langagière[67] commence à s'exprimer. Profondément, c'est la société québécoise qui bouge. Alors que l'urbanisation et l'industrialisation mêlent les populations, que l'immigration augmente les contacts du français avec d'autres langues que l'anglais : italien, grec, langues d'Europe centrale, d'Asie, créole haïtien..., la cassure sociale traditionnelle entre ruraux (les « habitants ») illettrés ou prolétaires urbains peu scolarisés et une petite élite instruite commence à se combler par l'apparition d'une classe moyenne et par la scolarisation générale. La fin de la domination culturelle et idéologique par un clergé catholique traditionaliste, qui impose à l'école une hiérarchie où la religion et sa morale l'emportent sur l'apprentissage de la langue et la connaissance scientifique, et qui s'exerçait sur la presse et l'opinion, va changer les références.

Parallèlement, l'action du gouvernement québécois devient déterminante sur l'ensemble de la population de la province. Le gouvernement du libéral Jean Lesage a l'habileté de lier l'enrichissement personnel (ou plutôt, la sortie de la pauvreté) à l'instruction : « Qui s'instruit s'enrichit ». Entre 1960 et 1980, les collèges d'enseignement général et professionnel (Cegep) se multiplient, les universités se développent. L'appareil d'Etat cesse d'être celui d'une région à l'intérieur d'un pouvoir fédéral : une véritable administration prend en charge les affaires sociales et l'éducation. La politique de la langue occupe une place centrale dans cette évolution. Elle ne peut agir que dans la mesure où apparaît et se renforce une classe sociale scolarisée, laïque et consciente de la spécificité québécoise par la langue et la lecture. Celle-ci, sans renier ses origines, tout au contraire, est nord-américaine – ce qui entraîne une forte influence de l'anglais –, mais appropriée sous une forme spécifiquement québécoise, non pas canadienne, ce qui aura des conséquences politiques visibles.

Sur le plan du statut des langues du Canada, géré par le gouvernement fédéral, celui-ci devient soucieux de la protection des minorités, et le Québec commence à prendre l'initiative. D'abord par des actions spontanées, comme l'enseignement exclusivement français donné aux enfants des immigrés italiens à Saint-Léonard, en 1969. Les réactions, parfois violentes, à cette mesure, conduisirent le Québec à voter une « loi 63 » plus favorable aux intérêts anglophones, puisqu'elle laissait le choix de la langue d'enseignement aux intéressés. Or, des immigrés pouvaient préférer l'anglais, car ils considéraient le Québec comme une étape vers la recherche d'un travail aux Etats-Unis ou en Ontario. En 1974, Robert Bourassa rectifie le tir en réservant l'école en anglais aux enfants pouvant démontrer leur connaissance de l'anglais par un test. Cette mesure figurait dans la loi 22 proclamant le français langue officielle, indispensable aux candidats des administrations et favorisée dans le secteur privé. La même année, le mandat de l'Office de la langue française créé en 1961 est élargi : commence alors une véritable politique des terminologies, envahies par l'anglicisme.

Un stade plus significatif est atteint en 1977, après la victoire du Parti québécois de René Lévesque, avec la loi 101, dite « Charte de la langue française ». Cette loi étend l'usage du français, en droit, à toutes les activités, publiques et privés, au Québec ; elle impose le français dans la publicité et développe les programmes de francisation, les étendant à toute entreprise employant cinquante personnes et plus.

Des résistances s'exprimèrent alors au nom des libertés individuelles et il y eut des aménagements à certaines dispositions, les gouvernements libéraux tendant à protéger le bilinguisme (lois de 1992 et 1993), le gouvernement péquiste (de PQ, le Parti québécois) accentuant la protection de la langue française (1997).

A côté des dispositions légales, l'action de l'Office de la langue française a porté sur la « qualité de la langue », concept difficile à définir, sauf dans des domaines précis, telle la terminologie ou la traduction, domaines où le Québec fait figure de pionnier dans le monde francophone, et parfois de modèle[68].

Avec le développement de la vie universitaire et, dans un premier temps, la participation de linguistes et de critiques littéraires européens ou étatsuniens spécialistes du français, sans négliger l'apport de la principale université anglophone du Québec, McGill, les études scientifiques sur la langue, la littérature et les traditions québécoises se sont multipliées. Des linguistes comme Jean-Denis Gendron, responsable d'une remarquable enquête sur les pratiques de langage du Québec, des spécialistes des parlers ruraux régionaux, comme Gaston Dulong, Gaston Bergeron, des sociolinguistes de l'« aménagement » (pour éviter « planification ») linguistique, tel Jean-Claude Corbeil, des phonéticiens, des pédagogues ont acquis une reconnaissance dans toute la francophonie et au-delà.

Quant aux descriptions du lexique, objet essentiel pour toute définition d'une norme québécoise, elles se sont multipliées, sur plusieurs axes. Le premier est traditionnel et cherche à remédier par des remarques critiques à une insécurité linguistique qui demeure sensible, et pousse à l'utilisation d'ouvrages de référence. Un recueil comme *Les Anglicismes au Québec, répertoire classifié*, par Gilles Colpron, est souvent réédité depuis sa sortie en 1971 ; il en va de même du *Multidictionnaire des difficultés de la langue française* de Marie-Eva de Villers, qui fait figure de référence québécoise dans les années 1990 et 2000, grâce au point de vue descriptif, non plus puriste, qui est le sien. Du côté de la description lexicographique générale, mais tenant compte des particularités québécoises, plusieurs ouvrages ont paru depuis 1982, à côté des dictionnaires élaborés en France mais qui présentent des usages non français (essentiellement des belgicismes, helvétismes, québécismes, parfois africanismes). Ces dictionnaires, cependant, utilisent pour la partie supposée commune entre l'usage québécois et l'usage « français », les textes de dictionnaires élaborés en France (Hachette, Larousse ou Robert). Mais les usages québécois présentés sans précaution, même s'ils sont usuels dans le langage spontané, ne sont pas (encore) acceptés par l'opinion publique, à l'exception du milieu des linguistes[69]. Dans une optique philologique et historique, Claude Poirier a publié un important *Dictionnaire historique du français québécois* (Québec, Presses de l'Université de Laval, 1998), recueil de quelque 650 monographies détaillées provenant du fonds très important du *Trésor de la langue française au Québec*.

Mais ni l'état des études sur les usages du français, ni même la politique efficace d'aménagement linguistique ne peuvent rendre compte d'une réalité en général décrite de l'extérieur comme un tout. Une phonétique très spécifique, mêlant traits archaïques – ouverture de voyelles, longueur et diphtongaison – et influences, d'ailleurs discutées, de l'anglais, notamment à Montréal, un lexique largement original par rapport au français contemporain d'Europe, des sémantismes et des façons de s'exprimer très différents de ceux du français d'Europe, autant de caractères capables de susciter à l'extérieur des images trop simples.

La réalité est plus complexe. En l'absence de véritables dialectes, le français d'Amérique du Nord est soumis à des variations locales, au Canada et aux Etats-Unis, et à l'intérieur d'un parler québécois vivant sur un domaine géographique immense, et distinct de l'acadien du Nouveau-Brunswick. Les variations ne sont pas seulement locales (ce qui est normal étant donné la dimension du Québec, de la Gaspésie à la frontière de l'Ontario, des cantons de l'Est proches des Etats-Unis au Nouveau-Québec ou à l'Abitibi), mais aussi sociales. Collectivement, l'usage de Montréal et de sa région, coupé des variantes rurales, au contact de l'anglais et des langues d'immigration plus que tout autre, s'oppose à celui de Québec et de sa région, à celui de Sherbrooke et des cantons de l'Est, à tous les parlers ruraux, à l'usage du lac Saint-Jean, qui joue un rôle symbolique, comparable à celui des pays de Loire pour le français de France. C'est sur le québécois montréalais, sous sa forme orale et populaire, qu'est fondé le parler identitaire et rendu provocateur, adopté par des chansonniers et des dialoguistes à l'oral, par des écrivains en transcription écrite, sous le nom générique de *joual*.

Le « joual » fut un moment-clé de la prise de conscience québécoise plutôt qu'une variété observable de parler. Il fait partie du « ressenti », sinon de l'imaginaire linguistique plus que de l'« observable », tout autant que le « langage des banlieues » l'est en France (voir le chapitre 4 de cette dixième partie). Le joual fut surtout une tentative pour inscrire l'oral spontané en littérature – comme on l'avait fait en France vers la fin du XIXe siècle avec le parisien populaire et l'« argot », autre image au-delà des réalités. Mais cette démarche prenait au Québec un autre sens : il ne s'agissait pas tant de s'affranchir d'une norme sociale et scolaire que de l'image contraignante du modèle extra-québécois, et en général « parisien », de la langue française dans son « bon usage ».

C'était, à la manière de la prise de conscience du français face au latin, au XVIe siècle[70], la reconnaissance d'un parler populaire vrai, national, face à une langue quasi coloniale venue d'ailleurs.

Dans les années 1960 et 1970, à l'idée d'une littérature franco-québécoise « nationale », apparue dans le débat, s'ajoute la réflexion d'Albert Pelletier, en 1931 :

Le français est une langue que nous avons apprise dans les livres : ce n'est pas la langue que nous parlons dans la vie, ce n'est pas notre langue. (A. PELLETIER, « Littérature nationale et nationalisme littéraire », cité par Lise GAUVIN, « De Crémazie à Victor-Lévy Beaulieu : langue, littérature, idéologie »[71].)

La crise du joual

Cependant, dans la parole vraie, identitaire, certains écrivains ont, pour des raisons politiques et esthétiques à la fois, sélectionné un usage populaire urbain très anglicisé de Montréal, usage reflétant une situation précaire et infériorisé face à l'anglais, due à une faiblesse économique péniblement supportée. Le « joual » était à la fois démonstratif et revendicatif, provocateur et expérimental. Cette forme d'usage était en grande partie réelle et observable ; les écrivains l'ont rendue visible. Le français de la littérature québécoise antérieure étant jugé fictif, on voulait dévoiler des vérités, quitte à les outrer en concentrant leurs effets, le tout dans une démarche proprement littéraire, apparentée à celle des écrivains français en révolte contre une norme écrite jugée artificielle ; en quoi les Gérald Godin, Jacques Renaud, Michel Tremblay (auteur d'une pièce célèbre, *Les Belles Sœurs*), peut-être sans le savoir, se plaçaient dans le même sillage qu'une partie de la littérature de France dont ils répudiaient avec force le modèle : Céline ou, à l'opposé idéologique, Raymond Queneau [72].

Le joual, servi par des talents variés, et évidents, ne fut bientôt plus une manière d'écrire le parler vrai du prolétaire québécois de la grande ville, mais la parole déclarative d'une véritable idéologie, objet de féroces controverses.

Des critiques, comme Jean Marcel (*Le Joual de Troie*, 1973), y virent un danger, d'autres une mode artificielle, l'écrivain Jacques Godbout une « maladie infantile du nationalisme », tandis que le poète Gaston Miron soulignait qu'il ne s'agissait pas pour l'écrivain d'opposer les « dialectes québécois » entre eux, mais la « langue québécoise » à l'anglais.

Mais quelles que soient les critiques, il n'empêche que l'épisode du joual a libéré la langue écrite socialement valorisée : celle du roman et du théâtre, et a conduit à une expression spécifique de la personnalité multiple du peuple québécois : en témoignent, outre la littérature de Réjean Ducharme ou de Victor-Lévy Beaulieu, qui célèbrent le joual en joual, en affirmant qu'« y reste pus qu'à s'crisser du français comme y reste pus qu'à s'crisser de l'anglais parce que cé ces deux maudites langues [qui] nous ont fourré aussi ben l'une que l'autre » (Beaulieu). La forme de la transcription de l'oral a ici les mêmes caractères hétéroclites que dans les équivalents en français de France ; mais le fond est le signe d'un désarroi, car il est évident pour l'observateur de sang-froid qu'un Québécois ne peut se « crisser » de l'anglais que par le français (à moins de recourir à une autre langue naturelle ou à l'espéranto), et que le joual revendiqué est bel et bien du français, est un usage du français, n'est qu'un usage parmi d'autres du français québécois. Autrement dit, c'est l'ambiguïté des termes « la langue » et « le français » qui cause quiproquos et controverses.

La crise du joual étant dépassée, dans les années 1980 et 1990, la parole québécoise, tout en évitant l'excès sur le plan idéologique, pouvait intégrer l'oral et ses variations sur le plan esthétique. Un équilibre nouveau pouvait apparaître dans l'imaginaire du langage, à travers les mouvements pendulaires entre usages spontanés et norme sélective [73] – comme dans toute langue sur la planète – dans un cadre délibérément reconnu comme identitaire.

On pourrait dire que « le québécois », dans la forêt des usages du français menacé en Amérique du Nord, s'est dégagé en tant que « langue », avec ses normes qui se cherchent et ses usages qui s'observent, avec ses réglages et son rapport avec d'autres formes historiques d'usage du français, comparable au rapport existant entre l'anglais étatsunien et britannique, le portugais brésilien et celui du Portugal, etc.

Le français au Canada, aujourd'hui

La situation des langues au Canada, en 1996, selon l'Annuaire du Canada pour 1997, se présentait ainsi : 6 millions et demi de personnes, sur une population totale de près de 29 millions, déclarent avoir le français pour langue maternelle, soit 23,5 %. 5 800 000 vivent au Québec, à côté de 600 000 anglophones, 245 000 au Nouveau-Brunswick, ces Acadiens formant 33 % de la population de la Province. En outre, près de 5 % des habitants de l'Ontario se déclarent francophones, et 12 % disent pouvoir s'exprimer en français (mais 3 % seulement le parlent chez eux). Dans tout le Canada, les bilingues anglais-français seraient 26 %, et 59 % des anglophones du Québec peuvent parler français [74]. Hors Québec, le Nouveau-Brunswick et l'Ontario offrent aux francophones une éducation complète en français ; ainsi, une université francophone importante se trouve à Moncton (Nouveau-Brunswick) et l'Université York, à Toronto, est bilingue.

La situation du bilinguisme canadien, cependant, est moins simple qu'il n'y paraissait il y a une quarantaine d'années, quand Richard Joy publiait *Languages in Conflict* (1967, puis 1972). On pouvait alors présenter le Canada comme quasi unilingue en anglais, sauf au Québec, province presque entièrement francophone, en exceptant cependant du tout-anglais une zone proche du Québec, au Nouveau-Brunswick à l'est, en Ontario à l'ouest. En effet, avant 1969, le bilinguisme fédéral jouait surtout au Québec, au bénéfice de la minorité anglophone, et faiblement ailleurs, pour les minorités francophones. Seuls les réseaux de l'Eglise catholique – comme dans le nord-est des Etats-Unis – maintenaient en vie les communautés parlant français hors du Québec. Outre les nombreuses associations locales, des organismes « canadiens français » apparurent : le Conseil de la vie française en Amérique, CVFA, en 1937, l'Acelf, Association canadienne d'éducation en langue française, en 1947. Jusqu'à la « révolution tranquille » québécoise des années 1960, le Québec était entièrement solidaire de ces initiatives, mais la montée d'un nationalisme québécois, la laïcisation et la réforme de son enseignement – avec les collèges d'enseignement général et professionnel (Cegep) –, l'évolution de l'Eglise après le concile Vatican II, le jeu politique du gouvernement fédéral, désireux de limiter l'influence de la « province » du Québec – pour les non-Canadiens, il faut rappeler qu'une « province » canadienne est un Etat, avec sa politique intérieure –, ont profondément modifié l'équilibre linguistique et culturel du pays. Cette évolution passa en 1969 par une *loi* (fédérale) *sur les langues officielles*, qui permit au « fédéral » de charger le secrétariat d'Etat (qui va être transformé en « ministère du Patrimoine canadien ») d'une mission égalitaire : promouvoir les communautés minoritaires, anglophones au Québec, francophones dans les autres provinces. On créa en 1976 une Fédération des francophones hors Québec, qui publia des études importantes sur les minorités[75] ; Radio Canada multiplia les émissions en français hors Québec ; on subventionna l'enseignement en français ; les associations communautaires en furent revigorées. A l'école bilingue succéda l'« école d'immersion », diversement interprétée, comme pouvant être « au service de la population de langue anglaise » mais, au moins dans l'Ouest canadien, ayant « pour effet de valoriser davantage la connaissance du français auprès des populations anglophones »[76].

Nouveau tournant après 1982 avec la *Charte canadienne des droits et libertés* qui permit (après un long procès en Alberta) d'attribuer la gestion scolaire à des conseils francophones, système qui s'appliquait déjà au Nouveau-Brunswick et fut généralisé au cours des années 1990, avec des réticences, notamment en Ontario. Cependant, la nouvelle *loi sur les langues officielles* de 1988, en « fédéralisant » la politique des langues et donc de l'enseignement, rendait l'école en français très sensible aux sévères coupes budgétaires qui eurent lieu ensuite. La faible application de la Charte fut critiquée (1999) et les associations[77] durent recourir à l'entreprise privée et à l'autofinancement.

L'état d'esprit général de la francophonie canadienne s'est amélioré et élargi, mais les réalités quotidiennes sont difficiles et très différentes d'une communauté, d'une région à l'autre. Si la langue unit ces populations, ainsi que des éléments culturels communs, les modes de vie diffèrent et les spécificités de la Province-Etat ou d'un ensemble de provinces (Acadie, Prairie...) sont essentielles, dans un Canada immense et très divers.

Sauf au Québec, la francophonie canadienne paraît en régression, voire en survie. Un instrument d'appréciation est fourni par les statistiques canadiennes : le rapport entre la langue maternelle déclarée (une ou plusieurs) et la « langue d'usage », parlée à la maison, qualifié de « continuité linguistique » (la discontinuité signifie : passage à l'anglais). Or, sauf au Québec, ce taux est inférieur à 1. Il mesure la désaffection pratique – non pas affective – pour le français. Sans surprise, il est inversement proportionnel à l'importance et à la cohésion géographique des communautés, qui correspondent aussi à la densité du réseau d'institutions protectrices. La résistance à l'anglicisation s'exprime au Nouveau-Brunswick, où, en 1996, 245 000 personnes ont le français comme langue maternelle, et 225 000 l'utilisent en famille. Dans le reste de ce qu'on appelle l'Acadie des (Provinces) Maritimes, Nouvelle-Ecosse et Ile-du-Prince-Edouard, la « continuité linguistique » tombe à 50 % : la moitié de ces Acadiens de langue maternelle française parle anglais à la maison (ce qui ne veut pas dire qu'ils et elles ne peuvent plus s'exprimer en français).

Au Nouveau-Brunswick, trois régions, au sud-est (avec Moncton au tiers francophone), au nord-est et au nord-ouest, sont partiellement, parfois majoritairement francophones, jusqu'à 90 % à Shippagan, Caraquet, Edmundston. Cette province a souvent été à l'origine de l'évolution évoquée plus haut : elle établissait en 1963 l'Université (francophone) de Moncton, fondait le premier centre scolaire communautaire en 1978, à Fredericton : le bilinguisme effectif était mis en lois.

La communauté acadienne, en revanche, est dispersée en Nouvelle-

Ecosse et dans l'Ile-du-Prince-Edouard (la plus petite province du Canada) ; le français langue d'usage représente moins de 2,5 % d'une population qui dépasse à peine le million d'habitants pour les deux provinces.

En Ontario, province la plus peuplée de la fédération (1 753 000 habitants en 1996), les francophones de langue maternelle sont près de 5 %, mais ceux qui parlent français chez eux 3 %, ce qui marque une absorption de près de 40 % d'entre eux par le milieu anglophone. Cependant, cette francophonie native de plus de 500 000 personnes demeure la première hors Québec. Les Franco-Ontariens sont plus nombreux à l'est de la province, autour d'Ottawa ; la seconde région francophone, plus vaste et dispersée, industrielle, est le Nord (avec Sudbury, au sud de ce Nord) ; quant au Sud (Toronto, chutes du Niagara, Windsor), il compte environ 30 000 francophones très minoritaires. Une synthèse est difficile à fournir : comme au Nouveau-Brunswick, les associations francophones sont très actives ; la région de Sudbury, en difficulté économique, mise sur le bilinguisme ; les régions d'Ottawa et de Sudbury, avec leurs universités bilingues, notamment l'Université Laurentienne, ont dynamisé le mouvement culturel, parallèlement à l'évolution québécoise. Cependant, malgré les évolutions en matière scolaire, et à la différence du Nouveau-Brunswick, l'Ontario, avec sa large majorité anglophone, demeure hostile à un bilinguisme fonctionnel actif.

La langue française n'est pas absente du reste du Canada, mais, extrêmement minoritaire, souvent dispersée, elle doit se battre pour survivre. Dans les trois provinces de ce qu'on nomme « les Prairies », Manitoba, Saskatchewan et Alberta, c'est le premier qui a le plus grand nombre de francophones de langue maternelle (50 000 personnes sur une population de 1 113 000), dont moins de la moitié pratiquait quotidiennement la langue en 1996. Les Franco-Manitobains vivent à l'est de Winnipeg, la capitale, à Saint-Boniface (28 000 personnes) et dans un secteur proche (au sud, Notre-Dame-de-Lourdes, Somerset, au sud-est, Saint-Pierre-Jolys, etc.). Cette relative concentration et le développement communautaire récent autorisent un pronostic assez favorable. On hésite à le formuler en Alberta, avec des affaires culturelles franco-albertaines pourtant en plein essor, et une population traditionnellement établie en trois régions[78]. Cette population s'est récemment accrue dans les deux principales villes avec Edmonton et Calgary. Pourtant, sur près de 60 000 francophones de naissance, 20 000 seulement pratiquent la langue quotidiennement et en famille. Quant à la communauté « fransaskoise » (francophones de la Saskatchewan), elle est dispersée en plusieurs régions rurales et dans les villes (Regina, Saskatoon...) et tend à se restreindre d'année en année (20 000 personnes de langue maternelle française, seulement 6 300 de langue d'usage, en 1996).

Les effectifs francophones de Colombie britannique sont plus importants dans l'absolu (60 000 de langue maternelle française) mais non pas proportionnellement (1,6 % des 3 724 000 habitants de cette British Columbia). Ils sont très dispersés, à l'exception de ceux de Vancouver et de la vallée de la rivière Fraser. Comme ailleurs au Canada, la renaissance d'un sentiment communautaire franco-colombien et de son organisation fait contraste avec le passage à l'anglais des deux tiers des francophones de naissance.

Quant à la francophonie du grand Nord, où sont parlés, outre l'anglais, des langues amérindiennes et l'inuktitut, langue des Inuits, elle ne représente pas plus de 2 000 personnes par territoire. Ce qui n'empêche pas les activités communautaires, quelques publications, des émissions de radio[79], des écoles, par exemple à Whitehorse, au Yukon, pour 1 235 Franco-Yukonnais déclarés, à Yellowknife (Territoires du Nord-Ouest) ou, pour quelque 300 francophones, à Iqaluit, capitale du Nunavut (« notre terre », en inuktitut), créé politiquement en 1999. Dans ces trois territoires, la présence des francophones est liée historiquement au commerce des fourrures et aux missionnaires catholiques oblats[80]. On parle, pour les Territoires du Nord-Ouest, de communauté « franco-ténoise » (pour TNO + -ois, -oise).

La petite communauté franco-terreneuvienne (Terre-Neuve, Newfoundland en anglais, et Labrador) ne doit pas son existence aux trappeurs chasseurs de fourrures, mais aux pêcheurs français et basques du XVIe siècle, rejoints à la fin du XVIIIe siècle par des Acadiens. Anglicisée par la présence d'une base militaire des Etats-Unis en 1942, cette communauté s'est réduite à quelques centaines de personnes, établies à Saint-Jean, capitale de Terre-Neuve, et au Labrador, à Goose Bay et à Labrador City.

Même dans ses composantes les plus faibles, quantitativement, la francophonie canadienne, élément historique important de la formation nationale, représente un dynamisme remarquable, surtout depuis une quarantaine d'années, alors même que, hors du Québec et, dans une large mesure, de l'Acadie du Nouveau-Brunswick (comme l'attestait symboliquement la réunion internationale de la francophonie à Moncton), les personnes de langue maternelle française ont tendance à passer à l'anglais. Seules les réformes de l'école pourront corriger cette tendance.

Mais reste que l'ensemble québéco-acadien (Nouveau-Brunswick) constitue une force d'importance mondiale pour la langue française.

Hors du Canada : le français aux Etats-Unis

Du côté des bayous : la Louisiane

Le français en Amérique du Nord, hors du Canada, est un phénomène second, venu de l'exil des Québécois, et ne représente pas le reste des situations anciennes, où un immense territoire des Etats-Unis, exploré par des voyageurs et des missionnaires français, fut nommé « Louisiane » en hommage au roi de France, puis abandonné à l'espace politique anglo-saxon.

Devenue en 1812 le dix-huitième des « Etats unis », la Louisiane abritait au XIXe siècle des expulsés du Canada français, en anglais les « cajuns », marginalisés après la guerre de Sécession. En 1921, la nouvelle Constitution de l'Etat interdit le français à l'école [81], tandis que le milieu rural, conservateur des traditions locales, s'ouvre à un brassage toujours favorable à l'anglais ; à cela s'ajoute l'industrialisation grâce au pétrole, ce qui fait que Baton Rouge ou Des Moines n'ont plus rien de français que leurs noms. Cependant, les francophones de l'Etat de Louisiane, regroupés à Lafayette et dans sa région (52 % de francophones déclarés en 1970), firent bloc, acquérant même une certaine notoriété culturelle aux Etats-Unis par leur musique. Malgré l'immersion dans la vie économique en anglais, sur les 900 000 Louisianais d'ascendance française, 500 000 se considéraient comme francophones en 1986, 550 000 en 1993 (tous bilingues, très probablement). Ce maintien (ou cette légère remontée) est dû à deux facteurs, la résistance identitaire d'une société très soudée, et l'action politique en faveur de la minorité « cadienne » (le mot français pour l'anglais *cajun*), qui commence en 1968, avec la création par James Domengeaux [82] d'une agence d'Etat, le Council for the Development of French in Louisiana (Codofil). Le principe du bilinguisme légal pour l'Etat n'avait pas eu de conséquences pratiques, mais, en 1984, l'obligation scolaire d'une deuxième langue, sans précision, pour les élèves de 9 à 14 ans, bénéficia au français, choisi à

90 %. Restait à organiser cet enseignement, financé de manière insuffisante. Mais un problème de norme s'est immédiatement posé, quant à ces leçons de français, où les maîtres furent souvent des coopérants venus de pays francophones à références d'usage différentes, Québec, France, Belgique. Alors que le « standard » du français québécois était le plus proche de la pratique spontanée des familles cadiennes, elles manifestaient une préférence pour l'usage européen, la différence étant pour elle un gage de norme et de qualité. On entendit des mères de famille, assistant avec une avidité curieuse à la leçon du français donnée par un jeune Québécois, dire : « Ça doit pas être du ben bon français ; j'ai tout compris ! », réflexion remarquable pour le sociolinguiste, sur le chapitre de l'insécurité linguistique. Cependant, les Cadiens de Louisiane n'ont plus honte d'être francophones, bien au contraire. Les temps sont loin où le grand documentariste Robert Flaherty, dans son film *Louisiana Story*, donnait un instant la parole à des habitants pauvres, perdus dans leurs bayous et coupés de la vie moderne.

En Louisiane et ailleurs aux Etats-Unis, des chercheurs, linguistes et folkloristes s'intéressent aux traditions culturelles des francophones louisianais, y compris des locuteurs de ce qu'on appelle « créole » – qui n'en est pas un –, le parler de Noirs en contact avec les milieux francophones, qu'on peut entendre dans certains enregistrements de jazz des années 1930 ou 1940 (j'ai souvenir d'une chanson en « créole » par le tromboniste Kid Ory).

Mais le français louisianais se défend d'être un objet de folklore et revendique sa personnalité, un peu à la manière des langues différentes de l'anglais (la plus visible est évidemment l'espagnol) qu'on parle aux Etats-Unis.

Le problème de la norme, chez les francophones de Louisiane, est complexe, car les élèves aujourd'hui scolarisés le sont dans plusieurs usages du français, selon les maîtres, et doivent continuer à communiquer avec leurs parents qui, eux, furent scolarisés en anglais. Leur français est donc exclusivement oral, fortement local. Une norme intermédiaire, inspirée de l'usage scolaire québécois – et non d'une norme prétendue internationale, c'est-à-dire plus ou moins européenne – paraît la plus souhaitable.

Les « Francos » oubliés

La situation des francophones de Nouvelle-Angleterre est différente, et plus précaire encore. Ceux qu'on appelle les « Francos » (pour Franco-Américains), venus du Canada pour travailler en Nouvelle-Angleterre, ont formé des communautés, les « Petits Canadas », où certains ont pu conserver leur langue maternelle, tout en devenant bilingues par nécessité. Des sociétés, associations, cercles, « commissions culturelles » (depuis 1968) ont entretenu des liens entre francophones, mais, déjà en 1979, la moitié du million et demi de personnes d'origine québécoise et de langue maternelle et paternelle française avaient perdu cette langue au profit de l'anglais, en passant par un bilinguisme de transition. Quant à la nature des parlers français subsistants, ils sont plus anglicisés que la norme québécoise qui était la leur à l'origine et ils ont contribué à faire refluer dans les familles demeurées au Québec certains usages hybrides. Les facteurs de conservation du français dans ce contexte furent avant tout l'Eglise catholique et ses institutions, ainsi que l'isolement relatif de certaines communautés, dans un équilibre menacé, puis détruit par l'évolution socio-économique générale de la Nouvelle-Angleterre. Pour ceux et celles qui veulent conserver l'usage du français, le recours est dans l'étude de cette langue comme langue étrangère. Or, l'apprentissage du français aux Etats-Unis se fait traditionnellement selon la norme parisienne plus ou moins bien maîtrisée, et ce français-là, qui communique mal avec les restes de français local, est aussi peu adapté à la situation qu'en Louisiane.

La situation des Francos subit les effets du rouleau compresseur de l'anglais aux Etats-Unis, instrument du « melting pot », auquel ne résiste, au XXIe siècle, que la langue espagnole d'Amérique.

3

LE FRANÇAIS EN PARTAGE

Il y a aussi du français aux Amériques, dans la zone caraïbe, mais ce français n'est plus langue maternelle, sauf pour une minorité où il est intégré, dès l'enfance et dans la famille, au bilinguisme créole-français. La langue maternelle très majoritaire, là comme dans l'océan Indien (Maurice, la Réunion), est une variété de créole.

La perspective historique, qui évoque dans ce cas la traite des Noirs et l'esclavage, et celle de la sociologie des langues commandent de séparer tous les emplois du français issus de la colonisation de ceux que l'on vient d'évoquer, où la langue française est ou a été langue maternelle.

Négligeant donc pour l'instant le concept moderne et controversé de « francophonie », dont il sera question plus loin, on poursuivra ce tableau par les contacts d'un français officiel, national, administratif, scolaire, véhiculaire, avec d'autres langues, maternelles, vernaculaires, un peu partout dans le monde.

Dans les « îles »

Il existe un point commun entre le français du Canada et celui qui est parlé auprès d'un créole ; il est purement historique. C'est l'exploration et la colonisation du continent américain par les grandes nations d'Europe, du XVIe au XVIIIe siècle, dans un affrontement où l'Angleterre, au nord, l'Espagne et le Portugal, au centre et au sud du continent, sortirent vainqueurs. La France avait joué son jeu en Amérique du Nord, et perdu face à l'Angleterre, sauf en quelques lieux de la zone des Caraïbes, terres de flibuste où des Français venus de l'ouest du pays – comme ceux qui s'établirent le long du fleuve Saint-Laurent – débarquèrent, en 1625 à la Martinique, dix ans en plus tard en Guadeloupe. En 1637, un fort est établi par des Français à Cayenne, en Guyane, d'autres en Louisiane. Montréal sera fondé en 1642. L'arrivée de Français à Madagascar, au Sénégal (Gorée, point de départ de la déportation atroce des Africains), à l'île Bourbon, future Réunion, à Pondichéry, date de cette époque. Mais une différence profonde distingue la situation sociale du Canada et celle de la Louisiane et des Caraïbes ; c'est l'esclavage des Africains et l'ignoble trafic d'êtres humains qui le rend possible, la « traite ».

C'est aux Antilles que le mot *créole* (ou *criole*) apparaît en français, emprunté à l'espagnol *criollo*, lui-même pris au portugais du Brésil *crioulo*, « nourri, élevé » – du verbe *criar*, issu du latin *creare*. L'esclave *crioulo* était celui qui était né et élevé chez le maître, par opposition à ceux qui étaient récemment importés. Le mot a pris plusieurs valeurs selon les lieux : à la Réunion et aux Seychelles, *créole* est celui ou celle qui est né dans l'île, sans acception de couleur de peau ; ailleurs, on n'admet pas la même désignation pour les Blancs et les Noirs : aux Antilles, le mot ne qualifie que les Blancs nés sur place (la « belle créole » Joséphine de Beauharnais ne saurait être noire ni mulâtre), à Maurice, seulement les Noirs et les métis sont des créoles, jamais les Blancs. Vers la fin du XVIIIe siècle, on parle de *patois créole* pour désigner un parler local jugé inférieur : le mot s'applique à toutes les colonies à plantations et à main-d'œuvre déportée d'Afrique.

Quant aux populations, une fois les Indiens Karibs (caraïbes) autochtones exterminés ou asservis, elles sont formées de Français qui deviennent des « créoles » et, de plus en plus au XVIIIe siècle, d'Africains esclaves. A la Martinique, le nombre de ces esclaves dépasse celui des Blancs en 1680, mais de l'autre côté de l'Afrique, à Bourbon (la Réunion), il y a alors plus de créoles blancs que d'esclaves de couleur : ces derniers seront majoritaires à partir des années 1720. C'est sans doute l'époque où le langage élaboré entre esclaves, dans des conditions mal connues, se stabilise.

L'élaboration des langues créoles, à partir du français, de l'espagnol, du portugais, du néerlandais, pose des problèmes théoriques redoutables. Si l'on s'en tient aux créoles français, la question est déjà très complexe. L'idée de base est que la nécessité de communiquer a suscité, parmi les esclaves que les maîtres avaient soin de mêler à leur arrivée pour empêcher qu'ils ne puissent s'entendre entre eux (ayant observé la diversité des langues maternelles africaines), une adaptation par simplification de la langue des maîtres, avec influence de traits communs aux langues africaines les plus couramment parlées. Le français des propriétaires d'esclaves était lui-même régional et dialectalement marqué, populaire et peu cultivé. Dès le milieu du XVIIe siècle, le père Pierre Pelleprat, soucieux d'évangéliser, renonce à instruire les esclaves « en la langue qui leur est naturelle » et recommande d'attendre qu'ils aient appris le français, ce qu'ils font « le plus tost qu'ils peuvent pour se faire entendre de leurs maîtres desquels ils dépendent pour toutes les nécessités ». En effet, c'est plutôt dans la langue du maître, usage assez grossier du français de l'Ouest et du Nord (Normandie, Picardie, Saintonge, pays nantais), que la communication devait, sociologiquement, s'établir. Mais cette langue, ce français oral spontané[1] fut profondément travaillé, tellement que les linguistes s'opposent pour expliquer le phénomène : altération – par simplification, neutralisation, voire « optimisation » – d'une langue européenne de départ, en l'espèce le français, ou bien prépondérance d'un substrat commun africain ou enfin, renvoyant les deux explications dos à dos, l'idée d'un programme minimal d'élaboration d'une langue naturelle efficace (le « bioprogramme » évoqué par Derek Bickerton dans *Roots of Language*, 1981).

Les linguistes sont allés d'un extrême à l'autre, parlant du créole (français) comme d'une langue africaine à vocabulaire français ou au contraire comme du « français négrifié » (*sic* ; expression reprise par Ferdinand Brunot à un certain Gautier), ou même affirmant que « le peu que le créole a de grammaire est de la grammaire française » (Antoine Meillet), ce qui frise l'absurdité. La plupart de ces opinions reflètent d'abord des préjugés plus ou moins racistes, ensuite des idéologies nationales affrontées. La raison est du côté des linguistes connaisseurs de plusieurs créoles, que l'on peut comparer, et de ceux qui tiennent compte de toutes les données sociologiques et historiques disponibles, comme le font avec talent un Albert Valdman, qui pousse cependant le créole haïtien, qu'il a décrit fonctionnellement, vers une spécificité maximale, et un Robert Chaudenson, dont ces quelques lignes s'inspirent et reflètent (trop sommairement) les positions[2].

Un point essentiel est la distinction entre créoles d'une part, sabirs et pidgins de l'autre, les seconds n'étant utilisés que dans des circonstances de communication mixte, les premiers seuls étant devenus langues maternelles, transmises de parents à enfants, et apprises comme toute langue naturelle, en tant qu'actualisation de la capacité générale au langage. Ce processus, qui va de l'adaptation d'une langue orale à son intégration, ne peut s'expliquer que par les circonstances inhumaines de la traite des esclaves. Les îles sous le pouvoir des Européens recevaient surtout de jeunes esclaves, arrachés à toute référence d'origine, séparés de ceux et celles avec lesquels ils auraient pu communiquer dans une langue maternelle et soumis corps et esprit à des personnes parlant la seule langue en usage dans leur nouveau milieu, un français oral et régional, sous ses aspects les plus brutaux, asséné sous forme d'ordres et de menaces plus que de rapports humains normaux. Cet aspect pragmatique lié au statut d'esclave et au travail forcé est rarement évoqué, ou bien masqué par les stéréotypes rassurants.

Les grandes différences entre plusieurs créoles « français », entraînant l'incompréhension, peuvent provenir tout autant des conditions de peuplement, de la nature des langues africaines perdues, des apports de population noire africaine, indienne (jusqu'aux Antilles), malgache (dans l'océan Indien), des modes de relations humaines, à l'intérieur de ce modèle unique : l'esclavage, et d'une économie de plantation majoritaire. Une fois constitués, les créoles, restructurations en profondeur, sont aussi stables qu'une autre langue, mais ne peuvent qu'évoluer avec la société où ils sont parlés. La disparition de l'esclavage n'a pas transformé ces langues, qui sont aujourd'hui définies par leurs relations avec une autre langue, par exemple le français ou, aux Seychelles, l'anglais. Le passage du français à l'anglais comme langue officielle dans cet archipel, non plus que l'absence de français à Trinidad, n'ont pas eu d'effet majeur, semble-t-il, sur l'usage d'un créole français. En revanche, ils en ont certainement eu un sur les relations – fonctionnelles et symboliques – entre langues, selon que le créole est ou non « langue officielle » (c'est le cas en Haïti, depuis 1987, aux Seychelles en 1976). Tous les créoles français sont pratiqués à côté d'une langue européenne, le français ou l'anglais. La « diglossie[3] » créole-français est active dans la zone caraïbe (les Antilles) et dans les îles des Mascareignes (Réunion, Maurice, etc.), partiellement en Guyane. Politiquement, deux types de situations créent des rapports différents : d'une part, des départements français d'outre-mer (Guadeloupe, Martinique, Guyane, Réunion) ; de l'autre, des pays indépendants qui valorisent la langue commune et la rendent parfois officielle (Haïti). Là où un parler créole est pratiqué par la majorité, la connaissance du français est très variable.

Haïti compte plus de 8 millions d'habitants ; la population, en majorité rurale, n'est scolarisée qu'à 15 ou 20 %, la misère et les crises politiques, la corruption et la violence ont causé une émigration intense vers les Etats-Unis, ce qui renforce la présence de l'anglais, même si la colonie haïtienne de Montréal stimule le français. Une élite scolarisée connaît et parfois pratique le français, mais on estime que cela ne concerne pas plus de 10 % de la population. L'action culturelle française et la présence du français à la radio demeurent importantes. Malgré une présence écrite et imprimée du créole, la répartition fondamentale créole = oral ; français = écrit, se maintient.

Dans la même zone, les départements français d'outre-mer, Guadeloupe, Martinique et Guyane, comptent environ un million d'habitants, tous ou presque bilingues. En Martinique, par la scolarisation et l'administration, le français est très pratiqué et il y a peu de locuteurs du créole qui soient unilingues ; en outre, le créole et le français se pénètrent réciproquement, et si le français seul a cours à l'école, la littérature en français intègre des éléments créoles. L. F. Prudent, auteur d'un travail sur les « Pratiques langagières martiniquaises » (1993), décrit une forme intermédiaire, français créolisé ou créole francisé, plus importante et active qu'ailleurs. Le créole martiniquais est différent du guadeloupéen, mais proche ; comme lui, il est repérable par l'amuïssement du son *r*, prononcé *w*, en français aussi (« le wana' [renard] et les waisins [4]). L'enseignement se fait exclusivement en français, par la volonté majoritaire de la population, mais le créole possède maintenant dictionnaire et grammaire. Cependant, dans les deux îles et leurs dépendances, le statut du créole demeure incertain : les formes de littérature orale disparaissent, les écrivains qui créent en créole doivent traduire leurs œuvres en français, tel Raphaël Confiant, par une démarche parallèle à celle du Breton Per Jakez Hélias. La chanson et la bande dessinée créoles résistent mieux et, grâce à l'immigration en France, créole et français créolisé sont représentés dans les grandes villes de la métropole. Complémentairement, les « métros » (métropolitains) vivant aux Antilles, ignorant souvent le créole, tendent à franciser les échanges.

Le cas de la Guyane est nettement distinct. C'est un territoire polyglotte, où on parle, outre le français, enseigné à l'école, un créole proche de ceux des Petites Antilles, parlé par 50 000 personnes environ (sur une population de 170 000) et qui conserve une présence écrite (littérature : Elie Stephenson, Constantin Verderosa ; bande dessinée), ainsi qu'une existence radiophonique et télévisuelle.

L'originalité guyanaise réside dans les langues amérindiennes des familles *Karib* (caraïbe), *kali'na* et *wayana*, *arawak* (*arawak* et *palikur*), tupi-guarani (le *wayampi* et l'*émerillon*), parlées par quelques milliers, parfois seulement quelques centaines de locuteurs. En outre, existent plusieurs créoles de base anglaise (*businenge*) nés au Surinam voisin, certains parlés par les descendants des esclaves marrons enfuis des plantations de ce pays. Enfin, une diaspora asiatique de langue *hmong* (parlée au Laos, en Thaïlande, en Chine du Sud) a exporté cette langue en France, aux Etats-Unis, en Argentine et, donc, en Guyane (environ 2 000 locuteurs). Des langues comme le portugais brésilien et le chinois (mandarin) sont aussi représentées par des immigrés.

Dans une zone géographique éloignée, à l'est de l'Afrique et de Madagascar, plusieurs îles et archipels « parlent créole ». Ce sont essentiellement les Etats de Maurice (île Maurice et île Rodrigue), des Seychelles, et le département français d'outre-mer (DOM) de la Réunion.

A Maurice, 1 200 000 habitants parlent créole, français et anglais (langue officielle, peu parlée, mais renforcée par l'immigration d'Indiens, qui pratiquent aussi le bhojpuri, variété créolisée d'une langue de l'Inde, mais qui se sont mis pour la plupart au créole mauricien). L'école se fait en anglais, et aussi en français, les médias s'exprimant plutôt en français, mais l'administration en anglais. Le bilinguisme franco-anglais occupe la sphère de la communication sociale et internationale ; le créole (français) étant non seulement la langue de la famille, mais celle de la personnalité mauricienne. Les relations entre langues, là comme ailleurs, ont suscité l'existence d'un français régional mauricien, influencé par les créolismes et les anglicismes.

La sociologie des langues à l'île Maurice a favorisé un statut particulier pour le créole, langue symboliquement inférieure à l'anglais et au français, mais supérieure aux langues des immigrés venant de l'Inde au XIXe siècle. Ce statut a conféré au créole, là comme aux Seychelles, une valeur symbolique accrue, qui lui manque ailleurs. Mais, dans la mesure où ces immigrés ont perdu en majorité leur langue et pratiquent le créole, faute d'avoir pu apprendre le français et qu'ils savent peu l'anglais, en l'absence d'une immigration massive récente, le créole tend à être de nouveau infériorisé par rapport aux deux langues européennes, tout en restant positivement identitaire.

Aux Seychelles, non seulement le créole est langue officielle, à côté de l'anglais et du français (parfois compris, mais de moins en moins parlé), mais a été introduit en 1982 dans l'enseignement élémentaire.

C'est la langue véhiculaire, comme partout dans les pays créolophones, mais aussi une langue identitaire, présentant des caractères de présence écrite et d'expression de la vie moderne [5] qui la font sortir du ghetto des représentations infériorisées.

Les 800 000 habitants de la Réunion, département français et comme tel, officiellement et scolairement francophone, parlent deux formes distinctes de créole. L'une est phonétiquement moins différente du français que l'autre ; elle est parlée dans les régions sans plantations sucrières, peuplées de Blancs pauvres, et se considère comme une variété supérieure à l'autre parler, celui des anciens esclaves noirs et des travailleurs indiens. Les deux variantes, avec l'imaginaire qu'elles véhiculent, sont difficiles à normaliser. En outre, la reconnaissance des créoles réunionnais et de la culture locale est « assimilée à des menées autonomistes, voire indépendantistes » par l'administration française (R. Chaudenson). Cependant, la description sociolinguistique de la situation est plus complète qu'en d'autres régions créolophones.

Le français colonisateur et décolonisé

Plusieurs régions du monde, Maghreb, Afrique de l'Ouest, Madagascar, îles de l'Océanie, Proche et Extrême-Orient, ont connu ou connaissent un usage collectif du français dû à la colonisation du XIXe siècle. Le français y est parlé et écrit par des proportions variables de la population, de diverses façons, à côté d'une ou de plusieurs langues maternelles auxquelles s'ajoute souvent une langue véhiculaire, dans des frontières héritées de politiques européennes colonisatrices, définissant aujourd'hui – sauf les exceptions de l'océan Pacifique – des Etats souverains.

Les situations des langues et leurs relations y sont très différentes, selon l'histoire et selon les politiques. Parmi les langues concernées, les plus parlées, arabe, berbère, des langues africaines, sont représentées aussi en France, du fait de l'immigration (il en a été question plus haut). Enfin, le fait que le français soit (souvent en Afrique de l'Ouest) ou non (au Maghreb) langue « officielle » n'a d'importance que politique, non sur le plan des rapports réels entre idiomes.

Les problèmes linguistiques que posent ces régions sont entièrement différents de ceux qu'on observe là où le français est langue maternelle (la France ou le Québec, par exemple) ou bien est associé à un créole. La notion politisée de « francophonie » brouille ces différences fondamentales, auxquelles il faut joindre celle qui existe entre les pays où s'est exercé un pouvoir colonial français ou belge et ceux où le français représente une option culturelle parmi d'autres : le « français langue étrangère » l'est tout autant, étranger, pour les Algériens ou les Maliens que pour les Roumains ou les Allemands, mais pas du tout dans le même contexte, car le bilinguisme, dans le premier cas, est inhérent au fonctionnement de l'économie nationale, même lorsque la politique et l'administration, comme en Algérie, veulent échapper au français.

Le Maghreb

En Algérie, précisément, on a vu les difficultés d'une scolarisation en français et surtout à la française, selon Jules Ferry, type d'enseignement qui ne fait qu'effleurer la population musulmane. En 1914, seuls 5 % des enfants algériens fréquentaient les « écoles auxiliaires » mises en place à la fin du XIXe siècle ; en 1929, ils ne sont que 6 %, confiés à des moniteurs autochtones. L'élite musulmane confie ses enfants, pour l'équivalent supposé du secondaire et du supérieur, aux universités du Caire, de Tunis ou de Fès. La scolarisation à la française des musulmans est meilleure en 1937 : plus de 100 000 enfants, c'est-à-dire 10 % (car la population a augmenté). La langue française se répand pourtant, mais hors du circuit de l'enseignement, par l'artisanat, le commerce, l'émigration vers la France, le service militaire et l'administration.

A la même époque, après une guerre meurtrière pour les troupes musulmanes, en majorité algériennes, qui combattent pour la France (25 000 morts sur 173 000 combattants[6]), ce sacrifice est reconnu en 1919 par des réformes qui paraissent trop généreuses aux colons et trop timides aux Algériens « évolués », comme on disait. Ceux-ci considèrent que l'Algérie est une nation : le petit-fils d'Abd el-Kader parle d'indépendance à la Société des nations dès 1919. En 1924, Messali Hadj fonde en France L'Etoile nord-africaine, association communiste pour l'indépendance, puis en 1937, le Parti populaire algérien.

Le rapport quantitatif des populations musulmane et d'origine européenne, en même temps, se modifie en faveur des premières : en 1948, 7,7 millions de musulmans et 922 000 non-musulmans. Ces derniers détiennent le pouvoir politique et, sur ce plan, la situation est bloquée. En outre, la francisation par l'école, dont on a vu la faiblesse en ce qui concerne les musulmans (même en tenant compte d'une certaine acceptation de l'école française par rapport à l'avant-guerre), est à peine meilleure pour les Européens non français. D'où, dans ces populations européennes, un taux d'analphabétisme adulte dépassant 4 % en 1938, et 64 % d'enfants ne possédant pas le certificat d'études primaires. Parallèlement, une éducation islamique s'est organisée dans des médersas alternativement tolérées et interdites par les autorités françaises (40 000 élèves en 1954). Cet enseignement traditionaliste et religieux, en arabe dialectal, va opposer ces musulmans des couches populaires à la bourgeoisie scolarisée en français.

Quant aux Européens d'origine espagnole (Algérois, Oranais) et italienne (Constantinois), leur assimilation au français s'est faite dans la période précédente. On a vu (IXe partie) qu'en était résulté, à Alger, un français algérien populaire, le « pataouète », qui a vieilli après 1920, mais servait de référence et a pu fournir l'origine des parlers franco-algériens populaires. Le français d'Afrique du Nord, décrit par André Lanly[7], est analysé par Ambroise Queffélec en plusieurs niveaux sociolinguistiques hiérarchisés[8] allant de ceux, populaires et oraux, qui sont hérités du « pataouète » au français très proche de celui de la métropole (un français régional de type méditerranéen), entretenu par le va-et-vient entre France et Algérie, et pratiqué par les écrivains « algérianistes » (mot de Robert Randau), puis par ceux d'écoles littéraires plus récentes, avec Gabriel Audisio, Albert Camus, Emmanuel Roblès... Cet usage était surtout celui d'Alger et de l'Algérois. Les parlers majoritaires des Européens d'Algérie relevaient du « français pied noir » et présentaient des traits phonétiques et syntaxiques venus des langues méditerranéennes, et aussi de l'arabe (pour la phonétique) ainsi qu'un vocabulaire empruntant aux mêmes sources (arabe, catalan et castillan, italien standard et dialectes, français régional du midi de la France à substrat occitan)[9]. Ces usages, même les plus populaires, sont tous *du* français et ne tendaient pas à la créolisation. Il convient en outre de distinguer leurs pratiques effectives dans l'Algérie française, s'affaiblissant ensuite dans les milieux des Pieds-noirs rapatriés par force, de ses représentations plus ou moins comiques depuis Cagayous (voir la IXe partie) jusqu'aux humoristes pieds-noirs anciens et récents[10].

Une autre variété du français, elle aussi formée de types de parlers qu'on peut artificiellement découper en tranches, est celle des locuteurs algériens musulmans. Ces parlers vont d'un arabe dialectal (ou un parler berbère) francisé jusqu'à un français régional parfois plus proche du français standard que celui des Pieds-noirs, tel celui des intellectuels de langue maternelle arabe ou berbère, en passant par des formes de français arabisé (on a parlé de « francarabe » – le linguiste tunisien Maamouri). Ils vont aussi d'un usage maladroit exclusivement oral [11] jusqu'à un écrit de qualité littéraire, comme l'attestent de nombreuses publications, entre 1920 et 1950, époque où s'expriment les grands écrivains maghrébins en français.

La période qui va des révoltes de 1945 et de leur répression (Sétif, Guelma) à la guerre (1954), puis à l'indépendance (1962) n'a pas seulement tout changé en Algérie, mais a eu d'immenses conséquences tant dans le reste du Maghreb qu'en France.

Manifestant la profondeur de l'ancrage des langues dans toute société, l'histoire, ses violences et ses révolutions n'ont pas suffi pour bouleverser la situation, par exemple en éliminant le français de l'Algérie indépendante. Mais les rapports entre les langues ont beaucoup évolué. Dans les années 1960 et 1970, le pouvoir algérien souhaitait retourner une situation où l'arabe normalisé du type égyptien était très peu présent et le français l'était trop, du point de vue des traditionalistes musulmans (l'aspect religieux est essentiel) formés en Tunisie ou en Egypte. Cependant, les cadres techniques et une élite culturelle avaient une formation moderne incluant la maîtrise du français. Les partisans de l'arabisation ont dominé en matière scolaire, administrative et culturelle, avec une tendance islamiste marquée, tandis que la technique et l'économie, stimulées par le pouvoir politique et qui pénètrent obligatoirement l'armée comme la vie civile, sont réglées (par les ministères) et gérées par des francophones bilingues, les uns comme les autres parlant l'arabe algérien ou le berbère, formes orales peu normalisées et, en outre, remplies d'emprunts au français. Seule une élite arabophone maîtrise l'arabe de type égyptien, ou, *a fortiori*, l'arabe du Coran, que l'école ne transmet que par mémorisation et récitation.

L'équilibre précaire entre deux tendances affrontées a varié selon les époques : en 1980, les étudiants qui n'étaient plus formés en français constatent qu'ils n'ont pas de débouchés dans la vie économique. La crise de l'arabisation mal appliquée est telle qu'un ministre de l'Education, en 1997, déclare que le refus des langues étrangères et le recours exclusif à l'arabe normalisé – dans le rejet des usages spontanés et maternels – témoignent d'un mépris inconscient pour la langue maternelle qui serait incapable de supporter ce contact, alors qu'il faudrait la « travailler » et la « stimuler dans le sens d'une féconde émulation avec les autres ». La critique implicite portait sur l'immobilisme culturel des « barbus ». Le ministre Mohammed Lacheraf, auteur de ces déclarations, fut destitué.

Selon la Constitution algérienne de 1989, l'arabe est la seule langue officielle et nationale du pays ; des directives scolaires de 1972 faisaient du français une « langue étrangère ». Simplification fictive, ne tenant compte ni de la « diglossie » (bilinguisme hiérarchisé) de l'arabe, écrit, normalisé et de l'arabe dialectal oral, local, telle qu'elle est pratiquée sans difficulté en Egypte ou en Syrie, ni du statut réel du français, indispensable pour le moment à la vie économique du pays.

Des Algériens, étudiants ou cadres, ont souvent dénoncé l'hypocrisie du pouvoir, qui fait de la politique des langues un instrument pour des effets politiques et religieux et échoue sur le plan pédagogique (du point de vue des modernistes et des démocrates). Certains ont dénoncé l'« aliénation arabisante » qui conduit, par exemple, à considérer les locuteurs de parlers berbères comme les alliés objectifs du français ex-colonisateur.

La pression des traditionalistes n'a pu éviter que l'enseignement du français soit avancé de la 4e à la 2e année du primaire ; mais il a obtenu une diminution des horaires du français sur l'ensemble de la scolarité. Parallèlement, la marginalisation de l'amazigh (berbère) diminue, cette langue étant enseignée à partir de la 4e année du primaire, en Kabylie, les partisans de l'arabisation poussant vers une transcription en caractères arabes et non plus en lettres latines (françaises...). Mais toute mesure est provisoire et toute tendance précaire, selon la victoire politique des uns ou des autres.

Une tendance significative est celle qui conduit à ramener à la norme administrative (90 % de l'enseignement en arabe standard) les écoles privées illégales qui fonctionnaient en français dans une proportion plus importante. Les effets langagiers dépendront de l'application de ces principes, contestés et assez librement commentés par la presse francophone (*El Watan*, *La Liberté*).

Le fossé entre la doctrine gouvernementale, qui relègue le français à un rôle mineur, et les pratiques effectives est très profond. Car les médias en français sont lus (la presse) et écoutés (la radio, la télévision), dans des proportions mal connues ; car il faut du français pour obtenir un travail dans le secteur tertiaire ; car l'écrit public est souvent bilingue ; car les rapports de l'Algérie avec les 800 000 Algériens de France, sans compter les Français « beurs » et les visites de ceux-ci en Algérie suscitent des échanges francisés ; car la coopération française est relancée malgré les crises ; car les investissements des groupes commerciaux français en Algérie se développent.

Reste que, éliminé de domaines administratifs entiers, de la justice (la charia s'exprime en arabe), de la religion, le français, qui n'est plus langue d'enseignement, et faiblement langue étrangère enseignée, ne réapparaît que dans le supérieur, en concurrence avec l'arabe et l'anglais. En revanche, la presse algérienne était dans les années 1990 en majorité écrite en français (880 000 exemplaires quotidiens contre 300 000 en arabe en 1992) et la situation ne semble pas fortement modifiée. Enfin, la télévision en arabe majoritaire est fortement concurrencée par les chaînes étrangères reçues par satellite et antenne parabolique.

Il est très difficile d'estimer la proportion d'Algériens capables de parler et/ou de comprendre le français, même à un niveau élémentaire [12]. Mais quel type de français ?

Il est aussi difficile de répondre à cette question qu'à celle qui porte sur les variétés d'arabe et il en résulte que le nombre de « francophones » algériens n'est pas le même, selon qu'on accepte ou non sous cette étiquette ceux qui, analphabètes, peuvent communiquer dans un français marginal, approximatif, marqué par l'arabe dialectal sur tous les plans, phonétique, syntactique et lexical. Avec des collections de phrases observées, les linguistes peuvent dégager des types de parlers aussi nombreux qu'ils veulent, car il s'agit d'un continuum qui va d'une intention à une réalisation compatible avec le français minimal. Il ne s'agit pourtant là ni d'une simplification du type « petit français » d'Afrique noire, ni d'un pidgin franco-arabe, mais d'un français pénétré d'arabismes, incertain, praticable seulement dans certaines situations de communication et pour certains types de sémantismes et dont la forme est très instable selon les individus. A partir d'une certaine proximité avec le français de l'école, on peut parler de « français régional », de par l'influence des langues maternelles sous-jacentes, qui sont toujours capables de réapparaître, produisant des énoncés mixtes par changement de code. Il y a donc des français locaux maghrébins, dont un « français parlé algérien » peu différent de ceux du Maroc et de Tunisie, mais cependant distinct, et variable. Ce français est rempli de mots et de locutions pris à l'arabe dialectal (qui, d'ailleurs, comprend des termes d'arabe standard et classique, par exemple dans le domaine de l'islam), d'anglicismes différents de ceux de France (le gardien de but, au foot, ne sera pas dit *goal*, mais *keeper*, le *bizness* est un commerçant, etc.), d'un peu d'italien et d'espagnol (l'omniprésent *trabendo*, variété de « magouille » consistant en commerce illicite, et engendrant des *trabendistes*) ; de même qu'en Afrique subsaharienne la dérivation et la composition sont plus libres qu'en français de l'école, mais selon les procédés de la morphologie française. Enfin, les plus scolarisés et cultivés maîtrisent un français régional peu marqué, ou un français standard apte à l'emploi journalistique et littéraire le plus élaboré, comme le prouve la littérature maghrébine d'expression française. Comme dans toute situation sociolinguistique de ce type, les différents registres du français dépendent de l'éducation et du statut social, de « haut » en « bas » et supposent, de la part des locuteurs « d'en haut », une certaine capacité d'adaptation vers le « bas », qui est impossible à effectuer du bas vers le haut sans ratés (hypercorrection, « prétentionnismes »).

Quant au passage d'un français partiel et modifié ou au contraire intégral (plutôt qu'« incorrect » ou « correct ») à un arabe lui-même variable, du parlé local à l'arabe véhiculaire écrit, il est toujours possible. Une autre situation est le passage de l'arabe dialectal oral à un usage spontané du français, qui engendre un phénomène courant et normal aussi chez les arabophones de France, le changement de langue en cours de phrase, selon des règles complexes, difficiles à décrire et qui relèvent de facteurs psychologiques, conversationnels, ainsi que des contenus évoqués. Un mot français employé en arabe par nécessité (disons, en France, *Sécurité sociale* ou *Assedic*) va déclencher une phrase en français ; un mot arabe employé en français (*imam* ou *hidjab*) aura l'effet inverse [13].

Sur le plan linguistique, la situation au Maroc et en Tunisie est assez voisine. Il y a cependant plus de parlers berbères au Maroc, beaucoup moins en Tunisie, où les variantes d'arabe dialectal parlé sont plus proches de l'arabe standard, rendant l'apprentissage de ce dernier plus efficace. En outre, en Tunisie, les effets de la télévision donnent à l'italien une place particulière parmi les langues étrangères.

Les différences avec l'Algérie sont plus évidentes sur le plan historique, les régimes étant tout différents et la francisation beaucoup moins poussée dans les protectorats, malgré les écoles en français fréquentées aussi par la communauté juive, en Tunisie. Le processus de décolonisation, bien que violent au Maroc, n'a pas correspondu à un long conflit armé, comme en Algérie, et il fut pacifique en Tunisie, beaucoup grâce aux personnalités d'Habib Bourguiba et de Pierre Mendès France, ce qui donne aux relations avec la France une tonalité différente, moins conflictuelle.

Cependant, la pression des islamistes, contenus par un régime autoritaire et répressif en Tunisie, par un attachement à la royauté chérifienne au Maroc, est très forte, poussant notamment à l'arabisation et à un respect jaloux des valeurs islamiques.

Tunisie, Maroc, Mauritanie

En Tunisie, pour simplifier, l'unilinguisme arabophone est la règle pour les classes populaires, qui n'ont pas été francisées sous le protectorat. Le bilinguisme ou le trilinguisme, en revanche (arabe, français, italien, par exemple), est fréquent dans les milieux éduqués.

Si la connaissance d'un français oral imparfaitement maîtrisé est au départ inférieure à celle qui existe en Algérie, la scolarisation, plus efficace et plus importante, est tournée vers la maîtrise bilingue. A côté de l'arabe, le français est introduit dès la 3e année de manière significative (9 heures hebdomadaires) comme langue étrangère ; en 7e année, il devient langue d'enseignement à égalité avec l'arabe. Dans les années terminales du secondaire, le français l'emporte même. En outre, d'après de nombreux commentaires, la qualité de l'enseignement est très supérieure à celle qui souffre d'un recours excessif à la mémoire et à la reproduction, s'agissant de l'arabe, en Algérie. Enfin, le passage de l'arabe dialectal spontané à une langue standard écrite paraît plus facile en Tunisie que dans le reste du Maghreb.

Les médias tunisiens se partagent entre arabe majoritaire, français et italien ; la télévision italienne (RAI 1), transmise par la Sicile toute proche, est très regardée, les paraboles donnent accès à des chaînes francophones, mais les chaînes en arabe récemment développées (Al Jazirah, Al Arabiya) sont, semble-t-il, plus populaires qu'en Algérie. De même qu'en Algérie, les relations avec les Tunisiens travaillant en France entretiennent un bilinguisme actif avec le français. Enfin, encore plus qu'au Maroc, un tourisme international intense stimule les relations de langage en français, en italien, beaucoup moins en allemand ou en anglais.

L'évaluation du nombre de francophones est aussi délicate qu'en Algérie, et on estime que la moitié de la population, surtout les ruraux, est unilingue de l'arabe, 30 % environ pouvant maîtriser un français oral imparfait et 20 % le français standard oral et écrit ; ces derniers peuvent avoir un usage familial bilingue.

Au Maroc, le protectorat français, comme en Tunisie, chercha, non à établir de nouvelles institutions pour obtenir une francisation, mais à superposer aux structures traditionnelles, monarchiques et, au sud du pays, semi-féodales, des organisations nouvelles. Ainsi, on respecta les écoles coraniques et collèges musulmans, ainsi que l'université de la Karayouine de Fès, y ajoutant une école franco-arabe ou franco-berbère pour les musulmans (seulement 32 000 enfants marocains sur un million, en 1945) et, pour les Européens, des écoles primaires à la française, certaines étant gérées par l'Alliance israélite (17 500 élèves en 1945) – active aussi en Tunisie – ainsi qu'un enseignement secondaire à la française.

Quant à la pratique des langues, on peut noter que les parlers arabes du Maroc sont proches de ceux de l'Ouest algérien, et que les parlers berbères sont très pratiqués, notamment au sud du pays. Cependant, le pourcentage de locuteurs de plus de 15 ans analphabètes, en général ignorant le français, était plus important au Maroc (72 %) qu'en Algérie ou en Tunisie. Les types de français pratiqués par les Marocains scolarisés allaient du niveau élémentaire (environ 13 %) à une bonne connaissance parlée et écrite (15 %), sans parler des intellectuels, journalistes, juristes, et des écrivains dont certains sont célèbres (Tahar ben Jelloun) et dont l'usage du français est le même que celui de leurs homologues d'Europe, avec des « régionalismes » assumés.

La politique d'arabisation est voisine de celles du reste du Maghreb et, pour le nombre d'heures consacrées au français, à partir de la 3e année du primaire, intermédiaire entre le régime algérien, plus restrictif, et le tunisien, plus généreux.

Comme en Algérie, la presse en français est active. Les quatre principaux quotidiens atteignaient en 1996 un tirage de 95 000 exemplaires environ, contre 110 000 pour les journaux en arabe. La radio est multilingue, arabe, français, espagnol, et la télévision plus diversifiée qu'en Algérie, les deux principales chaînes marocaines émettant non seulement en arabe et en français, mais aussi en berbère (depuis 1994).

La présence du français est importante dans la classe supérieure et les relations économiques et techniques entre la France et le Maroc l'entretiennent. Comme en Tunisie, les lycées français assurent un enseignement secondaire dans cette langue, avec des cours d'arabe standard. Enfin, le tourisme et les relations familiales avec les Marocains de France et leurs descendants jouent un rôle non négligeable.

Quant à la « qualité » du français, les francophones âgés assurent qu'elle a baissé – tout comme en Tunisie – mais cette opinion, qui évoque celles des Français sur leur école, repose sur des cas particuliers réels sans intégrer les considérations sociohistoriques qui rendent compte des difficultés, et notamment la démocratisation de l'enseignement.

La Mauritanie, vaste pays d'environ trois millions d'habitants, forme une transition entre Maghreb arabophone et Afrique subsaharienne. Le pays reconnaît comme langues nationales, outre la langue officielle, l'arabe, des langues parlées au Sénégal (variété poular de la langue des Peuls, soninké, wolof). Le français n'y a pas de statut officiel, mais est enseigné soit à partir de la 3e année de l'école, avec des horaires restreints, soit, dans une « filière bilingue », qui concerne 7 % des élèves, à partir de la 2e année et avec des horaires plus importants que partout ailleurs au Maghreb, mais cet enseignement est marginalisé par le pouvoir. Très surveillée et de faibles tirages, la presse est essentiellement en arabe, avec quelques publications en français.

FRANCOPHONES DU PROCHE-ORIENT

De tous les pays du Proche-Orient où l'histoire a donné à la France une importance culturelle et politique particulière, seul le Liban peut être considéré comme partiellement et collectivement francophone. Héritier d'un trilinguisme antique, araméen, grec et latin, le pays a été islamisé et arabisé à partir du VIIe siècle, ce qui aboutit à l'élimination de la langue grecque. Il a fait partie de l'Empire ottoman de la fin du XIIIe siècle à 1860, sans autres effets linguistiques que des emprunts de l'arabe libanais au turc (mais cette période fut celle de la disparition de l'araméen, au XVIIIe siècle). Puis ce fut, après un « Mont-Liban » autonome, en 1920, le Mandat français et, en 1943, l'indépendance.

Les contacts, d'abord religieux, du Liban avec l'italien et le français remontent au XVIe siècle, par l'action des religieux maronites, qui réimportèrent le latin ; l'anglais fut enseigné plus tard, avec l'essor du système scolaire religieux, qui bénéficia avant tout à la langue française.

A la fin du XXe siècle, sur trois millions de Libanais, on estime à 800 000 les personnes scolarisées possédant, outre l'usage parlé de l'arabe local et l'usage écrit de l'arabe normalisé, une ou deux langues, surtout le français, puis l'anglais, qui sont plus que des langues étrangères dans les milieux bourgeois, car elles sont transmises par la famille et entretenues par l'école.

Plusieurs enquêtes sociolinguistiques permettent de décrire les pratiques langagières, la dernière datant de 1996[14].

Il ressort de cette enquête que 44 % des Libanais interrogés affirment parler le français et 22 % l'anglais (pour Beyrouth, ce sont 54 % et plus de 50 %, ce qui manifeste les progrès de l'anglais en milieu urbain). Dans les années 1960 et 1970, ces chiffres étaient plus modestes, de 20 à 33 % pour le français.

Cela correspond aux progrès de la scolarisation et du multilinguisme, et à l'action de l'école privée confessionnelle (55 % des enfants, plus que l'école publique gratuite). Cette proportion se renverse à l'université, où le secteur privé francophone et anglophone (19,5 et 15 % des étudiants) est dépassé par l'Université libanaise gratuite (49 %).

Plusieurs facteurs jouent en défaveur de la francophonie au Liban : l'émigration des classes supérieures chrétiennes qui pratiquent leur bilinguisme en France, aux Etats-Unis, etc., et, parmi les musulmans (où une enquête de 1970 comptait plus de 25 % de francophones « bons et moyens »), la progression démographique des chiites, en général anti-occidentaux et partisans de l'unilinguisme arabe.

La presse et l'édition en français sont actives au Liban, et la littérature compte des créateurs reconnus, tels Andrée Chedid, Amin Maalouf et, parmi les poètes, Salah Stétié, Vénus Khoury-Ghata.

La pratique des langues étant au Liban multiple et ouverte, les jugements portés sur les usages sont plus restrictifs et puristes qu'ailleurs. Pour l'arabe, les variétés libanaises orales spontanées sont mal jugées et considérées comme fautives, mais moins que les arabes dialectaux du Maghreb. L'apprentissage de l'arabe « du journal », standardisé et écrit, est relativement aisé et fréquent grâce à l'école, mais le sentiment de ne pas accéder à la « perfection » de l'arabe coranique et classique est encore plus vif qu'ailleurs (sauf chez les personnes très cultivées et les religieux).

Quant au français, langue en partie identitaire, au moins pour la bourgeoisie chrétienne, il est souvent considéré comme moins adapté au monde moderne que l'anglais. L'enquête de 1996 montre que 61 % des francophones déclarés donnent l'anglais comme plus utile à l'avenir du pays.

Outre tous les facteurs classiquement évoqués (économiques, politiques), un élément sociolinguistique peut jouer : alors que la norme de l'anglais est souple, entre anglais des affaires et anglo-américain des médias, celle du français est, au Liban, particulièrement exigeante. Les pratiques normales, inévitables, témoignant d'un « français régional » libanais, sont critiquées comme des fautes, avec une rigueur apparentée à celle des Belges au début du XXe siècle. L'usage du français par les autres arabophones, notamment maghrébins, est jugé sans aucune indulgence. Le paradoxe de l'existence de deux langues « semi-maternelles », l'une, l'arabe, supposant deux usages au moins, l'autre définie avec rigueur, le français – l'anglais étant moins intégré à la spécificité culturelle libanaise, mais se répandant pour son utilité –, joint à l'appétit polyglotte, donne au rapport libanais avec le langage une richesse très spécifique[15], liée à la complexité religieuse et culturelle de ce pays.

L'évocation nostalgique d'autres milieux francophones dans ce qu'on appelle en Europe le Proche-Orient conduit à mentionner des situations très différentes. En Egypte, certes, le français fut important dans les communautés qu'on appelait les « ex-Ottomans », au début du XXe siècle, Grecs, Italiens, Arméniens..., et dans l'élite égyptienne, surtout copte, que ce soit au Caire ou à Alexandrie. La révolution nassérienne de 1956 chassa ce milieu cosmopolite ou le réduisit, sinon au silence, du moins à une seule langue nationale, l'arabe. Il reste tout de même de cette époque des écoles, un lycée français, auxquels s'ajoutent aujourd'hui des « filières » francophones universitaires. Les francophones égyptiens sont en général en haut de l'échelle culturelle, juristes, journalistes, politiques, comme la famille Boutros-Ghali, dont un membre a dirigé récemment l'institution francophone.

On peut aussi évoquer les francophones chrétiens de Syrie ou de Palestine, héritiers d'une présence disparue, et ceux qui, par éducation en français, furent ou sont formés dans des pays comme l'Iran ou la Turquie. Mais l'élite francophone iranienne – le dernier shah parlait et écrivait parfaitement le français et plusieurs écrivains et critiques iraniens écrivaient en français – a été chassée ou exterminée par la révolution islamiste de Khomeiny. Quant aux francophones de Turquie, turcs ou arméniens, ils sont isolés.

Un autre pays plurilingue de la région, où une minorité de la population a le français pour langue maternelle – beaucoup sont venus d'Algérie –, est Israël. Mais l'hébraïsation de la jeunesse tend à y faire reculer les langues d'origine, à l'exception de l'arabe (et aussi du russe), et l'enseignement des langues étrangères donne la priorité à l'anglais.

L'AFRIQUE DÉCOLONISÉE ET MADAGASCAR

La colonisation du XIXe et de la première moitié du XXe siècle a implanté durablement (semble-t-il), mais inégalement, la langue française dans les Etats aujourd'hui décolonisés d'Afrique subsaharienne.

On a vu plus haut (IXe partie, chapitre 7) comment la France et la Belgique, différemment, avaient abordé la gestion des colonies destinées à les enrichir et à leur apporter un prestige mondial. Ce qui supposait une politique portant sur la communication humaine et donc sur le principal levier de la pratique des langues, l'école. Avant cela, il y eut le souci européen et chrétien d'évangélisation, avec une dimension linguistique héritée des Ecritures : pour « enseigner toutes les nations », il faut maîtriser « les langues ». Le cardinal Lavigerie définissait un programme en ce sens, dès 1872, en prescrivant que « l'étude de la langue tienne le premier rang dans toutes les préoccupations des missionnaires ». Il ordonnait l'usage, même entre missionnaires, de la langue de chaque « tribu » où ils se trouvaient, ainsi que la mise en dictionnaires des informations recueillies auprès des indigènes. De fait, les premières tentatives pour décrire les langues africaines furent souvent le fait de ces missionnaires. Au début du XXe siècle, la tendance était d'ajouter à la catéchisation en langue maternelle une leçon de français, mais cette directive n'était pas toujours suivie, en tout cas dans les missions peu importantes. La langue de propagande religieuse était le plus souvent, non la langue maternelle locale (elles sont trop nombreuses), mais une langue africaine véhiculaire connue dans le périmètre de la mission. Telle était la situation en AEF et au Congo belge, où on comptait, en 1950, 4 millions et demi de catholiques sur 12 millions d'habitants. Dans les régions islamisées, la christianisation était beaucoup moins efficace. Dans les colonies françaises d'Afrique, les examens élémentaires adaptés et l'enseignement par des « moniteurs » recrutés par concours (1937) formaient les enfants au français parlé et écrit ; au Congo belge, cette formation chrétienne était bilingue. Les effets s'en feront sentir après les indépendances ; ainsi, les cadres supérieurs de Centrafrique, dans les années 1980, sortaient en majorité des séminaires ; au Congo, un grand leader politique était l'abbé Fulbert Youlou. Quant aux missions protestantes, elles scolarisaient surtout dans les langues africaines.

La politique scolaire et linguistique de la République française en Afrique, on l'a vu à propos de la période précédente (avant 1914), visait à l'assimilation par une exclusivité scolaire du français et le refus déraisonnable (idéologique) d'un enseignement des langues africaines. L'existence juridique des Africains passait par leur capacité à s'exprimer en français et les déclarations des gouverneurs généraux étaient claires : le français devait devenir la seule langue véhiculaire de l'Ouest africain. Des exceptions, cependant, en faveur de l'arabe, dans les régions islamisées de l'AOF.

Cette volonté, calquée sur celle de l'école française ennemie des dialectes, dans la métropole, aurait requis des moyens énormes. La réalité sociale de l'Afrique n'eut rien à voir, sur le plan scolaire, avec celle de la Bretagne ou du Languedoc. En 1936, en AOF, seuls 4 % des enfants étaient scolarisés ; 96 % échappaient donc totalement aux constructions pédagogiques conçues à Paris. Celles-ci formaient une pyramide allant des écoles de villages à une école primaire supérieure préparant l'entrée à l'institution suprême, l'école William Ponty (Ecole normale de Saint-Louis du Sénégal), dont sortirent de futurs chefs d'Etat, à côté de ceux qui, comme L. S. Senghor, étudièrent dans des écoles secondaires conçues pour les Européens et les Africains christianisés.

Pour la base, école de village et même école régionale, la plupart des témoignages soulignent la mauvaise qualité de l'enseignement, faute de maîtres qualifiés et de débouchés stimulants pour les élèves, promis, sauf exception, à des tâches serviles et subalternes. André Gide, dans son *Voyage au Congo*, est scandalisé par un « maître indigène stupide, ignare et à peu près fou, [qui] fait répéter aux enfants : il y a quatre points cardinaux, l'est, l'ahouest, le sud et le midi. » On constate que la qualité de la langue n'était pas seule en cause !

En fait, le système échouait à la base, sauf à définir une norme élitiste pour quelques-uns.

Dans ces conditions, les nécessités d'une communication orale immédiate – commerce, administration, surtout armée – entre Français et Africains colonisés, le plus souvent illettrés, suscitèrent des formes adaptées, appelées en France de manière raciste « petit nègre », ou, sur place et de façon plus fonctionnelle, « français tirailleur (ou tiraillou) », et par les linguistes « formes pidginisées », sans jamais aboutir néanmoins à un créole. Ce français simplifié, évoqué par les écrivains, tant de France que d'Afrique (Amadou Hampâté Bâ, dans *L'Etrange Destin de Wangrin*, par exemple), était surtout parlé dans les troupes « indigènes » de l'AOF, nommées, de par leur origine historique, « tirailleurs sénégalais ». Il a été précisément décrit [16], avec sa réduction morphologique du verbe (*moi parti(r), moi y a parti*), son économie de désignation, un nom pouvant être modulé, réduisant le nombre de mots à maîtriser (*pas vite* pour « lentement »), son ordre des mots unique, etc.

Ce « petit français » semble avoir eu trois réalités distinctes : celle d'un usage effectif, non seulement militaire, mais civil ; celle d'une image idéologique infériorisante et, si l'on veut, raciste, même quand elle était d'intention positive (le célèbre slogan publicitaire : *Y a bon, Banania*) ; enfin, celle d'un véritable objet de méthode pédagogique, pour une communication simple, efficace et rapide [17]. A ce demi-français des illettrés s'ajoute le français plus complet, mais incertain, des scolarisés de toute nature, français écrit, souvent pénétré de stéréotypes mémorisés, tels ceux des manuels « du parfait secrétaire ». Il n'y a évidemment pas de cloison entre ce français appris en tant que langue étrangère revêtue du prestige de l'écriture – comme l'est aussi l'arabe – et un français de lettré, apte à l'expression littéraire et à une expression à la fois parfaitement « française » et profondément africaine (exprimer « l'âme noire avec le style nègre en français », écrivait Senghor. C'est d'ailleurs un Antillais, René Maran, qui signe le premier « roman nègre » (sous-titre) se passant en AEF, *Batouala* (prix Goncourt en 1921), suivi par des écrivains africains comme Ousmane Socé (*Karim*, 1935) ou Birago Diop (*Les Contes d'Amadou Koumba*, 1947). Puis viendra la poésie de l'« Orphée noir » (Sartre) qui s'épanouira grâce à Senghor, et aux grands Antillais, aux Malgaches, ouvrant la porte à deux concepts-clés pour la seconde partie du XXe siècle : négritude, francophonie.

En Afrique française, qui va devenir un ensemble d'Etats indépendants, la première révolution, à la fin de la Seconde Guerre mondiale, fut le second départ de la scolarisation, pour aboutir à des taux d'alphabétisation auparavant inconnus. Pour fixer les idées, un demi-siècle après la guerre (1995), ce taux, en exceptant Madagascar, va de 12 % au Niger à 72 % au Zaïre, 70 % au Congo, 60 % au Rwanda, à peine moins au Cameroun (anglais, français) et au Gabon.

Entre les deux, le Burkina (17,4 %), le Mali (27), le Tchad (30), la Guinée, le Burundi et le Bénin (33), la Côte-d'Ivoire (près de 37 %), le Sénégal (38), le Togo (44), la Centrafrique (53 %).

Ces chiffres fournis par le Haut Conseil de la Francophonie sont officiels et théoriques, et il conviendrait très probablement de les revoir à la baisse, étant données les difficultés de l'école africaine. D'ailleurs, les résultats scolaires au baccalauréat, selon *Afrique – Education*, furent en 1994 très faibles par rapport à l'Europe, et en baisse par rapport à l'année précédente (13,5 % en Côte-d'Ivoire, 28,7 % en Guinée).

On manifestera le même scepticisme quant aux chiffres que proposait Philippe Rossillon en 1995 (pour 1993) et qui le conduisaient à considérer comme « locuteurs potentiels » les personnes de plus de 15 ans ayant suivi l'école « au moins deux ans », et comme « locuteurs réels » du français ceux qui avaient suivi un cursus de six ans ou plus. Ce qui amenait à penser que, sur 157 millions et demi de personnes, près de 14 millions étaient réellement francophones, et plus de 31 millions « virtuellement ». Ceci peut vouloir dire que beaucoup ne sont presque plus francophones, par perte du peu d'acquis scolaire, ou qu'ils le sont très difficilement et dans une forme approximative, sauf acquisition post-scolaire. Parler, comme le font les chantres d'une francophonie rêvée, de 200 millions et plus de « francophones potentiels » me paraît relever du délire d'interprétation [18].

De toute façon, ces chiffres construisent une réalité imprécise et fictive, ne tenant aucun compte du qualitatif. Or, toute évaluation des aptitudes linguistiques fondée sur l'école est tributaire du fonctionnement réel de cette institution, et tous les observateurs, y compris des responsables supérieurs africains, admettent que la crise est profonde : une « crise dans la crise », disait l'un d'eux. Le niveau des connaissances, y compris celles qui concernent les langues, tant maternelles et vernaculaires que les langues africaines véhiculaires et le français, n'est connu que ponctuellement. Constitutionnellement, le français est langue officielle, seul ou avec l'arabe (Tchad, Djibouti...), l'anglais (Cameroun), le sango (Centrafrique), le kinyarwanda et l'anglais (Rwanda).

Le contraste entre le niveau de l'enseignement et les fonctions assignées au français est total, car les textes officiels et administratifs, une partie des décisions de justice aussi requièrent la langue française. Pour la presse, tout dépend des régimes politiques ; pour peu qu'ils se démocratisent – au début des années 1990, dans plusieurs Etats –, les besoins de textes imprimés en français suscitent de nombreux titres, mais l'économie en crise a engendré des faillites, au Bénin, au Zaïre, en Côte-d'Ivoire, et les tirages sont faibles. La presse francophone importée (de France, de Belgique) joue un rôle notable, mais seulement auprès des élites intellectuelles (par exemple, *Jeune Afrique, Afrique-Asie, Femmes d'Afrique*). N'exigeant pas la maîtrise de l'écriture, la radio, économiquement accessible et mobile, grâce au transistor, est très écoutée. Le pourcentage des programmes en français en 1985 est très variable, de 90 à 100 % au Gabon ou 85 % en

Côte-d'Ivoire, à 21 % au Rwanda, en passant par des taux moyens de 40 à 60 % (Bénin, Burkina, Congo, Mali, Niger). Radio France Internationale (RFI) n'est écoutée que par les Africains les plus scolarisés, de par la nature des émissions et celle de la langue employée, assez éloignée de l'usage africain moyen, ce qui d'ailleurs sert son prestige et la rend très influente. La télévision, qui se développe depuis les années 1980, est encore réservée à une minorité (moins de 4 millions de récepteurs pour 140 millions de personnes susceptibles de recevoir les émissions).

Dans l'édition comme dans la plupart des médias, et même dans la chanson, l'utilisation des langues africaines, même nationales, est limitée, malgré les recommandations de personnalités politiques et culturelles.

Dans la pluralité des idiomes, c'est le milieu familial qui assure la transmission des idiomes vernaculaires. Elle est stable en milieu rural, plus incertaine en ville, où coexistent de nombreuses langues. La langue maternelle et familiale est fonction de celles des parents. Ceux-ci, quand ils ont deux langues maternelles, peuvent recourir en priorité à l'une d'elles ou à aucune, choisissant alors une langue véhiculaire avec laquelle l'enfant va pouvoir communiquer hors de la famille. Cependant, s'il acquiert deux langues, celle du père et celle de la mère, il sera mieux armé pour un trilinguisme incluant une langue véhiculaire parlée par des locuteurs plus nombreux. Dans ce contexte, deux phénomènes peuvent se développer : l'abandon de la langue ou des langues d'origine au profit d'une langue africaine véhiculaire ou, de manière moins exceptionnelle depuis les années 1990, d'un usage du français. L'urbanisation est favorable à l'extension des grandes langues et peut provoquer le recul des langues locales ; elle est favorable aussi au français. Ainsi, on a noté, au Burkina, qu'à leur arrivée à Ouagadougou, des jeunes ajoutaient à leur langue de village, quand ils n'appartenaient pas au groupe Mossi, la langue de ce groupe (le mooré) et un usage local du français. L'école n'est donc pas seulement le lieu d'apprentissage du français et de l'écriture, mais aussi celui du passage d'un français informel plus ou moins « pidginisé » à une variété partiellement normalisée.

Le mouvement général des langues, en Afrique « francophone », est donc la réduction, à terme, du nombre impressionnant d'idiomes locaux et le développement de langues de plus grande extension. Sauf à conserver un rôle identitaire local très fort, avec la culture de solidarité indispensable à l'Afrique, les langues « du village » deviennent, dans le ressenti des Africains, des « patois ». Ce serait le cas au

Congo, où seuls le lingala, le munukutuba, langues véhiculaires, et le français sont pensés comme étant de vraies « langues ». Elles sont le plus souvent parlées hors des frontières d'un seul Etat (c'est le cas du dioula, du lingala, du haoussa, du poular, langue des Peuls), mais sont pourtant considérées comme « nationales », avec des représentations hiérarchisées différentes selon les Etats. La langue véhiculaire supérieure, dans ce schéma, est le français, pour de nombreuses raisons. L'une, très forte, est pratique : le français est nécessaire pour obtenir un travail bien rémunéré dans les secteurs secondaire et surtout tertiaire. Sa connaissance s'identifie très souvent à une compétence technique et professionnelle.

A ce point, on doit distinguer, d'une part, les usages exclusivement oraux – les locuteurs africains étant alors analphabètes – et d'autre part, des usages parlés et écrits, transmis en général par l'école. Ceux-ci relèvent soit d'un usage du français présentant des particularités régionales, usage plus ou moins maîtrisé par rapport à une norme toujours en construction et qui sera celle du français parlé par les scolarisés du Sénégal, du Congo, du Zaïre, etc. Les sociolinguistes peuvent et doivent sans doute distinguer des niveaux de maîtrise, et décrire les phénomènes de contact de langues, qui modifient plus ou moins le modèle de l'école. Quant aux types français employés par des locuteurs non scolarisés, ils peuvent s'éloigner fortement du français normalisé.

Un exemple, assez connu de l'extérieur, est celui du type de français spontané développé dans les années 1960-1970 autour d'Abidjan et appelé « français de Treichville » (un quartier), « français de Moussa » (personnage d'une chronique du magazine *Ivoire dimanche*), « français populaire d'Abidjan », etc. Cet usage est distingué du nouchi, un argot d'Abidjan. Deux linguistes ivoiriens, Bertin Mel Gnamba et Jérémie Kouadio N'Guessan, donnent quelques exemples : quand le français standard dit « la fille m'a subtilisé mon argent », avec 5 à 10 % de la population (les « élites lettrées »), le français de Treichville s'exprime ainsi : « fille-là a prend mon l'argent », variante du petit français, et des jeunes mettent d'autres mots, dioula et baoulé, dans la phrase « à la française » : « la go [fille] a momo [pris, fauché] mon piu [fric] ». De même que les usages des cités en français de France, les parlers « nouchi » se renouvellent en abandonnant au petit français populaire les mots et expressions sortis du système crypté. Ces usages interférents, à syntaxe et lexique modifiés, sont bien distincts des éléments sémantiques et lexicaux décrits par l'*Inventaire des particularités lexicales du français en Afrique noire*

(IFA), coordonné à Dakar par la linguiste belge Danielle Racelle, à partir des études de Laurent Duponchel, Suzanne Lafage, Jean-Pierre Caprile, Ambroise Queffélec et d'autres.

Ces spécificités lexicales sont soit nationales, ou même propres à une ville, soit régionales, appartenant à plusieurs usages nationaux et méritant par là de figurer dans les dictionnaires généraux du français, soit enfin panafricaines. Ils sont employés par tous les locuteurs africains, même les plus lettrés, et apparaissent dans les textes littéraires. Leur riche typologie a été analysée notamment par Suzanne Lafage[19], et il en ressort que les procédés, tant formels que sémantiques, relèvent tous de la morphologie et de la rhétorique générales du français, seule la nature des emprunts pouvant varier. Aussi bien, la désignation « français d'Afrique » a été vivement critiquée par un linguiste africain, Kossi Afeli.

Si les usages du français, de l'oral spontané simplifié et « pidginisé » à une variété lettrée qui relève d'un français régional normalisé, constitue un continuum dont il faut bien distinguer les emplacements, la mise en place d'une norme, là comme ailleurs, mais surtout dans les situations de plurilinguisme, est parfois conflictuelle.

La norme externe, celle du français de l'école telle qu'elle est pratiquée en France, en Belgique ou en Suisse romande, est inadéquate, non seulement parce qu'elle est inaccessible, étant donné l'état de la scolarisation, mais parce que, même pour les élites les plus cultivées, elle refléterait des manières d'appréhender le monde complètement étrangères – et aliénantes – et qu'elle impliquerait la négation du multilinguisme hérité, enraciné dans l'africanité. S'impose donc – comme c'est déjà le cas pour toutes les zones où le français est langue maternelle – une norme « endogène », comme disent les sociolinguistes, spécifique à un Etat, à une nation ou à une région géographique culturellement homogène. Pour l'atteindre, il faut évidemment décrire les usages effectifs, ce qui a été fait pour le français dans tous les pays africains, sur le plan phonétique, syntaxique et surtout lexical. L'influence des langues africaines sur la prononciation du français est normale, leur phonétisme, parfois leurs tons (dans les « langues à tons », la hauteur de la syllabe modifie le sens du même son ; le cas le plus connu est le chinois, mais de nombreuses langues africaines possèdent ce système), colorent celui du français standard ; les spécificités lexicales le sont aussi – certaines sont même à donner en exemple aux usages du français européen, moins créatif en matière de dérivation et de composition. En revanche, les simplifications de la syntaxe et les interférences entre français et langues africaines sortent du modèle d'un français standard préexistant, mais peuvent constituer une norme évolutive, avec peu de chances d'être acceptée symboliquement par l'institution scolaire et, d'abord, politique. L'institution, d'ailleurs, est déjà réticente devant les éléments spécifiques du français effectivement employé en Afrique, tel qu'il est décrit par les linguistes.

Si les énoncés simplifiés ou modifiés des locuteurs analphabètes ne peuvent pas entrer dans une norme africaine[20], les interférences avec les langues du continent, emprunts ou calques (du type *penser dans sa tête*, « réfléchir », au Togo, d'après l'éwé) y seront intégrés. D'autres, altérant les constructions du français, font partie des phénomènes de contact des langues, considérées comme des fautes par l'école (*il assit sous un arbre*, en Centrafrique, d'après le sango).

Mais tant que la scolarisation (réelle et efficace) ne s'étendra pas, les formes simplifiées, partielles, déviantes de français n'auront qu'une alternative, les langues africaines. Elles sont la (fausse) monnaie du prestige. Il en va de même des changements de code entre français, en général simplifié, et langue locale ou véhiculaire, procédé auquel on a déjà fait allusion à propos du Maghreb. Cette alternance, écrit A. Queffélec, « a tenu une place importante comme médium dans les Conférences nationales des années 1990 au cours desquelles des personnes de statut social assez élevé étaient sommées de s'expliquer devant des commissions d'enquête. Beaucoup d'intervenants, faute de pouvoir tenir des discours techniques en langues africaines, ont manié l'alternance codique » (A. Queffélec, *op. cit.*, p. 833-834). Suit un exemple en langue sango, truffé de mots en français, non pas techniques, mais abstraits et servant à articuler logiquement le discours (*penser, problème, dès le début, motion, précision, parce que, compétents, discuter*) ainsi qu'un membre de phrase (*...presque personnelle, alors c'est pourquoi...*). Cette alternance se retrouve dans des chansons et dans le théâtre populaire, avec l'ambiguïté d'une forme de parler qui peut être dévalorisée mais où l'on peut se reconnaître.

Les spécialistes admettent que les formes jugées inférieures de français (on ne dit plus, et pour cause, *français tirailleur*, mais parfois *faux français*) influencent la parole moyenne en français, et pas toujours par difficulté, mais souvent par crainte d'employer la norme extérieure, dite le « gros français », indice de prétention et de soumission post-coloniale au parler d'ailleurs. Un autre phénomène est l'apparition sans cesse renouvelée, en milieu urbain, de formes métissées. Il en a été question plus haut. Ce phénomène se répand, il a été décrit à nouveau pour Abidjan, dans les années 1990, avec le *zoglou* ou *zouglou*, parler des rues, et au Cameroun, avec le « camfranglais », qui mêle éléments africains, français et anglais.

Aucune conclusion raisonnable sur l'avenir des usages langagiers d'Afrique n'est possible. On peut simplement souligner le contraste entre le rôle national et international du français dans les anciennes colonies – souligné en Afrique même par l'intention du Nigeria anglophone d'adopter le français comme seconde langue officielle[21] – et son fonctionnement réel, quantitatif et qualitatif.

L'avenir du français en Afrique dépend essentiellement de l'école, et donc des crédits qui lui sont alloués, crédits toujours insuffisants sans une aide massive en argent et en personnel. Or, l'assistance technique de la France, derrière les discours généreux de la politique et de la francophonie officielles, est tombée de 7 000 coopérants à 1 800 entre les années 1990 et 2005[22]. En outre, si l'école continue à se désintéresser des langues africaines et notamment d'une langue véhiculaire ou majoritaire pouvant incarner la parole d'un pays – tel le sango en Centrafrique, le wolof au Sénégal –, langues qui devraient être enseignées à côté du français, selon des formules différentes de celles qui sont pratiquées en Tunisie et au Maroc, la qualité du français langue véhiculaire ne sera jamais atteinte. C'est l'équilibre du plurilinguisme africain – fait incontournable – qui est en cause et non celui de la langue française seule. La menace souvent évoquée de l'anglais me paraît insignifiante face à la crise de l'école, pour peu qu'on prenne en compte les intérêts de tous les Africains, « francophones » ou non.

On peut ajouter qu'une certaine africanisation des normes du français – qui n'ont pas à être unifiées au-delà de ce qui est nécessaire pour l'intercompréhension – sera inévitable pour la parole sociale, sans renoncer à un niveau de discours proche d'une norme internationale, grâce auquel la francophonie pèse son poids dans le monde et à l'Onu. La langue française doit énormément aux Africains qui la parlent et l'écrivent ; il serait juste que la communauté francophone les soutienne dans un projet culturel majeur.

La situation linguistique de Madagascar, protectorat, puis colonie française en 1895-1896, avec sa langue nationale unique – malgré d'importantes variantes locales –, est tout autre que celle de l'Afrique. L'histoire des conflits précédant l'indépendance, entre 1946 et la promesse d'un Etat malgache par le général de Gaulle, en 1958, apparente la décolonisation malgache à une lutte nationaliste accompagnée d'une répression féroce, qui explique en partie la suite des événements.

Le français, bénéficiant d'une tradition scolaire due aux missionnaires protestants, s'y était bien implanté pendant la période coloniale. Il continua d'être employé dans l'éducation jusqu'à la révolution d'inspiration marxiste du président Ratsiraka.

L'économie malgache connut de graves difficultés et, à l'éviction du français de l'enseignement primaire et secondaire, s'ajouta l'exil des élites francophones. Les effets d'une « malgachisation » mal préparée furent catastrophiques et le français dut être réintroduit, avec l'aide de la coopération française et la présence de trente Alliances françaises.

Parmi les îles proches de Madagascar, la Grande-Comore, Mohéli et Anjouan, indépendantes depuis 1975, ont conservé une francophonie locale. De même que Mayotte, demeurée française, elles appartiennent à l'aire culturelle africaine et islamisée du swahili. Cependant, les parlers des Comores, s'ils sont arabisés par l'intermédiaire du swahili, sont d'une autre nature que lui. Ce sont des langues du grand ensemble bantou, formant dans ces îles deux ensembles, l'un comorien et mohélien, l'autre anjouanais et mahorais (langue de Mayotte, 160 000 habitants, avec une minorité employant un dialecte malgache). Les francophones seraient à Mayotte 40 %, tous ou presque bilingues avec le mahorais.

En Océanie

Plusieurs îles et archipels d'Océanie ont reçu de l'histoire un héritage linguistique en français, du fait de la colonisation.

La Nouvelle-Calédonie, dont on a évoqué ailleurs (IXe partie, chapitre 7) l'histoire au XIXe siècle, est devenue en 1946 territoire d'outre-mer français. Le français y est demeuré la langue véhiculaire, après avoir supplanté l'anglais et le pidgin anglo-mélanésien. A la population kanak (environ 44 % des 197 000 habitants) et aux Français (34 %), se sont ajoutées de nombreuses communautés d'immigrés, les derniers en date (11 % de la population) venant de Tahiti et de Wallis et Futuna.

Le français, lorsqu'il n'est pas langue maternelle, est langue seconde et véhiculaire. Les indépendantistes mélanésiens, qui ont obtenu par les accords de 1998 une promesse d'indépendance, attribuent au français une fonction de langue internationale. L'ensemble de la population, étant donné le grand nombre de langues maternelles parlées localement et le peu d'importance d'un créole, le tayo, requiert une langue véhiculaire.

Les vingt-huit langues mélanésiennes de l'archipel (vingt-quatre sont parlées sur la Grande Terre) sont les témoins d'un peuplement très ancien. Elles appartiennent à une famille austronésienne, répandue en Océanie et en Insulinde, mais sans rapport avec les langues aborigènes d'Australie ni avec les nombreuses langues de Nouvelle-Guinée. La plupart des langues kanak ont quelques centaines de locuteurs, une dizaine plus de 2 000 (recensement de 1996). La plus parlée est le drehu d'une des îles Loyauté (Lifou), avec 17 000 locuteurs. Plusieurs sont menacées dans leur existence même. Les locuteurs sont en général bi- ou trilingues et certaines tribus le sont collectivement.

Il s'agit de langues orales, notées par écrit d'abord par les missionnaires protestants à la fin du XIXe siècle (traductions de la Bible dans les trois langues des Loyauté) et au XXe siècle, époque où Maurice Leenhardt et Marie-Joseph Dubois les ont étudiées, avant André-Georges Haudricourt ; des linguistes français, mélanésiens et japonais ont contribué aux descriptions [23]. Après 1992, plusieurs langues sont entrées dans l'enseignement secondaire et ce mouvement devrait s'amplifier avec l'indépendance prévue, en touchant l'école primaire. Mais le choix de quelques langues plus pratiquées peut être fatal pour les plus faibles, déjà menacées ou disparues dans l'évolution sociale du pays, avec l'installation à Nouméa de locuteurs qui passent à une langue véhiculaire.

Cette multiplicité favorise les usages du français soit sous la forme officielle, surtout écrite, de l'administration, soit sous diverses variantes d'un « français calédonien » surtout oral, que Christine Pauleau compare, quant à sa phonétique, au français d'Afrique du Nord et à celui du Sud de la France. Certains traits de prononciation spécifiques (système vocalique simplifié, consonnes relâchées, prosodie influencée par les langues kanak...) peuvent gêner la compréhension, mais la syntaxe est peu affectée. C'est, comme toujours, le lexique qui entraîne les particularités les plus visibles, formelles et sémantiques [24].

Au nord-est de la Nouvelle-Calédonie, le Vanuatu fut, sous le nom de Nouvelles-Hébrides, un condominium franco-britannique de 1906 à 1980, date de l'indépendance. On y parle anglais et français (langues officielles), une centaine de langues mélanésiennes et un pidgin anglo-mélanésien, le bichelamar, pouvant faire office de langue véhiculaire (il est devenu langue nationale de l'archipel). La vie officielle est bilingue, les rapports entre l'anglais et le français étant parfois difficiles ; on n'estime pas à plus de 5 % les vrais francophones avec un usage proche de celui de Nouvelle-Calédonie. La vie sociale est au moins trilingue, et le bichelamar, compris à peu près par tous, est aussi la langue de travail au Parlement.

Environ 70 % des 210 000 habitants de la Polynésie française, territoire français d'outre-mer, parlent une langue maorie, appartenant à la branche orientale des langues polynésiennes, et parlées aussi en Nouvelle-Zélande, à Hawaï, dans l'île de Pâques. De ces langues, certaines ont peu de locuteurs (celle des îles Gambier, le mangarévien, n'est employée que par un millier de personnes), d'autres sont divisées en dialectes (ceux des îles Marquises et ceux des Tuamotu, pour moins de 15 000 locuteurs). La principale, le tahitien, idiome maternel de 150 000 personnes dans les îles de la Société, notamment à Papeete, sert de langue véhiculaire dans toute la région. Elle est écrite depuis le XIXe siècle, et aujourd'hui bien étudiée, la première description, grammaire et dictionnaire, datant de 1887 ; des grammaires, dictionnaires et manuels nouveaux ont paru dans les années 1990 et 2000, et un enseignement du tahitien a été introduit dans les écoles... Toutes les langues maories sont, à côté du français, langues officielles.

Le français est la langue des Européens et des « demis » (métis formant 14 % de la population) ; elle est parlée par de nombreux Polynésiens, en particulier à Papeete. L'apprentissage du français à l'école s'est généralisé après 1945 pour les enfants de 6 à 14 ans et, depuis 1989, à partir de 3 ans, ce qui a créé un bilinguisme familial très fréquent. Une langue chinoise, le hakka, sans statut, est parlée par une forte communauté chinoise.

Le français oral des bilingues est dit « métissé » ; c'est un usage local, caractérisé par sa phonétique (*r* roulé, voyelles fermées, prosodie influencée par le tahitien) et là comme ailleurs, avec un lexique spécifique (emprunts au tahitien, outre ceux qui sont passés en français général, comme *vahiné*). Cet usage « régional » du français présente aussi des tournures syntaxiques hors norme (omission de *de* dans *robe soie*, par exemple). D'après le tahitien, on ne dira pas : « le chat a cassé le verre », mais « on a cassé le verre, c'est le chat » (exemples de Ch. Pauleau, *op. cit.*).

Entre ce français local et la norme européenne, la répartition est sociale. La seconde est maîtrisée par l'élite, mais celle-ci peut aussi pratiquer la norme « inférieure » selon les situations de communication. Les bilingues polynésien-français ne parlent que la variété régionale dite « métisse ».

Les langues parlées aux îles Wallis et Futuna, qui sont des royaumes coutumiers où la religion catholique est très influente, sont polynésiennes ; leurs locuteurs sont le plus souvent capables de s'exprimer en français. L'enseignement en langue maternelle ne fait que commencer ; son développement serait facilité par l'existence d'une langue homogène dans chacune des deux îles, et ces deux langues sont parlées en outre en Nouvelle-Calédonie. Le wallisien possède un bon dictionnaire, celui du père Bataillon (1932), le futunien ayant été décrit en 1878 par Isidore Grézel, et possédant dictionnaire et grammaire modernes (par C. Moyse-Faurie, auteur de l'article consacré à Wallis et Futuna dans *Les Langues de France, op. cit.*).

Francophonies asiatiques

En Asie, l'implantation durable de langues européennes n'enregistre que quelques cas, le plus important est celui de l'anglais en Inde et au Pakistan, et, à plus petite échelle, à Hongkong (avec le chinois cantonais) et à Singapour (avec le malais).

Le français a eu sa place coloniale dans l'ancienne Indochine, c'est-à-dire au Vietnam, au Laos et au Cambodge. On a dit quelques mots (IXe partie, chapitre 7) de la situation linguistique avant la guerre de 1914-1918. L'enseignement dit « franco-indigène » s'organise à cette époque, un règlement de 1917 prévoyant deux années d'enseignement en vietnamien, suivi d'une année bilingue, puis de classes en français, avec une sélection très sévère où un élève sur dix était retenu à chaque niveau. Les écoles publiques, dans les années 1930, employaient 500 professeurs français et 12 000 vietnamiens ; en outre, un important enseignement catholique scolarisait 20 % des élèves dans le primaire. Enfin, un enseignement de type français préparait les cadres à Hanoi et à Saigon ; 30 % des élèves de ces lycées étaient vietnamiens. Si les Français sont peu nombreux en Indochine coloniale (30 000 en 1935 sur une population de 12 millions ; 50 000 en 1939), on estime alors à plus de 900 000 le nombre des Vietnamiens bilingues. Ces données sont valables, semble-t-il, jusqu'en 1950.

En 1945, les négociations pour une indépendance avec Hô Chi Minh échouent, malgré les efforts de Jean Sainteny ; entrés dans la clandestinité, les nationalistes organisent leur armée et la guerre d'Indochine commence. Neuf ans plus tard, la lourde défaite française de Diên Biên Phu oblige la France à signer les accords de Genève et à quitter le pays. Hô Chi Minh s'établit à Hanoi ; le leader catholique

Ngô Dinh Diêm, qui avait proclamé une république du Sud-Vietnam, refuse la réunification avec le régime communiste. D'abord soutenu par les Etats-Unis, il sera abandonné en 1963, puis renversé et assassiné. Devant l'instabilité du Sud et dans la politique anticommuniste mondiale de la guerre froide, les Etats-Unis bombardent le Nord et, en 1965, les troupes américaines déclenchent une seconde guerre, plus destructrice et meurtrière encore que la première. Mais la résistance du Nord est stupéfiante, et, après quatre ans d'« apocalypse », les Etats-Unis, où l'opinion publique se mobilise contre cette guerre, doivent renoncer. En 1975, les troupes du Viêtcong prennent Saigon, qui devient Hô Chi Minh-Ville, et instaurent un régime communiste très dur. A la même époque, les « Khmers rouges », organisés au Cambodge dans des maquis, prennent la capitale, Phnom Penh, et pratiquent un régime de terrorisme généralisé et génocidaire.

Dans ce terrible enchaînement de violences, le problème des langues et le déclin massif de la francophonie paraissent presque futiles. Mais le retour à la paix et à une stabilité permet de poser à nouveau les questions culturelles et linguistiques, à partir des années 1980.

Le recul du français par la vietnamisation, progressive au sud, radicale au nord, avait été décidé à partir de l'indépendance (1950). Au Sud, l'enseignement secondaire et supérieur en français avait continué jusqu'en 1956, année où l'enseignement « franco-indigène » fut éliminé, mais non celui de type français dispensé par les établissements catholiques. En 1965, le Sud vietnamien était occupé par les troupes des Etats-Unis ; cette armée comptait déjà 125 000 hommes la première année de la guerre, et cette présence militaire, technique, économique, du fait d'une énorme intendance, répandit l'usage de l'anglo-américain. Des effets sur l'éducation se firent sentir, avec des collèges à l'anglo-saxonne où les Vietnamiens pouvaient acquérir l'usage de l'anglais. Ces collèges se développèrent aussi au Laos, avec enseignement en langue lao et deux langues étrangères, anglais et français, que des écoles normales continuèrent un temps à pratiquer.

Au Cambodge, sous Norodom Sihanouk, l'enseignement se fit progressivement en khmer, de 1967 à 1974. Avec les Khmers rouges (1975), ce n'est plus le français qui est éliminé, c'est toute culture qui disparaît dans le massacre et la déportation des populations.

En revanche, après l'échec et le retrait des Etats-Unis (1969) et la réunification par la force (1975), le français, encore parlé par de nombreux Vietnamiens âgés, reprend lentement une place de première langue étrangère, cet enseignement étant obligatoire à partir de la 6e.

Vers 1995, l'Alliance française s'est suffisamment réimplantée à Hanoi et à Hô Chi Minh-Ville pour inscrire 3 000 élèves, tandis que des classes bilingues se développent grâce à l'Aupelf. Des manuels de français sont imprimés, des revues bilingues apparaissent, la formation de professeurs de français reprend. Dans l'enseignement supérieur et la recherche, qui sont actifs, l'anglais et le français occupent une place notable. Au Cambodge, l'Alliance française de Phnom Penh accueille, en 1994, 4 000 élèves. Mais, à l'évidence, le français, dans les trois pays de la péninsule, n'est plus qu'une langue étrangère parmi d'autres, concurrencée non seulement par l'anglais, mais, de nouveau, par le chinois. Au Cambodge, la première langue étrangère est le thaï ; suivent le vietnamien, le chinois et, seulement après, l'anglais et le français.

Enfin, les relations économiques et touristiques, redevenues importantes, peuvent redonner une certaine vitalité à une pratique occasionnelle et fonctionnelle du français.

Tous les autres lieux où des efforts sont faits, en Asie, pour la promotion du français, la Chine, le Japon, Singapour, la Thaïlande, relèvent de cette « francophonie » éparpillée, choisie, souvent de grande qualité, mais qui n'est ni largement collective, ni inséparable de la vie culturelle des Etats[25].

4

LE FRANÇAIS CHANGE

Au cours du XXᵉ siècle, les évolutions sensibles du français parlé font contraste avec la stabilité orthographique – dont on peut penser qu'elle relève de la paralysie. L'impression d'instabilité vient sans doute autant de la précision accrue des descriptions que de la variété perçue des situations de parole, avec la généralisation du français aux dépens des dialectes, en France, en Belgique et en Suisse, et avec les nouvelles formes techniques de communication orale, privée (téléphone) ou publique (radio, puis télévision).

Les évolutions constatées

Les phonéticiens et phonologues apportent une moisson impressionnante de faits évolutifs. Ainsi, dans la première moitié du XXᵉ siècle, les longueurs vocaliques deviennent beaucoup moins nettes dans les centres urbains, notamment à Paris. Paul Passy, en 1917, signalait que les jeunes tendaient à réduire les différences de durée des voyelles, n'opposant plus *bout* et *boue, mettre* et *maître*... L'opposition des deux *a*, traditionnelle, s'affaiblit aussi, sauf dans le discours populaire parisien qui fait de *Montparnasse Montpèrnasse*, et à l'opposé dit *la gor* pour *la gare* (Rousselot en 1911, cité par F. Carton). Mais cette prononciation « parigote » disparaîtra après 1950. Les deux *o*, ouvert et fermé, tendent à se confondre ou à interférer ; le nombre de locuteurs, souvent d'origine occitane, qui « ouvrent » le *o* de *rose*, de *dôme* ou d'*atome* ne cesse de croître et leur prononciation est de moins en moins sentie comme anormale. Les appositions *-an/-in* et *-an/-on* sont moins nettes, mais résistent, alors qu'on distingue de moins en moins, à l'oreille, *brun* de *brin*. La distinction entre les sons notés *gn* et *ni* se brouille : *panier* se dit de plus en plus *pagner* et *se manier*, réécrit en langue populaire, devient *se magner*.

Un phénomène très sensible est le recul du *r* dit « roulé » (*r* apical, prononcé avec la pointe de la langue), qui était encore de règle dans la déclamation et la chanson au début du XXe siècle et dont le domaine géographique – presque toute la France rurale roulait ses *r* – se réduit, ainsi que sa possibilité sociale. Un chef de parti comme Jacques Duclos, une grande romancière telle Colette produisent au milieu du XXe siècle de somptueux *r* que leurs homologues d'après 2000 éviteraient sans doute. Mais ce *r* roulé demeure la règle dans plusieurs régions, surtout en milieu rural, par exemple en Bourgogne, ou en Occitanie toulousaine.

Dans la tendance au relâchement des articulations, la prononciation s'éloigne de la graphie. Or, celle-ci, avec une orthographe unifiée, normalisée et stable, produit de plus en plus une image mentale des mots. Résultat : quand la majorité prononce « socializm' » et « Izraël », la même majorité, persuadée de produire une sifflante sourde (*s*), critique ceux qui s'adonnent à cette facilité. Mais la prononciation populaire début XXe siècle, les « socialisses » pour *socialistes*, a disparu.

Des questions très spécifiques, qui mettent en œuvre les différences entre graphie et parole, sont fortement perçues : le *h* dit à tort « aspiré » est plus ou moins respecté ; mais certaines transgressions sont des symptômes d'inculture ou des effets comiques (*lé zarico'*, *dé zomar*...) ; dans d'autres cas, l'hésitation est tolérée. D'une manière générale, les liaisons manifestant la connaissance de l'orthographe dans la phrase, les erreurs trop voyantes (« vingt zeuros ») sont sujettes à de vives critiques et certains, y compris à la radio et dans les discours politiques, en font un usage immodéré (un *discourzétonnant*...).

Quant aux intonations et aux accents d'intensité sur une autre syllabe que la dernière – qui semblaient, pour les linguistes du XIXe siècle, la règle absolue –, ils sont soit plus courants, soit mieux observés, et on a pu parler de la « découverte [d'un] accent tonique français » (J. Chaurand), alors même que, dans l'apprentissage des langues étrangères et la prononciation des noms propres d'origine latine, les Français (exception faite de certains Occitans et des Corses) manifestent une véritable infirmité musicale. Les noms propres non français, en France même, sont prononcés à la française, et dire *Fonnt' Roméou* (Font Romeu, nom catalan, « la source du pèlerin ») serait incongru même sur place, quand on parle français. Un nom propre occitan ou corse, à Marseille, a toutefois ses deux prononciations.

Quant aux « accents d'intensité » ou « d'emphase » (sur *dis-* dans *indiscutable*, par exemple), ils sont fonction du type de discours. Celui des hommes politiques, sur ce plan, mérite l'attention : F. Carton donne les pourcentages suivants de ce type d'accents pour des interventions télévisées à la fin du XXe siècle (*Mélanges P. Léon*, 1992) : Chirac, 11,8 % ; Giscard, 5,3 % ; Marchais, 12,5 % ; Mitterrand, 14,6 %.

Mais la prosodie des grands discours évolue : on tend vers la simplicité – qui peut se nommer aussi monotonie et platitude. Le « ton » des parleurs de la radio et de la télévision – on dit de moins en moins *spiqueur*, écrit étymologiquement, puisque le mot est anglais, *speaker* – n'a plus rien à voir en 2007 avec celui de 1930, qu'on ressuscite avec amusement. Les discours lyriques et verbalement théâtraux d'André Malraux produisirent en leur temps des effets intenses : les auditeurs se crurent transportés un siècle en arrière, et seule l'écoute immédiate d'enregistrement de Mounet-Sully aurait pu les détromper. Aux phonéticiens d'analyser en quoi cette rhétorique verbale surannée prenait en compte la prononciation moyenne cultivée de son époque.

Il ne s'agit pas ici, dans une perspective qui privilégie le ressenti et non pas les réalités profondes du système des langues, de résumer la teneur des travaux sur les prononciations. On a mentionné les premiers à pouvoir être considérés comme scientifiques, ceux de Paul Passy, de Maurice Grammont, de Philippe Martinon, publiés avant 1914. Il faudrait y joindre au moins – parmi d'autres – ceux de Kristoffer Nyrop, Pierre Fouché, Georges Gougenheim, André Martinet, Georges Straka, Pierre Léon, Fernand Carton. Une révolution scientifique a par ailleurs modifié les points de vue, en instaurant une analyse structurale et fonctionnelle des systèmes phonétiques : c'est la phonologie élaborée, d'abord à Prague, par deux très grands linguistes, Troubetzkoy et Jakobson. C'est dans cette perspective que se situent André Martinet[1] lorsqu'il analyse l'évolution des voyelles et des consonnes du français de la fin du XIXe siècle à la seconde moitié du XXe, ou encore Pierre Léon.

Par ailleurs, la phonétique et la phonologie se sont alliées à la sociologie et à la psychologie, voire à la psychanalyse[2] de la parole.

Les apports essentiels de ces sciences – aidées et confirmées par les techniques d'analyse articulatoire et acoustique – concernent la réalisation des voyelles et des consonnes, les faits prosodiques – rythmes, accents de hauteur et d'intensité, musique de la phrase... –, qui sont relativement stables quand on considère un état moyen, « standard », de la langue, mais sujets à la variété dès qu'on met en cause l'époque précise (et donc, pour les locuteurs, la génération à laquelle ils appartiennent), le lieu où ils parlent ce « français » indéfinissable, la situation sociale, celle qui définit un certain type de communication orale[3], incluant des sentiments personnels et des situations psychophysiologiques... La phonologie de Troubetzkoy a su voir dans toute parole, outre la réalisation personnelle d'un système (une langue), la mise en œuvre d'un véritable « style », collectif et individuel, fonction des personnalités et des situations concrètes. Elle a créé le mot allemand *Lautstylistik*, rendu en 1949 par Jean Cantineau par *phonostylistique*. La phonostylistique est devenue, grâce à Pierre Léon[4], une discipline à part entière ; elle prend en charge les variations beaucoup plus nombreuses et souples des phonèmes, des intonations et des rythmes.

Il s'agit notamment de distinguer, avant toute analyse de parole, des « registres » de parole (ou de « discours » oral), par des catégories toujours contestables par leur abstraction même. Ainsi, Paul Passy distinguait en 1913, pour le français de France, une prononciation qu'il appelait « familière » (celle qu'il préconisait pour l'enseignement aux enfants), une prononciation « familière rapide », une « soignée », une « solennelle », mêlant quelque peu les critères[5]. En 1936, Fouché excluait une grande partie des situations et des locuteurs réels en ne voulant considérer que la « conversation familière », la « conversation soignée », la « conférence » et... la « récitation des vers » ! Un autre critère, qui n'est pas seulement local (on dit « diatopique » quand on veut impressionner), mais socialement très complexe, est celui qui distingue entre tous usages parlés celui de Paris, implicitement opposé aux usages régionaux – absurdement mêlés dans la référence toute parisienne, installée au XIXe siècle, de la « province » – et plus explicitement identifié au parler des bourgeois, repoussant avec dédain tous les traits identifiés comme « populaires », « faubouriens » ou, indûment, « argotiques ».

La parole « parisienne correcte » ou « cultivée » est restée, entre 1870 et 1945, la référence idéale – très théorique, si l'on prend en compte la totalité des francophones européens, assez risible si on considère les communautés extra-européennes parlant le français (seul ou avec d'autres langues) – de la prononciation du français. C'est le cas pour les phonéticiens normatifs du début du XXᵉ siècle et aussi pour les auteurs d'un excellent *Dictionnaire phonétique de la langue française* publié à Stockholm en 1930, par un universitaire français, Alfred Barbeau, et par Emile Rodhe. « Ce témoignage, écrit Fernand Carton[6], se borne à un seul registre et à un seul niveau de langue, mais [...] bien daté et localisé, indique honnêtement les hésitations de l'informateur ». Selon la préface de l'ouvrage, A. Barbeau, lui-même Parisien de naissance, ne souhaitait « conserver de la prononciation parisienne traditionnelle, si distinguée », que ce qui n'était ni suranné, ni trop neuf ou sentant la vulgarité, tout en admettant l'évolution qui faisait entrer dans cette langue normale des nouveautés venues des territoires de l'insolite et du vulgaire (j'emploie les termes de cette préface). On remarquera que, dans la prononciation du français, « normal » et « distingué » sont synonymes de « parisien », ce qui pose quelques questions.

Il ne semble pas y avoir de nouveaux thèmes, dans l'évolution générale des parlers français d'Europe, entre le milieu du XXᵉ siècle et le XXIᵉ. Les voyelles ne sont plus ni brèves ni longues – sauf dans les parlers ruraux de régions comme la Bourgogne, la Lorraine... – et les allongements de voyelles, qui sont fréquents, ne sont plus que stylistiques : des effets. La distinction entre le *a* de *patte* et celui de *pâte* continue de s'affaiblir, ainsi que celle qui existe encore entre *é* et *è* ou *ê*. La confusion règne pour les *o* ouvert et fermé. Les voyelles nasales (*an*, *on*, *un*) sont instables, les sons finaux de *brin* et de *brun* se confondent au profit du premier. Une très grande variation est celle du *e* dit « muet » (ou « caduc ») qui ne l'est pas toujours, même quand il n'est pas noté par l'écriture (« l'Arqu*eu* de triomphe », un « compact*eu* disque »), et c'est un facteur rythmique qui règle ses apparitions ; une loi des trois consonnes (Grammont) est censée en rendre compte. Certains *e* sont fixés dans la prononciation « soignée » (« apart*eu*ment »), d'autres non (« renseign'ment » ou « renseign*eu*-ment »). D'une manière générale, le *e* muet de la moitié nord de la France, de la Belgique et de la Suisse est prononcé dans la France du Sud, par tous les locuteurs qui ont (pour ceux du Nord) l'« accent du Midi » : « Bonn*eu* Mère » (et même « Mèr*eu* »), « l*eu* Tour d*eu* Franc(*eu*) » à Marseille. Ce phénomène largement régional n'a rien à voir avec le *e* (*eu*) qui correspond à une voyelle de pause, ajouté après une consonne finale et devenu un tic critique (« bonjour*eu* »...).

Côté consonne, ce qu'on appelle en phonétique la palatalisation peut affecter l'oral spontané : *je te...* devient *cht'* ; *je sais, chè* (*chsè* est théorique) ; *mathématiques* donne *-t'chique*. Cette tendance est systématique dans l'usage des Français d'Algérie, sur place et en France après le conflit algérien, dit « français pied-noir » (ou dans ses représentations). La confusion entre *-ni-* et *-gn-*, déjà notée, produit des effets sur l'écriture : après *manier – magner*, c'est la double graphie pour la *niaque* ou *gnaque*, avec le même sens. Quant au *-ng* final, suscité par l'abondance d'emprunts à l'anglais, il est réalisé populairement par des sons plus familiers, mais *campinge* a presque disparu, malgré le *standinge* de San Antonio, et *campigne* sonne peu cultivé.

On note de plus en plus les effets de l'image mentale graphique sur l'oral, dans les consonnes doubles[7], dans l'apparition de consonnes que la prononciation cultivée traditionnelle avait éliminées : *domp'ter*, les *mœurss*, normal, alors que... *alorss'* est considéré populaire ou régional, *au grand dam'*, devenu la seule prononciation, même sur une station de radio supposée bien parlante, sans parler de la « *gente* féminine », qui fait disparaître le nom féminin *la gent* au profit d'un virtuel *la gente*. *Août*, monovocalique (= *ou*), disparaît, remplacé par *out'* ou par *a-out'*. On entend *radi* et *cassiss* (rarement *cassi*), mais alternativement *ani* et *aniss*. Le *cou* pour *coût* est devenu *cout'*, l'*anana* plutôt *ananass*, entre 1967 et 1990[8].

Quant aux phénomènes de discours – ce qu'on appelle la « chaîne parlée » –, leur variabilité est extrême. Les enchaînements, le rythme, les « réductions » (« t'écoutes ? », « t' t'à l'heure », « chais pas », où *je* et *s'* sautent, « t'sais »...), les liaisons, de l'hypercorrection au cuir plaisant (*moi z'aussi* devient *moi saucisse*) et à « la liaison avec ou sans enchaînement » des hommes politiques, étudiée par Pierre Encrevé[9], ne cessent d'évoluer. Les opinions des linguistes sur l'accent d'intensité sont incertaines : le français de France peut paraître une langue sans accent si on l'observe du Québec, des Caraïbes ou d'Afrique, où les langues maternelles à tons font chanter la phrase française. Mais les études de détail ne montrent que contradictions. Ivan Fónagy en concluait en 1979 que « le système accentuel [était] en pleine évolution ». Toute théorie générale de l'accent et de l'intonation en français, ou même en français de France, semble impossible, ou bien ne débouche que sur une norme fictive. En revanche, les phonéticiens modernes sont en mesure de caractériser un discours individuel, à la manière de Pierre Léon traitant « l'art oratoire du Président de Gaulle » (*Essais de phonostylistique*, 1971)[10].

La forme des mots

Si l'on tient à envisager la langue française comme un système, il faut cesser de parler de « lexique » ou de « vocabulaires » lorsqu'on évoque les évolutions internes de cette langue au XXe siècle. C'est de morphologie et de syntaxe qu'il s'agit alors, c'est-à-dire de règles, non de listes ni de « populations » (statistiques ou non) d'éléments.

Sommairement, on peut noter, pour le substantif et l'adjectif, que les féminins et les pluriels étant de moins en moins marqués à l'oral (le *s* du pluriel n'est pas plus prononcé que le *e* final), ce sont les articles qui deviennent pertinents. Lorsqu'on prononçait : « les enfants *z'*aiment *t'*avoir des jouets », la liaison de « enfant*s* » et de « aimen*t* » fournissait deux marques ; ne reste aujourd'hui que *les* (*lez'*) opposé à *l'*. Quant à *un*, *une*, leur prononciation diffère en milieu de substrat occitan par rapport au nord de la France et selon les registres. Cela peut aller à l'agglutination enfantine qui produit « un beau *n*avion » d'après « un avion ».

La morphologie du nom a été elle-même sérieusement affectée, s'agissant des substantifs désignant des personnes, quant au genre. On sait que le masculin et le féminin des noms, arbitraires lorsqu'il s'agit d'objets inanimés et d'abstractions [11], redeviennent motivés, très incomplètement s'agissant d'animaux (d'où les contorsions langagières : *une éléphante* est rare et spécifique pour désigner un éléphant femelle, *une girafe mâle* partage le féminin avec la femelle, et *un crapaud* n'est nullement le mâle de la grenouille...), et plus généralement s'agissant d'êtres humains, encore qu'*une sentinelle* est souvent un homme et *un mannequin* une femme. Mais le problème devient socialement brûlant lorsqu'on s'aperçoit au XXe siècle que les noms désignant des métiers, des rôles et des fonctions sociales ne sont pas toujours dociles à l'expression d'un genre qui soit adéquat au sexe. La morphologie du français n'est pas toujours accueillante aux évolutions sociales, qui donnent aux femmes un accès à des activités désignées traditionnellement par des masculins. Aussi, à côté des formes commodément « variables en genre », *infirmière*, *institutrice*, *directrice* – certaines, nouvelles, sont mal reçues pour des raisons futiles : *une plombière* n'est pas plus incongrue, malgré le nom de l'entremets, qu'*une cuisinière*, forme ancienne et acceptée malgré *la cuisinière à gaz* ; les mots « une *entraîneuse* d'équipe sportive » sont rendus délicats par l'existence préalable d'un autre sens pour *entraîneuse*... –, une valse de formes nouvelles, certaines, comme *poétesse*, étant rejetées par les intéressées même, pour d'obscures raisons euphoniques. L'article y va, quand la morphologie du nom renâcle : *une chef, une prof*. Mais *la docteure* et *la professeure*, chères au français québécois, qui font mine de féminiser le mot graphiquement – à l'oral, rien ne se passe que dans l'article –, sont haïes des usagers respectueux des règles du féminin. L'analogie requise disparaît : une chant*euse*, une demand*eresse* (en droit), une act*rice*, qui devrait entraîner *autrice*, mais le fait peu, et enfin, par volonté de féminisation à tout prix, par une analogie relevant de la « grammaire des fautes », une aut*eure* et, on l'a vu, une doct*eure*.

Les puristes académistes (en France), derrière leur secrétaire perpétuel[12], estimant que la physiologie *du* détenteur de ce titre prestigieux n'importait pas, ont décrété que les noms de fonctions étaient des « neutres » – par une émouvante résurgence de la grammaire latine, peut-être – et, donc, qu'il ne s'agissait pas de promouvoir des formes féminines choquantes, puisque neuves et parfois coupables d'évidents barbarismes.

La professeure, production d'un féminisme à visage agrammatical ? Le débat fut vif ; le résultat dans l'usage, contrasté, avec un français « avancé » au Québec, en Belgique et en Suisse – où des contestataires s'expriment – et un français plus hésitant en France. Là, des *chirurgiennes* refusent de l'être, et se veulent *chirurgiens*, mais des *soldates* et des *officières* semblent supporter leurs noms. *La maire* (malgré l'homonymie) et *la ministre* sont plus heureuses de l'être..., mais bien des féministes réclament pour elles une désignation masculine, par souci d'égalité.

La langue française, bégayante, invoque le chevalier d'Eon.

Cependant, la classe de mots qui pose le plus de problèmes et peut donc présenter le plus de variations dans le temps est celle des verbes, surtout lorsque leur conjugaison est irrégulière. Passant à l'évolution des temps des verbes, on constate qu'elle est différente à l'écrit et à l'oral. Si le passé simple s'est raréfié lorsqu'on parle, il se porte assez bien dans l'écrit narratif, ce qui lui redonne une certaine vitalité dans le récit enfantin oral, produisant à l'occasion des formes fautives analogiques (il *venut* pour il *vint*, il *fesit* pour *fit*, etc.[13]). Cependant, des formes du genre : « ce fut une belle soirée » ou bien « que fîtes-vous donc ? » ne s'emploient plus de manière neutre. La remarque est généralisable : on dit et on écrit aisément : « des gens qui le connurent », mais « nous le connûmes, vous le connûtes » ne sont plus naturels. « On l'apprit hier » est normal, mais « nous l'apprîmes hier » sera en général remplacé par « nous l'avons appris ».

Quant au fameux recul du subjonctif, il n'est réel qu'à l'imparfait et au plus-que-parfait. Les « chevaliers du subjonctif » évoqués avec humour par Erik Orsenna n'ont pas à rompre de lances pour sauver le subjonctif présent, qui s'emploie même alors que les grammaires normatives le proscrivent, avec *après que*... « Après qu'il soit arrivé » est critiqué, mais plus fréquent que la règle (« qu'il est »). Mais « je veux qu'il parte, qu'il vienne ; il faut que vous soyez ici demain », au présent, sont absolument vivants et « je veux qu'il vient » est le plus souvent senti comme une faute enfantine. Tant et si bien que les verbes à conjugaison irrégulière, mis au subjonctif, produisent là aussi des formes fautives : « Faut-il que j'éteinde ? » dit la Françoise de Proust. Les échanges de modes – conditionnel au lieu de l'indicatif après *si*, senti comme très fautif (« si j'aurais su, j'aurais pas fait ça » ou, avec « faute » supplémentaire pour l'auxiliaire, « j'aurais pas venu ») – et de temps – subjonctif présent au lieu du passé après un passé (« je voulais qu'il vienne » au lieu de « qu'il vînt ») – sont fréquents, le second fort bien supporté.

D'une manière générale, les difficultés des conjugaisons irrégulières, malgré la consommation massive des manuels élaborés par un éditeur avisé sous le nom tutélaire de Bescherelle, malgré les conjugateurs automatiques intégrés aux logiciels et aux cédéroms, produisent des résultats variés : formes fautives, on vient de le voir, et aussi replis stratégiques vers des verbes en -*er* – tous les verbes nouveaux sont de ce type – ou vers des périphrases. Françoise Gadet suggère, dans la *Nouvelle histoire de la langue française*, dirigée par J. Chaurand (p. 609), que le terrible *résoudre* (*nous résolvâmes le problème*) a pu susciter la création de *solutionner*, par ailleurs critiqué, ainsi que l'emploi de locutions verbales plus traitables comme *trouver une solution à...* Seuls les verbes les plus fréquents résistent à cette désaffection : *être*, *avoir* et *faire* en tête (et encore, *il eut*, *il fit* et surtout *nous fîmes*, *nous eûmes*, *que nous eussions*, etc., n'ont pas le vent en poupe).

En français contemporain, bien qu'elles ne sont (soient) plus maîtrisées, les formes de l'imparfait du subjonctif n'ont pourtant pas disparu (ou : ne sont pas disparues) : elles font partie de l'arsenal des effets stylistiques évocateurs d'un passé solennel, et donc comiques dans un discours moderne et naturel. Déjà, dans la pièce d'Edmond Rostand, quand Cyrano dit : « Moi, Monsieur, si j'avais un tel nez, il faudrait sur-le-champ que je me l'amputasse ! », l'effet burlesque est assuré.

Et quand le verbe ainsi conjugué emporte un jugement de valeur qui le classe comme populaire ou vulgaire, l'effet de contraste est frappant, comme dans ce passage du délicat poète Francis Jammes, relevé par Maurice Grevisse [14] : « il faudrait qu'ils foutissent le camp ». Le verbe français le plus courant, *être*, n'est pas épargné, et l'effet comique de *l'eusses-tu cru* est très ancien.

L'emploi des auxiliaires *être* et *avoir*, quant à lui, est sujet à maintes hésitations (*elle a* ou *elle est* descendue ?). Cependant, il semble que certaines fautes jugées populaires sont beaucoup moins fréquentes (F. Gadet cite : « il s'*a* trompé, il *a* tombé de son lit »). Parmi les fautes les plus dénoncées – et donc probablement les plus courantes –, on peut aussi noter l'absence d'accord du participe passé, surtout avec *avoir* et dans le cours de la phrase (mais aussi à la fin : « les erreurs qu'il a *fait* » s'entend même dans des paroles politiques ou médiatiques, d'ailleurs vite dénoncées par des auditeurs à l'oreille fine).

Toujours dans le domaine des conjugaisons verbales, la question des temps surcomposés est très complexe [15]. Ces formes, assez rares dans la langue écrite littéraire, y apparaissent cependant, surtout aux XIXe et XXe siècles, et sont parfois très naturelles à l'indicatif passé, avec le verbe *avoir* : « quand il a eu fini », « quand il m'a eu quitté, j'ai réfléchi... » (Julien Green, *Journal*, 1948). Avec *être* (« quand il a été parti... ») ou bien au plus-que-parfait (« à peine l'avais-je eu quitté », Proust), ces formes peuvent paraître embarrassées. Au pronominal et au passif, elles se font rarissimes, toujours à l'écrit. Cependant, à l'indicatif passé, elles peuvent être usuelles à l'oral, mais leur fréquence semble fonction d'usages régionaux : on les entend beaucoup plus en Aquitaine qu'à Paris – cette remarque intuitive a peu de valeur, tant qu'un inventaire régional comparatif n'a pas été fait.

Un autre type d'évolution, moins contesté, est celui qui affecte la création des mots nouveaux, autrement dit, la morphologie lexicale, résultat d'une créativité variable. Ses procédés sont de tout temps, dérivation par suffixes, compositions, préfixations, mais les éléments mis en œuvre varient dans le temps. Tout le monde est conscient de l'abondance des adjectifs en *-able*, des adverbes en *-ment*, dont la production est à peu près libre [16].

Les locuteurs du français sont probablement sensibles à la fréquence de mots en *anti-*, en *super-* ou *hyper-*, en *télé-*, à la facilité de former des mots en *-ien* et en *-isme*, ces derniers souvent combinés avec *anti-*, et dont on peut affubler à peu près tous les noms propres en politique. On peut aussi constater que des éléments à l'origine populaires ne le sont plus, tel le suffixe *-ard*, en général péjoratif. Un renforcement de la finale *-o* en *-os* (*s* prononcé), senti comme « jeune », s'adjoint à des adjectifs eux-mêmes familiers (*débilos*) ou, par un procédé inattendu, à un verbe conjugué (*ça craint* produit *c'est craignos*, isolé et rapidement vieilli).

Ce qu'on appelle la productivité des suffixes en français s'appréhende objectivement par les statistiques tirées de l'impressionnant corpus *Frantext*, exploré par Etienne Brunet [17].

Outre les procédés traditionnels, le XXe siècle amplifie la production de formes abrégées, surtout par apocope (chute de la finale). Le procédé s'est beaucoup développé avec la Première Guerre mondiale, mais il était déjà usuel, et parfois redoublé dans les expressions composées (*caf' conc'*, *Vél' d'Hiv'*, plus tard *surgé* pour « surveillant général », fonction disparue). Les résultats de ces abréviations sont de trois types : des monosyllabes coupés sur une consonne (*la perm*, *les profs...*) ; des dissyllabes analogues (*l'instit*) ou terminés par une voyelle (*l'insti*, *le kiné*, en concurrence avec *kinési*, trisyllabe) ; des mots d'au moins deux syllabes, la dernière étant la voyelle *o* (*proprio* sur *propri/étaire*, *mécano* sur *mécan/icien*, *Montparno* sur *Montparn/asse*, *dico* sur *dic/tion/naire*, parfois avec adjonction d'une consonne : *dirlo* sur *dir/ecteur* + *-l-*). L'abrègement concerne aussi des formes en discours, des formules : *à tout à l'heure* devient *à tout'*, *à plus tard*, non pas *à plu*, ambigu, mais *à plus'*. D'autres suffixes peuvent s'ajouter à la forme tronquée : *polar* sur (*roman*) *pol/icier*. Le redoublement d'une première syllabe ouverte est assez fréquent : sur *crasseux*, outre les suffixations *cra-do*, *cra-dingue*, on a ainsi *cracra* ; *communiste* donne *coco*. Le redoublement, procédé ancien dans les vocabulaires dits « enfantins », peut affecter la dernière syllabe après aphérèse, chute de la ou des premières syllabes : *auto* donne *toto*. Procédé voisin, avec assonance et non plus redoublement : *papo* (*papeau*) sur *cha/peau*.

L'aphérèse est moins fréquente que l'apocope et fut d'abord propre à des usages très populaires : *cipal* pour *garde municipal*, à la fin du XIXe siècle. Il a été repris après une période moins créative, à la fin du XXe siècle (*blèm'* ou *blème* pour *problème*).

L'apocope en *o-* est usuelle depuis le milieu du XIXe siècle (*photo*, *métro*, *porno*) et des mots longs sont coupés sur quelque voyelle que ce soit pour produire deux ou trois syllabes (*cinéma*, puis *ciné*). La production de formes d'une ou de deux syllabes est universelle dans la langue orale, notamment dans les vocabulaires techniques et professionnels, où les mots ont tendance à être de plus en plus longs, et même s'ils le sont peu. Les *rediffusions* sont des *rediffs* ; à l'hôpital, la *perfusion* est une *perf* (le *pied de perf*). Les mesures *post-opératoires* sont *post-op'* ; dans d'autres syntagmes formant terme, on ne conserve que le nom (*bloc opératoire* est peu prononcé : on dit *le bloc*). Les coupes sur consonne, non morphologiques, ne sont pas rares : *beauf* pour *beau-frère* est lexicalisé et produit des dérivés : la *beaufferie* est apparentée au *machisme* (sur l'emprunt à l'espagnol *macho*, prononcé *tch-*). La *deux-chevaux*, pendant son règne, était souvent une *deuch'*. La liste s'enrichit tous les jours et rejoint parfois la possibilité d'un « déverbal » (*la circul'* ou *circule* est soit l'abrègement de *circulation*, soit le dérivé de *circuler*, sur le modèle de *la bouffe*, etc.).

Un procédé s'est développé, au détriment de la logique interne qu'apporte la morphologie traditionnelle. C'est celui des « mots-valises », traduction du *portmanteau*[18] *word* de Lewis Carroll, qui consiste à opérer des coupes syllabiques indifférentes au sens pour produire un simili-composé plus bref : *héliporté* et non *hélicoporté*, *handisport* pour « sport pour les handicapés ». Des séries de pseudo-préfixes apparaissent ainsi, totalement inanalysables, à la manière des mots anglo-américains du type *cheeseburger*, sur *cheese* et *hamburger* (« hamburger au fromage »), lequel vient du nom de la ville de *Hamburg* (Hambourg), mais où figure le mot *ham*, « jambon », d'où une pseudo-composition qui servit de matrice à de nombreux *X-burgers*. Plus important par ses effets que les emprunts lexicaux, cet emprunt d'un procédé de formation qu'on ne peut dire « morphologique », affecte le système de la productivité lexicale du français.

On doit noter, cependant, que la composition syllabique, et non plus morphologique, évacuant par là même le sens au profit de la forme, n'est pas seulement due à l'influence des procédés de la langue anglaise. En effet, dès 1929, Henri Frei notait cet « abandon du morphème » dans les abréviations de ce qu'il nomme le « français avancé », et qu'on a évoqué plus haut. « On remarquera, écrit Frei, que la coupure (dans les "amuïssements populaires", les abrègements) se fait très souvent sans qu'il soit tenu compte de la limite entre radicaux et suffixes » (*La Grammaire des fautes*, p. 125). Exemples : *sana* pour *sanat/orium*, *collabo* pour *collabor/ateur*, *accu* pour *accumul/ateur*, *transfo* pour *transform/ateur*... Même indifférence à la morphologie pour les abréviations suffixées en *-o* (celles qui viennent d'être citées comportaient le *o* dans le radical), telles *proprio*, *dico* (ci-dessus), *prolo* pour *prolét/aire*, aujourd'hui *véto* pour *vétér/inaire*, etc. Cependant, *mécano*, *socialo* conservent la consonne finale du radical.

Il s'agit donc d'une loi sous-jacente qui conduit à opérer une coupe selon des critères rythmiques évacuant les règles de respect de l'étymologie et indifférente à la sémantique. La situation est analogue à celle de *handisport*, où ce sont la place des éléments et l'absence de « un, une handi » pour *handicapé(e)* qui trahissent l'influence de la langue anglaise.

Apparentés à l'abréviation, mais par recours à la lettre ou à la syllabe initiale d'un mot et portant sur un syntagme nominal parfois complexe, le « sigle » et l'« acronyme ». Leur invasion est notable, surtout après la guerre de 1940-1945. Ils désignent soit des institutions, des partis, des entreprises, des pays (l'Union des Républiques socialistes soviétiques, en français parlé l'*uèrèsess* ou l'*urss* – courant de 1920 à 1960), soit des réalités désignées par une expression complexe (habitation à loyer modéré, sans domicile fixe, syndrome immunodéficitaire [ou (d')immunodéficience] acquis, *sida*, jamais épelé, vite écrit sans points : S.I.D.A. n'a duré que quelques années : le mot est entièrement « lexicalisé », intégré). Certains sigles et acronymes portent sur d'autres langues que le français – notamment l'anglais – et sont empruntés, sans possibilité de restitution ni d'analyse pour le francophone utilisateur. Dans *radar*, *ra-* vaut pour *radio* (procédé de l'acronymie) et *d*, *a*, *r* sont le sigle de *d*etecting *a*nd *r*anging, le produit emprunté est un emprunt entièrement intégré. La transformation d'un mot unique en sigle était rare (le système D = système débrouille), mais le procédé appliqué aux noms propres s'est répandu (*monsieur K* fut appliqué couramment à Khrouchtchev). Le procédé de l'anglais des Etats-Unis (*uèssa* ou même *iouèssè* pour beaucoup de francophones), qui consiste à désigner une personne par ses trois initiales (JFK, en anglais *djèèfkè*, en français *jièfka* pour John Fitzgerald Kennedy), tend à être importé en français : Dominique Strauss-Kahn devient *Déèska*, DSK), mais ne s'étend pas aux noms binaires (Jacques Chirac n'est pas *jisé*, mais, parfois, *Chichi*)[19].

Le domaine du nom propre étant, par nature, rapidement évolutif, les sigles et acronymes y sont innombrables et créent une obscurité voulue, levée seulement par les initiés : en cela, ils s'apparentent au véritable argot, et font le désespoir des étrangers, même connaissant bien le français, face au moindre texte de journal.

Ils interfèrent avec le problème de l'emprunt : dire ONU (*oènu* ou *onu*), c'est traduire *United Nations Organization*, UNO, en français ; accepter Unesco, c'est se plier à la syntaxe et au lexique de l'anglais, mais en détruisant sa phonétique : attitude inconsciente et symptomatique d'une passivité devant la langue source, souvent inaperçue.

Les « anglisigles » sont en effet indéchiffrables : la *hifi* n'est plus rattachée à l'adjectif anglais *high* alors que *high fidelity* est rendu, de manière paresseuse, par « haute fidélité ». La floraison incontrôlée de sigles et d'acronymes anglais dans le discours informatique en français en fait parfois un pidgin unifié par une phonétique française déformante par rapport à la source.

La forme des phrases

On peut admettre, avec la plupart des historiens de la langue, que la syntaxe du français change peu dans la centaine d'années qui vient de s'écouler[20]. Mais cela concerne la langue écrite normalisée – celle de l'école, plus ou moins –, et notamment, pour des raisons pratiques de conservation, et sociolinguistiques de diffusion des écrits, la langue imprimée, dont le sous-ensemble le mieux perçu et longtemps le plus étudié est constitué par les usages littéraires.

Quant aux usages oraux, qui, dans cette période, peuvent enfin être enregistrés, transcrits, étudiés, la difficulté est que l'on n'a guère de point de comparaison avec ceux du passé, à l'exception du reflet toujours déformé de ces usages dans la prose littéraire (voir plus haut). Il est donc possible, d'ailleurs depuis peu de temps, d'étudier sérieusement la syntaxe du français parlé – lui-même sujet à la variation –, mais non d'en faire l'histoire sur aucune autre période du quasi-millénaire de « langue française » que la plus contemporaine.

Pour les usages écrits socialisés (et donc imprimés, à partir de Gutenberg), les descriptions des grammaires du XXe siècle peuvent « citer côte à côte La Fontaine et Mauriac, considérant donc plus ou moins ces quatre siècles comme un ensemble cohérent »[21].

On peut évidemment noter, quant à la langue écrite, des faits syntactiques nouveaux – ou qui semblent l'être. Ainsi, à la fin du XIXe siècle et jusqu'à la période qui nous occupe, de nombreux faits de détail ont été répertoriés[22]. A travers la forêt des pseudo-descriptions puristes et vengeresses, qui sélectionnent tout ce qui, de leur point de vue, menace ou détruit le « bon français », on a du mal à trouver des descriptions neutres. Celles-ci, d'ailleurs, portent d'abord sur les usages jusqu'alors négligés, appelés « populaires » (Henri Bauche) ou repérés par l'idéologie dominante comme des « fautes » : remplacer le jugement de valeur négatif par la description fonctionnelle, tel était l'objectif de l'ouvrage de loin le plus remarquable de la période 1920-

1940 dans ce domaine, la *Grammaire des fautes* d'Henri Frei, au titre provocateur.

Quant à la description honnête et sérieuse des évolutions de la grammaire française au XXᵉ siècle et aujourd'hui, on la trouvera dans les travaux descriptifs des linguistes et par de rares synthèses atteignant le public général. La plus remarquable est sans doute *Le Bon Usage* de Maurice Grevisse, enrichi et rendu théoriquement plus cohérent par André Goosse.

Des synthèses plus partielles se trouvent dans les dictionnaires généraux de la langue ; on y reviendra. Cependant, malgré sa richesse, un ouvrage tel que *Le Bon Usage* n'a pas pour objet principal les évolutions, mais une vaste structure fonctionnelle (mal appréhendée par le terme « synchronie », qui est une abstraction méthodologique). Et celle-ci concerne l'ensemble des usages écrits, essentiellement littéraires, l'oral n'étant perçu qu'à travers ces écrits.

Ainsi, les présentations de l'*Histoire de la langue française, 1914-1945* et *1945-2000*, par Claire Blanche-Benveniste et André Goosse, évoquent autant et plus ce que j'appelle ici les évolutions ressenties que les évolutions constatées. Mais elles sont très riches en données observées, et n'en rendent plus compte par des théories simples, comme pouvait le faire H. Frei en 1929, abandonnant prudemment une cohérence explicative qui recourait à des processus généraux. Il ne s'agit plus aujourd'hui d'expliquer les évolutions par des tendances tirées de la psychologie sociale, mais d'abord de bien décrire, en tenant compte du facteur lexical, qui module les règles – la « grammaire-lexique » illustrée avec brio par le regretté Maurice Gross –, avant de tenter des explications qui ne sauraient être que très complexes.

Sur la syntaxe verbale, abordée plus haut sur le plan morphologique, on assiste donc à un recul observable des formes du subjonctif passé. Même les puristes accordent qu'il est difficile de dire en 1927 (Philippe Martinon, *Comment on parle en français*) : « je ne croyais pas que vous fussiez venu » et plus encore : « je ne croyais pas que vous l'aimassiez ». Pourtant, note Claire Blanche-Benveniste, la grande grammaire de Damourette et Pichon (1911-1940) rapporte, au début du XXᵉ siècle, des exemples oraux (et « bourgeois ») du genre : « je voudrais que vous le démentissiez ». Ce qui montre que l'observation du discours individuel peut conduire à de fausses observations, s'agissant de syntaxe. Celle-ci ne peut être que collective. Et si la « concordance » respectée du subjonctif demeure présente dans la prose littéraire[23], il semble clair qu'elle n'est plus qu'une affectation ou une plaisanterie, à l'oral, après 1920-1930.

Mais des phénomènes tels que le remplacement de *il* impersonnel par *ce* (*il* est agréable de... devient *c*'est agréable) ou l'emploi de *pas mal de* pour « un bon nombre de... » sont moins nets. Il s'agit de phénomènes de concurrence, régis par les différents registres du discours, du « familier » au « prétentieux » avec une typologie imprécise, intuitive et incohérente, notamment dans les « marques » des dictionnaires. En outre, *pas mal de* relève du lexique.

Certains accords, depuis cette époque, sont, du moins à l'oral, transférés de la forme au sens. Violemment critiquée, la tournure : « *un* espèce d'*idiot* » fait de « espèce de » un adjectif antéposé et accorde l'article avec le substantif complément (« *une* espèce d'*idiote* »). Interprété comme une faute grossière de genre sur « espèce », cet usage très courant est corrigé à l'écrit. De même si le pronom *on* vaut pour un féminin pluriel, la plupart des francophones acceptera (« accepteront », dans ce cas, est fréquent : voir ci-dessous) : « alors, on est contentes ? » plutôt que « content ». Les hésitations sur l'accord au singulier ou au pluriel, avec un collectif, sont comparables. Si « la majorité » et « la minorité » entraînent normalement le singulier, « la plupart » ou « quatre-vingts pour cent sont satisfaits » semble plus normal que « est satisfait ».

La syntaxe de l'interrogation et celle de la négation évoluent plus vite après 1920 : la forme sans inversion – *tu viens ?* – envahit l'usage parlé en France, alors que *viens-tu ?* demeure usuel au Québec. *Tu viens quand ?* semblait plus incorrect (d'après les jugements exprimés) avant 1950 qu'après et, en 2000 et quelque, *t'es où ?* est devenu la parole magique au téléphone portable, qui donne à la localisation, de par son nomadisme, une importance majeure (je crois n'avoir jamais entendu, à Paris, *où es-tu ?* dans ce mode de communication). L'interrogation par *est-ce que ?*, de relâchée, est devenue très correcte.

Quant à la négation avec *ne*, elle devient une sorte de marque de l'usage écrit et de la correction élégante, disparaissant tant à l'oral spontané que dans la transcription littéraire de cet oral. Mais rien n'est simple, et le *ne* peut fort bien résister régionalement ou dans des usages individuels.

Cent observations de ce type peuvent être faites, dont se dégagent des tendances complémentaires, sinon contradictoires. Ainsi, la nominalisation qui progresse depuis la fin du XIXe siècle, aux dépens des verbes, n'empêche pas la multiplication des adjectifs, qui remplacent des compléments de noms, diminuant le rôle de ces derniers. « Défense d'entrer » remplace « Il est défendu » ou « On vous défend... » ; « Merci de me répondre », généralisé dans les entreprises, fait d'un nom un véritable impératif, tandis que des substantifs, employés comme épithètes[24], enrichissent la catégorie de l'adjectif. Cette tendance apparue vers 1830 ne cessa de se développer au XXe siècle, donnant des noms composés (*timbre-poste, cité-jardin*, 1919), puis des formations libres (*l'opération portes ouvertes*). En 1927, Philippe Martinon, trouvant étrange l'expression *un objet bon marché*, note avec étonnement que « *bon marché* est devenu une sorte d'adjectif composé » (cité par Claire Blanche-Benveniste, *op. cit.*). Depuis, le tour classique : « un objet à bon marché », a quasiment disparu.

Une autre avancée de l'adjectif, sous sa forme traditionnelle, est son emploi en lieu et place du complément de nom, typique du discours scientifique, technique, puis « du journal » (qui devient donc : « journalistique »). Ainsi, après mille autres créations d'adjectifs bien établis (« du climat » devient « climatique »), le sport crée *tennistique* et *footballistique*, montrant par là que la tendance à l'économie par l'abréviation n'est pas universelle. Ainsi, pour adopter une terminologie qu'affectionnait Robert Le Bidois, grammairien et remarquiste de talent, l'« adjectivite » répond à la « substantivite ».

Nouveautés du lexique

Bien que ce domaine soit lié de manière indissoluble aux autres aspects du langage, phonétique et « grammaire » (savamment, « morphosyntaxe »), on y voit s'effriter le rôle des règles internes. Le lexique, écrivait Leonard Bloomfield, est « l'irrégularité fondamentale » du langage. Cela, malgré les règles de la morphologie, qui y remettent un ordre partiel, relatif et formel – non sémantique (une *fourch-ette* n'est pas une « petite fourche »).

Et il est vrai que la production de mots nouveaux n'exploite que de manière très partielle les virtualités du système. Or, une règle appliquée capricieusement n'est pas une loi, au sens scientifique. Quant aux emprunts, qui passent d'une langue à l'autre, leur adoption ne peut relever que de facteurs socioculturels, externes à la langue, et commandés par l'histoire. On l'a vu pour les deux périodes antérieures, couvrant le XIXe siècle et le début du XXe, ainsi que pour ces années terriblement particulières : 1914-1918, où la spécificité des combats s'exprime, sans que s'interrompent les évolutions de l'expression sociale, dans tous les domaines.

Aucune rupture, sur ce plan, de l'avant à l'après-guerre, puis à 1940, ni ensuite.

Envisager l'évolution des mots d'une langue suppose une masse énorme d'observations. Avant l'époque des grands inventaires automatisés, on en était réduit à des données très partielles et intuitives : il s'agissait bien plutôt d'évolutions ressenties que constatées. On observait bien l'apparition de mots et d'expressions nouvelles à l'écrit – faute de pouvoir conserver l'oral autrement que par témoignage humain –, à peine l'évolution des significations et presque pas celle de l'impact social des mots.

Malgré la révolution informatique et la statistique, la situation n'a pas profondément changé aujourd'hui. Cependant, au tournant du XXe siècle, l'enregistrement de la parole et l'enquête sociolinguistique modifient la donne. Mais ils s'appliquent d'abord – on l'a vu – à l'inventaire des parlers en péril, tant en Belgique et en Suisse qu'en France.

Un genre de textes visant à décrire les vocabulaires existait pourtant depuis le XVIe siècle : le dictionnaire (voir plus loin). On pouvait donc comparer des listes à peu près homogènes et des descriptions sémantiques entre elles, par les « définitions » et les exemples, de manière à aborder l'évolution des ensembles de mots ainsi décrits. L'existence de dictionnaires généraux, usuels, suffisamment répandus dans la société et présentant des éditions régulièrement « révisées et augmentées », fournissait un matériel acceptable, sinon objectif, puisqu'il constituait une sélection selon de nombreux critères mal connus.

Cependant, le choix d'un dictionnaire d'usage évolutif donne une image raisonnable du lexique d'une langue. Raisonnable, mais partielle, idéologiquement marquée, et soumise à des options éditoriales. Ainsi, l'étude de Jean Dubois, Louis Guilbert, Henri Mitterand et Jacques Pignon sur *Le Mouvement général du vocabulaire français de 1905 à 1960 d'après un dictionnaire d'usage* (le Petit Larousse) a fourni de nombreux éléments sur la productivité des suffixes[25], la nature des ajouts et des suppressions (par domaines de connaissances, par registres d'usage, etc.). Dans cette démarche, l'objet d'étude réel est une succession de choix lexicographiques visant à satisfaire des besoins pédagogiques et éditoriaux, non les mouvements réels des vocabulaires français.

Mais ceux-ci ne pouvant être observés qu'à travers l'ensemble de toutes les productions de la langue française, tant orales qu'écrites, par des millions de locuteurs dans les situations de communication les plus variées, on voit mal comment représenter ce discours indéfini (sinon infini) de manière pertinente.

Une méthode, familière aux statisticiens, serait de réunir un échantillon représentatif de la totalité inobservable des paroles et des écrits. Faute d'y parvenir, on accumule des données disponibles : des textes dont on relève tous les « mots » (suites de caractères entre deux blancs) sur lesquels on pourra effectuer diverses opérations ; plus rarement, des ensembles d'enregistrements oraux, fournis, par exemple, en traitant des archives radiophoniques.

La première procédure, alimentée par le dépouillement intégral de près de 3 000 textes imprimés entre 1600 et 1960, en majorité considérés comme littéraires et repérables d'après les auteurs, les genres supposés et la date de publication, a été appliquée par le laboratoire du CNRS consacré au « Trésor de la langue française ». Il en a résulté un « corpus » de 160 millions d'occurrences, exploitable par la méthode statistique : son nom est *Frantext*. Cette méthode, après les travaux pionniers de Pierre Guiraud, a été développée sur l'objet spécifique qu'est l'« unité lexicale » par Charles Muller[26], et ce sont les principes qu'il expose qui ont donné lieu aux études d'Etienne Brunet sur *Le Vocabulaire français de 1789 à nos jours* (Genève-Paris ; Slatkine-Champion, 3 vol., 1981). La description statistique de ce corpus était disponible depuis 1971[27]. Les résultats des analyses patientes et fines d'Etienne Brunet confirment souvent des intuitions et ne vont pas à l'encontre des observations faites à partir de dictionnaires évolutifs. Ainsi de l'« inflation lexicale » observée plus correctement après la stabilisation de l'orthographe (en effet, avant le XIXe siècle, le grand nombre des variantes multipliait les formes faisant l'objet des calculs) ; cette inflation est importante, on l'a vu, au XIXe siècle ; elle s'accélère encore au XXe. De même, le statisticien observe la progression de certains suffixes : *-isme*, *-iste*, *-ique* ou *-tion*, un équilibre relatif pour *-age* (après une régression au XIXe siècle), un recul sensible pour *-eur*, *-eux* ou *-esse*. D'autres analyses portant sur les classes de verbes, et plus encore sur les mots grammaticaux, révèlent de grandes tendances de l'énoncé, de la syntaxe, et non plus du vocabulaire. Ces tendances sont surtout lisibles sur de longues périodes. Ainsi, Etienne Brunet présente un graphique des mots grammaticaux caractérisé, pour les XVIIe et XVIIIe siècles, par des relatifs, possessifs, démonstratifs, des particules de coordination et de subordination, c'est-à-dire « les personnes, les relations, la hiérarchisation dans la phrase comme dans la société » ; et pour les XIXe et XXe siècles, par des interjections, des prépositions, des interrogatifs, des neutres, des marques de lieu et de temps. Ces données suggèrent que « l'individu se disperse et la phrase se dilue dans les choses, dans le milieu, dans les circonstances, dans le temps, dans l'espace », ce qui correspond au recul de la fonction verbale et à la place accrue du nom substantif (E. Brunet, « L'évolution du lexique. Approche statistique », dans *Histoire de la langue française, 1914-1945, op. cit.*, p. 115-117).

On constate alors que l'apport d'un énorme corpus littéraire est plus représentatif de la gestion rhétorique de la langue – sur fond syntaxique, évidemment – dans ce type de discours. Quant aux données fréquentielles, elles sont indispensables pour la description des vocabulaires en fonction, alors que les études traditionnelles s'en tenaient à des évolutions formelles sur des « types » (le néologisme X), non sur leurs occurrences, qui permettent d'observer des fréquences d'emploi.

Ces méthodes sont souveraines lorsqu'il s'agit d'étudier l'utilisation du lexique par un auteur (littéraire ou non) ou dans une œuvre, un ensemble d'œuvres. Elles sont efficaces pour confirmer des intuitions et suggérer des évolutions d'ensemble, en syntaxe et en rhétorique. En un mot, elles portent sur des *discours* sélectionnés, non sur des usages ni, *a fortiori*, sur la langue. Car, quelle que soit l'importance d'un corpus, on n'accède à travers les éléments qu'il présente qu'à une actualisation particulière et partielle d'une langue, sans pouvoir en caractériser la variation en usages distincts. En outre, le caractère « littéraire » du corpus l'écarte de ce français « moyen, ordinaire, banal » qui est la cible du linguiste.

Et on en revient à cet autre « artefact » qu'est l'étude de la néologie appréhendée à travers les listes préétablies des glossaires, lexiques, dictionnaires, interprétées d'après l'intuition extra-linguistique, sociale, professionnelle, thématique ou affective.

Pour l'évolution du lexique français après 1945, on s'en remet donc encore aujourd'hui aux dictionnaires et à leur complémentation néologique dans une nuée de publications (petits dictionnaires thématiques, revues, telles la *Banque des mots*, description des usages familiers, spéciaux, relevés effectués au CNRS ou par la lexicographie...). Ainsi, Salah Mejri, dans une étude sur *La Néologie lexicale* (Tunis, 1995), utilise les mots datés d'après 1970 dans le *Grand Robert* pour en examiner la formation.

En effet, si les mots d'une langue sont perçus spontanément en tant qu'expression d'une réalité, processus, objet ou situation historiques, sociaux, c'est-à-dire en tant qu'ouverture du langage au monde (et à soi-même), ils peuvent aussi être envisagés comme les résultats de mécanismes productifs internes (dérivation suffixale, composition, préfixation, abréviation, « siglaison » par les initiales, etc. – voir ci-dessus ce qui est affecté à la morphologie) ou interlinguistiques, notamment par l'emprunt, phénomène qui évoque les influences de langues – et donc de civilisations – autres.

Sur ce plan, la période qui suit la guerre de 1914-1918 et va jusqu'à nous, aujourd'hui, n'est pas originale. Les locuteurs du français, moins contraints par la norme imposée, tendent à « compléter les séries de termes qui ont été légués par le passé en y ajoutant les vocables de fabrication nouvelle » (Aurélien Sauvageot[28]). Au XIXe siècle, cette attitude était jugée relâchée et fautive, et seuls des auteurs soucieux d'enrichir la langue pouvaient l'adopter, quitte à être critiqués et à ne pas être suivis. Au XXe siècle, la contrainte normative est plus souple et varie plus, semble-t-il, selon les milieux. On a souvent noté une créativité plus libre dans les usages du français en Afrique, ou bien dans certains milieux professionnels, que dans l'usage général considéré comme correct. On entre là dans le champ de la variété des usages.

En termes globaux, on constate banalement que les suffixes produisent plus de nouveautés que les préfixes, malgré la prolifération de composés en *anti-* ou en *super-*, de composés « savants », en *bio-* ou en *télé-* ; que les abréviations se multiplient dans le langage ordinaire, surtout à l'oral, en partie reflétées à l'écrit et intégrées aux dictionnaires[29].

Continuant le principe qui avait conduit des universitaires à observer les ajouts, suppressions et modifications du *Petit Larousse* de 1905 à 1960, les auteurs et éditeurs du *Petit Robert* ont utilisé la présence systématique, dans ce dictionnaire, de dates d'apparition connues (dans l'écrit) des formes lexicales, et l'indexation de ces dates dans le cédérom de ce dictionnaire pour établir des tranches chronologiques reflétant (toujours avec le filtrage lexicographique, qu'on a voulu plus équilibré et représentatif) l'évolution des vocabulaires[30]. Prise au hasard, la tranche 1981-1990 de la nomenclature du *Petit Robert* de A à G fournit des confirmations aux tendances déjà notées. Plus de nouvelles formes suffixées que préfixées. Parmi ces dernières[31], vingt occurrences du préfixe négatif *dé-* (exemples : *délégitimer, déprogrammation, déréglementer* et *-ation, dérégulation, désendettement, désinhiber*), sept de *anti-*, cinq de *auto-* (deux préfixes, en fait), mais ces chiffres n'ont pas de valeur représentative. Sont aussi présents de nouveaux composés en *audio-, archéo-, bio-, euro-, ex-, extra-* en s'arrêtant à la lettre G.

Du côté des suffixes, dominent *-isme* et *-iste*, les verbes en *-er* et *-iser* (et les noms en *-ation, -isation*), les adjectifs et noms en *-eur, -euse*, qui surclassent *-eux, -euse* (exemple : *footeux*), *-el, -elle, -ier, -ière, -ien, -ienne*. Les substantifs « déverbaux » reprennent sans suffixe le radical d'un verbe (*la déglingue*, sur *déglinguer*), procédé en expansion depuis le milieu du XXe siècle, après le succès de *la bouffe, la baise*, etc. Les sigles et abréviations nouveaux sont nombreux, souvent empruntés (exemples : ABS, ASCII, CD, CD-Rom – *cédérom* est préférable –, DAT, EAO). Phénomène social très ressenti, mais oublié des dictionnaires jusqu'en 1980 environ, les mots obtenus par le « verlan », dont il va être question plus loin (ici : *feuj*, précédé de peu [1978] par *keuf* et *keum*, et suivi [1984] par *teuf*, « fête »).

Ces procédés de formation dits « internes » ne le sont pas toujours, puisque les unités nouvelles, notamment quand le suffixe est commun à l'anglais et au français (*-age*) et dans les sigles, sont souvent des emprunts.

L'emprunt est un phénomène essentiel dans le développement de tout lexique, mots, sens et expressions : il peut être visible ou caché (le calque, traduction mot à mot). Là aussi, les statistiques comme l'observation des dictionnaires et des lexiques confirment l'intuition. L'anglais – surtout l'anglais étatsunien depuis le milieu du XXe siècle – fournit les gros bataillons ; viennent ensuite, continuant une tradition séculaire, l'italien, devant l'allemand et l'espagnol ; apparaissent des emprunts mieux diffusés à des langues asiatiques, en premier lieu le japonais. Mais le nombre des mots nouveaux entrés dans le dictionnaire général n'est pas très représentatif : les italianismes concernent des domaines spéciaux, les japonismes aussi ; seuls les américanismes peuvent être à la fois courants (*brushing, camping-car, charter, chips, cutter, design* et *designer, fax* et *faxer, e-mail, gay*..., dans l'échantillon A-G de la seconde moitié du XXe siècle). Ils sont souvent inconscients (*biodégradable, automation, coloriser, cortisone, décoder, ergonomie*...). On reviendra sur la question très sensible de l'anglicisme, « évolution ressentie ». Tous ces mots apparaissent après 1950 ; d'autres, plus anciens, sont encore plus usuels. En outre, aux emprunts clairement faits à la langue anglaise, s'ajoutent tous ceux qui affectent une forme non anglaise, mais ont été diffusés aux Etats-Unis (dans la suite de l'alphabet, on trouve *macho, marina*). Ces « anglicismes » – le terme englobant les américanismes – couvrent de nombreux domaines, de la vie quotidienne à la science, à la technique en passant par les activités musicales et corporelles (*dance*, *hip-hop*...) des « jeunes générations » qui, bien sûr, cesseront d'être jeunes sans cesser de parler. En revanche, dans l'optique de la désignation, certains domaines se sont ouverts considérablement à l'internationalisation : la cuisine, la musique empruntent à l'italien, à l'espagnol, mais aussi à l'arabe (*raï, falafel, taboulé*), au japonais (*sushi, sashimi*...). On est là sur le terrain incertain du « xénisme », mot pris à une autre langue dans un discours tenu en français, d'abord par souci d'exotisme. Le passage au statut d'« emprunt ressenti », connu d'une proportion variable de francophones, puis à celui d'« emprunt intégré », dont le caractère originel est oublié, est sociologiquement très complexe, et doit s'évaluer en fonction de l'usage du type de français concerné, usage territorial, social, professionnel, etc. Quant aux implications sémantiques et, plus largement, sémiotiques, du processus, on pourra en saisir les mécanismes par le texte, centré sur les anglicismes en français, de Josette Rey-Debove dans le chapitre 3 de sa *Linguistique du signe* (Paris, Armand Colin, 1998). Elle y décrit le cheminement sémiotique allant du corps étranger au mot usuel, ou « comment l'inacceptable est accepté »[32].

L'acceptation des néologismes, en général, en français comme en toute langue, est une affaire psychosociale, et relève des évolutions ressenties.

Les remarques qui précèdent portant souvent sur le français écrit, et les procédures pour l'observer demeurant liées à l'écrit imprimé, souvent littéraire, on constate que, contrairement à une illusion assez répandue, cette langue écrite évolue, réagit aux situations socioculturelles, et n'est donc pas en passe de devenir une langue « morte ».

Constatant à juste raison l'écart qui se creuse entre la langue écrite et la langue parlée, Joseph Vendryes, dans sa synthèse sur *Le Langage*, estimait en 1921 que : « Nous écri[vions] une langue morte [...]. On peut prévoir qu'il en sera [du] français littéraire comme du latin. Il se conservera à l'état de langue morte, avec ses règles et son vocabulaire fixés une fois pour toutes[33]. » La prévision tenait surtout compte de l'immobilisation réelle de l'orthographe et des prétentions du purisme à sanctionner toute évolution ; elle négligeait les forces sociales profondes, le torrent de l'Histoire et la créativité, notamment littéraire, avec son impact social.

Ce qui conduit à envisager, dans le mouvement des langues, des usages et des pratiques de discours, le « ressenti » et le « vécu » autant et plus que les phénomènes observés – qui relèvent toujours du « discours », la nature de la « langue » (même dans un usage spécifié) étant une construction de l'esprit.

Les évolutions ressenties

Dans l'optique de cet ouvrage, les changements qui interviennent dans les usages du français, tels que des témoins neutres – spécialistes étiquetés ou non – peuvent les appréhender, ne sont pas plus importants que les réactions et les attitudes suscitées par l'emploi effectif de la langue, confronté à l'idée qu'on en a.

Sur ce plan, les vraies nouveautés du XXe siècle sont que l'on prend conscience des deux plans distincts, indépendamment des jugements sociaux, que constituent les usages oraux et l'écrit, et qu'on a les moyens d'un savoir plus « scientifique » à leur propos. Quant aux jugements qui attribuent des classes d'usages à des classes de locuteurs et de locutrices, ils sont anciens, mais s'organisent à l'époque où l'on parle d'« argot » ou de « langue verte » (au XIXe siècle, voir ci-dessus, puis au XXe), puis de « français populaire », et en usant d'autres qualificatifs, d'usages considérés comme une part de la langue distincte de son image globale traditionnelle, écrite, observée, surveillée, enseignée, mieux décrite et, en apparence, plus stable, jusqu'à être ressentie comme un idiome moribond, sinon mort (voir, ci-dessus, la position de Joseph Vendryes).

Du point de vue de la linguistique descriptive, il s'agit de caractériser un ensemble d'usages ; du point de vue du ressenti, de juger en réunissant plus ou moins arbitrairement un ensemble de discours, surtout écrits, souvent littéraires, et en y sélectionnant ce qu'on approuve et ce qu'on désapprouve.

Par rapport à l'attitude dite « scientifique », celle des linguistes, qui apparaît au XIXe siècle et reste socialement discrète au XXe – elle est impérieuse universitairement –, la perspective du jugement, de l'estimation intuitive, bénéficie d'une audience beaucoup plus large, formée de tous ceux qui cherchent des solutions simples à leurs perplexités – à la différence des ancêtres en purisme, adorateurs de Vaugelas, qui se perdaient dans les subtilités. Les nouveaux censeurs, depuis le milieu du XIXe siècle, justifient leurs jugements tranchés par le sentiment d'un danger pressant. André Thérive donne à l'un de ses livres ce titre : *Le Français, langue morte ?* (1923), et ce n'est pas pour promouvoir un nouveau français. Il aura de nombreux émules, dans cette chronique d'une mort annoncée, et jusqu'au XXIe siècle. La cause de cette situation tragique ? C'est le « massacre de la langue française », contre lequel se dresse André Moufflet (1930)[34]. Le remède : une action « impérative » : *Ne dites pas... mais dites, Ecrivez... n'écrivez pas*, ce qu'adjure Etienne Le Gal (en 1928), alors que A. Fontaine, en 1922, priait *Pour qu'on sache le français*, avant que Maurice Rat ne demande tout simplement : *Parlez français* (1940), impliquant que ce qu'il condamne n'est tout simplement pas dans la langue. Ce genre de censeurs normatifs est largement représenté en tous temps, mais particulièrement entre 1920 et 1970.

Cette tendance prescriptive et critique a des cibles variées : le discours relâché du « peuple », la « prétention » et les « fausses élégances » des bourgeois – pour ne pas dire des nouveaux riches –, les jargons des scientifiques et des techniciens, la « langue » (en fait, une rhétorique) emberlificotée de l'administration, les « vulgarismes » de la presse et de la publicité. Elle mêle oral et écrit, langue et registres, usages et styles, lois profondes et règles arbitraires ; elle ne sait pas distinguer la variation, confond les écarts individuels et les tendances collectives.

En tout cela, les puristes héritent des attitudes intuitives d'un Remy de Gourmont, au nom de valeurs esthétiques, et des valeurs plus traditionnelles d'un Abel Hermant (Lancelot), sans en avoir le talent. Ils trouvent une forte opposition du côté des observateurs à la recherche d'une rationalité dans le désordre des discours : la tribu des « linguistes » et grammairiens authentiques commence à donner de la voix. Ces voix, s'agissant du français, ne sont pas seulement françaises ; souvent suisses, du côté de chez Ferdinand de Saussure : Charles Bally, Henri Frei, A. François, mais aussi allemandes (Adolf Tobler, Karl Vossler, Eugen Lerch, Leo Spitzer, et là aussi des Suisses : Karl Jaberg, Jakob Jud, tenants des « mots et des choses »), ou bien danoises (Kristian Sandfeld, Andreas Blinkenberg), suédoises, néerlandaises. Ces savants étudient le français dans tous ses états ; d'autres, on l'a vu, se sont attaqués aux dialectes gallo-romans, en Suisse (Jules Gilliéron) et en Belgique avant la France. Deux linguistes-psychologues, Jacques Damourette et Edouard Pichon, s'attaquent en 1911 à ce qui va devenir la plus vaste grammaire du français réel et (alors) vivant, ouvrage de diffusion confidentielle de par ses dimensions immodérées et sa terminologie rationnelle, mais imperméable au profane.

Plus gênants pour les puristes, le savoir du grand historien de la langue française, Ferdinand Brunot, ou bien la description par Henri Bauche – que les linguistes de l'université s'empressent de qualifier de travail d'amateur – d'une forme du français baptisé « langage populaire », et qui est de l'usage parlé spontané, non bourgeois, caractérisé par un lieu, Paris et sa région.

Le travail d'Henri Bauche fournit un matériel précieux, bien observé – comparable à ceux qu'ont fournis Albert Dauzat et Gaston Esnault pour la parole des poilus –, aux théoriciens, et notamment à Henri Frei, disciple de Charles Bally, qui lance en 1929 le pavé de sa *Grammaire des fautes* dans la mare du purisme et de l'académisme[35]. Outre Bauche, Frei s'appuyait sur *Le Langage et la vie* de Charles Bally (1926), *La Pensée et la langue* de Ferdinand Brunot (1922), sur la *Grammaire historique de la langue française* du Danois Kristoffer Nyrop, sur le linguiste allemand Anton Marty, sur Jules Gilliéron, tous linguistes privilégiant la causalité psychologique dans les évolutions langagières.

Il en dégageait, pour le français spontané du XXe siècle, une série de besoins fondamentaux : celui d'« assimilation » poussant à l'analogie et au conformisme, compensé par un besoin de « différenciation » pour redonner au langage une clarté perdue par la norme figée. Sur le terrain de l'« économie », deux besoins encore, celui de la « brièveté » (conduisant au figement, à l'ellipse...) et celui d'« invariabilité », agissant sur la sémantique et la syntaxe. Enfin, un besoin d'« expressivité » justifiait le recours à de nouvelles figures de sens, à des procédés syntaxiques et à des emprunts.

Cette construction fut évidemment critiquée, mais ce qui importait, c'était l'affirmation d'un regard fonctionnel d'observation des pratiques langagières réelles à un moment donné de la langue. Cela en opposition à une linguistique historique (en termes saussuriens, que Frei évite, une linguistique « synchronique » et non pas diachronique). Surtout, cette linguistique fonctionnelle du français opposait les deux valeurs du concept de « norme » – « règle imposée » et « situation majoritaire » – et de celui de « loi » – qu'il prend au sens scientifique, opposé à celui de « règle sociale arbitraire ». Il faisait ainsi passer la « faute » du manquement à la norme sociale au défaut par rapport à une fonction, clarté, économie, expressivité. « Dans un grand nombre de cas, la faute, qui a passé jusqu'à présent pour un phénomène quasi pathologique, sert à prévenir ou à réparer les déficits du langage correct » (p. 19). Ce qui conduit Henri Frei à envisager deux grands types d'usage, le français écrit et l'oral, ou encore le français « littéraire » (adjectif assez mal choisi) distinct d'un français « avancé ».

La description de Frei reposait sur une idée familière à la grande tradition linguistique allemande, celle d'une finalité empirique incarnée par des besoins psychologiques collectifs. A travers Anton Marty, c'est l'« énergie » de Wilhelm von Humboldt qui anime cette subversion de la grammaire, justifiée aussi par le psychologisme bergsonien. Bergson expliquait qu'il existe des « signes adhérents », de nature instinctive, et des « signes mobiles », qui sont ceux du langage humain, et tendent « à se transporter d'un objet à un autre » (*L'Evolution créatrice*, p. 171-172). Ce qui rend compte de l'incessant mouvement sémantique inséparable de la notion même de langue (pas seulement de lexique), et donc de ce que la règle figée considère comme « faute ».

A la différence des célébrants du « français populaire », tel Henri Bauche, qui éliminent cette notion de « faute » pour décrire un autre type d'usage du français, Henri Frei retourne cette notion et en fait le moteur d'une finalité réparatrice pour remédier aux dysfonctions du français écrit fixé par la norme.

Retournement insupportable, pour les amoureux traditionalistes du « beau langage », qui virent chez le linguiste suisse les effets pervers des théories germaniques, ne pouvant être que fumeuses, abstraites et dénuées de bon goût. L'intrusion du nationalisme culturel le plus affectif dans l'appréhension du réel est à l'origine de mythes et de blocages scientifiques.

Frei eut peu d'influence sur l'opinion, conduite par le désir et le besoin social de se conformer au modèle d'« en haut ». La tendance dominante est alors de prescrire et de proscrire, par crainte panique d'une crise majeure. « L'évolution rapide est le propre des langues barbares et malades [...]. En matière de langage, il faut être réactionnaire », écrivait en 1930 André Moufflet (*Contre le massacre de la langue française*, p. 203, cité par Claire Blanche-Benveniste).

Dans cette nouvelle querelle des anciens et des modernes, les premiers, inlassablement, dénoncent des « fautes » que les locuteurs ne cessent de faire. Il ne faut pas dire *s'en rappeler*, mais *se rappeler quelque chose* et *s'en souvenir*, ni *partir à*, mais *partir pour*, ni *malgré que...*, bien qu'on le trouve chez Anatole France (par exemple), ni *avoir très faim* ou *monter en bicyclette*, etc. On ne sait plus, disent-ils, manier les subjonctifs, ni les relatifs. Le fameux *dont* faisait couler des flots d'encre et de bile (*l'homme que j'ai vu* entraîne *l'homme que j'ai peur*, plus tard et par réaction ironique à la norme, *l'homme que j'ai peur de*), tandis que l'on entend *l'homme dont sa mère est malade*.

Eu égard à l'immense quantité de faits syntaxiques et lexicaux brassés par une langue, la liste des irritations puristes n'est pas très longue. Celle de leurs effets sur l'usage réel est plus brève encore. Si des emplois prétendus « populaires », comme *le copain à Jean, aller au coiffeur, je l'ai vu sur le journal, en vélo* (il faudrait dire *à*), ont peut-être reculé ou sont marqués comme décidément incorrects, c'est plus à des jugements sociaux de la classe dominante et à la dérision qu'on le doit qu'aux puristes et à leurs relais, grammaires et dictionnaires. D'ailleurs, les usages réels sont aussi variés pour ces constructions critiquées que pour les autres. Ma grand-mère, occitane, mais purement francophone, apprenant vers 1950 que j'allais à Rome, me dit : « Tu iras au pape, petit ? » Mes parents trouvèrent cela charmant, mais je n'allai – pardon, je ne fus – ni « au pape », ni « voir le pape », faute d'avoir « sollicité une audience », mots que mon excellente et intelligente grand-mère ne pratiquait pas.

Les jugements négatifs, surtout avant 1940, redeviennent donc sociaux, mettant en cause la vulgarité du petit bourgeois ou la paresse du jeune homme bien mis qui dit avec l'accent traînant imité du « Parigot » : « Tu t'rends compte ? » On trouve ce genre de remarques chez les chroniqueurs élégants du beau langage, par ailleurs écrivains reconnus, tels Abel Hermant ou André Thérive.

Quand on ne dénonce pas la vulgarité, c'est la prétention, plus encore que l'ignorance. Ce qui dévoile une démarche permanente de purisme social, vivace au moins depuis Vaugelas et ses épigones. On ne vise ni la langue, fictivement définie comme correcte et immobile, ni même un usage, mais un discours personnel, et, à travers lui, la personne qui parle ou écrit. Ainsi, les purs puristes, tel René Georgin, adoraient, à l'instar des Académiciens s'acharnant contre Corneille et *Le Cid*, s'en prendre aux grands écrivains. O jalousie, que de crimes... Démarche d'ailleurs étrange dans la mesure où elle manifeste qu'on ne juge en aucune manière la langue française, alors même qu'on la dit en crise, malade, massacrée, moribonde ou déjà morte, hypothèse qui écarte l'idée même d'un purisme thérapeutique.

Cette attitude puriste, florissante dans la première moitié du siècle, semble en recul après 1950. Les positions moyennes, à l'instar du *Bon Usage* du Belge Maurice Grevisse (1re édition, 1936), et en général celles des linguistes soucieux d'établir une norme pour un usage national (en Belgique, en Suisse, plus tard au Québec), l'emportent sur les censeurs. Un reflet médiatique (il concerne la presse écrite) de cette évolution est celui que donnent les chroniques de langage, qui passent du purisme sourcilleux d'un Abel Hermant à une observation, certes normative, mais plus fine et plus tolérante, du grammairien Robert Le Bidois (*Le Monde*), et à la perspective sociologique, souvent antipuriste, d'un Jacques Cellard, dans le même journal. Un précurseur de cette tendance fut le grand linguiste Marcel Cohen, dans le journal communiste *L'Humanité*. De son côté, Charles Bruneau chroniquait dans *Combat*, puis dans *Le Figaro littéraire*, « au nom de la science – la linguistique – qui se dresse en face de l'usage [...] tyran sourd et aveugle » (*Combat*, 25 avril 1949). Cette évolution mène des années 1920-1930 aux années 1990, époque où l'on voit disparaître, en France, les chroniques de bon usage.

On peut voir dans cette évolution, avec André Goosse[36], un effet du changement de nature des titulaires : écrivains ou pédagogues sans formation linguistique avant la guerre de 1940, puis linguistes ou grammairiens confirmés. Le passage de la critique puriste – qui suppose une certaine ignorance des faits d'observation, mise au service d'une pugnacité vivace – à l'observation modérée semble s'être effectué en Belgique avant la France, avec Maurice Grevisse, Joseph Hanse, Albert Doppagne et d'autres.

Il est juste de noter que la situation linguistique de la Belgique, avec le contact périlleux de deux langues et l'insécurité linguistique des deux côtés (par rapport à la norme hollandaise pour les Flamands, à la norme parisienne pour les Wallons), avait engendré pour le français une forme de purisme différente de celle de la France : dirigée contre les « belgicismes » avec plus de tolérance quant à la variété, à condition de ne pas mettre en danger une norme pas encore figée. La situation analogue du Canada français, et notamment du Québec, produit aussi un purisme différent de l'archaïsme conservateur qui domina en France jusqu'au troisième tiers du XXe siècle.

Informé par les reflets innombrables de réalités confuses, celles de l'expression et de la communication dans des sociétés en profond remaniement, le ressenti des langues et de leur usage ne peut être sérieusement appréhendé.

Tout juste évoqué, dans ses thèmes les plus forts, de nature affective. Les populations francophones unilingues sans contact vivant avec d'autres langues – une majorité de Français, encore, mais peu de Belges, de Suisses, de Québécois – ne peuvent avoir du langage qu'elles pratiquent la même image que celles qui vivent au contact de l'anglais (au Canada), du flamand ou des dialectes alémaniques. Les contacts créés par l'école (enseignement des langues « étrangères ») et par les flux médiatiques (la chanson anglophone, et aussi lusophone de la bossa nova) sont d'une autre nature, plus superficielle sauf, pour l'école, quand il y a « bain » ou « voyage linguistique ».

Encore s'agit-il des usagers du français langue maternelle. Mais celle-ci est de plus en plus souvent autre : immigrés récents en Europe et au Canada francophones ; expérience bilingue créole-français (analogue à celle des locuteurs créolophones d'anglais, d'espagnol...) ; expérience du français langue dominante de communication internationale (la langue maternelle étant l'arabe dialectal maghrébin, un parler berbère, une langue africaine, océanique ou asiatique).

Autant de pratiques langagières, autant d'images des langues, avec des jugements de valeur positifs ou négatifs. Drame lorsque la langue maternelle, intime, profonde, est vécue comme inférieure et dévalorisante par rapport à l'idiome dominant. Ce fut longtemps le cas du français (de leur français) pour les Québécois face à l'anglais, pour les néerlandophones de Belgique face au français. Ce peut l'être encore pour les immigrés, avec un jeu pervers entre générations : un usage du français (ou de l'anglais, de l'allemand) approprié, plus intime, mieux maîtrisé par rapport à celui des parents et grands-parents, souvent accompagné d'une perte relative de leur langue d'origine. Le cas des Français d'origine maghrébine ne maîtrisant plus l'arabe régional ou le berbère d'Algérie, lorsqu'ils visitent le pays familial et affectif, est dramatique.

On imagine sans peine qu'à chaque situation correspondent un vécu et un ressenti différents du français et des langues qui l'accompagnent. Ces situations sont le plus souvent inconfortables, et la réappropriation des idiomes passe souvent par une modification de leur usage. L'existence d'un « français des cités », sous la bannière symbolique du verlan, est due à de telles situations, bien différentes de celles qui, par le passé, ont créé ce qu'on appelle obstinément l'« argot », réalité disparue ; on va y revenir.

Car le ressenti, le vécu du langage, largement symbolique et affectif, s'alimente aussi bien de réalités disparues que de processus actifs. Deux grands thèmes le travaillent encore, s'agissant du français de France et, beaucoup moins, de celui de Belgique et de Suisse. Ils semblent étrangers au reste de la francophonie. Ce sont l'*argot* et, parfois indistinct, le *langage des cités*. Thèmes d'angoisse ou, au moins, d'inquiétude. Plus dramatisé encore, un troisième thème est celui de l'*anglicisme*, qui symbolise la crainte justifiée d'une américanisation générale : ce dernier thème est vécu avec plus de force et de réalisme par les francophones du Canada que par ceux d'Europe.

L'argot, des réalités plurielles au mythe singulier[37]

L'argot, phénomène qui semble universel, porte des noms divers dont aucun ne coïncide avec les autres. Quand on prononce ou on écrit le mot en français, il éclate en cent images.

Pour commencer, cette façon de parler – il ne sera écrit que plus tard – qui procède par mots inconnus de ceux qui ne sont pas dans le secret, mais se sert de la phrase de tout le monde, dans sa version orale et spontanée, s'est appelée d'un terme qui désignait un son modulé, un faux langage. Ce fut donc, après quelques exemples isolés à partir du XIIIe siècle[38], au milieu du XVe siècle, le « jargon » – sans doute de *garg-*, le son de gorge que traduit aussi *gergo*, en italien – ou encore le « jobelin », mot obscur, peut-être ironique, le *job* étant un niais, un « cave » (d'où *jobard* et le *jobastre* de Marseille). Nous n'avons de sources écrites pour les jargons français qu'à partir du procès des Coquillards, ces bandes de malfaiteurs qui portaient pour se protéger la coquille des pèlerins de Compostelle. D'après un témoignage d'époque, en 1455 à Dijon, ces jargonneurs étaient spécialisés : crocheteurs de serrures, « vendangeurs » de bourses, faussaires, tricheurs, « fourbes » qui vendaient des marchandises fictives ou volées. On ne connaît qu'une cinquantaine de mots des Coquillards ; certains se retrouvent dans les ballades en jargon de François Villon.

La date de naissance de l'« argot » français est le petit livre du Tourangeau Olivier Chéreau, en 1628, qui glose 216 mots[39]. C'est le « jargon de l'argot réformé » – c'est-à-dire d'une nouvelle confrérie de malfaiteurs appartenant au mythique « royaume d'argot ». A partir de cette époque, l'idée d'un langage propre à des malfaiteurs organisés, à des bandes (on dira *gangs*) s'installe. Elle n'est pas fictive. Le célèbre bandit Cartouche, né en 1693, roué en Grève en 1721, semble avoir fourni à deux auteurs, Marc-Antoine Legrand (*Cartouche ou les voleurs*, pièce, 1721) et Nicolas Ragot, dit Granval (*Le Vice puni, ou Cartouche*, poème, 1725), un certain nombre de mots qui font couleur locale. Déjà, le *trimard* est « le chemin », *jaspiner*, « parler », les *crocs*, « les dents », le *daron* et la *daronne*, « les parents » et « les maîtres, les patrons », la *toquante*, « la montre ». A la différence des mots des

Coquillards et de Villon, ces innovations vont se maintenir – d'autres disparaître, beaucoup changer de sens – et leur existence est, par ces écrits, connue des gens honnêtes. Dès lors, au XVIIIe siècle et surtout après un procès retentissant qui se tint à Orgères (Eure-et-Loir) en 1800, l'« argot », identifié correctement à un vocabulaire secret, peut acquérir une image dans la société française.

Les mots secrets des « Chauffeurs » d'Orgères – ils brûlaient les pieds et les jambes de leurs victimes pour obtenir l'aveu d'un magot – ne sont d'ailleurs plus des secrets. *L'Histoire des bandits d'Orgères*, publiée par P. Leclair en 1800, contient des mots déjà attestés, et dont la circulation n'était plus de la nature du code secret, puisqu'ils nous sont connus. Leur formation n'est pas mystérieuse : métaphores comiques (la *montante*, « culotte », une *roulotte*, « charrue »), métonymies (*chibre*, « pénis » dès 1628, devient, à Orgères, « couilles »), dérivations, resuffixations en calembours (*cul*[otte] donne la *culbute*), emprunts à d'autres langues (occitan, espagnol, rom)...

Peu après, avec François-Eugène Vidocq, ancien bagnard devenu chef de police, personnage fascinant, l'argot va pouvoir entrer en littérature. Ses *Mémoires*, datés de 1828[40], et le texte intitulé *Les Voleurs* (1837) inspirèrent Balzac (le personnage de Vautrin, dans plusieurs romans, dont *Splendeurs et Misères des courtisanes*) et Hugo (*Le Dernier Jour d'un condamné*, *Les Misérables*[41]).

Deux phénomènes nouveaux se produisent, au milieu du XIXe siècle, concernant l'argot : son entrée dans la littérature « haute » (Balzac, Hugo) et plus « populaire » (Paul Féval, Eugène Sue)[42] ; son apparition comme objet d'études, historique, linguistique et littéraire. Après les *Etudes sur l'argot et sur les idiomes analogues parlés en Europe et en Asie*, par le philologue Francisque Michel (1856), l'argot devient une sorte d'emblème des langages secrets.

Mais en même temps, l'idée même que transmet le terme « argot » se brouille. On parle d'argot pour tout usage lexical d'une communauté particulière : rapidement, il y a des « argots » pour chaque catégorie professionnelle, chaque communauté, école – surtout les « grandes écoles » –, armées, professions, séminaires religieux... Désormais, il y a deux « argots » : celui que tout usage du français croit connaître, celui du milieu, dénommé « langue verte » ou « argot du milieu ». L'argot, absolument. Celui des *Misérables* et des *Mystères de Paris*, celui des bagnes et des prisons. Et puis, « les argots », qui sont des usages spéciaux, des jargons professionnels. De la communauté fermée, l'argot passe à l'objet très imprécis qu'est le vocabulaire particulier à n'importe quel groupe parlant français.

Malgré de nombreuses études spécifiques, sur l'argot de Polytechnique ou de Saint-Cyr, celui des typographes (E. Boutmy), etc., ces « argots » n'acquièrent pas une image sociale forte. C'est l'« argot » des « classes dangereuses », confondu significativement aux « basses classes », qui constitue, dans la tête des francophones, le vrai « argot ».

D'où une confusion fréquente entre l'usage spontané oral des grandes villes – en premier lieu celui de Paris, dégagé et étudié à partir du tournant du XXe siècle – et l'« argot ». Confusion entretenue par le passage constant, à partir du moment où l'usage des malfaiteurs est diffusé (vers le milieu du XIXe siècle), de mots, de sens et d'expressions qui entrent dans l'usage courant.

Henri Bauche, le premier descripteur systématique du « français tel qu'on le parle dans le peuple de Paris[43] », écrit en 1928 : « il ne faut pas confondre le *langage populaire* avec l'*argot* », qu'il caractérise comme « une langue artificielle », « soi-disant employé[e] par les malfaiteurs de Paris ». Puis il précise qu'il y a « des » argots, de métiers, de corporations, de milieux et même de familles, et donne, pour exemples de ces argots, celui des élèves des lycées, de l'armée « avant la guerre de 1914-1918 [...] fondu dans le langage général de la nation »[44]. La marine, le théâtre, les ouvriers « dans chaque corps de métier », les bouchers – on y reviendra –, les gens d'Eglise ont chacun leur argot. L'idée d'« argot », dans cette perspective, se confond avec celle de « langage (en fait, de vocabulaire) de spécialité », non pour un domaine de savoir et d'activités – le « langage » de la chimie n'a jamais été considéré comme un argot –, mais pour un ensemble de personnes formant groupe.

Cependant, poursuit Henri Bauche, « l'argot des malfaiteurs, l'argot des prisons entre pour une part importante dans la formation du langage populaire ». Et il inclut dans le dictionnaire qui complète son étude les « termes d'argot USUEL », à l'exclusion des autres. Sans noter que si un mot, un sens, une expression sont « usuels », qu'ils soient populaires ou non, ils cessent par là même d'être de l'argot.

Ainsi, en dévoilant ces deux ambiguïtés – entre l'argot et les argots ; entre l'argot et le « langage populaire » –, il les entretient.

A cette époque, les recueils énumérant des mots présentés sous l'étiquette « argot » ou « langue verte » sont déjà nombreux. On hésite d'abord à parler d'« argot » : ce sont *Les Excentricités du langage* de Lorédan Larchey, témoin curieux de la vie secrète de Paris (Paris, E. Dentu, 1862), ou le *Dictionnaire de la langue verte* d'Alfred Delvau. Puis viennent le *Dictionnaire historique de l'argot* de Lorédan

Larchey (1878, suivi d'un *Nouveau supplément* en 1889), le recueil signé par Bruant, en 1901, *L'Argot au XXe siècle. Dictionnaire français-argot*[45]. Le *Dictionnaire français-argot et argot-français* de Georges Delesalle, en 1896, préfacé par Jean Richepin, avait déjà employé cette formule trompeuse et habilement valorisante – pour ne pas dire « publicitaire » – consistant à établir une équivalence entre ce vocabulaire marginal et la langue où il se manifestait, le français. Ce qui confère à l'argot un statut mythique qui le fera percevoir et ressentir fortement, après une littérature très vivante où se mêlent langue spontanée orale des villes et usages spéciaux du « milieu » avec d'autres vocabulaires marginaux et parfois, des procédés formels portant sur les mots usuels. L'amalgame n'a plus aucun objectif de secret ni de reconnaissance, mais celui d'assumer une forme de parler marginale, hors institutions[46].

Pourtant, les spécialistes sérieux de l'« argot », qui, après Francisque Michel, sont Lazare Sainéan, Albert Dauzat, Gaston Esnault, Alfredo Niceforo, puis, plus près de nous, Pierre Guiraud, Louis-Jean Calvet, Albert Doillon, Denise François, Jean-Paul Colin – pour s'en tenir aux linguistes –, ont, dès la première moitié du XXe siècle et jusqu'à nos jours, dénoncé les confusions entretenues dans l'opinion par les éditeurs et les amateurs plus ou moins informés. Ces derniers, d'ailleurs, renvoient à leurs paperasses universitaires les chercheurs, estimant que seule l'expérience et le contact direct valent, et oubliant que les réalités observées sont alors confuses et mêlées, et toujours trop particulières.

Pour Lazare Sainéan[47], c'est déjà au milieu du XIXe siècle que l'argot, jusqu'alors absolument détaché du « bas langage », est venu grossir le « vulgaire parisien » en se mêlant à lui. Pour Gaston Esnault, ce sont tous les « argots » spéciaux qu'il faut décrire. Pierre Guiraud considère que le « codage » des formes ou la dissimulation du sens avaient en effet une fonction de secret (« cryptique ») jusqu'à Vidocq, mais que, se multipliant et se divulguant ensuite, ces procédés sont devenus surtout des jeux de langage. Le raisonnement s'appliquera bien au « verlan ».

De l'argot à l'argotologie

Après 1920, ce que l'on continue à nommer « argot », usage qui correspond à une réalité sociale en rétraction – celle que le docteur Lacassagne, médecin des prisons lyonnaises, met en dictionnaire en

1948 et qui décrit le jargon effectif des casseurs et des prostituées de l'époque –, va s'identifier à un répertoire littéraire, diffusé par le roman, le cinéma, la chanson, et qui se mêle à la perception d'une diversité pittoresque de la parole des villes et des faubourgs. C'est lorsque les malfaiteurs de tout genre se mettent à parler « comme tout le monde », passant au français spontané oral au milieu du XXe siècle, que le roman policier se met à l'argot. Grâce à Jacques Prévert, qui en eut l'idée, et à Marcel Duhamel, qui la réalisa, la fameuse « Série noire » apparut en 1945. L'originalité linguistique fut, avant de publier des textes d'argotiers français évoquant le monde de la grande délinquance (comme le fameux *Touchez pas au grisbi* d'Albert Simonin, 1953), de se servir de ce vocabulaire fortement marqué pour traduire les romans noirs venus des Etats-Unis, écrits en général dans un anglais plus conventionnel avec des éléments d'un *slang* observé ou inventé[48]. Cela souligne le caractère ludique et stylistique de l'« argot » français, encore vivant, tel qu'il fut employé avec grand talent par un Francis Carco (exemple notoire : *Jésus la Caille*, 1914) et qu'il était attribué au banditisme milieu de siècle, après avoir été la marque des milieux de la prostitution et du vol par effraction. Peinture d'un milieu (« le milieu ») et de son langage, illustrée par les malfaiteurs d'Albert Simonin, d'Auguste Le Breton ou José Giovanni. Ici, l'argot est, comme le disait Pierre Guiraud, un « signum » social, quasi professionnel.

Ceci manifeste le caractère d'outil stylistique, et non plus de reflet d'une réalité sociale, de l'argot, quand il s'agissait de traduire en produisant un certain effet sur le lecteur. Les procédés de marquage pittoresque et de condensation des marques – comme dans le rêve vu par Freud – se retrouvent dans l'argot spontané des auteurs de polars écrivant en français, depuis l'époque Simonin-Le Breton jusqu'aux romanciers plus récents, Jean-Patrick Manchette, Jean-Claude Izzo, dont le vocabulaire est de moins en moins « argotique », de plus en plus « oral spontané », jusqu'à Fred Vargas, dont les textes, à la manière de la « grande littérature », évoquent divers usages, sans du tout privilégier feu l'« argot ».

Quant à l'utilisation de mots ou d'expressions argotiques dans une langue orale spontanée, transmis par les œuvres narratives littéraires, c'est une tout autre affaire. L'époque ayant changé, et les manières de parler français avec elle, ce n'est plus le langage secret des bagnes et des bouges, des « surineurs » (Eugène Sue) et plus tard des « apaches » qui correspond à « l'argot ». Si Hugo, commentateur inspiré, peut parfois prêter à ses personnages, outre des mots observés, de l'inventé[49], certains romanciers ont joué de l'usage spontané où, en effet, des mots de l'ancien argot s'employaient et s'emploient encore. Mais les plus talentueux en font un instrument de style, le cas de Céline étant le plus souvent évoqué. Et les contresens plurent (de *pleuvoir* et de *plaire*...), certains se hâtant de saluer dans *Voyage au bout de la nuit*, puis dans *Mort à crédit*, non pas une révolution esthétique et expressive de la prose littéraire française, mais une habile utilisation d'un français faubourien de Paris par l'écrivain. Ce qui mettait le docteur Louis Ferdinand Destouches en une légitime fureur.

Quoi qu'il en soit de l'interprétation du style célinien, les mots et expressions « argotiques » qu'il contient, dans la mesure où la langue parlée dont il fait un élément est exactement observée, ne font qu'attester leur entrée dans la langue orale spontanée des milieux qu'il dépeint. Il n'y a guère plus d'« argot » conservé hors de l'usage général chez Céline que chez Proust, mais l'oralité joue évidemment chez le premier un rôle intime, alors qu'elle est finement rapportée par le second, dont le narrateur écrit et ne parle pas « à l'oreille » du lecteur en français oral spontané, comme souhaitait le faire Céline.

L'argot perçu chez ces écrivains n'est qu'une citation ou une origine, ses mots, ses expressions ayant été absorbés par des usages plus généraux.

Dans la seconde moitié du XXe siècle, reste à signaler l'emploi de la langue verte par des écrivains ou des narrateurs qui en ont eu l'expérience vécue, notamment en prison. Chez Alphonse Boudard, vis-à-vis des mots qu'il affectionne et qui marquent son style – évoquant l'usage oral et parfois la subversion célinienne de la syntaxe –, l'attitude est quasi pédagogique : reprenant les commentaires de Balzac ou de Hugo sur ce vocabulaire, il explique, définit, donne des synonymes, situe dans le temps (« un mot d'argot tombé dans l'oubli... C'était les fortifs, les lafs... », *Cinoche*). A tel point qu'il est l'auteur, avec Luc Etienne, de la savoureuse *Méthode à Mimile*, parodie des volumes d'initiation aux langues étrangères de la *Méthode Assimil*. Ce statut de pseudo-langue étrangère conféré à l'« argot » recoupe son emploi en traduction dans la « Série noire », mais vient, dans le cas de Boudard, d'un vécu authentique. Il en va de même pour Albertine Sarrazin (*La Cavale*, *L'Astragale*), dont le style est moins marqué par rapport à la norme littéraire écrite et le vocabulaire argotier moins riche.

Attitude toute différente avec un autre auteur, celui-là majeur, qui eut une expérience carcérale : Jean Genet. Chez lui, styliste raffiné et baroque, le mot d'argot – ou l'expression – est un bijou serti dans une prose héritière des plus grands écrivains du passé, et un jeu sur des équivoques signifiantes (*faire les pages*, ramené de l'usage argotique où *page* signifie « lit », à une rêverie de séduction homosexuelle de jeunes hommes).

Enfin, les virtuoses du calembour, de l'à-peu-près, peuvent être séduits par les possibilités supplémentaires qu'apporte au lexique français le fond argotique. Le plus inventif fut sans aucun doute Frédéric Dard, alias San Antonio, qui fait en sorte de ne plus écrire, croit-on, le français, mais le san antonio, manifestant avec virtuosité le règne de la « rime » (en prose) sur la « raison ». L'argot, qu'il utilise parfois, ne lui est pas même nécessaire.

Ainsi, l'usage lexical perdu d'un milieu délictueux, quand il n'est pas passé dans la langue la plus courante (*abasourdir*, *camelot*, *dupe*, *pègre*, *polisson* en firent partie) ou bien familière (les exemples sont innombrables), est devenu un matériel particulier pour l'écriture littéraire, la traduction, le dialogue de films, la chanson, au moment même où il disparaissait de la spontanéité orale.

L'argot, réalité fictive et symbolique, continue à susciter un intérêt intense. Les publications montrent qu'un « dictionnaire d'argot », au XXIe siècle, a plus de chances de succès qu'un recueil consacré au français oral, familier, populaire, ordinaire, non conventionnel, ou tout autre adjectif de ce genre.

Cet engouement pour un signe social du passé est alimenté, aussi, par l'existence durable de ce que désigne un autre emploi du mot : les argots, ceux des métiers, des professions, des groupes, des communautés. Les doctes parlent alors de « langues spéciales », les linguistes anglo-saxons de *languages for special purposes* – langues ou usages pour des usages spéciaux –, mais c'est bien l'un des sens du mot *argot* depuis le dernier tiers du XIXe siècle, et celui qu'utilise Gaston Esnault, le plus grand spécialiste de ces vocabulaires en France, auteur d'un précieux *Dictionnaire historique des argots français*[50], qui traite notamment les argots des « voyous », des délinquants, des prostituées parmi tous ceux qui furent caractéristiques de groupes ayant des activités propres.

Si l'on élargit la notion de « langue verte » (jolie métaphore trompeuse) ou d'« argot du milieu » à « usage spécial de groupe », il est évident qu'elle devient durable. Les argots changent, disparaissent, se renouvellent. Cette notion large est celle qu'analyse le grand folkloriste Arnold van Gennep en 1908 dans son « Essai d'une théorie des langues spéciales[51] ». Il y écrivait qu'il existait pour chaque langue « autant de langues spéciales [nous dirions "usages" et parfois même "vocabulaires spéciaux"] qu'il y a de métiers, de professions, de classes, bref de sociétés restreintes à l'intérieur de la société générale » (p. 2, cité par L.-J. Calvet, op. cit.).

Dans le répertoire immense des usages spéciaux, on doit distinguer ce qui est social et que tente de définir Van Gennep de ce qui est thématique. Il y a sans doute des usages spéciaux par domaines de savoir et d'activité. Ils sont caractérisés, à l'écrit, par des vocabulaires qui peuvent ou non être considérés comme des outils conceptuels : on parle alors de « terminologie ».

C'est seulement quand le domaine défini correspond à une communauté humaine distincte qu'on peut donner à l'usage spécial de la langue française ainsi distingué le nom d'« argot ». Il y a une terminologie pour chaque science, chaque technique, chaque savoir professionnel, mais des argots seulement si une communauté suscite un discours particulier. Une terminologie de la médecine et un argot des médecins et des soignants, une terminologie de l'automobile et un argot de garagistes ou de pilotes de Formule 1 (différents). Selon le type d'activité et les rapports entre oral et écrit, les argots peuvent ou non apparaître. Je ne connais guère d'argot des philosophes, à côté des terminologies philosophiques, mais les argots sportifs, à côté des terminologies des sports, sont facilement observables.

On a décrit, depuis le XIXe siècle, l'argot des grandes écoles scientifiques – en premier, celui de Polytechnique – ou bien celui des typographes. Ces usages spéciaux, tout comme l'argot du milieu, sont essentiellement des vocabulaires, fonctionnant dans la syntaxe générale du français, ou plutôt dans l'un de ses types de syntaxes, l'oral ou l'écrit.

Lorsqu'on se réfère à « l'argot » ou même – chose très différente – « aux argots », domaine devenu universitaire dans les années 1970, avec, sans crainte de pédantisme, l'apparition d'une « argotologie » visant à cerner l'« argoticité » (cette discipline qui a suscité d'ailleurs d'excellents travaux : Denise François-Geiger, Jean-Paul Colin...), c'est en général de transgression des tabous, de contestation, de révolte contre l'autorité et la norme bourgeoise, et contre celle de l'école, souvent de « langage de jeunes » qu'il s'agit, la forme étant celle de la spontanéité orale, souvent transcrite à l'écrit – car il est nettement plus simple d'étudier des textes imprimés ou, aujourd'hui, transmis par la « Toile », que d'aller observer, enregistrer, analyser de la parole sur le terrain.

Si le linguiste, le sociologue peuvent dire : « il n'y a pas – ou plus – d'argot », reste que l'image mythique d'une « autre langue », sous cette étiquette, se porte à merveille.

Loufoque, louchébem, javanais

Cependant, parmi les procédés qu'utilise depuis des siècles cette « autre langue » pour créer ses moyens d'expression, existent des manipulations formelles élémentaires, mais précises, dont on peut décrire les produits.

Présentes dans l'argot ancien, elles se sont systématisées au tournant du XXᵉ siècle, mais n'ont eu que des effets limités et transitoires sur la perception du français. Le largonji procède en renvoyant la consonne initiale d'un mot à la fin, en y ajoutant une voyelle et en la remplaçant par un *l* : *jargon* produit *largonji*. Chez Vidocq, *borgne* fait *lorgnebé*, abrégé en *lorgne*. A la fin du XIXᵉ siècle, les *Boches* (lui-même mot d'argot) sont des *Lochebés*, *en douce* devient *en loucedé*, etc. Sans voyelle finale, *fou* donne *louf*, plaisamment suffixé en *loufoque*. Le dictionnaire du largonji ne présente qu'une initiale, le *l*.

Une variante, avec *-em* à la fin du mot, fait de *boucher* un *louchébem* (d'après la prononciation du *ché* de *boucher*). Ce code des bouchers, fait pour égarer le client et communiquer entre professionnels sans être compris, était encore vivant à Paris à la fin du XXᵉ siècle[52] (« Avec l'*argomuche* du *louchébem*, l'*lecmès* i *lomprenkès lapuche* », l'mec, i comprend rien [*lap* vient de *la peau*]). Le passage rapporté par F. Mandelbaum mêle vrai louchébem, autres largonjis et formations un peu différentes[53].

Un autre code formel, à la mode dans la première moitié du XXᵉ siècle, a disparu plus tôt : c'est le *javanais*, qui introduit dans le corps du mot une syllabe *-av-* : *beau* devient *baveau*, *grosse gravosse* (aimé de San Antonio), *non navon*. Le nom, qui n'a rien à voir avec l'île de Java, peut provenir de la forme codée de *je*, pour *oui*, à savoir *jave*. Ce code, pratiqué dans les films en argot des années 1930, a donné lieu à des jeux vocaux (Arletty s'y illustra) et a survécu dans une chanson comme *La Javanaise*, de Serge Gainsbourg.

Enfin, les permutations peuvent prendre la forme d'une inversion. L'anglais connaît un *backslang* procédant par lettres (*look* devient *kool*, *tobacco occabot*, exemples donnés par Guiraud), alors que le français renverse les syllabes. Le procédé était rare au milieu du XXᵉ siècle. Pierre Guiraud dans son *Argot*, en 1956, signale *Lontou* pour *Toulon* en 1842, au bagne, et, alors contemporains, *balpeau* pour *peau* (de) *balle*, *dreauper* (prononcé « -père ») pour *perdreau*, « policier » (dans des polars). Et le linguiste n'emploie pas le nom de ce code : le *verlan* (l'envers)[54].

Le verlan allait devenir plus tard un procédé majeur, plus symbolique encore que ne le furent en leur temps javanais et largonji.

Verlan, céfran et técis

Si le procédé du verlan, qui renverse les syllabes, est ancien (Louis-Jean Calvet signale un *Bonbour* pour *Bourbon* en 1585), il était assez rare pour qu'Auguste Le Breton ait cru l'avoir créé avec quelques autres malfrats, en 1940-1941. Jean Monod, dans un article de la revue *Les Temps modernes*, disait en avoir observé l'usage dans les prisons[55]. Mais la formule ne fut révélée au grand public que par une chanson de Renaud, *Laisse béton* (arrangement graphique du verlan de *tomber*), puis par un film, *Les Ripoux*, de *pourri* à propos de flics malhonnêtes, curieusement affublé d'un pluriel évoquant l'orthographe scolaire (*ripoux* comme *poux, genoux, cailloux*, plutôt que *ripous*), comme pour mieux afficher l'intention de s'intégrer au français écrit conventionnel. Dans les années 1970 et 1980, les mots ainsi transformés se multiplient ; ils finissent par faire l'objet de recueils, puis par entrer, pour quelques-uns, dans les dictionnaires généraux, ce qui traduit leur diffusion hors du milieu d'origine. Les procédés du verlan ne sont pas toujours simples : si le *métro* devient bien *tromé*, syllabe pour syllabe, *flic* est traité en *flikeu*, renversé en *keufli*, abrégé en *keuf*, ou encore *arabe* en (a)*rabeu*, d'où *beur*(a) et *femme* (*fam'*) en *meufa* puis *meuf*. Ainsi, les consonnes sont conservées, mais les voyelles de départ parfois transformées, le procédé portant sur l'oral, très rarement sur l'écrit (*zen* pour *nez*). Au-delà de deux syllabes, l'ordre est variable : 1-2-3 donne 3-2-1, 2-3-1 ou encore 3-1-2 (*léancu* correspond à *enculé*). Viviane Mela, décrivant le procédé[56], note que les mots de départ sont le plus souvent familiers, populaires ou argotiques, voire déjà verlans (*beur*[*eu*] donne *rebeu* ou *reubeu*), ce qui n'exclut pas le traitement du vocabulaire général (*tromé, skiwi*...).

Mais cet aspect de la créativité lexicale, produisant un sous-vocabulaire comme le faisaient tous les codes argotiques précédents, n'est plus ni un usage de délinquants (comme l'argot), ni un usage de groupe prédéfini (un argot d'école, de métier, d'atelier...), mais s'insère dans un emploi collectif du français qu'on ne peut caractériser que par la sociologie.

Si ce qu'on nomme « verlan », et qui désigne souvent un ensemble de faits étrangers à ce vocabulaire, mais qui lui sont associés, est devenu un emblème, c'est évidemment à cause de la nouveauté de la situation sociale qui en fournit les usagers. D'ailleurs, on désigne les mêmes particularités par des étiquettes tout aussi erronées, « langage des jeunes », alors que seuls certains jeunes l'utilisent, « langage des banlieues », cette notion de banlieue devant être précisée, plus récemment « langage des cités », par un sens nouveau donné à ce mot, souvent remplacé par « quartier » dans l'usage des intéressés.

Malgré le caractère argotique, cryptique, et de marqueur social du procédé qu'est le verlan, tout oppose cet usage à ce qu'était l'« argot » vers 1900 ou 1930. C'est un langage – on sait que je préfère « usage » – de génération, avec des caractères propres à la parole adolescente, c'est un langage marqué par l'origine géographique des locuteurs enfants ou descendants d'immigrés en majorité maghrébins, africains de l'Ouest, antillais, mêlés à de jeunes Français d'origine modeste et de descendants d'immigrés européens prolétaires (on a désigné positivement cette pluralité d'origine par le slogan d'abord sportif de « blacks – blancs – beurs ») ; c'est un usage propre à un milieu spécifique, les « cités » dans les banlieues des grandes villes – ce qui le subdivise en sous-groupes géographiques : les jeunes des banlieues parisiennes ne parlent pas comme ceux de Marseille, de Strasbourg ou même de Lille, de Lyon, etc. C'est, encore en apposition à l'« argot » entendu au sens le plus courant, un usage qui possède sa phonétique propre, absolument étrangère à l'accent parigot d'antan, et, sinon sa syntaxe – c'est celle de la langue populaire urbaine, avec ses variantes, mais avec des influences dues à différents usages bilingues, français d'Afrique du Nord, influencé par l'italien ou l'espagnol, français des Caraïbes, influencé par le créole, français d'Afrique subsaharienne, etc. –, du moins une rhétorique spécifique, utilisée esthétiquement par le rap. Le vocabulaire est donc loin d'être seul en cause et ce type d'usage du français, associé à ce qu'on appelle faute de mieux la « culture des banlieues » (repérée par la dénomination « hip-hop », avec le rap, les tags et graffes, toutes pratiques issues des Etats-Unis et suscitant une avalanche d'américanismes), fait l'objet d'une perception courante assez fictive – de même que le phénomène social de la banlieue lui-même – conduisant vers une série de mythes qu'entraînent les réputations de danger entretenues par des événements violents, nombreux, mais très minoritaires et par les intéressés eux-mêmes.

Les « argotiers » du début du XXe siècle se reconnaissaient et se masquaient par leur langage ; les « jeunes des banlieues » se reconnaissent et s'affrontent (chaque « quartier » a ses bandes) ; loin de se cacher, ils s'exposent de manière spectaculaire, faisant de leur manière de parler un signe parmi d'autres de reconnaissance et de violence contestataire au nom d'une identité menacée ou perdue.

Lorsqu'il s'agit de sociologie, du langage ou de tout autre phénomène, des faits observés donnent lieu à des changements d'échelle, de nature, d'interprétation, pris en charge par une opinion entièrement conditionnée par les médias, parfois par le discours politique, ce qui engendre des images et souvent des mythes.

Ceux des « banlieues » concernent une réalité devenue si variée qu'il est absurde d'en faire l'objet d'un repérage social ; ceux des « jeunes », dont le statut temporel objectif n'est perçu que dans l'expression orale ou matérielle de la violence, ne s'appliquent qu'à une très petite minorité des classes d'âge visées. Ces images et ces mythes aboutissent à cette double (ou triple) absurdité nommée « le langage des jeunes (de banlieue) ». Or, il ne s'agit pas d'un « langage », mais d'un usage, limité en effet à une classe d'âge ; il ne s'agit que d'une partie infime de la jeunesse ; il ne s'agit que d'un élément très spécifique dans ce qu'on appelle « banlieue », les grands ensembles formés de « cités », et inclus dans un « quartier », soit d'une banlieue, soit d'une ville nouvelle. *Banlieue* est trop vague ; *quartier* et *cité* plus précis, mais dans des emplois renouvelés, car ce sont des mots anciens ; en outre, ces « cités » ne sont pas toujours de grands ensembles, et, dans ces entités, ne sont pris en compte que les milieux considérés, par euphémisme, comme « sensibles », alors que ce sont les images qui en sont données qui sensibilisent l'opinion.

C'est dans ce contexte trompeur que l'image trop simple d'un « langage des jeunes » ou « des banlieues » s'est répandue, comme l'image de l'« argot » l'avait été dans la légende de faubourgs peuplés d'assassins et de voleurs, au XIXe siècle, celle des fortifs et de la « zone », au tournant du XXe, celle des « apaches », dont les bandes redoutables hantaient les rues mal éclairées de Paris, relayées aujourd'hui par de jeunes délinquants encagoulés.

Nouvel argot, échappant à la définition parisienne et aux représentations sociales du cambriolage et de la prostitution, remplacées par la violence gratuite, les affrontements et les « incivilités » – mot nouveau pour une réalité durable – dans un univers de grands immeubles dégradés, peuplés d'enfants agressifs, parmi des populations multiethniques, déshéritées et pacifiques, autour de grandes villes qui ignorent cet incommode voisinage.

Tout en critiquant avec force les images médiatiques, les sociologues spécialistes d'un phénomène social qui inquiète, reconnaissent l'existence d'un usage spécifique du français, d'une façon de le parler « composite et codé(e) [57] » où ils décèlent du verlan – l'aspect le plus visible et audible –, des anglicismes nord-américains, des obscénités, des « insultes rituelles », des emprunts au français argotique et aux langues de l'immigration, arabe, créole, langues africaines, tous éléments auxquels il faut ajouter un « accent », une phonétique très reconnaissable, sur fond de prononciation régionale (parisienne, lilloise, de l'Ouest, d'Aquitaine, provençale, marseillaise...) selon l'implantation des cités.

Ce langage est interprété comme un signe d'appartenance identitaire, le caractère inversé du verlan symbolisant le retournement de la norme à l'intérieur d'une culture spécifique, dont tous les repères sont empruntés aux Etats-Unis et notamment à la Californie et aux milieux « afro-américains », comme il est correct de dire. De même qu'un habillement codifié, ce « langage » est un usage social. Usage du français de France (car on n'observe rien de tel en Belgique ou au Québec), non pas un pidgin, un créole ou un slang. Il relèverait d'une culture particulière, qu'on désigne, pour simplifier, sous l'étiquette du *hip-hop*, plus récente que le verlan, mais qui tend à l'absorber. Un effet de cette culture et de ce « langage », de nature quasi littéraire ou poétique, est le *rap* ; un autre les « vannes », plaisanteries, insultes, moqueries, obscénités (emblématique : « nique ta mère ! », abrégé en « ta mère ! »), plus ou moins calquées de ce que les linguistes appellent les (*dirty*) *dozens* à propos des ghettos noirs des Etats-Unis, avec l'idée de séries, de litanies. Les échanges de vannes sont un exercice langagier d'affrontement, parfois appelé la tchatche. Dans *Cœur de banlieue*, David Lepoutre, en 1997, fait remonter ces pratiques verbales aux nouveaux immigrés venus d'Afrique dans les années 1980.

A côté des actes créatifs, la *break dance* (confondue à tort avec le *hip-hop*, qui englobe toutes les manifestations), le *rap*, les *tags* et graffes, l'usage de ces jeunes, avec ses finalités d'affirmation et d'affrontement, prend place dans un univers de loisirs forcés dus au chômage, de sentiment d'abandon, retourné en affirmation hostile, de rejet de l'école, d'exploits de bravade, en guerre contre le monde extérieur et contre toute marque d'autorité : les keufs (verlan supposé de *flic*, mais verlan phonétique de *fuck* peut-être ?), les profs, les bourges. Le désir de vengeance, la « haine » sont en relation dialectique avec la valeur positive du « respect » ; ils se retournent contre les jeunes eux-mêmes, divisés en bandes, qui permettent d'établir une hiérarchie interne structurante et se traduisent par des affrontements verbaux ou physiques, ou encore par des surenchères de violence : si les keums d'à côté ont brûlé trois voitures, on va en brûler quatre.

Ce contexte, sous-tendu par des relations économiques délictueuses (le deal, la fauche et la revente... ; on parle d'« économie souterraine »), est aussi particulier que l'était celui des macs, des putes et des casseurs argotiers de la première moitié du XXe siècle. Mais il est plus visible. L'image du « milieu » de l'argot, qui était caché, était fantasmée ; celle du verlan et de ses usagers est déformée. Les deux sont, au moins dans l'opinion française, hypertrophiés par la fabrique de mythes que constituent les médias. Mais les médias ont changé : en 1920, la « langue verte » n'était représentée que par la littérature, très peu par la presse, rarement par le cinéma (le célèbre film *Fric-Frac*). Dans les années 2000, la presse et la télévision affichent à la fois les réalités du langage et ses images.

Un point commun, cependant : l'extraction de mots et d'expressions de leur usage initial et leur passage dans le français oral familier. Pour le « verlan », le phénomène d'emprunt interne n'est pas seulement lié aux raps, chansons et autres discours médiatisés, ni aux innombrables livres en forme de dictionnaires ou d'essais sur la question. En outre, à la différence de l'ancien argot, c'est un phénomène de génération. De même que des jeunes tout à fait étrangers au monde des « cités » taguent les murs d'immeubles bourgeois, ils empruntent mots et expressions à ces « técis ». Ce vocabulaire passe par les cours de récréation, filtré, déformé, réinterprété, et, de là, par identification et bravade, aux milieux familiaux des classes moyennes. Dire « kiffer » ou « keum » (emprunt au verlan) devient le fait d'une classe d'âge et parfois des adultes qui ne veulent pas être dépassés par leurs enfants.

Le phénomène social lié aux cités, à l'exclusion et au pluriethnisme devient (en faible partie : lexique et formules) un phénomène générationnel socialement généralisé. Mais ce processus est illusoire : employer un vocabulaire extrait d'un usage très spécifique dans tout autre contexte social annule l'ensemble des traits linguistiques de départ : il en va comme d'une langue étrangère dont on retient vingt mots.

S'il n'est pas situé précisément par la sociologie, le « verlan » n'est qu'un leurre, comme le fut et l'est encore l'« argot ». Mais ces leurres, en tant qu'usages reconstruits et à demi mythiques de la langue française, sont actifs dans l'ensemble de l'opinion française (laissant indifférents les autres francophones).

Le « franglais »

Les histoires et les descriptions de la langue française ne négligent pas le phénomène universel de l'emprunt. Toutes soulignent, aux XIXe et XXe siècles et ensuite, le flux grossissant de mots, d'expressions pris par le français à l'anglais. Les jugements induits par ce phénomène sont très variables.

Les linguistes et les historiens savent qu'aucune langue vivante ne peut répondre aux besoins de la désignation dans un monde qui évolue vite sans recourir à l'emprunt. Les vagues successives qui ont ainsi conduit du lexique roman, puis de l'ancien français, issu du latin médiéval des Gaules, à celui du français actuel sont bien connues : francique et autres idiomes germaniques, nouveaux emprunts au latin classique ou d'Eglise, au grec ancien avec l'humanisme de la Renaissance... Puis vinrent les emprunts à l'italien, assez nombreux au XVIe siècle pour émouvoir les humanistes francophones (Henri Estienne et d'autres), à l'espagnol et enfin à l'anglais. Le recours aux autres langues – arabe, souvent par l'Espagne, allemand, langues slaves, etc. – fut plus discret[58].

Les premiers emprunts à l'anglais sont médiévaux (exemples : le mot *nord*, le nom des *Normands*), mais ce contingent resta faible malgré les contacts étroits entre les deux langues : c'est le dialecte normand, le français central, le latin qui envahirent l'anglais médiéval.

Cependant, dès le XVIIe siècle, des influences discrètes, portant souvent sur des mots d'origine latine, allèrent de l'Angleterre vers la France. Ainsi, le changement de sens de *révolution*, venu de l'astronomie et de la chronologie, vers la politique et l'histoire humaine, s'amorce en Angleterre. Cependant, c'est au siècle des Lumières que l'intérêt porté aux institutions parlementaires et à des découvertes scientifiques fait passer des mots et des concepts à travers la Manche. Quelques exemples suffiront : *parlement*, mot français ancien, change de valeur grâce au *parliament* britannique ; l'adjectif *gouvernemental* calque l'anglais ; la *circulation* sanguine est une désignation en latin moderne choisie par Harvey, de même que *gravitatio*, chez Newton, devenu anglais, est adopté par plusieurs langues européennes. Voltaire, Montesquieu furent importateurs d'anglicismes importants. Sur un autre plan, au début du XIXᵉ siècle, Stendhal truffe son journal de mots anglais (et italiens). Les terminologies, facteur trop négligé de l'évolution des vocabulaires, s'emparent de cette source. Des domaines techniques entiers seront tributaires des désignations britanniques, du fait de l'avance prise par cette civilisation. Il suffit de penser aux chemins de fer, où l'on va parler de *rail* et non de *barre*, de *wagon*, de *tunnel* (le français *tonnelle* anglicisé), quand des ingénieurs britanniques président à la construction des premiers « railways », mot remplacé par cette image : un chemin « de fer ».

Les modes de vie changent aussi : la tranche de bœuf n'avait nul besoin de devenir, en français, *beefsteak*, puis *steak* ; mais la consommation de grillades était peu pratiquée en France. C'est en Grande-Bretagne que se codifient à peu près toutes les activités physiques dénommées *sports*, d'après l'ancien français *desport* : en s'acclimatant, ces mots anglais sont adaptés phonétiquement : *football*, *rugby* changent de sens, mais s'écrivent à l'anglaise (la langue espagnole, plus innovante, passe de *football* à *futbol*[59]). La refrancisation de ces vocabulaires est fonction de leur popularité : en « foute », le *goal* peut devenir *gardien*, mais en « golf », tout se dit en anglais prononcé à la française, du « grine » au « beurdi » (*green*, *birdie*). Quand l'« invention sociale » est française ou internationale, le vocabulaire s'anglicise beaucoup moins : c'est le cas, autour de 1900, du vélo, de l'automobile ou de l'aviation (*avion* et les autres dérivés de l'oiseau latin, *avis*, sont purement français).

La fin du XIXᵉ siècle et le début du XXᵉ sont marqués par l'apparition d'une autre source pour l'anglicisme : les Etats-Unis d'Amérique. La prépondérance de ce pays dans la vie économique, scientifique, technique, dans tous ses aspects, l'expression en anglais d'activités menées par des chercheurs du monde entier, la domination sur le plan militaire, financier, médiatique, sur la partie du monde qui n'était pas contrôlée par l'URSS ou la Chine, durant toute la guerre froide, en fit la source d'expression la plus influente du monde. L'« anglo-américain » fournit à de nombreuses langues une quantité de néologismes et d'expressions jamais atteinte. En outre, l'usage international d'une forme volontairement appauvrie de l'anglo-américain (le *basic English*, puis le *globish*), la présence, outre les mots anglo-saxons d'origine germanique, de très nombreuses formations latino-grecques et – pour le français – de formes empruntées au latin existant aussi en français, mais en un sens différent, tels *initier*, *supporter*..., produisent dans la langue cible des perturbations, à côté d'un enrichissement.

L'étude des anglicismes britanniques puis des américanismes en français est très riche. Pour la période antérieure à 1939, on dispose notamment de l'ouvrage de Fraser Mackenzie sur *Les Relations de l'Angleterre et de la France d'après le vocabulaire* (Paris, Droz, 1939). Pour une synthèse descriptive jusqu'aux années 1980, du *Dictionnaire des anglicismes* de Josette Rey-Debove et Gilberte Gagnon (Paris, Le Robert, 1990) et de celui – plus philologique, moins socioculturel – de Manfred Höfler (Paris, Larousse, 1982). On retiendra aussi ce qu'écrit de la « néologie externe », expression qu'il estime « synonyme d'influence de l'anglais », John Humbley dans *Histoire de la langue française, 1945-2000* (*op. cit.*), de manière à évaluer de manière objective et raisonnable cette influence sur la langue française. De son côté, Josette Rey-Debove, dans *La Linguistique du signe*[60], a étudié les anglicismes, leur perception, leur fonctionnement, leur assimilation, leur pénétration dans le cadre d'une sémiotique de l'emprunt (chapitre 3, « Perturbations lexicales : l'emprunt »). Une évaluation de l'importance des anglicismes dans les langues romanes conduit la théoricienne du métalangage à penser que le français et l'italien sont les plus touchés, l'espagnol l'étant deux fois moins, le portugais et le roumain moins encore. Les langues romanes d'Amérique – français du Canada, espagnol et portugais d'Amérique latine – cumulent des anglicismes originaux et une partie commune avec les emprunts des usages européens.

Pour passer du matériel observé – souvent de manière indirecte, au moyen des dictionnaires[61] – à ce qui est ressenti, aux images sociales, il faut tenir compte de l'identification de l'anglicisme par l'usager. L'emprunt graphique direct est généralement reconnu ; il l'est moins lorsqu'il est traité à l'oral (exemple : *rail*) ; moins encore s'il est réécrit et francisé. Le calque ne l'est guère : *souris* d'ordinateur est senti comme une gentille métaphore française, non comme un calque de *mouse*. De très nombreuses expressions venues de l'anglais sont reçues comme françaises (exemples : les *chaises musicales*, *jeter le bébé avec l'eau du bain*). Des emprunts passés par l'anglais sont attribués à la langue d'origine (exemples : *catamaran*, *marina*), mais d'autres sont considérés comme étatsuniens (exemple : *ketchup*). Quand le mot anglais ou américain est d'origine latine, une sérieuse confusion sémantique peut se créer, sans être perçue comme anglicisme par les usagers (*réaliser*, *supporter*, engendré par *supporter*, nom masculin, *initier*, etc., dénoncés par « ceux qui savent »). Dans l'usage scientifique comme dans la langue courante, de nombreux anglicismes objectifs, soit anciens (*club*, *rail*, *sport*, *bar*), soit nécessaires dans une terminologie (le *spin* de l'électron), sont peu perçus et ne sont pas critiqués.

C'est admettre que le « ressenti », la guerre contre l'anglicisation du lexique français, ne concerne qu'une partie des anglicismes réels. A la limite, le caractère d'anglicisme, et même d'emprunt ou de calque, n'est pas clair. Un concept récent et important en biologie, appelé en français « cellule souche », est-il un anglicisme, du fait que cette expression n'apparaît qu'après l'expression anglaise créée aux Etats-Unis et qu'elle traduit : *stem cell* ? Il faudrait pour trancher distinguer le phénomène conceptuel et terminologique dans une spécialité (la biologie, en l'occurrence) du phénomène d'échange entre deux langues. Le vocabulaire de la chimie, mis au point à la fin du XVIIIe siècle en français [62], fait-il de *oxygen(e)* et *hydrogen(e)*, en anglais ou en allemand, des gallicismes ? Celui de l'électricité, en partie défini par Faraday, fait-il des mots du domaine, en français (*électrolyse*, par exemple), des anglicismes ? Le fait que l'embryologie ait été décrite et mise en terminologie par Haeckel fait-elle que *blastula* et *morula* soient des germanismes ?

La réponse est assez arbitraire, et, en tout cas, étrangère au domaine du ressenti et des jugements de valeur négatifs qui régissent cette question de l'anglicisme en français ou plutôt de l'anglicisation du français depuis au moins un siècle et demi.

La dénonciation des « maladies » d'une langue passe souvent par celle des effets pervers de langues différentes sur elle. Politisation : ce thème permet de désigner un ennemi. Ennemi extérieur : c'est la guerre, et le vainqueur tuera ou soumettra une langue française vaincue. Pour Remy de Gourmont [63], c'est le vainqueur de l'Europe qui imposera sa langue – il voyait bien le russe dans ce rôle. Ennemi intérieur : la langue ennemie dénature et déséquilibre la victime avec la complicité de collabos, soit innocents par bêtise, soit nuisibles avec intention.

Le mythe du « franglais » diffusé par Etiemble, qui hésita entre ce terme qui exprime l'hybridité et « babélien » qui dit bibliquement le péché collectif, concerne les deux ennemis : un fournisseur étranger puissant qui impose sa pensée et son langage ; des complices imbéciles ou malfaisants qui soutiennent son action.

Le français s'anglicise ; les francophones, tel l'écolier limousin de Rabelais qui « parlait latin en français », y baragouinent l'américain. La réalité commentée par des « linguistes bien-pensants » au « discours lénifiant »⁶⁴ est englobée, déplacée, retournée, malaxée par les amoureux d'une langue rêvée, qui ne supportent plus leurs contemporains mal-parlants, mal-comprenants (mot de Coluche, à traduire par *cons*), mal-écrivants et mal-lisants. On l'a compris, ce sont des écrivains, des journalistes, des patriotes amoureux, ennemis jurés des « linguistes », tous laxistes, froids, insensibles et « linguicides ». Ce sont assez souvent, oserais-je le dire, des écrivains douteux, incertains, puristes et prétentieux. Les idées de Proust, de Valéry et de Gracq sur le langage leur sont étrangères, pour ne rien dire de celles de Queneau.

Etiemble, pourtant, fut capable de fort bien écrire ; mais un peu moins dans *Parlez-vous franglais ?*, son livre le plus vendu. Il y fabriquait des phrases peu vraisemblables par le bourrage d'emprunts à l'anglais ; en bon amoureux du siècle des Lumières, il voulait jeter le ridicule sur l'adversaire. Lorsqu'il y parvient, cela témoigne de son talent de polémiste, mais non d'une réalité. Se servir des incongruités du discours individuel, bien faciles à repérer et à dénoncer, pour discréditer un usage, en prétendant dévoiler ou illustrer une maladie de la langue, est un procédé de tous les temps. Henri Estienne l'avait manié avec virtuosité dans son « langage françoys italianizé ».

L'anglicisation ressentie et supposée et surtout l'« américanisation » du français reposent sur des faits réels. Du point de vue d'Etiemble, d'ailleurs, la situation s'est aggravée, depuis le « babélien ». Mais la mesure du réel langagier est plus qu'incertaine : le pourcentage d'anglicismes et d'américanismes dans un dictionnaire général du français ne rend pas compte des influences discrètes, ni des flots terminologiques. Il semble se situer autour de 6 % du vocabulaire total, ce qui est à la fois énorme – et ce taux augmente – et modeste – il suffit de l'apprécier par rapport à l'arrivée du vocabulaire normand, français et latin en anglais, après le XIIIᵉ siècle.

Mais tout change si on répertorie les mots venus de la langue anglaise, non dans les listes de dictionnaires, mais dans des textes, tenant alors compte de la fréquence réelle, du poids sur la langue productrice de discours. Alors, l'influence « anglaise » n'est plus que de 0,6 % – dix fois moins qu'en nombre de mots différents – avec pour corpus un journal comme *Le Monde*⁶⁵. D'autres auteurs ont montré que le taux d'anglicismes dans les dictionnaires français avait diminué entre 1960 et 1980 par rapport aux vingt années précédentes (Pierre Trescases, *Le Franglais, vingt ans après*, Montréal, Guérin, 1982). Nul polémiste ne l'a démenti, sans doute faute d'en avoir pris connaissance. D'autres études sérieuses, telle celle de Maurice Pergnier (*Les Anglicismes, danger ou enrichissement pour la langue française*, Paris, PUF, 1989), confirment l'impression générale : le discours catastrophiste des Cassandre sur ce thème repose sur des impressions, des irritations et des accumulations de remarques ponctuelles soigneusement mises en scène. Il repose aussi sur le « mol oreiller », non du doute (un polémiste ne doute de rien), mais de l'ignorance, dont le duvet est entretenu pour mieux susciter les rêves belliqueux.

L'influence de l'anglais sur le français ne se limite pas aux terminologies – sciences, techniques et sports en tête – et aux vocabulaires courants, mais atteint le rapport écrit-oral (les lettres *oo*, même dans des mots d'origine grecque comme *noos*, sont souvent lues « ou », le prénom *Peter* est prononcé *piteur*, même si l'intéressé est allemand, etc.) et même la syntaxe (la « positive attitude », dont le ridicule n'a tué ni une chanteuse ni un Premier ministre[66]). Ainsi, des verbes changent de régime, d'après la souplesse d'emploi des équivalents anglais. « Jouer l'adversaire », « jouer un instrument » (et non pas « contre », « du ») sont calqués sur *to play*.

Mais les effets de ces réelles perturbations sont diversement appréciés. Pour Claude Duneton[67], l'anglicisation du vocabulaire empêche le français de créer ses mots nouveaux, alors que la morphologie française, active au XVIe siècle au cours de l'italianisation, bloquée du XVIIe siècle jusqu'au romantisme, sans aucune vague d'emprunts, ressuscitée par Hugo et sa suite, est aujourd'hui dans une phase de créativité. Pour d'autres, moins angoissés, l'envahissement par l'anglais est fonction des domaines et des types d'usagers et n'est jamais apprécié globalement. Dans le monde des « déclinologues » (morphologie peu anglo-saxonne...), il n'y a ni ruraux, ni pêcheurs à la ligne, ni Québécois, ni francophones régionalistes : le coupable est technologue, entrepreneur ou bien jeune étourdi adepte du rock. Un monde aussi « réel » que celui des romanciers les plus pessimistes, en lutte contre les scories du présent au nom d'une pureté perdue, entièrement fantasmée.

Non content d'étouffer, de pervertir, de déformer la langue française, avant de la tuer, l'influence anglo-saxonne s'exercerait sur l'usage de la langue même. On parle anglais en France ! Et entre Français, encore ! Les responsables sont, non pas tel chef d'entreprise, ni tel organisateur de congrès ; mais en bloc, les « élites », qui créent le « grand délaissement »[68]. Ce genre de généralités – les élites contre la langue, le peuple qui la défend – repose bien sur des observations objectives, mais très partielles et abusivement généralisées. Tout comme celles qui dénoncent l'enseignement privilégié de l'anglais première langue étrangère en francophonie, ou bien quand on constate que l'anglais est dans « les sciences » – non pas dans telle science – quasiment la seule langue où les « résultats primaires » de la recherche sont publiés[69]. Il est incontestable aussi que les pays francophones sont envahis de mauvais anglais publicitaire, que l'hôtellerie, l'aviation et d'autres services considèrent l'anglais comme nécessaire, où qu'on soit dans le monde, tout en le massacrant assez souvent.

Mais ces constatations sont diversement interprétées et alimentent surtout des idéologies. Ainsi, toutes les informations concernant la place de l'anglais dans les organisations internationales ou sur la « Toile » informatique mondiale convergent pour souligner la faiblesse de toutes les langues de la planète face à l'anglais. Ces situations sont précaires : les facilités de communication militent pour l'usage d'une langue unique, à l'échelle de la planète, mais non aux échelles régionales, où chaque idiome est confronté à des situations spécifiques.

Les raisonnements de certains critiques recourent à des comparaisons qui manifestent le triomphe de l'idéologie – en général nationaliste – sur la raison. Ecrire que « l'anglais est à l'Europe ce que le russe était aux satellites de l'URSS », comme le fait Bernard Lecherbonnier[70], c'est suggérer que ce continent (ou bien l'Union européenne ?) est victime d'une oppression politique et économique analogue à celle que la Russie soviétique faisait régner sur l'Europe orientale, le Caucase et l'Asie centrale. La différence des situations est telle que l'argument se dissout de lui-même, alors qu'il évoque un problème bien réel.

Ces contradictions portent surtout sur quelques thèmes fortement ressentis, la domination insupportable des Etats-Unis, la paresse et la complaisance des médias, la faiblesse et la passivité des classes dominantes francophones, notamment en finance, économie, technologie, la démission des élites et celle de l'école, coupable de tous les maux : dégradation du français, perte de l'orthographe, illettrisme croissant... Tout cela sur des impressions et des cas sans doute nombreux, en effet observables et fort lamentables.

D'une manière plus large, démêler le vrai du faux n'est pas de mise dans la rhétorique pamphlétaire, ni dans celle du pouvoir, mû par la passion de l'électeur, qu'on flatte dans ses illusions et ses fantasmes. Du point de vue du linguiste, du pédagogue ou du sociologue, le discours politique et ministériel sur l'école est souvent un amalgame d'intentions pieuses jamais suivies d'effets et de critiques scandaleusement injustes.

D'autres langues que le français souffrent de ces jugements hâtifs et intéressés ; d'autres pays francophones que la France, mais de manière moins criante. La raison en est probablement que la situation linguistique de la France alimente les fictions : l'unilinguisme majoritaire et rêvé s'y rebiffe contre le multilinguisme réel, mais faiblement représenté ; la politique de l'inutile et les institutions symboliques additionnent les pavés des bonnes intentions ; le nationalisme partout à l'œuvre y est très peu corrigé. Le ressenti et donc la volonté de réagir y sont plus étrangers qu'ailleurs aux réalités observables.

5

LA VOIX ET LE GESTE

En effet, l'oral, avec le triomphe progressif d'une langue définie par le pouvoir et par les doctes et avec les progrès d'une scolarisation vouée à une langue normalisée et à l'apprentissage de l'écriture, n'aura pas cessé de reculer par rapport à l'écrit.

Mais la langue orale, à cette époque, n'a jamais été aussi peu perçue, et il est vrai que des siècles de discours sur le langage ont fait l'économie de l'oralité, pour réserver l'intérêt et les passions au français écrit, notamment littéraire. Pourtant, si le métalangage commun et la linguistique du français se sont enivrés de l'écrit, la linguistique générale s'est au contraire fixée sur la « parole », que Ferdinand de Saussure, dans son célèbre *Cours*, oppose à la « langue ». Le primat de l'oral, du son, de la phonétique, de la musique, est partout, sauf dans le ressenti social, sauf dans la pédagogie, sauf dans les médias apparus au XIXe siècle (la presse) et dans la circulation littéraire (l'édition). En revanche, de nouvelles techniques (voir plus loin) valorisent et pérennisent l'oral, qui n'a jamais cessé d'être premier, et qui le reste dans tous les contextes sociaux où des langues sans écriture ou peu écrites sont confrontées à la norme du français *écrit* (voir le chapitre 4).

Les réflexions les plus profondes sur le langage ne privilégient ni l'oral ni l'écrit. Celles de Paul Valéry, dans les *Cahiers*, opposent parfois le « langage » et le « geste », et la « pensée », mais non la parole à l'écrit ; sa réflexion est sémantique et fonctionnelle ; il s'intéresse constamment aux mots, peu aux systèmes particuliers, les langues, moins encore à la linguistique (« La linguistique ne nous apprend rien d'essentiel sur le langage », *Cahiers*, 1942-1945, XXVI, 747). Une de ses expressions favorites est « langage ordinaire », en tant que révélateur de la généralité de ce phénomène, et l'on sent bien que là, comme dans l'évocation (rare) de l'apprentissage par l'enfant, c'est bien de « parler » qu'il s'agit. Mais cela importe assez peu dans le mouvement profond de cette réflexion.

Déjà, chez Mallarmé, la distinction fondamentale entre « Verbe » et « Langage » n'avait rien à voir avec l'oralité ni avec le graphe. Mais, dans une relation où le Verbe ne devient Langage que par l'Idée et le Temps, le langage selon Mallarmé peut se manifester selon deux modes. Le poète, le théoricien du Livre pose alors l'unicité du Verbe et la dualité du Langage :

D'où les deux manifestations du Langage, la Parole et l'Ecriture destinées (en nous arrêtant à la donnée du Langage) à se réunir toutes deux en l'Idée du Verbe : la Parole, en créant les analogies des choses par les analogies des sons – l'Ecriture en marquant les gestes de l'Idée se réalisant par la Parole, et leur offrant leur réflexion, de façon à les parfaire, dans le présent (par la lecture) et à les conserver à l'avenir comme annales de l'effort successif de la parole et de la filiation [...]. » (*Notes*, I, 1869, « Méthode », dans *Œuvres*, Pléiade, p. 854.)

Vaste dialectique, qui dévoile deux erreurs : considérer parole et écriture comme deux modes distincts ou opposés ; au contraire, les confondre sans les nommer, dans une vision abstraitement unitaire du langage et des langues.

L'histoire de la philosophie – anglaise, allemande – fournit de magnifiques exemples de ce débat, mais dans cet ouvrage, je préfère m'en tenir à des pensées françaises, exprimées dans la langue autour de laquelle nous tournons.

Ainsi, en passant de la fonction et du système sémiotique humain (*langage*) à son actualisation socioculturelle en une *langue*, la problématique de l'oral et de l'écrit est apparue dès l'invention d'une écriture. Mais au seuil du XXe siècle, ce n'est pas par une révolution. Le moyen âge occidental, avec ses langues pourtant écrites à la manière du latin, vivait dans l'oralité, et la plongée dans l'écriture s'est faite après, progressivement. « Pourquoi le français parlé est-il si peu étudié ? » se demandait Antoine Culioli en 1983[1]. La réponse me paraît claire : parce que la définition sociale du « français » par la classe dominante s'était servie du levier de l'écrit pour construire la norme de cette langue, l'usage déclaré meilleur. La « littérature » en témoigne : elle est pensée comme écriture (*litterae*) au sein même du rythme de l'oralité – l'oxymoron « littérature orale » s'emploie seulement au XXe siècle ; elle reflète de moins en moins l'oralité à mesure que la langue, au moyen de l'écrit, est unifiée et normalisée. L'oralité est honteuse, cachée, réfugiée dans les dialectes et les patois, qui le paieront de leur vie – comme le gaulois l'avait payé de la sienne, du Ier au IVe siècle.

L'expression signalée plus haut, « l'émergence de l'oral », ne s'applique donc qu'à l'imaginaire, qu'aux représentations de la langue française. Peut-être se passe-t-il pour l'oral, au XXe siècle, ce qui s'était passé pour l'écrit unifié, mais souplement, à la Renaissance. Il se montre ; il se parle.

Et, bien sûr, ni les ethnologues, travaillant sur des civilisations sans écriture, ni les linguistes descripteurs, attentifs à ce qu'on nomme sans précaution ni précision la « langue populaire », le « français courant », ne pouvaient ignorer, ni au XIXe siècle (pensons à W. von Humboldt), ni au XXe, la dimension orale. Et la primauté de l'oral fut un tel postulat de la linguistique du XXe siècle que Jacques Derrida a écrit un beau livre pour protester là contre : *La Grammatologie*.

Ce qui est clair, c'est que les spécialistes du langage ne sont nullement d'accord sur les rapports, les ressemblances et dissemblances de la parole et de l'écrit. L'auteur de la remarquable *Grammaire des fautes*, dont il a déjà été question, Henri Frei, écrivait en 1929, à propos du français, « la langue parlée et la langue écrite, par certains de leurs aspects, diffèrent moins qu'on ne le croit : la différence est davantage dans les procédés mis en œuvre que dans les besoins ». Et il définit une « langue commune [...] de grande communication » par le besoin biologique de transmission de la pensée. « Au sein de cette langue, on peut distinguer la langue *courante* (parlée) et la langue *cursive* (écrite). » A vrai dire, reconnaître que pour remplir des besoins sémiotiques et sociaux communs, la langue met en œuvre deux types différents de procédés, c'est déjà admettre qu'il y a deux systèmes fonctionnels.

Un cran plus loin – plutôt que dans une opposition tranchée avec cette pensée –, les idées alors provocatrices d'un contemporain de Frei, Joseph Vendryes, qui a publié dans la « Bibliothèque de synthèse historique » de l'Ecole des Annales une « Introduction linguistique à l'histoire », en 1923, sous le titre : *Le Langage*[2]. Dans un chapitre consacré aux « langues communes » (IVe partie, chapitre 3), voici ce qu'écrit ce professeur au Collège de France :

Le froid qui produit la glace et voudrait retenir la rivière, c'est l'effort des grammairiens et des pédagogues ; et le rayon de soleil qui rend à la langue sa liberté, c'est la force indomptable de la vie, victorieuse des règles, brisant les entraves de la tradition.
Le français actuel justifie assez bien la comparaison qui précède. L'écart entre la langue écrite et la langue parlée est de plus en plus grand. Ni la syntaxe ni le vocabulaire ne sont les mêmes. Même la morphologie présente des différences : le passé défini, l'imparfait du subjonctif ne sont plus employés dans la langue parlée. Surtout la différence des vocabulaires éclate à tous les yeux. *Nous écrivons une langue morte* [j'ajoute l'italique]. Mais nous parlons bien autrement [...]. » (*Le Langage*, p. 325-326.)

Vendryes montrait ensuite, reprenant un ton plutôt puriste, qu'un certain écrit, celui des journaux, adopte les formes de la langue parlée, tels « le solécisme *je m'en rappelle*, le tour barbare *de façon à ce que* », et « bien d'autres "fautes" non moins grossières » (p. 326). Plus loin, il appelle la langue écrite qui évite ces « tours barbares » le « français littéraire » et reprend son propos provocateur :

Mais le français littéraire est une langue apprise [...]. Nul ne sait combien de temps l'usage s'en maintiendra, je veux dire l'usage de l'apprendre. En tout cas, on peut prévoir qu'il en sera du français littéraire comme du latin ; il se conservera à l'état de langue morte, avec ses règles et son vocabulaire fixés une fois pour toutes. La langue vivante se développera indépendamment de lui, comme ont fait les langues romanes. (*Ibid.*, p. 327-328.)

Ces fortes prédictions, exprimées comme en passant dans un texte brassant l'histoire générale des langues humaines, ne passèrent pas inaperçues. D'autant qu'elles s'inséraient dans une réflexion sur le passé, où maints phénomènes analogues s'étaient produits : une langue vivante et spontanée devient apprise, artificielle ; elle se fige et meurt, donnant naissance à une forme déviante, « fautive », mais vivante (sanskrit et prâkrits, arabe classique et formes modernes, grec antique et moderne[3], latin et langues romanes). Il est facile de montrer que ces comparaisons pèchent par beaucoup d'aspects ; mais la prédiction sur ces deux « français » distincts était stimulante.
En tout cas, elle a fortement stimulé un jeune écrivain et poète, qui avait trouvé dans Henri Monnier et Jehan Rictus l'image d'un autre français que celui que la société, pensait-il, lui commandait d'écrire : il s'appelait Raymond Queneau, et constatait en 1937 qu'un autre écrivain venait d'en prendre acte : l'auteur de certain *Voyage au bout de la nuit*. Mais la révolution de Céline était celle de la syntaxe ;

Queneau, s'appuyant sur Vendryes, qui fustigeait la « misère orthographique » du français, véritable « calamité nationale » (*ibid.*, p. 389), se lance alors dans une pratique qui contribua plus tard à sa gloire :

Mézalor, mézalor, késkon nobtyin sa dvyin incouayab, pazordinèr, ranversan, sa vouzaalor indsé drôldaspé dontonrvyin pa. On irekoné pudutou lfransé, améṣa pudutou [...]. Avrédir, semêm maran. (« Ecrit en 1937 », dans *Bâtons, chiffres et lettres*, p. 22.)

Une pratique, disais-je, pas une « transcription », et marrante, ce qui est mieux que scientifique. Car si Queneau ajoute que c'est pas encore ça, qu'« ifôdra ranplasé *ch* par *č* [...] *gn* par *ñ* », etc., il n'insiste pas trop. Les réformateurs du XVIe siècle, eux, n'y allaient pas par deux chemins, écrivant et imprimant *ã* pour *an*, et ainsi de suite.

Quant à l'interprétation du duo oral-écrit, pour le français, en nouveau-ancien, vivant-mort, contemporain-archaïque, qui donne lieu, dans « Ecrit en 1955 » du même recueil, au composé « le néofrançais », Queneau y reviendra souvent, quitte à en modérer l'expression plus tard.

Ce qui frappe, c'est le besoin, pour souligner un fait d'observation courante, souligné par tous les linguistes, à savoir l'écart énorme entre français parlé et français écrit, de recourir à cette abstraction, plus satisfaisante que celle qui définit un « français » et un seul, et qui distingue « deux français » auxquels on attribue du même coup d'autres caractéristiques globales : moderne, vivant, nouveau, « néo », changeant, populaire, ordinaire, commun, d'une part ; ancien, vétuste ou moribond (voire, assez absurdement et entraîné par l'antiphrase, « mort »), figé, immobile, élitaire, en encore, « littéraire », alors que ce type de discours fut le premier à donner à l'oralité son image.

Or, les critères étant hétéroclites, leur rassemblement ne peut être qu'artificiel. La question serait : la langue, une langue, le français tel que parlé, et une langue, le français tel qu'écrit, sont-elles deux langues distinctes – comme le français et l'anglais – ou bien sont-elles *une* langue différemment incarnée ? Poser la question ainsi, c'est y répondre. Ou bien « le français » n'existe pas, n'a jamais existé, ou bien c'est un système qui s'est clivé en deux, mais qui reste unique. Dire que le français parlé, c'est le français vivant, le français langue vivante, alors que le français écrit serait une autre langue, aussi morte que le latin, c'est nier, ou détruire ou, s'agissant d'esprits subtils, « déconstruire » le concept de « langue française ». Dire en revanche que le français a plusieurs actualisations, plusieurs facettes, plusieurs réalisations, c'est adopter, à côté du concept de « langue » et soumis à lui, celui d'« usage », sans négliger qu'aussi bien défini soit-il, un usage du français (local, temporel, social, dans une situation, pour remplir un besoin, etc.) est encore une abstraction, qu'on ne peut qu'induire de l'observable, qui est fait de paroles et d'écrits, de « discours » émis par des individus, reçus (pas forcément) par d'autres.

Entre la multiplicité des discours, plus grande infiniment que celle des individus, et l'unicité de la langue, la remontée est lente et périlleuse. Aussi bien, ne peut-on éviter une idée longtemps négligée, longtemps masquée, et ce n'est pas celle de l'oralité, mais bien de la *variation*.

Une langue n'existe que dans la variation, qui produit la variété de ses usages ; ces usages par leur variété interne et même le discours individuel selon les situations, l'humeur, le temps qu'il fait...

Concernant l'oralité, la langue orale, plusieurs grandes situations se manifestent, et considérer le français contemporain oral comme une entité à opposer à une autre, pour inventer une langue autre, c'est aller un peu vite.

A ce point, j'aimerais citer un des plus grands noms du médiévisme en français, Paul Zumthor :

Il convient – d'abord – de distinguer trois types d'oralité, correspondant à trois situations de culture. L'un, primaire et immédiat, ne comporte aucun contact avec l'écriture ; en fait, il se rencontre seulement soit dans des sociétés dépourvues de tout système de symbolisation graphique, soit dans des groupes sociaux isolés et analphabètes [...].
[...] la quasi-totalité de la poésie médiévale reléva de deux autres types d'oralité, dont le trait commun est qu'ils coexistent, au sein du groupe social, avec l'écriture. Je les ai nommés respectivement oralité *mixte* quand l'influence de l'écrit demeure externe, partielle et retardée, et oralité *seconde* quand elle se recompose à partir de l'écriture au sein d'un milieu où celle-ci tend à exténuer les valeurs de la voix dans l'usage et dans l'imaginaire. En inversant le point de vue, on dirait que l'oralité mixte procède de l'existence d'une culture « écrite » (au sens de « possédant une écriture ») ; l'oralité seconde, d'une culture « lettrée » (où toute expression est marquée plus ou moins par la présence de l'écrit). » (Paul Zumthor, *La Lettre et la voix. De la « littérature » médiévale*, introduction, 1. Perspectives, Paris, Le Seuil, 1987, p. 18-19.)

Or, il est clair que le français oral du XXe siècle ne peut appartenir qu'au troisième type distingué par Paul Zumthor ; que seuls les analphabètes ayant acquis un usage du français dans une culture purement orale – des paysans africains devant y recourir, ou les esclaves des plantations du XVIIIe siècle élaborant un créole – sont témoins de l'oralité première et pure.

Tout manifeste, dans cette affaire, la « mixité » et la « secondarité » du français parlé contemporain. Inversement, la représentation d'usages et de discours oraux dans l'écriture a engendré, surtout à partir du milieu du XIXe siècle (mais plus rarement à toutes époques), une écriture mixte du français, sous la forme plusieurs fois évoquée dans ce livre de transcriptions littéraires de l'oral « populaire ».

Car on a beaucoup parlé et écrit, non sans raison, de français « populaire », sans jamais pouvoir définir cet adjectif chargé d'affects. Lorsque Henri Bauche, en 1920, décrit ce qu'il nomme « langage populaire », c'est « du français tel qu'on le *parle* dans le peuple de Paris » et de nul autre qu'il s'agit. Un usage social et local, et temporel (moderne, actuel) de la langue française « parlée » ? Bauche distinguait dans son introduction « deux façons principales et distinctes de parler – parfois aussi d'écrire – l'idiome national ». Et il établissait deux séries affrontées d'équivalences, évidemment forcées : langue *écrite* ou *correcte*, ou *classique*, ou *littéraire*, ou *officielle*, ou *académique*, contre langue parlée, ou populaire, ou vulgaire, plus loin « langue *commune* des basses classes ». Cependant, alors que cet auteur attentif et sérieux prend bien soin de distinguer de son « langage populaire » l'argot, on voit bien que l'opposition écrit-parlé, essentielle à son propos, est souvent neutralisée et négligée. Pourtant, au chapitre « prononciation », il évoque un ouvrage possible qui serait « le français, langue écrite et langue parlée », et il conclut pléonastiquement qu'« on devra donc étudier d'abord tout spécialement la prononciation de la langue parlée, et plus particulièrement, la prononciation du langage populaire (L. P.) », différente de celle « du langage correct (fr. : le "français") et de celle du langage familier (fam.) ».

C'était reconnaître un type de variété propre à la langue parlée et dénoncer l'artifice orthographique, thème éternel dans le contexte d'un écrit français obstinément stable.

Près de septante années après, une linguiste déjà nommée, Françoise Gadet, se préoccupe du flottement commenté ici dans les désignations de la variété des usages du français et cherche à désigner ce qui, étant très différent du français « soutenu », « recherché », « littéraire », « normé », ne serait pour autant « pas non plus (ou pas seulement) le français oral ou parlé, puisqu'il peut s'écrire ». Et elle propose « français ordinaire »[4]. Sous ce titre, c'est d'abord et à juste raison de la variation du français qu'il s'agit, et essentiellement de l'oral (phonologie « variationniste » du français actuel, syntaxe souvent parlée), sans négliger un aspect important, qui est la transcription écrite de cet oral, spontanée (orthographique) ou scientifique (phonétique). Toute l'analyse est fondée sur la description de la parole spontanée en français, dont s'occupent de plus en plus les linguistes (en particulier, Claire Blanche-Benveniste) et les socio- et psycholinguistes.

Cependant, si l'idée d'un français « oral » nettement distinct n'est pas plus claire que celle d'un français « populaire » – mais à coup sûr différente –, celle d'un français « ordinaire » ou « commun », ou « banal » dont on ne voit pas à quoi elle pourrait s'opposer (« extraordinaire », « exceptionnel », « rare » ?) ne paraît pas plus nette, ni plus opératoire.

Quant à la dichotomie écrit-parlé, dont on vient de voir combien elle était ambiguë et sans doute trompeuse, au moins est-elle observable, et l'on peut aisément montrer à quel point les lois de la formation du discours à l'écrit – qu'il soit manu-scrit ou tapu-scrit, avant d'être « saisi » en l'ordinateur – sont distinctes de celles de l'oral, qui dans sa temporalité linéaire non corrigeable, produit de nombreux phénomènes parasitaires par rapport à l'économie sémantique, et qu'il faudrait envisager comme des faits fonctionnels instables, mais structurants[5]. Un peu à la manière des travaux modernes sur l'acquisition du langage – parlé, évidemment – chez l'enfant, il s'agit d'un changement de perspective dans la description, non plus celle de « fautes » ou simplement d'écarts, l'idéologie évoluant, par rapport à une norme qui n'est pas pertinente, puisqu'elle est écrite, non plus même, dans une optique encore différentielle, le catalogue des « scories » (Paul Imbs), répétitions, lacunes, reprises, bafouillages phonétiques, incohérences syntaxiques, de la parole spontanée (non récitée, non lue), mais étude objective des réalités pour en dégager la finalité expressive, communicative, des productions orales. La grammaire de l'oral ne peut être celle de l'écrit ; mais c'est l'écrit, historiquement, qui a été le matériel et le moyen de toute « grammatisation » des langues à écriture.

Cependant, les débats philosophiques ou linguistiques sur la priorité de l'oral ou de l'écrit dans l'élaboration d'un modèle global du langage n'ont pas tant d'intérêt que la constatation modeste des différences entre ces deux systèmes : dans « lézanfan », écrit *les enfants*, il suffit de constater que la marque du pluriel, par rapport à « lanfan », *l'enfant*, n'est pas la même à l'oral qu'à l'écrit, où deux *s* ajoutés au nom et à l'article *le* (transformé en *l'*), l'un muet (celui de *enfants*), l'autre sonore doublement, par la voyelle *é* et le son *z*, compliquent sans nécessité l'opposition *l*, *léz* (ou celle qu'on peut redoubler : « l – lé ; anfan – zanfan »). Partout, le système graphique trahit et complique celui des sons ; tout cela, cent fois décrit et expliqué. Tandis que les sons du français évoluent, varient d'un lieu à l'autre et que la norme d'un seul bon usage est simplement impensable, les lettres latines déviées de leur office antique forment un système qu'on ne parvient à modifier qu'à grand-peine, et où la variété évidente des modes du parler normaux (les *e* dits « muets » sans doute pour ennuyer les locuteurs du sud de la France, les *b* et *v* assourdis en *p* et *f* en Alsace) substitue un modèle unique, par rapport auquel tout écart est une faute, alors qu'on loue les agréments d'un (léger) accent italien ou anglais, qui fait bouger la phonétique.

Cependant, quand les linguistes ont reconnu l'absurdité du figement orthographique, que se passe-t-il ? Des « tolérances » admises par l'école et qui ne sont guère appliquées ; des mini-réformettes proposées et jamais suivies. En un mot, rien. A quoi répliquent ces insoumis que sont les observateurs cités plus haut, Vendryes ou Queneau, le linguiste et l'écrivain, par cette étrange prophétie : l'oral soumis et honteux sera tout, car il vit, car l'écrit tyrannique et figé est un mort en sursis.

Cela dit, qu'observe-t-on, en ce terrible XXe siècle – enfin mort, lui aussi, sans que rien d'essentiel change – et au début du troisième millénaire ?

Que le français parlé et le français écrit continuent de plus belle à se parler et à s'écrire, mais aussi que, de plus en plus, ils se mêlent, interfèrent, échangent leurs pouvoirs, se déversent l'un en l'autre. Ce qui rend nécessaire une distinction entre production de son par la voix et pour l'ouïe et « oralité » ; entre geste de la main qui mime un tracé appris, du doigt qui frappe la touche, et « écriture ».

D'un côté, deux phénomènes physiques pour deux « canaux » sensoriels de communication très distincts ; de l'autre, deux productions rendues possibles par cette aptitude anthropologique, le langage. Cela, encore compliqué par le « langage des signes » qui permet aux sourds de converser, et qui ressemble linguistiquement à de l'oral, tout en étant transmis par le canal visuel, comme une écriture.

En outre, la production du discours et la productivité qu'elle suppose ont des modalités assez indifférentes au canal, qu'il soit acoustique ou visuel. L'une d'elles est appelée « production de textes », plus couramment « littérature », et, autrement pensé, « poésie ». C'est bien un poète qui formule la neutralisation de la voix et du geste, de l'oreille et de la vue : « l'œil écoute » (Claudel). Aussi bien, la bouche écrit, la main parle.

Théâtre et chanson

Un exemple séculaire de ce va-et-vient, le théâtre ; un autre, où intervient un supplément sonore présent dans toute parole, mais qui la transcende, la musique vocale.

Comme on a pu le constater pour le XIXe siècle, le théâtre, la chanson sont des formes de langage à la fois écrites et proférées. Ecrites, quand l'« écrivain » produit ses dialogues ; tout autant écrites que quand le romancier « fait parler » des personnages ; parlées, quand l'acteur les dit, grâce à la mémoire d'un texte écrit. Quant au chant et à la chanson, ils sont écrits par le librettiste d'opéra, par l'auteur, compositeur ou pas, de la chanson, ou du rap, ou du slam, puis oralisés, ni plus ni moins que le poème fait pour être déclamé, ou bien lu en silence (car il y a bien deux lectures, et l'une est muette). Entre le stade oral d'une création littéraire – théâtre joué, poème chanté ou récité – et l'oreille de l'auditeur, divers systèmes peuvent intervenir, ni oraux ni écrits – à moins d'évoquer l'écriture secrète du phonographe, aujourd'hui numérisée –, on y reviendra à propos des techniques qui prennent le langage en charge.

Le français en pièces

Après la Première Guerre mondiale, la production théâtrale est aussi centralisée que possible. En France, tout se passe à Paris, ce qui renforce l'illusion unitaire produite par l'usage d'Ile-de-France, par rapport auquel tout se juge.

Si la variété des usages est reflétée, parfois exploitée pour distraire, celle des spectateurs – en l'espèce auditeurs – n'est pas grande. Les pièces qui constituent la force économique des théâtres, à Paris ou en tournée, relèvent souvent du « boulevard », et toujours de la bourgeoisie à tous égards « moyenne ». La comédie domine, où il est aisé de caractériser les personnages par un type de discours. Pierre Larthomas[6] cite une pièce de Tristan Bernard, *My love... mon amour !* (1922) où les uns emploient un usage supposé neutre (il ne l'est plus pour nous), les autres un langage vaguement argotique et où un vieux serviteur tient un discours dont la naïveté populaire peut évoquer une origine rurale[7].

La variété des usages sert de ressort comique lorsque le français argotisé est confronté au langage petit bourgeois. Là est l'origine du succès de *Fric-Frac* (1936) dont fut tiré un film où Arletty et Michel Simon étourdissaient de leur lexique, et de leur accent parigot, un Fernandel bien convenable et ahuri.

Mais les pièces à succès jouaient sur des registres plus discrets. Ce qui n'empêchait pas De Flers et Caillavet, dans *Les Vignes du Seigneur* (1923), de moduler habilement les paroles sociales et de tirer parti d'un autre type de variété dans le parler, en exploitant la représentation du discours de l'ivrogne sentimental. Le théâtre bourgeois ou esthétique de l'époque s'efforce de dépasser la classe sociale à laquelle il se destine, soit avec modération et esprit, par exemple chez Sacha Guitry, soit dans la recherche rhétorique qui transmue en discours poétique un parler rural archaïsant, ou l'insolence du milliardaire de *Partage de midi* (Claudel).

S'agissant d'oralité, on peut saluer à cette époque l'agonie bavarde du théâtre en vers, que des comédiens déclament avec une emphase démodée. Une histoire de la déclamation reste à faire.

Au sujet de la représentation des variétés du français au théâtre, on ne peut oublier Marcel Pagnol, qui, dans *Topaze* (1926), accompagne linguistiquement le parcours d'un petit professeur timoré vers les milieux politiques riches et malhonnêtes, ni, bien sûr, les comédies marseillaises *Marius* (1929) et *Fanny* (1931), qui transforment les réalités observées du discours populaire régional en images symboliques durables (alors qu'on ne parle plus du tout à Marseille, au XXIe siècle, comme dans ces pièces[8]).

Ces reflets de la parole sociale, dans l'autre théâtre, celui des poètes et des plus grands écrivains, laissent place soit aux raffinements de l'usage littéraire (Giraudoux), soit à l'ébullition poétique inaugurée par Apollinaire (*Les Mamelles de Tirésias*), Cocteau (*Les Mariés de la Tour Eiffel*) et le surréalisme.

Après 1945, un profond renouvellement de l'écriture théâtrale se manifeste. La reproduction allusive ou grossière des variations du discours est abandonnée au théâtre de boulevard, qui perd la plupart de ses charmes. C'est la critique sociale et politique qui l'emporte, avec Camus et Sartre, et surtout, c'est la mise en scène, à travers les discours particuliers, de la force du verbe – au sens mallarméen – et de la dérision du langage ordinaire. Mais le théâtre au-delà des langues naturelles, parlant « un langage concret » (Antonin Artaud), est bien obligé, sauf à devenir mimodrame, d'emprunter à la parole héritée. Il s'agit donc de la subvertir, en mettant sur la scène la machine de guerre (« la poésie est une salve contre l'habitude », Pichette).

Henri Pichette, Georges Schéhadé, Jacques Audiberti, Jean Tardieu, Jean Genet, Eugène Ionesco, Jean Vauthier, Samuel Beckett, Valère Novarina, tous, en français dans le texte, tous écrivains producteurs de parole, tous puisant dans le réservoir des usages, des nombreux usages du français leur matériel verbal, débarrassés du souci d'homogénéité qu'on trouvait dans le théâtre hautain de Montherlant, ou dans le ton moyen d'Anouilh.

Car l'expression, la poésie, le symbole, la vérité peuvent naître de tout type d'usage. On a loué ou vilipendé le passage des *Epiphanies* où Henri Pichette transforme en verbes tous les mots qu'il rameute (ça commence avec *je t'aime*, dans l'évidence, continue avec *je te vertige*, se répand en « [je] *t'hirondelle te reptile t'anémone te pouliche te cigale te nageoire* [...] » et même « *te chaise te table te lucarne* »). Travail sur le lexique, mais, malgré Hugo, même plus de « paix à la syntaxe ». Et, dans le torrent poétique, le vrai parler : « Dis, monsieur, c'est vrai qu'ils vont venir les clowns ? »

Les créateurs suivent la trace d'Artaud, dans *Le Théâtre et son double* : « faire servir le langage à exprimer ce qu'il n'exprime pas d'habitude, [...] s'en servir d'une façon nouvelle, exceptionnelle et inaccoutumée [...] ». Or, créer un langage nouveau au théâtre, c'est travailler la voix, non seulement dans les énoncés supposés signifiants, en épuisant leur signifiance, mais dans le cri, le soupir, le vagissement et le silence même. Le sommet de l'agression du sens dans la production vocale irrépressible, on le trouve chez Beckett, qui parvient à mimer en logorrhée le vide agité d'une pensée en train de crever (le monologue de Lucky dans *En attendant Godot*), qui donne l'écho du magnétophone pour abolir le temps du langage (*La Dernière Bande*). Le vertige de la voix qui ne parvient pas à se taire, à finir (*Fin de partie*), la construction rigoureuse des débris de parole sont au-delà de toute langue. Chez Beckett, ils se réalisent en anglais, en français, non pas indifféremment, mais avec autant de puissance. Beckett est un maître du français ordinaire, du français lettré, pédant ou incolore. Il épuise la langue pour tuer le langage, sans faire cesser la comédie de la parole. La neutralisation des langues et de Babel en français, c'est l'affaire d'Ionesco, qui dévoile ses batteries en créant une sorte de méthode Assimil « français courant-français ordinaire », dans *La Leçon*[9].

Le réalisme social des parlers, des usages parlés, est abandonné chez tous ceux qui subvertissent la parole dans leur écriture, au théâtre et plus encore dans la prose à lire silencieusement. Restent les jeux sur le lexique (Jean Tardieu : *Un mot pour un autre*), la poétique du baroque utilisant tous les registres (Jacques Audiberti), l'invention de mini-langues nouvelles, comme dans *Génousie* de René de Obaldia.

Cependant, qu'il s'agisse de théâtre ou non (chez Beckett, Genet, Pichette, Audiberti..., dans le roman ou le poème), les modulations du français contemporain sont moins prégnantes que le combat du langage contre lui-même, du son contre le sens, de la voix contre le silence, et de l'écriture contre le « vide papier que sa blancheur défend » (Mallarmé).

Paroles rapportées

Mais on retrouve les reflets théâtraux ou romanesques de la variété du français, dont il a été question pour les périodes précédentes[10], pendant tout le XXe siècle. On vient d'effleurer le sujet quant au théâtre « de digestion » (Sartre), mais ce n'est plus ni de divertissement bourgeois ni de digestion qu'il s'agit, quand on aborde le continent romanesque. Ce que Hugo, Balzac, Flaubert avaient commencé, Proust, Martin du Gard, Jules Romains, tout autrement Aragon ou même Colette, Mauriac... le continuent, parmi une nuée d'auteurs soucieux de refléter les variations de la parole française et de les intégrer à leur projet : un texte.

Je fais ici abstraction des goûts et des jugements de valeur, et c'est sur le plan de l'observation et du « rendu » exact des oralités rapportées qu'il suffit de se placer, pour ne retenir, à titre exemplaire, que trois grands témoins de l'écoute des « parlures » : Proust, de toute autre manière Céline, et, dans l'humour de la théorie appliquée, Queneau. Le dernier nommé approfondit la tradition dans une transcription plus fidèle de l'oral ; les deux premiers ne s'attaquent pas plus à la vieille orthographe que ne faisait Flaubert. Les pseudo-graphismes de l'oralité deviennent une spécialité : celle des « argotiers » comme Le Breton ou Boudard.

Indépendamment d'une évolution stylistique bien connue et étudiée, l'écriture romanesque ne cesse de s'intéresser à la parole : face à la subversion syntaxique et rythmique de Céline, servie par un vocabulaire qui va du populaire au raffiné, d'autres subversions se manifestent, par exemple avec Nathalie Sarraute et ses « tropismes » de langage (*Tropismes*, 1938). Les signes partiels de l'oralité – de nombreuses oralités – s'introduisent de plus en plus dans le projet littéraire, avec le style indirect libre d'Aragon, avec le mélange de formes appartenant à des usages incompatibles chez Queneau, quand il court d'un imparfait du subjonctif à une expression populaire, du vocabulaire médiéval à la parole contemporaine (*Les Fleurs bleues*).

Au-delà de la caractérisation des personnages par leurs manières de dire – admirablement déployée par Proust, décidément grand « sociolinguiste » –, ce sont des structures de l'énonciation orale qui pénètrent le texte. « Le problème présent et, me semble-t-il, peu remarqué, de la forme est celui d'un langage parlé, atteignant cependant à la qualité du style », répondait Malraux en 1934 à une question sur les problèmes de formes qui occupent le plus les écrivains français [11]. L'effet du *Voyage au bout de la nuit*, paru en 1932, y était pour quelque chose.

J'ai évoqué plus haut les idées de Queneau sur le « néo-français » et ses pratiques de transcription de l'oral. Leur application est cependant très partielle, et se mêle à d'autres pratiques, certaines étant le témoin d'un usage obsolète, comme la poésie didactique versifiée, à laquelle il donne un grand charme. Quant aux transcriptions présumées « phonétiques », plus abouties que celles de ses prédécesseurs, Bruant ou Richepin, on peut penser qu'elles instaurent non pas un néo-français d'essence orale et spontanée, mais une néo-graphie consciente de ne pouvoir être acceptée socialement. Autrement dit, et comme avec Céline, assez loin du peuple, pour ces *happy few* inventés par Stendhal – ou plutôt tirés de Shakespeare – et qui sont la plaie délicieuse de la littérature française.

Paradoxe donc, que ces déclarations à Georges Charbonnier, où l'auteur de *Si tu t'imagines...* et de *Zazie dans le métro* dit qu'il a « envie d'écrire dans la langue [...] de tout le monde », qu'il n'a pas « envie d'écrire en latin ». Or, rien n'est plus éloigné de la langue de tout le monde que celle, élaborée, qui a produit *Les Fleurs bleues* ou *Le Vol d'Icare...*

Quant à la notation écrite de la parole, voici encore ce qu'en disait – et non pas écrivait, car c'était à la radio – le cher Raymond Queneau :

« Lorsqu'on écrit le français parlé, il est bien évident que ce qui est écrit n'est jamais une notation phonographique du langage parlé ; c'est pour cela qu'au lieu de "français parlé", j'aimerais mieux dire "néo-français" ou quelque chose comme cela ; il est écrit [... et] il y a aussi bien des valeurs de

style en français parlé, ou néo-français, qu'en français écrit ou français dit classique [...]. »
Entretiens avec Georges Charbonnier, 7, Paris, Gallimard, 1962.

Autrement formulé, ce n'est pas une parole que Queneau veut transcrire, c'est une langue, c'est le tout d'une structure qui incarne pour nous le langage ; l'affaire de l'orthographe n'est pas essentielle, dans les habitudes de la langue déchue, qu'elle soit « écrite » ou « classique », ce qui n'est évidemment pas la même chose.

En effet, même sans tenter de théoriser, il est facile de distinguer les nombreuses modalités de l'oral comme celles de l'écrit, certaines applicables aux deux formes. Il existe un usage spontané, destiné à l'expression et à la communication sans souci supplémentaire, ni de correction (par rapport à une norme prédéfinie), ni d'élégance ou de style : le bavardage, les échanges quotidiens, familiaux, intimes ou socialisés, pour l'oral ; les lettres, messages, griffonnages, aujourd'hui les courriels, les blogs, pour l'écrit. Les échanges suivis, les conversations peuvent relever, à l'oral, d'un modèle plus élaboré, défini par une esthétique d'époque. Mais existe aussi un oral préparé, exposé à un auditoire, qui se rapproche souvent de l'écrit apprêté pour une diffusion (orale : théâtre, dialogues de films, textes de chansons, etc. ; écrite, par l'imprimerie ou l'Internet). Enfin, si l'écrit est matériellement normé – par la typographie, mais aussi la mise en pages, le contact avec l'image, etc. –, il sert de matériau au journal, au magazine, à la publicité visuelle, et sa validation sociale maximale peut s'appeler « littérature ».

Le texte littéraire, le livre, éminemment écrit, a un équivalent oral, linguistiquement organisé par des rhétoriques : cela va des prédications aux discours politiques, de l'efficacité dans l'action au projet esthétique. Certains discours, et même des interviews ou entretiens et chroniques radiophoniques, voire un texte très écrit destiné à être proféré (*Télévision*, de Jacques Lacan, d'ailleurs accompagné de sous-titres écrits lors de sa diffusion), sont aussi des textes éditables et édités, qu'ils soient ou non catalogués comme « littéraires ».

Deux réflexions générales : le brouillage de la distinction oral-écrit ; la modification radicale de la communication sociale, parlée comme écrite, par les nouvelles techniques. Toutes langues sont concernées ; ici envisagées en contact avec le français, de manière collective, et le poids de la technique sera plus ou moins lourd selon le niveau industriel et le revenu moyen des sociétés. Les techniques, à commencer par celles de l'imprimerie et à finir – pour le moment – par l'informatique (les deux sont aujourd'hui enlacées) pèsent plus lourd, peut-être sur le français d'Amérique du Nord et celui d'Europe occidentale, que sur ceux d'Afrique, et plus lourd sur l'anglais, le français, le chinois, que sur le berbère ou le yoruba.

Le français en proie aux techniques

Dans un ouvrage intitulé de manière significative *Français écrit Français parlé*[12], le linguiste Aurélien Sauvageot, spécialiste du hongrois et du français langue étrangère, remarquait que si la langue parlée, au début du XXe siècle, ne faisait pas concurrence à l'écrit, il n'en était plus de même au moment où il s'exprimait, au début des années 1960. Il notait qu'« à la communication par la presse, les livres, [s'était ajoutée] celle par le téléphone, la radiodiffusion », et examinait les conséquences de cette situation, notamment « la transposition de l'écrit en parlé ».

En effet, la technicisation du français d'Europe et du Canada, à partir du début du XXe siècle, s'inscrit dans la problématique de l'oral et de l'écrit et de leurs besoins communs. Historiquement, deux stades sont à distinguer : celui de l'enregistrement et de la radio, qui crée des situations langagières nouvelles dans la première moitié du siècle, accompagné, au début des années 1930, par l'apparition d'un cinéma qui parle ; puis, des années 1960 à nos jours, l'invasion télévisuelle, qui est aussi « téléauditive » et enfin la contre-attaque massive de l'écriture avec l'informatique et la « Toile ».

Paroles gelées, écritures dégelées : radiophonies, disques et encore la chanson

On a mentionné l'application des premiers enregistrements aux recherches sur les parlers dialectaux et régionaux, avec la possibilité d'« archives de la parole », dès 1911.

Cette technique ne faisait pas seulement de la parole un objet exposé, étudiable – rendant possible une nouvelle linguistique ; elle la transmuait en lui accordant une mémoire, la rapprochant ainsi, sur le plan temporel, de l'écriture. L'adage latin, *verba volant*, ne cessait pas d'être vrai ; mais on pouvait commencer à dire *verba manent*.

Sont presque contemporaines les premières techniques d'enregistrement, de transmission sans fil, de cinéma. Ce dernier restera muet jusqu'en 1928 ; mais comme il s'inspire, après les balbutiements initiaux, du théâtre ou de la narration romanesque, il a besoin des mots : son discours sera donc écrit, rompu, élémentaire. Les intertitres naïfs, entourés de gracieuses accolades, font aujourd'hui sourire. N'empêche que leur rôle était essentiel et modeste : orienter la compréhension du spectateur dans ce flot d'images mouvantes. Le modèle pouvait en être la légende des images imprimées ; mais celles-ci illustrent des textes. Les courtes phrases du cinéma muet, instant de repos pour l'œil, constituaient une phase nouvelle dans le mariage hasardeux de l'image et du langage. A la même époque, cette combinaison de signes, où un texte écrit fixe l'ambiguïté sémantique de l'image, faisait son apparition dans le journal quotidien, aux Etats-Unis, dans les publications enfantines, en Europe. La bande dessinée et d'abord l'histoire en images légendée, avant les « bulles » d'écriture, est la jumelle du cinéma commenté, dans l'organisation narrative. Mais elle est beaucoup plus riche quant au langage. Les intertitres sont d'une pauvreté et d'une monotonie voulues ; ils sont nécessaires, mais honteux : ne pas perdre de pellicule.

Plus importante socialement, dans le premier tiers du XXe siècle, que l'enregistrement sonore – il prendra sa revanche plus tard, surtout avec le son musical – est la transmission à distance d'une parole sans visage. Ce fait technique prend en charge deux modes de communication différents : d'une part le dialogue privé, la conversation ; de l'autre la parole, la musique ou les deux (le chant, la chanson) allant d'un émetteur unique à une masse d'auditeurs qui ne sont plus réunis comme au théâtre ou au caf' conc', mais « chacun chez soi », et qui sont – pour l'instant – privés de tout droit de réponse.

La diffusion par les ondes hertziennes apparaît au début du XXe siècle (en Europe, Marconi émet du nord de la France vers l'Angleterre et invente un sens nouveau pour le mot italien *antenna*, antenne en français). Grâce aux progrès techniques que les forces armées accélèrent en temps de guerre (voir le chapitre 1 de cette partie X), la « diffusion » préfixée par *radio*, la « téléphonie sans fil » ou *TSF*, deviennent au début des années 1920 un phénomène social. En France, en 1922, une entreprise privée, Radiola, propose des « émissions » régulières. Au milieu de la décennie, la radiophonie est devenue une passion pour certains, une habitude, déjà, pour beaucoup. Indice de ce phénomène, un quotidien très populaire, *Le Petit Journal*, consacre une page de son supplément hebdomadaire, pendant quelques semaines, à la radiophonie, en octobre et novembre 1926. On y constate que les auditeurs, les « sansfilistes », sont rivés aux écouteurs des postes à galène – qui seront légion jusqu'à la guerre de 1940 – mais que se développent les postes à lampes et amplificateurs[13] qui permettent l'écoute collective : « l'amateur, écrit *Le Petit Journal illustré*, veut, en bon altruiste, faire partager commodément son plaisir à sa famille et à ses amis » (31 octobre 1926).

300, 301, 302, 303. – « Allô Allô ! Ici poste de Clichy de la Compagnie française de Radiophonie : notre émission va commencer... »
C'est par ces mots bien connus des auditeurs de TSF que le mondial et sympathique Radiolo[14] ouvre, si j'ose dire, son microphone sur les innombrables casques et haut-parleurs qui l'attendent tous les soirs avec impatience. (R. LANDIER, dans *Le Petit Journal illustré* du 7 novembre 1926.)

Cet article décrit avec un certain détail l'activité du studio Radiola et déplore la rareté des « postes à moyenne et faible portée », qui, semble-t-il, n'existaient, outre Paris, qu'à Toulouse, Lyon, Bordeaux, Marseille. Quant aux contenus transmis, le « poste » le plus généreux, Radiola, offrait trois émissions par jour, essentiellement de la musique et des nouvelles parlées, dans des domaines variés. Originalité : le poste de la tour Eiffel présente « un journal parlé qui a lieu tous les soirs de 18 à 19 heures. Des journalistes viennent exposer et commenter devant le microphone le fait du jour : financier, économique, judiciaire, littéraire, reportage parisien, reportage régionaliste », écrivait Landier. La formule était celle des journaux imprimés d'avant la guerre ; elle « a été heureusement adaptée à la TSF ».

L'évidence d'un transfert à l'oral immédiatement diffusé du journalisme écrit distribué plus lentement et incomplètement est frappante ; l'élaboration de ce programme est d'ailleurs « une *rédaction* d'un nouveau genre ». En effet, les contenus langagiers de la jeune TSF, outre ce « journal parlé », sont des conférences, des cours de langue, des cours de Sorbonne, toutes productions de parole sans spontanéité excessive.

A la fin des années 1920, plusieurs innovations se produisent. L'enregistrement sonore va fournir au cinéma une technique pour devenir « parlant » – le lecteur mécanique cède la place à l'électromagnétique –, et pour enrichir les programmes radiophoniques par l'emploi de disques. Le disque conserve et reproduit avant tout de la musique, mais, dans la musique, il y a la chanson. Réapparaît alors un autre usage que celui du convenable journal parlé, du solennel cours du Collège de France – qui figure dans la description citée, en 1926 – en continuité « populaire » avec la chanson d'avant 1914.

Ça chante...

Deux évolutions sont claires : dans le langage, les thèmes des chansons en français – outre l'apparition de la parole chantée, puis « rappée » en d'autres langues – et dans leurs modes de diffusion, multipliés après 1930 : disques, radio, cinéma, qui évincent le chanteur de rues, qu'on évoque dès lors avec un attendrissement nostalgique, et qui concurrencent le caf' conc' et le music-hall.

La nature de ce qui est chanté, d'ailleurs, va changer. La chanson « réaliste », avec ses interprètes féminins, continue une tradition : Marie Dubas (*Mon légionnaire*), Fréhel accèdent à une qualité humaine qui va trouver son apogée avec une jeune chanteuse de rues devenue une vedette par la grâce de sa présence vocale, servie par le disque et la radio : Edith Piaf. Entre 1918 et 1940, les traditions populaires de la romance et de la fantaisie burlesque se portent bien : Mayol, Georgius (« Le lycée Papa..., le lycée Papillon »), Dranem, Milton (« Bouboule », qui chantait « J'ai ma combine ») nous semblent appartenir à un lointain passé ; ils réjouissaient les auditeurs des années 1920 et 1930 ; Mayol se produisit jusqu'en 1938.

La tradition critique du Lapin à Gill, la chanson de chansonnier qu'illustre Dominique Bonnaud et ses *Chansons rosses*, va conserver son pouvoir avec Robert Rocca et après lui. A la mutation technique des années vingt (la radio) et trente (le cinéma « parlant ») correspond une mutation esthétique. Joséphine Baker chante en 1931 : « J'ai deux amours, mon pays et Paris » ; Maurice Chevalier incarne le titi parisien et son langage ; Jean Nohain écrit pour Mireille des poésies faussement naïves (*Couchés dans le foin*, 1931 ; *Le petit chemin/Qui sent la noisette*, 1934). La romance sentimentale, tout comme la chanson comique, se modernise avec Jean Sablon ; elle prend des accents régionaux reconnaissables, avec, au sommet de la célébrité, le ténorino corse Tino Rossi ou le comique marseillais Fernandel. Cette époque étant plongée dans l'angoisse historique, la chanson comique peut annoncer les catastrophes : le groupe « swing » de Ray Ventura crée en 1936 le prémonitoire « Tout va très bien, madame la marquise ». En effet, dans la France d'alors, « à part ça, tout va très bien ». Ça, c'était la montée du nazisme, la menace de guerre.

Un phénomène nouveau : la chanson recourt de moins en moins à l'évocation des usages parlés populaires : c'est plutôt le registre familier plaisant, qui n'est plus situé précisément à Paname, même chez le parigot professionnel que fut Maurice Chevalier. En revanche, un esprit poétique simple et authentique s'exprime par la chanson : son premier grand témoin est le « fou chantant », expression où la « folie » signale un dépassement du banal et de la parole quotidienne. Charles Trenet masque derrière un optimisme bondissant (*Y a d'la joie*, créé par Chevalier en 1937) un art habile et spontané où la variété des usages, du familier au lyrique, évoque des obsessions tragiques, en dérision du vieillissement, de l'échec, de la mort.

Cette irruption du poétique dans le populaire se développera dans la seconde moitié du XXe siècle, à la fois grâce aux auteurs de textes servis par des interprètes d'exception (certains, Yves Montand, Gilbert Bécaud, Charles Aznavour, au sommet de la célébrité) et par les auteurs compositeurs dont la personnalité vocale éclatante est immédiatement perçue, avant que leur langage poétique ne s'impose. Georges Brassens, Jacques Brel, Léo Ferré, Jean Ferrat en font partie. Les textes sont pour eux essentiels, la poésie écrite, de Villon à Aragon, peut leur servir de tremplin, et ils expriment la variété du français, Brel dans la belgitude, Brassens en un usage à la fois populaire et raffiné avec un vocabulaire parfois cru, toujours recherché (ses archaïsmes évoquant parfois une parole rurale), Ferré dans l'invective et la tendresse (*Jolie môme*). La poésie des écrivains reconnus et la chanson populaire se mêlent : des voix multipliées par la technique chantent des textes à tirages (alors) discrets : les poèmes et chansons de Jacques Prévert, Boris Vian, Raymond Queneau (*Si tu t'imagines...*), Sartre (*Dans la rue des Blancs-Manteaux...*), et aussi d'Aragon, d'Eluard, d'Apollinaire – que met en musique, côté « classique », Francis Poulenc. La mélodie peut alors décupler l'effet des mots écrits par le poète : le cas de Joseph Kosma sur les textes de Prévert est suffisamment convaincant.

Ce retour de l'esthétique littéraire dans la parole chantée est servi, et de plus en plus, par les techniques. La radio en consomme des quantités impressionnantes : 12 500 chansons, dont 52,4 % en français, pour France Inter en 1968 ; les tirages des disques – qui changent rapidement de nature, du « 78 tours » (minute) au 45 tours et au 33, avant la révolution du compact – s'envolent, et ces diffusions massives révolutionnent la consommation, par rapport aux concerts de tous genres – même dans d'énormes salles ou des stades – et font de ces paroles chantées l'objet d'une industrie et d'un commerce intenses. De même, en passant du cinéma (depuis 1928) à la télévision, dans les années 1960, la chanson entendue et vue – moins la parole est importante, plus les corps spectaculaires sont essentiels – devient un élément majeur du *show-business* mondial et national.

Hors de France et en français, un domaine créatif de la chanson est le Québec, à partir de Félix Leclerc et surtout avec Gilles Vigneault, poète des grands espaces, de l'hiver et d'un peuple de pionniers, puis Robert Charlebois, évocateur d'un monde urbain influencé par les Etats-Unis et l'anglo-américain, qu'il est le premier à rendre en français.

La chanson, en toutes langues (dans les pays francophones, outre le français, l'anglais, le portugais brésilien [bossa nova] ou européen [fado], l'italien, l'espagnol, l'arabe, le berbère, des langues africaines..., l'anglais se taillant une part démesurée) est un événement complexe, lié d'abord à l'oralité, mais aussi à la présence de corps en action (montrés à l'audition « live », au cinéma, à la télé, en vidéo...). Le contenu auditif, sélectionné par la radio et les disques, est lui-même complexe, les éléments musicaux, rythme, mélodie, timbres, accompagnement instrumental, pouvant dévorer l'élément langagier, souvent banal (certains groupes anglo-saxons). Aussi bien, rares sont les textes de chansons qui conservent leur pouvoir poétique une fois privés de leurs musiques et surtout de leurs interprètes. Seuls Trenet, Brassens, Brel, ou encore Bobby Lapointe, auteur de modernes fatrasies, passent l'épreuve de l'impression. Le langage écrit, à lui seul, ne peut assumer ni la chanson ni l'opéra.

Enfin, surtout à partir des années 1980, il semble que la parole chantée parcourt le même chemin que le théâtre et la littérature : ce n'est plus seulement l'évocation des paroles quotidiennes qui la requiert[15], mais aussi la contestation du langage ordinaire : Serge Gainsbourg, Jacques Dutronc, Barbara, Jacques Higelin, Brigitte Fontaine... ont inauguré une veine poétique-critique par des manipulations langagières et vocales, tendant souvent à la dérision ou à la critique contestataire.

La parole au bout du fil : téléphones

On imagine mal, au XXIe siècle, l'effet produit par ce phénomène : parler dans un appareil inhumain et recevoir la voix d'absents. La fascination dépassa l'étonnement admiratif pour toute nouveauté technique. Le mot *telephone*, créé en anglais par Edison, l'avait été avant lui en français, puis en allemand, pour désigner des appareils de laboratoire sans lendemain. Avec cet autre appareil, fils de la déesse Electricité, venu d'outre-Atlantique, le monde de la conversation fut bouleversé, l'écrit privé (lettres, billets, poulets...) et professionnel (notes de service...) recula. Les intérieurs – d'abord ceux des riches, dans les villes – recelèrent un instrument dont la forme évolua vite, mais dont la fonction durable modifia bien des habitudes. Le signal d'appel, choquant, angoissant, le déclic du décrochage, les voix sorties de rien, celle du correspondant annoncée par des voix médiatrices : « on vous parle de... », « je vous passe la communication », « ne quittez pas » ; cette oralité troubla. Ce fut le règne inquiétant et poétique des « demoiselles du téléphone ».

Marcel Proust avait immédiatement relevé l'intégration du miracle technique, qui conduit à considérer que son fonctionnement est une évidence. Ce qu'il écrit du téléphone vaudrait pour la radio, la télévision, l'informatique :

Le téléphone n'était pas encore à cette époque [celle de l'adolescence du Narrateur] d'un usage aussi courant qu'aujourd'hui [quand l'écrivain rédige ou publie *Le Côté de Guermantes*]. Et pourtant l'habitude met si peu de temps à dépouiller de leur mystère les forces sacrées avec lesquelles nous sommes en contact que, n'ayant pas eu ma communication immédiatement, la seule pensée que j'eus, ce fut que c'était bien long, bien incommode [...]. [...] je ne trouvais pas assez rapide à mon gré, dans ses brusques changements, l'admirable féerie à laquelle quelques instants suffisent pour qu'apparaisse près de nous, invisible mais présent, l'être à qui nous voulions parler et qui [...] se trouve tout à coup transporté à des centaines de lieues (lui et toute l'ambiance où il reste plongé) près de notre oreille, au moment où notre caprice l'a ordonné.

Commencent alors les invocations mémorables aux « vierges vigilantes », « Anges gardiens dans les ténèbres vertigineuses », « Toutes-Puissantes par qui les absents surgissent à notre côté », « Danaïdes de l'invisible », « ironiques Furies », les « servantes toujours irritées du mystère », les « ombrageuses prêtresses de l'Invisible, les Demoiselles du téléphone » !

A ce lyrisme magnifique et révélateur, succèdent des réflexions sur les métamorphoses de la voix, son isolement de toute autre sensation, symbolisant dans l'échange verbal lui-même les solitudes artificiellement unies par la parole : « Je criais : "Grand-mère, grand-mère", et j'aurais voulu l'embrasser, mais je n'avais près de moi que cette voix, fantôme aussi impalpable que celui qui reviendrait peut-être me visiter quand ma grand-mère serait morte [16]. »

De même que l'écriture peut être le message d'un ailleurs, jusqu'à l'outre-tombe, la voix téléphonée est une présence refusée. L'oralité même, conservée par l'enregistrement, transmise par le téléphone (ou la radio, dans un autre type de communication), met dans la banalité du moindre babil le tragique de la séparation.

Le destin social du téléphone – comme celui d'autres techniques nouvelles – était de se banaliser jusqu'à l'insignifiance, jusqu'à ce qu'un poète, Cocteau, en mît en scène le tragique, donnant dans *La Voix humaine* le spectacle d'un désespoir parlé, de la « rupture » dans une « communication », du silence de l'autre en réponse – moins insupportable peut-être que les paroles supposées de l'interlocuteur, invisible par tous et muet pour tout autre que la femme trahie [17].

Très loin du mystère tragique de la voix esseulée, le téléphone servit de procédé au théâtre, puis au cinéma, le dialogue cassé produisant des effets de quiproquo propices à la comédie. Sacha Guitry fut l'un des premiers à s'en aviser (*Faisons un rêve*, 1916, acte II) et les boulevardiers suivirent. Enfin, en tant qu'accessoire symbolique de la modernité, le « téléphone blanc » fut dans les années 1930-1940 un élément si remarquable du décor de vie des riches qu'il symbolisa tout un cinéma italien superficiel et mondain, à la fin de la période fasciste, contre lequel se dressa le néoréalisme.

Mais le téléphone n'est plus signe d'aisance. Sa démocratisation massive, à la fin du XXe siècle, accompagne une nouvelle mutation technique : celle du « portable » (en français de France), du « cellulaire » (en français du Canada). Sans effet majeur sur la parole, le portable plonge l'échange téléphonique dans une banalité plus irrémédiable encore. Etant le plus souvent proférée publiquement, la parole ne satisfait, outre des contenus spatio-temporels (« Où t'es ? Chuis dans l'bus, j'arrive dans un quart d'heure... ») que la fonction de contact dite « phatique » par les doctes (« Allô ? », « C'est toi ? », « C'est moi », « Ça va ? », etc.). On a suffisamment ironisé sur le portable comme mode envahissante (en Europe, cela commença par l'Italie), suscitant une industrie et un commerce prospères et des gestes, des attitudes, des nuisances nouvelles. Ce procédé est d'autant plus utilisé qu'il est brocardé. Finalement, au-delà des ridicules, le téléphone ambulant finit par redonner à l'individu seul dans la foule des relations verbales avec ses chers absents et la faculté précieuse de paraître parler tout seul sans passer pour dérangé. Ce tabou social ébranlé suffirait pour donner à cette invention un pouvoir thérapeutique estimable. Enfin, la banalité de la plupart des échanges que le portable permet contribue à affaiblir les pouvoirs de l'oralité par rapport à ceux de l'écriture (voir plus loin : « Le portable, l'ordinateur et l'écriture »).

LA PAROLE MÉDIATISÉE

Les relations entre oralité et radio sont trompeuses. Pour l'auditeur, qui s'attache à des voix sans visages, c'est de la pure parole, qu'il entend et parfois qu'il écoute. Au théâtre, au cinéma, même en sachant que tout y est écrit et appris, rien ou très peu improvisé – sauf dans la commedia dell'arte –, l'illusion se crée que ce sont les comédiens qui parlent, et non qu'un texte – de l'écrit – se parle. Le talent de l'interprète est là, d'ailleurs. A la radio, en revanche, beaucoup d'auditeurs ignorent ou oublient que la plupart des énoncés parlés sont lus. Il n'en va pas, cependant, des chroniqueurs, des énonciateurs de journaux « parlés », des animateurs comme des comédiens et des chanteurs : leur parole n'est que rarement spontanée, mais c'est eux qui l'ont créée, en écrivant, puis en lisant leurs textes. L'improvisation intégrale serait d'ailleurs difficile, étant donnée la surveillance linguistique, spontanée, elle, qu'exercent, surtout en France, nation de professeurs rentrés, les auditeurs. Les erreurs de prononciation, notamment les liaisons mal-t'à propos, de syntaxe, de vocabulaire sont dénoncées avec vigueur, et la réputation des médias « parlés » n'est pas excellente. Celle de la télévision est encore pire. On y entend une lecture neutre, pompeuse ou familière d'un prompteur caché – encore l'écrit-parlé – des échanges verbaux s'exprimant sans retenue dans la plus grande vulgarité, jusqu'aux tréfonds de la « téléréalité » – là, c'est l'oralité réelle –, triomphe de la spontanéité inculte. Sans même évoquer les jugements sur le fond de la communication médiatique, c'est d'une conception plus sociale que formelle que relèvent ces jugements sévères sur la forme. Ils sont souvent injustes et portent sur des tics de langage jugés irritants, mais qui ne sont pas fautifs (*tout à fait* pour « oui », *bonjour* ou *merci à vous* parfaitement pléonastiques, *au jour d'aujourd'hui* qui ne l'est pas moins), des emplois inappropriés, des prononciations critiquées (*arguer* prononcé « ar-gai ») ou des anomalies grammaticales (*c'est de cela dont parle le ministre* ; *il habite sur Paris*), sans doute plus agressives vis-à-vis de la norme. Indépendamment du médium, le discours des politiques est jugé lui aussi avec sévérité, alors qu'on s'extasie sur un imparfait du subjonctif inutile et prétentieux chez un « bien disant » supposé. L'oralité médiatique et politique réveille, pour des raisons plus idéologiques que rationnelles, le purisme qui dort en tout locuteur d'une langue normalisée.

Les critiques sur l'écrit-parlé médiatique sont d'ailleurs plus attentives et sévères que celles que les auditeurs et téléspectateurs portent, s'ils le font, sur la parole spontanée la moins contrôlée, celle qu'on ne caractérise que par des américanismes : *talk-show*, *reality show*, *star academy* (vulgo, et je trouve, plus plaisant : *starac*), car leur platitude et le degré zéro de leur vulgarité semblent décourager tout jugement.

Il en résulterait que l'oral spontané et non contrôlé se tiendrait en dehors du terrain des valeurs évaluables, comme une sorte d'excrétion verbale sans enjeu rationnel ni esthétique, tant que cette banalité absolue n'est pas reprise en dérision par l'humoriste. Et celui-ci ou celle-ci, de même que l'imitateur de voix, redevenu à la mode avec le talentueux Thierry Le Luron, s'en prend à l'aspect individuel de la parole politique, aidé par cet ensemble signifiant que constituent un visage, ses mimiques, un « accent », une gestuelle, toutes caractéristiques audiovisuelles qui en font un objet privilégié pour la télévision (« Les Guignols de l'info ») et permettent d'accentuer la dérision des paroles caricaturées.

Cette caricature des usages ordinaires peut aller jusqu'à l'art, avec les jongleurs de mots du genre de Raymond Devos, et les clowns de la parole sociale, tels les géniaux Fernand Raynaud ou Coluche, chacun témoin pertinent d'un type de parler d'époque, dans une évolution permanente des modes de l'oralité. La destruction quasi totale du sens par le Coluche de « c'est l'histoire d'un mec » rejoint, pour un public immense, le travail raffiné d'un autre tueur de la signification par la voix, Samuel Beckett.

Du côté de l'écrit, les habitudes du journal et, modulées par les « langages de spécialités » ou les modes, celles des magazines, sont bien proches des usages de l'écrit-parlé radiophonique. L'incertitude orthographique s'y substitue aux fautes de liaison, les signes de distance ou d'intérêt – guillemets, italiques – aux effets vocaux, mais le choix des mots (néologie, anglicismes critiqués, mots accrocheurs, prétentieux ou excessivement répétés)[18], le renouvellement des expressions selon la mode, avec les mêmes excès (au début du XXIe siècle : *cerise sur le gâteau*, *monter au créneau*, *le grain à moudre*, *remettre les pendules à l'heure*, etc.) que les dictionnaires spécialisés s'essoufflent à enregistrer appartiennent également à la radio et à la presse. Franz Joseph Hausmann, qui cite avec beaucoup d'autres ces quelques exemples [19], relève en ce qui concerne l'écrit du journal des faits de grammaire qui ne lui sont d'ailleurs pas spécifiques, et qu'on retrouve notamment dans les discours politiques (eux aussi écrits, souvent par des secrétaires diligents, le politicien devenant un acteur plus ou moins talentueux). Dans la presse, le reflet de la langue parlée est plus ou moins présent, selon le style du journal et la nature de l'article, et son utilisation écrite n'est pas très différente de celle que propose le roman. De même, pour le recours au jeu de mots, au calembour, à peu près systématique dans *Le Canard enchaîné*, fréquent dans *Libération*, chic et culturel dans *Le Monde* ou dans *L'Express* (pour s'en tenir à la presse française). Les citations et allusions à des phrases célèbres, plus ou moins sollicitées ou déformées, sont légion dans les journaux, en particulier dans les titres, domaine où *Libération* s'est taillé une réputation méritée [20].

Une rhétorique écrite, imaginée ou parlée : la pub

Un autre mode de communication à la fois écrite et orale est celui de la persuasion financièrement intéressée, qui fut nommée « réclame » au XIXe siècle et au début du XXe, « publicité », ensuite et plus souvent « la pub ». Auditivement, la pub recourt aux voix, à la musique ; visuellement, à l'écriture et à l'image. Ses médias furent d'abord l'affiche, à côté de la presse, mais elle a envahi les chaînes de radio privées, en France, elle a gagné la radio du service public et elle fait plus que rythmer les émissions de télévision, puisque étant sa raison d'être financière, elle commande la soumission des programmes au culte de l'Audimat. Marshall McLuhan nous avait prévenus : la télé, c'est de la publicité enrubannée de divertissement et, plus rarement, assez pauvrement, de contenus qualifiés avec optimisme de « culturels ».

La publicité n'a pas « sa langue », quand elle fonctionne en français ; mais elle a ses outils rhétoriques et elle est à elle seule un langage fait d'images, de sons, de paroles dites, chantées, d'écriture... Côté langage, cette rhétorique est frappante, condensée : elle peut ressembler à celle des titres, dans la presse moderne, et recourir à des procédés voisins.

Ecrite (affichage, journaux, magazines, où elle parvient à parasiter toute information), elle délivre un message immédiat, impératif. Orale et sonore, au cinéma (avant l'apparition de la télé), à la radio, à la télévision surtout, elle dispose d'un temps très bref, mais d'une temporalité. Ce qui lui permet d'accéder à la narrativité et de jouer sur son côté interruptif ou de ponctuation dans l'ensemble du programme[21].

Peut-on décrire une « langue de la publicité » ? Non, dans la mesure où syntaxe et graphie y relèvent de la banalité du français ordinaire. Peut-être, si l'on entend par « langue » une rhétorique (et non pas même un usage ou un style) assez spécifique pour ne pas se confondre avec les autres rhétoriques de persuasion, usuelles en politique et en journalisme d'opinion. Encore faudrait-il neutraliser les différences perceptibles entre publicité orale et sonore, avec des images (cinéma, puis télé) ou sans (radio) et publicité écrite, à voir de loin (affiches) ou à lire de près (journaux, magazines), et aussi entre l'écrit seul et l'écrit accompagnant une image qui constitue souvent le cœur du message. Une autre forme graphique et imagée est la « publicité sur le lieu de vente » (PLV), qui envahit boutiques et supermarchés.

La sémantique de la publicité n'est pas spécifique : un impératif sous-jacent jamais exprimé ou presque (ce serait « achetez, payez ») ; un indicatif de nature constative, évaluative et positive (sauf à ironiser), le verbe disparaissant le plus souvent[22], sauf l'impératif, le discours rapporté, la narrativisation, la forme proverbiale (*Lego développe l'ego*). Comme on voit, le jeu de mots est un procédé commode. Dans le « slogan », le nom de la marque est primordial ; il appelle le logo et l'image ; on le place en tête, à gauche (X, le truc plaisir, la passion du bidule...) ou à droite (super, sympa, divin X). Mais pour qu'apparaisse un « style pub », encore faut-il frapper en attirant l'attention et en faisant rire. Ce style fut d'abord descriptif et neutre ; à partir des années 1970-1980, il est obligatoirement inventif. Un exemple de B.-N. Grunig : « Lustucru. Les pâtes les plus appréciées des gens de goût », d'avant 1970, serait aujourd'hui impraticable, ridicule ; le « Lustucru. Pour les fêlés des pâtes » des années 1980 est nettement plus pub. Les procédés sont nombreux : noms de marque ou d'objet servant d'adjectifs, voire de verbes (« moquettez-vous » avait frappé le grand sémanticien A. J. Greimas), néologie par déformation, dérivation, abréviation, composition et mots-valise, anglicismes, glissements de sens... rien d'original. Plus extrême, la combinaison de langues (l'autre ne pouvant guère être que l'anglais, mais l'allusion pseudo-chinoise n'est pas exclue), ou encore, universellement saluée, l'invention d'un « langage singe » avec des images de chimpanzés habillés qui échangeaient des amabilités en l'honneur de la marque Omo. Ce jargon évoquait fortement, sinon volontairement, l'onomatopéisme de Jean Tardieu – plus facile à décoder : *glouglou* = boire, *rikiki* = petit, et, phonétique, *kiceti* = qui c'est (qui)...

Quant aux procédés qui rendent les messages efficaces, ils jouent sur tous les aspects de l'énoncé – formels, sémantiques, rythmiques, pragmatiques – et aussi de l'énonciation – invoquant le destinataire et l'émetteur : vous, tu..., moi... – avec une habileté inégale.

Mais, comme pour le théâtre ou la bande dessinée, s'en tenir à l'analyse linguistique, qui peut certes révéler des ressorts cachés, ne suffit pas. A la télévision, l'image et le son non verbal ou semi-articulé (bruitage, musique, voix de rocker – l'« Optic 2 000 » hurlé par Johnny Hallyday) modifient l'effet de toute parole. A la radio, les voix utilisées changent profondément l'effet verbal et la pluralité des voix amorce un dialogue qui peut relever du sketch scénique.

La soumission du langage à l'image simplifie le message, qui peut éliminer tout slogan[23] ; d'autres pubs, en revanche, contiennent des argumentaires verbeux. Dans le premier cas, la mise en page et la typographie sont essentielles. Le langage est quasiment éliminé : reste l'image et le nom. On parle de « publicité de marque », et cette présence d'un nom peut acquérir une efficacité internationale.

Entre la publicité sans langage et le film publicitaire élaboré, narratif, dialogué ou commenté, ou encore l'argumentaire détaillé, la publicité est devenue un genre de création multimédia. Enfin, dans la mesure où « le médium est le message » (McLuhan) ou du moins le conditionne, la publicité en tant que mode de communication est étroitement conditionnée par les techniques qui la transmettent.

UNE RÉVOLUTION TECHNIQUE POUR L'ÉCRIT : LE CLAVIER

L'invention de l'ordinateur, qui rendit possible l'instauration d'un système mondial de communication électronique, est souvent présentée comme une seconde révolution culturelle après celle de Gutenberg, initiateur d'une « galaxie » (M. McLuhan), dont on avait prédit l'implosion.

Cependant, le passage de l'écriture manuscrite à la typo-graphie se fit progressivement aux XVe et XVIe siècles, sans modifier le rapport de l'écriture à son produit, du dessin gravé à sa trace. Mais la reproduction, en revanche, permit à un nombre beaucoup plus considérable de lecteurs potentiels d'avoir accès au texte. Il n'y avait plus qu'à enseigner les écritures, ce dont se chargea une institution majeure, l'école. Dans les temps modernes, la presse et l'industrie du livre achevèrent cette mutation quantitative, qui bénéficia surtout à quelques langues, parmi toutes celles qu'une écriture notait.

Au XXe siècle, alors que le flot imprimé ne cessait de croître, au point que la fabrication du papier requis menaçait les forêts de la planète, et devant d'autres inventions techniques qui bouleversèrent les habitudes dans les pays industrialisés, la photo, le cinéma, l'impression en couleurs, plus tard la télévision, on salua une « civilisation de l'image », comme si l'écrit était en péril. Quand apparurent l'informatique et les produits multimédias, on chanta en chœur l'oraison funèbre du livre et du journal, de l'écriture et du papier, comme on avait prédit la mort du cinéma quand se répandit la télévision. En vain, on le constate.

L'informatique et ses produits n'ont pas – pour le moment – dévoré le papier imprimé. Mais le règne grandissant du réseau mondial, la Toile, reprend la diffusion de l'image et de l'écrit, celle du langage entier, car l'oral y trouve sa place, et cela à l'échelle mondiale.

Autant dire que, théoriquement, toute langue humaine peut s'y diffuser par son écriture ou une écriture empruntée. Très théoriquement, car environ 2 % des langues de la planète (on en recense environ 6 000) figurent en 2006 sur Internet, et on éprouve qu'une trentaine de langues seulement y sont décemment représentées. Cependant, déjà plus de 100 y étaient présentes en 2005. Pour des raisons historiques (organisation première et maîtrise en Amérique du Nord) et fonctionnelles (domination des communications mondiales), l'anglais des Etats-Unis et son système planétaire (anglais britannique, canadien, australien, néo-zélandais, indien...) y eurent la première place. Avec la croissance économique rapide de l'Asie, il est écrit que le chinois, le japonais, le thaï, etc., y occuperont une place de plus en plus grande. L'arabe, le russe, l'espagnol, le portugais, l'allemand, le français, l'italien sont dans des situations comparables. Selon le Haut Conseil de la Francophonie, en 1999-2000, moins de 3 % des sites étaient en français, et pas plus de 1,15 % des « forums » de discussion, ce qui correspond surtout à un retard relatif des « francographes » pour cette activité, qui s'est développée en France surtout après 2003-2004. Mais le français fut présent dès les débuts nord-américains d'Internet grâce à son statut de langue officielle du Canada bilingue et aux activités d'écriture des communautés francophones du

Québec et d'Acadie ; il le sera forcément plus dans l'avenir, lorsque l'ordinateur et Internet pénétreront l'Afrique francophone. Evidemment, le chinois, le japonais, l'espagnol, le portugais, le russe, l'arabe, l'allemand, l'italien, les langues scandinaves, le hongrois et quelques autres écornent la prééminence de l'anglais (déjà moins de 50 % vers 2003, 30 %, dit-on, en 2007), en limitant mutuellement leur présence relative tout en l'accroissant dans l'absolu.

D'ailleurs, des langues qu'on croirait trop peu parlées ou écrites pour exister sur Internet se sont imposées par une plus grande rapidité de réflexe servie par une économie prospère : le cas du coréen est remarquable. *A contrario*, l'arabe, qui aurait d'excellentes raisons de figurer parmi les premiers, est, semble-t-il, peu présent, peut-être plus pour des raisons idéologiques que techniques.

Si l'on ajoute l'impact de la traduction automatique des textes produits en anglais[24] et la fourniture de données en de nombreuses langues par les entreprises dominantes, toutes anglophones, la mondialisation informatique tend assez sainement à la pluralité. En 2006, Google fournit en 104 langues.

Outre les images et les sons, parmi lesquels ceux des voix humaines, ce sont les signes d'écriture qui peuplent l'espace des internautes. Ecriture fournie sur l'écran, écriture produite grâce à un clavier. Ce mode d'écrit remplace de plus en plus le graphisme manuel hérité des écritures cursives. Le clavier déclenche une typographie prédéfinie, comme le fut aux XIVe et XVe siècles celle de l'imprimerie, puis vers la fin du XIXe siècle celle de la machine à écrire. Le règne du clavier s'instaura vraiment avec l'ordinateur, et aussi, par une évolution imprévisible, avec le téléphone, qui, devenant « portable », est du même coup devenu producteur de messages écrits transmis instantanément à distance.

Le portable, l'ordinateur et l'écriture

Le portable étant devenu un petit ordinateur de poche, il mémorise, photographie, joue de petites musiques, parle tout seul et, enfin, *écrit*. Apparaît, non pas un néo-français, mais une néographie déviante non « ortho », qu'on nomme en France « texto » ou « SMS », de l'anglais masqué.

Avec le texto, on entre dans l'univers de l'imaginaire linguistique, du « ressenti » symbolique, toujours excessif par rapport au phénomène observable. Celui-ci est massif, propre à un groupe social identifiable, ces fameux « jeunes » qui seraient, selon l'opinion commune, responsables de la destruction de notre belle langue. Par un remarquable paradoxe, le *téléphone*, comme lassé de la parole, sert de moyen technique à une nouvelle écriture, qu'on s'empresse de considérer comme une « langue », que ce soit pour la valoriser ou pour la craindre. Ainsi, Jacques Anis, professeur d'université, agrégé de lettres classiques, ancien élève de l'Ecole normale supérieure, ne saurait être soupçonné de confondre parole et écriture[25], mais prend pour titre à un livret d'initiation : « Parlez-vous texto ? » Or, texto, le prétendu « langage » des SMS, sigle évidemment anglais (SM = *short messages*), est une graphie qui utilise à la fois l'orthographe du français de l'école, des épellations de l'ancien apprentissage scolaire de l'alphabet, comme dans le procédé du rébus (développé en Picardie au tournant du XVIIe siècle), des abréviations, peu de néologismes, rarement des mots de « verlan », et des anglicismes sous forme de sigles qui supposent un petit apprentissage apparemment valorisant pour les jeunes scripteurs (ainsi *Afk* et *Atk* signifient que la personne qui communique est absente du système ou bien présente : *away from keyboard* et *at keyboard*, « loin du clavier » ou « au clavier » de l'ordinateur). Comme on voit, ce « texto » vaut à la fois pour le SMS et les échanges, évidemment toujours écrits, des *e-mails* (nos « textistes » seraient humiliés d'écrire en français des *courriels*, comme le font leurs homologues québécois), des « chats », autre anglicisme pour « bavardage écrit », « bavardage au clavier », *clavardage* en français canadien, alors que l'écriture des forums et des blogs – d'apparition plus récente – est beaucoup plus proche de l'orthographe normalisée du français, aléatoirement ornée d'anomalies involontaires (on disait naguère « fautes ») ou volontaires.

Pour en revenir à la néographie des textos, que ce soit sur portable (avec le système de saisie pervers qui associe deux ou trois lettres à chaque touche) ou sur ordinateur, elle se borne à mêler les procédés de phonétisation (épellation et orthographe) et d'y ajouter ces néohiéroglyphes assez peu sacrés que sont les *smileys* – en français assez ridicule, des *émoticons* –, combinaisons de signes graphiques (parenthèses, tirets, crochets, lettres, etc.) dont une cinquantaine sont affectés d'un sens nominal – par exemple 8-) = lunettes – ou bien équivalent à une phrase ; ainsi :-/ = je ne sais pas, je suis perplexe ; : (= je suis furieux, je râle ; : !-(= « je pleure ». La combinaison de ces smileys et de sigles anglais, du genre Asap (*as soon as possible*), Bbl (*be back later*, le « je reviens de suite » des concierges d'antan), Fyi (*for your information*), ic (*I see*, phonétique), iow (*in other words*),

NP (*no problem*)²⁶, Thx (*thanks*), qui voisinent avec des sigles français (mdr pour « mort de rire », tou pour « t'es où ? »), peut finir par créer un effet cryptique assez déconcertant pour le profane. Il s'agit donc d'un argot, au sens initial de « langage crypté pour initiés », purement graphique (sauf à l'oraliser plaisamment).

La « néographie » évoquée ici se sert donc de deux techniques contemporaines qui sont en train de se rejoindre, la téléphonie mobile s'insérant dans la communication électronique mondialisée. La conversion du télé-phone en télé-graphie, dans ce sens nouveau, ne fait qu'accompagner le retour en force de l'écrit dans les langues des régions dites « développées ».

Cet écrit est matériellement autre que l'écriture traditionnelle en son apprentissage. Plus de mouvement de la main ; plus de continuité ; plus de trace du corps sur la feuille, déchiffrable psychologiquement par le graphologue, mais une technique du clavier, sélective des caractères. Le langage courant l'exprime : on ne trace plus un graphisme, d'abord on « tape » à la machine, puis on « saisit » une séquence de signes prédessinés, à l'ordinateur ou sur les touches du portable²⁷. C'est affaire de « clavier », comme en musique, avec les instruments à touches, où l'on n'a pas à créer le son, comme c'est le cas avec le violon. On est passé du continu au discontinu – image symbolique du « digital » (le numérique), opposé à l'« analogique », qui est le mode du dessin – et, donc, de la main qui trace au doigt qui frappe.

L'écriture qui pianote détrônera-t-elle celle qui dessine ?

6

POLITIQUES ET RÉALITÉS : FRANCOPHONIES

Je ne suis pas sûr que l'excellent Onésime Reclus, en inventant le terme et la notion de « francophonie », ait rendu un aussi grand service qu'on le dit à la langue française.

Le frère d'Elisée Reclus[1] était comme lui démocrate et géographe, ces deux caractéristiques étant indépendantes. Il décrivit l'Europe et l'Afrique, publiant de 1886 à 1889 un livre sur *La France et ses colonies*. C'est dans le contexte colonialiste, notamment à propos de l'Algérie, mais dans une idéologie progressiste, qu'il salue l'expansion de la langue française, et qu'il se félicite de la voir parlée en Afrique, à Madagascar, en Indochine, de manière à perpétuer son usage. Il ne croit ni aux races supérieures, ni aux peuples élus ; il prévoit que le français va cesser de régner « universellement » et que l'anglais va triompher. L'intérêt de la démarche d'Onésime Reclus dépasse la création d'un terme, qui n'eut d'abord aucun écho : il est surtout dans la reconnaissance d'un apport des colonies au colonisateur qui soit différent de l'apport matériel, financier, politique direct qui était recherché. Un apport en retour de nature culturelle, symbolique et, par là, indirectement politique venant conforter, prolonger, assurer le rôle mondial de la langue française.

Pour O. Reclus, la francophonie est une pratique langagière commune (« nous acceptons comme francophones tous ceux qui sont ou semblent destinés à rester ou à devenir participants de notre langue »), un recours au français apportant à cette langue une importance nouvelle. Cet aspect d'une colonisation alors officiellement conçue comme républicaine et humaniste – dans l'oubli ou la dissimulation des réalités inhumaines – ne parut pas essentiel, et l'idée francophone disparut avec le terme qui l'exprimait.

Il reparut soixante-dix ans plus tard, sans gloire. Ainsi Léopold Sédar Senghor, l'un de ses promoteurs, lui aurait préféré « francité ». Senghor, Hamani Diori, Habib Bourguiba, Norodom Sihanouk, ce n'était pas seulement le Sénégal, la poésie, le métissage, le Niger et une démocratie à l'africaine[2], la Tunisie, l'Islam maghrébin et l'indépendance négociée pacifiquement, ou encore le Cambodge indépendant[3], c'était, ce devait être une idée d'appartenance commune, par la langue partagée et malgré les causes historiques de ce partage. Une appartenance culturelle, intellectuelle, entraînant un partage d'intérêts et une vision commune.

On en retiendra que l'idée n'était ni française, ni européenne, ni américaine ; qu'elle venait du tiers monde, que, par Senghor au moins, elle voulait s'accorder avec la grande idée du « métissage » et avec celle de « négritude », qui engageait l'Afrique subsaharienne et les Caraïbes, avec Aimé Césaire, autre porte-parole d'une vertu majeure des langues, la poésie.

Un des premiers ouvrages publiés en France à traiter expressément de la « francophonie » est celui d'Auguste Viatte, en 1969. L'auteur y décrit les usages du français hors de France, à côté des autres langues qui y sont parlées. Il écrit : « Nous terminerons par la France [...] pour tenter d'indiquer, sur ce plan de la francophonie, comment elle apparaît à ses partenaires[4]. »

Ce partenariat « francophone » est, dans ce texte, tourné vers la France, car « la France et Paris [sont les] centres de gravité de la culture française » (chapitre 10, 1). Déjà, l'adjectif « francophone » y est ambigu : l'usage du français, partout ou seulement hors de France ? En revanche, une ambiguïté qui va se développer plus tard en est absente. La francophonie est alors langue parlée et écrite, culture « française », littérature, façon de voir le monde, partage, voire communauté effective, mais jamais institution, ce qui va bientôt être le cas.

L'institution, on l'a vu, avait été imaginée par des personnalités de pays récemment décolonisés. Ils ne furent pas suivis, au début, par la France – qui craignait l'accusation de néocolonialisme – mais l'idée intéressa vite la Wallonie et Bruxelles, ainsi que le Québec, dont la situation linguistique et culturelle, à l'intérieur de la Belgique et du Canada, requérait de trouver une « visibilité » internationale. La France, à terme, ne pouvait pas se désintéresser de ces efforts et, après de nombreuses réunions, rencontres et « sommets » internationaux, participa à plusieurs organisations internationales entre Etats « francophones ».

La première institution durable est créée en 1970, le 20 mars, à Niamey. C'est l'Agence de coopération culturelle et technique, devenue plus tard Agence intergouvernementale. Ce n'est qu'en 1995, à Cotonou, que la « Francophonie » avec un F majuscule devint, d'institution culturelle et technique, un système intergouvernemental et politique. A partir de ce moment, une série d'ambiguïtés s'empare du terme. Alors que « francophone » signifie d'abord et surtout, à propos d'un individu, « qui parle le français et, s'il n'est pas analphabète, sait l'écrire et le lire », « francophonie », à côté de son sens linguistique, devient le nom d'une organisation complexe, dont les multiples facettes sont fonction des visions nationales, officielles, et des visions sociales des diverses communautés, bien différentes.

L'histoire de cette institution, longtemps interprétée de manière très divergente selon les points de vue nationaux et sociaux, a moins d'intérêt que son point d'aboutissement, sans doute provisoire. Neuf ans après la première rencontre, en 1986 à Paris, de chefs d'Etats considérés comme « francophones », en 1995, donc, les responsables politiques d'un certain nombre d'Etats où l'on parle français décident de transformer la charte de l'Agence de coopération en charte de la Francophonie – base juridique – et d'élire, en 1997, ce qui fut fait à Hanoi, un Secrétaire général, Boutros Boutros-Ghali, d'une grande famille égyptienne copte (chrétienne), arabophone, francophone, anglophone, et ancien Secrétaire général de l'Onu, ce qui orienta l'institution. Celle-ci passa de la communauté culturelle présumée des pays « ayant le français en partage » à un ensemble diplomatique passablement artificiel, réunissant, outre les pays ainsi définis, des Etats désireux de le rejoindre – pour des raisons variées. Un emploi, parfois très limité, ou un apprentissage de la langue française parmi d'autres langues étrangères, suffit apparemment à cette adhésion.

La décision d'une francophonie multilatérale, intergouvernementale, mettait fin à des systèmes informels, où, à peu près seuls, la France – avec ses multiples institutions nationales –, la Belgique wallonne, le Québec et le Canada fédéral bilingue assuraient financement et fonctionnement, notamment par la « coopération » dirigée vers l'Afrique. Sur ce continent, les opinions publiques n'étaient pas toujours enthousiasmées par ce système, dont les relents néocoloniaux étaient alimentés par les rapports plus que discutables qu'entretenait la France avec les Etats africains décolonisés (la fameuse et mal famée « Françafrique ») et par le fait que, officiellement, des peuples des

Caraïbes, de l'océan Indien et de l'océan Pacifique sont officiellement « français ».

L'Organisation Internationale de la Francophonie (OIF) est définie par la charte adoptée le 23 novembre 2005 à Antananarivo, capitale d'un Etat où le français avait été combattu peu de temps auparavant. Son secrétaire général, après M. Boutros-Ghali, était alors, depuis deux ans, M. Abdou Diouf, témoin symbolique de la démocratisation au Sénégal.

La liste des Etats membres de l'OIF renforce l'impression d'une course à la représentativité, façon Onu. Parmi les 49 Etats membres, l'observateur naïf, qui croyait qu'un pays francophone était un pays où une proportion notable de la communauté employait la langue française, est surpris de voir figurer la Bulgarie, le Cambodge, le Cap-Vert, la Dominique, la Moldavie, la Roumanie et, comme Etats associés, l'Albanie, la Grèce, la Macédoine. Quant aux Etats « observateurs », comme l'Arménie, la Croatie, la Géorgie, la Hongrie, la Pologne, la République tchèque, la Slovénie, la Slovaquie, certes on y enseigne et certains y aiment le français, mais à ce compte, tous les pays visés par l'action pédagogique de la France, du Canada et du Québec, de la communauté française de Belgique pourraient aussi bien figurer dans cette liste, Etats-Unis, Grande-Bretagne, Allemagne ou Brésil en tête.

Si l'on ajoute que l'Algérie ne fait pas partie de l'organisation, on imagine que l'addition de ces choux et raves linguistiques produit un effet onirique, non seulement sur le plan linguistique, mais aussi politique, économique et social : 715 millions d'habitants, 10 % de la « richesse » mondiale, qui signifie majoritairement « pauvreté » : vingt-quatre pays membres ont des revenus par habitant parmi les plus bas de la planète (Haïti, Madagascar...).

Si l'on ajoute à cet étrange tableau le fossé qui sépare le discours démocratique, invocateur de liberté et de droits de l'homme, que tient la charte, et la situation réelle de plusieurs pays membres, on obtient le même mirage que produisent la plupart des institutions, qu'elles soient nationales ou internationales. Encore un « machin », eût dit de Gaulle. Il serait assez facile, pourtant, de distinguer, au sein de ces Etats, quelques couches concentriques, allant du noyau, où le français est langue maternelle d'une partie notable de la population (France, Belgique, Suisse, Québec) ou bien langue associée à un créole (Maurice, puisque la Réunion, la Guadeloupe, la Martinique, la Guyane sont assimilées au Pas-de-Calais, à l'Hérault ou aux Hauts-de-Seine) jusqu'aux pays où l'on enseigne le français langue étrangère seconde ou troisième, en passant par ceux où la langue « en partage » est officielle ou nationale. On a vu aux chapitres 2 et 3 de cette étude combien les situations étaient diverses et combien les réalités institutionnelles qui comptaient le plus relevaient de leur action sur l'Ecole et sur les médias, non des discours gouvernementaux.

L'Organisation internationale de la francophonie ne pouvant contrevenir à la règle de la libre adhésion, nul ne lui reprochera l'absence de l'Algérie – alors que la Mauritanie, dont la politique est aussi réservée à l'égard du français, y figure. Au contraire, on se réjouira, pour peu qu'on aime le français, de la présence de pays où la langue maternelle, qu'il s'agisse du bulgare, du roumain, de l'arabe ou du vietnamien, suffit aux besoins collectifs et où le français est langue choisie, souvent derrière l'anglais et d'autres idiomes, parfois en souvenir d'un passé défunt. Mais, si on s'en réjouit, il faudra déplorer l'absence de tous les pays où le français langue étrangère, par la grâce d'institutions différentes ni « intergouvernementales », ni « gouvernementales », parfois, telle l'Alliance française, peut se développer ou se maintenir.

Cette « francophonie »-là, avec les attitudes, les options et les compétences individuelles, notamment en littérature, vaut bien et dépasse souvent, en qualité et en impact culturel mondial, la francophonie institutionnelle. Ionesco ou Cioran, roumains, n'y sont pas plus légitimes que François Cheng, d'origine chinoise, ou que Samuel Beckett, irlandais, donc privés de « francophonie » officielle.

Ces bizarreries sont de toutes institutions et de toutes politiques. Cependant, au-delà des dérives bureaucratiques habituelles, au-delà des mensonges et des illusions constitutives de ce genre d'activités, la relation établie entre l'appareil institutionnel et le réel observable, entre les intentions affichées et les moyens consentis, entre les principes et leurs applications, entraînent des jugements de valeur différents. Sur l'échelle du réel, de la simplicité et de l'efficace, il apparaît à l'observateur extérieur que l'OIF n'est pas exemplaire[5]. Sur celui des attitudes fondamentales, en revanche, on doit honnêtement saluer le changement de perspective qui a conduit de l'illusion d'universalisme et d'un partage paternaliste – celui de la colonisation ou de la domination économique – à la perspective d'une diversité culturelle et linguistique à préserver au sein même de la mondialisation.

Du coup, le statut de langue dominante, universelle, imposée pour des raisons historiques, est passé aux oubliettes et remplacé par le partage qu'on souhaite égalitaire – sachant qu'il est inégalitaire au départ – d'une langue qui est garante du sentiment identitaire ou bien qui demeure étrangère, mais dont l'acquisition offre des possibilités nouvelles. A l'opposition entre les statuts : langue maternelle ; langue nationale ou officielle ; langue étrangère sans statut particulier, s'ajoutent dans les deux derniers cas les distinctions évidentes entre les statuts culturels : culture identitaire ancienne et maintenue ou culture identitaire menacée, détruite ou récemment retrouvée. Ce qui correspond en général à l'appréciation plus ou moins positive des langues en contact et à la sécurité ou à l'insécurité linguistique (et identitaire). Le français langue maternelle menacée par une langue qui fait pression sur lui (plus au Québec avec l'anglais qu'en Belgique avec le néerlandais, plus encore en Acadie-Nouveau-Brunswick, par exemple) ne peut être assimilé au français dominant sans limite les autres idiomes parlés, en France, ni au français associé à un créole, ni, plus clairement encore, au français langue seconde institutionnelle, utile, peut-être nécessaire au développement, mais gênant le fonctionnement normal des langues maternelles ou acquises (langues véhiculaires non maternelles mais culturellement bien plus proches qu'une langue européenne apportée par un colonisateur).

Tout impact d'une langue, lorsque celle-ci n'est pas héritée de longue date et revendiquée, peut être destructeur de l'identité culturelle ou, au contraire, peut en permettre l'expression et en favoriser la communication. Ce paradoxe est vécu individuellement par tous les écrivains francophones (ou anglophones, etc.) qui ne sont pas de langue maternelle française ou anglaise.

Si le thème de la diversité culturelle, reconnue par l'institution culturelle internationale qu'est l'Unesco le 21 octobre 2005, est considéré positivement par une partie des opinions publiques, celui de la diversité des langues, articulé avec celui d'une langue « en partage », ne l'est pas. Dominique Wolton[6] montre que c'est en partie parce que le premier s'oppose à « une vision trop américaine et unilatérale du monde ». C'est aussi parce que rien n'est plus flou, plus impalpable que la « spécificité culturelle », où l'on peut placer les revendications autonomistes, les communautarismes aussi bien que les nationalismes conservateurs. Les langues, en revanche, sont précisément définissables, et quand elles incarnent une spécificité nationale, en prenant le pas sur les autres idiomes, peuvent devenir un instrument destructeur de la diversité. On a vu comment l'unification politique d'un Etat-nation européen, la France, avait à peu près éliminé ses particularismes de langage et attaqué ses cultures régionales. Mais l'un des nombreux aspects de la mondialisation, l'émigration des pays pauvres vers les riches, au cours du XXe siècle, a fait réapparaître en

Europe occidentale une diversité des langues. Plus guère de breton, d'occitan, de basque... en France, par rapport aux siècles précédents, plus guère de wallon en « Wallonie », de dialectes romands en Suisse « romande » : du français. Mais, à la fin du XXe siècle, de l'arabe, du berbère, du portugais, du créole, des langues africaines, du turc... dans ces pays. La reconnaissance institutionnelle de la diversité, sous la forme des « langues de France », démarche nécessaire, prend des formes étranges, selon que les langues en question sont parlées ou non en « France », entité formelle. Ainsi, la Réunion étant département français, ses deux variétés de créole sont « langues de France », mais ni le créole mauricien, ni les variétés du créole haïtien ne le sont. Les langues indiennes de Guyane, les langues kanak de Nouvelle-Calédonie, les langues polynésiennes de la Polynésie française : langues de France. L'arabe et le berbère, depuis l'indépendance des Etats du Maghreb, ne le sont plus. Mais si, les revoilà, car on parle arabe et berbère en France même. Le choc des réalités (langagières, socioculturelles, économiques...) et des institutions politiques et administratives, produit des résultats aberrants.

Il y a donc et il y a eu plusieurs « francophonies », subies, revendiquées ; tyranniques, généreuses ; officielles, spontanées ; institutionnelles, individuelles ; conquérantes, défensives.

Elles sont difficiles à distinguer, mais doivent l'être, sous peine de diluer les messages universalistes, aussi généreux et humanistes soient-ils, dans l'illusionnisme qui fut celui de Rivarol, à contre-courant d'évolutions inéluctables. *A contrario*, considérer ces dernières comme des lois scientifiques, et perdre son français contre du mauvais anglais, comme le font les élites économiques, scientifiques et politiques de plusieurs pays francophones, consiste à entériner des images et à prophétiser des évolutions qu'aucun observateur sérieux ne peut admettre : mort du français, triomphe universel de l'anglais, hypothèse fondée sur des réalités ponctuelles et des illusions massives (du type : on parle anglais partout en Asie).

« Français », j'y reviens, est un adjectif ambigu, car il qualifie une langue qui appartient à tous ceux qui la parlent, et en même temps une nationalité formelle – alors que l'adjectif « anglais » ne désigne qu'une région des îles Britanniques, alors qu'« américain » fait référence à un continent. « Francophone » présente un autre inconvénient : il est presque toujours employé – en France – à propos de celles et ceux qui connaissent et emploient le français sans être eux-mêmes des Français.

Tous les observateurs sérieux l'ont noté, dans l'opinion des Français, les « francophones » sont les « étrangers » qui parlent ou écrivent le français. Tant que les Français ne se penseront pas francophones, la francophonie sera borgne et boiteuse. D'autre part, un ressortissant d'un pays où le français n'est pas langue en partage et qui connaît parfaitement, parle et écrit cette langue, préférera, me semble-t-il, dire qu'il connaît, sait, parle « le français »[7]. Un Suisse de langue maternelle alémanique, un Belge néerlandophone et maniant un français impeccable ne se vivra sûrement pas francophone, à la différence d'un Romand ou d'un Wallon.

Ce que l'on dit, en revanche, et c'est assez lamentable, c'est que *les* littératures francophones – au pluriel – sont préférées dans de nombreuses universités du monde à *la* littérature française, au singulier. Si un jour, tous les amateurs de langue française, y compris les Français, admettaient que la littérature écrite en France est une littérature francophone parmi d'autres, les choses seraient un peu plus claires. Et surtout, elles effaceraient le grand jugement sous-jacent trop répandu en France et pas assez ailleurs : ma façon de parler et d'écrire le français est meilleure que celle des autres, de tous ces « francophones » d'ailleurs ; vu de Montréal, les francophones d'ailleurs sont aussi bien les Français que les Belges.

Mais les fantaisies du vocabulaire sont infinies, et il faut bien « faire avec ». L'ennui est que les mots, quand ils sont lourds, maladroits, inadaptés, travaillent les idées à l'insu de ceux qui les ont, ces idées.

Un indice de la gêne à l'égard des termes en *-phone* et *-phonie*, dont les produits se multiplient selon les besoins, c'est que lorsque le gouvernement français veut célébrer en 2006 la diversité culturelle des soixante-trois pays de l'Organisation internationale de la francophonie, quelque joyeux publicitaire, désireux de séduire l'opinion publique, dans son ensemble indifférente et inattentive à cette grande institution, invente l'inepte graphie : Francofffonies !, le point d'exclamation faisant partie du mot.

On me permettra de préférer, sans beaucoup l'aimer, le nom d'un festival de chansons par ailleurs remarquable et très populaire, les célèbres Francofolies.

Par malheur, les sons de « francophonie » sont plus proches de « francophobie » que de « -philie ». Pauvre Onésime, trahi par cette langue grecque à laquelle le français doit tant[8].

Politique de langue : le cas de la France

De nombreux Etats pratiquent une action sur la langue, au moyen d'institutions et d'actions. Celles-ci peuvent porter sur la nature même des idiomes, favorisant en général une langue majoritaire, ou cherchant à protéger des parlers minoritaires, ou encore sur ce qu'on a appelé la « qualité » de la langue, qui ne peut être que la définition d'une norme, dont on surveille la mise en œuvre.

Au cours des siècles, on a vu dans cet ouvrage comment le français, par action politique, avait été imposé aux Français, en même temps que, par la pratique appelée « littéraire », il avait été promu, face au latin. On a vu aussi qu'aux XIXe et XXe siècles, une action gouvernementale, au Québec, en Belgique wallonne, en Suisse fédérale, avait influé sur le sort du français en contact avec d'autres langues.

Reste à savoir, à côté des institutions intergouvernementales baptisées « Francophonie », comment l'Etat français essaie de promouvoir la seule langue qu'il ait jamais soutenue, le français, et comment certaines institutions internationales, l'Onu, l'Union européenne, pratiquent et tentent de régler le multilinguisme qu'elles supposent.

La France, seul Etat où l'usage du français est à la fois transmis majoritairement par la famille – c'est la langue « maternelle » – et considéré comme « la langue de la République », incluant par là départements et communautés d'outre-mer [9].

Sans remonter jusqu'à l'emblématique ordonnance de Villers-Cotterêts (voir la partie de cet ouvrage due à Gilles Siouffi), l'Etat français, l'un des plus tentaculaires du monde démocratique, n'a jamais négligé l'action sur la langue. Des institutions comme l'Académie française, voulue par Richelieu, réorganisée par Colbert, le montrent clairement. Cependant, avant la guerre de 1939-1945, l'Etat français agissait par le biais de l'enseignement et, hors de la métropole, par les administrations coloniales. Les autres facteurs, ceux qui, par exemple, ont conduit à l'expansion du français en France même, lui échappaient.

Après 1945, la situation objective des langues ayant fortement évolué, une action d'Etat pouvait se définir, pas tellement en fonction de situations réelles mal connues, qu'en fonction de leurs représentations, réalistes ou symboliques, constatées ou imaginées.

C'est ainsi que j'ai évoqué (chapitre 4 de cette parti X) le thème du français menacé ou détruit par l'anglais. Ce thème débouche sur celui du français langue dominée et en péril. Il implique que toute action mondiale en faveur du français est un duel et non – ce qui est pourtant l'évidence – une recherche d'équilibre entre de nombreux idiomes. Par ailleurs, le rapport entre les langues, quant à leur importance, est présenté comme un concours doté de places hiérarchisées, et même comme un championnat sportif. Ainsi, les institutions internationales et les médias anglo-saxons – en l'espèce, l'Unesco, le *Times* – classent la langue française, en 1991-1992, en neuvième ou en onzième position pour le pourcentage de ses locuteurs par rapport à la population mondiale[10]. On est étonné du flottement, alors qu'un seul critère est reconnu. Avec celui de la circulation des écrits, le premier – le champion ! – ne serait plus la langue commune chinoise, le mandarin, mais l'anglais, et le français ne serait plus neuvième-onzième, mais second. Si l'on retient l'enseignement d'une langue à des personnes pour qui elle n'est pas langue maternelle, selon le Haut Conseil de la Francophonie en 1994, le français, là encore, serait médaille d'argent aux jeux Olympiques du langage.

Quant à la représentation de la situation du français en France – alors qu'il ne subit pas la présence massive du voisinage anglophone, comme au Québec, ni la nécessité de gérer un Etat officiellement plurilingue, comme en Belgique ou en Suisse –, elle reflète plus l'affectivité attachée à un beau passé perdu qu'une évaluation sociolinguistique basée sur l'observation. La question posée par Marc Blancpain en 1961, « Le français, langue universelle ou idiome national ? » (dans *La Revue des Deux Mondes* des 14 et 15 novembre), reprenant la terminologie de Rivarol, était évidemment mal formulée. Aucune langue, pas même l'anglais, n'est « universelle » dans aucun sens de cet adjectif ; que le français soit l'« idiome national » de la France ne définit qu'une partie, certes importante à tous égards, de son existence planétaire.

L'amour que la plupart des Français portent à leur langue maternelle amène certains d'entre eux à dénoncer un complot conduit par les intérêts anglo-américains servis par des collabos indignes, en France même (Etiemble en fut le plus notoire représentant), cela avec un vocabulaire agressif qui dégage un fort parfum de xénophobie. On a parlé de « subversion interne » et d'« infiltration étrangère »[11], et ce thème inspira de nombreux libelles jusqu'à aujourd'hui. Mais la révolte contre la « colonisation douce » (Dominique Noguez, titre d'un ouvrage publié en 1991), contre l'« aliénation linguistique » (titre de H. Gobard, en 1976), est centrée sur la France – ce qui en affaiblit la portée – et revêt plus souvent le ton de la leçon de morale (celui de la *Lettre aux Français sur leur langue et leur âme* de Maurice Druon [Julliard, 1994]) que de l'évaluation objective d'une situation ou d'un programme réaliste.

Ce programme se manifeste dans les années 1950, d'abord sur le secteur le mieux perçu du langage, car il concerne à la fois la langue et la pensée et qu'il subit plus visiblement les « influences extérieures » : le lexique [12].

A la même époque, l'idée de coordonner l'action des universités où on emploie le français fait son chemin. Elle aboutit en 1961, à Montréal, à la création d'une « Association des universités partiellement ou entièrement de langue française », titre incommode mais politiquement prudent [13], auquel remédia un sigle bisyllabique, Aupelf.

En France, plusieurs personnalités, dans les années 1960, souhaitaient, tant pour lutter contre l'anglicisme que pour soutenir l'expansion du français, une intervention institutionnelle de l'Etat.

C'est un an après la grosse colère de René Etiemble contre le « franglais » que le gouvernement Pompidou prend la décision de créer un « Haut Comité pour la défense et l'expansion de la langue française », ce qui est fait le 31 mars 1966 (en 1973, on laissera tomber la « défense » et l'« expansion », et ce sera le « Haut Comité de la langue française »). C'était une sorte de comité de pilotage et de coordination destiné à harmoniser les actions peu cohérentes de nombreux ministères. Evitant l'ironie facile quant à l'efficacité de ce Comité, on notera qu'il est à l'origine d'actions non négligeables et de mesures législatives en matière de création de termes nouveaux, de mesures visant à l'emploi obligatoire de la langue française, en France, dans le commerce et la publicité ou encore de coopération internationale en faveur de la langue française. Les deux premiers axes abritaient sous des déclarations politiquement prudentes leurs intentions réelles : on parlait d'enrichir le langage (en fait, le vocabulaire) scientifique en français, plutôt que de remplacer les anglicismes ; de défendre le consommateur, présumé incapable de comprendre trois mots d'anglais, mais pas de déchiffrer le jargon publicitaire en français, plutôt que d'obliger commerçants et publicitaires, sanctions financières à l'appui, à pratiquer la langue de la République – ce qui fut fait avec mesure.

Cependant, à la même époque et encore aujourd'hui, les actions les plus importantes de l'Etat sur les langues et sur le français relèvent d'un labyrinthe de services, comités, directions ministérielles, missions et commissions superposés, et surtout sous-jacents par rapport aux institutions consacrées explicitement à la langue. Les leviers d'action sur le langage, en France comme partout, s'appellent « enseignement », « culture », « médias » (du journal imprimé à la télévision et à Internet), « administration », « diffusion du français hors de France et des pays réellement – et non officiellement – francophones »[14], « action sur l'opinion », ce qui renvoie aux médias, encore.

Devant les risques d'incohérences sous-tendues par des options politiques contradictoires, au gré des majorités politiques successives, devant les incessants blocages bureaucratiques, querelles de territoires et réglages impossibles entre principes affichés et réalités budgétaires, le remède n'était peut-être pas d'ajouter de nouvelles institutions aux réseaux existants, parmi lesquels les instances politiques et financières suprêmes de l'Etat (présidence de la République, cabinet du Premier ministre, ministère des Finances et son administration) représentent plutôt des barrages que des stimulants.

Or, à partir des années 1960, il n'est pas besoin d'être sociologue du langage pour constater que le « ressenti », l'« imaginaire » du français se porte assez mal, en l'absence d'une observation objective sur les pratiques, que ni l'Université, ni l'Etat, ni le CNRS ne furent capables d'instaurer[15].

Avec le développement des relations internationales, les institutions multilingues et multinationales, Onu, Unesco, Europe en construction, avec la mondialisation progressive de l'économie, la prépondérance affirmée du monde anglo-saxon dans les domaines scientifiques et techniques, le sentiment qui prévaut est que, si les Français restent attachés à leur langue, les « élites » économiques et financières, aussi bien que scientifiques, se détachent du français pour préconiser l'anglais. Une image passéiste, conservatrice s'attacherait au français, appuyé sur des images fabuleuses du monde des langues, où l'anglais prévaudrait partout. Des légendes entretenues par les systèmes mondiaux – transports, hôtellerie, colloques internationaux – prétendent qu'on parle anglais dans toute l'Asie, ce qui est totalement faux, ou bien en Europe, ce qui n'est partiellement vrai que dans le nord du continent.

Les succès français à l'exportation ou dans la carrière scientifique, dit-on, supposent la maîtrise de l'anglais, ce qui n'est exact que dans quelques domaines.

Mais ces exagérations ont des effets réels sur l'image hiérarchique des langues, et le français en souffre avec les autres grandes langues.

Les élèves se ruent sur les classes d'anglais, désertent celles d'espagnol, d'allemand et d'italien.

En même temps, on pleure la mort du bon français, on déplore les anglicismes, on se voile la face devant le retour de l'illettrisme et la remontée de la faute d'orthographe jusqu'aux concours d'agrégation.

A l'étranger, le français souffre aussi, et là, il s'agit de faits observés : l'enseignement supérieur, aux Pays-Bas, au Danemark, ne se fait plus en néerlandais ou en danois, mais en anglais. En Italie et en Espagne, la première langue étrangère, comme en France, est l'anglais, qui deviendrait ainsi langue commune des pays de langue romane.

Les militants du français ont beau protester, en mêlant assez souvent protection du français, spécificité culturelle et patriotisme – ce qui conduit à ignorer les succès du français hors de France et l'action du Québec en sa faveur –, rien n'y fait.

Face à une situation vécue par des responsables comme catastrophique, mais qui n'est pas perçue par la majorité de l'opinion, l'action de l'Etat commence à peine à s'incarner dans des lois : celle de 1975 obligeant les publicitaires à traduire en français leurs formules anglaises est très limitée et peu efficace.

Devant les échecs, le réflexe habituel du pouvoir va jouer : créer des institutions, produire des décrets et des lois. Le *Haut Comité* de 1965, par scissiparité, produit en 1984 deux nouveautés. Un *Comité consultatif de la langue française*, producteur de propositions, avis et recommandations sur les questions que le chef de gouvernement veut bien lui soumettre : peu sur pas grand-chose, a-t-on envie de dire. Et un *Commissariat général de la langue française*, avec peu de moyens. Et encore un *Secrétariat d'Etat chargé de la Francophonie*, strapontin ministériel aussi peu rembourré que celui du *Service des affaires francophones* au ministère des Affaires étrangères[16].

Quelles furent donc, sous les présidences de Valéry Giscard d'Estaing et de François Mitterrand, les actions de l'Etat sur le langage ? Un remaniement et un élargissement de la loi de 1975 sur l'usage du français, dit « loi Toubon », voté le 4 août 1994 (avec des applications, au-delà de la publicité, aux rencontres scientifiques, à l'audiovisuel, etc.)[17]. Une législation imposant 40 % au moins de chansons « d'expression française » – incluant les « langues régionales » – sur les médias. Le développement d'une terminologie française pour répondre aux besoins nouveaux, ministère par ministère au moyen de commissions (1970 ; remaniements en 1983, 1986). En 1984 et 1985, la création d'une chaîne de télévision internationale en langue française, d'abord européenne, puis (1995), mondiale, TV5. Des mesures fiscales en faveur du cinéma français – et francophone – au nom de la spécificité culturelle, mais avec des objectifs d'abord économiques de défense contre l'invasion des produits de l'industrie du divertissement étatsunienne.

Cette action connut aussi des échecs absolus, par exemple un « Centre national de terminologie et de traduction » annoncé en 1985, autour d'une banque de données inspirée de celles du Québec et du Canada, et des contradictions liées à des opinions marquées par des présupposés politiques [18].

Au chapitre jamais clos des hésitations, repentirs, palinodies, on peut ranger le renouvellement périodique des institutions consacrées à la langue. Ainsi, en 1989, sur les cendres du Comité consultatif et du Commissariat général créés cinq ans avant, tels deux phénix, apparaissent un *Conseil supérieur de...* [19] et une *Délégation générale à (la langue française)*. Le Premier ministre, l'Education nationale et la Francophonie (française) saisissent le premier ; la Délégation, sous la houlette du ministre de la Culture et de la Communication, promeut et coordonne les actions officielles en matière de langue, et son cadre d'action est défini par le Conseil supérieur, lui-même dépendant du Premier ministre.

En fait de simplification et de coordination, la politique linguistique de la France est désormais partagée (ou écartelée) entre Premier ministre, ministères de la Culture, de l'Education nationale, des Affaires étrangères (par le Service des affaires francophones), et par les ministères fournisseurs de terminologie [20]. Un acteur aussi puissant que dissimulé est le ministère des Finances : entre 1985 et 1997, le budget de la DGLF était diminué de moitié, et un *Observatoire de la langue française* créé en 1996 resta, faute de moyens, lettre morte. L'Etat français se fit conseiller, délégua maigrement, mais n'observa point.

D'autres difficultés sont apparues, reflets de divergences, entre l'immobilisme inhérent à toute institution et le dynamisme réformateur. En matière de norme graphique, le réformisme pourtant très prudent, des « rectifications de l'orthographe », recherchait un peu plus de cohérence et de simplicité. Il dut composer entre la position de linguistes comme Nina Catach, qui souhaitaient rapprocher les graphies des phonétismes, ou bien celle d'ingénieurs ennemis des accents pour entrer plus vite dans le monde d'Internet (alors écrit à l'anglaise), et l'immobilisme puriste. Ce fut le conservatisme instinctif du public qui l'emporta, contre tout bon sens, en entérinant les pires irrégularités, les signes (accents, trémas) souvent inutiles, et toutes les difficultés d'apprentissage causes d'échecs et d'erreurs innombrables. En revanche, s'agissant de féminiser les noms de métier, les médias et le public ont rapidement suivi les propositions des réformateurs que l'Académie française a tout fait pour contrecarrer. Le résultat est que la criante insuffisance des formes féminisées du français normalisé (on peut parler de panne morphologique, inconnue de l'allemand ou du russe) n'a été comblée que partiellement et dans le désordre. Ainsi, « la ministre » fait partie des recommandations officielles du CNRS (demandées par le Premier ministre[21]) mais l'Académie (dont le « protecteur » est le chef de l'Etat) s'était insurgée. Madame Hélène Carrère d'Encausse se veut et demeure *le* Secrétaire perpétuel de l'Académie française. Avec la parité hommes femmes, le problème devient plus aigu, les députées seront, selon les positions personnelles, des députés, les maires et les chefs seront beaux ou belles, indépendamment de leur possible féminité. Les arguments mobilisés sont contradictoires ; les exemples québécois, belges et suisses, pays où la féminisation en français est plus systématique (quitte à produire des barbarismes comme « la professeure », « la docteure »[22], etc.) sont considérés comme des modèles par les uns, des repoussoirs par les autres. L'Académie française, la Commission générale de terminologie en viennent à accepter implicitement des énoncés absurdes, comme celui-ci, que j'ai lu en 1990 dans un grand journal : « le capitaine X est enceinte », et qu'on pourrait multiplier sans peine (le maire est en congé de maternité, le député a subi une interruption de grossesse...). La langue française est donc ingouvernable.

Une autre bataille est celle des « langues régionales ». La défense officielle de la diversité, approuvée par l'opinion, la politique de décentralisation aussi, commandaient de les promouvoir. Le jacobinisme rémanent des politiques l'interdisait. D'où une étrange valse hésitation : le Conseil de l'Europe ayant adopté le 24 juin 1992 une *Charte européenne des langues régionales et minoritaires*, le Conseil d'Etat français conclut à l'impossibilité d'une ratification. S'ensuivit en France un débat byzantin, une signature partielle de la Charte par le chef du gouvernement, un déni de constitutionalité par le Conseil constitutionnel et, finalement, dans la mission de la Délégation, l'ajout des « langues de France » à l'expression « langue française », produisant une DGLFLF (... « à la langue française et aux langues de France ») à l'euphonie plus que douteuse et à l'allure facétieuse. Quant au contenu de ces étranges langues de France, qui associent le patois berrichon aux langues amérindiennes de la Guyane et les langues kanak de Nouvelle-Calédonie au corse ou au breton, il a été évoqué plus haut.

Au début du XXIe siècle, la politique des langues de la République française continue à être peu lisible. Alors que l'on cherche à rendre plus clair et compréhensible le discours administratif, en réécrivant des imprimés administratifs qui étaient de nature à terroriser ou à humilier ceux à qui ils s'adressaient, œuvre de bon sens et de respect du citoyen[23], l'Etat abandonne des termes clairs pour tous pour des expressions aussi imprécises qu'inutiles : dans les années 1980, le *facteur* devient un *préposé* (*des postes*), en 1981, le *préfet* prend un petit air révolutionnaire : c'est désormais un *commissaire*, sinon du peuple, du moins *de la République* (mais il redevient *préfet* cinq ans plus tard). En 1990, l'admirable mot d'*instituteur* laisse la place au fade *professeur des écoles*. Est-ce pour oublier la Révolution ? L'usage commun, qui n'y comprend goutte, réagit sainement en attendant toujours le facteur ou la factrice et en parlant des instits, des maîtres et des maîtresses ou des profs, alors que la profession se gargarise d'« enseignants », mot d'ailleurs nécessaire, face aux « apprenants » qui furent des « élèves ». Mais la République ne veut plus, apparemment, ni « élever » ni « instituer ».

Tandis que la lutte contre l'anglicisme – baptisé diplomatiquement « mot étranger » – est menée avec acharnement, la haute administration emploie parfois l'anglais (comme le fait l'entreprise privée) et les politiques, comme les fonctionnaires, sont loin de respecter les règles du jeu terminologique officiel : on faxe et on e-maile à tour de bras, dans le public comme dans le privé, ce qui indigne les Québécois ; en 2005, la radio publique orne le hall de la Maison de la Radio de banderoles vantant les attraits du « podcasting », et la direction fait signer à ses journalistes une autorisation de podcaster leurs chefs-d'œuvre, sans sourciller. Il faut faire jeune.

Autre bizarrerie. La politique de l'école est pleine de contradictions : on veut stimuler l'apprentissage du latin en introduisant son étude en cinquième (1996) et deux ans après, on réduit les options au baccalauréat, pénalisant les langues anciennes, « rares » et régionales, qu'on fait mine de célébrer. On vante et on respecte la diversité linguistique, mais on fait en sorte que seul l'anglais bénéficie de l'enseignement précoce des langues vivantes. On déplore les échecs dans l'apprentissage de la lecture et, au lieu de donner plus de moyens aux enseignants, on part en guerre (2006) contre la « méthode globale », le ministre n'ayant pas l'air de savoir que personne ne l'a jamais appliquée intégralement ni qu'une lecture exclusivement par épellation ne conduit personne à une pratique aisée des textes écrits.

Quant à la diffusion du français à l'étranger par l'enseignement – thème majeur – peu après avoir créé une « Agence pour l'enseignement français à l'étranger » (1990), le pouvoir fait disparaître un des outils reconnus dans ce domaine, le « Centre de recherche et d'études pour la diffusion du français » (Credif), dissous en 1996. Plus récemment, Jean-Marie Borzeix cite une déclaration du ministre des Affaires étrangères, M. Philippe Douste-Blazy, « pour que soit préservé et développé notre réseau d'instituts culturels et de lycées français », admirable engagement lu la veille de cette nouvelle : l'Institut culturel français de Vienne interrompt tous ses cours de langue au milieu de l'année scolaire 2005-2006, alors que l'Autriche, précisément, entre dans l'Organisation de la francophonie. En 2004 et 2005, les Centres culturels français de Graz, en Autriche, de Porto, de Gand, de Gênes sont abandonnés. Toujours selon J.-M. Borzeix, il en reste 150. Conclusion ? « Une fois de plus, la France ne fait pas ce que ses dirigeants disent qu'elle fait[24]. »

Il serait absurde, cependant, de ne pas prendre connaissance de ce que la France dit qu'elle fait pour le français – quand elle l'a fait. La Délégation générale diffuse un grand nombre d'informations, sous forme de « références » millésimées ou de rapports au Parlement. Bien que les chiffres globaux, certes impressionnants, soient difficiles à interpréter, ils peuvent donner une idée d'activités officielles importantes pour l'apprentissage du français. En 2006, il existe 429 établissements scolaires français « à l'étranger », dont 251 gérés par l'Agence pour l'enseignement français à l'étranger (160 000 élèves) et 63 par la Mission laïque française (25 000 élèves) ; 148 instituts et centres culturels, en 2004, dépendent des ambassades de France, et plus de 1 000 centres des Alliances françaises (dont 404 en Europe, 238 en Amérique latine, 148 en Amérique du Nord, 138 en Afrique et dans l'océan Indien).

Quant à l'enseignement de la langue française dans les pays non « francophones » (au sens raisonnable, non institutionnel du terme), sous la responsabilité des institutions pédagogiques de chaque Etat, les chiffres ne fournissent que de grossières approximations. J'emprunte à Didier de Robillard[25] des données du ministère des Affaires étrangères pour 1996, difficiles à interpréter, mais significatives. Ainsi, au Royaume-Uni, presque 4 890 000 élèves sont censés apprendre le français, à peu près 51 % des effectifs scolaires ; en Allemagne, en revanche, les 1 500 000 apprenants de français ne représentent que

11 % de la population scolaire. Dans le premier cas, les concurrents, l'allemand, l'espagnol, l'italien, etc., ne sont pas aussi importants que l'est ailleurs l'anglais, enseigné là comme langue maternelle ; dans le second, 89 % des élèves apprennent une autre langue : on sait bien que l'anglais vient très loin en tête. Même remarque pour l'Espagne : avec seulement 2,8 % d'apprenants de français [26] – moins qu'en Russie, 3,43 %, qu'en Pologne, 3,48 %, qu'en Argentine, 3,3 %, beaucoup moins qu'en Colombie, 6,2 % – ou même pour l'Italie (tout de même 16,2 %). Le cas de la Roumanie, où le français, traditionnellement bien connu, servit de refuge contre l'apprentissage forcé du russe, et où 47 % des élèves faisaient (encore) du français en 1996, celui du Portugal (plus de 25 %) ne suffisent pas à atténuer un sentiment global de faiblesse et de recul pour la présence scolaire mondiale du français. Par exemple, les Etats-Unis n'auraient compté, à la même date, que 1 360 000 élèves de français, soit 3,1 % des scolarisés (les causes : peu d'enseignement des langues étrangères ; la concurrence de l'espagnol). Quant à la proportion d'élèves de français dans les pays les plus peuplés du monde, la Chine, l'Inde, elle serait absolument dérisoire (212 000 élèves en Inde, 11 750 en Chine, soit moins de 0,006 % de la population scolaire !) [27].

Les amoureux du français pourront cependant se consoler avec l'argument de la qualité ; mais il joue dans les deux sens. Si le sentiment général est que les 11 % d'enfants allemands apprentis du français produisent de bons, voire d'excellents praticiens de cette langue, j'ai l'impression que la moitié de la population scolaire qui apprend du français au Royaume-Uni, accède à une connaissance moyenne équivalente à celle que les jeunes Français ont de la langue anglaise, ce qui n'est pas beaucoup dire ; j'aimerais me tromper.

L'école en français

Revenant en France – faute de précisions sur les évolutions récentes de l'enseignement du français en Belgique, Suisse et Canada francophones –, on est frappé par l'importance du travail de recherche accompli par la pédagogie de la langue et la linguistique, qui contraste avec l'impression globale d'échec entretenue dans l'opinion par les médias et par les politiques, qui se servent du catastrophisme ambiant pour leurs luttes internes. Ne tenant guère compte des conditions d'exercice de l'enseignement, mêlant les problèmes sociaux et les transformations, tant du corps enseignant que de la population enseignée, accusant en bloc la modernisation des principes (la linguistique et le structuralisme jetés avec les mathématiques ensemblistes dans les poubelles de l'école), dénonçant les piètres performances des élèves quant à la lecture-écriture, s'accrochant à toutes les idées reçues [28], les jugements sociaux majoritaires résistent obstinément, et les politiques démagogiquement, aux opinions autorisées : celles des professeurs eux-mêmes. Ces derniers sont accusés d'incapacité ou d'inaction, alors que jamais – sinon à l'époque des « hussards noirs de la République » – leur implication et leur dévouement n'ont été aussi grands. Les critiques, au-delà de la pédagogie, portent sur la discipline, devant un phénomène en effet inquiétant : la violence à l'école. Des remèdes-miracles, fruits d'une exaltation collective pour le modernisme technique, sont promus à sons de trompe : l'ordinateur serait le pédagogue de l'avenir. En fait, allié à la télé et aux consoles de jeux, il désapprend aux enfants le livre, tandis que ses réelles qualités de distributeur d'informations aboutissent à faire perdre tout esprit critique aux fascinés de l'écran.

Cependant, l'enseignement avait réagi en profondeur aux problèmes qu'il n'a cessé d'affronter. Les « classes nouvelles » du Front populaire, ressuscitées en 1945, dans des lycées comme Sèvres ou Montgeron, des « lycées pilotes », tablant sur l'initiative des enfants – que l'école traditionnelle endort ou combat – ont obtenu des résultats remarquables. Mais la Société des agrégés et l'Inspection générale veillaient et le mouvement libérateur fut à peu près étouffé.

En revanche, dans les années 1960, le corps des inspecteurs primaires et leur formateur, l'Institut pédagogique national, ont mis en avant des procédés nouveaux : appliquer des connaissances récentes et indiscutables sur la langue et le discours à la pédagogie (comme le firent E. Genouvrier et J. Peytard dans *Linguistique et enseignement du français*, 1970) ; insister sur l'expression orale avant que d'imposer à l'enfant la norme exigeante et arbitraire de l'écriture (puisque aucune réelle réforme de l'orthographe ne semble possible) ; rénover les méthodes poussiéreuses faisant appel à la seule mémoire. Cette tentative échoua globalement, par l'illusion d'une adaptation instantanée des enseignants, par l'incapacité des intermédiaires à faire passer les idées trop abstraites, théoriques et complexes des linguistes, surtout par la réticence à suivre le mouvement et par le conservatisme inconscient ou acharné des habitudes : celles-ci sont d'ailleurs exaltées par la sacralisation ludique des dictées-concours, qui sont, en

France, héritières des « championnats d'orthographe » belges. On en voit les mobiles, très respectables : faire un jeu de l'orthographe, comme Erik Orsenna veut faire de la grammaire une « chanson douce » : dans aucun cas, le jeu ne peut se substituer au travail ; mais il peut et il doit s'y ajouter.

C'est en partie la démocratisation de l'enseignement secondaire et supérieur – « explosion scolaire », « massification » – qui explique l'échec du réformisme. Une autre raison est la réaction, après les mouvements de Mai 1968 et leurs suites, comme le *Manifeste de Charbonnières* de Pierre Barberis (1969, élargi en 1977), où s'exprimait la nouvelle direction marxiste de l'Association française des professeurs, plus tard enseignants, de français (AFPF, puis AEPF).

Entre 1968 et 2002[29], la réflexion sur les principes est assez active pour assouplir les positions traditionnelles (en 1975, il n'y avait eu aucun changement essentiel dans les programmes depuis... 1937 !). Ce fut, écrit Jean-Claude Chevalier, à la fois acteur, observateur et théoricien des choses de la langue et de son enseignement, « le temps des Commissions[30] ». Mais ni la Commission d'Etat présidée par Pierre Emmanuel (1970), ni les groupes de travail de l'Institut national de la recherche pédagogique (INRP), ni les réflexions sur la didactique des langues et l'enseignement du français langue étrangère[31], ni le rapport du Collège de France « pour un enseignement de l'avenir », ni, parmi les Commissions de réforme de 1988 (Pierre Bourdieu, sociologue, François Gros, biologiste), celle pour le français (Jean-Claude Chevalier) et celle pour les langues vivantes (Jean Janitza, germaniste), toutes raisonnables et motivées, ne suffirent à déverrouiller habitudes et préjugés.

Cependant, l'évolution des manuels scolaires acceptée et accompagnée par les éditeurs, celle des grammaires et des dictionnaires, spectaculaires après les années 1960 (après des décennies de stagnation), et de nouvelles institutions dans l'enseignement entérinent la modernisation contestée. Elles ne passent pas inaperçues. Les critiques pleuvent sur les IUFM (Instituts universitaires de formation des maîtres)[32] ; on critique un baccalauréat dont les épreuves ont été renouvelées à partir de 1975, et l'opinion publique n'est pas loin de sanctionner un fait culturel majeur : alors que 30 % d'une classe d'âge, en 1985, avait le bac, ce pourcentage a beaucoup plus que doublé (80 % en 2000). Au lieu de s'en féliciter, certains pensent que si « tout le monde a le bac, il ne sert plus à rien », ou bien que, si on l'accorde à 90 % des candidats, c'est qu'on place la barre de plus en plus bas.

A mesure que les objectifs se précisent – non plus l'apprentissage formel : lecture-écriture, mais la recherche d'une double maîtrise : celle de l'expression et de la communication par les deux usages : oral et écrit, d'une langue –, les échecs sont plus visibles et la tentation est forte de se rabattre sur les succès supposés d'un passé pédagogique de toute façon périmé et aboli par la révolution de tous les aspects de la société.

Le français dans les institutions internationales

Il y est, tant à l'Onu, à l'Unesco que dans l'Union européenne, langue officielle. L'Onu, dès sa fondation en 1946, a établi langues officielles le chinois, l'anglais, le français, le russe et l'espagnol – l'arabe fut ajouté plus tard. Plus significativement encore, le statut de « langue de travail », accordé à l'origine à l'anglais et au français. L'absence de l'allemand, de l'italien et du japonais s'explique évidemment par les circonstances politiques issues de la guerre de 1940-1945 ; elle constitue aujourd'hui une anomalie, tout comme la non-reconnaissance du portugais, langue d'un très grand pays d'Amérique, le Brésil.

D'autres langues de travail ont été acceptées au cours du temps : l'espagnol en 1948, le russe en 1968, l'arabe et le chinois en 1973. On distingue les langues de travail de l'Assemblée générale, du Conseil de sécurité (les langues citées plus haut), et du Secrétariat (anglais et français seulement).

En fait, l'anglais domine largement : 90 % des rapports sont rédigés d'abord dans cette langue. Cependant, sur 192 Etats représentés, le groupe francophone compte 60 délégations ; toutes, cependant, ne s'expriment pas en français[33]. La présence du français dans les débats est soutenue par la France, la Belgique, la Suisse, le Canada, Haïti, de nombreux Etats africains, dont l'Algérie, Madagascar, etc.

Mais la prépondérance de l'anglais est manifeste tant dans les exigences de recrutement des fonctionnaires internationaux que dans la documentation électronique : la version française du site Internet de l'Onu, deuxième en importance, représente moins de 1/15 de la version en anglais.

Quant à la répartition des langues au sein de l'organisation européenne, elle ne peut satisfaire que les partisans de la langue anglaise, car elle reflète de manière déformée l'équilibre effectif des langues en Europe, déjà modérément favorable au français. D'après une étude menée en 2005 dans 29 pays du continent (Eurobaromètre 63.4), la langue maternelle coïncide la plupart du temps avec la ou les langues nationales : exception, les pays Baltes. En Lettonie 29 %, en Estonie 19 % des enquêtés déclarent que leur langue maternelle est le russe, 8 % en Lituanie (chiffres en baisse sensible par rapport à 2003). Les langues régionales déclarées maternelles ne figurent pas pour des proportions importantes, à l'exception du catalan (9 % des répondants, en Espagne, 1 % pour le basque ; et du gaélique en Irlande, pour 9 %). Enfin, dans certains pays, une langue maternelle européenne autre que la langue nationale ne dépasse 3 % qu'en France (4 %, vraisemblablement du fait de Français issus de l'immigration), au Luxembourg (7 % de francophones, 5 % de germanophones de langue maternelle, à côté de 73 % de locuteurs du luxembourgeois), en Bulgarie (10 % de locuteurs de langue maternelle turque), en Finlande (6 % de suédois langue maternelle). Quant aux langues connues, maîtrisées, en dehors de la langue maternelle, la première serait l'anglais (34 %), suivie par l'allemand (12 %), le français (11 %), l'espagnol et le russe (environ 5 %). Alors que les Luxembourgeois, les Lettons, les Maltais parlent à plus de 90 % une langue étrangère, à peine 30 % de Hongrois et de Britanniques sont dans ce cas. En détaillant, 34 % des Français déclarent connaître l'anglais (alors que 14 % des Britanniques disent maîtriser le français), 10 % l'espagnol, 7 % l'allemand. L'élargissement récent de l'UE a bénéficié surtout à la langue allemande. Quant au niveau des connaissances dans la langue étrangère désignée, on s'en remet au jugement des intéressés : environ 60 % estiment que ce niveau est « très bon » (de 15 à 25 %) ou « bon » (autour de 40 %). On observe des cas particuliers, comme celui des Pays-Bas, où 87 % des personnes interrogées disent parler anglais, et 88 % de ceux-ci, le parler bien ou très bien.

Toujours suivant cette enquête, l'ordre d'importance des langues employées en Europe change selon que seul l'idiome maternel est considéré[34], ou bien qu'on additionne les locuteurs déclarés d'une autre langue[35]. Des chiffres fournis par la Délégation à la langue française en 2006, pour les langues maternelles, sont supérieurs (allemand, 23 %, français et italien, 16 %, anglais, 15,9 %, espagnol, 11 %), mais l'ordre est à peu près le même, sinon que celui du français par rapport à l'anglais a permuté...

Quoi qu'il en soit d'équilibres toujours mouvants, surtout du fait de l'extension de l'Union à partir de 1995, la situation des langues dans l'institution, à Bruxelles, Luxembourg et Strasbourg, ne reflète pas exactement celle du terrain. Ce qui semble évident, c'est que le français décline. Non pas tant, semble-t-il, depuis l'entrée de la Grande-Bretagne et de l'Irlande en 1973, car les fonctionnaires européens envoyés par Londres et Dublin à Bruxelles, Strasbourg et Luxembourg parlaient en général fort bien le français.

C'est plutôt en 1995, avec l'élargissement de l'Union à l'Autriche germanophone, à la Finlande et à la Suède, pays où l'enseignement de l'anglais est généralisé et efficace, et dont les fonctionnaires européens parlent anglais et parfois allemand, mais guère français. En outre, à partir de 1998, les présidences furent assurées par le Royaume-Uni, l'Autriche, l'Allemagne et la Finlande. En 1999, le français a cessé d'être la langue majoritaire de rédaction des documents de la Commission – ce qu'il était sous la présidence de Jacques Delors. Ainsi, en 2005, plus de 68 % des documents sont rédigés en anglais, 16,4 % en français (26 % en 2004 !), 3,8 % en allemand. En 2004 et 2007, l'arrivée de pays d'Europe centrale et orientale – même membres de la Francophonie –, où les langues étrangères privilégiées sont l'anglais et l'allemand, avec des commissaires ne parlant que très rarement français, renforce la prépondérance de l'anglais sans donner beaucoup plus de poids à l'allemand, ce qui est anormal. Autre anomalie, la faible importance de l'espagnol comme langue véhiculaire de l'institution, malgré son importance internationale. Des soutiens apportés au français, en revanche, peuvent venir des présidents et hauts fonctionnaires portugais et italiens (par exemple, MM. Romano Prodi, José Manuel Barroso).

Ces remarques valent surtout pour la Commission de Bruxelles : au Parlement de Strasbourg (Conseil de l'UE), le multilinguisme réserve au français, à côté de l'anglais, un rôle de médiateur ou de véhicule qu'il semble perdre à Bruxelles. Enfin, à la Cour de justice, les délibérés se font traditionnellement en français.

La position de la France, cependant, est assez réactive : associée à la Belgique wallonne et au Luxembourg, elle organise en 2003 des cours de français gratuits pour les fonctionnaires des nouveaux pays membres. L'objectif est de fournir à une plus grande partie du personnel une connaissance passive du français. Certains Allemands, cependant, à cause de la prépondérance de l'anglais et du délaissement relatif de leur langue maternelle, préfèrent y revenir alors qu'ils s'exprimaient en français précédemment. Gerhard Schröder et

Jacques Chirac, dont on sait les excellentes relations, avaient convenu d'exiger une traduction allemande (et française) dans toute réunion officielle.

Mais les conversations et rencontres officieuses sont de plus en plus, là comme en affaires ou dans les activités scientifiques, polarisées vers un anglais minimum commun au détriment de la sémantique partagée et de la qualité de la communication.

Il existe pourtant des facteurs propres à limiter la prépondérance accrue de l'anglais, comme l'adoption dans les pays de l'Union d'un enseignement portant sur deux langues étrangères, à la manière de la France ou de l'Allemagne. On cite l'exemple de l'Espagne, où le français langue seconde, après l'anglais, a fait passer les effectifs d'apprenants de français de 250 000 à 1 300 000 entre la fin des années 1990 et 2005. En outre, venant des nouveaux membres, on a noté une tendance, pour éviter une anglicisation politiquement connotée par la suprématie mondiale contestée des Etats-Unis, à s'appuyer sur le trilinguisme officiel anglais-français-allemand, ce qui devrait logiquement bénéficier surtout à la langue allemande, mais aussi stabiliser l'usage du français. Enfin, l'entrée de la Roumanie et, dans une certaine mesure, de la Bulgarie, deux pays membres de l'Organisation de la Francophonie, devrait amener à Bruxelles un contingent de fonctionnaires s'exprimant en français, bien que l'enseignement de l'anglais, là aussi, ne cesse de progresser.

On doit enfin signaler l'initiative de Maurice Druon pour reconnaître au français la qualité de langue de référence pour tout texte juridique : un « Comité pour la langue de droit européen » a été créé en octobre 2005.

Mais la situation respective des langues, dans les institutions internationales, ne pourra jamais refléter la réalité de leurs usages : ce sont plutôt des équilibres politiques qui en définissent les lois que les besoins concrets des sociétés. Or, la politique, qu'elle soit nationale ou internationale, est toujours un miroir déformant.

XXIᵉ SIÈCLE : L'ÉTAT DES LIEUX

Malgré l'impression de nouveauté que la fin du XXᵉ siècle et le début du XXIᵉ procurent, s'agissant du ressenti du langage, les problèmes fondamentaux sont là depuis des siècles.

Seules les techniques, nées de l'explosion des connaissances scientifiques, ont inventé. Mais qu'ont changé d'essentiel la télévision, l'informatique ou Internet dans le rapport entre les hommes et leur langage, dans le recours nécessaire aux langues, dans la passion ou l'indifférence pour cette langue, le français ? Dans l'expression de la pensée et du sentiment ? Dans la communication entre les humains ? Dans l'apprentissage du monde et de soi-même ?

Cependant, le vécu et le pensé du langage ont effectivement bougé, avec la société tout entière. Mais les problèmes du passé et les réactions qu'ils suscitent ont la vie dure. Les langues évoluent, le français ni plus ni moins que d'autres. C'est surtout la conscience qu'on en a qui évolue, malgré les attitudes d'entêtement historique – purisme ou indifférence, choix esthétiques ou utilitaires, générosité active et solidaire ou individualisme irresponsable...

Concernant le français et les langues, les facteurs nouveaux, techniques, institutionnels (la francophonie politique, l'Union européenne), sociaux (l'immigration, en Europe de langue française, la « crise des banlieues » en France, la laïcisation et l'urbanisation au Canada, les indépendances, les options politiques, les conflits en Afrique) entraînent des effets linguistiques nouveaux, pas plus fondamentaux que ne le furent les mutations du passé (mort des patois, apparition des créoles...).

Les vitesses d'évolution de la langue même n'ont pas varié : la syntaxe bouge lentement, le lexique rapidement. La phonétique va plus vite que la graphie, qui l'influence au lieu de la refléter : deux langues en une, pensent certains, l'écrite conservatrice, l'orale dynamique... Là encore, rien de neuf.

Un problème éternel : la confusion entre les paroles et les écrits individuels, leur répartition en usages distincts, regroupés par volonté historique – politique et « poétique », au sens de « créatrice » – en une « norme » totalement identifiée à la « langue », tout comme la politique, en démocratie, veut s'identifier au peuple souverain qui renâcle aujourd'hui et veut participer. La langue-en-tant-que-norme, le « standard » des Anglo-Saxons, pèse de tout son poids sur la langue-usage, faite de variétés et de variations innombrables. L'idée même de « francophonie », voulue pour diffuser la norme unique, met en scène le réel du langage : il y a « des » français.

Et par là-dessus, le total changement de perspective pour la description, déjà noté au début de cette X^e partie, à propos de l'époque contemporaine. On cesse alors de parler des morts, dont l'historien connaît imparfaitement la pensée et un peu mieux l'action, pour avoir affaire à des vivants ; on quitte le passé, pour aborder un présent qui ignore son avenir. Cela permet d'ajouter aux fausses interprétations – qu'on essaie de dénoncer, dans un ouvrage comme celui-ci – les prophétismes fondés sur des préjugés et des craintes, et aussi sur des faits choisis *ad hoc*.

Chaque problème de langage posé depuis des siècles peut être vu d'une manière nouvelle, autrement.

Norme et enseignement

Il en va ainsi de la norme du français, encore identifiée à un « bon usage », invention merveilleuse du XVIIe siècle, dont on peut à peu près tout faire, car l'adjectif « bon » est capable d'y qualifier un goût personnel ou collectif, des pratiques sociales et des jugements de valeur captés par la classe dominante, ou même des pratiques de discours personnelles, mais que le jugement social approuve : on appelle cela, lorsque l'approbation est de nature esthétique, « littérature ». Le bon usage implique qu'il y ait plusieurs usages : derrière lui, qu'on identifie à « la langue », règnent donc la variété et les conflits. Chaque langue connaît cette dialectique, et celles qui sont parlées et écrites depuis longtemps et par de très nombreux êtres humains la connaissent plus que les autres. Le français, avec ses dix siècles de construction et d'usages, ses crises et ses mutations, ses évolutions un peu partout dans le monde, en fait évidemment partie.

La transmission d'une langue se fait des adultes aux enfants ; pour qu'elle perdure dans un milieu donné, il faut que les adultes la parlent à leurs enfants, soit seule, soit avec une autre langue ou plusieurs. On est alors dans l'oralité et toutes les langues vivantes sur Terre fonctionnent ainsi, y compris des milliers d'idiomes sans écritures. Mais ceux qui en ont une ne sont pas vécus ni pratiqués identiquement. Vient, pour l'enfant, qui a maîtrisé presque tous les sons propres à telle langue, une partie centrale, essentielle, de ses règles (sa grammaire) et ses mots les plus nécessaires dans le milieu d'apprentissage – ce ne sont pas les mêmes ici ou là –, de subir une initiation contraignante. Celle-ci part d'un usage qui n'est pas toujours le « bon » – car sa « bonté » est fonction des lieux, des situations sociales, des moments et des modes –, vers la maîtrise d'une forme d'usage unique, rigide par définition, commune, garante de la perpétuation de cette langue dans le monde moderne : l'écriture.

La spontanéité relative, la spécificité subie du parler initial de l'enfant doivent faire place à la définition unique qu'en donne l'orthographe. Cette orthographe est double, car il y a celle des mots – grosse affaire de mémoire, dès que le rapport oral-écrit est travaillé et déformé par l'histoire – et celle des phrases, où se glisse la raison du système : le genre, le nombre des noms et adjectifs, le temps, le mode des verbes... C'est l'école qui fait le gros de ce travail. Mais pour certains enfants, le milieu familial est une aide, pour d'autres, par ignorance ou défi, une gêne, plus encore pour ceux qui ont appris à parler dans un autre idiome. Pour ceux-ci, l'école doit assumer une double tâche, et cela est vrai des immigrés en Europe ou au Québec, cela est vrai pour tous dans les territoires et communautés d'outre-mer de la France, cela est vrai des Africains multilingues. Dans un passé pas si lointain, savoir lire et écrire signifiait en Europe « savoir du latin ». Aujourd'hui, cela correspond à savoir une langue nationale ou officielle, par exemple le français, à côté d'un parler maternel ou d'une forme spontanée, peu contrôlée, de cette même langue. C'est la situation d'enfants d'immigrés, des enfants africains qu'on ne parvient pas à scolariser dans une langue qui corresponde à leur culture, et qui sont jetés dans les labyrinthes du français ou de l'anglais.

Plus le premier apprentissage, oral, est cohérent avec le second, celui de l'écrit, plus la maîtrise du futur adulte en une langue devenue sienne sera grande. Rien ne peut annuler cette inégalité fondamentale, reflet des injustices de l'histoire et des sociétés, qu'un enseignement repensé.

Accuser l'institution scolaire sans tenir compte de ces facteurs est absurde. D'autres peuvent évidemment jouer : la santé économique des sociétés, et, très pratiquement, les budgets des collectivités, à commencer par l'Etat, favorisent ou défavorisent l'« alphabétisation » (dans les langues à écriture alphabétique, bien sûr). Ainsi, dans l'espace francophone, l'école africaine est triplement handicapée, par rapport à celles d'Europe ou d'Amérique : (1) apprentissage oral-écrit dans une langue différente, non seulement de celle de la famille, mais aussi des langues qui correspondent à la culture patrimoniale, ces langues dites « véhiculaires », connues par une proportion importante des habitants d'un Etat ou d'une région ; (2) implications perturbantes sur la personnalité identitaire des élèves ; sur le plan matériel, (3) insuffisance notoire des moyens, en locaux, en matériel – les livres, notamment, plus encore que l'absence d'ordinateurs –, et aussi en personnel.

Une idée-force est apparue récemment dans la politique de la langue, en France et ailleurs, c'est celle de « droit à la langue » du pays où est contraint de travailler l'immigré. Pour passer du principe à la réalité, un seul moyen, l'apprentissage, l'école, encore une fois [1]. Et si les immigrés vivant en France ont droit, en effet, à un salaire, à un logement décents, à une connaissance décente de la langue qui leur est nécessaire, que dira-t-on des Africains privés d'enseignement dans les langues qui sont leur être même et alphabétisés en français seulement ? La francophonie n'est pas au point, scolairement.

Et même quand les circonstances sont les meilleures – ce qui est, pour la langue française, le cas de l'école en France, en Belgique, en Suisse, au Québec –, il ne faut pas s'étonner si l'éducation et l'enseignement – tout comme la médecine et bien d'autres services – sont « à deux vitesses ». En fait, comme dans les vélos modernes, les vitesses sont multiples. En France, elles vont de la très petite vitesse de l'école ou du collège des « zones sensibles » (admirons l'euphémisme) jusqu'aux TGV – très grandes vitesses – des lycées prestigieux où se retrouvent les rejetons de ce qu'on appelle en russe *nomenklatura*, qui héritent des meilleurs professeurs, baignent dans un amnios culturel raffiné, sont prévenus contre la crétinisation programmée des marchands de distractions, et peuvent envoyer des SMS ludiquement extravagants sans nul dommage pour l'orthographe qu'ils ont bien acquise. Enfants socialement gâtés, adolescents mieux armés que les autres, ce seront, par la grâce des Ecoles les plus « grandes », les maîtres à penser et les maîtres tout court de la société future. On a appelé ce processus la « reproduction » ; on ne peut pas le nommer « progrès ».

Mais, encore là, dans les meilleures circonstances imaginables, l'école et, au-delà, l'éducation souffrent d'un mal redoutable : la perversion des valeurs, l'utilitarisme contre la culture, la réussite au lieu de l'accomplissement, la compétition contre la solidarité, le tout assené, et par la bassesse télévisée, et par la démagogie du pouvoir politique, par le vide du discours de ses représentants, amateurs de « positive attitude ».

Mais qu'a donc à voir la langue dans cette crise morale, dira-t-on ? La langue, rien, mais la manière de la « traiter » – « Tu me traites ! » disent les jeunes Français –, certainement. Comment veut-on, qu'en cours et fin d'études, on puisse en Europe francophone conserver les langues antiques, l'histoire, la poésie, préférer l'initiation scientifique à la connaissance utilitaire des techniques, ne pas tout sacrifier à la gestion et donc à l'argent... ?

Et si l'on va des sommets sociaux à la « base », qu'observe-t-on ? Diverses crises, dont le pouvoir et l'opinion dénoncent les effets sans pouvoir ni vouloir en déceler les causes. Ces causes sont diverses : perte d'identité, communautarisme, déliquescence des liens parentaux, « désoccupation » – en italien, les chômeurs sont *disoccupati* –, modèles sociaux de réussite appauvris et fantasmés, inculture partagée et passive des séries et des variétés de la télé, violence délirante des jeux vidéo, inondation du cauchemar « américain », c'est-à-dire étatsunien, mauvais usage des religions... Or, toutes ces causes ont leur aspect langagier ; toutes sont accompagnées, parfois suscitées, par le discours. La violence commence par la violence verbale, par la pensée violente. Les jugements outranciers par les mots dévoyés. Le « politiquement » – *politically* signifie « socialement » – correct est signé par les euphémismes dont on se moque mais qui conditionnent l'hypocrisie ambiante. L'appauvrissement culturel commence par la pauvreté du langage. L'utilitarisme et le tout-argent par le jargon, qu'il soit ou non américanisé, des business schools et des entreprises...

Ce n'est pas le langage, ni l'état de cette langue, le français, qui sont alors atteints, mais bien la qualité de ses produits : les paroles pauvres et violentes (cela va de pair : bête et méchant), les discours de banalité, les écrits incertains et invertébrés, la reproduction des modèles médiatiques et médiatisés, la paresse verbale et intellectuelle, l'une portant l'autre. Tout converge vers l'école, bouc émissaire commode pour une responsabilité générale. Et vers l'infortunée langue française, ineptement jugée moribonde, polluée comme l'eau des océans et l'air qu'il faut bien respirer.

Sauf que cette langue assume la création, qui se dit en grec *poiêsis*, et cela même sous ses formes les plus éloignées de la norme et des conventions reproduites. Dans les crises du langage apparaissent des formes originales : chanson, rap, slam (on prend des mots californiens, tant pis ; il fallait y penser ici). Dans la misère dénoncée du « langage des cités », en France, comme dans certains usages du français d'Afrique, apparaissent de nouvelles créativités qui pourraient sortir le tout de cette langue de la sclérose où la normalisation de la fin du XVIIe siècle l'avait plongée. De nouveaux mots s'installent, venus des milieux les plus éloignés du « bon usage », comme le furent naguère ceux des argots et des provinces, comme le sont aujourd'hui le verlan, les usages métis de toute sorte, pour que se maintienne et s'étende le français vivant, condamné à la diversité.

Reconnaître les différences

On a toujours reconnu l'existence d'usages, de modes, de registres différents, pour la langue. On a dû admettre, au Moyen Age, que le dialecte normand imposé à l'Angleterre par Guillaume appelé « le Conquérant », était capable de la plus haute poésie, alors qu'il s'écrivait loin de l'Ile-de-France.

On aurait pu croire que l'extension mondiale du français par les colonialismes successifs conduirait à l'abandon de l'unitarisme de la norme, établi non pas aux origines de cette langue, ni même lorsqu'elle s'est affirmée face à la culture en latin, au XVIe siècle, mais longtemps après. Au contraire, c'est l'illusion d'un seul français, défini en France par un pouvoir central sans états d'âme, sur son modèle et nul autre, et transmis au XIXe siècle par une école républicaine unificatrice. L'« empire » français fut en partie celui du bon usage de sa langue.

Le modèle imposé était plus rigide que celui de l'anglais ou du portugais hors d'Europe. Au XXe siècle – déjà avant, chez quelques créateurs et esprits libres –, la diversité des *usages* était reconnue, mais non pas celle des *normes*. Or, en Europe avec la disparition ou le recul des dialectes, en Amérique du Nord avec la pression menaçante de l'anglais, dans les « outre-mers » français ou indépendants, en Afrique, dans les pays arabophones au contact des langues maternelles, il ne pouvait, il ne peut plus être question d'une seule norme, d'autant que s'y affirment, nul n'en doute plus depuis qu'elles s'expriment, des cultures très diverses. De fait, il en existe plusieurs, de ces normes discrètes, qui peuvent être régionales (on parle en France, depuis le début au XXe siècle, de « français régional », expression qu'il faut mettre au pluriel), nationales (une ou plusieurs normes québécoises, belges, etc.), transnationales (y a-t-il une norme malienne, une norme congolaise du français, ou bien une norme du « français d'Afrique », expression très discutable ?). Certaines sont en cours de définition, certaines implicites, aucune autre ne prétendant à une fiction d'universalité que ne l'a fait celle de l'Ile-de-France.

Ainsi, la reconnaissance d'une variété d'usage, et même le pluriel d'une expression officielle française : les « langues de France », qui suggère un singulier indivisible, « le français », ou bien l'idéologie partagée de la variation, passée des linguistes aux politiques, masquent mal la revendication obstinée d'un « bon usage » et d'un seul, d'une norme et d'une seule. Le linguiste belge Jean-Marie Klinkenberg, dans des débats autour de la francophonie et de la diversité culturelle[2], a souligné ce paradoxe : la langue la plus normalisée, la plus centralisée qui soit, au cours des siècles – on peut ajouter, la plus identifiée à une histoire nationale, à une culture unifiée –, revendique et célèbre la diversité culturelle. Si une organisation comme l'OIF est fondée sur la reconnaissance de cette diversité, il faut que ses membres l'acceptent pour eux-mêmes. Si l'on admet l'existence d'un usage social du français dans des civilisations différentes, il faut aussi accepter cette variété aux échelons régionaux, voire locaux, ce que la France fait plus mal que ses voisins.

Toile, « clavardage » et l'Internet[3]

Parmi les nouveaux moyens techniques à la disposition des langues, de plus en plus de langues, d'ailleurs – après des commencements quasi unilingues –, le réseau nommé Internet. Né d'un projet de recherche militaire concernant la mise en réseau de quelques ordinateurs en Californie et en Utah, en 1969, puis d'un programme de courrier (*mail*) sur le réseau Arpanet – le réseau d'Arpa, l'« Agence du projet avancé de recherche » – (1971-1972) et sur d'autres, Internet fut d'abord, en 1974, un protocole acheminant l'information d'ordinateur en ordinateur, couplé à un autre protocole capable de segmenter chaque message en « paquets » réarrangés à l'arrivée. Les auteurs : un mathématicien, Bob Kahn, de l'agence militaire responsable d'Arpanet, Arpa, devenu Darpa (*Defense Advanced Research Project Agency*) en 1972, et un universitaire de Stanford, Vincent Cerf. Le réseau est actif en 1978 ; en 1984, le Centre européen de recherche nucléaire, CERN, adopte ce protocole. Cinq ans plus tard, Tim Berners-Lee crée sur le site « Internet » du CERN un ensemble de documents liés par des renvois : l'hypertexte était né, avec les fameux trois *w*, de l'expression anglaise *World Wide Web* (« réseau de taille mondiale »). Ce *web*, en français *la Toile*, est un ensemble planétaire « hyper- » (*texte* pour la langue écrite, *média* pour les documents non langagiers)[4] distribué par Internet – qui a d'autres fonctions, comme le courriel. Dans les années 1990, le nombre de sites de la Toile passe de quelques centaines à des millions, et la mise en réseau se simplifie, les techniques de transfert allant du téléphone au câble puis au « WiFi » (sans fil).

Les techniques ne sont que des moyens dont les fins, telles qu'imaginées dans les années 1960 aux Etats-Unis, ont rapidement évolué, à mesure que le système envahissait le monde, de manière très inégalitaire. Les effets de ce couple, puis de ce trio « écran – clavier – souris » sur les psychologies collectives, les savoirs, la pédagogie, le commerce, la politique, le rapport virtualisé aux autres, le paradoxe de l'isolement pour communiquer et exprimer, parmi d'autres thèmes, ont suscité des flots de commentaires.

On a moins parlé de l'impact d'Internet sur les langues naturelles, et sur leurs produits écrits, plus rarement parlés, dans cet immense système d'échanges, impliquant à terme la présence d'un grand nombre de langues : de l'anglais seul à des dizaines – l'anglais passant progressivement de son monopole initial à environ un tiers des échanges, en 2007.

En français aussi, l'outil Internet sert à tout, et notamment à confronter la variété des usages de la francophonie effective. Un de ses moyens d'action les plus spectaculaires est le « bloc-notes électronique », en général nommé par anglicisme *blog*[5], apparu en 2003, et qui a atteint en deux ans les 300 millions d'unités, dont plus de 10 % en français. L'idée de départ vient d'une coutume habituelle aux Etats-Unis, qui consiste à envoyer à toutes ses connaissances un résumé – souvent annuel – de la vie familiale, orné de photos, mêlé à une sorte de chronique personnelle ; le blog change ensuite de nature et se diversifie selon les cultures. En France, il joue un rôle culturel et politique de plus en plus grand. Son langage est un mixte du discours écrit spontané des correspondances manuscrites d'antan et du style journalistique, et il va du registre familier, rarement « populaire », à un style plus soutenu.

D'une manière générale, Internet est un nouvel espace de déploiement du langage écrit, une occasion de réapparition pour des langues en péril – il est plus facile de créer un site dans une langue peu représentée qu'un journal sur papier –, un réservoir inépuisable de textes scientifiques, techniques, juridiques, didactiques en tous genres, depuis la vulgarisation jusqu'aux articles les plus savants, et aussi de textes littéraires, poétiques, anciens et modernes. On met « en ligne » (calque de *on line*) des livres entiers et cette procédure menace les produits multimédias tel le cédérom, dont on pensait il y a dix ou vingt ans qu'il allait dévorer le livre traditionnel. On met en ligne des journaux, et l'industrie de la presse écrite en souffre.

Dans ce nouveau chapitre de l'histoire de l'écrit, le clavier et l'écran constituent un médium d'envergure mondiale et donc impliquent (virtuellement) toutes les langues. C'est un espace interlinguistique : outre les écrits originaux dans des dizaines de langues, on y trouve le jargon produit par la traduction automatique. Sur Internet, s'exprime entre correspondants de langues différentes, le besoin d'un code commun, véhiculaire au sens le plus large de cet adjectif, et qui est souvent, pour le moment, ce qu'on appelle en anglais le *global scheme* ou *global english*, autrement dit *globish*. Le *globish* n'est pas un usage appauvri de l'anglais, c'est un *pidgin* (autre anglicisme), autrement dit un code mixte empruntant son vocabulaire à l'anglais et sa grammaire à un plus petit commun dénominateur entre langues en communication, qui peut varier selon la langue normale des usagers. Aucun risque que ce jargon ne devienne une langue, à la manière des créoles : ce n'est qu'un code d'intercompréhension minimal, par exemple pour jouer entre Russes et Brésiliens, ou entre Chinois et francophones. En revanche, dans les échanges scientifiques, techniques ou commerciaux, c'est un anglais incertain, appauvri, fautif qui est souvent utilisé. A cette pratique, répandue dans les échanges réels (congrès, colloques, conférences, articles imprimés, où l'anglais est plus contrôlé), détestable en ce qu'elle infériorise toute personne qui n'est pas de langue maternelle anglaise, on doit préférer le recours à deux langues bien maîtrisées joint à une connaissance réciproque de l'autre langue qui peut dès lors n'être que passive. Echanger sur Internet (ou converser réellement) par deux mauvais usages de l'anglais ne vaut pas, entre hispanophones et francophones, un échange dans les deux langues, chacun parlant la sienne clairement et tâchant de comprendre celle de l'autre, ce qui est plus facile entre deux langues proches génétiquement, comme le sont les langues romanes (ou slaves).

Cette problématique est générale, mais on en voit mieux les enjeux avec les relations instantanées et mondialisées de la Toile, où les langues sont affrontées, manipulées (on pense aux produits consternants et hilarants à la fois, des traductions automatiques évoquées ci-dessus). Ces langues, sur la Toile, ne sont ni plus ni moins maltraitées que dans leur usage spontané écrit.

Internet, sphère mondiale des écritures et des langues, n'est pas seulement un espace typographique matérialisé par l'écran ; c'est un moyen d'expression, un moyen de pression ou d'influence politique et publicitaire, un espace commercial « virtuel » mais bien réel, et, finalement, une industrie avec des coûts, des risques et des profits qui, eux, n'ont rien de virtuel.

Ce qui conduit à une idée récente, universelle, qui est venue modifier l'idée même de « langue ». Le terme qui l'exprime est « industrie de la langue » et recouvre toute activité humaine de production de discours, paroles, textes, avec une dimension économique et financière. On y range l'édition, la traduction, l'apprentissage des langues étrangères, la terminologie et la lexicographie ; on peut y adjoindre la création des noms de marque et les brevets, en ce moment captés par l'anglais. On doit y placer l'activité multimédia, Internet, et une bonne partie de cette autre industrie qui est un bizness, celui des spectacles. La langue anglaise a absorbé cette idée, qui était si étrangère à la culture francophone, qu'on dit et on écrit en français, paresseusement, *show business* (« chaud bi bi, chaud bi-zness », chantait Jean Yanne). Dans un sursaut, cependant, elle nomme « industries du spectacle » une partie d'un autre *business*, gigantesque, celui de l'*entertainment*.

Ce qui conduit, à travers l'usage des langues et des activités qui les mobilisent, à la notion décidément centrale de diversité, dans le contexte des activités héritées comme dans celui des techniques nouvelles.

L'unilinguisme en question

Tous les grands pays ont été, sont et seront multilingues, quitte à laisser mourir l'une de leurs langues, mettant ainsi en danger l'une ou l'autre de leurs cultures. La chose est encore plus évidente pour les ensembles régionaux et continentaux. Elle n'est pas toujours reconnue : sous la langue dite officielle, se pratiquent des langues vivantes, certaines reconnues nationales, d'autres non. Des Etats sont officiellement bilingues (le Canada), trilingues (la Belgique), quadrilingues et plus (l'Inde a vingt-deux langues officielles, dans les vingt-cinq Etats de l'Union). D'autres unilingues, constitutionnellement (la France) ou pas. Malgré sa grande unification due au massacre des langues autochtones et à l'imposition de celles des colonisateurs, le continent américain, avec quatre langues dominantes : anglais, espagnol, portugais, français, n'est pas formé d'Etats parlant une seule langue. Ainsi, les Etats-Unis, perçus de l'extérieur et officiellement comme anglophones, se sont fortement hispanisés ; dans d'importantes communautés, on y parle aussi italien, grec, créole haïtien, allemand, etc. Ainsi, le Paraguay a officiellement deux langues : le castillan et le guarani ; d'autres langues amérindiennes sont parlées, du Mexique au Brésil.

Le continent le plus multilingue est l'Afrique. La Nouvelle-Guinée et l'Australie le sont aussi, s'agissant de leurs autochtones. Les langues de Chine sont plurielles, même si l'une d'elles s'impose comme grand véhicule national (nous l'appelons le « mandarin », ce qui est curieusement anachronique). Certains Européens vivent un paradoxe. Leur continent est divisé en nombreux Etats ; la plupart ont plusieurs langues et dialectes, mais certains ont acquis par une volonté politique unitaire un idiome devenu dominant auquel fut donné le qualificatif de l'Etat-nation (le « français », l'« italien », l'« allemand », le « russe », le « polonais », le « néerlandais » – dont la Hollande est une province) ou bien celui d'un autre Etat (on ne parle pas « belge », mais « français », « néerlandais » et « allemand » en Belgique). Un empilement d'usages de langues et dialectes différents est travaillé par deux mouvements contraires : unification-normalisation, d'une part ; diversification-variation, de l'autre. Le cas du français, en France même, est exemplaire, comme on l'a vu dans cet ouvrage. Détaché d'un latin régional des Gaules passablement germanisé, il a pris sa force par la création poétique avant de s'affirmer par une volonté politique nationale. Puis, il a envahi les territoires régionaux, absorbé ses dialectes (langue d'oïl) et ceux du voisin méridional (l'oc) ; il a combattu et vaincu les langues du pourtour. Au XIXe siècle, les Français se sont crus unilingues, alors même qu'ils avaient d'autres usages maternels, tant la pression sociale et culturelle du français central était forte. Mais l'unilinguisme, comme la norme et son bon usage unitaire, est un projet ou une illusion. Le réel du langage est autre.

Un indice massif de ce constat a été exposé ici ; il se manifeste surtout dans la seconde moitié du XXe siècle : au recul et à la disparition du multilinguisme interne de la France sont venus s'ajouter deux correctifs, l'un culturel et volontaire, la valorisation des usages divers et des langues en perdition (breton, germanique – francique et alsacien –, occitan, basque, catalan, corse...) et même des « patois », l'autre fonctionnel et subi, l'immigration des langues d'ailleurs (italien, espagnol, arabe, yiddish, portugais, turc, créole, langues africaines...). Comme si une sorte d'équilibre multilingue tendait à se rétablir quand il s'est par trop appauvri. Le phénomène paraît général : quand les Etats-Unis ont digéré les restes des langues amérindiennes, et ceux du français, à quelques exceptions près, voici que l'espagnol, cantonné naguère près du Mexique, s'y répand de nouveau, de la Californie et de la Floride à Chicago et à New York. Le multilinguisme est de retour. Cependant, l'affiche d'un pluralisme linguistique dans l'Union européenne, tout comme le désir manifeste de diversité culturelle de l'Organisation de la francophonie sont des volontés politiques ; des tendances fonctionnelles inverses sont à l'œuvre.

Dans les institutions européennes, chacun milite pour sa langue et, lorsqu'elle n'a pas l'importance relative requise, est tenté par la solution de facilité : une seule langue de communication, une langue véhiculaire, que la domination mondiale d'une hyperpuissance extra-européenne autodésigne, l'anglais, alors que c'est l'idiome du moins européen des Etats de l'Union, du seul, avec l'Irlande, à ne pas être continental : la Grande-Bretagne. Les Britanniques n'y sont presque pour rien : car, si l'on parlait, disons gaélique ou français aux Etats-Unis, le français ou l'allemand seraient automatiquement promus dans une Europe politique.

Alberto Moravia s'exclamait : « Les langues, merveilles de l'Europe ! » Les langues sont en effet la marque, le support de la diversité tout court. L'Europe est le continent où l'on n'a pas besoin de l'avion pour vivre la diversité. La bicyclette suffit. L'habitat, le paysage, le parler populaire, tout cela peut changer d'un « pays » à l'autre. Mais il faut admettre que la diversité des voix humaines est plus vivante en Italie ou en Allemagne qu'en France, et que l'Espagne a su donner au sein de l'unité nationale une vraie place au catalan, au basque – ce que la France n'a pas voulu – et au galicien.

Quant à la diversité forte de langues de nature différente, héritée de l'histoire, elle donne aux bilingues de nombreux pays une conscience des langues que la plupart des Français ou des Anglais n'ont pas. Même les unilingues, dans un milieu national plurilingue, ont conscience de la réalité de Babel : les locuteurs de langues baltes entendent parler le russe chez eux ; les Finnois le suédois, les Espagnols le catalan. L'histoire a rattrapé cette situation dans une France qui s'était vécue monoglosse ; on y entend parler arabe, créole ou vietnamien à Paris, grec, italien ou hébreu à Montréal.

On a fait de pertinentes réflexions sur les avantages intellectuels de la diversité et du bilinguisme : le discours de linguistes notoires comme Claude Hagège renforce celui de responsables institutionnels, tels les délégués généraux à la langue française Bernard Cerquiglini, puis Xavier North : « bâtir Babel » écrit ce dernier[6], ce qui suppose qu'on préserve Babel ; « Halte à la mort des langues », nous dit Hagège. Ce qui ressemble à un souhait nécessaire, mais « pieux », du genre : « A bas la guerre ! » Car les langues meurent sans arrêt, dans l'indifférence des témoins directs et de leurs locuteurs mêmes. C'est arrivé au gaulois. Cela arrive partout dans le monde.

Le problème est majeur pour l'Afrique : question d'identité. Il le fut en France unifiée, dans plusieurs régions en deuil de cette identité spirituelle ou en combat pour la sauver. Le bilinguisme n'est d'ailleurs pas la panacée, car il peut être et il est souvent inégalitaire ; mais c'est un remède au pire. Les bilingues créole-français, ou langue africaine-français (ou anglais, ou portugais) le savent bien : leur bilinguisme est précieux, mais il doit être « égalisé », sinon la langue maternelle et familiale souffre et l'identité personnelle est aliénée. Edouard Glissant en a admirablement parlé dans un livre majeur : *Le Discours antillais*. L'instrument d'action est alors l'école.

C'est encore l'enseignement qui peut remédier aux inconvénients de l'unilinguisme, car il y en a d'essentiels. L'apprentissage des langues « étrangères » – au moins deux, pour contourner la tendance mondialisée au « tout-anglais » – se développe dans le monde, mais jamais assez et de manière inégalitaire. Le réglage réciproque, international, est délicat, car chaque pouvoir, et c'est dans l'ordre, milite pour sa langue. Si vous voulez que les Italiens réapprennent le français, et pas seulement l'anglais, faites en sorte que vos francophones de France, de Belgique et d'ailleurs apprennent l'italien ; le minimum de réciprocité n'est pas atteint, et de loin. Tout dépend du poids réciproque des langues : pour que les Albanais qui, grâce au dictateur Enver Hodja, apprenaient beaucoup de français et l'employaient, ne passent pas tous à l'anglais, on ne demandera pas à l'école francophone d'imposer l'albanais en France ou en Suisse. Ça ne marcherait pas et c'est dommage : on rêverait de lire Ismaïl Kadaré dans le texte...

Outre l'enseignement, le grand instrument salvateur de la pluralité culturelle est la traduction. L'influence d'une culture, de sa pensée, de ses rêves, de la beauté qu'elle procure n'est pas liée, heureusement, à la maîtrise de son idiome. La traduction n'est pas seulement une industrie de la langue, c'est son matériel de survie : elle transmet l'esprit d'une culture, elle exprime dans une langue en abolissant sa lettre. Cependant, elle mutile la littérarité et la poésie, sauf divine surprise (Chateaubriand – Milton, Baudelaire – Edgar Poe...) : les éditions bilingues sont un remède. Traduction et interprétation sont d'ailleurs au cœur de la communication internationale, et la formation des spécialistes nous renvoie à l'apprentissage, à la pédagogie, à l'école.

Ces sujets sont essentiels pour toutes les langues, comme le sont la production imprimée et tous les produits langagiers. Les grandes traductions font partie des littératures ; elles sont, tout autant que les textes originaux, formatrices des langues. On dit par figure « traduire sa pensée par des mots » et cela signifie : parler, écrire. Tout usage de la langue est traduction, et si un poète génial, Dante, a créé la langue italienne par un travail poétique sur les dialectes toscans, c'est une traduction de la Bible par Luther qui a défini la norme de l'allemand moderne, au-delà de ses dialectes.

Une langue qui s'éveille et s'affirme doit s'écrire, se « grammatiser », créer son dictionnaire, inventer des styles, produire des œuvres, traduire et se traduire. Il n'y a pas d'exception.

Si la traduction, parmi les produits d'une langue, est si importante, c'est qu'aucune langue ne vit sans l'apport des autres : toute langue, même les plus unifiées, affirmées dans leur spécificité – comme l'est le français –, est d'une certaine manière un catalogue d'emprunts, un gigantesque dictionnaire multilingue. Sur une réalité fonctionnelle universelle, nommée « langage », est fondée la pratique traductrice et interprétante, dont l'ébauche, l'embryon apparaît dès qu'il y a contact interlinguistique. Dans ces contacts spontanés, les mots de l'autre apparaissent d'abord comme les étiquettes du monde, qu'il faut interchanger, sauf à se replier sur les gestes, les mimiques, ou encore s'en remettre au savoir d'un interprète, ou enfin employer une langue véhiculaire, qui est souvent l'anglais.

L'unilingue, sorti de son milieu, est un infirme.

La passion endormie

S'agissant de cette langue française, qui est tellement aimée que beaucoup la voient menacée, violée, meurtrie, assassinée, son succès même, son triomphe sur d'autres langues l'ont mise en danger.

En lui créant une image trop parfaite, contraire à la vitalité irrépressible de ses usages, les puristes en ont fait un objet précieux, mais fragile et fictif. En lui soumettant tout autre idiome sur un territoire défini par la politique, on l'a isolée artificiellement des contacts naturels, universels entre langues différentes. Ses locuteurs, en perfectionnant leur usage du français, sont devenus les orphelins de Babel. Ils ne sont pas seuls à l'être : nombre d'anglophones, d'hispanophones ignorent d'autres langues que la leur. Comme beaucoup parmi les francophones de France – car les autres sont tous dans la conscience d'autres langues –, ils vivent dans une bulle. L'inconvénient majeur de l'unilinguisme, à mon avis, n'est pas l'incapacité de comprendre et de parler ou d'écrire d'autres langues, c'est l'oubli qu'il y a en soi « la langue ». Par l'idiome unique, chacun se croit en prise directe avec la pensée, avec le monde. La réapparition du langage impensé ne se fait que dans les commentaires sur le langage (untel parle mal, fait des fautes, bafouille...) et pas dans son usage ; à la limite, il n'y a plus de langage, il n'y a plus de conscient en lui que ce qu'on en dit, ce « métalangage » naturel étudié avec rigueur et subtilité par Josette Rey-Debove[7]. On règle, on commente, on décrit le français, on combat pour le français, on le défend, qu'il soit ou non attaqué ; mais quand on s'en sert, on l'oublie, il s'évapore. Seuls les poètes, les enfants, les fous, les comédiens et les chanteurs le perçoivent dans sa chair, ses couleurs, sa musique – alors que la présence, le souvenir d'une autre langue sont perçus comme une réalité. A défaut de l'autre langue du bilingue, la variété des usages de sa langue la fait réapparaître. Les Grecs de l'Antiquité qui rejetaient dans la « barbarie » les autres langues pouvaient percevoir la leur par la pluralité des dialectes. Le Québécois à Paris, à Liège ou à Lausanne, le francophone européen à Montréal perçoivent le français – leur propre langue – en tant que même et différent dans l'usage de l'autre, et déjà le Marseillais à Strasbourg ou le Brestois à Montpellier – ou l'inverse. La variation de la langue remédie à son unicité, mais reste que la connaissance d'une langue vraiment « étrangère », qui cesse alors d'être étrange, est le plus fort moyen pour percevoir celle qu'on parle en premier.

Que l'on compare la paresse, l'apathie, l'indifférence d'une majorité des Français à l'égard de leur langue, alors qu'on célèbre leur intérêt passionné pour elle – mais il s'agit surtout de critiquer « le français » d'autrui en concluant à la mort « du » français –, qu'on les compare à l'autocritique, à la vigilance, aux réactions alertes des Québécois. Ces derniers ne parlent et n'écrivent pas mieux cette langue que les Français, ni plus mal, mais un peu autrement et, surtout, ils savent qu'ils la parlent, puisqu'ils doivent la défendre, car ils perçoivent, même unilingues, dans l'ombre du français, l'immense et envahissante langue anglaise. Bilinguisme, plurilinguisme (les Africains, certains Européens), contact collectif de langues (Canada, Belgique, Suisse), variété des usages, apprentissage d'une autre langue, traduction active, interprétation, autant de moyens, de détours nécessaires pour retrouver sa langue natale, à demi oubliée quand elle est esseulée.

Pour réveiller la passion endormie, pour casser cette indifférence au langage qui suffit à expliquer le relâchement, la passivité, il importe d'avoir une conscience lucide de sa langue ; le fait d'en connaître plusieurs y contribue. Mais, selon les psychologies, d'autres facteurs peuvent agir : le souci de la pensée, le besoin de précision, la sensibilité auditive pour la parole, visuelle pour l'écriture, la typographie, le texte... Apprendre à écrire est déjà apprendre une autre langue, après l'apprentissage enfantin de la parole. Aussi bien les enfants, avant d'avoir intégré ces deux codes, sont-ils tous sensibles aux signifiants. Mais l'habitude tue cette présence du langage et de la langue en l'esprit. L'illusion, entretenue par la pratique et l'habitude, d'une pensée pure – elle est toujours mêlée de langage –, celle d'une affectivité personnelle et non pas construite par le lien social ronge le sentiment de la langue. Finalement, point crucial de cet ouvrage, surgit l'idée d'une langue idéale, qui transforme en vision céleste, en entité, en Idée platonicienne un pouvoir toujours compromis. Cette construction mentale collective fait d'une rumeur de voix et d'un fouillis de textes, d'une machine de signes au fonctionnement incertain un modèle parfait, d'une habitude et d'un destin commun un dieu caché. Elle invente hors du temps, de l'histoire, de la société et de la confusion psychique cette idole adorable, le français – ou toute autre langue. Tel est le support de la pensée puriste, essentiellement simplificateur, confondant les pouvoirs universels du langage et ceux, nécessairement imparfaits, incomplets, « fautifs », d'une langue, et celle-ci avec ses manifestations impures.

Cependant, la description objective d'une langue en fonction, la linguistique, produit d'autres simplifications : elle écarte le registre du pensé sans langage, ne se préoccupe guère de la relation au concret ; elle s'est voulue pure syntaxe, une algèbre trop complexe pour bien fonctionner ; elle a rendu scientifique une illusion.

Le psychologue, le sociologue, l'anthropologue corrigent le tir. De son côté, le philosophe construit dans une langue précisée, mais souvent jargonnante, la vérité du langage. Un philosophe-poète, chose rare, montre peut-être la voie :

> Le langage [...] est pour nous chose familière et vague comme nos membres. Nous saisissons sans savoir comme nos mains s'y prennent pour saisir.
> Il en résulte des erreurs (dont certaines sont précieuses) et des illusions étranges. Toute la philosophie est née d'illusions sur le savoir qui sont illusions sur le langage. (Paul VALÉRY, *Cahiers*, t. III, p. 181-182.)

Ce que Valéry dit universellement du langage, doit être plus vrai encore, spécifiquement, d'une langue, par exemple du français.

Notre sujet n'était pas ici « langage », ni « pensée », et surtout pas « la langue », fiction folle, mais bien la relation, le conflit fondamental entre *des* langues, ces systèmes forgés par l'histoire, par les sociétés, et qui marquent le destin divers des êtres humains. Les langues qu'on dit « mortes » sont précisément celles qui nous parlent encore ; les « vivantes » sont affrontées à divers périls. L'un des plus grands, je le redis, est qu'elles peuvent à chaque instant être oubliées, inaperçues, par ceux mêmes qui en usent. Un autre danger est que, pour mieux s'en enorgueillir, on les travestisse, on les statufie ou on les sanctifie avant de les idolâtrer. C'est pourquoi la perception de leurs insuffisances, de leurs lacunes, de leurs laideurs est indispensable pour reconnaître leur valeur, leur puissance, leur beauté.

A tous ceux qui, confondant le français multiple et vif avec ses images simples et figées – les siècles nous en ont fourni une jolie brochette –, le voient en passe d'entrer en agonie, on doit opposer les leçons de l'histoire et un fait tout simple. Les usages les plus forts, les plus hauts du français sont ceux qui résultent d'un choix. Où ce choix est-il le plus enrichissant ? Certainement lorsqu'un créateur en langage, né dans une autre langue, décide de risquer ce va-tout de l'expression qu'est l'écriture littéraire dans cette langue autre. Tout écrivain, tout poète fait de son propre idiome une langue étrangère à elle-même par le style. Tant que ce phénomène aura pour support le français, surtout lorsque la langue d'origine est reconnue capable d'une grande littérature, la langue choisie pour créer ne sera pas en réel danger. Samuel Beckett, Julien Green, Eugène Ionesco, Georges Schéhadé, Léopold Senghor, Aimé Césaire, François Cheng, tant de Maghrébins, d'Africains, de Russes, de Grecs, d'Iraniens, des poètes comme Salah Stetié, des romanciers, conteurs comme Amadou Hampâté Bâ, des essayistes... non seulement créent dans le français, mais créent et modèlent le français de demain. Ne parlons plus de littérature « francophone », sauf à y inclure Racine et Pascal, Rimbaud et Hugo, mais de « littérature en français ». Le mieux, je crois, serait de dire : « du français en littérature ». Constatons qu'aux époques d'universalité fictive de la langue française, il y avait moins de grands créateurs en français parmi ceux qui sont nés dans une autre langue qu'aujourd'hui. Oublions les classements infantiles où « ne plus être le premier » signifie « n'être rien ».

Que les francophones se félicitent d'avoir en partage l'une des langues les plus riches, des plus capables de beauté, mais qu'ils s'ouvrent à d'autres langues porteuses d'autres cultures, qu'ils veillent sur cette partie vivante d'eux-mêmes, qu'ils transforment le culte d'une idole en amour du langage diversement incarné, de ses incarnations, des êtres humains qui les font exister, et de cette diversité même.

NOTES

PREMIÈRE PARTIE
AUX ORIGINES DU FRANÇAIS
Frédéric Duval

1. Parlers primitifs

1. César, *Guerre des Gaules*, I.29, VI.14 et V.48.
2. Strabon, *Géographie*, t. II, éd. et trad. F. Lasserre, Paris, 1966, IV, 1.5, p. 129.
3. Nous reprenons R. Del Ponte, *I Liguri : Etnogenesi di un popolo dalla preistoria alla conquista romana*, Gênes, 1999.
4. César, *Guerre des Gaules*, I.1.
5. P.-Y. Lambert, « Gaulois tardif et latin vulgaire », dans *Zeitschrift für Celtische Philologie*, t. XLIX-L, 1997, pp. 396-413.
6. J. Herman, « La langue latine dans la Gaule romaine », dans J. Herman, *Du latin aux langues romanes : études de linguistique historique*, Tübingen, 1990, p. 151.
7. Cicéron, *Pro Fonteio*, éd. et trad. A. Boulanger, Paris, 1973, 33, p. 45.
8. Strabon, *Géographie*, trad. F. Lasserre, Paris, 1966, IV.1.2, p. 124.
9. J. Herman, « La langue latine dans la Gaule romaine », dans *Du latin aux langues romanes...*, p. 147.
10. Pomponius Mela, *Chorographie*, III.2.19, cité par D. et Y. Roman, *Histoire de la Gaule (VIe siècle av. J.-C.-Ier siècle ap. J.-C.)*, Paris, 1997, p. 508.
11. L. Guinet, *Les Emprunts gallo-romans au germanique (du Ier à la fin du Ve siècle)*, Paris, 1982.
12. Cette notion est largement utilisée par M. Banniard, par exemple dans « Diasystèmes et diachronie langagières du latin parlé tardif au protofran-

çais » (IIIᵉ-VIIIᵉ siècles) », dans J. Herman (éd.) *La Transizione dal latino alle lingue romane*, Tübingen, 1998, pp. 131-153.

13. Nous suivons M. Banniard, *Du latin aux langues romanes*, Paris, 1997 (Collection 128), pp. 24-27.

14. Quintilien, *Institution oratoire*, VI.3.107, éd. et trad. J. Cousin, Paris, 1977, p. 62.

15. Cicéron, *Epistulae ad familiares*, IX. 21.1, éd. et trad. J. Beaujeu, *Correspondance*, t. XI, Paris, 1996, p. 197.

16. Quintilien, *Institution oratoire*, XII.10.43, éd. et trad. J. Cousin, Paris, 1980, p. 126.

17. Saint Jérôme, *Comm. in Ep. Gal.* 2.3.

18. Saint Augustin, *De doctrina Christiana*, 4.24.

19. Isidore de Séville, *Etymologies*, éd. et trad. M. Reydellet, Paris, 1984, livre 9, 1.7, p. 36.

20. Nous reprenons ici l'étude de A. Stefenelli, « La base lexicale des langues romanes », dans *La Transizione...*, pp. 53-65.

21. A. Stefenelli, art. cit., p. 56.

22. J. Wüest, « Latin vulgaire et créolisation », dans G. Hilty (éd.), *Actes du XXᵉ Congrès international de linguistique et philologie romanes* (université de Zurich, 6-11 avril 1992), Tübingen, 1993, t. II, pp. 656-661.

23. *Ibid.*, p. 658.

24. P.-Y. Lambert, *La Langue gauloise*, Paris, 2003, p. 13.

25. Ulpien, *Digeste*, XXXI, 1.11.

26. Voir P. Flobert, « Les graffites de La Graufesenque : un témoignage sur le gallo-latin sous Néron », dans *Latin vulgaire-latin tardif* III, Tübingen, 1992, pp. 103-114.

27. P.-Y. Lambert, *La Langue gauloise*, p. 131. Le dossier y est présenté pp. 131-136.

28. Ces témoignages sont rassemblés par P.-Y. Lambert, *La Langue gauloise*, p. 10.

29. Irénée de Lyon, *Contre les hérésies*, livre I, éd. et trad. A. Rousseau et L. Doutreleau, t. II, Paris, 1979, pp. 24-25.

30. *Histoire auguste*, « Vie d'Alexandre Sévère », LX.6, éd. et trad. A. Chastagnol, Paris, 1994, pp. 630-631.

31. Sulpice-Sévère, *Dialogorum libri II*, 1, chapitre 27, § 2, éd. C. Halm, Vienne, 1866, p. 179.

32. Sidoine Apollinaire, *Epist.* III, 3.2, cité dans L. Fleuriot, *Les Origines de la Bretagne : l'émigration*, Paris, 1980, pp. 55-56.

33. Grégoire de Tours, *Historia Francorum*, I.32 ; trad. citée : Grégoire de Tours, *Histoire des Francs*, t. I, trad. R. Latouche, Paris, 1963, p. 57.

34. P.-Y Lambert, *La Langue gauloise*, en propose une liste, pp. 204-205.

35. M. Sot, « Héritage et innovation sous les rois francs (Vᵉ-Xᵉ siècle) », dans M. Sot, J.-P. Boudet, A. Guerreau-Jalabert, *Histoire culturelle de la France : Le Moyen Age*, t. I, Paris, 1997, p. 23.

36. Pour cette présentation du latin chrétien, nous suivons pour l'essentiel D. Sheerin, « Christian and biblical latin », dans F.A.C. Mantello et A.G. Rigg, *Medieval Latin, An Introduction and Bibliographical Guide*, Washington, 1996, pp. 137-156.
37. Arnobe, *Contre les gentils*, livre I, éd. et trad. par H. Le Bonniec, Paris, 1982, 58.1, 2 ; 59.1, pp. 183 et 184.
38. Saint Jérôme, *Lettres*, t. I, éd. et trad. J. Labourt, Paris, 1982, *Ep.* 22.30, p. 144.
39. Augustin, *De civitate Dei*, livre X, chap. 21
40. Augustin, *Enarrationes in Psalmos*, Ps. 93.3.
41. M. Banniard, *Du latin aux langues romanes*, Paris, 1997, p. 26.
42. Augustin, *Enarrationes in Psalmos*, Ps. 138.20.
43. Augustin, *Enarrationes in Psalmos*, Ps. 36, s. III.6.
44. Saint Jérôme, *Lettres*, t. III, éd. et trad. J. Labourt, Paris, 1953, *Ep.* 58.10, p. 84.
45. *Concilia Galliae a. 314-a. 506*, éd. C. Munier, Turnhout, 1963, CCSL, t. CXLVIII, p. 83, l. 75.
46. M. Banniard, *Du latin aux langues romanes*, p. 26.
47. Strabon, *Géographie*, IV, 1.12, p. 140.
48. Pline l'Ancien, *Histoire naturelle*, 8.29.
49. R.-H. Bautier, « Haut Moyen Age », dans J. Dupaquier (dir.), *Histoire de la population française*, t. I, 1988, pp. 141-145.
50. Nous suivons surtout J.-P. Chambon et P. Olivier, « L'histoire linguistique de l'Auvergne et du Velay : notes pour une synthèse provisoire », dans *Travaux de linguistique et de philologie*, t. XXXVIII, 2000, pp. 83-153.
51. G. Duby, *Guerriers et paysans. VIIe-XIIe siècle. Premier essor de l'économie européenne*, Paris, 1973, p. 28 (cité par J.-P. Chambon et P. Olivier, art. cit., p. 94).
52. C. Schmitt, « Genèse et typologie des domaines linguistiques de la Galloromania », dans *Travaux de linguistique et de littérature*, t. XII, 1974, pp. 31-83.
53. P. Gardette, « La romanisation du domaine francoprovençal », dans Z. Marzys (éd.), *Actes du colloque de dialectologie francoprovençale (Neuchâtel 1969)*, Neuchâtel-Genève, 1971, p. 3.
54. B. Müller, « La structure linguistique de la France et la romanisation », dans *Travaux de langue et de littérature*, t. XII, 1974, p. 13.
55. F. Falc'hun, *Histoire de la langue bretonne d'après la géographie linguistique*, t. I, Paris, 1963 ; id., *Perspectives nouvelles sur l'histoire de la langue bretonne*, Paris, 1981.
56. K. Hurlstone Jackson, *A Historical Phonology of Breton*, Dublin, 1986.
57. Sulpice-Sévère, *Dialogorum libri II*, éd. C. Halm, Vienne, 1866, 1.27, p. 179.
58. Grégoire de Tours, *Histoire des Francs*, t. II, trad. R. Latouche, Paris, 1965, p. 24.

2. Du latin aux langues romanes (V^e-IXe siècle)

1. Nous suivons pour l'essentiel M. Pfister, « Le superstrat germanique dans les langues romanes », dans A. Varvaro (éd.), *Atti del XIV Congresso internazionale di linguistica e filologia romanza (Napoli, 1974)*, Naples, t. I, 1978, pp. 49-97.
2. Sidonius, *Poems and Letters*, éd. et trad. anglaise W. B. Anderson, Cambrige (Ma) et Londres, 1965, t. II, Livre IV, XVII.2, p. 126.
3. En particulier dans W. von Wartburg, *Évolution et structure de la langue française*, Berne, 6e éd., 1962.
4. J. Batany, *Approches langagières de la société médiévale*, Caen, 1992 (IIe partie : « la constitution d'une langue de culture », pp. 77-114).
5. Loup de Ferrières, *Correspondance*, éd. et trad. par L. Levillain, Paris, 1964, t. I, pp. 158-159 et t. II, p. 7.
6. Nous suivons l'étude de M. Pfister, « La répartition géographique des éléments franciques en gallo-roman », dans *Revue de linguistique romane*, t. XXXVII, 1973, pp. 126-149.
7. Voir la mise au point de G. Holtus, « Geschichte des Wortschatzes », dans *Lexikon der romanistischen Linguistik*, t. VI/1, Tübingen, 1990, p. 530-521, dont nous nous inspirons.
8. R. A. Lodge, *Histoire d'un dialecte devenu langue*, Paris, 1997, p. 96.
9. J.-P. Chambon et Y. Greub, « Note sur l'âge du (proto)gascon », dans *Revue de linguistique romane*, t. LXVI, 2002, pp. 473-495.
10. Orléans II, canon 16 ; *Les Canons des conciles mérovingiens (VIe-VIIe siècles)*, éd. et trad. J. Gaudemet et B. Basdevant, Paris, 1989, t. I, pp. 202-203.
11. Grégoire de Tours, *Histoire des Francs*, t. II, trad. R. Latouche, Paris, 1965, p. 312.
12. *Fredegarii et aliorum Chronica, Vitae sanctorum*, éd. B. Krusch, Hanovre, 1888, livre IV, prologue, p. 123.
13. Grégoire de Tours, *Historia Francorum*, IX.6., cité et commenté par J. Herman, « The End of the History of Latin », dans *Romance philology*, t. XLIX, 1996, pp. 364-382.
14. Caes. Arel., *Sermo* 86. Cité par M. Banniard, « Latin tardif et langue d'oc : de quelques témoignages sociolinguistiques », dans *Perspectives médiévales*, 1996, t. XXII, p. 38.
15. M. Banniard, « Diasystèmes et diachronie langagières du latin parlé tardif au protofrançais » (IIIe-VIIIe siècles) », dans J. Herman (éd.) *La Transizione dal latino alle lingue romane*, Tübingen, 1998, p. 144.
16. Traduction citée d'après M. Sot, « Héritage et innovation sous les rois francs (V^e-Xe siècle) », dans M. Sot, J.-P. Boudet, A. Guerreau-Jalabert, *Histoire culturelle de la France : Le Moyen Age*, t. I, Paris, 1997, p. 79.
17. Alcuin, *De dialectica*, PL, t. CI, col. 965 ; cité et trad. par M. Banniard,

Viva voce : communication écrite et communication orale du IVe au IXe siècle en Occident latin, Paris, 1992, p. 338.

18. M. Banniard, *Viva voce...*, Paris, 1992, p. 347.

19. R. Wright, *Late Latin and early Romance in Spain and early Carolingian France*, Londres, 1982, pp. 104-144.

20. M. Banniard, *Viva voce...*, Paris, 1992, p. 365.

21. M. Banniard, « La longue vie de saint Léger : émergences culturelles et déplacements de pouvoir (VIIe-Xe siècle) », dans M. Banniard (éd.), *Langages et peuples d'Europe : Cristallisation des identités romanes et germaniques (VIIe-XIe siècle)*, Toulouse, 2002, p. 42.

22. Nous suivons ici M. Van Uytfanghe, « The consciousness of a linguistic dichotomy (Latin-Romance) in Carolingian Gaul : the contradictions of the sources and their interpretation », dans R. Wright (éd.), *Latin and the Romance Languages in the Early Middle Ages*, Londres, 1991, pp. 114-129.

23. M. Banniard, « Diasystèmes et diachronie langagières », art. cit., p. 133.

24. Cité par M. Van Uytfanghe, « The consciousness of a linguistic dichotomy... », p. 118.

25. *Vita Adalhardi*, chap. 77 (PL, t. CXX, col. 1546). Cité *ibid.*, p. 119.

26. Cité dans V. Coletti, *L'Éloquence de la chaire. Victoires et défaites du latin entre Moyen Age et Renaissance*, Paris, 1987, p. 22.

27. Cité *ibid.* p. 24.

28. Cité *ibid.* p. 24.

29. A. Roncaglia, « Le origini », dans E. Cecchi et N. Sapegno (dir.), *Storia della letteratura italiana : Le origini e il Duecento*, 2e éd., Milan, 1987, t. I, p. 161.

30. Y. Cazal, *Les Voix du peuple – Verbum Dei : le bilinguisme latin-langue vulgaire au Moyen Age*, Genève, 1998, p. 38.

31. H. W. Klein, « La part romane dans les Gloses de Reichenau », dans *Travaux de linguistique et de littérature*, t. V/1, 1967, p. 212.

32. Nithard, *De dissentionibus filiorum Ludovici Pii*, 2e éd. Paris, 1964.

33. R. Balibar, *L'Institution du français. Essai sur le colinguisme des Carolingiens à la République*, Paris, 1985, p. 43.

34. « Hludowici, Karoli, Hlotharii conventus in basilica sancti Castoris apud confluentes », dans *Capitularia regum Francorum*, éd. G. H. Pertz, 1835, Hanovre, p. 173.

35. Disposition citée et commentée par R. McKitteric, « Latin and Romance... », p. 140.

36. Cité *ibid.*

37. Cité *ibid.*

38. R. Wright, « La période de transition du latin, de la *lingua romana* et du français », dans *Médiévales*, t. XLV, 2003, pp. 11-24.

39. Nous suivons M. Banniard, « Latinophones, romanophones, germa-

nophones : interactions identitaires et construction langagière (VIIIe-Xe siècle), dans *Médiévales*, t. XLV, 2003, pp. 25-42.

40. M. Banniard, *ibid.*, p. 34.

41. Sur la *Cantilène de sainte Eulalie*, voir la mise au point critique de R. Berger et A. Brasseur, *Les Séquences de sainte Eulalie, Buona pulcella fut Eulalia*, Genève, 2003.

42. *Ibid.*, p. 161.

43. M. Zink, *La Prédication en langue romane avant 1300*, Paris, 1976, p. 103.

44. Voir à ce sujet R. Wright, « La période de transition du latin, de la *lingua romana* et du français », dans *Médiévales*, t. XLV, automne 2003, pp. 11-24.

45. Alcuin, *Vita Richarii*, éd. B. Krusch, *Passiones Vitaeque Sanctorum Aevi Merovingici*, Hanovre et Leipzig, 1902, prol., p. 389.

46. *Vita Remigii*, éd. *MGH Script. rer. merov.*, t. III, Hanovre, 1896, p. 258.

47. D'après M. Banniard, « Naissance et conscience de la langue d'oc, VIIIe-IXe siècles », dans *La Catalogne et la France Méridionale autour de l'an mil*, 1992, Barcelone, p. 359.

48. R. Wright, « La période de transition du latin, de la *lingua romana* et du français », dans *Médiévales*, t. XLV, automne 2003, p. 11-24.

49. C. Lauranson-Rosaz, « La romanité du Midi de l'an Mil (Le point sur les sociétés méridionales) », dans R. Delort (dir.), *La France de l'an Mil*, Paris, 1990, p. 51.

50. J.-P. Chambon et Y. Greub, « Note sur l'âge du (proto)gascon », dans *Revue de linguistique romane*, t. LXVI, 2002, p. 492.

51. M. Delbouille, « Comment naquit la langue française », dans *Phonétique et linguistique romanes, mélanges offerts à M. George Straka*, Strasbourg, 1970, t. I, p. 193.

DEUXIÈME PARTIE

LE FRANÇAIS AU MOYEN ÂGE
UNE LANGUE EN VARIATIONS

Frédéric Duval

1. Dialectes parlés et écrits

1. J. Chaurand, *Initiation à la dialectologie française*, Paris, 1972, p. 50.

2. R. Wright, « La période de transition du latin, de la *lingua romana* et du français », dans *Médiévales*, t. XLV, 2003, p. 11-24 ; L. Remacle, *Le Problème de l'ancien wallon*, Liège, 1948.

3. *Les Dialectes belgo-romans*, t. XIII, 1956, p. 98.

4. L. Remacle, *La Différenciation dialectale en Belgique romane avant 1600*, Liège, 1992, p. 164.

5. Cité dans M. Pfister, « "Scripta" et "koinè" en ancien français aux XIIe et XIIIe siècles ? », dans P. Knecht et Z. Marzys (éd.), *Écriture, langues communes et normes. Formation spontanée de "koinès" et standardisation dans la Galloromania et son Voisinage*, Genève-Neuchâtel, 1993, p. 17.

6. M. Delbouille, « La notion de bon usage en ancien-français. À propos de la genèse de la langue française », dans *Cahiers de l'AIEF*, t. XIV, 1962, p. 21.

7. M. Pfister, « L'aera galloromanza », dans *Lo Spazio letterario del Medioevo : 2. Il medioevo volgare : I La produzione del testo*, Rome, 1999, p. 18.

8. L. Remacle, *La Différenciation dialectale en Belgique romane avant 1600*, Liège, 1992, p. 165.

9. J. Wüest, *La Dialectalisation de la Gallo-Romania. Études phonologiques*, Berne, 1979.

10. R. Fossier, *La Terre et les hommes en Picardie jusqu'à la fin du XIIIe siècle*, Paris-Louvain, 1968, p. 477 (cité par J. Wüest, *La Dialectalisation...*, p. 385).

11. Ch. Th. Gossen, *Grammaire de l'ancien picard*, Paris, 1970, p. 28.

12. J.-P. Chauveau, « Études de cartes linguistiques par l'analyse factorielle des correspondances », dans A. Moll (éd.), *XVIe Congrés Internacional de Lingüística i Filologia Romàniques (Ciutat de Mallorca, 7-12 d'abril 1980)*, Palma de Mallorca, t. II, 1985, pp. 379-397.

13. Étienne de Fougères, *Le Livre des manières*, éd. R. A. Lodge, Genève, 1979, p. 58.

14. R. Fossier, *Enfance de l'Europe*, Paris, 1989, p. 848.

15. Ch. Th. Gossen, « Die Einheit der französischen Schriftsprache im 15. und 16. Jahrhundert », dans *Zeitschrift für romanische Philologie*, t. LXXIII, 1957, p. 450.

16. J. Wüest, « Französische Skriptaformen II. Pikardie, Hennegau, Artois, Flandern », dans *Lexikon der romanistischen Linguistik*, t. II/2, Tübingen, 1995, p. 301.

17. J. Wüest, *La Dialectalisation de la Gallo-Romania. Études phonologiques*, Berne, 1979, p. 387.

18. G. Roques, *Aspects régionaux du vocabulaire de l'ancien français*, thèse d'État, Strasbourg, 1980, p. 3.

19. Y. Greub, *Les Mots régionaux dans les farces françaises : étude lexicologique sur le Recueil Tissier (1450-1550)*, Strasbourg, 2003, pp. 364-365.

20. M. Pfister, « L'aera galloromanza », dans *Lo Spazio letterario del Medioevo : 2. Il Medioevo volgare : I La produzione del testo*, Rome, 1999, pp. 13-96.

21. Thomas d'Aquin, *Super Evangel. Matthaei*, 26.76, cité et trad. par S. Lusignan, dans *Parler vulgairement : Les intellectuels et la langue française aux XIIIe et XIVe siècles*, Paris-Montréal, 1986, p. 61.

22. *Super Matt.*, XXVI, col. 441, cité et trad. par S. Lusignan, dans *Parler vulgairement*, Paris-Montréal, 1986, p. 62.

23. Jean Courtecuisse, *Sermon sur la Passion*, § 45, p. 66, cité par J. Cerquiglini-Toulet, *La Couleur de la mélancolie : La fréquentation des livres au XIVe siècle (1300-1415)*, Paris, 1993, pp. 17-18.

24. Citation et commentaire extraits de J. Picoche, « L'âge d'or de la Picardie littéraire », dans J. Darras, *La Forêt invisible : au nord de la littérature française, le picard*, Amiens, 1985, p. 57.

25. Fr. Bonnardot (éd.), *Le Psautier de Metz, texte du XIVe siècle*, Paris, 1884, prologue, l. 18-28, p. 3.

26. *Compendium studii philosophiae*, VI, p. 438-439 ; cité et trad. par S. Lusignan, dans *Parler vulgairement...*, p. 69.

27. F. Duval, *La Traduction du* Romuleon *par Sébastien Mamerot. Étude sur la diffusion de l'histoire romaine en langue vernaculaire à la fin du Moyen Age*, Genève, 2001, p. 213.

28. G. Ouy et S. Lusignan, « Le bilinguisme latin-français à la fin du Moyen Age », dans A. Dalzell, C. Fantazzi, R. J. Schoeck, éd., *Acta conventus neo-Latini Torontonensis*, New York, 1991, pp. 305-352.

29. *Manières de langage (1396, 1399, 1415)*, éd. A. M. Kristol, Londres, 1995, p. 3.

30. Conon de Béthune, *Chansons*, éd. A. Wallensköld, Paris, 1921, p. 5.

31. Roger Bacon, *Opus majus*, III, 66, cité dans S. Lusignan, *Parler vulgairement...*, p. 68.

32. H.-G. Koll, *Die französischen Wörter « Langue » und « Langage » im Mittelalter*, Paris-Genève, 1958, p. 63.

33. Roger Bacon, *Compendium*, VIII, 467, cité dans S. Lusignan, *Parler vulgairement...*, p. 69.

34. Cité par J. Picoche, « Le dialecte picard et sa littérature au Moyen Age », dans J. Picoche, *Études de lexicologie et dialectologie*, Paris, 1995, p. 303.

35. Fr. Bonnardot (éd.), *Le Psautier de Metz, texte du XIVe siècle*, Paris, 1884, prologue, l. 18-28, p. 2.

36. J. Bonnard, *Les Traductions de la Bible en vers français*, Paris, 1884 (réimp. Genève, 1967), p. 137.

37. Cité d'après M.-R. Jung, « Jean Dupin : le *Livre de Mandevie* et les *Mélancolies* », dans *Zeitschrift für romanische Philologie*, 1968, t. LXXXIV, p. 32.

38. Jacques Bretel, *Le Tournoi de Chauvency*, éd. M. Delbouille, Liège-Paris, 1932 [1933], vv. 61-65.

39. L. Delisle, *Inventaire général et méthodique des manuscrits français de la Bibliothèque nationale*, t. II : *jurisprudence, sciences et arts*, Paris, 1878, pp. 327-328.

40. *Baudouin de Sebourc*, éd. L. S. Crist, Paris, 2002, vv. 13418-13422.

41. P. E. Bennett, « Le normand, le picard et les koïnès littéraires de

l'épopée aux XIIe et XIIIe siècles », dans *Bien dire et bien aprandre*, t. XXI, 2003, pp. 43-56.

42. *Documents linguistiques de la Belgique romane*. 1. *Chartes en langue française antérieures à 1271 conservées dans la province du Hainaut*, éd. P. Ruelle, Paris, 1984, pp. 18-19.

43. O. Merisalo, *La Langue et les scribes : étude sur les documents en langue vulgaire de La Rochelle, Loudun, Châtellerault et Mirebeau au XIIIe siècle*, Helsinki, 1988.

44. B. Woledge, « Un scribe champenois devant un texte normand : Guiot copiste de Wace », dans *Mélanges Frappier*, t. II, 1970, p. 1152 sqq.

45. *Les Troubadours : Jaufre, Flamenca, Barlaam et Josaphat*, traduction de R. Lavaud et R. Nelli, Paris, 2000 (1967), vv. 1907-1909, pp. 742-743.

46. Y. Greub, *Les Mots régionaux dans les farces françaises : Étude lexicologique sur le Recueil Tissier (1450-1550)*, Strasbourg, 2003, p. 365.

47. R. A. Lodge, *A Sociolinguistic History of Parisian French*, Cambridge, 2003.

48. Cité par M. Pfister, dans « "Scripta" et "koinè" en ancien français aux XIIe et XIIIe siècles ? », dans P. Knecht et Z. Marzys, *Écriture, langue commune et norme : Formation spontanée de koinès et standardisation dans la Galloromania et son voisinage*, Genève, 1993, pp. 17-41.

49. *Ibid.*, p. 39.

50. A. Dees, *Atlas des formes linguistiques des textes littéraires de l'ancien français*, Tübingen, 1987, p. VII.

51. R. A. Lodge, *Le Français, Histoire d'un dialecte devenu langue*, Paris, 1997, p. 160.

52. A. M. Kristol, « Le début du rayonnement parisien et l'unité du français au Moyen Age : le témoignage des manuels d'enseignement du français écrits en Angleterre entre le XIIIe et le début du XVe siècle », dans *Revue de linguistique romane*, t. LIII, 1989, pp. 335-367.

53. *La Manière de langage qui enseigne à bien parler et écrire le français*, éd. J. Gessler, Bruxelles, 1934, p. 43, cité par A. M. Kristol, « Le début du rayonnement parisien... », p. 352.

54. J. Stürzinger, *Orthographia Gallica. Aeltester Traktat über französische Ausprache und Orthographie*, Heildelbronn, 1884, p. 19, cité par A. M. Kristol, « Le début du rayonnement parisien... », p. 356.

55. Y. Greub, *Les Mots régionaux dans les farces françaises : étude lexicologique sur le Recueil Tissier (1450-1550)*, Strasbourg, 2003, p. 367.

56. *Ibid.*, pp. 228-229.

57. John Palsgrave, *L'Éclaircissement de la langue française (1530), texte anglais original, traduction et notes de Susan Baddeley*, Paris, 2003, p. 406.

58. M. Delbouille, « La notion de bon usage en ancien-français. À propos de la genèse de la langue française », dans *Cahiers de l'AIEF*, t. XIV, 1962, p. 24.

59. Jehan Bagnyon, *L'Histoire de Charlemagne*, éd. H.-E. Keller, Genève, 1992, p. xxxvii.
60. Nous reprenons C. Marchello-Nizia, *Histoire de la langue française aux XIVe et XVe siècles*, Paris, 1997, pp. 31-34.
61. Jacques Bretel, *Le Tournoi de Chauvency*, éd. M. Delbouille, Liège-Paris, 1932 [1933], vv. 2094-2104, p. 67.
62. Pierre Fabri, *Le Grand et Vrai Art de pleine rhétorique*, éd. A. Héron, Rouen, 1889, t. II, p. 114.
63. Geoffroy Tory, *Champ fleury, auquel est contenu l'art et science de la deue et vraye proportion des lettres attiques...*, Paris, G. Tory, 1529, f. 4v-5.

2. Français d'en haut, français d'en bas

1. J. Gerson, *La Montaigne de contemplation*, éd. Mgr Glorieux, dans *Œuvres complètes*, Paris, 1966, t. VII, p. 16.
2. D. Quéruel, *L'Istoire du tres vaillant princez monseigneur Jehan d'Avennes*, Villeneuve-d'Ascq, 1997, pp. 21-22.
3. *Les Évangiles des quenouilles*, éd. M. Jeay, Paris, 1985, p. 79.
4. H. Lewicka, « Histoire d'un thème dramatique : « L'enfant mis aux écoles », dans *Études sur l'ancienne farce française*, Paris, 1974, pp. 32-46.
5. Octovien de Saint-Gelais, *Le Séjour d'Honneur*, éd. F. Duval, Genève, 2002, p. 115.
6. Guillaume de Lorris, *Le Roman de la Rose dans la version attribée à Clément Marot*, éd. S. F. Baridon, Milan, 1954, p. 89.
7. *Roman de Thèbes*, cité dans U. Mölk, *Französische Literarästhetik des 12. und 13. Jahrhunderts : Prologe- Exkurse-Epiloge*, Tübingen, 1969, p. 23.
8. Raoul de Houdenc, *Meraugis de Porlesguez*, cité *ibid.*, p. 38.
9. Jehan Renard, *Roman de Guillaume de Dole*, cité *ibid.*, p. 55.
10. Thibaut de Blaison, « Quant se resjoïssent oisel... », dans *Chanson de Trouvères*, éd. S. N. Rosenberg et H. Tischler, Paris, 1995, pp. 496-497.
11. Chrétien de Troyes, *Le Chevalier de la charrete*, éd. M. Roques, Paris, 1983, vv. 39-40.
12. A.-M. De Gendt, *L'Art d'éduquer les nobles demoiselles : Le Livre du Chevalier de la Tour Landry*, Paris, 2003.
13. *Le Livre du chevalier de la Tour Landry. Pour l'enseignement de ses filles*, éd. A. de Montaiglon, Paris, 1854, p. 178, l. 19-20.
14. Philippe de Navarre [Novare], *Les Quatre Ages de l'homme*, éd. M. de Fréville, Paris, 1888, p. 16-17, § 25 (cité par A.-M. De Gendt, *op. cit.*, pp. 185, n. 17).
15. J. Cerquiglini, « Le rondeau », dans D. Poirion (dir.), *La Littérature française aux XIVe et XVe siècles*, Heidelberg, 1988, pp. 45-58.
16. Octovien de Saint-Gelais, *Le Séjour d'Honneur*, éd. F. Duval, Genève, 2002, p. 351.

17. Guillaume Coquillart, *Droitz nouveaulx*, vv. 903-910, dans M. J. Freeman, *Guillaume Coquillart, Œuvres, suivies d'œuvres attribuées à l'auteur*, Genève, 1975, p. 174.
18. Guillaume de Lorris et Jean de Meun, *Le Roman de la rose*, éd. F. Lecoy, Paris, 1965, t. I, p. 212, vv. 6898-6911.
19. *Ibid.*, vv. 6949-6956.
20. *Ibid.*, vv. 7076-7088.
21. Jean Gerson, *Le Traité d'une vision faite contre le Ronmant de la Rose par le chancelier de Paris*, dans E. Hicks, *Le Débat sur* Le Roman de la rose, Paris, 1977, p. 62.
22. Guillaume Tardif, *Les Facécies de Poge*, éd. F. Duval et S. Hériché-Pradeau, Genève, 2003, pp. 114, 185 et 187.
23. *La Chanson de Roland*, éd. C. Segre, Genève, 2003, vv. 755-758. Traduction de J. Dufournet, p. 121.
24. *Le Jeu de saint Nicolas*, éd. A. Henry, Genève, 1981, vv 701-704, p. 97. Traduction d'A. Henry, *ibid.*, pp. 148-149.
25. Eustache Deschamps, *Œuvres complètes*, éd. marquis de Queux de Saint-Hilaire, Paris, 1891, t. VII, p. 52.
26. Archives départementale de Côte-d'Or, B, 360, vi : 3 oct. 1455 ; cité par L. Sainéan, *Les Sources de l'argot ancien*, 1912, t. I, p. 91.
27. L. Sainéan, *Les Sources de l'argot ancien...*, t. I, pp. 95-96.
28. Cité *ibid.*, p. 270.
29. Geoffroy Tory, *Champ fleury, auquel est contenu l'art et science de la deue et vraye proportion des lettres attiques...*, Paris, G. Tory, 1529, préface.

3. Questions de styles

1. P. Zumthor, *La Lettre et la voix*, Paris, 1987, pp. 18-19.
2. M. Zink, cité par A. Guerreau-Jalabert, « Héritage et innovation sous les rois francs (V^e-Xe siècle) », dans J.-P. Rioux et J.-Fr. Sirinelli, *Histoire culturelle de la France*, t. I : *Le Moyen Age*, Paris, 1997, p. 128.
3. Gautier de Douai, Louis le Roi, *Destruction de Rome*, cité dans U. Mölk, *Französische Literarästhetik des 12. und 13. Jahrhunderts : Prologe-Exkurse-Epilog*, Tübingen, 1969, p. 4.
4. H. Martin, « La mission de saint Vincent Ferrier en Bretagne (1418-1419) : un exercice mesuré de la violence prophétique », dans *Association bretonne*, t. CVI, 1997, p. 133.
5. 139 *Les Trois Fils de roi*, prologue-dédicace à Philippe le Bon, p. 82.
6. J.-P. Boudet, « Le bel automne de la culture médiévale », dans J.-P. Rioux et J.-Fr. S., *Histoire culturelle de la France*, t. I : *Le Moyen Age*, Paris, 1997, p. 253.
7. *Instructif de la seconde rhetorique*, dans *Le Jardin de Plaisance et Fleur de Rhétorique*, t. I : *Fac-similé*, éd. E. Droz et A. Piaget, Paris, 1910, f. [14].

8. P. Servet, *Le Mystère de la Résurrection : Angers, 1456*, Genève, 1993, p. 81.

9. Rutebeuf, *Œuvres complètes*, éd. M. Zink, Paris, 2001, pp. 776-777.

10. M. Zink, *Prédication en langue vulgaire avant 1300*, Paris, 1976, p. 276.

11. Gilles Désiré, *La Mense épiscopale de Coutances en 1440. Édition critique d'un devis de réparation (Manuscrit M 105 des archives diocésaines de Coutances)*, Saint-Lô, 1998, p. 33.

12. Benoît de Sainte-Maure, *Roman de Troie*, cité dans U. Mölk, *Französische Literarästhetik des 12. und 13. Jahrhunderts : Prologe- Exkurse-Epiloge*, p. 28.

13. Huon de Méry, *Tournoiement Antechrist*, cité dans U. Mölk, *Französische Literarästhetik des 12. und 13. Jahrhunderts : Prologe- Exkurse-Epiloge*, p. 83. Traduction de S. Orgeur.

14. Huon de Méry, *Tournoiement Antechrist*, cité dans U. Mölk, *Französische Literarästhetik des 12. und 13. Jahrhunderts : Prologe- Exkurse-Epiloge*, p. 84. Traduction de S. Orgeur, p. 261.

15. *La Chanson de Roland*, éd. C. Segre, Genève, 2003, vv. 1093-1098. Traduction de J. Dufournet.

16. *Poème de dame Guile*, publié par A. Jubinal, *Jongleurs et trouvères...*, Paris, 1835, pp. 63-68.

17. *La Mort Aymeri de Narbonne*, éd. J. Couraye du Parc, Paris, 1884, p. 132, vv. 3055-3057.

18. *Histoire de Charlemagne et de Roland*, cité dans U. Mölk, *Französische Literarästhetik des 12. und 13. Jahrhunderts : Prologe- Exkurse-Epiloge*, p. 101.

19. Jean Thenaud, *Le Triumphe des vertuz : le Triumphe couronné*, p. 26.

20. Alexandre de Paris, *Alexandre*, cité dans U. Mölk, *Französische Literarästhetik des 12. und 13. Jahrhunderts : Prologe- Exkurse-Epiloge*, p. 20. Traduction L. Harf-Lancner.

21. *Archiloge Sophie*, cité par S. Lusignan, *Parler vulgairement...*, p. 182.

22. Ms Paris, BNF, fr. 8266, f. 395, cité par B. Guenée, *Histoire et culture historique dans l'Occident médiéval*, Paris, 1980, p. 225.

23. A. Chartier, *Le Quadrilogue invectif*, éd. E. Droz, Paris, 1950, p. 65, l. 27-30.

24. Jean Chartier, *Chronique française*, éd. A. Vallet de Viriville, Paris, 1858, t. II, 197, cité dans H.-G. Koll, *Die französischen Wörter « Langue » und « Langage » im Mittelalter*, Paris et Genève, 1958, p. 136.

25. Pierre Fabri, *Le Grand et Vrai Art de pleine rhétorique*, éd. A. Héron, Rouen, t. I, 1889, pp. 28-29.

4. Du « vieux langage » au « moyen français »

1. Pierre Sala, *Tristan et Lancelot*, éd. F. Benozzo, Alessandria, 2001.
2. *Lancelot du Lac*, éd. E. Kennedy et trad. F. Mosès, Paris, 1991, pp. 396-398.
3. Wace, *Roman de Rou*, éd. J. Holden, Paris, 1970, vv 11-14.
4. La première citation est tirée de l'*Histoire de Charles Martel et de ses successeurs*, la seconde du *Roman de Floriant et Florete*, toutes deux citées par M. Zink, « Le roman », dans D. Poirion (dir.), *La Littérature française aux XIVe et XVe siècles*, Heidelberg, 1988, p. 199.
5. Guillaume de Lorris, *Le Roman de la rose dans la version attribuée à Clément Marot*, éd. S. F. Baridon, Milan, 1954, pp. 89-90.
6. François Villon, *Poésies complètes*, éd. C. Thiry, Paris, 1991, p. 121.

TROISIÈME PARTIE

LATIN ET FRANÇAIS, UN COUPLE QUI DURE
(Frédéric Duval)

1. Fr. Bonnardot (éd.), *Le Psautier de Metz, texte du XIVe siècle*, Paris, 1884, prologue, l. 18-28, p. 2.
2. Cité et trad. dans S. Lusignan, *Parler vulgairement...*, pp. 23-24.
3. H.-Fr. Delaborde, *Œuvres de Rigord et de Guillaume le Breton, historiens de Philippe Auguste*, Paris, 1885, t. II, p. 11.
4. Pierre Fabri, *Grant et vray art de pleine rhetorique*, Paris, 1521, f. 3.
5. Eustache Deschamps, *Œuvres complètes*, éd. marquis de Queux de Saint-Hilaire, Paris, 1880, t. II, p. 285, lai 27, vv. 425-430.

1. Le français s'adapte à l'écrit

1. A. Guerreau-Jalabert, « Parole/Parabole : la parole dans les langues romanes : analyse d'un champ lexical et sémantique », dans R. M. Dessi et M. Lauwers (éd.), *La Parole du prédicateur (V^e-XVe siècle)*, Nice, 1997, p. 338.
2. Cité par G. Ouy, *Gerson bilingue, les deux rédactions, latine et française, de quelques œuvres du chancelier parisien*, Paris, 1998, p. xii.
3. Érasme, *Œuvres choisies*, présentation, trad. et notes J. Chomarat, Paris, 1991, p. 920.
4. Exemples cités par M. Parisse, « *Quod vulgo dicitur* : la latinisation des noms communs dans les chartes », dans *Médiévales*, t. XLII, 2002, pp. 45-54.
5. J.-M. Mehl, « Le latin des jeux », dans M. Goullet et M. Parisse (éd.), *Les Historiens et le latin médiéval*, Paris, 2001, p. 286.

6. P. Koch, « Pour une typologie conceptionnelle et médiale des plus anciens documents/monuments des langues romanes », dans M. Selig, B. Frank et J. Hartmann, *Le Passage à l'écrit des langues romanes*, Tübingen, 1993 (*Script Oralia*, 46), p. 49.

7. Nous suivons ici G. Hasenohr, « Écrire en latin, écrire en roman : réflexions sur la pratiques des abréviations dans les manuscrits français des XIIe et XIIIe siècles », dans M. Banniard (éd.), *Langages et peuples d'Europe*, 2002, pp. 79-110 et J. Monfrin, « Le livre manuscrit : des premières apparitions du français à la constitution des grands recueils des XIIIe-XIVe siècles », dans J. Monfrin, *Études de philologie romane*, Genève, 2001, pp. 744-749.

8. S. Baddeley et L. Biedermann-Pasques, *Histoire des systèmes graphiques du français à travers des manuscrits et des incunables (IXe-XVe siècle) : segmentation graphique et faits de langue*, dans *Revue de linguistique romane*, t. LXVIII, 2004, p. 197.

9. Cité *ibid.*

10. G. Hasenohr, art. cit., p. 95.

11. P. Saenger, « Lire aux derniers siècles du Moyen Age », dans G. Cavallo et R. Chartier (dir.), *Histoire de la lecture dans le monde occidental*, Paris, 1997.

12. B. Cerquiglini, *Le Roman de l'orthographe. Au paradis des mots, avant la faute. 1150-1694*, Paris, 1996, p. 158.

13. G. Hasenohr, « Un exemple d'accommodation linguistique au début du XVIe siècle », dans *Les formes du sens : études de linguistique française et générale offertes à Robert Martin à l'occasion de ses soixante ans*, Louvain-la-Neuve, 1997, pp. 167-184.

2. Dire la religion en français

1. Nous suivons S. Lusignan, *Parler vulgairement...*, p. 41-51, et V. Coletti, *L'Éloquence de la chaire : victoires et défaites du latin entre Moyen Age et Renaissance*, Paris, 1987, pp. 13-19.

2. A. Borst, *Der Turbau von Babel*, t. II/2, Stuttgart, 1959.

3. Cité, traduit et commenté par S. Lusignan, dans *Parler vulgairement...*, p. 41.

4. Cité par J. Bonnard, *Les Traductions de la Bible en vers français*, Paris, 1884 (réimp. Genève, 1967), p. 40.

5. Cité *ibid.*, p. 69.

6. Cité par P. Nobel, « Les translateurs bibliques et leur public : l'exemple de la *Bible d'Acre* et de la *Bible anglo-normande* », dans *Revue de linguistique romane*, t. LXVI, 2002, p. 451.

7. Cité par J. Bonnard, *Les Traductions...*, p. 116.

8. Cité *ibid.*, p. 110.

9. Cité *ibid.*, p. 71.

10. A. Lecoy de la Marche, *Anecdotes historiques... tirées du recueil inédit d'Étienne de Bourbon*, 1877, p. 291.

11. Citée par H. Grundmann, *Movimenti religiosi nel Medioevo*, Bologne, 1974, p. 298.

12. Cité par J. Bonnard, *Les Traductions...*, p. 157.

13. P. M. Bogaert, « Bible française », dans G. Hasenohr et M. Zink (dir.), *Dictionnaire des lettres françaises : le Moyen Age*, Paris, 1992, p. 192.

14. *Paraclesis* (1516) d'après éd. Robert Estienne, Paris, 1529 (trad. de J. Chomarat, *Œuvres choisies*, pp. 450-451).

15. Cité par S. Baddeley, « Le choix des langues : Lefèvre d'Étaples et les questions linguistiques au début du XVIe siècle », dans J.-F. Pernot (éd.), *Jacques Lefèvre d'Étaples (1450 ?-1536)*, Paris, 1995, p. 86.

16. *La Chanson de Roland*, éd. C. Segre, Genève, 2003, v. 2393.

17. Alexandre de Paris, *Alexandre*, cité par Ü. Mölk, *Französische Literarästhetik des 12. und 13. Jahrhunderts*, p. 20.

18. *Isopet I*, cité par Ü. Mölk, *Französische Literarästhetik des 12. und 13. Jahrhunderts*, p. 71.

19. Guillaume de Saint-Pair, *Le Roman du Mont-Saint-Michel*, éd. F. Michel, Caen, 1856, l. 773.

20. Guillaume de Digulleville, *Le Pèlerinage de la vie humaine*, éd. J. J. Stürzinger, Londres, 1893, vv. 21-24.

21. S. Lusignan, « Le latin était la langue maternelle des Romains : la fortune d'un argument à la fin du Moyen Age », dans C. Bozzolo et E. Ornato, éd., *Préludes à la Renaissance : aspects de la vie intellectuelle en France au XVe siècle*, Paris, 1992, pp. 272-274.

22. Cité par M. Zink, *La Prédication en langue romane avant 1300*, p. 102.

23. J. Batany, « Les *clercs* et la langue romane : une boutade renardienne au XIVe siècle », dans *Médiévales*, t. XLV, 2003, pp. 85-98.

24. Nicolas de Clamanges (épître XIV à Jean de Montreuil), cité par E. Ornato, *Jean Muret et ses amis Nicolas de Clamanges et Jean de Montreuil*, Genève-Paris, 1969, p. 68.

25. Guillaume de Digulleville, *Le Pèlerinage de l'âme*, éd. J. J. Stürzinger, Londres, 1895, vv. 11150-11160.

26. G. Hasenohr, « Note sur une traduction française de la *Règle* de saint Benoît à Saint-Germain-des-Prés (XIVe-XVe siècles) », dans *Le Livre et l'historien : études offertes en l'honneur du Professeur Henri-Jean Martin*, Genève, 1997, pp. 25-39.

27. Ms Lyon, Bibl. mun., 1252, f. 2.

28. J. Longère, *La Prédication médiévale*, Paris, 1983, p. 12.

29. J.-P. Boudet, « Le bel automne de la culture médiévale », dans J.-P. Rioux et J.-Fr. Sirinelli, *Histoire culturelle de la France*, t. I : *Le Moyen Age*, Paris, 1997, p. 248.

30. *Ibid.*

31. *Vita Norberti A*, dans *MGH SS*, t. XII, p. 681.

32. *Vita S. Norberti*, PL, t. CLXX, col. 1273C.

33. Joannes Pinus, *Acta s. Bernardi*, PL, t. CLXXXV, col. 846.

34. Cité par M. Aron, *Un animateur de la jeunesse au XIIIe siècle*, Paris, 1930, p. 209, n. 1.

35. Salimbene de Adam, *Cronica*, éd. G. Scalia, Bari, 1966, p. 864.

36. Ms Cambrai, Bibl. mun. 574, f. 83, col. 1, cité par H. Martin, *Le Métier de prédicateur en France septentrionale à la fin du Moyen Age (1350-1520)*, Paris, 1988, pp. 210-211.

37. Pierre de Celle, 1re homélie, citée par M. Zink, *La Prédication en langue romane avant 1300*, Paris, 1976, p. 336.

38. Isaac de l'Étoile, 48e homélie, citée par M. Zink, *ibid.*

39. Paris, BNF, fr. 13316, f. 8v-10v, cité par M. Zink, *La Prédication en langue romane...*, p. 99.

40. M. Zink, *La Prédication en langue romane...*, pp. 103 et 106.

41. Cité *ibid.*, p. 92.

42. D. Werner, *Le Sermon sur l'Enfant prodigue de Michel Menot (1520)*, Tübingen, 1989, p. 76.

43. Pierre de Blois, *Epistola LXVI* de l'éd. J. A. Giles, trad. citée par A. Chauou, *L'Idéologie Plantagenêt : royauté arthurienne et monarchie politique dans l'espace Plantagenêt (XIIe-XIIIe siècles)*, Rennes, pp. 13-14.

44. Jean de Salisbury, *Policraticus*, IV, 6, 12-26, éd. C.C. J. Web, Oxford, Clarendon, 1909, p. 254. Trad. A. Chauou.

45. Eustache Deschamps, *Œuvres complètes*, éd. marquis de Queux de Saint-Hilaire, Paris, 1887, t. V, *Ballades*, 1001, p. 255, vv. 17-22.

46. Première continuation de Perceval, Ms T ; *The Continuations of the Old French Perceval of Chretien de Troyes*, éd. W. Roach, R.H. Ivy et L. Foulet, Philadelphie, 1949, t. I, p. 86, vv. 3172-3182.

47. Eustache Deschamps, *Œuvres complètes*, éd. marquis de Queux de Saint-Hilaire, Paris, 1882, t. III, *Chançons*, pièce 356, p. 88, vv. 29-32.

48. Christine de Pizan, *Le Livre du corps de Policie*, éd. R. H. Lucas, Genève, 1967, p. 8.

49. Cité par J. Cerquiglini, *La Couleur de la mélancolie : la fréquentation des livres au XIVe siècle, 1300-1415*, Paris, 1993, pp. 22-23.

50. F. Duval, *La Traduction du Romuleon par Sébastien Mamerot*, p. 208.

3. La langue du pouvoir

1. Chrétien de Troyes, *Cligès*, éd. A. Micha, Paris, 1957, vv. 28-37.

2. Cité dans G. S. Burgess, *Contribution à l'étude du vocabulaire précourtois*, Genève, 1970.

3. D'après G. S. Burgess, *ibid.*, p. 159.

4. Manuscrit Paris, BNF, fr. 898, f. 1.

5. J. Gilissen, *La Coutume*, Turnhout, 1982, p. 20.

6. L. Mayali, « Droit coutumier », dans C. Gauvard, A. de Libera, M. Zink (dir.), *Dictionnaire du Moyen Age*, Paris, 2002, p. 442 b.

7. Article 125 et dernier de l'ordonnance pour la réforme de la justice de 1454, cité par D. A. Kibbee, « L'autorité de l'État et l'autorité linguistique », dans *Histoire, épistémologie, langage*, t. XXIV/2, 2002, p. 13.

8. M. Isambert, *Recueil complet des lois et ordonnances du royaume*, Paris, 1827, t. XI, p. 61.

9. AN X^{2a} 22, f. 177, 22 janvier 1443, cité par C. Gauvard, « La justice du roi de France et le latin à la fin du Moyen Age : transparence ou opacité d'une pratique de la norme ? », p. 47.

10. Article 101 de « l'ordonnance sur le règlement de la justice au païs de Languedoc », cité par D. A. Kibbee, *L'Autorité de l'État et l'autorité linguistique*, dans *Histoire, épistémologie, langage*, t. XXIV/2, 2002, p. 18.

11. *Le Moniage Guillaume*, éd. N. Andrieux-Reix, Paris, 2003, vv 1-7.

12. *Fierabras*, éd. M. le Person, Paris, 2003, vv. 1-6.

13. Nicole Oresme, *Le Livre de politiques d'Aristote*, éd. A. D. Menut, Philadelphie, p. 291, cité par S. Lusignan, dans J. Chaurand (dir.), *Nouvelle histoire de la langue française*, Paris, 1999, p. 110.

14. Philippe de Vigneulles, *Chronique*, éd. C. Bruneau, t. I, Metz, 1927, p. 46, cité par S. Lusignan, dans *ibid.*, p. 113.

15. G. Hasenohr, « L'essor des bibliothèques privées aux XIVe et XVe siècles », dans A. Vernet (dir.), *Histoire des bibliothèques françaises*, t. I, Paris, 1989, pp. 239-240.

16. Octovien de Saint-Gelais, *Le Séjour d'Honneur*, éd. F. Duval, Genève, 2002, IV.vii.26-28 et II.xxvi.25-27.

17. Préface de Jacques Colin au *Thucidide* (imprimé par Josse Bade en 1527).

18. Wace, *La Vie de saint Nicolas, poème religieux du XIIe siècle*, éd. E. Ronsjö, Berlin, 1942, vv 41-44.

19. Giraud de Barri, prologue de la 2e éd. de l'*Expugnatio hibernica*, éd. J.P. Dimock, p. 411, cité par P. Bourgain, dans « L'emploi de la langue vulgaire dans la littérature au temps de Philippe Auguste », dans *La France de Philippe Auguste*, dir. R.-H. Bautier, Paris, 1982, p. 769.

20. Cité par Ü. Mölk, *Französische Literarästhetik des 12. und 13. Jahrhunderts*, p. 50.

21. La *Vie de saint Eustache*, éd. Paul Meyer, dans *Notices et extraits*, XXXIV, I, p. 227.

22. Jean de Mandeville, *Le Livre des merveilles du monde*, éd. Ch. Deluz, Paris, 2000, p. 93.

23. Th. Auracher, « Der sogenannte poitevinische Pseudo-Turpin », dans *Zeitschrift für romanische Philologie*, t. I, 1877, pp. 262-263.

24. Gautier de Coinci, *Miracles de Nostre Dame*, cité par Ü. Mölk, *Französische Literarästhetik des 12. und 13. Jahrhunderts*, p. 74.

25. M.-R. Jung, « *Ovide Metamorphose* en prose (Bruges, vers 1475), dans C. Thiry (éd.), « *À l'heure encore de mon escrire* » *Aspects de la littérature de Bourgogne sous Philippe le Bon et Charles le Téméraire*, Louvain-la-Neuve, 1997, p. 115.

26. Christine de Pizan, *Le Livre des trois vertus*, éd. C. C. Willard avec la collab. de E. Hicks, New York-Paris, 1989, p. 225.

27. Jacques Legrand, *Archiloge Sophie*, II, f. 8 r, cité par S. Lusignan, dans *Parler vulgairement...*, p. 177.

28. Cité par Fr. Collard, *Un historien au travail à la fin du XVe siècle*, Genève, 1996, p. 92.

29. Cité *ibid.*, p. 93.

30. M. Balzaretti, « Antonio Astesano traduttore di Charles d'Orléans », dans *Studi francesi*, t. XXIX/1, 1985, p. 62.

4. Le français entre en littérature

1. P. Zumthor, *La Lettre et la voix. De la « littérature » médiévale*, Paris, 1987, p. 301.

2. *Entheticus in Policraticum*, dans Jean de Salisbury, *Policraticus*, éd. C.C.I. Webb, t. I, p. 1, trad. Chauou.

3. Marie de France, *Les Lais*, éd. J. Rychner, Paris, 1966, vv. 28-33.

4. Marie de France, *Les Fables*, éd. et trad. C. Brucker, Louvain, 1991, épilogue, v. 5-8.

5. Wace, *Roman de Rou*, éd. J. Holden, Paris, 1970, t. I, vv. 156-158.

6. Reclus de Molliens, *Li Romans de Carité*, éd. A. G. Van Hamel, Paris, 1885, p. 128.

7. *Roman de Thèbes* cité dans U. Mölk, *Französische Literarästhetik des 12. und 13. Jahrhunderts : Prologe- Exkurse-Epiloge*, p. 23.

8. Eustache Deschamps, *Œuvres complètes*, éd. marquis de Queux de Saint-Hilaire, Paris, 1882, t. III ballade 347, vv 3-4.

9. Martin Lefranc, *Le Champion des dames*, éd. R. Deschaux, Paris, 1999, vol. I, p. 5.

10. Jean Robertet, *Œuvres*, éd. M. Zsuppán, Paris, 1970, pièce XIX : *Complaincte faicte par maistre Jehan Robertet [...] de la mort de maistre George Chastellain*.

11. Jean Lemaire de Belges, *La Concorde des deux langages*, éd. J. Frappier, Paris, 1947, p. 3-4.

12. Philippe de Commynes, *Mémoires*, éd. J. Blanchard, Paris, 2001, p. 96.

5. La langue du savoir

1. Gilles de Rome, *De regimine principum*, II, II, 7, cité et trad. par S. Lusignan, dans *Parler vulgairement...*, p. 43.
2. Nicole Oresme, *Le Livre de politiques d'Aristote*, éd. A. D. Menut, Philadelphie, pp. 44-45.
3. Préface de la traduction du *Quadriparti* de Ptolémée, citée par J. Monfrin, « Humanisme et traductions au Moyen Age », dans J. Monfrin, *Études de philologie romane*, Genève, 2001, p. 769.
4. Christine de Pizan, *Le Livre des faits et bonnes meurs du sage roy Charles V*, éd. S. Solente, Paris, 1936, t. I, p. 47.
5. *Le Livre des propriétés des choses : une encyclopédie au XIVe siècle*, trad. B. Ribémont, Paris, 1999, p. 54.
6. Christine de Pizan, *Le Livre des fais et bonnes meurs du sage roy Charles V*, éd. S. Solente, t. II, Paris, 1940, p. 49.
7. Joëlle Ducos, *La Météorologie en français au Moyen Age (XIIIe-XIVe siècles)*, Paris, 1998, p. 182.
8. *Opus tertium*, chap. 25, cité et traduit par S. Lusignan, *Parler vulgairement...*, p. 73.
9. *Le Psautier de Metz, texte du XIVe siècle*, éd. Fr. Bonnardot, Paris, 1884, p. 2.
10. Noël de Fribois, *L'Abregé des croniques de France*, éd. K. Daly avec la collaboration de G. Labory, publication prévue en 2004 par la Société de l'Histoire de France (ms. Oxford, Bodleian Library, Bodley 968, f. 187 v).
11. *La Belle Maguelone*, éd. A. Biedermann, Halle-Paris, 1913, citée par J. Rasmussen, *La Prose narrative française du XVe siècle*, Copenhague, 1958, p. 27.
12. V. L. Dedeck-Héry, « Boethius' *De consolatione* by Jean de Meun », dans *Mediaeval Studies*, t. XIV, 1952, p. 168, vv 8-18.
13. Octovien de Saint-Gelais, *Le Séjour d'Honneur*, p. 321.
14. T. Brückner, *Die erste französische Aeneis Untersuchungen zu Octovien de Saint-Gelais' Übersetzung, mit einer kritischer Edition des VI. Buches*, Düsseldorf, 1987, p. 137.
15. Cité dans Claude de Seyssel, *La Monarchie de France* et deux autres fragments politiques, éd. J. Poujol, Paris, 1960, p. 69.
16. Cité par B. Cerquiglini, *Le Roman de l'orthographe. Au paradis des mots, avant la faute. 1150-1694*, Paris, 1996, p. 43.
17. Fin du premier article du glossaire édité par M.-H. Tesnière, « À propos de la traduction de Tite-Live par Bersuire, ms Oxford, Bibl. bodléienne, Rawlinson C 447 », dans *Romania*, t. CXVIII, 2000, p. 489.
18. Philippe de Beaumanoir, *Coutumes de Beauvaisis*, éd. A. Salmon, t. I, Paris, 1899, chap. 6, § 196, l. 98.
19. L. Guilbert, *La Créativité lexicale*, Paris, 1975, p. 43.

20. Pierre Fabri, *Grant et vray art de pleine rhetorique*, Paris, 1521, f. 8.
21. *Le Recueil Trepperel*, t. I : *Les Sotties*, éd. E. Droz, 1935, t. I, p. 173, vv. 340-345.
22. *Le Jardin de Plaisance et Fleur de Rhétorique*, t. I : *Fac-similé*, éd. E. Droz et A. Piaget, Paris, 1910, f. Aiv, v°.

6. Le français devient objet d'étude

1. Dante, *De vulgari eloquentia* : I.ix. Trad. citée : Chr. Bec (dir.), *Dante, Œuvres complètes*, Paris, 1996, p. 398.
2. Dante, *De vulgari eloquentia*, I, I, 2. Trad. citée : Chr. Bec (dir.), *Dante, Œuvres complètes...*, p. 387.
3. *Summa super Priscianum*, Appendice I, cité dans C. Thurot, « Extraits de divers manuscrits latins pour servir à l'histoire des doctrines grammaticales au Moyen Age », dans *Notices et extraits des manuscrits de la Bibliothèque impériale*, t. XX, 1868, p. 127.
4. Ms Paris, BNF, fr. 1548, f. 10 a.
5. Jacques Legrand, *Archiloge Sophie*, II, f. 10 r, cité par S. Lusignan, *Parler vulgairement...*, p. 177.
6. Clemence of Barking, *The Life of St. Catherine*, éd. W. MacBain, Oxford, 1964, vv. 1-10.
7. F. Gasparri, G. Hasenohr, C. Ruby, « De l'écriture à la lecture : réflexion sur les manuscrits d'*Erec et Enide* », dans K. Busby *et al.*, *Les Manuscripts de Chrétien de Troyes*, Amsterdam, 1993, t. I, p. 135. vv. 282-291.
8. Alexandre de Villedieu, *Doctrinale*, éd. D. Reichling, Berlin, 1893, vv. 7-10.
9. Traduction conservée dans le ms Paris, BNF, lat. 14095.
10. *Femina*, éd. W. A. Wright, Cambridge, 1909, p. 1.
11. Jacques Dubois (Sylvius), *Introduction à la langue française suivie d'une grammaire (1531)*, éd. C. Demaizière, Paris, 1998.
12. Éd. cit., p. 27.
13. Ms Paris, BNF, fr. 5727, f. 19.
14. *Duo glossaria : Anonymi montepessulanis dictionarius, Le glossaire latin-français du ms. Montpellier H236*, éd. A. Grondeux ; *Glossarium gallico-latinum, Le glossaire français-latin du ms. Paris lat. 7684*, éd. B. Merrilees et J. Monfrin, Turnhout, 1998.
15. Firmin Le Ver, *Dictionarius*, éd. B. Merrilees et W. Ewards, Turnhout, 1994, pp. 182 et 183.
16. R. Guiette, « L'Invention étymologique dans les lettres françaises au Moyen Age », dans *Cahiers de l'Association internationale des études françaises*, t. XX, 1959, p. 279.

17. Philippe de Thaon, *Le Bestiaire*, éd. E. Walberg, Lund-Paris, 1900, vv. 1135-1164, pp. 42-43.
18. Exemple donné et commenté dans M. Zink, *La Prédication en langue romane avant 1300*, Paris, 1976, p. 291.
19. Extrait de Claude de Seyssel, *Louenges du roy Louis XIIe de ce nom*, Paris, 1508, cité par G. Mombello, « Claude de Seyssel : un esprit modéré au service de l'expansion française », dans L. Terreaux (éd.), *Culture et pouvoir au temps de l'Humanisme et de la Renaissance*, Paris, 1978, p. 77.

QUATRIÈME PARTIE

LE FRANÇAIS AU CONTACT DES AUTRES LANGUES
(Frédéric Duval)

1. D'autres langues sur les terres du français

1. *Aïol, chanson de geste*, éd. J. Normand et G. Raynaud, Paris, 1877, v. 5420.
2. A. Fierro-Domenech, *Le Pré carré : géographie historique de la France*, Paris, 1986, p. 267.
3. *La Chanson de Roland*, éd. C. Segre, Genève, 2003, vv. 370-373.
4. Jean Gerson, *Œuvres complètes*, éd. P. Glorieux, Paris, 1960-1973, t. VII/1, p. 1146.
5. Raimon Vidal, *The Razos de trobar*, éd. J. H. Marshall, Londres, 1973, p. 6.
6. *De vulgari eloquentia* I.x, Ch. Bec (dir.), *Dante, Œuvres complètes*, Paris, 1996, p. 398.
7. *Manières de langage (1396, 1399, 1415)*, éd. A. M. Kristol, Londres, 1995, p. 3.
8. Cité et traduit par S. Lusigan, *Parler vulgairement...*, p. 57.
9. Cité et traduit *ibid.*, p. 58.
10. A. Borst, *Der Turmbau von Babel*, Suttgart, 1959, t. II, pp. 787-788.
11. S. Lusigan, *Parler vulgairement...*, p. 84.
12. P. Zumthor, *La Lettre et la voix. De la « littérature » médiévale*, Paris, 1987, p. 120.
13. Nous suivons L. Musset, « Essai sur le peuplement de la Normandie », (XIe-XIIe siècle) », dans *Les Mondes normands (VIIIe-XIIe)*, Caen, 1987, pp. 63-67 ; E. Ridel, « A-t-on vraiment parlé la « langue danoise » à Bayeux vers 940 ? Une relecture de Dudon de Saint-Quentin », dans *Mélanges Pierre Bouet*, Caen, 2002, pp. 135-141.

14. Dudon de Saint-Quentin, *De moribus et actis primorum Normanniae ducum*, éd. J. Lair, dans *Mémoires de la société des antiquaires de Normandie*, t. XXIII, Caen, 1865, 4, 68, pp. 221-222.

15. Wace, *Le Roman de Rou*, éd. A. J. Holden, t. I, Paris, 1971, IIe partie, v. 1762.

16. Adhémar de Chabannes, *Chronique*, éd. Chavanon, Paris, 1897, livre III, c. 27, p. 148.

17. *Le Très Ancien Coutumier de Normandie : Texte latin*, éd. E.-J. Tardif, Rouen, 1881, chap. LXX, p. 64.

18. La plupart des exemples qui suivent sont empruntés à R. Lepelley, *La Normandie dialectale : petite encyclopédie des langages et mots régionaux de la province de Normandie et des îles Anglo-Normandes*, Caen, 1999, p. 51.

19. Cité par X. Ravier, « Okzitanisch : Areallinguistik / les aires linguistiques », dans G. Holtus, M. Metzeltin, C. Schmitt (éd.), *Lexikon der romanistischen Linguistik*, t. V/2 : *Okzitanisch, katalanisch / l'occitan, Le catalan*, Tübingen, 1991, p. 80, dont nous nous inspirons par ailleurs.

20. Pour la francisation de l'Occitanie, nous nous inspirons abondamment de A. Brun, *Recherches historiques sur l'introduction du français dans les provinces du Midi*, Paris, 1923.

21. Raimon Vidal, *The Razos de trobar*, éd. J. H. Marshall, Londres, 1973, p. 24.

22. J. Wüest, *La Dialectalisation de la Gallo-Romania. Études phonologiques*, Berne, 1979, p. 371.

23. S. Lusignan, « L'administration royale et la langue française aux XIIIe et XIVe siècles », dans M. Goyens et W. Verbeke, *The Dawn of the Written Vernacular in Western Europe*, Leuven, 2003, p. 65.

24. Cité par J. Monfrin, « Les parlers en France », dans J. Monfrin, *Études de philologie romane*, Genève, 2001, p. 283.

25. J. Pignon, *L'Évolution phonétique des parlers du Poitou*, Paris, 1960. Nous nous inspirons de Pierre Gauthier, « Formes verbales occitanes dans les textes poitevins-saintongeais du XIIIe au XVIIIe siècle », dans G. Ruffino (éd.), *Atti del XXI Congresso Internazionale di Linguistica e Filologia Romanza*, Tübingen, 1998, t. VI, pp. 177-190 et de B. Horiot, « Französisch : Areallinguistik II. Westliche Dialekte / *Les aires linguistiques II. Dialectes de l'Ouest* », dans *Lexikon der romanistischen Linguistik*, t. V/1, Tübingen, 1990, pp. 615-637.

26. Cité par A. Brun, *Recherches historiques sur l'introduction du français dans les provinces du Midi*, Paris, 1923, p. 15.

27. *Ibid.*

28. Cité par A. Brun, *Recherches historiques sur l'introduction du français dans les provinces du Midi*, Paris, 1923, p. 31.

29. *Ibid.*

30. « Lexikalische Auswirkung der englischen Herrschaft in Südwestfran-

kreich (1152-1453) », dans W. Iser (éd.), *Britannica : Festschrift für Hermann M. Flasdieck*, Heidelberg, 1960, pp. 11-50.

31. J.-P. Chambon et P. Olivier, « L'histoire linguistique de l'Auvergne et du Velay : notes pour une synthèse provisoire », dans *Travaux de linguistique et de philologie*, t. XXXVIII, 2000, pp. 119-129.

32. Cité *ibid.*, p. 23.

33. A. Brun, *Recherches historiques...*, p. 80.

34. D. Billy, *Deux lais en langue mixte : Le lai Markiol et le lai Nompar*, 1995, p. 1.

35. *Ibid.*, p. 78 pour l'édition, p. 82 pour la traduction.

36. K. Gebhardt, « Les emprunts français à l'occitan », dans *Revue des langues romanes*, t. LXXX, 1974, pp. 57-92.

37. A.-M. Vurpas, « Les scriptae francoprovençales » dans *Lexikon der romanistischen Linguistik*, t. II/2, Tübingen, 1995, pp. 389-405.

38. Aimon de Varennes, *Florimont*, éd. A. Hilka, Göttingen, 1932, vv. 14-18 et 13614-13617.

39. Cités par J. Cerquiglini, *La Couleur de la mélancolie : la fréquentation des livres au XIVe siècle, 1300-1415*, Paris, 1993, p. 18, vv. 49-50.

40. Claude de Seyssel, *La Monarchie de France* et deux autres fragments politiques, textes établis et présentés par J. Poujol, Paris, 1961, p. 55.

41. Ph. Marguerat, « Pratiques juridiques et usages linguistiques dans le domaine francoprovençal du XIIIe au XVIe siècle », dans Z. Marzys (éd.), *Actes du colloque de dialectologie francoprovençale (Neuchâtel, 23-29 septembre 1969)*, Neuchâtel-Genève, 1971, pp. 151-161, p. 159.

42. S. Lusignan, « "François est profitable et latin est prejudiciable" : l'enjeu linguistique d'un conflit entre le village de Saint-Albain et la chapitre de Macon », dans *Retour aux sources : textes, études et documents d'histoire médiévale offerts à Michel Parisse*, Paris, 2004, pp. 795-801.

43. Cité *ibid.*, p. 797.

44. J. Rossiaud, « Du bilinguisme des patriciens lyonnais à la fin du XIVe siècle », dans *Histoire et société. Mélanges offerts à Georges Duby*, t. IV, Aix-en-Provence, 1992, pp. 45-55.

45. J. Kerhervé, « Bretons », dans C. Gauvard, A. de Libera, M. Zink (dir.), *Dictionnaire du Moyen Age*, Paris, 2002, p. 195.

2. Le français hors de France

1. PL, t. CLXXIX, col. 1615.

2. Cité par G. Hughes, *A History of English Words*, Oxford, 2002, pp. 110-111.

3. Voir en dernier lieu D. Trotter, « L'anglo-normand : variété insulaire ou variété isolée ? », dans *Médiévales*, t. XLV, automne 2003, pp. 43-54.

4. Thomas de Kent, *Le Roman d'Alexandre ou le roman de toute chevale-*

rie, éd. B. Foster et I. Short, trad. C. Gaullier-Bougassas et L. Harf-Lancner, Paris, 2003 v. 4462, pp. 360-361.

5. *Roman de Tristan en prose*, t. I, éd. Renée L. Curtis, 1963, prol., p. 39 (XIIIe siècle).

6. Guernes de Pont-Sainte-Maxence, *La Vie de saint Thomas de Canterbury*, éd. J. T. E. Thomas, Louvain, 2002, t. I, p. 348, vv. 6161-6165.

7. Cité dans C. de la Roncière, P. Contamine, R. Delort, *L'Europe au Moyen Age*, t. III, Paris, 1971, p. 291.

8. Cité par G. Hughes, *A History of English Words*, Oxford, 2002, p. 137.

9. Cité par D. Angers, « La guerre et le pluralisme linguistique : aspects de la guerre de Cent Ans », *Annales de Normandie*, t. XLIII, 1993, p. 128.

10. Cité par F. Brunot, *Histoire de la langue française des origines à nos jours*, t. I, Paris, 1966, p. 378.

11. Cité dans C. de la Roncière, P. Contamine, R. Delort, *L'Europe au Moyen Age*, t. III, Paris, 1971, p. 290.

12. D. Trotter, « L'anglo-normand : variété insulaire ou variété isolée ? », dans *Médiévales*, t. XLV, automne 2003, p. 53.

13. Cité et commenté dans J. Batany, « Écrit / Oral », dans J. Le Goff et J.-C. Schmitt, *Dictionnaire raisonné de l'Occident médiéval*, Paris, 1999, p. 311.

14. Fr. Menant, « L'Italie (XIe-début XIVe siècle) », dans *Les Capétiens : histoire et dictionnaire (987-1328)*, Paris, 1999, p. 572.

15. G. Rohlfs, « Normannische Gallizismen in Süditalien », dans *Philologica Romanica, Erhard Lommatzsch gewidmet*, Munich, 1975, pp. 327-331.

16. Cité par Fr. Sabatini, *Napoli angioina : Cultura e Società*, [s.l.], 1975, p. 38.

17. Boccace, *Fiammetta*, chap. VIII, § 7, p. 1069 ; *Opere di Giovanii Boccaccio*, éd. C. Segre, Milan, 1978.

18. J. Batany, « Écrit / Oral », dans J. Le Goff et J.-C. Schmitt (dir.), *Dictionnaire raisonné de l'Occident médiéval*, Paris, 199, p. 311.

19. Brunetto Latini, *Li livres dou tresor*, éd. J. Carmody, Berkeley-Los Angeles, 1948, I, I, 7.

20. Cité par A. Roncaglia, « La letteratura franco-veneta », dans *Storia della letteratura italiana : Il Trecento*, 1987, p. 746.

21. Cité *ibid.*, p. 747.

22. G. Holtus, « Langues artificielles à base romane IV. Le franco-italien », dans *Lexikon der romanistischen Linguistik*, t. VII, Tübingen, 1998, p. 716.

23. Pour le franco-italien, nous suivons la mise au point de G. Holtus, « Langues artificielles à base romane IV, art. cit., pp. 705-756.

24. Benvenuto da Imola, *Comentum super Dantis Aldigheri Comoediam*, éd. G. F. Lacaita, Florence, 1887, t. II, pp. 409-410.

25. Claude de Seyssel, *La Monarchie de France* et deux autres fragments politiques, textes établis et présentés par J. Poujol, Paris, 1961, p. 66.

26. J. Lemaire de Belges, *Concorde des deux langages*, éd. J. Frappier, Paris, 1947, p. 5 et pp. 3-4.

27. Thomas E. Hope, *Lexical Borrowing in the Romance Languages. A Critical Study of Italianisms in French and Gallicisms in Italian from 1100 to 1900*, Oxford, 1971, pp. 265-266.

28. *Le Livre des fais du bon messire Jehan le Maingre, dit Bouciquaut*, Genève, 1985, II.26, p. 225.

29. Jean Molinet, *Chronique*, éd. G. Doutrepont et O. Jodogne, t. I, Bruxelles, 1935, p. 95 (cité par C. Marchello-Nizia, *La Langue française aux XIVe et XVe siècles*, Paris, 1997, p. 453).

30. R. Mantou, « Le vocabulaire des actes originaux rédigés en français dans la partie flamingante du comté de Flandre (1250-1350) », dans *Bulletin de la Commission royale de toponymie & dialectologie*, du t. L, 1976, pp. 139-251 au t. LVIII, 1984-1985, pp. 33-96.

31. Adenet le Roi, *Berte aus grans piés*, éd. A. Henry, Bruxelles-Paris, 1963, vv. 148-155, p. 60.

32. *Historia Hierosolymitana*, livre III, ch. 37, citée par M. Metzeltin, « Die *linguae francae* des Mittelmeers / Las *lenguas francas* del Mediterráneo », dans *Lexikon der romanistischen Linguistik*, t. VII, p. 603.

33. Cité *ibid.*, p. 604.

34. Léonce Machéras, *Chronique de l'île de Chypre*, éd. et trad. Miller et Sathas, p. 87 de la traduction, cité par J. Richard, *Chypre sous les Lusignans*, Paris, 1962, p. 13.

35. Cité *ibid.*, p. 67.

36. Cité par D. Jacoby, « La littérature française dans les États latins de la Méditerranée orientale à l'époque des croisades : diffusion et création », dans *Essor et fortune de la chanson de geste dans l'Europe et l'Orient latin*, Modène, 1984, p. 184.

37. Philippe de Novare, *Livre en forme de plait*, éd. A. A. Beugnot, dans *Assises de Jérusalem*, t. I, Paris, 1841, p. 525.

38. R. Muntaner, *Cronica*, éd. E. Bagué, t. I, Barcelone, 1927.

39. G. Folena, « La romania d'oltremare », dans A. Varvaro (éd.) *Atti del XIV Congresso Internazionale di Linguistica e Filologia Romanza (Napoli, 1974)*, Naples, 1976, t. I, p. 404.

40. E. Brayer, « *Un manuel de confession en ancien français conservé dans un manuscrit de Catane* », dans *Mélanges d'archéologie et d'histoire*, t. LIX, 1947, pp. 155-198, en particulier, p. 160.

41. J. Richard, *Chypre sous les Lusignans*, 1962.

42. Cité par M. Metzeltin, « Die *linguae francae* des Mittelmeers / Las *lenguas francas* del Mediterráneo », dans *Lexikon der romanistischen Linguistik*, t. VII, p. 604.

43. Joinville, *Vie de Saint Louis*, éd. et trad. J. Monfrin, Paris, 1995.

CINQUIÈME PARTIE
S'AFFRANCHIR DU LATIN !
(Gilles Siouffi)

1. 1530 : l'institution du français ?

1. R. Lafont, *Sur la France*, Paris, Mercure de France, 1968, p. 133.
2. Voir *Ordonnances des rois de France. Règne de François Ier*, Académie des sciences morales et politiques, t. IX, 3e partie, Editions du CNRS, 1983.
3. Texte cité par D. Kibbee dans *Lyon et l'illustration de la langue française*, ENS Editions, 2003, p. 66.
4. *Ibid.*
5. Citée par A. Brun, *Parlers régionaux : France dialectale et unité française*, Paris, Didier, 1946, p. 269.
6. A. Fontanon, *Edicts et ordonnances des rois de France*, Paris, 3 vol. 1611, I, p. 307.
7. Voir P. Cohen, « L'imaginaire d'une langue : l'Etat, les langues et l'invention du mythe de l'ordonnance de Villers-Cotterêts à l'époque moderne en France », *HEL*, XXIV/XXV/I, 2003, p. 19-69.
8. A. Fontanon, *La Practique de Masuer, ancien jurisconsulte et praticien de France*, Paris, 1606, p. 225.
9. J.-P. Laurent, « L'ordonnance de Villers-Cotterêts (1539) et la conversion des notaires à l'usage exclusif du français en pays d'oc », *Lengas*, 26, 1989, p. 59-94.
10. *Ibid.*, p. 86.
11. *Ibid.*, p. 71.
12. P. Cohen, p. 589.
13. Voir P. Blanchet, *Le Provençal. Essai de description sociolinguistique et différentielle*, Peeters, Louvain, 1992, p. 57 et suiv.
14. Ramus, *Gramere* [Paris, A. Waechel, 1572] Genève, Slatkine Reprints, 1972, p. 49-50.
15. Meigret, *Le tretté de la grammere françoeze, fet par Louis Meigret Lionoes* [1550], éd. Hausmann, Tübingen, G. Narr, 1980, p. 32-33.
16. Voir L. Febvre, H.-J. Martin, *L'apparition du livre*, Paris, Albin Michel, 1958.
17. *Ibid.*, p. 351.
18. J.-F. Gilmont, *La Réforme et le livre*, Paris, Cerf, 1990, p. 105-154.
19. Voir O. Reverdin, *Les Premiers Cours de grec au Collège de France*, Paris, PUF, 1984 et J.-Chr. Saladin, *La Bataille du grec à la Renaissance*, Paris, Les Belles-Lettres, 2000. Voir également M. Fumaroli, *Histoire du Collège de France. I : La Création (1530-1560)*, Paris, Fayard, 2006.

20. Voir James K. Farge, *Le Parti conservateur au XVIe siècle. Université et parlement de Paris à l'époque de la Renaissance et de la Réforme*, Paris, Collège de France, 1992.

21. A. Firmin-Didot, *Les Estienne, extrait de la Nouvelle Biographie générale*, Paris, Firmin-Didot Frères, 1856, p. 492, cité par D. Trudeau, *Les inventeurs du bon usage*, Paris, Minuit, 1992, p. 17.

22. Voir Cl. Longeon, *Premiers combats pour la langue française*, Paris, Le Livre de Poche, 1989, p. 58 et suiv.

23. Canappe, *Le Mouvement des muscles*, Paris, Denys Janot, 1541, 67 v° 68r°, cité par Brunot, HLF, II, p. 40.

24. Voir *La Briefve collection de l'Administration anatomique*, Paris, G. Callevat, 1550.

25. Consulter par exemple les *Dix livres de la chirurgie* [Paris, 1564] réédités en fac-similé chez Tchou en 1964.

26. Cité par Brunot, HLF, II, p. 60.

27. Pontus de Tyard, *Second curieux*, ed. Marty-Laveaux, p. 234. cité par Brunot, HLF, II, p. 68.

28. Brunot, II, p. 70.

29. *Apologie pour Hérodote*, éd. Rustlhuber, II, 151 et 153, ch. 30, cité par Brunot, HLF, II, p.17.

30. Erasme, *Paracelsis*, [1516], Paris, R. Estienne, 1529, traduction de J. Chomarat in Erasme, *Œuvres choisies*, Paris, Livre de Poche, 1991, p. 450-451.

31. Erasme, *Opera Omnia*, Lugd. Bat, 1706, VII., cité par Brunot, HLF, II, p. 18.

32. Lefèvre d'Etaples, *The Prefatory Espistles and related Texts*, E.F. Rice Jr. Ed., New York, Columbia University Press, 1972. Voir également S. Baddeley, *L'Orthographe française au temps de la Réforme*, Genève, Droz, 1993.

33. *La Saincte Bible en françoys translatee selon la pure et entiere tradition de sainct ierosme*, Anvers, Martin Lempereur, 1530.

34. G. Farel, *Le Paster noster, et le Credo en francoys* [Bâle, Schabler, 1524], éd. Higman, Genève, Droz, 1982.

35. Qui porte en sous-titre : *Avec une briefve explanation du Pater noster. Extraict des paraphrases de Erasme : sur sainct Matthieu et sur sainct Luc.*

36. *La Bible, qui est toute la Saincte escripture. En laquelle sont contenus, le Vieil Testament et le Nouveau, translatez en françoys [...]*, Neufchâtel, Pierre de Vingle, 1535.

37. Genève, Pierre de Vingle, 1533.

38. Voir O. Millet, *Calvin et la dynamique de la parole. Etude de rhétorique réformée*, Paris, Champion, 1992.

39. Montaigne, *Essais*, I, LXI, Paris, Gallimard, Bibliothèque de la Pléiade, 1962, p. 306.

2. Qui parle quelle langue au royaume de France ?

1. Voir P. Cohen, *Courtly French, Learned Latin and Peasant Patois : The making of a national language in early modern France*, thèse de doctorat, Princeton University, 2001, p. 162.
2. F. Braudel, *L'Identité de la France*, Paris, Arthaud-Flammarion, 1986, II, p.187.
3. G. Duby, *Histoire de la France urbaine*, Paris, Le Seuil, 1980, V, p. 191.
4. Voir P. Benedict, ed., *Cities and Social Change in Early Modern France*, Londres, Routledge, 1989.
5. R. Lafont, *Sur la France*, Paris, Mercure de France, 1968, p. 273.
6. Cl. Marot, *L'Enfer*, OPCII, p. 30-31 et épître « A la Royne de Navarre », p. 121.
7. Charles de Bovelles, *Liber de differentia linguarum et Gallici sermonis varietate*, Paris, R. Estienne, 1533. Voir l'édition critique par C. Demaizière, Paris, Klincksieck, 1972.
8. Texte cité dans la version modernisée de Cl. Longeon, *Premiers combats pour la langue française*, Paris, Le Livre de Poche, 1989, p. 54-58.
9. *Ibid.*
10. Voir F. Rigolot, *Les langages de Rabelais* [1972], Genève, Droz, 1996.
11. *Pantagruel*, chapitre VI, Droz, 1965, p. 34.
12. *Gargantua*, chapitre XXV, Droz, 1970, p. 175.
13. H. Estienne, *Projet du Livre intitulé De la precellence du Langage François*, [1579], Réimpresion Slatkine, Genève, 1972, p. 147 et 198.
14. Ronsard, *Abbrégé de l'Art poëtique françois, Œuvres complètes*, éd. Laumonier, t. XIV, p. 10-11.
15. Peletier du Mans, *L'Art Poetique d'Horace*, Paris, Michel de Vascosan, 1545, p. 39.
16. J. Palsgrave, *Lesclarcissement de la langue Francoyse*, Londres, Haukyns, 1530 ; voir Reprints Slatkine, 1972, p. 34.
17. *Ibid.*
18. *Ibid.*
19. *Hypomneses*, p. 4.
20. H. Estienne, *Precellence du langage françois*, préface.
21. *Hypomneses*, p. 4.
22. *Précellence*, p. 168. Voir D. Trudeau, *op. cit.*, 123.
23. Montaigne, *Essais*, I, XLII, Pléiade, p. 265.
24. Voir J.-F. Dubost, *La France italienne,* XVIe-XVIIe *siècles*, Aubier, 1997.
25. B. Du Troncy, *Formulaire recreatif de tous contrats*, Lyon, sans nom d'auteur, 1594 (ou 1593 ?), contrat n° VI, cité par G. Pérouse, *HEL*, XXV/1, 2003, p. 171.
26. *L'entrée du Roy à Bordeaux*, Paris, Thomas Richard, 1565, p. 2, cité par Cohen, *ibid.*, p. 153.

27. Claude Odde de Triors, *Les Joyeuses recherches de la langue tolosaine*, 1578.
28. *Ibid.*
29. A. Bouchart, *Les grandes chronicques de Bretagne*, Paris, Jehan de la Roche, 1514 ; édition critique B. Guenée, M.-L. Auger et G. Jeanneau, Paris, CNRS, 2 vol., 1986.
30. Voir B. Biot, *Barthélemy Aneau, régent de la renaissance lyonnaise*, Paris, Champion, 1996, p. 69-70.
31. Montaigne, *Essais*, II, 17, Pléiade, p. 622.
32. Montaigne, *Essais*, I, XXVI.
33. Déclaration citée par J.-P. Babelon, *Nouvelle histoire de Paris : Paris au XVIe siècle*, Paris, Hachette, 1986, p. 45.
34. Pour reprendre la formule de R. Anthony Lodge, *Le Français. Histoire d'un dialecte devenu langue*, Paris, Fayard, 1997. Voir également du même auteur *A sociolinguistic history of Parisian French*, Cambridge University Press, 2004.
35. *Hypomneses*, p. 3
36. *Ibid.*, p. 4.
37. *Traicté de la conformité*, éd. L. Feugère, Paris, J. Delalain, 1850, p. 14.
38. *Hypomneses*, p. 4.
39. Selon Guillaume de La Perriere, *Les Annalles de Foix*, Toulouse, Nicolas Vieillard, 1539, p. 16, cité par Cohen, *HEL*, XXV/1, 2003.
40. J.-A. de Baïf, « Au Roy de France et de Pologne, Henri III », *Euvres en rime*, éd. Marty-Laveaux, Paris, Lemerre, 1881-1890, t. 5, p. 401.
41. Voir W. Kaiser, « Récits d'espace. Présence et parcours d'étrangers à Marseille au XVIe siècle », in *Les Etrangers dans la ville. Minorités et espace urbain du bas Moyen Age à l'époque moderne*, J. Bottin, et D. Calabri, éds., Paris, La Maison des sciences de l'homme, 1999, p. 299-300.
42. A. Matthieu, *Devis de la langue françoyse*, Paris, R. Breton, 1559 (réimpression Slatkine, Genève, 1971), f. 22r.
43. Cité par Lodge, *op. cit.*, p. 197.
44. *Hypomneses*, p. 3.
45. J. Peletier du Mans, *Apologie à Louis Meigret*, 1549, Slatkine Reprints, 1964, p. 23.
46. *Precellence*, p. 177.
47. *Journal du Sire de Gouberville*, éd. M. Foisil, 4 vol., Editions des Champs, 1993.
48. Voir *Le Français pré-classique*, vol. 7-8, et le n° 159 (janvier-juin 2001) du *Bulletin de l'Ecole des Chartes*.
49. Voir G.-A. Pérouse, *Nouvelles françaises du XVIe siècle, images de la vie du temps*, Genève, Droz, 1977.
50. On conserve toutefois un *Buhez Sant-Gwenole* de 1580.
51. Voir Y. Le Berre, in *BEC*, 2001.
52. Cité par G. Clerico, in Chaurand, dir., *Nouvelle histoire de la langue française*, Paris, Le Seuil, 1999, p. 752.

53. *La Gente Poitevin'rie, Recueil de textes en patois poitevin du XVIe siècle*, éd. J. Pignon, Paris, D'Artrey, 1960.
54. Voir édition critique par J.-Cl. Arnould, Paris, Champion, à paraître.
55. E. Tabourot, *Les Escraignes dijonnoises* [1590], Paris, Cotinet, 1660.
56. Voir édition critique par F. Joukovsky, Genève, Droz, 1983.
57. Voir édition critique, Genève, Droz, 1961.
58. Auger Gaillard, *Las Obros* (1579). Voir ses *Œuvres complètes*, éd. E. Nègre, Paris, 1970.
59. Voir P. Bec, *Le Siècle d'or de la poésie gasconne (1550-1650)*, Paris, 1967 ; F. Garavini, *La letteratura occitanica moderna*, Firenze/Milano, Sansoni/éd. Academia, 1970 ; R. Lafont, *Renaissance du Sud, essai sur la littérature occitane au temps de Henri IV*, Paris, 1970 ; P. Gardy, *Histoire et anthologie de la littérature occitane*, Montpellier, 1997, 2 vol.
60. Cité par R. Lafont, *Sur la France*, 1968, p. 169.
61. *Ibid.*, p. 137.
62. M. Tronc, *La humours a la Lorgino*, éd. Critique de Catharina C. Jasperse, Toulon, L'Astrado Prouvençalo, 1978.
63. Cette édition (1595) est reproduite dans le volume critique (Bellaud de la Bellaudière, *Obros et rimos provenssalos*) publié par A. Brun à Marseille en 1974.

3. Le français dans la Babel des langues

1. Voir Ramus, *Gramere* [1572], Genève, Slatkine Reprints, 1972, p. 15.
2. Voir Erasme, *Œuvres choisies*, éd. J. Chomarat, Paris, Livre de Poche, 1991, p. 920.
3. P. Matthieu, *L'Entree De Tres-Grande, Tres-Chrestienne, Et Tres-Auguste Princesse Marie de Medicis Royne de France & de Navarre, en la ville de Lyon, Rouen*, Jean Osmont, 1601.
4. *Les Deux dialogues de l'invention poetique* de Daniel D'Augé, par exemple (1560), suivent de très près les *Dialogi della inventione poetica* d'Alessandro Lionardi (1554).
5. H. Estienne, *Deux Dialogues*, éd. P.M. Smith, Genève, Reprints Slatkine, 1980, p. 35.
6. *Ibid.*, p. 439.
7. A. Mathieu, *Devis de la langue françoise* [1559], Genève, Slatkine Reprints, 1972, p. 2.
8. Estienne, *Conformité*, p. 6.
9. Ronsard, *Epitaphe de Marguerite de France*, édition Marty-Laveaux, Paris, 1887-1890, V, p. 248.
10. Voir D. Droixhe, *La linguistique et l'appel à l'histoire*, Genève, Droz, 1978.
11. Machiavel, *Dialogo, in cui si esamina se la lingua, in cui scrissero Dante, il Bocaccio e il Petrarca, si debba chiamare Italiana, Toscana, o Fiorentina*, in

Opere, Milano, Societa Tipografica de' Classici italiani, 1805, tome 10, p. 364-388.

12. Ronsard, Préface de *La Franciade* éd. J. Céard, D. Ménager et M. Simonin, Paris, Gallimard, Bibliothèque de la Pléiade, *Œuvres complètes*, [1572] 1993, I, p. 1175-1176.

13. S. Speroni, *Dialogue des langues*, éd. bilingue, trad. De G. Genot et P. Larvaille, Paris, Les Belles Lettres, 2001.

14. Lyon, P. de Tours, 1547.

15. Voir P. Villey, *Les sources italiennes de la Deffence et Illustration de la Langue françoise*, Paris, Champion, 1908.

16. Voir le recueil *Traités de rhétorique et de poétique de la Renaissance*, éd. F. Goyet, Paris, 1990.

17. Du Bellay, *Œuvres poétiques, Œuvres latines : poemata*, éd. G. Demerson, STFM, Nizet, 1984, t. VII, p. 78.

18. J. Du Bellay, *La Deffence et Illustration de la langue françoise*, Paris, L'Angelier, 1549. Le texte est ici cité dans l'édition qu'on trouve dans le volume *L'Esthétique de Du Bellay*, J. Rieu, éd., Paris, Sedes, 1995 ; *ibid.*, p. 161.

19. *Ibid.*, p.162.

20. *Ibid.*, p. 168.

21. *Ibid.*, p. 164.

22. *Ibid.*, p. 176.

23. B. Aneau, *Quintil Horatian* [1550], in *Traités de poétique et de rhétorique de la Renaissance*, éd. F. Goyet, Paris, Le Livre de Poche, 1990, p. 187.

24. *Ibid.*, p. 195.

4. Les premières descriptions du français

1. Voir T. Woolridge, *Les Débuts de la lexicographie française : Estienne, Nicot et le Thresor de la langue françoise*, Toronto, Toronto University Press, 1977.

2. J. Peletier du Mans, *Arithmétique* [1548], Genève, Slatkine Reprints, 1969, p. 48.

3. Cité par Brunot, HLF, II, p. 166.

4. Voir B. Colombat, *La grammaire latine en France à la Renaissance et à l'Age classique*, Grenoble, Ellug, 1999.

5. Cité par J.-Cl. Chevalier, *Histoire de la grammaire française*, PUF, Que sais-je ?, 1994, p. 12.

6. Voir G. Stein, *John Palsgrave as Renaissance linguist*, Oxford, Oxford University Press, 1997.

7. J. Palsgrave, *Lesclaircissement de la langue francoyse*, éd. F. Génin, Paris, Imprimerie Nationale, 1852, p. VIII.

8. Voir J.-Cl. Chevalier, *Histoire de la syntaxe. Naissance de la notion de*

complément dans la grammaire française (1530-1750), [1968], Paris, Champion, 2005.

9. L. Meigret, *Le Tretté de la gramme francoez*, 32.3, cité ici dans une version modernisée, éd. Hausman, Tübingen, G. Narr, 1980.

10. *Ibid.*, 8.28.

11. *Ibid.*, p. 136.

12. Cité par M. Huchon, *Le Français de la Renaissance*, Paris, PUF, Que sais-je ?, 1988, p. 36.

13. Voir N. Catach, *L'Orthographe française à l'époque de la Renaissance*, Genève, Droz, 1968, p. 66.

14. E. Dolet, *La Maniere de bien traduire* [...], Lyon, E. Dolet, 1550 ; voir le Reprints Slatkine, 1972.

15. Jean de Tournes, Lyon, 1578. Voir le Reprints Slatkine, 1972.

5. Nouvelles scènes littéraires

1. Du Bellay, *Poematum Libri Quatuor* [1558], traduction J. Céard et L.-G. Tin, in J. Céard et L.-G. Tin, *Anthologie de la poésie française au XVIᵉ siècle*, Paris, Gallimard, 2005. Cette nouvelle anthologie a l'avantage, outre de présenter des textes français peu connus, d'inclure comme représentatives de la production poétique du XVIᵉ siècle, des pièces latines, grecques et occitanes.

2. *Suravertissement aux Odes* ; voir Ronsard, *Œuvres complètes*, éd. Marty-Laveaux, Paris, 1887-1893 ; *Œuvres complètes*, éd. Laumonier, Paris, STFM, 1914-1974, 20 vol. ; *Odes* (éd. Laumonier), STFM, 2001 ; *Œuvres*, Paris, Gallimard, Bibliothèque de la Pléiade, 2 vol., 1993-1994.

3. L'expression n'a été employée qu'une fois par Ronsard lui-même, et ne s'est imposée qu'après la *Vie de Ronsard* de Claude Binet en 1586.

4. Poitiers, Enguilbert de Marnef, 1556.

5. Voir P. Du Guillet, *Rymes*, éd. F. Charpentier, Paris, Gallimard, 1983.

6. Voir L. Labé, *Œuvres poétiques*, éd. F. Charpentier, Paris, Gallimard, 1983.

7. M. Huchon, *Louise Labé, une créature de papier*, Genève, Droz, 2006.

8. Ronsard, Préface de *La Franciade* [1572], voir *Œuvres complètes*, éd. J. Céard, D. Ménager et M. Simonin, Paris, Gallimard, Bibliothèque de la Pléiade, 1993.

9. Ronsard, *Œuvres complètes*, éd. Marty-Laveaux, Paris, 1887-1893, VI, p. 460.

10. *Abbrégé de l'Art poétique* [1565], Paris, Nizet, STFM, 1949, p. 15.

11. Ronsard, *Œuvres complètes*, éd. Marty-Laveaux, Paris, 1887-1893, V, p. 425.

12. Voir Cl. Longeon, éd., *Premiers combats pour la langue française*, Paris, Le Livre de Poche, 1989, p. 121.

13. J. Tahureau, *Oraison de la grandeur de son regne et de l'excellence de la langue françoyse*, Paris, Vve de la Porte, 1555, p. 6.
14. H. Estienne, *Precellence de la langue françoise* [1579], Genève, Reprints Slatkine, 1972, p. 65.
15. Bouhours, *Remarques nouvelles*, 1676, p. 152-153.
16. Du Perron, *Oraison funèbre sur la mort de Ronsard* [1586], éd. M. Simonin, Genève, Droz, 1985, p. 95. Voir également *Recueil des poésies de M. Du Perron*, Paris, Actes-Sud, 1988.
17. E. Pasquier, *Les Recherches de la France*, Paris, L. Sonnius, 1617, VI, VII, p. 746-747 ; voir éd. M.-M. Fragonard et F. Roudaut, Paris, Champion, 1996.
18. Livre VIII, chap. 1.
19. *Ibid.*
20. *Ibid.*, chap 2., éd. Champion, 1996, p. 1514.
21. Cité par F. Yates, *Les Académies en France au XVIe siècle*, Paris, PUF, 1996, p. 45.
22. J. Amyot, *Projet d'éloquence royale*, éd. Ph.-J. Salazar, Paris, Les Belles Lettres, 1992.
23. *Ibid.*, p. 45. Voir les analyses d'H. Merlin-Kajman, *La langue est-elle fasciste ?*, Paris, Le Seuil, 2004, p. 98-100.
24. Amyot, *op. cit.*, p. 50.
25. Guez de Balzac, *Le Prince*, in *Œuvres*, 2 vol., Paris, Louis Bilaine, 1665, tome II, p. 54-55.
26. Cité par D. Crouzet, *La Nuit de la Saint-Barthélemy, Un rêve perdu de la Renaissance*, Paris, Fayard, 1994, p. 115.
27. Du Perron, *Avant-propos rhétorique* ou *Traité de l'éloquence*, in *Œuvres diverses* [3e éd., 1633], Genève, Slatkine Reprints, 1969, p. 760.
28. G. Coquille, *Dialogue sur les causes des misères de la France* [1590], in *Les Œuvres*, t.1, Paris, Jean Guignard, 1665, p. 257.

SIXIÈME PARTIE
ENFIN VINRENT MALHERBE ET MARIE DE GOURNAY...
(Gilles Siouffi)

1. Entre deux mondes

1. Encore ne convient-il pas d'oublier les étonnantes traductions des textes sacrés en basque que nous devons au XVIe siècle, comme ce Nouveau Testament basque dont Jeanne d'Albret fit la commande en 1563, ainsi que les efforts méritoires de conserver par écrit une trace des plus anciens

poèmes, comme on les trouve dans ces *Linguae Vasconum Primiciae* recueillis en 1545 par un curé de Saint-Michel.

2. César de Nostredame, *Histoire et Chronique de Provence*, Lyon, Simon Ringaud, 1614, réimpression Marseille, Jeanne Lafitte, 1971, p. 585.

3. Pierre de Caseneuve, *L'Origine des Jeux Floraux de Toulouse*, Toulouse, Raymond Bosc, 1659, p. 67

4. François Boudet, « Le Trimfle del Mundi, Odo », in Pierre Goudelin, *Obros*, Toulouse, Jan Pech, 1678, p. 280.

5. Cité par P. Bec, *La Langue occitane*, Paris, « Que sais-je ? », 1967, p.88.

6. Goudelin, *La Floureto Noubelo del Ramelet Moundi*, Toulouse, Pierre Bosc, 1647 ; voir P. Bec, *Le siècle d'or de la poésie gasconne (1550-1650)*, anthologie bilingue, Paris, Les Belles-Lettres, 1997.

7. Ces épisodes sont rapportés par les frères Platter, des étudiants bâlois qui effectuèrent un grand voyage à travers l'Europe, séjournant notamment dans le sud de la France. Voir la grande entreprise éditoriale menée par E. Le Roy-Ladurie chez Fayard sous le titre *Le Siècle des Platter* ; par exemple, *L'Europe de Thomas Platter*, Paris, Fayard, 2000.

8. P. de Galaud de Chasteuil, *Discours sur les arcs triomphaux dressés en la ville d'Aix*, Aix, Jean Tolosan, 1624, p. 54. cité par Cohen, 2003.

9. *Ibid.*, p. 18.

10. Selon la formule de R. Lafont, *Sur la France*, p. 171.

11. *Journal de Jean Heroard, médecin de Louis XIII*, sous la direction de M. Foisil, Paris, Fayard, 1989, 2 vol.

12. Racan, *Vie de Monsieur de Malherbe*, éd. M.-F. Quignard, Paris, Le Promeneur, 1991, p. 37.

13. F. Brunot, *La Doctrine de Malherbe d'après son commentaire sur Desportes* [1891], Paris, A. Colin, 1969. Les exemples cités sont repris de cet ouvrage.

14. Lettre de Chapelain citée *ibid.*, p. 151.

15. Racan, *op. cit.*, p. 21.

16. *Ibid.*, p. 40.

17. Voir la récente biographie de M. Fogiel, *Marie de Gournay*, Paris, Fayard, 2004, et l'ouvrage de M.-Th. Noiset, *Marie de Gournay et son œuvre*, Namur, Editions namuroises, 2004.

18. E. Pasquier, *Lettres*, Paris, Jean Petit-Bas, 1619, livre XVIII, lettre 1. Voir O. Millet, *La Première Réception des « Essais » de Montaigne*, Paris, Champion, 1995, p. 143-149.

19. P. de Deimier, *Académie de l'art poétique*, Paris, Jean de Bordeaux, 1610.

20. *Ibid.*, p. 364.

21. *Ibid.*, p. 477.

22. Les textes de Marie de Gournay seront cités ici dans l'édition intitulée *Les Advis, ou les Présens de la Demoiselle de Gournay*, Paris, Jean Du Bary,

1641. Auparavant, ces traités avaient déjà fait l'objet d'un recueil : *L'Ombre*, 1626.
  23. *Ibid.*, p. 83.
  24. *Ibid.*, p. 80.
  25. *Ibid.*, p. 81.
  26. *Ibid.*, p. 79.
  27. *Ibid.*, p. 82.
  28. *Ibid.*, p. 84.
  29. *Ibid.*, p. 268.
  30. *Ibid.*, p. 270.
  31. *Ibid.*, p. 277.

2. Partis pris littéraires et questions de styles

  1. Lettre « A Hydaspe », in Balzac, *Les Premières Lettres*, éd. H. Bibas et K.-T. Butler, Paris, Droz, 1933, tome I, XIV, cité par Merlin-Kajman, *op. cit.*, p. 318.
  2. *Segraisiana*, Paris, 1722, p. 6.
  3. Montaigne, *Essais*, II, VIII.
  4. Merlin-Kajman, *op. cit.*, p. 111.
  5. Th. De Viau, « Première journée », in *Œuvres complètes*, éd. G. Saba, Paris-Rome, Nizet-Edizioni dell'Ateneo, 1975-1987, tome II, p. 14.
  6. *Les Advis*, 1641, p. 471.
  7. *Ibid.*, p. 413.
  8. *Ibid.* p. 408.
  9. *Ibid.*, p. 476.
  10. *Ibid.*, p. 465.
  11. *Ibid.*
  12. *Ibid.*, p. 459.
  13. *Ibid.*, p. 464.
  14. *Ibid.*, p. 459.
  15. *Ibid.*, p. 447.
  16. *Ibid.*, p. 448.
  17. *Ibid.*
  18. *Ibid.*
  19. *Ibid.*, p. 453.
  20. *Ibid.*
  21. *Ibid.*
  22. *Ibid.*, p. 469.
  23. *Ibid.*, p. 468.
  24. *Ibid.*, p. 469.
  25. *Ibid.*, p. 759.
  26. *Ibid.*, p. 761.

27. *Ibid.*, p. 767.
28. Pour une présentation de ces débats, voir H. Merlin-Kajman, *L'excentricité académique*, Paris, Les Belles Lettres, 2001.
29. Théophile de Viau, « Elégie à une Dame », œuvres complètes, éd. Alcaumep, Crans Reprints, 1995, p. 215.
30. Pellisson et D'Olivet, *Histoire de l'Académie française*, éd. Ch.-L. Livet, Paris, Didier, 1858, p. 21.
31. *Ibid.*
32. *Ibid.*, p. 26.
33. *Ibid.*, p. 27.
34. *Ibid.*, p. 35.
35. *Ibid.*, p. 115.
36. Ch. Sorel, *Histoire comique de Francion*, éd. F. Garavini, Paris, Gallimard, Folio, 1996, p. 486.
37. Ibid.
38. *Ibid.*
39. *Ibid.*, p. 75.
40. *Ibid.*, p. 434.
41. *Ibid.*, p. 220.
42. *Ibid.*, p. 479.
43. *Ibid.*, p. 406.
44. *Ibid.*, p. 35.
45. Ch. Sorel, *De la connaissance des bons livres*, [1664], éd. critique par L. Moretti-Cenerini, Roma, Bulzoni, 1974, p. 152.
46. Sorel, *op. cit.*, p. 35.
47. *Ibid.*, p. 336.
48. Par *il n'aura pas ma toile*, comprendre : « je ne m'en laisserai pas conter », allusion à un jeune homme simple d'esprit auquel on avait dit de ne pas vendre sa toile à ceux qui parleraient trop.
49. *Ibid.*, p. 113. *Cosse* = « Ecosse » ; *boutit* = « mit » ; *putincq* = « cinq », avec un jeu de mots probable sur *putain*.
50. *Ibid.*, p. 368.
51. *Ibid.*, p. 88.
52. *Ibid.*, p. 92.
53. *Ibid.*, p. 70.
54. *Ibid.*, p. 159.
55. *Ibid.*, p. 157.
56. *Ibid.*, p. 199.
57. *Ibid.*, p. 213.
58. *Ibid.*, p. 188. La capilotade était une recette de cuisine dans laquelle le bœuf était censé se décomposer à la cuisson.
59. *Ibid.*, p. 274.
60. Molière, *Le Misanthrope*, v. 487.
61. Sorel, *Francion*, p. 289 et p. 291.

62. *Ibid.*, p. 292.
63. Sorel, *De la connaissance des bons livres*, *op. cit.*, p. 276.
64. Sorel, *Francion*, p. 407.
65. *Ibid.*
66. Cyrano de Bergerac, *Les Etats et empires de la lune et du soleil*, éd. M. Alcover, Paris, Champion, 2004, p. 65.
67. Voir M. Maître, *Les Précieuses, contribution à l'histoire de la naissance des femmes de lettres en France au XVIIe siècle*, Paris, Champion, 1999.
68. *Lettres et autres œuvres de Monsieur de Voiture*, Bruxelles, L. Marchant, 1687, p. 210.
69. Voir D. Denis, *La Muse galante. Poétique de la conversation dans l'œuvre de Madeleine de Scudéry*, Paris, Champion, 1997 ; pour les textes, voir D. Denis, éd., *Madeleine de Scudéry, « De l'air galant » et autres conversations : pour une étude de l'archive galante*, Paris, Champion, 1998.
70. Cité par Magendie, *La Politesse mondaine et les théories de l'honnêteté, en France, au XVIIe siècle*, Paris, Presses Universitaires de France, 1925, p. 131.
71. F. Brunot, HLF, III, p. 32.
72. Sorel, *Francion*, p. 194.
73. *Ibid.*, p. 208.
74. *Ibid.*, p. 101. *Académies d'amour* signifie bien évidemment « bordel », et *lampe qui donnait la lumière*, « maquerelle ».
75. Pour tout ce qui suit, voir le chapitre 4. 3 de W. Ayres-Bennett, *Sociolinguistic Variation in Seventeenth Century France*, Cambridge University Press, 2004.
76. Voir L. Timmermans, *L'Accès des femmes à la culture (1598-1715) : un débat d'idées, de François de Sales à la marquise de Lambert*, Paris, Champion, 1993.
77. *Ibid.*, p. 57.
78. M. de Pure, *La Prétieuse ou le Mystère des Ruelles*, éd. E. Magne, Paris, Droz, 1938-1939, 2 vol., I, p. 71.
79. Cité par W. Ayres-Bennett, *op. cit.*, p. 140.
80. Somaize, *Le Grand Dictionnaire des Pretieuses*, Paris, Ribou, 1661, 2 vol., II, p. 57-68.

3. Usages et libertés

1. R. Lafont, *Sur la France*, p. 145.
2. *Ibid.*, p. 148.
3. G. Bouchet, *Les Sérées*, éd. Roybet, Paris, A. Lemerre, 1873-1882, 6 vol., vol. 5., p. 90-91.
4. Jean-François Gaufridi, *Histoire de Provence*, Aix, Charles David, 1694, t. I, p. 105.

5. François Ranchin, *Description generale de l'Europe. Quatriesme Partie du Monde avec tous ses Empires, Royaumes, Estats et Republiques*, Paris, C. Sonnius & D. Bechet, 1634, 5 vol., t. I, p. 301.

6. Racine, lettre du 11 novembre 1661. Voir *Œuvres complètes*, Pléiade, II, éd. R. Picard, Paris, Gallimard, 1966, p. 400-403.

7. [Balthazar Grangier de Liverdis], *Journal d'un Voyage de France et d'Italie*, Paris, M. Vaugon, 1667, p. 36

8. Voir Y. Le Berre, « La littérature bretonne », BEC, 2001, p. 37.

9. Voir A. Lottin, *Chavatte, ouvrier lillois. Un contemporain de Louis XIV*, Paris, Flammarion, 1979 ; voir également F. Carton, in BEC, 2001, p. 72.

10. W. Ayres-Bennett, *op. cit.*, p. 193-194.

11. N. Duez, *Le Vray et parfait guidon de la langue françoise*, Amsterdam, L. Elzevier, 1669, p. 25.

12. W. Ayres-Bennett, *op. cit.*

13. C'est le cas par exemple dans les *Agréables Conférences*, des « mazarinades » étudiées par W. Ayres-Bennett, *op. cit.*, p. 224.

14. *Ibid.*, p. 111-180.

15. Comme en témoignent certains titres d'ouvrages parus à l'époque : *La fine philosophie, accommodée à l'intelligence des femmes* de René Bary (1660), par exemple, ou *L'Eloquence du tems enseignée à une dame de qualité, très-propre aux gens qui veulent apprendre à parler et à écrire avec politesse* de Leven de Templery (1699).

16. Rapporté par Gibson, *Women in seventeenth century France*, Basingstoke, MacMillan, 1989, p. 273, cité par W. Ayres-Bennett, *op. cit.*, p. 121.

17. François de Callières, *Du bon et du mauvais usage dans les manières de s'exprimer*, Paris, Barbin, 1693, p. 126-127.

18. Voir N. Grande, *Stratégies de romancières. De Clélie à la Princesse de Clèves (1654-1678)*, Paris, Champion, 1999.

19. S. Dupleix, *Liberté de la langue françoise dans sa pureté*, Paris, Becnet, 1651, p. 10.

20. Cité par Brunot, III, HLF, p. 67.

21. Travail accompli par W. Ayres-Bennett par l'intermédiaire de la base Frantext.

22. L.-A. Alemand, *Nouvelles observations, ou guerre civile des Français sur leur langue*, Paris, Langlois, 1688, p. 219.

23. Voir, pour toutes les références de ces discussions, W. Ayres-Bennett, *op. cit.*, p. 163-165.

24. *Ibid.*, p. 148-153.

25. P. Erondell, *The French Garden*, 1605, rééd. Menston, Scolar, 1969.

26. A. de La Faye, *Linguae Gallicae, et italicae, Hortulus amoenissimus*, Halle, J. Krusicken, 1608.

27. Exemples de La Faye, 1608, cités par W. Ayres-Bennett, *op. cit.*, p. 29.

28. Marin Mersenne, *Harmonie universelle : contenant la théorie et la pra-*

tique de la musique, livre VI, partie IV (1636), éd. F. Lesure, Paris, CNRS, 1963.

29. *Chansons de Gaultier Garguille*, éd. E. Fournier, Paris, Jannet, 1858.

30. Voir les deux volumes de H. Carier, *La Presse de la Fronde (1648-1653) : les Mazarinades*, Genève, Droz, 1989 et 1991.

31. Cyrano de Bergerac, *Mazarinades*, Paris, éditions de l'Opale, 1981.

32. *Agréables conférences de deux paysans de Saint-Ouen et de Montmorency sur les affaires du temps* [1649-1651], éd. F. Deloffre, Paris, Les Belles Lettres, 1961.

33. Voir seconde édition, Paris, la Veuve du Carroy, 1628.

34. Un fac-similé de cette édition est paru en 1960, chez Picard. Voir T. Woolridge, *Les Débuts de la lexicographie française : Estienne, Nicot et le Thresor de la langue françoise*, Toronto, Toronto University Press, 1977.

35. Maupas, *Grammaire*, Rouen, Jaouen, 1632, épitre.

36. *Ibid.*

37. Pellisson et D'Olivet, *Histoire de l'Académie française*, p. 80.

38. *Ibid.*, p. 108.

39. *Remarques sur la langue française*, éd. J. Streicher, Genève, Droz, 1936. Sur Vaugelas, voir W. Ayres-Bennett, *Vaugelas and the Development of the French Language*, London, Modern Humanities Research Association, 1987.

40. Manuscrit des *Remarques*, Arsenal 3105, fol. 97.

41. M. Grevisse, *Le Bon Usage*, première édition : 1936 ; voir également D. Trudeau, *Les Inventeurs du bon usage*, Paris, Minuit, 1992.

42. En particulier par le linguiste américain William Labov (voir *Sociolinguistique*, Paris, Minuit, 1976).

43. *Remarques*, p. 43-45.

44. Voir « En quels endroits il faut dire *on*, & en quels endroits *l'on* », *Remarques*, p. 12.

45. *Ibid.*, p. 229.

46. *Ibid.*, p. 60.

4. « Cela n'est pas français ! »

1. Cette cohérence est bien visible dans les deux volumes de *Commentaires sur les Remarques de Vaugelas* qu'a publiés J. Streicher (Paris, 1936/rééd. Genève, 1970) ; voir également P. Rickard, *The French Language in the Seventeenth-Century. Contemporary Opinion in France*, Cambridge, S. Brewer, 1992 ; et le volume *Les Remarqueurs sur la langue française du XVIe siècle à nos jours*, P. Caron, éd., La Licorne/Presses Universitaires de Rouen, 2004.

2. S. Dupleix, *Liberté de la langue françoise dans sa pureté*, Paris, Becnet, 1651, p. 156.

3. L. Chifflet, *Essay d'une parfaicte grammaire de la langue françoise*, Anvers, 1659. L'ouvrage fut beaucoup réédité, et complété dix ans plus tard.

4. Chifflet, 1659, préface non paginée.

5. Paris, P. Le Petit, 1660 ; voir édition moderne : Paris, Republications Paulet, 1969.

6. A. Arnauld et Nicole, *La Logique ou l'art de penser*, Paris, 1662. Voir édition moderne : Paris, Flammarion, 1974.

7. Cl. Lancelot, *Nouvelle Méthode pour apprendre facilement la langue latine* [1644], Paris, Thierry, 1681.

8. Voir *Gilles Ménage (1613-1692), grammairien et lexicographe. Le rayonnement de son œuvre linguistique*, actes du colloque de Lyon (1994), éd. I. Leroy-Turcan et T.R. Woolridge, Lyon, Schielda, Université Jean Moulin, 1995.

9. Le grec pour Guillaume Budé, Joachim Périon ou Léon Tripault, le latin pour Henri Estienne ou Meigret, parfois l'hébreu ou le celte.

10. Le *Glossarium mediae et infimae latinitatis* de Du Cange (1678).

11. Ménage, *Observations sur la langue française*, Paris, Barbin, 1672.

12. *Les Entretiens d'Ariste et d'Eugène* (Paris, S. Mabre-Cramoisy, 1671 ; voir édition critique par B. Beugnot et G. Declercq, Paris, Champion, 2003).

13. Racine, *Abrégé de l'histoire de Port-Royal*, éd. Grands Ecrivains de France, 1865, IV, p. 140.

14. R. Rapin, *Réflexions sur la poétique d'Aristote et sur les ouvrages des poètes anciens et modernes*, Paris, Muguet, 1674, p. 68.

15. Desmarest de Saint-Sorlin, *Comparaison de la langue et de la poésie française avec la grecque et la latine*, Paris, Th. Jolly, 1670, p. 30. Par *nombreuse*, comprendre : "qui fasse entendre des rythmes", comme la poésie versifiée.

16. *Ibid.*, p. 24.
17. *Ibid.*, p. 36.
18. *Ibid.*, p. 15.
19. *Ibid.*, p. 12.
20. Ibid., p. 14.
21. *Ibid.*, p. 18.
22. F. Charpentier, *Deffense de la langue françoise pour l'inscription de l'Arc de Triomphe*, Paris, Barbin, 1676.
23. L. Le Laboureur, *Les Avantages de la langue française sur la langue latine*, Paris, F. Lambert, 1667.
24. *Ibid.*, p. 26.
25. *Ibid.*, p. 27.
26. F. Charpentier, *De l'excellence de la langue française*, Paris, Vve Bilaine, 1683, 2 vol.
27. F. Charpentier, *Deffense*, préface.
28. *Ibid.*, p. 130.
29. Charpentier, *De l'excellence de la langue française*, p. 1055.

30. *Ibid.*, p. 1048.
31. *Ibid.*, p. 1064.
32. *Ibid.*, p. 360.
33. *Ibid.*, p. 346.
34. *Ibid.*, p. 348.
35. *Ibid.*, p. 694.
36. *Ibid.*, p. 354.
37. Voir, par exemple, Louis Le Roy, *De la vicissitude ou variété des choses*, Paris, 1575.
38. Marie de Gournay, *Les Advis, ou les Présents de la demoiselle de Gournay*, Paris, Jean de Bray, 1641, p. 80.
39. *Ibid.*, p. 81.
40. Bouhours, *Entretiens d'Ariste et d'Eugène*, [1671], éd. B. Beugnot et G. Declercq, Paris, Champion, 2003, p. 121.
41. C'était notamment l'idée du grammairien Sylvius. Voir D. Trudeau, *Les Inventeurs du bon usage*, Paris, Minuit, 1992, p. 30.
42. Bouhours, *Entretiens*, éd. B. Beugnot et G. Declercq, Champion, 2003, p. 152.
43. Cité par Méré, *Discours De la Justesse* [1670] in *Œuvres complètes*, éd. Boudhors, t. I, p. 171.
44. Voir Th. Corneille.
45. *Recueil des harangues prononcées par Messieurs de l'Académie françoise dans leurs réceptions & en d'autres occasions différentes, depuis l'establissement de l'Académie jusqu'à présent*, Amsterdam, Aux dépens de la Compagnie, 1790, 2 vol.
46. *Ibid.*, p. 219.
47. *Ibid.*, p. 223.
48. L. Dutruc, *Le Genie de la langue françoise*, 1668, p. 5.
49. Bouhours, *Entretiens, op. cit.*, p. 161.
50. *Ibid.*, p. 162.
51. *Ibid.*
52. *Recueil*, p. 422.
53. Alemand, *Nouvelles Remarques de Vaugelas*, 1690, préface.
54. Voir discours de l'abbé Galloys, 1682, dans *Recueil*, p. 519.
55. Selon A. François, *Histoire de la langue française cultivée*, Genève, Julien, 1959, p. 234.
56. Sorel, *La Bibliothèque françoise* [1664], Reprints Slatkine, Genève, 1974, p. 19.
57. *Les Préfaces du Dictionnaire de l'Académie française*, 1694-1992, éd. B. Quemada, Paris, Champion, 1997, p. 93.
58. E. Pasquier, *Les Recherches de la France*, éd. MM. Fragonard et F. Roudaut, Paris, Champion, 1996, p. 1525.

5. *Exit* le latin ?

1. Voir le recueil *L'Harmonie des langues*, éd. M. Crépon, Paris, Seuil, 2000.
2. Comenius, *Janua Linguarum*, Amsterdam, 1661. Voir la *Novissima Linguarium Methodus* (*La toute nouvelle méthode des langues*) trad. H. Jean, Genève, Droz, 2005.
3. Cité par J. Mesnard, *La Culture du XVIIe siècle, enquêtes et synthèses*, Paris, PUF, 1992, p. 148.
4. Voir F. Dainville, *L'Education des jésuites (XVIe-XVIIIe siècle)*, Paris, Minuit, 1978.
5. Descartes, *Discours de la méthode*, éd. Adam et Tannery, VI, Paris, Vrin, 1982, p. 77.
6. *Nouvelle Méthode pour apprendre facilement la langue latine*, 11e éd., 1736, p. 18.
7. Voir V. Bonnet, *La Construction d'une langue savante en Europe du Ve siècle au XIXe siècle*, Université de Lyon 2, 2001, p. 230.
8. *Remarques*, 1647, Préface, IX, 3.
9. Ainsi que l'appelle Furetière, par exemple.
10. « Comète : Le genre de ce mot fut fort agité à la cour durant l'apparition de la dernière comète », écrit par exemple Ménage dans ses *Observations sur la langue françoise* de 1675 (p. 135). Voir également les *Pensées diverses sur la comète* de P. Bayle (1682).
11. Voir le volume *Ecrire au XVIIe siècle*, sous la direction de E. Méchoulan et E. Mortgat, Presses Pocket, Agora Classiques, 1992.
12. Cité par Granet, *Recueil de dissertations sur plusieurs tragédies de Corneille et Racine*, Paris, Gissey, 1740, p. 209.
13. Subligny, *La Folle Querelle*, in Racine, *Œuvres complètes*, éd. G. Forestier, Paris, Gallimard, Bibliothèque de la Pléiade, vol. I, 1999, p. 259-295.
14. Cité par Fontanier, *Etudes de la langue française sur Racine*, Paris, Belin, Le Prieur, 1818, p. 101.
15. Cité par D'Olivet, *Remarques sur Racine*, Paris, Barbon, 1767, p. 253.
16. Voir B. Lamy, *La Rhétorique ou l'Art de parler* (1688), édition critique C. Noille-Clauzade, Paris, Champion, 1998.
17. Anonyme, *Le Genie, la politesse, l'esprit et la delicatesse de la langue françoise*, Paris, Jean et Pierre Cot, 1705, p. 11.
18. Voir D'Olivet, *La Vie de monsieur l'abbé de Choisy, de l'Académie*, Lausanne et Genève, Bousquet et Cie, 1748.
19. On trouvera ces dictionnaires réunis dans deux CD-ROM, l'un aux éditions Champion (1998), l'autre aux éditions Redon (1997).
20. Voir Pellisson et D'Olivet, *op. cit.*, et, de façon générale, B. Quemada, *Les Dictionnaires du français moderne (1539-1863)*, Paris, Didier, 1968.

21. Voir A. Rey, *Furetière*, Paris, Fayard, 2006.

22. De cette première pré-édition n'est conservé qu'un seul exemplaire, incomplet (s'arrêtant au mot *neuf*). Des imprimeurs étrangers – les imprimeurs français ne pouvaient s'y risquer, du fait du monopole académique – reprirent néanmoins cette première publication. On conserve à la Bibliothèque de l'Arsenal l'exemplaire que possédait Ménage de ce *Grand Dictionnaire de l'Académie française* paru en 1687 à Francfort chez Arnaud.

23. Voir A. Collinot et F. Mazière, *Un prêt-à-parler : le dictionnaire*, Paris, PUF, 1997.

24. Il est bien certain que ces « définitions » ne correspondent le plus souvent pas à ce que nous entendons aujourd'hui par là. Descriptives et allusives, elles permettent rarement de se faire une idée précise de la « chose » évoquée. Le dictionnaire de l'Académie n'a rien d'une encyclopédie : il est avant tout un dictionnaire de langue. On peut presque aller jusqu'à dire que le sens des mots y est déjà supposé connu.

25. Sur Richelet et son dictionnaire, voir L. Bray, *César-Pierre Richelet (1626-1698)*, Tübingen, Niemeyer, 1986. G. Pétraquin, *Le Dictionnaire français de Richelet* (1680), Louvain, Peeters, à paraître.

26. Lettre de Patru à F. de Maucroix, 4 avril 1677. Voir R. Kohn, *Lettres de Maucroix*, Paris, PUF, 1962.

27. Deux versions, l'une en deux volumes in-folio, l'autre en trois volumes in-4°, parurent chez l'éditeur Reiner Leers à La Haye en 1690. Voir la réédition moderne parue chez Le Robert en 1978 avec une introduction de A. Rey.

6. Le français hors de France

1. Voir *Les Lettres de la Princesse Palatine*, Paris, Mercure de France, collection « Le temps retrouvé », 2001 ; ainsi que D. van der Cruysse, *Madame Palatine, princesse européenne*, Paris, Fayard, 1988.

2. Voir notamment les nombreuses pages vengeresses dédiées à l'espagnol par Bouhours dans ses *Entretiens d'Ariste et d'Eugène* (1671).

3. Voir J. P. Seguin, in J. Chaurand, éd. *op. cit.*, p. 251.

4. Pour tout ce qui est de l'emprunt, l'*Histoire de la langue française* de F. Brunot reste une source sans égale.

5. M. Juneau et C. Poirier, *Le Livre de comptes d'un meunier québecois (fin XVIIe-début XVIIIe siècle). Edition avec étude linguistique*, Québec, Les Presses de l'Université de Laval, 1973.

6. G. Legendre, éd., *Les Annales de l'Hôtel-Dieu de Montréal, 1659-1725. Marie Morin, Histoire simple et véritable*, Montréal, Presses de l'Université de Montréal, 1979.

7. Cité par Brunot, HLF VIII, 2, p. 1098.

8. R. Mougeon et E. Beniak, éd., *Les Origines du français québécois*, Sainte-Foy, Les Presses de l'Université de Laval, 1994, p. 133.

9. P. Pellerat, *Relation des PP. de la Compagnie de Jésus dans les isles et dans la terre ferme de l'Amérique méridionale*, Paris, 1655, p. 55.

10. Cité par G. Hazaël-Massieux, *Les créoles : problèmes de genèse et de description*, Aix-en-Provence, Publications de l'Université d'Aix-en-Provence, 1996, p. 101.

11. P. Pellerat, *op. cit.*, p. 52-53.

12. *Ibid.*, p. 64. Ces exemples sont cités par R. Chaudenson, *Les Créoles*, Paris, Que sais-je ?, 1995, p. 81-82.

13. D. Bickerton, *Roots of Language*, Ann Arbor, Karoma Publications, 1981.

14. R. Chauderson, *op. cit.*, p. 75.

SEPTIÈME PARTIE
LE FRANÇAIS DES LUMIÈRES
(Gilles Siouffi)

1. Richesses et créativité

1. *Opuscules sur la langue françoise, par divers Académiciens*, Paris, M. Brunet, imprimeur de l'Académie Françoise, 1754.

2. F. Regnier-Desmarais, *Traité de la grammaire françoise*, Paris, Coignard, 1705.

3. Buffier, *Grammaire françoise sur un plan nouveau*, Paris, N. Le Clerc et alii, 1709.

4. Cité par A. François, *Histoire de la langue française cultivée*, p. 36.

5. *Registres de l'Académie Française*, Paris, Firmin-Didot, 1895, II, p. 40.

6. *Ibid.*, p. 74.

7. *Ibid.*, p. 79-80.

8. *Les Remarques de l'Académie française sur le Quinte-Curce de Vaugelas*, éd. W. Ayres-Bennett et Ph. Caron, Paris, Presses de l'Ecole normale supérieure, 1996.

9. *Réflexions sur le poétique et la rhétorique*, in *Divers Traitez sur l'eloquence et sur la Poësie*, Amsterdam, Bernard, 1730, p. 4.

10. *Ibid.*, p. 10.

11. *Ibid.*, p. 33.

12. *Op. cit.*, p. 5.

13. *Justesse*, préface.

14. *Dictionnaire des synonymes*, in *Œuvres philosophiques*, Paris, PUF, 1951, tome III.

15. *Cours d'études pour le Prince de Parme*, II, Parme, Imprimerie royale, 1775, p. 167.

16. Condillac, *La Langue des calculs*, Paris, éd. Houel, 1798, XIII, p. 40-41.

17. L.-S. Mercier, *Néologie ou vocabulaire de mots nouveaux, à renouveler, ou pris dans des acceptions nouvelles*, Paris, Moussard, 1801.

2. Le sentiment de la langue

1. Saint-Réal, *De la critique*, Paris, Jean Anisson, 1691, p. 63.
2. *Ibid.*, p. 60.
3. *Ibid.*, p. 77.
4. Voir A. Lilti, *Le Monde des salons. Sociabilité et mondanité à Paris au* XVIIIe *siècle*, Paris, Fayard, 2005.
5. Voir P. Caron, *Des Belles-Lettres à la littérature*, Bibliothèque de l'Information grammaticale, Louvain, Peeters, 1992.
6. Voir D'Olivet, *Essais de grammaire*, Paris, Barbou, 1771.
7. Saint-Réal, *op. cit.*, 1691, p. 89.
8. Boileau, *Réflexions critiques sur Longin*, Paris, Denys Thierry, 1701.
9. Voir E. Nye, *Literary and Linguistic Theories in Eigteenth-century France*, Oxford, Clarendon Press, 2000.
10. La Motte, *Œuvres*, Paris, Prault, 1754, vol. I, p. 553.
11. *Discours sur la poësie en général*, 1707.
12. *Comparaison de la première scène de Mithridate, avec la même scène réduite en prose*, in *Œuvres*, 1754, IV, p. 408.
13. *Discours sur Homère*, in *Œuvres*, 1754, II, p. 114-115.
14. *L'Iliade*, in *Œuvres*, 1754, II, p. 298.
15. *Fables*, I, 13, in *Œuvres*, 1754, IX, p. 84.
16. Voir Voltaire, *Œuvres*, éd. Moland, Paris, Garnier, 1877-1879, vol. 23.
17. J. de Charnes, *Conversations sur la critique de la Princesse de Clèves*, Paris, 1679, p. 235.
18. Voir F. Deloffre, *Marivaux et le marivaudage. Une nouvelle préciosité*, Paris, Les Belles-Lettres, 1955.
19. Marivaux, *La Vie de Marianne*, Paris, Garnier, 1957, p. 94.
20. Margrave de Bayreuth, *Mémoires*, Paris, Mercure de France, 1967.
21. *Correspondance Galiani/D'Epinay*, Paris, Desjonquières, 5 vol., 1993-1997.
22. E. de Gamaches, *Les Agréments du langage*, Paris, Guillaume Cavelier et alii, 1718, p. 124.
23. Voltaire, *Connaissance des beautés et des défauts de la poésie*, in *Œuvres*, éd. Moland, 1879, vol. 23, p. 357.
24. Du Marsais, *Des tropes ou des différents sens*, éd. F. Douay-Soublin, Paris, Flammarion, 1988.
25. *Des tropes*, in *Œuvres complètes*, an VIII, p. 19.

26. Voir M. Delon dans *Histoire de la rhétorique dans l'Europe moderne*, dir. M. Fumaroli, Paris, PUF, 1999, p. 1001-1019.
27. *Traité philosophique et pratique de l'éloquence*, 1728, cité ibid., p. 878.
28. A. Chénier, *L'Invention*, in *Poésies*, Paris, Gallimard, 1994, p. 350.

3. Le français hors de France

1. Voir P. Hazard, *La Crise de la conscience européenne*, Paris, Boivin, 1935 ; rééd. Livre de Poche, 1994.
2. Voir M. Fumaroli, *Quand l'Europe parlait français*, Paris, Editions de Fallois, 2001.
3. Voltaire, *Œuvres historiques*, Paris, Gallimard, Bibliothèque de la Pléiade, p. 1017.
4. *Vie de Giambattista Vico écrite par lui-même. Lettres. La méthode des études de notre temps*, trad. A. Pons, Paris, Grasset, 1981, p. 243.
5. Voir *Une femme des Lumières, Ecrits et lettres de la comtesse de Bentinck*, éd. A. Magnan et A. Soprani, Paris, CNRS, 1997.
6. Diderot, *Œuvres politiques*, Paris, Garnier, 1966, p. 44.
7. *Mon histoire, mémoires d'une femme de lettres russe à l'époque des Lumières*, Paris, L'Harmattan, 1999.
8. Voir G. von Proschwitz, *Gustave III par ses lettres*, Stockholm, Norsteds et Paris, Touzot, 1986.
9. L.-F. Römer, *Le Golfe de Guinée*, 1700-1750, traduit et édité par M. Dige-Hess, Paris, L'Harmattan, 1989, p. 35.
10. A. Scherer, *Histoire de la Réunion*, Paris, « Que sais-je ? », 1990, p. 27.
11. Etienne de Flacourt, *Dictionnaire de la langue de Madagascar*, 1658. Voir R. Chaudenson, *Les Créoles*, Paris, « Que sais-je ? », 1995, p. 57.
12. *Voyage du Chevalier des Marchais en Guinée*, 1731, p. 106-107, cité ibid.
13. R. Chaudenson, *Textes créoles anciens (La Réunion et Maurice). Comparaison et essai d'analyse*, Hambourg, Buske, 1981.
14. Voir W. Ayres-Bennett, *A History of the French Language through Texts*, Londres, Routledge, 1996.
15. *Etudes créoles*, 1994, n° 2.
16. Voir R. Chaudenson, *op. cit.*, 1995, p. 76.

4. Entre raison et passions

1. Diderot, *Lettre sur les sourds et muets*, Paris, Hermann, 1978, p. 163-165.
2. Condillac, *Essai sur l'origine des connaissances humaines*, [1746], éd. Ch. Porset, Paris, Galilée, 1973.

3. *Cours d'études pour l'instruction du Prince de Parme*, Paris, Houel, 1798.

4. *Art d'écrire*, *ibid.*, t. VI, p. 12.

5. *Ibid.*, p. 22.

6. *Ibid.*, p. 121.

7. Voir Reinhardt Koselleck, *Le Règne de la critique*, Paris, Minuit, 1979.

8. Voir H. Bost, *Bayle*, Paris, Fayard, 2006.

9. Voir R. Darnton, *L'Aventure de l'Encyclopédie, 1775-1800. Un best-seller au siècle des Lumières*, Paris, Perrin, 1982.

10. Ed. originale : Paris, J.-B. Delespine, 1703 ; voir également Paris, Hachette, 1971.

11. *Ibid.*, p. 271.

12. *Ibid.*, p. 237.

13. *Ibid.*, p. 212.

14. « Inventer est la qualité distinctive de l'*ingenium* » (Vico, *La Science nouvelle* [1744], trad. A. Doubine, Paris, Nagel, 1953, p. 221).

15. *Ibid.*, p. 243.

16. L'ensemble des textes déposés a été réuni sous le titre *De l'universalité européenne de la langue française*, Corpus, Fayard, 1997.

17. Bouhours, *Entretiens d'Ariste et d'Eugène*, *op. cit.*, p. 106.

18. *Op. cit.*, p. 170.

19. *Ibid.*, p. 163.

20. *Discours préliminaire au Nouveau dictionnaire de la langue française*, Hambourg, P. Fauche, 1797, p. 144.

21. *Le Mercure de France*, août 1785, p. 26.

22. *Op. cit.*, p. 257.

23. *Ibid.*, p. 15.

24. *Ibid.*, p. 55.

25. *Ibid.*, p. 92.

26. L. Langevin, *Lomonossov, sa vie, son œuvre*, Paris, Editions sociales, 1967, p. 230.

27. Voir le volume collectif *La Langue source de la nation*, Liège, Mardaga, 1996, introduction de P. Caussat.

5. Derniers jours de l'Ancien Régime

1. Pour tous ces aspects, nous renvoyons au numéro du *Bulletin de l'Ecole des Chartes* de 2001 consacré aux littératures dialectales, particulièrement aux contributions de F. Carton sur la littérature à Lille au XVIIIe siècle, et de Y. Le Berre sur le breton.

2. F. Cottignies, *Curiosité extraordinaire*, 51, v. 214-220, cité *ibid.*, p. 76.

3. Voir François Cottignies, dit Brûle-Maison, *Chansons et pasquilles*, édition critique F. Carton, Arras, Archives du Pas-de-Calais, 1965.

4. J. Decottignies, *Vers naïfs, pasquilles et chansons en vrai patois de Lille*, éd. critique de F. Carton, Paris, Champion, 2003.

5. Voir *BEC*, 2001, p. 77.

6. *Ibid.*, p. 38.

7. D'Olivet, *Remarques sur Racine*, I, p. 49.

8. Voir J. Chaurand, *Introduction à la dialectologie française*, Paris, Bordas, 1972.

9. *Ibid.*

10. *Lettres de Montmartre*, par A.U. Coustelier, alias « Jeannot Georgin », publiées à « Londres », 1750.

11. Dont on conserve le manuscrit à la Bibliothèque Mazarine. Voir A. Lodge, *Parisian French*, p. 174.

12. Voir *ibid.*, p. 163.

13. *Romans d'amour par lettres*, éd. B. Bray et I. Landy-Houillon, Paris, GF, 1983, p. 391.

14. Cité par Lodge, p. 180.

15. Beaumarchais, *Parades*, éd. P. Larthomas, Paris, Sedes-CDU, 1977.

16. Voir Morellet, *Mémoire pour servir à l'histoire des cacouacs*, 1757.

17. Comme celui de Leroux en 1718, ou de Panckoucke en 1748.

18. Voir par exemple O. Chéreau, *Le Jargon ou langage de l'argot réformé*, Paris, Du Carroy, 1628.

19. Voir A. Lodge, *A Sociolinguistic History of Parisian French*, Cambridge University Press, 2004, p. 239-244.

20. Cité, *ibid.*, p. 165.

21. Voir D. Roche, *Le Peuple de Paris*, Paris, Aubier-Montaigne, 1981, et G. Duby, dir., *Histoire de la France urbaine*, Paris, Le Seuil, 5 vol., 1980-1985.

22. A. de Baecque, in *Histoire culturelle de la France*, p. 53.

23. Voir F. Furet et M. Ozouf, *Lire et écrire. L'alphabétisation des Français de Calvin à Jules Ferry*, Paris, Minuit, 1977.

24. D. Roche, « La culture populaire à Paris au XVIIIe siècle : les façons de lire », in *Livre et lecture en Espagne et en France sous l'Ancien Régime*, Casa de Velasquez, 1981, p. 159-165.

25. Avertissement du Dictionnaire de 1680.

26. Préface du *Dictionnaire grammatical* qu'on trouvera reprise presque sans changement dans le *Dictionnaire critique* de 1787 (Féraud, *Dictionnaire critique*, Marseille, chez Mossy, 1787-1788, 3 vol., reproduction fac-similé, Tübingen, Niemeyer, 1994).

27. Voir les chapitres 5 et 6 de *La Nouvelle Héloïse* (1762).

28. *Correspondance de Diderot*, éd. G. Roth, Paris, Minuit, 1959, tome V, p. 105-106, citée par Seguin, in J. Chaurand, éd., *op. cit.*, 2002, p. 293.

29. *Correspondance complète de Rousseau*, éd. R.A. Leigh, Genève, Institut et Musée Voltaire, 1970, t. X, p. 139, cité par A. Lodge, *Parisian French*, p. 166.

30. Voir S. Branca et N. Schneider, *L'Ecriture des citoyens*, Paris, INaLF-Klincksieck, 1994.

31. Voir De Baecque, *op. cit.*, p. 121.

32. N. Contat, *Anecdotes typographiques, où l'on voit la description des coutumes, mœurs et usages singuliers des compagnons imprimeurs* [1762], Oxford, Oxford Bibliographical Society, 1980 ; voir également P. Minard, *Nicolas Contat, typographe des Lumières*, Seyssel, Champ Vallon, 1989.

33. Jamerey-Duval, *Mémoires*, éd. J.-M. Goulemot, Paris, Le Sycomore, 1981.

34. *Pierre Prion, scribe*, présenté par E. Leroy-Ladurie et O. Ranum, Paris, Gallimard-Julliard, « Archives », 1985.

35. Jacques-Louis Menetra, *Journal de ma vie*, présenté par D. Roche, Paris, Montalba, 1982. Malheureusement, le texte donné dans cette édition a été revu pour faciliter une lecture moderne. Nous citons ici des fac-similés du manuscrit.

36. Manuscrit 678.

37. *Op. cit.*, p. 82.

38. *Ibid.*, p. 177.

39. Pour l'étude linguistique du texte, voir D. Roche, présentation, et J.-P. Seguin, « L'ordre des mots dans le journal de Ménétra », in Caron, éd., *Grammaire des fautes et du français non conventionnel*, Paris, ENS, 1992, p. 29-37. Voir également, J. Chaurand, *op. cit.*, 1999, p. 298-300 et A. Lodge, *Parisian French*, 2004, p. 166-169.

40. *Op. cit.*, p. 113.

6. La langue française et la Révolution

1. L.-S. Mercier, *Tableau de Paris* (1781-1788), Paris, Mercure de France, 2 vol., 1994.

2. *Ibid.*, t. I, p. 698.

3. Cité par M. Delon, in M. Fumaroli, éd., *Histoire de la rhétorique*, p. 1005.

4. Voir A. De Baecque, *op. cit.*

5. Hérault de Séchelles, « Réflexions sur la déclamation », in *Œuvres littéraires et politiques*, Paris, La Rencontre, 1970, p. 185, cité par M. Delon, p. 1007.

6. *Ibid.*, p. 1007.

7. *Ibid.*, p. 1009.

8. Voir sur ces faits P. Rétat, dir. *La Révolution du journal*, Paris, CNRS, 1989.

9. La Harpe, *Du fanatisme dans la langue révolutionnaire*, 1797. Voir également *Une expérience rhétorique : l'éloquence de la Révolution*, E. Négrel et J.-P. Sermain, éd., Oxford Studies on Voltaire, 2002.

10. *Ibid.*, p. 387.

11. Voir J. Starobinski, *1789, Les Emblèmes de la raison*, Paris, Flammarion, 1979.

12. J. Grieder, *Anglomania in France 1740-1789. Fact, fiction, and political discourse*, Genève-Paris, Droz, 1985.

13. Voir A. Steuckardt, « L'anglicisme politique dans la seconde moitié du XVIIIe siècle : de la glose d'accueil à l'occultation », in *Mots*, n° 82, 2006, p. 9-22.

14. *De l'abus de la liberté*, 1789, p. 13. Cité par A. Steuckardt, *ibid*.

15. Voir M. Ozouf, *L'homme régénéré. Essais sur la Révolution française*, Paris, Gallimard, 1989.

16. Voir A. Rey, « *Révolution* » *: histoire d'un mot*, Paris, Gallimard, 1989.

17. Voir J.-D. Bredin, *Siéyès, la clé de la Révolution française*, Paris, Editions de Fallois, 1988 et J. Guilhaumou, *La Langue politique et la Révolution française*, Paris, Méridiens-Klincksieck, 1989.

18. Voir J. Guilhaumou, « Nation en 1789 : Siéyès et Guiraudet », *Langages de la Révolution (1770-1815),* Publications de l'INALF, Paris, Klincksieck, 1995, p. 473.

19. *Journal d'instruction sociale*, n° 11, 8 juin 1793, cité par Guilhaumou, ibid., p. 474.

20. Voir D. Marcel, *Fraternité et Révolution française*, Paris, Aubier, 1987.

21. Voir F. Furet et M. Ozouf, dir., *Dictionnaire critique de la Révolution française*, Paris, Flammarion, 1988.

22. Voir B. Schlieben-Lange, « La Révolution française », in *Histoire des idées linguistiques*, S. Auroux, dir., t. 3, Liège, Mardaga, 2000, p. 23-34.

23. Cité par M. Delon, *op. cit.*, p. 1005.

24. M. de Certeau, D. Julia, J. Revel, *Une politique de la langue. La Révolution française et les patois*, Paris, Gallimard, 1975.

25. *Ibid.*, p. 303.

26. *Ibid.*, p. 20.

27. *Ibid.*, p. 186.

28. *Ibid.*, p. 189.

29. *Ibid.*, p. 300.

30. *Ibid.*, p. 192.

31. *Procès verbaux du Comité d'instruction publique de la Convention nationale*, éd. M. Guillaume [1872], Genève, Editions Gounauer, t. I, p. 70-79. Voir également, Brunot, HLF, IX, p. 136.

32. Voir *ibid.*, p. 13-14.

33. Voir *Eléments de grammaire générale appliqués à la grammaire française*, an VII-1799, Paris, Bourlotton, 2 vol.

34. Sur Domergue, voir W. Busse et F. Dougnac, *François-Urbain Domergue : le grammairien patriote (1745-1810)*, Tübingen, Gunter Narr Verlag, 1992.

35. Voir *Une politique de la langue*, p. 291-299.

36. W. Busse et F. Dougnac, *op. cit.*, p. 79.

37. Paru à titre posthume en 1816. Voir éd. Paris, Ledentu, 1834.
38. *Ibid.*, p. IX.
39. C'est le point de vue développé par exemple par les travaux de J. Guilhaumou.
40. Un corpus de la région de Marseille a fait l'objet d'une étude détaillée : S. Branca-Rosoff et N. Schneider, *L'Ecriture des peu-lettrés. Une analyse linguistique de l'écriture des peu-lettrés pendant la période révolutionnaire*, Paris, INALF, Klincksieck, 1994.
41. *Ibid.*, p. 129.

HUITIÈME PARTIE
D'UNE RÉVOLUTION L'AUTRE
(Alain Rey)

1. Le français, roi et citoyen

1. Ouvrage majeur, où la perspicacité sociologique de M. de Certeau fait merveille.
2. L'enquête de Charles Etienne Coquebert de Montbret et de son fils Eugène a été présentée et étudiée :
— par Ferdinand Brunot dans son *Histoire de la langue française*, t. IX, 1re partie, « Limite de la langue française sous le premier Empire », p. 525-599, et dans une conférence faite à Bruxelles en 1924, quant aux « limites des langues en Belgique sous le premier Empire » ;
— par Sever Pop, *La Dialectologie*, Louvain-Gembloux, 1950, t. I, p. 19 sq. ;
— par Marie-Rose Simoni-Aurembou, dans « La couverture géolinguistique de l'Empire français », *Espaces romans*, Grenoble, 1989, II, p. 114-139, dans « Les noms de l'Enfant prodigue... », *Les Français et leur langue*, dir. Jean-Claude Bouvier, Aix-en-Provence, 1991, ainsi que dans *Nouvelle histoire de langue française*, dir. Jacques Chaurand, 1999, 8e partie, p. 556 sq.
Les textes manuscrits de l'enquête sont à la BNF (cote NAF 20080) ; une partie en a été publiée par Coquebert de Montbret lui-même, *Mélanges sur les langues, dialectes et patois*, 1831.
3. Voir plus loin, chapitre 6.
4. G. Gougenheim, *La Langue populaire dans le premier quart du XIXe siècle d'après « Le Petit Dictionnaire du peuple »*, Paris, 1929.

2. La France et tous ses langages

1. H. Monnier, *Grandeur et Décadence de Joseph Prudhomme*, acte II, 13.
2. Voir A. Rey, *Des amours métisses*, Denoël, 2007.
3. Les situations étant toutes spécifiques, on a abordé ces zones francophones plus loin.
4. Gustave Flaubert, *Par les champs et par les grèves (Voyage en Bretagne)*, Paris, G. Charpentier, 1886.
5. Il s'agit vraisemblablement du francique de Lorraine (le *platt*), peut-être pénétré de français.
6. Exemples : *balange* « baignoire », *gouillat* « ruisseau », *trage* « passage », *seille* « seau », *topette* « petite fiole ». A Besançon, *dépennaillé* « débraillé », *femme de crème* « laitière ». Le puriste antipopulaire Wey se réveille lorsqu'il estime que « malgré ces vices de locutions [*sic*] le bourgeois de la Franche-Comté n'a pas la trivialité de ceux de Paris » (où l'on dit, horreur !, *mon épouse* pour « ma femme »).
7. E. de la Bédollière, « Le Limousin », dans *Les Français* [...], *La Province*, t. II, p. 242 sqq.
8. Né dans le château familial, près de Millau.
9. Cité par E. Ourliac dans *Les Français* [...], *La Province*, t. II, « Le Gascon », p. 281.

3. Tonnerre sur le lexique

1. Ces mots nouveaux (ou presque), formés selon l'analogie, sont mieux acceptés que d'autres nouveautés par les conservateurs. On peut noter dans l'édition de 1838 du dictionnaire de l'Académie : *confluer* (sur *confluent*), *cuivré, désappointement, dissentiment, écouteur, envahisseur, étrangeté, explorer, se fendiller, hivernage, illégalité, inanité, italianisme, jésuitique, lucidité, marteleur, population*... Mais si l'on observe que les datations trouvées plus tard fournissent, par exemple, pour *se fendiller*, des textes de la Renaissance, pour *hivernage* une réfection du XVIIe siècle de l'ancien français *ybernage*, pour *illégalité* une attestation au XIVe siècle, pour *inanité* des exemples du XVe et du XVIe siècle (Montaigne), pour *italianisme* des emplois, d'ailleurs attendus, chez Henri Estienne, et ainsi de suite, on constate que le répertoire des « mots nouveaux », dans la liste de l'Académie, ne concerne que des changements de fréquence ou de statut, non des mouvements de la morphologie elle-même. Encore une fois, c'est d'usages, et non de langue, qu'il s'agit. Vouloir observer l'évolution du lexique par celle des nomenclatures normatives est un leurre.
2. Nombre de termes médicaux qui apparaissent alors sont les francisations de latinismes employés en anglais, sous la plume du grand médecin Cullen.

3. Notamment par P. Wexler, *La Formation du vocabulaire des chemins de fer en France*, Genève, Droz, 1955.
4. Il fut réédité en 1847.
5. Voir notamment G. Matoré, *Le Vocabulaire et la société sous Louis-Philippe*, Genève, Droz et Lille, Giard, 1951.
6. Déjà connu par les spécialistes dans l'exploitation des mines de houille de Belgique (c'est un mot wallon) depuis la fin du XVIIIe siècle.

4. Miroirs et regards

1. Voir ci-dessus les analyses de Gilles Siouffi.
2. Ce sont les termes du *Traité de prononciation ou Nouvelle prosodie française* de Sophie Dupuis, 1836.
3. On notera, au passage, l'annexion par la France du citoyen de Genève, J.-J. Rousseau – et la notoriété alors éclatante du « poète » Casimir.
4. Dans la *Nouvelle histoire de la langue française*, déjà citée.
5. Toujours cité par J.-Ph. Saint-Gérand, *op. cit.*
6. C'est dans une grammaire influente, celle de Charles-Pierre Girault-Duvivier (*Grammaire des grammaires*, 1811) qu'on trouve ces mots édifiants : « La religion et la morale sont les bases les plus essentielles de l'éducation. » L'aspect théologique de la grammaire, cependant, depuis la Renaissance, demeure discret.
7. Ce sont les termes de Philarète Chasles, auteur très inspiré d'articles servant de préface à la *Grammaire nationale* des Bescherelle (1836) et où on peut lire : « Les langues se forment, croissent, se renouvellent, mûrissent, et atteignent leur perfection au moyen des idiomes étrangers qu'elles assimilent. » Mais, écrit Chasles, ce métissage nécessaire peut être, s'il s'exacerbe, un facteur de corruption et de mort.
8. Une langue, qui semble appartenir au passé primitif – elle est « isolante » – est pourtant bien gênante, car elle transmet, on le sait en Occident grâce aux Jésuites, une civilisation millénaire et admirable : c'est le chinois.
9. Voir F. Brunot, *Histoire de la langue française*, t. XI, Ire partie, p. 444.
10. Voir A. Rey, *Littré, l'humaniste et les mots*, Gallimard, 1970, chap. 1, 1, p. 39-47.
11. André Chervel, *Les Grammaires françaises, 1800-1914*, Paris, INRP, 1982.
12. Bernard Colombat, *Corpus représentatif des grammaires*, 1re série, HEL, Paris, PUF, 1979.
13. Alain Berrendonner, « Les grammaires du romantisme », in *Romantisme*, Ed. universitaires de Fribourg, 1980.
14. J.-Ph. Saint-Gérand, « Repères bibliographiques pour une histoire de la langue française au XIXe siècle : 1800-1830 », « mis en Toile » (sur Internet) par R. Wooldridge à Toronto, en 1999.
15. Quant à l'ouvrage général et fondateur, la *Vergleichende Grammatik* de Franz Bopp, publiée à cette époque (1833-1849), elle ne sera traduite en

français qu'en 1866. Comme l'écrivait Antoine Meillet, « Condillac [en France] a barré la route à Bopp » – et à Jacob Grimm, découvreur des lois phonétiques.

16. « Une langue se forme et se compose petit à petit, par l'usage, et sans projet. Elle s'étend avec le peuple qui s'en sert ; elle se répand (toujours en tant que langue vulgaire) par les conquêtes, par la religion, par le commerce, et surtout par les colonies ; ensuite elle devient langue savante par les bons ouvrages qu'elle possède [...]. » Destutt, *Grammaire*, chap. 6, p. 372 (2ᵉ éd., 1817, réédité chez Vrin, 1970).

17. Grand sinologue (1788-1832), auteur d'un *Essai sur la langue et la littérature chinoise* (1811), d'*Eléments de grammaire chinoise* (1822), et aussi de *Recherches sur les langues tartares* (1820), d'une *Histoire du bouddhisme* (posthume, 1836).

5. Créer en français

1. A l'inverse, Charles Bruneau, reprenant l'ouvrage majeur de Ferdinand Brunot, *Histoire de la langue française*, à partir de la Restauration, en fit une histoire de la stylistique, changement de cap étonnant, venant d'un linguiste. Le cap initial est repris, pour l'époque allant de 1848 à nos jours, par les volumes publiés par G. Antoine et R. Martin, en 1985 et 1995 (périodes 1880-1914 et 1914-1945), puis par G. Antoine et B. Cerquiglini, en 2000 (période 1945-2000). On y trouve des développements sur les usages littéraires du français, mais après des considérations nombreuses sur la langue elle-même.

2. Sur le colportage des livres, la première étude d'ensemble est celle de C. Nisard : *Histoire des livres populaires et de la littérature de colportage depuis l'origine de l'imprimerie jusqu'à l'établissement de la commission d'examen des livres de colportage*, 2 vol., 2ᵉ édition, 1864. Voir P. Brochon, *Le Livre de colportage en France depuis le XVIᵉ siècle. Sa littérature, ses lecteurs*, 1954, et « La littérature de colportage », dans *Histoire littéraire de la France*, t. IV, II, chap. 73.

3. Le mot date du XVIIᵉ siècle, dans un sens très différent : un pays imaginaire où se retrouvent les « truands », une « cour des miracles ».

4. *Les Français peints par eux-mêmes, Encyclopédie morale du dix-neuvième siècle*, Paris, L. Carmer éditeur, 1843 (t. I). « Paris », t. I à II ; « La Province », t. I à III. « Le Prisme », volume supplémentaire.

5. Le mot est attesté (pour le moment) en 1823.

6. Notamment celles que Balzac a faites après son traité avec Charles Furne (1841) pour l'édition de la *Comédie humaine*, sur les éditions antérieures à 1839, ce qui coïncide avec un changement dans l'époque décrite : rd celle de Louis XVIII et, à partir de 1838, la monarchie de Juillet, avec un « saut » d'une dizaine d'années.

7. Rose Fortassier, *Les Mondains de la Comédie humaine*, Paris, Klincksieck, 1974. Dans la deuxième partie de l'ouvrage, un sous-chapitre (II)

consacré au *langage* analyse le discours des aristocrates et mondains dans Balzac, sous ses différents aspects – phonétique, lexical, rhétorique... – et montre le soin apporté à cette transposition, qui fait songer à Proust.

8. Un autre chantre populaire de l'épopée impériale est Emile Debraux :
*Ah, qu'on est fier d'être Français
Quand on regarde la Colonne* [Vendôme] *!* (*La Colonne*, 1818.)

9. Pour la période 1800-1860, on consultera la très riche *Histoire de la chanson française*, t. II, de Claude Duneton (Le Seuil, 1998) et notamment ses études sur Marc-Antoine Désaugiers, Emile Debraux, Charles Gille, Charles Colmance, Pierre-Jean de Béranger, Pierre Dupont, Gustave Nadaud, ou bien l'« Histoire des goguettes » (chap. 14).

6. La parole française dans l'espace

1. Le sarde ne fait pas partie des dialectes d'Italie. C'est une langue romane à part entière.

2. Ces remarques sont encore valables en français parlé spontané, aujourd'hui.

3. John Lambert, *Travels through Lower Canada and the United States of North America, in the Years 1806, 1807 and 1808*, Londres, 1814 (2ᵉ éd.). Textes cités (en anglais) dans *Le Choc des langues au Québec, 1760-1970*, par Guy Bouthillier et Jean Meynaud, Presses de l'Université du Québec, 1972. Trad. A. Rey.

4. J'ai consulté l'extrait que donnent de ce texte G. Bouthillier et J. Meynaud, *op. cit.*

5. Alexis de Tocqueville, *Œuvres complètes*, t. V, « Voyages en Sicile et aux Etats-Unis », éd. J.-P. Mayer, Gallimard, 1957.

6. En 1839, la reine Victoria est sur le trône depuis deux ans et l'homme fort est Robert Peel.

NEUVIÈME PARTIE
LE FRANÇAIS : UNITÉ ET VARIÉTÉS
(Alain Rey)

1. Une langue assurée

1. Un premier dictionnaire de formes lexicales prononcées en français, préfacé par Gaston Paris (texte daté 1896), parut en 1897 (2ᵉ éd., 1924). C'est le *Dictionnaire phonétique de la langue française* de Hermann Michaelis et Paul Passy, remarquable mais très peu diffusé et utilisé, du fait qu'il partait

des formes en notation phonétique pour donner la réalisation graphique. C'était, selon André Martinet, un ouvrage rigoureux, donnant la source des prononciations, celles de Paul Passy et de ses proches. Le début d'un *Dictionnaire* (en revue, 1912) et un *Précis de prononciation française* (1903) de l'abbé Rousselot, autre phonéticien de renom, un ouvrage d'Eduard Koschwitz, *Les Parlers parisiens* (Paris-Leipzig, 1896), qui donne place à la variété observable chez des personnalités parisiennes originaires de diverses provinces, n'ont pas eu autant d'écho que le traité de Philippe Martinon (*Comment on prononce le français*, 1913) et celui de Maurice Grammont (*La Prononciation française*, 1914), qui représente « des usages un peu évolués » (Martinet) par rapport à ceux du XIXe siècle. – Voir, pour la période 1880-1914, l'étude d'André Martinet dans *Histoire de la langue française, 1880-1914*, CNRS, 1985, p. 25-40.

2. Voir, par exemple, *La Grammaire Larousse du français contemporain* (1re éd., 1964).

3. Voir Robert Martin, « Quelques faits de syntaxe », dans *Histoire de la langue française, 1880-1914, op. cit.*

2. La force de l'usage

1. Le texte qui suit exploite deux cartes publiées dans Eugen Weber, 1977.

2. D'ouest en est, les Landes, le Gers, les Hautes-Pyrénées, la Haute-Garonne, l'Ariège, le Tarn, l'Aude, l'Hérault, le Cantal, la Lozère, le Gard, l'Ardèche, la Drome, l'Isère, le Vaucluse, le Var, les Alpes-Maritimes et la Corse.

3. Emile Agnel, *Observations sur la prononciation et le langage rustiques « des environs de Paris »*, 1855 ; Charles Nisard, *Etude sur le langage populaire, ou patois de Paris et de sa banlieue*, 1872.

4. Voir Marie-Rose Simoni-Aurembou, « Le français et ses patois », « Le vide des régions centrales », dans *Nouvelle histoire de la langue française, op. cit.*, p. 561-562.

5. A. van Gennep, *La Décadence et la Persistance des patois*, 1911, p. 14.

6. Cité par F. Broudic, « Le breton », dans *Les Langues de France, op. cit.*, p. 74.

7. Louis Elégoët, *Bretagne, une histoire*, CRDP de Bretagne, 1999 (éd. en breton, *Ti-embann ar skoliou brezhonek*).

8. Les mesures, tout aussi « vexatoires » prises à l'encontre des variétés de l'occitan ou du catalan à la même époque, montrent ici l'erreur d'appréciation exprimée par « romano-provençal ». L'unité linguistique revendiquée portait sur le français officiel et scolaire, et lui seul, non sur une abstraction de linguiste.

9. On a vu que ce thème était banal.

10. R. H. Hamon, cité par Louis Elégoët dans *Bretagne, une histoire*, *op. cit.*

11. « En Bretagne », dans *La Nouvelle Revue*, 1er janvier 1884.

12. *A contrario*, Auguste Brun, dans *La Langue française en Provence*, affirme que la guerre n'a pas eu d'influence négative sur le provençal, le dialecte ayant servi de signe de reconnaissance entre « pays ».

13. Shepard B. Clough, *A History of the Flemish Movement in Belgium*, New York, 1930.

3. Modernité et vocabulaires

1. On a vu que la révolution du romantisme allait plus loin.

2. Une remarquable synthèse sur le lexique de ces domaines, montrant que l'histoire des mots (et surtout des termes) doit partir de l'histoire des sciences et des techniques, et non procéder par listes, est fournie par Henri Cottez (*Histoire de la langue française, 1880-1914, op. cit.*, p. 99-127). H. Cottez est par ailleurs le co-auteur du *Petit Robert* (1re éd.) et l'auteur d'un *Dictionnaire des structures du vocabulaire savant* (1980, éd. Le Robert).

3. Une thèse développée a été consacrée au langage de l'aviation par Louis Guilbert, *La Formation du vocabulaire de l'aviation*, Paris, Larousse, 1965.

4. Voir Josette Rey-Debove, « Métropolitain et métro », dans *Cahiers de lexicologie*, n° 5, II, 1965.

5. Autre thèse notable, J. Giraud, *Le Lexique du cinéma des origines à 1930*, Paris, Office du livre du cinéma et CNRS, 1958.

6. Voir Jules Gritti, « Le vocabulaire des sports [...] », dans *Histoire de la langue française, 1880-1914, op. cit.*, p. 175 *sq.*

4. La littérature, reflet des paroles sociales

1. Georges Delesalle, *Dictionnaire argot-français et français-argot*, Paris, 1896.

2. Voir le chapitre consacré à la Grande Guerre de 1914-1918.

3. Les histoires dessinées de Christophe parurent d'abord dans la presse enfantine : *Journal de la jeunesse* (1873), puis *Le Petit Français illustré, journal des écoliers et des écolières* (1889 : *La Famille Fenouillard*). La barbe du *Sapeur Camember* séduisit petits et grands de 1890 à 1896 (et ensuite), les étourderies et les inventions mirobolantes du *Savant Cosinus* s'accompagnèrent de moquerie à l'égard des vocabulaires savants de 1893 à 1899.

4. Les histoires littéraires oublient de rendre justice à cet auteur-dessinateur, qui vaut surtout par la création de types, l'invention comique – un

admirable *gagman*, aurait dit le jeune cinéma nord-américain – et, de notre point de vue, la verve goguenarde illustrant un français populaire marqué par l'argot.

5. Voir Cyril Veken, « Le phonographe et le terrain : la mission Brunot-Bruneau dans les Ardennes en 1912 », dans *Recherches sur le français parlé*, n° 6, p. 45-71.

5. Visions du langage

1. Littré intitule un essai : « Pathologie verbale ou Lésions de certains mots dans le cours de l'usage » (dans *Etudes et glanures*). Il est vrai que sa réelle expérience de clinicien (bien qu'il ne fût pas médecin faute de thèse), sa fameuse traduction d'Hippocrate et ses travaux d'historien de la médecine l'entraînaient naturellement sur ce terrain.

2. C'est celle de Gabriel Henry, en 1812, étudiée finement par Jean Stefanini, « Une histoire de la langue française en 1812 », dans *Mélanges offerts à Charles Rostaing*, Paris, 1981, t. II, p. 1046 sq.

3. Cet ouvrage a été commenté par Jacques Chaurand dans *Au bonheur des mots. Mélanges en l'honneur de Gérald Antoine*, Nancy, 1984.

4. Commentée, elle aussi, par Jacques-Philippe Saint-Gérand, dans *Nouvelle histoire de la langue française, op. cit.*, p. 471-472.

5. Voir ci-dessus (chap. 3) les aspects lexicaux de cette évolution.

6. *Dictionnaire historique de l'ancien langage françois ou Glossaire de la langue françoise depuis son origine jusqu'au siècle de Louis XIV.*

6. Langue, pédagogie et politique républicaines en France

1. S'agissant de la loi du 28 juin 1833, et sous la plume d'un collaborateur des frères Bescherelle, Charles Durazzo, dans le périodique avorté, qui s'en tint à un seul numéro, *La France grammaticale*, 15 octobre 1838.

2. Par exemple : en Suisse, Célestin Ayer, la *Grammaire française, ouvrage destiné à servir de base à l'enseignement scientifique de la langue*, Lausanne, 1851 ; Michel Guérard, *Cours complet de langue française*, Paris, 1851 ; les productions de Pierre Larousse, de 1852 à 1868 : *La Lexicologie des écoles, Cours complet de langue française et de style, divisé en trois années*.

7. Les « français » d'Europe et du monde

1. M. Piron, « Le français en Belgique », dans *Histoire de la langue française, 1880-1914*, dir. G. Antoine et R. Martin, éd. du CNRS, 1985.
2. Date du recensement fédéral.
3. G. Wissler, *Das Schweizerische Volksfranzösisch*, Berne, 1909.
4. P. Knecht, « Le français en Suisse romande », dans *Histoire de la langue française, 1880-1914, op. cit.*, p. 385.
5. E. Blain de Saint-Aubin, dans la *Revue canadienne*, t. VIII (1871), p. 91-110, cité dans *Le Choc des langues au Québec, op. cit.*
6. Voir Jean Hamelin, « La dimension historique du problème linguistique », dans *Travaux de linguistique québécoise*, 1979, t. 3.
7. Henri Bourassa, « Le Patriotisme canadien français [...] », discours du 27 avril 1902, cité dans *Le Choc des langues au Québec, loc. cit.*
8. Une publication très notable sera, en 1930, le *Glossaire du parler français au Canada*, après vingt-huit années de travaux (voir ci-dessous la Xe partie : « Questions actuelles »).
9. Joseph-Papin Archambault (1880-1966).
10. Après la condamnation par Rome de *L'Action française* de Charles Maurras, la revue prit le titre de *Revue d'action canadienne*.
11. Allusion claire au poème célèbre de Hugo, beaucoup trop laïc pour l'abbé.
12. Maine, New Hampshire, Vermont, Massachusetts, Rhode Island, Connecticut.
13. Chiffres de Ch. R. Ageron, *Les Algériens musulmans et la France (1871-1919)*, Paris, PUF, 1968 (2 vol.).
14. « La langue française dans les colonies », *Revue scientifique*, 26 janvier 1884, cité par A. Lanly, in *Histoire de la langue française, 1880-1914, op. cit.*, p. 399.
15. La France donna ce nom, correspondant à une entité politique du centre du Vietnam, à tout le sud du pays, avec pour capitale Saigon.
16. Nom donné à cette région par les Chinois, sous les Tang (VIIe siècle).
17. P. Doumer, *Situation de l'Indochine (1897-1901)*, Hanoi-Haiphong, p. 102, cité par A. Lanly, dans *Histoire de la langue française, 1880-1914, op. cit.*
18. L'évolution de ces situations linguistiques après 1914-1918 sera décrite dans la Xe partie, chap. 3.

DIXIÈME PARTIE
QUESTIONS ACTUELLES
(Alain Rey)

1. Dire la guerre (1914-1919)

1. En France, 1 350 000 morts sur huit millions de mobilisés.
2. Dans une conférence mémorable, prononcée à Montréal le 19 mars 1915.
3. On trouvera les textes de H. Bourassa, J.-M. Pénard et O. Asselin dans *Le Choc des langues au Québec*, de O. Bouthillier et J. Meynaud, *op. cit.* (Presses de l'Université du Québec, 1972).
4. Le discours d'Asselin, *Pourquoi je m'enrôle*, le 21 janvier 1916, est largement cité dans *Le Choc des langues au Québec*, *op. cit.*, p. 385-389.
5. C'est elle qui tua Guillaume Apollinaire.
6. Je tire ceci d'un souvenir familial. Ma mère, ses sœurs et jeunes frères, âgés de 10 à 16 ans en 1917, ont correspondu jusqu'en 1925 avec un ex-militaire vivant à « Keokuk, Iowa, USA », comme ils le prononçaient correctement et avec un plaisir ludique. Le français était dominant dans ces échanges, motivés par le souvenir, et par l'existence de jeunes étudiantes des deux pays, désireuses de pratiquer la langue de l'autre.
7. Ce n'est pas ici qu'on peut évoquer un film notoire en 2006, *Indigènes*, qui concerne la guerre de 1940-1945.

2. Autour du français, langue maternelle

1. Agnès Fine et Jean-Claude Sangoï, *La Population française au XXe siècle*, Paris, PUF, 1998.
2. Voir, pour les trois grandes périodes, 1805-1848, 1848-1914 et 1914-2000 et quelques, les passages consacrés aux dialectes et langues « régionales ».
3. Ces tendances continuent ou inversent les évolutions antérieures. Pour une base 100 en 1954, les agriculteurs sont 42 en 1975, mais les ouvriers passent de 100 à 126. Employés, cadres et professions libérales font plus que doubler (*La Population française au XXe siècle, op. cit.*, p. 72).
4. Ce qui va suivre concerne le prolongement d'une situation plus ancienne, souvent évoquée plus haut (pour la période antérieure à 1914, voir la partie VIII [« D'une révolution l'autre »], chapitre 2, et la partie IX [« Le français : unité et variétés »], chapitre 2).
5. *Lou Champaignat* ; *Terres ardennaises*.
6. Où les enquêtes de Colette Dondaine montrent la disparition des patois spontanés, mais aussi l'action volontariste de sociétés de patoisants, et où le

français régional est brillamment illustré par Laurence Semonin, alias « la Madeleine Proust », dont les prestations sont appréciées partout en France, comme témoignage fidèle des parlers ruraux d'antan.

7. Voir la synthèse de M.-R. Simoni-Aurembou et sa bibliographie sur « Les langues d'oïl », dans *Les Langues de France*, dir. B. Cerquiglini, Paris, PUF, 2003.

8. Ainsi le *z* final, qui n'indique que l'accent tonique sur l'avant-dernière syllabe, par opposition au *x* (accent sur la dernière), n'est pas prononcé (la *Clu*saz ; Chamo*nix*). Dans les noms de personnes et de lieux, une prononciation « française » fautive prononce le *z* de *Ramuz* et dit *Chamoniks* (en francoprovençal *Tchamoni*).

9. Voir les quatre premières parties de cet ouvrage, par Frédéric Duval.

10. Parmi ces langues romanes, on peut distinguer un groupe « galloroman » (roman des Gaules), avec un ensemble méridional comprenant occitan et catalan.

11. Même opposition entre le *h* du castillan et le *f* du galicien (*harina* – *farina*).

12. Robert Lafont à Nîmes, Max Rouquette à Montpellier ; le gascon Pierre Bec, parmi bien d'autres, en ne retenant que des auteurs d'ouvrages sur la langue et la littérature occitanes.

13. Il existe aussi (1999-2000) un « cours de sensibilisation » d'une heure (parfois deux ou trois) pour plus de 50 000 élèves.

14. Situation très générale, observée par les spécialistes tant en Allemagne qu'en Italie, et qui conduit à l'extension des domaines de la langue centrale au détriment des formes dialectales. La France, la Belgique wallonne et la Suisse romande sont au bout de ce processus.

15. Pour plus de détails sur la situation complexe de l'Alsace en fait de langage, voir notamment Arlette Bothorel-Witz et Dominique Huck, « Les dialectes alsaciens », dans *Les Langues de France*, *op. cit.*, p. 23-45 (Bibliographie) ; Lothar Wolf « Le français en Alsace », dans *Histoire de la langue française, 1945-2000*, *op. cit.*, p. 687-700 (Bibliographie) ; *Les Langues d'Alsace et de Moselle*, René Schickele-Gesellschaft – Culture et bilinguisme de l'Alsace et de Moselle, cahier spécial s.d. (après 1992).

16. Le mot germanique signifiait « clair, compréhensible » ; il s'est appliqué à la langue familière, locale.

17. Souvenir personnel. Dans les années 1960, à Petite-Rosselle, à la frontière de la Sarre, les familles d'anciens mineurs retraités parlaient plus volontiers le Platt que le français, qu'ils maîtrisaient mal. Leur langue avait encore pour les personnes âgées un prestige, par rapport au français, dont des femmes disaient en riant que les gens qui le parlaient leur semblaient de petits oiseaux, à dire sans cesse « cui, cui, cui... » ! Leur français était malaisé, hésitant, et fortement marqué par la phonétique du dialecte germanique. Celui-ci leur permettait de converser avec leurs voisins sarrois, ces derniers se sentant aussi allemands qu'eux français, comme j'ai pu l'apprécier un 14 juillet quand les vieux Mosellans chantèrent une *Marseillaise* qui, pour nous, Français de l'intérieur, semblait phonétiquement très germanisée.

18. On consultera les travaux de Marthe Philipp, notamment « Le francique de Moselle » (dans *Les Langues de France, op. cit.*, p. 45-57), ainsi que *Le Platt. Le francique rhénan du pays de Sarreguemines jusqu'en Alsace : dictionnaire dialectal* (Sarreguemines, 2001).

19. Jean-Louis Marteel, *Cours de flamand. Het vlaams dan men oudders klappen*, Miroir Editions, Het Reuzekoor, 1992.

20. Voir notamment « Le flamand occidental », par Gilbert van de Louw, dans *Les Langues de France, op. cit.*, p. 107-113.

21. Fañch Broudic, « Le breton », dans *Les Langues de France, op. cit.*, p. 45.

22. Extrapolations d'une enquête portant sur 2 500 personnes, de 15 ans et plus (sondage Broudic-TMO Régions).

23. Quant à la télévision privée TV Breiz (sept. 2000), elle émet surtout en français, le breton ne pouvant attirer les annonceurs publicitaires avec autant de force...

24. Enquêtes de l'Institut catalan de l'Université de Perpignan (Icress) et d'un cabinet de sondages à la demande du Conseil régional du Languedoc-Roussillon, sur un échantillon de la population des Pyrénées-Orientales.

25. Informations exposées par Joan Becat et Jean Sibille, « Le catalan », dans *Les Langues de France, op. cit.*, p. 79-93.

26. L'Université catalane de Barcelone porte son nom.

27. La bibliographie de J. Becat et J. Sibille mentionne parmi les références en catalan, onze titres publiés à Barcelone, un à Prades et un à Perpignan.

28. Ces dialectes sont parlés dans le Labourd (Bayonne), la Soule (Mauléon), la Biscaye (Bilbao), la Navarre, la Guipúzcoa (Donostia, en espagnol San Sebastián).

29. Non distinct administrativement, dans le département des Pyrénées-Atlantiques.

30. Bernard Oyharçabal, « Le basque », dans *Les Langues de France, op. cit.*, p. 59-68.

31. Chiffres donnés par Jacques Fusina, « Le corse », dans *Les Langues de France, op. cit.*, p. 105.

32. Selon J.-B. Marcellesi, sociolinguiste reconnu.

33. D. Geronimi et P. Marchetti, *Intricciate è cambiarini*, Nogent-sur-Marne, éd. Beaulieu, 1971.

34. Michèle Tribalat *et al.*, « Chronique de l'immigration », dans *Population*, 1993, 1995, 1996.

35. Jusqu'en 1999, les recensements de la population française ne prenaient pas en compte la langue maternelle des personnes soumises aux enquêtes. Cette année-là, des questions sur les pratiques de langage ont été intégrées à un questionnaire soumis à un échantillon représentatif de 300 000 personnes. La pratique des enquêtes linguistiques généralisées est déjà ancienne au Québec.

36. Après l'arabe et l'occitan, c'est la troisième langue, pour ce type d'épreuve.

37. D'après Salem Chaker, « Le berbère », dans *Les Langues de France*, *op. cit.*

38. Les données ne permettent pas de distinguer les locuteurs de castillan et de ses variantes (andalou), ceux qui parlent catalan (certainement nombreux) et galicien (*gallego*), la plupart de ces deux groupes étant bilingues avec le castillan. Parmi les nationaux espagnols, il faut compter aussi avec les locuteurs de l'euskara (basque).

39. Du fait des naturalisations, qui en font des Français parfaitement intégrés, les Polonais vivant en France sont passés de plus de 400 000 en 1946 à moins de 100 000 en 1975.

40. A. Fine et J.-Cl. Sangoï, *La Population française au XXe siècle*, *op. cit.*, p. 106.

41. Chiffres de M. Tribalat, voir plus haut.

42. Cette activité, très importante jusqu'à la guerre de 1940, a reculé au profit du Liban, selon Anaïd Donabedian, dont l'article « L'Arménien occidental », dans *Les Langues de France* (*loc. cit.*), a fourni la plupart des données utilisées ici.

43. « Tant qu'il ne se trouvera pas [...] des hommes qui consentiront à parler couramment le romany, à passer pour des *Rommys*, tant qu'on n'admettra pas toute la race à l'égalité chrétienne [...], tant qu'on ne lavera pas le sceau d'infamie apposé sur le bronze de leur front, jamais ils ne cesseront d'être ce qu'ils sont. Aussi longtemps qu'il y aura des lois *pour les Bohémiens*, les Bohémiens resteront en dehors de toute atteinte de la loi. » Franz Liszt, *Des Bohémiens et de leur musique en Hongrie*, Paris, Librairie Nouvelle, 1859, chap. 55, p. 140-141. – Quelques lignes plus bas, Liszt écrit : « la fierté du Paria-Cygan », allusion au fait qu'on pensait que dans l'Inde ancienne, ils étaient des parias. Ailleurs, il écrit : les *Zingari* (p. 133), les *Giorgio* (p. 137), et il utilise le mot anglais *Gypsy*.

44. D'après Marcel Courthiade, « Le romani (ou rromani) », dans *Les Langues de France*, *op. cit.*, p. 237.

45. « La langue tsigane : romani – romanes », dans *Les Langues de France*, *op. cit.*, p. 247.

46. Trois auteurs en yiddish ont créé le mouvement : Mendele Moykher-Sforim (1836-1917), Yitshak Leybush Peretz (1852-1915), Sholem Aleykhem (1859-1916).

47. Association pour l'étude et la diffusion de la culture yiddish, fondée en 1981 à Paris ; Centre Medem pour le yiddish, enseignant la langue.

48. Ce qui est dit ici sur les langues en Belgique doit l'essentiel de son information aux articles de Jean-Marie Klinkenberg pour les deux volumes de l'*Histoire de la langue française, 1914-1945* et *1945-2000*, souvent cités.

49. Dans Ph. Munot et Fr.-X. Nève, *Le Français de Liège*, Liège, Service de phonétique et de linguistique, cité par J.-M. Klinkenberg, *op. cit.*

50. Par exemple, de Louis Remacle, *Syntaxe du parler wallon de la Gleize*, Paris, Les Belles Lettres, 3 vol.

51. Voir Hugo Baetens-Beardsmore, « Le contact des langues à Bruxelles », dans Albert Valdman, dir., *Le Français hors de France*, Paris, Champion, 1979.

52. De ce dernier, *Les Variétés régionales du français. Etudes belges (1945-1977)*, éd. de l'Université de Bruxelles. Par ailleurs, Jacques Pohl est remarquable par ses travaux de linguistique générale et de sémantique.

53. Pour une théorisation de la grammaire française, il faut citer Marc Wilmet et sa *Grammaire critique du français* (1997).

54. Philippe Godet, de 1918 à 1922 dans *La Gazette de Lausanne*; Mgr Quartenoud, dans *La Liberté* (Fribourg), de 1926 à 1938 ; Jean Nicollet, *La Gazette de Lausanne*, 1936-1939 ; à *Radio Lausanne*, Camille Dudan, entre 1940 et 1945. Voir Pierre Knecht, dans *Histoire de la langue française, 1914-1945, op. cit.*

55. Voir P. Singy, *L'Image du français en Suisse romande. Une enquête sociolinguistique en pays de Vaud*, Paris, L'Harmattan, 1996 ; et aussi G. Manno, *Le Français non conventionnel en Suisse romande* [...], Berne, Peter Lang, 1994.

56. Exemples signalés par P. Knecht, *op. cit.*

57. On peut lire ce texte dans *Le Choc des langues au Québec*, doc. 53, p. 417 *sq.*

58. Sur l'abbé Groulx avant la guerre mondiale, voir ci-dessus la partie IX, chapitre 7.

59. Cité par Cl. Poirier, « Le français au Québec » (dans *Histoire de la langue française, 1914-1945, op. cit.*), qui se réfère à Jean-Louis Gagnon, *Les Apostasies*, Montréal, La Presse, 1988.

60. « Au nom même de nos revendications nationales, faisons en sorte que la jeunesse de demain possède également bien les deux langues. » (*En marge de la politique*, Montréal, éd. Albert Lévesque, 1934).

61. Comme on pouvait s'y attendre, les thèses de Desjardins, exposées dans la revue d'Albert Pelletier, *Les Idées*, furent alors vivement prises à partie par ce dernier, leur auteur se faisant traiter d'« halluciné de l'utilitaire » (*Les Idées*, juin 1937).

62. *Le Devoir*, 25 janvier 1925.

63. Bien que les textes littéraires ne soient pas pour ce livre un objet majeur, on peut citer *Chez nous*, de A. Rivard (1914), les *Récits laurentiens* du frère Marie-Victorin, scientifique de renom (1919), *Un homme et son péché* de Claude-Henri Grignon (1933), ou encore, *Menaud, maître-draveur* de Felix-Antoine Savard (1937), qui se laissa convaincre par Valdombre de supprimer les italiques ou les guillemets dont il avait orné les québécismes de son récit (dont le titre mettait en exergue un anglicisme : *draveur*).

64. Cité par Cl. Poirier, qui se réfère à Claude-Henri Grignon, *Les Pamphlets de Valdombre*.

65. La préface du *Glossaire* insiste sur le travail d'enquête et d'observation qui a conduit à ce recueil, mais n'abandonne pas l'attitude normative et les jugements de valeur : « à ceux qui ont quelque souci de leur "parlure", ce glossaire permettra [...] de faire le départ entre ce qui est bon et ce qui l'est moins ». Le « moins bon », c'est évidemment l'anglicisme ; le « bon », c'est visiblement l'archaïsme de terroir et les noms des réalités québécoises inconnues en francophonie européenne. Les auteurs citent cette sentence particulièrement absurde du grand critique français Emile Faguet, pour qui la langue française du Canada « a toutes les chances du monde d'être excellente, parce qu'elle se compose d'archaïsmes ». Cela dit, le *Glossaire*, qui s'appuie sur une enquête sérieuse et sur les descriptions antérieures, est une première lumière objective jetée sur la situation linguistique du Canada francophone, sur le plan lexical.

66. Recueillis par Pierre Pagé, Renée Legris, *Le Comique et l'humour à la radio québécoise* [...] *1930-1970*, Montréal, La Presse, 1976.

67. Citons simplement, en 1944 et 1945, *Au pied de la pente douce* de Roger Lemelin, *Bonheur d'occasion* de Gabrielle Roy, en 1948, *Refus global* de Paul-Emile Borduas, en 1960, *Les Insolences du frère Untel* de Jean-Paul Desbiens.

68. Voir A. Rey, *La Terminologie, noms et notions*, Paris, PUF, 2ᵉ éd., 1992.

69. Ainsi le *Dictionnaire du français Plus*, dirigé par Claude Poirier (1988) et le *Dictionnaire québécois d'aujourd'hui* de Jean-Claude Boulanger (1992) ont paru à la majorité des Québécois une sorte de provocation, par la description sans réserve d'anglicismes et de « gros mots », que les utilisateurs ne peuvent identifier à l'image d'un ouvrage de référence. Enfin, un dictionnaire entièrement nouveau de français québécois (P. Martel, dir.) doit paraître prochainement.

70. Ceci, parfaitement perçu par Michèle Lalande dans une *Défense et illustration de la langue québecquoyse* (1973).

71. Dans l'ouvrage collectif, *Le Cas du Québec*, actes du Colloque de Liège, 1980, Ottawa, éd. Laméac, 1981.

72. Michel Tremblay en avait l'intuition : « Dans tous les pays du monde, écrivait-il dans *La Presse*, il y a des gens qui écrivent le joual » et, dans une approche esthétique, non plus sociale et politique : « Le joual est très près de la musique, très lyrique, très lireux » (je crois lire et entendre Céline).

73. C'est ainsi qu'on peut interpréter le rejet par la majorité des intellectuels et pédagogues québécois des descriptions de dictionnaires, jugées trop libérales, d'un usage pourtant constaté et commenté, mais de façon libre et plus ou moins humoristique, par des ouvrages d'amateurs que les linguistes auraient tort de mépriser.

74. Cela, au début des années 1990. Chiffres donnés par J. Picoche et Ch. Marchello-Nizia dans *Histoire de la langue française*, Paris, Nathan Université, 1994.

75. *Les Héritiers de lord Durham*, Ottawa, Fédération des francophones hors Québec, 1977, 2 vol. ; *Deux poids deux mesures – Les francophones hors Québec et les anglophones du Québec* : un dossier comparatif, Ottawa FFHQ, 1978 ; *Pour ne plus être... sans pays, id.*, 1979 ; *Vers un développement général, id.*, 1983.

76. Citations de Gratien Allaire, *La Francophonie canadienne. Portraits*, Québec, Afi-Cidef – Sudbury, Prise de parole, 2001, excellent ouvrage auquel j'emprunte les informations ici commentées.

77. Se sont multipliés dans les années 1990 les organismes, associations, agences, alliances, commissions, conseils, fédérations, réseaux... communautaires francophones consacrés à l'enseignement, à la jeunesse, aux activités culturelles, aux médias, à l'édition, à des activités économiques, dans tout le Canada.

78. Au sud-est et au nord de la capitale, Edmonton ; à Saint-Paul, Bonnyville, au centre-est de la province ; dans la région de cultures de la rivière La Paix, au microclimat favorable.

79. Au Yukon, le mensuel *L'Aurore boréale* (Whitehorse) et une radio ; dans les Territoires du Nord-Ouest, l'hebdomadaire *L'Aquilon* (Yellowknife) et des émissions de radio en français ; au Labrador, une radio communautaire ; à Terre-Neuve, un hebdo, *Le Gaboteur* (Stephenville). Plusieurs sites Internet sont consacrés à cette francophonie nordique.

80. Tel Emile Petitot (1838-1917) qui étudia les langues indiennes et celle des Inuits, alors appelée « esquimau ».

81. L'une des causes de cette mesure serait le fait que, en 1917-1918, les officiers américains s'étaient aperçus que certaines recrues louisianaises ne comprenaient pas l'anglais.

82. D'origine canadienne, cet avocat était exclusivement anglophone. Je l'ai rencontré en Louisiane, dans les années 1970, et il déclarait avec humour, dans un français très américain : « Je souis une victime de le melting pot. »

3. Le français en partage

1. L'observation des créoles révèle certains traits régionaux de la langue de départ. Ainsi, si le créole haïtien dit *m'ap mangé* pour « je suis en train de manger », et le mauricien *li pé danser*, « il est en train de danser », c'est d'après l'expression régionale : « je suis après manger » pour « en train de... » (exemples pris à R. Chaudenson).

2. Pour une vue plus sérieuse des choses, on se reportera à Albert Valdman, *Le Créole, statut, structure, origine*, Paris, Klincksieck, 1978 ; et à Robert Chaudenson, *Les Créoles français*, Paris, Nathan, 1979 ; *Des îles, des hommes, des langues*, Paris, L'Harmattan, 1992 ; *Les Créoles*, Paris, PUF, 1995 fournissant une synthèse très accessible.

3. Mot créé par le sociolinguiste Charles Ferguson précisément à propos

du bilinguisme hiérarchique créole-français, en Haïti, et qui marque la différence de statut entre langue fixée, écrite, enseignée, à fort statut symbolique, et langue spontanée, orale, transmise par la famille.

4. Exemple observé dans une récitation de la fable par une jeune fille martiniquaise de 15 ans bien scolarisée.

5. J'ai souvenir de l'étonnement révélateur de touristes, en majorité anglophones, devant les textes créoles d'une banque seychelloise.

6. Les colons européens mobilisés en Algérie ont eu 22 000 tués.

7. A. Lanly, *Le Français d'Afrique du Nord. Etude linguistique*, Paris, PUF, 1962.

8. Voir Ambroise Queffélec, « Le français en Afrique du Nord », dans *Histoire de la langue française, 1914-1945, op. cit.* – si j'évite les termes techniques *basilecte, mésolecte* et *acrolecte*, désignant les usages distingués (théoriquement) par les sociolinguistes en niveaux de « bas en haut » de la société, ce n'est pas seulement par le souci d'être compris des non-linguistes, mais à cause des implications idéologiques.

9. Voir J. Duclos, *Les Particularités lexicales du français d'Algérie (français colonial, pataouète, français des Pieds-Noirs) de 1830 à nos jours*, thèse de doctorat, Université de Tours.

10. Ayant séjourné en Algérie dans les années 1940, je n'ai jamais entendu dire dans l'usage réel des phrases du genre : « Quand tu vois le cimetière de Bône, envie de mourir i te donne », que tous les Européens connaissaient. D'autres représentations comiques concernaient le français parlé par des locuteurs de l'arabe algérien (fables de La Fontaine « arabisées », etc.).

11. Parfois et par nécessité, ce « francarabe » était transcrit par des semi-lettrés. Exemple personnel : un caporal-chef d'un régiment de tirailleurs algériens, à Constantine, vers 1950, note à l'intention de l'officier de service, pour rendre compte de l'appel dans un camp : « Resta lyon manqua lyon. » Il avait séjourné à Lyon, et trouvait dans ce nom une forme graphique convenable pour sa prononciation de « rien ». « Resta lyon » signifiait qu'il ne restait rien à signaler, car « il ne manquait personne ».

12. Un peu moins de 50 % pour les personnes de plus de 15 ans en 1993 ? (Enquête citée par A. Queffélec, dans *Histoire de la langue française, 1945-2000, op. cit.*, p. 780-781.)

13. Ce changement de code est baptisé dans le franglais des sociolinguistes français, cordonniers mal chaussés, le *code switching*.

14. Selim Abou, Choghig Kasparian et Katia Haddad, *Anatomie de la francophonie libanaise*, Aupelf-Uref et Université Saint-Joseph de Beyrouth, 1996 ; plus généralement, Selim Abou, *Enquêtes sur les langues en usage au Liban*, Beyrouth, 1961, et l'*Enquête par sondage de la population active au Liban* de la Direction de la statistique, 1970 (vol. 2, 13).

15. Cette richesse est reflétée par les travaux sur les langues pratiquées au Liban. Aux noms déjà cités, je me dois d'ajouter celui de Nicole Gueunier, auteur notamment du chapitre consacré au « français au Liban », dans

Histoire de la langue française, 1945-2000, op. cit. (p. 749-763), auquel j'ai beaucoup emprunté.

16. G. Manessy, « Français-tirailleur et français d'Afrique », dans *Cahiers de l'Institut de linguistique de Louvain*, 9, n°s 3-4 ; M. Houis, « Une variété idéologique du français : le "langage tirailleur" », *IVᵉ Colloque des Etudes créoles*, Lafayette, Louisiane, mai 1983 (inédit, cité par A. Queffélec, *op. cit.*).

17. Un bref manuel datant de 1916, d'ailleurs contredit, dix ans plus tard, par un *Manuel à l'usage des troupes pour l'enseignement du français* qui interdit l'emploi de ce « sabir ».

18. Un autre exemple de ces interprétations du réel est la prétention de Kinshasa, énorme ville, d'être la deuxième agglomération francophone du monde, devant Montréal.

19. Voir par exemple « Métaboles et changement lexical du français en contexte africain », dans *Visages du français, variétés lexicales de l'espace francophone*, dir. André Clas et Benoît Ouoba, Paris-Londres, John Libbey Eurotext, 1990.

20. Par exemple, *je s'en fous* pour « je m'en fous », où *s'en* est invariable ; *tu vas laver toi* pour « te laver » ; *je suis parti Abidjan*, éliminant la préposition ; ou encore, reproduit par les écrivains et constituant un apport fonctionnel, *là* placé après le nom, pour l'actualiser par rapport à l'emploi général ou abstrait : « mama [madame] banane c'est combien ? » (les bananes), et, après indication du prix : « mama, donne mai'tnant, je vais payer [acheter] bananes là » : *ces* bananes [exemples dans A. Queffélec, *op. cit.*].

21. Selon A. Queffélec, *op. cit.*

22. Selon Yves Montenay, *La Langue française face à la mondialisation*, Les Belles Lettres, 2005, p. 187.

23. Voir la synthèse détaillée et les bibliographies de Jean-Claude Rivierre, Françoise Ozanne-Rivierre, Claire Moyse-Faurie et Isabelle Bril dans *Les Langues de France, op. cit.*, p. 346-435.

24. Voir Christine Pauleau, *Le Français de Nouvelle-Calédonie : contribution à un inventaire des particularités lexicales*, Paris, Edicef-Aupelf, 1995.

25. Voir plus loin, le chapitre consacré à la notion ambiguë de « francophonie ».

4. Le français change

1. Voir A. Martinet, *La Prononciation du français contemporain*, Paris-Genève, 1945 ; « La prononciation du français entre 1880 et 1914 », dans *Histoire de la langue française, op. cit.*, p. 25-40.

2. Sur ce plan, les études sur le français du Hongrois Ivan Fónagy sont d'une finesse et d'une pénétration admirables.

3. Etonnamment variée au XXᵉ siècle puisqu'elle va de l'échange d'injures entre automobilistes aux paroles amoureuses, du discours politique télévisé

aux échanges téléphoniques, des styles radiophoniques aux conversations et aux débats, de la leçon à la plaidoirie, etc.

4. P. Léon, *Essais de phonostylistique*, Montréal-Paris, 1971 ; *Précis de phonostylistique, Parole et Expressivité*, Paris, 1993.

5. On peut faire le même reproche aux dictionnaires, quand ils tentent de classer les éléments du lexique en « familiers », « populaires », « littéraires »...

6. *Histoire de la langue française, 1914-1945, op. cit.*, p. 28.

7. 84 % de *mm* prononcés dans *sommet*, plus de 15 % de *dd* dans *ad'dition* en 1967 à Paris, selon Guiti Deyhime cité par F. Carton.

8. Voir F. Carton, *op. cit.*, p. 39.

9. Dans *Actes de la recherche en sciences sociales*, 46, 1988. Exemples : « Il estt' hessentiel », chez Chirac, ou « l'accentt' (pause) invincible... » chez Malraux. Pierre Encrevé y voit l'indice du « personnage important ». La fréquence du phénomène dans le discours politique marque une rhétorique visant à attirer l'attention et à susciter une impression de conviction énergique, quitte à destructurer la phrase.

10. Pour toutes ces questions, on peut se reporter avec confiance aux travaux, portant sur la période récente, de Pierre Léon, Ivan Fónagy, Fernand Carton, et, incluant morphologie et syntaxe du français parlé, Claire Blanche-Benveniste ou Françoise Gadet.

11. Même dans cette catégorie, les hésitations et évolutions sont observables. Ainsi, *une enzyme* a changé de genre et le répertoire des « fautes » en ce domaine finira bien par créer des clivages analogues à ceux qui existent pour *amour* ou *œuvre*.

12. Madame Hélène Carrère d'Encausse ayant succédé à une série de messieurs, dont le dernier fut le très actif Maurice Druon, veut être appelée « Madame le secrétaire perpétuel ».

13. Cela pour les verbes dont l'infinitif n'est pas en *-er*. Marcel Cohen signalait, dans les années 1960, « on l'exclua » et « ils rièrent de bon cœur ». On trouvera une étude riche et systématique du phénomène dans l'admirable *Grammaire des fautes* d'Henri Frei (qui utilise de nombreux travaux du début du XXe siècle).

14. *Le Bon Usage*, 10e édition, p. 705, note 2.

15. Ces formes, dont on trouvera de nombreux exemples littéraires dans *Le Bon Usage*, 13e édition, ont été étudiées par M. Cornu, *Les Formes surcomposées en français*, Berne, Francke, 1953.

16. Cependant, un interlocuteur inquiet me demandait récemment si *possiblement*, entendu à la radio, était bien « français ». Je ne pus lui répondre que, s'il lui paraissait étrange à Paris, il l'aurait entendu quotidiennement à Montréal ou à Québec, et qu'on pouvait le lire au XIVe siècle, ce qui ne l'empêcha pas de trouver cet adverbe « très laid »...

17. E. Brunet, « L'évolution du lexique. Approches statistiques », dans *Histoire de la langue française 1914-1915, op. cit.* Voir plus loin, p. 1213-1214.

18. *Portmanteau*, emprunt visible au français, avait en anglais la seule valeur de « grande malle de voyage où l'on peut suspendre des vêtements » (en français : *malle-cabine*).

19. Dans la campagne présidentielle de 2006-2007, on note le sexisme de la langue : Nicolas Sarkozy voit son patronyme abrégé, Ségolène Royal son prénom.

20. « En général, la phrase française n'a pas changé [dans la période 1939-1965] dans l'usage écrit, ni dans l'usage oral, autant qu'on peut en juger en l'absence de documents suffisants du passé » (Marcel Cohen, *Histoire d'une langue, le français*, p. 305). La précaution ultime paraît très nécessaire, en ce qui concerne l'oral.

21. André Goosse, « Evolution de la syntaxe », dans *Histoire de la langue française, 1945-2000*, p. 107.

22. Après les riches références de H. Frei (1929) et les données rassemblées dans *Le Bon Usage*, on peut citer les faits ponctuels rassemblés par Robert Martin, pour l'*Histoire de la langue française, 1848-1914, op. cit.* On peut y noter des vieillissements – donc, des diminutions de fréquences – pour certaines formes verbales (voir ci-dessus), pour des prépositions (*vis-à-vis* l'église, *alentour* le jardin public, *aussitôt* l'ouverture du magasin deviennent archaïques), pour la négation complète avec *ne*, concurrencée dans le registre détendu par la forme sans *ne* (déjà notée au XVIIe siècle puis au XIXe siècle, mais dans un usage oral transcrit), pour *point*, qui recule devant *pas* (*point du tout* devient régional ou affecté). L'interrogation avec inversion est concurrencée par la forme directe (*tu viens ?*), le pronom postposé dans l'interrogation (*où vais-je ?*) vieilli par la forme complexe *où est-ce que je vais ?* et, déjà, par la forme *où je vais ?*. Du coup, la forme traditionnelle donne lieu à des plaisanteries du genre *où cours-je ?* et d'autres frappent des formes virtuelles que la phonétique interdisait (exemple bien connu : *j'erre* ne pouvant produire aisément *où erre-je ?*, on invente : *dans quel état j'erre ?* pour le plaisir du calembour). Même tendance ludique à l'égard de la postposition du démonstratif : si *est-ce* est vivant, mais codé dans *est-ce que... ?*, *est-ce ?* du langage châtié est concurrencé par *c'est-il ?* (noté *c'est-y ?*) pour transcrire l'oral, avec un *-ti ?* interrogatif qui va exciter les grammairiens avant qu'il ne disparaisse. *Sont-ce... ?* est affecté ou archaïque, et des formes à calembour apparaissent (*comment se fait-ce ?*). Dans la négation, *pas*, *plus*, placés après un infinitif, tendent à disparaître (*ne* vouloir *pas* faire quelque chose ; *ne* pouvoir *plus* courir). Dans la négation, apparaît un *que* qui redouble l'interrogatif : *on ne sait pas qui c'est* peut devenir : *...qui que c'est*, senti durablement comme « populaire ».

Dans le domaine des catégories grammaticales, si le passage de l'adjectif au substantif ne bouge pas, l'adjectivation en épithètes de certains substantifs devient plus fréquente : *terrine maison*, souvent avec un nom qualifié par un adjectif formant locution (*il a le genre nouveau riche, une étoffe premier choix*). Des prépositions sont employées comme adverbes (ceux qui sont *pour* et ceux qui sont *contre*).

Certaines constructions deviennent typiques d'un registre d'emploi, telles, pour le langage officiel et administratif, les tournures impersonnelles qui fleurissent dans les imprimés et les journaux : *il lui a été dit...* ; *il m'a été répondu...* ; *il en sera reparlé demain*).

23. Voir Marcel Barral, *L'Imparfait du subjonctif*, Paris, Picard, 1980, étude fondée sur tous les prix Goncourt entre 1903 et 1974.

24. Voir Michèle Noailly, *Le Substantif épithète*, Paris, PUF, 1990.

25. Voir J. Dubois, *Etude sur la dérivation suffixale en français moderne et contemporain*, Larousse, 1962.

26. Ch. Muller, *Initiation aux méthodes de la statistique linguistique*, Paris, Hachette, 1973 ; *Principes et méthodes de la statistique lexicale*, Hachette, 1977 ; rééd. Champion. Charles Muller a brillamment appliqué ces principes au théâtre de Corneille.

27. *Dictionnaire des fréquences* (dir. R. Martin), 4 volumes : *Table alphabétique* (I), *Table des fréquences* (II), *Table des variations de fréquence* (III), *Table de répartition des homonymes* (IV).

28. A. Sauvageot, « Le renouvellement du lexique français » dans *Revue roumaine de linguistique*, 25, Bucarest, 1980.

29. Voir, par exemple, Daniel Guilbaud, « L'accueil et le statut lexicographique des troncations : étude d'une évolution dans le *Petit Robert* » [en 1967, 1977, 1993], dans Claudette Groud et Nicole Serna, *De abdom à zoo. Regards sur la troncation en français contemporain*, Paris, Didier, 1996.

30. Une sélection a été publiée sous le titre : *Les Années « Petit Robert »*. Par ses choix, elle relève de ce que je nomme ici les « évolutions ressenties ».

31. Les préfixes cités correspondent évidemment à la totalité de la tranche 1981-1990 ; pour les suffixes, ce sont environ 40 % (A-G).

32. Une synthèse descriptive et historique de l'emprunt lexical par le français jusqu'au milieu du XXe siècle était fournie par Louis Deroy dans *L'Emprunt linguistique*, Paris, Les Belles Lettres, 1956.

33. On reviendra sur cette opinion de Joseph Vendryes dans le chapitre consacré aux relations entre français oral et français écrit.

34. *Contre le massacre de la langue française*, Toulouse-Paris, Didier/ Privat, 1930.

35. Henri Frei, *La Grammaire des fautes*, Paris-Genève-Leipzig, Paul Geuthner-Kunding-Otto Harrassowitz, 1929.

36. « Evolution de la syntaxe », dans *Histoire de la langue française, 1945-2000, op. cit.*

37. Voir ce qui en est dit ci-dessus, partie IX (« Le français : unité et variétés »), chapitre 4.

38. Voir, pour cette époque, dans la partie de ce livre due à Frédéric Duval, « Le jargon des voleurs » au Moyen Age (II, 2).

39. Voir L. Sainéan, *Les Sources de l'argot ancien*, Paris, Champion, 1912 (rééd. Genève, Slatkine, 1973). Le glossaire de O. Chéreau fut réédité avec des ajouts aux XVIIe, XVIIIe et XIXe siècles (jusqu'en 1849).

40. Mais les éditions du XIXe siècle sont très infidèles et réécrites. On se référera aux travaux de Jean Savant et à son édition des *Vrais Mémoires de Vidocq*, Paris, Corréa, 1950.

41. Voir plus haut.

42. Voir ci-dessus, partie IX.

43. Dans le sous-titre de son ouvrage *Le Langage populaire*.

44. Voir, à propos de la guerre de 1914-1918, la description par A. Dauzat ou G. Esnault, de l'« argot des poilus ».

45. Selon Jean Galtier-Boissière, ce dictionnaire est en réalité l'œuvre d'un certain Léon de Bercy, dit Blédor.

46. Ce que J. Cellard et moi avons voulu désigner, dans ce divertissement lexicologique, le *Dictionnaire du français non conventionnel*.

47. *Le Langage parisien au XIXe siècle*, cité par P. Guiraud, *L'Argot*, Paris, PUF, 1956, p. 16.

48. La « Série noire » de Marcel Duhamel fut d'abord consacrée, en 1945, au roman noir « américain », souvent écrit par des auteurs anglais, tel Peter Cheyney, mais situés aux Etats-Unis. Chandler, Hammett, d'autres suivirent et le premier polar de la série écrit en français est, en 1948, *La Mort et l'Ange* de « Terry Stewart » (Serge Arcouët). Avant le développement du polar français et largement ensuite, l'« argot de la Série noire » est en fait l'instrument lexical du traducteur, comme l'explicite le premier volume du dictionnaire de Robert Giraud, grand argotier, et Pierre Ditalia, *L'Argot de la Série noire* (éd. Joseph K, 1996), consacré à l'« argot des traducteurs ». Queneau, en 1945, saluait la qualité des traductions de Marcel Duhamel, qu'il comparait à celles de Baudelaire sur Edgar Poe. Outre le talent, ces traductions avaient une arme non secrète pour rendre le *slang* des originaux anglais, qui est un style oral marqué plutôt qu'un argot. L'argot français permettait d'en remettre dans l'exotisme verbal : ainsi *Poison Ivy*, nom très convenable d'une plante toxique d'Amérique du Nord, le sumac vénéneux, pris pour titre par Peter Cheyney, devenait *La Môme vert-de-gris*, expression marquée par les surnoms populaires de l'époque.

49. Voir, dans *L'Argot*, de Louis-Jean Calvet, le savoureux passage sur « Victor Hugo, le mystificateur », où il est montré que, repris par les dictionnaires d'argot fin de siècle, des mots « argotiques » des *Misérables* ne correspondent à rien d'observable. Il est vrai que, de l'inventeur du fameux *Jérimadeth*, nom bien sonnant, digne de la Bible, qui cache un gros clin d'œil (« j'ai rime à *deth* »), on ne pouvait attendre moins.

50. Ce dictionnaire, publié chez Larousse, ne satisfaisait pas l'auteur, car il avait été maintenu dans des dimensions insuffisantes et trop censuré de ses obscénités pour représenter l'immense richesse de ses relevés (confidences de Marcel Cohen, qui était un grand ami d'Esnault). Ce dictionnaire fut d'ailleurs retiré de la vente et en partie absorbé dans un « Grand dictionnaire ». *Argot et français populaire*, par Jean-Paul Colin, Jean-Paul Mével, Christian Leclère, Larousse, 2006 (1re édition *Dictionnaire de l'argot*, 1990).

51. *Revue des études ethnologiques et sociologiques de Paris*, 1908 ; republication Paulet, 1968.

52. Françoise Mandelbaum-Reiner, « Secrets de bouchers et *largonji* actuel des *louchébem* », *Langage et Société*, juin 1991.

53. D'autres clés que le *l* ont existé : le *n* de *navede*, puis *nave*, formé sur (un) *cave*. De tels codes ont été décrits en vietnamien par Alfredo Niceforo, dans son *Génie de l'argot*.

54. *Verlen*, par inversion graphique, chez A. Le Breton en 1953. Gaston Esnault, plus puriste, écrivait *vers l'en*.

55. J. Monod, « Des jeunes, leur langage et leurs mythes », dans *Les Temps modernes*, n° 242, juillet 1966.

56. V. Mela, « Parler verlan : règles et usages », dans *Langage et Société*, n° 45, septembre 1988.

57. Jean-Marc Stébé, *La Crise des banlieues*, Paris, PUF, 2e éd., 2002.

58. On trouvera dans les sept premières parties de cet ouvrage de nombreuses précisions sur l'emprunt avant le XIXe siècle.

59. Le français fut plus énergique encore : *packet boat* était devenu *paquebot*, les fameux *boulingrin* (bowling-green) et *redingote* (riding coat) sont mentionnés nostalgiquement.

60. *La Linguistique du signe. Une approche sémiotique du langage*, Paris, Armand Colin, 1998.

61. Voir ci-dessus l'évocation et la critique du procédé à propos du lexique français, en général.

62. Par Lavoisier, Guyton de Morveau, Berthollet et Fourcroy.

63. Dans *La Culture des idées*, publié pendant la guerre de 1914-1918.

64. Dominique Noguez, « Cauchemar ou farce noire ? », dans *La Langue française en colère*.

65. Guy-Jean Forgues, « Les anglicismes dans *Le Monde* », dans Claude Truchot et Brian Wallis, éd., *Langue française, langue anglaise : contacts et conflits*, Université de Strasbourg, 1986. Carl Theodor Gossen, avec un corpus et une méthode différents (il se limitait aux substantifs et ne tenait pas compte des publicités), aboutissait à 0,88 % en 1980 (« Wie gefärlich ist franglais ? », dans G. Schmidt, M. Tietz, *Stimmen der Romania*, Wiesbaden).

66. Jean-Pierre Raffarin, qui s'enivrait de cette expression aliénée de l'optimisme national français.

67. Dans *Le Figaro* du 8 février 1996, où un chœur antique déplorait la corruption du français, par la faute de l'école et de l'influence anglo-américaine.

68. Jean-Gérard Lapacherie, « Les élites et la langue française : le grand délaissement », dans *Géopolitique de la langue française*, publié dans *Libres. Revue de la pensée française*, mai 2004.

69. Voir Hubert Curien, « La langue française dans les sciences », dans *La Langue française à la croisée des chemins. De nouvelles missions pour l'Alliance française*, Paris-Montréal, L'Harmattan, 1999.

70. Bernard Lecherbonnier, *Pourquoi veulent-ils tuer le français ?*, Paris, Albin Michel, 2005, p. 114.

5. La Voix et le Geste

1. Dans *Recherches sur le français parlé*, n° 5, p. 291-300.
2. Réédition 1939, Paris, Albin Michel. Il a été question, à propos des évolutions observées et ressenties du français, de cet ouvrage important.
3. Queneau évoquera une comparaison plus pertinente pour le français, celle avec les deux formes de grec moderne, le katharevousa, plus proche du grec ancien, et le démotique fixant un usage oral.
4. Françoise Gadet, *Le Français ordinaire*, Paris, Armand Colin, Masson, 1996 (1re éd. 1989).
5. Voir tout particulièrement les travaux de Claire Blanche-Benveniste, comme « La dénomination dans le français parlé : une interprétation pour les "répétitions" et les "hésitations" », dans *Recherches sur le français parlé*, n° 6 (1984) ; « Syntaxe, choix de lexique et lieux de bafouillage », *DRLV*, n° 36-37 (1987) ; « Une description linguistique du français parlé », *Le Gré des langues*, n° 5 (1991) et une synthèse avec Colette Jeanjean, *Le Français parlé*, Paris, CNRS-Didier Erudition, 1987.
6. Pierre Larthomas, « La langue du théâtre », dans *Histoire de la langue française, 1914-1945, op. cit.*, p. 509 sqq.
7. « J'vais tout de même y dire que vous êtes là, puisque je vous cause et, quand je cause, je sais plus c'qui faut causer ou pas causer. » Comme on voit, fort peu de distance par rapport à l'orthographe convenue, ce qui suppose, de la part du comédien, un travail de phonétisation assez complexe. Ailleurs dans la pièce, « milieu » est transcrit *miyeu*, ce qui doit guider l'oralisation.
8. Pagnol épinglait ces représentations archaïques, et qui ne devaient pas l'être du temps d'Alphonse Daudet. Si César emploie « peuchère ! », un Parisien démagogue qui veut parler marseillais dit « bagasse », que Fanny pense être un mot parisien, car ni César, ni Escartefigue, ni elle ne le connaissent. A propos du « pagnolais », on peut noter que l'« assent » imposé aux comédiens transforme en provençalismes supposés tous les traits de langage « populaire » (« occupe-toi-z'en », dit Honorine).
9. « Eh bien, on dira, en français, je crois : les roses... de ma... comment dit-on grand-mère en français ? – En français ? Grand-mère. – Les roses de ma grand-mère sont aussi... jaunes ; en français ça se dit "jaunes" ? – Oui, évidemment ! »
10. Partie VIII, chapitre 5, « Créer en français » ; Partie IX, chapitre 4, « La littérature, reflet des paroles sociales ».
11. Au congrès des écrivains soviétiques. Dans les *Cahiers de l'Herne*, « André Malraux », 1982, p. 288 ; cité par Pierre Cahné, « Le roman et la langue », dans *Histoire de la langue française, 1914-1945, op. cit.*

12. Paris, Larousse, 1962. Le livre de Sauvageot ne portait pas tant sur les rapports entre l'oral et l'écrit que sur l'observation et la maîtrise des évolutions qu'il observait dans la langue française, incitant à une action, à une sorte d'aménagement linguistique.

13. Leur alimentation en électricité n'était pas encore possible sur le secteur, ce qui limitait l'usage de ces postes.

14. Nom publicitaire du premier « speaker », de son vrai nom Marcel Laporte, à avoir eu une célébrité nationale.

15. Parfois pratiquée avec grand talent : le vocabulaire familier-érotique de Pierre Perret – par ailleurs lexicographe du français argotique et du parler des métiers –, les argotismes de Renaud en témoignent.

16. Passages extraits du *Côté de Guermantes*, I (La Pléiade, t. II, p. 431 *sq*).

17. La sublime Anna Magnani, dans une adaptation au cinéma.

18. En vrac, *charisme, synergie, consensus, déontologie, emblématique, incontournable...*

19. Dans « La langue de la presse », *Histoire de la langue française, 1945-2000, loc. cit.*, p. 199-210, bibliographie.

20. F. J. Hausmann relève chez Angelo Rinaldi, dans *L'Express*, *En revenant des revues*, *Proust en marcel* ou, de la même veine, *Mérimée prospère*, parmi d'autres perles.

21. Vivant aux Etats-Unis en 1969, j'avais admiré une pub de l'omniprésent Coca-Cola, qui déclarait : « Maintenant, c'est la pub, vous pouvez quitter votre télé, aller au "fridge" et vous ouvrir une bouteille de coke. » Images, musiques ne faisaient qu'identifier ; le message essentiel et original était purement langagier et oral.

22. Exemples fournis par l'analyse de Blanche-Noëlle Grunig, dans *Histoire de la langue française, 1945-2000, op. cit.* : « Viandox est le parfait auxiliaire de la parfaite ménagère » (avant 1970) ; ensuite la phrase nominale l'emporte.

23. Au hasard, dans *Le Monde* daté du 16 décembre 2006 : un huitième de page en première ; en haut à droite, CHANEL, au centre, photo de deux bagues ; en bas, ULTRA et une ligne descriptive, adresse électronique : page 2, bandeau bas de page : à gauche GUCCI, à droite, photo de sac, en bas à gauche, en petit, « pour acheter en ligne », etc. ; page 7, pleine : photo d'une jeune femme en tailleur, en bas à droite BOSS, plus petit HUGO BOSS, à gauche, très petit, l'adresse ; page 9, quart de page : photo de montre, dessous LOUIS VUITTON et « en vente », etc., le téléphone. Page 18-19, demi-page, photo d'un homme, à droite, flacon de parfum surmonté de : L'HOMME, YVES SAINT LAURENT, et, enfin, du « langage publicitaire », en deux adjectifs : SENSUEL ET MAGNÉTIQUE. La collecte verbale, on le voit, est maigre. En revanche, le même jour, on lit des pubs descriptives, sans aucune distance stylistique pour de grands systèmes industriels ou bancaires.

24. Le problème de la qualité de ces textes, dont la lecture est consternante ou réjouissante selon l'humeur, est probablement provisoire.

25. Cet universitaire a publié *Texte et ordinateur : l'écriture réinventée*, De Boeck, 1998, et dirigé *Internet, communication et langue française*, Hermès Science, 1999.

26. Il est recommandé d'oraliser ces sigles en les épelant à l'anglaise : « efyouaï, aïsi, aïoyou », qui signifiait naguère aux Etats-Unis « je vous dois [telle somme], *I owe you* ».

27. Celles-ci, à fonction arithmétique, étant trop peu nombreuses, 9 + 3, un système de frappe simple, double ou triple, fournit le nombre voulu de lettres. Les utilisateurs jeunes y sont virtuoses.

6. Politiques et réalités : francophonies

1. Onésime était l'un des frères formant une série impressionnante de géographes, voyageurs, théoriciens et praticiens. Le plus célèbre est Elisée, géographe éminent, républicain, socialiste, communard – il avait été condamné à la déportation en Nouvelle-Calédonie en 1871, mais sa peine fut commuée, et il s'établit en Suisse. Il dirigea alors un journal révolutionnaire, collabora au *Révolté* de Kropotkine, et, tout en travaillant à une grande *Géographie universelle* (1875-1894), publia un ouvrage sur l'anarchisme. Son frère aîné Elie, ethnologue, partageait ses idées politiques et fut banni en 1851 pour s'être opposé au coup d'Etat du 2 décembre. Un frère plus jeune, Armand, parcourut l'Amérique centrale, et le benjamin, Paul, médecin et chercheur, découvrit des utilisations analgésiques de la cocaïne. Dans ce milieu familial, on imagine que ni le racisme, ni l'ordre et l'autorité n'étaient à l'ordre du jour. Mais la colonisation, apparemment, était considérée avec la faveur (et la ferveur) qui animaient Jules Ferry.

C'est après la relance des idées francophones, dans les années 1970, que le linguiste belge Maurice Piron établit l'origine du terme en le découvrant dans l'ouvrage d'Onésime Reclus.

2. Diori, président du Niger, fut renversé par un coup d'Etat militaire en 1974.

3. La suite fut tragique, car Norodom Sihanouk, exclu du pouvoir par le général Lon Nol, s'allia, de Pékin où il était exilé, aux Khmers rouges. On connaît trop bien la suite.

4. Auguste Viatte, *La Francophonie*, Paris, Larousse, 1969.

5. *La Francophonie selon la Charte.* Quant à la simplicité, qu'on en juge. Un *Sommet*, instance suprême, réunit tous les deux ans chefs d'Etat et de gouvernement. Un *Secrétaire général* élu pour quatre ans (mandat renouvelable) dirige un *Secrétariat général*, sous l'autorité d'un *Conseil permanent de la francophonie*, lui-même placé sous l'autorité d'une *Conférence ministérielle* composée des membres du Sommet que représentent chacun un ministre,

soit « ministre de la Francophonie », soit, plus classiquement, ministre des Affaires étrangères. Cette conférence tient les cordons de la bourse commune, appelée *Fonds multilatéral unique*. Toutes ces instances préparent les Sommets, qui décident, les décisions étant appliquées par l'action de l'*Agence intergouvernementale de la Francophonie* (ex-ACTT), sous le contrôle du Conseil et de la Conférence, laquelle nomme un *Administrateur général*, qui dirige l'Agence et dispose d'un *Secrétariat général*. L'Agence, cheville ouvrière, est sise à Paris ; elle a des bureaux à Bruxelles, Genève et New York. Un seul des articles de la Charte crée une situation simple, c'est le dix-neuvième, qui instaure une seule langue de travail, le français. J'allais oublier : à l'Agence, « opérateur principal » de l'OIF, il convient d'ajouter ces « opérateurs directs » que sont l'*Agence universitaire de la francophonie* (AUF), la chaîne de télévision *TV5*, l'*Université Senghor* d'Alexandrie, l'*Association internationale des maires francophones* (AIMF).

6. De ce sociologue de la modernité, spécialiste de la communication, de la télévision, de la mondialisation, on lira sur notre sujet : « Francophonie et Mondialisation », *Hermès*, n° 40, CNRS éd., *Demain la francophonie*, Flammarion, 2006.

7. Je n'imagine pas – peut-être à tort – Samuel Beckett ou Jonathan Littell s'affirmant « francophones ».

8. De l'énorme bibliographie – déjà ! – que suscitent l'idée et les réalités francophones, je retiendrai subjectivement quelques ouvrages. Louis-Jean Calvet, *Le Marché aux langues. Les effets linguistiques de la mondialisation*, Plon, 2002 ; B. Cerquiglini, J.-Cl. Corbeil, J.-M. Klinkenberg, *Les Langues dans l'espace francophone : de la coexistence au partenariat*, L'Harmattan, 2001 ; Xavier Deniau, *La Francophonie*, PUF, 2001 ; Yves Montenay, *La Langue française face à la mondialisation*, Les Belles Lettres, 2005 ; Dominique Wolton, *Demain la francophonie*, déjà mentionné, et les études de Michel Tétu : *La Francophonie. Histoire, problématique et perspectives*, préface de L. S. Senghor, avant-propos de J.-M. Léger, Paris, Hachette, 1988, *Qu'est-ce que la francophonie ?*, Paris, Hachette, 1997 ; ou encore les paroles de conviction et d'action de Giovanni Dotoli, *La Langue française et la francophonie à l'aube du troisième millénaire*, préface de M. Druon, Fasano, Schena et Paris, Presses de l'Université de Paris-Sorbonne, 2005. Le texte récent le plus stimulant, le moins systématique sur ce sujet est pour moi *Les Carnets d'un francophone*, de Jean-Marie Borzeix, éd. Bleu autour, Saint-Pourçain-sur-Sioule, 2006.

9. Un merveilleux cafouillage a précédé le libellé de cet amendement portant sur le premier alinéa de l'article 2 de la Constitution de la Ve République, en 1992. Le texte initial portait : « le français est la langue de la République », ce qui ne pouvait que heurter les Etats ayant la langue française en partage, et ce qui révulsa le Québec, qui y voyait une synonymie sournoise : « le français » = « la langue de la République française », sans doute prêtée à titre gracieux à plusieurs pays du monde. Le Sénat et l'Assem-

blée nationale de ladite République adoptèrent sagement une nouvelle formule, portant que « la langue de la République [était] le français ». Restait l'affirmation d'un singulier, qui aurait pu (et a dû) paraître bien jacobin, bien politique, bien autoritaire, aux défenseurs du breton, de l'alsacien, de l'occitan ou du corse, pour ne rien dire des pays plurilingues où le français est considéré « national ». Prix de consolation, *a posteriori* : ces langues sont « langues de France » (ce qui n'est pas sans faire sourire les Espagnols, s'agissant du catalan et du basque). C'est l'exemple de la Constitution sénégalaise, citant explicitement le français, qui fut invoqué par les militants de l'Association pour la sauvegarde et l'expansion de la langue française (Asselaf) en 1992, pour lancer l'idée d'une inscription du français dans la Constitution de la Ve République. L'absence de toute référence constitutionnelle à cette langue jouait peut-être le rôle de la dénégation freudienne ; et l'apparition de cette affirmation pourrait marquer le début de l'ère du doute, après les périodes glorieuses de l'évidence, et du « cela va sans dire ».

10. Chiffres rappelés, comme les suivants, par Marie-José de Saint-Robert, *La Politique de la langue française*, PUF, 2000.

11. Fénaux, en 1959, cité par Marie-José de Saint-Robert, *op. cit.*, p. 34.

12. Institutions vouées au lexique et à la terminologie. Un *Comité d'étude des termes techniques français* (1954) ; un *Office du vocabulaire français* (1957) dont le secrétaire général était Alain Guillermou, spécialiste du roumain et militant infatigable de la langue française : il fondera en 1965 les *Biennales de la langue française*.

13. Cette association fut « baptisée ainsi par Mohamed El Fassi, ancien recteur de l'Université Mohamed V de Rabat » (M.-J. de Saint-Robert, *op. cit.*, p. 37).

14. Si on ne tient pas à exclure la Bulgarie, la Moldavie, la Roumanie ou le Cambodge, tous Etats membres de l'OIF.

15. En s'inspirant, par exemple, des enquêtes dialectologiques qui s'effectuent en France, Suisse, Belgique dès la fin du XIXe siècle, des enquêtes nord-américaines (y compris au Québec) sur les langues, des pratiques raffinées des statisticiens en matière de démographie (hommage à Alfred Sauvy).

16. Lorsque j'en ai connu le titulaire, dans les années 1980, j'ai cru comprendre qu'il s'occupait surtout d'Haïti.

17. Critiquée, censurée en partie par le Conseil constitutionnel.

18. On peut citer aussi le blocage des mesures destinées à promouvoir l'apprentissage de langues étrangères autres que l'anglais.

19. Certains partenaires de la francophonie s'interrogèrent sur la nature de « supériorité » invoquée, non en matière d'activités délimitées de la République française (le Conseil supérieur de la *magistrature*, par exemple), mais en matière de langue – encore l'ambiguïté de l'adjectif « français ».

20. Mais une « commission générale » de coordination et de filtrage fut créée par décret en 1996, rattachée par la Délégation au ministère de la Culture et contrôlée par l'Académie française, harmonise le processus.

21. *Femme, j'écris ton nom*, juin 1999.

22. Des formes normées existent pour *docteur*, *doctoresse*, pour *médiateur*, *médiatrice*, mais non pour *professeur*, qui n'est pas dérivé de *professer* (bien que ce verbe existe ; *professeuse* serait analogique) ; on voit comme c'est simple.

23. Le principal artisan de cette tâche fut le linguiste Pierre Encrevé.

24. J.-M. Borzeix, *Les Carnets d'un francophone*, op. cit., p. 91-92.

25. « La diffusion du français dans les pays non francophones », dans *Histoire de la langue française, 1945-2000*, op. cit., p. 630 sq.

Sur ce sujet – qui interfère avec celui de « francophonie » –, avant 2000, on doit emprunter à la bibliographie de l'article cité quelques références majeures : D. Coste, éd., *Aspects d'une politique de diffusion du français langue étrangère depuis 1945*, Paris, Hatier, 1984 ; D. Coste, « 1940 à nos jours : Consolidation et ajustements » dans *Le Français dans le monde*, janvier 1998, p. 75-95 ; D. de Robillard et M. Benjamino, éd., *Le Français dans l'espace francophone*, 2 vol., 1993, 1996 ; A. Salon, *L'Action culturelle de la France dans le monde. Analyse critique*, thèse d'Etat, Paris I, 3 vol., 1981.

26. Soit 257 000 élèves. L'instauration d'une seconde langue étrangère multipliera ce chiffre par 5, en 2005.

27. Au point qu'on soupçonne des différences de méthode (ou des erreurs) pour ces comptages.

28. Une utile mise en garde : le *Catalogue des idées reçues sur la langue*, par Marina Yaguello, Paris, Le Seuil, Points Virgule, 1988.

29. Election de Jacques Chirac et d'une majorité cohérente avec la présidence, après une période de pouvoir socialiste, puis de cohabitations, avec leurs tensions toujours dommageables aux actions concertées. Depuis lors, un mouvement de retour au passé s'est développé pour l'école.

30. Jean-Claude Chevalier, « L'enseignement du français », dans *Histoire de la langue française, 1945-2000*, op. cit., p. 607-622 ; aussi *L'Enseignement des langues en France, 1945-1998*, Institut français à Tel-Aviv.

31. Voir Daniel Coste, *Institution du français Langue étrangère et implications de la linguistique appliquée [...] de 1945 à 1975*, thèse d'Etat, 1987 ; et *Vingt ans dans l'évolution de la didactique des langues* (1968-1988), Paris, Crédif-Hatier, 1994.

32. J.-Cl. Chevalier remarque que ces IUFM, de fait du chômage ambiant, souffrirent d'un « afflux massif de candidatures qui a renforcé le rôle des concours de sélection », Capes et agrégation, eux-mêmes fermés sur des traditions exsangues, « la dissertation et l'explication de textes, hâtivement repeints aux couleurs de la poétique et de la narratologie » (*op. cit.*, p. 618).

33. A la 60e Assemblée générale des Nations unies, vingt-trois Etats membres de l'OIF se sont exprimés en français, dix en anglais, le Canada dans ces deux langues. Deux pays n'appartenant pas à l'OIF ont employé le français : l'Italie et l'Algérie (source : Rapport au Parlement sur l'emploi de la langue française, 2006).

34. Allemand, 18 %, anglais et italien, 13 %, français, 12 %, espagnol et polonais, 9 %, néerlandais, 5 %.

35. Anglais (13 + 34 = 47 %), allemand (18 + 12 = 30 %), français (12 + 11 = 23 %), italien (13 + 2 = 15 %), espagnol (9 + 5 = 14 %), polonais (9 + 1 = 10 %), néerlandais (5 + 1 = 6 %).

7. XXIe siècle : l'état des lieux

1. Sur la notion générale de « droit au français », du point de vue de la France, voir le *Rapport au Parlement sur l'emploi de la langue française pour 2006*, ministère de la Culture et de la Communication, p. 15-44 (« Garantir un "droit au français" ») et p. 56-58 (« Favoriser la cohésion sociale, III, L'intégration linguistique des migrants »).

2. *Diversité culturelle et Francophonie dans l'espace francophone et à l'échelle mondiale*, Actes du Haut Conseil de la Francophonie, de l'OIF, Paris, 19-20 janvier 2004, p. 13-15.

3. *Clavarder* et *clavardage* sont des néologismes créés au Québec sur *clavier* et *bavarder*, *bavardage*. Ils remplacent et éclairent pour tout francophone l'emploi assez inepte de *chat*, même prononcé *tchatt*, en français.

4. Le sigle *http* correspond à *HyperText Transfer Protocol* ; sa version française devrait être *ptht* ou *pth*, mais unification se dit américanisme, au XXIe siècle.

5. Mot-valise, de *Weblog*, *log* désignant le journal de bord d'un navigateur.

6. « Bâtir Babel. Comment organiser la diversité des langues en Europe », dans *Constructif*, n° 12, décembre 2005, *Défendre la langue française*.

7. J. Rey-Debove, *Le Métalangage*, éd. Le Robert, 1978.

BIBLIOGRAPHIE

Généralités

Actualité de l'histoire de la langue française. Méthodes et documents (dir. J.-P. Seguin et B. Ebenstein). Colloque de Limoges (1982). Travaux et mémoires de l'Université de Limoges, 1982.

AMBROSE, J., *Bibliographie des études sur le français parlé*, Paris, INALF, 1996.

ARMSTRONG, N., *Social and Stylistic Variation in Spoken French*, Amsterdam, Benjamins, 2001.

AUROUX, S. (dir.), *Histoire des idées linguistiques*, Liège, Mardaga, 1989-2000.

AYRES-BENETT, W., *A History of the French Language through Texts*, London, Routledge, 1996.

BALIBAR, Renée, *L'Institution du français*, Paris, PUF, 1985.

BEAULIEUX, Charles, *Histoire de l'orthographe française*, Paris, Champion, 1927.

BOUCHARD, Chantal, *La Langue et le nombril : une histoire sociolinguistique du Québec*, Montréal, Fides, 2002.

BRANCA-ROSOFF, Sonia, dir., *L'Institution des langues. Autour de Renée Balibar*, Paris, éditions de la Maison des sciences de l'homme, 2001.

BRAUDEL, Ferdinand, *L'Identité de la France*, 2 vol., Paris, Arthaud-Flammarion, 1986.

BRUN, A., *Recherches historiques sur l'introduction du français dans les provinces du Midi*, Paris, Champion, 1923.

BRUN, A., *Le Français de Marseille*, Marseille, Bibliothèque de l'Institut de Provence, 1931.

Brun, A., *Parlers régionaux : France dialectale et unité française*, Paris, Didier, 1946.
Bruneau, Charles, *Petite Histoire de la langue française*, Paris, A. Colin, 1966, 2 vol.
Brunot, Ferdinand, *Histoire de la langue française des origines à 1900*, Paris, A. Colin, 1905-1937, 18 vol., rééd. 1966.
Burguière, André et Revel Jacques, dir., *Histoire de la France. L'Etat et les pouvoirs*, volume dirigé par Jacques Le Goff, Paris, Seuil, 1989.
Calvet, Louis-Jean, *Linguistique et colonialisme*, Paris, Payot, 2002.
Caput, Jean-Paul, *La Langue française, histoire d'une institution*, 2 vol. Paris, Larousse, 1972 et 1975.
Catach, Nina, dir., *Dictionnaire historique de l'orthographe française*, Paris, Larousse, 1995.
Cerquiglini, Bernard, *Le Roman de l'orthographe. Au paradis des mots, avant la faute. 1150-1694*, Paris, Hatier, 1996.
Cerquiglini Bernard, Corbeil Jean-Claude, Klinkenberg Jean-Marie et Peeters Benoît, *Le Français dans tous ses états*, Paris, Flammarion, 2004.
Certeau, M. de, Julia Dominique, Revel Jacques, *Une politique de la langue. La Révolution française et les patois*, Paris, Gallimard, 1975.
Chartier, R., Compère, M.-M. et Julia, D., *L'Education en France du XVIe au XVIIIe siècle*, Paris, SEDES, 1976.
Chartier, Roger, *Lectures et lecteurs dans la France d'Ancien Régime*, Paris, Le Seuil, 1987.
Chartier, Roger, *Culture écrite et société. L'ordre des livres (XIVe-XVIIIe siècles)*, Paris, Albin Michel, 1996.
Chaurand, Jacques, *Introduction à la dialectologie française*, Paris, Bordas, 1972.
Chaurand, Jacques, *Histoire de la langue française*, Paris, PUF, « Que sais-je ? », 1969.
Chaurand, Jacques, *Introduction à l'histoire du vocabulaire français*, Paris, Bordas, 1977.
Chaurand, Jacques, dir., *Nouvelle Histoire de la langue française*, Paris, Seuil, 1999.
Chevalier, Jean-Claude, *Histoire de la grammaire française*, Paris, PUF, « Que sais-je ? », 1994.
Cohen, Marcel, *Histoire d'une langue : le français*, Paris, Messidor, Editions sociales, [1947], 1987.
Cohen, Marcel, *Pour une sociologie du langage*, Paris, Albin Michel (rééd. Maspero, 1956).

DAMOURETTE, J. et PICHON, E., *Essai de grammaire française. Des mots à la pensée*, d'Artrey, Paris, 1927-1950.

DARMESTETER, A., *Cours de grammaire historique de la langue française*, Delagrave, Paris, 1891-1897.

DAUZAT, A., *Histoire de la langue française*, Paris, Payot, 1930.

DAUZAT, A., *Les Patois*, Paris, Delagrave, 1946.

DROIXHE, Daniel, *La Linguistique et l'appel à l'histoire (1600-1800). Rationalisme et révolutions positivistes*, Genève, Droz, 1978.

DROIXHE, Daniel *Histoire de la langue française, (histoire externe, de la Renaissance à nos jours)*, Bruxelles, Presses Universitaires, 1978.

ELIAS, Norbert, *La Dynamique de l'Occident*, Paris, Calmann-Lévy, 1975.

ELIAS, Norbert, *La Société de cour*, Paris, Flammarion, 1985.

ELIAS, Norbert, *La Civilisation des mœurs*, Paris, Calmann-Lévy, 1991.

ERNST, Gerhard et al., éd., *Romanische Sprachgeschichte : eine internationales Handbuch zur Geschichte der romanischen Sprachen / Histoire linguistique de la Romania : manuel international d'histoire linguistique de la Romania*, t. I et II, Berlin-New York, W. de Gruyter, 2003-2006.

FISHMAN, J., *Sociolinguistics in France*, Berlin-New York, Mouton, 1985.

FOGEL, Michèle, *Les Cérémonies de l'information dans la France du XVIe au XVIIIe siècle*, Paris, Fayard, 1989.

FRANCARD, M., éd., *Le Français de référence : constructions et appropriations d'un concept. Actes du colloque de Louvain-la-Neuve*, 1999, Louvain-la-Neuve, Peeters, 2001.

FRANÇOIS, Alexis, *Histoire de la langue française cultivée*, Genève, Jullien, 1959.

FUMAROLI, Marc, dir., *Histoire de la rhétorique dans l'Europe moderne. 1450-1950*, Paris, PUF, 1999.

FURET, F. et OZOUF, M., *Lire et écrire. L'alphabétisation des Français de Calvin à Jules Ferry*, Paris, Minuit, 1977.

GARDETTE, P., *Etudes de géographie linguistique*, Paris, Klincksieck, 1983.

GAUTHIER, P. et LAVOIE, T., éd., *Français de France et français du Canada*, Lyon, Presses de l'université de Lyon III, 1995.

GAUVIN, Lise, *La Fabrique de la langue : de François Rabelais à Réjean Ducharme*, Paris, Seuil, 2004.

GILLIÉRON, J. et EDMONT, E., *Atlas linguistique de la France*, Paris, Champion, 1903-1910.

GLESSGEN, M.-D., *Linguistique romane : domaines et méthodes en linguistique française et romane*, Paris, Armand Colin, 2007.
GORDON, D.C., *The French Language and National Identity*, La Haye, Mouton, 1978.
HAGÈGE, C., *Le Français et les siècles*, Paris, O. Jacob, 1987.
HAGÈGE, C., *Le Français, histoire d'un combat*, Paris, Livre de Poche, 1996.
HALL, R.A., *External History of the Romance Languages*, New York, Elsevier, 1974.
HAVARD, Gilles et VIDAL, Cécile, *Histoire de l'Amérique française*, Paris, Flammarion, 2003.
HOLTUS, Günter, METZELTIN, Michael, SCHMITT Christian, *Lexikon der Romanistischen Linguistik*, Tübingen, Niemeyer, 1988-2005 [en particulier les t. II/2 et V/1].
HUCHON, Mireille, *Histoire de la langue française*, Paris, Livre de Poche, 2002.
JAKOBSON Roman, *Essais de linguistique générale*, trad. de N. Ruwet, éd. de Minuit, Paris, 1963.
LAFONT, Robert, *De la France*, Paris, Gallimard, 1974.
Langue française, nº 10, mai 1971 (dir. A. Lerond) : « Histoire de la langue ».
Langue française, nº 15, septembre 1972 (dir. J.-C. Chevalier) : « Langage et histoire ».
LAPIERRE, J.-W., *Le Pouvoir politique et les langues*, Paris, PUF, 1988.
LEPAPE, Pierre, *Le Pays de la littérature*, Paris, Seuil, 2003.
LEVY P., *Histoire linguistique d'Alsace et de Lorraine*, 2 vol., Paris, Les Belles Lettres, 1929.
LIVET, Ch.-L., *Histoire de l'Académie française*, 2 vol., Paris, Didier, 1858.
LODGE, Anthony, *Le Français, histoire d'un dialecte devenu langue*, Paris, Fayard, 1997.
LODGE, Anthony, *A Sociolinguistic History of Parisian French*, Cambridge, Cambridge University Press, 2004.
MARCHELLO-NIZIA, Christiane, *Le Français en diachronie : douze siècles d'évolution*, Paris, Ophrys « L'essentiel », 1999.
MARTINET, A., *Economie des changements phonétiques. Traité de phonologie diachronique*, A. Francke, Berne, 1955.
MARTINET, A. (sous la direction de), *La Linguistique*, guide alphabétique, Denoël, Paris, 1969.
MARTINET, A. (sous la direction de), *Le Langage* (Encyclopédie de la Pléiade), Gallimard, Paris, 1968.

MATORÉ, G., *Histoire des dictionnaires français*, Paris, Larousse, 1968.

MEILLET, A., *Linguistique historique et linguistique générale*, Champion et Klincksieck, Paris, 1921-1936.

MESCHONNIC, Henri, *De la langue française*, Paris, Hachette, 1997.

MONFRIN, J., « Les parlers en France », in A. François, éd., *La France et les Français*, Paris, Gallimard, « Encyclopédie de la Pléiade », 1972.

MOUGEON, R. et BENIAK, E., *Les Origines du français québecois*, Québec, Presses de l'Université Laval, 1994.

NADEAU, Jean-Benoît, et BARLOW, Julie, *The Story of French*, New York, St Martins Press, 2006.

NORDMAN, Daniel, *Frontières de France. De l'espace au territoire, XVIe-XIXe siècle*, Paris, Gallimard, 1998.

NORA Pierre, dir., *Les Lieux de mémoire*, 3 vol., Paris, Gallimard, 1992.

NYROP, K., *Grammaire historique de la langue française*, Gyldendal, Copenhague, 1899-1930, réimp. 1967 et suiv.

PERRET, M., *Introduction à l'histoire de la langue française*, Paris, Sedes, 1998.

PEYRE, Henri, *La Royauté et les langues provinciales*, Paris, Les Presses modernes, 1933.

PICOCHE, Jacqueline et MARCHELLO-NIZIA Christiane, *Histoire de la langue française*, Paris, Nathan, 1994.

PLOURDE, Michel, DUVAL, Hélène, GEORGEAULT, Pierre, *Le Français au Québec : 400 ans d'histoire et de vie*, Montréal, Fides, 2003.

POPE, M.K., *From Latin to Modern French*, Manchester, Manchester University Press, 1952.

POSNER, R., *Linguistic change in French*, Cambridge University Press, 1997.

PRINCIPATO, Aurelio, *Breve Storia della lingua francese*, Roma, Carocci, 2000.

QUEMADA, B., *Matériaux pour l'histoire du vocabulaire français*, Paris, Didier, 1972.

RÉZEAU, P., éd., *Dictionnaire des régionalismes de France : géographie et histoire d'un patrimoine linguistique*, Bruxelles, Duculot, 2001.

RICKARD, P., *A History of the French Language*, London, Hutchinson, 2e éd., 1989.

ROBILLARD, Didier et BANIAMINO Michel (dir.), *Le Français dans l'espace francophone*, Paris, Champion, 2 vol, 1993.

STEINMEYER, G., *Historische Aspekte des français avancé*, Genève, Droz, 1979.

Swiggers, *Histoire de la pensée linguistique : analyse du langage et réflexion linguistique dans la culture occidentale de l'Antiquité au XIXe siècle*, Paris, PUF, 1997.

Texte und Institutionen in der Geschichte der französischen Sprachen, hrsgb. Gerda Hassler, Bonn, Rominischer Verlag, 2001.

Thomas, Jean-Pierre, *La Langue volée. Histoire intellectuelle de la formation de la langue française*, Berne, Peter Lang, 1989.

Togeby, Knud, *Précis historique de grammaire française*, Copenhague, Akademisk Vorlag, 1974.

Tritter, Jean-Louis, *Histoire de la langue française*, Paris, Ellipses, 1999.

Valdman, A., éd., *Le Français hors de France*, Paris, Champion, 1979.

Vermes, G., éd., *Vingt-cinq communautés linguistiques de la France*, Paris, L'Harmattan, 1988.

Vermès, G., et Boutet J., éd., *France, pays multilingue*, 2 vol., Paris, L'Harmattan, 1987.

Walter, H., *Le Français dans tous les sens*, Paris, Laffont, 1988.

Wartburg, W. von, *Evolution et structure de la langue française*, Berne, Francke, 6e éd., 1962.

Yaguello, Marina (dir.), *Le Grand Livre de la langue française*, Paris, Le Seuil, 2003.

Zeldin, Théodore, *Les Français*, Paris, Fayard, 1983.

Antiquité et Moyen Age

Banniard M., *Langages et peuples d'Europe : cristallisation des identités romanes et germaniques (VIIe-XIe siècle)*, Toulouse, Presses de l'Université de Toulouse, 2002.

Banniard M., *Du latin aux langues romanes*, Paris, Nathan, 1997.

Banniard M., *Viva voce : communication écrite et communication orale du IVe au IXe siècle en Occident latin*, Paris, 1992.

Bourgain P., *Le Latin médiéval*, Turnhout, Brepols, 2005.

Burgess G. S., *Contribution à l'étude du vocabulaire précourtois*, Genève, Droz, 1970.

Cerquiglini B., *La Couleur de la mélancolie : la fréquentation des livres au XIVe siècle, 1300-1415*, Paris, Hatier, 1993.

Coletti V., *L'Eloquence de la chaire : victoires et défaites du latin entre Moyen Age et Renaissance*, Paris, Le Cerf, 1987.

Guinet L., *Les Emprunts gallo-romans au germanique (du Ier à la fin du Ve siècle)*, Paris, Klincksieck, 1982.

HERMAN J., *Du latin aux langues romanes : études de linguistique historique*, Tübingen, Niemeyer, 1990.
HERMAN J., éd., *La transizione dal latino alle lingue romane*, Tübingen, Niemeyer, 1998.
HUGHES G., *A History of English Words*, Oxford, Blackwell, 2002.
KNECHT P., MARZYS Z., éd., *Ecriture, langues communes et normes. Formation spontanée de koinès et standardisation dans la Galloromania et son voisinage*, Genève-Neuchâtel, Droz, 1993.
KRISTOL A. M., éd., *Manières de langage (1396, 1399, 1415)*, Londres, Anglo-Norman Text Society, 1995.
LAMBERT, P.-Y., *La Langue gauloise*, Paris, Errance, 2003.
LEPELLEY R., *La Normandie dialectale : petite encyclopédie des langages et mots régionaux de la province de Normandie et des îles anglo-normandes*, Caen, Office universitaire d'études normandes-Université de Caen, 1999.
LUCKEN C. et SEGUY, M., éd., *Grammaires du vulgaire : normes et variations de la langue française* (= *Médiévales* 45), Paris, Presses Universitaires de Vincennes, 2003.
LUSIGNAN S., *La Langue des rois au Moyen Age : le français en France et en Angleterre*, Paris, PUF, 2004.
LUSIGNAN S., *Parler vulgairement : les intellectuels et la langue française aux XIIIe et XIVe siècles*, Paris-Montréal, Vrin-Presses de l'Université de Montréal, 1986.
MATORÉ G., *Le Vocabulaire et la société médiévale*, Paris, PUF, 1985.
PFISTER M., « L'area galloromanza », dans *Lo Spazio letterario del Medioevo : 2. Il medioevo volgare : I La produzione del testo*, Rome, Salerno, 1999, p. 13-96.
PICOCHE J., *Etudes de lexicologie et dialectologie*, Paris, 1995, Conseil international de la langue française.
SELIG M., FRANK B., HARTMANN J., *Le Passage à l'écrit des langues romanes*, Tübingen, Niemeyer, 1993.
SOT M., BOUDET J.-P., GUERREAU-JALABERT A., *Histoire culturelle de la France : Le Moyen Age*, t. I, Paris, Seuil, 1997.
TRÉNEL, J., *L'Ancien Testament et la langue française du Moyen Age (VIIIe-XVe siècle)*, Paris, Le Cerf, 1904 (reprint Genève, Slatkine, 1968).
WRIGHT R., éd., *Latin and the Romance Languages in the Early Middle Ages*, Londres, Routledge, 1991.
WRIGHT R., *Late Latin and early Romance in Spain and early Carolingian France*, Liverpool, F. Cairns, 1982.

WÜEST J., *La Dialectalisation de la Gallo-Romania. Etudes phonologiques*, Berne, Francke, 1979.

ZINK M., *La prédication en langue romane avant 1300*, Paris, Champion, 1976.

XVIe siècle

BALSAMO Jean, *Les Rencontres des muses. Italianisme et anti-italianisme dans les lettres françaises de la fin du XVIe siècle.*, Genève, Slatkine, 1992.

BOULARD Gilles, « L'ordonnance de Villers-Cotterêts : le temps de la clarté et la stratégie du temps », *Revue historique* n° 609, janvier-mars 1999.

BRUN A., « En langage maternel françois », *Le Français moderne*, 19, 1951, p. 81-86.

CASTOR G. et CAVE T., *Neolatin and the vernacular in Renaissance France*, Oxford, Clarendon Press, 1984.

CATACH Nina, *L'Orthographe française à l'époque de la Renaissance*, Genève, Droz, 1968.

CERTEAU Michel de, *La Fable mystique, t. I, XVIe-XVIIe siècle*, Paris, Gallimard, 1982.

CITTON Y. et WYSS A., *Les Doctrines orthographiques du XVIe siècle en France*, Genève, Droz, 1989.

CLÉMENT Louis, *Henri Estienne et son œuvre française*, Paris, 1898, Slatkine Reprints, 1967.

COHEN Paul, *Courtly French, Learned Latin and Peasant Patois : The Making of a National Language in Early Modern France*. A Dissertation presented to the Faculty of Princeton University, janvier 2001.

DAVIS ZEMON Natalie, *Les Cultures du peuple. Rituels, savoirs et résistances au XVIe siècle*, Paris, Aubier-Montaigne, 1979.

DEMAIZIÈRE Colette, *La Grammaire française au XVIe siècle : les grammairiens picards*, Paris, Didier, 1983.

DEMONET-LAUNAY Marie-Luce, *Les Voix du signe. Nature et origine du langage à la Renaissance*, Paris, Champion, 1993.

DUBOIS Claude-Gilbert, *Mythe et langage au XVIe siècle*, Bordeaux, Ducrot, 1970.

DUBOIS Claude-Gilbert, *Celtes et Gaulois au XVIe siècle. Le développement littéraire d'un mythe nationaliste,* Paris, Vrin, 1972.

FARGE James K, *Le Parti conservateur au XVIe siècle. Université et Parlement de Paris à l'époque de la Renaissance et de la Réforme*, Paris, Collège de France, 1922.

FIORELLI P., « Pour l'interprétation de l'ordonnance de Villers-Cotterêts », *Le Français moderne*, 18, 1950, p. 277-288.

FRANÇOIS Alexis, « D'une préfiguration de la langue classique au XVIe siècle », *Mélanges offerts à M. Abel Lefranc,* Paris, Droz, 1936.

GILMONT J.-F., *La Réforme et le livre*, Paris, Cerf, 1990.

GRAY Floyd, *Montaigne bilingue. Le latin des Essais*, Paris, Champion, 1991.

HAUSMANN J., *Louis Meigret, humaniste et linguiste*, Tübingen, Gunter Narr Verlag, 1980.

HIGMAN Francis, *La Diffusion de la Réforme en France, 1520-1565*, Paris, Labor et Fides, 1992.

HUCHON Mireille, *Le Français à la Renaissance*, Paris, PUF, 1988.

Interpreting the History of French : A Festschrift for Peter Rickard on the Occasion of his 80th birthday, ed. R. Sampson & W. Ayres-Bennett, Amsterdam-New York, Rodopi, 2002.

JOSEPH John, *Language and Identity : National, Ethnic, Religious*, Houdmills, Basingstocke, and New York, Palgrave MacMillan, 2004.

JOUANNA Arlette, *La France du XVIe siècle (1483-1598),* Paris, PUF, 1996.

KELLEY Donald R., *Foundations of Modern Historical Scholarship. Language, Law and History in the French Renaissance*, New York, Columbia University Press, 1970.

KUKENHEIM Louis, *Contribution à l'histoire de la grammaire italienne, espagnole et française à l'époque de la Renaissance*, Amsterdam, 1932.

LAFONT Robert, *Renaissance du Sud. Essai sur la littérature occitane au temps de Henri IV*, Paris, Gallimard, 1970.

LAMBLEY K.R., *The Teaching and Cultivation of the French Language in England during Tudor and Stuart Times*, Manchester, Manchester University Press, 1920.

LARTIGUE Pierre, *Le Second XVIe siècle. Plumes et rafales (1550-1600),* Paris, Hatier, 1990.

LIVET Charles, *La Grammaire française et les grammairiens du XVIe siècle*, Paris, Didier, 1859.

LONGEON Claude, *Premiers combats pour la langue française*, Paris, Le Livre de Poche, 1989.

MEERHOFF Kees, *Rhétorique et poétique au XVIe siècle en France. Du Bellay, Ramus et les autres*, Leiden, Brill, 1986.

MÉNAGE Daniel, *Introduction à la vie littéraire du XVIe siècle*, Paris, Bordas, 1968.

MILLET Olivier, *Calvin et la dynamique de la parole. Etude de rhétorique réformée*, Paris, Champion, 1992.
PADLEY G.A., *Grammatical Theory in Western Europe. The Latin Tradition,* Cambridge University Press, 1976.
PADLEY G.A., *Grammatical Theory in Western Europe. Trends in Vernacular Grammar I et II,* Cambridge University Press, 1985 et 1988.
RICKARD Peter, *La Langue française au XVIe siècle*, Cambridge University Press, 1968.
SCHMIDT C., « La grammaire française et les langues régionales des XVIe et XVIIe siècles », *Travaux de linguistique et de littérature* 15/1, 1977, p. 215-225.
« Le statut des langues. Approches des langues à la Renaissance », *Histoire Epistémologie Langage*, numéro spécial IV/2, dir. G. Clerico et I. Rosier, 1982.
SMITH Anthony D., *Nationalism and Modernism : a Critical Survey of recent Theories of Nations and Nationalism*, London and New York, Routledge, 1998.
SMITH P.M., *The anti Courtier Trend in Sixteenth Century French Literature*, Genève, Droz, 1966.
SOZZI L., *La Polémique anti-italienne en France au XVIe siècle*, Turin, 1972.
SWIGGERS P. et Van HOECKE W., éd., *La Langue française au XVIe siècle*, Louvain, Leuven University Press, 1989.
Traités de poétique et de rhétorique de la Renaissance, éd. F. Goyet, Paris, Le Livre de Poche, 1990.
TRUDEAU Danielle, « L'ordonnance de Villers-Cotterêts et la langue française : histoire ou interprétation ? », *Bibliothèque d'humanisme et de Renaissance*, t. XLV, 1983.
WOOLRIDGE T.R., *Les Débuts de la lexicographie française, Estienne, Nicot et le « Thresor de la langue française »,* University of Toronto Press, 1977.
YATES F.A., *The French Academies of the Sixteenth Century*, London, Warburg Instiue, 1947.

XVIIe siècle

AYRES-BENETT Wendy, *Vaugelas and the Developpment of the French Language*, The Modern Humanities Research Association, London, 1987.
AYRES-BENETT Wendy, *Sociolinguistic Variation in Seventeenth Century France*, Cambridge University Press, 2004.

Bray R., *La formation de la doctrine classique* [1927], Paris, Nizet, 1983.

Caron Philippe, « L'écriture de la noblesse vers 1680 », in *Grammaire des fautes et du français non conventionnel*, PENS, 1992.

Chambon Jean-Pierre, « L'occitan d'Auvergne au XVIIe siècle », *Revue de linguistique romane*, 54, 1990, p. 377-445.

Dumonceaux Pierre, *Langue et sensibilité au XVIIe siècle*, Genève, Droz, 1975.

Ecrire au XVIIe siècle. Une anthologie, présentée par E. Mortgat et E. Méchoulan, Paris, Presses Pocket, 1992.

Ernst G., *Geschprochenes Französich zu Beginn des 17. Jahrhunderts, Histoire particulière de Louis XIII (1605-1610)*, Tübingen, Niemeyer, 1985.

Fumaroli Marc, *L'Age de l'éloquence. Rhétorique et res litteraria de la Renaissance au seuil de l'époque classique*, Genève, Droz, 1980, rééd. Albin Michel, 1994.

Fumaroli Marc, *Trois institutions littéraires*, Paris, Gallimard, 1994.

Gilles Ménage (1613-1692), grammairien et lexicographe. Le rayonnement de son œuvre linguistique, actes du colloque de Lyon (1994), éd. I. Leroy-Turcan et T.R. Woolridge, Lyon, Schielda, Université Jean Moulin, 1995.

Jouhaud Christian, *Mazarinades : la Fronde des mots*, Paris, Aubier-Montaigne, 1985.

Lathuillière Roger, *La Préciosité. Etude historique et linguistique*, Genève, Droz, 1969.

Lodge R. A., « Molière's Peasants and the Norms of spoken French », *Neuphilologische Mitteilungen*, 92, 1991, p. 485-499.

Méchoulan Henri, dir., *L'Etat baroque. Regards sur la pensée politique de la France du premier XVIIe siècle*, Paris, Vrin, 1985.

Merlin Hélène, *Public et littérature en France au XVIIe siècle*, Paris, Les Belles Lettres, 1994.

Merlin-Kajman Hélène, *L'Absolutisme dans les Lettres et la théorie des deux corps. Passions et politique*, Paris, Champion, 2000.

Merlin-Kajman Hélène, *L'Excentricité académique. Littérature, institution, société*, Paris, Les Belles Lettres, 2001.

Pellisson et d'Olivet, *Histoire de l'Académie française*, éd. Ch.-L. Livet, Paris, Didier, 1858.

Sancier-Chateau, Anne, *Une esthétique nouvelle : Honoré d'Urfé correcteur de « L'Astrée » (1607-1625)*, Genève, Droz, 1995.

Seicento francese ogg (Il). Situazione e prospettive della ricerca, Atti del

Convegno internazionale (Monopoli, maggio 1993), a cura di G. Dotoli, Adriatica/Nizet, Bari/Parigi, 1994.

XVIIIᵉ siècle et Révolution

ANTOINE G., « Lexicographie et révolution », in *Corps écrit*, n° 28, déc. 1988, p. 15-25.

Autour de Féraud. La lexicographie en France de 1762 à 1835, ENS de jeunes filles n° 29, 1986.

BARNY R., « Les mots et les choses chez les hommes de la Révolution française », in *La Pensée*, n° 202, nov.-déc. 1978, p. 95-115.

BOURGUINAT Elisabeth, *Le siècle du persiflage. 1734-1789*, Paris, PUF, 1998.

BRANCA-ROSOFF, S., « Deux points, ouvrez les guillemets ; notes sur la ponctuation du discours rapporté au XVIIIᵉ siècle », *Le Gré des langues* n° 5, 1993.

BRANCA-ROSOFF S. et SCHNEIDER N., *L'Ecriture des citoyens*, Publications de l'INALF, Klincksieck, 1994.

BUSSE W., TRABANT J., dir., *Les Idéologues. Sémiotique, théories et politiques linguistiques pendant la Révolution française*, Amsterdam-/Philadelphia, John Benjamins Publishing Co., 1986.

CARON Philippe, *Des « Belles-lettres » à la « Littérature ». Une archéologie des signes du savoir profane en langue française (1680-1760)*, Louvain-Paris, Peeters – Bibliothèque de l'Information grammaticale, 1992.

CAUSSAT Pierre, ADAMSKI Dariusz et CRÉPON Marc, *La Langue source de la nation*.

Messianismes séculiers en Europe centrale et orientale du XVIIIᵉ au XXᵉ siècle, Liège, Mardaga, 1996.

CELLARD Jacques, *Ah ! ça ira, ça ira... Ces mots que nous devons à la Révolution*, Balland, 1989.

CHARTIER Roger, *Les Origines culturelles de la Révolution française*, Paris, Seuil, 1990.

CHAURAND Jacques, « Orthographe et morphologie verbale chez les villageois du Soissonnais à la fin du XVIIIᵉ siècle », *Le Français moderne*, décembre 1992.

COHEN, Marcel, *Le français en 1700 d'après le témoignage de Gile Vaudelin*, Paris, Champion, 1946.

DELOFFRE Frédéric, *Une préciosité nouvelle. Marivaux et le marivaudage*, Les Belles Lettres, 1955.

Dictionnaire des usages socio-politiques (1770-1815), 3 vol., Klincksieck, 1986, 1987, 1988.

DESGROUAIS M., *Les Gasconismes corrigés*, Toulouse, Robert, 1766.

FORMIGARI Lia, *Signs, Sciences and Politics Philosophies of Language in Europe 1700-1830*, Amsterdam/Philadelphia, John Benjamins, 1993.

FRANÇOIS Alexis, *La Grammaire du purisme et l'Académie française au XVIIIe siècle*, Genève, Slatkine Reprints, 1973.

FREY M., *Les Transformations du vocabulaire français à l'époque de la Révolution*, Paris, PUF, 1925.

FUMAROLI, Marc, *Quand l'Europe parlait français*, Paris, Editions de Fallois, 2001.

GAZIER A., *Lettres à Grégoire sur les patois de la France (1790-1794)*, Paris, Durand, 1880.

GOHIN F., *Les Transformations de la langue française (1740-1789)*, Genève, Slatkine Reprints, 1970 (1re éd. 1903).

GUILHAUMOU Jacques, *La Langue politique et la Révolution française. De l'événement à la raison linguistique*, Paris, Méridiens-Klincksieck, 1989.

GUILHAUMOU Jacques, *L'Avènement des porte-parole de la république (1789-1792). Essai de synthèse sur les langages de la Révolution française*, Lille, Presses Universitaires du Septentrion, 1998.

HASSLER G., *Sprachtheorie der Aufklärung. Zur Rolle der Sprache im Erkenntnisprozess*, Berlin, Akademie Verlag, 1984.

HASSLER G. & SCHMITT P., ed., *Sprachdiskussion und Beschreibung von Sprachen im 17. und 18. Jahrhundert*, Münster, Nodus Publikationen, 1999.

Langages, langue de la Révolution française, numéro spécial de la revue *Mots*, mars 1988.

Langue et Révolution, numéro spécial de la revue *Linx*, n° 15, 1986.

MENNA C. et al., a cura di, *Dalla Rivoluzione alla Restaurazione. Ideologia, eloquenza, coscienza di sé*, Napoli, Edizioni Scientifiche Italiane, 1991.

MOORE A.P., *The « Genre Poissard » and the French Stage of the Eighteenth century*, New York, Columbia University Press, 1935.

MORMILE M., *Desfontaines et la crise néologique*, Roma, Bulzoni, 1967.

MORMILE M., *La Néologie révolutionnaire de Louis-Sébastien Mercier*, Roma, Bulzoni, 1973.

MORMILE M, *Voltaire linguiste et la question des auteurs classiques*, Roma, Bulzoni, 1982.

MYLNE V., « Social Realism in the Dialogue of Eighteenth-Century

French Fiction », in *Studies in Eighteenth Century Culture*, n° 6, 1977, p. 265-284.

Poétiques du burlesque, éd. D. Bertrand, Paris, Champion, 1998.

PROSCHWITZ G. von, « Le vocabulaire politique du XVIIIe siècle avant et après la Révolution. Scission ou continuité ? », *Le Français moderne*, 1966.

RENWICK J, ed., *Language and Rhetoric of the Revolution*, Edinburgh, Edinburgh University Press, 1990.

RENZI L, *La politica linguistica delle Rivoluzione francese : studio sulle origini e la natura del giacobinismo linguistico*, Napoli, Liguori, 1981.

RICKARD P., *The Embarrassments of Irregularity : the French Language in the 18th Century*, Cambridge, Cambridge University Press, 1981.

RICKEN Ulrich, *Grammaire et philosophie au siècle des Lumières*, Lille, PUL, 1978.

SANTANGELO G.S., *Madame Dacier, una filologa nella crisi (1672-1720)*, Roma, Bulzoni, 1984.

SCHLIEBEN-LANGE Brigitte, *Idéologie, révolution et uniformité du langage*, Liège, Mardaga, 1996.

SEGUIN Jean-Pierre, *La Langue française au XVIIIe siècle*, Paris, Bordas, 1972.

SEGUIN Jean-Pierre, *L'Invention de la phrase au XVIIIe siècle*, Peeters, Bibliothèque de l'Information grammaticale, Louvain-Paris, 1993.

VECCHIO S., *Il circuito semiotico e la politica. Linguaggio, nazione e popolo nella Rivoluzione francese*, Acireale, Galatea Editrice, 1982.

VOVELLE M. dir., *L'image de la Révolution française. Communications présentées lors du Congrès mondial pour le bicentenaire de la Révolution (Sorbonne, 6-12 juillet 1989)*, Paris, Pergamon Press, 1990, 4 vol.

XIXe et XXe siècles

ALLAIRE, Gratien, *La Francophonie canadienne. Portraits*, Québec, AFI-CIDEF, Sudbury, « Prise de parole », 2001.

ALLAIRE, S., *La Subordination dans le français parlé devant les micros de la radiodiffusion*, Paris, Klincksieck, 1973.

ANTOINE, Gérald et MARTIN, Robert, dir., *Histoire de la langue française, 1880-1914*, Paris, CNRS Editions, 1985.

ANTOINE, Gérald et MARTIN, Robert, *Histoire de la langue française, 1914-1945*, Paris, CNRS Editions, 1995.

Antoine, Gérald et Cerquiglini, Bernard, *Histoire de la langue française, 1945-2000*, Paris, CNRS Editions, 2000.

Arrivé, Michel, *Réformer l'orthographes*, Paris, PUF, coll. « Linguistiques nouvelles », 1993.

Atlas linguistiques de la France
ALF = Gilliéron, Jules, et Edmont, Edmond, *Atlas linguistique de la France*, Paris, Champion, 1902-1910 (1920 cartes).
Atlas linguistiques de la France par régions (NALF), Paris, Ed. du CNRS : ALB = Taverdet, Gérard, *Atlas linguistique et ethnographique de Bourgogne*, 1975-1980, 3 vol. ALBRAM = Guillaume, Gabriel, et Chauveau, Jean-Paul, *Atlas linguistique et ethnographique de la Bretagne romane, de l'Anjou et du Maine*, 1975-, 2 vol. parus. ALCB = Bourcelot, Henri, *Atlas linguistique et ethnographique de la Champagne et de la Brie*, 1966-, 3 vol. parus. ALCe = Dubuisson, Pierrette, *Atlas linguistique et ethnographique du Centre*, 1971-1982, 3 vol. ALIFO = Simoni-Aurembou, Marie-Rose, *Atlas linguistique et ethnographique de l'Île-de-France et de l'Orléanais, Perche, Touraine*, 1973-, 2 vol. parus. ALN = *Atlas linguistique et ethnographique normand*, 1980-, 3 vol. parus. ALPic = *Atlas linguistique et ethnographique picard*, 1989-, 2 vol. parus.

* Ayer, Célestin, *Grammaire française, ouvrage destiné à servir de base à l'enseignement scientifique de la langue*, Lausanne, Georg, 1851.

Bally, Charles, *Traité de stylistique française*, t. I : *La Langue parlée et l'expression familière*, Paris, Klincksieck, 1905.

Bally, Charles, *La Crise du français. Notre langue maternelle à l'école*, Neuchâtel, Delachaux et Niestlé, 1930.

Bambeiger, Manuel, *La Radio en France et en Europe*, Paris, PUF, « Que sais-je ? », 1997.

Bauche, Henri, *Le Langage populaire*, Paris, Payot, 1920 (2e éd. 1929).

Baudelot, C. et Establet, R., *L'Ecole capitaliste en France*, Maspero, Paris, 1971.

Beaulieux, C., *L'Orthographe française actuelle, mélange de celle de R. Etienne et de celle de Ronsard*, Bordeaux, Taffard, 1949.

Beaulieux C., *Projet de simplification de l'orthographe actuelle et de la langue par le retour au « bel françois » du XIIe siècle*, Paris, Didier, 1952.

Beslais A., *Rapport général sur les modalités d'une simplification éventuelle de l'orthographe française, élaborée par la Commission ministérielle d'études orthographiques*, Paris, Didier, 1965.

* Ouvrages publiés au XIXe siècle et au début du XXe.

BENGTSSON, S., *La Défense organisée de la langue française*, Uppsala, 1968.

BERGOUNIOUX, G., « La définition de la langue au XIXᵉ siècle », in S. Auroux, S. Delesalle, et H. Meschonnic, éds., *Histoire et grammaire du sens. Hommage à Jean-Claude Chevalier*, Paris, Armand Colin, 1996, p. 72-85.

BERGOUNIOUX, G., « Sciences et institution : la linguistique et l'Université en France (1865-1869) », *Langue française*, 1998, n° 117, p. 6-24.

* BESCHERELLE Frères et LITAIS DE GAUX, *Grammaire nationale ou grammaire de Voltaire, de Racine, de Bossuet, de Fénelon, de J.-J. Rousseau, de Buffon, de Bernardin de Saint-Pierre, de Chateaubriand, de Casimir Delavigne*, Paris, Bourgeois-Maze, 1836.

Bibliographie des Chroniques de langage publiées dans la presse française, I, (1950-1965), Centre d'études du français moderne et contemporain, Didier, Paris, 1970.

BLAMPAIN, Daniel, GOOSSE, André, KLINKENBERG, Jean-Marie et WILMET, Marc, dir., *Le Français en Belgique. Une langue, une communauté*, Louvain-la-Neuve, Duculot, 1997.

BLANCHE-BENVENISTE, Claire. *Approches de la langue parlée en français*, Paris, Ophrys, 1997.

BLANCHE-BENVENISTE, C., et CHERVEL, A., *L'Orthographe*, Paris, Maspero, 1969.

BLANCHE-BENVENISTE, C., et JEANJEAN, C., *Le Français parlé. Transcription et édition*, Paris, Didier-Erudition, 1986.

BONNAFFÉ, *L'Anglicisme et l'anglo-américanisme dans la langue française*, Paris, Delagrave, 1920.

BORZEIX, Jean-Marie, *Les Carnets d'un francophone*, Saint-Pourçain-sur-Sioule, éd. Bleu autour, S.d., 2005.

BOURDIEU, Pierre, *Ce que parler veut dire*, Paris, Fayard, 1982.

BOUTHILLIER, Guy et MEYNAUD, Jean, *Le Choc des langues, au Québec, 1760-1970*, Presses de l'Université de Québec, 1972.

BOUVIER, Jean-Claude, dir., *Les Français et leurs langues*, Aix-en-Provence, Publications de l'Université de Provence, 1991.

* BRACHET et DUSSOUCHET, *Petite Grammaire française fondée sur l'histoire de la langue*, Paris, Hachette, 1875.

BRUANT, Aristide, et BERGY, L. de, *L'Argot au XXᵉ siècle*, Chez l'auteur, 1901.

BRUN, Auguste, *Parlers régionaux, France dialectale et unité nationale*, Didier, Paris, 1946.

* Brunot, Ferdinand, *La Réforme de l'orthographe. Lettre ouverte à M. le ministre de l'Instruction publique*, Paris, Armand Colin, 1905.
Brunot, Ferdinand, *La Pensée et la langue*, Paris, Masson, 1922.
Brunot, Ferdinand, *L'Enseignement de la langue française*, Paris, A. Colin, 1909.
Brunot, Ferdinand, *Observations sur la grammaire de l'Académie française*, Genève, Droz, 1932.
Buben V., *Influence de l'orthographe sur la prononciation du français moderne*, Bratislava, 1935.
* Buisson, Ferdinand, *Dictionnaire de pédagogie*, Hachette, Paris, 1882.
* Buisson, Ferdinand, *L'Enseignement primaire supérieur et professionnel*, Fischbacher, 1887.
Cajolet-Laganière, Hélène et Martel, Pierre, *La Qualité de la langue au Québec*, Institut québécois de recherche sur la culture, 1995 (coll. « Diagnostic », 18).
Calvet, Jean-Louis, *Linguistique et colonialisme, petit traité de glottophagie*, Paris, Payot, 1974.
Calvet, Jean-Louis, *Chanson et Société*, Payot, 1981.
Calvet, Jean-Louis, *La Guerre des langues et les politiques linguistiques*, Payot, 1987.
Calvet, Jean-Louis, *L'Argot*, Paris, PUF, coll. « Que sais-je ? », 1994.
Carton, Fernand, *Introduction à la phonétique du français*, Paris, Bordas, 1974.
Carton, F., Rossi, M., Autesserre, D., et Léon, P., *Les Accents des Français*, Paris, Hachette, 1983.
Le cas du Québec, Colloque de Liège, 1980, Ottawa, Laméac, 1981.
Catach, Nina, *L'Orthographe française. Traité théorique et pratique*, Paris, F. Nathan, 1980.
Cellard, Jacques, « Les chroniques de langue », in *La Norme linguistique*, E. Bédard et J. Maurais, dir., Québec et Paris, Conseil de la langue française et Le Robert, 1983, p. 651-666.
Cerquiglini, Bernard, dir., *Les Langues de France*, Paris, PUF, 2003.
* Chasles, Philarète, *De la grammaire en France et principalement de la « Grammaire nationale », avec quelques observations philosophiques et littéraires sur le Génie, les Progrès et les Vicissitudes de la langue française*, en introduction à Bescherelle frères, et Litais de Gaux, *Grammaire nationale de 1836.*
* Chassang, A., *Nouvelle Grammaire française, avec des notions sur l'histoire de la langue et en particulier sur les variations de la syntaxe du XVIe au XIXe siècle*, Paris, Garnier Frères, 1876.

CHAUDENSON, Robert, *Des îles, des hommes, des langues*, L'Harmattan, 1992.

CHAUDENSON, Robert, *Les Créoles*, Paris, PUF, « Que sais-je ? », 1995.

CHAURAND, Jacques, dir. *Nouvelle Histoire de la langue française*, Paris, Seuil 1999. Parties VI, 1790-1902, Jacques-Philippe Saint-Géraud ; Partie VII, Jean-Marie Klinkenberg ; Partie VIII : Marie-Rose Simoni-Aurembou ; Partie IX : Françoise Gadet ; Partie X : Etienne Brunet.

CHAURAND, Jacques, *Les Parlers de la Thiérache et du Laonnois*, Klincksieck, Paris, 1968.

CHAURAND, Jacques, *Introduction à la dialectologie française*, Paris, Bordas, 1972.

CHAUVEAU, Jean-Paul, *Evolutions phonétiques en gallo*, Paris, éd. du CNRS, 1989.

CHERVEL, André, *Histoire de la grammaire scolaire... et il fallut apprendre à écrire à tous les petits Français*, Paris, Payot, 1977.

CHERVEL, A., et MANESSE, D., *La Dictée. Les Français et l'orthographe*, Paris, Calmann-Lévy, 1989.

CHEVALIER, Jean-Claude, et DELESALLE, Simone, *La Linguistique, la grammaire et l'école, 1750-1914*, Paris, Armand Colin, 1986.

CLAS, André et OUOBA, Benoît, dir., *Visages de français, variétés lexicales de l'espace francophone*, John Libbey, 1990.

COHEN, Marcel, *Français élémentaire ? Non*, Paris, Editions sociales, 1955.

COHEN, Marcel, *Histoire d'une langue : le français*, Paris, Editions sociales, 1967.

Comité d'études des Termes techniques français, *Termes techniques français*, Hermann, Paris, 1972.

* COQUEBERT DE MONTBRET, Eugène de, *Mélanges sur les langues, dialectes et patois*, Paris, Bureau de l'Almanach du commerce, 1831.

COSTE, Daniel, *Aspects d'une politique de diffusion du français langue étrangère depuis 1945*, Paris, Hatier, 1984.

CULIOLI, Antoine, « Pourquoi le français parlé est-il si peu étudié ? », *Recherches sur le français parlé*, n° 5, p. 291-300, 1983.

DAMOURETTE, J. et PICHON, Edouard, *Des mots à la pensée. Essai de grammaire de la langue française*, Paris, d'Artrey, 7 vol. et compléments, 1911-1940.

* DARMESTETER, Arsène, *De la création actuelle des mots nouveaux dans la langue française*, 1877.

* DAUZAT, Albert, *L'Argot de la guerre*, Paris, Armand Colin, 1919.

* Dauzat, Albert, *La langue française d'aujourd'hui*, Paris, Armand Colin, 1908.
Dauzat, Albert, *Les Patois*, Paris, Delagrave, 1927 (1943).
Dauzat, Albert, *Les Argots*, Paris, Delagrave, 1939.
Dauzat, Albert, *Où en sont les études de français. Manuel général de linguistique française moderne*, Paris, d'Artrey, 1935.
Dauzat, Albert, *Le Génie de la langue française*, Paris, Librairie Guénégaud, 1943.
Delattre, P., *Studies in French and Comparative Phonetics*, La Haye, Mouton, 1966.
Deniau, Xavier, *La Francophonie*, Paris, PUF, 1983.
Deroy, L., *L'Emprunt linguistique*, Paris, Les Belles Lettres, 1956.
Derrida, Jacques, *De la grammatologie*, Paris, éd. de Minuit, 1967.
Descamps-Hocquet, M., *Bibliographie des argots français*, Paris, Sorbonnargot, 1989.
* Deschanel, E., *Les Déformations de la langue française*, Paris, Calmann-Lévy, 1898.
* Desgranges, Jeune, *Petit Dictionnaire du peuple, à l'usage des quatre cinquièmes de la France...*, Paris, Chaumerot, 1821.
Désirat, Claude et Hordé, Tristan, *La Langue française au XXe siècle*, Paris, Bordas, 1976.
Desmet, P., *La Linguistique naturaliste en France (1867-1922). Nature, origine et évolution du langage*, Leuven-Paris, Orbis supplementa, 6, Peeters, 1996.
Diversité culturelle et francophonie, Haut Conseil de la francophonie, 19 et 20 janvier 2004.
Dotoli, Giovanni, *La Langue française et la francophonie*, Fasano, Schema et Paris, Presses de Paris-Sorbonne, 2005.
Dubois, Jean, *Le Vocabulaire politique et social en France de 1869 à 1872, à travers les œuvres des écrivains, les revues et les journaux*, Paris, Larousse, 1962.
Dubois, Jean, *Etude sur le dérivation suffixale en français moderne et contemporain*, Paris, Larousse, 1961.
Dubois, Jean, *Grammaire structurale du français, le nom et le prénom*, I, Paris, Larousse, 1965 (sur la question langue orale, langue écrite).
Dubois, Jean, Guilbert, L., Mitterand, H., Pignon, J., *Le Mouvement général du vocabulaire français de 1949 à 1960 d'après un dictionnaire d'usage* dans Dubois, J. et Cl., *Introduction à la lexicographie : le dictionnaire*, Paris, Larousse, 1971.
Duneton, Claude, *Parler croquant*, Paris, Stock, 1973.

Duneton, Claude, *Histoire de la chanson française* (t. II : de 1780 à 1860), Paris, Seuil, 1998.

* Dupuis, Sophie, *Traité de prononciation ou Nouvelle Prosodie française*, Paris, 1835.

Durand, Marguerite, *Le Genre grammatical en français parlé à Paris et dans la région parisienne*, Paris, D'Artrey, 1936.

Durand, Marguerite, « Quelques observations sur un exemple de parisien rural », *Le Français moderne*, 13 (1945), p. 83-91.

Esnault, Gaston, *Le Poilu tel qu'on le parle*, Paris, Bossard, 1919.

Esnault, Gaston, *Dictionnaire historique des argots*, Paris, Larousse, 1965.

Etiemble, René, *Parlez-vous franglais ?*, Paris, Gallimard, 1964.

Eudel, *L'Argot de Saint-Cyr*, 1893.

* Féline, *Dictionnaire de la prononciation de la langue française, indiquée au moyen des caractères phonétiques*, Paris, 1851.

Fine, Agnès et Sangoï, Jean-Claude, *La Population française au XIXe siècle*, Paris, PUF, 1991.

Fonagy, Ivan, « Le français change de visage ? », *Revue romane*, 1989, 24/2, p. 225-254.

Fouché, P., *Phonétique historique du français*, Paris, Klincksieck, 1952-1961.

Fouché, P., *Traité de prononciation française*, Paris, Klincksieck, 1956.

François, Denise, « Les argots », dans *le Langage*, Encyclopédie de la Pléiade, Gallimard, 1968.

François, Denise, *Français parlé. Analyse des unités phoniques et significatives d'un corpus recueilli dans la région parisienne*, Paris, Selaf, 1974, 2 vol.

Francophonie et éducation, Haut Conseil de la francophonie, 16-17 janvier 2006.

Frei, Henri, *La Grammaire des fautes*, Paris, Geuthner – Genève, Kunding – Leipzig, Harrassowitz, 1929, rééd. Genève, Slatkine, 1971.

Gadet, Françoise, *Le Français ordinaire*, Paris, Armand Colin, 1989, nouv. éd. 1997.

Gadet, Françoise, *Le Français populaire*, Paris, PUF, coll. « Que sais-je ? », 1992.

* Gazier, Auguste, *Lettres à Grégoire sur les patois de France (1790-1794)*, Paris, A. Durand et Pedone – Lauriel, 1880.

Georgin, René, *Pour un meilleur français*, Paris, A. Bonne, 1951.

Gilliéron et Edmont. Voir *Atlas linguistique de la France*.

Giraud, Jean, *Lexique français du cinéma des origines à 1930*, Paris, CNRS, 1958.

* Girault-Duvivier, Ch.-P., *Grammaire des grammaires*, Paris, Porthmann, 1812.

Glatigny, M., *Les Marques d'usage dans les dictionnaires français monolingues du XIXᵉ siècle*, Tübingen, Niemeyer, 1998.

Gougenheim (G.), Michéa (R.), Rivenc (P.) et Sauvageot (A.), *L'Elaboration du français élémentaire*, Paris, Didier, 1956.

* Gourmont, Remy de, *Esthétique de la langue française*, Paris, Société du Mercure de France, 1899.

* Grammont, M., *La Prononciation française. Traité pratique*, Paris, Delagrave, 1914.

Grandjouan, M., *Les Linguicides*, Paris, Didier, 1971.

Gréard, O., *La Législation de l'instruction primaire en France depuis 1789 jusqu'à nos jours*, 7 vol., Delamain, 2ᵉ éd., 1900.

Grévisse, Maurice, et Goosse, André, *Le Bon Usage*, Paris – Louvain-la-Neuve, Duculot, 1993 (13ᵉ éd.).

Gueunier, Nicole, « La crise du français en France », in J. Maurais, dir., *La Crise des langues*, Québec et Paris, Conseil de la langue française et Le Robert, p. 5-38, 1985.

Gueunier, Nicole, « Role of Hypercorrection in French Linguistic Change », in *The Fergusonian Impact*, Berlin et New York, vol. 2, ed. by J. Fishman, et al., 1986, Mouton de Gruyter, p. 121-138.

Gueunier, N., Genouvrier, E., et Khomsi, A., *Les Français devant la norme*, Paris, Champion, 1978.

Guilbert, Louis, *La Formation au vocabulaire de l'aviation*, Paris, Larousse, 1965.

Guilbert, Louis, *Vocabulaire de l'astronautique*, enquête linguistique à travers la presse d'information à l'occasion de cinq exploits de cosmonautes, Paris, Larousse, 1967.

Guillou, M., *Francophonie – Puissance*, Paris, Ellipse, 2005.

Guiraud, Pierre, *Le Français populaire*, Paris, PUF, coll. « Que sais-je ? », 1965.

Guiraud, Pierre, *Les Caractères statistiques du vocabulaire*, PUF, 1954.

Guiraud, Pierre, *Les Mots étrangers*, Paris, PUF, 1965.

Guiraud, Pierre, *Patois et dialectes français*, PUF, « Que sais-je ? », 1968.

Guiraud, Pierre, *L'Argot*, PUF, « Que sais-je ? », 1973, 1ʳᵉ éd. 1956.

Guiraud, Pierre, *Les Mots savants*, PUF, 1968.

GUIRAUD, Pierre, *Structures étymologiques du lexique français*, Larousse, 1967.

HAGÈGE, Claude, *Le Français et les siècles*, Paris, Odile Jacob, 1987.

HAGÈGE, Claude, *Combat pour le français*, Paris, Odile Jacob, 2006.

* HATZFELD, Adolphe, DARMESTETER, Arsène et THOMAS, Antoine, *Dictionnaire général de la langue française*, Delagrave (1890-1900), rééd. 1964.

HERMANT, Abel, *Entretiens sur la grammaire française*, Paris, « Le Livre », 1923.

Histoire littéraire de la France, t. IV (1789-1848), Paris, Editions sociales 1972 ; t. V (1848-1913), *id.* 1977 ; t. VI (1913 à nos jours), id. 1982.

HORLUC, P. et MARINET, G, *Bibliographie de la syntaxe du français (1840-1905)*, Paris, Picard, 1908.

JOURNET, R., PETIT, J., et ROBERT, G., *Mots et dictionnaires (1798-1878)*, Annales littéraires de l'Université de Besançon, Paris, diffusion Les Belles Lettres, 11 vol., 1966-1978.

* JULLIEN, Bernard, *Cours supérieur de grammaire*, 1re partie : *Grammaire proprement dite*, Paris, Hachette, extrait du *Cours complet d'éducation pour les filles*, 1849.

KESTELOOT, L., *Les Ecrivains noirs de langue française, naissance d'une littérature*, Bruxelles, Institut de sociologie de l'Université Libre, 1963.

KLEIN, J.-R., *Le Vocabulaire des mœurs de la « vie parisienne », sous le Second Empire. Introduction à l'étude du langage boulevardier*, Louvain, Nauwelaerts, 1976.

LANLY, André, *Le Français d'Afrique du Nord*, Paris, PUF, 1962.

* LARCHEY, Lorédan, *Dictionnaire historique, étymologique et anecdotique de l'argot parisien*, Paris, F. Polo, 1872.

* LAROUSSE, Pierre, *La Lexicologie des écoles. Cours complet de langue française et de style, divisé en 3 années* ; 1re année, *Grammaire élémentaire lexicologique*, Paris, Maire-Nyon [1852] ; 2e année, *Grammaire complète syntaxique et littéraire*, Paris, Larousse et Boyer [1868] ; 3e année, *Grammaire supérieure formant le résumé et le complément de toutes les études grammaticales*, Paris, Larousse et Boyer [1868].

* LAVEAUX, Jean Charles Thiébault de, *Dictionnaire des difficultés grammaticales et littéraires de la langue française*, Paris, 1816 ; *id.* 2e éd. 1822 et 3e éd. 1846.

LE BIDOIS, Robert, « Le langage parlé des personnages de Proust », *Le Français moderne* n° 8-3, p. 199-222, 1939.

Le Bidois, Robert, *Les Mots trompeurs*, Paris, Hachette, 1970.

Lecherbonnier, Bernard, *Pourquoi veulent-ils tuer le français ?*, Paris, Albin Michel, 2005.

Léon, Pierre, *Essais de phonostylistique*, Paris, Didier, 1971.

Léon, Pierre, *Phonétisme et prononciation de français [...]*, Paris, Nathan, 1992.

Léon, Pierre, *Précis de phonostylistique. Parole et expressivité*, Paris, Nathan, 1993.

* Lesaint, M. et Vogel, C., *Traité complet de la prononciation française dans la deuxième moitié du XIXe siècle*, Gesenius, Halle, 3e éd., 1890.

Littré, Emile, *Dictionnaire de la langue française*, Paris, Hachette, 1863-1877. Aucune réédition du XXe siècle n'est recommandable.

Lucci, Vincent, *Etude phonétique du français contemporain à travers la variation situationnelle*, Grenoble, Publications de l'Université des langues et lettres, 1983.

Lucci, Vincent « Prosodie, phonologie et variation en français contemporain », *Langue française*, n° 60, p. 73-84, 1983.

Lucci, Vincent et Millet, Agnès, *L'Orthographe de tous les jours. Enquête sur les pratiques orthographiques des Français*, Paris, Champion, 1994.

Mackenzie, F.C., *Les Relations de l'Angleterre et de la France d'après le Vocabulaire*, Paris, Champion, 1939.

Makouta-Mboukou, J. P., *Le Français en Afrique noire*, Bordas, Paris, 1973.

Mallarmé, Stéphane, *Œuvres complètes*, Gallimard, La Pléiade, 1961.

Martinet, André, *La Prononciation du français contemporain*, Genève-Paris, Droz, 1945.

Martinet, André, *Le Français sans fard*, Paris, PUF, 1969.

Martinet, André, et Walter, Henriette, *Dictionnaire de la prononciation française dans son usage réel*, Paris, France-Expansion, 1973.

* Martinon, P., *Comment on prononce le français. Traité complet de prononciation pratique, avec les noms propres et les mots étrangers*, Paris, Larousse, 1913.

Martinon, P., *Comment on parle en français*, Paris, Larousse, 1927.

Matoré, Georges, *Le Vocabulaire et la société sous Louis-Philippe*, Genève, Droz, et Lille, Giard, 1951.

Matoré, Georges, *Histoire des dictionnaires français*, Paris, Larousse, 1968.

* Mercier, L.-S., *Néologie, ou Vocabulaire de mots nouveaux, à renouveler ou pris dans des acceptions nouvelles*, Paris, Moussard, 1801.

MERLIN, Pierre, *Les Banlieues*, Paris, PUF, coll. « Que sais-je ? », 1999.
METTAS, O., *La Prononciation parisienne. Aspects phonétiques d'un sociolecte parisien*, Paris, Selaf, 1979.
* MEYER, P., *Sur la simplification de notre orthographe*, Paris, Delagrave, 1905.
* MICHAELIS, H., et PASSY, P., *Dictionnaire phonétique de la langue française*, Hanovre-Berlin, C. Meyer, 1897.
MILNER, Jean-Claude, *L'Amour de la langue*, Paris, Seuil, 1978.
MONFRIN, J., « Les parlers en France », dans *La France et les français* (Encyclopédie de la Pléiade), Paris, Gallimard, 1972.
MONTENAY, Yves, *La Langue française face à la mondialisation*, Paris, Les Belles Lettres, 2005.
MULLER, Bodo, *Le Français d'aujourd'hui*, Paris, Klincksieck, 1985 (trad. fr. Annie Elsass).
NERLICH, B., *Semantic Theories in Europe*, 1830-1930, Amsterdam-Philadelphia, John Benjamins, 1992.
NICOLAS, A., XIXe *siècle. Kaléidoscope*, Lille-III, Presses universitaires du Septentrion, 1998.
* NISARD, Charles, *Etudes sur le langage populaire ou patois de Paris et de sa banlieue*, Paris, F. Vieweg, 1872.
NYROP (C.), *Manuel phonétique du français parlé*, Copenhague, 1923.
* PARIS, Gaston, Discours de clôture du congrès fondateur de la Société des parlers de France, *Bulletin de la Société des parlers de France*, Paris, 1885, H. Welter, 1993, n° 1.
Parlez-vous Texto ? (dir. Jacques Anis) Paris, Le Cherche-Midi, 2001.
* PASSY, Paul, « Patois de Sainte-Jamme (Seine-et-Oise) », *Revue des patois gallo-romans*, 4 (1891), p. 7-16.
* PASSY, Paul, *Abrégé de prononciation française*, Leipzig, Teubner, 1913.
PASSY, Paul, *Les Sons du français*, Paris, Didier, 1929.
PÉNET, Martin, *Mémoires de la chanson* [jusqu'en 1919], Omnibus, 1998.
* PETIT DE JULLEVILLE, Louis, *Notions générales sur les origines et sur l'histoire de la langue française*, Paris, Delamain, 1883.
* PETIT DE JULLEVILLE, Louis, *Histoire de la langue et de la littérature française*, t. VII : Dix-neuvième siècle, 1800-1850 ; chap. XVI, La langue française, par F. Brunot ; t. VIII, 1850-1900, chap. XIII, La langue française, par F. Brunot, Paris, Armand Colin, 1899.
* PLATT, Louis, *Dictionnaire critique et raisonné du langage vicieux ou réputé vicieux* ; ouvrage pouvant servir de complément au *Diction-*

naire des difficultés de la langue française par Laveaux, Paris, chez Aimé André, Libraire, 1835.

Poirier, Claude, dir., *Dictionnaire du français québécois*, Québec, Presses de l'Université Laval, depuis 1985.

Poirier, dir., *Langue, espace, société. Les variétés du français en Amérique du Nord*, Presses de l'Université Laval, 1994.

Portebois, Y., *Les Saisons de la langue. Les écrivains et la réforme de l'orthographe de l'Exposition universelle de 1889 à la Première Guerre mondiale*, Paris, Honoré Champion, 1998.

Pottier, Bernard, « La situation linguistique en France », dans *Le Langage* (Encyclopédie de la Pléiade), Paris, Gallimard, 1968.

Pottier, Bernard, éd., *Les Sciences du langage en France au XXe siècle*, Paris, Peeters, 1992, 2e éd.

Prost, A., *L'Enseignement de la France 1800-1967*, Paris, A. Colin, 1968.

Queneau, Raymond, *Bâtons, chiffres et lettres*, Paris, Gallimard, 1965.

Queneau, Raymond, *Entretiens avec Georges Charbonnier*, Paris, Gallimard, 1962.

Rapport au parlement sur l'emploi de la langue française, Paris, ministère de la Culture, 2006.

Rétif, André, *Pierre Larousse (1817-1875) et son œuvre*, Paris, Larousse, 1975.

Rey, Alain, *Littré, l'humaniste et les mots*, Paris, NRF-Gallimard, 1970.

Rey, Alain, « Usages, jugements et prescriptions linguistiques », *Langue française*, n° 16, 1972, p. 4-28.

Rey-Debove, Josette, et Gagnon, Gilberte, *Dictionnaire des anglicismes*, Paris, Le Robert, 1984.

Saint-Gérand, J.-Ph., « Langue, poétique, philologie au XIXe siècle. Du style à la stylistique... Une origine problématique », in *Langues du XIXe siècle*, textes réunis par Graham Falconer, Andrew Oliver, Dorothy Speirs, Toronto, Centre d'études romantiques Joseph Sablé, St. Michael's College, p. 7-33.

Saint-Robert, Marie-José de, *La Politique de la langue française*, Paris, PUF, « Que sais-je ? », 2000.

Sandry et Carrère, *Dictionnaire de l'argot moderne*, Paris, Editions du Dauphin, 1951.

Sauvageot, Aurélien, *Les Procédés expressifs du français contemporain*, Paris, Klincksieck, 1957.

Sauvageot, Aurélien, *Français d'hier ou français de demain ?*, Paris, Nathan, 1978.

SAUVAGEOT, Aurélien, *Français écrit, français parlé*, Paris, Larousse, 1962.

SCHLÄPTER, Robert, dir., *La Suisse aux quatre langues*, Genève, Editions Zoé, 1985.

SCHOELL, F., *La Langue française dans le monde*, Paris, d'Artrey, 1936.

SCHOENI, Gilbert, BRONCKART, Jean-Paul et PERRENARD, Philippe, *La langue française est-elle gouvernable ?*, Neuchâtel-Paris, Delachaux et Niestlé, 1988.

SMITH-THOBODEAUX, John, *Les Francophones de Louisiane*, Paris, Editions Entente, coll. « Minorités », 1977.

STÉBÉ, Jean-Marc, *La Crise des banlieues*, Paris, PUF, coll. « Que sais-je ? », 2002.

STRAKA, Georges, « La prononciation parisienne, ses divers aspects et ses traits généraux », *Bulletin de la Faculté des lettres de Strasbourg*, 1952, 45 p., 2e éd.

STRAKA, Georges, *Les Sons et les mots. Choix d'études de phonétique et de linguistique*, Paris, Klincksieck, 1979.

STRAKA, Georges, « Sur la formation de la prononciation française d'aujourd'hui », *Travaux de linguistique et de littérature*, 19, 1, 1981, p. 161-248.

THÉRIVE, André, *Le Français, langue morte ?*, Paris, Plon, 1923.

THIÉBAULT DE LAVEAUX, J.-Ch., voir LAVEAUX.

THIMONNIER, René, *Le Système graphique du français*, Paris, Plon, 1967, 2e éd. 1976.

TUAILLON, Gaston, « Régionalismes grammaticaux », *Recherches sur le français parlé* n° 5, 1983, p. 227-239.

VALDMAN, Albert, *Le Créole : structure, statut, origine*, Paris, Klincksieck, 1978.

VALDMAN, Albert, dir., *Le Français hors de France*, Paris, Champion, 1979 (chapitres sur le Canada et spécialement le Québec, la Louisiane, la Nouvelle-Angleterre, la Belgique, la Suisse romande, le Val d'Aoste).

VALÉRY, Paul, *Cahiers*, éd. Judith Robinson, Paris, Gallimard, La Pléiade, 1973.

VENDRYES, J., *Le Langage*, Paris, Albin Michel, 1920.

VEKEN, Cyrille, « Le phonographe et le terrain : la mission Brunot-Bruneau dans les Ardennes en 1912 », *Recherches sur le français parlé*, n° 6, p. 45-71, 1985.

VIATTE, Auguste, *La Francophonie*, Paris, Larousse, 1969.

VINAY, Jean-Paul, « Le français en Amérique du Nord », dans *Current Trends in Linguistics*, vol. 10 (*Linguistics in North America*), 1973.

WAGNER, Robert-Léon, *Les Vocabulaires français*, t. I : *Définitions*, t. II : *Les Dictionnaires*, Paris, Didier, coll. « Orientations », 1967.
* DE WAILLY, *Principes généraux et particuliers de la langue française*, Paris, Barbou, 11ᵉ éd., 1807.
WALTER, Henriette, *La Phonologie du français*, Paris, PUF, 1977.
WALTER, Henriette, *Le Français dans tous les sens*, Paris, 1988.
WEBER, Eugen, *La Fin des terroirs ; la modernisation de la France rurale, 1870-1914*, Paris, Fayard, 1983 et 2005.
WEINREICH, Uriel, « Unilinguisme et plurilinguisme », in *Le Langage* (Encyclopédie de la Pléiade), Paris, Gallimard, 1968.
WEXLER, P.J., *La Formation du vocabulaire des chemins de fer en France*, 1778-1842, Genève, Droz, 1955.
WIDLACK, Stanislaw, *Le Français au Canada. Introduction historico-linguistique. Documents. Textes*, Cracovie, Université Jagellonne, 1990.
WOLTON, Dominique, « Francophonie et Mondialisation », *Hermès*, nº 40, CNRS, 2004.
WOLTON, Dominique, *Demain la francophonie*, Paris, Flammarion, 2006.
YAGUELLO, Marina, *Catalogue des idées reçues sur la langue*, Paris, Seuil, 1988.
ZUMTHOR, Paul, *La Lettre et la Voix*, Paris, Seuil, 1987.

CARTES

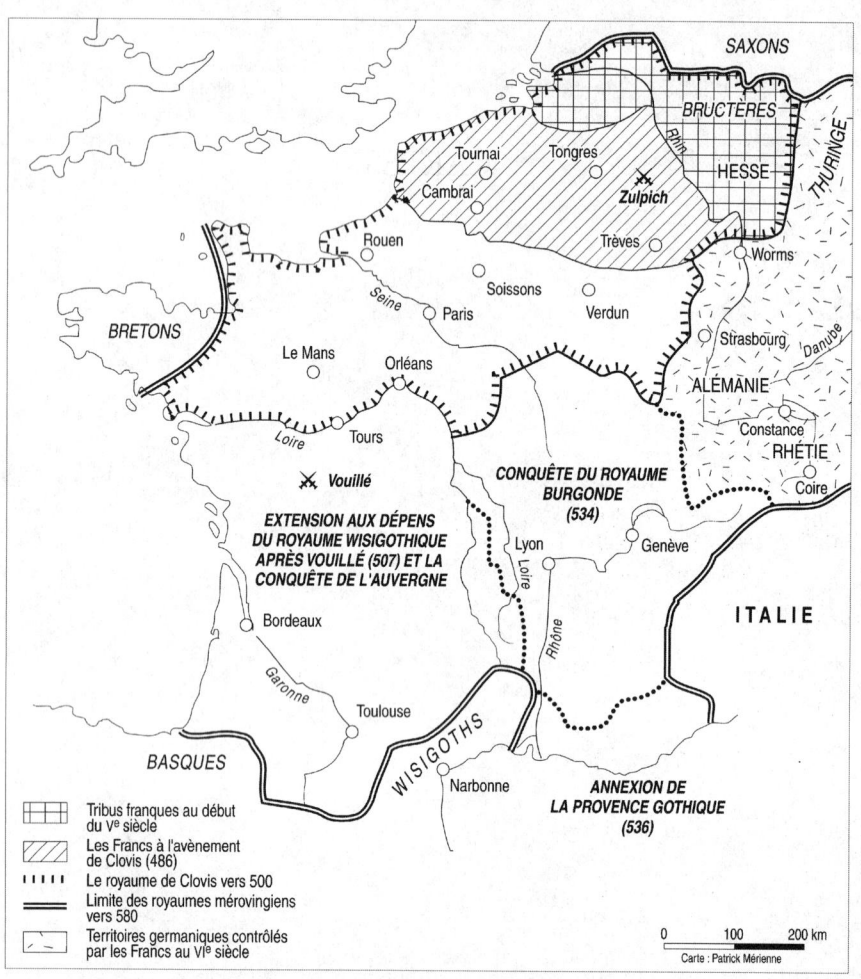

Expansion franque et formation du « regnum Francorum »
à l'époque mérovingienne
(*D'après Histoire de la population française, dir. J. Dupâquier, t. I, Paris, 1988*)

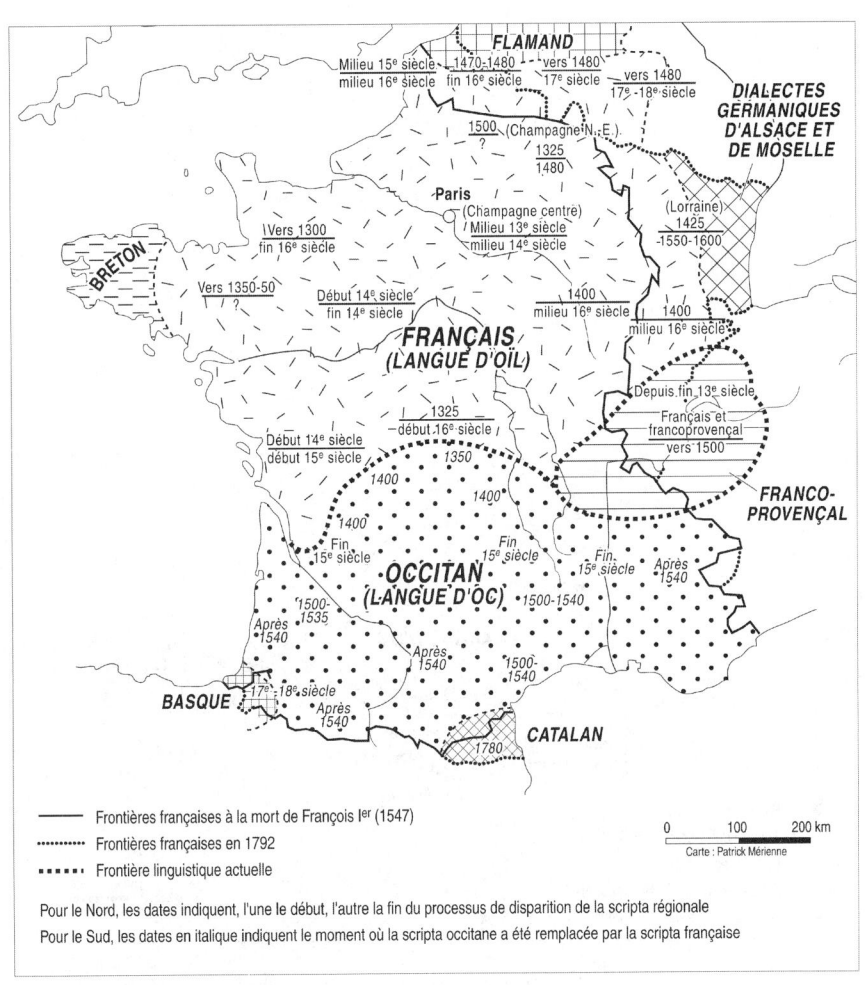

Dates approximatives de la disparition des scripta régionales
(D'après C.-Th. Gossen, Zeitschrift für romanische Philologies)

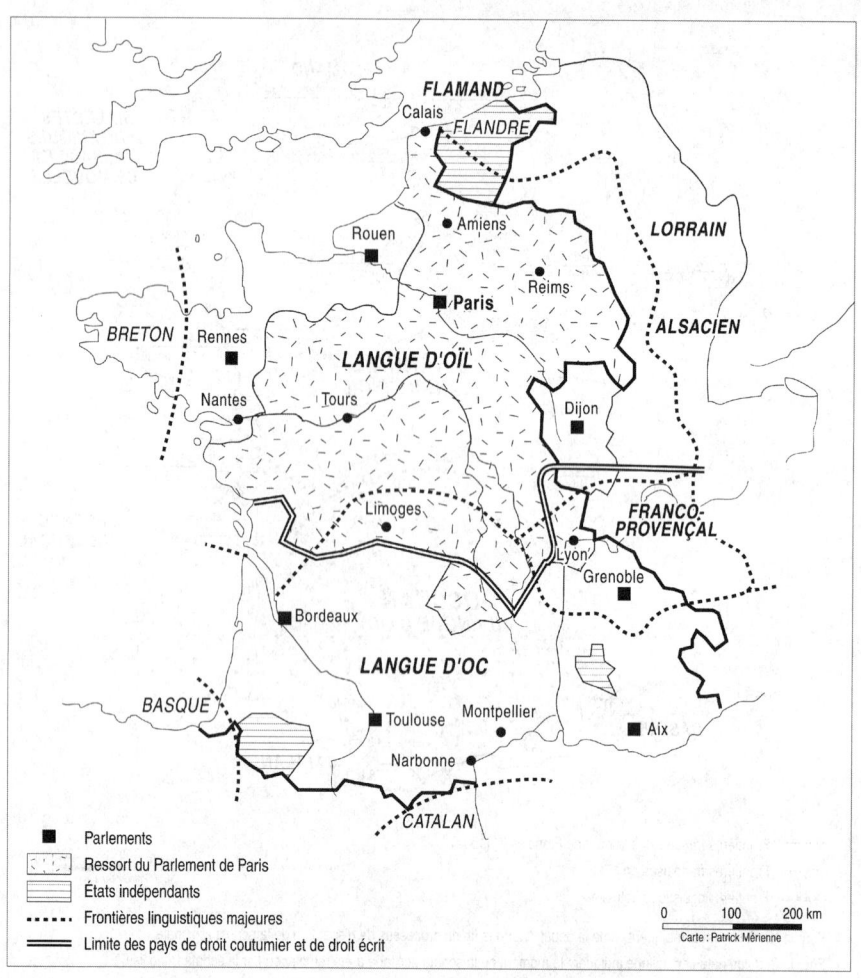

La France à la fin du XVIe siècle

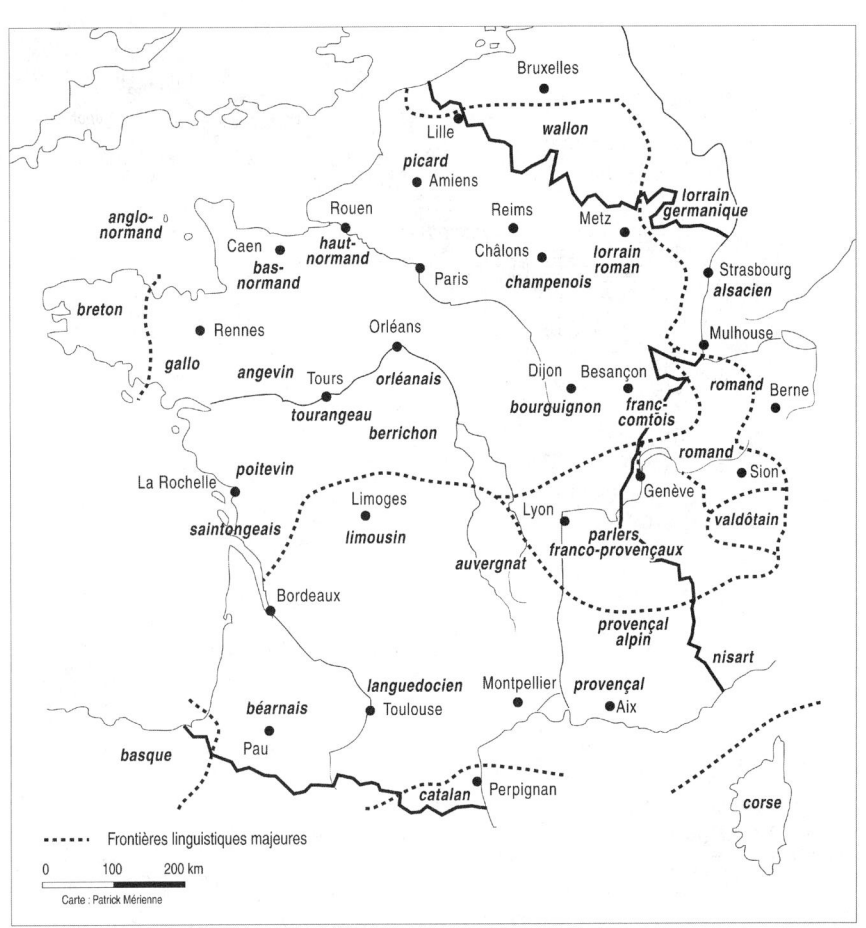

Divisions dialectales à la fin du XVIIIe siècle

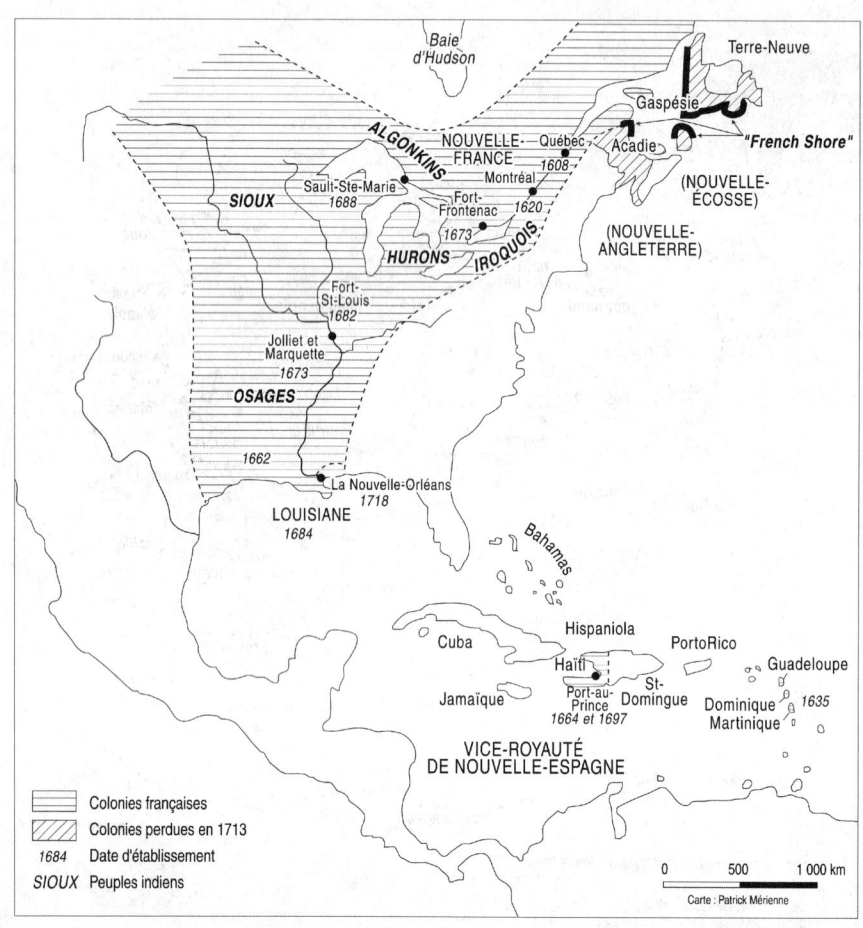

Le français en Amérique en 1763

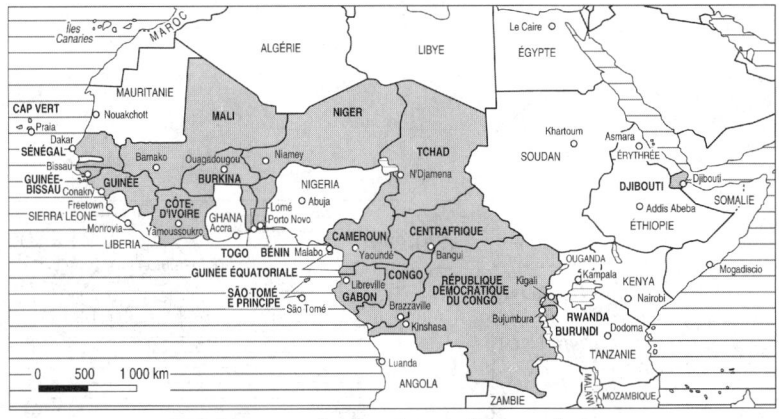

L'Afrique subsaharienne francophone

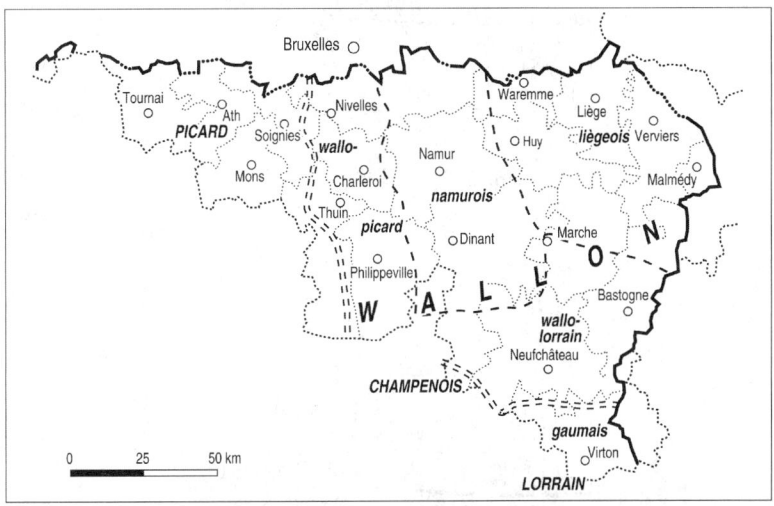

Les dialectes de la Belgique romane
(D'après Louis Remacle, La Différenciation dialectale en Blegique romane avant 1600, Droz, Genève, 1992)

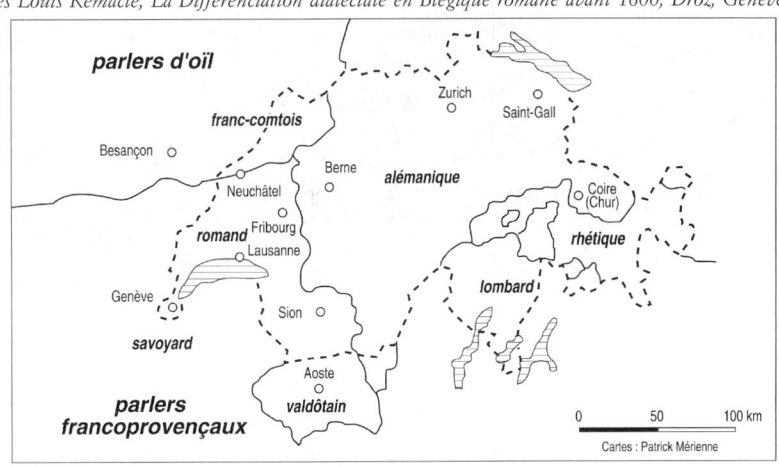

La Suisse linguistique
(D'après J.M. Klinkenberg, Des langues romanes, Duculot, 1994)

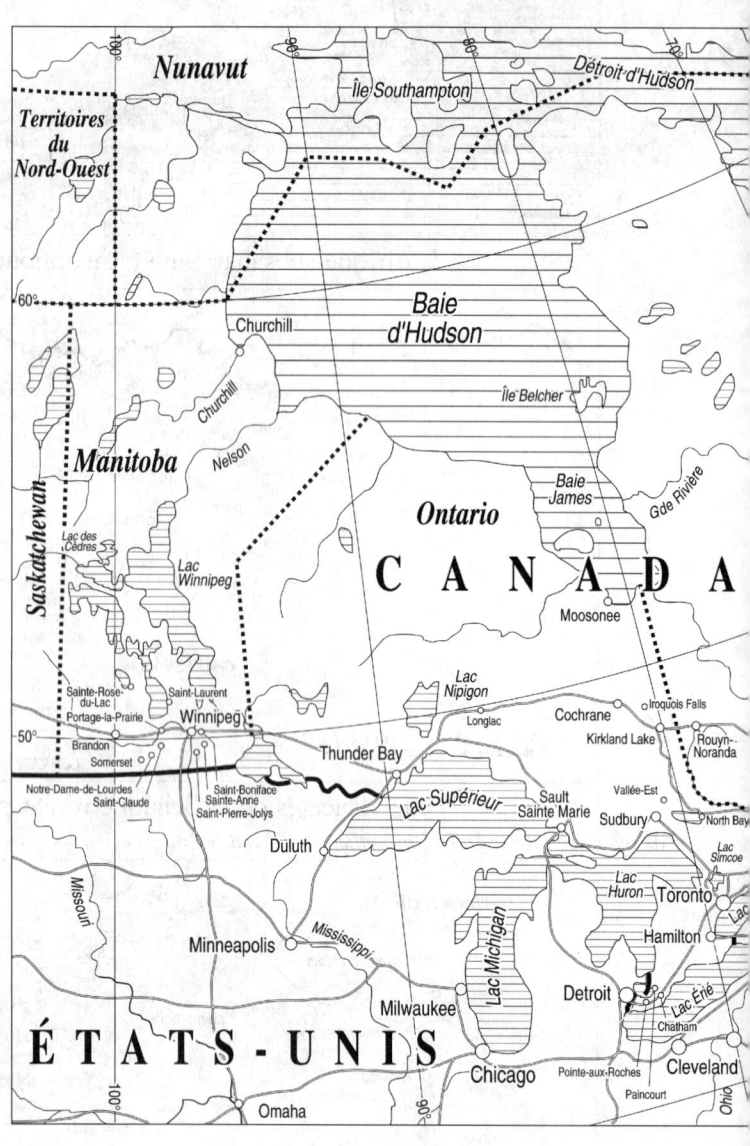

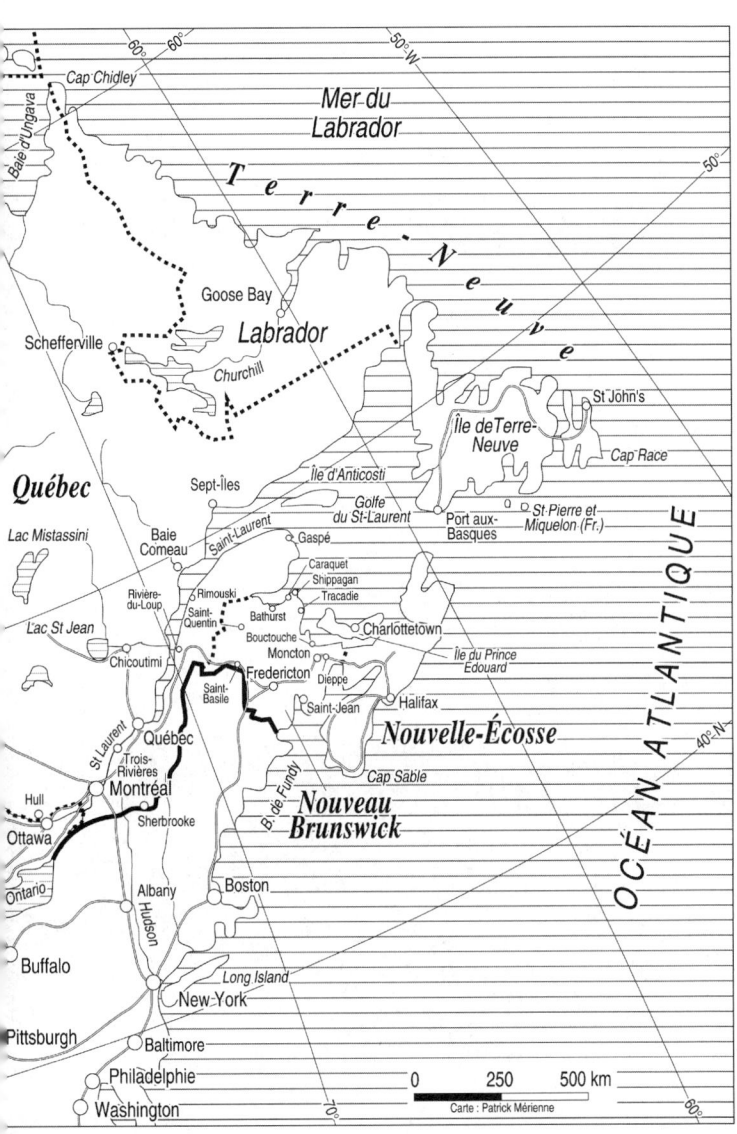

INDEX SÉLECTIF
des noms de personnes, de titres et d'organisations

Abd-el-Kader : 1086
Académie française : 593, 621, 628, 630-635, 658, 674-675, 677-678, 680, 684, 686, 695-698, 701, 703, 705, 709, 716-717, 719-720, 722-723, 733-738, 743, 747, 767-772, 777, 784-785, 787-788, 796, 798, 806, 811, 821, 825-826, 838-839, 860-862, 869, 875, 901, 903-906, 909, 937, 939, 953
Adam de la Halle : 135-136
Adenet le Roi : 137, 436
Adhémar de Chabannes : 361
Aelis : 346
Aisy (Jean d') : 704, 729-730
Alamans : 28-29, 69
Alcuin : 76-78, 82, 94
Aldebrandin de Sienne : 409
Alemand (Louis) : 704, 729-730
Alexandre de Paris : 249
Alexandre de Villedieu : 338
Alfieri (Vittorio) : 830, 833
Alfred : 90
Aliénor d'Aquitaine : 116-117, 263, 298-301, 366, 368, 372, 378
Amyot (Jacques) : 568, 577, 675-676
Andry de Boisregard (Nicolas) : 729-730, 794
Aneau (Barthélémy) : 499, 530, 543
Antonio Astesano (= Antonio d'Asti) : 292, 305
Aquitains : 21-22, 53, 420
Aristote : 556, 635, 687, 814
Arnauld (Antoine) : 687, 691, 710
Arthur : 135, 264, 299-300, 357, 411, 437
Asselin (Olivier) : 1098

Assises de Jérusalem : 441, 443, 445, 451
Augustin (saint) : 31, 42, 44-45, 90, 265, 281, 312
Aymon de Varennes : 383

Bacon (Francis) : 708, 715, 788, 835
Bacon (Roger) : 128, 131, 315, 317
Bagnyon (Jean) : 153
Baïf (Antoine) : 504, 538, 562, 565-566
Baïf (Lazare de) : 469
Balzac (Honoré de) : 984, 1016-1017
Balzac (Jean-Louis Guez de) : 578, 622-625, 628-630, 632, 647, 689, 722
Barbeau (Victor) : 1146, 1148
Barère : 946, 953
Barthélemy l'Anglais : 132, 311
Bary (René) : 696
Basques : 16, 68, 356
Batteux (Charles) : 856-857
Bauche (Henri) : 1220, 1227, 1253
Bayle (Pierre) : 710, 737, 739, 741, 746, 779, 798, 825, 834, 859-860, 878
Beaumarchais : 712, 894, 927
Beauzée (Nicolas) : 706, 863, 868, 937
Belges (= *Belgae*, ensemble de tribus celtes) : 18, 20-21
Bellaud de la Bellaudière : 515, 599
Benoît de Sainte-Maure : 193-194, 268, 300
Benvenuto da Imola : 413
Bergeron (Gaston) : 1150
Bernadau (Pierre) : 942, 944-945, 947
Bescherelle (les frères) : 1004-1005
Bible (= Vulgate) : 42-45, 64, 77, 83-84, 93, 152-153, 181, 232-233, 235, 237-

247, 254, 260, 287, 312, 318, 323, 357, 387-388, 482, 691
Blanchard (Emile) : 1148
Boileau (Nicolas) : 608, 610, 615, 715, 769, 773, 800, 886, 898
Bonald (Louis de) : 993
Bonamy (Pierre-Nicolas) : 870-871
Bonaparte (Napoléon) : 964
Borré : 997
Bossuet (Jacques Bénigne) : 693, 703, 710, 725, 769, 898, 927
Boudard (Alphonse) : 1230
Bouhours (Dominique) : 573, 575, 654, 666, 685, 690-695, 702, 704-705, 722, 724-725, 727-729, 736, 743, 773, 776, 798, 804-805, 814, 831, 838, 863, 875
Bourassa (Henri) : 1084, 1097, 1146
Bourassa (Robert) : 1150
Bourzeys (abbé) : 701
Boutros-Ghali (Boutros) : 1281
Bovelles (Charles de) : 342, 483, 491, 565, 661
Briçonnet : 483
Brunetto Latini : 175, 311, 409
Budé (Guillaume) : 470, 533
Buffier : 770-771, 815
Buffon : 781, 797, 841
Bugnin (Jacques de) : 384
Buies (Arthur) : 1081
Burgondes : 69-70
Bussy-Rabutin (Roger de Rabutin, dit) : 691-692
Buyer (Barthélemy) : 187

Cadiens, Cajuns : 1159 *sq*
Cagayous : 1087-1086
Calandretas (écoles) : 1111
Callet (Pierre) : 1078
Callières (François de) : 726, 728
Calvin (Jean) : 483-485, 595, 748, 817
Camus (Jean-Pierre) : 616, 647
Cantilène de sainte Eulalie : 91-92, 95, 221, 223, 244-245, 295
Cartouche : 895
Caseneuve (Pierre de) : 596
Catherine de Médicis : 514, 529
Catherine II de Russie : 824, 836, 839-844

Céline : 1230
Celtes : 12-15, 17-20, 24, 37, 47, 52, 57
Césaire d'Arles (saint) : 73-74, 83, 97
César (Jules) : 14-15, 19-21, 23-24, 26-27, 30, 37, 47-49, 119, 213, 309, 413
Chamfort (Nicolas de) : 921
Champier (Symphorien) : 342, 473-474
Champion (Antoinette) : 908-910
Champlain (Samuel) : 754
Chanson de Roland : 135, 142, 176, 195, 223, 246, 270, 297, 299, 355, 411, 450
Chantreau : 932
Chapelain (Jean) : 630, 633-634, 685, 702, 733, 736
Charlemagne : 15, 75-78, 81, 85-86, 112-113, 135-136, 254, 264, 280, 282, 299, 312-313, 347, 368, 406, 411, 871
Charles X : 982
Charles II d'Angleterre : 741
Charles IX : 476, 497
Charles le Chauve : 15, 87, 90, 97, 115, 817
Charles Quint : 459-460, 594-595, 743, 817
Charles V : 184-185, 241, 253, 264-265, 283, 285, 311-314, 317-318, 337, 367, 375
Charles VI : 314
Charles VII : 276
Charles VIII : 164, 174, 201, 242, 276, 278, 391, 414, 459, 462-463
Charpentier (François) : 698-700, 705, 731, 825
Charpentier (Fulgence) : 1145
Charrière (Madame de = Isabelle van Zuylen) : 819, 834
Chartier (Alain) : 201, 292, 306
Chartier (Jean) : 202
Chastel (Thomas) : 875-876
Chaudenson (Robert) : 1164
Chénier (André) : 616, 801-802, 807, 816, 916, 965
Chénier (Marie-Joseph) : 954
Chifflet (Laurent) : 686, 822
Chilpéric : 63, 72-73
Choisy (abbé de) : 731, 768
Chrétien de Troyes : 139, 168, 181, 194, 263, 268, 303, 337, 378, 425

Christine de Pizan : 264-265, 290, 312
Cicéron : 20, 23, 30-31, 62, 164, 192, 198, 201-202, 248, 295, 304-305, 310, 327, 347-348, 471, 479, 520-521, 538, 540, 569, 575, 579, 712, 721, 773
Clapin (S.) : 1082
Clémence de Barking : 396
Clovis : 58-59, 61-62, 64, 68, 282, 368
Codofil : 1159
Coeffeteau (Nicolas) : 680, 722
Colbert : 689, 691, 733, 754, 795, 936
Colpron (Gilles) : 1151
Comenius : 708
Commynes (Philippe de) : 306
Complément du Dictionnaire de l'Académie (1842) : 996
Concile de Tours : 58, 81-83, 86, 88, 91
Condillac (Etienne Bonnot de) : 694, 777, 782, 788, 791, 816, 828, 857-859, 864, 866, 868-869, 909, 933
Condorcet : 931, 950-951
Confiant (Raphaël) : 1166
Conon de Béthune : 130-131, 135, 145-146, 172
Conrart (Valentin) : 630-633, 685
Constant (Benjamin) : 980
Coquebert de Montbret : 969
Coquillart (Guillaume) : 171
Coquille (Guy) : 579
Corneille (Pierre) : 570, 635-636, 643, 654, 718-719, 723-724, 743, 746, 793, 798, 807, 827
Corneille (Thomas) : 716, 729, 731, 738, 769, 785, 860, 863
Cottignies (François) : 885
Court de Gébelin : 819, 871
Crébillon fils : 805
Crusca (Academia della) : 630
Cyrano de Bergerac (Savinien) : 643-644, 669-670

Dacier (Madame) : 802-803, 832
D'Alembert : 779, 787, 795, 815, 839, 861-862, 893, 897, 937
D'Aubigné (Agrippa) : 616
D'Olivet (abbé) : 796, 863, 889, 903
Damourette et Pichon : 1219
Dangeau (abbé) : 731, 769, 863, 903
Dante : 175, 234, 334, 357, 365, 412-413, 415, 494, 529, 536-537, 550, 569
Dauzat (Albert) : 1095
David (le chevalier) : 1139
Deimier (Pierre de) : 619, 704
Delvau (Alfred) : 1032
Descartes (René) : 687, 710, 713, 746, 856
Deschamps (Eustache) : 171, 177, 200, 215, 263-264, 304
Desfontaines (abbé) : 805-806
Desgranges (J. L.) : 978
Desjardins (Adélaïd) : 1146
Desmarest de Saint-Sorlin (Jean) : 630, 696-697
Desmoulins (Camille) : 955, 964
Desportes (Philippe) : 570, 609-610, 615, 623, 645, 680
Destutt de Tracy (Antoine Louis Claude) : 933, 952, 1010
Diderot (Denis) : 694, 783-784, 787, 804, 815, 840-841, 856-857, 862, 899, 921-922, 925, 927, 935
Diez (Friedrich) : 1008
Diouf (Abdou) : 1282
Diwan (écoles) : 1117
Dolet (Etienne) : 469, 521, 559-560
Domengeaux (James) : 1159
Domergue (Urbain) : 864, 876, 932, 939-940, 953-954
Donat : 77, 94, 199, 335, 338-339, 341
Donizon de Canossa : 409
Doumer (Paul) : 1090
Du Bellay (Joachim) : 458, 519, 527, 529, 536, 538-543, 563-566, 568, 570, 572, 574, 593, 597, 615, 701, 777, 793, 949
Du Deffand (Madame) : 796, 835
Du Fail (Noël) : 510-511
Du Marsais (César Chesneau) : 706, 776, 814-815, 875, 877
Du Perron (cardinal) : 573, 578, 619-620, 722
Du Vair (Guillaume) : 578, 591, 608, 700
Du Vivier (Gérard) : 742
Dubois (Jacques) : 148, 341, 553
Dudon de Saint-Quentin : 361
Duhamel (Marcel) : 1229

Dulong (Gaston) : 1150
Dunn (Oscar) : 1081
Dupleix (Scipion) : 664, 685
Durham (lord) : 1028
Duruy (Victor) : 1071-1072

Edmont (Edmond) : 1038
Elizabeth Petrovna : 839
Elzevier : 718, 746
Eneas : 296-297
Epinay (Madame d') : 812
Erasme : 219, 242-243, 460, 470, 480, 482-483, 519-520, 538, 556, 583
Esnault (Gaston) : 1096, 1231
Estienne (Henri) : 480, 492, 494, 502-507, 530-536, 557, 565, 573-574, 827
Estienne (Robert) : 472, 547-548, 554-557, 559-560, 563, 673, 717, 771
Etiemble (René) : 1242
Euler (Carl) : 875, 877-878
Evangélistes : 242-243
Evangiles des quenouilles : 163
Evrard de Conty : 337
Evrat : 238

Fabri (Pierre) : 156, 202, 214, 306, 330, 332, 469
Falloux (et loi) : 1071
Farce de la Résurrection de Jenin à Paume : 156
Farce de la Résurrection de Jenin Landore : 331
Farce de maître Pathelin : 155
Farel (Guillaume) : 482-483
Faret (Nicolas) : 630, 647
Fénelon (François Salignac de la Mothe) : 710, 725, 769, 772-775, 804, 806, 815, 861, 866
Fichet (Guillaume) : 186, 202, 348
Flaubert (Gustave) : 1053
Fléchier (Esprit) : 898
Flers (de) et Caillavet : 1257
Fontenelle (Bernard le Bouvier de) : 769, 784, 795, 810
Fortunat : 62-63
Foucher de Chartres : 440
Frain du Tremblay (Jean) : 865

Français peints par eux-même (les) : 986, 1015
François Ier : 458-461, 463-465, 470, 479, 541, 868
Francs : 28-29, 50-51, 56-66, 68-71, 77, 81, 88-89, 97, 212-213, 263, 281, 299, 360, 406
Frédéric II de Prusse : 811, 822, 832, 836-839, 842-843, 873
Frei (Henri) : 1219-20, 1249
Froissart (Jean) : 135-136, 154, 306, 371, 380, 382
Furetière (Antoine) : 633, 638, 648, 669, 675, 716, 733, 736-739, 759, 761, 768, 785, 797-799, 860, 893

Gaguin (Robert) : 186, 291, 348
Gaillard (Auger) : 512
Gamaches : 814-816
Garasse (le Père) : 629
Garat (Joseph) : 876, 933, 954
Gaston Phébus : 371
Gautier Map (= Gauthier Map) : 262, 287, 302
Gendron (Jean-Denis) : 1150
Genet (Jean) : 1231
Geoffrin (Madame) : 796
Geoffroi de La Tour Landry : 169
Germains : 12-13, 18-19, 22, 28-29, 50, 61, 70, 233
Gerson (Jean) : 129, 158, 174, 186, 191-192, 219, 293, 324, 342, 357
Gilles de Rome : 308, 334
Gilliéron (Jules) : 1038
Girard (Gabriel) : 775-777, 863, 901
Girardin (Emile de) : 977
Giraud de Barri : 262, 287-289
Gloses de Reichenau (= *Glossaire de Reichenau*) : 84, 95, 235
Godbout (Jacques) : 1153
Godeau (Antoine) : 630
Godefroy (Frédéric) : 1068
Goglu (Le) : 1148
Goldoni (Carlo) : 829
Goosse (André) : 1141
Gossuin de Metz : 310-311, 335
Gouberville (sire de) : 508

Goudelin (Pierre) [Goudouli] : 597-598, 944
Goulu (Père) : 624
Gournay (Marie de) : 614, 617-621, 625-630, 684-685, 690, 701, 727
Grammaire des fautes (La) : 1220
Grangier (L.) : 1078
Gréban (Simon) : 179, 200, 306
Grecs : 233, 285, 296, 334, 443, 448
Grégoire (abbé Henri) : 884, 886, 918, 940-950, 952, 967
Grégoire de Tours : 38, 53, 58, 63-64, 73
Grevisse (Maurice) : 1141, 1209
Groulx (abbé Lionel) : 1084-1085, 1145
Guernes de Pont-Sainte-Maxence : 397
Guiart des Moulins : 237
Guillaume de Digulleville : 248, 250, 253, 292
Guillaume de Machaut : 170, 305
Guillaume de Malmesbury : 395
Guillaume de Saint-Pair : 249
Guillaume le Conquérant : 272, 339, 394, 453
Guillaume Longue-Epée : 115, 361
Guiot : 139-141
Gustave III de Suède : 836, 843-844
Guy de Roye : 255

Hatzfeld (Adolphe) : 1067
Hautel (d') : 978
Hébert : 966
Henri de Crissey : 233
Henri II Plantagenêt : 116-117, 155, 262, 296, 298, 300-301, 369, 398
Henri II : 529-530, 532, 568
Henri III de Brabant : 137, 425
Henri III : 467, 515-516, 576-578, 592
Henri IV : 461-462, 514, 529-530, 577-578, 591-595, 599-600, 602, 608, 611, 655, 741
Henri VIII d'Angleterre : 550, 817
Hérault de Séchelles (Marie Jean) : 921
Herder (Gottfried) : 832, 870
Herman de Valenciennes : 237
Héroard (Jean) : 600-608, 866
Hilaire (saint) : 44
Hincmar de Reims : 88, 95

Histoire du très vaillant prince Jean d'Avesne (L') : 162
Homier (Pierre, le père Archambault) : 1085
Houdar de la Motte (Antoine) : 802-807, 810, 813, 866
Hue de Rotelande : 288
Hugo (Victor) : 997-998, 1015, 1052-1053
Humbert (Jean) : 1078
Humbert de Romans : 251, 358
Humboldt (Wilhelm von) : 1011
Huon de Méry : 194-195

Ibères : 15-17, 22
Ionesco (Eugène) : 1258
Irénée (saint) : 37, 40, 49
Isaac de l'Étoile : 258
Isidore de Séville : 31, 90, 197, 345

Jacques Bretel : 133, 155
Jardin de Plaisance et Fleur de réthorique (Le) : 331
Jean Bodel : 135-136, 177
Jean Courtecuisse : 127
Jean de Joinville : 382, 450
Jean de Mandeville : 288, 292
Jean de Meun : 133, 172, 174, 204, 306, 311, 314, 319-320, 415
Jean de Salisbury : 262-263, 300
Jean de Trévise : 398, 401
Jean de Vignay : 311, 315, 317
Jean Dupin : 133
Jean II le Bon : 185, 241, 283, 312, 317, 325, 371, 427
Jean Le Fèvre : 253
Jean Renart : 167
Jean XXII : 371, 374
Jérôme (saint) : 21, 31, 42, 44, 83, 93, 235, 238, 246, 260
Jodelle : 566
Joseph Prudhomme : 982
Joubert (Laurent) : 475
Jullien (Bernard) : 1071
Juvénal des Ursins (Jean) : 281

Knecht (Pierre) : 1143
Kildwarby (Robert) : 339

Labé (Louise) : 566-567
La Bruyère (Jean de) : 666, 715, 741, 795, 808
La Chalotais : 898
Lachâtre (Maurice) : 1068
Lafayette (Madame de) : 647, 689, 691, 693, 695, 809
La Fontaine (Jean de) : 616, 648, 658, 741, 793, 811
Lakanal (Joseph) : 950
La mort Aimeri de Narbonne : 197
La Mothe le Vayer (François de) : 630
Lamy (Bernard) : 696, 725, 813, 815
Lancelot (Claude) : 687
Lancelot en prose : 205, 427
Lanthenas : 948-949, 951
La Rochefoucauld (François de) : 741
Larousse (Pierre) : 1067-1068
Laurent de Premierfait : 200, 315-316, 324
Lavergne (loi Lavergne, Québec) : 1084
Lavoisier (Antoine Laurent de) : 782, 933-934
Le Bon Usage : 1141
Le Braz (Anatole) : 1043
Le Bris (Charles) : 887
Le Laboureur : 481, 698, 825, 856-857, 869
Le Pelletier : 883
Le Roy : 479
Le Ver (Firmin) : 344
Lefèvre d'Etaples (Jacques) : 243, 469, 481-483, 554
Legendre (Napoléon) : 1082-1083
Legrand (Jacques) : 199-200, 290, 335
Leibniz (Wilhelm Gottfried) : 710-711, 713, 715, 778, 788-789, 832, 838, 945
Lemaire de Belges (Jean) : 164, 213, 285, 306, 414, 498, 528
Léon (Pierre) : 1097
Lesage (Jean) : 1149
L'Esclache (Louis de) : 653, 719
Levasseur (Thérèse) : 909-910
Levêque (René) : 1150
Lhomond : 898, 952
Liszt (Franz) : 1133
Littré (Emile) : 1067-1068

Locke (John) : 714-715, 741, 780, 814, 835, 855-857, 928
Lomonossov : 841, 878
Loi 101 (Québec) : 1159
Lorrain (Léon) : 1148
Lortie (S. A.) : 1084
Louis IX (Saint Louis) : 183, 282-283, 326, 871
Louis le Germanique : 86-87, 89, 115
Louis le Pieux : 83, 86-87
Louis XII : 459-460, 464, 469, 510, 528
Louis XIII : 575, 594, 600, 602-605, 672
Louis XIV : 461, 592, 614, 655-658, 660, 670, 703, 723, 744, 746, 748-749, 754, 758, 767, 772, 782, 795-796, 825, 828, 833-834, 839, 845, 869, 877, 881, 892
Louis XV : 824, 828-829, 831, 857, 882, 886, 888, 893
Louis XVI : 824, 882, 926, 935
Louis XVIII : 982
Loup de Ferrières : 63
Luther : 480-481

Macé de La Charité : 237, 239
Maeterlinck (Maurice) : 1075
Magritte : 1141
Mahieu le Vilain : 315, 330
Maître Mimin étudiant : 156, 163
Malebranche : 710
Malherbe (François de) : 514, 571, 600, 608-619, 622-625, 629-630, 645, 675, 680, 701, 704-705, 717, 722, 725, 793, 797, 800, 804, 868-869
Mallarmé (Stéphane) : 1248
Mamerot (Sébastien) : 128, 265, 316, 322
Manières de langage : 129, 147-148, 150, 189, 341
Maran (René) : 1182
Marat : 924, 933-934
Marguerite d'Oingt : 383
Marguerite de Navarre : 461, 485, 643, 741
Marguerite de Valois : 514
Marie de Médicis : 529, 601, 609, 611
Marivaux (Pierre Carlet Chamblain de) : 795, 805, 809-810

Marmontel (Jean-François) : 795, 842, 863, 937
Marot (Clément) : 164, 206, 469, 491, 514, 559, 565, 570, 676
Marseillaise (La) : 972
Matthieu (Abel) : 505, 512, 527
Maupas (Charles) : 674
Maupassant (Guy de) : 1042
Maupertuis (Pierre Louis Moreau de) : 838, 868, 874
Mauvillon : 896
Mazarin : 656, 669, 689
McCarthy (D.) : 1083
Meigret (Louis) : 467, 477, 502, 526, 554-557, 559, 561, 563
Ménage (Gilles) : 628, 666, 689-690, 697, 708, 729, 737, 739, 743, 863
Ménétra (Louis) : 911-915
Menot (Michel) : 261, 293
Mercier (Louis-Sébastien) : 792, 896, 919, 936, 964, 966
Mézeray : 677, 719, 733
Michel (Louise) : 1091
Mirabeau : 789, 924, 930, 936, 950
Misérables (Les) : 1052-1053
Mistral (Frederi) : 1064
Molière : 475, 506, 511, 616, 642, 646, 650, 654, 658, 670-672, 682, 690, 736, 893
Molinet (Jean) : 306, 418
Mongin (Père) : 760
Monnier (Henri) : 982
Montaigne : 457, 484, 495, 500, 563, 565, 579-587, 593, 617-619, 621, 623, 625, 627, 629, 644, 675-676, 694, 700-701, 725, 774, 869, 944-945
Montesquieu : 834, 867, 928, 931
Morin (Marie) : 755
Mystère du Vieil Testament : 153
Mystères de Paris (Les) : 1053

Néologie (La) (Mercier) : 966
Newton : 709, 712, 714, 778, 780-781, 786, 835, 837, 928
Nicolas de Clamanges : 186, 253
Nicolas de Lyre : 127
Nicolas de Senlis : 197
Nicole (Pierre) : 687, 691, 715

Nicole Oresme : 213, 281-283, 308, 310, 312, 315, 320, 325, 328, 343, 449
Nicot (Jean) : 548, 673, 676
Nithard : 87
Nodier (Charles) : 1009
Noël et Chapsal : 977
Nollet (abbé) : 780
Nostradamus : 476, 478

Office de la langue française (Québec) : 1150 *sq*
Olbreuse (Madame d') : 744, 825
Olivetan : 483, 560
Organisation des Nations Unies (ONU) : 1299
Organisation internationale de la francophonie (OIF) : 1282
Orthographia gallica : 148, 324
Oudin (Antoine) : 676, 716

Pagnol (Marcel) : 1256
Palatine (Princesse) : 744
Palissy (Bernard) : 478
Palsgrave (John) : 151, 341, 458, 494, 549-550, 552-553
Panckoucke (Charles-Joseph) : 862
Paracelse : 478
Paradin (Guillaume) : 512
Paré (Ambroise) : 474-475
Pascal (Blaise) : 654, 688, 691, 710, 715, 717, 736, 780, 808, 897
Passy (Paul) : 1038, 1078, 1195
Peletier du Mans (Jacques) : 476, 493, 507, 516, 529, 537, 548, 561
Pellerat (Père) : 760
Pellisson (Paul) : 631, 634, 675, 686
Pénard (J. M.) : 1097
Perdiguier (Agricol) : 985
Père Duchesne (Le) : 966
Perrault (Charles) : 703, 714, 719, 904
Petit de Juleville (Louis) : 1052
Pétrarque : 470, 538, 568, 574, 611, 831
Pey de Garros : 514-515
Peyrot (Claude) : 888
Philippe Auguste : 130, 135-136, 142, 150, 213, 298, 370, 375, 395
Philippe de Beaumanoir : 151, 275, 326
Philippe de Mézières : 200

Philippe de Novare : 169, 410, 442, 444
Philippe de Thaon : 180, 309-310, 346, 363
Philippe le Hardi : 184, 427-428
Philippe le Picard : 511
Phocéens : 14, 17
Piccolomini (Enea Silvio) : 170
Pichette (Henri) : 1258
Pierre Bersuire : 290, 312, 316-318, 325, 328-329, 343
Pierre de Blois : 261, 303
Pierre de Celle : 258
Pierre Hélie : 335
Pierre le Grand : 838-839
Pierre Valdès : 239-240
Pierrehumbert (William) : 1078, 1143
Piron (Maurice) 1139-1140
Platon : 479
Pohl (Jacques)1140
Poirier (Claude)1151
Pomey (le Père) : 711, 735
Pontus de Tyard : 566
Port-Royal : 556, 684, 687-688, 691, 717, 769-770, 897
Potier (le Père) : 1027
Pougens (Marie-Charles) : 791, 936
Prévost (l'abbé) : 758, 787, 795, 834, 897, 928
Prion (Pierre) : 911
Priscien : 77, 94, 212, 335, 338-339
Proust (Marcel) : 1268-1269
Psautier lorrain (= trad. lorraine des Psaumes) : 127, 132, 137, 211, 315
Psautier triple d'Eadwin : 236
Pseudo-Frédégaire : 73
Pseudo-Kilwardby : 212

Queneau (Raymond) : 1250-1251, 1259-1260

Raban Maur : 90
Rabelais (François) : 458, 464, 475, 492, 506, 511, 526-527, 535, 545, 573, 643, 676
Racan (Honorat de Bueil marquis de) : 609, 611-613

Racine (Jean) : 457, 658, 693, 695, 723-724, 733, 736, 771-772, 793, 796, 803, 807, 813, 859, 890, 897-898
Racine (Louis) : 724
Raimon Vidal : 199, 357, 365-366
Rambaud (Honorat) : 561-562
Ramus (Pierre de la Ramée, dit) : 467, 479-480, 554, 556-557, 559, 563, 579, 718
Raoul de Houdenc : 166, 194
Rapin (René) : 736, 773, 878
Raschi (Salomon ben Isaac) : 387
Raynouard (François) : 1009
Réaumur (Antoine Ferchault de) : 781
Régnier (Mathurin) : 615-616
Regnier Desmarais (François) : 769-771, 903
Remacle (Louis) : 1139
Renan (Ernest) : 1041
Renart le Contrefait : 252
Restaut (Pierre) : 801, 863
Rey-Debove (Josette) : 1217
Richardson : 928
Richelet (César Pierre) : 633, 661, 716, 732, 735-737, 775, 797-798, 895, 903, 928
Richelieu : 592-593, 630-633, 655, 746, 754-755
Rivard (Adjutor) : 1084, 1147
Rivarol (Antoine de) : 705, 823, 825, 844, 868, 874-876, 878, 890, 894, 921
Robert de Gloucester : 395
Robespierre : 929, 931, 954
Robinet (Gabriel) : 1087
Rollon : 360-361
Roman d'Alexandre (Le) : 199, 249, 296, 396
Roman de Thèbes (Le) : 165-166, 196, 269, 296-297, 304
Ronsard (Pierre de) : 104, 172, 493, 515-516, 527, 534, 537-538, 545, 563, 566, 568-571, 573-574, 576, 591, 597-598, 609-611, 619-620, 623-624, 629, 675, 719, 773, 793, 869
Rousseau (Jean-Jacques) : 786, 804, 816, 819-820, 832, 841, 865-869, 889, 897-898, 907, 909, 911-913, 927, 955
Rutebeuf : 144, 147, 190

Sacy (Isaac Lemaistre de) : 691
Sade (Donatien Alphonse, marquis de) : 896, 926
Saint-Evremond (Charles de Marguetel, marquis de) : 741, 825
Saint-Gelais (Octovien de) : 164, 171-172, 284, 306, 321, 323, 328
Saint-Just : 923
Saint-Pierre (abbé de) : 770, 810
Saint-Réal (César Vichar de) : 794, 796
Saint-Simon (Louis, duc de) : 810-811
Saint-Simon (Henri de) : 985
Sala (Pierre) : 205
Sales (François de) : 680, 887
Sand (George) : 985, 987, 1018, 1039
Scarron (Paul) : 637-638, 644-645, 669, 810
Schwab (Johann-Christoph) : 874-878
Scudéry (Madeleine de) : 631, 647, 658, 702
Sébillet (Thomas) : 560, 567, 570
Sénèque : 521, 712
Série noire : 1229
Serizay (Jacques de) : 630-632
Serments de Strasbourg : 81, 86-93, 95-96, 221-222
Sermon sur Jonas : 91, 93, 260
Sévigné (Madame de) : 457, 666, 689-690, 811, 838, 842
Seyssel (Claude de) : 284-285, 321, 348, 384, 413, 453-454, 460-461, 469
Shakespeare : 525, 928
Sicard : 952
Sidoine Apollinaire : 37-38, 48, 60, 70
Siéyès (abbé) : 931
Simon (Louis) : 911
Simon (Richard) : 692
Simon de Freine : 198
Simon de Tournai : 240, 354
Simoni-Aurembou (M. R.) : 1107-1108
Simonin (Albert) : 1229
Songe du verger : 367
Sophie-Charlotte (princesse) : 838
Sorel (Charles) : 638-644, 648, 664, 669-670, 704, 726-727, 810
Sottie des copieurs et lardeurs : 331
Speroni (Sperone) : 537-539
Stanislas de Pologne : 842

Stendhal : 1018
Sterne (Laurence) : 836
Stilicon : 69
Sue (Eugène) : 1053
Sulpice Sévère : 37, 53
Syagrius : 58-59, 61-62, 120

Tacite : 521
Tallemant des Réaux : 645, 647
Tallemant le Jeune (Louis) : 704, 768
Talleyrand : 936-937
Tardieu (Jean) : 1258
Tardif (Guillaume) : 174-175, 201-202, 339, 378
Tardivel (J. P.) : 1081
Tencin (Madame de) : 795, 835
Thibault (André) : 1143
Thomas d'Aquin (saint) : 127, 356
Thomas de Kent : 396
Tinctor (Jean) : 260, 293
Tocqueville : 1028
Tory (Geoffroy) : 156, 179, 244, 285, 332, 341, 343, 469, 493, 526, 551-553, 559
Tremblay (Michel) : 1153
Très ancien coutumier de Normandie : 275, 327, 361

Urfé (Honoré d') : 636

Vadé (Guillaume) : 893
Valdman (Albert) : 1164
Valdombre (C. H. Grignon) : 1147
Valéry (Paul) : 1319
Valla (Lorenzo) : 291, 347, 538, 593
Van Germep (Arnold) : 1232
Vanier (Victor Augustin) : 1005
Vaudelin (Gile) : 902, 905
Vaugelas (Claude Favre de) : 552, 608, 619, 634, 640-641, 665, 674, 677, 688-690, 693, 695, 702, 714, 717, 720-721, 723-724, 727, 731, 734-735, 738, 768-769, 771, 774, 863, 869, 905
Vauquelin : 616
Vendryes (Joseph) : 1249-1250
Verhaeren (Emile) : 1075
Verne (Jules) : 1057
Viau (Théophile de) : 624, 629, 637-638, 675

Vico (Giambattista) : 832, 869, 875
Vie d'Edouard le Confesseur : 335, 396
Vie de saint Alexis : 223, 225, 269, 295
Vie de saint Wulfric : 397
Vie des Pères : 225
Viger (Jacques) : 1027
Vigneulles (Philippe de) : 282
Vikings : 63, 359-364
Villon (François) : 178-179, 207, 382
Vittoz (Edouard) : 1143
Virgile : 515, 569, 574, 580, 598, 637, 645, 888
Voiture : 646-647, 702, 722
Volnay : 1008
Voltaire : 635, 672, 677, 694, 710, 771-772, 780, 807-808, 813-814, 819, 821, 825, 830, 832, 834-835, 837-843, 868-869, 875, 889, 897, 906, 928

Wace : 139-141, 206, 268, 287, 299-301, 361, 363
Wailly (Nicolas François de) : 902-903, 905
Walter de Bibbesworth : 340
Wolton (Dominique) : 1284
Warnant (Léon) : 1139
Wilhelmine (margravine) : 811, 836
Wilmotte (Maurice) : 1077
Wisigoths : 59, 61-62, 67-68, 120, 368
Wissler (Gustave) : 1078

Zola (Emile) : 1056-1057
Zumthor (Paul) : 1252

INDEX
des noms de langues et dialectes

acadien : 846, 848
afrikaans : 34
alémanique de Suisse : 1077-1078, 1141-1142
allemand (bas-allemand, haut-allemand) : 63, 257, 282, 365, 423, 434-438, 468, 478, 481, 524-525, 535, 656, 672, 689, 709-710, 713-714, 742, 744, 749, 753, 822, 834, 837, 841, 876-877, 946, 988-989 ; (allemand de Belgique) : 1137 sq.
alsacien : 749, 883, 949, 985-986, 1112-1114
anglais : 90, 96, 378, 394-405, 497, 518, 523-525, 535, 549-551, 689, 709, 712-714, 741, 753, 760, 778, 786-787, 820, 830, 834, 837, 841-842, 845-847, 854, 869, 873-874, 876, 927-930, 945 ; (des Etats-Unis) : 1038
anglo-normand : 117, 144, 147, 225-226, 272, 300, 309, 340, 396, 834
anglo-saxon : 76, 224, 403
aquitain : 14, 16
arabe : 379, 388, 410, 417, 421, 441, 446-453 ; (en France) : 1124-1126 ; (Liban, Egypte) : 1170-1171
arabe algérien : 1085
araméen : 43
arménien : 441, 443 ; (en France) 1129-1130
auvergnat : 376, 597, 990-991
bas latin : 689, 713
basque : 12-13, 16, 47, 68, 98, 484, 497, 594-595, 946, 949, 1044, 1120-1121
béarnais : 485, 514, 594, 888
beauceron : 990

berbère : 1125-1126, 1171
bichelamar : 854
bourguignon : 141, 283, 554, 565, 890, 991
bressan : 990
breton : 52, 56-58, 389-392, 481, 484, 497, 499, 510, 640, 657, 659, 883, 887-888, 946, 949, 987-989, 1040-1043, 1116-1118
brittonique : 52
burgonde : 69-70
cajun : 846
castillan. Voir espagnol
catalan : 98, 422, 467, 656, 944, 986, 1119-1120, 1126
celte : 708, 871-872, 883
celtique : 872, 883, 889
chaldéen : 533, 535
champenois : 124, 132, 139, 416, 502, 745
comtois : 124
cornouaillais (breton) : 1116
corse : 883, 889, 949, 972, 1121-1123
cree (langue amérindienne) : 854
créole : 753, 759-763, 846, 848, 850-854, 1128-1129, 1162-1168
dialecte (en France) : 1036-1045
espagnol (castillan) : 380, 420-422, 497, 502, 505, 532-533, 535, 561, 568, 594, 689, 695, 747, 759-760, 826-827, 845, 945 ; (en France) : 1126-1127
flamand : 424-426, 468, 546, 656, 745, 820-822, 834, 886 ; (Belgique) : 1075-1077, 1137-1138 ; (de France) : 1115
florentin : 536, 828
français : *passim*

français tirailleur (petit nègre, petit français) : 1181-1182, 1187
francique (= langue franque) : 60-61, 63-66, 68, 70, 81, 656, 946 ; (moderne) 1114
françois : 127, 132-133, 141-147, 149
franco-italien : 411-412
francoprovençal : 49-50, 53-54, 70, 98, 382-387, 496, 659, 761, 1106-1109
galégo-portugais : 422-423. Voir portugais
galicien : 422
gallo : 57, 390, 1108
gascon : 68, 373, 467, 485, 493, 497, 500, 514, 516, 581, 584, 587, 597, 599, 601, 611-612, 640, 658, 884, 944-945, 1109-1110
gaulois : 12, 14-16, 20-22, 28, 30, 33-40, 49, 533-534, 575, 577, 616, 685, 872, 889
germanique : 21, 29, 56-57, 60, 63-64, 66, 76, 82, 86-87, 89-90, 92, 96, 313, 360, 403, 409, 423, 428, 433-434, 481, 512, 535, 575, 742-743, 950
« gombo » : 846
gotique : 533, 535
grec : 14-15, 21, 41-44, 157, 212-214, 219, 232-233, 245-246, 442, 470-471, 474, 477, 479, 493, 497, 503, 519, 525, 533-535, 538, 540-542, 545-546, 548, 553, 557, 562, 566, 568-569, 572, 580, 582-583, 611, 617, 630-631, 641, 687, 689, 691, 696-698, 703, 707, 714, 735, 752, 777, 779, 785, 865, 868, 875, 897, 918
hébreu : 43-44, 128, 232, 238, 246, 387-388, 435, 470-471, 479, 521, 533, 535, 560, 568, 707, 783
ibère : 14, 16
indien (langue [amér]indiennes) : 481, 663, 754, 854
indo-européen : 12-13, 16, 34, 535, 594, 707, 870
italien : 0, 95, 306, 380-381, 406-422, 445-446, 460, 477, 496, 502, 528-533, 535-539, 560, 565, 573-574, 579, 586, 596, 611, 626, 637, 680, 689, 695, 709, 753, 823-833, 837, 839, 841, 868, 890, 1126-1127
jargon : 177-179
« javanais » : 1233
« joual » : 1152-1154
judéo-français : 387-389
kabyle. Voir berbère
kalo (gitan) : 1132
kanak : 1091, 1189-1190
khmer : 1090
languedocien : 598, 884, 992
langues d'Asie (en France) : 1135
latin : *passim*
le « poilu » (argot des poilus) : 1096
léonais (breton) : 1116
ligure : 14, 16-17
limousin : 375, 492, 552, 597, 992
lingua franca : 440-442
lorrain : 50, 54, 105, 115, 124, 126, 132, 211, 282, 434-435, 502, 946, 949, 989
« louchébem » : 1233
lyonnais : 383, 386-387, 496, 552
manceau : 493, 507
manuš (manouche) : 1132
morvandiau : 991
néerlandais : 423, 425-433, 435, 745, 748, 752-753, 833-834. Voir flamand
normand : 50-51, 105, 111, 115, 117, 125, 140, 149, 156, 163, 193, 355, 362, 402-404, 407, 502, 508, 525, 565, 660, 757, 851, 886, 890, 990
norrois : 359-365
occitan, oc (langue d') : 16, 46-47, 49, 53, 97-98, 116, 125, 357, 365-382, 388-389, 410, 415, 422, 451-452, 461, 465-466, 485, 488, 490, 492, 495, 504, 512-514, 516, 532, 565, 594-599, 656, 871, 883-884, 888, 944, 992, 1038, 1044, 1064, 1109-1112
oïl (dialectes d') : 1036 sq, 1107-1108
parisien : 494, 502, 506, 552, 612, 909
« pataouète » : 1170
périgourdin : 582, 584, 587, 597
persan : 446, 449-450
« petit français » (Afrique) : 1182
picard : 50-51, 54, 108, 115, 119-120, 124, 127-128, 131, 135-136, 138, 140-141, 143-145, 147-149, 154-157, 411,

432, 434, 473, 502, 508, 511, 552, 554, 561, 565, 617, 660, 757, 886, 890, 1108
pidgin : 61, 440, 854
platt (francique lorrain) : 1114
poitevin : 125, 368-369, 382, 493, 511, 565
polonais : 1127
polynésien : 1191-1192
portugais : 422-423, 760, 826, 1126-1127
provençal : 465, 497, 504, 514-515, 532-533, 552, 554, 596-597, 657, 659-660, 883, 890, 1064, 1110-1111. Voir occitan
rom (tsigane) : 1130-1131
roman : 16, 32, 39, 84-89, 92, 94-97, 104, 549, 574, 656, 677, 817
romand (dialecte romands de Suisse) : 1143
russe : 824, 840-842, 878
sabir : 497
saintongeais (xaintongeais) : 125, 368-369, 382, 500, 757

saxon : 56, 395, 434, 525
sintó (tsigane) : 1132
solognot : 990
souriquoien (langue amérindienne) : 854
tahitien : 1191
tamazigh. Voir berbère
tarifit (berbère marocain) : 1125
toscan : 306, 412, 414-415, 496, 536, 565, 593, 630
tourangeau : 492, 565-566
trégorrois (breton) : 1116
tsigane. Voir kaló, rom, sintó
tudesque : 82, 240, 258, 871
turc : 824, 1128
vannetais (breton) : 1116
vendéen : 991
vénitien : 445, 447, 829, 890
vietnamien (écriture quôc ngu) : 1090
wallon (walon) : 50-51, 54, 107, 110-111, 118, 124-125, 434, 745, 818, 820-822, 884, 1139-1141
wisigothique : 68
yiddish : 1134-1135

INDEX
des domaines du français

Acadie : 754-755, 757, 845-846, 848
Afrique du Nord / Afrique subsaharienne : 1029-1030, 1086-1088, 1180-1188
Afrique : 849
Agenais : 116, 377
Alberta (Canada) : 1157
Algérie : 1028, 1086-1087 ; (l'école) : 1087-1088
Allemagne : 434-438, 481, 485, 519, 699, 708, 741-742, 745, 749, 778, 820, 825, 838, 870, 873-874, 878-879
Amérique centrale : 754
Amérique du Nord : 754
Amérique du Sud : 754, 757
Amérique : 673, 755, 817-818, 844, 852-853, 974
Andalousie : 826
Angleterre : 393-405, 462, 502, 519, 525, 549-550, 709, 714, 741-743, 746, 749, 753, 778, 786, 820, 826, 828, 830, 833, 835-836, 841, 844, 873-874, 922, 927-930
Angoumois : 366, 368, 500
Anjou : 153, 661
Antilles : 759-760, 845, 1163-1164, 1165-1167
Antioche : 439, 442
Aoste : 1079-1080
Arras : 154, 273, 298, 425
Artois : 115, 130, 273, 427, 655, 891
Aunis : 368-369
Autriche : 821, 830, 842
Auvergne : 375-377, 658
Avignon : 374-375, 489
Bab-el-Oued (le français de) : 1087

Bas Canada : 847. Voir Canada
Béarn : 461, 516, 594, 888
Belgique : 818, 820-821, 1023-1024, 1075-1077, 1097, 1137-1141, 1160. Voir Wallonie
Bordelais : 356, 374, 377, 467, 497
Bourgogne : 155
Brabant : 426
Bretagne : 389-391, 495, 497-498, 510, 595, 658, 846, 881, 887-889. Voir breton
Calais : 424
Canada : 754-757, 759, 818-819, 822, 840, 844-845, 847, 1025-1029, 1080-1085, 1097-1099, 1144-1152. Voir Québec (Canada hors Québec) : 1154-1158
Caraïbes : 663, 754, 758-759, 762, 848. Voir Antilles
Catalogne : 656, 888
Champagne : 122, 124, 144, 146, 152-154, 273, 388, 416
Chine : 492, 558
Chypre : 439-441, 444-445
Cilicie : 439, 443
Colombie britannique : 1158
Congo belge : 1089
Corse : 889, 972, 1121-1123
Dauphiné : 386
Dominique (la) : 754, 848
Egypte : 966, 1179
Espagne : 418-422, 461, 593-595, 604, 631, 655, 699, 744, 750, 753, 824-828, 831, 833, 845-846
Etats-Unis : 847, 889 ; (Nouvelle-Angleterre) : 1086, 1160

Europe : 458-459, 470, 518, 523, 546, 573, 591, 594, 630, 694, 708-709, 711-713, 718, 720, 732, 740-741, 743-744, 746-754, 759, 763, 778-779, 811, 818-821, 823-827, 830, 835-844, 847, 853, 872-874, 878, 916, 927, 933, 946, 954, 1299-1301
Flandre : 424-426, 655-656, 660, 817
Floride : 754
Forez : 382, 384, 386, 496
Franche-Comté : 155, 434, 655
Gascogne : 372-373, 516, 587, 594
Grande-Bretagne : 846
Grenade (la) : 848
Guadeloupe : 754, 758, 848-849, 1163-1166
Guinée : 849
Guyane : 758, 849, 1165-1167
Hainaut : 426
Haïti : 846, 848
Haut-Canada : 847. Voir Canada
Hollande : 711, 718, 732, 746-747, 826, 833-835, 841, 844, 878
Ile Bourbon : 850-851. Voir Réunion
Ile-de-France : 465, 502, 508, 613, 662, 850-851, 939
Inde : 849, 851, 853
Indes occidentales : 758-759, 851
Indochine (française) : 1090
Italie : 405-418, 458-459, 461, 470, 474, 479, 485, 489, 495, 498, 519, 523, 528-533, 536-538, 566, 572, 593-594, 611, 724, 747, 783, 819, 825-826, 828-829, 831, 833, 836, 838, 873-874
Jérusalem : 439
Jura suisse : 1142
Jura : 512, 818
Labrador. Voir Terre-Neuve
La Rochelle : 138, 273, 369
Languedoc : 369-372, 463-464, 466
Liban : 1176-1179
Limousin : 375, 467, 657
Lorraine : 111, 124, 132, 146, 154, 224, 273, 282, 497, 656, 941
Louisiane : 757-758, 844, 846-847, 849, 1159-1160 ; Lafayette : 1159
Lyon : 187-188, 381-383, 386-387
Lyonnais : 496

Mâconnais : 385
Madagascar : 754, 849-850, 1089-1090, 1188-1189
Maine : 116, 118, 124, 150, 153, 911
Manitoba (Canada) : 1175
Maroc : 1175-1176
Martinique : 754, 758, 761, 848-849, 1162-1166
Maurice (île) : 761, 850, 852, 1167
Mauritanie : 1177
Mauritius : 851
Montpellier : 371
Morée : 439, 443-446
Naples : 408
Navarre : 462, 467, 485, 488, 514, 594
Nice : 972, 1025, 1079
Normandie : 115-118, 124-125, 135, 143-144, 149-150, 154, 156, 359-365, 511, 660, 756
Nouveau-Brunswick : 1154-1156
Nouvelle Angleterre (Etats-Unis) : 1161
Nouvelle-Calédonie : 853-854, 1189, 1090
Nouvelle-Ecosse : 854
Nouvelle-France : 844. Voir Canada
Nunavut (Canada) : 1158
Océan Indien : 754, 760, 763, 849-851
Ontario (Canada) : 1098, 1156-1157
Paris : 141, 147
Pays basque : 595, 888
Pays de Caux : 990
Pays-Bas : 423-433, 591, 686, 741, 744-746, 748, 753, 820, 833-834
Perche : 756
Picardie : 111, 115, 127, 131, 141, 143, 146-148, 154, 224, 273, 404
Piémont : 408-409, 413-414, 461, 830
Poitou : 368-369, 511
Pologne : 842
Polynésie française : 1191
Portugal : 422-423, 673, 753, 826-827, 831, 833
Provence : 374, 459, 464, 467, 495, 510, 599
Provinces Unies : 745
Prusse : 656, 836, 838-839, 842, 844
Pyrénées : 594, 656, 817

Québec : 754-755, 757, 845-846, 848, 1080-1086, 1144-1154. Voir Canada
Quercy : 491
Réunion (la) : 754, 850, 852, 1168
Rhénanie : 742-743, 833
Roussillon : 467, 655, 1119
Russie : 822, 824, 828, 830, 835-836, 838-842, 844, 899, 908
Saint-Domingue : 758, 846, 848
Sainte-Lucie : 758, 848
Saintonge : 368, 756
Saint-Pierre-et-Miquelon : 845
Saskatchewan (Canada) : 1158
Savoie : 282, 384-385, 409, 511, 595, 749, 1025, 1077
Sénégal : 1029-1030, 1088
Seychelles : 851, 1167-1168
Sicile : 407-408
Sologne : 999
Suède : 836, 842, 844
Suisse : 484, 496, 640, 732, 743, 748-749, 817-822, 833, 839, 841, 874, 878 ; (Suisse romande) : 136, 153, 973 *sq*, 1024, 1077-1079, 1096
Tahiti : 853, 1191
Terre-Neuve : 845 ; (Terre-Neuve et Labrador) : 1158
Touraine : 511, 661
Trinidad : 848
Tunisie : 1088, 1174-1175
Turquie : 824
Valais : 749, 818
Vallée d'Aoste : 819
Vanuatu : 1190
Vaud (pays de) : 818
Venise/Vénétie : 412, 489, 537, 747, 828-829
Vietnam : 1090, 1192-1193
Wallis et Futuna : 1192
Wallonie : 124, 146, 154, 224, 226, 434, 820. Voir Belgique
Yukon : 1158

INDEX DE QUELQUES THÈMES
(XIXe-XXe siècles)

Abréviations : 1205-1206, 1207
Anglicismes et franglais : 1216, 1239-1246, 1294
Arabisation en Algérie : 1171-1172
Argot des poilus, de la guerre (1914-1918) : 1055
Argot : 1054-1056
Babélien : 1242
Baccalauréat : 1098
Biologie et langage : 1063
Caf'conc' : 1020
Chanson : 1019-1021, 1264-1267
Chemins de fer (vocabulaire) : 1000
Chroniques de langage : 1223
Clavier (d'ordinateur) : 1274 *sq*
Colportage (des livres) : 1013-1014
Dialectes (les dialectes aujourd'hui) : 1036-1045
Dictionnaires : 996 *sq*, 1066-1069
Disque : 1264-1265
Ecole (en France avant 1848) : 1007 ; (1850-1914) : 1071-1074 ; (politique de l'école) : 1296-1299
Ecole au Pays basque : 1121 ; en Corse : 1121-1123
Ecole – en Algérie : 1086, 1169-1170, 1172 ; en Tunisie : 1087 ; au Sénégal : 1088 ; au Congo belge : 1089 ; en Afrique subsaharienne : 1180-1183
Ecole et enseignement des langues, en France : 1294
Ecrit. Voir oral
Emprunt : 1216. Voir anglicisme
Enregistrement de la parole : 1059
Enseignement du français dans le monde : 1295-1296

Enseignement (norme et enseignement) : 1304-1308. Voir école
Féminins (en français) : 1203
Francophonie : 1279-1286
Franglais : 1239-1246. Voir anglicismes
Grammaire : 1002
Grammaires scolaires : 1070
Guerre de 1914-1918 : 1095-1100
Hip-hop : 1237
« Idéologie » : 1010
Immigration en France : 1103-1106
Internet (les langues sur) : 1275-1276, 1309-1312
Journal : 1271-1272
Langage des *cités* : 1238
Langue régionale (notion de) : 1293-1294
Lecture : 1012-1014
Lexique : 1046-1047, 1211-1218
Linguistique : 1002, 1008-1009, 1067
Littérature : 1051 *sq*
Médias. Voir journal, radio, télévision
Médias en Afrique : 1183-1184
« Mots-valises » : 1206
Norme : 1304, 1308-1309
Oral et oral-écrit : 1058-1060, 1247-1255. Voir chanson, radio, théâtre
Ordinateur : 1274 *sq*
Patois : 1036 *sq*, 1107 *sq*. Voir dialecte
Phonétique (du français) : 1033-1034, 1195 *sq* ; (dictionnaires de phonétique) : 1060
Politique de la langue, au Canada. Voir Canada
Politique de la langue, en France : 1291-1294

Populaire (littérature « populaire ») : 1014-1015
Prononciation (du français) : 1033-1034, 1060, 1195-1200
Publicité : 1272-1274
Puristes : 1218-1219
Radio : 1263-1264, 1270
Révolution industrielle : 968
« Révolution tranquille » (Québec) : 1149 *sq*
Sigles : 1207
SMS : 1276-1277
Sport (langue du) : 1049-1050

Statistique (lexicale) : 1213
Syntaxe (du français) : 1034-1035, 1208-1211
Téléphone : 1267-1270
Télévision : 1270-1271
Texto. Voir SMS
Théâtre : 1058, 1256-1259
Toile (la) : 1275-1276, 1309-1312
Tourisme (et langues) : 1135
Transcription (de l'oral). Voir Oral-écrit
Troupes coloniales (en 1914-1918) : 1101
Unilinguisme : 1313-1316
Urbanisation : 983

TABLE

LE MOYEN ÂGE
par Frédéric Duval

I. Aux origines du français

1. Parlers primitifs 11
   Et la Gaule parla latin 22
   Les mots nouveaux du christianisme 40
   Le latin en dialectes 45
2. Du latin aux langues romanes (V^e-IXe siècle) 55
   Les parlers « barbares » 55
   Le « latin d'illettrés » 71
   L'ancien français à l'écrit 84

II. Le français au Moyen Âge
Une langue en variations

1. Dialectes parlés et écrits 101
   Un langage fragmenté 104
   Naissance et développement des dialectes 109
   Appartenances régionales et sociales 125
   Vers une langue unifiée 137
2. Français d'en haut, français d'en bas 158
   « Gentil » et « vilain » parlers 159
   Vers l'argot : le jargon des voleurs 177
3. Questions de style 180
   L'oral et l'écrit 180
   Une langue, des styles 191
4. Du « vieux langage » au « moyen français » 203

III. Latin et français : un couple qui dure

1. Le français s'adapte à l'écrit 217
   Ecrire latin, parler français 218
   Le français se couche sur le parchemin (IXᵉ-XIᵉ siècles) 220
   Un système d'écriture cohérent (XIIᵉ-XIIIᵉ siècles) 223
   En voie de normalisation 227
2. Dire la religion en français 231
   Le latin sacralisé 232
   Une Bible pour les « simples gens » 235
   L'impact de la Bible latine 244
   Latin des clercs et français des laïcs 247
   La prédication en français 255
   Le prince idéal ou le latin des laïcs 262
3. La langue du pouvoir 267
   Le droit en français 272
   La langue du roi et de la nation 278
   A chaque langue, son public 286
4. Le français entre en littérature 294
   Une lente émancipation 295
   Une production littéraire bilingue 297
   Les domaines du français 302
   Premiers poètes français 304
5. La langue du savoir 308
   L'encyclopédisme en français 309
   Tout traduire en français 311
   Les lacunes du français 314
   Le modèle latin 318
6. Le français devient objet d'étude 333
   Première révolution grammaticale 333
   Premiers corpus 343

IV. Le français au contact des autres langues

1. D'autres langues sur les terres du français 353
   Les Vikings, du norrois au français de Normandie 359
   L'Occitanie peu à peu francisée 365
   Le francoprovençal 382
   Des langues non romanes à l'intérieur du royaume 387
2. Le français hors de France 393
   L'Angleterre 393
   L'Italie 405
   La Péninsule ibérique 418

Les Pays-Bas et l'Allemagne 423
Le français en Méditerranée orientale 438
L'arabe 446
Le français hors de France à la fin du Moyen Age 453

DE LA RENAISSANCE À LA RÉVOLUTION
par Gilles Siouffi

V. S'AFFRANCHIR DU LATIN

1. 1530 : l'institution du français ? 457
   La langue de la royauté ? 459
   « En langage maternel françois et non autrement » 463
   Imprimer le savoir 468
   La langue de la science 472
   Erasme et Luther, promoteurs du français ? 480
2. Qui parle quelle langue au royaume de France ? 487
   Tous les dialectes de « Nostre France » 491
   Les Lyonnais et autres polyglottes 496
   Manifestations d'éloquence et de poésie 497
   Langues et identités 498
   Du dialecte au rang de langue 501
   Un ou des français ? 503
   Le fonds immense des langues et patois de France 507
   Manifeste pour l'occitan 514
3. Le français dans la Babel des langues 518
   Latin classique et latin moderne 519
   La grande vogue des « Latineurs » 522
   Le français et l'italien : les frères ennemis 528
   Pourquoi pas le grec, l'hébreu, le chaldéen, le gotique... 533
   D'autres « langues mères » 535
   Le rêve d'une langue « illustre » : de Dante à Du Bellay 536
4. Les premières descriptions du français 545
   Dictionnaires et trésors 546
   « Mettre et ordonner par reigle notre langage françois » 549
   Le langage de la grammaire 553
   Le « proces pour vrayement escripre » 557
5. Nouvelles scènes littéraires 564
   Une langue littéraire française ? 571
   Le français dans la tourmente 575
   Montaigne, seul avec tous 579

VI. Enfin vinrent Malherbe et Marie de Gournay

1. Entre deux mondes 591
   - Ecrire en occitan 595
   - Le langage d'un enfant royal 599
   - Enfin Malherbe vint... 608
   - Marie de Gournay, une femme de lettres en révolte 614
2. Partis pris littéraires et questions de styles 622
   - La demoiselle de Gournay, encore 625
   - Naissance de l'Académie 628
   - L'affaire du *Cid* 634
   - Le burlesque : au plaisir des mots 636
   - Cyrano de Bergerac et ses extraterrestres 643
   - S'inventer un langage : la préciosité 646
3. Usages et libertés 655
   - Des clivages nouveaux : la Cour et la Ville, Paris et la province . 660
   - Les jargons de l'oral 668
   - Un témoin : Molière 670
   - Le « jargon de l'argot » 672
   - Grammaire et lexique 673
   - Les *Remarques* de Vaugelas 677
4. « Cela n'est pas français ! » 684
   - « Remarqueurs » et grammairiens 686
   - Le lustre du français 696
   - La langue de la perfection ? 700
5. *Exit* le latin ? 707
   - Les arts et les sciences en français 711
   - Les censeurs veillent 716
   - Du « nouveau langage françois » aux « mots à la mode » 726
   - La vogue des dictionnaires 732
6. Le français hors de France 740
   - Dans le concert européen 740
   - Les huguenots, enseignants du français 748
   - Le français, enjeu de pouvoir 750
   - Colons, mulâtres, métis, créoles 753

VII. Le français des Lumières

1. Richesses et créativité 767
   - Le juste mot 774
   - Nommer la nouveauté 778
   - Nommer pour connaître 784

2. Le sentiment de la langue 793
Au plaisir d'écrire 795
L'art poétique : entre « haut » et « bas » 798
La « langue littéraire » 802
Ecrire comme on parle ? 807
Saint-Simon, les mémoires, les correspondances 810
De l'éloquence et de la rhétorique 813

3. Le français hors de France 817
L'« envie du français » 822
Le français hors d'Europe 844

4. Entre raison et passions 855
Tout savoir sur la langue : un rêve 859
De l'harmonie musicale 865
Langue du Nord, langue du Midi ? 868
Le concours de Berlin 872

5. Derniers jours de l'Ancien Régime 880
Parler patois au temps des Lumières 882
La nouvelle cartographie du français 891
Etudier et connaître le français 897
L'orthographe, un obstacle majeur 901
Le manifeste de Ménétra 911

6. La langue française et la Révolution 917
L'impact de la parole 918
1789, le torrent 923
S'inventer une langue 925
Des mots nouveaux pour un monde nouveau ? 931
Naissance d'une politique de la langue 939
L'enquête de l'abbé Grégoire 943
Le français « langue de la Révolution » 948

DU PREMIER EMPIRE AU XXIe SIÈCLE
par Alain Rey

VIII. D'UNE RÉVOLUTION L'AUTRE

1. Le français, roi et citoyen 961
Parenthèse impériale 967
L'enquête des Coquebert 968
Le recul des patois 973
1815-1848 : trente-trois ans de caution bourgeoise 975

2. La France et tous ses langages 981

3. Tonnerre sur le lexique 995
4. Miroirs et regards 1001
   Décrire, reconnaître 1008
5. Créer en français 1012
6. La parole française hors de France 1022

IX. LE FRANÇAIS : UNITÉ ET VARIÉTÉS

1. Une langue assurée 1033
2. La force de l'usage 1036
3. Modernité et vocabulaires 1046
4. La littérature, reflet des paroles sociales 1051
   Des argots, ou l'argot ? 1054
   Registres 1056
   Oral-écrit, de nouveaux rapports 1058
5. Visions du langage 1061
   Décrire, enseigner 1065
   Emile Littré et Pierre Larousse 1066
6. Langue, pédagogie et politique républicaines en France 1070
   La pédagogie de la langue, avant 1870 1070
   La IIIe République, l'école et la science 1073
7. Les « français » d'Europe et du monde 1075
   Outre-Atlantique, menaces sur le français 1080
   L'expansion impérialiste du français 1086

X. QUESTIONS ACTUELLES

1. Dire la guerre (1914-1919) 1095
2. Autour du français, langue maternelle 1102
   Une France multilingue 1102
   Le français de Belgique 1137
   Le français de Suisse 1141
   Au Canada, avant 1960 1144
   Québec, 1960-1980 : une révolution 1149
   Le français au Canada, aujourd'hui 1154
   Hors du Canada : le français aux Etats-Unis 1159
3. Le français en partage 1162
   Dans les « îles » 1162
   Le français colonisateur et décolonisé 1168
4. Le français change 1195
   Les évolutions constatées 1195
   Les évolutions ressenties 1218

    L'argot, des réalités plurielles au mythe singulier 1225
    Verlan, céfran et técis 1234
    Le « franglais » 1239
5. La voix et le geste 1247
    Le français en proie aux techniques 1262
6. Politiques et réalités : francophonies 1279
    Politique de langue : le cas de la France 1287
    L'école en français 1296
    Le français dans les institutions internationales 1299
7. XXIᵉ siècle : l'état des lieux 1303
    Norme et enseignement 1304
    Reconnaître les différences 1308
    Toile, « clavardage » et l'Internet 1309
    L'unilinguisme en question 1313
    La passion endormie 1317

Notes 1321
Bibliographie 1401
Cartes 1429
Index 1439

*Achevé d'imprimer par N.I.I.A.G.
en septembre 2008
pour le compte de France Loisirs, Paris*

N° d'éditeur : 52980
Dépôt légal : septembre 2008
Imprimé en Italie